# Bau, Einrichtung und Betrieb öffentlicher Schlacht- und Viehhöfe

## Handbuch der Schlachthofwissenschaft und Schlachthofpraxis

für Schlachthofleiter, Schlachthoftierärzte, Bürgermeister, Stadtbaubehörden
Sanitäts- und Verwaltungsbeamte, Studierende der Veterinärmedizin
das Bauwesen und die Maschinentechnik


Bearbeitet von

**Dr. med. vet. H. Heiss**
Oberveterinärrat, langj. Direktor des Schlachthofes Straubing

Unter Mitarbeit von

Dr. med. vet. **O. Kammel**
Direktor des Schlacht- und Viehhofes Stettin

Dr.-Ing. **R. Heiss**
Karlsruhe i. B.

Dipl.-Ing. **Fr. Heiss**
Reg.-Baumeister, Berlin




Fünfte, vollkommen neu bearbeitete Auflage
des früheren Schwarz-Heissschen Handbuches

Mit 525 Abbildungen im Text
und zahlreichen Tabellen


**Berlin**
Verlag von Julius Springer
1932

ISBN-13: 978-3-642-93867-2 e-ISBN-13: 978-3-642-94267-9
DOI: 10.1007/978-3-642-94267-9

Softcover reprint of the hardcover 5th edition 1932

**Der Tierärztlichen Hochschule Hannover**

und

**der Technischen Hochschule Karlsruhe**

in dankbarer Anerkennung ihrer fördernden Tätigkeit

auf dem Gebiete der Schlachthofwissenschaft

ergebenst gewidmet.

# Vorwort.

Seit dem Erscheinen der 4. Auflage sind 19 Jahre verflossen. Der Krieg, die Zeit der Geldentwertung und die Not unseres Vaterlandes haben die Weiterentwicklung des Schlachthofwesens stark beeinträchtigt, ja sogar nahezu zum Stillstand verurteilt. Der unglückliche Ausgang des Krieges hatte den Verlust wertvoller Anlagen in den Reichslanden und in den Gebieten des Ostens zur Folge. In gleicher Weise haben die Nachkriegsjahre viel Schaden gebracht, auch vielfach Bewährtes vernichtet, ohne Besseres an seine Stelle zu setzen. Staat und Städte sind heute zu äußerster Sparsamkeit gezwungen und müssen alle überflüssigen Ausgaben vermeiden.

Im Gegensatz zu früheren Zeiten sind gerade die Schlachthöfe vor die Notwendigkeit gestellt, sich selbst zu erhalten. Darüber hinaus mehren sich leider auch die Bestrebungen, in Verkennung ihrer hygienischen Bedeutung aus ihnen Überschußbetriebe zu machen. Es darf jedoch niemals vergessen werden, daß der Hauptzweck einer Schlachthofanlage ein hygienisch-sanitärer ist, daß aber Technik und Wirtschaft die Grundpfeiler zur Erhaltung und Vervollkommnung der Hygiene darstellen. Nur von dieser Erkenntnis, also nicht vom Gesichtspunkte einer Überschußwirtschaft aus, darf sich das Bestreben nach Rationalisierung leiten lassen. Trotzdem können auf diese Weise die Mittel gewonnen werden, welche nötig sind, um die Schlachthofbetriebe dem Wachstum der Städte und dem Fortschritt der Zeit anzupassen.

Schüchtern wagen sich jene Städte, die noch keine Schlachthöfe besitzen, an die Neubaufrage heran, weit zahlreicher tritt das Bestreben auf, veraltete und nicht mehr genügend leistungsfähige Anlagen mit bescheidenen Mitteln zu modernisieren. Durch Einbau von technischen Neuerungen sucht man nicht nur die Leistungsfähigkeit zu erhöhen, sondern auch die Betriebskosten zu verringern. Mit dem bisher Erreichten dürfen wir uns aber nicht zufrieden geben, sondern müssen rastlos bemüht sein, dem deutschen Schlachthofe wieder zur Weltgeltung zu verhelfen. Auch hierin müssen sich deutsche Schaffenskraft und frischer Wagemut mit gediegenem Können, mit Betriebserfahrung, mit technischen Möglichkeiten und systematischer wissenschaftlicher Forschung vereinen, um Schritt für Schritt den Weg nach vorwärts und aufwärts zu erkämpfen. Erst dann können wir frohen Mutes der Zukunft entgegensehen.

Längst haben die einschlägigen Interessentenkreise gedrängt, das Handbuch der heutigen Zeit anzupassen, insbesondere, da die Technik seither einen ungeahnten Aufschwung genommen hat. Nach zweijähriger mühevoller Arbeit kann nun der Wunsch nach einer Neuauflage verwirklicht werden. War bei Bearbeitung der 4. Auflage für den Verfasser der leitende Gesichtspunkt, den wichtigen, aber zerstreut liegenden Stoff nach Tunlichkeit zu sammeln, welches Bemühen von der gesamten Fachkritik denkbar günstig beurteilt worden ist, so galt es in der 5. Auflage alles Unnötige zu entfernen, um Neues und Wichtigeres unterzubringen, um so mehr, als der Umfang des Werkes dem Wunsch des Verlages entsprechend enger begrenzt werden sollte. Vor allem wurde die Anführung von Tabellen nur auf die Ermittelung notwendiger Werte beschränkt. In allen Fällen, bei denen es sich nur um Vergleichswerte handelt, wurde der leichteren Anschaulichkeit halber die graphische Darstellung bevorzugt. Außerdem wurde alles, was nicht typisch Schlachthofwissenschaft ist, nach Möglichkeit gekürzt und dabei auf die einschlägige ergänzende Literatur verwiesen.

Die eng begrenzte Schlachthofkunde von damals, die leicht durch einen einzelnen beherrscht werden konnte, ist im Laufe der Jahre zu einem ausgedehnten Wissensgebiet geworden, in dem zwar die Hygiene dominiert, aber Technik, Bauwesen, Verwaltung und Kommunalwirtschaft sehr beachtenswerte Faktoren geworden sind. Nachdem nun das Buch allen einschlägigen Berufen als Nachschlagewerk dienen soll, erschien es wichtig, die Ausführungen auf eine breitere Grundlage zu stellen und auf allen einschlägigen Gebieten Bestleistungen zu bringen. Dieser Umstand machte eine durchgreifende Neugestaltung des Handbuches nötig, außerdem erwuchs daraus die Pflicht, sachverständige Mitarbeiter aus diesen Gebieten zuzuziehen.

Der Verfasser war sich wohl bewußt, daß es keine leichte Aufgabe ist, ein Buch zu schreiben, das allen in Frage kommenden Leserkreisen gerecht zu werden vermag. Was beispielsweise dem Schlachthoftierarzt selbstverständlich erscheint, ist für andere interessierte Berufszweige neu und umgekehrt. Daher wurde stets versucht, zwischen allgemeiner Verständlichkeit und erschöpfender Behandlung den gesunden Mittelweg zu finden, der zugleich der Werbung eines weiteren Leserkreises dienen soll. Gewisse Wiederholungen in einzelnen Teilen liegen in dem Bestreben begründet, jeder Interessentengruppe ein möglichst abgerundetes, in sich geschlossenes Ganze zu bieten.

Es war das Bestreben des Verfassers, bei Besprechungen bestehender Einrichtungen ein Urteil über deren Wert oder Unwert zu wecken, die Leser in die Lage zu versetzen, zu Angeboten, Ausführungsmöglichkeiten, Schwierigkeiten usw. wenigstens in grundsätzlichen Fragen rechtzeitig und kritisch Stellung zu nehmen.

In erster Linie sei denjenigen Kollegen gedankt, die durch die mühevolle Beantwortung der Fragebogen das Gerippe zum vorliegenden Handbuch schaffen und durch beachtenswerte Anregungen sein Werden fördern halfen. Soll doch das Werk, durch alle gefördert, auch wieder allen dienen! Es wäre außerordentlich erfreulich, wenn die einschlägigen Kreise sich auch an der weiteren Ausgestaltung des Werkes rege beteiligen würden. Besonderer Dank gebührt den Herren Schlachthofdirektor Dr. O. Kammel-Stettin für die wertvolle Neubearbeitung des verwaltungsrechtlichen Teiles, Oberingenieur Hönnicke und Dr.-Ing. Schmeitzner für die Sichtung des Kapitels über Abfallverwertung und Abwässerverarbeitung. Nicht zuletzt sei auch der Verlagsbuchhandlung Julius Springer, Berlin, die keine Kosten scheute, das Buch aufs beste auszustatten, wärmster Dank und gebührende Anerkennung gezollt.

So soll denn dieses Werk, das Ergebnis der Arbeit eines Menschenalters, eine Zusammenfassung des in diesem Zeitraum Gesehenen und Erlebten, im neuen Kleide zum Nutzen für die kommende Generation in die Welt ziehen. Es soll den Beweis bringen, daß das deutsche Schlachthofwesen nicht nur hygienisch unerreicht dasteht, sondern daß auch alle einschlägigen Berufe an der Arbeit sind, dieses große und wichtige Gebiet in allen seinen Teilen zu fördern. Wenn es dem Verfasser mit diesem Handbuch gelungen sein sollte, das Ansehen des deutschen Namens zu fördern, unseren schwer ringenden Gemeinwesen und damit dem gesamten deutschen Vaterlande zu nützen, so wäre dies die lohnendste Freude für jahrzehntelange Arbeit.

Straubing, im Dezember 1931.

**Heiss.**

# Inhaltsverzeichnis.

## Erster Teil.

### Schlachthof und Stadt.



## Zweiter Teil.

### Beschreibung von Betrieb und Einrichtungen.

## Dritter Teil.
## Viehhöfe.

Erster Teil.

# Schlachthof und Stadt.

## I. Die Schlachthofbewegung, ihre Geschichte und ihr derzeitiger Stand.

### 1. Kurzer geschichtlicher Uberblick.

Die Zeit, in der wir leben, verlangt von uns vorwärts zu blicken, weniger das zu beachten, was war, als das, was kommen wird und kommen muß: Fortschritt! Unsere Beobachtungen müssen demnach begrenzt sein auf die Spanne Zeit unmittelbar vor Beginn des Weltkrieges bis zur jüngsten Zeit, und wir müssen unsere Studien darauf beschränken, zu erkunden, in welcher Weise sich das Schlachthofwesen seit dem Jahre 1912, dem Zeitpunkt des Erscheinens der 4. Auflage, entwickelt hat[1]. Alles das, was über den Beginn dieses Jahrhunderts zurückliegt, ist heute kaum mehr der Beachtung und nur in ganz seltenen Fällen der Nachahmung wert. Die heutige Zeit legt uns die Pflicht nahe, auf dem in den letzten 18 Jahren Geschaffenen weiter zu bauen.

Die Entwicklung des Schlachthofwesens während des Krieges war meist eine einseitige und nur Kriegszwecken dienende. Man schuf Gefrierräume, Lagerräume für Lebensmittel und für eine bessere Ausnutzung der Abfallprodukte für Fütterungszwecke. Auch die Not der Nachkriegszeit war nicht dazu angetan, den Bau von Schlachthöfen wesentlich zu fördern, doch auch die übrigen europäischen Staaten haben die gleichen Entwicklungsverluste zu buchen wie wir. Erst in den letzten Jahren beobachtet man Ansätze von neuem Aufblühen, neuem Einsetzen einer Weiterentwicklung auf diesem Gebiete. Die für Neubauten und Erweiterungen zurückgestellten Mittel hat die Inflation entwertet, neue Mittel mußten erspart werden, und es wird noch einige Jahre dauern, bis in größerem Maße Neubauten durchgeführt werden können, und bis alte und veraltete Anlagen in einen Zustand gebracht werden können, der den Anforderungen der Neuzeit entspricht, wenn wir auch jetzt schon auf eine Reihe von Städten hinweisen können, welche es gewagt haben, zeitgemäße Umbauten durchzuführen.

Eines steht aber fest: daß die deutsche Schlachthoftechnik unentwegt weitergearbeitet hat, Neues und Besseres zu schaffen, Erzeugnisse in die Öffentlichkeit zu bringen, welche bis jetzt unerreicht sind. Auch die Fortschritte im Bauwesen haben Vereinfachungen und Verbilligungen gebracht, die es ermöglichen mit neuer Zuversicht ans Werk zu gehen.

Von den jetzt vorhandenen modernen Anlagen ausgehend, soll weitergearbeitet werden, um stets an führender Stelle zu bleiben, nicht aber soll auf Altehrwürdiges zurückgeblickt werden, das vor Jahren musterhaft war, heute aber schon durch weit Besseres überholt ist. Unter einträchtigem Zusammenarbeiten aller für den Fortschritt in Frage kommenden Faktoren wird eine neue Ära im Schlachthofwesen beginnen.

Es soll auch nicht darauf zurückgekommen werden, durch welche Umstände die Erbauung gemeinschaftlicher Schlachtstätten ausgelöst wurde, und wie endlich nach langen Kämpfen das Gesetz vom 18. März 1868 und dessen Novelle vom 9. März 1881 betreffend Errichtung von öffentlichen Schlachthöfen die neue Epoche in der Entwicklung des Schlachthofwesens schuf, und wie immer und immer wieder seitens der Regierungen auf die Schaffung von Schlachthöfen gedrungen wurde. Waren solche geschaffen, so wurde das Wirken solcher Anlagen stets durch den Zwang, solche benutzen zu müssen, und durch das strenge Verbot, an anderen Orten als im Schlachthof zu schlachten, wesentlich gefördert.

[1] Vgl. Kapitel „Entwicklungsgeschichte" der 4. Aufl.

## 2. Die Entwicklung der Schlachthöfe in außerdeutschen Ländern.

### a) Europäische Länder.

In **Belgien** finden wir in allen größeren und vielen kleinen Städten öffentliche Schlachthäuser, besonders, nachdem durch Gesetz vom 4. August 1890 die Fleischbeschau von Staats wegen geregelt ist und durch die königliche Verordnung vom 23. März 1901 den neuesten Anforderungen entsprechende Anweisungen gegeben sind. Die Fleischbeschau erfolgt durch Laienfleischbeschauer, sofern es nicht genügend Tierärzte gibt, sonst durch diese. Die Vorschriften sind im allgemeinen strenger als die für Deutschland gültigen. In Brüssel wurde bereits 1842 und in Antwerpen 1875 eine große Schlacht- und Viehhofanlage eröffnet. Anderlecht-Brüssel neu. Charleroi, Löwen und Seraing sind zeitgemäß.

**Bulgarien.** Den Bau und Betrieb von Schlachthäusern in Bulgarien regelt das Reglement vom 24. Juli 1894. In allen bulgarischen Städten besteht nämlich eine Einrichtung, welche mehr oder minder für die Zwecke einer Schlachtanstalt bestimmt ist und als „Schlachthaus" bezeichnet wird. Es gibt aber zur Zeit im ganzen Lande nicht ein einziges derartiges Institut, welches den Forderungen der öffentlichen Hygiene und der Gesundheitspflege entsprechend eingerichtet ist. Die Artikel 31—33 jenes Reglements bestimmen, daß in jeder Stadt Schlachtanstalten vorhanden sein müssen, für welche der Platz und die Pläne von dem Bezirksrat für Hygiene geprüft und vom Obergesundheitsrat bestätigt werden. Sofia und Rustschuk planen seit Jahren Neuanlagen. Die Zusammenstellung, welche vom Ackerbauministerium übermittelt worden ist, enthält zwar Namen von Städten mit Schlacht häusern, die aber als neuzeitliche Schlachthöfe nicht bezeichnet werden können.

In **Dänemark** gibt es ein Gesetz, die Errichtung von Schlachthöfen betreffend, nicht. Die Fleischschau ist hoch entwickelt und wird mit großer Strenge durchgeführt. Freibänke in unserem Sinne gibt es nicht, dagegen wird durch eine besondere Form und Farbe des Stempels das Fleisch als bankwürdiges (blauer) und nichtbankwürdiges (schwarzer Stempel) kenntlich gemacht. Beides wird von dem betreffenden Fleischer in demselben Lokale feilgeboten.

Kommunale Schlachthöfe besitzen nach Aufschluß der Staatskontrollen für Dänemark die Städte: Kopenhagen, Slagelse, Nakskov, Nybirg, Odense, Aalborg, Randers, Aarhus, Horsens, Vejle, Kolding, Struer, Esbjerg, Ribe, Nyköbing. In Fredericia und Frederiksborg ist ein moderner Schlachthof. Die genannten Schlachthöfe mit Ausnahme von Ribe sind als Exportschlachthöfe autorisiert.

Weitere Exportschlächtereien sind: Staatsexportschlachthaus in Esbjerg, ferner die in Frederikshaven und Johannessons Schweineschlächterei in Kopenhagen. (Letztere Privatanlagen.)

Ferner bestehen zahlreiche private Schweineschlächtereien. Außer diesen haben noch 28 kleinere Schlächtereien Autorisation als Exportschlächtereien.

**England.** Bis auf den heutigen Tag gibt es in England noch kein Gesetz betreffend die Errichtung öffentlicher, ausschließlich zu benutzender Schlachthäuser; denn der „Public Health Act" von 1875, durch welchen die Fleischbeschau sowie die Kontrolle sämtlicher Nahrungs- und Genußmittel geregelt ist, stellt es im § 169 dem Belieben jeder Stadtverwaltung anheim, ein öffentliches Schlachthaus zu errichten, durch Ortsstatut Vorschriften für dasselbe zu erlassen und Gebühren für die Benutzung der Anlagen festzusetzen. Bei Erlaß derartiger Ortsstatute sollen die Bestimmungen des „Towns Improvement Clauses Act" von 1847 berücksichtigt werden. Ein Zwang zur Benutzung des Schlachthauses darf jedoch nicht ausgeübt werden, ebensowenig darf eine Schließung der bestehenden Privatschlachtanstalten erfolgen.

Legt man aber die kritische Sonde bei allen englischen Schlachthofanlagen an, so würden wohl nur ganz wenige nach unseren deutschen Begriffen modernen Anforderungen entsprechen. Solange hier kein gesetzlicher Zwang eingreift, wird auch vergeblich auf Besserung zu warten sein.

In London bestehen heute noch mindestens 700 Privatschlachträume, deren Einrichtung oft weit unter dem eines alten deutschen Kuttelhofes steht! Wenn man bedenkt, daß solche Schlachthäuser sich dort heute noch in den belebtesten Vierteln befinden, so muß man staunen, daß deren Nähe von den Anwohnern stillschweigend ertragen wird.

Man wird dort abwarten müssen, bis die seiner Zeit erteilten Lizenzen verfallen sind, es wird sich aber in der Zwischenzeit nicht verhindern lassen, daß die überseeische Fleischeinfuhr gewaltig an Boden gewinnt, so daß vielleicht in Bälde die englischen Schlächter nichts weiter sind als Detaillisten der überseeischen Fleischimporteure, besitzt doch heute schon London den größten Markt für überseeisches Gefrierfleisch in Smithfield Hall, wo die Erzeugnisse an Schlachtvieh, die aus den Kolonien stammen, zu billigeren Preisen verkauft werden, als in England einheimisches Vieh verkauft werden kann.

Es hat sich in England eine eigene Schlachthofbaugesellschaft gebildet, welche ein Grundvermögen von 1 Million Pfund besitzt und sich die Erbauung von neuzeitlichen Schlachthöfen zur Aufgabe gemacht hat. Solange jedoch der allgemeine Schlachtzwang nicht eingeführt werden kann, werden alle Bestrebungen hier fördernd und neuzeitlich zu wirken, vergebens sein. Hat doch ein warmer Förderer dieser Bestrebungen, C. Cash in Coventry, aus eigenen Mitteln eine kleine, aber gut eingerichtete Privatanlage erbaut und den Schlächtern zur Benutzung freigestellt. Trotzdem wird sie nicht benutzt, sondern die alten schmutzigen Schlachtstätten!

Man kann behaupten, daß kein zivilisierter Staat auf dem Gebiete des Schlachthofwesens so weit zurückgeblieben ist, als gerade England, und wer Gelegenheit hatte, dort solche Anlagen zu sehen, wird sich nur wundern, daß auf gesetzgeberischem Wege gegen solche — Kloaken nicht vorgegangen werden kann.

**Frankreich.** In keinem anderen Staate der Welt machte sich in den letzten 15—20 Jahren ein solcher Aufschwung bemerkbar, die Unterlassungssünden der vergangenen Jahrzehnte zu tilgen, wie gerade in Frankreich. Dank der Initiative des Chefs des Veterinärdienstes der Stadt Paris, Prof. Dr. Martel, des Dr. Moreau und anderer befindet sich die Schlachthoffrage dort in mächtigem und erfreulichem Aufschwunge. Eine Eigentümlichkeit der neuen französischen Anlagen den deutschen gegenüber ist das Fehlen von Brühräumen für Schweine, welche durch Senghäuser (brûloirs) ersetzt werden[1]. Eigentümlicherweise

[1] In den modern eingerichteten Anlagen jedoch hat man auch Brühräume eingerichtet.

findet man in den wenigsten Neuanlagen eigene Verwaltungsgebäude vor, wie man auch oft zu beobachten Gelegenheit hat, daß die Interessenten gegen die Schaffung von Kühlanlagen stimmen.

Und wie bei uns zulande die größten und ältesten Anlagen naturgemäß die unvollendetsten sind, wie die Nachahmung derselben in verkleinertem Maßstabe wenig Gutes geschaffen hat, so finden wir das gleiche auch in Frankreich, wo die alte und veraltete, nichts weniger als für heutige Verhältnisse musterhafte Anlage in La Villette (Paris) vielleicht doch endlich einer Neuanlage Platz machen wird. Auch dort haben sich ursprünglich die Fleischer gegen eine Kühlanlage ausgesprochen, doch ist der Widerstand heute besiegt, aber es sollen die alten Gebäude modernisiert werden! Wer La Villette kennt, wird diese Idee als widersinnig bezeichnen müssen, und nur ein Neubau in großem Stil kann und wird dem dortigen Bedürfnisse voll und ganz entsprechen.

In einer Reihe von französischen Städten wurden Musteranlagen geschaffen, die sehr an deutsche Anlagen erinnern. Es sei nur auf die Anlagen Lyon, Toulouse, Reims, Nancy, Orleans, Vittel u. a. hingewiesen. Eine große Zahl von Städten dieses Landes hat zwar gemeinschaftliche Schlachtstätten, diese können aber mit geringen Ausnahmen auf die Bezeichnung neuzeitlich wenig oder gar keinen Anspruch machen. Hingegen findet man, daß große Gesellschaften in Frankreich den Fleischhandel in die Hand zu bekommen trachten. Eine Reihe der von diesen geschaffenen Anlagen sind sogenannte Industrieschlachthöfe, wie Bourg, Grais, Cantarran, Valence, Fenouillet, Cholet, Agneaux, Pau, Aubervilliers, Avignon usw., die den amerikanischen Packinghouses zum Teil als Vertikalschlachthöfe nachgebildet sind und welche auch der rationellen Abfallverwertung ein besonderes Augenmerk zuwenden.

Für den Bau von Schlachthöfen hat sich in Frankreich eine Schlachthofbaugesellschaft gegründet, die sich mit der Herstellung von schlüsselfertigen Schlachthöfen befaßt.

Jedenfalls muß Frankreich als dasjenige Land bezeichnet werden, welches mit Macht auf diesem Gebiet auf die Höhe der Zeit zu kommen bestrebt ist. Es ist auch unverkennbar, daß vielfach deutsche Vorbilder den Architekten als nachahmenswert erschienen sind. Beachtenswert ist auch die Tatsache, daß verschiedene viehreiche Landschaften Kommunalschlachthöfe zu bauen beabsichtigen.

**Italien.** Nach dem Regolamente vom 15. August 1890 (Art. 6—73) müssen in Italien Gemeinden mit mehr als 6000 Einwohnern öffentliche Schlachthäuser errichten, welche unter Leitung von Tierärzten stehen. Das Gesetz enthält genaue Anweisungen über die Einrichtung solcher Anstalten. Sie müssen in allen Punkten den hygienischen Anforderungen entsprechen und außer den den Schlachtzwecken dienenden folgende Räume enthalten: Beobachtungsställe, Räume für die Untersuchung des lebenden Viehes, für Sterilisator und Fleischvernichtungsapparat.

Heute besitzt Italien musterhafte Anlagen in San Pier d'Arena, in Monza und Turin, Fossano, Modena, Treviso, Novara, Chioggia, Brescia, Sampierdarena, ferner Alassio, Foligno, Meldola, Varazze, Boddighera, Chiasso. Mailand hat im Vorjahre eine ganz neuzeitliche großzügige Anlage erbaut.

**Luxemburg.** Öffentliche, im Besitz der Stadtgemeinde befindliche Schlachthöfe sind in folgenden Städten: Luxemburg, Hollerich, Esch a. A., Rümelingen, Düdelingen, Remich, Echternach, Grevenmacher, Diekirch, Ettelbrück und Wiltz. Hollerich und Düdelingen besitzen maschinelle Kühlanlagen. Vorgesehen sind solche in Ettelbrück, Wiltz und Rümelingen, welche modern ausgestattete Schlachthöfe darstellen werden, während die übrigen Anlagen nach altem System sind. Die Fleischbeschau ist durch Verordnung vom 27. August 1903 ganz nach deutschem Muster geordnet und bilden diese Vorschriften eine wörtliche Abschrift der deutschen.

**Niederlande.** Das Gesetz vom 26. Mai 1897 gibt den Gemeinden das Recht, in Schlachthöfen zur Deckung der Ausgaben Gebühren zu erheben. In neuester Zeit sind in den Niederlanden eine Reihe guter Anlagen entstanden und zeigt sich dort ein beachtenswerter Entwicklungsfortschritt.

Außer den älteren Anlagen in Amsterdam und Rotterdam haben neuzeitliche Anlagen die Städte: Alkmar Harleem, Arnheem, Leiden, Den Haag, Hoek van Holland, Dordrecht, Sittard, Nymegen, Roermond, Groningen, Maastricht, Tondern, Hengelo, Alphen, Bentheim, Venlo, Utrecht, Hoogezaud.

Durch das Gesetz vom 24. Juni 1901 ist den Gemeinden das Recht gegeben, Schlachthöfe zu errichten und die Benutzung von Schlächtereien zu untersagen, wenn ein öffentlicher Schlachthof besteht.

**Österreich.** Durch den unglücklichen Ausgang des Krieges hat Österreich eine Reihe von gut durchgeführten Anlagen verloren; es hatte vor dem Kriege 205 Schlachthöfe. Leider beobachtet man auch in großen Städten wie Wien noch recht primitive Verhältnisse. Es macht hierin vielleicht nur die Anlage in St. Marx, die mit Transportbahnen ausgestattet ist, eine Ausnahme. Die vom österreichischen Sanitätswesen im Jahre 1907 aufgestellten grundsätzlichen Bestimmungen wurden bei Neubauten durchweg eingehalten. Es soll aber nicht unerwähnt bleiben, daß man heute in Österreich immerhin bemerkenswerte Neuanlagen findet.

Dank dem freundlichen Entgegenkommen des Bundesministeriums für Landwirtschaft gibt der von diesem übermachte Bericht Aufschluß über die in Österreich 1929 vorhandenen Anlagen[1]. Wien, St. Marx. Besitzt außerdem noch 5 kleinere Schlachthofanlagen. Niederösterreich: Krems. Oberösterreich: Linz. Wels (nach Angabe des Verf.), Gmunden, Bad Ischl. Salzburg ganz veraltete Anlage, die dringend neuzeitlicher Verbesserungen bedürfen würde. Steiermark: Bad Aussee 1927 erbaut. Fürstenfeld, Wagna. Leoben wird nach Vorschlägen des Verf. neuzeitlich umgebaut. Mürzzuschlag 1922 umgebaut. Weiz, Graz Modernisierung dringend nötig. Kärnten: Feldkirchen, Obervellach, St. Veit a. G. 1926 teilweise erneuert. Hüttenberg 1928 vollendet. Villach dringend der Erneuerung bedürftig. Bleiburg, Völkermarkt. Klagenfurt ganz neuzeitliche Anlage. Tirol: Innsbruck moderne Anlage (nach Entwurf des Verf.). Lienz neuzeitliche Anlage nach Entwurf des Verf. Vorarlberg: Bregenz, Dornbirn, Bludenz (1927 Kühlanlage nach Angabe des Verf. vergrößert). Hard, modern eingerichtete Privatschlächterei mit großer Kühlanlage.

In den Küstenländern, ferner in Galizien und der Bukowina waren 42 Schlachthofanlagen älteren Datums vorhanden, die nun zum Teil an Polen, Italien und Jugoslawien gefallen sind.

Die **Tschechoslowakei** hat zu ihren Anlagen in Asch, Eger, Gablonz, Karlsbad, Kuttenberg, Laun, Pilsen, Prag, Bodenbach, Reichenberg, Außig durch die österreichischen Gebietsabtretungen erhalten: Oderberg, Bielitz, Teschen, Mähr.-Ostrau (umgebaut durch W. Frese), Brünn, Rossitz, Olmütz und Iglau an größeren Anlagen.

[1] Moderne Anlagen sind gesperrt gedruckt.

Wie Österreich wurde durch den Kriegsausgang auch **Ungarn** außerordentlich stark verkleinert, das vor dem Kriege in Städten 66 Schlachthofanlagen besaß. Die Schlachthöfe in Budapest sind großzügig angelegt und finden wir dort je eine getrennte Anlage für Großvieh, für Schweine und für Pferde, aus deren Fleisch in städtischer Regie für die ärmere Bevölkerung einwandfreie Wurstwaren erzeugt werden. Die Schlächter hängen dort aber noch zähe an dem alten, dem Einkammersystem, und so finden wir in Budapest, daß eine geradezu musterhaft eingerichtete Großviehhalle mit neuesten Winden und Hochbahn wenig benutzt dasteht und daß in kleinen unreinlichen Schlachträumen die Fleischer wie in Abdeckereien die Schlachttiere auf den Fellen liegend ausarbeiten und die warmen Viertel aufhängen! Die Schweine werden dort fast durchweg gesengt und um Fett für die berühmte Salamifabrikation zu gewinnen, mit der Haut entfettet. Die Schnelligkeit, mit welcher einzelne Schlächter dort diese Prozedur vornehmen, ist direkt verblüffend. Im Schlachthof zu Budapest ist ein hübsches Museum für seltene Präparate und ein neuzeitlich eingerichtetes Laboratorium für Fleischuntersuchung vorhanden, das als mustergültig bezeichnet werden muß.

**Portugal.** Öffentliche Schlachthöfe können dort nur mit Erlaubnis der Regierung gebaut werden, es haben solche die Städte Lissabon, Coimbra, Coruña und Oporto.

**Rumänien.** Die Zahl der rumänischen Schlachthöfe hat sich um die in den annektierten ungarischen Gebieten liegenden vermehrt. Es befinden sich hierunter nicht sonderlich viele, welche auf die Bezeichnung „neuzeitlich" Anspruch machen können. Auch in den in den ehemaligen galizischen Gebieten gelegenen Schlachthöfen hat Rumänien keine sonderlichen Erwerbungen gemacht. Gut sind in Rumänien die Anlagen in Jassy, Galatz, Küstendsche, Vaslui, Krajowa, Varna, Ploesti, Burdujeni und Turn-Severin, während der Schlachthof der Hauptstadt Bukarest eine Mischung zwischen primitiv und modern darstellt. Da das rumänische Gesetz die Zuziehung ausländischer Sachverständiger verbietet, ist Rumänien dazu verurteilt, teures Lehrgeld bei Neubauten zu bezahlen.

Das Gesetz vom 15. Dezember 1912 verpflichtet jede Stadt, öffentliche Schlachthöfe zu bauen. Privatschlachthäuser zu bauen ist verboten. Wenn nicht innerhalb drei Jahren gebaut wird, so läßt das Ministerium bauen (?!). Die Gemeinden haben die nötigen Mittel im Etat vorzusehen. Den Tierärzten obliegt Verwaltung und Fleischbeschau. Schlachtzwang ist vorgeschrieben. Inwieweit dieses Gesetz auch durchgeführt wurde, konnte nicht ermittelt werden.

**Rußland.** In dem weiten Reiche sind nach Quellen aus dem Jahre 1928 nur 1009 „kontrollierte Schlachteinrichtungen", 11 Bacon-Fabriken und 375 Fleischkontrollstationen vorhanden. Nur in 125 Städten von Stammrußland sind eigentliche Schlachthöfe vorhanden, die unter tierärztlicher Leitung stehen und als modern eingerichtet gelten können. Die überwiegende Mehrzahl russischer Schlachthöfe ist durch deutsche Firmen eingerichtet worden. Exportschlächtereien bestehen in Leningrad, Kurgan, Woronesch, Poltawa, Rischtschewo, Nikiforowka, Semipalatinsk, Troitzk, Koslow, Tetschkow und Episow.

**Schweden-Norwegen.** Sehr gut eingerichtete Anlagen besitzen die Städte Götheborg, Eckilstuna, Linköping, Stockholm und besonders Malmö, Lund, Norköping. In Norwegen: Oslo.

**Schweiz.** Öffentliche Schlachthöfe mit Schlachtzwang haben Aarau, Altstädten, Appenzell, Basel (hier auch eine große Anlage der Bell Co.), Biel, Burgdorf, Carrouge, Chur, Frauenfeld, Freiburg, Genf, Glarus, Langenthal, Lausanne, Liestal, Locle, Lugano, Luzern, Montreux, St. Gallen, Schaffhausen, St. Immer, Solothurn, Stans, Vevey und Winterthur, Fleurier, Rorschach, St. Gallen, Herisau, Heiden, St. Margarethen. Musteranlagen sind La Chaud de Fond, Zürich und insbesondere die 1914 neugebaute Musteranlage von Bern.

**Serbien** (Jugoslawien) besitzt hauptsächlich nur Exportschlachthöfe, für Schweine so in Belgrad, Palanka, Paratsin, Semendria, während Nisch einen Schlachthof mit Viehhof hat. Zagreb besitzt moderne Neuanlage. (Erbaut v. W. Frese, Berlin.)

**Spanien.** Durch die Erbauung des neuen Musterschlachthofes in Madrid scheint ein Anstoß geschaffen worden zu sein für eine weitere moderne Entwicklung des Schlachthofwesens in diesem Lande. Zwar sind rund 25 Schlachtanlagen in spanischen Städten vorhanden, von denen wohl nur die Städte Madrid, Barcelona, Jativa, Saragossa, Valencia, Pamplona, Logrone, Ligroñe, Bilbao, Argentona, Betanzas und Tarnel modern eingerichtete Anlagen besitzen.

**Türkei.** Konstantinopel baute in letzter Zeit eine ganz moderne Anlage. Der moderne Fortschritt, der jetzt durch Kemal Pascha gekommen ist, wird in nächster Zeit, insbesondere auf der kleinasiatischen Seite des türkischen Reiches eine Reihe von neuen Schlachthofanlagen schaffen. Neuerbaut Smyrna. Adana im Bau.

## b) Außereuropäische Länder.

In außereuropäischen Ländern sind in **Asien** moderne Anlagen nur in Japan zu finden (Osaka), dem auch unser ehemaliger Reichsschlachthof in Tsingtau zufiel, der sich nach neuesten Berichten sehr gut bewährt. In Niederländisch Indien sind solche Anlagen in Java, Soerabaja und Padang. Die Anlage in Colombo (Ceylon) kann als halbmodern gelten. China fördert den Schlachthofbau sehr stark. Hanoi (China) hat gute Anlage.

In **Afrika** findet man Anlagen in Kairo, Port Said, Tunis, Aboukir, Algier und besonders Casablanca, letztere eine durchweg neuzeitliche Anlage (einer Gesellschaft gehörig). Gute Schlachthöfe besitzt das ehemalige deutsche Lüderitzbucht und Windhuk, letzterer ist Genossenschafts-Schlachthof.

**Amerika** besitzt wohl die größten Schlächtereien der Welt, nicht aber die besten. Man kennt dort auch städtische Anlagen nicht, sondern nur große Exportschlächterein, von welchen die in Nordamerika gelegenen großen Anlagen[1] Eigentum von Einzelnen und Gesellschaften sind, welche nur als Lieferanten für das Fleisch, das durch die Butchers im Detail verkauft wird, in Frage kommen. Solche Großschlächtereien bestehen auch in Omaha, Los Angeles, Kansas City, Sioux City, St. Louis, Cincinnati, Indianapolis, Ottumwa, St. Joseph, Milwaukee, Cedar Rapids und Denver, jedoch nicht von der Größe der Anlagen in Chicago. Die amerikanischen Schlachthäuser sind mit den deutschen nicht gut in Vergleich zu ziehen. Es fehlt dort die solide Bauweise, die bei uns Grundsatz ist, alles ist nur auf rasche Arbeit und Geldgewinn eingestellt; man trifft dort vornehmlich die vertikale Bauweise, welche es notwendig macht, das lebende Vieh mittels Fahrstühlen

[1] Es wird auf die Beschreibungen der Riesenschlachthöfe in Chicago in der 4. Auflage dieses Werkes verwiesen.

in die höchsten Stockwerke zu verbringen und die Schwerkraft auszunützen, die Tiere oder Tierteile und Abfälle wieder nach unten zu bringen. Zeit ist Geld, das ist die Parole in solchen Betrieben. Hygiene steht in zweiter Reihe. Die Schlachtziffern eines Tages sind dort oft höhere als die mancher deutschen Stadt in einem Jahre. Zur Bewältigung dieser großen Zahl von Schlachtungen hat man dort längst die Fließarbeit eingeführt, bei welcher jeder einzelne Arbeiter das ganze Jahr hindurch nur eine bestimmte Arbeit zu verrichten hat, in welcher er Meister an Schnelligkeit wird. Sind uns die amerikanischen Anlagen in manchen Punkten, wie in der Verwertung von Abfällen als Nebenprodukte, in der Anwendung von arbeitserleichternden Maschinen, wie Enthaarungsmaschinen usw. um Jahre voraus, so werden sie die deutschen Anlagen hinsichtlich der peinlich genauen Durchführung von hygienischen Einrichtungen nie erreichen, wenn auch anzuerkennen ist, daß, soweit es in diesen Riesenbetrieben möglich ist, die Fleischuntersuchung ,,formell" durchgeführt wird[1]. In den Vereinigten Staaten ist der Einzelschlächter unbekannt, es gibt dort nur Fleischverkäufer der Großschlächtereien. (Wer sich eingehender über das Vieh- und Fleischhandelswesen und alles was damit zusammenhängt, unterrichten will, findet genauere Angaben in dem Werke von C. Hanfland: Die amerikanische Fleischindustrie. Leipzig: Minerva-Verlag 1928.)

Ferner wird inmitten der Stadt Neuyork eine Großschlächtereianlage in einem zehnstöckigen Gebäude betrieben, das sich von anderen Gebäuden in keiner Weise unterscheidet. Naturgemäß ist Amerika auch auf dem Gebiete der Hochbaukühlanlagen uns voraus[2].

Havanna besitzt einen industriellen Schlachthof, der neuzeitlich ist.

An Leistungsfähigkeit ähnlich sind den Großanlagen in den Vereinigten Staaten die großen Exportschlächtereien in Südamerika[3]: Sansinena, River Plate Fresh Meat, Las Palmas, La Negra, La Blanca, La Plate Cold storage, Smithfield Arg. Meat Co, Frigorifico Argentino, Frigorifico Uruguayo und die Anlagen in Santa Elena (Fleischextraktfabrikation). Hier liegen die großen Zentralen für die gesamte Welt-Gefrierfleischversorgung mit ihren unerschöpflichen Viehbeständen, die zum großen Teil, in Dauerzustand gebracht, nach den Staaten Europas verschifft werden. Wie in den Vereinigten Staaten alle Tierabfälle zu gut verwertbaren Nebenprodukten verarbeitet werden, so legt man auch im Süden Wert auf rationellste Ausnützung. Die Zeit ist noch gar nicht so ferne, in welcher man die Tiere nur der Häute halber schlachtete und nur die besten Fleischteile verwendete. Es ist also auch hier der Wandel der Zeiten zu beobachten.

Eine gute Anlage hat die Stadt Barretos, Brasilien. Neuzeitliche Anlagen finden wir in Asuncion, Pernambuco, Piracicaba und Minas Geraes, in welchem Staate noch zwei weitere Neuanlagen geschaffen werden.

Chile besitzt eine einzige Anlage in Valparaiso.

**Australien** hat lediglich in Sidney und Melbourne gut eingerichtete Anlagen, mit Kühlanlagen ausgestattet, welche dem Mutterlande zum Vorbilde dienen könnten. Neuseeland ist reich an Großschlächtereien für Hammel, doch ist nur die Anlage in Wellington City als neuzeitlich anzusprechen.

## 3. Die öffentlichen Schlachthöfe des Deutschen Reiches.

Während man im Deutschen Reiche 1874, also 6 Jahre nach dem Erlaß des preußischen Schlachthofgesetzes erst in 2 Städten (Solingen und Liegnitz) Schlachthöfe errichtet hatte und 1880 erst 12 Städte (außer den genannten noch Köln, Düsseldorf, Bochum, Elberfeld, Glatz, Hersfeld, Mühlheim a. R., Reichenbach, St. Johann und München) derartige Institute besaßen, erwähnt die 3. Auflage dieses Handbuches im Jahre 1903 839 Orte mit Schlachthöfen, davon 422 in Preußen, die sich bis 1912 auf 934 Anlagen vermehrten. Nach Dr. Schwarz sollen im Reiche immerhin noch 1047 Orte ohne Schlachthöfe sein. Nach Prof. Dr. Mombert soll sich die Zahl der Schlachthöfe, die 1903 noch 34% der Städte betrug, bis 1912 um 6,79% gehoben haben[4].

In der Zwischenzeit war dem Verfasser aber auf vielen Reisen reichlich Gelegenheit geboten, die tatsächliche Richtigkeit dieser Angaben zu prüfen, da auf Grund gemachter Beobachtungen berechtigte Zweifel sich geltend machten, ob diese Zahlen auch der Wirklichkeit entsprechen. Man war zu der Annahme berechtigt, daß ein großer Teil der als ,,Schlacht-Höfe" angegebenen Anlagen in Wirklichkeit nicht als solche angesprochen und betrachtet werden konnten. Die Umfrage bei den deutschen Städten, welche seinerzeit durch Dr. Schwarz vorgenommen wurde, ergab insofern unrichtige Zahlen, als jede befragte Stadt, auch wenn sie nur im Besitz einer unzeitgemäßen Schlacht-Haus-Anlage war, diese kurzweg als Schlachthof bezeichnete, selbst wenn in dieser nur Großvieh geschlachtet wurde. Es war also an der Zeit, ,,die Spreu vom Weizen zu sondern" und als Schlachthof nur solche Anlagen zu betrachten, welche zur gemeinschaftlichen Schlachtung aller Tiergattungen dienen und die unter ständiger tierärztlicher Überwachung stehen, gleichviel ob dieselben mit Kühlanlagen verbunden sind oder nicht. Es galt also, die alten ,,Schlachthäuser" der Gemeinden auszuschalten oder sie wenigstens als alte, unmoderne Anlage zu bezeichnen.

Der Dezernent für das preußische Schlachthofwesen, Dr. Klimeck, veröffentlicht die nachstehende Zusammenstellung vom 1. Juli 1927 über die Schlachthöfe Preußens.

[1] Vgl. Schlachthof-Ztg **1930**: Eignet sich Bandarbeit für deutsche Schlachthöfe?

[2] Vgl. D. Schlachthof-Ztg **1929**, 24.

[3] Vgl. Kallert: Die Konservierung des Fleisches durch das Gefrierverfahren. Berlin 1926.

[4] Mombert: Gemeindebetriebe in Deutschland. Die in der 3. Auflage enthaltenen Angaben der vorhandenen Schlachthöfe wurde in die 4. Auflage übernommen unter Einsatz derjenigen Anlagen, welche nach Angabe der Fachpresse inzwischen als neu erbaut bezeichnet worden sind (S. 69—88). v. Ostertag hatte zu gleicher Zeit 947 Schlachthöfe als bestehend angegeben.

| Reg.-Bezirke | Zahl der Schlachthöfe | Mehr als 10 000 Leistung | | | | | Weniger als 10 000 Leistung | | | | |
|---|---|---|---|---|---|---|---|---|---|---|---|
| | | Hauptamt | Nebenamt | NichtTierarzt | Gemeinde | Innung | Hauptamt | Nebenamt | NichtTierarzt | Gemeinde | Innung |
| Königsberg ... | 26 | 3 | — | — | 3 | — | 4 | 5 | 14 | 23 | — |
| Gumbinnen ... | 10 | 3 | — | — | 3 | — | — | — | 7 | 7 | — |
| Allenstein .... | 19 | 5 | — | — | 5 | — | 2 | 7 | 5 | 13 | 1 |
| Westpreußen.. | 9 | 3 | — | — | 3 | — | 1 | 2 | 3 | 6 | — |
| Berlin ........ | 2 | 1 | — | 1 | 2 | — | — | — | — | — | — |
| Potsdam ..... | 14 | 10 | — | — | 10 | — | 4 | — | — | 4 | — |
| Frankfurt/O... | 15 | 10 | — | — | 9 | — | 4 | 1 | — | 5 | — |
| Stettin ....... | 16 | 7 | — | — | 7 | — | 7 | 2 | — | 9 | — |
| Köslin ....... | 14 | 6 | — | — | 6 | — | 5 | 3 | — | 8 | — |
| Stralsund .... | 4 | 2 | — | — | 1 | 1 | 2 | — | — | 2 | — |
| Schneidemühl. | 13 | 2 | — | — | 2 | — | 4 | 4 | 3 | 11 | — |
| Breslau ...... | 26 | 13 | — | 1 | 12 | 2 | 5 | 5 | 2 | 11 | 1 |
| Liegnitz ...... | 17 | 12 | — | 1 | 11 | 2 | 2 | 2 | — | 4 | — |
| Oppeln ....... | 17 | 9 | — | — | 8 | 1 | 3 | 3 | 2 | 7 | 1 |
| Magdeburg ... | 13 | 11 | — | — | 10 | 1 | 1 | 1 | — | 2 | — |
| Merseburg .... | 7 | 7 | — | — | 7 | — | — | — | — | — | — |
| Erfurt ........ | 7 | 5 | — | — | 5 | — | — | 1 | 1 | 2 | — |
| Schleswig .... | 5 | 3 | — | — | 3 | — | — | 1 | 1 | 2 | — |
| | 234 | 112 | — | 3 | 109 | 7 | 44 | 37 | 38 | 116 | 3 |
| Übertrag .... | 234 | 112 | — | 3 | 109 | 7 | 44 | 37 | 38 | 116 | 3 |
| Hannover ... | 3 | 3 | — | — | 3 | — | — | — | — | — | — |
| Hildesheim .. | 8 | 3 | — | — | 3 | — | 1 | 4 | — | 5 | — |
| Lüneburg .... | 4 | 4 | — | — | 4 | — | — | — | — | — | — |
| Stade ....... | 3 | 2 | 1 | — | 3 | — | — | — | — | — | — |
| Osnabrück ... | 2 | 2 | — | — | 2 | — | — | — | — | — | — |
| Aurich ...... | 5 | 3 | — | — | 3 | — | 2 | — | — | 2 | — |
| Münster ..... | 13 | 9 | 1 | 1 | 11 | — | — | 1 | 1 | 2 | — |
| Minden ..... | 8 | 4 | 1 | — | 4 | 1 | 1 | 2 | — | 3 | — |
| Arnsberg .... | 33 | 29 | — | — | 29 | — | 1 | 3 | — | 4 | — |
| Kassel ...... | 12 | 7 | — | — | 6 | 1 | 2 | — | 3 | 5 | — |
| Wiesbaden... | 7 | 4 | — | — | 4 | — | — | 1 | 2 | 3 | — |
| Koblenz ..... | 10 | 6 | — | — | 5 | 1 | 1 | 2 | 1 | 4 | — |
| Düsseldorf ... | 27 | 25 | — | 1 | 26 | — | — | 1 | — | 1 | — |
| Köln ........ | 11 | 8 | — | 1 | 9 | — | 1 | 1 | — | 2 | — |
| Trier ....... | 5 | 1 | — | — | 1 | — | — | 4 | — | 4 | — |
| Aachen ...... | 8 | 4 | — | — | 4 | — | — | 3 | 1 | 4 | — |
| Sigmaringen . | 2 | — | — | — | — | — | — | 2 | — | 2 | — |
| | 395 | 226 | 3 | 6 | 224 | 11 | 53 | 61 | 46 | 157 | 3 |

Nach dieser Zusammenstellung sind in Preußen 13 Innungsschlachthöfe vorhanden: Spremberg, Stralsund, Brieg, Strehlen, Glogau, Jauer, Oppeln, Halberstadt, Bielefeld, Marburg, Sensburg, Namslau und Konstadt.

Schlachthöfe mit Viehhof sind 32 vorhanden: Königsberg, Stettin, Berlin, Breslau, Beuthen, Magdeburg, Erfurt, Kiel, Hannover, Osnabrück, Dortmund, Hagen, Gelsenkirchen, Kassel, Gelnhausen, Wiesbaden, Frankfurt a. M., Koblenz, Barmen, Duisburg, Duisburg-Meiderich, Düsseldorf, Elberfeld, Essen-Altenessen, M.-Gladbach, Krefeld, Mühlheim a. R., Neuß, Köln, Bonn, Aachen[1].

Eine schwere Wunde hat der verlorene Krieg dem deutschen Schlachthofwesen geschlagen, haben wir doch in den Reichslanden allein 94 Anlagen, in Posen 30, in den abgetretenen Gebieten von Oberschlesien 14 Anlagen und im Korridor 18 Anlagen, zusammen demnach 156 Schlachthöfe verloren, die demnach heute nicht mehr als deutsche Anlagen angesprochen werden können. Es soll damit nur die Gesamtzahl der Schlachthöfe, welche wir heute nicht mehr besitzen, angegeben werden, ohne näher zu prüfen, wie viele von diesen verlorenen Anlagen auf die Bezeichnung „moderner Schlachthof" Anspruch hatten; von denen im Reichslande sicher nicht 10.

Verloren gingen laut Aufschluß des Preußischen Ministeriums für Landwirtschaft die nachstehenden Anlagen:

a) Im Osten: Karthaus, Freystadt, Gollub, Kriewen, Bartschin, Nakel, Lublinitz, ferner die Schlachthöfe in Soldau, Berent, Danzig, Dirschau, Neustadt, Pr.-Stargard, Zoppot, Karthaus, Briesen, Culm, Culmsee, Graudenz, Gollub, Konitz, Lautenburg, Loebau, Mewe, Neuenburg, Neumark, Riesenburg, Rosenberg, Schönsee, Schwetz, Straßburg, Stuhm, Thorn, Tuchel, Rehden, Freystadt, Adelnau, Gostyn, Grätz, Jarotschin, Kempen, Köbylin, Koschmin, Kosten, Krotoschin, Kurnik, Lissa, Meseritz, Miloslaw, Mixstadt, Obornik, Ostrowo, Pleschen, Posen, Rawitsch, Rogasen, Samter, Schildberg, Schmiegel, Schrimm, Schwerin, Wollstein, Wreschen, Zdunny, Schwersenz, Kriewen, Bromberg, Crone, Czarnikau, Exin, Filehne, Gnesen, Janowitz, Hohensalza, Kolmar, Kruschwitz, Labischin, Lobsens, Mogilno, Schubin, Strelno, Tremessen, Wirsitz, Wongrowitz, Znin, Samotschin, Pakosch, Wrotschen, Schlokken, Schulitz, Kletzko, Argenau, Bartschin, Nakel, Kattowitz, Königshütte, Myslowitz, Nikolai, Pleß, Rybnik, Tarnowitz, Lublinitz.

b) Im Westen: Die Schlachthöfe im Malmedy, Montjoie (Reg.-Bez. Aachen) sowie die Anlagen in den Reichslanden.

c) Noch nicht wieder unter deutscher Verwaltung: Dillingen, Dudweiler, Malstadt-Burbach, Merzig, Mettlach-Keuchingen, Neunkirchen, Ottweiler, Saarbrücken, Saarlouis, St. Johann, St. Wendel, Sulzbach, Völklingen.

Es besteht für uns leider die Tatsache, feststellen zu müssen, daß die Zahl der Schlachthöfe zurückgegangen ist. — Jahre werden vergehen, bis dieser Ausfall durch Neubauten aus-

[1] An öffentliche Schlachthöfe sind nach diesen Angaben angeschlossen: 32 Talgschmelzen, 114 Häutelager, 13 Blutverwertungseinrichtungen, 42 Konfiskatverarbeitungsanlagen, 2 Borstenverwertungseinrichtungen.

geglichen werden wird. Wenn auch die Lage des Geldmarktes heute nicht dazu angetan ist, das Werden von neuen Anlagen recht kräftig zu fördern, so werden die deutschen Städte doch in dem Bemühen, die Hygiene zu verbessern, wozu in erster Linie die Schaffung von Schlachthöfen gehört[1], nie erlahmen.

R. Meyer berichtet in der Dtsch. tierärztl. Wschr. 1928 über die Zahl der öffentlichen Schlachthöfe im Deutschen Reich nach dem Stand vom 1. Juli und gibt 730 Schlachthöfe an. Hierzu kommen in Baden 26 Schlachtstätten in ländlichen Gemeinden zur Vornahme von Notschlachtungen, die ganz primitiv ausgestattet sind (Mitt. des Bad. Ministeriums). Meyer erwähnt, daß 677 (92,9%) Gemeindeschlachthöfe sind, und daß 53 (7,1%) Innungen gehören.

Auf die einzelnen Länder verteilen sich die Schlachthöfe wie die nebenstehende Tabelle zeigt.

| Länder | Schlachthöfe | % | Gemeinde-Schlachthöfe | Innungs-Schlachthöfe |
|---|---|---|---|---|
| Preußen | 395 | 54,1 | 381 | 14 |
| Bayern | 100 | 13,7 | 99 | 1 |
| Sachsen | 34 | 4,6 | 22 | 12 |
| Württemberg | 62 | 8,5 | 40 | 22 (!) |
| Baden | 76 | 10,4 | 76 | — |
| Thüringen | 14 | 1,9 | 12 | 2 |
| Hessen | 20 | 2,7 | 18 | 2 |
| Mecklenburg | 11 | 1,5 | 11 | — |
| Braunschweig | 3 | 0,4 | 3 | — |
| Oldenburg | 1 | 0,1 | 1 | — |
| Anhalt | 5 | 0,7 | 5 | — |
| Bremen | 1 | 0,1 | 1 | — |
| Lippe | 2 | 0,3 | 2 | — |
| Lübeck | 1 | 0,1 | 1 | — |
| Mecklenburg-Strelitz | 2 | 0,3 | 2 | — |
| Waldeck | 2 | 0,3 | 2 | — |

In Gemeinden unter 10000 Einwohnern sind 334 Gemeinde- und 27 Innungsschlachthöfe, von 10—50000 Einwohnern 244 Gemeinde- und 27 Innungsschlachthöfe, von 50—100000 Einwohnern 46 Gemeinde- und

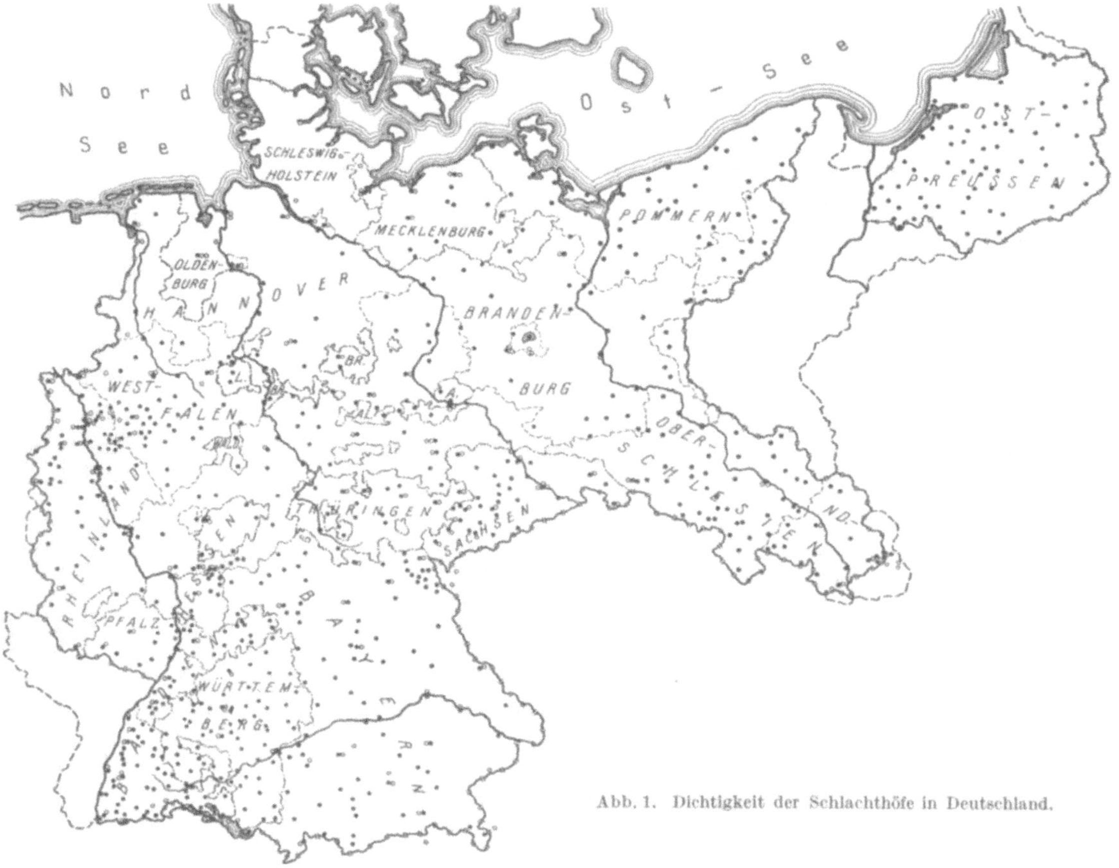


Abb. 1. Dichtigkeit der Schlachthöfe in Deutschland.

2 Innungsschlachthöfe, von 100—500000 Einwohner 43 Gemeindeschlachthöfe, über 500000 Einwohner 7 Gemeindeschlachthöfe.

[1] Kreisschlächtereien sind vorhanden in Oppeln, Neumark, Colberg, Schweidnitz, Freiburg, Kosel, Goldberg, Freystadt, Löwenberg, Greiffenberg, Friedberg und Liebenthal a. L.

## Die deutschen Schlachthöfe.

Zeichenerklärung. S = Stadt als Eigentümerin. I = Innungsschlachthof. V = Viehhof. K = Kühlhaus. KE = Kühlhaus und Eisbereitung. E = Eiskühlhaus. AS = Altes Schlachthaus.

| Stadt | Einwohnerzahl in 1000 | Besitzer | Kühlhaus | Schlachtungen pro Jahr: Rinder | Kleinvieh | | Schweine | Pferde |
|---|---|---|---|---|---|---|---|---|
| **Königsberg.** | | | | | | | | |
| Allenstein | 38 | S. | — | 1742 | 3911 | — | 9019 | — |
| Bartenstein | 8 | S. | — | 711 | 1592 | — | 4133 | 44 |
| Bischofsburg | 5,4 | S. | K. | — | — | — | — | — |
| Bischofstein | 3 | S. | — | 336 | 657 | — | 1676 | — |
| Braunsberg | 14 | S. | K. | 694 | 1394 | — | 4556 | 44 |
| Cranz | 4 | S. | — | 225 | 791 | — | 1414 | 2 |
| Domnau | 2 | S. | — | — | — | — | — | — |
| Pr.-Eylau | 3,6 | S. | — | 214 | 758 | — | 2075 | 31 |
| Fischhausen | 3 | S. | — | 260 | 630 | — | 1292 | 6 |
| Friedland | 3 | S. | — | — | — | — | — | — |
| Gerdauen | 3 | S. | — | 324 | 859 | — | 2300 | — |
| Gilgenberg | 2 | — | — | — | — | — | — | — |
| Guttstadt | 5 | S. | — | — | — | — | — | — |
| Heiligenbeil | 5 | S. | — | 275 | 617 | — | 2411 | — |
| Hohenstein | 3 | S. | — | — | — | — | — | — |
| Pr.-Holland | 5,2 | S. | — | — | — | — | — | — |
| Königsberg | 290 | S. | K. | 19000 | 33254 | — | 94302 | 3329 |
| Korschen | 2 | S. | — | — | — | — | — | — |
| Labiau | 5 | S. | — | 450 | 580 | — | 2904 | 2 |
| Landsberg i. Pr. | 2,5 | S. | — | 3722 | 9695 | — | 28181 | 685 |
| Liebemühl | 2 | S. | — | 141 | 595 | — | 1912 | — |
| Mehlsack | 4 | S. | — | — | — | — | — | — |
| Mohrungen | 5 | S. | — | 341 | 1161 | — | 2452 | — |
| Neidenburg | 6 | — | — | 386 | 1118 | — | 2604 | — |
| Nordenburg | 2,4 | S. | K. | — | — | — | — | — |
| Ortelsburg | 10 | S. | K. | — | — | — | — | — |
| Osterode | 16 | S. | K. | 620 | 1658 | — | 4467 | 19 |
| Passenheim | 2,5 | — | — | — | — | — | — | — |
| Rastenburg | 14 | S. | K. | 1155 | 3720 | — | 7595 | 149 |
| Rössel | 4 | S. | — | — | — | — | — | — |
| Saalfeld | 3 | S. | — | — | — | — | — | — |
| Schippenbeil | 3 | S. | — | 233 | 562 | — | 1448 | — |
| Seeburg | 3 | S. | — | — | — | — | — | — |
| Tapiau | 6 | S. | — | — | — | — | — | — |
| Wartenburg | 4 | S. | — | — | — | — | — | — |
| Wehlau | 5 | S. | — | 556 | 1599 | — | 3607 | 7 |
| Willenberg | 3 | — | — | — | — | — | — | — |
| Wormditt | 6 | S. | — | — | — | — | — | — |
| Zuiten | 4 | S. | — | — | — | — | — | — |

| Stadt | Einwohnerzahl in 1000 | Besitzer | Kühlhaus | Schlachtungen pro Jahr: Rinder | Kleinvieh | | Schweine | Pferde |
|---|---|---|---|---|---|---|---|---|
| **Potsdam** (Forts.) | | | | | | | | |
| Spandau | 120 | S. | K. | 1613 | 2844 | — | 19792 | 289 |
| Teltow | 5 | S. | K. | — | — | — | — | — |
| Wittenberge | 26 | S. | K. | — | — | — | — | — |
| Wittstock | 8 | S. | K. | 370 | 800 | — | 2900 | 64 |
| **Frankfurt a. O.** | | | | | | | | |
| Cottbus | 53 | S. | K. | 4536 | 9070 | — | 22951 | 207 |
| Crossen | 7 | S. | K. | — | — | — | — | — |
| Cüstrin | 20 | S. | K. | 1180 | 2211 | — | 7236 | 159 |
| Driesen-Vordamm | 9 | S. | K. | 742 | 1927 | — | 8792 | 134 |
| Finsterwalde | 14 | S. | K. | 1281 | 1668 | — | 6765 | 225 |
| Forst N.-L. | 38 | S. | K. | 3026 | 6908 | — | 15473 | 96 |
| Frankfurt a. O. | 75 | S. | K. | 4081 | 11348 | — | 21036 | 870 |
| Fürstenwalde | 23 | — | — | — | — | — | — | — |
| Guben | 44 | S. | K. | 2900 | 7800 | — | 16400 | 250 |
| Königsberg i. N. | 293 | S. | K. | 19000 | 33254 | — | 94302 | 3329 |
| Landsberg a. W. | 46 | S. | K. | 3722 | 9695 | — | 28181 | 685 |
| Schwiebus | 10 | S. | K. | — | 1800 | — | 3200 | 176 |
| Sommerfeld | 11 | S. | K. | 958 | 4555 | — | 5620 | 18 |
| Sorau | 20 | S. | K. | 1900 | 3600 | — | 7100 | 132 |
| Spremberg | 13 | I. | K. | 1459 | 3278 | — | 10078 | 92 |
| Züllichau | 10 | S. | K. | 404 | 1317 | — | 2897 | 15 |
| **Stettin.** | | | | | | | | |
| Altdamm | 10 | S. | K. | — | — | — | — | — |
| Anklam | 15 | S. | K. | 735 | 2438 | — | 5216 | 107 |
| Cammin | 6 | S. | — | — | — | — | — | — |
| Demmin | 14 | S. | K. | 564 | 2307 | — | 5442 | 169 |
| Gollnow | 13 | S. | K. | 931 | 2080 | — | 7219 | 21 |
| Greifenberg i. P. | 8 | S. | K. | — | — | — | — | — |
| Greifenhagen | 8 | S. | K. | 1400 | 1500 | — | 7550 | 15 |
| Labes | 6 | S. | K. | 299 | 958 | — | 2552 | 6 |
| Naugard | 6 | S. | K. | 437 | 1668 | — | 3322 | — |
| Pasewalk | 12 | S. | — | 1006 | 1823 | — | 4537 | 118 |
| Pyritz | 10 | S. | K. | 890 | 1980 | — | 5877 | 58 |
| Regenwalde | 4 | S. | K. | 241 | 812 | — | 2021 | 30 |
| Stettin | 254 | S. | K. | 11654 | 24398 | — | 85192 | 638 |
| Swinemünde | 21 | S. | K. | 1516 | 4069 | — | 7510 | 81 |
| Treptow a. R. | 8 | S. | K. | — | — | — | — | — |

| | | | | | | | | | |
|---|---|---|---|---|---|---|---|---|---|
| **Gumbinnen.** | | | | | | | | | |
| Angerburg | 7 | S. | — | — | — | — | — | — |
| Arys | 3 | S. | K. | 286 | 1015 | — | 2164 | — |
| Darkehmen | 3 | S. | — | — | — | — | — | — |
| Goldap | 9 | S. | — | 710 | 2411 | — | 4988 | 88 |
| Gumbinnen | 19 | S. | K. | 1654 | 3552 | — | 9305 | 323 |
| Insterburg | 39 | S. | K. | 2848 | 6744 | — | 15745 | 768 |
| Johannisburg | 5 | S. | — | 422 | 1506 | — | 3499 | — |
| Loetzen | 11 | S. | — | 932 | 2045 | — | 5401 | — |
| Lyck | 15 | S. | K. | 1463 | 3113 | — | 8052 | 171 |
| Marggrabowa | 6 | S. | — | — | — | — | — | — |
| Pillkallen | 4 | S. | K. | — | — | — | — | — |
| Ragnit | 8 | — | — | — | — | — | — | — |
| Sensburg | 7 | I. | — | 805 | 2751 | — | 4424 | — |
| Stallupönen | 6 | I. | — | — | — | — | — | — |
| Tilsit | 51 | S. | K. | 2397 | 4988 | — | 10052 | 238 |
| **Marienwerder.** | | | | | | | | |
| Baldenburg | 3 | S. | — | — | — | — | — | — |
| Bischofswerder | 2 | — | — | — | — | — | — | — |
| Christburg | 3 | S. | — | — | — | — | — | — |
| Deutsch-Eylau | 11 | S. | K. | 675 | 1485 | — | 5006 | 13 |
| Flatow | 5 | S. | — | — | — | — | — | — |
| Hammerstein | 4 | S. | — | — | — | — | — | — |
| Jastrow | 5 | S. | — | — | — | — | — | — |
| Deutsch-Krone | 11 | S. | — | — | — | — | — | — |
| Landeck | 1 | S. | — | 56 | 410 | — | 644 | — |
| Marienwerder | 14 | S. | K. | — | — | — | — | — |
| Preuß.-Friedland | 4 | — | — | — | — | — | — | — |
| Strasburg | 9 | S. | K. | — | — | — | — | — |
| **Danzig.** | | | | | | | | |
| Danzig | 200 | S. | K. | 15452 | 27982 | — | 71848 | 863 |
| Elbing | 68 | S. | K. | 3374 | 8101 | — | 19562 | 464 |
| **Potsdam.** | | | | | | | | |
| Angermünde | 9 | S. | — | 447 | 1153 | — | 3728 | 83 |
| Baruth | 2 | — | — | — | — | — | — | — |
| Berlin | 4014 | S. | K. | 111342 | 642992 | — | 1268896 | 4785 |
| Brandenburg | 59 | S. | K. | — | — | — | — | — |
| Eberswalde | 30 | S. | K. | 1243 | 4306 | — | 8937 | 119 |
| Freienwalde | 10 | S. | K. | 569 | 1365 | — | 3599 | 195 |
| Luckenwalde | 25 | S. | K. | 1597 | 3360 | — | 11445 | 446 |
| Neu-Ruppin | 18 | S. | K. | 885 | 2552 | — | 6175 | 56 |
| Perleberg | 10 | S. | K. | 360 | 932 | — | 4789 | 131 |
| Potsdam | 64 | S. | K. | 1588 | 4683 | — | 14162 | 191 |
| Prenzlau | 22 | S. | K. | 952 | 2743 | — | 7662 | 116 |
| Pritzwalk | 8 | S. | K. | 800 | 2000 | — | 4300 | 65 |
| Rathenow | 28 | S. | K. | 1380 | 3137 | — | 9875 | 135 |
| Schwedt a. O. | 9 | — | — | 532 | 1076 | — | 4036 | 26 |

| | | | | | | | | |
|---|---|---|---|---|---|---|---|---|
| **Köslin.** | | | | | | | | |
| Belgard | 13 | S. | K. | 718 | 1983 | — | 5456 | 108 |
| Bütow | 10 | S. | K. | — | — | — | — | — |
| Dramburg | 7 | S. | K. | 304 | 1082 | — | 1893 | 4 |
| Falkenburg | 5 | S. | — | 248 | 1011 | — | 2371 | 4 |
| Köslin | 31 | S. | K. | 1400 | 4100 | — | 12500 | 200 |
| Kolberg | 34 | S. | K. | 1712 | 7764 | — | 11119 | 212 |
| Lauenburg | 20 | S. | K. | 1390 | 2814 | — | 8089 | 239 |
| Neu-Stettin | 16 | S. | — | 630 | 3316 | — | 5821 | 212 |
| Pollnow | 3 | — | — | — | — | — | — | — |
| Rummelsburg | 7 | S. | — | 403 | 1391 | — | 2952 | 2 |
| Rügenwalde | 6 | S. | K. | 859 | 917 | — | 13114 | 2 |
| Schivelbein | 9 | S. | K. | — | — | — | — | — |
| Schlawe | 9 | — | — | 667 | 1437 | — | 4648 | 26 |
| Stolp | 44 | S. | K. | 2733 | 7975 | — | 17678 | 339 |
| Tempelburg | 5 | S. | — | — | — | — | — | — |

Mit dem Regierungsbezirk Posen gingen verloren die Schlachthöfe: Adelnau, Birnbaum, Gostyn, Grätz, Jarotschin, Kempen, Kobylin, Koschmin, Kosten, Krotoschin, Kurnik, Lissa, Meseritz, Miloslav, Mixstadt, Obornik, Ostrowo, Pleschen, Posen, Rawitsch, Rogasen, Samter, Schildberg, Schmiegel, Schrimm, Schwerin a. W., Schwersenz, Wollstein, Wreschen, Zduny. (Zusammen 30 Anlagen. Die gesperrt gedruckten Anlagen besaßen Kühlanlagen.)

Mit dem Regierungsbezirk Bromberg gingen verloren: Argenau, Bartschin, Bromberg, Crone, Czarnikau, Exin, Filehne, Gresen, Hohensalze, Janowitz, Kletzko, Kolmar, Kruschwitz, Labischin, Lobsens, Mogilno, Mroschen, Nakel, Pakosch, Samotschin, Schokken, Schubin, Schulitz, Schwedenhöhe, Strelno, Tremassen, Wirsitz, Wittkowo, Wongrowitz, Znin. (Zusammen 31 Anlagen.)

| | | | | | | | | |
|---|---|---|---|---|---|---|---|---|
| **Erhalten blieben** | | | | | | | | |
| Kreuz a. O. | 5 | S. | — | 193 | 700 | — | 2608 | — |
| Schneidemühl | 42 | S. | K. | 2577 | 4869 | — | 13779 | 76 |
| Schönlanke | 9 | S. | — | 555 | 1593 | — | 3590 | 3 |
| **Breslau.** | | | | | | | | |
| Bernstadt | 5 | — | K. | 453 | 745 | — | 2528 | — |
| Breslau | 609 | S. | K. | 37738 | 93615 | — | 164513 | 2230 |
| Brieg | 28 | I. | K. | 2145 | 3527 | — | 11755 | — |
| Frankenstein | 10 | S. | K. | 612 | 2105 | — | 4268 | 131 |
| Freiburg | 15 | S. | K. | 1031 | 2238 | — | 4586 | 99 |
| Glatz | 17 | S. | K. | 788 | 1683 | — | 3245 | 477 |
| Gottesberg | 11 | S. | K. | — | — | — | — | — |
| Guhrau | 5 | S. | K. | 416 | 1022 | — | 3068 | 146 |
| Habelschwerdt | 6 | S. | K. | 854 | 1537 | — | 1885 | 318 |
| Langenbielau | 18 | S. | K. | 1167 | 3094 | — | 6052 | 312 |
| Löwen | 4 | S. | K. | — | — | — | — | — |
| Militsch | 4 | S. | K. | — | — | — | — | — |
| Münsterberg | 9 | S. | K. | 677 | 2417 | — | 3702 | 73 |
| Namslau | 7 | I. | K. | 619 | 1204 | — | 3719 | — |

Die deutschen Schlachthöfe (Fortsetzung).

| Stadt | Einwohner-zahl in 1000 | Besitzer | Kühlhaus | Schlachtungen pro Jahr | | | | |
|---|---|---|---|---|---|---|---|---|
| | | | | Rinder | Kleinvieh | | Schweine | Pferde |
| **Breslau** (Forts.). | | | | | | | | |
| Neumarkt | 5 | S. | K. | — | — | — | — | — |
| Neurode | 8 | S. | K. | 750 | 1560 | — | 3040 | 216 |
| Oels | 16 | S. | K. | — | — | — | — | — |
| Ohlau | 12 | S. | K. | 729 | 1151 | — | 4581 | 49 |
| Reichenbach | 16 | S. | K. | 1000 | 3000 | — | 7400 | — |
| Schweidnitz | 31 | S. | K. | 2529 | 4974 | — | 10231 | 262 |
| Strehlen | 10 | I. | K. | 1085 | 1643 | — | 5597 | — |
| Striegau | 14 | S. | K. | 821 | 1943 | — | 4363 | 237 |
| Trachenberg | 4 | S. | K. | 425 | 647 | — | 2185 | — |
| Trebartz | 8 | S. | K. | 815 | 1104 | — | 3857 | 149 |
| Waldenburg | 46 | S. | K. | 3591 | 7031 | — | 14251 | 1137 |
| Wohlau | 6 | S. | K. | 556 | 1599 | — | 3607 | 7 |
| **Liegnitz.** | | | | | | | | |
| Bunzlau | 19 | S. | K. | 1088 | 2826 | — | 5684 | 129 |
| Freiburg | — | S. | K. | — | — | — | — | — |
| Glogau | 27 | I. | K. | 1646 | 3312 | — | 8520 | — |
| Görlitz | 95 | S. | K. | 5255 | 15771 | — | 20633 | 937 |
| Goldberg | 7 | S. | K. | 627 | 1786 | — | 3325 | 54 |
| Grünberg | 26 | S. | K. | 1483 | 4629 | — | 6469 | 207 |
| Haynau | 10 | S. | K. | — | — | — | — | — |
| Hirschberg | 29 | S. | K. | 2080 | 7141 | — | 9657 | 350 |
| Jauer | 12 | I. | K. | 1648 | 3107 | — | 7045 | 90 |
| Landeshut | 13 | S. | K. | — | — | — | — | — |
| Lauban | 16 | S. | — | 1204 | 3142 | — | 5713 | 193 |
| Liebau | 5 | — | — | — | — | — | — | — |
| Liegnitz | 75 | S. | K. | 5771 | 12879 | — | 25372 | 195 |
| Löwenberg | 6 | S. | K. | — | — | — | — | — |
| Lüben | 8 | S. | — | 515 | 1324 | — | 2960 | 59 |
| Neusalz a. O. | 14 | S. | K. | 1279 | 4072 | — | 5382 | 121 |
| Schmiedeberg | 7 | S. | K. | 670 | 1337 | — | 2508 | 49 |
| Sprottau | 11 | S. | K. | 757 | 1467 | — | 3819 | 91 |
| **Oppeln.** | | | | | | | | |
| Beuthen | 93 | S. | K. | 11596 | 11603 | — | 40569 | 127 |
| Cosel | 8 | S. | K. | — | — | — | — | — |
| Gleiwitz | 100 | S. | K. | 8986 | 12488 | — | 30740 | 261 |
| Oberglogau | 8 | S. | K. | 602 | 745 | — | 2971 | — |
| Grottkau | 4 | I. | K. | 449 | 884 | — | 2975 | — |
| Konstadt | 4 | S. | K. | 466 | 780 | — | 2218 | — |
| Kreuzburg | 28 | S. | K. | 1286 | 2529 | — | 6449 | — |
| Leobschütz | 13 | — | — | — | — | — | — | — |
| Neiße | 33 | S. | K. | — | — | — | — | — |
| **Hannover.** | | | | | | | | |
| Hameln | 27 | S. | K. | 1000 | 3500 | — | 9000 | 250 |
| Hannover-Linden | 438 | S. | K. | 15323 | 31833 | — | 171254 | 2479 |
| Nienburg | 11 | S. | K. | 467 | 1215 | — | 5564 | 79 |
| **Hildesheim.** | | | | | | | | |
| Duderstadt | 7 | S. | K. | 719 | 1650 | — | 3559 | 20 |
| Einbeck | 10 | S. | K. | — | — | — | — | — |
| Göttingen | 43 | S. | K. | 1870 | 6446 | — | 12403 | 205 |
| Goslar | 23 | S. | K. | 1015 | 4207 | — | 7026 | 79 |
| Hildesheim | 58 | S. | K. | — | — | — | — | — |
| Münden | 13 | S. | K. | — | — | — | — | — |
| Northeim | 9 | S. | — | — | — | — | — | — |
| Osterode | 8 | S. | — | — | — | — | — | — |
| **Lüneburg** | | | | | | | | |
| Celle | 26 | S. | K. | — | — | — | — | — |
| Harburg | 73 | S. | K. | — | — | — | — | — |
| Lüneburg | 29 | S. | K. | 1127 | 3091 | — | 13109 | 151 |
| **Stade.** | | | | | | | | |
| Geestemünde | 30 | S. | K. | — | — | — | — | — |
| Stade | 12 | S. | K. | 613 | 867 | — | 4212 | 49 |
| Verden | 11 | S. | K. | 483 | 1013 | — | 4237 | 72 |
| **Osnabrück.** | | | | | | | | |
| Lingen | 11 | S. | — | 620 | 1000 | — | 5800 | 98 |
| Osnabrück | 89 | S. | K. | 4236 | 10613 | — | 37567 | 952 |
| **Aurich.** | | | | | | | | |
| Aurich | 6 | S. | K. | 473 | 2187 | — | 1762 | 23 |
| Borkum | 5 | S. | — | — | — | — | — | — |
| Emden | 28 | S. | K. | 1805 | 12516 | — | 10083 | 130 |
| Norden | 11 | S. | — | 654 | 2039 | — | 3208 | 47 |
| Norderney | 6 | S. | K. | 210 | 580 | — | 1465 | — |
| Wilhelmshaven mit Rüstringen | 26 | S. | K. | 1568 | 4044 | — | 18770 | 167 |
| **Münster.** | | | | | | | | |
| Bocholt | 33 | S. | K. | 1322 | 1645 | — | 10413 | 436 |
| Bottrop | 77 | S. | K. | 1986 | 2389 | — | 12045 | 57 |
| Buer | 99 | S. | K. | — | — | — | — | — |
| Burgsteinfurt | 6 | S. | — | 353 | 549 | — | 1128 | 67 |
| Cösfeld | 11 | S. | — | 425 | 1435 | — | 2131 | 6 |
| Gladbeck | 60 | S. | K. | 1190 | 1172 | — | 15724 | 272 |

| | | | | | | | | |
|---|---|---|---|---|---|---|---|---|
| Neustadt | 17 | S. | K. | 1285 | 3294 | — | 6146 | 100 |
| Oppeln | 42 | I. | K. | — | — | — | — | — |
| Ottmachau | 4 | S. | K. | 289 | 650 | — | 1184 | 6 |
| Patschkau | 7 | S. | K. | 658 | 1812 | — | 2228 | 126 |
| Ratibor | 41 | S. | K. | 3372 | 7078 | — | 17727 | 122 |
| Gr.-Strehlitz | 6 | S. | K. | — | — | — | — | — |
| Ziegenhals | 9 | S. | K. | — | — | — | — | — |

Nach Polnisch-Oberschlesien kamen: Kattowitz, Königshütte, Lublinitz, Myslowitz, Nikolai, Pleß, Rybnik, Tarnowitz. (Zusammen 8 Anlagen.)

| | | | | | | | | |
|---|---|---|---|---|---|---|---|---|
| **Magdeburg.** | | | | | | | | |
| Aschersleben | 29 | S. | K. | 933 | 1877 | — | 12430 | 341 |
| Burg | 25 | S. | K. | 1501 | 2215 | — | 10828 | 154 |
| Calbe | 11 | S. | — | — | — | — | — | — |
| Gardelegen | 10 | S. | K. | 495 | 1022 | — | 2849 | 31 |
| Halberstadt | 48 | S. | K. | 5363 | 6971 | — | 15201 | 379 |
| Magdeburg | 299 | S. | K. | 14427 | 38010 | — | 122940 | 1068 |
| Quedlinburg | 27 | S. | K. | 1535 | 3151 | — | 9822 | 330 |
| Salzwedel | 16 | S. | K. | 891 | 2298 | — | 6961 | 119 |
| Staßfurt | 17 | S. | K. | 722 | 1011 | — | 7450 | 223 |
| Stendal | 31 | S. | K. | 1519 | 3042 | — | 12061 | 169 |
| Tangermünde | 13 | S. | K. | — | — | — | — | — |
| Vaethen | 7 | S. | — | — | — | — | — | — |
| Wernigerode | 20 | S. | K. | 1368 | 3510 | — | 8115 | 91 |
| **Merseburg.** | | | | | | | | |
| Eisleben | 25 | S. | K. | 1083 | 2147 | — | 8197 | 207 |
| Halle | 201 | S. | K. | 10057 | 26411 | — | 62256 | 2337 |
| Merseburg | 29 | — | — | 1417 | 3946 | — | 9800 | 283 |
| Naumburg | 29 | S. | K. | 2025 | 6577 | — | 10363 | 226 |
| Torgau | 14 | S. | K. | 756 | 2183 | — | 6287 | 199 |
| Weißenfels | 40 | S. | K. | 2969 | 7161 | — | 12567 | 421 |
| Zeitz | 35 | S. | K. | 2825 | 6302 | — | 11221 | 306 |
| **Erfurt.** | | | | | | | | |
| Erfurt | 135 | S. | K. | 11805 | 24156 | — | 47746 | 1067 |
| Heiligenstadt | 9 | S. | K. | 545 | 1401 | — | 3555 | 25 |
| Langensalza | 13 | S. | K. | 983 | 1951 | — | 6339 | 62 |
| Mühlhausen i. Th. | 35 | S. | K. | — | — | — | — | — |
| Nordhausen | 35 | S. | K. | — | — | — | — | — |
| Schleusingen | 5 | S. | K. | 513 | 915 | — | 1529 | 32 |
| Suhl | 14 | S. | — | 1029 | 2877 | — | 3673 | 192 |
| **Schleswig.** | | | | | | | | |
| Altona | — | I. | — | — | — | — | — | — |
| Eckernförde | — | S. | — | — | — | — | — | — |
| Flensburg | — | S. | K. | 4510 | 7551 | — | 18349 | 304 |
| Glückstadt | — | S. | K. | — | — | — | — | — |
| Kiel | — | S. | K. | 30120 | 22517 | — | 64021 | 601 |

| | | | | | | | | |
|---|---|---|---|---|---|---|---|---|
| Gronau | 14 | S. | — | 868 | 793 | — | 2931 | 191 |
| Ibbenbüren | 7 | S. | — | — | — | — | — | — |
| Münster | 116 | S. | K. | 3520 | 9530 | — | 22042 | 604 |
| Recklinghausen | 98 | S. | K. | 3060 | 4203 | — | 26538 | 502 |
| Rheine | 31 | S. | K. | 1186 | 2285 | — | 5002 | 406 |
| Warendorf | 8 | S. | — | 638 | 1009 | — | 2847 | 68 |
| **Minden.** | | | | | | | | |
| Beckum | 14 | S. | K. | 597 | 640 | — | 1277 | 104 |
| Bielefeld | 90 | I. | K. | 4502 | 7803 | — | 20185 | 925 |
| Herford | 38 | S. | K. | 1454 | 3696 | — | 6205 | 334 |
| Höxter | 7 | S. | — | — | — | — | — | — |
| Minden | 29 | S. | K. | 1414 | 3489 | — | 6190 | 208 |
| Oeynhausen | 12 | S. | — | — | — | — | — | — |
| Paderborn | 36 | S. | K. | 1811 | 5145 | — | 7645 | 83 |
| Vlotho | 5 | S. | — | — | — | — | — | — |
| Warburg | 7 | S. | K. | — | — | — | — | — |
| **Arnsberg.** | | | | | | | | |
| Altena | 17 | S. | K. | 691 | 1161 | — | 2942 | 7 |
| Arnsberg | 12 | S. | K. | 780 | 1620 | — | 3178 | 7 |
| Bochum | 216 | S. | K. | 3404 | 12708 | — | 57518 | 582 |
| Camen | 12 | S. | K. | 547 | 1051 | — | 4070 | 133 |
| Castrop-Rauxel | 57 | S. | K. | 1911 | 1469 | — | 6039 | 100 |
| Dortmund | 455 | S. | K. | 11961 | 20752 | — | 80060 | 1016 |
| Eickel | 35 | — | — | — | — | — | — | — |
| Gelsenkirchen-Buer | 342 | S. | K. | 3930 | 9858 | — | 70746 | 356 |
| Gevelsberg | 21 | — | — | — | — | — | — | — |
| Hagen | 101 | S. | K. | 4299 | 7982 | — | 27568 | 539 |
| Hamm | 52 | S. | K. | 2712 | 4536 | — | 16500 | 264 |
| Haspe | 26 | S. | — | — | — | — | — | — |
| Hattingen | 15 | S. | K. | 388 | 973 | — | 4528 | 123 |
| Herne | 67 | — | — | — | — | — | — | — |
| Hoerde | 36 | S. | K. | — | — | — | — | — |
| Hohenlimburg | 25 | S. | K. | 782 | 1133 | — | 3142 | 8 |
| Iserlohn | 32 | S. | K. | 2436 | 4930 | — | 11378 | 99 |
| Linden-Dahlhausen | — | S. | K. | — | — | — | — | — |
| Lippstadt | 19 | S. | K. | 822 | 1365 | — | 3658 | 20 |
| Lüdenscheid | 35 | S. | K. | 2119 | 4841 | — | 8380 | 64 |
| Lünen | 24 | S. | K. | — | — | — | — | — |
| Menden | 14 | S. | — | 876 | 1330 | — | 4377 | 94 |
| Meschede | 4 | S. | — | 524 | 810 | — | 2759 | — |
| Neheim | 12 | S. | K. | 1300 | 1500 | — | 4500 | 100 |
| N.-Marsberg | 5 | S. | — | — | — | — | — | — |
| Schwelm | 22 | S. | K. | — | — | — | — | — |
| Schwerte | 16 | S. | K. | 992 | 1337 | — | 4607 | 63 |
| Siegen | 32 | S. | K. | 2504 | 7089 | — | 7620 | 67 |
| Soest | 22 | S. | K. | — | — | — | — | — |

Die deutschen Schlachthöfe (Fortsetzung).

| Stadt | Einwohnerzahl in 1000 | Besitzer | Kühlhaus | Schlachtungen pro Jahr | | | | Pferde |
|---|---|---|---|---|---|---|---|---|
| | | | | Rinder | Kleinvieh | | Schweine | |
| **Arnsberg** (Forts.) | | | | | | | | |
| Unna | 18 | S. | K. | 560 | 1420 | — | 5142 | 247 |
| Wanne | 40 | S. | K. | — | — | — | — | — |
| Wattenscheid | 61 | S. | K. | 508 | 1183 | — | 13672 | 175 |
| Witten | 70 | S. | K. | 2198 | 3535 | — | 16352 | 267 |
| **Cassel.** | | | | | | | | |
| Cassel | 174 | S. | K. | 10009 | 22345 | — | 38649 | 418 |
| Eschwege | — | S. | K. | 848 | 2442 | — | 5159 | 6 |
| Fulda | 28 | S. | K. | 2329 | 4670 | — | 8500 | 76 |
| Gelnhausen | 5 | S. | K. | 445 | 689 | — | 2407 | 2 |
| Hanau | 41 | S. | K. | 1745 | 5127 | — | 12575 | 36 |
| Hersfeld | 11 | S. | K. | — | — | — | — | — |
| Marburg | 23 | I. | K. | 1856 | 4190 | — | 7536 | 2 |
| Melsungen | 5 | S. | — | 403 | 1897 | — | 2675 | — |
| Orb | 5 | S. | K. | 580 | 670 | — | 1940 | 3 |
| Rinteln | 6 | S. | K. | — | — | — | — | — |
| Schmalkalden | 11 | S. | K. | 908 | 1831 | — | 4835 | 106 |
| **Wiesbaden.** | | | | | | | | |
| Ems | 7 | S. | K. | — | — | — | — | — |
| Frankfurt a. M. | 551 | S. | K. | 38818 | 86405 | — | 183150 | 732 |
| Höchst | 32 | S. | K. | — | — | — | — | — |
| Homburg | 18 | S. | K. | 846 | 2635 | — | 4387 | 20 |
| Langenschwalbach | 3 | S. | K. | — | — | — | — | — |
| Limburg | 12 | S. | — | — | — | — | — | — |
| Wiesbaden | 154 | S. | K. | 4522 | 22082 | — | 36684 | 287 |
| **Coblenz.** | | | | | | | | |
| Andernach | 12 | S. | K. | 685 | 1149 | — | 3416 | 9 |
| Coblenz | 68 | S. | K. | 5079 | 15749 | — | 17387 | 346 |
| Cochem | 4 | S. | K. | — | — | — | — | — |
| Kirn a. N. | 7 | S. | K. | 814 | 1049 | — | 2008 | — |
| Kreuznach | 27 | S. | K. | 1935 | 4632 | — | 8836 | 95 |
| Mayen | 15 | S. | K. | 2350 | 2700 | — | 4680 | 177 |
| Neuwied | 21 | S. | K. | 1060 | 2589 | — | 4298 | 156 |
| Vallendar | 5 | S. | K. | 947 | 1002 | — | 1197 | 2 |
| Wetzlar | 17 | S. | K. | — | — | — | — | — |
| **Düsseldorf.** | | | | | | | | |
| Altendorf | 4 | S. | K. | — | — | — | — | — |
| Barmen | 191 | S. | K. | 7500 | 18500 | — | 53000 | 445 |
| Bochum | 157 | S. | K. | — | — | — | — | — |
| Cleve | 22 | S. | K. | 1699 | 2158 | — | 7908 | 36 |

| Stadt | Einwohnerzahl in 1000 | Besitzer | Kühlhaus | Schlachtungen pro Jahr | | | | Pferde |
|---|---|---|---|---|---|---|---|---|
| | | | | Rinder | Kleinvieh | | Schweine | |
| **Trier** (Forts.) | | | | | | | | |
| Saarburg | 3 | S. | — | — | — | — | — | — |
| Saarlouis | 16 | S. | K. | 1853 | 2674 | — | 4035 | 10 |
| St. Wendel | 8 | S. | — | 832 | 1352 | — | 1812 | 3 |
| Sulzbach | 23 | S. | K. | — | — | — | — | — |
| Trier | 57 | S. | K. | 6400 | 17485 | — | 16479 | 578 |
| Völklingen | 19 | S. | K. | 2667 | 2438 | — | 6522 | 97 |
| Wittlich | 6 | S. | K. | — | — | — | — | — |
| **Aachen.** | | | | | | | | |
| Aachen | 155 | S. | K. | 3474 | 14804 | — | 38245 | 225 |
| Düren | 37 | S. | K. | 3087 | 4557 | — | 13621 | 119 |
| Erkelenz | 6 | S. | K. | — | — | — | — | — |
| Eschweiler | 26 | S. | K. | 983 | 1349 | — | 7600 | 104 |
| Eupen | 15 | S. | K. | — | — | — | — | — |
| Jülich | 9 | S. | K. | 869 | 1250 | — | 2864 | 33 |
| Malmedy | 6 | S. | — | — | — | — | — | — |
| Monschau | 2 | S. | — | 196 | 281 | — | 445 | — |
| Stolberg | 17 | S. | K. | 857 | 1242 | — | 4741 | 17 |
| **Sigmaringen.** | | | | | | | | |
| Hechingen | 5 | S. | — | — | — | — | — | — |
| Sigmaringen | 5 | S. | — | 510 | 1236 | — | 1750 | — |
| **B a y e r n.** | | | | | | | | |
| **Oberbayern.** | | | | | | | | |
| Berchtesgaden | 4 | S. | — | — | — | — | — | — |
| Diessen | 2 | S. | — | 330 | 500 | — | 741 | 20 |
| Erding | 4 | S. | — | 950 | 1423 | — | 3823 | 34 |
| Freising | 15 | S. | — | — | — | — | — | — |
| Garmisch-Partenkirche | 10 | — | — | 1200 | 4200 | — | 3800 | 21 |
| Ingolstadt | 27 | S. | K. | 2748 | 4267 | — | 12756 | 142 |
| Landsberg | 8 | S. | — | 1023 | 1388 | — | 3677 | — |
| Miesbach | 4 | S. | — | 593 | 996 | — | 1732 | — |
| München | 681 | S. | K. | 69653 | 183180 | — | 265503 | 1979 |
| Oberammergau | 2 | S. | — | 337 | 556 | — | 569 | — |
| Penzberg | 6 | S. | — | — | — | — | — | — |
| Pfaffenhofen | 5 | S. | K. | 660 | 1100 | — | 2970 | 77 |
| Reichenhall | 8 | S. | K. | 1269 | 4171 | — | 3782 | 2 |
| Rosenheim | 18 | S. | K. | 2172 | 4377 | — | 6155 | 127 |
| Starnberg | 5 | S. | — | — | — | — | — | — |
| Tölz | 7 | S. | — | — | — | — | — | — |

| | | | | | | | | |
|---|---|---|---|---|---|---|---|---|
| Crefeld | 134 | S. | K. | 6050 | 5500 | — | 18200 | 223 |
| Düsseldorf | 435 | S. | K. | 13181 | 47101 | — | 130266 | 1946 |
| Duisburg | 169 | S. | K. | 4282 | 7189 | — | 61461 | 727 |
| Duisburg-Meiderich | 169 | S. | K. | 2812 | 3724 | — | 29853 | 570 |
| Elberfeld | 173 | S. | K. | 13065 | 26607 | — | 87723 | 504 |
| Emmerich | 14 | S. | K. | 876 | 1235 | — | 4823 | 54 |
| Essen | 469 | S. | K. | 8525 | 24447 | — | 94366 | 561 |
| M. Gladbach | 118 | S. | K. | 5151 | 4922 | — | 23477 | 400 |
| Hamborn | 130 | S. | K. | 4109 | 6302 | — | 43826 | 235 |
| Homberg | 26 | — | — | — | — | — | — | — |
| Lennep | 14 | S. | K. | 515 | 690 | — | 2085 | — |
| Mörs | 27 | S. | K. | 681 | 850 | — | 2961 | 152 |
| Mülheim Ruhr | 127 | S. | K. | 3157 | 7150 | — | 39305 | 569 |
| Neuß | 45 | S. | K. | 1847 | 1991 | — | 12468 | 123 |
| Neviges | — | S. | K. | — | — | — | — | — |
| Oberhausen | 105 | S. | K. | — | — | — | — | — |
| Ohligs | 31 | S. | K. | 1116 | 646 | — | 8265 | 535 |
| Ratingen | 15 | S. | K. | — | — | — | — | — |
| Remscheid | 79 | S. | K. | 2532 | 2513 | — | 16011 | 199 |
| Rheydt | 45 | S. | K. | 3505 | 2607 | — | 17018 | 303 |
| Solingen | 54 | S. | K. | 3330 | 3867 | — | 23312 | 1745 |
| Straehlen | 7 | S. | K. | 416 | 1533 | — | 12707 | 6 |
| Ürdingen | 15 | S. | K. | 426 | 439 | — | 2420 | 6 |
| Viersen | 33 | S. | K. | 1515 | 1150 | — | 9193 | 100 |
| Werden | 13 | S. | K. | 276 | 469 | — | 3120 | — |
| Wesel | 25 | S. | K. | 1533 | 2832 | — | 8691 | 198 |
| **Cöln.** | | | | | | | | |
| Bonn | 93 | S. | K. | 5725 | 10727 | — | 27353 | 504 |
| Brühl | 11 | S. | K. | 1320 | 683 | — | 5234 | 15 |
| Cöln-Kalk | 732 | S. | K. | 28219 | 68077 | — | 222024 | 2379 |
| Euskirchen | 15 | S. | K. | 1290 | 1003 | — | 3792 | 19 |
| Bergisch-Gladbach | 19 | S. | K. | 1053 | 801 | — | 3798 | 21 |
| Godesberg | 20 | S. | K. | — | — | — | — | — |
| Gummersbach | 17 | S. | K. | 1527 | 1815 | — | 3049 | 30 |
| Mülheim a. Rh. (Cöln) | 4 | S. | K. | — | — | — | — | — |
| Münstereifel | 3 | S. | — | — | — | — | — | — |
| Siegburg | 19 | S. | K. | 1907 | 2117 | — | 6859 | 80 |
| **Trier.** | | | | | | | | |
| Dudweiler | 23 | S. | K. | 1800 | 1200 | — | 4000 | 2 |
| Malstadt-Burbach | 40 | S. | K. | — | — | — | — | — |
| Merzig | 10 | S. | K. | — | — | — | — | — |
| Mettlach | 3 | S. | — | 253 | 352 | — | 492 | — |
| Neunkirchen | 41 | S. | K. | 4308 | 3109 | — | 7093 | 124 |
| Ottweiler | 7 | S. | — | — | — | — | — | — |
| Prüm | 3 | S. | — | 417 | 712 | — | 1122 | — |
| Saarbrücken | 125 | S. | K. | 12306 | 25231 | — | 37036 | 491 |

| | | | | | | | | |
|---|---|---|---|---|---|---|---|---|
| Traunstein | 9 | S. | — | — | — | — | — | — |
| Weilheim | 6 | S. | K. | — | — | — | — | — |
| **Niederbayern.** | | | | | | | | |
| Deggendorf | 8 | S. | — | — | — | — | — | — |
| Landshut | 26 | S. | K. | 3425 | 6556 | — | 12591 | 78 |
| Passau | 25 | S. | K. | 2632 | 6196 | — | 7628 | 237 |
| Straubing | 24 | S. | K. | 3180 | 5600 | — | 12381 | 340 |
| Vilshofen | 4 | S. | — | 498 | 1075 | — | 1712 | — |
| Zwiesel | 5 | S. | K. | 487 | 1147 | — | 2107 | 10 |
| **Rheinpfalz.** | | | | | | | | |
| Dürkheim | 8 | S. | — | — | — | — | — | — |
| Frankenthal | 25 | S. | — | 1128 | 2351 | — | 7862 | 6 |
| Germersheim | 3 | S. | — | — | — | — | — | — |
| Grünstadt | 5 | S. | K. | — | — | — | — | — |
| Kaiserslautern | 59 | S. | K. | 4335 | 7930 | — | 17936 | 493 |
| Landau | 15 | S. | K. | — | — | — | — | — |
| Landstuhl | 5 | S. | K. | 500 | 740 | — | 1369 | — |
| Ludwigshafen | 102 | S. | K. | 6533 | 9849 | — | 32246 | 299 |
| Neustadt a. H. | 21 | S. | K. | 1628 | 3179 | — | 7178 | 15 |
| Pirmasens | 43 | S. | K. | — | — | — | — | — |
| St. Ingbert | 19 | S. | — | — | — | — | — | — |
| Speyer | 27 | S. | K. | 2143 | 3685 | — | 8847 | 85 |
| Zweibrücken | 18 | S. | K. | 1742 | 2336 | — | 6019 | 13 |
| **Oberpfalz.** | | | | | | | | |
| Amberg | 26 | S. | K. | 1852 | 4225 | — | 11499 | 70 |
| Floss | 2 | S. | — | — | — | — | — | — |
| Furth i. W. | | | | | | | | |
| Neumarkt | 8 | S. | K. | 695 | 2278 | — | 4926 | 85 |
| Regensburg | 77 | S. | K. | 9055 | 17980 | — | 34670 | 300 |
| Schwandorf | 9 | S. | K. | 1203 | 1458 | — | 4456 | 7 |
| Weiden | 20 | S. | K. | 1995 | 2983 | — | 8964 | 21 |
| **Oberfranken.** | | | | | | | | |
| Arzberg | 5 | S. | K. | 553 | 486 | — | 1337 | — |
| Bamberg | 50 | S. | K. | 5402 | 13502 | — | 20834 | 243 |
| Bayreuth | 35 | S. | K. | 3387 | 12877 | — | 12007 | 161 |
| Coburg | 25 | S. | K. | 2545 | 5115 | — | 15092 | 259 |
| Forchheim | 10 | S. | K. | 969 | 1006 | — | 3630 | — |
| Hof | 40 | S. | K. | 4795 | 7394 | — | 19945 | 97 |
| Kulmbach | 11 | S. | K. | 340 | 1834 | — | 4833 | 12 |
| Marktredwitz | 8 | S. | — | — | — | — | — | — |
| Rehau | 6 | S. | K. | — | — | — | — | — |
| Schwarzenbach | 5 | S. | K. | 389 | 733 | — | 1728 | 4 |
| Selb | 13 | S. | — | 1226 | 1372 | — | 3654 | 31 |
| **Mittelfranken.** | | | | | | | | |
| Ansbach | 22 | S. | K. | — | — | — | — | — |
| Eichstädt | 8 | S. | — | — | — | — | — | — |

## Die deutschen Schlachthöfe (Fortsetzung).

| Stadt | Einwohnerzahl in 1000 | Besitzer | Kühlhaus | Schlachtungen pro Jahr: Rinder | Kleinvieh | | Schweine | Pferde |
|---|---|---|---|---|---|---|---|---|
| **Mittelfranken** (Forts.). | | | | | | | | |
| Erlangen | 30 | S. | K. | 1790 | 5733 | — | 12085 | 319 |
| Fürth | 74 | S. | K. | 5395 | 8730 | — | 20933 | 392 |
| Gunzenhausen | 5 | S. | K. | 642 | 1202 | — | 3679 | 12 |
| Lauf | 6 | S. | K. | — | — | — | — | — |
| Nürnberg | 393 | S. | K. | 32081 | 69004 | — | 172757 | 464 |
| Rothenburg o. T. | 9 | S. | K. | 665 | 1728 | — | 3604 | 15 |
| Schwabach | 12 | S. | K. | — | — | — | — | — |
| Weißenburg i. B. | 8 | S. | K. | — | — | — | — | — |
| **Unterfranken.** | | | | | | | | |
| Aschaffenburg | 34 | S. | — | 3077 | 3635 | — | 15386 | 81 |
| Hammelburg | 3 | S. | — | 530 | 523 | — | 749 | 34 |
| Kissingen | 10 | S. | K. | 1063 | 3835 | — | 4357 | 1 |
| Kitzingen | 10 | S. | K. | 1050 | 1484 | — | 4254 | 73 |
| Klingenberg | 2 | S. | K. | — | — | — | — | — |
| Lohr | 6 | S. | K. | — | — | — | — | — |
| Miltenberg | 4 | S. | K. | 549 | 993 | — | 1824 | — |
| Schweinfurt | 36 | S. | K. | — | — | — | — | — |
| Würzburg | 90 | S. | K. | — | — | — | — | — |
| **Schwaben.** | | | | | | | | |
| Augsburg | 166 | S. | K. | 14986 | 27942 | — | 56277 | 882 |
| Füssen | 6 | S. | — | 695 | 1412 | — | 2504 | — |
| Kaufbeuren | 9 | S. | K. | — | — | — | — | — |
| Kempten | 22 | S. | K. | 2650 | 5057 | — | 12400 | — |
| Lauingen | 5 | S. | — | — | — | — | — | — |
| Lindau | 14 | S. | K. | 1275 | 3227 | — | 4234 | — |
| Memmingen | 14 | S. | K. | 2426 | 3114 | — | 4833 | 76 |
| Neuburg a. D. | 6 | S. | — | — | — | — | — | — |
| Neu-Ulm | 12 | S. | K. | 957 | 2196 | — | 3157 | 3 |
| Nördlingen | 9 | S. | — | 1219 | 2213 | — | 4391 | — |
| **Sachsen.** | | | | | | | | |
| **Bautzen.** | | | | | | | | |
| Bautzen | 40 | I. | K. | 2161 | 5825 | 1661 | 10576 | 643 |
| Löbau | 13 | S. | K. | 671 | 2000 | 214 | 3276 | 112 |
| Neugersdorf | 11 | S. | K. | 816 | 1170 | 38 | 2102 | 235 |
| Zittau | 38 | S. | K. | 2448 | 4497 | 1921 | 8697 | 206 |
| **Chemnitz.** | | | | | | | | |
| Annaberg | 18 | I. | K. | 2324 | 3502 | 991 | 6633 | — |
| Chemnitz | 334 | S. | K. | 16246 | 37166 | 22225 | 73440 | 1254 |

| Stadt | Einwohnerzahl in 1000 | Besitzer | Kühlhaus | Schlachtungen pro Jahr: Rinder | Kleinvieh | | Schweine | Pferde |
|---|---|---|---|---|---|---|---|---|
| **Württemberg** (Fortsetzung). | | | | | | | | |
| Leutkirch | 4 | S. | K. | 548 | 1250 | — | 2236 | — |
| Ludwigsburg | 29 | S. | K. | 1733 | 4168 | — | 8089 | 14 |
| Mergentheim | 6 | S. | — | 3005 | 2295 | — | 1999 | 65 |
| Oberndorf | 5 | S. | — | — | — | — | — | — |
| Oehringen | 4 | S. | — | — | — | — | — | — |
| Ravensburg | 17 | S. | K. | 2088 | 2887 | — | 5372 | 83 |
| Reutlingen (im Bau) | 31 | S. | K. | 2345 | 4265 | — | 8518 | 2 |
| Rottenburg | 8 | S. | — | — | — | — | — | — |
| Rottweil | 11 | I. | — | 1184 | 1694 | — | 3144 | — |
| Schramberg | 12 | S. | — | 823 | 1585 | — | 2391 | — |
| Schwenningen | 19 | S. | K. | — | — | — | — | — |
| Stuttgart | 342 | S. | K. | 25397 | 62030 | — | 101576 | 165 |
| Tübingen | 20 | I. | K. | 1486 | 3797 | — | 6167 | 73 |
| Tuttlingen | 16 | S. | K. | 1752 | 3096 | — | 6158 | — |
| Ulm | 57 | S. | K. | — | — | — | — | — |
| Urach | 5 | I. | — | — | — | — | — | — |
| **Baden.** | | | | | | | | |
| Achern | 5 | S. | — | — | — | — | — | — |
| Adelsheim | 2 | S. | — | — | — | — | — | — |
| Baden-Baden | 27 | S. | K. | — | — | — | — | — |
| St. Blasien | 2 | S. | — | 266 | 896 | — | 860 | — |
| Breisach | 3 | S. | — | 458 | 494 | — | 819 | — |
| Bretten | 6 | S. | — | 1105 | 791 | — | 1714 | 8 |
| Bruchsal | 17 | S. | K. | 1345 | 1507 | — | 4625 | 9 |
| Buchen | 2 | S. | — | 185 | 184 | — | 667 | — |
| Bühl | 4 | S. | — | — | — | — | — | — |
| Donaueschingen | . 5 | S. | — | — | — | — | — | — |
| Durlach | 18 | S. | — | — | — | — | — | — |
| Eberbach | 6 | S. | — | 400 | 400 | — | 1700 | — |
| Ehrenstein | — | S. | — | — | — | — | — | — |
| Emmendingen | 8 | S. | — | 1035 | 1997 | — | 3146 | 1 |
| Engen | 2 | S. | — | — | — | — | — | — |
| Ettenheim | 3 | S. | — | — | — | — | — | — |
| Ettlingen | 9 | S. | — | 863 | 1033 | — | 3280 | 2 |
| Freiburg | 91 | S. | K. | 6198 | 17544 | — | 25495 | 236 |
| Gengenbach | 3 | S. | — | — | — | — | — | — |
| Gernsbach | 4 | S. | — | — | — | — | — | — |
| Heidelberg | 73 | S. | K. | 4992 | 11189 | — | 26032 | 26 |
| Hornberg | 3 | S. | K. | 337 | 834 | — | 971 | — |
| Immendingen | — | S. | — | — | — | — | — | — |

| | | | | | | | | |
|---|---|---|---|---|---|---|---|---|
| Frankenberg | 14 | I. | K. | 889 | 2085 | 528 | 3264 | — |
| Glauchau | 27 | S. | K. | 1572 | 3801 | 2862 | 7206 | 155 |
| Limbach | 17 | I. | K. | 1674 | 2382 | 1525 | 5442 | 5 |
| Meerane | 24 | S. | K. | 1425 | 3332 | 1679 | 5832 | 94 |
| Olbernhau | 10 | S. | K. | 488 | 925 | 148 | 2008 | 94 |
| Stollberg | 10 | S. | K. | 652 | 966 | 134 | 2419 | — |
| Zschoppau | 7 | I. | K. | 650 | 714 | 176 | 1605 | 89 |
| **Dresden.** | | | | | | | | |
| Dresden | 619 | S. | K. | 26868 | 73450 | 29476 | 128882 | 1333 |
| Freiberg | 35 | I. | K. | 2468 | 5330 | 1521 | 8012 | 155 |
| Großenhain | 13 | I. | K. | 976 | 1939 | 915 | 4258 | 142 |
| Meißen | 45 | I. | K. | 2013 | 3958 | 1609 | 7690 | 192 |
| Pirna | 30 | I. | K. | 1744 | 1966 | 1101 | 3867 | — |
| Riesa | 24 | S. | K. | 1319 | 1990 | 771 | 4997 | 194 |
| **Leipzig.** | | | | | | | | |
| Döbeln | 23 | I. | K. | 1366 | 3316 | 1306 | 6441 | — |
| Grimma | 11 | S. | K. | 438 | 1382 | 470 | 3193 | 180 |
| Leipzig | 679 | S. | K. | 34039 | 59814 | 52012 | 157240 | 1206 |
| Leisnig | 8 | I. | K. | 540 | 1406 | 349 | 2851 | — |
| Mittweida | 19 | S. | K. | 1042 | 2774 | 632 | 4408 | 98 |
| Oschatz | 10 | S. | K. | 714 | 1496 | 542 | 3531 | 150 |
| Penig | 7 | S. | K. | 648 | 1088 | 346 | 2399 | 122 |
| Roßwein | 9 | S. | K. | 596 | 1487 | 165 | 2776 | 51 |
| Waldheim | 12 | S. | K. | 666 | 1649 | 353 | 3216 | 80 |
| **Zwickau.** | | | | | | | | |
| Aue | 22 | S. | K. | 2034 | 1956 | 1148 | 5871 | 98 |
| Crimmitschau | 27 | S. | K. | 1834 | 3488 | 1849 | 7491 | 47 |
| Plauen | 111 | S. | K. | 6571 | 7741 | 10295 | 19634 | 282 |
| Reichenbach | 31 | S. | K. | 2132 | 2160 | 2470 | 9786 | 135 |
| Schneeberg | 9 | S. | K. | 585 | 677 | 275 | 1445 | — |
| Zwickau | 80 | S. | K. | 4060 | 6566 | 7122 | 24431 | 406 |
| **Württemberg.** | | | | | | | | |
| Aalen | 12 | I. | K. | 908 | 1705 | — | 3823 | — |
| Backnang | 9 | S. | K. | 830 | 976 | — | 2247 | — |
| Calw | 5 | I. | K. | — | — | — | — | — |
| Crailsheim | 6 | I. | K. | — | — | — | — | — |
| Ebingen | 2 | I. | — | — | — | — | — | — |
| Eßlingen | 41 | I. | K. | 2150 | 4800 | — | 10324 | — |
| Freudenstadt | 10 | I. | K. | — | — | — | — | — |
| Geislingen | 14 | I. | K. | 1389 | 2773 | — | 3986 | — |
| Gmünd | 21 | S. | K. | — | — | — | — | — |
| Heidenheim | 19 | — | K. | 1533 | 3382 | — | 6721 | — |
| Isny | 4 | S. | — | 520 | 1221 | — | 1577 | — |
| Kirchheim | 10 | I. | K. | — | — | — | — | — |

| | | | | | | | | |
|---|---|---|---|---|---|---|---|---|
| Karlsruhe | 146 | S. | K. | 9144 | 20137 | — | 41794 | 340 |
| Kehl | 9 | S. | — | — | — | — | — | — |
| Kenzingen | 3 | S. | — | — | — | — | — | — |
| Kleinlaufenburg | 1 | S. | — | 170 | 189 | — | 347 | — |
| Konstanz | 32 | I. | K. | — | — | — | — | — |
| Lahr | 14 | S. | K. | 1429 | 2610 | — | 4553 | 3 |
| Lauda | 3 | S. | — | 228 | 231 | — | 858 | — |
| Löffingen | 2 | S. | — | 110 | 119 | — | — | — |
| Lörrach | 16 | S. | K. | 1502 | 3229 | — | 4792 | 158 |
| Mannheim | 248 | S. | K. | 18483 | 29350 | — | 85139 | 284 |
| Mersburg | 2 | S. | — | — | — | — | — | — |
| Merchingen | — | S. | — | — | — | — | — | — |
| Möringen | 2 | S. | — | — | — | — | — | — |
| Moosbach | — | S. | — | 550 | 525 | — | 1874 | — |
| Müllheim | 4 | S. | — | — | — | — | — | — |
| Neustadt | 5 | S. | — | — | — | — | — | — |
| Oberkirch | — | S. | — | 520 | 986 | — | 1334 | — |
| Oberschopfheim | — | S. | — | — | — | — | — | — |
| Offenburg | 17 | S. | K. | 2216 | 3272 | — | 5864 | 70 |
| Oppenau | 2 | S. | — | — | — | — | — | — |
| Osterburken | 2 | S. | — | — | — | — | — | — |
| Pforzheim | 79 | S. | K. | 4677 | 13800 | — | 19982 | 249 |
| Pfullendorf | 3 | S. | K. | 343 | 425 | — | 686 | 5 |
| Radolfszell | 7 | S. | — | — | — | — | — | — |
| Rastatt | 14 | S. | — | — | — | — | — | — |
| Säckingen | 5 | S. | K. | — | — | — | — | — |
| Sassbach | — | S. | — | — | — | — | — | — |
| Schönau | 2 | S. | — | 324 | 840 | — | 365 | 1 |
| Schopfheim | 5 | S. | — | — | — | — | — | — |
| Seckenheim | 7 | S. | — | — | — | — | — | — |
| Singen | 11 | S. | — | — | — | — | — | — |
| Sinsheim | 4 | S. | — | — | — | — | — | — |
| Stauffen | 2 | S. | K. | — | — | — | — | — |
| Stockach | 3 | — | — | — | — | — | — | — |
| Tauberbischofsheim | 4 | S. | — | — | — | — | — | — |
| Tiengen | 3 | S. | — | — | — | — | — | — |
| Triberg | 4 | S. | K. | 359 | 1190 | — | 1070 | — |
| Ueberlingen | 5 | S. | — | 452 | 1003 | — | 1452 | 5 |
| Uehlingen | — | S. | — | — | — | — | — | — |
| Villingen | 14 | S. | K. | — | — | — | — | — |
| Waldshut | 5 | S. | — | 489 | 806 | — | 1565 | 1 |
| Waldkirch | 5 | S. | — | 500 | 1113 | — | 1293 | 79 |
| Walldürn | 4 | S. | — | 231 | 180 | — | 888 | — |
| Wehr | 4 | S. | — | 326 | 661 | — | 986 | — |
| Weinheim | 16 | S. | — | — | — | — | — | — |
| Wertheim | 4 | S. | — | 805 | 725 | — | 2030 | — |
| Wiesloch | 7 | S. | — | 540 | 407 | — | 2311 | 3 |
| Zell | 2 | S. | — | — | — | — | — | — |

Die deutschen Schlachthöfe (Fortsetzung).

| Stadt | Einwohnerzahl in 1000 | Besitzer | Kühlhaus | Schlachtungen pro Jahr: Rinder | Kleinvieh | | Schweine | Pferde |
|---|---|---|---|---|---|---|---|---|
| **Hessen-Darmstadt.** | | | | | | | | |
| Alsfeld | 5 | S. | K. | — | — | — | — | — |
| Alzey | 8 | S. | — | 1183 | 879 | — | 2777 | 23 |
| Bensheim | 10 | S. | — | — | — | — | — | — |
| Darmstadt | 90 | S. | K. | 3954 | 10854 | — | 31290 | 373 |
| Dieburg | 6 | S. | — | 3719 | 758 | — | 2052 | 2 |
| Gießen | 34 | S. | K. | 2810 | 6606 | — | 11180 | 84 |
| Heppenheim | 8 | S. | — | — | — | — | — | — |
| Mainz | 109 | S. | K. | 9786 | 16029 | — | 45500 | 557 |
| Mühlheim | 4 | S. | — | — | — | — | — | — |
| Offenbach | 79 | S. | K. | 4332 | 9929 | — | 27490 | 142 |
| Seligenstadt | 5 | S. | — | — | — | — | — | — |
| Worms | 47 | S. | K. | 5063 | 4994 | — | 19559 | 285 |
| **Sonstige Staaten.** | | | | | | | | |
| **Mecklenburg-Schwerin.** | | | | | | | | |
| Butzow | 6 | S. | — | — | — | — | — | — |
| Grabow | 6 | S. | K. | 133 | 606 | — | 3146 | 68 |
| Güstrow | 19 | S. | — | — | — | — | — | — |
| Parchim | 11 | S. | — | — | — | — | — | — |
| Rostock | 78 | S. | K. | 47426 | 23528 | — | 34477 | 196 |
| Schwerin | 48 | S. | K. | 2479 | 7551 | — | 19489 | 247 |
| Teterow | 7 | S. | K. | 375 | 1184 | — | 4560 | 151 |
| Waren | 11 | S. | K. | 555 | 3097 | — | 5859 | 159 |
| Wismar | 26 | S. | K. | 1252 | 3725 | — | 11303 | 300 |
| **Mecklenburg-Strelitz.** | | | | | | | | |
| Neubrandenburg | 14 | S. | K. | 542 | 1728 | — | 5524 | 79 |
| Neustrehlitz | 12 | S. | K. | 463 | 1524 | — | 3823 | 26 |
| **Oldenburg.** | | | | | | | | |
| Oldenburg | 53 | S. | K. | 2147 | 4117 | — | 14614 | 265 |
| **Sachsen-Weimar.** | | | | | | | | |
| Apolda | 26 | S. | K. | 2077 | 6226 | — | 12247 | 103 |
| Eisenach | 43 | I. | K. | — | — | — | — | — |
| Jena | 53 | S. | K. | 2257 | 3431 | — | 7507 | 87 |
| Ilmenau | 14 | S. | — | 834 | 2566 | — | 4562 | 1 |
| Weimar | 46 | S. | K. | 2815 | 8391 | — | 15158 | 260 |
| **Sachsen-Meiningen.** | | | | | | | | |
| Hildburghausen | 7 | S. | K. | 608 | 1202 | — | 2686 | 17 |
| Meiningen | 18 | I. | K. | 1261 | 3180 | — | 5443 | 130 |

| Stadt | Einwohnerzahl in 1000 | Besitzer | Kühlhaus | Schlachtungen pro Jahr: Rinder | Kleinvieh | | Schweine | Pferde |
|---|---|---|---|---|---|---|---|---|
| **Sachsen-Meiningen.** | | | | | | | | |
| Saalfeld | 18 | S. | K. | 1489 | 3034 | — | 6384 | — |
| Sonneberg | 19 | S. | K. | 1496 | 2494 | — | 5095 | 54 |
| **Sachsen-Coburg.** | | | | | | | | |
| Gotha | 46 | S. | K. | 3195 | 8911 | — | 19126 | 184 |
| **Sachsen-Altenburg.** | | | | | | | | |
| Altenburg | 43 | S. | K. | 2559 | 7144 | — | 14468 | 216 |
| **Braunschweig.** | | | | | | | | |
| Braunschweig | 147 | S. | K. | 8872 | 19458 | — | 77055 | 248 |
| Helmstedt | 17 | S. | — | — | — | — | — | — |
| Holzminden | 12 | S. | — | — | — | — | — | — |
| Wolfenbüttel | 18 | S. | K. | 754 | 1733 | — | 6426 | 31 |
| **Anhalt.** | | | | | | | | |
| Ballenstedt | 7 | S. | K. | — | — | — | — | — |
| Bernburg | 34 | S. | K. | 1796 | 3682 | — | 15020 | 396 |
| Cöthen | 27 | S. | K. | 1475 | 2992 | — | 10440 | 189 |
| Dessau | 70 | S. | K. | 3940 | 7250 | — | 27557 | 666 |
| Zerbst | 19 | S. | — | 1200 | 1975 | — | 9393 | 127 |
| **Reuß.** | | | | | | | | |
| Gera | 82 | S. | K. | 8351 | 16594 | — | 36938 | 360 |
| **Lippe.** | | | | | | | | |
| Detmold | 16 | S. | K. | 857 | 2200 | — | 4300 | 69 |
| Lemgo | 15 | S. | — | 757 | 1313 | — | 3921 | 172 |
| **Schwarzburg.** | | | | | | | | |
| Rudolstadt | 16 | S. | K. | 1058 | 3864 | — | 5865 | 58 |
| **Sondershausen.** | | | | | | | | |
| Arnstadt | 22 | S. | K. | 1346 | 3895 | — | 7220 | 73 |
| **Waldeck.** | | | | | | | | |
| Wildungen | 6 | S. | K. | 738 | 1958 | — | 2099 | — |
| **Freie Städte.** | | | | | | | | |
| Bremen | 295 | S. | K. | 12472 | 24515 | — | 115770 | 1459 |
| Bremerhaven-Lehe | 24 | S. | K. | 4083 | 8527 | — | 36418 | 680 |
| Geestemünde | — | S. | K. | — | — | — | — | — |
| Hamburg | 1075 | S. | K. | 68427 | 94472 | — | 445373 | 6380 |
| Lübeck | 121 | S. | K. | 73080 | 16516 | — | 45549 | 643 |

Mit Viehhöfen sind verbunden 66 Schlachthöfe = 9%.

Die Leitung von 575 öffentlichen Schlachthöfen (78,8%) liegt in Händen von Tierärzten. Nichttierärzte leiten 155 Schlachthöfe = 21,5%. In Preußen werden 343 = 86,8%, in Bayern 78 = 78%, in Württemberg 39 = 63%, in Baden 33 = 43,4%, in Thüringen 13 = 92%, in Hessen 7 = 35% durch Tierärzte geleitet, während in den übrigen Bundesstaaten alle Schlachthöfe nur durch Tierärzte geleitet werden. Als Leiter von Schlachthöfen sind im Hauptberuf tätig 418 = 72,7%, im Nebenberuf 157 = 27,3% Tierärzte tätig. Innungsschlachthöfe werden 37 = 70% von Tierärzten, 16 = 30% von Nichttierärzten geleitet.

Die Ausübung der Veterinärpolizei wird in 588 Schlachthöfen durch den staatlichen Tierarzt, in 68 Schlachthöfen durch den Schlachthofleiter und in 68 Schlachthöfen durch beide ausgeführt. Außer dem Schlachthofleiter sind 618 Tierärzte in Schlachthöfen angestellt, davon 298 als Beamte, 105 auf Dienstvertrag und 215 als Hilfstierärzte. Außerdem sind 372 Laienfleischbeschauer und 2055 Trichinenbeschauer beschäftigt.

Gleisanschluß haben 156 = 21,4%.

Pferdeschlachthäuser 425 = 58,2%, Sanitätsschlachträume 427 = 58,5%, Freibänke 682 = 93,4%[1].

## 4. Deutschlands Fleischverbrauch im Jahre 1928.

Es dürfte auch von Interesse sein, allgemeine Angaben über den derzeitigen Fleischverbrauch im Deutschen Reiche zu bekommen.

Nach den Veröffentlichungen des Statistischen Reichsamtes haben die beschaupflichtigen Schlachtungen in den Jahren 1928, 1927 und 1913 im jetzigen Reichsgebiet wie nebenstehend betragen.

| | 1928 | 1927 | 1913 |
|---|---|---|---|
| Ochsen | 376133 | 366838 | 492915 |
| Bullen | 440407 | 375583 | 466672 |
| Kühe | 1682419 | 1570218 | 1468059 |
| Jungrinder | 1027260 | 865677 | 793952 |
| Kälber | 4430391 | 4107366 | 3713254 |
| Schweine | 19390930 | 17279039 | 16406423 |
| Schafe | 1565020 | 1626654 | 1967493 |

Die Gegenüberstellung zeigt, daß, mit Ausnahme der Schafe, gegen das Vorjahr bei allen Viehgattungen eine Zunahme der Schlachtungen festzustellen ist. Besonders stark hat sich die Zahl der Schweineschlachtungen erhöht. Gegenüber dem letzten Friedensjahr ergibt sich eine Zunahme der Schweineschlachtungen um 18,1%. Bemerkenswert ist der Rückgang der Ochsenschlachtungen (23,7%) gegen 1913, dem, der inneren Struktur unseres Rindviehbestandes entsprechend, eine erhebliche Zunahme der Schlachtungen an Kühen, Jungrindern und Kälbern gegenübersteht.

Unter Zugrundelegung der amtlich ermittelten Durchschnittsschlachtgewichte berechnet sich folgender Fleischanfall: 1928: 2777,8, 1927: 2519, 1913: 2392,8 Millionen Kilogramm.

Die aus den beschaupflichtigen inländischen Schlachtungen zur Ernährung der Bevölkerung zur Verfügung stehende Fleischmenge beziffert sich also für 1928 auf rund 28 Millionen Doppelzentner gegenüber 25 Millionen Doppelzentner im Vorjahr und rund 24 Millionen Doppelzentner im Jahre 1913, wobei zu berücksichtigen ist, daß hierin auch die Schlachtungen des in die Seegrenzschlachthäuser lebend eingeführten Auslandviehes enthalten sind.

Zu den gewerblichen Schlachtungen des Inlandes kommt noch der Einfuhrüberschuß an Fleisch, Fleischwaren und tierischen Fetten; dieser betrug in den Jahren:

1913 236,4 Millionen Kilogramm = 100%
1927 351,3 Millionen Kilogramm = 148,6%
1928 260,2 Millionen Kilogramm = 110%

Die Fleischeinfuhr aus dem Ausland ist also im Jahre 1928 infolge der Herabsetzung des zollfreien Gefrierfleischkontingents von 120000 Tonnen auf 50000 Tonnen (ab 1. Mai 1928) gegenüber dem Vorjahr stark zurückgegangen und ist heute nur mehr rund 10% größer als im letzten Friedensjahr.

[1] Die tabellarische Zusammenstellung der Städte in der detaillierten Tabelle hat solche Anlagen, die nicht mit zeitgemäßen Einrichtungen versehen sind und durch amtliche Mitteilung als solche bezeichnet wurden, weggelassen. Die Verhältniszahlen dürften in Wirklichkeit einen höheren Prozentsatz von tierärztlichen Leitern aufweisen, wenn man die in obiger Statistik enthaltenen Schlachthäuser, in welchen vielfach nur Großvieh geschlachtet wird, wegläßt.

Auf den Kopf der Bevölkerung des jetzigen Reichsgebietes umgerechnet betrug der Fleischverbrauch in den Jahren:

| | 1928 | 1927 | 1913 |
|---|---|---|---|
| aus gewerblichen Schlachtungen | 43,133 kg | 39,298 kg | 39,682 kg |
| aus dem Einfuhrüberschuß . . | 4,040 kg | 5,480 kg | 3,920 kg |
| insgesamt | 47,173 kg | 44,778 kg | 43,602 kg |

Der Fleischverbrauch des deutschen Volkes hat somit gegen das Vorjahr um 5,4% zugenommen und übersteigt den Friedensfleischverbrauch heute bereits um rund 8%. Rund 91% unseres Fleischbedarfes werden heute wieder aus der Inlandserzeugung gedeckt, 9% entfallen auf die Auslandszufuhr.

Desgleichen sind die Schwankungen in den Durchschnittsschlachtgewichten und die Vergleiche zwischen den Jahren 1906 und 1926 — die Statistiken der späteren Jahre sind noch nicht erschienen — der Beachtung wert, dienen doch die ermittelten Durchschnittsgewichte als wichtige Grundlage für die Berechnung der Schlachtgebühren.

Die Reichsdurchschnitts-Schlachtgewichte betrugen in kg

| Berichtszeit | Ochsen | Bullen | Kühe | Jungrinder | Rinder | Kälber | Schweine | Schafe | Ziegen | Pferde |
|---|---|---|---|---|---|---|---|---|---|---|
| Jahr 1906 | 330 | 310 | 240 | 185 | 250 | 40 | 85 | 22 | 16 | 235 |
| Berichtsjahr 1921/22 (1. 4. bis 31. 3.) | 306 | 263 | 209 | 161 | 213 | 39 | 83 | 22 | 16 | 238 |
| Berichtsjahr 1922/23 | 278 | 264 | 206 | 156 | 203 | 39 | 87 | 22 | 16 | 231 |
| „ 1923/24 | 294 | 277 | 220 | 166 | 216 | 41 | 88 | 23 | 17 | 226 |
| Jahr 1924 | 304 | 289 | 226 | 178 | 230 | 42 | 90 | 23 | 17 | 245 |
| „ 1925 | 311 | 288 | 277 | 175 | 230 | 41 | 91 | 22 | 17 | 242 |
| 1. Vierteljahr 1926 | 316 | 297 | 233 | 177 | 237 | 41 | 91 | 23 | 19 | 237 |
| 2. „ 1926 | 316 | 306 | 234 | 179 | 237 | 42 | 90 | 22 | 18 | 225 |
| 3. „ 1926 | 301 | 284 | 228 | 180 | 229 | 44 | 92 | 22 | 17 | 216 |
| 4. „ 1926 | 300 | 293 | 231 | 185 | 234 | 43 | 94 | 23 | 19 | 224 |
| Jahr 1926 | 308 | 295 | 232 | 180 | 234 | 42 | 92 | 22 | 18 | 226 |

Von besonderer Bedeutung ist hierbei die Entwicklung der Gewichte bei den Hauptschlachttieren, den Schweinen und Rindern. Das Jahresgewicht für Schweine ist seit 1921 dauernd gestiegen und stellt sich für 1926 um 8% höher als 1906. Das Jahresgewicht für Rinder, das schon 1921 gegen 1906 erheblich gefallen war, sank 1922 noch mehr und ist seitdem zwar angestiegen, bleibt aber im Jahre 1926 immer noch um 6% gegenüber dem Gewicht von 1906 zurück.

Die Fleischausbeute aus den beschauten Inlandsschlachtungen des Jahres 1926 betrug nach Abzug des untauglichen Fleisches 35,22 kg je Kopf der deutschen Bevölkerung (im Jahre 1925: 33,55 kg), und zwar 11,96 (11,77) kg Rindfleisch, 2,84 (2,77) kg Kalbfleisch, 19,11 (17,63) kg Schweinefleisch, 0,65 (0,77) kg Schaffleisch, 0,07 (0,07) kg Ziegenfleisch, 0,59 (0,54) kg Pferdefleisch. Im Jahre 1924 betrug diese Fleischkopfmenge 29,31 kg, im Jahr 1923 18,29 kg gegen 40,65 kg im Jahre 1913. Die Fleischmengen aus beschauten Inlandsschlachtungen bilden den Hauptteil der Fleischversorgung Deutschlands. Zur Ermittlung des Gesamtfleischverbrauches müssen die Fleischmengen aus den nicht beschauten Schlachtungen (Hausschlachtungen) und der Einfuhrüberschuß an Fleisch hinzugefügt werden. Aus den nicht beschauten Schlachtungen ergab sich im Jahr 1926 auf den Kopf der Bevölkerung eine Fleischmenge von 6,82 kg gegen 7,52 kg im Jahre 1925, 7,55 kg im Jahre 1924, 7,49 kg im Jahre 1923 und 8,08 kg im Jahre 1913. Insgesamt stellte sich die Fleischmenge aus Inlandsschlachtungen (beschauten und nicht beschauten) je Kopf der Bevölkerung im Jahre 1926 auf 42,04 kg gegen 41,07, 36,86 kg und 25,78 kg in den drei vorhergehenden Jahren und 48,73 kg im Jahre 1913. Von dem Einfuhrüberschuß an Fleisch entfielen auf den Kopf der Bevölkerung im Jahre 1926: 5,99 kg, 1925: 6,35 kg, 1924: 5,74 kg, 1923: 5,28 kg und 1913: 3,27 kg. Es ergibt sich somit ein Gesamtfleischverbrauch je Kopf der deutschen Bevölkerung für 1926 von 48,03 kg gegen 47,42 kg im Jahre 1925, 42,60 kg im Jahre 1924, 31,06 kg im Jahre 1923 und 52 kg im Jahre 1913.

# II. Wesen und Arten der Schlachthöfe.

## 1. Allgemeine Beschreibung.

Der Schlachthof dient dazu, die zu schlachtenden Tiere in entsprechenden Stallungen unterbringen zu können, sie dort zu füttern und zu pflegen, Wägungen vorzunehmen, die Schlachtung der Tiere in geeigneten, mit entsprechenden Einrichtungen versehenen Räumen auszuführen, den Gesundheitszustand vor und nach der Schlachtung zu prüfen, und auch alle aus den Schlachtungen stammenden Tierteile in zweckmäßiger Weise, die dem Fleischer jede Nacharbeit zu Hause abnimmt, zu bearbeiten. Je vortrefflicher die Einrichtung eines Schlachthofes durchgeführt ist, desto mehr Arbeit wird dem einzelnen die Schlachtarbeit Verrichtenden abgenommen. Der Schlachthof dient aber nicht ausschließlich nur Schlachtzwecken, sondern er soll, besser muß Einrichtungen besitzen, welche für die Frischerhaltung der gewonnenen Fleischprodukte sorgt (Kühlräume, Eisbereitung). Er muß auch Sorge dafür tragen, daß unverwertbare Teile aus den Schlachtungen, wie Eingeweidedünger, Konfiskate aus der Fleischbeschau, Borsten usw. in zweckmäßiger, die Nachbarschaft nicht störender Weise beseitigt oder verwertet werden.

Es müssen in dem Schlachthofe Räume vorhanden sein zur Untersuchung der Schweine auf Trichinen, des verdächtigen Fleisches auf seine Gesundheitsschädlichkeit, dann aber auch eigene Räume zur Vornahme von Schlachtungen kranker oder verdächtiger Tiere, Räume zur Brauchbarmachung des bedingt tauglichen und zum Verkauf des vom allgemeinen Genuß ausgeschlossenen Fleisches (Freibank).

Man sorgt auch für die Unterbringungsmöglichkeit der Pferde der Fleischer, für Wagenhinterstellungsräume und soll nach finanzieller Möglichkeit auch stets bemüht sein, Kleiderräume, Waschräume, Bäder, Frühstücksräume für die Fleischer und deren Arbeiter, Aborte u. a. bereitzustellen. Ein Hauptzweck eines Schlachthofes ist der, durch eine baulich vorzügliche Ausstattung die Benutzer desselben zur Reinlichkeit zu erziehen. Auch auf den Bau von Garagen, Tankstellen und Parkplätzen wird man heute ein Augenmerk richten müssen, desgleichen auf den Bau von staubfreien Straßen und Höfen.

Die Viehhöfe, welche nur bei großen Anlagen regelmäßig zu finden sind, bezwecken die Versorgung der Stadt mit Vieh, dann aber dienen sie zur Ausfuhr von Vieh nach vieharmen Gegenden. In Viehhöfen müssen stets getrennte Abteilungen für seuchenkrankes oder -verdächtiges Vieh vorhanden sein, an welche auch die diesbezüglichen Schlachträume unmittelbar anschließen. Ferner müssen Markt- und Einstellstallungen für die zu verkaufenden Tiere vorhanden sein, auch Fütterungsmöglichkeiten. In den Viehhöfen müssen sich alle notwendigen veterinärpolizeilichen Maßnahmen zur Seuchenbekämpfung leicht und sicher durchführen lassen.

## 2. Von wem soll der Schlachthof gebaut werden?

In der Regel verursacht der Gedanke einer Stadtvertretung, einen Schlachthof zu bauen, sofort zwei Parteien; die Ordnungspartei dringt auf Schaffung eines solchen, die Interessentengruppe hingegen stellt sich meist, wenn auch Ausnahmen stets zu beobachten sind, auf den entgegengesetzten Standpunkt. Leider besitzen wir im Deutschen Reiche noch eine große Zahl von Städten, ja selbst von bedeutenden, die sich bis jetzt nicht zu dieser hygienischen Verbesserung aufgeschwungen haben. Die Städtevertretungen leiden selbst am meisten unter der oft zutage tretenden einseitigen Interessenpolitik, und der gute Wille, neuzeitliche Schlachthofanlagen zu schaffen, wird recht oft dadurch gefährdet, wenn nicht unmöglich gemacht. In dieser Stadt wünscht man den Schlachthof möglichst weit vom Zentrum entfernt, in jener soll er möglichst nahe an der bisherigen Arbeitsstätte jedes Fleischers liegen und tunlichst inmitten des Weichbildes der Stadt. Man weiß es ferner nicht anders nach den alten Vorbildern, als daß „ein Schlachthof immer die Umgebung verpestet", die Baugründe entwertet und folgert dann eben, daß die neuzeitliche Anlage die gleichen Mißstände bringen wird, also muß sie vor die Tore! Und doch sind vielfach Fälle bekannt, daß erstens der Schlachthof außerhalb der Stadt erbaut wurde, wenn auch nicht in allzu weiter Entfernung und zweitens, daß die Baugelände nach Erbauung der Anlage nicht nur nicht im Preise gesunken, sondern ganz erheblich im Werte gestiegen sind und drittens, daß sich im Laufe der Jahre der ganze Schlachthof mit hübschen Wohnhäusern für Bemittelte umbaut hat, welche bis jetzt in der Nähe des Schlachthofes nicht die geringste Belästigung gefunden haben, wohl ein deutlicher Beweis, daß die angegebenen Gründe nicht stichhaltig sind. Daß die Fleischer meist keine Freunde der Neuanlage sind, ist begreiflich. Sie führen alle erdenklichen Gründe gegen Schaffung einer solchen Anlage prompt ins Feld. Eigentümlicherweise sind es aber nur die kommunalen Schlachthöfe, welche sie bekämpfen, nicht aber die Innungsschlachthöfe. In diesem letzteren Falle fällt eben der Nutzen in ihre Tasche und nicht in die Stadtkasse. Soweit die Verhältnisse es gestatten, sollte nie eine Stadt das Recht aus der Hand geben, eine solche Anlage aus eigenen Mitteln zu schaffen, und tut sie es in Kurzsichtigkeit, so wird sie es früher oder später bereuen. Der Schlachthof ist eine sanitäre Wohlfahrtseinrichtung und soll es bleiben. Er muß aus städtischen Mitteln erbaut, betrieben und verwaltet werden und unter städtischer Leitung stehen. Man erinnere sich, in wie vielen Städten z. B. Wasserleitungen, Gas- und Elektrizitätswerke, sei es aus Mangel an Mitteln, sei es aber auch aus Unverständnis, aus Kurzsichtigkeit durch konzessionierte Unternehmer gebaut worden sind, welche mit der erzielten Rente recht zufrieden waren. Und wie oft kann man nicht beobachten, daß solche Werke und die damit verbundenen Rechte nach Jahren um teueres Geld wieder von den Kommunen zurückgekauft werden, oft zu einer Zeit, in welcher wiederum beträchtliche Ausgaben für Erweiterung oder Erneuerung erwachsen. Vergleicht man damit die Tatsache, welche großen Forderungen fast stets seitens der Innungen für Ablösung der in ihrem Besitze befindlichen, meist nicht auf der Höhe der Zeit stehenden Schlachthöfe gestellt werden, so kommt eine Stadt endlich zu der Einsicht, daß die Schlachthofanlage doch städtisches Eigentum sein soll und von der Stadt betrieben werden muß. Dann aber ist die Sache meist doppelt so teuer, als wenn gleich von Anfang an eine städtische Anlage errichtet worden wäre. Meist bedarf es kostspieliger Neu- und Umbauten, um den Betrieb den neuzeitlichen Anforderungen entsprechend weiterführen zu können. Und dieser Zeitpunkt pflegt meist eigentümlicherweise dann einzutreten, wenn der Innungsschlachthof dringend zeitgemäßer Verbesserungen bedarf. Dann wird für den Erwerb desselben durch die Stadt jede Propaganda gemacht.

Aus einem von der Kommission für das Veterinärwesen in Sachsen unterm 29. April 1893 erstatteten Gutachten, betreffend die Errichtung von öffentlichen Schlachthöfen, in welchem besonders die erheblichen Mängel der Innungsschlachthöfe geschildert wurden, sei folgendes hervorgehoben: „In allgemein hygienischer Beziehung soll ein Schlachthof nicht nur in der Anlage allen Anforderungen entsprechen, sondern es sollen alle für diesen Zweck geschaffenen Einrichtungen in ausgiebiger Weise benutzt werden und sich jederzeit in bestem Zustande befinden. In erster Beziehung besteht zwischen städtischen und Innungsschlachthöfen kein erheblicher Unterschied (??), insofern auch bei letzteren die städtischen Behörden für eine möglichst vollkommene (?) Anlage Sorge tragen, wenn auch Ersparnisgründe oft hemmend wirken.

In letzterer Beziehung muß besonders die peinlichste Reinlichkeit in allen Teilen der Anstalt, sowohl in den Schlachthäusern und Kühlräumen, in Ställen und auf den Höfen als auch vor allem in den Kaldaunenwäschereien, auf den Abfallstätten und den Düngerplätzen gefordert werden. Eine Vernachlässigung dieser Forderung in einem der genannten Teile gibt Veranlassung zur Entwicklung übler Gerüche, sowie von Brutstätten aller möglichen Organismen und unter Umständen zur Ansiedelung von krankheitserregenden Keimen, welche bei der konzentrierten organischen Zusammensetzung des Schlachthofschmutzes äußerst günstige Nährböden für ihre Entwicklung und Vermehrung finden. Gerade bezüglich des Reinlichkeitsgrades gehen aber erfahrungsgemäß die Ansichten der Beurteiler oft sehr auseinander. Erfahrungsgemäß sind diejenigen Berufsklassen, welche beständig mit Schmutz erzeugenden Arbeiten zu tun haben, in diesem Punkte weniger empfindlich und feinfühlend, als andere unparteiische Menschen. So werden denn deshalb auch die Fleischer und deren vielfach aus ihrem Stande entnommene Beamte in einem Innungsschlachthofe bei einem gewissen Grad von Reinlichkeit dennoch manches weniger auffällig finden und über manche Unreinlichkeit als selbstverständlich hinweggehen, die von anderer Seite unangenehm empfunden wird, abgesehen davon, daß eventuell aus Ersparnisgründen weniger Arbeitskräfte, Zeit und Materialien aufgewendet werden, um eine absolute Reinlichkeit allenthalben zu erzielen.

Bei einem städtischen Institute können diese Verhältnisse weniger leicht eintreten. Von den Gemeinden angestellte Beamte pflegen die Einrichtungen mit ganz anderen Augen anzusehen und werden bemüht sein, ohne Rücksicht auf etwaige Ersparungen alle Mängel wahrzunehmen und zu beseitigen. Namentlich werden die einzelnen hygienischen Einrichtungen, die ordnungsgemäße Beschaffenheit der Abzugsrinnen, Kanäle, Senkgruben und Kläranlagen zur möglichst sicheren und unschädlichen Abführung der Schmutzwässer, die vollständige Dichtigkeit und Undurchlässigkeit aller Gruben und Kanäle zur Verhütung einer Bodenverunreinigung, die möglichst häufige und nicht belästigende Beseitigung der Schlachthofabfälle, sowie des Düngers durch städtische Beamte unparteilicher und gewissenhafter überwacht, als durch genossenschaftliche. Bei Unregelmäßigkeiten werden Neueinrichtungen und Reparaturen von ersteren schneller beantragt werden, als von Beamten, denen oft im finanziellen Interesse eine übertriebene Sparsamkeit zur Pflicht gemacht wird und denen deshalb nicht selten die nötige Objektivität und Initiative abgeht.“

Pflicht einer Stadt ist es, die Errichtung eines Schlachthofes[1] selbst in die Hand zu nehmen, da der Schlachthof in erster Linie dazu berufen ist, die sanitären Verhältnisse einer Stadt verbessern zu helfen. Nie soll der Schlachthof eine Erwerbsquelle für die Stadt sein, sollen nicht stets die Vorwürfe wiederkehren, daß nur die Schlachthöfe die Fleischpreise verteuern. Der Schlachthof darf nie den Standpunkt verlassen, den er einnehmen muß: Ein Tempel der Hygiene zu sein! Der Gelderwerb als Hauptzweck bringt stets eine Reihe von Feinden auf den Plan, und zwar nicht allein die Fleischer. Würden abnorm hohe Beträge für die Erbauung angewendet werden, so würden auch die Konsumenten besonders dann in die Reihe der Gegner treten, wenn trotz hoher Gebühren eine Selbsterhaltung der Anlage nicht möglich wäre. Exempla docent!

---

[1] Schlachthof und nicht Schlachthaus! Die Bezeichnung der für Schlachtung der Tiere dienenden Anlagen, wie man sie oft und oft hört, lautet: Schlachthaus, weil die Schlächter diese Bezeichnung von alters her gewöhnt sind und doch muß unbedingt ein Unterschied gemacht werden zwischen einem altmodischen und einem modernen Schlachtbetrieb, und dieser wird am besten dadurch zu erreichen sein, daß man strikte für neuzeitliche Anlagen die Bezeichnung Schlachthof durchführt.

## 3. Entschädigungsberechtigung der Fleischer.

Für die Rentabilität liegt bei normalen Anlagen kein Grund zu Befürchtungen vor. Schwieriger ist die in den §§ 7—11 des Gesetzes vom 18. März 1868 und 9. März 1881 sowie in den §§ 23 und 51 der RGew.-O. und im § 131 des Zuständigkeitsgesetzes erörterte Frage der Entschädigungsansprüche. Dieselbe hat in vielen Fällen die Kommunen von der Errichtung eines Schlachthauses abgehalten, weil man fürchtete, die Summe der Entschädigungen würde eine so hohe sein, daß dadurch der neuen Anlage von vornherein schon große Lasten auferlegt werden würden. Tatsächlich war das Gesetz in seiner ursprünglichen Fassung zu solchen Bedenken geeignet, welche aber glücklicherweise durch die Novelle vom 9. März 1881 vollständig beseitigt sind.

Diese Entschädigungspflicht taucht zum ersten Male in dem Gesetz über die Errichtung öffentlicher Schlachthäuser im Gegensatz zu allen anderen gewerblichen Anlagen auf und ist vielfach Veranlassung gewesen, die Reichsregierung — allerdings ohne Erfolg — um Aufhebung dieses Paragraphen zu bitten. Sie ist, genauer betrachtet, nicht so schwerwiegend, wie es anfangs den Anschein hatte; denn der § 7 des Gesetzes bestimmt ausdrücklich:

„Den Eigentümern und Nutzungsberechtigten der in dem Gemeindebezirke vorhandenen Privatschlachtanstalten ist für den erweislichen wirklichen Schaden, welchen sie dadurch erleiden, daß die zum Schlachtbetriebe dienenden Gebäude und Einrichtungen infolge der nach § 1 getroffenen Anordnung ihrer Bestimmung entzogen werden, von der Gemeinde Ersatz zu leisten.“

Es ist hierdurch aber gleichzeitig wie auch durch § 9 desselben Gesetzes festgesetzt, wer für den Schaden ersatzpflichtig ist, nämlich diejenige Gemeinde, welche einen öffentlichen Schlachthof errichtet.

Ferner bestimmt der § 7:

„Bei Berechnung des Schadens ist namentlich zu berücksichtigen, daß der Ertrag, welcher von den Grundstücken und Einrichtungen bei anderweiter Benutzung erzielt werden kann, von dem bisherigen Ertrage in Abzug zu bringen ist.

Eine Entschädigung für Nachteile, welche aus Erschwerungen oder Störungen des Geschäftsbetriebes hergeleitet werden möchten, findet nicht statt.“

Diese für die Gemeinden hochwichtige Bestimmung ist aber erst in der Novelle des Gesetzes von 1881 enthalten und setzt die Entschädigungsansprüche der Gewerbetreibenden so bedeutend herab, daß dieselben in vielen Fällen vollständig illusorisch werden. Ferner ist in dem Gesetze ausdrücklich hervorgehoben, daß nur die Eigentümer und Nutzungsberechtigten einer bereits „vorhandenen Privatschlachtanstalt“ zu entschädigen, alle im Bau begriffenen aber und projektierten jedoch ausgeschlossen sind[1].

Noch wichtiger, aber schwierig zu lösen ist die Frage, ob auch für die ohne Konzession errichteten Privatschlachtstätten Schadenersatz zu leisten sei. Schon in der Preuß. Gew.-O. vom 17. Januar 1845 sowie in dem Gesetz betreffend die Einrichtung gewerblicher Anlagen vom 1. Juli 1861 findet sich die im § 16 der RGew.-O. vom 1. Januar 1873 enthaltene Bestimmung, daß zur Errichtung von Schlächtereien die Genehmigung der nach den Landesgesetzen zuständigen Behörde erforderlich ist. Wenn also Schlachtstätten vor Inkrafttreten des Gesetzes vom 17. Januar 1845 bestanden haben und von seiten der Aufsichtsbehörde nichts gegen dieselben einzuwenden war, so müssen die Besitzer derselben wie alle nach dem Jahre 1845 konzessionierten Schlachthäuser bei Errichtung eines öffentlichen Schlachthofes entschädigt werden; denn nachdem von zwei Zivilsenaten des Reichsgerichts sich widersprechende Urteile ergangen waren, wurde eine definitive Entscheidung durch die vereinigten Zivilsenate desselben Gerichtshofes unter dem 1. Juli 1885 (Repert. V 410/84) gefällt, nämlich, „daß auch für nicht konzessionierte, nach dem Jahre 1845 begründete Privatschlächtereien unter gewissen Umständen Entschädigung gefordert werden kann, wenn der Eigentümer oder Nutzungsberechtigte nachweist, daß er sich im guten Glauben befunden habe, d. h. daß er nach den Umständen seines Falles annehmen durfte, seine Privatschlachtanstalt bestehe auch ohne Konzession zu Recht; daß dagegen keine Entschädigung beansprucht werden könne, wenn der Eigentümer oder Nutzungsberechtigte weiß oder wissen muß, daß er nicht berechtigt ist, diese Schlachtanstalt zu benutzen, wenn er z. B. ihr Dasein vor der Polizei verheimlichte oder gegen ausdrückliches polizeiliches Verbot diese benutzte“.

Daß aber auch für die vor dem Jahre 1845 errichteten Schlachtstätten Schadenersatz zu leisten sei, geht aus der Entscheidung des Reichsgerichts (V. Zivil-Sen.) vom 5. November 1884 ebenfalls hervor. In dieser wird sogar der entgangene Gewinn berücksichtigt; denn auch entgangener Gewinn ist Schaden. Der Kläger darf die Wertverminderung fordern, welche ihm

[1] Über bezahlte Entschädigungen siehe Tabelle S. 96 (4. Aufl.).

dadurch erwachsen ist, daß er das Privatschlachthaus nur noch als Remise vermieten kann, während es als Schlachthaus höher genutzt wurde.

Durch die Bestimmung, daß nur für den nachweislichen wirklichen Schaden Ersatz zu leisten sei, sind die Ersatzansprüche in den meisten Fällen ganz erheblich heruntergedrückt. Eine Entschädigung des Reichsgerichts (V. Zivil-Sen.) führt unter dem 18. Februar 1885 hierzu folgendes aus:

„Nur die Ursache des Schadens ist im § 7 darauf beschränkt, daß die zum Schlachten bestimmten Gebäude und Einrichtungen ihrer bisherigen Bestimmung entzogen sind, nicht aber ist im § 7 oder im Artikel 2 des Gesetzes vom 9. März 1881 (letzter Satz von Absatz 1 des § 7) irgendeine Beschränkung des zu erstattenden Schadens nach dem Gegenstande, an welchem er entstanden ist, ausgesprochen oder auch nur angedeutet."

„Ob nach den Motiven dieser Gesetze eine Beschränkung der Verpflichtung zum Schadenersatze in dieser Richtung beabsichtigt worden ist, kann dahingestellt bleiben; denn solche Absicht hat in dem Gesetze keinen Ausdruck gefunden, nur das Gesetz selbst ist entscheidend. Um aber dem letzteren gerecht zu werden, darf, damit der bisherige Nutzungswert des Schlachthauses oder Schlachtraumes richtig ermittelt werde, der letztere nicht isoliert, abstrakt, sondern er muß konkret gewürdigt werden, also nicht nur nach seiner Lage in einer bestimmten Stadtgegend, in der Nähe des Marktes usw., sondern in seiner die Nutzbarkeit bestimmenden Verbindung mit anderen Teilen oder Räumen desselben Geschäfts und deren Bestimmung. Der Berufungsrichter (Kammergericht) sagte ferner, der Vorteil, daß Laden und Wohnung wegen ihrer Verbindung mit dem Schlachthause bisher zu einem höheren Mietzinse hätten vermietet werden können, gehe zwar dem Kläger verloren; es sei dies aber ein Nachteil, der nur auf Erschwerungen und Störungen des Geschäftsbetriebes zurückzuführen sei, für welche nach § 7 Absatz 2 des Gesetzes vom 18. März 1868 Ersatz nicht zu leisten ist. Auch dies ist rechtsirrtümlich. Die Verminderung des Mietwertes der zusammen mit dem Schlachthause vermieteten Räume infolge des Verbotes des Schlachthauses zum Schlachten ist eine Wertverminderung des Grundstückes, ist im Sinne des § 7 Absatz 2 a. a. O. nicht ein Nachteil, welcher aus Erschwerungen oder Störungen des Geschäftsbetriebes entsteht."

Eine ähnliche Ansicht spricht das Reichsgericht in seiner Entscheidung vom 1. März 1885 (III. Zivil-Sen. Repert. 295/88) aus. Das Gesetz vom 18. März 1868 wolle nicht die volle Entschädigung gewähren, sondern nur insoweit, als die zum vollen Schlächtereibetrieb verwendeten Grundstücke durch deren Entziehung eine Einbuße an deren Ertrag und somit an ihrem Wert erleiden. Dabei sei nicht auf den Ertrag zu sehen, welchen der jeweilige Eigentümer als Nutzungsberechtigter aus irgend welchen persönlichen oder vorübergehenden Gründen tatsächlich gezogen habe, sondern darauf, welchen Wert die Grundstücke als solche durch ihre Verwendbarkeit für den Schlächtereibetrieb hatten, und um wieviel dieser Wert dadurch gesunken sei, daß diese Verwendbarkeit durch Einführung des Schlachthauszwanges aufhört. Der Berufungsrichter habe deshalb in dem der Entscheidung zugrunde liegenden Falle mit Recht die Mietsrente aus dem Lokal vor und nach dem betreffenden Zeitpunkte (des in Kraft getretenen Schlachthauszwanges) aufgesucht und die Differenz kapitalisiert. Dabei seien aber wiederum ebenfalls mit Recht die Erträge seit 1883, weil dieselben als außerordentliche durch besondere Umstände in den betreffenden Jahren hervorgerufene anzusehen seien, bei der Feststellung des dauernden Ertragswertes nicht mitberücksichtigt worden. In ähnlichem Sinne sprach sich derselbe Gerichtshof in seinen Entscheidungen vom 5. Juni 1886 (V. Zivil-Sen. Repert. 29/88) und 24. April 1891 (III. Zivil-Sen. Repert. 24/91) aus.

Begrenzt ist der Umfang der Entschädigung auch durch die Bestimmung des Gesetzes (§ 7[2]), daß „eine Entschädigung für Nachteile, welche aus Erschwerungen oder Störungen des Geschäftsbetriebes hergeleitet werden möchten, nicht stattfindet". Es sind demnach Forderungen für größere Unkosten, welche durch etwa mehr einzustellende Arbeiter, Fuhrwerk und dergleichen erwachsen, nicht zu berücksichtigen.

Rechtsgrundsätze, nach welchen die Schadensberechnung für eingegangene Privatschlachthäuser nach Einführung des Schlachtzwanges aufzustellen ist, stellt das Urteil des Reichsgerichts (IV. Zivil-Sen.) vom 21. Januar 1897 (Entsch. Bd. 39, S. 342) auf:

„Zur Ermittlung des Schadens muß zunächst festgestellt werden, welchen Nutzungswert die ganze zu dem Schlachtbetriebe benutzte Anlage vor Einführung des Schlachtzwanges hatte. Von dem auf diese Weise gewonnenen Betrage ist der Ertrag abzuziehen, welcher bei anderweiter Benutzung der Räume und Einrichtungen erzielt werden kann, wobei selbstverständlich die Kosten eines etwa erforderlichen Umbaues dem Berechtigten zugute zu rechnen sind. Es kommt auf den Nutzungswert der ganzen Anlage an. Nur auf diese Weise kann man in vielen Fällen zu einem der Gerechtigkeit entsprechenden Resultate gelangen. Die zum Gewerbebetriebe benutzten Räume können infolge ihrer Verbindung miteinander und durch die Art, wie sie miteinander verbunden sind, einen größeren Wert erlangen, als die einzelnen Räume zusammen haben, wenn der Wert eines jeden für sich allein berechnet wird, indem durch die Verbindung und durch die Art derselben der Gewerbebetrieb erleichtert und gefördert werden kann. Es würde unbillig sein, wenn ein solcher aus der Vereinigung der Räume entstehender Vorteil nicht berücksichtigt werden dürfte, denn die ganze Anlage erhält hierdurch einen höheren Mietwert; häufig wird auch der Gewerbetreibende besondere Aufwendungen gemacht haben, um sich so günstige Lokalitäten zu verschaffen. Die Fassung des § 7 spricht denn auch dafür, daß der Nutzungswert, welchen die Anlage im ganzen, und nicht bloß die einzelnen für den Schlachtbetrieb benutzten Räume, jeder Raum für sich geschätzt, vor Einführung des Schlachtzwanges gehabt haben, der Schadenberechnung zugrunde zu legen ist."

Zu erörtern wäre hier noch die Frage, was alles unter den Begriff „Privatschlachtstätte" fällt; denn es ist ganz klar, daß hiermit nicht nur der betreffende, zum Schlachten selbst dienende Raum gehört, sondern auch die Einrichtung desselben, wie Bodenringe, Aufzugsvorrichtungen, Groß- und Kleinviehschragen, Brühkessel, Betäubungsinstrumente und dergleichen. Ferner auch Viehställe und die eventuell hierfür nötigen Futterräume. Da derartige Räume aber meistens gleichzeitig für die Fleischerpferde mitbenutzt werden und der Fleischer bei Einrichtung eines öffentlichen Schlachthofes Fuhrwerke nicht missen kann, so dürften dieselben in den wenigsten Fällen für eine Entschädigung in Betracht kommen. Dasselbe gilt von Fleischkammern, Eiskellern und mancherlei Gerät, wie Hauklötze, welche auch bei Errichtung eines öffentlichen Schlachthofes ihrer Bestimmung nicht entzogen werden. Andererseits ist es aber unzweifelhaft, daß in gutem baulichen Zustande befindliche Schlachträume sich am leichtesten für andere Zwecke umwandeln lassen; denn entweder werden sie von dem betreffenden Schlächter zu Arbeitsräumen (Wurstmacherei, Fettschmelzerei, Pökel- und Räucherraum usw.) benutzt oder zu Wohn- oder Lagerräumen umgebaut. Sie gewinnen alsdann ohne Zweifel an Nutzungswert, da bekanntermaßen niemand des Geschreies der Tiere und der übrigen Unzuträglichkeiten wegen gern bei einem Schlächter wohnt. Zu berücksichtigen ist hierbei ferner, daß beide Nachbarhäuser einer Fleischerei an Wert gewinnen, da auch diese unter den aus solchem Betriebe sich ergebenden Unzuträglichkeiten zu leiden haben.

Bezüglich derartiger baulicher Veränderungen hat das Reichsgericht unter dem 31. März 1898 (VI. Sen., Repert. 436/98[1]) folgende Entscheidung getroffen: „Wenn der Schadenersatzanspruch wegen Einführung des Schlachtzwanges berechnet werden soll, so muß von dem Nutzungswert, den die ganze zum Schlachtbetrieb benutzte Anlage vor Einführung des Schlachtzwanges gehabt hat, der Ertrag abgezogen werden, welcher bei anderweiter Benutzung der Räume und Einrichtungen erzielt werden kann; aber die Kosten eines etwa erforderlichen Umbaues sind dem Ersatzberechtigten zugute zu rechnen." Bei schlecht oder nicht den polizeilichen Vorschriften entsprechend eingerichteten Schlachtstätten dagegen wird einfach eine Benutzung ohne jegliche Entschädigung untersagt werden. Das Gesetz betreffend die Errichtung öffentlicher, ausschließlich zu benutzender Schlachthäuser im Herzogtum Anhalt (vom 20. April 1878) verweigert den Gewerbetreibenden ohne weiteres jede Entschädigung für Privatschlachtstätten. In Bayern kann für einen solchen Anspruch nur der § 51 der Reichsgewerbeordnung angezogen werden. Derselbe lautet:

Wegen überwiegender Nachteile und Gefahren für das Gemeinwohl kann die fernere Benutzung einer jeden gewerblichen Anlage durch die höhere Verwaltungsbehörde zu jeder Zeit untersagt werden. Doch muß alsdann dem Besitzer für den erweislichen Schaden Ersatz geleistet werden. Gegen die untersagende Verfügung ist der Rekurs zulässig, wegen der Entschädigung steht der Rechtsweg offen.

Es ist ohne weiteres klar, daß es sich im § 51 nur um das Verbot der Benutzung einzelner Betriebe und zwar aus besonderen Rücksichten auf das Gemeinwohl handelt. Hierfür ist eine Entschädigung wohl schon aus dem Grunde zu leisten, weil die Gemeinde selbst zur Geschäftsausübung in geeigneteren Lokalen keine Vorsorge zu treffen hat.

Der § 23 Gew.-O. dagegen hebt die Privatschlächtereien im allgemeinen auf, und zwar nicht mit der Begründung überwiegender Nachteile und Gefahren für das Gemeinwohl, sondern mit dem Hinweis, daß ein öffentlicher Schlachthof in genügendem Umfang errichtet wird. Die Gemeindeverwaltung gibt hiermit Gelegenheit zur weiteren Ausübung des Geschäftes und ist nicht ersatzpflichtig.

Wichtig ist auch, daß der Verkauf von Vieh durch ortspolizeiliche Vorschriften ausschließlich in die Viehhöfe verwiesen werden kann, da die Gemeindeausschüsse und Stadtmagistrate auf Grund des Bayr. Pol.-StGB. Art. 2 Ziff. 6 und Art. 3, ferner Art. 146 zum Erlaß solcher Bestimmungen berechtigt sind. Außerdem ist hierfür einschlägig § 70 Abs. 1 der RGew.-O. und § 366 Ziff. 10 des RStGB. Es kann daher den Gemeinden das Recht, derartige gemeinnützige Anstalten zu errichten, nicht bestritten werden. Der Artikel 40 der Gew.-O. sichert ihnen ferner das Recht, für die Benutzung ihres Eigentums, ihrer Anstalten und Unternehmungen örtliche Abgaben zu erheben und so die Verzinsung ihres Anlagekapitales zu ermöglichen. Desgleichen bestehen für Bayern keinerlei gesetzliche Bestimmungen darüber, welchen Nutzen die Städte aus den gemeindlichen Industriewerken, wozu auch die Schlachthöfe gehören, ziehen dürfen. Auch für Hessen bestehen Vorschriften über Rentabilität der Anlagen und Entschädigungen für Fleischereirechteablösung nicht.

In einigen Städten hat man sich dadurch gegen eine zu große Zahl von Entschädigungsansprüchen zu helfen gesucht, daß man die Konzession zur Erbauung von Privatschlachthäusern nur unter der Bedingung erteilte, daß der Besitzer nach Fertigstellung des öffentlichen städtischen Schlachthofes auf Entschädigung verzichtete (sog. „bedingte Konzession"). Es werden dadurch vielfach gerade junge Anfänger schwer geschädigt, welche nicht warten können, bis es der Gemeinde beliebt, das städtische Schlachthaus zu eröffnen, und deshalb einen Schlachtraum bauen, der schon nach kurzer Zeit fast wertlos wird.

In dem Gutachten der Kgl. Sächsischen Kommission für das Veterinärwesen vom 29. April 1893 heißt es in bezug auf die Entschädigungsfrage:

„Gelegentlich der Beurteilung der Finanzfrage bei der Errichtung eines städtischen Schlachthofes dürfen auch die für die Ablösung der Privatschlächtereien nach dem Gesetze, die Errichtung öffentlicher Schlachthäuser betreffend, zu leistenden Entschädigungen nicht unberücksichtigt bleiben. Würde der Schlachthof von der Fleischerinnung errichtet, so brauchten selbstverständlich den Mitgliedern derselben Entschädigungen nicht gewährt zu werden, ein Umstand, der von den Fleischern meist sehr hervorgehoben und für ihre Zwecke ausgenutzt wird.

Die Ablösungslasten werden zumeist anfangs überschätzt, da naturgemäß die ein Schlachthaus besitzenden Gewerbetreibenden versuchen, ihre Ansprüche aufs höchste anzuspannen; es bleibt aber nur der wirkliche Wert der Privatschlachtstätten für das Schlachten selbst zu entschädigen, keineswegs aber der eingebildete Wert der Räume für den betreffenden Gewerbetreibenden."

Was die für die Anmeldungen der Entschädigungsansprüche einzuhaltende Frist, welche im § 3 a. a. O. auf sechs Monate festgesetzt ist, betrifft, so führt hierzu das Urteil des Reichsgerichts (II. Zivil-Sen.) unter dem 30. Mai 1884 folgendes aus:

„Die Publikation des Schlachtzwangbeschlusses, welche sechs Monate vor dem Inkrafttreten des Schlachtzwanges zu erfolgen hat, wird dadurch nicht unwirksam, daß zur Zeit derselben ein öffentliches Gemeindeschlachthaus noch nicht errichtet ist; nur für das Inkrafttreten dieses Zwanges bildet die Errichtung und Inbetriebstellung eines öffentlichen Schlachthauses eine notwendige Voraussetzung. Dagegen bildet für die sechsmonatliche Anmeldefrist der Entschädigungsansprüche der Privatschlachtstätten-Besitzer die tatsächliche Errichtung eines öffentlichen Schlachthauses keine notwendige Voraussetzung, vielmehr beginnt der Lauf dieser Frist stets mit dem Tage der Publikation des Schlachtzwangbeschlusses und endet nach sechs Monaten, gleichviel, ob sodann ein öffentliches Schlachthaus errichtet ist oder nicht."

[1] Jur. Wschr. **1898**, 313.

„Der § 9 in Verbindung mit § 3, Abs. 2 des Gesetzes vom 18. März 1868 bestimmt klar und deutlich für die Anmeldung der Entschädigungsansprüche — abgesehen von dem hier nicht eingetretenen Falle der Verlängerung — eine sechsmonatliche Präklusivfrist —, deren Lauf mit der Verkündung des bezüglichen Gemeindebeschlusses beginnt. Daß aber dieser Beschluß überhaupt nur unter der Voraussetzung wirksam sei, daß zur Zeit dieser Veränderung ein öffentliches Schlachthaus bereits vollendet dastehe, läßt sich aus dem Gesetze nicht herleiten. Der zunächst von den Klägern angerufene § 1 cit. spricht nur die tatsächliche Voraussetzung aus, unter welcher der Schlachtzwang wirksam eingeführt werden kann, daß nämlich ein öffentliches Schlachthaus errichtet ist, hat aber nicht die Bedeutung, daß der Erlaß bzw. die Veränderung eines solchen Beschlusses erst dann überhaupt stattfinden könne, wenn letzteres bereits fertiggestellt sei, da dies ja nur zur Folge hätte, daß das Schlachthaus sechs Monate und darüber unbenutzt stehen müßte. Der § 3, Abs. 2 cit. aber setzt nicht, wie die Kläger meinen, voraus, daß schon zur Zeit der Verkündigung des Beschlusses, sondern nur, daß zur Zeit des Inkrafttretens des ausgesprochenen Verbotes der Privatschlachtstätten das öffentliche Schlachthaus errichtet ist. — Für die Anmeldung der Entschädigungsansprüche und das Inkrafttreten des Schlachtzwanges bestehe allerdings die gleiche sechsmonatliche Frist seit Verkündigung des Gemeindebeschlusses, und es geht auch wohl das Gesetz davon aus, daß beide regelmäßig zugleich ablaufen. Das hindert aber nicht, daß in einem Ausnahmefalle, wie er hier vorliegt, der Ablauf der einen von dem der anderen verschieden sein kann. Wenn daher hier, wie feststeht, die Inbetriebsetzung des öffentlichen Schlachthauses nicht mit dem Ablaufe der sechsmonatlichen Frist, sondern erst am 15. Januar 1883 erfolgt ist, so hatte dieser Umstand nach dem Ausgeführten zwar die Folge, daß das Verbot der Benutzung der Privatschlachtstätten erst mit dem zuletzt genannten Tage in Kraft treten konnte, dagegen berührte derselbe den Lauf der in Frage stehenden Anmeldefrist nicht."

Wie die Erfahrung gelehrt hat, sind in den meisten Städten nur so wenig Ansprüche als gerechtfertigt anerkannt worden, daß die dafür gezahlten Summen kaum ins Gewicht fallen; in sehr vielen Fällen haben die Fleischer sogar selbst auf jegliche Entschädigung Verzicht geleistet, um das Anlagekapital nicht unnötig zu erhöhen, wie in Bernburg, Braunschweig, Düsseldorf, Erfurt, Hannover, Kreuzburg, Liegnitz, München, Solingen, Wiesbaden, Zeitz u. a. m., also in denjenigen Städten, welche zuerst einen Schlachthof errichtet haben. Es findet sich eine große Zahl von Städten, wie Glauchau, Rudolstadt, Ziegenhals, Landeshut, Guben, Hameln, Dessau, Strasburg W.-Pr., Ballenstedt, Arnstadt, Riesa, Zittau, Düren, wo die Fleischer jeglichen Ansprüchen auf Entschädigung entsagt haben. In Mainz sprachen allerdings die Fleischer die Erwartung aus, daß bei einer derartigen Verzichtleistung ihrerseits der Schlachthof als eine den Interessen der gesamten Bevölkerung dienende Anlage nicht zu einer Geldquelle für den Stadtsäckel auf Kosten der Metzger ausgenutzt werde.

Zweifellos werden alle einsichtigen Kreise darüber eines Sinnes sein, daß es als trauriger Beweis von „Bürgersinn" bezeichnet werden muß, wenn der eine oder andere eine vorhandene Gelegenheit benutzt, um den Stadtsäckel zu entlasten, gehöre der Betreffende welcher Erwerbsklasse nur immer an. Daß es an solch „edeldenkenden" Menschen leider nicht fehlt, beweisen uns die diesbezüglichen Aufzeichnungen zur Genüge. Und es läßt sich mit Fug und Recht gegenüber halten, warum das Bedürfnis, solche exorbitanten Forderungen zu stellen, beim Bau von Innungschlachthöfen nicht oder nur in sehr mäßigem Grade den einer Stadt gegenüber gestellten Forderungen zu beobachten ist[1].

Es muß aber auch als bedauerlicher Mangel in der Gesetzgebung bezeichnet werden, daß nicht durchweg und ohne namhafte Opfer bringen zu müssen, die Möglichkeit geboten ist, verbessernd auf die hygienischen Verhältnisse einer Stadt wirken zu können. Es wäre nur sehr zu begrüßen, wenn durch drakonische Vorschriften und die Möglichkeit, diesen mit allen Mitteln und größtem Nachdruck Durchführung verschaffen zu können, auf indirektem Wege das „Entgegenkommen" in dieser Hinsicht gefördert werden könnte! Es ist aber auch doppelt bedauerlich, wenn eine Stadt erst mit großen finanziellen Opfern sich die Möglichkeit erkaufen muß, die hygienischen Verhältnisse in ihrem Weichbilde verbessern zu können. Unklug würde aber auch jede Stadt handeln, die ohne weiteres die geforderten Entschädigungen auch wirklich bezahlen würde! Den städtischen Juristen stehen eine Reihe von Mitteln zur Verfügung, derartige „Musterbürger" gefügig und sehr nachgiebig zu machen! Letzten Endes aber müssen solche Entschädigungen stets zur Bausumme geschlagen werden, die damit unnötig erhöht wird, so daß wieder die Fleischer weit höhere als sonst normale Gebühren zu bezahlen haben werden.

Schlachthöfe sollen keine Finanzinstitute sein. Bei der Festsetzung der Gebühren für die Benutzung der öffentlichen Schlachthöfe und für Untersuchung des in solchen geschlachteten Viehes und des eingeführten Fleisches wird seitens der Gemeinden nicht immer den gesetzlichen Bestimmungen entsprechend verfahren. Das dem Minister für Landwirtschaft erstattete statistische Material ergibt insbesondere, daß die Gebühren für die Untersuchung des im Schlachthofe geschlachteten Viehes vielfach von den Schlachthofbenutzungsgebühren nicht getrennt verrechnet werden. Dieses Verfahren ist nicht zulässig. Während die Untersuchungsgebühren, soweit solche gesetzlich noch erhoben werden können, nicht mehr als die Selbstkosten der Untersuchung betragen dürfen, darf die Höhe der Benutzungsgebühren so bemessen werden, daß ihr Jahresaufkommen die Kosten der Unterhaltung der Anlage und des Betriebes, sowie den Betrag von 8% des Anlagekapitales und der etwa gezahlten Entschädigungssummen nicht übersteigt. An eine Reihe von Magistraten ist infolgedessen die Aufforderung ergangen, ihre Schlachtgebühren entsprechend abzuändern.

Durch diese Bestimmungen ist nun allerdings den öffentlichen Schlachthöfen der bisher streng gewahrte Charakter einer Wohlfahrtsanstalt genommen, sie sind zu Gewerbebetrieben herabgedrückt worden, aus denen die Gemeinde einen, wenn auch beschränkten Nutzen ziehen kann. Zwar ist in dem § 14 des Gesetzes ausdrücklich darauf hingewiesen, daß die Einführung von Steuern auf den Verbrauch von Fleisch, Getreide, Mehl usw. verboten sei, doch ist wohl nicht zu leugnen, daß eine derartige finanzielle Belastung der Schlachthöfe gewissermaßen doch einer Fleischbesteuerung gleich zu erachten ist.

[1] Gerade in Bayern kann man oft die Beobachtung machen, daß, sind in einem Orte Schlachtstätten, vorhanden, welche den hygienischen Anforderungen Hohn sprechen, seitens der Aufsichtsbehörde einfach ein Termin gesetzt wird, diese zeitgemäß unter Hinweis auf die bestehenden ortspolizeilichen Vorschriften instandzusetzen.

In der Begründung heißt es:

„Nach § 5 des Gesetzes vom 18. März 1868 dürfen die Gebühren für die Schlachthausbenutzung den zur Unterhaltung der Anlagen, für die Betriebskosten, sowie zur Verzinsung und allmählichen Amortisation des Anlagekapitales und der etwa gezahlten Entschädigungssummen erforderlichen Betrag nicht übersteigen. Hierbei darf ein höherer Zinsfuß als 5% jährlich und eine höhere Amortisationsquote als 1% nebst den jährlich ersparten Zinsen nicht berechnet werden.

Zur Beförderung der in gesundheitlicher Beziehung überaus vorteilhaften Errichtung öffentlicher Schlachthäuser empfiehlt es sich, die Gemeinden von der bestehenden gesetzlichen Beschränkung in der Bemessung dieser Gebühren zu entbinden. Die im Entwurfe festgesetzte Maximalgrenze ermöglicht den Gemeinden die Erzielung von angemessenen und das Risiko deckenden Überschüssen und entspricht den besonderen Vorteilen, welche dem Schlächtergewerbe aus der Errichtung öffentlicher Schlachthäuser erwachsen. Die Aufwendungen dieser Gewerbetreibenden für die Unterhaltung privater Anstalten mit allen, im gesundheitspolizeilichen Interesse zu fördernden Vorkehrungen würden hinter dem nach dem Entwurfe zulässigen Höchstbetrage der Gebühren nicht zurückbleiben.

Die vorgeschlagene Bestimmung wird den vielfachen Differenzen der Gemeinden mit dem Schlächtergewerbe wegen der bei der Bemessung der Gebühren zugrunde zu legenden Berechnungen und den hierbei hervorgetretenen zweifelhaften Fragen ein Ende machen.

Ob die Gemeinden von der Ermächtigung zur Erhebung höherer Gebühren für die Schlachthausbenutzung Gebrauch machen werden, hängt von ihrer eigenen Entschließung ab. Sie sind selbstverständlich befugt, gemäß dem allgemeinen Grundsatze im § 4 Abs. 3 eine entsprechende Ermäßigung eintreten zu lassen.

Die Zulassung einer Erhöhung der im Absatz 3 bezeichneten Untersuchungsgebühren ist erforderlich, um einen angemessenen Ausgleich herzustellen zwischen denjenigen Gewerbetreibenden, welche bei der Ausübung des Schlächtergewerbes zur Benutzung eines öffentlichen Schlachthauses genötigt sind, und denjenigen, für welche es bei dem Verkaufe des ausgeschlachteten Fleisches, weil von auswärts eingeführt, einer solchen Benutzung nicht bedarf."

Obwohl sich anfangs viele Gemeinden gegen eine derartige finanzielle Ausnutzung der Schlachthöfe sträubten und diese Ansicht auch auf mehreren Städtetagen offen ausgesprochen wurde, nimmt doch die Zahl derjenigen Städte, welche von dieser neuen Einnahmequelle Gebrauch machen, von Jahr zu Jahr zu, wenngleich viele mit einem geringeren, als nach dem Gesetze zulässigen Prozentsatze sich begnügen. Am meisten belastet finden wir im allgemeinen die Zufuhr auswärts geschlachteten Fleisches, für dessen Untersuchung in verschiedenen Städten dieselben oder fast dieselben, an einzelnen Orten sogar höhere Gebühren erhoben werden als für Benutzung des Schlachthofes. Nach der für die Festsetzung des Etats höchst wichtigen Entscheidung des Oberverwaltungsgerichtes vom 18. Juni 1898 glaubten sich viele Städte berechtigt, für die Untersuchung des von auswärts geschlachtet eingebrachten Fleisches Gebühren in gleicher Höhe zu erheben, wie für Benutzung des Schlachthofes und der Untersuchung der daselbst geschlachteten Tiere. Diese Auffassung war von um so größerer Bedeutung, als damit den Gemeinden eine Handhabe gegeben ist, die oft sehr lästige Zufuhr auswärts geschlachteten Fleisches etwas einzudämmen, allein die Verfügung des Ministers für Handel und Gewerbe vom 11. Januar 1901 belehrt eines anderen:

„Der von dem Magistrat vorgelegte Tarif für die Untersuchung des nicht im öffentlichen Schlachthause ausgeschlachteten frischen Fleisches sieht im wesentlichen dieselben Sätze vor, wie sie durch Beschluß der städtischen Behörden von dem gleichen Tage für die Benutzung des Schlachthauses in G. festgestellt worden sind, wie die Akten ergeben, entsprechend der Bestimmung in § 11 al. 2 des Kommunalabgabengesetzes vom 14. Juli 1893 so berechnet, daß durch ihr Jahresaufkommen die Kosten der Unterhaltung und des Betriebes des Schlachthauses sowie ein Betrag von 8% des Anlagekapitals gedeckt werden. Wenn nun § 11 al. 3 a. a. O. vorsieht, daß „die Gebühren für die Untersuchung des nicht in öffentlichen Schlachthäusern ausgeschlachteten Fleisches in einer den Gebühren für die Schlachthausbenutzung entsprechenden Höhe bemessen werden können", so ist die Bedeutung dieser Vorschrift aus dem diese Art der Gebühren betreffenden vorhergehenden Absatze des § 11 in Verbindung mit § 2 Abs. 2, § 5 Abs. 2 und 3 des Gesetzes über die Errichtung öffentlicher Schlachthäuser vom 18. März 1868 (9. März 1881) zu entnehmen. Nach dem zuletzt genannten Gesetze durften nämlich die Gebühren für die Schlachthausbenutzung die Kosten der Unterhaltung und des Betriebes des Schlachthauses nebst 5% Verzinsung und 1% Amortisation des Anlagekapitales diejenigen für die Untersuchung des eingeführten Fleisches die Kosten der Untersuchung nicht übersteigen. In demselben Maße, in welchem § 11 al. 2 des Kommunalabgabengesetzes die Erhöhung der Gebühren für die Benutzung des Schlachthauses durch Einräumung einer 8%igen Verzinsung des Anlagekapitales zuließ, gestattete § 11 al. 3 die Steigerung der Gebühren für die Untersuchung des von auswärts eingeführten Fleisches, um „einen angemessenen Ausgleich zwischen den auf die Benutzung eines öffentlichen Schlachthauses angewiesenen Schlächtern und denjenigen Gewerbetreibenden zu ermöglichen, für welche bei dem Verkaufe des von auswärts eingeführten ausgeschlachteten Fleisches der Zwang zu einer solchen Benutzung nicht besteht" (Ausführungsanweisung zum Kommunalabgabengesetze vom 10. Mai 1894 Art. 5 und 6). Hieraus folgt, daß nach § 11 al. 2 und 3 des Kommunalabgabengesetzes eine Erhöhung der Untersuchungsgebühr für eingeführtes Fleisch über die Untersuchungskosten hinaus nur dann und nur in dem Verhältnisse stattfinden darf, wenn und insoweit eine Steigerung der Gebühren für die Schlachthausbenutzung über die in § 5 Abs. 2 und 3 des Gesetzes vom 18. März 1868 (9. März 1881) berechneten Selbstkosten der Gemeinde erfolgt ist. Dabei wird, wenn Benutzungs- und Untersuchungsgebühren je nach Verschiedenheit der Arten der Schlachttiere abgestuft sind, nicht verlangt werden dürfen, daß das eben beschriebene Verhältnis für jede einzelne Gebührenkategorie zutreffe, sondern es wird genügen, daß das Jahresaufkommen der gesamten Untersuchungsgebühren und dasjenige der gesamten Benutzungsgebühren in dem vorgeschriebenen Verhältnis stehe. Daß die aufgestellten Tarife durch Festsetzung der gleichen Sätze für Schlachthausbenutzung und Untersuchung diesen Grundsätzen nicht entsprechen, bedarf hiernach keiner weiteren Erörterung."

Von ganz besonderer Bedeutung ist nun der Punkt, daß die Erhebung der 8% nicht, wie bei Beratung des Gesetzes beantragt wurde, nur „bis zur vollständigen Amortisation" gestattet ist, sondern auch nach Tilgung des Anlagekapitales, also solange es der Gemeinde gefällt bzw. der Schlachthof besteht.

Ferner sind Zweifel darüber aufgetaucht, ob in die 8% auch die jährliche Amortisationsquote inbegriffen ist. Nach dem Wortlaut ist anzunehmen, daß dieselbe noch außer den 8% in Anrechnung gebracht werden kann, so daß sich ein eventueller Überschuß für den Stadtsäckel demnach noch um 0,5 bzw. 1% erhöhen würde.

## 4. Genehmigungspflicht.

Zu den Schlächtereien, welche nach § 16 der RGew.-O. einer besonderen landespolizeilichen Genehmigung bedürfen, gehören nach einem Beschlusse des Bundesrates vom 5. Juni 1873 alle Schlachtstätten ohne Unterschied, also nicht nur jene von einzelnen Schlächtern in ihrer eigenen Behausung benutzten Räume, sondern auch die von Schlächtern gemeinschaftlich benutzten Schlachthöfe. Die Genehmigung zu einer Schlächterei setzt aber nicht notwendig voraus, daß besondere dauernde Vorrichtungen zum Schlachten in einem bestimmten Raume getroffen werden, vielmehr muß schon die tatsächliche Stellung einer bestimmten Räumlichkeit zum periodisch gewerbsmäßigen Schlachten als Anlage einer Schlächterei angesehen werden[1]. Hierbei kommen aber nur solche Schlachtstätten in Frage, in denen Schlachtvieh, also Groß- und Kleinvieh, zur Schlachtung kommt, nicht aber Fisch- und Geflügelschlächtereien. Die Genehmigung zur Anlage oder zu wesentlichen Veränderungen in Schlächtereien wird von der nach den Landesgesetzen zuständigen Behörde erteilt, in Preußen durch den Kreis- oder Stadtausschuß, in Städten mit mehr als 10000 Einwohnern durch den Magistrat (Stadtrat). Die jeweilige Aufsichtsbehörde bildet die Berufungsinstanz.

Dem Antrag des Unternehmers sind in 3 Ausfertigungen die Beschreibung der Lage und der Bauplan der Anlage beizufügen. Aus diesen Vorlagen müssen hervorgehen:

1. Die Größe des Grundstückes, auf welchem die Betriebsstätte errichtet werden soll, die Bezeichnung, welche dasselbe im Grundbuch führt und der etwaige besondere Name.
2. Die gleichartige Bezeichnung der umliegenden Grundstücke und die Namen deren Besitzer.
3. Die Entfernung, in welcher die zum Betrieb bestimmten Gebäude oder Einrichtungen von den Grenzen der benachbarten Grundstücke und den darauf befindlichen Gebäuden, sowie von den nächsten öffentlichen Wegen liegen sollen.
4. Die Höhe und Bauart der benachbarten Gebäude, sofern zu der Betriebsstätte Feuerungsanlagen gehören.
5. Die Lage, Ausdehnung und Bauart der Betriebsstätte, die Bestimmung der einzelnen Räume und deren Einrichtung im allgemeinen.
6. Der Gegenstand des Betriebes, die Grundzüge des Verfahrens und der anzuwendenden Apparate, die ungefähre Ausdehnung des Betriebes, die Arten der sich in denselben etwas entwickelnden Gase und die Vorkehrungen, durch welche ein Entweichen derselben verhindert werden soll, die Beschaffenheit der festen und flüssigen Abfallstoffe, sowie die Art und Weise der Beseitigung, insbesondere, wenn diese durch Ableitung in Wasserläufe erfolgen soll.

Einer besonderen Genehmigungspflicht sind unterworfen: Talgschmelzen, Darmzubereitungsanstalten (Darmschleimereien), Räume zum Trocknen und Salzen von Tierfellen und Verwertungsapparate für Schlachtabfälle, Knochenverarbeitungsanlagen, Fleischvernichtungsapparate und -anlagen, dann aber auch Dampfkesselanlagen, für welch letztere besondere Vorschriften maßgebend sind, welche durch die Dampfkesselrevisionsvereine zu erfahren sind.

Für die Genehmigung zur Errichtung eines öffentlichen Schlachthofes ist zunächst die betreffende Stadtverwaltung zuständig. Ihr wird es zunächst obliegen, die einschlägigen Vorschriften genauestens zu befolgen und wird auch die Aufsichtsbehörde (Regierung) durch ihre Sachverständigen sich hiervon zu überzeugen die Verpflichtung haben. Diese wird aber auch evtl. vorgebrachte Beschwerden zur endgültigen Entscheidung bringen.

## 5. Innungsschlachthöfe.

Nach den gesetzlichen Bestimmungen steht es den Gemeinden frei, selbst Schlachthöfe zu erbauen oder diese durch Innungen errichten zu lassen.

Aus bereits angeführten Gründen ist es jedoch den Gemeinden dringend zu raten, die Erbauung derartiger der öffentlichen Gesundheitspflege dienenden Anlagen als Gemeindebetriebe selbst vorzunehmen. Von den im Deutschen Reiche im Jahre 1911 vorhandenen 1033 Schlachthöfen älteren und neueren Datums gehören den Innungen in Preußen 15, in Sachsen 16 (von 35 Anlagen!), in Württemberg 21, in Baden und Hessen je 1 und in Sachsen-Weimar 2, sonach im ganzen **46** Anlagen = 4,4%, alle übrigen den Städten selbst. Württemberg und Sachsen zeichnen sich durch Reichtum an Innungsschlachthöfen aus. In Bayern gibt es keinen Innungsschlachthof, in Ulm war der der Stadt gehörige Schlachthof auf eine Reihe von Jahren an die Innung vermietet und ist jetzt in städtischem Betrieb. Von den größeren Schlachthöfen, die sich noch im Besitze der Innungen befanden, sind verschiedene durch Her-

[1] Preuß. Verw.Bl. **5**, 307.

stellung von Neubauten in städtischen Besitz übergegangen. Von kleineren Städten ist beispielsweise der der Innung gehörige Schlachthof in Schneeberg i. S., der seinerzeit mit einem Kostenaufwand von 80000 M. erbaut wurde, 1904 für 60000 M. in städtischen Besitz übergegangen. Auch die Schlachthöfe in Münsterberg, Heilbronn und Weimar sind städtische Anlagen geworden, Jena beabsichtigt Ersatz durch einen städtischen Schlachthof. In Marburg hat die Stadt die Absicht, nach Ablauf des 50jährigen Vertrages eine städtische Anlage zu bauen.

Aus Weimar wird berichtet, daß sich die Übernahme des Schlachthofes in städtische Regie glänzend bewährt habe, und daß man Grund zur Annahme hat, daß auch die Innungsmeister in ihrer großen Mehrzahl selbst damit zufrieden sind. Als man in Jena über die Erbauung eines neuen Schlachthofes verhandelte, zog man verschiedene Gutachten darüber ein, ob es zweckmäßig sei, den neuen Schlachthof wieder durch die Innung oder durch die Stadt selbst zu bauen. Von seiten der gefragten Sachverständigen wurden Gutachten in dem Sinne abgegeben, daß ein Schlachthof, der zufolge seiner Bestimmung zur Förderung des Volkswohles und der Gesundheitspflege gewidmet sei, unbedingt durch die Gemeinde selbst errichtet werden müsse, zumal durch die Anlage einer derartigen Anlage dem Steuerzahler keinerlei Kosten erwüchsen, da sich die Anlage selbst erhalte.

Im allgemeinen sind die Innungsschlachthöfe billig gebaut, nur ist bei ihnen schon bei der Erbauung vielfach die Sparsamkeit zu weit getrieben worden. Die gleiche Sparsamkeit finden wir auch später bei Vornahme von nötig werdenden Erweiterungen und Ergänzungen. Die Haushaltpläne und die Jahresrechnungen werden wohl in allen Fällen den Stadtbehörden zur Kontrolle und Prüfung übersandt. Leider nehmen meist Bürobeamte die Prüfungen vor, ohne daß man vorher den am Schlachthof in städtischen Diensten stehenden Tierärzten, die die Verhältnisse am Schlachthof wohl besser beurteilen können als die Rechnungsbeamten, Gelegenheit gibt, sich zu den Haushaltplänen bzw. Jahresrechnungen in entsprechender Weise zu äußern.

An den meisten Innungsschlachthöfen werden die Haushaltpläne vom Vorstand der Innung, der sich aus dem betreffenden Obermeister und einigen Fleischermeistern zusammensetzt, festgestellt und dann meist in einer Innungsversammlung den Innungsmeistern zur Aussprache vorgelegt. Die Folge dieses Verfahrens ist die Aufstellung von Haushaltplänen, welche volle Klarheit und Deutlichkeit in manchen Positionen vermissen lassen. Eine Scheidung des Verwaltungsetats vom Fleischbeschauetat ist oft nicht oder nur mangelhaft erkennbar, es werden für Erneuerungen keine oder ungenügende Fonds angelegt, ebenso für Pensionen der angestellten Beamten. Am Jahresschluß kommen unter Umständen ungünstige Abschlüsse zustande, die namentlich für die Ausgaben der im Dienste der Fleischbeschau stehenden Beamten von ungünstigem Einfluß sind und die dann Veranlassung dazu werden, daß man den von den Stadtbehörden ins Auge gefaßten Gehaltsverbesserungen für diese Beamten mit allen Mitteln entgegenarbeitet. An den Innungsschlachthöfen, an denen Abschreibungen in gehöriger Weise vorgenommen werden, wird einer kleinen Gruppe von Bürgern, den Innungsmeistern auf Kosten der Fleischkonsumenten, auf welche die Schlachtgebühren usw. abgewälzt werden, ein Vermögen verschafft, das in Städten mit städtischen Schlachthöfen als städtisches Vermögen der gesamten Bürgerschaft zugute kommt. Es ist dies einer der bedeutendsten Nachteile der Innungsschlachthöfe.

Wenn sich nicht, wie dies ja glücklicherweise in einer größeren Anzahl von Städten der Fall gewesen ist, binnen kürzerer Zeit Mittel und Wege finden lassen, die eine Übernahme der Innungsschlachthöfe auf die Städte ermöglichen, so dürfte es unbedingt erforderlich sein, daß an jedem Innungsschlachthof ein Schlachthofausschuß gebildet wird. Dieser hat sich aus einer beschränkten Zahl von Gemeindevertretern, aus etwa 2—3 Fleischern und dem Tierarzt, letzterer aber mit beschließender Stimme, zusammenzusetzen. Aufgabe des Ausschusses dürfte die Aufsicht über die innere Verwaltung des Kassenwesens und die Beratung vorzunehmender baulicher Veränderungen und Verbesserungen sein. Nur auf diese Weise wird etwas Gedeihliches für einen Schlachthof geschaffen und den Zwecken dieses Institutes mit Erfolg gedient werden können. Eine weitere Voraussetzung ist, daß dem Tierarzt als Direktor die Leitung des Innungsschlachthofes übertragen wird. Verschiedene Innungsschlachthöfe, deren Leitung nicht in den Händen des Tierarztes als Direktor liegt, lassen oft die für derartige Betriebe erforderliche einheitliche und unparteiische Verwaltung missen. Die Innungsvorstände, jedes Innungsmitglied, die als Innungsbeamte angestellten, von der Fleischerinnung in jeder Weise abhängigen Schlachthofmeister bzw. -Verwalter und andere mehr greifen in die Leitung und den Betrieb des Schlachthofes ein. Die notwendige unparteiische Beurteilung aller in Frage kommenden Angelegenheiten fehlt, Sonderinteressen und Parteiwesen treten in den Vordergrund, und das ganze Institut leidet darunter.

Vollkommen geordnete Verhältnisse werden nur dort zu finden sein, wo der Schlachthof dem von der Stadt angestellten, von der Fleischerinnung vollkommen unabhängigen Tierarzt als Direktor unterstellt und letzterem der oben näher ausgeführte Schlachthofausschuß zur Seite steht.

Zur Aufrechterhaltung der oft sehr zu Klagen Anlaß gebenden Ordnung in den Innungsschlachthöfen, die als öffentliche Schlachthöfe nicht nur von den Innungsmeistern, sondern auch von nicht den Innungen angehörenden Fleischern und den sonstigen schlachtenden Einwohnern der Städte benutzt werden müssen, ist es unbedingt nötig, daß die vielfach noch von den Fleischerinnungen angestellten Betriebsbeamten der Schlachthöfe (Kassierer, Schlachthofmeister, Hallenmeister, Maschinisten und Arbeiter) von den Gemeindebehörden angestellt werden, wie es bereits in einzelnen Städten geschehen ist. Als Innungsbeamte aber unterstehen die oben Angeführten den Fleischerinnungen. Sie sind somit von diesen in Gehalts- und anderen Fragen abhängig. Niemals werden sie bei der ihnen obliegenden Aufsichtsführung in der für die Aufrechterhaltung der Ordnung in solchen Betrieben erforderlichen unparteiischen und energischen Weise bei Verstößen der Fleischer gegen die Schlachthofordnung und die Fleischbeschaugesetze einschreiten können. Warnungen oder gar Anzeigen werden sie zu umgehen suchen, da sie sonst ihre Stellung gefährden und bei einem sachgemäßen, in den Augen der Fleischer aber strengen und unnötigen Vorgehen Dienstentlassung zu gewärtigen haben. Nur das als städtische Beamte aufgestellte Aufsichtspersonal besitzt den nötigen Schutz und das nötige Rückgrat, Unrechtmäßigkeiten oder Zuwiderhandlungen seitens der Fleischer ohne Ansehen der Person im Interesse der Aufrechterhaltung der Ordnung zu beanstanden und zur Anzeige zu bringen. Ein sehr großer Nachteil besteht ferner an den mittleren Innungsschlachthöfen darin, daß als „oberster" Betriebsleiter der fragliche Obermeister gilt. Selbst wenn dieser alles, was für die Aufrechterhaltung eines geordneten Betriebes usw. von ihm für erforderlich erachtet wird, streng durchführen will, wird er bei einer mehr oder minder großen Zahl von Innungsmeistern auf Widerstand stoßen. Ist der Obermeister, der auf eine Zahl von Jahren von den Innungsmitgliedern als solcher gewählt wird, ehrgeizig, und hängt er an seinem Amt, an seiner Würde, so wird er, um diese bei der nächsten Wahl ja nicht einzubüßen, lieber selbst etwaigen zu weit gehenden Wünschen der Innungsmitglieder nachgeben. Die von der Innung angestellten Beamten werden zudem bestrebt sein, sich nach Kräften die Gunst ihres als „Betriebsleiters" tätigen Obermeisters zu erhalten. Da die Gewohnheiten der Fleischer bezüglich der Arbeitseinteilung in ihren Betrieben außerordentlich differieren, finden wir an den Innungsschlachthöfen fast regelmäßig außerordentlich lange Schlachtzeiten. Jeder will zu der ihm passenden Zeit schlachten oder schlachten lassen. Die Folge dieser an den meisten Innungsschlachthöfen zu findenden unsachgemäßen Organisation ist ein außerordentlich großer Verbrauch an Heiz- und Beleuchtungsmaterial. Diese unnötigen Betriebsausgaben führen folgerichtig dahin, daß in anderer Beziehung soviel als möglich gespart werden muß. Diese Ersparnis sucht man vor allem an manchen Innungsschlachthöfen dadurch zu erreichen, daß man die Angestellten möglichst gering bezahlt, das Fehlende an dem zu ihrem Auskommen unbedingt Erforderlichem müssen sich diese durch Nebenerwerb verdienen. So finden wir in einzelnen Innungsschlachthöfen, daß man die Schlachthof- oder Hallenmeister mit der Lederabnahme für die Häuteverwertungsvereinigungen betraut hat oder daß man ihnen gestattet, gleichzeitig als Lohnschlächter für Fleischermeister, welche die ihnen gehörigen Tiere nicht durch ihre eigenen Leute schlachten lassen, deren Schlachttiere gegen gewisse festgesetzte Gebühren zu schlachten. Zu diesem Zwecke halten sich die Innungsbeamten Gehilfen, die ihnen bei den Schlachtungen behilflich sein müssen. Auch hieraus ergeben sich gewisse Nachteile. Vor allem werden die schlachtenden Innungsbeamten bestrebt sein, sich die Gunst der Fleischer, die durch sie schlachten lassen, zu erhalten. Diese werden somit bei Zuwiderhandlungen gegen Anzeigen nahezu gefeit sein. Auch ist die Möglichkeit von Korruption bei schlechtbezahlten Angestellten nicht ganz von der Hand zu weisen.

In manchen Innungsschlachthöfen läßt die Fütterung der eingestellten Schlachttiere, die eine bestimmte Zeit im Schlachthof stehen, sehr viel zu wünschen übrig. Es bestehen zwar Verordnungen, die die Fütterung dieser Tiere vorschreiben, aber die Fütterung wird entweder gar nicht oder nur in mangelhafter Weise durchgeführt. Da die Fütterungszeiten manchmal nicht festgesetzt sind, ist es den mit der Kontrolle der Fütterung betrauten städtischen Tierärzten unmöglich, mit Sicherheit festzustellen, ob diese Tiere tatsächlich in der vorgeschriebenen Weise gefüttert worden sind.

In manchen Verträgen, die seinerzeit vor der Erbauung der Innungsschlachthöfe zwischen Stadtgemeinden und Fleischerinnungen abgeschlossen worden sind, befinden sich leider Bedingungen, die es den Stadtgemeinden unmöglich machen, bessernd in die Verhältnisse einzugreifen. Hier dürfte es vor allem angezeigt sein, eine baldige Revision der früher abgeschlossenen Verträge vorzunehmen und dabei aus diesen zu entfernen, was den Stadtbehörden die Rechte bezüglich des Erlasses von den auf den Schlachthof sich beziehenden Anordnungen in irgendeiner Weise schmälert. Vor allem aber bedarf die Stellung der Tierärzte an manchen Innungsschlachthöfen einer erheblichen Verbesserung. Der Tierarzt muß unabhängig sein Amt ausüben können. Wenn aber bei Änderung der Anstellungsbedingungen des Tierarztes bei Besoldungs- und Urlaubsfragen und anderen mehr vor Beschlußfassung seitens des Stadtrates die Fleischerinnung gehört werden muß und diese für die Entscheidung vielfach ausschlaggebend ist, so befindet sich der von der Gemeinde angestellte Tierarzt zur Innung und zu den Fleischern in einem Verhältnis, das seinem Ansehen und seiner Stellung nicht förderlich sein kann und seine Autorität untergraben muß und sich mit seinen polizeilichen Funktionen, die er auf Grund der fleischbeschaugesetzlichen Bestimmungen und der Schlachthofordnung täglich auszuüben hat, nicht verträgt. Zum wenigsten müßten die Gemeindeverwaltungen in Orten, in denen noch Innungsschlachthöfe bestehen, eine vollständige Trennung der Schlachthofbenutzungsgebühren und der Beschaugebühren durchführen. Letztere sind an die Stadtkasse abzuführen. Nur die Stadtbehörde hat dann die Anstellungs- und Besoldungsbedingungen, sowie die sonstigen Ausgaben, welche durch und für die Fleischbeschau entstehen, zu bestimmen.

Es könnten sodann aus den durch die Vereinnahmung der Gebühren entstandenen Fonds auch die notwendigen Gegenstände für die Fleischbeschau beschafft werden, deren Anschaffung jetzt meist an dem Widerstande der Innung scheitert. Zudem stehen gegenwärtig an vielen Innungsschlachthöfen, in denen diese Gebührentrennung nicht durchgeführt ist, nur sehr geringe Mittel zur Haltung von Gesetzesblättern, die Fleischbeschau betreffenden Zeitschriften und zur Beschaffung von Fachliteratur zur Verfügung[1].

An den meisten Innungsschlachthöfen fehlt es auch an Hilfskräften, die die Tierärzte bei der Beschau unterstützen müssen. Diese Unterstützung ist aber bei der Beschau, bei der Beseitigung beanstandeter Tiere oder von Teilen solcher, ebenso bei der Abstempelung der Tiere, der Kontrolle der Tierbestände, der Aufsichtsführung in den Schlacht- und Viehhallen, ferner bei der Überwachung und der Tötung der Tiere unbedingt nötig. Zwar sollen, wie die örtlichen Festsetzungen hier und da lauten, die Schlachthofmeister oder Hallenmeister den Tierärzten zur Hand gehen. Diese sind aber in den Hauptschlachtzeiten, zu denen ihre Mithilfe in obigem Sinne am nötigsten ist, mit den ihnen von den Innungen aufgegebenen Funktionen als Schlachtmeister, Kantinenwirt, Häuteabnehmer so überhäuft, daß sie für die Tierärzte so gut wie nicht zu haben sind.

Alle diese angeführten Gründe sprechen dafür, daß es dringend angezeigt ist, nach Mitteln zu suchen, die wenigen noch vorhandenen Innungsschlachthöfe in den Besitz der betreffenden Gemeinden zu übernehmen. Dort aber, wo man über die Erbauung eines Schlachthofes verhandelt, kann der Gemeinde nur empfohlen werden, selbst einen öffentlichen Schlachthof zu errichten, denn es bedarf eines Beweises wohl nicht, daß Wohlfahrtseinrichtungen nur dann wirklich Nutzen stiften, wenn sie von der objektiv handelnden Behörde, nicht aber von interessierten Geschäftskreisen geleitet werden und wenn inbesondere der Hygiene ein besonderes Hauptaugenmerk zugewendet wird.

v. Ostertag sagt: In Städten und anderen Gemeinden mit erheblicher Einwohnerzahl bildet die notwendige Grundlage zur Regelung der Fleischkontrolle die Errichtung öffentlicher

[1] In einer Stadt besteht ein Innungsschlachthof, der nur von den Innungsmitgliedern benutzt werden darf; diese müssen außer dem Eintrittsgeld noch 300 RM. zur Schlachthofkasse entrichten, die Überschüsse fließen einem Reservefond zu. Die Stadt führt die Aufsicht über die Verwaltungsmaßnahmen, die von der Innung getroffen werden. Die Innung hatte die Ansicht, sie habe Anspruch auf Befreiung von der Körperschaftssteuer bezw. des Schlachthofbetriebes, da es sich um ein überwiegend gemeinnütziges Unternehmen handle. Das Finanzamt hielt den Anspruch für berechtigt, aber der Reichsfinanzhof hat die Beschwerde der Innung abgewiesen. Allerdings bringe ein Schlachthof der Allgemeinheit Vorteile, die Fleischbeschau würde durch die Schlachthöfe erleichtert, auf der anderen Seite aber bringe der Innungsbetrieb den Mitgliedern der Innung Sondervorteile, an welchen die Allgemeinheit kein Interesse habe. Die Einrichtungen des Schlachthofes überhöben die Mitglieder der Innung der Notwendigkeit, sich entsprechende Anlagen auf eigene Kosten zu schaffen, die Sondervorteile würden die Vorteile für die Gesamtheit bei weitem überwiegen. Innungsmitglieder stellen keine Allgemeinheit im Sinne des Körperschaftssteuergesetzes dar. Wenn auch ein Schlachthof für die ganze Bevölkerung nützlich sei, so habe die Innung denselben errichtet und betreibe diesen, sie denkt aber dabei an den eigenen Nutzen. Der Nutzen für die Bevölkerung sei eine mittelbare Wirkung, die zur Anerkennung der Gemeinnützigkeit nicht ausreiche (Reichsfinanzhof 8. Mai 1928, 1a 145/28).

Schlachthöfe und der damit verbundene Zwang, daß alle zur menschlichen Nahrung bestimmten Tiere daselbst geschlachtet und sachverständig untersucht werden.

Stieler erwähnt mit Recht: Ein gut geregeltes System von Schlachthäusern ist so notwendig für die Gesundheit eines Volkes, wie ein wohlverwaltetes System von Schulen für die Erziehung desselben. Ohne öffentlichen Schlachthof bleibt die obligate Fleischbeschau eine halbe Maßregel, weil es unmöglich ist, die zerstreut liegenden Schlachtlokale der einzelnen Schlächter und deren Betrieb ohne einen gewaltigen Apparat von Beamten zu überwachen.

## 6. Gemeinschaftliche Schlachthöfe für mehrere Gemeinden.

Wenn die geographische Lage es möglich macht oder gewisse Interessengemeinschaften es verlangen, so schließen sich mehrere einander nahe liegende Gemeinden in letzter Zeit öfters zusammen, um einen Schlachthof gemeinschaftlich zu benutzen, sei, es daß ein solcher bereits vorhanden oder mit gemeinschaftlichen Mitteln erst erbaut und betrieben wird, wobei die Kosten prozentual getrennt werden. Es soll hier unter anderem nur erinnert werden an Bremerhaven-Lehe, Duisburg-Meiderich, Stuttgart-Cannstatt, Garmisch-Partenkirchen. Diese gemeinsame Benutzung einer Anlage ist zum mindesten praktisch und billig, sie bietet aber auch insofern für die diesen benutzenden Städte Vorteile, weil sie Bau- und Betriebskosten, die sonst jede Stadt allein zu tragen haben würde, verringert, sie aber auch an evtl. Gewinnen beteiligt.

Es gibt sicher im Reiche eine große Zahl von Orten größerer Art in der Nähe von Städten mit Schlachthöfen, für welche ein Anschluß eine beträchtliche Verbesserung der sanitären Verhältnisse bieten würde, die aber heute von dieser Gelegenheit noch keinen Gebrauch machen, weil sie den Zwang zur Benutzung scheuen, aus welchem die betreffenden Gewerbetreibenden viele Vorteile ziehen würden. Sie sind aber leider zu kurzsichtig, um dies einzusehen. Schon aus rein hygienischen Gründen aber sollten die Aufsichtsbehörden fördernd dahin wirken, daß zur Beseitigung von oft unhaltbaren hygienischen Zuständen eine „Eingemeindung“, wenn auch nicht in die betreffende Stadt, aber doch in dem Schlachtbetrieb veranlaßt wird. — Man kennt auch sog. Verbands- oder Sammelschlachthöfe, wie Gummersbach für 35 Nachbargemeinden, Staßfurt-Leopoldshall, Linden-Dahlhausen u. a. m., und wenn auch durch die Entscheidung des Kammergerichts vom 27. Februar 1899 diesem gewiß sehr zu fördernden Vorgehen ein Riegel vorgeschoben wurde, so ermächtigt doch die Novelle zum Schlachthofgesetz vom 29. Mai 1902 die Gemeinden ohne weiteres, mit benachbarten Gemeinden gemeinschaftlich einen Schlachthof zu errichten.

Heute finden wir eine große Anzahl solcher gemeinschaftlicher Schlachthöfe: Harburg-Wilhelmsburg, Rheydt-Odenkirchen, Wilhelmshaven-Rüstringen, Wanne-Eickel, Annaberg-Buchholz, Dortmund-Hörde, Duisburg-Meiderich-Ruhrort, Hardenberg-Neviges, Driesen-Vordamm, Freiburg (Schles.)-Polsnick, Wesermünde-Bremerhaven, Castrop-Rauxel u. a. (Viersen hat seinen Schlachthof an den Kreis um monatlich 2500 RM. verpachtet und schlachtet in Krefeld[1].)

Gerade im Industriegebiet kann man die Beobachtung machen, daß große Schlachthöfe kleinere einfach aufsaugen und einen oft ziemlich großen Betriebsradius haben (Bochum, Essen). Es ergeben sich hieraus Vor- und Nachteile, als letztere große Entfernungen, die jedoch durch den Kraftwagenverkehr wesentlich verringert werden. Auch in Schlesien besteht das Bestreben, für drei große Städte einen gemeinschaftlichen Zentralschlachthof zu schaffen und dann die bestehenden Anlagen aufzulassen. Bedenkt man, wie in Großstädten oft im Stadtbezirk weite Wege zum Schlachthof zurückzulegen sind, so spielen in Nachbargemeinden einige Kilometer gewiß keine Rolle, wenn das volkswirtschaftliche Interesse das erheischt. Zwangsläufig treffen aber die damit verbundenen Rationalisierungsmaßnahmen auch die leitenden Tierärzte. In jedem einzelnen derartigen Fall müssen alle Für und Wider genau vorher erwogen werden, bevor man diesbezügliche Beschlüsse fassen wird.

---

[1] Außer städtischen und privaten Schlachthäusern, sowie Innungsschlachthäusern gibt es jetzt auch einen Schlachthof im Besitze einer G. m. b. H. — Die Stadt Wattenscheid in Westfalen, Bezirk Arnsberg, hat sich genötigt gesehen, zur Beschaffung der für die Durchführung von Erweiterungsbauten des Schlachthofes benötigten Geldmittel den Schlachthof in Privathände übergehen zu lassen, indem sie ihn in eine G. m. b. H. umwandelte. Da die Stadt Inhaber der Aktien ist, stellt das Ganze nur eine finanztechnische Maßnahme dar.

## 7. Seegrenzschlachthöfe.

Diese meist mit Reichszuschuß gebauten Anlagen treten an die Stelle der früheren Grenzschlachthöfe. Die Viehzufuhr zu denselben kommt ausschließlich von der See her. Sie können in der Nähe von vorhandenen Schlachthöfen gelagert sein (Lübeck), doch stehen sie mit diesen in keinerlei innerer Verbindung. Ihr Entstehen verdanken sie dem Erlaß des Reichsministers des Innern vom 1. Juli 1927. Der Zweck solcher Anlagen ist der Schutz der einheimischen Landwirtschaft gegen Einschleppung von Viehseuchen aus Nachbarländern. Die strengen seuchenpolizeilichen Forderungen verlangen bauliche Anordnungen, die in manchen Teilen von denen moderner Schlachthöfe verschieden sind. Besonderes Augenmerk ist auf die Entseuchungsmöglichkeit der Anlage zu legen. Auch die Größenbemessung der Stallungen entspricht nicht der Norm bei gleichgroßen Schlachthofanlagen, z. B. kann die Lübecker Anlage 1700 Stück Großvieh und 1000 Schweine in den Stallungen unterbringen. Von den Schiffen weg gelangen die Tiere entweder unmittelbar zu den Schlachthallen, an deren Außenseiten Boxen angebracht sind, oder direkt zu den Stallräumen. Die Schlachtung wird durch Lohnschlächter betrieben. Die ausgeschlachteten Tierhälften werden entweder in die sog. Auskühlhalle verbracht, von

Abb. 2. Schlachthalle im Seegrenzschlachthof Hamburg.

welcher aus sie am kommenden Tage direkt auf Bahnwagen verladen werden, oder aber auch in Kühlräume evtl. benachbart liegender Schlachthöfe. In den Schlachträumen selbst sind Zellen eingebaut zur Unterbringung von Schlachtgeräten, desgleichen Aufenthaltsräume für die Tierärzte, Hallenmeister und die Viehkommissionäre. In den meisten Seegrenzschlachthöfen sind eigene Verwertungsapparate für Konfiskate und ganze Tiere vorhanden. Die Schweineschlachthallen sind ganz nach modernen Grundsätzen erbaut; z. B. wird in Lübeck das gesamte anfallende Blut durch Schneckengetriebe in den Bluttank geführt, aus welchem es in die Bluttrockenanlage befördert wird, wo eine Verarbeitung desselben zu sterilem Blutmehl stattfindet. In den Verwaltungsgebäuden sind, da diese Anlagen nur Großbetriebe darstellen, stets Büros für die beteiligten Firmen vorgesehen, desgleichen Garagen für Autos vorhanden. Für das veterinär-polizeiliche technische und gewerbliche Personal sind eigene Wasch- und Umkleideräume vorgesehen, desgleichen Frühstückszimmer und Abortanlagen. Die Räume für veterinärpolizeiliche Untersuchungen sind stets getrennt und enthalten außer den Trichinenschauräumen Laboratorien für bakteriologische Untersuchungen.

Seegrenzschlachthöfe besitzen folgende Städte: Hamburg, Bremen, Lübeck, Kiel, Stralsund, Saßnitz, Flensburg, Rostock, Wismar[1].

Die Mehrzahl dieser Anlagen werden als Aktiengesellschaften ohne behördliche Vollmachten privatwirtschaftlich verwaltet. Die zu erhebenden Gebühren sind durch ministerielle Verordnung festgelegt. Die Hauptabsatzgebiete für das Fleisch bilden die großen Industriezentren im Rheinland und in Sachsen.

Für die Benutzung werden seitens der Städte, welche solche Anlagen besitzen, eigene Verkehrsordnungen geschaffen, welche denen der Schlachthöfe in manchen Punkten entsprechen.

[1] Vergl. auch Dtsch. Schlachthofztg **1930**, F. 15; desgl. F. 16.

**Gebühren in Seegrenzschlachthöfen.** Auf Grund des § 4, 4 des RVSG. vom 26. Juni 1909 in der Fassung des Gesetzes vom 10. Juli 1929 wird nach Zustimmung des Reichsrates hiermit verordnet[1]:

§ 1. Bei der Einführung von Schlachttieren in Seegrenzschlachthöfen sind Gebühren zu erheben: 1. für die tierärztliche Untersuchung, 2. für die Schlachtvieh- und Fleischbeschau, 3. für die Benutzung des Seegrenzschlachthofes.

§ 2. Die Gebühren für tierärztliche Untersuchungen werden wie folgt festgesetzt: Für ein Rind über 250 kg Lebendgewicht 3 RM., für ein solches von 75—250 kg 2 RM.; für ein Kalb bis 75 kg 1 RM.; für ein Schwein, Schaf und Ziege über 12,5 kg Lebendgewicht 1 RM., für ein Schwein, Schaf und Ziege bis 12,5 kg 0,50 RM.

§ 3. Die Gebühren für Schlachtvieh und Fleischbeschau werden wie folgt festgesetzt: Für ein Rind 2 RM., für ein Kalb 1 RM., für ein Schwein einschließlich Trichinenschau 1,50 RM, für ein Schaf oder Ziege 1 RM.

§ 4. Für die Benutzung des Seegrenzschlachthofes für ein Rind 9 RM., für ein Kalb 4 RM., für ein Schwein 5 RM., für ein Schaf oder Ziege 2 RM.

Die Gebühr für die Benutzung umfaßt auch die Stall-, Stand- und Wiegegebühr. Liegt der Betrieb der gesamten Seegrenzschlachthofanlage nicht in einer Hand, so ist durch die Landesregierung im Einvernehmen mit dem Reichsministerium des Innern zu bestimmen, welcher Anteil der Gebühr auf die Benutzung der Stallungen und welcher auf die Benutzung des Schlachthauses zu entfallen hat.

§ 5. Die Kosten für die Fütterung der Tiere sind nach Leistung, mindestens in der Höhe der Selbstkosten, zu erheben. Die Schlachtlöhne regeln sich nach Maßgabe der örtlichen Verhältnisse und Tarife.

§ 6. Die Ablösung der in den §§ 1—4 vorgesehenen Gebühren durch eine Pauschalsumme sowie die Gewährung von Rückvergütungen irgendwelcher Art ist unzulässig.

§ 7. Die Verordnung tritt am 15. Oktober 1929 in Kraft[2].

# III. Kommunalpolitische Erwägungen vor dem Bau eines Schlachthofes.

## 1. Vorberatungen.

Der Anstoß zum Bau eines Schlachthofes ist meistens folgender: Irgendwo in einer Stadt werden Stimmen laut, welche sich mehr oder weniger unwillig über die zur Schau tretenden Mißstände im Schlächtergewerbe äußern. Sie beanstanden vielleicht die dort oft herrschende Unreinlichkeit der Betriebe oder den Lärm, welchen diese für die Nachbarschaft mit sich bringen, nicht zuletzt die üblen Gerüche, welche in die umliegenden Wohnungen dringen, nicht zu sprechen von den meist unvermeidlichen tierischen Beigaben solcher Kleinbetriebe, den Ratten und Mäusen, besonders aber den Fliegen, kurz es macht sich eine gereizte Stimmung geltend, welche zunächst nur vorhandene Mißstände beanstandet. Im Laufe der Zeit verdichten sich diese Klagen; auch aus anderen Stadtteilen kommen ähnliche Beschwerden an die Stadtvertretung, und diese wird sich dann eben verpflichtet fühlen, durch Besichtigung dieser Betriebe sich von der Richtigkeit der Klagen unter Zuziehung von entsprechenden örtlichen Sachverständigen zu überzeugen.

Es sollen auch Fälle bekannt sein, daß eine solche Kommission „sich absolut nicht davon überzeugen kann", daß die vorgebrachten Klagen gerechtfertigt sind und in diesem Sinne die Beschwerdeführer verständigt. Da aber kaum anzunehmen sein wird, daß diese grundlos ihre Beschwerden vorgebracht haben, werden von deren Seite die Beschwerden an eine höhere Verwaltungsstelle gerichtet und um Abhilfe ersucht. Höhere Sachverständige werden nun auf dem Plan erscheinen, die Beschwerden werden als begründet anerkannt und der Stadt die Auf-

---

[1] Auszug aus dem Reichsminist.bl. **1929**, Nr 39.

[2] Abweichend von den meisten deutschen Großstadtschlachthöfen wurden auf dem Danziger Schlachthofe, desgleichen in Lübeck, vor einigen Jahren Einrichtungen getroffen, die dem Export von geschlachteten Schweinen, englischen Bacon und Hams dienen sollten. Der Zweck dieser Idee war einerseits, die Friedensgebühren für die Benutzung des Schlachthofes nicht zu erhöhen, und andererseits, die Überschüsse des Betriebes hierdurch zu steigern.

In beiden Fällen ist ein Erfolg insofern bis heute zu verzeichnen, als die Vorkriegsgebühren, umgerechnet nach der Danziger Währung, auch heute noch in Danzig bestehen. Die Betriebsüberschüsse ermöglichen es, sämtliche Erweiterungsbauten aus eigenen Mitteln durchzuführen, ohne den Weg einer langfristigen Anleihe beschreiten zu müssen.

Der Etatszwang ist seit einigen Jahren aufgehoben. Die Buchführung wird nach kaufmännischen Grundsätzen durchgeführt. Desgleichen ist die Verwaltung bemüht, kein Mittel unversucht zu lassen, um die Schlachthofanlagen weiteren Zwecken dienstbar zu machen.

Hierzu gehört insbesondere die Einrichtung eines eigenen Eisenbahnrangierbetriebes, an den etwa 20 private Firmen angeschlossen sind. Vier werkseigene Lokomotiven, eigenes Rangier- und Streckenpersonal werden hierzu vom Schlachthof unterhalten. Die hieraus sich ergebenden Rangiergebühren stellen bereits eine beachtliche Sondereinnahme des Schlachthofes dar.

gabe gemacht, umgehend binnen einer festgesetzten Frist wirksame Abhilfe zu treffen. Die Stadt wird nun ihrerseits den Besitzern solcher störender oder belästigender Betriebe entsprechende Auflagen machen, die sich mit den von der Regierung gemachten Forderungen decken, „widrigenfalls" eine Schließung der betreffenden Betriebe „ins Auge gefaßt werden müßte". Damit werden vielleicht Mißstände im Bau beseitigt werden können, nicht aber die allgemeinen Beschwerden über die verursachten Belästigungen. Die Besitzer der Betriebe werden zunächst erklären, daß sie finanziell nicht in der Lage sind, sich große Kosten für bauliche Änderungen machen zu können und nur das Allernotwendigste für die Abstellung der Beschwerden unternehmen, nur um den Nachweis erbringen zu können, daß sie den guten Willen dazu hatten.

Glücklicherweise befindet sich in jeder Stadt ein wirklich weitblickender Mann, der nach reiflicher Überlegung zu der Überzeugung gelangt, daß nur durch Erbauung eines Schlachthofes wirklich grundlegende Besserung geschaffen werden könne. Unterstützt wird dieser Gedanke auch meist seitens der betreffenden Regierungsbehörden, die schon im Interesse der allgemeinen Hygiene einen solchen Schritt für durchaus notwendig halten. Oft geht der Druck von oben so weit, daß die Regierung einen befristeten Termin stellt, innerhalb dessen die betreffende Stadt sich zu erklären hat, ob sie diesen Schritt unternehmen wird.

Der Gedanke, einen Schlachthof zu erbauen, wird bald in weitere Kreise der Bevölkerung dringen, es werden sich aber auch mit Sicherheit sofort zwei Lager bilden: für und gegen. Man darf nicht der Ansicht sein, daß dieser Gedanke, einen Schlachthof zu bauen, sich stets glatt der Verwirklichung zuführen läßt. Nicht in letzter Reihe sind es meist diejenigen Faktoren, die durch die Unreinlichkeit ihrer Betriebe die Ursache zur Auslösung eines solchen Gedankens waren. Sie hintertreiben jeden diesbezüglichen Fortschritt oft aus rein persönlichen Gründen, auf die noch hingewiesen werden soll.

## 2. Freunde und Gegner des Schlachthofes.

Wenn man als langjähriger Fachmann und stiller Beobachter ungezählte Male das Werden eines Schlachthofes zu verfolgen Gelegenheit hatte, wird man zugeben müssen, daß wohl nie auf den ersten Anhieb ein siegreiches Durchdringen des Schlachthofgedankens erfolgte, sondern daß fast immer offene und noch weit mehr versteckte Gegnerschaft sich unliebsam bemerkbar machte. Kein Mittel ist zu schlecht, um nicht schließlich doch noch ins Treffen geführt zu werden. Von gewisser Seite ist man direkt bestrebt, „die Volksseele ins Kochen zu bringen", und nichts ist leichter als das, indem man nur so ganz beiläufig zu erwähnen braucht: Das Fleisch wird enorm verteuert, die städtischen Umlagen werden gewaltig erhöht werden müssen, wenn man einen neuen Schlachthof bauen wird. Fast regelmäßig wird dieser Köder geschluckt, und weil stets die ärmeren Bewohner in jeder Stadt die Mehrzahl sind, wachsen auch die Stimmen gegen eine solche Anlage. Die Stadtvertreter werden um ihre kurulischen Sitze bangen und fürchten, nicht wieder gewählt zu werden, sehen Macht und Einfluß schwinden. Sie werden ängstlich im Entschluß.

Durch derartige Konterminen tritt gar zu oft ein Stillstand in der Weiterentwicklung des Gedankens ein. Zielbewußte und weitschauende Bürgermeister huldigen aber auch stets dem Rechtsgrundsatz: „Audiatur et altera pars". Sie haben ein lebhaftes Interesse daran, zu erforschen, ob die gegnerischen Behauptungen berechtigt sind oder nicht, weil sie selbst der inneren Überzeugung sind, daß die Hygiene einer Stadt dringend einer Verbesserung bedarf. Sie werden oft ihren inneren Entschluß, den Gedanken um jeden Preis zu verwirklichen, klug verbergen, aber doch zur Klärung, ob die gebrachten Einwände stichhaltig sind oder nicht, weitere Erhebungen, die ja „zu nichts verpflichten", veranlassen.

Wir wollen ganz offen die wahren Gründe einer solchen Gegnerschaft erforschen. Gerade im Stande der Fleischer gibt es große Unterschiede in der Qualität der einzelnen, wie schließlich in jedem anderen Stande, und es sei hier offen bekundet, daß die weit überwiegende Mehrzahl der Fleischer den geraden und ehrlichen Weg geht, Neuerungen, die in ihrem persönlichen Interesse liegen, durchaus nicht abgeneigt ist und durchaus keinen Grund hat, einen Einblick in ihren Geschäftsbetrieb zu verhindern. Es gibt aber unter ihnen leider auch solche, die allen Grund haben, ihren Betrieb ängstlich den Blicken der breiten Öffentlichkeit zu entziehen, die viel lieber „daheim im stillen Kämmerlein" die Geheimnisse der Wurst vorbereiten, als im öffentlichen Schlachthof unter ständiger Kontrolle, die nichts für den menschlichen Genuß Ungeeignetes unbeanstandet passieren läßt. Man kann vielleicht dagegen einwenden: Es besteht doch ein Reichsfleischbeschaugesetz. Es besteht die Verpflichtung, jedes Tier beschauen zu lassen. Die Verpflichtung besteht wohl, aber nicht in jedem Falle wird sie eingehalten, und es soll auch Fleischer geben — sie verdienen diesen Ehrennamen nicht — die im Dunkel der Nacht Tiere höchst zweifelhafter Herkunft, kranke, ja selbst sogar verendete Tiere einführen, ohne sie zur Beschau anzumelden und sie in möglichster Schnelligkeit, um einer evtl. Kontrolle zu entgehen, in Wurst verwandeln, deren innere Geheimnisse nur Gott und der Fleischer, der sie herstellt, kennen. Man spricht deshalb von sog. Polkaschlächtern, die sich auch nicht scheuen, gelegentlich Aas zu verarbeiten, um in gewissenloser Weise sich einen großen Verdienst zu schaffen, ohne Rücksicht darauf, ob durch ihr Gebaren Menschenleben gefährdet oder vernichtet werden. Liegt dann der Gedanke nicht nahe, daß gerade solche Schlächter mit allen Mitteln gegen das Werden eines Schlachthofes kämpfen?

Wir sind natürlich weit entfernt, behaupten zu wollen, daß solche Vergehen gegen das Reichsfleischbeschau- und Nahrungsmittelgesetz die Regel sind. Nicht zuletzt sind es gerade die ehrlichen Fleischer, die gegen ein solches Geschäftsgebaren im Interesse des Ansehens ihres Standes ganz energisch Stellung nehmen.

Es könnte möglich sein, daß ein Grund zur Gegnerschaft gegen einen Schlachthof auch dann besteht, wenn z. B. ein Fleischer vor nicht allzu langer Zeit seine Betriebsräume baulich und technisch in einen Zustand gebracht hat, an welchem nichts auszusetzen ist, wofür er namhafte Aufwendungen zu machen hatte. Seine Gegnerschaft deckt sich mit dem Begriffe „Wahrung berechtigter Interessen", denn es ist ohne weiteres klar, daß wenn ein Schlachthof gebaut wird, er die großen Opfer umsonst gebracht hat. Man kann aus diesem Grunde eine Gegnerschaft begreifen. Ist es jedoch der Wunsch der Stadt, im allgemeinen Interesse eine Zentralisierung der Schlachtungen vorzunehmen, so wird auch schließlich der einzelne sich diesem Beschlusse beugen müssen oder Entschädigungsansprüche geltend machen.

Eines mutet den stillen Beobachter der Entwicklung der Schlachthofbaufrage eigentlich sonderbar an. Sobald es sich darum handelt, einen städtischen Schlachthof zu erbauen, werden oft Himmel und Hölle in Bewegung gesetzt, den Plan zu vereiteln. Die Menschen werden direkt erfinderisch, Gründe gegen eine solche Anlage vorzubringen, sie von vornherein als einen Krebsschaden für die Stadt zu bezeichnen. Und auch aus Fleischerkreisen kommen vielfach solche Einwände. Wir kennen aber doch im Reiche eine nicht geringe Zahl von Innungsschlachthöfen, die doch aus Mitteln der Innung gebaut und betrieben werden. Und es wird behauptet, daß die meisten dieser Innungsanlagen sich einer recht guten Rentabilität erfreuen und recht wohl zu beachtende Reinüberschüsse an die Innungsmitglieder liefern. Woher stammen nun diese Überschüsse? Doch nur aus den Gebühren für die Benutzung der Anlage im Verein mit einer sparsamen Bewirtschaftung. Angenommen nun, es würden bei einem städtischen Schlachthof die gleichen Gebühren erhoben, der Betrieb in gleich sparsamer Weise durchgeführt, es sind durch einen Innungsschlachthof die Fleischpreise nicht in die Höhe gesetzt worden, warum und aus welchem Grunde sollte nun das gerade bei einem städtischen Schlachthof der Fall sein? Es ist diese vielfach zu beobachtende Tatsache gerade ein unwiderleglicher Beweis, daß die dem Werden eines Schlachthofes entgegengehaltene „Fleischpreisverteuerung" einfach ein Märchen ist, das nur kleine Kinder glauben.

Warum wird nur den Städten der Vorwurf gemacht, daß sie Schlachthöfe dazu benutzen, um aus denselben größere oder kleinere Beträge aus den Überschüssen für sich zu beanspruchen? Huldigt man vielleicht der Ansicht, daß sämtliche Innungsschlachthöfe die erzielten Überschüsse restlos der Allgemeinheit zu wohltätigen Zwecken zur Verfügung stellen, oder ist man nicht vielmehr der Ansicht, daß die Innung für ihre eigenen Mitglieder den erzielten Nutzen prozentual verteilen wird? Der Unterschied ist kein allzu großer, denn im einen Falle hat die Stadt und somit die Allgemeinheit der Bewohner einen Vorteil, im anderen Falle nur einzelne, die sich an die Durchführung eines solchen Unternehmens gewagt und ihr Vermögen in dieses gesteckt haben und so berechtigt sind, eine möglichst hohe Verzinsung desselben zu erzielen.

Es wird oft in rein gedankenloser Weise von ebenso urteilslosen Menschen die volle Überzeugung zum Ausdruck gebracht, daß ein Schlachthof unbedingt das Fleisch verteuern wird. Diese machen sich mit solchen Äußerungen lediglich zum Sprachrohr von Gegnern und Hetzern gegen ein solches. Wir besitzen, um diese Einwände statistisch widerlegen zu können, eine sehr beachtenswerte Arbeit des schwedischen Kollegen Kjerrulf: Wird das Fleisch durch den Schlacht- und Fleischbeschauzwang verteuert?[1] Hier erwähnt der Verfasser, daß auf die gestellte Frage, ob das Fleisch verteuert wird, von 388 gefragten Städten 365 mit nein geantwortet

[1] Berlin: Julius Springer.

haben, der Rest von 27 Städten erwähnt, daß zwar eine leichte Steigerung stattgefunden hat, daß diese aber durch die weit bessere Qualität des Fleisches mehr als ausgeglichen wurde, daß diese Steigerung aber allmählich wieder abflaute.

Es soll auch nicht unerwähnt bleiben, daß stets bei Eröffnung eines Schlachthofes seitens einiger oder mehrerer Fleischer der Versuch gemacht wird, die ihnen neuen Ausgaben für Benutzung der Anlage ohne viel Berechnung und Überlegung auf das Fleisch abzuwälzen. Man konnte oft beobachten, daß — selbst wenn rechnerisch von den Gebühren 1 Rpf. oder nur ein Bruchteil eines solchen auf 1 kg Fleisch traf — trotzdem Erhöhungen von 4—5 Rpf. versucht wurden. Die nächste Folge einer solchen nicht zu verantwortenden Fleischpreiserhöhung ohne jede Berechtigung war: der Streik der Fleischkonsumenten, die weitere Folge: Sinken der Fleischpreise. Ein Moment, das sehr in die Waagschale fällt, ist die gegenseitige Konkurrenz. Das Gros der Käufer wird eben da kaufen, wo das Fleisch am billigsten zu haben ist, und man darf nicht annehmen, daß jeder einzelne Schlächter sich dauernd verpflichten wird, den versuchten höheren Fleischpreis zu halten. Sobald aber auch nur ein Schlächter den Preis senkt, sind die anderen dazu ebenfalls gezwungen, wenn sie ihre bisherigen Kunden behalten wollen. Tun sie das nicht, so werden sich diese rasch verlaufen.

Wer lange Jahre die Schwankungen der Fleischpreise beobachten konnte und diese statistisch verwertete, weiß nur zu gut, daß die bestimmende Grundlage für die Höhe der Fleischpreise der Einkaufspreis für das Lebendvieh ist. Auch im Viehhandel gibt es Preisschwankungen, für die schließlich der Fleischer nicht verantwortlich gemacht werden kann, denen er aber mit dem Verkaufspreise folgen zu müssen verpflichtet ist, will er nicht mit Schaden verkaufen. Man wird aber auch die Beobachtung machen können, daß, wenn die Viehpreise sinken, nahezu automatisch auch die Fleischpreise zurückgehen.

Sehr oft kann die Beobachtung gemacht werden, daß in Städten mit Schlachthof billigere Fleischpreise gelten als in der Umgebung. Es ist leicht der Beweis zu erbringen, und es bedarf hierzu nur einer Umfrage in Orten, die keinen Schlachthof besitzen, also keine Schlachthofgebühren zu bezahlen haben, welche Fleischpreise dort verlangt werden. Man kann dieser sicher zu beweisenden Tatsache noch hinzusetzen: bei wesentlich besserer Fleischqualität. Also nicht nur billiger, sondern auch besser machen die Schlachthöfe das Fleisch.

Man sieht also, daß der Einwurf der Fleischverteuerung durch die Schlachthöfe nicht am Platze ist. Ebenso sicher ist anzunehmen, daß der Betrieb eines Schlachthofes dem einzelnen Schlachtenden nicht nur Ausgaben verursacht, sondern durch die Zentralisierung des Schlachtbetriebes auch Gewinn bringt. Vorher war der Fleischer genötigt, das Brühwasser für die Schlachtungen zu bereiten, er hatte große Ausgaben für den Bau, die bauliche Unterhaltung und die Füllung von Eiskellern, die Beleuchtung der Räume, Untersuchungsgebühren usf., vielleicht auch für den Betrieb und die Unterhaltung einer eigenen Kleinkühlanlage. Heute bietet ihm der Schlachthof das, was er für den Betrieb benötigt, mehr oder weniger kostenlos. Und da die Massenproduktion die Herstellung von Waren stets verbilligt, so ist auch nicht einzusehen, aus welchem Grunde der zentralisierte Betrieb im Schlachthof die Ware verteuern sollte. Man vergißt in Fleischerkreisen nur zu oft darauf, die bisher notwendigen selbstbezahlten Auslagen in Gegenrechnung zu setzen.

Es wird von Gegnern der Anlage vielfach auch der Umstand ins Feld geführt, daß der Schlachthof oft weit vom Geschäfte eines Einzelnen entfernt liegt. Es mag das ja im einen oder anderen Falle zutreffen, aber: spielen oft in großen Städten Entfernungen keine wesentliche Rolle, dann erst recht nicht in kleineren Orten, und man muß sich eben allmählich an diese gewöhnen. Heute im Zeitalter des Rades, des Motorrades und des Autos schrumpfen diese Entfernungen ganz beträchtlich zusammen.

Wer den Entwicklungsgang von Schlachthöfen oftmals zu beobachten Gelegenheit hatte, kann sich stets davon überzeugen, daß die Stadt, in welcher diese Frage in ein akutes Stadium zu treten im Begriffe ist, der Ansicht zu sein scheint, als ob sie die erste Stadt wäre, die sich an die Verwirklichung dieses Gedankens wagt. Man denkt meist im Drange der Entwicklung nicht daran, daß Hunderte von Vorbildern zur Verfügung stehen, und daß der Wagemut weniger zur Geltung kommen kann als der Nachahmungstrieb. Niemand denkt daran, daß man oft nur einige Bahnstationen weit zu reisen braucht, um annähernd passende Vorbilder zu sehen. Was sich aber dort bewährt hat, das wird sich auch hier bewähren müssen. Der sichere Schluß liegt doch so unendlich nahe. Doch es ist nicht immer günstig, Bestehendes einfach gedankenlos und urteilslos nachzuahmen. Der Schlachthof muß auch zu der Stadt passen, die ihn benötigt. Zu groß ist ebenso von Übel als zu klein.

## 3. Reisekommissionen und Vorarbeiten.

Die Frage entwickelt sich weiter. Es wird der Beschluß gefaßt, eine Reisekommission in die Welt hinauszusenden, um sich diese oder jene Anlagen und deren Betrieb zu besichtigen. Es kann diese Reise vielleicht Klärung schaffen, meist aber wird sie nur Kosten verursachen und — Unklarheit. Man neigt oft dazu, gerade solche Mitglieder in die betreffende Kommission zu wählen, die möglichst wenig Ahnung für die Lösung dieser Frage besitzen, und die nur deshalb gewählt werden, weil sie — in der Stadtvertretung sitzen. Man weiß aber auch solche Reisen stets so auszudehnen, daß Städte berührt werden, die zwar um ein Vielfaches größer sind als die Stadt, welche die Kommission ausschickt, deren Schlachthöfe aber nichts weniger als geeignet sind, als Vorbilder dienen zu können. Und so kommt es denn nur zu oft, daß die Kommission ebenso klug nach Hause kommt, als sie fortgereist ist, da und dort zwar etwas sah, was ihr gefallen hat, aber sich selbst nicht darüber klar werden kann, ob das Gesehene für ihre Zwecke passen wird oder nicht. Dadurch erwachsen wesentliche Kosten, die ohne jeden Schaden hätten gespart und weit zweckmäßiger für bauliche Verbesserung der zu schaffenden Anlage hätten verwendet werden können. Wollen aber wirklich solche Kommissionen ausgeschickt werden, so ist es ratsam, sie wie folgt zusammenzusetzen: 1. ein Vertreter der Stadt, 2. ein tierärztlicher Sachverständiger, 3. ein Baufachmann der Stadt, 4. ein Vertreter der Innung. Schluß! Alles andere ist vom Übel. Man wähle aber dann auch nur Städte von gleicher Größe und besichtige nur neuere, nie aber veraltete Anlagen.

Man macht auch oft den Fehler, in einem Fleischer einen Sachverständigen für Schlachthofbau und Einrichtung zu erblicken. Es trifft das ebenso wenig zu, wie wenn man den Schuhmacher, weil er Leder verarbeitet, als Sachverständigen für Viehzucht bezeichnen würde. Der Fleischer ist und bleibt Sachverständiger für seinen Beruf: für das Fleischereiwesen mit allen Nebengeschäften. Jedoch möchte aus grundsätzlichen Erwägungen der Rat erteilt werden, den Vertretern der Innungen Gelegenheit zu geben, ihre besonderen Wünsche, die bei der Erbauung eines Schlachthofes berücksichtigt werden sollen, zu äußern. Diese Wünsche werden bei Bearbeitung eines Projektes sicher gern Beachtung finden, wenn sie erfüllbar sind. Daß sie nicht immer begründet sind, beweist wohl am besten die stets wiederkehrende Tatsache, daß z. B. hinsichtlich der Zahl der Winden oft Forderungen in kleinen Städten gestellt werden, die unmöglich durchgeführt werden können, weil damit die Arbeitsleistung der neueren technischen Vervollkommnungen nicht berücksichtigt wird. Es wird eben dann Aufgabe des Betriebssachverständigen sein müssen, den Beweis zu erbringen, daß diese und jene Wünsche nicht berücksichtigt werden können. Man könnte das bisher Geschilderte als „Vorwehen" für das Werden eines Schlachthofes bezeichnen.

## 4. Platzfrage.

Ist nun wirklich in einer Stadt der bestimmte Entschluß gefaßt worden, einen Schlachthof zu bauen, so wird in erster Reihe die Wahl des Bauplatzes eine Rolle spielen. Von vornherein möchte hier bemerkt werden, daß nicht allenfalls Viertelspolitik oder vielleicht sogar Parteiinteressen hier zu Worte kommen dürfen, sondern daß man nur folgende Richtlinien zu beobachten haben wird:

1. Lage des Platzes tunlichst am Ablaufe des Vorfluters aus der Stadt, Berücksichtigung von etwa vorhandenen Flußbädern unterhalb des Einlaufes.
2. Überschwemmungsfreies Gelände, tiefer Grundwasserstand.
3. Gute und bequeme Zufahrtsstraßen.
4. Keine räumliche Behinderung durch allzu nahe anliegende Gebäude.
5. Vermeidung allzu großer Nähe von übelriechenden Betrieben (Gasanstalten, chemische Fabriken usw.).
6. Bei größeren Anlagen Möglichkeit der Schaffung eines Anschlußgleises.
7. Entsprechendes Gefälle vom Bauplatz zum Vorfluter.
8. Vermeidung beträchtlicher Grunderwerbungskosten dadurch, daß man möglichst stadteigene Plätze wählt oder auf dem Tauschweg einen Platz billig zu erhalten sucht.

In kleinen Städten kann man oft die Beobachtung machen, daß Momente in die Debatte gezogen werden, welche mit der Sache nichts zu tun haben. So z. B. ist es begreiflich, daß Geschäftsleute befürchten, daß durch die Verlegung eines Schlachthofes in einen anderen Teil einer Stadt ihnen Schaden im Verdienste erwachsen könnte. Es trifft das unter keiner Bedingung zu, denn jeder Fleischer sucht so rasch als möglich den Schlachthof zu erreichen und nach Erledigung seiner Arbeiten ebenso schnell wieder in sein Geschäft zurückzukehren. Er wird somit auf dem Hin- und Rückwege recht wenig Zeit finden, Einkäufe zu machen. (Eingehendes über die Platzfrage siehe V. Teil, III, 10).

Ist nun die Bauplatzfrage in unparteiischer und sachlich richtiger Weise durchgeführt und gelöst worden, dann erst ist der Augenblick gekommen, sich einen allen Anforderungen entsprechenden Vorentwurf zu beschaffen. Bei Schaffung eines solchen Entwurfes muß man sich von vornherein darüber klar sein, daß die Durchführung der Anlage so sein muß, daß unter allen Umständen nicht ein Zuschußbetrieb hergestellt wird, sondern daß der Schlachthof sich unter jeder Bedingung selbst erhalten, verzinsen und tilgen muß. Vor dem Kriege gab es eine Reihe von Städten, welche Schlachthöfe besaßen, die am Ende eines Betriebsjahres ein mehr oder weniger großes Defizit aufwiesen, so daß die Städte gezwungen waren, Mittel zur Deckung dieser Unterbilanz zu bewilligen. Diese Zeiten sind wohl für immer vorbei. Die Städte haben heute kaum für das Notwendigste mehr die entsprechenden Mittel, sie haben alle Mühe, ihren eigenen Haushaltplan zu bilanzieren und können das oft ohne Schuldaufnahme überhaupt nicht. Die städtischen Umlagen vertragen keine weitere Erhöhung, sonach ist der Schlachthof vor die unbedingte Notwendigkeit gestellt, sich selbst zu erhalten.

## 5. Entwicklung des Vorentwurfes. – Bauausführung.

Nun beginnt die Zeit des Experimentierens. In jeder Stadt gibt es Bausachverständige, die sich der Stadtvertretung zur Durchführung des Werkes anbieten. Wie wenige von ihnen sind sich jedoch darüber klar, was alles zu einer sachlich richtig arbeitenden Anlage gehört, aus welchen Teilen sie bestehen muß, welche notwendig, welche entbehrlich sind, wie die einzelnen Teile zueinander liegen müssen und welche Raumgrößen gewählt werden müssen, um dem dort gegebenen Bedürfnis zu entsprechen. Es würde zu weit führen, auf solche Selbstkompositionen näher einzugehen. Es sei aber betont, daß man zum Glück für die Entwicklung der Sache da oder dort doch zu der Überzeugung kommt, daß ein derartiges Projekt so ohne weiteres nicht durchgeführt werden soll, ohne vorher einen Betriebssachverständigen und einen Bausachverständigen höheren Ranges zu Rate zugezogen und sich von diesem eine Beurteilung des Planes erbeten zu haben. Gerade ein Schlachthof muß gründlich durchdacht werden, weil er nicht nur einen Hochbau, sondern einen Fabrikbetrieb für das Fleischergewerbe bildet. Aber: vorher muß überlegt und dann erst gehandelt werden. Es muß ein genaues Arbeits- und Bauprogramm aufgestellt werden.

Es kann hier nicht unerwähnt bleiben, daß ein Architekt nicht so ohne weiteres zu einem Schlachthofbau befähigt ist. Gerade beim Verkehr mit Stadtbauämtern hat man Gelegenheit, zu hören, daß diese gerade hierüber oft wenig oder gar keine Kenntnisse besitzen. Hat der Architekt aber nicht Gelegenheit, sich ein Spezialwissen auf diesem Gebiete zu erringen, so bleibt ihm nur die Möglichkeit eines jahrelangen Privatstudiums, um sich auf diesem Spezialgebiete die notwendigen Kenntnisse zu erwerben. Es gibt im Bauwesen eine Reihe von Spezialfächern: Banken, Hotels, Schulhausbauten, Krankenhäuser, Sanatorien, Bahnhöfe usw., auf welchen Gebieten der Einzelne ebenso gezwungen ist, sich erst draußen im praktischen Leben die nötige Vollkommenheit zu erwerben, um als Fachmann gelten zu können. Leider aber gibt es eine Reihe von Architekten, welche sich Fachleute auf dem Gebiete des Schlachthofbaues nennen, ohne eigentlich dazu berechtigt zu sein, weil sie nur vielleicht einige Jahre als Zeichner oder Techniker bei einem wirklichen Spezialarchitekten beschäftigt waren und einem solchen das oder jenes abgesehen haben. Dazu kommt noch, daß die Bezeichnung Architekt sich jeder beilegen kann, der vom Bauen Kenntnisse besitzt, genau wie der Titel Ingenieur in Deutschland nicht geschützt ist. Es soll hier keineswegs behauptet werden, daß der Architekt nicht auch die Fähigkeit besitzt, einen Schlachthofbau ausführen zu können, er wird aber bei der Bearbeitung der Pläne sehr oft auf erhebliche Schwierigkeiten stoßen, die er trotz bestem baulichen Können nicht ohne weiteres aus Eigenem lösen kann. So z. B. wird ihm die richtige Lösung der Betriebsfragen schwer fallen, weil ihm diese vollkommen fremd sind, wenn er nicht Spezialfachmann ist. Er wird da und dort erst umfangreiche Erkundigungen einziehen müssen, welche ihn vor Fehlern bewahren werden.

Gewiß haben wir in Deutschland wirkliche Spezialisten auf diesem Gebiete, und es wäre traurig, wenn wir diese nicht gehabt hätten und noch haben. Blicken wir jedoch etwas in die Entwicklungsgeschichte des Schlachthofbaues zurück, so finden wir so recht, wie frühere Spezialisten (Osthoff, Moritz, Kleinert, Uhlmann, Knaur) erst Schritt für Schritt sich auf diesem Gebiete entwickeln mußten, wie sie erst aus einer minder gelungenen

Anlage künftig eine besser arbeitende schaffen und entwickeln konnten. Man kann auch die Beobachtung machen, daß jeder Fachmann auf diesem Gebiete sich einen besonderen Typ herausgebildet hat, der stets die Grundlage für seine Entwürfe bildete, mit diesen oder jenen Veränderungen. So z. B. spricht man von einem Modell Osthoff, einem Modell Uhlmann, Knaur usw. Der Name dieser Erbauer beweist aber durchaus nicht, daß sie trotz bestem Willen stets Vorbildliches geschaffen haben, daß sie bei Schaffung einer Anlage immer den nötigen Weitblick haben walten lassen. So sind denn z. B. fast alle Osthoff-Anlagen durch die ungeheuer schwierige Vergrößerungsmöglichkeit der Kühlräume und Vorkühlräume gekennzeichnet.

Es soll hier aber von vornherein betont werden, daß es ein Einheitsmodell nicht gibt, sondern daß genau und von Fall zu Fall geprüft und erwogen werden muß, in welcher Form gerade in dem in Frage kommenden Falle die Lösung so und nicht anders erfolgen muß. Man hat in früheren Jahren von einem Normalschlachthofprojekt für kleinere Städte gesprochen, von einer Art nach dem Schema F. Es soll bemerkt werden, daß es auch ein solches nicht gibt. Was für die eine Stadt paßt, eignet sich noch lange nicht für eine andere gleichgroße.

(Wir behalten uns vor, beim V. Kapitel, ,,Baulicher Teil", noch eingehend auf diese Frage zurückzukommen.)

Allgemein soll zunächst nur das Eine festgestellt werden: Es wird sich stets empfehlen, daß der städtische Bausachverständige mit dem Betriebsfachmann gemeinschaftlich die ersten Vorentwürfe schafft. Dieses Verfahren kann noch dadurch vereinfacht werden, daß der Betriebssachverständige dem Baufachmann vor der Bearbeitung des Vorentwurfes eine Skizze an die Hand gibt, aus welcher die Größenverhältnisse, welche notwendig sein werden, dann die Aneinanderlagerung der Betriebsräume zueinander und anderes deutlich ersichtlich sind.

Man verfällt als der Sache Unkundiger bei Besichtigung einer fremden Anlage nur zu leicht in den Fehler, irgend etwas, was gefallen hat, gedankenlos nachzuahmen, sowohl in der allgemeinen Durchführung als in der Größe. Darüber wird sich aber der Unerfahrene nicht klar und wird sich selbst nicht die genügende Rechenschaft geben können, ob die angenommenen Größenverhältnisse den gegebenen Verhältnissen auch tatsächlich entsprechen. Gerade die Größenverhältnisse richtig zu berechnen ist aber eine Kunst, die durch Erfahrung gelernt sein will. Grundlagen für diese Größenberechnungen sind zunächst: Zahl der Schlachtungen der einzelnen Tiergattungen, und zwar nicht nur des letzten Betriebsjahres, sondern womöglich aus dem Jahre 1913, also vor dem Kriege, ferner der Zuwachs der Bevölkerung gegenüber der Zeit vor dem Kriege und die Zahl der Schlachtenden, sowie der üblichen Hauptschlachttage.

Es ist eine alte Erfahrungstatsache, daß desto sparsamer mit den Betriebsmitteln und der Raumbemessung umgegangen werden muß, je kleiner die Schlachtziffern sind. Diese sparsame Betriebsführung wird jedoch nur dadurch erreicht, daß man die Schlachtstunden über die Woche verteilt[1] und für die genaue Einhaltung dieser festgelegten Stunden Sorge trägt. Es erhellt aber ferner auch, daß, wenn eine Anlage bei geringen Betriebsstunden leistungsfähig ist, es nur einer Vermehrung der Betriebsstunden bedürfen wird, um eine größere Leistungsfähigkeit zu erreichen. Durch die höheren Schlachtziffern aber werden die höheren, durch die Betriebsverlängerung erwachsenden Betriebskosten leicht wieder gedeckt werden können. Wenn auch dieser so notwendige Sparzwang an Betriebsstunden oft den Einzelnen nicht sonderlich angenehm ist, es diesen viel bequemer sein würde, zu schlachten, wann sie es für gut finden, so kann man doch stets die Beobachtung machen, daß die Mehrzahl der Schlachtenden sich nach nicht allzu langer Zeit vollkommen an diese Neuerung gewöhnt haben wird, sich aber auch alle Mühe gibt, sich daran zu gewöhnen, weil es ganz klar ist, daß im anderen Falle eine Gebührenerhöhung nicht zu vermeiden sein würde. Die Innungen werden auch somit die Aufgabe haben, ihre Mitglieder über den Zweck einer solchen Betriebsstundenbeschränkung als in ihrem eigenen Interesse gelegen zu unterrichten. Auch bedarf es wohl nur eines Beschlusses der Stadtvertretung, um zu bestimmen, daß Schlachtungen außerhalb der Zeit mit höheren Gebühren belegt werden müßten, um nötigenfalls einen Zwang auf kurze Betriebsstunden auszuüben.

So bildet z. B. in einer Neuanlage sehr oft, da die Fleischer bisher in einer veralteten Anlage zu arbeiten gewöhnt waren, die Zahl der Winden für Großvieh einen Anlaß zur Meinungsverschiedenheit. Sie kennen das Wirken der neuzeitlichen Winden mit Transportbahn nicht und wollen vielfach ebenso viele neue Winden haben als sie alte hatten. Es ist oft schwierig, gegen diese irrige Meinung anzukämpfen. Ist jedoch die Sache einmal genau nach Vorschlägen ausgeführt, so wird man beobachten können, daß die Fleischer sehr bald zu der Überzeugung kommen, daß die Leistung mit wenig neuzeitlichen Winden eine größere ist. Leider kann man

[1] Vgl. Vierter Teil: Energiewirtschaft (Abschn. V).

aber auch oft die Beobachtung machen, daß manche Architekten, die gerne große Anlagen schaffen wollen, dann, sobald genau berechnete kleinere Projekte, die den wirklichen Verhältnissen durchaus entsprechen, vorliegen, die Fleischer dadurch für ihr zu großes Projekt zu gewinnen suchen, daß sie auf deren Wünsche eingehen, ja ihnen absichtlich vormachen, daß weit mehr Winden notwendig sind, um die Fleischer als Helfer zu gewinnen, damit ihnen der Auftrag zum Bau erteilt wird. Es muß das als unehrlich bezeichnet werden, denn nur der Fleischer wird in der Folge für die unnötigen Mehrkosten aufzukommen haben, welche ein zu großer Bau verursachen muß. Die unmittelbaren Folgen eines solchen Vorgehens sind dann ganz abnorm hohe Schlachtgebühren, welche die Fleischer zunächst zu tragen haben, die aber auch dann zugleich den Anreiz bilden, sie auf die Konsumenten durch Erhöhung der Fleischpreise abzuwälzen. Nur in solchen Fällen, wenn Schlachthöfe weit über das richtige Maß gebaut werden, liegt die Gefahr nahe, daß durch diese die Fleischpreise verteuert werden oder, daß die betreffende Stadt selbst für eine Unterbilanz im Betrieb aufzukommen haben wird. So kann man aus der Baugeschichte der letzten Jahre beobachten, daß insbesondere Badeorte bei Schaffung von Schlachthöfen diese als eine Art Reklame besonders prunkvoll schaffen, ohne sich über die finanzielle Auswirkung vorher genügend Rechenschaft gegeben zu haben. Solche Anlagen werden Städten wenig Freude bereiten. Aus Obigem ist ersichtlich, daß die Betriebsstunden und manches andere mit der Raumbemessung innig zusammenhängen, daß aber auch jede Raumbeengung später durch Betriebsstundenverlängerung wirksam bekämpft werden kann.

Wesentlich erleichtert wird das Werden eines Schlachthofes dadurch, daß sich die Stadt die Mithilfe eines erfahrenen Betriebssachverständigen sichert. Durch dessen präzise Angaben wird einerseits die Schaffung des Vorhabens gefördert, andererseits besteht aber auch volle Sicherheit, daß alle unnötigen Kosten dadurch gespart werden, daß alles Suchen und Tasten vermieden wird. Durch ungezählte Beweise könnte die Richtigkeit dieser Behauptung belegt werden. Man wird sich stets rasch darüber klar werden, welche Räume unentbehrlich, welche wünschenswert und welche unnötig sind.

Es wäre auch ganz irrig, der Ansicht zu sein, daß für ein und dieselbe Einwohnerzahl unter allen Umständen ein und dieselbe Größe zutreffend sein würde. Wie schon erwähnt, sind in erster Linie die Schlachtziffern maßgebend, welche auch in gleichgroßen Städten nicht einheitlich sind. Es gibt größere Städte, deren Bewohner weit weniger Fleisch konsumieren als solche mit geringerer Einwohnerzahl. Hier ist der Verbrauch von Großvieh, dort der von Schweinen ein größerer, hier genießt man mit Vorliebe kleinere Schweine, dort nur schwere. Im Norden des Reiches liebt man mehr Großviehfleisch, im Süden bevorzugt man Kalbfleisch, das im Norden weniger Beachtung findet. Man wird aber auch gut daran tun, die Durchschnittsschlachtgewichte der einzelnen Tiergattungen einer Berücksichtigung zu unterziehen. Aus diesen Erwägungen heraus kann man beobachten, daß zwei Städte mit vollkommen gleicher Einwohnerzahl einen ganz verschieden großen Fleischkonsum haben können, der sich wieder in der Größenbemessung einer zu schaffenden Anlage auswirken wird. Es ist ein weit geringeres Kunststück, einen zu großen Schlachthof zu bauen, der im Verhältnis zur Schlachtziffer zu große Bauausgaben erfordert, als eine Anlage zu schaffen, welche nicht nur der derzeitigen Schlachtziffer entspricht, sondern die auch dafür Sorge trägt, daß ohne Umbau und Zubau eine weit größere als die gegebene Schlachtziffer bewältigt werden kann. Im ersteren Falle wird die jetzige Generation dazu herangezogen werden müssen, für die Kosten einer Betriebsführung, der Verzinsung und Amortisation einer Anlage aufkommen zu müssen, die über den Bedarf groß gebaut worden ist, zu deren Tilgung ihr aber nur die Einnahmen aus derzeitigen Schlachtgebühren zur Verfügung stehen, die also über der normalen Höhe liegen müssen, im letzteren Falle jedoch kann in allem und jedem das richtige Maß gehalten werden. Es ist auch leicht möglich, für eine zu große Anlage die jeweils zutreffende Gebührenhöhe zu berechnen, um auch dieser eine Selbsterhaltung ermöglichen zu können, es bedarf aber keines Beweises, daß diese Gebühren unnötig hoch sein müssen gegenüber denen einer sachlich richtig berechneten Anlage. Es ist aber auch begreiflich, wenn in einem solchen Falle nicht nur die Schlachtenden, sondern auch die Verbraucherkreise sich eine herbe Kritik des zustandegekommenen Werkes erlaubt und nicht ohne Grund. Es ist auch in einem solchen Falle nicht ganz ausgeschlossen, daß durch die hohen Gebühren, die dann gefordert werden müssen, wirklich der Fleischpreis verteuert werden könnte, was aber keineswegs als Normalzustand bezeichnet werden darf.

Ebenso unangenehm würde es aber auch für eine Stadt sein, wenn eine neu erstellte Anlage, in welcher in übermäßig ängstlicher Weise an Raum gespart worden ist, sich schon nach kurzer

Zeit als zu klein berechnet erweisen würde, und daß diejenigen, welche darin arbeiten müssen, sich in ihren Arbeiten beengt fühlen. Besonders folgenschwer aber würde dieser Fehler dann sein, wenn dem Erbauer der große Fehler unterlaufen sein würde, eine Vergrößerungsmöglichkeit vollkommen außer acht gelassen zu haben. Er würde mit Recht bittere Vorwürfe erhalten.

Um vor der Erbauung einer solchen Anlage schon den Beweis zu erbringen, daß die Rentabilität derselben gesichert ist und nachträgliche Überschreitungen der Betriebskosten nicht vorkommen, müssen hierüber genaueste Berechnungen von maßgebenden Stellen eingefordert werden. Es wird klug sein, um Enttäuschungen vorzubeugen:

1. die Bausumme mit höchsten Sätzen zu berechnen;
2. die Betriebskosten desgleichen;
3. für den Bau für alle Fälle eine Baureserve von mindestens 10% der Bausumme in Ansatz zu bringen;
4. nicht zu übersehen, daß auch während des Baues Kapitalzinsen erwachsen, die in Rechnung gesetzt werden müssen;
5. die aufgestellten Berechnungen vorher durch Sachverständige auf diesem Gebiete prüfen zu lassen;
6. die Einnahmen niedrig und die Ausgaben hoch in Ansatz zu bringen.

Die Betriebskosten teilen sich in bewegliche und in feste. Die einigermaßen zuverlässige Festlegung der ersteren bedarf einer großen Spezialerfahrung besonders im Betrieb. Die ganze Durchrechnung ist für einen Neubau von ganz fundamentaler Bedeutung, da sonst „die Söhne die Sünden ihrer Väter zu büßen haben" werden.

Wird unter diesen Gesichtspunkten die Berechnung mit Sicherheit einen Überschuß nachweisen, dann erst ist der Zeitpunkt gekommen, den Beschluß für die Erbauung zu fassen.

Die Geldbeschaffungsfrage zu klären ist Sache der Stadt, und daß diese heute schwere Mühen macht, ist eine bekannte Tatsache, weil die Verzinsung eine beinahe untragbare Höhe erreicht hat. Immerhin aber muß man im Auge behalten, daß ein Schlachthof, wenn die Berechnungen stimmen, eine sich selbst erhaltende Anlage darstellt. Aus diesem Grunde wird es auch viel leichter möglich sein, für einen Schlachthof ein Baukapital zu bekommen als für eine unrentierliche städtische Anstalt, und vielfach sind es auch die eigenen städtischen Sparkassen, welche zu diesem Zwecke Gelder flüssig machen können, weil die Verzinsung gesichert ist.

Angenommen nun, es sei die betreffende Bausumme gesichert und der Bau könne beginnen, so wird es sich empfehlen, wenn eine Stadt Submissionen auf diese oder jene Teile der Anlage ausschreiben wird. Im allgemeinen bezwecken diese Submissionen, ein Mindestangebot zu erzielen. Man hat aber oft Gelegenheit, zu beobachten, daß die Differenz zwischen Höchst- und Mindestangebot eine sehr beträchtliche ist. Die Folgerung ist nicht zu entfernt liegend, daß um billiges Geld nicht erstklassige Ware geliefert werden kann. Es wird nur vorteilhaft sein, wenn sich eine Stadt nicht bedingungslos an ein Mindestangebot bindet, sondern nur dann, wenn gleichzeitig bekannt gemacht worden ist, daß die Angebote auf Grund der staatlichen Baunormen abgegeben werden müssen, welche bezwecken, daß eine gewisse Güte in der Ausführung gewährleistet wird. Auch muß sich eine Stadt jederzeit das Recht vorbehalten, nicht nur minderwertige Leistungen beanstanden, sondern auf kostenlosen Ersatz durch einwandfreie Ware bestehen zu können. Doch dies alles ist Sache des Baufachmannes.

Man kann fast stets die Beobachtung machen, daß in einer Stadt, die einen Schlachthof zu bauen beabsichtigt, die Gewerbetreibenden von goldenen Bergen träumen, die sie hierbei verdienen werden. Gewiß, der Schlachthofbau wirkt belebend auf das Baugewerbe, und jede Stadtvertretung wird bemüht sein, von den Lieferungen soviel als nur irgend möglich an ortsansässige Gewerbetreibende zu vergeben. Die in Submissionen erfahrenen Bauämter werden auch auf „geheime Trustbildungen" in den einzelnen Branchen zu achten haben, welche die Haltung eines bestimmten Preises unter Teilung des Auftrages für eine Art der Lieferung bezwecken.

Es ist aber die Annahme der Gewerbetreibenden durchaus nicht berechtigt, daß alles, was zu einem Schlachthof gehört, in der Stadt selbst hergestellt werden kann. Einrichtungsgegenstände, welche unter Patentschutz stehen, ferner gewisse maschinelle Einrichtungen, wie z. B. Kühlanlagen, Kessel usw. werden wohl oder übel nach auswärts vergeben werden müssen. Muß es schon auf Grund der gemachten Erfahrungen als Fehler bezeichnet werden, bei geschützten Einrichtungsgegenständen, wie z. B. bei Buchtentüren, Kühlzellenabschlußwänden usw. von den großen Lieferfirmen die Lizenz zu kaufen, um solche ausführen zu dürfen, so würde allzu großer Lokalpatriotismus auf dem Gebiete der Kühlanlagen, überhaupt der Kraft- und Arbeitsmaschinen mit Sicherheit und bei noch so billigem Preis die größten Enttäuschungen mit sich bringen. Hierin muß jede Rücksicht auf das ortsansässige Gewerbe unnachsichtlich unterdrückt werden. Auch die maschinellen Einrichtungen der Betriebsräume zu liefern, wird stets die Aufgabe von einschlägigen Spezialfirmen sein.

Außer der Berücksichtigung des ortsansässigen Gewerbes, dessen Aktionsbereich durch den Ausschluß dieser Spezialkonstruktionen eindeutig abgesteckt ist, ist eine zweite Last für das betreffende Bauamt die Flut von Angeboten und Firmenvertretern, welche in Massen auf dem Plan erscheinen, sobald von dem geplanten Schlachthofbau etwas in die Öffentlichkeit dringt, abzufertigen. Es wird eine Unterbietungskonkurrenz eintreten. Bei den laufenden Wirtschaftskrisen ist der Streit um den Auftrag noch erbitterter, von noch mehr Redeschwall und Beteuerungen begleitet als in früheren Zeiten. Leider ist oft die Qualität einer Firma nicht ausschlaggebend, sondern andere Gründe. Dies ist leider weit öfter der Fall, als man gemeinhin annehmen könnte.

Die maßgebende Behörde wird sich die Frage vorzulegen haben: Ist diejenige Firma, welche das billigste Angebot gemacht hat, gut und zuverlässig? Man wird nur feststellen können, daß gut und billig niemals zusammentreffen wird, dagegen sehr oft finden, daß bei genauem Vergleich oft gerade bei den scheinbar billigsten Angeboten manche wichtigen Positionen fehlen. Gerade bei Angeboten von Kühlanlagen und Einrichtungen ist hier allergrößte Vorsicht geboten und nichts ist verkehrter und letzten Endes auch teurer, als in einseitiger Weise nur die billigste Endziffer im Auge zu behalten.

Eine Frage, welche sich der gewissenhafte Beamte beim Entscheid der maschinellen Angebote in gleicher Weise wie bei der Organisation des Baues selbst vorzulegen hat, ist die, ob er auf Grund seiner Erfahrungen und Studien überhaupt in der Lage ist, darüber zu entscheiden, wie die Anlage am günstigsten gestaltet werden muß, welche Vor- und Nachteile die Konstruktionen der einzelnen Firmen haben, und ob er die Verhandlungen in jeder Weise zum Nutzen der Stadt zu Ende zu führen imstande ist. Meist wird das nicht der Fall sein, weil die einschlägigen Konstruktionen völlig von den in Kommunalbetrieben nötigen Maschinen und Apparaten abweichen, so daß auch die Rückfrage bei städtischen Ingenieuren in größeren Städten oft vollkommen zwecklos ist, ebenso aber auch die bei anderen Schlachthöfen, weil diese ja keinen Vergleichsmaßstab haben und nur ihre eigenen Betriebe kennen. Wenn auch in diesem Buche versucht wurde, bezüglich der normalerweise benötigten Kraft und Arbeitsmaschinen über die prinzipiellen Fälle Klarheit zu schaffen, so kann doch bei größeren maschinellen Veränderungen, schon wegen der vielen hier einschlägigen Gesichtspunkte auf technische und technisch-wirtschaftliche Spezialerfahrungen, nicht verzichtet werden. Aus diesen Tatsachen, daß — es wird das selten offen ausgesprochen — sich die Interessen des Verkäufers und des Käufers einer maschinellen Einrichtung ziemlich in allen Punkten restlos widersprechen, wird sich die Einschaltung eines Zwischengliedes in Form eines unparteiischen beratenden Sachverständigen unbedingt bezahlt machen. Doppelte Vorsicht ist bei dem nicht seltenen Falle nötig, daß Kleinkältefirmen in der Erkenntnis, daß sie bei größeren Anlagen am Einzelobjekt mehr verdienen, sich auf den Bau von Großkühlanlagen verlegen und unter Selbstkostenpreis anbieten, um sicher gewählt zu werden und in ihrem Reklameverzeichnis damit einen wichtigen Posten zu erhalten. Die Berufung eines Sachverständigen für irgendwelche maschinelle Fragen ist um so mehr wirtschaftlich berechtigt, je größer die Anlage ist. Er ist jedoch auch bei Kleinstanlagen keineswegs unwichtig, denn die Firmenangebote sind ohne dessen Beihilfe oft nur schwer auf eine gemeinsame Basis zu bringen; nur er weiß letzten Endes genau, welche Preisnachlässe von den Angebotspreisen noch gerechtfertigt sind usw. Dann ist z. B. eine bekannte Tatsache, daß manche Kältemaschinenfabriken manche Teile der Anlage gar nicht selbst fertigen, sondern sie kaufen müssen; die dabei genommenen Verdienste kann der Sachverständige in vielen Fällen einsparen, wenn er selbst mit den Unterfirmen verhandelt. Bei großen Anlagen ist ein einschlägiger Sachverständiger unbedingt wichtig, weil neben technisch-kaufmännischen Fragen die Einteilung der Aggregate, die Zusammenfassung der Lieferungen der Einzelfirmen zu einer organischen Lösung unbedingt eines sachverständigen Organisators bedürfen. Dieser darf bei den gegenseitigen Bindungen zwischen Kraft- und Wärmemaschinen kein einseitiger Spezialist sein. (Vgl. hierzu Vierter Teil.)

Was nun die weitere Entwicklung des Baues anlangt, so erfordert dieser eine klare Disposition des Bauleiters, zugleich aber auch ein exaktes Zusammenarbeiten. Wie oft kann man die Beobachtung machen, daß nicht gleichzeitig mit dem Beginn des Rohbaues die Bestellungen auf Einrichtungen und Kühlanlagen hinausgehen. Man scheint oft der Ansicht zu sein, daß alle diese Dinge vorrätig lagern und nur abgerufen zu werden brauchen. Ein Hauptaugenmerk eines Bauleiters von heute muß sein, die Bauzeit schon wegen der Verringerung der Höhe der Bauzinsen tunlichst zu kürzen. Er muß sich auch darüber klar sein, daß größere Lieferungen Zeit zur Fertigstellung benötigen. Er muß bei Baubeginn schon diese oder jene baulichen Aussparungen machen, z. B. bei Kesselhäusern, Eisbereitungsräumen usw., um bei Anlieferung solcher Teile nicht neuerdings Ausbrüche machen zu müssen, die bei einem entsprechenden Weitblick des Bauleiters sich leicht vermeiden lassen. Man begnüge sich nicht, zunächst nur den Hauptbau unter Dach zu bringen, sondern beginne gleichzeitig auch mit den Nebengebäuden, um die Bauzeit zu kürzen. Was hindert es, gleich von Beginn an die Umfriedung des Areales durchzuführen? Dadurch wird mancher Materialdiebstahl wirksam verhindert werden können.

Es sollen vorstehend nur ganz allgemeine Grundzüge über die Durchführung des Baues gegeben werden; im fünften Abschnitt des Handbuches wird eingehender auf diese Frage eingegangen werden.

## 6. Vorteile des Schlachtzwanges.

Es sollen hier noch einige Worte über die Vor- und Nachteile des Schlachtzwanges eingefügt werden. Erfahrungsgemäß besteht ja die Tatsache, daß Zwang fast regelmäßig Widerstand auslöst, der nur ganz allmählich, aber schließlich doch verschwinden wird. Es wird keine Stadt geben, welche die Benutzung einer Schlachthofanlage den betreffenden Gewerbetreibenden freistellt. Damit würde sie nie auf ihre Rechnung kommen. Je vollkommener der Schlachtzwang ausgebaut sein wird, desto mehr wird die zu schaffende Anlage ihren Zweck erfüllen, am Vollkommensten geschieht das aber, wenn aus sanitären Gründen auch die Hausschlachtungen einbezogen werden.

Man kann sehr oft die Beobachtung machen, daß gerade Mitglieder der Arbeiterparteien sich unbegreiflicherweise gegen die Einbeziehung der Hausschlachtungen energisch wehren. Es würde eigentlich viel naheliegender sein, den allgemeinen Schlachtzwang nach Kräften zu fördern, um auch dem kleinen Manne vollen Schutz für die Gesundheit angedeihen zu lassen, zum mindesten den Schutz gegen Erkrankung an Trichinose, deren Gefahr stets dann besteht, wenn Ratten vorhanden sind, was in kleinen Tierhaltungen oft beobachtet werden kann.

Gegen die Einbeziehung der Hausschlachtungen in den Schlachtzwang wird allerdings mit Recht angeführt, daß das Gesetz diese Art der Schlachtungen beschaufrei läßt, daß das Schlachten im öffentlichen Schlachthof mit Gebühren verbunden ist, die bei Hausschlachtungen fortfallen. Die letztere Annahme ist unrichtig, denn z. B. schon die Heißwasserbereitung zum Brühen der Schweine im Hause verlangt Ausgaben für Heizmaterial und Wasser, und nicht immer ist der Besitzer eines Tieres selbst in der Lage, ein Tier zu schlachten und auszuarbeiten, sondern wird sich einen Helfer sichern, den er mindestens genau so gut entlohnen muß wie den Kopfschlächter im Schlachthof. Er wird ihm Speise und Trank vorsetzen müssen, um ihn zur Arbeit freudiger zu stimmen. All das fällt im Schlachthof weg. Es soll gerne zugegeben werden, daß das Verbringen eines Schlachttieres in den Schlachthof einige Mühe verursacht. Doch wenn man sich damit die Sicherheit für die Gesunderhaltung erkaufen kann, ist keine Mühe zu groß.

Darüber, daß das Reichsfleischbeschaugesetz in seiner jetzigen Form, was Beschaufreiheit der Hausschlachtungen anlangt, dringend der Verbesserung bedürftig ist, besteht in Sachverständigenkreisen nicht der geringste Zweifel und ein großer Teil der in den letzten Jahren so zahlreich in der Tagespresse erwähnten Fälle von Fleischvergiftungen sind auf beschaufreie Hausschlachtungen zurückzuführen.

Der Schlachtzwang ist nie vollkommen, solange er nicht die Haus- und Privatschlachtungen in sich einschließt. Keine politische Partei wird heute so kurzsichtig sein, zu dulden, daß ihre Mitglieder den gesundheitlichen Schutz des allgemeinen Schlachtzwanges missen sollen. Gegen eine ganz mäßige Gebühr wird denjenigen, welche schlachten lassen wollen, die Eigenarbeit, die oft recht mangelhafte Resultate erzielt, abgenommen, sie werden in einen gut organisierten Schlachthof lediglich die zu schlachtenden Tiere heranzubringen haben, um sie nach einer bestimmten Zeit geschlachtet mit gereinigten Eingeweiden usw. wieder abholen können. Die Arbeit wird durch Lohn- oder Kopfschlächter für sie und in ihrem Auftrag ganz nach ihren speziellen Wünschen verrichtet, so daß der Besitzer, zu Hause angekommen, keine andere Arbeit zu verrichten hat, als die Teile des Tieres einzupökeln oder aber zu Wurst nach dem häuslichen Rezepte weiterzuverarbeiten.

Es soll kein Wort darüber verloren werden, daß nur durch sachgemäß vorgenommene Fleischuntersuchung volle Gewähr geschaffen wird, daß auch der Hausschlachtende hinsichtlich seiner Gesundheit vor jeder Schädigung bewahrt wird, und wenn er vernünftig denkt, wird er trotz Hausschlachtung doch ein Tier der Beschau anmelden, auch ohne Schlachtzwang, um ganz sicher zu sein. Er darf sich aber selbst nicht einreden, daß seinem Tiere „nichts fehlt oder fehlen kann". Man denke nur an die Trichinengefahr, die ohne spezielle Untersuchung nicht ermittelt werden kann[1].

Tatsache ist, daß wenn einmal allgemeiner und ausnahmsloser Schlachtzwang eingeführt worden ist, stets die Nachbarn der Fleischer eine gewisse Kontrolle ausüben und trotz Verbotes zu Hause vorgenommene Schlachtungen der Polizei melden. Bei Hausschlachtungen sind sog. heimliche Schlachtungen von wissentlich kranken Tieren nie ausgeschlossen. Es besteht auch nicht immer volle Sicherheit, daß hausgeschlachtete Tiere nur im eigenen Haushalt des Besitzers genossen werden. Es ist aber der Zweck der Einbeziehung der Hausschlachtungen, zu verhindern, daß kranke Tiere in den allgemeinen Verkehr gebracht werden könnten. Aus dem Schlachthof kommt nur gesundes und einwandfreies Fleisch in den Verkehr, durch zweifelhaftes oder gesundheitsschädliches, vielfach aus Hausschlachtungen stammendes Fleisch besteht immerhin die große Gefahr, daß Gesundheitsschädigungen herbeigeführt werden. Treten aber solche auf, dann wird die Öffentlichkeit natürlich stets dem Schlachthof und den dort Untersuchenden die Schuld beimessen, nie aber dem, der wirklich die Schuld trägt: dem Hausschlachtenden, gleichviel ob dieser in bester Überzeugung handelt oder in fahrlässiger Weise.

Es gibt aber auch in Städten mit Schlachtzwang einschließlich der Hausschlachtungen Fälle, in welchen Fleischer letzter Klasse zu Hause schlachten. Dann sind es aber nur solche Tiere, welche wegen innerer Leiden billig zu erstehen waren, oder aber Viertel von solchen Tieren unter dem Schleier der Nacht eingebracht worden sind. Es sind das Verbrecher an der menschlichen Gesundheit. Doch betreiben diese ein solches Handwerk nicht allzu lange, da sie meistens bei Streitigkeiten mit dem eigenen Personal u. a. von diesem selbst verraten und zur Strafanzeige gebracht werden. Diese „Schwarzschlachtungen" haben mit den eigentlichen Hausschlachtungen nichts gemein, da diese letztere eine erlaubte Handlung ist, solange sie nicht durch polizeiliche Vorschrift verboten wird. Die Städte haben aber die Möglichkeit in der Hand, diese Lücke im Fleischbeschaugesetz zu schließen, und sie werden stets gut tun, bei Beschlußfassung über den Schlachtzwang ganze Arbeit durch Einbeziehung auch der Hausschlachtungen zu schaffen. Schon nach ganz kurzer Zeit wird die Bewohnerschaft diese Bestimmung als selbstverständlich finden.

## 7. Was schafft der Schlachtzwang?

1. Der Schlachthof will bezwecken, daß nur untersuchtes Fleisch in den öffentlichen Verkehr kommt. Alles für den menschlichen Genuß ungeeignete soll und muß durch die Beschau beschlagnahmt werden, sei es zur Vernichtung oder zur technischen Verwertung. Nicht vollkommen einwandfreies, aber doch unter Deklaration zu verwertendes Fleisch soll nur an einer Stelle: in der städtischen Freibank unter entsprechender Überwachung des Verkaufes abgegeben werden.

2. Der Schlachthof bietet alle nur erdenklichen Erleichterungen und Bequemlichkeiten für die Durchführung des Schlachtungsbetriebes und der damit verbundenen Arbeiten. Folgerichtig wird somit gerade den kleineren Gewerbetreibenden die nicht zu unterschätzende Möglichkeit geboten, mit geringerem eigenen Personal als früher auszukommen, durch welche Einsparungen sie in manchen Fällen in die Lage versetzt werden, wertvolleres Vieh kaufen zu können und durch bessere Qualität ihr Geschäft zu heben, damit den Kundenkreis zu vermehren.

3. Alle Belästigungen der Nachbarschaft von Privatschlächtereien, über welche bisher Beschwerden an der Tagesordnung waren, werden restlos verschwinden. (Rattenplage, ja sogar Seuchenherde wurden dadurch im Weichbild der Stadt geschaffen.) Die von den Schlächtern bisher verwendeten Arbeitsräume werden sich oft zu Wohnungen oder Lagerräumen umbauen lassen, die guten Mietertrag bringen, der Wert der umliegenden Häuser wird sich erhöhen.

4. Das bisher oft beanstandete, nicht immer ohne Tierquälerei einhergehende Treiben der Schlachttiere zur Schlachtstätte kommt in Fortfall, aber auch das unüberwachte und oft tierquälerische Schlachten durch Ungeübte, ferner auch das oft noch geübte Stechen der Schweine ohne jede Betäubung, auch der Kälber, Schafe und Ziegen. Strenge Überwachung des Tierschutzes ist stets im Schlachthof vorhanden.

5. Die Überwachung der Tiere im Schlachthof dient auch der Seuchenpolizei als wichtige Handhabe zur Ermittlung und Tilgung von Tierseuchen; seuchenkranke Tiere können sofortiger

[1] In der bayrischen Stadt Landshut, welche die Hausschlachtungen in den Schlachtzwang einbezogen hat, wurden vor kurzer Zeit bei Schweinen, deren Fleisch für den eigenen Haushalt des Besitzers bestimmt war, Trichinen in großer Zahl gefunden, und unsagbares Unglück wäre die Folge gewesen, wenn diese Tiere ohne Untersuchung geblieben wären.

Schlachtung überwiesen und die Seuchen oft bereits im Entstehen getilgt werden. (Verhinderung von Viehmarktsperren.)

6. Auch der Hebung der Viehzucht ist der Schlachthofbetrieb von Nutzen, nicht nur weil dem Züchter stets Gelegenheit geboten ist, sich von dem Gesundheitszustande des zur Schlachtung herbeigebrachten Viehes zu überzeugen, was namentlich für die Bekämpfung der Tuberkulose von größter Bedeutung ist, sondern die Kontrolle dient auch der Tilgung schädlicher Schmarotzer. Der Züchter wird auch bestrebt sein, dadurch sein Können zu beweisen, daß er nur bestgenährte Tiere zum Verkaufe bringt. Gar bald wird man die Beobachtung machen können, daß auch die Schlächter bessere Tiere als bisher kaufen, weil die öffentliche Kritik Gelegenheit hat, einzusetzen, und wer irgendwie die Mittel zur Verfügung hat, wird sich nicht nachsagen lassen, daß er schlechte Qualität schlachtet. Daraus wird aber auch indirekt der Konsument Nutzen ziehen, der bessere Ware gerne kaufen wird. Zum mindesten wird er auch in der Lage sein, sich selbst überzeugen zu können, welcher Schlächter die besten Tiere schlachtet.

7. Es ist kaum nötig, auf die großen Vorteile der mit Schlachthöfen verbundenen Kühlanlagen hinzuweisen, die nicht nur dem Fleischer ermöglichen, Fleisch und Fleischwaren lange Zeit unbeschadet der Witterungseinflüsse sicher aufbewahren zu können, sondern dem Käufer gerade durch lange Aufbewahrung ausgereiftes Fleisch in einer ihm bisher unbekannten Güte verabfolgen zu können. Die Kältekonservierung hat das Verdienst, den Schlächter mit dem Schlachtzwang versöhnt zu haben. (Hierauf wird im Teil II, Abschnitt VI zurückgekommen.)

Mit der Fleischkühlanlage wird zum Nutzen der Bevölkerung häufig eine Kunsteiserzeugungsanlage verbunden, die Eis an Private billig abgibt.

8. Der Landwirtschaft erhält der Schlachthof große Werte, die früher der Vernichtung anheim fallen mußten. Wir haben dort Apparate, welche eine weitere Behandlung des nicht vollkommen einwandfreien Fleisches durch Hitze ermöglichen, um dasselbe wenigstens im bedingt tauglichen Zustande doch noch der Volksernährung erhalten zu können. Es sind aber auch Apparate vorhanden, welche unbedingte Bürgschaft dafür bieten, daß nichts Gesundheitsschädliches in den freien Verkehr kommen kann, sondern der technischen Verarbeitung zugeführt wird, auch hierdurch noch der Landwirtschaft Nutzen bringend, weil damit Kraftfuttermittel gewonnen werden.

9. Auch die Sicherheit der Fleischuntersuchung wird durch den Schlachthof wesentlich gefördert werden, weil diese in freien und lichten Räumen und nicht in dunklen Schlachtkammern vorgenommen werden wird, ferner weil im Schlachthof alle Untersuchungsmöglichkeiten gegeben sind, welche die neueste Forschung zur Verfügung stellt. Insbesondere ist in neuzeitlichen Schlachthöfen die Möglichkeit der Durchführung der bakteriellen Fleischuntersuchung fast stets vorhanden, die nicht nur dafür sorgt, daß gesundheitsgefährliches, äußerlich nicht als solches erkennbares Fleisch vom Genusse ausgeschlossen wird, sondern daß auch Tiere, welche ohne diese Untersuchungsmöglichkeit im Zweifelsfalle doch als untauglich bezeichnet werden müßten, dem Volksvermögen noch erhalten werden können.

10. Es ist in kleinen Städten kein öffentliches Warmbad vorhanden, und man möchte gerne diesem Bedürfnis entgegenkommen. Nirgendwo ist eine städtische Anlage mehr geeignet als der Schlachthof, um eine solche Möglichkeit zu schaffen. Derartige Anbauten haben sich stets bezahlt gemacht, weil die Betriebskosten durch das stete Vorhandensein von heißem Wasser sehr gering sind. (Schwandorf, Arzberg, Fürstenfeldbruck besitzen solche Volksbäder im Schlachthofe.)

11. Wir besitzen eine Reihe von Schlachthöfen, welche mit ihrem Betriebe die Verarbeitung von Kindermilch verbinden, deren Herstellung vielleicht weniger auf irgendwelche Überschüsse hinzielt, als vielmehr darauf, dem jungen Nachwuchs eine gute, einwandfreie Milch zu liefern. Auch für diesen Zweck sind im Schlachthof wie nirgendwo alle Momente vorhanden, welche einen tunlichst billigen Betrieb gewährleisten: Dampf, Kälte, Heißwasser, elektrische Kraft usw.

12. Ist der Schlachthof einer größeren Stadt mit einem Viehhof verbunden, so ist dem Gewerbetreibenden die Möglichkeit gegeben, das benötigte Vieh jeder Gattung direkt vom Verkäufer, also unter Ausschaltung des verteuernden Zwischenhandels zu kaufen. Aber auch Exporthändler werden, sehr zum Nutzen der ansässigen Landwirtschaft, in einem solchen Viehhofe Tiere in reicher Auswahl vorfinden und ausführen, so daß die Nachfrage nach guten Schlachttieren zunehmen wird.

13. Es soll gar nicht besonders betont werden, daß gerade der genossenschaftliche Verkauf von Produkten aller Art, die aus Schlachtungen stammen, in jeder Weise gefördert werden wird. Es soll hier nur auf den genossenschaftlichen Haut- und Fettverkauf hingewiesen werden.

Heute, wo es notwendig ist, aus dem kleinsten Teile eines Tieres noch irgendeinen Wert herauszuarbeiten, tritt oft auch die Notwendigkeit einer gemeinschaftlichen Verwertung von Klauen, Hörnern, Drüsen und Fett an die Innungen heran. Auch hierfür wird dann der Schlachthof die Zentralstelle sein können.

14. Die Durchführung des Versicherungsgeschäftes für die verschiedenen Schlachtviehversicherungen wird im Schlachthof weit weniger Schwierigkeiten bieten als im Einzelbetrieb, abgesehen davon, daß auch hier die Verwertung von Fehlschlachtungen an Ort und Stelle möglich ist, und daß auch die Auszahlung der Schäden unter Umständen sogleich nach der Schlachtung und Beschau durch die Kasse des Schlachthofes erfolgen kann.

15. Darüber besteht kein Zweifel, daß ein öffentlicher, unter strenger Leitung und Kontrolle stehender Schlachthof auf den jungen Nachwuchs der Fleischerwelt erzieherisch wirkt, daß gerade hier wie nirgendwo die Möglichkeit für eine Fachfortbildung besteht, daß die Sammlungen der Schlachthöfe sehr gut für Ausbildungszwecke Verwendung finden können, und daß später einmal Menschen ins Leben hinaustreten, die nicht nur Reinlichkeit, Zucht und Ordnung gelernt, sondern auch eine richtige fachgemäße Ausbildung genossen haben.

Es sollen aber auch die stets vorgebrachten Nachteile nicht unerwähnt bleiben, soweit sie nicht im vorstehenden Kapitel bereits angeführt wurden. Die Hauptklage ist wohl stets die, daß es nicht gut möglich ist, neben jedem bisher bestehenden Geschäft den Schlachthof zu errichten, daß das eine zum Schlachthof günstiger gelegen sein muß als das andere. Man wird natürlich anfänglich auch die Betriebskontrolle, die Festlegung gewisser Betriebsstunden für Schlachtungen und für Kühlhausbetrieb als lästig empfinden und wird all dem als Eingriff in die persönliche Willensfreiheit zunächst mit einer gewissen Opposition begegnen, die meist sehr rasch, leider aber oft sehr zögernd verschwindet. Man wird sich eben daran gewöhnen müssen, allmählich einsehen zu lernen, daß auch anderswo Schlachthöfe im Betrieb sind, in welchen die Fleischer sich längst mit diesem Zwange ausgesöhnt haben, ihn nicht mehr als Zwang empfinden, ja die vielleicht gar nicht mehr auf die geschaffene Ordnung verzichten wollen, wenn sie die Wahl hätten. Besonders der Kühlhausbetrieb verschafft sich rasch Beliebtheit durch die großen Vorteile, welche er dem Einzelnen, besonders aber auch dem kleinen Gewerbetreibenden, der sich die Mittel nicht gestatten konnte, selbst eine Kleinkühlanlage einrichten zu lassen, ohne sonderlich große Kosten bietet. Solche, welche mit aller Gewalt zweckmäßigen Neuerungen widerstreben, gibt es auf allen Gebieten, warum also im Schlachthof nicht? Man lasse also ruhig die sachverständigen Berater einer Stadt, die über große Erfahrung verfügen, die Betriebsvorschriften ausarbeiten. Über kurz oder lang wird sich jeder Einzelne davon überzeugen, daß das geschaffene Werk sicherlich nicht zum Nachteil des Fleischers arbeiten wird, daß er sich ins Ganze nur als ein Glied der Kette einzufügen hat, um auch für sich den entsprechenden Nutzen zu ziehen. Vernünftig Denkende aber werden sich die Frage vorlegen: Warum hat das alles nicht schon viel früher geschaffen werden können?

# IV. Die Rentabilität eines Schlachthofes.

## 1. Allgemeines.

Der Schlachthof muß in erster Linie der städtischen Hygiene dienen. Durch seine Schaffung werden Mißstände im Stadtgebiet, die vorher zu vielfachen Beanstandungen Anlaß gaben, restlos beseitigt. Es ist hier nicht notwendig, auf diese im einzelnen nochmals zurückzukommen. Der Schlachthof hat aber auch die Pflicht, sich selbst zu erhalten, er darf keine Last für die Stadt sein. Man kann in heutigen Verhältnissen unter keiner Bedingung damit rechnen, daß er seitens der Stadt, die ihn schuf, irgendwelche finanzielle Zuschüsse erhalten wird, wie das in Vorkriegszeiten dann und wann der Fall war. Es darf der Anlage nie der Vorwurf gemacht werden, daß sie mit so hohen Gebühren rechnen muß, daß diese allenfalls Veranlassung sein könnten, eine Erhöhung der Fleischpreise auszulösen. Nicht nur, daß kommunale Zuschüsse ausgeschlossen sind, die Städte suchen heute irgendwelche Möglichkeiten, offen oder verschleiert, zu finden, zur Verbesserung ihrer Finanzlage aus dem Schlachthof finanziellen Nutzen zu ziehen um diese „Zuschüsse" zu den Stadtkassen keineswegs für Erhaltung und Verbesserung der Schlachthofanlage, sondern für städtische Zwecke zu verwenden. (Vgl. Kapitel VI und Teil IV, Abschnitt V, Kapitel 1.)

Es besteht darüber kein Zweifel, und es kann durch Hunderte von Beispielen belegt werden, daß ein Schlachthof sich selbst erhalten kann, vorausgesetzt, daß er nicht über die Verhältnisse groß gebaut, außerdem rationell geleitet wird, ferner daß der gewissenhaft vorher zu erwägende und aufzustellende Haushaltplan in keinem Punkte überschritten wird und die Ausgaben durch sparsame Betriebsführung auf das zulässige Mindestmaß beschränkt werden. Eine solche Einschränkung der Ausgaben läßt sich in allererster Linie durch die tunlichste Beschränkung der Betriebsstunden im Einvernehmen mit einer einsichtsvollen Fleischerschaft erreichen, welche selbst zu der Überzeugung gekommen sein muß, daß zunächst sie selbst für die Betriebskosten aufzukommen hat und welche hieraus den Schluß zieht, daß je wirtschaftlicher die Anlage betrieben wird, um so geringer die für die Benutzung des Schlachthofes zu fordernden Gebühren sein können, daß aber andererseits ungerechtfertigt lange Betriebsstunden folgerichtig den Betrieb verteuern und damit die Gebühren erhöhen müssen. Insbesondere wirkt sich hier eine allzulange Öffnungszeit der Kühlräume, das widerrechtliche Einhängen von warmem Fleisch, das Überladen einzelner Kühlzellen mit Waren usw. ungünstig aus, was alles peinlichst zu vermeiden sein wird, um nicht die Ausgaben für den Betrieb unnötig zu erhöhen. Aber auch schon bei der Erbauung und Größenbemessung eines Schlachthofes müssen alle Forderungen zurückgewiesen werden, die nach der Erfahrung als unnötig oder übermäßig bezeichnet werden[1]. Die Metzgerschaft muß sich in diesen Fragen von erfahrenen Sachverständigen beraten lassen und deren Vorschlägen vollen Glauben schenken. Ein Durchsetzen des Eigenwillens, ein sich Stemmen gegen jede erfahrungsgemäße Tatsache würde nur für sie selbst unangenehme Auswirkungen in der Folge zeitigen.

## 2. Haupteinnahmen und -Ausgaben.

Von unbeachtlichen Kleinigkeiten abgesehen, kann der Satz aufgestellt werden, daß der Schlachthof, und zwar sein Personal und sein gesamter Betrieb nur durch die Fleischer bezahlt wird. Hieraus ergibt sich aber auch der berechtigte Rückschluß, daß diese selbst im eigensten Interesse der Schlachthofsleitung sparen helfen müssen.

Die **Haupteinnahmen** eines Schlachthofes sind und bleiben die Schlachthofbenutzungsgebühren, die sich in eine Reihe von Sondergebühren gliedern. Zu diesen gehören:

I. Die Beschaugebühren für die Untersuchung der Tiere vor und nach der Schlachtung, für die Untersuchung des eingeführten Fleisches, und zwar für die makroskopische, mikroskopische und bakteriologische Untersuchung. Zu den Beschaugebühren sind auch die Gebühren für Vornahme der Trichinenschau zu zählen.

II. Die Benutzungsgebühren des Schlachthofes. Diese zerfallen in die Gebühren für Benutzung der Einstellstallungen für Schlachtvieh, in Futtergebühren und Wartegebühren für Überwachung und Pflege der eingestellten Tiere, und in die Schlachtgebühren selbst, die je nach der Tiergattung in verschiedener Höhe erhoben oder nach Einheitskilogebühren festgesetzt sind. (In manchen Fällen werden für Vornahme von Schächtungen eigene meist erhöhte Gebühren verlangt, die durch die Verwendung eigener Apparate begründet sind.) Die Schlachtgebühren selbst bilden die Hauptquelle der Einnahmen, sie sind es insbesondere, welche erhöht werden müssten, wenn sich Einnahmen und Ausgaben nicht abgleichen lassen sollten. Eine weitere Einnahmequelle bilden die Gebühren für das Wiegen der lebenden und geschlachteten Tiere und Tierteile (Häute, Fett usw.). In manchen Schlachthöfen werden für das Brühen der Eingeweide Sondergebühren verlangt, doch kann das keineswegs als die Regel bezeichnet werden. In den meisten Schlachthöfen ist das Brühen in den Gesamtschlachtgebühren inbegriffen. In Schlachthöfen mit Kühlanlagen erwächst aus der Vermietung der einzelnen Zellen (vgl. Teil II, Abs. VI) eine nicht zu unterschätzende Einnahme, die aber meist die durch den Betrieb solcher Anlagen erwachsenden Betriebskosten nicht deckt. Hier und da werden für die Benutzung des Vorkühlraumes eigene Gebühren erhoben, doch erscheint dies nachteilig, da einerseits die Kontrolle der Einhebung umständlich ist, andererseits aber die Erhebung solcher Sondergebühren die Fleischer nur zu leicht veranlassen könnte, durch Einhängen von warmen Tieren die Benutzung des Vorkühlraumes zu umgehen. Als eine ähnliche derartige Sondergebühr muß die regelmäßige Berechnung von Hängegebühren für Freibankfleisch bezeichnet werden, die dann als berechtigt erscheinen würde, wenn es sich um das 21tägige Kühlen von finnigem Fleische handeln wird, sonst aber in den Freibankbenutzungsgebühren enthalten sein kann.

Eine untergeordnete Rolle spielen die Gebühren für die Benutzung von Bädern, für die Miete von Garderobeschränken der Fleischergehilfen, ferner die Eintrittsgelder für das Betreten und die Besichtigung der Anlage durch Nichtfleischer. Manche Schlachthöfe verlangen von

[1] Im übrigen ist die rationelle Arbeitsweise zum großen Teil eine Funktion der Energiewirtschaft, auf welche im Teil IV, Abschnitt V genau eingegangen wird.

Händlern die Lösung einer Jahreszutrittskarte, was aber nach Tunlichkeit vermieden werden sollte.

Die aus der Vermietung von Pökelräumen erwachsenden Gebühren sind gleichfalls in Rechnung zu setzen. In Anlagen, welche schlachthofeigene Fleischhackereien besitzen, fallen auch Benutzungsgebühren für diese an. Die Einnahmen für Benutzung von Sterilisatoren zur Brauchbarmachung minderwertigen Fleisches spielen meist keine sonderliche Rolle, sollen aber der Vollständigkeit halber Erwähnung finden.

Eine oft nicht zu unterschätzende Einnahme bilden die Mieten für das Hautlager, wenn ein solches durch die Stadt selbst hergestellt wird, desgleichen für Talg- und Fettschmelzen, wenn solche nicht durch Innungen selbst errichtet worden sind. Doch auch in diesem Falle erwachsen Platzmieten und Gebühren für Verbrauch von Wasser, Licht und Dampf.

Da in den meisten Schlachthöfen die freien Bezüge der Beamten (Wohnung, Licht, Heizung usw.) aufgehoben worden sind, haben diese die jeweils festgesetzten Mietgebühren für ihre Dienstwohnungen selbst zu bezahlen. Es kann seitens der Städte auch genehmigt werden, daß die Beamten zur Ermäßigung der Heizkosten aus den im großen bezogenen Kohlenvorräten des Schlachthofes Heizkohlen beziehen, wofür sie selbstredend die Selbstkosten zu bezahlen haben werden. Auch für Abtretung von Dienstgärten erheben die Städte geringe Gebühren, oft auch sogar, was jedoch als kleinlich bezeichnet werden muß, eine Entschädigung für das zum Sprengen benutze Wasser. Sind einzelne Teile der Anlage an bestimmte Interessenten als Lagerräume überlassen, so haben diese hierfür Mietgebühren zu entrichten.

III. Einnahmen erwachsen auch aus dem Verkauf des bereiteten Eises, die zunächst zur Deckung der Mehrausgaben für den Kühlbetrieb Verwendung finden müssen. Ein Teil der Schlachthöfe ist auch in der glücklichen Lage, aus dem Verkauf von frischem Dünger und von Stalldünger mehr oder weniger große Beträge als Einnahme buchen zu können, desgleichen aus dem Verkauf von herrenlosen Borsten und Klauen.

An sonstigen, meist kleinen Einnahmen sind noch zu erwähnen: Erlös vom Verkauf herrenlosen Fleisches, Eintrittsgebühren für das Betreten des Schlachthofes, ferner von Kühl- und Pökelräumen außer der Zeit, die tunlichst hoch angesetzt sein sollten, um Mißbrauch der Erlaubnis zu verhindern, ferner Strafgelder für Übertretung der Betriebsvorschriften. Im zukünftigen Schlachthof wird mehr und mehr die Verarbeitung der Abfallprodukte einen nicht zu unterschätzenden Einnahmeposten darstellen.

**Die Hauptausgaben.** Den Hauptanteil der Ausgaben wird in allen Schlachthöfen die Aufbringung der Verzinsung und Amortisation des gesamten Anlagekapitals beanspruchen. Für Anlagen, welche erst in der Nachkriegszeit geschaffen worden sind, erhöhen sich diese Ausgaben oft um ein Wesentliches, da die Kapitalbeschaffung einen hohen Zinsendienst verlangt. Eine plangemäße Kapitalsbehandlung verlangt auch eine bestimmte Quote für allmähliche Kapitalverminderung durch Einsetzung eines genau zu bestimmenden Betrages für die Tilgung der aufgenommenen Bausumme. Insbesondere aber sind auch alljährlich vorzusehen: Abschreibungen für Einrichtungsgegenstände, für Maschinen, für Bauten, Straßen, Zäune, die der üblichen Norm der Abnutzung dieser Gegenstände entsprechen. Unbedingte Aufgabe jedes Schlachthofes ist auch die Schaffung eines Fonds für Erneuerung und Ausgestaltung der Anlage, der alljährlich ergänzt werden muß und in sicheren Papieren oder bei städtischen Sparkassen anzulegen sein wird. Er muß dazu dienen, im Falle unvorhergesehener Ausgaben, welche durch die Notwendigkeit der Schaffung von zeitgemäßen Verbesserungen oder größeren Ausgaben für Behebung von maschinellen Schäden, unvermuteten Naturereignissen usf. eintreten können, ohne weiteres Mittel zu deren Behebung an der Hand zu haben, ohne daß von der Stadt ein Kredit in Anspruch genommen zu werden braucht.

Ein je nach Größe der Anlage verschieden hoher Posten an Ausgaben erwächst durch die Personalausgaben, die Gehaltsbezüge des Leiters, der Beamten, der Angestellten und Arbeiter des Schlachthofes, dann aber auch für die nach Bedarf beizuziehenden Hilfskräfte, für zu bezahlende Ruhegehälter, für notwendige Dienstreisen zu Berufsvereinen, Besichtigungen usw. Auch für die nötigen Dienstkleider (Mäntel u. a.) sollen entsprechende Beträge eingesetzt werden.

Es ist kein Geheimnis, daß unter diesem Titel des Haushaltplanes seitens der Städte auch oft mehr oder weniger hohe Beträge als „Anteile am Aufwand der Stadtverwaltung" eingesetzt werden, besonders dann, wenn die Geldführung durch die städtische Zentralkasse besorgt wird.

Hauptausgabenposten stellen stets die Kosten für den Kraft- und Wärmebetrieb und für die Beleuchtung dar. Auch die in Rechnung zu setzenden Ausgaben für Wasserbeschaffung sind je nach Bezugsart, ob aus städtischen Leitungen oder durch schlachthofeigene Pumpstationen, verschieden hohe (vgl. Teil IV, Kap. IV). An Versicherungsgebühren werden die geringsten

Ausgaben die Feuerversicherung verursachen, weil es sich in Schlachthöfen durchweg um massive Gebäude handelt, für die nur geringe Prämien zu bezahlen sind. Höhere Gebühren beanspruchen Maschinenversicherungen und Versicherungen gegen Wasserschaden, die in abnorm kalten Wintern segensreich wirken. Auch für Unfall- und Haftpflichtversicherung sind bestimmte Beträge auszuwerfen, ebenso für Kranken- und Angestelltenversicherung. Kosten für Kanalbenutzungsgebühren oder aber für Unterhalt der eigenen Kläranlage sind in Berücksichtigung zu ziehen. Steuern und Abgaben, soweit sie in Schlachthöfen erhoben werden können, sind in Ansatz zu bringen, desgleichen Frachten und Fuhrlöhne, sowie Rangiergebühren für Bahnanschlüsse und Erhaltungskosten für letztere. In jedem modernen Schlachthof sind im Etat Mittel eingesetzt für Haltung von Fachzeitschriften, Neubeschaffung von Büchern, von den üblichen Mitteln für Bürobedarf nicht zu sprechen. Die Ausgaben für Futter und Streumaterial sind als sog. „durchlaufende Posten" zu betrachten, da sie durch den Verkauf wieder hereingebracht werden müssen. Für sonstige kleinere Ausgaben, wie Reinigung von Schornsteinen, Heizung, und Reinigung von notwendigen Betriebsräumen, Neuanschaffung von Material zur Evidenterhaltung des Laboratoriums und der sonstigen Untersuchungsräume sind Mittel nach Maßgabe und Bedürfnis bereitzustellen. Man wird auch stets gut tun, für Unvorhergesehenes im Betrieb einen der Größe der Anlage entsprechenden Betrag vorzusehen.

Die Viehhöfe haben an Einnahmen: Rampenbenutzungsgebühren und Waggongebühren für die Benutzung von Zufahrtsgleisen. Gebühren für die Benutzung der Einstellstallungen und Markthallen, Futter- und Wartegebühren für die eingestellten Tiere, Wiegegebühren für solche. Mieten für an Unternehmer, Banken, Händler usw. verpachtete Gebäudeteile, Erlös für verkauften Dünger. Der Viehhofeinnahme sind auch die Pachtgebühren für dort vorhandene Wirtschaften gutzuschreiben, desgleichen die Gebühren für evtl. erhobene Zutrittskarten von Händlern.

Die Ausgaben erstrecken sich auch hier auf solche für das Überwachungs- und Bedienungspersonal, auf durchlaufende Ausgaben für Futter- und Streukosten, auf Lichtkosten, Kosten für Reinigung und Desinfektion der Anlage oder deren Teile, Unterhaltung der Gleisanlagen u. a.[1]

Hinsichtlich der Ausgaben für Verzinsung und Tilgung des Anlagekapitales trifft hier das gleiche wie bei den Schlachthofanlagen im allgemeinen zu. Da der Leiter des Schlachthofes stets auch zugleich Leiter des Viehhofes ist, kann dessen Gehaltseinkommen prozentual der jeweiligen Dienstleistung auf die getrennten Haushaltpläne übernommen werden. Das gleiche gilt von den dort beschäftigten Tierärzten. In Anlagen, in welchen die veterinärpolizeiliche Überwachung durch staatliche Tierärzte vorgenommen wird, sind die hierfür benötigten Gebühren in den Voranschlag der Ausgaben des Viehhofes aufzunehmen. Auch hier wird es sich empfehlen, für Unvorhergesehenes wie außergewöhnlich ausgedehnte Desinfektionen bei Seuchenausbrüchen usw. einen angemessenen Betrag einzusetzen.

## 3. Gebührenfragen.

### a) Schlachtgebühren.

Die Schlachtgebühren bilden, wie bereits erwähnt, den überwiegenden Hauptteil der Einnahmen eines jeden Schlachthofes. Man kannte in der Vorkriegszeit nur feste Gebührensätze. Mit dem während des Krieges zu beobachtenden unvorhergesehenen Anwachsen der Betriebsausgaben ergab sich für viele Schlachthöfe die Notwendigkeit, die Gebühren diesen Mehrausgaben anpassen zu müssen und Steigerungen in denselben eintreten zu lassen, die natürlich von seiten der Fleischer, welche für diese zunächst aufzukommen hatten, fast stets auf energischen Widerstand stießen. Das Steigen der Gebühren fand erst mit der Stabilisierung der Währung ihren Abschluß.

Man hatte aber auch in Erwägung[2] gezogen, ob nicht für die Schlachthöfe finanzielle Vorteile dadurch erwachsen werden, daß man sog. Einheitssätze zur Einführung bringt, sei es nun nach dem Lebend- oder besser nach Schlachtgewicht. Dieser Anregung sind 119 Schlachthöfe gefolgt. Sie haben bestimmte Kilogrammgebühren für Schlachtgewicht festgesetzt, die sich meist darauf aufbauten, daß man auf Grund der statistisch ermittelten Durchschnittsschlachtgewichte multipliziert mit der Zahl der geschlachteten Tiere jeder Gattung und dem festzusetzenden Einheitssatz je Kilogramm die Schlachtgebührensummen berechnete. Lag diese unter der bisher erzielten

---

[1] Das Anlagekapital von Grundstücken wird im allgemeinen nicht amortisiert, sondern nur verzinst, da Plätze nicht an Wert verlieren.

[2] Vgl. die diesbez. Arbeiten des Verfassers in der DSZ. **1918**.

Gebührensumme und erwies sich diese als unzureichend zur Deckung der Betriebskosten, so mußte eben eine höhere Stufe der Einheitsgebühren errechnet werden.

Im allgemeinen kann man behaupten, daß sich die Höhe der Gebühren nach dem jeweils gegebenen Bedürfnis zu richten haben wird. Je mehr sich die Schlachthofanlage den gegebenen Bedürfnissen einer Stadt anpaßt, je weniger schablonenhaft sie arbeitet, je größer die Sparsamkeit beim Bau und später beim Betrieb waltet, mit desto geringeren Sätzen wird man auskommen können. Müssen aber in einer Anlage infolge Außerachtlassung der angeführten Grundsätze, so z. B. auch durch teuere Betriebsführung infolge veralteter Maschinen- und Kesselanlagen, durch aufgezwungene hohe Tarife für elektrischen Strom, Wasser u. dgl. weiterhin, wenn eine Unterbilanz in Aussicht steht oder nachgewiesen ist, die Gebührensätze erhöht werden, so muß man sich über die zulässige Höhe genau rechnerisch informieren. Eine unzulässige Überschreitung dieser Höchstgrenze würde unfehlbar sicher wenigstens den Versuch auslösen, daß die Fleischer die Mehrkosten gegenüber bisher auf die Fleischpreise abwälzen werden. Man kann mit Befriedigung sagen, daß wir nur sehr wenig Städte im Reiche besitzen, deren Gebühren man als abnorm hoch bezeichnen muß. Diese Erscheinung ist stets eine Folge davon, daß solche Städte in gedankenloser Weise Anlagen schufen, die für ihre Bedürfnisse vielfach zu groß berechnet sind, d. h. bei welchen die gegenwärtige Generation heute schon die Kosten für eine kommende tragen muß. Es wäre viel klüger gewesen, die Anlagen nur für die Jetztzeit zu bemessen, und der Zukunft, wenn einmal das Bedürfnis gegeben sein wird, die Erweiterung, an deren Möglichkeit allerdings beim Bau stets gedacht werden muß, zu überlassen. Die Städte vertrauten sich in manchen Fällen viel zu einseitig einem Baufachmanne an, für welchen immerhin die Versuchung bestand, eine möglichst hohe Baukostensumme zu erreichen, weil sich danach sein Honorar berechnet, der aber häufig wenig oder kein Interesse daran hat, ob und wie die erbaute Anlage sich später rentieren wird. Es ist deshalb empfehlenswert, die Betriebskosten- und Rentabilitätsberechnung des Baufachmannes nicht ungesehen anzuerkennen, sondern sie stets durch einen erfahrenen Betriebsfachmann gründlich prüfen zu lassen, bevor man sich zum Bau entschließt. Hernach aber ist es zu spät.

Die Bewertung nach Schlachtgewicht bietet aus dem Grunde Vorteile, weil in jedem Schlachthofstatut Bestimmungen über das Ausschlachten der Tiere enthalten sind, also ganz genau festgesetzt ist, was zum Schlachtgewicht gehört, während bei Lebendgewichtfeststellung eine solche Einheitlichkeit sich nicht erreichen lassen wird.

In Frankreich kannte man lange vor uns das Gebührensystem nach Schlachtgewicht, welches genau das, was wirklich vorhanden war, mit Gebühren belegte. Man konnte bei uns stets die Beobachtung machen, daß derjenige Schlächter, welcher in der Lage war, die beste Ware kaufen zu können, dem Kleinschlächter gegenüber hinsichtlich der Gebühren im Vorteil war. Der kleine Geschäftsmann empfand es als ungerecht, daß für leichtes und mageres Vieh dem erstklassigen gegenüber verhältnismäßig vielfach zu hohe Gebühren verlangt wurden. Die Schlachtgewichtgebühr hingegen bewertet vollkommen gleichmäßig, sie kennt keine sog. Grenzgewichte, deren Überschreiten eine höhere Gebühr auslöste, und gerade aus diesem Grunde wird diese Bewertung von kleineren Fleischern als durchweg gerecht anerkannt, besonders aber deshalb, weil damit der finanzkräftige Geschäftsmann genau in der gleichen Weise belastet wird.

Allerdings verursacht die Einhebung der Gebühren nach Kilogrammsätzen dem Personal weit mehr Arbeit als feste Sätze, die nach Karten bezahlt und verrechnet werden. Jede solche Gebührenermittlung verlangt eine eigene Wägung des geschlachteten Tieres, wodurch sich die Wägegebühreneinnahmen senken, weil der Schlächter erfährt, welches Gewicht sein Schlachttier hat, das er ohne diese Zwangswägung zur Gebührenermittlung auf seine Kosten hätte wiegen lassen müssen. Für dieses Gebührensystem kommen in erster Linie mittlere und kleinere Anlagen in Frage, die keine allzu große Schlachtfrequenz aufzuweisen haben, und deren Personal nicht fortlaufend beschäftigt ist. Es hat auch vielleicht den Nachteil, daß gerade in mittleren Anlagen sehr oft das vorhandene Hallenmeisterpersonal, welches die ermittelten Gewichte nach der Schlachtung notiert, erst nach Beendigung der Schlachtstunden dem Kassenbeamten die Gebührenaufzeichnungen vorlegen kann, so daß der betreffende Fleischer erst am nächsten Tage, bevor er neue Schlachtungen vornimmt, die Gebühren des Vortages bezahlen wird.

Aus der nachfolgenden Zusammenstellung ist ersichtlich, welche Durchschnittsgebühren für die einzelnen Tiergattungen gefordert werden. Damit kann ein Überblick, welches die meistgeforderten Gebühren sind, gewonnen werden.

| | | Gebühren je Stück | | | | | | | | | | | | | | | | | | Gebühren je Pfund | | | | | | | |
|---|---|---|---|---|---|---|---|---|---|---|---|---|---|---|---|---|---|---|---|---|---|---|---|---|---|---|---|
| | | 1 | 1,50 | 2 | 2,50 | 3 | 4 | 5 | 6 | 7 | 8 | 9 | 10 | 12 | 14 | 15 | 20 | RM. | | 2 | 3 | 4 | 5 | 6 | 7 | 8 | Rpf. |
| A. Großvieh | | | | | | | | | | | | | | | | | | | | | | | | | | | |
| Ochsen ......... | in | — | — | — | — | — | 13 | 8 | 19 | 38 | 35 | 20 | 45 | 17 | 14 | — | 7 | Städten | in | — | 27 | 6 | 6 | 2 | — | — | Städten |
| Kühe .......... | „ | — | — | — | — | — | 10 | 8 | 25 | 35 | 51 | 4 | 36 | 15 | — | 3 | — | „ | „ | — | 23 | 6 | 4 | 1 | — | — | „ |
| Bullen ......... | „ | — | — | — | — | — | 4 | 10 | 14 | 25 | 40 | 15 | 34 | 15 | 6 | — | 3 | „ | „ | — | 25 | 6 | 4 | — | — | — | „ |
| Rinder ......... | „ | — | — | 16 | — | 9 | 23 | 24 | 21 | 16 | 22 | — | 21 | — | — | — | — | „ | „ | — | 24 | 4 | 5 | 1 | 2 | — | „ |
| Kälber ......... | „ | 25 | 56 | 77 | 13 | 19 | 5 | 5 | 1 | 2 | — | 2 | — | — | — | — | — | „ | „ | — | 15 | 7 | 5 | 1 | — | — | „ |
| Leichte Schweine | „ | 43 | 29 | 45 | — | 32 | 22 | — | 10 | — | 5 | — | — | 1 | — | 1 | — | „ | „ | — | 23 | 7 | 5 | 5 | — | 1 | „ |
| Schwere Schweine | „ | — | 8 | 20 | — | 18 | 48 | 45 | 17 | 36 | — | 12 | — | 2 | — | — | — | „ | „ | 16 | 21 | 2 | 3 | — | — | — | „ |
| Pferde ......... | „ | — | — | — | — | — | 17 | 9 | 29 | 24 | 2 | 13 | — | — | — | — | — | „ | „ | 16 | 21 | 2 | 3 | — | — | — | „ |

Aus dieser Zusammenstellung ist ersichtlich, daß die meistgeforderten Gebühren (Reihenfolge nach der Häufigkeit) sind:

| | Einheitspreis RM. | | | | | Gebühren je Pfund Rpf. |
|---|---|---|---|---|---|---|
| Bei Großvieh ............. | — | — | 10 | 7 | 8 | 3 |
| „ Kühen ................ | — | — | 8 | 10 | 7 | 3 |
| „ Bullen ............... | — | — | 8 | 10 | 7 | 3 |
| „ Rindern .............. | — | 4 | 5 | 8 | 10 | 3 |
| „ Kälbern .............. | 1 | 5 | 2 | — | — | 3 |
| „ leichten Schweinen ...... | 1 | 5 | 2 | 3 | — | 3 |
| „ schweren Schweinen ..... | — | 4 | 5 | 7 | — | 3 |
| „ Pferden .............. | — | 4 | 6 | 7 | — | 3 |

und daß nur in Ausnahmefällen höhere Gebühren verlangt werden (vgl. auch Abb. 3).

Es ist eine bekannte Erfahrungssache, daß abnorm hohe Schlachtgebühren die Fleischer sehr zur unangemeldeten und deshalb unkontrollierten Einfuhr von auswärts reizen, und daß die Städte, welche derartige Gebühren verlangen, mit einer Häufung derartiger Übertretungen rechnen müssen.

Die Schlachtgebühren können demnach feste und gleitende sein. Während in vielen Städten diese Gebühren als Entgelt für die Benutzung der gesamten Anlage mit Ausnahme des Kühlhauses und dessen Nebenräumen betrachtet werden, haben viele Schlachthöfe für die tierärztliche Untersuchung der Schlachttiere eigene Gebühren: die sog. Untersuchungsgebühren eingeführt. Solche eigene Untersuchungsgebühren werden, soweit die diesbezüglich gestellte Frage beantwortet wurde, in 253 Schlachthöfen gesondert erhoben, während 95 Schlachthöfe die Untersuchung als in den Gebühren inbegriffen erachten[1]. Trichinenschaugebühren werden in 95% aller Schlachthöfe als nicht zu den Schlachthofgebühren gehörig gesondert in Rechnung gesetzt. Ebenso sind Kühlhausgebühren und Gebühren für Benutzung der Pökelräume fast immer gesondert zu bezahlen.

Die Gebühren für Untersuchung von eingeführtem Fleisch, soweit solche je nach Ländern verlangt werden oder verlangt werden dürfen (vgl. Teil VI) streben an, nach Möglichkeit durch die Höhe derselben den Ausfall der Schlachtgebühren am Verkaufsorte zu decken. Ja es werden in vielen Fällen die gleichen Gebühren wie für Schlachtungen am Ort erhoben. Über die Zulässigkeit dieser Gleichbewertung kann man verschiedener Ansicht sein, dem Rechtsempfinden dürfte es aber entsprechen, wenn in Berücksichtigung gezogen würde, daß bei Schlachtungen im Orte selbst Leistungen einbegriffen sind und bezahlt werden, die bei Einfuhr von geschlachteten Tieren in Fortfall kommen, wie z. B. Brühgebühren, Licht- und Wasserverbrauch. Es erscheint also richtiger, wenn eingeführtes Fleisch hinsichtlich der Gebührenhöhe unter dem am Orte geschlachteten bewertet werden würde.

Andererseits ist es aber auch begreiflich, wenn keine Ausnahme in den Gebührentarifen gemacht wird, weil sonst zur Einfuhr von solchem Fleische geradezu eine Anregung gegeben wäre, so daß die zwingende Folge sein würde, daß die Schlachtungen, welche sonst im öffentlichen Schlachthof vorgenommen werden müssen, durch das eingeführte Fleisch zurück-

[1] Die Angabe „Anzahl der Schlachthöfe" bezieht sich auf die eingegangenen Fragebögen, ist also bei allen folgenden Darstellungen nur relativ richtig. Das genügt für die Mehrzahl der Fälle auch vollkommen.

gehen, also die Einnahmen des Schlachthofes dadurch in einer Weise sinken könnten, welche die Selbsterhaltung in Frage stellen kann. (Hinsichtlich der Bestimmungen über eingeführtes Fleisch wird auf das Kapitel: Schlachthofgesetz, Teil VI verwiesen.)

### b) Beschaugebühren (Gebühren für Fleischuntersuchung).

Diese regeln sich nach den Sätzen, welche die Stadt für diese Untersuchungen festgesetzt hat. Sie fließen in die Kasse des Schlachthofes. Die Höhe der Sätze richtet sich meist nach den staatlichen Normalsätzen, sind aber fast durchweg niedriger als diese. Die Untersuchungsgebühren sind vorteilhaft getrennt zu verrechnen. Vielfach sind aber auch die Beschaugebühren in den Schlachthofgebühren enthalten und werden nicht getrennt erhoben[1].

### c) Wartegebühren.

Als solche werden diejenigen Gebühren bezeichnet, welche dem Schlachthof einen Ersatz geben für die Pflege und Aufsicht der in den Stallungen eingebrachten Tiere und für deren Fütterung durch das Schlachthofpersonal. Sie sind nicht identisch mit den Stallgebühren, welche ebenfalls getrennt verrechnet werden, die als Benutzungsgebühren für die Stallungen gelten und zur Verzinsung und Amortisation dieser Teile des Schlachthofes Verwendung finden. Eine Abgabe von Futter ist weder mit Bezahlung der Stallgebühren noch der Wartegelder verbunden. Futter ist nach dem jeweiligen Tagespreise, der stets an den Stallungen und an der Kasse zum Aushang zu bringen ist, und der je nach dem Einkaufspreise schwankt, zu bezahlen, sofern Fütterung

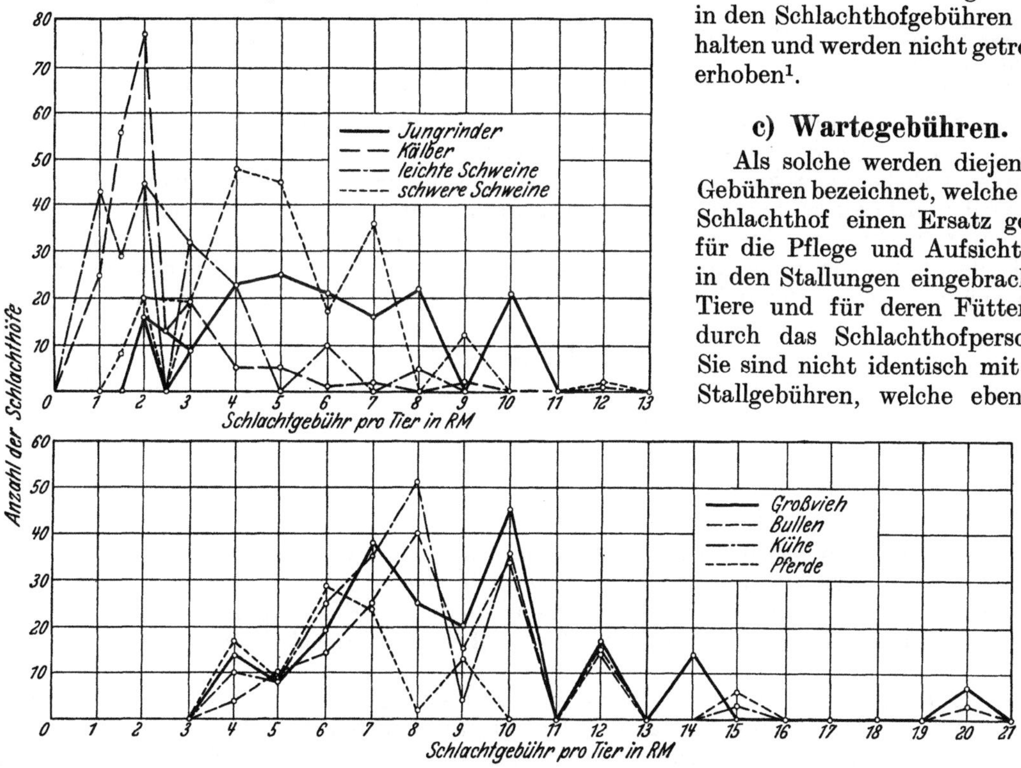


Abb. 3. Häufigkeitskurve der Höhe der Schlachtgebühren bei den verschiedenen Tierarten.

[1] Das Gesetz kennt in erster Linie zur Fleischuntersuchung nur den Tierarzt, da nur er die vollen Kenntnisse zur Beurteilung besitzt. Den als Fleischbeschauer ausgebildeten Laien hingegen betrachtet man lediglich als einen Helfer in arbeitsreichen Stunden, doch trifft man insbesondere in Süddeutschland auch in Schlachthöfen, daß der Laienbeschauer die Beschau vollständig gesunder Schlachttiere, die Untersuchung der Drüsen usw. vornimmt, während der mit der Leitung der Anlage beauftragte Tierarzt von diesem in jedem Falle von irgendwelchen krankhaften Veränderungen gerufen werden muß und hier unter allen Umständen selbst die Entscheidung trifft, so daß dem Laienbeschauer lediglich die Aufgabe verbleibt, die Abstempelung solcher Tiere nach den Weisungen des Tierarztes vorzunehmen. Bayern z. B. hat sich durch die Vertretung der Schlachthoftierärzte vor einigen Jahren dahin erklärt, daß es dieses bisher durchgeführte und erprobte System nicht missen will, und es läßt sich nicht in Abrede stellen, daß dadurch das Ansehen des Tierarztes sicherlich nicht verringert wird, dann aber auch, daß diesem viele unsaubere Handarbeit gespart wird. Es wird nur die Aufgabe der überwachenden Tierärzte sein müssen, dafür zu sorgen, daß alle eigenmächtigen Handlungen der Laienbeschauer unterbleiben und sie unter keinen Umständen ihre Zuständigkeit überschreiten. Ein oft begangener Mittelweg ist der, daß man Laien mit der Lebendbeschau betraut, während die Tierärzte nur die Fleischuntersuchungen vornehmen.

Irgendwelche Normen lassen sich hierin nicht aufstellen Auch die gepflogenen Erhebungen lassen keine einheitliche Richtlinie erkennen und ergeben nur, daß in 247 Fällen nur Tierärzte die Lebend- und Fleischbeschau ausüben, in 56 Fällen Laien ausschließlich untersuchen, soweit sie zuständig sind und daß in 65 Fällen der Laienbeschauer die normalen Fälle beurteilt, während der Tierarzt die Entscheidung bei krankhaften Veränderungen trifft.

verlangt wird. Viele Schlachthöfe verbieten das Mitbringen von Futter für die eingestellten Tiere, in vielen Fällen unterlassen auch die Händler und Fleischer die Fütterung der Tiere zu verlangen, wenn diese nur kurze Zeit oder nur über Nacht in den Ställen verbleiben. Der Tierschutz aber verlangt, daß die Tiere nicht mehr als eine oder höchstens zwei Mahlzeiten ohne Futter bleiben. Stehen sie länger, so müssen sie ein Erhaltungsfutter bekommen.

Die nachfolgende Zusammenstellung gibt eine Übersicht über die Höhe der verlangten Wartegebühren und deren Häufigkeit:

| Wartegebühr je Stück und Tag: | 5 | 10 | 15 | 20 | 25 | 30 | 40 | 50 | 60 | 100 | Rpf. |
|---|---|---|---|---|---|---|---|---|---|---|---|
| Bei Großvieh in | 1 | 39 | 10 | 48 | 7 | 1 | 3 | 3 | 3 | 1 | Schlachthöfen |
| „ Kleinvieh in | 60 | 88 | 14 | 18 | 9 | 4 | — | — | — | — | „ |
| „ Schweinen in | 34 | 78 | 48 | 56 | 15 | 10 | 2 | 2 | 1 | — | „ |

Die meistverlangten Gebühren für Großvieh sind demnach 20 und 10 Rpf., die für Kleinvieh 10 und 20 Rpf., für Schweine 10, 20 und 15 Rpf.

In einer Reihe von Schlachthöfen sind die Wartegebühren in der Einstellgebühr inbegriffen und werden nicht eigens gefordert. Meist spielt die Einnahme aus den Wartegebühren im Haushalt des Schlachthofes eine ziemlich unbedeutende Rolle. Es verlangt nur die Buchung durch die Stallaufseher viel Arbeit. Ein voller Ausgleich wird dadurch geschaffen, wenn die Stallgebühren um den fortfallenden Betrag der Wartegebühren erhöht werden.

### d) Wiegegebühren.

| Es werden verlangt: | 5 | 10 | 20 | 25 | 30 | 40 | 50 | 60 | 70 | 80 | 100 | 200 | Rpf. |
|---|---|---|---|---|---|---|---|---|---|---|---|---|---|
| Bei Großvieh in | — | 5 | 30 | 8 | 42 | 31 | 83 | 14 | 2 | 4 | 34 | 5 | Schlachthöfen |
| „ Kleinvieh in | 28 | 88 | 82 | 20 | 32 | 10 | 23 | 2 | — | 1 | 2 | — | „ |
| „ Schweinen in | — | 59 | 75 | 31 | 64 | 19 | 27 | 4 | 1 | 1 | 4 | — | „ |
| „ Fett in | 9 | 47 | 49 | 4 | 5 | — | — | — | — | — | — | — | „ |
| „ Häute in | 7 | 46 | 64 | 3 | 4 | — | 2 | 1 | — | — | — | — | „ |

Aus obiger Zusammenstellung ist ersichtlich, daß eine Wiegegebühr von 30 und 50 Rpf. die meistverlangte ist. (Hinsichtlich der abnorm hohen Gebühr von 1 RM. bzw. 2 RM., die in 34 Fällen angegeben wird, ist anzunehmen, daß seitens der Fragebogenbeantworter irrtümlich statt der „Wägegebühr für geschlachtete Tiere“ „Lebend-Wägegebühren“ eingetragen worden sind.)

Für Wägungen von Kleinvieh scheint die meistverlangte Gebühr ein Betrag von 10 und 20 Rpf. zu sein, für Schweine von 20 und 30 Rpf., aber auch von 10 Rpf.

Fettwägungen werden am meisten mit 10 und 20 Rpf. berechnet, desgleichen auch Wägungen für Häute.

Ganz im allgemeinen läßt sich erfahrungsgemäß feststellen, daß die Waagen, je höher die Wägegebühr ist, desto weniger benutzt werden. Es ist demnach eine vollkommen unrichtige Ansicht, daß hohe Wägegebühren höhere Einnahmen bringen. Meist kann man finden, daß geringe Wägegebühren weit höhere Gebühreneinnahmen bringen, weil die Waagen dann viel öfter benutzt werden.

### e) Stallgebühren (Einstellgebühren je Stück und Tag).

| | 5 | 10 | 15 | 20 | 25 | 30 | 40 | 50 | 60 | 100 | 200 | Rpf. |
|---|---|---|---|---|---|---|---|---|---|---|---|---|
| Bei Großvieh in | — | 29 | 17 | 67 | 20 | 28 | 22 | 52 | 10 | 11 | 5 | Schlachthöfen |
| „ Kleinvieh in | 36 | 73 | 16 | 45 | 11 | 12 | 5 | 10 | 4 | — | — | „ |
| „ Schweinen in | 4 | 88 | 37 | 67 | 10 | 22 | 5 | 8 | 2 | 3 | — | „ |

Der meistverlangte Satz für Großvieh beträgt 20, dann 50 Rpf. Für Kleinvieh 10 und 20 Rpf., für Schweine 10, dann 20 Rpf.

Auch hier läßt sich erfahrungsgemäß behaupten, daß allzu hohe Einstellgebühren die fleißige Benutzung der diesbezüglichen Stallungen hemmen, so daß sie bei sehr hohen Gebühren nur ganz vereinzelt benutzt werden. Es liegt aber auch im Interesse der Einstelltiere, daß die Stallungen gut besetzt sind, weil viele Tiere den Raum leichter erwärmen als eine geringe Zahl.

### f) Die Freibankgebühren sind folgende:

1. Nach Prozenten:

| | 3 | 4 | 5 | 10 | 15 | 20 % des Erlöses | |
|---|---|---|---|---|---|---|---|
| Bei Großvieh in | 1 | 1 | 7 | 26 | 16 | 6 | Schlachthöfen |
| „ Schweinen in | 1 | 1 | 7 | 26 | 16 | 6 | „ |

2. Nach Kilogebühren:

| | 1 | 2 | 3 | 4 | 5 | 6 | 10 | Rpf. |
|---|---|---|---|---|---|---|---|---|
| Bei Großvieh in | 1 | 5 | 4 | 5 | 4 | — | 2 | Schlachthöfen |
| ,, Kleinvieh in | — | — | 3 | 6 | 4 | 1 | 1 | ,, |
| ,, Schweinen in | 6 | 8 | 3 | 4 | 8 | 2 | 1 | ,, |

3. Nach Festsätzen:

| | 0,50 | 0,60 | 1 | 1,50 | 2 | 2,50 | 3 | 4 | 5 | 6 | 7 | 8 | 9 | 10 | 15 | 16 | 17 | 18 | RM. |
|---|---|---|---|---|---|---|---|---|---|---|---|---|---|---|---|---|---|---|---|
| Bei Großvieh in | — | — | 6 | 7 | 16 | 3 | 43 | 21 | 16 | 11 | 2 | 4 | 6 | 4 | 5 | 1 | 1 | 1 | Schlachhöfen |
| ,, Kleinvieh in | 16 | 6 | 54 | 23 | 30 | 3 | 7 | 1 | 5 | — | — | — | — | — | — | — | — | — | ,, |
| ,, Schweinen in | 10 | — | 29 | 15 | 45 | 9 | 7 | 14 | 9 | — | 3 | — | 1 | — | — | — | — | — | ,, |

## g) Kühlraum- und Pökelraum-Benützungsgebühren.

Aus Abb. 4 ist zu ersehen, daß die meistverlangten Kühlhausgebühren zwischen 30 und 40 RM./m² je Zelle und Monat liegen.

Was die Mietgebühren für Pökelräume anlangt, so geben hier die Fragebogen nachstehenden Aufschluß. Es verlangen im Monat für Benützung:

| 10 | 12 | 14 | 17 | 20 | 25 | 30 | 36 | 40 | 45 | 50 | 60 | 70 | 82 | 110 | 120 | 160 | 180 | 200 | 240 | RM. | keine (in den Gebühren inbegriffen) |
|---|---|---|---|---|---|---|---|---|---|---|---|---|---|---|---|---|---|---|---|---|---|
| 6 | 2 | 5 | 3 | 15 | 5 | 15 | 10 | 10 | 5 | 9 | 7 | 7 | 3 | 3 | 5 | 4 | 1 | 1 | 1 | | 9 Städte |

Nach obiger Zusammenstellung scheint sich also ein Mietpreis von 20 und 30 RM. je Monat und Zellen m² am öftesten vorzufinden. Höhere Gebühren stehen in keinem Verhältnis zur Leistung für die Betriebsführung.

Für ganz besondere Fälle dringender Art verlangen die Schlachthöfe Gebühren für das außerordentliche Betreten der Kühlräume. Diese sind, soweit sie ermittelt werden konnten:

| | 0,20 | 0,30 | 0,40 | 0,50 | 0,80 | RM. |
|---|---|---|---|---|---|---|
| in | 9 | 7 | 3 | 97 | 7 | Schlachthöfen |

| | 1 | 1,50 | 2 | 3 | 5 | RM. |
|---|---|---|---|---|---|---|
| in | 82 | 6 | 10 | 13 | 1 | Schlachthöfen |

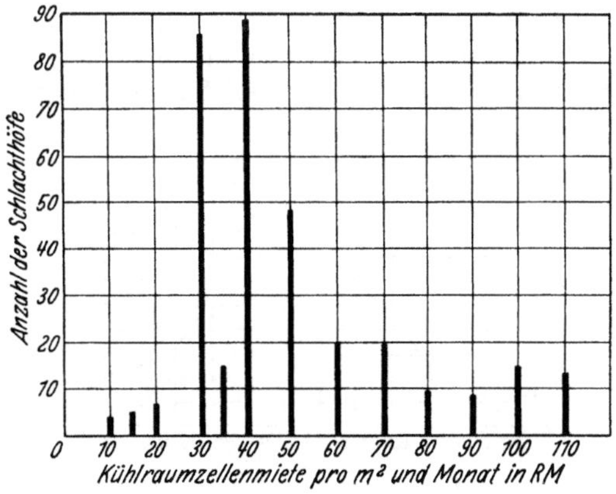


Abb. 4.

so daß ersichtlich ist, daß meist eine Gebühr von 50 Rpf. und von 1 RM. verlangt wird.

## h) Eisverkauf.

Da eine große Zahl von Fleischern sich im Laufe der letzten Jahre mit Kleinkühlmaschinen versehen hat, ist der ursprüngliche Zweck der Verbindung einer Eisfabrik mit dem Schlachthof, nämlich der Versorgung der Metzger mit Eis zum Zwecke der Kühlhaltung des Tagesbedarfes, mehr und mehr verwischt worden. Da bei indirekter Kühlung die vorhandenen Generatoren zur Unterbringung der Verdampferflächen für die Erzeugung der gesamten Kälteleistung dienen, mußten die Eiserzeuger in jedem Falle mitbetrieben werden, so daß es günstig erschien, für das Eis auch noch andere Abnehmer zu finden. Inwieweit — insbesondere in kleineren Städten, welche mit Ausnahme von Brauereien keine Eiserzeugungsanlagen besitzen — die Verbindung des Schlachtbetriebes mit einer verdienstabwerfenden Eiserzeugung für Kunden aller Art günstig ist, läßt sich nur von Fall zu Fall entscheiden und ist nicht zuletzt eine Frage des Standpunktes, den der Leiter dem Schlachthof als „werbenden Betrieb" gegenüber einnimmt.

Über die Selbstkosten der Eiserzeugung lassen sich allgemeine Angaben nur mit einem gewissen Vorbehalt geben, da sie in hohem Maße von einer Reihe von Faktoren abhängen. In Amerika wird im allgemeinen damit gerechnet, daß die Stromkosten etwa 20%, Löhne etwa 33%, Abschreibung, Amortisation und Verzinsung etwa 47% der Selbstkosten betragen. Der Verkaufspreis an Großhändler ist um 33—35% höher als der Selbstkostenpreis. Der Verkaufspreis in kleinen Mengen frei Haus wiederum etwa 200—250% über dem Großverkaufspreis. In Deutschland liegen die Verhältnisse anders. Nach Hennig kann für die Krafterzeugung etwa 25%, für Löhne und soziale Lasten etwa 27%, für allgemeine Betriebskosten 8% und für Instandhaltung und Tilgung etwa 40% des Selbstkostenpreises gerechnet werden. Für die Zufuhr frei Haus wird in den Eiswerken etwa 10—40%, im Mittel 20—30% zu den Preisen ab Werk addiert. Beiden Aufstellungen ist gemeinsam, daß die Kraftkosten — für 1 Zentner Kunsteis braucht man rund 2 KWh — nur einen geringen Teil der Selbstkosten betragen, wogegen Verzinsung und Amortisation den höchsten Betrag ausmachen, was dadurch zu erklären ist, daß die Eisfabriken auch den Spitzenbedarf an heißen Tagen decken müssen, was große Maschinenanlagen und evtl. große Lager an fertigem Eis bedingt. Sofern die Schlachthöfe die Eisfabrikation lediglich nebenher betreiben, liegen die Verhältnisse für sie wesentlich günstiger wie bei Eiswerken. Eine Angleichung an die Verhältnisse bei jenen findet erst statt, wenn Schlachthöfe auch an heißen Sommertagen, an welchen die Transmissionsverluste der Kühlhallen ohnedies schon eine erhöhte Betriebszeit benötigen, der Anfrage völlig gerecht werden wollen.

Der Eisbedarf richtet sich außerordentlich stark nach dem jeweiligen örtlichen Bedürfnis. (Der Eisgenerator im Schlachthof Gelsenkirchen ist z. B. größer wie der von Berlin trotz einer 20fach stärkeren Bevölkerung.) Gute Eisabnehmer sind meist Hotels und Gastwirtschaften, Zuckerbäckereien, Weinhäuser, Fleischer, Wild-, Butter- und Geflügelhändler, Krankenhäuser, während private Kunden in Deutschland in der Minderzahl zu sein pflegen.

Sofern es aus wirtschaftlichen Gründen oder örtlichen Verhältnissen günstig erscheint, die Eisbereitungsanlage eines Schlachthofes für die Belieferung einer

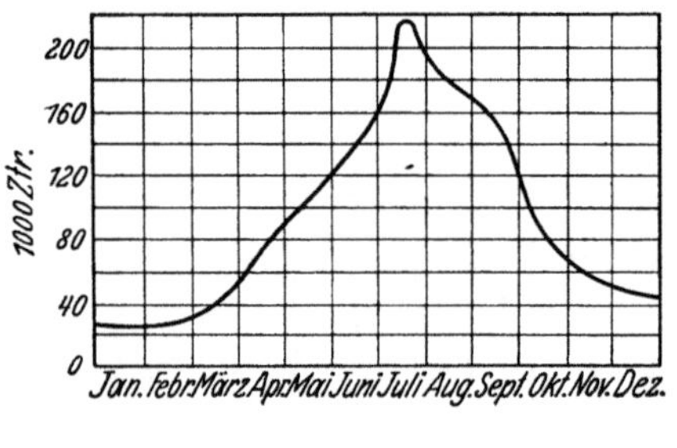


Abb. 5. Eisabsatz in den einzelnen Monaten.

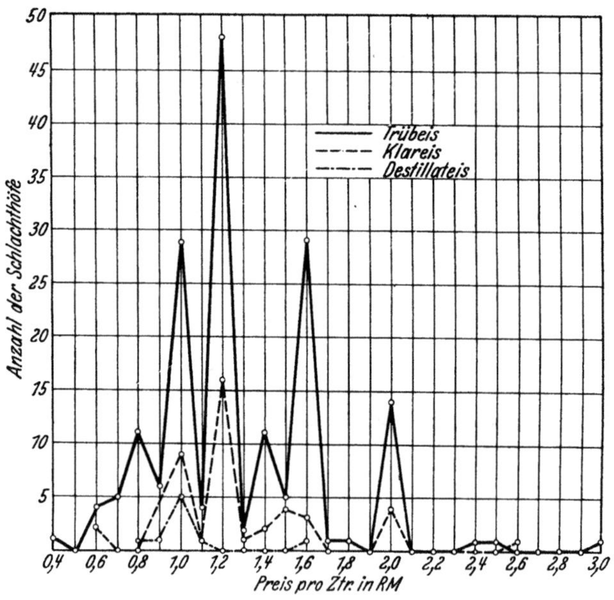


Abb. 6. Die Eispreise in deutschen Schlachthöfen.

Stadt systematisch auszunutzen, wird für die meisten Kunden die Belieferung frei Haus sich als notwendig erweisen. Das hierdurch benötigte Personal und die Transportmittel müssen sich durch den Verkauf selbst bezahlt machen[1].

Über die Schwankungen im Eisverkauf in den einzelnen Monaten gibt das beistehende Schema übersichtlichen Aufschluß. In Abb. 5 u. 6 ist eine Zusammenstellung der Eispreise und des Eisabsatzes je nach Monaten in deutschen Schlachthöfen enthalten. Der vorwiegend übliche Preis je Zentner Trübeis ist demnach 1,20 RM. Bei der Festsetzung des Preises müssen in jedem Falle aber die jeweiligen örtlichen Verhältnisse berücksichtigt werden.

## 4. Aufstellung des Haushaltplanes (Etats)[2].

In jeder geordneten Wirtschaftsführung muß ein Haushaltplan vorhanden sein, der sorgfältig erwägt, mit welchen Einnahmen und Ausgaben man zu rechnen haben wird. Es wird niemandem einfallen, am wenigsten einem Kaufmann oder Fabrikbesitzer, planlos darauf loszuwirtschaften, ohne sich genau darüber Rechenschaft zu geben, welches die Höchstsummen sind, die er für die einzelnen Betriebszweige ausgeben darf. Der aufgestellte Plan muß ihm

[1] Im Eishandel hat es sich hierbei als außerordentlich günstig erwiesen, um auf einen festen Abnehmerkreis rechnen zu können, mit dem Eisverkauf auch die Vermietung oder den Verkauf von Kühlschränken zu übernehmen. So z. B. wird in Berlin der Schrank leihweise vergeben, wenn der Kunde sich verpflichtet, 4 Monate das Eis im Abonnement zum Preis von 3 RM. je Woche zu beziehen, wofür er täglich 8—10 Pfund Eis frei ins Haus geliefert erhält. Das Verleihen von Eisschränken zur Hebung des Eisverkaufes wurde erstmalig im Schlachthof Kottbus praktisch durchgeführt. Eine außerordentlich empfehlenswerte Type stellen der Volkskühlschrank und der Dauerkühlschrank der Vereinigten Eschebach'schen Werke A.G., Dresden, dar. Zur Tiefkühlung in Eisschränken wird in den Vereinigten Staaten gefrorenes Sole-Eis verwendet.

[2] Vgl. auch Kuppelmayr: Schlachthofbetriebslehre. Verlag Berlin: R. Schütz, 1931.

auch darüber Rechenschaft geben, wie die Bilanz am Jahresabschluß beschaffen sein wird. Heute, wo sich Schlachthöfe unter allen Umständen selbst erhalten müssen, mehr denn je, muß der Haushaltplan in genauester Weise festgelegt werden. Dieser Aufgabe hat sich zunächst die Schlachthofkommission (Deputation) zu unterziehen. In Anlagen, welche neu eröffnet werden, bietet die Etatsaufstellung größere Schwierigkeiten als in bereits bestehenden Anlagen, weil sichere Anhaltspunkte nicht vorhanden sind. Bei ersteren wird man sich zunächst daran zu halten haben, welche Kapitalverzinsung und Amortisation die Anlage fordert, welchen baulichen und maschinellen Unterhalt, welche Ausgaben für Personal, für Brennmaterial, Wasser, Strom, für Bürobedarf, Schußmaterial, Futter, Streu usw. erwachsen werden. Hier bilden dann im Bedarfsfalle immer gleich große Städte, die Anlagen schon längere Zeit im Betriebe haben, gewisse, wenn auch vielleicht nicht ganz zutreffende Anhaltspunkte.

Mit welchen Einnahmen und Ausgaben ein Schlachthofbetrieb zu rechnen hat, wurde im vorstehenden Abschnitt eingehend dargestellt. Um sicher zu rechnen, wird es sich stets empfehlen, die Einnahmen gering und die Ausgaben hoch zu berechnen oder zu veranschlagen, um am Jahresschluß keine unliebsame Enttäuschung zu erleben.

Bei Aufstellung des Etats neu zu eröffnender Anlagen in Städten, welche bisher ohne Schlachtzwang waren, ist zu berücksichtigen, daß die Angaben der Schlächter über die Zahl der geschlachteten Tiere selten vollkommen stimmen. Demnach ist kaum zu erwarten, daß der für das erste Betriebsjahr aufgestellte Etat sich in allen Punkten als richtig erweist, so daß häufig schon im zweiten Jahre Tarifänderungen vorgenommen werden müssen. Nach der ständigen Rechtsprechung des Oberverwaltungsgerichtshofes müssen die Schlachtgebühren getrennt werden in Gebühren für die Untersuchung und solche für die Benutzung des Schlachthofes.

Steht in einer Stadt jedoch die Abrechnung auf Grund des vorjährigen Haushaltplanes zur Verfügung, so wird bei der Aufstellung des neuen lediglich zu prüfen sein, in welchen Titeln der Voranschlag überschritten werden mußte, und in welchen die genehmigten Ausgaben nicht verbraucht worden sind. Es muß ohne weiteres gestattet sein, im Rahmen des genehmigten Haushaltplanes die in einem Titel vorgesehenen Ausgaben dann überschreiten zu dürfen, wenn die Notwendigkeit es verlangt, und insbesondere dann, wenn in einem anderen Ausgabeposten entsprechende Einsparungen erzielt werden können. Die Hauptsache ist wohl stets die, daß die genehmigten Ausgaben nie überschritten werden. Es kann sich im Laufe des betreffenden Betriebsjahres aber auch zeigen, daß z. B. durch Rückgang der Schlachtziffern infolge auswärtiger Fleischzufuhr die Einnahmeposten, die in Anschlag gebracht worden sind, nicht erreicht werden, und es ergibt sich hieraus die zwingende Folge, daß von Zeit zu Zeit Zwischenbilanzen gezogen werden, um rechtzeitig in der Lage zu sein, genehmigte jedoch nicht unbedingt vordringliche Ausgabeposten im gleichen Verhältnis zu kürzen, um rechtzeitig einer zu erwartenden Unterbilanz vorzubeugen. Handelt es sich um unvorhergesehene Ausgaben, wie z. B. größere Defekte an Maschinen, schwere Stürme- oder Hagelschäden, wofür zur Behebung keine Mittel vorgesehen sein können, deren sofortige Behebung aber im Betriebsinteresse unerläßlich ist, so muß, soweit nicht in dem in jedem, auch dem kleinsten Schlachthof anzusammelnden Reservefond, Mittel zur Verfügung stehen, für die Beschaffung von Mitteln durch die Stadtverwaltung Sorge getragen werden, die später bei günstiger werdenden Einnahmen allmählich rückerstattet werden müssen. Die Verzinsung solcher Schuldaufnahmen ist selbstverständlich. In gleicher Weise wird der angesammelte Rücklagen- oder Erneuerungsfonds dazu heranzuziehen sein, daß kostspielige Erneuerungen im Betrieb, wie solche z. B. durch Ersatz für verbrauchte Kessel-, Dampf- oder Kühlmaschinen, Erweiterung der Leistungsfähigkeit bestehender, noch gut arbeitender Maschinen und notwendige Zu- und Umbauten enstehen können, ohne Schuldaufnahmen durchgeführt werden können. Es wird sich sonach stets als zweckmäßig und als notwendig erweisen, auf möglichste Stärkung des Reservefonds bedacht zu sein, ein Faktor, der nur zu oft bei der Etatsaufstellung übersehen wird. Es sollen damit nicht die Posten gemeint sein, welche für baulichen oder maschinellen Unterhalt, sowie zur Behebung von Schäden bei Einrichtungsgegenständen veranschlagt sind, sondern nur die Fürsorge für evtl. spätere, z. B. auch durch den Fortschritt der Technik und Betriebskunde notwendig werdende Neuerungen, insbesondere dann, wenn rechnerisch feststeht, daß durch diese die Betriebsführung sich rationeller gestalten wird.

## Rechtliche Gesichtspunkte für die Aufstellung des Schlachthofetats.

Die seit Jahren angestrebten Reformen im kommunalen Etats- und Rechnungswesen verfolgen zwei Ziele: 1. die Vereinheitlichung des kommunalen Etats- und Rechnungswesens in Deutschland und 2. damit die Beschaffung von vergleichbaren, zahlenmäßigen Unterlagen für eine kommunale Finanzstatistik. Der in allen diesen Vorschlägen wiederkehrende Grundgedanke besteht darin, daß

1. entsprechend dem den Gemeinden und Gemeindeverbänden obliegendem Aufgabenkreise in den Gemeindeetats und -rechnungen die Verwaltungszweige auf bestimmte, für alle Kommunalverbände gleichmäßig geltende Haupt- und Untertitel aufzugliedern sind, und

2. die Ausgaben und Einnahmen innerhalb dieser Haupt- und Untertitel nach bestimmten Arten von Ausgabezwecken bzw. Einnahmequellen geschieden werden müssen.

Im Verfolg dieser Gedankengänge, die die meisten Gemeinden übrigens bereits meist übernommen haben, sollen die Gemeinden verpflichtet werden, die Hauptergebnisse ihres Haushaltplanes für jedes neue Rechnungsjahr in einer Zusammenstellung, der Haushaltübersicht, den Aufsichtsbehörden vorzulegen. In diesen Haushaltübersichten ist der Aufgabenkreis der Kommunalverbände in zwei Hauptgruppen zu gliedern. Die erste Gruppe umfaßt die Verwaltungen, die vorwiegend öffentlich rechtlichen oder gemeinnützigen Charakter haben und ohne Rücksicht auf Ertragserzielung unterhalten werden. Diese kommunalen Verwaltungszweige sind unter dem Namen „Kämmereiverwaltung" zusammenzufassen. Auch der Entwurf der neuen Städteordnung geht diesen Gedankengängen nach, indem in ihr diese Verwaltungszweige als „Hoheitsverwaltungen" bezeichnet werden, bei denen auch die Schlacht- und Viehhöfe angeführt sind. Die zweite Gruppe umfaßt die als Betriebsverwaltungen zu bezeichnenden Verwaltungen, die nach gesetzlicher Vorschrift oder nach allgemeinen finanzwirtschaftlichen Grundsätzen so zu führen sind, daß durch die Einnahmen mindestens die Ausgaben gedeckt werden. Ob dieser Erfolg im Einzelfalle tatsächlich erreicht wird, ist für die Charakterisierung als Betriebsverwaltung gleichgültig. Die scharfe Trennung zwischen Kämmereiverwaltung und Betriebsverwaltung hat die Bedeutung, daß dem Gesamtzuschußbedarf der Kämmereiverwaltung die bei der Finanz- und Steuerverwaltung erscheinenden Haupteinnahmequellen gegenübergestellt werden können, nämlich die Einnahmen aus Steuern und die von den Betriebsverwaltungen erzielten Überschüsse. Als Betriebsverwaltung (siehe auch Kapitel: „Die verwaltungsrechtliche Stellung der Schlacht- und Viehhöfe") gelten gewerbliche Betriebe, die sich in eigener Verwaltung der Gemeinden befinden; denn nur deren Einnahmen und Ausgaben werden haushaltplanmäßig veranschlagt und verrechnet. Wenn Dr. Ilgner, Königsberg[1], mitteilt, daß der Schlachthof Königsberg wirtschaftlich und buchführungsmäßig vollständig selbständig ist und im städtischen Haushaltplan nur mit der Endsumme erscheint, so ist dieses Verwaltungsverfahren rechtlich zu beanstanden. Allein eine Betriebsverwaltung kann im städtischen Haushaltplan nur mit der Endsumme erscheinen. Ein Schlachthof ist verwaltungsrechtlich keine Betriebsverwaltung und darf nach § 11, Abs. 2, 2 des Kommunalabgabengesetzes keine Überschüsse machen. Jeder für Benutzung des Schlachthofes Gebührenpflichtige hat das Recht, nachzuprüfen, ob den Bestimmungen des Kommunalabgabengesetzes Genüge getan ist, ob die vorgeschriebene Wechselwirkung zwischen Aufkommen an Gebühren und demgemäß § 11, Abs. 2 des Kommunalabgabengesetzes durch sie zu deckenden Aufwendungen der Gemeinden besteht. Diese Nachprüfung ist unmöglich, wenn bei den Betrieben der Schlachthof im Haushaltplan, d. h. in der Haushaltplanübersicht, nur mit der Endsumme erscheint (siehe auch Entscheidung des Oberverwaltungsgerichtes vom 12. März 1929 II, B. 11, 28). Demnach ist für jeden Schlachthof eine Haushaltplan mit Einnahme und Ausgabe aufzustellen. Darüber hinaus haben die Schlacht- und Viehhöfe in den Haushaltübersichten unter „den Anstalten vorwiegend gemeinnütziger Art" zu erscheinen. Die Buchführung ist den örtlichen Verhältnissen anzupassen, sie kann kameralistisch sein, d. h. eine einfache Einnahme- und Ausgaberechnung, sie kann kaufmännisch sein, indem neben der Einnahmen- und Ausgabenrechnung die Aufwands- und Ertragsrechnung in den Vordergrund gestellt wird. Sie ermöglicht, wie Dr. Ilgner mit Recht hervorhebt, die jederzeitige Rechnungslegung über die wirtschaftliche Lage der Unterabteilungen der Verwaltung, z. B. der Kühlhäuser, der Vernichtungsanstalt usw.

Bei der Aufstellung des Haushaltplanes der Schlacht- und Viehhöfe ist in der Hauptsache die Feststellung der Gebühren von Bedeutung. Und zwar kommt für Schlacht- und Viehhöfe nach dem Kommunalabgabengesetz die Erhebung von Gebühren lediglich für jene Anlagen in Betracht, die dem Schlachten von Vieh und gewissen mit dem Schlachten in unmittelbaren Zusammenhang stehenden Verrichtungen dienen, z. B. Kühlhäuser, Eisfabriken usw. (siehe auch Kapitel „Kühlhausordnung"). Nach § 7 des Kommunalabgabengesetzes sind Gebühren im voraus nach festen Normen und Sätzen nach d. Preuß. Schl.-Gesetz zu bestimmen. Gleitende, wechselnde Gebühren sind nach d. Preuß. Schl.-Gesetz nicht zulässig. Für Schlachthofgebühren

[1] Dtsch. Schlachthofztg **1930**, 111.

schreibt außerdem § 5 des — im § 11 Abs. 2 des Kommunalabgabengesetzes aufrechterhaltenen — Gesetzes über die Errichtung öffentlicher Schlachthäuser vom 18. März 1868 vor, daß der Tarif veröffentlicht werden muß. Darüber hinaus sind Ordnungen betreffend die Gebühren für die Untersuchung des von auswärts eingeführten Fleisches, das einer amtlichen Untersuchung durch approbierte Tierärzte noch nicht unterlegen hat, genehmigungspflichtig (Oberverwaltungsgericht Bd. 34, S. 64, Bd. 64, S. 240). Weiterhin sind die einzelnen Gebühren nach den gesetzlichen Vorschriften verschieden zu berechnen:

a) die Benutzungsgebühr gemäß § 11 Abs. 2 des Kommunalabgabengesetzes,
b) Untersuchungsgebühr für im Schlachthofe geschlachtete Tiere,
c) Untersuchungsgebühren für von auswärts eingeführtes Fleisch.

Einheitsgebühren für Untersuchung und Benutzung sind nicht angängig (Oberverwaltungsgericht vom 21. September 1906 im preußischen Verwaltungsblatt Jg. 28, S. 899).

a) Benutzungsgebühr. § 11 Abs. 2, Satz 2 des Kommunalabgabengesetzes schreibt vor, daß die Gebühren für die Schlachthofbenutzung eine gewisse Höhe nicht überschreiten dürfen. Nach der früheren Fassung durfte das jährliche Aufkommen an Gebühren nicht höher sein, als dadurch gedeckt wurden

1. die Kosten der Unterhaltung der Anlage und des Betriebes,
2. ein Betrag von 8% des Anlagekapitals und der etwa gezahlten Entschädigungssumme.

Das Gesetz vom 26. August 1921 (Gesetzessammlung, S. 495) ließ zwar die Kosten der Unterhaltung der Anlage und des Betriebes als einen Teil der zu deckenden Aufwendungen bestehen, setzte jedoch an Stelle des festen Zinssatzes zu b) einen wirtschaftlich angemessenen Betrag zur Tilgung und Verzinsung des Anlagekapitals und der etwa gezahlten Entschädigungssumme, sowie zur Erneuerung vorhandener Anlagen. Zu den Kosten der Unterhaltung der Anlage hat die Rechtsprechung auch schon früher nicht nur die Kosten für die Unterhaltung in dem bisherigen Zustande, sondern auch die zur Beseitigung von Mängeln, für Verbesserungen und Ergänzungen gerechnet, also auch solche, die dazu dienen, daß die Anlage auf der Höhe der Zeit bleibt, daß Minderwertiges durch Besseres oder Geräumigeres ersetzt werde (Oberverwaltungsgericht Bd. 49, S. 91). Gewisse Rücklagen hierfür durften gemacht, eine Überschußwirtschaft für andere Zwecke durfte nicht betrieben werden. Soweit die neue Fassung des Gesetzes jetzt die Einbeziehung eines Betrages zur Erneuerung vorhandener Anlagen ausdrücklich zuläßt, entspricht sie im wesentlichen der bisherigen Auslegung. Für die Kosten neuer, bisher in ihrer Art nicht vorhanden gewesener Anlagen ist eine Gebührenerhebung jedoch nach wie vor nicht zulässig (vgl. Ausführungsanweisung vom 9. März 1922, Art. 4, Ziff. 2 Ministerialblatt für die preußische innere Verwaltung S. 285). Neben den vorstehend erörterten Aufwendungen durfte früher „ein Betrag von 8% des Anlagekapitals und der etwa gezahlten Entschädigungssumme" berücksichtigt werden. Bei den in der Vorkriegszeit üblichen Zinssätzen für Stadtanleihen ermöglichte der Satz von 8% zugleich die allmähliche Tilgung des aufgewendeten Kapitals. Um in der Zeit der Geldentwertung eine leichtere Anpassung an die Bedürfnisse zu ermöglichen, setzte daher das Gesetz vom 26. August 1921 an Stelle des starren Satzes von 8% einen „wirtschaftlich angemessenen Betrag". Während aber früher die Zweckbestimmung des Zuschlages von 8% im Gesetz nicht genannt und somit die Auslegung berechtigt war, daß dieser Betrag unabhängig von einer inzwischen erfolgten gänzlichen oder teilweisen Tilgung wäre, besagt das Gesetz jetzt ausdrücklich, daß der wirtschaftlich angemessene Betrag „zur Verzinsung und Tilgung des Anlagekapitals" usw. bestimmt ist. Daraus ist zu entnehmen, daß ein wirtschaftlich angemessener Betrag nur zu den Aufwendungen der Gemeinde bewilligt werden darf, die sie tatsächlich zu den genannten Zwecken noch zu machen hat. Nur so kann auch die wirtschaftliche Angemessenheit beurteilt werden. Aus der Entstehungsgeschichte des Gesetzes geht auch nur die Absicht des Gesetzgebers hervor, den starren Zinssatz zu beseitigen. Die Ausführungsanweisung vom 9. März 1922 spricht auch nur davon, daß der bisherige Zinssatz nicht mehr zur Erfüllung der Zins- und Tilgungsverpflichtungen ausreiche. Von einer Erfüllung von Verpflichtungen kann aber nur insoweit gesprochen werden, als die Gemeinde tatsächlich noch Verpflichtungen dieser Art zu erfüllen hat (siehe auch Erlaß des Ministers des Innern vom 9. Juni 1925, IV, St. 160 und des Ministers für Land, Dom. u. Forst. vom 25. März 1926, V, 18 709/25. Es ist daher nicht zulässig, daß bei Ermittlung der Gebührensätze der Zinsbetrag eingesetzt wird, der sich ergeben würde, wenn das ursprünglich für den Schlachthof aufgewandte Kapital noch in voller Höhe zu verzinsen wäre. Ist ein Teil dieser zu berücksichtigenden Schuld getilgt, so sind nur die Zinsen für den Restbetrag maßgebend; stellt dieser nur einen Papiermarkbetrag dar, so ist nur der Anleiheaufwertungsbetrag einzusetzen. Die Verwendung von

Überschüssen der Schlachthöfe zu anderen Zwecken der Gemeinde ist nicht zulässig[1]; etwaige Überschüsse sind im neuen Haushaltplan als Einnahmen vorzutragen. Die Einbeziehung eines „allgemeinen Verwaltungsanteiles" bei der Feststellung der Gebühren ist ebenfalls untersagt. Jedoch bestehen keine Bedenken, die persönlichen und sachlichen Verwaltungskosten für Leistungen anderer Verwaltungen zu erstatten. Es müssen sich diese Erstattungen in angemessenen Grenzen halten (vgl. Oberverwaltungsgericht Bd. 49, S. 91). Diese Grenzen sind durch das sog. Aachener Urteil gegeben, in dem für die Stadt Aachen schon ein Verwaltungsbeitrag von 5000 RM. als bedenklich bezeichnet wird. Auch die Nacherhebung der Benutzungsgebühr für das Kühlhaus, wenn die Benutzung erst im Laufe der Kühlperiode begonnen hat, ist unzulässig, da es bedenklich erscheint, Gebühren für einen Zeitraum nachzuerheben, in dem eine Benutzung der Anstalt durch den Pflichtigen gar nicht stattgefunden hat, denn die Benutzung ist Vorbedingung jeder Gebühr.

b) Untersuchungsgebühr für im Schlachthofe geschlachtete Tiere. Diese darf die Selbstkosten der Untersuchung nicht übersteigen.

c) Untersuchungsgebühren für von auswärts eingeführtes Fleisch. Diese dürfen unabhängig von den hierfür entstandenen Kosten in einer der Benutzungsgebühr entsprechenden Höhe erhoben werden. Diese Gebühren brauchen nicht mit denen des Schlachthofes verrechnet zu werden, sondern können in die Kämmereikasse fließen, da der § 2, 2 des Schlachthofgesetzes von 1868/81 besagt, daß alles nicht im öffentlichen Schlachthofe ausgeschlachtete frische Fleisch in dem Gemeindebezirk nicht eher feilgeboten werden darf, bis es einer Untersuchung durch Sachverständige gegen eine zur Gemeindekasse fließende Gebühr unterzogen ist.

Für die Frage der Gebührenfestsetzung ist die Entscheidung des Oberverwaltungsgerichts vom 12. März 1929, II, B. 11. 28 von grundlegender Bedeutung, sie folgt daher im Wortlaut:

Unter Bezugnahme auf die Verfügung des Regierungspräsidenten vom 11. April 1927 hat der Beklagte einen Beschluß der Klägerin vom 7. Januar 1927, betr. eine neue Gebührenordnung für den Schlacht- und Viehhof der Stadt X., beanstandet. Es ist allerdings nicht ganz sicher, ob der in der Beanstandungsverfügung angeführte Text den vollen Wortlaut dieses Beschlusses wiedergibt. Der in den Akten der Stadt befindliche Schriftwechsel in Verbindung mit der Beanstandungsschrift und dem Schlußabsatze der Gebührenordnung läßt aber den Gegenstand des Beschlusses einwandfrei erkennen. Die gegen die Beanstandung rechtzeitig erhobene Klage ist durch die im Spruche bezeichnete, hier in Bezug genommene Entscheidung abgewiesen worden. Auch der Berufung der Klägerin war der Erfolg zu versagen.

I. Die Klägerin bestreitet zunächst die Zulässigkeit der Beanstandung des Beschlusses vom 7. Januar 1927. Die beschlossene Gebührenordnung enthalte auch Vorschriften über Gebühren für die Untersuchung von auswärts eingeführten Fleisches. Insoweit unterliege sie der Genehmigung der Aufsichtsbehörde. Letztere habe aber noch nicht Stellung genommen. Bevor dies geschehen, sei eine Beanstandung auch im übrigen unzulässig. Die Beanstandung rüge Verletzung des § 11 des Kommunalabgabengesetzes in der Fassung des Gesetzes vom 28. August 1921 — Gesetzsammlung S. 495 — und berühre insofern auch die in § 2 der Ordnung vorgesehene Ausgleichsgebühr für eingeführtes Fleisch, über die zunächst die Aufsichtsbehörde zu entscheiden habe.

Diesen Ausführungen kann nicht beigetreten werden. Allerdings ist es richtig, daß Ordnungen, betr. die Gebühren für die Untersuchung nicht im Schlachthause ausgeschlachteten Fleisches, genehmigungspflichtig sind (vgl. Entscheidungen des Oberverwaltungsgerichts Bd. 34 S. 64, Bd. 64 S. 240) und daß die Beanstandung genehmigungsbedürftiger Beschlüsse vor Stellungnahme der Aufsichtsbehörde nicht zulässig ist. Aber aus den Akten der Stadt ist erkennbar, daß der Beschluß vom 7. Januar 1927 nur insoweit beanstandet worden ist, als er sich auf den übrigen Inhalt der beschlossenen Ordnung erstreckt. In der Weisung des Regierungspräsidenten vom 11. April 1927, auf die sich der Beklagte in seiner Beanstandungsverfügung beruft — die Angabe des Datums mit 11. März 1927 ist ein Schreibfehler —, ist am Schlusse ausdrücklich gesagt: „Die Bestimmungen des § 2 der Ordnung werden durch die Beanstandung nicht betroffen, weil sie zu ihrer Rechtswirksamkeit der Genehmigung durch den Bezirksausschuß bedürfen." Da der Beklagte nur auf Grund dieser Anweisung beanstandet hat, während er selbst die Ordnung für gesetzmäßig hält, kann nicht angenommen werden, daß er noch über den Rahmen der ihm erteilten Weisung hat hinausgehen wollen. Die Begründung der Beanstandungsverfügung macht auch nur Ausführungen, welche sich auf die in § 11 Abs. 2 des Kommunalabgabengesetzes behandelte Gebühr für Schlachthausbenutzung beziehen, während die ebenda in Abs. 3 erwähnten Gebühren für die Untersuchung des nicht im Schlachthaus ausgeschlachteten Fleisches von den hierfür gemachten Aufwendungen der Gemeinde unabhängig sind und nur mittelbar von den Kosten der Gemeinde für das Schlachthaus beinflußt werden.

Nach der Rechtsprechung des Gerichtshofes kann in der Regel ein einheitlicher Beschluß nur mit der Wirkung beanstandet werden, daß seine Ausführung in allen Teilen untersagt wird. Wenn ein solcher Beschluß aber einzelne, selbständig für sich lebensfähige Teile enthält und nur ein oder einige dieser Teile gesetzwidrig oder unter Befugnisüberschreitung zustande gekommen waren, hat der Senat auch eine Trennung zugelassen und die Klage gegen die Beanstandung nur insoweit abgewiesen, als sie zu Recht erfolgt war, im übrigen aber die Verfügung aufgehoben. Aus den gleichen Erwägungen heraus kann es als unbedenklich angesehen werden, daß, wenn die Voraussetzungen für die Beanstandung eines einheitlichen Beschlusses nur für einen selbständig für sich lebensfähigen Teil vorliegen — sei es, daß nur insoweit eine Gesetzesverletzung oder Befugnisüberschreitung vorliegt, sei es, daß bei dem Rechte aus anderen Gründen die Beanstandung nicht

[1] In Preußen.

zulässig ist (z. B. weil der Beschluß insoweit rein negativ ist, nur eine Rechtsansicht darstellt, schon ausgeführt ist oder der Genehmigung der Aufsichtsbehörde unterliegt) —, daß dann schon von vornherein die Beanstandung auf diesen beanstandungsfähigen Teil beschränkt wird.

Vorliegend würde nun jedenfalls die Gebührenordnung auch bei Ausschaltung der Bestimmungen der Ziffer 2, betr. eingeführtes Fleisch, Bestand haben; es wäre ja auch durchaus möglich, daß zwei selbständige Ordnungen, eine für die Gebühren des § 11 Abs. 2 des Kommunalabgabengesetzes und eine genehmigungspflichtige für die des Absatzes 3, beschlossen worden wären. Dann würde die Beanstandung der ersteren formell unbedenklich sein. Daß hier rein äußerlich beide Gebührenarten in einer Ordnung zusammen geregelt sind, kann daher nicht dahin führen, die Beanstandung vor der Entscheidung der Aufsichtsbehörde über die Ziffer 2 der Ordnung für unzulässig zu erklären.

Auch im übrigen sind gegen die Beanstandungsfähigkeit des Beschlusses vom 7. Januar 1927 Bedenken nicht zu erheben, insbesondere ist die von der Rechtsprechung geforderte „positive Wirkung" in der beabsichtigten Erhebung von Gebühren gegeben.

II. Die Beanstandung ist aber auch sachlich begründet. § 15 des Zuständigkeitsgesetzes schreibt vor, daß die Beanstandung unter Angabe der Gründe zu erfolgen habe. Der Verwaltungsrichter ist aber bei der Nachprüfung des beanstandeten Beschlusses nicht auf die Prüfung der angegebenen Gründe beschränkt; er hat ihn vielmehr darüber hinaus in jeder Hinsicht auf seine Rechtmäßigkeit zu prüfen. Wenn daher vorliegend auch nur die Bemessung der Gebühren beanstandet ist, hat der Verwaltungsrichter doch auch die Gebührenordnung hinsichtlich ihres sonstigen Inhalts einer Prüfung zu unterziehen. Diese führt aber zur Feststellung der Ungültigkeit der Ordnung.

Nach § 7 des Kommunalabgabengesetzes sind Gebühren im voraus nach festen Normen und Sätzen zu bestimmen. Für Schlachthausgebühren schreibt außerdem § 5 des — in § 11 Abs. 2 des Kommunalabgabengesetzes aufrechterhaltenen — Gesetzes über die Errichtung öffentlicher Schlachthäuser vom 18. März 1868 — Gesetzsammlung S. 277 — vor, daß der Tarif veröffentlicht werden muß. Diesen Bestimmungen ist nicht entsprochen. Ein veröffentlichter Tarif liegt nicht vor. Ein Teil der Gebühren wird gemäß Ziffer 1 nach dem Durchschnittskleinverkaufspreise von 1 Pfund Rindfleisch berechnet. Dieser Preis ist aber kein gleichbleibender und fester. In Ziffer 8 und 9 werden die Gebühren des Kühlhauses und Gefrierhauses nach den jeweils von der Gemeinde aufgewandten Kosten berechnet. Ob die maßgebenden Durchschnittspreise amtlich bekannt gemacht werden, kann schon zweifelhaft sein, keinesfalls werden die Kosten der Gemeinde veröffentlicht werden. Der Steuerpflichtige ist danach gar nicht in der Lage, nachzuprüfen, welche Gebühr er zu zahlen hat.

Soweit wechselnde Verkaufspreise zugrunde gelegt werden, kann der Verwaltungsrichter auch nicht nachprüfen, ob die — weiter unten erörterte — Wechselwirkung zwischen Aufkommen an Gebühren und gemäß § 11 Abs. 2 des Kommunalabgabengesetzes durch sie zu deckenden Aufwendungen der Gemeinde besteht. Die Fleischpreise können erheblich anziehen und damit die Gebühren steigen, ohne daß auch die Aufwendungen der Gemeinde entsprechend wachsen.

Weiterhin sind die einzelnen Gebühren nach den gesetzlichen Vorschriften verschieden zu berechnen:

a) die Benutzungsgebühr gemäß § 11 Abs. 2 des Kommunalabgabengesetzes,

b) die Untersuchungsgebühr für im Schlachthause geschlachtete Tiere darf die Selbstkosten der Untersuchung nicht übersteigen,

c) für die Untersuchung eingeführten Fleisches dürfen unabhängig von den hierfür entstandenen Kosten Gebühren in einer der Benutzungsgebühr entsprechenden Höhe erhoben werden.

Aus den ganz verschiedenen Grundlagen für die Errechnung der Gebühren folgt, daß eine Einheitsgebühr für Benutzung und Untersuchung nicht angängig ist (vgl. Entscheidungen des Oberverwaltungsgerichts Bd. 34 S. 64). Die Bestimmung der Ziffer 1 der streitigen Ordnung, welche eine solche einheitliche Gebühr für die Benutzung des Schlacht- und Viehhofes und der damit verbundenen Untersuchung vorsieht, ist daher ungültig.

Ziffer 3 der Ordnung — deren erster Satz in der vorliegenden gedruckten Fassung übrigens unverständlich ist — sieht eine Verkaufsgebühr vor, was ebenfalls unzulässig ist (vgl. Entscheidung des Oberverwaltungsgerichts vom 21. September 1906 im Preußischen Verwaltungsblatte Jahrg. 28 S. 892).

Ziffer 8 Abs. 4 sieht die Nacherhebung der Benutzungsgebühr für das Kühlhaus vor, wenn die Benutzung erst im Laufe der Kühlperiode begonnen wird. Es erscheint bedenklich, Gebühren für einen Zeitraum zu erheben, in dem eine Benutzung der Anstalt durch den Pflichtigen gar nicht stattgefunden hat, denn die Benutzung ist Vorbedingung jeder Gebühr. Der Absatz 4 ist im übrigen auch unklar. Er läßt die Auslegung zu, daß zwar derjenige, der zunächst angezeigt hat, daß er die Anlagen nicht benutzen wolle, wenn er dann gleichwohl später benutzt, für die vergangene Zeit der Nichtbenutzung nachzahlen muß, als ob er benutzt habe, daß dagegen von demjenigen, der solche Anzeige nicht gemacht hat, der gleichwohl aber zeitweise tatsächlich nicht benutzt hat, eine Gebühr für diese Zeit nicht erhoben werden solle. Darin würde eine unzulässige ungleichmäßige Behandlung der Pflichtigen liegen. Auch scheint im Falle des Absatzes 4 die Gebühr nach anderen Grundsätzen berechnet zu werden als nach Absatz 1 daselbst.

Unklar ist auch Ziffer 5, welche eine „Gebühr" für Futter und Streu vorsieht. Sollte es sich hier wirklich um eine Gebühr, nicht etwa um Verkaufspreise handeln, würde ein Zuschlag von „durchschnittlich $33^1/_3$%" zu den Selbstkosten wegen der darin liegenden Willkürmöglichkeit unzulässig sein.

Die Ordnung ist auch in weiteren Punkten unklar, sowohl in der Angabe der gebührenpflichtigen Vorgänge — was heißt z. B. „Benutzung des Geländes und der Einrichtungen" — als auch in dem Verhältnisse der einzelnen pflichtigen Tatbestände zueinander (z. B. Ziffer 1 und 2 zu Ziffer 4, Ziffer 2 zu Ziffer 10, 1, Ziffer 10, 7 u. 8 zu Ziffer 8 und 9).

Mit Rücksicht auf diese zahlreichen Ausstellungen muß die Gebührenordnung für rechtsungültig und schon damit die Beanstandung als gerechtfertigt angesehen werden.

III. Aber auch die in der Beanstandungsverfügung angegebenen Gründe sind zutreffend; auch die der Bemessung der Gebühren zugrunde gelegten Aufwendungen sind in diesem Umfange durch § 11 Abs. 2 des Kommunalabgabengesetzes nicht zu rechtfertigen.

§ 11 Abs. 2 schreibt vor, daß die Gebühren für die Schlachthausbenutzung eine gewisse Höhe nicht überschreiten dürfen. Nach der früheren Fassung durfte das jährliche Aufkommen an Gebühren nicht höher sein, als daß dadurch gedeckt wurden

a) die Kosten der Unterhaltung der Anlage und des Betriebes,

b) sowie ein Betrag von 8% des Anlagekapitals und der etwa gezahlten Entschädigungssumme.

Das Gesetz vom 26. August 1921 — Gesetzsammlung S. 495 — ließ zwar die Kosten der Unterhaltung der Anlage und des Betriebes als einen Teil der zu deckenden Aufwendungen bestehen, setzte jedoch an Stelle des festen Zinssatzes zu b

einen wirtschaftlich angemessenen Betrag zur Verzinsung und Tilgung des Anlagekapitals und der etwa gezahlten Entschädigungssumme sowie zur Erneuerung vorhandener Anlagen.

Zu den Kosten der Unterhaltung der Anlage hat die Rechtsprechung des Gerichtshofes auch schon früher nicht nur die Kosten für die Unterhaltung in dem bisherigen Zustande, sondern auch die zur Beseitigung von Mängeln, für Verbesserungen und Ergänzungen gerechnet, also auch solche, die dazu dienen, daß die Anlage auf der Höhe der Zeit bleibt, daß Minderwertiges durch Besseres oder Geräumigeres ersetzt werde (Entscheidungen des Oberverwaltungsgerichts Bd. 49 S. 91). Gewisse Rücklagen hierfür durften gemacht, eine Überschußwirtschaft für andere Zwecke durfte aber nicht betrieben werden. Soweit die neue Fassung des Gesetzes jetzt die Einbeziehung eines Betrages zur Erneuerung vorhandener Anlagen ausdrücklich zuläßt, entspricht sie also im wesentlichen der Auslegung des bisherigen Textes. Für die Kosten neuer, bisher in ihrer Art nicht vorhanden gewesener Anlagen ist eine Gebührenerhebung jedoch nach wie vor nicht zulässig (vgl. Ausführungsanweisung vom 9. März 1922, Art. 4 Ziffer 2 — Ministerialblatt für die Preußische innere Verwaltung S. 285 —).

Neben den vorstehend erörterten Aufwendungen durfte früher „ein Betrag von 8% des Anlagekapitals und der etwa gezahlten Entschädigungssumme" berücksichtigt werden. Bei den in der Vorkriegszeit üblichen Zinssätzen für Stadtanleihen ermöglichte der Satz von 8% zugleich die allmähliche Tilgung des aufgewandten Kapitals. In der Zeit der Geldentwertung erschien diese Bindung an einen festen Satz nicht mehr zweckmäßig. Um eine leichtere Anpassung an die Bedürfnisse zu ermöglichen, setzte daher das Gesetz vom 26. August 1921 an Stelle des starren Satzes von 8% einen „wirtschaftlich angemessenen Betrag". Während aber früher die Zweckbestimmung des Zuschlages von 8% im Gesetze nicht genannt war, daher die Auslegung in Artikel 5 Ziff. 5 Abs. 2 der Anweisung zur Ausführung des Kommunalabgabengesetzes vom 14. Juli 1893 berechtigt war, daß dieser Betrag unabhängig von einer inzwischen erfolgten gänzlichen oder teilweisen Tilgung wäre, besagt das Gesetz jetzt ausdrücklich, daß der wirtschaftlich angemessene Betrag „zur Verzinsung und Tilgung des Anlagekapitals" usw. bestimmt sei. Daraus ist zu entnehmen, daß ein wirtschaftlich angemessener Betrag nur zu den Aufwendungen der Gemeinde bewilligt werden darf, die sie tatsächlich zu den genannten Zwecken noch zu machen hat. Nur so kann auch die wirtschaftliche Angemessenheit beurteilt werden.

Aus der Entstehungsgeschichte läßt sich eine andere Absicht des Gesetzgebers nicht entnehmen. Der Abgeordnete X. hat nur von der Beseitigung des starren Zinssatzes gesprochen. Die Ausführungsanweisung vom 9. März 1922 spricht auch nur davon, daß der bisherige Zinssatz nicht mehr „zur Erfüllung der Zins- und Tilgungsverpflichtungen" ausreiche. Von einer Erfüllung von Verpflichtungen kann aber nur insoweit gesprochen werden, als die Gemeinde tatsächlich noch Verpflichtungen dieser Art zu erfüllen hat. Auf diesem Standpunkte steht auch der Erlaß des Ministers des Innern vom 9. Juni 1925 — IV St. 160 — und des Ministers für Landwirtschaft, Domänen und Forsten vom 25. März 1926 — V 18709/25 —.

Es war daher nicht zulässig, daß die Klägerin bei der Ermittlung der Gebührensätze den Zinsbetrag einsetzte, der sich ergeben würde, wenn das ursprünglich für das Schlachthaus aufgewandte Kapital noch in voller Höhe zu verzinsen wäre. Da diese ursprüngliche Schuld von 2434310 M. bereits bis auf einen Betrag von 1121977 M. getilgt ist, dieser Rest aber außerdem Papiermark darstellt und nach den gesetzlichen Vorschriften auf einen noch wesentlich geringeren Betrag in Reichsmark umzuwandeln sein wird, kann nur ein zur Verzinsung und Tilgung dieses Aufwertungsbetrages erforderlicher, wirtschaftlich angemessener Betrag durch die Schlachthofgebühren gedeckt werden. Es wird Sache der Gemeinde sein, die Ermittlung dieses Betrages durch beschleunigte Erledigung der Anleiheaufwertung zu ermöglichen. 194744,88 RM. als 8%ige Verzinsung der ursprünglichen Anleihesumme einzusetzen, ist nicht statthaft.

Auch in seiner jetzigen Fassung läßt der § 11 des Kommunalabgabengesetzes eine Erhebung von Schlachthofgebühren nur zur Deckung ganz bestimmter Aufwendungen der Gemeinden zu, die Gebühren sollen aber nicht zur Erzielung eines Überschusses für andere Zwecke der Gemeinde dienen. Es ist dies auch verständlich, da die Einrichtung der Schlachthäuser in erster Linie den gesundheitlichen Zwecken der Bürgerschaft dient, nicht Sondervorteilen bestimmter Gewerbszweige. Letztere sollen daher nur insoweit herangezogen werden, daß die aufgewandten Kosten gedeckt werden können.

Bedenklich erscheint ferner die Einbeziehung eines allgemeinen Verwaltungskostenanteiles von 5000 RM. neben den besonderen persönlichen und sachlichen Verwaltungskosten (vgl. Entscheidungen des Oberverwaltungsgerichts Bd. 49 S. 91). Schließlich ist auch eine Deckung der 770000 RM. für die Neuherstellung einer Verkaufshalle durch die Schlachthausgebühren nicht zulässig. Dies sind nicht Kosten der Erneuerung vorhandener Anlagen. Durch die Schlachthausgebühren dürfen auch nur die Kosten der Schlachthäuser gedeckt werden, d. h. von Anlagen, welche dem Schlachten von Vieh und gewissen mit dem Schlachten in unmittelbarem Zusammenhange stehenden Verrichtungen dienen, z. B. Kühlhäusern, Eisfabrik, Gas- und Elektrizitätswerken, welche dem Schlachthause dienen. Nur unter bestimmten Voraussetzungen können für die Benutzung der Verkaufshalle Marktstandsgelder nach § 11 Abs. 1 des Kommunalabgabengesetzes erhoben werden, aber keine Schlachthausgebühren (vgl. Entscheidung des Oberverwaltungsgerichts vom 21. September 1906 im Preußischen Verwaltungsblatt 1928 S. 892). Es kann daher unerörtert bleiben, ob diese Kosten schon den Haushalt für 1927 belasten oder erst den für 1928 und ob für die Rechtmäßigkeit der Beanstandung der Zeitpunkt der Beanstandungsverfügung oder der Entscheidung des Gerichts maßgebend ist.

Bei dieser Sachlage kam es auch weiter auf die Verfahrensrüge der Klägerin, die behauptete Unzulässigkeit der Vernehmung des Oberregierungs- und Veterinärrats als Sachverständigen durch den Bezirksausschuß, nicht an.

Die von der Klägerin mit dem beanstandeten Beschlusse geschaffene Gebührenordnung verstößt sowohl hinsichtlich der Errechnung der Gebührensätze als auch in ihrem sonstigen Inhalte gegen das Gesetz und ist daher mit Recht beanstandet. Damit rechtfertigt sich die Klageabweisung.

Der II. Senat des bayrischen Verwaltungsgerichtshofes hat nämlich die folgende für die Schlachthofverwaltungen Bayerns wichtige Entscheidung getroffen. Der Sachverhalt ist kurz folgender:

Die Stadtgemeinde K. hatte von der Schlachthofkasse einen jährlichen „Verwaltungskostenbeitrag“ als Ausgleich für diejenigen Kosten erhoben, die durch die Tätigkeit bestimmter, der allgemeinen Stadtverwaltung und nicht dem Schlachthof zugehöriger Personen und Ämter (jur. Referat. Bauamt, Stadtkasse, Rechnungsprüfung usw.) entstehen. Da sich die Einnahmen der Stadt verringert hatten und sich die Verwaltung infolgedessen gezwungen sah, ihre Einnahmen zu erhöhen, mußte auch der Verwaltungskostenbeitrag des Schlachthofes entsprechend erhöht werden, was eine Erhöhung der Schlachthofgebühren zur Folge hatte. Dagegen wandte sich die Metzgerinnung beschwerdeführend an die Regierung und nach abschlägigem Regierungsentscheid an den Verwaltungsgerichtshof.

Aus dieser Entscheidung sei folgendes angeführt: Maßgebend ist Artikel 40 Abs. I der bayrischen Gemeindeordnung für die Landesteile diesseits des Rheines vom 29. April 1869, der den Gemeinden die Befugnis einräumte, Verbrauchssteuern und örtliche Abgaben (Gebühren) für die Benutzung ihres Eigentums, ihrer Anstalten und Unternehmungen zu erheben, soweit nicht Gesetze oder Staatsverträge entgegenstehen. Hinsichtlich der Erhebung von Gebühren für die Benutzung gemeindlicher Anstalten, zu denen die gemeindlichen Schlachthöfe zweifellos gehören, bestehen keine die bezeichnete Befugnis einschränkenden Gesetze oder Staatsverträge. Die Gemeinden haben lediglich für den Fall, daß die Benutzung einer Gemeindeanstalt zur Zwangspflicht gemacht ist, was bezüglich des gemeindlichen Schlachthofes in K. zutrifft, den Grundsatz eines gleichmäßigen Maßstabes für die zu erhebende Gebühr einzuhalten. Diesem Grundsatz trägt die Schlacht- und Schlachthofordnung in K. Rechnung, indem sie die Benutzungsgebühr gleichmäßig nach der Art und dem Fleischgewicht der Schlachttiere festsetzt. Der Beschwerdeführer behauptet, daß diese Gebühren jetzt eine Höhe erreicht hätten, die dem Wesen solcher Gebühren, nämlich als Entschädigung für den Aufwand der Gemeinde für die betreffende Anstalt zu dienen, nicht mehr entsprechen und daher unzulässig seien. Für diese Auffassung glaubt er sich auf die Rechtsprechung des bayrischen Verwaltungsgerichtshofes berufen zu können. Dies trifft aber nicht zu. Der Verwaltungsgerichtshof hat zwar in früheren Entscheidungen bemerkt, daß bei der Bemessung der Gebührenhöhe der Wertbetrag des dem Einzelnen erwachsenden Vorteils und der gemeindliche Kostenaufwand nicht überschritten werden soll, er hat aber auch darauf hingewiesen, daß der bezeichnete Gesichtspunkt regelmäßig keinen gesetzlichen Zwang in sich schließt, daß also hinsichtlich der Höhe der Gebühren für die Benutzung gemeindlichen Eigentums gesetzliche Beschränkungen für die Gemeinden, von einigen besonderen, hier nicht zutreffenden Fällen abgesehen, nicht bestehen. Bei den heutigen Verhältnissen ist hierauf besonderer Wert zu legen. Die wirtschaftliche Lage der meisten bayrischen Gemeinden hat sich in neuester Zeit wesentlich verschlimmert. Da die Gemeinden hinsichtlich der Erhebung der Umlagen nicht mehr freie Hand haben, sondern solche nur mehr auf die Realsteuern legen dürfen und außerdem an bestimmte Höchstgrenzen gebunden sind, müssen sie andere Wege suchen, um ihre im allgemeinen bedeutend angewachsenen Ausgaben bestreiten zu können. Hierbei kommt naturgemäß vor allem die Erhöhung der Gebühren für die Benutzung der Gemeindeanstalten in Betracht. Diese Gebühren sind denn auch in Artikel 39 Abs. 1 der Gemeindeordnung vom Jahre 1869 unter den primären Deckungsmitteln für die Gemeindeausgaben aufgeführt. (Z. Fleisch- u. Milchhyg. 1929.)

## 5. Besteuerung öffentlicher Betriebe und Anstalten.

Die steuerliche Erfassung der sog. öffentlichen Betriebe, d. i. der Betriebe des Reiches, der Länder, der Gemeinden und Gemeindeverbände, zeigt wie immer ein verschiedenes Bild auf. Das bayerische Einkommensteuergesetz von 1910 ließ Reich, Staat, Kreis, Distrikt sowie Gemeinden wahllos einkommensteuerfrei, wenn auch die Grundsätze der Allgemeinheit und die Gleichheit der Besteuerung dafür sprechen würden, die öffentlichen Betriebe zur Einkommensteuer heranzuziehen. Sachsen und Württemberg haben die öffentlichen Betriebe prinzipiell zur Einkommensteuer herangezogen.

Die Reichsfinanzgesetzgebung der Nachkriegszeit befaßte sich mit der steuerlichen Erfassung der öffentlichen Betriebe 1919 bei Beratung des Umsatzsteuergesetzes. Steuerfrei sind: Reich, Länder, Gemeinden und Gemeindeverbände hinsichtlich der Schlachthöfe, Gas-, Elektrizitäts- und Wasserwerke, weil bei derartigen Betrieben der Gedanke der Gemeinnützigkeit den Ausschlag gibt und man von dem Standpunkt der Nichtabwälzung der Steuer ausgeht. Die Befreiungsbestimmung des § 3 des Umsatzsteuergesetzes ist bis heute geblieben.

Die nachfolgenden Reichssteuergesetze, Körperschafts- und Vermögenssteuergesetz, beließen es grundsätzlich bei der steuerlichen Befreiung der öffentlichen Betriebe, ausgehend davon, daß bei den öffentlichen Betrieben der eigentliche Zweck nicht die Erzielung hoher Gewinne, sondern die Befriedigung öffentlicher Bedürfnisse ist, daß weiter die Versteuerung eine nicht unerhebliche Steigerung der Umlagensätze und letzten Endes die Unfähigkeit der Gemeinden herbeiführen werde, ihre umfassenden Verpflichtungen auf den verschiedenen Gebieten, namentlich der sozialen Fürsorge zu erfüllen.

In dem Gesetz zur Aufbringung der Industriebelastung 1924 hat zum erstenmal der Gedanke einer Besteuerung öffentlicher Betriebe Anerkennung gefunden. In diesem Gesetz werden den aufbringungspflichtigen, industriellen gewerblichen Betrieben auch zugezählt: die werbenden Betriebe des Reiches, der Länder und Gemeinden, deren Erträgnisse dem Reich, den Ländern und Gemeinden zufließen. Der Begriff der werbenden Betriebe bestimmt sich hierbei nach § 4 der Verordnung zur Ausführung des § 60 des Finanzausgleichgesetzes vom 21. Juli 1923.

Werbende Betriebe sind solche, die nach gesetzlichen Vorschriften oder allgemeinen finanzwirtschaftlichen Grundsätzen in der Weise zu führen sind, daß durch die Einnahmen mindestens die Ausgaben gedeckt werden, gleichviel ob dieser Erfolg im Einzelfall erreicht wird. Die Betriebsarten, welche zu den werbenden Betrieben gehören, werden in der Verordnung zur Durchführung des Gesetzes zur Aufbringung der Industriebelastung vom 16. November 1925 des näheren bezeichnet. Hier wird auch gesagt, daß zu den werbenden Betrieben nicht Veranstaltungen gehören, die ohne Rücksicht auf Ertragserzielung zu gemeinschaftlichen Zwecken gehalten werden. Der Begriff der werbenden Betriebe ist nach der erfolgten Regelung ein umfassender: Der Aufbringungspflicht werden wohl die meisten gemeindlichen Betriebe unterliegen. Eine Zweifelsfrage könnte sich dahin ergeben, ob die in der Verordnung aufgeführten Betriebe immer werbende Betriebe sein müssen.

Das Körperschaftssteuergesetz zieht im § 2 die Betriebe und Verwaltungen von Körperschaften des öffentlichen Rechtes und öffentliche Betriebe und Verwaltungen mit eigener Rechtspersönlichkeit zur Steuer heran, beläßt aber ausdrücklich als steuerfreie Betriebe und Verwaltungen solche, welche 1. der Ausübung öffentlicher Gewalt, 2. gemeinnützigen und mildtätigen Zwecken und 3. kirchlichen Zwecken dienen. Nicht steuerpflichtig sind weiter die sog. Versorgungsbetriebe, d. h. Betriebe, welche lebenswichtigen Bedürfnissen dienen, zu deren Befriedigung die Bevölkerung auf die Betriebe und Verwaltungen angewiesen ist.

Ausschlaggebend für die Befreiung der Versorgungsbetriebe von der Körperschaftssteuer dürfte sein, daß gegenwärtig und künftig auch der Wettbewerb mit privatwirtschaftlichen Betrieben in der Regel ausscheidet, und daß infolge dessen ihre Heranziehung zur Steuer nicht etwa zu rationeller Wirtschaftsführung, sondern zu einer die Allgemeinheit benachteiligenden Preisteuerung führen würde. An Stelle der beabsichtigten Vorteile für die Gesamtwirtschaft würden Nachteile treten, die auch durch das fiskalische Interesse nicht ausgeglichen werden könnten.

Hinsichtlich der Vermögenssteuer möchte bemerkt werden, daß sie im Gegensatz zu der im Körperschaftssteuergesetz getroffenen Regelung steht. Nach dem geltenden Recht § 4 Abs. 1, Ziff. 3, sind von der Vermögenssteuer frei Unternehmungen, deren Erträgnisse ausschließlich dem Reich, den Ländern oder Gemeinden zufließen, sofern es sich nicht um Kreditunternehmungen handelt. Nach dieser Regelung werden die gemeindlichen Betriebe vermögenssteuerfrei sein. Wie sich die Gesetzgebung in der Frage der Besteuerung öffentlicher Betriebe weiter entwickeln wird, ist eine Frage politischer Machtverteilung. Soweit die in Vorbereitung befindlichen neuen Reichsgesetze in Frage kommen (Grundsteuer und Gewerbesteuerrahmengesetz), so vermeidet das letztere eine Besteuerung und befreit Steuergegenstände, die vom Reich, von den Ländern, Gemeinden, Anstalten des öffentlichen Rechtes ihrem Hauptzweck nach zu einem öffentlichen Dienst oder Gebrauch benutzt werden[1].

Daß die Schlachthöfe nicht zu den gewerblichen Unternehmungen gehören und somit auch nicht der Gewerbesteuerpflicht unterliegen können, geht aus dem Urteil des Oberverwaltungsgerichtes vom 19. März 1927, VII, G. St. 47, 26 hervor.

Die öffentlichen Schlachthäuser mit Schlachtzwang dienen öffentlich-rechtlichen Zwecken, die auf dem Gebiet der allgemeinen Wohlfahrt, insbesondere der Erhaltung und Förderung der Gesundheit durch einwandfreies Fleisch liegen. Alle Anlagen des eigentlichen Schlachthauses, welche für die Verrichtungen in unmittelbarem Zusammenhange mit dem Schlachten bestimmt und verwendet werden, bilden mit dem Schlachthaus eine Einheit, wenn sie nicht außerhalb des Rahmens des Schlachthauses gehalten sind. Zu derartigen Nebenanlagen eines Schlachthauses gehört auch ein zum Kühlen des Fleisches bestimmtes Kühlhaus, wenn es nicht aus dem Rahmen des Schlachthauses hinausfällt. Die Gewerbesteuerpflicht des ganzen Schlachthofes hängt davon ab, ob die erwähnten öffentlich-rechtlichen Zwecke die Annahme rechtfertigen, daß der Schlachthofbetrieb Ausfluß der öffentlichen Gewalt ist. Denn die Ausübung der öffentlichen Gewalt braucht nicht vom Staat unmittelbar auszugehen. Auch die Gemeindekörperschaften kommen im gleichen Maße in Betracht, wenn sie kraft Gesetzes oder einer zulässigen behördlichen Anordnung derartige Tätigkeitsakte vorzunehmen haben oder vornehmen können. Ohne Bedeutung ist, daß die Tätigkeit auf einer öffentlich-rechtlichen Grundlage fußt, die eine Zwangsregelung unter Ausschluß des privaten Wirtschaftsverkehrs erfordert. Der Betrieb des Schlachthofes mit Schlachtzwang beruht auf der den Gemeinden durch das Schlachthausgesetz beigelegten Ermächtigung. Der mit diesem Gesetz verfolgte öffentlich-rechtliche Zweck gibt dem Schlachthofbetrieb den Charakter einer Betätigung öffentlich-rechtlicher Gewalt.

Sind öffentliche Schlachthäuser als gemeinnützige Unternehmen anzusehen?

In einem Umsatzsteuerstreit war die Frage aufgeworfen worden, ob öffentliche Schlachthäuser im Sinne der preußischen Schlachthausgesetze als gemeinnützige Unternehmen anzusehen seien und Steuervergünstigung gemäß § 3 (3) des Umsatzsteuergesetzes genießen. Der Reichfinanzhof hat diese Frage in bejahendem Sinne entschieden und u. a. ausgeführt, gemeinnützige Unternehmen kommen dann in Betracht, wenn die betreffenden Unternehmen bestimmt seien, die Allgemeinheit zu fördern. Öffentliche Schlachthäuser im Sinne der preußischen Schlachthausgesetze seien unbedenklich als gemeinnützige Unternehmen zu betrachten.

[1] Vgl. Dr. Metz: Versteuerung öffentlicher Betriebe. Dtsch. Schlachthofztg **1928**, 78.

Mit der Errichtung öffentlicher Schlachthäuser werde vor allem der Zweck verfolgt, die allgemeine Volkswirtschaft und die Volksgesundheit zu fördern. Als öffentlich sei ein Schlachthaus schon dann anzusehen, wenn es alle Personen benutzen dürfen, welche in der betreffenden Gemeinde das Schlachtergewerbe betreiben. Es sei nicht erforderlich, daß das Schlachthaus im Eigentum der politischen Gemeinde stehe. Aus dem Schlachthausgesetz ergebe sich auch, daß für die Benutzung des öffentlichen Schlachthauses Gebühren erhoben werden dürfen. Die Tarife seien derart zu gestalten, daß die vereinnahmten Gebühren für die Benutzung des Schlachthauses nicht über den Betrag hinausgehen, welcher erforderlich sei, um die Anlagen zu unterhalten, den Betrieb aufrecht zu erhalten, das Anlagekapital und die etwa gezahlte Entschädigungssumme zu verzinsen und nach und nach zu amortisieren. Unter diesen Umständen werde ein öffentliches Schlachthaus, möge es einer Innung oder Privatpersonen gehören, nicht wirtschaftlich wie ein Privatunternehmen ausgenutzt. (Aktenzeichen: V. A. 32. 29).

Durch dieses Urteil ist unzweideutig die Steuerfreiheit der Schlachthöfe als öffentlichrechtliche gemeinnützige Anstalten festgelegt. Auch die Kühlanlagen und Eisfabriken sind integrierende Bestandteile der Schlachthöfe, da sie zu der gesamten Anlage des Schlachthofes gehören, sofern sie nicht außerhalb des Rahmens des Schlachthofes gehalten sind (siehe auch Anmerkung zu § 7 der Kühlhausordnung). Eisfabriken sind integrierende Bestandteile insoweit als das Eis nur für Zwecke des Schlachthofes oder der Benutzer Verwendung findet. Werden für die Benutzung der Kühlzellen Mieten erhoben, so genießen diese Einnahmen nicht die Steuerfreiheit. Deshalb sind in jedem Falle, wie bereits in der Anmerkung zu § 7 der Kühlhausordnung erwähnt, Kühlhausbenutzungsgebühren zu erheben.

Für Bayern ist folgende Entscheidung des Bayerischen Verwaltungsgerichtshofes vom 13. Juli 1918 von Bedeutung:

Ein gemeindlicher Schlacht- und Viehhof, in dessen Betrieb keine Erwerbszwecke verfolgt werden, dient zur Erfüllung öffentlicher Aufgaben der Gemeinde und zu Zwecken der öffentlichen Gesundheitspflege. Die Erhebung eines Entgeltes für die Benutzung dieser Einrichtungen ist nicht ohne weiteres ein Merkmal für die Verfolgung eines Erwerbszweckes. Vielmehr ist für die Frage der Erwerbsabsicht das gesamte Geschäftsergebnis des Unternehmens in Betracht zu ziehen. Hierbei sind als Betriebsausgaben u. a. die Aufwendungen für die Verzinsung des aufgenommenen Kapitals und angemessene Abschreibungen für Abnutzung oder sonstige Wertminderungen der Anlage zu berücksichtigen. Buchmäßig als Kapitalstilgungen bezeichnete Rücklagen können im Rahmen eines Abzuges für Abnutzung oder sonstige Wertminderung der Anlage unter die Voraussetzung fallen, daß bei einer solchen Einrechnung der Abzug im ganzen den Umfang der wirklichen Abnutzung oder Wertminderung nicht überschreitet. Soweit bei Beurteilung der Erwerbsabsicht solche Kapitalstilgungen in Form von Annuitäten in Frage kommen, ist auf die Tilgungsquote beim Beginn der Schuldaufnahme zurückzugehen. Wenn nach der Absicht der Gemeinde bei Errichtung derartiger Anlagen und nach dem ganzen Gebaren bei dem Betrieb das Vorliegen einer Erwerbsabsicht nicht anzunehmen ist, kann sie auch aus einem in dem im Voranschlag vorgesehenen oder in dem einen oder anderen Jahre tatsächlich verbliebenen Überschuß nicht gefolgert werden. Bei Dienstwohnungen ist für die Steuerpflicht ausschließlich die Frage, ob sie zu dem Zwecke, auf den die Steuerfreiheit sich gründet, in Beziehung stehen, nicht der Umstand, ob aus der Dienstwohnung eine Mieteinnahme erzielt wird oder nicht, ausschlaggebend.

Von besonderer Wichtigkeit dürfte für die Steuerfreiheit der Schlachthöfe besonders folgende Entscheidung des Reichsfinanzhofes sein:

In einem Umsatzsteuerstreit war die Frage aufgeworfen worden, ob öffentliche Schlachthäuser im Sinne der preußischen Schlachthausgesetze als gemeinnützige Unternehmen anzusehen seien und Steuervergünstigung gemäß § 3 des Umsatzsteuergesetzes genießen.

Der Reichsfinanzhof hat diese Frage in bejahendem Sinne entschieden und u. a. ausgeführt:

Gemeinnützige Unternehmen kommen dann in Betracht, wenn die betreffenden Unternehmen bestimmt seien, die Allgemeinheit zu fördern. Öffentliche Schlachthäuser im Sinne der preußischen Schlachthausgesetze seien unbedenklich als gemeinnützige Unternehmen zu betrachten. Mit der Errichtung öffentlicher Schlachthäuser werde vor allem der Zweck verfolgt, die allgemeine Volkswirtschaft und die Volksgesundheit zu fördern. Als öffentlich sei ein Schlachthaus schon dann anzusehen, wenn es alle Personen benutzen dürfen, welche in der betreffenden Gemeinde das Schlächtergewerbe betreiben. Es sei nicht erforderlich, daß das Schlachthaus im Eigentum der politischen Gemeinde stehe. Aus dem Schlachthausgesetz ergebe sich auch, daß für die Benutzung des öffentlichen Schlachthauses Gebühren erhoben werden dürfen. Die Tarife seien derart zu gestalten, daß die vereinnahmten Gebühren für die Benutzung des Schlachthauses nicht über den Betrag hinausgehen, welcher erforderlich sei, um die Anlagen zu unterhalten, den Betrieb aufrechtzuerhalten, das Anlagekapital und die etwa gezahlte Entschädigungssumme zu verzinsen und nach und nach zu amortisieren. Unter diesen Umständen werde ein öffentliches Schlachthaus, möge es einer Innung oder Privatpersonen gehören, nicht wirtschaftlich wie ein Privatunternehmen ausgenutzt (Aktenzeichen: V. A. 32. 29).

Diese Entscheidung hat für die Innungsschlachthöfe besonderes Interesse. Da an vielen Schlachthöfen Fleischbeschauer und Trichinenschauer Beschäftigung finden, ohne im Beamten- oder Angestelltenverhältnis zu stehen, dürfte die Frage zu klären sein, ob diese der Gewerbesteuerpflicht unterliegen.

Hinsichtlich der Frage, ob Fleischbeschauer und Trichinenschauer gewerbesteuerpflichtig sind, hat das Oberverwaltungsgericht eine grundsätzliche Entscheidung gefällt und u. a. ausgeführt, die amtliche Tätigkeit der Fleischbeschauer und Trichinenschauer unterliege nicht der Gewerbesteuer. Aus § 5 des Fleischbeschaugesetzes vom 3. Juni 1900 und den dazu ergangenen Ausführungsvorschriften erhelle, daß das Fleisch von Tieren, welches zum Genusse von Menschen bestimmt sei, einer amtlichen Untersuchung zu unterwerfen sei. In den Ausführungsvorschriften des Bundesrates vom 30. Mai 1902 sei auch die Rede von der Ausübung eines Amts und von der amtlichen Tätigkeit und Verwendung der Beschauer. In dem preußischen Gesetz bezüglich der Ausführung des Schlachtvieh- und Fleischbeschaugesetzes vom 28. Juni 1902 werde stets von einer amtlichen Untersuchung und von einer amtlichen Trichinenschau gesprochen. Aus § 5 der preußischen Ausführungsbestimmungen vom 20. März 1903 gehe ebenfalls hervor, daß die Beschauer, welche von den Landräten, Gemeinden und Polizeibehörden zu bestellen seien, auf die gewissenhafte Erfüllung ihrer amtlichen Obliegenheiten eidlich zu verpflichten seien. Beschauer, welche auf Grund der erwähnten Vorschriften angestellt seien, erfüllen, indem sie die ihnen übertragene Fleisch- und Trichinenbeschau vornehmen, eine amtliche Tätigkeit, die einen obrigkeitlichen Charakter trage. Es sei daher die Gewerbesteuerverordnung in Fällen der vorliegenden Art nicht anzuwenden, und keine Gewerbesteuer zu entrichten. Eine private Beschautätigkeit sei jedoch nicht von der Gewerbesteuer befreit (Aktenzeichen: VIII. G. St. 332. 28).

Hinsichtlich der Umsatzsteuerpflicht der Fleischbeschauer und Trichinenschauer hat der Reichsfinanzhof einen gegenteiligen Standpunkt eingenommen und diese bejaht.

### Schlachtsteuergesetze.

Die Erhebung von Abgaben auf Fleischwaren geht bis ins Mittelalter zurück. In Preußen bestand bis zum Jahre 1875 eine staatliche Mahl- und Schlachtsteuer, die in der ersten Hälfte des 19. Jahrhunderts einen wichtigen Bestandteil des preußischen Steuersystems darstellte. Durch das Reichszolltarifgesetz vom 25. Dezember 1902 wurde bestimmt, daß alle gemeindlichen Abgaben auf Getreide und Fleisch, die vielfach noch in der Form von Akzisen, Oktrois u. dgl. erhoben wurden, mit Wirkung vom 1. April 1910 an aufzuheben seien.

Als Staatssteuer bestand die Schlachtsteuer vor dem Kriege nur noch in Sachsen, Baden und in Sachsen-Altenburg. Auch in Österreich spielte die Schlachtsteuer im staatlichen Steuersystem früher eine große Rolle; heute besteht sie dort nur noch als Gemeindesteuer. Die Tschechoslowakei hat die Schlachtsteuer als Staatssteuer übernommen. Unter den europäischen Staaten ist es schließlich noch Holland, wo die Schlachtsteuer für die staatlichen Finanzen von größerer Bedeutung ist.

In Deutschland besteht die Schlachtsteuer heute nur noch in Sachsen, Baden und Bayern[1]. Nach dem sächsischen Schlachtsteuergesetz vom 24. Juli 1923 wird innerhalb Sachsens für die Schlachtung von Rindvieh, Schweinen und Schafen eine Schlachtsteuer nach einem bestimmten Tarif erhoben. Die Steuer beträgt für einen Ochsen 18 RM., für die übrigen Gattungen des Rindviehs ausschließlich der Kälber bei einem Schlachtgewicht unter 175 kg 7 RM., bei einem Schlachtgewicht von 175 kg an 12 RM., für ein Kalb 2 RM, für ein Schwein bei einem Schlachtgewicht unter 60 kg 3 RM., bei einem Schlachtgewicht von 60 kg an 6 RM., für ein Schaf 1,5 RM. Steuerfrei bleiben Kälber und Schweine bis zu einem Schlachtgewicht unter 20 kg und Schafe bis zu einem Schlachtgewicht unter 10 kg.

In Baden unterliegt nach dem Fleischsteuergesetz vom 29. April 1886 der Verbrauch des Fleisches von Rindvieh, Schweinen und Schafen der Fleischsteuer, die bei der Schlachtung nach der Stückzahl des Schlachtviehes, bei der Einfuhr von Fleisch nach dem Gewicht des Fleisches erhoben wird. Die Steuer stuft sich bei Rindvieh nach dem bei der Schlachtung sich ergebenden Schlachtgewicht ab. Sie beträgt für jedes Stück von weniger als 200 kg 4 RM., von 200 bis ausschließlich 250 kg 6 RM., von 250 kg und mehr 11 RM., für jedes Milchkalb 1,50 RM. Die Steuer für jedes Schwein beträgt 2 RM., für jedes Schaf 1 RM. Aufhebung ist beabsichtigt.

Das Schlachtsteuergesetz stellt in jedem Falle nicht nur eine Belastung des Fleischergewerbes, sondern auch des Konsumenten dar, auf welchen die Fleischer diese Steuer + Schlachtgebühren abzuwälzen suchen. Je mehr aber das Fleisch verteuert würde, desto sparsamer wird solches verbraucht werden, so daß diese Steuer, abgesehen von den Erhebungskosten, vielleicht geringere Erträge zeitigen wird, als erwartet wird.

In Sachsen wird darüber geklagt, daß, nachdem in anliegenden Staaten keine solche Steuer verlangt wird, den Fleischern durch auswärtige Einfuhr Konkurrenz erwächst, daß aber auch Fleischer in Grenzorten schlachten und das Fleisch einführen. Dadurch wird, nachdem die Übergangsabgabe für eingeführtes Fleisch fortgefallen ist, für sächsische Städte ein unerträglicher Zustand geschaffen, weil damit die Zahl der Schlachtungen zurückgeht.

## 6. Kassenführung (Buchhaltung)[2].

Je größer die jeweilige Anlage ist, desto präziser muß die Kassenführung und Buchhaltung ausgebaut werden. Wenn man heute noch in ganz kleinen Anlagen beobachten kann, daß dem leitenden Tierarzt die Einnahme und Verrechnung der Gefälle zugemutet wird, für die er persön-

[1] Bayern hat 1930 durch Gesetz die Schlachtsteuer zunächst auf 3 Jahre eingeführt, die eine Belastung des Fleisches von etwa 4 Pf. mit sich bringt.

[2] Vgl. auch Kuppelmayr: Schlachthofbetriebslehre (1931).

lich haftbar ist, so sind das glücklicherweise nur Ausnahmen von der Regel, daß für diese Tätigkeit unbedingt ein eigener Beamter berufen werden muß. Als eine Art Zwischending kann der Modus bezeichnet werden, daß die Schlachtenden auf Grund ausgestellter Scheine die Gebühren direkt an einer städtischen Kasse einzubezahlen und die Quittungen vor der nächsten Schlachtung vorzulegen haben, und daß diese das gesamte Rechnungswesen des Schlachthofes führt. In Schlachthöfen in Städten über 10000 Einwohner findet man fast regelmäßig eigenes Kassenpersonal, das von den Schlachtenden unabhängig sein muß.

Es könnte z. B. auch niemals gutgeheißen werden, daß man einem Hallenmeister (Hallenaufseher) die Vereinnahmung der Gebühren überträgt, weil immerhin eine gewisse Bindung zwischen ihm und dem Schlachtenden vorhanden sein könnte und er in Versuchung kommen kann, diesen oder jenen durch Ausgabe einer billigeren Karte, als sie zutreffen würde, zu begünstigen oder sich selbst zu bereichern. Immerhin ist die Versuchung gegeben. Es sind Durchstechereien bekannt geworden, daß Hallenmeister mit den Fleischern gemeinschaftliche Sache machten, Konfiskate weiter zu verkaufen, was sicherlich nicht als „Regel" bezeichnet werden kann, aber doch zur Vorsicht mahnt.

Regel muß sein, daß der Schlachtende die Gebühren vor der Schlachtung einzubezahlen hat. Reicht die gelöste Karte für das Gewicht des betreffenden Tieres nicht aus, so tritt die Ergänzungskarte in Kraft, welche Ausgleich schaffen wird. Würde ausnahmsweise eine Schlachtung ohne vorherige Lösung der Karte vorgenommen, so gibt es erzieherische Mittel, das zu verhindern: doppelte Schlachtgebühren, Ordnungsstrafen oder aber Nichtabfertigung des betreffenden Schlachttieres, bis die Karte beigebracht wird. Die meisten Schlachthofvorschriften enthalten einen Paragraphen, nach dem das eingebrachte Tier für die Bezahlung der Gebühren als Pfand dient.

Zweckmäßig wird es für alle Fälle sein, die gelösten Schlachtkarten mit Datumstempel zu versehen und sie nach Abgabe mittels Lochzange zu entwerten, um eine Wiederverwendung zu verhindern.

Ist in Schlachthöfen die Bezahlung der Gebühren nach Schlachtgewicht durchgeführt, so ist eine vorherige Zahlung der Schlachtgebühren selbstredend nicht möglich. Zur Sicherheit der Einbezahlung der früheren Gebühren kann mit der Abstempelung bis nach Bezahlung bei der nächsten Schlachtung gewartet werden.

Es wird auch nicht notwendig sein, daß der untersuchende Tierarzt jedes geschlachtete und als normal befundene Tier in sein Taschenbuch einträgt, namentlich dann nicht, wenn er arbeitsüberlastet ist, sondern er wird nur von denjenigen Tieren, welche Krankheitsmerkmale aufwiesen, Vormerkung machen, während hingegen der Kassierer gleich bei Lösung der betreffenden Gebührenkarte im dort aufliegenden Fleischbeschaubuch den Eintrag über die betreffende Schlachtung macht, so daß der Tierarzt nach Betriebsschluß nur bei kranken Tieren die betreffenden Einträge zu ergänzen hat[1].

Nach Lösung der Karte wird diese sofort in das aufliegende Tagebuch eingetragen, ferner auch der dafür vereinnahmte Betrag in einer besonderen Spalte. Diese Tagebücher enthalten auch die verschiedenen Tiergattungen nach Gewichten und Spalten für sonstige Einnahmen, wie z. B. Futter- und Stallgebühren, Eisverkauf usw., so daß am Ende des betreffenden Betriebstages nur die Reihen addiert zu werden und der gefundene Gesamtbetrag mit der Tageskasse verglichen zu werden braucht. Hat man in einer Reihe von Schlachthofkassen eigene Kartenkästen (besonders jene nach dem Bireka-System sind empfehlenswert), so findet man auch sehr oft Zahlkassen, wie man sie in jedem besseren Kaufmannsgeschäft heute vorfindet, welche automatisch den einbezahlten Betrag nicht nur registrieren, sondern auch für den Einzahlenden leserlich den einbezahlten Betrag anzeigen und Quittung abgeben. In ganz großen Betrieben wird man sich auch die modernen Kasseneinrichtungsmaschinen, wie Rechenmaschinen in vier Spezies zunutze machen, um große Beträge rasch zu verrechnen. Für etwa beobachtete Tageskassenmankos muß grundsätzlich der Kassenbeamte haftbar gemacht werden. In vielen Schlachthöfen ist ein bestimmter Betrag im Haushaltplan vorgesehen für sog. Mankogelder, die schließlich dem aufmerksamsten Beamten vorkommen und als Ersatz für kleinere Beträge dienen können.

Was die Buchführung selbst anlangt, so kennt man die sog. kameralistische und die kaufmännische Buchführung. Die erstere ist streng an den Haushaltplan gebunden und ist dementsprechend das Einnahme- und Ausgabehauptbuch mit den gleichen Unterabteilungen versehen, wie sie im Etat vorgesehen sind, nach Etatspositionen geordnet. Die Einnahmen und

[1] Sehr zweckmäßige Taschenbücher werden von der Firma Reinh. Kühn, Berlin SW 68, Kochstr. 5, hergestellt.

Ausgaben müssen chronologisch und täglich von dem Kassierer in das Kassentagebuch eingetragen und täglich im Hauptbuch vermerkt werden. Bemerkt sei hier, daß das Kassenjahr in der Regel mit dem 1. April beginnt, jedoch nicht mit dem 31. März des folgenden Jahres endet, Es kennt noch einen sog. Füllmonat, der bis zum 15. Mai läuft, so daß also sämtliche Einnahmen und Zahlungen zu Lasten des Etatsjahres, für welches sie anfallen, gebucht werden können.

Es besteht ein großer Unterschied zwischen kameralistischer und kaufmännischer Buchführung, da die letztere unbedingt mit dem Monatsende (Ultimo) Schluß macht und zu erwartende Einnahmen und Ausgaben transitorisch erfaßt. Hierin liegt auch der Vorteil gegenüber der kameralistischen Buchführung, da hierdurch ein genauer Abschluß gewährleistet ist. Statt der besonderen Eintragungen in die Hauptbücher ist bei der kaufmännischen Buchführung das Eintragungsgeschäft dadurch erleichtert und vereinfacht, daß man entweder mit Buchungsmaschinen oder aber mittels Durchschreibverfahrens die Eintragungen gleichzeitig in das Sammeljournal und auf die Karteiblätter für die Unterkonten übertragen kann. Die Einrichtung der Unterkonten richtet sich nach einem besonderen Kontenplan, der ähnlich wie bei der kameralistischen Buchführung nach Etatspositionen eingeteilt ist. Die kaufmännische Buchführung ermöglicht auch jederzeit den Saldo zu ziehen und sich in kürzester Zeit über den Kassenstand zu unterrichten[1].

Welche Art der Buchführung im einzelnen Falle einzuführen ist, richtet sich nach den jeweils geltenden Bestimmungen eines Landes, dann aber auch nach dem Umfang des Betriebes.

Zur Anlegung von Büchern in neu zu eröffnenden Betrieben stehen stets die städtischen Kassenbeamten zur Verfügung, die hierin reiche Erfahrung besitzen, die aber auch die jeweils geltenden Vorschriften über Kassenführung genau kennen.

Die einfache Buchführung gibt dem Besitzer einer Anlage beim Rechnungsabschluß nur einen Gesamtgewinn; sie versagt, wenn er auch wissen will, aus welchen Zweigen dieser Gewinn stammt. Es wird auch nicht möglich sein, daß die einfache Buchführung einen spezifizierten Erfolgsnachweis führen kann, da nur eine genaue Kassenführung und eine Verrechnung über evtl. Außenstände und Forderungen vorhanden ist. Wenn eine Buchhaltung nachweisen soll, wie sich der Erfolg eines Unternehmens zusammensetzt und bei welchen Vermögensteilen er entsteht, ist es nötig, auch eine vollständige Vermögensrechnung zu führen, sowohl über sämtliche Aktiva und Passiva als auch über alle neu hinzukommenden Vermögenswerte.

Die sog. doppelte Buchführung bietet dagegen ein lückenloses, wohlorganisiertes System. Sie führt Rechnung über alle Vermögensteile, die die Bilanz bei Beginn des Geschäftsjahres ausweist, sowie über alle Vermögensveränderungen, die durch Neuanschaffungen, Aufwendungen, direkte Verluste und Gewinne im Laufe des Betriebsjahres vor sich gehen. Bei dem Beginn des Betriebsjahres müssen Aktiva und Passiva im Gleichgewicht stehen und alle neuen Vermögensveränderungen müssen im Rechnungswerk im Soll und Haben bilanzieren. In diesem Prinzip bietet sie zugleich auch eine Kontrolle für die rechnerische Richtigkeit und ermöglicht zu jeder Zeit den Gang der Buchung zu prüfen und die Bewegung des Geschäftes zu verfolgen. Die doppelte Buchhaltung ermöglicht es durch ihre besondere Rechnungsführung eine genau detaillierte Gewinn- und Verlustrechnung zu geben. Sie verursacht allerdings eine Mehrarbeit, die jedoch durch die erzielten Resultate ausgeglichen wird. Goethe sagt von ihr in Wilhelm Meisters Lehrjahren: „Sie ist eine der schönsten Erfindungen des menschlichen Geistes, und ein jeder gute Haushalter sollte sie in seiner Wirtschaft einführen."

In den meisten Anlagen ist es üblich, am Ende des Geschäftsjahres einen sog. Betriebsbericht zu erstatten, der meist in Broschürenform erscheint. Derselbe enthält meist Schlachtziffern, oft auch im Vergleich mit den Vorjahren, nach Tiergattungen getrennt, Ergebnisse der Fleischuntersuchung, Wirken des Trichinenschauamtes und der Freibank, Tuberkulosestatistik, Schwanken der Vieh- und Fleischpreise, Veterinärpolizei, Nahrungsmittelkontrolle, Angaben über Durchschnittsgewichte und Fleischkonsum, Fleischbeschauergebnisse, Fleischeinfuhr. Wirken von Laboratorien und Angabe der Bilanzziffern. Beim Vorhandensein von Viehhöfen: Auftriebsziffern und Marktpreise, Viehversicherungsresultate. Ferner sind wichtig: Angaben über den Maschinenbetrieb und Eisverkauf, Angaben über bauliche und maschinelle Verbesserungen.

Die Betriebsberichte sind von großem Interesse und sollten stets mit gleichgroßen Anlagen ausgetauscht werden.

Vielen dieser Jahresberichte sind übersichtliche graphische Tabellen beigefügt.

Es sollen im folgenden einige Musteretats und Betriebsabrechnungen von verschieden großen Schlachthofbetrieben eingefügt werden:

[1] Musterhaft ist u. a. die Buchführung des Schlachthofes Frankfurt a. Main.

# 7. Muster von Etats.

## I. Stadt mit 22000 Einwohnern.

**Einnahme**

| Abteilung | Unter-Abteilg. (Satz) | Sachgebiet | Voranschlag 1928/29 | Voranschlag 1929/30 | Bemerkungen |
|---|---|---|---|---|---|
| | | | RM. | RM. | |
| 1 | | Schlachthofgebühren: | | | |
| | 11 | Schlachtgebühren | 45932 | 48495 | |
| | 12 | Schaugebühren | 2000 | 2000 | |
| | 13 | Wiegegebühren | 1600 | 1800 | |
| | 14 | Stallgebühren | 300 | 350 | |
| | 15 | Freibankzins | 600 | 600 | |
| 2 | | Kühlanlage: | | | |
| | 21 | Kühlzellenmiete | 4000 | 4200 | |
| | 22 | Für Öffnen des Kühlhauses | 100 | 100 | |
| | 23 | Eisverkauf | 4000 | 4000 | |
| | 24 | Hakenmiete in der Vorkühlhalle | 100 | 30 | |
| | 25 | Sonstiges | 1200 | 1400 | |
| 3 | | Sonstige Betriebseinnahmen: | | | |
| | 31 | Schauzimmermiete | 230 | 230 | |
| | 32 | Häutelagermiete | 200 | 200 | |
| | 33 | Talglagermiete | 60 | 60 | |
| | 34 | Erlös für Schweinehaare | 30 | 30 | |
| | 35 | Gebühren f. Überstunden | 100 | 80 | |
| 4 | | Miete, Pacht und Benutzungsgebühren: | | | |
| | 41 | Wohnungsmiete des Stadtveterinärrats | 430 | 474 | |
| | 42 | Wohnungsmiete des Maschinenmeisters | 187 | 172 | |
| | 43 | Wohnungsmiete des Hallenmeisters | 187 | 210 | |
| | 44 | Wohnungsmiete der Witwe X. | 93 | 93 | |
| | 45 | Pacht für den Holzplatz | 30 | 30 | |
| | 46 | Pacht für Ackerland | 17 | 20 | |
| | 47 | Pacht für Land | 200 | 200 | |
| | 48 | Anerkennungsgebühr für Wegbenutzung | 10 | 10 | |
| | 49 | Gebühren für Gleisanschlußbenutzung 35.—<br>Desgl. v. Holzplatz 40.—<br>Desgl. v. Sonstigen (einzelne Wagen) 40.— | 115 | 115 | |
| 5 | | Sonstige Einnahmen: | | | |
| | 51 | Eintrittgelder | 1 | 1 | |
| | 52 | Rücklagen für Gleiserneuerung (ca. 3000 RM.) jährlich | 100 | 100 | |
| | 53 | Desgl. vom Holzplatz, jährlich | 50 | 50 | |
| | 54 | Verrichtungsgebühr der Landesanstalt für Viehversicherung | — | 1300 | |
| | 55 | Ruhegehalt | — | 3197 | |
| | 56 | Sonstiges | 128 | 53 | |
| | | Summe der Einnahme | 62000 | 69600 | |

**Ausgabe**

| Abteilung | Unter-Abteilg. (Satz) | Sachgebiet | Voranschlag 1928/29 | Voranschlag 1929/30 | Bemerkungen |
|---|---|---|---|---|---|
| | | | RM. | RM. | |
| 1 | | Persönlicher Verwaltungsaufwand: | | | |
| | 11 | Gehalt des Stadtveterinärrats | 7920 | 9480 | |
| | 12 | Gehalt d. Hallenmeisters | 3372 | 4206 | |
| | 13 | Gehalt des Maschinenmeisters | 3372 | 3446 | |
| | 14 | Ruhegehalt des Maschinenmeisters a. D. | — | 3197 | |
| | 15 | Löhne | 7000 | 9000 | |
| | 16 | Beiträge zur Ruhegehaltsversorgung | 2782 | 1371 | |
| | 17 | Beiträge zu den Sozialversicherungen | 600 | 600 | |
| 2 | | Sachlicher Verwaltungsaufwand: | | | |
| | 21 | Haftpflicht-Unfallversicherung | 500 | 700 | |
| | 22 | Allgemeine Verwaltungskosten | 500 | 600 | |
| | 23 | Reinigung der Verwaltungsräume | 200 | 200 | |
| | 24 | Vergütung an die Stadthauptkasse | 1500 | 2000 | |
| 3 | | Gebäude u. Inventar: | | | |
| | 31 | Bauliche Unterhaltung | 2500 | 3000 | |
| | 32 | Feuerversicherung | 250 | 250 | |
| | 33 | Inventar | 1400 | 800 | |
| | 34 | Maschinenreparaturen | 1500 | 1500 | |
| 4 | | Unterhaltung des Betriebes: | | | |
| | 41 | Heiz- und Schmiermaterial | 3000 | 3500 | |
| | 42 | Gas-, Strom- u. Wasserverbrauch | 11000 | 12000 | |
| | 43 | Putz- und Dichtungsmaterial | 450 | 450 | |
| | 44 | Beleuchtungsanlage | 400 | 400 | |
| | 45 | Kühlhaus | 200 | 200 | |
| | 46 | Eisfabrikation | 150 | 150 | |
| | 47 | Unterhaltung des Gleisanschlusses | 100 | 100 | |
| | 48 | Rücklagen f. Erneuerung des Gleisanschlusses | 200 | 200 | |
| 5 | | Sonstiges: | | | |
| | 51 | Für verschiedene poliz. Zwecke (Desinfektion) | 200 | 300 | |
| | 52 | Umsatzsteuer | 30 | 30 | |
| | 53 | Sonst. Aufwand (Kessel-, Maschinenrevisionen, Vertretung d. Beamten) | 800 | 800 | |
| 6 | | Rücklagen: | | | |
| | 61 | Erneuerungsfonds | 8500 | 10000 | |
| 7 | | Zum Ausgleich und zur Verfügung | 641 | 1120 | |
| | | Summe der Ausgabe | 62000 | 69600 | |

## II. Stadt mit 80000 Einwohnern.

Städt. Schlacht- und Viehhof

Aktiva — Bilanz per 31. März 1928 — Passiva

| Aktiva | RM. | Passiva | | RM. |
|---|---|---|---|---|
| Kasse, Bankguthaben | 46153,33 | Anleihe, Aufwertung | | 49950,— |
| Grundstück | 300000,— | £ Anleihe | | 383580,84 |
| Gebäude | 3293886,65 | Abschreibungen | | 571322,65 |
| Maschinen | 939000,— | Rückstellungen: | | |
| Einrichtungen, Inventar | 285000,— | Bilanz 26 | 3872846,88 | |
| Fuhrpark | 21980,— | Zuweisung 27 | 14557,71 | 3887404,59 |
| Verwertungsanlage-Neubau | 6123,75 | Ertrag für den städt. Haushalt | | 264200,— |
| Kuttelei-Neubau | 114,35 | | | |
| Haushalt der Stadt | 264200,— | | | |
| D. G. | 5156458,08 | D. G. | | 5156458,08 |

Aufwand — Gewinn- und Verlustrechnung per 31. März 1928 — Ertrag

| Aufwand | | RM. | Ertrag | RM. |
|---|---|---|---|---|
| Verwaltung: | | | Mieten | 23561,73 |
| Gehälter | 113074,14 | | Gebühren | 888794,37 |
| Löhne | 175126,62 | | Werk-Erzeugnisse | 46008,70 |
| Ruhegehälter und -Löhne | 44523,12 | | Futter und Streu | 16981,68 |
| Versich.-Beiträge | 10403,80 | | Sonstiges | 6911,12 |
| Steuern, Abgaben | 7936,70 | | | |
| Bürobedarf, Geschäftsunkosten | 8941,55 | 360005,93 | | |
| Unterhaltung | | 55219,09 | | |
| Betrieb | | 71251,61 | | |
| Zinsen | | 26498,61 | | |
| Haushalt | | 264200,— | | |
| Abschreibung | | 190524,65 | | |
| Rückstellung | | 14557,71 | | |
| D. G. | | 982257,60 | D. G. | 982257,60 |

## III. Stadt mit 470000 Einwohnern.

### Einzelhaushaltplan Nr. 30.

### F. 6a. Vieh- und Schlachhof.

| Gegenstand | Ansatz 1929 RM. | Bemerkungen |
|---|---|---|
| **Einnahmen.** | | |
| I. Betrieb: | | |
| 1. Beschaugebühren: | | |
| a) Schlachtvieh- und Fleischbeschaugebühren | 173000 | |
| b) Trichinenschaugebühren | 83250 | |
| 2. Gebühren für besondere tierärztliche Verrichtungen | 4000 | |
| 3. Gebühren für die Benützung des Vieh- und Schlachthofs: | | |
| a) Zufahrtsgleis | 13000 | |
| b) Markt- und Einbringgebühren | 272000 | |
| c) Stallgebühren | 30000 | |
| d) Futtergebühren | 50000 | |
| e) Wiegegebühren | 500 | |
| f) Schlachtgebühren | 797000 | |
| g) Brühgebühren | 350 | |
| h) Hackgebühren | 5000 | |
| i) Gebühr für die Benützung der Vorkühlhalle | 9000 | |
| k) Gebühr für Brauchbarmachung und für vorrübergehendes Kühlen von Freibankfleisch | 700 | |
| l) Garderobe und Badegebühr | 1500 | |
| m) Eintrittsgelder | 1200 | |
| 4. Aus Erzeugnissen und Abfällen: | | |
| a) Eis | 48000 | |
| b) Dünger | 12000 | |
| c) Roh- und Altstoffe | 14000 | |
| 5. Liegenschaft: | | |
| a) Gebäude: | | |
| aa) Gewerbliche Räume | 151000 | |
| bb) Wohnungsmietzinse | 30000 | |
| b) Güter | 2500 | |
| 6. Ersätze, Sonstiges | 46000 | |
| Summe der Einnahmen | 1744000 | |

| Gegenstand | Ansatz 1929 RM. | Bemerkungen |
|---|---|---|
| **Ausgaben.** | | |
| I. Betrieb: | | |
| 1. Persönlicher Aufwand: | | |
| a) Planmäßige Stellen (48) | 251100 | |
| Anteil an den Ruhegehältern | 37200 | |
| b) Hilfskräfte | 58000 | |
| c) Dienstkleider | 11500 | |
| d) Reisen, Straßenbahnfahrkarten | 1000 | |
| e) Anteil am Aufwand der Hauptverwaltung | 79000 | |
| 2. Sachlicher Amtsaufwand | 17500 | |
| 3. Arbeiter | 350000 | |
| Anteil an den Ruhelöhnen | 6400 | |
| 4. Versicherungen | 14500 | |
| 5. Steuern und Abgaben | 16000 | |
| 6. Liegenschaft: | | |
| a) Unterhaltung der Räumlichkeiten, Anlagen, Wege und Umzäunungen | 200500 | |
| b) Güter | 400 | |
| c) Gleisanlage: | | |
| aa) Unterhalt des Gleises | 8000 | |
| bb) Sonstiges | 27000 | |
| 7. Einrichtungsgegenstände, Geräte und Betriebsmittel: | | |
| a) Unterhalt und Ergänzung | 20000 | |
| b) Verbrauchsstoffe | 20000 | |
| 8. Heizung, Reinigung, Licht, Kraft Wasser | 122500 | |
| 9. Unterhalt der Tiere: Futter und Streu | 60000 | |
| 10. Frachten und Fuhrlöhne | 15000 | |
| 11. Zinsendienst und Werkerhaltung: | | |
| a) Nutzungswert d. Anlagekapitals: 4 % aus 5138079 RM. = 205523 RM. Haushaltplanmäßig können nur eingestellt werden | 163000 | |
| b) Erneuerung (Wert der Jahresabnutzung): 3 % aus dem ursprüngl. Anlagekapital von 6088905 RM. | 182700 | |
| ferner für Erweiterungen | 109500 | |
| 12. Sonstiges und Unvorhergesehenes | 35200 | |
| Summe der Ausgaben | 1806000 | |

**Abschluß.**

| | |
|---|---|
| Einnahmen | 1744000 |
| Ausgaben | 1806000 |
| Zuschuß zu Lasten der allgemeinen Verwaltung | 62000 |

Betriebsrechnung 1930.

| | Rechnung | Budget |
|---|---|---|
| | RM. | RM. |
| **Einnahmen** | | |
| Gebühren | 668 263,15 | 577 000,— |
| Miet- und Pachtzinse | 51 478,— | 41 500,— |
| Verkauf von Nebenprodukten | 74 509,45 | 75 800,— |
| Freibankbetrieb | 189 258,85 | 210 000,— |
| Verschiedenes | 20 511,90 | 17 600,— |
| Total Einnahmen | 1 004 021,35 | 921 900,— |
| **Ausgaben** | | |
| Personalausgaben | 402 962,35 | 399 650,— |
| Materialanschaffungen für Betrieb | 78 041,27 | 86 200,— |
| Reparaturen, Unterhalt und Neuanschaffungen an Gebäuden, Plätzen, Einrichtungen und Geräten | | |
| a) Normal | 57 989,10 | 64 000,— |
| b) Neue Kochkessel und Brühmaschine für Kuttlerei | 31 067,40 | 32 100,— |
| c) Schweineenthaarungsmaschine | 9 491,50 | 8 000,— |
| Betriebsunkosten | | |
| a) Normal | 89 342,94 | 88 800,— |
| b) Neues Transportauto | 13 365,85 | 14 000,— |
| c) Änderungen an Transportwagen | 5 653,50 | 6 000,— |
| Freibankbetrieb | 179 052,35 | 200 000,— |
| Verschiedenes | 717,63 | 850,— |
| Verzinsung des Anlagekapitals $5^1/_2$ % von RM. 226 124,12 | 12 436,80 | 19 250,— |
| Total Ausgaben | 880 120,69 | 918 850,— |
| Einnahmen | 1 004 021,35 | 921 900,— |
| Ausgaben | 880 120,69 | 918 850,— |
| Betriebsüberschuß 1929 | 123 900,66 | 3 050,— |
| Zur Abschreibung am Anlagekapital verwendet | 104 689,02 | |
| Übertrag auf neue Rechnung | 19 211,64 | |
| **Anlagekapital** | | |
| Bestand Ende 1928 | | 225 024,12 |
| Nachtrag: 2 Garantierückbehalte von 1928 | | 1 100,— |
| | | 226 124,12 |
| Vermehrung 1929 | | |
| Treibgang, Wartebuchten, Wagenwäsche mit Kanalisation | 28 195,— | |
| Ersatz der Hofpflästerung | 18 577,30 | |
| Umbau der alten Darmereien | 15 269,— | |
| Fertigstellung der neuen Darmerei | 54 881,20 | 116 922,50 |
| | | 343 046,62 |
| Abschreibung am Anlagekapital | | |
| Erlös aus Viehhofareal | 229 190,— | |
| Zins zu 4 % von RM. 229 190,— | 9 167,60 | |
| Betriebsüberschuß 1929 . . . RM. 123 900,66 | | |
| Übertrag auf neue Rechnung 1930 . . . „ 19 211,64 | | |
| Zur Amortisation verwendet | 104 689,02 | |
| Total Abschreibung | | 343 046,62 |
| Bestand Ende 1929 | | —,— |

Zweiter Teil.

# Beschreibung von Betrieb und Einrichtungen.

## I. Allgemeines.

Die Gebäude und Betriebsräume, welche man in Schlachthöfen vorfindet, lassen sich in drei Hauptgruppen teilen: 1. in notwendige, 2. in wünschenswerte, 3. in entbehrliche Räume.

Zu den notwendigen Teilen gehören diejenigen, in welchen die Schlachtungen mit allen damit verbundenen Nebengeschäften vorgenommen werden, jene Räume, in welchen, wenn auch nur vorübergehend, das zur Schlachtung kommende Vieh eingestellt wird und diejenigen, welche die Abfälle aus den Schlachtungen aufnehmen. Sei nun ein Schlachthof groß oder klein: diese Räume bilden den Kern der Anlage, um welchen sich die anderen Teile gruppieren, je nach der Größe der zu schaffenden Anlage in bescheidenem oder in ausgedehntem Maße. Nicht unerwähnt soll bleiben, daß zwar das Vorhandensein einer Kühlanlage mit dem notwendigen Maschinenraum und den Nebenräumen nicht gerade unbedingt zum Betriebe gehört, daß aber heute weder Fleischer noch Konsumenten auf die durch deren Vorhandensein geschaffenen Vorteile verzichten wollen. Mag eine Anlage noch so klein sein, so wünschen die ersteren wegen der sicheren Erhaltung des Fleisches und der Fleischwaren, die letzteren wegen der mit der Kühllagerung verbundenen Verbesserung der Güte des Fleisches eine Kühlanlage. Deshalb kann man heute auch die Kühlanlage zu den notwendigen Teilen eines Schlachthofes zählen. Ebenso feststehend dürfte sein, daß mit dem Kühlhaus ein Vorkühlhaus verbunden sein muß, da ohne ein solches ein Kühlhaus wertlos sein würde. In jedem Schlachthof muß auch eine zentrale Wärmequelle zur Bereitung von Heißwasser sein, weiterhin sind Düngerhaus und Aborte notwendig.

Je nach Lage der Verhältnisse gehört zu den notwendigen Teilen eines Schlachthofes auch eine Ausspannstallung für die Fleischerpferde, während Wageneinstellungsräume sehr oft nur wenig benutzt werden, ferner ein Raum, in welchem Krankvieh zur Schlachtung kommen kann, wobei Stallungen für solches Vieh nicht außer acht gelassen werden dürfen.

Zu den wünschenswerten Teilen eines Schlachthofes zählt man: ein Wohnhaus oder wenigstens eine entsprechende Wohnung für den Betriebsleiter, ein Büro für diesen und Räume für die Kasse und das Rechnungswesen, ein Laboratorium zur Untersuchung verdächtigen Fleisches, einen Raum für Trichinenschau, einen gesonderten Schlachtraum für Pferdeschlachtungen, wenn hierfür das Bedürfnis gegeben ist, einen verschließbaren Raum zur Unterbringung der Konfiskate bis zu deren Abfuhr zur Abdeckerei.

Je nach der Größe einer Anlage wird diese mehr oder weniger reich unterteilt sein müssen. Was bei großen Anlagen als vordringlich und notwendig erscheint, entfällt ganz oder zum Teil oft bei kleinen und mittleren Anlagen und ist bei diesen entbehrlich, wenn vielleicht auch wünschenswert. In kleineren Anlagen kann man oft das Bestreben beobachten, aus rein finanziellen Gründen die Betriebsräume zusammenzuziehen. Man wird schließlich in kleinsten Betrieben oft einen gemeinschaftlichen Schlachtraum für alle Tiergattungen, Pferde ausgenommen, finden. Wenn diese Zusammenziehung auch manchmal vielleicht als durch die Verhältnisse bedingt ist, so kann man sie keineswegs als vorbildlich bezeichnen, immerhin aber als Verbesserung der früher vorhandenen Schlachtverhältnisse. Schon in mittleren Schlachthöfen wird man selten auf den Gedanken kommen, gemeinschaftliche Schlachträume zu schaffen, sondern eine Trennung für notwendig erachten. Häufig findet man auch, daß kleine Anlagen, welche nebenamtlich geleitet werden, kein eigenes Wohnhaus für einen tierärztlichen Leiter besitzen, sondern nur Wohnräume für einen Aufseher. Hieraus aber schließen zu wollen, daß auch in größeren Anlagen Wohnräume für den Leiter nicht vorhanden zu sein brauchen, wäre unrichtig. Es ist dagegen durchaus unzweckmäßig, wenn der tierärztliche Leiter allzuweit vom Schlachthof entfernt wohnt, weil seine Anwesenheit stets notwendig werden kann.

Wenn nach Pökelräumen Nachfrage besteht, müssen diese tunlichst in Verbindung mit den Kühlräumen geschaffen werden. Auch die Frage, ob eine Eisbereitungsanlage notwendig ist, bzw. ob Eis guten Absatz finden wird, muß geprüft werden. Je nach Art und Wahl der Betriebskraft wird auch zu untersuchen sein, welche Nebenräume für Luftkühler, Kondensator zu schaffen sind, ob ein eigenes Kesselhaus mit Kohlenlager und Schornstein unentbehrlich ist, oder ob sich z. B. bei elektrischem Antrieb eine andere Art der Heißwasserbereitung als ausreichend erweist.

Man wird auch daran denken müssen, für die auf dem Schlachthofe arbeitenden Gehilfen einen Aufenthaltsraum für die Frühstückszeit, der auch als Wärmestube bei Arbeitspausen in der kalten Jahreszeit benutzt werden kann, zu schaffen, während ähnliche Räume für Meister nicht in jedem Falle gewünscht werden. Da im Schlachthofe die Reinlichkeit gefördert werden muß, wird es angezeigt sein, da doch eine Wärmequelle vorhanden sein muß, in deren Nähe einen Raum mit Bädern und Brausen einzurichten, während man in den erwähnten Aufenthaltsräumen für entsprechende Waschgelegenheit Sorge tragen sollte. Werden in dem betreffenden Schlachthofe Fleischbeschauer ausgebildet, so darf auch ein Unterrichtsraum nicht fehlen. Eine Fleischhackerei schaffe man nur dann, wenn absolute Sicherheit darüber besteht, daß sie seitens der Fleischer gewünscht und auch wirklich fleißig und dauernd benutzt werden wird.

Auch Darmschleimereien und Salzungsräume für Därme werden in vielen Anlagen gewünscht, ohne daß solche zum eisernen Bestand einer Anlage gehören. Je nach Größe der Anlage wird auch die Einrichtung von Gefrierlagern in Frage kommen, ja selbst von solchen, welche nicht ausschließlich für die Bedürfnisse der Großfleischer gehören. Ob die Errichtung von Schlachthofswirtschaften notwendig sein wird, wird in größeren und mittleren Anlagen von Fall zu Fall zu prüfen sein. Für kleine Anlagen kommt diese Frage nicht in Betracht.

Als wünschenswert werden heute von vielen Schlachthöfen und nicht nur von großen Anlagen Räume bezeichnet, die dem Fleischverkaufe dienen. Sie aber ohne ausdrückliches Verlangen herzustellen, würde eine Anlage nur unnötig verteuern.

Die Freibank stellt ein Mittelding zwischen notwendiger und wünschenswerter Einrichtung dar. Wenn sich nicht an anderen Orten in der Stadt eine solche in erstklassiger baulicher Ausführung befinden sollte, wird sie stets als eine notwendig im Schlachthof einzubauende Anlage zu bezeichnen sein, schon weil dadurch Unterschleife durch den möglichen Verkauf minderwertigen Fleisches unbedingt vermieden werden. Je nach Größe des Schlachthofes werden mit der Freibank eigene Zerlegeräume und ein Raum für einen Sterilisator, tunlichst auch Warteräume für das kaufende Publikum bereitzustellen sein.

Ob für eine Anlage die Schaffung einer Abwässerkläranlage erforderlich sein wird, und in welcher Weise die Klärung durchgeführt werden muß, ist in jedem Einzelfalle eigens zu prüfen.

Als entbehrliche Teile eines Schlachthofes müssen in erster Linie die bezeichnet werden, an deren Bestehen der Schlachthof, weil nicht unmittelbar zum Betrieb gehörig, selbst kein spezielles Interesse hat. Solche Anlagen sind: Kindermilchanstalten, Schweinemästereien, Borstentrockenlagerräume und Häutelager mit Salzungsräumen. Letztere sollen nur dann geschaffen werden, wenn entweder die Innung, die allein hieran ein Interesse hat, ein entsprechendes Grundstück im Weichbild des Schlachthofes pachtet, den Bau aus eigenen Mitteln errichtet und für Kraft, Licht, Wasser und evtl. Kanalbenutzungsgebühren selbst aufkommt, oder wenn sie sich vertraglich verpflichtet, für einen seitens der Stadt gebauten, diesem Zwecke dienenden Raum für die volle Verzinsung und bauliche Unterhaltung usw., auch evtl. für die Kosten eines Gleisanschlusses aufzukommen.

Ob mit dem Schlachthof Borstentrocknungsanlagen, Abfallverwertungsanlagen, Baderäume, Bluttrockenanstalten, Säuglingsmilchanstalten (Schweinemastanstalten verschwinden immer mehr in Schlachthöfen) verbunden werden sollen, ist reine Ermessensfrage.

In größeren Anlagen wird es sich auch oft als zweckmäßig erweisen, Wohnhäuser für die hier Beschäftigten zu errichten, die sich wenigstens zum großen Teil durch Miete bezahlt machen werden. In ganz großen Anlagen findet man auch eigene Räume für Sammlungen von pathologischen Präparaten. Impfanstalten sind fast vollkommen aus Schlachthöfen verschwunden.

Damit sind ganz allgemein die drei Hauptgruppen von Betriebsräumen nach ihrer Bedeutung geordnet. In späteren Kapiteln wird auf die einzelnen Betriebsräume noch eingehend zurückgekommen werden. Auch wird zu prüfen sein, welche Betriebsräume sich in verschieden großen Anlagen als notwendig erweisen. Ein allgemein gültiges Schema läßt sich hierfür nicht aufstellen. Vor Schaffung eines Schlachthofes ist es aber unerläßlich, stets mit den Interessenten eines solchen, den Fleischern, in enge Fühlung zu treten und anzuhören, welche besondere Wünsche sie verwirklicht sehen wollen, womit noch lange nicht gesagt sein soll, daß jeder dieser Wünsche Erfüllung finden kann. Man kann sehr oft die Beobachtung machen, daß wenn die finanzielle Auswirkung solcher Wünsche klar dargelegt wird, diese als unnötig zurückgezogen werden. Der Betriebsfachmann, welcher zunächst seine Ansicht darlegen muß, wird eventuell, wenn ihm eigene Erfahrungen über dieses oder jenes fehlen, sehr leicht in der Lage sein, durch Erhebungen bei gleich großen Anlagen das Richtige zu finden.

### Bau in Etappen.

Ein Punkt bedarf hier noch der Erwähnung. Die Geldlage der Städte ist heute keine günstige, und manche Stadt, welche sich der Notwendigkeit der Errichtung eines öffentlichen Schlachthofes nicht länger verschließen kann und die vor einem Umbau einer durchaus veralteten Anlage steht, hat zwar den guten Willen zu bauen, doch fehlen die Mittel bzw. sind solche nur in ungenügendem Maße aufzubringen. Man sieht zwar ein, daß die bisherigen Zustände nicht länger weiter bestehen können, sieht aber ziemlich hilflos der Zukunft entgegen.

Auch hier ist für den erfahrenen Betriebsfachmann die Lösung nicht allzu schwierig. Sie besteht in einem serienweisen Bau oder Umbau der Anlage. Bei Neubauten muß zunächst ein Gesamtplan für die zu errichtende Anlage vorhanden sein, der ersehen läßt, wie die fertige Anlage aussehen wird. Doch ist es immerhin möglich, nach Lage der im Ausmaße vorhandenen Mittel zunächst die betriebswichtigen Teile einer solchen Anlage zu schaffen: Schlachthallen, Kaldaunenwäscherei, Düngerhaus und Wärmequelle. Um diesen geschaffenen Kern der Anlage werden sich dann in der zweiten Bauserie später die Kühlräume einschließlich der Nebenräume anschließen. In der dritten Serie kommen dann Einstellstallungen, Krankviehschlachträume und die dazugehörigen Stallungen und bisher entbehrlichen Nebenräume.

Es soll hier ausdrücklich festgelegt werden, daß dieser serienweise Bau eines Schlachthofes keineswegs als Norm anzusehen sein sollte, sondern nur als eine Art Ausweg bei mangelnden Mitteln.

Auch bei veralteten Schlachthöfen, die räumlich den gegebenen Anforderungen nicht mehr entsprechen, muß zunächst ein Generalumbauplan geschaffen werden, wie die Anlage ausgebaut werden soll, aus dem ersichtlich sein muß, welche alten Teile der Anlagen einem Umbau hinderlich im Wege stehen und entfernt werden müssen. Man wird aber auch hier evtl. einen serienweisen Bau beim Fehlen der gesamten Umbaukosten durchzuführen gezwungen sein, der wieder der Dringlichkeit nach seine Erledigung finden muß. Die Hauptsache bei solchen Umbauten wird stets die sein, ein besonderes Augenmerk darauf zu richten, daß während des Umbaues die Betriebsführung der bestehenden Anlagen in gar keiner Weise behindert wird[1]. Im fünften Teil, Baugestaltung der Schlachthöfe, wird diese Frage noch eingehend behandelt werden.

# II. Räume für die Verwaltung.

## 1. Verwaltungsgebäude.

Schon in kleinen Mittelanlagen findet man meist ein einfach gehaltenes Verwaltungsgebäude, welches im Erdgeschoß ein Zimmer für den Leiter enthält. Dieses dient oft auch als Kassenraum, falls jenem die Kassenführung übertragen ist. Oft enthält es einen eigenen Raum für Vornahme der Trichinenschau. Im Obergeschoß trifft man meist die Wohnräume für den tierärztlichen Leiter, evtl. auch ein zweites Stockwerk, in welchem manchmal ein oder mehrere Angestellte wohnen. Diese primitivste Form eines Verwaltungsgebäudes ist jedoch eine Ausnahme von der üblichen Regel.

In größeren Anlagen beobachtet man stets eine vollkommene Trennung zwischen dem oder den Büros der Leitung und den Kassen- und sonstigen Nebenräumen. Was die ersteren Räume anlangt, so lassen sie sehr oft hinsichtlich Einfachheit nichts zu wünschen übrig und unterscheiden sich oft recht unvorteilhaft von den heute z. B. in Gewerkschafts- oder Krankenversicherungsgebäuden als selbstverständlich bezeichneten Diensträumen der Leiter. In manchen Fällen ist das Büro des Leiters gleichzeitig auch Laboratorium, ein Zustand, der schon aus rein hygienischen Gründen ganz energisch bekämpft werden muß. Andererseits sind aber auch ganz

[1] Daß das möglich ist, beweisen die Anlagen Minden i. W., Apolda, Schmalkalden, Stolp i. Pomm., Herford, Salzwedel, Hanau u. a., die nach Angaben des Verfassers ausgeführt wurden.

musterhafte Diensträume für die Direktoren bekannt, bestehend aus Vorzimmer und dem eigentlichen Büro, abgetrennt von ersterem durch schalldichte Doppeltüren, die sich als sehr zweckmäßig erweisen. In großen Anlagen dient das Vorzimmer oft auch als Büro für die zur Verfügung stehende Schreibhilfe. Meist liegt neben dem Vorzimmer dann ein eigener Aktenraum. In großen Anlagen ist auch fast stets ein eigenes Sitzungszimmer für den Verwaltungsausschuß vorhanden. Das Direktionszimmer ist sozusagen das Herz der ganzen Anlage und des Betriebes. Es ist heute längst als unentbehrlich erkannt worden, daß von hier aus sämtliche Betriebsräume durch Fernsprecher erreichbar sein müssen. In ganz neuzeitlich ausgestatteten Direktionszimmern sind oft auch selbstschreibende Apparate aufgestellt, welche die in den Kühlräumen herrschende relative Feuchtigkeit und Temperatur fernmelden und zugleich aktengemäße Belege für die Einhaltung derselben bilden. Daß Staatsfernsprecher vorhanden sein muß, ist selbstverständlich. Tunlichst soll der Dienstraum des Leiters so gelagert sein, daß von diesem aus ein möglichst großer Teil der Anlage, insbesondere aber Zu- und Abgang überblickt werden kann, ersterer schon wegen der Ausübung der Lebendbeschau. Auch hat sich als sehr zweckmäßig in größeren Anlagen erwiesen, im Direktionsbüro eine elektrische Normaluhr für den Gesamtbetrieb aufzustellen. Für die Erledigung der schriftlichen Berichte usw. ist das Vorhandensein einer Schreibmaschine unerläßlich. Ebenso wichtig ist, daß Warmwasser zur Verfügung steht. Zweckmäßig und die damit verbundene Arbeit wesentlich erleichternd ist es, wenn in nicht allzu großer Entfernung vom Direktionsraum das Laboratorium mit den nötigen Nebenräumen seinen Platz findet. In größeren Anlagen, in welchen mehrere Tierärzte angestellt sind, muß auch für diese ein eigener Raum zum Aufenthalt während der Dienstpausen geschaffen werden, der gleichfalls mit Waschgelegenheit, Garderobeschränken und Arbeitstischen versehen sein muß. In besten Anlagen findet man sogar unmittelbar anschließend ein eigenes Badezimmer für die Tierärzte. Das Vorhandensein einer Dunkelkammer ermöglicht, interessante pathologische Funde auf der photographischen Platte festzuhalten. Wenn es die baulichen Verhältnisse einigermaßen gestatten, so ist empfehlenswert, diese wichtigen Büroräume so zu legen, daß sie von dem Kassenverkehr und der dort stets herrschenden Unruhe tunlichst getrennt werden.

Mit Rücksicht auf die Vorbildung der Leiter von Schlachthofanlagen, die gesellschaftliche Stellung, welche sie einnehmen, muß verlangt werden, daß Dienstwohnungen so geschaffen werden, daß sie als standesgemäß bezeichnet werden können und wie das Direktionszimmer stets einfach, aber gediegen ausgestattet sein muß, dabei eines gewissen Geschmackes nicht entbehren darf, um auch äußerlich den Beweis zu liefern, daß der Direktor im Schlachthofe eine bevorzugte Stellung genießt, so muß auch seine Dienstwohnung zum mindesten schöner, besser und reicher ausgestattet sein, als die seiner Beamten. Wohnungen mit 5 Zimmern, Küche, Zubehör müssen einschließlich Bad als Minimum bezeichnet werden. Bequemlichkeiten, die man heute in jedem besseren Privathause findet, wie Gasküche, Gas- oder elektrische Beleuchtung, schließlich auch Zentralheizung und Staubsauganlagen sollten in keinem modernen Direktionsgebäude fehlen. Ein Garten, ein Wäschetrockenplatz, Holzlagen, Kohlenkeller und Speisenkeller sollen vorhanden sein, selbstverständlich auch getrennte Waschküchen für die Familie des Leiters und des Personals. Stets muß die Privatwohnung des Direktors einen eigenen Zugang und ein eigenes Treppenhaus haben.

Man ist jedoch heute auch vielfach dazu übergegangen, in neuesten Anlagen stets für den tierärztlichen Leiter ein Einfamilienhaus mit neuzeitlicher Ausstattung herzustellen, und zwar durchweg in der Weise, daß die Wohn- und Aufenthaltsräume, sowie die Küche ebenerdig liegen, die Schlafräume hingegen im ersten Stock[1].

Es ist eine direkte Notwendigkeit, den Direktor nicht in einer allgemeinen Mietswohnung unterzubringen, um ihm nach allen Mühen und Verdrießlichkeiten des Arbeitstages Erholung, Ruhe und Nervenentspannung zu gewähren, um seine Arbeitskraft möglichst lange zu erhalten[2].

---

[1] Herford besitzt ein solches sehr zweckmäßig ausgestattetes Einzelwohnhaus für den Direktor, desgleichen u. a. auch Erfurt.

[2] Die Städte Stuttgart, Dresden, Erfurt, Offenbach, Gelsenkirchen, Bochum, Breslau, Köln, Frankfurt a. M. besitzen u. a. hübsche Direktionsgebäude, während in München die Direktorswohnung unmittelbar neben dem Maschinenhaus und dem Düngerhaus ihren Platz gefunden hat, was keineswegs als nachahmenswert bezeichnet werden kann. In manchen Anlagen jedoch wohnt der Direktor überhaupt nicht im Schlachthof, sondern in oft weit entfernt liegender Privatwohnung (Hanau), was im Interesse des Dienstes nicht wünschenswert sein dürfte.

## 2. Schlachthof-Kassenräume.

Nur in ganz kleinen Anlagen findet man, daß der tierärztliche Leiter nebenamtlich die Kassenfunktionen übertragen erhält. Als musterhaft kann man diesen Zustand wohl nicht bezeichnen. Wenn wirklich die Verhältnisse die Aufstellung eines eigenen Kassenbeamten nicht gestatten, so kann durch Wahl eines zweckmäßigen und alle evtl. Unterschleife verhindernden Verrechnungssystemes dadurch eine Brücke geschaffen werden, daß im Schlachthof lediglich die nach dem üblichen Durchschreibsystem ausgestellten Schlacht- und Gebührenscheine den Metzgern ausgehändigt werden, welche die fälligen Beträge selbst an der städtischen Kasse einzubezahlen haben.

Der normale Zustand ist und bleibt jedoch stets die Anstellung eines eigenen Kassenbeamten, der seine Tätigkeit in einem eigenen Raum allein oder mit der entsprechenden Zahl von Hilfskräften ausübt. Wie in jedem Kassenraum ist auch hier erste Bedingung, daß der eigentliche Kassenraum durch Gitterabschlüsse abgetrennt wird, damit für die Zahlenden ein getrennter Vorraum vorhanden ist. Ist nun Vorplatz und Kassenraum in ein und demselben Raume, so ist die Anbringung von eigenen winddicht schließenden Kassenfenstern, wie man sie an den Eisenbahnschaltern findet, entbehrlich. Wenn jedoch der Kassenraum durch Kassenfenster nur von einem Hausgang oder Vorplatz vor demselben erreichbar ist, dann sind dicht schließende Kassenfenster, die evtl. auch mit den üblichen Wechseldrehtischen versehen werden sollen, nötig, um Wärmeverluste und Zugluft im Kassenraum zu verhindern. Es gibt auch Anlagen, in welchen die Schalterfenster gegen den freien Hofraum zu gerichtet sind, ferner wo auch zugleich durch den Kassenbeamten die vorgebaute Viehwaage bedient wird. Als praktisch und nachahmenswert kann das nicht bezeichnet werden, läßt sich aber bei kleinen Anlagen oft nicht vermeiden. Als zweckmäßig erweist sich in Kassenvorräumen die Aufstellung eines Fernsprechautomaten, der den Besuchern des Schlachthofes zur Verfügung steht. (Vgl. auch Pförtnerhaus.) Als unzweckmäßig und zeitraubend müssen Fernsprechanschlüsse bezeichnet werden, welche nicht unmittelbar mit der amtlichen Fernsprechzentrale in Verbindung stehen, sondern die erst durch eine Zentrale im Rathaus ermöglicht werden. Es muß auch die Möglichkeit vorhanden sein, daß für Betriebspausen oder nach Betriebsschluß Büro und Wohnung des Direktors telephonisch verbunden werden können. Ist der Fernsprechapparat für den Direktor allenfalls an eine Umschaltestelle im Kassenraum angeschlossen, so ist aus dienstlichen Gründen unbedingt notwendig, eine Schaltung zu treffen, bei welchem Dritten ein Mithören unmöglich ist.

Abb. 7. Sunstrand Rechenmaschine (G. Meckel, München).

Bei der Art der Kasseneinrichtung wird zu trennen sein zwischen Kassen kleiner Betriebe und solchen von großen Anlagen. In ersteren wird es als hinreichend erscheinen, wenn für die zum Verkauf gelangenden Karten ein Aufbewahrungsschrank mit Verschluß vorhanden ist. Die Karten werden in ein Abgaberegister eingetragen und bei Ausgabe mit Datumstempel versehen, um Mißbrauch zu verhüten. Fortlaufend numerierte Karten sind notwendig.

In Betrieben, in welchen die Bewertung nach Lebend- oder besser nach Schlachtgewicht erfolgt, muß folgerichtig die Bezahlung der Gebühren nach der Schlachtung erfolgen. Hierfür wird sich das sog. Durchschreibsystem als zweckmäßig erweisen, um Sicherheit dafür zu haben, daß ausgestellte Wägescheine, welche der Gebührenberechnung zugrunde gelegt werden, nicht abgeändert werden können. Die Zahl der Karten wird sich dadurch wesentlich verringern, und nur bestimmte Kartensorten, wie z. B. für Eisabgabe, Futtergebühren, Eintrittsgebühren usw. werden vorrätig gehalten werden müssen[1].

In großen neuzeitlichen Schlachthofbetrieben wird man stets die modernen Buchungsmaschinen

[1] In einer großen Zahl von Schlachthöfen hat man die sogenannten Birekakarten zur Einführung gebracht, welche in fortlaufenden Rollen gedruckt, in eigenen Schränken aufbewahrt werden. Diese Schränke enthalten zugleich eigene Fächer für Geldsorten und können mit einem Rolladenverschluß abgeschlossen werden. Die Größe dieser Schränke richtet sich nach der Zahl der vorrätig zu haltenden Karten. Die jeweils abgegebenen Karten werden automatisch mit dem Datumstempel versehen, die Schlußabrechnung läßt sich sehr rasch durch Prüfung der noch vorhandenen Karten erledigen. Diese Schränke bieten gegen Diebstahl genügende Sicherheit.

und Rechenmaschinen vorfinden, welche die Kontrolle ganz außerordentlich erleichtern und besonders dann von großem Wert sind, wenn die Verrechnung der Gebühren nach Pfund oder Kilosätzen stattfindet. Die betreffenden Maschinen liefern für den Schlachtenden und für die Kassenverwaltung gleichzeitig Belege mittels Durchschlag und sind ohne weiteres in Sammelmappen einzuheften.

Abb. 8. Karten- und Registrierkasse (System Bireka, Berlin).

Die bekannteste und leistungsfähigste Buchungs- und Rechenmaschine ist die Sunstrand[1]. Sie arbeitet mit nur 9 Tasten. Die Gewichtsnotierungen durch das Hallenpersonal werden sofort mit der Maschine gebucht. Alle Rechen- und Übertragungsfehler kommen in Fortfall.

Sicherung von Kassenräumen in Schlachthöfen. Die Kassenräume bedürfen besonderer Sicherungen. Vielfach findet man dort noch alte Geldschränke, die gewiegten Einbrechern keine sonderlichen Schwierigkeiten bieten. Die Kassenräume liegen meist ebenerdig, sind also leicht zugänglich. Die erste Sicherung muß an Türen und Fenstern angebracht werden, um ein unbefugtes Eindringen zu verhindern. Holztüren bieten ungenügenden Schutz, Stahlblechtüren sind vorzuziehen. Zum mindesten sollte außer der Dienstzeit die Holztüre außen durch eine Metalltüre geschützt sein. Auch auf die Wahl der Türschlösser soll Gewicht gelegt werden. Es sollen Chubbschlösser mit 4 Zuhaltungen verwendet werden, welche den Yaleschlössern an Sicherheit überlegen sind. Es empfiehlt sich auch sehr, mittels des Schlosses ein Riegelwerk zu bewegen, das zu beiden Seiten der Türe und womöglich noch oben und unten in die Türleibung eingreift. Auf die Vergitterung der Fenster ist zu achten. Der Abstand der einzelnen Gitterstäbe soll nicht mehr als 13 cm betragen. Hölzerne Rolläden sind wertlos, nur solche aus Stahlblech empfehlenswert. An diesen müssen im Inneren Sicherheitsschlösser angebracht sein. Geldschränke von Bankqualität bieten genügenden Schutz, nicht aber solche ohne Stahlpanzerung, die mit Schneidbrennern leicht zu öffnen sind. Veraltete Geldschränke müssen mit unter Verputz liegenden Läut- und Alarmwerken versehen werden, die aber auch bei Anwendung hoher Hitzegrade in Tätigkeit treten müssen[2].

## 3. Beamtenwohnhäuser (Dienstwohnungen).

In großen Schlachthöfen trifft man stets eigene Beamtenwohnhäuser in größerer Zahl (Leipzig, Dresden, Stuttgart, Bochum u. a.). Man ist bestrebt, auch den Angestellten des Schlachthofes soweit als möglich Dienstwohnungen anzuweisen, und ihnen Gartenland zur Verfügung zu stellen. Diese Dienstwohnungen sollen um so mehr von der Straße aus eigenen Eingang haben, als der Fuhrwerksverkehr in den Haupteinfahrten ein reger ist und Gefährdungen von Kindern nicht ausgeschlossen sind, da bekanntlich das langsame Fahren manchen Schlächtern einfach unmöglich ist. In gleicher Weise sollte nie während der Betriebsstunden das Spielen von Kindern auf dem allgemeinen Hofe gestattet werden. Bäder sind in solchen Gebäuden vielleicht dann nicht nötig, wenn im Schlachthof Baderäume vorhanden sind, die den Bediensteten (selbstverständlich unentgeltlich) zur Verfügung stehen sollen. In den Dienstwohnungen der Tierärzte, die neuzeitlich auszustatten sind, sind jedoch stets Bäder vorzusehen.

Es wird sich auch in größeren Beamtenwohnhäusern als zweckmäßig empfehlen lassen, einen hierfür besonders geeigneten Mieter als Hausverwalter aufzustellen und ihm die Fürsorge für die einzelnen Dienstwohnungen zu übertragen. Zentralisierung der Heizung ist zu erwägen.

In kleineren Anlagen sucht man sich aus finanziellen Gründen oft in der Weise mit der Unterbringung der wenigen Angestellten zu behelfen, daß man einfache Dienstwohnungen über Betriebsräumen, z. B. Stallungen und Kühlräumen einbaut. In solchen Fällen wird es notwendig

[1] Bezugsquellen: W. Küster & Co., Berlin W 8, Taubenstr. 10, und G. Meckel, München, Bayerstr. 37, für Süddeutschland.

[2] Für die Sicherung dient besonders ein von Mix & Genest, Berlin-Schöneberg, hergestellter Apparat „Atlas", auch Siemens & Halske bauen einen ähnlich sicher wirkenden Alarmapparat, dem sich auch noch Kontakte für Türen und Fenster anfügen lassen. Vgl. Oberreg.-Rat Voß. Dtsch. Schlachthofztg **1922**, 278.

sein, die Wohnungen so auszustatten, daß Belästigungen der hier Wohnenden z. B. durch Stallgerüche, durch Fußbodenkälte und Lärm usw. unbedingt vermieden werden. Auch die Freibankaufbauten werden oft für Wohnräume verwendet. Nachahmenswert sind solche Regelungen jedoch nicht.

## 4. Pförtnerhaus.

Schon in mittleren, unbedingt aber in größeren Anlagen ist ein Pförtnerhaus nicht zu entbehren. Es findet am besten seinen Platz zwischen Ein- und Ausfahrt. Der Dienst eines Pförtners ist zwar kein sonderlich anstrengender, weswegen der Posten sehr gut z. B. durch einen Kriegsbeschädigten versehen werden kann, er erfordert aber ständige Anwesenheit während der Betriebs- und Öffnungsstunden des Schlachthofes. Ist ein Schlachthof mit einem Viehhof versehen, so können die beiden Zufahrts- und Abtriebstore bequem von einem Pförtner überwacht werden. Ihm obliegt die Überwachung des Zu- und Abtriebes. Meist findet der Pförtner in einem Aufbau des Pförtnerhäuschens eine kleine Wohnung, was sich als zweckmäßig erweist, weil er in nächster Nähe des Eingangstores wohnt und auch nach Schluß der Betriebszeit evtl. gewünschten Zutritt überwachen kann. Um die Tätigkeit des Pförtners mehr auszunutzen, überträgt man ihm sehr oft das Wägegeschäft für ankommendes Vieh, die Abnahme der Schlachtkarten, die Aufsicht über Fahr- und Krafträder, für welche stets in der Nähe des Einganges ein Raum geschaffen werden soll.

Abb. 9. Doppelseitiger Radständer (Gutehoffnungshütte, Oberhessen).

Zur Einstellung von Fahrrädern sollen tunlichst regen- und sonnensichere Unterstandsräume geschaffen werden. Man kennt in Fabriken seit langem eigens für diese Zwecke konstruierte Gestelle zum Einhängen von Rädern (Abb. 9), doch kann man sich, wenn Räder in großer Zahl zur Einstellung kommen, dadurch helfen, daß man Eisengeländer mit Anbinderingen und Kettchen, zu welchen der Radbesitzer selbst das Schloß mitzubringen hat, anbringt. Es empfiehlt sich auch, solche Anbindegelegenheiten unter dem Schutz von schattigen Bäumen anzulegen. Fehlen solche Einstellplätze, so kann man sehr oft beobachten, daß die Fleischer die Räder in die Betriebsräume mitnehmen, was vermieden werden muß. Fehlt ein Pförtnerhäuschen, so ist es zweckmäßig, an der Außenseite der Betriebsräume Anbindringe festzumachen. In jüngster Zeit werden auch zu diesem Zwecke Automaten von verschiedenen Gesellschaften kostenlos angebracht.

Sind in der Nähe der Pforte Lebendviehwaagen vorhanden, so müssen deren feinere Teile gegen Regen und Witterungseinflüsse geschützt werden. Die Pforte ist auch ein geeigneter Platz zur Aufstellung von Fernsprechautomaten, auch für Überlandverkehr, da der Pförtner mit der Einhebung der diesbezüglichen Gebühren beauftragt werden kann.

## 5. Schauämter für eingeführtes Fleisch.

In vielen Schlachthöfen trifft man getrennt liegende Räume, welche ausschließlich zur Untersuchung des von auswärts eingeführten Fleisches dienen (Überbeschau). Sie sind vielfach in unmittelbarer Nähe des Einganges gelegen. Meist sind besondere Beschaustunden für das eingeführte Fleisch festgesetzt. Die Ausstattung dieser Räume entspricht der eines besseren Fleischverkaufsraumes. Man wird dort Fleischwaagen aufzustellen haben, Hakenrahmen sind in einer Höhe anzubringen, daß auch kleinere Personen mühelos Viertel, Kälber, Schweine und Eingeweide aufhängen können. Gewöhnlich werden diese Schauämter mit Glasvordächern versehen, um ein regenfreies Ab- und Aufladen zu ermöglichen.

Man findet oft die empfehlenswerte Einrichtung, daß unter dem Glasdache gegen den Schauraum zu eine T-Schiene, an welcher ein fahrbarer Flaschenzug hängt, führt, so daß schwere

Fleischteile und ganze Tiere ohne Mühe nach dem Innenraum verbracht werden können. Die Transportbahn führt längs der Hakenrahmen entlang. In kleineren Schlachthöfen nimmt man die Beschau der eingeführten Tiere, soweit diese vorgeschrieben ist, in den Schlachträumen, oft aber auch in den Freibanklokalen vor, hält also die Errichtung eines besonderen Schauamtes für eingeführtes Fleisch nicht für nötig, um so mehr, als eine Rentabilität solcher Räume in kleinen Anlagen ausgeschlossen ist.

In jedem Falle ist es wünschenswert, daß man eingeführte Tiere getrennt von den am Orte geschlachteten zur Besichtigung bringt, weiß doch jeder Schlachthofleiter davon ein häßliches Lied zu singen, welche Fleischqualitäten oft eingeführt werden wollen, und in welchem Zustande sie oft in die Schlachthöfe gelangen. Gutes und Minderwertiges zu trennen ist also Pflicht. Man darf auch in den Landbezirken durchaus nicht der Ansicht sein, daß das, was vom Verkauf eines Tieres übrig bleibt, oder aber was man dort zu kaufen allenfalls zurückweist, immerhin noch gut genug sei für die Bewohner der Städte. Leider wird der Versuch nur allzu oft gemacht, und je schärfer die Zurückweisung erfolgt, desto mehr wird die Einfuhr solcher Waren unterbunden werden.

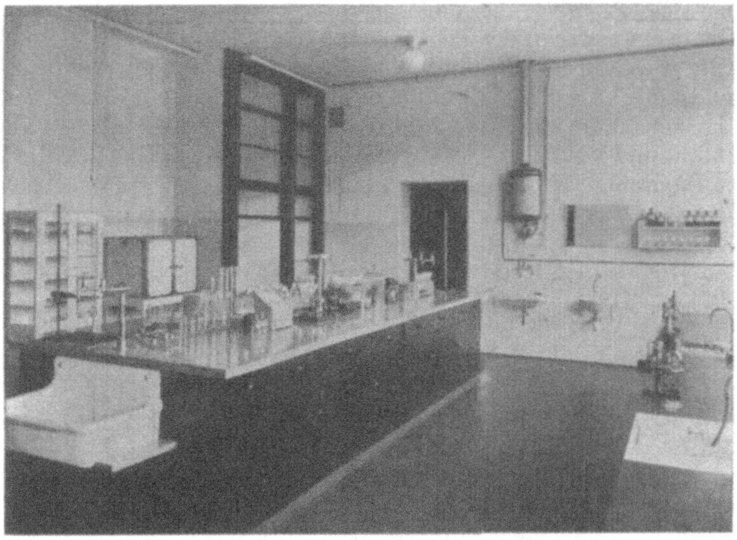

Abb. 10.

Abb. 11.
Bakteriologisches Laboratorium des Schlachthofes Breslau.

Es läßt sich auch nicht in Abrede stellen, daß die Schauämter in gewissem Sinne das kleine Vorbild der großen Fleischverkaufshallen sind, namentlich weil in einer Reihe von Städten immer noch eine ganze beträchtliche Fleischeinfuhr stattfindet, die — leider muß es gesagt werden — nicht immer in einer hygienisch einwandfreien Weise zu einem Verkaufe von Frischfleisch auf öffentlichen Marktplätzen, oft ohne jeden Schutz gegen Regen, Staub und Fliegen führt. Es kann nicht jede kleine Stadt eine Zentralmarkthalle besitzen, wohl aber kann durch entsprechende örtliche Vorschriften erzwungen werden, daß auch die Hygiene gebührende Beachtung findet, daß Fleisch nur in geschlossenen Verkaufsständen zum Verkauf ausgelegt werden darf. Haben die Städte längst Vorschriften erlassen, daß das Berühren des Fleisches verboten ist, daß der Fleischauslegeraum vom Käufer durch Drahtgitter oder Glaswände abgeschlossen sein muß, daß das Mitbringen von Hunden in Fleischläden, das Ausspucken dort untersagt ist, so soll erst recht hinsichtlich des Verkaufes von eingebrachtem Fleische mit gleichem Maße gemessen werden, wenn von den ortsansässigen Fleischern die Einhaltung strenger Vorschriften über den baulichen Zustand ihrer Verkaufsräume gefordert wird.

## 6. Laboratorien.

Die Tätigkeit des Schlachthoftierarztes wird von Jahr zu Jahr, dank der sich immer mehr vervollkommnenden Ausbildung an den Hochschulen und insonderheit der Fortbildungskurse auf dem Gebiete der Nahrungsmitteluntersuchung eine ausgedehntere und die Zahl der Tierärzte, die auf Grund ihrer Studien befähigt sind, nicht nur die notwendigsten Untersuchungen vorzunehmen, sondern die auch zur Untersuchung aller animalischen Nahrungsmittel befähigt, wächst ständig. Der jüngste Zweig dieser Untersuchungen, die bakteriologische Fleischuntersuchung besonders ist es, welche mit allen modernen Hilfsmitteln versehene Laboratorien beansprucht. Es werden in Schlachthofuntersuchungsanstalten auch vielfach Untersuchungen von Milch, Fetten, Butter, Eiern und Konserven vorgenommen, und schon sind Stimmen laut geworden, daß die Fleischbeschau sich auch auf Fische, Wildbret und Geflügel erstrecken sollte, und das mit Recht[1]. Eine große Reihe von wissenschaftlichen Arbeiten sind aus solchen Untersuchungsräumen hervorgegangen. Betrachten wir ferner die große Zahl von Schlachthöfen, die reiche Sammlungen von Dauerpräparaten besitzen, welche dem Laien so recht den Wert der Fleischbeschau dartun, und die auch als vorzügliche Unterrichtsmittel benutzt werden können, andere Schlachthöfe, welche vorzüglich ausgestattete Untersuchungsräume für Milch besitzen, insbesondere in Verbindung mit Kindermilchanstalten, so wird damit bewiesen, daß der Schlachthof jeder Stadt eigentlich mit einem solchen Arbeitsraume versehen sein sollte.

Abb. 12.

Abb. 13.
Bakteriologisches Laboratorium des Schlachthofes Breslau.

Während man sich früher damit behalf, die notwendigsten Untersuchungen im Dienstzimmer des Direktors vorzunehmen, ein Standpunkt, der entschieden als unsachgemäß und verwerflich zu bekämpfen ist, da dieser Raum meist hierfür auch nicht genügend Platz bietet, abgesehen von der möglichen Gefährdung des Untersuchenden durch krankmachende Produkte, wie Tuberkulose, und dieser Raum als ständiger Aufenthalt dient, schuf man als nächste Stufe einen solchen Raum neben dem Büro, was eher als angängig erscheint und gewisse Annehmlichkeiten bietet. Es sollte jedoch stets angestrebt werden, daß bei Neuanlagen immer ein ausschließlich nur für diese Untersuchungen dienender Raum zur Verfügung gestellt wird, der baulich so ausgestattet sein muß, daß jede Reinigung durchgeführt werden kann (Abb. 10—13).

[1] cf. Trichinose durch Bärenfleisch in Stuttgart.

Der Untersuchungsraum liege nach Norden, um bestes Licht zum Arbeiten mit dem Mikroskop zu haben. Mattglasscheiben dämpfen das Licht sehr günstig.

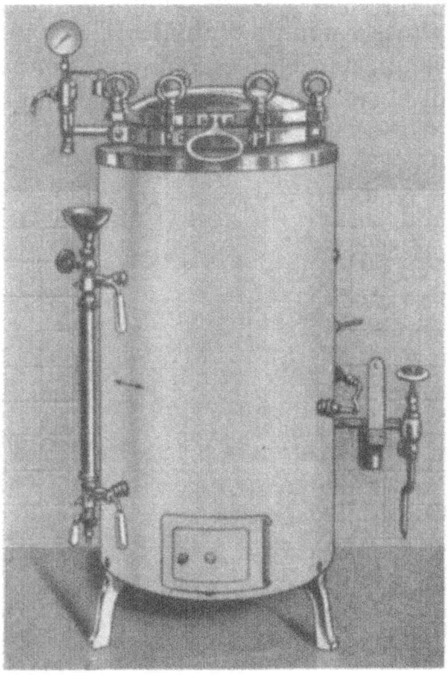

Abb. 14. Sterilisierschrank nach Lautenschläger, Berlin.

Die Arbeitstische bekleide man mit Linoleum in gelber oder hellroter Farbe, auf welchem zweckmäßig Spiegelglasplatten befestigt werden. Hygienisch einwandfrei sind auch emaillierte Platten. Für solche Arbeitstische, auf welchen mit Chemikalien gearbeitet wird, haben sich u. a. die feuer- und säurefesten Decken von G. Wenderoth, Kassel, sehr bewährt, da sie unverwüstlich sind. Hinsichtlich der Möbelausstattung sei bemerkt, daß die Einrichtungsgegenstände durchweg in weißem Emaillelack gestrichen sein sollten. Es wird sich auch empfehlen, für jede Untersuchungsparte einen eigenen Schrank bzw. eine diesbezügliche Schrankabteilung bereitzustellen, desgleichen einen solchen für die Arbeitsmäntel und Putztücher. Es sollten eigene Schränke vorhanden sein für Mikroskopie (Mikroskope, Mikrotome und die nötigen Chemikalien), für Bakteriologie und bakterielle Fleischuntersuchungen, für Nährböden und Farbstoffe usw., für Milch- und sonstige Untersuchungen für Photographie, um interessante Präparate aufnehmen zu können. Auch sollte hier stets eine gut eingerichtete Dunkelkammer zur Verfügung stehen, die auch Vergrößerungsapparate, namentlich solche für mikroskopische Präparate, enthalten soll. Desgleichen ein eigener Schrank für die Fachliteratur, die Untersuchungsakten und Tagebücher[1].

Zur vollkommenen Einrichtung gehört auch ein Schreibtisch oder wenigstens ein Stehpult, ferner weißemaillierte Metalldrehstühle.

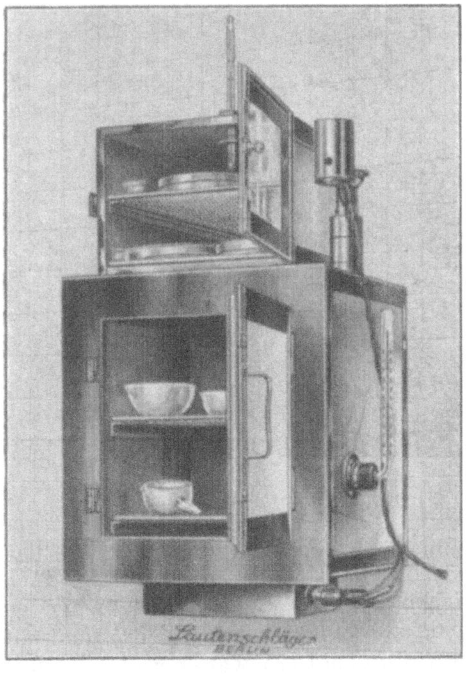

Abb. 15. Kleiner Brutschrank nach Lautenschläger, Berlin.

Die Brut- und Sterilisierschränke werden meist an eigenen Trägern an den Wänden angebracht und mittels Steckkontakten an das Stromnetz angeschlossen (Abb. 14—16).

Benötigte Vorschaltwiderstände und Schalttafeln finden wandständig ihren Platz. Brutschränke verlangen die Einrichtung von automatisch auf konstante Temperatur regulierender Heizung, die zuverlässig und korrekt funktionieren muß, wenn sie Wert haben soll.

Zur Schonung der Objektive der sehr wertvollen Mikroskope benutzt man Glasglocken in brauner oder dunkelblauer Farbe. Auch Vorführungsapparate für den Unterricht: Projektionsapparate, Epidiaskope sollten in großen Laboratorien vorhanden sein.

Große Untersuchungsanstalten haben eigene Küchen für Nährböden und beschäftigen meist Frauen zur Bereitung derselben. Auch zur Untersuchungsbeihilfe dient oft weibliches Personal (Laborantinnen).

Zur Konservierung von Präparaten sind in großen Anlagen elektrisch und vollautomatisch arbeitende Kühlschränke[2] vorhanden, in welchen auch Nährböden aufbewahrt werden. Man findet auch eigene Stallräume für Untersuchungs- und Impftiere, die wegen des Geruches stets abseits liegen sollten.

[1] Laboratoriumseinrichtungen finden wir in 325 = 46% aller Schlachthöfe, von welchen 177 = 24% für einfachere, 148 = 20,3% zur Vornahme von Untersuchungen auf Fleischvergiftungen eingerichtet sind. 118 Schlachthöhe = 16,2% besitzen Laboratorien für Milchuntersuchung.

[2] Vgl. Plank, R.: Haushaltungskühlmaschinen, 2. Aufl. Berlin: Julius Springer 1931.

Nicht in allen Fällen rentiert der Betrieb solcher Untersuchungsanstalten, und aus diesem Grunde haben die staatlichen Aufsichtsbehörden die Anordnung getroffen, daß großen Anstalten ein bestimmter Wirkungs- und Arbeitskreis zugewiesen wird, so daß zu untersuchendes Material diesen zugewiesen werden kann. Besonders die tierärztlichen Praktiker, denen auf dem Lande die Fleischuntersuchung übertragen ist, machen hiervon sehr gerne Gebrauch.

Nicht das Vorhandensein eines Laboratoriums allein wird Wert haben und den Nimbus eines Schlachthofes heben und der Sache dienen: der Tierarzt, welcher dasselbe leitet, muß auf den einschlägigen Untersuchungsgebieten Meister sein. Das Allgemeinwissen hierzu gibt ihm die Hochschule, die nötige Praxis aber nur die Spezialausbildung in einem erstklassig geführten Schlachthoflaboratorium einer großen Stadt. Die heute an den Hochschulen veranstalteten Fortbildungskurse werden ihn auch stets auf dem neuesten Stand der Forschung erhalten. Solche nach Möglichkeit zu besuchen ist seine Pflicht. Die Stadtvertretungen müssen zum Besuch solcher Kurse stets bereitwilligst die Genehmigung erteilen und auch die Mittel in ihrem eigensten Interesse hierfür zur Verfügung stellen.

Was die Einrichtung von Untersuchungsräumen anlangt, so wird zu unterscheiden sein, für eine wie große Anlage das Laboratorium dient, welche Lebensmittel dort untersucht werden sollen, welche Einrichtungsgegenstände unentbehrlich und welche wünschenswert sind.

Nachfolgend ist eine Zusammenstellung der notwendigen Einrichtungsgegenstände für bakteriologische Untersuchungsstationen gegeben:

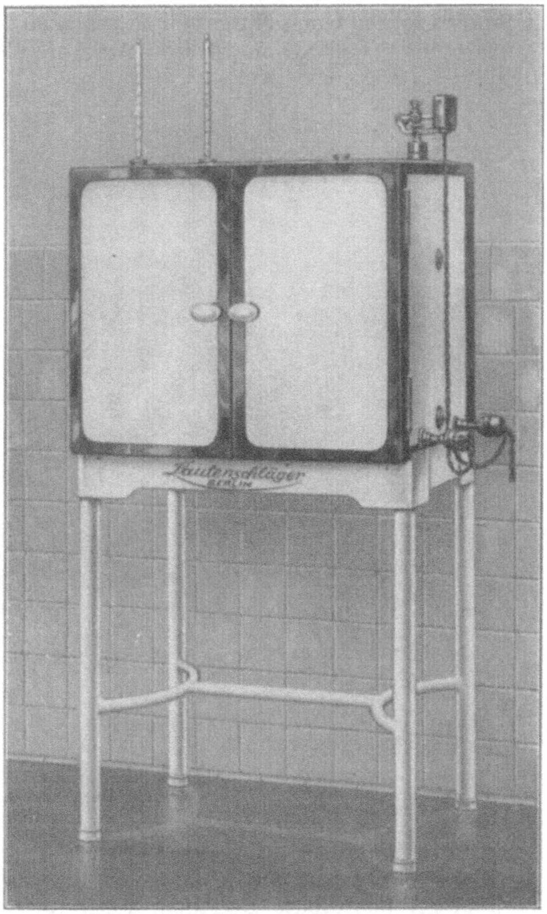

Abb. 16. Brutschrank nach Lautenschläger.

Es sollen vorhanden sein:

1. 1 erstklassiges Bakterienmikroskop mit Immersion und drehbarem Objekttisch usw.
2. 1 Brutapparat, 300 : 400 : 300.
3. 1 Heißluftsterilisator, 500 : 300 : 300.
4. 1 Dampfsterilisator, beide mit Einsätzen.
5. 1 Paraffineinbettungsapparat, jedoch nur, wenn histologisch gearbeitet wird.
6. Gefriermikrotom (histol.).
7. 1 elektrische Zentrifuge für vier Proben.
8. 1 Instrumentensterilisator, 34 : 16 : 7,5.
9. 1 Wasserbad.
10. 1 Myocauter.
11. Tafelwaage mit Gewichtssatz oder besser mit Schiebegewicht sowie eine Dezimalwaage.
12. 1 Mikroskopierlampe (elektrisch).
13. 1 Fleischhackmaschine und Fleischpresse.
14. 1 Waschtischanlage mit elektrischer Handtrockenanlage und Warmwasserzuleitung.
15. 1 Einschlaglupe.

Bei Bestellung wird anzugeben sein, ob n u r Strom oder n u r Gas für die Apparate benutzt werden soll. Hierbei soll aber nicht unerwähnt bleiben, daß elektrischer Betrieb normalerweise teurer ist als Gasbetrieb, welcher durchaus nicht vollkommen entbehrlich ist, wie z. B. zur raschen Sterilisierung von Messern, Nadeln usw. und für den Dampfsterilisator.

Zur Einrichtung gehören ferner: Drahtkörbe für Reagenzgläser, Gasbrenner mit Dreifuß und Drahtnetzen mit Asbest, Filtrierstative aus Eisen, Reagenzglasgestelle aus Holz, Gestelle für Agglutinationsröhrchen und für Zentrifugengläser, ferner für Askoliröhrchen, ein Färbegestell, ein Abtropfgestell, verschiedene Pipetten mit Büchse aus Weißblech, Reagenzgläserkolben und Kartoffelbürsten, Maximalthermometer, Quetschhähne, Filtrierpapier, Rundfilter, Tierbehälter für weiße Mäuse, Ratten oder Meerschweinchen, 1 Sektionsbrett, mit Stecknadeln, 1 Abfallkasten aus Glas mit Knopfdeckel, Emailkochtöpfe verschiedener Größe, Trichter und Heißwassertrichter. — An Glassachen: Eine entsprechende Menge von Petrischalen 100 : 15 mm, Kulturschalen nach Drigalsky, Präzipitationsröhrchen nach Uhlenhuth, Erlenmeyerkolben, Reagenzgläser mit Schliffkappenverschluß, Stehkolben in Jenaer Glas, Maßpipetten zu 1, 10 und 25 ccm, Enghalsflaschen verschiedener Größen, Weithalsflaschen, Spitzgläser mit Ausguß, Porzellanmensuren, Mörser aus Porzellan, die benötigte Zahl von Farbflaschen mit Pipette und Gummikappe in Holzböcken, größere Glasflaschen für Mengen von notwendigen Chemikalien.

An Instrumenten sind nötig: anat. Pinzetten, Hakenpinzetten, gerade und gebogene Scheren, asept. Skalpelle, 1 geballtes Messer mit Holzgriff, Platinnadeln, Deckglaspinzetten, auch solche für Objektträger, Sonden, Spatel und Präpariernadeln. Die Zahl der zu beschaffenden Utensilien bestimmt die Größe der betreffenden Untersuchungsanstalt[1].

## Unterrichtsräume und Sammlungen.

Werden in Schlachthöfen Laien als Fleischbeschauer oder Trichinenschauer ausgebildet, um die Fleischbeschau, soweit sie nicht den Tierärzten überlassen ist, auf dem Lande zu übernehmen, so muß auch ein geeigneter Raum zur Erteilung des Unterrichtes vorhanden sein, was jedenfalls zweckmäßiger sein wird, als z. B. den Unterricht im Dienstzimmer des Schlachthofdirektors zu erteilen, wie es oft beobachtet werden kann. Für die Ausstattung solcher Räume wird nicht sonderlich viel zu verwenden sein. Die Aufstellung von Bänken ist nötig. Für die Übungen in der Herstellung von Präparaten für die Trichinenschau sind fensterständige Tische anzuordnen, auch Stromanschluß für Aufstellung eines Trichinoskopes oder eines Epidiakopes

Abb. 17. Unterrichtsraum und Museum (Plauen).

oder Projektionsapparates zur Vorführung von Präparaten und Bildern. Zweckmäßig wird auch der Raum mit einer Abdunkelungsmöglichkeit, seien es nun schwarze Fenstervorhänge oder besser lichtdichte Rolläden, ausgestattet.

Sehr dankbar wird seitens der Innungen stets anerkannt, wenn solche Unterrichtsräume auch zur Abhaltung von Fachfortbildungskursen zur Verfügung gestellt werden können. Demonstrationsmaterial ist stets im Schlachthof in genügender Menge vorhanden. Die Tierärzte sind auf Ersuchen gerne erbötig, dieses vorzuführen, wie sie oft auch Unterricht in Fachschulen in Anatomie und Pathologie an die Fleischergehilfen erteilen. Auch Sammlungsräume können als Unterrichtsräume Verwendung finden (Abb. 17).

Als Anschauungsmaterial können hier auch die vorzüglichen Ostertagschen Wandtafeln für Fleischbeschauer Aufhängung finden.

Schon in mittelgroßen Schlachthöfen sollte nie ein Raum fehlen, der zur Aufstellung von interessanten Funden aus der Fleischbeschau benutzt werden kann. Die Technik des Kayserlingschen Konservierungsverfahrens in natürlichen Farben, welches ermöglicht, geeignete Prä-

[1] Nährböden können meist von Hochschulinstituten gebrauchsfertig gegen Entgelt bezogen werden. In Bayern liefert solche die vet.-pol. Anstalt in Schleißheim. Von mancher Seite werden auch die Trockennährböden nach Dörr, welche von der Chem. Fabrik „Bram“ in Leipzig, Albertstraße, hergestellt werden, empfohlen. Sie sind auch in Tablettenform erhältlich. — Für die Lieferung von Laboratoriumseinrichtungen ist wohl die bekannteste Firma F. u. M. Lautenschläger, Berlin NW 6 und Hannover, außerdem gibt es eine Reihe von erstklassigen Firmen: H. Rohrbeck, Berlin, C. Stiefenhofer, München, H. Hauptner, Berlin.

parate in Dauerbettung herzustellen, ist wesentlich verbessert worden, was für den Unterricht sehr brauchbare Präparate liefert, die bequem von beiden Seiten besichtigt werden können. Für Funde an Darmsteinen, Fremdkörpern, mumifizierten Früchten, abnormen Körperbildungen sollen auch Glasschränke vorhanden sein. Gerade durch solche Sammlungen wird unkundigen Laien der hohe Zweck der Fleischuntersuchung recht lebhaft vor Augen geführt und gezeigt, welche Gefahren der Fleischgenuß ohne Untersuchung mit sich bringen würde. Große Schlachthöfe besitzen sehr oft Sammlungen, die denen von Hochschulen kaum nachstehen.

In einer Reihe von Schlachthöfen — es sollen besonders hier München, Budapest, Plauen u. a. erwähnt werden — sind ganz vorzügliche Sammlungen solcher Dauerpräparate vorhanden.

## 7. Trichinenschauräume.

Die Untersuchungsräume sollen tunlichst nach Norden zu liegen, oder es muß, wenn das aus irgendeinem Grunde unmöglich ist, Vorsorge getroffen werden, daß grelles Licht der Sonne durch Mattglas oder Kobaltglasscheiben gedämpft wird. In nach heutigem Begriffe veralteten Betrieben, in denen noch mit Mikroskopen untersucht wird, stellt man die Arbeitstische zur Herstellung der Untersuchungspräparate längs der Fensterreihe. Die Tische sollen 75 cm hoch und mindestens 40 cm tief sein. Wegen des angenehmeren Arbeitens und der leichten Reinigungsmöglichkeit seien die Tische mit dicken Glasplatten versehen, die auf weißem Untergrunde ruhen. Unter den Tischplatten liegen die Schubfächer für die benötigten Untersuchungsgeräte, die unter Verschluß jedes einzelnen Trichinenschauers liegen. Die neben den Arbeitsplätzen befindlichen Wände müssen Plattenbelag erhalten, möglichst in weißer Farbe, damit jede Reinlichkeit gewahrt werden kann. Der Fußboden des Raumes wird zweckmäßig in Linoleum hergestellt. Für entsprechende Waschgelegenheit muß Sorge getragen werden, und zwar getrennt zur Reinigung von Objektträgern und zur Reinigung der Hände für die dort Arbeitenden (Spültische). Zweckmäßig wird auch die Anbringung eines Gaswarmwasserbereiters über den Waschtischen sein. Zur Aufbewahrung der Mikroskope dienen eigene verschließbare kleine Wandschränke, die unter dem Verschluß des einzelnen Schauers stehen. Der Raum muß im Winter gut heizbar sein und wird zweckmäßig an ein Zentralheizungssystem angeschlossen. Ist das wegen zu langer Zuleitung nicht durchführbar, so wird sich als sehr zweckmäßig eine sog. Stockwerksheizung von einem kleinen, im Raume aufgestellten Dauerbrandofen aus erweisen, und zwar in der Weise, daß die Heizkörper an der Fensterseite aufgestellt und diese einzeln abzustellen sind. In gleicher Weise sollen für die heiße Jahreszeit elektrisch betriebene Ventilatoren, um Kühlung zu verschaffen, eingebaut werden. Für das Schaupersonal sind getrennt gelegte Kleiderräume und Bedürfnisanstalten bereitzustellen.

Die Organisation des Dienstes muß dem Ermessen des Leiters überlassen bleiben. In ganz kleinen Betrieben entnimmt der gleiche Schauer die Proben, macht die Präparate, untersucht sie und stempelt die untersuchten Tiere ab. Schon in mittleren Betrieben aber wird eine Arbeitsteilung insofern stattfinden müssen, als eigene Probeentnehmer, die gleichzeitig auch als Stempler dienen, das Untersuchungsmaterial in den Schauraum bringen und dort nach Möglichkeit auch die Reinigung der gebrauchten Kompressorien betätigen, während die Schauer selbst nur mit der Untersuchungsarbeit und der Herstellung der Präparate beschäftigt sind[1].

Als ein ganz bedeutender Fortschritt für Trichinenschau hat sich im Laufe des letzten Jahrzehntes der Projektionsapparat erwiesen, der die Sicherheit der Untersuchung ganz außerordentlich fördert, weil mehr als eine Person das projizierte Bild auf seine Einzelheiten prüfen kann. Zunächst hat diese Art der Untersuchung im Süden des Reiches Platz gegriffen, und die ersten derartigen Anlagen, wie Nürnberg und München, gelten heute noch als Vorbilder. Erst als auch in anderen Staaten genehmigt wurde, die Trichinenuntersuchung nach dem vereinfachten Verfahren durchführen zu dürfen, fand die Projektionsuntersuchung in größeren Betrieben rasch weite Verbreitung (Abb. 18).

Diese Art der Untersuchung verlangt eine Zweiteilung des oder der Untersuchungsräume: einen belichteten Teil zur Herstellung von Präparaten und einen Dunkelraum für die Projektionsuntersuchung. Die Größe hat sich nach der Zahl der benötigten Projektionsapparate zu richten.

[1] Werden die Untersuchungen mit dem Mikroskop vorgenommen, so wähle man stets solche Instrumente mit sehr großem Gesichtsfeld (Wächter, Friedenau-Berlin, Schellhammer, Berlin NW 21, AGF. f. Optik Wetzlar 7 u. a.), weil sie die Sucharbeit vereinfachen und beschleunigen.

In neuen Anlagen pflegt man meist die Trichinenschauräume in ein Obergeschoß zu legen, das bequem zugänglich sein muß. Man verbindet sie mit dem Erdgeschoß durch Aufzüge für die Proben. Während der zur Herstellung der Präparate dienende Raum hell, freundlich und gut zu reinigen sein soll, muß der Dunkelraum an den Wänden schwarzgrauen oder dunkelblaugrauen Anstrich haben. Er stellt entweder einen getrennten Raum dar, oder aber er wird in kleineren Anlagen durch einen lichtundurchlässigen Vorhang von ersterem Raum abgetrennt. Die Stelle des Raumes, auf welche das Bild des Präparates projiziert wird, fertigt man am besten aus genau geglättetem Gips, wenn man nicht dort einen mit dickem Zeichenpapier oder feinmaschiger Leinwand bespannten Blendrahmen aufstellen will, der allerdings leichter Beschädigungen ausgesetzt ist. Besser, wenn auch teurer, sind etwa 2 mm starke Eisentafeln, die sorgfältig mit weißem, nicht glänzendem Emaillack gestrichen sind, doch sind nunmehr auch 2:2 m große emaillierte Eisentafeln, welche sehr haltbar sind, im Handel erhältlich. In größeren Dunkelräumen mit mehr als einem Apparate ist die Anbringung von trennenden Zwischenwänden zwischen je 2 Apparaten absolut unnötig. Da die Lampen mit hohem Stromverbrauch viel Wärme erzeugen, ist der Einbau von Lüftungs- und Ventilationsvorrichtungen unbedingt notwendig.

Abb. 18. Moderner Projektions-Trichinenschauraum.

Als Lichtquelle für das Trichinoskop benutzte man lange Zeit ausschließlich die Spezialbogenlampe, die ein weißes, ruhiges Licht lieferte, und mit welcher man bis zu 8 Stunden ohne Kohlenwechsel arbeiten konnte. Sie ist heute noch vielfach in Verwendung (Modell Nürnberg).

Abb. 19. Trichinoskop nach Leitz, Wetzlar, mit Bogenlampe.

Da aber der Kohlestiftaustausch eine gewisse Zeit benötigte, abgesehen davon, daß eine sehr genaue Einstellung der beiden Pole vorgenommen werden mußte, war man bestrebt, die Beleuchtung durch Glühlampen von großer Lichtstärke zu ersetzen, mit welchen man die Nachteile der Bogenlampen ausschaltete und ein durchweg gleichmäßiges Licht erzielte. Besonders scheint sich die Osram-Nitralampe zu bewähren. Durch Verwendung einer derartigen gasgefüllten 1000kerzigen Lampe entfallen die bisherigen Nachteile, wie Ruß-, Gas- und Staubentwicklung durch abbrennende Kohlen, das nötige Reinigen der Lampen und der Kondensatoren, die Einregulierung des Lichtbogens und die störenden Helligkeitsschwankungen. (Lampen, welche sog. Lichthöfe bilden, sind unbrauchbar.)

Nachfolgend sind einige Ausführungsarten angeführt, doch ist damit die Zahl der zweckmäßigen Apparate lange nicht erschöpft.

Das Trichinoskop von Leitz, Wetzlar, Modell „Berlin“ besitzt als Lichtquelle eine Bogenlampe für 8 A Gleichstrom bei 41 V Klemmenspannung oder für 20 A Wechselstrom bei 30 V Klemmenspannung mit Kohlen für eine ununterbrochene Brenndauer von 8 Stunden (Abb. 19).

Die Abbildung zeigt den Apparat mit geöffnetem Lampenkasten. Die Lampe selbst ist, um ein bequemes Einsetzen der Kohle (bei Gleichstrom werden Kohlen von 200 × 16 mm bzw. 200 × 11 mm, bei Wechselstrom zwei gleiche Kohlen von 200 × 16 mm verwandt) zu ermöglichen, aus dem Kasten seitlich herausgezogen. Bei Gleichstrom wird die positive (dicke) Kohle in den oberen Kohlenhalter eingesetzt und mit der Rändelschraube *c* befestigt, während die negative (dünnere) Kohle im unteren Kohlenhalter mittels der Flügelschraube *d* festgemacht wird. Vor dem Einsetzen eines neuen Kohlenpaares werden die Kohlenhalter bis zum Ende ihres Laufes durch leichtes Drücken auf den untern Kohlenhalter auseinandergezogen. Die Vulkanfiberräder (in der Abbildung ist nur Rad *f* zu sehen) dienen zur Zentrierung der Lampe in der optischen Achse. Das Kompressorium wird in den großen senkrechten Schlitten *h* gesetzt und dort zwischen zwei je nach der Breite desselben verstellbaren Metallwinkeln eingeklemmt. Beim Einsetzen des Kompressoriums muß sich der Schlitten in der abgebildeten Lage befinden. Er muß in seiner höchsten Stellung sein, und der Hebel *l* für die waagrechte Verschiebung muß senkrecht stehen. Dann befindet sich Feld 1 des Kompressoriums vor dem Objektiv. Das Bild des Präparates wird durch Drehen des Triebknopfes *m* scharf eingestellt. Dann wird mittels des Knopfes *n* der Schieber *h* langsam nach unten bewegt, bis Feld 14 als letztes an die Reihe kommt. Durch Schwenken des Hebels *l* ist es möglich, zur 2. Reihe überzugehen. Der Schlitten *h* wird dann durch Rückwärtsbewegung des Knopfes *n* in entgegengesetzter Richtung bewegt, bis zum Feld 28. Das Kompressorium beschreibt also während der Untersuchung eine Abwärts- und eine Aufwärtsbewegung. Eine Sperrhebeleinrichtung, welche den Übergang einer Reihe zur anderen nur an beiden Enden gestattet, zwingt den Beschauer zur vollständigen Untersuchung jedes Feldes.

Die Helligkeit des Bildes wird durch Verschieben der Beleuchtungslinse mittels Zahn- und Triebbewegung zwischen dem Lampengehäuse und dem Schlitten für das Kompressorium geregelt. Wesentlich für die Güte der Beleuchtung ist eine gute Zentrierung des Lampenkraters zur optischen Achse. Hierzu dienen die Schrauben *e* und *f*. — Nach Einsetzen neuer Kohlen ist es erforderlich, mit dem Beginn der Untersuchung zu warten, bis der Krater sich durch Einbrennen richtig gebildet hat. Es soll die untere Kohlenspitze stets etwas vor die obere gesetzt werden. Die Entfernung des Apparates vom Wandschirm ist 1,4 m. Das projizierte Bild hat einen Durchmesser von 1,1 m bei 70facher Vergrößerung, die durch eine Vorschaltlinse auch auf 150 erhöht werden kann.

Dieser Apparat wird auch mit Glühlampenbeleuchtung hergestellt. Die folgende Zusammenstellung zeigt den Leistungsverbrauch:

| Lampe | Primärspannung Volt | Prim. Stromstärke Amp. | Verbrauch in Watt-Stunden |
|---|---|---|---|
| Bei Gleichstrom: | | | |
| Glühlampe 300 Watt | 110 | 10 | 1100 |
| | 220 | 10 | 2200 |
| Differenziallampe | 110 | 8 | 880 |
| | 220 | 5 | 1760 |
| Autom. Bogenlampe | 110 | 5 | 550 |
| | 220 | 5 | 1100 |
| Bei Wechselstrom: | | | |
| Glühlampe 300 Watt | 120 | 3,8 | 450 |
| | 220 | 2 | 440 |
| Differenziallampe | 120 | 10 | 1200 |
| | 220 | 5,7 | 1250 |
| Autom. Bogenlampe | 120 | 6,5 | 780 |
| | 220 | 3,2 | 700 |

Das Modell „Böhm 1928“ arbeitet mit 11 A und 55 V Spannung. Ein Kohlenpaar hält 8 Stunden, die Vergrößerung ist eine 70fache bei einem Durchmesser des Projektionsfeldes von ebenfalls 1,10 m. Durch eine veränderte Stellung der beiden Kohlenstifte zueinander findet eine größere Lichtausbeute statt[1]. Die Lampe ist so konstruiert, daß sie durch Um-

[1] Bezugsquelle für Kohlen: Conradi, Nürnberg; für Lampen nach Böhm: A. Muth, Nürnberg, Wotanstr. 47.

wechslung der optischen Teile mit wenig Handgriffen in eine Projektionslampe für Diapositive umgewandelt werden kann.

Abb. 20. Trichinoskop mit Glühlampe (Leitz, Wetzlar).

Dr. Böhm, Nürnberg, erfahrener Sachverständiger in Trichinenschau und Vorkämpfer für die Projektionstrichinenschau, ist der Ansicht, daß Glühlampenlicht nicht so intensiv sei wie Bogenlampenbeleuchtung, doch hält er für kleine Anlagen die Apparate der Firma Leitz, Wetzlar, mit Glühlicht für ausreichend, wenn auch die Lebensdauer der Nitralampen keine allzu große ist. Dr. Berdel, Frankfurt, erwähnt in einem Artikel in der Z. Fleisch- u. Milchhyg. vom 1. August 1927, die Güte der Apparate von Leitz mit Bogenlicht, besonders das Modell „Berlin", bei dem die Führung des Kompressoriums praktisch eingerichtet ist und die Ferneinstellung in Fortfall kommt. Auch die Helligkeit des Projektionsschirmes kann durch das Verschieben der vorderen Beleuchtungslinse zwischen Lampe und Kompressoriumsschlitten geregelt werden.

Abb 21. Trichinoskop mit Transformator und Glühlampen (Busch, Rathenow).

Eine andere Ausführungsart zeigt das Trichinoskop von R. Winkel, Göttingen. Das neue Modell besitzt die verkürzte Ferneinstellung, die der langen Einstellmöglichkeit gegenüber Vorteile bietet.

Die Firma E. Busch AG. in Rathenow bringt in neuester Zeit auch ein Trichinoskop heraus, bei welchem die Beleuchtung durch Osram-Nitralampe oder durch automatische Bogenlampe erfolgen kann. Die Vorteile der Nitralampe sind: Fortfall von Ruß- und Staubentwicklung, ein stets reiner Apparat ohne Verbrennungsrückstände, Fortfall einer Abzugsvorrichtung für die Verbrennungsgase. Als Vorteil der Bogenlampe ist die größere Lichtausbeute in Lumen je Watt zu erwähnen. (Vgl. S. 85.)

Der Apparat von Busch hat eine horizontale Lage des Kompressoriums, wodurch Bruchgefahr verringert wird, ferner einen Kreuztisch, der systematisches Durchsuchen ermöglicht. (Abb. 21 und 22).

Für große Anlagen empfiehlt es sich bei Gleichstrom einen Einankerumformer zur Herabsetzung der Spannung von 110 oder 220V auf 17 V, wodurch die großen Widerstände, die sonst für jedes Trichinoskop erforderlich sein würden, und die elektrische Leistung unausgenutzt vergeuden, in Fortfall kommen. Bei Wechselstrom sollen auch in kleinen Anlagen automatisch regulierende Transformatoren eingebaut werden.

Ob in einem Betriebe Mikroskop- oder Trichinoskopbetrieb oder wechselweise die eine oder die andere Untersuchungsart eingeführt werden soll, richtet sich nach der Höchstzahl der an einem Tage zu untersuchenden Schweine. Diese soll für das Trichinoskop wenigstens 100 erreichen, wenn nicht die Kosten und Unterhaltung höher sein sollen als bei Benutzung von modernen Mikroskopen. Andererseits ist aber auch in Betracht zu ziehen, daß sich bei Verwendung des Trichinoskopes Personal sparen läßt bzw. das vorhandene weit leistungsfähiger gemacht wird. Nach Dr. Böhm untersuchen zwei Mann mit Trichinoskop bei 70facher Vergrößerung in einer Stunde 20 Schweine, mit dem Mikroskop nur 15. Weiterhin soll ein Beschauer mit dem Trichinoskop in achtstündiger Arbeitszeit nicht mehr als 72, mit dem Mikroskop nicht mehr als 58 Schweine untersuchen. Ein Teil der Arbeitszeit entfällt auf Herstellung der Präparate. Entsprechend lange Ruhepausen sind einzulegen. Für gesalzenes und geräuchertes Fleisch empfiehlt sich die allgemeine Untersuchung mittels des Trichinoskops nicht.

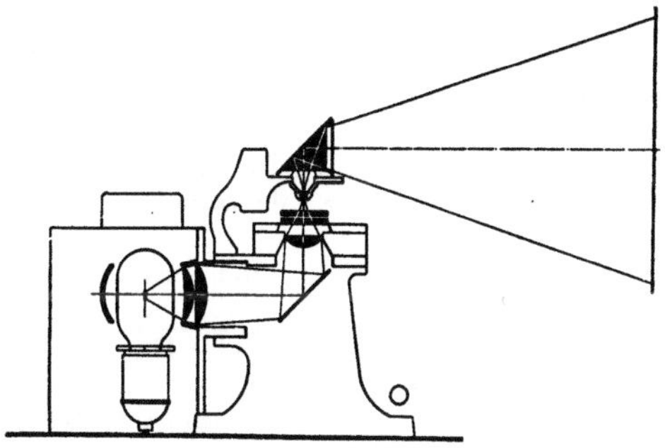

Abb. 22. Strahlengang im Busch-Trichinoskop.

Über die Kosten der Trichinenschau bzw. die Bezahlung der Schauer gibt die folgende Tabelle (S. 88) hinreichend Aufschluß. Man kann annehmen, daß ein Betrag von 50 Rpf. Untersuchungsgebühr ein normaler ist, und daß bei Einhaltung dieses Preises eine Schlachthofgemeinde nie in die Lage kommen wird, bei bester Durchführung einen Zuschuß gewähren zu müssen.

Dr. Garth gab eine interessante Zusammenstellung über die Untersuchungskosten bei Mikroskop und Trichinoskop unter Zugrundelegung einer Untersuchung von 30000 Schweinen. 300 Arbeitstage je 10 Stunden angenommen. 50 Rpf. Gebühr. Mit dem Trichinoskop können 100 Schweine in 300 Minuten, also 6 Stunden, mit dem Mikroskop in 1800 Minuten, also 30 Stunden untersucht werden, Personal beim ersteren: 2 Schauer und 1 Probenehmer, evtl. 1 eigener Mann zur Präparatanfertigung, Wechsel in gewissen Zeitabständen, für Mikroskop 6 Schauer und 1 Probennehmer.

| Trichinoskop: | | Mikroskop: | |
|---|---|---|---|
| Zur Untersuchung | 1 Mann | Zur Untersuchung | 6 Mann |
| Präparatanfertigung | 1 „ | | 0 „ |
| Probennehmer | 1 „ | | 1 „ |
| | 3 Mann | | 7 Mann |
| 1. Gehalt 3 × 1500 RM. | 4500 RM. | Gebühren | |
| | | 30 000 × 50 Rpf. | 15 000 RM. |
| | | Probennehmer | 1 500 „ |
| 2. Betriebskosten | | | |
| 300 Tage je 5 Std. | 1500 Std. | | |
| a) Kohlenstifte 1500 × 7 Rpf. | 105 RM. | | |
| b) Strom 1500 kW. × 25 Rpf. | 375 „ | | |
| | 480 RM. | | |
| 3. Wäsche | 76 „ | Wäsche | 76 RM. |
| 4. Verzinsung und Amortisation | 100 „ | Verzinsung | 100 „ |
| | 5156 RM. | | 16 676 RM. |
| 1 Untersuchung kostet 17,2 Rpf. | | 1 Untersuchung kostet 55,8 Rpf. | |
| 5. Dazu evtl. 2. Mann zur Untersuchung | 1500 RM. | | |
| | 6656 RM. | | |
| 1 Untersuchung kostet 22,18 Rpf. | | | |
| 6. Rücklagen für Pensionen | | Pensionsrücklagen 7 × 300 RM. | 2 100 RM. |
| 300 × 4 RM. | 1200 RM. | | |
| | 7856 RM. | | 18 776 RM. |
| 1 Untersuchung kostet 26,18 Rpf. | | 1 Untersuchung kostet 62,58 Rpf. | |
| 7. Verwaltungskosten 15 Rpf. pro Std. | | Verwaltungskosten pro Std. 15 Rpf. | |
| 1 Untersuchung kostet rund 42 Rpf. | | 1 Untersuchung kostet rund 78 Rpf. | |

Bei Annahme von 60000 Schweinen, mehreren Apparaten je 2 Mann zur Untersuchung:

**Trichinoskop:**

| | |
|---|---|
| 200 Schweine je 3 Min. = 600 Min. | 10 Std. |
| Gehalt für 6 Mann | 9 000 RM. |
| $1^1/_2$ Probennehmer | 2 250 „ |
| Kohlen | 210 „ |
| Strom | 375 „ |
| Wäsche | 100 „ |
| Verzinsung | 200 „ |
| | 12 135 RM. |
| 1 Untersuchung kostet 20,25 Rpf. | |
| Pensionsrücklagen $7^1/_2 \times 300$ RM. | 2 250 RM. |
| 1 Untersuchung kostet | 23,97 Rpf. |
| Verwaltungskosten | 15,00 „ |
| Zusammen rund | 39,00 Rpf. |

**Mikroskop:**

| | |
|---|---|
| 200 Schweine je 18 Min. = 3600 Min. | 60 Std. |
| 12 Mann je 5 Stdt. Gebühr | 30 000 RM. |
| $1^1/_2$ Probennehmer | 2 250 „ |
| Wäsche | 100 „ |
| Verzinsung usw. | 200 „ |
| | 32 550 RM. |
| 1 Untersuchung kostet 54,25 Rpf. | |
| Dazu Pensionsrücklage $13^1/_2 \times 300$ RM. | 4 050 RM. |
| | 36 600 RM. |
| 1 Untersuchung kostet | 61,00 Rpf. |
| Dazu Verwaltungskosten | 15,00 „ |
| Insgesamt | 76,00 Rpf. |

Nach dem Veterinärbericht des Reichsgesundheitsamtes wird die Trichinenschau, die nicht in allen Schlachthöfen obligatorisch durchgeführt wird, zwangsweise in 539 = 73,8% aller Schlachthöfe ausgeübt. Mit dem Mikroskop allein arbeiten 445 = 82,5%, mit dem Trichinoskop 59 = 10,9% Schlachthöfe. Mit beiden Apparaten arbeiten 35 = 6,5% Schlachthöfe.

Nach dem eigenen statistischen Material wird die Beschau ausgeführt in 68 % Fällen durch männliches, in 22 % durch weibliches und in 10 % der Fälle durch männliches und weibliches Personal, wobei das erstere hauptsächlich zur Probennahme und Abfertigung verwendet wird.

Die Höchstziffer der zur Untersuchung kommenden Schweine schwankt ganz beträchtlich. Es werden von einem Schauer untersucht:

| | | | | | | | | | | | |
|---|---|---|---|---|---|---|---|---|---|---|---|
| 20—25 | Stück | Tagesleistung | in | 80 | Städten | 60 | Stück | Tagesleistung | in | 25 | Sädten |
| 30 | „ | „ | „ | 77 | „ | 70 | „ | „ | „ | 19 | „ |
| 40 | „ | „ | „ | 63 | „ | 75 | „ | „ | „ | 32 | „ |
| 45 | „ | „ | „ | 55 | „ | 100 | „ | „ | „ | 2 | „ |
| 50 | „ | „ | „ | 13 | „ | 200 | „ (?) | „ | „ | 1 | Stadt |

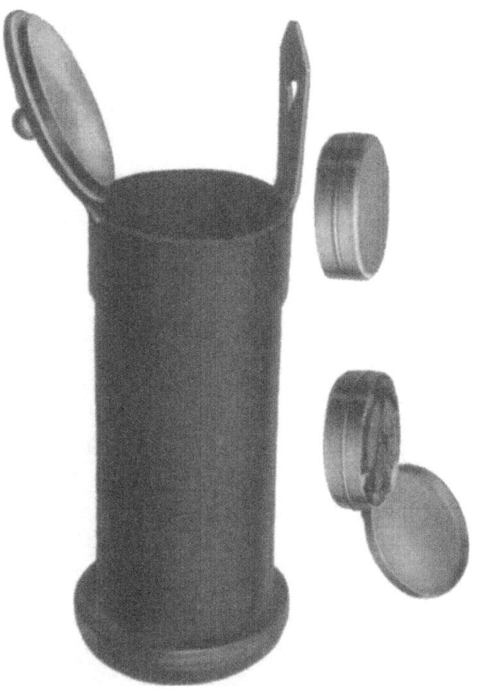

Abb. 23. Rohrpostbüchsen für Trichinenproben (von C. Aug. Schmidt Söhne, Hamburg).

Die angeführten hohen Tagesleistungen beziehen sich ausschließlich auf Trichinoskopbetrieb und werden sich auch nur dann ermöglichen lassen, wenn eigenes Personal zur Herstellung der Präparate zur Verfügung steht. Auch die Anzahl des jeweils zum Dienst einberufenen Schaupersonales und die Verwendung einer bestimmten Anzahl von Untersuchungsinstrumenten spielt hier eine wesentliche Rolle.

Zum Transport der Fleischproben nach dem Schauraum dienen, falls letztere über den Schlachträumen liegen, einfache Aufzüge mit zwei in entgegengesetzter Richtung laufenden Kästchen, deren eines die Proben enthält, das andere die Nummern der untersuchten Proben in die Halle befördert. Sind Schlacht- und Beschauraum weiter voneinander entfernt, so empfiehlt sich in großen Anlagen, um Zeitverluste durch lange Transportwege zu vermeiden, der Einbau von Rohrpostanlagen, welche auf automatischem Wege die Proben nach dem Schauraum befördern[1] (Abb. 23 und 24).

## Trichinenschaugebühren.

Es werden für die Trichinenschau verlangt:

| 20 | 30 | 40 | 45 | 50 | 60 | 65 | 70 | 75 | 80 | 100 | 125 | 200 Rpf. |
|---|---|---|---|---|---|---|---|---|---|---|---|---|
| in 3 | 8 | 23 | 11 | 102 | 18 | 4 | 3 | 20 | 4 | 84 | 3 | 2 Städten |

Die Gebühren von 50 Rpf. und 1 RM. scheinen die meistgeforderten zu sein. 46 Städte bezahlen die Schauer nach Stunden, Entlohnung je Stück erscheint zweckmäßiger.

[1] Vgl. Dtsch. Schlachthofztg **1930**, F. 5. Apparate der Firma C. A. Schmidt Söhne, Hamburg.

**Verwendung der Trichinenschauproben.** Zur Vornahme der Trichinenschau sind dem Schweine nach der bisherigen Methode vier Fleischstücke im Mindestgewichte von etwa 30 g zu entnehmen, nach der vereinfachten Methode genügt ein einziges Stückchen des Zwerchfellpfeilers im Gewichte von 5 g. (Über die Zahl der Proben siehe Verordnung des Ministeriums des Innern vom 3. Dezember 1923.)

In manchen Betriebsvorschriften findet sich die Bestimmung, daß die „Schlachtabfälle" der Schlachthofverwaltung bleiben und auf Grund dieser Bestimmung nahm auch eine Reihe von Schlachthofverwaltungen an, daß ihr auch die Trichinenschauproben zuständen. Demgegenüber sei folgendes erwähnt: Das Schwein, welches die Probe lieferte, ist Eigentum des Fleischers, Händlers oder Privaten und verläuft die Untersuchung negativ, so kann der Besitzer eigentlich verlangen, daß die Fleischteile nicht vernichtet werden. Wenn diese auch durch das Untersuchungsverfahren unansehnlich geworden sind, so sind sie doch nicht wertlos geworden. Eine Einzelrückgabe ist natürlich ausgeschlossen, wohl aber hat die Gesamtmenge der anfallenden Proben einen gewissen Verkaufswert. In großen Betrieben würden bei 1000 Schweinen an Proben etwa 30 kg im Werte von etwa 50—60 RM. entnommen werden. Für die Schlachthöfe besteht kein Recht, die Proben zu vernichten, und doch geschieht das in vielen

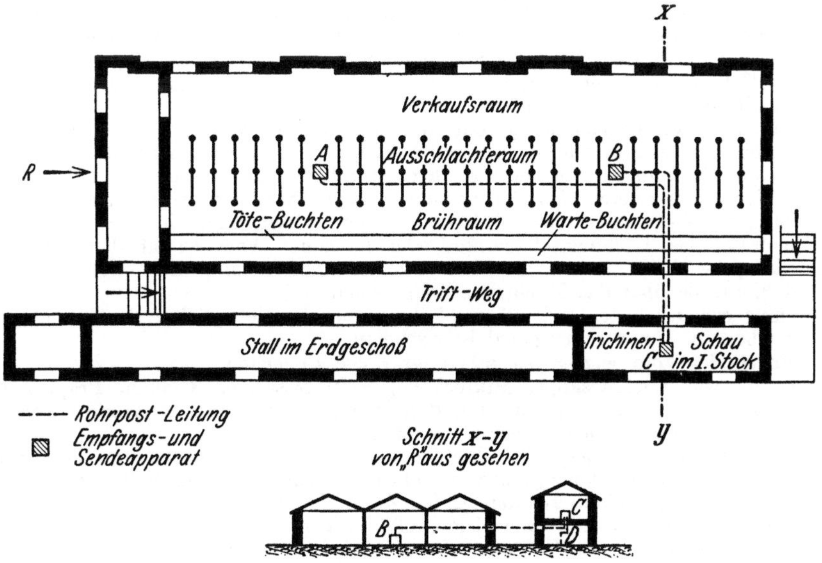


Abb. 24. Schema einer Rohrpostleitung für Probenbüchsen (C. A. Schmidt Söhne, Hamburg).

Städten. Auch eine Verarbeitung zu Futtermehl oder eine Verwendung zu Hundefutter ist nicht gerechtfertigt, da zur vollkommenen Beschlagnahmung kein Recht besteht.

Bedenklich ist die Überlassung der Proben an die Schauer oder Probennehmer, da diese dann ein begreifliches Interesse haben würden, möglichst große Proben zu entnehmen. Es geschieht das leider in vielen Schlachthöfen und ist zu bekämpfen, da es Sache einer Stadt ist, ihre Schauer so zu bezahlen, daß sie auf einen Nahrungsbeitrag aus dem Schlachthofe nicht angewiesen sind. Auch eine Abgabe der Proben an Bedienstete und Arbeiter, wie das in 22 Fällen geschieht, oder ein Verschenken der Proben z. B. an Armenhäuser ist ebenso unzulässig als eine Verwendung des Erlöses für die Schlachthofkasse selbst. Die Proben sind stets aus dem Eigentum eines anderen leihweise übernommen. Gegen eine Verwertung zugunsten der Schlachthofkasse spricht schon das Nahrungsmittelgesetz, laut welchem entnommene Proben bezahlt werden müssen. Nach einer Entscheidung des Sächsischen Oberverwaltungsgerichtshofes[1] ist eine Gemeinde nicht berechtigt, den Erlös der verkauften Proben den Eigentümern der untersuchten Tiere vorzuenthalten. Deshalb dürfen nur die bis zur Übernahme seitens des Besitzers erwachsenen Kosten für Transport, Aufbewahrung, Wägung und Verkaufsspesen in Abzug gebracht werden.

Es besteht lediglich ein Recht auf Beschlagnahme von Proben und Schweinen, wenn solche als mit Trichinen behaftet befunden worden sind. Solange seitens der Schweinebesitzer, der Fleischer, ein Einspruch gegen eine geldliche Verwertung der angefallenen Proben nicht geltend gemacht wird, hat allerdings die Schlachthofdirektion keine Veranlassung, die Proben nicht

[1] Vgl. Ostertag: Handbuch der Fleischbeschau, 8. Aufl., Bd. II, S. 206.

irgendeiner zweckmäßigen Verwendung zuzuführen. Sie kann diese zu vollem Fleischpreis dem Beschaupersonal überlassen und wird damit verhindern, daß übermäßig große Proben entnommen werden, sie kann einen Verkauf auf der Freibank zulassen und den Erlös hierfür gesondert vereinnahmen und verrechnen. In kleinen und mittleren Schlachthöfen wird der Erlös aus solchen Proben kein namhafter sein, wohl aber in großen Anlagen, wo z. B. vor dem Kriege in Berlin 24000 RM., in Nürnberg 4250 RM, in Königsberg 2000 RM., in Frankfurt a. M. 2200 RM., in Halle 1800 RM., in Elberfeld 1600 RM., in Magdeburg 1568 RM erlöst worden sind.

Die gerechteste Lösung dieser Frage würde darin liegen, die jeweils erzielten Erlöse abzüglich der Spesen den Innungskassen auszubezahlen.

Für die Durchführung des Trichinenschaudienstes sind eigene Bestimmungen maßgebend, von welchen eine solche des Schlachthofes Frankfurt a. M. im Wortlaut nachstehend angeführt werden soll:

### Dienstvorschriften für das Trichinenschauamt der Stadt...[1].

#### A. Allgemeines.

§ 1. Das städtische Trichinenschauamt dient der Untersuchung von Fleisch von Schweinen, Wildschweinen und Hunden auf Trichinen. Die Aufsicht führt der Trichinenschauvorsteher, in dessen Abwesenheit der Obertrichinenschauer; beide unterstehen dem Obertierarzt und der Direktion des Schlacht- und Viehhofes.

§ 2. Das Trichinenschaupersonal setzt sich zusammen aus: 1. dem Obertrichinenschauer, 2. den etatsmäßigen Trichinenschauern, 3. den Hilfstrichinenschauern und 4. den Probeentnehmern. Dieselben müssen die auf Grund des BBE. vorgeschriebene theoretische und praktische Trichinenschauprüfung abgelegt haben und diese viermal alle drei Jahre wiederholen.

§ 3. Die Dienstzeit richtet sich nach den jeweiligen Schlachtzeiten; der Obertierarzt setzt jeweils mit Genehmigung der Direktion die Diensteinteilung fest und beruft die Hilfstrichinenschauer. Die Trichinenschauer haben ihren Dienst pünktlich anzutreten und ihre Dienststunden genau einzuhalten. Ist ein Trichinenschauer durch Krankheit oder einen anderen Grund verhindert, seinen Dienst anzutreten, so hat er rechtzeitig dem Vorsteher Mitteilung zu machen. Im Krankheitsfalle ist am dritten Tage ein ärztliches Attest vorzulegen.

§ 4. Dem Vorsteher des Trichinenschauamtes oder in seiner Abwesenheit dem Obertrichinenschauer obliegt die Verteilung der Fleischproben, das Eintragen der Untersuchung in die Trichinenschaubücher und die Aufsicht und Kontrolle über das Trichinenschaupersonal.

§ 5. Die Trichinenschauer haben sich während ihres Dienstes der größten Ruhe und Ordnung zu befleißigen; das Rauchen im Untersuchungssaal ist verboten.

Den Anordnungen der Vorgesetzten ist unbedingt Folge zu leisten.

Alle Instrumente, wie Trichinoskope, Mikroskope, Kompressorien, Scheren, Präpariernadeln, Messer und Blechbüchsen sind stets in gutem, reinem und jederzeit brauchbarem Zustande zu erhalten. Etwaige Mängel sind sofort dem Obertrichinenschauer zu melden.

§ 6. Die Probeentnehmer sind geprüfte Trichinenschauer und haben die zur Trichinenuntersuchung notwendigen Fleischproben zu entnehmen, und zwar bei ganzen Schweinen oder halben zubereiteten Schweinen je in der Mindestgröße einer Haselnuß aus den beiden Zwerchfellpfeilern am Übergang in den sehnigen Teil. Beim Fehlen der Zwerchfellpfeiler sind zwei gleichgroße Proben aus dem Rippenteile des Zwerchfells oder aus den Bauchmuskeln zu entnehmen. Ist nur ein Zwerchfellpfeiler vorhanden, so ist aus diesem eine doppelt haselnußgroße Probe zu entnehmen. Von zubereitetem Fleisch (Pökelfleisch, Schinken und Speckseiten) sind von jedem einzelnen Stück 3 fettarme Proben je in der Mindestgröße einer Bohne von verschiedenen Stellen und womöglich aus der Nähe von Knochen oder Sehnen zu entnehmen.

Zugleich mit der Probeentnahme wird das zu untersuchende Schwein oder Fleischstück mittels Tintenstift mit einer Nummer versehen, die übereinstimmt mit der Nummer der Probebüchse, in die die Fleischproben gelegt werden, bei frisch geschlachteten, ganzen oder halben zubereiteten Schweinen werden die Innenflächen der beiden Unterschenkel und die Zunge numeriert.

Die Büchsen mit den Fleischproben gelangen dann zugleich mit dem Überweisungsschein, auf dem der Besitzer und die Zahl der Schweine verzeichnet sind, zum Trichinenschauamt, wo sie durch den Obertrichinenschauer an die Beschauer zur Untersuchung verteilt werden. Dieser trägt den Namen des Trichinenschauers, des Besitzers, die genaue Zeit und das Ergebnis der Untersuchung in das Trichinenschaubuch ein. Jeder Trichinenschauer hat die Nummern der von ihm untersuchten Schweine bzw. Fleischstücke in eine besondere Kontrolliste einzutragen.

Für die mit dem Trichinoskop ausgeführten Untersuchungen und für die Untersuchung ausländischen Fleisches sind besondere Bücher zu führen.

#### B. Anweisung für die Untersuchung.

§ 7. Von jeder Fleischprobe hat der Beschauer bei Speck 2, mithin im ganzen 6, bei einzelnen Fleischstücken 4, mithin im ganzen 12, bei ganzen oder halben frischen oder zubereiteten Schweinen beim Vorhandensein beider Zwerchfellpfeiler 7, mithin im ganzen 14, beim Vorhandensein nur eines Zwerchfellpfeilers 14 haferkorngroße Stückchen aus verschiedenen Stellen möglichst am Übergang in sehnige Teile in der Längsrichtung der Fleischfasern auszuschneiden und zwischen den Gläsern des Kompressoriums so zu quetschen, daß durch die Präparate gewöhnliche Druckschrift deutlich gelesen werden kann. Ist das Fleisch der zu untersuchenden Stücke trocken und alt, so sind die Präparate vor dem Quetschen mittels Kalilauge zu erweichen. Müssen bei ganzen oder halben zubereiteten Schweinen der Rippenteil des Zwerchfells oder die Bauchmuskeln zur Probeentnahme verwendet werden, was durch den Probeentnehmer dem Obertrichinenschauer zu melden ist, so sind aus jeder Probe 14, mithin im ganzen 28 haferkorngroße Stückchen auszuschneiden.

---

[1] Nach Jahrbuch für Schlacht- und Viehhöfe 1929/30, Dienstvorschriften der Stadt Frankfurt a. M.

Die Kompressorien sind in 28 Felder eingeteilt, so daß mit einem Kompressorium zwei ganze Schweine oder 4 Speckseiten auf einmal untersucht werden können. Unmittelbar vor der Durchmusterung ist das Kompressorium nochmals gründlich von Schmutz und Fingerabdrücken zu reinigen.

§ 8. Die Untersuchung mit dem Trichinoskop wird in der Weise gehandhabt, daß je zwei Beschauer ein Trichinoskop bedienen, die abwechselnd die Präparate anfertigen bzw. diese untersuchen.

§ 9. Jeder Beschauer muß mit der Einrichtung und Handhabung des Mikroskops und ganz besonders des Trichinoskops vollkommen vertraut sein. Die Untersuchungen müssen mit größter Sorgfalt und Gewissenhaftigkeit ausgeführt werden. Ergeben sich bei der Trichinoskopuntersuchung verdächtige Stellen, deren Natur mit Hilfe des Trichinoskops nicht sicher festzustellen ist, so sind sie mit dem Mikroskop nachzuprüfen. Trichinenfunde sind sofort dem Obertrichinenschauer zu melden.

Entdeckt der Trichinenschauer in den untersuchten Fleischproben Finnen, Verkalkungen, Miescher'sche Schläuche oder Gebilde, deren Natur ihm zweifelhaft oder unbekannt ist, so ist ebenfalls unverzüglich dem Obertrichinenschauer Meldung zu erstatten, der den Fall prüft und das weitere veranlaßt.

§ 10. Auf die mikroskopische Untersuchung der Proben eines Schweines oder eines halben zubereiteten Schweines einschließlich der Herstellung der Präparate sind mindestens 10 Minuten, auf die mikroskopische Untersuchung eines einzelnen Stückes Speck mindestens $4^1/_2$ Minuten, auf die Untersuchung sonstiger einzelner Fleischstücke mindestens 9 Minuten zu verwenden. Erfolgt die Untersuchung mit dem Trichinoskop, so sind auf die Untersuchung eines Schweines oder eines halben zubereiteten Schweines (einschließlich der Herstellung der Präparate) mindestens sechs Minuten, bei Benutzung von Ersatzproben aus dem Rippenteile des Zwerchfells oder aus den Bauchmuskeln mindestens 12 Minuten auf die Untersuchung eines Stückes Speck mindestens 5 Minuten, auf die Untersuchung sonstiger einzelner Fleischstücke mindestens 8 Minuten zu verwenden.

§ 11. Im allgemeinen dürfen von einem Trichinenschauer an einem Tage mit dem Mikroskop nicht mehr als 36 Schweine oder ebensoviele halbe zubereitete Schweine oder 72 Speck- oder 45 sonstige Fleischstücke untersucht werden. Ausnahmsweise dürfen jedoch an einem Tage bis 45 Schweine oder ebenso viele halbe zubereitete Schweine oder 90 Speck- oder 52 sonstige Fleischstücke untersucht werden. Mit dem Trichinoskop dürfen im allgemeinen von einem Trichinenschauer an einem Tag nicht mehr als 60 Schweine oder ebenso viele halbe zubereitete Schweine oder 144 Speck- oder 72 sonstige Fleischstücke, ausnahmsweise jedoch 75 Schweine oder ebenso viele halbe zubereitete Schweine oder 180 Speck- oder 90 sonstige Fleischstücke untersucht werden.

§ 12. Ergeben die Untersuchungen keinen Grund zur Beanstandung, d. h. sind die untersuchten Fleischproben frei von Trichinen, Finnen, Miescherschen Schläuchen oder Kalkeinlagerungen, dann werden die diesbezüglichen Schweine, Pökelfleisch oder Speckseiten durch die Probeentnehmer, denen das Ergebnis durch den Obertrichinenschauer mitgeteilt wird, mit dem Stempel „Trichinenfrei Frankfurt a. M." abgestempelt, und zwar bei frischen Schweinen und Hunden mit je einem Stempel auf die Innen- und Außenfläche der Hinterschenkel und die Schulter, bei Wildschweinen auf die Innenflächen der beiden Hinterschenkel und in der Nähe des Schaufelknorpels.

Die Probeentnehmer sind verpflichtet, bevor sie die Abstempelung der Schweine für die Trichinenschau vornehmen, die zutage tretende Muskulatur sorgfältig auf Finnen zu untersuchen und, falls Finnen vorhanden sind, dem diensthabenden Tierarzt Meldung zu erstatten.

§ 13. Den Trichinenschauern und Probeentnehmern ist strengstens verboten, Proben, sei es von beanstandetem oder nicht beanstandetem Fleisch, mit nach Hause zu nehmen. Die tagsüber gesammelten Proben sind jeweilig nach Dienstschluß der Freibank gegen Quittung abzuliefern.

§ 14. Die Entlohnung der Trichinenschauer erfolgt, soweit sie etatsmäßig angestellt sind, nach der städtischen Besoldungsordnung vom 1. Januar 1920; Hilfstrichinenschauer erhalten Stücklohn nach dem hierüber aufgestellten Tarif.

# III. Räume zur Einstellung von Tieren.

## 1. Ausspannstallungen.

Es wird stets vorteilhaft sein, diese so zu legen, daß sie in nächster Nähe der Einfahrt und der Betriebsräume ihren Platz finden. Die glatte Abwicklung des Verkehrs macht es wünschenswert, diese stets rechts von der Einfahrt zu legen (Bamberg, Ludwigshafen), dort aber auch zugleich Schuppen zur Unterstellung von Wagen bereitzustellen. Es ist eine bekannte Erfahrungssache, daß wenn solche Schuppen nicht vorhanden sind, sie lebhaft verlangt werden; sind sie aber vorhanden, so werden sie wenig oder gar nicht benutzt. In den Betriebsvorschriften muß, um Unfälle zu verhüten, angeordnet werden, daß es verboten ist, Pferde unbeaufsichtigt unangebunden im Hofe stehen zu lassen. Auch darf das Stehenlassen von Wagen an einem beliebigen Platze nicht geduldet werden, weil damit der freie Verkehr beeinträchtigt wird. Mit der Zunahme des Kraftwagenverkehrs, des Lastautos, wird eine Zeit kommen, in welcher Pferdeausspannstallungen wenig oder gar nicht mehr benutzt werden, so daß auch die bisher für Pferde benutzten Räume ganz oder zum Teil für andere Zwecke dienstbar gemacht werden können. In Pferdestallungen im Schlachthofe ist die Anbringung von Futtertrögen und Raufen entbehrlich, da die Pferde dort nicht gefüttert zu werden brauchen. Angebrachte Lattierbäume verhindern gegenseitige Verletzungen.

Will man in ganz kleinen Anlagen eigene Einstellstallungen für Pferde sparen, so müssen mindestens sehr gut verankerte Anbindringe an der Außenseite von Gebäuden oder an Zäunen vorhanden sein. Evtl. wäre auch daran zu denken, hier einen Hinterstellungsplatz für einen Tiertransportwagen zu schaffen[1], wie solche in vielen Schlachthöfen mit oder ohne Subvention seitens der Tierschutzvereine beschafft werden, um bei vorkommenden Unglücksfällen und beim Transport von kranken Tieren einen solchen zur Verfügung zu haben.

## 2. Ställe für Schlachtvieh.

Zahl und Lage derselben richtet sich nach der Größe der Anlage. Ist es schon in kleinen Schlachthöfen nicht ratsam, die Ställe in unmittelbare Nähe des Schlachtraumes zu legen oder gar solche direkt an Schlachthallen anzubauen, so erst recht nicht in größeren. Es liegt dann unbedingt die Möglichkeit nahe, daß Stallgerüche in den Schlachtraum eindringen und sich dem Fleische mitteilen, selbst wenn gut schließende Türen und hinreichende Lüftung vorhanden ist. Sind jedoch die Stallungen durch Verbindungsgänge vom Schlachtraume getrennt, so kann eine Nahelegung unbedenklich erfolgen.

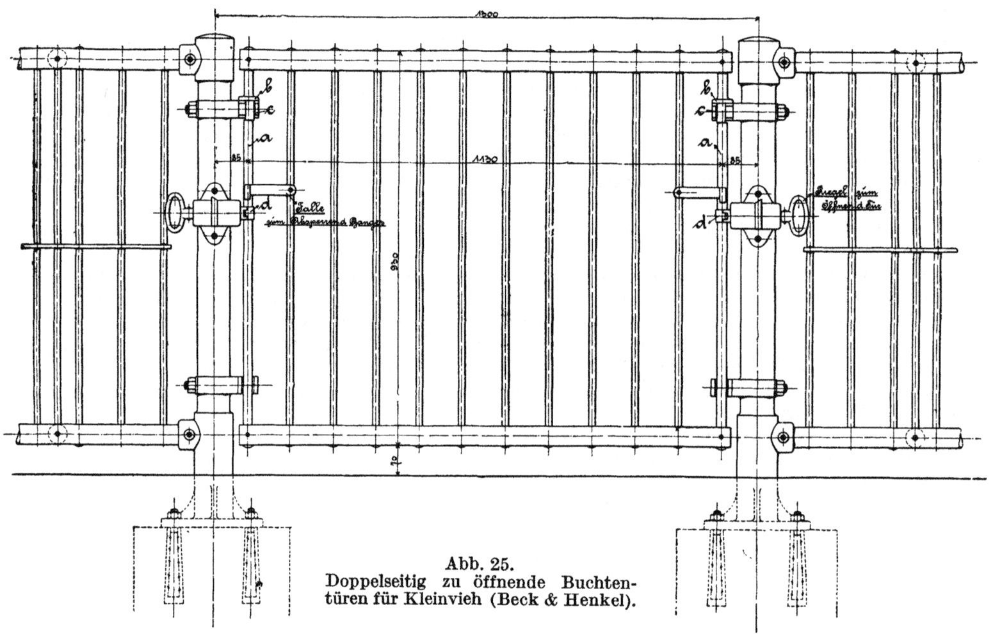

Abb. 25. Doppelseitig zu öffnende Buchtentüren für Kleinvieh (Beck & Henkel).

Hinsichtlich der Kleinviehstallungen unterscheidet man zwischen Einstellstallungen und Wartebuchten. Letztere werden sehr oft in unmittelbarem Anschluß an die Schlachträume angebaut. Sie unterscheiden sich von den Stallungen dadurch, daß hier eine längere Aufbewahrung der Tiere nicht beabsichtigt ist und deshalb auch Streu nicht zur Verwendung kommt. Es sollen diese nur Räume darstellen, in welche die Tiere unmittelbar vor der Schlachtung eingebracht und solange hinterstellt werden, bis sie zur Tötung kommen. In diesen Räumen werden dem gegebenen Bedürfnis entsprechend eine größere oder geringere Zahl von Buchten aufgestellt. Die Trennungswände müssen entweder aus Eisenbeton oder aber aus Gittern, welche auf Eisenbetonsockeln ruhen, hergestellt werden. Aus reinem Beton hergestellte Trennungswände haben sich nicht bewährt, weil sie mit der Zeit Risse zeigen, so daß die Buchtentüren aus dem Winkel kommen und sich nur schwer schließen lassen. Unter allen Umständen sollten hölzerne Trennungswände, wie man sie noch vielfach in alten Anlagen findet, vermieden werden, da sie schwer zu entseuchen sind. Man hat auch Gitter bewährt gefunden, welche statt auf Betonsockeln auf Eisenpfosten ruhen, weil damit die Möglichkeit geschaffen werden kann, von einem Standplatze aus eine Reihe von Buchten mit dem Spritzschlauch reinigen zu können.

Die Wartebuchten müssen stets so eingerichtet sein, daß Triebwege für die zum Töteplatz zu verbringenden Tiere geschaffen werden können, deshalb ist es auch zweckmäßig, die Türen so anzuordnen, daß sie nicht nur an beiden Seiten geöffnet werden können, sondern auch mit einer Seite an Angeln, welche auf der gegenüberliegenden Seite angebracht sind, einzuhängen sind.

[1] Bezugsfirmen: Schombart, Kassel, Chr. Miesen, Bonn, Jean Kunz, Cronberg, J. Frank, Regensburg.

Ursprünglich verwendete man zu diesem Zwecke Türen, deren Drehzapfen mittels Handhebels abwechselnd und paarweise aus ihren Lagern gehoben wurden. Solche Türen findet man auch heute noch in älteren Anlagen. Später wurden jedoch solche ohne bewegliche Drehzapfen, mit nach vorn offenen Lagern und zum Zuschlagen eingerichtet. Die Vorteile dieser Türen leuchteten ein, sie waren in ihrer Konstruktion außerordentlich einfach, da sie nur wenig bewegliche Teile und beim Zuschlagen eine selbsttätige Verriegelung besaßen. Das Öffnen erfolgt mittels Handgriffes, dessen Führung in einem Federkasten gelagert war. Die Last der Tür ruhte mittels Bund auf den zwei oberen offenen Lagern (siehe Abb. 25).

Diesen verbesserten Türen fehlte jedoch wie allen anderen noch eine absolut notwendige Vervollkommnung, welche darin bestand, daß wenn eine Seite geöffnet und noch nicht wieder gänzlich geschlossen war, man die andere Seite nicht öffnen konnte. Auch darf es nicht möglich sein, die Tür von beiden Seiten zugleich öffnen zu können, es mußte vielmehr darauf hingewirkt werden, daß ein Herausfallen der Tür aus ihren Lagern unbedingt und in jeder Weise zuverlässig verhindert wurde.

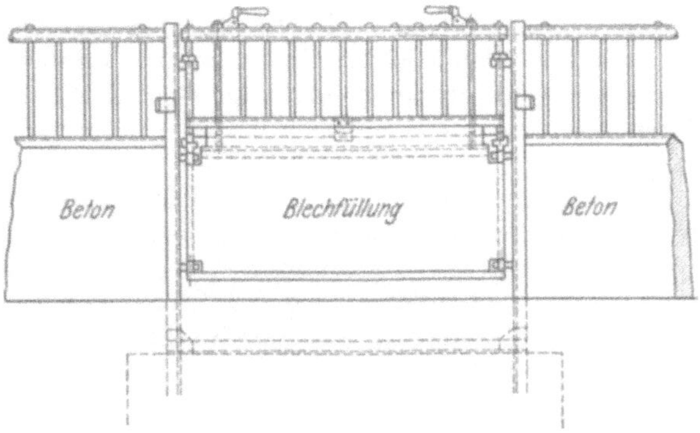

Abb. 26. Buchtentüre nach Beck & Henkel.

Diese Eigenschaft besitzt die neue unter Patentschutz stehende Tür von Beck & Henkel, Kassel, welche sich bereits in einer Reihe von Stallungs- und Viehmarktbuchten in letzter Zeit einführte: Essen, Bochum, Köln, Duisburg usw. (siehe Abb. 26).

Diese Buchtentüre besitzt ebenfalls nach vorn offene Lager, jedoch ist die Verriegelung nicht horizontal, sondern vertikal und auf den beiden Lagerstangen verschiebbar angebracht, welche durch einen Handhebel nur abwechselnd freigemacht werden können. Ist die Tür auf einer Seite geöffnet, so muß diese geöffnete Seite erst wieder vollständig geschlossen oder zugeschlagen sein, bevor die andere Seite zur Öffnung freigegeben ist. Ein Herausfallen der Tür aus ihren Lagern ist also in jeder Stellung gesichert und auch ein gleichzeitiges Öffnen von beiden Seiten zur Unmöglichkeit geworden.

Abb. 27. Transportkarren mit Kugellagern (offen).

Abb. 28. Kleinviehtransportwagen (Frank, Regensburg).

Im allgemeinen verwendet man heute für den unteren Teil der Abschlußwände in etwa 60 cm Höhe Eisenbeton, während der obere Teil von etwa 40 cm Höhe aus Gitterstäben besteht. Die Tür selbst wird im unteren Teil mit einer 60 cm hohen Blechfüllung vorgesehen. Teilweise findet diese vorerwähnte Konstruktion auch für Kleinvieh Anwendung, jedoch genügen hierfür meist bis zum Boden heruntergeführte Gitterwände. Diese Buchtentüren können auch mit einem einfachen, nur nach einer Seite zu betätigenden Verschluß versehen sein.

Die Einstellstallungen, also diejenigen Stallungen, in welchen die Tiere zum mindestens über Nacht, wenn nicht auf mehrere Tage untergebracht werden, müssen stets so gelagert werden, daß sie nicht allzuweit von der dazugehörigen Schlachthalle entfernt liegen. Bei Großvieh spielt die Entfernung schließlich eine geringere Rolle als bei Kleinvieh, besonders aber bei Schweinen, welche der Verbringung zum Töteraum meist Widerstand entgegensetzen[1].

[1] In einem schlesischen Schlachthof beschwerten sich die Anwohner des Schlachthofes über das beim Treiben der Schweine stets ausgelöste Geschrei, so daß man dazu übergehen mußte, von der Stallung aus einen unterirdischen Treibgang zu den Tötebuchten durchzuführen.

Handelt es sich lediglich um die Überquerung von Straßen, so stelle man drehbar einzurichtende Treibgänge her, die man in vielen Schlachthöfen findet. Ein anderer Ausweg ist auch die Anschaffung von leicht beweglichen Transportkarren mit und ohne automatischen Betrieb (Abb. 27, 28). Neuerdings werden hierzu auch Elektrokarren verwendet.

Die bauliche Ausstattung ist die in besseren landwirtschaftlichen Stallungen übliche. Über der Decke bringt man meistens die Futterlagerräume an, zu welchen ein einfacher Treppenzugang geschaffen werden muß. Praktisch ist, vom Futterboden nach den Stallräumen Einwurföffnungen für Heu, Häcksel usw. zu schaffen, doch müssen diese Öffnungen durch Deckel dicht gemacht werden können, um ein Eindringen von Stalldämpfen nach dem Futterlager zu vermeiden. Über den Ställen Räume für Arbeiter, Treiber oder Viehwärter zu schaffen, ist nicht zu empfehlen. Bei größeren Stallungen für Kleinvieh und Schweine wird auch die Anlage von Futterküchen nicht zu entbehren sein. In deren Nähe ist ein Dienstzimmer für den Viehwärter anzuordnen.

Luft, Licht und genügende Ventilation ist auch bei den Stallungen unentbehrlich. Die Fenster seien hinreichend groß, mindestens 1 qm und sollen diese Lüftungsflügel besitzen, die einzeln oder mittels entsprechender Vorrichtugen reihenweisen zu öffnen sind.

Was die Größenbemessung der Stallungen anlangt, so kann man als Norm nur angeben, daß sie für die doppelte Zahl der durchschnittlichen Tagesschlachtungen hinreichend bemessen sein sollen. Es läßt sich auch ermöglichen, daß bei außergewöhnlich starkem Zutrieb an Vieh

Abb. 29. Futtertröge für Schweine.

die Pferdestallungen dann zur vorübergehenden Einstellung von Großvieh aushilfsweise Verwendung finden können, wenn entsprechend niedrige Futterbarren vorgesehen werden.

Da die Ställe aber meistens nur den Tieren zum vorübergehenden Aufenthalt dienen, ist es zulässig, den Einzelraum knapp zu bemessen. Man rechnet an Standraum für:

a) Großvieh (einschließlich Krippe, aber ohne Gang):

Pferd 3 m lang, 1,0 bis 1,5 m breit = 3 bis 4,5 qm,
Rind 2,8 „ „ 1,0 „ 1,1 „ „ = 2,8 „ 3,3 „

Breite des Ganges zwischen zwei Pferden bzw. Rindern 2—2,5 m. Breite des Futterganges an der Wand 1,2 m, zwischen zwei Häuptern 0,8—1 m.

b) Kleinvieh. Ausschließlich eines 1,5 bis höchstens 2 m breiten Ganges rechnet man für Kälber 0,5—0,6 qm, für Schafe 0,4—0,5 qm an Raum für das Stück.

c) Schweine. Ausschließlich eines 1,2—1,5 m breiten Ganges genügen für gute Mittelschweine 0,6—1 qm je Stück.

Für Großviehkrippen kann die Ausführung mit halben Tonrohren, die fortlaufend aneinandergereiht werden können, empfohlen werden[1]. Die Herstellung von Trennwänden ist entbehrlich. Meist werden die Krippen wandständig angeordnet. Die Anbringung eines Ganges vor den Köpfen der Tiere als Futtergang ist nicht unbedingt nötig. Ist ein solcher beabsichtigt, so ist es auch nötig, die Rückwand der Krippe zu erhöhen, um ein Verschleudern des Futters tunlichst zu verhindern. An einer Seite der Krippen soll ein Wasserhahn zur Tränkung der Tiere angebracht werden, an der entgegengesetzten Seite — dorthin ist das Gefälle zu richten —

[1] Fikentscher, Zwickau, Tonwerke Friedrichsfeld, Baden, Tonwerke Schwandorf, Bayern u. a.

ein Ablaufhahn für das nicht mehr benötigte Wasser. Unterhalb der Krippen sind sehr gut verankerte Ringe zur Befestigung der Anbindketten anzubringen. Um Diebstahl der Ketten zu verhindern, wird es sich als zweckmäßig erweisen, diese an den Ring anzuschmieden oder festzunieten.

Für die Kleinviehstallungen sieht man wohl auch Raufen vor, wenn Abstellkälber dort zur Einstellung gelangen. Saugkälber jedoch werden aus Eimern getränkt.

Für die Fütterung von Schweinen gibt es verschiedene Arten von Trögen. Ton- oder Emailtröge verdienen stets wegen der leichten Reinhaltungsmöglichkeit den Vorzug. Auch glasierte Chamottetröge werden vielfach verwendet, werden aber leicht beschädigt. Besondere Beachtung verdienen auch die aus verzinktem Eisenblech hergestellten, sehr haltbaren Tröge, die meist als Kipptröge an den vorderen Buchtenwänden angebracht werden (Abb. 29). Bei feststehenden Trögen muß die oberhalb befindliche Wand aufhebbar sein, um die Tröge füllen zu können. Diese Art hat jedoch den Nachteil, daß die Reinigung nur vom Buchteninnern aus erfolgen kann.

In den Viehhofstallungen für Schweine trifft man in vielen Fällen wie erwähnt eigene Bademulden, um die Schweine nach langen Transporten bei heißer Zeit abzukühlen. Auch Buchten mit Brausen findet man, die dem gleichen Zwecke dienen.

In größeren Einstellstallungen sollen Tafeln aus lackiertem Holz in schwarzer Farbe nicht fehlen, um die Besitzer der Tiere vermerken zu können.

Für Kälber- und Schweinefütterung müssen in großen Anlagen stets eigene Trankküchen und ein Lagerraum für das nötige Futter, auch ein eigener Aufenthaltsraum für den Stallwärter vorhanden sein.

## 3. Schlachtpferdestallungen.

In Schlachthöfen mit zahlreichen Pferdeschlachtungen wird es sich als notwendig erweisen, eigene Stallungen für die zur Schlachtung kommenden Pferde bereitzustellen, da es sehr oft vorkommt, daß diese bereits am Tag vor der Schlachtung eingebracht werden. Aus diesem Grunde wird man auch für Fütterungsmöglichkeit durch Anbringung von Raufen und Barren Sorge tragen müssen. In kleineren Anlagen mit einer geringen Zahl von Pferdeschlachtungen hingegen wird es ganz gut als angängig bezeichnet werden können, daß die Pferde kurze Zeit im allgemeinen Pferdestall untergebracht werden (vgl. Kapitel IV, 9, 10).

## 4. Krankvieh- und Seuchenstallungen.

Die Schaffung von eigenen, räumlich getrennten Stallungen für krankes Vieh ist eine Notwendigkeit, nicht so sehr in kleinen, aber sicher in mittleren und großen Anlagen, die auch unter jeder Bedingung Stallungen für seuchenkrank befundene oder einer Seuche oder der Ansteckung verdächtige Tiere zu schaffen haben. Es ist stets wünschenswert, daß diese beiden Stallungen in unmittelbarer Nähe der Krankviehschlachträume ihren Platz finden, ferner aber auch, daß sie mit Leichtigkeit in allen Teilen nicht nur zu reinigen, sondern auch zu entseuchen sind. Für diese beiden Stallgattungen muß auch stets eine eigene, gleichfalls entseuchbare Düngerstätte mit entsprechender Abdeckung vorhanden sein. Notwendig ist es auch, daß diese Stallungen durch Zaunabschlüsse von dem übrigen Schlachtviehverkehr getrennt werden können und getrennten Zugang besitzen.

## 5. Wagenremisen und Kraftwagenräume.

Das Vorhandensein von Unterstellplätzen für Wagen der Fleischer bezweckt nicht nur den Schutz derselben vor den Unbilden der Witterung, sondern, genügend Raum in denselben vorausgesetzt, erhöhen sie auch die Ordnung in einem Schlachthof, soferne sie benutzt werden. Es wird stets darauf zu achten sein, daß sie in der nächsten Nähe der Ausspannstallungen liegen. Vielfach wählt man an Stelle massiver Gebäude seitlich offene, einfache Schutzdächer, unter welchem auch Hand- und Hofkarren ihren Platz finden. Mit der Zunahme der Kraftfahrzeuge werden diese Unterstandplätze mehr und mehr für diese benutzt werden. Deshalb ist auch daran zu denken, in der Nähe des Pförtnerhauses eine Tankstation für Benzin und Öl anzubringen, welche vom Pförtner zu bedienen sein wird. Im Schlachthof können auch für schlachthofeigene Autos geschlossene Boxen eingebaut werden, für deren Heizungsmöglichkeit in der kalten Jahreszeit Sorge zu tragen ist. Evtl. Wohnräume für Kraftfahrer der Schlachthöfe können in der Nähe oder über diesen Räumen vorgesehen werden, desgleichen Aufenthaltsräume für dort verkehrende Kraftfahrer. Auch für Kraftwagenwaschräume, für den Benutzung Gebühr erhoben werden könnte, kann Sorge getragen werden.

# IV. Räume zum Schlachten.

## 1. Großviehschlachthallen.

Die Großviehschlachträume dienen zur Vornahme von Schlachtungen von Rindern jeden Alters und Geschlechtes. In kleinen und mittleren Anlagen werden hier auch Kälber geschlachtet, für welche in großen Anlagen meist eigene Kleinviehschlachträume vorhanden sind.

Abb. 30. Großviehhalle mit wandständigen Winden, Dortmund.

Wenn auch Tierärzten ohne weiteres der Schlachtgang und die Reihenfolge der einzelnen mit der Schlachtung zusammenfallenden Geschäfte eingehend bekannt ist, so soll doch für Leser aus anderen Berufskreisen kurz angeführt werden, daß nach dem Eintrieb der Tiere diese an einen der vorhandenen Schlachtplätze geführt, dort mittels massiven Ketten an den vorhandenen Bodenringen festgelegt und unmittelbar darauf mittels Betäubungsapparaten bewußtlos gemacht werden. Im Anschluß daran werden die Halsgefäße geöffnet und erfolgt der Blutentzug. Die Aufhängung der Tiere soll tunlichst so erfolgen, daß die Bauchseite gegen die Fensterwand zugerichtet ist. Nach erfolgter Ausblutung wird mit dem Enthäuten einzelner Teile, der Beine, des Bauches und Kopfes begonnen, gleichzeitig die geschlachteten Tiere mittels Winden am Hinterteil hochgezogen, die Bauch- und Brusteingeweide herausgenommen und dann die Enthäutung vollendet. Nach erfolgter Fleischuntersuchung erfolgt mittels der automatischen Spreizen und nach Spaltung der Tiere in zwei Hälften die Überhängung der Tiere auf die Hochtransportbahn, die Verbringung zur Hochbahnwaage und die weitere Beförderung in gekühlte Abhängeräume. Nach erfolgter Reinigung des Schlachtplatzes kann sofort eine neue Schlachtung vorgenommen werden.

Abb. 31. Großviehhalle Bochum mit säulenständigen Winden und quergelegten Spreizen (Oberlicht).

Die Schlachtung von Kälbern erfolgt nach deren Einbringung meist auf Schlachtschragen. Die Tiere werden betäubt und entblutet und nach Eintritt der Bewegungslosigkeit an den Hinterbeinen an vorhandenen Hakenrahmen aufgehängt und die Eingeweide entnommen. Je nach örtlicher Gepflogenheit werden die Tiere entweder sofort enthäutet oder mit Fell in den Vorkühlraum gebracht, um erst später enthäutet zu werden. In manchen Gegenden werden die Kälber nach erfolgter Abstempelung in Fellen warm zur Wurstbereitung nach Hause mitgenommen.

Nur in ganz kleinen Schlachthöfen findet man gemeinschaftliche Schlachträume für sämtliche Tiergattungen, schon in mittleren wird man aber stets für jede Tiergattung getrennte Schlachträume vorfinden. Die Vornahme aller Schlachtungen in einem Raume in kleinen Anlagen mag unter der Bedingung angängig erscheinen, daß das Brühen der Schweine in einem gesonderten Raume vorgenommen wird. Die meisten Großviehschlachträume sind dreiteilig, kleine bestehen aus einem Gange, große haben bis zu 5 Gänge. Die Dreiteilung ist wohl das Zweckmäßigste, da die beiden Längsseiten zur Vornahme der Schlachtungen, der Mittelgang hingegen für den Verkehr benutzt werden kann. Die Schlachtstände (Winden und Spreizen) liegen fast immer an den Längswänden, und von diesen weg führen die Transportbahngeleise durch den Mittelgang zum Vorkühlhause.

In jüngster Zeit kommt man in großen Anlagen mehr und mehr von den wandständig angebrachten Winden (Abb. 30) ab, verlegt diese an die Gebäudetragsäulen (Abb. 31/32) und benutzt die Längsseiten der Schlachträume zur Anbringung der Ausfuhrgeleise für ausgeschlachtete Tiere, dann aber auch zur Heranbringung von Laufkatzen, welche die Tiere aufnehmen sollen.

An jedem Schlachtplatze, zum mindesten aber an jedem zweiten, müssen am Fußboden Anbindringe angebracht werden. Normalerweise werden die Ringanker 50—60 cm tief in Beton eingelassen, dessen Oberkante sich mit der Unterkante des Fußbodenbelages deckt. Die Ringe selbst so zu verlegen, daß sie auf den Fußboden zu liegen kommen, wird vorteilhafter sein als das Versenken in den Fußbodenbelag, da sich in den Mulden stets Unreinlichkeit wird halten können. Beim Fahren mit Wagen soll allerdings vermieden werden, den über dem Pflaster liegenden Ring zu überfahren, damit nicht im Laufe der Zeit die Wagen beschädigt werden.

Abb. 32. Großviehschlachthalle mit säulenständigen Winden.

In veralteten Anlagen beobachtet man in den Boden eingelassene, meist mit Granit umfaßte Rückenrinnen. Wenn diese auch eine Rückenlage ermöglichen, so sind die Betriebsleiter meist der Ansicht, daß sie nicht zu empfehlen sind, erstens wegen der schwierigen Reinigung, und zweitens weil sie den Wampenwagen sehr stark zusetzen und für den Verkehr gefährlich sind. Die Blutablaufrinne gleichzeitig an die Rückenrinne anzuschließen ist nicht zu empfehlen. Manche Schlächter können ferner sich von den altgewohnten Rückenschragen aus Holz nicht trennen, die doch viel zweckmäßiger durch solche aus Eisenrohren ersetzt würden. Auch einfache Buchen- oder Eichenholzklötze zur seitlichen Einschiebung werden vielfach benutzt. (Vgl. Kapitel: Einrichtungsgegenstände.)

## a) Winden, Transportbahnen und Spreizen.

In älteren Anlagen sieht man leider heute noch oft recht primitive Aufzugsvorrichtungen, wenn sich auch allerorts das Bestreben geltend macht, möglichst gute Hebevorrichtungen zu schaffen und insbesondere solche, welche den Vorschriften der Fleischereiberufsgenossenschaft hinsichtlich Sicherheit entsprechen. Insbesondere in solchen kleinen Anlagen, in denen, „um das Geld möglichst in der Stadt zu belassen", ja nichts von auswärts bezogen wird, findet man oft Einrichtungen, deren Beschreibung nicht der Mühe lohnt: alte Kammradwinden mit ratternden Sperrklinken, schmierige Hanfseile, an welchen die Rundhölzer hängen, an denen die Tiere ausgeschlachtet werden sollen. Vielfach, wie z. B. in München, konnte man beobachten, daß die Aufzugsseile durch die Gewölbe nach dem Dachraume gehen.

Die alten Rundhölzer, welche man früher durch die Sprunggelenke steckte, wichen dann zunächst der Rohrspreize mit Steckvorrichtungen. An diesen Winden und Spreizen blieb das Tier solange hängen, bis es genügend abgekühlt war, um es abnehmen zu können. In alten und veralteten Anlagen beobachtete man daher an den Wänden Winde an Winde in verschiedenen Entfernungen von den Längswänden, so daß die Tiere in 2—3 Reihen hintereinander hingen und, um für die Arbeit überhaupt Platz zu schaffen, bis zur Decke mit den primitiven Hebezeugen hochgewunden werden mußten, was ja vielleicht den Vorteil bot, daß Ratten und

Katzen, die oft einen Inventargegenstand eines alten Schlachthofes bildeten, nicht daran kommen konnten.

Die Schlachtplätze (Stände) sind in fast allen alten Anlagen ohne Transportbahn viel zu gering bemessen, und solche mit 1,5:3 m reichen bei weitem nicht aus, um ein bequemes Arbeiten zu ermöglichen. Licht und Bewegungsfreiheit sind beim Schlachten Hauptererfordernisse.

Abb. 33. Wandständige Einzel-Sicherheitswinde.

Es ist ohne weiteres ersichtlich, daß diese sog. feststehenden Winden verlangten, die Schlachthallen außerordentlich groß zu dimensionieren. Ein einfaches Beispiel möge das beweisen: Gesetzt den Fall, es wurden in einer mittleren Stadt täglich maximal 30 Stück Großvieh geschlachtet, so war dafür, wollte man nicht beim Arbeiten außerordentlich beengt werden, doch zum mindesten 30 mal 9 qm, also ein 270 qm großer Schlachtraum zu schaffen, da dieser höchste Tagesanfall eben untergebracht werden mußte. Oft beobachtete man, daß man nun, wenn die Schlachtplätze anfänglich wirklich leidlich groß genug waren, später zwischen die einzelnen Plätze weitere Winden einzubauen gezwungen war. Dadurch wurde der enge Platz noch geringer. Trotzdem diese alten Anlagen reichlich mit sehr primitiven Lüftungsvorrichtungen versehen waren, konnte nicht vermieden werden, daß das dort hängende Fleisch stark nachdunkelte und insbesondere im Sommer einen Tummelplatz für Fliegen bot.

Anfang des Jahres 1870 wurden nun die ersten einwandfreien Sicherheitswinden mit nicht schleudernder Handkurbel von der Firma Beck & Henkel, Kassel, geschaffen, welche zunächst allen Anforderungen in bezug auf große Hebekraft bei leichtester Bedienung und größter Sicherheit im Betriebe entsprachen. Die Tragkraft beträgt normalerweise 1250 kg. Die früheren Hanfseile wurden später durch Tiegelgußstahldrahtseile ersetzt, die eine bedeutend größere Widerstandsfähigkeit besitzen. Auch seitens anderer Firmen wurden späterhin solche Sicherheitswinden konstruiert.

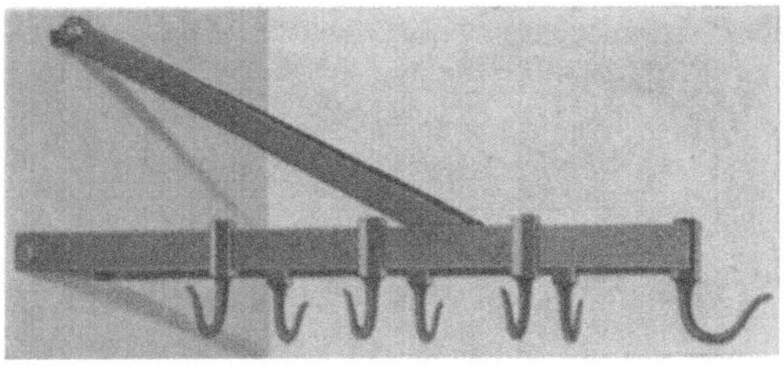

Abb. 34. Wandständige Hakenrahmen für Eingeweide.

Sofern nicht an den Gebäudesäulen Hakenrahmen zur Aufhängung von Eingeweideteilen, wie Lungen, Lebern, Zungen usw., angebracht werden sollen, können solche auch zweckmäßig zwischen je 2 Winden wandständig ihren Platz finden (Abb. 33, 35).

Abb. 35. Zwillingswinde.

Beistehende Abbildungen zeigen die heute geltenden Typen, und zwar von wandständigen Einzelwinden und von säulenständigen Doppelwinden (Abb. 34, 35).

Die Laufwindeneinrichtung bildete sozusagen den Übergang zur heutigen Hochtransportbahn, wenn sie auch heute fast vollkommen von der Bildfläche verschwunden ist. Sie ermöglichte zuerst eine etwas bessere Ausnutzung des Schlachtraumes und bestand darin, daß die an dem Windenlastteil mittels Querbaum aufgehängten Tiere nach dem Ausschlachten durch Laufkrane quer durch die Schlachthalle verschoben und mit dem Querbaum auf besonderen Trägern abgelegt wurden. Ein verschiebbarer Hängebock nahm die Spreizen in verschiedenen Höhenlagen auf, um die Tiere daran ausschlachten zu können und die Winde für weitere Schlachtungen frei zu machen. Diese Art des Schlachtens verlangte eine parallele Stellung der Spreize zur Wand. Eine selbstspannende Wirkung war natürlich nicht gegeben.

Die erste Hochtransportbahn wurde gebaut von Unruh & Liebig in Leipzig für die Städte

Meißen, Görlitz, Chemnitz, Zwickau, Barmen, Limbach, Gnesen, Hof, Budapest, Werden und Bunzlau nach System Moritz.

Allgemeine Einführung hat sich diese Anordnung nicht zu verschaffen gewußt. Sie bestand darin, daß die in Hängehölzern hängenden Rinderhälften auf die andere Seite der Schlachthalle mittels Winden und Laufkranen geschafft und dort auf Laufkrane abgelegt wurden, welche in die Längsrichtung der Halle gebracht sind und tiefer liegen als das Laufkrangeleis. Auf den Schienen befinden sich eigentümlich gestaltete Rädergestelle mit einer Vorrichtung zum Auflagern der Hängehölzer mit den Tierhälften. Ein solches Gestell wurde mittels Stange unter das Hängeholz geschoben, so daß letzteres, herabgelassen, vollständig auf dem Rädergestell ruhte und in das Kühlhaus geschoben werden konnte. Für jeden Schlachtstand war ein solches Fahrgestell erforderlich.

Man suchte weitere Verbesserungen zu schaffen, und eine solche fand Oberingenieur Scheld der Firma Beck & Henkel in Kassel, der von dem Gedanken ausging, daß die Zahl der Lauftransportgestelle, also auch die Anschaffungskosten, wesentlich verringert werden müßten, wenn die Neuerung Boden gewinnen sollte. Auch war er bestrebt, eine Konstruktion anzugeben, um die Hängehölzer ohne Benutzung eines Laufkrans auf die Fahrgestelle zu übersetzen. Die Hängehölzer wurden an den Enden mit Laufrollen versehen, und das geschlachtete Tier wurde samt dem Hängeholz auf zwei quer durch die Schlachthalle in einer Höhe von 3,2 m angebrachte Anhängeträger mit einer Spurweite von 1,6 m abgesetzt und dann fortgerollt. Diese Transportwagen waren in ihrer Längsausdehnung so konstruiert, daß sie die Tierhälften in rechtwinkliger Richtung zum Ausschlachtgeleise und in paralleler Richtung zum Transportgeleise abfahren konnten.

Die Aufnahmegabeln dieser Transportwagen konnten mittels Kettenzuges in Verbindung mit Rädervorgelegen bis zu einem gewissen Punkte niedergelassen werden, wo sich der Transportwagen genau vor dem Abhängeträger einstellte. Waren nun die Aufnahmegabeln in eine derartig tiefe Stellung gedreht, daß sie mit den Oberkanten der Träger korrespondierten, so wurde die Rollspreize auf die Gabeln gerollt, letztere mittels des Kettenzuges wieder in ihre senkrecht nach oben stehende Lage gebracht und dann die Tierhälften abgefahren. Aus dem Vorkühlhause wurde dann der leere Transportwagen mittels einer Schleppweiche auf ein Leergeleis übersetzt und wieder auf das Vollgeleis verbracht. Die schweren Transportwagen und das umständliche Auf- und Niederlassen der Gabeln wirkten erschwerend auf den Betrieb (Magdeburg und Halle). Diese Bahn aber war der Leipziger Transportbahn überlegen und viel billiger, bildete also bereits einen Fortschritt auf diesem Gebiete. (In Magdeburg noch im Betrieb.)

Eine vermeintliche Verbesserung dieser Anordnung, angegeben von Regierungsbaumeister Schmidt in Stettin, suchte die beweglichen Aufnahmegabeln fortzulassen und brachte feste, einseitig vorgebaute Aufnahmearme an, auf welchen die Spreizen gerollt wurden. Diese Transportvorrichtung hatte jedoch den Nachteil, daß die Aufnahmearme aufs genaueste mit den Abhängeträgern korrespondieren mußten, um ein sicheres Übersetzen zu ermöglichen und durch die starken Stöße bei Benutzung kamen gar bald Verbiegungen zustande, welche die Betriebssicherheit gefährdeten.

In Schlachthöfen ohne Transportbahn bildete hinsichtlich der Spreizverbesserung den ersten Fortschritt das sog. selbstspannende Winkelbreitscheid, das eigentlich heute für kleinste Schlachträume für diesen Zweck noch nicht übertroffen ist und vielfach noch in Pferde- oder Krankviehschlachträumen Verwendung findet. Auch Spreizen mit Steckvorrichtungen waren vielfach in Benutzung, und zwar an solchen Plätzen, wo nur geringe Raumhöhen vorhanden waren. (Vgl. Krankschlachtraum S. 130.)

Man war aber bestrebt, Vorrichtungen zu schaffen, welche einerseits die Schlachthallen entlasten, andererseits es aber ermöglichen, die geschlachteten Tiere mühelos in Räume zu bringen, in welchen sie, ohne hinderlich zu sein, bis zur Abnahme hängen bleiben konnten. Je nach Anlage des Schlachtraumes waren die Spreizen entweder rechtwinklig oder, was häufiger zutrifft, parallel mit der Längswand angebracht.

Jahrelang wetteifertern nun die einschlägigen Spezialfirmen, um etwas Vollkommeneres zu schaffen, bis es endlich der Firma Beck & Henkel bzw. deren Oberingenieur Scheld, der als Schöpfer der neuzeitlichen schlachthofstechnischen Einrichtungen angesprochen werden kann, gelang, das gesteckte Ziel in vollkommener Weise zu lösen. Und heute finden wir Hunderte von Schlachthöfen sowohl mit dem eingeleisigen als dem doppelgeleisigen Transportbahnsystem ausgerüstet. Die ersten Schlachthöfe, welche sich zu dieser Neuerung entschlossen, waren die von Braunschweig, Königsberg und Köln.

Die Schlachtgeleise- bzw. Windenabstände sollen nicht unter 2,5 m betragen. Kleinere Städte erhalten die Schlachtwinden nur an einer Längswand, während für größere Anlagen solche auf beiden Seiten angelegt werden, wobei der Abtransport durch die Mitte der Halle erfolgt. Der Vieheintrieb soll sich nicht mit dem Abtransport der Schlachtstücke überkreuzen.

Abb. 36. Elektrowinde für Großvieh.

In einigen größeren Schlachthöfen, wie Leipzig, Breslau, Chemnitz u. a., hat man die Aufzugswinden mit elektrischem Antrieb versehen, was sowohl eine Bequemlichkeit für die Fleischer bedeutet, dann aber auch den Schlachtbetrieb fördert (Abb. 36 u. 37.) Der Vorteil der Elektrowinden liegt insbesondere darin, daß die Winde über der Schlachtspreize angeordnet wird und innerhalb des Arbeitsbereiches keinen eigenen Raum beansprucht und gegen Beschädigungen jeder Art geschützt ist. Die Bedienungsschnüre sind unmittelbar neben der Spreize angebracht, so daß der Arbeitende nicht erst den Schlachtplatz zu verlassen braucht, um ein Tier hochzuwinden. Die verhältnismäßig hohen Kosten solcher Winden waren bisher einer allgemeinen Einführung hinderlich[1].

Die Transportbahn beginnt unmittelbar an jedem einzelnen Schlachtplatz und führt bis zum Abhängeplatz oder Vorkühlraum. Die einzelnen Schlachtgeleise schließen sich in Bogenform an die Verbindungs- oder Ausfahrtsgeleise an und erhalten feste Weichen an den Verbindungsstellen. Im Vorkühlhause sind wieder eine Reihe von Abzweigungen in das Geleis eingebaut, an Zahl dem gegebenen Bedürfnis entsprechend, auf welchen die Tierhälften an denn Transportwagen zur Vorkühlung hinterstellt werden. Die sinnreich konstruierten Weichen sind ohne eigene Umstellvorrichtung nach einer bestimmten Richtung zu durchfahren. Es genügt ein leichter Druck auf eine Seite, um ein Einfahren in das Geleise zu erreichen (Abb. 38 u. 39).

Abb. 37. Schlachthalle mit Elektrowinden.

Die Kosten der eingeleisigen Hochbahn sind, da nur eine Schiene in Betracht kommt, niedriger als die der doppelgeleisigen, bei welcher die Transportwagen zwischen je 2 I-Schienen auf deren Oberkanten laufen, und bei der auch die Aufhängungen der Geleise entsprechend höhere Kosten verursachen. Die eingeleisige Transportbahn fand bisher in etwa 1000 Schlachthöfen des In- und Auslandes Einführung, wohl der beste Beweis für deren Leistungsfähigkeit. Viele frühere Transportbahnen wurden inzwischen umgebaut.

In die Transportbahn ist stets unmittelbar vor deren Austritt aus dem Schlachtraum eine Hochbahnwaage eingebaut, um ganze hängende Tiere wiegen zu können. (Vgl. S. 102, Abb. 40.)

Die Transportbahn endigt im Vorkühlraum entweder in geraden Strängen oder aber, was zweckmäßiger ist, in Bogenschleifen, weil dadurch ein Rücktransport der leeren Laufkatzen in den Schlachtraum erleichtert wird. Im Schlachtraum beginnt evtl. auch die zum Düngerhaus führende Transportbahn. (Vgl. Kapitel Düngerhaus.) Solche Schleifen werden auch am Beginn der Transportbahn über den Schlachtplätzen eingebaut, weil dann von verschiedenen Stellen der Halle her Laufkatzen zur Benutzung hergebracht werden können. (Vgl. Abb. 41, Gr. V, Halle Dresden.)

Winden und Hochtransportbahn wären wertlos ohne das unentbehrliche Bindeglied: die Spreize. Es wurde bereits der starren Spreize, sowie der mit Steckvorrichtungen und des Winkelbreitscheites Erwähnung gemacht. Es wird wohl heute für mittlere und große Städte kein

[1] Vgl. auch Dtsch. Schlachthofztg **1931**, Folge 11. Feineinstellung von Elektrohebezeugen.

Schlachthof mehr ohne Hochtransportbahn, auf welcher die Schlachttiere nach einem Abhänge- oder Vorkühlraum verbracht werden können, gebaut. Man kennt zwei Arten der Hochbahn: die Ein- und die Zweischienenbahn. Für erstere sind vierrollige, für letztere zweirollige Laufkatzen zu verwenden, von welchen zunächst so viel anzuschaffen sind, als höchste Tagesschlachtungen vorkommen. Von diesen beiden Transportsystemen, welche im Jahre 1892 der

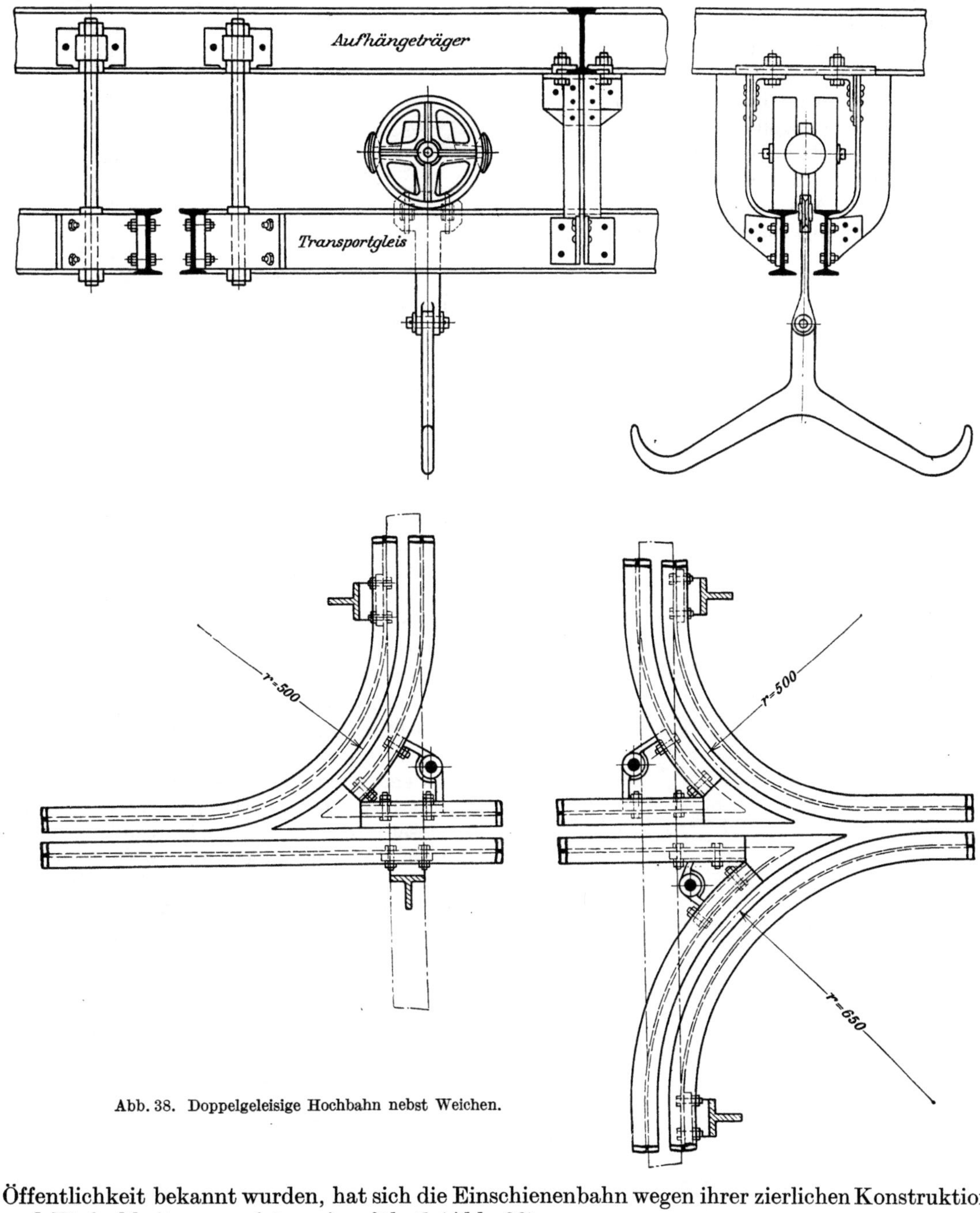


Abb. 38. Doppelgeleisige Hochbahn nebst Weichen.

Öffentlichkeit bekannt wurden, hat sich die Einschienenbahn wegen ihrer zierlichen Konstruktion und Einfachheit am meisten eingeführt[1] (Abb. 39).

Die Laufkatzen, zwei- oder vierrädrig, laufen im unteren Stege eines I-Trägers, dessen Profilstärke seiner größten, freitragenden Länge entsprechend gewählt wird und nur wenig Aufhängematerial benötigt, während die Zweischienenbahn, bei welcher die Laufkatzen auf

[1] Die meisten Großstädte wie Breslau, Danzig, Königsberg, Köln, Düsseldorf, Essen, Dortmund, Bochum, Elberfeld, Barmen, Frankfurt a. M., Stuttgart, Karlsruhe, Nürnberg besitzen diese. Auch im Auslande wurde sie vielfach nachgeahmt.

den oberen Stegen zweier nebeneinander gelegter II-Träger laufen, naturgemäß mehr Aufhängungsmaterial benötigt, um solche genügend stabil zu machen.

Der Wert der sog. automatischen Spreize liegt darin, daß das ausgespreizte und nach dem Schlachten halbierte Tier wieder in eine Stellung gelangt, in welcher die beiden Tierhälften sich einander nähern und dadurch ermöglicht wird, daß die an sog. Drillingshaken hängenden Hälften auf die Laufkatze der Transportbahn übersetzt werden können. (Die Ausspreizung erfolgt zur Erleichterung der Ausschlachtarbeit.) Nur dadurch ist eine Verbringung der beiden ganzen Tierhälften an einen anderen Platz möglich.

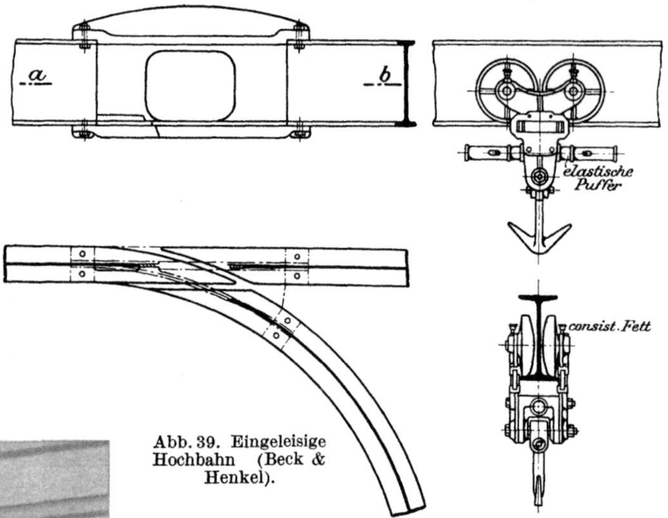


Abb. 39. Eingeleisige Hochbahn (Beck & Henkel).

Abb. 40. Hängebahnwaage (Schmidt & Co., Düsseldorf).

Die erste auf dem Markt erscheinende automatische Spreize konstruierte Oberingenieur Scheld der Firma Beck & Henkel. Auf zwei waagerecht laufenden Schienen sind endseitig Kerben angebracht, in welche die Achsen der Hänger, welche nur an einer Seite ein Einhängen der Drillingshaken gestatten, beim Ausspreizen des Tieres eingehängt werden. Dabei wird ein zwischen den beiden Schienen der Spreize liegender Kipphebel niedergedrückt, so daß der mittlere Teil jedes Hebels in der Richtung der Transportschiene nach aufwärts gedrückt wird. Soll nun das Tier überhängt werden, so wird dasselbe nur so weit hochzuwinden sein, daß diese Hebelendpunkte an die Hochbahn angedrückt werden, wodurch die Hänger aus den Kerben gehoben und auf einer dadurch entstehenden schiefen Gleitbahn nach der

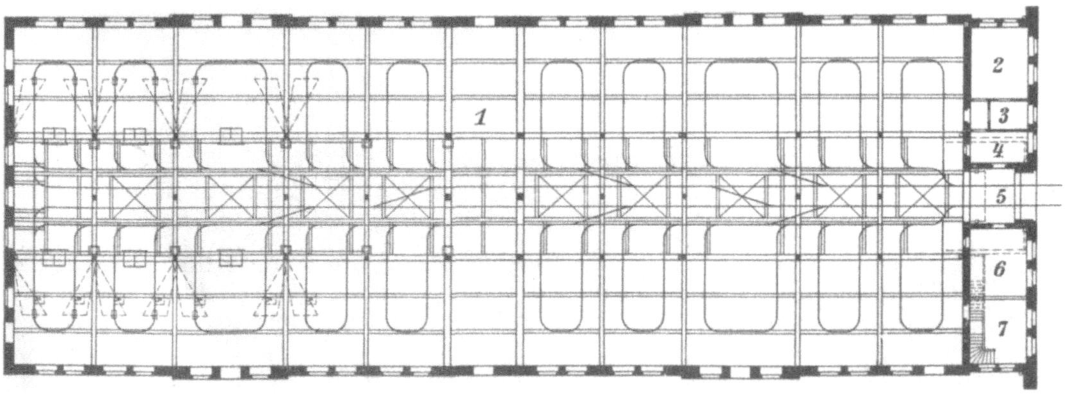


Abb. 41. Dresden, Großviehschlachthalle. Anordnung der Transportbahn und Ausfuhrgeleise.

Mittellinie zusammen geführt werden. Nun wird die Laufkatze herangefahren; durch Druck auf den Windenhebel senkt sich die Spreize, so daß der hintere Teil des Drillingshakens sich auf das Kuhhorn der Laufkatze auflegt, wodurch das Tier von der Spreize frei wird und abgefahren werden kann. Der Schlachtplatz kann dann sofort wieder benutzt werden. (Abb. 42 u. 43.)

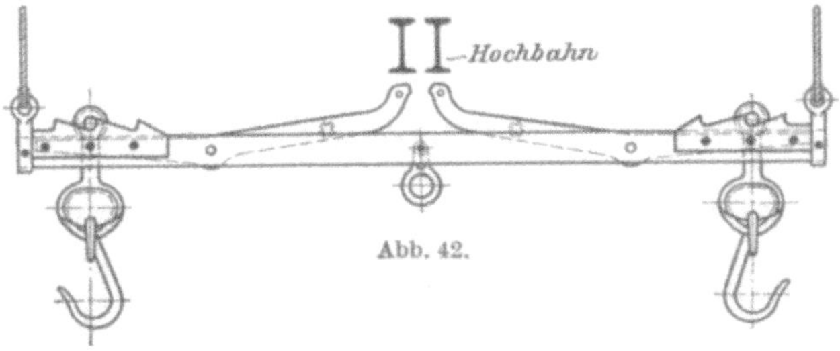

Abb. 42.

Das für diese Spreize angemeldete Patent wurde seinerzeit von der ehemaligen Firma Kaiser & Co. angefochten. Es durfte demnach auch vom Erfinder nicht ausgeführt werden. Dieser konstruierte aber inzwischen die Hebelspreize (Abb. 44), die bis zu der für die Firma Beck & Henkel günstigen Entscheidung des Patentstreites aushilfsweise ausgeführt werden mußte.

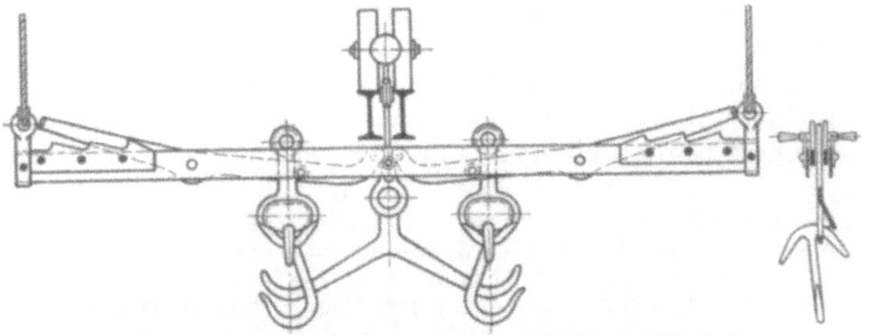
Abb. 43. Automatische Spreize nach Scheld (Beck & Henkel).

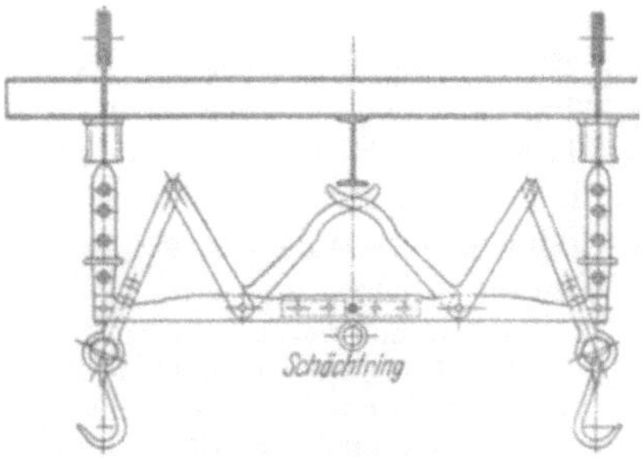

Abb. 44. Hebelspreize (nach Scheld).

Seitens der Firmen Kaiser & Co. und W. Stohrer (Abb. 45, 46, 47) wurden später gleichfalls automatische Spreizen konstruiert, die teilweise auf anderen Grundlagen beruhten, aber die gleichen Ziele verfolgten. So z. B. war bei der Spreize von Kaiser die Kerbeneinhängung unterhalb der Spreize und war die schiefe Gleitbahn durch die Krümmung derselben hergestellt, während bei der Spreize von W. Stohrer die ganze Spreize leicht gegen die Mitte durchgedrückt und an jedem Ende eine feststehende Nocke angebracht war, in welcher die Hänger ruhten. Nach der Längsteilung des Tieres schwangen die Hälften in die Senkrechte ein, dadurch wurde der Halt ausgelöst, so daß ein Zusammenrollen der Hälften nach der Mitte stattfand.

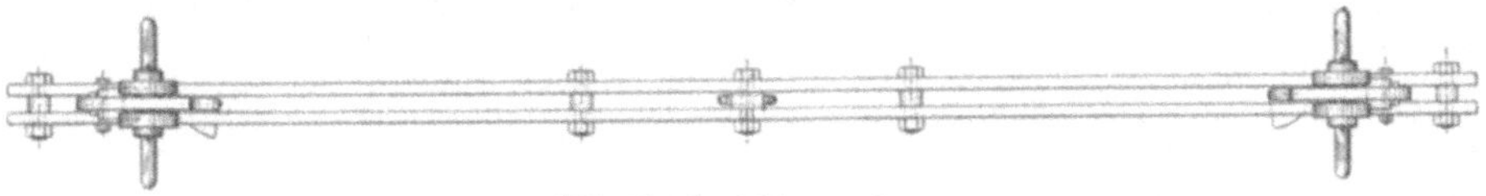
Abb 45. Ansicht von oben.

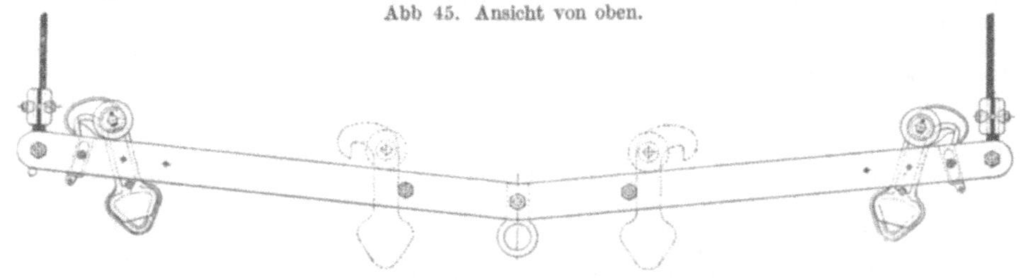
Abb. 46. Spreize nach W. Stohrer, Leonberg.

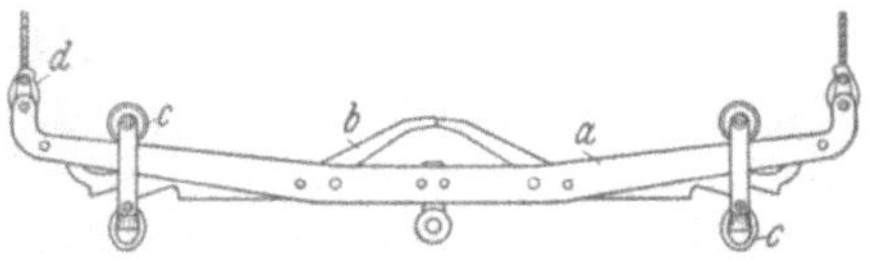

Abb. 47. Automatische Spreize (nach Kaiser).

Betrachten wir die Vorteile, welche die Transportbahn und die beweglichen Spreizen bringen, so sind folgende Punkte zu beachten:

1. Die räumliche Bemessung der Schlachthallen kann eine wesentlich kleinere sein als bei festen Winden. Außerdem ist eine solche Halle viel leistungsfähiger.

2. Der Transport der geschlachteten Tiere geht in müheloser Weise in ganzen Hälften vor sich, während früher ein Zerlegen in Viertel notwendig war, wodurch Verwechslungen nicht ausgeschlossen erschienen.

3. Es wird die Hygiene gefördert, indem das Tragen von Tierteilen auf schmutzigen Kleidern in Fortfall kommt.

4. Es werden durch das Hängen in Hälften Gewichtsverluste vermieden, das Fleisch erstarrt in natürlicher Lage und wird ein besseres Aussehen des Fleisches erzeugt. Das spätere Teilen geht leichter vor sich.

5. Die Tiere können im ganzen gewogen werden.

6. Die Aufhängemöglichkeit im Vorkühlraum ist eine bessere, da Einzelhaken nicht beansprucht werden.

### b) Größenberechnung.

Als solche ist die hinsichtlich der Windenzahl seinerzeit von Dr. Schwarz aufgestellte Maximalgrößenberechnung heute noch wertvoll. Er gibt an:

Die notwendige Anzahl der Winden wird auf folgende Weise berechnet: Man teilt die höchste Tagesschlachtung (= der dreifachen Durchschnittsschlachtung bei 300 Arbeitstagen im Jahre) durch diejenige Zahl, welche man durch Teilung der täglichen Betriebsstunden durch 1,5 bzw. 2 erhält. Man rechnet nämlich auf eine Großviehschlachtung durchschnittlich 1,5 bzw. 2 Stunden für Benutzung der Winde. Der Quotient gibt die Anzahl der Winden an. Ein Beispiel: Es werden jährlich 1200 Rinder geschlachtet, dann entfallen durchschnittlich auf jeden Tag 1200 : 300 = 4 Rinder, als höchste Tagesschlachtung werden 3 × 4 = 12 angenommen. Ist die tägliche Schlachtzeit auf 8 Stunden festgesetzt, so werden bei zweistündiger Benutzungszeit an jeder Winde 4 Rinder täglich geschlachtet werden können. Für 12 Rinder müßten demnach 3 Winden vorhanden sein.

Ein erfahrener Schlachthoftechniker gibt nachstehende Berechnung an: Da man annehmen kann, daß nicht jeden Tag eine gleich große Zahl von Großvieh geschlachtet wird, nimmt man 200 Schlachttage an und dividiert damit die Jahresschlachtziffer an Großvieh. Man rechnet mindestens eine fünfmalige Benutzung jeder Winde. Danach würde sich z. B. ergeben: Bei 10000 Schlachtungen 200 Tage × 5 = 10 Winden mit Hochtransportbahn. Mit Rücksicht auf das Anwachsen der Schlachtziffern und auch auf gleichzeitiges Andrängen von Einzelnschlächtern macht man noch eine entsprechende Zugabe, was jedoch bei Groß- und Kopfschlächterbetrieb nicht nötig ist.

Verfasser schlägt nachstehende Berechnungsart vor:

Die Berechnung der Windenzahl kann auch von der ermittelten Höchstschlachtziffer an Großvieh ausgehen. Angenommen, es würden maximal 50 Stück Großvieh geschlachtet und nimmt man weiterhin eine Ausschlachtzeit von 1 Stunde an, so können an einer Winde bei einer siebenstündigen Betriebszeit 7 Stück geschlachtet werden. Mit der Beschleunigung des Ausschlachtens erhöht sich aber die Leistungsfähigkeit einer Winde, so daß bei einer Ausschlachtdauer von einer halben Stunde, maximal 14 Stück geschlachtet werden könnten, wenn die Schlachtungen gleichmäßig ohne Andrang erfolgen würden. Bei einstündiger Schlachtzeit würden rechnerisch 7 Winden, bei $^1/_2$ Stunde Arbeitszeit 4 Winden ausreichend sein, um 50 Stück ausschlachten zu können. In Rücksicht auf unregelmäßige Anlieferung von Vieh, auf das Andrängen vieler Tiere zur Schlachtung, würde sich die Berechnung der minimalsten Windenzahl jedoch als unzureichend erweisen. Zum Ausgleich sind zur ermittelten Mindestzahl 50% hinzuzurechnen, so daß bei einstündiger Arbeitszeit 11, bei $^1/_2$ Stunde 6 Winden ausreichen würden. Doch auch diese Berechnung verlangt noch eine Korrektur insofern, als man auch mit einem Anwachsen der Schlachtziffern im Laufe der Jahre rechnen muß und diese in Rechnung zu setzen hat. Es wäre unwirtschaftlich, beim Bau einer Großviehhalle sofort die Zahl der Winden für eine beträchtliche Erhöhung der Schlachtziffern vorzusehen und diese einzubauen, man muß vielmehr die Anlage so bemessen, daß später im Bedarfsfalle die dann notwendig werdenden Winden eingebaut werden können, ohne daß bauliche Erweiterung notwendig sein wird. Man wird auch gut tun, die Einbaumöglichkeit von dazu gehörigen Weichen nicht außer acht zu lassen, da es dann später möglich sein wird, eine erhöhte Zahl von Winden ohne jede Betriebsstörung einbauen zu können, seien diese nun wandständig oder säulenständig angeordnet. Es wird damit eine sogenannte innere Erweiterungsmöglichkeit und Erhöhung der Leistungsfähigkeit im Auge behalten werden. Wenn auch stets eine Zahl der geschlachteten Tiere zur warmen Verarbeitung mit nach Hause genommen wird, so soll das bei der Berechnung der normalen Windenzahl zunächst außer acht gelassen werden. Weiterhin wird durch die Erfahrung bestätigt, daß anfangs stets die Schlächter möglichst viele Winden in einer Halle haben wollen, sind sie doch das Arbeiten mit beweglichen Winden meist nicht gewohnt, daß vielleicht anfänglich bei der wirtschaftlichen Windenzahl sogar Stauungen nicht zu vermeiden sind, daß aber gar bald sich von selbst eine gewisse Ordnung einführt und daß sich die Leute gegenseitig über die Zeit der Schlachtungen verständigen und auch mit einer geringen Windenzahl zufrieden sind.

## 2. Hallenmeisterzimmer.

In Anlagen jeder Größe erweist es sich stets als sehr praktisch, in unmittelbarer Nähe der Schlachträume einen Raum zu schaffen, welcher dem Hallenmeister als Aufenthalt dient. Von diesem Raume aus soll man den ganzen Innenraum der Halle übersehen können. Der Raum wird heizbar gemacht und deshalb tunlichst an die Dampfleitung angeschlossen sowie mit Schreibgelegenheit versehen. Hier finden die Interimsfleischbeschaubücher einen Platz, werden die Schußapparate und die dazugehörige Munition, die entwerteten Schlachtkarten, Anschneidemesser, Stempel usw. verwahrt. Außerdem läßt sich mit der vorhandenen Dampfleitung sehr gut ein Sterilisierschrank[1] für verunreinigte Messer verbinden. Auch soll hier stets Waschgelegenheit für Tierärzte und Fleischbeschauer vorhanden sein.

[1] H. Rohrbeck, Berlin. H. Hauptners Apparat nach Dr. Garth.

In diesen Räumen werden auch nach Beendigung der Schlachtzeit die in den Betriebsräumen benutzten Blutauffangschüsseln sicher verwahrt, um zu verhindern, daß diese vom Personal der Fleischer zum Transport von Därmen usw. nach Hause verwendet werden. Erfahrungsgemäß steht fest, daß dadurch sehr oft sich die Zahl der vorhandenen Schüsseln verringert, da meist auch das Zurückbringen nach dem Schlachthof vergessen wird. Auch Keulen, Ausbindketten, Blutrührkannen u. dgl. werden hier sicher aufbewahrt, sofern nicht hierfür eigene Räume vorgesehen sind. In diesem Raume kann auch für den Schächter ein eigener Schrank zur Aufbewahrung der Schächtgeräte Platz finden.

In großen Anlagen werden vielfach die Waagen von hier aus bedient. Diese Räume dienen auch den Wägern als Aufenthaltsraum. Vielfach trifft man von hier aus auch telephonische Verbindung nach dem Direktionszimmer, auch öffentliche Sprechstellen oder aber Fernsprechautomaten. Auch in mittleren Anlagen schafft man stets solche Räume, während sie in kleinen selten zu finden sind, wenn sie auch stets sehr erwünscht sind.

## 3. Kleinviehschlachthallen.

Je nach Größe der betreffenden Anlage, insbesondere aber unter Zugrundelegung der Schlachtziffer an Kleinvieh wird zu entscheiden sein, ob eine eigene Schlachthalle zu errichten sein wird,

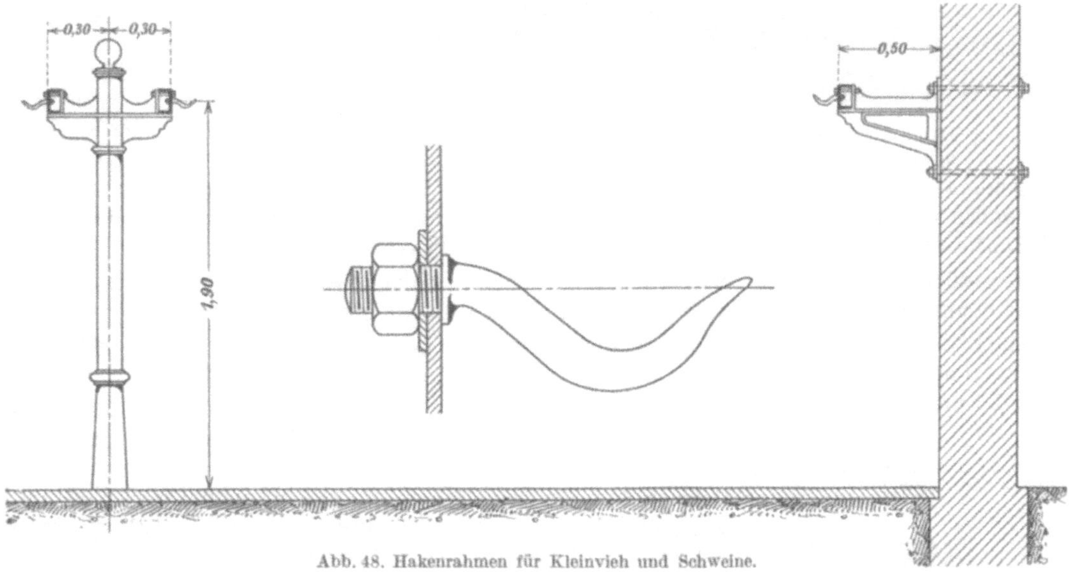


Abb. 48. Hakenrahmen für Kleinvieh und Schweine.

oder ob eine Angliederung an einen vorhandenen Raum möglich ist. Es kann ungefähr als Norm hingestellt werden, daß man in Städten unter 30000 Einwohnern eigene Räume hierfür nicht herstellt und sich damit behilft, die Großviehschlachthallen mit eigenen Abteilungen für Kleinvieh auszustatten. Diese Schlachtungen stören dort auch keineswegs, insbesondere, wenn man die eine Hälfte der Halle, sei es nun die den Winden gegenüberliegende Seite oder aber ein Ende der Halle mit Schlachtgerüsten ausstattet. Sie stellen hinsichtlich der Einrichtung und Kosten die geringsten Anforderungen. Meist findet man Hakenrahmen, die an den eisernen oder Eisenbetonpfeilern anmontiert sind, während das andere Ende in den Umfassungsmauern ruht. Die Schlachthaken selbst sind in U-Eisen eingeschraubt und verzinkt. Sehr tief gebogene Haken sind nicht als vorteilhaft zu bezeichnen, da sie das Ein- und Aushängen der Tiere durch kleinere Personen unnötig erschweren. Flach geschweifte Haken sind vorzuziehen (Abb. 48). Die Entfernung der Haken voneinander beträgt meist 25—30 cm. Auch für Schafschlachtungen ist dieser Hakenabstand vorteilhaft. Auf einen laufenden Meter Hakenrahmen kommen sonach 4 Haken, von denen Haken 1 und 3 zum Hängen des Tieres, der nächstfolgende aber oder der Mittelhaken für Lunge usw. verwendet wird. In der Halle selbst werden die Kälber normalerweise nebeneinander gehängt, und nur bei großem Anfall an Schlachtungen können diese mit überschränkten Beinen aufgehängt werden, so daß z. B. Kalb 1 auf den Haken 1 und 3, Kalb 2 auf 2 und 4 hängt. Im Vorkühlhause hingegen ist diese Art der Aufhängung sehr beliebt, doch ist auch oft ein Haken zur seitlichen Aufhängung eines Kalbes ausreichend. Die Höhe der Haken ist durch die Gefälle des Bodens eine verschiedene: die gegen den Mittelgang liegenden

Haken werden niedriger sein als die wandständigen. Eine größere Höhe als 2 m ist unbeliebt. Meist werden die Schlachtplätze so angeordnet, daß links und rechts vom Mittelgang die Kleinviehschlachtabteilungen angebracht werden, je nach Bedarf eine oder mehrere. (Abb. 49.)

Durch 3 Hakenrahmenreihen wird eine Abteilung gebildet. Es sollen die beiden sich gegenüberliegenden Rahmen eine Entfernung von nicht unter 3 und nicht über 4 m haben, so daß auch die Aufstellung von Schlachtschragen und Kleinviehwagen in einem solchen Viertel möglich ist. Diese Schlachtschragen dienen zum Betäuben und Stechen, da wohl in den wenigsten Schlachthöfen die Betäubung noch im Hängen vorgenommen wird. Zweckmäßig sind Tische, wie solche in den meisten Schlachthöfen in Verwendung sind, welche an beiden Enden große, halbrunde Ausschnitte besitzen, so daß ein Kalb von oben her auf die Platte des Tisches, die muldenförmig ist, in der Weise gestellt werden kann, daß je 2 Beine in jeden Ausschnitt kommen, die den Boden nicht berühren dürfen. Nach Betäubung werden die Beine hochgedreht und das Tier mit hängendem Kopf im Liegen gestochen, zu welchem Zwecke die Kopfseite etwas tiefer als die andere sein soll. Diese Schlachtschragen sollen, um leicht von einem Platze zum anderen gebracht werden zu können, an einer Schmalseite mit Rollen versehen sein.

Abb. 49. Kleinviehschlachthalle mit Hakengerüsten und Einschienenbahn.

In großen Räumen kann man auch feststehende Schlachttische anbringen, die wenn auch etwas behindern, so doch eine geordnete Aufstellung ermöglichen (Dresden).

Nach dem Modell des Schlachthauses Liegnitz hat man kippbare Schlachttische für Kälber konstruiert, an welche die Kälber mit Ketten festgemacht werden können (Abb. 50 und 51).

Abb. 50 und 51. Schlachtschragen für Kälber und Schafe (Mackensen).

Abb. 50. Ungekippt.

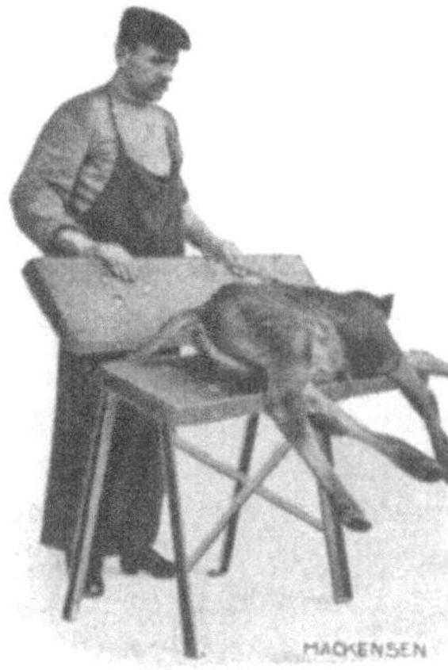


Abb. 51. Gekippt.

Wenn auch in kleinen Anlagen die Kälber regelmäßig in den Vorkühlraum getragen werden, so hat man doch in neuester Zeit in größeren Anlagen Transportbahnen angelegt. Die Laufkatzen sind hierzu mit einer Stange versehen, die am Ende einen vierfachen Haken trägt (vgl. Abb. 52). Zum Aufhängen besonders schwerer Kälber an die Hakenrahmen bedient man sich häufig fahrbarer Flaschenzüge, welche auf einer an den Hakenrahmen entlang gehenden Schiene laufen.

Man hat auch versucht, das System der fahrbaren Spreizen ohne Hakenrahmen für Kälberschlachtungen und -hallen zu verwenden, doch hat sich dieses System für Kleinvieh noch nicht viel einführen können. Die Transportbahn kann recht gut zur Überführung der Kälber usw. zum Vorkühlhause verwendet werden. Das Überhängen an die Hakenrahmen und Laufkatzen bietet wenig Schwierigkeit.

Die Frage, in welcher Weise die Baucheingeweide der Tiere zur Beschau aufgelegt werden können, zu lösen, hat man verschiedentlich versucht. Um sie möglichst nahe an dem geschlachteten Tiere zu belassen, stellt man für diese eigene Untersuchungstische auf. In anderen Anlagen hat man zwischen den beiden Hakenrahmenreihen eines Kleinviehschlachtplatzes längslaufende Becken aus Metall angebracht, die in Abteilungen getrennt und je nach dem Schlachtplatz mit Nummern versehen sind. Sie müssen, um gut gereinigt werden zu können, bodenständige Öffnungen haben.

Eine Neuerung, die allerdings erhöhte Anschaffungskosten verursacht, sind die drehbaren Hakengestelle. Je 4 Haken sitzen an einer besonderen Schiene unter dem U-Eisen, welches den Hakenrahmen bildet. Diese kurze Schiene ist um eine Mittelachse drehbar und mittels eines Hebels festzustellen. Soll ein Tier auf dem Rücken enthäutet werden, so wird der Hebel gelöst und das ganze Tier umgedreht, ohne umgehängt werden zu müssen, so daß die Arbeit mühelos fortgesetzt werden kann. (Nach Dir. Angermann, Dresden.)

## Größenbemessung.

Zur Größenbemessung einer Kleinviehschlachthalle nimmt man pro Jahr 200 Schlachttage an und dividiert sie in die Jahresmaximalschlachtzahlen, welche bei täglicher zweimaliger Benutzung je zweier Haken und bei z. B. 10000 Jahresschlachtungen eine Hakenzahl von $10000 \times 2 : 200 \times 2 = 50$ Stück Haken ergibt, welche bei einem Hakenabstand von 0,3 m mithin 12,5 m Hakenrahmenlänge erfordern, die in der Halle in den vorerwähnten Abständen verteilt werden müssen.

Ein weiteres Beispiel: Gesetzt den Fall, es werden jährlich 2000 Kälber geschlachtet, so treffen im Durchschnitt 7 Stück auf den Tag, und als Höchstschlachtziffer sind $4 \times 7 = 28$ Stück anzunehmen, so daß eine Länge von 14 laufenden Meter Rahmen hinreichend wäre, unter der Annahme, daß die Tiere den ganzen Tag hängen bleiben würden und je 50 cm Hängebreite beanspruchten, was nie zutrifft. Nach einer Hängedauer von 5—6 Stunden kommen aber die Tiere in den Kühlraum oder Vorkühler, wodurch die Plätze frei werden, so daß also bei längerer Schlachtzeit mehr Kälber oder Schafe geschlachtet werden können. Auf einem Raum von zwei sich gegenüberliegenden solchen Schlachtplätzen auf jeder Seite des Mittelganges bei je 4 m Rahmenlänge, also 12 + 12 laufenden Meter können bei Normalaufhängung 24 Kälber gleichzeitig geschlachtet werden, was wohl nie der Fall sein wird. Bei gekreuzter Aufhängung hingegen können 35 Stück zur Ausschlachtung kommen.

Abb. 52. Vierfacher Hängehaken für Kleinvieh (Transportkatze). (Beck & Henkel.)

Es könnten sonach, ist ein Abhängeplatz oder Vorkühlraum vorhanden, bei verlängerter Betriebszeit noch eine weit größere Zahl von Kleinvieh geschlachtet werden. In kleinen Betrieben, in denen Schweine- und Kleinviehschlachtrahmen im gleichen Raume vorhanden sind, können sich diese auch im dringenden Bedarfsfalle gegenseitig ergänzen, da selten am gleichen Tage die höchste Zahl an Schweinen und Kälbern geschlachtet wird.

Die an den Wänden liegenden Hakenrahmen sollen einen Abstand von 300—400 mm von der Wand haben, damit die Schlachtstücke auch auf der Rückseite besichtigt werden können, sofern sie enthäutet werden. In Süddeutschland werden vielfach Kälber zur Wurstbereitung verwendet und lebendwarm vom Fleischer mit nach Hause genommen. Es werden dadurch die eben benutzten Schlachtplätze sofort für weitere Schlachtungen frei. Man wird jedoch gut tun, bei der Raumbemessung hierauf keine Rücksicht zu nehmen, da es immer vorteilhaft ist, mehr Plätze als nötig mit Rücksicht auf die mögliche Zunahme der Schlachtziffern vorrätig zu haben, als zu wenige.

# 4. Schweineschlachthallen.

Es wurde bereits erwähnt, daß man stets bestrebt ist, für die Schweineschlachtungen einen eigenen Raum zu schaffen, zum mindesten jedoch das Brühen der Schweine in einem besonderen Raume vorzunehmen. Große und mittlere Anlagen besitzen stets einen eigenen Schweineschlachtraum. Man trennte früher stets den Brüh- und Ausschlachtraum insofern dadurch voneinander, daß man von der Decke aus durch Pfeiler getragene Trennungswände, die bis auf etwa 3 m zum Boden herunterreichten, einbaute. Der Wert derselben ist kein allzu großer. Heute, wo man gut arbeitende Verfahren kennt, die Hallen schwadenfrei zu halten, sieht man in zunehmendem Maße davon ab. Vielfach baute man auch den eigentlichen Brühraum stets wesentlich höher als den Ausschlachtraum und brachte eine Reihe von Dunstabzügen, die man mit Windhüten versah, an zur Absaugung der entstehenden Dämpfe.

Man kennt bei diesen Räumen verschiedene Anordnungen:

1. Einfache Schlachträume mit getrennt liegendem Brüh- und Töteraum mit oder ohne Transportvorrichtungen, mit der allgemeinen Schlachthalle verbunden.

Abb. 53.

Abb. 54.

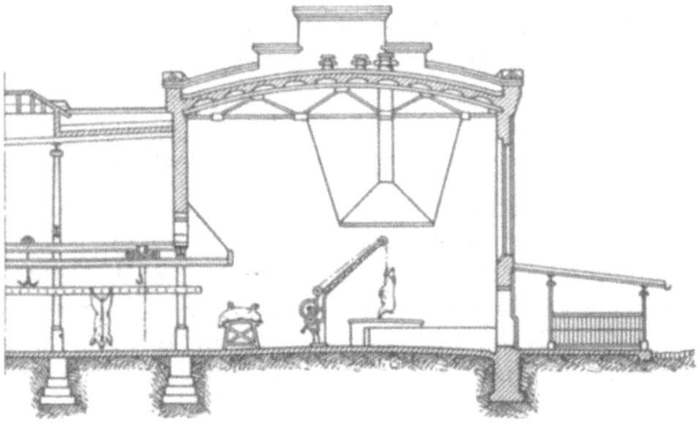

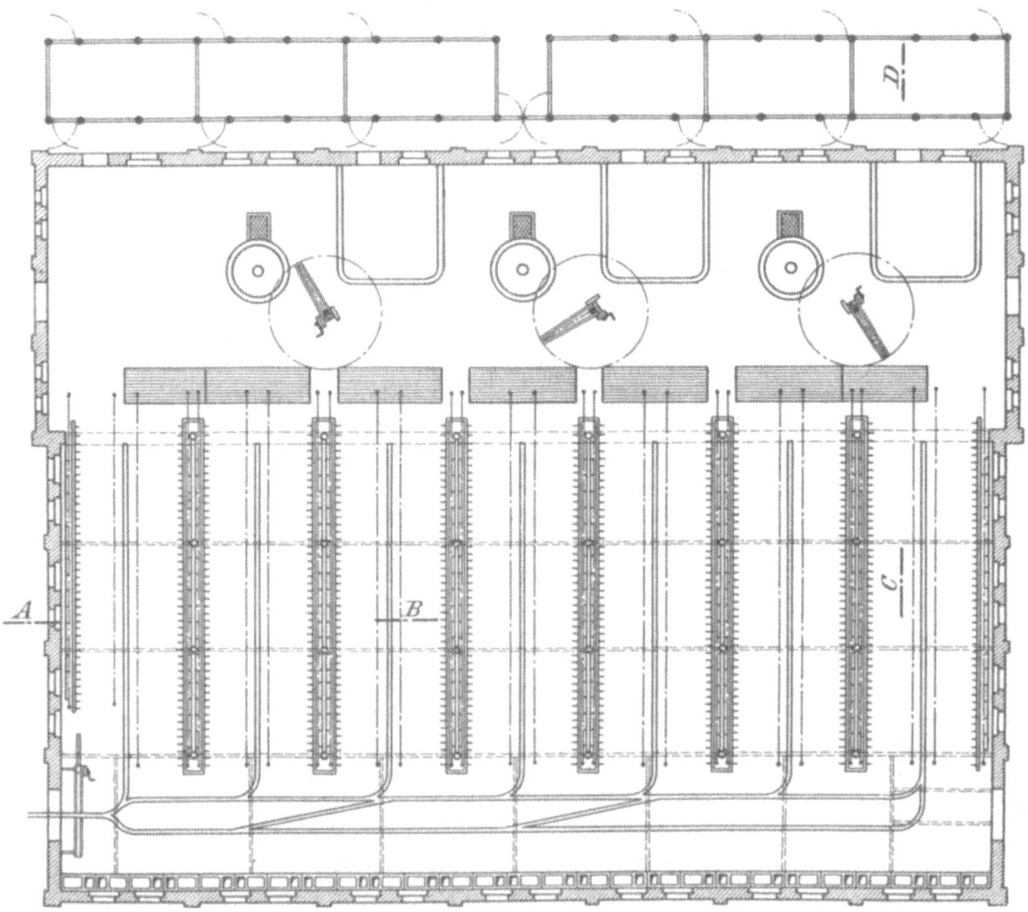


Abb. 55.
Schweinehalle mit Hakenrahmen und geteilten Laufkatzen und Drehkranen.

2. Eigene Schlachthallen für Schweine mit endständigem Brühraum oder aber mit Brühraum an der Längsseite.
3. Hallen mit ebenerdigem Töteraum mit oder ohne Stechbuchten.
4. Hallen mit hochliegenden Tötebuchten.

Dabei können, sowohl die Brühräume wie auch die ganzen Schlachträume mit Entnebelungseinrichtungen versehen sein.

## Hakenrahmensystem.

Die Schlachtplätze für Schweine in kleinen Anlagen unterscheiden sich von den besprochenen Kälberschlachträumen wenig oder gar nicht. Sie liegen meist oft auch in dem allgemeinen Schlachtraume, haben ebenso hohe Hakenrahmen, aber mit 300 mm Hakenabstand, und sind nur insofern von den ersteren verschieden, als zum Transport schwerer Schweine von den Enthaarungstischen aus nach den Hakenrahmen Schienen als Hochbahn (Laufschienen) geführt sind, auf welchen die Schweine mittels fahrbarer Flaschenzüge abgehängt werden können. Die Schweine werden auch mit Kranen oder fahrbaren Flaschenzügen in die Brühkessel gehoben, von dort aus auf den Schabetisch und dann erst nach dem Ausschlachtraum mittels der erwähnten Vorrichtungen weitergeführt. Diese Schienen laufen an den Schlachtplätzen oder den Rahmen entlang, so daß jeder Haken erreicht werden kann. Die Laufkatzenflaschenzüge haben Bewegung nach zwei Seiten. Oder aber wir finden von dem Brühraum weg bei getrennten Schlachthallen für Schweine über den einzelnen Hakenrahmenreihen Laufkrane in doppelter Richtung fahrbar, welche bis zum Ende der Rahmen gehen (Abb. 53—55).

Weitaus die meisten kleinen Schlachthöfe, die eigene Räume für Schweineschlachtungen besitzen, haben die Brühräume an der Kopfseite der Halle, und in vielen Fällen werden sich in der Nähe derselben Wartebuchten für die zu schlachtenden Tiere befinden, teils geschlossene Räume, teils aber auch Freibuchten außerhalb des Raumes. In ersterem Falle führen schmale Türen nach dem Betäubungsplatze, um ein Entrinnen oder Ausweichen der Schweine tunlichst zu verhindern. Nur in großen Anlagen beobachten wir meist den Töte- und Brühraum an einer Längsseite der Halle. Die Schlachtrichtung ist in diesem Falle quer zur Längsachse der Halle.

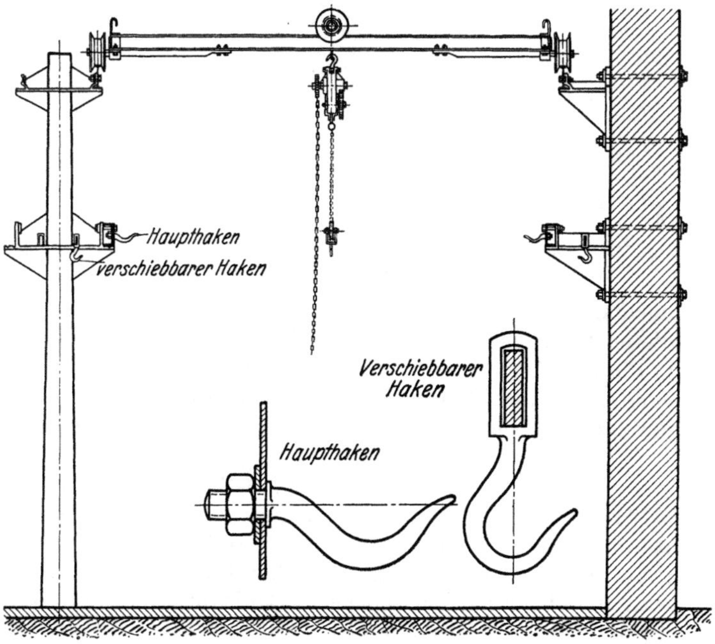

Abb. 56. Einfache Laufkatze mit Hakenrahmen (Beck & Henkel).

Während man viele Schlachthöfe kennt, in denen die Schweine ohne jede weitere Maßnahme zur Sicherung beim Eintrieb einfach betäubt und gestochen werden, findet man vielfach auch an der gegen die Stallungen zu gelegenen Wand Anbindestangen und Ringe, um sie festlegen zu können. Eine Verbesserung in dieser Hinsicht stellen die Tötebuchten dar, die ebenerdig oder hoch liegen, und deren erstere mit Umfassungen von Eisenbeton, besser jedoch von Eisenblech versehen sind, da Beton gewöhnlich durch ausgleitende Keulen sehr rasch beschädigt wird. Meist sind Türen gegen den Brühraum zu angebracht, in manchen Fällen aber auch nicht, da die geschlachteten Schweine mit Drehkranen aus der Bucht direkt in die Bottiche gehoben werden. (Vgl. Abb. 53.)

Einen großen Fortschritt bildet die hochliegende Tötebucht (vgl. S. 110). Auf Rampen oder Treibgängen werden die Schweine nach den hochliegenden Wartebuchten getrieben und kommen von da aus erst in die eigentliche Tötebucht, wo sie in Fallen betäubt und dann geschlachtet werden. Es wird die eigene Kraft des Tieres benutzt, um den Höhenunterschied zu überwinden, während das eigene Gewicht sie nach tiefer gelegenen Punkten fördert. Hierauf wird bei Besprechung der Brühräume usw. näher eingegangen werden. (Vgl. S. 89.)

Während man nun in Städten, in denen durchweg kleinere Schweine geschlachtet werden, vielfach von Laufkranen und anderen Transportvorrichtungen absieht, findet man in neuzeitlichen Anlagen durchweg, daß nicht nur Hebezeuge zur Verfügung stehen, um die Schweine in die Brühbottiche zu bringen, sondern auch Vorrichtungen, um diese nach den Ausschlachtplätzen und von diesen weg nach dem Kühlhause bringen zu können.

Von allen bekannten Einrichtungssystemen dürfte zweifellos das einfache Hakenrahmensystem in Schweinehallen heute noch die größte Verbreitung haben, sei es nun ohne oder mit Einbau einer Transportvorrichtung von Brühbottich zu den benötigten Haken. Es muß aber als durchaus veraltet bezeichnet werden. Der in doppelter Richtung fahrbare Laufkran (vgl. Abb. 57) wurde insofern verbessert, als er als geteilter Laufkran ausgebildet wurde, welcher den Vorteil bietet, daß mittelständig zwischen je zwei parallel laufenden Laufkranen eine Transportschiene geführt werden kann, welche die Verbringung zur Waage und zum Vorkühlraum ermöglicht, während bei dem einfachen Laufkran sich ein Überhängen auf die Waage nicht vermeiden ließ, desgleichen nicht ein Tragen der Schweine oder Fahren auf eigenen Transportkarren zum Vorkühlraum. Nur wenn in solcher Art ausgestatteten Hallen die Transportschienen selbst parallel den Hakenrahmenreihen geführt wurden (vgl. Abb. 55), so konnte ein Überhängen vermieden werden. Zugleich war es, wenn die Zwischengänge genügend breit waren, möglich, in diesen Untersuchungstische für Eingeweide aufzustellen. Die Beförderung der Schweine erfolgte in diesem Falle durch fahrbare Flaschenzüge oder Transportkatzen (vgl. Abb. 52), deren stets eine große Anzahl benötigt wurde und die man oft erst aus dem Vorkühlraum zum Schlachtplatz zurückbefördern mußte, was oft nicht ohne Kollisionen und Zeitverlust möglich war.

Abb. 57. Schweineschlachthalle (Erfurt), Hakengerüstsystem mit Untersuchungstischen und eingeleisiger Hochbahn.

## a) Erhöhte Tötebuchten.

Während in älteren Anlagen das Schlachten der Schweine auf ebenem Boden in einem Raume, der gewöhnlich als Tötebucht bezeichnet wurde, sich abspielte, der gegen den Brühraum zu entweder gar nicht oder aber durch niedrige Eisengitter oder Betonwände abgeschlossen war, findet man in neuzeitlichen Schlachthöfen stets erhöhte Tötebuchten. Grundlegend für deren Schaffung war der Gedanke, daß die Schweine aus eigener Kraft eine mäßige Höhendifferenz überwinden können, um einen Platz zu erreichen, auf welchem sie getötet werden, und von welchem aus sie dann nach dem Entbluten in den tiefer liegenden Brühbottich durch entsprechend gesicherte Falltüren gleiten, so daß ein Hochheben der Schweine nach der Tötung und ein folgendes Herablassen in den Brühbottich in Fortfall kommt. Um den Schweinen das Erreichen der erhöhten Tötebuchten zu ermöglichen, schuf man anfänglich an der Seite der Schweinehalle, auf welcher die Brühbottiche lagen, außerhalb liegende Treibgänge, in welche die zu schlachtenden Schweine durch Eintreiben von den naheliegenden Stallungen aus gebracht wurden. Da hierzu aber oft drehbare Verbindungstreibgänge, die den Fuhrwerksverkehr auf den Straßen mehr oder weniger störten, notwendig waren, um ein seitliches Entweichen der Schweine zu vermeiden, verlegte man an die Seite des Töteraumes sog. Wartebuchten und schuf von diesen aus innen direkte Auftriebe nach dem Töteraum. Diese Wartebuchten sind in kleineren Anlagen meist an der Stirnseite der Schlachthalle angebaut, während in großen, wo eine Reihe von Brühbottichen zur Bewältigung der Schlachtziffern notwendig waren, die Buchten so an den Längsseiten angebaut wurden, daß über den Dachungen derselben für Lichteinfall in den Töteraum noch genügend gesorgt war. Die erhöhten Tötebuchten müssen aber stets durch Gitter oder mit Fließen verkleidete Betonwände gegen den Brühraum zu, der tiefer liegt, abgetrennt werden, so daß die Schweine nicht entkommen können. Die einzelnen Schlachtplätze für jeden Bottich sind oft wieder durch Abschlußwände oder Trennungsgitter voneinander geschieden. Am tiefsten Punkte, in der Mitte des Töteplatzes, liegt eine Öffnung für das abfließende Blut. Mittels eines wandständig angebrachten Spritzschlauches können die Töteplätze stets rein gehalten werden.

Man begnügte sich aber, da die zur Schlachtung gebrachten Schweine, auf dem Töteplatz angekommen, den Schlächtern begreiflichen Widerstand entgegenstellten und oft rohe Gewalt angewendet werden mußte, um diesen zu brechen, noch nicht aus Gründen des Tierschutzes, mit diesen Vorrichtungen, sondern schaltete am Ausgang der Wartebuchtentreibgänge sog. Schweinefallen ein, in welche die Schweine ohne seitlich abweichen zu können hineinlaufen müssen. Kaum haben sie die Falle betreten, so fällt durch einen Druck auf einen Hebel der Boden der Falle nach unten durch oder sie werden in anderer Weise festgelegt, und das Schwein hängt frei zwischen den beiden Seitenwänden der Falle, ist bewegungsunfähig, und so kann bequem der Schlagdorn oder aber der Bolzenschußapparat oder die Elektrode dem regungslosen Tier an die Stirne gesetzt und die Betäubung vollzogen werden. Die Falle mit dem betäubten Schweine wird dann mühelos seitlich umgekippt oder geöffnet, das Schwein fällt heraus und wird entblutet, und durch das Wiederaufrichten der Falle schließt sich automatisch der Fußboden wieder, oder die Seitenwand wird geschlossen, so daß sofort ein weiteres Schwein in die Falle getrieben werden kann.

Die ersten derartigen Fallen brachte die Firma Wickel in Bielefeld auf den Markt. Die Schlächter waren anfänglich skeptisch, doch gar bald hatten sie sich von den Vorteilen und dem leichteren Arbeiten mit Hilfe der Fallen überzeugt, und heute würden sie diese kaum je mehr missen wollen. Die Wickelfalle

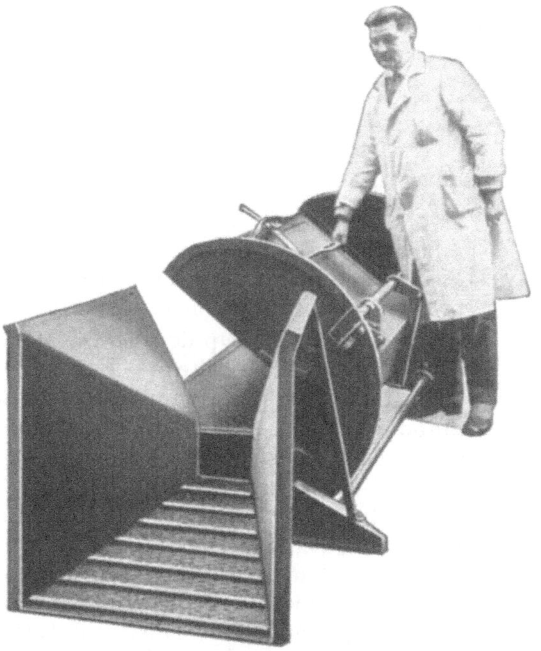

Abb. 58.

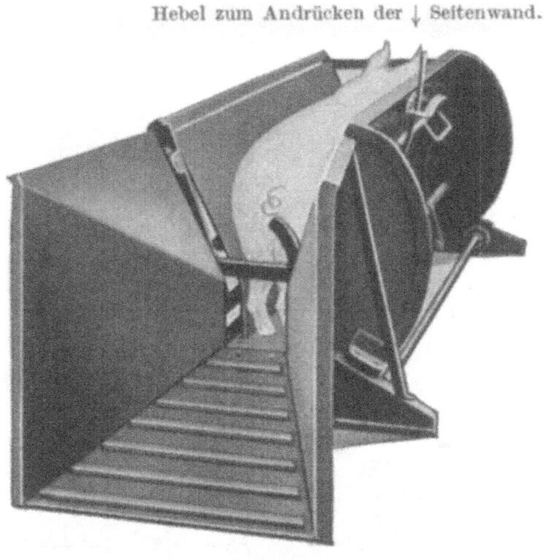


Abb. 59.

Schermer-Falle, mit einer Hand gekippt, Wand wieder ausgelöst, Falle geht in Aufnehmestellung zurück.

hatte den Nachteil, daß man am Orte ihrer Aufstellung eine gemauerte Vertiefung im Töteraum herstellen mußte, eine tiefe Mulde, in welche auch gelegentlich Blut sich ansammelte und die täglich gereinigt werden, also auch der tiefste Punkt an die Kanalisation angeschlossen werden mußte. Es war daher das Bestreben der Konstrukteure, Fallen zu schaffen, welche auf dem Boden des Töteraumes stehen, ohne daß eine Versenkung notwendig war, herzustellen, besonders nachdem man die Beobachtung gemacht hatte, daß durch den plötzlichen Fall in die Vertiefung Blutungen in der Muskulatur der Schweine nicht unbedingt vermieden werden konnten, und diese Veranlassung waren, daß manche Fleischer sich gegen die Fallen aussprachen, die doch in tierschützlerischer Hinsicht segensreich wirkten. Es wurden in kurzer Zeit Fallen, welche den erwähnten Nachteil vermieden, seitens der Firmen Kaiser & Co. und Beck & Henkel in Kassel geschaffen, von denen besonders die letztere in vielen Fällen die Wickelfalle verdrängte.

Einen ganz außerordentlichen Erfolg aber sicherte sich der durch die Schaffung des bis heute noch nicht übertroffenen Bolzenschußapparates bekannt gewordene Konstrukteur Schermer, Karlsruhe, welcher eine Falle konstruierte, die auf einem ganz anderen Prinzip basierte, dem der seitlichen Drehungsmöglichkeit um eine Achse. Sie ist durch einen flach ansteigenden Antrieb für das Schwein leicht zu erreichen und sichert doch ein Entkommen vor der Betäubung. Sie stellte eine ganz wesentliche Verbesserung der bisher bekannten Schweinefallen dar und hat auch weiteste Verbreitung und Anerkennung gefunden. Durch Benutzung der Schermer-

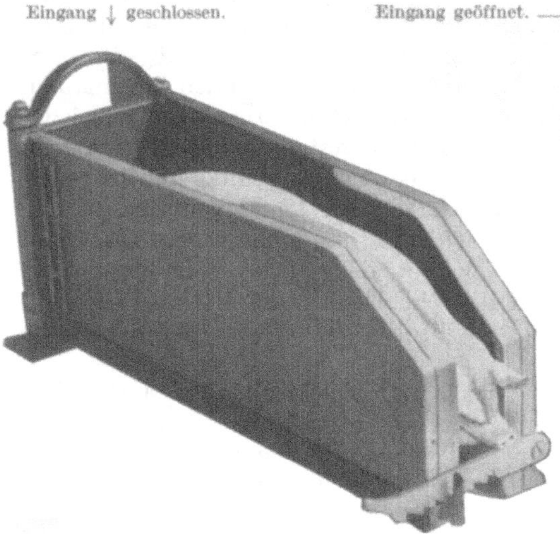


Abb. 60. Falle geschlossen. Seitenwand angedrückt.

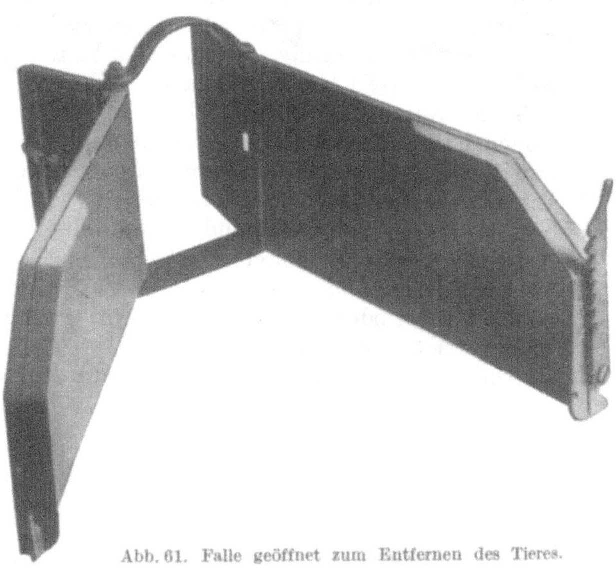

Abb. 61. Falle geöffnet zum Entfernen des Tieres.

Abb. 60 u. 61. Vereinfachte Schweinefalle (nach K. Schermer, Karlsruhe).

falle verschwanden auch gar bald die Klagen über das Entstehen von Knochenbrüchen und Blutungen in den Muskeln.

Einen anderen Typ der Schweinefallen stellt die von Dr. Lütkefels, Emmerich, konstruierte dar. Er nennt diese: „Betäubungsbucht". Die Schweine werden hier nicht durch Bodenentziehung eingeklemmt, sondern nach Eintrieb in die Bucht durch Sperrung des Ein- und Ausganges eingeschlossen. Die Falle hat einen breiten Einlauf, der durch Gegendruck einer pendelnden Seitenwand nach dem Eintrieb verengt und selbsttätig festgestellt wird. Da nach der Betäubung die Seitenwand den Seitendruck nicht mehr zu halten vermag, kippt sie nach außen um, worauf das Schwein abrutscht, und durch Anordnung von Gegengewichten kehrt die Wand selbsttätig in die frühere senkrechte Stellung zurück. Damit entfällt ein Umlegen der gesamten Falle, die bei anderen Systemen nötig ist.

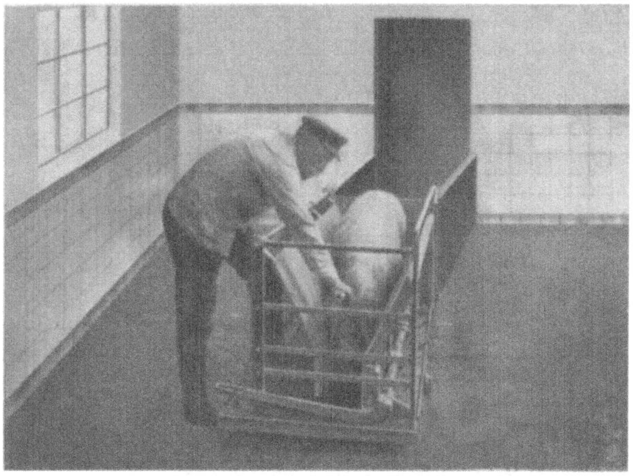

Abb. 62. Falle nach Lütkefels (geschlossen).

Nach Angabe von Prof. Dr. Müller, München, wurde eine Falle gebaut, welche hochklappbar ist, und die keinen Fußboden besitzt, so daß das Schwein auf dem Hallenboden steht. Nach erfolgter elektrischer Betäubung wird die Falle hinten hochgekippt, worauf das Schwein frei auf den Boden zu liegen kommt[1].

Veranlaßt durch das Verlangen, auch billige Fallen für Schweine zu schaffen,

Abb. 63. Falle nach Lütkefels (geöffnet).

[1] Hersteller: Frz. Thanner, München 50.

hat Schermer eine solche konstruiert. Beistehende Abb. 60 u. 61 zeigen diese in geschlossenem und geöffnetem Zustand. Damit besteht auch für kleinste Schlachthöfe die Möglichkeit, solche Fallen beschaffen zu können.

### Brühraum.

Dieser bildet einen unentbehrlichen Teil der Schweinehalle und liegt in den meisten Fällen an einer Stirnseite derselben. Nur in ganz großen Anlagen sind die Brühräume längs der ganzen Halle verteilt, um die Möglichkeit zu haben, eine größere Zahl von Bottichen aufstellen zu können, auch die Zahl der Tötebuchten entsprechend zu vermehren (Abb. 66 u. 75).

Abb. 64. Kippfalle zum Bottich und Rutschtisch.

Vor vielen Jahren fand man noch Brühbottiche mit direkter Unterfeuerung; heute kann man diese nur noch in kleinsten Schlachtanlagen beobachten, wenn Dampfquellen nicht vorhanden sind.

Der neuzeitliche Brühbottich wird nur noch mit Frischdampf bezw. Abdampf oder aber in jüngster Zeit vielfach mit sehr heißem Wasser aus Vorwärmern beschickt. Zum Brühen der Schweine ist eine Wassertemperatur von 65°, um Versengungen der Haut zu verhindern, die geeignetste. In beiden Fällen der Wärmezufuhr ist eine genaue Regelung der Temperatur leicht möglich: beim Erkalten des Brühwassers, das dadurch eintritt, daß die Eigenwärme der Schweine weit unter dem Brühpunkt liegt, aber auch durch das stete Bewegen der Oberfläche, wird neuer Frischdampf zugeführt oder aber nach Ablassen eines Teiles des erkalteten und verunreinigten Brühwassers 90grädiges Heißwasser nachgefüllt, bis die nötige Brühwassertemperatur wieder erreicht ist. Zum Brühen der Schweine werden kreisrunde oder aber länglich viereckige Bottiche benutzt. Die ersteren findet man vielfach noch beim alten Hakenrahmensystem, die letzteren durchweg bei neueren Einrichtungen und erhöhten Tötebuchten.

Abb. 65. Elektrischer Auswerfer (Findeisen, Chemnitz).

Zum Schutz gegen das rasche Abkühlen des Wassers sind stets die Bottiche mit einer Doppelwandung versehen, in welcher sich eine Wärmeschutzmasse befindet. In manchen alten Anlagen trifft man noch sehr breitrandige Bottiche an mit bis zu 80 cm Randbreite aus Blech oder Kupfer. Doch müssen solche Randbreiten als unvorteilhaft bezeichnet werden, weil sie viel unnötigen Raum beanspruchen. 30 cm Breite genügt. Ganz moderne Anlagen verkleiden ihre Brühbottiche mit Fliesen, was einen sehr reinlichen Eindruck macht (Abb. 64).

Die Dampfanschlüsse an den Bottichen sollen stets in der Weise durchgeführt werden, daß die Ventile für Dampf, aber auch die für kaltes und heißes Wasser nur wandständig angebracht sind, da mutwillige oder fahrlässige Verletzung der Handräder damit ausgeschaltet werden.

Die Anwärmung des Wassers in den Bottichen erfolgt mittels Frischdampf durch sog. geräuschlose Wasseranwärmer aus verzinkten Gasrohren. Sie verhindern auch, daß bei allzu starkem Öffnen der Dampfventile heißes Wasser aus dem Bottiche geschleudert wird.

Die Bottiche stehen meist direkt über den Kanalöffnungen, welche mit gemauerten Hohlräumen überbaut sind, auf denen die Bottische stehen, die sehr geräumig gehalten werden sollen, da man nach längerer Betriebszeit die Beobachtung machen wird, daß die Dampfzuleitungsrohre einer Reparatur bzw. Auswechselung bedürfen und schon aus diesem Grunde der unter dem Kessel liegende Raum gut zugänglich sein muß, aber auch wegen Verlegungen der Gullys.

Bei länglichen Bottichen baut man an der dem Schabetisch zugerichteten Seite Rollen ein, über welche die Schweine leicht auf den Tisch gezogen werden können. Auch Auswerfer, die durch Hebelkraft die Tiere auf den Enthaarungstisch befördern, und die man jahrzehntelang in amerikanischen Schlächtereien schon kennt, findet man bei länglichen Bottichen eingebaut. Diese werden neuerdings auch elektrisch angetrieben. Die Motoren müssen wegen des hier stets vorhandenen Wasserdampfes gekapselt sein. (Abb. 65).

Abb. 66. Schabetische aus Rohren (Stohrer, Leonberg).

Die in den Brühräumen in Verwendung kommenden Schabetische sind zwar im Prinzip alle gleich, da sie aus einem Eisengestell mit aufgeschraubten Eichenholzlatten bestehen und an der Oberfläche eine leichte Wölbung zeigen, um die zu schabende Seite möglichst anzuspannen, doch sind insbesondere beim Spreizensystem die Neigungsverhältnisse der Tische von den üblichen abweichend. Sie müssen an einer Seite ein ziemlich starkes Gefälle haben, um die Schweine an die Spreizen leichter anhängen und vom Tisch bequemer abrutschen lassen zu können.

Die Schabetische sind an einer Schmalseite gegen die Halle zu aufgestellt, teils unmittelbar an den Bottichen anstoßend, teils auch durch Zwischenbrücken mit diesen verbunden, letzteres meist dann, wenn die Schabetische quer zur Hallenlängsachse stehen (Abb. 66).

In Schweinehallen mit ebenerdig liegenden Tötebuchten stoßen die Bottiche, in welche die Schweine mit Hebezeugen eingehoben werden, diesen direkt an. Wenn aber hochstehende Tötebuchten eingebaut sind, so liegt die Oberkante des Bottichs eben mit der Unterkante der Tötebucht, so daß die dort geschlachteten Schweine von selbst in die Bottiche heruntergleiten.

Abb. 67. Elektroflaschenzug Bamag.

Sind ebenerdige Tötebuchten vorhanden, wie man sie in älteren Anlagen noch regelmäßig findet, so gebraucht man zum Einheben schwerer Schweine in die Brühbottiche Krane, welche in kleinen Anlagen als wandständige Drehkrane, in größeren als freistehende ausgeführt werden. In letzter Zeit wurden diese Krane vielfach durch elektrische Hebezeuge ersetzt, die sich vorzüglich bewähren und leicht zu bedienen sind (Abb. 67). Krane müssen stets die gleichen Sicherheitsvorrichtungen wie die Winden besitzen: selbsttätige Bremsung beim Hochwinden und beim Rücklauf, Schutzvorrichtungen gegen Verletzungen der Arbeiter. Die hochliegenden Tötebuchten machen solche Hebezeuge entbehrlich.

Die persönliche Sicherheit der auf den erhöhten Tötebuchten Arbeitenden verlangt nicht nur, daß diese gegen die Hallenseite zu durch niedrige Wände oder Abschlußgitter gesichert sind, sondern es ist auch notwendig, daß die Öffnung, durch welche die getöteten Schweine in die Brühkessel gleiten, durch automatisch sich schließende Türen so gesichert werden, daß nicht allenfalls ausgleitende Arbeiter in den Bottich stürzen können. Die Konstruktion dieser Türen ist heute eine absolut zuverlässige geworden.

Um die bisher üblichen Flaschenzüge, Krane usw. entbehrlich zu machen, hat man je 2 Abzweige der Hochbahn über die Enthaarungstische weggeführt und die Abzweige in Scharnieren beweglich gemacht. Die Geleiseenden stehen mit elektrisch betriebenen Hebevorrichtungen in Verbindung, welche das Ende des Senkgeleises heben oder senken kann (Abb. 68). Die an der Hochbahn laufende Laufkatze wird an das Ende des Senkgeleises gebracht, dieses gesenkt, sodann das Schwein mühelos eingehängt, durch Zug an dem Hebel die ganze Schiene wieder hochgehoben, so daß das Schwein ohne jede Kraftanwendung auf die allgemeine Höhe der Transportbahn gebracht und nach einem beliebigen Punkt weitergefahren werden kann. Einer allgemeinen Verbreitung dieser zuerst von der Firma Beck & Henkel, Kassel, ausgearbeiteten Neuerung steht zur Zeit allerdings noch der hohe Preis hinderlich im Wege.

Abb. 68. Elevator zur Transportbahn.

Über den Schabetischen werden Brausen angebracht, um die auf den Tischen liegenden Schweine spülen zu können. Sie hängen an festen Gummischläuchen, die so lang sein müssen, daß jeder Teil des Schabetisches zu erreichen ist. Die bewährteste Schweinebrause ist die von Röpert angegebene. Durch Druck auf einen Hebel öffnet sich die Brause und schließt automatisch beim Nachlassen des Hebels (Abb. 71). Die Brausen sparen viel Wasser und beugen dem rücksichtslosen Schütten von Wasser aus Eimern vor, wodurch vielfach Personen durchnäßt werden. Es sind mancherlei Konstruktionen auf den Markt gekommen, wie z. B. die Brausen von Phil. Reitz, Frankfurt (Abb. 70), und von E. M. Zahn, Berlin, die für jede andere Art des Wasserverbrauches im Schlachthof, z. B. für Straßenreinigungsschläuche, wegen der Einfachheit der Bedienung des Abschlußstückes sehr zu empfehlen sind, die aber, weil nicht automatisch schließend, die Röpertbrause an Schabetischen nicht ersetzen. Schließt eine Brause nicht automatisch, so geben die dort Arbeitenden sich oft nicht die Mühe, die Brause zu schließen, wodurch Wasser vergeudet wird.

Abb. 69. Elektrischer Elevator zum Verbringen der Schweine an die Transportbahn (Beck & Henkel).

**Enthaarungsmaschinen.** Es empfiehlt sich, auf eine praktische Neuerung in Schweineschlachträumen hinzuweisen: die Enthaarungsmaschinen, welche schon seit langen Jahren in den Großschlächtereien Chikagos verwendet werden. In Deutschland haben private Großschlächtereien mit deren Einführung bereits begonnen, auch in einigen Schlachthöfen haben sie bereits Eingang gefunden. Grundsatz moderner Betriebe muß stets sein, alle Einrichtungen

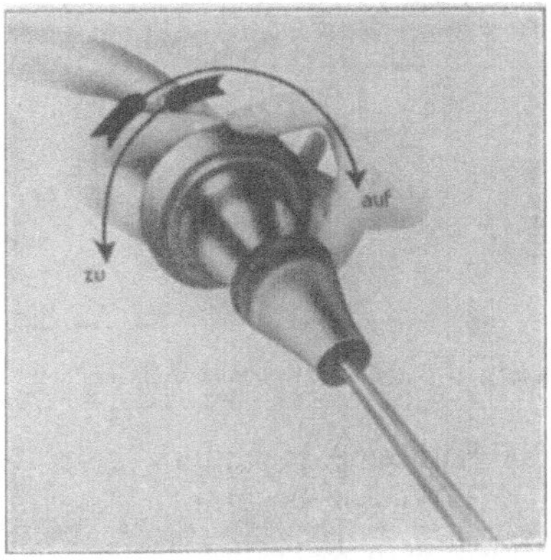


Abb. 70. Schweinebrausen System Reitz (E. M. Zahn, Berlin).

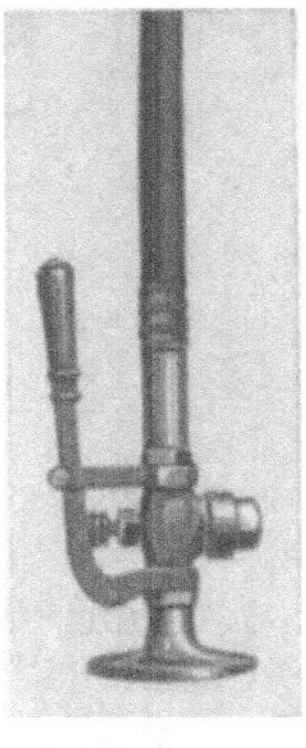

Abb. 71. Brause nach Röpert[1].

[1] Paffrath & Göring, Frankfurt a. M.

zu schaffen, welche Zeit und Personalkosten sparen. Auch bei uns in Deutschland kann man sich der Beobachtung nicht verschließen, daß der Großhandel immer mehr an Boden gewinnt und nicht nur das Schlachtvieh kauft, sondern es auch durch eigenes Personal ausarbeiten läßt. Zeigen schon einzelne Schlachthöfe, wie Budapest, Ansätze zur Fließarbeit, findet man ähnliche Einrichtungen bereits mehrfach in privaten Schweineschlächtereien, so wird die nahe Zukunft vielleicht schon den Beweis erbringen, nimmt auch bei uns die Bildung von Fleischtrusten überhand, daß wir gezwungen sein werden, in bestimmten Punkten mit dem altgewohnten brechen zu müssen, um größere Anfälle von Schlachtungen leicht und sicher bewältigen zu können[1].

Abb. 72. Enthaarungsmaschine „Christola" (Fr. Flemming, Wuppertal).

Die rasche Entwicklung unserer Fleischmarkthallen (siehe Abschn. VII, 2) weist darauf hin, daß auch bei uns das Bestreben besteht, den Einzelschlächter in zunehmendem Maße auszuschalten. Wird aber das einmal durchgeführt worden sein, so werden sich auch unsere Schlachthofbetriebe diesen Forderungen der Neuzeit hinsichtlich Fließarbeit anpassen müssen.

Die Vorbilder der Enthaarungsmaschinen haben die Vereinigten Staaten geliefert, die jedoch hauptsächlich für die Bewältigung von großen Schlachtziffern bestimmt sind. So z. B. stehen dort in erster Reihe die Originalerzeugnisse der „Boss" (in Deutschland vertreten durch H. Henseler, Berlin W 15). Diese Firma bringt drei verschiedene Größen auf den Markt: die Baby Boss, den Grate Dehairer und die Maschine „U". Bei ersterer müssen die Schweine von den Arbeitern in die Maschine eingelegt und nach dem Enthaaren herausgenommen werden. Leistung 40—60 Schweine je Stunde. Bei dem größeren Modell werden die Schweine mittels Gatter aus dem Brühbottich gehoben, die Maschine entleert sich automatisch. Leistung 60-100 Schweine je Stunde. Das große Modell U arbeitet vollautomatisch. Die Schweine werden mittels Laufband vom Bottich in die Maschine befördert und in dieser allseitig gedreht. Dieser Typ wird für eine Leistung von bis zu 500 Schweine je Stunde gebaut. Während der Enthaarung werden die Schweine fortwährend mit Wasser bespült.

Abb. 73. Enthaarungsmaschine von Gjerstrup, Kopenhagen (200 Schweine je Stunde).

Man ist auch bestrebt, dem Fleischer Apparate an die Hand zu geben, welche die Enthaarung der Schweine beschleunigen. So z. B. hat die Mitteldeutsche Industriegesellschaft Chemnitz einen elektrischen Enthaarungsapparat auf den Markt gebracht. An einem kleinen

[1] Vgl. Dtsch. Schlachthofztg **1930**, F. 2. Heiss: Eignet sich Bandarbeit für deutsche Schlachthöfe?

Elektromotor befindet sich das Schabewerkzeug. Ein rasch rotierender Schaber wird über das gebrühte Schwein geführt und entfernt Haare und Hautfetzen, vermeidet aber auch jede Beschädigung der Hautoberfläche. Das Gewicht des Motors ist durch ein Gegengewicht ausgeglichen, der Stromverbrauch beläuft sich auf 1—2 Rpf. die Arbeitsstunde. Das Enthaaren geht sehr rasch von statten. Doch auch die deutsche Technik hat Enthaarungsmaschinen geschaffen, und es sei besonders auf die ,,Christola" von Fr. Flemming, Elberfeld (Abb. 72), und die Maschine von Beck & Henkel, Kassel, hingewiesen, die in einer Reihe von Schlachthöfen Einführung gefunden haben. Aus Abb. 68 der letzteren Firma ist auch die Art der Aufstellung der Maschine ersichtlich, desgleichen aber auch die Verbindung des Schabetisches mit der Transportbahn durch den Schlachtelevator, welcher die Arbeit des Hochwindens der Schweine erspart (Abb. 72). Auch die Maschinenfabrik Christofersen & Larsen in Esbjerg (Dänemark) hat eine sehr brauchbare Enthaarungsmaschine System Gjerstrup auf den Markt gebracht, die Schweine jeder Größe gleich gut enthaart. Die Leistung ist 300 Schweine je Stunde bei einem Kraftverbrauch von 2 PS. Sie läuft u. a. im Schlachthof Basel und kostet 7500 Schw. Fr. (Abb. 73). Die bekannten, in Amerika vielfach verwendeten Boss-Enthaarungsmaschinen werden nunmehr in allen Teilen durch die Firma O. & H. Wickel, Bielefeld, hergestellt und mit einer Leistungsfähigkeit von 100—1000 Schweinen je Stunde auf den Markt gebracht. Sie verlangen zur Aufstellung einen Raum von 3 qm.

## b) Spreizensysteme.

Das Bestreben, den Schlächtern die Arbeit so zu erleichtern, daß sie möglichst wenig körperliche Arbeit zu leisten und keine Lasten mehr zu tragen haben, brachte die Technik

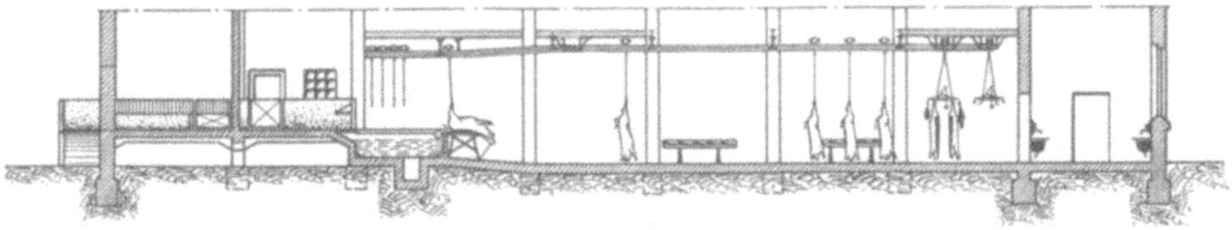

Abb. 74. Schweinehalle mit Längsschnitt, Spreizenbahn, Querverteilung (Mackensen).

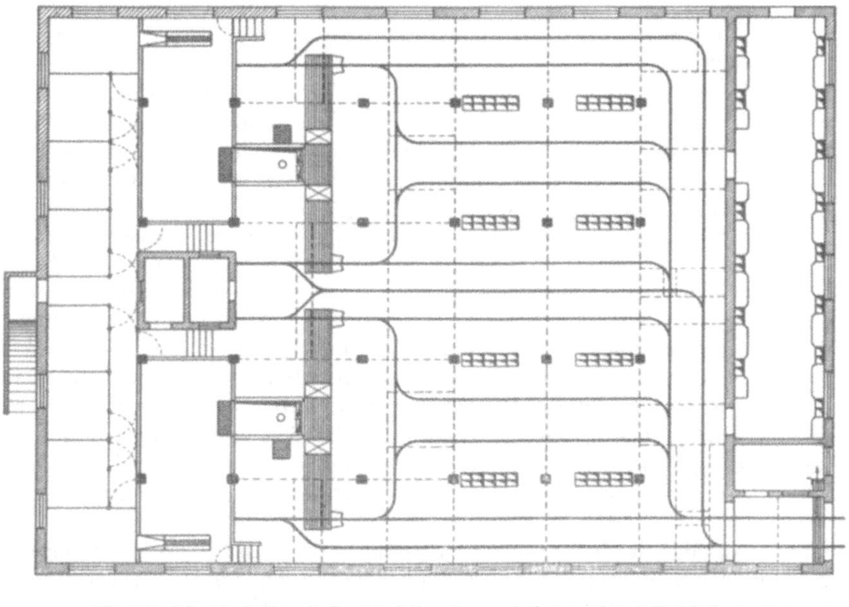

Abb. 75. Schweinehalle mit Spreizenbahn, Querverteilung. Grundriß (Mackensen).

auf den Gedanken, Hallen zu bauen, in welchen keinerlei Hakenrahmen und deren Hilfsvorrichtungen mehr vorhanden sind, sondern in welchen die Schweine vom Brühbottich aus auf fahrbare Spreizen gehängt, an diesen selbst ausgeschlachtet und ohne Überhängen nach dem Vorkühlraum befördert werden konnten. Es bedeutete das gegenüber dem Hakenrahmensystem einen wesentlichen Fortschritt, der allerdings wie alles Neue, anfänglich ziemlich mißtrauisch beurteilt wurde. Von der hochliegenden Tötebucht weg gleitet das Schwein in den tiefer liegenden Brühbottich, um nach dem oberflächlichen Brühen von diesem aus auf den Enthaarungstisch gezogen und gereinigt zu werden. Von hier weg wird es direkt an die Spreize eingehängt und dann auf einer Hochbahn in den Ausschlachtraum gefahren. Diese Tische haben eine eigene Konstruktion, indem gegen die Halle zu ein Gefälle geschaffen wird. Es ist aber auch notwendig, daß der Enthaarungsraum etwas höher liegt als die Schweinehalle selbst, und daß die Bahn mit Gefälle nach dem Enthaarungstisch verlegt wird.

Die Spreizen selbst haben verschiedene Konstruktion: während die ersten dieser Art mit Einkerbungen oder Steckvorrichtungen versehen waren, um sie der Größe des jeweiligen Schweines anzupassen, kamen gar bald die automatischen Spreizen, welche durch einen Hebelzug nach beiden Seiten verbreitert werden konnten und so das Schwein ausspreizten. An den Enden der Spreizen sind Haken, an welchen die Baucheingeweide angehängt werden können. Eine solche Verbesserung bzw. Vereinfachung stellt Abb. 76 dar, bei welcher Spreize eine einfache Hebelwirkung die gewünschte Spreizung möglich macht. Die Schweine werden mittels Spreizen nach dem Ausschlachtplatz gefahren, der so angeordnet ist, daß immer zwei Geleise dicht nebeneinander liegen, während zwischen je zwei Paaren sich ein breiter Gang befindet.

Abb. 76. Wanderspreizensystem (Kaiser-Mackensen).

Daß die maschinelle Einrichtung der Halle bei Spreizen eine ganz andere ist, zeigen Abb. 74 u. 75. Es ist hieraus der Höhenunterschied der verschiedenen Abteilungen genau zu ersehen. Höchster Punkt Stall und Tötebucht, sodann Brühraum etwas tiefer und noch tiefer die eigentliche Schlachthalle. Von den Schabetischen an beginnen die Transportgeleise, welche entweder längs oder quer zur Hallenachse sich weiter verzweigen und eine große Zahl von Weichen notwendig machen. Alle Geleise sammeln sich wieder in der ausführenden Schiene, auf welcher die Tiere vor dem Verlassen des Raumes auf der Hochbahnwaage gewogen werden können.

Aus Abb. 78 ist ersichtlich, wie die Schweine vom Schabetisch weg auf die Spreize gehängt, auf einer schiefen Ebene des Tisches abgleiten. Abb. 76 zeigt die hängenden Schweine mit und ohne Ausspreizung mit seitlich hängenden Lungen usw., während aus Abb. 77 ersichtlich ist, wie die Spreizen in langer Reihe hintereinander vom Vorkühlraum zurückgefahren werden.

Über die Zweckmäßigkeit der Spreizenbahn sind die Schlachthofleiter geteilter Meinung. An manchem Schlachthof befreunden sich die Fleischer rasch damit, während man auch solche findet, welche jedes andere System als zweckmäßiger bezeichnen.

Keinesfalls aber dürfte dieses System das billigste sein, was schon aus dem Umstande erhellt, daß für jedes Schwein, das zur Schlachtung kommt, eine Wanderspreize vorhanden sein muß, daß aber auch stets so viele Spreizen vorhanden sein müssen, als höchste Tagesschlachtungen von Schweinen gegeben sind. Aber auch zu dieser Zahl wird man noch eine bestimmte Reserve annehmen müssen, da stets behängte Spreizen auch noch im Vorkühlraum zu finden sein werden.

Da ferner die Spreizen aus einer Reihe von Einzelteilen zusammengesetzt sind, liegt nahe, daß Reparaturen von solchen nicht ausgeschlossen sein werden. Auch die vielen hier zur bequemen Abwicklung des Verkehrs notwendig werdenden Weichen müssen in Rechnung gezogen werden. Es wird sich daher stets als

Abb. 77. Spreizenhinterstellungsplatz (Mackensen).

Abb. 78. Aufhängen an die Wanderspreize (Mackensen).

empfehlenswert erweisen, die Preise von anderen Schweinehalleneinrichtungen damit zu vergleichen.

## c) Feststehendes Pendelhakensystem.

Ein weiteres System, das sich in den letzten Jahren besonders gut eingeführt hat, ist das sog. feste Pendelhakensystem, angegeben von dem Architekten Kleinert. Es vermeidet im Gegensatz zum Wanderspreizensystem, bei welchem die Tiere von einem Punkte aus hängen, so daß ein Schwanken nicht ausgeschlossen ist, diese unangenehme Beigabe mehr oder weniger durch Aufhängung an zwei Punkten. Der Grundgedanke ist folgender (vgl. Abb. 81, 82).

Vom Brühkessel weg wird das Schwein nach erfolgter Enthaarung vom Schabetisch an eine fahrbare Laufkatze gebracht, an welcher sich ein Flaschenzug befindet, an dem eine kuhhornartige Spreize angebracht ist. Die Hallen sind je nach Größe in verschiedene Längsreihen geteilt, an deren Seiten von einer Schiene pendelnde Haken herunterhängen. Das Schwein wird mittels Flaschenzug hochgezogen, je 2 Pendelhaken in die Sprunggelenksehnen eingehängt und dann der Flaschenzug niedergelassen und entfernt. Nunmehr hängt das Schwein in der Spreizstellung.

Abb. 79. Schema des Systems mit feststehenden Pendelhaken.

Es wird sich stets empfehlen, um die Bahn frei zu halten, dafür Sorge zu tragen, daß am Ende der Transportbahn mit dem Schlachten begonnen wird, wenn auch sofort nach Halbteilung des an den Haken hängenden Schweines die beiden Hälften in die Senkrechte pendeln, damit für die Durchfahrt eines weiteren Schweines genügend Platz vorhanden ist. Zwischen den etwa 1,3 m auseinanderhängenden Hälften ist für den Verkehr genügend freier Platz vorhanden, so daß sich zwischen den Haken nur die Schlachtarbeit abspielt. An fahrbaren Laufkatzen mit vierfachen Haken können vier oder mehr Hälften zu gleicher Zeit in den Vorkühlraum abgefahren werden. Die eben benutzten Schlachtplätze werden dadurch sofort wieder frei.

Abb. 80. Schweinehalle mit feststehenden Pendelhaken.

Die Abb. 79 und 80 zeigen den ganzen Arbeitsvorgang. Die Eingeweide hängen seitlich an ausziehbaren Haken. Diese Konstruktion kann verbunden werden mit Kippschalen (Abb. 81) zur Aufnahme der Baucheingeweide. Diese werden an den Säulenreihen oder hinter den Pendelhakenreihen montiert. Abb. 82 zeigt den einfachen Grundriß einer solchen Halle mit 4 Längsgeleisen ohne Kippschalen, wobei nur 6 Weichen notwendig sind, so daß schon dadurch große Einsparungen erfolgen.

Abb. 80 zeigt einen Längsblick durch eine solche Halle. Wandständig können für kleine ungeteilt bleibende Schweine auch Hakenrahmen angebracht werden. Der Spreizenbahn gegenüber fällt auf, daß die massiven Hängegerüste beim Pendelhakensystem fortfallen und durch leichtere ersetzt werden. Zwischen den einzelnen Ausschlachtreihen können feststehende Tische zur Untersuchung der Eingeweide, welche die Nummern der Haken tragen, Platz finden.

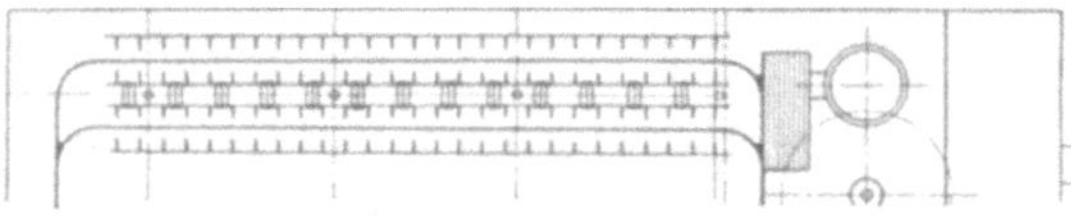

Abb. 81. Schema des feststehenden Pendelhakensystems mit Kippschalen.

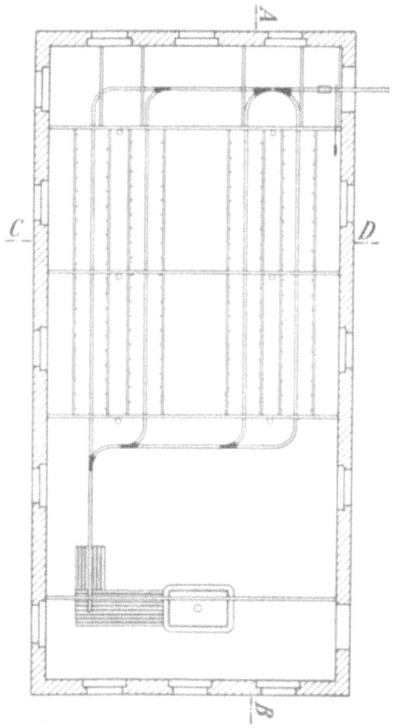


Abb. 82. Grundriß einer Schweinehalle nach dem festen Pendelhakensystem.

## d) Pendelhakenrutschsystem.

Das Pendelhakensystem wurde in letzten Jahren ganz außerordentlich verbessert und vervollständigt und dadurch konnte die Leistungsfähigkeit desselben auf das Doppelte der festen Pendelhakeneinrichtung gebracht werden. Es war das dadurch möglich, daß die Pendelhaken nicht an bestimmten Stellen, den Trägern, festgemacht sind, sondern daß diese auf Rohre oder Rundstäbe gelagert und auf diesen verschiebbar sind. Das Einhängen und Ausschlachten der Schweine geschieht hierbei genau wie bei den festen Pendelhaken. Mittels des am fahrbaren Schnellflaschenzuges hängenden Breitscheites werden die enthaarten Tiere an beliebigen Stellen vom Enthaarungstisch weggenommen und zu einem der senkrecht zu den Enthaarungstischen angeordneten Schlachtständen gefahren. Zwischen je 2 Schlachtständen ist ein breiter Verkehrsgang angeordnet. Jeder Schlachtstand wird durch zwei in einem Abstand von 1,3 m voneinander parallel angeordnete Gleitrohre gebildet, an welchen sich die verschiebbaren, aber nicht abnehmbaren Pendelhaken befinden. Für je ein Schwein kommt ein Hakenpaar zur Verwendung, so daß der Schlachtstand von zwei gegenüberliegenden und mit gleichen Nummern versehenen Haken gebildet wird. Der eine der beiden Haken, und zwar derjenige, welcher nach dem Verkehrsgang zu liegt, trägt einen Nebenhaken zum Anhängen der Geschlinge. Wie bei den festen Pendelhaken, so soll auch bei diesem System mit der Ausschlachtung der Schweine an dem Teile begonnen werden, der am entferntesten von den Schabetischen liegt, um jede Verkehrsstörung zu vermeiden. Damit ist auch Großfleischern, welche viele Schweine schlachten, die Möglichkeit geboten, ihre sämtlichen Schweine an einem Platze der Halle aufzustapeln. Zum Transport nach dorthin dienen der Flaschenzug und die Rutschbahnhaken, auf welche sich vom Breitscheit aus die Tiere mühelos und ohne jede Anstrengung überhängen lassen. Aus diesem Grunde zieht man den leichten Transport mit den Haken vor. Die automatische Spreizwirkung beim Teilen ist eine vorzügliche. Nach der Teilung hängen die beiden zusammengehörigen Hälften an den gleichnumerierten Haken sich gegenüber. Die Hälften können nach der erfolgten Untersuchung beliebig zusammengeschoben werden. Auf der Rohrbahn ist auch eine direkte Verbringung nach dem Vorkühlhause möglich. Die Leistungsfähigkeit dieser Bahn ist eine sehr große und hängt innig zusammen mit der Zahl der auf den Rohrträgern angebrachten Hakenpaare. Die leergemachten Haken brauchen nur auf Leergeleisen zu den Schabetischen zurückgefahren werden, um sofort wieder in Verwendung genommen werden zu können.

Dieses System ist eine Erfindung des bekannten Schlachthoftechnikers Scheld, Kassel, und ist der Firma Beck & Henkel in Kassel patentiert. Es wurde bisher mit bestem Erfolg in den Schlachthöfen Düsseldorf, Breslau, Hannover, Barmen, Koblenz, Meißen, Wurzen, Minden i. W., Lübeck, Pforzheim, Mühlheim (Ruhr), Herford, Osnabrück u. a. eingeführt.

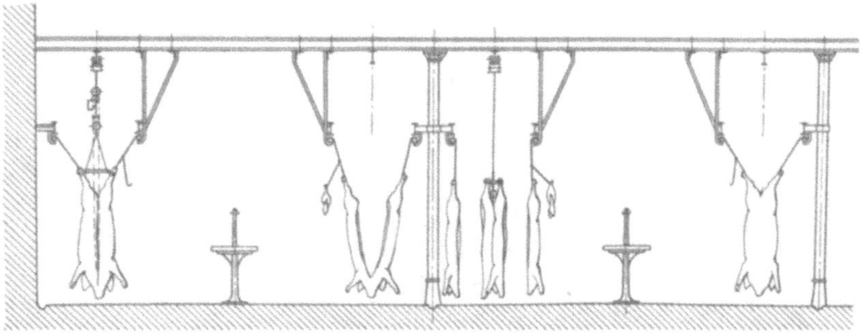

Abb. 83.

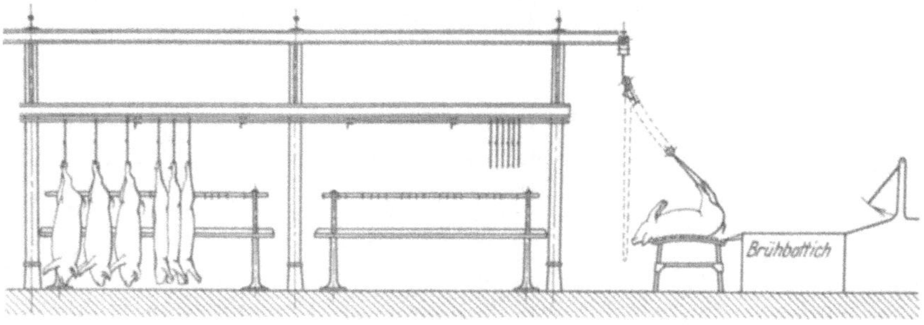


Abb. 84.

Abb. 83 u. 84. Schweineschlachtstände nach dem Pendelhaken-Rutschsystem (Beck & Henkel).

Nach den Bestimmungen des Reichsfleischgesetzes ist die Untersuchung der Därme usw. notwendig. Da diese Untersuchung bisher beträchtliche Schwierigkeiten bot und Verwechselungen nicht ganz ausgeschlossen waren, hat man bei dem festen Pendelhakensystem schon längst Schüsseln neben dem in Ausschlachtung begriffenen Schweine angebracht, in welche die Eingeweide zur Untersuchung eingelegt werden konnten. Neben diesen Schüsseln waren verschiedene Haken zum Aufhängen von Lungen und Lebern angebracht. Dadurch war eine Verwechslung vollkommen ausgeschlossen. Der besseren Zugänglichkeit und Übersicht wegen wurden diese Schüsseln in neuerer Zeit durch lange zwischen den Hakenreihen aufgestellte Tische, die mit einer Anzahl von Abteilungen versehen sind, ersetzt. Diese Tische finden heute bei fast allen Schlachtsystemen Anwendung. Die einzelnen Fächer sind mit den gleichen Nummern der Ausschlachthaken versehen, so daß auch hier Verwechslungen vorgebeugt ist (Abb. 83 u. 84).

Bei dem neuen Pendelhakenrutschsystem, bei welchem die gleitenden Haken eigene Nebenhaken für die Kleinteile besitzen, die nicht abgenommen werden können, solche mithin nur in der Schweinehalle bleiben, ist einer Verwechslung durch beiderseitige Numerierung der Haken vorgebeugt und damit in bezug auf die Beschau, bequemes Schlachten und größte Leistungsfähigkeit das bisher vollkommenste geschaffen worden.

Um die Arbeitsweise dieses Systems zu veranschaulichen, erscheint es als zweckmäßig, die fortlaufenden Bilder vorzuführen (Abb. 85—99):

[1] Seitens der Firma Mackensen wurde in jüngster Zeit nach Angabe von Ingenieur Hillman ein Schlachtjoch für Schweine konstruiert, welches ein Ausarbeiten der nebeneinander hängenden Schweine ermöglichen und zugleich ein Pendeln der hängenden Schweine vermeiden soll. Das Joch hängt gleichfalls an einer Rohrrutschbahn. Bisher wurde dasselbe in einem Schlachthof noch nicht zur Ausführung gebracht.

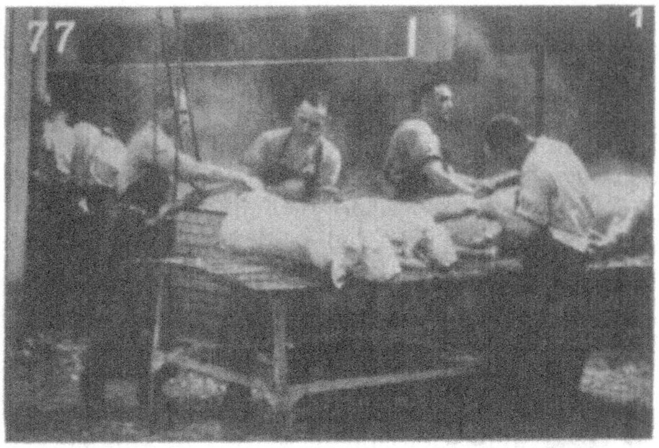

Abb. 85.

Abb. 86.

Abb. 87.

Abb. 88.

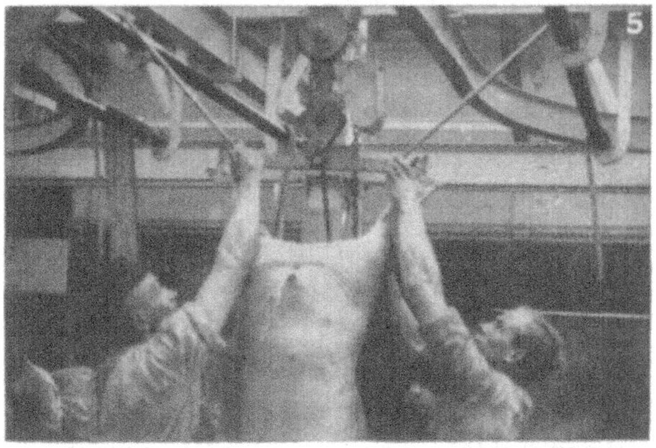

Abb. 89.

Abb. 90.

Abb. 91.

Abb. 92.

## Schweineschlachthallen.

Abb. 93.

Abb. 94.

Abb. 95.

Abb. 96.

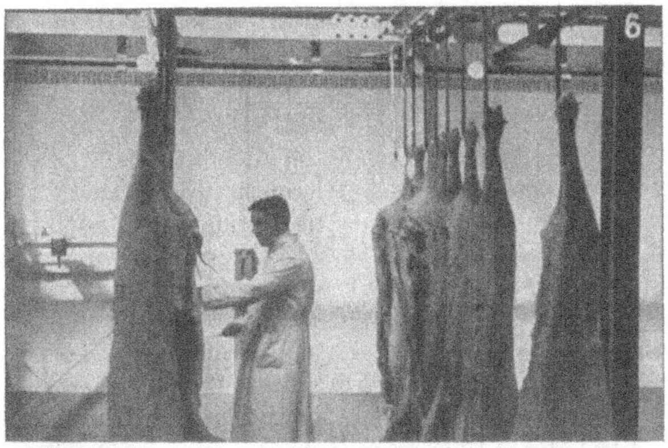


Abb. 97.

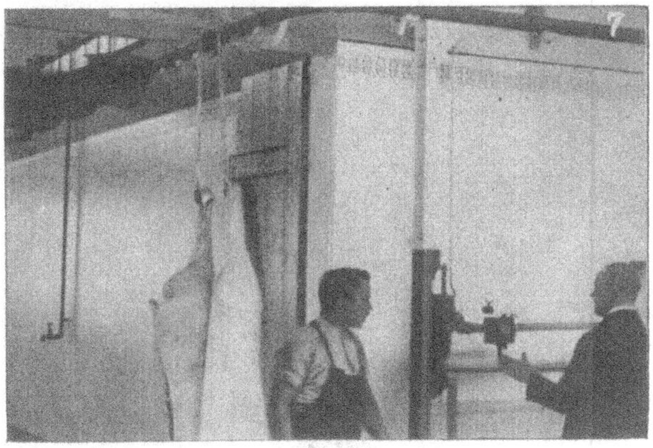


Abb. 98.

Abb. 99.

85. Einhängen des Schweines an den Flaschenzug am Schabetisch.
86. Hochheben des Schweines mittels des Flaschenzuges.
87. Abfahren zum Ausschlachtplatz.
88. Fahren über eine Kurve.
89. Einhängen des Pendelhakens in die Sehnen der Hinterbeine.
90. Flaschenzug ist abgenommen, das Schwein hängt in Spreizstellung.
91. Abbrausen der hintereinanderhängenden Schweine.
92. Öffnen der Schweine.
93. Teilweise Spaltung der Schweine.
94. Teilweise gespaltene Schweine hintereinander.
95. Vollkommenes Durchspalten.
96. Hängende Hälften.
97. Untersuchung.
98. Fahren über die Waage.
99. Abtransport zum Vorkühlhaus.

Abb. 100 zeigt die Schlachthalle für Schweine in Barmen, die mit dem Pendelhakenrutschsystem ausgestattet ist. Die Pendelhaken sind sämtliche in der Nähe der Brühbottiche. Auch ist aus dem Bilde die Aufstellung der Untersuchungstische ersichtlich.

Abb. 100. Schweinehalle in Barmen. Pendelrutschsystem mit Untersuchungstischen.

Abb. 101 führt eine Neuerung an Pendelhaken vor, an welchen die Brusteingeweide seitlich von dem Schwein aufgehängt werden, und zwar so, daß eine Besudelung des Tieres mit Blut wirksam verhindert wird.

Aus Abb. 102a und b ist zu ersehen, mit welchen verhältnismäßig einfachen Mitteln sich veraltete Anlagen, welche noch mit dem Hakenrahmensystem arbeiteten, durch Umbau in das Pendelrutschsystem für Jahrzehnte leistungsfähig machen lassen. In beiden Anlagen wurde der bisher nach der Längsrichtung arbeitende Schlachtgang in einen querlaufenden umgestellt.

Bild Koblenz läßt ersehen, daß in einer Längsmauer Durchbrüche geschaffen wurden, um Raum für nunmehr 3 Bottiche zu gewinnen, während die Wartebuchten und die erhöhten Tötebuchten seitlich angebaut wurden. Statt der bisherigen 2 Schlachtgänge stehen nunmehr 11 solche mit Verbindung zum Vorkühlhaus zur Verfügung.

Abb. 101. Pendelhaken-Rutschsystem mit seitlich hängenden Eingeweiden.

Bild Barmen macht ersichtlich, daß an Stelle der bisher inmitten des Schlachtraumes stehenden Bottiche und Schabetische die Zahl durch Anbringung an einer Längswand verdoppelt werden konnte. Statt bisher 4 Ausschlachtreihen stehen nunmehr 18 solche zur Verfügung. Wartebuchten und Töteräume wurden auch hier seitlich angefügt. Zugleich war es aber hier noch möglich, die Kaldaunenwäscherei für Schweine in die Halle selbst einzubauen.

Das Pendelrutschsystem stellt heute wohl das beste und billigste System für Schweinehallen dar, das kaum mehr einer Verbesserung möglich schien. Und doch hat in jüngster Zeit der als Konstrukteur für Schlachthofseinrichtungen bekannte Ob.-Ing. Scheld, Kassel, eine weitere Vereinfachung dieses Systemes ersonnen, welche Beachtung verdient. Sie macht die Gleitrohre vollkommen entbehrlich, indem die T-Schiene selbst als Gleitbahn benutzt wird. Direkt auf dem unteren Teil der T-Schiene laufen die Pendelhaken, deren Tragarme eine Form erhalten, welche eine Spreizung des hängenden Schweines ermöglicht, die aber trotzdem nicht abgenommen werden können. (Diese durch DRP. geschützte Einrichtung wird von der Firma Beck & Henkel, Kassel, hergestellt. Vgl. Abb. 103.)

**Gegenüberstellung der Leistungsfähigkeit der verschiedenen Schweinehallensysteme.** Es soll in folgendem, um zu ermitteln, wie die Leistungsfähigkeit der einzelnen Systeme sich gestaltet und wie die Kosten derselben für eine einheitlich große Halle von 625 qm Bodenfläche sein würden, zunächst eine übersichtliche Zusammenstellung der verschiedenen Einrichtungsarten gegeben werden. Zugleich sollen aber auch vom Standpunkt des Betriebssachverständigen aus die jeweilig beobachteten Vor- und Nachteile angeführt werden.

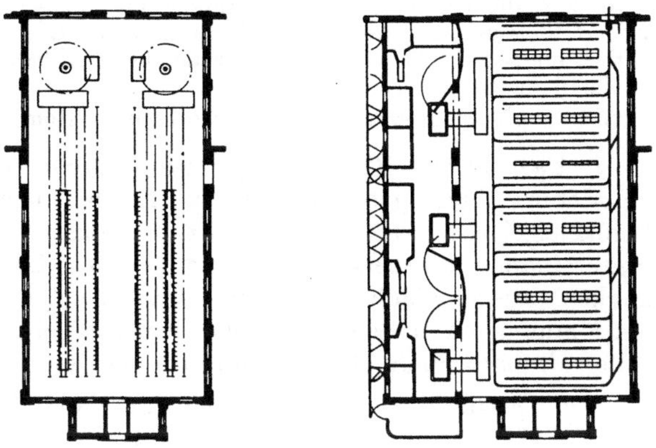

vor dem Umbau nach

Abb. 102 a. Umbau der Schweinehalle Koblenz.

1. Festes Hakengerüst mit Laufkranen und Hochtransportbahn zum Abfahren der Schlachtstücke nach dem Vorkühlraum, entsprechend den im Betrieb befindlichen älteren Anlagen zu Köln, Danzig, Breslau, Braunschweig, Kassel usw. (Abb. 104a).

Man rechnet 3 Schlachthaken je Schwein und erhält eine Leistung von 180 Schweinen, welche zugleich ausgeschlachtet und in der Halle aufgehängt werden könnten. Nach der Teilung können infolge Freiwerdens von Haken 270 Schweine in dieser Halle hängen. Die Kosten dieser gesamten Einrichtung betragen etwa 24500 RM., das macht für ein Schwein 90 RM. aus.

Vorteile: 1. Die Tiere werden von beliebiger Stelle der Enthaarungstische abgenommen, so daß ein Behindern der Leute vermieden wird.

2. Die Tiere werden an beliebiger Stelle der Hakenrahmen abgehängt und auch wieder von beliebiger Stelle nach der Ausschlachtung von einer Hochbahnlaufkatze aufgenommen und nach dem Kühlhaus transportiert.

3. Die Ausschlachtungen werden unbehindert vollzogen, da das Zubringen weiterer Tiere an die Hakenrahmen und das Zurückbringen der Flaschenzüge hinter dem Rücken der bereits mit Ausschlachten beschäftigten Schlächter stattfindet.

4. Die ausgeschlachteten Tiere hängen sämtlich in einer Richtung, mit der Bauchseite nach außen und daher übersichtlich.

5. Der Transport nach der Hochbahnwaage und zum Kühlhause geht flott von statten, da bis zu acht Schweinehälften an einer Laufkatze hängen und diese auch eventl. zusammen gewogen werden können.

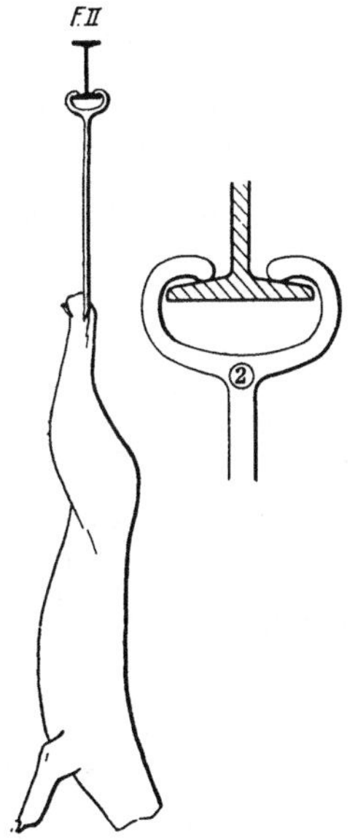


Abb. 103. Pendelhakensystem ohne Rohre.

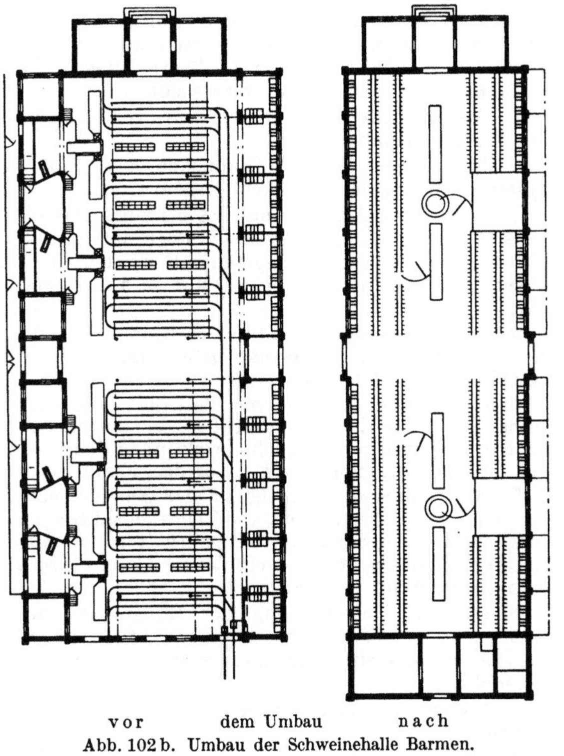

vor dem Umbau nach

Abb. 102 b. Umbau der Schweinehalle Barmen.

Nachteile: 1. Das Anhängen der Schweine an die Haken erfordert einen gewissen Kraftaufwand, da das Tier mittelst Flaschenzuges nur mit einem Bein an das Hakengerüst abgehängt wird, während das andere Bein mittelst Hand eingehängt werden muß. Mithin muß das Schwein von Hand angehoben werden.

2. Beim Teilen großer Tiere muß man die Beine nochmals mit der Hand um ein bis zwei Hakenstellungen weiter auseinanderhängen, was wiederum einen erheblichen Kraftaufwand erfordert.

3. Um sämtliche Haken zu behängen, müssen die einzelnen Hälften wieder mittelst Hand auf die Nebenhaken übergehängt werden.

4. Die Tiere können im Rückenteil nur schwer besichtigt werden, da man nicht immer bequem zwischen die einzelnen Hakenreihen treten kann.

5. Die Haken für die inneren Organe sind hinter den Haupt-Schlachthaken angebracht und weniger gut zugänglich.

6. Für die Untersuchung der Eingeweide müssen, von den Hakenrahmen entfernt besondere Tische aufgestellt werden. Diese Tische behindern ein Durchführen der Hochbahn zwischen die Hakenreihen, mithin müssen die Schlachtstücke bis an die Hochbahn getragen oder unter Benutzung der Flaschenzüge zweimal umgehängt werden.

7. Die Fleischuntersuchung ist bei diesem System ziemlich beschwerlich.

2. Fahrbares Spreizensystem. Diese Anordnung entspricht derjenigen in Dresden, Magdeburg, Ludwigshafen, Harburg, Arnhem usw. Es lassen sich, wie die Querstriche auf den Schlachtgeleisen darstellen, unter Freilassung der Leergeleise etwa 176 ausgeschlachtete Schweine hintereinander aufstellen, jedoch können bei dieser gedrängten Lage nur höchstens 60 Schweine zugleich ausgeschlachtet werden. Dieses System ist aus hygienischen Gründen eingeführt, um ein Umhängen der Schlachtstücke, wenn sie einmal an der Spreize hängen, zu vermeiden. Sie sollen deshalb auch im Vorkühlraum an den Spreizen hängen bleiben (Abb. 104b).

Die Gesamtkosten der Einrichtung mit 176 Spreizen und Laufkatzen betragen etwa 37000 RM. oder für ein Schwein 210 RM.

Vorteile: 1. Fortfall aller Aufzugsvorrichtungen, da die Tiere von den Enthaarungstischen direkt ohne Kraftaufwand an die Schlachtspreizen angehängt werden.

2. Das Tier bleibt bis zu seiner Unterbringung nach den Kühlzellen in der Schlachthalle sowohl als auch im Vorkühlraum an derselben Spreize hängen. Ein Überhängen wird also vollständig vermieden.

3. Teilweise selbsttätige Spreizwirkung beim Zerteilen.

4. Bequeme Fleischuntersuchung, da von allen Seiten zugänglich.

5. Übersichtliche Aufhängung der inneren Organe, da sie mit an der Spreize hängen.

Nachteile: 1. Die Tiere werden nur an einer Stelle der Enthaarungstische aufgenommen, was zur Folge hat, daß die Leute aufeinander warten müssen, oder aber die bereits zum Anhängen an die Spreize fertigen Tiere müssen über die noch in Bearbeitung befindlichen hinweggehoben werden, was jedoch Störung im Betriebe an den Tischen verursacht.

2. Das unsichere Spalten der Tiere von ungeübten Leuten, da die Spreizen fahrbar sind und Neigung zum Fortrollen haben.

3. Der erhöht liegende Fußboden des Brühraumes gegenüber dem Ausschlachtraum, welcher im Winter nicht ungefährlich beim Begehen ist.

4. Vom ersten Ausschlachtgeleis bis zum Enthaarungstisch sind die Geleise mit Gefälle verlegt, wodurch die Gefahr vorliegt, daß leere Laufkatzen unbeachtet das Geleis herunterrollen und den an den Enthaarungstischen stehenden Metzgern gefährlich werden. Es ist dies noch besonders nachteilig, wenn die Rückleergeleise über die Bottiche geleitet sind und auf dem tieferliegenden Geleis die Aufstapelung leerer Spreizen erfolgt.

5. Sind die ausgeschlachteten Schweine auf den Ausschlachtgeleisen zusammengeschoben, so müssen erst Verschiebungen vorgenommen werden, sobald ein Stück aus der Mitte der behangenen Geleise heraus fortgebracht werden soll.

6. Das System schreibt vor, daß die Tiere nur einmal an die Spreize angehängt und dann vor dem Einbringen in die Kühlzellen nicht wieder umgehängt werden. Infolgedessen muß jedes Schwein einzeln nach der Hochbahnwaage und auch einzeln nach dem Vorkühlraum gefahren werden, was aber recht umständlich und mühsam ist, namentlich wenn das Kühlhaus weit abliegt.

7. Weil die Schlachtstücke an der Spreize hängen bleiben, müssen mindestens soviel Laufkatzen mit Spreizen angeschafft werden, wie Tagesschlachtungen stattfinden. Ferner muß man, um genügend Ausweichgelegenheit in der Schlachthalle zu erhalten, verhältnismäßig viel Weichen in die Transportgeleise einbauen. Dadurch entstehen nicht unerhebliche Reparaturkosten und die Anschaffungskosten stellen sich trotz der geringen Leistung verhältnismäßig hoch.

8. Für die Untersuchung der Eingeweide müssen, wie bei anderen Schlachtsystemen, besondere Tische zwischen den Schlachtreihen aufgestellt werden, wodurch eine Verwechslung der Teile, da die Spreizen fahrbar sind und durcheinander kommen und mithin eine Numerierung nicht zulassen, nicht zu vermeiden ist.

9. Infolge des vielen rollenden Materials entsteht viel Geräusch in der Halle und häufige Reparaturen.

10. Die sperrigen Hakenspreizen hängen leicht zusammen und brauchen viel Aufstapelgeleis im Vorkühlraum (Abb. 91).

3. Festes Pendelhakensystem. Dieses System wurde konstruiert, um die Leistungsfähigkeit der Schlachthallen zu erhöhen, die Ausschlachtungen für die Fleischer sicherer und müheloser zu gestalten und ferner um der Fleischbeschau in vollkommenster Weise Rechnung zu tragen. Großmetzger benutzen diese Anlagen so, daß sie jedes Hakenpaar der Reihe nach besetzen, während Kleinmetzger beim Aufhängen der Schweine immer ein Hakenpaar über-

springen, damit sie beim Ausschlachten noch genügend Arbeitsplatz hintereinander behalten. Es ist nur darauf zu achten, daß das Anhängen der Tiere möglichst am letzten Hakenpaar beginnt (Abb. 104c).

Schweineschlachthallensysteme.

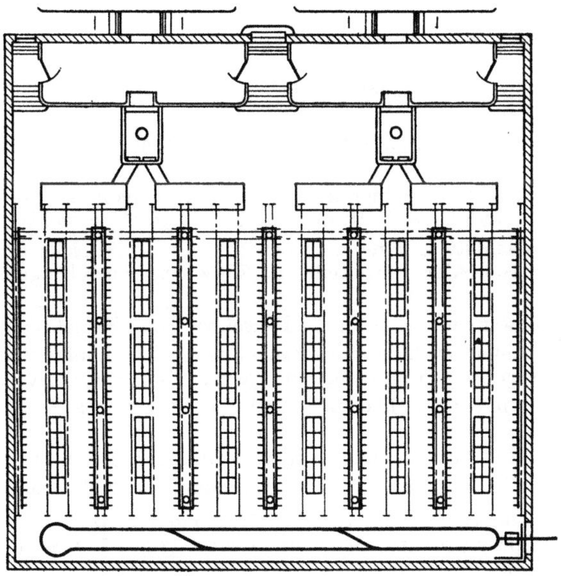

Abb. 104 a. Festes Hakengerüst.
540 feste Haken mit freistehenden Untersuchungstischen.

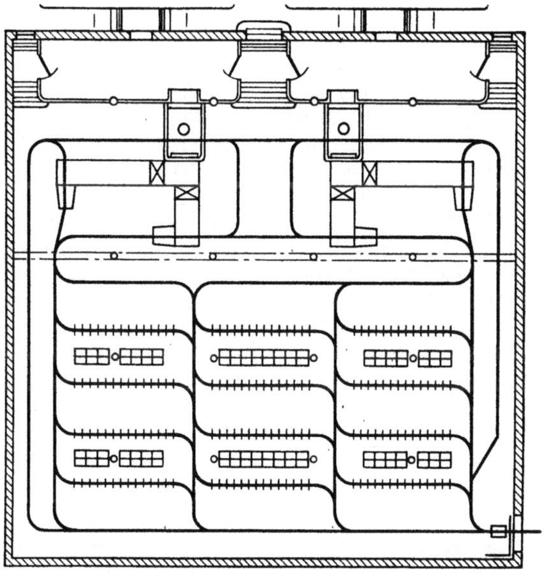

Abb. 104 b. Fahrbares Spreizensystem.
225 fahrbare Spreizen mit freistehenden Untersuchungstischen.

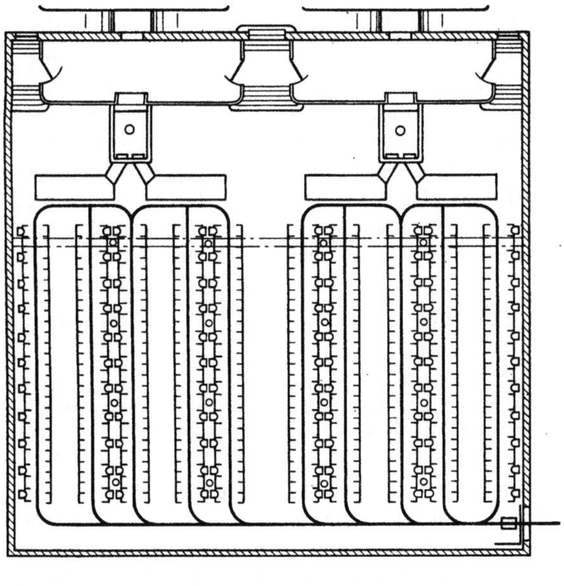

Abb. 104 c. Festes Pendelhakensystem.
440 Pendelhaken und Untersuchungstische.

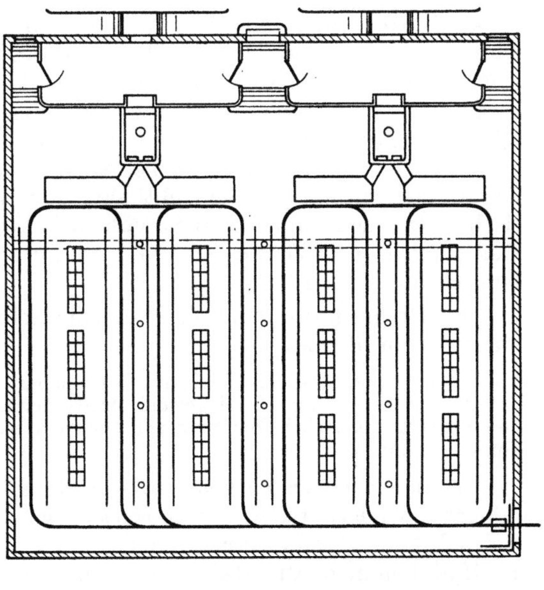

Abb. 104 d. Pendelhakenrutschsystem.
800 Haken mit freistehenden Untersuchungstischen.

An den 220 Hakenpaaren können auch 220 Schweine ausgeschlachtet werden und zusammen in der Halle hängen. Im ungünstigsten Falle bei Kleinmetzger können bis zu 110 Schweine zu gleicher Zeit ausgeschlachtet werden. Die Entfernung der Pendelhaken beträgt 650 mm, sie ist also so groß, daß wenn sich die Schlachtungen vergrößern, noch ein weiterer Haken in die Lücken gesetzt werden kann, denn dann hängen die Schweinehälften immer noch weiter auseinander als wie beim festen Hakengerüst. Die Maximalleistungsfähigkeit dieser Halle könnte also bei diesem System auf 430 Schweine gebracht werden.

Die Gesamtkosten der Einrichtung betragen etwa 27500 RM., das macht für ein Schwein 120 RM. bei einer Leistung von rund 220 Schweinen.

Vorteile: 1. Die Tiere werden von beliebiger Stelle der Enthaarungstische aufgenommen, so daß die Leute an den Tischen nicht behindert werden.

2. Die Tiere werden ohne Kraftaufwand mittelst Schnell-Flaschenzug mit beiden Beinen auf die Pendelhaken übergehängt, wobei sich das Breitscheid von selbst auslöst.

3. Infolge der nach außen ziehenden Pendelhaken wird eine absolut selbsttätige Spreizwirkung erzielt, welche jeder Tiergröße angepaßt ist.

4. Die bereits geteilten Tiere hängen außerhalb des Bereiches des Arbeitsfeldes und sind somit für weitere Schlachtungen nicht mehr hinderlich.

5. Die Hälften können infolge der zwischen den Schlachtreihen hindurchgeführten Hochbahn von beliebiger Stelle abgenommen und bis zu 8 Hälften an einer Laufkatze forttransportiert und gewogen werden.

6. Zwischen den Hakenreihen dicht neben dem Schlachtstück können Schüsseln oder Einzeltische für die Gedärme angebracht werden, wodurch ein Verwechseln der Einzelteile, da diese zusammenhängen, absolut ausgeschlossen ist.

7. Die inneren Organe hängen ebenfalls neben dem Schwein und sind für die Fleischbeschau übersichtlich.

8. Wenig bewegliche Teile, da jede Schlachtreihe nur einen fahrbaren Flaschenzug und einige Laufkatzen für den Transport nach dem Kühlhaus benötigt, daher geringe Abnutzung und geringe Reparaturkosten.

9. Die Transportgeleise werden ohne Gefälle verlegt, und der Fußboden braucht bei den Enthaarungstischen auch nicht erhöht zu werden.

10. Es sind keine besonderen Leergeleise für den Rücktransport der wenigen Laufkatzen erforderlich.

11. Die Fleischbeschau ist leicht und übersichtlich, da die Schlachtstücke von allen Seiten zugänglich sind.

Nachteile: 1. Vorschrifterlaß, daß immer am letzten Hakenpaar zuerst aufgehängt und daß, wenn viele Kleinmetzger vorhanden sind, ein Hakenpaar übersprungen wird, da andernfalls ein vorgehängtes und noch nicht geteiltes Tier die Zubringung weiterer Schlachtstücke erschwert.

In solchen Fällen wird ein Bein ausgehängt, das Tier zur Seite gedreht und dies nicht in der Querrichtung, sondern in der Längsrichtung der Hakenträger ausgeschlachtet, da die Hakenentfernung in der Längs- und Querrichtung die gleiche ist.

Sonstige Nachteile sind nicht zu verzeichnen, dagegen sind die Vorteile aller anderen Systeme auch bei diesem System zu finden.

4. Pendelhakenrutschsystem DRP. Dieses System beruht auf derselben Grundlage wie das vorstehende. Die Pendelhaken sind jedoch nicht an bestimmten Plätzen festgelegt, sondern sie sind verschiebbar eingerichtet, damit die fertig bearbeiteten, in 2 Längshälften geteilten Schweine zwecks Platzgewinnung zusammengeschoben werden können. Hierdurch können auf derselben Grundfläche noch doppelt soviel Schweine wie beim festen Pendelhakensystem und das Dreifache als bei allen anderen Systemen geschlachtet werden. Die inneren Organe hängen mit am Schlachthaken und sind mit den gleichen Nummern der Darmauflagetische versehen, und da die Schlachthaken nicht abnehmbar sind und stets in derselben Reihenfolge benutzt werden, so sind auch bei diesem System Verwechslungen weniger zu befürchten (Abb. 104d).

Die Gesamtkosten mit 400 Pendelrutschhaken betragen etwa 28000 RM., das macht für ein Schwein 70 RM.

Die Vor- und Nachteile decken sich sonst mit dem vorhergehenden System, nur mit dem Unterschied, daß zur Untersuchung der Eingeweide freistehende Tische aufgestellt sind, deren einzelne Abteilungen mit den gleichen Schlachthakennummern versehen werden, so daß auch hierbei Verwechslungen nicht vorkommen können.

Es ist sonach ersichtlich, daß das Pendelrutschsystem nicht nur bis jetzt das leistungsfähigste, sondern auch zur Anschaffung das billigste bis heute bekannte System darstellt. Beträchtliche Eisenkonstruktionen, die man bei anderen Systemen benötigt, können hierbei in Fortfall kommen, die Hallen machen einen zierlichen Eindruck, was Transportbahneinrichtungen anlangt.

Verbreitung der Transportbahnen in Schweinehallen. Nach den eingezogenen Erhebungen sind in 43% der deutschen Schlachthöfe Hochbahnen nach irgendeinem System in Schweinehallen eingebaut, während in 57% der Anlagen noch nach dem alten Hakenrahmensystem gearbeitet wird. In 46% dieser veralteten Anlagen findet man fahrbare Flaschenzüge, welche eine Verbringung der Schweine vom Schabetisch nach dem Ausschlachtplatz ermöglichen, während in 54% die Schweine noch zu den Aufhängehaken getragen werden müssen.

### e) Einrichtungen von Schweineschlachthallen zur Bacon-Bereitung für den Export[1].

Da England Bacon in großen Mengen einführt und verbraucht, ist man auch in Deutschland bestrebt, solchen zur Ausfuhr in Qualitätsware herzustellen. Zu dessen Herstellung eignen sich nur Fleischschweine von 150—180 Pfund Lebendgewicht. Die geschlachteten Schweine werden dem Sengverfahren unterzogen, wodurch sich die Außenseite leicht bräunt. Nach erfolgter Ausarbeitung der Schweine wird aus den ganzen Schweinen die Wirbelsäule entfernt, ebenso das Bauchfett und nach erfolgter Durchkühlung die eigentlichen „Bacon-Schnitte" hergestellt. Nach Entfernung des Kopfes werden die Halsknochen und die großen Gelenke entfernt, die Reste der Wirbelknochen werden geglättet, das Lenden- und Schinkenfleisch herausgeschnitten und Fetteile vom Bauchfell beseitigt. Die Schulterblätter werden unter Schonung der diese umgebenden Muskulatur herausgezogen. Die so zur weiteren Zubereitung fertiggestellten Schweinehälften werden mit einer 24 grädigen Salzlake gespritzt wie bei der Schnellpökelung, die auch bei uns bekannt ist. Die Hälften werden 5—6 Tage unter dem Druck der Salzlake gehalten, um den Bestimmungen des englischen Gesetzes zu entsprechen, nach welchem sie unter einem Druck von 5,15 at 4 Tage lang zu halten sind („damit der Erreger der Maul- und Klauenseuche getötet wird"). Nach dieser Prozedur werden die Schweinehälften getrocknet und sortiert und nach Einnähen in Sackleinen in Ballen verpackt, die ebenso wie die Baconschnitte mit einem besonderen Zeichen versehen sein müssen. Dann steht der Versendung, wenn ein amtstierärztliches Untersuchungszeugnis beigelegt ist, nichts mehr im Wege. Das Bacon kommt ungeräuchert in den Handel und bildet ein Hauptenährungsmittel in England.

Abb. 105. Stechen der Schweine an Laufschienen.

Um auf dem Weltmarkt konkurrenzfähig zu sein, wurden besonders durch die Firma W. Stohrer, Leonberg, die diesbezüglichen Einrichtungen geschaffen. Schon das Aufziehen des lebenden Schweines mittels Elevators — der Engländer behauptet, daß betäubte Schweine keinen einwandfreien Bacon liefern! — erinnert an das „Wheel" in amerikanischen Großschlächtereien, an dem die Schweine hängend gestochen werden (Abb. 105). Die Schweine werden automatisch auf die Ausblutebahn überhängt und vor dem Brühkessel abgelegt, gebrüht und reingeschabt (Abb. 106). Sodann werden sie hochgewunden und an Ausschlachtspreizen aufgehängt (Abb. 107). Je nach Bedürfnis können die Schweine, auch ohne Brühung gesengt

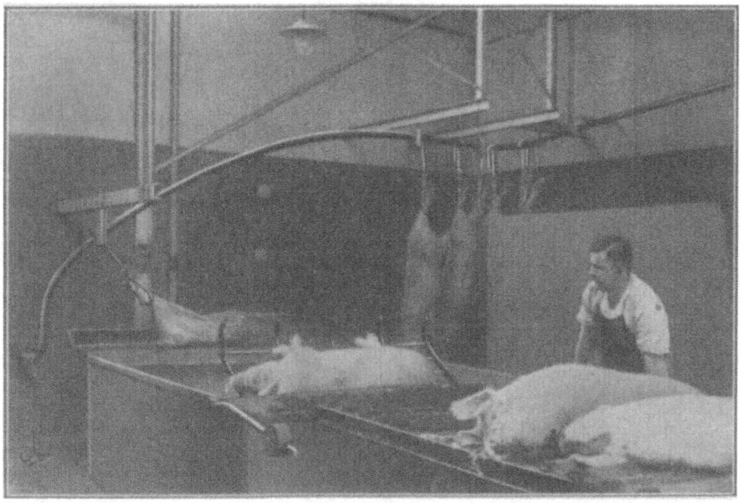

Abb. 106. Brühen und Enthaaren der Schweine.

[1] Vgl. Über Baconbereitung Z. Fleisch- u. Milchhyg. **1927**, H. 13.

Abb. 107. Weitere Verarbeitung.

Abb. 108. Sengen und Abbrühen der Schweine.

Abb. 109. Zerlegen der Schweine.

Abb. 110. Einspritzen der Salzlake.

werden. Der Ofen hat eine selbsttätige Verriegelung und teilt sich in 2 Hälften. Das gesengte Tier wird sodann abgebraust (Abb. 108), nachgereinigt und dann erst ausgearbeitet, um im Hängeraum abgekühlt und für den Salzungsprozeß zugerichtet zu werden (Abb. 109). Vom Anhängeraum gelangen die Tiere in den Pökelraum, wo das Fleisch mittels Lakepumpen mit Salzwasser vollgepumpt und dann in Pökelgefäßen eingelegt wird (Abb. 110).

In heißen Gegenden wird das Sengen der Schweine dem Brühen vorgezogen. So z. B. werden in Budapest die Schweine vielfach gesengt. Ingenieur Gyerstrup, Kopenhagen, Odingsvey 13, hat einen Ölsengofen konstruiert, der besonders in dänischen Exportschlächtereien vielfach Verwendung findet. Mittels eines Mischventils wird Öl und Dampf in den Ofen eingelassen und dieses Gemisch zur Entzündung gebracht, wodurch eine kurz andauernde Temperatur von 1300° erzeugt wird. Die Öldämpfe werden durch Ventilator abgesaugt. Leistung 150 Schweine je Stunde (Abb. 111).

Abb. 111. Gyerstrup-Sengofen (Beck & Henkel).

## 5. Krankviehschlachtraum.

Ein Raum zur Schlachtung von sichtlich krankem Vieh sollte in jedem Schlachthofe vorhanden sein, da unter allen Umständen eine Verunreinigung der öffentlichen Schlachthallen mit Krankheitsprodukten und Trägern von Krankheitskeimen vermieden werden muß[1]. Auch in Fällen, in denen das Vorhandensein von krankhaften Veränderungen erst bei der Eröffnung der Leibeshöhle beobachtet werden kann, muß die weitere Ausarbeitung des betreffenden Tieres sofort unterbrochen und diese in einem vollkommen abgesonderten Raume, dem Krankviehschlachtraum, vorgenommen werden.

Man verlegt solche Schlachträume stets etwas abseits von den üblichen Verkehrswegen in getrennt liegende Höfe, sorgt aber auch nach Möglichkeit dafür, daß sie in der Nähe des Zufahrtsgeleises, und zwar so liegen, daß eine Überquerung öffentlicher Straßen und der Hauptverkehrswege des Schlachthofes vermieden wird. Während in kleinen Anlagen Krankviehstallungen nicht vordringlich sind, müssen in mittleren und namentlich in großen Anlagen eigene Stallräume für die verschiedenen Tiergattungen vorgesehen werden, insbesondere um Tiere, welche seuchenkrank oder der Ansteckung verdächtig sind, von den allgemeinen Stallungen getrennt, ferner unter peinlichster Vermeidung irgendeiner Berührung mit dem übrigen eingestellten Vieh bis zu der meist unmittelbar erfolgenden Schlachtung unterbringen zu können. Man hat aber auch daran zu denken, daß eine evtl. Seuchenverschleppung auch durch das das Krankvieh bedienende Personal des Schlachthofes erfolgen kann.

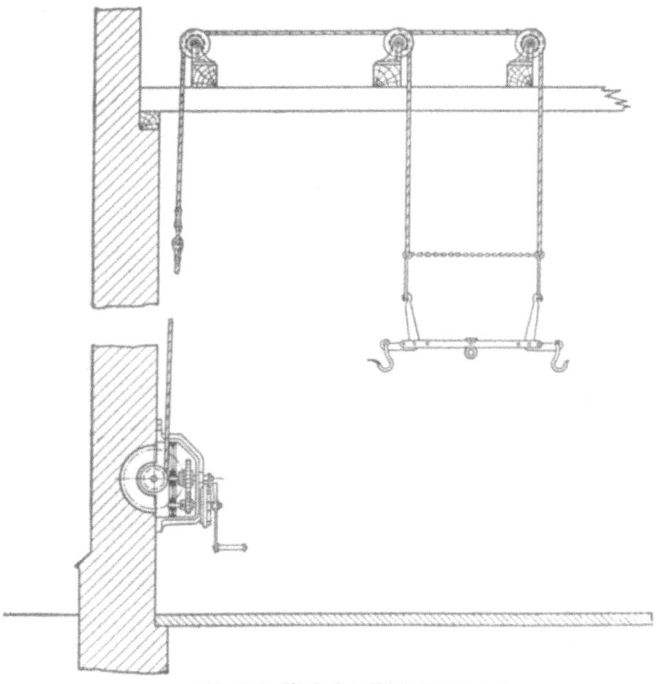

Abb. 112. Einfaches Winkelbreitscheit.

Abb. 113. Steckspreize.

[1] Man kennt verschiedene Bezeichnungen für diese Räume: Polizei-, Amts-, Sanitäts-, Krankvieh-, Kontumazschlachthaus.

In kleinen Anlagen wurde es wiederholt seitens der Aufsichtsbehörden gestattet, wenn die Zahl der Pferdeschlachtungen eine ganz geringe war, daß in den Krankviehschlachträumen auch die wenigen Pferdeschlachtungen vorgenommen wurden, da eigene Räume hierfür sich nicht rentieren würden.

Eine Hauptbedingung des Krankviehschlachtraumes ist die, daß er mit Leichtigkeit in allen Teilen gereinigt und entseucht werden kann. Leider findet man in manchen Schlachthöfen in diesem Raume oft eine mehr als oberflächliche Ausstattung, die keinesfalls gebilligt werden kann. Fehlen von abwaschbaren Wandverkleidungen, löcherig gewordene Fußböden, alte Seilwinden, die man aus alten Anlagen nach hier verlegte, nur um zu sparen. Gerade diesen Raum mit Wandverkleidungen zu versehen ist außerordentlich notwendig; auch auf fugenlosen Bodenbelag muß jede Rücksicht genommen werden. Es wird sich auch empfehlen, die Wände über den Wandplatten, desgleichen die Decke des Raumes mit abwaschbarer Emailfarbe zu streichen, die auch evtl. Chemikalien den nötigen Widerstand leistet.

Abb. 114. Krankviehschlachthalle in Pforzheim.

Es wird nicht in jedem Falle möglich oder notwendig sein, die Winden mit Hochbahngeleise zu versehen und dadurch eine leichtere Verbringung nach dem Vorkühlraum zu ermöglichen, meist reichen einfache Spreizen aus (Abb. 112, 113). Hingegen kann man, um eine Reihe von Schlachtungen von Großvieh vornehmen zu können, automatische Spreizen einbauen, mittels welcher die ausgeschlachteten Tiere auf ein Abhängegeleise übersetzt werden können, so daß man mit einer ganz geringen Windenzahl ausreichen wird. Kann man als geringstes Ausmaß für einen solchen Raum 4:5 m angeben bei mindestens 4,5 m lichter Höhe, so muß sich bei größeren Anlagen die Raumbemessung nach dem jeweiligen Maximalbedürfnis richten, das gegeben sein kann.

Man muß auch für evtl. Notschlachtungen von Schweinen Vorkehrungen treffen. Für kleine und mittlere Anlagen wird man am einfachsten und billigsten durch Aufstellung eines direkt unterfeuerten Brühbottichs auskommen können, der allerdings kein Ideal darstellt, aber im Notfall billige Dienste leistet. Ist der Anschluß an eine Wärmequelle möglich, so ist dies natürlich vorzuziehen. Auch die Frage, den Kessel z. B. mit Gas zu heizen, wird zu überlegen sein. Es wird dabei ganz gut möglich sein, durch einen Durchstromerhitzer das zum Brühen der Schweine nötige Heißwasser erzeugen zu können. An den Brühkessel muß sich ein Enthaarungstisch anschließen. Zum Aufhängen der Schweine dient der einfache Hakenrahmen, und nur in großzügig angelegten Krankviehschlachthäusern ganz großer Betriebe wird man von dem Einbau von eigenen Transportvorrichtungen Gebrauch machen. Die Hakenrahmen dienen auch gleichzeitig zum Aufhängen von Kleinvieh und von Großviehvierteln.

Abb. 115. Krankviehschlachthof Erfurt.

Stets muß im Krankviehschlachthof eine eigene Grube für den dort anfallenden Dünger vorhanden sein, der unter keiner Bedingung auf die allgemeine Düngerlage verbracht werden darf, weiterhin sollte die Möglichkeit vorhanden sein, den Dünger im Bedarfsfalle, sei es durch strömenden Wasserdampf oder aber durch Einwirkung von Chemikalien entseuchen zu können.

In ganz großen Betrieben findet man sogar eigene Krankviehkühlräume (Dresden), in welchen das Fleisch bis zum Verkauf in der Freibank aufbewahrt bleibt.

Als zweckmäßige Nebenräume für solche Anlagen sind anzuführen: 1. ein Raum zur Aufstellung des Sterilisators nebst einem solchen zum Zerlegen der zu kochenden Tiere; 2. ein Raum mit Waschgelegenheit, evtl. mit Bad für die dort Arbeitenden, ausgestattet auch mit in den Boden vertieften Fußbädern zur evtl. Entseuchung der Fußbekleidung; 3. ein Raum zum Aufenthalt für den Tierarzt, der die Schlachtungen zu überwachen hat; dieser Raum kann gleichzeitig auch für Untersuchungen dienen.

Sind Viehhöfe mit einem Schlachthof verbunden, so wird es stets zweckmäßig sein, um Kosten zu sparen, den Krankviehschlachthof so zu legen, daß er vom Schlachthof und vom Viehhof gemeinschaftlich benutzt werden kann.

Für Notschlachtungen bei Nacht muß auch für gute Beleuchtungsmöglichkeit auch des Vorplatzes zum Abladen der Tiere Sorge getragen werden.

In einer Reihe von Krankviehschlachthöfen kann man die Beobachtung machen, daß hier zweckmäßig die Freibank in der Weise angebaut wird, daß der Zugang zum Verkaufsraum nur von der Straße aus möglich ist, so daß die Käufer den Schlachthof selbst nicht zu betreten haben[1].

## 6. Pferdeschlachtraum.

Durch die hohen Fleischpreise, nicht zuletzt aber durch das Schwinden des Widerwillens gegen diese Fleischart hat sich der Verbrauch an Pferdefleisch gesteigert. Außerdem aber ist zu beobachten, daß durch die Zunahme des Kraftwagenverkehrs heute mehr Pferde als früher zur Schlachtung gelangen. Wurstwaren aus Pferdefleisch und geräuchertes Pferdefleisch sind ein ziemlich beliebtes Nahrungsmittel für die ärmere Bevölkerung geworden.

Die Schlachtungen von Pferden müssen stets im Schlachthofe vorgenommen werden. Während man in älteren Anlagen bestrebt war, den Pferdeschlachtraum soweit als möglich abseits zu legen, meist in die Nähe der Krankviehschlachträume, und den Raum womöglich noch durch einen Zaun gegen den Schlachthof abschloß, kennt man in neuzeitlichen Schlachthöfen eine solche Absonderung nicht mehr. Das Fleisch der Pferde ist, wenn es von gesunden, gut genährten Tieren stammt, volltaugliches Fleisch, das bei entsprechender Zubereitung auch von Feinschmeckern nicht als Pferdefleisch erkannt wird.

Es kann selbstverständlich aber nicht als angängig betrachtet werden, daß Pferde in allgemeinen Großviehschlachthallen geschlachtet werden. Bei ganz geringen Schlachtziffern von Pferden können hierzu auch Krankviehschlachträume benutzt werden. Die Größe des Schlachtraumes wird sich nach dem jeweils gegebenen Bedürfnis zu richten haben. Für kleine Schlachthöfe genügt das Vorhandensein eines Schlachtplatzes, in Anlagen jedoch, deren Schlachtziffer 200—300 Pferde je Jahr beträgt, müssen weitere Winden vorhanden sein, um das lebendwarme Abhängen der geschlachteten Tiere zu vermeiden. Es wird auch evtl. möglich sein, sich mit einer Winde zu begnügen, wenn eine Transportbahn eingebaut ist, so daß geschlachtete Pferde auf Abhängegeleise gebracht werden können. Abnehmlaufkatzen sind nicht nötig, da die Tiere mit der Winde abgenommen werden können.

Man schaffe einige Waschbecken zur Reinigung der Därme, die jedoch selten für Wurstbereitung verwendet werden, an. Brühbottiche für die Kaldaunen sind meist nicht vordringlich und werden, wenn vorhanden, wenig oder gar nicht benutzt, dagegen sind Hakenrahmen zum Aufhängen der Viertel, sowie der Lungen usw. ebenso notwendig wie ein Hackstock zum Spalten der Köpfe.

Neben dem Pferdeschlachtraum liegt meist eine Stallung für die zur Schlachtung gelangenden Pferde. Es kann aber auch in kleineren Anlagen der Krankviehstall oder auch die Einstellstallung für Fleischerpferde aushilfsweise Verwendung finden. In ganz großen Pferdeschlächtereien (Dresden) sind sogar eigene Ställe für die Pferde der Pferdeschlächter evtl. auch eigene Garderoberäume mit Waschgelegenheit vorhanden. In Dresden findet man auch für Pferdefleisch einen eigenen, dem Raume angebauten Kühlraum.

In einer Reihe von Städten, namentlich in Sachsen, ist mit der Pferdeschlächterei auch ein Raum zur Schlachtung von Hunden verbunden, deren Fleisch sich besonders in Sachsen einer guten Nachfrage erfreut. Behelfsweise können auch Pferdeschlachträume zu Hundeschlachtungen benutzt werden.

Nach den statistischen Erhebungen besitzen 58,2% der deutschen Schlachthöfe eigene Pferdeschlachträume. In Sachsen haben etwa 30 Schlachthöfe eigene Hundeschlachträume.

[1] Krankviehschlachträume sind in Deutschland vorhanden in 88,5% aller Schlachthöfe.

## 7. Verbindungs- und Verkehrshallen.

Man kann sich eigentlich einen modernen größeren Schlachthof ohne Verbindungs- oder Verkehrshalle kaum mehr vorstellen und versteht hierunter eine Bedachung mit hinreichendem Lichteinfall zwischen den Betriebsräumen einerseits und den Kühlräumen andererseits. Ist in einem Schlachthofe eine Verbindungshalle vorhanden, so liegen stets an deren einen Seite die Schlacht- und Verarbeitungsräume, während an der anderen Seite die Kühl-, Eis- und Maschinenräume ihren Platz finden. Infolgedessen ist es auch unerläßlich, daß die Hochtransportbahn die Halle überquert, um im Vorkühlraum ihren Abschluß zu finden. Liegen die Schlachträume weit von der Einfahrt zum Vorkühlraum entfernt, so führt man die Hochbahn längs der Betriebsräume bis zur Überquerung der Halle in der Halle selbst weiter.

Was die betriebstechnische Seite der Verbindungshallen anlangt, so ermöglichen sie einen gegen die Einflüsse der Witterung geschützten Verkehr zwischen den genannten Räumen. Es soll keineswegs gesagt werden, daß eine Verbindungshalle unter allen Umständen in einer neuzeitlichen Anlage vorhanden sein **muß**, und es wird lediglich eine Kostenfrage sein, ob man eine solche erbauen kann oder nicht. Liegen in kleineren Anlagen betriebswichtige Teile nicht gegenüber, so kann in diesem Falle auch eine Halle entbehrt werden. In kleinen Anlagen verzichtet man meistens schon aus finanziellen Gründen auf deren Erstellung. Eine unangenehme Beobachtung, die man in vielen Verbindungshallen machen kann, ist die, daß je nach der herrschenden Windrichtung sich eine mehr oder weniger heftige Zugluft dort bemerkbar macht, die störend insbesondere von solchen Arbeitenden empfunden wird, welche in stark erhitztem Zustande geschlossene Arbeitsräume verlassen. Man hat zur Verhinderung dieses Mißstandes meist an beiden Enden der Hallen sog. Hängewände eingebaut, welche die großen Endöffnungen tunlichst verringern. Es sind aber auch Fälle bekannt, daß man, sind die Hallen genügend breit und ermöglichen sie ein Umkehren der Fuhrwerke, die Hallen an einer Seite vollkommen durch mit Ausgangstüren versehene Glaswände verschlossen hat, um die Zugluft auszuschalten,

Abb. 116. Verbindungs- und Verkehrshalle (Dresden).

Die Hallen ermöglichen auch, daß man die frisch geschlachteten Tiere außerhalb der Schlachträume einige Zeit hängen läßt, damit sie oberflächlich abkühlen und dann erst nach einiger Hängezeit in den Vorkühlraum gebracht werden; mit den günstigsten Kühlbedingungen (vgl. S. 187) deckt sich dies aber nicht. Als angenehm wird seitens der Fleischer empfunden, daß sie die aus dem Kühlraume stammenden Fleischteile trocken und gegen Regen geschützt auf ihre Wagen bringen können. Das gleiche trifft bei der Eisabgabestelle zu. Aus der Halle selbst werden dann die verkaufsfertigen Produkte stets auf bedeckten Wagen abgefahren.

An beiden Seiten der Halle sind Bürgersteige angebracht. Besonderes Augenmerk ist auf gründliche Reinigung des Bodens dieses Teiles der Anlage zu richten, um üble, durch den Geruch der Exkremente der Pferde sich namentlich im Sommer leicht entwickelnde Gerüche zu beseitigen.

# Anhang.

## 1. Einrichtungsgegenstände für die Betriebsräume.

Zur Durchführung des Betriebes müssen in den Betriebsräumen bestimmte Einrichtungsgegenstände vorhanden sein, die Eigentum des Schlachthofes sind und als solche deutlich gekennzeichnet werden sollten. Als solche sind zu benennen: eiserne Gefäße, welche unter den Zapfstellen der Wasserleitungen Aufstellung finden, in denen die Brust und Baucheingeweide mit Ausnahme der Mägen und Därme von Blut gereinigt werden können. Die Verwendung von hölzernen Bütten ist unsauber und unhygienisch und sollte vermieden werden. Entsprechende Gefäße müssen in genügender Zahl in der Kaldaunenwäscherei vorhanden sein, am besten je eines zwischen 2 Waschbecken, um zu verhindern, daß der Darminhalt mangels solcher Gefäße achtlos auf den Fußboden geschüttet wird. Je mehr solche Gefäße vorhanden sind, desto sicherer wird dort Reinlichkeit gehalten. Es hat sich als zweckmäßig erwiesen, diese Gefäße an der Unterseite mit Winkeleisen zu versehen, da sie sich sonst im Laufe der Jahre durch das Herumschieben auf dem Pflaster allmählich durchscheuern und undicht werden. In gleicher Weise ist es auch zu empfehlen, die flachen Blutschüsseln, die zum Auffangen des Blutes bei Schweineschlachtungen benutzt werden, mit Bodenleisten zu versehen, um sie haltbarer zu machen. Um ein Entwenden der Blutschüsseln zu vermeiden, ist anzuraten, an denselben Eigentumsschildchen: Schlachthof X anzubringen. Es wird aber auch zweckmäßig sein, die Fuhrwerke jeweils fleißig zu kontrollieren, ob sie nicht schlachthofeigene Schüsseln, z. B. zur Abfuhr von gereinigten Därmen usw. enthalten. Nützlich ist es auch, in den Betriebsvorschriften Ordnungsstrafen für das Mitnehmen von Schüsseln, Drillingshaken und anderen dem Schlachthofe gehörigen Gegenständen vorzusehen, aber auch die unbefugte Mitnahme als Diebstahl zu bezeichnen und mit diesbezüglicher Anzeige zu drohen. Man beantworte auch stets Beschwerden der Metzger, daß keine oder nicht mehr genügend Blutschüsseln vorhanden sind, dahin, daß nur die vorhanden gewesenen zurückgebracht zu werden brauchen, und daß neue nicht angeschafft werden, sondern nur für defekt gewordene Ersatz beschafft wird. Für Großviehschlachthallen sind größere Schüsseln nötig, in welche das Blut von den flachen Schüsseln aus eingeschüttet und dort gerührt wird[1]. In einer Reihe von Schlachthöfen trifft man eigene Blutrührkannen (Abb. 117), in welchen das Blut durch Drehung eines darin befindlichen Rührwerkes, das leicht ausgehoben und gereinigt werden kann, defibriniert wird.

Abb. 117. Blutrührkanne (Mackensen, Magdeburg).

Zur Reinigung der Schlachtplätze wäre es vollkommen verfehlt, wenn durch den Schlachthof Besen oder Scheuertücher zur Verfügung gestellt würden, da diese Dinge allzu leicht den Weg aus dem Schlachthof, nie aber den Rückweg finden. Als sehr zweckmäßig hat sich der bei Asphaltstraßen vielfach benutzte Gummischaber zur raschen Säuberung der Schlachtplätze erwiesen, der eine Verunreinigung der Häute mit Blut verhindert. Auch zum raschen Zusammenstreifen des zur Kühlhausreinigung benutzten Wassers ist der Gummischaber sehr praktisch, wenngleich ein Nachtrocknen mit Scheuertüchern dort stets folgen muß[2].

Um die Blut- und Mistgefäße aus den Kaldaunenwäschereien nach dem Düngerhaus zur Entleerung verbringen zu können, benutzt man ein Fahrgestell, welches für alle diese Gefäße paßt. Die seitlich an den Kübeln angebrachten Zapfen passen in eine Gabel des Fahrgestelles; auf diese Weise sind sie leicht einzuhängen und abzufahren (Abb. 118).

Abb. 118. Kippbares Blut- und Mistgefäß mit Fahrgestell (Frank, Regensburg).

Fleischabfälle und Konfiskate verbringt man in die sog. Konfiskatgefäße, die in genügender Größe und Zahl aufgestellt sein müssen. Solche werden von allen Firmen, welche

[1] Die Firma L. Heinemann, Barmen, fertigt Blutschüsseln aus Aluminium, neuerdings Dr. Lütkefels, Emmerich, aus Hartaluminium in hygienisch einwandfreier Form, doch stehen Erfahrungen, wie sich diese hinsichtlich Haltbarkeit in der Praxis bewährt haben, noch nicht zur Verfügung. Durch das Vorhandensein solcher Rührkannen für Blut wird das leider sehr oft zu beobachtende Rühren des Blutes mit unreinen Händen oder schmutzigen Stöcken vermieden werden und das dadurch notwendige Beschlagnahmen des gerührten Blutes vermieden. Sehr zweckmäßige Rührkannen werden geliefert von H. Hauptner, Berlin, von Seiffhardt & Wiegand in Dresden und von Klette, Halle. Direktor Dr. Modin-Eskilstuna (Schweden) hat einen Defibrinator konstruiert, welcher im wesentlichen den bekannten deutschen Blutrührapparaten vollkommen entspricht.

[2] Erstklassige Marinescheuertücher liefert die Firma Goosmann, Bremen.

Einrichtungen liefern, hergestellt, z. B. von Renger, Arnstadt, und Blumhaus, Vohwinkel u. a. Besonderes Augenmerk ist bei den Konfiskatgefäßen, als welche auch gewöhnliche Wasserkübel mit entsprechend eingezapftem Deckel benutzt werden können, darauf zu richten, daß das Eingeworfene nicht widerrechtlich entfernt werden kann. Im Deckel muß eine Einwurfsöffnung, meist eine drehbare Trommel, vorhanden sein. Um die Beschlagnahmung der Konfiskate gründlich durchzuführen, hat sich eine Reihe von Konstrukteuren mit der Herstellung von solchen diebessicheren Apparaten, welche eine Herausnahme unbedingt sicher verhindern, beschäftigt. Als sehr zweckmäßig ist der Patent-Konfiskatsammelkasten (Abb. 119 und 120) von Hönnicke bekannt, der, wenn er auch umgestürzt wird, keine Konfiskate herausgibt. Ein weiterer ganz vorzüglicher Apparat ist der von Dr. Lütkefeld, Emmerich (Abb. 121). Dieser Apparat hat eine schneckenförmig arbeitende Einwurföffnung, ähnlich wie man solche bei Fleischhackmaschinen findet. (Beziehbar durch Fa. Renger, Arnstadt.) Auch die Sengeweinwerke in Mehle stellen einen zweckmäßigen Apparat her. Nicht unpraktisch scheint auch der von Gotth. Bauer, Augsburg, angegebene Konfiskatenwagen (Abb. 122 u. 123) zu sein[1], der sich von den üblichen dadurch unterscheidet, daß die Räder fest montiert sind und er eine getrennte Einwurfs- und Entleerungsöffnung hat, beide mittels Deckel geschlossen. Beim Öffnen des Entleerungsdeckels entfällt beim Kippen des Wagens der Inhalt, ohne daß er mit Händen herausgeholt werden muß.

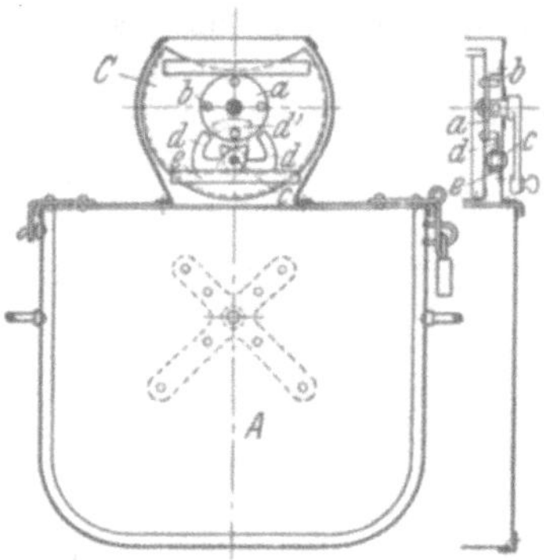


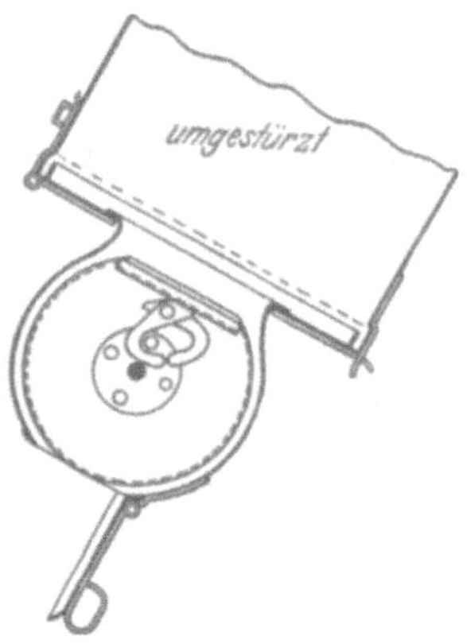


Abb. 119. Abb. 120.
Konfiskatgefäß nach Hönnicke.

Abb. 121. Konfiskatgefäß nach Lütkefeld.

Auf den Kleinviehschlachtplätzen werden stets Kugelkeulen zur Betäubung von Schlachthofseite in der nötigen Anzahl bereitzustellen sein. Ebenso gehören die Schußapparate für Großvieh und Schweine zum Inventar eines Betriebsraumes. (Vgl. Abs. 3.)

Zur Untersuchung von Eingeweiden und zur Fettabnahme sind besonders in den Schweineschlachthallen geeignete Tische (vgl. Abb. 57) aufzustellen, die bei dem Hakenrahmensystem wandständig

Abb. 122. Abb. 123.
Konfiskatwagen von Keller & Knapprich, Augsburg.

[1] Bezugsfirma Keller & Knapprich, M.-Fabr., Augsburg.

aufgestellt werden können, bei den neuzeitlichen Einrichtungen jedoch zwischen den Ausschlachtreihen ihren Platz finden. Es wird strenge darauf zu achten sein, daß durch Kennzeichnung der Tische mit Nummern Verwechslungen vermieden werden. (Bei dem Rohrrutschsystem z. B. sind Tische und Haken mit gleichen Nummern versehen.)

Zum Spalten der Köpfe müssen in den Großviehhallen eigene Hackstöcke, am besten sog. Würfel- oder Blockhackstöcke aufgestellt werden, damit eine Beschädigung des Pflasters beim Spalten der Köpfe durch abgleitende Beilhiebe vermieden wird.

Zur Feststellung der Tiere in der Rückenlage zur Erleichterung der Enthäutung sind als reinlichste und zweckmäßigste Einrichtungen die Rückenschragen aus verzinkten Eisenrohren den Holzunterlagen entschieden vorzuziehen. Außerdem haben die vom Verfasser angegebenen Ausbindketten sich praktisch bewährt und machen die Rückenschragen vollkommen entbehrlich: das geschlachtete Tier wird auf den Rücken gedreht, je ein Vorder- und Hinterfuß gekreuzt und im Fesselgelenk eine mit einem Ring versehene Kette durch den Ring gezogen, umgelegt. Der am Ende der Kette befindliche Haken wird sodann in den Drillingshaken der Spreize eingehängt und diese so weit hochgewunden, daß die Kette stramm gespannt ist, ohne daß das Tier sich vom Boden entfernt. Die Rückenlage ist damit gesichert, womit die Enthäutung von Füßen, Kopf und Bauch vor sich gehen kann. Nach Entfernung der unteren Fußenden nach erfolgter Enthäutung der Bauchteile wird der Drillingshaken in der Achillessehne eingehängt und das Tier allmählich während der Enthäutung des Rückens hochgewunden. Während man früher die Haut schnittweise vom Unterhautzellgewebe trennte, reißt man diese heute namentlich bei Bullen unter Anwendung von Hautzangen ruckweise herunter und vermeidet dadurch Schnittverletzung der wertvollsten Hautteile. Auch wird die Haut sehr oft unter Anwendung von stumpfen Hämmern heruntergeschlagen, wobei durch einen Zweiten eine Zugwirkung nach unten ausgeübt werden muß, um das Abziehen zu erleichtern. Von verschiedenen Firmen, so auch von Schermer-Karlsruhe, Dick-Eßlingen, werden Enthäutungsapparate auf den Markt gebracht, welche für lochfreie Hautware garantieren (vgl. Abb. 124). Ähnliche Apparate sind auch in Pariser Schlachthöfen mit großem Erfolg in Benutzung.

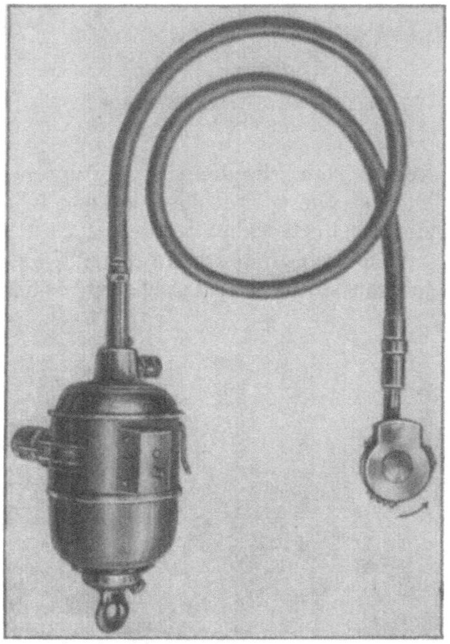

Abb. 124. Enthäutungsapparat (Dick-Esslingen).

Um das Eindringen von Brühwasser in Schweinelungen und die dadurch veranlaßte Beschlagnahmung zu vermeiden, hat man eigene Schlundzangen konstruiert, die zwar theoretisch klug ersonnen sind, deren Verwendung aber in der Praxis an den Kosten für die Klemmen scheitert, da sie im Drange des Geschäftes verschleudert werden und verloren gehen. Als zur Zeit der Lebensmittelnot im Weltkriege die Erlaubnis erteilt wurde, auch Blut von geschächteten Tieren dann zum menschlichen Genusse zuzulassen, wenn unmittelbar nach dem Schnitt der Schlund mittels einer Zange geschlossen wurde, war die Benutzung von Schlundzangen direkt notwendig. Heute aber ist die Verwendung von solchem Blute wieder verboten, was durchaus berechtigt ist.

Zur Verhinderung von Brühungen hat Dr. Lütkefels[1] einen Holzzapfen konstruiert, den er „Rachenkolben" benannte, der in vielen Schlachthöfen Eingang fand und mit großem Erfolge in Verwendung kam, weil er den Zweck erreichte, den er verfolgte, nämlich Lungen brühwasserfrei zu erhalten.

In den Kaldaunenwäschereien ist für eine genügende Zahl von Schabetischen zur Reinigung der Mägen Sorge zu tragen. Man findet vielfach an den Ecken dieser Tische scharf rechtwinklig geriffelte Wellbleche befestigt, welche das Schaben der Magen durch Reiben auf den Blechen erleichtern.

Der sehr zweckmäßigen, in Kutteleien aufzustellenden Darmreinigungsmaschinen wird im zweiten Teil, Kapitel 5, 2 Erwähnung getan werden.

[1] Das Sächs. Ministerium schreibt ab 15. Februar 1917 die Verwendung von Rachenkolben vor.

Zur Reinigung der Betriebsräume empfiehlt sich die Verwendung von Gummischläuchen, welche an den Zapfständern der Wasserleitung angeschraubt werden können. Mit Spiraldraht umgebene oder sog. Metallschläuche sind den unüberzogenen Gummischläuchen vorzuziehen. Sollen solche verwendet werden, so haben sich die auf Rollen laufenden Schläuche, wie solche bei der Straßensprengung und -reinigung beobachtet werden können, auch hier gut bewährt.

Abb. 125. Klauenpresse (W. Stohrer, Leonberg).

Feuersgefahr ist in Schlachträumen, in welchen Holz nur mehr selten zur Verwendung kommt, kaum vorhanden. Es erübrigt sich demnach die Bereitstellung von Feuerlöschhanfschläuchen vollkommen.

In größeren Anlagen sollten auch eigene Reinigungsapparate vorhanden sein, mittels welchen Wasser unter hohem Druck eine intensivere Reinigungswirkung erzielt. Abb. 126 zeigt einen solchen durch elektrischen Strom angetriebenen Apparat der Pumpenfabrik Urach, Württemberg.

In den Stallungen und zum Transport störriger Tiere in die Schlachträume ist es zweckmäßig, Lederblenden vorrätig zu halten und diese im Hallenmeisterzimmer aufzubewahren, um sie für störrige Tiere verwenden zu können.

Wird in Schlachthöfen geschächtet, so wird es notwendig sein, die hierfür benötigten Niederlegapparate und Kopfhalter, Seile usw. bereit zu halten. Diese Utensilien können in einem eigenen Schrank des Schächters im Hallenmeisterzimmer aufbewahrt werden.

Vielfach findet man eigene Schragen zum Schlachten der Kälber und Schafe; diejenigen sind am praktischsten, welche an einem Ende tiefer gestellt sind und so das Entbluten erleichtern.

Abb. 126. Hochdruck-Reinigungs-Wasch- und Spritzapparat (Pumpenfabrik Urach, Württ.).

Zur Entfernung von Klauen von den gebrühten Fußenden benutzt man vielfach Holzhämmer und einen Steinblock, auf welchen die Fußenden zu liegen kommen. Diese Art der Klauenentfernung hat jedoch den wirtschaftlichen Nachteil, daß durch wegspringende Klauen nur allzu leicht benachbarte Fenster beschädigt werden. Man benutzt jetzt meist die sehr praktische Klauenpresse, welche durch einen Hebeldruck die Klauen mit Leichtigkeit entfernen läßt (Abb. 125).

Auch für Aufstellung einer genügenden Zahl von Mickertischen in den Kaldaunenwäschereien, die zur Abnahme der Därme und des Darmfettes dienen, muß Sorge getragen werden. Metalltische sind hierfür weniger zu empfehlen als Hartholztische; diese sind auf Eisengestellen angeschraubt und tragen an einer Seite Laufräder, um sie ohne Beschädigung des Fußbodens an andere Stellen verschieben zu können.

Zur Verbringung von Kleinvieh nach den Schlachträumen ist, wenn die Stallungen sehr entlegen sind, stets die Anschaffung von eigenen Transportwagen zu empfehlen. Zur leichteren Beförderung stattet man solche Wagen auch mit Kugellagerradachsen aus (Frank, Regensburg). (Abb. 128.)

In jüngster Zeit finden die Elektrokarren (Eidechsen), wie solche bei Post und Bahn, um Menschenkraft zu sparen, vielfach in Benutzung genommen worden sind, auch Eingang in Schlachthöfen. Sie finden in Schlachthöfen hauptsächlich zum Transport von Kleinvieh und Schweinen aus den Stallungen zu den Schlachträumen, dann aber auch zur Verbringung von geschlachtetem Kleinvieh nach den Verladestellen zur Freibank oder zum Vorkühlraum Verwendung. Sie werden durch Akkumulatorenbatterien betrieben. Deshalb ist es auch notwendig, wo solche in Benutzung sind, eine eigene Ladestelle mit der nötigen Zahl von Anschlußstellen bereitzustellen. Der Antrieb erfolgt durch zwei kleine Reihenschlußmotore. Diese Karren sind sehr leicht wendig, haben eine große Leistungsfähigkeit und in der Ebene eine Geschwindigkeit von 13 km/St. bei voller Tragkraft von 1500 kg. Der Aktionsradius ist bei einmaliger Batterieladung etwa 60 km. Teuer daran ist lediglich, daß etwa alle 1—2 Jahre die Batterien erneuert werden müssen (Abb. 129). Es läßt sich auch beobachten, daß vielfach Fleischerlastautos Batterieantrieb haben (Maschinenfabrik Eßlingen stellt solche Wagen u. a. her). Sie besitzen den Vorteil der Führerscheinfreiheit und sind außerordentlich leicht zu bedienen.

Abb. 127. Schweinetransport mit Elektrokarren (AEG., Berlin).

**Waagen.** Wenn man sich erinnert, wie in früheren Jahrzehnten die Viehwaagen konstruiert waren, zu welchen man Hebegewichte benötigte, das Gewicht nach dem Dezimalsystem umrechnen mußte, um dann erst handschriftlich den Wiegeschein ausfertigen zu können, so merkt man schon bei den Laufgewichtswaagen einen beträchtlichen Fortschritt. Waagen dieser Art fanden denn auch baldigst Verwendung in fast allen Schlachthöfen. Eine weitere Verbesserung dieser Bauform stellten die automatischen Gewichtsdruckapparate dar, die das ermittelte Gewicht auf einen vorgedruckten Pappkartonstreifen genau angaben. Solche Wiegekarten wurden mit und ohne Anhängefahne, welche dem Wäger als von ihm aufzubewahrender Beleg für das ermittelte Gewicht diente, geliefert.

Abb. 128.
Kippkarren für Kleinviehtransport.

Im Schlachthofbetrieb sind Waagen verschiedener Art, die einem bestimmten Zweck dienen, in Benutzung: Bodengleiche Waagen, deren Platte von Fuhrwerken befahren werden können zur Wägung von Kohlen, Heu, Stroh usw., ferner solche zur Wägung von Großvieh, Kälbern und Schweinen. Die Platte einer solchen Waage soll mit Eisengittern eingezäunt sein. Ferner dienen Waagen zur Ermittlung des Gewichtes geschlachteter Tiere und von Tierteilen, wie Fellen, Fett usw., alle mit Kartenprägvorrichtungen versehen (Abb. 130).

Eine außerordentlich wichtige Waage in allen neuzeitlichen Betrieben ist die in die Hochbahnschienen eingebaute Hängebahnwaage für Großvieh und Schweine, deren Benutzung die Wägung der ganzen Tiere ohne Umhängung erlaubt. (Vgl. Abb. 40, S. 102.)

Weiter sind in Schlachthöfen Fleischwaagen für den Verkauf von Fleisch in den Freibänken ebenso unentbehrlich, als in einem geregelten und genau überwachten Kesselhause bodengleiche Kohlenwaagen, um das zum Verbrauch kommende Heizmaterial ermitteln zu können. Man legt heute den Hauptwert darauf, daß jede zeitraubende Einstellung in Fortfall kommt, daß

Abb. 129. Elektrokarren zur Verbringung von Schweinen zum Vorkühlhaus (AEG.)

das ermittelte Gewicht demjenigen, welcher wiegen läßt, sofort sichtbar wird, und für manche Waagen im Schlachthof wird auch unbedingt notwendig sein, einen automatisch durch die Waage zu druckenden Wägeschein abgeben zu können.

Abb. 130. Kleinvieh und Häutewaage (Schember, Wien).

Man verlangt aber auch andererseits, daß die im Schlachthofe zu benutzenden Waagen möglichst unempfindlich gegen die hier unvermeidliche, oft unsanfte Behandlung einerseits, dann aber auch gegen Feuchtigkeit sein müssen, so daß Reparaturen zu den Seltenheiten gehören sollten.

Wie sich in allen besseren Fleischverkaufsläden heute die moderne Schnellwaage, deren erste wohl die sog. Berkelwaage war, Eingang zu verschaffen wußte, weil sie die Berührung von oft mehr oder weniger reinlichen Gewichten mit Händen ein für allemal ausschließt (es sind in der Folge eine Reihe von ähnlichen Systemen auf den Markt gekommen, wie die Toledo, die Tacho- (Abb. 131), Subito-, Garvenswaage usw.), so bürgert sich jetzt auch für Schlachthofwaagen das gleiche System dieser Schnellwaagen ein. Im Freien stehende Waagen müssen einen wetterdichten Verschlußkasten haben, um stets richtig zu funktionieren. Dieser verhindert zugleich eine Benutzung der Waagen durch Unbefugte. Großviehwaagen werden meistens in eigenen erbauten Holzhäuschen, um Schutz gegen die Witterung zu gewähren, aufgestellt[1].

Abb. 131. Tachowaage der Firma Garvenswerke, Hannover.

Auch für Viehhöfe sind Kleinviehwaagen, welche direkt in den Verkaufsräumen unter Anschluß an bestimmte Wiegebuchten aufgestellt werden, notwendig. (Vgl. Teil III, Viehhöfe.)

**Eichung der Waagen.** Die sämtlichen öffentlichen Waagen unterliegen periodisch nach den Bestimmungen über Maß- und Gewichtsordnung vom 30. Mai 1908 (Eichordnung für das Deutsche Reich) der Eichpflicht. Neue Waagen müssen vor der Inbetriebnahme geeicht werden. Als Kennzeichen der erfolgten Eichung erhalten sie den Eichstempel. Dieser hat eine zweijährige Gültigkeit. Die Durchführung der Eichpflicht wird durch polizeiliche Kontrollen geprüft. Eichpflichtige Geräte, welche ohne gültigen Eichstempel betroffen werden, werden eingezogen. Die Besitzer werden unter Strafe gestellt. Die für die Eichung zu erhebenden Gebühren sind gesetzlich festgestellt. (Die in Schlachthöfen befindlichen Waagen werden an Ort und Stelle geeicht, da sie, wie z. B. Hochbahnwaagen, untransportierbar sind. Auch die in Freibänken, Haut- und Fettlagern usw. aufgestellten Waagen müssen der Eichung unterstellt werden.)

## 2. Betäubung und Tierschutz.

Es ist wohl mit Sicherheit anzunehmen, daß in keinem deutschen Schlachthofe eine Schlachtung ohne Betäubung vorgenommen wird. Auch auf dem Lande findet man in jeder besseren Privatschlächterei heute diesbezügliche Apparate, oft solche neuester Konstruktion.

[1] Bekannt durch gute Waagen sind u. a. die Firmen: Butz & Leitz, Mannheim, C. Schenk, Darmstadt, Fr. Schotthöfer, Ludwigshafen, Beidler & Co., Riesa, Anhaltsche Waagenfabrik, Bernburg, Waagenfabrik Nossen. Für automatische Waagen: E. Schmitt & Co., Düsseldorf, Garvenswerke, Hannover, Waagenfabrik Großenbaum b. Düsseldorf, Schember & Söhne, Wien-Atzgersdorf. Bezugsquellen für Wiegekarten: Straubel, Elbefeld, Br. Böttcher, Pößneck, Kemnitz, Altcarbe, Gerstenberger, Chemnitz u. a.

Die Metzger haben rasch erkannt, daß durch die Verwendung der Betäubungsapparate Mühe und Gefahr vermieden wird, daß aber auch die Köpfe der Schlachttiere nahezu unversehrt erhalten bleiben. Eine Tötung ohne Betäubung würde heute jedem sittlichen Empfinden Hohn sprechen, und nur bei häuslichen „Schlachtfesten" findet man noch Ausnahmen von dieser Regel. Der Zweck der Betäubung, die Tiere tunlichst schmerzlos zu töten, wurde von jeher seitens der Schlachthofleiter mit allen Mitteln gefördert. Der erste bekannte Töteapparat für Großvieh war wohl die Bouterolle, bestehend aus einer Ledermaske, in deren Vorderfront in einer Metallplatte ein Schlagbolzen saß, der mittels eines Hammers mit kräftigem Schlage in das Gehirn getrieben wurde. Als eine Art Begleitapparat fand man meist ein spanisches Rohr oder einen Metalldraht, der durch das Schlagloch in das Rückenmark gestoßen wurde, was einen grausamen Anblick bot. Die Metzger behaupteten, daß man dann die Tiere ruhiger entbluten könne, weil die Zuckungen ausgeschaltet würden[1].

Den ersten Fortschritt bildete die Schußmaske, welche der Baseler Schlachthofdirektor Dr. Sigmund konstruierte. Dieser Apparat, der eine mächtige Detonation erzeugte, bildete den Übergang zum Kugelschußapparat, welcher erstmalig durch A. Stoff, Erfurt, auf den Markt gebracht wurde. Das ursprünglich sehr große Kaliber der Geschosse wurde allmählich bis zu 5,5 mm verringert, die Apparate, um unnötige Aufregung der Tiere in den Hallen zu vermeiden, mit Schallfängern versehen, deren zwei bis drei in einen Apparat eingebaut wurden, wodurch zwar der Schall auf ein Minimum reduziert wurde, aber auch die Notwendigkeit der öfteren Reinigung erwuchs. Ab und zu kamen auch Meldungen der Tagespresse, daß da und dort Unfälle durch unvorsichtige Behandlung der Schußapparate vorkamen, ja selbst Todesfälle durch verirrte Kugeln, und man konnte nicht peinlich genug beachten, daß niemand hinter dem Tiere in der Schußrichtung stand. Auch Klagen seitens der Metzger, daß Messer in Fleischbearbeitungsmaschinen durch seitlich in das Halsfleisch abgeirrte Kugeln beschädigt worden sind, ferner auch Ersatzansprüche für solche Beschädigungen, gehörten nicht zu den Seltenheiten. Es war der Anregung einer begeisterten Tierschützlerin, Frau Louise Bolza, Freiburg, zu verdanken, die im Jahre 1902 einen Preis von 12000 RM. für den besten Bolzenschußapparat aussetzte, daß endlich ein wichtiger Fortschritt auf dem Gebiete des Betäubungswesens gemacht wurde.

Die damals zur Prämierung gelangten Apparate machten großes Aufsehen und haben sich zum Teil jahrelang halten können, weil bessere eben fehlten. Die Neuheiten reizten alle Schlachthofsleiter, mit ihnen Versuche anzustellen, und insbesondere waren es die Apparate von Schrader und Behr, welche rasch Verbreitung fanden. Die Pistole des letztgenannten hat im Laufe der Jahre eine Reihe von Verbesserungen erfahren und wurde in einer großen Zahl von Schlachthöfen von einem eigenen Manne, dem Schußmeister, bedient, direkt zur Verwendung vorgeschrieben. Sie hatte den Vorzug fast vollkommener Geräuschlosigkeit, Versager kamen nur dann vor, wenn die Pistole schlecht gereinigt wurde und die Gaskanäle, durch welche das Pulvergas in das Gehirn getrieben wurde und die Betäubung verursachte, sich verstopften. Die Kosten eines Schusses stellten sich damals auf 5—8 Rpf., und wenn auch der Betrag nicht hoch war, so summierten sich doch die Schußkosten in großen Schlachthöfen zu ganz beachtenswerten Beträgen. Vielfach konnte auch beobachtet werden, daß seitens der Tierschutzvereine den Schlachthöfen nicht nur die Apparate geliefert, sondern auch oft namhafte Beiträge zu den Munitionskosten gewährt wurden, und mancher kleinere Schlachthof ist dadurch zur modernen Schußbetäubung gekommen. Wie gegen alles Neue und Unbekannte, so wurde auch gegen den Schuß sehr oft seitens der Metzger ganz energisch protestiert, besonders mit der Begründung, daß „das Gehirn nach Pulver rieche", daß die geschossenen Tiere schlechter ausbluten würden u. dgl. Der Einwand des schlechteren Ausblutens verstummte von selbst, weil das tatsächlich eben nicht der Fall war, wie man sich aus dem Vergleich der Farbe eines geschlachteten und geschossenen Tieres leicht überzeugen konnte. Die Fleischer von heute verlangen direkt die Schußbetäubung. So ändern sich die Zeiten und Ansichten. Nur kann man in manchen Gegenden noch die Beobachtung machen, daß die Metzger bei Tieren, welche mit Schuß betäubt worden sind, nachträglich noch mit dem Beil arbeiten, eine Parallele zu dem vorerwähnten spanischen Rohr, indem sie behaupten, durch Beilhiebe nach dem Schuß würden die Hals-

[1] Durch Reg.-Polizei-Verordnung wird Betäuben vorgeschrieben, das Schöffengericht spricht die Zuwiderhandelnden frei, das Landgericht ebenfalls, da die Verordnung im Interesse des Tierschutzes ergangen ist, dieser gehört aber nicht zu den Gegenständen der polizeilichen Verordnungen. Der Staatsanwalt legt Revision ein und das Kammergericht entscheidet: Es sollen durch diese Bestimmungen Unglücksfälle verhindert werden und erachtet sie als gesetzlich gültig, da es nach § 6 des Polizei-Verwaltungs-Gesetzes zu den Aufgaben der Polizeibehörden gehört, Personen und deren Eigentum zu schützen.

krämpfe, die das Stechen erschweren, beseitigt. Zugegeben, daß unmittelbar nach dem Schuß solche Krämpfe in Erscheinung treten, man wird aber auch stets feststellen können, daß schon nach Ablauf von einigen Minuten sich diese lösen, und daß die Tiere dann mühelos gestochen werden können. Der Beilhieb zerstört das, was der Schuß dem Fleischer erhalten will.

Verhältnismäßig am wenigsten wird der Schuß bei Kälbern angewendet, da die Betäubung dieser Tiere mittels Keule eine außerordentlich leichte ist. Namentlich die Kugelkeule, eine plattgedrückte Kugel von 8—10 cm Durchmesser, die an einem 50 cm langen Hartholzstiel (am besten aus Hickoryholz) befestigt ist, und die eine große Schlagkraft besitzt, ist zur Kälberbetäubung sehr beliebt und weit praktischer, als z. B. der schwere eisengefaßte Holzhammer.

Zur Betäubung von Schweinen hat sich vielfach der Schlagbolzen noch erhalten, der, wenn er geschickt bedient wird, sicher funktioniert, doch auch hier hat die Schußbetäubung mächtig an Boden gewonnen.

Einen vollkommenen Umschwung in der Schußbetäubung brachte die Erfindung eines einfachen Mechanikers in Karlsruhe, K. Schermer, hervor, der einen Schußapparat konstruierte, der unbedingt zuverlässig und ohne Fehlerfolg arbeitet. Der Apparat ermöglicht einhändige Bedienung, hat große Durchschlagskraft, zieht den Bolzen automatisch wieder zurück, ist sehr rasch zu laden und hat den großen Vorteil, daß er je nach der Stärke der Patronen für jede Tiergattung benutzt werden kann (Abb. 132 u. 133). Er verlangt, um nie zu versagen, nur eine tägliche Reinigung nach Schluß der Betriebszeit. Es darf heute wohl behauptet werden, daß dieser wirklich vollkommene Schußapparat in keinem beachtenswerten Schlachthofe fehlt, aber auch, daß er von keinem je mehr entbehrt werden möchte. Solange über keinen absolut vollkommenen Schußapparat verfügt werden konnte, stieß auch die Forderung der deutschen Tierschutzvereine auf Einführung der allgemeinen Betäubung durch Schuß auf manche Schwierigkeiten; diese sind durch diesen Schermerschen Apparat mit einem Schlage beseitigt worden.

Abb. 132.

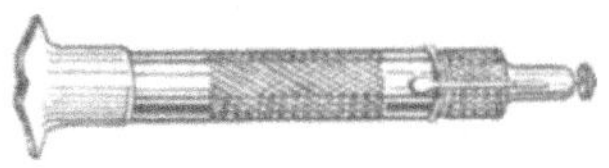

Abb. 133.

Schußapparat nach Schermer.

Es hat ja auch nicht an Nachahmungen dieses einwandfreien Apparates gefehlt. Doch haben die Prüfungen derselben ergeben, daß sie nicht die sichere Wirkung der Original-Schermerapparates aufzuweisen haben.

Eine Reihe von Schlachthöfen hat den genannten Apparat auch zur Tötung von Schweinen vorgeschrieben. In großen Schlachthöfen sind eigene Personen mit der Handhabung desselben beauftragt. In mittleren und kleinen Anlagen werden die Schußapparate entweder durch Lohnschlächter oder durch Hallenmeister bedient. Jede Gefahr für die Umstehenden ist unbedingt ausgeschlossen. Besonders soll bemerkt werden, daß die Verwendung von nicht zu dem Apparat gehöriger Munition nicht vor Fehlschüssen sichert. Es wäre nur sehr wünschenswert, wenn man in allen Schlachthöfen zu der Überzeugung kommen würde, daß durch den Schermerapparat, welcher sich innerhalb gewisser Grenzen selbst reinigt, die Betäubung der Schweine durch Schlagbolzenapparate vollkommen entbehrlich wird. Besonderen Wert gewinnen die Schußapparate wie begreiflich erst durch die Benutzung der Schweinefallen, welche eine Festlegung der Schweine ermöglichen. (Vgl. Abschnitt IV, 4.) Auch zur Tötung von Pferden leistet der Schermerapparat beste Dienste, gerade, weil er einhändig bedient werden kann.

Die Betäubungsfrage wird wohl in allernächster Zeit einen weiteren Fortschritt machen durch Vervollkommnung der elektrischen Betäubung, deren bisher erzielte Resultate besten Erfolg versprechen. Schon im Jahre 1911 hat Prof. Dr. Leduc in Nantes Betäubungsversuche mit schwachen Strömen gemacht. Vor ihm aber schon im Jahre 1902 hatte Ingenieur Hachenburg gelegentlich des Preisbewerbes zu Leipzig ein System elektrischer Tötung den Preisrichtern vorgeführt. Die Leducschen Versuche erzielten keine zuverlässige Betäubung, und erst Dr. Lieben, Prag, hat sich mit der Vervollkommnung der dazugehörigen Apparate befaßt, vielleicht weniger, um die Betäubungsfrage im allgemeinen zu fördern, als einen Mittelweg zu finden, um für die zu tötenden Tiere, welche geschächtet werden sollten, einen bewußtlosen Zustand herzustellen, durch dessen Herbeiführung irgendwelche Verletzungen der Tiere, die der Talmud verbietet, streng vermieden werden. Mit dem immer dringender werdenden Verlangen der deutschen Tierschutzvereine, eine einheitliche Betäubung aller Schlachttiere herbeizuführen, wurde auch für die Israeliten die Frage, hier gegebenenfalls eine gangbare Brücke zu finden, eine brennende[1].

[1] Der allgemeine Betäubungszwang wurde vom bayrischen Landtag am 29. Januar 1930 zum Gesetz erhoben mit Wirkung ab 1. Oktober 1930, in Braunschweig am 27. Juni 1931.

Es ist ein großes Verdienst von Prof. Dr. Müller, München, im Verein mit Ingenieur Weinberger einen Apparat konstruiert zu haben, der nicht nur blitzschnelle Betäubung — elektrischen Schlaf — herbeiführte, sondern der auch die Möglichkeit bot, die Tiere nach Ausschaltung des Stromes wieder zum vollen Leben zurückkehren zu lassen. Solange der Strom wirkt, sind die betäubten Tiere vollkommen empfindungs- und bewegungslos, und auch bei Ausschaltung bedarf es einer Zeit von einigen Minuten, bis sie wieder Empfindung zeigen. Während dieses Schlafes aber ist eine schmerzlose Tötung möglich. Ein weiterer hervorragender Vorteil der elektrischen Betäubung ist der beachtenswerte Umstand, daß jede Verletzung wertvoller Teile absolut ausgeschlossen ist, und daß die Köpfe der Rinder und Schweine unversehrt bleiben. Die vollkommene Ausblutung der Tiere wird in keiner Weise verhindert.

Die elektrische Betäubung beruht auf der Tatsache, daß Wechselströme beschränkter Spannung bei Tieren betäubend wirken, während sie bei Menschen noch keinerlei Schädigungen hervorrufen. Der Hauptteil einer Betäubungsanlage mit Wechselstrom ist ein Transformator, welcher den Netzstrom in einen Wechselstrom niedrigerer Spannung, aber gleicher Frequenz überführt (Abb. 134). Bei Gleichstrom ist ein Umformer nötig, welcher den Gleichstrom in Wechsel- oder Drehstrom niedrigerer Spannung überführt. (Vgl. Teil IV, 2.) Der Einankerumformer, bzw. der mit dem Netz induktiv gekoppelte Transformator ist mit einer Betäubungszange aus Silumin verbunden, deren Elektroden auswechselbar und aus nichtrostendem Stahl sein sollen. Die höchste durch die Berufsgenossenschaft zugelassene Spannung ist 70 V. Die Betäubungsstärke ist angeblich 0,3—0,5 Amp., entsprechend 230 bis 140 Ohm Leitungswiderstand im Tierkörper. Nicht ganz einwandfrei gelöst ist noch die Ungefährlichkeit eines Stromes von 70 V Spannung und einer Frequenz von 50—70 je Sekunde für das Bedienungspersonal. Maßgebend für die Gefährlichkeit des Stromes ist ja nicht, wie allgemein angenommen wird, die Spannung, sondern die Stromstärke, welche den Körper durchfließt. Sie ist aber gemäß dem Ohmschen Gesetz abhängig vom Leitungswiderstand des menschlichen Körpers. Für diesen ist wiederum der Übergangswiderstand maßgebend. Letzterer ist gering bei feuchter, beschwitzter oder mit Salzlösung bedeckter Hautfläche und bei guter Erdung. Wird nun der Übergangswiderstand klein — und dies ist normalerweise in feuchten Hallen der Fall — so kann eine Spannung von 70 V nicht ungefährlich sein. Der Höchstwert der Gefahrenkurve liegt allerdings erst bei 0,14 A entsprechend 140 V bei 1000 Ohm Körperwiderstand. Mit wachsender Frequenzzahl vermindert sich die Gefährlichkeit. Die Forschung muß hier zum Ziele haben, diejenigen Verhältnisse zu finden, bei welchen eine absolute Ungefährlichkeit für den Menschen sichergestellt ist und trotzdem auch noch große Tiere genügend schnell betäubt werden können.

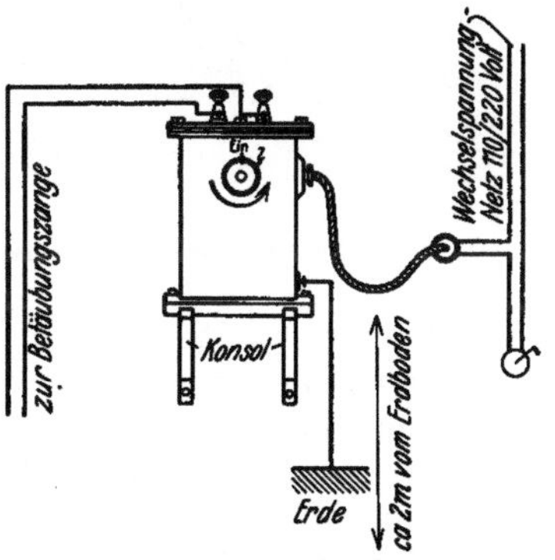

Abb. 134. Schaltungsschema.

Die Anwendung der elektrischen Betäubung bei Schweinen bestand zunächst darin, die Schweinefalle zu erden. Die eingetriebenen Schweine wurden, um eine Stromleitung zu erleichtern, zunächst mit Wasser übergossen. Der Betäubungsapparat bestand aus einer Stange, an deren Spitze eine Metallplatte angebracht war, die dem zu betäubenden Tier an die Stirne gesetzt wurde. Am rückwärtigen Ende der Stange befand sich ein Druckknopf. Ein Druck auf den Knopf an der Stange, und das Tier streckte sich plötzlich wie vom Blitz getroffen, die Falle wurde gekippt und das Tier sofort gestochen. Zur Herstellung einer stationären Betäubungsanlage konnte der Umformer wandständig angebracht werden, so daß lediglich das zur Falle und zur Kontaktstange führende Gummiaderkabel eingesteckt zu werden brauchte, um die Betäubung zu vollführen. Waren mehrere Fallen vorhanden, so genügte trotzdem ein Umformer, von welchem aus die Kabel zur Falle und Kontaktstange weitergeleitet wurden. In Anbetracht der Feuchtigkeit in Schweinehallen werden Stahlpanzerarmaturen gewählt.

Abb. 135. Greifzange nach Weinberger.

In jüngster Zeit wurde durch Ingenieur Weinberger eine Greifzange für elektrische Schweinebetäubung konstruiert. Diese gleicht der beim Impfen der Schweine benutzten Haltezange, hat peinlichst genau isolierte Griffe, an deren einem sich der Kontaktknopf befindet. Mit den Greifhebeln wird das Schwein am Halse gefaßt und im gleichen Augenblick der Strom geschlossen, worauf dasselbe lautlos niedersinkt und gestochen werden kann. Es können mit dieser Greifzange freistehende und in der Falle befindliche Schweine gleich gut betäubt werden (Abb. 135).

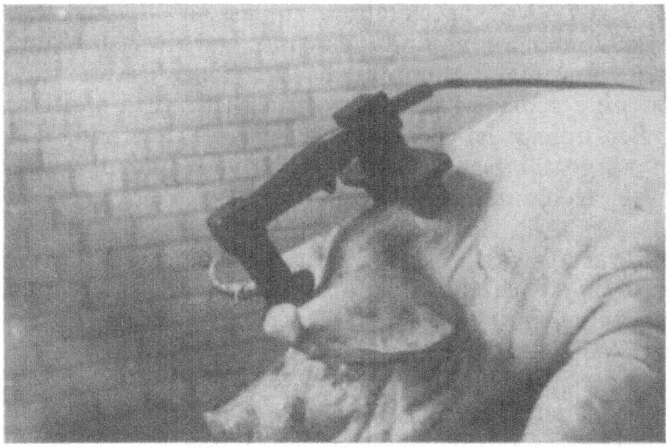

Abb. 136. Betäubungsanode nach Dr. Escher, Rheydt.

Eine neuartige Elektrode zur Betäubung von Schweinen gibt Dr. Escher, Reydt an, eine Art Dreifuß. An den Enden der Füße ist Schwammgummi angebracht, welcher in Salzwasser getaucht wird (vgl. D. S. Z. 1931 F. 6). Der Kontaktknopf befindet sich an der Unterseite der Brücke (Abb. 136).

Die elektrische Betäubung von Großvieh geht in der Weise vor sich, daß dem Tier mittels eines Schnallriemens eine Elektrode an der Nierengegend, eine zweite mittels eines Kopfgestelles an der befeuchteten Stirn angelegt wird. Der zur Betäubung von Großvieh geeignete Umformer hat oben einen Handgriff, um denselben von einem Schlachtplatz zum anderen tragen zu können, außerdem ein Handrad, um ganz allmählich den Regulierwiderstand einzuschalten, so daß die Tiere nicht ruckartig, wie bei der Wirkung des Schusses, sondern langsam zu Boden gehen und erst bei vollem Schließen des Stromkreises in den Schlafzustand übergehen. Die Wirkung ist für Laien eine erstaunliche. Wurde der Stromkreis wieder geöffnet, so dauerte es nur wenig Minuten, bis die Tiere wieder auf das Berühren des Augapfels reagierten, um sich in kurzer Zeit wieder auf Bauch und Brust zu setzen und sich zu erheben. Hingehaltenes Futter wurde sofort von den Tieren aufgenommen, wie wenn gar nichts geschehen wäre. Es ist also durch die Anwendung dieses einfachen Apparates der Beweis erbracht, daß die Tiere in keiner Weise verletzt werden, daß lediglich ein zwangsweiser Schlaf verursacht wird, in welchem sie entblutet oder geschächtet werden können, und aus welchem sie wieder vollkommen zum Leben zurückkommen, sobald der Strom unterbrochen wird, ohne daß irgendwelche Folgen zu beobachten sind, so daß auch die Forderung der Israeliten erfüllt wird[1]. Und so mag denn diese Betäubungsart vielleicht geeignet sein, eine Brücke zwischen der Schußbetäubung mit Verletzung des Gehirns und dem Schächten, welches eine Verletzung desselben nicht duldet, zu bilden, wenn der gute Wille zum neuzeitlichen Fortschritt vorhanden sein wird. Die Technik hat in der Zwischenzeit nicht gerastet, das Verfahren für Groß- und Kleinvieh, besonders aber für Schweine zu verbessern und zu vereinfachen.

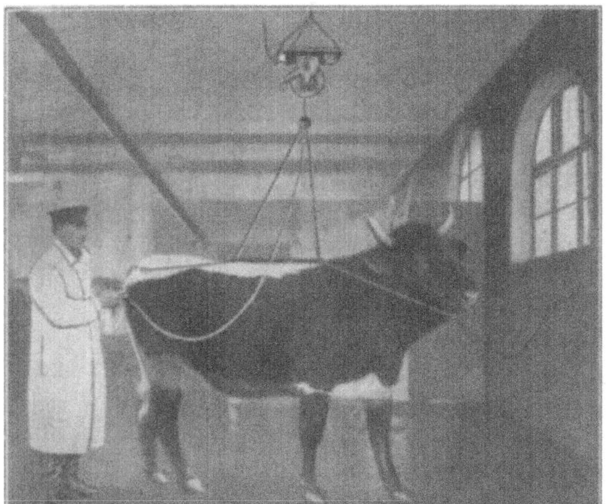

Abb. 137. Betäubungsgeschirr für Großvieh (nach Georg Kitt, München).

Zur Betäubung von Großvieh hat Kitt ein sog. Betäubungsgeschirr erdacht. Man legt dem Tier eine Nasenklemme und einen Schwanzkontakt an, die mit einer Schalttafel in Verbindung stehen. Mittels des Schalters wird der Strom geschlossen, und zwar für die Dauer von 10—12 Sekunden. Die Betäubung hält 2—3 Minuten an. Während dieser Zeit muß das Tier entblutet werden. Je nach der Körperlänge der zu betäubenden Tiere ist die über den Rücken laufende Zuggurte durch Verstellen der Holzkugeln auf den Kabeln so leicht gespannt zu halten, daß die beiden Kontakte gut anliegen. Beim Niederfallen des Tieres gibt die Kabeltrommel selbsttätig nach, so daß das Zuleitungskabel stets leicht gespannt gehalten

[1] Vgl. Beilage zur D. T. W. **1931**, 51.

wird. Auf der Schalttafel ist ein Kontrollapparat angebracht, der angibt, ob Strom das Kabel durchfließt. Die Leitungen dürfen nur mit höchstens 2 A gesichert werden, um den den Betäubungsstrom erzeugenden Stromumformer nicht zu beschädigen (Abb. 137).

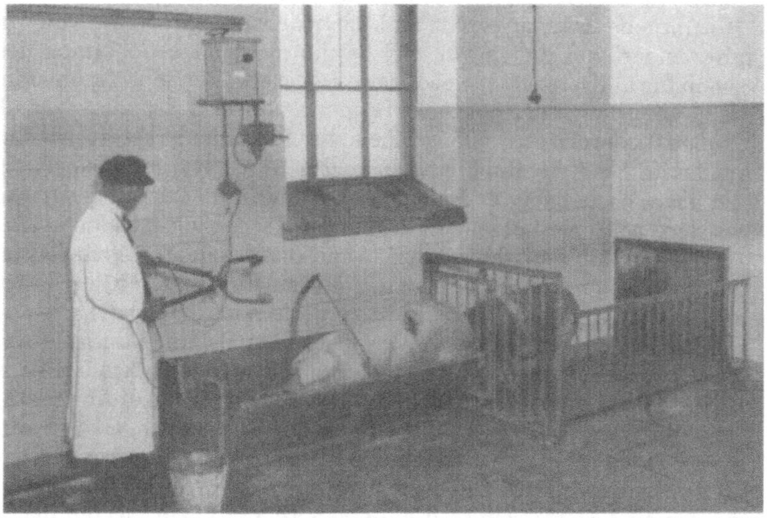

Abb. 138. Schweinefalle nach Thanner, München und Anschluß der elektr. Betäubungszange.

Im Jahre 1929 hat Direktor Köhl, Kaiserslautern die bereits erwähnte Schweinefalle von Lütkefels mit sehr wertvollen Neuerungen versehen, welche dieselbe gleichfalls zur elektrischen Betäubung von Schweinen hervorragend geeignet machen. Er berichtet, damit 8000 Betäubungen ohne jede Verletzung vorgenommen zu haben[1] (Abb. 138 u. 139).

Soweit sich heute überblicken läßt, wird die elektrische Betäubung bei Schweinen bald gleichberechtigt neben der Schußbetäubung stehen, wenn sie sich auch heute noch mitten in der Entwicklung befindet. Vor allem macht sich bei großen Schlachtmengen die langsamere Arbeitsart der elektrischen Betäubung fühlbar, insbesondere in räumlich beengten Anlagen.

Wenn es — hoffentlich bald — dazu kommt, die elektrische Betäubung der Schächtung vorzuschalten, so wird es notwendig sein, dem zu schächtenden Tier vor der Betäubung den Kopfhalter anzulegen und sofort nach dem Fall den Spannhebel einzusetzen, um den Hals entsprechend zu strecken.

Abb. 139. Elektro-Schweine-Betäubung in der Lütkefels-Falle mit Betäubungselektroden nach Dir. Köhl-Kaiserslautern.

## 3. Apparate zur Erleichterung des Schächtens.

Die erdrückende Mehrzahl der deutschen Schlachthoftierärzte hat sich dahin gutachtlich geäußert, daß das betäubungslose Schächten gegenüber den modernen Betäubungsarten nicht mehr zeitgemäß ist und durch ihre praktischen Beobachtungen und Erfahrungen bewiesen, daß die wenigen zugunsten der Schächtfrage abgegebenen theoretischen Gutachten tatsächlich keine Existenzberechtigung haben. Der Betrieb in neuzeitlichen Schlachthöfen ist ein anderer als früher in alten Anlagen, welche über eine große Menge freien Raumes verfügten, da sie mit Einzelwinden ausgestattet waren. Die Transportbahn hat den Rauminhalt verringert, und die moderne Schußbetäubung entspricht dem jetzt durchwegs herrschenden, raschen Geschäftsgange.

Es soll hier keineswegs darüber gesprochen werden, ob das Schächten ein Recht auf eine Sonderstellung besitzt oder nicht, ob es rituell ist oder nicht[2], sondern nur behauptet werden, daß es ebensowenig in einen modernen Schlachthof paßt, als die mosaische Fleischbeschau. Gerade in Anlagen, in welchen alle Schlachttiere unter Anwendung neuester Hilfsmittel betäubt werden, entrüsten sich die

[1] Dtsch. Schlachthofztg **1929**, 151. [2] Schächtungen erfolgen nach Meyer in 404 = 55,3% aller Schlachthöfe, und zwar werden bis zu 15% in 148, über 15% in 27 = 3,7% derselben. Die gleiche Zusammenstellung besagt, daß es heute noch Schlachthöfe gibt, in welchen 46% Großvieh (Neuwied), 50% (Mergentheim), 75% (Babenhausen), 90% (Eschwege) und 100% Großvieh (Aurich) geschächtet werden.

Besucher, die doch hieran gar kein besonderes Interesse haben, stets, wenn sie dem Schächten beizuwohnen Gelegenheit haben.

Das Schächten erfordert gewisse Vorbereitungen, die nach Tunlichkeit zu verhindern suchen, die Grausamkeiten bei dem notwendigen Niederlegen zu beseitigen, um Verletzungen der Tiere, Hornbrüche usw. zu vermeiden. Hierfür sind eine Reihe von Maßregeln vorgeschlagen worden, aber leider sind diejenigen, welche die möglichste Schonung des Tieres erreichen lassen, meist schon für mittlere, geschweige denn für große Betriebe zu umständlich, manche aber entsprechen auch keineswegs der heutigen Hygiene. So z. B. ist man fast überall von der Anwendung von großen Ledermatten, auf welchen die Tiere niedergelegt werden können, abgekommen, da sie im Laufe der Zeit durch eindringendes Blut usw. geruchsbelästigend wirken. Ein Niederreißen der Tiere nach erfolgter Anlegung und Zusammenziehung des Fesselstrickes darf nicht geduldet werden, um eben Beschädigungen der Tiere zu vermeiden. Es muß seitens der Schlachthoftierärzte dahin gewirkt werden, wenn das Schächten beibehalten bleiben sollte, daß in streng gewissenhafter Weise jede und die kleinste Quälerei der Tiere vermieden werden muß, daß also stets geeignete Vorrichtungen vorhanden sind, die ein sanftes Niederlegen der Tiere ermöglichen, bis ihnen der im Vergleich zum Schuß grausame Halsschnitt beigebracht wird. Es wird gut sein, wenn die Anwendung von Hängegurten, sei es aus Leder oder Stoff, gefordert wird, welche dem lebenden Tiere unter dem Bauche durchgezogen und die mittels an Drahtseilen hängenden Haken an die Ösen der Spreize eingehängt werden. Um die Hörner wird ein Strick zu legen sein, der durch den Mittelring der Spreize gezogen und von hier aus durch einen im Fußboden befindlichen Fesselring gesteckt wird, um ein Überschlagen zu verhindern. Sodann werden die Lederfesseln an drei Beinen angelegt, am vierten die Schleife des Seiles, dessen Spitze durch die Fesseln gezogen wird. Mittels einer nebenan befindlichen Winde, an deren tief niedergelassene Spreize das Zugseil in einen Drillingshaken eingehängt wird, zieht man das Seil langsam zusammen, so daß das leicht in dem Hängegurt liegende Tier durch Rücklauf der ersten Winde langsam zu Boden gelassen werden kann. Je höher dann die zweite Winde gezogen wird, desto mehr stellt sich die Rückenlage ein. Es mag ja eingewendet werden, daß diese Niederlegungsart nicht einfach ist, was ohne weiteres zugegeben werden soll, doch der Zweck wird damit erreicht, das Tier schonend zu legen. Und darauf muß man bedacht sein. Höhere Gebühren für Schächtungen lassen sich sicher rechtfertigen, da dadurch das Personal des Schlachthofes weit über die Regel in Anspruch genommen wird. Man findet leider sehr vielfach noch das Werfen der Tiere, welches in der Weise vor sich geht, daß dem mittels einer Halskette am Bodenring befestigten Tiere durch eine kurze Kette die Vorderfüße gefesselt werden. Dann wird eine zweite etwa 4 m lange Kette, welche an einem Ende mit einem Haken, an dem anderen mit einem Ring versehen ist, an einem Hinterfuße befestigt, das andere Ende um die Vorderfußkette gezogen, an der dem gefesselten Hinterfuß gegenüberliegenden Seite in die Höhe gezogen und an der Mitte der Windenspreize eingehakt. Beim Hochwinden der Spreize fällt das Tier zu Boden, und zwar ziemlich unsanft, auch wenn es an Kopf und Schwanz festgehalten wird.

Das Vorhandensein eines Kopfhalters soll nicht als unnötig bezeichnet werden, schon um Besudelungen des arbeitenden Personals mit Blut wirksam zu verhindern. Gerade das Herumschleudern des unbefestigten Kopfes macht auf die Zuschauer stets einen höchst unangenehmen Eindruck. Es wurde eine Reihe von Kopfhaltern angegeben. Es hat sich besonders der von Winkler in Gotha als sehr praktisch bewährt (Beck & Henkel, Kassel). Ein von Soffner angegebener Kopfhalter dient zugleich zur Fixierung des Kopfes beim Schächten, aber auch zum Führen bösartiger Tiere. Eine besondere Hebelkraft ist jedoch mit diesem nicht auszuüben, außerdem ist derselbe zu kurz, um eine Besudelung mit Blut zu verhindern. Einen feststehenden Kopfhalter bringt Silberbach, Köln, in den Handel und zugleich einen Niederlegapparat, der ein schonendes Niederlegen er-

Abb. 140. Abb. 141.
Kopfhalter zum Schächten (nach Silberbach).

möglichen soll (Abb. 140, 141). In verschiedenen Schlachthöfen scheint sich dieser jedoch nicht bewährt zu haben.

Unbedingt muß verlangt werden, und hierin dürften alle Schlachthoftierärzte einig sein, daß nicht nur das schmerzlose Niederlegen durchgeführt werden muß, um nicht unter den anderen Schlächtern böses Blut zu machen, wenn sie bei Tierquälereien zur Strafanzeige gebracht werden müssen und sich dann sicherlich sofort auf die quälerischen Vorbereitungen beim Schächten berufen würden, und das mit Recht, sondern auch daß der Schächter unbedingt sofort nach dem Niederlegen des Tieres den Schnitt vornehmen muß. Nie darf geduldet werden, daß Tiere, auf dem Boden liegend und vielleicht mit gestrecktem Kopfe erst auf die Ankunft des Schächters warten müssen. In diesem Falle hat der Schlachthofdirektor, wie das in der Z. Fleisch- u. Milchhyg. **1909**, 363, ausgeführt ist, genau so, wie bei unliebsamen Vorkommnissen beim Schächten, wie Zerreißen der Fesseln und Aufspringen der Tiere mit durchschnittener Kehle, das Recht, die ihm entsprechende Tötungsart anzuordnen, da das eben nicht zum Schächten selbst gehört.

Eine Anwendung von Schlundzangen erübrigt sich nach heutigen Begriffen vollkommen, da die Verwendung von Schächtblut unter jeder Bedingung untersagt werden muß und durch das Reichsfleischgesetz verboten ist. Zur Unterdrückung der röchelnden Geräusche wird die Luftröhre mit der flachen Hand zugedrückt. Ein sog. Nachschneiden, Lostrennung thrombosierter Gefäßenden sollte unter allen Umständen verhindert werden, da solches nie zum Schächtakte selbst gehört, ja sogar rituell nicht statthaft ist[1].

Es wird wohl nach den heutigen Ansichten der Schlachthoftierärzte darüber nicht ein Wort zu verlieren sein, daß durch das Schächten eine bessere Ausblutung im allgemeinen nicht erreicht wird, und sei diesbezüglich auf die vortrefflichen Arbeiten von Dr. Davids, Mühlheim a. Rh. hingewiesen. Laien glauben vielleicht heute noch an den Vorzug des Schächtens, nicht aber gewiegte Sachverständige, als welche die Schlachthoftierärzte doch in erster Reihe zu gelten haben, nicht aber medizinische Universitätsprofessoren. Was die angeblich größere Haltbarkeit des Schächtfleisches anlangt, so kann man auch hierüber zur Tagesordnung übergehen, da niemand unter wirklich Sachverständigen sich heute finden wird, der diesen Angaben Glauben schenkt. Das Gegenteil von dieser Behauptung beweist auch das Fleisch der finnigen Rinder, welche 21 Tage im Kühlraume hängen müssen, und es ist nicht anzunehmen, daß diese ausnahmslos geschächtet worden sind. Da ferner das Schächtfleisch nur innerhalb drei Tagen nach der Schächtung „koscher" ist, stehen den Schächtern selbst Erfahrungen über die Haltbarkeit nicht zu Gebote. Wenn auch die Hinterviertel stets von anderen Konfessionen genossen werden, so sind doch Angaben, daß gerade dieses Fleisch sich im Gegensatze zu dem geschossenen oder durch eine andere Betäubungsart gewonnenen, weit besser halte, Fabel.

Die beste Lösungsart der Frage der Niederlegapparate aber ist und bleibt das Verlangen der überwiegenden Mehrheit deutscher Schlachthoftierärzte für alle Tiergattungen, gleichviel von wem sie geschlachtet werden, den allgemeinen Betäubungszwang einzuführen.

Inwiefern die leidige Geldfrage, für diese unmoderne Betäubungsart einzutreten und für ihre Erhaltung bemüht zu sein, eine Rolle spielt, soll hier nicht weiter besprochen werden. Diesbezüglich wird auf das mustergültige Werk von Dr. v. Schwarz über „Schächten" verwiesen. Man klagt über die Höhe der Schlachtgebühren, die Schächtgebühren hält man als selbstverständlich. So zahlte man in Köln in einem Monat 4059,70 RM. an Schächtgebühren, also rund je Jahr 48000 RM.

---

[1] Im Kriege erschien nachstehender Erlaß über die zwangsweise Einführung der Schlundzange und des Rachenkolbens. Die frühere Reichsfleischstelle hat an die Landes- und Provinzialfleischstellen folgendes Schreiben gerichtet:

a) Die rituellen Vorschriften der Israeliten in bezug auf die Schlachtung führen noch zu einer großen Verschwendung von Blut, welche unter den gegenwärtigen Ernährungsverhältnissen nicht mehr verantwortet werden kann. Es ist nun einerseits nicht angängig, die jüdischen Vorschriften gar nicht zu berücksichtigen, andererseits muß aber doch jede Vergeudung von Tierteilen vermieden werden, die als menschliches Nahrungsmittel verwendbar sind. Es kann dies geschehen, wenn beim Schlachten der Tiere die Schlundzange angewendet wird.

b) Auch beim Brühen der Schweine wird noch vielfach die an sich zum Genusse brauchbare Lunge unbrauchbar gemacht, daß in sie beim gewerbsüblichen Brühen das schmutzige Brühwasser gelangt. Abhilfe kann durch Verwendung des sogenannten Rachenkolbens geschaffen werden.

Wir ersuchen die Fleischstellen, nach Möglichkeit in ihrem Bezirk die Anwendung der Schlundzange sowie des Rachenkolbens beim Brühen von Schweinen allgemein verbindlich vorzuschreiben.

Auf Grund dessen haben bereits mehrere Fleischämter die Anwendung des Rachenkolbens zur zwingenden Vorschrift gemacht.

(Diese kaum glaubliche Bestimmung ist natürlich heute längst außer Kraft gesetzt!)

## 4. Entnebelung und Raumheizung[1].

**Allgemeines.** Die Bemühungen, eine Entnebelung der Hallen auf einwandfreie Weise zu erreichen, sind fast so alt wie die Schlachthöfe selbst. Die über den Brühbottichen entstehenden Wrasen erschweren das Arbeiten, behindern die Arbeitsübersicht und wirken gesundheitsschädlich auf die Atmungsorgane des Personals, außerdem führen Niederschläge an kalten Flächen, Fenstern, Maschinen, zu Anrostungen bzw. an Mauern zu unliebsamen Durchfeuchtungen.

**Ursachen der Nebelbildung.** Die atmosphärische Luft enthält neben Sauerstoff, Stickstoff und anderen inerten Gasen eine variable Menge Wasserdampf. Enthält die Luft die einer gewissen Temperatur entsprechende maximale Wassermenge, so nennt man sie mit Wasserdampf „gesättigt". Je höher die Temperatur ist, um so mehr Feuchtigkeit kann die Luft aufnehmen, je niedriger, desto weniger. Kühlt man deshalb gesättigte Luft ab, so scheidet sich der Wasserüberschuß in feinster Verteilung aus, sie wird undurchsichtig, es entsteht Nebel (Wrasen, Schwaden).

Diese Erscheinung tritt z. B. an den Brühbottichen, über den Kuttelbecken u. dgl. auf; die Luft kommt mit der heißen Wasseroberfläche in Berührung und mengt sich dann mit der kalten Raumluft, wobei der Taupunkt erreicht wird und Nebelbildung eintreten muß. Besonders schlimm ist diese Schwaden- oder Wrasenbildung in der kalten Jahreszeit, während sie im Sommer weniger in Erscheinung tritt, weil zu dieser Jahreszeit die Temperatur und damit die Wasserdampfaufnahmefähigkeit der Luft groß ist.

**Mittel zur Verhinderung.** Würde man in einem Raum, in dem sich Nebel gebildet hat, die Türen und Fenster öffnen, um die Wrasen abziehen zu lassen, so würde zur kalten Jahreszeit gerade das Umgekehrte des Beabsichtigten eintreten, die Temperatur der Raumluft würde noch tiefer absinken, der Nebel würde stärker werden. Damit ergibt sich als erster Gesichtspunkt für eine gut funktionierende Entnebelungsanlage, daß der zu entnebelnde Raum unter einem kleinen Überdruck stehen muß und Lässigkeitsverluste durch offene Türen und Fenster in jeder Weise zu verhindern sind. Theoretische Möglichkeiten:

a) Zuführung von Wärme zur Raumluft, z. B. durch starke Heizkörper. Die Wasseraufnahmefähigkeit der Luft würde zunehmen, da aber die Wasserabgabe der heißen Wasserflächen anhält, müßte die Temperatur dauernd gesteigert werden, bis schließlich eine unerträgliche Grenze erreicht wäre. Dieser Weg ist also nicht gangbar, deshalb ist auch eine Hallenheizung nur eine halbe Sache.

b) Abkühlung der Luft an Luftkühlsystemen (mit Wasserberieselung), dadurch Feuchtigkeitsentzug, nachheriges Anwärmen durch Heizapparate, wodurch die Feuchtigkeitsaufnahme für den in der Raumluft enthaltenen Wasserdampf gesteigert wird. Dieses Umwälzverfahren der gekühlten Luft ist aus wirtschaftlichen Gründen bei Schlachthallen nicht rentabel.

c) Die Absaugung der Schwaden durch große Dunsthüte, die sich in Rohre verjüngen, welche über Dach führen, hat sich nicht bewährt, für die Nebelabsaugung ist sie ohne jeden praktischen Wert. Ähnlich ist es mit den Äolus- und anderen Saughüten; die Erfahrung lehrte, daß sie bei gutem Winde gerade noch genügen, bei Windstille aber völlig versagen.

d) Einführung warmer, trockener Luft unter genügendem Luftüberdruck, Abführung der mit Feuchtigkeit gesättigten Innenluft durch Abzugskanäle. Die Anwärmung der Luft erfolgt in geeigneten Heizapparaten (Kalorifer). Die umzuwälzende Luftmenge hängt bei gleicher Wirkung in hohem Maße von der Außentemperatur und Feuchtigkeit ab, sie bewegt sich je Stunde zwischen dem 5—15fachen Rauminhalt der Halle. Als günstige Werte der Temperatur der Entfeuchtungsluft können 30—50° gelten.

Nach diesem letzteren Verfahren arbeiten alle Entnebelungsapparate[2]. Verschiedenheiten bestehen nur in der Art der Durchbildung des Grundgedankens. Es lassen sich folgende Möglichkeiten unterscheiden: a) Abführung der Schwaden durch Einzellufterhitzer, b) Abführung durch zentrale Warmlufterzeugung und Verteilung der Warmluft durch ein Kanalsystem im Raum.

In beiden Fällen müssen die Abzugsschächte möglichst so angeordnet werden, daß die

[1] Bearbeiter: Dr.-Ing. R. Heiss, Karlsruhe.

[2] Lieferfirmen: John-Erfurt, Danneberg & Quandt-Berlin, Schilde-Hersfeld, Netzschkauer Maschinenfabrik-Netzschkau, Süßkind-Düsseldorf, Mackensen-Magdeburg, Kiefer-Feuerbach-Stuttgart u. a.

einströmende Warmluft die aus den Bottichen, Kuttelbecken o. dgl. aufsteigenden Schwaden mitreißt, weiterhin, daß die Warmluftzuführung möglichst nahe an die Stelle, wo die Nebelbildung erfolgt, einsetzt und schließlich die Entfeuchtungslufteinführung möglichst weit entfernt, wo die Abluft ausgeblasen wird, erfolgt. Der Antrieb der Frischluftventilatoren geschieht in allen Fällen zweckmäßig mit Regulieranlassern. Das Ausblasen der Abluft geschieht bei größeren Anlagen ebenfalls durch Ventilatoren.

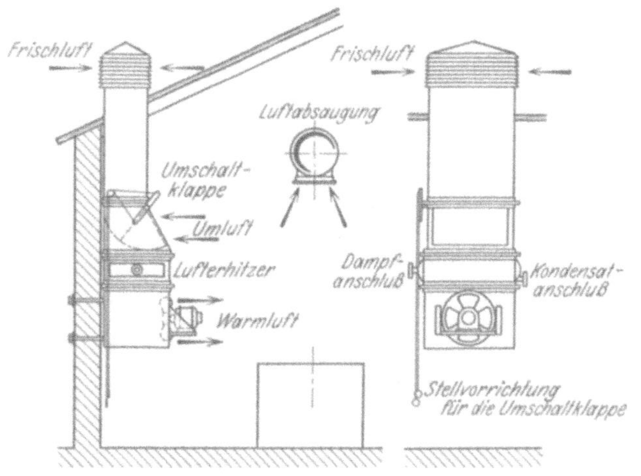


Abb. 142. Einzellufterhitzer.

Zu a). Die Einzelheiten eines derartigen Aggregates sind aus Abb. 142 ersichtlich. Ein Ventilator saugt durch einen Lufterhitzer Frischluft über Dach an, oder er wälzt die Raumluft um, oder er entnimmt Frischluft bzw. Raumluft gleichzeitig. Die Röhren werden von Dampf durchströmt, der im Lufterhitzer abkühlt und kondensiert. Das Kondensat kann im Kesselhaus als Kesselspeisewasser weiter verwendet werden. Die Lufterhitzer haben einen Aktionsradius von etwa 15 m. Die Absaugung der erwärmten Raumluft erfolgt mit der Einbringung der Frischluft (vgl. Abb. 149) möglichst direkt an der Erzeugungsstelle des Nebels, und zwar derart, daß sich ein ausreichender Konvektionsstrom zwischen Zu- und Abführung ausbilden kann. Auch die Anwendung von Heißwasser aus Großwasserraum-Vorwärmern zur Entnebelung ist durchführbar.

Zu b) Die Anordnung von Frischluftrohr, Ventilator und Heizrohrbündel ist dieselbe wie beim Einzellufterhitzer, nur sind die einzelnen Abmessungen entsprechend größer. Die Heizkammer (vgl. Abb. 143) kann an einer geeigneten Stelle innerhalb oder außerhalb des Gebäudes angebracht werden. Die Verteilung des Rohrnetzes in den zu entnebelnden Räumen erfolgt nach ähnlichen Gesichtspunkten wie die Verteilung der Druck- und Saugschläuche in Kühlräumen; als Material wird meist verzinktes Eisenblech verwendet, günstig erscheinen allerdings auch mit Eisenvitriol imprägnierte Holzkanäle. Eingebaute Absperrschieber ermöglichen an den Austrittsstellen eine beliebige Feineinstellung bzw. Regulierung der Luftmenge.

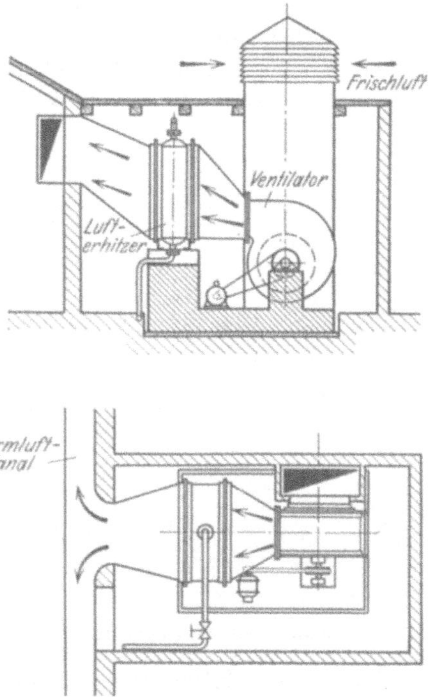


Abb. 143. Zentrale Lufterhitzung.

**Wärmewirtschaftliche Überlegungen.** Prinzipiell sind ziemlich alle in Schlachthöfen vorhandenen Wärmequellen zur Erreichung der bei der Lufterwärmung nötigen Temperaturen ausreichend. In den meisten Fällen kommt wohl Dampf in Frage, und zwar entweder Frischdampf vom Kessel oder Abdampf von Auspuffmaschinen. Bei letzterem muß für eine einwandfreie Entölung Sorge getragen werden, damit der Wärmeaustausch an den Heizflächen nicht wesentlich verringert wird. Eine große Verbreitung haben die sog. Taschenlufterhitzer gefunden. Der Grundgedanke ist, daß die Rauchgase des Kessels die Hohlräume zwischen Lufttaschen durchströmen, während ein durch einen Ventilator erzeugter Luftstrom in entgegengesetzter Richtung in dünnen Schichten durch die Taschen des Rauchgas-Taschenlufterhitzers strömt (Abb. 144). Die Methode ist zuverlässig, weil bei der heutigen Ausführung der Taschenlufterhitzer Undichtigkeiten durch „Werfen“ der Platten der Taschenelemente nicht mehr vorkommen, also keine Abgase in die zu erwärmende Luft übertreten können. Auch bei Dieselmaschinen kann — wenigstens bei größeren Aggregaten — eine Ausnutzung der Abwärme und die Anbringung eines Rauchgaslufterhitzers in Frage kommen.

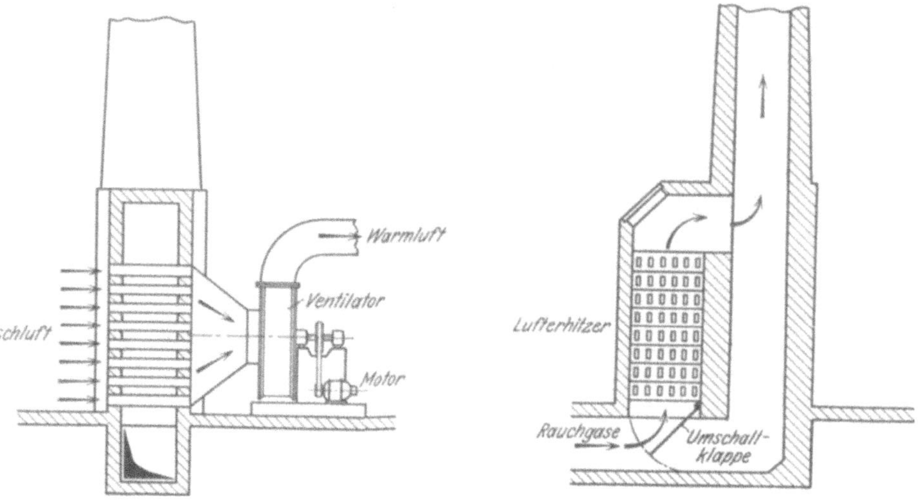


Abb. 144. Verwertung von Rauchgasen zur Warmlufterzeugung.

Welche von den einzelnen Lösungen die günstigste ist, läßt sich nur von Fall zu Fall entscheiden. In jedem Falle ist die Anwendung von Frischdampf nicht ratsam, weil bei gleichem Kapitaldienst (und gleichen Stromkosten für den Ventilatorantrieb) die Kohlenkosten wesentlich höher sind wie bei der Verwendung von Abdampf. Nach G. Wirth[1] sind z. B. zur Entnebelung von stündlich 10000 cbm Luft (das entspricht einer Hallenfläche von etwa 250 qm) die jährlichen Kosten für eine Entnebelungsanlage etwa 751 RM. bei Verwendung von Frischdampf, bei Verwendung von Abdampf dagegen 431 RM. (0,3 atü Gegendruck). Zur Herabsetzung des Dampfverbrauches bei Frischdampfbetrieb ist es durch Einbau von Brüdenkondensatoren möglich, einen Wärmeaustausch zwischen Abluft und Frischluft zu erzielen, der Dampfverbrauch läßt sich hierdurch um etwa 30% verringern, bei Kondensatrückgewinnung um etwa 50%, allerdings steigen auch die Anlagekosten, so daß diese Arbeitsart in erster Linie bei größeren zentralen Entnebelungsanlagen in Frage kommt. Rauchgaslufterhitzer haben den Nachteil, daß sie — ebenso wie Ekonomiser — den Zug des Schornsteines vermindern, unter Umständen also künstlichen Zug nötig machen. Es ist aber bei vorhandenem Ekonomiser ohne weiteres möglich, den Kalorifer des Entneblungsapparates durch das Heißwasser, welches durch den Ekonomiser erzeugt wird, zu heizen. So günstig die Abwärmeverwertung durch Entnebelungsanlagen rein wirtschaftlich ist, wird sie in erster Linie durchführbar sein, wenn die zu entnebelnden Räume von der Abwärmequelle nicht allzu weit räumlich getrennt sind und ausreichender Winterbetrieb der Kraftmaschine gesichert ist.

Abb. 145. Einzellufterhitzer (Netzschkauer Maschinenfabrik, Netzschkau i. S.).

[1] Wirth, G.: Dtsch. Schlachthofztg **1930**, F. 4.

**Einzellufterhitzer oder zentrale Warmlufterzeugung?** Bezüglich der Anschaffungskosten ist die zentrale Warmlufterzeugung günstiger als Einzelbetrieb. Naturgemäß kosten eine Reihe kleiner Ventilatoren und Wärmeaustauschflächen mehr als ein einziges großes Aggregat. Auch bezüglich der Betriebskosten erscheint es auf den ersten Blick möglich, daß der Einzellufterhitzer ungünstiger abschneidet, weil der Wirkungsgrad der vielen kleinen Elektroventilatoren ungünstig sein muß; dem stehen aber die Rohrreibungs- und Abkühlungsverluste bei den langen Leitungen der zentralen Luftversorgung gegenüber, so daß in diesem Punkte praktisch kaum ein wesentlicher Unterschied bestehen dürfte. Als Vorteil des Einzellufterhitzers

Abb 146. Kaldaunenwäscherei in Plauen mit zentraler Entnebelungseinrichtung. (Maschinenfabrik Gg. Kiefer, Feuerbach-Stuttgart.)

Abb. 147. Zentrale Entnebelungsanlage (Mackensen).

im Betrieb erscheint dagegen für alle Fälle die größere Anpassungsfähigkeit an die jeweiligen Verhältnisse. Die Aufteilung in viele kleine Aggregate bietet naturgemäß gegen Störungen eine größere Sicherheit. Auch werden die Rohrleitungsstränge bei Zentrallufterhitzern — sofern dies maßgebend sein darf — oft unschön empfunden.

Ganz allgemein wird man aber bei Ausnutzung von Abwärme irgendwelcher Art meist die zentrale Warmlufterzeugung bevorzugen. In den anderen Fällen ist je nach Art der besonderen Verhältnisse der Entscheid zu fällen, bei sehr weit ausgedehnten Anlagen wird wohl immer dem Einzellufterhitzer der Vorzug zu geben sein.

Abb. 148. Entstänkerungs- und Entnebelungs-Apparat Schlachthof Düsseldorf. (Max Süßkind, Düsseldorf.)

**Sommerbetrieb.** Während der heißen Monate, wo die Entnebelung nicht vordringlich ist, kann die Anlage unter Absperrung der Dampfzufuhr zu den Wärmeaustauschflächen, zur Zufuhr von Frischluft und Absaugung von schlechter Luft, also zur Verbesserung der Arbeitsverhältnisse, herangezogen werden. In manchen Fällen mag allerdings dies nicht ausreichend sein, so daß eine Kombination mit einer Entstänkerungsanlage (vgl. Abb. 148) geboten ist. Eine solche Anlage ist z. B. in der Darmschleimerei des Schlachthofes Düsseldorf eingebaut (Abb. 149). Durch Lufttrichter wird Luft mittels eines Ventilators abgesaugt, die Luft gelangt in einen Luftwäscher, der ähnlich wie ein Naßluftkühler gebaut ist; einen Filter und eine keimtötende Lauge, evtl. auch noch einen Ozonapparat passierend, wird dieselbe Luft durch die Druckleitung an der Decke wieder dem Raum zugeführt.

Abb. 149. Entnebelungs- und Entstänkerungsanlage (kombiniert). (Max Süßkind, Düsseldorf.)

**Die Ausbildung des eigentlichen Heizapparates.** Man kann sie nach ihrer baulichen Ausbildung in 4 Gruppen einteilen:

1. Lufterhitzer mit Luftstrom von oben nach unten.
2. Lufterhitzer mit horizontalem Luftstrom.
3. Lufterhitzer mit Luftstrom von unten nach oben; Luftansaugung in der Höhe.
4. Lufterhitzer mit Luftstrom von unten nach oben, Luftansaugung über dem Boden.

Die ersten beiden Bauarten sind besonders in Frankreich und Amerika häufig. Die dritte Gruppe bedeutet gegenüber den beiden ersten einen wesentlichen Fortschritt, sie ist fast ausnahmslos in deutschen Katalogen zu finden. Es handelt sich um einen Wirbellufterhitzer mit natürlicher Luftrichtung. (Vgl. Abb. 150[1].)

---

[1] Ausführungsfirmen: Jajag-Lufterhitzer mit Luftturbine (John, Ilversgehoven), Ewuco-Wandapparat mit Luftturbine, Nema-Wandapparat mit Luftturbine (Netzschkauer Maschinenfabrik, Netzschkau), Thermorex-Wandapparat mit Luftpropeller (C. Wießner, Görlitz) und Thermon (Schilde, Hersfelde).

Die vierte Apparatengruppe ist die vollkommenste Ausführung. Sie ist die gleiche Bauart wie unten angegeben, jedoch wird die Luft vom Boden weggeholt, das Strömungsbild ist in Abb. 151 skizziert. Unangenehm fühlbare Luftströme wie bei Wirbellufterhitzern, die besonders bei den ersten beiden Gruppen leicht zu Erkältung führen können, treten nicht auf. Die Apparate nach Gruppe 3 können nach dieser Art leicht umgebildet werden.

An allgemeinen Gesichtspunkten sind nach Berli[1] beachtenswert:

1. Wenn immer möglich mit der Umluft auch frische Luft in den Raum blasen, um in demselben einen Überdruck zu erzeugen zur Verhütung von Zugerscheinungen durch eindringende kalte Luft durch die stets vorhandenen Undichtheiten großer Räume.

2. Die Apparate im Raum versetzt aufzustellen, um eine möglichst gute Verteilung der Luftfelder zu ermöglichen. (Heizbereiche der Apparate durch Lieferanten angeben lassen.)

Entnebelungsanlagen sind vorhanden nach neuen Systemen in 9%, nach veralteten 23%, während in 68% Schlachthöfen keine Entnebelung erfolgt. Es wird zeitgemäß sein, wenn auf diesem Gebiete energisch auch im Interesse der Unfallverhütung weitergearbeitet werden wird.

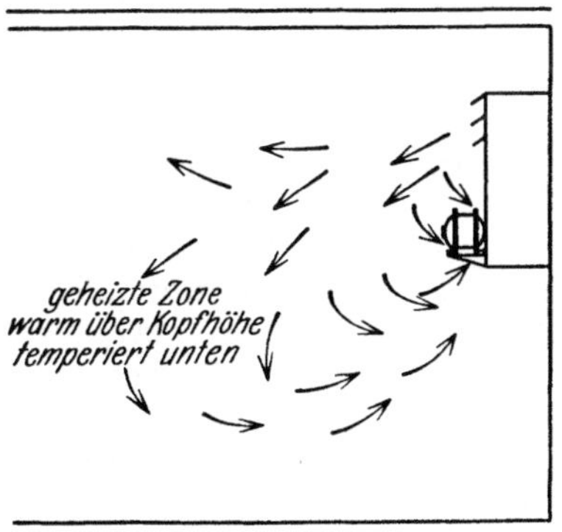


Abb. 150. Strömungsbild bei Wirbellufterhitzern.

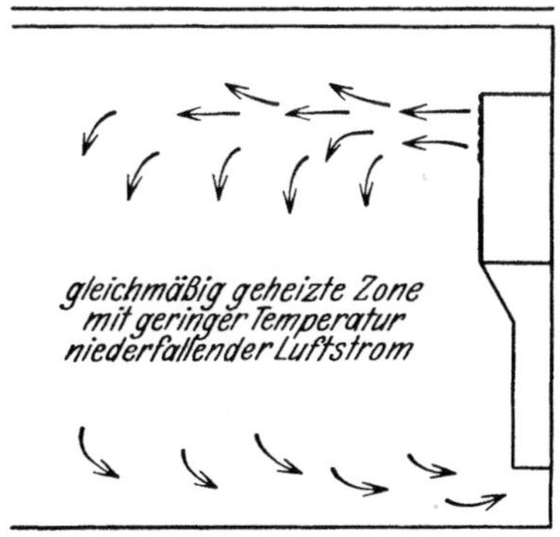


Abb. 151. Strömungsbild bei Zonenlufterhitzern

**Heizung der Schlachträume.** Durch die vorangehenden Betrachtungen kann dieser Abschnitt bereits als erschöpft gelten. Die Beseitigung der Nebelschwaden ist nur durch die Zuführung erwärmter Luft möglich, so daß mit jeder Entnebelungsanlage zwangsläufig eine Heizung des Raumes verbunden ist. Kann man nun mit einer Heizung gleichzeitig eine Bindung der in hohem Grade lästigen Wrasen verbinden, so wird es kaum in Frage kommen, eine ähnlich wie in Wohnungen gebräuchliche Heizung mit Heizkörpern zu verwenden. Es können prinzipielle Bedenken entstehen, ob unabhängig von der Entnebelung eine eigene Heizung der Schlacht-Betriebsräume vorteilhaft ist oder nicht. Wenn es auch wenige Berufe gibt, die solch wetterharte Leute haben als der Fleischerberuf, Leute, die im strengen Winter nur mit Hemd und Hose bekleidet in den zugigen Hallen arbeiten, so ist immerhin selbstverständlich, daß diese den Aufenthalt in einem wärmeren Raum doch vorziehen würden. Allerdings lieben die Fleischermeister die geheizten Schlachträume deshalb nicht, weil in kalten Räumen das Personal die Arbeitsdurchführung mehr beschleunigt, um bald nach Hause zu kommen, in geheizten Räumen sich aber mehr Zeit läßt. Maßgebend darf dieser Grund natürlich in keinem Falle sein. Dagegen darf die Kostenfrage nicht vernachlässigt werden. Eine billige Heizung ist nur bei Verwendung von Abdampf möglich. Weiterhin muß man bedenken, daß die geschlachteten Tiere nicht längere Zeit in einer geheizten Halle hängen bleiben dürfen, sondern möglichst rasch auskühlen müssen, sei es in der kalten Außenluft oder im Vorkühlraum. Zusammenfassend kann gesagt werden, daß man im allgemeinen von einer direkten Hallenheizung Abstand nehmen, dagegen die Heizung in Kombination mit der Entnebelung in weitgehendstem Maße anwenden soll.

Die Heizung von Stallungen ist sicherlich unter allen Umständen entbehrlich. Verschiedentlich sind auch Viehmarkthallen zum Schutze der Tiere geheizt worden, doch erwachsen dadurch bedeutende Kosten. Sie ist auch unrationell, weil die Räume meist sehr hoch sind und die Warmluft nach oben steigt, also unten sich wenig bemerkbar macht.

[1] Berli: Die Heizbatterie und ihre Verwendung in der Großraumheizung. Gesdh.ing. **53**, H. 32 (1930).

# V. Räume zur Verarbeitung von Tierteilen.

## 1. Kutteleien (Kaldaunenwäschereien).

In mittleren und größeren Schlachthöfen werden gewöhnlich getrennte Kutteleien für Groß- und Kleinvieh und solche für Schweine bereitgestellt und nur in ganz kleinen Anlagen sieht man sich gezwungen, aus finanziellen Gründen davon abzusehen[1]. Man findet diese notwendigen Räume zum Teile an die Schlachthallen direkt anstoßend, meist aber getrennt gelagert, um jeden Geruch in den Schlachträumen strenge zu vermeiden; allerdings sind auch Anlagen bekannt, in welchen trotz der Nähe der Kuttelei keinerlei Geruch in den Hallen wahrnehmbar ist, falls die ersteren mit tadellosen Ventilationsvorrichtungen versehen sind.

Abb. 152. Kaldaunenwäscherei und Spülbecken aus weißem glasierten Feuerton.

Düngerhaus und Kuttelei gehören naturgemäß zu den Räumen, in denen die unreinlichsten Arbeiten verrichtet werden, und schon aus diesem Grunde ist es verfehlt, hier auf die innere Ausstattung nichts zu verwenden. Gerade diese Räume müssen erst recht so ausgestattet sein, daß größte Sauberkeit zu halten ist (Abb. 152).

Hohe, luftige Räume sollen der Kaldaunenwäscherei zur Verfügung stehen. Die gewöhnliche Einrichtung dieser Räume für Groß- und Kleinvieh besteht aus einem oder mehreren Brühbottichen für die Baucheingeweide und solchen für die Köpfe, Fußenden und Vormäuler, die nie in dem gleichen Bottich wie die Mägen gebrüht werden sollen. Und wenn in kleinen Anlagen hierfür nur eine mittels Dampf heizbare Wanne aus Metall aufgestellt wird, ein eigenes Gefäß muß stets vorhanden sein. Ferner müssen entsprechende Waschgelegenheiten zum Reinigen der Därme und Eingeweideteile zur Verfügung stehen. Als solche werden wohl in den meisten Schlachthöfen emaillierte Doppelbecken zur Aufnahme von Warm- und Kaltwasser vorhanden sein, eines für kaltes, das andere für heißes Wasser, die durch Schabetische voneinander getrennt sind Diese Waschbecken ruhen einzeln nebeneinander auf eisernen Konsolen. Von Verwendung von Zwillingsbecken, also von solchen Doppelbecken, die aus einem Stück bestehen, wird abgeraten, da bei Beschädigung des einen Beckens das andere wertlos wird. Die Becken besitzen verschließbare Ablauföffnungen, an welche sich nach der Wand zu gebogene Ablaufrohre anschließen, die über den wandständigen Abflußrinnen enden. Um ein Bespritzen der Kleider der Arbeitenden zu verhindern, muß nicht nur stets der Ablauf nach rückwärts gerichtet sein, sondern, wie früher erwähnt wurde, erhöht man mit Vorliebe die gegen den Arbeiter zu gerichtete Seite der Ablaufrinne, was jedoch nicht als unentbehrlich bezeichnet wird (Abb. Trennwaschbecken). Einen reinlichen Eindruck machen die Waschbecken aus feuerfestem Ton (vgl. Abb. 153). Emaille dagegen splittert leicht ab und wird unansehnlich[2]. Eine sehr beachtenswerte Neuerung, die

---

[1] Um Anhaltspunkte zu finden, ob es als ratsam oder wünschenswert erscheint, in Anlagen gemeinschaftliche Kutteleien zu benutzen, wurde statistisch ermittelt, daß in deutschen Schlachthöfen etwa 60% gemeinschaftliche Kutteleien und 40% nach Tiergattungen getrennte vorhanden sind. In letzteren diente in 74% der Fälle dieser Raum zur Reinigung von Eingeweiden von Groß- und Kleinvieh, während in 26% der Fälle eigene Kaldaunenwäschereien für Schweine angelegt sind. Von den gemeinschaftlichen Kutteleien liegen 33% zwischen Groß- und Kleinviehschlachthalle und 67% sind gesondert gelagert. Von den eigenen Kaldaunenwäschereien für Schweine sind etwa 60% in den Schweineschlachträumen selbst, meist wandständig, eingebaut.

[2] Die Firma Paul E. Dick-Esslingen fertigt seit kurzem aus der ihr patentierten Leichtmetallegierung „Dikronit", welche die Eigenschaften des nichtrostenden Stahles besitzt, Waschbecken und Darmreinigungs-

größte Wasserersparnis ermöglicht, ist der Zeitspülhahn (Abb. 154 u. 155), der ein fortwährendes Abfließen von Wasser aus einem ungenügend verschlossenen Hahn unbedingt vermeidet. Je nach Einstellung entleert er nur eine bestimmte Menge von Wasser und schließt dann automatisch. Ist die abgeflossene Menge nicht hinreichend, so bedarf es nur eines weiteren Druckes auf den Knopf, um die gleiche Menge nochmals zu erhalten. Dieser Hahn läßt sich für warmes und kaltes Wasser verwenden und ist bei ersterem von besonderer Bedeutung. Für Kaldaunenwäschereien scheint sich derselbe bestens zu bewähren. (Die Kuttelei in Breslau ist ausschließlich damit ausgestattet.) Die Schlächter mancher Stadt nehmen die Micker lieber auf Steintischen ab, während andere Holztischen den Vorzug geben, da auf denselben das Fett weniger leicht erstarrt und die Messerschärfe länger erhalten bleibt (Abb. 156).

Abb. 153. Waschbecken aus weißem Ton (Kunststeinfabrik A G. Oberelsungen).

In den meisten Fällen laufen Warm- und Kaltwasserleitungen, an den Wänden gelagert, über die Waschbecken hinweg und erhalten alsdann je zwei nebeneinanderliegende Becken einen gemeinschaftlichen Mischhahn (Abb. 157) mit drehbarem Auslaufssystem Scheld, so daß man in der Lage ist, in diesen Becken sowohl kaltes als auch warmes Wasser von beliebiger Temperatur einlassen zu können. Ist jedoch keine Warmwasserleitung vorhanden, so wird diese durch eine Dampfleitung ersetzt. Dann finden Dampf- und Wassermischapparate nach System Scheld Anwendung, mittels welcher man alsdann ebenfalls kaltes und auch warmes Wasser von beliebiger Temperatur in die Becken einlassen kann. Diese letztere Vorrichtung findet man zumeist in kleineren Anlagen, wo kein hochstehender Heißwasserbehälter vorhanden ist.

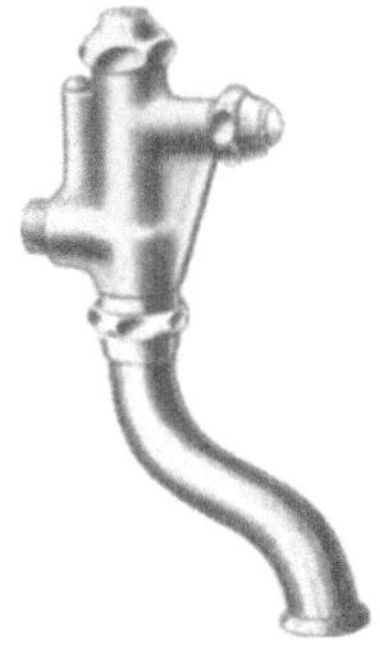

Abb. 154. Automatischer Hahn. (Grützner & Knauth, Breslau.)

Meist wählt man hier runde Brühbottiche, die für diese Räume zum Teil mit versenkbaren Eimern versehen sein müssen (Abb. S. 154). Man benutzt entweder Bottiche, welche eine Mittelsäule haben, an welcher die Eimer an Ketten hängen, oder solche, an denen die Eimer mit Haken am Rand des Bottichs eingehängt werden, außerdem noch Bottiche, welche durch Siebbleche in vier Abteilungen geteilt sind, in welche die Kaldaunen direkt eingeworfen und später mittels Haken wieder herausgenommen werden. Diese letzteren sind nicht als empfehlenswert zu bezeichnen, da sie Verwechslungen nicht ausschließen. Auch bei diesen Bottichen soll, ähnlich wie das bei den Schweinebrühbottichen als empfehlenswert bezeichnet wurde, dafür Sorge getragen werden, die Dampf- und Wasserventile nicht an der Außenseite der Bottichwand, sondern wandständig anzubringen, um Beschädigungen derselben zu verhindern. Zur Rohrisolierung soll man keine Korkschalen verwenden, da man oft beobachten kann, daß die direkt über den Waschbecken

Abb. 155. Kuttelei mit Zeitspülhähnen (Grützner & Knauth, Breslau).

tische, eine sehr beachtenswerte Neuerung zur Förderung der Reinhaltung in Kutteleien. Auch Magenschabetische werden aus diesem Material gefertigt.

liegenden isolierten Leitungen dazu benutzt werden, um bei Arbeitspausen die Messer hineinzustoßen, wodurch der Wärmeschutz illusorisch wird. Blechverschalung der Isolierung ist ratsam.

Von großer Bedeutung ist hier die Anbringung von Entnebelungsvorrichtungen. (Siehe S. 148, II. Teil, Kapitel IV, Anhang.)

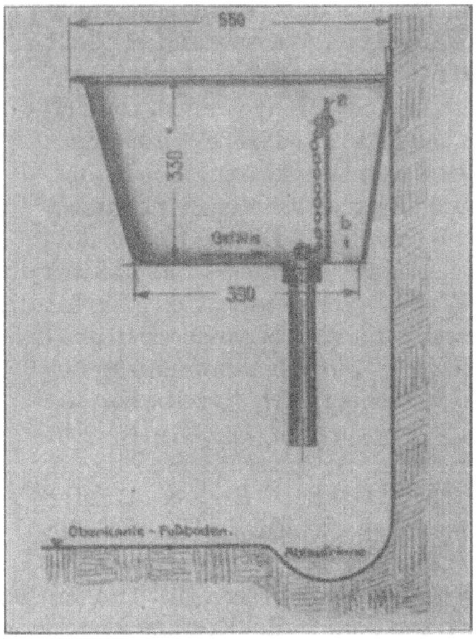

Abb. 156. Dünger-Trennwaschbecken (nach Scheld-Cassel). Darminhalt fällt hinter der Trennwand zu Boden das Waschwasser bleibt rein.

Man sorge auch für die Möglichkeit, in den Großviehkutteleien große Schabetische aufstellen zu können zum Schaben der Magen und zum Abnehmen der Micker, sofern letztere nicht auf eigenen kleinen, fahrbaren Tischchen (Abb. 159) abgenommen werden. Deshalb werden die Mägen nach der Entnahme aus dem Tiere zuvor in die Kuttelei gefahren, dort Darm und Micker abgenommen und die Mägen allein mittels Kaldaunenkarren (Abb. 158) nach dem Düngerhause zur Entleerung gebracht, während der Darminhalt in die der Kuttelei in aufgestellten Mistgefäße entleert wird, die nach Füllung in ein Fahrgestell (vgl. Abb. S. 121) eingehängt und nach dem Düngerhause zur Entleerung gebracht werden können.

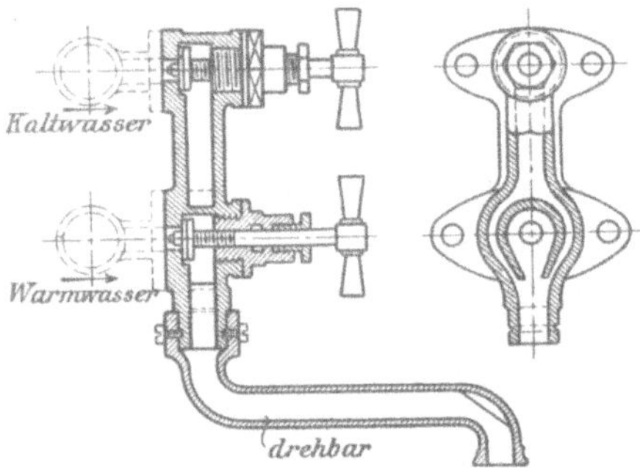


Abb. 157. Mischhahn (nach Scheld-Cassel).

Auf den Schabetischen bringt man an einer Ecke gerippte Eisenbleche an, um das Schaben zu erleichtern. Als zweckmäßig erweist es sich, in diesem Raume einen eigenen Platz zum Abschlagen der Klauen vorzusehen, hierzu dient die bereits erwähnte Klauenpresse.

Zur besseren Reinigung und Gewinnung von tadelloser Darmware stellt man in besseren Anlagen eigene Darmreinigungsmaschinen auf.

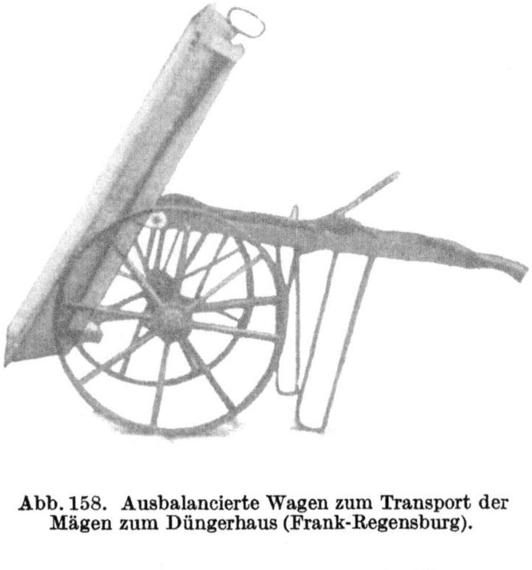

Abb. 158. Ausbalancierte Wagen zum Transport der Mägen zum Düngerhaus (Frank-Regensburg).

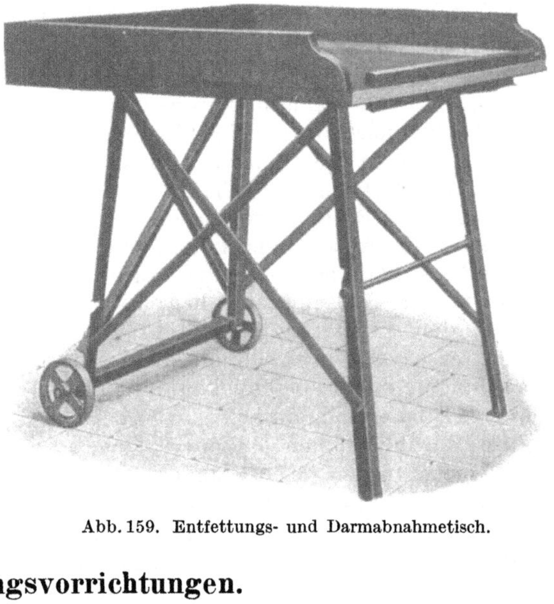

Abb. 159. Entfettungs- und Darmabnahmetisch.

## a) Darmreinigungsvorrichtungen.

Heute wird mehr denn je ein besonderes Augenmerk auf die tadellose Verarbeitung der Tierdärme gelegt, um so mehr als wir nicht in der Lage sind, im Inlande die Nachfrage nach guter Darmware zu decken und große Mengen von Därmen aus dem Auslande eingeführt werden müssen. Die Reinigung der Därme mit Hand wird nicht immer mit der nötigen Sorgfalt vorgenommen. Häufig werden dann Därme durch Schnittlöcher entwertet. Auch auf dem Gebiete der maschinellen Damreinigung hat die Technik bedeutende Fortschritte gemacht, besitzen wir doch heute eine Reihe von Darmreinigungsmaschinen, die tadellose Arbeit verrichten. Die ersten Anfänge in dieser Richtung wurden durch die Gekröseputzmaschine von Kehrer, München (Abb. 160), gemacht, um die besonders in Bayern als Nahrungsmittel sehr beliebten Kalbsgekröse, die einen Hauptbestandteil der beliebten „Weißwurst“ bilden, besonders sorg-

Abb. 160. Gekröseputzmaschine nach Kehrer.

Abb. 161. Darmputzmaschine nach Stohrer-Leonberg.

fältig reinigen zu können. Die Maschine, an jedem Schaff anzubringen, schneidet die Kalbsdärme der Länge nach auf, so daß sie bequem entschleimt und gründlich gesäubert werden können. Dann brachte fast zu gleicher Zeit Ingenieur Negele, Stuttgart, die erste brauchbare Darmreinigungsmaschine auf den Markt, die viel Verbreitung fand.

Man verlangt von einer gut arbeitenden Darmreinigungsmaschine, daß sie nicht nur die Därme quetscht und knetet, um die nachträgliche Entschleimung mit der Hand zu erleichtern, sondern daß sie in einem Arbeitsgang tadellos gereinigte Darmware liefert. In der Regel gehören dazu zwei Walzenpartien, von welchen die erste die Därme quetscht und den Schleim loslöst, während in dem zweiten Teil die Därme vollkommen gesäubert und von Schleim und Bändel befreit werden. Je nach der Dicke der zu reinigenden Därme muß eine solche Maschine verstellbar sein. Steter Zufluß von warmem Wasser ist unentbehrlich.

Abb. 162. Darmreinigungsmaschine für Rinderkranz- und Mitteldärme mit direktem Motorantrieb. (W. Stohrer-Leonberg.)

Auch von der Firma W. Stohrer, Leonberg, wurde eine Darmreinigungsmaschine hergestellt, die, weil sie die Därme gleichzeitig schabte und knetete, „Knetschaberin“ benannt wurde (Abb. 161), ferner eine solche für Kranz- und Mitteldärme mit direktem Motorantrieb.

Eine gute Darmreinigungsmaschine ist die „Favorit“, welche Ingenieur Nägele, Stuttgart, als Verbesserung seiner vorerwähnten einfachen Putzmaschine konstruiert hat. Sie wird in 3 Größen hergestellt, schleimt bzw. entfettet die Darmware und reinigt auch die dünnsten Därme[1].

Die Maschine „Stuttgart“ von W. Stohrer, Leonberg, ist eine wesentliche Verbesserung der früher hergestellten „Hansa“. In größeren Anlagen ist es zweckmäßig, je eine Maschine für große und eine für kleine Därme aufzustellen, ferner auch für Abflußmöglichkeit von Darmschleim zu sorgen. Das Triebwerk der Maschinen muß so gesichert sein, daß Verletzungen ausgeschlossen sind. Zum Antrieb, der auch mit der Hand erfolgen kann, wird in größeren Anlagen vorteilhaft

[1] Herm. Nägele, Stuttgart, Johannesstr. 49.

ein kleiner, $1^1/_2$ PS-Motor, der völlig gekapselt sein soll, um nicht durch Feuchtigkeit zu leiden, angebracht. Neuzeitliche Maschinen verwenden auch ausschließlich rostfreien Stahl (Abb. 162).

Der Arbeitsgang ist folgender: Die vom Gekröse angeschnittenen und von Dünger entleerten Därme werden in den Wasserbehälter der Maschine gebracht, der mit 45—50 g heißem Wasser gefüllt ist. Ist der Darm gut durchgewärmt und das anhaftende Fett noch weich, so wird er durch eine der Einlauföffnungen in die Maschine gelassen und durchgedreht. Die entschleimten Därme werden in einem Behälter mit warmem Wasser mit der Hand durchgestreift und dann in kaltes Wasser gelegt. Sehr fette Därme werden zweimal durch die Maschine getrieben. Das Schleimen mit der elektrisch angetriebenen Maschine beansprucht für ein Stück Großviehdarm $1^1/_2$ Minute, während die Reinigung mit Hand 15 Minuten beansprucht.

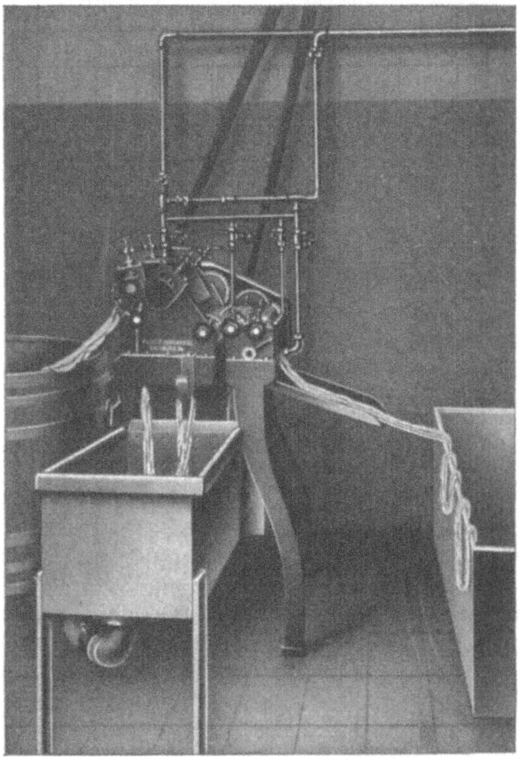

Abb. 163. Darmputzmaschine „Tripas". (A. Jungnickel-Hamburg.)

Viel Verbreitung hat sich auch die Maschine „Tripas" von A. Jungnickel, Hamburg 36, erworben, welche eine garantierte Leistung von 1000 Schweinedärmen in 8 Arbeitsstunden nachzuweisen hat[1]. Sie reinigt auch das sog. Magen- oder Buttenende. Für kleine Betriebe dient die „Intrafix" derselben Firma. In den Vereinigten Staaten erzeugt solche Maschinen die Mechanical M. F. C. Chicago, in Frankreich Fahre & Cie, Aubervilliers.

Es ist nicht zu bezweifeln, daß durch die Verwendung von Darmputzmaschinen nicht nur an Arbeitszeit, sondern insbesondere auch an Arbeitsraum gespart werden kann.

Werden die Maschinen von seiten des Schlachthofes aufgestellt, so sollten keine Gebühren für Benutzung verlangt werden.

In vielen Schlachthöfen kann man beobachten, daß diese Darmputzmaschinen seitens der Fleischerinnungen angeschafft und ihren Mitgliedern zur Verfügung gestellt werden, liegt doch das Interesse, tadellose und lochfreie Darmware zu erhalten, ausschließlich auf seiten der Fleischer selbst. Soweit hierüber die ausgegebenen Fragebogen beantwortet wurden, läßt sich feststellen, daß solche Maschinen in 51 Schlachthöfen in Verwendung sind. Doch konnte nicht ermittelt werden, in wieviel Fällen die Innungen selbst solche Maschinen beschafft haben. Sicher aber ist anzunehmen, daß nur selten die Schlachthöfe selbst solche zur Verfügung stellen. (In Stuttgart z. B. ist das der Fall.)

## b) Fettfangvorrichtungen.

Der Weltkrieg hat uns gelehrt, die kleinsten verwertbaren Teile von Schlachttieren zu sammeln, um Nutzen daraus zu ziehen. Solange wir aus dem Vollen schöpfen konnten, spielten kleine Fetteile keine sonderliche Rolle und wurden zu den unvermeidlichen Abfällen gerechnet. Wir haben aber nicht nur Bedarf an Nahrungsfett, sondern auch an technischem Fett, und gerade von letzterem können — sind entsprechende Apparate in Schlachthöfen eingebaut — oft große Mengen gewonnen und nutzbringend verwertet werden. Der Fettfangeinbau in den Abläufen aus den Betriebsräumen hat den nicht abzuleugnenden Vorteil, daß er die Abwässer vorreinigt und die Arbeit der Kläranlagen erleichtert, zumal eigentlich keinerlei Betriebskosten entstehen. Eine grobe Art der Fettgewinnung kann man in manchen Schlachthöfen dadurch beobachten, daß unter den Spültischen Gefäße aufgestellt werden, die mit Wasser gefüllt sind, auf welchem das Rohfett auf der Oberfläche schwimmt und abgeschöpft wird. Es handelt sich hierbei lediglich um Darmfett, denn das aus den Schlachttieren und deren Eingeweideteilen, wie Netz, Magen, Nieren usw. stammende Fett wird heute mit peinlichster Genauigkeit abgenommen.

[1] A. Jungnickel baut auch Maschinen zum Aufblasen, Messen, Füllen und Abschneiden der Därme.

Das Sammeln von Abfallfett hat auch den Vorteil, daß die Kanalführungen sich nicht mit einem Fettbelag überziehen, der Ursache von üblen Gerüchen werden kann, ja sogar allmählich die Kanäle, wenn nicht die Schwemmung regelmäßig durchgeführt wird, verstopfen kann. Es wurde angeregt, daß am Hauptauslauf der Abwässer ein großer Fettfang eingebaut werden solle. Aus vorerwähntem Grunde hingegen wird sich weit mehr der Einbau von solchen Vorrichtungen in erster Reihe im Ablauf aus Kutteleien und Darmschleimereien befürworten lassen, bevor die Abwässer in die Sammelkanäle gelangen.

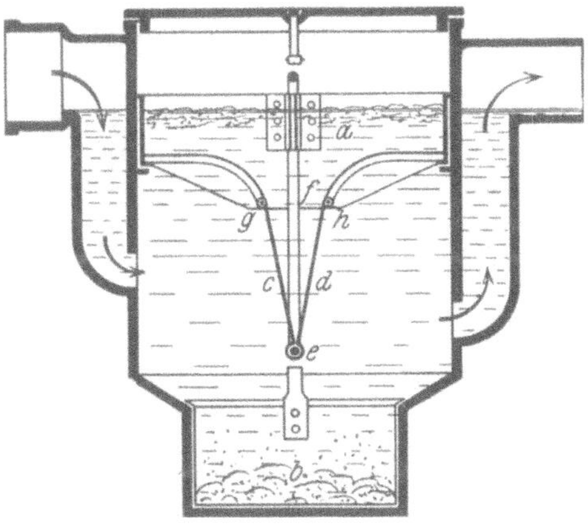

Abb. 164. Fettfänger (Braun & Co., Städte-Reinig.-Ges., Wiesbaden).

Durch die Kriegsgesellschaften wurden 1915 bestimmte Systeme direkt vorgeschrieben, die aber ebenso schnell verschwanden als sie kamen, da wir längst eine Reihe von wirklich wertvollen und gut arbeitenden Fettfangvorrichtungen besitzen. Es soll hier nur hingewiesen werden auf die Systeme Linnmann (Essener Eisenwerke), Panse (Wetzlar), mit dem in einem Schlachthofe für eine Stadt von 10000 Einwohnern im Jahre 520 kg Abfallfett gewonnen wurden, ferner das der Gelsenkirchener Bergewerks-AG., das von Heyd (Kanalbauges. Frankfurt a. M.), das System Braun & Co., Wiesbaden, dann auf die sehr bewährten Fettfänger der Geiger'schen Fabrik in Karlsruhe, bei dem der Fettabsitzraum vom Schlammabsitzraum getrennt ist und das in vielen Schlachthöfen Verwendung gefunden hat, das System Böcking-Halberghütte, den Schillingschen Fettfang, den „Rival" von Fischer-Zwickau, den „Sado" von Saalfeld & Dorfmüller, München. Besonders bekannt und bewährt in Schlachthöfen sind die Fettfänger System Hönnicke Berlin (Abb.169), das System „Fangfett" der Passavantwerke-Mittelbachhütte, Nassau (Abb. 165—168), ferner die „Oms"-Fettfangvorrichtung der Städtereinigungsgesellschaft Wies-

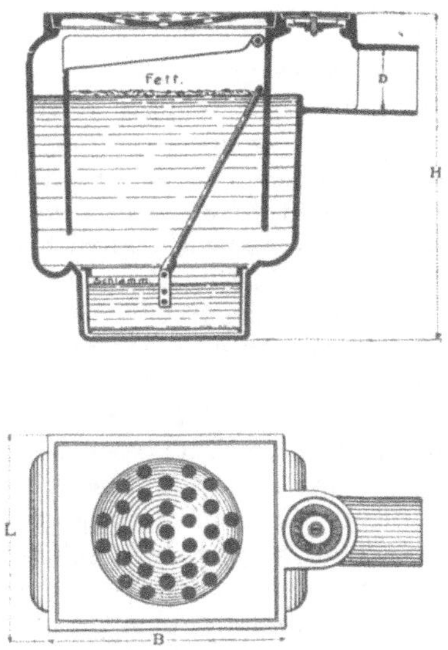

Abb 165. Fettfänger der Passavant-Werke.

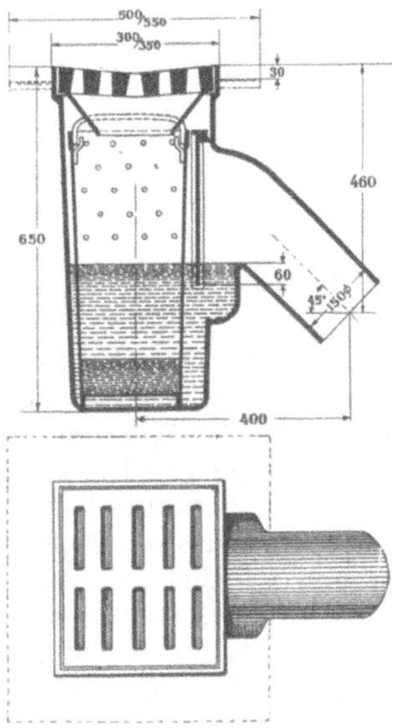

Abb. 166. Fettfänger der Geiger'schen Fabrik, Karlsruhe.

baden (Abb. 164). Das Prinzip, nach welchem die Apparate arbeiten, ist so ziemlich allen gemeinsam: die Fettstoffe lagern sich in Absatzbecken entsprechend ihrem spezifisch geringeren Gewicht auf der Oberfläche ab, während sich die Sinkstoffe in einem Schlammraum zu Boden setzen. Das gereinigte Wasser wird möglichst an der tiefsten Stelle abgeleitet. Der Wirkungsgrad der Fettfänger ist um so größer, je größer das Volumen und je kleiner dementsprechend die Geschwindigkeit der Wasserdurchleitung in ihnen ist. Der Ertrag, welcher aus solchen

Apparaten zu erzielen sein wird, hängt auch mit der Sorgfalt der Bedienung und der Leerung solcher Apparate zusammen.

Für die Größenbemessung der Kuttelei gelten folgende Anhaltspunkte: Die Waschgefäße sind gewöhnlich 0,45 m im Quadrat und jedes zugehörige Entfettungstischchen etwa 0,9 m, beide zusammen also 1,35 m lang. Da man für das Reinigen der Därme, Magen usw. höchstens 1 Stunde rechnen kann, so kann innerhalb 8 Betriebsstunden jeder Stand (Waschgefäß und Tischchen) 8 mal benutzt werden. Wird die dreifache Tagesschlachtung durch zehn geteilt, so erhält man die Anzahl der Gefäße und Tischchen.

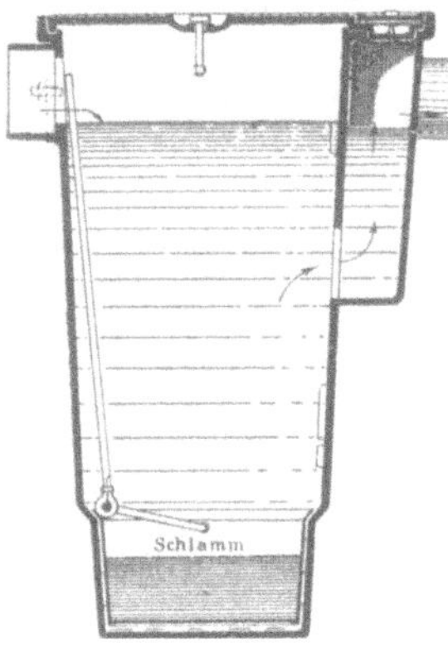


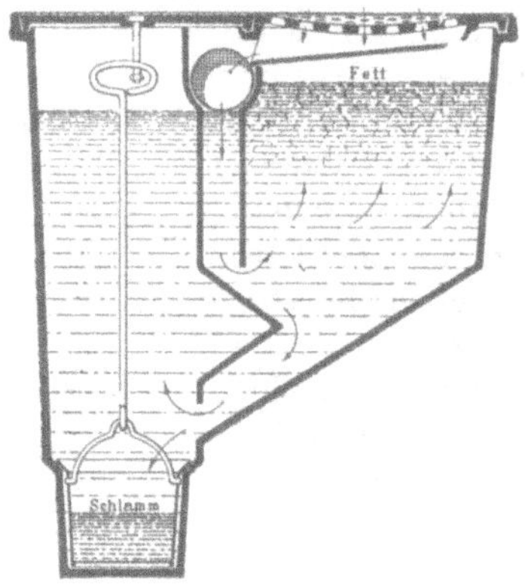


Abb. 167. Abb. 168.
Fettfangvorrichtung der Mittelbachhütte.

Wird diese Anzahl Gefäße und Tischchen mit 1,35 multipliziert, so erhält man die Wandlängen in Metern. Ratsam ist es, die so gewonnene Anzahl noch etwas zu vergrößern. Eine Entfernung der Tischchen von der gegenüberliegenden Wand von 6 m kann selbst dann als genügend angenommen werden, wenn daselbst Kaldaunenbrühbottiche Aufstellung finden sollen. Um den vorhandenen Raum nach Möglichkeit auszunutzen, baut man die Reinigungsbecken und Entfettungstische vielfach rechtwinklig zur Umfassungswand ein und führt zu diesem Zwecke etwa 2 m hohe, mit Platten verkleidete Trennungswände auf, an deren beiden Seiten die Becken und Tische angebracht werden können.

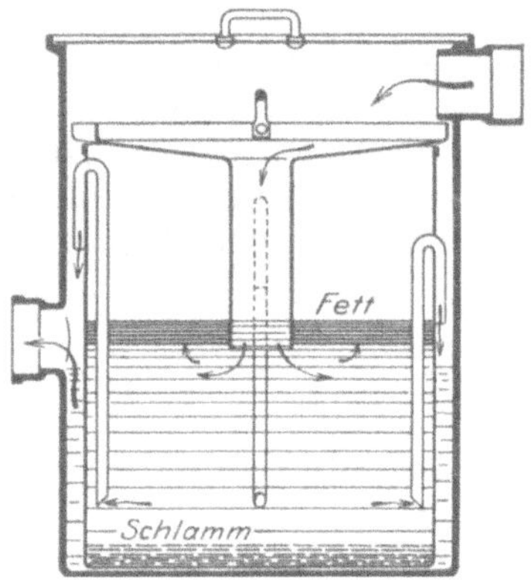


Abb. 169. Fettfänger nach Hoennicke.

## 2. Düngerhaus.

In alten Anlagen entleerte man einfach den Dünger in den benachbarten Flußlauf und reinigte dort meist auch die Eingeweide. Mit den hygienischen Forderungen der Jetztzeit ist ein solches Vorgehen nicht vereinbar.

In manchen alten Schlachthöfen hat man auf die Anlage eines besonderen Düngerhauses, wie man sich oft zu überzeugen Gelegenheit hat, gar kein Gewicht gelegt. Hinter der Kuttelei hat man einfach eine hölzerne Bühne (auf vier oder sechs Stielen) errichtet, oft ohne jeglichen Schutz von den Seiten, ja selbst mitunter ohne Dach, und unter dieser stand der Düngerwagen, häufig auf einem kaum gepflasterten Platze, dessen tiefere Lage man als Abfuhrrampe benutzt. Welche Menge von Unzuträglichkeiten bot diese Anordnung! Das Entleeren und Vorreinigen der Eingeweide mußte bei jeder Witterung ohne jeglichen Schutz geschehen; Passanten bot sich, wenn diese Seite der Anlage nach einem Wege zu frei lag, ein häßlicher Anblick dar; die Wagen waren gänzlich ohne Deckung und froren leicht ein; aus den Entleerungsluken, welche durch sich dazwischen klemmende Dungteilchen oft nicht ganz dicht schließen, tropfte Blutwasser und Jauche ab, so daß der Wagenplatz stets schmutzig war; wenn nicht mit durchlässigem Boden versehen war, versumpfte er allmählich vollständig. Solch primitive Anlagen gibt es nicht nur in ganz kleinen Städten, sondern sogar in mittleren Schlachthöfen auch heute noch vereinzelt.

Es ist zu unterscheiden zwischen einfachen Düngerlagerstätten (Gruben) und eigens zur Entleerung und Abfuhr des Düngers bestimmten Räumen (Düngerhäusern), welch letztere man heute in allen Neuanlagen findet. Man bevorzugt einerseits die Lagerung dieses Raumes in unmittelbarem Anschlusse an die bestehenden Kutteleien. Es kann das in kleinen Anlagen als angängig bezeichnet werden, wenn ein Abschluß zwischen beiden Räumen vorhanden ist. Das ist insofern günstig, als dann die Fleischer nicht in erhitztem Zustande die Schlachthalle und Kuttelei verlassen müssen, wenn sie nach dem Düngerhause gehen. In kleinen Anlagen ist das möglich, nicht aber in mittleren und großen. Hier wird stets eine Sonderlagerung des Düngerhauses erfolgen müssen, wobei diese oft in Verbindung mit den getrennt liegenden Kutteleien erbaut werden, schon um diese stets übelriechenden Stätten möglichst weit von bewohnten Gebäuden zu entfernen und die daraus resultierende Fliegenplage möglichst zu beschränken.

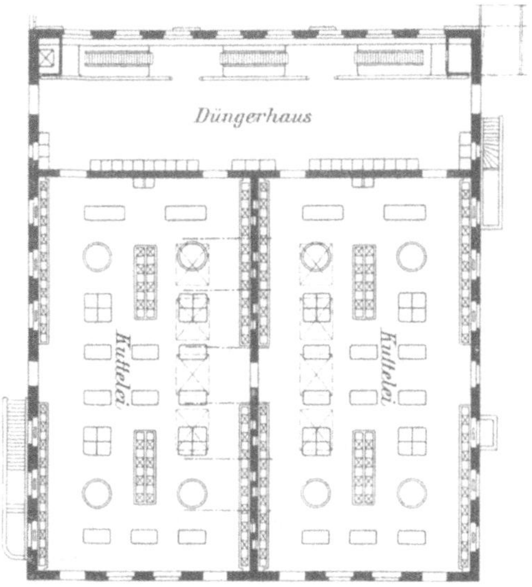

Abb. 170. Düngerhaus, den Kutteleien vorgelagert.

Man beobachtet in letzter Zeit vielfach, daß man Düngerhaus und Kaldaunenwäscherei in ein Gebäude, das separat gestellt ist, verlegt. Auch hier sind je nach Größe der Anlage die beiden Kutteleien räumlich getrennt, beide aber anschließend an das Düngerhaus (Abb. 170). Diese Art der Lagerung ist um so praktischer, als dadurch jeder Geruch von der Schlachthalle möglichst entfernt wird. In oder neben den Düngerhäusern Aborte einzubauen, soll widerraten werden. Leider findet man diese Unsitte in vielen Anlagen. Auch im unmittelbaren Anschluß an sonstige Betriebsräume und von diesen aus direkt zngänglich dürfen Aborte nicht zu finden sein.

Sind aber Gruben angelegt, so muß dafür Sorge getragen sein, daß diese eine vollkommen dichte Abdeckung, möglichst durch doppelte Lagen von starken Brettern bekommen. Der Inhalt muß mit Torfmull und Kalk bestreut werden.

Düngerhäuser aber sind stets vorzuziehen, weil sie ein reinlicheres Arbeiten ermöglichen. Die Anlage derselben ist nach den jeweiligen Umständen eine verschiedene: Man kann die Düngerhäuser mit ebener Zufuhr schaffen, die bei den Fleischern sehr beliebt sind, oder zu denselben Auffahrtsrampen herstellen. Ersteres ist möglich, wenn die Grundwasserverhältnisse des Bauplatzes es gestatten, daß die Düngerhäuser unterkellert werden können, so daß direkt unter denselben der Hinterstellungsplatz für die Düngerwagen geschaffen werden kann. Ist eine Unterstellung bei hohem Grundwasserstand jedoch ausgeschlossen, so kann vielleicht ein Ausgleich insofern geschaffen werden, als eine mäßig ansteigende Rampe für die Düngerkarren und eine wenig tiefe Auffahrtsrampe für die Düngerwagen hergestellt werden kann. Ein weiterer Ausweg kann bei kleinen Anlagen insofern geschaffen werden, als man vom erhöhten Fußboden des Düngerraumes aus eine Düngerauswurfsöffnung nach einem seitlich angestellten niedrigen Düngerkarren, meist Zweiräder, herstellt (Abb. 171).

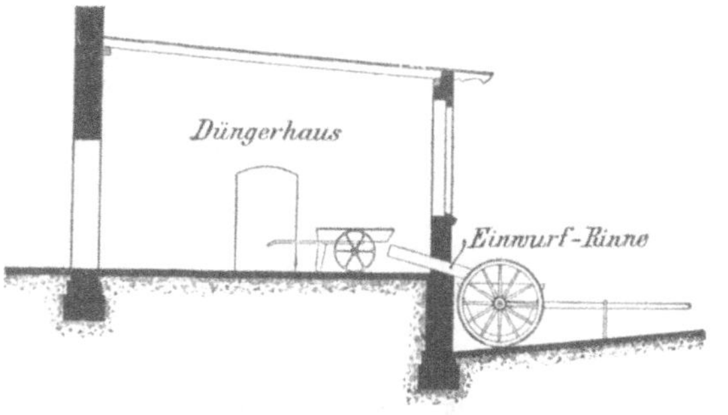

Abb. 171. Schnitt durch ein Düngerhaus mit seitlicher Wagenaufstellung.

Ist vollends eine Tieferstellung des Wagens unmöglich, so wird nur übrig bleiben, den Boden des Düngerraumes entsprechend höher zu legen und durch eine längere Auffahrtsrampe, die ein möglichst schwaches Gefälle haben soll, eine Zufahrtsmöglichkeit zu schaffen und auch in diesem Falle wird eine Entleerung durch den Fußboden in den seltensten Fällen möglich sein, sondern eine seitliche anzuordnen sein (Abb. 171).

Abb 172. Waschtröge und Wagen für Mägen im Düngerhaus.

Während im Falle der Unterstellung unter dem Raume lediglich im Fußboden ein oder mehrere Einwurfstrichter, die mit eisernen Deckeln geschlossen werden können, sobald ein Wagen gefüllt ist, herzustellen sind, müssen im anderen Falle im Raume selbst eigene Ent-

Abb. 173. Unterfahrt für Düngerwagen (Beck & Henkel).

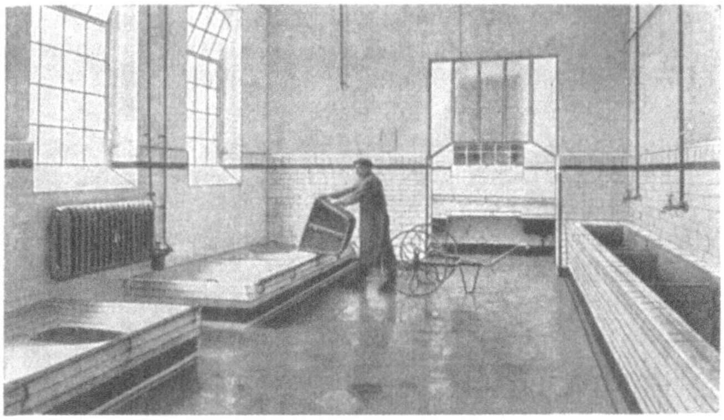

Abb. 174. Betontische zur Magenentleerung und langgestreckte Waschtische (Beck & Henkel).

leerungstische bereitgestellt werden, die man meist aus Beton erbaut (Abb. 174) und mit einem Glattstrich und Randwulsten versieht, um ein Hinunterfallen der Mägen zu verhindern. Die Mägen werden hier aufgeschnitten, entleert und der Inhalt mittels einer hölzernen oder eisernen Scharre in den Wagen hinausgeschoben. Man findet auch inmitten der Betontische Öffnungen zur Entleerung des Düngers, falls der Wagen unterstellt werden kann. In dem Düngerraume selbst müssen große Waschbecken bereit stehen, um die entleerten Mägen erstmalig reinigen zu können.

Abb. 175. Düngerwagen zur Entleerung einseitig gehoben (J. Frank, Regensburg).

Zur D ü n g e r a b f u h r dienen Wagen verschiedener Konstruktion. Man verwendet den einfachen Zweiradkarren mit Kippvorrichtung, für kleinste Anlagen passend, meist aber vierrädrige Kastenwagen (Abb. 175).

Die meisten Wagen haben jedoch den Nachteil, daß sie bei zu großem Eigengewicht ein viel zu geringes Fassungsvermögen haben, außerdem aber auch sind sie wegen unterschiedlicher Spurweite für Feldwege, auf welche der Düngerwagen gefahren werden muß, schlecht zu benutzen. Man ist vielfach von Herstellung eigener Spezialdüngerwagen ganz abgekommen und hat diese durch einfache hölzerne Truhenwagen ersetzt, die allerdings ganz dicht sein müssen, um einem Abfließen von Jauche während des Transportes vorzubeugen. Metallene Wagen werden durch die scharfen Verdauungssäfte rasch angegriffen, ja sogar mit der Zeit durchlöchert.

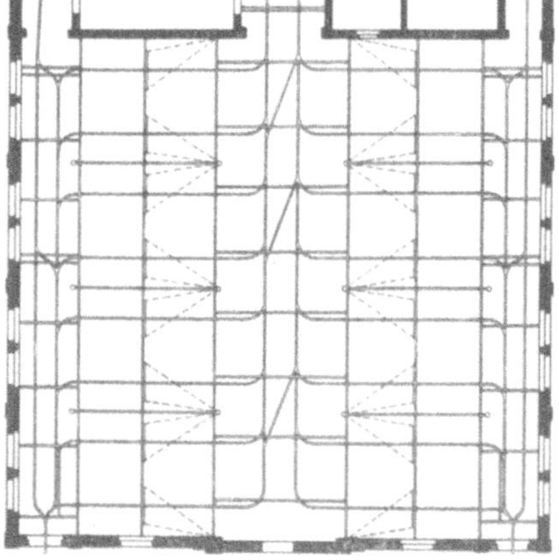

Abb. 176. Zwillingswindenanordnung nebst Düngerabfahrgeleise (Mackensen).

Verfasser hat einen Düngerwagen angegeben, der sich in verschiedenen Anlagen sehr gut bewährt, da derselbe nach landesüblicher Spurweite gebaut werden kann, ein Fassungsvermögen von 3—4 cbm an Dünger besitzt, der Flüssigkeit im Dünger gestattet, während der Füllung bereits abzulaufen und durch eine einfache Schließvorrichtung vollkommen dicht zum Transport gemacht werden kann. Die Kosten des Wagens sind keine höheren als die der üblichen, auch besteht wenig Gefahr, daß in der kalten Jahreszeit die Entleerungsöffnung, wie das bei anderen Wagen vielfach vorkommt, eingefriert. (Bezugsfirma J. Frank, Wagenbaugeschäft, Regensburg.) Die Düngerwagen müssen stets in geschlossenen frost- und zugfreien Räumen hinterstellt werden, außerdem ist für die Möglichkeit zu sorgen, daß auf dem Hinterstellungsplatze Wasserleitung nebst Gummischlauch zur gründlichen Reinigung vor dem Abfahren vorhanden ist. Um den Transport der Düngerwagen auf die Planie zu erleichtern, legt man in den Boden U-Eisen ein, in welchen die Wagen laufen, hier und da auch Granitstreifen, die bis zur Planie fortgesetzt sind. (Vgl. Abb. 173.)

Abb. 177. Düngertransportbahn.

Die von der früheren Firma Kaiser & Co. zur Ausführung gebrachte Düngertransportbahn, beginnend an den einzelnen Großviehschlachtplätzen, führt bis zu den oft weit entlegenen Düngerhäusern und besteht aus einer fahrbaren hängenden Mulde, in welcher die Baucheingeweide direkt aus dem Tiere nach dem Düngerhaus verbracht werden. (Ausgeführt sind solche Anlagen u. a. in Zürich und Ludwigshafen.) Besonderen praktischen Wert besitzen die Anlagen in Hinsicht auf die hohen Ausführungskosten nicht und diese werden noch erhöht durch die notwendigen Schutzdächer. (Vgl. Abb. 176, 177.)

Beachtung verdient die Verwendung von Elektrokarren zur Düngerabfuhr, wie sie im Schlachthof Breslau in Verwendung sind. Auf solchen Karren ist eine Blechmulde, die in einem Gelenk drehbar ist und mit einem Elektrokran (Abb. 178) hochgewunden werden kann, um sie zu entleeren, aufgebaut. Gefüllt wird sie dadurch, daß mit dem elektrisch betriebenen Flaschenzug des Karrens die Blut- und Mistgefäße in den Betriebsräumen hochgehoben und in die Mulde entleert werden. Die Düngerabfuhr aus den Räumen wird damit für das Personal wesentlich erleichtert.

Abb. 178. Elektrische Einhebevorrichtung der Mistgefäße und das auf Elektrokarren montierte Abfuhrgefäß (Schlachthof Breslau).

In großen Anlagen sind die Düngerhöfe stets an das Bahngeleise angeschlossen, so daß die Spezialdüngerwagen direkt angefahren werden können. Auch hier sind verschiedene Systeme zu beobachten: während z. B. in Dresden, Berlin die Düngerwagen auf der Bahnplanie stehen, müssen diese in anderen mittels elektrischer Hebevorrichtungen erst auf die Planie gebracht werden. Zu letzterer Lösung mußte in Rücksicht auf die besonders gelagerten Platzverhältnisse zu diesem Hilfsmittel gegriffen werden.

Jegliche Steigung ist für die einfahrenden Kaldaunenwagen bei dem Düngerhause der nach Moritz' Plänen erbauten Schlachthofanlage in Posen vermieden. Im übrigen ist die Anordnung hier insofern die gleiche wie in Leipzig, als die Kaldaunen über eine Brüstung in die aufgeklappten Eisenbahnwagen entleert und diese dann aus dem Düngerhause heraus und auf eine Schiebebühne geschoben werden, welche ebenso wie die Geleise sich in einer gemauerten und oben umwehrten Vertiefung befindet. Mittels eines elektrischen Aufzuges wird der durch eine Schiebebühne auf die Hebebühne geförderte volle Wagen bis auf die Höhe des Abfuhrgeleises gehoben und abgefahren. Diese Anlage erweist sich insofern als sehr praktisch, als die Kaldaunenwagen unter Vermeidung einer Rampe bequem in das Düngerhaus gefahren werden können, die Abfuhrwagen selbst geschützt stehen und die Auswechslung leicht erfolgen

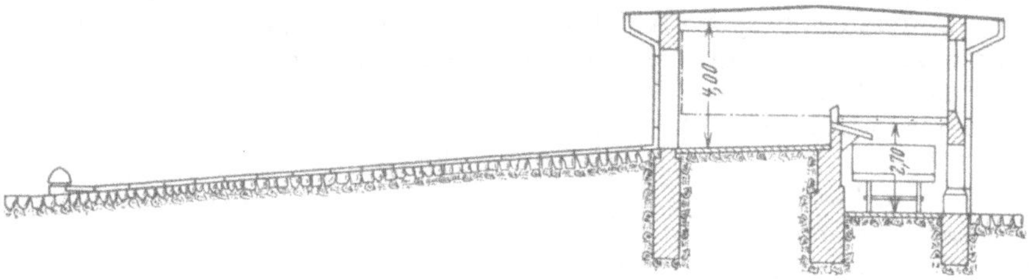


Abb. 179. Unterstellung des Düngerwagens (schematisch).

kann, ohne daß eine ausgedehntere Geleisanlage nötig wäre, was bei dem beschränkten und ziemlich teuren Platze in Posen besonders von Wichtigkeit war und auch in anderen Schlachthöfen nicht ganz unwesentlich sein dürfte.

Abb. 180. Elektrisch betriebene Dünger-Fördereinrichtung (Beck & Henkel).

Die Kaldaunenwagen werden ohne nennenswerte Steigung in das Düngerhaus hineingeschoben. In diesem stehen die von der entgegengesetzten Seite eingefahrenen eisernen und mit Deckel versehenen Eisenbahnspezialwagen. Die Wagen stehen so tief, daß von den Ausschüttstellen aus ihre Beladung bequem erfolgen kann; sie stellen gewissermaßen transportable Düngerstätten dar. Die Trennung des höherliegenden Ausschüttraumes von den Eisenbahnwagenräumen, die zu beiden Seiten des ersteren angeordnet sind, erfolgt durch eine gemauerte und mit einer starken und breiten Schieferplatte mit geringer Neigung abgedeckten Brüstung. Die Oberkante der Brüstung liegt etwa 75 cm über dem Fußboden des Ausschüttraumes, d. h. gerade so hoch, daß die von dem hochgehobenen Oberteil der Wampenwagen herabgleitenden Wampen leicht auf die Platte gezogen werden können, um dort aufgeschnitten und entleert zu werden. Der Wampeninhalt wird dann von der Platte in den Eisenbahnwagen geschoben. Die Schieferplatte ist dabei so gelegt, daß sie den Zwischenraum zwischen dem Wagenrande und der Brüstung vollständig deckt, so daß eine Verunreinigung des Fußbodens des Eisenbahnwagenplatzes ausgeschlossen ist. Die leeren bzw. vom Viehhof kommenden Eisenbahnwagen werden mittels einer Schiebebühne in die einzelnen Abteilungen gesetzt und nach Beladung mittels einer Drehscheibe gewendet, um dann auf dem Hauptabfuhrstrange abgefahren zu werden. Die Unterlage in jedem Wagen bildet gewöhnlich der Stalldünger des Viehhofes; zu diesem Zwecke werden die leeren Wagen zunächst dorthin und dann nach dem Schlachthofe geschafft.

Abb. 181. Elektrisch betriebene Dünger-Fördereinrichtung (Beck & Henkel).

In Abb. 179 ist das Düngerhaus des Berliner Schlachthofes aufgeführt (Querschnitt der Anlage). Die Auffahrtsrampe ist schwach ansteigend. Es fahren hier die Düngerwagen direkt in den Unterstellungsraum, während man wieder bei anderen Anlagen Schiebebühnen benutzen muß. Die Düngerentleerung geschieht seitlich über Gleitbretter.

Eine andere Lösung der Düngerabfuhrfrage bietet die von Beck & Henkel angegebene und ausgebaute elektrisch betriebene Düngerfördereinrichtung. Abb. 180 zeigt das gefüllte Düngerbecken, das mittels Elektroflaschenzug hochgehoben und in den auf der Planie des

Düngerhauses stehenden Eisenbahnwagen entleert wird, wie aus Abb. 181 ersichtlich. In der gleichen Weise können die Düngerbottiche auch in entsprechend große Abfuhrwagen entleert werden. Diese Art der Abfuhr bedeutet einen wesentlichen Fortschritt, weil sie Auf- und Abfuhrrampen entbehrlich macht.

## 3. Düngerverwertung.

Diese spielt im Schlachthofe insofern eine Rolle, als sie eigentlich ein „Schmerzenskind" aller oder der meisten Betriebe bildet. Nur recht gering sind in den meisten Schlachthöfen die Einnahmen aus diesen Abfällen und mancher Schlachthof muß große Mittel aufwenden, um die Abfuhr überhaupt zu ermöglichen. Der Düngerwert des Wampen- und Eingeweidedüngers ist, wie bekannt, kein allzu bedeutender, wenn er auch durch Fleischabfälle, Klauen, Darmschleim, Borsten und Straßenkehricht um ein Geringes erhöht wird. Es muß unterschieden werden zwischen dem Dünger, der aus den Stallungen anfällt und als gleichwertig mit dem Dünger aus landwirtschaftlichen Betrieben bezeichnet werden muß, für den sich auch durchschnittlich gute Preise erzielen lassen und dem Eingeweidedünger. Insbesondere wertvoll wird der Stalldünger, wenn man statt Stroh Torfmull verwendet, welcher Jauche in großen Mengen aufsaugt. Solcher Dünger findet namentlich an Gärtner leicht Absatz, da er den Boden stark auflockert. Solange im Schlachthof Seuchen nicht vorhanden sind, ist der Stalldünger als unschädlich zu betrachten, nicht aber der aus den Seuchenstallungen stammende, dessen genaueste Desinfektion durch das RSG. verlangt wird. Der Dünger, welcher aus Krankviehstallungen anfällt, muß stets in eigenen Gruben gesammelt werden und darf unter keiner Bedingung dem allgemeinen Stalldünger beigemischt werden, ohne daß eine Entseuchung durchgeführt würde.

Der Eingeweidedünger hingegen, der außerordentlich wasserreich und sehr arm an Ammoniakstoffen ist, muß erst einer weiteren Behandlung unterzogen werden, um gute Abnahme zu finden, wie später ausgeführt werden wird. Der Darmschleim, desgleichen das aus den Rindermagen stammende Geschabsel besitzt einen verhältnismäßig großen Dungwert und enthält etwa 11% Stickstoff, 2% Phosphorsäure und 2% Kali.

Infolge des geringen Dungwertes ist meist die Nachfrage nach Eingeweidedünger sehr gering, und in vielen Fällen läßt sich beobachten, daß ein Abnehmer, hat sich ein solcher gefunden, sehr rasch wieder zurücktritt und sich weigert, weiter den Dünger, und bekäme er ihn umsonst, zu holen. Insbesondere in Gegenden, die reich an bäuerlichen Betrieben sind, wo Dünger genügend vorhanden ist, findet der Schlachthofdünger schwer eine gute Abnahme. Doch nicht allein der geringe Wert ist es, welcher die Landwirte abhält, den Dünger gerne zu kaufen, meist sind es auch die außerordentlich schweren und unpraktischen Düngerwagen mit geringem Fassungsvermögen. Das Eigengewicht schwankt zwischen 25 und 30 Ztr., und es kann ein solcher mit höchstens 1,5 cbm Dünger beladen werden, während doch eine Last von 3—4 cbm von zwei Pferden leicht fortgeschafft werden könnte. Es muß diese Last auf 2—3 Wagen verteilt werden. Der Abnehmer wird gezwungen, sein Gespann längere Zeit sonstiger Arbeit zu entziehen. Außerdem aber haben die Wagen meist eine sehr große Spurweite, so daß sie auf Feldwegen schwer fortzubewegen sind, oft aber auch findet man, daß zweierlei Spurweiten bei einem Wagen vorhanden sind. Man beobachtet ferner, daß Boden und Seitenwände der eisernen Düngerwagen im Laufe der Zeit durch die scharfen Verdauungssäfte durchlöchert werden, so daß größere Reparaturkosten unvermeidlich sind. Der große Wassergehalt des Düngers verursacht, daß der Inhalt der Wagen im Winter leicht festfriert, so daß die Entleerung sehr schwer vor sich geht und die Hebelverschlüsse recht oft durch rohe Gewaltanwendung beschädigt werden. Jeder Abfuhrwagen muß so eingerichtet sein, daß das überschüssige Wasser leicht abfließen kann.

Sind Wagen mit sehr großem Fassungsvermögen mit üblicher Landspurweite, mit leicht zu öffnenden Türen zur Entleerung des Inhaltes vorhanden, welche den Wasserablauf während der Füllung ermöglichen, so werden die Landwirte diese größeren Mengen viel lieber abholen.

Es sind in letzter Zeit eine Reihe von Vorschlägen gemacht worden, wie man den Wampendünger besser und gewinnbringender verwerten kann und aus demselben eine Einnahmequelle schafft. Man hat versucht, Briketts aus demselben herzustellen (Reval), ihn durch Trocknung in dampfgeheizten Mulden, in welchen das Trockengut durch Schneckenschrauben vom Einwurf zum Auswurf gebracht wird, zu trocknen (Patent Otto, Dortmund). Doch hat sich diese Art der Düngertrocknung so wenig bewährt, als die der Maschinenfabrik Venuleth & Ellenberger in Darmstadt, welche den Wampendünger bei 120° Hitze zu einem mehlartigen Kunstdünger verarbeitet. Diese Apparate waren im Schlachthof München in Verwendung, erforderten 130000 RM. Anlagekosten und große Reparaturen, da die Bleche sehr bald durch den Magensaft zerfressen wurden, daß man von einer weiteren Benutzung dieser Einrichtung Abstand nahm. Außerdem war der Düngerwert des damit gewonnenen Produktes ein geringer, außerdem konnte man bei windigem Wetter nicht Dünger streuen, da der Wind das leichte Pulver oft auf den Acker des Nachbarn hinüberwehte.

Man hat auch mit den an vielen Schlachthöfen aufgestellten Kori-Öfen Versuche mit der Düngerverbrennung gemacht, doch haben sich diese nicht bewährt, da die großen Feuchtigkeitsmengen erhebliche Mengen von Brennstoff nötig machen. Erst wenn das gesamte Wasser verdampft ist, kann von einer Verbrennung die Rede sein, aber auch dann bieten sich insofern Schwierigkeiten, als die obere Kruste zu einer harten Masse verkohlt und das darunter liegende Material isoliert. Es muß also der Dünger stets gewendet werden, was nicht nur Arbeitsleistung, sondern auch eine Verminderung der Innentemperatur verursacht. Verbrennungsversuche wurden u. a. in den Schlachthöfen Saarlouis, Nymwegen und Schwerte vorgenommen, doch sind die Resultate nicht derart, um zu solchen Versuchen raten zu können, auch sind die Verbrennungskosten ziemlich beträchtliche. Im Schlachthof Essen soll nun ein Doppelkammerofen gebaut

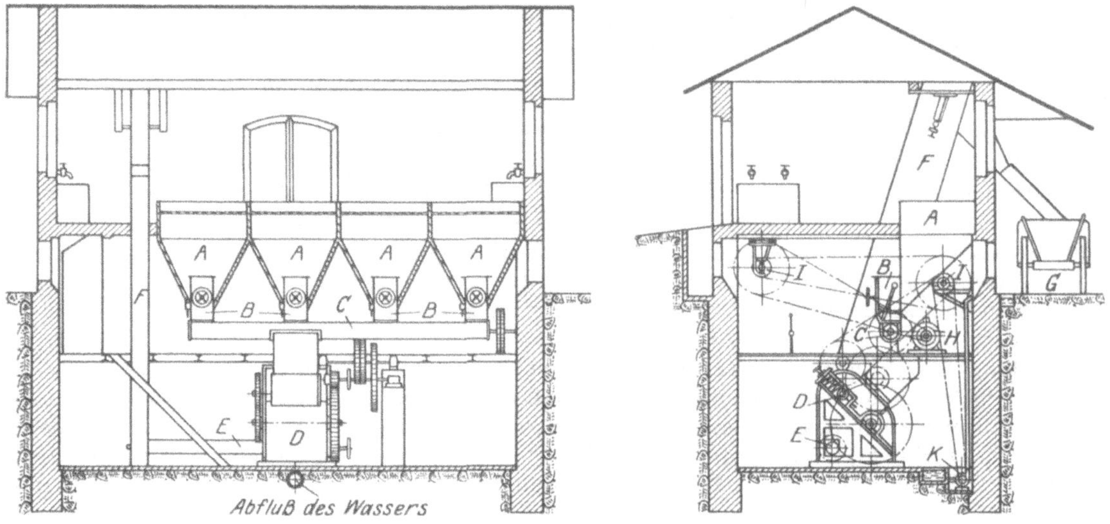


Abb. 182. Abb. 183.
Querschnitt durch Rampendüngerpressenanlage (Venuleth & Ellenberger, Darmstadt).

werden, bei welchem die Gase aus der unteren in eine höher liegende Kammer strömen, um dort die Abfälle vorzutrocknen, und werden die Versuche, welche angestellt werden sollen, gute Resultate zeitigen, so könnten mit dieser Art Öfen alle Abfälle des Schlachthofes verbrannt werden. Die Verbrennung von Darmschleim ist ohne weiteres möglich. Durch Übergießen mit Wasser kann dieser leicht zum Gerinnen gebracht werden.

Von den mechanischen Verarbeitungsmethoden hat in letzter Zeit die Pressung des Düngers von sich reden gemacht. Dieses System in den Schlachthöfen München und Stuttgart, Essen, Lübeck, Heilbronn, Schwenningen, Oslo eingeführt. Der gepreßte Wampendünger wird an Gärtnereien zu etwa 0,25 RM. je Zentner verkauft. Bei einer Schlachtung von 70000 Stück Großvieh und 140000 Stück Kleinvieh beträgt der Jahreserlös etwa 10000 RM.

Mit der vorstehend abgebildeten Presse (Abb. 182, 183) kann man bis zu 70% Wasser abpressen, wodurch der Dünger leichten Absatz findet und entsprechend bezahlt wird. Für die Abfuhr des abgepreßten Düngers kann jeder gewöhnliche Wagen verwendet werden, da ein Abtropfen von Flüssigkeiten nicht mehr stattfinden kann.

Der Wampendünger wird in trichterförmige, aus Beton hergestellte Kasten *A* gebracht, welche an ihrer Spitze Entleerungsverschlüsse *B* besitzen. Die Presse *D* steht unterhalb dieser Düngerkästen und befindet sich unterhalb Terrainhöhe. Aus dem Düngerkasten *A* wird durch Öffnen der Entleerungsverschlüsse *B* mittels der Transportschnecke *C* der Dünger Presse *D* zugeführt und ausgepreßt. Der abgepreßte Dünger fällt in die Transportschnecke *E*, welche denselben nach dem Elevator *F* fördert. Dieser Elevator bringt den abgepreßten Dünger nach oben und wirft ihn direkt in den Transportwagen *G*. Die abgepreßte Flüssigkeit läuft in die Kläranlage oder wird, wenn kein Gefälle vorhanden, mittels Pumpe *K* nach der Kläranlage gebracht oder läuft direkt in die Kanalisation.

Die mit Fülltrichter versehene Presse besteht im wesentlichen aus zwei sich drehenden Walzen, von denen die untere mit einem auswechselbaren, perforierten Mantel versehen ist. Die obere Walze hat eine starke Federbelastung, so daß auch harte Körper, welche evtl. dem Dünger beigemengt sind, zwischen den Walzen hindurchgehen können. Der Elektromotor *H* bewirkt den Antrieb der Presse und Transportvorrichtungen.

Gepreßter Dünger ist gut verbrennbar, wenn er getrocknet wird und liefert etwa ein Drittel des Heizwertes gewöhnlicher Steinkohle, doch sind hierzu Treppen- bzw. Muldenroste notwendig.

Durch Zentrifugieren wird dem Dünger Wasser entzogen, eine feste Masse hergestellt, welche geruchlos sein soll. Der Dünger wird in die Körbe der Zentrifuge gebracht und durch starkes Rotieren das Wasser an die Wand geschleudert, von wo es durch Rinnen abläuft. Das Schleudern selbst dauert 4 Minuten. Es können, nachdem Leeren und Wiederfüllen 6 Minuten beanspruchen, bei einem Fassungsvermögen von 250 kg nassem Dünger in einer Stunde 1500 kg wasserfrei gemacht werden. Dazu ist ein 6 PS-Motor notwendig. Durch Herstellung größerer Zentrifugen und einer stärkeren Betriebskraft könnte die Leistung leicht erhöht werden, so daß bis zu 2000 Ztr. in $1^1/_2$ Stunden verarbeitet werden können.

Ein Verfahren, welches vielleicht dazu berufen ist, die Düngerfrage in kleinen und mittleren Anlagen in vorteilhafter Weise zu lösen, bildet die Kompostierung. Es wird sehr oft die Frage gestellt, wenn Verhältnisse vorliegen, daß die Abholung des Düngers nicht kostenlos erfolgt, sondern hierfür beträchtliche Ausgaben erwachsen, in welcher zweckmäßigen Weise Abhilfe geschaffen werden könnte. Eine allgemeine Antwort läßt sich hierauf nicht geben. Der Haupthinderungsgrund der Abfuhr liegt darin, daß der frische Wampendünger, dem allerdings auch Blutreste und Darmreinigungsabfälle, Hofkehricht u. a. beigemischt sind, sehr wenig Dungwert hat, daß aber auch durch die in demselben enthaltenen Getreidekörner Saaten verunreinigt werden können, die darin aufgehen. Rationelle Landwirte nun lassen den Dünger aus dem Schlachthof abholen, vermeiden aber dessen sofortige Verwendung zu Dungzwecken dadurch, daß sie Komposthaufen auf ihren Gründen anlegen, die sie gelegentlich mit Jauche überschütten oder sonstige künstliche Dungstoffe, je nach der vorhandenen Bodenbeschaffenheit aufstreuen. Sie legen diese Komposthaufen am besten in Reihen an und benutzen den Dünger nicht unter einem Jahre, nehmen also den erstangefahrenen später zuerst in Verwendung für ihre Grundstücke. Insbesondere für Wiesen eignet sich dieser verrottete Dünger ganz vorzüglich und gibt reiche Erträge.

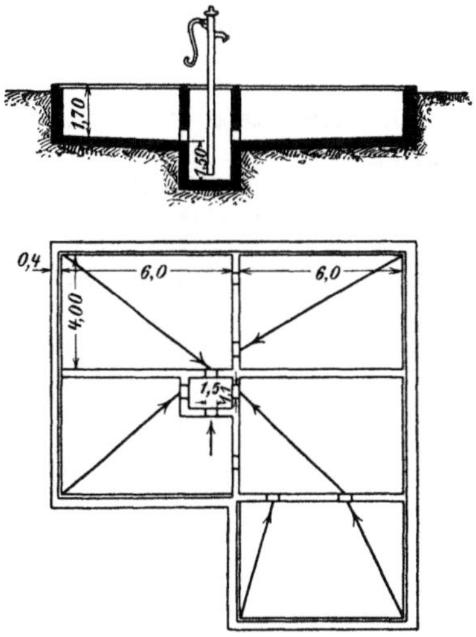

Abb. 184. Düngerkompostierung, System Kolberg.

Doch auch die Schlachthöfe selbst können aus dem Dünger große Erträgnisse erzielen, wenn ihnen Eigengrund zur Verfügung steht, auf dem sie den Dünger kompostieren können, ohne daß die evtl. Nachbarschaft dadurch belästigt wird. Eine offene Kompostierung wird nie angeraten werden können, wohl aber die Schaffung von gemauerten Gruben mit entsprechender Bohlenbedeckung, um Gerüche und insbesondere die Fliegenplage zu vermeiden (Abb. 184). Im Schlachthof Kolberg wurde eine derartige Düngerkompostierung praktisch durchgeführt. Gerade im Schlachthof kann der Dünger durch Zusatz von Blut, Stalljauche usw. leicht verbessert werden (vgl. Kap. Blutverwertung). Es soll nicht in Abrede gestellt werden, daß die Düngerbehandlung Arbeit erfordert, die zunächst dadurch verringert werden kann, daß man von der Düngerstätte aus Schmalspurbahnen nach dem Düngerlager einrichtet, um die Überführung zu erleichtern. Auch hier wird die Frage zu prüfen sein, ob überhaupt in der betreffenden Gegend Nachfrage nach gutem Dünger vorhanden ist, ob solcher gerne gekauft wird. Nur in bejahendem Falle wird an eine solche Verbesserung des Düngers gegangen werden können. Haben aber einmal die Landwirte sich von der hohen Dungkraft dieses Kompostdüngers durch den Erfolg überzeugt, den sie damit erreichten, so wird sich mit steigender Nachfrage und Preis Angebot erhöhen lassen.

Erstmalig wurde dieses Verfahren besprochen von Goslar[1] und in Aachen hat Direktor Bockelmann dasselbe angeregt. Die Anlage in Aachen besteht aus zwei parallel laufenden Gruben, die durch eine meterbreite Mauer voneinander getrennt sind. Die Gruben haben 3,5 m Breite zu

[1] Goslar: Fleisch- u. Milchhyg. **16**, 317.

50 m Länge. Sie bestehen aus undurchlässigem Material, der Boden fällt im ersten Drittel 1:10, im zweiten 1:50 und am hinteren Ende haben die Gruben eine Tiefe von 2,5 m. Hier liegt ein Sammelbecken mit Pumpe. Die Zwischenwände sind mit Schlitzen versehen. Die Anlage ist durch ein schmalspuriges Geleise mit dem Düngerhause verbunden. Der eingeworfene Dünger wird mit Kalkmilch und Flugasche überdeckt und die einzelnen gefüllten Abteilungen mittels Bretterwänden voneinander getrennt. Die Asche bindet 80% Ammoniak. Innerhalb eines Jahres wurden in Aachen 8600 Ztr. dieses Düngers verkauft zu 0,25 RM., je 50 kg, so daß über 2000 RM. Erlös erzielt werden konnte. Die Anlagekosten beliefen sich auf 10000 RM.

Hinsichtlich der Düngerverwertung soll auf ein Verfahren hingewiesen werden, das der Stalldüngerausschuß des Reichskuratoriums für Technik in der Landwirtschaft befürwortet: die sog. Heißvergärung. Es ist nicht zu bezweifeln, daß durch das gleiche Verfahren, durch welches nach dem Kranzschen Verfahren reines Stroh nach einer mehrmonatlichen Lagerung in eine gleichmäßig humifizierte Masse verändert wird, die ebenso gut wirkte wie ausgereifter Dünger, sich der im Schlachthof anfallende Dünger aus Eingeweiden erst recht veredeln lassen wird. Durch die Heißgärung wird eine sichere Abtötung aller schädlichen Keime gewährleistet. Das Verfahren selbst und der Name „Gärstatt‘ für dieses Lagerungsverfahren sind patentamtlich geschützt. Prof. Dr. Löhnis berechnet die Stallmistmenge im Reiche auf 1500 Mill. RM. je Jahr und die Steigerung des Dungwertes durch das Kranzsche Verfahren auf das 2,5—3fache. Durch systematische Veredlung des Schlachthofdüngers könnten der deutschen Landwirtschaft große Düngerwerte zur Verfügung gestellt werden. Der rationellen Verwertung des im Darmschleim enthaltenen Prosekretins, Invertins, Ptyalins, Trysins und Zymagens für chemisch medizinische Zwecke stellen sich noch erhebliche Schwierigkeiten entgegen. Die Gesamtverwertungsmöglichkeit des Magen- und Darminhaltes bedarf noch einer weitgehenden Forschungstätigkeit.

Düngerverarbeitung.

Die Resultate der Umfrage über Düngerverwertung ergeben nachstehende Zahlen. Es erlösen

| | | | | | | | | | | | |
|---|---|---|---|---|---|---|---|---|---|---|---|
| unter 100 | RM. | im | Jahre | 5 | Städte | 1000 | RM. | im | Jahre | 3 | Städte |
| 100—200 | „ | „ | „ | 19 | „ | 2000 | „ | „ | „ | 4 | „ |
| 200 | „ | „ | „ | 11 | „ | 2500 | „ | „ | „ | 4 | „ |
| 300 | „ | „ | „ | 28 | „ | 3000 | „ | „ | „ | 2 | „ |
| 400 | „ | „ | „ | 15 | „ | 3500 | „ | „ | „ | 1 | Stadt |
| 500 | „ | „ | „ | 28 | „ | 4000 | „ | „ | „ | 1 | „ |
| 600 | „ | „ | „ | 43 | „ | 4500 | „ | „ | „ | 1 | „ |
| 800 | „ | „ | „ | 33 | „ | 5000 | „ | „ | „ | 2 | Städte |
| 900 | „ | „ | „ | 22 | „ | 12000 | „ | „ | „ | 1 | Stadt |

Für Abfahren des Schlachtdüngers hatten zu bezahlen:

| | | | | | |
|---|---|---|---|---|---|
| unter 100 | RM. | im | Jahre | 7 | Städte |
| 100 | „ | „ | „ | 15 | „ |
| 200 | „ | „ | „ | 32 | „ |
| 400 | „ | „ | „ | 6 | „ |
| 500 | „ | „ | „ | 7 | „ |
| 700 | „ | „ | „ | 6 | „ |
| 800 | „ | „ | „ | 4 | „ |
| mehr als 1000 | „ | „ | „ | 2 | „ |
| bis 4000 | „ | „ | „ | 2 | „ |

Für die Düngerverwertung lassen sich einheitliche Grundsätze nicht aufstellen. In Orten ohne Landwirtschaft und Gärtnereien ist meist die Nachfrage nach Dünger eine geringe. In solchen Fällen erhält der Schlachthof nicht nur nichts, sondern hat auch oft recht beträchtliche Abfuhrkosten zu bezahlen. Erfreulicherweise ist aber die Zahl der hierfür zahlenden Städte eine viel geringere (25%) als derjenigen, welche hieraus einen Erlös erzielen (etwa 75%).

## 4. Fett- und Talgschmelzen.

Diese bilden kein regelmäßiges Anhängsel von Schlachthöfen und werden nur in größeren Anlagen angetroffen. Nichtsdestoweniger soll deren heutige Entwicklungsstufe geschildert werden, handelt es sich doch um die genossenschaftliche Verarbeitung eines wichtigen Nebenerzeugnisses: des Talges und Fettes, das frisch verarbeitet werden soll, um daraus Talgsorten verschiedener Art zu erzeugen, wie Premier jus, Speisefett, Oleostearin, Seifentalg und Talg für andere technische Zwecke. Je zweckmäßiger die Einrichtungen beschaffen sind, ein desto besseres Produkt wird auf den Markt gebracht werden, desto größer wird die Nachfrage sein.

Ähnlich wie bei den Häutelagern ist es zunächst nicht Sache des Schlachthofes, selbst Talgschmelzen zu errichten. Man wird die Bedürfnisfrage an sich herankommen lassen und die Schlächterinnungen veranlassen, sich zur Sache zu äußern, ob sie diese Anlagen aus eigenen Mitteln schaffen wollen, oder ob sie langjährige Garantien bieten, für die Verzinsung und Amortisation der Baukosten, und der Kosten für die Apparate, den Verbrauch an Strom, Dampf, Licht Wasser usw. restlos aufzukommen. Nur dann wird die Stadt Veranlassung haben, solche Anlagen ihrem Schlachthofe anzufügen. Es liegt jedoch oft auch in ihrer Möglichkeit, einen diesbezüglich geeigneten Bauplatz im Rahmen des Schlachthofes an die Innung zur Aufführung der Anlage aus deren eigenen Mitteln mietweise zur Verfügung zu stellen.

Alte, primitiv eingerichtete Talgschmelzen bildeten mit Recht sehr oft Anlaß zu Beschwerden der Nachbarschaft durch Geruchsbelästigung. Neuzeitlich eingerichtete derartige Anlagen jedoch sind mit Einrichtungen versehen, die solchen Klagen vorbauen[1].

Für den Betrieb einer modernen Talgschmelze ist es notwendig, entweder einen eigenen Dampfkessel, der nur für diese Anlage benutzt wird, aufzustellen oder aber von der Dampfquelle des Schlachthofes selbst den benötigten Heißdampf zur Verfügung zu stellen. Die Abgabe

Abb. 185. Schmelzkessel für Fett (Heicke).

solchen Dampfes kann entweder nach vorausgegangenen genauen Messungsversuchen pauschaliert werden, oder aber, da Pauschalierung stets zur Verschwendung, nicht aber zur Einhaltung größter Sparsamkeit im Verbrauche anreizt, eigene Dampfmesser einzubauen.

Für die Errichtung von Fett- und Talgschmelzen gilt der Erlaß des Ministers für Handel und Gewerbe vom 18. Mai 1895.

In der Fettschmelze wird das Fett von finnigen und tuberkulösen Schweinen ausgeschmolzen, gleichzeitig aber noch Leim und Rückstände als Dungpulver gewonnen. Dieselbe dient in solchen Fällen also nur zur Verwertung bzw. Ausnutzung von Konfiskaten. Es sind aber auf einzelnen Schlachthöfen auch kleine Schmelzkessel für gutes Fett und Talg vorhanden, welche den Fleischern gegen eine Gebühr zur Benutzung überlassen werden.

Dagegen versteht man unter „Talgschmelzen" im eigentlichen Sinne größere Fabrikationsanlagen, in denen Talg für verschiedene Zwecke hergerichtet wird. Es ist festgestellt, daß durch die Verbindung derartiger Anlagen mit Schlachthöfen die Produktion von gutem Talg (zu Margarine) sich wesentlich gesteigert und qualitativ verbessert hat[2].

[1] Fettschmelzen besaßen 1930 42 aller Schlachthöfe = 5,72% nach R. Meyer. Dtsch. tierärztl. Wschr. **1928**, Nr 49.

[2] Bekannte Fabriken für Einrichtung von Schmelzen sind die Maschinenbau-AG. Golzern, Grimma (Patent Pfitzner), von der die Anlagen in Leipzig, Halle, Magdeburg, Breslau und Kassel eingerichtet wurden, und Rich. Heicke, Berlin-Niederschöneweide, ferner Maschinenbau-AG. Darmstadt und Lurgi-Ges. f. Wärmetechnik, Frankfurt a. M.

Für größere, meistens von einem Konsortium von Gewerbetreibenden erbauten oder der Schlachthofverwaltung abgepachteten Schmelzen ist eine Reihe von Räumen nötig, welche gewöhnlich in drei Geschossen angeordnet werden.

Abb. 186. Kondensator zur Geruchlosmachung des Fettschmelzbetriebes (Rich. Heicke, Berlin).

Im Erdgeschoß befindet sich ein Raum für den Betriebsleiter und ein anderer zur Annahme und Wägung des Rohmaterials, ferner Räume, in denen der im Oberstock geschmolzene Talg geläutert und geklärt wird.

Mittels eines Fahrstuhles werden die Rohmaterialien, nachdem sie gewogen und sortiert sind, in das obere Geschoß befördert, wo sich Vorrichtungen zum Wässern und Trocknen desjenigen Talges befinden, der zur Bereitung des feinsten Speisefettes bestimmt ist.

Über dem Läuterraum liegt die Feinschmelze; hier wird der mittels eines Fleischwolfes zerkleinerte Talg in Gestalt von Brei in einen Apparat geschüttet, in welchem das Schmelzen durch erhitztes Wasser erfolgt.

Das flüssige Fett wird durch Rohrleitung nach dem Erdgeschoß in die Läuter- und Klärgefäße und nach Beendigung der Klärung in die im Kellergeschoß aufgestellten Fässer geführt.

In einem anderen Raume des Obergeschosses befindet sich die Beschickungsöffnung eines großen, im Erdgeschoß stehenden Zylinders (Digestors), in welchem die Ausschmelzung der Rückstände aus der Feinschmelze und der geringeren Talgsorten erfolgt. Dieses Fett ist nur für gewerbliche Zwecke bestimmt. Es wird ebenfalls in Fässer gefüllt und im Keller aufbewahrt, welcher mit Kühlvorrichtungen versehen ist, um das Erstarren des Materials zu beschleunigen.

Zur Herstellung von Premier jus (Margarinetalg) und für Speisetalg sind für gewöhnlich horizontale, eiserne, innen verzinkte Schmelzapparate im ersten Stockwerk, ferner auch ein Hochdruckschmelzapparat (Digestor) (Abb. 185) für technischen Talg vorgesehen, welch letzterer im Klärraum aufgestellt ist und mit seiner Füllöffnung durch die Decke reicht und von oben zu beschicken ist. Ein Ventilator saugt die sich bildenden Dünste ab und führt sie nach entsprechender Kondensation nach dem Schornstein (Abb. 186). In anderen Fällen werden die Abdämpfe unter das Kesselfeuer geleitet und dort verbrannt[1]. Maschinenraum, Bureau und Speicherräume vervollständigen die Einrichtung. Zum Betrieb und zur Heizung wird meist vom Kessel des Schlachthofes der Dampf geliefert.

In die Abwasserleitung sind Fettfänge eingebaut, welche das Sammeln von den in den Reinigungswässern vorhandenen Fettbestandteilen ermöglichen.

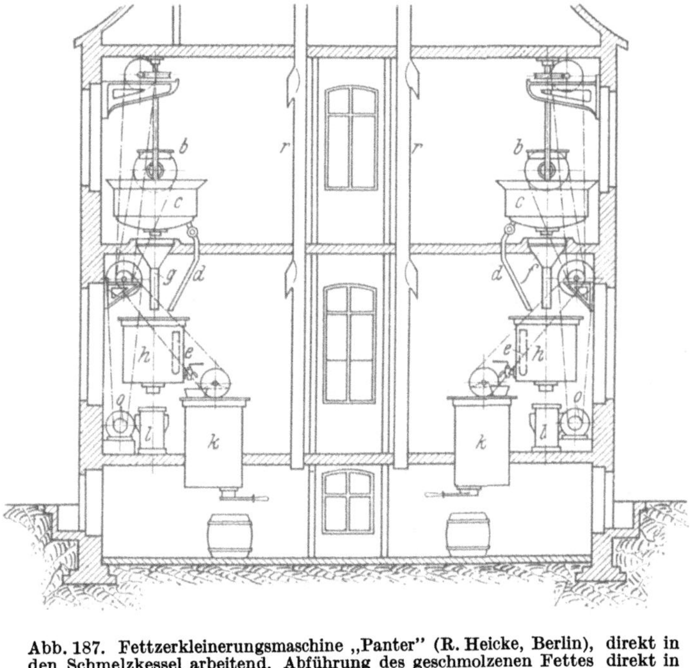


Abb. 187. Fettzerkleinerungsmaschine „Panter" (R. Heicke, Berlin), direkt in den Schmelzkessel arbeitend, Abführung des geschmolzenen Fettes direkt in Vorklärkessel, weiter in den stehenden Fettkühl- und Rührapparat. Abfüllung von letzterem direkt in die Fässer.

In ganz großen Anlagen wird aus der Margarine mittels hydraulischer Pressen Stearin ausgepreßt. Bei der Einrichtung solcher Betriebe ist in erster Linie zu berücksichtigen, daß Arbeitskräfte nach Möglichkeit durch entsprechende maschinelle Vorrichtungen ersetzt werden, deren Anschaffung wohl eine einmalige Ausgabe erfordern, welche sich aber in kurzer Zeit durch entsprechende Betriebseinsparungen bezahlt machen wird.

Die Dampfschmelzen bestehen in der Regel aus zwei voneinander getrennt arbeitenden Einrichtungen, in deren einer Feintalg, sog. Premier jus und in der anderen technischer Talg gewonnen wird. Hier sei zunächst die Feintalgschmelze beschrieben, welche den Hauptteil der Anlage bilden wird (Abb. 187).

Der Betrieb zerfällt in 3 Arbeitsperioden: 1. Talgzerkleinerung, 2. Schmelzprozeß, 3. Klärprozeß. Bei

[1] Die Firma Rich. Heicke, Berlin-Hohenschönhausen, baut einen Kondensator mit Wasserberieselung zur Geruchlosmachung des Fettschmelzbetriebes.

ganz vollkommen ausgebildeten Anlagen kommen evtl. noch dazu: 4. Kristallisation, 5. mechanische Scheidung durch Pressen. Für die Gewinnung von Feintalg kommt naturgemäß nur frischer bester Talg in Betracht, wohingegen für die Erzeugung von technischem Fett alle für den menschlichen Genuß untauglichen tierischen Fette Verwendung finden können. Der in möglichst frischem Zustande der Talgschmelze zuzuführende Rohtalg wird, nachdem er von anhaftenden Fleischrestchen, Blutteilen und Sehnen befreit ist, zur Trocknung an die in einem besonderen Trockenraum befindlichen Gestänge aufgehängt. Zur Beschleunigung der Trocknung dienen Ventilatoren. Nach der Trocknung wird der Talg mittels besonderer, für diesen Zweck dienenden Talgschneidemaschinen zerkleinert und von hier aus selbsttätig in die Schmelzapparate befördert. Für die Gewinnung eines erstklassigen Feintalges ist es unbedingt erforderlich, daß der Talg ohne Überschreitung einer zulässig höchsten Temperatur schnellstmöglich geschmolzen wird, damit die gleichzeitige Auflösung der übrigen im Rohtalg enthaltenen und den Wert des Feintalges herabsetzenden Stoffe sicher verhindert wird. Hierzu dienen Apparate mit großen Heizflächen. Das Schmelzprodukt (Premier jus) gelangt aus dem Schmelzkessel in die ebenfalls durch Warmwasser geheizten Klärkessel, welche in dem nächst tieferliegenden Stockwerk untergebracht sind. Die Temperatur des geschmolzenen Talges muß genau kontrolliert werden. Nach mehrstündiger Klärung fließt das Premier jus direkt in die im Keller befindlichen Lagerfässer. Das Premier jus wird in kleine Wannen abgelassen, um dort bei entsprechender Temperatur zu kristallisieren. Für den Winter müssen Dampfheizungen eingebaut sein, die evtl. durch den Maschinenabdampf kostenlos betrieben werden können.

Nachdem das Premier jus kristallisiert ist, wird es mittels Pressen ausgepreßt und dadurch in zwei verschiedene Teile getrennt: in Stearin-Palmitin und in die flüssige Oleomargarine, welche aus der Presse direkt in Lagerfässer abfließt.

Der Fabrikationsvorgang für technischen Talg sei nachstehend kurz erläutert. Die Verarbeitung der aussortierten Abfallfette, die untauglich zum Genusse sind, geschieht in Autoklaven, in welchen der Talg mittels direktem Dampf unter Druck ausgelassen wird. Einer Zerkleinerung des Rohtalges bedarf es in diesem Falle nicht, da die gespannten Dämpfe die vollkommene Entfettung des Gewebes bewirken. Der Schmelzprozeß vollzieht sich in hermetisch schließenden Apparaten, so daß keine Dämpfe in die Arbeitsräume gelangen können. Diese werden vielmehr dann durch Dunstvernichtungsanlagen getrieben und durch Kondensation niedergeschlagen. Nicht kondensierbare Gase aber werden abgesaugt und unter dem Kesselfeuer verbrannt. Aus den Autoklaven gelangt das Fett in Ausblase- oder Klärkessel, von wo es nach erfolgtem Absitzen in Versandfässer abgelassen wird.

Die Dampfschmelzanlagen für Kleinbetriebe arbeiten im Grunde genommen nach den gleichen Prinzipien, sind jedoch einfacher und billiger konstruiert, können sich aber nur dann rentieren, wenn für regelmäßige Anlieferung frischer Rohware gesorgt ist. Die rückständigen Grieben können durch eigene Röstapparate für Tierfütterung geeignet gemacht werden[1].

## Verwertung von Knochen und anderen Abfällen.

Die in den Schlächtereien anfallenden Knochen (etwa 15% des Schlachtgewichtes) haben einen gewissen Verkaufswert, soweit sie als „Zuwaage" beim Verkauf von Fleisch verwendet werden können. Bei der Verarbeitung der Tiere zu Wurstwaren müssen die Knochen jedoch, soweit sie nicht an Knochensammelstellen angeliefert werden, in irgendeiner Weise einer weiteren Verarbeitung unterstellt werden, um die in diesen enthaltenen Werte vor Vernichtung oder Entwertung zu schützen. Bekannt ist von altersher das Auskochen der gespaltenen Knochen, um das Knochenfett zu gewinnen, bei welchem Verfahren als Rest die ausgekochten Knochen übrig blieben, die weniger Gerüche verbreiteten als Rohknochen, wenn sie bis zur Ablieferung gelagert wurden. Gleichviel auf welche Weise die Tierknochen fettfrei gemacht werden — auch hier empfiehlt sich die Verwendung von Autoklaven, mit welchen der letzte Rest von Fett ausgezogen werden kann, bestens — immer wird man bestrebt sein müssen, aus den Restknochen ein Produkt zu gewinnen, dessen Verkauf hierfür mehr Einnahme bringt als der Verkauf an Leimfabriken. Es liegt hier nahe, die Knochen zu Knochenmehl für Futterzwecke zu verarbeiten. Bei Verfütterung an Schweine und besonders an Geflügel ist ein besonderes Augenmerk auf die Herstellung von splitterfreier Ware zu richten. Diese ist auch durch Siebung eine Trennung von Mehl und Schrot zu erzielen. Während Großschlächtereien längst im Besitz von durch die Transmission angetriebenen Knochenmühlen sind und durch diese namhaften Nutzen erzielen, findet man sie in Schlachthöfen nur in Fettschmelzen, wenn aus der

[1] Unter anderem bestehen Fettschmelzen in den Schlachthöfen Breslau, Halle, Leipzig, Köln, Hannover, Mainz, Braunschweig, Dresden, Essen, Duisburg, Flensburg, Frankfurt a. M., Krefeld, Magdeburg, Berlin usw.

Verarbeitung von Abfällen Restknochen vorhanden sind, die der Vermahlung bedürfen. In diesem Falle machen sich auch stets Knochenmühlen bezahlt[1] (Abb. 188).

Nach einer Mitteilung der Allg. Fleischerztg vom 1. April 1925 kann aus einem Zentner Knochen ungefähr gewonnen werden: etwa 5 Pfund Knochenfett, etwa 15 Pfund Knochenleim, etwa 10 Pfund Rohknochenmehl (20% Phosphorsäure, 4—5% Stickstoff), etwa 40 Pfund entleimtes Mehl (+0% Phosphorsäure, 1% Stickstoff). Diese erhaltene Ausbeute von 74 Pfund läßt sich noch um 20 Pfund steigern, wenn man die 40 Pfund entleimtes Knochenmehl mit Schwefelsäure aufschließt, da man auf diese Weise 60 Pfund Knochenmehlsuperphosphat, 20% wasserlösliche Phosphorsäure und 0,5% Stickstoff erhält.

Die aus den Knochen gewonnenen Öle sind gut verwertbar, da sie ein gutes Absorptionsvermögen (vgl. IV. Teil, Abschnitt VI) haben, was sie für den Maschinenbau und die Textil- und Lederindustrie hervorragend geeignet macht. Auch zur Herstellung des zur Seifenherstellung notwendigen Glyzerins spielen sie eine große Rolle. Außer dem zur Herstellung des zu Dungzwecken hervorragend geeigneten phosphorsauren Ammoniaks spielt das aus den Knochen gewonnene phosphorsaure Natron eine wichtige Rolle. Knochen sind weiterhin zu allerhand Gegenständen des täglichen Lebens, z. B. zu Knöpfen, ebenso wie Tierhörner zu Griffen und Brillenumfassungen geeignet.

Besondere Bedeutung verdienen noch diejenigen Schlachthofabfälle, welche besonders wertvolle organotherapeutische Stoffe enthalten, insbesondere die Drüsen. Diese haben, wie z. B. Milz, Leber, Knochenmark, einen guten Verkaufswert, auch Hoden, Eierstöcke usf. Bedenkt man, daß die größten chemischen Konzerne, wie die I. G. Farbenindustrie AG. ihre Drüsenpräparate aus dem Ausland, vor allem aus Nord- und Südamerika, bezieht, so sieht man ohne weiteres ein, daß noch eine erhebliche Basis für eine günstige Entwicklung besteht. Von Bedeutung ist, daß die Hormone der Drüsenpräparate sich nur dann frisch erhalten, wenn sie sofort verwendet, bzw. eingefroren werden. Verwertbar sind insbesondere die Nebennieren (Adrenalin, Suprarenin), Dünndarm- und Pankreashormone (Sekretin bzw. Insulin), Hypophysenhormone, dann aber auch die Keimdrüsen, die innere Haut des Schweinemagens (Pepsin), Schilddrüse usw. Auch die Galle hat reiche Anwendungsgebiete[2]. Diese Verwertungsmöglichkeiten sind insbesondere von großen Schlachthöfen ins Auge zu fassen, welche in erster Linie die Möglichkeit haben, sich feste Abnehmerkreise zu schaffen. Winter gibt in einer Arbeit über Schlachthofnebenprodukte und Volkswirtschaft eine Übersicht darüber, welche Werte hier noch durch Einfuhr gedeckt werden müssen. (Entnommen der Statistik des Deutschen Reiches, den auswärtigen Handel betreffend, Bd. 366, H. 1[3].)

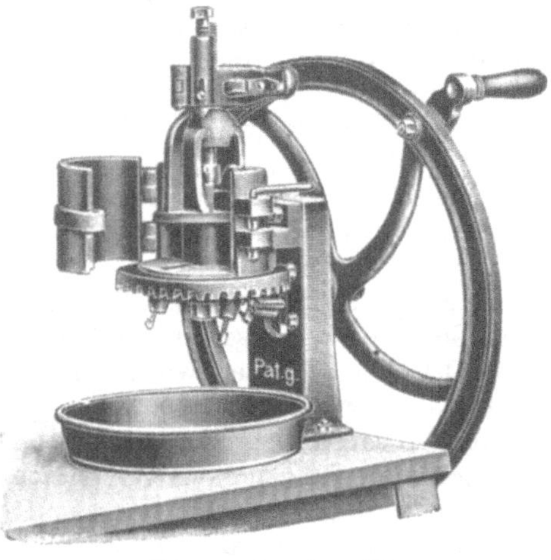


Abb. 188. Knochenmühle (Deutsche Knochenmühlen-Industrie, Chemnitz).

## 5. Fleischhackerei.

Von Jahr zu Jahr bricht sich mehr die Überzeugung Bahn, daß die Errichtung von Fleischhackanstalten zum mindesten sehr wünschenswert ist. Gerade Süddeutschland hat längst die Zweckmäßigkeit solcher Einrichtungen erkannt. Wir finden hier in kleinen Schlachthöfen bereits solche Anlagen (Leutkirch i. Württ., Ravensburg, Ulm, Bamberg, Schweinfurt u. a.). Es ist allerdings ein Unterschied, ob eine solche Anlage gleich bei einem Neubau vorgesehen wird oder aber, ob sie erst später einer Anlage beigefügt werden soll, namentlich wenn sie, wie das vielfach so gemacht wurde, zwangsweise zu benutzen ist, was als Fehler bezeichnet werden muß. Es läßt sich ja gewiß nicht in Abrede stellen — und es soll nur auf die verschiedenen „Geheimnisse des Wurstkessels", welche die letzte Zeit enthüllte, hingewiesen werden — daß die Bereitung von sämtlichen Wurstwaren unter den Augen der Öffentlichkeit, also in einem musterhaft eingerichteten und ausgestatteten Arbeitsraume, das Ideal darstellen würde, um so mehr, als dadurch sicherlich auch den Fleischern insofern ein großer Dienst erwiesen würde, daß jederzeit bewiesen werden kann, daß das große Geheimnis „Wurst" in einwandfreier Weise bereitet wird. Ferner würden gerade durch die Zentralisierung dieser Betriebe beträchtliche Kosten an Material und schließlich auch an Personal gespart werden, und die zur Ver-

[1] Bezugsquellen: Grusonwerke, Magdeburg, Deutsche Knochenmühlen-Industrie, Chemnitz, Deutsche Knochenmühlenfabriken, Neubrandenburg, M. Schurig, Leipzig, S 3 u. a.

[2] Grafes: Handbuch des organischen Warenhandels. Bd 5, 2.

[3] Winter, C.: Dtsch. Schlachthofztg **1930**, Folge 17—24.
Planchon, sous-produits d'Abattoirs **1931**. Dunod-Paris.

fügung stehenden Kühlräume könnten zur sofortigen Aufbewahrung der erzeugten Waren dienen. Sind solche äußerst zweckmäßige Einrichtungen in einem Schlachthofe vorhanden, so wird über kurz oder lang zu beobachten sein, daß die Fleischer in immer größerer Zahl, gar bald das Praktische dieser Betriebe erkennend, von diesen Gebrauch machen werden, um so mehr dann, wenn seitens der Schlachthofleitung ihnen rechnerisch die Vorteile eingehend geschildert und bewiesen werden, ihnen insbesondere der Nachweis erbracht wird, daß solche Anlagen seitens der Stadt nicht aus gewinnsüchtigen Absichten geschaffen worden sind, sondern daß die für Benutzung erhobenen Kosten lediglich einen Ersatz bieten für Verzinsung und Amortisation der Anlagekosten, für Betriebskosten und Reinigung, für Abnutzung und Unterhalt der Maschinen und für die notwendige amtliche Überwachung.

Abb. 189. Schmelz- und Siedeapparat in doppelwandiger Ausführung für Schweineschmalz und andere Fette, mit Rührwerk (R. Heicke, Berlin).

Schon die Möglichkeit, Tiere, insbesondere Bullen und Rinder, die zur Wurstbereitung dienen, sofort nach der Schlachtung im Schlachthofe selbst weiter verarbeiten zu können, so daß Transporte derselben nach den eigenen Werkstätten und Rücktransport des gewonnenen Wurstbrates nach dem Kühlhause vermieden werden, erspart Zeit und Kosten, erhöht aber auch die Haltbarkeit dadurch um ein Beträchtliches, weil solches frisches, zerkleinertes Fleisch sofort nach dem Erkalten den Kühlräumen einverleibt werden kann. Auch vom hygienischen Standpunkte aus werden Vorteile geboten, da eine Verunreinigung des Wurstmateriales durch Staub, Fliegen usw. sicher verhindert wird, die beim Transport zu und von der Stadt unvermeidlich sind[1].

Die Hackereien sollen im allgemeinen nicht allzu weit von den Schlachthallen und dem Kühlhause entfernt sein. In großen Betrieben muß ein Raum für den diese Räume Überwachenden vorhanden sein, da dieser auch die Gebühren zu erheben, die Waagen zu bedienen und die Arbeitsmaschinen in Gang zu setzen und abzustellen haben wird. Als Betriebskraft dient hier fast ausschließlich der elektrische Strom.

Abb. 190. Fettzerteilungsmaschine (R. Heicke, Berlin).

Für einfachste Fleischhackereien sind an Maschinen notwendig: 1. Rotationsmaschine von etwa 1 m Durchmesser mit einem Satz Reservemessern, 2. eine Abschlagmaschine und 3. eine Durchlaßmaschine. Sämtliche Maschinen und Transmissionen usw. müssen mit den von der Unfallberufsgenossenschaft vorgeschriebenen Schutzvorrichtungen versehen sein.

Es würde zu weit führen, die verschiedenen Arten der in Frage kommenden Fleischbearbeitungsmaschinen[2] einzeln vorzuzeigen. Für Fleischhackereien in Schlachthöfen handelt es sich zunächst darum, ob nur eine Zerkleinerung des Fleisches gewünscht wird oder auch Maschinen zur Wurstbereitung. Sollte letzteres der Fall sein,

[1] Schon des öfteren hat Verfasser darauf hinzuweisen Veranlassung genommen, daß ebenso, wie es wünschenswert, hygienisch einwandfrei und die Herstellungskosten verbilligend sein würde, die gesamte Wurstbereitung in eigenen Sonderabteilungen der Schlachthöfe durchzuführen, und daß das eigentlich die logische Folge der Zentralisierung der Schlachtungen und der Kühlung sein würde.

[2] Ganz vorzügliche Fleischverarbeitungsmaschinen werden u. a. geliefert von dem Nahmerwerk in Remscheid, von Jul. Klinshammer in Braunschweig, von Karges Hammer in Braunschweig, Rich. Heicke, Berlin-Niederschöneweide, Carl Helfrich in Frankfurt a. M., G. Schmidt & Co. in Ilmenau, von Malsch in München. In Amerika wurden die ersten derartigen Maschinen gebaut, die erst nach geraumer Zeit von Deutschland nachgeahmt wurden. Die Butcher Suppley Co. in Cincinnatti (Vertretung H. Hensler, Berlin W 15, Fasanenstraße 73) ist wohl die bedeutendste diesbezügliche Firma in den USA.

so wird man sich stets nach den Wünschen der Fleischer zu richten haben, welche Maschinen als notwendig bezeichnet werden. Dazu werden gehören: Fleischmengmaschinen, Mengmulden, Fettschneidemaschinen (Abb. 189, 190, 191), Wurstfüllmaschinen, es werden dann aber auch Kochkessel aufgestellt werden müssen und eine Räucherkammer anzugliedern sein. Wird mit Wärme gearbeitet, so ist auch für entsprechende Raumentnebelung Sorge zu tragen.

Abb. 191. Einrichtung einer Fleischhackerei (Alexanderwerke, Remscheid).

In einem getrennten Vorraume sollen Aufhängevorrichtungen, besser aber versperrbare Schränke für Kleider vorhanden sein.

Automatische Waagen mit Kartendruckvorrichtung sind schon wegen der Gebührenberechnung notwendig. Wünschenswert ist auch die Anbringung einer Waschgelegenheit.

Die Benutzungsgebühren, meist 2—3 Rpf. je Kilogramm Fleisch, sind keine willkürlichen, sondern müssen dem Schlachthof Ersatz bieten für verbrauchten Strom, dann auch für Verzinsung und Amortisation der Anlagekosten. Mutwillige oder fahrlässige Maschinenbeschädigung zieht Schadenersatz nach sich[1].

## 6. Konservenfabriken.

Die Unmöglichkeit, minderwertiges oder bedingt taugliches Fleisch verkaufen zu können, zwingt in manchen Fällen die Leiter der Schlachthöfe, um den Verlust von Nährwerten zu verhindern, solches Fleisch zu Konserven zu verarbeiten. Eine Art dieser Verwertung ist die Verarbeitung des Fleisches zu Fleischextrakt durch Eindämpfen desselben in geeigneten Apparaten. In kleinen Schlachthöfen, auch in mittleren werden derartige Anlagen kaum je zu finden sein, auch in großen nur dann, wenn der Absatz gesichert ist. Man wird sich kaum die Kosten für Beschaffung der nötigen Arbeitsmaschinen machen, auch nicht die für die Verarbeitung und Lagerung der Produkte, wenn nicht bestimmte Absatzgebiete vorhanden sind.

Es wäre aber auch eine ganz unrichtige Ansicht, daß man nur die schlechtesten Tiere zu Konserven verarbeiten soll. Schlecht genährte Tiere sind vielmehr nicht wert, sich durch Konservierung größere Kosten zu machen. Die Beschaffung von Kochkesseln, die durch Dampf oder direkte Unterfeuerung zu heizen sein müssen, Geräte und Tische zur Zerkleinerung des Fleisches, Herstellung von elektrischem Antrieb für Maschinen, die zur Wurstbereitung dienen, schließlich aber auch die bauliche Ausstattung der Arbeitsräume mit Wandplatten und geschlossenem Fußboden, Ventilationsvorrichtungen, die für den Abzug der Dämpfe sorgen, dann von Maschinen, welche das Füllen und Schließen der Büchsen betätigen, sind so beträchtliche, daß nur unter den oben erwähnten Voraussetzungen an die Herstellung einer solchen Anlage gedacht werden kann. Fehlen diese aber, so ist die thermische Verwertung solch minderwertigen Fleisches immerhin noch gewinnbringender als die Herstellung unverkäuflicher Konserven[2].

---

[1] Vgl. auch Hütte: Bd 4. 25. Aufl.

[2] In neuerer Zeit ist auch wieder mehrfach die Verarbeitung des Freibankfleisches zu Konserven erörtert worden. In Heft 2 der Z. Fleisch- u. Milchhyg. vom 15. Oktober 1928 berichtet Obertierarzt Dr. Crohn über einen Versuch, der in Lübeck nach dieser Richtung hin gemacht wurde. Man ließ 112 Pfund knochenfreies Rindfleisch zu Dosengulasch verarbeiten. Jede 1 Pfund-Dose sollte mit 75 Rpf. verkauft werden, nachdem die Selbstkosten 45 Rpf. je Dose betragen hatten. Der Absatz war ungenügend. Um den Vorrat endlich abzustoßen, mußte man den Preis je 1 Pfund-Dose auf 50 Rpf. herabsetzen, erzielte also für den Inhalt nur noch 5 Rpf. Unter diesen Umständen wurde von einer Wiederholung des Versuches Abstand genommen. Von seiten der Fleischer ist vorgeschlagen worden, das Fleisch, wo irgend möglich, an Gefangen- und ähnliche Anstalten behufs Sterilisierung zu überweisen, weil es dort den Konsumenten in vollständig gekochter Form dargeboten wird.

## 7. Borstentrocknung.

In dem Bestreben auch bisher wenig oder gar nicht beachtete Abfälle der Schweine noch nutzbringend zu verwerten, schenkt man neuerdings auch der Borstenverwertung ein größeres Augenmerk, als das bisher der Fall war. Im Jahre 1912 haben nur 180 Schlachthöfe angegeben, daß sie Borsten verwerten, in weitaus der größten Zahl wurden damals jedoch die Schweinehaare dem Hallenkehricht einverleibt und wanderten unbeachtet in den Dünger.

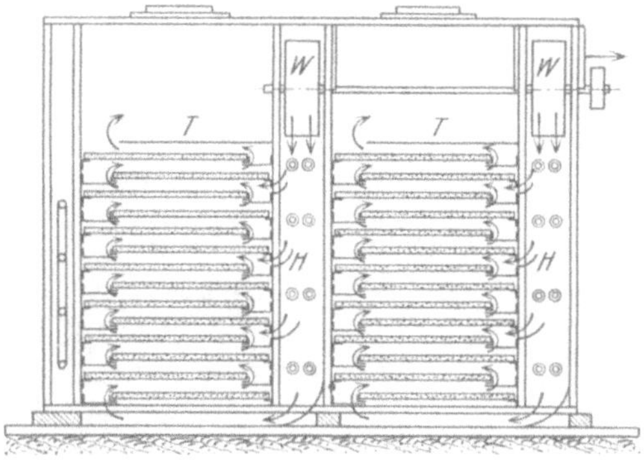


Abb. 192. Trockenschrank für Borsten nach Niessen, Pasing.

Manche Betriebsvorschriften enthalten die Bestimmung, daß die Schweinehaare in das Eigentum des Schlachthofes übergehen. Ob sich eine solche Bestimmung rechtlich aufrechterhalten läßt, wenn sie angefochten wird, möchte bezweifelt werden, denn fraglos ist der Besitzer eines Schlachttieres der Fleischer, der es einbringt, und zwar „mit Haut und Haaren", solange er nicht freiwillig auf Teile desselben verzichtet. Ein solcher Verzicht wird stillschweigend ausgedrückt dadurch, daß die Schweinehaare achtlos liegengelassen werden, auch andere Teile eines Schweines, wie Nabel, Klauen, Ohrausschnitte usw., die eben mangels eines anderen geltend gemachten Besitzrechtes in den Dünger oder in die Konfiskatbehälter kommen. Rechtlich liegt aber der Fall so, daß für das Sammeln und die evtl. Vermittlung und Bearbeitung ein Teilerlös an die Schlachthofskasse abgeführt werden muß[1]. In Schlachthöfen, in welchen Lohn- oder Kopfschlächtereibetrieb eingeführt ist, kann man die Beobachtung machen, daß die Gehilfen derselben sich die Mühe machen, die Schweinehaare und andere Abfälle zu sammeln und auf Speichern zu trocknen und dann in trockenem Zustande als eine Art Nebenverdienst zu verkaufen. Zweifellos ist jedoch die Innung als solche berechtigt, Ansprüche auf die Schweinehaare zu machen, ebenso wie auf die Klauen, wenn sie diese Abfälle auf genossenschaftlichem Wege verwerten und den erzielten Erlös der Innungskasse zuführen will. Als selbstverständliche Voraussetzung gilt in diesem Falle, daß sie die damit verbundene Sammel- und Trockenarbeit usw. durch ihre eigenen Angestellten durchführen läßt, aus eigenen Mitteln die dazu benötigten Apparate aufstellt und für deren Betriebskosten aufkommt, auch für die erwachsende Raummiete. Diese Tätigkeit von den Angestellten des Schlachthofes zu verlangen, wäre unbillig, es müßte nur sein, daß diese seitens der Innung für diese Tätigkeit freiwillig bezahlt werden würden. Eine solche Tätigkeit könnte durch Angestellte jedoch nur außer der Betriebszeit durchgeführt werden. Es wird sich auch um die anfallende Menge handeln und um die Prüfung der Frage, ob eine weitere Verarbeitung sich lohnen wird oder nicht. Naßhaare sind, wie bekannt, unverkäuflich, ein Erlös ist nur durch ein Veredelungsverfahren zu erzielen. Als solches wird zu gelten haben: 1. die maschinelle Waschung der Schweinehaare mit Sodalösung, 2. die maschinelle

Abb. 193. Borstentrockenapparat, System „Simplicior", geöffnet (Schilde, Hersfeld).

[1] Vgl. Z. Fleisch- u. Milchhyg. **1928**, 249.

Trocknung und 3. die sachgemäße Lagerung, bis durch die angefallene Menge ein Verkauf möglich sein wird. Die Nachfrage nach gut getrockneten reinen Schweinehaaren ist heute eine sehr große und es lassen sich gute Preise dafür erzielen. Die Schweineklauen zu sammeln lohnt sich nicht in diesem Maße. Diese können nur an Düngerfabriken in Verbindung mit den liegengelassenen Klauen von Großvieh verkauft werden.

Verschiedene Firmen haben eigene Apparate für die Trocknung der Schweinehaare gebaut, besonders soll hier der Hordentrockenschrank für Schweinehaare der Firma K. Niessen AG., Pasing-München, erwähnt werden (Abb. 192). Diese Schränke bestehen aus Schmiedeeisen mit isolierender Holzummantelung, in welche ein Heizregister eingebaut ist. Die Haare liegen auf herausziehbaren Horden und werden von oben nach unten mit Warmluft durchströmt und die feuchte Abluft abgesogen. Durch eine Umstellung eines Schiebers kann eine Richtungsänderung der Luft bewirkt werden. Die Trockenware kann sofort in Säcke verpackt werden.

Abb. 194. Borstentrockenapparat, System „Simplicior", geschlossen (Schilde, Hersfeld).

Je nach Größe des Apparates können innerhalb 12 Stunden zwischen 375 und 2000 kg Haare getrocknet werden. Der stündliche Dampfverbrauch beläuft sich zwischen 42 und 275 kg. Auch die Firma Schilde, Hersfeld (H.-N.), und die Firma Fr. Haas, Lennep, bringen beachtenswerte Trockenanlagen auf den Markt (Abb. 194).

Die im Schlachthof Essen eingerichtete Borstenverwertungsablage scheint dieses Arbeitsverfahren in musterhafter Weise gelöst zu haben. Man teilt dort in Fermentierungs-, Waschungs- und Trocknungsprozeß. Zunächst werden die Schweinehaare in einer Lösung von 4 kg Ätznatron in je 1 cbm Wasser ausgelaugt, welche für 500 kg Naßborsten ausreicht. Die Haare werden eingelegt, durcheinandergerührt, schließlich mit Brettern beschwert und dort 48 Stunden belassen. Bei einer Anwärmung der Lösung auf 70° verläuft der Fermentierungsprozeß rascher. Die Heizung des Fermentierbottichs kann durch Heizspiralen erfolgen. Durch diese Auslaugung werden die Hautfetzen zerstört und die Haare damit geruchfrei gemacht. Gerüche werden durch die Fermentierung nicht erzeugt. Ist diese beendet, so kommen die Haare unter dauerndem Zulauf von kaltem Wasser in eine Waschmaschine, bis die Lauge vollkommen entfernt ist. Den Schluß des Verfahrens bildet die in einem Trockenschrank vorzunehmende Trocknung (Abb. 195).

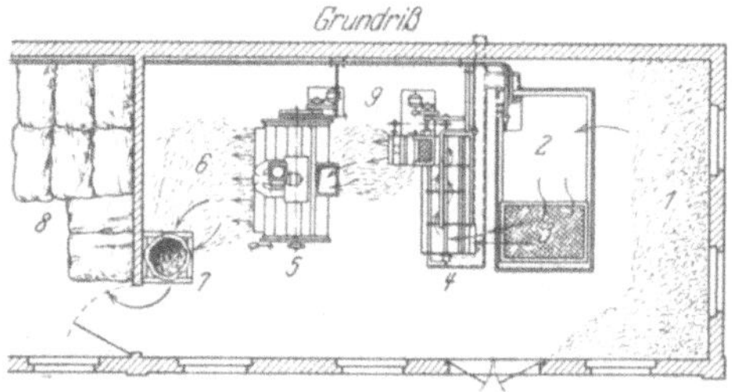


Abb. 195. Schweinsborsten-Wasch-, Spül- und Trockenanlage System Vollmann, Neviges.

Nach Beendigung des Prozesses sind die Haare vollkommen geruchlos und lagerfähig, und der Verkauf deckt gut die erwachsenen Spesen der Reinigung. Die Nachfrage nach diesen gereinigten Haaren ist eine gute. Wenn die Möglichkeit vorhanden ist, die Haare auf einem passenden freien Platze zu trocknen, so werden dadurch zwar Unkosten gespart, jedoch ist auch der zu erzielende Preis ein geringerer. Als zweckmäßig wird stets zu empfehlen sein, wenn die Schlachthofverwaltung selbst die Trocknung in die Hand nimmt, da die Innungen es vielfach an der nötigen Gewissenhaftigkeit bei der Bearbeitung fehlen lassen, wenn nicht

[1] Vgl. Dtsch. Schlachthofztg **1929**, F. 19.

eigene, nur diese Arbeit verrichtende Personen von dieser aufgestellt werden. Die Schlachthofhygiene wird durch die Durchführung dieses Trockenverfahrens wesentlich gefördert, da Geruchs- und Fliegenbelästigungen durch die sonst übliche Borstentrocknung entfallen. (Die maschinelle Einrichtung der Essener Trockenanlage wurde durch die Firma Schilde und Hersfeld ausgeführt[1].) Da die Borsten eines derjenigen Abfallprodukte sind, welche meist unbeachtet blieben, aber durch einfache Verfahren die Borsten veredelt und dann gut verwertet werden können, ist es Aufgabe der Schlachthöfe, deren Verarbeitung ein erhöhtes Augenmerk zuzuwenden.

## 8. Blutverwertungsanlagen.

Die Verwertung des anfallenden Blutes, soweit es nicht als Nahrungsmittel in Betracht kommt, war gleichfalls für die Schlachthöfe stets ein „Sorgenkind". Insbesondere, weil es die Abflußrinnen verlegt, die Gullys verstopft, und leicht in Fäulnis übergeht, wenn es nicht sofort mit genügend Wasser abgeschwemmt oder sonstwie verarbeitet wird. In neuen Anlagen (Mailand) baute man in den Fußboden eigene Blutsammelschlitze ein, um das Blut in unterhalb liegenden Räumen zu sammeln und sofort zu verarbeiten. Neuerdings hat man auch versucht, das Blut direkt aus den Gefäßen in Rührapparate zu entleeren, um keimfreie Nahrungsmittel herzustellen (System Breda). Es wurde auch angeregt, außerhalb der Räume Sammelgruben für Blut anzulegen, den Inhalt mittels Pumpen für Dickstoffe eigens zu diesem Zwecke aufgestellten Verwertungsapparaten zuzuführen. Man hat im Laufe der Jahre eine Reihe von Verfahren zu dessen Ausnutzung versucht, die jedoch mehr oder weniger wieder in Vergessenheit gekommen sind. Man verarbeitete es z. B. zu Albumin, welches in der Zeugdruckerei verwertet wurde, und gewann aus demselben das Serum, das man in Fässern in die betreffenden Fabriken verschickte. Die erzielten geringen Preise machten die Fabrikation unrentabel. So versuchte man Blutmehlmelasse als Futtermittel herzustellen. Weiterhin gaben Clausen und Friedrichsen ein Verfahren an, nach welchem der Blutkuchen, mit dem Serum in einem Zerkleinerungsapparat innig gemischt mit Haferspitzen, Kleie und Getreideabfällen zusammengebracht auf mit Dampf geheizten Trommeln getrocknet wurde, um dann der Fütterung zugeführt zu werden[2]. Die Deutschen Peptonwerke mischten das Blut mit dem Mageninhalt von Rindern und Schweinen. Dieses Gemisch wurde bei niedriger Temperatur getrocknet und verfüttert. Dann kamen die ersten Bluttrockenanlagen der Firma R. A. Hartmann, mittels welcher das Blutwasser zur Abscheidung von Albumin in Dampfkesseln durchkocht wurde. Der Blutkuchen gelangte in einen Trockenapparat mit Rührwerk und Ventilator, und es wurde Blutmehl gewonnen. Eine andere Trockenart stellte der Walzentrockenapparat der gleichen Firma dar, der in großen Anlagen für die ununterbrochene Trocknung des anfallenden Blutes Verwendung fand. Sämtliche Bluttrocknungsverfahren gleichen sich darin, daß sie nach Abscheidung des Blutkuchens das im Serum enthaltene Eiweiß durch Aufkochen abscheiden und dieses dann mit dem Blutkuchen zusammen eintrocknen. Es sei hier hingewiesen auf die Verfahren von Richter, die Verfahren von Kühsel, Dresden, von Hochmuth u. a. Weiterhin sei noch das Verfahren von Goslar, Aachen, erwähnt, nach dem gereinigte und sterilisierte Getreidekörner mit einer bestimmten Blutmenge in geschlossenem Gefäß zum Quellen gebracht und durch eine besondere Quetschvorrichtung mit dem Blut verrieben wurden. Das Gemisch wurde in einem Luftstrom von $+37°$ getrocknet und unter dem Namen „Zymat" in den Handel gebracht. Hönnicke hat später das Verfahren modifiziert, indem er eine bestimmte Blutmenge mit Reismehl gleichmäßig vermengte und unter Einstellung auf $+37°$ zum Trocknen brachte. Es läßt sich durch dieses Verfahren auch für Blut in kleinen Mengen verwenden. Das Wesentliche liegt in der feinen Verteilung der Blutgerinnsel, welche bekanntlich sonst schwer zu trocknen sind, und der Schaffung einer großen Oberfläche zum Verdunsten des Blutwassers. Die Maschinenfabrik Imperial, Meißen, hat einen Blutverwertungsapparat hergestellt, dessen Konstruktion kurz folgende ist: Von dem Sammelgefäße aus wird das Blut mit Pumpe dem Koagulierungs-

[1] Das Anwendungsgebiet der im Blutserum enthaltenen Albumine ist durch die technische Entwicklung eine außerordentlich große geworden. In vielen Industrien hat Albumin als Bindemittel zu dienen und kann mit dem viel teuereren Eieralbumin und Kasein wirksam konkurrieren. Durch Entfärbung des Blutalbumins mit Tierkohle entsteht ein Blutalbumin von hellgelber Farbe. Es findet Anwendung im Kattundruck, bei der Herstellung von Albuminfarben, als Appreturmittel für Hutfilze, als Zusatz zu Buchdruckfarben, als Dickmittel für Künstlerfarben, zur Herstellung von Albuminpapieren in der Photographie, als Klärmittel trüber Flüssigkeiten, zur Herstellung medizinischer Seifen, zur Herstellung von Telephonmuscheln, zur Herstellung von Kitten. Für die Möbelfurnier- und Sperrholzindustrie kommt vornehmlich schwarzes Blutalbumin in Frage. — Vgl. Winter, C.: Dtsch. Schlachthofztg. **1930**, F. 22 u. Kuhles Dtsch. Schlachthofztg. **1931**, S. 79.

[2] Vgl. Z. Fleisch- u. Milchhyg. **1919**, 169; ferner **1918**, H. 5 u. 6.

gefäß zugeführt, dieses ist mit einer Heizschlange versehen und drehbar und mit einem durch Konusantrieb ausgestatteten Rührwerk versehen. Nach beendeter Eindickung dienen hier angebrachte Ausräumflügel das Gefäß zu entleeren (Abb. 196). An dem Gefäß ist eine Schnecke angeordnet, die vom Trockenapparat aus angetrieben wird; dieselbe dient dazu, das eingedickte Blut automatisch dem Trockenraume zuzuführen. Der Trockenapparat ist mit Bronzeschaufeln und Messingtüren ausgestattet. Zur Eindickung wird der Abdampf des Trockenapparates benutzt (etwa 80°), es sind also sonderliche Betriebskosten nicht gegeben. Die Ausbeute an Trockengut beträgt 18—20% mit 10% Wassergehalt, doch kann dieser bis auf 5% verringert werden. Mit der gleichen Maschine können getrocknet werden: Borsten, Wampendünger und sonstige Abfälle, und zwar 20—24 Ztr. Trockengut in 24 Stunden. Der Verkaufspreis wird je 1% Stickstoff auf 1 RM., bei 14% auf 14 RM. je 100 kg angegeben. Die Trockenkosten stellen sich auf 1—1,30 RM. je Zentner Trockenblut einschließlich aller Ausgaben. Der Kraftverbrauch ist etwa 3,5 PS. Eine Ausbeute von 13,8% Stickstoff ist amtlich bestätigt.

Hier einschlägig ist auch das Bluttrockenverfahren Heiss-Niessen, das in erster Linie beabsichtigte, die großen Mengen von Blut, die in der Kriegszeit in Schlachthöfen unbeachtet

Abb. 196. Bluttrockenapparat Imperial-Meißen.

abflossen, der Landwirtschaft, die Mangel an Kraftfuttermitteln hatte, in haltbarer Form zu erhalten. (Vgl. Kapitel IX.) Auch von der Vacuum-Trockner G. m. b. H., wurde ein Bluttrockensystem Emil Passburg in Handel gebracht.

Besondere Beachtung hat das Staufsche Verfahren gefunden, bei welchem nur frisches, nicht verunreinigtes Blut verwendet werden durfte, also auch nicht Schächtblut, da die hergestellten Produkte zu diätetischen Nahrungsmitteln dienen sollten. Es besteht darin, daß in einem Apparat flüssiges Blut in einem Arbeitsgang unmittelbar in feinstes Pulver übergeführt wird. Das Blut wird durch ein Gebläse zu einem feinen Nebel zerstäubt und sofort in einem heißen Raum getrocknet. Ein Vorzug dieses Apparates ist das vollkommen geruchlose Arbeiten.

Um frisch gewonnenes gesundes Blut in eine haltbare Form zu überführen und dasselbe auch für menschliche Ernährung verwendbar zu machen, hat sich bis jetzt das Krausesche[1] Verfahren am besten bewährt. Das Verfahren nach Krause hat zunächst in der Seifenfabrikation zur Herstellung von Seifenpulvern Verwendung gefunden. Später wurden die Versuche auf die Trocknung von Milch und Eiern ausgedehnt. Die Produkte stellen ein vollkommen trockenes Pulver dar, das die sämtlichen festen Bestandteile ohne Veränderung ihrer chemischen Zusammensetzung enthält. Durch Vermischen mit entsprechenden Mengen von Wasser wird die ursprüngliche Flüssigkeit wieder gewonnen, sogar der ursprüngliche Geschmack wird vollkommen erhalten. Das Verfahren besteht darin, daß in einem zylindrischen Trockenraum mittels einer mit 5—10000 Umdrehungen je Minute laufenden Turbine eine Zerstäubungsvorrichtung in

[1] Vgl. Z. Fleisch- u. Milchhyg. **1919**, 169, ferner **1918**, H. 5 u. 6.

Tätigkeit gesetzt wird, welche die zu trocknende Flüssigkeit in Atome zerteilt und in Form eines allerfeinsten Nebelschwadens in den mit heißer, ständig bewegter Luft gefüllten Trockenraum schleudert, woselbst das Trockenprodukt als Pulverstaub zu Boden fällt oder von der mit dem Apparat verbundenen Filteranlage aufgefangen wird. Irgendeine Nachbehandlung, wie Mahlen und Sieben, entfällt vollkommen. Besonders zur Haltbarmachung von großen Blutmengen zur späteren Verarbeitung eignet sich dieses Verfahren in hervorragender Weise. Ein Defibrinieren des Blutes ist unnötig[1].

Ein Verfahren, kristallisiertes Blut zu erhalten, ist nach dem System „Turbo Haas" möglich. Serumtrennanlagen werden von Hering zur Herstellung von Blutpulver dienen, außer dem bereits erwähnten Verfahren von Krause, Apparate von Hering, Siccatum-, Ravo-Rapid-Blutpressen werden von Sylbe & Pondorf und Christian Meyer, Harburg, erbaut. In Anbetracht des beschränkten Platzes ist es nicht möglich, auf diese Einzelheiten näher einzugehen. Genauere Interessenten seien auf das Buch von C. Planchon, Traitment industriel et rationnel, des Sous-produits d'Abbattoirs Paris: Dunod 1931, hingewiesen.

Von grundsätzlicher Bedeutung ist, daß Blut, welches mit dampfbeheizten Röhren oder Walzen in Berührung kommt, immer größtenteils wasserunlöslich wird, so daß es nur zu Futterzwecken benutzt werden kann. Zerstäubungstrockner (z.B. wird Frischblut von 50 bis 75 at in Trockentürmen entspannt) liefern dagegen ein Trockenpulver, welches mindestens 95% löslich ist. Der erzielbare Preis ist dreimal so hoch als bei Futterblut, allerdings sind auch die Kapitalkosten höher.

Außer zur Herstellung von Blutserum und Kraftfuttermitteln dient Blut zur Herstellung von medizinischen Blutpräparaten (Hämatogen, Hämatol, Roburin, Sanguinal) und zur Herstellung medizinischer Kohle, ferner zu Kunststein (Patent Krais).

Über die Rentabilität der Blutverwertung wird auf eine Arbeit von Dr. Lüthje Berlin[2] verwiesen. Er trennt zwischen Herstellung von Blutfuttermehl und von Blutpulver und rechnet mit einem Erlös von 30 RM. je 100 kg.

Blutfuttermehl:

| Tägliche Blutmenge in | 400 | 750 | 1500 | 2500 | 3500 | Liter |
|---|---|---|---|---|---|---|
| Maschinelle Ausrüstung | 7000,— | 10000,— | 15000,— | 20000,— | 25000,— | RM. |
| Tägliche Unkosten: | | | | | | |
| Verzinsung und Amortisation mit 20 % | 5,60 | 8,— | 12,— | 16,— | 20,— | RM. |
| 1 Arbeiter | 8,— | 8,— | 8,— | 8,— | 8,— | „ |
| Regie | 4,— | 4,— | 4,— | 4,— | 4,— | „ |
| Dampf | 2,50 | 5,— | 10,— | 16,— | 22,— | „ |
| Kraft | 2,— | 3,— | 4,— | 6,— | 8,— | „ |
| Säcke | 1,50 | 3,— | 6,— | 10,— | 14,— | „ |
| Unvorhergesehenes | 2,40 | 5,— | 8,— | 10,— | 12,— | „ |
| Produktionskosten | 26,— | 36,— | 52,— | 70,— | 88,— | RM. |
| Ausbeute | 80 | 115 | 300 | 500 | 700 | kg. |
| Verkaufswert zu 0,30 RM. | 24,— | 46,50 | 90,— | 150,— | 210,— | RM. |
| Tagesüberschuß | — | 10,50 | 38,— | 80,— | 122,— | „ |
| 1 Liter Blut wird verwertet mit | — | $1^1/_4$ | $2^1/_2$ | $3^1/_5$ | $3^1/_2$ | Rpf. |

Blutpulver:

| Tägliche Blutmenge in | 400 | 750 | 1500 | 2500 | 3500 | Liter |
|---|---|---|---|---|---|---|
| Maschinelle Ausrüstung | 7000,— | 10000,— | 15000,— | 20000,— | 25000,— | RM |
| Tägliche Unkosten: | | | | | | |
| Verzinsung und Amortisation mit 20 % | 20,— | 28,— | 40,— | 48,— | 56,— | RM. |
| 1 Arbeiter | 8,— | 8,— | 8,— | 8,— | 8,— | „ |
| Regie | 4,— | 4,— | 4,— | 4,— | 4,— | „ |
| Dampf | 5,— | 10,— | 20,— | 32,— | 44,— | „ |
| Kraft | 3,— | 5,— | 7,— | 11,— | 14,— | „ |
| Säcke | 1,50 | 3,— | 6,— | 10,— | 14,— | „ |
| Unvorhergesehenes | 2,50 | 2,— | 7,— | 7,— | 8.— | „ |
| Produktionskosten | 44,— | 60,— | 92,— | 120,— | 148,— | RM. |
| Ausbeute | 70 | 125 | 250 | 425 | 600 | kg. |
| Verkaufswert zu 0,90 RM. je kg | 63,— | 112,50 | 225,— | 382,50 | 540,— | RM. |
| Tagesüberschuß | 19,— | 52,50 | 133,— | 262,50 | 392,— | „ |
| 1 Liter Blut wird verwertet mit | 4,75 | 7 | 8,9 | 10,5 | 11,2 | Rpf. |

[1] Metallbank, Frankfurt a. M., welche den Vertrieb in Händen hat.
[2] Vgl. Dtsch. Schlachthofztg **1927**, F. 18.

Aus diesen Berechnungen geht hervor, daß Blutverwertungsanlagen sich zu rentieren beginnen, wenn täglich 400 l Blut zur Verarbeitung zur Verfügung stehen und nur dann, wenn lösliches Blutpulver hergestellt wird. Beim Vorhandensein von täglich 400 l lassen sich mit Hilfe der Zerstäubungsapparate jährlich etwa 5000 RM. erlösen, während bei Herstellung von Blutfuttermehl 750 l je Tag die geringste Menge sind, mit der sich etwa 2000 RM. jährlich verzinsen lassen.

Für eine Blutmehlbereitungsanlage stellen sich die Einnahmen und Ausgaben bei einer Verarbeitung von 1500 kg in 8 Stunden täglich, wie folgt:

1. Ausgaben:

| | |
|---|---|
| 1. Rohmaterial bei 3 RM. je 100 kg | 45,00 RM. |
| 2. Dampf, 1500 kg bei 25 RM. je t | 5,00 „ |
| 3. Leistungsbedarf für Wasserbeschaffung und Antrieb der Apparate 50 PS St. zu 0,05 RM. | 2,50 „ |
| 4. Bedienung bei 80 Rpf. Stundenlohn mal 8 Stdn. | 6,40 „ |
| 5. Verpackung bei 20% Ausbeute in Säcken von 50 kg mal 6 Stück je 0,50 RM. | 3,00 „ |
| 6. Verwaltung 1200 RM. : 300 Arbeitstage je Tag | 4,00 „ |
| 7. Amortisation und Verzinsung des Anlagekapitales, je Tag | 6,00 „ |
| Gesamtausgaben | 71,90 RM. |

2. Einnahmen:

| | |
|---|---|
| Bei 1500 kg Rohblut 300 kg Blutmehl zu 30 RM. je 100 kg | 90,00 RM. |
| sonach Reingewinn je Tag | 18,10 RM. |

Das entspricht bei 300 Arbeitstagen einem Reingewinn von 5430 RM., so daß bei Annahme von 9000 RM. Anlagekosten mit einer Kapitalverzinsung von 60% zu rechnen sein würde.

Da nach statistischen Aufstellungen in Deutschland jährlich etwa 130 Millionen kg Abfallblut anfallen, wovon etwa 58 Millionen kg Schweineblut sind, ist die Entwicklung geeigneter Verwertungsmethoden von großer Bedeutung. Man kann annehmen, daß sich aus 1000 kg Blut etwa 140 kg Blutmehl mit 74% Protein, 4% Fett, 2% Phosphorsäure, 12% Stickstoff und 8% Wasser erzeugen lassen.

Die Organisation der Blutverwertung muß am Schlachtplatz beginnen. Ähnlich wie beim Schlachthof in Mailand[1], muß das Blut direkt nach der Schlachtung geeigneten Sammelbehältern unter der Schlachthalle zugeführt werden. Dies gilt insbesondere für sogenanntes herrenloses Blut, welches bisher nur die Hallen verunreinigte und die Gullys verstopfte. Blut für menschlichen Genuß (Wurstbereitung usw.) kann auf die bisherige Weise durch die Fleischer abgeführt werden. Ein Zusatz von Kochsalz verbessert die Farbe, ist aber nach Untersuchungen von Juraske[2] für die Konservierungsdauer unwesentlich. Kehrblut ist für die Kompostierung des Wampendüngers zu verwenden[1].

Die Vermeidung der Blutgerinnung in den unter den Hallen zu erstellenden Behältern kann durch Rühren oder durch Verdünnen des Blutes durch Wasser erfolgen. Über die erforderliche Mindestwassermenge stehen augenblicklich noch Untersuchungen aus. Wichtig ist die möglichst gleichlaufende sofortige Trocknung des Blutes. Die zuverlässige Frischhaltungsdauer ist im Sommer kaum höher als 6 Stunden. Die Bluttrocknungsanlagen können zweckmäßig ihren Platz über den Hallen finden. Zur Förderung von Blut werden Mammutpumpen oder eigens für Dickstoffe geeignete Kreiselpumpen verwendet. Eine noch zu lösende Frage ist die Ausgestaltung der Verkaufsorganisation der in über 50% deutschen Schlachthöfen anfallenden Trockenblutmengen und die günstigsten Lagerverhältnisse des Fertigproduktes.

Die Sammlung und Verarbeitung des in deutschen Schlachthofanlagen anfallenden herrenlosen Blutes ist eine nationale Angelegenheit, da wir jährlich für Millionen Albumine aus dem Ausland einführen und wir zur Besserung unserer Handelsbilanz nur ein Abfallprodukt in ausgedehnterem Maße zu verwerten brauchen. Voraussetzung für die allgemeine Ausführbarkeit ist allerdings eine allgemeine Vergrößerung des Ausnutzungsfaktors der Schlachthöfe[2].

[1] Dtsch. Schlachthofztg. **1931,** 2. und 3. F.
[2] Dtsch. Schlachthofztg. **1931,** 10. F.

# VI. Räume zur Aufbewahrung von geschlachteten Tieren und Tierteilen[1].

(Bearbeiter der Unterabschnitte a, c, d, e: Dr.-Ing. R. Heiss, Karlsruhe).

## 1. Kühlräume.

### a) Allgemeines über die Kühlung von Fleisch.

Der Zweck aller Konservierungsverfahren ist, das Fleisch durch geeignete Maßnahmen über die engen Grenzen seiner natürlichen Haltbarkeit in genußfähigem Zustand zu erhalten. Das ist möglich durch eine chemische Veränderung der Fleischzusammensetzung (Rauchfleisch, Büchsenfleisch, Dörrfleisch) oder durch die Beigabe keimtötender Substanzen (Pökelfleisch). Diese Konservierungsverfahren bedeuten aber mehr einen Schutz vor dem Verderben als eine Frischerhaltung. Aus der ganzen Reihe der Möglichkeiten — Plagge und Trapp zählten bereits im Jahre 1893 in Deutschland, Frankreich, England und den Vereinigten Staaten 664 patentierte Verfahren — hat sich die Frischerhaltung durch Kälte als die einzige Methode bewährt, welche es gestattet, Lebensmittel in einem Zustande zu erhalten, der von dem ursprünglichen frischen Zustande nicht nur in bezug auf den Nährwert, sondern auch auf den Genußwert kaum zu unterscheiden ist. Die Konservierung durch Kälte beruht darauf, daß mit sinkender Temperatur alle auftretenden chemischen, physikalischen und biologischen Prozesse nach einer Exponentialkurve abklingen. Bekanntlich tritt unmittelbar nach dem Tode des Tieres im Fleisch ein Zersetzungsprozeß ein, der bei ungestörtem Ablauf seine völlige Auflösung herbeiführt. Dabei lassen sich 2 Gruppen von Vorgängen unterscheiden: die erste Gruppe wird durch die postmortale Aufspaltung des Glykogens in Milchsäure, welche den Quellungszustand der Kolloide ändert, eingeleitet. Parallel damit laufen fermentative Spaltungen, welche unabhängig vom Sauerstoff der Luft stattfinden können und als Abbauprodukte Aminosäuren, Nukleinbasen und Ammoniak haben. Diese Vorgänge, mit dem Sammelnamen Autolyse — Selbstauflösung — bezeichnet, verursachen die Reifung des Fleisches. Sie ist eine erwünschte Begleiterscheinung des Kühlprozesses und macht das Fleisch mürbe und für den Genuß tauglich. Frisches Fleisch bezeichnet die Hausfrau, selbst wenn es von jüngeren und fettreicheren Tieren stammt, als zäh. Die Qualitätsverbesserung durch die Kühlung ist für den Fleischer von ausschlaggebender Bedeutung, insbesondere für grobfasriges Fleisch. Die Zersetzungsvorgänge der zweiten Gruppe, welche durch Mikroorganismen hervorgerufen werden, faßt man mit dem Begriff Fäulnis zusammen. Als Fäulniserreger kommen aerobe, wie anaerobe Bakterien in Betracht. Die Proteinstoffe werden dabei in Albumosen, Peptone und Amidosäuren abgebaut. Die Temperaturerniedrigung verzögert auch das Bakterienwachstum. Wenn das im Fleisch — oder allgemein in Lebensmitteln — enthaltene Wasser in den festen Aggregatzustand überführt wird, kann dieses Bakterienwachstum vollkommen gehemmt werden. Im ersten Falle spricht man von Konservierung durch Kühlung, im zweiten Falle durch Gefrieren.

Die Konservierung durch Kühlung ist die in Schlachthöfen vorherrschende. Durch sie gelingt es unter entsprechenden Verhältnissen das Kühlgut statt 3—4 Tage wochenlang haltbar zu machen. Tatsächlich ist heute ein Schlachthof ohne Kühlhaus selbst in den kleinsten Städten nicht mehr gut denkbar. Es kommt wohl hin und wieder vor, daß auch heute noch beim Neubau von kleinsten Anlagen auf ein Kühlhaus verzichtet wird; es rächt sich das aber später außerordentlich, denn es ist sehr schwer, später das Kühlhaus an die Stelle zu bringen, wo es der Betriebslinienführung gemäß liegen muß. Die Notwendigkeit eines Kühlhauses ergibt sich früher oder später doch, denn nur die Kombination des Schlachtbetriebes mit der Fleischkonservierung bietet dem Fleischer die Möglichkeit, die Marktkonjunktur auszunützen. Waren kleinere Fleischer früher oft gezwungen, zu zweit oder mehr ein Stück zu erstehen, um das Fleisch noch genußfähig zu erhalten und es verkaufen zu können, so kann sich mit Kühlanlage heute auch ein kleiner Geschäftsmann für eigene Rechnung ein ganzes, größeres und qualitativ hochwertiges Tier erwerben. Gleichzeitige Schlachtungen mehrerer Tiere können ohne Bedenken stattfinden, tagelange Fütterung von Tieren fällt fort, das Kühlhaus bildet auf diese Weise eine Sammelstelle, welche den jeweiligen Unterschied zwischen Anlieferung und Verbrauch von Fleisch in zweckdienlichster Weise ausgleicht. Letzten Endes hat gerade das Kühlhaus das Verdienst,

[1] Vgl. auch: R. Heiss, Moderne Probleme der Konservierung von Lebensmitteln durch Kälte. Z. V. d. I. **1931**. 75.

den Fleischer mit dem Schlachtzwang ausgesöhnt zu haben. An der Bedeutung des Kühlhauses ändert auch die Zunahme der Kleinkühlanlagen bei den Einzelfleischern nichts. Abgesehen davon, daß die Haltbarkeit in den kleinen Kühlräumen der Fleischer, welche starken Temperaturschwankungen unterworfen sind und welche bisher größtenteils nur Deckenberohrung haben und deshalb eine relativ hohe Feuchtigkeit besitzen, als außerordentlich schlecht bezeichnet werden muß, bietet die unmittelbare Kopplung mit einem hygienisch-sanitären Betriebe die einzige Gewähr für hygienisch einwandfreie Behandlung des Fleisches. Daneben ist auch die bereits erwähnte Qualitätsverbesserung von Bedeutung, denn je besser die Qualität, desto größer ist die Nachfrage. Die Regelung ergibt sich dadurch zwangsläufig von selbst: der Schlachthof-Kühlraum, der dem Fleischer gegen geringes Entgelt zur Verfügung steht, dient zur Aufbewahrung des eisernen Bestandes an Waren bis zur nächsten Schlachtung, die Eigenkühlanlage dient ausschließlich für die Frischerhaltung des Tagesbedarfes[1].

Der Art der Kühlung nach läßt sich zwischen natürlicher und künstlicher Kälte unterscheiden. Die Kühlung durch Natureis in isolierten Lagerräumen, an welche sich ein Hängeraum für das Fleisch anschließt, ist für Schlachthofbetriebe heute fast völlig verlassen. Immerhin besitzen etwa 17% der deutschen Schlachthöfe (Stand von 1929) von früheren Zeiten her, besonders in Schlesien nach den seinerzeitigen Vorschlägen des Architekten Knaur noch Natureiskühlung, bei Neuanlagen kommt diese Kühlart wohl kaum mehr in Frage. Der Grund ist, selbst bei Vorhandensein großer Wasserflächen zur Eisgewinnung, hauptsächlich der, daß in diese Eisgewinnungsstätten Exkremente von Menschen und Tieren gelangen können, man das Kühlgut also dauernd einer reichen Bakterienflora aussetzt. Auch Infektion mit Typhus-, Paratyphus- und Cholerabazillen kann unter Umständen vorkommen; weiterhin, daß in warmen Wintern die Versorgung mit Natureis vollkommen versagen kann, so daß entweder rechtzeitig genügende Reserven eingelagert werden müssen, oder aber sehr teueres Eis importiert werden muß, schließlich, daß die stark zu isolierenden Eiskeller baulich sehr teuer werden. Bei einer vergleichenden Rentabilitätsberechnung dürfen außerdem die hohen Anfuhrlöhne für Eis und die Tatsache, daß für ein Jahr etwa die Hälfte der Eismenge in heißen Sommern als Schmelzverlust zu buchen ist, nicht außer acht gelassen werden. Das Natureis steht also keineswegs, wie oft behauptet wird, „kostenlos" zur Verfügung.

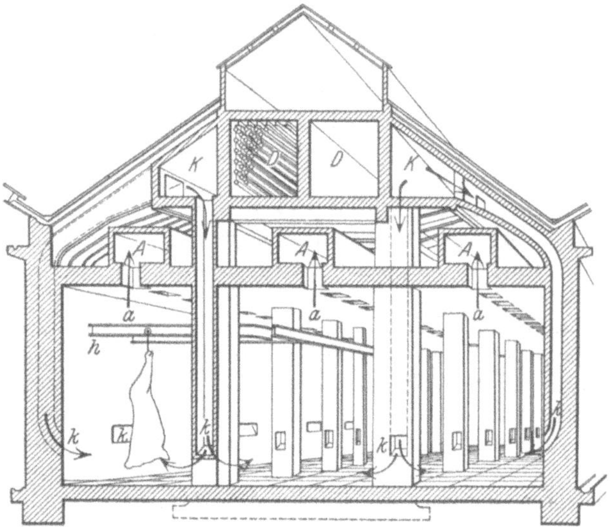


Abb. 197. Vorkühlhalle Stuttgart (Schnitt).
*D* Doppeltrockenluftkühler, *K* Durchkanäle, *k* Kaltluftaustritt, *A* Saugkanäle, *a* Absaugschlitze.

Der häufig gegen die Natureiskühlung erhobene Einwand, daß die relative Feuchtigkeit im Kühlraum zu hoch ist und das Kühlgut dadurch leicht schmierig und weniger haltbar wird, ist für die sog. Obereiskühlung, wo Luft mit dem Eis nicht in unmittelbare Berührung kommt, nicht in jedem Falle gültig. Doch es gibt überall neben guten Firmen auch solche, welche minderwertige Bauarten ausführen. Trotzdem bietet auch eine erstklassige Eiskühlanlage dem Fleischer nicht die unbedingte Gewähr und Sicherheit, daß Fleisch sich in jedem Falle bei wochenlanger Lagerung frisch erhält, und diese Sicherheit benötigt er in jedem Falle zu seiner Geschäftsführung.

Bei der künstlichen Kälteerzeugung erfolgt die Kühlung der Halle durch die im Außenluftkühler abgekühlte und dauernd umgewälzte kalte Luft (Bewegte Kühlung). Die Zuführung erfolgt in der Mehrzahl der Fälle durch hölzerne mit Eisenvitriol gestrichene Druckschläuche, welche nach gewissen empirischen Regeln an der Decke mit den Saugschläuchen,

[1] 1928 besaßen nach statistischen Angaben 477 öffentliche Schlachthöfe in Deutschland Kühlanlagen, das ist 65,3% aller Schlachthöfe. Nach den Erhebungen im Jahre 1930 ist die Zahl höher, nämlich 82,4%. Die Schlachthöfe in Gemeinden unter 10000 Einwohner haben zu 39,6% Kühlanlagen, in Gemeinden über 10000 Einwohner jedoch 91,9%.

welche die erwärmte Luft höherer Feuchtigkeit wieder absaugen, verteilt werden. Da die im Luftkühler abgekühlte Luft spezifisch schwerer ist als die an der Fleischoberfläche sich erwärmende Luft, bildet sich ein Konvektionsstrom aus, welcher eine ziemlich gleichmäßige Temperierung der Halle gewährleistet, sofern die Schläuche richtig verlegt sind.

Eine andere Art, nach dem Vorschlag der Maschinenfabrik Stein Cannstatt (Patent Glässel), wurde 1928 im Schlachthof Stuttgart erstmalig ausgeführt: hierbei wurden die Kanäle unsichtbar in Beton verlegt. Die Lufteinführung erfolgt durch die Pfeiler (s. Abb. 197) von unten. Die erwärmte Luft wird ebenfalls wie vorher an der wärmsten Stelle der Halle durch die Decke abgesaugt. Als Nachteil der Verlegung von Kühlschläuchen in Beton erscheint in jedem Falle, daß bei irgendwelchen Erweiterungen — und die Kühlanlage ist wohl einer der erweiterungsbedürftigsten Teile eines Schlachthofes — der Anschluß neuer Leitungen große Schwierigkeiten zu bereiten pflegt.

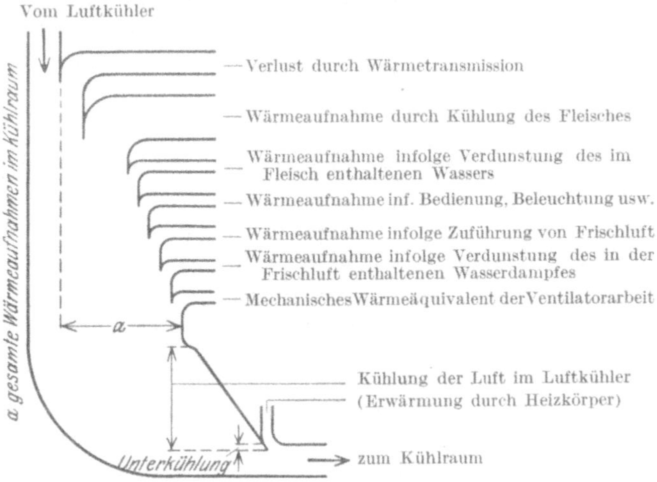


Abb. 198. Aufnahme und Abgabe der Wärme während des Kreislaufes zwischen Luftkühler und Kühlraum (Henkel).

Die Wärmebilanz eines Luftkühlvorganges ist in Abb. 198 in einem Wärmeflußbild dargestellt. Die Hauptposten sind Verluste durch Wärmetransmission (30—40%) und Wärmeaufnahme infolge Kühlung und Verdunstung des Fleisches (50—60%).

Der heute normale Kühlvorgang (Abb. 199) in einem Schlachthof ist folgender: Nach mehrstündigem Abhängen im Schlachtraum wird das Fleisch in den Vorkühlraum gebracht, in welchem normalerweise eine Temperatur von + 6 bis + 8° herrscht. Es verbleibt hier 12—24 Stunden, um dann bei einer Temperatur von 10—15° in den Hauptkühlraum verbracht zu werden. Die normale Vorkühldauer für Großvieh und für schwere fette Schweine soll 24 Stunden betragen. Bei leichten Schweinen, Kälbern in Fellen und Schafen wird im allgemeinen eine Vorkühldauer von 9 Stunden als hinreichend erachtet, so daß am Morgen geschlachtete leichte Schweine usw. meist abends in den Kühlraum gebracht werden können. Aus später anzuführenden Gründen ist es in jedem Falle zweckmäßig, die Vorkühlung möglichst gründlich durchzuführen. Der Kühlraum hat im Mittel eine Temperatur von ± 0 bis + 4°. Die gründliche Durchkühlung benötigt etwa nochmals 30 Stunden[1]. Wie bereits erwähnt, geschieht in beiden Räumen die Kühlung durch bewegte Luft, die 15—25 mal je Stunde umgewälzt wird. Als mittlere relative Feuchtigkeit wird im Vorkühlraum etwa 85% bei 6—8° im Kühlraum 75% bei + 4° als Norm zu bezeichnen sein. Dabei wird auf trockene Luft im Hauptkühlraum besonderer Wert gelegt, weil sich dadurch die Konservierungsdauer bis auf 6 Wochen erhöhen läßt. Beim Erreichen

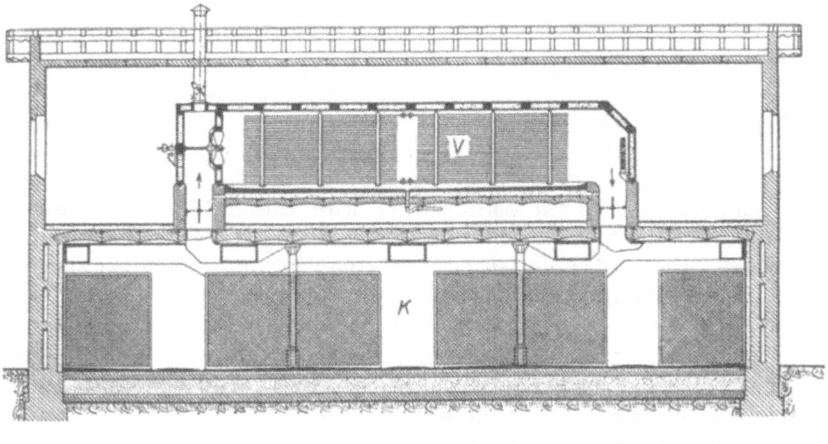


Abb. 199. Schema der Luftumwälzung in einem Hauptkühlraum. *V* Verdampfer, *K* Kühlraum.

[1] Vgl. Stetefeld: Die Eis- und Kälteerzeugungsmaschinen. 3. Aufl. 1927.

der Raumtemperatur besteht noch eine Differenz zwischen dem Dampfdruck an der Fleischoberfläche und dem Teildruck des Wasserdampfes der Luft, welche eine weitere Verdunstung verursacht. Die hierfür erforderliche Verdampfungswärme wird anfangs dem Wärmeinhalt des Fleisches entzogen, wodurch dessen Temperatur weiter sinkt. Dies hat eine Wärmezufuhr aus der Luft zur Folge. Das Fallen der Fleischtemperatur dauert nun fort, bis die mit größerem Temperaturunterschied wachsende Wärmezufuhr aus der Luft gerade ausreicht, um die Verdampfungswärme zu decken. Damit entsteht ein Beharrungszustand, den man als „Kühlgrenze" bezeichnet. Sie entspricht der Temperatur eines feuchten Thermometers, das denselben Kühlbedingungen ausgesetzt ist. Auf diese Weise entsteht der Gewichtsverlust während der Lagerung, und zwar ist dieser nach Beobachtungen von Goltz bei Lagerbedingungen von $+4°$ und 75% relativer Feuchtigkeit in 8 Tagen bei einem Bullenviertel etwa 5%, bei einem halben Schwein etwa 3,5%, bei einem Kalb 9%, einem Rinderviertel 7%, einem Hammel 4%. Die Verschiedenheit des Ergebnisses ist dadurch bedingt, daß bei großen Stücken das Verhältnis von Oberfläche zum Gewicht und dadurch die Verdunstung geringer wird. Schweinefleisch hat einen geringeren Gewichtsverlust als Kalbfleisch, weil es fettreicher ist.

Die Frage, welche sich angesichts dieser Zahlen erhebt, ist die: Ist die bei derartigen Verhältnissen erzielte Konservierungsdauer nicht durch den Gewichtsverlust zu teuer erkauft? In Amerika beantwortet man diese Frage rein gefühlsmäßig, empirisch. Man kennt dort Vorkühlräume mit höheren Temperaturen nicht. Das frische Fleisch wird sofort in Räume von etwa $\pm 0°$ gebracht, wo es rasch abgekühlt wird und verbleibt. Auf die europäischen Verhältnisse läßt sich dieses Verfahren nicht unmittelbar übertragen, weil es sich hier meist um verhältnismäßig kleine Betriebe handelt, bei denen dauernd während der Vorkühlperiode Stücke ein- und ausgebracht werden, wodurch die Gefahr eines Beschlagens des bereits abgekühlten Fleisches außerordentlich begünstigt wird. Andere Änderungsvorschläge für die Kühlmethoden stammen gleichfalls aus Amerika, wo die Firma Armour in einigen ihrer Anlagen das von S. C. Bloom (1924) vorgeschlagene Verfahren zur Ausführung brachte. Bei diesem ist der Luftkühler im Kühlraume selbst über einer Zwischendecke angebracht und steht mit dem Kühlraum durch Öffnungen an beiden Enden, die sich über die ganze Raumbreite erstrecken, in Verbindung. Durch Schwerkraftwirkung entsteht auf diese Weise eine sehr lebhafte Luftzirkulation, die noch durch die Injektorwirkung der zur Luftkühlung verwendeten Sole, welche durch zahlreiche Düsen in feinen Tropfen eingespritzt wird, verstärkt wird (Abb. 200). Die hohe Umlaufgeschwindigkeit der Luft verbessert den Wärmeübergang an das Fleisch und verkürzt so die Auskühlungszeit; der Gefahr eines erhöhten Gewichtsverlustes durch Verdunstung wird durch hohe relative Feuchtigkeit der Raumluft, welche durch die Solekonzentration (Dampfdruck über der Salzlösung) eingestellt werden kann, begegnet. Die in das Verfahren gesetzten Hoffnungen haben sich erfüllt[1].

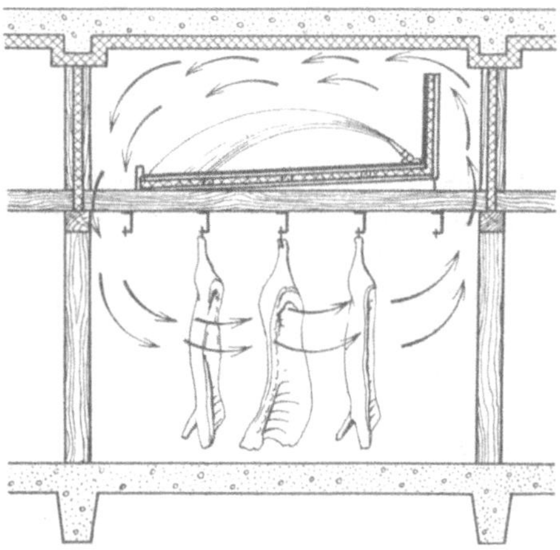

Abb. 200. Fleischkühlung nach dem Verfahren von Bloom.

In Deutschland hat zunächst M. Hirsch (1927) in einer Arbeit über die Kühlung feuchten Gutes unter besonderer Berücksichtigung des Gewichtsverlustes[2] auf bisher nicht beachtete Zusammenhänge aufmerksam gemacht; auf den sich hierbei ergebenen Gesetzmäßigkeiten baut eine Forschungsarbeit von W. Tamm[3] im Kältetechnischen Institut der Technischen Hochschule Karlsruhe auf. Er bestimmte die für die zu untersuchenden Vorgänge wichtige Größe, die Wärmeleitungszahl des Fleisches und erhielt einen doppelt so hohen Wert, wie Rubner, nämlich $\lambda = 0{,}43$ kcal/m °C h.

Auf Grund eingehender experimenteller und theoretischer Untersuchungen kommt er zu folgendem Ergebnis: Die optimalen Kühlbedingungen sind diejenigen, die bei kürzester Abkühlungsdauer den geringsten Gewichtsverlust ergeben. An den Abkühlungs- und Lagerungs-

[1] Relative Feuchtigkeit ist das Verhältnis des Teildruckes des Wasserdampfes in Luft zum Sättigungsdruck bei gleicher Temperatur.

[2] Vgl. auch Plank: Amerik. Kältetechnik. Berlin: VDI-Verlag 1929, und Z. ges. Kälteindustrie **1927**.

[3] Beiheft zur Z. ges. Kälteindustrie **1930**, Reihe 3, H. 4.

prozeß sind grundsätzlich verschiedene Bedingungen zu stellen. Auf die Abkühlung des Fleisches hat den Haupteinfluß die Luftgeschwindigkeit, durch welche die Kühldauer bedeutend, der Gewichtsverlust immerhin etwas vermindert werden kann. Aus Abb. 200a geht hervor, daß eine Erhöhung der Luftgeschwindigkeit bis zu etwa 2 m/s die Abkühlungszeit und den Gewichtsverlust erheblich zu verringern vermag. Besonders bei dünnen Stücken: Kälbern, Lämmern und kleinen Schweinen läßt sich die Abkühlungszeit dadurch auf etwa die Hälfte des Wertes bei normaler mäßig bewegter Kühlraumluft reduzieren.

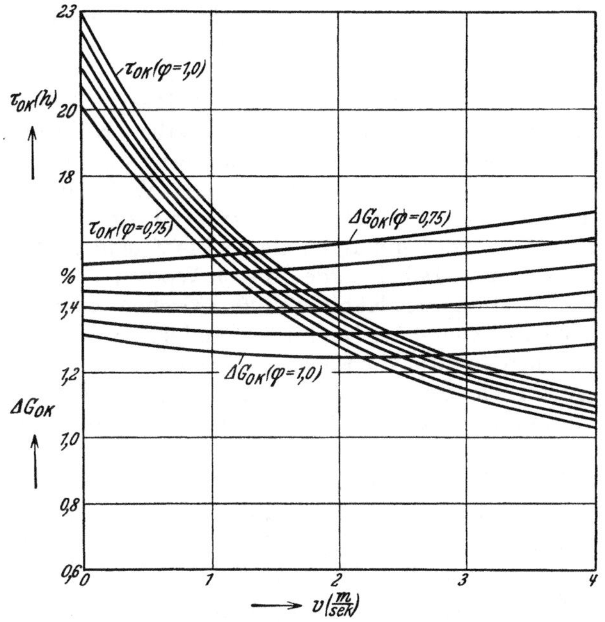


Abb. 200 a. Abkühlungsdauer und Gewichtsverlust von Tierkeulen abhängig von der relativen Feuchtigkeit der Luft.

Aus Abb. 200b ist ersichtlich, daß der Gewichtsverlust mit abnehmender relativer Feuchtigkeit wesentlich zunimmt. Bei der Abkühlung auf $\pm 0°$ bei nahezu 100% relativer Feuchtigkeit und 2 m/s Luftgeschwindigkeit geht gegenüber einer Vorkühlung in Luft bis $\pm 0°$ und 75% relativer Feuchtigkeit etwa 0,4% des eingebrachten Fleischgewichtes weniger verloren.

Ebenso wie die Abkühlungstemperatur muß die Lagerungstemperatur möglichst tief gewählt werden. Wegen der unvermeidlichen Schwankungen kann als günstigste Kühlraumtemperatur $\pm 0°$ angesehen werden. Auf den Gewichtsverlust ist der Einfluß der relativen Feuchtigkeit ausschlaggebend. Für eine 8tägige Lagerung bei $+2°$ und 95% relativer Feuchtigkeit ist die Ersparnis des Gesamtgewichtes gegenüber einer Lagerung bei $+2°$ und 75% relativer Feuchtigkeit 3,8%. Der Gewichtsverlust ist als Wasserverlust nicht nur für den Fleischer nachteilig, sondern er wirkt auch qualitätsvermindernd, weil mit dem Wasser auch tiefsiedende aromatische Substanzen verdampfen. Die Höhe der zulässigen relativen Feuchtigkeit ist dadurch bestimmt, daß bei vorübergehenden Schwankungen von Temperatur und Feuchtigkeit sich die Fleischoberfläche nicht beschlagen darf. Tamm stellt auf Grund seiner Untersuchungen die idealen Forderungen folgendermaßen zusammen:

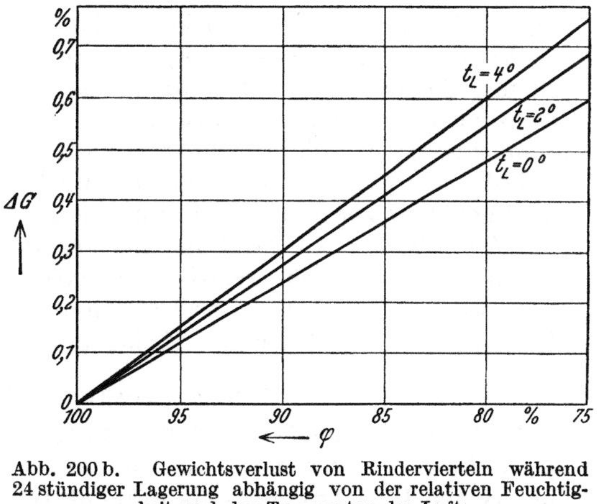


Abb. 200 b. Gewichtsverlust von Rindervierteln während 24stündiger Lagerung abhängig von der relativen Feuchtigkeit und der Temperatur der Luft.

Zur Abkühlung dient einzig und allein der Vorkühlraum. Im Vorkühlraum soll eine große Luftgeschwindigkeit bei etwa $\pm 0°$ herrschen. Der Hauptkühlraum soll nur zur Lagerung dienen; das Fleisch wird vom Vorkühlraum völlig durchkühlt eingebracht, dadurch wird im Kühlraum bei kontinuierlichem Betrieb die Zulassung einer relativen Feuchtigkeit von etwa 90% bei $\pm 0°$ unbedenklich. Um Temperaturverschiedenheiten im Raum zu vermeiden, ist in der Hauptkühlhalle eine kleine Luftbewegung erwünscht.

Die Untersuchungen über die Verringerung des Gewichtsverlustes und Verkürzung der Abkühlzeit berühren selbstverständlich nur die eine Seite des Problems. Neben diesen Veränderungen muß auch in erster Linie auf die chemischen und biologischen Umsetzungen, weiterhin auch noch auf die Betriebskosten geachtet werden.

Während nach Versuchen von R. Heiss[1] die Oxydationserscheinungen des Muskelfarbstoffes, vor allem die Bildung von braunem Methämoglobin bei fallender Temperatur und steigen-

[1] Untersuchungen über die Ursache und Verhinderung der Farbänderung von Gefrierfleisch. Beiheft zur Z. ges. Kälte-Industrie **1931**, Reihe 3, H. 5.

der Feuchtigkeit verringert wird, also mit den von Tamm aufgestellten optimalen Kühlbedingungen parallel geht, wird beim Wachstum der Mikroorganismen zwar nicht mit fallender Temperatur, aber mit zunehmender relativer Feuchtigkeit nach den bisherigen Anschauungen eine gefährliche Grenze dann erreicht, wenn die Temperatur des Fleisches dem Taupunkt der Kühlhausluft entspricht: das Fleisch beschlägt sich, wird schmierig. Dieses Gefahrenmoment ist glücklicherweise bei einer einigermaßen vernünftigen Betriebsführung nicht sehr groß, da der Niederschlag zuerst an den kältesten Teilen, vor allem an Metallteilen der Zellen, erfolgt. Das Beschlagen kann aber eintreten, wenn in einem Kühlraume, dessen Belegung gut durchgekühlt ist, schlecht vorgekühltes Fleisch eingebracht wird.

Auf Grund von Arbeiten von O. Henkel[1] hat sich ergeben, daß weder die Temperatur noch die Feuchtigkeit in ein und demselben Kühlraum eine konstante Größe ist. Im allgemeinen ist die Lufttemperatur am Boden etwas höher und die Feuchtigkeit etwas geringer als an der Decke. Nach Untersuchungen von W. Tamm strebt die relative Feuchtigkeit eines Kühlraumes einem Gleichgewichtszustand zu[2].

Stetefeld gibt als maximale Luftfeuchtigkeit bei $+3^\circ$ 90% und bei $+4^\circ$ 93% relative Feuchtigkeit an. Dabei werden diesen Werten Versuchsergebnisse zugrunde gelegt, wonach bei einer Schwankung der Kühlraumluft zwischen $\pm 0$ und $+4^\circ$ die Oberflächentemperatur des Fleisches sich zwischen $+1{,}1^\circ$ und $+3{,}2^\circ$ ändert. Neuere Untersuchungen von W. Schmid[2] am Kältetechnischen Institut in Karlsruhe ergaben, daß die langjährige Annahme, daß der Taupunkt die gefährliche Grenze vorstellt, unrichtig ist. Die Versuchsergebnisse können kurz folgendermaßen zusammengefaßt werden: 1. Die Grenze für das Bakterienwachstum ist nicht erst durch die Taugrenze gegeben. Schon bei niedrigen Feuchtigkeitsgraden findet starke Vermehrung der Mikroorganismen statt. Sie ist vollkommen von der relativen Feuchtigkeit abhängig und steigt nach einer Exponentialfunktion bis zum maximalen Wert bei 100% Feuchtigkeit (Taupunkt). 2. Wie aus Abb. 200c zu ersehen ist, besteht zwischen der Konservierungsdauer der Kühlraumstemperatur und der relativen Feuchtigkeit unter Zugrundelegung eines bestimmten Mikroorganismenwachstums ein funktioneller Zusammenhang. Z. B. ist eine gleichlange Lagerdauer bei $\pm 0^\circ$ und 95%, wie bei $+4^\circ$ und 75% relative Feuchtigkeit möglich. Die Untersuchungen bezogen sich lediglich auf den Einfluß der Temperatur und Feuchtigkeit auf das Bakterienwachstum. Versuche über den Einfluß von Fleischgröße, Luftgeschwindigkeit, Anfangskeimgehalt u. dgl. werden am kältetechnischen Institut ausgeführt.

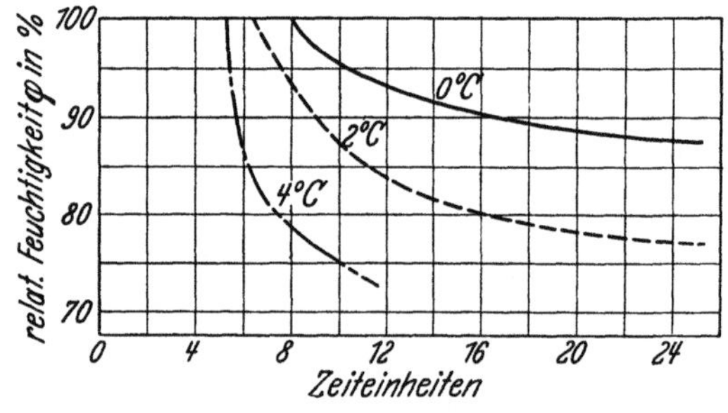


Abb. 200c. Maximale Lagerdauer bei verschiedenen Temperaturen und Feuchtigkeitsgraden.

Wenn auch keine absoluten, sondern nur Vergleichsgrößen festgestellt wurden, kann immerhin mit Sicherheit gesagt werden, daß die zur Verringerung der Gewichtsverluste günstigsten Grenzwerte eine gewisse Einschränkung erfahren müssen, denn die dominierende Forderung in einer Schlachthofkühlhalle ist die unbedingt sichere Erreichung einer durch die örtlichen Verhältnisse festgelegten Lagerzeit; die Einsparung von Gewichtsverlusten innerhalb der notwendigen Grenzen darf erst in zweiter Linie kommen, wenn die erste Bedingung sichergestellt ist. Aufgabe der Kältetechnik ist, Verfahren zu entwickeln, welche auch bei längerer Frischhaltungsdauer so hohe relative Feuchtigkeitsgrade zulassen, daß die Verdunstung ein Minimum wird. Dies tritt offensichtlich dann ein, wenn der Dampfdruck des Fleischpreßsaftes gleich dem Dampfdruck der Kühlraumluft ist.

## Schlußfolgerung für die Betriebsführung.

Es ergibt sich eindeutig, daß es sowohl für die Konservierungsdauer, also für Hemmung des Bakterienwachstumes, die Verfärbungserscheinungen und eine Reihe von anderen chemischen Umsetzungen, wie fermentative Spaltung der Fette usw., weiterhin auch für die Verringerung des Gewichtsverlustes günstig ist, bei Temperaturen von $\pm 0^\circ$ zu arbeiten. Da Fleisch bei $-0{,}7^\circ$—$0{,}9^\circ$ zu gefrieren beginnt, normalerweise aber mit Unterkühlungen bis $-3^\circ$ gerechnet werden kann, schließt die Kühlung bei $\pm 0^\circ$ noch eine gewisse Sicherung gegen Temperaturschwankungen nach unten ein. Die Tendenz, mit der Temperatur tiefer als die lange Zeit als unbedingte Norm geltenden $+4^\circ$ zu gehen, hat sich in einer großen Zahl von Schlacht-

[1] Z. ges. Kälteind. **1928**, H. 1.
[2] Beiheft z. Z. ges. Kälteind., Reihe 9, **1931**, H. 6.

höfen bereits durchgesetzt, obwohl die Betriebskosten der Kälteerzeugung etwas anwachsen (je °C um 2—4%). Bei Senkung der Temperatur um 1° kann in gewissen Grenzen bei gleicher Lagerdauer die relative Feuchtigkeit um rund 5% hinaufgesetzt werden.

Für die Wahl der relativen Feuchtigkeit sind die Ergebnisse nicht so eindeutig. Zur Verringerung der Gewichtsverluste und zur Verlangsamung der Verfärbungserscheinungen ist es günstig, mit möglichst hohen Feuchtigkeitsgraden zu arbeiten, durch das sehr starke Anwachsen des Mikroorganismuswachstums bei steigender Feuchtigkeit ist aber bei ±0°, bei etwa 90 (bis max. 95%) Feuchtigkeit die höchste Grenze gesetzt. Wenn das Fleisch bereits im Vorkühlraum auf ein niedriges Temperaturniveau bei hoher Luftgeschwindigkeit durchgekühlt wurde, d. h. wenn nicht gleichzeitig zu viel warmes Fleisch in den Hauptkühlraum gelangt, wenn weiterhin die Betriebspausen der Kühlmaschine gering sind, beim Aufwischen der Kühlhalle gründlich nachgetrocknet wird, die Türen nicht unnötig offen gelassen werden usf., wenn also alle Einflüsse, welche irgendwelche Schwankungen der Temperatur und Feuchtigkeit herbeiführen können, bekämpft werden, wird man sich zum Vorteil des Kühlgutes dieser Grenze außerordentlich stark nähern können. Der entscheidende Schritt ist dabei die Vollautomatisierung der Kühlanlage (vgl. S. 390, 393), und zwar sowohl nach der Richtung einer absoluten Temperatur- wie auch einer absoluten Feuchtigkeitskonstanz.

Die Einhaltung dieser günstigsten Konservierungsbedingungen liegt in jedem Falle im gegenseitigen Interesse. Die Anwendung niedriger Temperaturen im Vorkühlraum entlastet den Hauptkühlraum, ein etwas größerer Kältebedarf scheint nur dadurch gegeben, daß der Vorkühlraum durch den dauernden Verkehr weniger gegen Wärmetransmission geschützt ist als der Hauptkühlraum. Das läßt sich aber durch Anwendung der schon früher gebräuchlichen isolierten Windfänge wesentlich verbessern, im übrigen sei erwähnt, daß in amerikanischen Riesenkühlhäusern ein Dutzend Jungen nur zur Bedienung der Kühlhaustüren angestellt sind.

Da der Vorkühlraum im Schlachthof selbst nur als Temperaturschleuse dient, müßten bei tiefgekühlten Vorkühlräumen mehrere isolierte Windfänge hintereinandergeschaltet werden. Das verursacht allerdings Schwierigkeiten beim Transport. Eine restlose Lösung gelingt erst, wenn im Anschluß an die Transportschienen das Einbringen in die Vorkühlräume, welche dann zweckmäßig als unbegehbare „Vorkühler" auszugestalten sind, automatisch erfolgt. Eine Lösung wäre die Anwendung von Transportkarren, welche — ähnlich wie z. B. in der Glasindustrie in Trockenkammern — automatisch durch den Vorkühler geschleust werden. Verwechslungen lassen sich dabei leicht ausschalten. Diese Einrichtungen sind natürlich — wie jede Fließarbeit — nur bei gutem Ausnützungsfaktor wirtschaftlich.

Die Rechtfertigung für ihre Existenz ist nur darin zu erblicken, daß die durch die kältere Außenluft erzeugte Abkühlung des Fleisches nicht durch die teure Kaltluft bestritten werden muß: das liegt aber lediglich im Interesse des Besitzers der Kühlanlage. Im Interesse des Benützers und letzten Endes auch der Preisgestaltung liegt die Erzielung möglichst geringer Gewichtsverluste während der Stapelung und Reifung, weil diese für ihn Verluste an Kapital bedeuten. Welchen Gesichtspunkt man überordnet ist Auffassungssache. Die Art der Auffassung ist ja letzten Endes auch dafür entscheidend, ob man für den Hauptkühlraum ±0° wählt. Für alle Fälle ist der häufig beobachtete Fall, daß die Kühlung der Vorkühlhalle ganz abgestellt ist und sie lediglich als Abhängeraum dient, somit das Kühlgut mit hoher Temperatur in den Hauptkühlraum eingebracht wird, durchaus verwerflich. Das Abhängen in den Hallen ohne Vorkühlraum kommt überhaupt nicht in Frage, man betrachte nur, wie sich im Sommer die Fliegen unliebsam am Fleisch bemerkbar machen, weiterhin, wie Fleisch, das im mäßig warmen Raum längere Zeit abhängte, nie das gute Aussehen von solchem Fleische hat, das im gekühlten Raum vorgekühlt wurde. Unter diesem Gesichtswinkel ist der Wert sog. Abhängräume außerordentlich fragwürdig[1].

Bei dem heute vielfach zu beobachtenden Bestreben, die tägliche Betriebszeit auf 8 Stunden abzukürzen, ist ein rasches Verderben des Kühlgutes nicht zu umgehen. Vom Standpunkt des Kühlgutes aus wird ohne Zweifel die durchgehende Betriebszeit, welche geringe Schwankungen der Kühlraumtemperatur und -feuchtigkeit gewährleistet, ferner kleinere Maschinen, also geringere Anlagekosten mit sich bringt, den Idealfall vorstellen. Mit Rücksicht auf die dabei anwachsenden Personalkosten erscheint aber, wenn man sich nicht für eine Vollautomatisierung entschließt, der Kompromiß, eine Normalbetriebszeit von etwa 16 Stunden zu wählen, gerechtfertigt.

Eine Rundfrage über die täglichen Betriebsstunden in deutschen Schlachthofkühlanlagen

[1] Vgl. auch Kapitel Ozonisierung.

hat das Ergebnis gezeitigt, daß die normale Kühlmaschinenbetriebszeit von 205 Schlachthöfen bei etwa 59% der Anlagen unter 13 Stunden je Tag liegt. 38% haben eine maximale tägliche Kältemaschinenbetriebszeit von 24 Stunden[1].

Vergleicht man dieses Ergebnis mit der Forderung, daß Temperatur und Feuchtigkeit im Interesse des Kühlgutes möglichst konstant gehalten werden sollen, so ist das Ergebnis nicht befriedigend, besonders, wenn man beachtet, daß 20 Schlachthöfe weniger als 8 Stunden kühlen. Es ist natürlich irrig, wenn man hier und da die Ansicht vorfindet, daß ein großer Kompressor mit kleiner Betriebszeit weniger Betriebskosten als ein kleiner mit kurzer Betriebszeit erfordert. Der Kältebedarf ist in beiden Fällen der gleiche. Das in manchen Schlachthöfen übliche stundenlange Nachlaufenlassen des Luftkühlers nach dem Abstellen des Kompressors wirkt in derselben Richtung, wie der vielfach zu beobachtende Versuch, durch Erhöhung der Ventilatordrehzahl des Luftkühlers eine zu kleine Anlage dem Kältebedarf anzupassen; in beiden Fällen entsteht eine durchaus unzulässige Feuchtigkeitserhöhung im Kühlraum.

Die Betriebspausen der Kältemaschine, welche dadurch bedingt sind, daß die Transmissionsverluste in der heißen Jahreszeit wesentlich größer sind als in den anderen Monaten — der stärkere Fleischkonsum im Winter beeinflußt den Kältebedarf bei weitem nicht so stark — können erst mit der Vollautomatisierung in Wegfall kommen. Bei den augenblicklich herrschenden Verhältnissen müssen die Pausen so gelagert sein, daß sie nicht mit den Hauptverkehrsstunden oder gar mit Zeiten, wo kurz vorher womöglich noch nicht genügend vorgekühltes Fleisch in die Kühlhalle gebracht wurde, zusammenfallen.

Was die Verkehrszeiten zum Kühlhause betrifft, so erscheint es bei den heute noch üblichen Kühlbedingungen nicht günstig, diese allzusehr zu konzentrieren. Wenn im Vorkühlraum der größte Teil der Wärme bereits entzogen wird, spielt dieser Gesichtspunkt keine besondere Rolle. Nachfolgende Zusammenstellung zeigt, daß die meisten Kühlräume 3mal täglich 1 Stunde geöffnet werden, seltener 2 und 4 Stunden.

| 1 | 2 | 3 | 4 | 5 | 6 | 7 | 8 | 9 | 10 | 12 | 15 | Öffnungszeiten je Tag |
|---|---|---|---|---|---|---|---|---|---|---|---|---|
| — | 42 | 113 | 42 | 15 | 12 | 3 | 3 | 3 | 2 | 1 | 1 | Zahl der Schlachthöfe |

Das Gesetz der Sonntagsruhe ist nicht einheitlich im Reiche durchgeführt. Nach den angestellten Erhebungen sind leider nur 49,5% der Schlachthofkühlanlagen an Sonntagen geschlossen. In 11% sind sie $^1/_2$ Stunde, in 29% 1 Stunde, in 2,7% $1^1/_2$ Stunden, in 1,7% 2 Stunden und in 7,7% der Fälle 3 Stunden geöffnet.

Was die in Kühlräumen öffentlicher Schlachthöfe zugelassenen Güter betrifft, so läßt der augenblickliche Stand der Dinge noch keinen einheitlichen Gesichtspunkt feststellen. Den prozentualen Anteil der zugelassenen Kühlgüter zeigt nachfolgendes Schaubild:

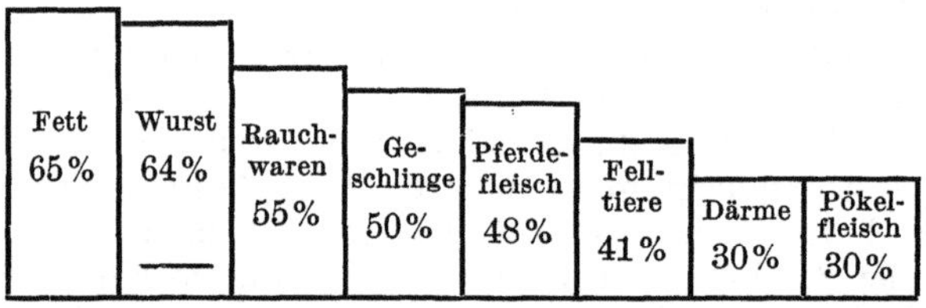


Hierzu ist zu bemerken, daß alle Kühlgüter, welche in den Raum unkontrollierbare Feuchtigkeitsmengen bringen, grundsätzlich unerwünscht sind, so daß also Blut in offenen Gefäßen, Geschlinge und Därme als unangenehme Gäste zu betrachten sind. Bei Pökelgefäßen ist dieser Entscheid nicht eindeutig, hier ist die Konzentration der Pökellake bzw. der Dampfdruck über der Lösung maßgebend.

Dampfdrücke über Lösungen von Chlornatrium bei +6°[2].

| Spez. Gewicht | ° Bé | Salzgehalt % der Lösung | in 100 Teilen | Dampfdruck mm/kg | entspr. rel. Feuchtigkeit % |
|---|---|---|---|---|---|
| 1,06 | 8,3 | 8,3 | 9,0 | 6,62 | 94,4 |
| 1,08 | 10,8 | 11,0 | 12,3 | 6,48 | 92,5 |
| 1,10 | 13,2 | 13,6 | 15,7 | 6,34 | 90,5 |
| 1,12 | 15,6 | 16,2 | 19,3 | 6,17 | 88,0 |
| 1,14 | 17,8 | 18,8 | 23,1 | 6,00 | 83,0 |
| 1,16 | 20,0 | 21,3 | 26,9 | 5,82 | 83,0 |

[1] Eine Übersicht über die Zahl der Betriebstage im Jahre ist auf S. 369 gegeben.
[2] Teilweise aus Z. ges. Kälteind. **1929**. S. 189. — Linge: Mitt. a. d. Kältetechn. Inst. Karlsruhe.

Daraus läßt sich ableiten, daß bei einer Kühlraumtemperatur von ± 0° Pökellaken unter 15% für keinen Fall hinterstellt werden dürfen, bei + 4° dürfen Pökelgefäße nicht im Kühlraum aufbewahrt werden, ohne daß das Kühlgut stark gefährdet wird. Gerne gesehene Gäste sind Pökelgefäße im Kühlraume nie, weil die Unreinlichkeit dadurch gefördert wird, die Zellen sehr rasch rosten u. dgl. Das Zubereiten der Pökellake im Kühlraum ist unbedingt zu verbieten.

Daß übelriechendes Fleisch, welches teilweise verdorben ist, sowie alles was sonst noch die Kühlraumluft zu verschlechtern geeignet ist, wie Haare, Felle, alter Talg und altes Fett usw., ferner Gegenstände, die an sich nicht in den Kühlraum gehören, wie Kleider, Werkzeuge usw. streng ferne gehalten werden müssen, versteht sich von selbst.

Wie bereits erwähnt, spielt die Fernhaltung von Feuchtigkeitsschwankungen für die Frischerhaltung eine ausschlaggebende Rolle. An den seitens der Direktion angesetzten Reinigungstagen, die genauestens einzuhalten sind, muß deshalb jede Wasservergeudung vermieden werden, die Verwendung von heißem Wasser ist unbedingt zu untersagen. Die Zellen müssen in allen Teilen gründlich gereinigt und nachgetrocknet werden. Die bezüglich der Reinigungstage gemachten Erhebungen ergaben, daß in 67,5% der deutschen Schlachthöfe ein Reinigungstag je Woche als ausreichend bezeichnet wird. 20,2% haben 2, 5,44% 3, 0,46% 5 und 6,4% 6 Reinigungstage je Woche. Es empfiehlt sich in jedem Falle, die Reinigung überwachen zu lassen.

Neben der Anstrebung geringster Gewichtsverluste bei gleichzeitig guter Konservierung ist auch aus sanitären Gründen für eine regelmäßige Lufterneuerung Sorge zu tragen. Um diese Frischluftzuführung möglichst sparsam zu gestalten, nimmt man sie häufig frühmorgens vor. Niemals darf man sie bei abgestellter Kühlmaschine ausführen. Bei einem von der Gesellschaft für Lindes Eismaschinen angegebenen Verfahren kann die Lufterneuerung fortlaufend während des Kühlmaschinenbetriebes erfolgen.

Zur Hebung der hygienischen Beschaffenheit der Kühlhausluft dienen Ozonapparate. (Vgl. Kap. VI, S. 200.)

Zusammenfassend kann man sagen, daß alle Faktoren, welche die Lagerzeit des Kühlgutes innerhalb der notwendigen Frischhaltungszeit verringern, vermieden werden müssen. Eine Verlängerung der Frischhaltungszeit wird durch tiefe Temperaturen und niedrige relative Luftfeuchtigkeit erzielt. Durch die erste Forderung werden die Betriebskosten erhöht, da die erzielten Vorteile aber sehr wesentliche sind, sollen Temperaturen von ± 0° in allen Fällen angestrebt werden. Niedrige Feuchtigkeitsgrade hingegen haben große Gewichtsverluste im Gefolge, weshalb man die relative Feuchtigkeit so hoch wählen soll, wie die einzuhaltende Frischhaltungszeit und die erreichbare Temperatur- und Feuchtigkeitskonstanz der Kühlraumluft es erlauben. Um dieser Grenze möglichst nahe kommen zu können, müssen alle Einflüsse, welche unmittelbar die Temperatur und damit die relative Feuchtigkeit ändern, also Einbringen von nicht genügend ausgekühltem oder gar noch lebendwarmem Fleische, ungünstig gelagerten Betriebspausen und Verkehrszeiten, Offenlassen von Türen, zu häufige oder unzweckmäßige Lufterneuerung usw. möglichst ferne gehalten werden. Der Idealzustand: durchlaufende Betriebszeit ist allerdings erst möglich, wenn die für Schlachthöfe passende Vollautomatisierung der Kühlanlage genügend erprobt ist. Als Einflüsse, welche die relative Feuchtigkeit unmittelbar beeinflussen, sind zu nennen: Reinigung mit heißem Wasser, ungenügendes Auftrocknen, Betreten des Raumes mit regennassen Kleidern, übermäßige Zahl von Reinigungstagen. Auch diese müssen unnachsichtlich bekämpft werden.

Zur Erleichterung der Betriebsführung dienen Fernmeldeanlagen mit selbstschreibenden Thermometern und Hygrometern. Vgl. S. 385.

## b) Einrichtung der Kühlräume.

**Der Vorkühlraum.** Beim Fehlen eines Vorkühlraumes ist, wie bereits erwähnt, in den Schlachthallen eine weit größere Zahl von Winden nötig als in Anlagen mit solchen Räumen oder mit einem Abhängegeleise. Auf die beim Fehlen einer Vorkühlhalle für die Frischhaltung des Kühlgutes erwachsenden Nachteile wurde bereits hingewiesen. Die im Vorkühlhaus einmündenden Hochtransportbahnen bilden hier Abhängegleise, die tunlichst nach Tiergattungen zu trennen sind. Bei den Großviehgleisen ist es notwendig, daß einzelne dort hängende Tiere aus der Reihe heraus auch einzeln abgenommen werden können, nachdem man sie in Viertel zerlegt hat, die zum Kühlraum getragen werden. Man hat zu diesem Zwecke sog. Abnehmelaufkatzen über den Transportschienen angebracht, von welchen Ringe herunterhängen, welche mittels Flaschenzuges in die Drillingshaken eingehängt werden können. Durch einen mühelosen Zug nach aufwärts wird der hintere Teil des Drillingshakens von dem Transportwagen abgehoben, das hängende Tier um etwa 10 cm vom Wagen weggefahren. Es hängt dann frei in den Ringen des Flaschenzuges und kann heruntergelassen und abgeviertelt werden. Die leer gemachten Laufwagen können dann mittels Schleifenbahn zur sofortigen Weiterbenützung in die Schlachträume zurückgefahren werden. Abb. 201, 202. Die Einführung der Hochbahn für Großvieh in den Vorkühlraum, die etwa 4,25 cm hoch liegen muß, um ein Anstreifen großer Tiere auf dem Hallenboden zu vermeiden, bedingt eine Höhe des Vorkühlraumes von mindestens 4,5 m. Es beansprucht aber auch die Abnehmlaufkatze über den Transportschienen noch Raum, und so ergibt sich die Notwendigkeit, den Vorkühlraum 5 m hoch auszubilden. Bei der Erbauung soll auch stets im Auge behalten werden, daß meistens gerade dieser Raum nachträglich sehr schwer zu vergrößern ist. Deshalb soll mit der Raumbemessung nicht allzu ängstlich verfahren werden. Als Mindestmaß soll hier ungefähr $^1/_3$ der Kühlhausgrundfläche vorhanden sein, doch wird man gut tun, die Hälfte der Kühlhausgröße für den Vorkühlraum vorzusehen, damit dieser auch in späteren Jahren noch ausreichend ist. Je kleiner der Vorkühlraum bemessen ist, desto mehr kommen die Fleischer auf den Gedanken, Platzmangel vorschützend, die Vorkühlung nicht allzusehr auszudehnen, und dadurch würde das Kühlgut dauernd geschädigt. In großen Anlagen trifft man meist getrennte Vorkühlräume für Großvieh und Kleinvieh und für Schweine, während als Norm gilt, wenn nur ein gemeinschaftlicher Vorkühlraum vorhanden ist, eine Trennung der Tiergattungen durchzuführen. Normalerweise werden die Schweine mittels Laufkatzen an Hochbahngleisen, die in gleicher Höhe liegen wie die für Großvieh, nach dem Vorkühlraum gebracht. In jüngster Zeit benützt man für Schweine häufig Rutschbahnen, welche nur 3 m hoch gelegen sind. Es dürfen sich dann natürlich diese beiden Arten von Transportbahnen nicht überschneiden, sondern es müssen für Großvieh und für Schweine getrennte Zufahrtsöffnungen geschaffen werden (Abb. 201, 202).

Abb. 201. Vorkühlraum mit Einschienenbahn und Schnellflaschenzügen zum Abnehmen der Viertel (Beck & Henkel).

Abb. 202. Vorkühlraum mit zweigeleisiger Transportbahn, eingeleisiger Niedertransportbahn (Beck & Henkel).

Die vom Großviehschlachtraum zum Vorkühlraum führende Türe muß stets so hoch sein wie die Transportschiene, wenn diese eingleisig ist; bei der zweigleisigen Hochbahn aber höher, weil hier der Laufwagen über der Transportschiene läuft. Es würde jedoch unpraktisch sein, hier hohe zweiflügliche Türen anzubringen, die, weil sie unbedingt isoliert sein müssen, ein großes Eigengewicht haben würden. Leider sind die Kühlraumtüren noch nicht genannt, besonders für die Einmauerungsmaße wäre dies wichtig. Moderne Kühlhaustüren bestehen aus je zwei oberen und zwei unteren Flügeln, von welchen die unteren ungleich breit sind. Die schmälere untere Hälfte dient zum Betreten des Raumes, während die übrigen Flügel nur dann geöffnet werden, wenn Großvieh in den Raum eingefahren wird (s. Abb. 203)[1].

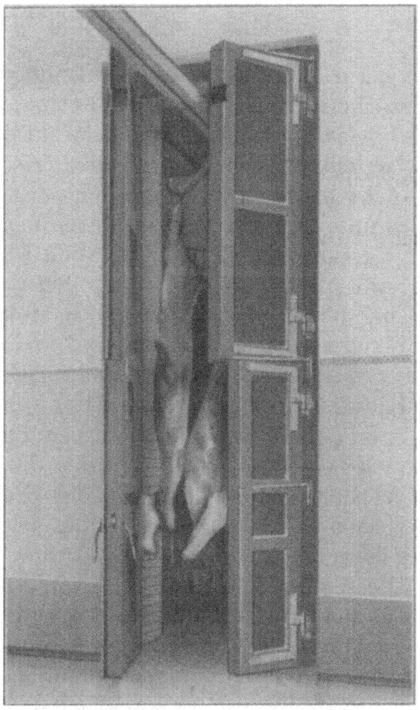

Abb. 203. Vierflügelige Vorkühlhaustüre mit bodengleicher Schwelle nach O. Sterkel, Ravensburg.

Ein besonderes Augenmerk ist ferner bei allen Kühlhaustüren darauf zu richten, daß sie mit bodengleichen Schwellen gebaut werden, welche ein Stolpern mit Lasten verhindern. Während 3 Flügel der Vorkühlraumtüren nach Benützung durch Schubriegel geschlossen werden, soll sich die kleinere Zugangstüre automatisch schließen. Wichtig ist, daß durch den Türrahmen u. dgl. keine Wärmebrücken entstehen.

Da vielfach darüber geklagt wird, daß die Kühlhaustüren mit der Zeit am Fußboden anstreifen und trotz angebrachter Türschließvorrichtungen nicht mehr von selbst dicht schließen, hat die Fa. Sterkel, Ravensburg, ein Türband konstruiert, das die Türe beim Öffnen um etwa 20 mm hebt, so daß sie durch das Eigengewicht zufällt. An der Unterseite des Türflügels sind zwei starke Flachgummibänder mit halbrundem Profil angeordnet, welche beim Schließen der Türe stark an die Schwelle gepreßt werden (Abb. 204). Stets sollen die Türen an den Stellen, wo sie mit harten Gegenständen in Berührung kommen (Fleischmulden usw.), mit Schutzleisten versehen sein.

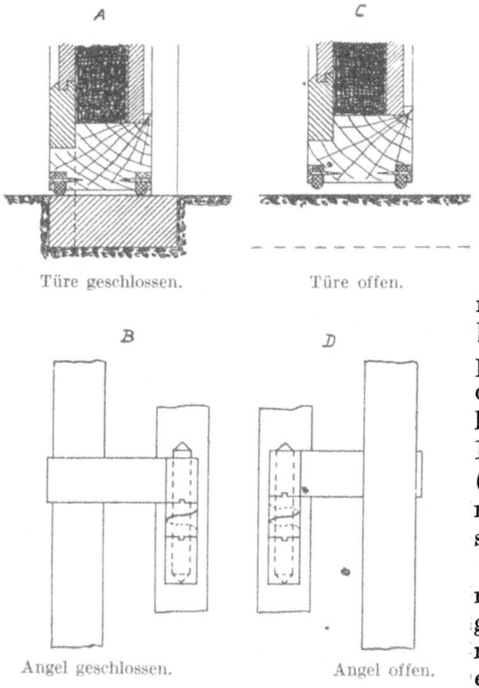


Abb. 204. Sterkel-Türen.

Das Vorkühlhaus muß stets hell sein und genügend F e n s t e r ö f f n u n g e n besitzen. Da es sich um einen gekühlten Raum handelt, wird man, um Wärmetransmissionsverluste zu vermeiden, helle Glasbausteine in doppelten Lagen oder Doppelfenster, die auch zum Öffnen, jedoch nur mit Steckschlüssel, eingerichtet sein können, anbringen.

Die weißen sog. auswechselbaren Glasbausteine der Siemenswerke Dresden haben sich im Betrieb rasch eingeführt und bewährt, außerdem auch die Sterkel-Kühlhausfenster, welche die Möglichkeit der Frischluftkühlung durch Öffnen in der kalten Jahreszeit bieten.

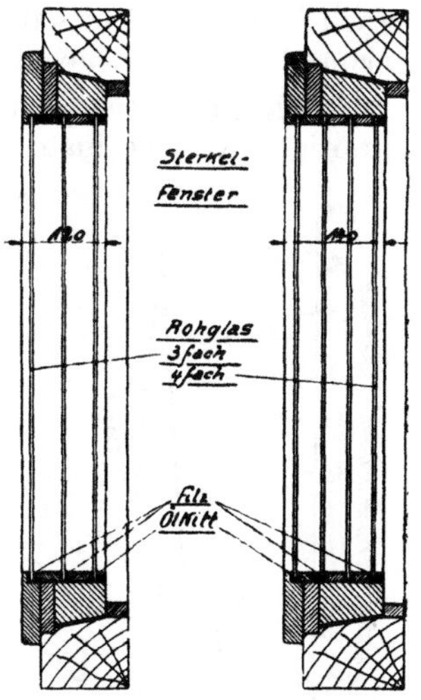


Abb. 205. Fenster mit 3 bzw. 4 Scheiben nach Sterkel.

Abb. 205 zeigt einen Schnitt durch ein Sterkel-Fenster, aus welchem ersichtlich ist, daß 3—4 Glasscheiben hintereinander verlegt werden können, je nachdem die Außenbestrahlung das verlangt.

[1] Kühlhaustüren liefern die Firma O. Sterkel, Ravensburg, ferner Schwab & Hartung, Schwetzingen, G. Kraft, Hamburg, Mack, München u. a.

Die Wärmedurchgangszahlen für 3—4fache Kühlhausfenster dieser Bauart sind nach Knoblauch:

| | | | |
|---|---|---|---|
| ohne Windanfall: | 3 f. | Fenster | 1,31 kcal/m° h |
| | 4 f. | Fenster | 1,12 kcal/m° h |
| mit Windanfall: | 3 f. | Fenster | 1,43 kcal/m° h |
| | 4 f. | Fenster | 1,20 kcal/m° h. |

Im Mittel ist also die Wärmetransmission ungefähr zwischen der einer unisolierten $1^1/_2$ steinstarken Mauer und einer normalen Korksteinisolierung von 10 cm Stärke.

Ganz allgemein soll bemerkt werden, daß man früher Kühlräume ängstlich gegen direktes Taglicht zu schützen suchte, ja sogar oft vollkommen lichtlose Kühlräume schuf. Es ist zwar nicht bekannt, ob Tageslicht das Bakterienwachstum begünstigt, jedenfalls bieten helle Kühlräume den Vorteil, daß Unreinlichkeiten usw. sofort erkannt und beseitigt werden können.

„Luft und Licht" gilt auch für die Kühlräume und neben genügend großen Seitenfenstern baut man besonders in großen Kühlräumen fast stets eine ausreichende Oberlichtbeleuchtung ein, die durch Lichtschächte, welche mit einer genügenden Zahl von isolierenden waagrechten Fenstern abgeschlossen sind, reichlich Tageslicht einfallen läßt.

Während Großvieh immer, Schweine vielfach an der Hochbahn hängen bleiben, baut man für Kleinvieh wandständige Hakenrahmen, die einen Abstand von 25—30 cm von der Wand haben, mit einer Hakenentfernung von 30 cm voneinander. Zum Aufhängen von 1 Stück Kleinvieh genügen 3 Haken, wobei der mittlere für Lungen, Lebern usw. Verwendung finden kann. Werden jedoch Schweine oder Kleinvieh seitlich aufgehängt, so daß beide Hinterbeine an einem Haken hängen, so genügt ein solcher, dann wird zwischen dem 1. und 2. Tier ein Haken freigelassen. Diese Art der Aufhängung wird jedoch nur gewählt, wenn Platzmangel besteht. Die Höhe der Hakenrahmen soll so gewählt werden, daß auch kleinere Personen mühelos Tiere an den Hinterbeinen an die Haken hängen können.

Die für diesen Raum notwendigen Kühlschläuche werden stets an der Decke geführt, meist nahe den Umfassungswänden, wenn die Räume nicht allzu groß sind.

**Zerlegeraum.** In einer großen Zahl von Schlachthöfen findet man unmittelbar in der Nähe des Vorkühlraumes häufig einen ungekühlten Raum, in dem das Zerlegen der Viertel, das Aufteilen der Schweine und das Enthäuten von Kälbern vorgenommen wird. Auch zum Auftauen von Gefrierfleisch können diese Räume Verwendung finden. Ist der Vorkühlraum hinreichend groß, so kann ohne weiteres auch in diesem das verkaufsgerechte Zerteilen der Tiere vorgenommen werden. Man stellt zu diesem Zwecke in solchen Räumen Würfelhackstöcke mit etwa 1 m Durchmesser auf, die sauber zu halten sind. Unentbehrlich ist ein eigener Zerlegraum nicht, er wird sich aber stets dann empfehlen lassen, wenn mit dem Schlachthof eine Fleischhackerei verbunden ist, um hier die Vorarbeiten für die weitere Verarbeitung des Fleisches zu erledigen.

**Kühlräume.** In der Regel sind diese Räume nur vom Vorkühlraum aus zu betreten, um unnötiger Kälteverluste beim Öffnen der Türen zu vermeiden. Der Vorkühlraum hat also die Funktion einer Temperaturschleuse. Die Zugänge zum Kühlraum sind oft als Windfänge ausgebaut, welche räumlich so bemessen sein müssen, daß sie nicht verkehrshindernd wirken. Meistens haben solche Windfänge 2—3 Türen, welche automatisch schließen. In jüngster Zeit hat sich die berechtigte Ansicht Bahn gebrochen, daß eigentlich kein Grund vorliegt, das als volltauglich bezeichnete Pferdefleisch aus dem allgemeinen Kühlhausbetrieb auszuschalten und hat den Ausweg gewählt, die Zellen für Pferdefleisch und für Freibankfleisch etwas abseits von anderen Kühlzellen zu legen.

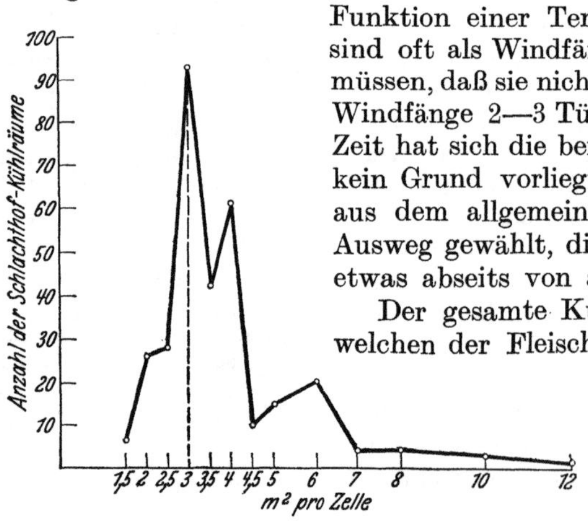

Abb 206. Kühlzellen-Grundflächen.

Der gesamte Kühlraum ist mit Einzelzellen ausgestattet, in welchen der Fleischer seine Waren unter eigenem Verschluß aufbewahren kann. Die zu wählende Zellengröße richtet sich stets nach örtlichen Wünschen. Aus der Auswertung des eingeholten statistischen Materiales ergab sich, daß weitaus die häufigste Zellengrundfläche 3 qm ist (vgl. Abb. 206). Haben größere Fleischergeschäfte den Wunsch, größere Zellen zu besitzen, so können zwischen 2 oder 3 Zellen die Trennungswände fortgelassen werden. Da sich jedoch bei großen Zellen der Innenraum schlecht ausnützen läßt, so sind die Gewerbetreibenden zu der Überzeugung gekommen, daß sie vorteilhafter mehrere Zellen nebeneinander mieten, weil sie dann in die Lage gesetzt werden, ihre Waren sortiert lagern zu können und dadurch eine größere Übersicht über den Bestand haben.

Im allgemeinen haben die Hauptkühlräume eine durchschnittliche Höhe von 3,2 m, so daß eine Einführung der in der Höhe von 4,5 m liegenden Hochtransportbahn unmöglich ist. In einer Reihe von Anlagen hat es sich jedoch als vorteilhaft erwiesen, die Rinderviertel und größere Schweine nach dem räumlich ausgedehnten Kühlraum auf einer Transportbahn wenigstens die Gänge entlang bis vor die Zellentüren zu transportieren. Solche Hängebahnen, welche im Vorkühlraum beginnen und auf welche die Fleischteile durch Überhängen gebracht werden, bezeichnet man zum Unterschied mit der Hochbahn als „Niedertransportbahnen“ (Abb. 207 und 208). Diese können, wie die Hochbahnen als Rollbahnen, oder aber auch als Rutschbahnen ausgebildet werden. Letztere eignen sich mehr für Industrieschlachtanlagen, wo die Tiere ohne Unterbrechung zum Endziel gelangen, für öffentliche Schlachthöfe ist die Rollbahn vorzuziehen, da diese größere Lasten aufzunehmen in der Lage ist. Der Transport erfolgt meist an 4fachen Haken, von welchen die Viertel an den Zellen mit der Hand abgenommen und eingehängt werden (Köln, Elberfeld, Düsseldorf, München, Breslau u. a.). Neuerdings führt man diese Niedertransportbahnen auch in die Kühlzellen selbst ein (Abb. 208).

Abb. 207. Niedertransportbahn im Schlachthof München (W. Stohrer).

Um der ungünstigen Ausnützungsmöglichkeit der Kühlzellenmitten tunlichst Abhilfe zu schaffen, hat Scheld-Kassel auf den beiden Querseitenschienen laufende durch Schienen verbundene Laufräder konstruiert, die mit Haken versehen sind (vgl. Abb. 209 und 210).

Die Zellen selbst sind heute fast stets aus Eisenstäben hergestellt, die alten Gitterzellen verschwinden immer mehr, da man erkannt hat, daß sich an den Bundringen vielfach Fleischreste festhalten, die Geruchsbildung verursachen können. Die moderne Kühlzelle besteht nur aus Rundstäben in Rundstabführungen, so daß eine leichte Reinigung der Zellenwände möglich ist (Abb. 211). Zellenwände aus gelochten Blechen gehören längst der Vergangenheit an, da sie hemmend auf die Luftbewegung, die bei Rundstabzellen unbehindert vor sich gehen kann, einwirkten. Um Diebstähle zu vermeiden, ist es stets zweckmäßig nicht nur den Raum zwischen 2 Trennungsgittern bis zur Decke mit starkmaschigen Drahtgittern abzuschließen, sondern diese auch an der Vorderfront anzubringen, sofern man nicht vorzieht, die Vorderwände so hoch zu ziehen, daß ein Übersteigen derselben wirksam verhindert wird, oder sie oben abzuschließen. Die Gitterstäbe müssen so stark sein, daß sie nicht auseinandergebogen werden können. Die seitlichen oberen Abschlußgitter der Zellen sollen engmaschig sein, um zu verhüten, daß der über den Hakenrahmen liegende Luftraum mit Waren irgendwelcher Art behangen werden, die den Luftkreislauf stören.

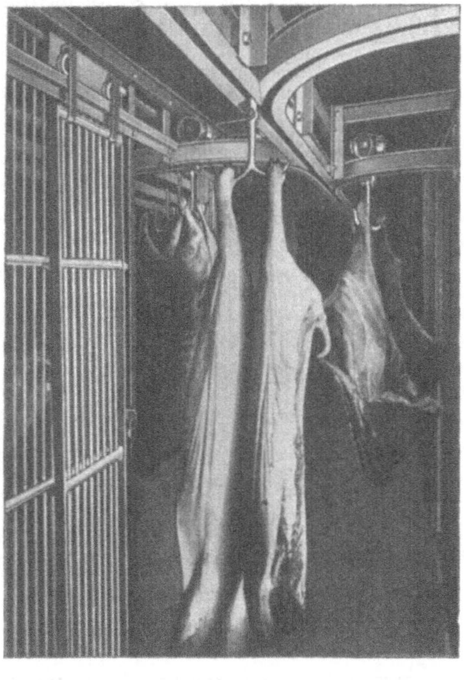

Abb. 208. Niedertransportbahn bis in die Kühlzellen (W. Stohrer).

Als Türabschluß für Zellen hat die Schiebetüre die weitetste Verbreitung gefunden, weil damit der Verkehr in den Gängen am wenigsten gestört wird. Sollen Angeltüren eingebaut werden, so wähle man nie Türen von der Breite der Zugangsöffnung, sondern stets Halbtüren, deren beide Flügel sich seitlich vollkommen zurückschlagen lassen. Zwischen je 2 Zellen

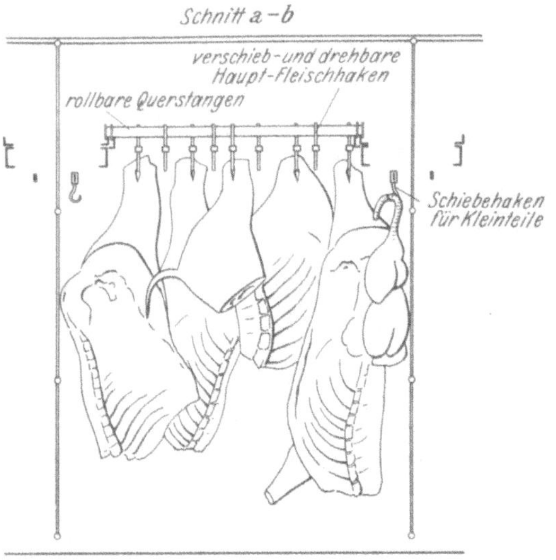


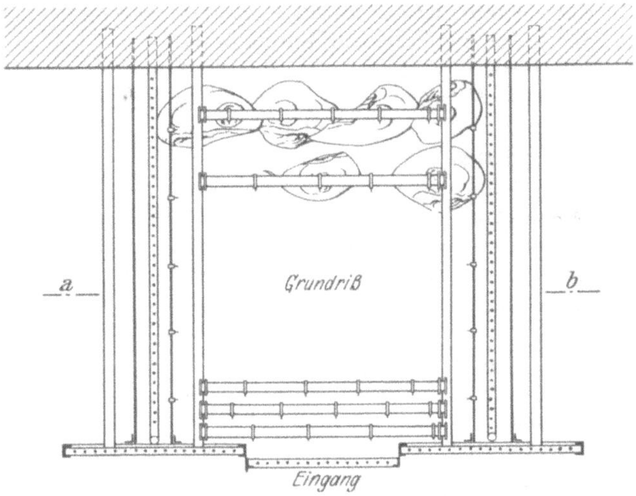


Abb. 209. Kühlzellenausnützung nach Scheld. Abb. 210.

sollte der Fußboden eine Erhöhung haben, damit beim Reinigen einer Zelle nicht Wasser in die Nachbarzellen überfließen kann.

Was die Breite der Gänge anlangt, so kann hier eine Breite von 1,5 als Normalgröße bezeichnet werden, die allen Anforderungen eines mäßigen Verkehres Rechnung trägt, in größeren Kühlräumen jedoch findet man breitere Gänge. Im Interesse der Betriebsverbilligung ist es wünschenswert, in Kühlräumen jede unnötige Raumverschwendung zu vermeiden, besonders in kleinen Anlagen. Gänge mit 3—4 m Breite sind als übermäßig breit zu bezeichnen. Ein Teil dieser übermäßig breiten Gänge könnte recht wohl zu einer Vertiefung der Zellen verwendet werden. In gleicher Weise muß es auch als unrationell bezeichnet werden, Kühlräume übermäßig hoch zu bauen, da dadurch unnötige Wärmeaustauschflächen geschaffen werden.

Abb. 211. Kühlzellen in Rundstabgittern (Beck & Henkel).

Für Reinhaltungsmöglichkeit muß in jeder Weise gesorgt werden. Der Kühlraum soll stets ein Schmuckstück der Anlage sein.

Die Beleuchtung der Kühlräume wird stets zweckmäßig so geschaltet, daß einzelne Teile des Raumes auch getrennt beleuchtet werden können (Serienschaltung).

**Pökelraum.** Die Wirkung des Pökelns ist eine doppelte. Kochsalz hat entwicklungshemmende Eigenschaften für Keime und entzieht dem Fleisch gleichzeitig Wasser. Das Fleisch wird entweder mit Kochsalz eingerieben in Fässer eingeschichtet, mit Salz überstreut und mit Steinen beschwert oder man gießt die Pökellake, eine Salzlösung mit etwa 25% Kochsalz, 0,5% Salpeter und Zucker über das eingelegte Fleisch. Durch Quellungserscheinungen und osmotische Wechselwirkung tritt ein Teil des Fleisches mit nicht unwesentlichen Mengen von Nährstoffen in die Salzlösung. Bei geringerer Konzentration hat die Lake eine weit geringere fäulnishemmende

Wirkung. Nach Kisskalt und Haldane ist die Rotfärbung des gepökelten Fleisches einer Einwirkung von Nitrit zuzuschreiben, welches in der salpeterhaltigen Lake infolge von Reduktionen durch Bakterien entsteht und die Bildung von Stickoxyd-Hämoglobin veranlaßt, das beim Kochen in das rote Stickoxyd-Hämochromogen übergeht. Pökelfleisch hat einen mittleren Kochsalzgehalt von 6—9%.

Es ist unter allen Umständen zweckmäßig, Kühlraum und Pökelraum zu trennen. Von den deutschen Schlachthöfen besitzen leider nur etwa 52% getrennte Pökelräume. Bei hohen Salzkonzentrationen ist zwar der Einfluß der Lake auf die Luftfeuchtigkeit nicht ohne weiteres schädlich, der Wasserinhalt wirkt sogar als Kältespeicher, es ist aber für die Sauberkeit des Betriebes nachteilig. Außerdem ist für die Pökelung selbst die Anlage eigener Räume schon aus dem Grunde von Vorteil, weil die günstigste Temperatur hierfür + 6 bis 8° sind, also höher als die übliche Kühlhaustemperatur[1]. Das Fleisch ist in 21 Tagen durchgepökelt. Betreffs Schnellpökelverfahrens vgl. Fußnote [2].

Die Pökelräume enthalten im Raume selbst aufgehängte Kühlsysteme für Solekühlung bzw. direkte Verdampfung. Die zur Ventilation des Raumes erforderliche gekühlte Luft wird durch eine Verlängerung des Druckschlauches des Hauptkühlraumes zugeführt. Eine Luftzirkulation (Anschluß des Saugschlauches) zwischen Kühlhalle und Pökelraum ist zu vermeiden. Zur Lufterneuerung ist im Pökelraum ein Frischluftrohr anzubringen. Vom Deckensystem ablaufendes Schmelzwasser wird durch Tropfrinnen abgefangen und abgeleitet.

Abb. 212. Pökelraum. Zellen aus imprägniertem Hartholz (Beck & Henkel).

Was die Errichtung von Pökelräumen anlangt, so ist jeweils örtlich die Frage zu prüfen, ob diese von den Fleischern gewünscht wird. Meist wird diese Frage bejaht werden, selbst wenn diesen eigene gute Kellerräume zur Verfügung stehen sollten. Wohl in den meisten Fällen werden die Pökelräume in Kellergeschossen untergebracht, oft unter dem Kühlraume selbst, wenn auch die Fleischer meist ebenerdige Pökelräume vorziehen.

Die Notwendigkeit der Benützung solcher Räume ergibt sich meist dann von selbst, wenn in den Betriebsvorschriften Bestimmungen enthalten sind, welche das Pökeln in Kühlzellen verbieten. Die zu unterirdischen Pökelräumen führenden Treppen müssen, da größere Lasten auf und abwärts getragen werden müssen, bequem sein und Geländer besitzen. In großen Anlagen findet man sehr oft elektrische und andere Aufzüge zur Beförderung der Waren eingebaut. Auch in Pökelräumen sind isolierte Türen nötig. Sind nicht einzelne, durch den Fleischer versperrbare Pökeltröge vorhanden, so ist der Einbau von Einzelzellen, denen übrigens die Fleischer den Vorzug geben, nicht zu vermeiden. Fleischer mit großen Geschäften werden, um die Bodenfläche gut ausnützen zu können, große Pökelräume verlangen. Eisengitter sind hier nicht zu empfehlen, da diese trotz besten Rostschutzes in Bälde anrosten würden. Als Pökelzellenabschluß ist gefirnißtes Pitch-Pineholz das beste (Abb. 212). Auch Zellen aus gefirnißten Weichholzlatten sind im Notfalle als brauchbar zu bezeichnen. An den Türen angebrachte Kastenschlösser werden in kurzer Zeit durch Rost unbrauchbar. Hängeschlösser, die fleißig mit Öl oder Fett behandelt werden müssen, sind vorzuziehen.

Hinsichtlich der inneren Zelleneinrichtung kann es dem Mieter selbst überlassen werden, eigene Pökelgefäße einzubringen. Einen weit reinlicheren Eindruck jedoch werden solche

[1] Vgl. Sckowski u. Tomcak: Z. Unters. Nahrgsmitt. usw. **1911**, 211; ferner Fürth u. Lenk: Z. Unters. Nahrgsmitt. usw. **24** (1912).

[2] Röttiger: Nahrungsmittelchemie. 5. Aufl. S. 138. Leipzig 1926. — Über das Münchener „Pökelo"-Verfahren siehe D. S. Z. **1930**, S. 223.

aus Ton oder Eisenbeton hergestellten machen, die sich bis jetzt weite Verbreitung gesichert haben[1] (Abb. 213).

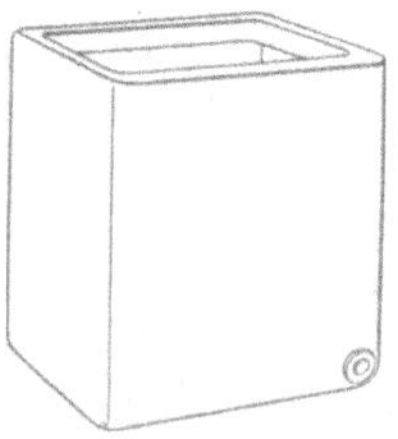

Abb. 213. Pökeltröge aus Steingut mit Ablauf.

Auch Pökelwannen aus Eisenbeton haben sich gut bewährt, doch müssen diese innen mit Glattstrich versehen sein. Notwendig ist es stets, die Gefäße unten mit einem Ablauf zu versehen, um beim Entleeren ein Umkippen und damit Bruch zu vermeiden. Es soll auch daran gedacht werden, außerhalb der versperrbaren Zellen Fleischern, welche nur geringe Mengen Fleisch pökeln wollen, versperrbare Pökelwannen gegen einen bestimmten monatlichen Mietpreis zur Verfügung stellen zu können.

Wie in den Kühlräumen, so sind auch hier die Kanalöffnungen mit Geruchsverschlüssen zu versehen. Auf Rattensicherheit ist bei Erbauung dieser Räume ein besonderes Augenmerk zu richten.

Für die Installation der elektrischen Leistungssysteme sind die im Teil IV gegebenen Gesichtspunkte maßgebend.

## c) Gefrierräume für Fleisch.

Für langandauernde Konservierung kommt nur das Gefrierverfahren in Frage. Nach Meyer sind in etwa 9,3% aller Schlachthöfe Gefrierräume vorhanden. Für den normalen kleineren Schlachthof spielen die Gefrierräume nur eine untergeordnete Rolle. So große Konjunkturschwankungen sind im Inlande selten zu erwarten, daß der Durchschnittsmetzger größere Fleischmengen einzufrieren gezwungen ist. Dagegen haben sich die Gefrieranlagen als außerordentlich wertvoll für den Kriegsfall erwiesen. In manchen Schlachthöfen dienen diese Räume gleichzeitig zur Aufbewahrung von Wild, Geflügel, Butter und anderen zur Stapelung geeigneten Waren, dann aber zur Lagerung von Gefrierfleisch aus Übersee[2]. Durch das Gefrieren wird das Wachstum der Mikroorganismen vollkommen gehemmt. Die Milchsäurebildung wird nach Untersuchungen von E. C. Smith[3] kleiner. Nach Rasom sterben Trichinen erst bei —20° in etwa 20 Tagen ab. Der die Schwarzfleckigkeit verursachende Pilz Cladosporum herbarum stirbt erst bei —8° ab. Diese Temperatur kann als die oberste in diesen Räumen übliche Grenze bezeichnet werden. Je tiefer die Temperatur, um so besser die Haltbarkeit des Fleisches, es sind aber gewisse Grenzen dadurch gezogen, daß die Kälteerzeugung mit sinkender Temperatur immer kostspieliger wird, und zwar je Grad um etwa 2 bis 4%. Nach Messungen, die R. Plank und E. Kallert in 30 deutschen Kühlhäusern ausgeführt haben, hält sich das Fleisch am besten bei einer relativen Feuchtigkeit von 90—92% und —10°. Die lebenswichtigen Vitamine werden nach Untersuchungen von A. H. Wrigth durch das Gefrieren in ihrer Wirksamkeit nicht beeinträchtigt.

Abb. 214. Gefrierraum für Schweine (Ges. Linde).

Die Kühlung der Gefrierräume kann durch bewegte Kühlung oder durch kombinierte stille und bewegte Kühlung erfolgen (Abb. 214); in Amerika wird häufig stille Kühlung angewendet. Die einzufrierenden Teile werden im Vorkühlraum und Kühlraum vorgekühlt. Für Rind- und Schweinefleisch ermittelten R. Plank und E. Kallert folgende Gefrierzeiten: Hinterviertel von 60 kg 6—7 Tage, schwere Vorderviertel 5 Tage. Ganze Schweine von 60 kg brauchen 4—5 Tage.

[1] Als Bezugsquellen seien u. a. genannt: Steinzeugwerke, Friedrichsfeld, Grebe & Hafer, Kassel, Mitteldeutsche Tonwarenfabrik Leipzig, Tonwerke Schwandorf, Bay., Steinzeugröhrenfabrik Muskau G. m. b. H. in Lugknitz, O.-L., Keramische Werke Fikentscher, Zwickau.

[2] Vgl. Kallert, E.: Die Konservierung von Fleisch durch das Gefrierverfahren. Berlin 1926.

[3] Proceed of the Royal Society, B 1929, Vol. 105, 129.

Die Gewichtsverluste beim Einfrieren sind nicht bedeutend, sie schwanken zwischen 0,8 und 1,2%. Größer sind sie bei der Lagerung. Nach 2 Monaten ist der Gewichtsverlust von Rindervierteln etwa 3%, bei Schweinen etwa 1,5%, nach 6 Monaten das Doppelte. Der Kältebedarf des Fleisches beim Einfrieren ist etwa der 3fache wie bei der Kühlung, der Verlust durch Transmissionswärme ist proportional der Temperaturdifferenz. Der Gefrierbeginn des Fleischzellsaftes ist etwa —1°. Nach neueren Untersuchungen von R. Heiss treten jedoch Unterkühlungserscheinungen auf, so daß der Zellsaft in den Kapillaren kaum vor —30° gefriert.

Es ist bekannt, daß man dem Gefrierfleisch nur deswegen eine gewisse Berechtigung zubilligt, weil es billiger als das Fleisch von einheimischen Tieren verkauft werden kann. Es eignet sich deswegen für die Versorgung der ärmeren Bevölkerung. Eine besondere Qualität billig man ihm nicht zu. An dieser Tatsache trägt der Umstand die Hauptschuld, daß man vor 15 Jahren die Technik des Fleischgefrierens als Folge nicht ausreichender Forschungen nicht genügend kannte. Das Fleisch wurde z. B. häufig mit zu großer Geschwindigkeit aufgetaut, teilweise halb gefroren verkauft.

Nach Beendigung der Lagerzeit müssen die eingefrorenen Fleischstücke möglichst langsam aufgetaut werden. Beim Gefrieren erleidet das Fleisch gewisse Strukturveränderungen: das Wasser trennt sich von den Eiweißstoffen, es tritt eine Entquellung ein. Diese ist um so vollständiger und irreversibler, je tiefer die Gefriertemperatur ist.

Ein Teil des auszufrierenden Wassers tritt in die Interzellularräume und erstarrt bei langsamem Gefrieren in vielen mittelgroßen Kristallen. Die quer zwischen den Muskelgeweben verlaufenden Bindegewebsfasern werden teilweise zerrissen, teils ausgedehnt. In ähnlicher Weise, wie bei der Fleischkühlung tritt beim luftgefrorenen Fleisch nach 2monatiger Lagerung eine Verfärbung der Fleischfarbe in einen bräunlichen Ton ein, der nach Untersuchungen von R. Heiss auf die Umlagerung des Oxyhämoglobins in Methämoglobin als Folge einer Verschiebung des Ionengleichgewichts auf Grund gewisser fermentativer Prozesse zurückzuführen ist[1]. Bei Geflügel tritt keine Verfärbung auf.

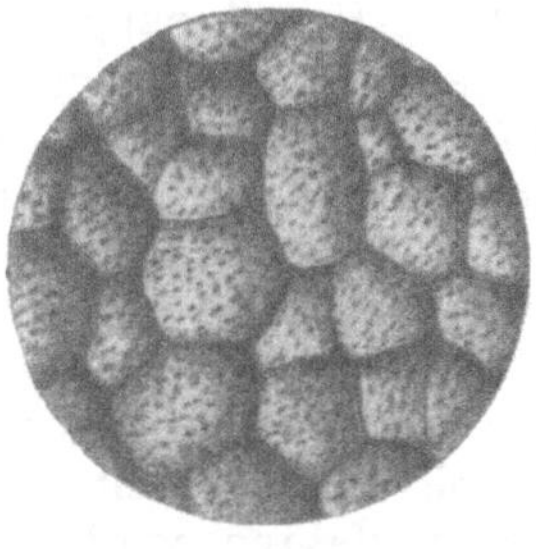

Abb. 215. Muskelgewebe sehr schnell gefroren (in Sole).

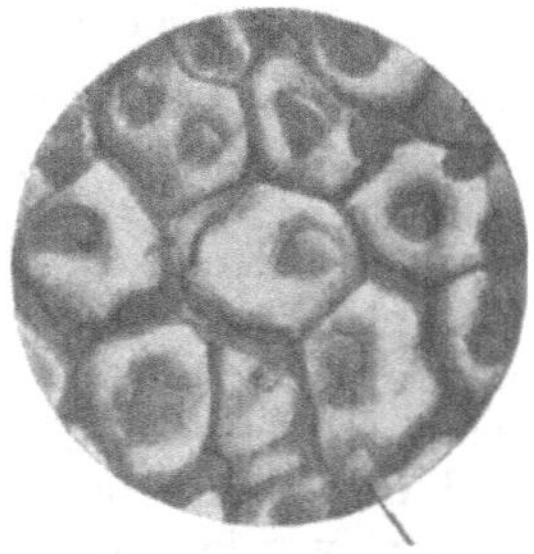

Abb. 216. Muskelgewebe sehr langsam gefroren (in Luft).

Durch Untersuchungen, die besonders R. Plank und Kallert zu danken sind[2], ergab sich, daß bei schnellem Gefrieren die Trennung des Wassers vom Kolloid in der Muskelfaser nur unvollkommen stattfindet (Abb. 215 und 216). Die Gefrierware kommt bei schnellem Gefrieren in ihrer Beschaffenheit dem Frischfleisch sehr nahe, der Saftverlust beim Auftauen wird geringer, außerdem lassen sich Raum, Zeit und Kälteverluste sparen.

Es sind eine Reihe von Schnellgefrierverfahren im Gebrauch, welche alle gemeinsam haben, daß die Steigerung der Gefriergeschwindigkeit dadurch erzielt wird, daß durch Gefrieren in Flüssigkeiten der Wärmeübergangskoeffizient in bezug auf das Gefrierobjekt erhöht und dadurch die Gefrierzeit um das 8—20fache verringert wird. Für Warmblüterfleisch eignet sich besonders von den direkten Schnellgefrierverfahren (unmittelbare Berührung von Sole und Gefriergut) das Verfahren von Ottesen, bei welchem die Fleischstücke in einer bestimmt konzentrierten Kochsalzlösung eingetaucht werden, weiterhin das Verfahren von Zarotschenzeff, bei dem die Sole zerstäubt, „atomisiert" wird. Zu den indirekten Schnellgefrierverfahren zählen die Verfahren von Kolbe, Birdseye u. a.[3].

Während sich diese Verfahren beim Einfrieren von Fischen schon ganz allgemein durchgesetzt haben, war das beim Warmblüterfleisch bisher nicht möglich, weil das unmittelbare Einfrieren der Sole die auch bei Luft eintretende Methämoglobinbildung sehr beschleunigt und die Eindringtiefe der Verfärbung vergrößert wird. Nach Untersuchungen von R. Heiss läßt sich die Verfärbung verringern, wenn man Fleisch in wasserdichten Hüllen einfriert, man geht aber dabei des Vorteiles der konservierenden Wirkung des Sole verlustig. Die beste Methode ist, das Fleisch vor dem Einfrieren in Sole mit Kohlenmonoxyd zu begasen, wodurch diese spezifischen

[1] Heiss, R.: Untersuchungen über Ursache und Verhinderung der Verfärbung von Gefrierfleisch. Beih. Z. ges. Kälteind. **1930**, Reihe 3, H. 5. Dtsch. Schlachthofztg **1930**, 16.

[2] Plank, Kallert u. Reuter: Neuere Untersuchungen über das Gefrieren von Fleisch und Fischen. Z. ges. Kälteind. **1917, 1923, 1924, 1925.**

[3] Plank, R.: Moderne Schnellgefrierverfahren. Dtsch. Schlachthofztg **1930**, 191.

Umlagerungen hintangehalten werden (Abb. 217). Neuerdings wurde von R. Heiss vorgeschlagen, Fleisch in abgepufferten Solelösungen schnell zu gefrieren. Die Schnellgefrierverfahren können in Schlachthöfen besonders bei der Konservierung von Schlachtabfällen noch eine erhebliche Rolle spielen. Im Gegensatz zum Pökelverfahren wird ein Produkt erzeugt, das dem frischen Fleisch vollkommen gleichwertig ist, die Salzdurchtränkung ist unwesentlich und tritt geschmacklich nicht in Erscheinung.

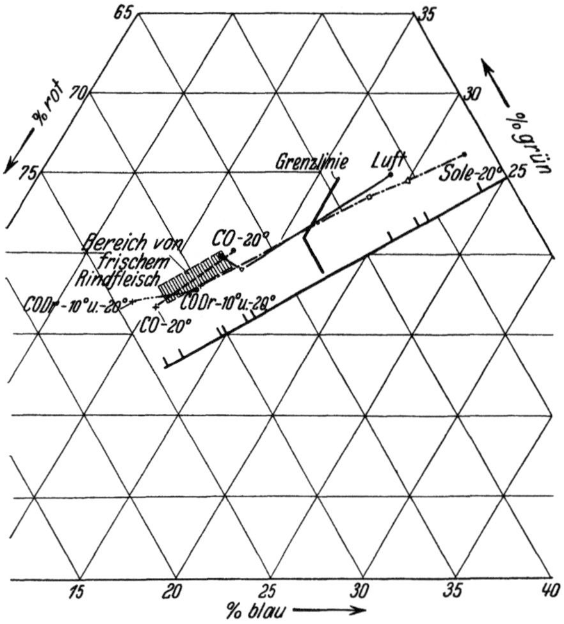


Abb. 217. Verlauf der Verfärbung von verschieden behandeltem Gefrierfleisch im Farbendreieck.
× Beginn, □ nach einem Monat, △ nach zwei Monaten, ● nach drei Monaten. (Luft = luftgefroren, Sole = in Sole schnell gefroren, CO = mit CO vorbegast vor dem Gefrieren in Sole, CODr = Druckbegasung.)

Der Kältebedarf ist bei schnellem Gefrieren geringer als beim langsamen. Analog wie beim langsamen Gefrieren darf die Auftauzeit nicht zu kurz sein, um die Rückbildung der eingetretenen Veränderungen zu erleichtern und ein Beschlagen der Oberfläche und Saftverluste zu vermeiden.

Besondere Bedeutung hat neben der Verfrachtung aus Übersee neuerdings das Gefrierverfahren für die Inlandsbelieferung in den Vereinigten Staaten erhalten. An Stelle der in Deutschland vorherrschenden über die Länder verteilten kommunalen Schlachthöfe treten hier die „Meat Packing Houses", Fleischfabriken größten Stils, die vornehmlich in Chikago konzentriert sind und von welchen aus das Fleisch über das ganze Land verteilt wird. Anstatt die Bevölkerung mit Kühlfleisch zu versorgen wird das Fleisch schon in den Fleischfabriken in standardisierte kleine Stücke zerlegt und nach indirekten Verfahren, z. B. dem von C. Birdseye schnellgefroren. Die einzelnen Stücke werden in Cellophanpapier eingewickelt und dann in größerer Zahl in Pappkartons verpackt. Als unbestreitbarer Vorteil des Verfahrens ist anzusehen, daß die Zerlegung des Fleisches am Gewinnungsort es möglich macht, den ganzen Abfall (Fleischteile, Fetteile und Knochensplitter) viel wirtschaftlicher zu verwerten, als in einzelnen Fleischerläden. Durch dieses Arbeitsverfahren werden die Gefrierkosten reichlich ausgeglichen. Durch dieses Verfahren wird das Fleisch eine Ware, wie sie die Verkaufsorganisation des Warenhandels erfordert.

### d) Konservierung anderer Lebensmittel.

Der Anschluß von Kaltlagerräumen für andere der Kälteerhaltung bedürftige Lebensmittel hat in den Schlachthöfen Europas noch lange nicht in dem Maße zugenommen, als es dem Bedürfnis entsprechen würde. Daß die Kühlräume der Schlachthöfe nicht automatisch die Funktion von allgemein benützten Kühlhäusern übernommen haben, hängt damit zusammen, daß die Kühlräume der Schlachthöfe normalerweise keine weitere Raumbelastung vertragen, daß die optimalen Kühlbedingungen der einzelnen Lebensmittel nicht endgültig festliegen und noch ein reiches Gebiet für die Forschung bilden. Obwohl bei Neuanlagen großer Schlachthöfe nicht selten Kühlräume für Fische, Wild, Geflügel, Butter usw. mit projektiert werden, kommen diese Projekte nur vereinzelt in größerem Umfang zur Ausführung. Es soll demnach hier nur kurz auf die prinzipiellen Grundlagen eingegangen werden.

Die Einlagerung von Fischen kann nur kurzfristig in Frage kommen. Für Frischerhaltung von Wild und Geflügel kommen Temperaturen von —2 bis —6° in Frage. Eine Einlagerung in vorhandene Gefrierräume ist ohne weiteres möglich (Minden, Forst, Neubrandenburg).

Für Milch[1] ist eine Temperatur von ±0 bis +2° wünschenswert. Im Gegensatz zu Fleisch besteht bei der Konservierung der Milch durch Kälte keine Möglichkeit, die Frischerhaltung über eine längere Zeit auszudehnen. (Konservierung von Milch findet u. a. in den Schlachthöfen Darmstadt, Dillingen, Emmendingen, Hamborn, Kempten, Magdeburg, Offenbach, Schwerin, Rheydt, St. Wendel statt.)

[1] Vgl. v. Ostertag: Z. ges. Kälteind. **1930**, H. 8 u. 9.

Butter benötigt $\pm 0$ bis $+2^\circ$ für kurze und $-4$ bis $-10^\circ$ bei langfristiger Lagerung (in Amerika $-20^\circ$). Butter wird in Fässern in eigenen Kühlräumen mit bewegter Kühlung eingelagert, da dieses Kühlgut gegen Gerüche stark empfindlich ist. Die Haltbarkeit kann nach Reid bis zu 9 Monaten ausgedehnt werden[1]. (Vgl. auch Kapitel Ozonisierung.)

Butterkühlung ist in deutschen Schlachthöfen etwas mehr verbreitet: Chemnitz, Darmstadt, Eberswalde, Emmendingen, Forst, Hagen, Halle, Hamborn, Hindenburg, Kempten, Krefeld, Offenbach, Plauen, Ratibor, Recklinghausen, Rheydt, Schwerin, Siegburg, Swinemünde, St. Wendel u. a.

Die Kühlung von Käse erfolgt ähnlich wie die Butterkühlung: für Hartkäse $+1$ bis $+3^\circ$, für Weichkäse $+2$ bis $-2^\circ$. Es empfiehlt sich die Anwendung von bewegter Kühlung (Außenluftkühler), doch ist diese nicht unbedingt erforderlich. In vielen Schlachthöfen wird auch ein Innensystem mit Ventilator als genügend erachtet. Wegen der Geruchsbildung ist Käse von anderen Nahrungsmitteln getrennt zu lagern. Die Aufbewahrung von Käse erfolgt unter anderen in den Schlachthöfen in Chemnitz, Eberswalde, Hamborn, Hindenburg, Kempten, Magdeburg, Offenbach, Plauen, Rheydt, Schwerin, Weißenfels.

Die Lagerung von Eiern ist für Schlachthöfe wenig empfehlenswert, da sie außerordentlich geruchsempfindlich sind, so daß in solchen Räumen Ausschluß anderer Kühlgüter notwendig ist. Die Temperaturempfindlichkeit ist ebenfalls eine sehr große, so daß praktisch nur durchgehender Betrieb in Frage kommt (bzw. vollautomatische Kühlanlage). Schließlich ist eine vorherige ausgiebige Durchleuchtung und regelmäßige Kontrolle der Eier nötig, da ein Stück viele andere verderben kann. Als günstigste Temperatur hat sich $\pm 0^\circ$ ergeben, die Schwankungen nach oben oder unten dürfen nur $0{,}5^\circ$ betragen, die relative Feuchtigkeit bezogen auf diese Temperatur ist 75—80%. Es gelten hier analoge Überlegungen wie bei Fleisch: höhere Feuchtigkeitsgrade begünstigen besonders das Wachstum von Aspergillusarten, zu geringe verursachen Gewichtsverluste. Der Normalverlust je Monat beträgt bei diesen Verhältnissen 0,5%. Als Kühlverfahren kommt hauptsächlich bewegte Kühlung (Außenluftkühler) in Frage, wobei auf gleichmäßige Luftverteilung ganz besonderes Augenmerk zu richten ist. Die Lagerung erfolgt in Kisten aus Holzlatten mit 1440 Stück. Die Lagerzeit bei den angegebenen Bedingungen ist etwa 9 Monate von Januar bis Oktober. Um mit anderen Kühlhäusern konkurrieren zu können, darf die durch die Konservierung bedingte Verteuerung in dieser Zeit 0,7 Rpf. je Stück nicht überschreiten. Besondere Sorgfalt ist auf das Ausbringen der Eier zu verwenden. Der Ausbringraum (Defroster) wird entweder künstlich erwärmt oder auf so niedrigem Feuchtigkeitsgrad gehalten, daß die Eier sich nicht beschlagen, wodurch ein rascher Verderb eingeleitet werden würde.

So weit zu ermitteln war, haben nur die Schlachthöfe in Worms und Danzig Eierkonservierungsanlagen.

Obst und Gemüse[2] sind Produkte, welche sich für die Kaltlagerung besonders eignen. Unreife Früchte enthalten Stärke und säurehaltiges Fleisch. Die Reifung besteht im wesentlichen in einer Umwandlung von Stärke in Fruktose und Glukose, wobei die wasserlöslichen Substanzen durch Zersetzung des Pektins in den Zellwänden abnehmen. Dieser Abbau geschieht entweder auf dem Wege der natürlichen Atmung oder dem der Alkoholgärung. Erwünscht ist für die Konservierung nur der erstere Fall, wobei durch den Zerfall der Kohlehydrate die Reifung, das Weich- und Süßwerden und die volle Entwicklung des Aromas erfolgt.

Für die Lagerung gelten anologe Bedingungen wie für Fleisch, da Obst und Gemüse ebenfalls feuchte Kühlgüter vorstellen. Die günstigste Lagertemperatur ist im allgemeinen $+1^\circ$ bis $\pm 0^\circ$. Wegen der Geruchsempfindlichkeit muß Obst und Gemüse nicht im allgemeinen Kühlraum, sondern in getrennten Räumen aufbewahrt werden. Als Kühlungsart kommt bewegte Kühlung und eine Verbindung von stiller und bewegter Kühlung in Frage. Zur Verringerung der Schrumpfungserscheinungen soll die relative Feuchtigkeit hoch gewählt werden. Die Begrenzung ist durch die Gefahr der Verschimmelung bei jeder Sorte verschieden. Zur Erreichung einer langen Frischhaltung müssen Temperatur und Feuchtigkeitsschwankungen auf ein Mindestmaß herabgedrückt werden, was durchgehende Betriebszeit oder eine vollautomatische Kühlanlage voraussetzt. In Deutschland kühlen u. a. die Schlachthöfe Darmstadt, Eberswalde, Plauen und Schwerin Obst.

Auch Pelze und kostbare Teppiche wurden zum Schutze gegen Mottenfraß in Kühlräumen gelagert, doch ist dies wegen der steten Kontrolle und der Höhe des Risikos in Schlachthofkühlanlagen nur in seltenen Fällen empfehlenswert.

[1] Vgl. Plank: Amerikanische Kältetechnik. Berlin: VDI 1929.

[2] Vgl. Beih. Z. ges. Kälteind., Reihe 3, H. 2 u. 3 und Special Reports des Jood Investigation Board, Cambridge.

## e) Anwendung von Ozon bei Lebensmittelkonservierung.

Ozon ($O_3$) hat die Eigenschaft, daß es Schimmelpilze, Fäulnis- und andere Bakterien abtötet oder im Wachstum behemmt. In der Reihe des gasförmigen Desinfektionsmittel steht es an erster Stelle, wie folgende Tabelle beweist:

Zur Keimtötung in feuchter Luft erforderliche Prozente:

| | |
|---|---|
| Ozon | 0,1 |
| Formaldehyd | 1,0 |
| Schwefl. Säure | 4,5 |

Thiede-Köln stellte bereits 1909 durch Ozonisierung der Kühlhausluft eine Abnahme der Keime um 50% fest, während Diestelow-Potsdam über eine Senkung des Keimgehaltes bei täglich $3^1/_2$stündiger Ozonisierung von 92,04% und der Schimmelpilze von 46% berichtet. Die Ozonführung betrug 10—12 g/Std. Die gründlichsten Versuche über den Wert der Ozonisierung wurden von Heise angestellt. Die Hauptergebnisse dieser Versuche sind folgende[1]:

„1. Die in der ersten Mitteilung über das Verhalten von Bact. coli gegen gereinigtes Ozon enthaltene Zusammenfassung trifft im allgemeinen auch für die untersuchten weiteren 5 Bakterienarten zu. Im besonderen reicht noch eine Ozonkonzentration von etwa 3 mg/cbm bei drei bis vierstündiger Einwirkung aus, um mehr als 95% von einzeln an der Oberfläche des Nährbodens liegenden Keimen zu vernichten. Ozon dringt nur schwer in den Nährboden und in Bakterienmassen ein; dementsprechend werden Kolonien, selbst wenn sie an der Oberfläche liegen, nur wenig geschädigt. Ihr Entwicklungsstadium ist dabei von Bedeutung. Innerhalb 8 Stunden bei Zimmertemperatur gewachsene Kolonien sind schon erheblich unempfindlicher als frische Kulturen. Niedrige Temperatur verzögert die Entwicklung der Keime und begünstigt dadurch die Ozonwirkung. 24 Stunden bei + 2—4° gehaltene Kulturen sind gegen Ozon ebenso empfindlich wie die eine Stunde alten.

2. Von Schimmelpilzen (Penicillium glaucum und Mucor stolonifer) werden auf der Oberfläche des Nährbodens liegende, in der Auskeimung begriffene Sporen und freiliegendes Myzel durch Ozon abgetötet. Der im Nährboden wachsende Teil des Myzels ist vor dem Ozon geschützt, weshalb im allgemeinen keine völlige Vernichtung, sondern nur eine mehr oder weniger starke Schädigung der Kultur eintritt. Da sich aus dem innerhalb des Nährsubstrats fortwachsenden Myzel immer von neuem Myzeläste und Fruktifikationsorgane in die Luft erheben, ist eine ausgiebige Wirkung nur dann vorhanden, wenn die Ozonisierung in bestimmten, von der Entwicklungsgeschwindigkeit der Pilze abhängigen Zeitabschnitten wiederholt wird; so konnte z. B. bei Kulturen von Penicillium glaucum und Mucor stolonifer, die täglich 5 Stunden bei Zimmertemperatur, im übrigen aber bei + 4—5° gehalten wurden, durch täglich zwei bis vierstündige Einwirkung einer Ozonkonzentration von etwa 3 mg/cbm die Myzelbildung weitgehend, die Sporenbildung ganz oder fast ganz unterdrückt werden."

Abb. 218. Ozonerzeuger für größere Kühlräume (Siemens & Halske).

Demnach ergibt sich, daß durch die Anwendung von Ozon in den üblichen Konzentrationen eine teilweise Vernichtung der dem Fleisch anhaftenden Mikroorganismen zu erwarten ist. Dieser Anteil reicht aus, eine Verlängerung der Haltbarkeit des Fleisches oder anderen Kühlgutes zu erreichen, wenn die Ozonisierung möglichst rasch nach der Einlagerung erfolgt. Die Anwendung ozonierter Luft nach längerer Abhängung des Fleisches bei Außentemperatur (Abhängeräume) erscheint auf Grund der obigen Untersuchungen zwecklos. Besonders wichtig bei Anwendung von Ozonapparaten ist es auch, die Vorkühlräume zu ozonisieren, weil die Fleischtemperatur nach dem Einbringen besonders gute Wachstumsbedingungen für Mikroorganismen bietet. Die Ozonisierung ist in jedem Falle in bestimmten Zeitabschnitten zu wiederholen. Selbst wenn die konservierende Wirkung des Ozons nicht in den Vordergrund gerückt wird, bietet dessen Anwendung noch dadurch gewisse Vorteile, daß es Geschmack und Geruch des Kühlgutes günstig beeinflußt, nur soll dieses nicht direkt von Ozon getroffen werden. Irgendwelche Gerüche der Waren werden in so hohem Maße verhindert, daß zur gleichen Zeit Zwiebel mit Früchten unbedenklich in demselben Raume gelagert werden konnten. Ob das Ozon die Oxydationsprozesse des Fleisches beschleunigt, ist noch nicht erforscht. Von den deutschen Schlachthöfen besitzen etwa 21% Ozonanlagen.

[1] Arb. Reichsgesdh.amt **1917**, 449.

Der prinzipielle Vorgang bei der Ozonerzeugung ist folgender:

Legt man eine Wechselspannung an 2 Entladungsflächen, dann tritt zwischen ihnen bei geeigneter Anordnung ein funkenloser Ausgleich der Elektrizität ein, wenn deren Spannung hoch genug ist. Zu erkennen ist diese sog. stille Entladung an einem Aufleuchten der Luft in bläulichem Licht. Führt man einen Luftstrom zwischen den Entladungsflächen durch, dann wird ein Teil des Sauerstoffs unter dem Einfluß der stillen Entladung in Ozon umgewandelt.

Bei dem Ozonerzeuger einer Anlage, wie sie für größere Kühlräume verwendet wird (Abb. 218), ist der eine Pol eines Transformators an ein Aluminiumrohr gelegt. Über dieses Rohr ist ein Glasrohr gestülpt, das außen von Wasser umspült wird. Das Wasser steht mit dem anderen Pol des Transformators in leitender Verbindung. Zwischen Glas- und Aluminiumrohr geht die stille Entladung vor sich. Ein Zentrifugalgebläse saugt die erforderliche Luft an und drückt sie durch den Raum zwischen Glas- und Aluminiumrohr, wo sie stark ozonisiert wird. Von hier aus gelangt die Luft durch eine Rohrleitung zur Verbrauchsstelle. Der Transformator, der die Wechselspannung liefert, ist bei dieser Anordnung mit dem Ozonapparat zusammengebaut. Bei Anschluß an ein Gleichstromnetz benötigt man einen Einanker-Umformer, der den Gleichstrom in Wechselstrom umformt.

Von der von W. v. Siemens bereits im Jahre 1897 verwendeten Grundform gibt es je nach der Lieferfirma eine Reihe von Abarten; bei einem Teil der Konstruktionen wird ein Hochfrequenzschwingungskreis benützt, andere Bauarten zielen auf eine Kombination von Ventilator und Ozonapparat ab. Prinzipiell ist in jedem Falle zu vermeiden, daß zur Ozonerzeugung feuchte Luft verwendet wird; bereits bei 25% relativer Feuchtigkeit ist die erzeugte Menge Ozon nur 60—70% der bei trockener Luft gewonnenen, deshalb empfiehlt sich auch der Einbau von Ozonapparaten in den Druckschlauch des Luftkühlers nicht.

## 2. Häutesalzerei und Hautlager.

Bei Herstellung dieser Räume ist zu unterscheiden, ob es sich darum handelt, lediglich die im Laufe weniger Schlachttage anfallenden Häute bis zur Abfuhr unterbringen zu können, oder aber, was meist zutrifft, ob Räume geschaffen werden sollen, welche den Hautverwertungsgenossenschaften, die man heute fast an jedem mittleren und größeren Schlachthofe findet, gegen Miete zur Benutzung überlassen werden sollen. Da die genossenschaftliche Verwertung von Produkten jeder Art sich in neuer Zeit stark entwickelt hat, so gehören heute auch Einzelkäufer und Verkäufer von Häuten zu den Seltenheiten. An deren Stelle sind die Verwertungsgenossenschaften getreten. Die Häute-Lagerräume bilden jedoch keineswegs einen integrierenden Bestandteil eines Schlachtshofes, sondern dienen nur einer bestimmten Interessengemeinschaft, den Schlächtern. Diese allein haben ein Interesse an dem Vorhandensein eines solchen Raumes, der ihnen das Salzen und die weitere Bearbeitung und Lagerung der Häute bis zum gemeinschaftlichen Verkaufe ermöglicht.

Es wird oft die Frage vorgelegt, ob eine Stadtgemeinde verpflichtet sei, in ihrem Schlachthofe der Fleischerinnung ein Hautlager zur Verfügung zu stellen. Diese Frage ist zu verneinen, da das Hautlager nicht den Interessen des Schlachthofbetriebes selbst, sondern nur dem der Innung dient, und ebensogut auch außerhalb des Schlachthofes liegen könnte, ohne daß die Stadt ein anderes als ein rein gewerbepolizeiliches Aufsichtsrecht hätte. Die Schlachthofgemeinde wird aber auf Ersuchen einer Innung entweder im Schlachthofgelände dieser mietweise einen Platz zur Verfügung stellen, auf dem diese das Hautlager errichten kann, oder aber sie wird dieses selbst errichten, wenn langjährige Verträge dahingehend abgeschlossen werden, daß die Innung als Mieterin des Raumes sich verpflichtet, für die Verzinsung und Amortisation der Baukosten, für die bauliche Unterhaltung, für den Verbrauch an Wasser und Strom, Kanalbenützungsgebühren, Licht usw. in einer den Tatsachen entsprechenden Höhe aufzukommen. Bei notwendigem besonderen Gleisanschluß nach diesem Raume wird die Mieterin auch hierfür aufzukommen haben. Grundsätzlich sollte dann eine Stadt selbst solche Räume schaffen, wenn durch langjährigen Mietvertrag die Verzinsung gesichert ist und seitens der Innung die Bedürfnisfrage bejaht wird.

Ist das Bedürfnis nach Errichtung solcher Räume vorhanden, so wird sich die Stadt als Besitzerin des Schlachthofes schon aus dem Grunde nicht gegen die Erbauung sträuben können, als damit verhindert wird, daß sonst an weniger hierzu geeigneten Orten im Weichbild der Stadt solche Lager errichtet werden (Abb. 219).

Als allgemeine Richtlinien können gelten, daß in den bescheidensten Hautlagern 3 Räume vorhanden sein sollten: einer für das Salzen und Reinigen der Häute, einer für die Auf-

**bewahrung des denaturierten Salzes** und ein dritter für die **Lagerung der Häute** bis zu deren Abfuhr. In kleineren Schlachthöfen spielt die Lage im Areale selbst keine wesentliche Rolle, und wenn auch hier die Möglichkeit eines Bahnanschlusses und die Nähe eines Ladegleises angenehm empfunden wird, so ist sie doch nicht unbedingt erforderlich und leicht durch das Lastauto zu ersetzen. Es wird sich aber stets empfehlen solche Räume nicht zentral, sondern an der Peripherie anzulegen. Häufig ist eine Lagerung in der Nähe der Krankviehabteilung zweckmäßig, da von dort auch oft Seuchenhäute übernommen werden müssen (Abb. 220). In großen Hautlagern größerer Schlachthöfe wird man auch stets eigene Geschäftsräume für die Verwertungsgenossenschaft, Waschgelegenheit usw. vorfinden. Trockenböden für Häute werden selten noch angetroffen, man wird auch gegen die gewollte Errichtung von solchen aus den gleichen hygienischen Gründen Stellung nehmen müssen, wie sie für das Weichbild der Stadt gelten. Man findet nicht allzuselten auch in Verbindung mit den Lagerräumen für Häute solche für frische Knochen, in diesem Falle aber muß unbedingt verlangt werden, daß eine längerdauernde Lagerung unterbleibt und daß diese Räume hermetisch schließbar sind.

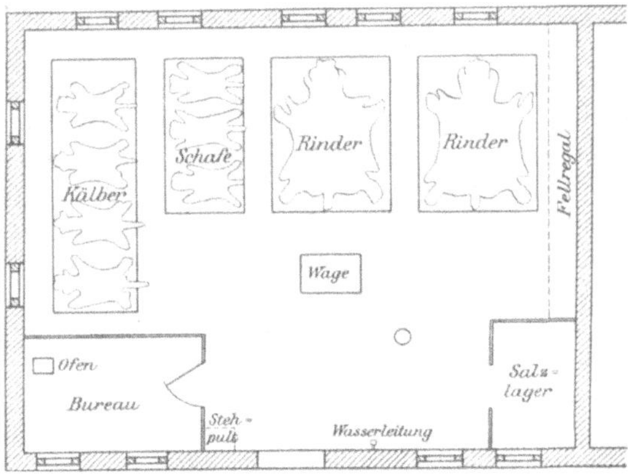

Abb. 219. Grundriß einer Häutesalzerei.

In den **Salzereien** bleiben die Häute mit Salzzwischenlagen entweder in hohen Stößen gelagert liegen, häufiger aber werden sie einzeln gesalzen und gerollt, was meistens geschieht. Eine gerollte Haut beansprucht eine Bodenfläche von etwa 60 qcm. Die Häute können dann in Lagen von 8—10 Stück aufeinandergelegt werden, wodurch sie einen viel geringeren Platz beanspruchen als gestreckte Häute.

Ist nur **eine** Hautverwertungsgenossenschaft am Platze, so ist ein ungeteilter Raum, bei welchem auch für einen genügend großen Platz zum Salzen Rücksicht genommen werden muß, hinreichend. Bei großen Anlagen hingegen ist eine Teilung notwendig. Bei größeren Anlagen ist die Einrichtung von einer entsprechenden Zahl von Salzungsräumen notwendig. Der Speicher dieser Räume wird als Lagerplatz für das meist mit Petroleum oder Naphtha denaturierte Salz benutzt. Eine Unterbringung desselben im Keller muß dringend widerraten werden. Bei großen derartigen Anlagen wird eine Geleiseverbindung notwendig erscheinen, einerseits zur Zufuhr des in Waggonladungen zu beziehenden Salzes, andererseits aber auch zur Abfuhr der versandfertigen Waren. Es ist in solchen Fällen Sorge zu tragen, daß für ersteres Aufwindvorrichtungen zu den Speichern geschaffen werden, für letztere daß der Fußboden der Lagerräume in tunlichst gleiche Höhe mit dem des Eisenbahnwagens gebracht wird. Schaffung einer entsprechenden Zahl von Wasserhähnen mit Spritzschläuchen ist notwendig. Zum Transport der Häute nach den Lagerräumen sollen eigene **Fellkarren** vorhanden sein, die möglichst niedrig gebaut sein müssen.

Abb. 220. Häutesalzerei im Schlachthof Weimar.

Das Abhäuten der Tiere wird heute mit größter Vorsicht und nach den genauen Vorschriften der Häuteverwertungsgesellschaften vorgenommen. Früher ging das Enthäuten oft sehr „summarisch", man nahm nicht die gebührende Rücksicht auf lochfreie Ware, die heute auf den Fellauktionen unbedingt gefordert wird. Man hat sich daran gewöhnt, die Häute mittels Hämmern vom Unterhautbindegewebe zu trennen, legt auch großen Wert auf das Abreißen von großen Strecken durch kräftigen Zug.

Auch die Technik hat sich mit der Lösung der Enthäutungsfrage beschäftigt. So z. B. hat Ingenieur Pfefferkorn aus Zug einen elektrisch betriebenen Enthäutungsapparat konstruiert, der mittels einer biegsamen Welle mit einem Elektromotor unmittelbar verbunden ist. Dieser setzt die aus einer halbkreisförmigen Sicherheitsumhüllung nur etwa 4—5 mm hervorragenden dreigekerbten runden im stumpfen Winkel nebeneinander stehenden etwa 6 cm großen sog. „Schlager“ in rotierende Bewegung. Die Schlager trennen durch ihre schnellen Drehungen die Haut vom Fleisch, die Flügel derselben sind stumpf, so daß Hautverletzungen unbedingt ausgeschlossen sind. Die Handhabung des Apparates geschieht in der Weise, daß das Tier nach der Ausblutung auf den Rücken gelegt und zunächst mittels des Messers die Gliedmaßen abgeledert werden. Nun wird der Apparat in Tätigkeit gesetzt, indem der den Apparat bedienende Fleischer mit der linken Hand eine Schnittkante der Haut ergreift und mit der rechten Hand die Schaltflügel des Apparates dort ansetzt. Bei einiger Übung kann ein Stück Großvieh von einem Arbeiter in 6—8 Minuten enthäutet werden.

Erwähnung verdient auch die Enthäutungsmaschine v. P. Dieck, Esslingen, mit Motorantrieb. (Vgl. S. 136, Abb. 124.)

Einen ähnlich konstruierten Apparat hat in letzter Zeit Schermer-Karlsruhe herausgebracht, der zufriedenstellend arbeiten soll. Vet.-Rat Dr. Brüggemann, Trebnitz, berichtet in Heft 9, Z. Fleisch- u. Milchhyg. vom Jahre 1927 über einen Enthäutungsapparat, der in Pariser Schlachthöfen in Benützung ist. Derselbe wird hergestellt von der S.I.D.M.A., Société industrielle de Depouille mécanique des animaux, System „Perfo“ Paris, Rue de Bondy 54. Es wird angegeben, daß in einem Schlachthof 260 Apparate, die meist im Privatbesitz der Gewerbetreibenden sind, benutzt werden. Der Preis wird mit 600 RM. angegeben. Der Apparat ist ähnlich konstruiert wie die üblichen Schermaschinen. Die Enthäutungsvorrichtung besteht aus 2 runden, handflächengroßen Stahlplatten, zwischen denen eine 3. Platte mit etwas hervorstehendem, stumpf gezahntem Rande sich mit 3200 Touren pro Minute dreht, und zwar in der Richtung von der Bedienungsperson fort. Der Rand der rotierenden Scheibe hat immer 5 stumpfe wenig vorstehende Zähne am Randumfang nebeneinander, dann einen kleinen, nicht vorstehenden Abschnitt, darauf wieder 5 Zähne, um ein Heißlaufen der Scheibe bei der Arbeit zu vermeiden. Da die Zähne stumpf sind, ist die Wirkung nicht ein Losschneiden, sondern nur eine Art Lospuffen der Haut verursachen, sind Verletzungen der Haut ausgeschlossen. Der innere Rand der Zähne, der dem Tierkörper anliegt, ist scharf, um Nerven, Unterhautbrücken und Sehnen zu durchtrennen.

Hautlager besitzen nach den neuesten Erhebungen von 423 Schlachthöfen 257, während 166 ohne solche sind. Die Schaffung solcher Lager liegt wohl auch im hygienischen Interesse einer Stadt, denn sie verhindert das früher oft zu beobachtende Trocknen der Haut auf Speichern in den Häusern der Fleischer und damit auch Geruchs- und Fliegenbelästigung. Zudem bilden solche stadteigene Häutelager meist eine gute Verzinsung des Anlagekapitales durch die einkommende Miete. Von den 257 Schlachthöfen mit Hautlager haben in 167 die Städte solche geschaffen und vermietet, während in 90 Anlagen die Hautlager von Innungen selbst errichtet wurden.

Hautlagerräume sind nach § 16 der R. Gew.-O. konzessionspflichtig. Es bestimmt der Erlaß des Ministers für Handel und Gewerbe vom 18. Mai 1895 u. a. hierüber folgendes: Die Räume zum Trocknen müssen hochgelegen, luftig sein, der Fußboden wasserdicht. Die für die Schlächtereien gegebenen Vorschriften finden sinngemäße Anwendung.

Was die Mietpreise solcher Räume anlangt, so richten sich diese als Mindestpreise nach den Herstellungskosten: Platz, Hochbau, Einrichtung von Licht und Wasser, Kanalanschluß, einer bestimmten Quote für baulichen Unterhalt und für Verzinsung und Amortisation, sowie aus einem bescheidenen Nutzen für den Besitzer.

Einheitspreise für den Quadratmeter Bodenfläche lassen sich nicht aufstellen, da sich die Ausnützung des Raumes nach dem Schlachtgeschäft richten wird. Die gepflogenen Erhebungen aber haben ergeben, daß nachstehende Mietpreise verlangt und bezahlt werden:

Unter 100 RM. in 5, zwischen 100 und 200 RM. in 26, 300 RM. in 12, 400 RM. in 6, 500 RM. in 17, 600 RM. in 13, 800 RM. in 8, 900 RM. in 2, 1000 RM. in 6, 1500 RM. in 6, 2000 RM. in 9, 3000 RM. in 3, 4000 RM. in 1, 5000 RM. in 3 Fällen. Die höchstbezahlte Pachtsumme für Hautlager sind 12000 RM.

Der Mietpreis kann auch in Prozenten des Jahresumsatzes festgelegt werden.

### Muster eines Mietvertrages für Hautlager.

§ 1. Das im Schlachthof gelegene Hautlager wird unter nachstehenden Bedingungen an............ auf die Zeit von .......... vermietet mit der Auflage, daß bei Lösung des Mietvertrages $^1/_2$ Jahr vor Ablauf gekündigt werden muß. Die Miete beginnt am ........

§ 2. Die Miete beträgt jährlich .... RM. und ist in monatlichen Raten an die Schlachthofkasse (Stadtkasse) zahlbar.

§ 3. Für die Erfüllung seiner Verbindlichkeiten hat der Mieter eine Kaution von .... RM. zu hinterlegen.

§ 4. Dem Schlachthofdirektor und sonstigen beauftragten Beamten steht jederzeit das Recht zu, die vermieteten Räume in Gegenwart des Mieters zu betreten; derselbe hat den Anordnungen dieser Beamten unverzüglich Folge zu leisten.

§ 5. Der Mieter hat die gemieteten Räume in ordnungsmäßigem Zustande zu erhalten; evtl. Reparaturen im Inneren fallen zu seinen Lasten.

Die Lagerung der Felle ist so durchzuführen, daß üble Gerüche vermieden werden und der Betrieb allen sanitären und technischen Anforderungen entspricht. Auch die Umgebung des Lagers ist stets in reinlichem Zustande zu erhalten.

§ 6. Häute müssen binnen 24 Stunden gesalzen werden, auch Häute von auswärts geschlachteten Tieren sind in gleicher Weise zu behandeln. Fleisch, Abfälle, Knochen, Klauen, Talg, Haare dürfen nicht in die Mietsräume eingebracht werden.

§ 7. Die Kosten für Licht- und Wasserverbrauch hat der Mieter nach Zähler zu bezahlen.

§ 8. Der Mieter unterwirft sich den Vorschriften der Schlachthofordnung und ist für die im Hautlagerbetrieb verwendeten Personen verantwortlich.

§ 9. Der Stadtverwaltung ist es gestattet, unbeschadet etwaiger Schadenersatzansprüche von dem Mietvertrag ohne vorherige Kündigung zurückzutreten, wenn:

1. der Mieter mit Zahlung des Mietzinses oder eines Teiles in Verzug kommt,
2. wenn der Mieter ungeachtet einer schriftlichen Abmachung den Bestimmungen dieses Vertrages zuwiderhandelt.

In beiden Fällen bleibt er für den Rest der Vertragszeit für die Erfüllung seiner Verpflichtung der Stadt gegenüber haftbar, solange dieselbe nicht anderweitige Entschädigung erhält

§ 10. Die Kosten dieses Vertrages fallen dem Mieter zur Last. Der Vertrag wird in zwei Exemplaren ausgefertigt.

Stadtmagistrat: Mieter:

## 3. Konfiskatenraum.

Es soll für solches Fleisch, das vom menschlichen Genuß ausgeschlossen erklärt wird, ein Raum geschaffen werden, in welchem es bis zur Abführung aus dem Schlachthofe oder bis zur weiteren Verarbeitung durch geeignete Apparate aufbewahrt werden kann. Solche Räume sollen auch in kleinen und mittleren Anlagen vorhanden sein. Bei Erstellung derselben muß auf folgende Punkte Rücksicht genommen werden: Abgesonderte Lage, am besten in einem Nebenraume des Sanitätsschlachthauses und nicht allzuweit von diesem Schlachtraume entfernt. Der Raum muß hermetisch, diebes- und fliegendicht zu schließen sein. Zu diesem Zweck sollen die Fenster und sogar die vorhandenen Ventilationsöffnungen mit Eisen- und Fliegengittern versehen werden.

Unbedingt notwendig ist, daß der Raum unter sicherem Verschluß gehalten wird. Nur eine bestimmte, mit der Überwachung betraute Person darf den dazu gehörigen Schlüssel besitzen, die den Raum nur bei Einbringung und Abholung öffnen darf. Selbst in der Auswahl dieser Person muß man große Vorsicht walten lassen, da mehrfach Fälle bekannt geworden sind, daß durch Bestechungen solcher Persönlichkeiten beschlagnahmte Teile widerrechtlich entfernt worden sind.

Wasserzuleitung muß vorhanden sein, um eine gründliche Reinigung nach jedesmaliger Leerung zu gestatten.

Inwiefern diese Räume mit Vernichtungsanstalten verbunden und mit Apparaten ausgestattet werden, welche an Ort und Stelle eine Verarbeitung der Abfälle ermöglichen, soll an einer späteren Stelle eingehend besprochen werden. (Vgl. Kapitel IX und Teil V.)

Die Herstellung eines solchen Raumes auch in kleinen Anlagen ist um so wünschenswerter, als es äußerst störend ist, wenn hochgradig kranke Tiere, z. B. bei heißer Jahreszeit, im Sanitätsschlachtraum bis zur Abholung liegen bleiben müssen; häufig können die in den Schlachträumen aufgestellten Beanstandungskasten oft die Menge der anfallenden kranken Teile nicht fassen und nur durch Schaffung eines solchen Raumes oder aber eines Apparates, in welchen die Teile zur weiteren Verarbeitung direkt eingeworfen werden können, wird die Möglichkeit geboten, diese in einwandfreier Weise aufzubewahren. Vielfach genügt ein Raum von einer Grundfläche von wenigen Quadratmetern.

Es wird sich auch als zweckmäßig erweisen, die Konfiskate durch Farben (Anilin) oder riechende Chemikalien unverwendbar für den Genuß zu machen. Zu letzterem Mittel darf aber dann nicht gegriffen werden, wenn die Konfiskate thermisch verarbeitet werden sollen, da sonst das bereitete Fleischmehl Geruch nach Desinfektionsmitteln besitzen würde und unverkäuflich wäre, sondern nur wenn es sich um die Verbringung in eine Abdeckerei handelt.

# VII. Räume zum Handel mit Fleisch.

## 1. Freibank.

Die Ausführungbestimmung zum RFlG. geben in den §§ 37—39 die Mängel an, in welchen an sich taugliches Fleisch als im Nahrungs- und Genußwert herabgesetzt zu erklären ist.

Hierzu bestimmt § 8 des Preußischen A.G.:

Gemeinden mit Schlachthofzwang haben für bedingttaugliches und im Nahrungs- und Genußwert herabgesetztes Fleisch besondere Verkaufsstellen (Feibänke) einzurichten. Ausnahmen können für Gemeinden mit weniger als 5000 Einwohnern von der Landesbehörde zugelassen werden. Im übrigen kann die Einrichtung von Freibänken durch Gemeindebeschluß oder nach Anhörung der Gemeindebehörden durch die Landespolizei angeordnet werden. Durch Beschlüsse nachbarlich gelegener Gemeinden kann vereinbart werden, daß Freibänke nur in einer dieser Gemeinden auch für die andere einzurichten sind. Die §§ 9—12 erläutern den Betrieb der Freibank näher.

Die Errichtung einer Freibank ist eine Notwendigkeit, welche leider in manchen Städten noch nicht genügend gewürdigt wird. In diesem Raume wird das als minderwertig oder bedingt tauglich erkannte Fleisch verkauft und so die Möglichkeit geschaffen, daß dem vom Schaden betroffenen Viehbesitzer und den Versicherungen vom Werte des Tieres soviel als möglich erhalten wird. Andererseits ist die Bedeutung der Freibänke insofern eine große, als alles nicht vollwertige Fleisch unter Aufsicht direkt im Schlachthofe selbst in bestimmten Höchstmengen dem Verkaufe unterstellt wird.

Abb. 221. Freibank auf dem Schlachthof in Elbing.

Um einerseits dem hier verkauften Produkt durch einen gediegenen Rahmen ein besseres Ansehen zu verleihen und Unterschleife zu verhüten, andererseits aber auch um erzieherisch auf die Besitzer der Fleischläden in der Stadt selbst zu wirken, stattet man selbst in kleinsten Städten diese Verkaufsstellen für minderwertiges oder bedingttaugliches Fleisch mit einem gewissen Luxus aus. Wenn auch in vielen Städten die Fleischerläden an Sauberkeit nichts zu wünschen übrig lassen, vielfach mit Wandplatten, eleganten Verkaufstischen und Spiegeln versehen sind, eigene Kassen zur Bezahlung des Fleisches haben, so gibt es doch Städte, deren Fleischverkaufsläden viel zu wünschen übrig lassen und kaum den notwendigsten hygienischen Anforderungen entsprechen. Vielfach läßt sich nun beobachten, daß sehr gut ausgestattete Freibänke die Ursache waren, daß ein Schlächter um den anderen sein Verkaufslokal hübsch ausstattete, um sich nicht sagen lassen zu müssen, daß sein Verkaufsraum schlechter ausgestattet sei als die städtische Freibank (Abb. 221).

Alle neuzeitlichen Schlachthöfe haben auf die tadellose Ausstattung der Freibänke größere Mittel verwendet und als Norm sollen folgende Gesichtspunkte aufgestellt werden:

1. Der Verkaufstisch soll aus Hartholz gefertigt sein (in manchen Freibänken sind die Tische außen mit Platten verkleidet), die Platte des Tisches soll aus hellem, tunlichst weißem Marmor bestehen.

2. Zur Einbringung des Fleisches in den Raum, soweit nicht ein eigener, angrenzender Vorratsraum für Fleisch vorhanden ist, muß zum Verkaufsplatze ein eigener Zugang geschaffen werden.

3. Zum Aufhängen des Fleisches verwende man vernickelte oder verzinkte Hakenrahmen mit verzinkten Haken, die in einem Abstande von 30—40 cm von der Wand liegen müssen, damit das Fleisch frei hängt.

4. Es ist zweckmäßig, vor dem Verkaufstische eine Schranke oder wenigstens eine querlaufende, vernickelte Stange anzubringen, um die Käufer zurückzuhalten, jedenfalls aber soll das Berühren des Fleisches durch die Käufer durch Anbringung von Glaswänden oder Gittern, die vor dem Verkaufstische anzubringen sind, wirksam verhindert werden.

5. Zum Aufhauen des Fleisches dient ein Würfelhackstock, nötigenfalls zwei, die außen poliert sein sollen und durch vernickelte oder Messingbänder zusammengehalten werden.

6. Da der Verkauf meist in den Morgenstunden stattfindet, soll gute Deckenbeleuchtung eingerichtet werden, desgleichen ist an der Decke des Raumes ein elektrischer Ventilator anzubringen, um im Sommer Kühlung zu schaffen und die Fliegen tunlichst abzuhalten.

7. Es soll stets die Kasse von dem Verkaufsraume getrennt liegen, so daß der Schlächter Geld nicht zu berühren braucht (Kontrollkasse!).

8. Fliegen sind durch Fliegengitter abzuhalten. Für Waschgelegenheit für den Verkäufer sowie für Aufstellung von Spucknäpfen im Verkaufsraume ist Sorge zu tragen.

9. Für gekochtes Fleisch soll ein eigener Zerlegetisch oder Raum vorhanden sein, wie auch für rohes und gekochtes Fleisch getrennte Wagen zu verwenden sind.

10. Zur Abgabe gekochten Fleisches seien stets lange Gabeln in genügender Zahl vorhanden, für Fleischbrühe leicht rein zu haltende Standgefäße mit entsprechenden Schöpfern.

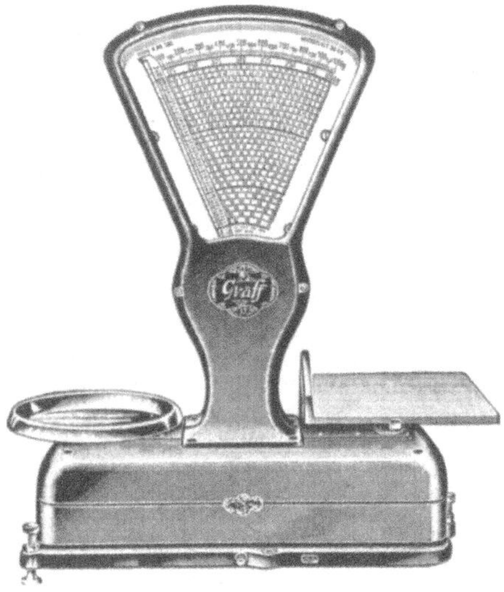


Abb. 222. Automatische Waage mit Preisablesung (Friedr. Graff, Witten).

11. Als Waagen verwende man die sog. automatischen Schnellwaagen, welche die Benützung von Gewichten überflüssig machen und dem Käufer wie dem Verkäufer die genaue Gewichtsablesung ermöglichen (Abb. 222).

Es ist selbstverständlich, daß die Schlachthofdirektion stets verlangen muß, daß die Verkäufer weiß gekleidet sind. Es empfiehlt sich nicht die Freibank heizbar einzurichten, da das Fleisch darunter leiden wird. Sind jedoch geschlossene Warteräume für das Publikum da, so kann für Heizung dieser Räume gesorgt werden.

In vielen Fällen liegen direkt neben den Freibänken, die stets so gelegen sein müssen, daß sie von der Verkehrsstraße aus direkt zugänglich sind, so daß also die Käufer das Areal des Schlachthofes selbst nicht zu betreten brauchen, die Räume zum Sterilisieren des Fleisches. Sie sind durch Türen von dem Verkaufsraume abgeschlossen. In ganz großen Anlagen hat man eigene Kühlräume für Freibänke eingerichtet, während man in kleineren Anlagen im allgemeinen Hauptkühlraum meist eine eigene Zelle für solches Fleisch bereitstellt.

Die Aufrechterhaltung der Ordnung und die Verhinderung eines großen Andranges macht oft Schwierigkeiten. Deswegen bringt man vor den Verkaufsräumen, ähnlich wie bei Theaterkassen, Laufgänge an. Man hat alle möglichen Mittel versucht, um Ordnung zu schaffen, man hat Marken mit Nummern ausgegeben, die der Reihe nach bedient werden, und beachtenswert hierin ist ein Vorschlag von Direktor Haffner, Düren, mit welchem er gute Erfolge erzielt haben will: Um Gedränge und zu frühes Ansammeln vor dem Verkaufsraume zu verhindern, läßt er mit Nummern versehene Zettel gut durchmischen und der Reihe nach an die Ankommenden verteilen, so daß jeder nicht die fortlaufende, sondern irgendeine Nummer erhält. Beim Verkaufe werden nun die Nummern aufgerufen und das Fleisch nur in dieser Reihenfolge abgegeben. Das Publikum gewöhnt sich rasch daran und verzichtet, früher als zur festgesetzten Verkaufsstunde zu kommen.

Man hat auch vielfach ein System eingeführt, das sich sehr gut bewährt hat. Ähnlich, wie beim Schlangestehen im Kriege, wo sich einer hinter den anderen zu stellen hatte, wird auch hier verfahren. Die Käufer müssen wissen, daß bevor die Ordnung nicht hergestellt ist, der Verkauf nicht eröffnet wird, und einer stellt sich hinter den anderen. Daß die zuerst Ankommenden selbst Polizei üben gegen solche, welche sich etwa vordrängen wollen, braucht nicht besonders erwähnt zu werden. Die Käufer sind dann hier selbst für Ordnungshaltung besorgt[1].

[1] Ein reibungsloser Verkauf kann auch in der Weise durchgeführt werden, daß in der Tagespresse bekannt gegeben wird, daß an einem bestimmten Tage Nummern für den Freibankverkauf unentgeltlich abgegeben werden. Es werden sich zahlreiche Personen melden, deren Namen und Vornamen in ein nach laufenden Buchstaben getrenntes Buch eingetragen werden, um zu verhindern, daß und dieselbe Person sich mehrere Nummern beschafft. Die Nummern müssen fortlaufend und auf haltbaren Karton gedruckt sein. Steht nun

## 2. Fleischverkaufshallen.

In der ganzen Geschäfts- und Industriewelt findet man heute das Bestreben nach wirtschaftlichem Zusammenschluß. Das Großkapital ist bestrebt, den Kleinbetrieb langsam aber sicher aufzusaugen; es bilden sich aber auch im Fleischergewerbe kapitalkräftige Vereinigungen, die den gesamten Fleischverkauf an sich zu reißen bemüht sind. Sie bilden einen mächtigen Faktor im Ein- und Verkauf von Vieh und Fleisch und wirken nicht zuletzt preisbestimmend. In einer Reihe von Städten kann man die Beobachtung machen, daß sich solche Verkaufsgesellschaften gebildet haben, die weit leistungsfähiger sind als der einzelne Fleischer. Ein Blick auf die großen Warenhäuser, auf die sich sehr ausbreitenden Konsumvereine, die verschiedenen Produktivgenossenschaften zeigen auch auf anderen Gebiete die gleichen Erscheinungen des Zusammenschlusses. Die vielfach schlechte finanzielle Lage des einzelnen, die hohen Steuern und Abgaben, die Erhöhung der Personalkosten und -lasten machen es dem einzelnen Schlächter außerordentlich schwer, sich über Wasser zu halten, es wird ihm vielfach unmöglich sein, Qualitätstiere einkaufen zu können, was ihm früher ein leichtes war, und nur sehr oft kann man beobachten, wie zwei und mehr Fleischer zusammen den Ankauf und die Verarbeitung von einem Stück Großvieh betätigen und sich prozentual in den Erlös teilen. In einer Reihe von Fällen stehen dem kleinen Fleischer keine Möglichkeiten zur Verfügung, seine Ware frisch zu erhalten, und namentlich auf dem Lande bieten die etwa vorhandenen Eiskeller nur einen ganz minderwertigen Ersatz für eine maschinelle Kühlanlage, wie sie in Städten zu finden sind. Vielfach bestehen aber auch städtische Bestimmungen gegen die Benützung solcher Räume durch auswärts geschlachtetes Fleisch. Und wenn auch in vielen Fällen Landfleischer maschinelle Kühlanlagen besitzen, so ist das kein allzuhoher Prozentsatz. Kommen zu diesen Sorgen noch ungünstige Verkaufsverhältnisse infolge ungünstiger finanzieller Lage der Käufer, so wird der kleine Fleischer wohl oder übel gezwungen sein, nach einem Ersatz für eigene Schlachtungen sich umzusehen und zum Ankauf von Fleischvierteln gezwungen zu sein oder aber zur Vornahme gemeinschaftlicher Schlachtung mit einem anderen Fleischer.

Seit einer langen Reihe von Jahren hat der praktische Amerikaner erkannt, daß Großeinkauf von Vieh, gemeinschaftliche Schlachtungsvornahme in einer Hand, die genauestens durchdachte Rationalisierung der Arbeitsleistung bei den Schlachtungen, die gemeinsame Lagerung und Versendung der Produkte, die bis ins kleinste gehende rationelle Verwertung und Verarbeitung der Nebenprodukte den Einzelschlachtungen gegenüber Vorteile bringt, und zwar zunächst für den Unternehmer, der auch den Gesamtgewinn in einer Hand vereinigt, daß aber auch die damit geschaffene Fleischversorgung für den Käufer dann aber auch volle Sicherheit für Ausgleich zwischen Anlieferung und Nachfrage schafft, ganz abgesehen davon, daß durch diese Konzentrierung des Schlachtbetriebes die Waren eher verbilligt, als verteuert werden, trotzdem beträchtliche Summen für den Betrieb selbst, dann aber auch für Reklame aufgewendet werden müssen. Es soll damit durchaus nicht allenfalls behauptet werden, daß man bei uns zulande jemals in der Lage sein wird, in dieser großzügigen Weise einkaufen, schlachten und verwerten zu können. Dazu fehlt uns der nötige Viehstapel aber auch nicht zuletzt die nötigen Mittel[1].

Diese Vereinigung des Schlachtbetriebes in den Händen weniger Großunternehmer hat drüben in den Staaten eine unleugbare Tatsache geschaffen: der Kleinfleischer ist verschwunden und an dessen Stelle der Fleischverkäufer getreten. Der Großunternehmer versorgt diesen mit Waren in jeder Menge, er unterstützt ihn bei Herstellung eines entsprechenden Verkaufsraumes, mietet für ihn einen solchen, stattet ihn vielleicht sogar selbst aus, trägt alle Spesen bis zum Verkaufsraum, liefert ihm kostenlos Eis für den Eisschrank, ja er stellt sogar in gut gehenden Geschäften auf seine Rechnung Kleinkältemaschinen auf, um das Produkt unter allen Umständen frisch zu erhalten, beteiligt ihn aber auch, um seinen Geschäftsgeist anzuspornen mit gewissen Prozentsätzen am Gewinn. Auf diese Weise wird zunächst der Klein-Fleischverkäufer vieler eigener Sorgen überhoben und kann mit einem mehr oder weniger großen sicheren Geschäftsgewinn rechnen, das eigene Risiko ist ihm benommen, desgleichen jede unreinliche Arbeit. An ihm ist es nur, seinen Kundenkreis nach Möglichkeit zu erweitern und zu sichern. Er hat es auch nicht nötig, in einer Fleischverkaufshalle einzukaufen und hat nur telephonisch

Fleisch zum Verkauf auf der Freibank, so erscheint am Vortag in der gelesensten Zeitung ein kleines Inserat: Freibank Nr. 1— Nr. ..., während an der Freibankzugangstüre sich ein Anschlag befindet: Käufer werden nur nach fortlaufenden Nummern bedient! Nimmt man sich die Mühe, die fortlaufenden Nummern einige Male kontrollieren zu lassen, so wird sich das kaufende Publikum sehr rasch an die neue Ordnung gewöhnen und schließlich selbst dafür Sorge tragen, daß die Nummernfolge genau eingehalten wird.

[1] Vgl. Hanfland, C.: Die amerikanische Fleischindustrie. Leipzig: Minervaverlag.

Waren einer bestimmten Fleischsorte und Qualität zu bestellen, um sofort mit dem Gewünschten beliefert zu werden[1].

In Deutschland stammen die ersten Ansätze für Fleischverkaufshallen und für den Fleischhandel aus den ersten Jahren nach dem Kriege, als die Fleischrationierung ihr Ende erreicht hatte, aber noch beträchtlicher Mangel an Vieh, infolgedessen auch an Fleisch, vorhanden war. Zu dieser Zeit war man außerordentlich auf die Einfuhr ausländischen Fleisches, namentlich aber des Gefrierfleisches und der amerikanischen Schinken und Speckseiten angewiesen, und es erwies sich zweckmäßig, hierfür eigene Verkaufsräume bereitzustellen. In allen Schlacht- und Viehhöfen ging der Betrieb zurück und erst die Stabilisierung der Währung und die Aufhebung der Zwangsbewirtschaftung brachte wieder Um- und Aufschwung. Erst ganz allmählich erreichten die Schlachtziffern unserer Anlagen wieder annähernd die der Vorkriegszeit und erst in letzten Jahren wurde die frühere Höhe wieder vielfach erreicht.

Man konnte nun bald beobachten, daß sich hinter dem Viehankaufs- und dem Schlachtgeschäft ein weiterer Faktor einschob: der Fleischgroßhandel, der sicherlich auch vor dem Kriege in bescheidenem Maße bestand, der nunmehr aber die Zeit als gekommen erachtete sich auszubreiten. Insbesondere aber war es die rasche Entwicklung der Bevölkerungszunahme in großen Städten, mit welcher die Eigenproduktion an Vieh nicht Schritt halten konnte und die den Verkauf von Auslandsfleisch direkt notwendig machte. Was Wunder, wenn leistungsfähige Grossisten sich auf die Einfuhr und den Vertrieb desselben warfen, um so einen Ausgleich zwischen Angebot und Nachfrage zu schaffen? Gar bald hatten sich aber auch die dem Auslandsfleisch skeptisch gegenüberstehenden Konsumenten davon überzeugt, daß die Güte desselben durchweg eine vorzügliche zu nennen war, und der Fleischverkauf von Vierteln, von Auslandsinnereien, Speck usw. nahm immer größeren Umfang an. Ganz allmählich aber erkannte der kleine Fleischer, daß es seine Geschäftsspesen wesentlich verringere, wenn er Fleisch und Auslandsfleisch in Vierteln zu kaufen Gelegenheit hat und es wurde vielfach vom Großhändler dem Fleischer durch Stundung des Kaufpreises bis nach erfolgtem Verkauf in jeder Weise entgegengekommen. Man findet also hier bereits die ersten Anfänge zu dem in Amerika längst bekannten Fleischverkäufer, eine Berufsvariante, die sich in nicht allzulanger Zeit, wenn auch bedauerlicherweise, sehr weit verbreiten wird, die sicherlich aber dem Betrieb des Schlachthofes nichts weniger als zuträglich sein kann. Leider ist diese kapitalistische Orientierung nur schwer zu trennen. Sie ist trotz der besseren Ausnützung der Nebenprodukte volkswirtschaftlich verwerflich, weil nicht nur ein Berufszweig in der bisherigen Form ausgerottet würde, sondern auch weil die Gewinne einzelnen Kapitalisten, nicht aber dem Volkswohl zugute kommen.

Abb. 223. Fleischmarkthalle Stuttgart.

Die Auswirkung dieser Erscheinung verursachte die Notwendigkeit, statt der oft recht primitiven Fleischverkaufsräume, die nur als Notbehelfe dienten, neue Einrichtungen zu schaffen, um den stets wachsenden Anforderungen des Groß-Fleischhandels zu genügen, eine Aufgabe, welche von einer Reihe von Städten in geradezu musterhafter Weise durchgeführt wurde. Wenn man bedenkt, daß z. B. in Berlin allein für 400 Millionen RM. Fleisch in den Verkaufshallen umgesetzt wird, so läßt sich auch begreifen, daß oft gewaltige Verkaufsräume, dann sehr oft

[1] Von einschneidender Bedeutung für die Entwicklung des Fleischkleinhandels war die Ausgestaltung des Schnellgefrierverfahrens in jüngster Zeit. In amerikanischen Großstädten werden neuerdings z. B. Fleischfilets nach diesem Verfahren eingefroren und in normalisierten kleinen Stücken in Zellophanpapier eingewickelt in größerer Zahl in Pappkartons kochfertig verkauft. Vgl. Abschnitt: Gefrierfleisch.

eigene Kühlräume geschaffen werden mußten, um dem Bedürfnis gerecht zu werden. Es ist auch mit Sicherheit anzunehmen, daß sich der Fleischgroßhandel von Jahr zu Jahr mehr entwickeln wird, daß es also nur klug sein wird, dafür Sorge zu tragen, daß in heute erbauten Anlagen auf die Möglichkeit einer evtl. später notwendig werdenden Vergrößerung Rücksicht genommen wird. So z. B. ist der Fleischverkauf in Köln von 2 870 000 kg im Jahre 1920 auf 61 000 000 kg bereits im Jahre 1923 angewachsen, heute wird diese Zahl sicher bereits um das Doppelte überschritten sein.

Doch nicht nur für die Fleischer einer bestimmten Stadt dienen diese Fleischgroßmärkte. Genau wie die Exportmärkte benachbarte Schlachthöfe mit Vieh versorgen, so macht sich auch die Fleischerschaft benachbarter kleinerer Städte mit und ohne Schlachthof diese Stapelplätze für verkaufsfertiges Fleisch zunutze, ferner aber auch der Landfleischer, dem die Frischerhaltung des Fleisches nicht selten größere Schwierigkeiten bietet.

Es bedarf wohl keines Beweises, daß der Fleischgroßhandel ausschließlich nur in Schlachthöfen sich abspielen kann und darf, da nur dort Ein- und Ausfuhr der zum Markt gebrachten Waren gründlich und eingehend tierärztlich überwacht werden kann. Kleine Ansätze zum Fleischgroßhandel hat man oft in mittelgroßen Städten zu beobachten Gelegenheit, hier leider sehr oft auf offenem Markt, wo das Fleisch dem Staub, der Sonnenhitze und der Fliegenplage ausgesetzt ist, ein Zustand der sicherlich nicht als hygienisch einwandfrei zu bezeichnen ist und der deshalb je eher desto besser abzustellen sein wird. Es dürften aber auch unter keiner Bedingung private Großfleischverkaufshallen geduldet werden, die außerhalb des Schlachthofes errichtet und betrieben werden sollen.

Abb. 224. Fleischgroßverkaufshalle Chemnitz (Innenansicht).

Es ist wohl auch selbstverständlich, daß stets das Bedürfnis nach einer solchen Verkaufsgelegenheit für Fleisch vorhanden sein muß, um eine solche zu errichten. Es wäre unklug, bei Neubauten von Schlachthöfen in mittleren und kleinen Städten ohne Bedarf solche Räume vorzusehen. Klug aber wird es sein, wenn man auf einen späteren Bedarf Rücksicht nimmt, was dadurch erreicht wird, daß man bei der Schaffung der allgemeinen Disposition stets auch daran denkt, daß durch irgendwelche heute nicht vorherzusehende Umstände auch die Notwendigkeit, eine solche Verkaufshalle schaffen zu müssen, eintreten kann, daß sich auch in kleineren Städten der Großviehfleischhandel breit machen wird, und dann muß eine solche Anlage am rechten Platze vorgesehen werden können, die dann später ohne große bauliche Änderungen ausgeführt werden kann (Abb. 224).

In vielen Fällen hat man mangels an Mitteln, einen Neubau hierfür zu errichten, sich damit beholfen, wenig benützte Kleinviehschlachträume zu diesem Zwecke zu benützen, oder den Fleischgroßhandel im Vorkühlraume abzuwickeln. Insbesondere das letztere kann kaum als hygienisch einwandfrei bezeichnet werden, da es unvermeidlich ist, daß Händler und Fleischer mit noch dort hängendem, nicht dem Verkauf unterstelltem Fleisch direkt in Berührung kommen, von den Wärmeverlusten durch den erhöhten Verkehr ganz abgesehen.

Die Fleischverkaufshalle ist ein Mittelding zwischen Schlachthalle und Vorkühlraum. Als eigentlicher Lagerraum im Sinne des Kühlhauses werden diese Räume nicht benützt, da sie

[1] Über bauliche Ausstattung vgl. Teil V.

entweder unmittelbar aus dem Kühlraum oder, was weit öfter der Fall sein wird, von der Entladerampe aus beschickt werden (Abb. 225).

Die Verkaufsstunden sind genau festgesetzt und erstrecken sich nur über eine kurze Zeit des Betriebstages. Man wird zu beobachten haben, daß grundsätzlich die Tiergattungen, soweit nicht ein einzelner Unternehmer alle Tiergattungen zum Verkaufe ausstellt und seinen eigenen gemieteten Verkaufsplatz besitzt, getrennt aufgehängt werden, um dem Kaufenden eine größere Übersicht in Auswahl über die zum Verkauf gelangende Ware zu bieten. Durch eingebaute Hakenrahmenreihen werden die Hallen in verschiedene Unterabteilungen geschieden. Es ist wünschenswert, die Rahmenhöhe nicht über 1,7 m zu verlegen, um die Schwierigkeiten des Aufhängens der Ware zu verringern. Die einzelnen Abteilungen müssen räumlich so gehalten sein, daß nicht nur für die Käufer die nötige Bewegungsfreiheit gesichert, sondern daß auch für Waagen und Schreibgelegenheit genügend Raum vorhanden ist. Wird es gewünscht, daß von einem benachbarten Vorkühlhaus Tiere in Hälften zum Verkaufsraum gebracht werden können, so muß dieser die gleiche Höhe wie der Vorkühlraum erhalten und auch die Anbringung von Transportschienen ermöglichen, außerdem auch Abnahmevorrichtungen zur Abnahme von Vierteln enthalten. Man findet auch sehr oft, daß von einzelnen Verkaufsabteilungen aus Transportvorrichtungen mit Flaschenzügen zu den Aufladeplätzen geführt werden, um die gekaufte Ware bequem und mühelos auf Transportwagen verbringen zu können.

Abb. 225. Fleischverkaufshalle in Düsseldorf.

Zur Erhöhung der Luftbewegung ist vielfach der Viozonapparat im Gebrauch, der deckenständig angebracht wird. Gute Luftbewegung verhindert den Aufenthalt der lästigen Fliegen.

Es wurde wiederholt die Frage angeschnitten, ob man diese Räume mit Kühleinrichtungen versehen soll oder nicht. Es läßt sich allerdings schon beim Bau solcher Anlagen darauf Rücksicht nehmen, daß die Umfassungswände mit Wärmeschutz versehen werden. Damit ist zugleich eine Grundlage für eine evtl. spätere mögliche Kühlung gegeben, die ohne Raumisolierung wertlos sein würde. Bedenkt man, daß der Verkauf in diesen Räumen auch in der heißesten Zeit stattfindet, daß aber auch die vielen hier verkehrenden Menschen eine gewisse Wärme ausströmen, die sich ungünstig auf das Fleisch auswirkt, so ist naheliegend, daß man die Möglichkeit im Auge behalten sollte, in sehr warmer Jahreszeit für Stunden diese Räume kühlen zu können. Je nach der näheren oder weiteren Entfernung der Kältemaschine von diesem Raume wird die Kühlung geringere oder höhere Kosten verursachen, die jedoch nie als starke Belastung empfunden werden wird. Nie aber wird es notwendig sein, diese Räume auf Temperaturen unter $+8°$ zu kühlen, da diese Temperatur genügt, um die Fliegen abzuhalten, und das Fleisch nur kurze Zeit in den Räumen bleibt.

Abb. 226. Automatische Waage (E. Schmitt, Düsseldorf).

Es sollte nicht mehr die unmoderne Gewichtshängewaage zur Verwendung kommen, sondern ausschließlich die sog. Schnellwaage, die dem Käufer nicht nur ein sofortiges Ablesen des ermittelten Gewichtes gestattet, sondern ihm auch einen durch die Waage selbst zu druckenden Beleg zur Verfügung stellt (Abb. 226)[1]. Doch nicht nur der Käufer soll einen Beleg für das gekaufte Gewicht haben, sondern auch die Leitung der Verkaufshalle. Es ist zweckmäßig, solche Waagen einzubauen, wie sie die Schnellwaagenfabrik Großenbaum oder Schember-Wien

[1] Eine Reihe von Waagenfabriken stellen solche her und sei nur auf die bekannten Berkelwaagen, Graff, die Toledo-, Subito-, Garvenswaagen u. a. hingewiesen. Vgl. auch Abschnitt Waagen S. 139.

bauen, mit welcher auch die ermittelten Gewichte auf einem Rollband in der Waage selbst aufgezeichnet und nach Verkaufsschluß addiert werden können, um sofort den Umsatz des Tages feststellen zu können.

Man denke auch daran, daß in diesem Raume von den hier Verkehrenden schriftliche Aufzeichnungen gemacht werden müssen, daß man also für Stehpulte, besser aber, für wandständige Klappulte Sorge tragen muß. Der Fleischgroßhandel wird in großen Anlagen auch die Bereitstellung von eigenen Geschäftsräumen für seine Vertreter verlangen, das gleiche wird seitens der Viehmarktsbanken der Fall sein. Daß hier öffentliche Fernsprechanlagen eingerichtet sein müssen, ist selbstverständlich. Es wird sich auch stets empfehlen, eigene Räume für die Überwachungsbeamten des Schlachthofes, für entsprechende Waschgelegenheiten und möglichst dicht nach der Halle zu abzuschließende Bedürfnisanstalten sowie für Diensträume von Wägern Sorge zu tragen.

In großen Fleischmarkthallen sind die Verkaufsplätze großer Fleischhandelsfirmen durch weit sichtbare, auf deren Rechnung anzubringende Firmenschilder gekennzeichnet. Ebenso notwendig ist es, daß am Eingang auf schwarzen Tafeln mit Kreide vor dem Verkaufsbeginn die Zahl der zum Verkauf stehenden Viertel und Einzeltiere angeschrieben werden, ferner die jeweils geltenden Tagespreise für das Kilo jeder Qualität und Gattung. Stets soll mittels elektrischem Läutewerk Beginn und Schluß des Marktes bekanntgegeben werden, wie es auch von Interesse sein wird, den vorhandenen Restbestand auf Tafeln am Ausgang bekanntzugeben.

Abb. 227. Großkühlzellen im Schlachthof zu Chemnitz.

Wie für bequeme und mühelose Füllung des Raumes gesorgt werden muß, so ist es auch unerläßlich, daß die Abfuhr der gekauften Ware in keiner Weise erschwert wird, sei es nun, daß diese in die gemieteten Kühlräume oder aber auf Transportwagen zum Verkauf im Einzelgeschäft verbracht werden. Auch für die sachgemäße Aufstellung der Transportwagen muß in jeder Weise gesorgt werden, und es müssen sich stets regengeschützte Aufladeplätze vorfinden. (Musterhaft sind die diesbezüglichen Anlagen in Bochum, Chemnitz und Frankfurt a. M.)

Bei jeder Verkaufshalle muß die Möglichkeit bestehen, unverkauft gebliebene Waren der Großhändler in Kühlräumen, welche diese gemietet haben, verbringen zu können. Kleinere Anlagen behelfen sich damit, hierfür das allgemeine Kühlhaus zu benützen, in welchem die Großhändler einen Teil der Räume für sich pachten (Abb. 227). In großen Anlagen findet man hingegen fast stets nur für Großhandelsware bestimmte eigene Räume, die je nach Bedarf der Jahreszeit auch auf Temperaturen unter Null gebracht werden können, welch letztere besonders evtl. auch für die Aufbewahrung von Auslandsfleisch in Frage kommen, in welchen auch stets Vorräte an diesen Waren für den Verkauf bereit gehalten werden können[1].

Sind mit diesen Verkaufshallen Gefrierräume verbunden, so hat man auch an die Bereitstellung von entsprechenden Auftauräumen Sorge zu tragen, die natürlich unter Verschluß stehen müssen, um Diebstähle zu verhindern.

Es sind verschiedene Fleischmarkthallen im Betrieb, in welchen man, da anderweitige Bodenfläche nicht mehr zur Verfügung stand, zu Stockwerksbauten greifen mußte, um die nötige Zahl der Räume zu schaffen. Dabei sind die dazu gehörigen Kühlräume teils im 1. Stockwerk, teils im Kellergeschoß eingebaut. Die hierfür benötigten Aufzüge müssen zu bestimmten Stunden durch Angestellte des Schlachthofes selbst bedient werden. In Düsseldorf wurde die Frage durch eine von Oberingenieur Scheld der Firma Beck & Henkel in Kassel ersonnene Elevatoreinrichtung, die während bestimmter Stunden als Paternosterwerk in Betrieb gehalten wird

[1] Firma W. Stohrer, Leonberg, hat eine sog. Niedertransportbahn zum Einhängen von Tieren in Kühlräume geschaffen. (Vgl. Abb. 207, 208, S. 193.)

und die Stockwerksunterschiede leicht überwinden läßt, sehr zweckmäßig gelöst. Die Elevatoreinrichtung ermöglicht es, daß an der Transportbahn hängende Tiere, in einem anderen Stockwerk angelangt, dort sofort weiter gerollt werden können.

Nach Beendigung der Verkaufszeit ist die Markthalle eingehend zu reinigen. Zu diesem Zweck sind an zahlreichen Stellen des Raumes Zapfständer (Hähne mit Gewinde) anzubringen.

In jeder Fleischverkaufshalle sind für den betreffenden Ort zutreffende Betriebsvorschriften erlassen worden. Als Beispiel einer solchen soll die von Gelsenkirchen erwähnt werden, welche folgenden Wortlaut hat:

„Die Fleischgroßhandelsräume sind in den durch jeweilige öffentliche Bekanntmachung angegebenen Zeiten geöffnet.

Die Vorschriften der Betriebs- und Gebührenordnungen des Schlachthofes gelten sinngemäß auch für die Fleischgroßhandelsräume.

Insbesondere sind die Wege und Gänge vor und in den Handelsräumen für den Verkehr freizuhalten. Das Hängenlassen von Fleisch und das Aufstellen von Karren und Wagen und sonstigen Gegenständen auf denselben ist verboten. Blut darf nur in sauberen metallenen rostfreien Gefäßen, die wenigstens mit einem Metallsieb zugedeckt sind, aufgestellt und feilgehalten werden. Noch mit Hornschuhen versehene Unterbeine dürfen nicht mit anderen Fleischteilen zusammengebracht oder feilgehalten werden.

In den Fleischgroßhandelsräumen dürfen nur frisches Fleisch in ganzen Tierkörpern oder größeren Teilstücken, sowie die zum Fleisch gehörigen Teile (Kopf, Zunge, Schwanz, Fett, Unterfüße) und gereinigte frische Eingeweide (außer Därmen) aufgestellt oder feilgehalten werden. Der Handel mit anderen Lebensmitteln ist nur in den dafür von der Schlachthofverwaltung bestimmten Räumen gestattet.

Feilgehaltene Lebensmittel müssen mindestens 30 cm über dem Fußboden auf sauberen Unterlagen lagern.

Nicht zum menschlichen Genuß bestimmte und nicht mehr genußtaugliche oder übelriechende Ware und sonstige Gegenstände, insbesondere Kleidungsstücke, leere Fässer, Kisten, Packmaterial dürfen in den Handelsräumen nicht aufbewahrt werden.

Fleischhändlern, welche Fleisch nicht regelmäßig in den Handelsräumen des Schlachthofes feilhalten, ist das Betreten der Räume zwecks Aufsuchens von Bestellungen verboten.

Das Betreten fest zugeteilter, durch Firmenschilder gekennzeichneter Stände ist nur bei Anwesenheit der Inhaber oder ihres Personals gestattet[1]."

# Anhang.

**Aufzüge und Hebezeuge.** Besonders der Umstand, daß in einer Reihe von Schlachthöfen nur wenig Gelände zur Erweiterung einzelner Teile vorhanden ist, drängt darauf hin, dem Stockwerksbau eine größere Aufmerksamkeit zu schenken. Um diesen betriebspraktisch zu gestalten, werden in Zukunft Aufzüge und Hebezeuge eine weit größere Rolle spielen als bisher. Zunächst kommen für die Schlachthöfe Lastenaufzüge in Frage. Die Personenaufzüge spielen eine untergeordnete Rolle. Es kommen in Frage: 1. Elektrohebezeuge (Abb. 67—69, S. 114/115), 2. Fahrstühle, 3. Paternosterwerke, 4. elektrische Schrägaufzüge. Das Arbeiten von elektrischen Hebezügen ist von den Aushebevorrichtungen der Eiszellen her längst bekannt, auch die elektrischen Winden in Großviehhallen werden sich bei billigerem Preise rasch einbürgern (Abb. 228). Mehr Bedeutung haben jedoch elektrische Hebezüge, welche mühelos für den Fleischer Stockwerksunterschiede überwinden lassen. Die wichtigste Bedingung ist, daß diese Apparate anspruchslos, unempfindlich im Gebrauch und leicht zu bedienen sind, stoßfreien Anlauf haben und absolute Sicherheit gegen Absturz bieten. Die letzte Forderung ist erfüllt, wenn eine mechanische Bremse vorhanden ist, die beim Ausbleiben des Stromes automatisch in Tätigkeit tritt. Die Fördergeschwindigkeit ergibt sich von Fall zu Fall, je nach dem Anwendungszweck.

Zur Verbringung von Lasten in Kellergeschosse bieten in kleinen Anlagen die Elektrohebezeuge (Bamag, Demag, Schiele usw.) dem Fahrstuhl gegenüber den Vorteil, daß sie ohne weiteres zu bedienen sind, doch muß anderseits im Empfangsraum jemand bereitstehen, um die Last in Empfang zu nehmen. In Anlehnung an den früheren Arbeitsvorgang, daß die Tierteile von einem Stockwerk zum anderen getragen werden mußten, hat sich deshalb als vorteilhafter Typ der bei der Besprechung der Fleischmarkthallen bereits erwähnte Typ des Schrägaufzuges herausgebildet. Dieser ist eigentlich nur eine Fortsetzung der Transportbahn in der Halle, die mechanisch das herangeschobene Fleischviertel oder Tier erfaßt und ohne Mühe in ein anderes

[1] In den ausgegebenen Fragebogen wurden 60 Fleischverkaufsräume angegeben, von welchen jedoch nur die gesperrt gedruckten als wirklich moderne Anlagen zu bezeichnen sein dürften: Aachen, Aue, Berlin, Bochum, Bonn, Bremerhaven-Wesermünde, Breslau, Bunzlau, Chemnitz, Danzig, Dortmund, Dresden, Düsseldorf, Duisburg, Elberfeld, Erfurt, Essen, Frankfurt a. M., Fürth, Gelsenkirchen, Gleiwitz, Göttingen, Gotha, Hagen, Gera, Halberstadt, Halle, Hamborn, Hamburg, Hamm Hohenlimburg, Karlsruhe, Kassel, Kiel, Naumburg, Köln, Krefeld, Leipzig, Lübeck, Mainz, Mannheim, Mühlheim (Ruhr), München, Neustadt (Haardt), Nürnberg, Offenbach, Osnabrück, Paderborn, Plauen, Reichenbach i. V., Recklinghausen, Regensburg, Stralsund, Stuttgart, Waldenburg, Wanne, Weimar, Wiesbaden, Witten, Zeitz, Zwickau.

Stockwerk befördert (Abb. 229). Dort angelangt, wird es auf der Fortsetzung der Transportbahn bis zum Lagerraum weiter gleiten können. Diese Schrägaufzüge sind während der Öffnungsstunden der Kühlräume ununterbrochen im Betrieb und arbeiten meist paarweise,

Abb. 228. „Demag"-Elektroflaschenzug.

Abb. 229. Schrägaufzug für Fleisch (Fleischmarkthalle Düsseldorf).

indem eine Hälfte nach aufwärts, die andere nach abwärts transportiert. Sehr wichtig ist das Vorhandensein von Sicherheitseinrichtungen gegen unrichtiges Einfahren.

Die Schrägaufzüge bieten den Senkrechtaufzügen gegenüber den Vorteil, daß sie ohne weiteres durch jedermann benützt werden können, also keine eigene Bedienung erfordern und ein

Abb. 230. Schrägaufzug in eine ][-Bahn eingebaut (Stohrer).

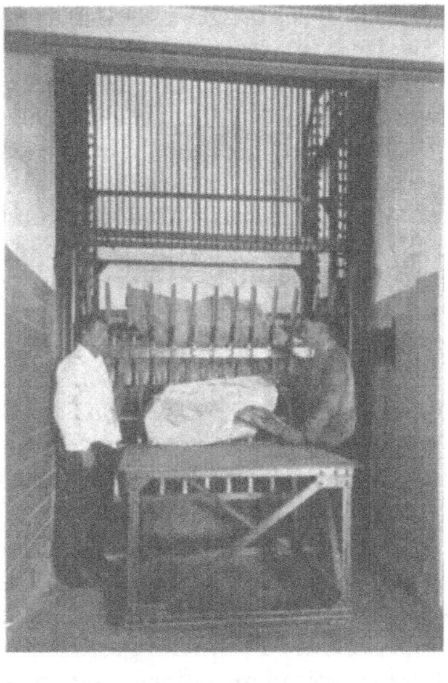

Abb. 231. Gefrierfleisch-Aufzug (Paternoster-System).

Umhängen nicht nötig ist, daß Wartezeiten, ferner ein Öffnen und Schließen von Türen in Wegfall kommt. Sie bieten aber auch die Möglichkeit, daß der Besitzer gleichzeitig mit dem Fleischstück die Treppe ansteigen und dasselbe im Auge behalten kann, um Verwechselungen vorzubeugen. In allen Fällen haben sich die Fleischer relativ rasch daran gewöhnt. Es ist lediglich

Sorge zu tragen, daß die Aufzuggleise genügend hoch angeordnet werden, damit eine Beschmutzung des Fleisches an den Treppen (Abb. 229) nicht vorkommt[1].

Zur Beförderung von Personen mit kleinen Traglasten ist das endlose Paternosterwerk, das ständig in Bewegung ist, sehr praktisch (Kühlhaus München). Für Gefrierfleisch hat sich eine besondere Bauart herausgebildet, welche in Abb. 231 dargestellt ist.

Die Fördertechnik ist in den letzten Jahren für den Schlachthofbetrieb von großer Wichtigkeit geworden und wird sich rasch hier weiter entwickeln, wenn sie auch vielfach in ihrer Bedeutung noch unterschätzt wird. Betrachtet man den Grundriß einer Schlachthofanlage, so fällt sofort die Größe der überbauten Flächen ins Auge. Nachdem die Baukosten zu einem ganz wesentlichen Teile Fundamentierungskosten sind, wird die Bedeutung der Stockwerksbauten ohne weiteres klar. Bei großen Anlagen ergibt sich als weiterer zwingender Grund: die übermäßige Ausgedehntheit bei einstöckigen Bauten. Von Bedeutung kann auch sein, wenn für Neubauten das Grundstück zu klein und Nachbargrundstücke nur zu enormen Preisen zu erwerben sind. Durch den Einbau gut arbeitender Transportvorrichtungen werden die Keller und Stockwerkskühlräume den ebenerdigen gleichwertig und ist damit auch vielfach auf einfachem Wege die Erweiterungsmöglichkeit für Kühlräume geschaffen.

# VIII. Räume für Fleischer, Händler, Landwirte.

## 1. Schlachthof-Wirtschaften.

Es wird hier vornehmlich zu untersuchen sein, für eine wie große Anlage solche geschaffen werden wollen. Ganz allgemein soll bemerkt werden, daß man solche Einrichtungen wohl nur in großen und mittleren Anlagen findet und daß zu unterscheiden sein wird, ob es sich lediglich um eine Art Stehbierhalle oder um eine richtig betriebene Wirtschaft handeln soll. In jedem Falle ist die Frage der Notwendigkeit vorher genau zu prüfen. Es sollte unter allen Umständen vermieden werden, wie man das leider so oft zu beobachten Gelegenheit hat, daß Wirtschaften unmittelbar in Verwaltungsgebäude eingebaut werden, da sie dort stets Lärm und sonstige Störungen verursachen. Wird ein Wirtschaftsraum als vordringlich und notwendig gehalten, so gehört er in ein eigenes Gebäude, und zwar tunlichst nicht allzunahe am Verwaltungsgebäude. Läßt sich jedoch ein Einbau in dieses aus bestimmten Gründen nicht vermeiden, so sorge man für möglichste Isolierung dieser Räume, gesonderten Zugang und innere Trennung vom Verwaltungsteil, um den dort Beschäftigten den Aufenthalt nicht zu verleiden. Den Fleischermeistern in kleineren Städten wird das Vorhandensein einer Wirtschaft im Schlachthof niemals angenehm sein, weil die Gesellen über Gebühr lang von zu Hause fortbleiben und damit der Arbeit entzogen werden. In gleicher Weise sollte der Genuß von geistigen Getränken in den Betriebsräumen selbst und das Rauchen nie gestattet werden. Es fehlt an sich nicht an erregten Auftritten, welche durch die Schaffung einer künstlich „animierten" Stimmung sicherlich nicht an Zahl verringert würden. Manche Verstöße gegen den Hausfrieden werden dadurch hintangehalten. Man kann schließlich begreifen, daß die Arbeitenden das Bedürfnis nach einer Zigarette haben, und es besteht kein Grund ihnen das Rauchen außerhalb den Hallen und Stallungen zu verbieten, noch besser aber mundet das Rauchen im Verein mit einem frischen Trunk. In vielen Schlachthöfen war bis zum Kriegsende das Rauchen im Betrieb streng verboten, doch haben sich die diesbezüglichen Bestimmungen im Laufe der Jahre oft sehr gelockert und wie es, namentlich im Süden, Schlachthöfe gibt, in welchen die Gehilfen stets den gefüllten Krug zur Seite haben müssen, so ist auch in einer Reihe von Schlachthöfen das strenge Rauchverbot verschwunden und wird meist nur noch, dann aber mit eiserner Strenge, im Kühlhause durchgeführt.

Will man in Städten bis zu 50000 Einwohnern eine Gastwirtschaft auf dem Schlachthofe haben, so wähle man die Form der Kantine oder Stehbierhalle, die auch unter Umständen in Verbindung mit dem Pförtnerhaus eingebaut werden kann. Zu empfehlen ist die Errichtung eines Gasthauses nur dann, wenn mit dem Schlachthof ein Viehhof verbunden ist. Dann ist immer eine entsprechende Frequenz gesichert. Es gibt solche Wirtschaften, welche den Schlachthöfen große Pachterträgnisse liefern, neben anderen, welche sich kaum über Wasser halten können. Stets aber rechtfertigen Viehhofwirtschaften einen hohen Pachtzins. In den großen Viehhofrestaurants findet man fast regelmäßig einen saalartigen Raum, der als Viehmarktbörse dient, desgleichen aber auch Nebenräume, welche zu Innungsversammlungen benützt werden können. In vielen Anlagen (Dresden) trifft man sehr oft gemütlich ausgestattete Kneipräume mit Son-

[1] Man findet solche u. a. in Düsseldorf, Hannover, München und Hamburg.

derzugang für die Beamten der Anlage. In großen Anlagen mit Viehhöfen ist auch für Übernachtungsmöglichkeit Vorsorge getroffen, teils in besserer, teils in einfacher Ausstattung. Auch stehen dort für die Besucher der Viehmärkte Bäder zur Verfügung, auch solche für Viehtreiber, die meistens in Kellergeschossen eingebaut sind. In großen Anlagen sind auch eigene Polizei-, Sanitäts- und Poststationen eingefügt, sowie Filialen von Viehmarktsbanken oder Bankgeschäften. Die Größe der Anlage und die Notwendigkeit wirken hierin bestimmend.

## 2. Aufenthaltsräume für Meister und Gesellen (Kleiderräume, Waschräume).

Erfahrungsgemäß sind viele Leiter mittlerer Anlagen der Ansicht, daß Kleiderräume zwar notwendig, aber vielfach auch als Luxus zu bezeichnen sind, weil sie oft wenig oder gar nicht benutzt werden und weil durch mutwillige Zerstörungssucht sehr oft Beschädigungen von Einrichtungsgegenständen in diesen Räumen vorkommen. Wenn sich diese Ansicht auch nicht verallgemeinern läßt, so ist sie doch gewiß berechtigt. Es ist eine mühevolle Arbeit, die Leute zur ständigen Benutzung dieser Räume zu erziehen. Die beste Möglichkeit dazu ist, daß man die Aufenthaltsräume als Garderobe- und Waschräume ausbaut. Gemietet werden die vorhandenen Schränke fast stets, benutzt oft sehr wenig oder gar nicht. Die Hauptsache ist, daß die Schlächtergehilfen hier ihre Straßenkleider aufbewahren und zur Vornahme der Berufsgeschäfte Arbeitskleider anziehen, diese aber auch vor dem Verlassen der Anlage wieder wechseln. Es gibt Anlagen, in denen es sich die Erbauer besonders angelegen sein ließen, diese Räume bestens auszustatten, wie Zürich, wo Brause- und Wannenbäder und eigene Waschgelegenheiten damit verbunden sind, wo angestellte Garderobefrauen die Räume unentgeltlich für den einzelnen beaufsichtigen. Erfahrungsgemäß werden die Garderoben seitens der Meister weniger benutzt als seitens der Gesellen, und doch ist es notwendig, wenigstens in größeren Anlagen, daß auch für die Meister solche Räume zugewiesen vorhanden sind, die man von den Gesellenräumen trennt. Diese Räume sollen heizbar sein, um bei kalter Jahreszeit den Leuten (Lohnschlächtern) in Stunden mit wenig Schlachtungen warme Aufenthaltsräume zu bieten. Weiterhin werden diese Räume vielfach benützt, um hier während der Arbeitspausen mitgebrachte Lebensmittel zu verzehren. Deshalb sind je nach Bedarf auch Tische, Stühle und Bänke bereitzustellen. Auch hier gilt der alte Erfahrungssatz: Je reinlicher der Raum ausgestattet ist, desto reinlicher wird er auch unwillkürlich gehalten! Hohe Kleiderschränke mit Holzfüllungen der Türen einzurichten, empfiehlt sich nicht, da diese sehr oft beim Vergessen und Verlieren des Schlüssels der Türen beschädigt werden. Drahtgitter auf Holzrahmen sind noch weniger praktisch, weil diese sehr schwer dauerhaft angebracht werden können. Will man Schränke anbringen, so sind die besten solche aus sehr massiven Brettern oder Metall mit einem Fassungsvermögen von $^1/_2$ cbm, zweckmäßiger jedoch ist es, Gitterstabtüren in Winkeleisenrahmen anzubringen, damit dem Aufsichtspersonal eine Kontrolle des Inhaltes der Schränke stets möglich ist (Abb. 232). Als praktisch hat sich auch erwiesen, bei Miete eines Schrankes eine geringe Gebühr, z. B. von 1—2 RM. an der Kasse gegen Quittung deponieren zu lassen, welcher Betrag bei Beschädigungen zur Behebung des Schadens verwendet wird[1].

Abb. 232. Metallkleiderschränke.

Vielfach wird es auch leicht möglich sein, ohne sonderliche Kosten fließendes Wasser einzurichten und sog. Seifenspender anzubringen. Eigene Handtücher bereitzustellen wird sich nicht empfehlen. Es muß dem einzelnen überlassen bleiben, in seinem Kleiderschrank ein solches vorrätig zu halten. Ein großer Fehler ist meist der, daß die Garderoberäume viel zu weit von den Schlachträumen entfernt liegen, was das Bestreben der Gehilfen sich nicht umzukleiden bestärkt. Deshalb war man in neuen Anlagen durchweg bestrebt, diese in unmittelbaren Anschluß an die Schlachträume zu erbauen. Eigentümlicherweise kommen dann weit weniger Beschädigungen vor.

[1] Zweckmäßige Kleiderschränke für Arbeiter fertigt u. a. die Firma O. Kind, Kotthausen bei Gummersbach (Rhld.).

Eine Waschgelegenheit sollte in jeder Garderobe vorhanden sein, wenn sie auch schließlich nicht allzuoft benutzt wird. Diese Räume in den Verwaltungsgebäuden unterzubringen, ist nicht empfehlenswert. (Fulda.)

Für die Schächter schafft man hin und wieder einen eigenen Garderoberaum, doch stößt eine solche Einrichtung auch sehr oft auf den Widerstand der Fleischer, welche in dem Schächter keineswegs eine bevorzugte Person erblicken. In manchen Fällen gestattet man ihnen die Anbringung eines eigenen Schrankes in den Hallenmeisterzimmern und verlangt als Ausgleich höheren Mietpreis[1].

## 3. Aborträume.

Der allgemeinen Gepflogenheit entsprechend stattet man diese unvermeidlichen Räume in einer Weise aus, daß gerade die Ausstattung zur Erhaltung der Reinlichkeit gewissermaßen herausfordert. Leider findet man unter dem hier arbeitenden Personal hier und da Leute, welche absichtlich die Räume verunreinigen. Man sorge auch für entsprechende Spülvorrichtungen, wie Spülkästen, bei denen man für die kalte Jahreszeit Frostmitlauf einbauen muß, oder Flushometer, die durch Druck auf einen Knopf in Tätigkeit treten. Fließenverkleidungen, wenn auch einfacher Art, sind wegen der Reinigungsmöglichkeit zu empfehlen, ferner Trennung der Kabinen mittels Holz- oder Betonwänden, die nicht bis zum Fußboden herunterreichen.

Pissoire mit Porzellan- oder Steingutschalen sind weniger empfehlenswert als sog. Ölpissoire, welche leicht abzuspülen und zu reinigen sind. Sie können mit glatter Rückwand an einer ganzen Längswand hergestellt werden, oder aber, wie bei öffentlichen Bedürfnisanstalten mit Abteilungen (Torfitpissoire). Pissoire auf den öffentlichen Straßen der Anlage müssen unter allen Umständen beseitigt werden.

Mit den Bedürfnisanstalten verbindet man in Neuanlagen durchweg Reihenwaschtische mit Kippschalen, die gerne benützt werden, namentlich, wenn sich die Bedürfnisanstalten in unmittelbarer Nähe der Kleider- oder Aufenthaltsräume befinden.

## 4. Baderäume.

Reinlichkeit soll im Schlachthofbetriebe in jeder Weise gefördert werden, es muß also auch auf die Förderung der körperlichen Reinlichkeit volles Augenmerk gerichtet werden. Wenn man auch recht oft zu beobachten Gelegenheit hat, daß das Vorhandensein eines Bades angestrebt, und wenn dann ein solches vorhanden ist, es nicht oder nur sehr wenig benutzt wird, so darf das keinesfalls ausschlaggebend sein, die Einrichtung von öffentlichen Bädern zu unterlassen. Der Sinn für körperliche Reinlichkeit muß geweckt werden und ist weit besseres auf diesem wichtigen Gebiete zu erreichen, wenn vorhandene Bäder den hier Arbeitenden kostenlos zur Verfügung gestellt werden.

Man hat in modernen Schlachthöfen der tadellosen Ausstattung von Bädern jede Aufmerksamkeit zugewandt. Wir besitzen tatsächlich eine Reihe von mustergültigen Einrichtungen. Gerade der Umstand, daß im Schlachthofe alle Faktoren zum billigen Betriebe von Bädern gegeben sind: Dampf, heißes und kaltes Wasser, elektrisches Licht, unter Umständen auch das notwendige Personal zur Bedienung, Raum für Trockenplätze der Wäsche, Dampfwaschbottiche usw. hat dazu Veranlassung gegeben, in kleinen Orten, die sich die Ausgaben für ein öffentliches Bad nicht gestatten können, solche allgemein zu benutzende Badeanstalten[1] mit dem Schlachthofe zu verbinden, wobei wieder zu berücksichtigen sein wird, daß dadurch die Schaffung von eigenen Bädern für die Fleischer in Fortfall kommen kann. Es wird sich als vorteilhaft erweisen, die Bäder stets in möglichste Nähe der Wärmequelle zu verlegen, um lange Leitungen um die damit verbundene Gefahr des Einfrierens in der kalten Jahreszeit und Wärmeverluste tunlichst zu verringern. Sind solche Bäder als öffentliche bestimmt, dann ist auch die Schaffung eines gesonderten Zuganges notwendig, insbesondere, wenn für beide Geschlechter Badestunden zu verschiedenen Tageszeiten festgesetzt sind. In solchen Fällen werden sich eigene Warteräume als unvermeidlich erweisen, auch kleine Wartegärten für den Sommer. Durch Trennung der Badestunden werden Anlagekosten für eigene Frauenbäder erspart werden können.

Grundsätzlich sollen Bäder für Metzgergehilfen im Schlachthofe, seien nun öffentliche oder speziell für diesen Zweck bestimmte Bäder vorhanden, unentgeltlich zur Verfügung stehen, es wird sich jedoch empfehlen, für Abgabe der nötigen Wäsche eine kleine Gebühr, die die

[1] Aus dem eingegangenen statistischen Material konnte errechnet werden, daß 73% der Schlachthöfe eigene Kleiderräume besitzen. Da man oft zu beobachten Gelegenheit hat, daß solche Räume wenig benützt werden, erstreckte sich auch darauf die Anfrage und antworteten 46% der Schlachthöfe, daß solche viel, 54% daß sie wenig oder gar nicht benützt werden.

Selbstkosten der Reinigung deckt, zu verlangen. Es ist auch recht wohl angängig, bestimmte Tage als Badetage festzusetzen, um dem mit Aufsicht und Reinigung betrauten Personal die Arbeit zu erleichtern.

In erster Reihe kommen für Schlachthofbäder nur Brausebäder in Frage, für welche 1,5 qm als Duschraum und der gleich große Raum zum Aus- und Ankleiden sich als hinreichend groß erweisen wird. Beide Räume werden durch Öltuchvorhänge, welche auf Metallstangen schiebbar sind, voneinander getrennt. Der Auskleideraum enthalte außer einem Stuhle und einem Spiegel einfache Kleiderhaken. Die einzelnen Brausebäder sind voneinander durch Eisenbetonwände, welche mit Platten verkleidet werden sollten, zu trennen. Als Fußbodendecken für den Duschraum sind solche aus durchlöcherten Schwamm-, Kork- oder Gummiplatten sehr empfehlenswert, auch Holzroste können Verwendung finden. Praktisch ist, die Türen und Trennwände nicht bis zum Fußboden herunterreichen zu lassen, um im Bedarfsfalle den Innenraum kontrollieren zu können.

Man rechnet auf je 10000 Einwohner eine Brausebadzelle und auf die gleiche Zahl ein Wannenbad, falls nur Schlächter das Bad benutzen; ist jedoch das Bad ein öffentliches Männerbad, so sollen für 10000 Bewohner etwa 5—7 Brausen und 2—3 Wannen berechnet werden, wird aber die Anlage von Bädern, die auch von Frauen benutzt werden, gewünscht, so wäre die Hälfte mehr als Minimalzahl in Ansatz zu bringen. Das Vorhandensein von Wannenbädern erweist sich als sehr zweckmäßig, wenn auch stets hiervon eine weit geringere Zahl als Brausebadzellen vorhanden zu sein braucht. Die Ausstattung dieser Räume ist die gleiche wie bei Brausebädern. Emailwannen, die sich am besten reinigen lassen, erweisen sich hier am vorteilhaftesten. Die Baderäume sollen mit Dampfheizung versehen sein, was um so leichter möglich ist, als die Dampfquelle nicht allzuweit entfernt liegt. Sie sollen und müssen auch im Winter stets benutzbar sein.

Vortrefflich ausgestattete Bäder treffen wir u. a. in den Schlachthöfen Augsburg, Bamberg, Dresden, Ludwigshafen, Elbing, Görlitz, Kalk, Magdeburg, Rastenburg, Zürich, Stuttgart, Magdeburg, Leipzig, Gotha, Gera, Stolp, Neunkirchen, Posen, Potsdam, Koblenz, Wiesbaden, Liegnitz, Reichenhall, Oberhausen, Darmstadt, Düsseldorf, Nürnberg, Hannover, Essen, Kottbus, Köln, Beuthen, Bochum, Gelsenkirchen, Kissingen, Plauen[1].

Besonders empfehlenswert ist eine Lagerung der Bäder neben den Garderoberäumen, wie das in Zürich, Mainz, Breslau und Pilsen der Fall ist.

Über das Vorhandensein von Bädern und Garderoben antworten 224 Schlachthöfe. Die Zusammenstellung ergibt, daß in 77 Anlagen (30%) Bäder für Fleischergehilfen vorhanden sind, für Angestellte der Schlachthöfe in 27 Fällen (12%), Volksbäder zu besitzen geben 8 Schlachthöfe an (0,38%). Die Tarife schwanken zwischen 10 Rpf. je Bad als Minimalsatz, der in weitaus den meisten Fällen erhoben wird und einem Höchstsatz von 35 Rpf., wobei nicht unerwähnt bleiben soll, daß erfahrungsgemäß die zu hohen Badebenützungsgebühren der Badefrequenz Abbruch tun. Nur Brausebäder ohne Wannenbäder besitzen 35 Anlagen = 4%.

# IX. Verwertung und Vernichtung von Konfiskaten, Tierleichen und Abfällen.

## a) Verwertung und Vernichtung des beanstandeten Fleisches.

Das Reichsfleischbeschaugesetz unterscheidet verschiedene Arten von Fleisch: 1. taugliches Fleisch von normaler Beschaffenheit, 2. bedingt taugliches Fleisch, das in seinem natürlichen Zustande zum Genuß für Menschen ohne Gesundheitsgefährdung nicht ohne weiteres verwendbar ist, jedoch durch entsprechende Behandlung für den Genuß brauchbar gemacht werden kann, 3. Fleisch, das im Nahrungs- und Genußwert erheblich herabgesetzt ist (minderwertiges Fleisch), 4. untaugliches Fleisch, das als Nahrungsmittel nicht geeignet ist und nicht in den Verkehr gebracht werden darf. Solches Fleisch ist von der Polizeibehörde zu beschlagnahmen und unschädlich zu beseitigen, soweit seine Verwendung für andere Zwecke nicht zugelassen wird. Genauere Bestimmungen hierüber trifft das Reichsfleischbeschaugesetz in §§ 37—39.

## b) Verfahren mit bedingttauglichem Fleisch.

Das bedingttaugliche Fleisch verlangt unter gewissen Voraussetzungen die Keimfreimachung oder Sterilisierung. Um das bedingttaugliche Fleisch genußfähig zu machen, bevor es in der Freibank verkauft wird, sind Apparate nötig, welche die sichere Sterilisierung des Fleisches bei möglichst geringem Gewichtsverlust erreichen, ohne den Nährwert zu beeinträchtigen.

[1] Öffentliche Bäder sind u. a. in den Schlachthöfen Pfaffenhofen, Arzberg, Fürstenfeldbruck, Schwandorf.

Ursprünglich erfolgte das Kochen in offenen Kesseln, wobei jedoch die Sicherheit der Keimfreimachung und die gute Erhaltung des Fleisches nicht gewährleistet ist. Auch doppelwandige, mittels Dampf erhitzte offene Kessel weisen dieselben Mängel auf, als deren Ursache die ungleichmäßige Erwärmung anzusehen ist.

Nicht viel günstiger war in dieser Hinsicht der erste Sterilisator, der das Fleisch mit Dampf erhitzte: der Rohrbecksche Sterilisator, der nur noch geschichtliches Interesse bietet, da mit ihm Hertwig seiner Zeit die bekannten grundlegenden Versuche über Entkeimung mit Dampf bei 117° anstellte. Der Apparat von Rietschel-Henneberg bestand aus einem hermetisch verschließbaren stehenden Kessel mit Dampfdoppelboden, dagegen der erste Sterilisator von Rud. A. Hartmann aus einem liegenden Kessel, in den die mit Fleisch gefüllten Körbe waagerecht eingeschoben wurden, was die Bedienung erleichterte. Die Gewichtsverluste betrugen durchschnittlich 40—50% für Rindfleisch und 30—40% für Schweinefleisch. In den beiden letztgenannten Apparaten konnte auch bedingttaugliches Fett nach den Vorschriften des Reichsfleischbeschaugesetzes ausgeschmolzen werden. In dem Apparat von Becker & Ulmann wurde das Fleisch mit Wasser von etwa 90° behandelt. Ein Ausschmelzen von Fett war darin nicht möglich.

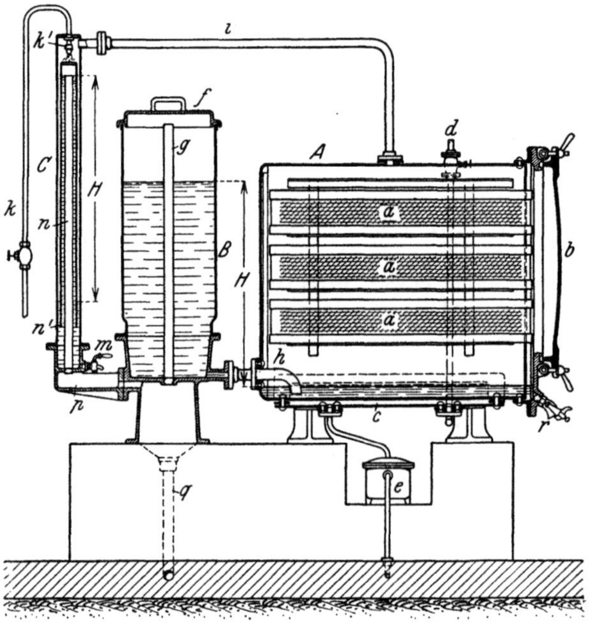

Abb. 233. Fleischdämpfer nach Hönnicke (Rud. A. Hartmann, Berlin).

Das Fleisch schrumpft beim Erhitzen zusammen und dabei wird der Fleischsaft ausgepreßt. Je höher das Fleisch erhitzt wird, um so größer sind die Mengen an ausgepreßtem Fleischsaft; je niedriger man erhitzt, um so geringer ist der Kochverlust. Nach § 39 der A.B. zum Reichsfleischbeschaugesetz ist es nicht mehr erforderlich, das bedingttaugliche Fleisch in den innersten Schichten auf 100° zu erhitzen. Nachdem durch wissenschaftliche Versuche einwandfrei festgestellt worden war, daß die in Frage kommenden pathogenen Keime bei etwa 60° absterben, genügt es heute, im Fleischinneren eine Temperatur von 80° zu erreichen. Diese Herabsetzung der Ansprüche an die Höhe der zu erzielenden Temperatur leitete eine neue Entwicklungsphase der Dampfsterilisation ein.

Die neuen Bestimmungen gestatten es, mit einer Dampftemperatur von etwas über 100° zu arbeiten. Sie muß allerdings während des ganzen Sterilisierungsprozesses möglichst konstant erhalten bleiben.

Der neue Fleischdämpfer von Becker & Ulmann nach Hönnicke besaß eine selbsttätige Druckregelung für den Beschickungsraum. Die Bedienung erwies sich als sehr einfach und der Apparat unterlag nicht mehr der Genehmigung und Überwachung des Dampfkesselüberwachungsvereines.

Wenige Jahre später brachte Hönnicke einen neuartigen Fleischdämpfer auf den Markt, der die weiteste Verbreitung gefunden hat und den Grundtyp aller neuzeitlichen Fleischdämpfer bildet. Bei diesem wurde an den Beschickungsraum ein Kondensator angeschlossen, in welchem das zum Abschluß des Sterilisierraumes dienende Wasser durch Oberflächenkondensation aus dem Sterilisierdampf gewonnen wurde. Auch dieser Apparat war genehmigungsfrei und wegen der selbsttätigen Entlüftung und Fleischbrüheeindickung früheren Konstruktionen erheblich überlegen. Er schuf die Grundlagen, die jeder neuzeitliche Fleischdämpfer unbedingt erfüllen muß: selbsttätige Entlüftung, selbsttätige Regelung der Sterilisierdampfspannung und selbsttätige Eindickung der Fleischbrühe.

Die von Hoffmann in Berlin vorgenommenen Versuche wiesen einen durchschnittlichen Kochverlust von etwa 25% bei Rindfleisch und 11% bei Schweinefleisch auf. Die neueste Form des Fleischdämpfers von Hönnicke, welche die Firma Rud. A. Hartman AG., Berlin, baut, ist in Abb. 233 dargestellt.

Der Rumpf $A$ enthält die Fleischkörbe $a$, welche sich in bequemer Weise durch die hermetisch verschließbare Tür $b$ einschieben und ausziehen lassen. Der Dampfdoppelboden $c$ empfängt den Kesseldampf durch ein Rohr *d* und stößt das Kondenswasser durch den Abscheider *e* ab. Oberhalb des Doppelbodens sieht man das eingefüllte Frischwasser.

Ein Spannungsregelungsgefäß *B* mit gut schließendem, aber lose aufliegendem Deckel *f* steht hinter oder neben dem Rumpf *A*. Verbindung mit der Atmosphäre erfolgt durch das Rohr *g*. Ein Rohr *h* stellt unten die Verbindung mit dem Wasser oder der Fleischbrühe auf dem Doppelboden *c* her. Die Apparatteile *A* und *B* arbeiten zusammen genau ebenso wie bei dem ersten Hönnicke-Dämpfer, besorgen also lediglich die Regelung der Sterilisierdampfspannung dadurch, daß die Wassersäule *H* sich nach Maßgabe der jeweiligen Wärmeaufnahmefähigkeit des Fleisches einstellt und ihr die Sterilisierdampferzeugung anpaßt.

In Parallelschaltung zu dem mit dem Wasserraum des Rumpfes *A* verbundenen Gefäß *B* ist an den Dampfraum des Rumpfes *A* die Vorrichtung *C* angeschlossen. Sie besteht aus einem rohrartigen Gehäuse, in dessen Mitte ein beiderseits offenes Rohr *n* steckt, welches unten in eine Rinne *p* mündet und von einem oben geschlossenen Rohr *n'* umgeben ist. Über diesem sitzt die Düse *k'*, welche durch ein Rohr *k* kaltes Wasser empfängt und neben der ein vom Rumpf *A* kommendes Rohr *i* mündet.

Bei Betriebsbeginn ist der Hahn *m* offen, also die Vorrichtung *C* leer. Die Luft aus dem Rumpf *A* kann durch den leeren Kondensator *C* ungehindert abströmen. Nachdem man den Dampf bei *d* angestellt hat, öffnet man das Kaltwasserventil in der Leitung *k*. Das Dampfluftgemisch verliert seinen Dampf an das Kühlwasser, und die Luft wird frei. Sobald bei *m* warmes Wasser austritt, wird dieser Hahn geschlossen. Nunmehr bleibt das Wasser im Kondensator *C*. Die Haube *n'* sperrt sich unten selbsttätig ab, wodurch die Entlüftung selbsttätig beendet wird. Im mittleren und äußeren Ringraume des Kondensators *C* bildet sich eine zweite Gegendrucksäule *H*, welche mit der im Gefäß *B* genau übereinstimmt. Der Kondensator *C* wirkt sowohl als Einspritzkondensator wie auch als Oberflächenkondensator, weil einerseits das von der Düse *k'* eingeführte Kaltwasser direkt und andererseits die Oberfläche der Haube *n'* indirekt auf den durch Rohr *i* zufließenden Sterilisierdampf kühlend und kondensierend einwirken. Dabei ergibt sich der besondere Vorteil, daß man es durch entsprechende Einstellung des Kaltwasserventils *k* in der Hand hat, die selbsttätige Eindickung der Fleischbrühe nach Wunsch mehr oder weniger weit zu treiben.

Nach Beendigung der selbsttätig und bedienungsfrei verlaufenden Sterilisation sperrt man den Dampf bei *d* ab, schließt das Ventil *k* und öffnet den Hahn *m*, der bis zum nächsten Betriebsbeginn offen bleibt. Dann entnimmt man durch die geöffnete Türe *b* das Fleisch den Körben *a* und durch den Hahn *r* Fett und Extrakt.

Der Apparat wird in Größen von 150—750 kg Fassungsvermögen gebaut.

Abb. 234. Hönnickes Fleischdämpfer mit Gasheizung.

Es empfiehlt sich, die Fleischdämpfer nicht zu groß zu wählen. Die Sterilisation erfordert durchschnittlich $1^3/_4$—$2^1/_4$ Stunden, also ist eine zweimalige Benutzung des Apparates an einem Verkaufstage möglich. Die zweckmäßigste Kesseldampfspannung zum Betriebe der Apparate ist 4 bis 6 Atmosphären. Der Apparat kann auch zum Ausschmelzen bedingt tauglichen Fettes Verwendung finden. Abb. 234 zeigt einen Hartmannschen Fleischsterilisator nach Patent Hönnicke mit Gasheizung, bei dem die Zufuhr des Brennstoffes selbsttätig geregelt wird. Die Apparate werden, falls Gas nicht vorhanden sein sollte, auch mit Unterfeuerung für Holz und Kohlen gebaut; diese letztere Art der Beheizung sollte man jedoch möglichst vermeiden.

Das bedingttaugliche Fleisch wird auf der „Freibank" verkauft.

## c) Verfahren mit genußuntauglichem Fleisch.

Während sich früher Maßnahmen der Polizeibehörden bezüglich Vernichtung oder Verwertung des für Menschen ungeeigneten Fleisches auf § 10, Tit. 17 II des Allg. Landrechts und § 6b des Gesetzes über die Polizeiverwaltung vom 11. März 1850 sowie auf die Bestimmungen des Reichsgesetzes vom 1. Mai 1894 und des Preuß. Ausführungsgesetzes hierzu vom 18. Juni 1894 gründeten, regeln sich derartige Anordnungen außer aus den Bestimmungen des Viehseuchengesetzes auch aus § 9 des Reichsfleischbeschaugesetzes und § 45 der Ausführungsbestimmungen hierzu:

1. Die unschädliche Beseitigung des Fleisches hat zu erfolgen entweder durch höhere Hitzegrade (Kochen oder Dämpfen bis zum Zerfall der Weichteile, trockene Destillation, Verbrennen) oder auf chemischem Wege bis zur Auflösung der Weichteile. Die hierdurch gewonnenen Erzeugnisse können technisch verwendet werden.
2. Wo ein derartiges Verfahren untunlich ist, erfolgt die Beseitigung durch Vergraben.

Eine Regelung dieser Frage war damals um so notwendiger, als an vielen Schlachthöfen in dieser Hinsicht recht sorglos verfahren wurde, man sogar in allerdings vereinzelten Fällen keinen Anstand nahm, beanstandete Organe einfach in die Düngergrube oder in die zur Dungabfuhr bestimmten Wagen zu werfen.

Über die Verwendung von Konfiskaten als Hundefutter sagt v. Ostertag: „Nicht zu billigen ist der von einzelnen Sachverständigen geübte Brauch, gesundheitsschädliches Fleisch als ‚Hundefutter' in den Verkehr zu geben; denn der Verbleib des sog. Hundefutters ist nicht zu kontrollieren. Die fragliche Verwertung und die Erlaubnis hierzu ist aber auch aus § 12 des Ges. v. 14. Mai 1879 strafbar, weil das schädliche Fleisch nicht nur an Hunde verfüttert, sondern erfahrungsgemäß auch Menschen ‚zum Genusse zugänglich gemacht wird'. Hierfür liefert eine Reihe von Strafprozessen den einwandfreien Beleg. Gesundheitsschädliches Fleisch ist ebenso wie hochgradig verdorbenes Fleisch zu vernichten oder nach erfolgter Denaturierung zur technischen Verwertung zu bestimmen.“

Auf die alten Abdeckereirechte kann hier nicht eingegangen werden. Mehrfach sind von den Städten erlassene, auf das Reichsfleischbeschaugesetz gestützte Bestimmungen über Fragen dieses Gebietes Gegenstand richterlicher Entscheidung geworden, wobei die höheren Gerichte sich durchweg auf den — aus hygienischen Gründen wohl kaum länger haltbaren — Standpunkt stellten, daß dem Abdecker unweigerlich alles dem Konsum entzogene Fleisch zufällt[1].

Auch die Frage, wem die Haut des als untauglich erklärten Tieres gehört, ist vielumstritten. Sie kann nicht einheitlich beantwortet werden, da in verschiedenen Bundesstaaten darüber verschiedene Vorschriften bestehen.

Auf die wertvollen Ausführungen von Dr. Moegle, Leiter der württembergischen Tiermehlfabriken (vgl. Z. Fleisch- u. Milchhyg. 1929), betr. die Regelung des Abdeckereiwesens sei hier ausdrücklich hingewiesen. Er beleuchtet die wirtschaftliche Lage der Verwertungsanlagen und kommt zu folgenden Forderungen: 1. Die Tierbesitzer sind grundsätzlich von der Belastung durch Verluste an Häuten ihrer gefallenen Tiere zu befreien und der Abmangel der Abdeckereien ist durch Umlage auf die Gesamtzahl der Tierbesitzer oder besser auf die Gemeinden, deren Aufgabe die Beseitigung der Tierleichen ist, zu erheben. 2. Durch Reichsverordnung ist die allgemeine Ablieferungspflicht bezüglich sämtlicher Tierleichen samt Haut, die aber — soweit keine Seuche vorhanden ist — Eigentum des Besitzers bleibt, für alle Abdeckereien festzulegen, die nach sachverständigem Gutachten in Erfüllung der Bundesratsverordnung vom 29. Juni 1916 auf die restlose Verarbeitung der Tierleichen eingerichtet sind. 3. Die reichsgesetzlichen Strafbestimmungen sollten so verschärft werden, daß die Tierbesitzer von der Hinterziehung von Tierleichen absehen, und durch Landesgesetz sollten die Abdeckereien ohne weiteres Anspruch auf eine entsprechende Entschädigung für jeden Fall der nachgewiesenen Hinterziehung einer Tierleiche an die betreffende Gemeinde haben, der es überlassen bliebe, den schuldigen Tierbesitzer ersatzpflichtig zu machen.

## d) Die Beseitigung der Schlachthofkonfiskate durch Verbrennen.

Die Ablieferung der Schlachthofkonfiskate an bestehende Abdeckereien hat sich oft als unzuverlässig erwiesen. Zwecks Beseitigung verbrannte man die untauglichen Tierkörper und Tierteile häufig in der Kesselfeuerung. Die verwertbaren Bestandteile werden dabei vernichtet, auch ist viel Brennstoff zu diesem nutzlosen Prozeß nötig, und die Feuerung selbst leidet. Diese Art der unschädlichen Beseitigung darf heute als überwunden gelten. Die Verbrennung erfolgt jetzt in Öfen, die dem Zwecke besonders angepaßt sind.

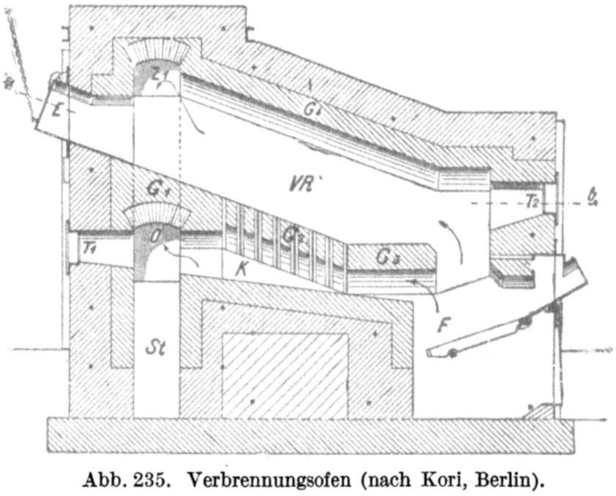

Abb. 235. Verbrennungsofen (nach Kori, Berlin).

Die Verbrennungsöfen von Kori sind am meisten verbreitet. Besonderes Augenmerk ist bei ihnen auf die Geruchlosigkeit des Betriebes gerichtet. Zur Vermeidung übler Gerüche dient eine Nebenfeuerung, welche die abziehenden Gase verbrennen soll. Die entstehende Asche ist wertlos, während die Verbrennung selbst Kosten verursacht. Das Ofeninnere läßt sich auch als Sammelraum für Konfiskate benutzen. Die Öfen werden auch wie Krematorien mit Preßgasfeuerung eingerichtet; bei einer Wärme von 900° ermöglichen sie eine restlose Verbrennung.

Wo liegt nun die Grenze zwischen der Verbrennung und der Verwertung der Konfiskate? Die beiden aus den Tierteilen gewinnbaren Haupterzeugnisse, Fett und Tiermehl, werden in erheblichen Mengen aus dem Auslande eingeführt. Die Anschaffungskosten einer Verbrennungsanlage sind zwar niedriger als die einer Verwertungsanlage, aber die Betriebskosten rücken recht nahe an die einer Verwertungsanlage heran. Dabei ist zu beachten, daß die Kosten der letzteren durch den Erlös der Erzeugnisse gedeckt werden und daß durch die Verwertung der Volkswirtschaft Werte erhalten bleiben. Die Grenze dürfte bei Schlachthöfen für 30000 Einwohner und

[1] Vgl. Dr. Häfcke: Handbuch des Abdeckereiwesens. Berlin: P. Parey 1906. — Ferner Schwarz-Heiss: 4. Aufl. S. 953—961. 1912.

darunter liegen, genügenden Anfall von Konfiskaten vorausgesetzt. Für größere Anlagen ist die Verwertung vorteilhafter.

## e) Verfahren zur Verwertung von Tierkörpern und Konfiskaten.

Zur unschädlichen Beseitigung untauglicher Tierkörper und -teile unter Wiedergewinnung der darin enthaltenen Wertstoffe dient die sog. thermo-chemische Verarbeitung. Darunter werden alle Methoden verstanden, bei denen das Rohgut mittels hochgespanntem Dampf oder hocherhitzter bzw. unter Überdruck stehender Flüssigkeit behandelt wird.

Erhitzt man Fleischteile durch hochgespannten, gesättigten Wasserdampf, so erleiden sie weitgehende physikalische Veränderungen. Es entstehen an Flüssigkeiten: Fett und eine wäßrige Fleischbrühe mit Leimgehalt. Die Brühe enthält auch einen großen Teil der auslaugbaren Salze, Blut und Schmutzteile und besitzt eine große Neigung zur Fäulnis. Die Erzeugnisse der Verwertung sind technisches Fett und Tierkörpermehl mit etwa 10% Feuchtigkeit. Man unterscheidet entleimte und leimhaltige Tierkörpermehle. Das gewonnene Mischfett ist selten ganz weiß und hat meist einen Stich ins Graue, namentlich wenn Pferde mit verarbeitet werden. Das Tiermehl ist ein grobkörniges Pulver von bräunlicher Farbe. Es wurde ursprünglich zu Düngezwecken verwendet. Seit Mitte der 1890er Jahre hat man es zu Futterzwecken benutzt und damit gute Resultate erzielt. Tiermehl ist als Futtermittel ausdrücklich zugelassen. Das Rohmaterial wird stundenlang einer Temperatur von 140—150° ausgesetzt, wodurch Ptomaine und Toxine, wie die Arbeiten von Glage und Häfcke beweisen, vernichtet werden. (Wegen des Handels mit Tiermehl zu Fütterungszwecken sei auf das Reichsfuttermittelgesetz vom 22. Dezember 1926, Reichsgesetzblattes 1927, S. 525, hingewiesen.) Grenzwerte für die Zusammensetzung deutschen Tiermehles sind etwa folgende Zahlen: Wasser 6—10%, Mineralbestandteile 10—25%, Phosphorsäure 5—12%, Stickstoff 6,5—10,5%, Rohproteïne 40,6 bis 65,6%, Fett 8—15%. Aus der Fleischbrühe läßt sich entweder Leimgallerte herstellen oder man trocknet sie mit dem Tiermehl zusammen zu leimhaltigem Tiermehl ein.

### Apparate zur Durchführung der thermischen Verarbeitung.

Der älteste derartige Apparat war der Kafill-Desinfektor von Rietschel und Henneberg. Es folgten dann etwa gleichzeitig die Apparate von Podewils, Otte und Trebertrocknung-Hartmann.

Die Firma Rud. A. Hartmann AG., Berlin, hat das ursprüngliche System Hartmann-Trebertrocknung durch einschneidende Verbesserungen zu einer technisch einwandfreien Einrichtung entwickelt, die weiteste Verbreitung gefunden hat. Sie schuf die selbsttätige Eindickung der Fleischbrühe zu Leimgallerte mittels ihres Dämpf- und Trockenverfahrens und die Entnahme des Fettes durch einen besonderen Abscheider. Nach Überwindung der Anfangsschwierigkeiten brachte die Firma Venuleth & Ellenberger, Darmstadt, einen Trennsystemapparat mit liegendem Extraktor heraus. Weitere Apparate von Garth, Hönnicke, Goslar usw. folgten. Eine Sonderstellung nimmt der kontinuierlich arbeitende Apparat, Patent Sommermeyer, von Rud. A. Hartmann AG., Berlin, ein. Das Rohgut wird in einen Füllbehälter gebracht, der für den vollen Betriebsdruck gebaut und mit einem Extraktor verbunden ist. Der Extraktor besitzt eine Siebtrommel, die sich ununterbrochen dreht. Das Rohgut wird darin dauernd vom Dampf erhitzt und dauernd in Bewegung gehalten. Der Zerfall erfolgt sehr rasch. Die Kochung, die bis dahin immer etwa 4 Stunden in Anspruch genommen hatte, erfordert nur noch etwa 1 Stunde. Fett, Fleischwasser und alle genügend zerfallenen festen Teile verlassen den Extraktor ungetrennt und stetig und gelangen in einen Rezipienten und Fettabscheider. Hier scheidet sich das Fett ab, der Rest wird einem Trockenapparat zugeführt.

Abb. 236. Tierkörperverwertungsapparat, reine Seite (Rud. A. Hartmann, Berlin).

Der geringe verfügbare Raum gestattet nur die Beschreibung einiger Beispiele.

1. Kombinierter Apparat mit Siebtrommel und Stirnwandbeschickung von R. A. Hartmann AG., Modell U. Der Extraktor ist unmittelbar in einen Röhrenkessel eingebaut, so daß ein besonderer Dampfkessel nicht erforderlich ist. Für die Auslaugung wird direkter Dampf in das Innere des Extraktors geschickt, für die Trocknung erfolgt die Beheizung indirekt, indem der im Kessel erzeugte Dampf seine Wärme durch die Extraktorwandung an das Trockengut abgibt. Der Apparat wird mit dem Beschickungsende in die Wand zwischen Zerlege- und Apparatraum eingebaut, so daß die reine und unreine Seite getrennt sind. Die Hartmann-Anlagen bestehen im ganzen aus 5 Einzelapparaten, wenn auch Leimsubstanz verarbeitet wird: Extraktions- und Trockenapparat, Fettabscheider, Rezipient, Verdampfer und Leimbehälter (Abb. 236, 237).

Abb. 237. Tierkörperverwertungsapparat, unreine Seite (Rud. A Hartmann, Berlin).

2. Apparat von Venuleth & Ellenberger. Die Kochung und die Trocknung werden nicht in demselben Apparat durchgeführt, sondern in zwei gesonderten übereinander angeordneten Apparaten. Der Kochapparat ist einwandig und hat eine ausziehbare Siebtrommel, die mit ihrer Achse im Stirndeckel gelagert ist. Er ist in die Wand zwischen Schlacht- und Apparateraum eingebaut, so daß die Siebtrommel nur in den Schlachtraum ausgefahren werden kann. Ist der Kochprozeß beendet, so wird der Schieber zwischen dem Trockenapparat und dem

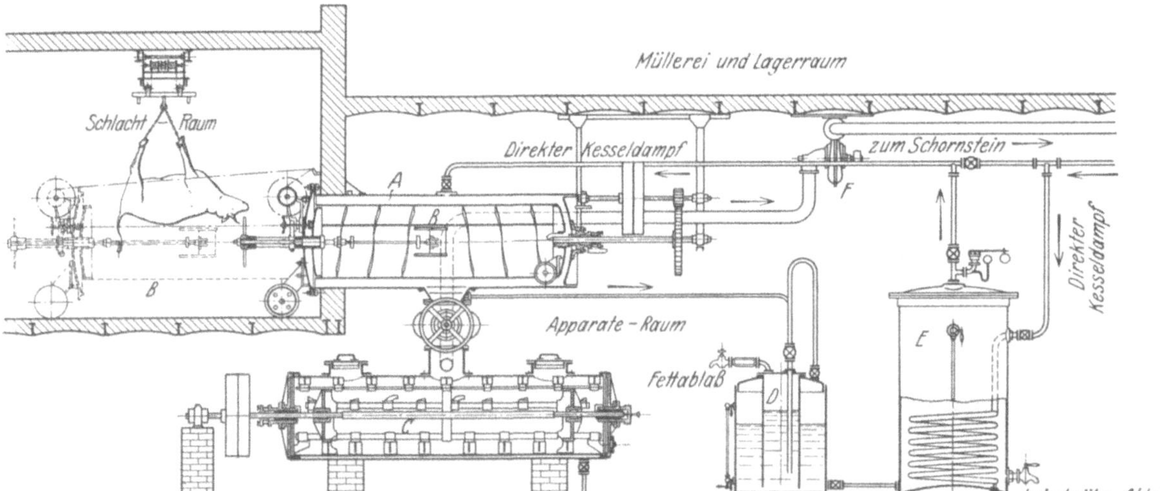


Abb. 238. Schema des Trennsystems nach Venuleth & Ellenberger, Darmstadt.

Kochapparat geöffnet und die Siebtrommel des Kochapparates in Drehung versetzt. Dadurch gelangen die Fleisch- und Trockenreste in den darunterstehenden Trockenapparat, der aus einer doppelwandigen Mulde mit Pendelrührwerk besteht. Der Apparat wird jetzt mit der vor etwa 20 Jahren von Meyer erfundenen Feinlochtrommel ausgerüstet, die nach der Erfindung von Sommermeyer (Rud. A. Hartmann, siehe oben) dauernd umläuft. Es wird angegeben, daß mit obigem Apparat die Koch- und Trocknungsdauer je $1^1/_2$ Stunden beträgt, und daß täglich 3 Chargen zu verarbeiten sind (Abb. 238).

3. Tierkörperverwertungssystem Heiss-Niessen (Abb. 239). Der von der Firma K. Niessen AG., Pasing-München, hergestellte Apparat gehört zu den stehenden Modellen und ist besonders für Schlachthöfe geschaffen worden. Er besteht aus einem doppelwandigen Kessel mit maschinell angetriebenem Rührwerk. Der Dampfraum enthält ein Luftvorwärmeregister, das als Kondensator wirkt und mit einem Exhaustor in Verbindung steht. Nach Beschickung von oben wird der Deckel mit Schrauben dampfdicht verschlossen; eine Trennung von reiner und unreiner Seite ist durchführbar. Rührwerk und Exhaustor werden maschinell angetrieben. Das Rohgut wird unter einem Druck von 2—3 Atmosphären und bei 130—140° gekocht, bis es zerfällt. Dann erfolgt die Abnahme von Fett durch Abscheider, nachher wird das Rührwerk in Tätigkeit gesetzt und man läßt die sich entwickelnden Dämpfe unter eine Wärmeplatte streichen, um sie zu verdichten. Bei diesem Arbeitsgang wird eine Temperatur von 90° gehalten. Das Rührwerk sorgt dafür, daß das Trockengut ständig mit entweichenden Dämpfen in Berührung kommt. Sodann wird Frischluft zugeführt, um die noch vorhandene Feuchtigkeit des Trockengutes aufzunehmen, während allmählich die Temperatur auf 50—60° herabgedrückt wird. Nach Öffnen des Bodenverschlusses entleert sich das Trockengut selbsttätig. Nach amtlichen Analysen wird durch den Apparat eine außerordentlich hohe Verdaulichkeit des Eiweißes gewahrt: 80,25% Protein, 8,73% Fett, 98,60% verdauliches Eiweiß, bei Verarbeitung von reinem Blut 75,7%.

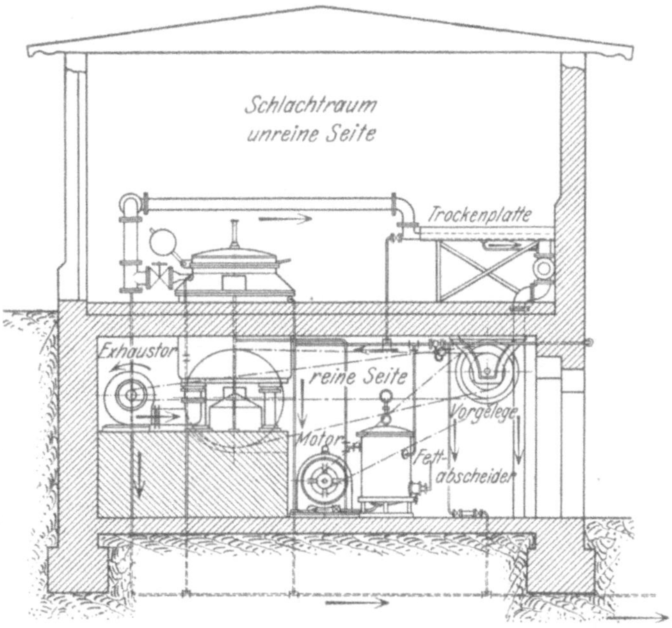


Abb. 239. Tierkörper- und Konfiskatverwertungsanlage für Schlachthöfe (System Heiss-Niessen, Pasing).

4. Tierkörperverwertungsapparat der Firma Beck-Henkel, Kassel. Die Einrichtung besteht aus einem Extraktions- und Trockenapparat, einem Fettabscheider, einem Leimwassersammler und einem Kondensator. Während der Extraktion fließt das Fett am höchsten Punkt in den Fettabscheider, gleichzeitig auch etwas Leimwasser, das sich im Abscheider absetzt. Die Kochung dauert bei 4 Atmosphären Überdruck etwa 4 Stunden. Im Extraktions- und Trockenapparat verbleiben nach Fettabscheidung die festen Rückstände mit ihrem restlichen Feuchtigkeitsgehalt. Man läßt den letzten Überdruck durch den Kondensator entweichen. Der Dampf aus dem Hauptapparat wird im Kondensator niedergeschlagen und zugleich durch das Spülwasser soweit abgekühlt, daß eine Geruchverbreitung verhindert wird. Nun wird das Rührwerk des Hauptapparates in Bewegung gesetzt und der Dampfmantel beheizt. Die Trocknung dauert 2—3 Stunden. Die Entleerung erfolgt durch eine auf der Unterseite befindliche Vorrichtung (Abb. 240, 241).

Abb. 240. Neuzeitliche Tierkörperverwertungsanlage, Trennsystem (reine Seite).

5. Kombinierter Extraktions- und Trockenapparat, Rud. A. Hartmann AG., Berlin. Der Extraktor wird durch einen langgestreckten Einfüllschacht von oben beschickt. Zwecks

Sterilisation des Spülwassers wird die Flüssigkeit im Extraktor aufgestaut. Zur Einführung des Spülwassers in den Extraktor dient eine Einrichtung, deren Benutzung nicht umgangen werden kann, so daß ein Zwang zur Spülwassersterilisation geschaffen ist.

Der Apparateraum liegt unterhalb des Zerlege- und Beschickungsraumes. Auf dem Rumpf des Extraktors *A* sitzt der Einfüllschacht *5* mit erhöhtem Rande. Hieran schließt ein in den Fußboden einbetonierter Trichter *a*, durch den die Tierteile eingeworfen werden. Die Fußbodenöffnung ist von einer Rinne *b* umgeben, in die das Spülwasser vom Zerlegerraumfußboden einfließt. Hinter der Füllöffnung liegt eine Sammelrinne *c*, in der das Spülwasser zurückgehalten wird, solange der Apparat geschlossen ist. Der Dampf tritt durch die Leitung *11* zum Füllmaterial. Eigenwasser, Dampfkondensat und Fett sammeln sich im Extraktor und können erst ablaufen, wenn sie in den Bereich eines Doppelüberlaufes *7* gekommen sind. Überschreitet die aufgestaute Flüssigkeit den Überlauf, so gelangt sie in den Fettabscheider *B*. Von dort wird die Fleischbrühe in den Verdampfer *C* gedrückt, um darin eingedickt zu werden, während man das Fett in den Fettklärapparat *F* überführt, dem es versandfertig entnommen wird. Die Trockendämpfe werden mittels einer Naßluftpumpe *E* geruchfrei beseitigt. Ein Hilfskondensator *D* beseitigt die übrigen freiwerdenden Dämpfe.

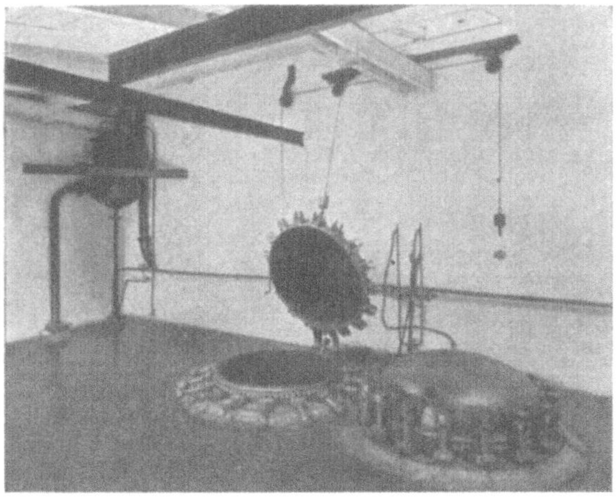

Abb. 241. Zerlegeraum (sog. unreine Seite) einer Tierkörperverwertungsanlage (Beck & Henkel, Kassel).

Nach beendeter Kochung wird zur Trocknung umgestellt und nach dieser das Tiermehl selbsttätig ausgeworfen (Abb. 242).

Die Kochdauer beträgt etwa 3 Stunden, die Trockendauer etwa 2 Stunden. Mit diesem Apparat kann ferner auch Schlacht- und Abfallblut zu Blutmehl verarbeitet werden, ohne daß er hierzu weiterer Vorrichtungen bedarf.

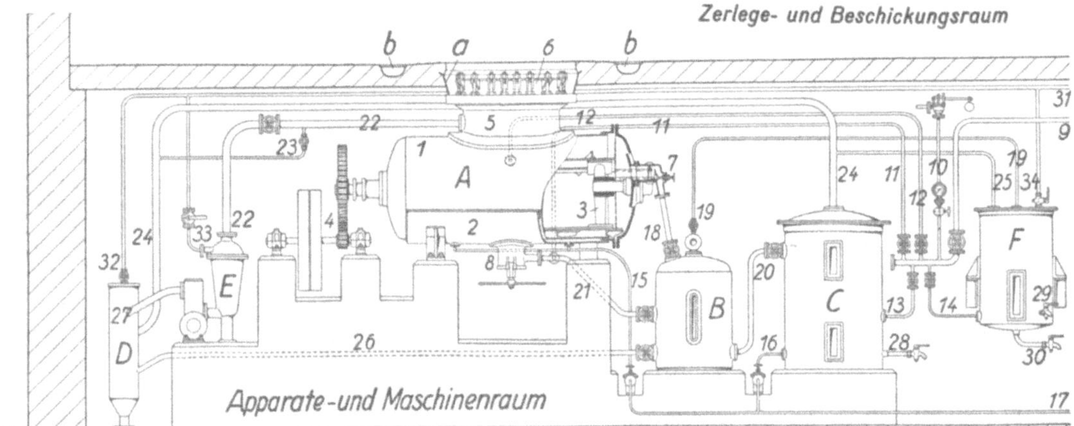


Abb. 242. Extraktions- und Trockenapparat von Rud. A. Hartmann, Berlin.

Auch die Firma Hartmann liefert Apparate mit feingelochter Siebtrommel, jedoch mit selbsttätiger Entleerung (DRP. ang.), die keine Steuerung und keine Klappen oder Schieber oder sonstigen beweglichen Teile erfordert, sich also durch eine ganz besondere Einfachheit in Bau und Bedienung auszeichnet.

# X. Kläranlagen für Schlachthöfe.

## Abwässerklärung.

Mit der zunehmenden Verbesserung der Kanalisation in Städten hat der Einbau von eigenen Schlachthofkläranlagen abgenommen, da die Abwässer des Schlachthofs meist nach oberflächlicher Reinigung von festen Bestandteilen in städtische Kanäle eingeleitet und in diesen erst zu den städtischen Sammelkläranlagen weitergeführt werden. Während in der 4. Aufl. dieses Handbuches auf dieses Kapitel noch ein besonderer Wert gelegt werden mußte, sind heute Kläranlagen nicht mehr als schlachthoftechnisch spezifische Einrichtungen zu bezeichnen. Die Schlachthofabwässer gehören ihrer Art nach zu den industriellen Abwässern mit starken organischen Verunreinigungen und stehen dadurch den städtischen Abwässern nahe.

Die Hygiene verlangt, den Schlachthofabwässern volle Aufmerksamkeit zuzuwenden, die Sanitätspolizei schreibt genau die jeweils zutreffenden Maßnahmen vor. Wenn nun auch zugestanden werden muß, das gerade in Schlachthöfen nicht mit Wasser gespart wird und die Abwässer dadurch eine beträchtliche Verdünnung erfahren, so ist doch mit Recht seitens der Aufsichtsbehörden eine gründliche Reinigung der Schlachthofabwässer vor ihrer Einleitung in Flußläufe gefordert worden. Diese Reinigung kann nun entweder im Schlachthofe selbst oder in den städtischen Kläranlagen erfolgen. In besonderen Fällen ist auch eine Entseuchung von Abwässern aus Schlachthöfen nötig, um Verschleppung von Keimen zu verhindern[1].

In Flüssen werden die organischen Substanzen allmählich in anorganische Verbindungen umgewandelt (Selbstreinigung der Flüsse). Licht, Temperatur, Zutritt des erforderlichen Sauerstoffes und vor allen Dingen die Länge des Flußlaufes und die Wassermenge, welche der Vorfluter hat, dann aber auch der Grad der Verdünnung sind hierbei wesentlich. In jedem Falle muß vor der Ableitung der Abwässer aus dem Schlachthof eine Abfischanlage (Rechen oder Sieb) zur Zurückhaltung größerer Teile vorhanden sein. Auch in größeren Senkgruben kann eine solche Ausscheidung erfolgen, wenn dadurch auch die Fäulnis des Abwassers begünstigt wird, aus welchem Grunde solche Gruben ebensowenig beliebt sind, wie deren periodische Leerung für die Nachbarschaft angenehm. Ein besonderes Augenmerk, die Klärung zu erleichtern, wird auf die Anbringung von zuverlässig arbeitenden Sinkkästen (Abb. 243) in den Schlachträumen zu richten sein, in welchen feste Bestandteile in den Schlammkörben zurückgehalten werden. Es ist auf eine tunlichste geradlinige Führung der Hauptkanalstränge zu achten, die durch Revisionsschächte zugängig gemacht werden müssen. Das Rohrprofil ist im unteren Halbkreis mit undurchlässiger Sohle durchzuführen.

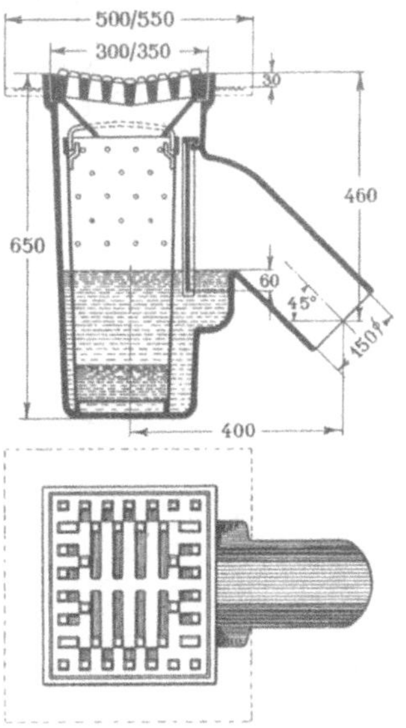

Abb. 243. Sinkkasten.

Die Reinigung der Abwässer kann durch folgende Verfahren erzielt werden: 1. durch rein mechanische Klärung, 2. in Faulkammern, 3. durch mechanisch-biologische Behandlung, 4. durch mechanisch-chemische Behandlung.

Die Abwasserdesinfektion, welche in besonders gelagerten Fällen notwendig werden kann, erfolgt normalerweise mit Chlor in Form von Chlorkalk oder dem hochprozentigen Kaporit oder durch Chlorgas; letzteres wird in Stahlflaschen vorrätig gehalten und mittels eigener Apparate dem Abwasser zugesetzt. Es muß auch auf das Verfahren von Hass-Oettel durch Hypochloritlauge Abwässer zu entkeimen und geruchfrei zu machen hingewiesen werden[2]. Auch die Behandlung von Abwässern nach dem Ohrensteinschen Chlorgasverfahren hat sich gut bewährt.

[1] In deutschen Schlachthöfen bestehen 226 Kläranlagen, und das Werturteil über diese lautet in 56 Fällen: „ohne größeren Wert", in 36 Fällen: „verlangt aufmerksamste Bedienung, um gut zu arbeiten", während 45 Anlagen die Kläranlagen in Schlachthöfen als „lästige Geruchsquellen" bezeichnen. In 345 Anlagen ist die Abwasserableitung direkt an das städtische Kanalsystem angeschlossen und kommt in die städtischen Hauptkläranlagen. In 67 Fällen werden die Abwässer direkt an wasserreiche Vorfluter eingeleitet, wozu die aufsichtspolizeiliche Genehmigung erforderlich ist.

[2] Bezugsfirma: A. Stahl, Aue i. S.

**1. Mechanische Klärung.** Bei dieser vollzieht sich die Absonderung von Schwebestoffen nach physikalischen Gesetzen. Das Endprodukt ist Sinkschlamm einerseits und anderseits nicht restlos gereinigtes Wasser. Je nach der Beschaffenheit des Vorfluters kann das als ausreichend angesehen werden. Große Kosten verursacht das Verfahren nicht, soweit es sich um Absitzbecken handelt. Eine mechanische Reinigung kann auch durch Siebe, sei es durch feststehende Siebflächen ohne Abstreifung oder durch bewegte mit feststehender Abstreifung oder durch bewegte Siebflächen mit bewegter Abstreifung erfolgen. Zu den letzteren zählt die Separatorscheibe nach Riensch (Abb. 244)[1]. Besonders bewährt haben sich auch die Abfischkonstruktionen der Geigerschen Fabrik, Karlsruhe, mit selbsttätigem Feinrechen (Abb. 245). Sie haben ein endloses bewegliches Band, das durch rotierende Bürste gereinigt wird. Die Festteile gelangen auf einer Rutsche in den Abfuhrwagen (Abb. 245a). Auch das Siebschaufelrad der gleichen Firma hat sich zum Abfischen sperriger Stoffe sehr gut bewährt.

Abb. 244. Riensch-Scheibe.

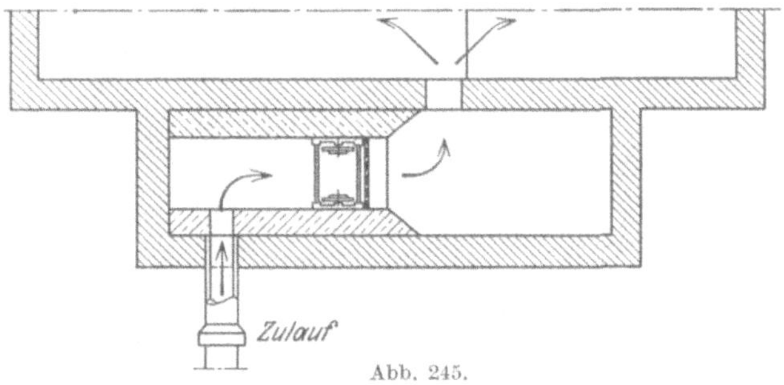


Abb. 245.

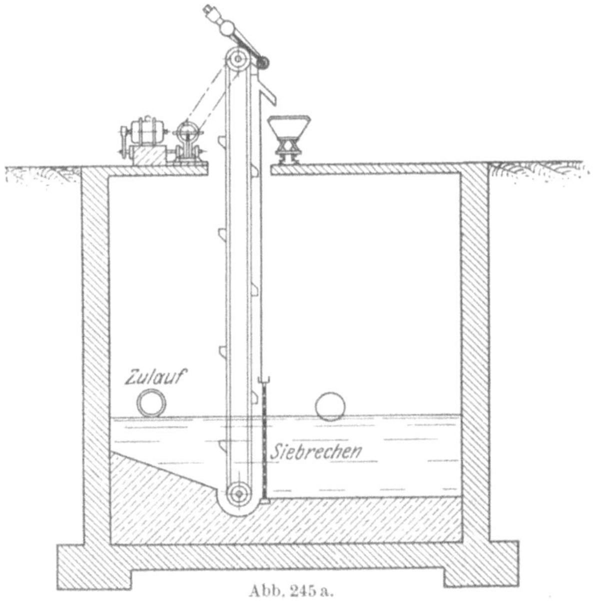


Abb. 245a.
Feinrechen (Geiger, Karlsruhe).

Bei der mechanischen Klärung durch Absitzenlassen können die Schwimmstoffe durch Tauchwände zurückgehalten werden. Die Absitzbecken sind gemauerte längliche Kammern in horizontaler oder aber vertikaler Anordnung. Bei dieser letzteren Brunnenanordnung bildet sich ein sog. schwebendes Filter, das beim Sinken Schlammteile zu Boden reißt (Abb. 247). Die Schlammbeseitigung erfolgt durch Pumpen oder Paternosterwerk, evtl. auch durch mit Druckluft arbeitende Mammutpumpen von Borsig-Berlin. Die Technik war auch hier bestrebt, Verbesserungen zu schaffen. Die beistehende Abb. 248 zeigt die Kläranlage im Schlachthof Köln (eingerichtet von der Städtereinigungsgesellschaft Wiesbaden), aus welcher der Schlamm durch eine Vakuumförderanlage in die Abfahrtswagen gedrückt werden kann.

Der Emscherbrunnen, der eine Vervollkommnung des „Travis-Beckens" bedeutet, hat eine vollkommene Umwälzung auf dem Gebiete der Klärtechnik hervorgerufen. Er sammelt den anfallenden Schlamm in großen Schlammfaulräumen zur Ausfaulung, wodurch diesem nicht nur Wassergehalt entzogen, sondern auch der unangenehme Geruch benommen wird. Der OMS-Brunnen ist dem letzteren nachgebildet, doch können bei diesem die Schwimmstoffe selbsttätig in den Faulraum übertreten, so daß an Bedienung gespart wird (Abb. 246). Anlagen, die nach ähnlichem Prinzip arbeiten, sind ferner: der Kremerbrunnen mit Schlammzylinder, das Neustädter Becken und der Mertensche Klärkessel.

[1] W. Wurl, Weißenfeld-Berlin.

Eine mechanische Klärung, die sich aber auf die Ausscheidung von Schwimmstoffen beschränkt, findet auch in den sog. Fettfängern (siehe diese bei Kap. V, S. 158 ff.) statt.

**2. Abwasserbehandlung in Faulkammern.** Dieses Verfahren, das Abwasser zur Ausfaulung zu bringen und geruchlos zu machen, ist zwar theoretisch gelöst, doch haben sich in der Praxis die darauf gesetzten Hoffnungen nicht völlig erfüllt, da um ein gutes Ergebnis zu erzielen bei großen Räumen sehr lange Aufenthaltszeiten nötig sind, wobei immer noch eine vollkommene Ausfaulung

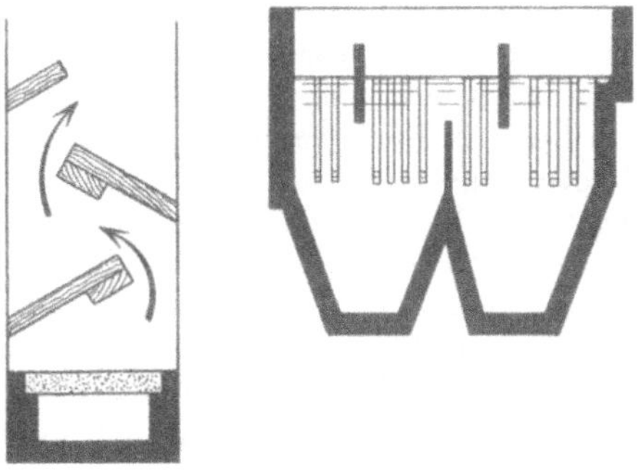

Abb. 247. Tauchkörper mit Holzplatten, zur Erzielung eines langen Luftweges im Abwasser (Städtereinigungsgesellschaft Wiesbaden).

nicht restlos erzielt wird. Dabei sind die Abwässer für die Fischzucht im Vorfluter gefährlich, so daß es heute kaum mehr in Frage kommt.

**3. Mechanisch-biologische Klärung.** Wo keine ausreichende Verdünnung des Abwassers mit reinem Wasser des Vorfluters stattfindet, wird auch die Unschädlichmachung der nach der mechanischen Behandlung verbliebenen restigen fäulnisfähigen Substanzen seitens der Behörden verlangt.

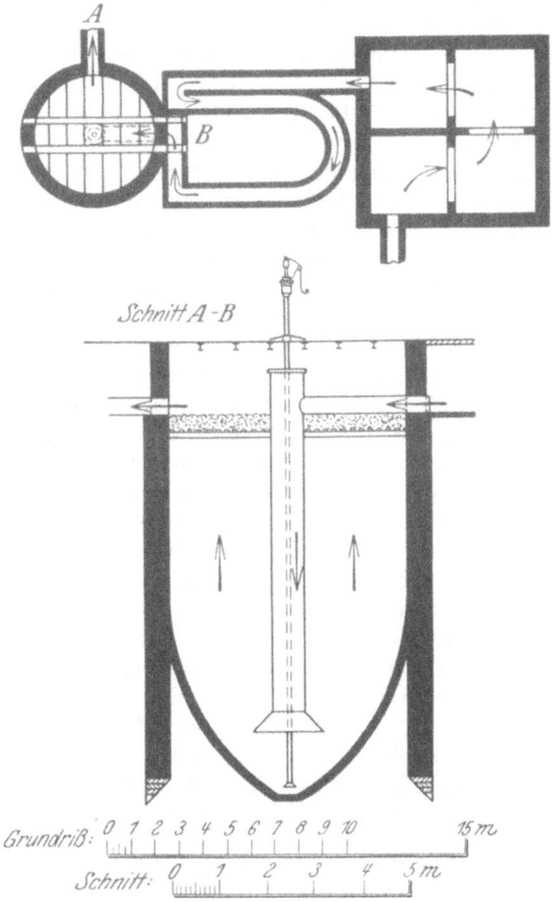


Abb. 246. Grundriß durch eine mechanische Kläranlage.

Zur Beseitigung der Fäulnisfähigkeit des Abwassers kommen nur noch biologische Verfahren in Frage. Gerade für Schlachthofabwässer setzt sich mehr und mehr dieses Verfahren durch

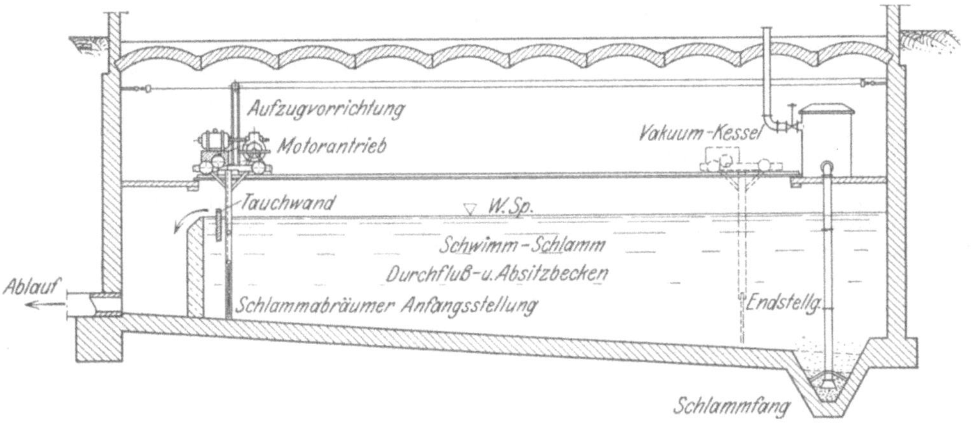


Abb. 248. Feinrechen und Schlammabräumerkläranlage (Städtereinigungsgesellschaft Wiesbaden).

Hierbei handelt es sich stets darum, durch Kleinlebewesen die Verunreinigungen aus dem Wasser absorbieren zu lassen und gleichzeitig diese wirkenden Wesen durch Zuführung von Sauerstoff lebensfähig zu erhalten. Als natürliches Verfahren kennt man das Rieselfeld- und das Fischteichklärverfahren, die künstlichen Verfahren sind aus ersteren abgeleitet und streben an, auf kleinster Fläche eine möglichst große Abwassermenge zu reinigen. Alle biologischen Verfahren setzen eine gute vorherige Ausscheidung der ungelösten Stoffe voraus. Die Vorbehandlung in Faulkammern ist weniger zu empfehlen, wenn es sich um größere Wassermengen handelt.

Von den künstlichen biologischen Verfahren sollen angeführt werden: 1. die intermittierende Bodenfiltration, 2. die biologischen Füllkörper, welche heute kaum noch benützt werden, 3. die biologischen Tropfkörper, bei welchem der Erfolg von der gleichmäßigen Verteilung der Abwässer abhängig ist, zu dessen Verteilung sog. Sprinkler dienen. Bei Behandlung von stark angefaultem Abwasser kann auch die Vorschaltung einer Chlorgasanlage empfohlen werden. Solche biologische Tropfkörper sind in einer größeren Zahl von Schlachthöfen mit gutem Erfolg eingebaut worden und werden diese von der deutschen Abwasserreinigungsgesellschaft Wiesbaden für diesen Spezialzweck hergestellt. 4. Das Belebtschlammverfahren ist aus dem natürlichen Verfahren der Selbstreinigung des Schlammes abgeleitet. Dadurch, daß man die Menge der absorbierenden Kleinlebewesen außerordentlich erhöht und diese durch das Abwasser durchwirbelt, so daß jedes Wasserteilchen mit ihnen in Berührung kommt und indem man den regenerierenden Sauerstoff auf künstlichem Wege in das Abwasser hineinbringt, kommt man zu einer Anlage, die auf einem kleinen Raum eine große Wassermenge reinigen kann und dabei die Nachteile der Tropfkörper (Geruch und Fliegen) vermeidet. Die Bezeichnung „belebter Schlamm“ rührt daher, daß die Schlammflocken, die ständig durch das Abwasser bewegt werden, aus einem schleimigen Grundstoff bestehen, in dem Bakterien und Protozoen leben. Sauerstoff und die Durchwirbelung des Schlammes kann durch Druckluft, Paddelräder oder Wurfkreisel geschehen. Als wirtschaftlich vorteilhaft hat sich eine Kombination zwischen Druckluft und Rührwerk erwiesen (Essen-Rellinghausen). 5. Biologische Tauchkörper. Dieses Verfahren benützt ebenso, wie das Tropfkörperverfahren feste Körper als Träger der Kleinlebewesen. Am besten eignen sich dazu senkrechte Gestelle aus waagrecht übereinander liegenden Latten. Solche Tauchkörper setzt man entweder in Emscher- oder Omsbrunnen ein oder man bringt sie in besonderen Becken hinter der Nachklärung unter. Für Schlachthofabwässer kann das Verfahren dort Anwendung finden, wo die einfache mechanische Klärung nicht ausreicht, aber eine völlige biologische Reinigung nicht nötig ist.

**4. Die mechanisch-chemische Behandlung.** Setzt man in einer Kläranlage mit Ausscheidung der schlammbildenden Stoffe auf mechanischem Wege geeignete Chemikalien zu, so läßt sich die Klärung wesentlich beschleunigen. Als solche Chemikalien kommen Kalk und hauptsächlich schwefelsaure Tonerde in Frage. Besonders hat sich in den Vorkriegsjahren ein Verfahren bewährt, bei welchem mit Braunkohle oder Torf gearbeitet und dann schwefelsaures Eisenoxyd als Fällungsmittel zugesetzt wurde. Dieses Rothe-Degenersche Humusverfahren arbeitete mittels luftleeren Klärtürmen. Es wurde nicht nur eine sehr gute mechanische Klärung erreicht, sondern auch erzielt, daß der gewonnene Schlamm nicht in stinkende Fäulnis übergeht, daß er aber auch ein wertvolles Düngermittel blieb, das leicht getrocknet und verbrannt werden konnte. Es soll dieses Verfahrens nicht nur seiner historischen Bedeutung wegen Erwähnung gemacht werden, sondern weil es heute noch für Schlachthöfe empfohlen werden kann.

Die Nachteile der chemischen Klärung spielen bei der besonderen Behandlung von Schlachthofabwässern keine ausschlaggebende Rolle, auch der Kostenpunkt fällt nicht so sehr ins Gewicht, weil die zu klärende Menge nicht bedeutend ist und weil bei der bekannten und konstanten Zusammensetzung des Abwassers der Schlachthöfe auch die jeweils benötigten Zusatzmengen sich ganz genau bestimmen lassen[1].

[1] Das Kapitel über Abwasserklärung konnte nur in Form einer informatorischen Übersicht gebracht werden, da der zur Verfügung stehende Raum eine eingehende Behandlung nicht gestattete. Es wird jedoch auf die diesbezügliche eingehende Behandlung dieses Gebietes in Jahrgang 1931 der Dtsch. Schlachthofztg verwiesen, desgleichen auf das Buch von B. Böhm: Gewerbliche Abwässer. Berlin: O. Elsner 1928.

Dritter Teil.

# Viehhöfe.

## I. Viehhofanlagen.

### 1. Allgemeines.

Derjenige Teil des Schlachthofes, welcher zur Heranbringung, Einstellung und Abwicklung des Viehhandelsgeschäftes dient, wird gemeinhin als Viehhof bezeichnet.

Viehhöfe sind stets in solchen Städten unmittelbar neben dem Schlachthof eingerichtet, welche auf die Versorgung mit Vieh von auswärts angewiesen sind. Nicht in allen Viehhöfen findet man allseits geschlossene Verkaufshallen, jedenfalls aber in allen neuzeitlichen Viehhöfen. Durch die langen Transporte mit der Bahn sind die Tiere ermüdet, namentlich in der heißen Jahreszeit sind sie ziemlich erschöpft, schon allein durch den Umstand, daß sie sich während der Fahrt selten niederlegen können, Mangel an Futter und Wasser haben und durch das Rangieren herumgeschüttelt werden. Die Tiere werden nach solchen Transporten die Wohltat eines geschlossenen Stalles angenehm empfinden.

Die Viehhöfe bieten ein nicht zu unterschätzendes Hilfsmittel für die Bekämpfung von Tierseuchen, da hier stets Tierärzte vorhanden sind, welche eine peinlich genaue Kontrolle ausüben. Es kann auch vorkommen, daß der Nachbarschaft die Abfuhr von Vieh, das der Beobachtung untersteht, aus verseuchten Viehhöfen amtlich gestattet wird, und zwar nur zur sofortigen Abschlachtung. Das erfordert besondere sanitäre Einrichtungen.

Es läßt sich keine bestimmte Norm dafür aufstellen, wann die Errichtung eines Viehhofes notwendig ist. Man war bisher der Ansicht, daß solche Anlagen erst in Städten von 70000 Einwohnern an rentieren und eingerichtet werden sollen, doch haben viele kleinere Städte, wie z. B. Aue i. E., ihre Schlachthöfe mit neuzeitlichen Viehhöfen verbunden. Wie man in Städten, welche nur eine Schlachtgelegenheit für Großvieh besitzen, diese Anlagen nicht als Schlachthof im neuzeitlichen Sinne bezeichnen kann, so wird man auch hier unterscheiden müssen, ob eine Stadt nur einen Verkaufsplatz für Schlachtvieh besitzt oder aber einen mit allen Anforderungen der Neuzeit ausgestatteten Viehhof. Die von vielen Städten eingerichteten Viehmärkte scheiden aus diesem Grund von vornherein aus[1].

Nach dem Veterinärbericht des Reichsgesundheitsamtes vom Jahre 1927 sind 66 Schlachthöfe = 9% mit Viehhöfen verbunden, von welchen 5 = 1,4% auf Städte unter 10000 Einwohner, 12 auf solche von 10—50000 Einwohnern = 4,4%, 12 auf Städte von 50—100000 Einwohnern = 4,4%, 30 = 70% auf solche von 100—500000 Einwohnern und 7 = 100% auf solche über 500000 Einwohner fallen. Viehhöfe werden angegeben in Preußen in: Aachen, Altenessen, Barmen, Berlin, Bochum, Beuthen (zur Zeit außer Betrieb), Breslau, Dortmund, Duisburg, Duisburg-Meiderich, Düsseldorf, Elberfeld, Erfurt, Essen, Frankfurt a. M., Gelnhausen, Gelsenkirchen, Hagen, Hannover, Kassel, Kiel, Koblenz, Köln, Königsberg, Krefeld, Magdeburg, Mühlheim-Ruhr, München-Gladbach, Neuß, Osnabrück, Stargard (nur für Kleinvieh), Stettin und Wiesbaden. In anderen deutschen Ländern finden wir Viehhöfe in Ansbach, Augsburg, Bamberg, Fürth, Hof, Landau, München, Neustadt a. H., Nürnberg, Regensburg, Würzburg, dann in Aue, Chemnitz, Dresden, Leipzig, Plauen, Reichenbach, Zittau, Zwickau, in Aalen, Heidelberg und Stuttgart, Karlsruhe, Pforzheim, Darmstadt, Mainz, Offenbach, Hamburg, Braunschweig,

[1] Die Ansicht des Architekten Schoenfelder, diesen Teil als Viehmarkt zu bezeichnen, kann nicht gebilligt werden, da man als Viehmärkte nur offene Verkaufsplätze für Vieh bezeichnet, wie man sie auch in Städten ohne Schlachthof kennt, auf welchen Vieh aus der Umgebung an bestimmten Tagen zu Markt gebracht wird. Schutz gegen Witterungseinflüsse besteht hierbei meist nicht.

Stavenhagen, Bremen und Lübeck. Die Viehhöfe haben einen Auftrieb von bis zu 10000 Stück 5mal, bis zu 50000 Stück 28mal, bis zu 100000 Stück 8mal, bis zu 1 Million Stück 23mal und darüber 1mal.

Außer den Viehhöfen für Schlachtvieh sind Nutz- und Magerviehhöfe in nachstehenden Städten vorhanden: Bad Kreuznach, Bamberg, Berlin-Friedrichsfelde, Dortmund, Elbing, Emden, Essen-Altenessen, Kassel, Koblenz, Leer, Lübeck, Münster, Neuß, Oldenburg, Osnabrück, Stargard, Stolp, Wächtersbach und Kempten.

Es unterliegt keinem Zweifel, daß bei Vorhandensein eines Viehhofes nicht nur der Handel erleichtert wird, sondern, was die Hauptsache ist, die Durchführung der Seuchenpolizei, und damit die Tilgung von Tierseuchen eine weit sicherere sein wird, als dies bei den Landviehmärkten der Fall ist, welche samt und sonders an dem großen Mangel kranken, daß die Kontrolle außerordentlich schwierig ist und in den seltensten Fällen die Möglichkeit einer ausreichenden Durchführung der Desinfektion gegeben ist. Auch fehlt auf den kleinen Bahnstationen leider noch recht oft eine desinfizierbare Verladerampe. Die Viehbesitzer erblicken auch leider in den seuchenpolizeilichen Maßnahmen zur Verhinderung der Tierseuchenverbreitung oft nicht einen Schutz, sondern eine Schikane der Behörden, die sie eben dadurch zu verhindern wissen, daß sie Seuchenausbrüche nicht zur Anzeige bringen und durch solche Handlungsweise dazu beitragen, daß die Seuchen sich auf weiteste Landstrecken übertragen. Die Feststellung solcher verheimlichter Seuchenausbrüche erfolgt allerdings regelmäßig bei Einbringung der Tiere in die Viehhöfe. Sie gibt dann allerdings aber auch Veranlassung, daß die Schließung derselben erfolgen muß, was bedeutende Schädigungen der Interessenten im Gefolge hat. Durch Vornahme zwangsweiser Schlachtungen der gefährdeten oder kranken Tiere und durch peinlichste Desinfektion kann die Sperre allerdings auf eine sehr kurze Zeit beschränkt werden. Solange aber die Möglichkeit vorhanden ist, daß neuerdings seuchenkranke Tiere eingeführt werden können, solange nicht alle Verladungsstellen seuchenpolizeilich überwacht werden und nicht genau kontrollierte und in jeder nur erdenklichen Weise zweckmäßig eingerichtete Sammelstationen in jedem Kreise in größerer Zahl vorhanden sind, muß man sich stets auf neuerliche Seucheneinschleppung in Viehhöfen gefaßt machen. Daß hiermit nicht jeder Seuchenausbruch unmöglich gemacht wird, ist begreiflich, doch würde die Zahl derselben auf ein Minimum reduziert werden. Die Viehhöfe sind durchweg im Besitze der Stadt, Privatviehhöfe wurden in letzter Zeit vielfach von Städten übernommen. Da man aber die Erfahrung gemacht hat, daß die Viehhöfe oft beträchtliche städtische Zuschüsse verlangten, so wird man klug handeln, solche Anlagen, wenn ein Bedürfnis vorhanden ist, nicht zu groß, wohl aber erweiterungsfähig anzulegen, und an die Vergrößerung erst heranzugehen, wenn die zwingende Notwendigkeit hierzu eintritt.

Beachtenswerte Anhaltspunkte für die Anlage von Viehhöfen sind sowohl in dem früher erwähnten Gutachten der Sächs. Kommission für das Veterinärwesen vom 10. Juli 1891 als besonders in dem Gutachten der Preuß. technischen Deputation für das Veterinärwesen (Erlaß des Preußischen Ministers für Landwirtschaft, Domänen und Forsten vom 19. Februar 1894) enthalten.

In diesem Gutachten sind besonders Bedenken gegen eine unmittelbare Verbindung von Vieh- und Schlachthof ausgesprochen, weil dadurch die Übertragbarkeit ansteckender Krankheiten von dem Schlacht- nach dem Viehhofe außerordentlich begünstigt würde.

Heute wird, und sei es in kleinsten Verhältnissen, keine Viehhofanlage mehr errichtet werden, die nicht sozusagen „hermetisch" gegen den Schlachthof abgeschlossen ist. Es ist den Städten, welche Neuanlagen schufen, leicht gewesen, nicht nur die alten guten Vorbilder, wie München, Karlsruhe, Kiel, Frankfurt a. M., Köln, Hamburg, Halle, Breslau u. a. m. nachzuahmen, sondern sie insbesondere in baulicher Hinsicht zu übertreffen (Dresden, Stuttgart, Bochum, Essen, Gelsenkirchen, Erfurt, Braunschweig, Elberfeld, Barmen, Chemnitz, Dortmund, Zürich, in kleineren Städten: Ludwigshafen, Bamberg, Aue u. a.), dabei aber doch die für die Direktion wünschenswerte Übersichtlichkeit und Überwachungsmöglichkeit nicht aus dem Auge zu verlieren. Insbesondere muß auf die Vergrößerungsmöglichkeit Rücksicht genommen werden, da diese oft von nicht vorauszusehenden Umständen abhängt. (Eingemeindungen.)

## 2. Viehhofgröße.

In der 4. Auflage des Handbuches wurde der Versuch gemacht die Größen der Viehhöfe zu ermitteln. Bei Beantwortung der diesbezüglichen Fragen wurde jedoch zu wenig unterschieden zwischen Viehmarkt und Viehhof. Grundsätzlich sollte man unter einem

Viehhof nur einen abgeschlossenen Markt verstehen, in welchem sich der Handel in Markthallen abwickelt[1].

Man kann auch sehr oft die Beobachtung machen, daß in 2 Städten mit gleicher Bewohnerzahl die Frequenz des Viehhofes grundverschieden ist, wie z. B. bei Amberg und Glauchau, wobei ersteres 1788 Stück Großvieh, letzteres 176 als Zutrieb im Jahre aufweist, Schweine 8000 gegen 3332, während das an Bewohnern ärmere Aue 3200 bzw. 10000 Stück zugetriebene Tiere angibt.

Was die Größenbemessung im allgemeinen anlangt, so gibt Osthoff 300 qm für je 1000 Einwohner an, doch ist diese Bemessung überreichlich, da auch mit 200—250 qm gut durchzukommen ist. Moritz gibt an, daß für Städte bis zu 100000 Einwohnern etwa 300, für solche von über 500000 Einwohner mindestens 200 qm als ausreichend bezeichnet werden können.

Wie die Tabelle auf S. 1042 der 4. Aufl. ersehen läßt, kann man eigentlich bestimmte Normen für die Größenbemessung nicht aufstellen; die von Osthoff und Moritz angegebenen Ziffern treffen in den seltensten Fällen praktisch zu. Die Größenbemessung wird sich meistens nach dem gegebenen Bedürfnis (Zutriebsziffern) richten, dann auch nach dem Umstande, daß in Viehhöfen, welche weitere Gebiete mit Vieh versorgen, in welchen also demnach auch mehr Vieh zusammengebracht wird, als in mehr abseits liegenden Anlagen, nicht nur verhältnismäßig viel Raum, sondern auch Reserveraum für später notwendig werdende Vergrößerungen vorhanden sein muß.

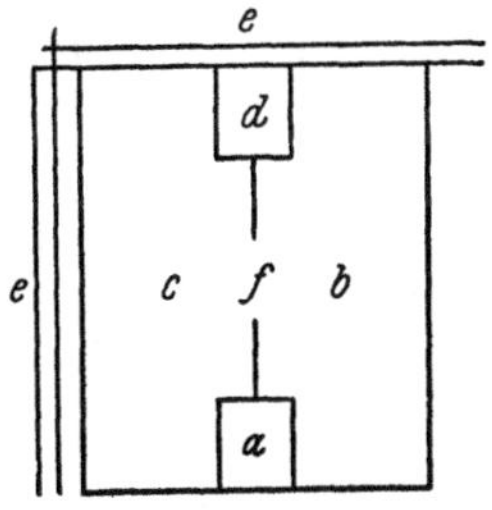

Abb. 249. Disposition einer Schlacht- und Viehhofanlage. *a* Vorplatz, *b* Schlachthof, *c* Viehhof, *d* Sanitätsanlage, *e* Bahngeleise, *f* Scheidewand mit Kontrollplatz.

Maßgebend für die Größenbemessung wird auch der Umstand sein, ob wöchentlich ein oder mehrmalig Viehmarkt stattfindet, oder nur in längeren Pausen. Im ersteren Fall wird dann verhältnismäßig weniger Raum benötigt werden.

Dr. Schwarz gab eine heute noch geltende Generaldisposition für die Anlage eines Viehhofes, bzw. dessen Lagerung zum Schlachthofe (Abb. 249). Der Viehhof liegt neben dem Schlachthofe, Vorplatz und Sanitätsanlage sind für beide gemeinschaftlich. Die Bahngeleise sind an der Längsseite des Viehhofes, an diesen die Laderampen, ähnlich, wie das in Halle und Breslau durchgeführt ist. Diesen gegenüber sollten die Markthallen, nach Tiergattungen getrennt, ihren Platz finden durch die Trennungsmauer geschieden, jeder Markthalle die entsprechende Schlachthalle gegenüberliegen und dieser gegenüber die Vorkühl- und Kühlhallen liegen, so daß sich der ganze Geschäfts- und Arbeitsgang eigentlich in einer geraden Richtung abspielt.

Natürlich ist es in Rücksicht auf das zur Verfügung stehende Gelände nicht in jedem Falle möglich, so zu disponieren, es muß aber für jeden Fall eine vollkommene Trennung zwischen Schlacht- und Viehhof durchgesetzt werden.

| Stadt | Einw.-Zahl | Hallengröße | Fassungsvermögen | | | Stadt | Einw.-Zahl | Hallengröße | Fassungsvermögen | | |
|---|---|---|---|---|---|---|---|---|---|---|---|
| | | | Großvieh | Kleinvieh | Schw. | | | | Großvieh | Kleinvieh | Schw. |
| Aue | 23 | 600 | — | — | — | Magdeburg | 299 | 84880 | 400 | 1500 | 2000 |
| Amberg | 27 | 2000 | — | — | — | Stuttgart | 370 | 61800 | 1000 | 800 | 2500 |
| Reichenbach | 31 | 330 | 24 | 75 | 400 | Essen | 468 | 40000 | — | — | — |
| Regensburg | 80 | — | 36 | 250 | 250 | Hannover | 438 | 41800 | 600 | 700 | 1000 |
| Augsburg | 169 | — | 300 | 400 | 500 | Nürnberg | 407 | 68400 | 800 | 700 | 2300 |
| Duisburg | 169 | — | 213 | — | 550 | Düsseldorf | 435 | 30000 | 150 | 600 | 1500 |
| Karlsruhe | 151 | — | 400 | 300 | 600 | Frankfurt | 551 | 55000 | 2000 | 3500 | 4000 |
| Kassel | 174 | — | 200 | 500 | 550 | Breslau | 609 | 200000 | 1800 | 1400 | 3000 |
| Aachen | 156 | 20000 | 160 | 500 | 650 | Köln | 732 | 100000 | 2000 | 2400 | 6000 |
| Barmen | 191 | 25257 | 150 | 200 | 500 | Dresden | 631 | 200000 | 1200 | 2200 | 6800 |
| Elberfeld | 173 | 16100 | 1200 | 600 | 1300 | Leipzig | 690 | 54800 | 650 | 2000 | 2333 |
| Kiel | 216 | 5736 | 250 | 160 | 1000 | München | 700 | — | 1000 | 3000 | 3000 |
| Dortmund | 455 | — | 1600 | 1000 | 3000 | Hamburg | 1128 | 94000 | 2500 | 7000 | 5500 |
| Stettin | 254 | 20000 | 200 | 800 | 1200 | Berlin | 4000 | 295000 | 5600 | 28000 | 15000 |
| Königsberg | 293 | 59000 | 220 | 100 | 800 | | | | | | |

[1] Es wurde aber auch in den Antworten auf die Fragebogen der 5. Auflage nicht stets auseinandergehalten, welche Grundflächen die Verkaufshallen und welche der gesamte Viehhof hat. Aus der vergleichenden Zusammenstellung dieser auf verschiedener Grundlage basierenden Ziffern können unmöglich bindende Zahlen über den Durchschnitt der Viehhofgröße im Verhältnis zu der Einwohnerzahl gefunden werden.

Über die Viehhoffrequenz im Jahre 1927 gibt das „Statistische Jahrbuch Deutscher Städte" folgende Aufschlüsse:

Auftrieb auf Viehhöfen.

| Stadt | Rinder | Kälber | Schweine | Kleinvieh | Pferde | Stadt | Rinder | Kälber | Schweine | Kleinvieh | Pferde |
|---|---|---|---|---|---|---|---|---|---|---|---|
| Aachen .... | 4381 | 12311 | 43608 | 2832 | — | Hamburg .. | 116883 | 65387 | 629263 | 66315 | 6380 |
| Augsburg .. | 16723 | 27046 | 54046 | 848 | — | Hannover .. | 33059 | 27068 | 180271 | 15376 | — |
| Bamberg... | 4365 | 104 | 14904 | 27 | 12 | Heidelberg . | 841 | 5861 | 19273 | 575 | — |
| Barmen ... | 4640 | 11516 | 42673 | 4930 | 2229 | Karlsruhe .. | 13743 | 17836 | 66627 | 2614 | — |
| Berlin ..... | 168438 | 232021 | 1423089 | 534977 | 124 | Kassel..... | 8163 | 7462 | 55636 | 352 | 1775 |
| Bremen.... | 16366 | 18551 | 120456 | 6549 | 1472 | Kiel....... | 3853 | 3454 | 39104 | 608 | — |
| Bonn...... | 5593 | 10298 | 8397 | 211 | — | Koblenz ... | 14333 | 15516 | 21560 | 1326 | 2355 |
| Bottrop ... | 1713 | 154 | 1106 | — | — | Köln...... | 63765 | 63611 | 393418 | 17068 | 6973 |
| Breslau .... | 54636 | 64408 | 183310 | 23635 | — | Leipzig .... | 36411 | 59141 | 213403 | 57644 | 144 |
| Chemnitz .. | 33565 | 34383 | 160600 | 29601 | 1072 | Lübeck .... | 10002 | 11648 | 40437 | 4239 | — |
| Darmstadt . | 502 | 7434 | 26568 | 566 | — | Ludwigshafen ... | 3482 | 3954 | 31318 | — | — |
| Dortmund . | 32303 | 29007 | 144155 | 3029 | — | Magdeburg . | 34430 | 35499 | 209316 | 12039 | — |
| DresdenP.V. | 37417 | 77628 | 186207 | 36070 | — | Mannheim . | 52490 | 36494 | 210619 | 4264 | 6024 |
| Düsseldorf . | 14013 | 15677 | 154620 | 31620 | — | Mülheim ... | 994 | 1399 | 21160 | 3 | — |
| Duisburg... | 4774 | 3543 | 58613 | 250 | — | München .. | 92031 | 186320 | 242530 | 36148 | 4920 |
| Elberfeld... | 31014 | 24071 | 169427 | 815 | — | Nürnberg .. | 51360 | 57677 | 191136 | 29393 | 464 |
| Elbing..... | — | — | 8077 | — | — | Offenbach . | 506 | 461 | 10538 | 17 | — |
| Erfurt ..... | 1212 | 604 | 27599 | 1922 | — | Osnabrück . | 18530 | 5048 | 68613 | — | — |
| Essen...... | 18367 | 24071 | 169927 | 815 | — | Pforzheim . | 3662 | 3534 | 17814 | 415 | — |
| Frankfurt/M. | 78417 | 85031 | 328474 | 26932 | 732 | Plauen..... | 6048 | 4726 | 26504 | 8811 | — |
| Freiburg i.B. | 3512 | 5351 | 14157 | 8 | — | Regensburg | 13616 | 11761 | 28813 | 1533 | — |
| Fürth ..... | 44 | 4041 | 19387 | 966 | — | Stettin .... | 13250 | 14421 | 40224 | 11389 | — |
| Gelsenkirchen .. | 813 | 4581 | 40711 | 156 | — | Stuttgart .. | 43226 | 65279 | 132403 | 1967 | 165 |
| Gladbach .. | 203 | 86 | 3714 | — | — | Wiesbaden . | 11980 | 20876 | 50813 | 6285 | 288 |
| Hagen..... | 1178 | 2222 | 16804 | 42 | — | Würzburg .. | 15752 | 12399 | 59670 | 5831 | 213 |
| Halle...... | 5712 | 5482 | 55574 | 4315 | 2062 | Zwickau ... | 12363 | 4604 | 74251 | 16040 | — |

## 3. Teile der Viehhöfe.

1. Bahnanschluß ist hierbei unerläßlich, schon wegen der Möglichkeit, Tiere ohne Benutzung der Landstraßen und Straßen der Stadt nach dem Viehhofe bringen zu können, ferner weil verlangt wird, daß Auslandsvieh nur dann eingeführt werden darf, wenn Viehhöfe mit dem Bahngeleise unmittelbar verbunden sind.

2. Laderampen und Entladebuchten.

3. Ställe für die einzelnen Tiergattungen getrennt, um die Tiere nach Ausladung unterbringen und füttern zu können bis sie zu den Verkaufsplätzen oder Markthallen überführt werden.

4. Verkaufsplätze für angeliefertes Vieh, sei es nun, daß offene Verkaufsplätze oder Markthallen geschaffen werden.

5. Gesondert gelegene Stallungen, um die unverkauft gebliebenen Tiere unterbringen zu können. (Überständerstallungen.)

6. Tierbäder oder Brausen, um die durch lange Transporte ermüdeten Tiere erfrischen zu können.

7. Eigene oder mit der des Schlachthofes verbundene Krankviehanlage, zu welcher Geleiseanschluß führen muß.

8. Eigene Kühlräume für notgeschlachtete Tiere (allerdings nur in ganz großen Anlagen notwendig und ausgeführt).

9. Desinfektionsanlage für Eisenbahnwaggons, in welcher auch Apparate zur Stalldesinfektion Aufstellung finden sollen.

10. Lokomotivschuppen mit Kohlenmagazin und eventuell Werkstätte je nach Größe der Anlage.

11. Pförtnerhaus zwischen Schlacht- und Viehhof.

12. Verwaltungsgebäude und Börse, mit Kantinen, Maklerzimmern, Kassenräumen, Viehversicherungsbüros, Bädern und öffentlicher Fernsprechstelle, soweit letztere Räume nicht anderweitig untergebracht werden wollen.

## 4. Offene Verkaufsplätze und -hallen.

a) Offene Stände. Nur in älteren Anlagen findet man noch manchmal frei gelegene Anbindegeländer aus Holz, die meist so angeordnet sind, daß hinter den Tieren ein etwa 5 m breiter Gang vorhanden ist, in welchem sich der Fußgängerverkehr abwickeln und die Vorführung der Tiere erfolgen kann. Oft sind nur diese Gänge gepflastert, während die Standplätze der Tiere nicht oder nur höchst mangelhaft befestigt sind. So z. B. muß Kopfsteinpflaster und selbst Würfelpflaster aus Granit, das nicht verfugt ist, als mangelhaft bezeichnet werden. Auch waschen sich Asphalt- und Zementfugen mit der Zeit aus. Ein Nachteil der offenen Verkaufsplätze ist der, daß nicht nur die Tiere durch die Unbilden der Witterung leiden, sondern in erster Linie die Händler dieselben nur aus dem gleichen Grunde höchst ungerne benutzen.

Aus diesem Grunde findet man in Neuanlagen kaum mehr diese offenen Verkaufsplätze, vielleicht nur als Reserve bei übergroßen Zutrieben, sondern nur die

b) Verkaufshallen. In wärmeren Gegenden, wie z. B. in Ungarn, spielen die offenen Hallen heute noch eine große Rolle (Wien, Budapest, Brüssel). Sie bieten wenigstens Schutz gegen Regen, nicht aber gegen Wind, da sie alle seitlich offen sind. Unverkauft gebliebenes Vieh muß stets wieder in eigene Stallungen gebracht werden. Man zieht deshalb geschlossene Markthallen vor, wenn auch die Kosten wesentlich höher sind, da sie zugleich die Möglichkeit einer eingehenden Besichtigung bieten, andererseits aber auch zugleich den Tieren als Stallungen dienen können. Nur die unverkauft bleibenden Tiere kommen nach Schluß des Marktes in die Überständerstallungen[1].

Nicht unerwähnt soll bleiben, daß in kleineren und mittleren Schlachthöfen die Abhaltung des Viehmarkts oft in den Stallungen selbst erfolgt. In diesen Fällen sind die betreffenden Städte zu klein, um den Bau eines Viehhofes wagen zu können. Sie benützen deshalb den Stallhandel als billigen Ausweg. Es soll hier dem Einzelnen überlassen werden zu beurteilen, ob der Viehhandel in Stallungen empfehlenswert ist oder nicht. Eine Norm sollte diese Art jedoch auf keinen Fall werden.

Zu den Stallungen und Verkaufsplätzen soll der Eintrieb zu ebener Erde erfolgen können, um zu verhindern, daß bei Schnee und Eisbildung auf schräg ansteigenden Zutriebsrampen Tiere ausgleiten und sich verletzen.

## 5. Markthallen.

Unter solchen versteht man allseitig geschlossene Aufstellungs- und Verkaufsräume. Den ersten, jedoch heute vollkommen verlassenen Typ bildete die Markthalle aus Holz mit seitlich angebrachten Fenstern, die eigentlich nur eine Art Vervollkommnung der offenen Verkaufshallen darstellte, die jedoch heute schon aus seuchenpolizeilichen Gründen keine Existenzberechtigung mehr hat. Später stellte man diese Hallen in massiver Bauart her, teils mit seitlicher, vorwiegend jedoch mit Oberlichtbeleuchtung und ersetzte auch die hölzernen Anbindevorrichtungen und Stallbuchten für kleinere Tiere ausschließlich durch solche aus Stein und Eisen. Man stattete sie auch mit allen Bequemlichkeiten für jene, welche dort verkehren.

### a) Großviehmarkthallen.

Es ist notwendig, daß die Tiere so aufgestellt werden, daß sie von den Käufern von allen Seiten besichtigt werden können. Zu beiden Seiten der 3—4 m breiten Gänge legt man Schranken oder Anbindevorrichtungen aus Eisen an und sieht für jedes Rind einen Platz von 1 m Breite und 2,6—3 m Länge, sonach einschließlich des halben Ganges je Stück rund 5 qm

---

[1] Auch in Städten ohne Viehhof, in welchen aber Viehmärkte stattfinden, werden in Zukunft besondere Einrichtungen durch die Ausführungsbestimmungen des Reichsviehseuchengesetzes vom 26. Juni 1909 verlangt werden: Nach § 41 müssen die für Viehausstellungen und -märkte bestimmten Plätze durch eine Einfriedigung derart abgeschlossen sein, daß das Vieh den Platz nur an den amtstierärztlich überwachten Eingängen betreten und verlassen kann. Vor den Köpfen der Tiere muß ein Gang freibleiben. Die Eintriebsstellen sind in ihrer ganzen Breite und auf eine Länge von 10 m mit hartem Boden zu versehen. Für stark beschickte Viehmärkte kann vorgeschrieben werden, daß der ganze Marktplatz gepflastert sein muß. Es muß ein Kontumazstall für verdächtiges Vieh in unmittelbarer Nähe des Marktes vorhanden sein.

§ 43. Die Unterkunftsräume der Tiere müssen mit undurchlässigem Pflaster versehen und ausreichend beleuchtet sein, sowie Rampen und Buchten aus leicht desinfizierbaren Stoffen hergestellt werden.

§ 46 besagt, daß Schlachthöfe und Viehhöfe voneinander getrennt, daß die Rampen gut beleuchtet sein müssen, und daß eigene Seuchenhöfe zur Aufnahme von verdächtigen Tieren vorhanden sein müssen, desgleichen Überständerstallungen. Vieh darf aus einer öffentlichen Schlachthofanlage nur mit polizeilicher Genehmigung wieder ausgeführt werden.

Raum vor. Eigene Futtervorrichtungen anzubringen ist unnötig, es müßte sein, daß die Markthalle, ähnlich wie in München u. a., zugleich Einstellstallung ist (Abb. 250 und 251).

Reine Verkaufshallen finden wir in Wien, Nürnberg, Berlin, Hamburg, Hannover, Augsburg (Abb. 250 u. 251), Mannheim, Dresden, Stuttgart. Solche, welche mit Stallungen vereint

Abb. 250. Teilansicht der Viehmarkthalle im Zucht- und Nutzviehmarkt Leer i. Ostfriesland.

sind in Barmen, Leipzig, Düsseldorf, Breslau, München, Bochum, Elberfeld, Köln, Gelsenkirchen, Plauen u. a. Letztere haben den Nachteil, daß beim Ausbruch einer Seuche der gesamte vorhandene Marktbestand gefährdet ist.

Wenn getrennte Hallen gebaut werden, so legt man die Großvieh- und die Schweinehalle, in welchen der größte Verkehr sich abwickelt, stets in unmittelbare Nähe zu einander, während die Kleinviehhallen auch seitlich davon gelegt werden können. Es dürfte das auch der bisherigen Übung am besten entsprechen.

Abb. 251. Magerviehhof in Dortmund.

Die Markthallen sollen hell und geräumig sein. Für eine hinreichende Verteilung von Hydranten, zu denen stets das Wasser von oben her geleitet werden soll, ist Sorge zu tragen. Die Rohre sollen frei liegen, nicht im Hallenboden (Abb. 253).

Ob Waagen angebracht werden sollen, richtet sich nach dem jeweiligen Bedürfnis. Zweifelsohne werden solche, wenn sie in den Markthallen selbst vorhanden sind, viel benutzt. Es genügt jedoch, wenn Viehwaagen nicht im Raume selbst, sondern in dessen unmittelbarer Nähe vorhanden sind, insbesondere verbindet man solche vorzugsweise mit den Pförtnerhäusern (Abb. 252).

Dienstzimmer für Tierärzte, sowie Räume für Aufseher und Wärter, Bedürfnisanstalten, in ganz großen Anlagen auch Räume für Sanitäts- und Schutzmannschaften sind nicht zu vergessen. In neueren Anlagen, wie Dresden, trifft man in den Verkaufshallen sogar Stehbierhallen.

In Markthallen, welche zugleich zur längeren oder kürzeren Einstellung von Vieh dienen, müssen Futtervorrichtungen eingebaut werden. Besonders gut bewähren sich als Futterbarren die halbrunden, glasierten Tonrohr- oder Steinzeugbarren mit überhöhten Rückwänden, welche ein Verschleudern von Futter wirksam verhindern. Die Barren können geteilt und durchgehend sein. Letzteren wird der Vorzug gegeben, da sie bequeme Tränkung der Tiere und leichte Reinigung der Barren ermöglichen.

Abb. 252. Automatische Viehwaage (E. Schmidt & Cie., Düsseldorf).

Unerläßlich ist es, die über den Stallungen befindlichen Räume als Futterlager auszubauen und hierzu einen geeigneten Zugang zu schaffen. Empfehlenswert ist es auch, um Futtervergeudung nach Möglichkeit zu verhindern, von diesen in die Stallräume herab Einwurföffnungen für Futter zu machen. Werden Schweine und Kleinvieh regelmäßig gefüttert, so ist auch eine Futterküche vorzusehen, in welcher warmes Futter für die Tiere bereitet werden kann. In großen Anlagen wird es immer nötig erscheinen, eigene Viehwärter anzustellen, und für diese eigene Räume mit Schlafgelegenheit zu schaffen, wenn viele Tiere eingestellt werden.

Zur Lagerung des in den Markthallen anfallenden Düngers und zur Aufbewahrung der verunreinigten Streu werden stets getrennt liegende Düngerstätten, die meist innerhalb des Sanitätshofes liegen, benutzt, so daß strengste Desinfektion des Düngers möglich ist.

## b) Kleinviehmarkthallen.

Sind keine Mittel zur Verfügung oder die Verhältnisse zu bescheiden, um eigene Hallen für Kälber zu errichten, so vereinigt man diese zweckmäßig mit der Schweinehalle oder mit der Großviehhalle, in welcher dann auch Schafe untergebracht werden können.

Abb. 253. Großviehmarkthalle in Stuttgart.

Markthallen, die nur für Kälber bestimmt sind, entsprechen denen für Rinder vollkommen, nur mit dem Unterschiede, daß niedrige Buchten vorhanden sein müssen. Auch sind die Standplätze kleiner zu halten.

Außerdem ist es aber auch möglich, Buchten für 8—10 Stück herzustellen, in welchen zugleich Futterbarren aufgestellt werden. Man zieht vielfach vor, die Kälber bis zur Abfuhr in diesen Räumen zu belassen, da der Transport derselben am meisten Schwierigkeiten macht. Um das benötigte Futter bereiten zu können, werden auch hier stets eigene Trankküchen angebaut.

Die weitaus besten Buchten sind die aus Eisenbeton mit aufgesetzten Gittern, welche größere Übersicht gewähren. Hölzerne Buchten zu verwenden ist nicht mehr zeitgemäß, ebensowenig empfiehlt es sich, in diesen Räumen die Buchten ganz aus eisernen Gittern herzustellen, da die eingestellten Tiere sehr unter der Zugluft zu leiden haben. Nötigenfalls kann man die Abschlußwände in gefirnißtem Holz in der Weise herstellen, daß man die Bretter herausnehmbar in U-Eisenfälze einsenkt, für den Fall, daß billig gebaut werden soll. Die einzelnen Bretter können leicht herausgenommen und gereinigt werden. Man liebt auch keine allzu hohen Räume, 4—5 m sind ausreichend.

Abb. 254. Kälbermarkthalle in Stuttgart.

Werden in Schlachthöfen geschlachtete Kälber eingeführt, wie das in Süddeutschland (München, Augsburg, Nürnberg, Bamberg) zu gewissen Jahreszeiten üblich ist (meist zwischen September und Mai) und stehen zur Untersuchung dieser Tiere keine eigenen Räume zur Verfügung, so sind hier in einzelnen Abteilungen der Kälberhallen eigene Hakenrahmengerüste einzubauen, ähnlich wie das in den Schlachträumen der Fall ist. Ein getrennter Untersuchungsraum ist jedoch stets vorzuziehen.

Eigene Markthallen für Schafe trifft man nur in sehr wenigen Anlagen, da der Verkauf dieser Tiere meist in den Groß- oder Kleinviehmarkthallen stattfindet (Abb. 254, 255).

Soferne man in diesen nicht Buchten aus Eisenbeton, wie vorstehend erwähnt, benutzen will, kann man solche aus eisernen Stäben wählen, da die Schafe gegen Witterungseinflüsse und Zugluft wenig empfindlich sind. Als Flächenbedarf rechnet man pro Schaf 0,25—0,30 qm und unter Berücksichtigung sämtlicher Gänge pro Schaf eine Fläche von 0,4—0,5 qm.

Abb. 255. Kleinvieh- und Schweinemarkthalle in Chemnitz.

Die Buchten für Schafe müssen niedrige Heuraufen enthalten, die man allerdings bisher vorzugsweise aus Holz hergestellt hat, doch verdienen Metallraufen, die verzinkt sind, entschieden den Vorzug. In einzelnen Schlachthöfen haben die Tierschutzvereine Salzlecksteine angebracht, die von den Schafen sehr fleißig benutzt werden.

Hamburg und Mainz haben zweistöckige Markthallen für Schafe. Frankfurt hat auch solche für Kleinvieh und Schweine mit einem Fassungsvermögen von 4500 Stück in beiden Geschossen.

Was die Raumbemessung anlangt, so gibt Moritz an, daß auf jedes Kalb 0,7—0,75 qm mit Gängen und ohne diese 0,4—0,5 qm treffen soll. Auch ist es gut, den Zuwachs der nächsten

10 Jahre im Auge zu behalten und die Ausmaße zur Erzielung von freiem Raum für Käufer und Händler im ganzen um 25% zu erhöhen. Die Gangmaße können etwas kleiner als in den Großviehmarkthallen angenommen werden, doch sollen die Hauptverkehrsgänge namentlich dann nicht unter 4 m breit sein, wenn Kälber auf Schmalspurbahnen oder Elektrokarren mit Anhängern von den Stallungen nach der Verkaufshalle und von hier nach dem Schlachthof in ähnlicher Weise gebracht werden müssen. Will man die Kosten einer eigenen Schmalspurbahn ersparen, so müssen eigene leicht fortzubewegende Handtransportwagen angeschafft werden[1].

## c) Schweinemarkthallen.

Diese sollen in der Nähe der Ausladerampen liegen, um weites Treiben der Schweine nach Möglichkeit zu vermeiden. In neuzeitlichen Anlagen kann man beobachten, daß zwischen Rampe und Stallungen Schweinebäder, durch welche die vom Transport ermüdeten Schweine in warmer Jahreszeit getrieben werden können, eingebaut sind, welche die Schweine sehr gerne benützen (Abb. 256). In manchen Anlagen findet man auch Treibgänge für Schweine, um ein seitliches Entweichen zu verhindern, die sich jedoch nur dann empfehlen lassen, wenn sie abseits der allgemeinen Verkehrwege angebracht werden können. Zum Transport störriger Schweine benützt man Elektrokarren oder leichtlaufende Transportkarren (vgl. Abb. 127 und 128, S. 139).

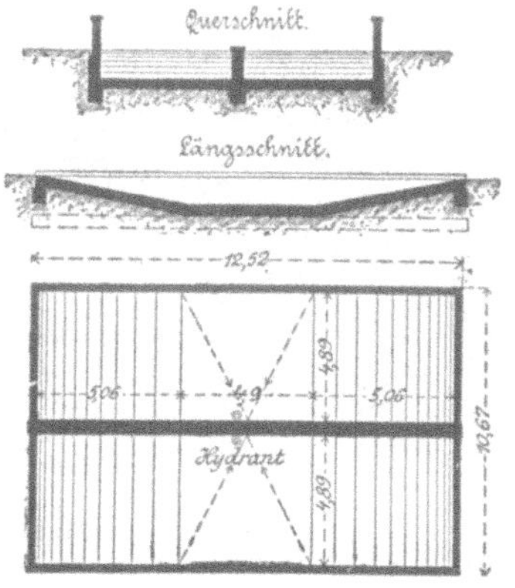

Abb. 256. Schweinewäsche nach Rimpler.

Die Schweinemarkthallen enthalten stets abgetrennte Buchten, am besten solche von verschiedenem Fassungsvermögen, um auch großen Schweinehändlern die Möglichkeit zu bieten, die ihnen gehörigen Tiere in einer oder mehreren nebeneinanderliegenden Buchten unterbringen zu können. Mindestens soll ein Teil der Buchten mit Fütterungseinrichtungen versehen sein, um den ankommenden Tieren Nahrung bieten zu können. Schweine, welche am Markttag selbst zu Markt gebracht und dort zur sofortigen Schlachtung aufgekauft werden, bedürfen der Fütterung nicht. Zur Bereitung von Tränkfutter müssen auch stets sog. Futter- oder Trankküchen in diesen Hallen stets vorhanden sein. Sie finden ihren Platz wandständig. Von dort aus sollen auch die Lagerräume für Futter bequem zu erreichen sein.

Abb. 257. Schweinemarkthalle mit Treibgängen. Viehhof Dresden.

Hinsichtlich der Größenbemessung rechnet man nach Moritz 1 qm je Schwein einschließlich der Gänge. Man nehme auch hier, wie bei den Kälberhallen erwähnt, auf spätere Vergrößerung usw. durch einen Zuschlag von 25% Rücksicht. Die Gänge, die dem Hauptverkehr dienen, sollen als Mindestmaß 3 m breit sein, die von diesen abzweigenden Nebengänge 1,5—2 m. Die Durchschnittsgröße der kleineren Buchten ist 16—20 qm. Sie bieten bequem Raum für 10—20 Schweine (Abb. 257 und 258).

In neuen Anlagen trifft man auch vielfach geheizte Schweinemarkthallen und Verkaufsräume. Darüber besteht keine Unklarheit, daß die Heizung solcher Räume als unrationell und teuer bezeichnet werden muß, da die Warmluft in die Höhe dringt und die Türen nicht stets geschlossen werden, so daß viel teuere Wärme verlorengeht. Die neuesten Anlagen haben bereits mehrfach auf Heizungseinrichtungen in den Verkaufsräumen verzichtet, ältere sie vielfach beseitigt.

[1] Musterhafte Schmalspurgeleiseverteilung in Dresden.

Was die Buchten anlangt, so soll man nach Möglichkeit die Verwendung von Holz vermeiden. Die Buchten sind durchweg aus Eisen oder aus Beton mit Eisen herzustellen. Für die Schweine sind die letzteren angenehmer, weil sie Zugluft verhindern. Die Betonsockel sind meist 50 cm hoch, erst auf diesen findet man die Gitteraufsätze.

Abb. 258. Markthalle für Schweine in Stuttgart.

Man findet als Umfassungswände einzelner Buchten auch Holzwände, welche in U-Eisenführungen eingelassen sind. Abgesehen davon, daß solche Holzwände sehr oft von Schweinen angenagt werden, sind sie stets sehr schwer zu entseuchen, und aus diesem Grunde ist man fast vollkommen davon abgekommen.

Vorzüglich verankert müssen die Türpfosten der Buchten sein, namentlich dann, wenn die Buchtentüren so angeordnet werden, daß sie beiderseits zu öffnen sind und in gegenüberliegende Angeln befestigt werden können, um Schweine von einer Bucht in eine andere treiben zu können.

In gut eingerichteten Schweinemarkthallen baut man auch in bestimmte Buchten oder Gangabteilungen Waagen ein (vielfach bereits solche mit automatischer Gewichtsablesungseinrichtung), in welche die Schweine einzeln oder in größerer Zahl zwangsläufig getrieben werden können (Abb. 259, 260).

Solche in Stallungen einzubauen empfiehlt sich stets dann, wenn es sich um das Wägen sehr beweglicher Tiere handelt. Es müssen dann Treibgänge hergestellt werden oder aber durch Abschlußgitter in den Quergängen dafür gesorgt werden, daß ein Entweichen nicht möglich ist. Es empfiehlt sich, die Türen zu den Waagen als Hochschiebetüren auszuführen, damit die Schweine durch das Türöffnen nicht scheu gemacht werden (Abb. 261).

Abb. 259. Tacho-Schalt-Schnellwaage Type G 742 in einem westfälischen Schlachthofe (Waagenfabrik Großenbaum bei Düsseldorf).

Abb. 260. Großvieh- und Schweinewaage mit automatischer Gewichtseinstellung (Schmidt & Co., Düsseldorf).

In großen Schweinemarkthallen müssen eigene Räume für die Aufseher und Fütterer, dann aber auch Aufenthalts- und Schreibräume mit Fernsprechautomaten für die Händler vorgesehen werden. Auch Gerätekammern vorzusehen ist dort sehr notwendig. Wandständige Klappulte werden von den Händlern stets gewünscht.

Abb. 261. Tacho-Schnellwaagenfabrik Großenbaum bei Düsseldorf.

## 6. Marktstallungen.

Die angekommenen Tiere müssen in zweckmäßig eingerichteten Stallungen untergebracht werden. Es ist ein Gebot der Vorsicht, keine großen Stallungen zu errichten, sondern lieber eine Reihe von Ställen, die etwa 40 bis 60 Tiere fassen können, um im Falle eines Seuchenausbruches nicht übermäßige Kosten und Arbeit durch die Desinfektionsvornahme zu haben. Auch die Überwachung und Fütterung der Tiere wird sich in einem kleineren Stalle leichter durchführen lassen, abgesehen davon, daß kleinere Stallungen im Winter wärmer sind als große und hohe Stallräume. Daß diese Stallungen in jeder Weise den hygienischen und seuchenpolizeilichen Anforderungen entsprechen müssen, braucht nicht eigens betont zu werden: geschlossenes Pflaster, gute Ableitung der flüssigen Abgänge, waschbare Wandverkleidung, beste Ventilation und Beleuchtung, außerdem muß eine leichte Reinigungsmöglichkeit der Futterbarren usw. bestehen.

Auch die Stallungen für Schweine und Kleinvieh sind in gleicher Weise auszustatten, insbesondere ist aber darauf Rücksicht zu nehmen, daß das Einbringen und das Abtreiben der Tiere durch besondere Vorrichtungen nach Möglichkeit erleichtert wird, daß auch die Möglichkeit vorhanden sein muß, Tiere mühelos zu den aufzustellenden Waagen oder sie von einer Bucht in die andere verbringen zu können[1].

Es ist durchaus nicht unmöglich und vielfach im Gebrauch, bei vorhandenem Platzmangel Stallungen zweistöckig zu erbauen (Hamburg, Berlin). Man kennt in den Union Stock Yards in Chikago seit langen Jahren die Verwendung von Fahrstühlen zur Verbringung von Vieh in hochgelegene Stockwerke, dort allerdings nur zu Schlachtzwecken, und wenn man bei uns zum Auftrieb bequem ansteigende Triebwege benützt, so schließt das doch nicht aus, daß man auch hierzulande diese Zubringungsfrage mittels Fahrstuhl oder Treibweg in Erwägung ziehen könnte. Feuersgefahr ist bei der soliden deutschen Bauweise für Stallungen ausgeschlossen, und dieses Bedenken allein könnte allenfalls gegen eine Fahrstuhlbenützung sprechen (vgl. hierüber Teil V).

Es empfiehlt sich bei den Stallungen nicht, weit ausladende Vordächer anzubringen, wie man es in älteren Anlagen noch sehr oft vorfindet, da diese den Stallungen stets Taglicht benehmen. Auch in alten Viehmarkthallen trifft man noch solche unnötig breite Dachausladungen an, die in keinem Falle nachgeahmt werden sollen.

## 7. Bahnanschluß.

In älteren Grenzanlagen war es bis vor kurzem gestattet, Auslandsvieh mit einem eigenen Transportviehwagen nach dem Schlachthofe zu bringen, was durch Herstellung eines Verbindungsgeleises nunmehr entbehrlich wird. Nicht nur zum Viehzu- und -abtrieb, sondern auch zur Herbeibringung des nötigen Futters und Streumateriales, zur Abfuhr von Dünger und sonstigen Abfällen wird ein Geleiseanschluß nicht gut entbehrt werden können, abgesehen davon, daß auch der Schlachthofbetrieb insoferne Nutzen zieht, als die Kohle auf gleichem Wege herangeschafft

[1] An den meisten Viehhöfen werden für das Übersetzen und Rangieren der Wagen und für Benutzung der Laderampe besondere Gebühren erhoben; dazu kommt oft noch eine besondere Desinfektionsgebühr. Die Höhe der Übersetz- und Rangiergebühren richtet sich meist nach der Länge des Anschlußgeleises und setzt sich zusammen aus den Gebühren, welche hierfür an die Viehhofkasse zu zahlen sind, und aus solchen, welche an die Eisenbahnkasse zu zahlen sind. Die Berechnung ist sehr verschieden: auf einzelnen Viehhöfen wird wagenweise, auf anderen stückweise bezahlt.

werden kann. Aus diesem Grunde erweist sich ein Anschlußgeleise zum Schlachthof als unentbehrlich. Keinesfalls aber soll die Geleiseverbindung derartig sein, daß zum Viehhof zu transportierendes Vieh (und sei es auch nur im Bahnwagen) durch den Schlachthof gebracht werden muß (Nürnberg).

Hingegen unterliegt es keinem Bedenken, die Geleisezuführung so anzulegen, daß sie in der Grenzlinie zwischen Schlachthof und Viehhof liegt und nach beiden Seiten Rampen angebracht sind, welche eine Entleerung der ankommenden Viehwagen zur sofortigen Schlachtung nach den Schlachthofstallungen einerseits, zur Einstellung in Handelsviehstallungen anderseits ermöglichen.

Die Anlage der Zufahrtsgeleise kann in der Weise durchgeführt werden, daß die Scheidewand zwischen Schlacht- und Viehhof nicht durchbrochen zu werden braucht, und daß das Zufahrtsgeleise außerhalb der Umfassungsmauern sich in einen Strang zum Viehhof und in einen solchen zum Schlachthof teilt, so daß in jeder der beiden getrennten Anlagen wenn nötig eigene Rampen angelegt werden können.

Man lege möglichst lange Geleise an, um ganze Viehzüge einbringen und auf den gleichlangen Rampen diese möglichst rasch entleeren zu können. Notwendig ist stets ein Parallelgeleise herzustellen, auf welchem die Maschine abfahren kann. Es ist aber nur in ganz großen Anlagen eine doppelte Gleisführung notwendig, in kleinen Anlagen behilft man sich dadurch, daß die Maschine die Viehwagen hereinschiebt und diese nach Entleerung wieder abholt.

Das Reichsviehseuchengesetz verlangt für Viehhöfe Bahnanschluß. Denn für Vieheinund -ausfuhr ist ein solcher unentbehrlich. Es gibt aber eine Reihe von kleineren Anlagen ohne Viehhof, welche sich von benachbarten Viehhöfen her mit Vieh versorgen und evtl. auch Sperrvieh zugewiesen bekommen können, wenn sie Geleiseanschluß haben, so daß öffentliche Straßen von Vieh weder betreten noch überschritten werden. Wenn auch dadurch für die Fleischer die Möglichkeit besteht, sich und sei es auch nur vorübergehend mit billigerem Vieh zu besorgen, so verursacht diese Bestimmung im Gesetz diesen kleinen Städten große Auslagen für den Bau und Unterhalt der Geleiseführung, die in keinem Verhältnis zu dem erwachsenden Gewinne stehen.

Es wird für keine kleine Anlage als notwendig erscheinen, nur wegen der Zufuhr von Kohle heute eine eigene Geleiseanlage zu schaffen, da diese und sonstiges benötigtes Betriebsmaterial heute viel leichter und billiger mit Lastauto herangeschafft wird und in gleicher Weise wäre stets vor der Schaffung einer Schienenverbindung mit dem Bahnhof in kleineren und mittleren Städten ohne Viehhof stets bei den vorgesetzten und maßgebenden Stellen anzustreben, eine Überführung von seuchenverdächtigem oder der Ansteckung verdächtigem Vieh mittels geschlossenem Lastauto durchführen zu dürfen, vorausgesetzt, daß ein Verlieren von Abfällen sicher verhindert wird, und daß dieses in jeder Weise entseucht werden kann.

Es liegen Präzedenzfälle vor, in welchen nicht nur Bahnanschluß nicht notwendig war, sondern Auslandstiere zu Fuß jahrelang zum nächsten Schlachthof getrieben werden durften, z. B. in Bad Reichenhall, wo die österreichische Grenze 2 km weit entfernt liegt.

Auch in Passau wurde vor Herstellung des Geleiseanschlusses der Transport österreichischer Ochsen mittels Wagen jahrzehntelang gestattet. Wo ein Wille ist, ist auch ein Weg.

Was den Betrieb anlangt, so wird derselbe wohl meist von den Bahnverwaltungen selbst übernommen. Auch wird sich in größeren Anlagen stets eine eigene Tarifabfertigungsstelle befinden, die nach Bedarf im Betriebe ist. Hierfür muß ein kleines Stationsgebäude errichtet werden, das für die Beamten die nötigen Diensträume, die heizbar sein sollen, eventuell auch Aufenthaltsräume für das Arbeiterpersonal enthält. Ganz große Viehhöfe besitzen meist eigene Rangiermaschinen.

## 8. Laderampen und Entladebuchten.

Die Größe und Ausdehnung der Rampenanlagen muß sich der Größe des Viehhofes anpassen. Die Entladebuchten müssen so gelegen sein, daß die Stallungen von den Tieren auf dem kürzesten Wege erreichbar sind.

Gestatten es die Terrainverhältnisse, so empfiehlt es sich, den Bahnkörper so tief zu verlegen, daß die Entladerampen auf gleicher Höhe der Planie des Schlachthofes zu liegen kommen, da das Vieh nach längerer Bahnfahrt ermüdet ist und auf stark abschüssigen Rampen leicht ausgleiten und sich beschädigen kann, namentlich, wenn glattes Pflaster oder Beeisung vorhanden ist (Abb. 262, 263).

Um das Ausladen der Tiere vollkommen gefahrlos zu gestalten verbindet man Wagen und Rampe mit einer Ausladebrücke, welche Schutzgeländer hat, so daß auch Schweine nicht seitlich entweichen können. Die Direktion des Viehhofes wird dafür Sorge tragen müssen, daß genügend solche Brücken zur Verfügung stehen.

Zwischen dem Bahnwagen und den für die Aufnahme des Viehes vorgesehenen Buchten muß für die amtstierärztliche Untersuchung des Viehes genügend freier Raum vorhanden sein.

Abb. 262. Viehhof-Ausladerampe.

Die Größe der Buchten bemißt sich nach der Größe der jeweils eintreffenden Transporte, dann aber auch darnach, ob das in einem Wagen ankommende Vieh einem oder mehreren Händlern gehört. Zweckmäßig ist es auch die Buchtentüren so anzubringen, daß sie sich nach außen öffnen lassen und sich bis zu den Ausladebrücken erstrecken, so einen Treibgang bilden und seitliches Entweichen, insbesondere von Schweinen, verhindern. Buchten sollen nur aus Eisen, nicht aus Holz hergestellt sein.

Eigene Tränkvorrichtungen können wohl als entbehrlich bezeichnet werden, da die ankommenden Tiere nur einen ganz kurzen Weg zu den betreffenden Stallungen zurückzulegen haben.

Abb. 263. Entladerampe Viehhof Dresden (Ausladebrücken).

Ist in Viehhöfen für die Anbringung der Rampen nur ein kurzer Raum zur Verfügung, so wird sich die Notwendigkeit ergeben, die entleerten Viehwagen möglichst rasch von ihrem Standplatze wegzubringen, dies wird wohl am besten durch schlachthofeigene Lokomotiven bewirkt werden, welche die vollen Wagen vorziehen und die entleerten an einem Parallelgeleise abfahren. Die Technik weist eine Reihe von sehr zweckmäßig konstruierten Lokomotiven auf (Borsig, Henschel-Maffei u. a.). Die Anschaffungskosten einer solchen Zugkraft werden durch die Unannehmlichkeiten, welche sich ohne eine solche ergeben würden, in großen Anlagen leicht aufgewogen.

## 9. Überständerstallung.

Es ist gesetzliche Vorschrift, daß für diejenigen Tiere, welche in den Markthallen unverkauft geblieben sind, in jedem Viehhofe eigene Stallungen vorhanden sein müssen, in welchen die Tiere bis zum nächsten Markt unterzubringen sind, die sog. Überständerstallungen. Aus naheliegenden Gründen, wie leichtere Erwärmung der Räume im Winter und leichtere Entseuchungsmöglichkeit wird es zweckmäßig sein, diese Stallungen nicht allzugroß anzulegen. Auch ist es vorteilhafter, mehrere kleinere, als eine große Stallung zu errichten, daß die kleineren aber hermetisch voneinander getrennt werden, um bei Seuchenausbrüchen Desinfektionskosten zu sparen.

Die Überständerstallungen sollen auch von den übrigen Stallungen etwas abgelegen sein. Für Schlachttiere jeder Gattung müssen eigene Räume vorhanden sein, die so ausgestattet sein müssen, daß eine vollkommene Entseuchung möglich ist. In manchen Viehhöfen (Köln) ist der sog. Überständerhof mittels Mauer vom Schlachthof abgetrennt. Dort ist aber auch eine Desinfektionsvorrichtung für die diese Stallungen betretenden Personen vorhanden, die im Bedarfsfalle in Verwendung kommt.

Es wird für diese Stallungen auch stets zweckmäßig sein, das Futter und Streulager nicht oberhalb der Stallungen anzubringen, sondern eigene, abseits liegende Futterlager zu schaffen, so daß eine Ansteckung des Futters vermieden wird.

Die preußische Instruktion schreibt für solche Stallungen ferner vor, daß die Tiere auf Wegen, die sich nicht mit anderen kreuzen, nach dort verbracht werden müssen. Die Stallungen sollen auch so geräumig sein, daß die Tiere sich niederlegen und ausruhen können, aber auch der Zeitdauer der Einstallung entsprechend gefüttert und getränkt werden können. Die Liegebreite für ein Stück Großvieh wird mit 1,5 m, jene für ein Schwein mit 0,7 m anzugeben sein. Die Schaffung eigener Futtergänge ist nicht unbedingt notwendig.

## 10. Krankvieh-Anlage.

Tiere, welche krank ankommen, ferner solche, welche einer Seuche oder der Ansteckung verdächtig sind, müssen, nachdem sie auf getrenntliegender Entleerungsrampe ausgeladen wurden, unmittelbar mit Wagen oder Bahn in die sog. Sanitätsanlage verbracht werden, in welcher für die einzelnen Tiergattungen getrennte Stallungen zur Verfügung stehen müssen. (Über die Ausstattung dieser Räume vgl. Teil V.)

Nach dem Reichsviehseuchenübereinkommen muß Auslandsvieh vollkommen getrennt von einheimischem Vieh ausgeladen, abgetrieben und eingestellt werden können (Auslandsstallung). Es ist nicht nur notwendig, eigene Stallungen zu schaffen, sondern es sind unter Umständen auch die Schlachtungen getrennt von anderen vorzunehmen. (München z. B. hat einen unterirdischen Treibgang mit großen Kosten anlegen müssen, um ein Durchtreiben von Auslandsvieh über eine öffentliche Hauptverkehrsstraße und durch den Viehhof zu vermeiden.) Selbstverständlich muß zur Verhinderung von Seuchenverbreitungen auch vollkommen getrenntes Wartepersonal vorgesehen werden. Auch die Düngerlage muß für diese Abteilung gesondert und desinfizierbar sein.

Je nach der Größe der Gesamtanlage ist auch die Gliederung der Krankviehabteilungen verschieden. In ganz großen Anlagen wird es notwendig sein, für Großvieh und Schweine getrennte Schlachträume bereitzustellen, desgleichen eigene Kaldaunenwäschereien, ja sogar gesonderte Kühlanlagen, die jedoch nur im Bedarfsfalle in Benützung genommen und in Betrieb gesetzt werden. Großer Wert muß auf das Vorhandensein von eigenen Untersuchungsräumen für bakterielle Fleischuntersuchung gelegt werden, hier ist auch der geeignete Platz für Stallungen für Impftiere. In einer Reihe von großen Krankviehanlagen findet man auch Verbrennungsöfen für seuchenkranke Tiere und -teile nach System Kori, Berlin, oder Topf, Erfurt.

## 11. Lokomotivschuppen.

Nur in ganz großen Schlachtviehhöfen wird man über eigene Lokomotiven verfügen, während in der Regel die An- und Abfuhr der Vieh- und Materialwagen durch die Bahn selbst betätigt wird. Eigene Lokomotiven sind wohl nur dann nötig, wenn zum Viehhof oder aber zum Schlachthof Vieh, Kohlen, Futter usw. nach bestimmten Räumen befördert werden muß, evtl. auch für Düngerabfuhr mittels Eisenbahnwagen. In diesem Falle muß dann auch für die Lokomotive ein eigener Unterstandsraum geschaffen werden, der neben einer kleinen Reparaturwerkstätte auch Räume zur Lagerung von Putz-, Schmier- und Dichtungsmaterial enthält, evtl. auch einen Raum zum Aufenthalt für den Führer.

## 12. Pförtnerhaus.

Der Zu- und Abgang zum Viehhofe muß in geeigneter Weise überwacht werden, die Zutriebsstellen vom Viehhof zum Schlachthof ganz besonders. Solche Zutriebsstellen können — Stuttgart z. B. — in größerer Zahl vorhanden sein und brauchen nur an Viehmarktstagen besetzt zu sein, oder aber es ist eine Anlage so gebaut, daß auf einer Seite des Pförtnerhauses der Zutrieb zum Schlachthof auf der anderen Seite der zum Viehhof liegt. Die Arbeitsleistung des anzustellenden Pförtners kann dadurch etwas mehr beansprucht werden, daß man ihm die Bedienung dort liegender Lebendviehwagen, dann auch die Beaufsichtigung von Fahr- und Motorrädern, für welche in Nähe des Pförtnerhauses Einstellungsgelegenheit geschaffen werden kann, überträgt. Evtl. kann auch ein Parkplatz für Kraftwagen seiner Beaufsichtigung unterstellt werden. In einigen Anlagen findet man im Anschluß an das Pförtnerhaus öffentliche Bedürfnisanstalten, die jedoch zweckmäßiger an anderer Stelle Platz finden sollten.

### 13. Verwaltungsgebäude und Gastwirtschaft.

Die Verwaltungsgebäude der Schlachthöfe sind meist so gelagert, daß sie für Schlacht- und Viehhof gemeinschaftlich dienen. (Vorzügliche Vorbilder hierfür liefern z. B. die Schlachthöfe Dresden und Stuttgart.) Man sucht stets zu vermeiden, daß in einem Verwaltungsgebäude selbst die für einen Viehhof unvermeidlichen Gastwirtschafts- und Börsenräume eingebaut werden und ist stets bemüht, hierfür ein eigenes Gebäude zu schaffen.

Da der Betrieb eines Viehhofes stets auch großen Verkehr von Treibern, Händlern und Käufern mit sich bringt, auch die Marktstunden oft längere Zeit dauern, so ist das Vorhandensein einer Gastwirtschaft stets notwendig, und es wird auch der Pächter einer solchen auf seine Rechnung kommen. In fast jedem größeren Viehhof findet man auch eigene Börsenräume mit Zubehör, wie z. B. Post und Telegraphenamt, Schalterräume für Viehmarktsbanken oder Privatbanken, Schreibzimmer, und evtl. auch eigene Schreibbüros für Händler. Nicht selten trifft man in großen Viehhöfen eigene Beherbergungsräume für Fremde, die oft viel benützt werden, dann aber auch einfache Übernachtungsräume für das Treiberpersonal, eigene Wasch- und Baderäume für die Hotelgäste und alle sonstigen Bequemlichkeiten. Große Maklerfirmen haben meist eigene Geschäftsräume gemietet.. (In Dresden liegen diese Räume um einen eigenen Lichthof, in welchem sich auch Schreibpulte in genügender Zahl befinden.) Man hat auch die Pflicht, für Viehversicherungsgesellschaften, seien es Staats-, Innungs- oder Private Versicherungsgesellschaften, entsprechende Räume zur Verfügung zu stellen, ferner sollten überwachte Hinterlegungsstellen für Wertgegenstände (Safes) in gut ausgestatteten Viehhöfen nicht fehlen.

In Anlagen, in welchen Auslandsvieh eingebracht wird, müssen auch für das Zollpersonal eigene Diensträume zur Verfügung stehen. Es braucht nicht sonderlich betont zu werden, daß für die dienstleistenden Tierärzte geeignete Räume vorhanden sein müssen, neben welchen meist die Fernsprechzentrale der Anlage zu liegen kommt. Für Wasch- und Badegelegenheit für Tierärzte ist Sorge zu tragen.

Für den tierärztlichen Leiter der Viehhofanlage muß hier an Markttagen ein eigenes Büro bereitgehalten werden, desgleichen für den beamteten Tierarzt, sofern nicht der Leiter selbst mit dieser Funktion beauftragt ist.

Manchmal wird es auch möglich sein, die Obergeschosse eines Verwaltungsgebäudes als Dienstwohnungen für Beamte, insbesondere für Tierärzte, Kassenbeamte, auszubauen, sofern sie in der Nähe des Viehhofes wohnen müssen.

Bei den Eintriebsstellen bzw. Untersuchungsplätzen für Vieh müssen Unterstandshütten für die untersuchenden Tierärzte, in welchen Waschgelegenheit vorhanden sein soll, aufgestellt sein, um Schutz gegen Witterungsunbilden zu gewähren.

## II. Viehhofbetrieb.

### 1. Tierschutz im Schlacht- und Viehhofe.

Darüber besteht wohl nicht der geringste Zweifel, daß die Leiter der Schlachthöfe es als vornehme Aufgabe betrachten, nicht nur Tierquälereien, sondern sogar alle Ansätze hierzu strenge zu unterdrücken. Gerade unter den Treibern der Tiere, aber auch unter den Angestellten der Fleischer findet man oft Leute, welche wenig oder kein Mitgefühl mit Tieren haben, die sogar Tiere roh mißhandeln, schlagen und stoßen. Anderseits kann man sehr oft die Beobachtung machen, daß gerade aus den erwähnten Kreisen seitens der Meister jede Roheit gegen Tiere ganz energisch bekämpft wird, daß gegen Rohlinge sogar Anzeigen erstattet werden. Schlachthofleiter, welche auf langjährige Tätigkeit zurückblicken können und das Einst und Jetzt miteinander vergleichen, werden anerkennen müssen, daß Tierquälereien heute viel seltener sind als in früheren Jahren. Die Betriebsvorschriften der Schlachthöfe enthalten stets Bestimmungen, welche Tierquälereien zu verhindern beabsichtigen. Untersagt ist das Schlagen von Tieren beim

Treiben, das Stoßen, das Umdrehen der Schweife und das Treiben mit Hunden. Leider aber ist eine tierquälerische Handlung nicht in jedem Falle ohne weiteres strafbar, sondern nur dann, wenn ein Dritter Ärgernis nimmt. Die Tierschutzvereine sind ja seit Jahren bemüht, für Tierquäler höhere Strafen zu erreichen, leider bis heute mit geringem Erfolge.

Es muß hier aber auch streng zwischen wirklicher Tierquälerei, welche Tieren Schmerz verursacht und der Wirkung etwa kreischender Schweine auf hysterisch veranlagte Laien getrennt werden. Jeder der mit Tieren umgeht, weiß, daß es auch widerspenstige, ja selbst direkt gefährliche Tiere gibt, bei welchen Schonung dann nicht am Platze ist, wenn Menschenleben dadurch gefährdet werden können. Man wird unterscheiden müssen zwischen Schmerzen, welche man den Tieren zufügen muß, um Gefahren für Menschen zu vermeiden, wenn auch nicht in der Absicht ihnen solche zu verursachen, und solchen welche gewisse Personen lediglich aus Roheit und ohne Grund Tieren zufügen. Es werden z. B. bei bösartigen Bullen sich Nasenringe, Führstöcke, Fangleinen, mit welchen die Tiere im Notfalle zu Fall gebracht werden können, nicht vermeiden lassen, so sehr sich hysterisch veranlagte Personen darüber aufregen mögen. Sie werden die Treiber aber nicht belehren können, wie sie es besser machen können. Man darf aber nicht unbeachtet lassen, daß Schweine nicht immer Schmerz haben, wenn sie schreien, es wird sich aber auch nicht vermeiden lassen, ein Schwein bei Ohren und Schweif nach einer bestimmten Richtung zu dirigieren, selbst wenn es schreit! Es wird niemand gutheißen, wenn Tiere vom Wagen einfach heruntergeworfen werden und sich Knochenverletzungen zuziehen, weil das auch schonender durchgeführt werden kann. Es wird niemand billigen, wenn Tiere, um den Transport zu erleichtern, gefesselt und geknebelt werden. Das sind Tierquälereien, die sich leicht verhindern lassen. Es sind das Handlungsweisen, die vielfach in einzelnen Staaten durch gesetzliche Bestimmungen verboten sind[1].

Das Treiben von Großvieh, namentlich von Bullen, macht, um Unfällen vorzubeugen, ein Verbinden der Augen mit Tüchern oder Blenden notwendig, welchem Beginnen die Tiere sehr oft beträchtlichen Widerstand entgegensetzen. Es soll in folgendem auf 2 Neuerungen hingewiesen werden, welche ein müheloses Treiben von Tieren, auch vom Lande zum Schlachthof oder zur Schlachtstätte gewährleisten: Einerseits kommt die durch Bezirkstierarzt Dr. Brixner in Dillingen (Bay) angegebene Blende in Frage, für Tiere jeder Größe passend, welche nach Art der für Menschen in Verwendung befindlichen Ohrenschützer verstellbar konstruiert ist. Sie besteht aus 2 Schutzdeckeln mit Randfütterung für die Augen, die je am Ende einer verschiebbaren Feder angebracht sind. Die Blende wird dem Tier von der Nackengrube aus unter Auseinanderdehnen der Feder über die Augen gelegt und sodann mit einem kurzen Schnallriemen die beiden Klappdeckel zusammengezogen. Die Augenblende liegt so dicht an, daß ein seitlicher Lichteinfall ausgeschlossen ist. Sie läßt sich auch vollkommen zusammenlegen, so daß sie von Treibern bequem in der Tasche mitgeführt werden kann. Die bisher meist benützten Blenden aus Säcken u. dgl. sowie die Stricke zu deren Befestigung kommen vollkommen in Wegfall. Anderseits wird das Treiben der Tiere wesentlich unterstützt und erleichtert durch den von K. Schermer, Karlsruhe hergestellten elektrischen Treibstock, der durch einfaches Berühren des hinteren Endes des Tieres, diesem einen leichten elektrischen Schlag gibt, der dasselbe rasch vorwärts treibt und alles Schlagen und Stoßen sicher vermeiden läßt. Diese beiden Neuerungen vereint benützt, förden den Tierschutz in jeder Weise. Besonders für Schlachthöfe sollten diese Neuerungen Eingang und Verwendung finden.

Abb. 264. Tierblende nach Dr. Brixner.

In jedem Schlachthof wird der Tierschutz bei der Tötung der Tiere in jeder Weise gewahrt (vgl. Kapitel Betäubung) und gegen solche, welche eigene Wege bei der Betäubung gehen wollen oder sich mit roher Kraft brüsten wollen, strenge vorgegangen werden. Und so sind denn auch alle Apparate, welche zur Schlachtung von Großvieh große menschliche Kraft und Gewandtheit verlangten, heute restlos aus den Schlachthöfen verschwunden und haben den sicher wirkenden Schußapparaten Platz gemacht, wie das die Förderung des Tierschutzes verlangt[2].

Es wird auch nicht geduldet, wenn Schweine vor Eintritt der Bewegungslosigkeit nach dem Ausbluten zappelnd oder gar noch schreiend in die Brühbottiche geworfen werden. Wenn auch bereits ein bestimmter Grad der Bewußtlosigkeit eingetreten ist, so macht es auf den

[1] In einem Schlachthof in Oberschlesien verlangten die Bewohner von Siedlungsbauten, die lange nach der Eröffnung des Schlachthofes gebaut worden waren, daß das Schreien der Schweine, das für sie unleidlich sei, in irgendeiner Weise beseitigt werden müsse. Da eine reine Massensuggestion einsetzte, mußten unterirdische Treibgänge zwischen Stallungen und Wartebuchten geschaffen werden.

[2] Von dem Bayrischen Landtag wurde am 29. Januar 1930 ein Gesetz mit 61 gegen 42 Stimmen angenommen, nach welchem die Betäubung aller Schlachttiere vor dem Blutentzug vorgeschrieben ist. Das Gesetz trat am 1. Oktober 1930 in Kraft.

Zuschauer einen sehr ungünstigen, ja grausamen Eindruck, wenn Schweine — wie die Zuschauer behaupten — lebend in den Brühbottich geworfen werden.

Man sorge in Stallungen dafür, daß die Tiere genügend festgelegt werden, Großvieh durch Ketten, Schweine durch Schließen der Buchtentüren, daß aber auch diese letzteren so sicher schließen, daß sie nicht etwa durch das Tier selbst geöffnet werden können.

Es wird auch Aufgabe der Schlachthofleitung sein, strenge darauf achten zu lassen, daß in den Stallungen nicht geraucht wird, und daß Zuwiderhandelnde strenge gestraft werden, denn nur damit läßt sich Feuersgefahr und Gefährdung der Tiere verhindern[1].

Schließlich wird es stets auch Aufgabe der Schlachthofleitung sein, dafür Sorge zu tragen, daß die eingestellten Tiere gegen Feuer versichert sind oder daß durch Feuer verursachter Tierschaden wenigstens mit einer bestimmten Gesamtsumme versichert wird.

Abb. 265. Kleinviehtransportwagen mit Kugellagerachsen, auch als Anhänger für Elektrokarren. (Von Frank, Regensburg).

## 2. Tiertransportwagen.

Es wurde erwähnt, daß im Schlachthof Transportwagen für Tiere nicht zu entbehren sind, und daß durch deren Vorhandensein Tierquälereien und Roheiten vermieden werden. Auch im Viehhof muß Sorge getragen werden, daß Tiere, welche sich beim Bahntransport oder beim Ausladen Verletzungen zugezogen haben, mittels zweckmäßig konstruierter Wagen (Abb. 265), die ein leichtes Ein- und Ausladen ermöglichen sollen, nach den Stallungen bzw. den Schlachträumen gebracht werden können. In einer Reihe von Fällen

Abb. 266. Tiertransportwagen von J. Frank, Regensburg.

Abb. 267. Krankviehwagen von J. Frank, Regensburg. (Vorderteil gehoben zum Abgleiten der Rutsche.)

haben es sich die örtlichen Tierschutzvereine zur Aufgabe gemacht, zum Transport kranker Tiere auf ihre Kosten den Städten Wagen zur Verfügung zu stellen, welche meistens im Schlachtviehhof hinterstellt werden. Sie werden unentgeltlich oder gegen eine geringe Abnützungsgebühr den Viehbesitzern überlassen. Diese haben auch für deren Bespannung Sorge zu tragen[2]. (Abb. 266, 267 u. 268.)

Die Beschickungsmöglichkeit solcher Transportwagen von hinten ist der von der Seite vorzuziehen, weil dann solche Wagen auch evtl. zur Verbringung von

Abb. 268. Krankviehtransportwagen von J. Frank, Regensburg. (Auseinandergezogen zur Beladung.)
A Wagenkörper. B Brücke. C Auf Rollen laufender Auszug.

[1] Die Firmen A. Stamm, Remscheid, und Hüttenrauch, Apolda, fertigen Anhängevorrichtungen für Großvieh, durch deren Benutzung ganze Reihen von festgelegtem Großvieh mit einem Hebeldruck losgekoppelt werden können, falls Feuersgefahr gegeben sein sollte.

[2] Solche Wagen werden geliefert von Schulze in Vellinghausen, Stritzel & Hartmann in Hirschfeld/Schl., C. Schombardt in Kassel, Machunze & Sandmann in Ottmachau, J. Kunz in Cromberg, Chr. Miesen in Bonn, J. Frank in Regensburg u. a.

verendeten Tieren nach Abdeckereien Benützung finden können. Aus diesem Grunde sollen sie auch mit Blech ausgeschlagen sein und ein Abfließen von Harn und Blut verhindern.

(Auszug aus den bahnpol. Best.) I. § 1. Auf größeren Stationen müssen Tränkvorrichtungen vorhanden sein. § 2. In der kalten Jahreszeit dürfen die Tiere nicht in offenen Wagen befördert werden. § 3. Tiere dürfen nicht geknebelt aufgegeben werden. Großvieh darf nur so verladen werden, daß ein Mann zwischen je zwei Tieren durchgehen kann. Kleinvieh muß die Möglichkeit haben, sich legen zu können. Die Entscheidung, ob diesen Vorschriften entsprochen wird, steht dem Aufsichtsbeamten zu.

II. § 6. Alle Tiere, deren Beförderung mehr als 24 Stunden beansprucht, müssen vor Verladung gefüttert und getränkt werden. Dauert die Beförderung über 36 Stunden, so müssen die Tiere gefüttert und getränkt werden.

## 3. Desinfektion.

Zweckmäßig werden in diesem Teile der Anlage auch die Desinfektionsapparate hinterstellt, von welchen es verschiedenartige Systeme gibt. Die bekanntesten sind wohl die von Körting, Körtingsdorf, welche auf Fahrgestellen leicht zu transportieren sind[1]. Auch die der technischen Verkaufsgesellschaft Düsseldorf sind für Desinfektion von Schlacht- und Stallräumen, sowie von Eisenbahnwagen sehr empfehlenswert[2].

Zur Desinfektion der Schlacht- und Viehhöfe darf man nicht jedes beliebige, wenn auch stark wirkende Desinfektionsmittel verwenden, vielmehr ist ein Präparat auszuwählen, das wegen der gebotenen Rücksicht auf das Fleisch und die Ausstattung und Beschaffenheit der zu desinfizierenden Räume besonderen Anforderungen zu entsprechen hat.

Das Desinfektionsmittel muß in kurzer Zeit wirken und auch in der Tiefe von Stalldünger und anderen Ausscheidungen der kranken Tiere die Erreger abtöten. Das Präparat muß ungiftig sein und darf wegen des Fleisches keinen Geruch hinterlassen. Es darf auch nicht ätzen. Insbesondere darf es die Schlachtgeräte sowie die Baustoffe der Räume, Holz, Eisen usw. nicht angreifen und den Farbanstrich nicht schädigen. Das Desinfektionsmittel muß ausgeprägte desodorierende Eigenschaften haben. Es muß auch in Lösung lange Zeit haltbar und billig sein, damit nicht der Desinfektionseffekt durch Sparsamkeit beeinträchtigt wird, muß sich klar und leicht in kaltem Wasser lösen und auch mit Kalkmilch ohne Beeinträchtigung seiner Wirkung mischen lassen, um auf Verlangen die desinfizierte Fläche durch Weißfärbung kenntlich zu machen.

Diese Voraussetzungen können bisher nur Chlorpräparate erfüllen. Diese riechen zwar nach Chlor, der Geruch ist aber flüchtig, weil er auf reines Chlorgas zurückzuführen ist und nicht an unlösliche chemische Substanzen gebunden ist.

Das stärkste und wohlfeilste Desinfektionsmittel unter den Chlorpräparaten ist das Caporit der I. G. Farbenindustrie-Aktiengesellschaft Leverkusen a. Rh. Caporit ist chemisch unterchlorigsaures Kalzium und wirkt durch Abspalten von freiem Sauerstoff und Chlorgas, ist ungiftig und unschädlich, schädigt weder die Baustoffe noch den Farbanstrich. Seine Lösung reagiert schwach alkalisch und riecht nach Chlor.

Der Caporitgeruch haftet jedoch nicht an den Räumen, wenn diese gelüftet sind und ebenso nicht am Fleisch oder an Milch, ist daher für das Lebensmittelgewerbe, Schlacht- und Viehhöfe, sowie Kühlräume besonders geeignet.

Es wirkt energisch desinfizierend und tötet in der Lösung 2:1000 die vegetativen Formen der Krankheitserreger in Kürze ab. Zur Desinfektion der Erreger der hämorrhagischen Septikämie sowie der Maul- und Klauenseuche genügt bereits die Lösung 1:1000. Zur Desinfektion von Jauche und Harn wird Caporit in Pulverform in einer Menge zugesetzt, so daß die entsprechende Konzentration der Lösung erreicht wird. Man desinfiziert damit auch den Stalldünger und die eiweißhaltigen Abfälle, wie Blut, Schleim usw. in der, Lösung 5:1000 und tötet die Sporen der bekannten Krankheitserreger Milzbrand, Rauschbrand usw., und es ist ein starkes Desodorans und deswegen im Viehstall und im Schlachthaus sowie in der Abdeckerei gegen die Geruchsbelästigung vorzüglich geeignet. Caporit ist unbegrenzt auch in Lösungen haltbar.

Auch die bekannte Minimax-Gesellschaft Berlin bietet einen Desinfektionsapparat an, der insbesondere für Stallentseuchung sehr zweckmäßig ist.

Außerordentlich zuverlässig ist stets die Entseuchung mit Wasserdampf. Doch macht dieses Verfahren entweder lange Dampfleitungen notwendig oder die Aufstellung eigener Dampfkessel, wie z. B. in Leipzig und Breslau.

Eigene Desinfektionsanstalten für Viehwagen einzurichten, kann von den Schlachthöfen nicht verlangt werden, wenngleich eine Reihe von deutschen Schlachthöfen, wie Halle, Dresden, Magdeburg, Stuttgart, Köln usw. solche eigene Anlagen besitzen.

Die zunehmende Verwendung von Kraftwagen zum Viehtransport macht eine ähnliche Entseuchung wie bei Benützung von Eisenbahnwagen notwendig. Es sei hier auf eine Bekanntmachung des Bayrischen Staatsministeriums über Reinigung und Entseuchung von Kraftwagen für Tiertransporte hingewiesen.

Auf Grund der §§ 17 Nr. 11, 78 und 79 Abs. 2 des Viehseuchengesetzes vom 26. Juni 1909 (RGBl. S. 519) sowie des Art. 9 des Bayr. Ausführungsgesetzes zum Viehseuchengesetz vom 13. August 1910 (GVBl. S. 615) wird zum Schutze gegen die Verbreitung von Tierseuchen hiermit folgendes angeordnet:

1. Viehhändler, Kommissionäre, Viehverwertungs-Genossenschaften, Großschlächter und Transport-

---

[1] In Berlin, Bremen, Hamburg ist Körtings Apparat (System Lübbecke) im Gebrauch.

[2] In Benutzung in den Schlachthöfen Elberfeld, Solingen, M.-Gladbach, Neuß, Krefeld, Mülheim, Duisburg, Dortmund, Essen, Oberhausen, Bochum, Düren, Düsseldorf, Mörs, Hamborn u. a. (Pr. 216—426 RM.)

unternehmer, die Klauenvieh oder Geflügel gewerbsmäßig mit Kraftwagen befördern wollen, haben dies der Ortspolizeibehörde anzuzeigen. Diese hat über die erfolgten Anzeigen ein Verzeichnis anzulegen und dauernd laufend zu erhalten. Das Verzeichnis sowie die Ergänzungen sind der Bezirksverwaltungsbehörde je in doppelter Fertigung in Abschrift vorzulegen.

2. Die zum Viehtransport verwendeten Kraft- und Anhängewagen müssen möglichst undurchlässige Böden und Wände haben, die jegliches Herausfallen oder Herausfließen von Streu, Kot und Urin aus den Wagen während des Transports verhindern. Die Wagen sollen so eingerichtet sein, daß die zu befördernden Tiere mit den Köpfen nicht darüber hinwegkommen können. Die Verwendung von Wagen mit Lattenaufsätzen ist zulässig, sofern der untere Teil der Wagenwände wenigstens bis zu einer Höhe von 1 m dichtgefügt ist. Die Innenwände sind mit einem haltbaren und leicht zu reinigenden Anstrich zu versehen.

3. Kraftwagen nebst Anhängewagen, die von den in Ziff. 1 bezeichneten Personen zur gewerbsmäßigen Beförderung von Klauenvieh und Geflügel benutzt worden sind, sind nach jedesmaligem Gebrauch zu reinigen und verschärft zu desinfizieren (zu vgl. Ziff. 5).

Die Bezirksverwaltungsbehörde kann nach Anhören des beamteten Tierarztes mit Genehmigung der Regierung, Kammer des Innern,

a) allgemein für bestimmte Betriebe Ausnahmen zulassen,

b) bestimmen, unter welchen Voraussetzungen von der Reinigung und Desinfektion nach jedesmaligem Gebrauch abgesehen werden kann.

4. Die Reinigung und Desinfektion hat alsbald, spätestens 24 Stunden nach der Entladung zu erfolgen. Die für die Vornahme der Desinfektion bestimmten Örtlichkeiten müssen undurchlässige Fußböden und gute Abflußmöglichkeiten besitzen, um das bei der Reinigung abfließende Schmutzwasser zur Unschädlichmachung in einer Grube sammeln oder unschädlich ableiten zu können.

5. Die Reinigung und Desinfektion der Kraftwagen, der etwa benutzten Anhängewagen und der dazugehörigen Geräte erfolgt sinngemäß nach den für die Reinigung und verschärfte Desinfektion der Eisenbahnviehwagen geltenden Bestimmungen. (Zu vgl. § 4 der Min.Bekanntm. zum Vollzuge des Reichsgesetzes vom 25. Februar 1876 die Beseitigung von Ansteckungsstoffen bei Viehbeförderungen auf Eisenbahnen betr. vom 24. August 1904 94, in der Fassung der Bek. vom 28. August 1913 und 13. Dezember 1928 [GVBl. 1904 S. 481, 1913 S. 507, 1928 S. 436]).

6. Soweit die Desinfektion in Schlachthöfen vorgenommen wird, untersteht sie der Aufsicht eines Beamten des Schlachthofes. Erfolgt sie an anderer Stelle, ist sie von der Ortspolizeibehörde, der zu diesem Zwecke von dem Verpflichteten jeder Desinfektionsfall anzuzeigen ist, überwachen zu lassen.
Der beamtete Tierarzt ist jederzeit befugt, sich über die Desinfektionsarbeiten zu unterrichten.

7. Der Wagenhalter haftet für die Ausführung der Reinigung und Desinfektion und trägt deren Kosten.

8. Zuwiderhandlungen gegen diese Anordnung unterliegen den Strafvorschriften in §§ 74ff. des Viehseuchengesetzes vom 26. Juni 1909 (RGBl. S. 519).

9. Die Verordnung tritt mit Ausnahme der Vorschrift in Ziff. 2 am 1. April 1929 in Kraft. Über die Inkraftsetzung der Ziff. 2 erfolgt besondere Anordnung.

## 4. Ungeziefervertilgung.

Wenn auch nicht direkt zur Desinfektion gehörend, muß doch ein Kapitel hier Beachtung finden: Die Beseitigung und Bekämpfung von Ungeziefer auf Schlacht- und Viehhöfen. Die Schädigungen, welche durch Rattenplage verursacht werden, sind oft sehr beträchtlich. Man führt die Bekämpfung nach verschiedenen Methoden durch und versucht zunächst das Auslegen von Strychnin, Arsenik, Phosphor, jedoch nur in verschließbaren Räumen und da, wo eine Verschleppung vergifteten Köders evtl. in Fleischwaren ausgeschlossen ist. Eine große Rolle spielt heute auch die künstliche Infizierung der Nager mittels Mäusetyphoid. Bei frischen Kulturen sind gute Erfolge zu verzeichnen. Nur muß beim Auslegen der Kulturen ein Berühren des damit geimpften Brotes usw. mit den Händen vermieden werden, da die Ratten sonst die Annahme verweigern.

Gute Erfolge werden auch durch Begasung von Räumen, in welchen Ungeziefer vorhanden ist, mit Blausäure erzielt, ähnlich wie bei Schiffen, doch ist hierbei wegen der großen Gefährlichkeit für Menschen größte Vorsicht notwendig. Werden die Räume nach einer bestimmten Zeit gründlich ventiliert, so verflüchtigt sich das Gas, und es wird behauptet, daß es in den Räumen aufgehängte Fleischwaren nicht schädige. Es stehen aber auch außerdem noch andere Mittel zur Verfügung, welche weniger Gefahr für Menschen bringen: das Schwefeldioxyd und das Kohlenoxyd. Ersteres macht sich auch in Spuren schon durch den Geruch bemerkbar. Sind in Kühlräumen Mäuse vorhanden, so bedarf es nur der Einleitung von Schwefeldioxyd, um diese sicher zu töten. Eine Einwirkung von 3—4 Stunden genügt. Das Gas muß dann mittels der Ventilatoren gründlich beseitigt werden. Vorteilhaft ist es, hierzu einen Sonntag zu benützen, an dem die Kühlräume geschlossen sind. Das dazu zu verwendende Schwefeldioxyd, das gleiche, das man nach dem Kriege zur Begasung von räudekranken Pferden benützte, ist in Bomben von verschiedener Größe zu beziehen. Es muß wegen möglicher Explosionsgefahr streng darauf geachtet werden, diese Bomben nicht mit Ammoniakbomben zu verwechseln und später mit Ammoniak füllen zu lassen.

Neuerlich macht der Kohlenoxydapparat, System Nocht-Giemsa (Abb. 269) viel von sich reden. Das damit erzeugte Gas ist für Vorräte an Fleisch und Pökelwaren unschädlich, ja es verleiht sogar dem Fleisch noch eine frischere rote Farbe. Durch eine unvollkommene Verbrennung von Koks oder Holzkohle in einem besonders gebauten Ofen wird ein wegen hohen Kohlenoxydgehaltes sehr giftiges Gas erzeugt, das selbst noch in großen Verdünnungen auf Warmblüter tödlich wirkt. 1 kg Koks erzeugt rund 8 cbm Gas.

Abb. 269. Desinfektionsapparat von Alb. Scholtz, Hamburg 19. Zur Ungezieferbekämpfung durch Kohlenoxyd.
*A* Generator. *B* Skrubber. *C* Wasserbehälter. *D* Exhaustor. *E* Ausströmungsrohre. *F* Kühlwasserablauf. *G* Brennmaterialeinwurf. *M* Fahrgestell.

Der Apparat besteht aus einem Gestell *M* und einem Generator *A*, in welchem ein Rost *L* eingebaut ist, durch welchen die zur Verbrennung nötige Luft einströmt. Durch eine oben auf dem Generator befindliche, mit Klappe *G* verschließbare Öffnung wird das Brennmaterial ausgelagert. Der Skrubber *B* ist mit faustgroßen Bimssteinstücken angefüllt und dient zur Reinigung des Gases. Rohr *F* dient zur Ableitung des Kühlwassers und dient der Behälter *C* zur Aufnahme desselben. Der Exhaustor *D* wird durch Umdrehung der Kurbel in Tätigkeit gesetzt, er saugt die erzeugten Gase an und drückt sie durch das Rohr *E* in die Schläuche weiter in die zu begasenden Räume. In diesen bleibt das Gas etwa 1 Stunde. Vor dem Betreten sind die Räume gut zu ventilieren[1].

## 5. Veterinärpolizeiliche Beaufsichtigung der Viehmärkte und Viehhöfe.

Als Viehmarkt ist jede Einrichtung anzusehen, die dem Zwecke dient, den Ankauf und Verkauf von Vieh auf eine bestimmte Zeit und auf einen bestimmten dem Publikum zugänglichem Ort zu vereinigen. Auch die Nutzvieh- und Schlachtviehhöfe sind solche Viehmärkte. Während aber mit den Märkten meist nur Einrichtungen vorübergehender Art verbunden sind und die Marktplätze außerhalb der Marktzeit auch anderen Zwecken dienen, liegen bei den Viehhöfen abgeschlossene Anlagen vor, die ihrer Hauptzweckbestimmung nach dauernd dem Viehhandelsverkehr dienen sollen. Die Viehhöfe sind daher auch regelmäßig mit Einrichtungen zur Einstellung des auf dem Markt gehandelten Viehes versehen, während dies bei den allgemeinen Märkten nicht oder nur in beschränktem Maße der Fall ist. Hiernach ist im Einzelfalle zu entscheiden, ob ein Markt oder Viehhof vorliegt.

Nutzviehhöfe unterscheiden sich von Schlachtviehhöfen wiederum dadurch, daß erstere für den Handelsverkehr mit Nutzvieh, letztere vorwiegend für den Handelsverkehr mit Schlachtvieh bestimmt sind.

Sämtliche Viehmärkte unterliegen auf Grund des Reichsviehseuchengesetzes der veterinärpolizeilichen Beaufsichtigung. Ausgenommen hiervon sind nur Jahr- und Wochenmärkte, auf denen nur Vieh in geringem Umfang gehandelt wird. Nur dann, wenn mit dem Marktbetriebe keine nennenswerte veterinärpolizeiliche Gefahren verbunden sind, kann auf die Beaufsichtigung verzichtet werden, z. B. bei Märkten, auf denen nur Küchengeflügel gehandelt wird oder der Marktauftrieb regelmäßig unbedeutend ist. Der Verkehr mit Handelsvieh auf den Märkten der kleineren und mittleren Städte hat heute nicht mehr die Bedeutung wie früher, nachdem sich der Großviehhandel der Beschaffung von Nutz- und Zuchtvieh bemächtigt hat. Die Schlachtviehmärkte sind dazu eingerichtet, um in erster Linie den Fleischern der Großstädte Gelegenheit zu bieten, ihren wöchentlichen Bedarf an schlachtreifen Tieren schnell und ausreichend zu decken, dann aber auch um eine Zentrale zu schaffen, von der aus viehärmere Gegenden, z. B. die Industriegebiete, genügend mit Schlachtvieh versorgt werden können. Solange ein guter Gesundheitszustand in den Tierbeständen herrschte, lag keine Gefährdung für die Märkte vor. Sobald aber Seuchen ausbrachen und größere Gebiete gesperrt werden mußten, wirkte sich dies sehr stark hemmend aus, führte sogar zeitweise zur Lahmlegung der Märkte. Von allen Seuchen hat für die Schlachtviehmärkte die Maul- und Klauenseuche die größte Bedeutung. Abgesehen davon, daß zu Zeiten der großen Seuchengänge die Beschickung der Märkte geringer ist,

[1] Bezugsquelle Fabrik chemischer Produkte A. Scholtz, Hamburg 19.

liegt dann doch immer die Gefahr vor, daß Tiere aus noch unverseuchten Gehöften, die äußerlich noch gesund erschienen, aber die Ansteckung schon in sich tragen, auf den Markt kommen, durch die nahe Berührung andere Tiere infizieren und von hier aus die Seuche nach den verschiedensten Richtungen hin strahlenförmig verschleppen, wenn sie nicht abgeschlachtet werden. Dies gilt besonders auch dann, wenn Händler die Tiere, die unverkauft bleiben, entweder auf andere Märkte schicken oder in ihre Stallungen oder in landwirtschaftliche Betriebe zurückbringen durften. Hier war nun die Veterinärpolizei vor die große Aufgabe gestellt, Vorkehrungen zu treffen, um derartige Verschleppungen zu verhüten oder auf ein geringes Maß zu beschränken. Die Grundlage für die Handhabung der Veterinärpolizei auf den Märkten und Viehhöfen ist durch das Viehseuchengesetz mit seinen Ausführungsbestimmungen gegeben.

Nach § 6 VAVG. sind Märkte und Viehhöfe durch beamtete Tierärzte zu beaufsichtigen. In den §§ 41—46 sind bestimmte Anweisungen gegeben, wie die Märkte und Viehhöfe eingerichtet sein müssen, um eine rasche und sichere veterinärpolizeiliche Untersuchung der Tiere zu ermöglichen und die etwa aus Anlaß eines Seuchenausbruches notwendig werdenden veterinärpolizeilichen Maßnahmen zu treffen. Bei der Durchführung der veterinärpolizeilichen Maßnahmen hat sich aber die Veterinärpolizei bei ihren Entschließungen nicht allein von veterinären Rücksichten leiten zu lassen, sondern sie muß auch die wirtschaftlich schädigende Wirkung der in Betracht kommenden Sperrmaßregeln berücksichtigen und gegen die zu schützenden Interessen abwägen. Die veterinärpolizeiliche Kontrolle konnte sich daher zunächst nur darauf beschränken, daß alle Tiere, die den Viehmärkten zugeführt werden sollen, vor dem Einbringen in die Markthallen amtstierärztlich untersucht werden. Der Abtrieb der Tiere von den Märkten dagegen kann, falls nicht durch Seuchenausbruch auf dem Markte besondere Maßregeln getroffen werden müssen, unbehindert vor sich gehen. Dies war aber in Zeiten oder in Gegenden größerer Seuchengefahr veterinärpolizeilich sehr bedenklich, zumal vielfach auf Schlachtviehmärkten Tiere aufgetrieben wurden, die nicht zur Schlachtung bestimmt waren oder infolge ungünstiger Preise nicht zur Schlachtung verkauft werden konnten. Solche Tiere wurden dann nicht selten zu Nutzzwecken oder zur weiteren Mast wieder in Viehhaltungen eingestellt. Infolge der schlechten Ernährungsverhältnisse und der allgemeinen schlechten wirtschaftlichen Lage wurde von den Landwirten in der Nachkriegszeit alles abgestoßen, was irgendwie entbehrlich oder überflüssig erschien. So kam es, daß die Schlachtviehmärkte sehr häufig mit recht mageren und jungen Tieren, wie Bullen, Jungrindern, noch arbeitsfähigen Zugochsen, Schweinen von 1 bis $1^1/_2$ Zentnern, ja sogar Läuferschweinen beschickt wurden und diese Tiere, da sie sich zu Schlachtzwecken wenig eigneten, von Händlern und Landwirten zu Nutzzwecken wieder aufgekauft wurden. Es entstand also die Gefahr, daß sich auf den Viehhöfen neben den Schlachtviehmärkten auch noch allmählich Nutzviehmärkte entwickelten, welch letztere die Gefahr der Verschleppung von Seuchen erhöhten. Zu erwähnen ist noch, daß die Viehhöfe mit ihren neuzeitlichen Einrichtungen nicht selten auch zu anderen Zwecken benutzt wurden, z. B. zu Zuchtviehausstellungen, Viehauktionen, Tierschauen und dergleichen. Wenn auch nach jedem Markte sämtliche Hallen, Fahrstraßen und Ausladerampen gründlich gereinigt und desinfiziert werden, so schwebt der Veterinärbeamte doch jedesmal in Hangen und Bangen, ob sich nicht doch irgendwo eine Quelle findet, die eine Verschleppung von Seuchen verursachen kann, vor allem dann, wenn vom letzten Schlachtviehmarkt ein größerer Überstand verblieben war. Dem allen war ein Riegel vorzuschieben. Es mußte versucht werden, die Viehhöfe wieder zu dem Zwecke zu benutzen, zu dem sie eigentlich errichtet wurden, d. h. auf den Schlachtviehhöfen nur Schlachtviehmärkte abzuhalten und von ihnen alles fernzuhalten, was dem Charakter dieser Märkte nicht entspricht. In einzelnen Großstädten wurden deshalb besondere Magerviehhöfe eingerichtet.

Nach §§ 49 und 50 der VAVG. kann angeordnet werden, daß sämtliche Tiere vor dem Abtrieb von den Viehmärkten unter Angabe des Bestimmungsortes und des Käufers bei der Marktpolizeibehörde gemeldet werden, daß von dieser Behörde ein Abtriebsregister geführt wird, aus dem Zahl und Art der abgetriebenen Tiere, Name und Wohnort des Besitzers, Bestimmungsort, Name und Wohnort des Empfängers hervorgehen müssen. Ferner kann der Abtrieb von Schlachtviehmärkten, sofern er nicht zur Schlachtung oder zum Auftrieb auf andere Schlachtviehmärkte erfolgt, verboten werden. Diese Kannvorschrift mußte endlich in eine Mußvorschrift umgewandelt werden, um den immer wiederkehrenden Klagen über Seuchenverschleppungen von Schlachtviehmärkten vorzubeugen. Allgemein wurde zunächst für die veterinärpolizeilichen Untersuchungen der auf Märkte aufgetriebenen Wiederkäuer und Schweine angeordnet, daß grundsätzlich die beim Auftrieb von Klauenvieh auf Viehmärkte im § 47 VAVG. vorgeschriebene tierärztliche Untersuchung in Form von Einzeluntersuchung vorzunehmen ist und daß diese sich bei Großvieh insbesondere auch auf die Untersuchung der Maulhöhle und Klauen, bei Ferkeln auf die Untersuchung der Klauen unter Hochheben der einzelnen Tiere zu erstrecken hat. Das vorzeitig eingetroffene Vieh ist täglich der Einzeluntersuchung zu unterwerfen. Am Markttage hat die Untersuchung vor Beginn der Untersuchung des übrigen Marktviehes zu erfolgen. Das in Eisenbahnwagen ankommende Vieh ist wagenweise vor oder beim Ausladen zu untersuchen. Der Zutritt zu den Entladerampen ist nur den Besitzern der Tiere und den bei der Entladung tätigen Personen zu gestatten. Händlern und Treibern ist der Zutritt zu Viehmärkten nur in sauberer Kleidung zu gestatten. Restbestände auf den Viehmärkten sind täglich vor der Morgenfütterung, bei Abtrieb von der Marktanlage unmittelbar vor dem Abtrieb einer Untersuchung zu unterziehen. Auf Schlachtviehhöfen ist die Abhaltung von Zucht- und Nutzviehmärkten, sowie von Zuchtviehauktionen unzulässig. Der Abtrieb der auf Schlachtviehmärkte aufgetriebenen Klauentiere zu anderen Zwecken als zum Auftrieb auf andere Schlachtviehmärkte oder zur Schlachtung ist zu verbieten.

Ausnahmen kann die Polizeibehörde für tragendes und fehlgeleitetes Vieh Bestimmungen zulassen mit der Maßgabe, daß die betreffenden Tiere sodann einer 14tägigen polizeilichen Beobachtung gemäß § 19 VG. zu unterwerfen sind. Von Schlachtviehmärkten abzutreibendes Vieh ist von den Besitzern oder ihren Beauftragten als solches zu kennzeichnen. Die Abschlachtung des von Schlachtviehmärkten zu Schlachtzwecken abgetriebenen Viehes hat innerhalb 4 Tagen nach dem Abtrieb zu erfolgen.

Bei Feststellung der Maul- und Klauenseuche auf Schlachtviehmärkten ist das gesamte aufgetriebene Vieh als Sperrvieh gemäß § 173, Abs. 1 und 2 VAVG. zu behandeln. Für Nutzviehmärkte wurde außerdem noch folgendes angeordnet: Soweit sich Gelegenheit dazu bietet und soweit es nach den örtlichen Verhältnissen möglich ist, ist dahin zu wirken, daß Nutzviehmärkte möglichst nur alle 14 Tage stattfinden. Der Abtrieb des Großviehes von größeren Zucht- und Nutzviehmärkten darf nur nach vorheriger Untersuchung erfolgen. Bei Feststellung der Maul- und Klauenseuche auf Nutzviehmärkten kann der Abtrieb des nicht sichtbar erkrankten und nicht unmittelbar mit den kranken Tieren in Berührung gekommenen Viehes unter der Bedingung gestattet werden, daß diese Tiere vor dem Abtrieb mit Löffler-Serum in hohen Dosen (für erwachsene Rinder mindestens 200 ccm) geimpft und in kleinen Transporten (Rinder höchstens je 12 Tiere) in geeignete Unterkunftsorte geleitet werden, in denen sie einer 3wöchentlichen polizeilichen Beobachtung gemäß § 19 VG. zu unterwerfen sind. Bei der Versendung derartigen Viehes ist das Einverständnis der Ortspolizeibehörde des Bestimmungsortes nach Maßgabe des § 172, Abs. 3 VAVG. vorher einzuholen (Ministeriumerlaß vom 19. Februar 1926). Nach dem Sinne des § 172 VAVG. sowohl als auch des Erlasses vom 31. März 1923 soll aber die Annahme dieses Viehes die Regel sein. Die Annahme derartiger Tiere erscheint um so weniger bedenklich, als nach den Erfahrungen, die mit der planmäßigen Schutzimpfung gegen Maul- und Klauenseuche auf den Nutzviehmärkten gemacht worden sind, eine Seuchenverbreitung nur in ganz wenigen Fällen beobachtet wurde. Nach dem Wortlaut des § 172, Abs. 3, soll die Annahme nur dann verweigert werden, wenn die Tiere am Bestimmungsorte nicht untergebracht werden können. Die auf Nutzviehmärkten an Maul- und Klauenseuche erkrankten Tiere und die mit diesen unmittelbar in Berührung gekommenen Tiere sind dagegen möglichst abzuschlachten. Staatliche Mittel dürfen für diese Abschlachtung jedoch nicht aufgewendet werden. Sofern die Abschlachtung dieser Tiere untunlich ist, sind sie in geeigneten Stallräumen den vorgeschriebenen Sperrmaßregeln zu unterwerfen. Weitere Anordnungen betreffen dann die Behandlung der Einstreu und des Restfutters auf Viehmärkten. Die auf Viehmärkten benutzte Einstreu ist nach § 14 der Desinfektionsanweisung zur VAVG. zu behandeln. Restfutter aus Krippen, Raufen usw. ist, soweit es nicht in den Ställen des Schlachthofes verwendet werden kann, unschädlich zu machen und zu beseitigen.

Zusammenfassend muß festgestellt werden, daß bei allen diesen Bestimmungen das größte Gewicht auf eine sorgfältige und scharfe Kontrolle der Viehhöfe gelegt wird, insbesondere derjenigen, auf denen Schlachtviehmärkte regelmäßig abgehalten werden.

Bei einer wirksamen Kontrolle auf den Viehmärkten wäre von der Veterinärpolizei von folgenden Gesichtspunkten auszugehen:

1. Kontrolle des Auftriebes.
2. Kontrolle des Abtriebes.
3. Reinigung und Desinfektion.
4. Kontrolle der Restbestände, der sog. Überständer.

## a) Veterinärpolizeiliche Kontrolle des Auftriebes.

Auf Grund des Rinderpestgesetzes ist durch landespolizeiliche Anordnung vorgeschrieben, daß für Rinder, die auf Märkte aufgetrieben werden, Ursprungszeugnisse erforderlich sind, und zwar auch dann, wenn sie am Marktort zugleich ihren Standort haben. Diese Maßregel erscheint zweckmäßig, da bekanntlich auf den Viehmärkten die Tiere in kurzer Zeit ihren Besitzer mehrmals wechseln und es ohne diese Zeugnisse in vielen Fällen sehr schwer ist, die Herkunft des Tieres sofort festzustellen. Diese Zeugnisse bieten ferner eine gewisse Gewähr dafür, daß die betreffenden Tiere aus seuchenfreien Ortschaften stammen, da in Sperrgebieten diese Ursprungszeugnisse von den Ortspolizeibehörden für Tiere, die in den freien Handel kommen sollen, nicht ausgestellt werden dürfen. Es bedeutet für die Veterinärpolizei eine wertvolle Hilfe, bei Ankunft der Transporte auf Grund der Ursprungszeugnisse sofort bestimmen zu können, ob die Tiere nach erfolgter Untersuchung den Markthallen zugeführt werden können oder nicht, oder bei Feststellung einer Seuche während des Marktes oder nach seiner Beendigung ohne Verzug die zuständige Polizeibehörde benachrichtigen zu können, ohne erst den Besitzer, der bereits den Markt verlassen hat, unter wesentlicher Verzögerung polizeilich ermitteln und vernehmen zu lassen. Zur Durchführung dieser Maßnahme ist es jedoch erforderlich, daß die betreffenden Ursprungszeugnisse von der Veterinärpolizei abgenommen und aufbewahrt werden. In den Fällen, wo Ursprungszeugnisse nicht direkt beigebracht werden können, z. B. aus Grenzgebieten, werden sie durch die von den Landratsämtern auszustellenden Verladescheine zu ersetzen sein. Ferner müssen für Tiere, die von anderen Schlachtviehmärkten kommen, Gesundheitsbescheinigungen der betreffenden Veterinärpolizei beigebracht werden. Bei einem etwaigen Fortfall dieser Bescheinigungen auf Grund des Rinderpestgesetzes wären sie wenigstens für die großen Schlachtviehmärkte auf Grund der §§ 16—18 VAVG. beizubehalten.

Für die weitere veterinärpolizeiliche Kontrolle beim Auftrieb der Tiere ist die „Einzeluntersuchung“ vorgeschrieben. Dazu ist es unbedingt erforderlich, daß die Viehmarktsplätze durch eine Einfriedigung derart abgeschlossen sind, daß das zugeführte Vieh den Markt nur an den amtstierärztlich überwachten Eingängen betreten kann und für die Auftriebszeit bestimmte Stunden festgesetzt werden. Die Ortspolizeibehörde hat ferner dafür Sorge zu tragen, daß der eigentliche Marktplatz nicht vor Beginn der Auftriebszeit betreten werden kann. Die Untersuchung der Tiere hat nur bei Tageslicht oder bei ausreichender künstlicher Beleuchtung zu erfolgen. Den beamteten Tierärzten sind ferner bei Vornahme der Untersuchung von der Marktverwaltung genügende und geeignete Hilfskräfte zur Verfügung zu stellen, die bei den einzelnen Tieren die Maulhöhle öffnen, gegebenenfalls die Beine hochzuheben, damit ohne Zeitverlust eine genaue Untersuchung erfolgen kann. Grundsatz für den beamteten Tierarzt muß es bleiben, daß er bei diesen Massenuntersuchungen nicht in direkte Berührung mit den Tieren kommt, um nicht bei Feststellung einer Seuche sofort außer Tätigkeit gesetzt zu werden. Für seuchenkranke und verdächtige Tiere muß in unmittelbarer Nähe der Märkte ein besonderer Raum zur vorläufigen Absonderung und weiteren Beobachtung vorhanden sein. Der Raum ist zweckmäßig so zu legen, daß er, möglichst ohne Benutzung der allgemeinen Triebstraße, eine rasche Absonderung gestattet. Größere Viehmärkte müssen außerdem mit Einrichtungen zum Anbinden der Tiere versehen sein, möglichst derart, daß die Tiere in Reihen stehen und daß vor ihren Köpfen ein Gang frei bleibt, damit der beamtete Tierarzt, sobald der Auftrieb beendet ist, während des Verlaufes des Marktes die weitere Beaufsichtigung mit Leichtigkeit vornehmen kann. Auf Nutz- und Schlachtviehhöfen mit stärkerem Viehverkehr müssen für das mit der Eisenbahn ankommende Vieh auf den Ausladerampen Buchten zur vorläufigen Unterbringung der Tiere vorhanden sein, ferner sind bei größeren Nutzviehhöfen zur Aufnahme seuchenkranker oder verdächtiger Tiere gegen die übrigen Anlagen vollkommen abgeschlossene Seuchengehöfte zu errichten. Für die großen Schlachtviehhöfe, die mit den öffentlichen Schlachthöfen verbunden, jedoch von den Schlachthofanlagen durch eine besondere Mauer getrennt sind, erübrigt sich die Anlage besonderer Seuchengehöfte, da die bei der Untersuchung als krank oder verdächtig befundenen Tiere sofort dem Polizeischlachthof zur alsbaldigen Abschlachtung zugeführt werden.

Während bei den kleinen Viehmärkten der Auftrieb sich meistens innerhalb von 1—2 Stunden vollzieht, beginnt der Auftrieb zu den großen Nutz- und Schlachtviehmärkten bereits einen oder mehrere Tage vorher. Ferner kann es vorkommen, daß innerhalb weniger Stunden mehrere Viehzüge mit 30, 40 und mehr Wagen hintereinander ausgeladen und untersucht werden müssen, so daß es für den beamteten Tierarzt nicht immer leicht ist, schnell und dabei genau zu untersuchen und besonders bei Feststellung von seuchenkranken oder -verdächtigen Tieren keine Stockung in dem Betrieb eintreten zu lassen. Eine längere Beobachtung verdächtiger Tiere kann auf den Schlachtviehmärkten nicht in Frage kommen, da es sich bei solchen Tieren nur um die Freigabe zum Verkauf oder um die sofortige Abschlachtung handelt. Die Untersuchung der Tiere beim Auftrieb würde sich in der Praxis auf einem Schlachtviehhof folgendermaßen gestalten:

Nachdem die mit der Eisenbahn ankommenden Wagen an die Rampe geschoben sind, werden sie hintereinander von den dazu bestellten Treibern entladen, die Tiere zunächst in die auf der Rampe befindlichen Buchten gebracht, und zwar so, daß für jeden Viehwagen eine Bucht bestimmt ist. Der beamtete Tierarzt beginnt dann seine Untersuchung von der einen Bucht anfangend und vor den Buchten entlang gehend. Zu diesem Zwecke müssen die Treiber die Rinder einzeln bis an den Rand der Bucht führen und den Tieren das Maul öffnen, evtl. die Füße hochheben. Schweine und Schafe werden vorbeigetrieben Nach Freigabe der betreffenden Bucht dürfen die Tiere von der Rampe ab- und in die Verkaufshallen getrieben werden. Werden bei der Untersuchung seuchenkranke oder -verdächtige Tiere ermittelt, so kommen alle Tiere dieser Bucht, unter Umständen auch die der benachbarten in den Eisenbahnwagen zurück und werden sofort dem Polizeischlachthof zugeführt. Die Bucht wird für die weitere Benutzung geschlossen, gereinigt und desinfiziert. Die Treiber haben sich ebenfalls zu reinigen und zu desinfizieren, ehe sie ihre Tätigkeit wieder aufnehmen dürfen. Während die seuchenkranken und -verdächtigen Tiere sofort zur Abschlachtung kommen, werden die ansteckungsverdächtigen Tiere in besondere Räume verbracht, um den Besitzern Gelegenheit zu geben, ihre Tiere nach Schluß des Marktes noch lebend an Fleischer zur sofortigen Abschlachtung verkaufen zu können. Bei einem derartigen Verfahren steht der Gedanke im Vordergrund, daß der Schlachtviehmarkt mit allen Mitteln auch von allen Seuchenverdachtsfällen frei zu halten ist. Die Maßnahme, am nächsten Tage den Markt wegen Seuchenausbruches vorzeitig schließen zu müssen, wiegt mit den damit verbundenen Nachwirkungen und wirtschaftlichen Schädigungen viel schwerer, als wenn einzelne zweifelhafte Fälle bereits vor Beginn des Marktes ausgemerzt werden. Das Hauptgewicht der Veterinärpolizei muß daher auf den Schlachtviehhöfen auf die Kontrolle des Auftriebes gelegt werden.

### b) Die Kontrolle des Abtriebes.

Der Abtrieb der Tiere von Viehmärkten kann im allgemeinen ohne jede Einschränkung erfolgen. Durch Ministerialerlaß vom 31. März 1923 ist nur die nochmalige amtstierärztliche Untersuchung sämtlicher Rinder vor dem Abtrieb vorgeschrieben. Von den Schlachtviehmärkten dagegen darf Vieh nur zur sofortigen Abschlachtung oder zum Auftrieb auf andere Schlachtviehmärkte abgetrieben werden. Die Verladung der mit der Eisenbahn auszuführenden Tiere muß unmittelbar von dem Schlachtviehhofe aus erfolgen. Die Ausfuhr auf dem Landwege erfolgt an einer bestimmten polizeilich überwachten Stelle des Viehhofes, an der kontrolliert werden muß, ob die Tiere vorschriftsmäßig gekennzeichnet sind. Über den gesamten Abtrieb sind von der Marktverwaltung oder von der Veterinärpolizei Listen zu führen, aus denen der Name des Besitzers, Zahl und Gattung der Tiere und Bestimmungsort hervorgeht. Um nun eine veterinärpolizeiliche Kontrolle auch darüber zu haben, daß auch die angeblich zum Schlachten ausgeführten Tiere innerhalb der vorgeschriebenen 4 Tage tatsächlich abgeschlachtet werden, ist es unbedingt erforderlich, auch über den Verbleib der Tiere weitere Ermittelungen anzustellen, da trotz schärfster Kontrolle auf dem Vieh oft die Möglichkeit der Verwendung der Tiere als Nutzvieh besteht. Es werden deshalb ständig auf Grund der Abtriebslisten Stichproben über den Verbleib der Tiere angestellt werden müssen, indem die zuständigen Polizeibehörden benachrichtigt und um die weiteren Ermittelungen ersucht werden. Ergeben die Ermittelungen, daß die Abschlachtung solchen Viehes verbotswidrig innerhalb der 4tägigen Frist nicht erfolgt ist, so ist die strafrechtliche Ahndung veranlaßt. Darüber hinaus kann auf Grund des Ministerialerlasses vom 19. März 1927 eine viehseuchenpolizeiliche Anordnung erlassen werden, dahingehend, daß die Tötung der verbotswidrig nicht abgeschlachteten Tiere, unbeschadet der eintretenden Bestrafung, gemäß § 25 VG. polizeilich angeordnet werden kann.

### c) Reinigung und Desinfektion der Viehmärkte.

Gemäß § 47 VAVG. sind die Viehmarktplätze und die anstoßenden Teile der Zu- und Abtriebswege alsbald nach Schluß des Marktes zu reinigen und erforderlichenfalls zu desinfizieren. Diese Reinigung und Desinfektion erfolgt gemäß §§ 8, 9, 12—14 der Anweisung für das Desinfektionsverfahren bei Viehseuchen. Die Eisenbahnwagen sind gemäß Ministerialerlasses vom 20. März 1911, sofern sie zur Beförderung von Klauenvieh benutzt worden sind, der verschärften Desinfektion zu unterziehen. Dieser Erlaß ist im Januar 1928 erneut in Erinnerung gebracht und die veterinärpolizeiliche Überwachung besonders vorgeschrieben worden. Zunächst hat eine gründliche Reinigung und Entleerung sämtlicher Schmutz- und Düngerteile zu erfolgen, darnach Durchspülung mit heißem Wasser und Waschen mit Sodalösung, hierauf Desinfizierung mit Kresol und Schwefellösung. Die von den Viehhändlern und Transportunternehmern zum Viehtransport benutzten Fahrzeuge müssen nach § 38, Abs. 2 der VAVG. nach dem Gebrauche gereinigt werden. Durch Ministerialerlaß vom 15. September 1928 sind für die Reinigung und Desinfektion von Kraftwagen zur Beförderung von lebenden Tieren durchgreifende Maßnahmen getroffen worden. Unter anderem ist vorgesehen, daß die Reinigung der Kraftwagen derjenigen Händler, die regelmäßig Vieh zum Schlachtviehhof bringen, zweckmäßig in den dort befindlichen Desinfektionsanstalten vorgenommen wird. Als Desinfektionsmittel seien hier noch erwähnt Sulfoliquid, Kaporit und Natronlauge. Die Desinfektionskraft der Natronlauge kommt an Wirksamkeit dem Sulfoliquid gleich und übertrifft es teilweise. Mit Rücksicht auf die Billigkeit, Geruchlosigkeit, Unschädlichkeit und die Möglichkeit ihrer kombinierten Anwendung mit dünner Kalkmilch ist die Natronlauge für den Gebrauch in der Praxis besonders geeignet. Durch Ministerialerlaß vom 10. Dezember 1928 wird die Natronlauge zur Desinfektion zugelassen und kann überall da Anwendung finden, wo bisher die Verwendung von Sulfoliquid durch den Erlaß vom 4. Mai 1927 vorgeschrieben war.

### d) Kontrolle der Restbestände auf den Viehmärkten.

Gemäß Ministerialerlaß vom 31. März 1923 sind Restbestände auf Viehmärkten täglich amtstierärztlich zu untersuchen, bei Abtrieb von der Marktanlage außerdem unmittelbar vor dem Abtrieb. Restbestände, die von Viehmärkten in Gast- und Händlerstallungen am Marktorte oder in der Nachbarschaft des Marktortes überführt werden, unterliegen derselben Bestimmung. Auf den Schlachtviehhöfen befinden sich immer besondere Überständerhöfe, in welche die auf dem Markte unverkauft gebliebenen Tiere überführt werden müssen, wo sie bis zum nächsten Markte verbleiben und täglich amtstierärztlich untersucht werden. Bricht unter diesen Überständern die Maul- und Klauenseuche aus, so müssen sämtliche Klauentiere, die sich im Überständerhofe befinden, alsbald abgeschlachtet werden, da auch die noch gesunden Tiere als gefährdet gelten und demgemäß dem nächsten öffentlichen Markte nicht wieder zugeführt werden dürfen. Auch die aus dem Ausland eingeführten Schlachttiere dürfen auf dem eigentlichen Markte nicht zum öffentlichen Verkauf aufgestellt werden, sondern müssen unmittelbar den zugelassenen Schlachthöfen zugeführt werden und innerhalb 4 Tagen abgeschlachtet sein. Im übrigen wird auf die für Seegrenzschlachthöfe bestehenden Bestimmungen verwiesen. Schließlich sei noch auf die viehseuchenpolizeiliche Anordnung, die wohl in allen Regierungsbezirken erlassen worden ist, verwiesen, wonach an Marktorten und in deren Umgebung bis zu einem Umkreise von 3 km um die geschlossene Ortslage an den Viehmarktstagen der gewerbsmäßige Handel mit Klauenvieh, an den Pferdemarktstagen derjenige mit Pferden und anderen Einhufern außerhalb des Marktplatzes verboten ist. Derartige Verbote oder Beschränkungen des gewerbsmäßigen Handels mit Vieh an Markttagen außerhalb des Marktplatzes gab es schon auf Grund des Gesetzes betreffs die Preisfeststellung beim Markthandel mit Schlachtvieh vom 8. Februar 1909. Aber auch bei anderen Märkten erschien ein Handelsverbot im Sinne des § 48 VAVG. im veterinärpolizeilichen Interesse erwünscht.

## 6. Einschlägige Polizeiverordnungen.

In nachstehendem sollen Muster von einschlägigen Verordnungen im Viehhofbetrieb gebracht werden:

#### Abhaltung der Schlachtviehmärkte.

Auf Grund der §§ 5 und 6 der Verordnung vom 20. September 1867, die Polizeiverwaltung in den neu erworbenen Landesteilen betr., der §§ 70 und 149 Nr. 6 der Reichsgewerbeordnung, des § 144 des Gesetzes über die allgemeine Landesverwaltung vom 30. Juli 1883, des Viehseuchengesetzes vom 26. Juni 1909 nebst den dazu erlassenen Bekanntmachungen und Ausführungsvorschriften des Bundesrats und der Preuß. Ausführungsgesetze und Viehseuchenpolizeil. Anordnungen hierzu, der Verordnung über den Verkehr mit Vieh und Fleisch vom 13. Juli 1923 (RGB. I, S. 715) und des Gesetzes zur Abänderung dieser Verordnung vom 10. August 1925 (RGB. vom 14. August 1925, Nr. 38), wird für den hiesigen Gemeindebezirk nachstehende Polizeiverordnung erlassen:

§ 1. Alle hiesigen Schlachtviehmärkte werden — insoweit nicht von dem Magistrat im Einvernehmen mit dem Herrn Polizeipräsidenten ausdrücklich die Genehmigung zu deren Abhaltung an anderen Orten erteilt wird — auf dem städtischen Viehhof abgehalten. Viehstücke an einem anderen Platze oder auf öffentlicher Straße zum Verkauf auszustellen, ist verboten.

Alles Schlachtvieh — Rindvieh einschließlich Kälber, Schweine, Schafe, Ziegen —, welches zum Zwecke des Verkaufs hierher gebracht wird, darf nur auf dem Schlachtviehmarkte während der Marktstunden verkauft und gekauft werden. Der Handel mit Vieh auf den Frankfurter Bahnhöfen, in Wirtschafts- und Privatställen sowie das Hausieren mit solchen Viehstücken innerhalb der Stadt ist verboten. Das Abladen oder Aufladen von Marktvieh vor den Toren des Viehhofes oder auf den diesen umgebenden Straßen ist verboten.

§ 2. Den zuständigen dienstlichen Anordnungen der Beamten (und Angestellten) der städtischen Schlacht- und Viehhofverwaltung, der staatlichen Polizei und der Veterinärpolizei ist unbedingt Folge zu leisten. Den genannten Personen steht, sofern sie in dienstlichem Interesse handeln, jederzeit der Zutritt zu sämtlichen dem Viehverkehr dienenden Räumen frei.

§ 3. Alles auf den Schlachtviehhof anzubringende Vieh unterliegt vor seiner Einstellung in die Markthallen oder Stallungen zur Feststellung seines Gesundheitszustandes einer amtstierärztlichen Untersuchung, welche sich insbesondere auf Seuchen und ansteckende Krankheiten zu erstrecken hat. Die Untersuchung findet in der Regel dann statt, wenn die Tiere aus- bzw. abgeladen sind. Dem Viehhofe dürfen nur gesunde Tiere aus seuchenpolizeilich nicht gesperrten Orten zugeführt werden; Tiere mit Krankheitszeichen sowie im Ernährungszustande stark herabgekommene und auf dem Transport verunglückte Tiere sind von dem Zutrieb ausgeschlossen und werden der Sanitätsanstalt des Schlacht- und Viehhofes überwiesen, sofern nicht ihre Einstellung in den Seuchenhof erforderlich ist.

Notgeschlachtete, verendete, sowie seuchenkranke, seuchenverdächtige oder der Ansteckung verdächtige Tiere werden der Sanitätsanstalt bzw. dem Seuchenhofe zur Untersuchung überwiesen.

§ 4. Ansteckungsverdächtige Wiederkäuer und Schweine, die zum Zwecke der sofortigen Abschlachtung mit Genehmigung der Polizeibehörde und im Einverständnis mit der Schlacht- und Viehhofdirektion in das hiesige Schlachthaus eingeführt werden, sind innerhalb der seuchengesetzlichen Fristen in der Reihenfolge der Einlieferung abzuschlachten.

Bis zum Schlachten sind solche Tiere in den Absonderungsstallungen unterzubringen. Dei Abschlachtung darf im Falle des Einverständnisses derVeterinärpolizei im öffentlichen Schlachthaus stattfinden, insbesondere, wenn die Tiere keine Erscheinungen der Seuche zeigen und wenn durch gesetzlich anerkannte und geeignete Vorkehrungen einer Verbreitung der Seuche vorgebeugt werden kann.

§ 5. Die auf dem Markt unverkauft gebliebenen Tiere dürfen aus den Stallungen, in die sie überführt wurden, nur nach vorheriger Anzeige auf dem Veterinärpolizeibüro und nach erfolgter Untersuchung durch den diensttuenden Veterinärbeamten entfernt werden.

**6.** Zuwiderhandlungen gegen diese Verordnung und die auf Grund des § 2 erlassenen Anordnungen oder gegen die Betriebsordnung des Viehhofes werden mit Geldstrafe bis zu 150 Reichsmark oder im Falle des Unvermögens mit entsprechender Haft bestraft, sofern nicht nach den eingangs angezogenen Gesetzen und Verordnungen eine höhere Strafe verwirkt ist.

§ 7. Diese Polizeiverordnung tritt mit dem Tage ihrer Verkündigung an Stelle der den gleichen Gegenstand betreffenden Polizeiverordnung vom 5. März 1886 in Kraft.

Gleichzeitig tritt die Polizeiverordnung betr. die Viehmärkte in Frankfurt a. M. vom 25. Juli 1923 außer Kraft.

Frankfurt a. M., den 20. August 1928. Der Magistrat.

## Betriebsordnung für den städtischen Viehhof.
## Viehhof-Ordnung.

Auf Grund des Gemeindeverfassungsgesetzes hat der Magistrat mit Zustimmung der Stadtverordneten-Versammlung die folgende Viehhof-Ordnung erlassen.

### § 1. Zweck des Viehhofes.

Der städtische Viehhof dient zur Abhaltung von Schlachtviehmärkten und zur Einstellung des Marktviehes vor und nach den Märkten.

Als Marktvieh gelten: Rindvieh einschließlich Kälber, Schweine, Schafe und Ziegen.

### § 2. Leitung und Aufsicht.

Der Viehhof ist dem städtischen Ernährungsamt angegliedert. Die verantwortliche Leitung und Oberaufsicht führt der Direktor des Schlacht- und Viehhofes, der sich hierbei der Hilfe der dazu bestimmten Beamten und Angestellten bedient.

### § 3. Betriebszeit.

Der Viehhof ist in den Monaten April bis einschließlich September von 7 Uhr vormittags bis 5 Uhr nachmittags und in den Monaten Oktober bis einschließlich März von 8 Uhr vormittags bis 5 Uhr nachmittags für die bestimmungsgemäße Benutzung geöffnet.

Den Viehverkäufern und deren Beauftragten ist der Zutritt zum Viehhof wie folgt gestattet:
an den Markttagen vormittags von $6^1/_2$ Uhr ab,
an den übrigen Werktagen vormittags von 8 Uhr ab,
an Sonn- und Feiertagen vor den Hauptmarkttagen vormittags von 7 Uhr ab,
an Sonn- und Feiertagen vor den Nichtmarkttagen vormittags von 8 Uhr ab.

Die vorstehenden Betriebszeiten finden keine Anwendung auf das Einbringen des Marktviehes.

### § 4. Markttage und Marktstunden.

Die Viehmärkte finden das ganze Jahr hindurch wie folgt statt:

a) Montags: Schweinemarkt: $8^1/_2$ bis 12 Uhr vormittags. Rindermarkt: 9 bis 12 Uhr vormittags. Kleinviehmarkt: $9^1/_2$ bis 12 Uhr vormittags.

b) Donnerstags: für alle Viehgattungen: 9 bis 12 Uhr vormittags.

Die Anfangs- und Schlußzeiten der Märkte werden genau eingehalten und durch Glockensignale angezeigt; bei Marktschluß müssen nach dem dritten Glockenzeichen die Märkte geräumt werden.

Den Käufern ist das Betreten der Verkaufshallen erst mit Beginn des Marktes gestattet. An Sonn- und

Feiertagen ist der Zutritt zum Viehhof lediglich den Viehverkäufern und den mit der Pflege und Wartung des Viehes beauftragten Personen erlaubt. Den Käufern ist der Zutritt zum Viehhof an den genannten Tagen verboten.

Sofort nach Marktschluß haben sich alle Personen, die nicht zu dem Verwaltungspersonal gehören, aus den Verkaufshallen zu entfernen.

Fallen auf die Markttage Feiertage oder macht sich aus anderen Gründen eine Verlegung der Markttage oder Marktstunden notwendig, so werden von der Direktion des Schlacht- und Viehhofes andere Markttage oder Marktstunden bestimmt oder die Änderung den Interessenten rechtzeitig bekannt gemacht.

### § 5. Sonstige Marktvorschriften.

Der Auftrieb des im Viehhof eingestallten Großviehes in die Markthallen beginnt am Morgen des Markttages entsprechend den zum Zweck der amtstierärztlichen Untersuchung getroffenen Anordnungen. Der Abtrieb aus der Großviehmarkthalle muß längstens eine halbe Stunde nach abgelaufener Marktzeit beendet sein. Die unverkauften Tiere (Überständer) müssen von der Halle aus ohne Viehhofverwaltung hierfür angewiesenen (Überständer-) Stallungen oder unmittelbar zum Versand gebracht werden. Unverkauft gebliebenes Kleinvieh und Schweine sind in die von der Verwaltung für sie angewiesenen Buchten zu verbringen. Die Besitzer der unverkauften Tiere oder die mit dem Verkaufe dieser Tiere beauftragten Personen sind verpflichtet, die Zahl und Gattung der unverkauften Tiere unter Abgabe der Marktscheine unmittelbar nach Marktschluß dem mit der Entgegennahme beauftragten Beamten mitzuteilen.

Bezüglich des Auslandsviehes und des seuchenpolizeilich gemaßregelten Inlandsviehes gelten die einschlägigen gesetzlichen und veterinärpolizeilichen Bestimmungen. Die Verkaufszeiten derartigen Viehes werden im Benehmen mit der Veterinärpolizei festgesetzt.

Zahl und Gattung der bis zum Beginn des Marktes zugeführten Tiere werden an hierzu bestimmten Tafeln amtlich bekanntgegeben. Von den beauftragten Beamten können bei Bedürfnis während der Marktzeit Abänderungen oder Ergänzungen vorgenommen werden.

### § 6. Verkehrskontrolle.

#### a) Gebührenfreier und gebührenpflichtiger Zutritt.

Freier Zutritt zum Viehhof ist außer den dienstlich beauftragten Beamten nur denjenigen Personen gestattet, die nachweislich daselbst irgendwelche zu seiner bestimmungsgemäßen Benutzung gehörenden Geschäfte zu erledigen haben, jedoch nur für die Dauer dieser Geschäfte.

Anderen Personen kann das Betreten des Viehhofes mit Erlaubnis und nach Ermessen der Direktion und nur wochentags in der Zeit von 8 Uhr vormittags bis 2 Uhr nachmittags gegen Lösung einer Eintrittskarte, die als Ausweis aufzubewahren und auf Verlangen des Aufsichtspersonals vorzuzeigen ist, gestattet werden. Kinder unter 14 Jahren ist der Zutritt nur in Begleitung Erwachsener gestattet. Zum Essentragen eingelassene Erwachsene und Kinder müssen die Anlage alsbald wieder verlassen. Diese Zulassungen geschehen auf ausschließliche Gefahr der betreffenden Personen, Angehörigen oder Auftraggeber, welche auch für etwaige Schadenanrichtungen der Kinder im Rahmen des bürgerlichen Rechts haften.

#### b) Zulassung von Arbeitshilfe.

Das Aus- und Einladen, Treiben, Einstellen, Ein- und Ausbinden, Warten, Füttern und Tränken der Tiere darf, soweit es die Besitzer nicht selbst tun, nur durch die von der Direktion beauftragten Personen geschehen.

Die Anordnung, daß der Übertrieb zum Schlachthofe ausschließlich durch von der Direktion zugelassene Personen zu erfolgen hat, bleibt, besonders für Zeiten der Seuchengefahr, vorbehalten.

#### c) Zulassung von Gewerbebetrieben.

Viehhändler, Kommissionäre und Viehagenten haben ihren Geschäftsbetrieb und ihre Angestellten der Direktion anzumelden.

Schlachtviehversicherungen, Bankgeschäfte, Viehtransporteure, sowie Makler und sonstige Unternehmungen und Einzelpersonen haben zu ihrem Geschäftsbetriebe im Viehhofe die Genehmigung der Direktion des Schlacht- und Viehhofes einzuholen und sich bezüglich der Führung ihres Geschäftsbetriebes den Anordnungen der Direktion zu fügen. Die Genehmigung wird nach Lösung von Jahreszutrittskarten auf Widerruf erteilt. Die genannten Betriebe haben ihre Gebührentarife und jede Änderung derselben der Direktion vorzulegen.

#### d) Zulassung von Gelegenheitsarbeitern.

Gelegenheitsarbeitern wird der Zutritt zum Viehhof nur dann gestattet, wenn der Nachweis erbracht ist, daß sie im Viehhof von dort tätigen Gewerbetreibenden beschäftigt werden. Nach Erledigung dieser Tätigkeit haben sie sofort den Viehhof zu verlassen. Viehtreiber dürfen nicht unter 17 Jahre alt sein und müssen die nötige Kraft, Umsicht und Geschicklichkeit besitzen.

Sämtliche auf dem Viehhof tätigen Personen dürfen diesen nur in sauberer Kleidung betreten und verlassen.

#### e) Verkehr auf den Straßen des Viehhofes.

Die Einfahrt in den Viehhof ist ohne Erlaubnis der Direktion nur solchen Fuhrwerken gestattet, welche den auf den Viehhofsbetrieb bezüglichen Geschäften dienen.

Die Ein- und Ausfahrt der Wagen und Fahrräder darf nur durch die dafür bestimmten Tore geschehen, die Tore und die Straßen der Anlage dürfen nur in langsamem Tempo befahren werden.

Motorfahrzeuge dürfen innerhalb des Viehhofes nur eine Stundengeschwindigkeit von höchstens 15 Kilometer fahren.

Die Wagen dürfen im Viehhof nur solange, und zwar nur mit vorschriftsmäßiger Sicherung stehen bleiben, als zu ihrem Beladen oder Entladen notwendig ist. Im übrigen haben die Fuhrwerksbesitzer nach dem Eintreffen sofort auszuspannen, die Pferde in den Ställen und die Wagen auf den Wagenplätzen unterzubringen. Das Füttern der Pferde auf den Plätzen und den Fahrwegen im Viehhof ist unzulässig.

Die Beförderung des Viehes auf dem Viehhofe darf durch Fahren, Treiben oder Tragen erfolgen. Hierbei ist jede Roheit gegen das Vieh, insbesondere Hetzen, heftiges Zerren an den Leitseilen, unnützes Schlagen mit Knüppeln, Stoßen mit Füßen und Fäusten, Drehen des Schwanzes, Schleifen, Tragen von Schweinen oder Kleinvieh an den Beinen mit dem Kopf nach unten usw. strengstens untersagt.

Kleinvieh und Schweine dürfen nicht mit zusammengebundenen Beinen oder geknebelt an- oder abgefahren werden und sind beim Ein- und Ausladen zu heben, nicht zu werfen. Schweine sind stets abgetrennt von allen anderen Viehgattungen zu verladen, Kleinvieh — Kälber und Schafe — darf nur in abgetrennten Abteilungen gleichzeitig mit Großvieh transportiert werden.

Die auf dem Viehhofe zur Beförderung von Vieh benutzten Wagen dürfen nur so stark beladen werden, daß die Tiere, ohne beengt zu sein, nebeneinander stehen oder liegen können.

Einzelne Rinder, welche nicht auf Wagen befördert werden, müssen an Leinen, Bullen einzeln und mit verbundenen Augen geführt, störrige oder bösartige Tiere überdies entweder an einem Nasenringe oder einer Nasenzange oder gehörig gefesselt geleitet werden. Im letzteren Falle ist jedes einzelne Tier von mindestens zwei erwachsenen Treibern (§ 7 der Polizeiverordnung vom 21. Juni 1905) zu begleiten; der eine Treiber hat das Tier am Kopfe zu leiten, der andere die Fesseln zu führen und hinter dem Tiere herzugehen. Das lose Treiben mehrerer Rinder ist zulässig, wenn mindestens 3 Treiber vorhanden sind.

Das Abladen von Vieh darf nur an den dazu von der Direktion bestimmten Stellen vor den Toren der Hallen erfolgen.

Den Anordnungen der Viehhofbeamten bezüglich der Anfahrt, Aufstellung und Fahrtrichtung der Fuhrwerke ist unbedingt Folge zu leisten.

f) Verwendung von Hunden im Viehhof.

Schäferhunde, welche zur Begleitung von Schafherden dienten, dürfen in den Viehhof mitgebracht werden, müssen dort aber an der Leine geführt, angehängt oder sicher verwahrt werden. Bösartige und mit Krankheiten behaftete Hunde müssen sofort entfernt und dürfen nicht wieder eingeführt werden. Hunde dürfen in die Gasträume und in das Verwaltungsgebäude nicht mitgebracht, an die Tore und Gitter des Viehhofes nicht angebunden werden.

§ 7. Entrichtung der vorgeschriebenen Gebühren.

Für alle im Viehhof beanspruchten Leistungen sind vorher an den dafür bestimmten Kassenstellen die im Tarif vorgesehenen Gebühren gegen Empfang der Gebührenscheine zu entrichten, die Gebührenscheine sind nur dann gültig, wenn sie den Tagesstempel der Verwaltung tragen.

Die Zahlung der Marktgebühr berechtigt nur dazu, das Vieh in den Markthallen, soweit sie ausreichen, an dem dem Einstellungstage nachfolgenden Markttage zum Verkauf aufzustellen. Ist der Einstellungstag ein Markttag, so ist der Marktgebührenschein nur für diesen gültig.

Für unverkauft gebliebene Tiere, welche auf dem Viehhofe verbleiben (Überständer), behalten die beim ersten Auftrieb gelösten Gebührenscheine eine siebentägige Gültigkeit, falls sie nach Marktschluß bei den diensttuenden Beamten zur Umstempelung vorgelegt werden.

Eine Umstempelung zuviel gelöster Scheine ist nicht gestattet, vielmehr müssen diese bis zum Marktschluß an die Kasse gegen Rückzahlung der Gebühren zurückgegeben werden. Für die folgenden Tage verlieren dieselben ihre Gültigkeit.

Die gelösten Gebührenscheine sind aufzubewahren und bei Vermeidung nochmaliger Zahlung während des Aufenthaltes auf dem Viehhof den kontrollierenden Beamten auf Verlangen vorzuzeigen. Für verlorengegangene Gebührenscheine sind nötigenfalls nach genauer Prüfung des Sachverhalts mit Genehmigung der Verwaltung neue Scheine zu lösen. Beim Abtrieb des Marktviehes sind die Marktgebührenscheine bzw. Ausweise der Händler an den dafür bestimmten Stellen abzugeben.

Für den Abtrieb von Überständern besitzen nur solche Marktscheine Gültigkeit, welche das Datum des Markttages tragen, an dem der Abtrieb erfolgen soll. Jeder Marktgebührenschein mit anderem Datumstempel ist ungültig und wird eingezogen. Für die eingezogenen Scheine sind nach genauer Prüfung durch die zuständigen Beamten neue zu lösen.

§ 8. Zu- und Abtrieb der Markttiere.

Das für die Viehmärkte bestimmte Vieh kann dem Viehhofe durch die Eisenbahn zu jeder Zeit, auf dem Landwege zu den jeweilig festgesetzten Einlaßstunden zugeführt werden. (Die Besitzer und deren Beauftragte haben in solchen Fällen unbehinderten Zutritt.) Für den Zutrieb am Markttage selbst oder an dem diesem vorhergehenden Tage gelten die Bestimmungen der Fütterungsordnung. Der Abtrieb vom Viehhofe darf nur während der Verkehrszeiten (§§ 3 und 4) stattfinden, sofern er nicht durch veterinärpolizeiliche Anordnungen ganz oder teilweise eingeschränkt wird. Rinder müssen mit haltbaren Stricken, bösartige Rinder und Bullen außerdem noch mit Blende versehen sein.

Der Zu- und Abtrieb der Rinder auf dem Landwege hat durch den Haupteingang am Deutschherrnufer, der des Kleinviehes einschließlich der Schweine und Pferde während der Verkehrszeit durch den Eingang an der Gerbermühlstraße außerhalb derselben durch den Haupteingang zu geschehen.

Beim Eintrieb der Tiere in die Verkaufshallen sind die Marktgebührenscheine den Aufsichtsbeamten zum Zwecke der Kontrolle auf Verlangen vorzuzeigen. Beim Abtrieb sind diese Scheine gleichzeitig mit den Kontrollausweisen an den entsprechenden Stellen (Ausgangstoren oder Laderampen) abzugeben, nachdem sie mit den erforderlichen Angaben (Name des Verkäufers und Käufers und Bestimmungsortes) versehen sind.

Für die gekauften Tiere können auf Wunsch einzelne Stallabteilungen oder Buchten zum Sammeln und Füttern angewiesen werden. Von hier aus müssen die Tiere jedoch, soweit nicht von der Verwaltung ausdrücklich eine Ausnahme gestattet wird, längstens zwei Stunden nach Schluß des Marktes abgetrieben sein; andernfalls sind die in der Gebührenordnung festgesetzten Stallgebühren zu entrichten, auch wenn die Tiere nicht über Nacht eingestellt bleiben.

Die angekauften Tiere sind sofort vom Käufer in deutlicher Weise zu kennzeichnen. Erforderlichenfalls kann angeordnet werden, daß das gewählte Zeichen bei der Direktion anzumelden ist; auf Verlangen der Direktion muß es geändert werden.

§ 9. Untersuchung der Markttiere.

Das auf dem Viehhofe mittels Eisenbahn eingetroffene Vieh darf nur nach vorheriger Anmeldung bei den zuständigen Aufsichtsbeamten in die auf den Rampen befindlichen Buchten ausgeladen und erst nach amtstierärztlicher Untersuchung aller in einem Waggon befindlichen Tiere in die Stallungen und Verkaufshallen abgetrieben oder wieder weiter verladen werden. Der Aufenthalt auf der Viehhoframpe und in den Ausladebuchten ist während des Ausladens außer den Beamten nur den Empfängern des angekommenen Viehes und deren Beauftragten, welche sich auf Verlangen zu legitimieren haben, gestattet. Wird das Ausladegeschäft dadurch verzögert, daß der Empfänger bzw. dessen Beauftragte nicht zur Stelle sind, so wird das Ausladen bzw. Verbringen der Tiere nach den Stallungen auf Kosten und Gefahr des Empfängers durch die Verwaltung vorgenommen.

Das auf dem Landwege ankommende Vieh ist dem Pförtner anzumelden, welcher die Stelle bezeichnet, wo die Untersuchung stattfindet. Erst nach dieser Untersuchung dürfen die Tiere in die Stallungen oder Verkaufshallen gebracht werden.

Die unter sogenannten Sperr- oder Beobachtungsmaßregeln eintreffenden Tiere sind ausschließlich auf den hierfür bestimmten Rampen auszuladen. Sperrvieh ist nach der amtstierärztlichen Untersuchung in den Sperrstallungen unterzubringen, sogenanntes Beobachtungsvieh in den hierfür vorgesehenen besonderen Unterkunftsräumen.

Hinsichtlich des Zutritts von Empfängern oder Arbeitern zu dem eingestellten Sperrvieh gelten die von der Veterinärpolizei getroffenen besonderen Anordnungen.

Zu eingestelltem Beobachtungsvieh ist nach der Unterbringung und Fütterung (welch letztere nach Anordnung der Verwaltung evtl. ausschließlich von dieser bewirkt werden kann) der erneute Zutritt solange untersagt, bis amtstierärztlich hierüber entschieden ist.

Tiere, welche ausnahmsweise außerhalb der amtstierärztlichen Dienstzeit eingebracht werden, dürfen nur in den von den diensttuenden Aufsichtsbeamten hierfür zu bezeichnenden Ställen untergebracht werden.

Zur Wegschaffung tot ankommender Tiere oder in den Ställen verendeter Tiere haben nach deren Freigabe durch die Veterinärbeamten die Eigentümer oder deren Beauftragte bzw. deren Personal die erforderlichen Hilfeleistungen zu stellen.

Die Viehbesitzer, Händler und ihre Hilfspersonen sowie die zugelassenen Dienstleute haben die für die amtstierärztliche Untersuchung erforderlichen Handdienste zu leisten, sowie vor Beginn der amtstierärztlichen Untersuchung die Rampenbuchten und die Türen auf der Abtriebsseite zu schließen und Rinder in den Entladebuchten anzubinden.

§ 10. Anmeldung und Einstellung der Markttiere.

Gleich bei Ankunft der Tiere hat jeder Empfänger oder sein Beauftragter die Stückzahl jeder Gattung Vieh, auf Verlangen auch den Auftraggeber nach Vor- und Zunamen, Stand und Wohnort, sowie den Ursprungsort der Tiere dem zuständigen Aufseher anzugeben.

Die Plätze (Buchten) für die Tiere in den Ställen und Verkaufs(Markt-)hallen bestimmt und verteilt der Aufsichtsführende nach Anweisung der Verwaltung. Niemand erwirbt auf die Zuweisung einer bestimmten Stallung oder eines bestimmten Platzes (Bucht) ein Anrecht. Die angewiesenen Stallungen oder Plätze (Buchten) eigenmächtig zu vertauschen oder andere einzunehmen ist verboten.

In den Ställen ist das Großvieh an den hierzu bestimmten Ketten, in den Markthallen an den Stangen oder Ringen mittels starker, von den Vieheigentümern mitzubringender haltbarer Stricke, Riemen oder Ketten oder Halftern fest anzubinden, so daß ein Losreißen verhütet wird.

Die eingeführten Tiere sind sofort nach dem Einstellen, soweit es nicht bereits geschehen ist, von dem Einbringer deutlich zu zeichnen, und zwar Rindvieh und Kälber durch Haarschnitt oder Farbzeichen an der linken Hüfte, Schweine und Schafe durch leicht sichtbare Farb- und Brandzeichen. Erforderlichenfalls kann die Direktion weitergehende Anordnungen hinsichtlich der Kennzeichnung treffen (vgl. § 8 letzter Abs.).

§ 11. Wartung und Fütterung der Markttiere.

Die Verpflegung der zum Markte angetriebenen Tiere ist im allgemeinen von den in § 6 b genannten Personen zu besorgen; diesen ist verboten, Futtermittel unter sich oder an Gewerbetreibende, die im Viehhofe verkehren, gleichgültig ob mit oder ohne Vergütung abzugeben, auszutauschen oder leihweise herzugeben.

Das übermäßige Füttern und Tränken, die Verabreichung von Salz und das Hungern- und Durstenlassen der Tiere ist verboten. Bei den in Abwesenheit der Empfänger und ihrer Leute eintreffenden Tieren übernehmen die von der Verwaltung bestellten Obertreiber und bei den Überständern des Großviehes die Verwaltung die Verpflegung gegen die festgesetzten Gebühren. Das Mitbringen von Futter irgendwelcher Art ist verboten.

Das Melken der eingestellten Kühe wird von Beauftragten der Direktion ausgeführt; anderen Personen ist sowohl das Melken wie das Mitnehmen von Milch untersagt. Ein Anspruch auf Entschädigung für die Milch wird dem Eigentümer des Viehes nicht zugesichert.

Alles im Viehhofe eingestellte Vieh muß zu den festgesetzten Fütterungszeiten gefüttert werden. Die Fütterungszeiten werden von der Direktion durch Anschlag bekannt gemacht.

Während des Marktes darf nicht gefüttert werden.

Die durch regelmäßige Fütterung erwachsenden Fütterungskosten sind bei der Kasse zu berichtigen.

Alle Futtermittel und ebenso Stroh werden von der Verwaltung beschafft und sind ausschließlich von dieser zu beziehen; die Preise dafür werden öffentlich angeschlagen.

Die leihweise für die Fütterung verabfolgten Gefäße, Säcke usw. müssen alsbald nach Gebrauch und in unbeschädigtem Zustande wieder zurückgegeben werden. Für Verluste oder Schadenersatz haftet der betreffende Vieheinbringer, für dessen Rechnung der Futterempfang erfolgt war, nach den Bestimmungen des bürgerlichen Rechts.

Der Einwand, daß das von der Verwaltung verabreichte Futter vom Vieh nicht angenommen worden sei, wird nicht berücksichtigt. Wenn einzelne Tiere das Futter nicht annehmen, so wird es dem Futter der übrigen Tiere desselben Besitzers zugesetzt; ist es bis zur nächsten Fütterungszeit nicht verbraucht, so darf es nicht aus dem Viehhof mitgenommen werden.

Die Streu ist, mit Ausnahme bei Schweinen, im Stallgeld einbegriffen. Die Verwaltung besorgt das erste Streuen sowie das Reinigen der Stallungen und Markthallen nach Beendigung der Märkte ohne besonderes Entgelt. Der Stalldünger darf aus dem Viehhof nicht mitgenommen werden.

Im übrigen gelten für das Füttern der Markttiere die in der als Anlage 1 beigefügten Fütterungsordnung getroffenen Bestimmungen.

### § 12. Verwiegen der Markttiere.

Zum Verwiegen des Marktviehes sind ausschließlich die aufgestellten amtlichen Waagen zu benutzen.

Die Feststellung des Gewichts erfolgt in allen Fällen durch die hierfür verpflichteten Wieger gegen Abgabe des Wiegegebührenscheines.

Die Wiegegebühr hat derjenige zu entrichten, welcher die Verwiegung des Viehstückes beantragt.

Jeder Käufer sowohl als auch jeder Verkäufer von Vieh ist berechtigt, vor dessen Verwiegung das Ausgleichen der Waage zu beantragen.

Das Verwiegen der Tiere geschieht der Reihenfolge der Anmeldung nach unter Aufsicht der hiermit betrauten Beamten, welche für den Eigentümer die Stückzahl und Gattung, sowie das Gewicht des Viehes notieren. Der Transport des Viehes von und zur Waage ist Sache des Vieheigentümers.

Beim Wiegen ist die Waage frei zu halten, und es haben daher alle Personen, mit Ausnahme der Wieger, von der Waage zurückzutreten. Die Vorbuchten sind für den Verkehr frei zu halten. Gewogene Tiere sind unmittelbar nach der Verwiegung aus diesen Buchten zu entfernen, deren Überfüllung zu vermeiden ist.

Über die Verwiegungen werden Wiegescheine ausgestellt.

Beschwerden über das Wiegeergebnis sind bei der Direktion vorzubringen und werden nur dann von der Direktion berücksichtigt, wenn die Kontrollverwiegung in unmittelbarem Anschluß an die erste Verwiegung vorgenommen werden kann. Diese zweite Verwiegung hat in Gegenwart eines Aufsichtsbeamten stattzufinden.

### § 13. Bestimmungen über den Viehhandel.

Kauf und Verkauf geschehen auf dem Viehmarkte nach Lebendgewicht. Hierfür gelten die Bestimmungen der Preisfeststellungsordnung vom 16. Juni 1926 (Min.-Bl. f. Landwirtschaft usw. 1926, Nr. 26, S. 340ff.) (Siehe Anlage 2.)

Nach abgeschlossenem Verkauf und stattgehabter Zahlung oder Kreditierung des Kaufpreises hat der Verkäufer den Marktschein an den Käufer abzugeben, ohne deren Ablieferung an den betreffenden Kontrollstellen (§ 8) der Abtrieb vom Markte und aus den Stallungen nicht erfolgen darf, auch die Schlachtung nicht gestattet wird.

Bei entstehenden Streitigkeiten behält sich die Schlacht- und Viehhof-Direktion vor, das Viehstück an denjenigen auszuliefern, welcher den Marktgebührenschein in Händen hat.

Es soll in keiner anderen Währung als der Reichswährung gehandelt werden, verboten ist, einen bereits angeknüpften Handel durch Überbieten oder sonstwie zu stören und das auf dem Markte gekaufte Vieh noch an demselben Tage wieder auf den Markt zum Verkauf aufzustellen.

### § 14. Haftung und Schadenersatz.

Die Viehhofverwaltung übernimmt, wenn ihr nicht schuldhaftes Handeln nachgewiesen wird, für das eingestellte Vieh keinerlei Haftung, auch nicht gegen Feuersgefahr, insbesondere haftet sie, wenn ihr nicht schuldhaftes Handeln nachgewiesen wird, nicht für die in den Stallungen verendeten oder während der Einstallung zu Schaden oder abhanden gekommenen Tiere.

Für Marktvieh, ausgenommen Saugkälber, welches länger als 6 Tage auf dem Viehhofe verbleibt und für das der Eigentümer sich nicht meldet oder die entstandenen Gebühren und Kosten nicht entrichtet, behält sich die Direktion vor, ohne vorausgegangenes gerichtliches Verfahren durch einen zur Vornahme von Versteigerungen befugten Beamten auf dem Schlachtviehmarkte am nächsten Hauptmarkttage meistbietend zu verkaufen und aus dem Erlöse die entstehenden Gebühren und Kosten zu decken. Ein etwa verbleibender Mehrerlös wird bei der Kasse verwahrt und dem sich ausweisenden Eigentümer ausgezahlt.

Ebenso behält sich die Direktion vor, Saugkälber, die am Markttage bis nachmittags $4^1/_3$ Uhr nicht abgeholt sind, im Schlachthofe zu schlachten und entsprechend verwerten zu lassen. Der Erlös wird an der Kasse verwahrt und dem sich ausweisenden Eigentümer nach Abzug der Gebühren und Kosten ausgezahlt.

Die Eigentümer und Besitzer des Viehes haften im Rahmen der Bestimmungen des bürgerlichen Rechts für alle Beschädigungen, welche durch dasselbe an den Baulichkeiten nebst Zubehör sowie an den Gerätschaften des Viehhofes oder an dem Eigentum der im Schlacht- und Viehhofe verkehrenden Personen verursacht sind; ebenso haften sie im gleichen Rahmen für das ordnungsmäßige Verhalten der von ihnen beschäftigten Personen, namentlich auch für den von diesen der Verwaltung zugefügten Schaden.

### § 15. Fundsachen.

Alle auf dem Viehhofe gefundenen Sachen, einschließlich lebender oder ausgeschlachteter Tiere und Fleischteile, sind unverzüglich an den Viehhofverwalter abzuliefern. Ihre weitere Behandlung erfolgt nach den Bestimmungen des Bürgerlichen Gesetzbuches (§ 978, § 979).

### § 16. Allgemeine Ordnungsvorschriften.

Auf dem Viehhofe ist verboten:

1. Alles Lärmen und Streiten, Pfeifen und Singen, jede Belästigung und Behinderung anderer und jede Störung der Ordnung durch Worte oder Taten.
2. Abreißen, Beschmutzen oder Beschädigungen von angeschlagenen Bekanntmachungen, Fortwerfen von Papier.
3. Jede vermeidbare Verunreinigung oder Beschädigung der Gebäude und Geräte.
4. In allen Räumen — einschließlich der Ställe, aber ausschließlich der Verkaufshallen während der Marktstunden — in welchen sich Futter oder Streu befinden, Tabak zu rauchen und brennende oder angebrannte Zigarren, Zigaretten oder Tabakspfeifen im Munde oder in der Hand zu halten.
5. Jede Wasserverschwendung, sowie die eigenmächtige Inbetriebsetzung der Beleuchtungseinrichtungen oder der Waagen.
6. Offenstehenlassen von Buchten und Stalltüren.
7. Aufstellung und Herumführen von Tieren in den Gängen der Verkaufshallen.

8. Abtrieb von Großvieh über die Hauptgänge in der Rinderverkaufshalle; der Abtrieb hat von den Verkaufsplätzen aus direkt nach den Seitengängen zu erfolgen.

9. Betreten des Eisenbahnkörpers außerhalb der Straßenüberführungen.

10. Übersteigen der Einfriedigungsmauern, Zäune, Tore und sonstige Absperrungen straßenwärts und innerhalb der Anlage.

11. Eigenmächtige Wegnahme von Futtermitteln und Streumaterial oder von fremden Bekleidungsstücken und Arbeitsgeräten.

12. Belastung der Lebendgewichtswaagen mit Geräten, Streu, Futtermitteln oder durch Belegung mit Tieren, sofern dies nicht zu Wiegezwecken erforderlich ist.

13. Entleeren, Reinigen und Desinfizieren der Viehtransportwagen anderswo als an den hierzu bestimmten Plätzen.

§ 17. Schlußbestimmungen.

Alle auf dem Viehhofe verkehrenden Personen haben die vorstehenden, sowie die sonst noch zu erfolgenden Anordnungen zu beachten und den in dieser Beziehung an sie ergehenden Weisungen der Beamten unbedingt Folge zu leisten.

Die Bahnpolizei wird von den Bahnbeamten des Viehhofbahnhofes ausgeübt.

Der Direktor ist befugt, außer den vorstehenden noch weitere Anordnungen zur Regelung und Aufrechterhaltung der Ordnung im Viehhof zu treffen.

Den Verwaltungsbeamten ist der Zutritt zu allen Räumlichkeiten, auch zu denjenigen, welche vermietet sind, jederzeit zu gewähren. In letzterem Falle ist, wenn dadurch nicht ein nachteiliger Aufschub verursacht wird, der Mieter hinzuzuziehen.

Beschwerden über die Beamten oder Arbeiter sind bei der Direktion, Beschwerden über diese beim zuständigen Magistratsdezernenten anzubringen.

§ 18. Zuwiderhandlungen gegen die Viehhofordnung.

Wer den Vorschriften dieser Viehhof-(Viehmarkt-)Ordnung oder den von dem Direktor ergehenden besonderen Anordnungen zuwiderhandelt, desgleichen Betrunkene, können, abgesehen von der Bestrafung auf Grund allgemeiner Bestimmungen, aus dem Viehhofe dauernd oder befristet ausgewiesen werden.

§ 19.

Die vorstehende Viehhof-(Viehmarkt-)Ordnung tritt mit dem Tage nach ihrer erstmaligen Bekanntmachung im Anzeigeblatt der städtischen Behörden in Kraft; die Viehhof- und Fütterungsordnung vom 5. März 1886 treten mit dem gleichen Tage außer Kraft.

Frankfurt a. M., den 16. Juli 1928. Der Magistrat.

### Fütterungsordnung für den Schlachtviehhof.

1. Die auf dem Schlachtviehmarkt an dem einem Markttage vorhergehenden Tage zum Verkauf eingestellten Tiere dürfen innerhalb eines Zeitraumes von 12 Stunden vor Beginn des Marktes bis zum Marktschluß nicht gefüttert werden.

2. Die Tagesfuttermenge darf an dem einem Markttage vorhergehenden Tage nicht mehr betragen als:
10 Kilogramm Heu für ein Rind,
5 Liter Trank mit 0,5 Kilogramm Mehl für ein Kalb,
1,5 Kilogramm Kraftfutter für ein Schwein,
1 Kilogramm Heu für ein Schaf.

Das Futter ist von der Verwaltung zu beziehen. Die Preise werden von der Verwaltung öffentlich bekanntgemacht. Das Mitbringen von Futter jeder Art ist verboten.

3. Als Getränk darf Rindern (mit Ausnahme von Kälbern, Schafen und Schweinen) nur reines Wasser verabreicht werden.

Die Verabreichung von Salz und dursterzeugenden Mitteln ist verboten.

4. 12 Stunden vor Marktbeginn muß das nicht aufgenommene Futter aus den Ställen und sonstigen Unterkunftsräumen der Tiere entfernt werden; nicht aufgenommenes Futter darf zu Streuzwecken nicht verwendet werden.

5. Tiere, die nach Beginn der 12stündigen futterlosen Zeit, aber 6 Stunden vor Marktbeginn mit der Eisenbahn eingebracht werden, dürfen nur mit der halben Tagesfuttermenge gefüttert werden. Die Vorschrift der Ziffer 4 findet entsprechende Anwendung.

6. Tiere, die am Markttage mit der Eisenbahn aus einer Entfernung von nicht mehr als 50 Kilometer oder auf dem Landwege zur Einfuhr gelangen, werden besonders gekennzeichnet. Die Art der Kennzeichnung ist in auffallender und dauerhafter Weise in den Hallen und Marktplätzen des Viehhofes bekanntzugeben.

7. Tiere, die den Vorschriften entgegen gefüttert oder getränkt wurden, werden vom Markte ausgeschlossen.

8. Der Direktor des Viehhofes kann Ausnahmen von diesen Vorschriften zulassen, insoweit sie im Interesse des Tierschutzes erforderlich sind.

Frankfurt a. M., den 16. Juli 1928. Der Magistrat.

### Preisfeststellungsordnung für den Schlachtviehhof.

Auf Grund der §§ 3 und 4 des Gesetzes über den Verkehr mit Vieh und Fleisch vom 10. August 1925 (RGBl. Teil I, S. 185) bestimme ich:

1. Der Verkauf von Vieh zum Schlachten — ausgenommen von Tieren, die innerhalb des Stadtbezirks gehalten werden — ist an den Markttagen und an den den Markttagen vorangehenden und dem nachfolgenden Tage außerhalb des städtischen Schlachtviehhofes verboten.

2. Die Vorzeichnung von Tieren, die dem städtischen Schlachtviehhof zum Verkauf zugeführt sind, ist verboten.

3. Der Ankauf und der Verkauf von Vieh darf auf dem Schlachtviehmarkte nur nach Lebendgewicht erfolgen. Das der Berechnung des Kaufpreises zugrunde zu legende Gewicht ist auf den amtlichen Waagen des städtischen Schlachtviehhofes zu ermitteln.

4. Über jeden, während der Marktstunden abgeschlossenen Verkauf eines Tieres, das auf dem Markte aufgestellt ist, ist von dem Verkäufer ein Schlußschein nach dem untenstehenden Muster auszustellen. Es ist verboten, Tiere verschiedener Gattungen und Qualitäten zusammen zu einem Durchschnittspreise zu verkaufen. Sind mehrere Tiere derselben Gattung und Qualität zu einem Einheitspreise an denselben Käufer verkauft, so genügt die Ausstellung eines Schlußscheines. Der Preis ist stets in Zahlen für je 50 Kilogramm Lebendgewicht (1 Zentner) anzugeben. Die Einsetzung eines nicht zutreffenden Preises, Vereinbarungen oder Angaben wie „X-Mark über Notiz" und dergleichen oder über einen Tara-Abzug sind verboten. Der Verkäufer hat auf Verlangen des Käufers diesem ein Doppel (Durchschrift) des Schlußscheines auszuhändigen. Urschrift und Doppel des Schlußscheines sind auf Grund des § 3 Absatz 6 des Gesetzes stempelfrei.

5. Die ausgefüllten Schlußscheine sind von den Verkäufern mindestens drei Monate aufzubewahren. Dem Vorsitzenden der Notierungskommission, seinem Stellvertreter oder den von dem Vorsitzenden schriftlich hierzu ermächtigten Mitgliedern der Notierungskommission ist auf deren Verlangen Einsicht zu gewähren.

6. Die Verkäufer haben die sämtlichen während der Marktstunden verkauften Tiere alsbald nach dem Verkauf, jedenfalls bevor sie von dem Markte entfernt werden, zur Verwiegung zu bringen. Die Verwiegung von Tieren darf während der Marktstunden nur erfolgen, wenn dem amtlichen Wieger der seitliche Abschnitt des Schlußscheines für diese Tiere ausgefüllt übergeben worden ist. Der amtliche Wieger hat auf dem Abschnitt das Gewicht der Tiere einzutragen.

Die in den Nummern 1—6 enthaltenen Verbote und Pflichten gelten für den Veräußerer von Vieh und für alle, die als Vertreter des Veräußerers (insbesondere als Viehagenten, Angestellte des Veräußerers oder der Viehagenten) auftreten.

8. Die seitlichen Abschnitte der Schlußscheine sind nach Eintragung des Gewichtes von der Marktverwaltung unverzüglich der von ihr bestimmten Stelle zuzuführen. Auf Grund der in den Abschnitten enthaltenen Angaben hat die Marktverwaltung Listen aufzustellen, in denen die abgeschlossenen Verkäufe nach den einzelnen Preisen einzutragen sind.

9. Für sämtliche Schlachtwertklassen sind Preise nach Lebendgewicht festzustellen.

10. Die Feststellung der Preise erfolgt durch eine besondere Notierungskommission. Die Kommission besteht aus dem Direktor des Schlachtviehhofes oder dem vom Magistrat hierfür bestellten Vertreter als Vorsitzenden und einer gleichen Zahl von Vertretern der Landwirtschaft, des Viehhandels und des Fleischergewerbes. Für jedes Mitglied ist ein Stellvertreter zu bestellen. Die Vertreter des Handels und des Fleischergewerbes sind auf Vorschlag der Marktverwaltung durch den Herrn Ober-(Regierungs-)Präsidenten zu bestellen. Als Vertreter der Landwirtschaft treten Beauftragte der Landwirtschaftskammer in Wiesbaden in Tätigkeit. Die Vertreter des Handels und des Fleischergewerbes sowie die Beauftragten der Landwirtschaftskammer üben ihr Amt ehrenamtlich aus.

11. Die Regierungskommission tritt nach Marktschluß zu der von der Marktverwaltung bestimmten Zeit zur amtlichen Feststellung der Preise zusammen. Die auf Grund der Angaben auf den Abschnitten der Schlußscheine aufgestellten Listen (Ziffer 8) sind der Kommission vorzulegen. Die Feststellung von Preisen setzt voraus, daß in der in Frage kommenden Schlachtwertklasse ausreichende Umsätze stattgefunden haben. Als Marktpreise sind für die einzelnen Tiergattungen und Schlachtwertklassen diejenigen Preise festzustellen, die nach den Anschreibungen und den von den Mitgliedern der Notierungskommission gemachten Beobachtungen der wirklichen Geschäftslage des Verkehrs auf dem Markte entsprechen. Ergeben sich innerhalb der Kommission Meinungsverschiedenheiten, so entscheidet die Mehrheit der anwesenden Mitglieder der Notierungskommission, bei Stimmengleichheit entscheidet der Vorsitzende. Ausnahmepreise für besonders gute oder besonders schlechte Tiere sind außer Betracht zu lassen, doch sollen in der Regel oben und unten höchstens die Preise von je 10% der in eine Klasse gehörenden Tiere weggelassen werden dürfen.

12. Die Notierungskommission hat einen amtlichen Marktbericht aufzustellen. Der Bericht hat zu enthalten:

1. Die amtlichen Zahlen über die Beschickung des Marktes.

Die schon bei Beginn des Marktes von der Marktverwaltung bekanntzugebenden Auftriebszahlen sollen enthalten:

a) die Zahlen der tatsächlich auf dem Markte zum Verkauf stehenden Tiere,

b) die Zahl der seit dem letzten Markte dem Schlachthofe direkt, ohne Benutzung des Schlachtviehmarktes zugeführten Tiere.

2. Eine allgemeine Charakteristik des Marktverlaufes.

3. Die festgestellten Preise.

Die Marktpreise sind für folgende Schlachtwertklassen festzustellen:

A. Ochsen:

a) vollfleischige ausgemästete höchsten Schlachtwertes, 1. jüngere, 2. ältere,
b) sonstige vollfleischige, 1. jüngere, 2. ältere,
c) fleischige,
d) gering genährte.

B. Bullen:

a) jüngere vollfleischige höchsten Schlachtwertes,
b) sonstige vollfleischige oder ausgemästete,
c) fleischige,
d) gering genährte.

C. Kühe.

a) jüngere vollfleischige höchsten Schlachtwertes,
b) sonstige vollfleischige oder ausgemästete,
c) fleischige,
d) gering genährte.

D. Färsen (Kalbinnen):

a) vollfleischige ausgemästete höchsten Schlachtwertes,
b) vollfleischige,
c) fleischige.

E. Fresser:
Mäßig genährtes Jungvieh.

Kälber:

a) Doppelender bester Mast,
b) beste Mast- und Saugkälber,
c) mittlere Mast- und Saugkälber,
d) geringe Kälber.

Schafe:

a) Mastlämmer und jüngere Masthämmel,
1. Weidemast, 2. Stallmast,
b) mittlere Mastlämmer, ältere Masthämmel und gut genährte Schafe,
c) fleischiges Schafvieh,
d) gering genährtes Schafvieh.

Schweine:

a) Fettschweine über 300 Pfund Lebendgewicht,
b) vollfleischige Schweine von etwa 240—300 Pfund Lebendgewicht,
c) vollfleischige Schweine von etwa 200—240 Pfund Lebendgewicht,
d) vollfleischige Schweine von etwa 160—200 Pfund Lebendgewicht,
e) fleischige Schweine von etwa 120—160 Pfund Lebendgewicht,
f) fleischige Schweine unter 120 Pfund Lebendgewicht,
g) Sauen.

Der Bericht ist so frühzeitig fertigzustellen, daß der Abdruck noch in den am Markttage erscheinenden Abendblättern erfolgen kann. Außerdem ist eine Aufstellung anzufertigen, aus der ersichtlich ist, wieviel Tiere in den einzelnen, in Nr. 12 Abs. 2 aufgeführten Schlachtwertklassen der verschiedenen Viehgattungen zum Verkaufe gelangt sind. Hierbei ist anzugeben sowohl die Zahl der Tiere, deren Kaufpreis innerhalb der Notiz der entsprechenden Schlachtwertklasse liegt, als auch die Zahl der Tiere, deren Kaufpreis über oder unter der betreffenden Notiz liegt. Diese Liste ist nachträglich und zwar spätestens am Tage nach dem Markte von der Marktverwaltung aufzustellen und zusammen mit dem Marktberichte dem Preußischen Statistischen Landesamt in Berlin sowie der Genossenschaftlichen Reichsviehverwertung m. b. H. in Berlin zu übersenden.

13. Zuwiderhandlungen gegen die Vorschriften Nr. 1—6 werden gemäß § 7 des Gesetzes mit Gefängnis bis zu einem Jahr und mit Geldstrafe oder mit einer dieser Strafen bestraft.

Berlin, den 16. Juni 1926.

**Der Minister**
**für Landwirtschaft, Domänen und Forsten.**

Lfd. Nr. Schlußschein-Muster.

Durch Vermittlung des (der). . . . . . . . . . . . . . . . . . . . . . . . . . . . . . . . . .
Viehagent (ur) . . . . . . . . . . . . . . . . . . . . . . . . . . . . . . . . . . . . . . . . .
kaufte (Käufer) . . . . . . . . . . . . . . . . . von (Verkäufer) . . . . . . . . . . . . . . . . .
.... Ochsen, .... Bullen, .... Kühe, .... Färsen, .... Fresser (....Doppelender, .... Kälber, .. Fresser) (.... Schweine, ..... Sauen, .....Altschneider und Eber) (..... Lämmer, .....Hammel, .... Schafe, .... Marschschafe und Lämmer). Preis: 50 kg (1 Zentner) Lebendgewicht ......... RM.
Schlachtwertklasse . . . . . . . . . . . . . . . . . . Lebendgewicht . . . kg.

# III. Versicherungen.

## 1. Schlachtvieh-Versicherungen.

**Allgemeines über Viehversicherungen.** Von großer volkswirtschaftlicher Bedeutung ist in den letzten Dezennien das Versicherungswesen geworden, welches, im Anfang des vorigen Jahrhunderts aus unbedeutenden Anfängen emporsprossend, jetzt zu einer Ausbreitung und Vollkommenheit gediehen ist, wie es wohl kaum jemals geahnt wurde, und welches nicht nur aus allen Berufsklassen seine Mitglieder herangezogen, sondern sich auch der verschiedensten Interessen des alltäglichen Lebens bemächtigt hat. Alle diese Versicherungen haben den gemeinsamen Zweck, den Ersatz irgendeiner Sache, welche für den Eigentümer von Wert ist, welche ihm durch Zu- oder Unfall entrissen oder beschädigt werden kann, zu sichern, und zwar kann entweder ein Versicherer allein die Gefahr und Vergütung des Schadens, der die versicherte Sache trifft, übernehmen, nachdem er im voraus ein Entgelt von dem Versicherten erhalten hat, oder es kann die Gefahr von einer Mehrheit in gleicher Weise bedrohter Personen gemeinsam getragen werden. In jedem Falle aber soll der Versicherungsvertrag einen Schadenersatz, nicht jedoch eine Bereicherung bezwecken.

Zwar sind schon vor einer Reihe von Jahren Versicherungsgesellschaften entstanden, welche den Besitzern Gelegenheit boten, sich vor Verlust ihres Viehes, durch Unfall oder Krankheit, zu bewahren, weniger aber oder gar nicht sind Versicherungen abgeschlossen worden, welche sich auf Ersatz von Schlachtvieh, das sich aus irgendeinem Grunde für den menschlichen Genuß ungeeignet erwies, erstreckten. Solche Gesellschaften oder Vereine sind erst in neuester Zeit entstanden, in der die Fleischbeschau an Bedeutung und Ausdehnung so zugenommen hat, daß eine Schlachtviehversicherung für jeden Landwirt, Viehhändler und Fleischer fast eine Lebensfrage geworden ist.

Die Notwendigkeit einer Viehversicherung wurde in der Kommission des Preuß. Abgeordnetenhauses über Vorberatung zu dem Antrag auf Annahme eines Gesetzentwurfs betreffend die Schlachtviehversicherung (Drucksache Nr. 205) ganz besonders betont:

Die staatliche Schlachtvieh- und Fleischbeschau läßt eine allgemeine staatliche Schlachtviehversicherung als wünschenswerteste und zweckmäßigste Ergänzung erscheinen. Die örtlichen Schlachtviehversicherungen haben Vorteile und Nachteile. Sie stehen auf zu enger Basis, Reibungen zwischen Händlern, Fleischern und Berufsgenossen machen sich leicht geltend, und es besteht die Gefahr, daß die Tierärzte in eine gewisse Abhängigkeit kommen. Auch die großen Privatversicherungen haben gewisse Nachteile. Die Schlachtviehversicherung soll kein Geldgeschäft, sondern ein gemeinnütziges Unternehmen sein. Dieses Ziel strebt z. B. die westdeutsche Schlachtviehversicherung auf breiter Grundlage an, da sie die landwirtschaftlichen Körperschaften, die Viehverwertungsorganisationen, die der Fleischer zu Trägern der Schlachtviehversicherung machen will, umfaßt.

Bereits geregelt ist die Viehversicherungsfrage in Baden, Bayern, Sachsen und Thüringen. Dieses Gesetz sollte eventuell nach einer Einigung der Regierungen sämtlicher Thüringischer Staaten für diese zum Vorbild einer gemeinsamen Schlachtviehversicherung dienen. In Hessen ist 1902 von der Ersten Kammer ein Antrag auf zwangsweise Einführung einer staatlichen Vieh- und Schlachtviehversicherung angenommen. Ein dahingehender Antrag wurde in Württemberg abgelehnt.

In Baden ist es durch das Gesetz vom 29. Juni 1890, betr. die Versicherung der Rindviehbestände den Gemeinden anheimgestellt, Orts- und Verbandsversicherungen, welche sich aber, einmal gegründet, innerhalb 7 Jahren nicht auflösen dürfen, unter Beihilfe der Staatskasse zu errichten. Dort können die nach Art. I des Gesetzes errichteten Anstalten außer den Fällen von Notschlachtungen oder Umstehen auch Entschädigung leisten, wenn das Fleisch der versicherten Tiere nach der Schlachtung als ungenießbar beschlagnahmt wird, sei es nun, daß der Besitzer die Schlachtung selbst vorgenommen hat oder sei es, daß die Beschlagnahmung nach dem Verkaufe des Tieres infolge eines gesetzlichen Gewährsfehlers erfolgte. Nach dem Badischen Gesetz wird auch für solches Fleisch zum Schlachten verkaufter versicherter Tiere Entschädigung gewährt, das als minderwertig erklärt wurde, falls ein Gewährsfehler die Ursache der Beschränkung war. Erfolgt die Schlachtung nicht am Orte der Versicherung selbst, so muß sie binnen 8 Tagen nach der Entfernung des Tieres aus dem Versicherungsorte an einem badischen oder einem solchen Orte erfolgen, der von der Verbandsleitung den badischen Orten behufs Ermöglichung des Identitätsnachweises gleichgestellt ist. Im übrigen wird die Entschädigung nach Maßgabe der Statuten festgesetzt und ausbezahlt.

In Bayern ist am 10. August 1924 das Gesetz über Zwangsviehversicherung von Schlachttieren ins Leben getreten, dessen allgemeine Bestimmungen im folgenden kurz mitgeteilt werden sollen: Es entschädigt gegen Verluste durch Verenden zur Schlachtung bestimmter Tiere und durch Beschlagnahmung ganzer Tiere oder von Tierteilen durch die Fleischbeschau. Sämtliche Schlachttieren müssen versichert werden. Die Aufnahme kann betätigt werden durch jeden Fleischbeschauer des Landes. Das Gesetz kennt eine ordentliche und eine Ausschußversicherung. In letztere können nur Tierärzte bei wesentlich erhöhten Gebühren die Aufnahme gestatten. Magere oder einer erheblichen Erkrankung verdächtige Tiere sind ausgeschlossen, desgleichen seuchenkranke. Die Versicherungsbeiträge werden periodisch von der Versicherungskammer bekannt gegeben, desgleichen auch die für Innereien zu bezahlenden Vergütungen nach Stück oder Gewicht. Als Versicherungswert gilt der Einkaufspreis, der im Versicherungsschein urkundlich eingetragen sein muß. Vor Ausfertigung desselben gilt die Versicherung nicht als abgeschlossen. Die Beiträge werden je zur Hälfte vom Verkäufer und vom Käufer getragen. Eine Entschädigung wird versagt: wenn der Versicherte unentschuldbarer Weise eine für die Entschädigung wichtige Tatsache falsch angegeben oder verschwiegen hat, wenn vor der Untersuchung die Haut des Tieres angetrennt wurde, wenn auf Grund gesetzlicher Vorschriften eine Entschädigung von dritter Seite zu leisten ist, und wenn der Anspruch nicht binnen 4 Wochen angemeldet wurde. Nicht volltaugliche Tiere sind in der Freibank zu verwerten. Die Entschädigung wird sofort nach Verkauf ausbezahlt. Die Versicherungskammer deckt den Rest zwischen Ankaufspreis und Erlös, desgleichen bei Vollschäden (Beschlagnahme ganzer Tierkörper); örtliche Schiedsgerichte, bestehend aus einem Tierarzt als Obmann, einem Gemeindevertreter und als Vertrauensmann, entscheiden Streitigkeiten über den Wert und den Zustand der Schlachttiere[1].

(Im Jahre 1928/29 wurden entschädigt: 315579 Stück Vieh in der ordentlichen und

[1] Zwischen der Thüringischen Landesanstalt für Viehversicherungen in Jena und der Bayerischen Versicherungskammer ist ein Übereinkommen erzielt worden, wonach nach Bayern eingeführte Rinder und Schweine aus Thüringen als versichert gelten und umgekehrt. (Vgl. Z. Fleisch- u. Milchhyg. 1927, S. 430.)

505 Stück in der Ausschußversicherung mit 3641135 bzw. 28842 RM. Durchschnittlich beanspruchte ein Teilschaden 5,12 RM. und ein Vollschaden 78,52 RM. Entschädigung.)

Die staatliche Schlachtviehversicherung in Sachsen vom 2. Juni 1898 bis 25. Juni 1923 ist gleichfalls eine Zwangsversicherung mit ähnlichen Bestimmungen, wie sie Bayern hat. Die derzeitig geltenden Tarife sind: für Rinder weiblich 15 RM., männlich 7,50 RM., für Schweine gewerbliche 1 RM., nicht gewerbliche 3 RM. Eber sind ausgeschlossen. Die Entschädigung beträgt 80%. Diese werden durch den Tierarzt an Hand des Kaufpreises festgesetzt, gegen welche Beschwerde zu 3 weiteren Instanzen eingelegt werden kann. Man plant dort zur Zeit eine Abänderung des Schlachtviehversicherungsgesetzes, die dadurch notwendig geworden ist, daß nach Sachsen vielfach kranke Tiere aus den Nachbarländern eingeführt wurden, die zu einer unerträglichen Belastung durch Erhöhungsnotwendigkeit der Versicherungsbeträge geführt haben. In Sachsen besteht außerdem noch Schlachtsteuer. Die Änderungen sollen in einer Trennung in ordentliche und Ausschußversicherung beruhen, in welch letztere sichtlich kranke und minderwertige Tiere aufgenommen werden sollen[1].

**Landwirtschaftliche Versicherungen.** beschäftigen sich in den wenigsten Fällen mit der Entschädigung von geschlachteten Tieren, sind also für Schlachthöfe ohne sonderliche Bedeutung.

**Kommunale Viehversicherungen.** Seitens einiger Schlachthöfe besitzender Städte hat man städtische Schlachtviehversicherungsanstalten gegründet, um dem Schlachtenden die Möglichkeit zu bieten, Tiere gegen Beanstandungen zu versichern. Diese lokalen Versicherungen haben jedoch alle den Nachteil, daß sie nur für die Verluste in betreffenden Schlachthöfen selbst aufkommen und ist deshalb auch ein Eingreifen der Privatversicherungsgesellschaften notwendig. Trotz der Einführung der staatlichen Zwangsversicherung, die meist nur 80% und mehrfach Organe gar nicht entschädigen, dienen solche Versicherungen lokaler Art mehrfach als Zusatzversicherungen.

**Gewerbsmäßige Viehversicherungen.** Es bestehen etwa 14 Viehversicherungsgesellschaften, welche sich ohne weiteres mit Schlachtviehversicherung befassen, unter anderen die Allgemeine Deutsche Viehversicherungsgesellschaft, Berlin, die Braunschweigische Allgemeine Viehversicherungsgesellschaft, Braunschweig, der Zentralviehversicherungsverein, Berlin, die Halensia in Halle, die Norddeutsche Viehversicherungsgesellschaft, Hamburg, der Pfälzische Viehversicherungsverein, Speyer, die Sächsische Viehversicherungsbank, Dresden, die Uelzener Viehversicherungsbank, Uelzen, die Vaterländische Viehversicherungsgesellschaft, Dresden, die Viehversicherungsgesellschaft in Schwerin, die Kölnische Viehversicherungsgesellschaft in Köln.

Leider konnte trotz mehrfacher Aufforderung nur von der bekannten Perleberger Viehversicherungsgesellschaft ein genauer Aufschluß über den Umsatz erhalten werden.

| Geschäftsjahr | Versicherungssumme RM. | Prämie RM. | Schäden (brutto) RM. |
|---|---|---|---|
| 1924 | 237 164 089,— | 2 819 579,30 | 2 257 230,19 |
| 1925 | 243 738 445,— | 2 424 430,51 | 2 523 615,47 |
| 1926 | 250 786 101,— | 2 493 099,45 | 2 624 873,42 |
| 1927 | 265 230 760,— | 2 697 162,75 | 2 521 055,72 |
| 1928 | 281 763 561,— | 2 955 752,78 | 2 798 241,95 |

Eine Reihe von Viehversicherungsgesellschaften haben auch Einstell- und Transportversicherungen aufgenommen, um den Händlern das Transportrisiko für ihre Tiere nach Möglichkeit abzunehmen.

Es fehlt demnach keineswegs an Gelegenheit, die Schlachttiere vom Stall bis zur beendeten Fleischbeschau versichern zu lassen.

**Gesellschaftliche Versicherungen.** Als solche kommen Versicherungen in Frage, welche entweder aus einer bereits vorhandenen Versicherungskasse gegen Finnen und Trichinen hervorgehen oder durch gemeinsames Vorgehen von Landwirt, Händler und Fleischer sich bildeten. Solche arbeiten in der Regel billiger als gewerbsmäßige Gesellschaften und haben mit wenig Ausnahmen beste Erfolge. Die Verwaltungskosten sind gering, da die Tätigkeit der Leiter einer solchen meist „Ehrenämter" ohne Bezahlung sind. Deshalb können auch die Beiträge sehr niedrig gehalten werden. Jedenfalls ist diese Art des gemeinsamen Schutzes die günstigste, weil die Interessenten in großer Zahl vereinigt werden und selbst ihre Belange zu fördern bestrebt sind.

**Zahl der Versicherungen.** Im allgemeinen, soweit diesbezüglich Aufschlüsse zu erhalten waren, sind Schlachtviehversicherungen in 205 Schlachthöfen eingerichtet. Diese Zahl teilt sich in 57 Anlagen mit staatlichen, in 97 mit Innungsversicherungen, während der Rest von 50 Versicherungen auf private Versicherungsanstalten trifft.

[1] Sachsen plant z. Z. ein neues Schlachtversicherungsgesetz (1931).

## 2. Viehmarktbanken.

Man trifft solche in allen größeren Städten mit Viehhöfen. Sie stellen Aktiengesellschaften dar, deren Aktionäre vielfach die Fleischer sind. Sie sollen dazu dienen, den Geldverkehr für Fleischer und Händler nach Möglichkeit zu erleichtern und den Viehverkäufer tunlichst rasch bezahlt zu machen. Die Satzungen dieser Banken sind im Grunde ziemlich alle übereinstimmend und erwähnen: Gewährung von Vorschüssen oder Kredit in laufender Rechnung, Diskontierung von Wechseln, Übernahme von Geldgeschäften, Verwaltung von Depots und Gewährung von Darlehen auf Zeit gegen Sicherheit, direkten Bezug und Weiterverkauf auf eigene Rechnung oder kommissionsweise, Geschäfts- und Kassenführung von Innungen, Genossenschaften und gewerblichen Betrieben, Vermittlung des Zahlungsausgleiches zwischen Käufer und Verkäufer für Vieh und Fleisch jeder Art und Gattung.

Sie sollen folgende Vorteile bieten: 1. tunlichst billigen, 14tägigen Kredit. 2. Ablösung des Gebundenseins durch Kredit an Händler usw. und damit volle Kaufsfreiheit. 3. Bei Nichtausnutzung des Kredits eine Verzinsung vom Tage der Einzahlung bis zum Ende der Kreditfrist. 4. Erleichterung von Kalkulationen. 5. Übernahme der sozialen Lasten auf die Bank. 6. Gewöhnung an kaufmännisches Rechnen und bankmäßige Ausnutzung des Kapitales. Für die Vermittlertätigkeit wird meist ein bestimmter Prozentsatz der Kaufsumme berechnet, dessen Höhe je nach der Geldmarktlage schwankt.

Die sämtlichen Ein- und Auszahlungen werden durch die Viehmarktbanken betätigt und damit der Zahlungsverkehr zwangsläufig geregelt. Die Käufer: Fleischer, Wirte, Exporteure zahlen ihre Barmittel bei der Bank ein und bezahlen die gekauften Tiere mit Scheck, die sie aber nicht direkt dem Verkäufer, sondern dem Vermittler übergeben. Dieser bezahlt den verkaufenden Händler sofort nach dem Kauf mit Bargeld. Die Vertragsbank leistet an die Vermittler eine sog. Vorkasse und verlangt hierfür eine Provision. (In München z. B. 33 Rpf. für je 100 RM. Umsatz, welchen Betrag die Bank bei der Verrechnung mit dem Agenten zurückbehält, und dieser zieht dem Verkäufer den gleichen Betrag ab.) Die Großviehagenten stellen die obige Provision dem Anlieferer gesondert in Rechnung, während die Kleinviehagenten ihn in der Verkaufsprovision von $2^1/_2$% eingeschlossen haben. Den gesamten Anzug aber bezahlt der Marktbeschicker. Von der Provision rechnet die Bank 20 Rpf. für Geschäftsunkosten, 7 Rpf. werden den Käufern als Bezahlungsrabatt vergütet, 2,7% erhält der Landesverband, 0,3 die Viehverwertungsgesellschaft, 0,5 die Agentenvereine und der Rest von 3 Rpf. wird für Miete und Steuern gebucht. Die Viehmarktbank gibt an Hauptmarkttagen Kredite an die Agenten, ohne Unterlagen und Sicherheiten zu verlangen, sie hat sich aber gegen Ausfälle dadurch gedeckt, daß die Viehmarktbank, die beteiligte Großbank und die Organisation der Agenten einen Haftungsvertrag abgeschlossen haben, wonach jede der 3 Parteien ein Drittel der Ausfälle und Verluste, die bei einem solchen Betrieb unvermeidlich sind, trägt, der aber dem Anlieferer die Ausbezahlung des Kaufpreises unter allen Umständen sichert. Für einen geordneten Geschäftsverkehr muß an zwei grundsätzlichen Bedingungen festgehalten werden: 1. sofortige Ausbezahlung und 2. die Sicherheit, daß der Käufer den ausbezahlten Kaufpreis auch tatsächlich behalten darf, daß er ihm im Falle der Uneinbringlichkeit nicht nachträglich durch den Agenten abgezogen werden darf.

Viehmarktbanken pflegen meist ein ziemlich rentables Unternehmen zu sein. Wenn sich auch meist der Einbürgerung und Benutzung anfänglich Schwierigkeiten entgegenstellen, so sind diese oft schon in kurzer Zeit behoben. Sie tragen zur Gesundung der Marktverhältnisse bei, welche durch nichts ungünstiger beeinflußt werden als durch ungesunde finanzielle Verhältnisse, wodurch starke Preisschwankungen ausgelöst werden. In vielen Fällen werden seitens der Viehmarktbanken an die Mitglieder besondere Zuweisungen gewährt, wie z. B. Sterbekassenbeiträge und Unterstützungsgelder, auch für solche, welche sich in schwieriger Geschäftslage befinden, Anteile an Provisionseinnahmen u. a. In den meisten Fällen sind die finanziellen Stützen dieser Viehmarktbanken leistungsfähige Großbanken.

Vierter Teil.

# Grundlagen der Kraft- und Arbeitsmaschinen, Energiewirtschaft im Schlachthofbetrieb[1].

(Bearbeitet von Dr.-Ing. Rudolf Heiss.)

## I. Kraftmaschinen.

Der größte und ausschlaggebende Kraftverbraucher im Schlachthofbetrieb ist die Kältemaschine. Daneben spielen noch Transporteinrichtungen (Aufzüge u. dgl.), weiterhin Hilfsmaschinen, vor allem Wasserpumpen, und die Selbsterzeugung des Licht- bzw. Kraftstromes eine Rolle. Der prozentuale Anteil der Antriebsmittel in den deutschen Schlachthöfen ist in Abb. 270 dargestellt. Der Hauptverteilungsschlüssel ist: elektrischer Antrieb 56%, Dampfantrieb 39,5%, andere Antriebsmittel 4,5%. In den letzten 20 Jahren hat die Elektrifizierung den Dampfantrieb in vielen Fällen verdrängt.

Abb. 270. Prozentualer Anteil der Antriebsmittel in den deutschen Schlachthöfen.

Der Grund hierfür liegt darin, daß die Elektromotoren einen relativ geringeren Anschaffungspreis haben, stets betriebsbereit sind, ihre Handhabung einfach, der Platzbedarf gering ist; außerdem suchen die städtischen Werke aus kommunalpolitischen Erwägungen in Kommunalbetrieben große Stromabnehmer zu gewinnen, Gesichtspunkte, die gewichtig genug erscheinen, daß auf eine Prüfung der Wirtschaftlichkeit — die bei hohen Strompreisen in Verbindung mit einer jährlich großen Benützungsdauer wohl in vielen Fällen sich deswegen gegen den Elektromotor entscheiden würde, weil eine Schlachthofanlage kein reiner Kraftbetrieb, sondern ein gekoppelter Kraft- und Heizbetrieb ist — nicht selten verzichtet wird.

Im strikten Gegensatz zum Elektromotor hat die Dampfkraftanlage eine fast unbegrenzte Abwärmeverwertungsmöglichkeit. Die Anschaffungskosten sind zwar wesentlich höher, auch der Raumbedarf (Kesselhaus, Kohlenlager, Aschenlager, Schornstein, Kohlenzu- und Schlackenabfuhr), es können Belästigungen durch Ruß und Flugkoks entstehen, die Anheizzeiten bei unterbrochenem Betrieb sind erheblich, die Anlagen sind revisionspflichtig, dafür sind aber Überlastungsfähigkeit (40% dauernd, 70% vorübergehend) für Kraft- und Wärmeerzeugung und Betriebssicherheit wesentlich größer wie beim Elektromotor, die Betriebskosten für Kraft- und Wärmeerzeugung sind in vielen Fällen nicht unwesentlich geringer. Die wirtschaft-

[1] Dieser Abschnitt wurde in erster Linie für die Leiter der Schlachthöfe geschrieben, in zweiter Linie für Stadtbaubehörden und Stadtverwaltungen. Er wurde aus der Erfahrung entwickelt, daß die technische Fachliteratur für den tierärztlichen Schlachthofleiter zu schwierig ist, während die gemeinverständliche Literatur viel zu wenig in die Tiefe geht. Die Problemstellung war, ohne in eine konversationslexikonähnliche Behandlungsart zu verfallen, in einem tunlichst knappen Rahmen dem Betriebsleiter die prinzipiellen Begriffe zu vermitteln, welche ihm zum Verständnis des Betriebes, zur Beurteilung von Schäden, von Firmenangaben usw. unbedingt nötig sind. Der vorliegende Abschnitt stellt also einen Versuch dar, auf Grund des modernsten Standes der Technik eine Art von „Betriebshütte" für den Schlachthofleiter zu schaffen und dadurch den normalerweise großen zeitlichen Abstand zwischen wärmetechnischen Forschungsergebnissen und ihrer praktischen Verwirklichung in diesem ohnedies — trotz seiner volkswirtschaftlichen Bedeutung — so stiefmütterlich behandeltem Gebiet der Lebensmitteltechnik zu verringern. Die Kapitel wurden ihrer Bedeutung im Schlachthoforganismus entsprechend abgestimmt. Aus diesem Grunde wurden Kälteerzeugung und Energiewirtschaft besonders gründlich behandelt. Wegen des knappen, zur Verfügung stehenden Platzes wurde in erster Linie alles Grundsätzliche herausgearbeitet und zum genauen Studium von Einzelfragen weitgehendst auf einschlägige Literatur verwiesen.

liche Grenze zwischen Dampfmaschine und Elektromotor verschiebt sich mit steigendem Ausnützungsgrad und mit zunehmender Größe der Anlage rasch zugunsten der Dampfmaschine. Bei Verwendung von Lokomobilen kann der Brennstoffverbrauch noch 10—20% geringer als bei ortsfesten Anlagen werden. Wenn nicht ganz günstige Stromtarife vorliegen, kann man als grobe Grenze annehmen, daß bei größeren Aggregaten als 80—100 PS, entsprechend dem Schlachthof einer Stadt von etwa 40000 Einwohnern, rein wirtschaftlich die Dampfmaschine im allgemeinen vorzuziehen ist.

Die Brennkraftmaschine, deren fast ausschließlicher Vertreter für stationäre Anlagen der Dieselmotor ist, steht in ihren Vor- und Nachteilen zwischen Elektromotor und Dampfkraftanlage. Der Dieselmotor ist stets betriebsbereit, beim Stillstand entstehen keine Wärmeverluste, der Platzbedarf ist gering, der Brennstoff bequem lagerbar, die Anschaffungskosten nicht übermäßig hoch, der thermische Wirkungsgrad ist — auch bei den kleinsten Einheiten — hoch und der beste aller Kraftmaschinen (etwa 35%), dafür ist die Abwärmeverwertung eine beschränkte. Die geduldige Dampfmaschine läuft noch bei schweren Vernachlässigungen, bei denen der Dieselmotor längst den Dienst versagen würde; der Wärmepreis ist hoch, die Überlastungsmöglichkeit (vorübergehend, 10—30% je nach Bauart) ist ebenso wie beim Elektromotor (25% für 30 Minuten, 40% für 3 Minuten nach Normalien des VDE.) beschränkt, die häufigen Reparaturen verlangen einigermaßen geschultes Personal, wenn nicht Reservemaschinen notwendig werden sollen.

Man sieht, daß die Einflüsse vielgestaltig sind und es ebenso unrichtig wäre, lediglich betriebliche Gesichtspunkte gelten zu lassen, als einseitig kommunalpolitische oder energiewirtschaftliche. Erst die Abwägung aller Gesichtspunkte ergibt das jeweilige Optimum.

# 1. Dampfkraftanlagen.

## a) Allgemeine Grundlagen.

Die Wirkungsweise einer Dampfkraftanlage ist folgende: In der Feuerung eines Dampfkessels wird die chemische Energie des Brennstoffes in Wärmeenergie umgesetzt, welche durch die Heizfläche auf den Wasserinhalt des Kessels übertragen wird, wodurch Dampfbildung hervorgerufen wird. Der im Dampf enthaltene Wärmeinhalt wird in einer Kolbendampfmaschine oder einer Dampfturbine in mechanische Arbeit umgesetzt. Der in der Arbeitsmaschine entspannte Dampf strömt zur Verflüssigung in einen Kondensator oder er wird in die freie Atmosphäre ausgepufft oder unter Gegendruck zu Heizungszwecken benützt. Entstehendes Kondensat wird durch die Kesselspeisepumpe in den Kessel zurückgespeist, womit der Kreislauf geschlossen ist (Abb. 271). Es ist völlig verfehlt beim Betrachten einer Dampfkraftanlage lediglich die leistungsabgebende Maschine allein auf ihren Wirkungsgrad zu betrachten, sondern es muß immer die Gesamtanlage in Rechnung gesetzt werden, weil ja der Dampf nur einen notwendigen Zwischenträger zwischen den Feuergasen und der Arbeitsmaschine bildet. Da in Schlachthöfen meist ein hoher Wärmebedarf vorliegt, darf außerdem nicht einseitig die Arbeitserzeugung, sondern nur die Kopplung zwischen Arbeits- und Wärmeverbrauch betrachtet werden. (Vgl. S. 367.)

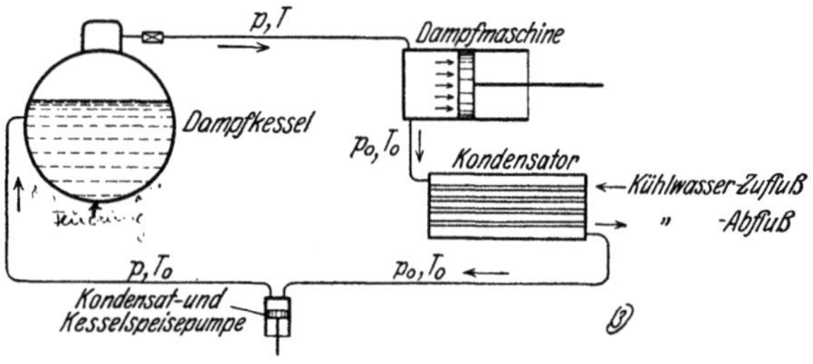

Abb. 271. Schema einer Dampfkraftanlage.

Zu einer Dampfkraftanlage einfachster Art gehören folgende Teile: Dampfkessel, Dampfmaschine (Dampfturbine), Kondensator, Kesselspeisepumpe. Hieran gruppieren sich in Wirklichkeit noch eine Reihe von Vorrichtungen, welche schematisch aus Abb. 272 zu ersehen sind.

**Kessel.** Der Verdampfungsvorgang in einem Kessel beruht auf dem funktionellen Zusammenhang zwischen Temperatur und Druck gesättigter Dämpfe. Erwärmt man z. B. Wasser in einem geschlossenen Gefäß und sorgt dafür, daß der Dampf nicht entweichen kann, so steigt mit zunehmender Dampfentwicklung der Druck im Gefäß, weil das spezifische Volumen des Dampfes wesentlich größer als das von Wasser ist. Während bei Atmosphärendruck (1 atü) der Siedepunkt des Wassers etwa bei 100° liegt, ist er bei 16 atü etwa 200° (Abb. 273). Mit wachsendem Druck steigt der Wärmeinhalt des Dampfes, hierdurch das Wärmegefälle und damit das Arbeitsvermögen je kg Dampf.

An einen modernen Kessel sind folgende Forderungen zu stellen:

1. Zur Verkleinerung der äußeren Verluste soll die Kesseleinheit eine möglichst große sein.

2. Die Feuerung muß einen guten Wirkungsgrad haben (hohe Verbrennungstemperatur, gute Strahlungsmöglichkeit, Fortlassen der letzten Züge).

3. Der Wärmeinhalt des entstehenden Dampfes muß möglichst hoch sein (hoher Druck und hohe Temperatur).

4. Der Wasserumlauf muß günstig sein.

5. Dampfblasen müssen sich gut abscheiden können.

6. Das verdampfende Wasser muß sofort ersetzt werden.

7. Die Dampfnässe muß möglichst gering sein, damit der Überhitzer nicht zum Dampftrockner wird.

8. Gute Isolation der Kesseloberfläche.

Diese Faktoren, welche besonders auf eine große Wirtschaftlichkeit abzielen, müssen durch Betriebssicherheit und Einfachheit ergänzt werden.

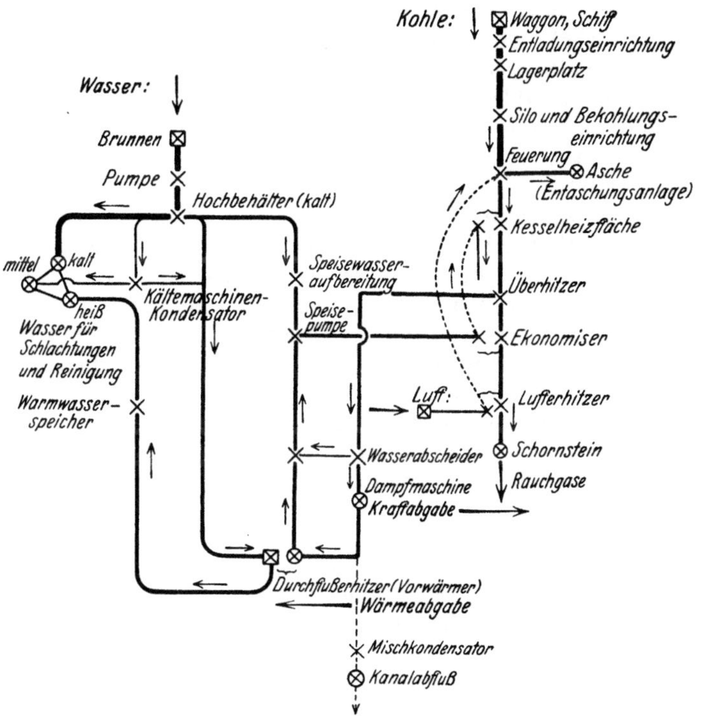


Abb. 272. Verteilungsschema von Kohle, Wasser und Verbrennungsluft in der Dampfkraftanlage eines Schlachthofes.

**Feuerung.** Bei allen Feuerungen hat der Rost die Aufgabe, den Brennstoff zu tragen und gleichzeitig die Verbrennungsluft zuzuführen. Diese beiden Forderungen stehen in gewisser Beziehung in Widerspruch: allgemein ist die Breite der Luftspalten um so geringer zu wählen, je feinkörniger der Brennstoff ist und je weniger er im Feuer zusammenbackt. Bei der Verschiedenheit der Brennstoffe ist eine „Universalfeuerung" nicht denkbar; die moderne Entwicklung geht aber dahin. eine Rostform für viele, wenn auch nicht für alle Brennstoffe verwendbar zumachen. Ein Unterschied zwischen Steinkohlen- und Braunkohlenfeuerungen wird z. B. immer bleiben. Von ausschlaggebender Bedeutung wurde die Erkenntnis, daß zur guten Verbrennung sowohl von gasreichen Brennstoffen, welche zur Rußbildung neigen, wie auch von gasarmen, hohe, nach der Heizfläche zu geöffnete Zündgewölbe nötig sind. Bei allen älteren Kesseln wurde das nicht beachtet. Aus dieser Erkenntnis, daß durch große Strahlung, besonders in den ersten Zügen bedeutend größere Wärmemengen als durch Wärmeleitung übertragen werden können, sind die Hochleistungskessel entstanden, bei welchen durch den größeren Strahlungsanteil das letzte wenig wirksame Stück der Heizfläche ersetzt wird.

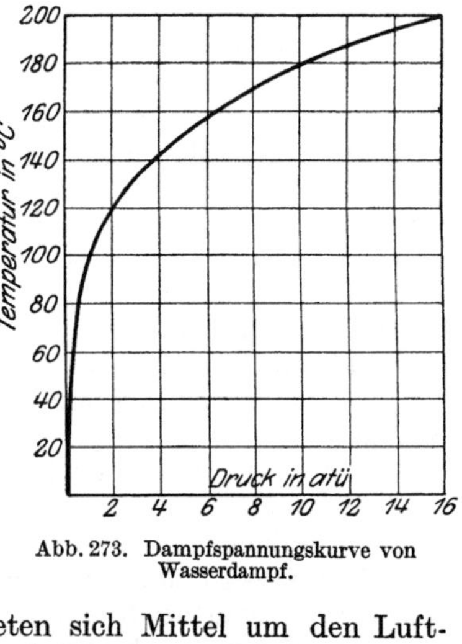


Abb. 273. Dampfspannungskurve von Wasserdampf.

Man erkannte aber auch, daß von gleich großer Bedeutung die Regelung der Brennstoff- und Luftzufuhr ist, um Belastungsschwankungen folgen zu können. Daraus leiteten sich Mittel um den Luftüberschuß gering zu halten, Mittel zur Rauchverhütung und Mittel zur Mechanisierung der Feuerung ab. Man unterscheidet zwischen natürlichem und künstlichem Zug. Ersterer wird durch Schornsteine dadurch hervorgerufen, daß die warmen Abgase spez. leichter sind als die Außenluft, so daß sie nach oben steigen, während die kalte Verbrennungsluft durch die Feuerung nachströmt. Dabei muß der Schornstein so bemessen sein, daß auch bei ungünstigen Witterungsverhältnissen, also an heißen Tagen, der Auftrieb noch so groß ist, um die zur Verbrennung nötige Luft zu fördern. Eisenbetonschornsteine sind solchen aus Ziegelsteinen und diese wieder Schornsteinen aus Blech weitaus überlegen. Der künstliche Zug macht die Feuerung von der Witterung unabhängig. Er wird entweder so ausgeführt, daß man die Verbrennungsluft durch Ventilatoren mit geringen Überdruck in den Verbrennungsraum preßt (Druckzug) oder mittels Ventilatoren die Feuergase aus dem Feuerraum fortführt (Saugzug). Der künstliche Zug hat dauernde Betriebskosten und Wartung nötig. Dafür bringt er aber leichte Regelbarkeit der Feuerung in weiten Grenzen, schnelle Anpassung an Schwankungen der Belastung, Unabhängigkeit von Witterungseinflüssen, die Möglichkeit, minderwertige Brennstoffe zu verbrennen, weitgehende Ausnutzung der Abgase usw. mit sich, so daß seine Anwendung nicht nur auf die Fälle, wo man die Zugstärke vorhandener Schornsteine vergrößern will, beschränkt ist.

Die Entscheidung, künstlicher oder natürlicher Zug, ist in jedem Falle nur auf Grund einer Wirtschaftlichkeitsberechnung zu fällen. Der Schornstein ist natürlich auch beim künstlichen Zug nötig, weil ihm außer der technischen Aufgabe noch die hygienische zufällt, die nähere Umgebung vor Flugaschenbelästigung zu schützen.

Die Unterwindfeuerung (Druckzug) hat meist nur die Aufgabe, den Schornstein zu entlasten und die Luft durch die Kohlenschicht durchzublasen. Bei feinkörnigen Brennstoffen wird sie bei größeren Anlagen fast durchweg angewandt.

Die Aufgabe des Saugzuges ist es aber dagegen, den Schornstein in seinen Funktionen zu ersetzen, d. h. es werden sowohl Verbrennungsluft wie Abgase angesaugt. Die Ausführung ist sowohl als direkter wie als indirekter Saugzug möglich. Während im ersten Falle der Ventilator die Heizgase direkt erfaßt, saugt er im anderen nur Luft an, welche ihrerseits durch einen Ejektor die Heizgase ansaugt. Im ersteren Falle ist der Leistungsbedarf größer, etwa 2mal so groß wie beim unmittelbaren Saugzug und 4mal so groß als beim Druckzug. Trotzdem der mittelbare Saugzug demnach die günstigste Form vorstellt, vermochte er sich wegen verschiedener Nachteile nur in geringem Maße einzubürgern.

Der Entscheid, ob man Druck- oder Saugzug wählen soll, ist nur von Fall zu Fall möglich. Allgemein hat der Saugzug dem Druckzug gegenüber den Vorteil größerer Einfachheit und geringerer Anlagekosten; dagegen ist der Leistungsbedarf größer, die Gefahr, daß falsche Luft eingesaugt wird, vermehrt sich; beim Druckzug wird auf einfache Weise der Rost gekühlt. Durch einfaches Abwägen der Vor- und Nachteile läßt sich aber die Frage der Berechtigung nicht klären, da beide Ausführungsarten hierzu zu verschieden sind. Es gibt eine Reihe von Fällen, wo der Unterwind allein als das Richtige anzusehen ist, z. B. bei Anwendung von feinkörnigen Brennstoffen mit hoher Brennstoffschicht, also bei hohem Rostwiderstand; dagegen kommt bei großen Einheiten mit hohen Feuerungsleistungen, besonders bei Verwendung schwer verbrennbarer Brennstoffe größerer Stückform, sehr häufig eine Vereinigung von Saugzug und Unterwind in Frage.

## b) Brennstoffe: Entladung. Lagerung. Bekohlung.

**Brennstoffe.** Man unterteilt die Steinkohle nach ihrem Gasgehalt in gasarme und gasreiche Kohle; letztere verbrennt langflammig, erstere kurzflammig. Nach dem Verhalten bei Erhitzung unter Luftabschluß unterscheidet man:

Back- oder Fettkohle (kleine Stücke backen zusammen).

Sinterkohle (trockene Steinkohle, große Stücke fallen nicht auseinander, kleine Stücke backen nicht zusammen).

Sand- oder Magerkohle (große Stücke zerspringen).

Am besten für Dampfkesselfeuerungen ist gasarme, alte Sinterkohle und gasreiche junge Backkohle.

Die Braunkohle unterteilt man in erdige und holzreiche Braunkohle.

Außer dieser Einteilung besteht auch noch eine nach der Größe, und zwar unterscheidet man Förderkohlen, das sind ungebrochene Stücke, Stückkohlen, Nußkohlen 1—5 in Größen von etwa 80—15 mm, Gruskohlen (15—8 mm), Feinkohlen (8—0 mm) und Staubkohle. Die Stückgrößen sind bei Nußkohle am gleichmäßigsten, weswegen diese sowohl mit den geringsten Verlusten zu lagern, als auch zu verbrennen ist. Für den Transport eignen sich Kohlen größerer Festigkeit am besten, brüchige Brennstoffe werden meist brikettiert. Die wohl wichtigste Kenngröße für einen Brennstoff ist der Heizwert, das ist die Wärmemenge, welche bei der vollständigen Verbrennung von einem Kilogramm Brennstoff frei wird. Man unterscheidet zwischen unterem und oberem Heizwert, wobei im oberen Heizwert die Verdampfungswärme des im Brennstoff enthaltenen Wassers einbezogen ist. Für den Einkauf ist außer dem Heizwert der

**Wärmepreis**, also der Preis für eine bestimmte Kalorienzahl von Bedeutung, schließlich noch der **Feuchtigkeits-** und **Aschengehalt** des Brennstoffes, die zusammen in keinem Falle bei guter Kohle mehr als 10% betragen dürfen, und wobei der Feuchtigkeitsgehalt von größerem Einfluß auf die Qualität als der Aschegehalt ist. Minderwertige Kohlen soll man nur dann einkaufen, wenn sie im Wärmepreis ganz wesentlich billiger sind als gute, weil sie mehr Arbeit beim Einlagern, Verheizen und höhere Transportkosten verursachen. Als Grundlage einer gesunden Brennstoffwirtschaft ist anzusehen, minderwertige Rohbraunkohlen an Ort und Stelle zu verfeuern und die hochwertigen Steinkohlen bei größeren Transportwegen u. a. zur Ausfuhr zu benützen. Stark backende Kohlen sind in der Feuerung unangenehm, auch langflammige Kohlen, weil sie zu Rußbildung neigen.

Das **Entladen** der Kohle wird nur bei größeren Anlagen maschinell gemacht. Für größte Leistungen wählt man Portalkrane, für mittlere, frei bewegliche Fördermittel (Band, besonders Gummibandförderung, Becherkette), für kleinere Anlagen sind besonders Drehkrane oder Verschiebebrücken mit Greifern vorteilhaft.

**Lagerung.** Jeder Betrieb muß eine gewisse Reserve an Brennstoffen besitzen. Dabei unterscheidet man Wochenreserve (Stapelung auf großen freien Plätzen), Tagesreserve (in Kohlensilos) und Stundenreserve (Vorrichtungen im Kesselhaus).

Wichtig ist, daß Ruhrkohlen, außerdem Steinkohlen aus dem Saargebiet, Sachsen und Schlesien, insbesondere gasreiche Kohlen, mehr oder minder zur Verwitterung, die bis zur Selbst-

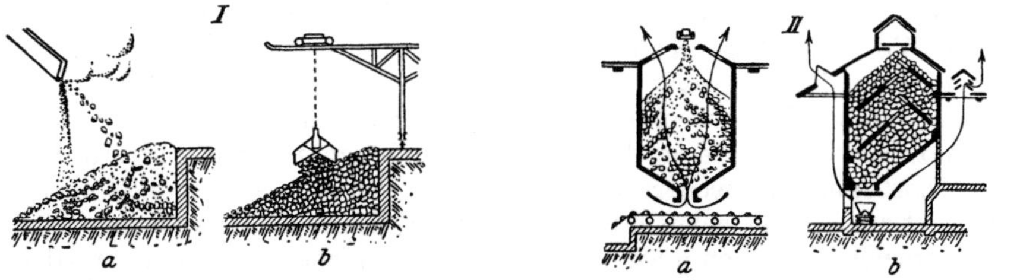


I a: Unrichtig. Stapelung mit Entmischung. Gefahr der Selbstentzündung in jeder Schütthöhe.

I b: Richtig. Stapelung ohne Entmischung. Nach Möglichkeit gleiche Kohlensorte, gleiche Körnung. Keine Brandherde.

II a: Unrichtig. Entmischung beim Stapeln. Luftströmung durch den Silo. Gefahr der Selbstentzündung.

II b: Richtig. Stapelung ohne Entmischung. Keine Luftströmung durch den Silo. Außenkühlung. Keine Brandherde.

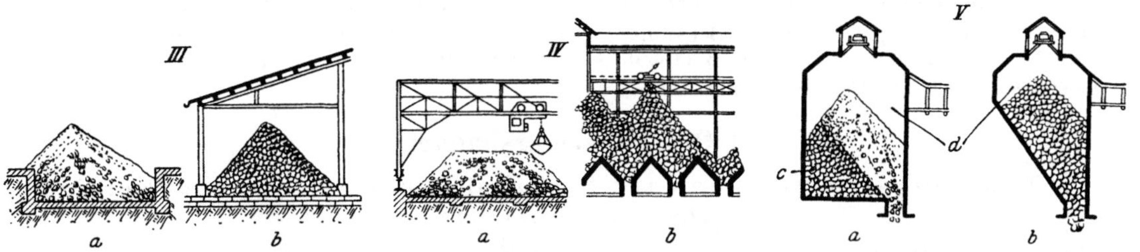


III a: Unrichtig. Kohle verschiedener Körnung. Verschiedene Kohlensorten. Grusnester. Kohlenhaufen entmischt. Kein Schutz gegen Regen, Schnee und Sonne. Gefahr der Selbstentzündung.

III b: Richtig. Kohle gleicher Körnung, gleiche Kohlensorte. Kohlenhaufen nicht entmischt. Schutz gegen Befeuchtung und Bestrahlung. Keine Brandherde.

IV a: Unrichtig. Kohle verschiedener Körnung. Verschiedene Kohlensorten. Grusnester. Kohlenhaufen entmischt. Kein Schutz gegen Regen, Schnee und Sonne. Gefahr der Selbstentzündung in jeder Schütthöhe.

IV b: Richtig. Kohle gleicher Körnung. Gleiche Kohlensorte. Kohlenhaufen nicht entmischt. Schutz gegen Befeuchtung und Bestrahlung. Keine Brandherde.

V a: Unrichtig. Fehlerhaft angelegter Bunker für Rohbraunkohle. *c* Stehenbleibende Kohle.

V b: Richtig. Für verschiedene Kohlensorten ist verschieden starke Neigung nötig. *d* Dieser Raum entleert sich von selbst in die Kessel.

Abb. 274. Falsche und richtige Lagerung der Kohlen.

entzündung führen kann, neigen. Dies hängt damit zusammen, daß der Zündpunkt eines Körpers keine eindeutige Größe ist, sondern nach Rosin[1] vom Wärmeaustausch abhängt. Die Oxydation verändert sich mit dem Sauerstoffgehalt, mit der Körnung, der Schichtdicke und dem Feuchtigkeitsgehalt der Kohle. Letzterer scheint katalytischen Einfluß auszuüben. Besonders sind in dieser Hinsicht Braunkohlen gefährlich. Aber auch ohne die Gefahr einer Selbstentzündung ist jede Verwitterung schlimm genug, denn im Grunde bedeutet sie ja nichts anderes wie eine langsame Verbrennung, also eine Verminderung des Heizwertes bei steigendem Aschegehalt. Deswegen, und weil das Kapital ohne zu arbeiten brachliegt, ist es in jedem Falle un-

[1] Rosin, P.: Arch. f. Wärmewirtsch. **12**, H. 4 (1931).

sinnig die Lagerzeit allzustark auszudehnen und einen sog. „eisernen Bestand“ aufzustapeln. Ein laufend zu ergänzender Notvorrat für 10—30 Tage ist völlig ausreichend.

Für die Lagerung der Kohle sind folgende Leitsätze wichtig:

1. Die Kohle soll möglichst niedrig gelagert werden, um eine geringe Luftzufuhr, und eine schnelle Wärmeableitung zu erhalten. (Schichthöhe für Steinkohlen höchstens $2^1/_2$ bis 3 m.)
2. Sowohl beim Aufstapeln wie während der Lagerung ist eine Vermischung verschiedener Kohlensorten und -größen zu vermeiden, damit die Bildung von Grusnestern ausgeschlossen wird.
3. Die Kohlen sind gegen Regen und Schnee und, nach Möglichkeit, auch vor Bodenfeuchtigkeit zu schützen.
4. Dampfleitungen und andere Wärmeträger sind von den Kohlenlagern fernzuhalten.
5. In größeren Kohlenlagern ist dauernd die Temperaturverteilung zu kontrollieren.

In Abb. 274 ist nach Dubbel[1] für verschiedene Fälle die falsche und die richtige Art der Kohlenlagerung einander gegenüber gestellt.

**Bekohlungsanlagen.** Sie dienen dazu, die körperliche Arbeit des Heizerpersonals zum Heranschaffen der Kohlen von der Lagerstätte bis zum Kessel zu übernehmen. In kleineren Betrieben, welche lediglich einen oder mehrere Dampfkessel mit geringer Heizfläche besitzen, werden die benötigten unbedeutenden Kohlenmengen meist durch den Heizer vor die Feuerstelle gekarrt; selbständige Beschickung würde sich hier nicht lohnen, sofern man nicht Gründe hygienischer Art ausschlaggebend sein läßt.

Bei größeren Anlagen wird meist so verfahren, daß unmittelbar vor dem Kessel über dem Heizerstand Silos errichtet werden, aus denen die Kohle der Feuerung selbsttätig zufällt. Diese Silos haben den Vorteil, daß die Kohle, welche zuerst eingefüllt wurde, auch zuerst entnommen wird, daß sich also — im Gegensatz zu Kohlenlagern — nie überfällige Kohlenreste ansammeln können. Die Silos enthalten zweckmäßig den Bedarf für einige Tage.

Zum Hochfördern der Kohle zu den Silos verwendet man meist Elevatoren, die aus einem endlosen Transportband mit Bechern bestehen. Auch schräg ansteigende Gummibänder werden häufig verwendet (besonders bei Rohbraunkohle). Elektrohängebahnen mit Greifern, Becherwerken und dergleichen können auch bei gekrümmten Wegen verwendet werden. Schneckenförderung ist wegen der Staubbildung nicht empfehlenswert und eignet sich wegen der damit verbundenen Verluste nur für kleine Leistungen oder kurze Strecken. Die Verteilung der Kohle erfolgt durch Förderbänder (waagerechte Förderung meist auf Gummibändern), wovon sie durch Abwurfwagen oder durch Absteifer auf die einzelnen Silos verteilt wird. Lieferfirmen von Bekohlungsanlagen u. a. Schenk, Darmstadt, Humboldt, Köln-Kalk, Bleichert, Leipzig.

Literatur: Vgl. Knabner, O.: Behandlung der Kohle im Kraftwerk von der Anfuhr bis zur Brennstelle. Arch. f. Wärmewirtsch. **11**, H. 3 (1930). — Kanhäuser: Wahl und Ausnützung der Brennstoffe. Reichenberg: Gebr. Stiepel G. m. b. H. 1926.

## c) Die Feuerungsbauarten.

### 1. Feuerungen vorwiegend für Steinkohle und andere hochwertige feste Brennstoffe.

**Planrost mit Handbeschickung.** Diese Art der Feuerung ist nur noch bei kleinen Flammrohrkesseln zu finden, sie eignet sich für so ziemlich alle Brennstoffe, wenn auch wegen der beschränkten Rostfläche meist nur hochwertige Brennstoffe in Frage kommen. Dem Vorteil geringen Anschaffungspreises und niedriger Betriebskosten steht als schwerwiegender Nachteil ein schlechter Wirkungsgrad gegenüber, besonders wenn der Heizer die wichtigsten Zusammenhänge des Verbrennungsvorganges nicht beherrscht und nur mechanischer Handarbeiter ist, der seine Kohlen schaufelt, gelegentlich das Feuer schürt, abschlackt, Wasserstand und Manometer beobachtet. Auch bei guter Bedienung ist ein schlechter Wirkungsgrad nicht ganz zu verhüten, weil hohe Rückstandsverluste und Verluste durch unvollkommene Verbrennung bei Handbeschickung leicht dadurch entstehen, daß man an einigen Stellen mit Luftüberschuß, an anderen mit Luftmangel arbeitet. Weiterhin kann bei der geringen Raumhöhe, die über der Rostfläche zur Verfügung steht, die Flamme nicht frei ausbrennen, weshalb Planroste nur für Brennstoffe mit höchstens 10—15% flüchtigen Bestandteilen in Betracht kommen.

Zur Erreichung einer regelmäßigen Verbrennung, besonders auch während des Aufbringens des frischen Brennstoffes, sind verschiedene Möglichkeiten ersonnen worden. Eine früher häufig angewandte Methode war die Sekundärluftzuführung mit einem Luftautomaten, dann Vorrichtungen zur Verminderung des Schornsteinzuges beim Öffnen der Feuertüre und schließlich Mittel, um

[1] Dubbel: Betriebstaschenbuch. Berlin: Julius Springer 1922.

das Öffnen der Feuertüre möglichst einzuschränken. Der letzte Gedankengang führte zur selbsttätigen Beschickung, welche sich leider bisher nur in etwa 17% aller mit Dampf betriebenen deutschen Schlachthofanlagen einbürgern konnte.

**Mechanische Beschickungsmethoden.** Bei der Wurffeuerung wird der Brennstoff mittels Wurfschaufeln oder mit Schleuderrädern eingebracht, Wurfweite und -menge kann geändert werden. Voraussetzung für eine gute Verbrennung ist annähernd gleiche Stückgröße der verwendeten Kohlen, weiterhin daß keine starken Belastungsschwankungen auftreten. Für sehr kleine Betriebe und für stark backende Kohle sind Wurffeuerungen ungeeignet. Lieferfirmen sind u. a. Topf & Söhne, Erfurt; Münckner & Co., Bautzen (Abb. 275).

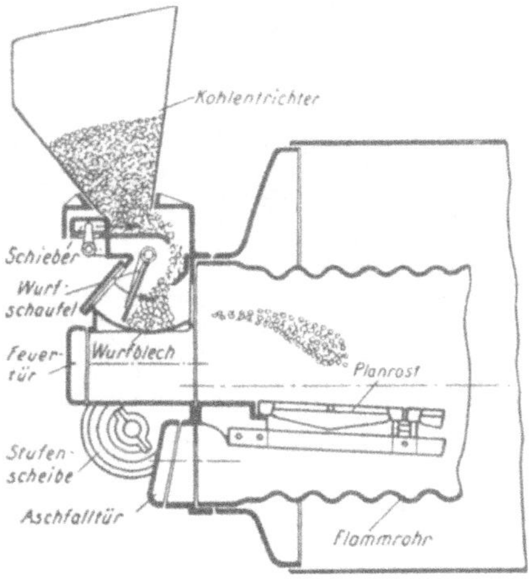

Abb. 275. Planrost mit Wurffeuerung.

Ketten- und Wanderroste. Hierbei sind die Roststäbe auf einem endlosen Band aufgebracht, welches den Brennstoff mit einer bestimmten Geschwindigkeit durch den Feuerraum trägt. Die Hälfte dieses Bandes ist immer im Feuerraum, die andere Hälfte kühlt sich ab. Vorne wird der Brennstoff in regelbarer Menge zugeführt, am hinteren Ende fallen die Rückstände ab bzw. werden abgestreift. Da am Ende die Kohle vollständig ausgebrannt sein soll, muß dort für eine Erhöhung der Brennstoffschicht durch Stauung (Staupendel) gesorgt werden. Die vorherrschende Ausführung ist der Wanderrost (Abb. 276).

Voraussetzung für die Anwendung dieser Rostbauart sind nicht zu niedrige Zündgewölbe, damit die Kohle gut entgast, bevor sie in die Brennzone gelangt und sich entzündet. Durch bestimmte Formgebung dieser Zündgewölbe läßt sich die Wärmestrahlung nach dem Rostanfang zu verstärken, wodurch eine gute Verbrennung erzielt wird.

Der Vorteil der Wanderroste ist vor allem der, daß sich die Rostebene selbsttätig von ihr anhaftender Schlacke befreit, daß Brennstoffmenge, Rostgeschwindigkeit und Verbrennungsluft genau geregelt werden können. Besonders bei Anwendung von Unterwind ist eine einwandfreie Verbrennung gewährleistet. Durch Verbesserungen ist es gelungen auch stark backende Brennstoffe zu guter Verbrennung zu bringen, so daß mit Ausnahme allzu wasserhaltiger Braunkohlen und Brennstoffen stark verschiedener Stückgröße, sich alle festen Brennstoffe auf Wander- und Kettenrosten gut verfeuern lassen. Allerdings ist es am günstigsten, Brennstoffe in nicht zu großer Stückgröße zu nehmen. Bei Belastungsschwankungen ändert man den Druck des Unterwindes bzw. die Rostgeschwindigkeit bei konstanter Schichthöhe.

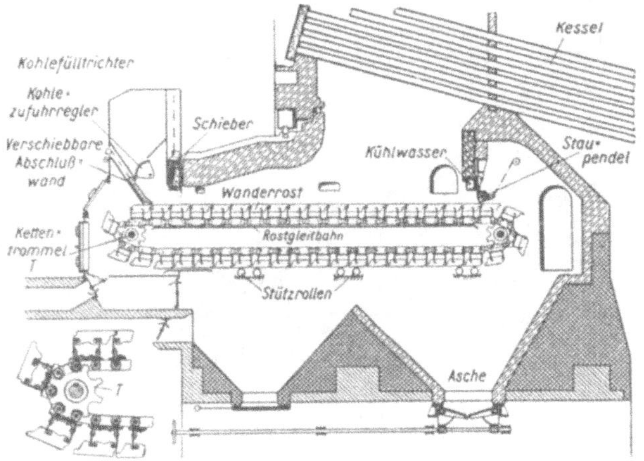

Abb. 276. Wanderrost mit langem Zündgewölbe, niedrigem Feuerraum und Staupendel.

Lieferfirmen sind Petry-Dereux, Düren; Steinmüller, Gummersbach; Borsig, Berlin-Tegel; Vervoort-Wanderrost AG., Düsseldorf; Babcock & Wilcox u. a.

Neben diesen Bauarten unterscheidet man noch sog. Vorschubroste, das sind Roste, welche den Brennstoff durch den Feuerraum schieben, Rückschubroste, bei welchen im Gegensatz zu den vorbeschriebenen Wander- und Vorschubrosten der Schub nach rückwärts gerichtet ist, während die Kohle wie bei diesen vorne zugeführt wird. (Die bisherigen Betriebserfahrungen mit dem Martin-Rückschubrost, mit welchem man Brennstoffe verfeuern kann, die bisher wegen ihres hohen Aschegehaltes nicht verwendbar waren, sollen sehr gut sein), und Unterschubroste, auch Stoker genannt, bei welchen der frische Brennstoff durch Schnecken- oder Kolbenschieber unter die glühende Schicht geschoben wird, wobei er zunächst entgast, dann entzündet und fast rauchfrei verbrennt (Abb. 277). Wegen dieses Vorteiles werden Unterschubroste häufig in stark besiedelten Gebieten verwendet, und zwar in Deutschland, im Gegensatz zu den Vereinigten Staaten, wo sie ganz allgemein Anwendung finden, bisher nur in einigen Großkraftwerken in der Ausführung des Eintrog-Unterschubfeuerung. Die Unterschubroste sind vorwiegend für gasreiche Kohle mit schwer schmelzender Schlacke geeignet, sie lassen sich vorerst nur in beschränkten Abmessungen ausführen, weshalb sie einerseits gegen die Planrostfeuerung, anderseits gegen die Wanderroste in Deutschland nicht gut in Wettbewerb zu treten vermochten. Durch neuere Konstruktionen von Mehrtrog-Unterschubfeuerungen kann sich das aber nach amerikanischem Vorbild prinzipiell ändern. Die Hauptbaufirmen in Deutschland sind Nyeboe & Nissen, Mannheim und die Bamag-Meguin, Berlin.

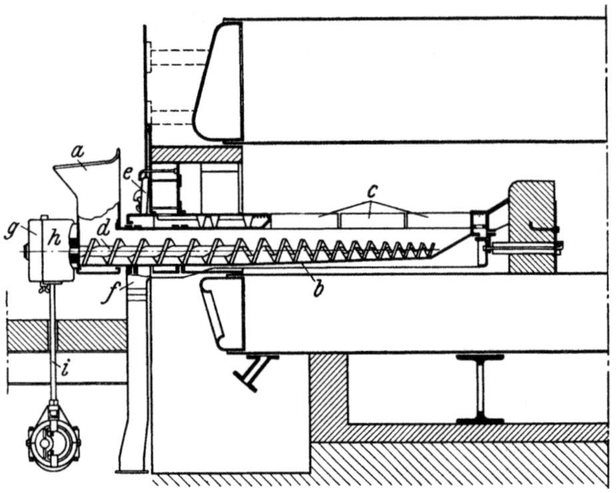

Abb. 277. Eintrog-Unterschubrost (Nyeboe & Nissen).

## 2. Feuerungen vorwiegend für Braunkohle und andere feste, minderwertige Brennstoffe.

**Geneigte Roste.** Hierzu zählen die Schräg- und die Treppen- oder Stufenroste. Diese Feuerungen sind in erster Linie für nicht stark schlackende Kohlen geeignet, vor allem finden sie auch für Rohbraunkohle mit hohem Wassergehalt Verwendung, und zwar sowohl als Vorfeuerung in Verbindung mit einem Planrost, wie auch als Unterfeuerung. Die erste Methode, wobei man den Rost, um eine gute Verbrennung zu erzielen, nach vorne herauszieht, ist bei Flammrohrkesseln die übliche. Bei hochwertigen Brennstoffen ist eine Tenbrinkvorlage bei Schrägrosten häufig.

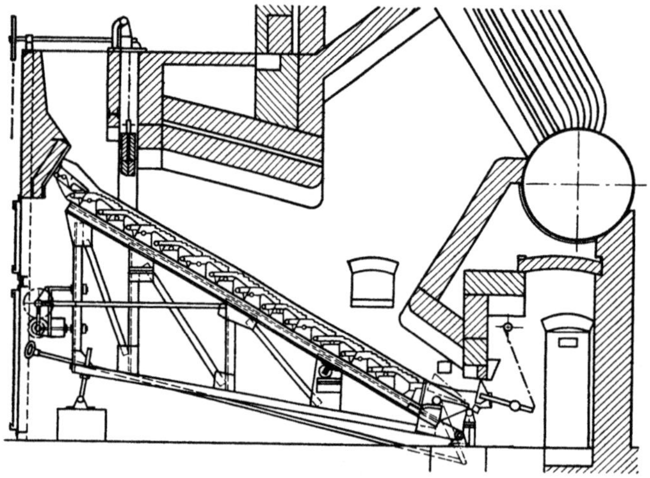
Abb. 278. Treppenrost.

Bei der Schrägrostfeuerung wird der Brennstoff aufgegeben und entweder selbständig oder von Hand nachgeschoben. Dabei kommt er langsam in die eigentliche Brennzone. Der Unterschied gegenüber dem Treppenrost besteht nur darin, daß bei letzterem die Form der Roststäbe anders ist; diese bilden hierbei eine Folge ineinandergelegter Rostplatten eine sog. Rosttreppe. Der Neigungswinkel ist in jedem Falle dem Schüttwinkel des Brennstoffes angepaßt und in der Größenordnung von 15—28° (Abb. 278). Die Schlacke wird nicht auf dem Rost selbst, sondern unten abgezogen. Der Treppenrost ist dem Schrägrost vorzuziehen. Bei neueren Bauarten ist sowohl die Neigung des Rostes wie auch die Schütthöhe verstellbar. Neue Möglichkeiten sind Treppenroste mit Gasrückführung und die mechanische Bewegung der Roststäbe. Letztere ist ein wichtiges Hilfsmittel, besonders für große Kessel zur gleichmäßigen Verteilung der Kohle über den ganzen Querschnitt, sofern sie nicht durch eine komplizierte Kinematik erkauft ist, die zu Betriebsstörungen Anlaß geben kann. Manche Feuerungen sind so gebaut, daß auf dem Rost nur eine teilweise Verbrennung erfolgt, der Rest im Verbrennungsraum (Halbgasfeuerungen). Sehr nasse Brennstoffe werden manchmal mit Erfolg im Vorderteil der Feuerung vorgetrocknet. Baufirmen: Steinmüller, Gummersbach; Keilmann & Völker, Bernburg; Topf & Söhne, Erfurt u. a.

**Muldenroste.** Bei den Muldenrosten wird der Brennstoff nicht von vorne, sondern von oben aufgegeben. Diese Feuerungsart eignet sich besonders für Brennstoffe, die beim Beschicken zerfallen. Die Brennstoffe werden in Füllschächten vorgetrocknet, die in den Verbrennungsraum rutschende Kohle wird entgast, wobei die ausgetriebenen Kohlenwasserstoffe über die glühende Kohlenschicht hinwegstreichen und sofort in permanente Gase übergeführt werden. Ein Vorteil dieser Bauart ist ihr geringer Flächenbedarf. Lieferfirmen: Fränkel & Viebahn, Keilmann & Völker u.a.

3. Kohlenstaubfeuerungen.

Der Vorteil dieser Feuerungsart ist die vorzügliche Regelbarkeit, der hohe Kesselwirkungsgrad (bis 85%) durch vollkommene Verbrennung, das Anpassen an auftretende Spitzen, schließlich die Unabhängigkeit von der Art des Brennstoffes bei geringem erforderlichen Schornsteinzug. Normalerweise ist die Kohlenstaubfeuerung nur in größeren Aggregaten, meist Wasserrohrkesseln, eingebaut, wenn aber billiger Kohlenstaub zur Verfügung steht, kann die Feuerung auch für kleine Flammrohrkessel wirtschaftlich werden, wobei allerdings eine besondere Vorfeuerung nötig wird.

Eine Form der Kohlenstaubfeuerung ist auch die Zusatzfeuerung, welche darin besteht, daß zu einer Rostfeuerung die Kohlenstaubfeuerung als Hilfsfeuerung dient, dadurch ist man in der Lage auch größeren Belastungsschwankungen fast momentan zu folgen.

Literatur: Trenkler: Feuerungstechnik (Taschenbuch). Berlin: VDI-Verlag 1921. — Huberg, G.: Handbuch der Feuerungstechnik und des Dampfkesselbetriebes. 4. Aufl. Berlin: Julius Springer 1928. — Vgl. auch Literaturangabe S. 276.

## d) Entaschungsanlagen.

Sowohl die in den Rauchgaskanälen und Kesselzügen sich anlegende, wie auch die vom Rost abfallende Asche muß dauernd entfernt werden.

Um eine Kesselfeuerung unter den günstigsten Verhältnissen betreiben zu können, muß man dafür sorgen, daß die Heizflächen des Kessels frei von Ruß und Aschenbestandteilen sind; besonders die in den Schlachthöfen häufigen Flammrohrkessel sind in dieser Beziehung im Gegensatz z. B. zu Steilrohrkesseln recht ungünstig. Die Flugasche kann die Wärmeübertragungsflächen belegen und die Feuerungskanäle einengen, wodurch die Leistungsfähigkeit der Kessel stark zurückgeht.

Man unterscheidet: pneumatische Entaschung, Spülentaschung, Druckwasserentaschung und mechanische Entaschung. Zur Entfernung der Flugasche von den Heizflächen benützt man fest eingebaute Dampfrußbläser, Druckluft- und Dampfgas-Rußbläser. Sie bestehen aus Düsenrohren, durch welche überhitzter Dampf oder ein Dampfluftgemisch ausströmt und die Heizflächen reinigt. Diese pneumatischen Anlagen entsprechen bei der Flugaschenabsaugung im allgemeinen den betrieblichen Erfordernissen, dagegen treten bei der Förderung von Rostasche und Schlacke leicht Störungen ein. Bei Flammrohrkesseln verwendet man häufig sog. Drallsteine, welche unmittelbar hinter der Feuerbrücke in die Rohre eingesetzt werden. Ausreichenden Zug vorausgesetzt, bringen sie die abziehenden Heizgase in Wirbelung, durch die plötzliche Verengerung wird außerdem eine Geschwindigkeitsvermehrung erreicht; dadurch wird der Flugasche die Möglichkeit sich abzusetzen genommen, außerdem wird der Wärmeübergang erhöht. Diese Einrichtung ist natürlich nicht so vollkommen, wie der Rußbläser. Bei der Druckwasserentaschung werden unter der Anfallstelle der Asche Wasserstrahldüsen angeordnet; der Wasserstrahl spült die Asche in eine Förderleitung fort. Bei der Spülentaschung wird die Asche in Wasserrinnen mit Gefälle fortgespült, wobei das Wasser durch Einschaltung einer Kläranlage wiederverwendet werden kann. Nachfolgende Zahlentafel gibt nach Voigt[1] die Betriebszahlen und Kosten verschiedener Entaschungsarten je t geförderte Asche. Da man die Entaschungsanlage für die höchste anfallende Aschenmenge bemessen muß, kann ein schlechter Ausnützungsfaktor das Bild wesentlich verschieben.

| | Wassermenge $m^3/t$ | Leistungsaufwand kWh/t | Bedienungs- und Instandhaltungskosten RM/t | Kapitaldienst RM/t |
|---|---|---|---|---|
| Pneumatische Entaschung (Kesselhaus) . . . . . . . | 5 bis 10 | ca. 20 | 1,3 bis 2,0 | 0,85 bis 1,50 |
| Druckwasserentaschung . . . | 2 bis 7 | 1 bis 3 | 1,5 | 0,5 |
| Spülentaschung . . . . . . | 10 bis 40 (bei Kreislauf 0,3 bis 0,5 | ca. 5 | 0,6 bis 0,8 | 0,4 bis 1,0 |

[1] Arch. f. Wärmewirtsch. **12**, 3, S. 86 (1931).

Die außerordentlich gesundheitsschädliche oft auch nicht ungefährliche Arbeit der dauernden Entfernung von Schlacke und Asche aus dem Kesselhaus soll, wenn sie auch nicht immer durch pneumatische oder andere automatische Entaschungsmethoden völlig verhütet werden kann, mindestens durch gut begehbare Entaschungskanäle, durch Betätigung der Aschenschieber aus einer gewissen Entfernung und durch Absperrbarkeit der einzelnen Aschenkanäle durch Türen möglichst erleichtert werden. Freilich bringen Anlagen zur Entfernung der Asche keinen unmittelbaren Gewinn, aber es ist nicht der Zweck der technischen Errungenschaften, nur einseitig im Dienst der Wirtschaftlichkeit zu stehen, sondern durch sich selbst eine Kulturerrungenschaft darzustellen.

Literatur: Spott: Abförderung von Feuerrückständen. Arch. f. Wärmewirtsch. **8**, 145 (1927) und das dem Aschenproblem gewidmete Arch. f. Wärmewirtsch. **12**, 3. Heft (1931). — Lieferfirmen: Schichau, Elbing; F. Seiffert & Co., Berlin, u. a.

## e) Kesselbauarten.

### 1. Kessel, welche nicht nur zur Dampferzeugung, sondern gleichzeitig zur Speicherung dienen (Großwasserraumkessel).

**Der Walzenkessel.** Dieser stellt die älteste Kesselform dar und besteht im wesentlichen nur aus einem zylindrischen Behälter, der von Feuergasen umspült wird. Der Wirkungsgrad ist schlecht, die notwendige Grundfläche sehr groß. Anwendung finden heute, von vereinzelten Fällen abgesehen, wohl nur noch die sog. Batteriekessel. Hierbei ergibt sich eine bessere Ausnützung des Brennstoffes bei einfacher Reinigung. Doch auch diese Bauart wurde fast völlig durch den nachfolgenden Flammrohrkessel verdrängt. Die Hauptvorzüge der Walzenkessel waren: einfache Bauart und Herstellung, großer Wasserinhalt und daher großes Speichervermögen, große Unempfindlichkeit gegen schlechtes Speisewasser; ihre Nachteile: schlechter Wasserumlauf, Schlammansammlungen und daher große Empfindlichkeit der Innenplatte gegen Ausbeulungen, großer Platzbedarf, hoher Preis.

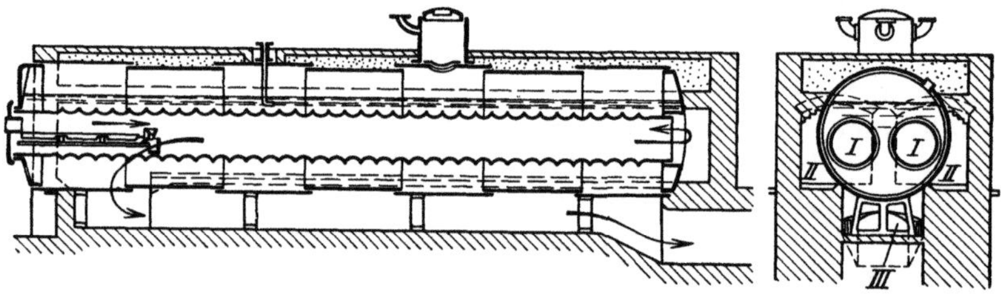

Abb. 279. Zweiflammrohrkessel mit Wellrohren.

**Der Flammrohrkessel.** Er stellt die weitverbreiteste Kesselform dar. Im wesentlichen besteht diese Bauart aus einem zylindrischen Behälter, welcher durch ein oder mehrere weite Rohre durchzogen wird, worin die Feuergase strömen, um dann auch noch den Mantel des Kessels zu umspülen. Je nach der Ausführung dieser Rohre unterscheidet man: Glattrohrkessel, Wellrohrkessel, Gallowaykessel, Stufenkessel usw., von welchen sich einzig der Wellrohrkessel als Dauerbauart herausgebildet hat. Die Wellrohre haben den glatten Rohren gegenüber den Vorteil, daß sie Temperaturspannungen elastischer aufzunehmen vermögen.

Nach Anzahl der Rohre unterscheidet man Ein-, Zwei- und Dreiflammrohrkessel, die Zweiflammrohrbauart hat sich als die gebräuchlichste herausgebildet (Abb. 279).

Die Feuerung befindet sich meist als normaler Planrost ausgebildet, entweder vor oder im Flammrohr. Die letztere Ausführung, die sog. Innenfeuerung, ist die weitaus gebräuchlichste Bauart; bei minderwertigen Brennstoffen sind Vorfeuerungen nötig.

Der Wasserinhalt dieser Kessel ist wie beim Walzenkessel beträchtlich, die Wasserumwälzung unbefriedigend, die Wärmeübertragung aber nicht ungünstig, da die Rohre vollkommen mit Heizgasen umspült werden. Die Verschmutzung der Heizfläche durch Flugasche läßt sich durch Anwendung von Drallsteinen bei genügendem Schornsteinzug wesentlich vermindern. Der Wirkungsgrad ist etwas besser wie bei Walzenkesseln, aber auch selten mehr als 55%, wenn man nicht Apparate zur weiteren Wärmeausnützung angliedert (vgl. S. 361).

Der in dieser Bauart erreichbare Höchstdruck liegt in der Größenordnung von 25 at. Bei höheren Drücken werden die Anschaffungskosten wegen der erforderlichen großen Manteldicke recht hoch. Nachteile der Bauart sind neben dem erwähnten nicht sehr günstigen Wirkungsgrad, der immer noch hohe Platzbedarf (0,45—0,5 qm je $m^2$ Heizfläche, während er bei Hochleistungskesseln 0,095—0,12, also 4—6mal kleiner ist), der übrigens alle Großwasserraumkessel bei größeren Dampfkraftwerken ausschließt, die große Anheizdauer (3—5 Stunden) und die Schwierigkeit bei der Abschlackung und Entaschung die lästige und gesundheitsschädliche Handbedienung völlig auszuschließen.

Als Vorteile sind dagegen die geringen Anschaffungskosten, die relative Unempfindlichkeit gegen nicht ganz einwandfreies Speisewasser, die leichte Reinigung des Kesselinneren, große Überlastbarkeit (2—3fach auf kurze Zeit), der große Wasserinhalt, wodurch Belastungsschwankungen leicht aufgenommen werden können, und die geringen Strahlungsverluste durch die Lage der Feuerung, im Betrieb und im Stillstand zu buchen. Die Verdampferleistung je $m^2$ Heizfläche beträgt 17 bis 23 $kg/m^2$.

**Die Rauchrohr- oder Heizrohrkessel.** Diese Bauart ergab sich aus dem Bestreben, die Verhältnisse von Oberfläche zu Wassergewicht für die Wärmeübertragung immer günstiger zu gestalten. Die Heizrohrkessel bestehen aus vielen Flammrohren von etwa 50 mm Durchmesser. Die Feuerung ist meist als Unterfeuerung ausgebildet, welche den Kessel für die Ausnützung von geringwertigen Brennstoffen besonders geeignet macht. Ruß und Flugasche lassen sich sehr einfach, Kesselstein schwerer entfernen, weshalb nur weiches Wasser verwendet werden darf. Gegen Betriebsunterbrechungen ist der Kessel infolge der Walzstellen empfindlich.

Eine Kombination ist der Flammrohr-Rauchrohrkessel (Abb. 295, S. 284). Er ist mit ausziehbaren Rohrbündeln besonders im Lokomobilbau üblich, sonst nur ausnahmsweise. Bei Speisung mit hartem Wasser muß dabei ein zweites Rohrbündel zur Auswechslung zur Verfügung stehen.

**Doppelkessel.** Diese Bauart ist aus dem Bedürfnis entstanden, bei etwas kleinerem Platzbedarf dieselben Kesselleistungen zu erzielen und dabei nach Möglichkeit den Vorteil des Flammrohrkessels — die Innenfeuerung — mit den Vorteilen anderer Kessel — den besseren Wärmeübertragungsverhältnissen — zu verbinden. Man unterscheidet: Flammrohrkessel mit Flammrohrkessel übereinanderliegend, eine Bauart, welche heute kaum noch ausgeführt wird, und Flammrohr- mit Rauchrohrkessel übereinanderliegend. Bei der letzteren Bauart ist unbedingt für weiches Speisewasser zu sorgen, da die Reinigung der Heizrohre von Kesselstein schwer durchführbar ist. Ein zu langes Offenhalten der Feuerzüge und zu schnelles Anfeuern ist, um ein Lecken der Rohre zu verhüten, zu vermeiden. Die Anheizzeit ist recht groß.

**Mac-Nikollkessel.** Er ist eine ähnliche Kombination wie die vorbeschriebene Bauart, und zwar zwischen Flammrohr- und Wasserrohrkessel. Man zählt ihn auch noch zu den Großwasserraumkesseln.

### 2. Kessel mit geringem Wasserinhalt (Hochleistungskessel).

Diese Kessel sind ausschließlich Wasserrohrkessel, d. h. die Heizgase umspülen die mit Wasser gefüllten dünnen Rohre. Maßgebend für die Entwicklung dieser Bauart war, daß sich durch zwangläufigen Wasserumlauf die Wärmeübergangsverhältnisse grundlegend verbessern und man dadurch mit wesentlich kleineren Grundflächen auskommt. Hand in Hand mit diesen Erfordernissen, welche besonders für größere Einheiten maßgebend sind, ging die Anstrebung höherer Drücke (vgl. S. 361), deren Anwendung bei den vorbeschriebenen Bauarten begrenzt ist. Schließlich war neben rein konstruktiven Gesichtspunkten, der Entwicklung des Feuerraumes u. dgl., maßgebend, daß eine Reihe von Betrieben eine elastische Arbeitsweise verlangen, die trägen Großwasserraumkessel aber keine schnelle Betriebsbereitschaft zulassen. Gemeinsam ist allen Hochleistungskesseln leider die Empfindlichkeit gegen ungeeignetes Speisewasser. Bei größeren Heizflächen als 80—100 qm sind die Wasserrohrkessel im allgemeinen billiger als Flammrohrkessel.

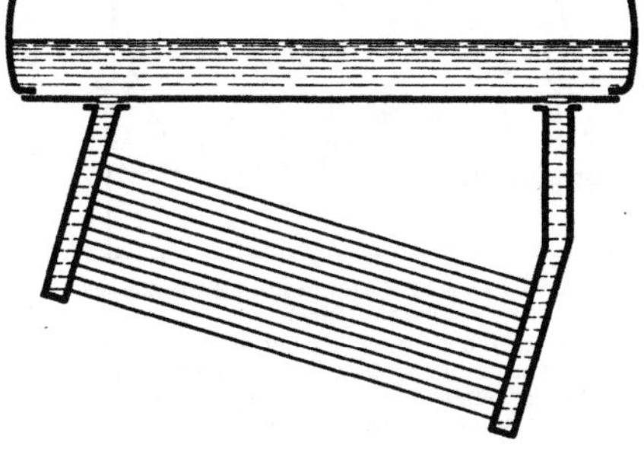

Abb. 280. Schema eines Wasserrohrkessels mit Wasserkammern.

Verbreitete Bauarten sind der Zweikammerkessel, der Teilkammerkessel (Sektionalkessel) und der Steilrohrkessel.

**Schrägrohrkessel** (Kammer- und Sektionalkessel). Bei den Zweikammerkesseln münden die Enden der Wasserrohre vorne und hinten in ebenwandige Wasserkammern ein, die geneigt oder senkrecht liegen. Bei den Sektionalkesseln werden diese Kammern nicht mehr in einem Stück ausgeführt, sondern in senkrecht nebeneinanderliegende Teilkammern zerlegt. Dadurch entstehen Vorteile für die Herstellung (Serienherstellung) und den Transport; die zur Versteifung der Wände notwendigen Stehbolzen fallen fort, was für hohe Drücke wichtig ist usw. Die sich in den Wasserrohren bildenden Dampfblasen müssen schnell in den Oberkessel übergeführt werden, an der Wärmeübertragung nehmen in erster Linie die Wasserrohre teil, während der Oberkessel als Dampfsammler dient (Abb. 280).

Im Verhältnis zur Heizfläche ist der Rost bei diesen Bauten groß, ebenso die bestrahlte Kesselheizfläche, der Wasserumlauf ist günstig, für Dauerbetrieb ist möglichst weiches Speisewasser erforderlich. Der Preis ist häufig etwas geringer als der von Steilrohrkesseln. Meist werden die Schrägrohrkessel mehr für Steinkohle, die Steilrohrkessel mehr für Braunkohle bevorzugt. Ausführende Firmen für Schrägrohrkessel: Steinmüller, Gummersbach; Babcock & Wilcoxwerke, Oberhausen; Büttner, Uerdingen u. a.

**Steilrohrkessel.** Bei dieser Bauart galt es den Vorteil der Wasserrohrkessel, nämlich den natürlichen kräftigen Wasserumlauf noch zu steigern; das geschieht dadurch, daß man durch steile Stellung der Rohre den Auftrieb verstärkt. Statt der Wasserkammern werden in der Höhe der Feuerung liegende Untertrommeln, welche mit den Obertrommeln durch steile Rohre verbunden sind, angeordnet und man läßt alle Rohre mit vollem Querschnitt in die Oberkessel münden. Um stets einen gleichmäßig trocknen Dampf zu erreichen, sind eine Reihe von Bauarten, die meist eine gesonderte Führung von Wasser und Dampf gemeinsam haben, entstanden (Abb. 281).

Abb. 281. Schema eines Steilrohrkessels.

Die Steilrohrkessel ermöglichen die Ausführung sehr großer Heizflächen auf kleinen Grundflächen; gegenüber der vorbeschriebenen Bauart fallen alle Wasserkammern, ebene Wände u. dgl. weg, an den senkrechten Rohren setzt sich die Flugasche nur in geringen Mengen an, der Feuerraum ist auf einfache Weise hoch auszubilden, die Anpassungsfähigkeit an Belastungsschwankungen ist denkbar groß usw. Ein Nachteil ist lediglich, daß die Entfernung von Kesselstein in den Rohren sehr große Schwierigkeiten macht, weswegen auf gute Wasserreinigung besonders geachtet werden muß.

Eine bestimmte Norm für Steilrohrkessel hat sich noch nicht herausgebildet, der wesentliche Unterschied besteht in Zahl und Anordnung der Trommeln, weiterhin in der Anwendung gerader oder gebogener Rohre. Erstere haben den Vorteil leichter und schneller Reinigung, letztere haben eine bessere Elastizität in der Aufnahme von Temperaturschwankungen. Meist verwendet man ganz schwach gekrümmte Rohre, welche die Trommeln gerade senkrecht durchdringen.

Die Steilrohrkessel sind für alle Größenverhältnisse von etwa 100 qm Heizfläche aufwärts geeignet. Bekannte Bauarten sind der Dürr-Garbe-Kessel, die Kesselbauarten von Borsig, Tegel; M.A.N.,; der Stirling-Kessel; der Humboldt-Kessel usw. (Abb. 282).

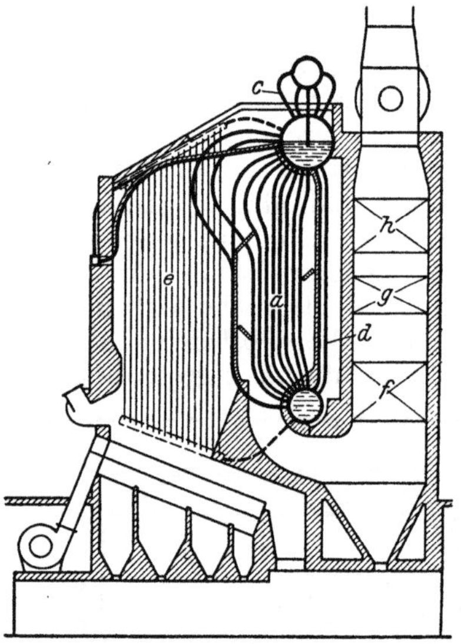


Abb. 282. Moderner Strahlung-Steilrohrkessel (Bauart Dürr).
*a* Siederohrbündel, *b* Wasserverbindungsrohre, *c* Dampfverbindungsrohre, *d* Wasserfallrohre, *e* Strahlungsheizflächen, *f* Dampfüberhitzer, *g* Speisewasservorwärmer, *h* Luftvorwärmer.

Besondere Bauarten sind der Strahlungkessel, der La Montkessel und der Völkerkessel. Höchstdruckkessel kommen für Schlachthofbetriebe nicht in Frage.

### 3. Stehende Kessel.

Diese Bauart wird in Schlachthöfen ausschließlich zur Bereitung von Warmwasser (vgl. S. 351) verwendet, sie ist deshalb im Kapitel IV, 3 beschrieben.

Literatur: Jetzner, F.: Die Dampfkessel. Berlin: Julius Springer. — Barth: Die Dampfkessel. Kurzgefaßtes Lehrbuch. 2 Bde. Sammlung Göschen Nr 9 und 521. 1. Bd: Kesselsystem und Feuerungen. 2. Bd: Bau und Betrieb der Dampfkessel. — Kesselbetrieb. Sammlung von Betriebserfahrungen als Studie zusammengestellt vom Arbeitsausschuß für Betriebserfahrungen der Vereinigung der Großkesselbesitzer 1929. — Höhn, E.: Der Dampfbetrieb. Leitfaden für Betriebsingenieure, Werkführer und Heizer. Berlin: Julius Springer 1929. — Michel: Dampfkesselbetriebsbuch. R. Oldenbourg 1927.

## f) Die Behandlung von Kesselspeisewasser.

Bei neuzeitlichen Kesselspeisewasser-Aufbereitungsverfahren entfernt man bis auf die zulässigen Reste: 1. Die grobdispersen Verunreinigungen, 2. die kolloidalen Begleitstoffe, 3. die Kesselsteinbildner, 4. die Korrosionserscheinungen verursachenden Gase und Salze. Mechanische Verunreinigungen werden in Klärbecken, Filteranlagen oder in beiden zugleich abgeschieden; kolloidale Bestandteile entfernt man durch Behandeln mit Aluminiumsalzen; ölhaltige Kondensate reinigt man mechanisch, kolloidchemisch oder elektrisch.

Die Reinigung des Wassers von den gelösten Beimengungen zielt darauf hin, die löslichen Bestandteile in unlösliche zu verwandeln und diese dann zu entfernen. Dadurch ergibt sich zwangläufig immer eine Kombination von chemischer und mechanischer Reinigung.

### 1. Die Entfernung von Kesselsteinbildnern.

Das Speisewasser von Kesseln soll weder Karbonate noch Gips enthalten. Man nennt das Wasser hart oder weich, je nachdem es mehr oder weniger schwer lösliche Salze enthält und beurteilt darnach seine Verwendbarkeit für den Kesselbetrieb. Ein deutscher Härtegrad entspricht 10 g CaO in 1 cbm Wasser. Die einfachste Ausscheidung ist die beim Kochen ausgeschiedenen Karbonate ohne jede Reinigungsanlage als sog. Kesselschlamm abzublasen. Damit ist aber ein beträchtlicher Wärmeverlust verbunden, so daß diese viel angewandte Methode als thermisch unwirtschaftlich zu verwerfen ist. Kalzium und Magnesium, welche an Kohlensäure gebunden sind, bilden eine vorübergehende Härte, die beim Kochen verschwindet (thermische Verfahren), die Bindung an Nitrate, Chloride, Sulfate und Silikate nennt man bleibende Härte. Diese sind die eigentlichen Kesselsteinbildner. Die Wärmeleitzahl von Kesselstein ist etwa 30—50mal, bei stark siliziumhaltigem Kesselstein etwa 100mal kleiner als die von Eisen; er verursacht also Wärmestauungen, wodurch die Kesselbleche heißer als ihnen zuträglich ist, selbst rotglühend werden können und an Widerstandsfähigkeit einbüßen (vgl. Abb. 283). Nach statistischen Aufstellungen sind etwa 10 % aller Dampfkesselzerknalle auf Kesselstein zurückzuführen. Im allgemeinen empfiehlt sich bei leicht zu reinigenden Kesseln von 12 deutschen Härtegraden an, bei Wasserrohrkesseln von 6—7 deutschen Härtegraden an, die Anlage von Wasserreinigungsvorrichtungen. Zum Enthärten des Wassers dienen thermische, thermochemische, chemische und elektrolytische Verfahren.

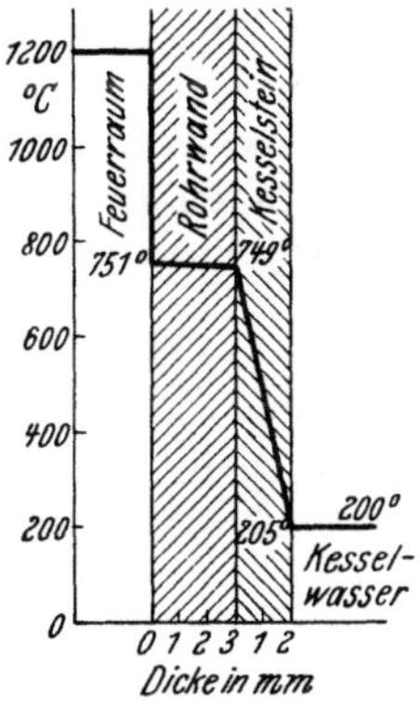


Abb. 283. Wärmefluß durch ein Kesselheizrohr mit Kesselstein (2 mm dicker siliziumreicher Kesselstein [$\lambda = 0{,}1$ kcal/m h °]).

**Thermische Verfahren.** (Beseitigung vorübergehender Härte.) Es besteht darin, die Bikarbonate zu zersetzen und auf diese Weise die Kalzium- und Magnesiumkarbonate auszufällen. Es empfiehlt sich, wenn die bleibende Härte im Vergleich zur Karbonathärte klein ist und billige Abwärme zur Verfügung steht. Zu den Ausführungsarten dieses Verfahrens gehört das von Hülsenmeyer, bei welchem das Kesselinnere mit Einbauten ausgerüstet ist, auf welchen die Kesselsteinbildner sich tropfsteinähnlich ablagern und die Verbesserung von Balcke (Maschinenbaugesellschaft AG. Balcke, Bochum), wobei die Fällung in einem Plattenkocher außerhalb des Kessels geschieht. Ein Vorteil des Verfahrens ist, daß gleichzeitig eine Entgasung erfolgt. Doch ist die Wirtschaftlichkeit in erster Linie auf Fälle, wo billige Abwärme zur Verfügung steht, beschränkt. Die vollkommenste Art der Enthärtung, besonders bei vorgeschalteten chemischen Enthärtungsanlagen, sind Verdampfer. Sie kommen wohl nur bei Hochleistungskesseln und bei Kondensatrückführung, wobei nur Zusatzwasser aufzubereiten ist, in Frage.

**Chemische Verfahren.** Man unterscheidet Ausfällverfahren, Austauschverfahren und Impfverfahren. Eine gute Enthärtung hat folgende Gesichtspunkte zur Voraussetzung: 1. genügende Bemessung der Fäll- und Klärbehälter, 2. richtige Geschwindigkeit des Wassers im Reiniger, 3. dauernde Überwachung der Anlage durch geschultes Personal[1].

Die Ausscheidung von Karbonaten. Der Ätzkalk oder gelöschte Kalk (Kalkmilch) bindet die im Wasser gelöste freie Kohlensäure, entzieht dem doppelkohlensauren Kalk und der doppelkohlensauren Magnesia die Hälfte der Kohlensäure, es entsteht kohlensaurer Kalk und Magnesiumhydroxyd. In ähnlicher Weise wirkt Ätznatron. Es bildet sich hierbei kohlensaurer Kalk, Magnesiumhydroxyd und Soda. Durch den entstehenden Soda läßt sich gleichzeitig die

Ausscheidung von Sulfaten erzielen. Diese sind bei weitem die unangenehmsten Kesselsteinbildner. Enthält das Speisewasser hauptsächlich Sulfate (besonders Gips), so lassen sich diese durch Soda in lösliche Form: kohlensauren Kalk und Glaubersalz bringen. Die Umsetzung ist jedoch nur bei vorgewärmtem Wasser vollständig. In der gleichen Weise wirkt kohlensaures Baryt, wobei außerordentlich langsam kohlensaurer Kalk und schwefelsaures Baryt entsteht.

Die Ausscheidung von Chloriden. Chlormagnesium ist vor allem sehr schädlich, da es sich im Kessel unter der Bildung von Salzsäure zersetzt. Durch die Beigabe von Ätznatron wird es in Magnesiumhydroxyd und Chlornatrium umgesetzt.

Die bekannten Wasserreinigungsverfahren, auf welche in diesem Zusammenhange nicht erschöpfend eingegangen werden kann, enthalten alle hauptsächlich die angegebenen Chemika-

[1] Stumper, R.: Aufbereitung von Kesselspeisewasser. Arch. f. Wärmewirtsch. **11**, H. 3 (1930).

lien in irgendwelchen Mischungsverhältnissen. Vor allem ist Ätznatron fast überall zum Fällen der Kesselsteinbildner genügend.

Das Kalksodaverfahren. Kalk fällt die Bikarbonate, die Magnesiasalze und die freie Kohlensäure, Soda die noch bleibenden Kalksalze. Der Kalk-Sodareiniger besteht aus einem Kalksättiger, einem Sodalösungsgefäß und einer Dosiervorrichtung, wo eine der jeweiligen Rohwassermenge entsprechende Kalksodalösung dosiert wird und einem Mischbehälter zufließt, der gleichzeitig als Klärbehälter dient. Je nach der ausführenden Firma ist die konstruktive Durchbildung insbesondere der Dosiervorrichtung verschieden. Das Verfahren ist ziemlich allgemein anwendbar, besonders für Wasser mit hoher vorübergehender Härte. Ein Nachteil des Verfahrens sind die erforderlich umfangreichen Anlagen und die genaue Überwachung. Bei Anwendung von Ätznatron statt Kalk bildet sich weniger Schlamm, außerdem wirkt die entstehende Soda auf die bleibende Härte ein. (Lieferfirma u. a. L. & C. Steinmüller, Gummersbach.)

Das Nekarverfahren (Sodaverfahren mit Schlammrückführung). Das Enthärten des Speisewassers mit Soda allein bereitet Schwierigkeiten, weil die Magnesia nicht völlig niedergeschlagen wird. Deshalb verwendet man die im Kessel enthaltenen alkalischen Salze, deren Menge kontinuierlich zunimmt, zur Enthärtung des Rohwassers. Das Verfahren stellt eine Sodaenthärtung unter Verwendung des rückgeführten Kesselwassers und der darin enthaltenen Wärme dar. Die Härtebildner werden in einem unter dem Mischbehälter befindlichen Sammelgefäß abgelassen. Das Verfahren eignet sich in erster Linie für Wasser mit vorwiegender Nichtkarbonathärte und geringem Gehalt an Magnesiasalzen. Der Vorteil des Verfahrens besteht in einer Ersparnis an Chemikalien und einer automatischen Entschlammung des Kessels, als Nachteile sind die vermehrte Pumpenleistung, der durch die Apparatur bedingte zusätzliche Wärmeverlust und die Anforderungen an die Überwachung zu buchen, weiterhin die Tatsache, daß das Kesselwasser hierbei Gelegenheit hat, Sauerstoff aufzunehmen, wogegen Kohlensäure nicht ausgeschieden werden kann. (Lieferfirma P. H. Müller G. m. b. H., Stuttgart.)

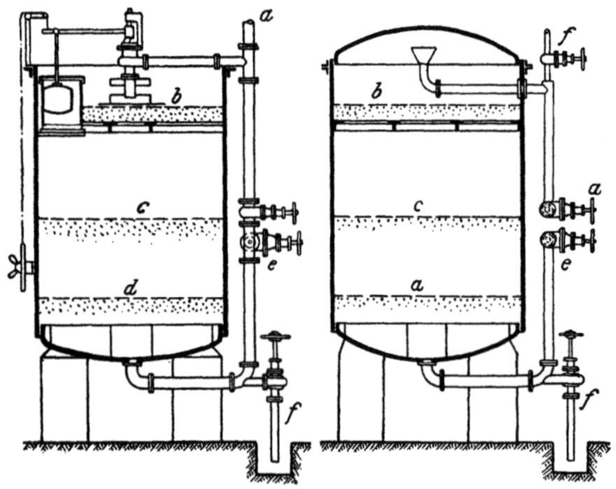

Abb. 284. Permutitfilter-Anlage.
*a* Rohwassereintritt; *b*, *d* Kiesschicht; *c* Permutitschicht; *e* Weichwasseraustritt; *f* Salzlösung.

Das Permutitverfahren. (Lieferfirma Permutit AG., Berlin NW 6.) Die Anlage besteht nur aus einem Permutitfilter (Abb. 284). Permutit wird durch Zusammenschmelzen von Feldspat, Kaolin, Sand und Soda gewonnen, es hat die Eigenschaft, den Basenrest Natrium gegen andere Metallionen austauschen zu können. Aus den Kalzium- und Magnesiumsalzen entstehen dabei die analogen Natriumsalze, wenn das harte Wasser in kaltem Zustande durch den Permutitfilter geleitet wird. Um auch die Chloride unschädlich machen zu können, muß Kochsalz zugefügt werden. Nach übereinstimmendem Urteil ist das Permutitverfahren das vollkommenste Enthärtungsverfahren. Der einfache Filtervorgang benötigt keine so strenge Überwachung wie der Fällvorgang, die Empfindlichkeit gegen die Zusammensetzung und Menge des Rohwassers ist nicht groß, mit völlig kaltem Wasser läßt sich ebenso reinigen wie mit warmem Wasser (Höchsttemperatur beim Neopermutitverfahren 40°). Wasser mit hohem Bikarbonatgehalt eignet sich allerdings für dieses Verfahren wenig; für stark kieselsäurehaltige Wasser eignet sich das Permutitverfahren nicht.

Zu den elektrolytischen Verfahren zählt das Osmoseverfahren (Siemens-Elektroosmose-Gesellschaft G. m. b. H., Berlin).

Neben diesen Möglichkeiten spielen auch Kesselsteinverhütungsmittel eine nicht zu unterschätzende Rolle. Bei ihrer Anwendung ist aber große Vorsicht geboten, da es sehr schwer ist, bei derartigen Geheimmitteln die viele „Spreu vom Weizen" zu scheiden. Sie enthalten meist „Tartricid" oder Adsorptionsmittel, wie z. B. das Kesselsteinverhütungsmittel „Kohydrol" von Riedel-E. de Haen AG., Selze. Da diese Mittel zu Lasten der Betriebskosten teuere Anlagen sparen, empfiehlt sich ihre Anwendung in erster Linie bei kleinen Anlagen oder Kesseln mit geringer jährlicher Benutzungsdauer; in jedem Falle ist eine laufende Kontrolle wichtig.

### 2. Entgasung des Speisewassers.

Außer den Kesselsteinbildnern sind noch die im Wasser enthaltenen Gase schädlich, insbesondere können Sauerstoff und aggressive Kohlensäure Korrosionen hervorrufen. Aggressiv wirkt Kohlensäure, wenn mehr als 35 mg Kohlendioxyd im Liter Wasser enthalten sind.

Beim Kalk-Sodaverfahren findet gleichzeitig mit der Enthärtung auch eine Entfernung von Kohlendioxyd statt, während beim Nekar- und Permutitverfahren Kohlendioxyd angereichert wird, so daß letztere für stark kohlensäurehaltiges Speisewasser nicht vorzuziehen sind, wenn nicht bestimmte Zerstäubungsapparaturen zur Entfernung von $CO_2$ eingebaut werden. Wichtig ist, daß das Speisewasser nach der Reinigung sorgfältig von Luft abgeschlossen wird, damit es nicht von neuem Gase, vor allem Sauerstoff, aufnimmt (Gasschutzvorrichtungen). Eine vollständige Entgasung von Wasser läßt sich nur erreichen, wenn man Wasser zum Kochen bringt, weil es in diesem Zustand gegenüber Gasen kein Lösungsvermögen hat. (Abnahme der Löslichkeit von Gasen in Wasser bei steigender Temperatur.) Dabei ist Kochen bei Unterdruck (Abnahme der Löslichkeit bei fallendem Druck) am günstigsten. Weiterhin dienen zur Entgasung (chemische Verfahren) Eisenspanfilter oder Filter aus Holzkohle, die sich aber bald erschöpfen. Ausreichenden Korrosionsschutz gewährleistet nach Stumper — gute Entgasung vorausgesetzt — das ständige Einhalten einer Natronschutzzahl von 400 bis 1000 im Kessel.

### 3. Wasserentölung.

Mit Rücksicht auf die Wärmewirtschaft im Kesselhaus wird in keinem modernen Betrieb auf die Rückführung des Kondenswassers zur Kesselspeisung verzichtet. Der Abdampf der Kolbendampfmaschine ist aber immer ölhaltig. Wenn in die Abdampfleitung auch mechanische Dampfentöler eingeschaltet werden (vgl. S. 290), so ist doch die dadurch erzielbare Entölung für die Kesselspeisung nicht ausreichend. Die Wasserentölung kann auf chemischem, elektrolytischem und mechanischem Wege erfolgen. Das erste Verfahren eignet sich für verunreinigte Vorwärmer und beruht darauf, daß vegetabile und animalische Öle mit Lösungen von Pottasche und Soda verseifen. Auf Mineralöle ist das Verfahren nicht anwendbar. Das mechanische Verfahren beruht entweder in einer Filterung oder in einem Absetzen in Klärbehältern, wobei ausgenutzt wird, daß das spez. Gewicht von Öl etwas kleiner als das von Wasser ist (für Mineralöle 0,89 bis 0,96). Das elektrolytische Verfahren wurde von der Firma Halvor Breda AG. entwickelt. Es werden 0,12—0,2 kW/cbm benötigt. Es läßt sich ein Produkt von etwa 0,05 g Ölgehalt je Kubikmeter erzielen. Nachteilig ist die notwendige häufige Reinigung der Elektroden und die höheren Anschaffungskosten. Auch durch Zusatz von schwefelsaurer Tonerde und Soda kann man Öle und Fette entfernen. Das vorherrschend angewandte Verfahren ist eine Filtrierung durch eingespannte feine Tücher.

Literatur: Blacher, C.: Speisewasserpflege. Herausgegeben von der Vereinigung der Großkesselbesitzer 1927. — Walde, H.: Beiträge zur Frage des Kesselsteins und seiner Verhütung. Berlin: Julius Springer 1927. — Stumper, R.: Arch. f. Wärmewirtsch. **11**, 3 (1930). Stumper, R.: Die physikalische Chemie der Kesselsteinbildung und ihre Verhütung. Stuttgart: F. Enke 1930.

## g) Zubehörteile zum Kessel.

Hierzu gehören die Speisevorrichtungen, Dampfabsperrventile, Speiserohre, Speisewasserrückschlag und -absperrventile, Wasserstandsanzeiger, Manometer. Weiterhin sind Meßgeräte erforderlich (vgl. S. 381), für welche bereits beim Bau des Kessels die entsprechenden Anbringungsmöglichkeiten vorzusehen sind.

Jeder Kessel muß gesetzlich[1] mit mindestens zwei voneinander unabhängigen Speisevorrichtungen versehen sein, welche das Doppelte der bei normaler Kesselbelastung verdampfenden Wassermenge zu fördern vermögen. Verwendet werden Kolbenpumpen, Dampfstrahlpumpen oder Injektoren, neuerdings auch Kreiselpumpen. Die Kolbenpumpe wird meist als schwungradlose Dampfpumpe ausgeführt. Injektoren sind trotz ihres schlechten Wirkungsgrades (hoher Dampfverbrauch) nicht ungünstig, weil die aufgewendete Wärme nicht verloren ist, sondern dem Speisewasser zugute kommt. Allerdings saugt der Injektor warmes Wasser schlecht an, so daß seine Verwendung, wenn rückfließendes Kondensat verwendet wird, nicht empfehlenswert erscheint. Außerdem sind Injektoren schlecht regelbar, auch kommt durch sie viel Luft in den Kessel. Meist werden sie als gesetzlich vorgeschriebene zweite Speisevorrichtung verwendet, müssen aber von Zeit zu Zeit benutzt werden, damit sie im Notfalle nicht versagen. Selbständige Speisewasserregler, wie der Hannemann-Wasserstandsregler, haben sich bewährt.

[1] Vgl. Allgem. Pol.-Bestimmungen über die Anlegung von Dampfkesseln vom 17. Dezember 1908, 10. Januar 1910.

## h) Die Dampfmaschine.

In der Dampfmaschine wird die Volumausdehnung des Dampfes bei der Entspannung unmittelbar in Arbeit umgesetzt. Der Frischdampf ströme mit dem Kesseldruck *a* in den Zylinder der Dampfmaschine ein (Abb. 285). Bei einer bestimmten Kolbenstellung (*2'*) wird die Dampfzufuhr unterbrochen, die „Füllung" ist zu Ende. Der Dampf dehnt sich nun aus (Expansion) und schiebt den Kolben bis zur Endlage des Zylinders, dabei verliert er an Spannung. Bei (*3'*) wird das Auslaßventil geöffnet und der Restdampf bis zu einem konstanten Enddruck ausgeschoben. Bei einer bestimmten Kolbenstellung (*4'*) schließt das Auslaßventil, der Restdampf wird verdichtet, und die Füllung beginnt von neuem (*1'*). Ein Diagramm, welches diesen Kreislauf veranschaulicht, nennt man ein *p*-*V* (Druck-Volumen-) Diagramm. Betrachtet man lediglich den theoretischen Prozeß, so entsteht das Diagramm: *1' 2' 3' 4'* (schraffiert angedeutet). Berücksichtigt man alle bei der praktischen Durchführung eintretenden Veränderungen des theoretischen Prozesses, so entsteht das Indikatordiagramm (*1 2 3 4 5*) (vgl. S. 383), dessen Fläche ein Maß für die tatsächlich erzeugte Arbeit ist.

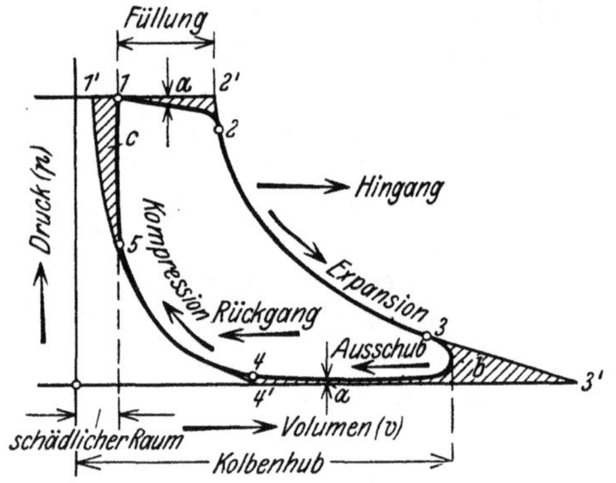


Abb. 285. Druck-Volumen-Diagramm einer Dampfmaschine.

*1* Beginn der Füllung, *2* Ende der Füllung, Beginn der Expansion, *3* Ende der Expansion, Voraustritt, *4* Beginn der Kompression, *5* Ende der Kompression und Voreintritt; *a* Drosselverluste beim Ein- bzw. Ausströmen, *b* Verlust durch unvollkommene Expansion, *c* Verlust durch unvollkommene Kompression.

Der Unterschied zwischen dem theoretischen und dem tatsächlichen Prozeß hat eine Reihe von Ursachen. Wollte man die Expansion soweit treiben, als es dem spezifischen Volumen des Dampfes bei dem niedrigen Kondensatordruck entspricht, so bekäme man ungeheure lange Zylinder und würde im letzten Stück doch nicht viel Arbeit gewinnen. Deshalb schneidet man das Ende des Diagramms ab, weiterhin läßt man das Auslaßventil bereits vor Erreichung der Totlage, am sog. Voraustritt (*3*) öffnen. Den dadurch entstehenden Verlust nennt man „Verlust durch unvollkommene Expansion". (Bei der Dampfturbine nicht vorhanden.) Er ist um so größer, je höher bei gleicher Füllung der Eintrittsdruck und je geringer der Gegendruck hinter der Maschine ist (Abb. 286).

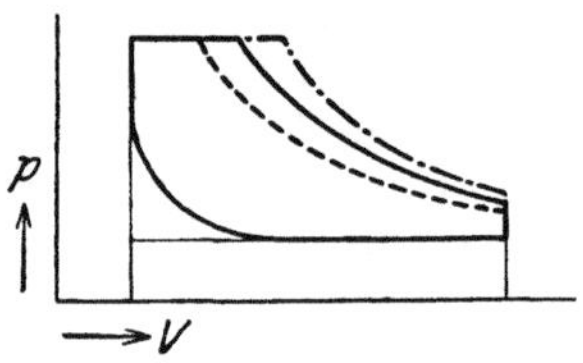


Abb. 286. Einfluß der Füllung auf das *p*—*V*-Diagramm.

Ein weiterer Verlust tritt durch den Wärmeaustausch zwischen Dampf und Wandung infolge von Eintrittskondensation auf. Der frisch eintretende Dampf hat eine hohe, der entspannte Dampf eine niedrige Temperatur. Bei der Füllung wird die Wandung aufgeheizt, auch noch bei einem Teil der Expansion. Da aber entsprechend der Entspannung auch die Dampftemperatur sinkt, wird ein Punkt erreicht, wo eine Temperaturumkehr stattfindet und die Wandung nun den Dampf nachheizt. Dies ist im zweiten Teile der Expansion, während des Ausschubes und der Kompression der Fall. Die ganze Wärmependlung entspricht einem Energieverlust. Der Verlust wird besonders bei großem Wärmegefälle zwischen Dampf und mittlerer Wandungstemperatur groß, dagegen verringert er sich mit steigender Tourenzahl im Verhältnis $1/\sqrt{n}$, außerdem mit zunehmender Füllung. Weil aber mit zunehmender Füllung auch eine Zunahme des Verlustes durch unvollkommene Expansion Hand in Hand geht, muß man aus der Auswirkung der beiden Einflüsse ein Minimum der Verluste finden, welches normalerweise ziemlich flach verläuft.

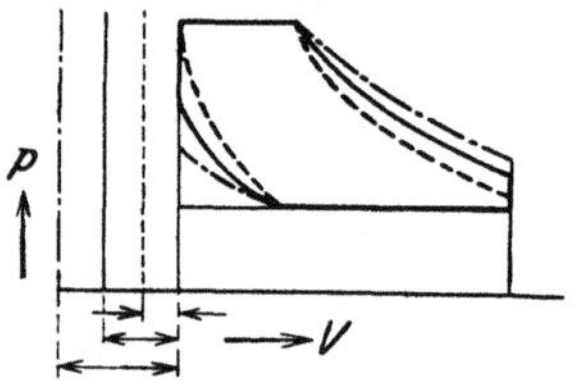


Abb. 287. Einfluß des schädlichen Raumes auf das *p*—*V*-Diagramm.

Von erheblichem Einfluß ist auch die Größe des schädlichen Raumes. Dieser ist insofern unvermeidlich, als der Kolbenboden am Totpunkt aus Sicherheitsgründen einen, wenn auch geringen Abstand vom Zylinderdeckel haben muß. Der Verlust ist bei Maschinen hoher Tourenzahl besonders hoch. Je größer der schädliche Raum ist, um so flacher verlaufen Expansions- und Kompressionslinie. Der schädliche Raum trägt auch das Verschulden, daß man nicht genau bis zum Anfangsdruck komprimieren kann, sondern mit der Füllung schon früher beginnen muß. Bei den kleinen Dampfgewichten bei der Kompression des Restdampfes würden die Wandungswirkungen sehr stark werden und dadurch der Charakter der

Kompressionskurve verändert. Abb. 287 zeigt, daß sowohl Expansions- wie auch Kompressionslinie um so flacher verlaufen (daher auch die Verlustspitze um so größer wird) je größer der schädliche Raum ist.

Verluste entstehen weiterhin dadurch, daß der Abschluß der Eintritts- und Austrittsöffnungen nicht momentan vor sich geht; die Ventile brauchen zum Schließen eine gewisse Zeit, innerhalb welcher die Öffnungen verengt werden, wodurch Drosselverluste entstehen, welche im Diagramm dadurch zur Auswirkung kommen, daß sich seine Ecken abrunden.

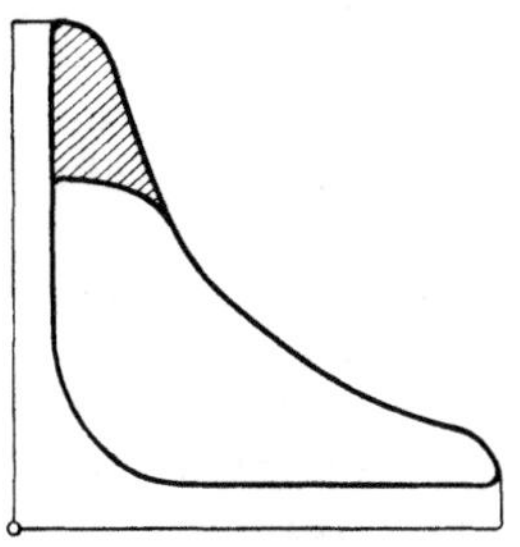

Abb. 288. Arbeitsgewinn durch Steigerung des Anfangsdrucks.

Um die angegebenen Verluste möglichst gering zu halten, gibt es folgende Wege:

1. Anwendung von überhitztem und hochgespanntem (vgl. S. 361) Dampf (Abb. 288).
2. Anwendung kleiner Austrittsspannungen (Kondensation).
3. Anbringung eines Heizmantels um den Zylinder.
4. Aufteilung des Wärmegefälles in zwei Zylinder (Verbundwirkung).
5. Gleichstromprinzip.

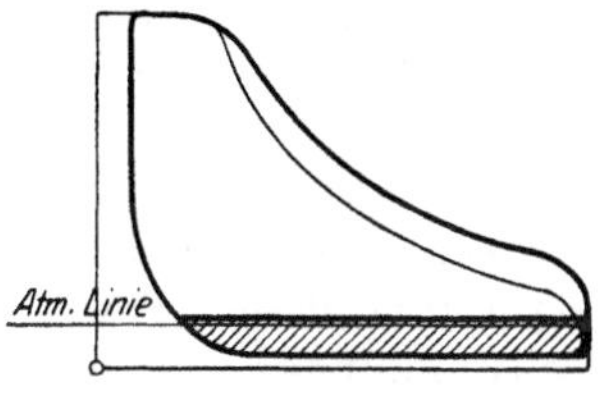


Abb. 289. Arbeitsgewinn durch Kondensation.

Überhitzter Dampf entsteht dadurch, daß man den gesättigten Dampf vor dem Verlassen des Kessels nochmals durch Heizgase nachheizt (vgl. S. 362). Der Vorteil des überhitzten Dampfes ist vor allem, daß keine Eintrittskondensation erfolgt und dadurch die Wärmependlungen zwischen Zylinderwandung und Dampf wesentlich verringert werden.

Eine Besserung der Verhältnisse läßt sich auch dadurch erzielen, daß man nicht auf Atmosphärendruck, sondern auf den der Kühlwassertemperatur entsprechenden Druck expandiert. Das Diagramm wird dann durch den hinzukommenden breiten Flächenstreifen (Abb. 289) erheblich größer, dies bedeutet, daß bei gleicher Leistung mit kleinerer Füllung, geringerer Dampfmenge gearbeitet werden kann.

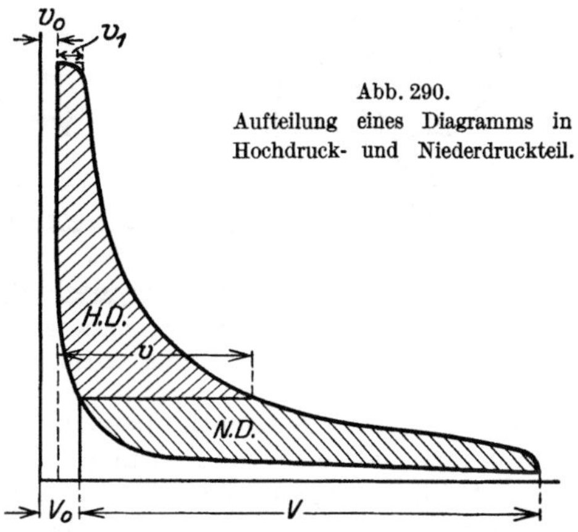


Abb. 290. Aufteilung eines Diagramms in Hochdruck- und Niederdruckteil.

Die Anwendung eines Heizmantels um den Zylinder hat nur dann Zweck, wenn die Ersparnis durch Verringerung der Kondensationsverluste größer als der Verbrauch an Heizdampf wird, das ist im allgemeinen nur bei Sattdampf-Kondensationsmaschinen der Fall.

Ein weiteres Mittel um die Wärmependlung, zwischen Dampf und Zylinder zu verringern, ist die Aufteilung des Wärmegefälles, d. h. man läßt den Dampf nicht in einem Zylinder bis zum Kondensatordruck ausdehnen, sondern im ersten Zylinder auf eine mittlere Spannung und im zweiten Zylinder auf den Enddruck (Abb. 290 und 291). Diese Aufteilung hat gegenüber der Einzylindermaschine folgende Vorteile:

1. Die Druckschwankungen während eines Kolbenhubes werden kleiner, so daß Rahmen, Lager, Gestänge leichter werden.
2. Durch die kleineren Druckunterschiede vor und hinter dem Kolben werden die Undichtigkeitsverluste geringer.
3. Kleinere Eintrittskondensation durch die geringeren Temperaturunterschiede.

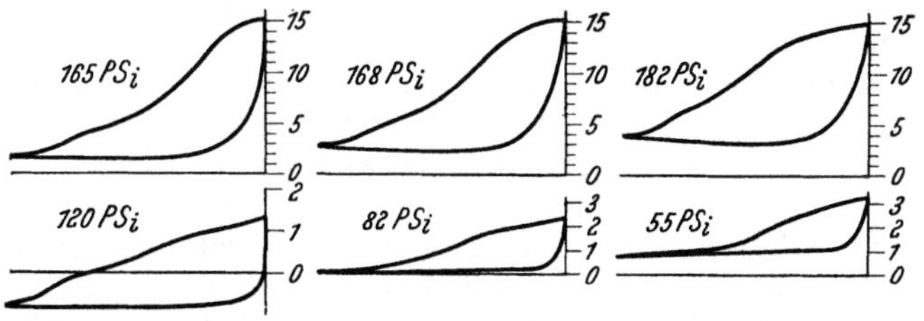


Kondensationsbetrieb 21 % Kompression im ND-Zylinder — Auspuffbetrieb 5 % Kompression im ND-Zylinder, Gegendruck 1 ata. — Heizungsbetrieb Gegendruck 2 ata.

Abb. 291. Indikatordiagramme einer Heiz-Kraft-Verbund-Lokomobile für wechselnden Kondensations- und Gegendruckbetrieb.

4. Größere Füllungen, dadurch höhere mittlere Zylinderwandungstemperatur.
5. Gleichmäßigere Drehkräfte bei Zwillingsanordnung und versetzten Kurbeln.

Durch die Aufteilung des Druck- bzw. Temperaturgefälles verbrauchen solche Maschinen um 20—30% weniger Dampf als entsprechende Einzylinderdampfmaschinen.

Auch bei der *Gleichstrommaschine* wird die Wärmependlung verringert, und zwar dadurch, daß man den Frischdampf stets am heißen Ende ein-, den Abdampf am kalten ausströmen läßt, während bei allen anderen Bauarten am gleichen Hubende sowohl Einströmung wie auch Ausströmung erfolgt. Die Gleichstrommaschine ist eine Maschine mit praktisch vollständiger Kompression. Der Dampfverbrauch ist ungefähr gleich dem einer Verbundmaschine.

Dem Dampfzustand nach unterscheidet man *Sattdampf-* und *Heißdampfmaschinen*, der konstruktiven Durchbildung nach *einfach-* und *doppelwirkende*, *Wechselstrom-* und *Gleichstrom-*, *stehende* und *liegende*, *einstufige* und *Verbund-Dampfmaschinen*, außerdem *Langsamläufer* und *Schnelläufer*. Nach den verwendeten Anfangs- und Enddrücken lassen sie sich in *Hochdruckmaschinen*, *Dampfmaschinen mit normalem Druck* (10 bis 12 atü), weiterhin in *Kondensations-Auspuff-* und *Gegendruckmaschinen* unterteilen.

## Bauarten der Dampfmaschine.

Die in den deutschen Schlachthöfen verbreitetste Bauart ist die doppeltwirkende Einzylinderdampfmaschine. Sie hat den Vorteil großer Einfachheit, außerdem ist sie gegen Belastungsschwankungen sehr unempfindlich. Man unterscheidet Maschinen mit Auspuffbetrieb und mit Kondensationsbetrieb. Erstere sind in den deutschen Schlachthöfen zu 20,7%, letztere zu 12,5% vertreten. Bei der *Auspuffmaschine* tritt der Frischdampf vom Kessel durch Schieber oder — bei allen neueren Maschinen — durch Ventile ein, leistet im Zylinder Arbeit und entspannt sich auf Atmosphärendruck. Bei der *Kondensationsmaschine* kann die Füllung bis auf den der Kondensationstemperatur entsprechenden Druck entspannt werden. Diese Möglichkeit ist ein außerordentlich großer Vorteil der Dampfmaschine, z. B. gegenüber der Brennkraftmaschine. Der Dampfverbrauch einer Kondensationsmaschine ist bei gleicher Leistung um etwa 25% geringer als der einer Auspuffmaschine. Für den reinen Kraftbetrieb wird man also immer eine Kondensationsmaschine anstreben. Der Schlachthofbetrieb ist aber ein kombinierter Kraft- und Wärmebetrieb, wodurch eine zeitweise Umschaltung auf Betrieb mit geringerem Gegendruck betrieblich notwendig ist. Höhere Gegendrücke kommen für Schlachthöfe nicht in Frage, weil lediglich heißes Wasser verbraucht wird, wozu Dampf von höherem Druck nicht notwendig ist.

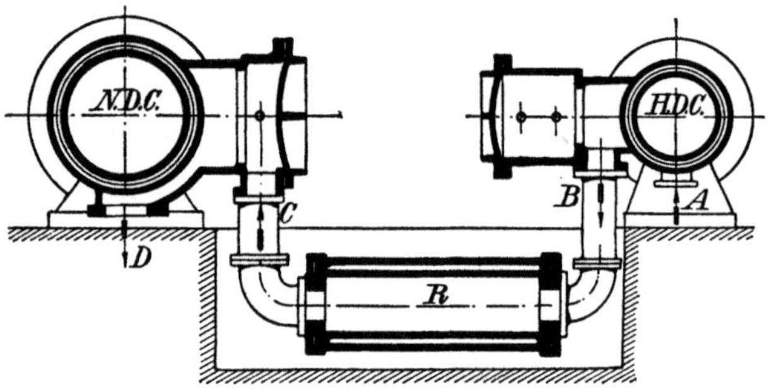

Abb. 292. Entnahmedampfmaschine.

Die Einzylinderkondensationsmaschine ist nur selten anzutreffen, weil nur die zweistufige Dampfdehnung den Nutzen der Kondensation richtig in Erscheinung treten läßt. Bei der *Verbundmaschine* ist entweder ein Hoch- und ein Niederdruckzylinder hintereinandergeschaltet, mit gemeinsamer Kolbenstange für beide Zylinder (Tandemanordnung), wodurch nur ein Kurbeltrieb notwendig wird, oder die beiden Zylinder befinden sich nebeneinander (Zwillingsanordnung, Abb. 292), wobei sich ein gleichmäßigeres Drehmoment (leichteres Schwungrad) ergibt. Für Schlachthöfe wird wegen des Ankuppelns des Kältekompressors meist die Einkurbelmaschine verwendet.

Bei der Verbundmaschine strömt der Dampf zuerst in den Hochdruckzylinder, leistet dort Arbeit, strömt von dort in den Niederdruckzylinder, leistet dort ebenfalls Arbeit und von hier aus in den Kondensator. Durch besondere Anordnung der Strömungswege lassen sich bei der Tandembauart Hoch- und Niederdruckzylinder sehr nahe zusammenbauen, es entsteht dadurch die *Kurz-Verbundmaschine*. Vorteile der Bauart sind der kleinere Platzbedarf, die kurzen Dampfwege und die damit verbundenen geringen Abkühlungsverluste.

Das Überströmungsrohr vom Hochdruck- in den Niederdruckzylinder nennt man Aufnehmer (Receiver). Es besteht nun die Möglichkeit zwischen Hochdruckzylinder und Niederdruckzylinder Dampf abzuzapfen, diesen Dampf zur Heizung zu benützen und nur den Restdampf im Niederdruckzylinder Arbeit leisten zu lassen und dann zu kondensieren. Dadurch wird aus der Verbundmaschine die *Entnahmemaschine* (Abb. 291 u. 292). Der Hauptunterschied zwischen

Verbund- und Entnahmemaschine ist, daß je nach der Größe der regelmäßig stattfindenden Dampfentnahme die Zylinderverhältnisse andere sind. Die praktisch größte Entnahme ist bis 95—97% der Niederdruckzylinderfüllung, da dem Niederdruckzylinder etwas Dampf zugeführt werden muß, um zu verhindern, daß der Kolben trocken läuft. Die wichtigste konstruktive Einzelheit der Entnahmemaschine ist eine Vorrichtung, welche den Füllungsgrad des Niederdruckzylinders dem Zwischendampfbedarf anpaßt. Sinkt bei der gleichbleibenden Belastung durch den Kältekompressor der Heizdampfbedarf, so steigt der Aufnehmerdruck. Diese Druckerhöhung läßt man mit Hilfe eines Druckreglers auf die Niederdruckeinlaßsteuerung wirken. Die Hochdruckzylinderfüllung wird wie bei den Einzylindermaschinen durch einen Fliehkraftregler beeinflußt. Die Einstellung des Druckreglers muß so erfolgen, daß die unbelastete Maschine weder bei geöffnetem Frischdampfventil noch bei geschlossenem Dampfzulaß und geöffnetem Heizdampfentnahmeventil durchgeht. Die Entnahmemaschine ermöglicht die Entnahme von Heizdampf in weiten Grenzen unabhängig von der Maschinenbelastung. Da beim Schlachthofbetrieb Arbeitserzeugung und Wärmeverbrauch zeitlich nicht übereinzustimmen pflegen, ist von besonderer Bedeutung, daß man die Vorteile der Kondensationsmaschine für den reinen Kraftbetrieb und die Vorteile der Auspuffmaschine für den Betrieb mit Abdampfverwertung wo irgend möglich vereinigt. Diese Kopplung erfolgt durch die Entnahmemaschine, mit deren Abdampf hinter dem Niederdruckzylinder das zu den Schlachtungen nötige Warmwasser vorgewärmt und mit deren Entnahmedampf es auf die Gebrauchstemperatur gebracht wird.

Eine Möglichkeit, eine Einzylindermaschine gleichzeitig mit Auspuff und Kondensation zu betreiben, bringt die Bauart Starke & Hoffmann, Hirschberg i. Schles. Die Maschine besitzt normale Einlaßventile, aber auf jeder Zylinderseite zwei übereinanderliegende Auslaßventile, welche unabhängig voneinander gesteuert werden. Das obere Auslaßventil arbeitet wie normal mit etwa 10% Vorausströmung und 10—12% Kompression, das untere Auslaßventil wird dagegen abhängig vom gewünschten Gegendruck gesteuert und läßt dadurch den Abdampf vollständig, teilweise oder bei reinem Auspuffbetrieb überhaupt nicht in den Kondensator abströmen.

Natürlich ist es auch möglich, eine normale Einzylindermaschine abwechselnd mit Auspuff und Kondensation arbeiten zu lassen. Bei unsachgemäßer Exzenterverstellung können allerdings Flüssigkeitsschläge im Zylinder entstehen. Sonst macht aber die Umstellung einer Auspuffmaschine auf Kondensation und umgekehrt keine Schwierigkeiten und ist jederzeit während des Betriebes möglich. Die Luftpumpe, als Transmissionspumpe ausgebildet, kann jederzeit ein- und ausgerückt werden, die Leitung kann mittels zweier Wechselschieber von Auspuff auf Kondensation bzw. umgekehrt umgestellt werden und an der Auslaßsteuerung wird mittels Handrad und entsprechendem Getriebe oder durch einen versetzten Keil (Abb. 293 links), oder durch Doppelnutung (Abb. 293 rechts) (falls die Auslaßexzentrer nicht zum Verdrehen eingerichtet sind), die Kompression für den einen und anderen Betriebszustand eingestellt, sofern die Maschine nicht mit einem Schieber ausgerüstet ist, der durch Überströmen die Kompression selbsttätig regelt.

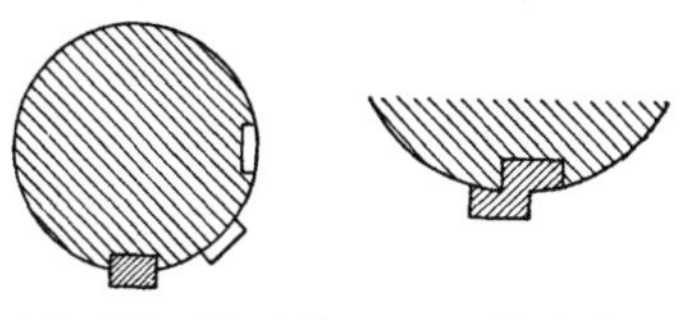

Abb. 293. Einrichtung zur Veränderung der Kompression von Kolbendampfmaschinen (beim Übergang vom Kondensationszu Auspuffbetrieb) durch Verstellen der Auslaßexzenter mit Hilfe eines versetzten Keils (links) oder mittels Doppelnutung (rechts).

Während bei der normalen Einzylindermaschine der Dampf in der einen Richtung einströmt und in der anderen Richtung aus dem Zylinder herausgedrückt wird, strömt bei der Gleichstrombauart der Dampf immer nur in einer Richtung durch den Zylinder. Dies wurde durch Stumpf dadurch konstruktiv gelöst, daß er die Auslaßorgane nicht wie bei anderen Maschinen am Ende des Zylinders, sondern in dessen Mitte verlegte (Abb. 294). Durch die geringere Wärmependlung ist der thermische Wirkungsgrad der Gleichstromdampfmaschine ungefähr dem einer Verbundmaschine gleich. Da sie gegen wechselnde Auspuffspannungen aber recht empfindlich ist, eignet sie sich in erster Linie für solche Zwecke, wo die Dampfmaschine in der Hauptsache nur Arbeit zu leisten hat, insbesondere für Kondensationsbetrieb. Die Gleichstrombauart gestattet die Anwendung hoher Überhitzung.

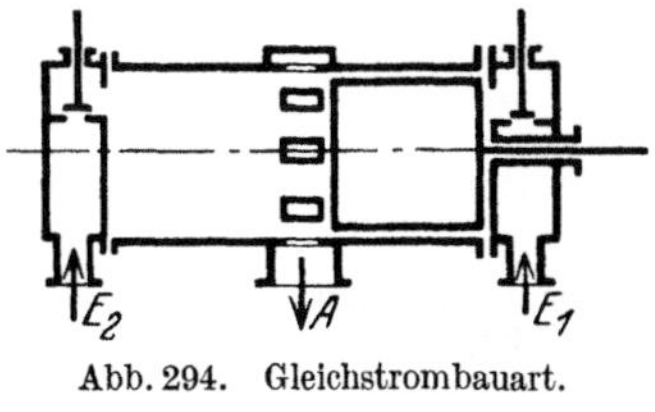


Abb. 294. Gleichstrombauart.

Ein recht günstiges Mittel zur Verringerung des Platzbedarfes bietet die Anwendung der Lokomobile. Bei dieser Bauart sind Kessel und Maschine zu einer Einheit zusammengebaut (vgl. Abb. 295). Dadurch fallen lange Leitungen fort, die Fundamente werden billiger, die getrennte Speisepumpe, ferner große Rohrleitungen, Armaturen usw. erübrigen sich, schließlich werden die Kapitalkosten geringer, die Möglichkeit nur mit einem Maschinisten auszukommen ist bei der Lokomobile noch bei größeren Leistungseinheiten als bei getrenntem Be-

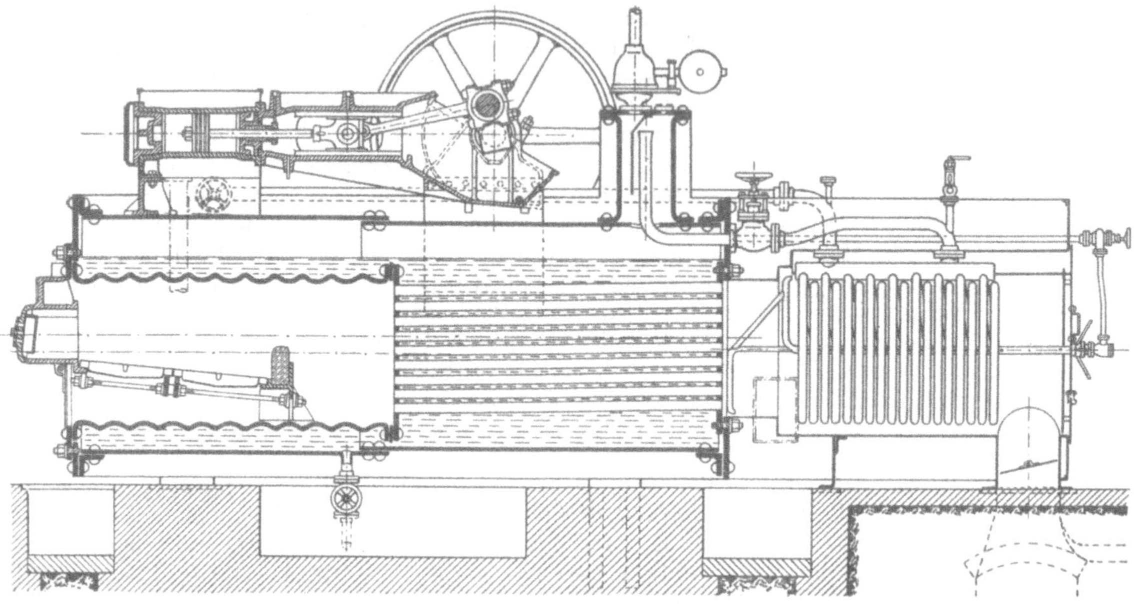

Abb. 295. Längsschnitt durch eine Lokomobile (Wolf, Magdeburg-Buckau).

trieb gegeben, die Brennstoffkosten sind bis zu hohen Leistungen bei der Lokomobile bedeutend geringer. In Abb. 296 sind die Unterschiede des Kapitaldienstes und der laufenden Kosten einer Lokomobile und einer getrennten Anlage bei verschiedenen Größen, sowohl bei freiem Auspuff wie bei vollkommener Abdampfausnützung verglichen.

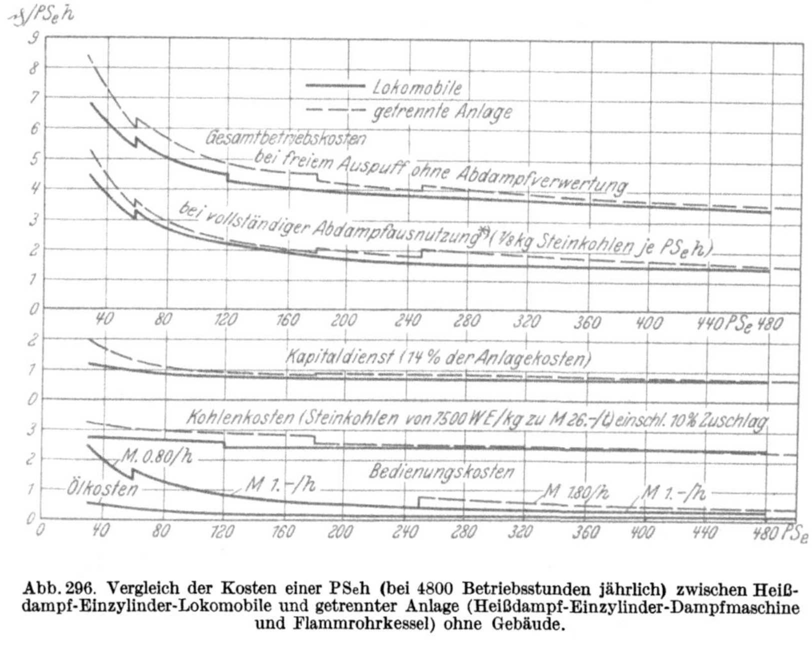


Abb. 296. Vergleich der Kosten einer PSeh (bei 4800 Betriebsstunden jährlich) zwischen Heißdampf-Einzylinder-Lokomobile und getrennter Anlage (Heißdampf-Einzylinder-Dampfmaschine und Flammrohrkessel) ohne Gebäude.

Auch **stehende** Maschinen haben einen geringeren Platzbedarf als liegende, jedoch werden sie für größere Leistungen nicht angewandt — und das ist gerade der Bereich der Dampfmaschine — weil sie im Verhältnis zur liegenden Maschine mehr Dampf und Schmieröl verbrauchen, außerdem ist die Instandhaltung und Bedienung schwieriger.

Die normalen **Drehzahlen** von Dampfmaschinen entsprechen augenblicklich einer Kolbengeschwindigkeit von etwa 3 m/s. Reicht in einer bestehenden Anlage die Leistung nicht aus, so kann man durch Erhöhung der Drehzahl die Leistung etwas verbessern, die Verbesserung darf aber nicht proportional eingesetzt werden, weil mit der Drehzahlsteigerung auch die Druckverluste in den Leitungen steigen, weshalb die Wirtschaftlichkeit von Fall zu Fall zu prüfen ist.

Beim Umbau einer vorhandenen Dampfmaschine auf **höhere Drücke** müssen die Dampfzylinder mit Zubehör ausgewechselt werden[1]. Alte Maschinen sollte man aber dabei grundsätzlich durch neue ersetzen.

Beim Umbau eines Sattdampf- in Heißdampfzylinder muß der Hochdruckzylinder samt Kolben, außerdem alle Stopfbüchspackungen ersetzt werden, da Sattdampfzylinder nur Temperaturen von etwa 250° vertragen. Ein Heizmantel ist bei Heißdampfmaschinen überflüssig. Ein Umbau für den Betrieb mit sehr hoch überhitztem Dampf empfiehlt sich im allgemeinen nur für guterhaltene mittlere und vor allem größere Maschinen. Der Umbau einer Sattdampfanlage für Überhitzungsbetrieb ist im allgemeinen in kurzer Zeit, etwa 4—5 Tagen, durchführbar.

Maschinen kleinerer Leistungen, wie sie aber heute nur noch in seltensten Fällen gebaut werden, weil bis etwa 100 PS bei mittlerem Ausnutzungsgrad eine Konkurrenzfähigkeit gegenüber Elektromotor und Dieselmaschine nur selten bestehen dürfte, werden häufig mit Schiebersteuerungen ausgerüstet. Bei größeren Füllungen genügt ein Schieber (Änderung der Füllung durch Exzenterverstellung), bei kleineren Füllungen sind Doppelschieber angebracht, wobei durch den Grundschieber die Voreinströmung, -ausströmung und die Kompression verändert wird, während ein Expansionsschieber die Füllung regelt. Die Schieber mit ebener Gleitfläche werden bei Heißdampf in zunehmendem Maße durch Kolbenschieber ersetzt. Die Beseitigung einer Unstimmigkeit in der Dampfverteilung durch die Steuerung ist bei Schiebersteuerungen

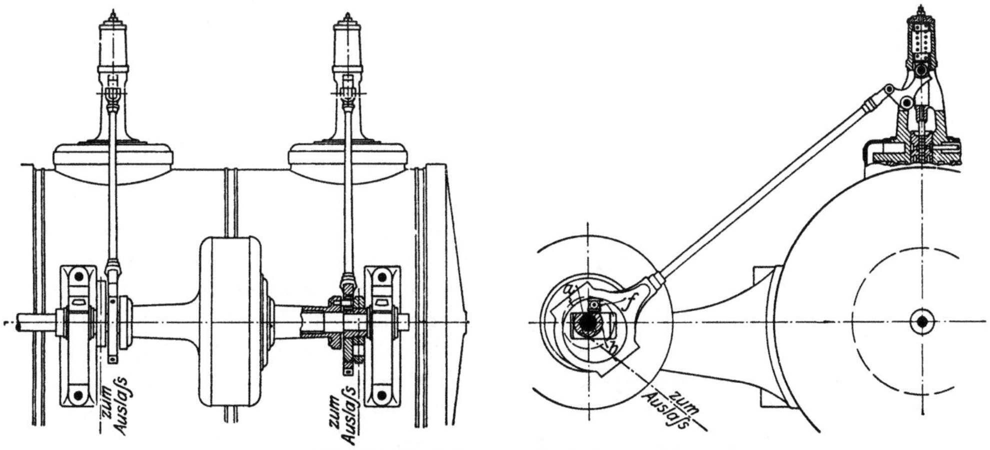

Abb. 297. Ventilsteuerung (Lentzsteuerung).

recht schwierig, da eine Änderung auf der einen Seite stets auch eine Änderung auf der anderen Seite zur Folge hat, man soll sie deshalb einem Sachverständigen (vgl. S. 380) überlassen.

Bei größeren Leistungen findet fast ausschließlich die Ventilmaschine Anwendung. Hier werden Einlaß- und Auslaßventile getrennt gesteuert (Abb. 297). Durch besondere Ausgestaltung der Exzenter und Umsatzgetriebe für die Ventile ist es möglich, diese mit großer Geschwindigkeit bei geringer Drosselung des Dampfes zu öffnen und ebenso stoßfrei und geräuschlos wieder zu schließen. Die Einstellung der Füllung, Voraustrött, Kompression usw. ist je nach der konstruktiven Durchbildung, die recht mannigfaltig sein kann, verschieden. Der häufigste Fall ist, daß die Änderung des Voreintrittes z. B. bei der Lentzsteuerung durch Verkürzen oder Verlängern der Exzenterstange des Einlaßexzenters erfolgt; die dadurch bewirkte Füllungsänderung wird automatisch durch den Regler ausgeglichen. Die Öffnung des Auslaßventiles und der Beginn der Kompression können bei der Sulzersteuerung und der Lentzsteuerung durch Verlängerung oder Verkürzung der Exzenterstange geändert werden.

Literatur: Vater, R.: Die neueren Wärmekraftmaschinen. (Gedrungene Zusammenstellung der wichtigsten Grundlagen.) Aus Natur und Geisteswelt. Leipzig-Berlin: B. G. Teubner. — Dubbel: Kolbendampfmaschinen und Dampfturbinen. Berlin: Julius Springer 1923. (Umfassend, stellt aber bereits höhere Anforderungen.) — Scholl, E. T.: Führer des Maschinisten. Braunschweig: Vieweg & Sohn 1911. (Etwas veraltet, aber noch gut brauchbares und gründliches Kompendium den gesamte Dampfkraftanlage.)

## i) Die Dampfturbine.

Der grundsätzliche Unterschied zwischen Dampfmaschine und Dampfturbine ist zweierlei Art: Zunächst wird in der Dampfmaschine während der Expansion des Dampfes unmittel-

[1] Bei Drucksteigerungen kann man das alte Gestänge dann beibehalten, wenn man im Verhältnis des neuen zum alten Anfangsdruck auch den Gegendruck erhöht.

bar Arbeit geleistet; bei der Dampfturbine dagegen wird während der Expansion, welche zum größten Teil in den Düsen erfolgt, die potentielle Energie des Dampfes (Wärmeinhalt) mindestens teilweise in kinetische Energie umgesetzt und erst diese in Arbeit verwandelt. Die konstruktive Durchführung der ersten Umwandlung ist so, daß der Frischdampf in Düsen (bzw. Leiträdern, Leitschaufeln) entspannt wird und je nach dem Druckgefälle eine mehr oder mindergroße Strömungsenergie erhält. Dieser Dampfstrahl prallt dann gegen Schaufeln, in welchen er zu einer Richtungsänderung gezwungen wird, wodurch er Arbeit leistet und sich das Laufrad dreht.

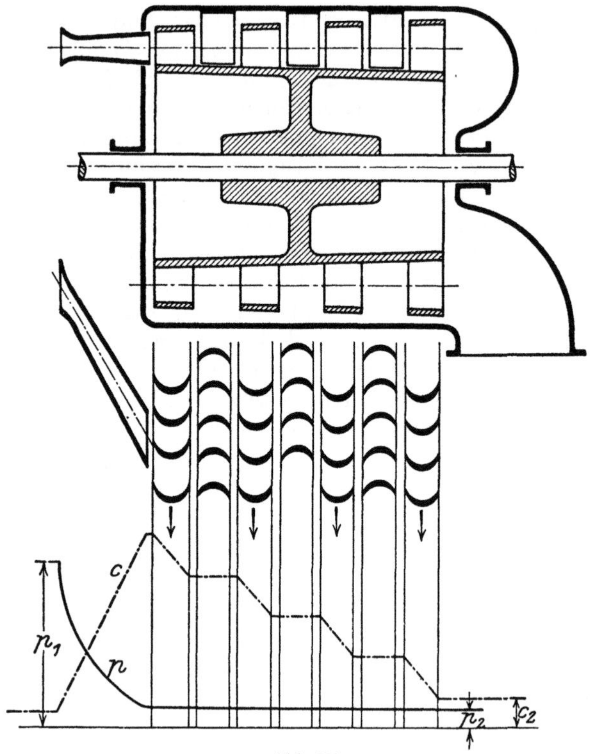


Abb. 298.
Schema einer Gleichdruckturbine mit Geschwindigkeitsstufen.
$c$ Verlauf der Dampfgeschwindigkeit, $p$ Verlauf des Dampfdruckes in der Turbine. (Die Laufräder sind mit Pfeilen bezeichnet).

Der zweite Unterschied zwischen Dampfmaschine und Dampfturbine besteht darin, daß erstere als Kolbenmaschine eine periodische Kraftmaschine ist, welche nur während der Expansionsperiode Arbeit leistet, während letztere eine kontinuierliche Kraftmaschine (Kreiselrad) ist.

Bei dem Gleichdruckverfahren mit Geschwindigkeitsstufung wird der Dampf in einer Düse auf den hinter dem Laufrad herrschenden Druck entspannt, sein Wärmegefälle wird also nur in einer Druckstufe, aber in mehreren Geschwindigkeitsstufen ausgenützt (Abb. 298). Zwischen je zwei Laufrädern befindet sich ein feststehendes Leitrad zur Umkehr der Strömungsrichtung.

Eine weitere Art ist die Druckturbine, bei welcher der Frischdampf nicht wie bei der Gleichdruckturbine sofort, sondern stufenweise auf den Kondensatordruck abgesenkt wird, und zwar geschieht dies dadurch, daß im Laufrad die Geschwindigkeitsenergie bei gleichbleibendem Druck in Arbeit umgesetzt wird und in den Leiträdern die Druckabsenkung erfolgt (Zoelly- und Rateauturbinen) (Abb. 299).

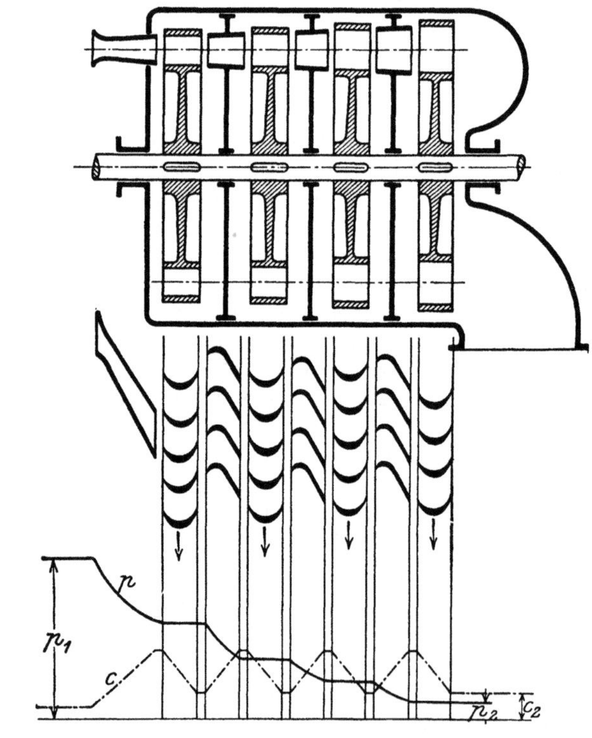


Abb. 299. Schema einer Gleichdruckdampfturbine mit Druckstufen.

Durch Zusammenfassung dieser beiden Möglichkeiten, ergeben sich Turbinen, bei welchen jede Druckstufe in 2 oder 3 Geschwindigkeitsstufen ausgeführt ist. Bei diesen gestaltet sich die Beherrschung der Umfangsgeschwindigkeit noch günstiger wie bei den Grundtypen.

Eine dritte Art ist die Überdruckturbine, die man sich aus der Druckturbine so entstanden denken kann, daß eine Druckabnahme nicht nur in den festen Leiträdern, sondern auch in den Laufrädern stattfindet (Parsonsturbine). Das Hauptanwendungsgebiet der Überdruckturbine sind hohe Leistungen. Auch die Überdruckturbine wird mit den anderen Möglichkeiten kombiniert ausgeführt, insbesondere schaltet man fast ausnahmslos ein Curtisrad mit mehreren Geschwindigkeitsstufen vor, weil in der ersten Stufe nur eine geringe Änderung der Dampfqualität erfolgt. Für den Rest sind die verschiedenartigsten Kombinationen möglich, z. B. arbeitet die AEG.-Turbine in 2 Druckstufen mit je 2 Geschwindigkeitsstufen (kurze Bauart, bis etwa 2500 PS), die Turbine der Bergmann-Elektrizitätswerke in der Hochdruckstufe mit einem Curtisrad, in der Niederdruckstufe als Druckturbine, bei der Turbine der Brown Boveri & Cie. besteht dagegen der Niederdruckteil aus einer Parsonstrommel.

Nach der Art der Beaufschlagung unterscheidet man Axial- (normale Bauart) und Radialturbinen (z. B. Elektraturbine, Ljungströmturbine), nach den Arbeitsverfahren analog wie bei den Kolbendampfmaschinen, Kondensations-, Gegendruck-, Anzapf- oder Entnahmemaschinen.

Die Vorteile der Dampfturbine gegenüber der Kolbendampfmaschine sind der wesentlich kleinere Platzbedarf, die einfachere Bauart, der ruhigere Gang, der geringere Schmierölverbrauch, die Erzielung ölfreien Abdampfes, die Zulässigkeit höherer Überhitzungstemperaturen und damit eines größeren Wärmegefälles, der Wegfall der Verluste durch unvollkommene Expansion (weshalb sehr niedere Kondensationstemperaturen im Gegensatz zur Kolbendampfmaschine wirtschaftlich sind) und der geringere Wirkungsgradabfall bei Belastung unter oder über Normallast (Abb. 300).

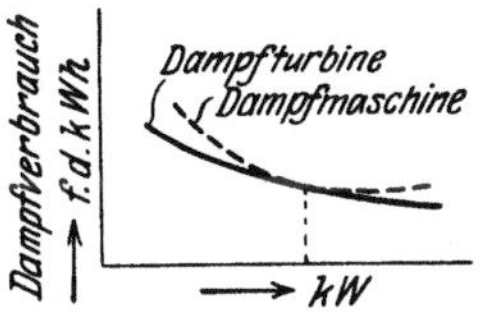


Abb. 300. Dampfverbrauchskurve, abhängig von der Belastung.

Wenn trotzdem die Kolbendampfmaschine in Wärmekraftanlagen für Leistungen zwischen 100 und 500 kW fast ausschließlich das Feld beherrscht und nicht die Dampfturbine, so hängt dies damit zusammen, daß die Turbine bis zu dieser Grenze einen höheren Wärmeverbrauch als die Kolbenmaschine hat, und auch darüber der günstigste Wirkungsgrad nur bei reiner, und zwar möglichst vollkommener Kondensation zur vollen Geltung kommt (Abb. 301). Für Auspuffbetrieb ist die Turbine nicht geeignet, da ihr Vorteil infolge des Wegfalls der Verluste durch unvollkommene Expansion, gerade die gute Ausnutzbarkeit der niedrigen Spannungsgebiete ist, während die Kolbendampfmaschine geringere Verluste im oberen Spannungsgebiet hat. Die Einführung von Dampfturbinen im Schlachthofbetrieb kann durch die weitere Entwicklung der Turbokompressoren (vgl. S. 323) wesentlich begünstigt werden. Kleindampfturbinen, wie sie in Amerika sehr verbreitet sind, konnten sich auf dem Kontinent wenig einführen. Sie haben einen schlechten Wirkungsgrad und eignen sich deshalb in erster Linie zur Verwertung von Abfalldampf, evtl. noch für Pumpenantriebe und Kleindynamos.

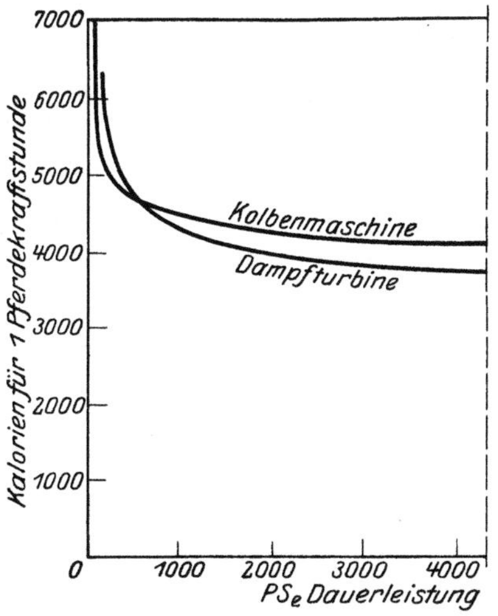


Abb. 301. Wärmeverbrauch von ortsfesten Kolbendampfmaschinen und Dampfturbinen abhängig von der abgegebenen Leistung.

Ein näheres Eingehen auf die Dampfturbine ist bei ihrer geringen Verwendung in Schlachthöfen (einziger Schlachthof ist wohl Dresden) in diesem Zusammenhange nicht möglich, für Interessenten sei auf Spezialwerke verwiesen.

Literatur: Vater, R.: Die neueren Wärmekraftmaschinen. Aus Natur und Geisteswelt. Leipzig-Berlin: B. G. Teubner. (Leichtfaßliche Zusammenstellung der Grundlagen.) — Seufert, F.: Bau und Berechnung der Dampfturbine. Berlin: Julius Springer 1929. (Stellt bereits höhere Anforderungen.) — Stodola: Die Dampf- und Gasturbinen. Berlin: Julius Springer 1922. (Kompendium dieses Gebietes.)

## k) Kondensatoren von Dampfkraftmaschinen.

Eine Dampfmaschine arbeitet mit Kondensation, wenn der Abdampf der Maschine durch Wasser verflüssigt und die den Dampf begleitende Luft durch eine Luftpumpe abgesaugt wird; man kann Kondensatoren gewissermaßen als Gegenstücke zu Dampfkesseln bezeichnen. Bei der Kondensation entsteht ein Unterdruck gegen die Atmosphäre, welcher theoretisch nur von Menge und Temperatur des Kühlwassers abhängt. Ein allzu hohes Vakuum bei Dampfmaschinen anzustreben ist aber, trotzdem der Dampfverbrauch jeder Dampfkraftanlage für je 0,1 at Verbesserung des Vakuums um 2% zurückgeht, unter die übliche Grenze von 85—90% nicht zweckmäßig, weil die Zunahme des Verlustes durch unvollkommene Expansion den Gewinn sehr rasch zunichte machen würde. Eine Unterordnung der Kondensation unter die Warmwasserbereitung ist nicht wirtschaftlich, weil Heißwassertemperaturen von 70—90°, wie sie in Schlachthöfen nötig sind, ein sehr schlechtes Vakuum zur Folge hätten, man also wohl alle Nachteile des Kondensationsbetriebes, aber nur geringe Vorteile hätte. Am besten wärmt man das Gebrauchswasser für die Schlachtungen im Kondensator auf 40—50° (entsprechend einem Kondensatordruck von 0,1—0,15 ata) vor; soweit Wasser von höherer Temperatur benötigt wird, kann man es zentral oder an der Verbrauchsstelle mit Entnahmedampf oder ausnahmsweise auch mit Frischdampf nachwärmen (vgl. S. 374).

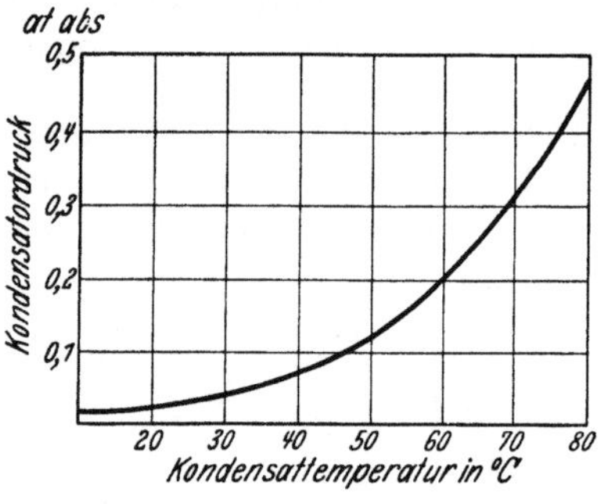


Abb. 302. Dampfdruckkurve des Wasserdampfes bei geringen Drücken.

Aus Abb. 302 ist die Abdampftemperatur abhängig vom Kondensatordruck ersichtlich.

Je nachdem der Abdampf mit dem Kühlwasser unmittelbar in Berührung gebracht wird oder nicht, unterscheidet man zwischen Einspritz- oder Mischkondensatoren und Oberflächenkondensatoren.

Der Einspritzkondensator ist baulich einfach, das Kühlwasser wird durch Brausen, Streudüsen oder Siebbleche verteilt (vgl. Abb. 304 u. 305). Die Anschaffungskosten sind etwa halb so groß wie beim Oberflächenkondensator, die bei letzterem anfallende Reinigung der Kühlrohre fällt fort, das Wasser kann bis auf die Dampftemperatur erwärmt werden.

Beim Oberflächenkondensator (Abb. 303) ist Dampf- und Kühlwasser durch eine Wand getrennt. Diese hat zunächst zur Folge, daß bei der Wärmeübertragung ein Temperaturgefälle bleibt. Der Kondensator besteht aus einem Behälter mit einer großen Zahl von Kühlrohren, die vom Wasser durchflossen werden, während der Dampf den übrigen Raum ausfüllt, und an den kalten Außenwandungen der Rohre niedergeschlagen wird. Der Vorteil des Oberflächenkondensators gegenüber dem Einspritzkondensator ist der, daß er eine Verwertung des erzeugten Kondensates zuläßt, insbesondere für Kesselspeisezwecke, da es keinen Kesselstein mehr absetzt. (Bei Kolbendampfmaschinen müssen allerdings Ölabscheider [vgl. S. 290] verwendet werden.)

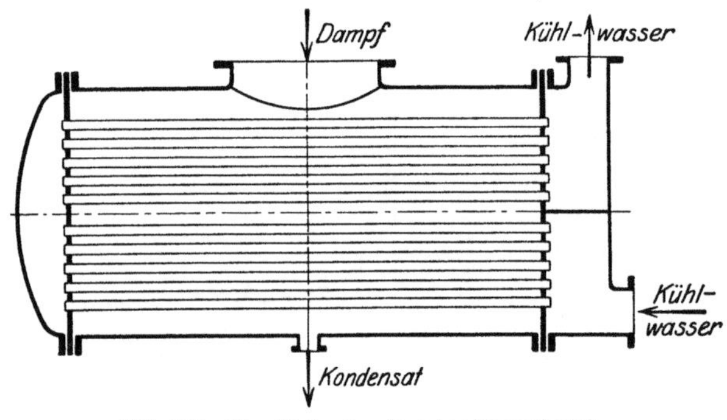


Abb. 303. Oberflächenkondensator (Querstrom).

Auch in bezug auf die unter gleichen Bedingungen zu erreichende Luftleere und des Leistungsbedarfes der Luftpumpe ist der Oberflächenkondensator günstiger. Dagegen ist er im Aufbau weniger einfach, dadurch wird er teuerer und stellt etwas mehr Anforderungen an die Bedienung.

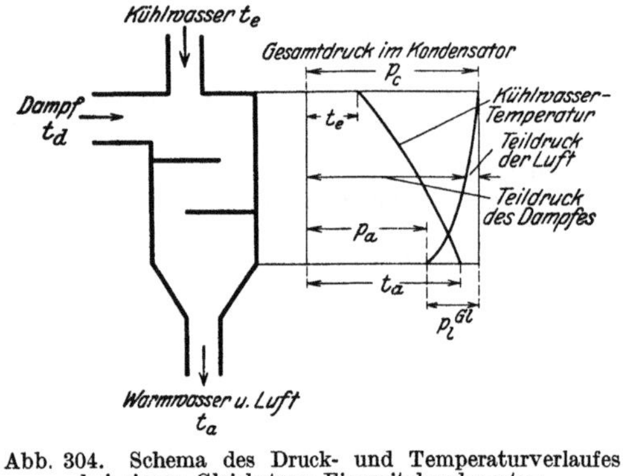


Abb. 304. Schema des Druck- und Temperaturverlaufes bei einem Gleichstrom-Einspritzkondensator.

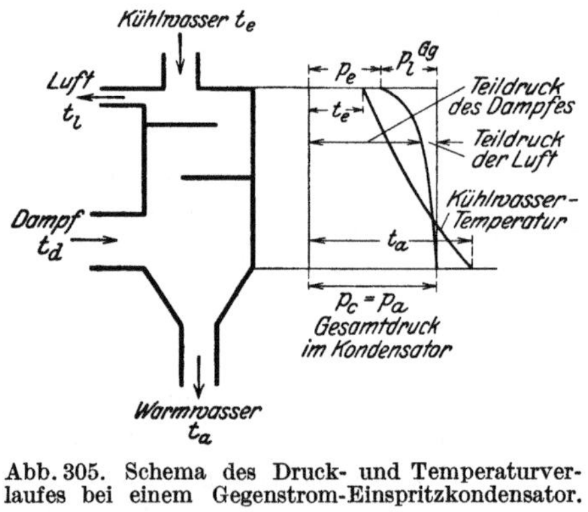


Abb. 305. Schema des Druck- und Temperaturverlaufes bei einem Gegenstrom-Einspritzkondensator.

Je nachdem man Wasser und Dampf an der gleichen Stelle eintreten läßt und Warmwasser, Kondensat und Luft an der anderen Seite des Kondensators absaugt, oder ob Dampf und Wasser in entgegengesetzter Richtung einströmen und man Wasser und Luft getrennt absaugt, spricht man von Gleichstrom- oder Gegenstromanordnung (Abb. 304 u. 305).

Unter sonst gleichen Verhältnissen ist die erreichbare Luftleere bei Gegenstrom größer als bei Gleichstrom, bei gleicher Luftleere sind die erforderliche Kühlwassermenge und die Luftpumpe bei Gegenstrom kleiner als bei Gleichstrom. Zusammenfassend kann man also sagen, daß die Frage ob Gleichstrom oder Gegenstrom vorteilhafter ist, sowohl beim Oberflächen-, wie beim Einspritzkondensator einzig und allein von der Luftmenge im Kondensator abhängt. In neuerer Zeit ist man vielfach zur Querstrombauart übergangen. Auf die konstruktive Durchbildung der Kondensatoren kann in diesem Zusammenhange nicht näher eingegangen werden. Es wird hier auf Spezialwerke verwiesen[1].

Der Entscheid: Oberflächen- oder Mischkondensator, ist eine reine Kostenfrage. Bei Dampfturbinen verwendet man fast ausschließlich Oberflächenkondensatoren, bei Kolbendampfmaschinen beides. Meist wird auch hierfür trotz der höheren Anschaffungskosten der Oberflächenkondensator günstiger sein, weil bei ihm das Kondensat wieder zur Kesselspeisung rückgeführt werden kann (vgl. S. 375).

Um das im Kondensator niedergeschlagene Kondensat zu entfernen und gleichzeitig auch die mit dem Kesseldampf oder durch Undichtheiten in die Abdampfleitung eingedrungene Luft abzusaugen, dienen die Kondensatpumpen. Man rechnet mit 0,1—2 kg Luft je 1000 kg Dampf. Kondensat-Einspritzwasser, niedergeschlagene Dampfreste und Luft, können gemeinsam durch eine Naßluftpumpe oder getrennt aus dem Kondensator entfernt werden (Trockenluftpumpe mit Wasserpumpe). Gemeinsame Absaugung hat den Vorteil größerer Einfachheit und Billigkeit, getrennte Absaugung kann den Vorteil niedrigerer Kondensatortemperatur und geringeren Leistungsbedarfes für die Pumpe bringen. Neuere Bestrebungen gehen dahin, die Luft in der Mitte des Kondensators abzusaugen. Bei Gegenstrom müssen Warmwasser und Luft getrennt abgesaugt werden. Mit Ausnahme dieses Falles wird bei Kolbenmaschinen, besonders wenn nur ein geringes Vakuum verlangt wird, wie es bei Schlachthofanlagen der Fall ist, wird fast stets gemeinsame Förderung von Kondenswasser und Luft ausgeführt. Meist werden die Kondensatpumpen im Fundamentkeller aufgestellt und entweder vom Kurbelzapfen oder von der Kolbenstange der Dampfmaschine durch unmittelbare Gestängeverbindung angetrieben. Bei Anlagen, welche häufig von Auspuffbetrieb auf Kondensation umgestellt werden, kann man diese starr verbundene Pumpe mit einem Schnüffelventil versehen, welche das Vakuum aufhebt, oder man kann die Kondensatpumpe mit Transmissionsantrieb oder direkt gekuppelt mit einem Elektromotor ausführen. Als Nachteil der letzteren Ausführung erscheint, daß Betriebsschwierigkeiten entstehen können, wenn der Riemen abfällt oder der Strom ausbleibt, dafür haben aber die angehängten Luftpumpen den Nachteil, daß sie nicht regelfähig sind, da ihre Hubzahl stets mit der Drehzahl der Maschine übereinstimmt. Damit sie auch unter ungünstigen Verhältnissen ausreichen, muß ihr Hubvolumen von vornherein genügend groß bemessen werden. Unabhängige Pumpen sind besonders dann vorteilhaft, wenn der Abdampf ausgenutzt wird. Als Ersatz für die Naßluftpumpe kommt auch eine Dampfstrahlpumpe (vgl. S. 279) in Frage.

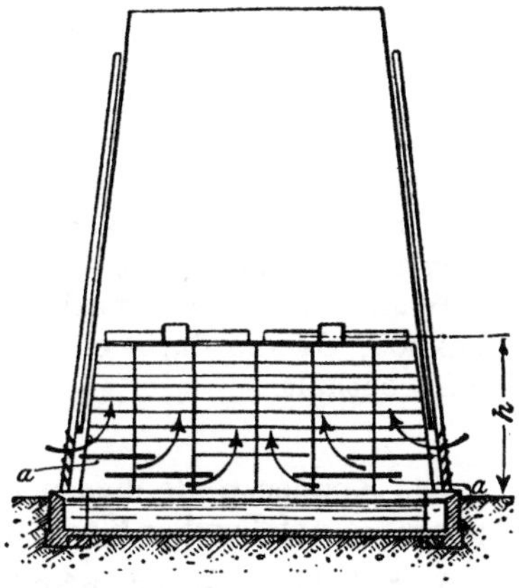

Abb. 306. Kaminkühler mit geringer Unterteilung des Luftstromes. *a* Luftleitböden.

In den Fällen, wo nicht immer wieder frisches Wasser zur Verfügung steht, muß das Wasser nach dem Verlassen des Kondensators rückgekühlt werden. Hierzu dienen Kühlteiche, offene und geschlossene Gradierwerke und Kaminkühler. Die letztere Form der Verdunstungskühler (vgl. Abb. 306), die heute für solche Fälle weitaus vorherrschend ist, besteht aus liegend angeordneten Lattensystemen, welche in mehreren Schichten übereinander liegen und durch Verteilungsteller und Spritztröge berieselt werden. Die Luft bewegt sich meist waagrecht durch den Regen nach innen. Durch die Erwärmung der Luft an dem Wasser und dem über dem Rieseleinsatz befindlichen Schlot wird ein kräftiger Durchzug der Luft hervorgerufen. Bei beschränktem Platz kann der Durchzug künstlich durch Einbau eines Ventilators hervorgerufen werden.

## l) Das Dampfleitungsnetz.

Die Hauptapparate im Dampfleitungsnetz sind Dampfentöler, Kondenstöpfe (Wasserabscheider) und Einrichtungen zur Rückführung des Dampfwassers zur Kesselspeisung.

### 1. Dampfentölung.

Bei Kolbendampfmaschinen, welche eine Schmierung von Kolben und Schiebern mit ihren Stangen bedürfen, ist es im Gegensatz zur Dampfturbine unvermeidlich, daß der Abdampf öl-

[1] Hoefer, K.: Die Kondensation bei Dampfmaschinen. Berlin: Julius Springer 1925.

haltig ist. Die beste Vorkehrung ist, dafür zu sorgen, daß die Maschine nicht übermäßig geschmiert wird.

Bei Verwendung ölhaltigen Abdampfes überziehen sich die Heizflächen der Wärmeaustauschapparate mit einer Ölhaut. Wegen der außerordentlich schlechten Wärmeleitzahl von Zylinderöl wird dadurch der Wärmeübergang wesentlich verschlechtert. Die gebräuchlichen Entöler sind Stoßkraft- bzw. Fliehkraftentöler, welche den Dampf zu mehrmaliger scharfer Umkehr und zu starker Drehung und Wirblung zwingen. Die Öltröpfchen werden dann infolge ihrer Trägheit nicht mitgerissen und können mit dem Kondensat abgelassen werden. Gute Abdampfentöler verringern den Ölgehalt des Abdampfes auf 10—15 gr/Tonne Dampf. Bei Kondensatrückführung zur Kesselspeisung und Destillateiserzeugung ist dieser Betrag noch zu hoch, so daß für diese Zwecke noch Filter (vgl. S. 279) nachgeschaltet werden müssen. Ein mit Öl vermischter Schlamm wirkt wesentlich stärker wärmeisolierend als eine der beiden Bestandteile allein, so daß schon eine dünne Schicht derartige Wärmestauungen hervorrufen kann, daß die Wärmeaustauschfläche des Kessels rotwarm wird.

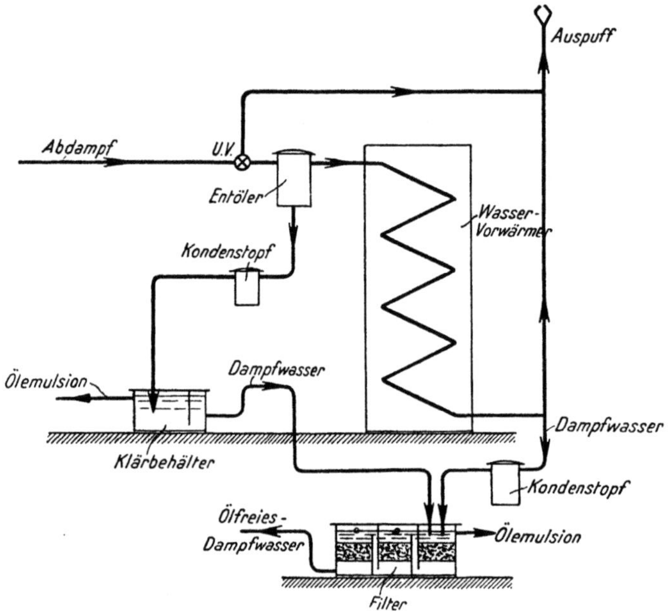


Abb. 307. Einbau eines Abdampfentölers.

Der Einbau eines Abdampfentölers einer Auspuffmaschine ist in Abb. 307 dargestellt. Die Ölabscheidung ist um so vollkommener, je höher der Flammpunkt des Öles und je niedriger die Dampftemperatur ist. Bei Verwendung fetter Öle ist der Dampf schwerer zu reinigen. Das rückgewonnene Öl kann in entsprechenden Mischungsverhältnis mit frischem Öl wieder verwendet werden (vgl. S. 408).

Eine vollkommene Entölung des Abdampfes kann durch chemische Abdampfentölung erreicht werden. Die Preise der chemischen Entöler sind allerdings ziemlich hoch, jedoch kann unter Umständen als Behälter auch ein alter Flammrohrkessel verwendet werden. Für Schlachthofbetriebe ist eine dermaßen weitgehende Entölung kaum nötig. Sofern Heißwasser durch direkte Einleitung von Abdampf in Wasser hergestellt wird, scheint die Verwendung mechanisch entölten Abdampfes unbedenklich, da die darin enthaltenen Ölreste verseifen und das Brühkesselwasser auch Fettstoffe enthält.

### 2. Kondenstöpfe.

Die Kondenstöpfe dienen zur Abführung des in den Leitungen bzw. den Wärmeaustauschapparaten anfallenden Kondensats. Die beiden üblichen Ausführungsarten sind folgende:

1. Sobald der Kondenstopf mit einer gewissen Wassermenge gefüllt ist, werden durch einen Schwimmer die Abflußorgane geöffnet. Nach einer bestimmten Abflußmenge schließen sie wieder. (Lieferfirma: Schneider & Helmecke, Offenbach u. a.)

2. Das Kondenswasser kühlt ein Dehnungselement, welches in warmem Zustand Abflußorgane abdichtet. Dadurch wird ein Ventil geöffnet, bis der nachströmende Dampf das Dehnungselement wieder erwärmt und das Ventil schließt. (Ausführungsfirma z. B. Klein, Schanzlin und Becker, Frankenthal.)

Die Kondenstöpfe müssen dauernd gewartet werden, weil sie bei Undichtheit außerordentlich hohe Wärmeverluste zur Folge haben können. Man könnte daran denken, sie wegzulassen, man macht dies aber nicht gerne, weil gelegentlich ein Überspeisen des Kessels eintreten kann und dann die Leitungen voll Wasser sind. Die Dampfleitungen werden im Gefälle in Richtung der Dampfströmung verlegt, die Kondenstöpfe werden jeweils an den tiefsten Stellen angebracht.

## 2. Die Brennkraftmaschinen.

Der prinzipielle Unterschied zwischen einer Brennkraftmaschine und einer Dampfmaschine besteht darin, daß bei letzterer Maschine und Kessel, also das Treibmittel von den Verbrennungsgasen getrennt sind, während in den Brennkraftmaschinen gerade die Verbrennungsgase das Treibmittel bilden. Der damit Hand in Hand gehende Gewinn an Wärmegefälle ist die Ursache ihres höheren thermischen Wirkungsgrades.

Die ersten in Schlachthöfen verwendeten Brennkraftmaschinen arbeiteten mit Leuchtgas. Wegen des relativ hohen Gaspreises wurden sie nur für kleine Leistungen gebaut. Die Motoren für Petroleum, Benzin, Benzol, Spiritus, wie sie in Kraftwagen angewandt werden, haben ebenfalls keine Bedeutung gewonnen. Auch Sauggasmotoren, bei welchen das Gas in eigenen Generatoren aus festen Brennstoffen erzeugt wird, konnten trotz geringer Betriebskosten keinen festen Fuß fassen, weil bei Betriebspausen und schwankender Belastung leicht Störungen eintreten. Von früheren Zeiten besitzen noch etwa 2% der deutschen Schlachthöfe Gasmotoren als Antriebskraft. Die einzige Brennkraftmaschine, welche sich in zunehmendem Maße durchzusetzen vermochte, ist der Dieselmotor.

Im Gegensatz zu den Gas- und Leichtölmotoren, welche mit Vergaser arbeiten (Verpuffungsmotoren), saugt der Dieselmotor kein Gemisch, sondern reine Luft an, die hoch verdichtet wird (etwa 32—40 atü), so daß infolge der hohen Kompressionswärme der gegen die komprimierte Luft gespritzte Brennstoff sich selbst entzündet und verbrennt. Der Dieselmotor ist also eine Brennkraftmaschine mit innerer Gemischbildung.

Zur Verwendung kommen Gasöl (häufig auch Rohöl genannt) und Teeröl. Gasöl wird bei der fraktionierten Destillation von Erdölen, Teeröl bei der fraktionierten Destillation der aus den Kokereien anfallenden Steinkohlenteere gewonnen. Daneben gibt es noch Treiböle aus Urteer und Paraffinöl. Für die Verbrennung ist die Zündkurve[1] des flüssigen Brennstoffes maßgebend, nicht wie man früher annahm, die Verdampfungstemperatur desselben.

Der Brennstoffpreis bewegt sich zwischen 13 und 16 RM. je 100 kg bei einem Heizwert von etwa 10000 kcal/kg. Die Dieselmotore müssen mit fremder Kraft angelassen werden, üblicherweise mit Druckluft, welche durch die Maschine selbst erzeugt und in besonderen Anlaßgefäßen aufgespeichert wird.

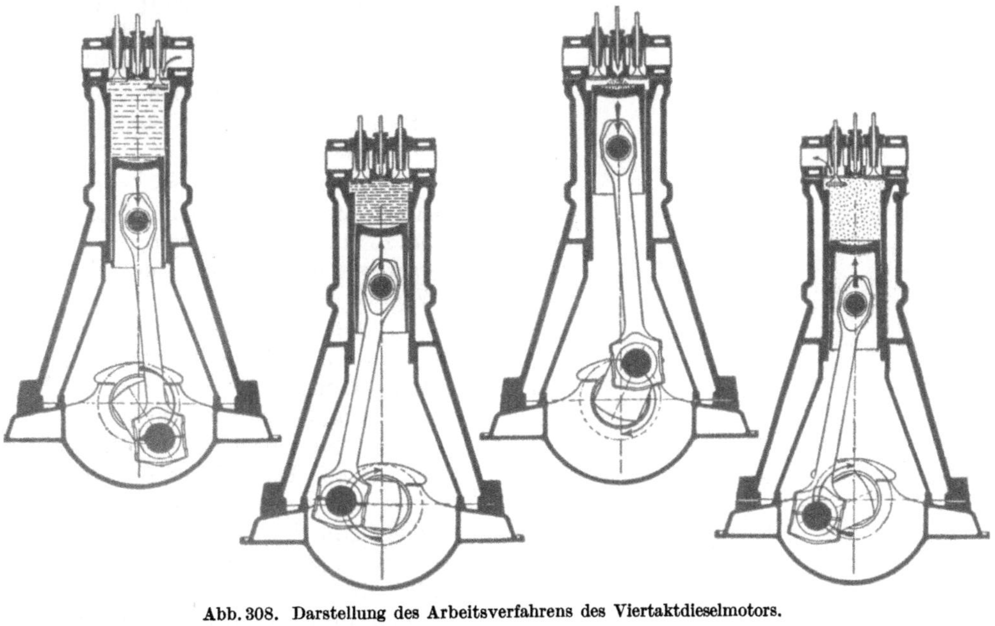

Abb. 308. Darstellung des Arbeitsverfahrens des Viertaktdieselmotors.

Man unterscheidet nach der Art der Verteilung der Arbeitsleistung im Arbeitsprozeß Viertakt- und Zweitaktmaschinen. Innerhalb dieser Möglichkeiten sind insbesondere Verschiedenheiten in der Drehzahl (Schnelläufer-Langsamläufer) und in der Zahl, Durchbildung und Anordnung der Zylinder von Bedeutung. Außerdem unterscheidet man nach der Art der Brennstoffeinführung Dieselmaschinen mit Lufteinspritzung und solche mit Strahleinspritzung (kompressorlose Dieselmaschinen).

[1] Rosin, P., Arch. f. Wärmewirtsch. 12, H. 4 (1931).

### a) Arbeitsverfahren des Viertaktdieselmotors (Abb. 308 und 309).

Erster Hub: Ansaugen. Das Auspuffventil ist geschlossen und das Einlaßventil durch die Steuerung geöffnet. Der Arbeitskolben saugt auf dem Wege vom unteren zum oberen Totpunkt Luft in den Arbeitszylinder (Linie *ab*). Im unteren Totpunkt schließt die Steuerung das Einlaßventil.

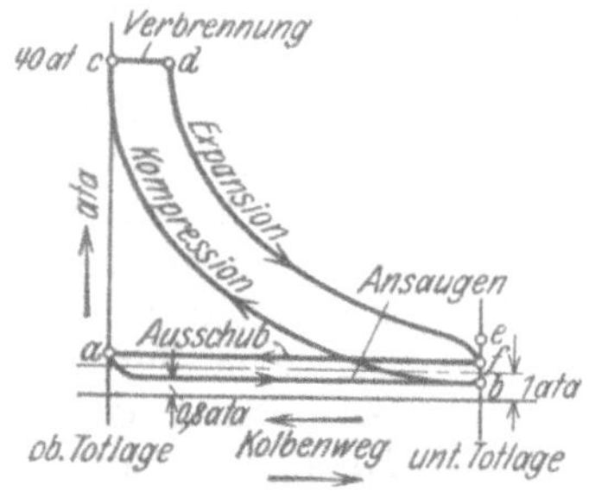


Abb. 309. Druckvolumendiagramm eines Viertaktmotors. $t_a \sim 300°$, $t_b \sim 50°$, $t_c \sim 650°$, $t_d \sim 1600$, $t_e \sim 900°$.

Zweiter Hub: Kompression. Der jetzt umkehrende Kolben verdichtet auf dem Wege vom unteren zum oberen Totpunkt die eingesaugte Luft auf max. 40 ata; sie erhitzt sich dadurch auf etwa 650° (Linie *bc*).

Dritter Hub: Arbeitshub. Während der Kolben wieder nach unten geht, tritt der Brennstoff durch das Brennstoffventil (kompressorloses Arbeiten) oder ein Brennstoffluftgemisch (klassisches Dieselverfahren) in den Arbeitszylinder, entzündet sich an der verdichteten heißen Luft, verbrennt unter ungefähr gleichem Druck (*c—d*, Gleichdruckmotor) und treibt, Arbeit leistend, den Kolben vorwärts. Die verbrannten Gase dehnen sich aus und treiben, weiter Arbeit leistend, den Kolben bis zum unteren Totpunkt (Linie *de*). Hier öffnet die Steuerung das Auspuffventil, durch das jetzt die entspannten Gase austreten.

Vierter Hub: Herausschieben, Auspuffen. Der jetzt wieder umkehrende Kolben schiebt auf dem Wege zum oberen Totpunkt die noch im Arbeitszylinder befindlichen Gasreste hinaus (*ba*). Im oberen Totpunkt schließt die Steuerung das Auspuffventil, und der Arbeitsprozeß beginnt von neuem.

Beim Dieselmotor mit Kompressor bestehen im Gegensatz zum kompressorlosen Dieselmotor in erster Linie Abweichungen in der Ausführung des Brennstoffventils. Eine Brennstoffpumpe fördert bei jedem Arbeitsspiel Brennstoff in das Einspritzventil, wo ihn die von einem mehrstufigen Luftkompressor erzeugte Einspritzluft durch eine Düse ins Zylinderinnere mitreißt. Dabei wird der Brennstoff fein zerstäubt, entzündet sich sofort an der hocherhitzten Zylinderluft und verbrennt bei annähernd konstantem Druck.

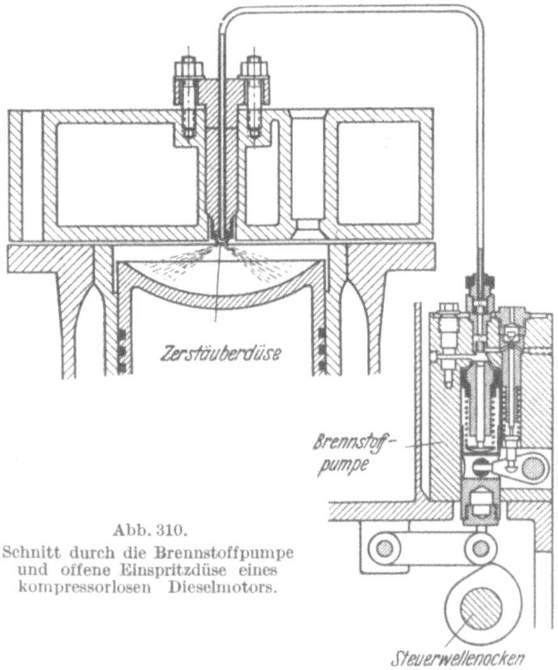


Abb. 310. Schnitt durch die Brennstoffpumpe und offene Einspritzdüse eines kompressorlosen Dieselmotors.

Bei der kompressorlosen Einspritzung bestehen verschiedene Verfahren, welche die zerstäubende Wirkung der Einspritzluft ersetzen und damit den Kompressor in Wegfall bringen.

a) Direkte Brennstoffzerstäubung in Düsen. (Reine Druckzerstäubung.) Der Brennstoff wird mittels einer Brennstoffpumpe auf 300 bis 400 at verdichtet und durch feine Düsenlöcher („offene" bzw. „geschlossene" Düse) in den Verbrennungsraum eingespritzt und zerstäubt. Zur Ausbildung einer günstigen Luftwirbelung dient eine geeignete Formgebung des Kolbenbodens (Abb. 310). Die Verwirblungsenergie wird häufig durch Schirmventile oder durch

b) Verdrängerkolben vergrößert. Man benützt die Wirbelbildung der Zylinderluft durch einen Verdrängerkolben zu einer möglichst vollkommenen Zerstäubung des eingespritzten Brennstoffes (Abb. 311). Der Brennstoff kann deshalb unter wesentlich niedrigerem Druck als bei der reinen Druckzerstäubung eingespritzt werden.

c) Vorkammerzerstäubung. Eine Brennstoffpumpe fördert je Arbeitsspiel eine bestimmte Menge Brennstoff, welcher unter einem Druck von 60—80 at in eine im Zylinderdeckel befindliche kleine Vorkammer eingespritzt wird. In der Vorkammer findet eine Teilverbrennung statt, welche eine Drucksteigerung hervorruft, die den größeren Teil des Brennstoffes in den Zylinder schleudert. In der hocherhitzten Zylinderluft findet dann die eigentliche Verbrennung statt (Abb. 312). Dieser Ausführung spricht man eine feine Zerstäubung des Brennstoffes zu, sie findet bei kleinen Leistungen bei Vier- und Zweitaktmaschinen Anwendung. Statt des Gleichdruckverfahrens findet allerdings eine „gemischte Verbrennung" statt.

Vom Standpunkt der Verwirklichung einer möglichst vollkommenen Verbrennung aus betrachtet, ist die Lufteinblasung bei dem augenblicklichen Stand der Technik noch die volkommenste Bauart. Die Verbrennung in der Einblasemaschine ist demzufolge etwas besser als in der Einspritzmaschine. Wägt man die Eigenschaften der luftlosen Einspritzung gegen die der Lufteinspritzung ab, so ergibt sich folgendes Bild: Die Kompressormaschine hat den größten Feinheitsgrad der Zerstäubung; die Brennstoffpumpe, welche bei der reinen Druckzerstäubung gegen 300 at dicht zu halten hat, kann einen Angriffspunkt für Störungen geben. Dagegen entfällt bei der kompressorlosen Maschine der Einblasekompressor, damit geht eine Verbesserung des mechanischen Wirkungsgrades Hand in Hand, so daß der Brennstoffverbrauch je effektive Pferdekraftstunde gemäß Abb. 313 um etwa 10 g/$PS_e$h geringer wird. Bei der kompressorlosen Maschine bleibt außerdem noch der Kolbenboden kühler, endlich ist auch der Anschaffungspreis geringer. Da in erster Linie wirtschaftliche Gründe im Vordergrund stehen, beherrscht die direkte Strahleinspritzung den Neubau beinahe vollkommen. Was die Art des Zerstäubungsvorganges betrifft, so scheint neben der heute dominierenden Bauart, der reinen Druckeinspritzung, das Vorkammerverfahren auch für mittlere Einheiten wegen der günstigen Durchmischung bei geringeren Drücken mehr und mehr an Bedeutung zu gewinnen.

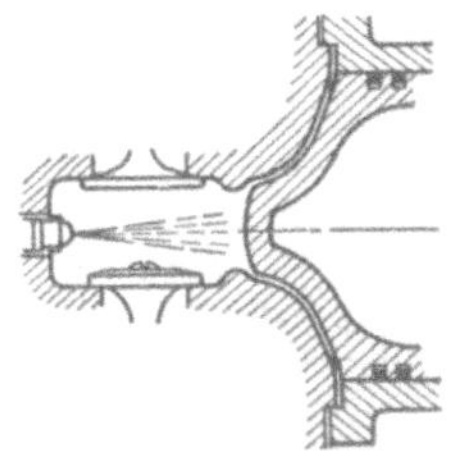

Abb. 311. Deutzer Verdrängermotor.

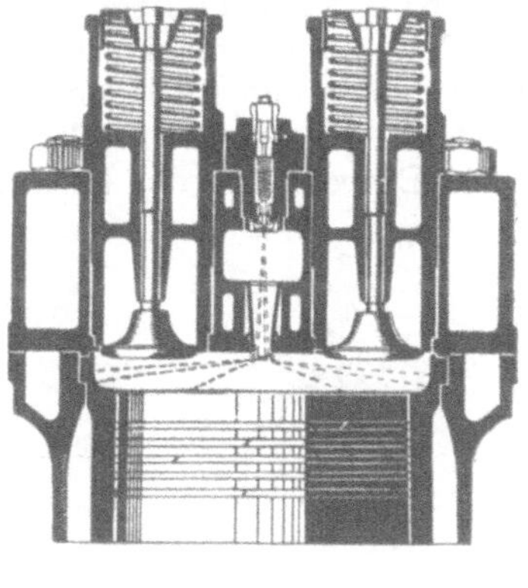

Abb. 312. Vorkammerzerstäubung. (Mannheimer Motorenwerke, vorm. Benz.)

## b) Arbeitsverfahren des Zweitaktdieselmotors (Abb. 314 und 315).

Erster Hub: Arbeitshub. Einspritzen, Verbrennen und Ausdehnen des Brennstoffes geht ähnlich wie beim Viertaktmotor vor sich (Linie *b—c—d—e*, Abb. 315). Kurz vor Ende des Arbeitshubes gibt der Kolben bei geschlossenen Spülschlitzen eine Anzahl im Zylinder angebrachter Schlitze frei (bei *e*), und die entspannten Gase strömen aus. Nach dieser Entspannung öffnen sich die Spülschlitze bei *f*. Die vom Motor angetriebene Spülpumpe liefert Luft von geringem Überdruck, welche den Arbeitszylinder von den Restgasen reinigt und mit frischer Luft füllt.

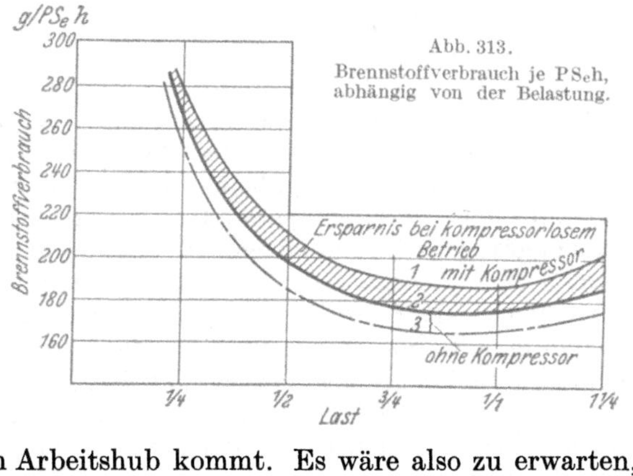


Abb. 313. Brennstoffverbrauch je $PS_e$h, abhängig von der Belastung.

Zweiter Hub: Kompression. Der umkehrende Kolben schließt zunächst die Spülschlitze und dann die Auslaßschlitze, worauf die Luft wie beim Viertaktmotor verdichtet (Linie *a—b*). Im oberen Totpunkt beginnt der Arbeitsprozeß von neuem.

Beim Zweitaktverfahren kommt also auf jeden zweiten Takt ein Arbeitshub, während beim Viertaktmotor auf jeden vierten Takt ein Arbeitshub kommt. Es wäre also zu erwarten, daß beim Zweitaktmotor sich bei gleichem Zylindervolumen eine doppelte Leistung erreichen läßt. Dies ist jedoch in Wirklichkeit nicht der Fall, denn abgesehen vom Arbeitsbedarf der Spül- und Ladepumpe ist bei derselben Tourenzahl wie beim Viertaktmotor die Spülung, damit die Verbrennung, nicht so günstig wie bei jenem. Bedenkt man außerdem noch, daß Hand in Hand mit den Fortschritten der Werkstättentechnik sich zur besseren Ausnützung des Materials überall ein Übergang zum Schnellauf durchzusetzen versucht, so sieht man ohne weiteres, daß das eigentliche Problem des Zweitaktes der in der Nähe des Totpunktes zusammengedrängte Entlade- und Ladevorgang des Zylinders ist. Je nach der konstruktiven Durchführung unterscheidet man Längsspülung mit Schlitzen für Auslaß und für Einlaß (heute verlassen), Querspülung mit sich gegenüberliegenden Auslaßschlitzen und Doppelschlitzspülung für Einlaß (Sulzer, Abb. 316*a*), die Umkehrspülung mit Einlaß und Auslaßschlitz auf einer Seite (MAN, Abb. 316*b*), endlich noch die Einfachschlitzspülung bei Gegenkolbenmaschinen (Junkers, Abb. 316*c*). Daneben bestehen noch eine Reihe von Variationen, z. B. die gegabelte Spülung von Krupp u. a.

Die Vorteile des Zweitaktes sind die höhere spezifische Leistung, die geringeren Gewichte und Kosten, die größere Gleichförmigkeit des Laufes, der Wegfall der komplizierenden Ventile. Als Nachteil erscheinen die höheren Wärmependlungen und die vorerwähnten Schwierigkeiten beim Laden und Entladen, welche bei steigender Tourenzahl rasch die noch wirtschaftlich tragbare Grenze erreichen. Magg[1] definierte die augenblicklichen Verhältnisse folgendermaßen: „Die Entwicklung der Kleinmaschine, für welche die steuerlose Bauart der Zweitaktmaschine

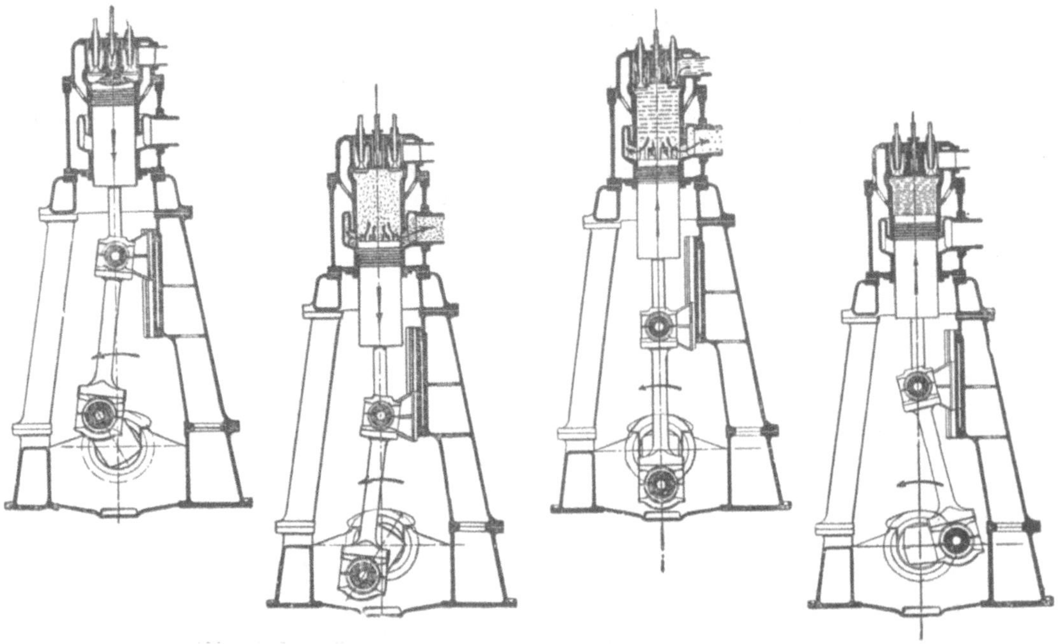

Abb. 314. Darstellung des Arbeitsverfahrens des Zweitaktdieselmotors (Krupp).

besonders bestechend erscheint, wird durch die Schwierigkeit der Spüllufterzeugung gehemmt. Maschinen mit Kurbelkastenspülung ergeben wirtschaftlich ganz unzulässigen Schmierölverbrauch, anderseits sind Maschinen unter Verwendung reiner zusätzlicher Kolbengebläse teuer und vermindern die Wettbewerbsfähigkeit gegenüber der Viertaktmaschine. Bei Maschinen mittlerer Leistung (bis etwa 125 PS Zylinderleistung) dürfte der Viertakt auch in Zukunft herrschend bleiben. Der größere mittlere Arbeitsdruck, der günstigere Brennstoffverbrauch und der Entfall der Spülpumpe sind so wesentliche Vorteile, daß sie durch das etwas geringere Schwungradgewicht und die einfache Steuerung der Zweitaktmaschine nicht aufgewogen werden können, um so mehr als die Viertaktmaschine bereits eine Entwicklung zum Schnelläufer durchgemacht hat. Erst dort wo die Viertaktmaschine Kolbenkühlung verlangt (etwa von der obengenannten Leistungsgrenze an) wird die Zweitaktmaschine wettbewerbsfähig, und zwar um so mehr, je größer die Zylinderleistung ist."

Neben der stehenden Bauart hat die liegende Anordnung nur eine geringe Bedeutung. Sie hat bei größerem Platzbedarf, eine geringere Bauhöhe und ist bis auf das untenliegende Auslaßventil besser zugänglich und besser zu warten. Dagegen ist die liegende Maschine im allgemeinen etwas schwerer und teuerer, sie läßt — der Verbraucher mag dies als Vorteil oder Nachteil buchen — keine allzuhohe Tourenzahl zu, da es aus baulichen Gründen schwierig ist, die Kolbenkräfte im Rahmen zentrisch aufzufangen, der Zylinderkopf ist komplizierter und dadurch lassen sich Wärmespannungen weniger beherrschen, die Zylinderbüchse läuft leichter unrund, da neben der Normalkomponente des Kolbendruckes auch noch das Eigengewicht des Kolbens aufzunehmen ist, das Schwungrad wird schwer, die Rückstände vergrößeren leichter wie bei der stehenden Anordnung die Kolbenreibung.

[1] Magg, J.: „Aufgaben und Ziele des Dieselmaschinenbaues." Festschr. Prof. Stodola. Zürich 1929.

Für die Wahl der Tourenzahl sind ähnliche Gesichtspunkte wie bei den Kältemaschinen (vgl. S. 318) maßgebend, die mittleren Kolbengeschwindigkeiten sind beim stehenden Viertakter zwischen 3 und 4 m/sec. Soweit es die Beherrschung der Beschleunigungsdrücke, die Schmierung und die Baustoffe zulassen, ist die Anwendung hoher Tourenzahlen bei Viertakt unbedenklich, bei Zweitakt ist sie von der Beherrschung des Spülvorganges abhängig, bei der liegenden Bauart sind hohe Tourenzahlen nicht durchführbar, weil sich ein günstiges dynamisches Verhalten nur bei Mehrzylinderanordnung ergibt. In dieser Beziehung ist die stehende 5 Zylindermaschine am günstigsten, dann folgt die Anordnung von 3 Zylindern; Vierzylinder sind für Schnellauf wenig geeignet, das ungünstigste Bild gibt natürlich die Einzylindermaschine.

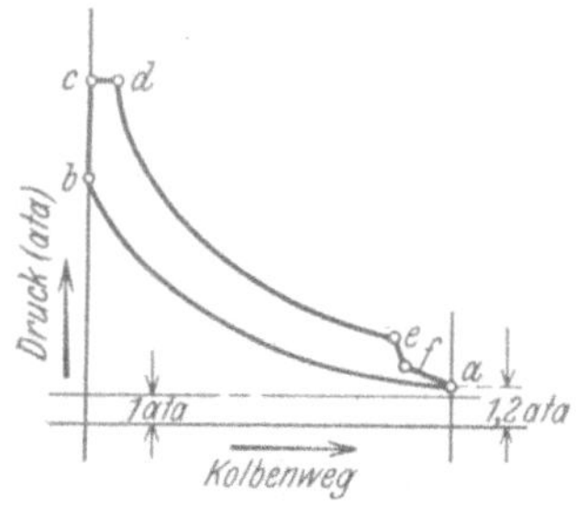


Abb. 315. Druckvolumendiagramm eines Zweitaktmotors.

Um dauernd einwandfrei betriebsfähig zu sein, bedarf die Dieselmaschine in ihrer Eigenschaft als Explosionsmotor einer dauernden ordentlichen Wartung. Diese besteht hauptsächlich in einem monatlichen Reinigen aller Ventile, das Auspuffventil ist z. B. alle Monate einzuschleifen. In längeren Abschnitten, etwa alle 6 Monate, ist die Brennstoffpumpe, die Kühlräume des Kompressors, des Zylinderdeckels usw., weiterhin die Druckrohre und das Anlaßventil zu reinigen, in noch längeren Zeitabschnitten, aber mindestens alle Jahre, Kolben, Kolbenringe, Kurbelzapfen und Kurbellager nachzusehen und zu reinigen. Für die Beurteilung des jeweiligen Betriebszustandes ist bei größeren Maschinen ein regelmäßiges Indizieren (vgl. S.383) unerläßlich. An Hand des Indikatordiagrammes (vgl. Abb. 309 und 315) lassen sich aus dem Enddruck, dem ruhigen Übergang von der Verdichtungs- in die Verbrennungslinie, der Druckzunahme während der Verbrennung, dem Abfall der Expansionlinie (die im Idealfall möglichst steil sein soll), der Größe der Auspuff- und Saugwiderstände, der planimetrierten Fläche des Diagramms — welche ein Maß für die indizierte Leistung ist — mit einiger Übung die für den Betrieb nötigen Rückschlüsse bilden. Die Dieselmaschine soll dem Leistungsbedarf gut angepaßt sein und weder überlastet noch wesentlich unterlastet werden. Bei langer Überlastung (Auspuff rußt) sind Einfressen des Kolbens und Kolbenbodens, Zylinderdeckelrisse, Ablagerungen von Ruß und Teer, welche Ventile und Laufflächen angreifen, Folgeerscheinungen. Bezüglich der Betriebsführung und Betriebsstörungen muß, als über den Rahmen der Abhandlung hinausfallend, auf Spezialwerke verwiesen werden[1].

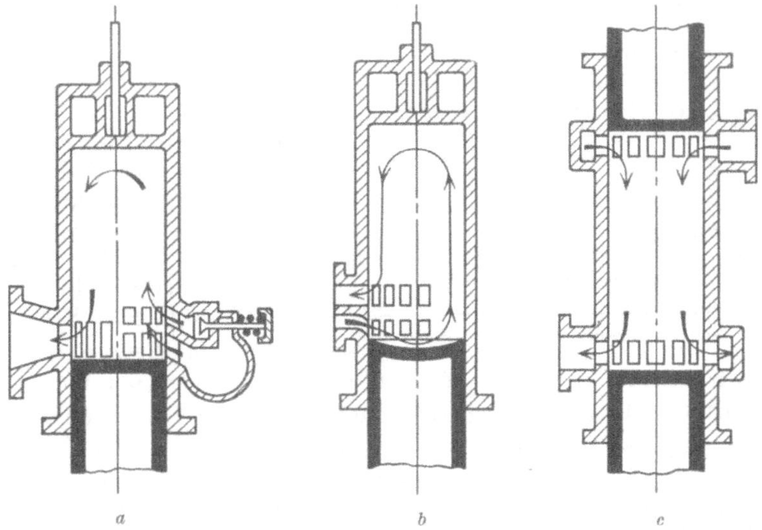


Abb. 316. Ausführungsarten des Spülvorganges von Zweitaktmaschinen.

Literatur. Dubbel, H.: Öl- und Gasmaschinen. Berlin: Julius Springer 1926 (hauptsächlich konstruktiv). — Saß, F.: Kompressorlose Dieselmaschinen. Berlin: Julius Springer 1929 (theoretisch und konstruktiv) u. a.

# II. Elektrizität im Schlachthofbetrieb.

## Allgemeine Grundlagen.

Für den Ablauf eines elektrischen Vorganges ist ein Spannungsunterschied Vorbedingung. Die Spannung ($E$) wird in Volt gemessen. Die Stromstärke ($J$), welche in der Zeiteinheit durch den Querschnitt eines Leiters fließt, wird in Ampere angegeben; sie ist außer von der Höhe der

[1] Schwarzböck: Rationeller Dieselmaschinenbetrieb. Berlin: Julius Springer 1927. — Profitlich, W.: Die Deutung von Indikatordiagrammen an Dieselmaschinen. (Zu beziehen durch die Indikatorfirma Maihak AG. Hamburg.)

Spannung entsprechend dem Ohmschen Gesetz noch vom Widerstande des Ausgleichsweges ($R$) abhängig.

Das Produkt aus Spannung $\times$ Stromstärke $\times$ Zeit stellt ein Maß für die **Leistung** dar:

$$N = E \times J \text{ (Watt)}$$
$$\text{oder } N = E \times J \times 1000 \text{ (Kilowatt)}^1.$$

Diese Beziehung gilt für Gleichstrom. Für Wechselstrom muß beachtet werden, daß durch Selbstinduktion im Leiterkreis eine Spannung hervorgerufen wird, welche beim Entstehen der Kraftlinien dem anwachsenden Strom entgegenwirkt, so daß eine Phasenverschiebung von Strom und Spannung eintritt (Abb. 317 und 318), und zwar eilt die Spannung dem Strom voraus. Der Winkel der Phasenverschiebung bewegt sich je nachdem die Selbstinduktion oder der Ohmsche Widerstand im Vordergrund steht, zwischen 90° und 0°, in die Berechnung wird die Selbstinduktion durch den $\cos\varphi$ eingeführt. Für Einphasen-Wechselstrom ist $N = E \times J \times \cos\varphi$.

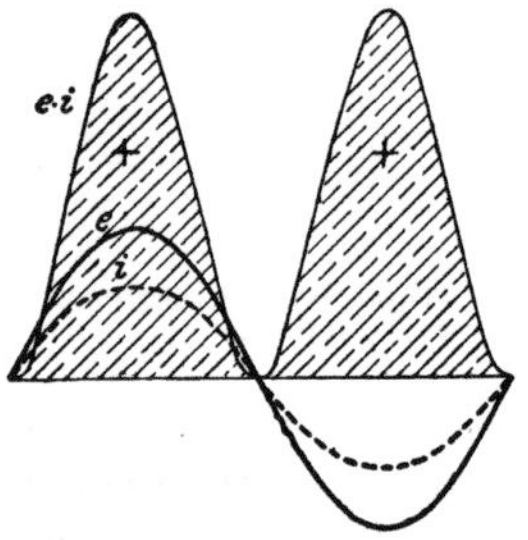


Abb. 317. Leistungskurve eines Wechselstromes ohne Phasenverschiebung.

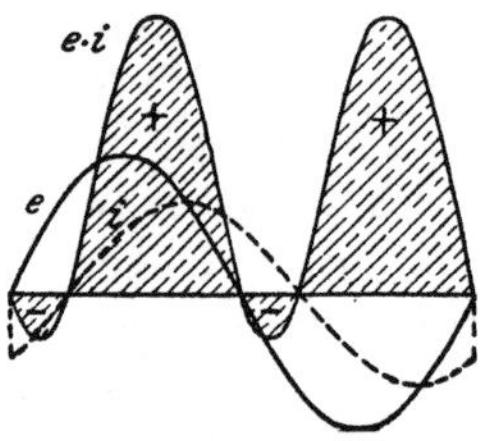


Abb. 318. Leistungskurve eines Wechselstromes mit Phasenverschiebung.

Das Produkt $E \times J$ ohne $\cos\varphi$ wird als Scheinleistung (in Volt-Ampere bzw. Kilo-Volt-Ampere = kVA) bezeichnet. Der $\cos\varphi$ ist also das Verhältnis von Leistung zu Scheinleistung und wird deshalb als Leistungsfaktor bezeichnet.

Strom und Spannung eines Wechselstromes haben einen sinusförmigen Verlauf. Die Zeit, in welcher ein Wechsel vom Wert Null zum positiven Maximum, dann durch Null wieder zum negativen Maximum und wieder bis Null erfolgt (Abb. 317), bezeichnet man als Periode. Die Anzahl der Perioden je Sekunde heißt Frequenz. In Deutschland ist eine Frequenz von 50/s normal.

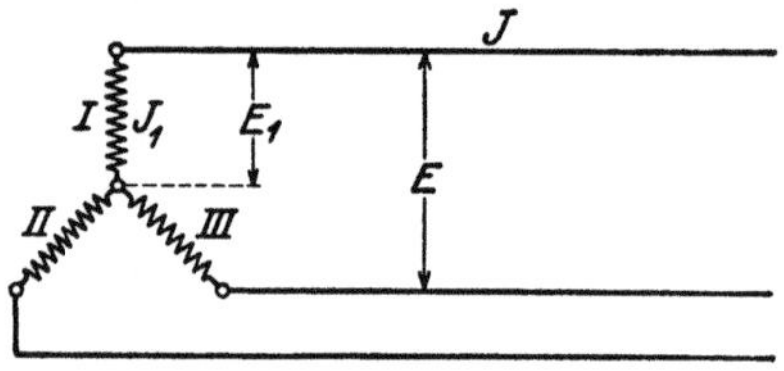


Abb. 319. Drehstrom in Sternschaltung.

Drehstrom entsteht dadurch, daß man 3 Einphasenwechselströme, deren Amplituden zeitlich um je $^1/_3$ Perioden, also 120° verschoben sind, vereinigt. Die Verkettung kann hierbei entweder im Stern oder im Dreieck (Abb. 319 und 320) erfolgen. Bei ersterer verhält sich die Phasenspannung zur Netzspannung wie $1 : \sqrt{3}$ bei Phasenstrom zu Netzstrom wie 1:1, bei letzterer verhält sich der Phasenstrom zum Netzstrom wie $1 : \sqrt{3}$ bei Phasenspannung zu Nutzspannung wie 1:1. Für beide Schaltungen ist die mittlere Leistung des Drehstromes $N = E \times I \cos\varphi \times \sqrt{3}$ (kW)[2].

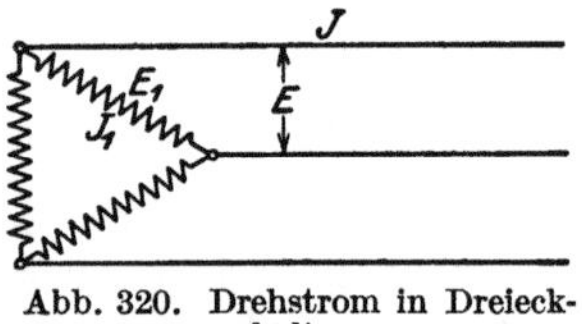


Abb. 320. Drehstrom in Dreieckschaltung.

Unter Motor versteht man eine umlaufende Maschine, welche elektrische in mechanische Leistung umwandelt. Die Umkehrung ist der Generator oder Dynamo.

Der Transformator ist ebenso ein Energieumformer wie der Elektromotor und Generator, er wandelt elektrische Leistung wiederum in elektrische Leistung gleicher Frequenz aber verschiedener Spannung um.

Ständer ist der feststehende Teil eines Motors oder Generators, Läufer der umlaufende.

Wirkungsgrad einer Maschine ist das Verhältnis von Energieabgabe und -aufnahme.

Unter Kurzschluß versteht man, wenn zwei Leitungen verschiedener Polarität unmittelbar miteinander in Berührung kommen, in diesem Fall ist der Durchflußwiderstand außerordentlich gering, die Stromstärke kann deshalb, wie auf Grund des Ohmschen Gesetzes ohne weiteres klar wird, sehr hohe Werte erreichen, wenn nicht Abschmelzsicherungen eingeschaltet werden.

Außer für Heizzwecke (Elektrokessel und dergl., vgl. S. 352), elektrische Betäubung (vgl. Teil II) wird der elektrische Strom in Schlachthöfen in erster Linie für den Antrieb von Elektromotoren und für Beleuchtung benützt. Die Motoren dienen vor allem zum Antrieb von

[1] Definitionsgemäß bezeichnet man als Spannung elektromotorische, Kraft oder Potentialdifferenz $[dE]$, die Arbeit, die man bei der Verschiebung der Elektrizitätsmenge 1 im Kraftfeld leisten muß und als Stromstärke $[J]$ die in der Zeiteinheit ($t$) durch irgendeine Fläche hindurchgehende Elektrizitätsmenge. Es ist also $dA = [J]\, t \cdot d\,[E]$ oder $A = [J] \cdot t \cdot ([E]_2 - [E]_1)$, wenn es sich um eine Arbeitsleistung längs eines endlichen Potentialabfalles von der Größe $[E]_2 - [E]_1$ handelt. Die Leistung (in Watt) ist die Arbeit (Wattsekunden oder Joule) je Zeiteinheit $\left(\frac{A}{t} = [J]\,([E_2] - [E]_1)\right)$.

[2] (1 kW = 1,36 PS; 1 kWh = 1,36 PSh).

Kältemaschinenkompressoren, Ventilatoren, Pumpen, Rührwerken (Motoren mit Nebenschlußverhalten), außerdem für Aufzüge, Elektrokarren, Eiserzeuger- und andere Krane (Motoren mit Hauptschlußverhalten). Im Mittelpunkt des Interesses steht der Antriebsmotor des Kompressors, welcher den Hauptleistungsaufwand erfordert; die Forderungen, welche von seinem Antriebsmotor notwendig wären, sind: mindestens $1^1/_2$faches Anfahrmoment, konstante Drehzahl und geringer Wirkungsgradabfall bei Belastungsschwankungen (Halblast), nach Möglichkeit verlustlose Drehzahlregulierung, Billigkeit, Einfachheit und Unempfindlichkeit im Betrieb. Jeder der bekannten Motoren erfüllt diese Forderungen nur teilweise.

## 1. Die Elektromotoren[1].

Einteilung der Motoren. 1. Nach der Stromart: Gleichstrom, Wechselstrom (Einphasenwechselstrom), Drehstrom (Dreiphasenwechselstrom).

2. Nach dem Drehzahlverhalten[2]:

Motoren mit gleichbleibender Drehzahl. Drehzahl von der Leistungsabgabe vollkommen unabhängig (Synchronmotoren).

Motoren mit Nebenschlußverhalten, die Drehzahl ändert sich wenig (Gleichstromnebenschluß- und Asynchronmotoren; unter diese Gruppe fallen die hauptsächlichsten Betriebsmaschinen für Schlachthöfe).

Motoren mit Reihenschlußverhalten; die Drehzahl fällt mit zunehmender Belastung ab (Hauptschlußmotoren, Repulsionsmotoren).

Motoren mit mehreren Drehzahlstufen. Der Motor kann mit verschiedenen ziemlich gleichbleibenden Drehzahlen laufen (Asynchronmotoren mit Polumschaltung).

Motoren mit Drehzahlregulierung. Die Drehzahl kann innerhalb eines bestimmten Bereiches fein eingestellt werden. Die eingestellte Drehzahl ist entweder annähernd gleichbleibend im Sinne von 2 b (z. B. Gleichstromnebenschlußmotoren mit Feldeinstellung, Drehstromkollektormotoren) oder mit zunehmender Abgabe abfallend (z. B. Repulsionsmotoren und Drehstromserienmotoren, beide mit Bürstenverstellung).

3. Nach der Kühlungsart: Motoren mit Selbstkühlung, mit Eigenlüftung (am Läufer angebrachter Ventilator), mit Fremdkühlung (Ventilator mit eigenem Antriebsmotor) oder mit Wasserkühlung.

4. Nach der Schutzart werden unterschieden: Offene Maschinen. Die Zugänglichkeit stromführender und umlaufender Teile ist nicht erschwert (normale Bauart).

Geschützte Maschinen. Der Schutz richtet sich gegen Berührung, Eindringen von Fremdkörpern und von Wassertropfen aus beliebiger Richtung. (Als Ventilatormotoren von Luftkühlern häufig angewandt, auch als Antriebsmotoren für Kompressoren neben den offenen Motoren.

Geschlossene Maschinen. Ausgeführt allseitig geschlossen mit Rohranschlüssen für Frisch- und Abluft, mit Mantelkühlung, d. h. mit durch Eigenbelüftung gekühlten Außenflächen; mit Wasserkühlung als gekapselte Maschinen (an sehr feuchten oder staubigen Orten, vor allem in Brunnenschächten u. dgl.).

Schlagwettergeschützte Maschinen.

### a) Gleichstrommotor[3].

Die Gleichstrommaschine wird normalerweise als Nebenschlußmaschine ausgeführt, d. h. die zur Erzeugung des Feldes erforderliche Erregerwicklung auf dem Ständer ist zum Läufer parallel (im Nebenschluß) (Abb. 321) geschaltet, während bei Haupt- oder Reihenschlußmotoren beide hintereinander geschaltet sind und die Erregerwicklung vom vollen Strom durchflossen wird (Abb. 322). Eine Kombination aus beiden — auch in den Eigenschaften — bildet der Kompoundmotor (Abb. 323).

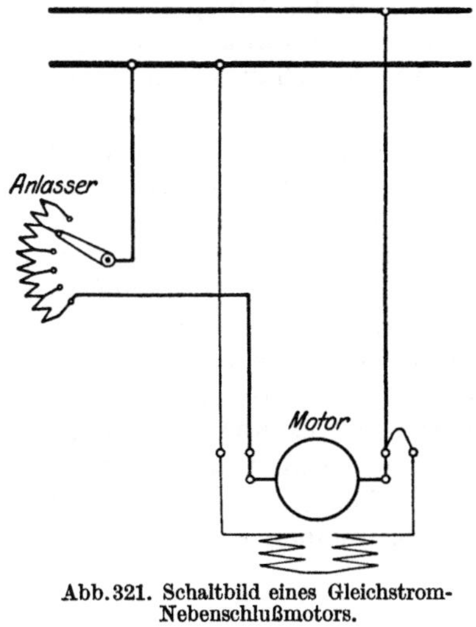

Abb. 321. Schaltbild eines Gleichstrom-Nebenschlußmotors.

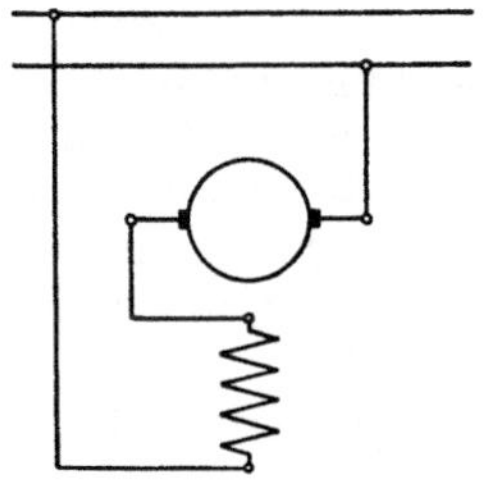
Abb. 322. Gleichstrom-Hauptschlußmotor.

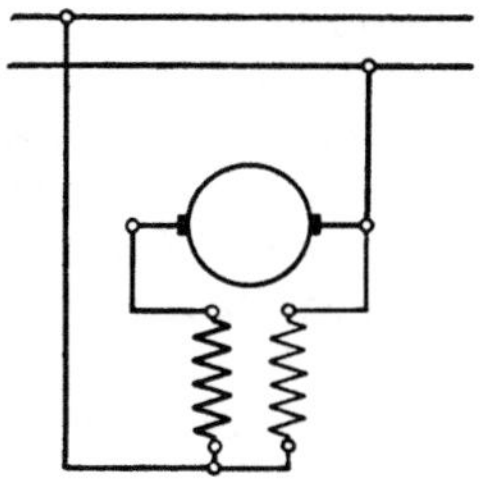
Abb. 323. Kompoundschaltung.

Der Nebenschlußmotor ist deswegen allgemein gebräuchlich, weil seine Drehzahl von der Belastung fast unabhängig ist (Abb. 324). Der Betriebsstrom wird von den Klemmen an die

[1] Das Prinzip des Elektromotors wird aus den Grundlagen der Physik als bekannt vorausgesetzt, im übrigen sei auf die Fußnote S. 305 verwiesen.

[2] Nach den Regeln für die Bewertung und Prüfung im elektrischen Maschinenbau.

[3] Art der Stromerzeugung vgl. Quellennachweis S. 305.

Enden der Wicklungen, und zwar dem Anker mittels Bürsten und Kollektor zugeführt. Bei größeren Leistungen müssen zur Vermeidung von Funkenbildung bei der Stromwendung durch den Kollektor Wendepole und Kompensationswicklungen angebracht werden. Da beim Anschalten an die volle Netzspannung Anlaufströme entstehen, welche den Motor gefährden würden, muß die Spannung am Anker allmählich von Null bis zum Höchstwert durch einen Anlaßwiderstand gesteigert werden, der Erregerstrom muß während des Anlassens voll eingeschaltet sein. Beim Nebenschlußmotor darf die Erregung niemals ausgeschaltet werden, solange der Anker unter Spannung steht; die Maschine geht sonst durch und verbrennt.

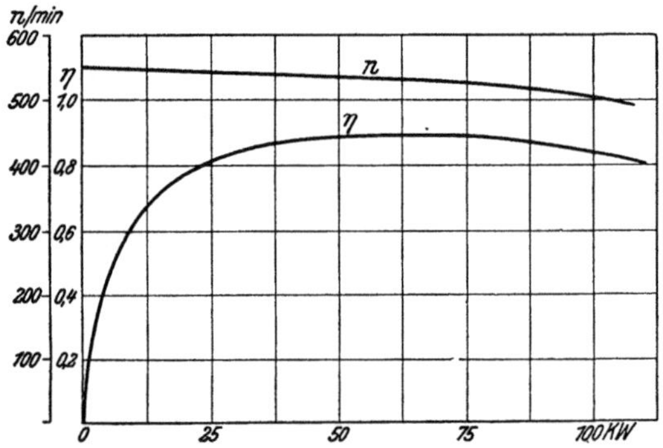

Abb. 324. Wirkungsgrad und Drehzahl eines Gleichstrom-Nebenschlußmotors, abhängig von der Belastung.

Die normalen Spannungen sind 110, 220 und 440 Volt, die normalen Drehzahlen (nach DIN VDE 2000) 2800, 2000, 1400, 950, 750, 600 und 500 Touren je Minute, die Wirkungsgrade schwanken abhängig von der Motorengröße zwischen 70—94%. Das Anlaufdrehmoment ist etwa das 1,8fache des Nenndrehmoments.

a) Drehzahlregulierung mittels Widerstand im Ankerstromkreis. Der Anlaßwiderstand ist hierbei als Regulierwiderstand ausgebildet, durch Einschalten von Widerständen wird die Spannung im Hauptstromkreis verkleinert. Damit fällt die Drehzahl. Dieses Mittel ist recht wenig wirtschaftlich, da jener abgedrosselte Teil der aus dem Netz entnommenen Leistung, im Regulierwiderstand durch Wärmebildung, ohne Nutzen zu bringen, vernichtet wird, außerdem Widerstände für auch nur die halbe Motorstromstärke schon sehr teuer werden. Die Methode kommt also nur für ganz kleine Motoren in Frage, evtl. noch bei Maschinen, wo das Drehmoment mit der Drehzahl quadratisch steigt (Ventilatoren, Kreiselpumpen). Die ganze Änderung des Hauptstromkreises — auch die Bürstenverstellung bei Motoren mit Wendepolen zum Zwecke der Drehzahlverminderung — ist naturgemäß mit größeren Verlusten verbunden.

Eine Ausnahme macht die Drehzahländerung mittels Steuerdynamo. Hierbei wird — statt in einem Vorschaltwiderstand die Energie zu vernichten — diese zum Antrieb eines Dynamos verwendet. Mittels einer zweiten Maschine kann dann die Energie wieder ins Netz zurückgespeist werden. Durch Änderung der Erregung der Zusatzmaschine ist auf diese Weise eine außerordentlich weitgehende Drehzahlregulierung, die mit Ausnahme der Energieverluste des Steueraggregates verlustlos ist, möglich. Immerhin muß durch die Anordnung eine gewisse Komplizierung in Kauf genommen werden, die Schaltung kommt wirtschaftlich nur für größere Einheiten in Frage.

b) Regulierung durch Änderung der Feldstärke. (Erregerstromkreis.) Die Drehzahl steigt und fällt bei unveränderlicher Ankerspannung im umgekehrten Verhältnis des Kraftflusses. Durch Einschaltung eines Widerstandes in den Erregerstromkreis ist es also möglich, die Drehzahl — allerdings nur nach oben — praktisch beinahe verlustlos zu regulieren. Normale Motoren gestatten eine Änderung von 15—25%. Diese Reglungsart kann bei normalen Motoren zur geringfügigen Drehzahlerhöhung von Kältekompressoren in den Sommermonaten in Frage gezogen werden. Der gegebene Antriebsmotor zum Antrieb von Kältekompressoren ist bei Gleichstrom der Regelmotor. Der Regelmotor, vorwiegend als Nebenschlußmotor ausgeführt, wird vom Konstrukteur von vornherein so überdimensioniert, daß er über seinen ganzen Drehzahlbereich, der sich maximal in den Grenzen 1:3 erstrecken kann, volle Leistung und volles Drehmoment bei gutem Wirkungsgrad ermöglicht. Der Anlauf erfolgt mit voller Erregung. In höheren Drehzahlbereichen sind die Motoren im allgemeinen stark überlastbar.

## b) Wechselstrommotoren[1].

### 1. Asynchroner Drehstrommotor.

Von den Wechselstrommotoren hat insbesondere der Drehstrom-Asynchronmotor (Induktionsmotor) mit der immer weiteren Ausbreitung der Überlandzentralen große Bedeutung und Verbreitung erlangt. Er besteht aus einem Stator mit einer Dreiphasenwicklung, welche ein

[1] Art der Stromerzeugung vgl. Quellennachweis S. 307.

Drehfeld erzeugt (Abb. 325). Dieses Drehfeld induziert sowohl in der Ständerwicklung wie auch in dem Rotor Spannungen. Der elektrisch belastete Läufer wird dem Drehfeld zu folgen versuchen, er wird ihm mit anderen Worten nachlaufen. Die Drehzahl des Rotors muß dabei immer etwas geringer sein, als dem Drehfeld des Stators entspricht, weil ohne relative Geschwindigkeit zum Rotor keine Kraftlinien geschnitten werden, also im Rotor auch keine Ströme fließen. Hier wäre die Maschine elektrisch tot, sie könnte kein Drehmoment erzeugen. Den Unterschied in der Drehzahl, der bei Vollast zwischen 2 und 5% liegt, nennt man Schlupf. Dieser ist auch bei Leerlauf wegen der Lagerreibung schon in geringem Maße vorhanden. Bei Überlastung wird bei einem spezifischen Grenzwert, der etwa das 2—$2^1/_2$fache der Nennleistung beträgt, das sog. Kippmoment erreicht, die Motordrehzahl fällt bei weiterer Vergrößerung des Schlupfes ab, das Drehmoment wird wieder kleiner, der Motor bleibt stehen.

Die Drehzahl von Wechselstrommotoren ist durch die Frequenz und die Anzahl der Pole eindeutig vorbestimmt. Bei der normalen Frequenz von 50/s errechnet sich die Drehzahl aus der Beziehung $n = \frac{3000}{p}$, wobei $p$ die Anzahl der Polpaare ist. Mit wachsender Drehzahl des Modells kann man die Polpaarzahl verringern, wodurch hochtourige Maschinen im Preis niedrig werden. Der Wirkungsgrad der Asynchronmaschine ist bei Zugrundelegung analoger Leistungen und Drehzahlen etwas günstiger als bei Gleichstrommaschinen (Abb. 326). Die Wirkungsgrade schwanken je nach der Größe zwischen 76 und 95%.

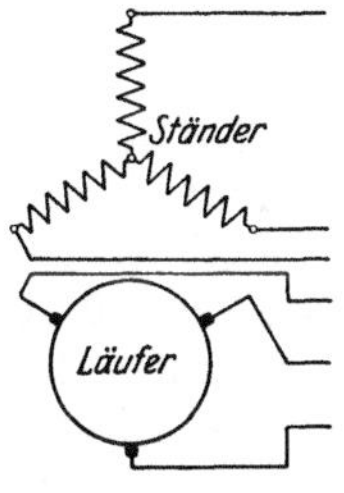


Abb. 325. Schaltbild eines asynchronen Drehstrommotors. (Schleifringläufermotor.)

**Anlassen und Bauarten von Asynchronmotoren.** Kurzschlußanker. Der Drehstromkurzschlußläufermotor ist der einfachste und betriebssicherste Elektromotor, er hat den günstigsten Wirkungsgrad und Leistungsfaktor. Er hat seinen Namen von seinem Läufer, der aus runden oder rechteckigen unisolierten Stäben besteht, die an beiden Enden durch Bronze- oder Kupferringe kurzgeschlossen sind. Die Sicherungen (Schmelzsicherungen) des Kurzschlußläufers müssen den Anlaufstromstoß während kurzer Zeit aushalten.

Beim Einschalten ergibt er als Einschaltstrom den 6—8fachen Nennstrom bei 1500tourigen und den 4,5—6fachen bei 1000tourigen Maschinen. Die normalen Anschlußbedingungen des VDE. lassen bei unmittelbarer Einschaltung Leistungen bis 1,1 kW zu, einige Elektrizitätswerke setzen die Grenze noch niedriger. Der Kurzschlußmotor hat naturgemäß nicht die Störungsmöglichkeiten, welche beim normalen Asynchronmotor Schleifringe und Bürstenabhebevorrichtungen mit sich bringen können. Diese Erkenntnis führte bei der deutschen chemischen Großindustrie zu dem bedeutsamen Entschluß, bei Antrieben, unter 40 kW, welche keine Reglung bedürfen, ausschließlich nur Kurzschlußmotoren zu benützen. Hand in Hand damit ging das Bestreben der Elektroindustrie, diesen einfachen, betriebssicheren und billigen Motor für genügendes Anzugsmoment bei geringstem Anlaufstrom zu bauen, was dazu führte, daß in einer jüngst in Deutschland errichteten Industrieanlage ausnahmslos Kurzschlußmotoren mit Leistungen bis zu 2000 kW eingebaut wurden. Die unter diesen Gesichtspunkten konstruierten Motoren sind unter den Namen Doppelnutmotor, Stromverdrängungsmotor, Prunkenmotor u. a. im Handel. Ihre Anwendung ist dort empfehlenswert, wo keine Bestimmungen von Elektrizitätswerken ihre Verwendung beschränken.

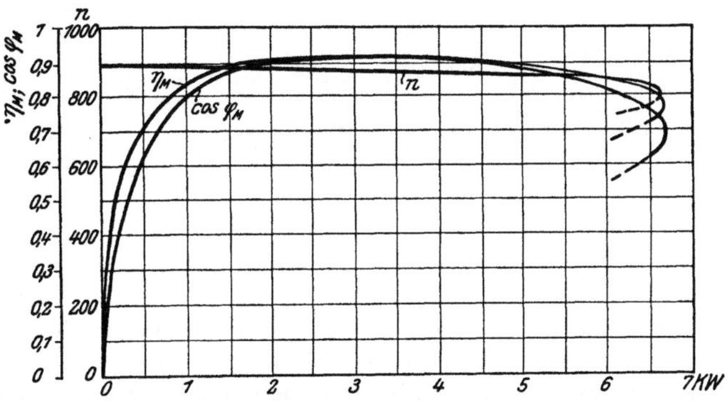


Abb. 326. Drehzahl, Wirkungsgrad und Phasenverschiebung eines asynchronen Drehstrommotors in Abhängigkeit von der Belastung.

Stern-Dreieckschaltung. Hierbei wird eine Verminderung der Anlaßspannung dadurch erreicht, daß man die Statorwicklung im Betrieb in Dreieck, zum Anlassen aber in Stern schaltet (vgl. S. 296). Die Anlaßspannung ist dadurch nur $E/\sqrt{3}$, erst nach dem Umschalten erhält jede Phase die Spannung $E$. Beim Einschalten ist allerdings das Anzugsmoment nur etwa $/_3$ desjenigen vom Kurzschlußanker und ungefähr 0,5 des Nenndrehmomentes, so daß je nach dem Verwendungszweck der Motor unbelastet angelassen werden muß. Nach den Bestimmungen des VDE. darf bei Leistungen von 2 kW an, der Anlaufstrom folgende Werte nicht überschreiten:

bei $n = 3000$ und 1500 2,4fachen Nennstrom
$n = 1000$ und 750 2,1fachen Nennstrom

Unter dieser Voraussetzung sind zum Anschluß an öffentliche Verteilungsnetze normalerweise Motoren bis 4 kW zulässig, wenn das vom Motor während des Anlassens zu überwindende Drehmoment nicht größer als $^1/_3$ des Nenndrehmomentes ist. Für größere Leistungen sind Sonderbestimmungen maßgebend. Zur Erhöhung des Anzugmomentes, können Fliehkraftkupplungen, welche im allgemeinen bis 7,5 kW zulässig sind, angewandt werden.

Schleifringläufermotoren. Diese passen sich allen Anlaufbedingungen an. Man unterscheidet Motoren für

| | | | | | | | | |
|---|---|---|---|---|---|---|---|---|
| Halblastanlauf | mit | im | Mittel | 0,65fachem | Anzugsmoment | und | Anlaufstrom |
| Vollastanlauf | „ | „ | „ | 1,3 „ | „ | „ | „ |
| Schweranlauf | „ | „ | „ | 1,7 „ | „ | „ | „ |

In den Läuferkreis ist ein Anlaßwiderstand eingeschaltet, dadurch wird ein hohes Anfahmoment und ein stoßfreies Anlassen (verkleinerter Anlaufstrom) des Motors erzielt. Ähnlich wie beim Gleichstrommotor wird der Widerstand allmählich verkleinert und schließlich abgeschaltet. Naturgemäß bedingt diese Anlaßmethode die Ausführung des Motors mit Schleifringrotor; nach Erreichung der vollen Drehzahl wird durch eine — neuerdings automatische — Vorrichtung der Rotor kurzgeschlossen, indem man die Schleifringe direkt miteinander verbindet, die Bürsten werden abgehoben. Der Motor läuft dann im Betrieb als Kurzschlußläufer (Abb. 327).

Die asynchronen Drehstrommotoren haben allgemein den Vorteil großer Einfachheit, funkenbildende Teile fehlen vollkommen, sie sind stark überlastbar und haben ein großes Anlaufmoment. Die schwachen Seiten des Asynchronmotors sind die schlechte Geschwindigkeitsregulierbarkeit und der von Natur aus schlechte Leitungsfaktor, der mit Belastungs- und Spannungsänderung noch ungünstiger wird. Der erste Mangel läßt sich nur durch umständliche Schaltungen auf rationelle Weise, der zweite durch Drehstromerregung verbessern.

Abb. 327. Normaler Schleifringläufermotor (AEG).

**Drehzahlregulierung.** Die Möglichkeit der Geschwindigkeitsregulierung ist beim Asynchronmotor recht schlecht. Das kommt daher, daß die Umlaufzahl des Feldes mit der Polzahl und Frequenz zwangläufig zusammenhängt. Die Frequenz kann nur außerordentlich schwer geändert werden, es müßten also durch entsprechende Umschaltungen der Wicklungen die Zahl der Pole geändert werden. Die Motore mit polumschaltbaren Wicklungen haben aber nur geringe Bedeutung, da sie verhältnismäßig teuer sind und bei geringen Drehzahlen eine schlechte Phasenverschiebung und einen ungünstigen Wirkungsgrad haben, außerdem ist keine kontinuierliche, sondern nur stufenweise Reglung möglich.

Es besteht nun nur noch die Möglichkeit, die Drehzahl des Rotors gegenüber der des Feldes, d. h. den Schlupf zu ändern. Das geschieht durch Widerstände im Läuferkreis. Diese Reglung ist kontinuierlich, sie läßt sich im Betrieb bei aufgesetzten Bürsten mit dem Anlaßwiderstand machen, sie hat aber den Nachteil, daß die Drehzahl nicht mehr konstant bleibt, sondern von der Belastung stark abhängig wird. Die Regelung ist ebenso unwirtschaftlich wie wenn man einen Gleichstromnebenschlußmotor durch Einschalten von Widerständen in den Ankerstromkreis reguliert. Eine verlustlose Regelung ist in ähnlicher Weise wie bei jenem durch einen „Hintermotor", welcher die zu vernichtende Energie mechanisch ausnützt (Kaskadenschaltung) möglich. Als Hintermotore werden auch Einankerumformer und Drehstromkollektormotoren verwendet. Diese Reguliermöglichkeit kommt aus naheliegenden Gründen nur für größere Aggregate in Frage.

**Leistungsfaktor.** Durch den dauernd nötigen Magnetisierungsstrom bringen asynchrone Motoren immer eine Phasenverschiebung mit sich, ihr Leistungsfaktor überschreitet bei Vollast selten den Wert $\cos \varphi = 0{,}9$, bei Leerlauf kann er bis auf 0,2—0,3 sinken. Die Phasenverschiebung hat zur Folge, daß die Kraftwerke, also Generatoren und Leitungsanlagen nur schlecht ausgenützt werden. Vor allem schwächen die Blind- oder Magnetisierungsströme das Magnetfeld der Generatoren, so daß die Spannung sinkt, und die Erregung verstärkt werden muß. Bei sehr starken Blindströmen muß das Elektrizitätswerk, um die Spannung halten zu können, eigens für diesen Zweck Aggregate bereitstellen, wodurch sich dessen feste Kosten erhöhen. Zur Verbesserung des $\cos \varphi$ sind manche Elektrizitätswerke dazu übergegangen, übermäßigen

Blindstromverbrauch zu besteuern (vgl. S. 379). Bei Schlachthofanlagen kann es wirtschaftlich sein, durch verschiedene Mittel den Leistungsfaktor der Gesamtanlage zu verbessern, wenn dieser auch im allgemeinen bei richtiger Dimensionierung des Antriebsmotors des Kompressors, welcher ziemlich konstant belastet ist, nicht sehr schlecht sein wird.

**Mittel zur Verbesserung des Leistungsfaktors.** Beim kompensierten Drehstrommotor erhält der Läufer eine von der Arbeitswicklung getrennte Magnetisierungswicklung, der Magnetisierungsstrom wird dem Läufer über einen Kollektor zugeführt. Auf Grund des von Heyland, Osnos, Schüler, Blondel, Richter u. a. gegebenen Kompensationsprinzipes[1] werden in den letzten Jahren von allen größeren elektrischen Firmen derartige kompensierte Motoren mit $\cos\varphi = 1$ oder sogar „voreilendem“ $\cos\varphi$, auf den Markt gebracht. Der Nachteil dieser Motore ist der wesentlich höhere Preis und die Tatsache, daß der Vorteil des einfachen Asynchronmotors, gegenüber dem Gleichstrommotor, daß er keinen Kollektor braucht, hinfällig wird. Außerdem ist der Wirkungsgrad etwas schlechter wie bei jenem, dafür ist die Überlastbarkeit noch etwas gesteigert, auch das Anzugsmoment etwas höher, die Größe der Phasenverschiebung kann durch Änderung der Bürstenlage beliebig eingestellt werden, dabei ist der Leistungsfaktor von Spannungsschwankungen ziemlich unabhängig.

Bei größeren Antrieben (40—150 kW) kann die Anwendung von Asynchronmaschinen, deren Magnetisierung in einer eigenerregten Drehstromerregermaschine erzeugt wird, vorteilhaft sein; diese Erregermaschine kann nachträglich noch für jeden vorhandenen Motor beschafft werden. Durch diese Schaltung ist auch noch innerhalb eines Belastungsbereiches zwischen 50 und 125% der Normallast wie er bei Kompressoren bzw. Ventilatoren möglicherweise vorkommt, eine Kompensation auf $\cos\varphi = 1$ möglich. Bei kleineren Schnelläufern kann die Erregermaschine baulich mit dem Hauptmotor vereinigt werden.

Abb. 328. Fremderregte Drehstromerregermaschine zum Antrieb eines Kompressors (Siemens-Schuckert).

Stellt man die Forderung, daß z. B. die zum Kompressorantrieb verwendete Asynchronmaschine unter Beibehaltung ihrer Charakteristik im Stande sein soll, auch noch den Leistungsfaktor anderer an das Netz angeschlossener Asynchronmotoren zu verbessern und die Kompensation gleichzeitig von der Belastung unabhängig sein soll, so verwendet man statt der eigenerregten die fremderregte Drehstrommotorerregermaschine (Abb. 328). Die Aufstellung eines eigenen Synchronmotors, welcher nur die Aufgabe hat als Phasenregler eine Gruppenverbesserung zu erzielen, kommt wohl nur in speziellen Fällen bei großen Anlagen vor. Neuerdings werden für diesen Zweck mit Erfolg Kondensatoren angewandt (A. E. G.; Siemens-Schuckert, Häfely, Meyerowsky u. a.).

Das im wesentlichen gebräuchliche Verfahren zur Verbesserung des Leistungsfaktors läuft also darauf hinaus, die Vorteile des Asynchronmotors mit denen des Synchronmotors, unter Vermeidung der Nachteile des letzteren, zu vereinigen. Besonders einfach und wirtschaftlich günstig ist die Blindleistungserzeugung bei regelbaren Drehstromantrieben (vgl. folgende Seite).

### 2. Synchronmotor.

Hierbei erhält der eine, meist der feststehende Teil, Ein- oder Mehrphasenwechselstrom, der andere, rotierende dagegen wird mit Gleichstrom gespeist. (Dies ist der prinzipielle Schaltungsunterschied gegenüber dem Asynchronmotor; man kann sich das so vorstellen, daß im Drehfeld eine Magnetnadel kreist.) Das Polrad behält eine bestimmte Stellung zum Drehfeld — im Gegensatz zum Asynchronmotor bei — es macht dieselbe Zahl von Umdrehungen wie dieses, es läuft synchron mit $n = \frac{60 \cdot \nu}{p}$ Touren/min. Die Umlaufzahl des Gleichstrommagnetsystems ist also starr an die Ständerfrequenz gebunden. Die Überlastbarkeit der Synchronmaschinen ist gering, etwa das 1,8fache der Nennleistung. Bei Überlastungen und großen Spannungsschwankungen kann das Polrad vom Drehfeld nicht mehr mitgenommen werden, der Synchronmotor „fällt außer Tritt“ und er bleibt stehen. Obwohl der Leistungsfaktor $\cos\varphi = 1$ ist und bei Ent-

[1] Vgl. auch Hütte. 25. Aufl. 2. Bd. S. 1090.

lastung auf voreilenden cos $\varphi$ übergeht, die Maschine also Blindleistung ins Netz zurückliefert, ist er aus diesen Grunde für den Antrieb von Kompressoren — und das ist schließlich der Hauptverwendungszweck in Schlachthöfen — wenig geeignet. Als schwerwiegender Nachteil erscheint auch, daß der Synchronmotor nicht von selbst anläuft und außerdem eine Gleichstromquelle benötigt. Der erste Nachteil wird dadurch verringert, daß man den Dämpferkäfig, den jeder Motor zum Ausgleich der Pendlungen haben muß, für den Eigenanlauf der Maschine nutzbringend ausbaut (Käfigankermotor), allerdings muß bei ausreichendem Anlaufmoment ein hoher Stromstoß in Kauf genommen werden. Trotz alledem hat sich der eigenerregte Synchronmotor in Amerika als Kompressorantrieb durchzusetzen vermocht, wobei in der Mehrzahl der Fälle der Antriebsmotor mit dem Kompressor direkt — häufig sogar fliegend auf die Kurbelwelle aufgesetzt — gekuppelt ist, also ein ausgesprochen Langsamläufer ist. In Deutschland hat es nur als Großmotor für Elektrizitätswerke, zur Verbesserung des Leistungsfaktors und als Umformer Bedeutung. Für die Erregung muß eine Gleichstromquelle vorhanden sein.

### 3. Drehstromkollektormotor.

Motoren, die mit einem Wechsel- oder Drehfeld im Ständer und mit einem Kollektoranker arbeiten, nennt man Kollektormotoren (Abb. 329). Diese Motoren entstanden u. a. aus dem Bedürfnis, auch für Wechselstrom Motoren mit beliebig einstellbarer Drehzahl zu haben. Der Wechselstromkollektor-, insbesondere der Drehstromkollektormotor, hat den Vorteil verlustloser, feinstufiger Drehzahlregulierbarkeit bei starkem Anzugsmoment und hohem Wirkungsgrad, und ersetzt die einfacheren Asynchronmotoren überall da, wo diese Forderungen im Vordergrund stehen. Beim Antrieb von Kältekompressoren ist zur Leistungsverminderung die Drehzahlregulierung sehr erwünscht, aber keineswegs unumgänglich nötig, für vollautomatischen Betrieb kann sie nötig sein, für den Antrieb von Ventilatoren ist die Drehzahlregulierbarkeit erwünscht. Die Läufer und Kollektoren der Kollektormotoren entsprechen denen von Gleichstrommotoren, die Ständer denen der Drehstromasynchronmotoren. Ihr Nachteil ist derselbe, wie der des kompensierten Drehstrommotors und des Gleichstrommotors gegenüber dem Asynchronmotor: das Vorhandensein eines Kollektors und Zusatzwicklungen, wodurch sie im Betrieb empfindlicher sind (größere Abnützungs- und Störungsgefahr) und auch die festen Kosten höher werden.

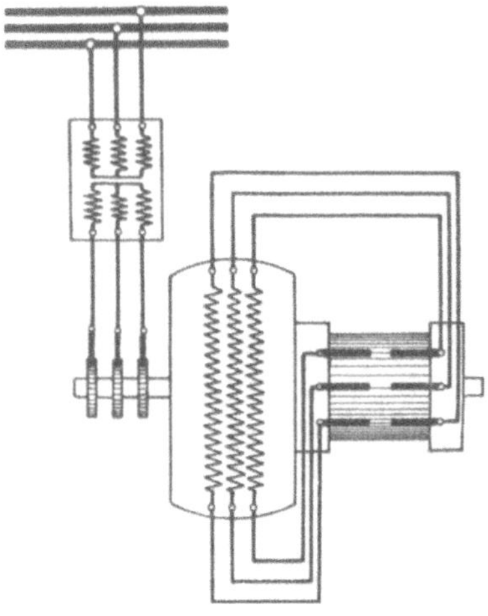

Abb. 329. Drehstromkollektormotor mit einfachem Bürstensatz und Vordertransformator.

Der Drehstrom-Kollektormotor kann sowohl als Reihenschluß- als auch als Nebenschlußmotor ausgebildet werden. Die Drehzahlreglung, welche in den Grenzen von 50—150% praktisch verlustlos durchführbar ist, kann durch Spannungsreglung oder besser durch Bürstenverstellung (SSW.) erfolgen. Der Anlaufdrehmoment ist gleich dem 2—2,5fachen Nenndrehmoment.

### 4. Betrieb von Motoren.

Die Hauptbedienungsfehler an Gleichstrommotoren sind folgende: falsche Bürstenstellung, zu hartes Aufliegen der Bürsten, wodurch sich Kollektor und Bürste sehr schnell abnützen, zu schwacher Kontakt, und dadurch Funken, Anwendung falscher oder ungleicher Kohlen, unrunder Kollektor (Abreiben mit Sandpapier und nachfolgende sorgfältige Reinigung), unzulässige Erwärmung der Magnete, meist durch zu starken Erregerstrom verursacht, ruckweises Anspringen des Ankers (meist beschädigte Ankerspulen). Ähnliche Störungen treten auch bei Wechselstrommotoren auf, wenn auch hierbei der Hauptstörungsfaktor, der Kollektor, wegfällt. Funkenbildung läßt auf schadhafte oder schmutzige Schleifringe schließen, eine Fehlerquelle ist, daß in Stern geschaltete Maschinen irrtümlich in Dreieck arbeiten (unzulässige Erwärmung des Statoreisens, überlastete Wicklung) oder umgekehrt (ungenügende Leistungsabgabe). Wenn der Asynchronmotor nicht anläuft, ist meist eine Leitungsstörung schuld, oder daß der Anker am Stator streift. Wenn der Motor stark brummt, wurde meist vergessen die Kurzschlußvorrichtung zu öffnen, oder es ist eine Phase ausgefallen. Eine Mängelstatistik[1] ergab, daß 70—80% aller Ausbesserungskosten auf Anstreifen der Läufer zurückzuführen sind, daß aber wegen ihrer Häufigkeit am unangenehmsten Störungen an den Schleifringen und

[1] Vgl. Z. V. d. I. 74, 849 (1930).

der Bürstenabhebevorrichtung, weiterhin noch am Anlaßgerät in Erscheinung traten. Die Gefahr des Schleifens der Läufer bei geringern Luftspalt ist durch die Schaffung von Neukonstruktionen mit Wälzlagern wesentlich verringert worden. Die Hauptwartung besteht in einer regelmäßigen Reinigung der Wicklungen von Staub mittels eines Handblasebalges und die richtige Wartung der Lager. Genaue Wartungsvorschriften sind in den Betriebsanweisungen der Lieferfirmen enthalten. Die zulässigen Erwärmungen der einzelnen Teile sind durch Bestimmungen des VDE. festgelegt.

Um dauernde Überlastungen der Motoren, weiterhin bei Drehstromstörungen durch Ausbleiben einer Phase, schließlich beim Ausbleiben der Netzspannung (Blitzschlag in die Überlandleitung) durch die starke Stromaufnahme bei der Rückkehr Schädigungen zu verhindern, werden Überstromschalter bzw. Motorschutzschalter eingebaut.

Das Parallelschalten von Netzen ist bei Gleichstrom einfach, will man zu einem unter Spannung stehenden Netz einen anderen Generator parallel schalten, so läßt man ihn leer anlaufen, bis die Netzspannung erreicht ist. Bei Wechselstrommaschinen genügt dies noch nicht, denn es muß auch Phasengleichheit vorhanden sein, d. h. es müssen jeweils die negativen bzw. positiven Werte der EMK miteinander übereinstimmen. Um dies zu erkennen benützt man Phasenlampen, die entweder bei der Übereinstimmung aufleuchten oder erlöschen, dies ist ein Zeichen, daß die Maschinen synchron laufen, worauf man einschalten darf. Natürlich müssen alle parallel geschalteten Maschinen mit solcher Drehzahl laufen, daß die gewünschte Periodenzahl bzw. die normale Frequenz von 50/s entsteht. Ist dies nicht genügend der Fall, so kann von einer Maschine zur anderen ein „Pendeln" eintreten. Zur Verringerung der Tourenzahlschwankungen bei einer Kolbenmaschine als Antriebskraft des Dynamos (Dampfmaschine, Dieselmaschine) sind deshalb zum Massenausgleich und zur Verringerung des Ungleichförmigkeitsgrades schwere Schwungräder nötig.

Um einen Wechsel in der Drehrichtung der Motoren zu erzielen, muß entweder der Fluß oder der Strom umgekehrt werden. Vertauscht man einfach die Motorklemmen, so dreht sich beides um, und der Motor läuft wie zuvor. Man darf nur den Anker oder nur die Erregung umschalten. Beim Nebenschlußmotor pflegt man den Anker umzuschalten.

## 2. Transformierung, Umformung, Speicherung.

### a) Transformator.

Transformatoren führen ohne mechanische Bewegung Wechselstrom einer bestimmten Spannung in einen anderen Wechselstrom anderer Spannung aber gleicher Frequenz über. Jeder reine Wechselstrommotor, vor allem der Asynchronmotor, kann letzten Endes in ruhendem Zustand als Transformator aufgefaßt werden. Durch das Primärsystem wird der zugeführte Wechsel- oder Drehstrom zugeleitet, er erzeugt in dem zweiten System (Sekundärwicklung) lediglich durch Induktion wieder Dreh- oder Wechselstrom (Abb. 330). Das Verhältnis der zugeführten zur erzeugten Spannung, welches dem Verhältnis der Windungszahlen von Primär- und Sekundärwicklung entspricht, wird als Übersetzungsverhältnis bezeichnet. Der Wirkungsgrad ist bei Vollast in der Größenordnung von 95—98,8% je nach der Größe. Die Kühlung der Transformatoren erfolgt bei kleineren Transformatoren durch Luft; heute werden fast alle Transformatoren mit Öl gekühlt. Es darf nur bestes Mineralöl verwendet werden, welches eigens für diesen Zweck bestimmt ist. Die Ölfüllung muß entsprechend den Anweisungen der Lieferfirmen regelmäßig kontrolliert werden.

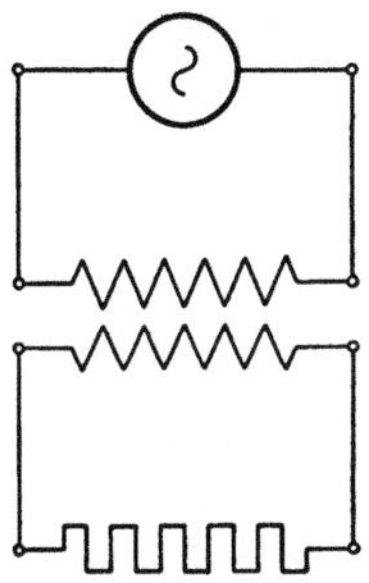

Abb. 330. Schema eines Transformators.

### b) Umformer.

Die Umformer dienen zur: 1. Umformung von Wechselstrom oder Drehstrom in Gleichstrom oder umgekehrt.

2. Umformung von Drehstrom in Einphasenstrom oder Drehstrom anderer Periodenzahl.

3. Umformung von Gleichstrom in Gleichstrom anderer Spannung.

Der allgemeinste Fall ist der Motorgenerator. Er besteht im allgemeinen aus einem Nebenschlußmotor und einem Gleichstrom-, Wechselstrom- oder Drehstromgenerator, von dessen Polen dann der umgeformte Strom abgenommen wird. Mit dem Motorgenerator ist Spannungsregelung in den weitesten Grenzen möglich, allerdings ist er teuer, hat hohen Platzbedarf und kleinen Wirkungsgrad. Dieser setzt sich aus den Einzelwirkungsgraden von

Motor und Generator zusammen. Bei großen Aggregaten wird auf der Wechselstromseite ein Synchronmotor verwendet.

Einankerumformer. Er besteht aus einem Gleichstromanker, der über Schleifringe mit Drehstrom oder allgemein Wechselstrom gespeist wird. Vom Kollektor wird Gleichstrom abgenommen. Der Einankerumformer hat gegenüber dem Motorgenerator bei Umformung von Wechselstrom in Gleichstrom den Vorteil geringeren Preises, höheren Wirkungsgrades, geringeren Platzbedarfes. Der Leistungsfaktor ist normalerweise 1. Nachteilig ist die geringe Freiheit der Spannungsreglung, die nur mit Drosselspulen oder einem stark streuenden Transformator möglich ist.

Durch einen von R. Mitsuda[1] entwickelten Apparat soll neuerdings auch die Umformung von Gleichstrom in Wechselstrom mit Hilfe des Quecksilberlichtbogens gelungen sein. Auch Gleichstromumspannung und Frequenzwandlung ist grundsätzlich durch diesen Apparat möglich. Die bisherigen Versuche wurden in kleinem Maßstabe durchgeführt. An das Ergebnis läßt sich die Hoffnung knüpfen, daß auch bei großen Aggregaten und hohen Spannungen ganz außerordentlich gute Wirkungsgrade erreichbar werden, wodurch sich für die technische Anwendung weite Ausblicke eröffnen würden.

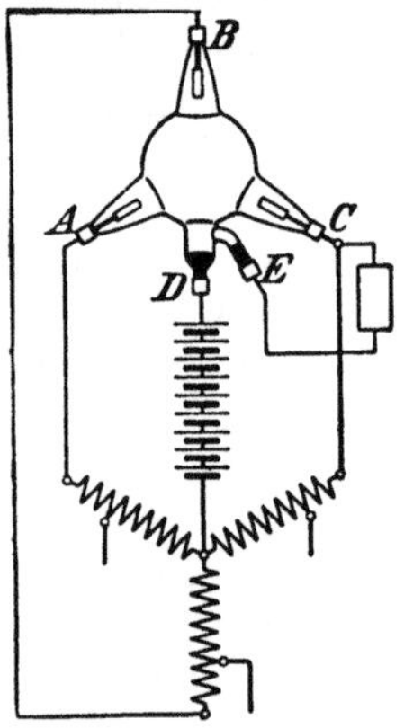

Abb. 331. Schaltbild eines Quecksilber-Gleichrichters.

Gleichrichter.

Sie stehen im Gegensatz zu den rotierenden Umformern und beruhen auf der Ventilwirkung eines Quecksilberbogens, der in einem luftleeren Gefäß zwischen einer Kathode aus Quecksilber und einer Anode aus Eisen oder Graphit eingeleitet wird (Abb. 331). Der umgekehrte Stromverlauf ist nicht möglich, weil hier nur das Quecksilber Elektronen aussendet. Auf diese Weise wird vom Wechselstrom der untere Teil der Wellen abgeschnitten bzw. durch geeignete Schaltungen umgeklappt. Für Leistungen bis 500 A werden die Quecksilbergleichrichter aus Glas, für höhere Belastung aus verschweißtem Eisenblech hergestellt. Bis 60 A genügt natürliche Kühlung, bis 250 A künstliche Luftkühlung und darüber muß Ölkühlung angewandt werden. Die Zündung erfolgt bei Glasgleichrichtern durch Kippen des Glasgefäßes und Berührung des Quecksilbers mit der Zündanode.

Die Lebensdauer der Glaskolben ist 2000—8000 Betriebsstunden, der Preis, der Raumbedarf und das Gewicht gering, der Wirkungsgrad hoch. Besonders günstig ist, daß die Gleichrichter keine Bedienung erfordern. Sonstige Vorteile sind: Parallelschalten ohne Synchronisierung, Geräuschlosigkeit, große Überlastungsfähigkeit.

## c) Akkumulator.

Der große Vorteil des Gleichstromes besteht darin, daß man ihn sammeln, aufspeichern kann. Die Aufspeicherung kommt dann in Frage, wenn ein Schlachthof für den Stromverbrauch außer den Betriebsstunden der Kraftmaschine keine Rückendeckung an einer anderen Zentrale hat.

Der Unterschied zwischen einem Akkumulator und einem galvanischen Element besteht darin, daß der Prozeß bei ersterem umkehrbar ist. Der Bleiakkumulator besteht aus Bleiplatten, die in verdünnte Schwefelsäure eintauchen. Der Vorgang verläuft folgendermaßen: Entladung $\longrightarrow PbO_2 + 2\,H_2SO_4 + Pb = 2\,H_2O + PbSO_4 \longleftarrow$ Ladung. Am Ende der Ladung ist also an der positiven Platte Bleioxyd, an der negativen Blei; beim Entladen ist an beiden Platten Bleisulfat. Als positive Platte wird heute vorzugsweise eine Großoberflächenplatte benutzt, als negative Platte ein Gitter mit eingelegter Füllmasse. Alle positiven und negativen Platten werden durch aufgelötete Bleistreifen leitend verbunden und zu Sammelschienen geführt.

Als Füllsäure wird chemisch reine mit destilliertem Wasser verdünnte Schwefelsäure benutzt (Akkumulatorensäure), ihr spezifisches Gewicht ist etwa 1,18, steigt durch die erste Ladung auf 1,2 und sinkt im Laufe der Entladung um 0,02—0,05. Das spezifische Gewicht kann wie die Spannung, welche am Anfang der Entladung 1,93—1,95 Volt und am Ende der Entladung 1,83—1,85 Volt ist, zur Erkennung des Ladezustandes benutzt werden. (Vgl. Abb. 332.)

Ladung und Entladung darf nur mit der Stromstärke, die von der Lieferfirma angegeben ist, geschehen. Je niedriger der Entladestrom ist, desto größer ist die Kapazität, d. h. die Strommenge in Amperestunden, die man entnehmen kann. Ein Akkumulator von z. B. 600 Amperestunden

[1] The Transactions of the Tokyo Sectional Meeting World Power Conference **3**, 675, 714, 729 (1929). — Z. V. d. I. **74**, Nr 42 (1930).

würde z. B. bei dreistündiger Entladung 200 Ampere, bei zehnstündiger 60 Ampere je Stunde liefern. In Wirklichkeit hängt jedoch die Kapazität auch von der Dauer der Entladung ab und beträgt bei langsamer Entladung bis zu 33% mehr als bei schneller Entladung. Normale Entladezeiten sind 3, 5, $7^1/_2$ und 10 Stunden. Bei reichlicher Ladung nutzen sich die positiven Platten rasch ab, zu knappe Ladung hat frühzeitiges Krümmen der positiven und Masseausfall der negativen Platte zur Folge. Das Ende der Ladung ist erreicht, wenn an den Platten kräftig Gasentwicklung durch Elektrolyse eintritt (die Zelle „kocht"). Die Entladung bis zur völligen Erschöpfung ist sehr nachteilig, weil sich die Platten durch Bildung von festem Bleisulfat verhärten.

Die Anzahl der notwendigen Zellen ist durch die notwendige Spannung bestimmt, zur Erzeugung von 110 Volt sind z. B. $\frac{110}{1,83} = 60$ Zellen nötig.

Da die Zellenspannung beim Laden und Entladen in ziemlich weiten Grenzen schwankt, ist beim Laden eine entsprechende Regelung der Lademaschine, beim Entladen eine Regelung der Batterie durch Zellenschalter notwendig[1]. Man unterscheidet Einfach- und Doppelzellenschalter. Die ersteren gestatten nur hintereinander Ladung und Entladung. Letztere lassen aber auch während der Ladung eine gewisse Stromabnahme zu. Am Ende der Ladung ist entsprechend der Spannung von 2,75 Volt etwa ein Drittel der Zellen abzuschalten (vgl. Abb. 332).

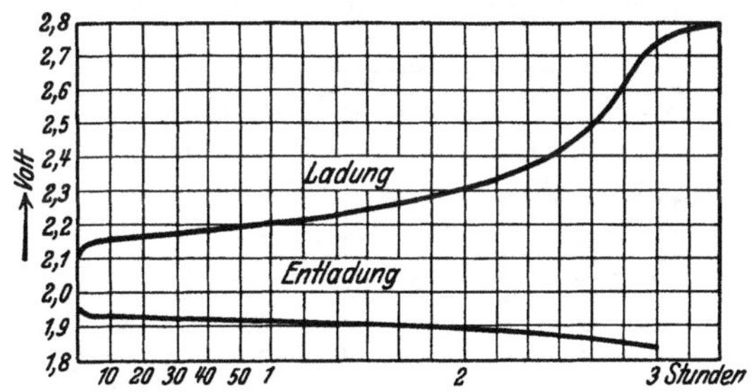


Abb. 332. Spannungsverlauf bei Ladung und Entladung eines Bleiakkumulators.

Die Wartung der Batterie besteht im wesentlichen in einer Einhaltung des richtigen spezifischen Gewichtes der Säure durch Nachfüllen von destilliertem Wasser und in einer Reinigung, insbesondere auch von dem am Boden der Gefäße sich sammelnden Schlamm (mit besonderer Pumpe). Um Betriebsstörungen auszuschließen, ist eine genaue Einhaltung der Liefervorschriften wichtig.

Der Wirkungsgrad guter Akkumulatoren zwischen Aufladungs- und Entladungsstrom ist 90—95% (Amperestundenwirkungsgrad). In Hinsicht auf die aufgewendete Arbeit bedeutet dies bei 3—10stündiger Entladung 75%, bei einstündiger Entladung 70% (Wattstundenwirkungsgrad $= \frac{\text{entladene Wattstunden}}{\text{geladene Wattstunden}}$). Es gehen also normalerweise 25—30% durch die zweimalige Umsetzung verloren.

## Gleichstrom oder Wechselstrom?

Der Hauptunterschied zwischen den beiden Stromarten ist, daß sich Gleichstrom speichern, Wechselstrom (meist Drehstrom) umformen läßt. Aus dieser Tatsache ergibt sich, daß Gleichstrom in Schlachthöfen insbesondere dann anzuwenden ist, wenn Eigenstromerzeugung besteht, also nachts die Kraftmaschine nicht in Betrieb ist und für die Beleuchtung keine Möglichkeit eines Fremdbezuges.

In den anderen Fällen erscheint der Drehstrom deswegen günstiger, weil z. B. für feuchte Räume (Stallungen) eine Transformierung der Spannung auf ein ungefährliches Maß möglich, der Wechselstrommotor, insbesondere der Asynchronmotor einfacher, billiger und betriebssicherer als der Gleichstrommotor, auch sein Wirkungsgrad etwas besser ist. Für Übertragung auf größere Entfernungen, in Großbetrieben, ist wegen der Möglichkeit einer günstigeren Leitungsdimensionierung an sich der Drehstrom vorzuziehen. Bezüglich der Drehzahlregulierung ist der Drehstrommotor ungünstiger als der Gleichstrommotor; durch die Anwendung der allerdings etwas teueren Kollektormotoren läßt sich aber diesem Übelstand ausweichen.

Literatur: AEG.-Hilfsbuch. (Reklameschrift, zur Vermittlung eines guten Überblicks geeignet.) — Weihe, H.: Maschinenkunde. Handbibliothek für Bauingenieure. Abschnitt III. Berlin: Julius Springer 1923. (Leichtfaßliche Zusammenstellung der physikalischen Grundlagen.) — Gehlhof, G.: Lehrbuch der technischen Physik II (Abschnitt Elektrik, von W. O. Schumann bearbeitet). Leipzig: A. Barth 1926. — Herrmann: Elektromotoren. Sammlung Göschen. — Vidmar, M.: Wirkungsweise elektrischer Maschinen. Berlin: Julius Springer 1928. (Alle drei für Laien noch verständlich, aber bereits vertieft.) — Thomälen: Kurzes Lehrbuch der Elektrotechnik. Berlin: Julius Springer 1923. (Für Laien nur nach Beherrschung der Grundlagen von Wert.)

[1] Vgl. AEG.-Hilfsbuch, 2. Aufl. 1925.

## 3. Elektrische Leitungen.

Die Gefährlichkeit des elektrischen Stromes ist nicht, wie allgemein angenommen wird, primär durch die Höhe der Spannung, sondern durch die durch den Körper fließende Stromstärke gegeben. In dem Leitungswiderstand des Körpers ist der Übergangswiderstand maßgebend. Dieser ist gering bei feuchter verschwitzter, mit Salzlösungen bedeckter Hautfläche. Über die Gefährlichkeit des elektrischen Stromes liegen vor allem Versuche von Jellinek[1], vom Elektrizitätswerk des Kantons Zürich[2], außerdem schwedische Versuche[3] vor. Allen drei Untersuchungen ist gemeinsam, daß bei einem Widerstand des menschlichen Körpers von 1000 $\Omega$, wie er in Räumen mit hoher Feuchtigkeit, bei Schweißbildung durch hohe Temperaturen, Schrecken oder Angst, bei feuchten Berührungsflächen usw., auftreten kann, die Spannung um jede Gefährdung auszuschließen, nicht höher als 20 bis 25 V sein soll. An den Versuchen Jellineks ist vor allem bemerkenswert, daß die „Strombereitschaft" und die „Persönlichkeit" von Einfluß sein sollen. Nach den schweizerischen Versuchen darf die Elektrodengröße, also die Stromstärke je cm² nicht vernachlässigt werden. Nach den schwedischen Versuchen gibt es eine Gefährlichkeitskurve gemäß Abb. 333, deren Höchstwert bei 0,15 A liegt. Das ganze Problem ist wohl infolge der bisherigen geringen Zusammenarbeit von Arzt und Ingenieur noch in keiner Weise einwandfrei geklärt. Bei Unfällen sind unverzüglichst normale Wiederbelebungsversuche von etwa zwei Stunden Dauer anzustellen.

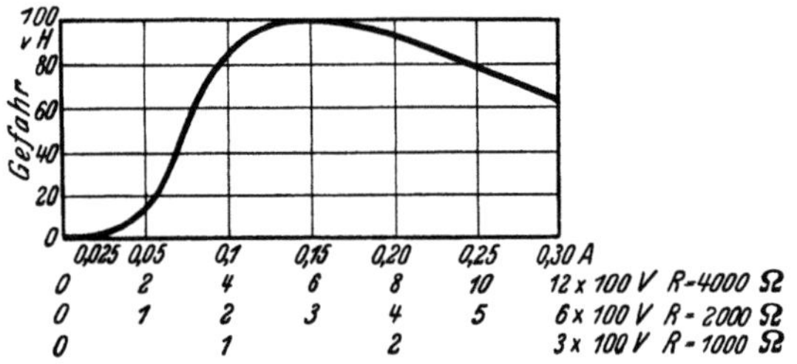


Abb. 333. Der aufsteigende Ast der „lebensgefährlichen Stromkurve".

Die Verringerung der Netzspannung erfolgt bei Wechselstrom durch Kleinmanteltransformatoren. Die Transformierung hat den Vorteil, daß eine billige offene Verlegung in jeder Weise unbedenklich ist, und daß niedervoltige Lampen außer der anderen Spannung auch noch ein anderes Gewinde haben, ein Diebstahl also nicht lohnen würde.

Während für die Leitungsverlegung in trockenen Räumen das bei der normalen Wohnungsinstallation gebräuchliche Material Anwendung finden kann, ist die Verlegung für feuchte Räume in Stahlpanzerrohren oder in Bleikabeln nötig. Bei Räumen mit stark schwankender Feuchtigkeit haben die Stahlpanzerrohre allerdings den Nachteil, daß sich im Innern Kondenswasser, das in Ställen mit Ammoniak getränkt ist, bilden kann, welches eine ungünstige Beeinflussung erwarten läßt. Aus diesem Grunde kann die Anwendung von dünnen Kabeln (z. B. von Anthygron-Rohrdraht der SSW. die Feuchtraumleitungen der AEG.) in Frage gezogen werden.

Die Art der Leitungsführung für die üblichen Beleuchtungsschaltungen: Ausschaltleitung, Umschalt-, Kreuzschalt- und Serienschaltleitung, ist für Gleich- und Wechselstrom völlig gleichartig.

## 4. Beleuchtung.

### a) Grundsätzliches.

Einer guten Beleuchtung müssen folgende Gesichtspunkte zugrunde gelegt sein: 1. aus reichende Beleuchtungsstärke, 2. passende Wahl der Lichtpunkthöhe, 3. keine Blendung, 4. Vermeidung von Schlagschatten bzw. natürliche Schattenbildung, 5. gute Lichtverteilung, 6. Wirtschaftlichkeit.

Über die Leistungsfähigkeit der Lichtquellen, gekennzeichnet nach ihrer Lichtausbeute in Lumen (Einheit des Lichtstromes) je Watt, gibt folgende Tabelle Auskunft.

| Lichtquelle | Lichtausbeute in Lm/Watt etwa |
|---|---|
| Gewöhnliche Petroleumlampe | 0,25—0,3 |
| Petroleumglühlicht | 1,2—1,5 |
| Niederdruckgaslicht (Pilzbrenner) | 13 |
| Moderne Glühlampe | 8—20 |
| Dia-Carbone-Bogenlampe | 20—30 |

Demnach erscheint die Bogenlampe als die wirtschaftlichste Beleuchtungsform; Glühlampe und Gaslicht sind ziemlich gleichwertig. Die große Einfachheit der Bedienung und die erhebliche Zuverlässigkeit gibt mehr und mehr der Glühlampe die Vorherrschaft. Trotz der Gasfernversorgung erscheint es fraglich, ob sich das Gaslicht noch lange

[1] Jellinek, St.: Der elektrische Unfall. Wien: F. Deuticke 1931.
[2] Bulletin des Schweizerischen Elektrotechn. Vereins **1929**, 428.
[3] Sterkstroom **4**, 309 (1926).

behaupten kann. Das Anwendungsgebiet der Bogenlampe ist in erster Linie die Beleuchtung von Verkehrsstraßen und Plätzen. In der folgenden Tabelle sind vergleichsweise die Lichtpreise je Stunde bei verschiedenen Beleuchtungsarten zusammengestellt. Dabei wurde ein Einheitspreis von 45 Rpf. (vgl. S. 310) für die Kilowattstunde und 23 Rpf. für 1 cbm Steinkohlengas zugrundegelegt.

| Leuchtkraft in Kerzenstärke | Elektrische Lampen | | | Steinkohlen-Gaslampen | | |
|---|---|---|---|---|---|---|
| | Lampenart | Verbrauch in Watt-Stdn. | Kosten pro Stunde in Rpf. | Lampenart | Verbrauch in Liter je Stde. | Kosten je Stunde in Rpf. |
| 5 | Glimmlampe . . . . . . | 5 | 0,22 | Retiplan-Lampe . . . . . | 20 | 0,46 |
| 10 | luftleere Drahtlampe . . . | 10 | 0,45 | | | |
| 16 | „ | 16 | 0,72 | | | |
| 25 | „ | 25 | 1,12 | Mikro- od. Kolibrilampe . | 40 | 0,92 |
| 32 | „ | 32 | 1,44 | Zwerghängelicht-Brenner . | 50 | 1,15 |
| 50 | „ | 50 | 2,25 | Mundus 0 . . . . . . . | 50 | 1,15 |
| 34 | 40 Wattlampe, gasgefüllt | 40 | 1,8 | Juwel-Stehlichtbrenner . | 60 | 1,38 |
| 60 | 60 „ „ | 60 | 2,7 | Gobo-Stehlichtbrenner . . | 70 | 1,61 |
| 81 | 75 „ „ | 75 | 3,37 | Mundus I u. II . . . . . | 80 | 1,84 |
| 120 | 100 „ „ | 100 | 4,5 | Stehlicht-Normalbrenner . | 150 | 3,45 |
| 190 | 150 „ „ | 150 | 6,75 | Mundus III . . . . . . | 200 | 4,6 |
| 265 | 200 „ „ | 200 | 9,— | Grätzin- oder Auerlicht . . | 300 | 6,9 |
| 425 | 300 „ „ | 300 | 13,5 | | | |
| 775 | 500 „ „ | 500 | 22,5 | | | |
| 1240 | 750 „ „ | 750 | 33,75 | | | |
| 7330 | 2000 „ „ | 2000 | 90,— | | | |

**Die Glühlampe.** Die Nutzbrenndauer der Glühlampe beträgt ungefähr 1000 Stunden. Übersteigt die Brenndauer diesen Wert, so wird die notwendige Beleuchtungsstärke nicht mehr erreicht, und der Stromverbrauch steht in keinem Verhältnis mehr zur Beleuchtungsstärke.

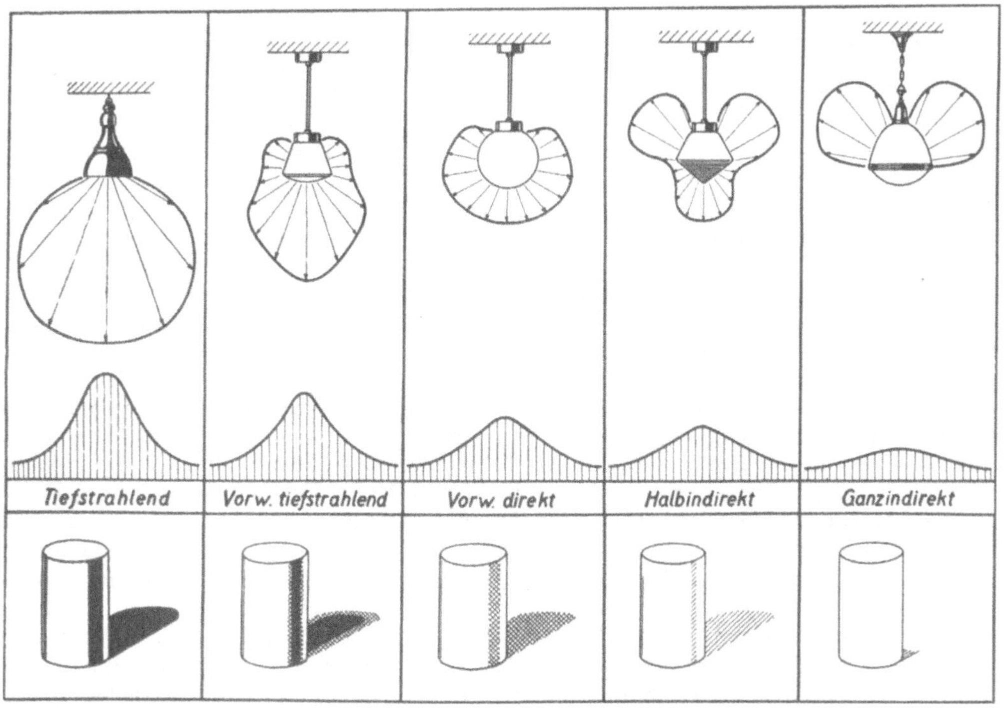


Abb. 334. Schematische Darstellung der Eigenschaften der verschiedenen Beleuchtungsarten (Lichtverteilung, Schattigkeit, Beleuchtungsstärke, Gleichmäßigkeit).

Bei 5% Unterspannung gibt die Glühlampe etwa 20% weniger, bei 5% Überspannung gibt sie um den gleichen Betrag mehr Licht. Im letzten Falle hat sie aber nur die halbe Nutzbrenndauer.

Die Blendung, welche eine Überstrahlung der Netzhaut ist, wird durch die heute vorwiegend gebräuchliche Innenmattierung, wenn auch nicht vermieden, so doch sehr gemildert. Die Innenmattierung hat außerdem den Vorteil, daß die Verschmutzungsgefahr verkleinert ist. Die Lebensdauer der mattierten Lampe ist nur unerheblich geringer als die der Klarglasglühlampe. Eine noch bessere Blendungsbeseitigung erfolgt durch die Opalglasglühlampe.

Neben der Blendung ist der Fehler vieler Beleuchtungsanlagen das Auftreten störender Schlagschatten. Diese können nur durch richtige Anordnung, Wahl der Leuchten und Leuchtenzahl vermieden werden. Als allgemeine Regel kann gelten, daß die Schatten um so weicher sind, je mehr Leuchten aufgestellt werden und je mehr Decke und Wandfries zur Beleuchtung herangezogen werden.

Die Leuchten lassen sich gemäß obiger Lichtverteilungskurven in folgende typische Gruppen einteilen: scheinwerferartige Tiefleuchten, Tiefleuchten, breite Tiefleuchten (Leuchten mit direktem Licht), weiterhin Leuchten mit vorwiegender Direktbeleuchtung, mit Halbindirektbeleuchtung, vorwiegender Indirektleuchtung und völliger Indirektleuchtung (Abb. 334).

Im Zusammenhang mit dem hier zu betrachtenden Verwendungszweck sind insbesondere Leuchten mit vorwiegend tiefstrahlendem Licht (vorwiegende Direktbeleuchtung) auf Grund der nachfolgenden Zusammenhänge von Bedeutung. Hierbei strahlt der Hauptteil des Lichtes in den unteren Halbraum, etwas Licht geht seitlich nach oben und wird von der Decke, die einigermaßen hell sein muß, zurückgestrahlt.

Für Büros, Wohnungen u. dgl. ist halbindirektes bzw. vorwiegend indirektes Licht das günstigste. Dabei wird der Hauptteil des Lichtes in den oberen Halbraum geworfen und von Decke und Wandfries zurückgestrahlt. Nur wenig Licht geht stark zerstreut direkt in den unteren Halbraum. Die Beleuchtung ist weich und wohltuend, sie hat milde Schatten und keinerlei Blendung. Voraussetzung ist eine weiße Decke.

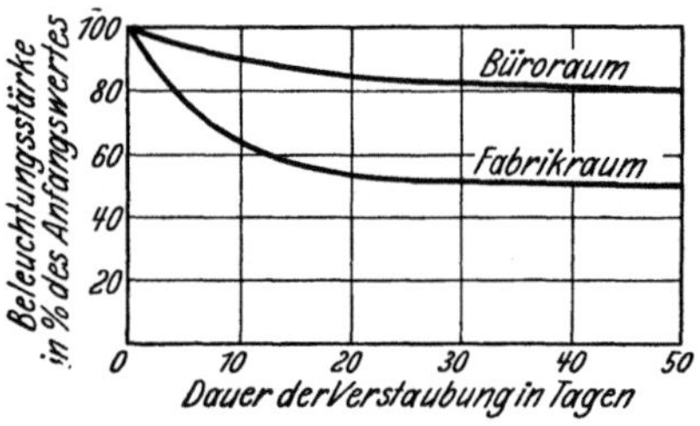

Abb. 335. Abnahme der Beleuchtungsstärke einer Lampe mit der Verstaubung.

Als Schreibtischleuchte stellt die Nike-Arbeitsleuchte von Schanzenbach, Frankfurt a. M., ein recht brauchbares Modell vor.

Neben rein lichttechnischen Gesichtspunkten muß eine Leuchte so gebaut sein, daß der Staub nur wenig Ablageflächen hat. Ein Absetzen von Staub innerhalb gewisser Grenzen ist allerdings nicht vermeidbar, so daß — um die projektierte Beleuchtungsstärke immer voll zu Verfügung zu haben, außerdem auch aus hygienischen Gründen — eine regelmäßige Reinigung stattfinden muß, ein Gesichtspunkt, der leider fast immer außer acht gelassen wird. In Abb. 335 ist die Abnahme der Beleuchtungsstärke durch Verschmutzen dargestellt.

## b) Schlachthofbeleuchtung.

Guten Willen vorausgesetzt, lassen sich die Betriebszeiten selbst in größeren Anlagen so einrichten, daß Schlachtungen und Beschau nur bei Tageslicht vorgenommen werden. Es entspricht dies auch dem Sinne des Reichsfleischgesetzes, da die künstliche Beleuchtung, und sei sie noch so gut, nie restlose Sicherheit für ein einwandfreies Untersuchungsresultat gewährleistet. Dagegen ist es unmöglich, in den Übergangs- und Wintermonaten die Arbeitszeiten so zu legen, daß die Beleuchtungsanlage eines Schlachthofes zu einer Einrichtung von nebensächlicher Bedeutung würde. Von ihr hängt in hohem Maße die Schnelligkeit und Sicherheit des Arbeitsablaufes und die Sauberkeit und Hygiene des Betriebes ab. Mangel an Licht ist die Ursache von zerschnittenen Därmen, ungenügend gewaschenen Kaldaunen, Lederschäden und ähnlichen unerfreulichen Vorkommnissen. Dunkle Winkel sind erfahrungsgemäß Schmutzsammelplätze.

Besonders dann, wenn sich in den Schlachthallen dichte Schwaden bilden, die einen großen Teil des erzeugten Lichtstromes aufsaugen, wird das Arbeiten bei ungenügenden Beleuchtungsstärken zur Qual. Damit ist das wichtigste Problem der Schlachthofbeleuchtung aufgeworfen: Wie muß die Anlage beschaffen sein, damit selbst bei dichtem Nebel noch genügend Licht an den Arbeitsstellen vorhanden ist? Es hat natürlich keinen Zweck, in den meist recht hohen Hallen die Leuchten hoch aufzuhängen, weil dann die dicke Nebelschicht fast alles Licht absorbiert. Es muß als Grundsatz gelten, die Leuchten so dicht als möglich an die Arbeitsstelle heranzubringen. Andererseits kann man auf eine Beleuchtung der oberen Raumteile meist nicht verzichten, weil auch die Hebezeuge und die Laufschienen nicht im

Dunkeln liegen dürfen. Braucht man doch z. B. zum Einhängen der Rinder gerade oben eine gute Beleuchtung. Bei Tiefleuchtung (direktes Licht) wird man daher die Leuchten an langen Pendeln ungefähr in Höhe der Laufschienen anordnen müssen (Abb. 336). Diese können dann keine Schlagschatten werfen und sind ausreichend mitbeleuchtet. Möglichst geringe Leuchtenabstände, damit sich die Tiefstrahler-Lichtkegel genügend überschneiden, sind vorteilhaft. Um eine bessere Vertikalbeleuchtung zu erhalten, empfiehlt es sich, bei jedem Schlachtplatz in halber Höhe noch einen Wandarm mit einem schräggestellten kleinen Tiefstrahler anzubringen. Dieser wirft dann, selbst bei dichten Wrasen noch genügend Licht an die Arbeitsstelle. Man verwendet natürlich am besten wasserdichte Typen in Porzellanausführung, zum mindesten aber solche mit gußeisernem Aufsatz und möglichst mit verbleiten Innenteilen, um der Rostgefahr vorzubeugen.

Abb. 336. Schlachthallenbeleuchtung durch Tiefstrahler in Höhe der Laufschienen angeordnet. Zusätzliche Beleuchtung durch seitliche Leuchten an Wandarmen (Kandem, Leipzig).

Eine andere gute Schlachthallenbeleuchtung erhält man auch mit vorwiegend tiefstrahlenden Leuchten (vorwiegende Direktleuchten), die man sehr tief unterhalb der Laufschienen anordnen kann. Ein Teil des Lichtstromes dringt hier nach oben und hellt die oberen Raumteile auf, während die Hauptlichtmenge nach unten geworfen wird. Bei dieser Beleuchtungsart kann man in der Regel auf die Wandarmleuchten verzichten, besonders wenn die Wände hell gestrichen oder mit weißen Kacheln versehen sind, die das auffallende Licht zurückwerfen (Abb. 337).

Vorwiegend tiefstrahlende Beleuchtung ist besonders bei guter Reflexionsfähigkeit der Wände weicher und angenehmer als das etwas hartschattige Tiefstrahlerlicht. Übrigens haben vorwiegend tiefstrahlende Leuchten noch einen Vorteil gegenüber den Tiefstrahlern. Beim Hochblicken sieht man bei letzteren öfters direkt in die Glühlampe hinein und wird geblendet, während bei vorwiegend tiefstrahlenden Leuchten die lichtstreuende Opalglasglocke auch bei anormaler Blickrichtung die Blendung vermindert. Auch hier ist es zweckmäßig, abgedichtete Typen zu verwenden, die ohne Gefährdung der Glühlampe und der Fassung abgespritzt und abgewaschen werden können. Für feuchte Räume kommt neuerdings mehr und mehr kabelähnliches Leitungsmaterial in Aufnahme, das durch eine Stopfbuchse in die Leuchte eingeführt wird. (Vgl. S. 306.)

Abb. 337. Vorbildliche Schlachthallenbeleuchtung durch vorwiegend tiefstrahlendes Licht. Abgedichtete Kandem-Leuchten (Seegrenzschlachthof Hamburg).

Da die Wrasenbildung je nach der Außentemperatur verschieden stark ist, empfiehlt es sich, in Schlachthallen die Anlage so auszubauen, daß einzelne Lampenserien, die bei normalen Verhältnissen nicht brennen, bei starker Nebelbildung zugeschaltet werden können. Eine solche Möglichkeit, die Beleuchtung zeitweise zu verstärken, sollte auch in den Ställen vorhanden sein. Für gewöhnlich genügt dort eine schwächere Verkehrsbeleuchtung, die am besten durch wasserdichte Tiefstrahler erzeugt wird. Vielfach werden jedoch auch tierärztliche Untersuchungen in den Ställen vorgenommen, zu denen wesentlich mehr Licht gebraucht wird. In solchen Fällen lohnt sich dann die erwähnte serienweise Schaltung.

Die Abb. 338 zeigt eine vorbildlich beleuchtete Verladehalle, in der Leuchten für direktes

Licht mit offener Glocke verwendet wurden. Diese Leuchtentype ist übrigens auch für die Außenbeleuchtung auf den Schlachthofstraßen, Rampen, vor den Eingängen u. dgl. geeignet.

Eine baulich gut gelungene Lösung der Außenbeleuchtung ist in Abb. 339 gezeigt. Hier sind kleine Leuchten mit offener Glocke an schlichten, farbig gestrichenen Profileisenauslegern jeweils über den Eingängen befestigt.

Abb. 338. Verbindungshallenbeleuchtung mit Leuchten für direktes Licht Kandem).

Die folgende Tabelle gibt für die einzelnen Räume die erforderliche mittlere Beleuchtungsstärke auf der Meßebene (1 m über dem Fußboden) an.

| | | | |
|---|---|---|---|
| Schlachthallen | etwa | 50 | Lux |
| Kaldaunenwäscherei | „ | 75 | „ |
| Ställe, normal | „ | 40 | „ |
| Ställe für tierärztliche Untersuchungen | „ | 150 | „ |
| Kühlräume | „ | 40 | „ |
| Verladehallen und Rampen | „ | 30 | „ |
| Außenbeleuchtung | „ | 5 | „ |
| Straßen | „ | 2 bis 4 | „ |
| Büros | „ | 30 „ 50 | „ |

Die für eine gewisse Beleuchtungsstärke erforderliche Glühlampengröße, berechnet man nach der Lichtstromformel. Hierbei kann man für die heute üblichen Gasfüllampen mit einem Nutzfaktor von 0,45 und 10 Watt je Quadratmeter Bodenfläche rechnen. Es ergibt sich damit, daß 10 Watt je Quadratmeter Bodenfläche je nach Größe der Glühlampe bei 220 Volt 58—78 Lux, im Mittel etwa 68 Lux ergeben. Bei 110 Volt ist der analoge Wert 67—94, im Mittel etwa 71 Lux. Damit läßt sich auf einfache Weise die notwendige Wattzahl einer Lampe überschlägig berechnen. 220 Voltlampen geben etwas weniger Licht als 110 Voltlampen, dafür ist bei ersteren die Leitungsführung billiger.

Abb. 339. Außenbeleuchtung der Schlachthofstraße. Profileisenausleger mit Kandem-Off-Leuchten über den Eingängen.

Die Gebühren je Lichtkilowattstunde schwanken in Abhängigkeit vom Verbrauch außerordentlich stark. Etwa ein Drittel der deutschen Schlachthofanlagen, meist größere Betriebe, bezahlt Preise von unter oder etwas über 0,10 RM/kWh, 50% der Schlachthofanlagen bezahlt Preise von 0,40 RM/kWh und sogar noch wesentlich darüber (bis 0,70 RM.). Der Rest sind Beträge zwischen 0,15 und 0,39 RM/kWh. Nach Angaben von L. Schneider[1] ist auf Grund von Aufstellungen der AEG. für kleinere und mittlere Produktionsbetriebe allgemeiner Natur der Durchschnittspreis 23,2 Rpf/kWh und für Großbetriebe 7,5 Rpf/kWh, so daß die in Abb. 420, S. 377 enthaltenen Werte für Schlachthöfe zum Teil recht ungünstig sein dürften.

# III. Die Kälteerzeugungsanlage.

Die Kälteanlage hat den Zweck, die Temperatur eines Körpers unter diejenige der Umgebung zu bringen und auf diesem Temperaturniveau zu erhalten. Nach dem zweiten Hauptsatz der Wärmelehre ist es nur durch Zuführung von Energie möglich, Wärme von einer tieferen Temperaturstufe auf eine höhere zu heben, was bei der Absorptionsmaschine durch Verbrauch von Wärmeenergie, bei der Kompressionsmaschine durch Aufwendung mechanischer Arbeit geschieht. Der Anwendungsbereich der Absorptionsmaschine beschränkt sich von 427

[1] AEG.-Mitt. **1928**, 484.

deutschen Schlachthofanlagen auf 3 Maschinen, doch ist mit der im Fluß befindlichen weiteren Entwicklung und konstruktiven Verbesserung dieser Bauart durchaus wahrscheinlich, daß sich infolge gewisser Vorteile der Absorptionsmaschine die Verhältnisse im Laufe der nächsten Jahrzehnte wesentlich zu ihren Gunsten verschieben. Durchaus im Bereich des Möglichen liegt auch in größeren Städten analog mit der Ausbildung der Fernheizung und der Ferngasversorgung die Fernkühlung. Wenn auch für diese Entwicklung in Amerika schon Ansätze zu beobachten sind, liegt dies für Deutschland als allgemeine Lösung (einziger deutscher Schlachthof mit Fernkühlung in Hamburg) noch in fernerer Zukunft. Da weiterhin in den letzten Jahrzehnten ein wesentlicher Rückgang der Verwendung von Natureis zur Kühlung zu vermerken war, soll im Rahmen der Abhandlung in erster Linie die Kälteerzeugung durch Kompressionskaltdampfmaschinen behandelt werden.

Das Prinzip der Kälteerzeugung ist aus Abb. 340 zu erkennen. Die bei der Verdampfung des Kältemittels im Verdampfer (*V*) entstehenden Dämpfe werden durch einen Kompressor (*K*) abgesaugt und so hochverdichtet, daß ein Druck erreicht wird, bei dem sich die Dämpfe durch das zur Verfügung stehende Kühlwasser wieder verflüssigen lassen. Die Entspannung des verflüssigten Kältemittels auf die der Verdampfungstemperatur entsprechende Druckstufe erfolgt im Regulierventil (*R*). Damit ist der Kreisprozeß geschlossen, d. h. dasselbe Kältemittel kann durch Verdampfen wieder von neuem Wärme aufnehmen.

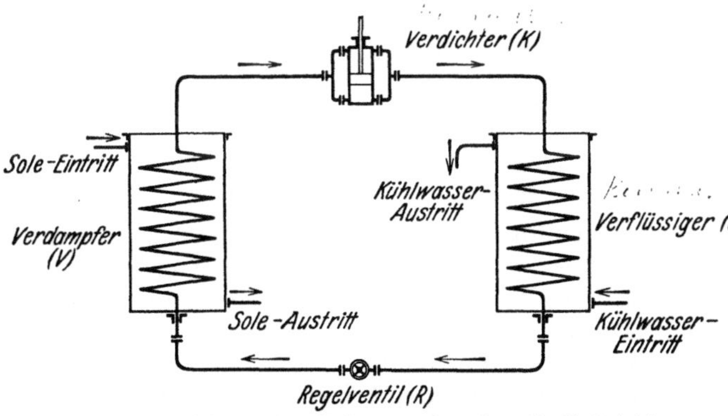

Abb. 340. Schema einer Kälteerzeugungsanlage für Naßbetrieb.

Der Kreisprozeß setzt sich also aus vier Zustandsänderungen zusammen:

1. Wärmeaufnahme des Kältemittels im Verdampfer.
2. Heben der im Verdampfer aufgenommenen Wärmemenge auf ein höheres Temperaturniveau durch den Kompressor.
3. Abführen der im Verdampfer aufgenommenen und der als Kompressionsarbeit zugeführten Wärmemenge durch Kühlung im Kondensator.
4. Erreichung der notwendigen Verdampfungstemperatur durch Drucksenkung des Kältemittels im Regulierventil.

Dabei ist das Wesentliche der Kälteerzeugung die Verdampfung eines Kältemittels bei tiefer Temperatur durch Wärmeaufnahme aus dem kühlenden Medium; für die Höhe der Verdampfungstemperaturen ist der Grad der Entspannung (Drosselventil, Expansionszylinder) maßgebend. Kompressor und Kondensator gehören streng genommen nicht zum eigentlichen Prozeß, sie sind lediglich Einrichtungen, welche das verdampfte Kältemittel wieder in einen Zustand versetzen, von welchem aus es sich wieder entspannen läßt (geschlossener Arbeitsprozeß).

Die Verflüssigung des Kältemittels erfolgt im Kondensator (*C*); hier wird durch Kühlwasser oder Luft die am Ort der Kälteerzeugung aufgenommene Wärme, vermehrt um das Wärmeäquivalent der dem Kompressor zugeführten mechanischen Arbeit, abgeführt. Normalerweise wird das verflüssigte Kältemittel noch durch weiteres Kühlwasser unter die Verdampfungstemperatur gekühlt (Unterkühlung). Wird vom Regulierventil aus das Kältemittel nach Abb. 340 unmittelbar dem Verdampfer (*V*) zugeführt, spricht man von nassem Ansaugen oder Naßbetrieb, wird ein Flüssigkeitsabscheider eingeschaltet, von trockenem Ansaugen oder Überhitzungsbetrieb. Je nachdem die Wärmeentziehung des zu kühlenden Mediums in Rohrsystemen direkt durch das verdampfende Kältemittel oder indirekt unter Zwischenschaltung einer Salzlösung (Sole) als Kälteträger geschieht, spricht man von direkter oder indirekter Kühlung.

## a) Kältemittel für Kühlanlagen mit Kolbenkompressoren.

Für den Entscheid, welches der drei in Schlachthofkühlanlagen gebräuchlichen Kältemittel Ammoniak, Schwefeldioxyd (schweflige Säure) und Kohlendioxyd (Kohlensäure) am günstigsten ist, sind folgende Gesichtspunkte zu beachten:

1. Im allgemeinen wird sich der Kälteerzeugungsprozeß zwischen den Grenzen — 30° (Verdampfungstemperatur) und + 30° (Kondensationstemperatur) abspielen. In diesem

Bereich darf der Dampfdruck aus Betriebsgründen nicht zu hoch sein, ebenso soll in diesem Bereich kein Unterdruck entstehen, weil dann das Abdichten schwierig ist bzw. durch Lufteintritt Betriebsstörungen enstehen können.

| | Ammoniak | Schwefeldioxyd | Kohlendioxyd |
|---|---|---|---|
| Sättigungsdruck bei —10° (ata) | 2,97 | 1,033 | 26,99 |
| „ „ +25° „ . | 10,22 | 3,97 | 65,59 |

Der Kondensatordruck von Ammoniak entspricht etwa dem Eintrittsdruck einer älteren Dampfmaschine. Bei Kohlendioxyd sind die Drücke außerordentlich hoch, bei warmem Kühlwasser wird der kritische Punkt überschritten. Bei Schwefeldioxyd muß bei Temperaturen unter — 10° gegen Unterdruck abgedichtet werden.

2. Das Kältemittel muß hohe Verdampfungswärme ($r$) und geringe spezifische Wärme ($c$) im verflüssigten Zustand haben.

| Sättigungstemperatur —10° | Verdampfungswärme ($r$) in kcal/kg | Rauminhalt des Dampfes in l/kg | $\frac{r}{c}$ (Maßgebend für den Verlust durch das Regulierventil) |
|---|---|---|---|
| Ammoniak . . . . . . . . . . | 309,6 | 418,4 | etwa 270 |
| Schwefeldioxyd . . . . . . . . | 93,60 | 330 | „ 270 |
| Kohlendioxyd . . . . . . . . | 62,51 | 14,2 | „ 100 |

Die Verdampfungswärme je Kilogramm ist unter den angegebenen Kältemitteln bei Ammoniak am größten. Ammoniakkühlanlagen erfordern als das geringste umlaufende Gewicht. In Hinsicht auf das Kompressorhubvolumen ist aber vor allem die Kälteleistung je Kubikmeter maßgebend, welche bei Kohlendioxyd am günstigsten ist, Schwefeldioxyd benötigt die größten Kompressorhubvolumina. Die spezifische Kälteleistung ist bei Kohlendioxyd etwas kleiner als bei den anderen beiden Kältemitteln.

3. Chemische Indifferenz:

a) Die Konstruktionsmaterialien, Schmiermittel u. dgl. dürfen nicht angegriffen werden.

b) Der Stoff darf nicht zerfallen.

Ammoniak greift Kupfer und dessen Legierungen an, so daß diese Stoffe nicht verwendet werden dürfen. Die Zersetzlichkeit wird bei Temperaturen über 150° merklich. Eine Schädigung von im Kühlraum lagerndem Fleisch tritt nach eigenen Untersuchungen bei Ausströmen von Ammoniak nicht ein, sofern die Konzentration nicht allzuhoch ist[1]. Unter bestimmten Bedingungen ist Ammoniak brennbar, die Grenzbedingungen in der Konzentration sind aber außerordentlich eng (Mischung mit 16 bis 25,5 Raumteilen Luft), eine brisante Verbrennung scheint unmöglich, jede gewöhnliche Leuchtgasleitung ist 1000mal gefährlicher. Schwefeldioxyd darf nicht mit (feuchter) Luft und Wasser in Berührung kommen, da sonst $H_2SO_3$ entsteht, welches Metalle stark angreift. Dadurch, daß bei tiefen Temperaturen die Maschinen bei Vakuum arbeiten, ist die Gefahr, daß durch die Stopfbüchse Luft eingesaugt wird und sich die Füllung mit Schwefelsäure anreichert, groß. Mit animalischen Ölen bildet Schweflige Säure eine Emulsion, so daß ein anderes Schmiermittel verwendet werden muß. Bei Naßbetrieb genügt zur Schmierung die Schmierfähigkeit der mitgerissenen schweflige Säure-Tröpfchen. Kohlendioxyd ist als höchste Oxydationsstufe von Kohlenstoff chemisch indifferent.

4. Das Kältemittel muß möglichst unschädlich sein und bei Giftigkeit eine starke Warnungsfähigkeit besitzen. Ordnet man die drei Kältemittel ihrer Giftigkeit nach, so ergibt sich folgende Reihenfolge: Schwefeldioxyd, Ammoniak, Kohlendioxyd. Der größeren Unschädlichkeit von Kohlendioxyd steht aber seine Geruchlosigkeit als Nachteil gegenüber. Bei den hohen Drücken entstehen leicht Undichtigkeiten, welche nur bemerkt werden können, wenn dem Gas Geruchstoffe beigegeben werden. Bei Ammoniak ist die Schwelle der Reizbarkeit weit unter der Grenze der Giftigkeit. Tödliche Unglücksfälle können nur eintreten, wenn man nicht in der Lage ist, sich aus dem Raum zu entfernen. Das Gas hat in hohen Konzentrationen speziell Wirkungen auf die Augen, die Atmungsorgane und Schleimhäute, da es eine starke Affinität zu feuchten Körpern hat. Durch flüssiges Ammoniak kann die Haut verätzt werden. Schwefeldioxyd ist bei weitem am giftigsten. Bereits geringe Mengen wirken gesundheitsschädlich, das Gas besitzt aber ein starkes Warnungsvermögen.

[1] Nach Untersuchungen von O. Raschke (Z. Fleisch- und Milchhyg. 1931) soll nur Fleisch in gefrorenem Zustand gegen Ammoniak genügend indifferent sein.

5. Das Kältemittel muß billig und allgemein verbreitet sein. Der Preis von Ammoniak ist etwa 1 RM. je Kilogramm, der von Kohlendioxyd etwa 0,65 RM. je Kilogramm.

Aus der Zusammenstellung ist ersichtlich, daß keines der Kältemittel ideal ist. Schwefeldioxyd ist ohne Zweifel von den 3 Kälteträgern der ungünstigste, so daß seine Anwendung nur in vollständig geschlossenen Maschinen (z. B. Rotsilberautomat von Brown-Boveri) günstig erscheint (vgl. S. 321). Kohlendioxyd ist das harmloseste Kältemittel, chemisch indifferent, nicht explosibel, billig, es hat nur den Nachteil, daß der Kreisprozeß bei sehr hohen Drücken stattfindet, was schwere Maschinen, ein teures Leitungssystem und große Undichtigkeitsverluste bedingt; ein Nachteil ist auch die mangelnde Warnungsfähigkeit und der verhältnismäßig große Abfall der Kälteleistung bei warmem Kühlwasser. Für den speziellen Zweck der Schlachthofkühlanlage ergibt Ammoniak als Kälteträger bei Zusammenfassung aller Faktoren den günstigsten Wert[1]. Tatsächlich hat es sich auch in immer höherem Maße durchzusetzen vermocht. Bereits im Jahre 1912 waren 75,7% aller deutschen Schlachthöfe mit Ammoniak, 13% mit Schwefeldioxyd und 11,3% mit Kohlendioxyd als Kälteträger ausgerüstet. Bis zum Jahre 1930 verschob sich dieses Verhältnis weiterhin zugunsten des Ammoniaks, und zwar sind nach eigenen statistischen Aufstellungen 83% Ammoniak-, 7,7% Schwefeldioxyd und 9,3% Kohlendioxydmaschinen[2].

## b) Die Arbeitsverfahren.

### 1. Naßbetrieb.

Der Vorgang wurde in den Grundlagen bereits auf S. 311 erläutert. Beim Naßbetrieb setzen sich an der Zylinderwandung Flüssigkeitsteilchen fest, während des Ansaugens tritt lebhaftes Nachverdampfen ein, welches sich auch noch bis in die Rückexpansion fortsetzt. Bei nassem Arbeiten wird durch die Flüssigkeitsteilchen der Wärmeübergang an die Wandung begünstigt, die mittlere Wandtemperatur ist der Gastemperatur näher, die Verluste sind größer. Der Lieferungsgrad[3], der das Verhältnis der wirklich erzielten zur theoretisch erzielbaren Kälteleistung (kal/m³) darstellt, wird kleiner. Das Wärmespiel innerhalb des Zylinders ist nur an Hand des Wärmediagramms ($T$—$S$ Diagramm) zu übersehen, auf dessen Theorie in diesem Zusammenhange nicht näher eingegangen werden kann.

### 2. Überhitzungsbetrieb.

Unter Überhitzungsbetrieb versteht man, daß der Kompressor nicht nasse, sondern trocken gesättigte Dämpfe ansaugt; dies ist dadurch möglich, daß zwischen Verdampfer und Kompressor an geeigneter Stelle ein Ausgleich- bzw. Abscheidegefäß angeordnet wird, in welchem sich die Geschwindigkeit des Dampfes so vermindert, daß sich die mitgeführten Flüssigkeitsteilchen abscheiden. In diesem Falle tritt bei der im Kompressor nachfolgenden Verdichtung des von nassen Beimengungen gereinigten Dampfes eine Überhitzung auf, die dem Verfahren seinen Namen gab. In Wirklichkeit ist dieser insofern etwas irreführend, weil ja die Temperaturerhöhung bei der Kompression eine sekundäre Erscheinung ist. Der Kernpunkt ist das trockene Ansaugen. Da bei trocken gesättigten Dämpfen kein Nachverdampfen eintritt, darf hierbei auch der schädliche Raum größer wie beim nassen Ansaugen gehalten werden. Durch diese Faktoren werden sowohl der volumetrische Wirkungsgrad wie auch der von den Wandungswirkungen abhängige Lieferungsgrad erhöht, und es lassen sich mit Leichtigkeit bei nur wenig vergrößertem Leistungsaufwand Mehrkälteleistungen von 10—12% erzielen. Die Tatsache, daß außerdem das Arbeiten mit trockenem Kompressorgang geringere Anforderung an die Regulierung und Wartung stellt, und Flüssigkeitsschläge sich besser vermeiden lassen, führte zu einer raschen Einführung dieses Verfahrens. Allerdings arbeiteten von deutschen Schlachthofanlagen nach statistischen Aufstellungen Ende 1929 noch 33% mit nassem Kompressorgang.

Würde bei einer Anlage mit Naßbetrieb trockenes Arbeiten dadurch angestrebt, daß das Regulierventil gedrosselt wird, so ergäbe sich trotzdem eine verminderte Kälteleistung, weil

---

[1] Vgl. auch Refrigiration Engineering, Juni 1929.

[2] Diese Werte kollidieren mit den Aufstellungen von R. Meyer, wonach 1928 von den 477 öffentlichen Schlachthöfen in Deutschland, welche Kühlanlagen besitzen, 91,9% Ammoniak-, 4,8% je Schwefeldioxyd und Kohlendioxydanlagen im Gebrauch haben sollen.

[3] Der in der Praxis häufig verwendete sog. volumetrische Wirkungsgrad gibt kein eindeutiges Bild über die Gesamtverluste, er ermöglicht lediglich aus dem Indikatordiagramm (vgl. S. 383) gewisse Anhaltspunkte über den Lieferungsgrad auf Grund einer Annahme des sog. thermometrischen Wirkungsgrades.

der Verdampfer zu stark entleert wird. Der Einbau des vorerwähnten Abscheidegefäßes verbessert die Verhältnisse insofern grundlegend, als es nun möglich ist, daß die Verdampfersysteme unabhängig vom Dampfzustand mit Flüssigkeit überflutet werden, wodurch ein guter Wärmeübergang und eine gute Verdampfung, dadurch eine gute spezifische Kälteleistung gesichert ist. Die Forderung, im Kompressor möglichst trocken und im Verdampfer möglichst naß zu arbeiten, wird durch die in Abb. 341 gezeigte direkte Einspritzung in den Abscheider — eine Ausführung, welche in der Kälteindustrie allgemein geworden ist — erfüllt. Gleichzeitig werden hierbei die im Regulierventil entstehenden Dämpfe, welche etwa 10% der umlaufenden Menge betragen, sofort nach dem Kompressor zurückgesaugt, belasten also die Verdampferoberfläche nicht unnötig.

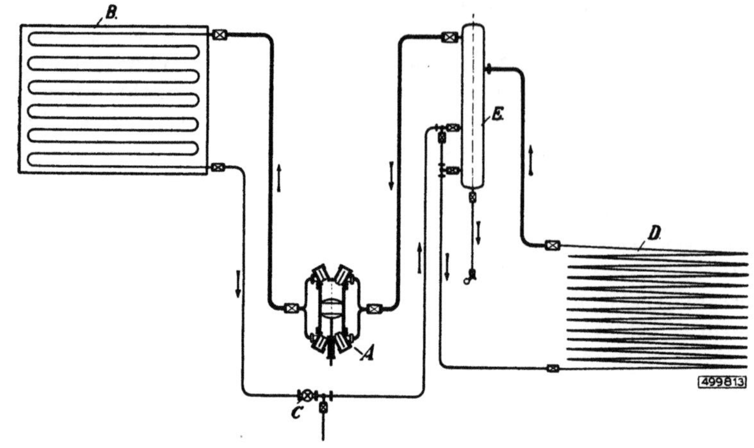


Abb. 341. Schaltungsschema für überhitztes und überflutetes Arbeiten.

### 3. Die Verbundverdichtung.

Nimmt das Verhältnis: $\frac{\text{Verflüssigerdruck}}{\text{Verdampferdruck}}$ einen hohen Wert an, sei es, daß Kühlwasser in geringer Menge oder mit hoher Temperatur zur Verfügung steht, sei es, daß tiefe Kältegrade gefordert werden, so ergeben sich bei der bei einstufiger Kompression Schwierigkeiten:

1. Die Undichtigkeitsverluste wachsen mit dem Druck.
2. Die Überhitzungstemperatur nähert sich einem Wert, bei welchem das richtige Arbeiten der Schmierung in Frage gestellt wird.
3. Mit dem wachsenden Druckverhältnis vergrößern sich die bereits erwähnten Wandungsverluste, Hand in Hand damit geht eine Verringerung des Lieferungsgrades und der spez. Kälteleistung[1].

Man begegnet den Schwierigkeiten dadurch, daß man das Druckgefälle in mehrere Stufen aufteilt. Für die in Schlachthofbetrieben maßgebenden Verhältnisse genügt bei Vorhandensein von Gefrierräumen[2] eine Aufteilung in 2 Stufen in jedem Falle, es ist ja nur die Erreichung einer zweiten nicht erheblich tieferen Verdampfertemperatur nötig. Ohne damit eine allgemein gültige Regel aufzustellen, kann man sagen, daß heute normalerweise bei jeder Überschreitung des Verdichtungsverhältnisses von 1 : 5 zweistufige Verdichtung angewandt wird, die Firma York hält sie bei ihren stehenden Gleichstromkompressoren erst bei 1 : 10 für notwendig[3].

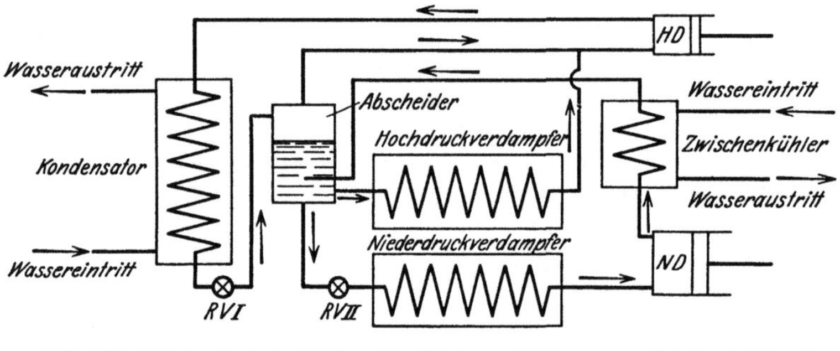


Abb. 342. Schema einer zweistufigen Verdichtung. (Vollkommene Zwischenkühlung.)

Bei der Verbunddichtung saugt der Niederdruckzylinder (*ND*) gesättigten Dampf aus dem Niederdruckverdampfer an und verdichtet ihn bis zu einem bestimmten Zwischendruck (Abb. 342). Der Dampf wird nun bei konstantem Druck durch Kühlwasser im Zwischenkühler abgekühlt, die weitere Abkühlung erfolgt im Idealfalle durch Verdampfung von flüssigem Kälteträger. Von der Mitteldruckflasche (Abscheider) wird über ein Regulierventil II der

[1] Spezifische Kälteleistung ist die stündliche Brutto-Kälteleistung in kcal dividiert durch den indizierten Leistungsverbrauch in PS oder kW.

[2] Nach Aufstellungen von R. Meyer hatten 1928 68 = 9,3% aller deutschen Schlachthofanlagen Gefrierräume.

[3] Shipley, Th.: Z. ges. Kälteind. 32, 125 (1925).

Niederdruckverdampfer gespeist, wodurch dieser Kreisprozeß ähnlich wie bei der einfachen Verdichtung geschlossen ist. Der Hochdruckkompressor (*HD.*) saugt aus dem Mitteldruckbehälter und drückt in den Kondensator. Das Regulierventil I spritzt in die Mitteldruckflasche ein, aus welcher der Hochdruckverdampfer gespeist wird. Die konstruktive Lösung ist sowohl in zwei getrennten Zylindern als auch in einem Zylinder mit Stufenkolben möglich.

Kälteanlagen mit Verbundkompressoren sind in der Anschaffung teuerer, sie stellen auch größere Anforderungen an die Bedienung als Anlagen mit einstufiger Verdichtung. Dafür lassen sich einfach die Überhitzungstemperaturen beherrschen, die Lässigkeitsverluste werden verringert, der Lieferungsgrad wird günstiger, die spez. Kälteleistung größer. Selbstverständlich ist es bei Anwesenheit von Gefrierräumen auch möglich, diese durch einen getrennten kleinen Kompressor, der bei tiefer Verdampfungstemperatur arbeitet, zu kühlen. Was in dem einzelnen Fall das zweckdienlichere ist, ist einzig eine Kalkulationsfrage.

Eine interessante Lösung bildet das Verfahren von Vorhees — das sog. „Multiple Effect Compression"-System —, das darauf hinausläuft, den Drosselvorgang im Regulierventil in 2 Stufen vorzunehmen und zwischen beide einen Abscheider einzubauen[1]. Während die abgeschiedene Flüssigkeit durch ein zweites Regulierventil dem Verdampfer zuströmt, werden die höher gespannten in dem Zwischenbehälter abgeschiedenen Gase dem Verdichter am Ende des Saughubes zugeleitet und erhöhen dessen Füllung. Während des Saughubes wird also zunächst der einfachwirkende Gleichstromkompressor mit Niederdruckdampf gefüllt, erst kurz vor dem oberen Totpunkt gibt der Kolben die Schlitze frei, wodurch der Zylinder die zusätzliche Füllung erhält. Das Verfahren von Vorrhees, welches thermodynamisch etwas ungünstiger als die normale Verbundkompression ist, hat den Vorteil großer Einfachheit. Es ist besonders in England bei Kohlensäuremaschinen üblich.

Als Zwischenlösung wird in manchen Schlachthöfen, um die mit den beschriebenen Verfahren verbundenen Komplikationen zu vermeiden, häufig versucht mit den gegebenen Verdampfertemperaturen von — 10 °bis — 12° auszukommen, indem man in den einzurichtenden Gefrierräumen die Berohrung vergrößert und die Transmissionsverluste durch Verstärkung der Raumisolierung verringert. Selbstverständlich ist man hierbei mit der Gefriertemperatur beschränkt, für kleine Schlachthöfe bedeutet es immerhin eine gangbare Lösung, falls nicht auf die Angliederung von Gefrierräumen überhaupt verzichtet wird.

## c) Absorptions-Kältemaschinen.

Die zur Erzeugung tiefer Temperaturen nötige Energiezuführung geschieht bei der Absorptionsmaschine in Form von Wärme. Kondensator, Regulierventil und Verdampfer unterscheiden sich nach Anordnung und Bauart von den entsprechenden Teilen der Kompressionsanlage in keiner Weise. Lediglich statt des Kompressors ist ein Kocher-Absorbersystem eingeschaltet. Als Kälteträger dient hier nicht ein einheitlicher Stoff, sondern ein binäres (Zweistoff-) Gemisch, meistens Ammoniak und Wasser.

Die prinzipielle Wirkungsweise einer kontinuierlich wirkenden Absorptionsmaschine, wie sie bei größeren Leistungen angewandt wird, ist aus Abb. 343 zu ersehen.

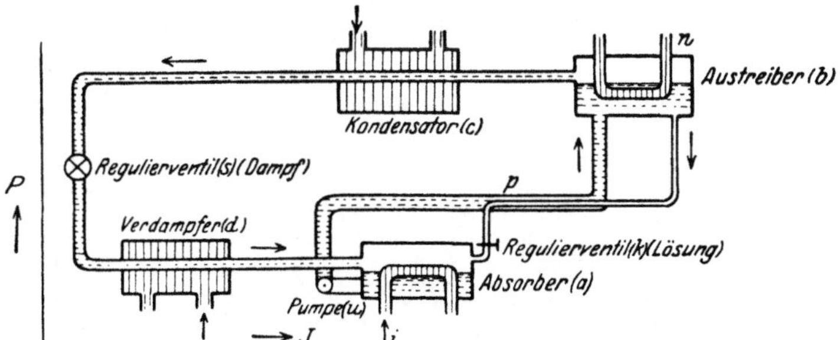


Abb. 343. Kontinuierliche Absorptionskühlanlage im P-T-Diagramm nach Altenkirch[2].

Der im Verdampfer erzeugte Ammoniakdampf wird in einen Absorber (*a*) durch Ammoniaklösung, die durch das Regulierventil (*k*) eintritt und durch die Kühlspirale (*i*) gekühlt wird, absorbiert. Die angereicherte Lösung wird durch die Pumpe (*u*) durch den Temperaturwechsler (*p*) hindurch in den Austreiber (*b*) geschafft, wo die Zuführung von Wärme mittels einer Heizschlange (*n*) das absorbierte Ammoniak wieder austreibt. Die arme Lösung gelangt dann in den Temperaturwechsler (*p*) und wieder zum Regulierventil (*k*). Der in (*b*) erzeugte Ammoniakdampf wird im Kondensator (*c*) durch Kühlwasserzufuhr verflüssigt und gelangt durch das Regulierventil (*s*) in den Verdampfer (*d*).

[1] Hirsch, M.: Die Kältemaschine. S. 42 u. 288. Berlin: Julius Springer 1924.
[2] Vgl. Gehlhof: Lehrbuch der technischen Physik. 1. Bd. S. 337—348. Leipzig: Verl. Ambr. Barth 1924.

In der Absorptionsmaschine ist also ein doppelter Kreislauf vorhanden: der Kreislauf der Lösung durch Absorber, Temperaturwechsler und Austreiber und der Kreislauf des reinen Ammoniaks durch Kondensator, Verdampfer, Absorber und Austreiber.

Auf die genaue Arbeitsweise der Absorptionsmaschine auf Grund der Theorie der Zweistoffgemische einzugehen, würde über den Rahmen der Abhandlung hinausgehen, auch die konstruktive Durchbildung[1] muß aus denselben Gründen übergangen werden. In Deutschland spielen die Absorptionskältemaschinen für Großkühlanlagen zur Zeit nur eine unerhebliche Rolle, sie wurden lange Zeit nur von Sensenbrenner, Düsseldorf, gebaut. In Amerika sind sie dagegen von erheblicher Bedeutung, vor allem stehen in den Schlachthäusern von Armour in Chikago 6 Einheiten mit einer Gesamtleistung von 2700000 kcal/h. Auch die Schlachthäuser von Wilson in Chikago benützen Absorptionsmaschinen.

Die spez. Kälteleistung der Absorptionsmaschine ist etwa 8mal schlechter als die der Kompressionsmaschine. Für einen Vergleich ist es aber richtiger, nicht den indizierten Leistungsverbrauch, sondern den Wärmeverbrauch zugrunde zu legen. Bei einer Antriebsmaschine mit schlechtem thermischen Wirkungsgrad wäre dann die spez. Kälteleistung der Kompressionsmaschine nicht mehr viel größer als die der Absorptionsmaschine. Da überdies in Schlachthöfen bei Dampfantrieb außerordentlich viel Abdampf zur Verfügung steht, darf angenommen werden, daß mit der zunehmenden konstruktiven Weiterbildung, trotz der etwas höheren Gestehungskosten und des größeren Wasserbedarfs, in den kommenden Jahrzehnten die Absorptionsmaschine in engem Wettbewerb mit der Kompressionsmaschine auch bei größeren Einheiten zu treten vermag. In den letzten Jahren hat sich besonders die VDK. (Vereinigte Deutsche Kältemaschinenfabriken, Borsig-Germania-Humbold, Berlin-Tegel) um die Weiterentwicklung der Großabsorptionsmaschine verdient gemacht.

## d) Die Kompressoren.

Die liegenden Kompressoren der früher allgemein üblichen Bauart boten dadurch, daß Linde vor 50 Jahren mit glücklichem Griff den Urtyp der Kältemaschine schuf, nur wenig Raum für Verbesserungen. Erst mit der Entwicklung des Überhitzungsbetriebes trat die Forderung des minimalen schädlichen Raumes nicht mehr so stark in den Vordergrund, so daß sich auch andere Konstruktionen herausbildeten. Diese Entwicklung wurde noch durch die Rationalisierung der Werkstattechnik, vor allem die Anbahnung der Serienfabrikation, Auswechselbarkeit von Ersatzteilen usw. beschleunigt. Einen wesentlichen Faktor bildete auch die möglichst vollständige Materialausnützung, welche zur Ausbildung des Schnelläufers führte.

### 1. Liegende und stehende Bauart.

Die aus dem Dampfmaschinenbau übernommene Bajonettform mit Flachführung des Kreuzkopfes ist durch die Gabelrahmenform mit gekröpfter Kurbelwelle, 2 Kurbelwellenlagern und Kreuzkopfrundführung bei liegenden Kompressoren neuzeitlicher Firmen völlig verdrängt. Mit dem Gabelmodell wird eine bessere Wellen- und Gestängeführung erreicht, das Triebwerk kann völlig eingeschlossen werden, wodurch ein Verlust an Öl vermieden wird, auch die Lagerdrücke sind geringer. Die Rundführung des Kreuzkopfes ermöglicht die Herstellung in einem Arbeitsgang mit der Zylinderbohrung ohne Umspannen auf der Maschine, wodurch die Erzeugungskosten geringer und Ungenauigkeiten vermieden werden. Eine Reihe von Firmen liefern einen Kompressortyp mit überhängendem Zylinder, bei anderen ist am hinteren Ende ein Stützlager (Abb. 344) angebracht. Insbesondere bei größeren Einheiten lagern einige Firmen den Zylinder in seiner ganzen Länge (Abb. 345) auf dem Grundgestell auf, wodurch zugleich eine gute Zugänglichkeit zur Stopfbüchse gewahrt bleibt. Auch bezüglich der Anordnung der Ventile bestehen Unterschiede. Es ist hierfür der Gesichtspunkt maßgebend, daß der Wärmeaustausch zwischen Saug- und Druckseite tunlichst verringert werden muß. Die beiden üblichen

Abb. 344. Liegender Ammoniakkompressor. Ventile am Zylinderumfang, Zylinder auf Stützlager. (V.D.K.)

[1] Vgl. Plank: Amerikanische Kältetechnik. S. 65—73. Berlin: VDI. 1929.

Bauarten, die zuerst von Linde vorgeschlagene Anordnung der Unterbringung der Saug- und Druckventile im Zylinderdeckel (Abb. 345), und die von Borsig ausgehende zweite Bauart, bei der die Saug- und Druckventile im Zylindermantel angeordnet sind (Abb. 344 und 350), dürften sich in dieser Beziehung ziemlich gleich verhalten. Die Anordnung der Ventile am Zylinderumfang ist aber bei den liegenden Kompressoren in zunehmendem Maße zu finden, weil dadurch die für den Guß schwierige Deckelform vermieden und die Zugänglichkeit des Zylinderinneren verbessert wird.

Abb. 345. Liegender Ammoniakkompressor mit völlig aufgelagertem Zylinder, Ventile im Deckel, Zentralschmierung (Sinde).

Neben der liegenden Bauart hat sich in Amerika auch für größere Kälteleistungen der stehende Kompressortyp eingebürgert, um dessen Entwicklung sich insbesondere die York Ice Machinery Corporation, York (Abb. 346), welche etwa 40% der gesamten Kälteleistung Amerikas liefert, verdient machte. Als Vorteile dieser Bauart sind der kleine Platzbedarf und der niedrige Preis, die geringere Kolbenreibung, die symmetrische Rahmenbeanspruchung und das leichtere Fundament zu nennen. Durch Verbindung dieser Bauart mit dem Gleichstromprinzip lassen sich außerdem indizierte Wirkungsgrade erreichen, die denen von Verbundkompressoren nahekommen. Beim Gleichstromprinzip strömen die Ammoniakdämpfe nämlich durch den Zylinder stets nur in einer Richtung, meist von unten nach oben, wodurch die Wärmependlungen in der Wandung sehr klein werden. Es läßt sich hierbei sehr leicht ein Kühlmantel nur auf die heißen Teile beschränken, während man den kalten Teil des Zylinders isolieren kann. Häufig steht bei den Maschinen auch noch der Kurbelraum unter Saugdruck, wodurch erreichbar wird, daß nicht gegen den vollen Kondensatordruck abgedichtet werden muß. Außerdem braucht bei dieser Bauart nicht die hin und her gehende Kolbenstange, sondern nur die rotierende Kurbelwelle durch eine Stopfbüchse abgedichtet zu werden. Allerdings läßt sich die Gleichstrommaschine konstruktiv einfach bisher nur einfachwirkend ausführen. Unter Zugrundelegung gleicher Güte der Herstellung ist diese stehende Bauart der liegenden mindestens gleichberechtigt zur Seite zu stellen. Da bei dem augenblicklichen Konkurrenzkampf die technische Ausführung in ausschlaggebendem Maße durch den Verkaufspreis diktiert ist, kann erwartet werden, daß die zukünftige Entwicklung[1] viel mehr in der Richtung der stehenden als der liegenden Ausführung erfolgt. Letztere läßt auch eine Vielzylinderanordnung, die für ein günstiges dynamisches Verhalten bei hoher Tourenzahl nötig ist, konstruktiv kaum zu. Für größere Einheiten wird allerdings noch auf längere Sicht dem liegenden Modell der Vorzug zu geben sein.

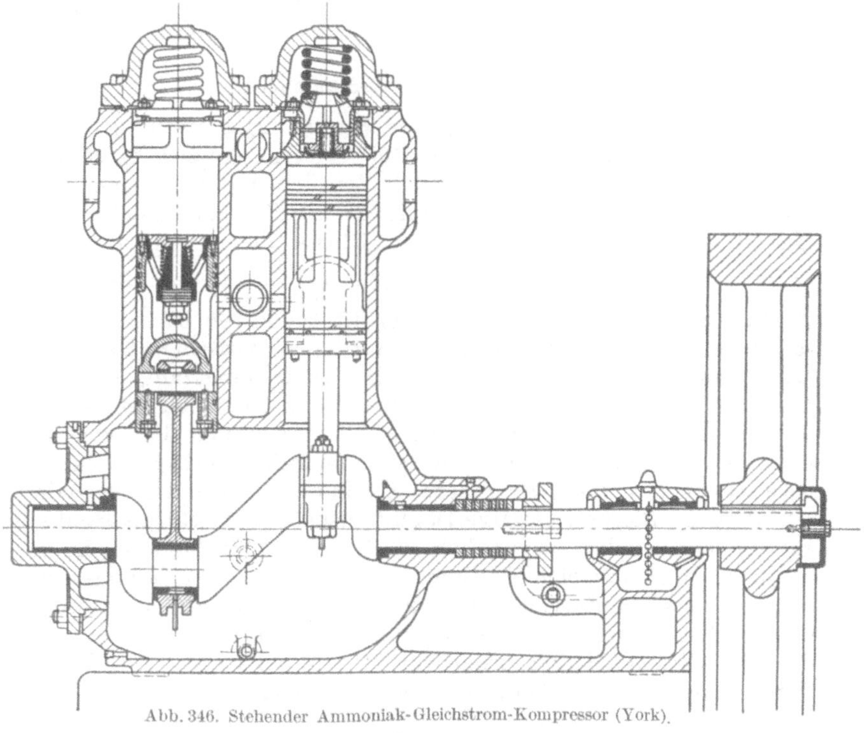

Abb. 346. Stehender Ammoniak-Gleichstrom-Kompressor (York).

[1] Stehende Gleichstromkompressoren ähnlicher Bauart wie die von York angegebene baut in Deutschland u. a. die VDK, Berlin-Tegel.

Die Kohlensäurezylinder mit ihrem geringen Hubvolumen werden entweder aus feinkörnigem Stahlguß hergestellt oder aus Stahlblöcken aus dem vollen geschmiedet.

## 2. Drehzahl.

Die Frage, inwieweit eine hohe Tourenzahl in Hinblick auf die Lebensdauer berechtigt erscheint, ist auch heute noch mehr oder minder eine Frage des Standpunktes. Für die Lieferfirma ist zur Herausholung möglichst hoher Leistungen aus vorhandenen Modellen die Anwendung hoher Drehzahlen ohne Zweifel ein verlockender Schritt, der sich dadurch auch verteidigen läßt, daß sich hierdurch die Zeitdauer, welche für den schädlichen Wärmeaustausch mit der Zylinderwandung zur Verfügung steht, verkleinert, weiterhin wird hierbei das Gewicht — insbesondere das der Schwungräder — und der Platzbedarf kleiner, auch die Umfangskraft, dadurch die Riemenbeanspruchung bei gleichem stündlichen Ansaugevolumen etwas verringert. Die Drehzahlen der alten Kompressoren mit einer Tourenzahl von 60—70 in der Minute sind bei den wirtschaftlichen Forderungen des heutigen Konkurrenzkampfes selbstverständlich nicht mehr tragbar, sie waren auch damals nur dadurch veranlaßt, daß über die Schmiervorgänge, die Auswahl der Baustoffe, die günstigsten Ventilformen und die Vermeidung von Flüssigkeitsschlägen nur mangelhafte Erkenntnisse vorlagen. Diese Schwierigkeiten können heute zum größten Teil als überwunden gelten, so daß einer Steigerung innerhalb vernünftiger Grenzen — man denke nur an die hohen Kolbengeschwindigkeiten der viel mehr beanspruchten Dieselmaschine — nichts mehr im Wege steht. Die Abnützung der bewegten Teile vergrößert sich zwar etwa proportional der Drehzahl, aber die Betriebssicherheit ist in keiner Weise geringer als beim Langsamläufer. Selbstverständlich darf die Drehzahlerhöhung nicht so weit führen, daß die Trägheitskräfte — die Gefahr besteht in erster Linie bei der liegenden Einzylinderbauart — nicht mehr beherrscht werden können, d. h. der zu ihrer Erzeugung notwendige Massendruck den auf den Kolben wirkenden Dampfdruck übersteigt, damit gingen Erschütterungen und Stöße im Gestänge, große Drosselverluste in den Ventilen und Leitungen und Undichtigkeiten der Stopfbüchse Hand in Hand. Nach M. Hirsch ist die zulässige Grenze für $s \cdot n^2$, für schnellaufende Maschinen höchstens 10000, nach R. Plank die in Amerika übliche mittlere Kolbengeschwindigkeit höchstens 3 m/s ($c = \frac{s \cdot n}{30}$, worin $s$ = Hub in Metern, $n$ = Umdrehungszahl je Minute). Für Kompressoren unter 100000 kcal/h ist in Deutschland bei den liegenden Ausführungen die mittlere Kolbengeschwindigkeit zwischen 1 und 2 m/s. Sie bildet ein besseres Kriterium für die Lebensdauer wie die Umdrehungszahl, weil bei langhubigen Maschinen die Tourenzahl niedrig und die Abnützung trotzdem hoch sein kann.

Abb. 347. Teile eines Plattenventils (Sulzer).

Bei bestehenden Kompressoren ist die Steigerung der Drehzahl in erster Linie eine Frage der Ventile. Die alten schweren Spindelventile gestatten infolge ihrer Trägheit nur einen Hubwechsel von 80—100 in der Minute. Es sind mit steigender Drehzahl möglichst masselose Ventile erforderlich. Die konstruktive Durchführung ist sowohl als Hohlschaftventil (Linde), wie als Plattenventil (Sulzer, Freundlich, VDK; Abb. 347), bei welchem das Gewicht ein Minimum ist, möglich. Inwieweit eine Erhöhung der Drehzahl zur Leistungsvergrößerung bei alten Modellen möglich ist, kann nur von Fall zu Fall und an Hand von Indikatordiagrammen (vgl. S. 383 u. 398) entschieden werden. Voraussetzung für die Verwirklichung ist natürlich, daß die Antriebsmaschine den zusätzlichen Leistungsbedarf zuläßt, und der vermehrten Kälteleistung auch noch genügend Verdampfer- und Kondensatorflächen entsprechen.

## 3. Trockener Kompressorgang.

Hand in Hand mit der Einführung des Überhitzungsbetriebes wurde die alte Tropfschmierung verlassen und durch selbständige Preßschmierung, die von einer zentralen Stelle des Kompressors aus alle zu schmierenden Teile versorgt, ersetzt. Diese Zentralisierung ist ohne Zweifel praktisch, ein wesentlicher Einfluß der Preßschmierung auf die Ausbildung des Ölfilms gegenüber der Tropfölschmierung wurde jedoch durch die neuesten schmiertechnischen Forschungen nicht erbracht (vgl. S. 408).

Die Stopfbüchse, welche nach Linde aus 2 Baumwollzöpfen besteht, zwischen denen sich ein Hohlraum, die sog. Laterne befindet, welche mit einer Sperrflüssigkeit gefüllt und mit der Saugleitung verbunden ist — wodurch die Außenpackung nur gegen Saugdruck abzudichten hat —, wurde auch bei Einführung des Überhitzungsbetriebes in ihrer prinzipiellen Art beibehalten, nur mit dem Unterschied, daß statt der Baumwollpackung Metallpackungen sich bei den höheren Temperaturen als widerstandsfähiger erwiesen. Gleichzeitig wird hierdurch die Reibung der Stange auf ein Minimum reduziert, was einerseits einer Erhöhung des mechanischen Wirkungsgrades des Kompressors, anderseits einer geringeren Abnützung und Riefenbildung an der Stange gleichkommt. Im Grunde handelt es sich bei allen Bauarten der Metallpackung um Labyrinthdichtungen, bei welchen von Weichmetallring zu Weichmetallring eine Aufteilung des Druckgefälles stattfindet. Anschließend an den Abschlußgummiring der Stopfbüchse ist im allgemeinen noch eine sog. Vorstopfbüchse angebracht, welche nicht mehr gegen das Kältemittel abdichtet, sondern nur das Verspritzen von Öl verhüten soll (Abb. 348). Bei Kohlendioxydverdichtern werden die Stopfbüchsen mit Ledermanschetten und Metallringen gedichtet. Geschmiert werden die Stopfbüchsen bei Ammoniak mit reinem Kompressoröl, bei Schwefeldioxyd durch gelegentliches Einfetten mit Vaseline, bei Kohlendioxyd mit Glyzerin.

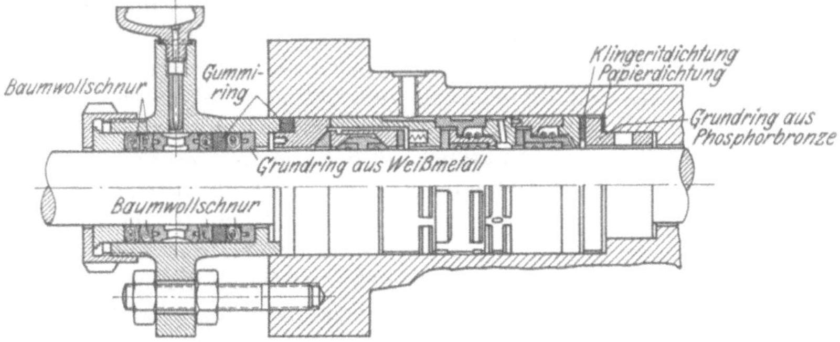

Abb. 348. Stopfbüchse mit Metallpackung (Linde).

Die Neuaufwendungen, welche der Umbau von alten mit nassen Kompressorgang arbeitenden Anlagen in Überhitzungsbetrieb verursacht, sind im Verhältnis zum Gewinn (s. S. 313) nicht beträchtlich. Sie beschränken sich im wesentlichen auf einen Ersatz der Baumwollpackung der Stopfbüchse in eine Metallpackung und der Stopfbüchsenschmierung durch eine automatische Zentralschmierung (meistens Preßschmierung) für Stopfbüchse und Zylinder; es empfiehlt sich auch noch der Einbau leichter Ventile und leichter selbstspannender Kolbenringe. Weiterhin erhalten die Saugleitungen einen zentralen Flüssigkeitsabscheider (vgl. S. 314).

### 4. Leistungsverminderungseinrichtungen.

Die Einrichtungen zur Leistungsverminderung erlauben das Anlaufmoment beim Anfahren des Kompressors zu vermindern, und die Maschine unter entsprechender Verkleinerung des Leistungsaufwandes dem jeweiligen Kältebedarf in weitgehendem Maße anzupassen, da die Antriebsmaschine das natürlichste Mittel, die Veränderung der Drehzahl, meistens überhaupt nicht oder nur mit schlechten Wirkungsgraden zuläßt.

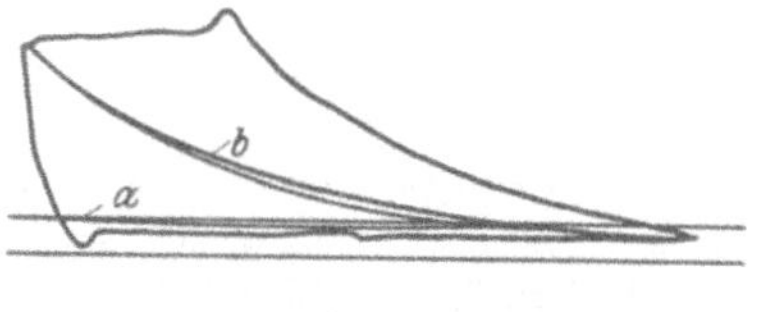

Abb. 349. Arbeits- und Leerlaufdiagramm.
*a* bei abstellbaren Saugventilen,
*b* bei Vergrößerung des schädlichen Raumes.

Zur Leistungsverminderung sind hauptsächlich drei Verfahren im Gebrauch. Am bekanntesten ist die Vergrößerung des schädlichen Raumes durch Hinzufügung von Zuschalträumen. Hierbei wird die Kompressionsarbeit bei der Expansion zurückgewonnen und keine Mehrarbeit verbraucht (Abb. 349 *b* und 350). Eine zweite Möglichkeit besteht darin, sämtliche Saugventile einer Zylinderseite beim Anfahren festzustellen und dabei offen zu halten. Die sich bei dieser Regelweise ergebende Wirkung zeigt Abb. 349 *a*. Daneben bürgert sich in neuerer Zeit auch die Querverbindung zwischen Saug- und Druckseite des Kompressors ein. Hierbei werden die beim Saughub geförderten Gase beim Druckhub in die Saugleitung zurückbefördert, es tritt lediglich eine Pendlung ein. Diese Querverbindungen werden in Amerika in einem besonderen Gußstück vereinigt; sie bieten den Vorteil, daß sie sich in einfacher Weise mit einem Sicherheitsventil verbinden lassen. Die einfachste Einrichtung, die Gesamtkälteleistung zu verringern, ist bei großen Anlagen ohne Zweifel deren Aufteilung in mehrere Kompressoren. Sie ist die beste Lösung, weil hierdurch die Antriebsmaschine beim günstigsten Wirkungsgrad laufen kann, und gleichzeitig eine vollkommene Reserve geschaffen ist. Da sie nicht die billigste Lösung ist, wird häufig bei Vergrößerungen so vorgegangen, daß der alte, zu kleine Kompressor belassen wird, um als Reserve zu dienen und in Zeiten geringen Eisbedarfes alleine zu arbeiten. Etwa 53% der deutschen Schlachthofanlagen besitzen Reservekompressoren.

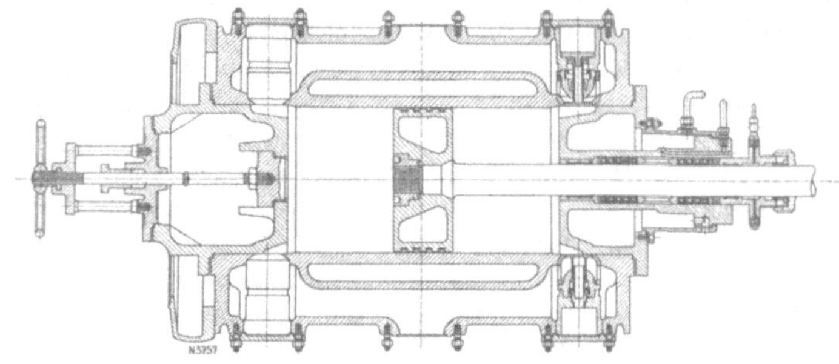

Abb. 350. Kompressor mit Zuschaltraum (Borsig-VDK.).

5. Sicherheitseinrichtungen.

Die Brauchbarkeit der Querverbindung mit Sicherheitsventil zwischen Druck- und Saugseite als Sicherheitseinrichtung wurde bereits im vorigen Abschnitt angegeben. Bei Kohlendioxydverdichtern erfolgt die Sicherung in der Regel durch Einschaltung von Bruchplatten in die Druckseite. Bei den York-Gleichstromkompressoren ist die Sicherheitseinrichtung gegen Flüssigkeitsschläge und plötzliche anderweitige Drucksteigerung im Zylinder insofern besonders einfach, als bei Überschreitung des zulässigen Druckes sich der federbelastete Zylinderdeckel abhebt und große Austrittsquerschnitte freigibt. Ein häufig üblicher Schutz ist die Verwendung eines Druckmanometers mit Kontakt zu einer Klingelleitung. Allerdings wird diese Art häufig ihren Zweck verfehlen, sei es, daß das Alarmsignal im entscheidenden Augenblick überhört wird, sei es, daß die jahrelang nicht benötigte Einrichtung gestört ist, wenn von ihrer Tätigkeit die Sicherheit der Anlage abhängt. Ein Schritt zur Behebung dieser Nachteile war, durch derartige Einrichtungen (bei Antrieb durch Elektromotor) das Kontaktmanometer direkt zur Ausschaltung des Antriebsmotors zu verwenden. Diese Apparate sind dann außerordentlich zuverlässig, wenn sie mit Ruhestrom arbeiten, d. h. Unregelmäßigkeiten den Strom unterbrechen, wogegen bei den Sicherheitseinrichtungen mit Arbeitsstrom die Gefahr besteht, daß sie im entscheidenen Augenblick nicht intakt sind und keinen Strom führen. Bei dem Überdruckschalter von Metzenauer & Jung, Elberfeld (Abb. 351), wirkt der Kondensatordruck auf eine Membrane, deren Bewegung durch eine einfache Hebelübersetzung auf einen elektrischen Schalter übertragen wird. Hierdurch wird ein Relais gesteuert, das seinerseits den magnetisch gesteuerten Motorschalter (Schütz) unterbricht, wodurch die Maschine abgestellt wird. Durch gleichzeitige Vereinigung mit einem Kühlwasserventil ist es in Abhängigkeit vom Kondensatordruck auch möglich, die Kühlwassermenge — sofern es sich als nötig erweist — den Betriebsbedingungen anzupassen. Eine andere angewandte Art der Ausführung beruht auf der Erwägung, daß bei Ausbleiben von Kühlwasser die Drucksteigerung erst eine sekundäre Erscheinung ist, es also auch angemessen erscheint, die Abschaltung des Antriebsmotors von der Unterschreitung der notwendigen Kühlwassermenge abhängig zu machen. Bei dieser Ausführung wird in die Kühlwasserleitung ein Elektroventil eingeschaltet, welches bei Ausbleiben des Wassers in ähnlicher Weise wie vorher beschrieben, ein Sicherheitsschutz und dadurch die Steuerleitung zum Antriebsmotor ausschaltet. Die erste Ausführung kann als die allgemeinere bezeichnet werden, weil sie nicht nur bei Kühlwassermangel, sondern auch bei allen Störungen im Kreislauf des Kältemittels anspricht. Bei beiden Bauarten werden die Schalter nicht mit dem vollen Motorstrom, sondern durch einen geringen Steuerstrom betätigt. Das Wiedereinschalten der abgestellten Maschine kann nach Behebung der Störung entweder von Hand oder mit Hilfe eines zusätzlichen Ölanlassers für den Motor erfolgen.

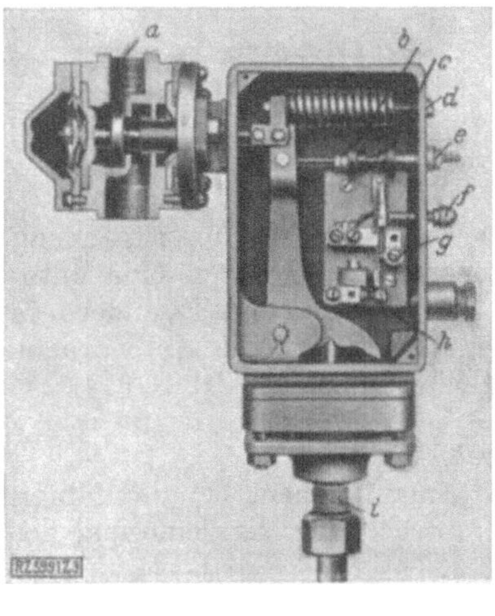


Abb. 351.
*a* Kühlwasserzulauf, *b* Anschlag für selbsttätige Wiedereinschaltung, *c* Anschlag für Überdruckauslösung, *d* Wasserregulierschraube, *e* Einstellschraube für Überdruckauslösung, *f* Druckknopf für Wiedereinschaltung mit der Hand, *g* Signalkontakt, *h* Überdruckauslösung, *i* Anschluß der $NH_3$-Druckleitung.

### 6. Ölabscheidung.

Der Ölabscheider hat den Zweck, nach dem Kompressor das Kältemedium möglichst vollkommen vom Schmieröl zu trennen, da dieses in den Wärmeaustauschapparaten den Wärmeübergang wesentlich verringert; weiterhin soll das wieder zu verwendende Öl möglichst ohne Gasverlust abgelassen werden. Die Trennung des Schmiermittels von dem gasförmigen Arbeitsstoff erfolgt durch Geschwindigkeits- und Richtungswechsel. Meistens finden Ölabscheider einfachster Bauart gemäß Abb. 352 Anwendung. Bei manchen Ausführungen wird der Ölabscheider gekühlt (Abb. 353), weil bei überhitztem Arbeiten bei Anwendung von Öl mit niedrigem Flammpunkt die Abscheidung unvollkommen ist; bei anderen Ausführungen wird der dem Ölabscheider nachgeschaltete Ölsammeltopf von heißen Ammoniakgasen geheizt, damit das

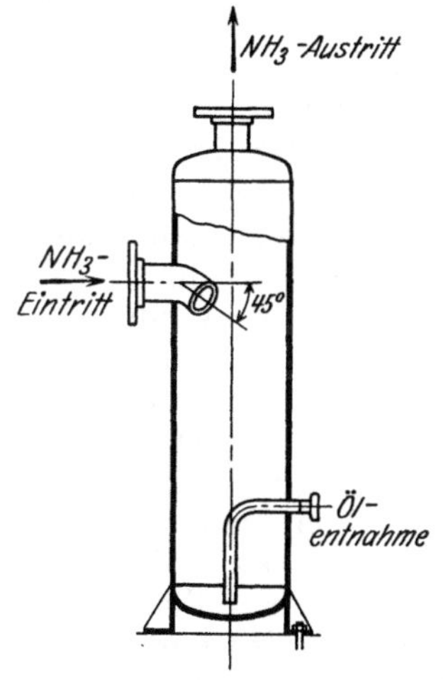


Abb. 352. Einfacher Ölabscheider (Linde).

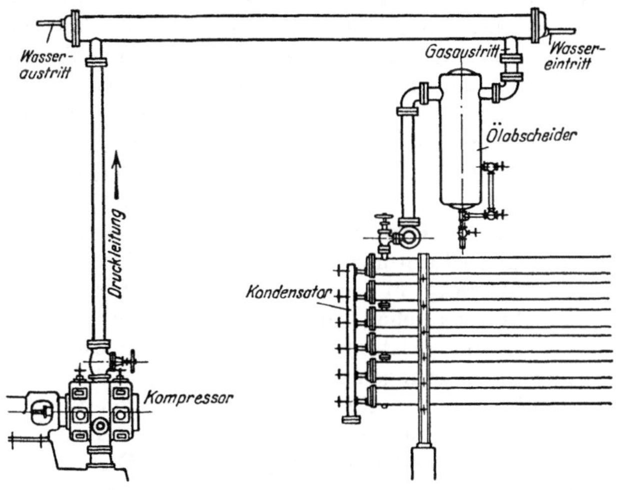


Abb. 353. Gaskühler (Vogt)[1].

entnommene Öl möglichst wenig Gase enthält, endlich bestehen auch Ausführungen, bei welchen das Öl vor dem Ablassen unter Saugdruck gesetzt wird, wodurch ebenfalls die Gasverluste verringert werden. Die Anwendung dieser etwas komplizierteren Vorrichtungen, die zweifellos vorteilhaft sind, ist eine reine Kalkulationsfrage. Die ganzen Entölungsvorgänge an Kälteanlagen sind leider noch recht wenig untersucht. Die Kühlung der Druckleitung vor dem Ölabscheider durch Kondensatorablaufwasser erscheint allerdings in jedem Falle günstig, falls nicht vorgezogen wird, den Ölabscheider gar nicht zum Kompressor, sondern zum Kondensator zu stellen, weil sich in der Druckleitung zwischen Kompressor und Kondensator die Gase ohnedies wesentlich abkühlen. Vorbedingung für eine richtig funktionierende Entölung ist die Anwendung geeigneten Schmieröles (vgl. S. 407).

### 7. Besondere Ausführungen von Kälteerzeugungsanlagen.

Außer den beschriebenen Ausführungen haben in neuerer Zeit auch besondere Konstruktionen Eingang gefunden. Für kleinere Leistungen ist besonders die Audiffren-Singrün-Maschine (Rotsilberautomat) zu nennen (Abb. 354). Der AS-Kühlautomat besteht aus zwei Hartbronzetrommeln, welche durch eine hohle Welle verbunden sind. In der Kondensatortrommel *(C)* ist der Zylinderblock auf der durchlaufenden hohlen Antriebswelle *(S)*, mit einem Gegengewicht *(B)* beschwert, frei pendelnd aufgehängt. Durch eine Kröpfung der Welle oszilliert der Kolben, wobei er sich selbst steuert. Das komprimierte Gas wird in die Kondensatortrommel geleitet, welche in dem Kühlwasserbehälter *(D)* rotiert. Das verflüssigte Kältemittel sammelt sich infolge der Zentrifugalwirkung in der äußersten Zone der oval gehaltenen Trommel und wird von dort durch ein Röhrchen über eine Drosselstelle in die Verdampfertrommel *(R)*

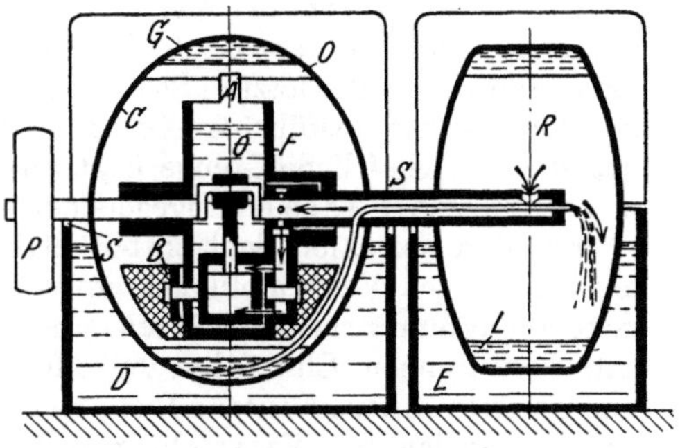


Abb. 354. Andiffren-Singrün-Maschine (Brown-Boveri).

[1] Aus Plank, Amerikanische Kältetechnik.

geleitet. Der entstehende Dampf wird durch die weite Bohrung der Welle vom Kompressor abgesaugt, womit der Kreisprozeß geschlossen ist.

Bei dieser Bauform ist ein Eintritt von Luft und Feuchtigkeit in die Maschine, welche keine Stopfbüchse benötigt, unmöglich. Die Maschine ist vollautomatisch, ihre Vorzüge sind einfache Wartung, geringe Ansprüche an die Fachkenntnisse der Bedienung, hohe Betriebssicherheit infolge Fehlens von Ventilen und Stopfbüchse. Spez. Kälteleistung und Lieferungsgrad sind allerdings, wie bei allen Kleinkältemaschinen, ungünstiger als bei großen Maschinen. Als Nachteil erscheint, daß größere Leistungen als 6000 kcal/h nur durch batteriemäßiges Zusammenarbeiten mehrerer Maschinen erreicht werden können, wodurch sich vor allem die Gestehungskosten proportional vergrößern, weiterhin, daß Störungen nicht durch das Bedienungspersonal behoben werden können. Da auch in kleinen Schlachthöfen einigermaßen betriebstechnisch geschultes Personal vorhanden sein muß und moderne normale Kälteerzeugungsanlagen nur wenig Ansprüche an Fachkenntnis und Bedienung stellen, ist von Fall zu Fall zu entscheiden, ob der Vorzug vollständiger Unabhängigkeit von Bedienungspersonal gegenüber einer Erhöhung der festen und laufenden Kosten gerechtfertigt ist oder nicht. Obwohl diese Maschine für Metzgereien und dergleichen sicher ganz ausgezeichnete Dienste tut, wird dieser Entscheid nur selten auch für Kleinschlachthöfe bejahend ausfallen können, schon weil die benötigten Kälteleistungen dabei 6000 kcal/h zu übersteigen pflegen. Die Rotsilberautomaten sind nur für Solekühlung, nicht für direkte Verdampfung anzuwenden.

Für kleinere Leistungen kommen auch Drehkolbenkompressoren (z. B. Hansa-Kälteindustrie AG., Hamburg) in Anwendung. Für mittlere Leistungen sind sie augenblicklich noch nicht genügend betriebssicher, so daß es von der weiteren konstruktiven Entwicklung abhängt, ob sie in diesem Leistungsbereich die heute übliche Bauart verdrängen werden.

Für größte Leistungen ist neuerdings festzustellen, daß der Turbokompressor (Zentrifugalverdichter) mit Erfolg in Kälteerzeugungsanlagen Verwendung gefunden hat. Diese Verdichterbauart besitzt alle Vorteile der Turbomaschine: Geringen Platzbedarf, niedrige Fundamentkosten, Möglichkeit unmittelbarer Kupplung mit Elektromotoren und Dampfturbinen, Anspruchslosigkeit in der Wartung usw. Für den Betrieb einer Kälteanlage sind folgende drei Eigenschaften des Turbokompressors von besonderer Wichtigkeit:

1. Es ist höchstens eine einzige Stopfbüchse vorhanden, welche die sich drehenden Teile gegen feststehende abzudichten hat; bei einer Sonderausführung ist sogar jegliche Stopfbüchse vermieden.

2. Der Dampfstrom kommt an keiner Stelle mit Schmieröl in Berührung; infolgedessen werden die dampfseitigen Flächen der Wärmeaustauscher dauernd reingehalten.

3. Leichte Regulierfähigkeit der Kälteleistung.

Für die Anwendbarkeit eines Kältemittels in einem Turbokompressor stellt Carrier folgende Forderungen:

Großes spezifisches Ansaugevolumen für eine gegebene Kälteleistung.
Hohes Molekulargewicht.
Geringe Druckdifferenz zwischen Kondensator und Verdampfer.
Kleine spezifische Wärme der Flüssigkeit.
Geringe Überhitzung bei adiabatischer Kompression.

Die untere Grenze der Verwendbarkeit von Turbokompressoren für ein bestimmtes Kältemittel ist dadurch festgelegt, daß bei kleinen Leistungen das Kompressions*end*volumen zu klein und damit die letzten Stufen eine zu geringe Schaufelbreite erhalten würden. Als unterste konstruktiv gut ausführbare Grenze wird ein Eintrittsvolumen von etwa 50 cbm/min bezeichnet, die wirtschaftliche Grenze liegt allerdings höher. Aus dieser Bedingung errechnen sich die in nachfolgender Tabelle[1] angegebenen Mindestkälteleistungen.

Für den normalen Schlachthofbetrieb scheidet Dichloräthylen deswegen aus, weil bei den hierbei nötigen Verdampfungstemperaturen Verdampfer und Kondensator schon in beträchtlichem Vakuum arbeiten müssen, und bei Undichtigkeiten leicht erhebliche Betriebsstörungen entstehen können. Chloräthyl und Methylbromid sind wohl in erster Linie in Frage zu ziehen, nur ist ersteres leicht entzündlich, letzteres hat erhebliche toxische Wirkungen, außerdem steht einer ausgedehnten Verwendung noch der ziemlich hohe Preis des Kältemittels entgegen. Das ganze Problem der Erforschung von Kältemitteln, die auch bei geringen Kälteleistungen für Turbokompressoren geeignet sind, ist noch in vollem Fluß. Die Firma Brown-Boveri, Mann-

[1] Vgl. auch Hsia, W.: Beih. zur Z. ges. Kälteind., Reihe 1, H. 2, 1931 (Mitteilung aus dem Kältetechnischen Institut Karlsruhe).

| Kälteträger | Dichloräthylen $C_2H_2Cl_2$ | Chloräthyl $C_2H_5Cl$ | Methylbromid $CH_3B$ | Schwefeldioxyd $SO_2$ | Ammoniak $NH_3$ | Kohlendioxyd $CO_2$ |
|---|---|---|---|---|---|---|
| Molekulargewicht $\mu$ | 97 | 64,5 | 95 | 64 | 17 | 44 |
| Verdampferdruck bei $-10°$ kg/cm² | 0,076 | 0,411 | 0,597 | 1,033 | 2,966 | 26,99 |
| Druckverhältnis bei $-10°/+25°$ | 5,21 | 3,92 | 3,83 | 3,84 | 3,45 | 2,4 |
| Notwendige Stufenzahl bei einer Umfangsgeschwindigkeit 200 m/s und $-10°/+25°$ | 3 | 2—3 | 2 | 3 | 10 | 2 |
| Kleinste praktische Kälteleistung in kcal/h bei $-10°/+25°$ (ungefährer Wert) | 90 000 | 320 000 | 440 000 | 730 000 | 1 700 000 | 7 000 000 |

heim, baut neben Turbokompressoren größter Kälteleistung (über 1,5 Mill. kcal/h) für Ammoniak neuerdings auch solche für Chloräthyl. Betriebserfahrungen über letztere liegen noch nicht vor. Als neue Kältemittel für Turbokompressoren werden Schwefelhexafluorid, Methylenchlorid und Difluordichlormethan genannt. Letzteres soll infolge seiner günstigen Eigenschaften nach amerikanischen Anschauungen möglicherweise geeignet sein, alle bisherigen Kältemittel zu verdrängen.

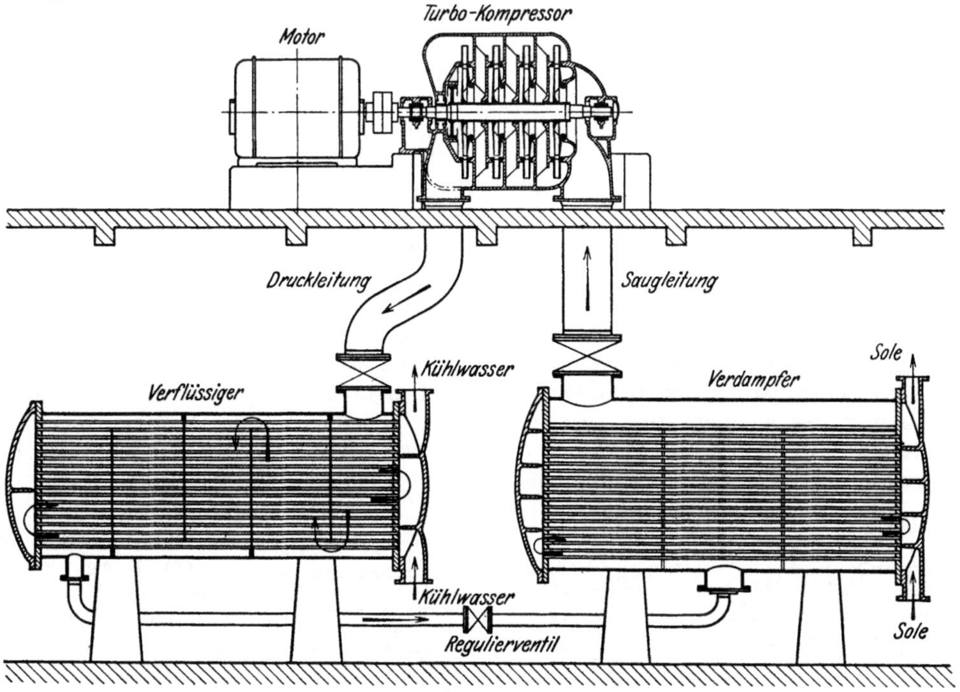


Abb. 355. Kühlanlage mit Turbokompressor (Brown-Boveri).

Ein schwerwiegender Nachteil aller Turbokompressoren ist, daß durch die konisch divergente Strömung und die hohen Reibungsverluste, welche irreversible Zustandsänderungen sind, die Kompression mit einer wesentlich stärkeren Entropievermehrung wie beim Kolbenkompressor verbunden ist. Dies hat beim Turbokompressor einen höheren Leitungsaufwand als beim Kolbenkompressor zur Folge, welcher die Anwendung des Turbokompressors nur in bestimmt gelagerten Fällen wirtschaftlich gerechtfertigt erscheinen läßt.

Die Abb. 355 zeigt schematisch eine Kälteerzeugungsanlage, bestehend aus einem elektromotorisch angetriebenen, vierstufigen Turbokompressor, einem Verflüssiger und Verdampfer.

## e) Kondensatoren.

### 1. Grundlagen.

Die gesamte in einem Kondensator zu übertragende Wärmemenge setzt sich aus der stündlichen Kälteleistung (Nutzkälteleistung + Einstrahlung) und dem mechanischen Wärmeäquivalent der indizierten Kompressionsarbeit zusammen. Bezeichnet man den **stündlichen Kühlwasserbedarf** in Litern mit $W$, so ist dieser durch die Beziehung gegeben:

$W = \frac{Q}{(t_1 - t_2)\cdot c}$, wobei die mittlere spezifische Wärme $c$ von Wasser $= 1{,}0\,\frac{\text{kcal.}}{\text{kg °C}}$ angenommen werden kann. Die nötige Wassermenge ist also bei gegebener Kälteleistung einzig durch die Temperaturdifferenz, die man zuläßt, bestimmt. Diese ist in der Größenordnung von 3—13°. Je größer sie ist, um so höher wird die Kondensationsendtemperatur, um so höher der Leistungsaufwand (vgl. Abb. 439 S. 394), je kleiner die Temperaturdifferenz ist, um so größer muß natürlich der Wasserbedarf sein, so daß sich die wirtschaftlichste Wassermenge aus der Abwägung der Einflüsse der beiden Faktoren bestimmen läßt[1]. Ablaufendes Kühlwasser kann für Reinigungszwecke nochmals verwertet werden.

Bei der Wärmeabgabe der vom Kompressor kommenden heißen Dämpfe sind theoretisch drei verschiedene Gebiete zu unterscheiden (Abb. 356): eine Zone, in welcher die Überhitzungswärme bis zur vollständigen Sättigung abgeführt wird, eine Zone, in welcher die Kondensation der gesättigtenDämpfe erfolgt, und eine Zone, in welcher das entstehende Kondensat unterkühlt wird. Praktisch findet keine scharfe Trennung der drei Gebiete statt. Auf die Unterkühlung wird bei amerikanischen Bauarten häufig verzichtet, während man bei uns in der Regel einen großen Wert darauf legt und hierfür einen nicht unerheblichen Teil der Kondensatoroberfläche zu opfern pflegt. Durch die Unterkühlung wird, wie sich an Hand des Wärmediagramms darstellen läßt, die Kälteleistung je Kilogramm Kältemittel bei gleichem Leistungsaufwand (gegenüber einer Kühlanlage mit Gleichstromkondensator, siehe a.a.O. ohne Unterkühlung) vergrößert. Unterkühlt man bei einem Gleichstromkondensator nicht, so wird bei gleichen Betriebsbedingungen die Sättigungstemperatur tiefer und dadurch der Leistungsaufwand kleiner, die Kälteleistung je Kilogramm größer; die spez. Kälteleistung kann möglicherweise nicht schlechter wie mit Unterkühlung sein. Ob Unterkühlung eine Vergrößerung der Wirtschaftlichkeit bedeutet oder nicht, hängt in erster Linie von der Bauart des Kondensators, in zweiter Linie von der Art des Kältemittels ab.

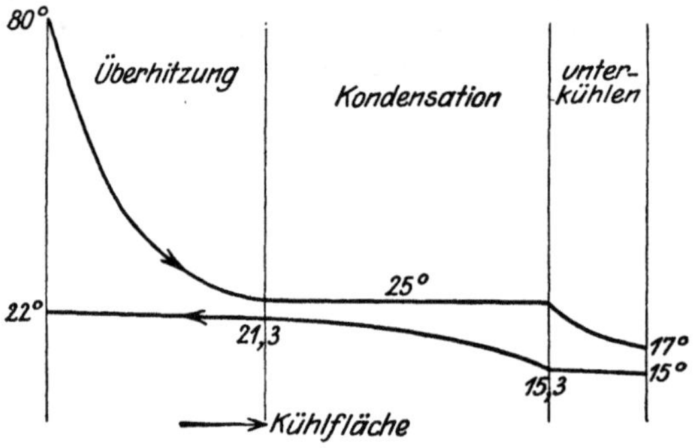


Abb. 356. Temperaturverlauf von Wasser und Kältemittel in einem Gegenstromkondensator (schematisch).

Für die verschiedenen Zonen ist die Wärmeübergangszahl $\alpha$ nicht konstant, sie wächst mit steigender Strömungsgeschwindigkeit und ist insbesondere bei überhitzten Dämpfen schlechter als bei kondensierenden. Die schlechtere Wärmeübergangszahl wird aber durch die höhere Temperaturdifferenz ausgeglichen, so daß die Wärmeübertragung je m² nach Stender, Jakob und Erk bei überhitztem Wasserdampf der von Sattdampf gleichgesetzt werden darf. Die je Quadratmeter Fläche übergehende Wärmemenge ist maßgebend für die Dimensionierung der Wärmeaustauschfläche. Die durch eine bestimmte Fläche stündlich übertragene Wärmemenge $Q = k \cdot F \cdot \left(t_{\text{mittel (Kältemittel)}} - t_{\text{mittel (Wasser)}}\right)$, dabei ist in $k$ = Wärmedurchgangszahl[1] in $\frac{\text{kcal}}{\text{m}^2\ \text{°C h}}$ und $F$ = Kühlfläche in Quadratmeter. Für die Temperaturdifferenz ist bei gleicher Fläche vorwiegend die Art der Strömung maßgebend. Je nachdem das Kühlwasser in derselben Richtung wie das Kältemittel oder entgegengesetzt strömt, unterscheidet man Gleichstrom und Gegenstrom (Abb. 357 und 358). Es ist aus Abb. 359 ohne weiteres ersichtlich, daß es bei Gegenstrom unter Voraussetzung gleicher Kühlwasserverhältnisse möglich ist, die mittlere Temperaturdifferenz größer, die Abflußtemperatur des kondensierten Kältemittels tiefer zu erhalten

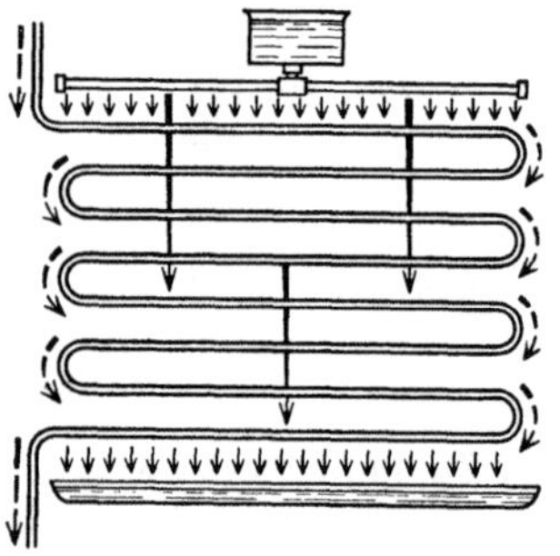

Abb. 357.

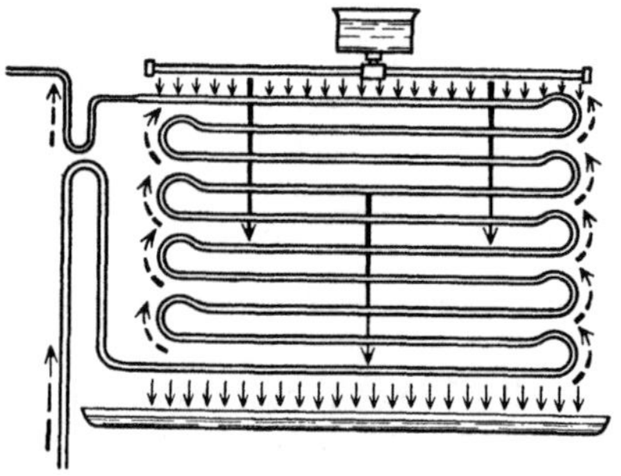

Abb. 358.

Gleichstrom- und Gegenstrom-Berieselungskondensator (schematisch).

[1] Vgl. Hirsch, M.: Die Kältemaschine, Berlin: Julius Springer 1924, S. 477.

als bei Gleichstrom. Die Frage Gegenstrom oder Gleichstrom ist in erster Linie für das Unterkühlungsgebiet wichtig. Die Nachschaltung einer Sammelflasche nach dem Kondensator (vgl. Abb. 360 und 362) empfiehlt sich aber in jedem Falle — auch wenn sie nicht als Nachkühler dient — damit die gesamte Kondensatorfläche für das Niederschlagen der Dämpfe zur Verfügung steht; ohne ein derartiges Flüssigkeitspolster besteht außerdem die Gefahr, daß bei weitgeöffnetem Regulierventil bei ungleichmäßiger Flüssigkeitsführung die Dämpfe nicht kondensiert werden, außerdem ermöglicht die Anwesenheit einer Flasche den Verdampfer in jedem Falle ohne Verluste an Kältemittel völlig entleeren zu können.

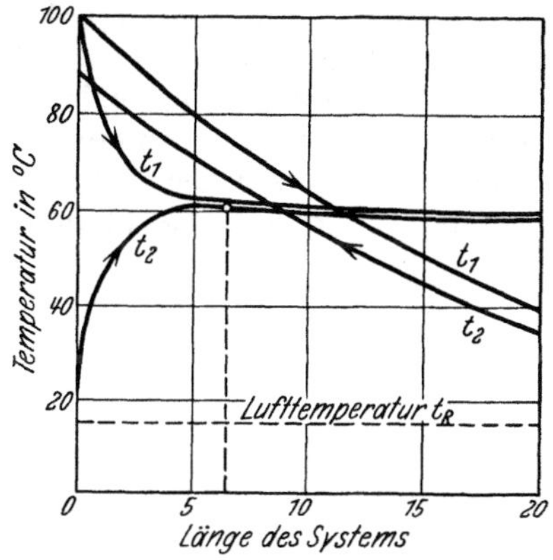


Abb. 359. Vergleich des Temperaturverlaufes bei Gleichstrom und Gegenstrom (nach Nesselmann).

Die an einen guten Kondensator zu stellenden Forderungen sind folgende:

1. Erreichung geringer Kondensationsdrucke, also reichliche Kühlfläche; häufig werden die Kondensatoren zu klein gebaut. Ferner empfiehlt sich die Anwendung von Gegenstrom, bzw. von Gleichstrom mit nachfolgender Unterkühlung im Gegenstrom.

2. Hohe Kühlwassergeschwindigkeit. Die Kühlwassergeschwindigkeit ist meist weit unter dem energiewirtschaftlich günstigsten Wert.

3. Rasche und vollständige Entfernung des Kondensates von der Wärmeaustauschfläche, damit die Fläche der Kondensation immer wieder voll zur Verfügung steht. (Parallelschalten von Systemen.)

Durch Punkte 2 und 3 sind hohe Wärmedurchgangszahlen, dadurch kleine Kühlflächen (geringer Platzbedarf), und billige Apparate bzw. bei gleicher Kühlfläche, niedrigere Kondensationstemperaturen (Leistungsersparnis) gewährleistet.

4. Nach Möglichkeit zu erfüllen: gleiche Dampfgeschwindigkeit an allen Stellen des Kondensators, gute Reinigungsmöglichkeit der wasserbenetzten Fläche, zur besseren Ausnützung des Kühlwassers geringe Dicke der Kühlwasserhaut.

Man unterscheidet, der konstruktiven Durchbildung nach, folgende Bauarten von Kondensatoren: Tauchkondensatoren, Doppelrohr- und Vielröhrenkondensatoren, stehende Mantel- und Röhrenkondensatoren und Berieselungskondensatoren.

## 2. Normale Kältemaschinenkondensatoren.

Der Tauchverflüssiger wurde früher überall verwendet, wo reichlich Kühlwasser zur Verfügung stand. Dabei werden Rohrspiralen von Kühlwasser umspült, welches entgegen der Strömungsrichtung des Kälteträgers von unten nach oben strömt, wodurch sich eine gute Unterkühlung erzielen läßt. Trotzdem ist die Bauart heute verlassen, weil kaum 1200—1500 kcal/qm h bzw. 200 kcal/qm h° C erreicht werden. An der schlechten Wärmeübertragung trägt hauptsächlich die geringe Kühlwassergeschwindigkeit von nur einigen cm/sec die Schuld, eine Vergrößerung ist aber aus wirtschaftlichen Gründen nicht zweckdienlich, weil der Leistungsaufwand für den Rührwerkflügel in der 3. Potenz der Drehzahl steigt. Als Nachteil der Bauart ist weiterhin die schlechte Reinigungsmöglichkeit der Schlangen — welche hierbei immer völlig ausgebaut werden müssen — und der gegenüber dem Doppelrohr-Gegenstrom-Kondensator große Platzbedarf anzusprechen (Abb. 360). Überall, wo genügend Kühlwasser — der Wasserverbrauch je kcal ist natürlich derselbe wie beim Tauchkondensator — zur Verfügung steht, ist der Doppelrohrverflüssiger die heute vorwiegend übliche Bauart. Das Kühlwasser tritt unten in die durch Rohrkrümmer verbundenen Innenrohre ein und oben aus, das Kältemittel durch-

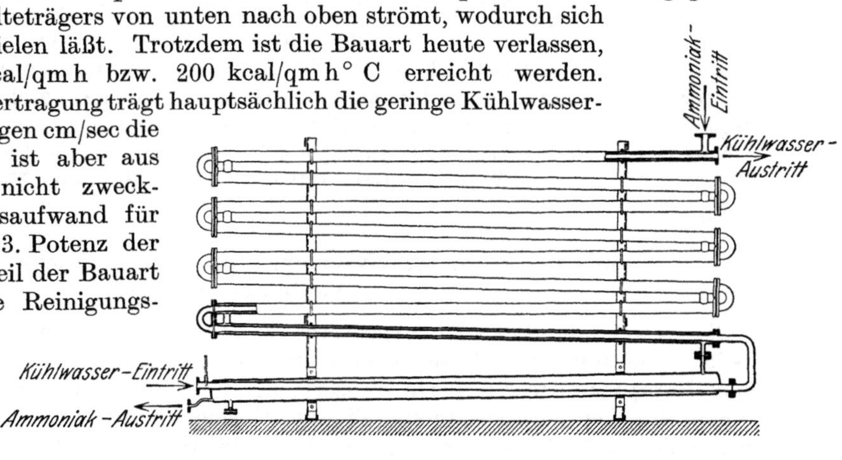


Abb. 360. Doppelrohr-Gegenstrom-Kondensator (Linde).

läuft im Gegenstrom die mit senkrechten Verbindungsstutzen hintereinandergeschalteten Außenrohre. Die Wärmeübertragung ist 5000—7000 kcal/h qm bzw. 500—900 kcal/h qm °C. Mit steigender Kühlwassermenge sinkt wohl einerseits die Sättigungstemperatur, andererseits steigt bei gleichen Querschnitten auch die manometrische Pumpendruckhöhe normalerweise in den Grenzen 6—18 m Wassersäule, so daß bei eigener Wasserförderung eine allzu geringe Temperaturdifferenz gar nicht so sehr wirtschaftlich erscheint. (Vgl. auch Anm. S. 324.) Ein großer Vorteil des Doppelrohrkondensators ist sein geringer Platzbedarf, so daß er leicht an der Wand des Maschinenhauses untergebracht werden kann. Die Bauart ist auch für nicht ganz einwandfreies Kühlwasser geeignet; die Rohrbogen sind abnehmbar, und die Rohre können leicht gereinigt werden. Das abfließende Kühlwasser kann auch an höher gelegener Stelle wieder verwendet werden. Um ein Einfrieren zu verhüten, müssen die Apparate im Winter, falls die Kühlanlage außer Betrieb ist, entleert werden.

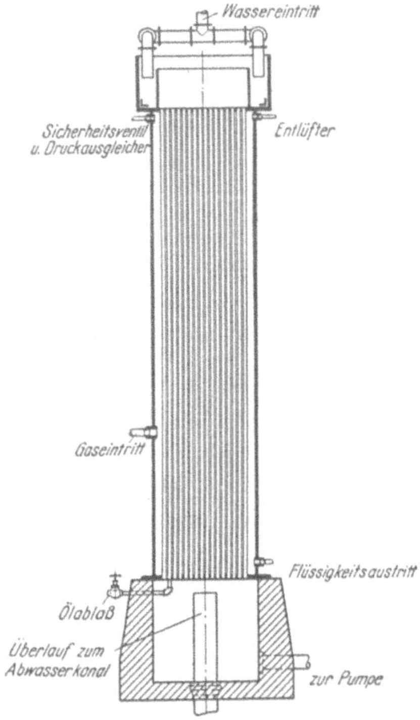


**Abb. 361. Stehender Mantel- und Röhrenkondensator (Shell and Tube) mit oberem Wassereintritt[1].**

Als Variation werden statt der Doppelrohre vielfach mehrere Röhren eingebaut. Elementenkondensatoren gestatten auch bei größeren Einheiten eine relativ gedrängte Bauart. Die Wirkungsweise ist der von Doppelrohrkondensatoren analog.

Kondensatoren mit stehenden Rohren (Shell & Tube). Der Vorteil dieser Bauart gegenüber der liegenden Ausführung ist insbesondere darin zu erblicken, daß die Rohrfläche dauernd fast völlig für die Kondensation zur Verfügung steht, während bei der ersteren Bauart das Kondensat durch alle Rohre bis zum Austritt geführt werden muß, sofern er nicht durch Abzapfung (Ausführung York) entfernt wird. In Amerika sind die senkrechten Mehrröhrenkondensatoren sowohl in Gleichstrom- wie auch in Gegenstromanordnung gebräuchlich. Je Quadratmeter Kühlfläche können wie bei Elementenkondensatoren 6000—7000 kcal/h (bzw. 685—1525 kcal je qm °C h nach Harne) übertragen werden. Die Gleichstrombauart ist in Abb. 361 dargestellt. Das Kühlwasser tritt oben ein und fließt durch die eigene Schwere an den Rohren herunter. Durch geeignete Einsätze kann man das Kühlwasser als dünnen Film an der inneren Rohroberfläche herunterrieseln lassen, dadurch wird verhindert, daß Kühlwasser unwirksam in der Rohrmitte herunterfällt. Die verdichteten überhitzten Dämpfe werden in beliebiger Höhe eingeführt, die Kondensation spielt sich an der äußeren Oberfläche der senkrechten Kühlwasserrohre ab, der Flüssigkeitsaustritt ist unten. Der Arbeitsverbrauch für die Kühlwasserpumpe ist bei höchster Kühlwassergeschwindigkeit, da alle Rohre parallel geschaltet sind, günstiger wie bei den Elementenkondensatoren, der Platzbedarf ist gering, die Apparate lassen sich gut reinigen, als Nachteil erscheinen lediglich die vielen Einwalzstellen, die Anlaß zu Undichtigkeiten geben können. Bei oberem Wassereintritt (Gleichstrom) wird zur Unterkühlung ein Nachkühler benötigt.

### 3. Kondensatoren mit Wasserersparnis (Berieselungskondensatoren oder Verdunstungskühler).

Die Anwendung dieser Kondensatoren ist vor allem nötig, wenn der Wasserpreis hoch ist — was im allgemeinen beim Bezug aus der städtischen Leitung der Fall sein wird — oder die durch eigene Pumpenanlage geförderte Wassermenge für eine normale Anlage nicht ausreicht. Die für die gewöhnlichen Kondensatoren geltenden Gesichtspunkte sind auf sie völlig übertragbar. Der Unterschied besteht prinzipiell lediglich darin, daß die außerordentlich hohe Verdampfungswärme des Wassers — rund 600 kcal je kg — mit zur Kühlung ausgenützt wird. Das geschieht dadurch, daß das über Rohrsysteme herabrieselnde Kühlwasser dem Kältemittel Wärme entzieht und sie im wesentlichen durch Verdunstung an die Außenluft weitergibt. Bei reiner Verdunstungskühlung wird alles unten ablaufende Kühlwasser durch eine Umwälzpumpe wieder gehoben und rieselt von

[1] Aus Plank, R.: Amerikanische Kältetechnik. Berlin: VDI-Verlag 1929, S. 49.

neuem am Kondensator hinunter, nur das verdunstende Wasser muß dauernd ersetzt werden. Steht genügend Frischwasser zur Verfügung, so fördert man mit der Umwälzpumpe nur einen Teil des Rieselwassers wieder nach oben, läßt den Rest — der einen Teil der abzuführenden Wärme mit sich führt — ablaufen und ersetzt ihn durch Frischwasser. Bei normalen Bauarten läßt sich dadurch der Wasserverbrauch auf $^1/_2$—$^1/_3$ der bei Kondensatoren ohne Verdunstungswirkung nötigen Wassermenge verringern, doch kann man in besonderen Fällen bei Bereitstellung ausreichender Verdunstungsflächen diesen Betrag nötigenfalls bis auf 5% jener Wassermenge herabsetzen. Ein Nachteil aller Berieselungskondensatoren, der neben dem höheren Anschaffungspreis gegen den Vorteil der Wasserersparnis abzuwägen ist, besteht in der Abhängigkeit der Verdunstungswirkung von der Witterung, also von Temperatur relativer Feuchtigkeit und Geschwindigkeit der Luft. Um die Kondensationswärme durch Verdunstung abzuführen, muß die mittlere Rieselwassertemperatur um so höher sein, je höher die Außentemperatur und die relative Feuchtigkeit und je geringer die Geschwindigkeit der Luft ist. Durch diese Abhängigkeit des Kondensationsvorganges vom Luftzustand kondensieren die Berieselungskondensatoren im Mittel bei höherem Kondensationsdruck als die Doppelrohrkondensatoren, deshalb ist der Leistungsaufwand des Kompressors bei ersteren entsprechend größer. Die Anschaffung empfiehlt sich außer bei hohem Wasserpreis oder Wassermangel bei sehr stark schlammhaltigem Kühlwasser, weil die Rohre der Berieselungskondensatoren leicht durch Stahlbürsten gereinigt werden können. Die Berieselungskondensatoren werden meist auf Dächern aufgestellt und dem freien Luftzug ausgesetzt. Um direkte Sonnenbestrahlung zu verhindern, sind sie mit Umbauten zu versehen.

Abb. 362. Normaler Berieselungskondensator (Linde).

Berieselungskondensator mit liegenden Rohren, normale Bauart. Er besteht aus Rohrwänden gemäß Abb. 362, über welche Kühlwasser in einem Wasserschleier herunterrieselt. Das Wasser sammelt sich in einer Auffangschale und wird durch eine Umwälzpumpe wieder in die über der obersten Rohrreihe befindliche Verteilungsleitung (meist Zackenrinne) befördert. Der Zusatzwasserverbrauch erstreckt sich auf die Deckung des verdunsteten und verspritzten Wassers, er ist etwa ein Drittel des Verbrauches von Tauchkondensatoren. Die Fläche wird gewöhnlich so bemessen, daß die Temperaturdifferenz zwischen Kühlwasser- und Ammoniakaustritt 5—7° beträgt. Der Ammoniakeintritt ist gleichfalls oben, der Flüssigkeitsaustritt unten, die zweckmäßigerweise als Nachkühler ausgebildete Sammelflasche hält die Kondensatorfläche von bereits verflüssigtem Kältemittel frei. Die Wärmeübertragung dieser Gleichstrombauart beträgt 900—1000 kcal/qm bzw. 200 kcal/qm h° C.

Es lag der Gedanke nahe die Wärmeübertragung durch Anstrebung des Gegenstromprinzipes zu verbessern. Mit der erwünschten Verkleinerung der Flächen mußte allerdings eine geringere Verdunstungswirkung und Wasserersparnis in Kauf genommen werden, wenn man nicht einen Holzlattenrückkühler anwendet. Zu den Berieselungskondensatoren mit verbesserter Wärmeübertragung gehört der Blockkondensator von A. Freundlich, Düsseldorf, und der häufig noch in Betrieb befindliche Berieselungskondensator mit stehenden Rohren der Gesellschaft für Lindes Eismaschinen, Wiesbaden.

Der Blockkondensator nimmt eine Mittelstellung zwischen Doppelrohrgegenstrom- und dem vorher erwähnten normalen Berieselungskondensator ein. Das Kältemittel tritt unten gasförmig ein und kommt oben verflüssigt heraus, die Berieselung erfolgt in der gleichen Weise wie beim normalen Berieselungskondensator. Der Wärmedurchgang ist 3—4mal größer als bei dieser Bauart und beim Tauchkondensator, die auf 1 qm Kühlfläche übertragene Wärmemenge kann 4000 kcal/h qm und mehr betragen (bzw. 400 kcal/qm °C h). Die Vorteile gegenüber dem Doppelrohrkondensator sind: noch bessere Reinigungsmöglichkeit, geringerer Anschaffungspreis, Nachteil: etwas höherer Platzbedarf. Vorteil gegenüber dem

Berieselungskondensator: geringerer Platzbedarf und Preis bei geringerer Ablauftemperaturdifferenz.

Natürlich ist ein guter Wärmeübergang, der nur geringe Flächen nötig macht, an sich nicht mit einer guten Verdunstungswirkung, wozu große Flächen nötig sind, vereinbar. Um den Kondensator mit wesentlicher Wasserersparnis betreiben zu können, muß deshalb über ihm ein Rückkühler aus Holzlatten angeordnet werden. Dieser augenscheinliche Nachteil ist aber in Wirklichkeit ein Vorteil, denn es besteht kein Grund, zum Zwecke der Erreichung guter Wärmeübergangsverhältnisse teuere Eisenrohre lediglich zur Verdunstung zu verwenden, wenn Holz denselben Zweck erfüllt. Somit stellt der Blockkondensator eine recht geschickte konstruktive Lösung dar, welche den vorher beschriebenen Berieselungskondensator mit liegenden Rohren mit Recht verdrängt. Neuerdings werden die Holzlatten zwischen den Rohren angeordnet. (Abb. 363.)

Die günstige Wärmeübertragung beim Berieselungskondensator mit stehenden Rohren ist darauf zurückzuführen, daß — ähnlich wie beim Shell & Tube Condenser — die den Austausch störende, sich bildende Flüssigkeitshaut auf der Ammoniakseite so rasch wie möglich abgeführt wird. Beim Berieselungskondensator mit stehenden Rohren kann die Kühlwassergeschwindigkeit ziemlich groß werden. Der Wasserbedarf ist etwa die Hälfte desjenigen von Tauch- oder Doppelrohrkondensatoren. Der vom Kompressor kommende Dampf tritt in das untere Verbindungsstück ein, steigt in den senkrechten Rohren hoch, schlägt sich an der inneren Wandung nieder und fließt wieder nach unten. Dadurch erhält der überhitzte Dampf sofort die Eigenschaften des gesättigten Dampfes. Die je Quadratmeter und Stunde übertragene Wärme ist 2000—2500 kcal, bei einmaliger Verwendung des Berieselungswassers etwa 3000 kcal. Eine andere in Amerika übliche Bauart ist der Beriesler mit Kondensatanzapfung (bleeder type; $k = 900$ kcal/qm h° C).

Abb. 363.
Blockkondensator mit eingebauten Holzlatten (A. Freundlich, Düsseldorf).

## f) Verdampfer.

Die Solekühler bestehen aus viereckigen oder runden Behältern, in denen die Verdampfersysteme untergebracht sind. In diesen Systemen wird das flüssige Kältemittel eingespritzt. Durch Wärmeaufnahme aus dem zu kühlenden Medium verdampft es bei gleichem Druck und bei gleicher Temperatur; entsprechend dem entstehenden Gasvolumen wird die Geschwindigkeit in den Rohren gegen Ende des Verdampfers immer größer.

In den deutschen Schlachthofanlagen sind — mit Ausnahme der Anlagen mit direktem Luftkühler (s. Abschnitt g) — die nötigen Verdampferflächen meist im Eisgenerator untergebracht. Von der am Generator anschließenden Umwälzpumpe geht bei indirekter Kühlung dann die Druckleitung zu den parallel abzweigenden Luftkühlsystemen; die aus den Systemen zurückkehrende erwärmte Sole wird an der Stelle des Generators eingeführt, wo die aus dem Zellenraum kommende zirkulierende Sole zu dem Verdampfer fließt.

Die an einen guten Verdampfer zu stellenden Forderungen sind folgende:

1. Der Wärmeübergang auf der Soleseite muß hoch sein, das bedingt die Anwendung hoher Solegeschwindigkeiten.

2. Der Wärmeübergang auf der Seite des Kältemittels muß günstig sein, das bedingt starken Flüssigkeitsumlauf und die rasche Abführung des gebildeten Dampfes, d. h. kurze Dampfwege.

3. Der statische Flüssigkeitsdruck und Strömungswiderstand soll auf ein Mindestmaß beschränkt werden.

4. Der Apparat muß gut entölbar sein, weil schon durch einen dünnen Ölfilm der Wärmewiderstand sofort auf den doppelten Wert steigt.

5. Der Verdampfer muß leicht zu reinigen, betriebssicher und nicht zu teuer sein.

Betrachtet man in Hinblick auf diese Grundsätze den alten Rohrschlangenverdampfer, so muß man ihn unbedingt in bezug auf die ersten drei Forderungen als völlig ungenügend bezeichnen. Die Solegeschwindigkeit ist etwa 10—15 cm/s, die langen Verdampferflächen besitzen viele tote Flächen. Durch die mit der Überhitzungseinrichtung gekoppelte Überflutung wurde zwar der Umlauf einer zusätzlichen Menge Kältemittels und dadurch eine Verbesserung des Verdampfungsvorganges erzielt, die am unteren Ende des Verdampfers gebildeten Gasblasen müssen aber doch durch die langen Rohrschlangen bis zum oberen Austritt wandern, wodurch große Verdampferflächen durch ein isolierendes Gaspolster unwirksam werden; außerdem ist der Strömungswiderstand, welcher proportional mit der Schlangenlänge wächst, bei dieser Bauart groß. Die in derartigen Verdampfern übertragene Wärmemenge beträgt tatsächlich auch selten mehr als 150—160 kcal/qm° C h. Das hat vor allem zur Folge, daß die nötigen Rohre oft bis ein Drittel des Eisgeneratorinhaltes füllen.

Die Verbesserung der Verhältnisse wurde zunächst dadurch eingeleitet, daß man die Rohrschlangen nicht mehr am Boden des Eisgeneratorgefäßes, sondern seitlich anordnete, wodurch sie zur Reinigung leichter ausgebaut werden können und sich die erforderliche Raumhöhe vermindert. Weiterhin wurde das Rohrsystem in eine Reihe kurzer Systeme aufgeteilt, wodurch die Dampfwege wesentlich verringert wurden. Auf diesen Gedankengängen baut der Verdampfer der York-Corporation, ein Rohrbündel zwischen zwei senkrechten Sammelstücken, welches geneigt verläuft, damit die Dampfblasen besser aufsteigen können, der deutsche Spitzbogenverdampfer von Freundlich, Düsseldorf, der Hochleistungsverdampfer der VDK, Berlin-Tegel, und viele andere unter sich ähnliche konstruktive Lösungen auf (Abb. 364). Mit diesen Bauarten sind Wärmeübergangszahlen von 400—500 kcal/qm° C h erreichbar.

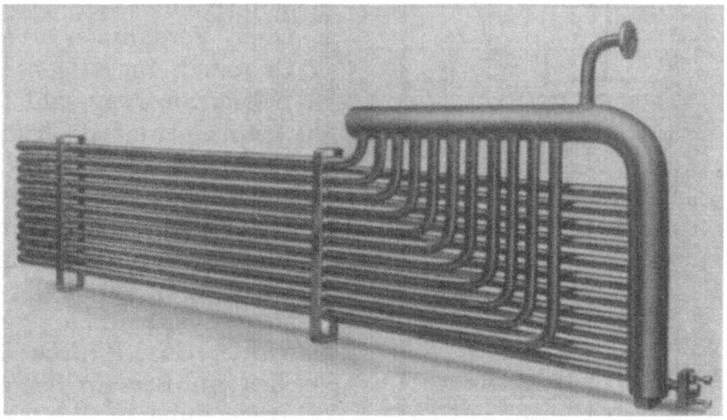

Abb. 364. Spitzbogenverdampfer (Freundlich).

Parallel mit dieser Entwicklung ging die Erhöhung der Solegeschwindigkeit. Sie führte zu der inzwischen wieder aufgegebenen Bauart des Elementenverdampfers von Linde und dem Doppelrohr- und Doppelrohr-Intensivverdampfer von Siller & Rodenkirchen ($k = 500$ bis 700 kcal/qm° C h bei hohen Solegeschwindigkeiten). Die weitere Entwicklung ging von der Erkenntnis aus, daß ein vertikales Rohr wesentlich günstiger ist als ein horizontales Rohr, weil beim vertikalen Rohr die sich bildenden Dämpfe nicht wie bei letzterem an der Wand entlang wandern, sondern unmittelbar und ohne Störung hochsteigen. Aus dieser Erkenntnis wurden die Hochleistungsverdampfer entwickelt. Diese bestehen im wesentlichen aus 2 Trommeln, welche durch eine Anzahl kurzer senkrechter Verbindungsrohre verbunden sind. Zu dieser Gruppe gehört vor allem der Steilrohrverdampfer der Gesellschaft für Lindes Eismaschinen, Wiesbaden (Abb. 365). Er besteht aus einem oberen und einem unteren Sammelrohr, welche durch weite Fallrohre und enge Steigrohre miteinander verbunden sind. Das vom Regulierventil eintretende Ammoniak verteilt sich im oberen Sammelrohr, fällt durch die Fallrohre in das untere Sammelrohr und strömt durch die engen Steigrohre verdampfend wieder nach oben. In diesen Rohren wird die Flüssigkeit durch die aufsteigenden Dampfblasen mitgerissen, so daß eine gute Umwälzung (Mammutpumpenwirkung) entsteht. Neben den hierdurch günstig gestalteten Wärmeübergangsverhältnissen ($k = 600$ kcal/qm° C h bei 0,3 m/s Solegeschwindigkeit) ist auch die Entölungsmöglichkeit gut. Das Öl sammelt sich im unteren Sammelrohr, von wo aus es einem Öltopf zugeleitet wird. Kurz vor dem Entölen kann das über dem Öltopf befindliche Absperrventil geöffnet werden, wodurch das im Öl befindliche Ammoniak abgesaugt werden kann. Bei der Ausführung von York sind die Verbindungsstutzen zwischen den Sammelrohren pfeilförmig ausgebildet, wodurch an Rohroberfläche gewonnen wird. Diese Verdampferform wird Heringsgrätenverdampfer genannt. Als Nachteil dieser sonst einwandfreien Verdampfergruppe, welche außer den angegebenen Vorteilen noch die Möglichkeit bietet, die Systeme zu Aggregaten fast beliebig hoher Leistung zu vereinigen, wodurch die Voraussetzungen zu einer modernen Serienherstellung gegeben sind, erscheint die Notwendigkeit vieler Schweißstellen, welche Anlaß zu Undichtigkeiten geben können. Bei dem heutigen hohen Stand der Schweißtechnik mag dieser Gesichtspunkt allerdings in vielen, wenn auch nicht in allen Fällen, ausschalten. Die Solegeschwindigkeit ist etwas höher als bei den Schlangenverdampfern. Eine Erhöhung der Solegeschwindigkeit über einen gewissen Wert ist zwecklos, weil dann die Verbesserung der Wärmeübertragung in keinem Verhältnis mit dem dazu nötigen Leistungsaufwand steht, zumal die Pumpenarbeit auf Kosten der Kälteleistung in Wärme umgesetzt wird.

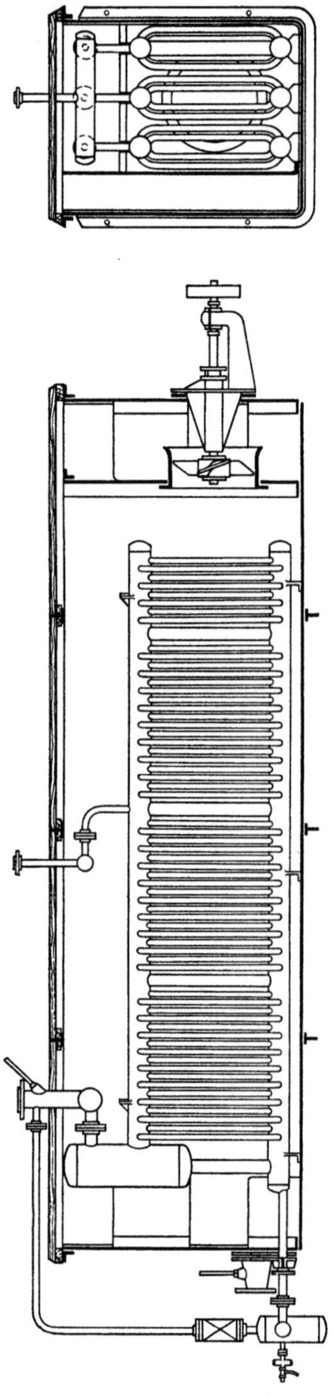

Abb. 365. Solekühler mit eingebautem Steilrohrverdampfer (Linde).

Eine Verdampferbauart, welche die Gesichtspunkte, kurze Dampfwege und hohe Solegeschwindigkeit, vereinigt, ist der in Amerika stark verbreitete Mantel- und Röhrenverdampfer (Shell & Tube Type). Er besteht nach Art der Dampfmaschinenkondensatoren aus einem zylindrischen Kessel, an dessen Kessel und Boden zahlreiche Rohre eingewalzt sind. Durch diese Rohre fließt in einfachem oder mehrfachem Durchgang die Sole. In den Kessel wird senkrecht zu den Rohren der Kälteträger eingespritzt, der Dampfaustritt zum Kompressor ist auf der entgegengesetzten Seite oben. Diese Verdampfer werden sowohl senkrecht wie — für den Gebrauch in Eisgeneratoren — waagrecht ausgeführt. Die Wärmeübergangszahl ist ähnlich wie bei der vorhergehenden Gruppe etwa 500—600 kcal/qm° Ch bei einer Solegeschwindigkeit von 0,75—2,5 m/s, der Platzbedarf im Eisgenerator kaum mehr als ein Zehntel des Inhaltes. Über die Entölungsmöglichkeit ist nichts bekannt geworden. Es muß damit gerechnet werden, daß sie wenigstens bei der liegenden Bauart nicht allzugut ist, weil die im Prinzip ähnliche Bauart des Elementenverdampfers von Linde u. a. deswegen verlassen wurde. Ein Einfrieren der Sole in den engen Rohren, welches ein Bersten derselben zur Folge haben könnte, ist bei Anwendung stark konzentrierter Chlormagnesium- bzw. Chlorkalziumlösungen bei geordnetem Betrieb kaum zu befürchten, auch sonst nicht so groß als gemeinhin angenommen wird, weil die Sole nicht sofort zu einem Block, sondern bei Unterschreitung um nur wenige Grade, zu einem Brei gefriert.

Die konstruktive Entwicklung der Verdampfer für Kältemaschinen führte — parallel mit einer gewissen Vernachlässigung der theoretischen Erforschung des Verdampfungsvorganges gegenüber der Kondensation — noch zu keiner allen Forderungen einigermaßen gerecht werdenden Ideallösung. Es bleibt immerhin auch die Frage offen, wem die Erhöhung der Wärmedurchgangszahl nützt. Nicht selten ist aber der damit augenscheinlich erzielte Momentangewinn ein recht zweifelhafter Vorteil, denn — das gilt für alle Wärmeaustauschapparate — die Wärmeübertragung (insbesondere auf der Soleseite), ist keine rein thermische, sondern in viel höherem Grade eine betriebstechnische Größe. Wenn bei Kondensatoren der Widerstand des Wärmestromes vom Kältemittel an Wasser durch hohe Strömungsgeschwindigkeiten desselben verringert wird, so ist das wirtschaftlich richtig, vorausgesetzt, daß der Wasserdruck des städtischen Leitungsnetzes dazu hoch genug ist. Wenn aber dasselbe in Verdampfern geschieht, steht der Ersparnis an festen Kosten ein ganz außerordentlich hoher Mehrverbrauch an laufenden Kosten für den Antrieb der Solepumpe, des Luftkühlerventilators usw. gegenüber, so daß lediglich neben einer kaum beträchtlichen Platzersparnis einzig der Firma geholfen ist, welcher durch den geringeren Anschaffungspreis der Konkurrenzkampf erleichtert ist. Häufig führen aber auch die zur Erreichung guter Wärmeübergangszahlen nötigen Konstruktionen zu manchen

Komplikationen, welche trotz der geringeren Rohroberfläche keine wesentliche Verbilligung erreichen lassen, ja, nicht selten eine wesentlich schlechtere Entölung wie beim alten Schlangenverdampfer zur Folge haben. Wenn man außerdem bedenkt, daß alle Hochleistungsverdampfer ein geringes Speichervermögen haben, wodurch sie nicht selten erhöhte Aufmerksamkeit an die Bedienung stellen, kann dem eine gewisse Berechtigung keinesfalls abgesprochen werden, wenn viele Firmen Bauarten mit nur mittelmäßiger Wärmedurchgangszahl, sogar den alten Schlangenverdampfer, allerdings mit kurzen Einzelspirallängen, weiter verwenden[1].

## g) Luftkühler.

### 1. Grundlagen.

Die übliche Ausführungsart von Luftkühlern besteht darin, daß man die Luftkühlvorrichtungen in den Räumen als Innenberohrung (meistens Deckensystem) oder als Außenluftkühler ausführt. Für die Kühlung von Fleischkühlhallen kommt die erste Art, welche man als „stille Kühlung" oder Innenluftkühlung bezeichnet und wobei nur eine schwache Luftbewegung durch freie Konvektionsströme vorhanden ist, deswegen nicht in Frage, weil dadurch die Feuchtigkeitsverhältnisse des Kühlraumes nicht beherrschbar sind, und insbesondere in den Betriebspausen beim Abtauen der Systeme sich die Luft völlig mit Feuchtigkeit sättigen würde. Die stille Kühlung ist in Schlachthöfen jedoch in Eislagerräumen, Pökelräumen und bei der Lagerung verschiedener Lebensmittel gebräuchlich.

Die bauliche Ausführung des Außenluftkühlers läuft daraus hinauf, die Kühlrohre in einer stark wärmegeschützten Kammer zu vereinigen und durch einen Ventilator die Luftumwälzung zwischen Kühlraum und den Systemen zu bewirken. Auf diese Weise läßt sich dreierlei erreichen: durch den Wärmeaustausch mit den Kühlsystemen wird die Luft gekühlt, infolge der Verringerung der Dampfspannung mit abnehmender Temperatur scheidet sich zwangsläufig damit an den kalten Rohren Feuchtigkeit aus, die Luft wird getrocknet, schließlich wird die Luft noch gereinigt, weil in dem abgeschiedenen Wasser Mikroorganismen niedergeschlagen und abgeführt werden können.

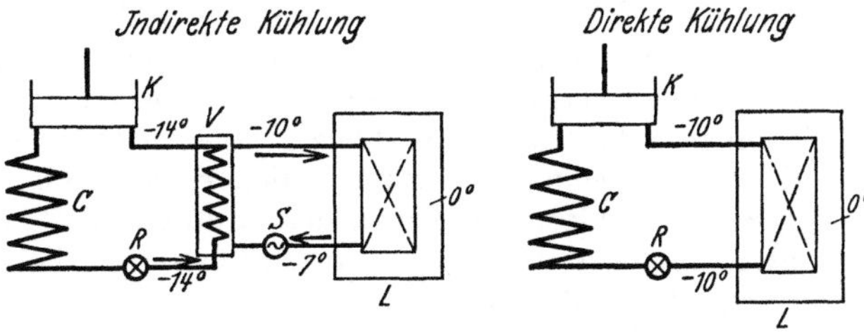


Abb. 366. Schema einer mittelbaren und unmittelbaren Kühlung.

In beiden Fällen kann die Kühlung entweder direkt durch unmittelbare Verdampfung des Kälteträgers in den Rohren oder indirekt durch eine in einem besonderen Verdampfer abgekühlte Sole erfolgen.

Aus Abb. 366 ist abzuleiten, daß Anlagen mit direkter Verdampfung billiger sind, weil das gesamte zugeschaltete Soleaggregat samt Pumpe in Wegfall kommt. Die Solekühlung hat außerdem noch den Nachteil, daß bei ihr nicht das ganze Wärmegefälle zwischen Kälteträger und Luft ausgenützt zu werden vermag, weshalb man bei Erzielung gleicher Raumtemperaturen mit tieferer Verdampfungstemperatur, also unwirtschaftlicher arbeiten muß. Als Vorteil der Solekühlung erscheint dagegen, daß die Regulierung ganz außerordentlich einfach ist, außerdem können bei Undichtigkeiten keine Dämpfe des Kältemittels in die Kühlräume eindringen. Im allgemeinen wird bei größeren, verwickelten Anlagen die Solekühlung, bei kleineren die Anwendung direkter Verdampfung günstiger erscheinen. Statistisch ergibt sich jedoch, daß sich in Europa die direkte Verdampfung mehr und mehr einbürgert, während in Amerika ein zielbewußter Übergang zur Solekühlung nicht zu übersehen ist.

### 2. Konstruktive Einzelheiten in Art und Anordnung der Wärmeaustauschflächen.

**Innenluftkühler.** Sowohl bei direkter wie indirekter Kühlung wird die Deckenberohrung in Schlachthofbetrieben im allgemeinen in Rippenrohren ausgeführt. Die Rippen bestehen meistens nicht mehr aus Einzelscheiben, sondern aus spiralig aufgewundenen Blechstreifen, welche nach bestimmten Verfahren mit den Rohren verlötet oder besser verschweißt werden. Je nach den ausführenden Firmen sind Durchmesser und Rippenabstände verschieden[2]. Die Wandstärke ist bei Solerohren geringer als bei Systemen, in welchen das Kältemittel verdampft.

[1] Über moderne Verdampferbauarten vgl. Rev. gén. du Froid **1929**, 51 und Refrigeration World **64**, 11ff.
[2] Lieferfirma: Netzschkauer Maschinenfabrik, Netzschkau; Rheinische Schweißwerke Sieglar u. a.

**Außenluftkühler-Bauarten.** Die Luftkühler werden in Trockenluftkühler und Naßluftkühler eingeteilt. Für direkte Verdampfung kommen nur Trockenluftkühler in Frage. Die Berohrung kann sowohl aus glatten Flußeisenrohren oder aus Rippenrohren bestehen. Unter Zugrundelegung gleicher Flächen sind die glatten Rohre im Verhältnis zu den je Flächeneinheit übertragenen Wärmeeinheiten teuerer, aber sie sind leichter zu reinigen als Rippenrohre. Die glatten Rohre werden in Richtung des Luftstromes in den Luftkühler gelegt, bei den Rippenrohren ist dies nicht möglich, weil sonst die ganzen Rohre im Windschatten der ersten Rippen sein würden. Sie müssen deshalb senkrecht zum Luftstrom verlegt werden, wodurch sich die Anwendung vieler Bogenstücke nicht vermeiden läßt, anderseits entsteht auch dadurch ein Vorteil, weil die Wärmeübergangszahl bei senkrechter Beaufschlagung (Kreuzstrom) und versetzter Anordnung etwa 3—5 mal größer als bei den längs ihrer Ebene bestrichenen Rohren ist.

Nach Hirsch ist bei Rippenrohren die mittlere äußere Wandungstemperatur der Lufttemperatur näher als bei glatten Flächen, wodurch erstere bei sonst gleichen Flächen eine geringere Trockenwirkung ergeben sollen. Abgesehen von der geringeren Rostungsgefahr sind bei aufgewickelten Rippen verzinkte Rohre günstiger als unverzinkte, weil durch den Überzug die kaum vermeidbaren Zwischenräume zwischen Blechstreifen und Rohr leitend ausgefüllt werden.

Der Wärmedurchgang zwischen Luft und Kälteträger bzw. Kältemittel ist dominierend durch die Wärmeübergangszahl von der Luft an das Rohr bestimmt. Diese ist wiederum in erster Linie eine Funktion der Geschwindigkeit etwa proportional $w^{0,5 \text{ bis } 0,9}$. Es ist deshalb besonders darauf zu achten, daß die in der Luftkühlerkammer für Reparaturen und zur Beobachtung wünschenswerten Durchgänge während des Betriebes durch Leitwände abgeblendet werden. Natürlich darf nicht einseitig die Luftgeschwindigkeit in den Kühlern allzu hoch gesteigert werden, damit nicht die wirtschaftliche Geschwindigkeit, das ist jene, wo die festen Kosten (Verringerung der notwendigen Fläche bei steigendem $\alpha$) und die laufenden Kosten (Zunahme des Leistungsaufwandes) des Ventilators ein Optimum bilden, nicht überschritten wird. Die mit der Abkühlung zwangsläufig verbundene Ausscheidung von Feuchtigkeit findet bei Trockenluftkühlern bei den in Schlachthofkühlanlagen nötigen Lufttemperaturen auf den Systemen in Form von Reif statt, welcher eine immer dicker werdende Schicht von schlechter Wärmeleitfähigkeit (vgl. S. 401) bildet. Der Reifansatz muß von Zeit zu Zeit entfernt werden. Dies ist bei glatten Rohren einfacher und rascher durchführbar als bei Rippenrohren. Aus diesen Grunde werden häufig glatte Rohre bevorzugt.

Eine vielfach ausgeführte Bauart, welche die im Reif enthaltene latente Wärme nutzbar macht, ist der Fixary-Humboldt-Luftkühler. Er besteht aus zwei Kammern, welche durch einen Zwischenraum getrennt sind. Von den beiden Systemen wird immer nur das eine vom Kältemittel durchströmt. Die Luft fließt zunächst in die andere Kammer, taut den Reif ab und kühlt sich dabei vor, worauf sie durch den Mittelkanal in die wirksame Luftkühlkammer eintritt. Nach einigen Betriebsstunden werden durch Umschalten der Luftklappen die Rollen der Rohrsysteme vertauscht. Als Nachteil dieses Verfahrens erscheint, daß sich der Luftstrom in der ausgeschalteten Kammer mit Feuchtigkeit sättigt und diese zum großen Teil an den im Betrieb befindlichen System absetzt, wodurch sich dieses rascher als normal wieder mit Reif beschlägt. Günstiger ist deshalb die normale Ausführung von Doppelluftkühlern, bei denen die Luftkühlerhälften nacheinander abgetaut werden, wobei eine Hälfte immer im Betrieb bleibt. Das Ausschalten der abzutauenden Luftkühlerhälfte geschieht durch Umstellklappen. Ein einwandfreies Abtauen ist nur durch Fortleiten des Tauwassers möglich. Bei der konstruktiven Durchbildung ist besonders darauf zu achten, daß die Einspritzung des Kältemittels von unten erfolgt. Bei falschem Anschluß ist ein geordneter Betrieb bei trockenem Ansaugen nicht möglich, weil die bei der Verdampfung entstehenden Dämpfe der Flüssigkeit entgegen nach oben zu entweichen suchen. Flanschen sollen möglichst außer der Kühlkammer liegen. Zur Ausbildung eines Luftkegels ist zwischen Ventilator und dem ersten Luftkühlersystem ausreichend freier Raum vorzusehen.

**Naßluftkühler** werden in sehr verschiedener Bauart ausgeführt. Die lange Zeit in Schlachthofkühlanlagen vorwiegend benutzte Konstruktion des Scheibenluftkühlers von Linde ist völlig verlassen, weil sich bei der ständigen Berührung der großen Metallflächen mit Sole und Luft diese Teile sehr rasch mit Rost überziehen, außerdem ist der zur Bewegung der rotierenden Scheiben nötige Leistungsaufwand nicht unerheblich.

Beim Kaskadenkühler von Borsig rieselt die Kochsalzlösung in perforierten Blechtreppen herunter, während die Luft dem Soleschleier entgegenströmt. Andere Firmen (z. B. Sulzer) bauen

Luftkühler, bei welchen die Wärmeübertragungsfläche aus Blechtafeln besteht, an welchen die Kühlflüssigkeit herunterrieselt. Eine Bauart, welche in den letzten Jahren wohl von allen größeren Kältemaschinenfirmen aufgenommen wurde, ist der Luftkühler mit Füllstoffen, von welchen besonders der Raschigluftkühler (Abb. 367) bemerkenswert ist. Unter Raschigringen versteht man Ringe aus unglasiertem Porzellan oder Blech, deren Durchmesser und Höhe gleich groß sind, wodurch die Bildung von Flüssigkeitskanälen auf ein Minimum beschränkt ist. Die vom Kühlraum angesaugte erwärmte Luft tritt unten in den Apparat ein und gibt ihre Wärme an eine mit Sole berieselte Schicht von Raschigringen ab. Wie bei allen Naßluftkühlern ist eine zuverlässige Trocknung der Luft von Soleteilchen (Nachprüfung durch Spiegel im Druckkanal) nötig, welche hier durch eine zweite Schicht ebensolcher Ringe erfolgt. Der Luftwiderstand der Raschigluftkühler ist etwas größer als bei den anderen Luftkühlern, so daß große Durchgangsquerschnitte und niedrige Füllstoffhöhen wichtig sind. Dafür schließt die Anwendung von Porzellan als Hauptbestandteil der Konstruktion, im Gegensatz zu den anderen Naßluftkühlerbauarten das Rosten aus. Es ist allerdings darauf zu achten, daß die Füllstoffe beim Einführen nicht zerbrechen, weil sie sonst zu einer Verstopfung des Luftkühlers führen können. Der Wärmeübergang ist — allerdings proportional dem Druckabfall — außerordentlich gut, die Temperaturdifferenz zwischen Sole und Luft am Austritt ist wegen der großen vom Luftstrom berührten Flächen kaum 1°. Das Wärmegefälle zwischen Kälteträger und Luft ist kaum größer als bei direkter Verdampfung im Trockenluftkühler. Die in Abb. 366 gezeigten ungünstigen Wärmegefälle kommen also in erster Linie für den Trockenluftkühler mit Solezirkulation in Frage. Dieser ist in jeder Weise dem Raschigluftkühler wirtschaftlich unterlegen.

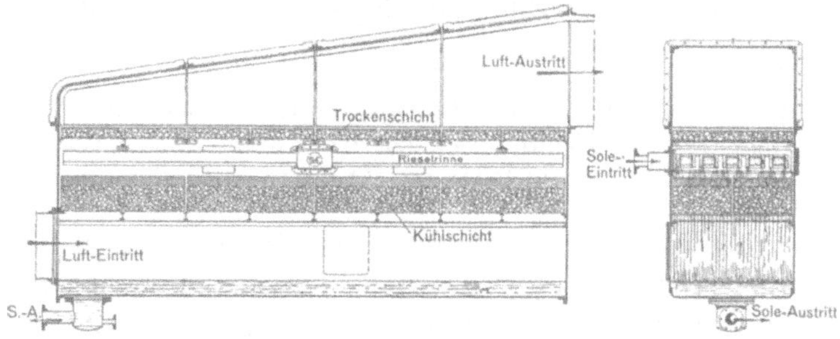


Abb. 367. Naßluftkühler mit Raschigringen (Linde).

Die an den metallischen Flächen des Trockenluftkühlers durch die Abkühlung verursachte Kondensation der Luftfeuchtigkeit führt bei Naßluftkühlern, wobei die Sole die Wärmeaustauschfläche bildet, zu einer Verdünnung der Salzlösung. Es wird also nötig, die Sole von Zeit zu Zeit oder kontinuierlich durch Eindampfen oder Salzzusatz zu konzentrieren (vgl. S. 341).

### 3. Beseitigung der durch die Temperaturdifferenz bedingten Ausscheidung der Luftfeuchtigkeit.

**Trockenluftkühler.** Mit zunehmender Schichtdicke des Reifbelages wird der Unterschied zwischen Wandtemperatur und Oberflächentemperatur immer größer, die Entfeuchtung der Kühlraumluft geringer, die übertragene Kälteleistung immer kleiner. Das ist dadurch zu erklären, daß die Wärmeleitzahl von Eis etwa 25mal kleiner als die von Eisen ist, eine nur 1 mm dicke Eisschicht also einer 25 mm dicken Eisenwand entspricht. Die Wärmeleitzahl von Reif ist wegen der größeren Porosität noch schlechter als von festem Eis. Bei stärkerem Reifansatz muß der Kühlvorgang unterbrochen und das Eis jeweils von der Kühlfläche entfernt werden. Die Entfernung ist bei Rippenrohren langwieriger als bei glatten Rohren.

Man unterscheidet in der Hauptsache drei Abtauverfahren:

1. Einschaltung des Verdampfers in die Druckleitung des Arbeitsstoffes, der direkte Luftkühler wird dadurch Kondensator. Das Abtauen erfolgt dabei sehr rasch, weil die Eisschalen nicht völlig wegschmelzen müssen, sondern von innen erwärmt in Schalen abfallen. Der analoge Vorgang wäre beim Trockenluftkühler mit Solezirkulation die Einführung warmer Sole. Durch warme Ammoniakdämpfe können Verdampferspiralen nur dann restlos abgetaut werden, wenn diese völlig von Flüssigkeit entleert werden können; das Volumen des Kondensators muß zu diesem Zwecke mindestens halb so groß sein als der Inhalt der Verdampferrohre. Wenn das nicht der Fall ist, muß der Kondensator mit einer großen Sammelflasche versehen bzw. Doppelluftkühler (vgl. S. 332) verwendet werden. Zum Abtauen von 1000 m Spiralen sind etwa 20000 kcal erforderlich. Ein Nachteil dieser Methode ist die Möglichkeit von Fehlschaltungen

und dadurch verursachter Flüssigkeitsschläge bei Wiederherstellung des normalen Betriebes, wenn das Personal sich mit der Schaltung nicht genügend vertraut gemacht hat.

2. Durch Absperren der Druck- und Saugklappen und Öffnen des Frischluftrohres. Anbringung eines Abluftrohres. Die warme Außenluft wird durch den Luftkühler geführt und taut ihn ab. Das Verfahren ist nur in der wärmeren Jahreszeit anwendbar. Das Abtauen benötigt relativ lange Zeit; der Leistungsaufwand ist höher als bei dem vorhergehenden System.

3. Abtauen des Reifansatzes durch Überrieseln mit warmem Ablaufwasser des Kondensators. Zu diesem Zwecke werden über den Rohrsystemen Rieselrinnen angebracht. Als Vorteil dieses Verfahrens erscheint seine große Einfachheit und Billigkeit, als Nachteil, daß bei nicht völlig dichten Luftklappen die Kühlraumluft in unerwünschter Weise mit Feuchtigkeit angereichert wird, außerdem, daß die Baumaterialien des Luftkühlers im Laufe der Zeit an Beständigkeit einbüßen. Eine bemerkenswerte Lösung des Frischluftzusatzes stellt der Vorschlag von H. Hausen vor, wonach ein Teil der Kühlraumluft einen Frischluft-Regenerator abkühlt, welcher nach dem Umschalten einer Klappe seinerseits die Frischluft abkühlt und entfeuchtet. Dadurch wird die eigentliche Wärmeaustauschfläche von Reifbelag entlastet.

Ein Entscheid über die jeweils günstigste Lösung muß von Fall zu Fall gefällt werden.

**Vergleich zwischen Naßluftkühler und direktem Trockenluftkühler.** Die Grundlagen sind in den vorstehenden Ausführungen bereits gegeben. Es läßt sich mit Fug und Recht behaupten, daß Trockenluftkühler mit direkter Verdampfung, und Naßluftkühler, insbesondere mit Raschigfüllkörpern, gleichwertig sind. Die Herstellungskosten sind ungefähr dieselben, vielleicht bei Naßluftkühlern durch die notwendige Solepumpe etwas höher, doch fällt dies kaum ins Gewicht. Dem Nachteil des Abtauens beim Trockenluftkühler steht beim Naßluftkühler die Verdünnung der Sole gegenüber. Als Nachteil des Trockenluftkühlers erscheint, daß die Behebung dieser Einflüsse einwandfrei nur bei doppelten Aggregaten ohne Betriebsunterbrechungen erfolgen kann, während beim Naßluftkühler die Mehrkosten für Salzzufügung, bzw. beim Eindampfverfahren, wenigstens für gelegentliche Erneuerung der Lösung, dazu kommen. Die mittlere Temperaturdifferenz zwischen Verdampfungstemperatur und Temperatur der Luft beim Eintritt in den Kühlraum ist in beiden Fällen wohl kaum wesentlich verschieden. Die aus dem größeren Druckverlust im Luftweg folgenden erhöhten laufenden Kosten beim Naßluftkühler mit Füllkörpern werden dadurch wettgemacht, daß sich mit zunehmender Bereifung beim Trockenluftkühler der Wärmewiderstand vergrößert und auch dadurch je übertragene Wärmeeinheit die laufenden Kosten rasch zunehmen. Die in der Kühlraumluft enthaltenen Sporen werden in beiden Fällen vermindert, bei nassem Arbeiten auf Kosten einer Anreicherung der Sole mit Keimen, was eine gelegentliche Erneuerung wünschenswert macht; bei Trockenbetrieb finden sich die Keime im Abtauwasser und werden damit dem Kreislauf entzogen. Selbstverständlich muß die Naßkühlung so durchgeführt werden, daß keine Salzteilchen und mit ihnen Mikroben in den Druckkanal mitgerissen werden, was sich aber konstruktiv einwandfrei durchführen läßt.

Der ursprüngliche Vorwurf gegen die direkte Verdampfung, daß die Versorgung in einem verzweigten Leitungsnetz Schwierigkeiten macht, kann seit Einführung des Überhitzungsbetriebes kaum mehr in dem Maße wie früher ins Feld geführt werden, wenn auch das Bedienungspersonal hierbei geschulter sein muß. Im Gesamteffekt sind also Naßluftkühler und direkter Trockenluftkühler als gleichwertig anzusehen, der Schlußentscheid wird sein, ob man die Annehmlichkeit leichterer Regulierung bei der Solekühlung so gewichtig empfindet, daß man dafür die zusätzlichen Betriebskosten der Solepumpe in Kauf nimmt. Schließlich kann in bestehenden Anlagen noch ausschlaggebend sein, ob bei Vorhandensein nur geringer Verdampferflächen durch Vergrößerung dieser Flächen die Preisgestaltung für den Naßluftkühler ungünstig wird. Als wesentlicher Vorteil des Naßluftkühler gegen den Trockenluftkühler ist zu buchen, daß man es durch die Wahl der Solekonzentration auf einfache Weise in der Hand hat[1], die den optimalen Kühlbedingungen entsprechende mittlere Luftfeuchtigkeit einzustellen. (Vollautomatisierung vgl. S. 390).

Die wirtschaftliche Verdampfungstemperatur ist in beiden Fällen keinesfalls unter —10° bis —12°. Ist sie bei reinen Rohren tiefer, sind die Verdampferflächen zu knapp bemessen, oder es besteht eine Betriebsstörung (vgl. S. 394).

[1] Der Salzgehalt ist allerdings nach unten durch den Gefrierpunkt begrenzt; der Naßluftkühler kann deshalb eine höhere Trockenwirkung als der Trockenluftkühler ergeben.

## 4. Ventilator.

Die Luftumwälzung im Kühlraum und Luftkühler kann sowohl durch Schrauben- wie auch durch Zentrifugalventilatoren erfolgen (vgl. Abb. 368 u. 369).

Wie aus Abb. 370 zu ersehen ist, besteht zunächst ein prinzipieller Unterschied in den beiden Ventilatorarten darin, daß der Schraubenventilator vorwiegend für geringe Gegendrücke geeignet ist; bei hohen Gegendrücken ist er mit Anwendung besonderer Hilfsmittel auch anwendbar, aber sein Wirkungsgrad ist dann bedeutend schlechter als der des Zentrifugalventilators. (Die Firmenangaben von 60—80% Wirkungsgrad bei Schraubenventilatoren beziehen sich auf freien Luftaustritt.) Bei Schlachthofanlagen mit Trockenluftkühlern ist der zu erwartende Gegendruck in der Größenordnung von 15 mm Wassersäule, bei Naßluftkühlern kann er doppelt so groß sein. Es empfiehlt sich also bei Naßluftkühlern Zentrifugalventilatoren anzuwenden. Bei Trockenluftkühlern kann sowohl ein Zentrifugalventilator wie auch ein Schraubenventilator mit gleichem Recht angewandt werden. Bei beiden nimmt — unter Voraussetzung konstanter Drehzahl — die Förderleistung mit dem Gegendruck ab, ebenso ist der Wirkungsgrad in hohem Maße vom Gegendruck abhängig. Vergleicht man den Leistungsbedarf der beiden Bauarten miteinander, so findet man aus Abb. 370, daß er — unter Reduktion auf die gleiche Fördermenge — beim Zentrifugalventilator bei 15 mm Wassersäule-Gegendruck etwas größer ist. Das ist aber einzig eine Funktion des Modells. Es ist sehr gut denkbar, daß ein Niederdruckzentrifugalventilator auch bei 15 mm Wassersäule einen wesentlich günstigeren Wirkungsgrad als ein Schraubenventilator haben kann. Selbst wenn man berücksichtigt, daß der Anschaffungspreis des Zentrifugalventilators etwas höher ist, wird man deshalb dem Schraubenventilator nicht den Vorzug geben können; der Zentrifugalventilator hat nämlich den Vorteil, daß er bei Vergrößerungen der Anlage, also bei einer Erhöhung des Gegendruckes über das ursprüngliche Maß, noch brauchbar sein kann, während der Schraubenventilator in seiner Charakteristik eine wesentlich größere Abhängigkeit zeigt.

Abb. 368. Schraubenventilator (Sulzer).

Abb. 369. Zentrifugalventilator (Sulzer).

Wesentlich wichtiger als die Art des Ventilators ist die Anwendung des richtigen Modells. Jeder Ventilator hat nur bei einer bestimmten Leistung den besten Wirkungsgrad, man bezeichnet diese als die „Normalleistung". Nur bei den dieser Normalleistung benachbarten Leistungen lassen sich noch annehmbare Wirkungsgrade erzielen. Dies wird normalerweise wenig beachtet.

Die Regelung der Fördermenge ist sowohl durch Änderung des Gegendruckes wie auch durch Änderung der Drehzahl möglich. Da, wie vorher erwähnt, ein günstiger Wirkungsgrad nur in engem Bereich besteht, weiterhin sich mit veränderter Luftmenge die Trockenwirkung des Luftkühlers ändert, soll die Fördermenge nur in bestimmten Fällen geändert werden. Erhöhungen der Drehzahl über das normale Maß sind besonders schädlich, weil bei gleicher Verdampferfläche keinesfalls etwa die Betriebszeit verkürzt werden kann, sondern nur die Luftfeuchtigkeit im Kühlraum erhöht wird, außerdem steigt der Leistungsaufwand und das im Kühler aufzunehmende mechanische Wärmeäquivalent der Verdichtungsarbeit mit der 3. Potenz der Umlaufzahl. Da die Turbulenz auf der Druckseite des Ventilators größer als auf der Saugseite ist, diese aber für den Wärmeübergang eine wesentliche Rolle spielt, empfiehlt es sich, den Ventilator durch den Luftkühler drücken, nicht saugen, zu lassen.

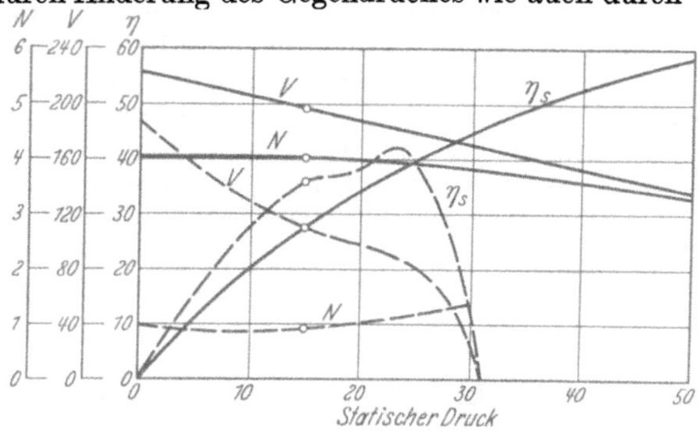


Abb. 370. Abhängigkeit des Wirkungsgrades, der Leistung in PS und der Fördermenge in m³/min vom statischen Druck in mm WS. bei einem Zentrifugalmitteldruckventilator (——) und einem Mitteldruckschraubenventilator (- - -).

## h) Eiserzeugung.

Bei der künstlichen Eisbereitung bleiben die aus dem Wasser freiwerdenden Luftblasen an der Grenzfläche zwischen Wasser und bereits gebildetem Eis in Form kleinster Bläschen hängen, wodurch selbst bei chemischer Vorbehandlung das Eis ein trübes, milchiges Aussehen erhält (Trübeis). Das Abspülen der eingeschlossenen Luftteilchen wird am einfachsten durch Schütteln des Wasserkerns in der Eiszelle durch einen Schüttelmechanismus (Flossen) bewirkt (Klareis). Diese Konstruktion wurde völlig verlassen, da die Schüttelflossen leicht einfrieren und brechen und einen matten Kern hinterlassen, der etwa ein Drittel des Volumens einnimmt. Vollkommen klares Eis, sog. Kristalleis, ist durch Anwendung destillierten Wassers (Destillateis) erzielbar. Dieses Verfahren verlangt aber, um einigermaßen wirtschaftlich zu sein, Abdampf, also eine Dampfmaschine als Antriebskraft des Kompressors. Hierbei ist eine relativ große Apparatur nötig — ein Oberflächenkondensator, in welchem der Dampf niedergeschlagen wird, eine Vorrichtung zur Entölung, ein Entlüfter und ein Destillatkühler usw. — wodurch bei diesem Verfahren die gesamten Jahreskosten durch Verzinsung und Abschreibung des hohen Anlagekapitals stark belastet werden. Abgesehen davon, daß Eis aus destilliertem Wasser völlig salzfrei ist und ihm deshalb eine blutentziehende Wirkung zugeschrieben wird, weiterhin im Schlachthofbetrieb ohnedies genügend Abnahmestellen vorhanden sind, um den Abdampf auf andere Weise rationell auszunutzen, bedeutet der immer mehr zunehmende Übergang von der Dampfmaschine zum Elektromotor das Ende des Destillateises. Da aber die Nachfrage nach durchsichtigem Eis immer größer wird, ging nach amerikanischen Vorbildern in den letzten Jahren auch eine Reihe deutscher Firmen daran, Klareis aus Rohwasser mittels Einblasen verdichteter, vorbehandelter Luft herzustellen (Abb. 371). Das Verfahren beruht darauf, daß das Gefrierwasser durch in die Eiszelle von oben oder von unten eingeführte Luft in Wallung versetzt und dadurch ein Abspülen und Entweichen der Bläschen erzielt wird. Das Verfahren hat sich in Amerika bereits ganz allgemein eingebürgert, lediglich die zweckmäßigste Wahl des Luftdruckes hat noch keine eindeutige Lösung gefunden.

Abb. 371. Klareisblock (nach dem Lufteinblaseverfahren hergestellt).

Ein Unterschied im Kältebedarf zwischen den einzelnen Eissorten besteht nicht. Die beim Gefrieren zu entziehende Wärme ist in jedem Falle 79,15 kcal/kg. Auf die Volumeneinheit umgerechnet ließen sich kleine Verschiedenheiten dadurch ableiten, daß Trübeis Luftblasen enthält, der Unterschied ist aber völlig bedeutungslos. Die Schmelzwassermenge ist beim Auftauen in der ersten Stunde beim Trübeis etwas größer als beim Kristalleis. Doch ist dies ebenfalls ohne Bedeutung, da diese Zeit in jedem Falle für den Transport benötigt wird. Die vielfach verbreitete Ansicht, daß durchsichtiges Eis „besser kühlt" als Trübeis, ist völlig falsch. Die Schmelzgeschwindigkeit hängt unter gleichen Verhältnissen nur von dem Grade der Zerkleinerung ab. Das durchsichtige Eis hat aber den Vorteil, daß es „mehr gleich sieht", und daß die einzelnen Stangen beim Transport nicht zusammenbacken. Auf Grund von statistischen Erhebungen ist das gegenseitige Verhältnis der einzelnen Eissorten in den deutschen Schlachthöfen mit angegliederter Eisfabrik folgendes (Abb. 372). Nach Aufstellungen von R. Meyer fand 1928 in 344 deutschen Schlachthöfen Eisfabrikation statt. Das sind 47% aller Schlachthöfe und 72% aller Schlachthöfe mit Kühlanlage.

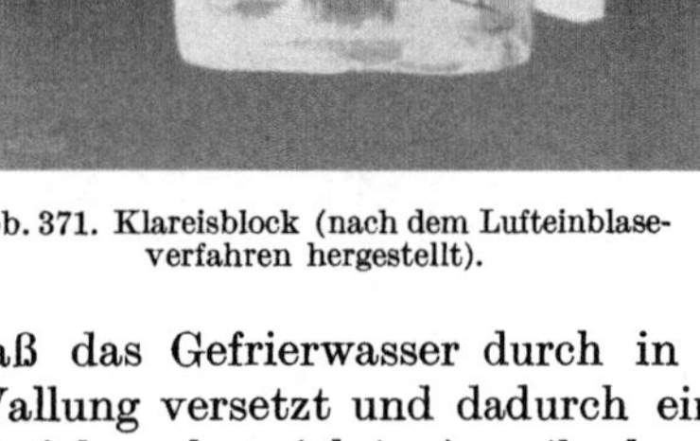

Abb. 372. Anteil der in den deutschen Schlachthöfen hergestellten Eissorten.

### 1. Erzeugung von Trübeis.

Apparate mit Handeiszellen kommen nur für kleinste Eisgeneratoren in Frage. Der heute übliche Arbeitsgang bei größeren, maschinell betriebenen Aggregaten ist folgender (Abb. 373).

Der Eisgenerator wird mit rechteckigen, sich nach unten verjüngenden Zellen gefüllt, die reihenweise durch Rahmen zusammengefaßt sind. Die Rahmen sind an beiden Enden mit Rollen versehen und können mit Hilfe eines Vorschubmechanismus auf Schienen in der Längsrichtung des Generators bewegt werden. Beim Entleeren wird am vorderen Ende ein ausgefrorener Zellenrahmen entnommen, mittels eines elektrischen Laufkranes zum Auftaugefäß transportiert, dort gesenkt und für kurze Zeit in das mit lauwarmem Wasser gefüllte Gefäß

Abb. 373. Modell einer Eiserzeugungsanlage (A. Freundlich).

getaucht, wobei sich die Eisblöcke von den Zellwänden ablösen. Hierauf wird der Zellenrahmen auf eine Kippvorrichtung gesetzt, und die fertigen Eisblöcke fallen auf die Rampe. Die leeren Zellen werden nun mit dem Laufkran auf die hintere Seite des Generators gefahren und dort mittels eines Füllapparates neu mit Wasser gefüllt. Inzwischen hat der Vorschubmechanismus alle Zellenrahmen um eine Teilung vorgeschoben, so daß die neu aufgefüllte Reihe kurz vor dem Propeller wieder in Salzwasser eingesenkt werden kann.

2. Erzeugung von Klareis durch Lufteinblasen (Abb. 374).

Es sind zwei Systeme im Gebrauch, das Niederdruck- und das Hochdruckverfahren. Bei ersterem wird Luft von etwa 0,25 atü, bei letzterem von 1,2—2 atü verwendet[1]. Das Niederdruckverfahren ist billiger in der Anschaffung und im Betrieb, hat aber manche Nachteile, so daß sich mehr und mehr das Hochdruckverfahren durchzusetzen scheint.

Die Einblaseluft muß durch beson-

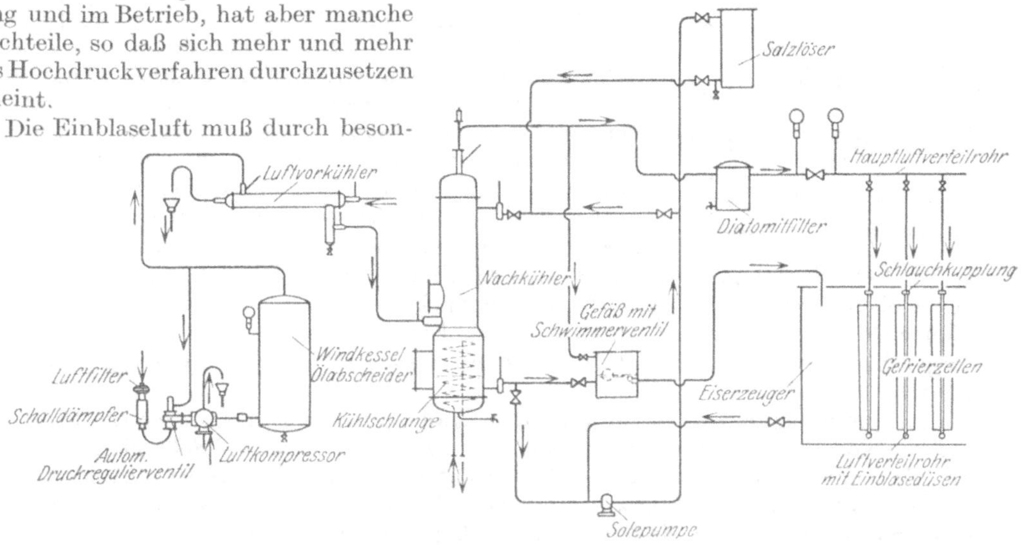


Abb. 374. Schema einer Einrichtung zum Erzeugen von Klareis mittels Lufteinblasen (Linde).

dere Anlagen gekühlt und getrocknet werden, weil selbst geringe Wassermengen in der Luft

[1] Vgl. Plank, R.: Amerikanische Kältetechnik. S. 74—90. Berlin: VDI-Verlag 1930.

beim Ausfrieren die Leitung verstopfen würden. Bei der Beurteilung der konstruktiven Durchbildung ist besonders wichtig, daß das Lufteinblasen schon beginnt, bevor die Zellen in die Sole gesetzt werden, weil sonst das Eis nicht völlig klar wird.

Beide Verfahren benötigen eine gründliche Vorbehandlung des Gefrierwassers, welche in der Regel durch Zusätze von $Ca(OH)_2$, $Na_2CO_3$ oder $Al_2(SO_3)$ erfolgt, wobei sich die im Wasser gelösten Salze in unlösliche Verbindungen verwandeln und zu Boden fallen. Die meisten zur Reinigung von Kesselspeisewasser ausgebildeten Verfahren sind hier ungeeignet. Nach Steffen geben nur Wässer mit höchstens 170 mg/l leichtlöslichen Salzen gutes Klareis. Zeigt die chemische Analyse, daß es sich darüber hinaus um ein an Bikarbonaten reiches Wasser handelt, so ist durch Zusatz von Kalkmilch eine Verringerung des Salzgehaltes erreichbar. Bei anderen Wässern muß entweder das teure Elektroosmoseverfahren (vgl. S. 278) angewandt oder auf die Herstellung guten Klareises verzichtet werden[1]. Gelegentlich wird auch das Wasser zur Erzielung von Keimfreiheit ozonisiert. Ein in Deutschland verschiedentlich angewandtes Wasseraufbereitungssystem ist das Aquapur-Verfahren. Für die Herstellung von klarem Eis darf die Soletemperatur nicht unter —10° sinken.

Auf konstruktive Einzelheiten kann im Rahmen dieser Abhandlung nicht eingegangen werden. Prinzipiell wichtig ist, daß bei Neuanschaffungen nicht für Füllapparate mit Gummischläuchen entschieden wird, weil diese kein schnelles Füllen erlauben (bei größeren Durchmessern knicken sie) und rasch brüchig und undicht werden, weiterhin, daß am ganzen Apparat keine Materialien verwendet werden, welche zusammen eine Spannungsreihe erzeugen (vor allem nicht Rotgußpropeller, verbleite Zellen und gleichzeitig verzinkte Behälter u. dgl.), weil dadurch elektrolytische Zerstörungen entstehen; wichtig ist auch, daß der Propeller durch die Eiszellen drückt und seine Umlaufgeschwindigkeit richtig bemessen ist.

Für die Herstellung von Trübeis sind verbleite Zellen von 12,5 und 25 kg mit 1—1,5 mm Wandstärke in Deutschland üblich[2]. Die amerikanischen Eiszellen sind viel größer und entsprechen Eisblöcken von 90—180 kg. Für Lufteinblaseeis werden häufig rechteckige Zellen von mindestens 25 kg verwendet. Die Zellen dürfen nicht vollkommen mit Wasser gefüllt werden, da sich Wasser von ± 0° beim Gefrieren um 9,17% ausdehnt. Mit Rücksicht auf den geringeren Wärmedurchgangswiderstand ist es günstiger, 12,5-kg-Zellen anzuwenden, ein Eisgeneratorgefäß kann annähernd das Doppelte an 12,5-kg-Zellen wie an 25-kg-Zellen aufnehmen, die Gefrierzeit ist aber nur die Hälfte. Die Platzausnutzung ist also bei 12,5-kg-Zellen doppelt so gut wie bei 25-kg-Zellen, andererseits sind bei den kleinen Eisblöcken nicht nur die Anschaffungskosten der Zellen, sondern auch die Auftauverluste größer. Die Wahl der Eisblockgröße ist allerdings mehr durch den Abnehmerkreis als durch wirtschaftliche Gesichtspunkte bestimmt. Die Ausfrierzeiten ergeben sich abhängig von der Soletemperatur aus Abb. 375. Sofern nicht die Soletemperatur durch die Verhältnisse im Kühlraum bei indirekter Kühlung anderweitig vorbestimmt ist, empfiehlt es sich nicht, tiefer als —10° zu gehen, weil bei sehr niederen Temperaturen gefrorenes Eis stark brüchig ist, außerdem sind tiefe Verdampfungstemperaturen durchaus unwirtschaftlich (vgl. S. 394). Für Klareis ist die obere Grenze —5° bis —7°, für Kristalleis —4° bis —6°; bei tieferen Temperaturen ist keine Durchsichtigkeit mehr erzielbar. Die Eiszellen werden augenblicklich genormt.

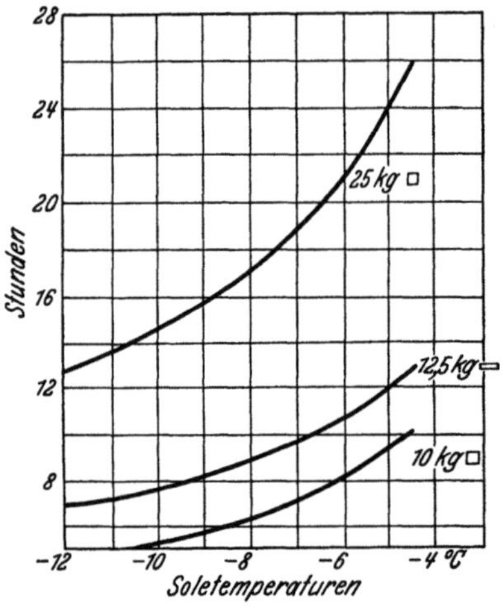

Abb. 375. Ausfrierzeiten von Eiszellen.

Ein Vergleich zwischen Ein- und Zweimotoren-Eisgeneratorenkrane ergibt folgende Gesichtspunkte:

1. Beim Einmotorenkran (Abb. 376) läuft der Kran sofort mit voller Geschwindigkeit an, während bei der Kontrollerschaltung des Zweimotorensystems jeweils 3—4 Sekunden nötig sind.

2. Beim Zweimotorenkran sind außer dem zweiten Motor 2 Kontroller, 2 Widerstände, 2 Bremsmagnete, 3 Endausschalter usw. nötig. Der Einmotorenkran ist dadurch billiger.

3. Der Einmotorenkran läuft dauernd durch, dagegen müssen beim Zweimotorensystem

[1] Vgl. Niezoldi, O.: Z. ges. Kälteind. **38**, 69 (1931).

[2] Lieferfirmen: A. Hurtz, Breyell Bez. Düsseldorf, A. Freundlich, Düsseldorf u. a.

beim Anheben und Anfahren hohe Beschleunigungskräfte aufgebracht werden. Die Betriebskosten sind deswegen nicht wesentlich verschieden.

Die aufgeführten Gesichtspunkte sprechen beim Eisgeneratorenbetrieb für die Beibehaltung des Einmotorenkranes. Lieferfirmen von Eisgeneratorkranen sind u. a. die Firma Zobel, Neubert & Co., Schmalkaden, und die Maschinenfabrik Wiesbaden. Es ist nicht allgemein bekannt, daß die Kältemaschinenfabriken die Eisgeneratorenkrane selten selbst fabrizieren, sondern durch Spezialfirmen liefern lassen, zur Ersparung von Kosten ist es deswegen vorteilhaft, unmittelbar von den Spezialfirmen zu beziehen.

Die bisher beschriebenen Eiserzeugungsmethoden haben den Nachteil, daß mit der Zunahme der Eisschicht in den Eiszellen der Wärmewiderstand immer größer, die Soletemperatur also immer tiefer werden müßte, um in gleichen Zeiten gleiche Schichtdicken auszufrieren. Diesen

Abb. 376. Einmotorenkran (Zobel, Neubert & Co.).

Nachteil umgeht eine neue amerikanische Methode der Herstellung von sog. „Flake-Eis“[1] oder Scherbeneis, das in kontinuierlicher Arbeitsweise auf einem Metallzylinder mit deformierbarer, in Streifen eingeteilter Oberfläche, der im Wasser rotiert und inwendig gekühlt wird, hergestellt wird[2]. Die Eisflocken (Größe 10 × 2,5 cm) werden kontinuierlich auf einer Rutsche aus der Maschine gefördert und können je nach dem Verwendungszweck in Flockenform (Versand von Gemüsen, Butter und Fleisch) oder in gepreßtem Zustand (zur Beeisung von Kühlschränken) verwendet werden. Die Anlagekosten werden durch Fortfall der großen baulichen Abmessungen der bisherigen Eisgeneratoren bedeutend geringer als bei jenen. Bei gleicher Eislieferung ist der Platzbedarf etwa ein Zehntel, die Strahlungsverluste etwa ein Fünftel desjenigen von Blockeisgeneratoren. Die Auftauverluste, die beim Blockeisverfahren bis 10% betragen können, fallen hier fort.

## i) Salzlösungen.

Die Salzlösungen dienen als Kälteträger und vermitteln den Wärmetransport vom Kühlgut, dem Wärme zu entziehen ist (Luft im Luftkühler, Wasser in den Eiszellen usw.) zum verdampfenden Kältemittel. Als Kühlflüssigkeit diente bis in die letzte Zeit vorwiegend Kochsalzsole, welche aus steuertechnischen Gründen in vergälltem Zustand (mit Zusatz von 2% kalzinierter oder 5% kristallisierter Soda) als sogenanntes Gewerbesalz Anwendung fand. Daneben sind zur Bereitung von Sole noch Chlorkalzium und Chlormagnesium im Gebrauch.

Kühlt man eine Salzlösung bis zu ihrem Gefrierpunkt ab, so scheidet sich aus der Lösung Eis aus. Kühlt man die Lösung noch weiter ab, so wird sie mit sinkendem Gefrierpunkt immer konzentrierter. Die zu den jeweiligen Konzentrationen gehörigen Gefrierpunkte liegen auf der sog. Eiskurve. Die Abkühlung der Lösung kann nicht beliebig fortgesetzt werden, sie findet

[1] Vgl. Kälteind. **1929**, H. 6 und **1931**, H. 6.
[2] Lizenz für Deutschland: Maschinenfabrik Freundlich, Düsseldorf.

ihre Grenze beim sog. kryohydratischen Punkt, dem Gefrierpunkt der gesättigten Lösung. Wird sehr stark konzentrierte Lösung abgekühlt, so sinkt der Gefrierpunkt unter Salzausscheidung bis zur Erreichung des kryohydratischen Punktes. Diesen Ast der Kurve nennt man die Sättigungskurve. Der kryohydratische Punkt liegt bei einer Chlornatriumlösung bei —21,2°, bei einer Lösung von Chlormagnesium bei —33,6° und von Chlorkalzium bei —55°. Zunächst empfiehlt sich also bei allen Tiefkühlanlagen (indirekte Luftkühler für Gefrieranlagen) die Anwendung von Kochsalzsole nicht.

Als weiterer Nachteil des Kochsalzes ist anzusehen, daß es besonders in Verbindung mit Luft außerordentlich starke Korrosionserscheinungen hervorruft. Besonders gefährdet sind Stellen mit hoher Turbulenz; ganz besonders ungünstig ist es, wenn das Solerücklaufrohr in den Eisgenerator nicht genügend tief geführt ist und vom Solestrom Luft mitgerissen wird. Die Bewahrung des Eisens vor Oxydationserscheinungen ist durch Schutzanstriche nur zum Teil zu verhindern. Die Korrosionserscheinungen sind bei Chlorkalzium und Chlormagnesium viel geringer, weswegen die Anwendung besonders von letzterem außerordentlich empfehlenswert erscheint. Allerdings sind Chlorkalzium und Chlormagnesium im Anschaffungspreis teuerer; nach Untersuchungen von Stückle[1] und K. Linge[2] ist die Wärmeübergangszahl von Kochsalzsole am günstigsten, was insofern von Bedeutung ist, als der größere Anteil des gesamten Wärmedurchgangswiderstandes bei Soleverdampfern durch den Wärmeübergangswiderstand von der Sole an die Wand verursacht wird. Wechselt man nach Linge eine Chlornatriumlösung mit einem Gefrierpunkt von — 15° gegen eine Chlormagnesiumlösung gleichen Gefrierpunktes aus, so sinkt die Wärmeübergangszahl um rund 16,5%, gleiche Geschwindigkeit vorausgesetzt[3].

Neben diesen Stoffen sind in letzter Zeit unter allerlei Bezeichnungen Kälteflüssigkeiten in den Handel gekommen, welche patentierte Zusätze enthalten. Sie bestehen im wesentlichen mit Ausnahme des Glysantins der I. G. Farbenindustrie, das aber hauptsächlich für Autokühler Anwendung findet, aus nichts anderem als aus Mischungen von Chlormagnesium und Chlorkalzium, welche von allen gelösten und ungelösten Verunreinigungen durch einen Filtrationsprozeß befreit sind. Neben der Filtration und einer damit Hand in Hand gehenden Vermeidung von Verschlammungen und Verkrustungen in den Apparaten sind diese Lösungen meist entweder durch Soda alkalisch gemacht oder sie enthalten Chromsalze, wodurch die Korrosionserscheinungen vermindert werden. Von besonderer Bedeutung ist, daß nach Untersuchungen von R. E. Hall[4] die Sole nicht alkalisch, sondern streng neutral reagieren muß ($p_H = 7{,}1$ bei 18°) was leicht durch Farbindikatoren[5] nachgewiesen werden kann. Außerdem soll die für den Rostschutz maßgebende Verhältniszahl: $\frac{\text{Hydroxylionenkonzentration}}{\text{Chlorionenkonzentration}}$ möglichst groß sein. Da die Hydroxylionenkonzentration durch das $p_H$, die Wasserstoffzahl, gegeben ist, bedeutet dies, daß die Chlorionenkonzentration klein sein soll. Dies geschieht bei der bekannten Reinhartinlösung (Kühlsole A.-G., Leipzig) durch Zufügung besonderer Komplexbildner zu einer Lösung von Chlormagnesium und Chlorkalzium in destilliertem Wasser. Zur Sicherung der Neutralität der Lösung, setzen manche Firmen, wie z. B. die Kältechemie G.m.b.H., München, Pufferlösungen zu. Dies sind Gemische von schwachen Elektrolyten mit ihren Salzen, welche die Eigenschaft haben, daß sie ihr $p_H$ bei Verdünnungen konstant halten. Blanke Konstruktionsteile, die nur teilweise von Sole benetzt werden und größtenteils mit der Luft in Berührung sind, können aber ohne besondere Schutzmaßnahmen auch bei Kühlsolen, bei welchen eine gewisse elektrochemische Passivität erreicht wurde, nicht vor einer Oxydation bewahrt werden.

Bei der Anschaffung dieser Mittel bleibt zu überlegen, ob die meist ganz erheblichen Mehrkosten gegenüber dem Preis der Einzelbestandteile und die hohen Frachtkosten, welche durch die Versendung wäßriger Flüssigkeiten in solchen Quantitäten anfallen, sich gegenüber den effektiven Verbesserungen wirtschaftlich rechtfertigen. Insbesondere bei großen Einheiten ist eine diesbezügliche Prüfung unerläßlich. Besonders wichtig ist diese Prüfung bei Anlagen mit offenem Solekreislauf, also z. B. mit Eisgeneratoren, weil die Sole naturgemäß hierbei leicht verdünnt, verringert (z. B. beim Auftauen der Zellen) und verschmutzt wird.

---

[1] Kälteind. **1930**, 49.

[2] Z. ges. Kälteind. **37**, 10 (1930).

[3] Diese Werte fußen allerdings auf der Gleichung von Stender-Merkel, deren eindeutige Gültigkeit nicht erwiesen ist, so daß eine weitere Nachprüfung, ob und inwieweit die Wärmeübergangszahl insbesondere von der Zähigkeit abhängt, geboten scheint.

[4] Mining and Metallurgical Investigations Bulletin **24**, 1927. — Heiss, R.: Z. ges. Kälteind. **38**, 6 (1931).

[5] Ein einfaches, billiges und sehr praktisches Kolorimeter zur $p_H$-Bestimmung (Folienkolorimeter nach Wulff) wird von F. & M. Lautenschläger, München, geliefert.

| Art der Lösung | °Beaumé bei 15° | Gefrierpunkt °C | Spez. Gewicht bei 15° kg/l | % Gehalt des handelsüblichen Salzes | Bei Verwendung handelsübl. Salzes: Erforderl. Wassermenge für 1 cbm Sole in Liter | Erforderl. Salzmenge für 1cbmLösung in kg | Erforderl. Salzmenge für 1 cbm Wasser in kg | Ungefähr. Preis je cbm Lösung RM. | Preisverhältnis |
|---|---|---|---|---|---|---|---|---|---|
| [1] Kochsalz NaCl | 18,9 | — 17,8 | 1,15 | 95 | 908 | 242 | 267 | 14,5 | 1 |
| | 20,0 | — 19,4 | 1,16 | 95 | 901 | 259 | 288 | 15,5 | |
| [1] Chlorkalzium $CaCl_2$ | 22,1 | — 17,4 | 1,18 | 90 | 919 | 261 | 284 | 39 | 2,7 |
| | 23,1 | — 19,2 | 1,19 | 90 | 913 | 277 | 304 | 41,5 | |
| [1] Chlormagnesium $MgCl_2$ | 16,7 | — 17,1 | 1,13 | 45 | 756 | 374 | 495 | 41,0 | 2,8 |
| | 17,8 | — 19,9 | 1,14 | 45 | 735 | 405 | 550 | 44,5 | |
| | 18,9 | — 22,9 | 1,15 | 45 | 715 | 435 | 610 | 48 | |
| Reinhartin | 18,9 | — 20,1 | 1,15 | Flüssigkeit von 31,5 Bé und $\gamma =$ 1,279 kg/l | 486 | 658 | 1355 | 132 | 8,8 |

Zusammenfassend läßt sich sagen, daß die Anwendung von pulverisiertem oder kristallisiertem Chlormagnesium — bei Tiefkühlung von Chlorkalzium — zur Solebereitung anstatt des bisher üblichen Gewerbesalzes ratsam erscheint. Am besten dürfte die Mischung von 80% Chlormagnesium und 20% Chlorkalzium sein, weil dann 2 Metallsalze vorhanden sind, deren Metalle unedler als das beim Kühlerbau verwendete Material, aber von unter sich ähnlichem Edelgrad sind. Die Sole muß streng neutral sein. Der Einkauf füllfertiger Kühlsolen dürfte in offenen Systemen nur in wenigen Fällen wirtschaftlich gerechtfertigt sein.

Für die Füllung der Apparate (Eiserzeuger, Naßluftkühler) ist eine ausreichende Filtrierung von großer Bedeutung. Ein einfacher Salzlöser dessen Konstruktion und Wirkungsweise nicht näher erklärt zu werden braucht, ist in Abb. 377 gezeigt.

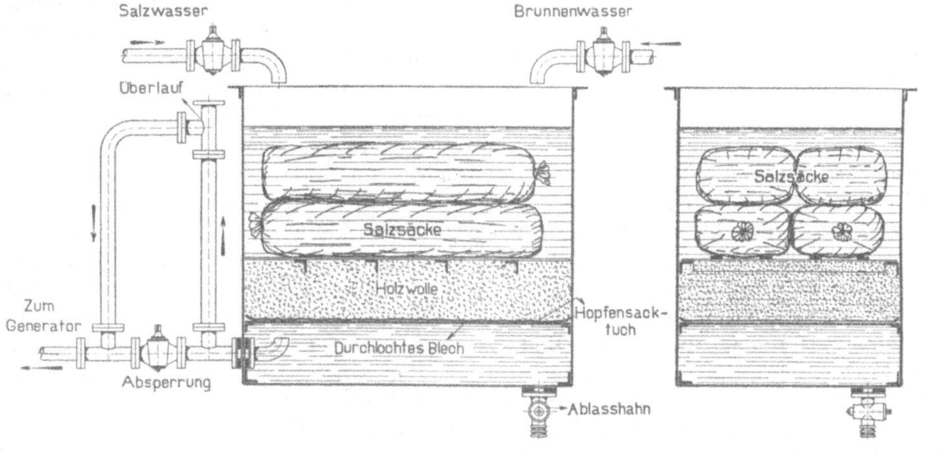


Abb. 377. Salzlöser, System Malkranz (Linde).

Bei Anlagen mit Naßluftkühlern wird die Sole durch die mit der Abkühlung verbundene Feuchtigkeitsabgabe der Kühlraumluft dauernd verdünnt, wodurch die Gefahr entsteht, daß sich auf den Verdampferrohren Wassereis absetzt. Der oben dargestellte Apparat läßt sich nicht nur zur Reinigung, sondern zur Konstanthaltung der Solekonzentration dadurch verwenden, daß man durch eine etwa 1″ starke, von der Salzwasserhauptleitung abzweigende Leitung, kontinuierlich einen kleinen Teil der zirkulierenden Sole durch den Salzlöser laufen läßt. Eine andere Ausführung automatischer Salzlöseapparate stammt von Weisser & S. Basel (Satisfacteur). Eine prinzipiell andere Lösung der Konstanthaltung der Konzentration besteht darin, daß man durch einen Überlauf am Solebehälter die verwässerte Sole selbstätig in einen Bottich einlaufen läßt, in welchem durch ein Rohrschlangensystem mittels Abdampf das über-

[1] Die ersten 3 Spalten sind aus „Regeln für Leistungsversuche an Kältemaschinen und Kühlanlagen", Gesellschaft für Kältewesen. Berlin W 9. 1929.

schüssige Wasser dauernd eingedampft wird. Weil sowohl durch das Eindampfen wie durch die Abkühlung der konzentrierten Lösung laufend Betriebskosten entstehen, werden meist die Salzlöseapparate, trotzdem man dabei in Kauf nehmen muß, daß man verschiedentlich etwas Lösung ablaufen lassen muß, vorgezogen.

Literatur: Hirsch, M.: Die Kältemaschine. Berlin: Julius Springer 1924. (Bisher umfassendstes Werk, aber teilweise veraltet, wird augenblicklich neu verlegt.) — Plank, R.: Amerikanische Kältetechnik. Berlin: VDI-Verlag 1929. — Drews, K.: Kältetechnik. Halle: W. Knapp. (Vorwiegend Übersicht über einschlägige Patentschriften.) — Pohlmann: Taschenbuch für Kältetechniker. 9. Aufl. Hanseatische Verlagsanstalt. (Für rasche Informationen.)

# IV. Der Wasserhaushalt im Schlachthof.

## 1. Wasserbedarf.

Entsprechend der hygienisch-sanitären Bedeutung des Schlachthofes entfällt im allgemeinen der Hauptteil des notwendigen Wassers auf Wasser zur Reinigung der Hallen und deren Einrichtungen. Außerdem ist Kaltwasser für die Kühl- bzw. Dampfmaschinenkondensatoren und als Kesselspeisewasser nötig. Warmwasser wird in den Kutteleien und zum Brühen der Schweine benötigt. Der Wasserverbrauch von Schlachthöfen mit großen Schlachtziffern wie Berlin, München usw. geht in die Millionen Kubikmeter je Jahr. Dementsprechend verdient die Frage der Wasserbeschaffung eine ganz besondere Beachtung und ist für die Wirtschaftlichkeit von großer Bedeutung, weshalb schon bei der Auswahl des Grundstückes ein ganz besonderes Augenmerk darauf gerichtet werden muß.

Bei den versandten Rundschreiben sind Angaben über den Wasserbedarf je Schlachtung von 36 Schlachthöfen eingelaufen, die Ergebnisse setzen sich wie nebenstehend zusammen.

| Verbrauch an Kalt- und Warmwasser je Schlachttier in Litern | Anzahl der Schlachthöfe |
|---|---|
| 0— 100 | 1 |
| 100— 200 | 9 |
| 200— 300 | 4 |
| 300— 400 | 1 |
| 400— 500 | 6 |
| 500— 600 | 5 |
| 600— 700 | 4 |
| 700— 800 | 2 |
| 800—1000 | 2 |
| über 1000 Liter | 2 |

Die großen Schwankungen von mehr als 2000% erscheinen zunächst dadurch möglich, daß manche Betriebe das Ablaufwasser der Kondensatoren für Reinigungszwecke nicht weiter verwenden, sondern ablaufen lassen, weiterhin ist das Verhältnis der einzelnen Tiergattungen zueinander jeweils verschieden, schließlich wird wohl auch in manchen Schlachthöfen mit eigener Wasserförderung der Wasserverbrauch nicht genügend beaufsichtigt, erfahrungsgemäß ist die Heißwassertemperatur für den Verbrauch von ausschlaggebender Bedeutung, bei sehr heißem Zulauf wird viel mehr gespart[1]. Es scheint, wie wenn große Schlachthöfe je Stück geschlachtetes Vieh einen kleineren Wasserverbrauch wie kleine Schlachthöfe haben, wenn auch Ausnahmen bestehen. Die Häufung in den Werten der Tabelle zwischen 200 und 300 l je Schlachttier ist fast nur durch Großschlachthöfe wie Barmen, Bremen, Krefeld, Frankfurt a. M., Leipzig usw. verursacht, anderseits haben München und Stuttgart einen Wasserbedarf von je etwa 450 l je Schlachtung. Für kleinere Schlachthöfe können Durchschnittswerte von 400—650 l je Schlachtung angenommen werden, der von Schönfelder angenommene Wert von 1100 l je Schlachtung ist ohne Zweifel als Durchschnittswert zu hoch gegriffen.

Für den Verteilungsschlüssel des kalten zum warmen Wasser, außerdem vom Wasserverbrauch in der Kuttelei zu dem in der Schweinehalle lassen sich aus dem geringen zur Verfügung gestellten Material keine bindenden Schlüsse ziehen. Durch sparsame Handhabung läßt sich ohne Beeinflussung der hygienischen Forderungen noch eine erhebliche Rationalisierung des Wasserverbrauches erzielen.

Der Warmwasserverbrauch für Dampfkondensation ist bei Mischkondensatoren 50—65, bei Oberflächenkondensatoren 25—40mal so groß wie die niederzuschlagende Dampfmenge.

Für Brennkraftmaschinen (Dieselmotor) rechnet man mit 9—20 l Kühlwasser für 1 PS und Stunde, für Kühlmaschinen ergibt sich der Wasserverbrauch aus der auf S. 324 angegebenen Betrachtung je nach der zugelassenen Temperaturdifferenz (Zu- und Abfluß) zwischen 0,68 ($\Delta t = 2°$) und 0,135 cbm/h ($\Delta t = 10$) je 1000 kcal/h Verdampfungsleistung. Bei Verdunstungskondensatoren sind die Beträge entsprechend geringer. Meist braucht der Wasserbedarf für die Kälteerzeugungsanlage nicht gesondert veranschlagt zu werden, da das Ablaufwasser nicht in

[1] Von großem Einfluß auf den Wasserverbrauch ist die Anwendung automatisch schließender Brausen in Schweineschlachthallen. Vgl. S. 115, Abb. 71.

die Kanäle fließt, sondern an anderer Stelle, entweder für Reinigung der Schlachthallen oder zur Erzeugung von Warmwasser wieder verwendet wird.

Zur Kesselspeisung muß das Wasser durch besondere Verfahren (vgl. S. 278) vorbehandelt werden, ebenso für die Klareiserzeugung aus Rohwasser (vgl. S. 338). Für Reinigungszwecke ist in erster Linie eine biologische Klärung durch Kiesfilter (Bollmann-Filter G. m. b. H., Hamburg) nötig, manchmal werden auch Ozonisierung und Chlorung angewandt.

Was die Art der Wasserversorgung anlangt, so können als ungefähre Daten angenommen werden, daß etwa 66% der deutschen Schlachthöfe von städtischen Werken beziehen, 26% fördern das Wasser durch eigene Brunnen, 8% besitzen eigene Brunnen und benützen städtisches Wasser zur Spitzendeckung. Kosten der Wasserversorgung vgl. S. 360.

## 2. Wasserförderung.

### Allgemeines über Pumpenanlagen.

Für die Bemessung einer Pumpe ist vor allem die genaue Ermittlung der manometrischen Gesamtförderhöhe wichtig. Diese setzt sich zusammen aus dem Höhenunterschied zwischen dem unteren und oberen Wasserspiegel (geodätische Förderhöhe) und den in der Saugleitung und der Druckleitung auftretenden Rohrreibungswiderständen. Die Saugwirkung entsteht dadurch, daß der auf dem Brunnenwasser lastende Atmosphärendruck das Wasser durch die Saugleitung nachdrückt, sobald durch den Bewegungsvorgang der Pumpe Unterdruck erzeugt wird. Da eine Atmosphäre 10,0 m Wasser das Gleichgewicht hält, so stellt dies (bei 735 mm Hg und +15°) die theoretisch größte Saughöhe vor. Durch die vorerwähnten hydraulischen Verluste und Hohlraumbildung (Kavitation) ist die praktische Saughöhe allerdings wesentlich geringer und bei Kreiselpumpen zwischen $6^1/_2$ und 8 m (bei kaltem Wasser). Förderflüssigkeiten über 60° C (z. B. sehr heißes Speisewasser[1]) können nicht angesaugt werden, sondern müssen der Pumpe bei höheren Temperaturen mit Druck zulaufen.

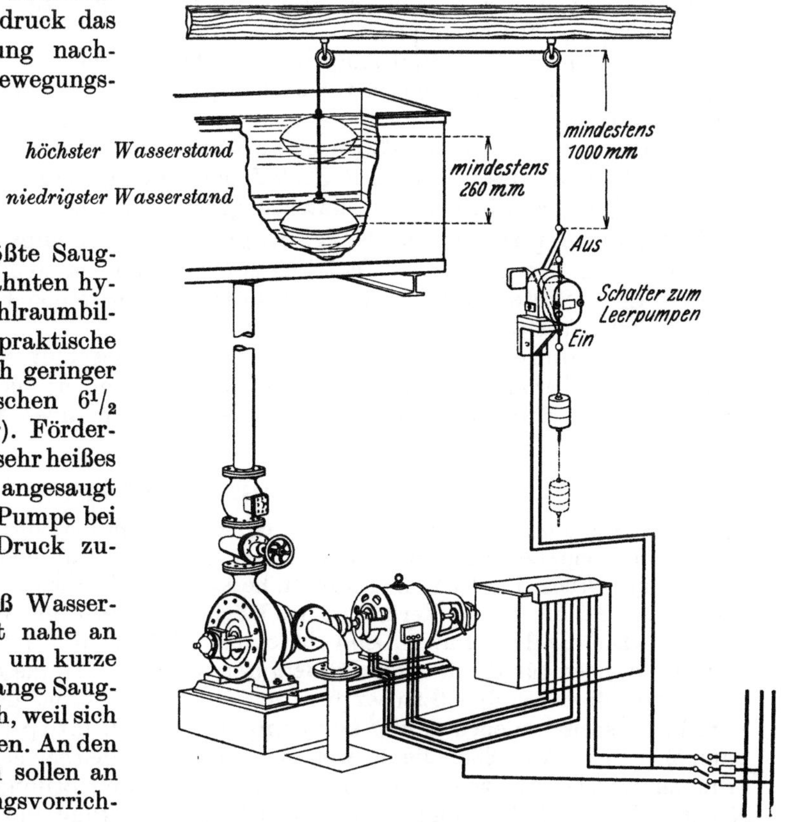


Abb. 378. Schwimmerventil in Verbindung mit Drehstrom-Ölselbstanlasser (Weise & Söhne, Halle).

Allgemein wichtig ist, daß Wasserversorgungspumpen möglichst nahe an der Pumpstelle stehen sollen, um kurze Saugleitungen zu erhalten. Lange Saugleitungen sind immer gefährlich, weil sich in ihnen Luftsäcke bilden können. An den Druckleitungen aller Pumpen sollen an geeigneten Stellen Entlüftungsvorrichtungen angebracht sein.

Um den Unterschied zwischen Wasserlieferung und Wasserverbrauch zu decken, sind Wasserbehälter nötig. Ihre Größe richtet sich nach der Größe des Bedarfes an Hauptschlachttagen mit Höchstschlachtziffern. Sie können rund oder viereckig ausgeführt werden. Für Hochbehälter sind Behälter mit viereckiger Grundfläche wegen der besseren Raumausnützung vorzuziehen. Durch Schwimmerschaltvorrichtungen (Abb. 378) kann man in Abhängigkeit vom Wasserstand über einen Schaltschütz die Wasserversorgung vollautomatisch machen.

Neben diesen offenen Kesseln kommen in neuerer Zeit mehr und mehr geschlossene, schmied-

[1] Von der Saughöhe ist dann der Sättigungsdruck des Wasserdampfes bei der betreffenden Temperatur abzuziehen.

eiserne Kessel in Anwendung. Sie haben zunächst den Vorteil, daß der Wasserinhalt vor Verschmutzung gesichert ist, weiterhin ist bei ihnen nicht mehr erforderlich, daß sie in 12—15 m Höhe gestellt werden, damit der für die Wasserentnahme nötige Druck an jeder Stelle erreicht wird. Dieser wird durch ein im Kessel befindliches Luftpolster erzeugt. Hierdurch entfällt die Notwendigkeit eines Turmes. Damit bei jedem Wasserstand genügender Druck herrscht, ist eine Vorpressung der Luft nötig, welche durch einen kleinen Ventilkompressor erzeugt wird. Die Erneuerung des Luftpolsters und die Wasserbeschaffung kann nach Ausführungen z. B. von Weise & Söhne, Halle, mittels Druckschalter automatisch gemacht werden. Bei Anwendung eines Hochbehälters sind durch die Notwendigkeit eines Turmes die festen, bei Anwendung eines Druckkessels infolge des Leistungsbedarfes des Luftkompressors die veränderlichen Kosten höher. Die günstigere Lösung ist die, bei welcher die Summe der festen und veränderlichen Kosten den kleineren Wert erhält.

In Schlachthöfen kommen zur Verwendung:

a) Zur allgemeinen Wasserversorgung. Tiefbrunnen-, Kreisel- oder Kolbenpumpen; bei geringer Druckhöhe läßt man die Bohrlochpumpe direkt in den Wasserbehälter fördern (bei Sandführung Ausführung mit Gummilagern), bei größerer Druckhöhe dient sie zweckmäßig nur als Zubringerpumpe, während eine normale Zentrifugal- oder Plungerpumpe in den Hauptbehälter fördert.

b) Für Kesselspeisezwecke. Hierfür kommen in Frage: Hochdruckzentrifugalpumpen, Plungerpumpen, Dampfpumpen.

c) Spezialpumpen. Blutpumpen, als solche werden stehende Plungerpumpen, welche so gebaut sind, daß die Ventilsätze leicht demontiert werden können, außerdem Mammutpumpen verwendet.

Solepumpen und Umwälzpumpen für Ablaufwasser von Berieselungskondensatoren. Es sind dies fast immer Zentrifugalpumpen, deren Laufräder je nach der Art der Förderflüssigkeit aus besonderem Material gebaut werden.

d) Abwasserpumpen für Kläranlagen. Plungerpumpen in ähnlicher Bauart wie bei der Förderung von Blut, oder Zentrifugalpumpen mit breiten Schaufelquerschnitten, welche durch vorgeschaltete Zerreißvorrichtungen die mitenthaltenen Bestandteile zur leichteren Förderung vorverarbeiten.

e) Für besondere Betriebszwecke. Warmwasserpumpen, Bewässerungspumpen, u. dgl. weiterhin Druckerhöhungspumpen und Feuerlöschpumpen; hierfür finden gemäß den später angeführten Gesichtspunkten Zentrifugal- oder Plungerpumpen Anwendung.

## a) Die Kolbenpumpe.

Ihr Prinzip besteht darin, daß während des Saughubes des Kolbens durch das Saugventil Wasser bei beinahe konstantem Druck eindringt und während des Druckhubes bei beinahe konstantem Druck durch das Druckventil herausgeschoben wird. Das $p$—$V$ Diagramm ist also beinahe ein Rechteck, das Verhältnis des Höchstdruckes zum mittleren indizierten Druck sehr günstig. Die Kolbenpumpen sind in Schlachthöfen als Tiefbrunnen-, Kesselspeisepumpen und als Pumpen für dickflüssige Fördergüter wie Blut, Abwässer gebräuchlich. Die häufigste Ausführungsform ist die Plungerpumpe (vgl. Abb. 379), bei der alle Stopfbüchsen frei liegen. Zum Kesselspeisen dienen häufig schwungradlose Dampfpumpen (Simplex- und Duplexpumpe), gemäß Abb. 380, die in weiten Grenzen regulierbar sind. Bei ausgesprochenen Tiefbrunnen ist man gezwungen die Kolbenpumpen in den Brunnenschacht einzubauen, was den Nachteil hat, daß die Pumpe der unmittelbaren Wartung und Aufsicht entzogen ist. Infolge Undichtigkeiten in den Ventilen durch Fremdstoffe geht häufig die Förderleistung dieser Pumpen bald sehr zurück, so daß der ursprüngliche Vorteil hohen Wirkungsgrades mehr oder minder wieder eliminiert wird. Außerdem rosten die Eisenteile in den Brunnenschächten sehr rasch. Ist der Unterwasserspiegel mehr als 6 m unter dem Boden des Maschinenhauses, so werden deshalb meist Zentrifugalpumpen mit senkrechter Welle angewandt.

Der mechanische Wirkungsgrad von Kolbenpumpen ist zwischen 0,8 und 0,93, die normalen Tourenzahlen liegen in Abhängigkeit von der Saughöhe zwischen 60 (bei $H_s \sim 6$ m) bis 180 (bei $H_s \sim 2$ m) je Minute. Bedingung für hohe Tourenzahlen ist die Einführung eines Saugwindkessels (Abb. 381) nahe am Saugventil, welcher etwa zur Hälfte mit Wasser, darüber mit Luft gefüllt ist. Der ansaugende Kolben braucht nun das Wasser zunächst nur aus diesem Kessel zu holen und nicht momentan so große Wassermassen zu beschleunigen wie beim direkten

Saugen aus dem Schacht. Damit verbreitert sich die Bewegung der Wassersäule auf einen größeren Zeitraum. Weiterhin ist auch zur Verringerung der Beschleunigungs- und Verzögerungskräfte in der Druckleitung, also der Abdämpfung der ruckweisen Förderung, nahe dem Druckventil ein Druckwindkessel nötig. Je größer das Luftpolster im Druckwindkessel ist, um so gleichmäßiger wird die Förderung im Druckrohr, um so geringer ist auch die Gefahr, daß durch

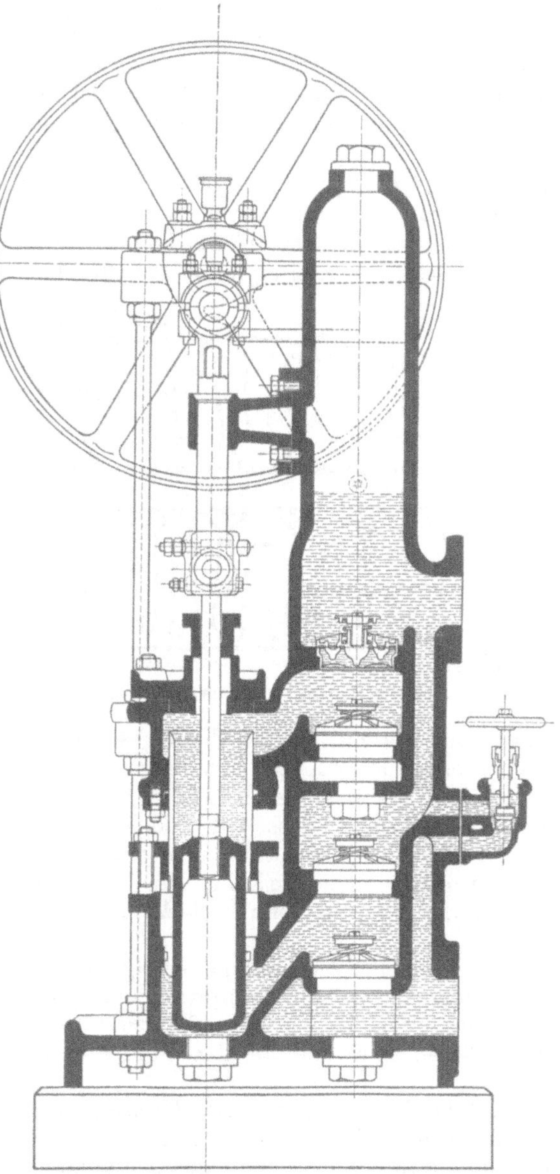

Abb. 379. Doppelwirkende Plungerpumpe (Klein, Schanzlin & Becker, Frankenthal).

Abb. 380. Schwungradlose Dampfpumpe (Klein-Schanzlin & Becker).

Resonanzerscheinungen Rohrleitungsbrüche auftreten können. Die **Reglung der Fördermenge** erfolgt durch Umlaufvorrichtungen oder wirtschaftlicher durch Tourenregulierung. Die **Kontrolle** der einwandfreien Arbeitsweise wird durch zeitweise Entnahme von Indikatordiagrammen[1] sehr erleichtert. Vor allem wird der Lieferungsgrad (vgl. S. 313) sehr herabgesetzt, wenn sich Luft im Pumpenzylinder befindet, ein anderer Fehler, der sich durch das Indikatordiagramm bemerkbar macht, ist Undichtigkeit der Ventile.

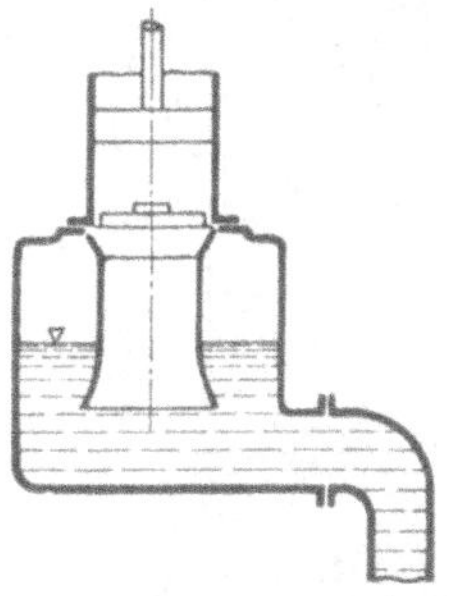

Abb. 381. Windkessel.

## b) Die Kreiselpumpe.

Die **Wirkungsweise** von Kreiselpumpen besteht darin, daß ein Schaufelrad mit großer Umlaufzahl gedreht und der darin befindlichen Flüssigkeit dabei eine Zentrifugalkraft vermittelt wird. Diese bewirkt eine Bewegung der Flüssigkeit nach der Druckleitung, während die entsprechende Menge Flüssigkeit durch das Saugrohr unter dem Einfluß des Atmosphärendruckes nachgesaugt wird (Umkehrung der Wasserturbine).

Die Kreiselpumpen dienen in Schlachthöfen als Tiefbrunnenpumpen, als Hochdruckzentrifugalpumpen zur Kesselspeisung, als Sole- bzw. allgemein als Umwälzpumpen für Flüssigkeiten. Für letzteren Verwendungszweck werden meist **Niederdruckpumpen** ohne Leitrad mit einem mechanischen Wirkungsgrad von 0,35—0,73 verwendet (bis zu 30 m Förderhöhe). Die **Brunnenkreiselpumpe** ist normalerweise so ausgebildet, daß der antreibende Motor über dem Maschinenhausboden auf einer Traglaterne steht, an welcher Steigrohrleitung und Pumpe hängen.

[1] Gramberg: Maschinenuntersuchungen. S. 446. Berlin: Julius Springer 1921.

Derartige Pumpen, meist in Form der sog. halbaxsialen Bohrlochpumpe (Abb. 382), bauen Weise Söhne, Halle, Klein, Schanzlin & Becker, Frankenthal, und R. Wolf, Magdeburg-Buckau. Für die Förderung von Schmutzwasser (auch Aschenförderung und dergleichen) dienen Zentrifugalpumpen mit breiten Schaufelquerschnitten und geringer Schaufelzahl, wodurch die Verstopfungsgefahr gering ist. Zur Erreichung großer Förderhöhen werden mehrere Laufräder hintereinander geschaltet, damit erhält man die mehrstufigen und Hochdruckpumpen. Nach Quantz kann man heute mit 20 Stufen einen Druck bis zu 200 at erzeugen und erreicht dabei durch Einschaltung von Leiträdern Wirkungsgrade bis zu 80%. Die Hauptlieferfirmen für Hochdruck-Kesselspeisepumpen sind Jaeger & Co., Leipzig, R. Wolf, Magdeburg-Buckau, Klein, Schanzlin & Becker, Frankenthal, Borsig, Berlin-Tegel, Gebr. Sulzer, Ludwigshafen und Weise Söhne, Halle (Abb. 383).

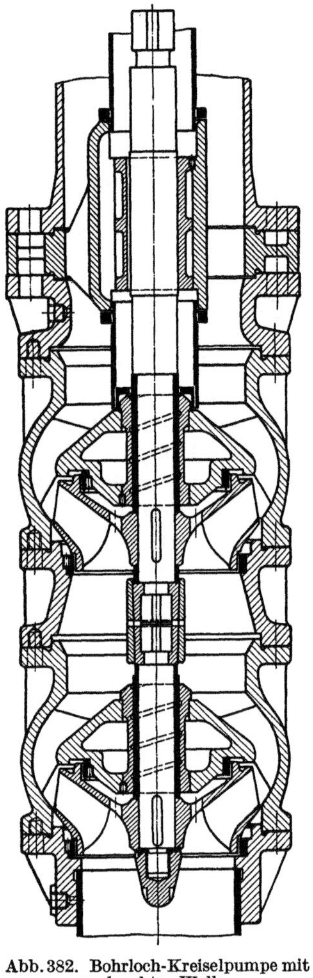

Abb. 382. Bohrloch-Kreiselpumpe mit senkrechter Welle.

Eine bekannte Erscheinung bei Kreiselpumpen ist, daß sie die Förderflüssigkeit nicht von selbst ansaugen, während die Kolbenpumpen Luft absaugen, bis die Wasserförderung beginnt. Die Ursache für dieses Verhalten der Kreiselpumpe bei „trockenem Ansaugen“ ist, daß wegen der geringen Zentrifugalkraft der Luft keine Förderung eingeleitet werden kann. Deshalb muß für jede Pumpe, welche nicht in einem geschlossenen System, wie z. B. die Solepumpen, arbeitet, eine Auffüllvorrichtung angebracht werden. Hierzu dient gewöhnlich ein an der Pumpe angebrachter Fülltrichter mit Hahn. Damit die Flüssigkeit beim Auffüllen nicht wieder abfließen kann, ist unterhalb des tiefsten Wasserstandes stets ein Saugkorb mit Fußventil angeordnet. Dieses Fußventil kann bei den selbstansaugenden Kreiselpumpen nach Ausführungen von Siemen & Hinsch, Itzhoe, und den Siemens-Schuckert-Werken wegfallen.

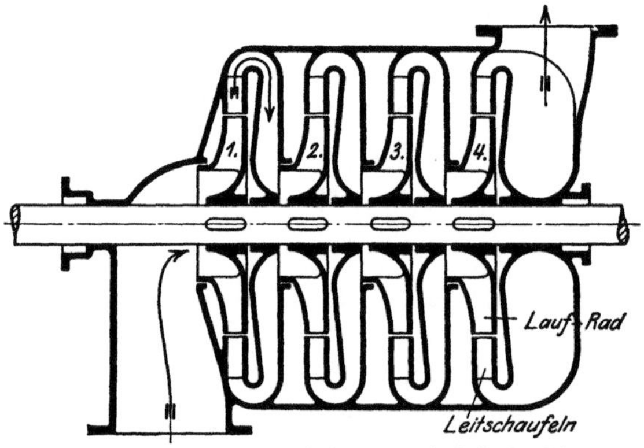


Abb. 383. Mitteldruckkreiselpumpe mit Leitschaufeln.

Der günstigste Antrieb einer Kreiselpumpe erfolgt durch direkte Kupplung mit Elektromotor bzw. Dampfturbine, wobei die Leistung der Antriebsmaschine 10—20% größer zu wählen ist, als dem normalen Leistungsaufwand an der Pumpenwelle entspricht.

Für die Betriebsführung der Kreiselpumpen ist folgendes wichtig: Jede Kreiselpumpe ist für eine bestimmte Förderhöhe und eine bestimmte Flüssigkeitsmenge gebaut; bei einer bestimmten Tourenzahl hat sie dann den besten Wirkungsgrad. Ändert man die Umlaufzahl, so wird in jedem Falle der Wirkungsgrad etwas schlechter, die Förderhöhe wächst im Quadrat, die Wassermenge proportional, und schließlich der Leistungsbedarf der Antriebsmaschine in der 3. Potenz der Umlaufzahl. Bei festliegender Förderhöhe — ein Fall, der im Schlachthofbetrieb meist vorliegt — ändert sich mit einer Vergrößerung der Umlaufzahl die Förderwassermenge $Q$ in bedeutend stärkerem Maße wie vorher; nach Quantz kann bei bestimmten Verhältnissen mit 1% $n$-Steigerung bereits 8% $Q$-Steigerung erzielt werden. Aufschluß über diese Beziehungen geben die Kennlinien, der betreffenden Pumpenart, welche das gesamte Verwendungsgebiet einer Pumpe veranschaulichen[1] (Abb. 384).

Aus diesem Schaubild ist zu erkennen, daß die betreffende Pumpe den besten Wirkungsgrad bei einer Wassermenge $Q_1$ der normalen Förderhöhe $H_1$ und der Tourenzahl $n_1$ hat. Ändert man

[1] Nach Janssen: Z. V. d. I. **1912**, 1895.

einen dieser Faktoren, so sieht man, wie sich die anderen Faktoren verhalten werden. Erhöht man die Tourenzahl, z. B. auf $1{,}2n$, so kann man dieselbe Wassermenge auf $1{,}6\,H$ fördern (Punkt $a$) der Wirkungsgrad sinkt dabei allerdings auf 0,85, der Leistungsaufwand wird dementsprechend etwa 1,83mal dem ursprünglichen Wert. Wird durch Abdrosseln des Druckrohres die Pumpenleistung verringert, so steigt die erreichbare Förderhöhe bis zu einem Maximum und fällt dann allmählich bis auf Null. Ein Absperren des Druckventiles hat ebenso wie bei Ventilatoren, für welche ganz ähnliche Überlegungen gelten, aber im Gegensatz zu Kolbenpumpen, keine gefährlichen Drucksteigerungen zur Folge. Man benützt das Abdrosseln der Druckleitung sogar zum Anlassen der Kreiselpumpen, um eine Überlastung der Antriebsmaschine während des Anlaufes zu vermeiden. Die Regelung der Liefermenge durch Änderung der Tourenzahl ist in jedem Falle die wirtschaftlichste, auch dann, wenn beim Antrieb durch Elektromotoren, deren Tourenzahländerung durch Drosslung des Ankerstromes erfolgen muß (vgl. S. 298). Wichtig ist, daß zwei gleiche Pumpen parallel geschaltet nicht das Doppelte einer einzelnen leisten.

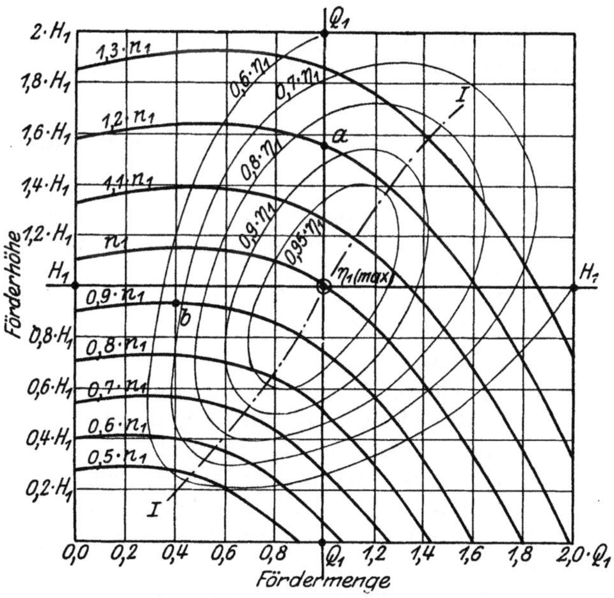

Abb. 384. Kennlinien einer Kreiselpumpe.

## c) Mammutpumpen.

Sie beruhen auf dem Prinzip, daß bei gleichzeitiger Förderung von Luft und Wasser im Steigrohr eine Luftwassersäule gebildet wird, welche in der ganzen Höhe von der Mündung der Druckluftleitung im Brunnen bis an die oberste Förderstelle ein geringeres Gewicht hat, als der auf die Oberfläche der Förderflüssigkeit lastende Atmosphärendruck. Als Treibmittel zu Mammutpumpenanlagen dient ein Luftkompressor. Der Wirkungsgrad ist ähnlich dem von Niederdruckkreiselpumpen in der Größenordnung von 40—50%. Das Anwendungsgebiet der Mammutpumpen ist wohl meist auf Fälle beschränkt, wo Luftkompressoren ohnedies vorhanden sind. Die Hauptverwendungsmöglichkeit ist die Förderung dicker Stoffe, wie Blut, Abwässer und dergleichen, weiterhin die Förderung stark sandigen Wassers (Lieferfirma Borsig-Tegel).

### Kolben- oder Kreiselpumpen?

Quantz gibt als Vorteile der Kreiselpumpen an:

1. Kleiner Raumbedarf.
2. Geringe Anschaffungskosten, welche bei größeren Abmessungen nicht mehr wie ein Drittel derjenigen von Kolbenpumpen sind.
3. Geringe Bedienungskosten.
4. Geringe Abnützung (keine Ventile).
5. Leichtes Fundament.
6. Möglichkeit der direkten Kupplung mit Elektromotoren.
7. Einfache Regulierung der Wassermengen in weiten Grenzen.
8. Möglichkeit der Förderungen auch unreiner Flüssigkeiten.
9. Kein Bruch in der Druckleitung beim Schließen des Druckschiebers, keine pulsierende Bewegung des Wassers in den Leitungen.

Diesen Vorteilen stehen folgende Nachteile gegenüber:

1. Der Wirkungsgrad ist ganz wesentlich schlechter als bei Kolbenpumpen.
2. Das Ansaugen der Kreiselpumpe im offenen System beim Anfahren ist meist nur durch Auffüllvorrichtungen möglich.
3. Die Druckhöhe ist gemäß den Kennlinien von Umlaufzahl und Wassermenge abhängig (bei einem zu kleinen Modell ist es z. B. nur durch starke Droßlung in der Druckleitung, Feldregulierung am Elektromotor oder durch Auswechslung des Antriebsmotors gegen einen anderen höherer Drehzahl möglich, eine gegebene Förderhöhe bei schlechterem Wirkungsgrad einzuhalten).

Es ergibt sich aus den Bedingungen, daß Kreiselpumpen den Kolbenpumpen bei sehr langen täglichen Betriebszeiten unterlegen sind, weil dann die hohen beweglichen Kosten der Kreiselpumpe die etwas höheren festen Kosten der Kolbenpumpe bei weitem überwiegen. Bei geringer Nutzungsdauer und großen Fördermengen ist in jedem Falle die Kreiselpumpe überlegen. Für kleine Wassermengen und große Druckhöhen kann auch bei kurzer Betriebszeit die Kolbenpumpe überlegen sein, weil im Gegensatz zur Kreiselpumpe ihr Wirkungsgrad bei allen Druck höhen ziemlich gleich ist. Da sehr zu Unrecht meist die Anlagekosten, nicht die jährlichen Gesamtkosten, unter Berücksichtigung des Ausnützungsgrades, maßgebend sind, wählt man in neuerer Zeit auch bei großen Unterschieden in den Gesamtkosten häufig Kreiselpumpen und scheidet im wesentlichen für die Kolbenpumpe nur die Fälle aus, wo kleine Wassermengen auf große Höhen zu fördern sind, z. B. die Speisung kleiner Kessel.

Literatur: Quantz: Kreiselpumpen. Oldenbourg 1930. (Kurzer, leicht faßlicher Überblick über Berechnung, Bauarten, Betrieb.) — Spannhake, W.: Kreiselräder als Pumpen und Turbinen. Berlin: Julius Springer 1931 (hauptsächlich theoretisch).

## 3. Warmwasserbereitung.

### Grundsätzliches.

Die Gewinnung des zum Betriebe — hauptsächlich in Brühbottichen und Darmwaschbecken — notwendigen Warmwassers kann prinzipiell durch folgende Wärmequellen erfolgen:

1. Kohlenfeuerung.
2. Beheizung durch Gas.
3. Elektrische Beheizung.
4. Ölfeuerung.
5. Frischdampf vom Dampfkessel.
6. Abdampf[1] der Dampfmaschine oder -turbine.
7. Die Abgase von Dampfkesseln.
8. Das Kondensat aus Heizelementen und Dampfleitungen.
9. Das Kühlwasser und die Auspuffgase von Dieselmaschinen.
10. Ablaufkühlwasser von Kondensatoren (meist mit den einzelnen Möglichkeiten kombiniert).

Vor einem Entscheid in der einen oder anderen Richtung ist vor allem wichtig, die einzelnen Ausführungsmöglichkeiten in bezug auf feste Kosten unter Berücksichtigung des Belastungsgrades, laufende Kosten und Anpassungsfähigkeit an Bedarfsschwankungen zu untersuchen.

Eine wichtige Rolle kommt unter diesen Forderungen zunächst der Elastizität der Anpassung an die jeweiligen Betriebsverhältnisse zu, da Hauptschlachttage häufig mehr als die Hälfte der ganzen Wochenschlachtung an Heißwasser benötigen. Ist dieser Faktor durch die konstruktive Durchbildung des Wärmeerzeugers verbürgt, so ist die nächstwichtige Forderung, den Wärmebedarf mit möglichst geringen Betriebskosten zu decken.

In nachfolgenden Beispielen ist für die einzelnen Fälle der Erzeugungspreis von 1 cbm Warmwasser bei einer Erwärmung von 10 auf 90°, also bei einer Wärmeleistung von jeweils 80000 kcal/cbm, unter Vernachlässigung der als gleich angesetzten Anlage- und Bedienungskosten, errechnet. Die Ergebnisse sind damit nur Relativwerte.

Zu 1. Steinkohle mit einem Heizwert von 7000 kcal/kg und einem Wirkungsgrad einer modernen Großwasserraum-Vorwärmeranlage von etwa 70% kann mit einer Nutzwärme von 4900 kcal/kg gerechnet werden, so daß für vorstehende Leistung:

$$80\,000 : 4900 = \text{rund } 16{,}3 \text{ kg Kohle je cbm Warmwasser}$$

erforderlich sind. Bei einem Kohlenpreise frei Schlachthof von 3,5 Pf./kg stellen sich 1000 l Heißwasser von 90° C auf rund 0,57 Pf.

Zu 2. Leuchtgas mit einem Heizwert von rund 4000 kcal/cbm mit etwa 85% Wirkungsgrad verbrannt ergibt eine Nutzwärme von 3400 kcal/cbm. Der Gasverbrauch beträgt dann:

$$80\,000 : 3400 = \text{rund } 23{,}6 \text{ cbm Gas je cbm Warmwasser}$$

und die Kosten für die gleiche Leistung bei einem Gaspreise von nur 10 Pf.

2,36 RM. je cbm.

Zu 3. Bei elektrischer Beheizung eines Warmwasserspeichers kann je ein Kilowatt eine Nutzwärme von 800 kcal eingesetzt werden, mithin erfordert 80000 kcal Wärmeleistung/cbm Warmwasser:

$$80\,000 : 800 = 100 \text{ kW je cbm.}$$

---

[1] Die Erzeugung von Warmwasser unter Ausnützung vorhandener Abwärmequellen wird im Kapitel Vc eingehend betrachtet.

a) Bei Bezug von Tagesstrom mit 10 Pf./kW betragen die Stromkosten:

$$100 \times 0{,}10 = 10 \text{ RM. je cbm.}$$

b) Bei Nachtstrom mit nur 1 Pf./kW vermindern sich diese Kosten auf

1 RM. je cbm.

Im letzteren Falle ist zu beachten, daß bei dem großen Inhalt des Speichers, der dem Wasserbedarf eines Hauptschlachttages entsprechen muß, infolge Abkühlung eine Nachwärmung mittels Tagesstromes notwendig sein dürfte, so daß sich dann die gesamten Stromkosten auf etwa 2—3 RM. je 1000 l Heißwasser erhöhen, wenn die Verluste etwa 10—20% betragen.

Zu 4. Ölfeuerungen kommen heute in der Industrie bereits vielfach zur Anwendung und sollen deshalb zum Vergleich herangezogen werden.

Bei einem Heizwert der zur Verfeuerung kommenden Ölsorte von 10 000 kcal/kg einem Wirkungsgrad der Feuerung von 80%, sind für dieselbe Leistung erforderlich:

$$80\,00 : (10\,000 \times 0{,}8) = 10 \text{ kg Öl je cbm Warmwasser,}$$

die bei einem Preise von etwa 18 RM. je 100 kg 1,80 RM. kosten.

Zu 5. Bei indirekter Heißwassererzeugung durch eine Dampfkesselanlage (Frischdampf!) würden sich bei diesem Beispiel die Erzeugungskosten auf etwa

1,92 RM.,

also $^2/_3$ höher als bei direkter Heizung stellen. Dies ist durch den ungünstigen Betriebswirkungsgrad der Flammrohrkessel (nach Hütte etwa 65%) und durch das doppelte Wärmegefälle bedingt. Eine ausführlichere Gegenüberstellung dieser beiden Möglichkeiten ist nachfolgend angegeben.

Vorstehende Vergleichszahlen beziehen sich nur auf die reinen Brennstoffkosten. Dabei wurde stillschweigend vorausgesetzt, daß die Kosten für Kapitaldienst, Wartung und Bedienung, Instandhaltung jeweils gleich sind, was nur in erster Annäherung richtig ist. Beim Entscheid muß zu den laufenden Kosten je Jahr noch der Kapitaldienst unter Mitberücksichtigung des Belastungsgrades addiert werden.

Bei gleichen Anschaffungskosten hat die Warmwasserbereitung mittels Gas, Öl, Elektrizität allerdings verschiedene Vorzüge wie Sauberkeit im Betrieb, Fortfall von Rückständen, leichte Automatisierung und Regulierbarkeit. Es erscheint aber fraglich, ob diese Faktoren gegenüber der Wirtschaftlichkeit ausschlaggebend sein dürfen.

Als Frage, welche nun noch einer Untersuchung wert ist, erscheint die, ob bei bereits vorgenommener Elektrisierung einer früheren Dampfkraftanlage der Dampfkessel für die Heißwasserbereitung beizubehalten ist oder nicht[1].

Als Vergleichsbasis diene die stündliche Erwärmung von 58,5 cbm Wasser von 10° auf 90°, was einen Aufwand von 4680000 kcal/h entspricht.

a) Großwasserraumvorwärmer mit direkter Feuerung:

| | |
|---|---|
| Kohlenaufwand pro Jahr (Hu = 7000 kcal/kg) | 250714 kg |
| Mehrverbrauch für Abkühlungsverluste | 4940 „ |
| Aufwand zur Deckung der Stillstandsverluste | 2140 „ |
| Wärmeverluste für Reinigung | 2260 „ |
| Wärmeverluste durch Kesselsteinansatz | 2507 „ |
| | 260561 kg |

b) Dampfkesselanlage mit einem Betriebsdruck von 6—8 at:

| | |
|---|---|
| Kohlenaufwand je Jahr (Wirkungsgrad 20% geringer angenommen): | 334284 kg |
| Mehrverbrauch durch Abkühlungsverluste | 70000 „ |
| Mehrverbrauch durch Stillstandsverluste | 32000 „ |
| Dampfkesselreinigung | 4570 „ |
| | 440854 kg |

Der Vergleich der Resultate ergibt für die Dampfkesselanlage einen jährlichen Mehrverbrauch lediglich an Kohle von 180293 kg, entsprechend einer Kostenvergrößerung von etwas über 6000 RM. bei Zugrundelegung eines Kohlenpreises von 35 RM. je Tonne. Hierbei ist nicht berücksichtigt, daß die Wärmeverluste in den Dampfleitungen wesentlich höher wie in den Warmwasserleitungen sind. Addiert man außerdem noch die erhöhten anfallenden Wartungs- und Instandhaltungskosten bei einer Dampfanlage, so kann man nun dieses Ergebnis mit den Verzinsungs- und Amortisationskosten einer Großwasserraum-Speichervorwärmung mit Kohlenfeuerung in Vergleich ziehen. Unter Annahme einer jährlichen Amortisations- und Verzinsungsquote von 13% würde der Kapitaldienst für zwei direkt befeuerte Warmwasserkessel der beschriebenen Leistung etwa 2000 RM. sein. Es ist also in derartigen Fällen eine Wirtschaft-

[1] Vgl. Heiss, H.: Neuzeitliche Heißwasserbereitung. Dtsch. Schlachthofztg **1929**.

lichkeitsberechnung unbedingt lohnend. Trotzdem der alte Kessel bereits abgeschrieben ist, wird das Ergebnis nicht selten zuungunsten des alten Hochdruckkessels ausfallen.

Ungefährer Gestehungspreis für 1 cbm Heißwasser in einigen deutschen Schlachthöfen:

| | | | | | |
|---|---|---|---|---|---|
| Nürnberg . | 0,32 RM. | (Abdampf u. Frischdampf) | Zwiesel . . | 0,80 RM. | (Frischdampf) |
| Pforzheim . | 0,45 „ | (Frischdampf) | Zinten . . | 0,80 „ | (Frischdampf) |
| Minden . . | 0,53 „ | (Koch- & Reitzkessel) | Stendal . . | 0,85 „ | (Frischdampf im Winterbetrieb) |
| Straubing . | 0,61 „ | (Koch- & Reitzkessel) | Schweinfurt | 0,95 „ | |

Nach eigenen statistischen Aufstellungen schwankt der Anteil **der jährlichen Energiekosten je Schlachttier**, bei Abwärmeverwertung zwischen 26 Pf. und 35 Pf., ohne Abwärmeverwertung (elektrischer Antrieb) normalerweise zwischen 53 Pf und 95 Pf. Angesichts dieser Zahlen kann mit Recht die Frage aufgeworfen werden, ob in vielen Fällen die Umstellung auf elektrischen Betrieb wirtschaftlich berechtigt war. Es sei hier vorweggenommen, daß im Schlachthofbetrieb niemals die Frage der Warmwasserbereitung getrennt von der der Krafterzeugung betrachtet werden darf, da es sich um einen gekoppelten Kraft- und Wärmebetrieb handelt. (Vgl. S. 360 u. 367.)

**Bauarten.** Da es sich bei Schlachthöfen um stoßweise Entnahme handelt, können Durchlauferhitzer nur in mittelbarer oder unmittelbarer Verbindung mit Speichern verwendet

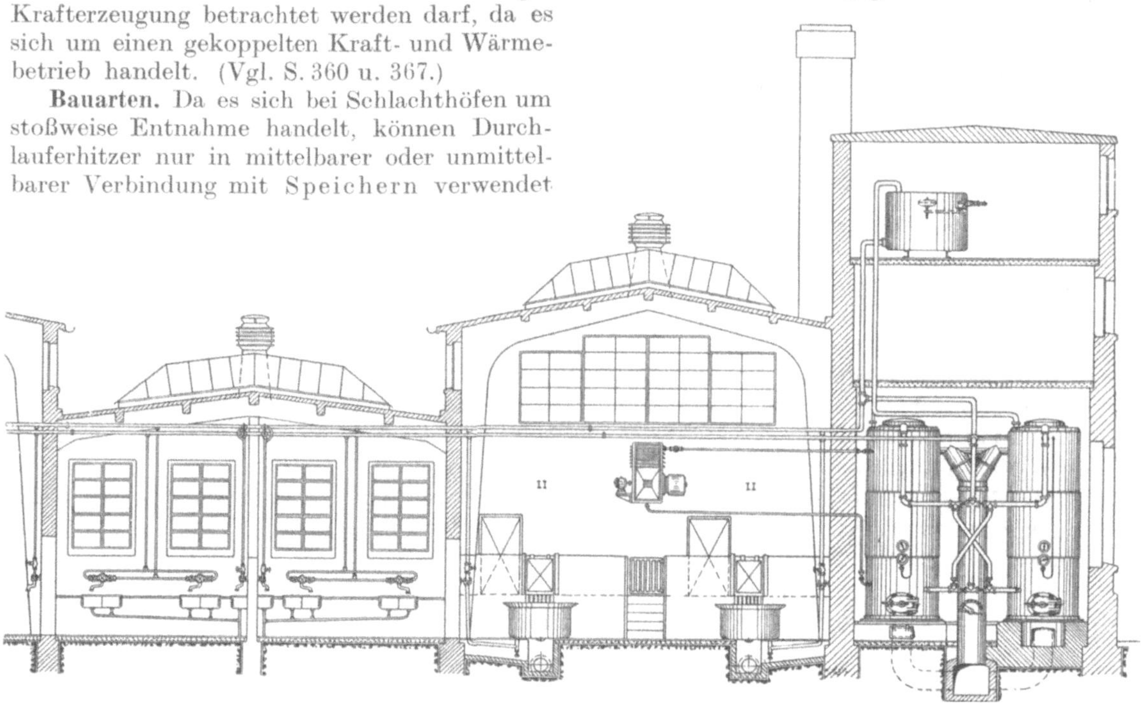

Abb. 385. Speichervorwärmeranlage mit direkter Feuerung (Koch & Reitz, Hannover).

werden. Nach bewährten Ausführungen kann zum Ausgleich der innerhalb der Schlachtstunden anfallenden Belastungsschwankungen eine ungefähre Speicherwassermenge von etwa 0,5 l/Jahresschlachtung angenommen werden. Dabei verwendet man für höhere Jahresschlachtziffern als 15000 zwei, für höhere als 100000 Tiere je Jahr drei Speichervorwärmer.

Zu 1. In Abb. 385 ist das Schema einer Heißwasserbereitungsanlage mit direkter Feuerung angegeben.

Die Heizkessel können sowohl als Quersieder-, Kreuzrohr- oder als Rauchrohrkessel ausgeführt werden. Eine bewährte Ausführung ist die von Koch & Reitz, Hannover, wobei der Heißwasserkessel mit einem stehenden doppelwandigen Flammrohrsystem, welches doppelseitig von Wasser umspült wird, ausgerüstet ist.

Durch derartige Apparate wird Heißwasser von 90—100° erzeugt. Nach Inbetriebsetzen der Brühbottiche werden die Zulaufventile derart eingestellt, daß ein etwa bleistiftdicker Strahl von Heißwasser die Wärmeverluste deckt und die Brühtemperatur konstant hält.

Häufig werden diese Warmwasserbereiter als Niederdruckdampfkessel ausgerüstet. Die gesetzlichen Bestimmungen für das deutsche Reich lassen Dampfkessel von nicht über 0,5 atü Betriebsspannung von den beschränkenden Vorschriften für die eigentlichen Kesselanlagen frei (keine Konzessionspflicht). Es muß aber eine Vorrichtung vorhanden sein, welche eine Drucksteigerung über 0,5 at mit Sicherheit ausschließt. Als solche wird meist ein nicht abschließbares Steigrohr bestimmter Dimensionierung verwendet.

Eine häufig anzutreffende Ausführung ist die des Eisenwerkes Th. Loos, Gunzenhausen, welche ihre Niederdruckdampfkessel als Quersieder ausbildet. Heizrohrkessel werden im allgemeinen nicht verwendet, da sie schwer zu reinigen sind, und der dampfberührte Teil der Rohre den schädlichen Einwirkungen der Heizgase in hohem Maße ausgesetzt ist.

In Abb. 386, 387 und 388 sind die 3 Hauptausführungsformen, wie sie im allgemeinen in der Zentralheizungsindustrie, welche das Hauptanwendungsgebiet für diese Kessel ist, üblich sind (M. Streicher, Stuttgart-Cannstatt), dargestellt.

Als Nachteil der Niederdruckdampfkessel erscheint, daß der niedere Dampfdruck bei den sehr stark schwankenden Belastungen, welche in Schlachthöfen auftreten, leicht so stark fällt, daß das Nachwärmen des Wassers in den Brühbottichen gefährdet wird. Ein Ausgleich ist nur durch Verwendung getrennter Speicher oder durch starke Belastung der Feuerung möglich. Weiterhin sind die Abkühlungsverluste in den Betriebszeiten und die Stillstandverluste bei gleicher Isolierstärke in den sehr reichlichen Stillstandszeiten — die Heizdauer je Woche ist etwa 40—50 Stunden, die Stillstandszeiten etwa 120—130 Stunden — beim Dampfkessel wesentlich größer. Es ist letzten Endes auch widernatürlich, bei der Erzeugung von Heißwasser den Umweg über die Dampferzeugung zu wählen. Ein Vorteil des Niederdruckdampfkessels ist die einfache Beheizung der Sterilisatoren. Bei Warmwasserkesseln ist für solche Fälle eine Dampfarmatur anzubringen. Für den Fall der Sterilisator weit vom Kesselhaus abliegt, muß dieser direkt unterfeuert werden. Sehr wesentlich ist der diesbezügliche Vorteil des Niederdruckdampfkessels aber nicht zu werten, da Sterilisatoren normalerweise nur selten benützt werden und die Einrichtung direkter Befeuerung nicht kostspielig ist.

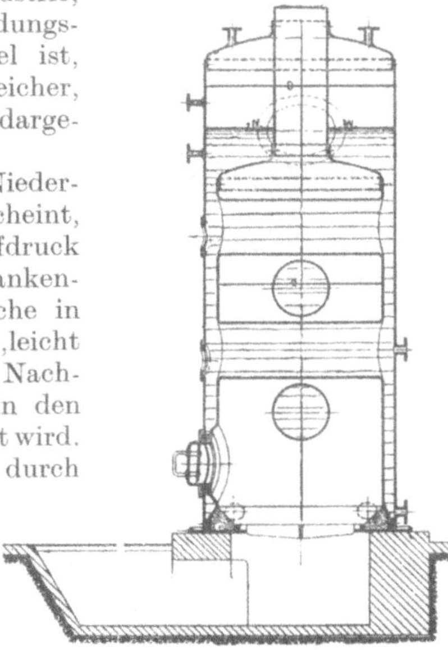

Abb. 386. Flammrohrkessel.

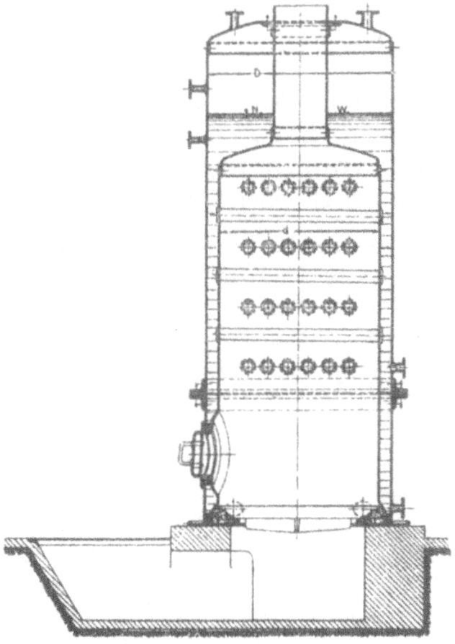

Abb. 387. Quersiederkessel.

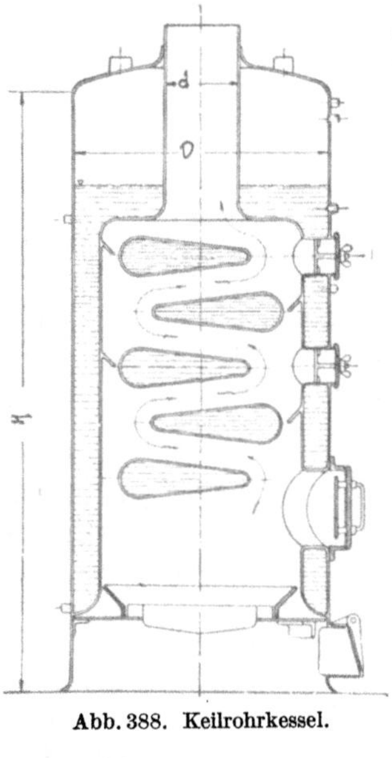

Abb. 388. Keilrohrkessel.

Abb. 389. Heißwasserbereitung mit Gasfeuerung (Otto Junkers & Co., Dessau).

Zu 2. **Gasfeuerung** besitzen, soweit die Statistik zuverlässig ist, augenblicklich in Deutschland nur die beiden Schlachthöfe Osterode und Waldheim. Die letztere Anlage ist teilweise in Abb. 389 dargestellt. Zwei Heißwasserapparate, sog. Zirkulationsautomaten arbeiten in einen etwa 5 m senkrecht über ihnen stehenden isolierten Heißwasserbehälter, aus welchem die einzelnen Betriebsstellen des Schlachthofes ihren Bedarf an Heißwasser entnehmen. Weiterhin besteht die Anlage aus 3 Gasheizungskesseln, welche bei einem höchsten Überdruck von 0,5 at gemeinsam auf den dicht hinter ihnen liegenden Verdampfer arbeiten. Alle Gasapparate besitzen selbständige Temperaturregulierung und arbeiten vollautomatisch. Nur die An- und Abstellung erfolgt von Hand.

Der Gasverbrauch ist abhängig von der Tagesschlachtziffer außerordentlich schwankend. An Großschlachttagen etwa 0,05 cbm je Schlachttier, an Tagen mit schwachem Schlachtbetrieb erreicht er den 7fachen Wert (vgl. Abb. 390).

Zu 3. Soweit bekannt geworden, besitzt unter den deutschen Schlachthöfen den einzigen Elektrokessel der Schlachthof Fürstenfeldbruck (Bauart Sulzer). Die Bauarten richten sich nach der Stromart, Spannung, Kesselleistung und Beschaffenheit des Speisewassers. Für Gleichstrom kommt nur Widerstandsheizung in Frage, da die bei Wechselstrom übliche Elektrodenheizung Knallgasbildung hervorrufen würde. Die Anheizzeit liegt zwischen 5 und 30 Minuten. Durch Thermostaten läßt sich ebenso wie bei Gasfeuerung der Betrieb vollautomatisch gestalten. Falls auf Grund der wirtschaftlichen Erwägungen auf S. 348 infolge besonders günstig gelagerten Verhältnisse elektrische Heizung überhaupt in Frage kommt, dann kommen nur sog. Heißwasserspeicher, nicht Elektrodampfkessel in Frage, da der Umweg über die Dampferzeugung noch eine weitere Verschlechterung mit sich bringen würde. Rein thermodynamisch ist aber die elektrische Heizung zu verwerfen, denn sie bedeutet eine Verschwendung auf dem Wege der nicht umkehrbaren Zustandänderung. Es würde z. B. niemand daran denken, durch Reibungswärme zu heizen. Wärme ist aber eine weniger wertvolle Energieform als Elektrizität. Eine Rechtfertigung für die elektrische Heizung besteht nur dann, wenn die besonderen Verhältnisse eine leichte Regelbarkeit erfordern und durch billige Tarife die thermodynamische Minderwertigkeit untergeordnet erscheint oder aufgewogen wird[1].

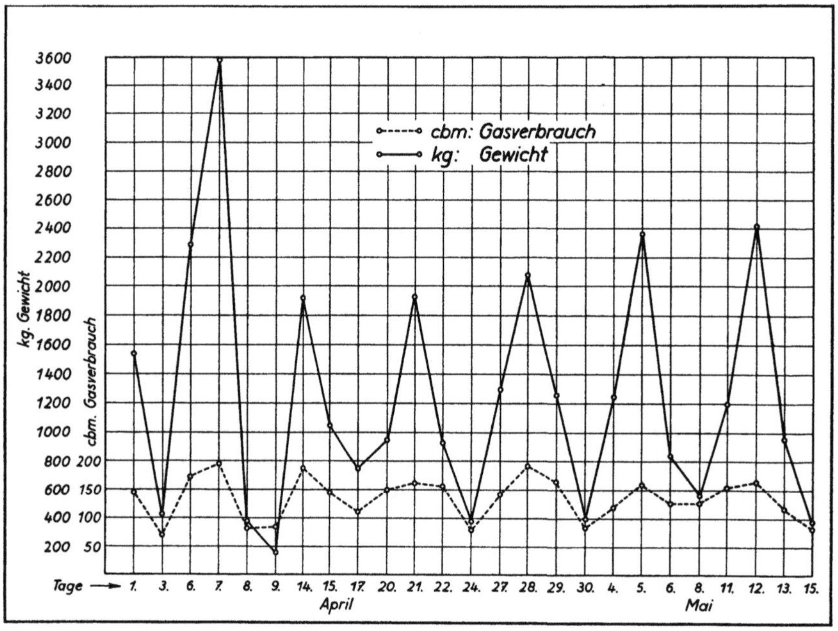


Abb. 390. Betriebsergebnis aus dem Schlachthof Waldheim.

Zu 5. In der einfachsten Form werden die Großwasserraum-Vorwärmer als offene viereckige Wasserbehälter ausgeführt, welche eine kupferne oder eiserne Heizschlange enthalten. Meist stehen sie unterhalb des Kaltwasserbehälters, aus dem sie dauernd nachgefüllt werden. Ein Nachteil dieser Gruppierung sind die relativ langen Dampfleitungen zum Turm, die häufig ungenügende Beaufsichtigung und Zugänglichkeit an einer so abgelegenen Stelle, weiterhin die Möglichkeit, daß bei Dampfüberschuß der Wasserinhalt ins Kochen kommt und durch die Wrasen die Baumaterialien Schaden leiden. Deshalb werden solche offene Behälter nur noch selten gebaut und durch Großwasserraumvorwärmer in Form stehender oder liegender zylindrischer Gefäße ersetzt, welche in die Kaltwasserleitung eingeschaltet werden. Die stehende Ausführung wird meist der liegenden vorgezogen, obwohl letztere den Vorteil einfacherer Lagerung und Verankerung und geringeren Bedarfes an Raumhöhe hat. Für die Wahl des stehenden Modells ist wohl meist nur der geringere Bedarf an Grundfläche, worin die

[1] Vgl. Merkel, F.: Das Energieproblem der elektrischen Heizung. Arch. Wärmewirtsch. **10**, H. 12 (1930).

Schlachthöfe häufig beschränkt sind, maßgebend, dafür nimmt man meist eine geringere Speicherwassermenge, also bei starken Belastungen Schwankungen in der Wassertemperatur in Kauf.

Die vielumstrittene Frage, ob überhitzter oder gesättigter Dampf eine bessere Heizwirkung ergibt, kann dahingehend beantwortet werden, daß, sobald bei überhitztem Dampf in der Randzone etwas Kondensat vorhanden ist, der

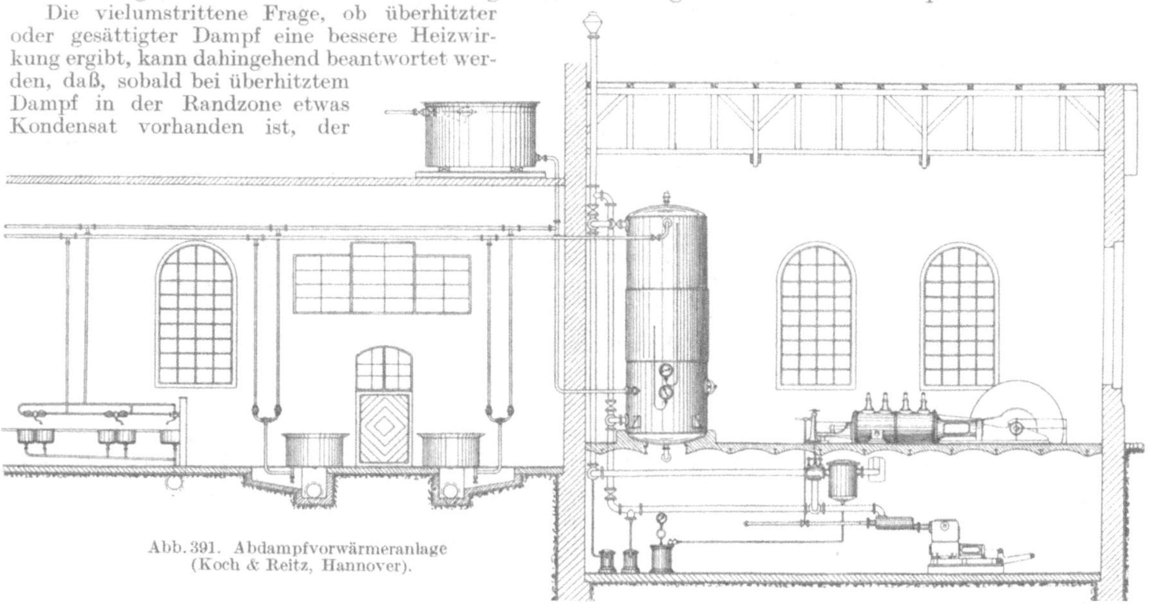

Abb. 391. Abdampfvorwärmeranlage (Koch & Reitz, Hannover).

Wärmeaustausch größer als bei Sattdampf wird; bildet sich kein Kondensat — und dies ist normalerweise bei starker Strömungsgeschwindigkeit im ersten Teil eines Heizregisters, welches mit überhitztem Dampf beschickt wird, der Fall[1] — dann ist der Wärmeaustausch etwas schlechter als bei Sattdampf. Keinesfalls sind aber die Unterschiede beträchtlich, wie verschiedentlich in der Fachliteratur angegeben wurde. Die früher als notwendig angesehenen „Dampfsättiger" haben keine wirtschaftliche Berechtigung.

Für die Wärmefortleitung zu anderen Gebäudekomplexen verwendet man zweckmäßigerweise nicht Dampf, sondern Warmwasser (Abb. 391).

Die Ausführung der Wärmeaustauschapparate ist recht mannigfaltig. Die früher üblichen Heizschlangen sind bei modernen Ausführungen völlig verlassen. Mindestens schaltet man, wo sie noch angewandt werden, kurze Systeme parallel. Gemeinsam ist, daß meist in den Rohren das zu erwärmende Wasser strömt. Bei stehenden Vorwärmern verwendet man senkrechte Rohre, die oben und unten durch ein Ringrohr dermaßen zusammengefaßt werden, daß das System frei dehnbar bleibt (Abb. 392) oder gemäß der Ausführung der Prometheus-Werke AG. stehende Rohre, welche leicht gebogen sind, oder nach der Bauart Schaffstaedt, Gießen, „U"-Heizregister. In vielen Fällen wird zur Vergrößerung des Umlaufes von der Thermosyphonwirkung weitgehend Gebrauch gemacht. Bei Abdampfvorwärmern mit Sattdampf ist, da bei gesättigten Dämpfen die Isobare gleich der Isotherme ist, die Anwendung des Gegenstromprinzipes zwecklos.

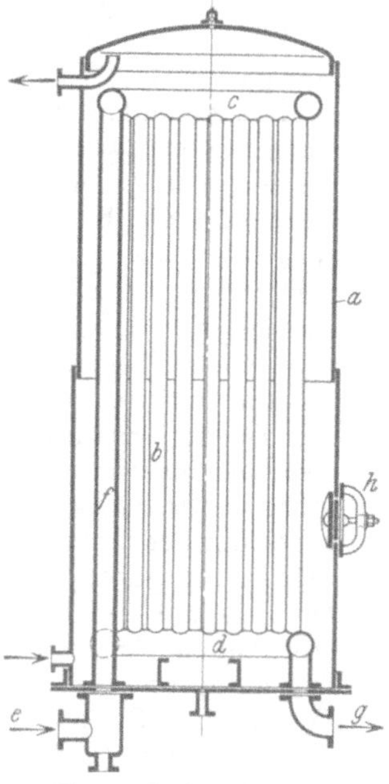


Abb. 392. Großwasserraumvorwärmer (Bühring AG. Landsberg) *a* Gehäuse, *b* schmiedeeiserne Heizrohre großen Durchmessers, *c* oberes Ringrohr, *d* unteres Ringrohr, *e* Dampfeintritt, *f* Steigrohr, *g* Kondensat- bzw. Dampfaustritt, *h* Mannloch.

Wesentlich ist eine gute Entölbarkeit und eine leichte Entlüftbarkeit der dampfberührten Flächen. Dringt Luft in den Vorwärmer, so sinkt der Wärmeaustausch beträchtlich, ja er kann Null werden (vgl. Abb. 433, S. 388). Die für Wärmeaustauschapparate von Kühlmaschinen angestellten Betrachtungen gelten hier analog.

Bezüglich Dimensionierung, Schaltung der Vorwärmer, Abhitzeverwertung vgl. S. 374. Statistisch mag interessant sein, daß etwa 45% der deutschen Schlachthofanlagen ihren Warmwasserbedarf durch Frischdampf, 23% durch Abdampf allein, 22% durch beides zusammen decken. Den Rest von 10% bilden direkt beheizte Heißwasserkessel.

[1] Auf die Zunahme der Wandtemperatur an der Stelle des Dampfeintrittes ist auch zurückzuführen, daß sich bei höheren Wassergeschwindigkeiten ein geringes Anwachsen, bei niedrigen Geschwindigkeiten eine sehr schwache Abnahme des Wärmedurchgangs mit steigender Überhitzung gegenüber Sattdampf zeigt. Vgl. Kirschbaum, E.: Arch. f. Wärmewirtsch. 12, 265 (1931).

# V. Energiewirtschaft im Schlachthof.

## 1. Die Eingliederung der Energiewirtschaft in die Betriebsführung eines Schlachthofes.

Bei der Beurteilung der Frage, ob und inwieweit ein Schlachthofbetrieb rationell arbeiten muß, gibt es eine Reihe von Gesichtspunkten, von denen man ausgehen kann. Vor allem ist zu prüfen, ob der Schlachthof eine rein hygienisch-sanitätspolizeiliche Anstalt sein soll, oder ob auch eine Berechtigung für einen extremen energiewirtschaftlichen Standpunkt besteht, oder ob man den Schlachthof als gemischtwirtschaftlichen Betrieb nur im Rahmen der kommunalen Wirtschaftspolitik betrachtet. Jeder Bereich ist exakt abgegrenzt. Zu untersuchen ist, wo die Grenzlinie zwischen diesen Standpunkten zu ziehen ist, denn es ist anzunehmen, daß die Wahrheit in der Mitte liegt.

### 1. Energiewirtschaft und Schlachthof als Einzelorganismus.

Zweifellos sind, entsprechend der Bestimmung eines Schlachthofes, die an die Hygiene des Betriebes sich anknüpfenden Forderungen in jedem Falle das Primäre. Ihnen ist nötigenfalls alles unterzuordnen. Mit dieser Erkenntnis ist aber die Fragestellung nur dahingehend verschoben, welche Rationalisierungsmaßnahmen unbeschadet der hygienischen Grundforderungen möglich, ja nötig sind, um den hygienisch-sanitären Effekt zu steigern. So wie der menschliche Organismus nur dann gesund ist, wenn alle seine Teile regelmäßig arbeiten, so ist auch der Organismus eines solchen volkswirtschaftlichen-technischen Betriebes nur dann im Gleichgewicht, wenn die vielen Räder richtig ineinander eingreifen und entsprechend ihrer Bedeutung für das Gesamtgetriebe aufeinander abgestimmt sind.

Was nun die Abgrenzung der ersten beiden Gesichtspunkte betrifft, so sind die ersten groben Begrenzungslinien leicht zu ziehen. Zunächst ist alles das auszuführen, was wenig oder gar nichts kostet, keine wesentlichen Betriebsstörungen im Einbau mit sich bringt und trotzdem einen in die Augen fallenden Nutzen hat. Unter diese Forderung gehört z. B. die Rückführung des Kondensats, wozu man nur den Speisebehälter und die Speisepumpe entsprechend tief zu legen und die Kondensatleitungen zusammenzuführen braucht, weiterhin selbsttätige Rückspeisevorrichtungen, Einführen des Überhitzungsbetriebes bei Kälteerzeugungsanlagen, Weiterverwendung von ablaufendem Kondensatorkühlwasser, gelegentliche meßtechnische Untersuchung des Betriebes mit Aufstellung einer Energiebilanz usw. durch einen Sachverständigen oder einen Überwachungsverein.

Alle mit wesentlichen Kosten verbundenen Leistungssteigerungen dürfen dagegen nur auf Grund genauester wärmewirtschaftlicher Berechnungen ausgeführt werden, z. B. ist es durchaus unzweckmäßig, Verbesserungen an einer Dampfkraftanlage zu treffen, welche einseitig den thermischen Wirkungsgrad der Dampfmaschine erhöhen, aber im weiteren Sinne den wirtschaftlichen Wirkungsgrad unter Einbeziehung des im Schlachthofbetrieb mit der Kraftversorgung gekoppelten Heizbetriebes nicht verändern oder gar schädigen, bei geringem Belastungsgrad und billigem Wärmepreis, wärmesparende, teuere Einrichtungen wie Ekonomiser einzubauen, ebenso wäre es falsch, Einrichtungen zu treffen, welche die Betriebsübersicht wesentlich komplizieren, letzten Endes aber den Gesamtwirkungsgrad nur um einige Hundertstel erhöhen usw. Bei der Abwägung, ob die durch eine Änderung erzielte Verringerung der beweglichen Kosten (Betriebskosten) die hervorgerufene Belastung durch feste Kosten überwiegt, darf gerade bei Schlachthöfen nicht außer acht gelassen werden, daß die jährliche Benutzungsdauer des Kraft- und Heizbetriebes an anderen Industriezweigen gemessen nicht sehr hoch ist. Besteht keine Möglichkeit den Belastungsgrad zu erhöhen, so muß die Ersparnis, welche eine kostspielige Neuerung mit sich bringen muß, entsprechend höher als bei durchlaufendem Betrieb ausfallen.

Der Sinn der Energiewirtschaft im Schlachthofwesen ist also zunächst darin zu erblicken, daß die durch technische Änderungen investierten Kapitalien eine nicht unwesentliche Betriebsverbilligung zur Folge haben sollen, dadurch wird nicht nur die Möglichkeit geschaffen, den Schlachthofbetrieb entsprechend den modernsten hygienischen und technischen Errungenschaften auszugestalten, sondern im Interesse der Volkswirtschaft keine Energie nutzlos verpufft. Änderungen zu treffen, nur um „modern“ zu sein oder einseitig Kohlen zu sparen, wenn durch die Kapitalbelastung im Rahmen der Bilanz des Gesamtbetriebes kein merklicher Nutzen erwächst, ist dagegen verwerflich. Gegen diese „Binsenwahrheiten“ wird — nicht nur im

Schlachthofwesen — sondern in der Gesamttechnik öfter gesündigt, als man gemeinhin annimmt. Eine Sonderstellung nimmt der Fall ein, daß die alte Anlage so reparaturbedürftig ist, daß dauernd Störungen entstehen oder, daß es unmöglich ist, neues Baugelände zu beschaffen, wogegen auf einfache Weise durch moderne Aggregate auf demselben Platz wesentlich höhere Leistungseinheiten unterzubringen sind. Besonders genaue fachkundige Untersuchung bedarf der Fall, wenn eine Neuanlage erstellt werden soll und die alte Anlage viel verwertbare Abwärme liefert; es ist häufig der Fall, daß eine Dampfkraftanlage durch elektrischen Antrieb ersetzt werden soll. Wesentlich ist ganz allgemein für Neuanlagen, daß niemals einseitig die Anlagekosten maßgebend sein dürfen, ebensowenig die Betriebskosten, sondern nur die Summe aus den festen und beweglichen Jahreskosten, unter Mitberücksichtigung des Belastungsgrades. Wartenberg[1] faßt diese Forderungen dahin zusammen, daß „eine richtige Energiewirtschaft ein Optimum in ihrem pekuniären Ergebnis sein muß, und zwar nicht bezüglich des Wärmepreises an sich, sondern im Rahmen des Gesamtunternehmens". Man muß also in jedem Falle Betriebserfordernisse, Wirkungsgrad, feste Kosten, bewegliche Kosten, Belastungsgrad, Betriebssicherheit usw. gegenseitig abwägen, wenn man die günstigsten Verhältnisse erreichen will.

## 2. Energiewirtschaft und Kommunalpolitik.

Erst wenn der Einfluß dieser Faktoren festliegt, wird es möglich sein, Zugeständnisse über die Interessen als Einzelorganismus hinaus an den Stadtorganismus machen zu können; ein umgekehrtes Vorgehen, prinzipiell in erster Linie eine rentable Gestaltung zugunsten der Stadt zu fordern und erst sekundär dem Schlachthof selbst Rechte zuzuerkennen, kann zu keinen gesunden Verhältnissen führen. Diese Möglichkeit ist freilich auch dadurch eingedämmt, wenn Städte z. B. nach dem preußischen Schlachthofgesetz keine Überschüsse aus Schlachthöfen ziehen dürfen. Aus statistischen Aufstellungen hat sich aber ergeben, daß diese Bestimmungen nicht selten dadurch umgangen werden, daß Schlachthöfe trotz offensichtlich erheblicher Mehrkosten dazu gezwungen wurden, z. B. die Bereitung des Warmwassers für Schlachtzwecke durch städtisches Gas vorzunehmen (Erzeugungspreis je Kubikmeter Warmwasser durchschnittlich 5mal so hoch wie bei kohlenbefeuerten Großwasserraum-Warmwasserkesseln) oder städtischen Strom als Antriebskraft zu verwenden und dabei beinahe durchweg höhere Preise bei gleichem Anschlußwert zu bezahlen, als Privatbetriebe bei Bezug aus demselben Netz. Nicht selten sind auch Schlachthöfe gezwungen, den Wasserbedarf aus dem städtischen Leitungsnetz zu decken, obwohl der Preis ein Vielfaches der Kosten einer Eigenförderung vorstellt. Dies ist insofern nicht recht verständlich, als z. B. wohl kaum eine Stadt, die beispielsweise über billige Wasserkräfte verfügt, mit ihren Straßenbahntarifen an der Spitze marschieren oder bei einem Volksbad, in welchem durch richtig angewandte Abwärmeverwertung billige Tarife erreichbar geworden sind, die alten Tarife beibehalten würden, denn „die wirtschaftliche Betätigung der deutschen Gemeinden ist nicht Selbstzweck[2]". Bestehen auf Grund einer Wirtschaftlichkeitsberechnung zwischen verschiedenen Antriebsarten unter Berücksichtigung der Abwärmeverwertung große Unterschiede im Energiepreis und wird dahingehend entschieden, daß der Schlachthof in erster Linie sich örtlichen Rücksichten zu beugen hat, auch wenn dadurch energiewirtschaftlich wesentlich schlechtere Verhältnisse geschaffen werden, so entstehen leicht jene Betriebe, deren Leiter zu sagen gezwungen sind: „Wir wissen wohl, daß wir völlig unrationell arbeiten, aber zu Neuerungen fehlt uns das Geld." Von solchen Verhältnissen ist zu einer möglichen Beeinträchtigung der hygienischen Aufgabe des Betriebes nur noch ein kleiner Schritt. Läßt anderseits die Wirtschaftlichkeitsberechnung nur geringe Vorteile einer Wärmekraftmaschine oder eines Anschlusses an ein Überlandnetz gegenüber städtischem Strombezug erkennen, wird man ohne Zweifel nicht nur die Berechtigung, sondern sogar die Pflicht haben, trotz geringfügiger Mehraufwendungen den städtischen Organismus zu stützen.

Die häufig ausschlaggebende Schwierigkeit wird einem erst klar, wenn man die Vorgeschichte verschiedener technischer Entwürfe liest: es ist das Vorhandensein vielfacher örtlicher, persönlicher, politischer und organisatorischer Rücksichten, welche die Entscheidung beeinflussen. Es ist letzten Endes ein Unding, daß ein derartiger Betrieb irgendeinem Laien untersteht, der als Stadtverordneter von seiner Fraktion auf diesen Posten gesetzt wurde und sich deshalb verpflichtet fühlt, vor jeder Entscheidung seine Parteileitung zu befragen, um nötigenfalls entgegen allen realen Gründen abzulehnen, damit dafür in irgendeinem anderen gerade zur Diskussion

[1] Die Grenzen der Wärmewirtschaft. Berlin: VDI-Verlag 1930.

[2] Vgl. Ausführungen von Dr. Elsas, Vizepräsident des Deutschen Städtetages, in einer Sitzung des Deutschen Langnamvereines, Düsseldorf, Juli 1928.

stehenden Punkt für seine Partei etwas erreicht wird. Solange kommunal verwaltete Werke als Handelobjekte benützt werden können, ist eine Entwicklung nach gemeinwirtschaftlichen Grundsätzen ausgeschlossen. Deshalb haben sich verschiedene Städte, u. a. Leipzig[1], dazu entschlossen, derartige Entscheide einem Verwaltungsrat, an dessen Spitze ein Sachverständiger als Beirat steht und von dessen Mitgliedern man eine sachliche und vorurteilsfreie Beurteilung erwarten kann, zu unterstellen. Derart unparteiische Reglungen erscheinen besonders in solchen Fällen segensreich, wenn der Schlachthof nur einen „Selbsterhaltungsbetrieb“ vorstellt und er durch Verhältnisse irgendwelcher Art nicht in der Lage ist, Neuerungen aus eigenen Überschüssen einzuführen. Denn gerade in diesem Punkt besteht nicht selten ein einschneidender Unterschied zum pulsierenden privaten Unternehmen. Wenn im Privatbetrieb der strikte Nachweis erbracht ist, daß eine Neuerung Geld spart, also letzten Endes solches schafft oder sonstwie bedeutsame Betriebsverbesserungen bringt, weiterhin irgendeine Kreditmöglichkeit besteht, dann ist ihre sofortige Einführung eine selbstverständliche Sache.

### 3. Energie- und Volkswirtschaft.

Eine Frage, welche bei der zunehmenden Zentralisierung der Energieerzeugung von wachsender Bedeutung wird, ist die, wie man den Schlachthof in die Energiebilanz anderer Betriebe zur Steigerung der Wirtschaftlichkeit einbeziehen bzw. umgekehrt, diese von ihm zur Hebung der Wirtschaftlichkeit abhängig machen kann. Vor allem stehen sich innerhalb einer Stadt selbst eine Reihe von Betriebsarten gegenüber: Elektrizitäts-, Gas- und Wasserwerke als Vertreter von Kraftwerken mit großem Abwärmeüberschuß; Krankenhäuser, Schulen, Verwaltungsgebäude, Badeanstalten und Milchhöfe als Betriebsarten mit geringem Kraft-, aber sehr hohem Wärmebedarf und schließlich der Schlachthof als Gemischtbetrieb zwischen diesen beiden Extremen. Ob und inwieweit hier ein energiewirtschaftlicher Ausgleich möglich ist, muß von Fall zu Fall geprüft werden, in erster Linie ist dies häufig eine Frage der Stadtplanung. Unter Voraussetzung günstiger Tarifstellung kann auch ein Anschluß an ein Fernheizwerk in Frage kommen. Für diese Verbindung können, ebenso wie beim Anschluß an elektrische Überlandsnetze, volkswirtschaftliche Gründe insofern geltend gemacht werden, als die in großen Einheiten notwendigen Energieerzeuger einen besseren Wirkungsgrad, also einen geringeren spezifischen Brennstoffverbrauch als in kleinen Einheiten haben und die Zukunft jedes Landes zum Teil auch auf der wirtschaftlichen Ausnützung seiner Bodenschätze beruht.

### 4. Zusammenfassung.

Es wurde klargelegt, daß die energiewirtschaftlich einwandfreie Führung eines Schlachthofes sich auf relativ einfache Weise in die hygienischen Grundforderungen, wie auch in die kommunal- und volkswirtschaftlichen Belange eingliedern läßt, daß aber die technisch-kommerzielle Rationalisierung[2] den speziellen Betriebsbedingungen und -forderungen (Fleischbeschaugesetz, Schlachthofgesetz usw.) unterzuordnen ist. Wesentlich mehr als bisher muß bei der technischen Gestaltung berücksichtigt werden, daß im Schlachthof der Fall eines gekoppelten Kraft- und Heizbetriebes vorliegt.

Für einen Neubau wird man so vorgehen, daß man die Antriebskraft wählt, welche die günstigste Summe der festen (vgl. folg. Seite) und beweglichen Kosten ergibt; lassen sich hierbei keine wesentlichen Unterschiede gegenüber den im Stadtorganismus selbst gegebenen Möglichkeiten feststellen, so wird man unbedingt ein Zugeständnis an kommunale Interessen zu machen verpflichtet sein.

Für bestehende Betriebe sind technische Verbesserungen soweit durchzuführen, als ein Höchstmaß an Ersparnissen es zuläßt. Vor allem soll niemals versäumt werden, eine Anlage einmal auf „Kleinigkeiten“ hin zu untersuchen. Die durch Änderungen erzielte Betriebsverbilligung soll in erster Linie zur Verbesserung der Schlachthofhygiene und der Arbeitsmethoden, dann aber auch unter mehr oder weniger starker Einschränkung der Einzelinteressen von Fall zu Fall den Gesamtinteressen, sei es durch Erniedrigung der Schlachthofgebühren, sei es durch direkte oder indirekte Abgaben an die Stadt, dienen. Freilich ist die gegenseitige Abgleichung nicht immer leicht, denn einerseits wird durch Verbilligung der Schlachtgebühren der Fleischpreis wohl kaum beeinflußt, der Gewinn käme also einseitig den Fleischern zugute, anderseits ist aber auch eine Überschreibung der über die eben notwendige Ausgestaltung des Betriebes sich ergebenden Überschußbeträge an die Stadt häufig gesetzlich verboten. Wenn sich aber auch die erzielten Verbesserungen nicht so unmittelbar wie bei der Gewinnausschüttung eines

[1] De Grahl: Verwertung von Abfall- und Überschußenergie. S. 265. Berlin: VDI-Verlag 1927.
[2] Kammel: Dtsch. Schlachthofztg **1930**, 188.

Privatbetriebes auswirken, so darf doch deswegen in keinem Falle im Interesse der Volkswirtschaft, also des Volkswohles, eine irgendwie gelagerte Energievergeudung stattfinden. Bedenkt man außerdem noch, daß entsprechend der amerikanischen Entwicklung möglicherweise auch auf dem Kontinent die weitere Entwicklung sich dahingehend auswirken kann, daß durch Truste in viehreichen Gegenden zentrale Privatschlachthöfe gebaut werden, welche mit großen, energiewirtschaftlich günstigen Krafteinheiten betrieben, unter Ausnützung moderner Schnellgefrierverfahren (welche in Amerika in jüngster Zeit zu ganz neuen Formen des Fleischkleinhandels führten), durch den Wegfall der Viehtransporte wohl unschwer in Qualität und Preis des Fleisches gegen veralterte oder durch indirekte Methoden zu sehr belastete Kommunalschlachthöfe konkurrieren können, so wird sich die Erkenntnis verbreiten, daß eine Vertiefung in dieses Grenzgebiet nicht nur lohnend, sondern auch zwingend notwendig ist.

## 2. Die festen und veränderlichen Kosten der Antriebsmaschinen unter Berücksichtigung der Wärmeausnützungsmöglichkeit.

### a) Allgemeine Grundlagen.

Die gesamten Kosten je Leistungseinheit setzen sich zusammen aus:

1. Den festen Kosten, das sind die Kosten, welche durch Verzinsung und Amortisation des Anlagekapitals enstehen.

2. Den veränderlichen Kosten, welche sich teilweise oder ganz aus der Inanspruchnahme der Maschine ergeben und die eigentlichen Betriebskosten vorstellen.

Zu 1. Die Verzinsung des Anlagekapitals hängt von dem jeweiligen Reichsbankdiskont bzw. der betreffenden Bankrate ab.

Die Größe des Anlagekapitals hängt in erster Linie von der Größe des Objektes, der Art der Antriebskraft und der Notwendigkeit von Reserven (Störungsrisiko) ab. Das Anlagekapital zerfällt in Baukosten und Platzkosten. Letztere werden nur verzinst, nicht amortisiert, da der Grund und Boden seinen Wert nicht verliert, ja meist erhöht. Die Dampfkraftanlage ist immer in der Anschaffung die teuerste, dagegen sind die laufenden Betriebskosten meist am geringsten, gerade das Gegenteil ist häufig bei elektrischem Antrieb der Fall, die Anschaffungskosten sind am geringsten, aber die laufenden Betriebskosten normalerweise wesentlich höher wie bei einer Dampfkraftanlage mit Abdampfverwertung. Die Dieselmaschine liegt zwischen den beiden Extremen. Leider ist in unserer kapitalknappen Zeit häufig der Umstand, daß die Kapitalbeschaffung Schwierigkeiten macht, ausschlaggebend.

Was die Betriebssicherheit betrifft, so marschiert hier immer noch die Dampfkraftanlage an erster Stelle. Lediglich in der Kesselanlage muß außer den abwechselnd in Reinigung stehenden Kesseln zumindest noch ein Kessel vorgesehen sein, der jederzeit betriebsbereit ist. Diese Sicherung ist aber durch entsprechende Unterteilung der Kesseleinheiten oft ohne wesentliche feste und veränderliche (Abkühlungsverluste) Kosten möglich. Den Brennkraftmaschinen kann eine ähnliche Betriebssicherheit noch immer nicht zugesprochen werden. Die Elektromotoren verhalten sich keineswegs günstiger, da sowohl Störungen in der elektrischen Zentrale, den Freileitungen bzw. Kabeln und den Antriebsmaschinen selbst in Frage kommen können. Hier muß also immer eine Reserve vorhanden sein, sei es in der Form, daß ein älterer Kompressor als Ersatzkompressor mit einer anderen Antriebskraft betrieben wird, sei es, daß die Möglichkeit besteht, sofort auf ein anderes Netz umzuschalten. Auch für die Dieselmaschine wird die Möglichkeit der Anwendung einer anderen Antriebsart im allgemeinen notwendig sein.

Der Prozentsatz der Reserve muß im allgemeinen um so niedriger sein, je größer die Kraftanlage und je weitgehender sie unterteilt ist. Aus betriebstechnischen Rücksichten empfiehlt es sich, Maschinensätze von möglichst gleicher Bauart und Größe aufzustellen. Natürlich ist die Notwendigkeit von Reserven auch von der Güte und Wartung der Maschinen abhängig.

Für die Höhe der Anlagekosten, wie die der Brennstoffkosten, ist auch die Überlastungsfähigkeit der Antriebsmaschine von Bedeutung. Dampfmaschinen sind dauernden Überlastungen von etwa 30% und vorübergehenden Überlastungen von 70% ohne weiteres gewachsen, während Brennkraftmaschinen bereits bei Überlastungen von 20% stehen bleiben. Ebenso müssen auch Elektromotoren, die als Folge des heutigen Konkurrenzkampfes nicht größer dimensioniert sind als den Vorschriften des VDE. entspricht (25% Überlastung, während 30 Minuten 40% für 3 Minuten), und bei Überlastungen in der Tourenzahl abfallen und mehr Strom aufnehmen — bei Antrieb von Kompressoren größer gewählt werden als Dampfmaschinen bzw. als dem errechneten Leistungsbedarf entspricht. Bei warmem Kondensatorkühlwasser (Sommerbetrieb) brauchen sie aber nicht in allen Teilen kalt zu laufen, sondern dürfen ruhig den vom VDE. angegebenen Temperaturgrenzen nahekommen.

Bei Dampfmaschinen mit angeschlossenem Generator muß die Möglichkeit eines Gegenseitigkeitsvertrages mit einem Elektrizitätswerk mit in die Kalkulation einbezogen werden.

Ebenso bedeutend wie die unmittelbar mit der Verzinsung des Anlagekapitals in Zusammenhang stehenden Fragen ist die Festlegung der Amortisationsquote. Setzen wir 2 Anlagen, eine alte und eine neue, mit gleichen Anlagekosten, gleicher jährlicher Nutzarbeit, gleichen Erhaltungs-, Schmieröl-, Bedienungs- und Brennstoffkosten voraus, weiterhin, daß die neue Anlage zu amortisieren und zu verzinsen ist, während die alte Anlage schon abbezahlt sei, so kann sich ohne weiteres dabei ergeben, daß die Kosten je PS bei der Neuanlage um 50% höher wie bei der Altanlage sind. Das bedeutet in diesem Fall, daß die Neuanlage nur dann wirtschaftlicher ist, wenn bei unveränderten Anlagekosten die jährlich abgegebene Nutzarbeit verdoppelt wird, denn die Altanlage ist, genügendes Alter vorausgesetzt, vollkommen abgeschrieben, an festen Kosten verursacht sie lediglich die Verzinsung des Platzes. Die Rentabilitätsrechnung wird also nicht selten ergeben, daß eine alte Anlage, welche noch in gutem Zustand ist und eine Reihe von Jahren betriebsfähig bleibt, wenn sie auch mit ungünstigerem Wirkunggrad arbeitet, einer Neuanlage energiewirtschaftlich überlegen ist, besonders dann, wenn der Abdampf der Altanlage gut verwertet wird und für die erzeugte Überschußenergie der Neuanlage nur eine geringe Absatzmöglichkeit besteht.

Wartenberg[1] gibt folgendes Beispiel: Rechnet man für einen Neubau den sehr mäßigen Betrag von 250 RM. je eingebautes Kilowatt, so hat man bei 10% Verzinsung und 15jähriger Nutzungsdauer nach Abb. 393: $0{,}132 \times 250 = 33$ RM. je Jahr und Kilowatt als Jahressatz aufzuwenden. Rechnet man mit einer durchschnittlichen Benutzungsdauer von 2000 Stunden je Jahr, so treffen auf 1 kW 1,65 Rpf. an festen Kosten durch den Neubau ohne Berücksichtigung der Platzkosten und des Störungsrisikos. Rechnet man z. B. in Leipzig bei eigenem Gleisanschluß eine Tonne Rohbraunkohle frei Hof mit etwa 6 RM., so müssen die 1,65 Rpf. einer Ersparnis von 2,85 kg Kohle je Kilowatt entsprechen, oder bei einer Verdampfungsziffer von 2,2 rund 6 kg Dampf. Bei einer sehr alten Anlage mit 4—5 at Betriebsdruck ist dies vielleicht erreichbar, wo aber Kessel schon auf 8—10 at gehen, dürfte es schwer sein, soviel herauszuholen.

Natürlich ist Rohbraunkohle ein ausgesprochen billiger Brennstoff, bei Steinkohle würde sich das Bild ganz wesentlich zugunsten einer Neuanlage verschieben. Man sieht aus diesen Erwägungen, wie wesentlich die richtige Erfassung der Tilgungsquote ist. Logischerweise wäre die Tilgung des Anlagekapitals in Zusammenhang mit dem Belastungsfaktor zu bringen, da sich die stärker belastete Maschine auch stärker abnützt, anderseits könnte man auch den Standpunkt vertreten, daß eine Neuanlage ungeachtet der voraussichtlichen Nutzungsdauer in möglichst kurzer Zeit abzuschreiben ist, damit das in der Anlage gebundene Kapital möglichst rasch wieder verfügbar wird. Es hat sich aber keines der beiden Verfahren als haltbar erwiesen und sich für die Bewertung der Kapitalkosten folgende Grundsätze herausgebildet[2].

1. Die Kosten für Abschreibung und Verzinsung (Kapitalkosten) sind auf die Nutzungsdauer gleichmäßig zu verteilen.
2. Die Kapitalkosten sind vom Tageswert (Anschaffungspreis am Stichtag) unter Zugrundelegung des jeweils gültigen Zinssatzes für Leihkapital zu berechnen.
3. Ist die Abschreibung vorzeitig erfolgt, so sind die Kapitalkosten in der Kostenrechnung trotzdem entsprechend der noch bevorstehenden Nutzungsdauer anzusetzen.
4. Bei der Vorausberechnung der Wirtschaftlichkeit von Neuanlagen sind die Kapitalkosten nach vorsichtiger Schätzung der Nutzungsdauer zu veranschlagen.

Dabei ist die gesamte Verzinsungs- und Tilgungsquote je Jahr: $a = q^n \frac{q-1}{q^n - 1}$ RM. für 1 RM. Anlagekapital. $n$ bedeutet die Anzahl der Jahre, $q$ den Zinsfaktor $(q = 1 + \frac{n}{100}$; $n =$ Zinsfuß in v. H.).

In Abb. 393 ist für verschiedene Zinssätze dieser Jahressatz $a$ für Zinssatz und Tilgung abhängig von der Nutzungsdauer nach Wartenberg[1] aufgetragen. Die Nutzungsdauer ist nicht nur davon abhängig, wie lange die Anlage noch betrieben werden kann, sondern soll auch die Minderung der Leistung und die Steigerung der Erhaltungskosten berücksichtigen, macht also einen Vergleich mit einer entsprechenden neuzeitlichen Anlage nötig. Bei Kesselanlagen kann man z. B. mit einer Nutzungsdauer von 15—20 Jahren, also bei einem Zinsfuß von 8% mit einem Jahressatz von etwa 11% rechnen.

[1] Wartenberg, F.: Die Grenzen der Wärmewirtschaft. Berlin: VDI-Verlag 1930.
[2] Eberle: Arch. f. Wärmewirtsch. **11**, 3 (1930).

Von ausschlaggebendem Einfluß auf die Gesamtwirtschaftlichkeit ist der **Belastungs- bzw. Ausnützungsgrad**, darunter versteht man das Verhältnis der tatsächlich erzeugten zu der theoretischen Höchstzahl an erzeugten Arbeitseinheiten. Ein Einfluß auf die festen Kosten entsteht dadurch, daß je weniger die Anlage ausgenützt wird, um so höher der auf die erzeugte Arbeitseinheit entfallende Anteil wird. Außerdem besteht auch eine Beeinflussung der beweglichen Kosten dadurch, daß Baukosten und Wirkungsgrad voneinander abhängen. Hoher Wirkungsgrad bedingt niedere Brennstoffkosten, aber hohe Anlagekosten, bei niederem Belastungsgrad ist dies ungünstiger als ein schlechter Wirkungsgrad und eine billige Anlage.

Nach Wartenberg ist

$$\eta = \sqrt{\frac{7{,}55}{C_2'/N_o}\, K_b \cdot \beta}\,,$$

worin $K_b$ = bewegliche Kosten von $10^6$ kcal
$N_o$ = die eingebaute Leistung in Kilowatt
$C_2'/N_o$ = Maß für das Anwachsen der jährlichen Kosten von 1 kWh bei steigenden $\eta$
$\beta$ = Belastungsgrad.

Man sieht daraus, daß **Wärmepreis und Belastungsgrad von gleichem Einfluß** sind, daß teuere Brennstoffe schon bei mittleren Belastungsgraden eine gute Ausnützung verlangen. Der Belastungsgrad von Schlachthöfen ist, ohne daß hierfür wesentliche Gründe vorliegen, da der Verbrauch ähnlich wie bei anderen Lebensmitteln gleichbleibend ist, schlecht. Hier ist nach den auf Seite 371 entwickelten Vorschlägen ein Wandel dringendst erforderlich.

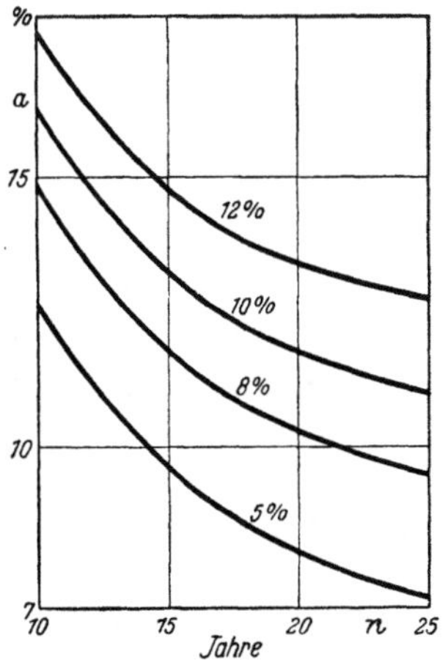


Abb. 393. Jahressatz $a$ für Verzinsung und Tilgung für verschiedene Zinssätze

$$a = q^n \cdot \frac{q^n - 1}{q - 1} \cdot 100(\%)$$

Zu 2. Die veränderlichen oder beweglichen Kosten zerfallen in die sog. **Hauptkosten** (Kohle, Wasser, Aschebeseitigung usw.), die von der Dauer und Höhe der Belastung der Anlage abhängig sind, und die sog. **Nebenkosten** (Löhne, Schmiermittel, Reparaturen usw.), die im wesentlichen nur von der Betriebsdauer abhängen. Im reinen Kraftbetrieb sind unter den veränderlichen Kosten meist die **Brennstoffkosten** ausschlaggebend.

Die spezifischen Brennstoffkosten sind vom Wärmeverbrauch der Maschine, also dem Verhältnis des Wärmeäquivalents einer Pferdekraftstunde zur zugeführten Wärmemenge für die PSh, dem sog. thermischen Wirkungsgrad, und dem Wärmepreis des Brennstoffes an der Verwendungsstelle, also dem Verhältnis des Brennstoffpreises durch den Heizwert, abhängig. Der Wärmepreis einer guten Steinkohle mit einem Heizwert von 7000—8000 kcal/kg ist für 100000 kcal etwa 0,3—0,4 RM., der von Gasöl (10000 kcal/kg) etwa 1,3—1,6 RM. Dafür ist der thermische Wirkungsgrad einer Dieselmaschine etwa 35%, der einer Dampfkraftanlage höchstens 14—16% (bei Höchstdruckdampf bis etwa 22%). Trotzdem wäre die Dampfmaschine im reinen Kraftbetrieb in vielen Fällen, wo sie heute nicht mehr verwendet wird, der Dieselmaschine überlegen, wenn nicht der Anteil der festen Kosten bei schlechtem Belastungsgrad zu ihren Ungunsten entscheiden würde.

Da im Schlachthofbetrieb eine Kopplung zwischen Kraft- und Wärmeverbrauch besteht, können die veränderlichen Kosten nur im Zusammenhang mit der Abwärmeausnützungsmöglichkeit gewertet werden. (Vgl. IV, 3 und V, 2c). Die Verbesserung der Wirtschaftlichkeit kann nach zwei Richtungen erfolgen: Verbesserungen welche unmittelbar die Natur des Arbeitsganges erfassen und sie so gestalten, daß die auftretenden Spitzen möglichst abgeglichen werden, und solche, welche Wärmeverluste, die durch Mängel der bestehenden Anlage und Betriebsweise bedingt sind, beseitigen. Zu der letzten Kategorie gehören z. B. die Schornsteinverluste, welche durch Ekonomiser und Luftvorwärmer verringert werden können, die Isolierungen von Wärme- und Kälteanlagen, ferner auch alle Arten von Meßgeräten zur Kontrolle des Betriebszustandes.

Die Kosten des **Wasserverbrauches** sind vor allem davon abhängig, ob das Wasser aus der städtischen Leitung stammt oder Eigenförderung stattfindet, weiterhin auch von der Art der Krafterzeugung schließlich von der Art des Wassers, ob kostspielige Kesselspeisewasseraufbereitung nötig ist. Bei der Wahl zwischen beiden Möglichkeiten sind die in Kapitel V, 1 entwickelten Grundsätze maßgebend. Das über den Gesamtwasserverbrauch (einschl. Schlachtung) vorliegende statistische Material ist nicht erschöpfend genug, um einen bindenden Schluß zuzulassen (vgl. S. 342). Von den 66% der Schlachthöfe, welche Wasser aus städtischen Leitungen beziehen, haben 0,9% das Wasser frei, 4,7% bezahlen eine Pauschalsumme, 7,4% bezahlen Beträge zwischen 0 und 10 Rpf./cbm, 31% zwischen 10 und 20 Rpf., 43% zwischen 20 und 30 Rpf., 8,8% zwischen 30 und 40 Rpf., 2,4% zwischen 40 und 60 Rpf. und 0,8% mehr als 60 Rpf./cbm.

Nimmt man auf Grund der Feststellungen S. 342 an, daß etwa 450 l je Schlachtung benötigt werden, so sieht man, daß bei durchschnittlichen Wasserpreisen allein durch die Wasserversorgung je Schlachttier Kosten von wenigstens 10—25 Rpf. erwachsen. Das ist ein beachtenswerter Betrag, welcher trotz den Bindungen zur Stadt die Erstellung einer eigenen Pumpanlage in vielen Fällen rechtfertigt.

Die laufenden Betriebskosten bei eigener Wasserbeschaffung setzen sich zusammen aus den Aufwendungen für den Leistungsbedarf der Pumpen, der Wartung der Reinigungsanlage, der Unterhaltung und Tilgung der ganzen Anlage. Außerdem ist die Notwendigkeit von Sammelbehältern bei eigenen Pumpenanlagen gegenüber Kaufwasser in erhöhtem Maße gegeben. Für eine mittlere Wasserförderhöhe von 20—30 m, kann man im Durchschnitt mit einem Leistungsaufwand von 0,2—0,3 kW für einen Kubikmeter Wasser rechnen. Bei einem Strompreis von 10 Rpf./kWh entspricht dies einer Ausgabe von 3 Rpf. je Kubikmeter. Dazu kommen aber noch die oben erwähnten Ausgaben. Eine Abwägung ist besonders bei teuerem Kaufstrom oder wenn kostspielige Bohrungen nötig sind, geboten.

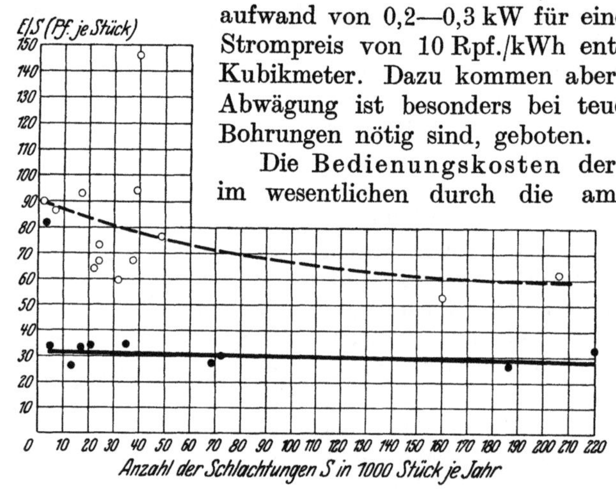


Abb. 394. Energiekosten je Schlachtung abhängig von der jährlichen Schlachtziffer.
—— mit Abwärmeverwertung •
– – – ohne Abwärmeverwertung o

Die Bedienungskosten der Maschinenanlage von Schlachthöfen sind im wesentlichen durch die amtliche Besoldungsordnung festgelegt (vgl. Teil VI dieses Buches). Von Bedeutung ist die Anzahl des notwendigen Personals. Dampfanlagen bis 150 PS können einschließlich des Kältekompressors von einem Mann bedient werden, falls Kessel- und Maschinenhaus örtlich günstig gelagert sind. Für größere Anlagen erfordert die Kesselbedienung einen besonderen Heizer, normalerweise rechnet man mit einer Förderung von 500 bis (max) 1000 kg Kohle je Mann und Stunde, das entspricht etwa der Versorgung von etwa 300 qm Heizfläche je Heizer. Bei 1000 qm ist noch ein Helfer nötig, bei 3000 qm ein Vorarbeiter. Bei mechanischer Beschickung genügt ein Mann zum Abschlacken sehr beträchtlicher Kesselbatterien. Was die Anzahl der Maschinisten betrifft, so rechnet man bei Kolbendampfmaschinen auf 500—1000 PS einen Mann, bei Dampfturbinen ist bei sehr großen Einheiten nur ein Mann erforderlich. Die Bedienungskosten für Dieselmaschinen sind geringer wie bei Dampfanlagen, es darf aber nicht vergessen werden, daß Brennkraftmaschinen eine peinliche Wartung erfordern, wenn nicht dauernd Reparaturen und damit Betriebsunterbrechungen in Kauf genommen werden sollen, so daß das Personal geschulter sein muß.

Der Schmierölverbrauch ist in hohem Maße von der Genauigkeit der Werkstattarbeit, der Sorgfalt der Montage und der Art des Schmiermittels (vgl. S. 407) abhängig. Als mittlere Werte kann man bei Kolbendampfmaschinen von 100 PS etwa mit 2 g/PS, bei Lokomobilen gleicher Größe mit 6 g/PS, bei Dampfturbinen von 1000 PS etwa mit 0,17 g/PS, bei Dieselmaschinen von 40 PS etwa mit 7 g/PS, bei 1000 PS etwa mit 2,5 g/PS rechnen. Für Putzmaterial und Dichtungen kann etwa $^1/_2$—$^3/_4$ des Betrages der Ölkosten eingesetzt werden.

In Abb. 394 ist eine Übersicht über die Energiekosten je Schlachtung (E/S) in Abhängigkeit von der jährlichen Schlachtziffer sowohl für elektrischen Antrieb und getrennter Warmwasserbereitung wie auch für gekoppelte Kraft- und Wärmewirtschaft an dem Beispiel von 24 deutschen Schlachthöfen dargestellt. Trotz des schlechten Belastunggrades scheint demnach der vielfach zu beobachtende Übergang zum elektrischen Antrieb nicht berechtigt.

## b) Wärmeausnützung im Kesselhaus.

### 1. Hochgespannter und überhitzter Dampf.

Überhitzter Dampf hat bei gleichem Druck ein größeres spezifisches Volumen als Sattdampf, während der Mehrbetrag an Erzeugungswärme nur gering ist, deswegen wird bei gleichem Füllungsvolumen im Zylinder weniger Dampfgewicht verbraucht. Die Steigerung des theoretischen thermischen Wirkungsgrades durch die Überhitzung ist nicht sehr beträchtlich. Der Differenzbetrag der Wärmeinhalte vor und nach der Maschine, welcher ein direktes Maß für die erzeugte Arbeit ist, wird zwar größer, in ähnlichem Maße wächst aber auch die zuzuführende Wärmemenge. Durch die mit dem Überhitzungsbetrieb verbundenen verringerten Wandungswirkungen (vgl. S. 281) der Dampfmaschine wird aber besonders bei Gegendruckbetrieb die Differenz der Wärmeinhalte, also die tatsächlich gewonnene Arbeit, wesentlich größer als bei entsprechenden Verhältnissen bei Sattdampf, dadurch erhöht sich der thermische Wirkungsgrad. In Abb. 395 ist der Einfluß der Überhitzung auf die Wärmeersparnis bei einer älteren Kolbendampfmaschine dargestellt. Wenn bei wachsender Produktion die Kesselanlage für gesteigerte Ansprüche nicht mehr ausreicht, bietet also der Übergang von Sattdampf auf Überhitzungsbetrieb ein geeignetes Mittel zur Leistungserhöhung.

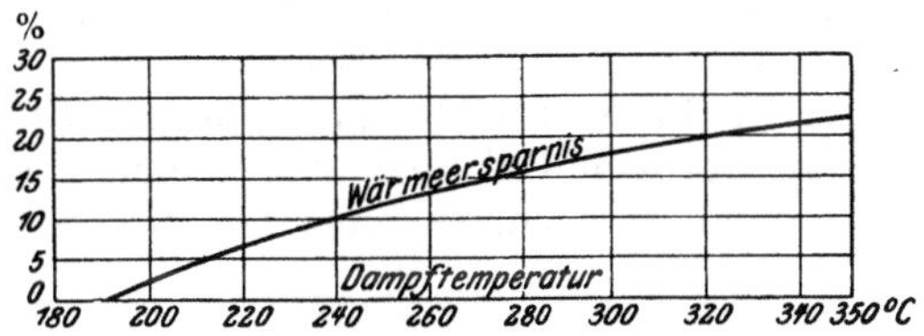


Abb. 395. Brennstoffersparnis durch Überhitzung gegenüber Sattdampfbetrieb bei älteren Kolbendampfmaschinen. (Aus Reutlinger-Gerbel.)

Die Ersparnis wird mit steigender Überhitzung immer geringer, so daß bei den heute in Schlachthöfen noch üblichen Drücken bis 10—12 at Temperaturen von 350° selten überschritten werden, während bei dem heutigen Stand der Technik Dampftemperaturen von 400—450° in Kesseln und Dampfmaschinen ohne Schwierigkeit beherrscht werden können. Wenn eine gute Ausnutzung des Abdampfes besteht, ist an sich die Höhe der Überhitzungstemperatur nicht so sehr von Bedeutung, es ist dabei nur wesentlich, daß der Dampf nicht allzu naß in den Vorwärmer kommt, wobei bei 10 bis 12 at, Temperaturen von 300—350° ausreichen. Diese Temperaturen haben den Vorteil, daß die Lebensdauer des Überhitzers, der Steuerung, erhöht wird, und die Schmierung der Maschine und die Entölung des Abdampfes leichter wird. Den früher gegen zu hohe Anfangstemperaturen geltend gemachten Grund, daß der aus der Maschine austretende Dampf dann überhitzt ist, und dessen Heizwirkung je kg schlechter wäre, wurde durch neuere Forschungen nicht bestätigt (vgl. S. 353).

In bezug auf die Kesselanlage bedeutet die Überhitzung in erster Linie die Erzeugung wesentlich hochwertigeren Dampfes bei gleichem Brennstoffverbrauch, es erhöht sich der Kesselwirkungsgrad, also die Leistung. Merkwürdigerweise besitzen nur 36 deutsche Schlachthofanlagen Dampfüberhitzung der Dampfkraftanlagen.

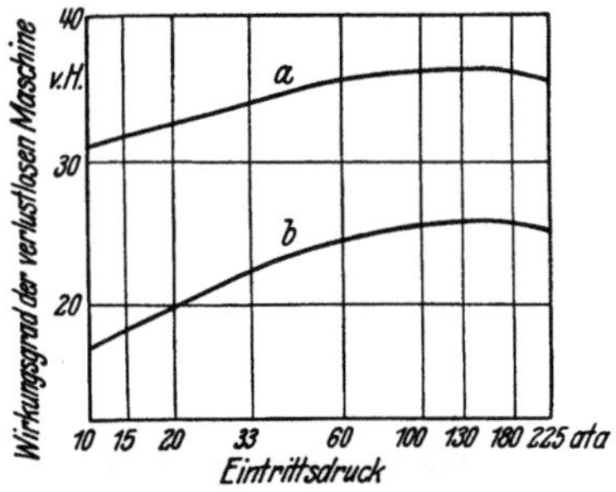


Abb. 396. Wirkungsgrad einer verlustlosen Dampfmaschine abhängig vom Eintrittsdruck. *a* bei Kondensationsbetrieb, *b* bei 1 ata Gegendruck.

Einen ähnlichen Einfluß auf den thermischen Wirkungsgrad, wie die Erhöhung des Wärmegefälles durch Überhitzung, hat die Erhöhung des Betriebsdruckes. Seine Erhöhung ist mit einer Erhöhung der Überhitzung zwangläufig gekuppelt, weil man nur gleichzeitig mit einer Druckerhöhung dem Temperaturniveau und damit dem nutzbaren Wärmegefälle einen größtmöglichen Wert geben kann. Auf den Wirkungsgrad der Kesselanlage hat die Erhöhung des Betriebsdruckes keinen Einfluß. In Abb. 396 ist schematisch die prozentuale Leistungssteigerung einer Kolbendampfmaschine bei zunehmendem Druck dargestellt. Besonders unwirtschaftlich sind alte Dampfmaschinen, z. B. ist der Mehrdampfverbrauch einer Maschine mit 5,5 at Anfangsdruck gegenüber einer mit 9,5 at etwa 3 kg Dampf/PSh.

Natürlich ist die Druckerhöhung mit einer Zunahme der Anlagekosten verbunden. Der wirtschaftliche Kesseldruck ergibt sich aus der graphischen Addition der Wärmeersparnis und der Zunahme der Ausgaben für Abschreibung, Verzinsung, Instandhaltung. Der wirtschaftlichste Kesseldruck ist jener, bei dem sich dabei ein Minimum ergibt. Je nach dem Belastungsgrad der Anlage verschiebt sich dieses Minimum gegen niedrigere Druckbereiche. Die Mehrzahl moderner Hochleistungskessel haben Drucke von 20—45 at. Die Anlagekosten für Drücke bis 20 at erhöhen sich nur ganz wenig bzw. gar nicht mit dem Druck, während die thermischen

Vorteile sehr rasch zunehmen. Daher wird ein Kesseldruck von 20 atü fast immer als wirtschaftlich anzusehen sein. Eine uneingeschränkte Verallgemeinerung ist bei Schlachthofanlagen nicht möglich, weil es von den speziellen Betriebsbedingungen abhängt, ob sich die erzielten thermischen Vorteile für die reine Krafterzeugung auch gegenüber der mit der Drucksteigerung verbundenen geringeren Dampflieferung für den Heizungsbetrieb rechtfertigen. Wie bereits erwähnt, ist in den heutigen Schlachthofanlagen der Belastungsgrad niedrig. Kessel mit einem Betriebsdruck von 5 at sind aber für alle Fälle unwirtschaftlich. Der in deutschen Schlachthöfen vorherrschende Dampfdruck ist 8 at, dann folgen der Häufigkeit nach 6 at, 7 at, 12 at und 10 at. Kessel mit einem Betriebsdruck über 12 at sind in Schlachthöfen bisher noch ganz vereinzelt.

**Bauliche Ausbildung der Überhitzer.** In den Überhitzern wärmen die Heizgase, welche bereits einen großen Teil ihres Wärmeinhalts an die Kesselwandung abgegeben haben, den erzeugten Sattdampf nach, wodurch bei unveränderter Dampfspannung überhitzter Dampf oder Heißdampf entsteht (Abb. 282 und 397). Die Höhe der Überhitzung hängt von der Heizgasmenge und der Kesselbelastung ab. Man unterscheidet Kesselzugüberhitzer und Strahlungsüberhitzer. Der letztere ist in Deutschland zur Zeit noch wenig üblich. Der Kesselzugüberhitzer besteht heute allgemein aus starkwandigen, nahtlos gezogenen, U-förmig gewickelten Rohren, welche zu Sammelrohren führen (vgl. Abb. 398). Die Anordnung ist bei Flammrohrkesseln waagerecht; dabei durchströmen die Feuergase die Flammrohre, dann den Überhitzerzug und schließlich die Mantelzüge des Flammrohres. Senkrechte Überhitzeranordnung (Abb. 398) wählt man häufig bei Steilrohrkesseln. Ihr Vorteil ist, daß die Verschmutzung durch Flugasche geringer, die Auswechselbarkeit leichter ist; andererseits ist bei waagerechter Anordnung die Entwässerung einfacher.

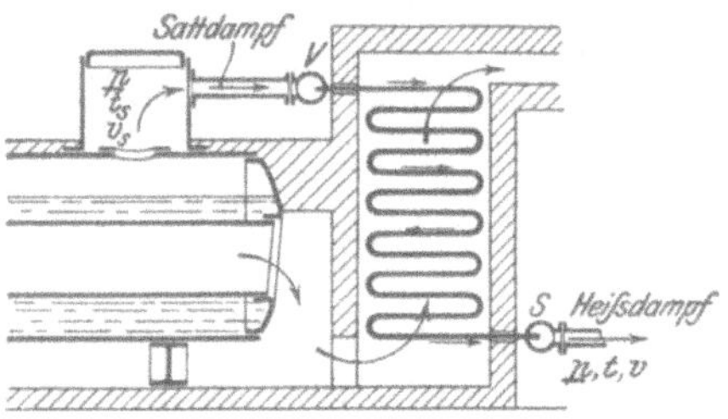

Abb. 397. Schema einer Überhitzeranordnung.

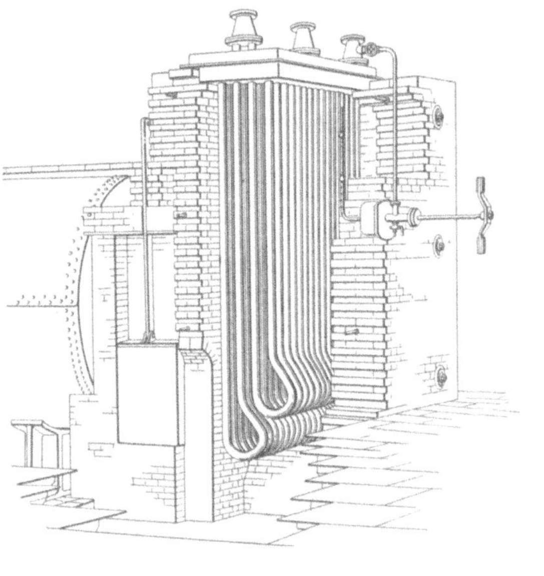
Abb. 398. Überhitzer (Bauart Szmatolski) hinter einem Flammrohrkessel.

Für die Ausführung ist wichtig, daß die Schlangen auch unter Berücksichtigung der Ausdehnung sicher gelagert sind, daß der Druckabfall in den Feuerzügen nicht größer ist, als die wirtschaftlichste Wärmeübergangszahl an Gasgeschwindigkeit erfordert, daß die Rohre einzeln gut auswechselbar sind, die Entfernung von Ruß und Flugasche leicht durchführbar ist (nicht zu kleine Abstände der Rohrreihen, Anbringmöglichkeit von Rußbläsern) und schließlich, daß eine Dampfdrosselung vermieden wird. Die Schaltung kann so durchgeführt werden, daß alle Rohre hintereinander, nebeneinander oder die Rohre bündelweise hintereinander geschaltet werden. Die gebräuchlichste Art ist die Parallelschaltung aller Überhitzerrohre; sie hat den Vorteil geringster Zugverluste und daß bei Beschädigung eines oder mehrerer Rohre diese nur abzuschließen sind, worauf mit dem Überhitzer weitergearbeitet werden kann.

Für die Regulierung der Dampftemperatur — eine höhere Temperatur wie 450° ist zur Zeit aus technologischen Gründen nicht wünschenswert — dienen eine Reihe von Möglichkeiten. Häufig ausgeführt wird das Verfahren, durch Anwendung von Klappen oder Schiebern nur einen Teil der Heizgase über den Überhitzer zu leiten. Der Wert ist ein höchst problematischer, da sich die Klappen bei den hohen Temperaturen leicht verziehen und meist nicht bedienbar sind. Alle anderen Verfahren (Babcock und Wilcox, Borsig, Steinmüller usw.) beruhen darauf, daß vom Heißdampf ein Teil abgezweigt wird und dieser entweder mit Naßdampf gemischt oder durch den Wasserraum zurückgeleitet wird oder durch einen Speisewasservorwärmer strömt.

Ist es nicht möglich den Überhitzer aus dem Gasstrom auszuschalten, dann muß er beim Anfeuern durch Füllen mit Wasser zunächst als Vorwärmer betrieben oder es muß Dampf von benachbarten Kesseln durch den Überhitzer geleitet werden, damit ein Durchbrennen verhindert wird. Durchaus verwerflich ist es, den Überhitzer während des Betriebes auch nur zeitweise ganz auszuschalten.

### 2. Die Kesselverluste und ihre Einschränkung.

Der Gesamtwirkungsgrad eines Kessels ist das Verhältnis der nutzbar gemachten zur insgesamt zugeführten Wärme.

$$\eta_{\text{ges}} = \frac{D\,(i'' - i')}{B \cdot H} \approx \frac{W\,(i'' - i')}{B \cdot H},$$

wobei $D$ = erzeugte Dampfmenge kg/h,
$W$ = entsprechende Speisewassermenge in kg/h,
$B$ = entsprechende Brennstoffmenge in kg/h,
$H$ = unterer Heizwert des Brennstoffes in kcal/kg,
$i''$ bzw. $i'$ = der Wärmeinhalt des erzeugten Dampfes bzw. des Speisewassers kcal/kg ist.

Die Verluste im Kessel entstehen:
1. durch die freie Wärme der Abgase,
2. durch unvollkommene Verbrennung,
3. durch Unverbranntes in den Herdrückständen,
4. durch fühlbare Abwärme dieser Rückstände,
5. durch Flugkoks und Ruß,
6. durch Strahlung und Leitung.

Je nach dem Stande der Technik ist ein Teil dieser Verluste vermeidbar, ein Teil nicht. Zweck einer richtigen Wärmewirtschaft ist, einen möglichst großen Anteil der als unvermeidbar erscheinenden Verluste vermeidbar zu gestalten. (Vgl. Abb. 399).

Der Verlust durch freie oder fühlbare Abwärme in den Rauchgasen ist niemals völlig zu vermeiden, da eine bestimmte Eintrittstemperatur in den Schornstein nötig ist, um einen ausreichenden Zug zu erzeugen (vgl. S. 268), außerdem muß mit einem gewissen Luftüberschuß gearbeitet werden. Vermeidbar sind aber Abgasverluste infolge zu hohen Luftüberschusses — und dies ist ein sehr häufiger Betriebszustand — und Verluste durch zu hohe Abgastemperaturen. Der zu hohe Luftüberschuß wird durch zu weites Öffnen des Zugschiebers, zu starken Unterwind, durch unregelmäßige Brennstoffschicht und Zutritt falscher Luft verursacht. (Löcher in der Brennstoffschicht, Undichtigkeiten in der Mauerung, offene Türen und Luken, ungeschicktes Abschlacken.) Hohe Abgastemperaturen lassen sich durch Einbau von Rauchgas-Speisewasser- und Rauchgas-Luft-Vorwärmer (vgl. S. 365) verhindern. Bei stark verschmutzten Heizflächen sind die Abgasverluste trotzdem groß. Die Rauchgasmenge bzw. der Gehalt an $CO_2$ läßt sich durch Differenzzugmesser bzw. Rauchgasmesser, die Verschmutzung der Heizflächen durch Temperaturmessung nachweisen (vgl. S. 382).

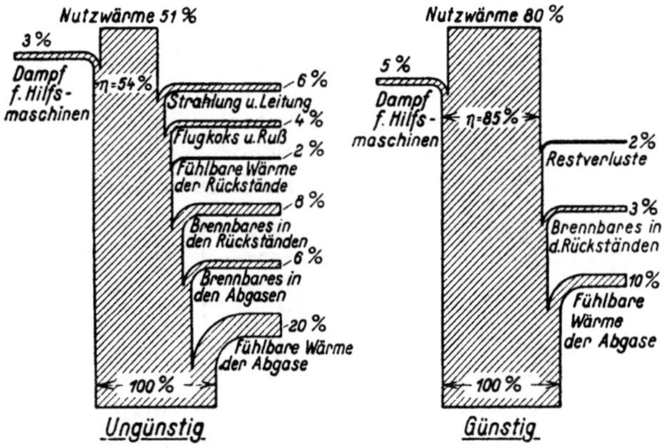


Abb. 399. Günstige Wärmebilanz (neuzeitlicher, gut bedienter Kessel) und ungünstige Wärmebilanz (veralteter schlecht bedienter Kessel) nach Praetorius.

Die Verluste durch unvollkommene Verbrennung sind im Gegensatz zu den Verlusten durch freie Abwärme in jedem geregelten Betrieb zu vermeiden. Der Verlust ist, wie bereits erwähnt, dadurch begründet, daß die bei der Verbrennung von CO freiwerdende Wärme nicht einmal ein Drittel der Verbrennungswärme bei vollkommener Verbrennung zu $CO_2$ ist. Ebenso wie bei Ruß, der sich in den Kesselzügen, den Rauchgaskanälen, dem Schornstein und der Umgebung besonders bei langflammigen Kohlen ablagert, ist die Ursache dieser Verluste ein Luftmangel. Ein rauchender Schornstein mag ein malerisches Bild sein, für den Ingenieur ist er aber das Kennzeichen einer energiewirtschaftlich schlechten Betriebsführung. Ursachen sind zu geringe Zugstärken (Zugschieber nicht weit genug geöffnet), zu hohe Brennstoffschicht und Aufwerfen frischen Brennstoffes bei stark gedrosseltem Zugschieber. Zur Kontrolle dienen ebenfalls Differenzzug- im Zusammenhang mit einem Rauchgasmesser.

Einfluß der Luftmenge auf den Rauchgasverlust.

| | | | | | | | | | | | | | | |
|---|---|---|---|---|---|---|---|---|---|---|---|---|---|---|
| Kohlensäuregehalt . . . | 2 | 3 | 4 | 5 | 6 | 7 | 8 | 9 | 10 | 11 | 12 | 13 | 14 | 15 % |
| Luftüberschuß . . . . . | 9,5 | 6,3 | 4,7 | 3,8 | 3,2 | 2,7 | 2,4 | 2,1 | 1,9 | 1,7 | 1,6 | 1,5 | 1.4 | 1,3 fach |
| Rauchgasverluste bei 270° | 90 | 60 | 45 | 36 | 30 | 26 | 23 | 20 | 18 | 16 | 15 | 14 | 13 | 12 % |

Die Verluste durch Unverbranntes in den Rückständen entstehen dadurch, daß der Brennstoff für die Rostbauart nicht geeignet ist und zuviel Brennstoff durch die Roststäbe fällt, daß die Rostgeschwindigkeit zu groß ist und zu häufig oder ungeschickt abgeschlackt wird. Durch geschickte Feuerführung läßt sich dieser Verlust fast ganz verhindern.

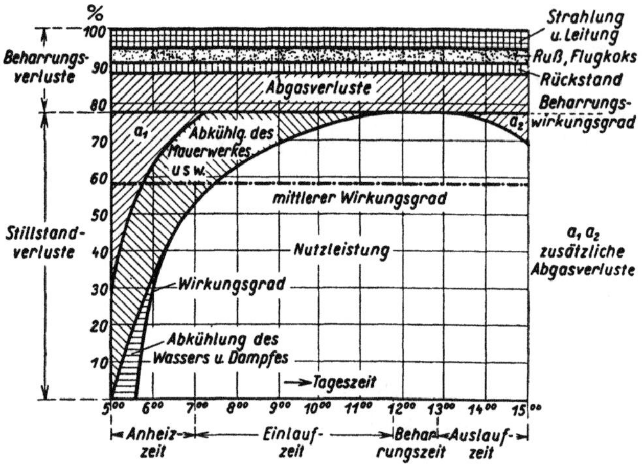


Abb. 400. Wärmebilanz eines Kessels in der Anheiz-, Einlauf-, Beharrungs- und Auslaufzeit.

Der Verlust durch fühlbare Abwärme in den Rückständen ist sehr gering und kann im allgemeinen vernachlässigt werden.

Verluste durch Flugkoks entstehen bei feinkörnigem Brennstoff und bei sehr großer Zugstärke bzw. hohem Luftüberschuß. Sie treten also meist mit großen Verlusten durch freie Abwärme auf.

Die Verluste durch Leitung und Strahlung wurden bisher wesentlich unterschätzt. Man unterscheidet Verluste durch äußere und Verluste durch innere Abkühlung. Die äußeren Verluste durch Abstrahlung von der Kesseloberfläche lassen sich durch dessen Isolierung wesentlich verringern, besonders bei Kesseln mit häufigen Betriebsunterbrechungen ist dies sehr wichtig. Zur Verringerung der Speicherwärme (vgl. S. 400) wird die Isolierschicht zweckmäßig nicht außen, sondern zwischen Schamotte und Ziegelmauerwerk angebracht. Von ausschlaggebender Bedeutung sind die inneren Verluste, welche dadurch entstehen, daß in den Betriebspausen der Schornstein kalte Luft ansaugt, welche den Schornstein selbst, die Rauchkanäle, Ekonomiser und Luftvorwärmer und schließlich durch viele undichte Stellen auch den Kessel auskühlen. Es ist deshalb bei Betriebsschluß der allergrößte Wert auf sorgfältigen Verschluß aller Öffnungen zu legen, ja es lohnt sich, außer dem Zugschieber am Schornsteinfuß noch einen besonderen Rauchgasschieber anzubringen, der nach Betriebsschluß geschlossen wird. Zu den Verlusten durch innere Auskühlung kann man während des Betriebes auch diejenigen zählen, welche durch „falsche Luft“, durch Undichtigkeiten des Schornsteinmauerwerkes (besonders bei Ziegelschornsteinen auf der Wetterseite), durch Abkühlung des Schornsteines infolge ungeeigneten Materials (besonders groß bei Blechschornsteinen), durch Ansammlung von Regenwasser im Fuchs usw. rechnen. Es ist eine vollkommen irrtümliche Ansicht, wenn man glaubt, daß für den Wirkungsgrad lediglich die Feuerführung verantwortlich ist und die an den Kessel anschließenden Teile ohne wesentlichen Einfluß wären.

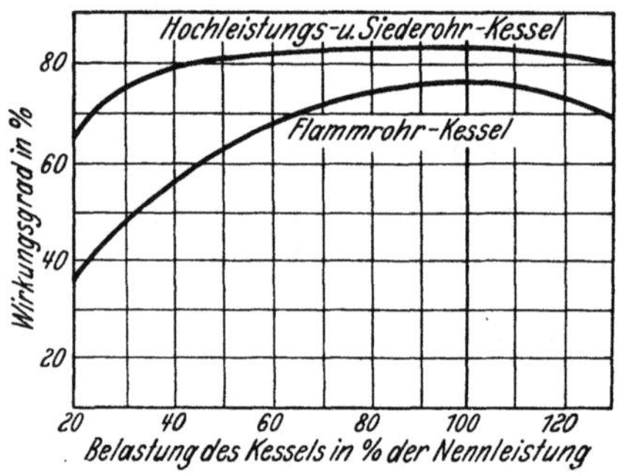


Abb. 401. Einfluß der Belastung auf den Wirkungsgrad von Dampfkesseln.

Da die Verluste durch innere und äußere Abkühlung in erster Linie bei Stillstand der Kesselanlage entstehen, ergibt sich, daß der günstige Einfluß langer Betriebszeiten nicht nur dergestalt ist, daß die aufzustellenden Aggregate kleiner werden, als wenn die gleiche Leistung in kurzen Zeiten geliefert werden muß, sondern auch der Wirkungsgrad wesentlich höher als bei jenen ist. In Abb. 400 ist nach Praetorius der mittlere Wirkungsgrad eines täglich angeheizten Kessels dargestellt. Man sieht daraus, daß die Summe der Abkühlungsverluste keineswegs kleiner als die Summe der Normalverluste im Beharrungszustand ist. Gerade für kleinere Anlagen mit bisher häufig 8—10stündiger Betriebszeit ist dies von Bedeutung.

Der Einfluß der Belastung auf den Wirkungsgrad ist in Abb. 401 dargestellt. Wie die meisten Maschinen, so muß auch der Kessel so entworfen sein, daß zwischen Voll- und Halblast nur eine unwesentliche Absenkung des Wirkungsgrades stattfindet.

Die Verluste sind bei mechanischer Feuerung im allgemeinen wesentlich geringer als bei Handfeuerung, weil sich bei letzterer keine so gleichmäßige Verbrennung erzielen läßt. Schließlich soll nicht unerwähnt bleiben, daß, um dem Heizer bei Auftreten großer Dampfstöße die dauernde Regelung und schwere Handarbeit abzunehmen, sich eine Reihe von Bauarten selbsttätiger Feuerungsreglungen herausgebildet haben[1].

Die Wirtschaftlichkeit des Einbaues wärmetechnischer Verbesserungen, wie Ekonomiser, Luftvorwärmer u. dgl. ist vor allem vom Ausnutzungsgrad der Anlage abhängig. Während eine bessere Isolierung, Instandsetzung von Zugschiebern usw. natürlich immer rentiert, machen kostspielige Änderungen zur Wirkungsgradverbesserung eine ausreichende jährliche Betriebsstundenzahl zur Bedingung und die Anschaffung nur auf Grund einer Wirtschaftlichkeitsberechnung ratsam. Bei Reservekesseln mit ganz geringer Benutzungsdauer dürfen nur billige Anlagen ohne jede Rücksicht auf den Wirkungsgrad verwendet werden. Daß bei hohen Wärmepreisen mit höherer Berechtigung Anlagen mit gutem Wirkungsgrad nötig sind als bei billigen Brennstoffen, ist selbstverständlich.

**Rauchgas-Speisewasservorwärmer** (Ekonomiser). Um die den Kessel verlassenden heißen Rauchgase, besonders bei Kesseln mit schlechtem Wirkungsgrad, noch weiter auszunutzen als es im Kessel möglich ist, werden in den Rauchzügen Vorwärmer angelegt, die das Speisewasser unmittelbar bevor es in den Kessel gelangt unter Druck durchströmt (Abb. 282 und 402). Maßgebend für ihren Einbau ist, daß ihre Heizfläche wesentlich billiger kommt wie die von Kesseln, ein Grund, weshalb man Doppelkessel mit übereinanderliegenden Flammrohrkesseln nicht mehr anwendet. Von ausschlaggebender Bedeutung vor Einbau dieser Ekonomiser ist aber, daß die Zugverhältnisse ausreichend sind, weil durch sie leicht Zugverluste von 5 mm Wassersäule entstehen können. Nötigenfalls muß auf Grund einer Wirtschaftlichkeitsberechnung durch künstlichen Zug nachgeholfen werden. (Vgl. S. 268.) Ihre Anwendung empfiehlt sich da, wo Abgase von über 300° zur Verfügung stehen, mindestens muß aber der Temperaturunterschied zwischen den Abgasen und der Außenluft etwa 130° sein, bei tieferen Temperaturen werden die notwendigen Heizflächen unwirtschaftlich groß. Wichtig ist auch, daß die Temperatur des zugeführten Wassers nicht zu niedrig ist, bei Koksfeuerung muß es mindestens auf 20°, bei Steinkohlen auf 30—40°, bei sehr wasserreichen Braunkohlen auf 50—70° vorgewärmt sein, um ein Schwitzen der Rohre — Niederschlagen des in den Abgasen enthaltenen Wasserdampfes — zu vermeiden, wodurch Anfressungen durch Schwefelsäure und krustenartige Ablagerungen von Ruß und Flugasche erfolgen können. Von besonderer Bedeutung ist die Aufbereitung des Speisewassers.

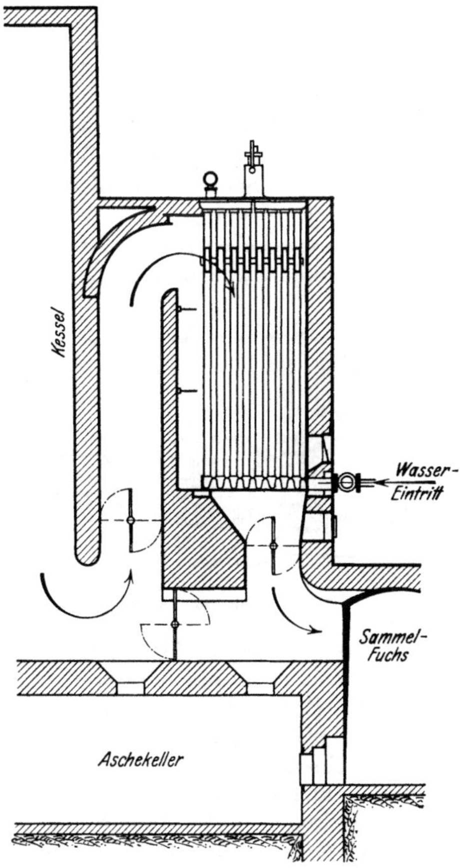

Abb. 402.
Einbau eines Rauchgas-Speisewasservorwärmers.

Man unterscheidet folgende Bauarten:

1. gußeiserne Glattrohr-Ekonomiser,
2. gußeiserne Rippenrohr-Ekonomiser,
3. schmiedeeiserne Glattrohr-Ekonomiser.

Nach Versuchen von Eberle[2] hat die Art der Wasserführung (Gleichstrom, Gegenstrom, Kreuzstrom) auf den Wärmedurchgang keinen wesentlichen Einfluß.

Zu 1. Sie werden bis zu 35 at verwendet, und zwar in paralleler oder senkrechter Gasstromführung bei fast durchweg senkrechter Rohranordnung. Ein Vorteil dieser Bauart ist ihre leichte Reinigungsmöglichkeit und Zugänglichkeit, außerdem haben die vielen Rohre ein großes Speichervermögen. Der Zugverlust ist gering. Als Nachteil wird angegeben, daß die Schwitz-

[1] Arca-Regler, AEG.-Askania, Siemens Kesselreglung u. a.
[2] Vgl. Balcke: Die Abwärmetechnik Bd 1, S. 146/47.

gefahr bei den Glattrohrapparaten sehr groß ist, da die Rohrwandungstemperatur ziemlich der Wassertemperatur im Innern entspricht.

Zu 2. Sie stellen die heute vorwiegend gebräuchliche Bauart vor. Für die Gasführung ist wichtig, daß die Rauchgase alle Rippenflächen bestreichen und der Rohrumfang möglichst vollkommen beaufschlagt wird. Der Wärmeübergang der versetzten Rippe ist besser als der der Parallelenrippe, dafür erhöht sich aber der Zugverlust wesentlich, so daß die erste Bauart nur bei ausreichendem natürlichen Zug empfehlenswert ist. Die Kreisrippe ist günstiger als die Quadratrippe. Der Vorteil der gußeisernen Rippenrohr-Ekonomiser ist ihr geringer Platzbedarf, weshalb sie sich zum Einbau in ältere Anlagen, außerdem für hohe Betriebsdrücke besonders eignen. Bei minderwertiger Kohle mit starker Flugaschebildung sind sie weniger empfehlenswert, obwohl durch geeignete Rußbläser eine etappenweise Reinigung keine Schwierigkeiten bereitet.

Zu 3. Schmiedeeisen hat den Nachteil geringer Widerstandsfähigkeit gegen chemische Angriffe, weswegen es sich trotz seiner sonstigen großen Vorteile, besonders seiner großen Elastizität, der leichten Auswechselbarkeit u. dgl.[1] als Ekonomiserbaustoff nur bei Anwendung des Regenerativverfahrens, bei sehr heißem Speisewasser, oder bei großen Anlagen mit sehr hohen Drucken, empfiehlt. Die Ausführung ist der von Überhitzersystemen ähnlich. Etwa 31 deutsche Schlachthofanlagen besitzen Rauchgas-Speisewasservorwärmung (21,8% der Dampfkraftanlagen).

**Rauchgas-Lufterhitzer.** Ekonomiser wie Luftvorwärmer verfolgen den gleichen Zweck, nämlich die Abgasverluste zu verringern. Bei der Abgleichung der Vor- und Nachteile der beiden Möglichkeiten ist zu beachten, daß bei Kesseln mit Rostfeuerung die Verbrennungsluft nur mäßig vorgewärmt werden darf, so daß hierbei der Luftvorwärmer an Bedeutung verliert, wenngleich die Hintereinanderschaltung von Ekonomiser und Luftvorwärmer auch als wirtschaftliche Lösung in Frage kommt. Besondere Bedeutung kommt dem Lufterhitzer in Schlachthöfen in Form der Entneblungsanlage (vgl. S. 150) zu. Die normale Verwendung des Lufterhitzers ist aber, daß er die Verbrennungsluft des Kessels vorwärmt, das hat zur Folge, daß die Abfallwärme wieder in den Kreislauf zurückkommt, und daß die Verbrennung selbst lebhafter wird, also die Rost- und Heizflächenbelastung steigt und minderwertige Brennstoffe leichter verfeuert werden können.

Abb. 403. Taschenlufterhitzer.

An einen guten Lufterhitzer sind folgende Forderungen zu stellen: möglichst geringer Zugverlust, kleiner Platzbedarf, leichte Reinhaltung der Heizflächen bzw. leichte Ausbaufähigkeit beim Reinigen, gute Abdichtung, daß sich Luft und die Rauchgase nicht mischen.

Man unterscheidet folgende Bauarten: Lufterhitzer nach dem Rekuperativverfahren (Röhrenlufterhitzer, Plattenlufterhitzer, Rippenschalenlufterhitzer) und nach dem Regenerativprinzip (Rotationslufterhitzer).

Der Röhrenlufterhitzer beruht auf demselben Prinzip wie der Luftkühler von Kälteanlagen, nur umströmen hier die heißen Gase die Rohre (rund oder elliptisch, Richtung meist Kreuzstrom), die Luft wird innen geführt. Ein bekannter Lufterhitzer dieser Bauart ist der Föge-Lufterhitzer.

Wichtiger ist der Platten- oder Taschenluftvorwärmer (Szamatolski, Berlin, Danneberg & Quandt, Berlin usw. [Abb. 403]). Er besteht aus einer Anzahl Blechtafeln, welche aneinandergefügt und miteinander gas- und luftdicht verschweißt werden, dadurch entstehen sog. Lufttaschen, welche von der Luft durchströmt werden. Meist im Kreuzstrom dazu strömen in den Zwischenräumen der Taschen die Rauchgase. Bei dieser Bauart ist der Zugverlust sehr gering, die Gefahr einer Verschmutzung auf ein Mindestmaß herabgedrückt, sowohl durch die große Rauchgasgeschwindigkeit als dadurch, daß die Platten stehend angeordnet sind. Der Platzbedarf ist gering, so daß sie leicht in alte Kessel eingebaut werden können. Er stellt die heute dominierende Bauart dar.

Der Rotationslufterhitzer (z. B. der Ljungström-Lufterhitzer, Bauart Balcke, Bochum, Abb. 404) beruht auf dem Prinzip, daß Bleche auf einem Rotationskörper aufgebracht sind und

[1] Z. d. Bayr. Rev.-Ver., München **1909**, Nr. 19—21.

in drehender Bewegung teils dem heißen Rauchgasstrom, teils dem kalten Luftstrom wechselweise ausgesetzt sind, wobei die vorher erhitzten Flächen ihre Wärme abgeben. Bei größeren Anlagen erfordert der ununterbrochene Betrieb zwei Regeneratoren, damit gleichzeitig das warme Gas in einem Regenerator abgekühlt und das kalte Gas in dem anderen erwärmt werden kann. Die Wärmeübertragung ist ganz ausgezeichnet, weil keine Wärmedurchgangsflächen vorhanden sind und evtl. Verschmutzungen keine besondere Rolle spielen. Der Druckverlust ist denkbar gering. Dagegen ist es noch nicht möglich, völlig ruß- und geruchfreie Trockenluft zu erzielen, so daß seine Anwendung auf die Fälle der Verbrennungsluftvorwärmung beschränkt bleibt. Eine geschickte Ausführung des rotierenden Heizkörpers stellt die Lösung von Fränkl (Maschinenfabrik Augburg-Plattling) dar, bei welcher sich auf 1 m³, 2000 m² Heizfläche unterbringen lassen. Der Wirkungsgrad der Regeneratoren ist bei Gegenstrombetrieb immer kleiner, bei Gleichstrombetrieb kann er größer sein als bei den analogen „Röhrenlufterhitzern“ (Rekuperatoren). Die Heizfläche ist bei Regeneratoren doppelt nötig, dafür fällt aber Verschmutzung wesentlich weniger ins Gewicht als bei Rekuperatoren[1].

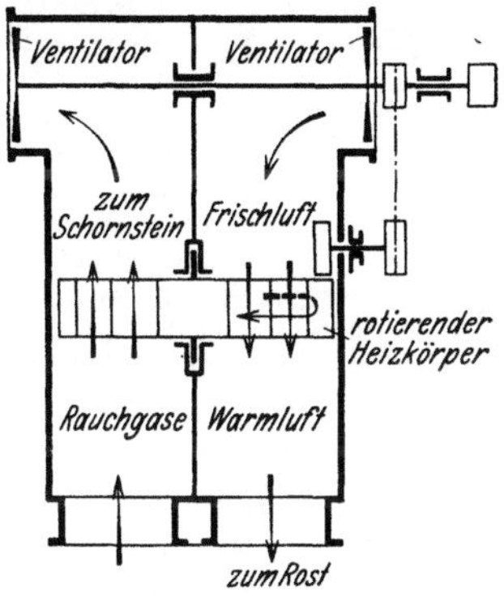

Abb. 404. Schematische Darstellung des Ljungström-Lufterhitzers.

**Rauchgas-Speisewasser oder Rauchgas-Luftvorwärmung?** Wie bereits erwähnt, ist ganz grob geschieden die Speisewasservorwärmung in erster Linie bei Flammrohrkesseln, die Luftvorwärmung in erster Linie bei Hochdruckdampfbetrieb am Platz. Dazwischen ist aber eine Reihe von Übergängen möglich, deren Berechtigung sich aus folgendem ableiten läßt.

Vorteile der Speisewasservorwärmung: Verkleinerung der Gesamtheizfläche, Schonung des Kessels durch Abscheidung kesselsteinbildender Stoffe und aggressiver Gase im Vorwärmer. Nachteile: bei hohen Dampfdrucken Verteuerung des Ekonomisers und Verringerung der Betriebssicherheit. Verwendung für ältere und kleinere Anlagen, insbesondere mit Rostfeuerung.

Vorteile der Luftvorwärmung: Verhinderung der Senkung der Feuerraumtemperatur und Verbesserung der Verbrennung, besserer Ausbrand der Kohle, bei wachsenden Drucken billiger wie der Ekonomiser, da geringere Wanddicken; Gefahr des Schwitzens der Rohre wesentlich geringer wie beim Ekonomiser. Verwendung für moderne Kessel mit goßer Strahlungsheizfläche bei minderwertigen Brennstoffen, insbesondere wenn sich das Regenerativverfahren, d. h. die Vorwärmung des Speisewassers durch Anzapfdruck, nicht durchführen läßt.

Für neuere Anlagen ist die Hintereinanderschaltung von Luftvorwärmer und Ekonomiser wohl die günstigste Lösung, und zwar wenn der Ekonomiser vorgeschaltet wird (Abb. 282), wird dieser billiger, wenn der Lufterhitzer vorgeschaltet wird, sind die Zugverluste geringer.

## c) Abdampfverwertung.

### 1. Wärmebilanz und Wärmebild[2].

Der thermische Wirkungsgrad einer Dampfkraftanlage ist im normalen Betrieb in den günstigen Fällen kaum höher als 16%. Die Ursache dieses schlechten thermischen Verhaltens ist vor allem die ungünstige Art der Wärmezufuhr. Die kritische Temperatur des Wasserdampfes ist relativ niedrig ($t_K = 374°$), die Überhitzung bedeutet nur eine bescheidene Verbesserung, dagegen ist die Temperatur der Feuergase fast um 1000° höher. Diese Differenz zwischen der Temperatur der Feuergase und des Dampfes fällt bei den Dieselmotoren fort, darin ist ihr höherer thermischer Wirkungsgrad begründet. Andererseits hat aber die Dampfmaschine der Brennkraftmaschine gegenüber den Vorteil, daß man auf den der Kühlwassertemperatur entsprechenden Druck expandieren kann, während beim Dieselmotor eine Expansion nur auf den Atmosphärendruck möglich ist.

Trotz des schlechten thermischen Verhaltens kann die Wirtschaftlichkeit der Dampfkraftanlage größer als die der Brennkraftanlage sein, wenn die Möglichkeit der Abdampfverwertung gegeben ist. Denn dann ist nicht der thermische Wirkungsgrad, also das prozentuale Verhältnis des Wärmeäquivalents der Nutzleistung dividiert durch die dem Kessel in Form von Kohle zugeführte Wärmemenge maßgebend, sondern zum Wärmeäquivalent der Nutzbarkeit ist noch der Wärmeinhalt des Heizabdampfes zu addieren. Bei einigermaßen vollkommener Abdampf-

[1] Vgl. Hausen, H.: Technische Mechanik und Thermodynamik 1930.
[2] Über Energiewirtschaft in Schlachthofbetrieben existiert bisher keinerlei Literatur.

ausnutzung lassen sich dadurch Wirkungsgrade von ungefähr gleich dem Wirkungsgrad der Kesselanlage, also etwa 80%, erzielen. Im Wärmeverteilungsdiagramm Abb. 405 ist die Größe der für Heizung nutzbaren Wärmemenge, die normalerweise im Kondensator vernichtet wird, ersichtlich.

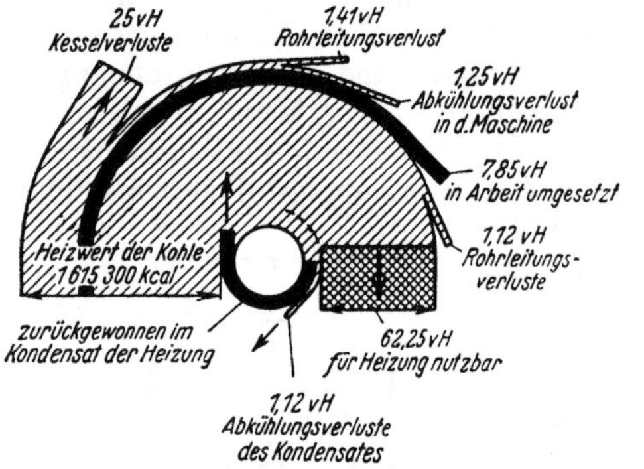


Abb. 405. Wärmeverteilungsdiagramm zu einer 200-PS-Kolbendampfmaschine. Dampfdruck 10,5 ata, 300°, Gegendruck 1,1 ata. Dampfverbrauch 8 kg/PSih (Balcke).

Das Wesen einer Dampfmaschine mit Abdampfausnutzung besteht darin, daß man die Maschine gleichsam als Druckminderer für die Heizanlage benutzt, also Kraft- und Wärmelieferung hintereinander schaltet und dabei den für die Krafterzeugung wenig wertvollen Niederdruckteil einfach abschneidet. Dabei kommt der Anwendung zugute, daß der Wärmeinhalt von Maschinenabdampf nur um einige Prozent geringer als von Frischdampf ist. Zusammenfassend läßt sich sagen, daß ein Schlachthofbetrieb nicht dann vollkommen ist, wenn er möglichst gute Einzeleinrichtungen besitzt, sondern wenn der Gesamtverbrauch an Kohle und Strom für Kraft- und Heizbetrieb zusammen möglichst gering wird.

Aus Abb. 394 S. 360 ist zu ersehen, daß die Energiekosten je Schlachttier in Schlachthöfen mit Abwärmeverwertung wesentlich geringer als in Schlachthöfen ohne Abwärmeverwertung sind. Der Kostenunterschied ist wesentlich größer, als sich durch die Abwärmeverwertung allein erwarten läßt, was sich dadurch erklärt, daß die Schlachthöfe mit Abwärmeverwertung durchweg eigene Krafterzeugung besitzen, während die anderen Schlachthöfe meist Strom zu Preisen beziehen, die wesentlich über den Kosten der Eigenerzeugung liegen. Daraus ergibt sich, daß Eigenerzeugung mindestens soweit anzustreben ist, als Verwendung für die Abwärme vorliegt.

Bei der Kopplung von Kraft und Wärme[1] kann man hauptsächlich drei Fälle unterscheiden:

1. Im günstigsten Falle wird der der Maschinenbelastung entsprechende Abdampf dauernd zu Heizzwecken verbraucht.

2. Die Dampfentnahme ist konstant, aber die Maschine läuft verschieden belastet.

3. Die Maschine läuft mit gleichbleibender Belastung, und die Dampfentnahme ist verschieden.

Der letzte Fall ist der einer Schlachthofkraftanlage. Der stündliche Leistungsbedarf des Kälteerzeugungskompressors kann — mit Ausnahme heißer Tage im Sommer bei Anwendung von

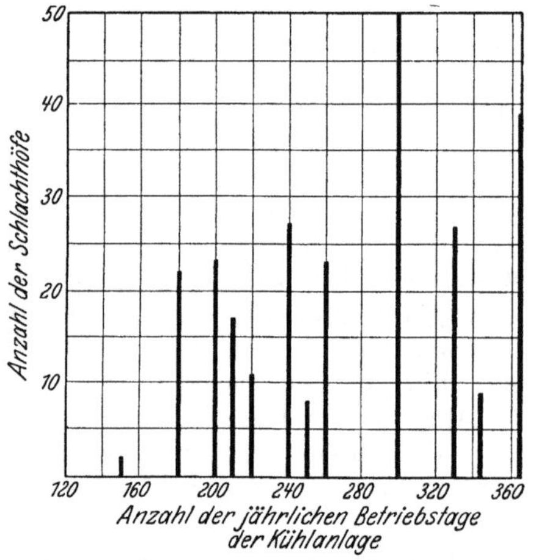


Abb. 406. Häufigkeitsdiagramm der Kühlanlagenbetriebstage je Jahr.

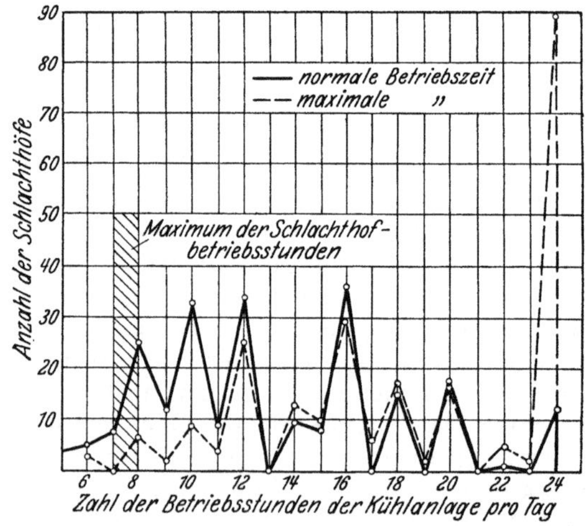


Abb. 407. Häufigkeitskurve der Kühlanlagenbetriebsstunden je Tag in den deutschen Schlachthöfen.

Verdunstungskondensatoren — als praktisch konstant angesehen werden. Lediglich die Betriebszeit der Kälteerzeugungsanlage ist verschieden. Dagegen tritt der Heizdampfbedarf sprunghaft, ohne sichtbaren Zusammenhang mit dem Leistungsbedarf auf. Daß die Verhältnisse energie-

[1] Gekoppelt wird streng genommen Arbeit und Wärme bzw. Leistung und Wärmebedarf je Zeiteinheit.

wirtschaftlich nicht ganz einfach liegen, wird aus der Tatsache erhellt, daß 23% der Dampfkraftanlagen deutscher Schlachthöfe den Abdampf überhaupt nicht ausnützen, in 38% der Anlagen genügt er an Nebenschlachttagen zur Deckung des Heizbedarfes, lediglich in 39% reicht der Abdampf in allen Fällen völlig.

In Abb. 406 ist die Häufigkeit der jährlichen Kältemaschinenbetriebszeit in den deutschen Schlachthöfen aufgetragen. Im Mittel ist die Kältemaschine etwa 300 Tage im Jahr im Betrieb. Dagegen ist die Anzahl der Hauptschlachttage in der Mehrzahl der Fälle jährlich $52 \cdot 2 = 104$ Tage.

Hauptschlachttage:

| | 1 | 2 | 3 | 4 | 5 | 6 | Tage je Woche |
|---|---|---|---|---|---|---|---|
| Bei Großvieh in | 31 | 100 | 60 | 29 | 12 | 18 | Schlachthöfen |
| „ Schweine „ | 36 | 96 | 64 | 35 | 9 | 12 | „ |

Die Anzahl der Betriebsstunden der Kälteerzeugungsmaschinen je Tag ist für die deutschen Schlachthöfe in Abb. 407 dargestellt. Die maximale Betriebsstundenzahl zeigt bei 24 Stunden ein ausgeprägtes Maximum. Die Anzahl der Schlachtstunden ist wesentlich niedriger und normalerweise etwa 7 bis 8, wie nachfolgende Tabelle zeigt.

| Einw.-Zahl der Stadt | Zahl der Schlachtstunden je Tag | | | | | | | | | | |
|---|---|---|---|---|---|---|---|---|---|---|---|
| | 3 | 4 | 5 | 6 | 7 | 8 | 9 | 10 | 11 | 12 | |
| bis 5 000 | in 1 | 1 | 2 | — | 3 | 5 | 3 | 8 | — | — | Häufigkeit (Anzahl der Schlachthöfe) |
| „ 10 000 | „ — | 3 | 3 | 3 | 23 | 61 | 5 | 5 | 1 | 1 | |
| „ 20 000 | „ — | — | 1 | 6 | 20 | 10 | 3 | 3 | — | — | |
| „ 30 000 | „ — | 1 | — | 2 | 46 | 15 | 5 | 5 | — | 2 | |
| „ 40 000 | „ — | — | 1 | 5 | 42 | 10 | 4 | 5 | 1 | — | |
| „ 50 000 | „ — | — | — | — | 26 | 26 | 3 | 13 | — | 1 | |
| „ 80 000 | „ — | — | — | 6 | 20 | 23 | 1 | 11 | — | 1 | |
| „ 100 000 | „ — | — | — | — | 14 | 13 | 2 | 4 | — | — | |
| „ 120 000 | „ — | — | — | 1 | 10 | 11 | — | 2 | — | — | |
| „ 150 000 | „ — | — | — | 1 | 4 | 12 | 1 | 1 | — | 1 | |
| „ 200 000 | „ — | — | — | — | 11 | 6 | 1 | 1 | — | 1 | |
| „ 300 000 | „ — | — | — | — | — | 7 | — | — | — | — | |
| „ 400 000 | „ — | — | — | — | — | 4 | — | — | — | — | |
| darüber | „ — | — | — | — | 2 | 2 | — | — | — | — | |
| | 1 | 5 | 8 | 24 | 221 | 205 | 28 | 58 | 2 | 7 | |

In Abb. 408 sind für den Schlachthof Straubing die Mittelwerte für den monatlichen Arbeits- und Wärmeverbrauch für die Jahre 1924—1927 zusammengestellt. Linie *a* stellt den Arbeitsverbrauch in Kilowattstunden dar, Linie *b* die Ausgaben für Dampf in Reichsmark je Monat. Man erkennt den einschneidenden und fast ausschließlichen Einfluß der Jahreszeit auf den Arbeitsverbrauch, während der Dampfverbrauch relativ unregelmäßig schwankt und im Winter, entsprechend dem stärkeren Fleischkonsum in der kalten Jahreszeit und der Versorgung der Raumheizung etwa um 30—40% höher liegt als im Sommer. Auffallend ist die ausgeprägte Spitze im Dezember, die offensichtlich durch die Festtage veranlaßt wird. Rechnet man sich aus dieser Abbildung den Wärmebedarf je Kilowattstunde in den einzelnen Monaten aus, und ersetzt man die dabei entstehende gebrochene Linie durch eine stetige, so entsteht die Kurve in Abb. 409. Man sieht daraus, wie wenig Arbeits- und Wärmebedarf zusammenstimmen (Juli zu Dezember wie 8:1). Dies wird daraus verständlich, daß der Arbeitsverbrauch von der Außentemperatur, der Wärmeverbrauch aber von der Schlachtziffer und der Sparsamkeit an Gebrauchswasser abhängt. In zweckmäßiger Weise läßt sich durch einen Wärmespeicher Abhilfe schaffen.

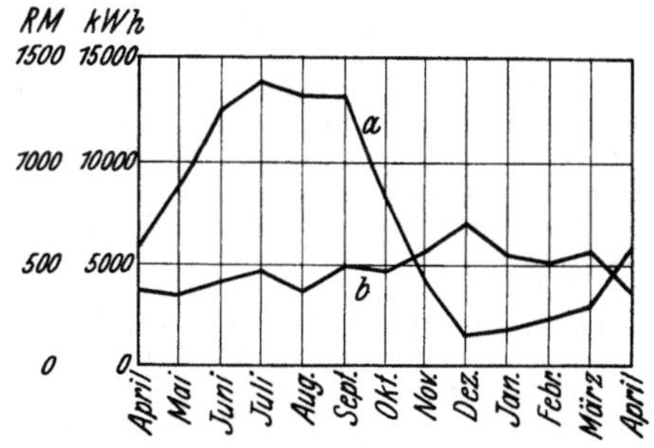


Abb. 408. Monatlicher Energiebedarf im Schlachthof Straubing.

Die Projektierung einer zweckmäßigen Abdampfausnutzung hat den Wärmeverbrauch je Schlachttier bzw. je Kilogramm Schlachtgewicht als Basis. Aus Abb. 410 ist zu ersehen, daß dieser an verschiedenen Tagen ganz außerordentlich schwanken kann. Im ganzen pendeln aber die Amplituden um einen Mittelwert, welcher aber — wie aus der leider sehr kärglichen Zusammenstellung auf S. 342 zu ersehen ist — in einzelnen Schlachthöfen recht verschieden sein kann. Diese Verschiedenheit liegt in der Betriebsführung begründet, meist ist der Grund ein recht naheliegender, nämlich die Temperatur des Gebrauchswassers. Es hat sich gezeigt, daß bei Verwendung sehr heißen Wassers viel mehr Wasser gespart wird, als wenn es schon temperiert zufließt. Trotzdem müssen in Schlachthöfen, welche etwa 1 cbm Warmwasser je Schlachtung benötigen (vgl. S. 342), gegen einer als normalen Mittelwert anzusehenden Menge von 0,1—0,2 cbm je Schlachtung, noch anderweitige Mißstände vorliegen[1].

Bei den weiteren Überlegungen ist zunächst Klarheit darüber zu schaffen, wie groß je Stunde und hierauf für jeden Betriebstag und jeden Monat einerseits der Leistungsaufwand für die Kälteerzeugungsanlage, andererseits die Wärmeabgabe für die Warmwasser-

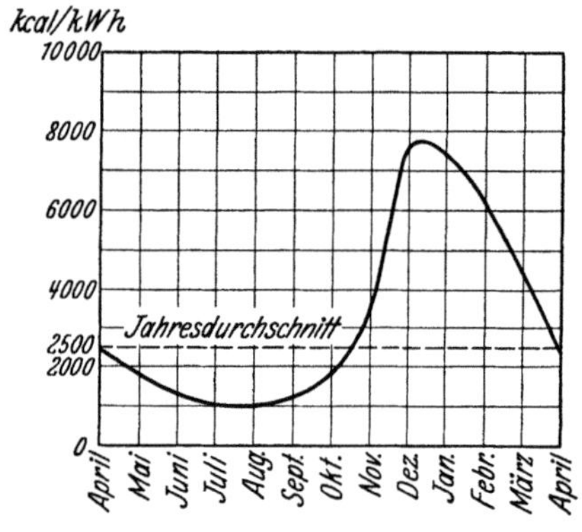


Abb. 409. Monatlicher Wärmebedarf je Kilowattstunde im Schlachthof Straubing.

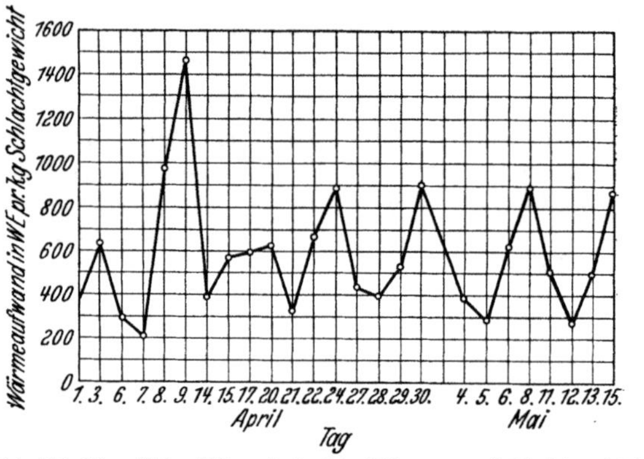


Abb. 410. Monatlicher Wärmebedarf je Kilogramm Schlachtgewicht.

erzeugung ist. Erst auf diesen statistischen Aufstellungen lassen sich für die drei wichtigsten Fälle, nämlich für den Sommerbedarf, den Winterbedarf und den Bedarf zur Übergangszeit, Durchschnittswerte ermitteln, welche für die günstigste Betriebsweise bindenden Aufschluß geben können. Erst auf Grund dieser Grundlagen kann durch einen Sachverständigen eine Durcharbeitung des Projektes erfolgen. Gegen diese Erfahrung wird viel gesündigt und durch einseitig interessierte Firmen zwar momentan kostenlose, aber wohl selten vollwertige Beratung geliefert.

Liegen diese Werte fest, so wird man innerhalb der durch anderweitige Betriebsverhältnisse erlaubten Grenzen versuchen, die Spitzen zu vermindern und Dauer und Größe des Wärmebedarfes möglichst der Dauer und Größe der Krafterzeugung anzupassen. Hierbei ist vor allem die Möglichkeit der Anschaltung einer anderen kraftverbrauchenden Maschine an die Dampfmaschine (vor allem bei genügendem Ausnützungsgrad, eines elektrischen Generators zur Eigenstromerzeugung), dann in ausschlaggebender Weise die Zahl der Hauptschlachttage und die Dauer der Schlachtstunden und der Warmwasserverbrauch je Schlachttier von Bedeutung. Ein einfaches Beispiel soll die Zusammenhänge erläutern:

Beispiel: Schlachthof mit einer Schlachtziffer von jährlich 20—25000 Tieren. Die Anzahl der Schlachttage sei 104 je Jahr, entsprechend 2 Schlachttagen je Woche. Der Warmwasserverbrauch je Schlachttier sei 0,2 cbm. Die Anzahl der Betriebstage der Kühlmaschine sei 300, die mittlere Kühlmaschinenbetriebszeit 16 Stunden, entsprechend einer maximalen Betriebszeit von 22 Stunden

Jährliche Dampflieferung bei 300 Betriebstagen der Kühlmaschine: 300 (Tage) · 30 ($PS_i$) · 7 (kg Dampf/$PS_i$) = 1000 Tonnen/Jahr bzw. durchschnittlich 3,34 Tonnen/Kühltag.

Jährlicher Warmwasserverbrauch: 200 (kg Wasser je Tier) · 25000 (jährl. Schlachtz.) · 80 (° C) · 540 kcal/kg (Erzeugungswärme) = 710 Tonnen/Jahr bzw. 7,0 Tonnen/Schlachttag.

Nun muß man aber bedenken, daß die Schlachtstunden wesentlich kürzer als die Betriebsstunden sind, in Wirklichkeit fallen in den Schlachtstunden nur 104 · 7 · 30 · 8 = 175 Tonnen je Jahr an, entsprechend 1,68 Tonnen/Schlachttag. Benötigt wird aber an einem Schlachttag 7,0 Tonnen. Also ist durch Frischdampf bzw. durch einen Wärmespeicher aufzubringen: 5,32 Tonnen/Schlachttag.

Sofern ein Speicher wirtschaftlich ist, müßte vor jedem Schlachttag die Dampfmaschine etwa 28 Stunden Auspuffdampf in den Speicher speisen, wenn eine vollkommene Abdampfausnutzung stattfinden soll.

Allgemein läßt sich diese zu stapelnde Dampfmenge $D$ aus folgender Beziehung errechnen:

$$D = \frac{A \cdot W \cdot c \cdot \Delta t}{r \cdot S} - Ni \cdot g \cdot h \left(\frac{\text{kg}}{\text{Schlachttag}}\right),$$

dabei ist:

$Ni$ = indizierte Leistung der Dampfmaschine in $PS_i$,
$g$ = Dampfbedarf in kg/$PS_i$h,
$h$ = Anzahl der Schlachtstd./Schlachttag,
$A$ = Schlachtungen je Jahr,
$W$ = Wasserbedarf in kg/Schlachtung,
$c$ = spezifische Wärme des Wassers in $\frac{\text{kcal}}{\text{kg} \cdot {}^\circ\text{C}}$,
$r$ = Erzeugungswärme des Auspuffdampfes in kcal/kg,
$S$ = Anzahl der Schlachttage/Jahr.

[1] Vgl. Anm. S. 342.

Dieser Differenzbetrag $D$ wird unter Zugrundelegung einer festen Erzeugungswärme des Dampfes, einer bestimmten jährlichen Schlachtziffer und einer gleichen Heißwassertemperatur augenscheinlich um so kleiner, je größer der Dampfbedarf der Antriebsmaschine ist, auf je mehr Schlachttage eine Verteilung stattfindet, weiterhin je geringer der Warmwasserverbrauch je Schlachtung ist.

Von großer Bedeutung ist der Warmwasserbedarf je Schlachttier; der Wärmebedarf hängt fast ausschließlich von der Sparsamkeit an Gebrauchswasser ab. Der Einfluß der Kühlmaschinenbetriebsdauer ist nur ein mittelbarer, insofern als bei konstantem Kältebedarf mit sinkender Betriebszeit die Verdampferleistung, also die Kälteerzeugungsanlage und damit die Antriebsmaschine vergrößert werden muß. In demselben Sinne wirkt auch eine Vergrößerung von $(Ni \cdot g)$. Der Einfluß der Anzahl der Schlachttage ist bei konstanter jährlicher Schlachtziffer nicht so eindeutig, da sie mehr oder minder mit der Schlachtzeit organisch zusammenhängt. Energiewirtschaftlich am günstigsten wäre es natürlich, die Anzahl und Dauer der Schlachttage möglichst der Kühlmaschinenbetriebszeit anzupassen, praktisch ist das aber selten durchführbar. Nimmt man das Produkt aus täglicher Schlachtzeit und Anzahl der Schlachttage im Jahr bei bestehenden Betrieben als konstant an, so wäre es theoretisch gleichgültig, welchen der beiden Faktoren man primär beeinflußt. Praktisch liegt aber der Fall anders, weil es auf die absolute Größe der zu speichernden Dampfmenge ankommt, und diese ist — um zwei extreme Fälle herauszugreifen — bei 312 Schlachttagen und 4 Schlachtstunden etwa fünfmal kleiner als bei 78 Schlachttagen und 16 Schlachtstunden. Man wird also, insoweit man energiewirtschaftliche Belange in den Vordergrund rücken kann, solange die Kühlmaschine in Betrieb ist, die Anzahl der Schlachttage bei Dampfbetrieb möglichst groß halten. Das trifft sich im allgemeinen mit den Wünschen der Fleischer und, sofern sich dabei eine Kürzung der täglichen Schlachtzeit erreichen läßt, auch mit den Wünschen der Fleischbeschauer.

Wesentlich günstiger werden die Verhältnisse energiewirtschaftlich dann, wenn man trotz der Erhöhung der Anzahl der Schlachttage auch noch die Anzahl der Schlachtstunden erhöht. Das erscheint im ersten Augenblick paradox, in Wirklichkeit ist aber ein möglichst hoher Ausnützungsgrad der Energieerzeugung für die Wirtschaftlichkeit des Schlachthofbetriebes von entscheidender Bedeutung, größenordnungsgemäß von mindestens der gleichen Bedeutung wie der Wärmepreis. Der günstigste Grenzfall wäre, daß dauernd, wenn auch je Zeiteinheit in entsprechend geringeren Mengen, geschlachtet würde[1]. Dies ist allerdings nur in einem industriellen Schlachthof erfüllbar. Immerhin läßt sich auch im kommunalen Schlachthof durch Verteilung der Schlachtzeiten auf die Fleischer eine wesentlich bessere Kapitalausnützung unschwer erreichen. Unter diesem Gesichtswinkel sind die Schlachthallen und deren Einrichtungen in den deutschen Schlachthöfen um ein Mehrfaches überdimensioniert. Die Regelung dieser Verhältnisse ist schwierig, weil die Fleischer an wenige Schlachttage gewöhnt sind und die Leiter die Annehmlichkeit von wenig Schlachtstunden und Schlachttagen zu schätzen wissen, sie ist doppelt schwierig, weil die Energiekosten kaum mehr als 10% der Jahreskosten eines Schlachthofes betragen, und weil die Belieferung durch Tiere den Markttagen entsprechend nur stoßweise erfolgt. Aber trotzdem ist Hand in Hand mit der Organisation einer gleichmäßigeren Belieferung, die Organisation einer gleichmäßigeren Schlachtung bei der heutigen wirtschaftlichen Notlage von ausschlaggebender Bedeutung. Die Unmöglichkeit einer besseren Ausnützung von Abfallprodukten, insbesondere von Blut, ist dadurch bedingt, daß sich Abfallverwertungsapparate wegen der kurzen Schlachtzeiten je Woche, diese Anlagen nicht rentieren können. Während Deutschland jährlich um viele Millionen Albumin importiert, fließen deshalb in den deutschen Schlachthöfen jährlich etwa 100 Millionen kg Blut in die Kanäle. Auch die vielfach diskutierte Fließarbeit in Schweineschlachthallen ist nur bei gutem Ausnützungsgrad der dazu erforderlichen Einrichtungen wirtschaftlich. Es ist natürlich auch ein Unding, Schlachthallen zu erweitern, wenn durch die Verlängerung der Schlachtzeiten je Woche eine kostenlose Vergrößerung der Leistungsfähigkeit gegeben ist. Man geht auch kaum darin fehl, wenn man das Bestreben mancher Städte, ihre Schlachthöfe nebenamtlich zu besetzen, darauf zurückführt, daß insbesondere in kleinen Betrieben die Hauptbeschäftigung der Tierärzte nur auf wenige Stunden je Tag konzentriert ist.

Eine den jeweiligen Verhältnissen entsprechende, möglichst weitgehende Verteilung der Schlachtstunden über die ganze Woche, was sowohl hinsichtlich der Einteilung der Fleischer als auch wegen der Kopplung mit den Marktverhältnissen keine einfache organisatorische Aufgabe vorstellt, ist demnach für die Energiewirtschaft von so fundamentaler Bedeutung, daß demgegenüber Wirkungsgradverbesserungen durch geschicktere Ausnützung der Abwärme

[1] Vgl. auch Heiss, R.: Z. f. Kommunalwirtsch., **21**, 1018 (1931).

bestehender Anlagen bei dem nicht allzu hohen Anteil der Energiekosten an den Gesamtkosten nur sekundärer Art erscheinen.

W. Pauer formulierte bei der Tagung des Fachausschusses für die Forschung in der Lebensmittelindustrie, Wiesbaden 1931, die energiewirtschaftlichen Forderungen folgendermaßen:

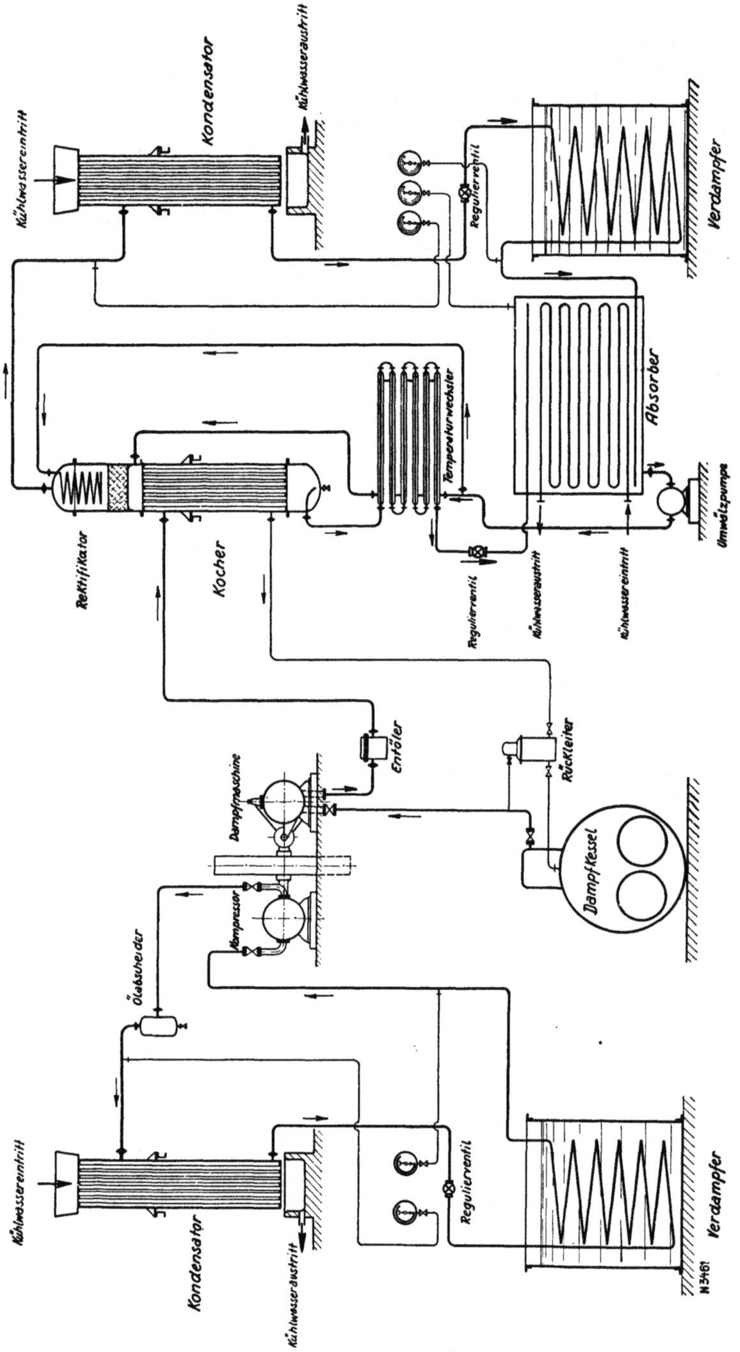


Abb. 411. Abdampfausnützung durch Hintereinanderschaltung von Kompressions- und Absorptionskältemaschine.

1. „Neue Schlachthöfe sollen nur so groß gebaut werden, daß sie möglichst gleichmäßig belastet werden können.

2. Soll die Leistung alter Schlachthöfe erhöht werden, so muß dies in erster Linie durch bessere Ausnützung der bestehenden Anlage und erst in zweiter Linie durch Vergrößerung der Anlage angestrebt werden."

Um die Kälteerzeugungsanlage klein zu halten und damit die Verzinsungs- und Amortisationskosten zu verringern, ist in den Grenzen, wo der damit verbundene Gewinn nicht wieder durch Erhöhung der Personalkosten wettgemacht wird, die Betriebszeit möglichst lang zu halten. Leider ist die wirtschaftlichste Betriebszeit nicht höher, als die Arbeitszeit einer Schicht, da die Verzinsungs- und Amortisationskosten langsam, die Personalkosten aber mit der Betriebszeit sehr rasch anwachsen. In bezug auf das Kühlgut ist durchlaufender Betrieb am günstigsten, da die hiermit verbundene gleichmäßige Kühlraumtemperatur und -feuchtigkeit die Frischhaltungszeit verlängert, außerdem höhere Feuchtigkeitsgrade zuläßt und damit geringere Gewichtsverluste zur Folge hat. Die Abgleichung zwischen wirtschaftlichster und im Hinblick auf das Kühlgut günstigster Betriebszeit ist erst mit der endgültigen Lösung der Temperatur- und Feuchtigkeits-Vollautomatisierung von Großkühlanlagen mit mehreren Verdampfern möglich. Vgl. S. 392 und 393. Lange Kältemaschinenbetriebszeiten sind für die Wirtschaftlichkeit von Dampfkraftanlagen insofern noch von Belang, als die Auskühlzeiten der Kessel und dadurch die vielfach unterschätzten Stillstandverluste sich verringern und damit der Kesselwirkungsgrad erhöht wird.

Eine von dieser parallelen Kopplung von Arbeit und Wärme abweichende Lösung (Hintereinanderschaltung) ist die, daß man nach den Vorschlägen von Tamm[1] der Kom-

[1] Z. ges. Kälteind. **34**, 3 (1927).

pressionskältemaschine eine Absorptionsmaschine nachschaltet, welche den Abdampf der Dampfmaschine dauernd verwertet. Dadurch wird die Kompressionsmaschine wesentlich kleiner und damit auch ihr Leistungsbedarf; Verdampfer- und Kondensatorflächen bleiben gleich. Freilich entstehen Mehrkosten für Kocher, Absorber, Temperaturregler und Lösungspumpe der Absorptionsanlage, die aber dann nicht ins Gewicht fallen, wenn die Kompressionskälteanlage ohnedies zu klein ist (Abb. 411). Je Kilogramm Heizdampf sind etwa 300—350 kcal durch die heutige Form der Absorptionsmaschine erreichbar. Die spez. Kälteleistung der heutigen Absorptionskältemaschine ist allerdings schlechter als die der Kompressionskältemaschine (vgl. S. 316).

Der mit dieser Anordnung verbundene Vorteil ist, daß man von den Spitzen unabhängig wird und eine gleichmäßige Abdampfverwertung in den Sommermonaten gewährleistet ist; man nähert sich also Punkt 1, S. 368. Der zu den Schlachtzeiten nötige Heizdampf wird direkt aus dem Kessel entnommen. In der Übergangszeit, wenn der Kältebedarf der Anlage nicht mehr so groß ist, schaltet man die Absorptionsmaschine ab und liefert die anfallende Abdampfmenge für die Schlachttage in einen Speicher. Falls im Winter die Kälteerzeugungsanlage völlig außer Betrieb ist, muß einzig mit Frischdampf gearbeitet werden. Bei einem Gegendruck von 1,3 ata wird nach obiger Arbeit bei einer Brennstoffersparnis von etwa 21,9% der Verteilungsschlüssel der Kälteleistung auf Absorptionsmaschine und Kompressionskältemaschine bei einer Verdampfungstemperatur von —10° am günstigsten etwa 14,5% zu 85,5%.

In den nachfolgenden Abb. 412 sind schematische Betriebsbilder einer Schlachthofanlage (2 Schlachttage mit nur einem Tag Zwischenraum) einmal für den Fall getrennten Kraft- und Heizbetriebes einer normalen parallelen Abdampfverwertung und der Hintereinanderschaltung von Kompressions- und Absorptionsmaschine gezeichnet. Über die jeweils günstigste Lösung entscheidet die Wirtschaftlichkeitsberechnung.

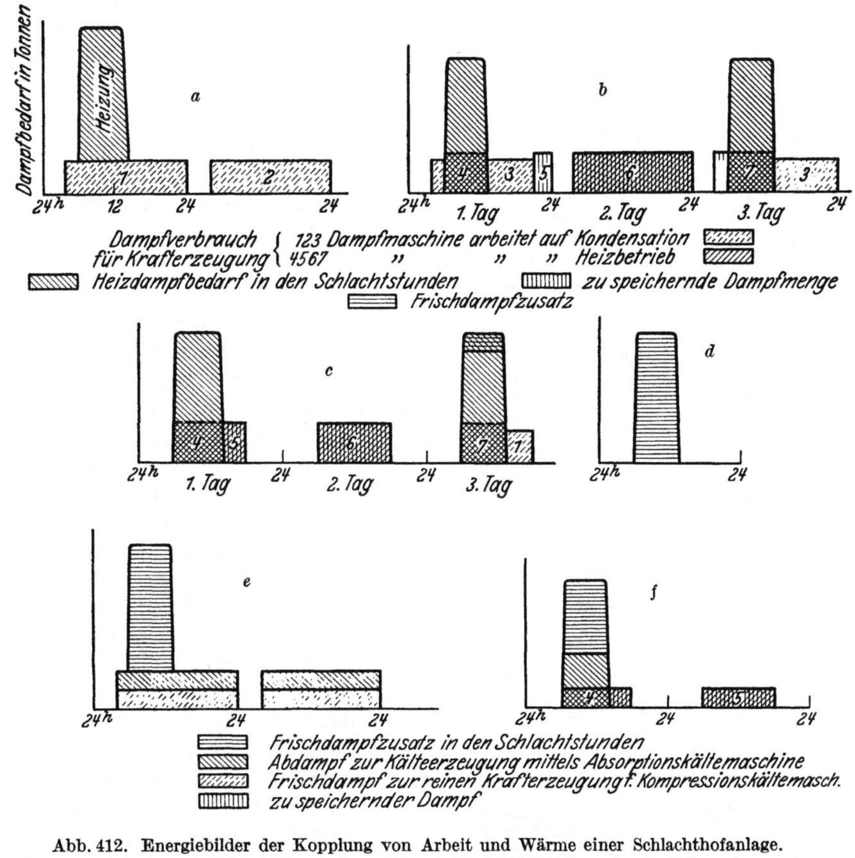


Abb. 412. Energiebilder der Kopplung von Arbeit und Wärme einer Schlachthofanlage. *a* Getrennter Kraft- und Heizbetrieb an einem Hauptschlachttag im Sommer; *b* Abdampfverwertung mit Speicher an zwei aufeinanderfolgenden Hauptschlachttagen im Sommer; *c* Abdampfverwertung mit Speicher an zwei rasch aufeinanderfolgenden Hauptschlachttagen im Frühjahr bzw. Spätherbst; *d* Hauptschlachttag im Januar, Kälteerzeugungsanlage außer Betrieb; *e* Kompressions- und Absorptionskältemaschine hintereinandergeschaltet an einem Hauptschlachttag im Sommer; *f* Kompressions- und Absorptionskältemaschine hintereinandergeschaltet an einem Hauptschlachttag im Frühjahr bzw. Herbst.

Bei der starken Schwankung des Wärmeverbrauches im Schlachthofbetrieb ist eine Entnahmemaschine (vgl. S. 283), die es gestattet, die Heizdampfmenge zwischen Null und dem Dampfverbrauch einer Auspuff- bzw. Gegendruckmaschine unabhängig von der Belastung nach Belieben zu ändern, die gegebene Antriebskraft. Der Anzapfdruck ist etwa 1,2 ata. In Abb. 413 ist für eine Entnahmemaschine mit 1,2 ata Anzapfdruck der Gesamtdampfverbrauch in Abhängigkeit von der Entnahme je Kilowattstunde aufgezeichnet. Bei Einheiten unter 100 kW wird sich allerdings im allgemeinen eine gewöhnliche Auspuffmaschine, die sich auf Kondensation umstellen läßt, oder eine Lokomobile als zweckmäßig erweisen, wenn sich auf Grund der Wirtschaftlichkeitsberechnung Dampfantrieb als überlegen erweist. Zwischen 100 und etwa 1000 kW ist das Gebiet der Entnahme-Kolbendampfmaschine, über 500 kW kann die Entnahmeturbine wirtschaftlicher werden, über 1000 kW wird sie wohl ausschließlich in Frage kommen. Am günstigsten ist, das Ablaufwasser des Doppelrohrkondensators der Kühlanlage im Kondensator der Entnahmemaschine zum Niederschlagen des Dampfes auf etwa 35 bis 40° zu verwenden und den Rest der Temperaturerhöhung auf 80° in Vorwärmern durch Entnahmedampf auszuführen.

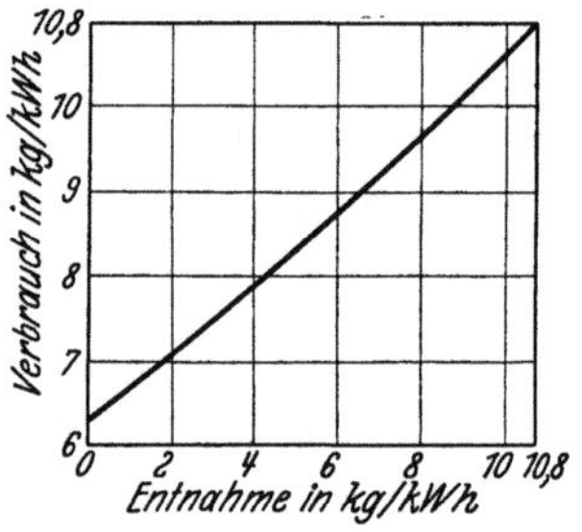


Abb. 413. Dampfverbrauch einer Entnahmemaschine bei verschiedenen Entnahmedampfmengen.

Eine alleinige Wassererwärmung durch Vakuumdampf einer Kondensationsmaschine, die evtl. auch in Erwägungen gezogen werden kann, ist nicht günstig; es müßte absichtlich mit sehr schlechtem Vakuum gearbeitet werden, um die notwendige Temperatur zu erzielen, so daß man alle Nachteile, aber fast nichts von dem Vorteil der Kondensationsmaschine hat. Auch müßten die Speicher um etwa 40—50% größer gehalten werden.

In Abb. 414 ist eine Grundschaltung zur Erzeugung von Heißwasser mittels Entnahmedampf angegeben.

## 2. Speicherung.

Mit der indirekten Heißwasserbereitung läßt sich in sehr zweckentsprechender Weise die Heißwasserspeicherung verbinden. Als Wärmespeicher kommen nämlich in Schlachthöfen nur Warmwasserspeicher in Frage, da es keinen Sinn hat, die Wärme in den wesentlich teuren Dampfspeichern (Gleichdruckspeicher bzw. Gefällspeicher) bei höherem Druck zu sammeln. Es ergeben sich zwar dabei kleinere Speichervolumina, die Speichergefäße werden aber bei höheren Innendrucken wesentlich teuerer.

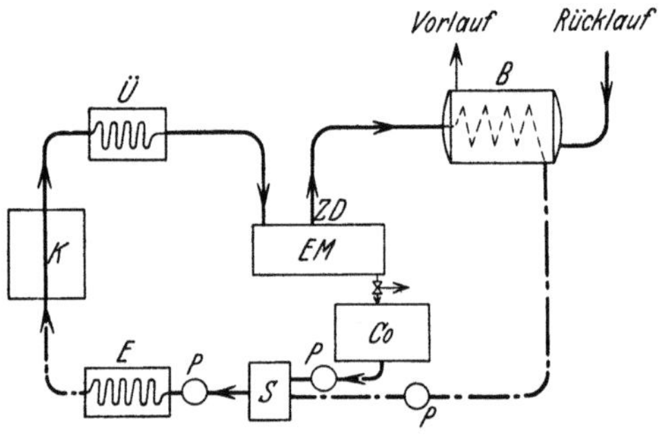


Abb. 414. Schaltbild einer Heißwasserbereitungsanlage mittels Entnahmedampf.

Erklärung der Schaltung: Der von der Kesselanlage *K* kommende Frischdampf strömt durch den Überhitzer *Ü* zur Entnahmemaschine *EM*. Mit dem entnommenen Zwischendampf wird ein Gegenstromvorwärmer *B* beheizt, dessen Zulaufwasser zweckmäßig aus dem Kondensator entnommen wird. Das Kondensat des Vorwärmers und des Kondensators *Co* sammeln sich in einem Speisewasserbehälter *S* und werden nach einer Entölung mit Hilfe einer Speisepumpe *P* gegebenenfalls durch einen Rauchgasspeisewasservorwärmer *E* wieder in den Kessel zurückbefördert.

Die Größe des Speichers richtet sich nach den auftretenden Belastungsschwankungen; mit 150 kg Abdampf kann man etwa 1 m³ Heißwasser von 80° erzeugen. Ein Einbau kleiner Wasserspeicher zum Ausgleich des schwankenden Bedarfes an den einzelnen Schlachttagen ist ganz sicher wirtschaftlich. Zweckmäßig wird man sie so berechnen, daß auch darüber hinaus eine gewisse Aufspeicherung der an anderen Tagen nicht verwendeten Abwärme stattfindet. Dagegen ist ein Entscheid, ob es richtig ist, einen vollkommenen Ausgleich zwischen der anfallenden und jeweils benötigten Abwärme nur auf Grund einer Wirtschaftlichkeitsberechnung möglich. Mit Sicherheit ist er nur dann wirtschaftlich, wenn man irgendeinen alten Behälter (Flammrohrkessel und dergleichen) für die Speicherung heranziehen kann. In Zeiten, wo Kühlmaschinenbetriebszeit und Schlachtzeit zusammenfallen, hat die Speicherung natürlich nur die Differenz zwischen dem Wärmebedarf und der verfügbaren Abwärme der Antriebsmaschine bzw. der Entnahmedampfmenge zu decken.

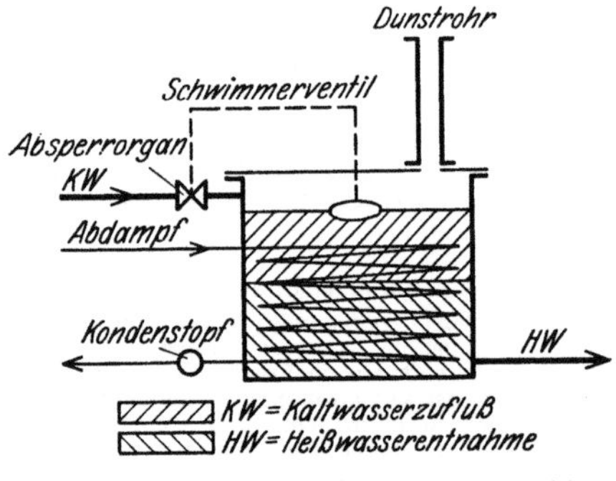


Abb 415. Schema eines einfachen Heißwasserspeichers.

Der konstruktiven Durchführung der Heißwasserspeicher nach unterscheidet man zwischen kleinen Speichern, welche gleichzeitig zur Warmwassererzeugung und der Speicherung dienen, und Großwasserraumspeichern, bei welchen die beiden Vorgänge getrennt sind. In Abb. 415 ist ein Durchflußspeicher für eine kleinere Anlage skizziert. Der Behälter wird erhöht aufgestellt, damit das Wasser mit natürlichen Gefälle zuströmt, der Zufluß des Kaltwassers wird in Abhängigkeit des Wasserstandes zweckmäßig durch ein Schwimmerventil reguliert. Die Ausführung ist auch als vollkommen geschlossener Durchflußspeicher möglich, welcher in ähnlicher Weise, wie in Kap. IV 3 beschrieben, unter dem Druck des Leitungsnetzes steht. Für größere Betriebe empfiehlt sich die Anordnung gemäß Abb. 416, wobei eine Kreiselpumpe das Wasser durch einen besonderen Röhrenvorwärmer drückt, zur Speicherung des Heißwassers dient ein vollkommen geschlossener und isolierter Behälter. „Entladen" des Speichers tritt bei großem Heißwasserbedarf und mangelndem Heizdampf ein, das im Speicher befindliche Wasser wird dabei durch das zufließende Kaltwasser von unten nach oben in die Entnahmeleitung gedrückt. „Laden" des Speichers erfolgt an Nichtschlachttagen, wenn also kein Heißwasserbedarf besteht und Heizdampf verfügbar ist. Dabei fördert die Kreiselpumpe Wasser durch den Vorwärmer in den oberen Teil des Speichers. Das in diesem befindliche Kaltwasser wird durch die Unterschiede im spezifischen Gewicht nach unten verdrängt. Ist der Speicher vollkommen mit Heißwasser gefüllt, stellt die Kreiselpumpe ab. Der normale Betriebszustand ist ein Mittelzustand zwischen „Laden" und „Entladen".

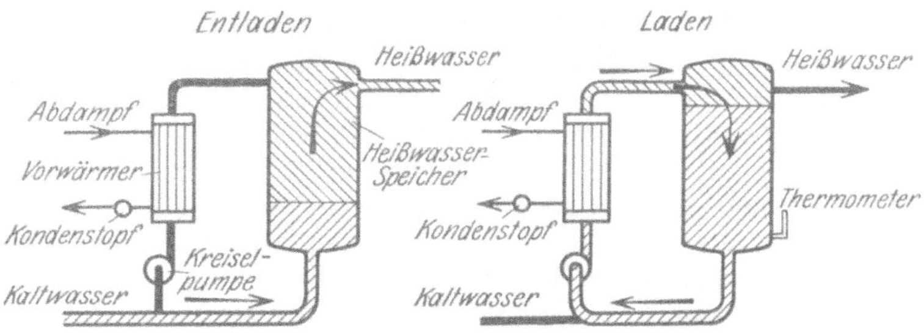

Abb. 416. Heißwasserspeicher mit gesondertem Wärmeaustauschapparat.

Was die Anordnung des Speichers im Abdampfnetz betrifft, so gilt hierfür folgendes: direkt geschaltete Speicher verlängern die Anheizzeit und sind nicht regelbar, parallel geschaltete Speicher können dagegen beliebig geregelt und jederzeit an- und abgestellt werden.

### 3. Speisewasserrückführung.

Die Wiederverwertung des Kondensats gehört zu den Betriebsänderungen, welche infolge ihrer geringen Kosten bei großem Nutzen, für die Energiewirtschaft des Betriebs von großer Bedeutung sind. Bekanntlich wird in den Wärmeaustauschapparaten nur die Verdampfungswärme ausgenützt, während die Flüssigkeitswärme im Kondenswasser enthalten bleibt. Läßt man das Kondenswasser unausgenützt abfließen, so entsteht ein doppelter Schaden, zunächst

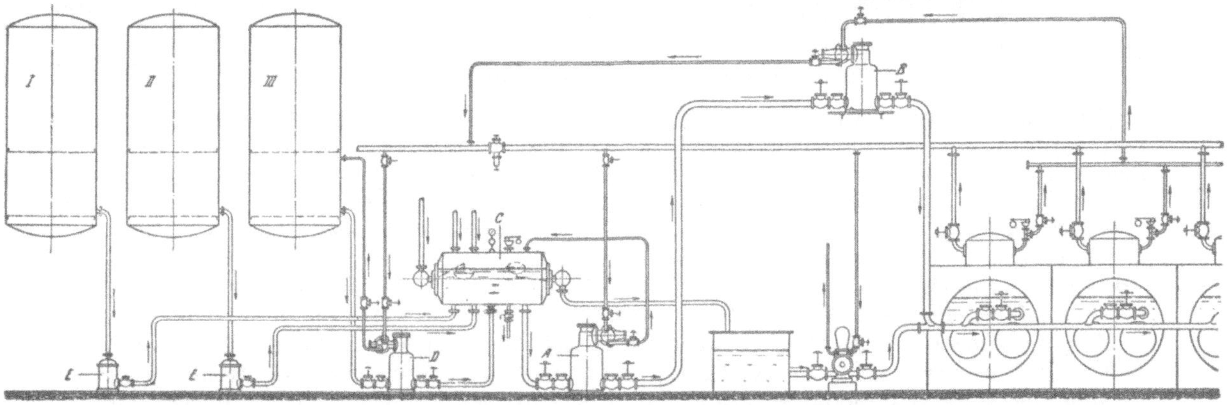
Abb. 417. Speisewasserrückführung. *A* Heber, *B* Speiser, *C* Sammelgefäß, *D* Kondenswasserableiter, *E* Kondenstopf.

ist die Flüssigkeitswärme verloren, außerdem muß der Verlust durch Rohwasser ergänzt werden. Während das Kondenswasser aber vollkommen rein ist, muß das Rohwasser erst aufbereitet werden, was kostspielige Einrichtungen erfordert. Bei Zurückführung des Speisewassers müssen dagegen nur die unvermeidlichen Verluste, etwa 5%, ergänzt werden. Die normale Durchführung der Speisewasserrückleitung besteht darin, daß eine gemeinsame Entwässerungsleitung die sämtlichen Abflüsse der Heizvorrichtungen aufnimmt und das Kondensat einem Sammelbehälter zuführt. Von hier aus fließt es in die Hebevorrichtung der Rückleiteanlage (meist durch automatische Dampfwasserrückleiter), die es in die über dem Dampfkessel befindliche Speisevorrichtung leitet. Von hier aus fließt es durch das Speiseventil in den Dampfkessel (vgl. Abb. 417, Ausführung Schneider & Helmecke AG., Offenbach). Besonders wichtig ist, daß das gesammelte Kondensat unter Luftabschluß gehalten wird und die Leitungen der Kondenstöpfe, welche immer Sorgenkinder der Betriebsleiter sind, weil sie besonders bei höheren Gegendrücken viel Dampf durchlassen, außerdem durch die Entspannung eine Nachverdampfung entsteht — ins Wasser hineinragen, da nur dann die Verdampfungswärme des mitgerissenen Dampfes ausgenützt wird.

Bei Verwendung von Abdampf von Kolbenmaschinen zur Kesselspeisung ist vor dem Kessel ein Entölungsapparat einzufügen (vgl. S. 279 und 290), meist in Form eines Ölfilters; das Kondensat aus Frischdampfleitungen wird meist unmittelbar in den Speisebehälter eingeleitet.

### d) Die Verwendung der Dieselmaschine als Abwärmequelle.

Im Gegensatz zur Dampfmaschine läßt die Dieselmaschine nur eine begrenzte Abwärmeverwertung zu[1]. Der Brennstoffverbrauch, also auch die verwertbare Abwärme ist von der Größe der Maschine in weiten Grenzen unabhängig. Der Brennstoffverbrauch einer modernen Maschine bewegt sich zwischen 170—220 g/PS$_e$h. Der Betrag der bei Brennkraftmaschinen ins Kühlwasser und in die Auspuffgase übergehenden Wärmemengen ist aus Abb. 418 zu ersehen. Beide Wärmebeträge sind bei der Dieselmaschine etwa gleich groß und betragen im Mittel 25 bis 30% der zugeführten Gesamtwärme.

Das Kühlwasser verläßt die Maschine vollkommen rein, durch entsprechende Einstellung der Menge kann seine Temperatur innerhalb weiter Grenzen verändert und leicht auf die im Schlachthofbetrieb erwünschten 80—90° eingestellt werden. Zweckmäßigerweise kann man — sofern kein anderer Verwendungszweck günstiger erscheint — das Ablaufwasser des Kühlmaschinenkondensators dem Dieselmotor zuführen.

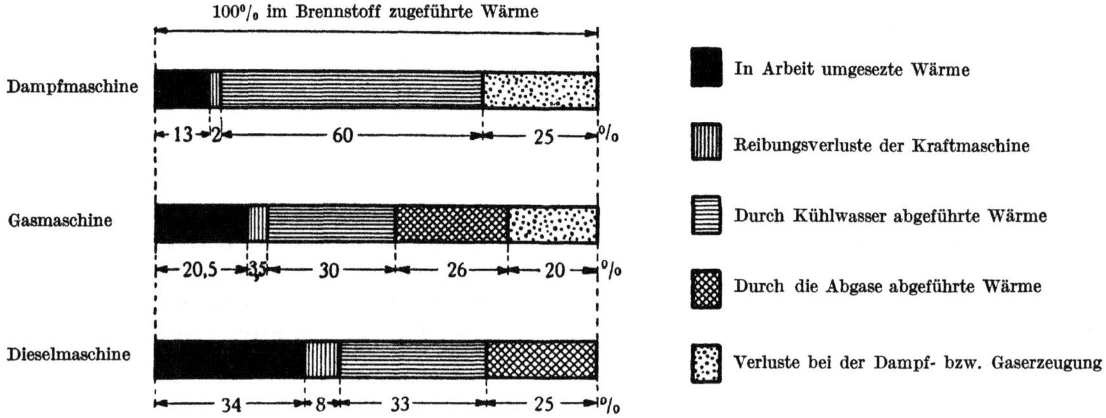


Abb. 418. Wärmeausnützung der drei wichtigsten Arten von Wärmekraftmaschinen.

Die Auspuffgasmenge ist nicht konstant und beträgt etwa 6—8 cbm/kWh. Die Temperatur der Abgase ist im Dauerbetrieb etwa 550°, je nach der Belastung des Dieselmotors aber verschieden und kann bei sehr schwacher Belastung auch nur 200° betragen. Die Abwärmemenge sinkt im allgemeinen proportional mit der indizierten Leistung. Schwankungen der Wärmekapazität der Abgase kommen bei Dieselmotoren in Schlachthofanlagen, bei deren gleichmäßigen Belastung durch den Kältekompressor, kaum vor. Der grundsätzliche Unterschied gegen die Dampfmaschine ist, daß dort Dampf geringer Temperatur, aber hoher latenter Wärme anfällt, hier Gase mit hoher Temperatur, aber geringer spezifischer Wärme.

Für die Wärmeaustauschflächen steht im Mittel ein Temperaturgefälle von 500° auf etwa 150°, also von etwa 350° zur Verfügung. Die untere Ausnützungsgrenze ist durch die Verhütung der Wasserdampfkondensation und ihre schädlichen Folgen für die Lebensdauer des Materials bestimmt. Die Abwärmeverwerter werden bei Verwendung stark schwefelhaltiger Treiböle manchmal aus Gußeisen hergestellt. Sie müssen sich leicht reinigen lassen, da unverbrannte Gase häufig im Abhitzekessel nachbrennen und Ablagerungen zu einer Beeinträchtigung des Wärmeüberganges und bei starken Ablagerungen zu Verstopfungen führen. Bei den im Gegensatz zu Feuerkesseln geringen Temperaturdifferenzen ist aber gerade eine möglichst hohe Wärmeübertragung Haupterfordernis. Häufig werden als Abhitzekessel Heizrohrkessel (vgl. S. 275) verwendet, die sich gut bewährt haben, weil der Nachteil der Heizrohrkessel bei Feuerungsanlagen, daß bei schnellen Temperaturschwankungen (z. B. Öffnen der Feuertüre) die Heizröhren schadhaft und undicht werden, hier nicht in Betracht kommt. Ruß und Flugasche lassen sich leicht entfernen, während die etwas schwierige Beseitigung von Kesselstein die Verwendung nicht zu harten Wassers wünschenswert erscheinen läßt.

Die im ganzen je Kilowattstunde anfallende und ausnützbare Wärme ist etwa 500 kcal. Da durchschnittlich etwa 2500 kcal/kWh (vgl. Abb. 409) im Schlachthofbetrieb nötig

[1] Regeln für Abnahmeversuche an Verbrennungsmotoren und Gaserzeugern einschl. ihrer Abwärmeverwertung. Berlin: VDI-Verlag 1931.

sind, wird wohl im Hochsommer die Abwärmelieferung zur Deckung des Warmwasserverbrauches ausreichen, während in den übrigen Jahreszeiten zusätzliche Wärmequellen vorhanden sein müssen, z. B. direkt beheizte Vorwärmer (vgl. S. 350). Während die Ausnützung der Kühlwasserwärme immer wirtschaftlich ist, kann man die Wirtschaftlichkeit der Abgasausnützung nur auf Grund einer Rentabilitätsberechnung angeben, die häufig zu dem Ergebnis führt, daß sie nur für größere Leistungen zweckmäßig ist. Dann dient die Abgaswärme entweder zur Wassererwärmung oder zur Borstentrocknung. Für Hallenentneblung kommt sie wohl kaum in Frage, weil die Dieselmaschine im Winter nur kurz im Betrieb ist. Bei Zweitaktmotoren ist Abgasverwertung nicht lohnend, weil die zwischen 100° und 300° liegenden Abgastemperaturen eine zu große Wärmeaustauschfläche erfordern.

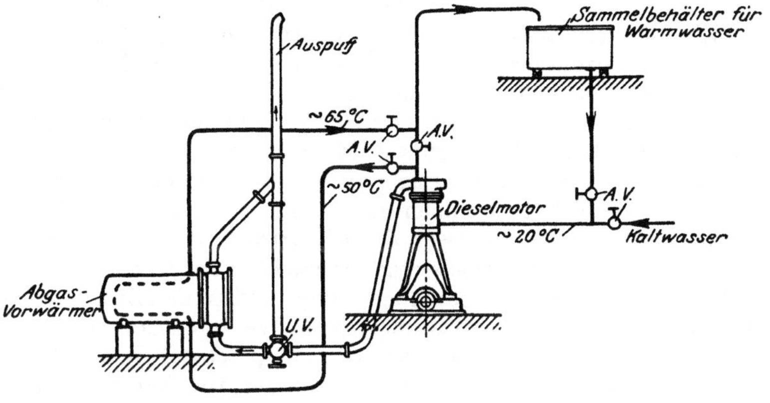


Abb. 419. Schaltschema einer Warmwasserbereitungsanlage bei Dieselmotorenbetrieb.

Die Durchführung der Wassererwärmung in einer Schlachthofanlage, deren Kompressor durch eine Dieselmaschine angetrieben wird, zeigt Abb. 419 (nach Goslich-Fehrmann).

## e) Kapitaldienst bei elektrischem Antrieb.

Bei der Kraftversorgung durch Strombezug überwiegen die Stromkosten — außer bei ganz geringer jährlicher Kilowattstundenzahl — innerhalb der gesamten Jahreskosten stets. Häufig wird es sogar so sein, daß die veränderlichen Kosten wesentlich höher wie bei anderen Antriebsarten und nur die festen Kosten geringer sind. Die Frage des Strombezuges ist deshalb fast stets eine reine Tariffrage, und die Wettbewerbsfähigkeit des Strombezuges eine um so größere, je geringer der Belastungsgrad und die Betriebsdauer der für die Höchstleistung aufzustellenden Maschineneinheit ist. Bei schlechtem Belastungsgrad und hohem Wärmepreis wird in kleinen Anlagen häufig der elektrische Antrieb berechtigt sein. Mit wachsendem Belastungsgrad und zunehmender

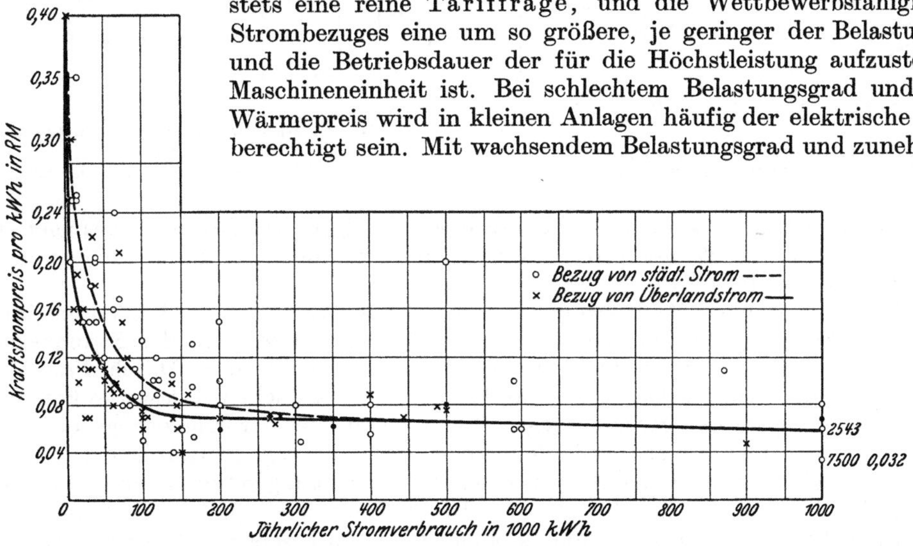


Abb. 420. Kraftstrompreis je kWh abhängig vom jährlichen Stromverbrauch in den deutschen Schlachthöfen.

Größe des Betriebes werden die Verhältnisse für Antriebsarten, welche eine unmittelbare Koppelung von Arbeit und Wärme zulassen, immer besser. Wie an anderer Stelle (S. 360 u. 368) bereits erwähnt wurde, darf bei einer Wirtschaftlichkeitsberechnung im Schlachthofbetrieb Wärmeerzeugung und Arbeitsbedarf nur gemeinsam betrachtet werden.

Wie wenig einheitlich die Tariffrage in den deutschen Schlachthöfen gehandhabt wird, veranschaulicht Abb. 420. Zunächst ist aus dem Schaubild ersichtlich, daß die summarischen Mittelwerte bei Bezug aus städtischen Netzen in kleinen Betrieben wesentlich, in mittleren Betrieben etwas höher als bei Bezug aus Überlandnetzen sind. Über die Frage der Berechtigung hierzu sind in Abschnitt V,1 Ausführungen enthalten. Wenn bei gleichem jährlichen Stromverbrauch Abweichungen von 300—400% vorkommen, so dürfte das allerdings mit energiewirtschaftlichen Problemen nichts mehr gemein haben. Lichtstrompreis vgl. S. 310.

## Einkauf elektrischer Arbeit[1].

Ein Elektrizitätswerk wird seinen Strom um so billiger hergeben, je gleichmäßiger die Belastung der stromverbrauchenden Betriebe ist. Der Idealfall ist die Ausnützung der gesamten installierten Kilowattstunden gleichmäßig über jährlich 8760 Stunden. Eine solche Konstanz ist nur bei wenigen Betriebsarten möglich, und wo sie eintritt, müssen die Stromtarife sehr niedrig sein, damit die elektrische Kraftversorgung mit den anderen Möglichkeiten konkurrieren kann, weil bei einer derartig günstigen spezifischen Belastung die festen Kosten, welche z. B. bei den Wärmekraftmaschinen höher sind, gegenüber den Betriebskosten, nicht mehr ins Gewicht fallen. Deshalb müssen die Elektrizitätswerke einen Kompromiß eingehen und fordern in erster Linie als Gegenleistung für niedrige Tarife bei gleichen Anschlußwerten, daß die Belastung einigermaßen gleichmäßig erfolgt, und zu den Zeiten wo innerhalb eines Tages bzw. eines Jahres ohnedies Höchstbelastungen vom Werke entnommen werden, der Konsument möglichst wenig Bedarf an Strom hat, sich also entsprechend dem Belastungsdiagramm des Werkes einfügt. Dieses Belastungsdiagramm hat gemäß den Lebens- und Arbeitsgewohnheiten der Bevölkerung ausgeprägte Spitzen, zu deren Bewältigung das Elektrizitätswerk Reserven besitzen, also verzinsen und amortisieren muß. Besonders schlimm sind diese Spitzen bei vorwiegenden Beleuchtungsanlagen, insbesondere im Winter zwischen 16 und 20 Uhr (Abb. 421); durch den Anschluß

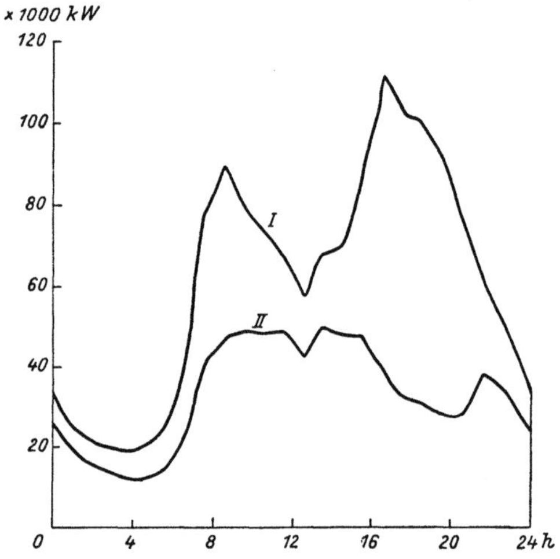


Abb. 421. Belastungsdiagramm eines Elektrizitätswerkes an einem Winter-*I* und einem Sommertag *II*.

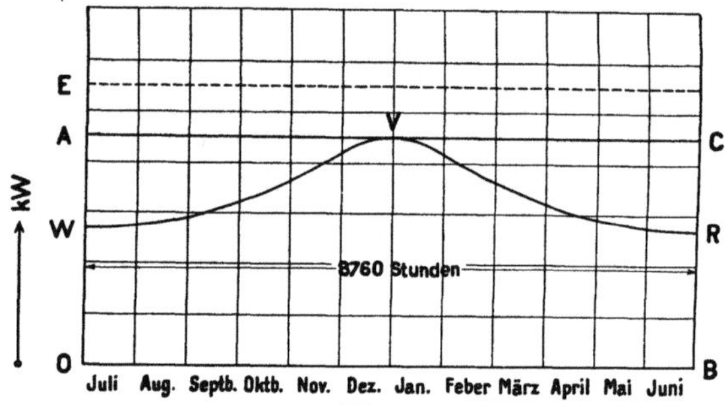


Abb. 422.
Monatlicher Energiebedarf eines Elektrizitätswerkes.

motorischer Verbraucher werden die Verhältnisse günstiger. Die Höchstbelastungen aller Elektrizitätswerke sind im Winter größer wie im Sommer, der Übergang erfolgt von Monat zu Monat stetig (Abb. 422).

Die Kälteanlage eines Schlachthofes verbraucht weitaus den meisten Strom im Sommer, also zu einer Zeit, wo die Elektrizitätswerke wenig belastet werden, der Stromverbrauch der Anlage schwankt in der Stärke recht wenig, lediglich in der Dauer. Durch diese Verhältnisse ist jede Kälteanlage ein idealer Spitzenausgleicher, und die Elektrizitätswerke kommen solchen Kunden mit Vorzugstarifen gerne entgegen. Bei Abschluß des Stromlieferungsvertrages sind die Verbraucher im Vorteil, welche außerdem noch über eine Eigenkraftanlage verfügen, weil sie stets wieder zu einer anderweitigen Kraft- bzw. Stromerzeugung greifen können, wenn die Stromlieferer in den Tarifen zu keiner bevorzugten Behandlung bereit sind, außerdem ist sie günstig, falls im Stromlieferungsvertrag besonders billige Tarife zu besonderen Tagesstunden vorgesehen sind. Zur Erleichterung der Verhandlungen lassen viele Betriebe Dampfmaschine, Kessel und Schornsteine stehen, wenn sie diese auch niemals benützen.

Die einfachste Tarifart ist der sog. Einheitstarif. Diese Tarife werden je nach dem Anschlußwert abgestuft. Da hierbei der Verbraucher mit großer Benutzungsdauer nicht günstiger daran wäre wie der Verbraucher, welcher den Anschlußwert nur wenig ausnützt, werden den Abnehmern der ersten Kategorie häufig Benutzungsrabatte eingeräumt.

Der sog. Pauschaltarif ist besonders bei Wasserkraftwerken üblich. Er besteht in der

[1] Näheres vgl. z. B. Brok: Gestehungskosten und Verkaufspreise elektrischer Arbeit. Berlin: Julius Springer 1930.

Vereinbarung einer Pauschalsumme für den gesamten Strom- bzw. Energieverbrauch während einer bestimmten Zeitspanne, unter Gewährleistung einer Belastungshöchstgrenze. Der Pauschaltarif wird solchen Abnehmern Vorteile bringen, die ihre Betriebe so einrichten können, daß sie die zur Verfügung gestellte Leistung möglichst voll und dauernd auszunützen in der Lage sind. Für das Werk hat der Tarif den Vorteil einfacher Verrechnung, soweit die vereinbarte Leistung nicht überschritten wird, was durch automatische Leistungsbegrenzer leicht kontrollierbar ist.

Der sog. Grundgebührentarif geht davon aus, daß dem Elektrizitätswerk in erster Linie die Amortisations- und Verzinsungskosten des investierten festen Kapitals vergütet werden, die vom Zählerwert des Konsumenten unabhängig sind, also auch vergütet werden müssen, wenn kein Strom entnommen wird. Die effektiven Betriebskosten, welche für die Erzeugung der abgenommenen Strommenge aufgewendet werden müssen, werden durch eine Arbeitsgebühr berücksichtigt. Die Abnehmer mit schlechter Ausnutzung kommen bei diesem Tarif auf einen hohen Einheitspreis, während sich für solche mit guter Ausnützung automatisch ein niedriger Preis ergibt. Der Abnehmer hat also damit ein Interesse, daß er bei gleichmäßiger Belastung möglichst viel abnimmt, da er damit seine Grundgebühr erniedrigt, dagegen wird durch den Tarif nicht berücksichtigt, ob er zur Zeit der Höchstbelastung des Werkes viel oder wenig Strom entnimmt. Der Tarif ist für Großabnehmer besonders geeignet. Kleinabnehmern wird meist ein Kilowattstunden-Einheitstarif zur Wahl gestellt, zu dem er greifen kann, wenn er bei geringer Benutzungsdauer durch die Grundgebühr — in welche das Werk aus finanzpolitischen Gründen meist auch einen Teil der Betriebskosten einkalkuliert — zu sehr belastet würde.

Der Spitzen- oder Überverbrauchstarif geht von der Überlegung aus, daß ein Elektrizitätswerk kein Interesse hat, vorübergehend mehr als Anschlußwert entspricht eingeschaltet zu bekommen. Das Maximum, welches über dem Anschlußwert liegt, entsteht durch Anlassen und Überlastung, so daß das Werk, um Spannungsschwankungen zu vermeiden, einen größeren Energievorrat zur Verfügung eines derartigen Verbrauchers haben muß, als es dessen installierter Leistung entspricht. Bei diesem Tarif ist also der Preis je Kilowattstunde davon abhängig, wie hoch die höchste Belastung war, die während eines Betriebsmonates — die Instrumente zeigen sie meist nach 15 Minuten Dauer an — vorkam. Bei Wicklungsdurchschlägen u. a. ist eine Vereinbarung mit dem Werk nötig. Man könnte z. B. in größeren Schlachthöfen Spitzen dadurch vermeiden, daß man das Anlassen der Kompressoren etappenweise erfolgen läßt. Der Tarif nimmt keine Rücksicht darauf, ob die Überbelastung in die Zeit der größten Belastung des Werkes fällt oder nicht.

Dies berücksichtigt aber der Doppeltarif. Er geht unmittelbar davon aus, daß während der Hauptbelastungszeiten die Elektrizitätswerke die abgegebene Leistung zu einem höheren Preise abzugeben berechtigt sind. Es werden deshalb „Sperrzeiten" eingeschaltet, während welcher die bezogene Energie teuerer bezahlt werden muß als zu den übrigen Tageszeiten. Wenn der Verbraucher diese Sperrzeiten einhalten kann, könnte man annehmen, daß ihm wie dem Elektrizitätswerk gut gedient wäre. Der Benutzungsfaktor kann im Tarif ausgedrückt werden. Die Sperrzeit kann je nach der Lichtzeit mit dem Brennkalender verändert werden. Wenn der Tarif so gehalten ist, daß bei langer Tagesdauer, also in den Monaten Juni, Juli evtl. August von Sperrzeiten ganz abgesehen werden kann, ist der Tarif für Betriebe mit Kälteanlagen brauchbar, wenigstens unter der Voraussetzung, daß die Kälteerzeugungsanlage nicht zu klein ist. Nach H. Henney[1] hat sich dieses „Kappen" der Belastungsspitzen allerdings häufig als unwirtschaftlich erwiesen und kommt höchstens noch bei Großbetrieben in Frage, augenscheinlich deswegen, weil kurz vor und nach den Sperrzeiten große Spitzen entstehen, zu deren Behebung man zu komplizierten Mehrfachtarifen greifen müßte. Wird außer diesem Doppeltarif noch ein besonders billiger Tarif für die Nachtstrombenutzung gewährt, so entsteht der Dreifachtarif.

Als letzte Möglichkeit soll noch der Tarif nach Blindstrom und Scheinverbrauch angeführt werden. Er geht von der Tatsache aus, daß Generatoren, Transformatoren und Leitungsnetz für einen Stromwert zu dimensionieren sind, der um so größer ist, je kleiner bei gleichbleibender Leistung der Leistungsfaktor wird. Auch die veränderlichen Kosten steigen mit dem Blindstromverbrauch, der Strom steigt von $J_w$ auf $J_s = \frac{J_w}{\cos\varphi}$, damit steigen auch die Stromwärmeverluste (vgl. S. 296). Es müßte also gerechterweise die Leistung nicht in Kilowatt, sondern in kW/cos $\varphi$, also in kVA gemessen werden. Dieser Tarif wird meist im Rahmen des Grundgebührentarifes

[1] Sektion 3 der Weltkraftkonferenz 1930. Vgl. VDI **74**, Nr 29 (1930).

verwendet und lohnt sich nur für Großbetriebe. Mittlere und kleine Betriebe erhalten einen Tarif, bei welchem ein günstiger Leistungsfaktor durch Anwendung kompensierter Drehstrommotoren und dergleichen (vgl. S. 301) entweder in den Gebühren eingerechnet wird oder er wird so bemessen, daß ein unvermeidlicher $\cos \varphi$ einkalkuliert ist.

Gemeinsam in den angeführten Tarifen ist, daß Hochspannungsseite und die Kabel vom Werk meist selbst eingerichtet wird, lediglich die Anlagekosten sind ihm zu verzinsen. Der Niederspannungsteil ist Sache des Abnehmers. Daß die Transformatorverluste von Konsumenten getragen werden müssen, läßt sich kaum vermeiden. Aus der Zusammenstellung ist ersichtlich, daß kein Tarif für das stromliefernde Werk eine restlos befriedigende Lösung bedeutet. Verfeinerte Tarife, etwa abhängig von der Werksbelastung, bedeuten eine Verteuerung durch hochentwickelte Meßgeräte sowie eine Erschwerung der Abrechnung und der Verständlichkeit der Tarife für den Stromabnehmer, so daß sie vorläufig nicht in Frage kommen. In zunehmendem Maße führt sich der Grundgebührentarif ein, welcher häufig noch mit anderen Tarifen kombiniert auftritt.

## 3. Die wirtschaftliche Betriebsführung[1].

Während noch in der Vorkriegszeit gegenüber der Messung elektrischer Größen an der Schalttafel die wärmetechnischen Messungen von geringer Wichtigkeit schienen, hat man immer mehr erkannt, daß eine energiewirtschaftliche Betriebsführung in allererster Linie von der systematischen Auswertung bestimmter Meßergebnisse an der Anlage abhängt. Der technisch erfahrene Betriebsleiter erkennt dadurch sofort eingetretene Wirkungsgradverschlechterungen, er ist in der Lage, die Ursache irgendwelcher Betriebsstörungen mühelos aufzufinden, und es lassen sich Arbeits- und Wärmebilder einer Anlage zu verschiedenen Jahreszeiten aufstellen, welche die Grundlage aller grundsätzlicher Änderungen zur Behebung von Systemfehlern im Betrieb der Gesamtanlage vorstellen. So ist es zu erklären, wenn bei allen modernen Betrieben die wärmetechnische Schalttafel und Prüfstelle gegenüber der elektrischen nicht mehr an Bedeutung zurücktritt.

Die mit dieser Entwicklung Hand in Hand gehende Verfeinerung der Meßmethoden macht dem tierärztlichen Leiter eines Schlachthofes allerdings eine Orientierung und eine im Interesse des Betriebszustandes ausreichende Beherrschung in der Abwägung der Resultate nicht leicht. In vielen Städten sind deshalb andere Kommunalbehörden mit der technischen Oberaufsicht betraut worden, ohne daß im Durchschnitt eine wesentliche Verbesserung der Verhältnisse zu erkennen gewesen wäre. Das hängt damit zusammen, daß die ganzen technischen Verhältnisse in einem Schlachthof mit den sonstigen kommunalen Betrieben, Gaswerk, Elektrizitätswerk usw. so gut wie nichts gemein haben, von den Überwachungspersonen dieser Betriebe also eine besondere, nicht nur oberflächliche Einarbeit in diese Verhältnisse notwendig wäre, was selten der Fall sein wird. Außerdem besteht die Möglichkeit, daß der Leiter eines Elektrizitäts- oder Gaswerkes in erster Linie Interesse an einer Absatzvergrößerung seines Betriebes hat, und deswegen war in solchen Fällen nicht selten zu beobachten, daß den Schlachthöfen Betriebsverhältnisse aufgezwungen wurden, welche für einen hygienisch-sanitären Betrieb als kaum tragbar angesehen werden mußten. In sehr großen Städten mit eigenen Maschinenbauämtern liegen die Verhältnisse in dieser Hinsicht wesentlich günstiger, obwohl auch bei der Anzahl der Betriebe, welche diese zu betreuen haben, die Gefahr einer oberflächlichen Behandlung nicht auszuschließen ist.

Als günstigster Weg erscheint deswegen der, daß der Schlachthofleiter in erster Linie die zur fortlaufenden Bewertung der Betriebsverhältnisse notwendigen Meßgeräte anbringen läßt, sich mit ihrem Zweck und ihrer Bedienung vertraut macht und graphische Betriebsstatistiken anfertigt.

Die Rentabilität dieser Arbeitsweise ist mit Ausnahme ganz kleiner Betriebe, bei welchen man zufrieden sein muß, wenn sie in gutem Zustand erhalten werden und die diesbezüglich einem tüchtigen Maschinisten zur Wartung anvertraut — immer gegeben. Von einer gewissen Größe ab rentieren besondere Wärmeingenieure, werden die Betriebe noch größer, so sind die weiteren Aufwendungen immer sorgfältiger auf ihre Zweckmäßigkeit zu prüfen. Der normale Fall ist aber der vorher beschriebene. Es empfiehlt sich dabei die graphischen Betriebsstatistiken etappenweise irgendeiner neutralen Stelle zur Überprüfung vorzulegen. Als solche kommen die Lehrstühle für Energiewirtschaft an den Technischen Hochschulen Darmstadt, München

[1] Literatur: Reutlinger u. Gerbel: Kraft- und Wärmewirtschaft in der Industrie. Bd 1. Berlin: Julius Springer 1927. — Schneider, L.: Die Abwärmeverwertung im Kraftmaschinenbetrieb. Berlin: Julius Springer 1923.

und Dresden, das Kältetechnische Institut der Technischen Hochschule Karlsruhe, der Bayerische Revisionsverein, München, oder einschlägige Sachverständige in Betracht. Revidierende Firmen sind wohl auch in Frage zu ziehen, aber häufig nicht zuverlässig, weil es ihnen hierbei weniger um eine sachgemäße Beratung als um einen Verkauf ihrer Erzeugnisse zu tun ist. Neben dieser etappenweisen Überprüfung, welche auf Grund der daraus entnommenen Erfahrungen der Schlachthofleiter bei einigem Interesse nach einiger Zeit wird selbst übernehmen können, ist je nach den Verhältnissen vielleicht alle 3—5 Jahre ein größerer Meßversuch über die Arbeit- und Wärmelieferung und den Arbeits- und Wärmeverbrauch der Gesamtanlage durch eine der vorbenannten unparteiischen Stellen unbedingt ratsam. Die damit verbundenen Kosten sind gering und werden sich je nach den Betriebsverhältnissen schon nach wenigen Wochen bzw. Monaten amortisieren. Die letzte Möglichkeit, welche z. B. in Brauereien mit normalerweise technisch gut vorgebildetem Personal recht häufig ist, scheint sich in Schlachthöfen bisher noch nicht eingeführt zu haben, wenigstens war es in keinem Falle möglich, ein Betriebsbild der Energieverteilung auf Grund eines umfangreichen Garantieversuches zu erhalten.

## a) Meßtechnik.

Es ist in diesem Zusammenhang nicht möglich, genauer auf dieses schwierige Spezialgebiet einzugehen, und mehr als prinzipielle Gesichtspunkte zu bringen. Für eine eingehendere Information sei auf Spezialwerke verwiesen[1].

Nicht selten findet man in Betrieben wohl die notwendige Zahl von Instrumenten, sie werden aber entweder nicht benützt, weil sie schlecht zugänglich sind, oder das Betriebspersonal nicht imstande ist, die Ergebnisse auszuwerten, oder sie zeigen falsch an, weil sie entweder an falschen Stellen eingebaut wurden (besonders bei Thermometern kann man auf diese Weise Fehlmessungen von 100% feststellen) oder zu empfindlich sind, oder sie werden falsch abgelesen. So selbstverständlich die mit diesen Fehlern ausgedrückten Minimalforderungen der Meßtechnik klingen, so werden sie doch erfahrungsgemäß nur selten beachtet. Vor allem ist natürlich wichtig, daß Leute im Betriebe vorhanden sind, welche die Meßinstrumente warten und prüfen und imstande sind, wenigstens die Hauptergebnisse auszuwerten, und die nötigen Änderungen zu treffen. Um systematische Fehler auszuschalten, bedürfen Meßgeräte der regelmäßigen Eichung.

Die Meßeinrichtungen lassen sich in solche, welche in erster Linie für die Betriebssicherheit, und solche, welche für die Überwachung der Wärmewirtschaft nach obigen Darlegungen wichtig sind, einteilen.

Zu der ersten Kategorie gehören die Manometer. Sie sind für jeden Kessel behördlich vorgeschrieben, ebenso ein Sicherheitsventil und zwei Wasserstandsgläser. Die Anzeigen der Manometer, und zwar der beiden Fixpunkte, ob das Manometer bei abgeblasenem Kontrollhahn auf Null zurückgeht und ob bei dem zugelassenen Höchstdruck das Sicherheitsventil abbläst, sind täglich auf ihre Richtigkeit zu prüfen. Auch für die Kältemaschine ist die Anzeige des Druckmanometers für die Betriebssicherheit von großer Bedeutung.

### 1. Wärmewirtschaftlich wünschenswerte Meßgeräte.

**Kesselhaus.** Zur Druckmessung dient für hohe Drücke das Manometer, für niedrige der Zugmesser. Manometer zeigen Spannungsunterschiede gegen die Umgebung, meist gegen den Atmosphärendruck, an. Als Zugmesser sind sog. Differenzzugmesser anzuwenden, die nicht den Unterdruck an irgendeiner Stelle des Feuerraumes messen, sondern die Druckdifferenz in Millimeter Wassersäule zwischen zwei Stellen, z. B. über dem Rost und hinter dem Rauchgasschieber. Dieser Druckunterschied ist ein zuverlässiges Maß für die anfallende Rauchgasmenge und damit unter sonst gleichen Verhältnissen für den Luftüberschuß und die Güte der Verbrennung. Für die Temperaturmessung kommen Quecksilber- und elektrische Widerstandsthermometer in Frage. Die Quecksilberthermometer müssen an Ort und Stelle abgelesen werden[2], was bei Kesseln meist nicht einfach ist und deswegen häufig unterlassen wird, weshalb man besser zur elektrischen Fernübertragung (vgl. S. 385) durch Widerstandsthermometer greift. Von besonderer Bedeutung ist die Messung der Rauchgastemperatur hinter dem Speise-

[1] Literatur. Praetorius, E.: Wärmewirtschaft im Kesselhaus. Kapitel 2 VI und 3. Zur allgemeinen Übersicht über industrielle Meßapparate im Kesselhaus. Verlag Oldenbourg 1930. — Staus, A.: Maschinenuntersuchungen. Bd 2. Versuche aus dem Gebiete der Thermodynamik und ihre Anwendungen. Berlin: Julius Springer 1923. — Dubbel: Taschenbuch für den Maschinenbau. Elektrische Meßtechnik. S. 70/90. Berlin: Julius Springer 1929. „Hütte“, Des Ingenieurs Taschenbuch, 26. Auflage, Bd I. S. 985 bis 1013. Gramberg: Maschinentechnisches Versuchswesen. Bd 1 u. 2. Berlin: Julius Springer. (Für eine wissenschaftliche Betriebsführung unentbehrlich.)

[2] Berücksichtigung der Fadenkorrektur. Vgl. Mahlke: Z. f. Instrkde. **13**, 58—62, 1893.

wasser- bzw. Luftvorwärmer, und hinter dem Kessel, weil sie ein Maß für die eintretende Verschmutzung der Heizflächen ist. Außerdem ist noch die Dampftemperatur nach dem Kessel wichtig. Wünschenswert ist auch die Rauchgastemperatur hinter dem Rauchgasschieber und am Schornsteinfuß.

Von besonderer Bedeutung ist die Prüfung der Rauchgaszusammensetzung, weil sie allein ein völlig zuverlässiges Maß für den $CO_2$-Gehalt der Rauchgase gibt. Der $CO_2$-Gehalt der Rauchgase ist deswegen außerordentlich wichtig, weil bei unvollkommener Verbrennung zu CO nur 2500 kcal/kg frei werden, bei vollkommener Verbrennung zu $CO_2$ aber 8100 kcal/kg. Selbst ein erfahrener Heizer kann nicht rein gefühlsmäßig immer beim richtigen Luftüberschuß arbeiten.

Man unterscheidet:

1. Apparate, welche die verschiedenen Gase absorbieren.

2. Apparate, die darauf beruhen, daß das spez. Gewicht der Rauchgase je nach dem $CO_2$-Gehalt verschieden ist, daß die Kohlensäure eine geringere Wärmeleitfähigkeit, eine geringere Zähigkeit bzw. eine höhere Brechungszahl wie Luft hat.

Allen diesen Apparaten ist gemeinsam, daß sie einer regelmäßigen Wartung und Überwachung bedürfen. Ist für diese kein Verständnis vorhanden, werden sie nur kurze Zeit einwandfrei arbeiten, im ganzen also zwecklos sein. (1. Gruppe: Orsat-Apparate in Form selbständiger Gasanalysatoren: Lieferfirma Dittmar & Vierth, Hamburg u. a. 2. Gruppe: Siemens & Halske [Leitfähigkeit], Renarex der AEG, Unograph der Union Apparatebauges., Karlsruhe [Zähigkeit].)

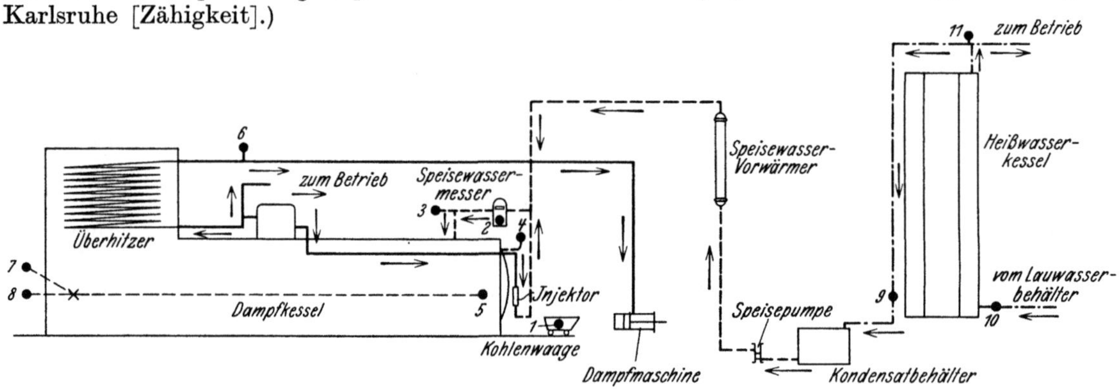


Abb. 423. Meßstellenanordnung für eine betriebstechnische Betriebskontrolle.

Noch wesentlich vielfältiger ist die Mengenmessung der Betriebsmittel. Von großer Bedeutung ist hier die Messung der Speisewassermenge und die Messung der Brennstoffmenge, woraus man die Verdampfungszahl des Kessels errechnet und dadurch ein Maß für den Wirkungsgrad erhält. Die Brennstoffmengen werden durch automatische Waagen mit Zählwerk (Reuther & Reisut, Schenk-Darmstadt) registriert. Zur Speisewassermessung sind eine Reihe von Konstruktionen im Gebrauch, als deren zuverlässigste wohl die Motorzähler gelten können, die als Kolben-, Flügel-, Kapsel- oder Scheibenwassermesser ausgeführt werden. Bekannte Konstruktionen sind die von Eckardt, Bopp & Reuther und Siemens & Halske.

Ebenso haben sich für die Dampfmengenmessung eine Reihe von Konstruktionen eingeführt, von welchen besonders der Mündungsdampfmesser nach Dr. M. Böhme bekannt geworden ist, welcher in Abhängigkeit vom Drucke vor und nach einer Mündung direkt die durchströmende Dampfmenge in kg/h angibt (Strömungsdampfmesser bauen auch Siemens & Halske). Außerdem ist im Kesselbetrieb auch noch die sog. Dampfuhr sehr häufig, besonders in der Ausführung mit zwei Zeigern, von welchen der eine die Dampfmenge, der andere die Speisewassermenge angibt, wodurch sich dauernd erkennen läßt, ob die verbrauchte Dampfmenge oder die zugeführte Speisewassermenge überwiegt.

Von den unbedingt notwendigen Anzeigegeräten müssen Manometer, Dampfmengenmesser, Speisewassermengenmesser, Differenzzugmesser und Rauchgasprüfer so angebracht sein, daß sie vom Heizerstand unmittelbar ablesbar sind. Auch die Ablesung der Dampftemperatur, der Speisewassertemperatur und der Temperatur der Rauchgase muß ohne besondere Schwierigkeiten durchführbar sein (vgl. Abb. 423).

**Dampfmaschine, Dieselmotor.** Bei allen Kraftmaschinen interessiert vor allem die jeweilige Leistungsabgabe. Da die Kraftmaschine in Schlachthöfen selten direkt mit einem

Dynamo gekuppelt ist und sich deshalb die effektive Leistung nicht unter Berücksichtigung des Wirkungsgrades des Motors errechnen läßt, besteht die einzige Möglichkeit in der Feststellung der indizierten Leistung. Dazu dienen sog. Indikatoren. Das Prinzip besteht darin, daß man den jeweiligen Druck während der Kolbenbewegung in der Art eines Manometers auf einer Trommel registriert, und diese Trommel abhängig von der Kolbenstellung bewegt (Abb. 424). Dadurch entsteht ein Druckvolumendiagramm, dessen Fläche ein direktes Maß für die erzeugte Arbeit ist, außerdem lassen sich aus dem Diagramm irgendwelche Betriebsfehler erkennen. Bestimmt man durch Planimetrieren die Fläche des Indikatordiagrammes und dividiert man sie durch die Länge desselben, so erhält man die mittlere Höhe in cm. Dividiert man diese durch den auf der Indikatorfeder eingeschlagenen Federmaßstab (bei Anwendung eines Normalkolbens), so erhält man den mittleren indizierten Druck. Dieser mittlere indizierte Druck ist zusammen mit der Drehzahl ein direktes Maß für die indizierte Leistung. Also

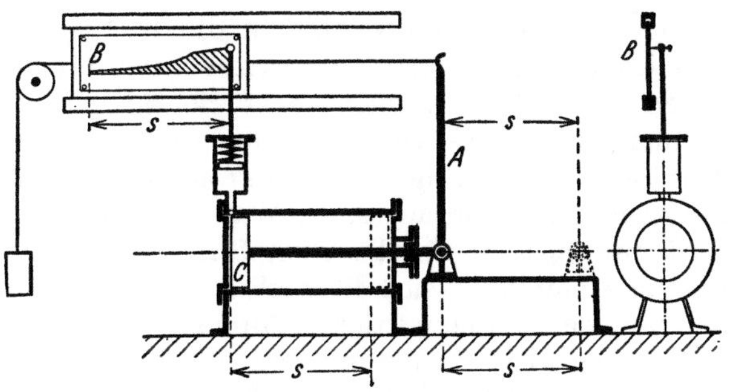

Abb. 424. Wirkungsweise eines Indikators.

$$Ni = \frac{F_w \cdot s \cdot n_w \cdot p_i}{60 \cdot 75} = C \cdot n_w \,.\, p_i \text{ [PS]},$$

$F_w$ = wirksame Kolbenfläche, abzüglich Kolbenstange in cm²,
$s$ = Kolbenhub in m,
$n_w$ = wirksame minutliche Drehzahl (doppelte Drehzahl bei doppelt wirkenden Maschinen, halbe Drehzahl bei Viertaktmaschinen),
$p_i$ = mittlerer indizierter Druck in kg/cm²,
$C$ = Zylinderkonstante.

Ergeben sich auf Grund des Indikatordiagramms wesentliche Abweichungen vom Normaldiagramm (vgl. Abb. 425), z. B. Schleifenbildung infolge falscher Einstellung der Steuerung usw., so muß — sofern man nicht auf Grund von Betriebserfahrungen die Fehler auf einfache Weise findet (z. B. Verschmutzung der Brennstoffdüse bei Dieselmotoren) — mit Hilfe genauerer Messungen der Ursache nachgegangen werden.

**Die Kälteanlage.** Von der Kälteanlage interessiert in erster Linie die jeweilige Kälteleistung, Temperatur und Feuchtigkeit in den Kühlräumen. Die beiden letzten Daten sind in Schlachthofanlagen so wichtig, daß sich eine registrierende Fernübertragung in das Zimmer des Schlachthofleiters empfiehlt. Wegen der Bedeutung der Kühlanlage im Schlachthoforganismus, wurde auf diese Zusammenhänge in dem folgenden Kapitel IV 3b näher eingegangen.

**Sonstige Meßstellen.** Da die ganze Kopplung des Kraft- mit dem Heizbetriebe außer vom Belastungsgrad in erster Linie vom Warmwasserverbrauch abhängt, ist je Schlachttag die Warmwassermenge im Zusammenhang mit der Schlachtziffer von großer Bedeutung. Eine lediglich jährliche Aufstellung der verbrauchten Wassermenge, läßt wohl einen Schluß zu, ob Wasser verschwendet wurde oder nicht, läßt aber die Ursachen weder erkennen noch rechtzeitig beseitigen. Deshalb empfiehlt es sich, für die beiden Kutteleien und die Schweinehalle getrennte Mengenmesser für Warmwasser anzubringen, außerdem noch einen Kaltwassermesser für den

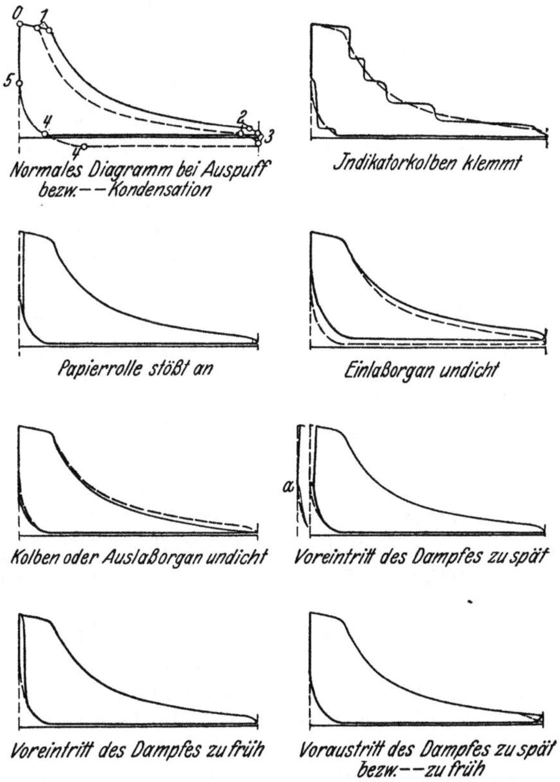

Abb. 425. Normale und fehlerhafte Indikatordiagramme einer Dampfmaschine.

gesamten Betrieb, und die Wassermengen in die tägliche, mindestens aber in die monatliche Statistik einzubeziehen.

2. Auswertung der Ergebnisse.

Die abgelesenen Werte sind in die Betriebsstatistik aufzunehmen, welche die augenblicklichen und früheren Verhältnisse klar erkennen läßt. Der Betriebsleiter kann dann feststellen, an welchen Stellen nicht richtig gearbeitet wurde, wo Reinigungen, Nachfüllen von Kältemittel, größere Untersuchungen und dergl. notwendig werden. Während umfangreichere Messungen regelmäßigen Betriebskontrollen überlassen bleiben, sind tägliche Aufzeichnungen des Brennstoffverbrauches, des Wasser- und Dampfverbrauches und der sich daraus ergebenden Verdampfungszahl für die Dampfkraftanlage unbedingt wichtig. Für die Dampf- und Dieselmaschine empfiehlt sich die täglich einmalige Entnahme eines Indikatordiagramms. Von der Kälteanlage ist die mittlere Kälteleistung und vor allem Temperatur und Feuchtigkeit der Kühlräume wichtig. Besonders übersichtlich ist eine graphische Betriebsstatistik.

Ein wesentliches Hilfsmittel für den Betriebsleiter um den Heizer zu wirtschaftlichem Arbeiten zu erziehen, ist die Aussetzung von Heizerprämien für günstigen $CO_2$ und geringen CO-Gehalt.

## b) Betriebsführung in Kühlanlagen.

### 1. Meßapparate.

**Apparate zur Temperatur- und Feuchtigkeitsmessung.** Zur Kontrolle des Betriebszustandes ist es unbedingt erforderlich, daß am Druck und Saugstutzen des Kompressors, am Regulierventil oder besser im Nachkühler des Kondensators, am Zu- und Abfluß des Kondensatorkühlwassers, im Sole- und Ammoniakkreislauf des Verdampfers und in den Kühlräumen Thermometer angebracht sind. Es empfiehlt sich die Anschaffung von Thermometern mit Fabrikeichschein[1]. Für die Kühlräume sind die üblichen Wandthermometer ungeeignet, weil damit die Wandtemperatur bzw. die Temperatur der Grenzschicht, nicht die Temperatur der Kühlraumluft gemessen wird, die Abweichungen können recht beträchtlich sein. Die Mitteltemperatur eines Kühlraumes ergibt sich am besten, wenn man ein gewöhnliches Stabthermometer in mittlerer Höhe zwischen Druck- und Saugschlauch frei aufhängt. Zur Fernablesung sind in erster Linie Widerstandsthermometer geeignet. Zur Feuchtigkeitsmessung ist — auch für Temperatur unter Null — in erster Linie die Anwendung des Aßmannschen Aspirationspsychrometers (Abb. 426) empfehlenswert. Es besteht aus einem trockenen und feuchten Thermometer, welche in zylindrischen Röhren eingebaut sind, durch welche ein Uhrwerkventilator die Raumluft mit konstanter Geschwindigkeit von etwa 2,4 m/s saugt. Aus dem Temperaturunterschied der beiden Thermometer (psychrometrische Differenz) ist nach einer Versuchsdauer von 3—5 Minuten die relative Feuchtigkeit aus Tabellen genau bestimmbar. Psychrometer ohne Einrichtungen zur Erzeugung einer künstlichen Belüftung sind unbrauchbar, weil die Psychrometerkonstante unter 2 m/s stark von der Geschwindigkeit abhängt, die mittlere Luftgeschwindigkeit in Kühlräumen aber kaum mehr als 0,01 m/s ist.

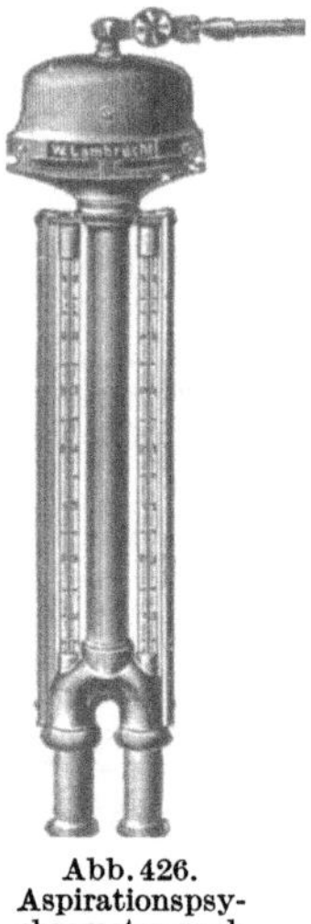


Abb. 426. Aspirationspsychrometer nach Aßmann (Lambrecht, Göttingen).

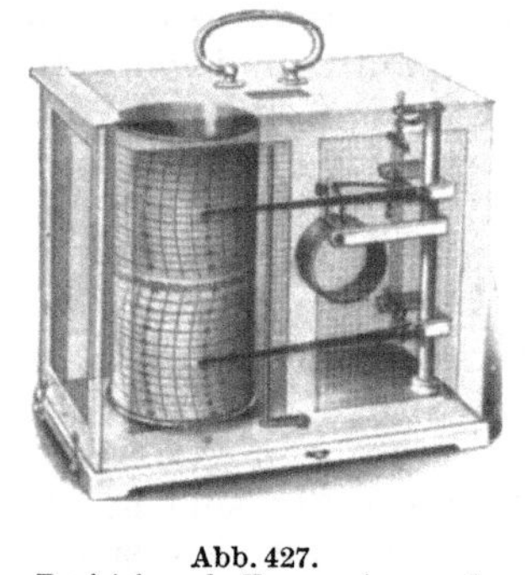

Abb. 427. Registrierende Temperatur- und Feuchtigkeitsmessung (Lambrecht).

Weniger zuverlässig, aber etwas billiger als die Psychrometer sind die vielfach angewandten Haarhygrometer, insbesondere das Polymeter von Lambrecht. Die Wirkungsweise beruht darauf, daß sich entfettetes menschliches Haar unter dem Einfluß von Wasserdampf längt. Auf dem gleichen Prinzip wie die Hygrometer beruhen die Apparate zur selbständigen Aufzeichnung der Feuchtigkeit, die Hygrographen (Abb. 427). Die Trägheit dieser Feuchtigkeitsmesser ist gering, die Polymeter sind ziemlich unabhängig von der Luftgeschwindigkeit und völlig unabhängig von der Temperatur der umgebenden Luft, sie haben nur den Nachteil, daß sie mit zunehmendem Alter immer unempfindlicher werden, nach Bongards[2] erscheint es außerdem zur

[1] Lieferfirmen: Siebert & Kühn, Kassel; Dr. Bender & Dr. Hobein, München u. a.

[2] Bongards, H.: Feuchtigkeitsmessung. Oldenbourg 1926. — Schubert: Elektrische Temperaturmessung. S. 23, Abb. 29. Leipzig: Hachmeister & Thal 1927.

Regenerierung des Haares nötig, daß diese Hygrometer in Zwischenräumen von 5—7 Tagen einige Stunden lang gesättigter oder nahezu gesättigter Luft ausgesetzt werden. Da die Möglichkeit zu einer Regenerierung — im Gegensatz zur Meteriologie — in Schlachthofkühlanlagen selten gegeben ist, und der jährlich 2mal notwendige Vergleich und die Neueinstellung mit einem Kontrollinstrument kaum ausgeführt wird, zeigen die in Betrieb befindlichen Apparate meist völlig falsche, unter dem Einfluß des Federzuges meist zu hohe relative Feuchtigkeiten an.

**Fernableseapparate.** Fernthermometer: Das in Deutschland übliche Verfahren ist die Ablesung mittels eines sog. Ohmmeters. Hierbei wird die Erscheinung ausgenützt, daß der elektrische Widerstand eines Metalldrahtes — meist wird Platin verwendet — in allerdings nicht zu weiten Grenzen linear von der Temperatur abhängt (elektrisches Widerstandsthermometer). Nach der Ausführung von Heraeus, Hanau, wird der Platinwiderstandsdraht auf einen Quarzstab aufgewickelt und in ein Quarzrohr eingeschmolzen. Zum Schutze gegen mechanische Beschädigungen wird das Quarzrohr im Kühlraum durch eine Metallhülse geschützt. Als Ableseinstrumente werden Drehspul- (Siemens & Halske) oder Kreuzspulgalvanometer (Hartmann & Braun) angewandt. An eine Meßschaltung können etwa 30 Meßstellen angeschlossen werden. Als Stromquelle dient normalerweise ein Akkumulator, neuerdings wurde auch der Anschluß an ein Wechselstromnetz mittels Reduktortransformatoren und Glühkathodengleichrichter (Siemens & Halske) mit Erfolg durchgeführt.

Abb. 428. Feuchtigkeitsmesser mit eingebautem Motor (Siemens & Halske).

Elektrische Fernpsychrometer. Die Art der Feuchtigkeitsbestimmung mit dem Psychrometer entspricht vollkommen der einer Temperatur-Fernmessung, da es sich nur um die Anzeigen zweier Temperaturen handelt. Das verbreitetste ist wohl das thermoelektrische Psychrometer (Hartmann & Braun). Es beruht auf der Erscheinung, daß an den Lötstellen zweier Metalle, die zu einem geschlossenen Stromkreis vereinigt sind, eine elektromotorische Kraft entsteht, wenn die Lötstellen verschiedene Temperatur haben. Die elektromotorische Kraft ist ein Maß für den Temperaturunterschied. Dadurch, daß eine Lötstellenreihe mit der Raumtemperatur, die andere mit einer Saughülle von Musselin in Verbindung steht, ergibt sich wieder die „psychrometrische Differenz", welche einen an einem Ablesegalvanometer meßbaren Thermostrom erzeugt. Beim Fernpsychrometer von Keiser & Schmidt[1], Charlottenburg, wird die Befeuchtung der einen Hälfte der Lötstelle nicht durch saugendes Stoffgewebe, sondern einen porösen Tonkörper erreicht. Die Trägheit bei der Abgleichung an Feuchtigkeitsänderungen ist bei dieser Ausführung allerdings etwas größer als bei der vorerwähnten Bauart.

Bei der Ausführung von Siemens & Halske werden als Thermometer 2 Quarzglaswiderstandsthermometer verwendet, von welchen das eine durch einen Stoffschlauch befeuchtet wird. Die Wirkungsweise des im vorigen Abschnitt beschriebenen Ablesepsychrometer mit Quecksilberthermometer läßt sich sinngemäß übertragen. Zur Messung der relativen Feuchtigkeit dient ein Brücken-Kreuzspulensystem. Dieses besteht aus einer Haupt- und einer Richtspule, welche beide in die Diagonalzweige einer Wheatstoneschen Brücke gelegt werden, wobei der Strom in der Hauptspule proportional der psychrometrischen Differenz wird (Abb. 428[1]).

Abb. 429. Ablesegerät (Siemens & Halske).

Bei dem Fernhygrometer von Lambrecht wird der Zeigerstand eines Haarhygrometers auf elektrischem Wege übertragen.

Bei Verwendung geeigneter Umschalteinrichtungen können bei allen angegebenen Bauarten beliebig viele Meßstellen an ein Ablesegerät angeschlossen werden (Abb. 429). Bei der Ausführung von Hartmann & Braun werden in neuerer Zeit auch Mehrfachschreiber angewandt (Abb. 430). Etwa 43 % der deutschen Schlachthöfe besitzen Fernablesevorrichtungen.

[1] Näheres Z. V. d. I. **75**, Nr 30 (1931).

**Füllungs- und Leistungsprüfer.** Ob reine Flüssigkeit vom Kondensator kommt oder nicht, kann nur vermittels eines Schauglases festgestellt werden. Der Einbau eines derartigen Beobachtungsglases in die Flüssigkeitsleitung empfiehlt sich in jedem Falle, da hierdurch ohne weiteres die Anwesenheit von Luft und größerer Ölmenge in der Füllung, weiterhin Mangel an Kältemittel durch Aufsteigen von Dampfblasen augenfällig wird. Dieser Füllungsprüfer, der ohne wesentliche Kosten angebracht werden kann, ist bei den Ausführungen der Firmen mit einem Leistungsprüfer kombiniert.

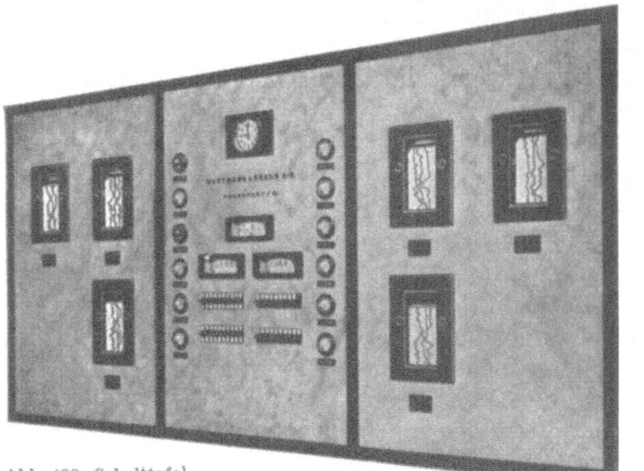

Abb. 430. Schalttafel für Wärmemessungen.

Die Leistungsprüfer fußen auf einer Mengenmessung des umlaufenden Kältemittels. Da bei bestimmtem Verdampferdruck und gegebener Temperatur der Flüssigkeit vor dem Regelventil die Kälteleistung je Kubikmeter bzw. Kilogramm des Kältemittels bekannt ist, läßt sich aus der stündlich umlaufenden Menge ohne weiteres die Kälteleistung bestimmen. Da der Leistungsprüfer nur bei ordnungsgemäßer Füllung (Nachprüfung im Schauglas) betriebsfähig ist, bedeutet er nur eine Ergänzung des Füllungsprüfers.

Für die Mengenmessung sind aus der Meßtechnik hauptsächlich folgende Methoden für diesen Zweck anwendbar:

1. Mengenmessung mittels Ausfluß aus Gefäßen. Aus dem dynamischen Grundgesetz läßt sich die theoretische Ausflußgeschwindigkeit aus einer Düse zu $v' = \sqrt{2g\,\Delta h}$ errechnen; praktisch kommt durch die Strahlkontraktion beim Austritt noch ein Korrekturfaktor dazu, so daß die wirkliche Ausflußgeschwindigkeit $v = \mu v'$ ist. Kennt man die Geschwindigkeit im Mündungsquerschnitt, so kann man mit Hilfe der Kontinuitätsgleichung das Ausflußgewicht bestimmen, da $G = v \cdot f \cdot \gamma$ (kg/s). Aus dem Höhenunterschied $\Delta h$ über der Düse läßt sich somit unmittelbar auf die umlaufende Menge des Kältemittels und damit auf die jeweilige Kälteleistung (kcal/h) schließen.

2. Mengenmessung mit Durchflußöffnung (Staurand) in einer Rohrleitung. Die Strömungsgeschwindigkeit ergibt sich in völlig derselben Weise wie vorher, der Unterschied ist nur, daß die Flüssigkeit nicht aus der Düse ausströmt, sondern durchfließt. Die Flüssigkeitshöhe vor der Meßscheibe wird hier durch die Bestimmung des Druckunterschiedes vor und hinter der Stauscheibe ersetzt. Der Zusammenhang ergibt sich aus der Definition des Druckes zu $h = \frac{p}{\gamma}$, somit wird $G = \mu \cdot f \cdot \sqrt{2g \cdot \Delta p \cdot \gamma}$ (kg/s).

Sind Unterkühlungstemperatur, Verdampfer- und Kondensatordruck einigermaßen konstant, so ist die umlaufende Menge des Kälteträgers einzig noch vom Druckabfall abhängig. Es ist $G = k \cdot \sqrt{\Delta p}$, das den Druckunterschied anzeigende Differentialmanometer kann also gleich in kcal/h geeicht werden.

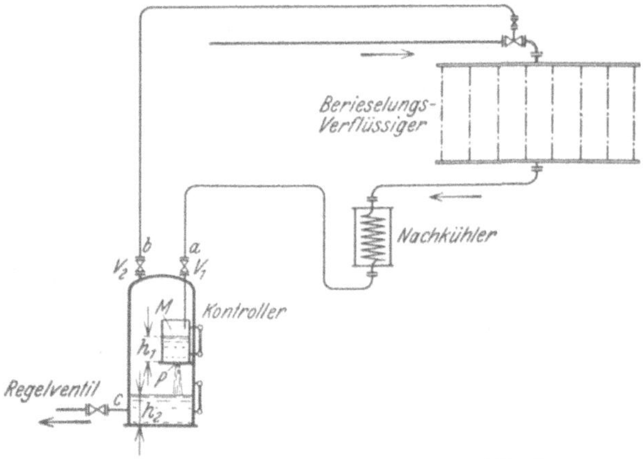


Abb. 431. Schema eines Kontrollers nach Glässel.

3. Mengenmessung durch Kippmessung. Die zu messenden Flüssigkeit strömt frei auslaufend in ein Gefäß. Nachdem dasselbe gefüllt ist, verlegt sich automatisch der Schwerpunkt, und sie entleert sich in ein Gehäuse. Die Anzahl der Kippungen kann durch ein Zählwerk registriert werden.

Zu 1. Leistungskontroller nach Glässel (Stein, Cannstatt). Er ist in Abb. 431 schematisch dargestellt. Die Flüssigkeit fließt durch die Leitung $a$ in das Meßgefäß $M$, von da unter dem Druck der Flüssigkeitssäule $h_1$, die außen im oberen Standrohr abgelesen werden kann, durch die Poncelet-Öffnung $P$ in den unteren Teil des

Apparates, wo die Flüssigkeitssäule $h_2$ im Standrohr sichtbar ist. In der Leitung $V_1$ fließt die Flüssigkeit durch das Regulierventil $R$ zu den Verdampfern weiter. Da der normalerweise geschlossene Flüssigkeitsstrom vom Kondensator zum Regulierventil durch den Gasraum im Kontrollapparat unterbrochen wird, so muß noch eine weitere Gasausgleichleitung $b$ angeordnet werden, die meist wie gezeichnet mit dem Gasraum des Kondensators mitunter — wenn der Kondensator tief steht — mit der Verdampferseite verbunden ist.

Der Apparat dient sowohl als Füllungsprüfer wie auch als Leistungsprüfer. Der häufig angegebene Vorteil, daß auf Grund der Standhöhe das Regulierventil eingestellt werden kann, steht nicht so sehr im Vordergrund. Dagegen kann nach richtiger Einstellung des Regulierventiles der Kontrollapparat anzeigen, ob eine hinreichende Füllung in der Maschine vorhanden ist. Wird ohne Flüssigkeitsvorrat auf der Kondensatorseite gearbeitet, so ist die Regulierung bei einfachen Anlagen leicht ausführbar, und man hat nur neben dem Regulierventil das Ventil $V_2$ einzustellen. Steht dagegen der Kontroller geodätisch höher als der Kondensator bzw. Nachkühler, so muß $b$ mit dem Verdampfer verbunden werden, $V_2$ ist stark zu drosseln, der Kontroller wird dadurch selbst zum Verdampfer, was einem „Kurzschluß" zwischen Kondensator- und Verdampferseite gleichkommt. Wenn auch nur wenige Anlagen so gelagert sein werden, so muß doch bei Schwankungen der Belastung der Verdampfer, z. B. durch Abschalten eines Luftkühlers oder Eisgenerators, mit Einregulierung an 3 Stellen ($R$, $V_1$ und $V_2$) gerechnet werden, was besonders bei Anlagen mit mehreren Apparaten nicht einfach ist. Die Wärmeeinstrahlung in den Apparat kann wegen der großen Oberfläche recht beträchtlich sein.

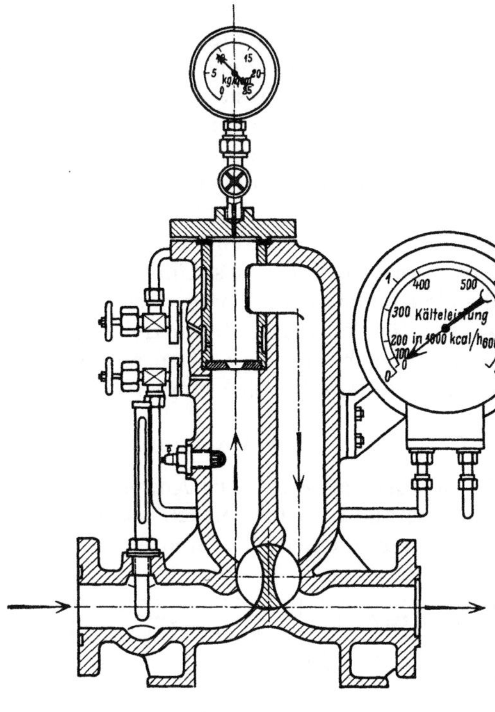


Abb. 432. Füllungs- und Leistungsprüfer (Linde).

Zu 2. Füllungs- und Leistungsprüfer der Gesellschaft für Lindes Eismaschinen. Er besteht aus einem Gehäuse mit eingegossenen Kanälen (Abb. 432). Das flüssige Kältemittel fließt an einem durch eine elektrische Lampe seitlich beleuchteten Schauglas vorbei und passiert dann die Stauscheibe. Vor und nach der Scheibe gehen Verbindungsröhrchen zum Differentialmanometer. Dieses zeigt den Druckunterschied vor und nach der Meßdüse an, was nach den einleitenden Betrachtungen ein Maß für die durchfließende Menge an Kältemittel und damit für die Kälteleistung ist. Der Apparat wird ebenfalls in die vom Kondensator kommende Flüssigkeitsleistung vor dem Regulierventil eingebaut.

Der Leistungsprüfer ist billiger wie der vorhergehende, im wesentlichen stellt er ja nichts weiter als einen Meßflansch dar, der in praktischer Weise — allerdings auf Kosten des Preises — zu einer symmetrischen Apparatur zusammengefaßt ist, er bedarf keiner besonderen Einstellung (neben dem Ventil zum Manometer ist nur der Haupthebel von „Durchgang" auf „Messung" umzustellen); als Nachteil erscheint nur, daß bei zu geringer oder lufthaltiger Füllung das Differentialmanometer leicht beschädigt werden kann. Allerdings darf der Apparat nur eingeschaltet werden, wenn im Schauglas keine Gasblasen zu sehen sind, das hindert aber nicht, daß es aus Versehen oder Unachtsamkeit doch gemacht wird.

Zu 3. Der Kontroller der Süddeutschen Maschinen- und Metallwarenfabrik, Wilhelm Weckerle, Zuffenhausen (Sümak).

Das vom Kondensator kommende verflüssigte Kältemittel wird in eine aus 2 Gefäßen, die um eine Achse drehbar angeordnet sind, bestehende Meßvorrichtung geführt. Das eine Gefäß kippt bei einer bestimmten Füllung selbsttätig um, wodurch das andere Gefäß unter den Flüssigkeitsumlauf zu liegen kommt. Die aus dem ersten Gefäß ausgeschüttete Flüssigkeit fließt in ein Schwimmergefäß. Die Anzahl der Entleerungen im Kippergehäuse wird durch eine automatische Druckschreibevorrichtung aufgezeichnet. Der Apparat reguliert selbsttätig.

Im Gegensatz zum Leistungsprüfer der Gesellschaft für Lindes Eismaschinen und zu dem hauptsächlichen Verwendungszweck des Kontrollers von Glässel ist dieser Leistungsprüfer integrierend, d. h. er zeigt keine Momentankälteleistung, sondern die mittlere Kälteleistung eines bestimmten Zeitraumes an. Der Sümak-Leistungsprüfer hat ebenfalls eine recht erhebliche Wärmeeinstrahlung, es ist möglich, daß wie bei den normalen Wassermessern eine gewisse Abhängigkeit der Anzeige von der Stärke des Zuflusses besteht, weiterhin läßt sich ein „Verschleichen" ungemessener Ammoniakmengen wohl nie ganz vermeiden. Diese Fehler liegen wohl innerhalb der technisch erlaubten Toleranz, die beiden bisher beschriebenen Apparate scheinen aber insofern im Vorteil, als sie keine beweglichen Teile besitzen.

Neben diesen Bauarten gibt es noch eine Reihe anderer, die sich aus den bei der Wassermengenmessung bewährten Methoden herausentwickelt haben, vor allem Scheibenmesser und Schwimmerströmungsmesser, in der Art des sehr einfachen Rotamessers.

Die konstruktive Durchbildung aller Leistungsprüfer kann, trotzdem eine Reihe geschickter Lösungen vorliegen, noch nicht als endgültig betrachtet werden, die Apparate versagen häufig bei der nicht seltenen ungenügenden Wartung und Überwachung in ähnlicher Weise wie die Rauchgasprüfer nach nicht allzulanger Zeit, die Preise sind im Verhältnis zu ihrem Nutzen recht hoch. Bei Berieselungskondensatoren, die keine unmittelbare Messung der Verflüssigerleistung zulassen, bieten sie immerhin eine schätzenswerte Kontrollmöglichkeit, ob die Ventile des Kompressors richtig arbeiten, die Kolben dicht sind, die Flüssigkeitsströmung einwandfrei ist, der wesentliche Bestandteil ist aber der Füllungprüfer, der sich als Schauglas in der Flüssigkeitsleitung billiger herstellen läßt, evtl. in Verbindung mit einem einfachen Venturirohr. Bei Anlagen mit Tauch- oder Doppelrohrkondensatoren ist es am einfachsten die Nutzkälteleistung aus der Anzeige eines in die Kondensatorleitung eingebauten Wassermessers und der Temperaturdifferenz des Kühlwassers vor und nach dem Kondensator zu berechnen. Die sich ergebende Kondensatorleistung, vermindert um das mechanische Wärmeäquivalent des Leistungsaufwandes für den Verdichterantrieb, ergibt in einfacher Weise die Nutzkälteleistung. Bezüglich Leistungsversuche und Garantien von Kühlanlagen sei auf die vom Deutschen Kälteverein und VDI. aufgestellten Regeln[1] hingewiesen.

## 2. Vorrichtungen zur Betriebsverbesserung.

**Entlüftungsapparate.** Die Anwesenheit von Luft in der Füllung (vgl. S. 397) ist für den Betriebszustand außerordentlich nachteilig, hauptsächlich dadurch, daß die nicht kondensierbaren Gase mit einem bestimmten Leistungsaufwand, aber ohne Kälteleistung zu erzeugen, dauernd durch die Anlage geschleppt werden müssen und die Wärmeaustauschflächen unnötig belastet sind. Bei Überschreitung eines bestimmten Höchstwertes an Beimengungen indifferenter Gase ist es sogar möglich, daß der Wärmeaustausch auf Null sinkt. (Vgl. Abb. 433.)

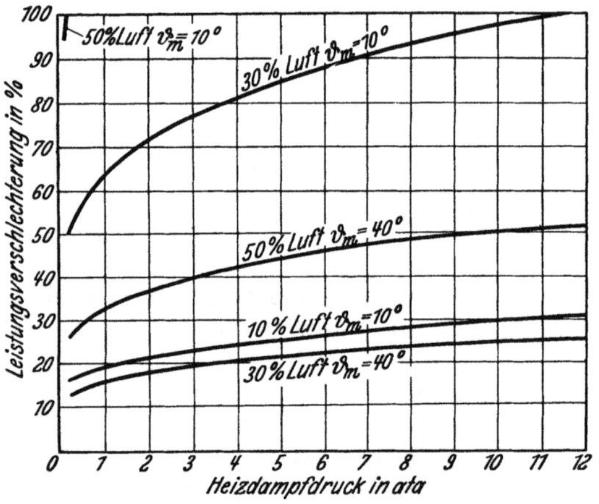


Abb. 433. Leistungsverschlechterung einer Wärmeaustauschfläche durch Luftgehalt des Dampfes (nach Kirschbaum)[2]. $\vartheta_m$ = mittl. Temperaturdifferenz zwischen wärmeaufnehmendem und wärmeabgebendem Medium.

Die normale Art der Entfernung der Fremdgase ist, daß man ihnen Gelegenheit gibt, sich irgendwo zu sammeln und man sie im Ruhezustand der Anlage dann mittels eines Ablaßhahnes direkt ins Freie bläst. Bei dieser Handhabung geht mit der Luft relativ viel Kältemittel verloren, so daß zweckmäßiger an den Ablaßhahn ein Gummischlauch angeschlossen wird, welcher während des Ablassens in einen Wassereimer taucht. Solange überwiegend Fremdgase entströmen, machen sich diese durch Aufsteigen von Gasblasen im Wassergefäß bemerkbar. Werden Ammoniakdämpfe in größerem Maße mitgerissen, so macht sich dies durch ein knatterndes Geräusch bei der Absorption bemerkbar. Beide Verfahren sind unvollkommen, an eine Abscheidung von Luft ist überhaupt nur zu denken, wenn die abgesaugte Anlage längere Zeit im Ruhezustand war. Auch dann ist — mit Ausnahme des Berieselungskondensators mit stehenden Rohren — die Trennung außerordentlich unvollständig, weil die Gasblasen in den hori-

[1] Regeln für Leistungsversuche an Kältemaschinen und Kühlanlagen. Berlin: Gesellschaft für Kältewesen 1929.
[2] Chem. Fabrik **1930**, 3.

zontalen Rohrschlangen nur unvollkommen nach oben steigen können, weiterhin darf die Entlüftung nur bei ganz geringer Ventilöffnung erfolgen, sie benötigt dadurch jeweils einige Stunden. Nach Untersuchungen von Steinbach[1] verteilt sich der Ammoniakgehalt in der abströmenden Luft gemäß Abb. 434. Die Entlüftung wird demgemäß mit um so geringeren Verlusten an Kältemittel stattfinden, je tiefer die Temperatur ist. Läßt man also während der Entlüftung kaltes Frischwasser durch bzw. über den Kondensator strömen, so ergibt sich schon bei einer Kühlwassertemperatur von 10—15° eine wesentliche Verringerung der Gasverluste. Es ist aber damit noch der Nachteil verbunden, daß die Entlüftung unvollkommen und nur bei Betriebsunterbrechungen vorgenommen werden kann. Die Verringerung der Kälteverluste auf ein Minimum, zusammen mit der Behebung auch jener Nachteile, veranlaßte mehrere Firmen, Entlüftungsapparate zu bauen.

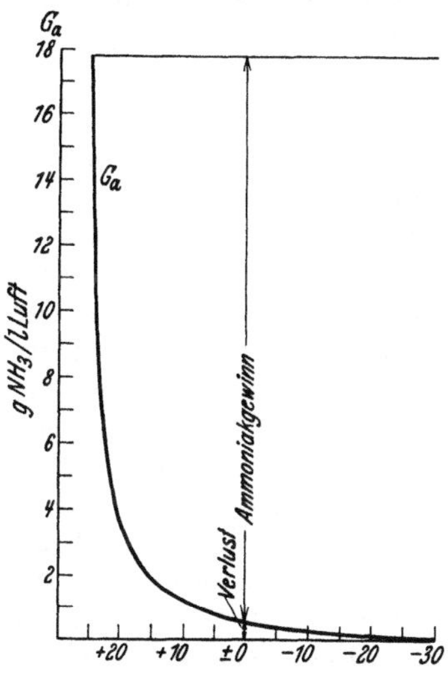


Abb. 434. $NH_3$-Gehalt eines Ammoniakluftgemisches während der Abkühlung von + 25° ($p_L = 0{,}5$ at).

In ihrer Wirkungsweise fußen sie prinzipiell auf dem Daltonschen Gesetz, wonach der Gesamtdruck $p$ eines Gas-Luftgemisches gleich der Summe der Teildrücke $p_A + p_L$ ist. In Verbindung mit der Zustandgleichung für (ideale) Gase ergibt sich, daß bei fallender Temperatur und damit bei fallendem spezifischen Gewicht und steigendem Partialdruck der Luft die Verhältnisse für die Verhütung der Gasverluste am günstigsten werden. Die Entlüftung ist also mit dem theoretisch kleinsten Gasverlust verbunden, wenn die Fremdgase bei dem höchsten in der Maschine vorkommenden Druck — d. i. der Kondensatordruck — und bei der tiefsten in der Maschine vorkommenden Temperatur — d. i. die Verdampfungstemperatur — entnommen werden. In Abb. 435 ist der Einbau des Entlüftungsapparates der Gesellschaft für Lindes Eismaschinen ersichtlich. Das Dampf-Luftgemisch wird an einer Stelle, wo es an nicht kondensierbaren Gasen reich ist, in der Regel an der Sammelflasche des Kondensators, entnommen. Es gelangt in das Außenrohr eines Systemes ineinandergewundener Rohrschlangen. Die inneren Rohre sind mit verdampfendem Kältemittel gefüllt, welches der Flüssigkeitsleitung zum Verdampfer entnommen ist und als Dampf in den Abscheider zurückgeführt wird. Das Dampf-Luftgemisch wird dadurch unter Kondensatordruck bis auf die Verdampfungstemperatur gekühlt.

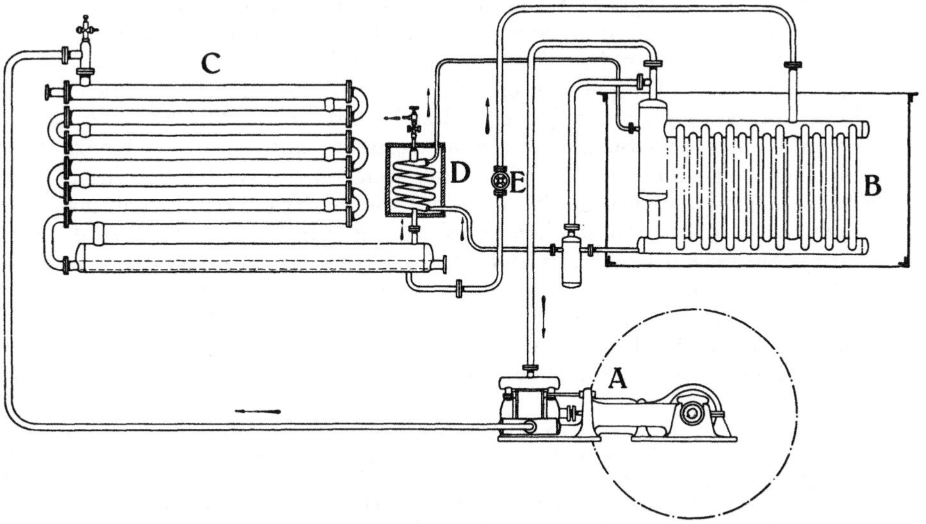


Abb. 435. Selbsttätige Entlüftungseinrichtung (Linde).
A Verdichter, B Verdampfer, C Verflüssiger, D Entlüftungseinrichtung, E Regulierventil.

Das kondensierte Kältemittel fließt in die Sammelflasche am Kondensator zurück, das nichtkondensierte Fremdgas kann nach Passieren einer Rektifiziereinrichtung durch ein Ventil kontinuierlich in die freie Atmosphäre gelangen. Der Apparat ist gut isoliert. Ähnlich arbeitet auch der Entlüftungsapparat von Stein, Cannstatt. Allerdings muß in diesem Apparat das

[1] Z. ges. Kälteind. **1926**, H. 1.

zur Kondensation notwendige Ammoniak unter Ausnützung der Temperaturerniedrigung, welche durch die Entspannung der Dämpfe entsteht, gewonnen werden, so daß seine Leistung hinter der theoretisch erreichbaren zurückbleibt.

**Vollautomatik von Kühlanlagen.** Die vollständig selbsttätig arbeitende Kältemaschine, die kein besonders vorgebildetes Personal bedarf, wird in manchen Betrieben als Idealzustand gewünscht. Sie bringt nicht nur den Vorteil, daß es möglich wird, eine Kühlmaschinentype mit geringerer stündlicher Kälteleistung zu verwenden, weil die Maschine bedeutend länger in Betrieb sein kann als es ohne Automatik mit Rücksicht auf die Arbeitszeit des Personals möglich ist, sondern speziell für Fleischkühlanlagen den mit der Annäherung an die durchgehende Arbeitszeit bedingten fundamentalen Vorteil der Temperatur- und Feuchtigkeitskonstanz des Kühlgutes. Andererseits bildet eine zu weit geführte Automatisierung leicht eine Versuchung für die Bedienung, die Wartung zu vernachlässigen, so daß die Betriebszuverlässigkeit gegen Unwirtschaftlichkeit eingetauscht wird, außerdem verursachen diese Einrichtungen natürlich eine Komplizierung. Das letztere ist aber eine Kinderkrankheit, welche der Fortschritt der Technik immer noch zu beheben imstande war.

Die Schaltapparate, wie sie beispielsweise durch Metzenauer und Jung, Elberfeld, und andere Firmen angeboten werden, ergeben häufig folgendes Schaltbild: Durch einen an der Kühlstelle angebrachten Thermostaten wird in Abhängigkeit von der Temperatur an der Kühlstelle oder dem Druck des Kältemittels an dieser Stelle (Pressostat) mechanisch oder elektrisch ein Kühlwasserventil betätigt, welches wiederum einen Schalter beeinflußt, der den Antriebsmotor für die Kühlmaschine an- oder abschaltet. Die Einrichtung, die bis etwa 30000 kcal/h. ausgeführt wurde, ist völlig derjenigen analog, wie sie sich für Kleinkühlmaschinen schon seit einer Reihe von Jahren bewährt hat. Gleichzeitig damit ist in den meisten Fällen eine Sicherheitseinrichtung verbunden, welche, in ähnlicher Weise wie auf S. 320 beschrieben, eine selbständige Wiedereinschaltung bewirkt.

Als Thermostaten haben sich Regler mit Flüssigkeitsausdehnung, die abhängig von der Kühlraum- oder der Verdampfertemperatur und vom Verdampferdruck regeln, gut bewährt. Bei Änderung der Temperatur dehnt sich in einem Metallrohr eine Flüssigkeit aus, wodurch meist mit Hilfe einer Membrane ein Stift bewegt wird, welcher auf ein Ventil wirkt. Die Reglung erfolgt mit einer gewissen Trägheit, was für die Anordnung im Kühlraum günstig ist, da sonst bei jedem Öffnen der Türe die Maschine eingeschaltet würde.

Die Reglung der Temperatur von mindestens zwei Kühlstellen — und das ist bei Schlachthofanlagen bei einem Luftkühler und einem Eiserzeuger meist der Fall — macht schon erheblich mehr Schwierigkeiten. Bei Solekühlung ist die Schaltung folgendermaßen: Solange die Temperatur im Raum zu hoch ist, schließt der Temperaturregler des betreffenden Raumes den Magnetstromkreis für das zugehörige Soleventil, und dieses öffnet den Solezufluß. Ist die gewünschte Temperatur erreicht, so wird der Magnetstromkreis unterbrochen und dadurch der Solezulauf zu der betreffenden Kühlstelle abgesperrt. Die einzelnen Soleabsperrventile sind mit einem Schaltkontakt ausgerüstet, und alle diese Kontakte zusammen wirken auf einen gemeinsamen Stromkreis, durch welchen die Kältemaschine geschaltet wird. Solange noch ein beliebiges Ventil geöffnet ist, ist dieser Stromkreis jedoch geschlossen. Erst wenn alle Räume tiefgekühlt und somit alle Soleventile geschlossen sind, wird dieser gemeinsame Stromkreis ausgeschaltet. Statt den Antrieb des Kompressors kann man auch den Antrieb der Solepumpe ein- und ausschalten, doch hat dies, obwohl man mit wesentlich billigeren Schaltapparaten auskäme, den Nachteil, daß die Verdampfungstemperaturen zu niedrig und damit zu ungünstig werden können.

R. Pabst[1] gibt folgendes Schaltschema der VDK. einer selbsttätig betriebenen Schlachthofkühlanlage (Solekühlung) an:

Der Vorkühlraum und der Kühlraum (Abb. 436) erhalten getrennte Soleluftkühler *a* mit Ventilatoren, der Pökelraum Raumberohrung für Solekühlung. In jedem der genannten Räume werden Temperaturregler *b*, aufgehängt, die nach dem Prinzip der Flüssigkeitsausdehnung arbeiten und unter dem Einfluß der Kühlraumtemperatur selbsttätig die Ventilatoren *c* in Betrieb setzen oder abstellen und gleichzeitig automatisch steuerbare Soleabsperrventile *d* in der Solezuleitung ein- oder ausschalten. Die Thermostate sind vollständig gekapselt und haben Kontakte für Steuerstrom und eine Einstellskala, die beliebige Wahl der Ein- und Ausschalttemperatur gestattet.

Durch Hilfskontakte der Soleventile wird die Solepumpe *e* gesteuert; sie wird in Betrieb gesetzt, sobald sich eines der Soleventile unter dem Einfluß der Kühlraumtemperatur öffnet und wird erst wieder abgestellt, wenn sämtliche Soleventile geschlossen sind, also alle Räume ihre richtige Temperatur haben.

Die Luftfeuchtigkeit, deren Einhaltung sowohl für die Haltbarkeit des aufzubewahrenden Fleisches als auch zur Vermeidung eines Gewichtsverlustes besonders wichtig ist, wird bei richtiger Anordnung und Ab-

[1] Z. V. d. I., **75**, Nr. 23 (1931).

stimmung aller Apparate zueinander selbsttätig dadurch eingehalten, daß die Solezulauftemperatur, mit der die Luftkühler arbeiten, eine bestimmte Grenze nie unter- oder überschreitet. Der Feuchtigkeitsgehalt der Kühlraumluft läßt sich weiterhin dadurch regeln, daß man einen gesteuerten Teil der umströmenden Luft ungekühlt am Luftkühler vorbei dem Raum wieder zuführt. Die Luftfeuchtigkeit ist vom Verhältnis der gekühlt und ungekühlt umlaufenden Luftmengen abhängig. Die Luftmenge läßt sich durch Jalousieklappen regeln, die mittels eines Elektromagneten selbsttätig eingestellt werden können.

Der Kompressor *f* selbst wird in Abhängigkeit von der Soletemperatur im Solekühler oder Eiserzeuger *g* ebenfalls durch Thermostaten gesteuert. Das Rührwerk des Solekühlers wird zusammen mit dem Kompressor geschaltet; spielt die Eiserzeugung eine größere Rolle, so muß das Rührwerk auch bei Stillstand des Kompressors weiterarbeiten. Die Temperaturspanne für die Schaltung des Kompressors wird zweckmäßig etwas größer gehalten als die Temperaturspanne in den Kühlräumen, wodurch die Schalthäufigkeit des Kompressorantriebes vermindert wird. Auch der für den Solekühler gewählte Inhalt ist für die Schalthäufigkeit maßgebend. Bei Anlagen mit Eiserzeugung empfehlen sich offene Rieselluftkühler, also Naßluftkühler, weil man bei diesen mit höherer Soletemperatur arbeiten kann, die dann mit der notwendigen Temperatur für

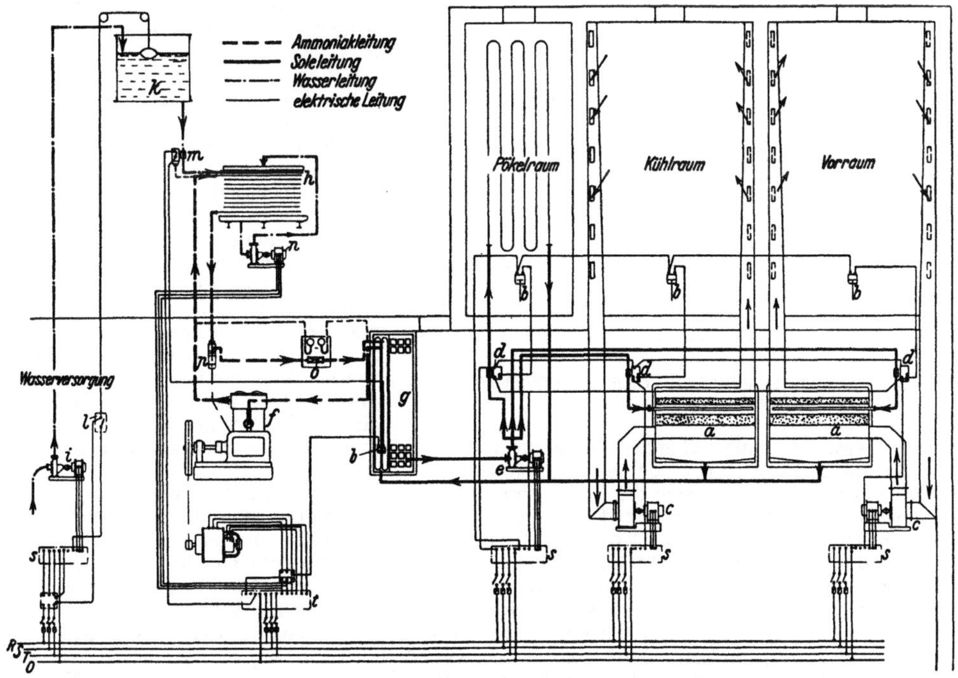


Abb. 436. Schaltbild einer selbsttätig betriebenen Schlachthofkühlanlage (Solekühlung). *a* Luftkühler, *b* selbsttätige Temperaturregler, *c* Ventilatoren, *d* selbsttätige Soleabsperrventile, *e* und *e'* Solepumpen, *f* und *f'* Kompressoren, *g* Solekühler mit Eiserzeugung, *h* und *h'* Kondensatoren, *i* Brunnenpumpe, *k* Hochbehälter, *l* Schwimmerschalter, *m* und *m'* selbsttätige Wasserventile für die Kühlwasserregelung mit Überdrucksicherung, *n* und *n'* Umwälzpumpen für Kühlwasser, *o* und *o'* selbsttätiges Regulierventil zum Regeln des Kältemittelumlaufes, *p* und *p'* selbsttätige Ölrückführung, *s* Ölschutz, *t* Selbstanlasser.

die Eiserzeugung gut übereinstimmt, während bei Trockenluftkühlern entweder große Apparate und höhere Luftfeuchtigkeitsgehalte oder zu tiefe Soletemperaturen und dadurch sprödes Eis in den Kauf genommen werden müssen.

Schließlich ist noch dafür Vorsorge zu treffen, daß bei Inbetriebsetzung des Kompressors auch das Kühlwasser dem Kondensator zugeführt wird. Im allgemeinen haben die Schlachthöfe eigene Wasserversorgung, und es empfiehlt sich, diese völlig unabhängig von der Kältemaschinenanlage zu automatisieren. Die Brunnenpumpe *i* hält in einem Hochbehälter *k* ständig eine bestimmte Füllung und wird selbsttätig durch einen Schwimmerschalter *l* an- oder abgestellt. Der Kühlwasserzulauf zum Kondensator der Kältemaschine wird entweder aus dem Hochbehälter oder bei nicht eigener Wasserversorgung aus der städtischen Leitung selbsttätig bei Einschaltung des Kompressors geöffnet.

Das Kühlwasserventil bzw. der Kühlwasserregler *m* steht unter dem Einfluß des Kondensatordruckes, vgl. S. 320. Durch die selbsttätige Regelung der Kühlwassermenge und ihre Anpassung an alle Betriebsbedingungen gewährleistet der Kühlwasserregler auch noch die denkbar größte Ersparnis an Kühlwasser. Bleibt das Kühlwasser aus, oder fließt es in nicht ausreichender Menge, so steigt der Kondensatordruck. Übersteigt er den eingestellten Überdruckwert, so wird der Motor abgeschaltet und der Stillstand von Motor und Kompressor nach irgendeiner Stelle hin gemeldet. Hierdurch ist eine Sicherheitsmaßnahme getroffen, die bei Anlagen ohne Selbstbedienung vollkommen fehlt; denn sie haben für solche Fälle als einzige Sicherheit nur das Sicherheitsventil des Kompressors. Bei Anwendung von Berieselungskondensatoren muß außerdem gleichzeitig mit dem Kompressor die Umlaufwasserpumpe *n* eingeschaltet werden. Dies geschieht in Abhängigkeit von dem gleichen Thermostaten, der nicht nur den Anlasser des Kompressormotors, sondern auch gleichzeitig den des Pumpenmotors betätigt.

Bei der Kältemaschine ist außerdem eine Vorrichtung *o* notwendig, die den Kältemittelumlauf innerhalb der Maschine selbsttätig regelt und vor allem bei Stillsetzung absperrt. Die selbsttätige Regelung wird durch ein entsprechend großes Sammelgefäß für Ammoniak hinter dem Kondensator und einen genügenden Ammoniakinhalt im Verdampfer noch besonders erleichtert. Schließlich muß die Kältemaschinenanlage mit entsprechender Öldruckführung ausgerüstet sein, die das Öl aus dem Ölabscheider oder aus dem Kondensator und gegebenenfalls aus dem Verdampfer selbsttätig zum Kompressor zurückleitet.

Bei direkter Verdampfung — und gerade diese verbreitet sich bei den deutschen Schlachthofanlagen im Gegensatz zu den amerikanischen immer mehr — war bisher eine Automatisierung des Betriebes bei mehreren Kühlstellen noch nicht möglich. Von R. Heiss wurde eine Schaltung entwickelt, welche auf folgenden Gedankengängen beruht:

Die beiden Wärmefühler (*a*) (vgl. Abb. 437) arbeiten auf einem Steuerkolben (evtl. auch Servomotor oder Membrane) *b*, welcher starr mit einem zweiten Kolben gekoppelt ist. Durch die Kolbenbewegung wird jeweils der schädliche Raum (*c*) des Kältekompressors (*e*) verringert bzw. vergrößert, bei extremen Ausschlägen wird ein Schaltmechanismus (*h*—*i*) betätigt. Das Steueraggregat wird nun zweckmäßigerweise so eingestellt, daß, wenn beide Kühlstellen eine merkliche oder eine Kühlstelle eine sehr große Übertemperatur über den angestrebten hat, der Kompressor mit dem normalen, also geringsten schädlichen Raum arbeitet, die Kolben somit ganz rechts stehen. Bei sinkender Temperatur wandern die Kolben nach links, wodurch der schädliche Raum, dadurch der Lieferungsgrad und damit der Leistungsaufwand des der Antriebsmaschine entsprechend sinkt. Bei Erreichung eines bestimmten Temperaturniveaus, welches wohl mit der Verringerung des Leistungsaufwandes auf die Hälfte zusammenfällt (da der Wirkungsgrad der meisten Antriebsmaschinen bei geringerer als der halben Belastung stark abfällt), werden die Kontakte $h_1$—$i_1$ betätigt, welche die Abschaltung der Antriebsmaschine über einen Ölselbstanlasser bewirken. In der gleichen Weise wird an entsprechender Stelle in unmittelbarer Nähe der rechten Grenzlage durch entsprechende Kontakte der Motor wieder eingeschaltet.

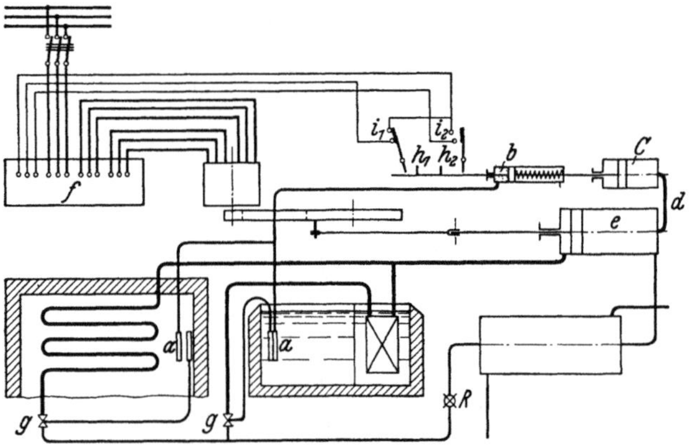


Abb. 437. Achema einer selbsttätig betriebenen Schlachthofkühlanlage (direkte Verdampfung) nach R. Heiss.

In völlig analoger Weise läßt sich die Regulierung nicht nur von der Kühlraumtemperatur, sondern auch von der Verdampfungstemperatur — und weil bei gesättigten Dämpfen die Isotherme mit der Isobare zusammenfällt — auch vom Verdampferdruck aus machen. Die letztere Anordnung hat wohl den Nachteil, daß bei undichten Ventilen ein Druckausgleich stattfindet, so daß ein Pressostat nicht auf geringe Druckdifferenzen ansprechen kann, dafür wird aber die Durchführung der Schaltung einfacher. Es ist keine Ausdehnungsflüssigkeit nötig, und der Druck des Kältemittels kann direkt auf den Steuerkolben, die Membrane oder den Servomotor wirken. Um jeweils nicht nur die dem Kältebedarf entsprechende Menge ($m^3$/h) des Kältemittels umlaufen, sondern sie auch an seiner Kühlstelle verdampfen zu lassen, wo es nötig ist, sind bei beiden Möglichkeiten zweckmäßig in die Zu- oder Abführungsleitung der Systeme Ventile (s) einzubauen, die auf einfache Weise automatisch abhängig von der Raumtemperatur eingestellt werden.

Die angegebene Schaltung hat den Vorteil, daß entsprechend der Absenkung der Kühlraumtemperatur sich auch der Leistungsaufwand des Kompressors verringert, also in Schlachthofkühlanlagen nicht nur die Temperatur des Eisgenerators und der Kühlräume entsprechend dem Kältebedarf gehalten wird, sondern sich auch der Betrieb verbilligt. Eine anders geartete Lösung, z. B. durch Beeinflussung der Drehzahl des Antriebsmotors, hat sich nicht durchzuführen vermocht, da verlustlos regelbare Asynchronmotoren in der Anschaffung teuer sind. Dies ist auch der Grund, weshalb die an sich einfachste Lösung, daß man auf Verdampfer und Luftkühler mit getrennten Kompressoren arbeitet, welche für sich leicht vollautomatisch zu betreiben sind, praktisch selbst bei Gleichstrom-Nebenschluß-Regelmotoren nur in besonderen Fällen in Frage kommen dürfte.

Zu den Vorrichtungen einer Vollautomatik gehört auch ein selbsttätiges Regulierventil *R*, welches bei Schwankungen des Verdampfer- bzw. Kondensatordruckes das ständige Regulieren von Hand ersetzt. Bei amerikanischen Verdampferbauarten wird die Flüssigkeitsstandreglung häufig durch einen Schwimmerregler betätigt, das bedeutet aber noch keine restlose Lösung. Beim automatischen Regulierventil der Alco-Valve-Company St. Louis[1], welches bis zu Leistungen von 150000 cal/h gebaut wird, wird abhängig vom Kondensator- und Verdampferdruck der Druck auf eine Membrane verändert und mit Hilfe eines Stiftes ein Ventilkegel so eingestellt, wie es der augenblicklichen Belastung entspricht. Auf einem ähnlichen Prinzip beruht der von der VDK. Berlin-Tegel gebaute automatische Flüssigkeitsregler (vgl. Abb. 438), bei dem abhängig vom Kondensator- und Verdampferdruck eine Reglerspindel *3* betätigt wird,

[1] Vertrieb durch das Ingenieurbüro Fischer, Stuttgart-Cannstatt.

welche das Durchgangsventil in die Flüssigkeitsleitung *4* entsprechend öffnet oder schließt. Der Einbau eines automatischen Regulierventils ist die Grundlage jeder Vollautomatik, weil durch jede der angegebenen Möglichkeiten die Menge des stündlich umlaufenden oder bzw. und des verdampfenden Kältemittels entsprechend verändert werden muß.

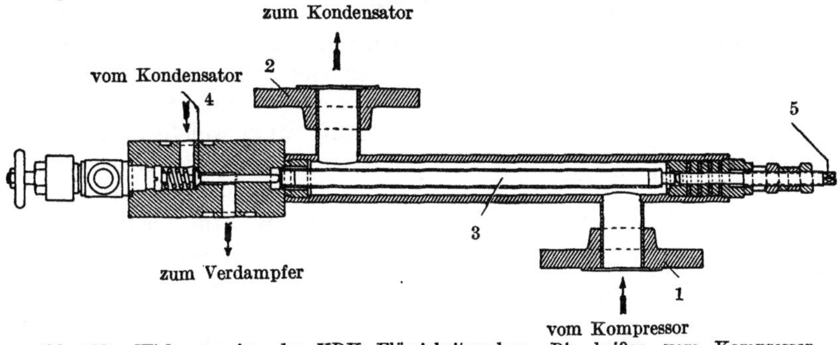


Abb. 438. Wirkungsweise des VDK.-Flüssigkeitsreglers. Die heißen vom Kompressor kommenden Dämpfe umspülen beim Durchfluß von Stutzen 1 nach 2 die Reglerspindel 3. Das Kältemittel tritt (auf Abbildung in Pfeilrichtung) durch Ventil 4 nach dem Verdampfer. Schwankungen während des Betriebes machen sich sofort durch erhebliche Temperaturschwankungen in der Druckleitung bemerkbar. Die Temperaturunterschiede bewirken ein Ausdehnen bzw. ein Zusammenziehen der Reglerspindel 3. Letztere wird an einem Ende durch Stellschraube 5 in ihrer Ausdehnung begrenzt, so daß diese nur in Richtung des Flüssigkeitsventils sich auswirken kann, wodurch Ventil 4 mehr oder weniger geöffnet bzw. geschlossen wird. Der Flüssigkeitsdurchfluß wird also in einem bestimmten Verhältnis zur jeweiligen Raum- oder Soletemperatur geregelt.

Die relative Feuchtigkeit im Kühlraum strebt nach W. Tamm einem Gleichgewichtszustand zu, der vom Wärmeschutz, der Kühlraumgröße, der Belegung je m³, der Außentemperatur usf. abhängt. Die Vollautomatisierung der relativen Feuchtigkeit scheint in Anlehnung an die Ausführungen der Trockentechnik (Kunstseideindustrie, Filmindustrie usf.) dadurch möglich, daß man laufend etwas Frischluft zusetzt und in deren Zuleitung ein Kühlsystem und einen Heizkörper einbaut, welche abhängig von der relativen Feuchtigkeit im Kühlraum durch eine Schaltwalze betätigt werden (vgl. hierzu auch S. 391 oben). Als einfachste Lösung erscheint die Reglung der Ventilatordrehzahl abhängig von der relativen Feuchtigkeit im Kühlraum, bei gleichzeitiger Reglung der Kälteleistung je Stunde nach den vorher beschriebenen Verfahren.

Das Gebiet der Vollautomatisierung von Großkühlanlagen muß trotz seiner einschneidenden Bedeutung als noch im allerersten Anfangsstadium seiner Entwicklung befindlich bezeichnet werden.

### 3. Betriebsstörungen an Kälteerzeugungsanlagen und ihre Verhinderung[1].

Die angegebenen Kontrollapparate bieten eine gute Handhabe, die Betriebsführung einer Kälteanlage zu erleichtern und die Anlage auf ihren jeweiligen Zustand zu prüfen. Das mag für den normalen Zustand völlig ausreichend sein. Es ist aber ohne weiteres einzusehen, daß ein immerhin nicht ganz einfacher Vorgang, wie ihn die künstliche Kälteerzeugung vorstellt, bei seiner technischen Verwirklichung einer Reihe von Störungen ausgesetzt sein kann, welche möglicherweise Betriebsunterbrechungen zur Folge haben können. Bei solchen Verhältnissen muß sich der Leiter des Schlachthofes, trotzdem er entsprechend seiner Fachausbildung häufig der Technik ferne steht, einigermaßen zurechtfinden können — um nicht in die Hand seines Personals gegeben zu sein.

Das wirksamste Mittel zur Verhütung von Betriebsstörungen ist natürlich die Vorbeugung. Es wird sich vor allem immer bezahlt machen, zuverlässige Maschinen zu kaufen, auch wenn der Anschaffungspreis um ein geringes höher ist. Mindestens ebenso wichtig ist es, bei der Auswahl des Personals außerordentlich vorsichtig zu sein und als Maschinenwärter gelernte Schlosser einzustellen, die mit Lust und Liebe bei der Sache sind. Eine weitere, wenn auch im allgemeinen nicht ausreichende Rückendeckung ist die Benützung der Revisionsvereine, welche manche Kältemaschinenfabriken — in ausgedehntem Maße besonders die Gesellschaft für Lindes Eismaschinen, Wiesbaden — zur besseren Fühlungnahme mit den Kunden gegen geringes Entgelt eingerichtet haben.

Alle, wenn auch scheinbar noch so geringfügigen Unregelmäßigkeiten kommen in einer Verminderung der Nutzkälteleistung oder in einer Erhöhung des Leistungsaufwandes für die Verdichtung, also in einer Verkleinerung der spezifischen Kälteleistung (vgl. S. 314) zum Ausdruck. Manchmal können sie auch anhaltende Störungen zur Folge haben, welche die Durchführbarkeit eines regelmäßigen Betriebes in Frage stellen. In jedem Falle bedeutet jede noch so geringfügige Störung des normalen Kompressorganges eine Vergeudung von Betriebskosten, deren Größe man sich bei längerer unbemerkter Dauer daran

[1] Teilweise entnommen aus einer Veröffentlichung von R. Heiss im Jahrbuch für Schlacht- und Viehhöfe 1929/30.

klarmachen kann, daß überschlägig gerechnet jeder Grad Temperaturerhöhung in der Kondensationstemperatur (Druckmanometer) den Leistungsbedarf der Kühlanlage um etwa 4% erhöht, und jeder Grad unnützer Temperaturerniedrigung im Verdampfer (Saugmanometer) die Kälteleitung um etwa 4% verringert (vgl. Abb. 439 und 440). Die Betriebsführung muß es sich also nach Möglichkeit angelegen sein lassen, das Temperaturniveau, um welches die Kälte gefördert werden muß, und welches durch die Kühlwasser- und die Verdampfertemperatur gegeben ist, nicht unnütz zu erhöhen.

Bezüglich der Art des An- und Abstellers und die normalen Handgriffe des Maschinisten kann auf die schriftlichen Betriebsanweisungen der Lieferfirmen verwiesen werden. Es ist z. B. gar nicht so selten anzutreffen, daß (insbesondere bei knappen oder verunreinigten Verdampfern) der Maschinist aus Bequemlichkeit das Regulierventil zu weit öffnet und mit kaltem Druckrohr fährt, wodurch sich die auf Seite 313 erwähnten Nachteile einstellen. Die richtige Stellung des Regulierventiles wird

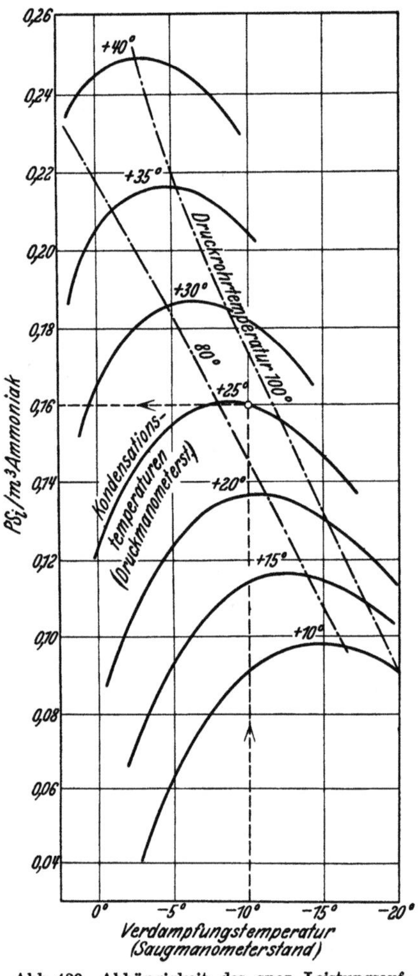


Abb. 439. Abhängigkeit des spez. Leistungsaufwandes der Antriebsmaschine von verschiedenen Verdampfungs- und Verflüssigungstemperaturen des Ammoniaks.

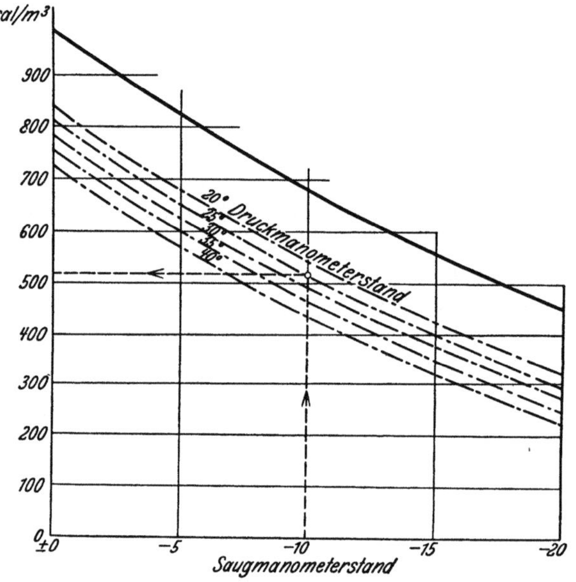


Abb. 440. Abhängigkeit der Kälteleistung pro cbm angesaugtes Kompressorvolumen von den Verdampfungs- und Verflüssigungstemperaturen des Ammoniaks.

dadurch gefunden, daß man nach längerem Kaltarbeiten langsam drosselt, bis sich (bei Überhitzungsbetrieb) heiße Druckrohre einstellen. Bei Vorhandensein eines Schauglases in der Flüssigkeitsleitung ist die Regulierung besonders einfach.

### Verdampferseite.

Der Fehler, den man weitaus am häufigsten trifft, weil er nicht in jedem Falle unmittelbar klar in Erscheinung tritt, ist Mangel an Kältemittel. Bei mangelhafter Füllung tritt eine wesentliche Verminderung der Kälteleistung hauptsächlich dadurch ein, daß[1] Kälteflüssigkeit aus dem Kondensator teilweise in Dampfform in den Verdampfer übertritt. Dieser Anteil des Kältemittels ergibt keine Verdampferleistung, verlangt aber den gleichen Leistungsaufwand zur Rückförderung in den Kondensator, wie das kondensierte Kältemittel, welches durch seine Verdampfung allein die Kälteleistung hervorbringt. Die vorhandenen Dämpfe werden zudem einen Teil der Verdampferfläche für den Wärmeaustausch totlegen, wodurch der Verdampferdruck sinkt und der Kompressor schwach überhitzte Dämpfe ansaugt. Mangel an Füllung macht sich dadurch bemerkbar, daß bei auffallend schlechter Leistung der Saugdruck und der Kondensatordruck niedriger als gewöhnlich ist, trotzdem bei weit geöffnetem Regulierventil die Druckrohre

[1] (wenn man nicht durch Drosseln des Regulierventiles in Kauf nehmen will, daß der Verdampferdruck stärker sinkt und damit die spezifische Kälteleistung weiterhin verschlechtert wird)

des Kompressors selbst bei Naßbetrieb heiß sind (vgl. Abb. 441), außerdem wird man beim Horchen am Regulierventil ein starkes unregelmäßiges Zischen bemerken, das eine dauernde Hemmung des ruhigen Strömungsvorganges andeutet. Mit dem Sinken des Kondensatordruckes geht als weiterhin charakteristisches Merkmal Hand in Hand, daß die Differenz zwischen der Temperatur des ablaufenden Kühlwassers und der vom Druckmanometer angezeigten Temperatur merklich geringer als bei ordnungsmäßigem Betrieb ist, doch muß man dabei beachten, daß diese Temperaturdifferenz bei Gegenstromkondensatoren mit sehr reichlicher Wasserbeschickung an sich sehr klein sein kann, während bei Gleichstrom-Berieselungskondensatoren trotz geringer Füllung Unterschiede von 7 bis 8° möglich sind. Einen weiteren Anhaltspunkt bietet der Vergleich der Temperaturen des kondensierten Kältemittels vor dem Regulierventil, oder noch besser an der Kondensatorsammelflasche gemessen, und des Kühlwassereintritts. Die Differenz dieser Temperaturen, die man als Unterkühlung bezeichnet, wird bei Mangel an Füllung kleiner. Gefrorene Saugbügel, gefrorene Flüssigkeitsleitungen, sowie auch die Stellung des Regulierventiles beweisen nichts, letztere ist außer von der Kälteleistung auch noch von der Abnützung des Ventilkegels und vom Kondensatordruck abhängig. Dagegen ist teilweises Abtauen der Spiralenden der Verdampfer und Abtauen des Fallrohres oder der Flüssigkeitspumpe auf starken Mangel an Füllung zurückzuführen. Es ist wichtig, eine Reihe von Anhaltspunkten zur Beurteilung zu haben, weil sich häufig verschiedene Einflüsse überlagern und dann manche charakteristische Merkmale verwischen. Von diesen Einflüssen ist besonders die Verunreinigung der Füllung mit Fremdstoffen, vor allem mit Luft, Öl und Wasser hervorzuheben. Sie sind alle in einer Erhöhung des Temperaturgefälles, um welche die Kälte gefördert werden muß, wirksam.

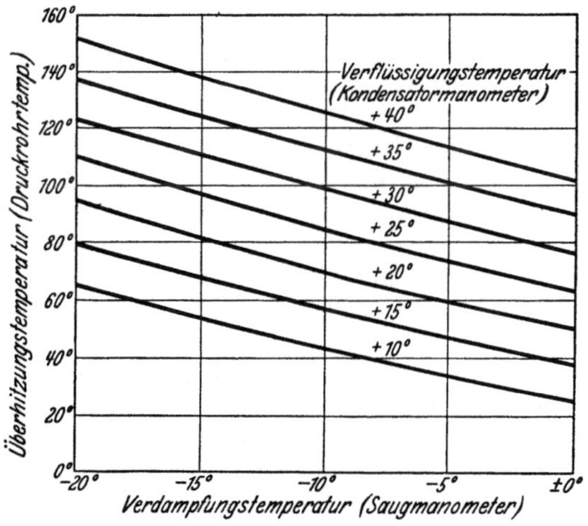


Abb. 441. Druckrohrtemperatur für trockenes Ansaugen von Ammoniakdämpfen in Abhängigkeit von der Verdampfungs- und Verflüssigungstemperatur.

Neben Mangel an Füllung trifft man Verölung derselben besonders häufig an. Öl setzt sich insbesondere in den Verdampfersystemen als dünner Film an und verschlechtert den Wärmeübergang und damit die spez. Kälteleistung; größere Ölmengen — besonders wenn das Öl einen hohen Stockpunkt oder eine große Viskosität hat — können den Durchfluß des Kältemittels völlig versperren und dadurch Verdampfersysteme teilweise zum Abtauen bringen. Die Ursache für die Verölung der Apparate ist entweder unregelmäßige und unzureichende Entfernung des Öles aus dem Kreislauf — an den Ablaßhähnen am Ölabscheider des Kompressors, am Flüssigkeitsabscheider und an den Verdampfersystemen — oder allzu übermäßige Schmierung des Zylinders und der Stopfbüchse. Als durchschnittlichen Bedarf an Kompressoröl gibt eine Betriebsanweisung der Gesellschaft für Lindes Eismaschinen, Wiesbaden, folgende Werte an:

| | | | | | |
|---|---|---|---|---|---|
| 50000 kcal/h | 1,1—1,5 | Liter | in | 24 Stunden, | je nach Tourenzahl, |
| 100000 kcal/h | 1,8—2,4 | „ | „ | 24 „ | „ „ „ |
| 200000 kcal/h | 2,7—3,6 | „ | „ | 24 „ | „ „ „ |
| 400000 kcal/h | 4,0—5,3 | „ | „ | 24 „ | „ „ „ |

Diese Werte können als gute Mittelwerte angenommen werden, im übrigen ist der Ölverbrauch in hohem Maße von der Genauigkeit der Werkstattarbeit und Montage abhängig. Besondere Schwierigkeiten in der Entölung entstehen bei Elementenverdampfern, von welchen während des Betriebes nur wenig Öl abgelassen werden kann; diese Apparate müssen zum Ölablassen auf längere Zeit abgestellt werden. Besonders nachteilig ist im allgemeinen eine Verölung dann, wenn geringwertige Öle (vgl. S. 408) verwendet werden, weil die Ölreste in den Verdampfersystemen dabei verharzen. In diesem Falle ist eine Entfernung nur durch Erwärmung des umgebenden Mediums, z. B. bei Solekühlern durch Erwärmung des Soleinhaltes über Null Grad möglich. Die Kennzeichen einer Verunreinigung der Füllung mit Öl decken sich zum Teil mit denen, welche für Mangel an Füllung als charakteristisch angegeben wurden, weil in beiden Fällen der Wärmeaustausch im Verdampfer vermindert wird. Bei indirekter Kühlung ist eine große Temperaturdifferenz zwischen Sole und der dem Verdampferdruck entsprechenden Sättigungstemperatur besonders augenfällig. Die Zusammenhänge zwischen den Ablesungen seien an einem kleinen Beispiel erläutert. An einer Neuanlage wurden folgende Beobachtungen notiert:

| | |
|---|---|
| Saugmanometer —15,8°, | Kühlwasseraustritt +19,7°, |
| Sole im Eiserzeuger —7,6°, | Kühlwassereintritt +10,7°, |
| Druckmanometer +22,5°, | Kälteleistung und Wärmedurchgangszahl |

im Verdampfer unter den zu erwartenden Werten.

Es wurde, ohne den Ursachen näher auf den Grund zu gehen, lediglich Ammoniakmangel angenommen. Der niedrige Saugdruck, die erhebliche Temperaturdifferenz zwischen Saugmanometerstand und Soletemperatur, die geringe entsprechende Temperaturdifferenz auf der Kondensatorseite, gaben dafür Anhaltspunkte. Man füllte 14 Flaschen Ammoniak nach und machte nach einiger Zeit folgende Ablesungen:

| | |
|---|---|
| Saugmanometer —12°, | Kühlwasseraustritt +22,5°, |
| Soletemperatur —6°, | Kühlwassereintritt +11,2°, |
| Druckmanometer +27,5°, | Ammoniakaustritt aus dem Kondensator +13,2°, |

außerdem weitere Verringerung der Kälteleistung und der mittleren Wärmedurchgangszahl um etwa 20%.

Saug- und Druckmanometerstand waren durch das Nachfüllen des Kältemittels — es hatte wirklich Ammoniakmangel vorgelegen — auf das richtige Maß gestiegen, auch die Temperaturdifferenz am Kondensator. die weiterhin bestehende starke Temperaturdifferenz im Verdampfer und das noch stärkere Abfallen der Kälteleistung waren dagegen unmotiviert. Da alles übrige in Ordnung war, gab es für den starken Rückgang der Kälteleistung nur eine Erklärung: Verunreinigung des Verdampfers mit Öl, was durch eine nähere Untersuchung auch bestätigt wurde. Häufig wird die Ausscheidung der anderen möglichen Faktoren, welche den Verdampferdruck erniedrigen bzw. das Temperaturintervall zwischen Sole und Saugmanometerstand erhöhen, weniger Schwierigkeiten machen, sofern man sich von vornherein die Mühe nimmt, die Möglichkeiten genau und kritisch zu prüfen.

Weitere Ursachen, welche einen niedrigen Verdampferdruck und eine geringere spez. Kälteleistung bewirken, sind: Verunreinigung der Verdampferoberfläche durch starken Rostbelag, Schlamm oder Eisansatz, Verunreinigung der Füllung mit Wasser, zu geringe Verdampferfläche, zu geringe Solezirkulation in Solekühlern. Alle diese Einflüsse verringern ebenfalls den Wärmeaustausch im Verdampfer.

Der starke isolierende Einfluß von Rostbelag und äußerem Schlammbelag auf die Wärmeübertragung ist ohne weiteres einzusehen, wenn man bedenkt, daß der Wärmeleitwiderstand bei Kesselstein 25 bis 200mal größer als bei reinem Eisen ist. Die Verunreinigung der Verdampfersysteme von Solekühlern wird häufig dadurch eintreten, daß die zu lösenden Salzmengen entweder direkt in die Behälter eingeworfen oder in Säcken eingehängt werden, anstatt vorher in einem eigenen Bottich gelöst und vor dem Einfüllen filtriert zu werden.

Ganz besonders nachteilig für die Wärmeleitzahl und damit für den gesamten Wärmedurchgang ist der häufig zu beobachtende Eisansatz an den Systemen der Sole- und Luftkühler. Bei indirekter Kühlung wird er dann eintreten, wenn Temperatur und Konzentration des Salzbades auf oder unter der Sättigungslinie für Wasser (Eiskurve) liegen, d. h. wenn der Gefrierpunkt der Salzlösung höher liegt als die vom Saugmanometer angezeigte Verdampfertemperatur (vgl. S. 341). Für die üblichen Saugtemperaturen bis zu —15° ist eine 20%ige Kochsalzlösung (Gefrierpunkt —17,8°) ausreichend. Ob ein Abfallen des Verdampferdruckes und damit der Kälteleistung auf einen Eisüberzug der Verdampfersysteme zurückzuführen ist, kann auch bei Unzugänglichkeit derselben leicht mittels eines Aerometers nachgewiesen werden. Die Entfernung einer bestehenden Eisschicht kann bei Solekühlern durch Anwärmung des Inhaltes über den Nullpunkt bei abgestellter Maschine, bei Bereifungsluftkühlern durch regelmäßiges Abtauen nach den bekannten Verfahren (vgl. S. 333) geschehen.

Wie bereits angegeben, können auch geringe Luftbewegung in direkten Luftkühlern, unzureichende Solezirkulation in Verdampfern, ungenügende Verdampferflächen usw. neben anderen Erscheinungen eine erhebliche Senkung des Verdampferdruckes zur Folge haben. Es handelt sich hierbei aber meistens um konstruktive Fehler, deren Beseitigung durch die Lieferfirma der Apparate zu betätigen ist und die wir deshalb hier nicht in den näheren Kreis der Betrachtungen ziehen wollen.

Eine starke Verunreinigung der Füllung durch Wasser ist relativ selten, sie kann jedoch eintreten bei Verwendung billigen, unreinen Arbeitsstoffes, bei Undichtigkeit der Stopfbüchse und der Rohrschlangen im Flüssigkeitsbad beim Absaugen, durch Zurückbleiben von Wasser nach dem Abpressen der Apparate und letzten Endes auch durch mangelhaftes Absaugen der Anlage vor der ersten Füllung mit Kältemittel. Aus demselben Grunde kann auch vor dem üblichen „Ausdämpfen" der Verdampferschlangen nicht genügend gewarnt werden. Bei Verunreinigung der Füllung mit Wasser besteht die Gefahr, daß in der engen Flüssigkeitsleitung sich irgendwo ein Eispfropf bildet und den Kreislauf teilweise oder völlig stört. Das wäre an sich nicht so schlimm, da jede Verengung des Querschnittes als Drosselstelle wirkt und durch plötzliche Bereifung an dieser Stelle, bzw. durch plötzliches Abtauen, der Fehler leicht zu erkennen wäre; man muß aber bedenken, daß Einspritzleitungen zur Verminderung der Wärmeeinstrahlung isoliert sind, was die Feststellung der genauen Stelle der Verstopfung, oft recht schwierig gestalten kann; wenn auch die Erkennung der Ursache, dadurch, daß trotz weit geöffnetem Regulierventil der Verdampfer absaugt und der Kondensatordruck hoch ist, nicht allzuschwer fallen wird. Um die Füllung einer Anlage von Wasser zu befreien, geht man zweckmäßig folgendermaßen vor: man arbeitet zeitweise mit kaltem Druckrohr, wodurch sich der an die Druckleitung des Kompressors anschließende Öltopf teilweise mit flüssigem Ammoniak anfüllt. Wenn man daraufhin immer wieder etappenweise mit heißem Druckrohr arbeitet, wird immer wieder der größte Teil des im Ölsammler befindlichen Ammoniaks verdampfen, worauf ammoniakhaltiges Wasser am Ölablaßhahn abgelassen werden kann. Auch kleinere Mengen von Wasser in der Füllung sind schädlich, weil wäßrige Ammoniaklösungen den Kegel des Regulierventiles und die Dichtungsflächen der Druckventile stark angreifen können. Der Anteil von Wasser in der Füllung von Ammoniakkühlanlagen darf nicht mehr wie 1% betragen (Nachprüfung mit Probiergläschen am Einfüllstutzen).

### Kondensatorseite.

Alle bisher erwähnten Störungen haben im wesentlichen eine Verminderung der Verdampferleistung gemeinsam, welche dadurch hervorgerufen wird, daß bei Absinken der Verdampfungstemperatur die entstehende Verdampfungswärme wesentlich langsamer zunimmt, als das spezifische Gewicht des Kältemittels abnimmt.

Im Gegensatz dazu stehen Erscheinungen, welche sich vorherrschend in einer Erhöhung des Kondensatordruckes infolge Verschlechterung des Wärmeaustausches und damit in einer Vergrößerung des Leistungsaufwandes ausdrücken. Besonders ungünstig ist, wenn beide Fälle gemeinsam eintreten, weil dann das Temperaturniveau, um welches die Wärme gefördert werden muß, recht große Werte annehmen kann. Einen besonders hohen Kondensatordruck verursacht die Verunreinigung der Füllung mit Luft. Luft kann in den Kreislauf des Kältemittels jeweils beim Öffnen des Kompressors, durch die Stopfbüchse beim Arbeiten mit zu tiefen Saugdrücken und weiterhin infolge ungenügenden Absaugens bei der ersten Inbetriebsetzung in den Kreislauf kommen. Der dabei auftretende hohe Kondensatordruck wird dadurch verursacht, daß nicht kondensierbare Fremdgase ein isolierendes Polster an der Wärmeaustauschfläche bilden, was einer Verkleinerung der wirksamen Fläche und damit einer erhöhten Kühlwasserabflußtemperatur gleichkommt. In demselben Sinne wirken natürlich auch Verunreinigungen der Kondensatorfläche durch Rostbelag, Algen, Schlamm usw. $^1/_2$ Gew.% Luft in der Füllung erhöht bereits den Leistungsaufwand der Kompressorantriebsmaschine um etwa 20%. Charakteristisch dafür ist, daß die Temperatur am Druckbügel (vgl. Abb. 441) höher ist, als es dem Druck- und Saugmanometerstand entspricht, und sie sich durch Weiteröffnen des Regulierventiles nicht auf das richtige Maß senken läßt. Ebenso wie bei Ammoniakmangel wird man am Regulierventil ein unregelmäßiges Zischen, bzw. in einem in der Einspritzleitung angebrachten Schauglas (Füllungsprüfer) Blasen bemerken, der Unterschied wird aber sofort klar, wenn man bei weiterlaufendem Kühlwasser den Kompressor abstellt, wobei bei Anwesenheit von Luft in der Füllung der Kondensatordruck nicht auf den Sättigungsdruck der Kühlwassertemperatur zurückgeht. Voraussetzung bei dieser Kontrollmessung ist allerdings, daß die Manometer richtig anzeigen, was häufig nicht der Fall ist.

Ist die Füllung rein, dann kann die Ursache für einen zu hohen Kondensatordruck nur noch zu reichliche Füllung, zu wenig Kühlwasser oder Verunreinigung der Kondensatorfläche sein, wobei letzteres natürlich nur nach und nach in Erscheinung tritt. Die beiden letzteren Einflüsse lassen sich leicht ausscheiden, so daß der Entscheid, ob die Füllung zu reichlich ist, nicht schwer fällt. Freilich darf man bei der Beurteilung nicht allzu leichtfertig zuwege gehen, z. B. kann es leicht vorkommen, daß man bei einem Doppelrohrkondensator genügend Kühlwasser zufließen läßt, durch die Ablösung von kleinen Kesselsteinbelagstücken aber der Kühlwasseraustritt versperrt ist, was natürlich ebenfalls einer zu geringen Kühlwasserdurchflußmenge gleichkommt.

Zu hohe Füllung bringt neben der schädlichen Erhöhung des Kondensatordruckes die Gefahr von Flüssigkeitsschlägen im Kompressor mit sich, außerdem verursacht sie eine Verschlechterung der Wärmeübertragung dadurch, daß die Apparate überschwemmt werden, auch die Regulierung macht erheblich mehr Schwierigkeiten als im Normalfall. Das Druckrohr ist nicht warm zu bekommen, die Temperaturdifferenz zwischen Kühlwasserabfluß und der Sättigungstemperatur des Druckmanometers wird ebenso wie bei lufthaltiger Füllung höher als normal sein, ohne die dabei aufgeführten Kennzeichen.

Häufig findet man, daß der Einfluß der Rostschichten am Kondensator auf den Wärmeübergang ganz wesentlich unterschätzt wird. Aufschlußreich sind darüber einige amerikanische Versuche[1], die folgende Werte für Berieslungskondensatoren ergaben:

[1] Refrigeration Eng. Nov. 1925, S. 158 und Jan. 1927, S. 209.

| | | | |
|---|---|---|---|
| Rostige Verflüssigerrohre, 0,6% Luft im Ammoniak, | Wärmedurchgangszahl | $k =$ | 40 kcal/qm, ° C, h |
| Rostige Verflüssigerrohre . . . . . . . . . . . . . . | „ „ | $k =$ | 68 kcal/qm, ° C, h |
| Verflüssigerrohre, angestrichen . . . . . . . . . . | „ „ | $k =$ | 146 kcal/qm, ° C, h |
| Neue Verflüssigerrohre aus reinem Eisen . . . . . . | „ „ | $k =$ | 239 kcal/qm, ° C, h |

Eine ähnliche Versuchsreihe ist für Doppelrohrkondensatoren angegeben, wobei die Wärmedurchgangszahl $k$ bei völlig neuen Rohren $k = 1330$ kcal/m² °h war. Der Wärmedurchgangszahl $k$ von 40 bzw. 1330 kcal/m² °h entspricht ein Temperaturunterschied von Kondensator- und Kühlwassertemperatur von 3 bzw. 19°, dem eine Erhöhung des Leistungsaufwandes um etwa 60% entsprechen würde. Es ist also sehr wichtig, daß die Oberfläche der Berieselungskondensatoren, insbesondere im Hochsommer, regelmäßig mit Drahtbürsten gereinigt wird.

Auch der häufig im Sommer zu beobachtende Algenbelag ist insofern ungünstig, als er eine ungleichmäßige Berieselung hervorruft. Die ungenügende Ausnützung der Kondensationsfläche hat eine Erhöhung des Kondensatordruckes zur Folge. Zur Verhütung des Algenbelages empfiehlt sich die Beigabe chemischer Mittel, wie Soda, recht wenig, weil ja das Wasser immer wieder abläuft. Das beste Mittel ist ein Umbau um den Kondensator, wodurch derselbe vor der unmittelbaren Sonnenbestrahlung geschützt ist und regelmäßige mechanische Reinigung.

## Kompressor.

Minderleistungen, welche durch Abnützung bewegter Teile hervorgerufen werden, sind mit Ausnahme der an den Ventilen auftretenden Schäden meistens kaum fühlbar. Immerhin können auch an Kompressoren Schäden auftreten, welche zu wesentlichen Störungen führen und von welchen folgende immerhin nicht selten beobachtet werden können: die Kolbenstange zeigt Riefen oder läuft warm, die Stopfbüchse ist undicht, die Kolbenringe sind undicht oder sitzen fest, die Ventile klemmen oder sitzen fest, die Triebwerksteile sind gelockert und klopfen. Wie bereits vorweggenommen, sind Schäden an den Ventilen besonders nachteilig und leider auch sehr häufig. Undichte Saugventile können dadurch entstehen, daß aus den Rohrleitungen Fremdkörper wie Hammerschlag und Formsand losgelöst und mitgerissen werden. Sie machen sich dadurch bemerkbar, daß die Kälteleistung ganz erheblich abfällt und ein Absaugen des Verdampfers bei geschlossenem Regulierventil sehr langsam oder gar nicht möglich ist, im schlimmsten Fall wird es nicht einmal bei geschlossenem Ventil am Saugbügel — also unmittelbar an der Maschine — möglich sein, den Kompressorinhalt abzusaugen. Dasselbe ist bei abgenützten Kolbenringen der Fall. An den Druckventilen können häufig Ventilfederbrüche festgestellt werden, die durch unregelmäßiges Geräusch beim Abhorchen nach außen hin bemerkbar sind. Alle Störungen im Arbeiten der Ventile sind mehr oder minder ausgeprägt an den Manometerausschlägen feststellbar.

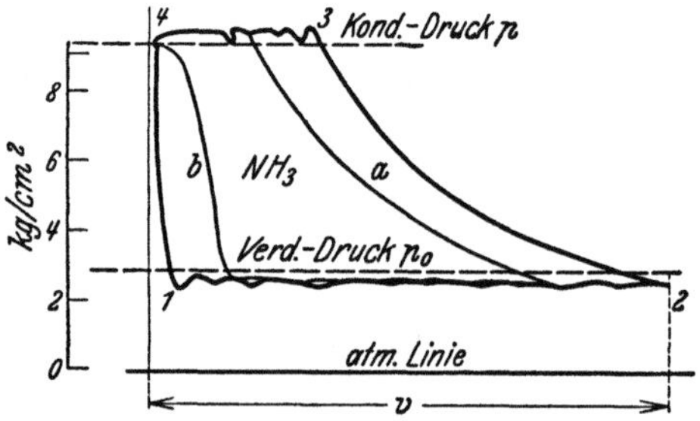

Abb. 442. Indikatordiagramme einer Ammoniakkältemaschine.

Ein recht gutes Mittel, um Einblick in die inneren Vorgänge des Kompressors zu erhalten, ist das Indikatordiagramm (vgl. auch Abb. 424). In Abb. 442 ist ein normales Diagramm einer Kaltdampfmaschine (Ammoniak) dargestellt. Bei *1* öffnet das Saugventil, die Öffnung ist erst bei Erreichung eines gewissen Unterdruckes möglich, *1*—*2* ist die Ansaugelinie aus dem Abscheider. Bei *2* ist der Zylinderinhalt mit trocken gesättigten Dämpfen gefüllt, die Kompression auf den Kondensatordruck beginnt. Bei *3* öffnet das Druckventil, was wiederum nur nach Überwindung der Ventilwiderstände möglich ist. *3*—*4* ist die Ausschublinie in den Kondensator. *4*—*1* ist die Rückexpansionslinie des Restdampfes, womit der Kreisprozeß geschlossen ist (vgl. S. 311). Die veränderte Rückexpansionslinie $b$ zeigt ein klemmendes Druckventil, die veränderte Kompressionslinie $a$ die Wirkung eines undichten Saugventiles. Es lassen sich auf diese Weise eine Reihe von Umstimmigkeiten feststellen, allerdings gehört zur einwandfreien Deutung eine gewisse Erfahrung.

Dampfmaschinenindikatoren dürfen zum Indizieren von Kältemaschinen nicht verwendet werden, diese müssen mit Stahlteilen anstatt der Rotgußteile ausgerüstet sein.

Besondere Aufmerksamkeit ist der Stopfbüchse der Kompressoren zuzuwenden, um ein gutes Abdichten des Zylinderinnern zu erreichen und Heißlaufen der Kolbenstange zu vermeiden. Es würde zu weit führen, in diesem Rahmen auf die Art und Behandlung der Packung näher einzugehen, abgesehen davon, daß Anleitungen zur Wartung der Stopfbüchse allgemein verbreitet sein dürften. Leider beobachtet man, daß diese Anweisungen recht häufig nicht befolgt werden und bei irgendwelchen Undichtheiten der Maschinenwärter gerne versucht, eine Abdichtung durch sinnloses Anziehen zu erzwingen, ohne der Ursache nachzugehen. (Bei Metallpackungen müssen meist die Schnittflächen mit einer Feile nachgearbeitet werden.) Während bei Metallstopfbüchsen dabei die ganze Packung verdorben werden kann, wird bei Baumwollpackungen zunächst nur eine stärkere Abnützung der Kolbenstange und damit eine Erhöhung der Reibungswärme und eine Verschlechterung des mechanischen Wirkungsgrades in Erscheinung treten. Durchaus falsch ist, zur besseren Abdichtung den Gummiring auf den Grund der Stopfbüchse zu legen, weil dieser mit der Zeit durch das Öl aufgelöst wird und leicht zu Verstopfungen der Leitungen in dem bereits erwähnten Sinne führen kann. Wenn eine Auswechslung der Baumwollpackung nötig wird, ist es durchaus verwerflich, nur die vordersten Zöpfe auszuwechseln und die gegen den Grundring zu legenden Ringe zu belassen. Der Grundring selbst muß mit der Außenfläche seines zylindrischen Teiles in die Stopfbüchse eingepaßt sein, weil er sonst im Betrieb bei jedem Hubwechsel abgehoben und wieder aufgeschlagen wird. Die Kolbenstange ist von Zeit zu Zeit gegen eine neue oder egalisierte Stange auszuwechseln, die in Reserve zu halten ist.

Wird der Kompressor für längere Zeit außer Betrieb gesetzt, so empfiehlt es sich den Kolben ab und zu etwas zu verschieben, damit der Gummiring nicht zu lange mit derselben Stelle der Kolbenstange in Berührung bleibt und diese angreift. Die Schmierung der Stopfbüchse von Ammoniakkompressoren darf nur durch Kompressoröl erfolgen.

### Solekühler.

Von den Apparaten sind besonders die mit Sole in Berührung kommenden Teile, insbesondere die Eiserzeuger störenden Einflüssen ausgesetzt. Aus der Reihe der Möglichkeiten erscheint erwähnenswert, daß in vielen Betrieben Eiszellen, die bereits angefroren waren und über Sonntag teilweise auftauten, weitergefroren werden. Es besteht dabei die Gefahr, daß die Eiszellen zuerst an den Wandungen zufrieren, wodurch das am Boden befindliche Wasser sich nicht mehr ausdehnen kann, und dabei die Zellen zersprengt oder wenigstens stark verbeult werden. Diese Deformierung bedeutet nicht nur einen Schönheitsfehler, sondern hat große Auftauverluste, nicht nur einer einzigen Zelle, sondern einer ganzen Zellenreihe zur Folge. Zu große Auftauverluste entstehen auch, wenn das Wasser im Auftaugefäß zu heiß ist und mehr als 25—30° hat. Bei anderen Anlagen ist wiederum zu bemerken, daß der Solerücklauf im Generator über dem Solespiegel liegt, wodurch ein Schäumen durch die mitgerissenen Lufteilchen entsteht. Bei solchen Anlagen kann man häufig beobachten, daß die Korrosion der Zellen bzw. der Solerohre wesentlich beschleunigt wird. Die Eiszellen dürfen nicht bis zum oberen Rand gefüllt werden, da sich das Wasser beim Gefrieren um etwa 9% seines Volumens ausdehnt. Bei zu hoher Füllung würde die Sole dauernd verdünnt. Bei vielen Anlagen sind die Eiszellen entweder nicht, oder zu dick gestrichen. Da aus technologischen Gründen die Verbleiung nur $^1/_{40}$ mm ausgeführt werden kann, ist ein ausreichender Rostschutz nur durch Schutzanstrich (vgl. S. 411) möglich. Verzinkte und verbleite Zellen dürfen sich in einem Generator nicht gleichzeitig befinden, da das Zink dann als Anode wirkt und durch Elektrolyse zerstört wird. Beim Entfernen der Eiszellen aus dem Zellenrahmen muß dafür gesorgt werden, daß die Verdampferflächen immer völlig unter dem Solespiegel bleiben. Bei längeren Betriebsunterbrechungen großer Anlagen beläßt man meist die Zellen im Solebad, das so hoch als möglich nachgefüllt wird, so daß ein tunlichst kleiner Teil der Zellenoberfläche der Luft ausgesetzt bleibt. Die Zellen sind dabei mit Wasser völlig aufzufüllen. Bei kleinen Anlagen werden die Zellen aus dem Solebad herausgenommen. In diesem Falle sind die Zellen und Zellenrahmen vollständig von Sole zu befreien, vollständig abzutrocknen und an einem trockenen Ort aufzubewahren. Die Sole muß neutral reagieren ($p_H = 7{,}1$ bei 18°; vgl. S. 340).

## c) Grundsätzliches über Wärme- und Kälteschutz.

Die Wirtschaftlichkeit eines Betriebes hängt in hohem Maße davon ab, wie eine einmal erzeugte Energiemenge auf ihrem Wege an die Verbrauchsstelle bzw. an dieser selbst gegen Verluste geschützt wird.

Der Wärmeaustausch zwischen zwei Medien kann durch Leitung, Konvektion und Strahlung erfolgen. Der beim Wärmeschutz dominierende Einfluß der Wärmeleitung hängt von verschiedenen Faktoren ab, von der Temperaturdifferenz, welche diesen Vorgang auslöst, der Zeit während welcher er anhält, die Fläche durch die er stattfindet, und den Durchgangswiderstand, den der Wärmestrom zu überwinden hat.

Die ersten drei Größen sind im wesentlichen vorbestimmt, die Wärmedurchgangszahl bzw. ihr reziproker Wert, der Wärmedurchgangswiderstand, zwischen den beiden Medien ist durch die Wahl der Isolierung beeinflußbar.

Der gesamte Wärmedurchgang, der sich aus dem Wärmeübergang, vom heißen Stoff an die

Trennungswand, der Wärmeleitung durch die Wand und dem Wärmeübergang von der Wand auf den kälteren Stoff zusammensetzt, kann durch folgende Gleichung errechnet werden:

$$Q = k \cdot F \cdot z \cdot (t_1 - t_2) \text{ (kcal)}.$$

Darin ist $F$ die Fläche in $m^2$, $t_1$ die Temperatur auf der heißen, $t_2$ die Temperatur auf der kälteren Seite in °C, $z$ die Zeit in h und $k$ die Wärmedurchgangszahl in kcal/° h $m^2$. Für die einfache Wand mit der Dicke $\delta$, der Wärmeleitzahl $\lambda$, den Wärmeübergangszahlen $\alpha_1$ bzw. $\alpha_2$ für die heißere bzw. kältere Seite ergibt sich:

$$k = \frac{1}{\frac{1}{\alpha_1} + \frac{\delta}{\lambda} + \frac{1}{\alpha_2}}.$$

Bei verschiedenen Wandschichten (Ruß, Kessel, Steinbelag) ist die Summe der $\frac{\delta}{\lambda}$ einzusetzen. Bei Kesselisolierungen empfiehlt es sich, dabei den geringeren Speicherwärme wegen der Isolierschicht in folgender Reihenfolge anzubringen: Feuerraum, Schamotte, Isolierung, Ziegel, Luft.

Für den Wärmeschutz ist die Wärmeleitzahl, also die Anzahl von kcal, die in 1 Stunde durch eine 1 m dicke Wand von 1 qm Fläche geht, wenn der Temperaturunterschied zwischen den beiden Wandoberflächen 1° beträgt, die wichtigste Größe, sie ist bei der Wahl des Wärmeschutzes die entscheidende Größe. Die Wärmeübergangszahl ist besonders bei Windanfall im Freien zu berücksichtigen, beträgt aber auch da kaum mehr als 20% der Gesamtwärmeverluste. Je kleiner $k$ ist, um so geringer ist die durch eine Materialschicht fortgeleitete Wärmemenge. Die Wärmeleitzahl wird besonders durch die in den Poren des Wärmeschutzmittels eingeschlossene Luft beeinflußt, sie steigt mit wachsendem Porenvolumen und verringerter Porenanzahl, weil Konvektionsströme entstehen können.

Außer einer niedrigen und zeitlich unveränderlichen Wärmeleitzahl ist besonders noch das Raumgewicht eines Isoliermaterials von Bedeutung, weil davon der Materialaufwand und damit die Rohrbelastung, weiterhin auch die Speicherwirkung während der Betriebspausen abhängt. Man bezeichnet als Raumgesicht das Gewicht der Volumeneinheit, also mit Einrechnung der Lufteinschlüsse. Da aber, wie erwähnt, eine gute Wärmeleitzahl in hohem Grade von der Anzahl der Lufteinschlüsse abhängt, läßt das Raumgewicht, mindestens bei Stoffen gleicher Art, einen gewissen Rückschluß auf die Wärmeleitzahl des Materials zu, was bei einer oberflächlichen Prüfung von Wert ist. Es sind also unter Voraussetzung gleicher spezifischer Wärmen Wärmeschutzmittel mit möglichst geringem Raumgewicht bei gleicher Wirtschaftlichkeit vorzuziehen, auch wegen der Speicherwirkung, weil bei intermittierendem Betrieb die während der Feierstunden übergehenden Wärmemengen, die eine Funktion der Wärmekapazität sind, einen Verlust vorstellen, der bei Inbetriebnahme immer wieder aufgebraucht werden muß.

Neben diesen Hauptgrößen spielen bei der Bewertung eines Wärmeschutzmittels noch verschiedene andere Einflüsse je nach den Betriebsverhältnissen einen gewisse Rolle, z. B. Geruchsunschädlichkeit (wichtig für Kühlräume), Reparaturfähigkeit (einfache Verarbeitung), Feuchtigkeits- und Temperaturbeständigkeit, Feuersicherheit, Druckfestigkeit, Temperatur- und Volumenbeständigkeit, Wurm- und Rattensicherheit, Wirtschaftlichkeit usw. Besonders ist zu bedenken, daß die Wärmeleitfähigkeit von Wasser nach M. Jakob bei 20° C 0,506 kcal/m° h, also etwa 25mal so groß wie von ruhender Luft ist, also unter allen Umständen ein guter Wärmeschutz nur geringe hygroskopische Eigenschaften haben darf, denn schon der Unterschied zwischen vollkommen trockenem und lediglich lufttrockenem Material ist beträchtlich. Nach neueren Untersuchungen von J. S. Cammerer[1] ist deshalb die Haltbarkeit der anfänglichen Wärmeleitzahl von der relativen Feuchtigkeit im Kühlraum und der den Kühlraum umgebenden Außenluft abhängig. Insbesondere wandert in Richtung des Temperaturgefälles Feuchtigkeit aus den Gebäudemauern in den Kork; nimmt man nur 2% Feuchtigkeitszunahme desselben an, so erhöht sich die Wärmedurchgangszahl um 30 bis 45% und der Leistungsbedarf um 10 bis 15%. Es empfiehlt sich die Anwendung von wasser- und luftundurchlässigem Verputz (Zementmörtel) an den Begrenzungsflächen des Wärmeschutzmittels.

### 1. Die wichtigsten Wärmeschutzmittel.

Die Isolierstoffe können, soweit sie für die Schlachthoftechnik in Frage kommen, je nach dem Verwendungszweck in zwei Gruppen eingeteilt werden: in Wärmeschutzstoffe für Dampfleitungen u. dgl. zwischen den Temperaturgrenzen 100 bis 600° und Wärmeschutzstoffe für Kälteträger und Warmwasser, zwischen —20° und +100° anwendbar. Die Isoliermaterialien der ersten Gruppe bestehen meist aus anorganischen Rohstoffen, und zwar: Kieselgur, Magnesia, Schlackenwolle, Asbest, Glaswolle, Naturbims, Holzkohle, Asche, Jute, Luftzellengips u. dgl. Kieselgur mit bestimmten Beimengungen war von dieser Gruppe lange Zeit der

[1] Kälte-Industrie 28, 109 (1931).

wichtigste Isolierstoff, er hat eine ausreichende Festigkeit, ist unempfindlich gegen Einflüsse der Feuchtigkeit, gegen Temperaturen bis zu 900° und gegen alle chemischen Einwirkungen, dagegen sind die Herstellungskosten durch den Brennprozeß hoch und die Isolierwirkung durch moderne Materialien übertroffen. Magnesia ist heute der bedeutendste Grundstoff für die Herstellung hochwertiger Wärmeschutzmittel, welche meist aus einer Mischung pulverförmiger Magnesia mit einem geeigneten Faserstoff bestehen. Die Wärmeleitfähigkeit ist in dieser Form außerordentlich gering. Schlackenwolle ist ein Abbauprodukt der Hochofenschlacke, sie ist verhältnismäßig billig, Raumgewicht und Wärmeleitzahl sind niedrig, dagegen ist die mechanische Festigkeit gering und die chemische Zersetzlichkeit je nach der Zusammensetzung unter Umständen groß. Als alleiniger Füllstoff ist Schlackenwolle nicht geeignet. Bei Glasgespinst ist die Wärmeleitzahl in hohem Maße von der Anordnung der Fäden abhängig, ob sie regellos liegen und Wärmebrücken bilden oder parallel und dabei senkrecht zum Wärmestrom. Die mechanischen Eigenschaften sind schlecht, bei Temperaturen von 500° beginnt außerdem das Glas zu erweichen. Ruß hat eine äußerst geringe Wärmeleitzahl, ist aber leicht entzündlich. Asbest hat einen sehr hohen Schmelzpunkt, es ist säurefest, elastisch, formbar und hat geringes Raumgewicht und Wärmeleitvermögen, allerdings ist der Preis hoch. Er dient im wesentlichen deshalb als Bindemittel. Gichtstaub und Gips sind wenig hochwertige Wärmeschutzmittel, ersteres wegen seiner chemischen Aktivität gegen Eisen, letzteres wegen seiner Temperaturunbeständigkeit.

Abb. 443. Isolierung der Fleischgroßhandelshalle im Schlachthof Leipzig (Grünzweig & Hartmann).

Urteile über die Brauchbarkeit des einen oder des anderen Wärmeschutzmittels lassen sich natürlich nicht verallgemeinern, da in jedem Falle der Verwendungszweck den Ausschlag gibt.

Die Hauptvertreter der zweiten Gruppe sind Kork und Torf. Andere Isolierstoffe, wie Filz, Haare, Seidenabfälle, Zellulose, Sägespäne, Grasarten, Wellpappe (Kühlschränke) u. dgl. spielen im Vergleich dazu keine Rolle. Torfmull ist unbedingt zu vermeiden, da er sehr hygroskopisch und im feuchten Zustand die Wärmeleitzahl schlecht ist, außerdem bietet er einen beliebten Unterschlupf für Ratten und Mäuse. Kork wird in Platten, Schalen, Formstücken und als Schrot verwendet (vgl. Abb. 443). Seine Isolierwirkung besteht auf dem ruhenden Luftinhalt seiner feinen Zellen, also vor allem dem großen Widerstand seiner Struktur gegen Leitung und Konvektion. Man unterscheidet Naturkork und Expansitkork. Letzterer entsteht durch Volumvergrößerung beim Erhitzen, entweder unmittelbar, oder mittelbar durch einen exothermen Prozeß mittels Kalziumkarbid. Durch das Expandieren erreicht der Kork eine Volumzunahme bis zu 50%, harzige Bestandteile werden abdestilliert, Raumgewicht und Wärmeleitvermögen werden kleiner. Die Höchsttemperatur für alle Korkfabrikate ist 120°. Für Kälteisolierungen dient Pech als Bindemittel.

| | Raumgewicht (kg/cbm) | Wärmeleitzahl (kcal/m° h) |
|---|---|---|
| Korkplatten expandiert | 60 | 0,033 bei 20° |
| Korkschrot expandiert | 47 | 0,029 „ 20° |
| Torfoleum | 102,5 | 0,0335 „ 0° |
| Kieselgursteine | 300 | 0,089 „ 200° |
| | 700 | 0,145 „ 200° |
| Magnesiumkarbonat | 150 | 0,055 „ 200° |
| | 500 | 0,094 „ 200° |
| Ziegelstein, Ziegelmauerwerk | 1400—2000 | trocken 0,35 bis 0,45 |
| | | normalfeucht 0,65 bis 0,8 |
| Eisenbeton | — | 1,3 |
| Eis | 916,7 | 1,5 bis 2,0 |
| Schnee | 100—900 | 0,04 „ 1,9 |
| Wasser | 1000 | 0,477 bei 4° |
| Eisen und Stahl | 7200—7800 | 30 bis 55 |
| Luft | 1,29 | 0,004 bei 0° |
| Kesselstein | — | 0,1 bis 2,8 |

Bei Torf besteht die Isolierwirkung weniger in dem Luftinhalt der Zellen als in der geringen Leitfähigkeit der Materialien selbst. Wesentlich ist, daß eine Kernimprägnierung stattfindet, weil das Rohprodukt außerordentlich hygroskopisch ist. Oberflächenimprägnierung wäre nur ein zweifelhafter Schutz. Etwas hygroskopischer wie Kork bleibt aber Torf immer, selbst bei sehr gründlicher Imprägnierung; Raumgewicht und Wärmeleitzahl sind dagegen bei guten Produkten etwa dieselben wie bei Kork. Die Höchsttemperatur ist ebenfalls 100—120°. Es ist eine der wichtigsten Aufgaben der Wärmeschutztechnik, die Torfprodukte[1] immer mehr zu vervollkommnen und zu verbilligen, um dadurch vom Korkimport unabhängig zu werden.

Die Anwendungsmöglichkeit dieser Stoffe der zweiten Gruppe beschränkt sich auf Kessel, Behälter, Warm- und Kaltwasserleitungen, Kälteanlagen.

In der vorhergehenden Tabelle sind Raumgewichte und Wärmeleitzahlen verschiedener wichtiger Stoffe aufgeführt.

### 2. Isolierung durch Luftschichten.

Etwa 12% der deutschen Schlachthofkühlräume sind mit Mauern mit Luftschichten isoliert. Diese Isolierungsart geht von der Erkenntnis aus, daß Luft der beste Wärmeisolator und der wirksame Bestandteil vieler Isolierstoffe ist. Trotzdem ist die wärmeschützende Wirkung dieser Hohlsteine gering, weil sich in den senkrechten Hohlräumen starke Konvektionsströme ausbilden, welche den Wärmeübergang verbessern. Abhilfe dagegen wäre nur eine Unterteilung der Luftschicht in mehrere Teilschichten von geringer Stärke, die für Baumaterialien nicht in Frage kommt. Bei einer Dicke der Isolierschicht von 5 mm ist bei $\pm 0^\circ$ $\lambda = 0{,}05$, bei 120 mm ist $\lambda$ bereits 0,49, die Konvektionszahl wächst also wesentlich stärker als linear. Die Isolierwirkung der Luftschicht ist demnach schon bei niederen Temperaturen in der üblichen Ausführung unbeträchtlich; ein Hohlstein von einem Raumgewicht von 415 kg/cbm hat dabei etwa die gleiche Wärmeleitfähigkeit wie ein aus demselben Material, jedoch ohne Hohlschichten hergestellter Stein. Bei höheren Temperaturen werden die Verhältnisse wesentlich ungünstiger. Die Anwendung von Hohlsteinen bringt eine gewisse Baustoffersparnis. Da die in der Luftschicht enthaltene Luft aber wegen der Temperaturdifferenz einen anderen Druck als die Außenluft hat und durch die Porosität des Materials und Undichtheiten sich dieses Druckgefälle dauernd ausgleicht, ist der Wert trotzdem sehr problematisch. Brauchbar ist die Hohlschicht nur an der Seite niedriger Temperatur. Eine Unterteilung in abgeschlossene kleine Räume und ein Ausfüllen mit losen Füllstoffen bei ihrer Anwendung für alle Fälle ist empfehlenswert.

### 3. Der muffige Geruch in Kühlräumen.

In den letzten Jahren machten sich verschiedentlich Klagen bemerkbar, daß in kleinen Kühlräumen ein unangenehmer an Kellerluft erinnernder Geruch auftritt, der immer stärker wird, sich den Lebensmitteln mitteilt und diese ungenießbar macht. Vor allem absorbieren ja Fleisch- und Fettwaren außerordentlich begierig Gerüche. Der dumpf-muffige Geruch hat mit dem sog. Pechgeruch nichts zu tun und tritt nach anfänglichem guten Funktionieren der Anlage häufig erst nach Jahren in Erscheinung. Untersuchungen von Jürges und Reichard[2] ergaben, daß die Ursache in einer Verschimmelung des Isoliermaterials zu suchen ist. Dies ist dadurch möglich, daß durch Hindurchdiffundieren der wärmeren, stets wasserhaltigen Außenluft in das Isoliermaterial, je nach örtlichen Verhältnissen, Beschaffenheit des Verputzes, Lage nach der Wetterseite, Grundwasserverhältnisse, relativer Feuchtigkeit im Kühlraum usf. Feuchtigkeit eindringt und sich bei Temperaturen von und über $\pm 0^\circ$ ein für Kleinlebewesen geeigneter Nährboden bildet. Die Mutmaßung, daß die Verlegung des Korkes in Kitt oder in Mörtel dabei eine Rolle spielt und evtl. Kalkzusatz bei letzterer Ausführungsart die Schuld zu geben ist, erwies sich nicht als stichhaltig. Nach Röhm[2] ist mit als Ursache dieser früher nicht beobachteten Erscheinung anzusehen, daß durch die Zunahme des Weltbedarfes an Kork auch sog. Jungfernkork und minderwertigerer algerischer Kork verwendet wird; wenn nun die Isolierung nicht richtig ausgetrocknet in Betrieb kommt, dann sind gute Vorbedingungen für das Wachstum jener Schimmelpilze, vor allem Penicillium glaucum, gegeben. Nach Untersuchungen von Jürges tritt auf veredeltem Kork, also im Gegensatz zu Naturkork, bei Kork, der sterilisiert wurde und dessen chemischen Bestandteile so verändert sind, daß alle Nährstoffe zerstört und gegebenenfalls keimtötende Stoffe gebildet werden, kein Schimmelwachstum auf, woraus er eine weitere Überlegenheit des Expansitkorkes ableitet. Für alle Fälle empfiehlt sich, nur bestes Rohmaterial zu verwenden. Dort wo die Infektion einer Anlage mit Sicherheit feststeht, empfiehlt es sich sofort an die Entfernung des Korkes zu gehen und keinen alten Kork bei der Neuisolierung zu verwenden.

### 4. Schutz von Wasserleitungen gegen Einfrieren.

Es herrscht vielfach die irrtümliche Auffassung, daß man durch eine zweckmäßige Wahl der Isolierstärke das Einfrieren von Wasser absolut verhindern kann. Das ist nur so lange

[1] Lieferfirma von Torfisolierung: E. Dyckerhoff, Hannover (Torfoleum) u. a.

[2] Gesdh.ing. **1928**, H. 19.

möglich, als das Wasser in Bewegung ist. Es gibt kein Mittel, um die Wärme etwa wie den elektrischen Strom einzuschließen, kein Wärmeschutz kann 100%ig wärmedicht sein.

Der Schutz von Wasserleitungen ist für Schlachthöfe besonders dann von Bedeutung, wenn die Warm- und Kaltwasserzentrale von den Verbrauchsstellen weit abliegt und eine Verlegung im Erdreich oder in temperierten Räumen nicht möglich ist. Es gibt für Betriebspausen nun vier Möglichkeiten, entweder die Leitungen zu entleeren oder eine Beheizungseinrichtung einzubauen oder den Inhalt in leichter Bewegung zu halten[1] oder eine Isolierung zu wählen, welche auch bei tiefen Temperaturen und bei Windanfall ausreicht, um in diesen Pausen die Auskühlzeit nicht zu erreichen, die Speicherwärme also noch nicht aufgebraucht ist, bevor die Anlage wieder in Betrieb ist.

### 5. Wohnungen über Kühlräumen.

Für dieses Problem, welches insbesondere für die Ausnützung der großen, unausgenutzten Dachflächen bei kleinen Schlachthöfen von Bedeutung sein kann, gelten ähnliche Gesichtspunkte wie beim vorigen Abschnitt. Der Wärmefluß kann durch Anwendung von Wärmeschutzmitteln lediglich geschwächt, jedoch nie ganz unterbunden werden. Trotzdem wird sich in Wohnungen, welche über Kühlräumen liegen, die Kälte keineswegs bemerkbar machen, die Böden müßten sogar wärmer sein als die üblichen Fußböden. Fußböden über offenen Durchfahrten sind allerdings besser isolierend auszuführen als gewöhnliche Fußböden. Zur Klärung der Verhältnisse sei ein einfaches Beispiel gemäß Abb. 444 angegeben:

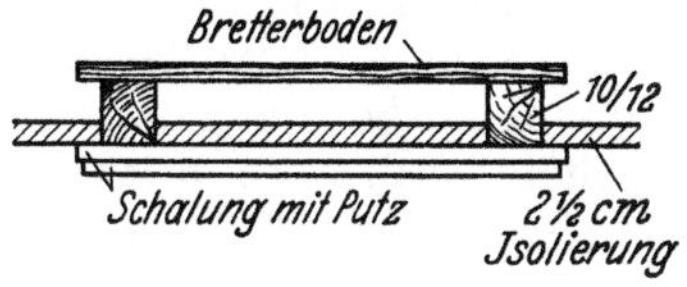


Abb 444.

Es sollen die üblichen Tragbalken an der Oberseite mit 15 mm starken Fußbodenbrettern belegt, die Unterseite mit Schalung und daraufliegendem Putz versehen sein. Diese Ausführungsart ist in Wohnungen, bei denen der darunterliegende Raum geheizt ist, ausreichend. Wärmedurchgangszahl $k$ etwa 1,34 kcal/m °h. Wird ein derartiger Boden über einem Gefrierraum mit bewegter Luft und einer Temperatur von —10° angebracht, so wird bei einer Raumlufttemperatur von $+20°$ die innere Oberfläche des Fußbodens eine Temperatur von $+12°$ annehmen. Wird dieser Fußboden mit Einlagen von 2,5 cm starken Torfplatten (Torfoleum, Torfoisotherm usf.) versehen, wie man sie für diese Zwecke meist benutzt, so wird $k = 0{,}73$, der Wärmedurchgang also fast auf die Hälfte herabgedrückt. Gleichzeitig wird die innere Oberflächentemperatur des Bodens auf 15,5 (gegenüber vorher 12°) erhöht. Würde man beispielsweise den Fußboden aus 10 cm starken Korkplatten herstellen, eine Isolierstärke wie sie für Decken von Kühlräumen häufig ist, so würde der Wärmedurchgang auf 0,4, d. h. auf den 3,5 Teil des ersten Zustandes verringert, die innere Bodenoberfläche würde bei einer Lufttemperatur von $+20°$ etwa 18° betragen. Zusammenfassend läßt sich also folgendes sagen: wenn man dafür sorgt, daß die Bodentemperatur nicht unter etwa 16° fällt, und dafür ist die normale Isolierstärke von Kühlräumen ausreichend, Wohnungen über Kühlräumen sicher keinen größeren Wärmeaustausch als Erdgeschoßwohnungen aufweisen.

### 6. Das Unterfrieren von Kühlräumen.

Es können dadurch Schädigungen eintreten, daß bei Kühlanlagen mit Temperaturen unter $\pm 0°$ das Erdreich gefriert und dadurch die Fundamente gehoben und Tragsäulen und Decke in Mitleidenschaft gezogen werden. Zur Verhinderung wird man nicht etwa eine Unterkellerung vorsehen, sondern die Säulen, welche durch den Kühlraum gehen und sog. Wärmebrücken vorstellen, isolieren. Bei Gefrierräumen mit sehr tiefer Temperatur ist eine Nachprüfung der vorgesehenen Isolierstärke nach diesem Gesichtspunkte erforderlich. Doch ist die Notwendigkeit der Anwendung einer größeren als der wirtschaftlichen Isolierstärke wenig wahrscheinlich.

Isolierte Leitungen, an denen sich Schwitzwasserbildung oder gar Reifansatz bemerkbar macht, sind unterdimensioniert oder beschädigt. Im Interesse einer einwandfreien Betriebsführung ist die Isolierung unbedingt zu erneuern.

### 7. Die wirtschaftliche Isolierstärke.

Zweck einer Isolierung ist Energieersparnis und Erhöhung der Wirtschaftlichkeit des Betriebes. Das ist nur dann möglich, wenn die Isolierstärke wirtschaftlich ist, d. h. die Summe der jährlichen Kapitalaufwendungen für die laufenden Betriebsverluste einerseits und dem Kapitaldienst andererseits ein Minimum wird. Dieses Minimum ist allerdings meist ein ziemlich

[1] Die Wassermenge, die mindestens während der Betriebspause durch die Leitung strömen muß, ist gleich dem Wärmeverlust in dieser Zeit dividiert durch die zulässige Abkühlung des Wassers.

flaches. In manchen Fällen (vgl. z. B. Punkt 6) können allerdings betriebstechnische Erwägungen wirtschaftlichen Gesichtspunkten übergeordnet sein, doch ist dies nicht allzu häufig der Fall.

Die Wahl der richtigen Isolierstärke ist um so wichtiger, je kleiner der Rohrdurchmesser, je größer die Temperaturdifferenz gegen die Umgebungstemperatur, je höher der Wärmepreis, je billiger das Isoliermaterial, je geringer die Kapitaldienstquote, je größer die Zahl der Betriebsunterbrechungen (Ausnutzungsgrad) und je größer die Wärmekapazität der Isolierung ist. Für den Schlachthofbetrieb ist vor allem von Bedeutung, daß niemals ein Dauerbetrieb von 8760 Stunden im Jahr möglich ist, was sich in einer Verminderung der wirtschaftlichen Isolierstücke ausdrückt. Von gleicher Größenordnung ist der Wärmepreis, welcher bei Kühlanlagen 10—100mal größer wie bei Wärmeanlagen ist. Z. B. schwanken die Erzeugungskosten von 1000 kcal in Dampfform zwischen 0,0015 und 0,0015 RM./1000 kcal, bei einer Großkühlanlage nach Angabe der Gesellschaft für Lindes Eismaschinen AG. zwischen 0,055 und 0,085 und einer mittleren Kühlanlage zwischen 0,085 und 0,20 RM./1000 kcal, bei 3200 Betriebsstunden im Jahr und Antrieb durch Dieselmotor.

Da eine mit allzu hohem Kapitaldienst ersparte Wärmeeinheit ein ebenso unnützer Verlust wie eine zu hoch zugelassene Wärmeabgabe ist, kann es in keiner Weise als gerechtfertigt angesehen werden, wenn man bei der Wahl der Isolierstärken von Schätzungen ausgeht oder, wie es bei manchen Firmen üblich ist, von „Erfahrungswerten".

Bei dem Vergleich von Wärmeschutzangeboten mit Isolierstoffen verschiedener Wärmeleitfähigkeit hat man folgendermaßen vorzugehen: Man bestimmt die Wärmeverluste in kcal/m h, daraus die Jahreskosten der Wärmeverluste in Reichsmark je Meter und Jahr. Zusammen mit den Jahreskosten der Isolierung in Reichsmark je Meter ergeben sich dann die Jahreskosten in Reichsmark je Meter für die einzelnen Isolierungen bei verschiedenen Isolierstärken. Zahlentafeln zur Ermittlung der wirtschaftlichen Isolierstärke stammen von Cammerer[1], Borschke[2] und der Firma Grünzweig & Hartmann, Ludwigshafen.

Für den Kälteschutz ist neben der Ausnutzungszeit der Anlage besonders zu beachten, daß die Stärke der Isolierung rückwirkend auch die Maschinengröße beeinflußt (vgl. Abb. 445). Diese Tatsache machen sich gewissenlose Kältemaschinenfirmen bei kleineren Anlagen gern insofern zunutze, daß sie die Kälteleistung bei einer bestimmten hohen Isolierstärke garantieren. Cammerer errechnete die wirtschaftliche Isolierstärke zweier Kühlanlagen von 5000 bzw. 250000 kcal/Std. unter Voraussetzung sonst gleicher Verhältnisse ($\lambda = 0{,}04$, Ein-Stein-Ziegelmauerwerk, Temperaturdifferenz gegen Außenluft 20°) und kommt zu dem Ergebnis, daß besonders bei kleineren und mittleren Anlagen die ausgeführten Isolierstärken nicht viel mehr als die Hälfte der wirtschaftlichen Isolierstärke zu sein pflegen. In Abb. 446 ist die Berechnung der wirtschaftlichen Isolierstärke für den Fall jener Großkühlanlage gezeigt. Die Kurve $a$ entspricht dem Kapitalaufwand mit zunehmender Isolierstärke, die Kurven $b$ den entsprechenden Wärmeverlusten, die Kurve $c$ veranschaulicht die Gesamtaufwendung. In Kurve $d$ ist der Kapitaldienst für die Kältemaschine je Jahr und Quadratmeter Wandfläche bei dem betreffenden Ausnutzungsgrad eingezeichnet; der treppenförmige Charakter rührt von der Staffelung der Maschinengrößen her. Addiert man zu diesem Kapitaldienst die übrigen Kurven, so bekommt man eine neue Kurve des Gesamtaufwandes $e$, deren Minimum die wirtschaftlichste Isolierstärke angibt. Neben diesen Gesichtspunkten spielen die Montagekosten, Transportkosten, Gerüstkosten, Unterhaltungskosten eine untergeordnete Rolle, wenngleich man als Grenzfall beachten muß, daß z. B. Korkschalen hohe Aufbereitungskosten, aber geringe Montagekosten verursachen, während dies bei den modernen Trockenstopfverfahren gerade umgekehrt ist, so daß man bei $a$ zweckmäßig die Montagekosten einkalkuliert.

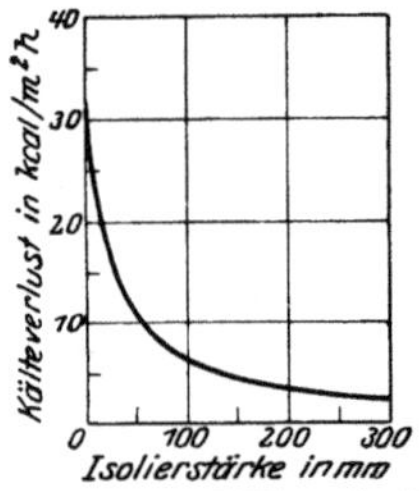

Abb. 445. Kälteverlust eines Kühlraumes in Abhängigkeit von der Isolierstärke (nach Cammerer).

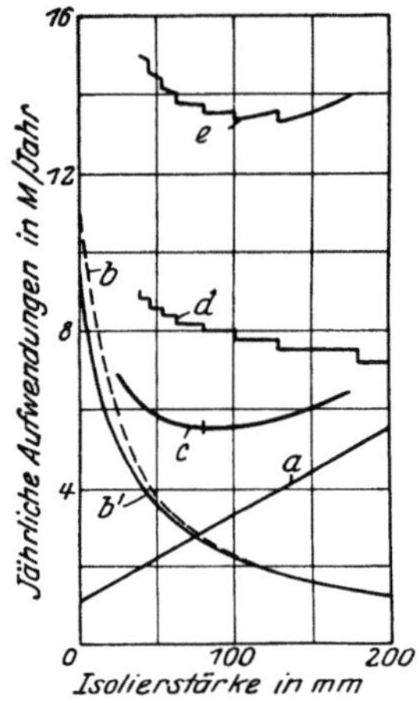

Abb. 446. Bestimmung der wirtschaftlichen Isolierstärke.

Für bestehende Anlagen sind vor allem die Maßnahmen, welche zur Besserung der Wärmewirtschaft führen, von Bedeutung. Hier ist besonders die teilweise noch mangelnde

[1] Cammerer, J. S.: Wirtschaftliche Isolierstärke bei Wärme- und Kälteschutzanlagen und Wärmeabgabe isolierter Rohre bei unterbrochener Betriebsweise. Berlin: Sternhauser 1927.

[2] Borschke, E.: Berechnung der wirtschaftlichsten Isolierdicken. Veröff. aus dem Arbeitsgebiet der Deutschen Prioformwerke, Köln, H. 5.

Isolierung von Flanschen, Formstücken und Absperrungen usf. zu erwähnen. Man muß sich vorstellen, daß ein Flansch wie eine Heiz- bzw. Kühlrippe wirkt; nach Untersuchungen von Eberle ist der Wärmeverlust eines nackten Ventils genau so groß wie von einem Meter unisolierter Leitung. Der außerordentliche Verlust, welcher durch schadhafte Isolierungen entstehen kann, ist dadurch abzuschätzen, daß Isolierungen normalerweise 80—97% der Wärmeverluste gegenüber dem nichtisolierten Rohr sparen. Fehlen nun 10% der Isolierung, so ist der Verlust bereits doppelt so groß wie bei zweckmäßiger Isolierung. Eine Frage, welche in diesem Zusammenhang noch aufzuwerfen ist, ist die, ob es zweckmäßig ist, schlechte Kriegsisolierungen völlig durch neue zu ersetzen oder lediglich durch neue Isolierungen zu verstärken. Im allgemeinen wird zu einer einschneidenden Änderung nur eine Berechtigung bestehen, wenn die Kosten hierfür in 2—3 Jahren schon eingebracht sind, so daß die Verhältnisse von Fall zu Fall untersucht werden müssen.

8. Die Vergebung von Kälte- und Wärmeisolierungen.

Im Rahmen des Buches können nur die prinzipiellen Richtlinien angedeutet werden. Bei Vergebung größerer Aufträge empfiehlt es sich ein kurzes Gutachten beim Forschungsheim für Wärmeschutz in München, Bayerstr. 3, einzuholen.

Von prinzipieller Wichtigkeit ist, daß ebensowenig wie der Preis des Materials, der Wärmeverlust, der Temperaturabfall, die Wärmeersparniszahl, die Abkühlungszeit, das Konstanthalten bestimmter Raumtemperaturen, die Oberflächentemperatur der Isolierung usw. als Grundlage dienen darf, sondern einzig und allein physikalische Konstanten[1]. Wie bereits erwähnt ist hierbei die Wärmeleitzahl der Isolierung in betriebsfertigem Zustand (die sog. mittlere äquivalente Betriebswärmeleitzahl) die einzig richtige Basis[2]. Weil sie aber von der Temperatur und dem Raumgewicht abhängt, sind diese mit anzugeben, die weiteren Forderungen: Spezifische Wärme, Druckfestigkeit, Formbeständigkeit, Temperaturbeständigkeit, chemische Indifferenz, Geruchlosigkeit usw.[1], welche an Isolierstoffe zu stellen sind, wurden bereits früher aufgeführt. Auf Grund der Wärmeleitzahl ist nun die Wirtschaftlichkeitsberechnung durchzuführen. Es empfiehlt sich, die garantierte Wärmeleitzahl, deren Toleranz nur bei Dicken unter 3 cm mehr als 5% sein darf, durch das vorerwähnte Institut bei größeren Aufträgen nachprüfen zu lassen. Alle anderen wichtigen Größen lassen sich unter dem Begriff der „Haltbarkeit" zusammenfassen, d. h. es soll auch die Nachprüfung der diesbezüglich garantierten Zahlen nach gewissen Mindestzeiträumen verlangt werden. Zur Messung der Wärmeleitzahl der fertigen Isolierung im Betriebe dient der Wärmeflußmesser nach E. Schmidt.

Literatur: Cammerer, J. S.: Der Wärme- und Kälteschutz in der Industrie. Berlin: Julius Springer 1928. (Leicht faßlicher Überblick über das Gesamtgebiet.) — Wärme- und Kälteschutz in Wissenschaft und Praxis. Deutsche Prioformwerke Bohlander & Co., Köln 1928.

# VI. Anhang.

## a) Leistungsübertragung.

Eine häufig anzutreffende Gruppierung der Kraft- zur Arbeitsmaschine ist, daß man die Dampfmaschine mit einem Kältekompressor direkt kuppelt und mit einem Generator auf der anderen Seite der Kurbelwelle versieht. Diese starre Kupplung erscheint zunächst dadurch berechtigt, daß die Kompressoren mit gleichen Umlaufzahlen wie die Dampfmaschinen laufen, so daß kein Grund dafür spricht, irgendwelche Übertragungsmittel, welche Verluste hervorrufen, einzuschalten. Der Nachteil dieser Anordnung ist aber, daß, wenn ein Bestandteil versagt, das ganze Aggregat ausfällt.

Der heutige Standpunkt ist, lieber größere Übertragungsverluste zuzulassen und dafür die einzelnen Einheiten in beliebiger Gruppierung ersetzen zu können. Dies wird entweder dadurch ausgeführt, daß man Kraftmaschine und Kältekompressor zusammenkuppelt und vom gemeinsamen Riemenschwungrad aus eine Transmission betreibt oder, da durch diese Verbindung immer noch eine starke Abhängigkeit zwischen Antriebsmaschine und Kompressor besteht, was sich besonders dann fühlbar macht, wenn man die Tourenzahl ändern will, daß man die Antriebsmaschine auf eine Haupttransmission arbeiten läßt und davon Kompressor, Generator usw. ihren Leistungsbedarf abnehmen. In derselben Weise läßt sich auch die Anordnung dann treffen, wenn zum Antrieb

---

[1] Vgl. auch: Regeln für die Prüfung von Wärme- und Kälteschutzanlagen. Insbesondere Abschnitt 2: Die verschiedenen Arten von Gewährleistungen. Berlin: VDI. 1930.

[2] Insbesondere ist dies bei mit Wasser angemachten Schutzstoffen wichtig.

[3] Übertragen wird Leistung in PS $\left(75\ \frac{\text{mkg}}{\text{s}}\right)$ bzw. in einer Stunde der Summenwert, eine bestimmte Arbeit in Pferdekraftstunden (PS h).

eines Kompressors wechselweise eine Kraftmaschine und ein Elektromotor dienen soll. In diesen Fällen ist nur dafür zu sorgen, daß alle auftretenden Variationsmöglichkeiten durch geeigneten Einbau von Kupplungen erfüllt werden können. Wird die Haupttransmission in den Keller verlegt, so bleibt eine gute Übersichtlichkeit des Maschinenhauses gewahrt. Für kleine Leistungen, Pumpen und dergleichen wird fast ausnahmslos elektrischer Einzelantrieb angewandt.

Kommt nur elektrischer Antrieb allein in Frage, so ist die Disponierung einfacher. Der normale Antrieb ist mittels Riemen, daneben ist es aber auch möglich, den Elektromotor auf die Kurbelwelle aufzusatteln, und zwar entweder durch elastische oder starre Kupplung. Bei manchen Ausführungen wird es auch möglich sein, die Schwungmassen im Anker unterzubringen. Der Vorteil des Antriebs mittels Riemen ist ein raschlaufender, daher billiger Antriebsmotor. Es ist eine reine Wirtschaftlichkeitsberechnung, ob die erheblichen Anschaffungskosten für einen langsamlaufenden Motor die laufenden Leistungsverluste bei Anwendung von Riemen und die Erneuerungskosten der Riemen überwiegen oder nicht. Bei geringer jährlicher Nutzungsdauer wird die direkte Kupplung nur dann im Vorteil sein, wenn ein Riemenantrieb einen Neubau erfordern würde, weil der Platzbedarf des aufgesattelten Motors nur unbeträchtlich ist. Durch Anwendung von Riemenspannrollen läßt sich aber auch der Raumbedarf für Riemenantrieb ziemlich klein halten[1].

In Riemenantrieben ist die treibende Scheibe zylindrisch, die getriebene ballig gedreht, dabei ist das untere Trum treibend. Die beste und zweckmäßigste Verbindung der Riemen untereinander ist das Verleimen. Die Riemengeschwindigkeit ist möglichst hoch zu bemessen, um die Beanspruchung klein zu erhalten, normalerweise darf man bis 25 m/s gehen. Zur Vergrößerung der Haftreibung empfiehlt es sich Wollfett zu verwenden; durch Anwendung von Kollophonium wird der Riemen brüchig.

Der Vorgang der Übertragung ist folgender: Der Riemen drückt auf die Scheiben und wird durch die entstehende Reibung mitgerissen, dies bedeutet, daß eine genügende Vorspannung zur Kraftübertragung Bedingung ist. Diese Vorspannung ist bedingt durch die natürliche Längung des Riemens durch Zugbeanspruchung, infolge von Kraftstößen und Fliehkraftwirkung. Nimmt man sie hoch, so werden dadurch die Lagerdrücke und dadurch die Abnützung bzw. der Schmiermittelverbrauch erhöht, außerdem längt sich der Riemen und verliert seine Elastizität; nimmt man sie aber gering an, so ist der Schlupf übermäßig hoch, und dadurch der Wirkungsgrad der Übertragung niedrig. Besonders schlimm sind die Verhältnisse, wenn der Unterschied in der Scheibengröße beträchtlich (größer wie 1 : 5) ist, weil dann der Umspannungswinkel auf der kleinen Scheibe klein ist, weswegen man bei offenen Trieben an eine gewisse Abhängigkeit zwischen Scheibendurchmesser und Scheibenabstand gebunden ist. Ein großer Scheibenabstand hat aber wiederum den Nachteil, daß die Riemen durchhängen, schlagen und der Schlupf groß ist. Für die gleichmäßige Kraftübertragung mußte also in erster Linie ein konstanter Riemenzug mit möglichst großem Umspannungsbogen erreicht werden. Dabei war wünschenswert, daß der Scheibenabstand zur Platzersparnis möglichst verkürzt werden konnte.

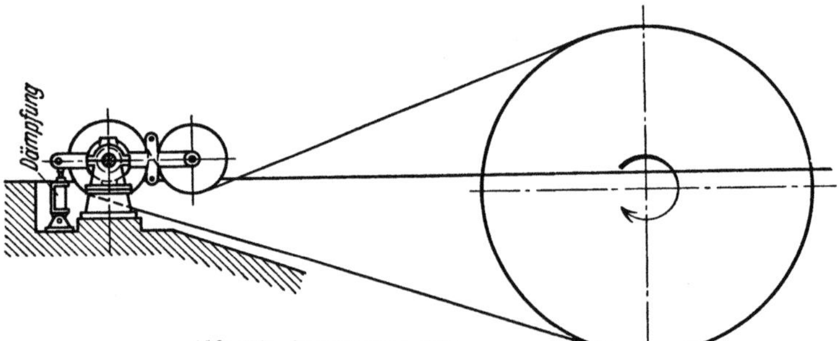

Abb. 447. Spannrollenantrieb.

Eine solche Lösung brachte der Spannrollenantrieb (Abb. 447). Beim Spannrollenantrieb wird im schlaffen Trum, in der Nähe der kleinen Scheibe — gleichviel ob es die treibende oder getriebene ist — eine auf Kugellagern geführte Rolle freischwingend so angeordnet, daß sie durch ihr Eigengewicht oder durch zusätzliche Belastung den Riemen gleichmäßig spannt, und die kleine Scheibe auf einem möglichst großen Bogen (bis fast 270°) umfassen läßt. Bei stark wechselnder Belastung ist, um ein Pendeln der Spannrolle zu vermeiden, ein Schwingungsdämpfer einzubauen. Es empfiehlt sich bei Spannrollenantrieben nur erstklassige Kernlederriemen von leistungsfähigen Firmen zu verwenden. Die Vorteile des Spannrollenantriebes sind:

1. Ermöglichung großer unmittelbarer Übersetzungsverhältnisse.

2. Anwendbarkeit geringster Achsentfernungen (bis zum Durchmesser der großen Scheibe) und großer Übersetzungsverhältnisse, dadurch Raumersparnis und kürzere Riemen.

3. Selbstspannung des Riemens, daher Wegfall des Kürzens.

[1] Seit einigen Jahren werden von den Siemens-Schuckertwerken auch Vorlegemotoren zum direkten Antrieb von Kältekompressoren angefertigt.

4. Schwächere Wellen, kleinere Lager, geringerer Schmierölverbrauch, da kleinere Achsdrücke.
5. Ermöglichung auch senkrechter Antriebe.
6. Erhöhung der Lebensdauer des Riemens.
7. Höherer Wirkungsgrad als beim offenen Trieb.

## b) Schmiertechnik.

Durch die richtige Verwendung hochwertiger Schmiermittel ist es möglich, eine nicht unbedeutende Verringerung des Leistungsaufwandes zu erzielen. Hiermit läuft ein ganz besonders wichtiges betriebswirtschaftliches Moment, die Erhöhung der Betriebssicherheit durch Ausschaltung von Betriebsstörungen, welche bei unrichtiger Schmierung leicht eintreten können, parallel. Außerdem werden durch richtige Schmierung die Erhaltungs- und Reparaturkosten auf ein Minimum reduziert und eine Verlängerung der Lebensdauer des Maschinenparks erreicht, ein Umstand, der die Abschreibungsquote, und dadurch die Bilanzierung wesentlich beeinflußt. Neben der richtigen Schmierung wird von der Schmiertechnik sparsame Schmierölverwendung angestrebt.

Den Schmiermitteln fällt ganz allgemein die Aufgabe zu, die trockene Reibung zwischen zwei Gleitflächen in Flüssigkeitsreibung umzuwandeln. Dabei wird die gegenseitige trockene Reibung der festen Körper ausgeschaltet, und an ihre Stelle tritt die sog. innere Reibung der Flüssigkeit im Gebiet der „Vollschmierung". Bedingung für die vollflüssige oder hydrodynamische Reibung ist, daß sich nicht die geringsten Spuren der gegenseitigen festen Grenzflächen berühren[1], überall also ein fest haftender Schmierfilm vorhanden ist. Berühren sich Teilflächen, herrscht also sowohl Flüssigkeits- wie auch trockene Reibung, so spricht man von halbflüssiger Reibung. Sie tritt z. B. beim An- und Auslaufen einer Maschine auf, besonders, wenn dies unter Last geschieht, beim Versagen der Schmierung, der Anwendung zu geringer Ölmengen und dadurch bedingtem Heißlaufen u. a.

Im Gebiet der Vollschmierung ist für die auftretende Reibung und die Erhaltung der Flüssigkeitsreibung vor allem die Zähigkeit des Schmiermittels von ausschlaggebender Bedeutung[2].

Zum bessern Verständnis der Vorgänge bei der voll- und halbflüssigen Reibung soll Abb. 448 dienen, bei welcher als Abszisse die Umdrehungszahl und als Ordinate die Reibungszahl einer Welle aufgetragen sind. Dadurch ergeben sich jeweils typische Kurven. Dabei sind die Punkte, wo die halbflüssige Reibung zur vollflüssigen wird (häufig „Ausklinkpunkt" genannt), bei Punkt II oder III oder je nach Ölzähigkeit und Belastung noch weiter rechts. Das Minimum der Reibung liegt bei I. Bei abnehmender Tourenzahl nimmt bis I die Reibung ab, von da ab aber stark zu, weil der Einfluß der trockenen Reibung sich jetzt sehr stark bemerkbar macht.

Das Gebiet der halbflüssigen Reibung ist zur Zeit noch nicht restlos geklärt. Eines steht jedoch fest, nämlich, daß die Zähigkeit hier an Bedeutung zurücktritt und molekularphysikalischen Eigenschaften des Schmiermittels ausschlaggebend werden. Das bessere Öl ist z. B. das, welches das größere Molekularvolumen, die bessere Orientierungskraft der Moleküle usw. besitzt, Eigenschaften, die sich bei der Benetzung von Öl an Metall durch stärkere Benetzungswärmen anzeigen[3]. Durch damit zusammenhängende Versuche von W. Büche war es möglich Schmieröle genau auf ihre Preiswürdigkeit, das heißt, ihren „Ölwert" zu untersuchen.

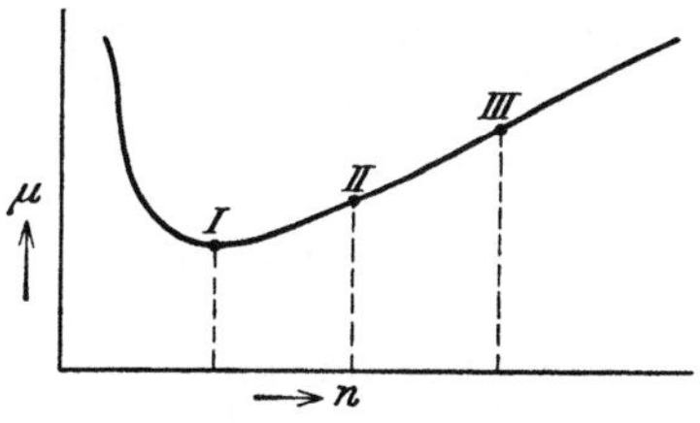

Abb. 448. Reibungskurve. Reibungszahl μ bei verschiedenen Drehzahlen.

Man unterscheidet Schmieröle aus Erdölen, aus Braunkohlen, aus Steinkohlen, Schmieröle pflanzlicher und tierischer Herkunft und verarbeitete Öle. Letztere lassen sich unterteilen in Schmierfette, Emulsions- und Graphitschmiermittel.

Was die wissenswerten Eigenschaften der Schmieröle betrifft, so sind hier besonders die Feststellung des Flammpunktes, des Zündpunktes, des Stockpunktes, der Viskosität oder Zähigkeit, des Aschegehaltes, des Säuregehaltes usw. je nach dem Verwendungszweck besonders wichtig.

Unter Flammpunkt versteht man die Temperatur, bei der erstmals Destillate des Öles beim Erhitzen mit einer kleinen Flamme entzündet werden können. Im allgemeinen gibt der Flammpunkt Auskunft über die Zusammensetzung des Öles, doch wird seine Wichtigkeit oft überschätzt. Zündpunkt ist diejenige Temperatur, bei der zuerst Selbstentzündung in Luft bei Atmosphärendruck ohne Zuführung einer Flamme eintritt. Ihm kommt besondere Bedeutung

[1] Man ist heute bereits in der Lage, mit bestimmten Apparaten, sog. Oszillographen, photographisch festzuhalten, ob zwei Flächen sich noch in einer Fläche von Millionstel Quadratmeter berühren.

[2] Schneider, E.: Z. Petroleum **36**, Nr 7 (1930).

[3] Büche, W.: Z. Petroleum **37**, Nr 11 (1931).

bei der Beurteilung flüssiger Brennstoffe und Schmiermittel in Dieselmotoren und Kompressoren zu. Der Stockpunkt wird ungefähr durch bloße Beobachtung des gekühlten Versuchsöles im Reagensglas festgestellt; diejenige Temperatur, bei der sich das Öl beim Schräghalten des Reagensglases nicht mehr bewegt, heißt Stockpunkt. Er ist die wichtigste Größe für Kältemaschinenöle. Neuerdings benutzt man als Maßstab nicht mehr den Stockpunkt, sondern den Fließpunkt, welcher sich besser feststellen läßt. Unter Zähigkeit versteht man diejenige Kraft, die sich der Verschiebung zweier Flüssigkeitsteilchen von der Größe und dem Abstand 1 m bei 1 m/s Verschiebegeschwindigkeit entgegensetzt. Sie ist stark von der Temperatur abhängig; hohe Dünnflüssigkeit und hoher Flammpunkt sind selten miteinander zu vereinen. Das Öl darf nicht zu dickflüssig sein, da sonst die innere Reibung zu groß wird, anderseits darf es aber auch nicht zu dünnflüssig sein, weil sonst sehr leicht halbflüssige Reibung eintreten kann. Im allgemeinen wünscht man, daß gute Lageröle eine Zähigkeit von etwa 4,5 Englergraden bei 50° haben (°E gibt das Verhältnis der Ausflußzeit der Flüssigkeit gegen das Wasser an). Auf Neutralität ist großer Wert zu legen.

Es sei bei dieser Gelegenheit besonders noch auf die ölverbessernde Eigenschaft von Graphitpräparaten wie Kollag, die dem Schmieröl zugesetzt werden, hingewiesen. Dieser Zusatz ermöglicht eine Verminderung der Lagerreibung, eine Erhöhung der Betriebssicherheit bzw. eine Herabsetzung des Schmierölverbrauches[1]. Die Farbe des Öles steht mit der Qualität in keinem Zusammenhang, Fette sollen ungefärbt verwendet werden.

Um einige Beispiele anzuführen, sei erwähnt, daß Dampfmaschinenöle (Zylinderöle) eine Zähigkeit von 3—6° E bei 100° und einen Flammpunkt von 40° über der Dampftemperatur (harz- und säurefrei), Öle zur Lagerschmierung von schnellaufenden Elektromotoren eine Viskosität von etwa 4—5° E bei 50° und einen Flammpunkt von über 170° Säurezahl höchstens 0,14 haben sollen. Zum Schmieren der Zylinder von Kältemaschinen dienen Öle, welche bei —20° noch völlig flüssig und klar sind. Der Flammpunkt eines derartigen Öles soll ungefähr bei 160—180° liegen, die Viskosität soll 4—12° E bei 20° sein, der Gehalt an freier Säure soll gering sein und höchstens 0,02—0,07 betragen, da bei sauren Ölen die sich bildenden Eisenseifen den Stockpunkt heraufsetzen. Zur Schmierung von Getrieben genügt ein Öl mit einem Flammpunkt über 160°, Viskosität 3—8° E bei 50°; bei den meisten Triebwerksteilen kann man ungefärbtes Stauferffett mit einem Tropfpunkt über 75° und einem Wassergehalt unter 4% verwenden. Dieselmotorenzylinder verlangen ein Öl mit einem Flammpunkt über 180° und einer Viskosität von 4—8° E bei 50°.

Was die Durchführung der Schmierung betrifft, so wird häufig eine Verbesserung der Schmierwirkung dadurch erhofft, daß in den tragenden Teil der Lagerschale Schmiernuten eingearbeitet werden. Nach den Erfahrungen der letzten Jahre sind aber Schmiernuten von Schaden, weil die Filmbildung dadurch vollständig unterbunden wird. Höchstens im unbelasteten Teil der Lagerschale kann der Zulauf des Öles durch dort angebrachte Nuten etwas erleichtert werden; sie dienen dann hier als Ölspeicher. Auch der Vorteil, welchen man sich von der Einführung der Preßschmierung erhoffte, hat sich, wie die Forschungen der jüngsten Zeit ergaben, nicht erfüllt. Die Reibungsverhältnisse werden dadurch keineswegs günstiger, dagegen ist vorteilhaft, daß die Wärmeableitung vergrößert wird und das Öl in komplizierten Getrieben (z. B. Werkzeugmaschinen) überall hingeleitet wird. Bei zahlreichen Schmierstellen ist „Zentraltropfschmierung" häufig.

Neben den Mineralölen haben sich zum Schmieren von langsam laufenden Maschinen mit geringer spezifischer Pressung wie Transmissionen, Kurbelzapfen, Zahnräder und dergleichen konsistente Fette bewährt. Sie haben wohl größere innere Reibung wie die Öle, sind aber sparsamer im Gebrauch. Ein gutes Fett soll sich nicht entmischen, d. h. kein Öl beim Stehen abscheiden. Der Seifegehalt ist von Wichtigkeit, weil sich bei hohem Gehalt sparsamer schmieren läßt, dagegen soll das Fett keine überflüssigen anorganischen Substanzen enthalten, welche nur dazu dienen, das spezifische Gewicht zu erhöhen. Großer Ölwert (gute molekularphysikalische Eigenschaften) sind im allgemeinen bei Fetten nicht vorhanden.

Schmieröl kann für einfachere Maschinenschmierung häufig wiederverwendet werden. An allen ölverbrauchenden Stellen sind Tropfschalen und Fangbleche anzubringen. Zur Reinigung dienen Tuch- oder Baumwollfilter, ferner Reinigungszentrifugen. Die Reinigung und Wiedergewinnung des Öles wird durch Anwärmen, wobei zweckmäßig irgendwelche Abwärmequellen benützt werden, sehr erleichtert (Abb. 449). Zylinderöl muß vor dem Filtrieren absitzen. Von der chemischen Wiederaufarbeitung ist in Betrieben wie Schlachthöfen abzuraten, da Menge und Ersparnismöglichkeit an sich zu klein sind. Zudem erfordern diese Verfahren, um zu einigermaßen befriedigenden Ergebnissen zu führen, laufende chemische Kontrollen mit Apparaturen, die viel zu kostspielig sind.

[1] Walger u. Schneider: Ber. über betriebswiss. Arbeiten **3** (1930). VDI.

Bei Maschinen, welche mit Wärmeaustauschapparaten zusammenhängen, wie Kältemaschinen und Dampfmaschinen, deren Abdampf weiterverwendet wird, ist von besonderer Bedeutung, daß nicht mehr geschmiert wird, wie den optimalen Verhältnissen entspricht, weil das Öl vor der Berührung mit der Wärmeaustauschfläche ausgeschieden werden muß. Dabei sind bei hohen Überhitzungsgraden die Öle schlecht abscheidbar, weswegen hierbei besondere Vorkehrungen getroffen werden müssen und nur hochwertige Öle, welche keine Rückstände hinterlassen, verwendet werden dürfen. Eine Kontrolle des Ölverbrauches ist immer empfehlenswert, besonders bei Kältemaschinen, um nachzuprüfen, ob das Zylinderöl wieder zum Vorschein kommt. Es kann so auf die Verölung der Apparate und evtl. Reinigungsnotwendigkeit geschlossen werden.

Literatur: Ehlers, C.: Schmiermittel und ihre richtige Verwendung. Leipzig: O. Spamer 1928. — Richtlinien für den Einkauf und die Prüfung von Schmiermitteln. Berlin: VDI-Verlag. 5. Aufl. 1928.

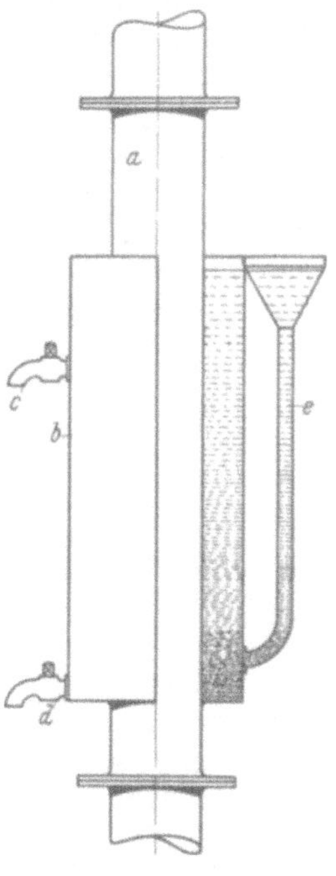

Abb. 449. Ölanwärmung am Auspuffstutzen eines Dieselmotors.

## c) Schutz gegen Schall und Erschütterungen von Maschinen.

In Schlachthofbetrieben läßt es sich oft nicht vermeiden, Maschinen irgendwelcher Art in Räumen aufzustellen, die in nächster Nähe von Wohn- und Arbeitsräumen liegen und die durch ihr Arbeiten eine fortdauernde Störungsquelle bilden, die unangenehm empfunden wird. Die Übertragung kann sowohl als sog. Luftschall wie durch Biegungsschwingungen der Wände erfolgen.

Dynamische Schwingungen sind nun in zweierlei Hinsicht unangenehme Störenfriede. Einmal können sie, besonders wenn Resonanzerscheinungen hinzutreten, die Sicherheit der Gebäude gefährden, zumindest setzen sie aber deren Lebensdauer erheblich herab, dann ziehen sie aber auch das Nervensystem der in den fraglichen Räumen beschäftigten Menschen stark in Mitleidenschaft. Physiologische Untersuchungen haben ergeben, daß der menschliche Organismus sich nicht auf dauernd einwirkende Geräusche einstellt, und daß daher Geräuschbelästigungen ein Abnehmen der Leistungsfähigkeit im Gefolge haben. Aus wirtschaftlichen wie aus sozialen Gründen ist es daher wünschenswert, die Fortleitung der Maschinenerschütterungen und Geräusche zu unterbinden. Die früher verbreitete Ansicht, daß Stoffe, die gut wärmeisolierend wirken, auch gut schallschützend wirken, hat sich als irrig erwiesen.

Um die Fortleitung von Schall zu verhindern, gibt es nur ein brauchbares Mittel, nämlich in den Schallweg Stoffe anderen „Schallwiderstandes" einzulegen. Trifft Schall von einem Körper höheren Schallwiderstandes auf einen mit geringem Widerstand auf, so wird er zum größten Teil reflektiert, nur ein Bruchteil geht in das zweite Mittel über. Dieser Bruchteil ist um so geringer, je größer der Unterschied der Schallwiderstände ist. Von diesem Umstand macht man in der Bautechnik (Doppelwand mit Luftzwischenraum) und bei der Isolierung von Maschinenfundamenten (Trennung durch Luftspalt vom übrigen Gebäude) Gebrauch.

Man erreicht die Verringerung der Fortleitung von Schall entweder durch sog. Schwingungsdämpfer, deren wirksamster Bestandteil ein Satz Spiralfedern ist, oder durch federnde Unterlagsplatten, die auf Grund ihrer Volumenelastizität die Isolierwirkung erzielen. Lediglich Platten mit Volumenelastizität können unter Fundamenten federnde Wirkungen hervorbringen, da nur bei ihnen das Volumen, den schwingenden Kräften folgend, rhythmische Änderungen auszuführen vermag. Gummi wird in der Regel als hochelastischer Körper angesehen. In vielen Fällen trifft dies auch zu, trotzdem würde eine Gummiplatte unter Fundamenten beinahe wie ein starrer Körper wirken, weil ihr eben die Volumenelastizität fehlt und wegen des ungleichen Verhältnisses zwischen Breite und Dicke eine Querausdehnung kaum in Frage kommt. Der wichtigste Körper, der seinen Rauminhalt federnd mit innerer Dämpfung zu ändern vermag, ist Naturkork. Eine Isolierung gegen Erschütterungen ist daher nur durch Naturkorkplatten oder Schwingungsdämpfer zu erzielen. Isoliermittel, die sowohl Erschütterungen als auch hörbaren Bodenschall beseitigen sollen, müssen demzufolge schallweich sein[1]. Bei den Schwingungsdämpfern werden daher in das Gehäuse schallweiche

[1] Für die Dicke des Isolierstoffes gilt, daß die lotrechte Eigenschwingungszahl des Fundaments $n_e = \frac{300}{\sqrt{f}}$ ist und nicht mit der Maschinendrezahl (Resonanzgefahr) übereinstimmen darf ($f$ = ruhende Durchbiegung des Körpers unter dem Eigengewicht $g$. Je weicher die Federung, um so größer $f$ und um so niedriger $n_e$).

Stoffe eingefügt, während Naturkork schon an und für sich einer der schallweichsten Stoffe ist.

Werden die Maschinen in höheren Stockwerken, d. h. auf Decken aufgestellt, so ist besondere Sorgfalt geboten, da Decken, die im Grunde ja Membranen sind, starke Biegungsschwingungen hervorrufen.

Die obigen Ausführungen über das Wesen der Isolierung gegen Schall und Erschütterung mögen im folgenden durch einige in der Praxis zur Ausführung gekommene Beispiele belegt werden, aus denen die Anordnung der Isolierkörper hervorgeht[1]. Im Rahmen dieser Abhandlung kann nur eine ganz geringe Auswahl getroffen werden; es möge daher bemerkt werden, daß man keine allgemein gültigen Normen für die Isolierung gegen Schall und Erschütterungen aufstellen kann,

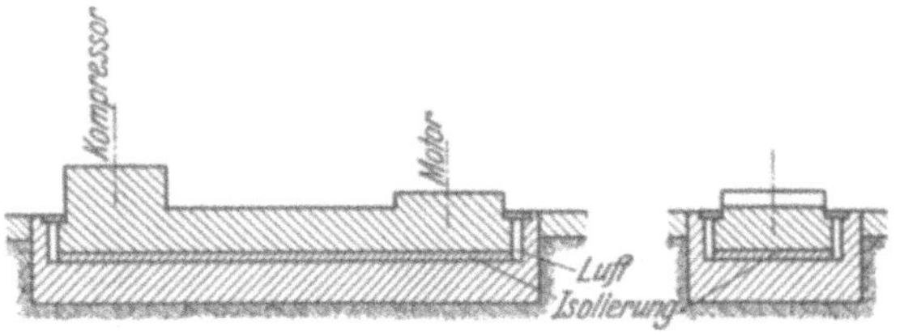


Abb. 450.

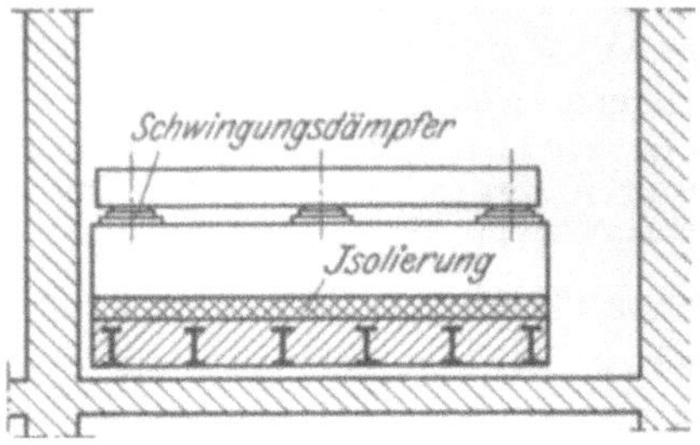


Abb. 451.

daß vielmehr jeder Fall seine besonderen Schwierigkeiten hat und den Ingenieur dauernd vor neue Aufgaben und Probleme stellt.

Die in Abb. 450 u. 451 veranschaulichte Anlage ist durch federnde Unterlagsplatten isoliert, die zwischen das in den Baugrund eingelassene Maschinenfundament und das Gebäudefundament gelegt sind. Zur seitlichen Isolierung dienen Luftschlitze, die oben mit Holzbohlen abgedeckt sind.

In herkömmlicher Weise werden Transmissionswellenlager und Antriebsmotoren mit Vorliebe auf Konsolen an der Wand angebracht und erschüttern von dieser Stellung aus das ganze Gebäude. Abb. 452 und 453 zeigen, wie hier in einfacher erfolgreicher Weise die Isolierung vorgenommen werden kann. Auf der den Motor tragenden Konsole ist zunächst ein Holzbohlenbelag *b* angeordnet, darauf ist die Isolierplatte *a* und auf diese wiederum eine weitere Holz-

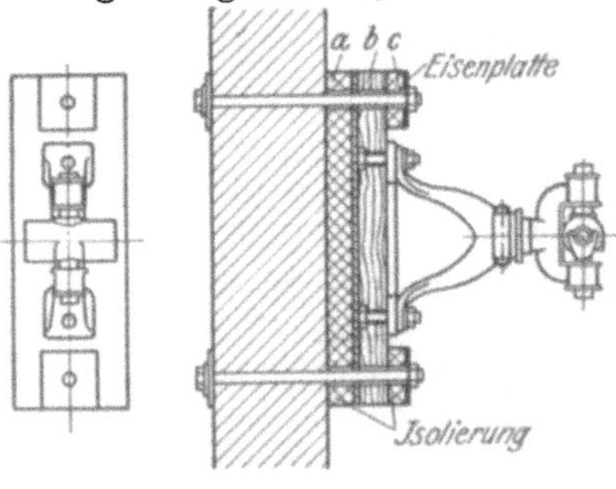


Abb. 452.

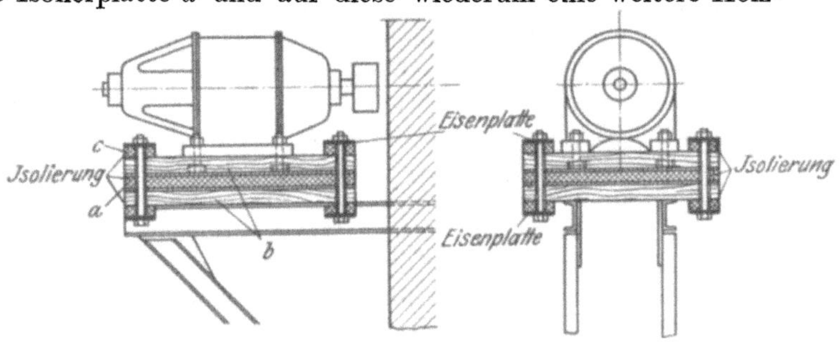


Abb. 453.

bohlenschicht *b* gelegt, mit der der Motor fest verbunden ist. Kopf und Mutter der die Kombination verbindenden Bolzen sind auf Polster *c* gesetzt. Bei der Lagerisolierung ist die Konsole mit einer Holzbohle (*b*) fest verbunden und zwischen dieser und der Wand eine federnde Unterlagsplatte (*a*) angeordnet.

In manchen Schlachthöfen wird sich häufig die Notwendigkeit ergeben, Dienstwohnungen oder Büroräume über Betriebsräumen, Stallungen oder Kühlräumen anzuordnen. Es scheint daher gerechtfertigt, an dieser Stelle kurz die Hochbauisolierungen zu skizzieren, die sich einerseits auf von außen eindringende, andererseits auf im Innern des Gebäudes selbst hervorgerufene Geräusche und Erschütterungen erstreckten.

Der Bodenschall wird dadurch verringert, daß man beim Ziegelbau das aufgehende Mauerwerk durch Isolierschichten unterbricht, die auch bei hoher spezifischer Pressung ihren hohen Schallwiderstand behalten, beim Betonbau werden diese zwischen Grundplatte und aufgehende Betonsäulen gelegt. Durch diese Maßnahme wird der als Bodenschall sich ausbreitende Straßenlärm, durch schwere Lastwagen, Straßenbahnen usw. hervorgerufen, abgeschwächt. Der Luftschall hat im Gegensatz zur Fortleitung von Körperschall, schallharte Körper zur Schallisolation nötig[2].

[1] Lieferfirma für Schallisolierungen u. a. insbesondere Emil Zorn A.-G., Berlin-Heinersdorf.
[2] Z. V. D. I., 75, Nr 18 (1931).

Störungen durch im Hause selbst entstehenden Luft- und Bodenschall werden durch Anordnung schallsicherer Decken und Wände vermieden. Zur Verringerung des Trittschalles kann man die Decke aus zwei Schichten, Tragdecke und Estrich herstellen, zwischen welche ein schallweicher Stoff eingeschaltet wird, welcher normalerweise gleichzeitig als Wärmeschutz dient.

Das Wesen der Wandisolierung beruht grundsätzlich auf folgendem: Wird eine Wand von Luftschall getroffen, so gerät sie in Vibrationen, die sich der Luft auf der anderen Wandseite mitteilen und sog. sekundären Luftschall hervorrufen. Alle Baustoffe sind mehr oder weniger porös. Ein großer Teil des auftreffenden Schalles pflanzt sich daher direkt durch die Poren fort. Der in die Doppelwand eingebaute Isolierkörper muß, wenn er einen guten Erfolg gewährleisten soll, sowohl ein großes inneres Arbeitsvermögen besitzen, um sämtliche Schwingungsenergie der Wand aufnehmen und in Wärme umsetzen zu können, als auch zur Vermeidung des Porenschalles möglichst unporös sein.

Ein Auskleiden von Räumen mit Absorptionsstoffen stellt nur einen Schallschutz gegen im Raum selbst entstehende Geräusche vor (Schreibmaschinen u. dgl.).

Das Problem der Gebäudeschallisolierung kann noch nicht als gelöst angesehen werden, horizontale Isolierschichten können nur dann empfohlen werden, wenn Gewähr gegeben ist, daß das Isoliermaterial dieselbe Lebensdauer besitzt wie das Gebäude selbst. Die Forderung der statischen Sicherheit steht natürlich an erster Stelle.

Literatur: Rausch, Z.V.D.I., **75**, 1069 (1931).

## d) Schutzanstriche.

Die Schäden durch Korrosion sind außerordentlich hoch. Durch Rosten und elektrochemische Zerstörungen gehen jährlich im Maschinenbau Werte von vielen hundert Millionen verloren. Vor der Gefahr des Rostens von Eisenteilen kann man sich — außer durch metallische Überzüge (Verbleien von Eiszellen) — nur durch Schutzanstriche, die von Zeit zu Zeit erneuert werden müssen, schützen. Je nach dem Verwendungszweck sind an die Schutzmittel verschiedene Ansprüche zu stellen, eine Universalrostschutzfarbe gibt es nicht. In jedem Falle müssen sich Farbe und Bindemittel gegenseitig ergänzen. Während von den normalen Anstrichen der Konstruktionsteile in erster Linie Billigkeit, chemische Indifferenz und Beständigkeit, große Ergiebigkeit und Streichfertigkeit, weiterhin große Adhäsion an den zu schützenden Körper gefordert werden, sind die Ansprüche an Schutzanstriche für Wärmeaustauschapparate weitgehender. Die Anstriche müssen im allgemeinen wegen des Kühlgutes geruchlos sein, außerdem müssen sie, um nicht abzublättern, eine große Elastizität für die Aufnahme von Temperatur- und Feuchtigkeitsschwankungen und eine große Wärmeleitfähigkeit besitzen. Ölfarbanstriche, vor allem mineralölhaltige Anstriche, werden diesen Anforderungen nicht gerecht, sie trocknen sehr schlecht, sind gegen Kondenswasser auf die Dauer nicht indifferent, bei Verwendung an Berieslungskondensatoren ergeben sie eine völlig ungleichmäßige Berieslung, wodurch die Kühlwirkung beeinträchtigt wird.

Bei den Anstrichen spielt zunächst das Bindemittel eine wesentliche Rolle. Leinölfilme sind stark quellfähig und lassen somit das Wasser durch. Ein guter Schutzanstrich darf aber auch nicht zu wenig quellfähig sein, da er sonst zur Rißbildung neigt und sich ablöst. Man benutzt deshalb heute vielfach Kopal und Harze. Auch bituminöse Stoffe und Emulsionen des Asphalts werden in steigendem Maße als Bindemittel benutzt. Als Schutzanstriche für Rohre haben sich Kautschukanstriche gut bewährt. Nächst den Bindemitteln sind die Pigmente entscheidend; sie sollen einerseits als Rostverhinderer (z. B. Bleimennige, Bleichromat), anderseits als Wetterschützer (Bleiweiß, Zinkweiß usw.) dienen.

Lieferfirmen: Rosenzweig & Baumann, Kassel (Nauton, Frigidon); Lechler, Stuttgart (Ivertol).

Ganz wesentlich für die Haltbarkeit aller Schutzanstriche ist die gründlichste vorherige Reinigung der betreffenden Körper. Die Gegenstände müssen völlig trocken, frei von Staub, Schmutz und Fett, weiterhin unbedingt frei von Rost (Gefahr der Unterrostung) und alten anhaftenden Anstrichen sein, Grundierung und Zweistrich sind dünn aufzutragen. Kühlräume müssen während des Streichens und bis die zu schützenden Gegenstände trocken sind, außer Betrieb gesetzt werden. Die häufig zu verzeichnenden Mißhelligkeiten sind fast ausnahmslos auf die Nichtbeachtung dieser einfachen Grundregeln zurückzuführen.

Literatur: Vgl. Schütz, S.: Die Instandhaltung von Schlachthofanlagen. Dtsch. Schlachthofztg. 1929, Folge 9. — Hütte, des Ingenieurs Taschenbuch, 26. Auflage, Bd 1, S. 924. — Suida-Salvaterra, Rostschutz, Rostschutzanstrich. Wien: J. Springer, 1931. (Kompendium.)

[1] Die Anstrichtechnik ist beim Verein Deutscher Ingenieure (VDI) und beim Verein Deutscher Chemiker (VDCh) Berlin durch Fachausschüsse vertreten.

**Übersicht über wärmetechnische Einrichtungen in den deutschen Schlachthofanlagen[1].**

Bezeichnungserklärung: Spalte 2: B = Borsig, BBC = Brown-Boweri, Enz = Enzinger, Ess = Esslingen, EW = Escher-Wyss, Fr = Freundlich, G = Germania, Gek = Geka, Gö = Maschinenfabrik Görlitz, Hall = Hallmagis, Hart = Hartmann, Hau = Haubold, H = Humboldt, L = Linde, Pl = Plersch, Q = Quiri, Ri = Riedinger, Rock = Rockstroh, Sch = Schüchtermann & Kremer, Sk = Skoda, St = Stein, We = Wegelin u. Hübner, Wu = Wumag. — Spalte 3: $CO_2$ = Kohlendioxyd, N = Naßbetrieb, $NH_3$ = Ammoniak, $SO_2$ = Schwefeldioxyd, Ü = Überhitzung. — Spalte 4: R = Reservekompressor. — Spalten 5/6: j = ja, n = nein. — Spalte 7:

| Stadt | Lieferfirma der Kühlanlage und Lieferjahr | Kältemittel, Art des Betriebes | Verdampferleistung in 1000 kcal/Std. Reservekompressor? | Ozonanlage | Fernthermometeranlage | Antriebsmaschine | PS-Zahl bzw. | ungefährer Jahresverbrauch in 1000 kWh | Strompreis in RM. je kWh Kraft | Licht |
|---|---|---|---|---|---|---|---|---|---|---|
| Aachen | L u.W 94<br>06<br>28 | $NH_3$ Ü | 600 R | — | j | Dr (städt.) | — | 375 | 0,085 | 0,085 |
| Allenstein | Ri 15 | $NH_3$ N | 35 n | n | n | Gl (städt.) | — | — | — | — |
| Altenburg | G 02 | $NH_3$ N | 175 R | n | n | Gl u. Da | 250 | — | — | 0,47 |
| Altona (Westf.) | H 05 | $NH_3$ — | — n | n | n | Dr (Überl.) | — | 73 | 0,24 | 0,24 |
| Amberg | L 05 | $NH_3$ — | 70 R | n | n | Da (Ausp.) | 200 | — | 0,35 | 0,55 |
| Andernach | Ess 00 | $NH_3$ N | 45 R | — | n | — | — | — | — | — |
| Ansbach | — | — | — | — | — | — | — | — | — | — |
| Apolda | Ri 96 | $CO_2$ N | 80 R | j | n | Da u. Gl (Überl.) | 80 | — | 0,12 | eig. |
| Arnsberg (Westf.) | H 28 | $NH_3$ C | 50 n | n | n | Dr (Überl.) | — | — | 0,07 | 0,20 |
| Arnstadt | B 27 | $NH_3$ Ü | — n | n | j | Gasmaschine | 40 | — | — | — |
| (Asch) | Sk 99 | $NH_3$ N | 60 n | n | n | Da (Ausp.) | 98 | — | 0,28 | bis 0,22 |
| Aschersleben (Sa.) | — | — | — | — | — | — | — | — | — | — |
| Aue (Erzgeb.) | Dr 06 | $NH_3$ N | 160 R | n | n | W (Überl.) | — | 140 | 0,10 | 0,40 |
| Augsburg | L 00 | $NH_3$ Ü | 391 R | n | j | Da u. E (Überl.) | 270 | 52 | 0,26 | 0,52 |
| Aurich | L 25 | $NH_3$ Ü | 5 — | — | n | Die (Deutz) | — | — | — | — |
| Aussig | L 28 | $NH_3$ Ü | 150 — | n | j | Dr | — | — | — | — |
| Backnang | Ess 07 | $NH_3$ Ü | 30 n | n | n | Da (Kond.) | 30 | — | — | 0,30 |
| Bamberg | L 03 | $NH_3$ Ü | — R | n | j | Da (Kond.) | 240 | 72 | Selbsterz. | Selbsterz. |
| Barmen | L u. H 94<br>27 | $NH_3$ Ü | 600 R | — | j | Da (Ausp.) | 760 | — | Selbsterz. | Selbsterz. |
| Bartenstein | L 27 | $NH_3$ Ü | 25 n | n | n | Gl (städt.) | — | 8 | 0,2 | 0,50 |
| Basel | EW 01 | $CO_2$<br>N u. Ü | — — | j | j | W (städt.)<br>und Da | 105 | 400 | — | — |
| Bautzen (Sa.) | — | — | — — | — | — | — | — | — | — | — |
| Bayreuth | L 00<br>18 | $NH_3$ Ü | 200 R | — | j | Da (Kond.)<br>u. städt. Wechs. | 35 | 25 | — | — |
| Beckum | B 14 | $NH_3$— | — n | n | n | Gl (städt.) | — | 100 | — | — |
| Belgard | B — | $SO_2$ — | — n | n | n | Städt. Strom | — | 30 | — | — |
| Berlin | B u. L — | $NH_3$ Ü | 4600 R | j | j | Gl (städt.) | — | 7500 | 0,032 | — |
| Bernburg | H 10 | $NH_3$ Ü | 200 R | n | — | Gl und Da | 95 | 1,5 | 0,3 | 0,45 |
| Bielefeld | Sch 96<br>25 | $SO_2$ — | 180 n | j | n | Da (Ausp.)<br>und E (städt.) | 140 | 18—20 | — | — |
| Bocholt | L 00 | $NH_3$ Ü | 60 n | n | j | Da und Dr<br>(Ausp.) (städt.) | — | — | 0,2 | 0,40 |
| Bochum | B 28 | $NH_3$— | 750 R | n | j | Da (Kond.)<br>und W (städt.) | 110 | 400 | — | — |

[1] Auszug aus den von den Schlachthofleitern 1929/30 ausgefüllten Fragebogen. (Für die Richtigkeit wird keine Gewähr übernommen.)

Da = Dampfmaschine, Die = Dieselmaschine, Dr = Drehstrom, Ga = Gasmaschine, Gl = Gleichstrom. — Spalte 12: Fl = Flammrohrkessel, R = Rauchrohrkessel, z. B. 2 F u. R — 170 heißt: 2 Flammrohrkessel, ein Rauchrohrkessel, Gesamtkesselheizfläche 170 qm. — Spalte 13: Aut = Automatische Feuerung, E = Ekonomiser, Ü = Überhitzer. — Spalte 14: A = Abdampf, A u. F Abdampf und Frischdampf, F = Frischdampf, K & R = Koch & Reitzkessel. — Spalte 17: B = Bad, D = Destillateis. — Spalte 18: d = direkte Unterfeuerung (Kohle), F = Frischdampf, Ga = Gasfeuerung. — Spalte 20: Dest = Destillateis, Kl = Klareis, Tr = Trübeis.

| Kesselart, Kesselzahl, Gesamtheizfläche in qm | Kohlensparende Einrichtungen | Art der Warmwasserbereitung | Bei Abdampf, genügt dieser | | Wird Abdampf zu Bädern, Entneblung, Raumheizung, Destillateis verwendet | Art der Sterilisatorheizung | Eigen- oder Fremdwasser Preis in RM./cbm | Welches Eis | Eispreise in RM. | | | |
|---|---|---|---|---|---|---|---|---|---|---|---|---|
| | | | an Hauptschlachttagen | an Nebenschlachttagen | | | | | Fleischer | Privat | Zustellung frei Haus | Verkauf an Gesellschaften oder Firmen |
| 2 F u. R—170 | — | F | — | — | — | — | 0,22 | Tr | 0,50 zu 25 kg | nur an Metzger | | |
| — | — | F | — | — | — | F | — | Tr | 0,40 zu 12,5 kg | 1,60 je Ztr. | 0,20 je kg | n |
| 2 Fl – 160 – 8 at | — | A u. F | n | j | — | F | eigen | Tr | 0,50 zu 12,5 kg | 1,60 | n | n |
| — | — | F | j | — | — | — | eigen Städt. | Tr | 0,40 zu 12,5 kg | — | n | n |
| 3 Fl — 120 (8 u. 12 at) | — | A | — | — | — | — | 0,10 | Kl | 1,20 je Ztr. | 2,— | n | n |
| — | — | F | — | — | — | — | 0,25 | Tr | 0,25 zu 12,5 kg | — | — | j |
| — | — | — | — | — | — | — | — | Tr | 1,20 je Ztr. | — | — | — |
| 2 Fl - 90 - 7 at | Aut. | A u. F | n | 1 | — | F | 0,40 | Kl | 2,— je Ztr. | j | n | n |
| — | — | K & R | — | — | — | — | — | Tr | 1,20 | 1,60 | n | n |
| 2—61, 6 at | — | F | n | j | n | — | eigen | Tr | 0,60 je Ztr. | j | n | n |
| 2 Fl - 99 - 7 at | E? | A | j | j | — | — | städtisch | — | — | — | — | — |
| — | — | — | — | — | — | — | — | Tr | 2,50 je Ztr. | 3,— | — | — |
| 1 Fl — 46 | — | F | — | — | — | F | eigen | Tr | 1,60 je Ztr. | 1,60 | — | — |
| 3 Fl - 270 - 8,5 at | — | — | — | — | B u. D | F | eigen | Dest | 0,48 zu 3,20 kg | 1,20 | 2,— | n |
| — | — | K & R | — | — | — | — | städtisch | Tr | 0,40 je kg | — | n | 0,5 |
| — | — | Dampf vom Gaswerk | | | | F | eigen | Tr | j | j | n | n |
| 1 Fl — 30 | — | A u. F | n | n | B | — | 0,30 | Tr | 1,20 | 1,60 | — | n |
| 2 Fl — 140 | Ü | A u. F u. K u. R | n | j | — | F | eigen | Tr | 0,72 | 1,40 | — | n |
| 4 — 328 | Aut. u. Ü u. E | A u. F | n | j | B u. R | F | 0,07 | Kl | 0,60 | 1,20 | — | — |
| — | — | Dampfkess. | — | — | — | — | 0,25 | n | n | n | n | n |
| 4 Fl — 224 | E | F | — | — | B u. E | F | 0,12 | n | n | n | n | n |
| — | — | — | — | — | — | — | — | Tr | 0,80 | 1,20 | — | — |
| 2 Fl — 82 | n | A u. F | n | j | — | — | städtisch | Kl | 0,80 je Stange | 0,80 | 1,— | — |
| — | — | Niederdruckkessel | — | — | — | F | 0,25 | Tr | an Innung verpachtet | | | |
| — | — | F | — | — | — | — | 0,60 | Tr | 0,35 je 25 kg | 0,50 | — | — |
| 10 Fl—1000 | n | F | — | — | — | — | 0,15 | n | n | n | n | n |
| 2 Fl — 104 | n | A | j | j | B u. R | — | 0,28 | Tr | 1,60 | 2,— | 3,— | n |
| 2 Fl — 165 | Ü | A | j | j | — | F | 0,25 | Tr | 1,— | 2,— | — | n |
| 2 Fl — 101 | — | F u. A | j | n | B | F | eigen | Tr | 1,20 | 2,— | n | n |
| 2 Fl — 200 | Aut. | A | j | j | B u. R u. E | F | 10,8 | Tr | 0,95 je Ztr. | —<br>an Fleischerinnung | — | j |

| Stadt | Lieferfirma der Kühlanlage und Lieferjahr | Kältemittel, Art des Betriebes | Verdampferleistung in 1000 kcal/Std. Reservekompressor? | Ozonanlage | Fernthermometeranlage | Antriebsmaschine | PS-Zahl bzw. | ungefährer Jahresverbrauch in 1000 kWh | Strompreis in RM. je kWh | |
|---|---|---|---|---|---|---|---|---|---|---|
| | | | | | | | | | Kraft | Licht |
| Bonn . . . . . . . | H 00<br>29 | $NH_3$ N | 510 R | n | n | Da (Kond.)<br>u. Gl (städt.) | 200 | 200 | — | — |
| Bottrop . . . . . | — | — | — | — | — | — | — | — | — | — |
| Braunschweig . . . | R 94 | $CO_2$ N | 150 R | n | j | Da (Kond.)<br>u. Dr (privat) | 160 | — | — | — |
| Bremen . . . . . | Ri 02 | $CO_2$ — | 245 R | j | j | Gl (städt.)<br>u. Da (Vbd.) | 100 | 84 | 0,08 | 0,13 |
| Breslau . . . . . . | L 96<br>14 | $NH_3$ — | 500 R | n | n | Da (Ausp.) u. E<br>(städt.) u. E (eig.) | 130 | — | — | — |
| Bruchsal . . . . . | Ri 28 | $CO_2$ — | 120 n | n | n | Da u. Wa u. E<br>(städt.) | 75 | — | — | — |
| Bunzlau . . . . . | Hau 27 | $NH_3$ — | 50 R | n | n | E (städt.) | — | 47 | 0,11 | 0,42 |
| Burg . . . . . . . | L 99<br>25 | $NH_3$ Ü | 125 R | n | n | W (städt.)<br>u. Da (Reserve) | 45 | — | 0,6 | — |
| Castrop . . . . . . | Qu 99<br>Sch 17 | $SO_2$ — | 90 R | n | n | Da (Kond.) | 105 | — | — | — |
| Chemnitz . . . . . | L 92<br>26 | $NH_3$ Ü | 1400 R | j | j | Da (Vbd.)<br>u. Dr (städt.) | 380 | 1000 | — | — |
| Cleve . . . . . . . | H 26 | $NH_3$ Ü | 72 n | n | j | E (Überl.) | — | 200 | 0,07 | 0,07 |
| Cottbus . . . . . . | — — | $NH_3$ Ü | 120 R | j | j | Da (Ausp., Kond.)<br>E (städt., Überl.) | 110 | 6,8 | 0,30 | 0,45 |
| Danzig . . . . . . | L 94<br>07<br>27 | $NH_3$ Ü | 1200 R | n | j | Da (Ausp. u.<br>Kond.)<br>Dr (städt.) | 240 | — | — | — |
| Darmstadt . . . . | L 25 | $NH_3$ Ü | 112 R | j | j | Dr (Überl.) | — | 500 | 0,075 | — |
| Demmin . . . . . | L 07 | $NH_3$ — | 20 n | n | n | Da (Ausp.) | 40 | — | — | — |
| Dessau . . . . . . | L 99 | $NH_3$ N | 200 n | n | j | Da<br>Gl (städt. Res.) | 240 | — | 0,30 | 0,45 |
| Diessen (Ammersee). | — | — | — | — | — | — | — | — | — | — |
| Dillingen (Saar) . . | H 14 | $NH_3$ Ü | — — | — | — | Dr (Überl.)<br>Da (Kond.) | 45 | — | — | — |
| Dornbirn . . . . . | R 10 | $CO_2$ — | — n | n | n | Dr (Überl.) | 8 | — | — | — |
| Dortmund. . . . . | Sch 05 | $SO_2$ — | 500 R | n | n | Da (Ausp., Kond.)<br>Dr (städt.) | 100 | — | 0,24 | 0,24 |
| Dramburg. . . . . | H 29 | $NH_3$ Ü | — n | n | n | E (städt.) | — | — | — | — |
| Dresden. . . . . . | L 10 | $NH_3$ Ü | — R | j | j | Da (Ausp. u.<br>Kond.) Turbine<br>Gl (Eigenerz.) | — | — | — | — |
| Driesen-Verdamm . | C 97 | $NH_3$ N | 34 n | n | n | Dr (Überl.)<br>u. Da (Ausp.) | 20 | 38 | 0,12 | 0,12 |
| Duisburg-Alt . . . | H —<br>Sch — | $NH_3$ —<br>u. $SO_2$ — | — — | n | j | Dr (städt.)<br>u. Da (Kond.) | 200 | 200 | 0,105 | 0,105 |
| Duisburg-Meiderich. | H 08<br>23 | $NH_3$ Ü | 280 R | n | j | Dr (städt.) u. Da<br>(Ausp. u. Kond.). | 130 | 157 | — | — |
| Düren . . . . . . | H 01 | $NH_3$ Ü<br>u. N | 390 R | j | j | Dr (städt.)<br>u. Da (Kond.) | 60 | — | — | — |
| Dutweiler . . . . . | — — | $NH_3$ N | — n | — | n | Dr (städt.)<br>Ga (Reserve) | — | — | — | — |

| Kesselart, Kesselzahl, Gesamtheizfläche in qm | Kohlensparende Einrichtungen | Art der Warmwasserbereitung | Bei Abdampf, genügt dieser an Hauptschlachttagen | Bei Abdampf, genügt dieser an Nebenschlachttagen | Wird Abdampf zu Bädern, Entneblung, Raumheizung, Destillateis verwendet | Art der Sterilisatorheizung | Eigen- oder Fremdwasser Preis in RM./cbm | Eispreise in RM. Welches Eis | Eispreise in RM. Fleischer | Eispreise in RM. Privat | Eispreise in RM. Zustellung frei Haus | Eispreise in RM. Verkauf an Gesellschaften oder Firmen |
|---|---|---|---|---|---|---|---|---|---|---|---|---|
| 3 Fl — 300 | n | A u. F | j | n | — | — | eigen | Kl | 0,65 je 25 kg | — | — | n |
| — | — | — | — | — | — | — | — | Tr | 0,80 | 1,— | 2,20 | — |
| 3 Fl — 216 | n | F | — | — | — | F | städtisch u. eigen | Tr | 1,20 | 1,20 | n | n |
| 3 Fl — 232 | E u. Ü | F u. K & R | — | — | — | F | 0,05 eigen | n | — | — | — | — |
| 4 Fl — 704 | n | A | j | j | — | F | 0,23 | Tr | 0,80 je Ztr. | 0,80 | — | — |
| 2 Fl — 90 | n | A | j | j | — | — | eigen | Tr | 0,60 zu 21 kg | — | — | — |
| 2 Fl — 60 | n | F | — | — | — | F | 0,20 eigen | Tr | 0,50 zu 12,5 | — | — | — |
| 1 Fl — 58 | Ü | F K & R | — | — | — | F | städtisch u. eigen | Tr | 2,— | 2,— | 2,— | j |
| 3 Fl — 115 | n | F | — | — | — | F | 0,14 u. eigen | Tr | 0,25 je Stg. | 0,35 12,5 kg | 0,40 | n |
| 4 Fl — 420 | Aut. Ü u. E | A u. F | n | j | R u. E | F | 0,20 u. eigen | Tr | 1,20 | 1,60 | — | n |
| 2 Fl — 75 | — | F | — | — | — | — | 0,30 | Kl | 1,20 | 1,50 | — | n |
| 2 Fl — 150 | — | A | j | j | B | — | städtisch u. eigen | Tr | 0,40 zu 12,5 | 0,40 über 3 Ztr. Ermäßig. | — | — |
| 3 Dfl — 270 | Ü | A u. F | n | j | B u. D | — | — | Dest vorges. Tr | 1,20 bis 1,50 | 1,— bis 1,20 G. en gros | — | n |
| — | — | A u. F Dampf v. Gaswerk | n | j | — | Ga | 0,23 | Tr | 0,80 (Stadt) | — | 1,40 bis 1,60 | Händl. 1,10 |
| 1 Fl — 40 | n | A u. F | n | j | — | — | 0,10 | n | — | — | — | — |
| 2 Dfl — 146 | Aut. u. Ü u. E | A | j | j | B u. E | F | eigen | Tr | 1,0 0,25 zu 12,5 | 0,35 | 0,45 | n |
| — | — | K & R | — | — | — | — | — | — | — | — | — | — |
| 1 Fl — | — | A | j | j | — | — | eigen | Tr | — | — | — | n |
| — | — | F | — | — | — | F | eigen | n | — | — | — | — |
| 3 Dfl — 180 8 at | Aut. u. E u. Ü | A u. F | n | j | B | F | — | Kl | 0,95 | — | — | Eiswerke |
| 1 Fl — 14,8 7 at | n | F | — | — | — | F | — | n | — | — | — | — |
| 7 Fl — 10 at | — | — | — | — | — | F | — | Tr | — | — | — | n |
| 2 Fl — 62 7 at | n | A | j | j | — | — | 0,25 bzw. 0,35 | n | — | — | — | — |
| 2 Fl — 250 (7 at) | E | K & R u. A u. F | n | j | R | F | 0,09 | Tr | 0,90 | — | — | n |
| 2 Fl — 160 | n | A u. F | n | j | — | Ga | 0,09 | Tr | 0,90 | 1,50 | — | n |
| 2 Fl — 120 | n | A u. F | n | j | R u. D | F | eigen | Dest u. L | 0,90 | z.T. an Unternehmer z. T. an Wirte | | |
| — | — | F | — | — | R | — | 0,70 | Kl | 1,50 | — | — | — |

| Stadt | Lieferfirma der Kühlanlage und Lieferjahr | Kältemittel, Art des Betriebes | Verdampferleistung in 1000 kcal/Std. Reservekompressor? | Ozonanlage | Fernthermometeranlage | Antriebsmaschine | PS-Zahl bzw. | ungefährer Jahresverbrauch in 1000 kWh | Strompreis in RM. je kWh | |
|---|---|---|---|---|---|---|---|---|---|---|
| | | | | | | | | | Kraft | Licht |
| Düsseldorf . . . . | L 98 Fr 28 | $NH_3$ N | 200 R | j | j | Da (Vbd.) Die Gl (städt. Res.) | 1500 | 1000 | 0,08 | 0,11 |
| Eberswalde . . . . | B 27 | $NH_3$ — | 120 n | j | j | Gl (städt.) | — | 0,15 | 0,45 | — |
| Eisleben . . . . . | L 90 | $NH_3$ N | 70 R | n | n | Dr (städt.) Da (Ausp.) | 25 | 40 | 0,20 | 0,20 |
| Elberfeld . . . . . | H 14 | $NH_3$ N | 820 n | n | j | Da u. Dr (Überl.) | 360 | 445 | 0,07 | 0,087 |
| Elbing (Westpr.) . | G 08 | $NH_3$ N | 120 R | n | n | Da (Ausp.) | 50 | — | 0,30 | 0,50 |
| Emden . . . . . . | L 95 28 | $NH_3$ Ü | 150 R | n | j | Da (Ausp.) | 100 | — | — | — |
| Emmendingen . . . | L 94 | $NH_3$ N | 74 R | — | n | Gl (Überl.) | — | 0,10 | 0,10 | — |
| Emmerich. . . . . | H 05 Fr 27 | $NH_3$ Ü | 120 R | n | j | Di Dr (Überl.) | 28 | 0,071 | n | — |
| Ems (Hessen) . . . | — | — | — | — | — | — | — | — | — | — |
| Erlangen . . . . . | St 26 | $NH_3$ Ü | 115 R | n | j | Gl u. Dr (städt.) Da (Reserve) | 21 | 80 | — | — |
| Essen. . . . . . . | — | — | — | — | — | — | — | — | — | — |
| Euskirchen . . . . | Gek 02 | $NH_3$ N | 60 — | — | — | Da (Kond.) | 70 | — | — | — |
| Eschweiler . . . . | H — | $NH_3$ — | — | — | — | Da (Kond.) E (städt.) | — | — | — | — |
| Flensburg . . . . . | L 99 29 | $NH_3$ Ü | 360 R | j | n | Dr (städt.) | — | 180 | 0,054 | — |
| Forst (Laus.) . . . | G 06 26 | $NH_3$ N | 150 R | j | j | Dr (städt.) | — | 120 | 0,09 | — |
| Frankenstein (Schl.) | — | — | — | — | — | — | — | — | — | — |
| Frankfurt a. M. . . | E 90 G 10 | $NH_3$ Ü | 1040 R | j | j | Da (Ausp. u. Kond.) | — | — | — | — |
| Frankfurt a. Oder . | L 91 14 | $NH_3$ Ü | 125 R | n | j | Da (Ausp. u. Kond.) | 155 | eigen | — | — |
| Frankenthal (Pfalz) | — | — | — | — | — | — | — | — | — | — |
| Freiberg (Sa.) . . . | L 94 | $NH_3$ N | 105 n | n | n | Da (Ausp.), z. Teil Dr (städt.) | 95 | 150 | 0,06 | eigen |
| Freiburg (Breisgau). | H 91 | $NH_3$ N | 110 R | j | n | Dr (städt. u. Überl.) Da (Kond.) Reserve | 84 | 260 | 0,06 | 0,45 |
| Freiburg (Schlesien) | Natureiskühlung | | | j | — | Dr (Überl.) | — | — | 0,20 | 0,40 |
| Bad Freienwalde. . | L 99 | $NH_3$ N | — n | n | n | Da (Ausp.) | — | — | — | — |
| Freising. . . . . . | Keine Kühlanlage vorhanden | | | | | — | — | — | — | — |
| Fulda . . . . . . | H 06 | $NH_3$ — | 90 n | n | j | Da (Kond.) Dr (Überl.) Reserve | 75 | — | 0,22 | — |
| Füssen . . . . . . | Keine Kühlanlage vorhanden | | | | | — | — | — | — | — |
| Fürth . . . . . . | L 26 H 27 | $NH_3$ N | — n | — | n | Dr (städt. u. Überl.) | — | 350 | 0,06 bis 0,08 | — |
| Gardelegen . . . . | L 25 | $NH_3$ Ü | — n | n | n | Dr (Überl.) | — | — | 0,15 nachts 0,10 | 0,55 |

| Kesselart, Kesselzahl, Gesamtheizfläche in qm | Kohlensparende Einrichtungen | Art der Warmwasserbereitung | Bei Abdampf, genügt dieser: an Hauptschlachttagen | an Nebenschlachttagen | Wird Abdampf zu Bädern, Entneblung, Raumheizung, Destillateis verwendet | Art der Sterilisatorheizung | Eigen- oder Fremdwasser Preis in RM./cbm | Welches Eis | Eispreise in RM.: Fleischer | Privat | Zustellung frei Haus | Verkauf an Gesellschaften oder Firmen |
|---|---|---|---|---|---|---|---|---|---|---|---|---|
| 5 Fl — 450 | Ü | A. u. F | n | j | B. u. R u. E | F | eigen | Tr | 0,60 | alles an Innung | | |
| 2 Dfl — 57,5 | n | F | — | — | — | F | eigen | Tr | 2,— | 2,— | — | n |
| 2 Fl — 36 | n | F | — | — | — | — | 0,50 | — | — | — | — | — |
| 2 Fl u. 1 W 450 | E u. Ü | A u. F | n | j | D, R u.E (Frischd.) | F | 0,22 | D | 0,80 | — | 1,60 | — |
| 2 Fl — 140 | n | A | j | j | — | F | eigen | Tr | 1,20 | 1,60 | — | n |
| 2 Fl — 90 12 at | Ü | A | j | j | R u. E | F | 0,35 | Tr | 1,20 | 1,60 | — | n |
| 2 Fl — 90 | — | F | — | — | — | — | städtisch | — | — | — | — | — |
| 1 Fl — 17 | n | F | — | — | — | F | eigen u. 0,20 (Res.) | Tr | 1,— | 1,— | — | j |
| — | — | — | — | — | — | — | — | Tr | 1,50 | 1,55 | 2,— | — |
| 2 Fl — 60 7 at | Ü | F | — | — | R (Frischd.) | — | 0,18 | — | — | — | — | — |
| — | — | — | — | — | — | — | — | Tr | 1,— | 1,60 | 1.20 für Händler | |
| 2 Fl — 100 6 at | — | F | — | — | D | F | städtisch u. eigen | D | — | 1,—bis 1,25 | — | — |
| — | — | — | — | — | — | — | — | Kl | — | — | — | — |
| — 47 | n | F | — | — | — | — | eigen | Kl | 1,50 | 1,50 | — | n |
| 2 Fl — 80 | n | F | — | — | — | F | eigen | Tr | 1,80 | 1,80 | — | — |
| — | — | — | — | — | — | — | — | Tr | 1,50 | 2,— | — | — |
| 3 W — 850 12 at | Ü | A u. F | n | j | n | F | 0,23 | Kl | 0,55 | 0,70 | — | j |
| 3 Fl — 188 7 at | — | A u. (F) u. K u. R | fast | j | — | — | 0,32 | Tr u. Kl | 1,20 | 1,20 | — | — |
| 1 Fl — 10 | — | F | — | — | — | — | 0,20 | — | — | — | — | — |
| 2 Fl — 60 7 at | n | A u. F | n | j | — | — | 0,25 | Tr | 0,80 | 1,80 | — | n |
| 2 Fl — 55 6 at | n | A u. F u. W | n | j | B u. R | — | eigen | — | — | — | — | — |
| — | — | — | — | — | R | — | 0,21 | — | — | — | — | — |
| 2 Fl — 34 8 at | n | A | j | j | R | n | 0,30 | — | — | — | — | — |
| — | — | K & R | — | — | — | — | — | — | — | — | — | — |
| 2 Fl — 100 8 at | E | F | — | — | — | F | Pauschale | Kl | 1,— bis 1,20 | 1,—bis 1,20 | — | n |
| — | — | — | — | — | — | — | — | — | je 12,5 kg | — | — | — |
| 2 Fl — 60 | — | F | — | — | B. u. R. (Frischd.) | F | 0,10 | Tr | 0,25 Stg 12,5 kg | 0,30 | — | an Innung |
| — | — | — | — | — | — | — | eigen | Kl | 2,60 | 2,60 | — | n |

| Stadt | Lieferfirma der Kühlanlage und Lieferjahr | Kältemittel, Art des Betriebes | Verdampferleistung in 1000 kcal/Std. Reservekompressor? | Ozonanlage | Fernthermometeranlage | Antriebsmaschine | PS-Zahl bzw. | ungefährer Jahresverbrauch in 1000 kWh | Strompreis in RM. je kWh Kraft | Licht |
|---|---|---|---|---|---|---|---|---|---|---|
| Garmisch-Partenkirchen . . . . . | R 10 | $CO_2$ — | — | — | — | Dr | — | 20 | 0,25 | 0,60 |
| Gelnhausen . . . . | L 93 | $NH_3$ N | 15 n | — | — | Gl (städt.) | — | 23,5 | 0,15 | 0,48 |
| Gelsenkirchen . . . | B 12<br>15<br>28 | $NH_3$ Ü | 700 R | n | j | Dr (von Essen) | — | 900 | 0,048<br>je nach<br>Verbrauch | — |
| Gießen . . . . . . | H 29 | $NH_3$ Ü | — R | n | j | Gl (städt.)<br>Stadt bezieht v.<br>Überlandw.<br>Da (Kond.) | — | — | — | — |
| Glatz . . . . . . . | L 07 | $NH_3$ — | — n | n | n | Dr (städt. u. Überl.) | — | 25 | 0,12 b. üb.<br>3000 kW<br>je Monat<br>sonst 0,25 | 0,40 |
| Glauchau . . . . . | L 96 | $NH_3$ Ü | 130 R | n | n | Dr (Überl.) | — | — | 0,10 | 0,10 |
| Gleiwitz . . . . . | B 13<br>Gö 26 | $SO_2$ Ü<br>$NH_3$ | 500 R | n | j | Dr (Überl.) | — | 490 | 0,08 | 0,08 |
| Glogau . . . . . . | L 97 | $NH_3$ N | — n | n | n | Gl (städt.) u.<br>Da (Ausp.) | 45 | — | — | 0,26 |
| Gmünd (Württ.) . . | — | — | — | — | — | — | — | — | — | — |
| Godesberg . . . . | — | — | — | — | — | — | — | — | — | — |
| Gollnow . . . . . | G 27 | $NH_3$ N | 40 n | n | n | Da (Kond.)<br>u. Gl (städt.) | 23 | — | — | 0,50 |
| Gotha . . . . . . | L 24 | $NH_3$ Ü | 150 R | j | j | Dr (Überl.) | — | — | 0,108 | 0,48 |
| Göttingen . . . . . | R 01 | $CO_2$ N | 120 (n) | n | n | Da (Kond.) | 80 | — | — | — |
| Görlitz . . . . . . | R 93<br>02 | $CO_2$ N | 75 n | — | n | Gl (städt.) Da<br>(Ausp. u. Kond.) | 120 | 103 | 0,20 | 0,20 |
| Greifenhagen . . . | L 25 | $NH_3$ Ü | 70 n | n | j | Die | 50 | — | — | — |
| Greifswald . . . . | L 00 | $NH_3$ N | — n | n | n | Da (Ausp.) | 35 | — | — | — |
| Grimma . . . . . | L 99 | $NH_3$ Ü | 51 n | j | n | Da (Ausp.)<br>Dr (Überl.) | 50 | — | 0,24 | 0,40 |
| Großenhain . . . . | — | — | — | — | — | — | — | — | — | — |
| Grünberg . . . . . | L 97<br>25 | $NH_3$ Ü | 160 R | n | n | Dr (städt.)<br>u. Überl.) | — | 80 | 0,08 | 0,08 |
| Guben . . . . . . | L 22<br>26 | $NH_3$ Ü | 300 R | j | j | Gl (städt.) D<br>(Überl.) Da<br>(Ausp. u. Kond.) | 42 | — | — | — |
| Gumbinnen . . . . | B 08 | $SO_2$ — | 35 n | n | n | Dr (Überl.)<br>Da (Ausp.) | — | — | — | — |
| Gummersbach . . . | — | — | — | — | — | — | — | — | — | — |
| Gunzenhausen . . | H 08 | $NH_3$ — | 26 n | n | n | Die Da (Res.) | 50 (45) | — | — | — |
| Habelschwerdt . . . | G 05 | $NH_3$ N | — n | n | (j) | Gl (städt.) | — | 20 | 0,12 | 0,40 |
| Hagen . . . . . . | L 98<br>28 | $NH_3$ Ü | — R | j | j | Dr (städt.)<br>Gl (städt. Res.)<br>(Da Kond.) | 75 | Gl 6<br>Dr 108 | 0,08 Dr<br>0,17 Gl | — |
| Halberstadt, Schlachthof 1 | Hall 10 | $NH_3$ Ü | — R | n | n | Gl (städt.) | — | 116 | 0,13 | — |

| Kesselart, Kesselzahl, Gesamtheizfläche in qm | Kohlensparende Einrichtungen | Art der Warmwasserbereitung | Bei Abdampf, genügt dieser an Hauptschlachttagen | an Nebenschlachttagen | Wird Abdampf zu Bädern, Entneblung, Raumheizung, Destillateis verwendet | Art der Sterilisatorheizung | Eigen- oder Fremdwasser Preis in RM./cbm | Welches Eis | Eispreise in RM. Fleischer | Privat | Zustellung frei Haus | Verkauf an Gesellschaften oder Firmen |
|---|---|---|---|---|---|---|---|---|---|---|---|---|
| — | — | — | — | — | — | — | 0,10 | n | — | — | — | — |
| Q — 10<br>6 at | — | — | — | — | — | d | städtisch | — | — | — | — | — |
| 3 Fl — 170 | E | Teilweise Gas | — | — | — | F | 0,05 | Tr | 0,80 | Eisvertrieb | | |
| 2 Fl — 100<br>10 at | E u. Ü | A u. F | n | j | — | F | 0,17 | Tr | 0,80 | 1,20 b. Groß-abn. Nachl. | — | n |
| 1 Fl — 26 | — | — | — | — | — | F | 0,25 | Kl | Außer Betrieb | | | |
| — | — | F durch Überldw. | — | — | — | — | städtisch | Tr | 1,60 | 2,— | 3,20 | n |
| 2 Fl — 120<br>6—8 at | E | F | — | — | B u. R (Frischd.) | F | 0,11 | Tr | 1,60 | 1,60 | 0,80 zu 12,5kg | n |
| 1 Fl — 30 | n | A | j | j | n | F | frei | n | — | — | — | — |
| — | — | — | — | — | — | — | — | Tr | 1,— | 2,— | — | — |
| — | — | — | — | — | — | — | — | D | 1,50 | 1,50 | — | — |
| 1 Fl — 28,5<br>8 at | n | A | n | n | — | — | — | Tr | 0,30 zu 25 kg | 0,40 | — | n |
| 2 R — 46,8 | n | K & R | — | — | — | F | 0,35 | Tr | 1,20 | 1,20 | — | n |
| 2 Dfl — 160 | n | A u. F | n | j | — | d | 0,25 | Tr | 1,— | 1,40 | — | n |
| 2 Fl — 203 | — | A u. F | n | j | — | F | 0,035 | Tr | 1,60 | 1,60 | — | — |
| 2 Fl — 60 | n | A? | — | — | — | F | eigen | Tr | 2,— | 2,— | — | n |
| 2 Fl — 60<br>6 at | n | — | — | — | — | — | 0,25 | — | — | — | — | — |
| 2 R — 72 | n | A | j | j | D | F | eigen | Kl | 1,20 | 1,60 | — | n |
| — | — | — | — | — | — | — | — | Kl | 1,20 | 3,20 | — | — |
| — | — | — | — | — | — | F | 0,30 | Tr | 0,35 zu 12,5 kg | 0,45 zu 12,5kg | — | — |
| 2 Fl — 84 | n | F | — | — | — | — | städtisch u. eigen | Kl | 2,— | 2,— | — | — |
| 2 Fl — 47<br>6—8 at | n | A u. F | n | n | B | d | — | Tr | 0,30 zu 12,5 kg | 0,40 | — | n |
| — | — | — | — | — | — | — | — | Tr | 1,60 | 1,60 | 3,— | — |
| 2 Fl — 40 | n | F | — | — | B (Frschd) | — | 0,35 | n | — | — | — | — |
| 1 Fl —<br>8 at | n | F | — | — | — | — | Pauschale | Tr | 1929 nicht in Betrieb | | | |
| Dampf vom Gaswerk (10 at) | — | A u F u. K & R | n | j | D | F | 0,15 | D | 1,20 | 1,— an Wiederverkäufer | — | n |
| 2 Fl — 108 | n | F | — | — | — | — | 0,225 | Tr | 1,60 | 1,60 | n | n |

| Stadt | Lieferfirma der Kühlanlage und Lieferjahr | Kältemittel, Art des Betriebes | Verdampferleistung in 1000 kcal/Std. Reservekompressor? | Ozonanlage | Fernthermometeranlage | Antriebsmaschine | PS-Zahl bzw. | ungefährer Jahresverbrauch in 1000 kWh | Strompreis in RM. je kWh Kraft | Licht |
|---|---|---|---|---|---|---|---|---|---|---|
| Halberstadt, Schlachthof 2 | B 13 | $NH_3$ — | 300 n | — | j | Da (Ausp.) | 800 | — | — | — |
| Halle (Saale) . . . | L 93 | $NH_3$ Ü | — R | j | n | Dr (städt.) Da (Kond.) | 140 | 600 | 0,06 | 0,06 |
| Hall (Württ.) . . . | — | — | — | — | — | — | — | — | — | — |
| Hamborn . . . . . | H 11 14 24 27 | $NH_3$ N | — R | n | n | Dr (Überl.) Da (Kond.) | — | — | 0,06 | 38 |
| Hamburg . . . . . | Fernkühlwerk | | | — | j | Dr (städt.) | — | — | — | — |
| Hammelburg . . . | Pl 27 | $NH_3$ N | 45 R | n | n | Dr (Überl.) | — | 10 | 0,16 | 0,40 |
| Hameln . . . . . | L 95 H 28 | $NH_3$ — | — R | n | — | E (städt.) | — | — | — | — |
| Hamm (Westf.) . . | L 93 | $NH_3$ Ü | 80 — | — | — | Dr | — | — | 0,30 | 0,50 |
| Hanau a. M. . . . | L 99 | $NH_3$ N | 44 n | — | — | Da (Ausp.) E (städt., Res.) | 25 | — | — | — |
| Hannover . . . . | L 19 | $NH_3$ Ü | 425 R | n | j | Dr (städt.) Da (Kond.) | 80 | 275 | 0,064 | 0,064 |
| Harburg . . . . . | L 93 25 | $NH_3$ Ü | 225 R | n | j | Dr (Überl.) Da (Ausp.) | 50 | 270 | 0,068 | — |
| Hattingen . . . . | L 99 | $NH_3$ N | 60 n | j | n | Dr (Überl.) Da (Ausp.) | 25 | — | 0,05 bis 0,06 | 0,40 |
| Haynau (Schl.) . . | G 12 | $NH_3$ Ü | 80 n | — | — | Gl (städt.) Da (Ausp.) | 43 | 75 | 0,08 | 0,05 |
| Heidelberg . . . . | L 93 04 28 | $NH_3$ Ü | — R | j | j | Da (Kond. Vbd.) | 130 | — | — | — |
| Heidenheim . . . . | L — | $NH_3$ Ü | 60 n | n | n | Gl (städt.) | — | — | — | — |
| Heilbronn . . . . . | St 27 | $NH_3$ Ü | 190 R | n | n | Dr (städt.) | — | 167 | 0,054 | 0,30 |
| Heiligenbeil . . . . | Kein Kühlhaus | | | | | Dr (Überl.) | — | — | 0,09 bis 0,25 | 0,50 |
| Heiligenstadt . . . | B 03 | $SO_2$ — | 16 n | n | n | Gl (städt.) | — | 16 | 0,25 | 0,50 |
| Herford . . . . . | L 29 | $NH_3$ Ü | 190 j | n | j | Dr (Überl.) | — | 140 | 0,07 | — |
| Hildesheim . . . . | L 24 | $NH_3$ N | 45 R | n | n | Da (Ausp.) | 30 | — | — | — |
| Hindenburg I . . . | L 14 | $NH_3$ Ü | 190 n | n | — | Da (Ausp.) | 100 | — | — | — |
| Hindenburg II . . | L 98 | $NH_3$ Ü | 150 R | n | n | Da (Ausp.) | 100 | — | — | — |
| Hoerde . . . . . . | R 05 | $CO_2$ — | 85 R | n | j | Da (Kond.) Dr (städt., Res.) | — | — | 0,20 | 0,35 |
| Hof . . . . . . . | L 96 14 | $NH_3$ Ü | 200 R | n | j | Da (Kond.) | 150 bis 200 | — | — | — |
| Hohenlimburg-Letmathe | L 29 | $NH_3$ Ü | 135 n | n | j | Dr (städt.) | — | — | 0,08 | 0,08 |
| Bad Homburg v. d. Höhe . . . . . | H 98 25 | $NH_3$ N Ü | 140 R | n | n | Dr (Überl.) Die | 100 | — | 0,16 | 0,50 |

| Kesselart, Kesselzahl, Gesamtheizfläche in qm | Kohlensparende Einrichtungen | Art der Warmwasserbereitung | Bei Abdampf, genügt dieser an Hauptschlachttagen | an Nebenschlachttagen | Wird Abdampf zu Bädern, Entnebelung, Raumheizung, Destillateis verwendet | Art der Sterilisatorheizung | Eigen- oder Fremdwasser Preis in RM./cbm | Eispreise in RM. Welches Eis | Fleischer | Privat | Zustellung frei Haus | Verkauf an Gesellschaften oder Firmen |
|---|---|---|---|---|---|---|---|---|---|---|---|---|
| 5 Fl — 550 12,5 at | E u. Ü | A | — | — | — | — | eigen | n | — | — | — | — |
| 3 Fl — 234 6,5 at | Ü | A u. F | n | n | — | Ga | 0,17 | Tr | 1,— | 1,20 | — | n |
| — | — | — | — | — | — | — | — | — | 1,20 | 1,20 | — | — |
| 2 Fl — 180 | Ü | A u. F | n | j | — | F | — | D | 0,90 | 1,10 | — | n |
| — | — | — | — | — | — | — | — | — | — | — | — | — |
| — | — | — | — | — | — | F | 0,20 | Tr | 1,60 | 1,60 | — | — |
| — | — | — | — | — | — | — | — | Tr | 0,75 zu 25 kg | — | — | n |
| — | — | — | — | — | — | — | eigen 0,19—0,23 | Kl | 1,40 | 1,60 | — | n |
| 2 Fl — 56 6 at | — | A u. F | n | j | — | F | 0,12 | — | — | — | — | — |
| 4 Fl — 240 5,5 at | — | A u. F | n | n | — | F | eigen | — | — | — | — | — |
| 2 Fl — 90 6 at | — | (A) | (j) | (j) | — | F | 0,20 | Tr | 1,20 | 1,20 | — | n |
| 2 Fl — 30 8 at | n | A | j | — | R | — | 0,13 | Tr | 0,30 zu 12,5 kg | 0,40 | 0,50 | n |
| 2 Fl — 40 8 at | — | A | j | j | — | — | 0,125 | Tr | 2,— | — | — | — |
| 3 Fl — 200 9 at | — | A | j | j | — | — | — | Tr | — | — | — | n |
| Dampfkessel | — | — | — | — | — | — | — | Tr | 1,20 | 1,60 | — | n |
| 2 Fl — 80 | n | F | — | — | — | F | teils eigen teils 0,27 | Tr | 0,30 zu 12,5 kg | 0,40 | — | n |
| — | — | F | — | — | R (Frischd.) | — | 0,25 | — | — | — | — | — |
| 1 Fl — 23,8 | — | F | — | — | — | — | 0,25 | Tr | 0,50 zu 12,5 kg | — | — | n |
| — | — | K & R | — | — | — | — | eigen | Tr | 1,40 | 2,— | — | j |
| 2 Fl — 40 | n | A u. F | n | n | n | F | — | n | — | — | — | — |
| 9 Fl — 200 11 at | — | A | j | j | B u. R | F | 0,275 | O | 1,60 | 1,60 | — | — |
| 3 Fl — 200 11 at | Ü | A | j | j | B | F | 0,20 | Tr | 1,60 | 1,60 | — | — |
| 2 Fl — 125 (8 at) | n | A u. F | n | j | — | F | 0,17 | Tr | 0,50 zu 25 kg | 0,75 | — | n |
| 2 Fl — 160 (12 at) | A u. E u. Ü | A | j | j | R u. E | d | Pauschale | Tr | 0,40 zu 12,5 kg | 0,50 | 0,70 | n |
| 1 stehender Kessel 8 at, 21 qm | n | F | — | — | — | — | 0,15 | Kl | 1,20 | 1,10 | — an Händler | n |
| — | — | Heizkessel (Loos) | — | — | — | — | Pauschale | Kl | 0,73 zu 25 kg | — | — | j |

| Stadt | Lieferfirma der Kühlanlage und Lieferjahr | Kältemittel, Art des Betriebes | Verdampferleistung in 1000 kcal/Std. Reservekompressor? | Ozonanlage | Fernthermometeranlage | Antriebsmaschine | PS-Zahl bzw. | ungefährer Jahresverbrauch in 1000 kWh | Strompreis in RM. je kWh Kraft | Licht |
|---|---|---|---|---|---|---|---|---|---|---|
| Ingolstadt . . . . | L 97 | $NH_3$ Ü | 130 R | n | n | Da (Ausp.) Dr (städt.) | 40 | — | 0,10 | — |
| Insterburg . . . . | L 98 | $NH_3$ Ü | 60 n | n | n | Da (Ausp.) Dr (städt.) Ga | 18 | 15 | 0,35 | 0,55 |
| Iserlohn . . . . . | H 07 | $NH_3$ N | 140 R | n | n | Gl (Überl.) | — | ca. 100 | 0,07 | 0,12 |
| Kaiserslautern . . | L 00 27 | $NH_3$ Ü | 300 R | n | n | Da (Kond.) Dr (städt., Res.) | 125 | 306 | 0,05 | 0,50 |
| Karlsruhe . . . . | R 14 21 | $CO_2$ n | 450 R | j | j | Dr (städt. u. Überl.) Da (Kond. Vbd.) | 3—80 | 270 | 0,13 u. 0,07 | 0,25 |
| Kassel . . . . . . | L 93 28 | $NH_3$ Ü | 490 R | j | j | Da (Ausp.) Da (Kond.) Dr (städt., Res.) | 270 | 400 | 0,056 | 0,056 |
| Kempten . . . . . | L 08 | $NH_3$ Ü | 110 n | n | n | Dr (städt.) | — | — | 0,15 und 0,30 | 0,20 bis 0,50 |
| Kiel . . . . . . . | B — | $SO_2$ — | 150 R | j | j | Dr (städt.) Da (Kond.Vbd.) | 120 | — | — | — |
| Bad Kissingen. . . | L 25 | $NH_3$ Ü | 125 R | j | j | Gl (städt.) | — | 62 | 0,16 | 0,70 (So.) bis 0,50 (Winter) |
| Koblenz . . . . . | — | $NH_3$ Ü | — R | j | n | Da (Kond.) | — | — | — | — |
| Kolberg. . . . . . | L 17 Innungskühlhaus | $NH_3$ Ü | 95 n | n | n | Dieselantr. | 120 | — | — | Licht |
| Köln . . . . . . . | H 90 | $NH_3$ N | 1350 R | j | j | Dr (städt.) Da (Vbd.) | 370 | 2543 | 0,06 | — |
| Königsberg . . . . | L 94 14 | $NH_3$ Ü | 375 R | n | j | Da (Kond.) Gl v. Dr (atädt.) | 390 | 65 | 0,24 | 0,50 |
| Köslin . . . . . . | G 26 | $NH_3$ Ü | 135 R | n | j | Da (Ausp.) | 60/80 | — | 0,70 | 0,45 |
| Köthen i. Anh. . . | L 94 25 | $NH_3$ Ü | 66 R | — | j | Dr (städt.) | — | — | — | — |
| Krefeld . . . . . . | H — | $NH_3$ N | 300 R | j | n | Da (Kond.) Gl (städt. Res.) | 150 | 115 | 0,11 | 0,45 |
| Bad Kreuznach . . | L 90 12 | $NH_3$ Ü | 140 R | j | j | Da (Kond.) E (Hilfsmotor) | 100 | — | 0,45 | 0,45 |
| Küstrin. . . . . . | St 15 Enz 28 | $NH_3$ Ü | 65 R | n | n | Dr (Überl.) | — | 45 | 0,159 | — |
| Lahr (Baden) . . . | R 99 13 | $CO_2$ Ü | — R | n | n | Gl u. Dr (städt u. Überl.) | — | 60 | 0,09 | 0,30 |
| Landau (Pfalz) . . | L 28 | $NH_3$ Ü | 140 R | n | — | Gl u. Dr. (städt.) | — | 200 | 0,15 | 0,55 |
| Landsberg (Warthe) | L 90 10 28 | $NH_3$ Ü | 200 j | n | j | Da (Ausp.) | 160 | — | — | — |
| Landshut . . . . . | L 06 | $NH_3$ Ü | — n | n | j | Gl (städt.) | — | 92 | 0,11 | 0,20 |
| Langensalza . . . . | B 26 | $NH_3$ N | 60 j | n | n | Die Gl (Überl. Res.) | 45 | — | 0,14 | 0,40 |
| Lauenburg . . . . | B 08 | $NH_3$ Ü | 40 n | — | j | Da (Ausp.) Gl (städt. Res.) | 25 | — | 0,30 | 0,50 |
| Lehe . . . . . . . | — | — | — | — | — | — | — | — | — | — |

| Kesselart, Kesselzahl, Gesamtheizfläche in qm | Kohlensparende Einrichtungen | Art der Warmwasserbereitung | Bei Abdampf, genügt dieser an Hauptschlachttagen | an Nebenschlachttagen | Wird Abdampf zu Bädern, Entneblung, Raumheizung, Destillateis verwendet | Art der Sterilisatorheizung | Eigen- oder Fremdwasser Preis in RM./cbm | Welches Eis | Eispreise in RM. Fleischer | Privat | Zustellung frei Haus | Verkauf an Gesellschaften oder Firmen |
|---|---|---|---|---|---|---|---|---|---|---|---|---|
| 2 Fl — 80 7 at | — | A u. F | n | n | — | — | 0,15 | Tr | 1,20 | 1,20 | — | n |
| 2 Fl — 60 6 at | n | F | — | — | — | F | 0,29 | Tr | 0,25 zu 12,5 kg | 0,30 | — | n |
| — | — | — | — | — | — | d | 0,25 | Tr | 1,10 | 1,30 | 1,70 | n |
| 2 Fl — 160 12 at | — | A | j | j | B | F | — | Tr | 0,80 | 0,80 | n | n |
| 3 Fl — 240 | n | A u. F | n | j | n | F | 0,12 | Tr | 1.— | 1,60 | Fleisch. 1,30 Priv. 2.- | — |
| 3 Fl — 300 | n | A u. F. | n | j | — | F | eigen | Tr | 0,90 | 0,90 | — | n |
| 1 Fl — 10 | — | F | — | — | — | — | — | Tr | 1,60 | 1,60 | — | n |
| 2 Dfl — 160 8 at | A u. E | A u. F | n | n | — | — | — | D | — | — | — | — |
| Hochdr. — 26 | — | K u. R u. F | — | — | — | F | 0,10 | Tr | 1,40 | 1,60 | 2,— | n |
| 2 Fl — 220 7 at | A | A | j | j | D | — | — | D | 1,10 | 1,40 | 1,60 | n |
| — | — | Niederdruckkess. | — | — | — | F | 0,30 | Tr | 1,60 | 2,— | — | n |
| 6 Steil—1150 8 at | n | F | n | n | — | — | 0,10 | Kl? | 0,90 | 1,— | — | n |
| 5 Dfl — 38 11 at | — | Kond. u. F | — | — | B u. E | F | eigen u. Stadt 0,28 | Tr | 1,20 | — | — | — |
| 2 Fl — 62 | n | A u. F | n | j | — | — | eigen | Kl | 0,30 zu 12,5 kg | 0,40 | 0,60 | n |
| 2 Fl — 60 | — | — | — | — | — | F | — | Tr | 0,30 zu 12,5 kg | 0,50 | — | — |
| 2 Fl u. R 300 10 at | A u. E | F, A beabsichtigt | — | — | — | F | eigen | Kl | 0,80 Innungseisfabrik | — | 1,20 | — |
| 2 Fl — 95 8 at | n | F | — | — | n | F | eigen | Tr | 1,40 | 1,40 | — | n |
| — | — | F | — | — | — | — | 0,17 | Tr | 0,50 zu 12,5 kg | — | — | — |
| 1 Dfl — 50 | n | F | — | — | — | — | — | Tr | 0,30 zu 12,5 kg | — | n | n |
| 2 Fl — 45 | — | F | — | — | — | F | 0,20 | Kl | 1,10 | 1,60 | — | — |
| 2 Fl — 120 7 at | E | A u. F | n | j | n | F | eigen | Tr | 0,30 zu 12,5 kg | 0,40 | 0,50 | n |
| 2 Fl — 26 | A u. E | F | — | — | — | F | 0,09 | Tr | 1,20 | 1,60 | 1,60 | n |
| 2 Fl — 70 | n | F | — | — | — | F | eigen | Tr | 1,30 | 1,30 | 2,— | n |
| 2 S — 52 6 at | n | A | j | j | — | F | eigen | Tr | 0,50 zu 12,5 kg | — | — | — |
| — | — | — | — | — | — | — | — | Tr | 0,70 | 0,90 | — | — |

| Stadt | Lieferfirma der Kühlanlage und Lieferjahr | Kältemittel, Art des Betriebes | Verdampferleistung in 1000 kcal/Std. | Reservekompressor? | Ozonanlage | Fernthermometeranlage | Antriebsmaschine | PS-Zahl bzw. | ungefährer Jahresverbrauch in 1000 kWh | Strompreis in RM. je kWh Kraft | Licht |
|---|---|---|---|---|---|---|---|---|---|---|---|
| Leipzig . . . . . . | L — | $NH_3$ Ü | 2600 | j | j | j | Da (Kond.) u. eigener Gleichstr. | 1600 | 1000 | — | — |
| Leutkirch . . . . . | Ess 09 | $NH_3$ — | — | n | n | — | Dr (Überl.) | — | 15 | 0,10 | 0,40 |
| Liegnitz . . . . . | W 27 Hall 18 | $NH_3$ Ü | 580 | j | n | j | Dr (Überl.) | — | 400 | 0,089 | 0,089 |
| Limbach . . . . . | — 26 | $NH_3$ Ü | — | | — | — | Dr (städt.) | — | — | — | — |
| Limburg (Lahn) . . | — | — | — | | — | — | — | — | — | — | — |
| Lippstadt . . . . . | BBC 28 | $SO_2$ — | — | | — | — | E (städt.) | — | — | — | — |
| Löbau (Sa.) . . . . | Wu 25 | $NH_3$ N | 160 | n | n | j | Dr (städt. u. Überl.) | — | — | 0,10 | — |
| Luckenwalde . . . | B 06 | $SO_2$ — | 75 | R | j | j | Dr (städt. u. Überl.) | — | 56,3 | 0,115 | 0,115 |
| Ludwigsburg . . . | St 25 | $NH_3$ Ü | 150 | R | n | j | Dr (Überl.) | — | 145 | 0,06 | 0,06 |
| Ludwigshafen . . . | R 05 | $CO_2$ — | 220 | n | j | j | Dr (Überl.) | — | 280 | 0,07 | 0,07 |
| Lübeck . . . . . . | Mit dem Schlachthof ist kein Kühlhaus verbunden, dieses ist im Besitz der Kühlhaus AG. | | | | | | | | | | |
| Lüdenscheid . . . | R 06 | $CO_2$ — | 160 | R | — | j | Dr (Überl.) | — | 100 | 0,06 | 0,06 |
| Lüneburg . . . . . | — | — | — | | — | — | — | — | — | — | — |
| Lyck . . . . . . . | L 08 | $NH_3$ Ü | 49 | n | n | n | Da u. Gl. (städt.) | 30 | — | — | — |
| Magdeburg . . . . | L 90/93 Ess 14 | $NH_3$ Ü | 650 | R | n | j | Da (Kond.) teilw. Dr (städt.) | etwa 500 | 500 | 0,20 | 0,20 |
| Mainz . . . . . . | L 98 Hu 26 | $NH_3$ Ü | 750 | R | n | n | Da (Kond.) Dr (städt.) | 260 | 200 | 0,08 | 0,08 |
| Mannheim . . . . | R 99 | $CO_2$ N | 400 | R | n | j | Da (Kond.) Dr (städt.) | 240 | 200 | 0,08 | 0,08 |
| Mayen . . . . . . | Sch 11 26 | $SO_2$ — | 150 | R | n | j | Dr (Überl.) | — | 100 | 0,075 | 0,345 |
| Meerane . . . . . | G 89 | $NH_3$ N | 140 | R | n | n | Da (Ausp.) Dr (Überl.) Res. | 50 | 25 | 0,07 | 0,07 |
| Meißen . . . . . . | L 90 | $NH_3$ N | 80 | n | n | n | Da (Kond.) Dr (städt.) | 30 | — | — | — |
| Melsungen . . . . | — | — | — | | — | — | — | — | — | — | — |
| Merseburg . . . . . | B 26 | $NH_3$ Ü | 130 | R | — | j | Dr (städt.) | — | 100 | 0,135 | 0,34 |
| Militsch (N.-Schles.) | — | — | — | | — | — | — | — | — | — | — |
| Minden (Westf.) . . | L 02 Kaufm. 23 | $NH_3$ N | 45 | j | n | j | Die Dr (Überl.) | 50 | 63 | 0,09 | 0,23 |
| Moers (Rheinl.) . . | — | — | — | | — | — | — | — | — | — | — |
| Monschau . . . . | Kein Kühlhaus | | — | | — | — | — | — | — | — | — |
| Mühlhausen (Thür.) | Sk 02 | $NH_3$ N | 90 | R | — | — | Da (Kond.) | — | — | — | 0,45 |
| München . . . . . | R 00 L 29 | $NH_3$ N u. Ü | 600 | R | j | j | Dr (städt.) | — | — | 0,092 | — |
| München-Gladbach. | — | — | — | | — | — | — | — | — | — | — |

| Kesselart, Kesselzahl, Gesamtheizfläche in qm | Kohlensparende Einrichtungen | Art der Warmwasserbereitung | Bei Abdampf, genügt dieser an Hauptschlachttagen | an Nebenschlachttagen | Wird Abdampf zu Bädern, Entneblung, Raumheizung, Destillateis verwendet | Art der Sterilisatorheizung | Eigen- oder Fremdwasser Preis in RM./cbm | Welches Eis | Eispreise in RM. Fleischer | Privat | Zustellung frei Haus | Verkauf an Gesellschaften oder Firmen |
|---|---|---|---|---|---|---|---|---|---|---|---|---|
| — 450 15 at | A u. E u. Ü | A | j | j | B u. R u. E u. D | el. | 0,18 | D | 0,50 zu 25 kg | — | — | — |
| — | — | — | — | — | — | — | — | — | — | — | — | — |
| 2 Kessel—127 | A u. E u. Ü | F u. Heißwasserber.-Anl. | — | — | — Pfeifer, Leipzig | — | eigen | Tr | 0,50 zu 12,5 kg | 0,80 | — | — |
| — | — | — | — | — | — | — | — | — | — | — | — | — |
| — | — | — | — | — | — | — | — | Tr | 1,— bis 1,20 an einen Unternehm. | | | |
| stehend 13 m | — | — | — | — | — 13 qm | — | 0,15 | n | — | — | — | — |
| 2 Fl — 30 | n | F | — | — | n | — | 0,21 | Kl | 1,50 | — | n | n |
| 2 Fl — 160 6 at | n | F | — | — | — | F | 0,12 | Tr | 1,40 | 1,40 | 10 M. je Monat bei 1/2 Stange | n |
| steh. Dampfk. | — | F | — | — | — | F | 0,25 | Tr | 1,40 | 1,80 | — | n |
| 2 Fl — 104 | — | F | — | — | — | d | eigen | Tr | 0,90 | 1.20 | 1,20 | n |
| — | — | K & R | — | — | — | — | — | — | — | — | — | — |
| Dampfkessel | — | — | — | — | — | F | 0,25 | Tr | 1,— | 1,20 | 1,60 | j |
| — | — | — | — | — | — | — | — | Tr | 1,40 | 1,60 | — | — |
| 2 Fl — 60 8 at | n | F | — | — | — | F | eigen | Tr | 0,10 bzw. 0,25 je 10 kg | — | — | — |
| 5 Dfl — 400 12 bzw. 8 at | Tr | F u. A | n | j | D u. R u. E u. B | F | 0,20 | D | 1,— | — | — | n |
| 3 Dfl — 210 8 at | — | F u. A K & R | n | j | — | F | 0,025 | Tr | 0,40 zu 20 kg | — | — | n |
| 2 Fl — 225 | n | F (Abd. eingeführt | — | — | — | F | 0,13 | Tr | 1,— | 1,30 | 1,30 u. ausw. Metzg. | n |
| K u. R | — | — | — | — | — | — | 0,15 | Tr | 1,— | 1,60 | — | n |
| 2 Fl — 86 8 at | n | A | j | j | — | — | eigen | Tr | 0,40 zu 12,5 kg | — | — | n |
| 2 Fl — 40 | — | F | — | — | — | — | eigen | Tr | 0,10 zu 12,5 kg | 0,60 | — | n |
| — | — | — | — | — | — | — | — | Kl | 1,— | 1,20 | — | n |
| 2 Niederdruckkessel | — | F | — | — | — | — | 0,20 | Tr | 1,20 | 2,0 | — | — |
| — | — | — | — | — | — | — | — | — | 1,60 | — | 1,80 | — |
| K u. R, ev. spät. Ferngas | — | — | — | — | — | G | 0,18 | Tr | 1,20 | 1,60 | — | n |
| — | — | — | — | — | — | — | — | Tr | 1,— auswärt. Metzger 1,20 | 1,— bis 1,40 | 1,30 | — |
| stehender K, | — | F | — | — | — | — | 0,30 | — | — | — | — | — |
| 2 Dfl — 8 at | E | A | j | j | — | F | — | — | — | — | — | — |
| Dampfkessel | n | F | — | — | — | F | 0,08 | Tr | 0,30 zu 20 kg | — | — | n |
| — | — | — | — | — | — | — | — | Tr | 1,— 1,20 frei Haus | 1,20 1,60 frei Haus | — | — |

| Stadt | Lieferfirma der Kühlanlage und Lieferjahr | Kältemittel, Art des Betriebes | Verdampferleistung in 1000 kcal/Std. Reservekompressor? | Ozonanlage | Fernthermometeranlage | Antriebsmaschine | PS-Zahl bzw. | ungefährer Jahresverbrauch in 1000 kWh | Strompreis in RM. je kWh | |
|---|---|---|---|---|---|---|---|---|---|---|
| | | | | | | | | | Kraft | Licht |
| Münden. . . . . . | R 08 | $CO_2$ N | 35 n | n | n | Dr (städt.) | — | 35 | 0,14 bis 0,18 | — |
| Münster (Westf.). . | Ess 98 | $NH_3$ Ü | 270 R | n | j | Da (Ausp. u. Kond.) | 125 | — | — | selbst |
| Münsterberg i. Schl. | Q 10<br>Gö 27 | $SO_2$ —<br>$NH_3$ N | 44 R | j | j | Da (Ausp.)<br>Dr (städt.) | 20 | 17 | 0,25 | 0,43 |
| Namslau . . . . . | R 06 | $CO_2$ — | — n | n | n | Da (Ausp.) | 18 | — | — | 0,50 |
| Naumburg . . . . | L 91 | $NH_3$ — | 58 n | — | — | Da (Ausp.) | 50 | — | — | 0,48 |
| Neubrandenburg . | L 98<br>29 | $NH_3$ Ü | — R | n | n | Dr (Überl.)<br>Da (Kond.) | 12 | — | 0,12 | 0,50 |
| Neugersdorf . . . . | H 02 | $NH_3$ — | 30 n | n | n | Dr (städt.) | — | 30 | 0,15 | 0,15 |
| Neunkirchen (Saar) | Q 95<br>L 94 | $SO_2$ N<br>$NH_3$ | 100 R | n | n | Dr (städt.)<br>Da (Ausp.) Res. | 25 | 140 | 0,04 | 0,04 |
| Neuruppin . . . . | L — | $NH_3$ — | — n | n | n | Da (Ausp.) | — | — | — | — |
| Neuß . . . . . . | — | — | — | — | — | — | — | — | — | — |
| Neustadt (Hardt) . | L 97<br>24 | $NH_3$ Ü | — R | n | n | Dr (städt.) | — | 90 | 0,087 | 0,50 |
| Neustettin . . . . | Keine Kühlanlage, Fleischer haben eigene Kühlräume | | | | | | — | — | — | |
| Neuwied . . . . . | H 15<br>28 | $NH_3$ N | 240 R | n | j | Dr (städt.) | — | 165 | 0,095 | 0,40 |
| Nienburg . . . . . | R 00 | $CO_2$ Ü | 45 n | n | n | Dr (Überl.)<br>Da (Kond.) | 40 | — | 0,10 bis 0,15 | 0,45 |
| Norden . . . . . . | H 10 | $CO_2$ — | — R | n | n | Gasmotor<br>(Die in Aussicht) | — | — | — | Überl. |
| Nordenburg . . . . | Kein Kühlhaus | | | — | — | — | — | — | — | — |
| Nordhausen . . . . | L 12 | $NH_3$ Ü | 120 n | j | n | Gl (städt.) | — | — | 0,173 | 0,173 |
| Nürnberg . . . . . | L 90<br>27 | $NH_3$ Ü | 800 j | j | n | Dampfturbine 310 PS<br>Da (Ausp.)<br>Dr (städt.) | 150 | 870 | 0,11 | 0,25 |
| Offenbach . . . . | B 26 | $NH_3$ n | 525 R | j | j | Da (Ausp.) u. Kond.) | 300 | selbst<br>42 | selbst<br>0,05 | Selbstkosten |
| Ohlau . . . . . . | — 22 | $NH_3$ — | 40 n | n | n | Dr (Überl.) | — | 20 | 0,11 | 0,40 |
| Oldenburg . . . . | L 29 | $NH_3$ Ü | — R | — | j | Dr (städt.) | — | — | 0,1 | 0,1 |
| Bad Orb . . . . . | BBC 25 | $SO_2$ — | 6,5 n | n | n | Gl (städt.) | — | 13 | 0,25 | 0,25 |
| Osterode . . . . . | L 98 | $NH_3$ — | 35 n | — | n | Dr (Überl.) | — | 19 | 0,15 bis 0,19 | 0,40 |
| Osnabrück . . . . | B 08 | $SO_2$ — | 120 R | j | n | Dr (städt.)<br>Da (Ausp.) | 90 | — | 0,12 | 0,12 |
| Paderborn. . . . . | B 02 | $SO_2$ — | 47 n | j | j | Dr (Überl.) | — | 58 | 0,092 | 0,16 |

| Kesselart, Kesselzahl, Gesamtheizfläche in qm | Kohlensparende Einrichtungen | Art der Warmwasserbereitung | Bei Abdampf, genügt dieser an Hauptschlachttagen | an Nebenschlachttagen | Wird Abdampf zu Bädern, Entneblung, Raumheizung, Destillateis verwendet | Art der Sterilisatorheizung | Eigen- oder Fremdwasser Preis in RM./cbm | Eispreise in RM. Welches Eis | Fleischer | Privat | Zustellung frei Haus | Verkauf an Gesellschaften oder Firmen |
|---|---|---|---|---|---|---|---|---|---|---|---|---|
| 2 Fl — 30 | — | F | — | — | — | F | eigen | Tr | 1,30 | 1,30 b. 2.— | n | n |
| 2 Dfl — 183 10 at | E u. Ü | A | j | j | — | F | eigen u. städtisch (Res.) | Tr | 0,55 zu 25 kg an Pächter | — | — | außer 25% an Flschr. |
| 2 Fl — 50 8 at | n | A u. F | j | n | n | F | 0,20 | Tr | 0,50 zu 12,5 kg | — | 0,60 | — |
| 1 Fl — | — | A | j | j | n | — | eigen | n | — | — | — | — |
| 3 Fl — 143 8 at | — | F | j | j | B | F | städtisch u. eigen | Tr | 1,40 | 2.— | — | — |
| 1 W — 20 7 at | n | F u. A | — | — | — | F | 0,30 | n | — | — | — | — |
| 1 Fl — 20 | n | F | — | — | n | n | eigen | Kl | 0,30 zu 12,5kg | 0,40 | — | n |
| 2 Fl — 100 | — | F | — | — | n | F | 0,12 | Tr | 0,60 | 0,80 | — | — |
| 2 Fl — 54 6 at | n | A u. F | n | n | — | — | eigen | n | — | — | — | — |
| — | — | — | — | — | — | — | — | Tr | 0,70 | 0,70 bis 0,80 | 1,20 bis 1,30 | 0,80 f. Unternehm. |
| — | — | Durch Gaswerk | — | — | — | — | 0,15 | Tr | 0,30 zu 12,5 kg | — | 0,40 | n |
| 2 Fl — | — | F | — | — | — | — | eigen u. 0,45 | — | — | — | — | — |
| — | — | K & R | — | — | — | Gas | städtisch u. eigen | Tr | 1,20 | 1,40 b. 1,60 | — | n |
| 2 Dfl — 70 8 at | — | A | j | j | — | d | 0,25 | Tr | 2,— | — | — | n |
| stehnd. Quersiederkessel | — | — | — | — | — | n | eigen | n | — | — | — | — |
| ansch. Warmwasserkessel | — | — | — | — | — | d | — | — | — | — | — | — |
| 2 Fl — 40 9 at | — | F | — | — | — | — | städtisch u. eigen | Tr | 1,20 | 2,40 | — | j |
| 3 Fl — 300 1 W — 200 8—20 at | A u. Ü | F u. A | n | j | B u. R u. E | F | 0,10 | n | — | — | — | — |
| 3 Fl — 330 12 at | E u. Ü | A | j | j | — | — | 0,28 | Tr | — | — | — | j laut Vertr. |
| — | — | F | — | — | — | — | 0,20 | Kl | 0,30 zu 12,5 kg | 0,40 | — | n |
| — | — | K & R | — | — | — | F | 0,22 | n | — | — | — | — |
| — | — | Niederdruckkessel | — | — | — | — | Pauschale 200 M. | n | — | — | — | — |
| 1 Fl — 23 | — | F | — | — | — | Gas | 0,33 | n | — | — | — | — |
| 2 Fl — 156 8 u. 11 at | A u. E u. Ü | A | j | j | B u. R u. E | F | 0,23 | Tr | 1,20 | — | — | n |
| 1 Fl — 30 3—8 at | n | F | — | — | — | — | 0,25 | Tr | 0,55 zu 12,5 kg | — | — | — |

| Stadt | Lieferfirma der Kühlanlage und Lieferjahr | Kältemittel, Art des Betriebes | Verdampferleistung in 1000 kcal/Std. | Reservekompressor? | Ozonanlage | Fernthermometeranlage | Antriebsmaschine | PS-Zahl bzw. | ungefährer Jahresverbrauch in 1000 kWh | Strompreis in RM. je kWh Kraft | Strompreis in RM. je kWh Licht |
|---|---|---|---|---|---|---|---|---|---|---|---|
| Passau . . . . . . | L — | $NH_3$ Ü | 170 | R | j | j | Dr (städt.)<br>Gl (Reserve) | — | 40 | 0,20 | 0,50 |
| Pforzheim, alter Schlachthof | L 97 | $NH_3$ Ü | 320 | R | n | j | Da (Kond.) | 85 | — | — | — |
| Neubau . . . . | — — | $NH_3$ Ü | 450 | R | n | j | Dr (städt.) | — | 400 | 0,065 | 0,065 |
| Pfullendorf . . . . | — | — | — | | — | — | — | — | — | — | — |
| Pirna . . . . . . . | Hau 24 | $NH_3$ N | 50 | n | n | n | Dr (Überl.) | — | 66 | 0,10 | — |
| Plauen . . . . . . | L 00 | $NH_3$ Ü | — | n | n | j | Dr (städt.)<br>Da (Kond.) | 165 | 590 | 0,06 bis 0,10 | 0,06 bis 0,10 |
| Potsdam . . . . . | Ess 00<br>G 10 | $NH_3$ N u. Ü | 212 | R | j | j | Dr (städt.)<br>Da (Kond.) Res. | — | 130 | 0,078 | 0,278 |
| Quedlinburg . . . | L 26 | $NH_3$ Ü | 200 | R | — | — | Gl (städt.)<br>Dr (Überl.)<br>Da (Kond.) Res. | 52 | 80 | 0,10 | 0,50 |
| Rathenow . . . . . | — | — | — | | — | — | — | — | — | — | — |
| Ratibor (Oberschl.) . | L 16 | $NH_3$ N | 100 | R | n | j | Dr (stä. u. Überl.)<br>Da (Ausp.) | 50 | — | 0,0911 | 0,35 |
| Rastenburg . . . . | L 27 | $NH_3$ Ü | 60 | R | n | j | (Dr Überl.)<br>Da (Ausp.) | 28 | 21 | 0,16 | 0,25 |
| Ravensburg . . . . | EW 03<br>29 | $CO_2$ — | 130 | R | n | n | Dr (Überl.)<br>Da (Ausp. u. Kd.) | 50 | — | — | — |
| Recklinghausen . . | H 15 | $NH_3$ N | 440 | n | — | j | Dr (städt. u. Überl.) | — | 500 | 0,10 bis 0,11 | 0,10 bis 0,11 |
| Regensburg . . . . | L 25 | $NH_3$ Ü | 90 | n | — | — | Da (Kond.) | 200 | — | — | — |
| Reichenbach . . . | Gö 28 | $NH_3$ N | — | R | j | n | E (Überl. u. städt.) | — | 16 | 0,08 | 0,42 |
| Reichenberg . . . . | R 08 | $CO_2$ N | 175 | n | n | n | Da (Ausp.) | — | — | — | städt. |
| Bad Reichenhall . . | Bär 06 | $NH_3$ Ü | 77 | R | n | n | Dr (Überl.)<br>Da (Kond.) | 25 | 37,5 | 0,20 | 0,40 |
| Remscheid . . . . | L 90 | $NH_3$ N | 270 | R | n | n | Dr (städt.)<br>Da (Ausp.) | 100 | 120 | 0,1 bis 0,12 | — |
| Rheydt . . . . . . | H 26 | $NH_3$ N | 320 | R | n | j | Dr (städt.)<br>Da (Ausp.) | 120 | 120 | 0,09 | 0,09 |
| Riesa . . . . . . . | L 24<br>25 | $NH_3$ Ü | 150 | R | j | j | Da (Ausp.)<br>Gl (Überl.) | 110 | 0,7 | 0,4 | 0,4 |
| Rosenberg . . . . | Natureiskühlung | | | | — | — | — | — | — | — | — |
| Rosenheim . . . . | L 27 | $NH_3$ Ü | 120 | n | n | j | Dr (städt.) | — | 50 | 0,12 | — |
| Rostock . . . . . | L 91 | $NH_3$ Ü | 80 | R | n | n | Da (Ausp.)<br>Gl (städt.) | 45 | — | 0,18 bis 0,30 | 0,45 |
| Roßwein . . . . . | L 99 | $NH_3$ — | — | n | n | n | Gl (Überl.)<br>Da (Ausp.) | 35 | — | — | — |
| Rudolfstadt . . . . | Ess 95<br>27 | $NH_3$ Ü | 130 | R | n | j | Dr (Überl.)<br>Da (Reserve) | — | 100 | 0,07 bis 0,13 | 0,44 |
| Saalfeld . . . . . | G 09 | $NH_3$ Ü u. N | 225 | R | — | j | Dr (Überl.)<br>Da (Ausp.) | 35 | 65 | — | 0,43 |
| Salzwedel . . . . | — | — | — | | — | — | — | — | — | — | — |

| Kesselart, Kesselzahl, Gesamtheizfläche in qm | Kohlensparende Einrichtungen | Art der Warmwasserbereitung | Bei Abdampf, genügt dieser | | Wird Abdampf zu Bädern, Entnebelung, Raumheizung, Destillateis verwendet | Art der Sterilisatorheizung | Eigen- oder Fremdwasser Preis in RM./cbm | Eispreise in RM. | | | | |
|---|---|---|---|---|---|---|---|---|---|---|---|---|
| | | | an Hauptschlachttagen | an Nebenschlachttagen | | | | Welches Eis | Fleischer | Privat | Zustellung frei Haus | Verkauf an Gesellschaften oder Firmen |
| 2 Fl — 106 | A | F | — | — | — | d | 0,30 | Kl | 1,20 | 1,20 | — | n |
| 2 Dfl — 150<br>7,5 at | E | A u. F | n | j | n | F | eigen | Kl | 0,90 | 1,10 | 2,— | n |
| 3 Dfl — 225<br>5 at | A | F | — | — | — | — | 0,05 | ? | — | — | — | — |
| — | — | — | — | — | — | — | — | — | — | — | — | — |
| Fl | — | F | — | — | — | F | — | Tr | 1,20 | 1,40 | — | n |
| 3 Fl — 240<br>8 at | A | A u. F | n | j | — | L | 0,135 | Kl | 1,— | 2,— | — | an 2 Firmn. |
| 2 Fl — 128<br>8 at | n | F | — | — | — | — | 0,21 | Tr | 0,88 | 0,88 | — | n |
| 2 Fl — 80<br>6 at | — | F | — | — | — | F | eigen | Tr | 0,40<br>zu 12,5 kg | 0,50 | 0,50 | n |
| — | — | — | — | — | — | — | — | Tr | 2,— | 2,40 | 2,80 | — |
| 2 Dfl — 115<br>10 at | — | A | j | j | — | — | 0,24 | Tr | 0,40<br>zu 12,5 kg | 0,60 | — | — |
| 1 Fl — 25<br>8 at | n | A | j | j | — | F | 0,20 | Tr | 0,40<br>zu 12,5 kg | 0,50 | n | n |
| 1 Fl — 34<br>8 at | A | A | j | j | B | F | 0,15 | Tr | 1,60 | 1,60 | — | n |
| 2 Fl — 85<br>0,5 at | — | F | — | — | — | — | — | Kl | 1,— bis 1,20 | 1,30 | — | — |
| 2 Dfl — 100<br>8 at | n | A u. F<br>K & R | n | j | B u. R | F | eigen | n | — | — | — | — |
| Dampfkessel | — | F | — | — | — | — | 0,45 | Tr | 1,20 | 1,60 | — | — |
| 2 Fl — 108 | — | A | j | j | R u. B | F | städtisch | n | — | — | — | — |
| 1 R — 25<br>8 at | — | A | j | j | — | F | 0,10 | n | — | — | — | — |
| 2 Fl — 148<br>10 at | — | A u.<br>K & R | j | j | — | F | 0,30 | Tr | 0,50<br>zu 25 kg | 0,75 | — | — |
| 2 Dfl — 166<br>12 at | E u. Ü | A u. F | n | n | R u. B | F | eigen | Tr u. Kl | 0,90 | 1,20 | 1,60 | n |
| 2 Fl — 87<br>7 at | n | A | j | j | n | d | 0,21 | Tr | 0,25<br>zu 12,5 kg | 0,30 | 0,35 | n |
| — | — | F | — | — | — | — | — | — | — | — | — | — |
| — | — | K & R | — | — | E | — | 0,10 | Tr | 0,40<br>zu 12,5 kg | 0,40 | — | n |
| 4 Fl — 240 | — | A | j | j | R | F | städtisch | n | — | — | — | — |
| 1 Fl — 35 | — | A u. F | n | n | — | — | eigen | Tr | 0,30<br>zu 12,5 kg | 0,50 | — | — |
| — | — | K & R | — | — | — | — | — | Tr | 1,20 | 2,— | 0,50 | n |
| 2 Fl — 75<br>12 at | — | A | j | j | B u. R | F | — | Kl | 2,— | 2,40 | — | — |
| — | — | K & R | — | — | — | — | — | — | 10% Rabatt f. Großabneh. | — | — | 1,80 |

| Stadt | Lieferfirma der Kühlanlage und Lieferjahr | Kältemittel, Art des Betriebes | Verdampferleistung in 1000 kcal/Std. Reservekompressor? | Ozonanlage | Fernthermometeranlage | Antriebsmaschine | PS-Zahl bzw. | ungefährer Jahresverbrauch in 1000 kWh | Strompreis in RM. je kWh Kraft | Licht |
|---|---|---|---|---|---|---|---|---|---|---|
| Selb | Kein Kühlhaus | | | — | — | — | — | — | — | — |
| Siegburg | H 95<br>23 | $NH_3$ — | 120 R | n | n | Dr (städt. u. Überl.) | — | 110 | 0,09 | 0,40 |
| Siegen (Westf.) | H — | $NH_3$ N | 120 R | j | n | Dr (Überl.) | — | 146 | 0,08 bis 0,10 | 0,08 bis 0,10 |
| Soest | H 23 | $NH_3$ — | 60 n | n | n | Da (Ausp.) | — | — | selbst | selbst |
| Solingen | H 00 | $NH_3$ Ü | — R | j | n | Gl (städt.)<br>Dr (Überl.) | — | — | 0,05 | 0,05 |
| Sommerfeld | L 28 | $NH_3$ Ü | 45 n | n | j | Gl (städt.) | — | — | 0,15 | — |
| Sorau | G 95 | $NH_3$ N | 100 R | n | j | Dr (städt.)<br>Da (Ausp.) | — | 100? | 0,09 | 0,40 |
| Spandau | L 89<br>B 12 | $NH_3$ N | 200 n | n | j | Dr (städt.) | — | 100 | 0,05 | 0,05 |
| Sprottau | L 10 | $NH_3$ N | 25 n | n | n | Da (Ausp.) | 16 | — | — | — |
| Speyer | Kein Kühlhaus | | | — | — | — | — | — | — | — |
| Swinemünde | We 05 | $NH_3$ N | — n | n | j | — | — | — | — | — |
| Suhl | L 28 | $NH_3$ Ü | — | — | j | Dr (Überl.) | — | — | — | — |
| Schlawe | Kein Kühlhaus | | | — | — | — | — | — | — | — |
| Schmalkalden | L 26 | $NH_3$ — | — n | n | n | Dr (Überl.) | — | 32 | 0,11 | 0,24 |
| Schmiedeberg | Natureiskühlung | | | n | n | — | — | — | 0,25 | 0,40 |
| Schneidemühl | L 90<br>23 | $NH_3$ Ü | 67 R | n | n | Dr (Überl.)<br>Da (Ausp.) Res. | 30 | 80 | 0,12 | 0,175 |
| Scholberg | H 09 | $NH_3$ — | — R | n | — | Dr (städt.)<br>u. Da | 75 | — | — | — |
| Schönlanke | Kein Kühlhaus | | | — | n | Da (Ausp. bzw. Kond.) | — | — | — | — |
| Schwandorf | L 13 | $NH_3$ — | — | — | — | E u. Da (Kond.) | — | — | — | — |
| Schwarzenbach a. S. | Rock 10 | $NH_3$ Ü | 13 n | n | n | Da (Ausp.)<br>Dr (Überl.) für Nebenmasch. | 12 | 0,2 | 0,30 | 0,45 |
| Schweidnitz | Wu 28 | $NH_3$ Üu, N | 90 n | n | j | Dr (städt.) | — | — | 0,09 | 0,30 |
| Schweinfurt | L 04 | $NH_3$ Ü | 90 R | — | — | Dr (städt.) | — | 72 | 0,17 | 0,375 |
| Schwerin | B 07 | $SO_2$ — | 105 R | — | — | Dr u. Gl (städt.)<br>Da (Kond.) Res. | 80 | 140 | Dr 0,117<br>Gl 0,21 | Dr 0,117<br>Gl 0,21 |
| Schwiebus | L 95<br>26 | $NH_3$ N | 60 n | — | — | Dr (Überl.)<br>Da (Ausp.) | 15 | 2,4 | 0,20 | 0,48 |
| Stallupönen | G 18 | $NH_3$ — | — n | n | n | Dr (Überl.)<br>Da (Ausp.) | 25 | 0,2 | 0,15 | 0,15 |
| Stargard | Hart 29 | $NH_3$ Ü | 85 n | n | j | Da (Kond.) | 95 | — | — | — |
| Staßfurt | L 90<br>St 27 | $NH_3$ Ü | 75 n | n | j | Dr (Überl.)<br>Da (Ausp.) | 20 | 62 | 0,08 | 0,18 |
| Stavenhagen | Kein Kühlhaus | | | — | — | — | — | — | — | — |
| Stendal | B 03 | $SO_2$ — | 46 — | — | — | Da (Ausp.) | 40 | — | — | 0,48 |

| Kesselart, Kesselzahl, Gesamtheizfläche in qm | Kohlensparende Einrichtungen | Art der Warmwasserbereitung | Bei Abdampf, genügt dieser an Hauptschlachttagen | an Nebenschlachttagen | Wird Abdampf zu Bädern, Entneblung, Raumheizung, Destillateis verwendet | Art der Sterilisatorheizung | Eigen- oder Fremdwasser Preis in RM./cbm | Eispreise in RM. Welches Eis | Fleischer | Privat | Zustellung frei Haus | Verkauf an Gesellschaften oder Firmen |
|---|---|---|---|---|---|---|---|---|---|---|---|---|
| Kessel mit Kohlenfeuerg | — | — | — | — | — | — | 0,20 | — | — | — | — | — |
| 2 Kessel 52 | — | F | — | — | — | F | eigen u. städt. 0,25 | Tr | 1,10 | 1,30 | — | n |
| 2 Fl — | — | F | — | — | — | — | eigen | Tr | 1,60 | 1,60 | — | n |
| 2 Fl — 90 | — | A | j | j | — | F | städtisch u. eigen | Tr | 1,— | 1,60 | — | n |
| Dampfkessel | — | F | — | — | — | — | 0,22 b. 0,26 | n | — | — | — | — |
| Fl — | — | F | — | — | — | — | städtisch u. eigen | Tr | 0,50 zu 12,5 kg | 0,50 | — | n |
| 2 Fl — 48 6 u. 8 at | — | F | — | — | — | — | eigen | Tr | 0,30 zu 12,5 kg | — | 0,50 | n |
| 2 Fl — 120 | — | F | — | — | — | — | eigen | Kl | 1,— | 1,20 | — | n |
| 1 Fl — 20 8 at | — | A | j | j | — | — | eigen | n | — | — | — | — |
| — | | F | — | — | — | — | städtisch | — | — | — | — | — |
| 2 Fl — | n | F | j | j | B u. R | F | 0,20 | Kl | 1,50 | 1,50 | — | n |
| Kessel | — | — | — | — | — | — | städtisch | Kl | 1,60 | — | — | j |
| 1 Fl — 15 6 at | — | F u. K & R | — | — | — | d | eigen u. städtisch | — | — | — | — | — |
| — | — | K & R | — | — | — | — | 0,15 | Tr | 1,60 | 1,60 | — | — |
| Dampfkessel | — | — | — | — | — | — | — | — | Pauschale | — | — | — |
| 2 Fl-S — 107 6 at | n | F | — | — | — | F | 0,20 | Tr | 1,20 | 1,40 | j | j |
| 2 Fl — 100 | — | F | — | — | — | — | 0,10 bis 0,14 | Tr | 1,20 | 1,40 | — | n |
| — | — | — | — | — | — | — | — | — | — | — | — | — |
| — | — | — | — | — | B | — | — | Tr | 0,30 zu 12,5 kg | — | — | — |
| 1 stehender Querrohrk. 14 qm 7 at | — | A u. F | n | j | — | — | 0,15 | — | n | — | — | — |
| 2 Kessel | — | — | — | — | — | — | eigen | Tr | 1,60 | 1,60 | — | n |
| 1 Fl — | — | F | — | — | — | F | 0,10 | Tr | 1,20 | — | — | — |
| 2 Fl — 110 9 u. 6 at | n | F | — | — | — | F | 0,16 | Kl | 1,20 | 1,50 | — | n |
| 1 Fl — 24 6 at | — | A u. F | j | j | — | d | 0,40 | n | — | — | — | — |
| 1 Fl — 7 at | n | F | — | — | — | F | städtisch u. eigen | Kl | Nicht in Betrieb | — | — | — |
| 2 12 at | Ü u. E | n | — | — | — | F | eigen | n | — | — | — | — |
| 2 Fl — 78 6 at | — | F | — | — | — | — | 0,18 bis 0,20 | Tr | 1,50 | 2,— | — | — |
| 1 Dampfkess. | — | — | — | — | — | — | — | — | — | — | — | — |
| 2 Fl — 42 8 at | E | A | j | j | — | d | 0,20 | n | — | — | — | — |

| Stadt | Lieferfirma der Kühlanlage und Lieferjahr | Kältemittel, Art des Betriebes | Verdampferleistung in 1000 kcal/Std. Reservekompressor? | Ozonanlage | Fernthermometeranlage | Antriebsmaschine | PS-Zahl bzw. | ungefährer Jahresverbrauch in 1000 kWh | Strompreis in RM. je kWh Kraft | Licht |
|---|---|---|---|---|---|---|---|---|---|---|
| Stollberg (Erzg.) | G u. Hau 99 25 | $NH_3$ N | 110 — | — | — | W (Überl.) | — | 50 | 0,11 | 0,48 |
| Stolp | L — | $NH_3$ Ü | 90 R | j | n | Dr (städt. u. Überl.) | — | 125 | 0,10 | 0,44 |
| Straubing | L 98 27 | $NH_3$ Ü | 120 R | j | j | Gl (städt.) | — | 101 | 0,10 | 0,60 |
| Striegau (N.-Schl.) | — | — | — | — | — | — | — | — | — | — |
| Stuttgart | St 09 27 | $NH_3$ Ü | 1500 R | n | j | Gl u. Dr (städt. u. Überl.) | — | 1000 | 0,08 bis 0,10 | — |
| Tilsit | L 10 | $NH_3$ N | 195 R | n | n | Da (Kond.) | 200 | — | — | — |
| Torgau | B — | $SO_2$ — | — n | n | — | Da (Ausp.) | 18 | — | — | — |
| Trier | H 94 13 | $NH_3$ N | — n | n | n | Dr (städt.) | — | 357 | 0,093 | 0,093 |
| Uerdingen | B 26 | $NH_3$ Ü | 70 n | n | j | Da (Kond.) Gl (städt.) | — | — | 0,12 | 0,25 |
| Ulm | — | — | — | — | — | — | — | — | — | — |
| Voerden (Aller) | L 96 | $NH_3$ Ü | 50 R | — | — | Da (Ausp.) Dr (städt.) Res. | 25 | — | 0,12 bis 0,25 | 0,40 |
| Viersen | R 96 | $CO_2$ N | 112 n | — | — | Da (Ausp. u. Kond.) Gl (städt) | 75 | — | 0,23 | 0,435 |
| Vilshofen | — 19 | $NH_3$ U | — n | — | n | Gl (städt.) | — | 37 | 0,15 bis 0,30 | 0,15 bis 0,30 |
| Waldenburg | Enz 07 | $NH_3$ N | 125 R | n | j | Gl (Überl.) | — | 150 | 0,04 | 0,04 |
| Waldheim | G 06 | $NH_3$ — | — — | — | — | Dr (städt.) | — | 40 | 0,13 | 0,40 |
| Warburg | L 07 | $NH_3$ — | 44 n | n | n | Gl (städt.) | — | — | 0,15 | 0,40 |
| Waren | B 11 | $SO_2$ — | — n | n | n | Gasmotor Da (Ausp.) | 20 | — | — | — |
| Weilheim | R 12 | $CO_2$ — | 25 — | — | — | Wasserkraft Dr (Überl.) | — | 2—4 | 0,25 | — |
| Weimar | B 28 | $NH_3$ Ü | 180 R | n | j | Da (Ausp.) | 200 | — | — | — |
| Weißenburg | R 11 | $CO_2$ Ü | 20 n | — | — | W (städt.) | — | 9 | 0,16 | — |
| Weißenfels | L 03 17 | $NH_3$ Ü u, N | 55 n | n | n | Da (Ausp.) u. Dr (städt.) nur f. Nebenm. | 110 | 0,8 | 0,25 | 0,45 |
| St. Wendel (Saar) | Q 25 | $NH_3$ Ü | 40 n | n | n | Da u. Dr (Überl.) | 40 | — | — | — |
| Wernigerode | B 05 | $SO_2$ — | 50 n | n | n | Da (Ausp.) | 45 | — | — | — |
| Wesel | L 94 | $NH_3$ — | — R | n | j | Dr (Überl.) | — | 75 | 0,09 bis 0,11 | — |
| Wiesbaden | L 84 | $NH_3$ Ü | 1430 R | j | n | Gl (städt.) Da Ausp. u. Kond.) | 550 | — | 0,06 | 0,16 |
| Wiesloch | L 00 | $NH_3$ N | — n | — | n | Dr (Überl.) | — | 27 | 0,11 | 0,45 |

| Kesselart, Kesselzahl, Gesamtheizfläche in qm | Kohlensparende Einrichtungen | Art der Warmwasserbereitung | Bei Abdampf, genügt dieser an Hauptschlachttagen | Bei Abdampf, genügt dieser an Nebenschlachttagen | Wird Abdampf zu Bädern, Entneblung, Raumheizung, Destillateis verwendet | Art der Sterilisatorheizung | Eigen- oder Fremdwasser Preis in RM./cbm | Eispreise in RM. Welches Eis | Eispreise in RM. Fleischer | Eispreise in RM. Privat | Eispreise in RM. Zustellung frei Haus | Eispreise in RM. Verkauf an Gesellschaften oder Firmen |
|---|---|---|---|---|---|---|---|---|---|---|---|---|
| 1 Fl — 35 | — | F | — | — | — | — | 0,20 | Tr | 0,40 zu 12,5 kg | — | — | — |
| 2 Fl — 70 | — | F K & R | — | — | — | F | 0,12 | Tr | 0,80 | 0,80 | — | n |
| — | — | K & R | — | — | — | — | 0,10 | Tr | 1,20 | 1,20 | — | n |
| — | — | — | — | — | — | — | — | Tr | 2,40 | 3.20 | — | — |
| 3 Fl — 300 | A u. E | F | — | — | B u. R u. E | F | eigen u. städt. 0,25 | Tr | 1,20 | 1,50 | — | n |
| 2 Fl — 190 12 at | Ü | F | — | — | — | F | eigen | Tr | 0,80 | 1,20 | — | n |
| 2 Fl — 104 10 at | n | A u. F | n | n | — | — | 0,20 | n | — | — | — | — |
| 2 Fl — 90 | n | F | — | — | — | n | 0,20 | Kl | 1,20 | 1,80 | — | n |
| 2 Fl — 120 12 at | A u. E u. Ü | A | j | j | — | — | städtisch | Tr | 1,20 Großabnehmer 1,— | | 1,35 Gewerbebetriebe 1,70 Privat | |
| — | — | — | — | — | — | — | — | Tr | 1,— | 1,20 | — | — |
| 1 Fl — 15 65 qm 6 u. 10 at | n | A u. F | n | j | — | F | eigen | Tr | 1,20 | 1,40 | 1,60 | n |
| 2 Dfl — 125 7 at | Ü | A | j | j | — | — | 0,17 | Kl | 0,50 zu 25 kg | 1,— | — | Flsch.-Inng. |
| — | — | — | — | — | — | — | 0,08 | n | — | — | — | — |
| Dampfbezug von der Badeanstalt | | | — | — | — | — | 0,24 | Kl | 1,60 | 2,— | — | — |
| — | — | — | — | — | Gaskessel | — | 0,25 | Kl | 0,30 zu 12,5 kg | 0,35 | — | n |
| Dampfkessel | — | F | — | — | — | — | Pauschale | Kl | 0,40 zu 12,5 kg | 0,60 | — | n |
| 1 Fl — 18 6 at | n | F | — | — | — | F | eigen | n | — | — | — | — |
| Dampfkessel | — | F | — | — | — | — | städtisch | Tt | 0,30 zu 12,5 kg | 0,30 12,5 kg | — | — |
| 3 Fl — 200 | A | A | j | j | n | F | 0,27 | Tr | 1,60 | 2,— | 2,40 | n |
| Ferndampf vom Gaswerk | — | F | — | — | — | F | 0,25 | n | — | — | — | — |
| 2 Fl — 176 8 at | n | A | j | j | n | n | 0,30 | Tr | 1,20 | 1,20 | — | n |
| 1 Fl — 32 8 at | Ü | A u. F | j | j | — | — | 0,12 | Tr | — | — | — | — |
| 2 Fl — 90 8 at | n | A | j | j | n | d | städtisch u. eigen | Tr | 0,35 zu 12,5 kg | 0,35 zu 12,5 kg | — | n |
| 2 Dfl — 72 | — | F | — | — | — | F | eigen | Tr | 0,30 zu 12,5 kg | 0,40 | — | n |
| 2 Dfl — 180 8 at | E u. Ü | A | j | j | — | F | 0,27 | Kl | 1,— | 1,— | n | n |
| 1 stehender Dampfkessel | n | F | — | — | — | — | — | Tr | 0,80 | 1,— | — | — |

| Stadt | Lieferfirma der Kühlanlage und Lieferjahr | Kältemittel | Art des Betriebes | Verdampferleistung in 1000 kcal/Std. | Reservekompressor? | Ozonanlage | Fernthermometeranlage | Antriebsmaschine | PS-Zahl bzw. | ungefährer Jahresverbrauch in 1000 kWh | Strompreis in RM. je kWh Kraft | Strompreis in RM. je kWh Licht |
|---|---|---|---|---|---|---|---|---|---|---|---|---|
| Wilhelmshaven-Rüstringen . . | R 06 | $CO_2$ | N | 73 | R | n | j | Da (Ausp. u.Ko.) Dr (Überl.) | 135 | 2,2 | 0,30 | 0,50 |
| Bad Wildungen . . | H 05 | $NH_3$ | N | 36 | n | n | n | Dr (Überl.) Da (Ausp.) Res. | 25 | 50 | 0,10 | 0,10 |
| Witten . . . . . . | H 97 13 | $NH_3$ | — | 170 | R | n | n | Da (Ausp.) Dr (städt.) | 160 | — | 0,12 | 0,12 |
| Wittstock . . . . | We 27 | $NH_3$ | — | 28 | n | n | n | Dr (Überl.) | — | 16 | 0,15 | 0,15 |
| Wolfenbüttel . . . | — 12 | $CO_2$ | N | 75 | R | n | j | Da (Kond.) | 36 | — | — | — |
| Wolgast . . . . . | Natureiskühlung | | | | | | | Da (Ausp.) | — | — | — | — |
| Ziegenhals . . . . | B 29 | $NH_3$ | Ü | 110 | R | n | j | Dr (städt. u. Überl.) Da (Res.) | — | — | — | — |
| Zinten (Ostpr.) . . | Bayer 28 | $NH_3$ | N | 20 | n | n | n | Dr (Überl.) | — | 7,5 | 0,30 | 0,60 |
| Zittau . . . . . . | Ess 96 | $NH_3$ | N | 140 | — | j | j | Dr (Überl.) Da (Ausp.) | 70 | 40 | 0,18 | 0,42 |
| Zoppot (Ostseebad) | — | $NH_3$ u. $CO_2$ | | 55 | j | n | n | Gl (städt.) Da (Ausp.) | — | — | 0,24 | 0,39 |
| Zwiesel (Bayr. Wald) . . . . | L 12 | $NH_3$ | Ü | — | n | n | n | Gl (städt.) Da (Ausp.) | 13 | 24 | 0,10 | 0,10 |
| Züllichau . . . . . | L 97 | $NH_3$ | — | 23 | n | n | n | Da (Ausp.) | — | — | — | — |
| Zweibrücken . . . | R 99 | $CO_2$ | N | 35 | n | n | n | Dr (Überl.) | — | 70 | 0,15 | 0,15 |
| Zwickau . . . . . | L — | $NH_3$ | Ü | 680 | R | n | n | Dr (städt.) | — | 420 | 0,08 | 0,14 |

| Kesselart, Kesselzahl, Gesamtheizfläche in qm | Kohlensparende Einrichtungen | Art der Warmwasserbereitung | Bei Abdampf, genügt dieser an Hauptschlachttagen | Bei Abdampf, genügt dieser an Nebenschlachttagen | Wird Abdampf zu Bädern, Entnebluug, Raumheizung, Destillateis verwendet | Art der Sterilisatorheizung | Eigen- oder Fremdwasser Preis in RM./cbm | Welches Eis | Eispreise in RM. Fleischer | Privat | Zustellung frei Haus | Verkauf an Gesellschaften oder Firmen |
|---|---|---|---|---|---|---|---|---|---|---|---|---|
| 2 Fl — 148 8 at | Ü | A u. F | n | j | — | — | 0,25 | Tr | 1,20 | 1,80 | — | n |
| 1 Fl—26 8 at nicht in Betr. | — | F | — | — | — | Gas | 0,15 | Tr | 0,35 zu 12,5 kg | — | 0,50 | n |
| 2 Fl — 75 8 at | A | A | j | j | — | F | 0,12 | Tr | 0,50 zu 25 kg | 0,60 | — | 0,40 an Großn. |
| Stehender Kessel | — | — | — | — | — | — | eigen | Tr | 2,— | 3,— | 0,50bis 0,70 | n |
| 2 Fl — 80 10 at | n | A u. F | n | j | B | F | eigen | Tr | 3,— | — | — | n |
| 1 Fl — 21 8 at | — | — | — | — | — | — | eigen | — | — | — | — | — |
| — | — | noch nicht entschied. | — | — | — | — | eigen | Tr | 0,50 zu 12,5 kg | 0,50 zu 12,5kg | — | — |
| 1 Hochdruckkessel 10 qm | — | F | — | — | — | d | 0,40 | Kl | 0,40 zu 12,5 kg | 0,40 zu 12,5kg | — | n |
| 2 Fl — 150 7 at | n | A | j | j | — | F | 0,15 | Tr | 1,70 | 2,— | — | — |
| — | — | F | — | — | — | — | — | — | 2,— | 2,— | — | — |
| 1 Kessel | n | A | j | j | — | — | 0,20 | Kl | 2,— | 2,— | — | n |
| 1 Fl — 27 | n | A u. F | — | — | — | — | eigen | n | — | — | — | — |
| 2 Fl — 84 8 at | — | F, K & R beabsicht. | — | — | — | F | 0,20 | Tr | 1,60 | — | — | n |
| 3 Fl — 210 8 at | n | F | — | — | — | — | städtisch | Tr | 1,40 | 2,— | — | n |

Fünfter Teil.

# Baugestaltung der Viehhöfe, Schlachthöfe und Fleischmärkte als Ergebnis der Forderungen des Betriebes, der Einrichtung und der äußeren Einflüsse.

Von Regierungsbaumeister Dipl.-Ing. Friedrich Heiss.

Es ist unmöglich, für mehrere Berufsarten zugleich eine Abhandlung zu schreiben, ohne daß sie leidet. Es soll daher eingangs erwähnt werden, daß diese Abhandlung in erster Linie für Stadtbaubehörden geschrieben ist, die sich über dieses Baugebiet von ihrem Gesichtspunkt aus informieren wollen, in zweiter Linie für Schlachthofleiter, Stadtverwaltungen usf., in dritter Linie für jene, welche an der technischen Durchführung solcher Anlagen beteiligt sind.

Die meisten Bücher über Gebäudearten leiden darunter, daß das für die Leute des Bauwesens Wesentliche zu sehr im gesamten Text verstreut und im Bedarfsfall schwer zu finden ist. Aus der Praxis des Entwurfes heraus ist daher alles für die Bau- und Raumgestaltung Wichtige zusammengestellt und hier in kurzen Zügen wiedergegeben worden, so wie es für die Entwurfsarbeit nötig ist.

Weiter ist zu erwähnen, daß der Raumersparnis wegen die Ausführungen über die Gestaltung der Räume nur Grundrisse und bisweilen Ansichten enthalten; bildliche Darstellungen des jeweiligen Innenraumes mögen im Buchteil über Betrieb und Einrichtungen eingesehen werden.

Für alle Berufsträger im Bauwesen (Baudirektor, Baurat, Bauamtmann, Bauassessor, Regierungsbaumeister, Diplomingenieur, Architekt, Stadtbaumeister, Baumeister, Bautechniker usf.), welche für den selbständigen Entwurf eines Schlachthofes in Frage kommen können, ist als Sammelname die Bezeichnung Baufachmann gewählt worden.

Es würde im Interesse der weiteren Entwicklung der Frage liegen, wenn dem Bearbeiter Stiche und Lichtbilder alter Schlachthäuser und gute Lichtbilder neuzeitlicher Anlagen für eine spätere Sammlung „Baugeschichte des Schlachthofes", sowie für die nächste Auflage dieses Handbuches übersandt würden. Für Anregungen zu dessen Verbesserung und Ausbau ist er jederzeit dankbar.

## I. Das Wesentlichste über die Baugeschichte[1].

Öffentliche Schlachtanlagen sind naturgemäß abhängig von Städtebildungen. Auf dem Lande, in kleineren Orten und bei Völkern primitiver Zivilisation wird das Schlachten der Tiere in Höfen, Scheunen, kleinen Räumen usw. vorgenommen. Der Viehhandel vollzieht sich dort in den Straßen oder auf Plätzen des Ortes.

Bereits in den Städten der Römer (in Rom und in den römischen Niederlassungen) hat es Schlachthäuser und Markthallen gegeben.

In der Zeit der frühesten deutschen Städtebildungen wurden den Fleischern vor den Stadttoren Schlachthäuser, möglichst am Wasser gelegen, angewiesen. Diese „Kuttelhöfe" entstanden teils auf Betreiben der Behörden, welche bei der engen Bauart der Städte diese die Nachbarschaft belästigenden Betriebe außerhalb der Umwallung haben wollten, teils aus eigener Initiative der Fleischerzunft, um sich billige und bequeme Schlachtstätten zu schaffen. Bauart, Einrichtung und Arbeitsweise dieser Anlagen waren selbstredend derart primitiv, daß sie den bescheidensten Ansprüchen der Hygiene nicht gerecht werden konnten. Sie bestanden vorwiegend nur aus einer einzigen großen Halle. Anlagen dieser Art kann man sogar heute noch in einer Reihe von deutschen Städten (Forchheim, Bad Tölz usw.) sehen und braucht hierzu nicht fremde Länder zu bereisen. Der Viehhandel vollzog sich in jener Zeit unter freiem Himmel, die Kühlung erfolgte mit Natureis in den einzelnen Häusern. Eines von den Schlachthäusern jener Zeit, das heute noch steht, ist das alte Schlachthaus an der Fleischbrücke zu Nürnberg. Das hier im Bild

[1] Vgl. I. Teil, Geschichte des Schlachthofes.

gezeigte (Abb. 454) stammt aus dem Jahre 1572, doch ist ein früheres an derselben Stelle schon 1349 in einer Chronik genannt. Es ist erwiesen, daß es in Deutschland schon viel früher, etwa um 1200, Schlachthäuser gegeben hat. Wenn sie auch ganz außerordentlich unhygienisch waren, so waren sie sicherlich sehr hübsch, vielleicht sogar bemalt. Es wird geschrieben, daß durch den Dreißigjährigen Krieg die Schlachthäuser jener Art fast völlig verfallen seien.

Abb. 454. Altes Schlachthaus an der Fleischbrücke zu Nürnberg.

Erst zu Beginn des vergangenen Jahrhunderts ging man in Frankreich auf Veranlassung Napoleons I. daran, die kleinen, engen Schlachthäuser durch größere Anlagen zu ersetzen. Damit begann ein Kampf um die Verbreitung der Hygiene, der sich über das Schlachtwesen des ganzen darauffolgenden Jahrhunderts erstreckte und der heute noch nicht zu Ende geführt ist. Für die öffentlichen Schlachthöfe sprach u. a. die Förderung der Hygiene, die Volksgesundheit, die Abwicklung des Arbeitsvorganges vor den Augen der Öffentlichkeit, die Besserung des Fleisches und die Verbilligung des Betriebes durch die Zusammenlegung. Bauherr war die öffentliche Hand, später traten die Fleischerinnungen hinzu, in den letzten Jahren auch private Unternehmer und Genossenschaften. Der Antrieb zur Errichtung von Schlachtanlagen war bei uns das Fortschreiten der Zivilisation. In fremden Ländern (beispielsweise in Argentinien, Uruguay, Neuseeland) und in jüngster Zeit auch in Deutschland trat die Fleischindustrie als Urheber der Errichtung von Schlachtanlagen hinzu.

Bei den ersten dieser Schlachthofanlagen in Frankreich vollzog sich die Schlachtarbeit, die Reinigung und Aufbewahrung in Einzelräumen (Kammern), wie dies in Berlin, Basel, Metz, Straßburg, Budapest und anderen

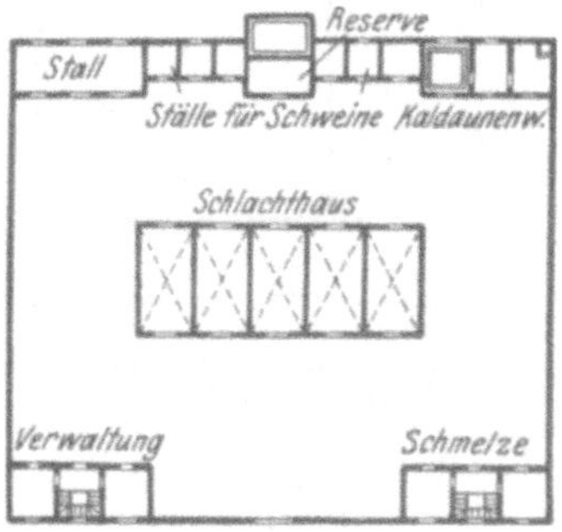


Abb. 455. Schlachtkammern des Schlachthofes zu Argentau (Frankreich).

Orten heute noch zu sehen ist (Abb. 455). Erst wesentlich später war man bestrebt, gleiche Arbeitsarten in gemeinsamen Räumen zu vereinigen (Abb. 456). So blieb es lange Zeit und nur allmählich tauchten in Deutschland da und dort Bewegungen, von beherzten Männern getragen, auf, welche eine Besserung des öffentlichen Schlachtwesens forderten. Da und dort entstanden auch Anlagen, den franzö-

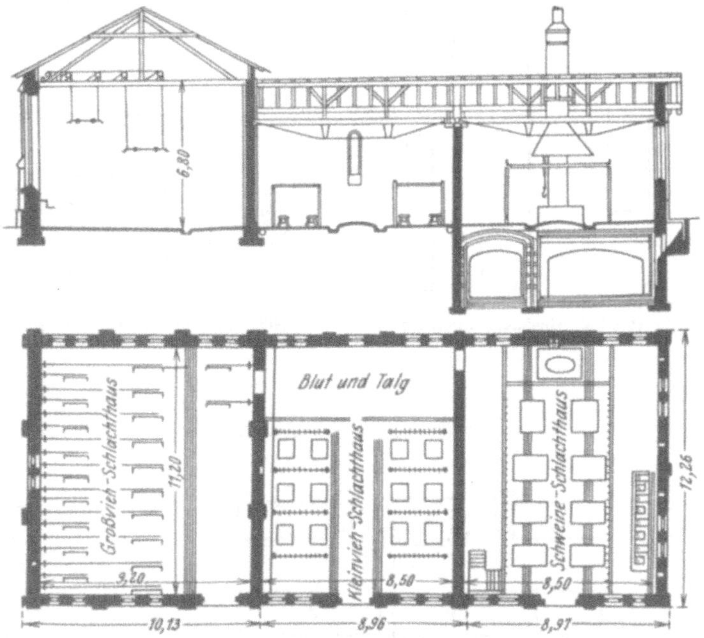


Abb. 456. Gleiche Arbeitsarten in gemeinsamen Räumen (Iserlohn).

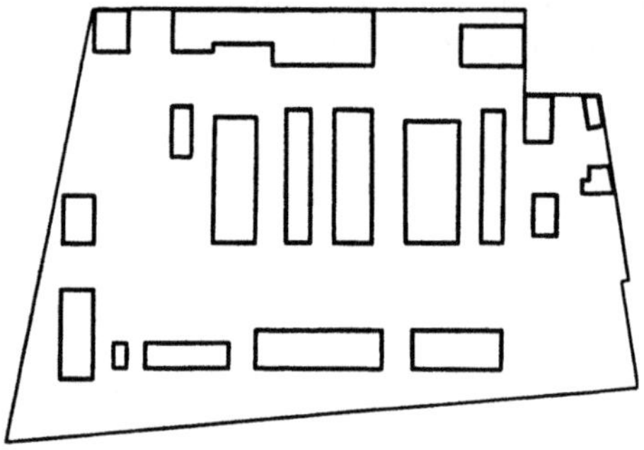
Abb. 457. Ursprüngliche, allzu verstreute Raumgruppierung (Danzig).

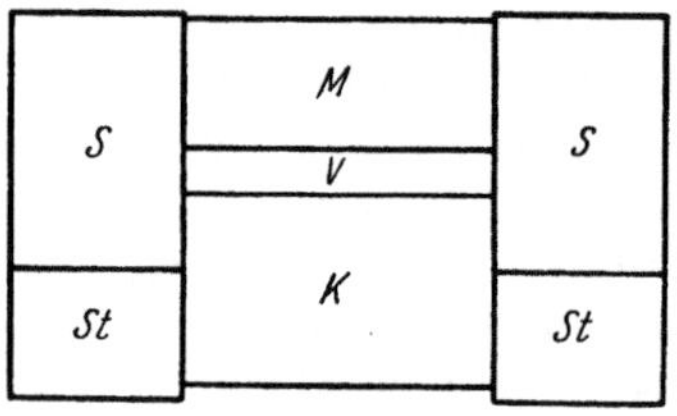

Abb. 458. Zu starke Zusammenziehung der Räume (Neusalz a. O.).

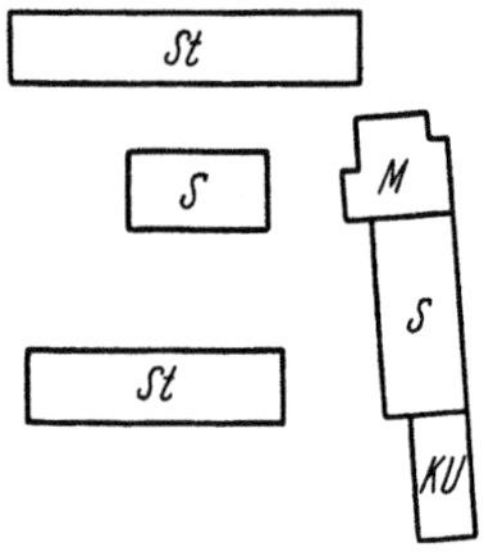

Abb. 459. Gebäudegruppierung (Liegnitz).

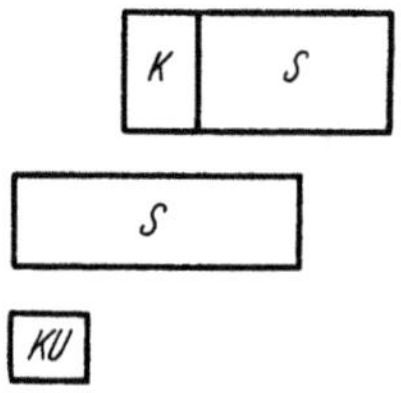

Abb. 460. Gebäudegruppierung (Straßburg).

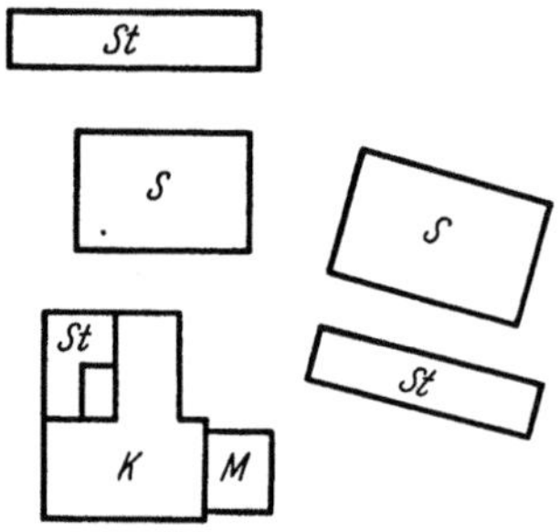

Abb. 461. Gebäudegruppierung (Braunschweig).

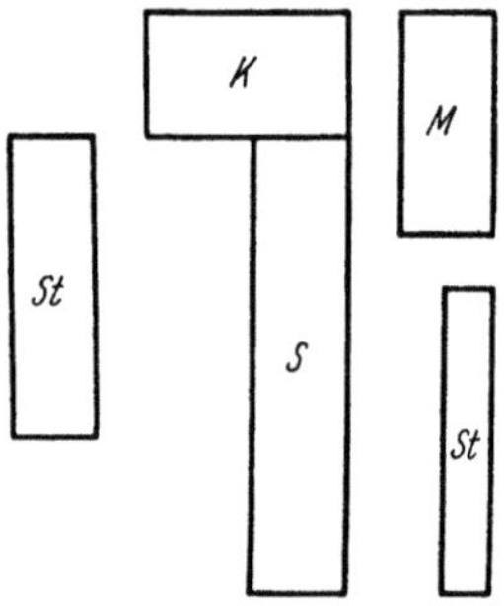

Abb. 462. Gebäudegruppierung (Bunzlau).

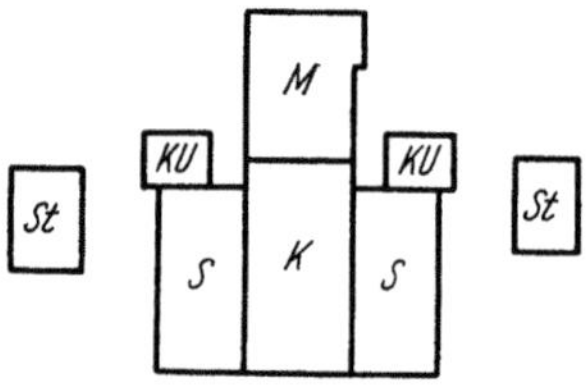

Abb. 463. Kühlräume zwischen den Schlachträumen eingezwängt (Mühlhausen i. Th.).

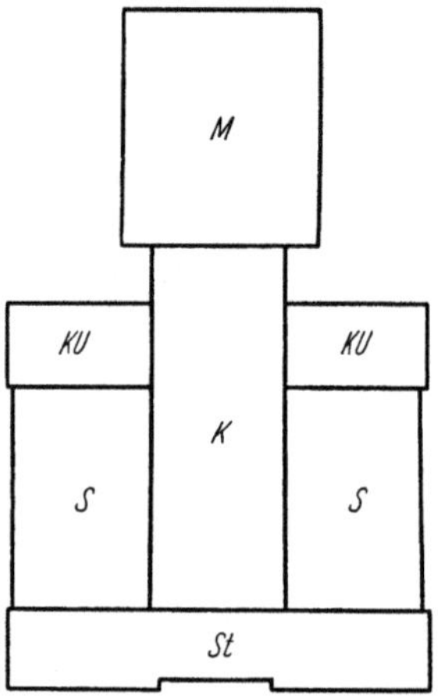

Abb. 464. Kühlräume ohne Erweiterungsmöglichkeit (Ravensburg).

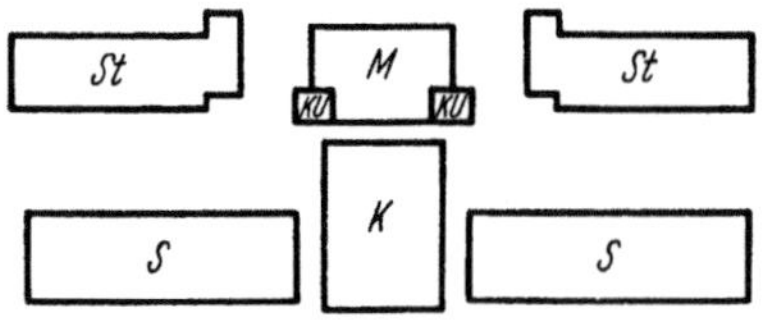

Abb. 465. Kühlräume zwischen den Schlachträumen (Reichenbach i. V.).

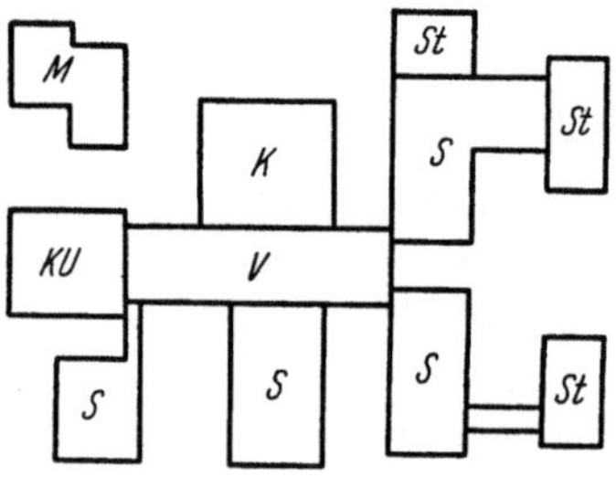

Abb. 466. Gruppierung der Räume um eine Verbindungshalle (Königsberg).

*St* = Stallungen, *S* = Schlachträume, *K* = Kühlräume, *KU* = Kuttelräume, *M* = Maschinenräume, *V* = Verbindungsweg.

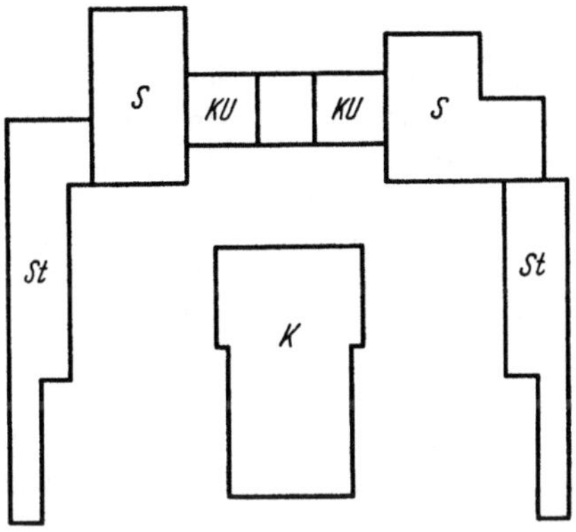


Abb. 467. Kühlräume inmitten der Anlage (Stargard).

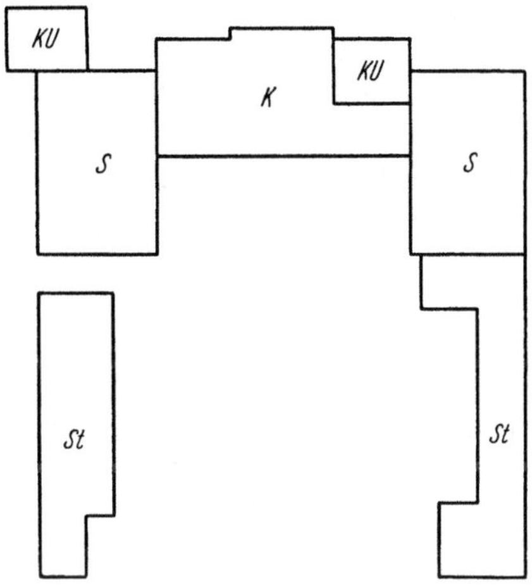


Abb. 468. Gebäudegruppierung (Apolda).

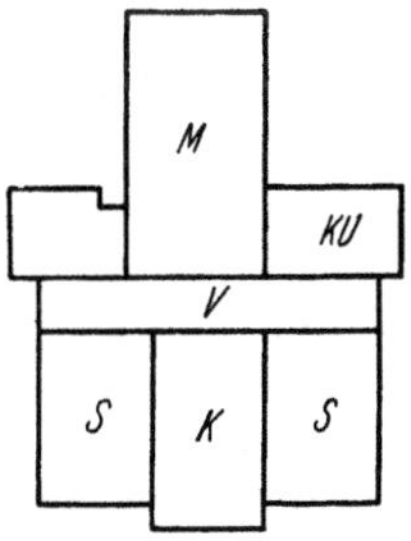


Abb. 469. Schlacht- und Kühlräume auf der einen Seite, Maschinen- und Kuttelräume auf der anderen Seite eines Verbindungsganges (Emmerich).

Abb. 470. Kühlräume zwischen den Schlachträumen (Straubing).

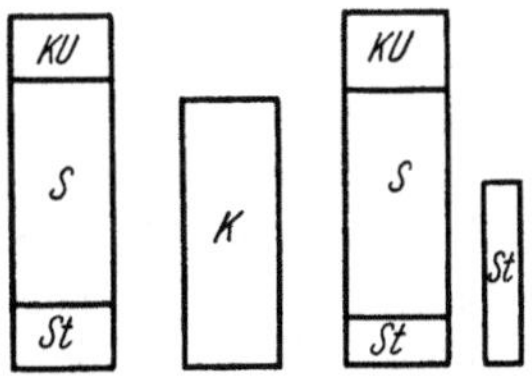


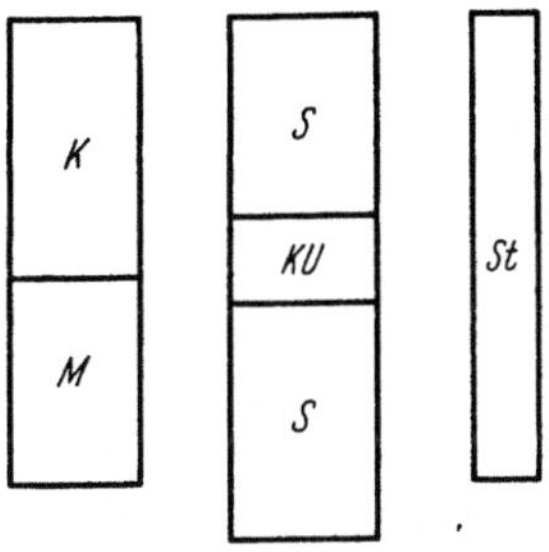


Abb. 471. Schlachträume zwischen Stallungen und Kühlräumen (Weiden).

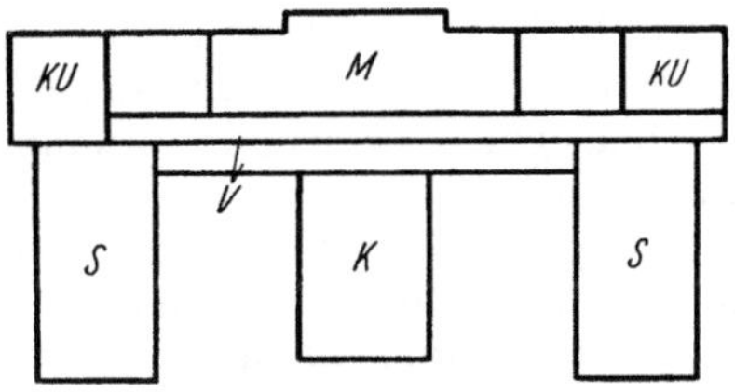


Abb. 472. Gebäudegruppierung (Tsingtau).

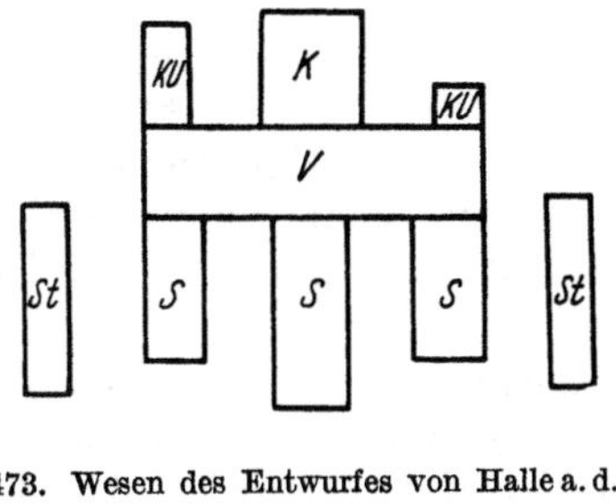


Abb. 473. Wesen des Entwurfes von Halle a. d. S. 1884.

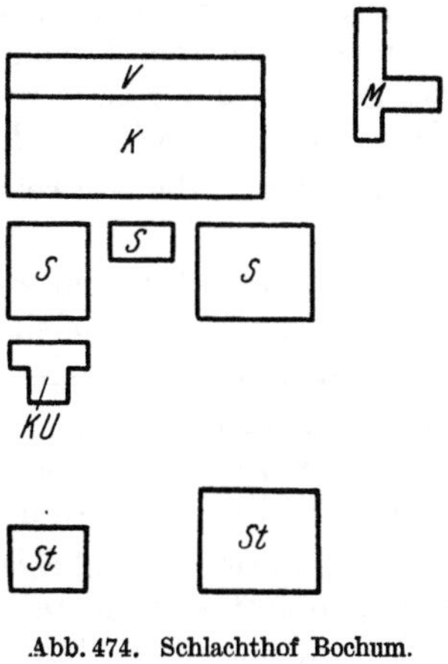


Abb. 474. Schlachthof Bochum.

*St* = Stallungen, *S* = Schlachträume, *K* = Kühlräume, *KU* = Kuttelräume, *M* = Maschinenräume, *V* = Verbindungsweg.

sischen ähnlich; in der Mehrzahl der deutschen Städte blieb es jedoch bei den alten, häßlichen Zuständen. Erst 1868 verdichtete sich das Verlangen der öffentlichen Meinung zu einem Gesetz über die Errichtung öffentlicher Schlachthäuser, das auf der Forderung der Einführung eines Schlachthauszwanges aufbaute. 1881 wurde dieses Gesetz erweitert.

Damit begann nun eine rege Neubautätigkeit. Fürs erste lehnte man sich zwar noch an die französischen Vorbilder an; jede Raumart bzw. Raumgruppe war noch von einer Straße umgeben, ein kostspieliges Verfahren (Abb. 457). Bald darauf war man jedoch bestrebt, zueinander geeignete Räume jeweils unter einem Dach zu vereinen, die unter sich so verschiedenen Raumarten also bestmöglich zu einem oder zu mehreren Baukörpern zusammenzuziehen und diese Raumgruppen so zweckmäßig als möglich zueinander zu gruppieren (Abb. 459—472). In diesen Zusammenlegungen ging man zeitweise so weit, daß man sich die Vergrößerungsmöglichkeit für manche wesentliche Räume, die überall sehr wichtig ist, benahm (Abb. 458, 463—465, 469). Dies was uns an heutigen Anlagen so selbstverständlich bezüglich der Lagerung der Raumarten erscheint, ist das Ergebnis einer langwierigen Entwicklungsstufe, eines unausgesetzten Suchens, Prüfens und Erwägens. In der Lagerung dieser gemeinsamen Arbeitsräume zueinander war man sich lange Zeit nicht im klaren und die Überlegungen hierüber, an denen seit jener Zeit Hunderte von Köpfen gearbeitet haben, sind heute noch nicht abgeschlossen, wenngleich sie der Reife sehr viel näher gekommen sind. Damals wurde von Bau- und Betriebsleuten ungeheuer viel ersonnen und zur Auffindung einer idealen Lösung für den Schlachthofbau alles versucht. Es werden wohl gar manche Nichtbauleute seinerzeit gesehen haben, welch schwierige Aufgabe die Gestaltung eines Baukörpers ist.

Erst Lohausen (Mitarbeiter Frese) brachte 1884 mit seinem Plan für Halle a. S. (Abb. 473) eine einheitliche Note in diese Bemühungen durch seinen Gedanken, die Schlachträume senkrecht gegenüber den gemeinsam benützten Kühlräumen anzuordnen, wodurch die wesentliche Grundidee des heutigen Schlachthofes, die heute noch gültig ist, geschaffen war. Eine Reihe von Baufachleuten (Frese, Osthoff, Uhlmann, Moritz, Kleinert, Knauer u. a.) waren am Ausbau dieses Gedankens in irgendeiner Form beteiligt. In neuester Zeit ging man verschiedentlich dazu über, den Wagenverkehr nicht mehr zwischen den Schlachträumen und Kühlräumen durchzuleiten, eine Weiterentwicklung des Schlachthofbaues, die wie manches andere noch im Fluß ist (Abb. 474).

Auf welchem Standpunkt steht man nun heute? Die Entwicklung des Schlachthofbaues ist, wie oben angedeutet, nicht etwa abgeschlossen, neuzeitlichste Anlagen können nach Jahren bereits durch Besseres ersetzt sein. Auch die wissenschaftliche Forschung hat sich dieses Gebietes angenommen, um es zu fördern. Alles ist im Werden und in der Weiterentwicklung begriffen. Gleichgültig jedoch, ob in naher oder ferner Zukunft der Arbeitsverlauf eines Schlachthofes in einem mehrgeschossigen Bau von oben nach unten sich vollziehen wird oder in einem horizontal angeordneten Baukörper von Raum zu Raum oder bei halb horizontal, halb vertikal zueinander gelagerten Räumen nach abwärts und vorwärts, stets ist folgendes stetig und unveränderlich und nur dann wandelbar, sobald die Betriebsauffassung sich ändert:

1. Die Arbeitsleistung innerhalb eines Raumes, ihr Einfluß auf die Raumgestaltung und auf die bauliche Ausstattung.

2. Der Verkehr (Menschen, Wagen usw.) zu einem Raum aus bestimmten, gleichbleibenden anderen Räumen oder vom Freien aus und der Verkehr aus ihm fort. Die Möglichkeit, diesen Verkehr bei geneigtem Gelände hangaufwärts führen zu können, ihn hangabwärts führen zu müssen. Die Notwendigkeit, ihn kurz zu gestalten.

3. Die Geschoßlage, die Notwendigkeit, eine Arbeit in einem bestimmten Geschoß verrichten zu müssen.

4. Die zwingenden oder nicht zwingenden Beziehungen zwischen Raumgruppen verschiedenster Art (Kälteleitung, Wärmeleitung, betriebliche, hygienische und andere Überlegungen).

5. Die zwingenden oder nichtzwingenden Beziehungen zwischen Einzelräumen und Raumgruppen und der Außenwelt (Lage zur Einfahrt, zum Geleise, zur Sonne, zum Wind, zu Wasser-, Gas-, Elektrizitätsquellen, zu Flüssen, zu Verkehrsstraßen, Grünflächen, Freiflächen, zum Stadtkern, zur Siedlungsart, zum Städtebild u. a. m.).

Dies allein ist stetig; alles übrige ist wandelbar. Ein Schema oder Typ dagegen ist Stillstand. Für den Baufachmann sind sie unbrauchbar, da sie sich nur bei unbegrenztem, idealem Gelände verwenden lassen, das nur selten vorkommt. Die inneren Bedingungen der oben klargelegten Art, wie sie jedem Viehhof, Schlachthof und Fleischmarkt zugrundeliegen, ermöglichen auch allein in gewissem (aber hinreichendem) Rahmen eine kulturelle Gestaltung des Baukörpers, wie sie bei Schlachthofbauten leider viel zu wenig zu sehen ist. Die Verfolgung dieser inneren Idee ist der alleinige Weg, der in die Zukunft führt.

## II. Entwurfsvorarbeit[1].

Wer kann mit Fug und Recht sagen: Ich habe einen Schlachthof gebaut? Der Baufachmann? Der Betriebsfachmann? Der Bürgermeister? Um diese Frage näher zu untersuchen, wollen wir bei den zur Erstellung des Werkes zu leistenden Arbeiten beginnen.

Bei der Erbauung eines Viehhofes, Schlachthofes, Fleischmarktes spielen folgende Fragen und Fachgebiete herein:

1. Kommunalpolitische Erwägungen.
2. Wirtschaftlich-finanzielle Gesichtspunkte.
3. Betriebliche Fragen.
4. Überlegungen über die maschinellen Vorrichtungen.
5. Die Gestaltung des Baukörpers.
6. Verwaltungsfragen.

Auf die Frage: Welches dieser Gebiete ist das wichtigste, ist zu erwidern: Jedes. Jedes ist so wichtig wie die anderen, keines darf zurückstehen. Nur durch harmonisches Zusammenarbeiten aller dieser Fachgebiete entsteht das vollkommene Bauwerk, auf das die Gemeinde als Trägerin der Lasten ein Anrecht hat und das sie von ihren diesbezüglichen örtlichen Beratern (Bürgermeister, Tierarzt, Finanzberater, Baufachmann, evtl. Maschinenfachmann) zu fordern hat. Es ist tief bedauerlich, wenn es bei der Schöpfung eines Baues überhaupt einer Diskussion über die Notwendigkeit der Zusammenarbeit bedarf; denn dies ist doch so selbstverständlich. Wie ist nun dieses vollkommene Bauwerk zu erreichen? Nur durch Zurückstellung der Person hinter die Sache. Jeder ist für seinen Teil selbst verantwortlich; keiner für den eines anderen. In diesem Sinne möchte ich die Berater der Gemeinde, welche beim Bau eines Schlachthofes verantwortlich eingreifen, am Beispiel einer kleineren Gemeinde wie nebenstehend darstellen.

| Gemeinde | | | | | |
|---|---|---|---|---|---|
| Bürgermeister | Kämmerer | Tierarzt | Ingenieur | Baufachmann | Gewerbevertreter |

Es wird nun zumeist der Fall eintreten, daß beispielsweise der örtliche Baubeamte noch niemals mit dieser Bauaufgabe zu tun gehabt hat, vielleicht auch niemals wieder mit ihr beschäftigt sein wird. In ähnlicher Weise will der Tierarzt in allen möglichen Betriebsfragen (Größenbemessung, Rentabilitätsfragen und anderes mehr) Rückendeckung gegenüber der Gemeinde haben, somit sein eigenes Wissen und seine Erfahrungen im Interesse der Sache durch einen ersten Sachverständigen ergänzen wollen. Dieser Entschluß, mit seiner Person zurückzustehen und einem in diesen Dingen speziell Sachverständigen das Wort zu geben, ist außerordentlich wichtig und entscheidend für ein gutes Gelingen. Durch den blinden Ehrgeiz, unbedingt als alleiniger Erbauer der Anlage gelten zu wollen, ist schon sehr viel Unbrauchbares geschaffen worden. Im übrigen dürfte es diskrete Fachberater geben, welche sich in dieser Sache nicht in den Vordergrund drängen, sondern bescheiden im Rücken der örtlichen Berufsvertreter tätig sind. Es tritt dann folgender Fall ein:

| | | | |
|---|---|---|---|
| Bauende Stadtgemeinde | Bürgermeister | Kommunalpolitische Beratung | Beratungsstellen der Städtezentralen oder Forschungsstellen des Vereins Deutscher Ingenieure sowie der Deutschen Gesellschaft für Bauwesen, Berlin, oder sonst bekannte Fachleute. |
| | Finanzberater | Finanzielle Beratung | |
| | Tierarzt | Betriebliche Beratung | |
| | Maschinenfachmann | Maschinelle Beratung | |
| | Baufachmann | Bauliche Beratung | |
| | Gewerbevertreter | Verwaltungsberatung | |

Nur durch Zusammenarbeit aller maßgebenden örtlichen Stellen mit dem Sachverständigen des betreffenden Fachgebietes entsteht eine erstklassige Leistung.

In kleinen Orten, an denen kein städtischer Baufachmann vorhanden ist oder das Bauamt durch diese Bauaufgabe überlastet würde, oder in ganz großen Städten, in denen die neu auftauchende Aufgabe so groß ist, daß das Bauamt sie nicht mehr bewältigen könnte, wird zumeist ein privater Baufachmann zur Entlastung des örtlichen Bauamtes eingeschaltet. Entweder

[1] Vgl. I. Teil, III. Kapitel.

ist er ein auswärtiger Privatarchitekt, der das Schlachthofwesen beherrscht oder ein in der Nähe befindlicher Privatarchitekt, der selbst Rückendeckung durch einen Sachverständigen braucht. In sämtlichen übrigen Fällen ist jedoch die Anschauung herrschend, daß die Erbauung kommunaler Anlagen Sache der kommunalen Bauämter ist. Zu dieser Frage ist prinzipiell noch folgendes zu bemerken: Durch Zusammenarbeit von einem Baufachmann, der keine speziellen Kenntnisse im Schlachthofbau besitzt, und einem Tierarzt entsteht niemals ein idealer Bau, so wenig wie beispielsweise durch Zusammenarbeit eines Stadtbaurates, der keine Erfahrung im Krankenhausbau besitzt, mit dem dortigen Krankenhausarzt jemals eine gute Leistung oder gar eine Bestleistung im Krankenhausbau entstanden ist. Dieser alte Erfahrungssatz ist im Schlachthofwesen nicht zu übersehen. Die Zuziehung eines Sachverständigen, der beide Gebiete in einem Kopf vereint, ist hierzu unerläßlich. Auch ist in der Wahl solcher Leute größte Vorsicht geboten. Es gibt nur ganz wenige, die auf jahrelange Erfahrung zurückblicken können, dagegen viele, die sich nur als solche bezeichnen (Spezialisten), um Aufträge zu bekommen.

Leider ist oft die Beobachtung zu machen, daß ein Schlachthofbau vonseiten der Bauleute etwas auf die leichte Schulter genommen wird. Kirchen, Schulen, Krankenhäuser, Badeanstalten, stadtplanende Aufgaben, dies sei alles schwierig; jedoch Schlachthöfe, das sei nicht schlimm. Nur zu oft taucht etwa folgende Auffassung auf: „Das Vieh kommt auf der einen Seite herein, drinnen wird es geschlachtet, auf der anderen Seite kommt es genußfertig heraus, was um die Welt soll daran schwierig sein? Und wegen der Maschinen, da läßt man sich Angebote der Firmen kommen, die werden dies schon machen, da macht man dann einfach die 4 Wände herum. Ein Schlachthof ist ja doch lediglich eine Art Fabrik und im übrigen ist es ja immer wieder dasselbe, da gibt es bestimmte Schemas, die werden einfach etwas geändert. Die Hauptsache ist, daß alles fabelhaft aussieht.“ Um es kurz zu machen, was dabei herauskommt, sind minderwertige Leistungen schlimmster Art. Wer in dieser Weise vorgeht, ist einem Pfuscher des ärztlichen Berufes vergleichbar, ein Dilettant und Schädling unseres Berufes. Er möge von den übrigen Berufen in dieser Weise angesehen werden[1].

Die Sache ist nicht so einfach, als vielfach irrtümlich angenommen wird, und zwar aus folgenden Gründen:

1. Die Gestaltung der Räume erfordert genaueste Kenntnis der so unterschiedlichen Arbeitsvorgänge, der maschinellen Vorrichtungen in jedem Raum, der Bauschädigungen (welche selten auf einem Bau so stark sind durch Hitze, Kälte, Schlag, Stoß usw.), der Maschinenabmessungen, der erforderlichen Arbeits- und Verkehrsflächen usw.

2. Die wichtigsten Räume der Anlage müssen erweiterungsfähig bleiben, oft nicht unerheblich auf das $1^1/_2$—2fache. Diese Forderung ist mit den Forderungen des Betriebsverlaufes manchmal nicht leicht in Einklang zu bringen. Bei Belassung von Freiflächen zur späteren Erweiterung werden die Verkehrs- und die Arbeitswege in den ersten Betriebsjahren zu lang u. a. m.

3. Die betrieblichen Forderungen stehen nicht immer in Einklang mit den Erkenntnissen der Kälte- und Wärmetechnik, welche kurze Leitungswege verlangen.

4. Die Räume sind vorwiegend erdgeschossig notwendig; daher erhält die Bauanlage eine große horizontale Ausdehnung, welche im Rahmen des möglichen vermieden werden soll.

5. Die Räume, nach dem Betriebsverlauf aneinandergereiht, sind vorwiegend verschieden hoch; die Räume folgen beispielsweise in den Höhen 5 m, 3 m, 2,5 m, 4 m, 5 m aufeinander. Die Zusammenlegung der niedrigen Räume ohne Störung des Betriebsverlaufes und die Ausnützung der Leerräume über den niedrigen Räumen macht oft erhebliche Schwierigkeiten.

6. Der gesamte Arbeitsverlauf (Arbeitswege, Verkehrswege) zu und von den Räumen und jener innerhalb der Räume (Vermeidung von Überkreuzungen, rücklaufenden Bewegungen u. ä.) diktiert die Gestaltung des Grundrisses der Bauanlage und läßt der kulturellen Baugestaltung ganz geringe Freiheit.

7. Zudem haben die Lage zur Stadt, zur Sonne, zum Wind, zur Bahn, zum Vorfluter, zur Siedlungsart usw. wechselnde Beeinflussungen.

Oftmals stößt man auf die Auffassung, daß der Schlachthofbau sich längst schematisiert habe und daß diese Schemas nicht mehr zu verbessern sind. Nichts ist irriger als dies. Wohl liegen tausenderlei Erfahrungen vor und wäre es sinnlos, neuerdings Überlegungen anzustellen, die andere längst abgeschlossen haben. Der Schlachthofbau ist jedoch heute mehr wie je im

[1] Das Wesentliche unserer Berufsauffassung ist, die Person hinter die Aufgabe zurückzustellen und diese dem Auftraggeber nach der Seite a) der kulturellen Baugestaltung, b) der Zweckgestaltung des Baukörpers, c) der wirtschaftlichen Seite, d) der bautechnischen Durchbildung, e) rechtlich einwandfrei bestmöglichst zu lösen.

Fluß, und jede örtliche Gegebenheit bringt wieder eine neue Lösung. Trotz Hunderten von Vorbildern ist — ähnlich den übrigen Bauarten — stets wieder eine Neubearbeitung nötig und von dem Vorhandenen wenig zu gebrauchen. Von Ort zu Ort ist die Zahl und Art der Fleischermeister eine andere, die Betriebszeiten sind verschieden, ebenso die Art des verbrauchten Fleisches und die Höhe der Gefrierfleisch- und Frischfleischeinfuhr, auch die Markttage sind unterschiedlich, ganz zu schweigen von den äußeren Verschiedenheiten des Bauplatzes, des Bahngeleises, der Zufahrt, der Himmelsrichtung, der Abwasserfrage, der städtebaulichen Art der Umgebung u. v. a. Das Klammern an ein Schema ist stets ein Beweis, daß man das innere Wesen einer Sache nicht beherrscht. Worin dieses beim Bau eines Viehhofes und Schlachthofes besteht, ist am Schluß des Kapitel I „Baugeschichte" bereits aufgezeigt worden. Aus diesem ergeben sich nach den örtlichen Gegebenheiten die vielerlei Gestaltungsmöglichkeiten, wie sie beispielsweise bei einem Wettbewerb am deutlichsten in Erscheinung treten.

Gleich diesen ist auch hier die Voraussetzung für jede ersprießliche Tätigkeit die Einheitlichkeit der Auffassung über das Bauprogramm. Der Baufachmann, der die Gestaltung des Neubaues oder Umbaues übertragen bekommen hat, soll unter gar keinen Umständen mit den Entwurfsarbeiten beginnen, bevor sich nicht die meist so unterschiedlichen Ansichten zu einem einheitlichen Programm verdichtet haben, das von allen Beteiligten zum Zeichen des endgültigen Einverständnisses unterschrieben sein muß. Andernfalls kann es vorkommen, daß der Baufachmann zu seinem Verdruß und dem Auftraggeber nicht zum Nutzen eine ganze Reihe von Vorentwürfen fertigen muß, bis einer von diesen dann schließlich endgültige Billigung findet (s. S. 444). Ausgenommen davon ist eine ungefähre rohe Skizze zur Gewinnung eines Kostenüberschlages, der mit der Programmaufstellung sowie mit der Ermittlung der Rentabilität aufs engste zusammenhängt. Wie im Teil I, Kapitel III, eingehend geschildert worden ist, gehen die Auffassungen der beteiligten Kreise über die Anforderungen an Betrieb und Einrichtungen, über die nötigen Räume, ihre erforderliche Größe, über die Lage der Anlage zur Stadt, über rechtliche und Verwaltungsfragen, über die Rentabilität usw. oft jahrelang erbittert auseinander, alles Dinge, in die der Baufachmann sich klugerweise niemals einmischt, nachdem er für sie auch nicht verantwortlich zeichnet. Durch die Zuziehung auswärtiger erster Sachverständiger in Fragen des Betriebes, der Rentabilität, der Einrichtung, des Baues, der Verwaltung usw. glätten sich meist erst die Wogen; insbesondere sind die Darstellungen von Betriebsfachleuten, wie bei den anderen Gebäudearten, naturgemäß von ausschlaggebender Wirkung. Wenn heute nicht die Wirtschaftlichkeit diktieren würde, wäre oft gar keine Einigung zwischen den gegensätzlichen Meinungen möglich. Wie oben erwähnt, ist es für den Baufachmann erst dann die gegebene Zeit, einzugreifen, wenn diese Einigung erfolgt ist, und ist es für ihn ratsam, seine Arbeitsleistung durch Programmunterschrift zu decken. In allen übrigen Fällen wird er nur zu leicht zum Spielball anderer Berufe und Kreise, in denen die Anschauung leider nur zu oft kursiert, daß der Baufachmann da ist, um für sie billig „schöne Bilder von Häusern" zu zeichnen.

Für den Baufachmann, der erstmals mit dieser Aufgabe zu tun hat, wäre es auch unmöglich, in der Größenberechnung der Räume das richtige Maß zu treffen. Bei sehr vielen bestehenden Anlagen sind hier die Räume zu eng, dort andere zu groß, anderswo sind viele überflüssige Räume vorhanden. Das (oft schwerverzinsliche) Geld der Gemeinde ist nicht bestmöglichst verwendet worden. Das Gegeneinanderauswägen der Raumgrößen ist vor Entwurfsbeginn das Wichtigste, ebenso wichtig wie die Festlegung einer richtigen Gesamtgröße, welche in der Mehrzahl der Fälle übersteigert wird. Es soll nochmals erwähnt werden, daß die Festlegung der heute und in späteren Zeiten erforderlichen Einrichtungsgegenstände (Bauausführung in mehreren Baustufen u. ä.) Sache des örtlichen oder des von diesem zugezogenen Betriebssachverständigen ist und niemals Sache des Baufachmannes. Die Schuld an einer zu beengten oder an einer zu großen, unrentierlichen Anlage trifft niemals den Baufachmann, außer er ist auch betrieblicher und/oder maschineller Berater der Gemeinde gewesen, oder er übersteigert in der Bauform, durch überhebliche Gestaltung oder durch zu teuere Baustoffe die Baukosten ohne Auftrag hierzu seitens der Bauherrin. Es gibt nur wenige Baufachleute, welche auch den betrieblichen Teil beherrschen. Solche, welche beispielsweise außer dem Prinzip der Kälteerzeugung auch den wissenschaftlich-technischen Teil der Kühlanlagen bis ins letzte beherrschen, kann es jedoch nicht geben, dazu ist dieses Gebiet zu umfangreich. Dies ist ebensowenig möglich, als wie die Bauleute die Fleischbeschau beherrschen können. Insbesondere bei Umbauten an den Kühlanlagen und an sonstigen Teilen der Anlage ist die Zuziehung eines Maschinenfachmanns unerläßlich und macht sich wie jede Beratertätigkeit reichlich bezahlt. Die Befragung mehrerer Firmen bietet hierfür in keiner Weise einen Ersatz. Auch die Besichtigung fremder Anlagen hat wenig Wert. Betriebe gleicher Größe bieten jedoch eine starke Anregung zum Verständnis der Aufgabe, Betriebe

**Beispiel eines Bauprogramms**
(gezeigt am Schlachthof einer Stadt mit 5000 Einwohnern).

| Raumart | Erste Baustufe | Zweite Baustufe | Dritte Baustufe | Innere Erweiterung | Äußere Erweiterung bis zu 20 000 Einw. |
|---|---|---|---|---|---|
| Großviehstallung | Anbinderinge | Raum für 10 Stück (evtl. Benützung der Pferdestallung) | — | — | — |
| Schweinestallung | Provisorisch die Wartebucht mit 3 Buchten | 5 Buchten | — | — | — |
| Kleinviehstallung . . . | — | kann hier vorgesehen werden; durch Großvieh- oder Schweinestallung zu ersetzen | — | — | — |
| Futterraum . . | — | — | nicht nötig | — | — |
| Großviehschlachtraum mit Kleinviehschlachtraum . | 2 Schlachtwinden; Förderschiene bis zur Waage. 30 lfdm. Hakenrahmen für Kleinvieh; Abhängeplatz | 1 Schlachtwinde | — | 2 Schlachtwinden (evtl. Verlängerung der Schlachtzeit) | — |
| Schweineschlachtraum . | Erhöhte Tötebucht. 1 Falle. 1 Bottich. 1 Schabetisch. 30 lfdm. Rohrrutschbahn. Abhängeschiene | — | — | 1 Bottich. 2 Schabetische. 20 lfdm. Rohrrutschbahn | — |
| Krankviehschlachtraum . | (alter Raum in der Stadt) | 1 | — | — | — |
| Pferdeschlachtraum . . . . | — | zus. mit Krankviehschlachtraum | — | — | — |
| Kuttelraum . . | 2 Bottiche. 2 Tische. 8 Doppelbecken. 8 Doppelschabetischchen | — | — | — | — |
| Düngerraum . . | für 1 Wagen | — | — | — | — |
| Vorkühlraum . . | — | Größe nach Leistung | — | — | Vergrößerungsmöglichkeit vorsehen |
| Kühlraum . . . | — | 12 Zellen | — | — | (Vergrößerungsmöglichkeit vorsehen) |
| Pökelraum . . . | — | nicht verlangt | — | — | — |
| Freibank . . . | — | — | oder in der Stadt | — | — |
| Kleiderraum . . | Aufhängegelegenheit | — | Raum vorsehen (evtl. freiwerdende Kasse) | — | — |
| Baderaum . . . | — | — | nicht nötig | — | — |
| Wagenhinterstellung . . . | — | — | Möglichkeit vorsehen | — | — |
| Fleischerpferdestallung . . . | Anbinderinge | 8 Stück | — | — | — |
| Abortraum . . . | 2 Aborte. 1 Pißort | — | — | — | — |
| Büroraum . . . | 1 Raum für die Kasse. 1 Raum für das Trichinoskop | — | Anbau an die Dienstwohnung | — | — |
| Wohnung für den Hallenmeister. | 1 | — | — | — | — |
| Tierarztwohnung | — | 5 Zimmer, Küche u. Nebenräume | — | — | — |
| Antriebsraum . | — | 1 | — | — | — |
| Luftkühlraum . | — | 1 | — | — | — |
| Warmwasserbereitungsraum . | 1 Kessel mit Kohlenplatz | — | — | — | — |
| Eisbereitungsraum . . . . | — | nach Wunsch | — | — | — |
| Häuteraum . . | — | auf Wunsch der Fleischerinnung | — | — | — |

größeren Ausmaßes verwirren hingegen sehr leicht. Bei Umbauten — die in den nächsten Jahrzehnten wohl eine größere Bedeutung bekommen werden — bedarf es besonderer Untersuchungen, um festzustellen, ob dieser auch die zweckmäßigste Lösung ist. Oft ist eine innere Leistungssteigerung durch Verbesserung der maschinellen Einrichtungen möglich, in anderen Fällen hinwiederum ist ein Neubau vernünftiger. Sehr häufig sind die erweiterungsnotwendigen Räume von Betriebsräumen aller Art so eingeschlossen, daß deren Erweiterung nicht mehr möglich ist. In der überwiegenden Zahl der Fälle ist bei Umbauten guter Rat teuer. Hier ist die Zuziehung eines Betriebs- bzw. Maschinenfachmannes zumeist besonders nötig. Durch Zeichnungen und Voranschläge der einschlägigen Firmen werden die schwebenden Probleme auch hier nicht gelöst, da sie stets ineinander übergreifen und eine Übersicht über die prinzipiellen Fragen aller einschlägigen Fachgebiete erforderlich ist. Nur ein unparteiischer Sachverständiger kann hier den richtigen Weg weisen. Für den Dilettanten ist bekanntlich alles leicht; es sei vor diesem Laster daher zum Schluß nochmals eindringlichst gewarnt. Nur das Beste ist in den heutigen schweren Zeiten gut genug. Zum Experimentieren fehlt das Geld.

# III. Einzelräume.

## Auswirkungen des Arbeitsvorganges und der Einrichtung auf die Raumgestaltung, sowie auf die bauliche Ausstattung.

### Vorbemerkung.

Bevor auf die einzelnen Räume, deren Gestaltung eine überaus große Bedeutung im Entwurf zukommt, näher eingegangen wird, sei in kurzen Zügen das Wesen eines Viehhofes, eines Schlachthofes und eines Fleischmarktes nebst deren verschiedenen Arten erläutert unter gleichzeitiger Erwähnung der Notwendigkeit ihrer gegenseitigen Abtrennung. Es soll jedoch davon abgesehen werden, die einzelnen Räume der gesamten Anlage, welche sich aus dem Arbeitsvorgang ergeben, aufzuzählen. Diese mögen aus dem Teil II und III „Betrieb und Einrichtungen" oder aus den Überschriften dieses Kapitels ersehen werden.

### Viehhof.

Zum An- und Verkauf von Vieh während einer bestimmten Zeit dienen in kleinen Städten öffentliche Plätze, in mittleren und großen Städten geschlossene Anlagen (Viehhöfe), welch letztere die Durchführung der seuchenpolizeilichen Vorschriften durch ihre Abschließung ermöglichen. Auf Märkte zugetriebene Tiere müssen nämlich beim Zutrieb und evtl. auch beim Abtrieb zur Feststellung von Seuchen einer sorgfältigen amtstierärztlichen Untersuchung unterworfen werden. Aus demselben Grunde, der eine räumliche Abschließung des Viehhofes bedingt, ist weiter ein strenge Trennung des Viehhofes vom Schlachthof erforderlich. Weder Vieh noch Futter oder Dünger dürfen ohne Kontrolle vom Schlachthof zum Viehhof gelangen; auch ist auf die Verhinderung von Seuchenübertragungen durch Menschen (Händler, Treiber, Fleischer) zu achten.

Wegen der Möglichkeit der Seuchenübertragung ist gesetzlich auch Inlandsvieh vom Auslandsvieh zu trennen. Dies erfordert für beide Vieharten getrennte Anlagen. Man unterscheidet daher:

1. Inlandsviehhöfe und
2. Auslandsviehhöfe, welche für unter Zollkontrolle stehende Auslandstiere, die stets mit der Bahn kommen, unter Abtrennung dem Viehhof angegliedert werden müssen. Die Tiere dürfen aus diesem nur zur Schlachtung entfernt werden, die im Falle einer Seuche wieder nur in einem abgetrennten Auslandsvieh-Schlachthof vorgenommen werden darf. Verkauf von Auslandsvieh am Inlandsviehmarkt ist ebenso wie Wiederausfuhr von Auslandsvieh nicht erlaubt. Ein Auslandsviehhof enthält eigene gedeckte Verkaufsräume (sofern sich der Tierhandel nicht in den Stallungen abwickeln darf), getrennte Lagerräume für Futter und Streu und eine eigene Düngerstätte.

### Schlachthof.

Vielfach herrscht über die Einzelheiten der Arbeit in einer Schlachthofanlage Unkenntnis oder Unsicherheit. Es soll daher versucht werden, deren Wesen auf die einfachste Formel zu bringen, die den schwierigsten Grundriß irgendeiner Anlage verständlich macht.

Das zur Schlachtung bestimmte Tier jeder Gattung wird nach der Tötung in 3 Hauptteile zerlegt: 1. Fleisch, 2. übrige Teile, 3. Abfälle (Dünger) (Abb. 475).

Will man weiter trennen, so kann man folgende Zerlegung des Tieres verfolgen (Abb. 476). Auch hier ist wegen der Vorbeugung gegen Seuchenübertragung eine Abtrennung zum Viehhof und zum Krankviehschlachthof nötig, welche beide durch zum Schlachthof gelangende Tiere nach den gesetzlichen Bestimmungen nicht berührt werden dürfen. Es gibt folgende Arten eines Schlachthofes:

1. Inlandsviehschlachthof, die übliche Anlage.

2. Auslandsviehschlachthof (s. unter Viehhof, 2) nur in größeren Städten. Auslandsvieh darf gesetzlich nicht mit Inlandsvieh in Berührung kommen; es darf weder durch den Inlandsviehhof noch durch den Inlandsschlachthof getrieben werden, noch mit diesen in Berührung kommen. Neben eigenen Stallungen (Krankviehstallungen können evtl. dazu benutzt werden) müssen eigene Schlachträume, Futter- und Streulagerräume, eine eigene Düngerstätte und evtl. eigene Stallwärter vorhanden sein.

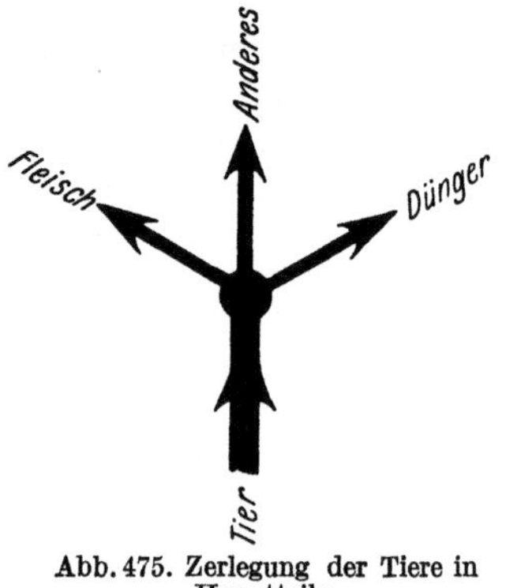


Abb. 475. Zerlegung der Tiere in Hauptteile.

3. Seegrenzschlachthof, in welchem Auslandsvieh geschlachtet wird, das nur als Fleisch ins Inland ausgeführt wird.

4. Krankviehschlachthof. Krankes oder verdächtiges Vieh muß unverzüglich auf dem kürzesten Wege aus allen Teilen der Anlagen (insbesondere vom Viehhof her) zum abgetrennten Krankviehschlachthof gebracht werden können.

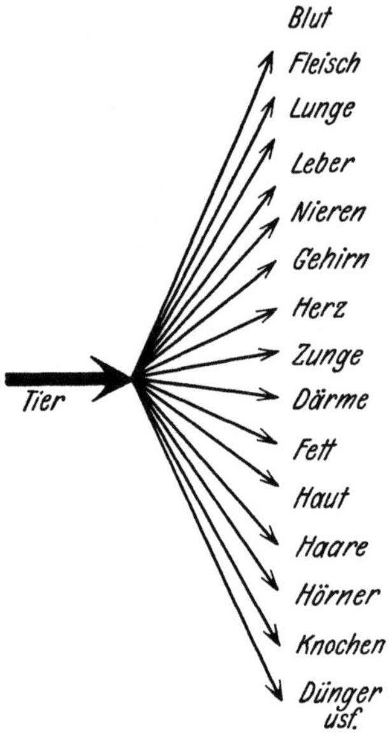


Abb. 476. Zerlegung der Tiere in Einzelteile.

In kleinen Anlagen genügt ein einziger Raum (mit Schlachtvorrichtung, Brühbottich, Becken, eigener Düngergrube). In mittleren Anlagen findet man drei getrennte Räume (Stallung, Schlachtraum, Kuttelei). In großen Anlagen sind die Stallungen nach Tierarten getrennt, ebenso die Schlachträume; die Kuttelarbeit findet in einem gemeinsamen Raum statt. Große Anlagen enthalten einen Dienstraum für den mit der Überwachung betrauten Tierarzt, eigene Untersuchungsräume, eigene Kühlräume, Stallungen für Impftiere, eigene Vernichtungs- und Verwertungsräume u. a. Der Krankviehteil ist vom Schlachthof abgetrennt und mit unmittelbarer Zufahrt von der Straße und vom Bahngeleise aus zu versehen. Eine gemeinsame Anlage für das kranke Vieh aus dem Viehhof und aus dem Schlachthof ist das günstigste; die Lage des Bahngeleises kann dies jedoch behindern. Auch die Krankviehanlage bildet somit eine in sich abgeschlossene Einheit.

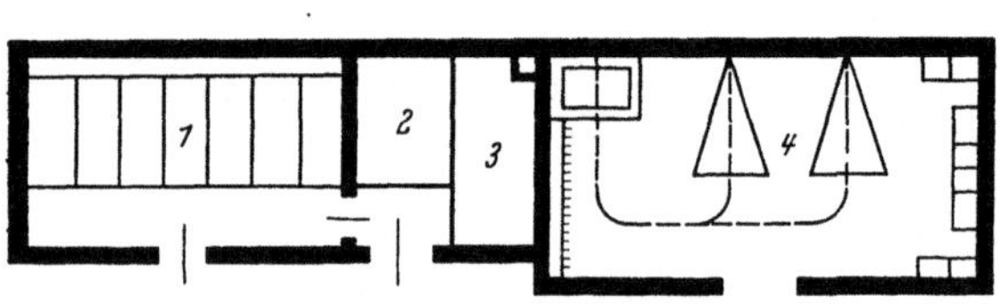


Abb. 477. Krankviehräume einer mittleren Anlage.
*1* Großviehstallung, *2* Kälber, *3* Schweine, *4* Schlachtraum.

Fleischmarkt[1].

## 1. Räume zur Aufbewahrung und zum Verkauf von lebenden Tieren.

**Bahnrampe und Ausladebuchten.** Die Bahnrampe dient dem bequemen Ausladen der mit der Bahn ankommenden Tiere, die Ausladebuchten deren Verteilung nach Tiergattungen, der tierärztlichen Untersuchung und dem Zählen und Verteilen der Tiere durch ihre Besitzer. Die Fleischer und Händler wollen die ihnen gehörigen Tiere nach Möglichkeit beisammen haben. Die tierärztliche Kontrolle der ankommenden Tiere erfolgt bei Großvieh vor dem Eintrieb in die Buchten, bei Schweinen und Kleinvieh meist in den Buchten selbst.

Zwischen den Bahnwagen und den Buchten muß nicht nur genügend Platz für die Entladebrücken vorhanden sein, sondern auch für den Personenverkehr und für die Untersuchung der Tiere. Es ist wesentlich, den Platz längs des Bahngeleises möglichst gut auszunützen, es wäre aber verfehlt, bei begrenzter Rampenlänge die Buchten sehr schmal und tief zu machen; die Anordnung einer zweiten Buchtenreihe ist in diesem Falle zweckmäßiger. Bei Anordnung nur einer Buchtenreihe stoßen die einzelnen Buchten aneinander, doch empfiehlt es sich, nach

[1] Siehe diesen, S. 465, erster Absatz.

Bedarf Durchgänge zu schaffen, wenn auch die einzelnen Buchten in der Regel nach der Bahn und nach den Stallungen zu je eine Türe als Durchgangsmöglichkeit besitzen. Es ist zweckmäßig, alle Buchten gleich tief zu machen, etwa 5 m, tiefer nur in besonders gelagerten Fällen, während die Breite einer Bucht der Länge eines Bahnwagens (also etwa 8 m) entsprechen soll. Die Buchtenhöhe beträgt etwa 1,5—1,7 m. Zweckmäßig ist es, die Buchtentüren so anzuordnen, daß sie, um ein seitliches Entweichen der Schweine zu verhindern, an die Entladebrücken anschließen. Für die von der oft langen Bahnfahrt erschöpften Tiere sollen Tränkegelegenheiten für Schweine, auch frisches Wasser enthaltende Mulden als Bäder vorgesehen werden. Lange Rampen sind kurzen vorzuziehen, da letztere die tierärztliche Kontrolle erschweren. Bahnrampe und Buchten sollen in allen Fällen Erweiterungsmöglichkeit besitzen, da nicht vorausgesehen werden kann, wie die Marktverhältnisse einer Stadt sich entwickeln. Je ausgedehnter eine Viehhofanlage, desto geräumiger müssen Rampen und Buchten sein; zwischen beiden besteht ein starkes wechselseitiges Verhältnis.

Von den Buchten kommen die Tiere in die Marktstallung ihrer Tiergattung. Beanstandete Tiere gelangen sofort in die Krankviehräume (Krankviehschlachthof). Auch auf Wiederausfuhr von auf einem Viehhof gekauften Tieren mittels Bahnwagen ist Rücksicht zu nehmen.

Für den Boden der Bahnrampe und der Buchten ist wegen des Düngeranfalles und der oftmaligen Entkeimung fugenloses, mindestens aber engfugiges und einwandfrei vergossenes rauhes und widerstandsfähiges Pflaster zu verwenden. Das Pflaster besitzt ein leichtes Gefälle gegen den Viehhof zu, das wegen der Vereisung im Winter nicht zu stark sein soll. Zur Reinigung müssen frostfreie Zapfständer in genügender Zahl vorhanden sein. Der anfallende Dünger wird mittels Düngerkarren in das Düngerlager des Viehhofes gebracht. Die Rampe muß wegen evtl. notwendiger Untersuchungen bei Dunkelheit ankommender Tiere ausreichende Beleuchtung haben.

**Großviehmarktraum und -stallung (Großviehmarkthalle).** In kleinen und mittleren Städten findet der Großviehmarkt an öffentlichen, meist von Bäumen beschatteten, ungepflasterten

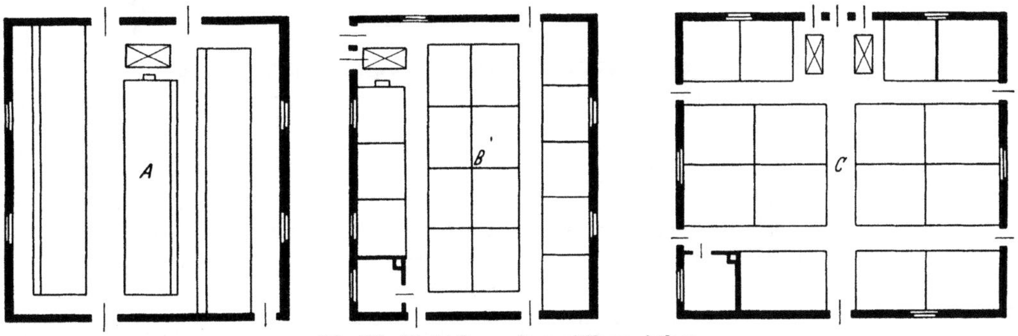


Abb. 478. Markträume einer mittleren Anlage.
*A* Großviehmarktraum, *B* Kleinviehmarktraum (mit Futterküche), *C* Schweinemarktraum (mit Futterküche).

oder gepflasterten Plätzen statt. In größeren Städten hingegen werden für die Abwicklung des Marktes eigene große Räume erstellt und je nach den vorhandenen Mitteln zur Einstellung von Tieren bis zum Markt eigene Stallungen angeordnet oder aber das Großvieh von der Bahnrampe, den Ausladebuchten oder vom Viehhofeingang aus unmittelbar in den Großviehmarktraum verbracht, wo es bis zum Markt verbleibt.

Der Raum besteht aus langen Reihen von Ständen zu beiden Seiten von Besichtigungsgängen mit etwa 3—4 m Breite (Händlergänge). Die Tiere stehen gegen diese mit der Rückseite; mit der Kopfseite stehen sie gegen einen schmäleren Gang für den überwachenden Tierarzt von etwa 1,5 m Breite (Tierarztgang). Die Händler besichtigen und befühlen die Tiere von vorne, von den Seiten und von rückwärts, sie müssen also von allen Seiten dazutreten können. Zwischen je zwei Tieren soll ein Bewegungsraum für die Händler von 0,8—1 m bleiben. Der Großviehmarktraum ist ein einheitlicher Raum unter einem Dach ohne Zwischenwände. Bei mittleren und großen Anlagen ist mindestens ein Hauptlängsgang senkrecht zu den Händlergängen zu verlegen. Bei kleinen Anlagen genügen zwei Seitengänge senkrecht zu den Händlergängen. Werden diese Hallen gleichzeitig als Marktstallungen benützt, so ist Fütterungsgelegenheit vorzusehen; sind eigene Stallungen vorhanden, dann ist diese entbehrlich oder nur in einzelnen Teilen der Halle einzubauen. Die für den Marktbetrieb sehr nötigen Viehwaagen werden bodengleich in den Gängen eingebaut, aber auch außerhalb der Hallen angebracht. Der Raum muß sowohl von der Bahnrampe her als gegen die Schlachthofseite zu genügend Zutriebsöffnungen besitzen. Die Gänge im Innern des Raumes müssen nach dieser Hauptverkehrsrichtung orientiert sein. Sowohl als Marktraum, wie als Markt- und Stallraum sind 4 m Höhe in den meisten

Fällen hinreichend; andere Raumgestaltungen sind unsachlich. Nach dem Markt werden die Tiere vorwiegend zu den Großviehschlachträumen verbracht, das unverkauft gebliebene Vieh wird wegen der Reinigung der Halle in den sog. „Überständerstallungen" bis zum nächsten Markt hinterstellt. Nach auswärts verkauftes Vieh gelangt wieder zur Bahnrampe zurück.

Zur Ersparung von Baukosten sind Geschoßanordnungen von Markträumen ohne weiteres möglich, insbesondere bei schrägem Gelände. Sie sind auch wiederholt ausgeführt worden. Fleischer und Händler haben einen Widerwillen gegen die mehrgeschossige Anordnung, da „kein Überblick über den Markt möglich sein"; sie bezahlen jedoch die Mehrkosten einer horizontalen Anordnung nicht. Insbesondere wird Kellergeschoßlage als minderwertig angesehen. Bedingung ist in allen Fällen, daß sämtliche Verkaufsplätze in allen Geschossen gut beleuchtet sind; dann bestehen keine inneren Gründe mehr gegen Geschoßbauten. Halbtiefe Lage ist günstiger als Kellerlage, insbesondere wenn diese beispielsweise bei Ausnützung der Gründung in aufgefülltem Gelände in erster Linie in Erwägung gezogen wird.

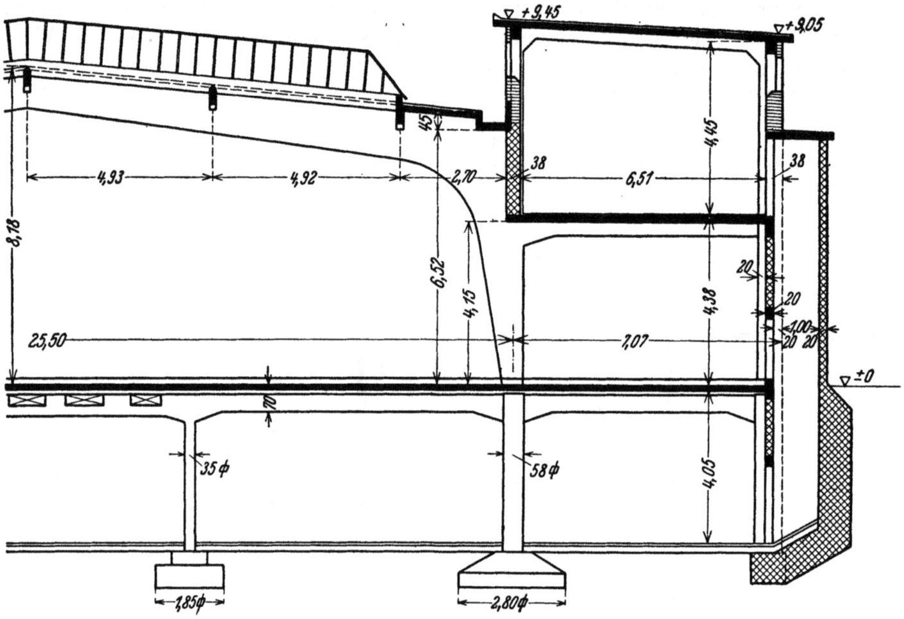


Abb. 479. Geschoßmarkthalle (Düsseldorf).

Erdgeschoß: Großviehmarktraum. Kellergeschoß: Wegen Geländemangels die Großviehmarktstallungen, mit dem Marktraum durch zwei Rampen und einen Aufzug verbunden. Obergeschoß: Zwei seitliche Heuböden, mittels Abwurfschächten mit Erd- und Kellergeschoß verbunden.

In großen Anlagen sind Nebenräume zum vorübergehenden Aufenthalt für Hallenaufseher und -wärter, für Händler und Treiber, ferner eine Kantine (Imbißraum) notwendig.

Man hat versucht, in Markträumen Heizungen einzubauen, doch sind hierfür die Abkühlungsflächen zu groß. Es wird auch von Betriebsfachleuten davon abgeraten mit der Begründung, daß warme Streu und Decken für die Tiere zweckmäßiger seien, da sie gegen Kälte widerstandsfähig sind. Trotzdem sollen aber die Raumumschließungen Schutz gegen Kälte, Zugluft und unmittelbare Sonnenbestrahlung bieten, insbesondere bei gleichzeitiger Benützung als Stallung.

Die Anordnung von Pfeilern ist im Untersuchungsgang der Tierärzte vorteilhafter als jene in den Händlergängen; am besten finden sie an den Ecken der einzelnen Buchtenabteilungen ihren Platz. Der Fußboden soll fugenlos und etwas rauh sein. Wie erwähnt, muß jeder Platz gut und hell beleuchtet sein. Zur künstlichen Beleuchtung des Raumes ist es zweckmäßig, schwächere Leuchten für den Eintrieb von Vieh außerhalb der Marktzeit und stärkere für den Verkauf in den Morgenstunden anzubringen. Zur Belüftung genügen die vorhandenen Tür- und Fensteröffnungen. Hinter den Ständen des Viehes sind Jaucherinnen mit Sinkkästen anzubringen. Der hier anfallende Dünger wird in das Düngerhaus des Viehhofes verbracht. Der Raum ist täglich nach beendeter Marktzeit mit Wasserschläuchen zu reinigen. Auf die Entseuchungsmöglichkeit des Raumes ist in allen Bauteilen Rücksicht zu nehmen.

**Großviehmarktstallung.** In ganz großen Schlachthöfen wird das ankommende Großvieh von der Bahnrampe weg vor der Verbringung in den Großviehmarktraum in eigene Großviehstallungen zur Einstellung gebracht. Weniger große Anlagen begnügen sich mit der Durchbildung des Marktraumes zur Verwendung als Marktstallung, wie dies bei Kleinvieh und Schweinen fast durchweg üblich ist. Die von der Bahnfahrt ermüdeten Tiere werden dort gefüttert und getränkt, es sind somit vor den Köpfen der Tiere Futtergänge anzubringen. Die Düngerabfuhr ist wie in ländlichen Stallungen. Da die Tiere oft von der Reise unruhig und nicht aneinander gewöhnt sind, müssen kräftige Anbindeketten im Mauerwerk der Futterbarren verankert werden. Über dem Stallraum — bei Flachdach daneben — ist das Futter- und Streulager anzubringen, mit diesem durch verschließbare Abwurfschächte, die in die Futtergänge münden, verbunden. Bei zweigeschossiger Anordnung des Stalles sind die Futterräume entsprechend größer vorzusehen. Futterlager und Stallung müssen hermetisch gegeneinander abgeschlossen werden können, um eine mögliche Infektion des Futters zu vermeiden. Aufzüge zu Futterlagern dürfen nicht über den Stalltüren liegen, um den Verkehr zur Stallung nicht zu behindern. Eine Stallhöhe von 3—3,5 m ist als ausreichend zu bezeichnen.

Die bauliche Ausstattung ist dieselbe wie bei guten ländlichen Stallungen, nur mit dem Unterschied, daß tiefe Jaucherinnen entbehrlich sind, da diese Räume weniger benützt werden. Auch werden Schiebetüren vor Angeltüren bevorzugt, da letztere leicht durch Tiere beschädigt werden können. Auf die Entseuchungsnotwendigkeit der Stallungen ist besonders das Augenmerk zu lenken.

**Schweine- und Kleinviehmarktraum und -marktstallung (-markthalle).** Bei den großen Mengen von Schweinen und Kleinvieh, welche in großen Städten verbraucht werden, werden dort für die Abwicklung des Marktes eigene überdeckte Räume von oft beträchtlichen Abmessungen erforderlich. Je nach örtlichen Wünschen werden Kleinvieh und Schweine in getrennten Räumen oder in einem Raum untergebracht. Letzteres ist die übliche Anordnung. Man trifft getrennte Stallungen nur in den größten Viehhöfen, in welchen man auch stets eigene Schweinemarktstallungen vorfindet, während in den übrigen Fällen die Schweine nach ihrer Ankunft in den Buchten der Markthalle untergebracht werden, wo auch ihre Fütterung erfolgt.

Die Tiere kommen von der Bahnrampe her oder durch den Viehhofeingang zum Marktraum. Dort werden sie in Buchten untergebracht, deren Türen so angeordnet werden sollen, daß sie (rechtwinklig gestellt) den Gang absperren, so daß es dadurch möglich gemacht wird, die schwer zu befördernden Schweine in eine bestimmte geöffnete Bucht einzutreiben.

Es ist im Entwurf folgendes zu berücksichtigen. Mitten durch den Raum führt in der Längsrichtung a) der etwa 3—5 m breite Händlergang; in ganz großen Anlagen sind zwei vorhanden. Von diesen aus soll man den Marktraum übersehen können. Zur Verteilung der Tiere wird er durch niedere Gitter abgeteilt. Parallel zu diesem Händlergang sind b) die Haupttreibgänge. Ihre Breite ist gleich der Breite der Buchtentüre (1,3 m), damit der Gang durch die Türe abgesperrt werden kann (Spezialfirmen). Der Inhalt der einen Bucht kann auf diese Weise in eine andere entleert werden. Jene Buchten, welche sich am Händlergang befinden, dürfen nicht nach diesem entleert werden, sondern nur nach den Treibgängen. Diese beiden Gangarten sind c) durch 1,2—1,5 m breite Verbindungsgänge verbunden. Die Buchten werden meist in der Größe von 4 × 4 oder 6 × 6 m angeordnet. Verschiedene Größen werden als zweckmäßig bezeichnet. Die Raumform kann rechtwinklig oder quadratisch sein und den jeweiligen Anforderungen des Bauplatzes angepaßt werden. Ein innerer Betriebsverlauf ist nur insofern vorhanden, als die Tiere auf der Bahnseite zugebracht und auf der Schlachthofseite abgetrieben werden. Gänge und Türen sind nach diesem Betriebsweg einzurichten. Das Wiegen der Tiere erfolgt in Buchtenwaagen, von denen möglichst am Ende jedes Treibganges eine angebracht werden soll, da das Treiben von Schweinen schwierig ist. Schreibpulte und Sitze für Händler sollen wandständig aufklappbar angebracht werden, damit sie den Verkehr nicht behindern. Als Raumhöhe sind 3,5—4 m völlig ausreichend, da die Tiere sich in zu hohen Räumen schwer erwärmen können. Der Raum muß erweiterungsfähig sein (s. Abb. 478).

Für diese Hallen sind Nebenräume für Aufseher und Treiber, ferner solche für die Futterbereitung (Futterküche) vorzusehen, welch letztere mit Schrotmühlen auszustatten sind und zur Erleichterung der Futterbeförderung möglichst in der Mitte des Raumes liegen sollen. In einigen Zellen baut man auch Brausen für Schweine ein; auch eigene Schweinebäder zur Abkühlung nach langen Bahntransporten für die heiße Jahreszeit sind oft zu sehen.

Für Geschoßanordnung gilt das bei Großviehmarkträumen Erwähnte. Schweine und Schafe lassen sich leicht nach oben treiben, Kälber schwerer. Verkaufsräume im Erdgeschoß sind für letztere vorzuziehen.

Die bauliche Ausstattung ist die gleiche wie bei Großviehmarkträumen. Die Wandverkleidung muß hellfarbig, abwaschbar und zu entkeimen sein. Der Fußboden muß wärmehaltend sein, da Schweine gegen Bodenkälte empfindlich sind. Der Belag muß die Herstellung von Hohlkehlen innerhalb der Buchten und ein Gefälle gegen die Gänge zu ermöglichen. Zur Abhaltung von Zugluft werden die Buchtenumfassungswände etwa 0,5 m hoch massiv hergestellt und darauf 0,6 m hohe Gitter aufgesetzt. Als Türen gibt man an den Ausgängen des Raumes beschlagenen Schiebetüren den Vorzug, da die Türen durch das Fahren mit Handkarren leicht beschädigt werden. Jede Bucht soll gut beleuchtet sein, Sonnenwärme stört die Schweine nicht sonderlich. Zur Lüftung genügen Tür- und Fensteröffnungen. Die künstliche Beleuchtung ist dieselbe wie beim Großviehmarktraum. Zapfstellen für Kaltwasser sind reichlich vorzusehen. Auf die Entkeimung ist bei der baulichen Ausstattung Rücksicht zu nehmen und deshalb Holz zu vermeiden.

**Überständerstallung.** Um die Markträume von unverkauftem Vieh räumen zu können — es ist nötig, sie zu reinigen und evtl. zu entseuchen — sind sog. Überständerstallungen auf Viehhöfen notwendig. Die Tiere werden dort bis zum nächsten Markt eingestellt. Zumeist ordnet man sie nur für Großvieh an. Werden auch für Kleinvieh und Schweine Überständerstallungen als notwendig erachtet, so sollen sie von den ersteren räumlich getrennt sein, können aber im gleichen Gebäude untergebracht werden. Die Zubringungswege der Tiergattungen von den Markträumen her dürfen sich nicht überschneiden. Aushilfsweise können Überständerstallungen in kleinen Viehhöfen auch als Marktstallungen Verwendung finden. Sie verhindern ein Unterbringen von Marktvieh in außerhalb des Viehhofes liegenden Gebäuden.

Über Raumausstattung gilt das bei „Stallungen" Erwähnte.

**Schlachtviehstallungen für Großvieh, Kleinvieh und Schweine.** Die zur Schlachtung bestimmten Tiere stammen entweder aus einem näheren oder entfernteren Landbezirk oder von Viehmärkten und Viehsammelstellen. Sie werden aus der ländlichen Umgebung oder von einem nebenan befindlichen Viehhof zu Fuß oder mit Wagen zugebracht; von den Viehmärkten her geschieht die Heranbringung mit der Bahn. In jedem Schlachthof sind Räume zur Aufnahme der Tiere nötig und sei es nur für kurze Zeit, um ihnen die Möglichkeit zu geben, sich vom Transport zu erholen; selten dauert die Einstellzeit aber länger als 2—3 Tage. Bei ganz kurzer Einstellung werden die Tiere nicht gefüttert, wohl aber getränkt. Nur bei längerem Aufenthalt ist eine Fütterungsmöglichkeit vorzusehen. In ganz kleinen Anlagen können Stallungen durch Anbinderinge außerhalb der Halle, ferner durch offene Buchten für Kälber und Schweine ersetzt werden, wenn die Schlachtung kurze Zeit nach der Einbringung erfolgt. Zur Schlachtung werden die Tiere nach Bedarf in die Schlachträume verbracht.

Die Raumgestaltung von Stallungen entspricht den hierfür bekannten Grundsätzen. Die Fütterungsgelegenheiten, soweit solche als notwendig erachtet werden, entsprechen für alle einschlägigen Tiergattungen denen in ländlichen Stallungen. In großen Anlagen sind, wenn Kleinvieh und Schweine längere Zeit eingestellt werden, eigene Futterküchen und ein Dienstraum für den Viehwärter vorzusehen, desgleichen aber auch bei allen Stallräumen entsprechende Lagerräume für Futter und Streu.

Beim Entwurf muß darauf Bedacht genommen werden, daß die Einbringungswege der Schlachttiere zu den Stallungen, desgleichen die Zubringungswege in die Schlachträume der betreffenden Tiergattung parallel laufen, eine Überkreuzung dieser Wege also vermieden wird. Weiter sollen diese Zubringungswege tunlichst verkürzt werden, nicht aber in der Weise, daß die Schlachtviehstallungen an die Schlachträume angebaut werden, um in letzteren Stallgerüche, desgleichen das Einbringen von Düngerresten und Streu zu vermeiden. Bei dieser getrennten Anordnung der Stallungen und Schlachträume ist aber oft nicht zu vermeiden, daß Verkehrswege mit schwächerem oder stärkerem Verkehr zwischendurch führen, und man wird bemüht sein, stärkeren Verkehr an eine andere Stelle zu verlegen. Bei schwachem Verkehr ist es ohne weiteres möglich, die Viehzubringung über die Straße (bei Schweinen durch Förderkarren) so zu handhaben, daß sie den Wagenverkehr nicht behindert. In zu hohen Stallungen erwärmen sich die Tiere im Winter sehr schwer; für Großvieh genügt daher eine Raumhöhe von höchstens 3 m, für Schweine und Kleinvieh eine solche von 2,5 m. Bezüglich der Futterräume siehe die übrigen Stallungsarten.

Die bauliche Ausstattung von Stallungen ist allgemein bekannt. Erwähnt sei noch, daß in Schweinestallungen zur Verhinderung der Zugluft Buchtenwände aus Beton mit aufgesetzten Gittern verwendet werden, und daß die Buchtentüren die Stallgänge abschließen müssen, damit ein müheloses Treiben der Schweine nach einer Richtung möglich ist. Lüftungsmöglichkeit muß für alle Stallungen vorgesehen werden.

**Schlachtpferdestallung.** In kleinen Anlagen genügen Anbinderinge vor dem Pferdeschlachtraum; sollen Schlachtpferde nur über Nacht eingestellt werden, so unterliegt es keinem Bedenken, sie in der Fleischerpferdestallung unterzubringen. Erst in mittleren und großen Anlagen werden anschließend an den Pferdeschlachtraum eigene Stallungen erbaut.

Die Raumgestaltung ist wie bei den Pferdestallungen durchzuführen, doch sind, da hier die Pferde meist nur kurze Zeit stehen, Fütterungsvorrichtungen entbehrlich; es sind lediglich Anbinderinge und Lattierbäume vorzusehen.

Die bauliche Ausstattung entspricht der der gewöhnlichen Pferdestallungen. Die Möglichkeit einer Entkeimung ist bei Auswahl der Baustoffe zu berücksichtigen.

## 2. Räume zum Schlachten und Zerlegen der Tiere.

**Großviehschlachtraum (-halle).** Das Töten und Zerlegen von Großvieh erfolgt im Gegensatz zu den Schweinen wegen des großen Gewichtes der Tiere an einem und demselben Platz, wohin die Tiere vom Marktraum oder von den Schlachtviehstallungen oder vom Lande verbracht werden. Nach Betäubung am Schlachtplatz wird das Tier ausgeblutet, der Kopf und die Vorfüße abgetrennt und teilweise enthäutet, nachdem man das Tier in die Rückenlage verbracht hat. Sodann wird das Tier (mittels Winden) hochgezogen, Brust- und Baucheingeweide entnommen und letztere zunächst zur Darm- und Fettabnahme in den Kuttelraum gebracht, während die Mägen zum Düngerhaus weitergefahren und dort entleert und vorgereinigt werden. Das hängende Tier wird vollkommen ausgeschlachtet und, sofern es in den Vorkühlraum verbracht werden soll, in 2 Längshälften gespalten. Tiere, welche zur Wurstbereitung nach Hause verbracht werden, werden geviertelt und die Viertel zu den Fahrzeugen gebracht. Die hängenden Hälften werden (mittels derselben Winde) zur Förderschiene hochgewunden und auf diese auf äußerst sinnreiche Weise übergesetzt. Lungen, Lebern, Zungen usw. werden an eigenen Hakenrahmen zur weiteren Untersuchung aufgehängt und dann abbefördert.

Innerhalb des Raumes vollziehen sich also 3 Hauptarbeitsrichtungen: 1. Zubringung des lebenden Tieres zum Schlachtplatz, 2. Abbeförderung der Fleischhälften, 3. Abbeförderung der Eingeweide. Nebensächliche Arbeitsvorgänge sind dabei außer acht gelassen. Das Grundsätzliche des Arbeitsvorganges kann wie nebenstehend veranschaulicht werden (Abb. 480).

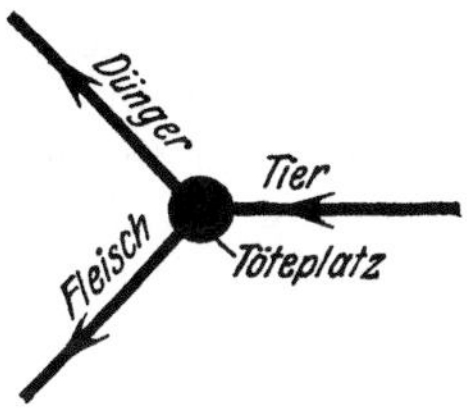

Abb. 480.

Daraus ergibt sich für die Raumgestaltung die wichtige Forderung, daß die Zubringung der Tiere und die Abfuhr von Fleisch und Eingeweiden fortlaufend und nicht sich überkreuzend oder rücklaufend erfolgen muß. Bei größeren Anlagen werden daher die seitlichen Gänge zum Schlachtviehzutrieb benützt, der Mittelgang zur Fleischabfuhr, gleichgültig ob die Schlachtplätze längs der Außenwand oder an den Pfeilern inmitten des Raumes liegen. In kleineren Anlagen ist diese Gangteilung oft nicht möglich, jedoch auch nicht notwendig, da sie bei Großanlagen nur wegen der reibungslosen Abwicklung der Zu- und Abbringung der Vieh- und Fleisch-

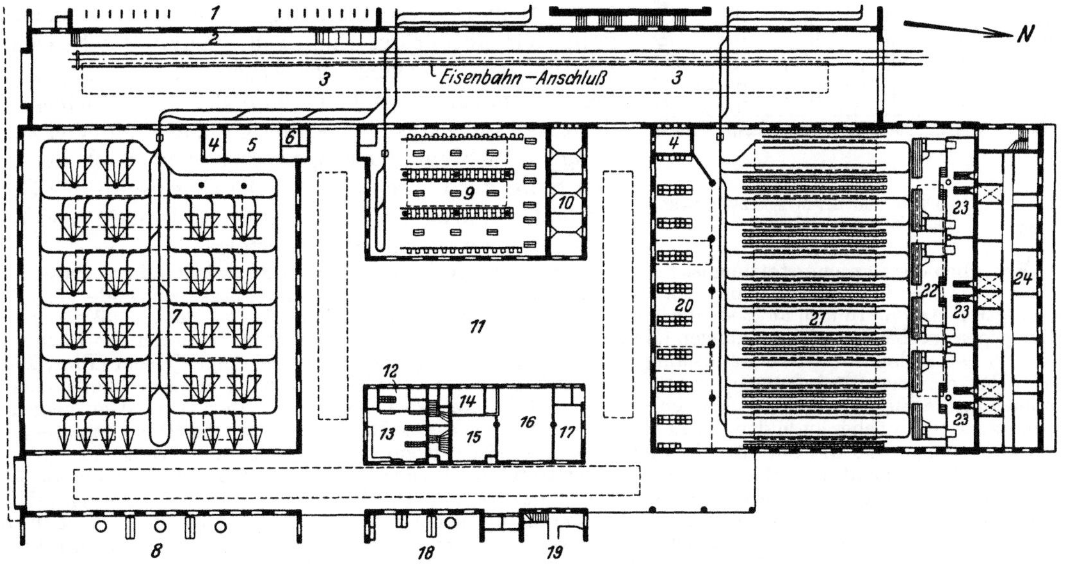

Abb. 481. Schlachthallenblock einer großen Anlage (Bochum).
*1* Untersuchungsraum für eingeführtes Fleisch; *2* Bahnrampe; *3* Bahnwagenhalle; *4* Hallenmeisterraum; *5* Tierarztraum; *6* Abortraum; *7* Großviehschlachtraum; *8* Großviehkuttelei; *9* Kleinviehschlachtraum; *10* Kleinviehwartebuchten; *11* Vergrößerung; *12, 13* Wasch- und Umkleideräume für Meister (im Obergeschoß für Gesellen und Kopfschlächter); *14* Küche; *15—17* Kantine; *18* Düngerraum; *19* Kleinviehstallung; *20* Schweinekuttelei; *21—23* Schweineschlachtraum; *24* Schweinewartebuchten.

mengen, sowie wegen der Anordnung der Förderschienen erfolgt und nicht aus hygienischen Gründen. Die Eingeweide sind geschlossen, somit ist es ausgeschlossen, daß sie das Fleisch verunreinigen; gleichfalls ist es unwahrscheinlich, daß das Schlachtvieh das Fleisch beschmutzt, da letzteres sofort nach der Schlachtung abgefahren wird. Durch einen günstigen Grundriß ist es meist leicht, das abzuführende Fleisch zu schützen. In größeren Schlachträumen müssen reichlich Viehzubringungstüren angeordnet werden, für eine Anzahl von Schlachtplätzen je eine Türe, damit Stauungen vermieden werden. Die Zubringung kann an einer oder mehreren Seiten des Raumes erfolgen, je nach den örtlichen Verhältnissen, die vierte Raumseite soll jedoch stets zur Fleischabfuhr dienen. Jeder Schlachtplatz muß weiter von einem Gang aus unmittelbar erreichbar sein, damit nicht ein Schlachttier über ein totes Tier steigen muß. Zur Abfuhr der Fleischhälften muß jeder Schlachtplatz an eine Förderschiene angeschlossen sein. Die Richtung der Abfuhr der Karren mit den Eingeweiden vom Schlachtplatz zum Kuttelraum ergibt sich von Fall zu Fall. Unter keinen Umständen soll sie durch die Viehzubringungstüre, außerhalb welcher meist Fleischerwagen stehen, erfolgen, auch nicht durch die Fleischabfuhrtüre. Die Kuttelei muß also so gelegt werden, daß die Abfuhr von selbst durch eine andere als die beiden Türen erfolgt. In kleinen und mittleren Anlagen wird die Eingeweideabfuhr vom Schlachtraum stets an die dem Wagenverkehrsplatz abgewandte Seite verlegt. Daß die Gänge innerhalb des Raumes so gelegt werden müssen, daß sie zwischen der Viehzubringung und der Fleischabfuhr verlaufen, ist selbstverständlich. Stets müssen die Förderschienen eine möglichst große Zahl von Schlachtplätzen bestreichen. Werden sie zwischen 2 Reihen von Schlachtplätzen angebracht, so werden sie in großen Anlagen verdoppelt; um eine genügende Zahl solcher Förderkatzen in der Nähe der Schlachtplätze vorrätig zu halten, bringt man eigene Leerschienen zwischen den Förderschienen an. Sparsame und doch dem Zweck entsprechende Verteilung des Förderschienennetzes ist ein wesentlicher Teil der Raumgestaltung. Der Raum kann dabei beliebig rechteckig oder quadratisch sein. Auf eine später notwendig werdende Leistungserhöhung durch Einbau von weiteren Winden oder aber auf die Möglichkeit einer baulichen Erweiterung muß Rücksicht genommen werden. Der Raum darf dann nicht unbequem werden.

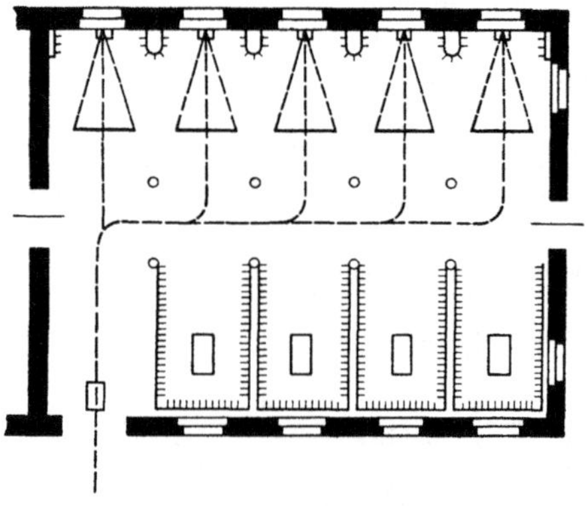

Abb. 482. Großvieh- und Kleinviehschlachtraum einer kleineren Anlage.

In kleinen Anlagen gestaltet sich dies alles einfacher, doch bleiben die Grundgedanken dieselben. Die vom Betriebsfachmann errechnete Zahl der Winden für die Schlachtplätze wird im Entwurf an der Außenwand angebracht, um Raum zu sparen und dem Arbeitsplatz unter Vermeidung von Oberlichten möglichst viel Tageslicht zuzuführen. Der vor der Windenreihe angeordnete Gang dient in diesem Falle gleichzeitig zur Viehzubringung, zur Abfuhr der Eingeweidekarren, der Fleischhälften und zum Verkehr der Arbeitenden. Ihn genügend breit zu machen, ist hier somit das wesentlichste. Von der einen Seite des Ganges her geschieht die Viehzubringung und Abfuhr der Eingeweidekarren, nach der anderen Seite die Fleischabfuhr. Die Gegenseite des Ganges enthält zumeist die Haken zum Schlachten von Kleinvieh, das im selben Raum erfolgt.

Bezüglich der Raumausstattung ist hier die wichtige Frage der Bodenbeläge zu behandeln. Es sei hierbei eine vorzügliche Zusammenstellung von Stadtveterinärrat Schrader, Brandenburg, zugrunde gelegt. Die wichtigsten Anforderungen an Bodenbeläge in Schlachträumen sind folgende: 1. Der Belag muß widerstandsfähig gegen mechanische Einwirkungen (Beilhiebe, Auffallen von schweren Lasten, Befahren mit Karren u. a.) sein. 2. Der Belag muß widerstandsfähig und unveränderlich gegen chemische Angriffe sein (Blut, Fleischreste, Entkeimungsmittel, Laugen). 3. Der Belag muß dicht sein und bleiben, damit nicht Krankheitskeime oder anderes in die Fugen eindringen können. 4. Er muß dauernd eben bleiben und darf nicht dazu neigen sich abzunützen und Löcher zu bilden. 5. Er muß dauernd eine gewisse Rauhigkeit der Oberfläche behalten, damit die Schlachttiere und die dort Arbeitenden nicht ausgleiten, wenn er durch Blut und Wasser naß geworden ist; er darf aber nicht so grobkörnig sein, daß er trotz Gefälle den Ablauf von Blut usf. verhindert. 6. Der Belag darf Flüssigkeiten irgendwelcher Art nicht aufsaugen. 7. Die Farbe soll nicht so dunkel sein, daß Unreinlichkeiten nicht sofort zu erkennen sind; er muß sich leicht reinigen lassen. Ein Belag, der allen diesen Anforderungen vollkommen genügt, ist sehr schwer zu finden. Es soll im Rahmen dieses Buches kein Erzeugnis bevorzugt oder benachteiligt werden, um so mehr, als die Forschungsstelle der Deutschen Gesellschaft für Bauwesen, Berlin, die Absicht hat, die Baustoffe auf ihre Eignung zu prüfen. Schrader kommt zu folgendem Ergebnis:

Groß- und Kleinsteinpflaster ist an sich teuer und wird durch das unbedingt erforderliche Vergießen der Fugen noch teurer. Außerdem haftet ihm der Nachteil an, daß die Oberfläche nicht eben ist. Natursteinplatten haben, sofern es sich um Hartgesteine handelt, den Nachteil erheblicher Glätte, oder sofern weiche Gesteine verwendet werden, den Nachteil starken Verschleißes. Granit nimmt Fettstoffe begierig auf. Klinker üblicher Art sind gleichfalls nicht einwandfrei, da nach Zerstörung der Glasurschicht die Porosität des inneren Gefüges nachteilig in Erscheinung tritt. Außerdem sind Klinker zu dunkel. Asphalt zeichnet sich zwar durch hohe Widerstandsfähigkeit gegen chemische Einflüsse aus, ist jedoch zu weich und neigt bei starken Temperaturschwankungen zur Riß- und Beulenbildung. Zudem ist seine Farbe sehr dunkel. Asphaltplatten vermeiden diese Nachteile, sind jedoch wenig widerstandsfähig gegen Abnützung, außerdem neigen sie zu Verseifung und werden hierdurch glatt. Sandsteinplatten nützen sich stark ab, der Sollingssandstein bleibt dagegen stets rauh, währenddem alle anderen Erzeugnisse rasch glatt werden. Zementestrich und Beton bieten bekanntlich wenig Widerstand gegen Abnutzung, reißen leicht und bilden Staub, von der unreinlichen Farbe abgesehen. Kunststeinplatten können geringen Verschleißwiderstand haben. Platten aus geschmolzenem Basalt sind gegen chemische Einflüsse widerstandsfähig, fest, porenfrei und rauh, doch ist die Farbe dunkel. Platten aus Basalt und Quarz, mit Zement verbunden, haben rauhe Oberfläche, keine Abnützung, keine Poren und keine Unterhaltungskosten. Basaltzement wird rissig und nützt sich ungleich ab.

In Rücksicht auf die Blutgewinnung ist es nötig, den Boden leicht geneigt anzuordnen. Das Blut wird zweckmäßig in offenen, leicht zu reinigenden, durch Platten abgedeckten Rinnen in ein in Bewegung befindliches Sammelgefäß unter dem Schlachtraum geleitet. Bisweilen wird das Blut von dort aus zu Blutverwertungsanlagen hochgepumpt.

Der Schlachtraum wird in der Regel nicht geheizt, da die Schiebetüren, welche Pendeltüren vorgezogen werden, auch im Winter meist offen stehen. Da keine Schwadenbildung erfolgt, genügt Fensterlüftung vollkommen. Die Türen müssen genügend breit sein und sind durch einen rostsicheren Belag zu schützen. Zur Förderung der Reinlichkeit und leichten Reinigungsmöglichkeit erhalten die Wände stets einen hellen Belag; auch der Sockel der Außenseite ist gegen Schmutz und Schlag zu schützen. Jeder Schlachtplatz muß durch natürliches und künstliches Licht sehr gut belichtet sein.

**Schweineschlachtraum (-halle).** Baufachleute sind zwar darin geübt, aus den ihnen neu entgegentretenden Betriebsarten, für welche sie Räume und Baulichkeiten schaffen sollen, verhältnismäßig rasch das für die Baugestaltung Wesentliche zu erkennen oder zu ermitteln, bei erstmaliger Betrachtung eines Schweineschlachtraumes dürfte es ihnen jedoch sehr schwer fallen, aus den vielerlei Schienen, Kranen, Haken, Rädern und Rollen usw. und aus den so verschiedenen Einrichtungen klar zu werden. Der Schweineschlachtraum dürfte aber auch von allen Schlachträumen der komplizierteste sein. Es sei daher auch hier versucht, eine Klarlegung des Wesentlichsten zu geben.

Das zur Schlachtung bestimmte Schwein, das aus den Schlachtstallungen, Markträumen oder aus den häuslichen Stallungen zur Schlachtung gebracht wird, gelangt zunächst in eine Wartebucht, da immer nur soviel Schweine zu den Töteplätzen zugetrieben werden sollen, als solche vorhanden sind. Kommt ein Schwein dann an die Reihe, so wird es in eine Falle getrieben, in welcher eine zuverlässige Betäubung möglich ist; sodann wird das Schwein nach dem Öffnen der Falle auf den Töteplatz gerollt und entblutet. Nunmehr gelangt das Schwein zuerst in einen Brühbottich, worin die Haare sich durch Brühen mit heißem Wasser lösen, so daß es möglich ist, durch Schaben (auf Schabetischen mit Messern oder durch maschinelle Vorrichtungen, sog. Enthaarungsmaschinen) die Haare zu entfernen. Nach diesen Vorarbeiten beginnt die eigentliche Ausschlachtarbeit. Das Schwein wird zuerst an den Hinterbeinen so aufgehängt, daß die Beine gespreizt sind; dann wird Brust- und Bauchhöhle nach einer äußerlichen Reinigung durch Schaben und Abbrausen geöffnet, die Eingeweide dem Tiere entnommen und diese dann zur tierärztlichen Untersuchung bereit gelegt. Inzwischen kann das Tier in Längshälften gespalten werden, die nach erfolgter Untersuchung und Abstempelung zum Abhängeplatz gefahren werden können.

Dieser Vorgang ist stets derselbe, gleichviel welche maschinellen Hilfsvorrichtungen hierzu dienen, ob das Schwein a) an feststehenden Hakenrahmen zerlegt wird, zu welchen es mit der Hand gebracht werden muß oder b) an fahrbaren Spreizen, welche ein Umhängen entbehrlich machen oder c) an festen oder gleitenden Pendelhaken, welch letztere derzeit das sinnreichste Verfahren darstellen, das im folgenden weiter besprochen wird. (Näheres über die einzelnen Verfahren vgl. Teil II, Kapitel IV.)

Der Arbeitsvorgang eines Schweineschlachtraumes, der von allen Räumen einer Schlachtanlage der differenzierteste ist, vollzieht sich nach einer einheitlichen Richtung, von der Wartebucht über den Töte-, Brüh-, Enthaarungs- und Ausschlacht- (Zerlege-)platz zu den Ausgängen, durch welche die Erzeugnisse der Zerlegung (Fleisch, Dünger usw.) aus dem Raum gebracht werden. Der Raum ist daher ganz besonders von innen heraus zu gestalten.

Am Anfang des Arbeitsweges sind die Wartebuchten und die Töteplätze. Da das Verbringen der oft sehr schweren Tiere in den Brühbottich nur durch Aufzugsvorrichtungen möglich wäre, werden die Töteplätze in Höhe der Brühbottiche angeordnet, damit die Tiere durch eigene Kraft den Höhenunterschied überwinden müssen und nach der Tötung durch ihre eigene Schwere ohne alle Aufzugsvorrichtungen in den Bottich herabfallen. Diese Anordnung bringt weiter den Vorteil, daß die am Brühbottich arbeitenden Fleischer nicht im Blut der getöteten Tiere stehen müssen, das oben am Töteplatz abläuft. Da somit in allen Fällen die Töteplätze zweckmäßig erhöht sind, ist nun zu untersuchen, ob auch die (im übrigen stets räumlich abgetrennten) Wartebuchten erhöht angeordnet werden sollen. Es gibt hierbei zwei Möglichkeiten: Entweder werden die Tiere auf einer schiefen Ebene außerhalb des Buchtenraumes zu den Wartebuchten in Töteplatzhöhe getrieben oder aber die Wartebuchten sind in Hofhöhe und der Schrägauftrieb ist erst innerhalb des Buchtenraumes. Der ersteren Anordnung ist der Vorzug zu geben, da der Zutrieb zu den Betäubungsfallen auf dem Töteplatz von den hochliegenden Wartebuchten aus leichter ist. Bezüglich der Anordnung der Buchten und Gänge dürfte keine Unklarheit bestehen: Die Türen zum Töteplatz müssen sowohl von den Viehzubringungstüren als von den Buchten aus auf dem kürzesten Wege zu erreichen sein.

Die Betäubungsfallen auf dem Töteplatz sind stets in einer Reihe in Richtung des Arbeitsweges anzubringen, und zwar in einem kleinen Winkel zu diesem. Das Schwein muß von der Wartebuchttüre aus auf dem kürzesten Wege zwangsläufig in die Betäubungsfalle laufen, ohne seitlich entweichen zu können. Die Fallen müssen zu den einzelnen Brühbottichen so liegen, daß die getöteten Tiere nach Kippen der Falle ohne viel Mühe in diese gebracht werden können. Vom Töteplatz zum Brühplatz müssen Treppen mit Geländer führen, die so angebracht werden müssen, daß sie die Arbeit am Brühplatz nicht stören. Der erhöhte Töteplatz (Höhe über Hallenboden etwa 0,8—1,0 m) muß gegen die Brühbottiche zum Schutze der Fleischer durch Gitter und Kipptüren geschützt sein.

Die Brühbottiche müssen somit an die erhöhten Töteplätze (Tötebucht) anstoßen. Zweckmäßig werden sie in länglicher Form gleichlaufend zur Arbeitsrichtung angebracht, an der einen Schmalseite die Zubringung der Tiere vom Töteplatz, an der anderen die Abbringung der Tiere zum Enthaaren. An den Längsseiten dieser Bottiche sind die Arbeitsplätze, welche unter sich nicht verbunden zu sein brauchen.

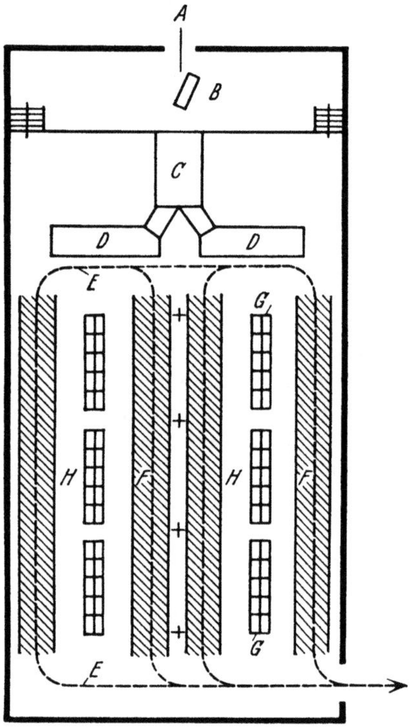


Abb. 483. Wesen eines Schweineschlachtraumes. *A* Zutriebstür von der Wartebucht; *B* Betäubungsfalle; *C* Brühbottich; *D* Enthaarungstische; *E* Förderschiene; *F* Förderrohre; *G* Untersuchungstische; *H* Verkehrs- und Untersuchungswege.

Die Aufstellung der Enthaarungstische wird nach dem derzeitigen Stand der Schlachthoftechnik bedingt durch das Aufziehen der Tiere zum Überhängen auf die Förderschiene. Die Aufzugsvorrichtung, welche auf einer geraden Schiene senkrecht zur Arbeitsrichtung läuft, muß von jeder Stelle der Enthaarungstische Schweine abheben können ohne die Arbeit an den anderen Tieren zu stören. Die Enthaarungstische müssen also gleichlaufend zur Aufzugschiene und senkrecht zum Arbeitsweg zwischen den Brühbottichen und den Ausschlachtplätzen in einer Flucht aufgestellt werden. Zwischen je 2 Brühbottichen muß Durchgangsmöglichkeit bestehen. Eine andere Aufstellung würde eine gekrümmte Schiene für den Aufzug bedingen. Die Aufstellung der Enthaarungstische darf die Fleischer nicht hindern, an die eine Schmalseite des Brühbottiches zum Herausziehen der Schweine herantreten zu können. Bei Verwendung von Enthaarungsmaschinen wird das Schwein meist maschinell aus dem Brühbottich entnommen, enthaart und zur Nachbearbeitung auf einen Tisch gelegt. Im übrigen bleibt alles dasselbe.

Bei Gestaltung der nun folgenden Schlacht- oder Zerteilungsplätze sind vor allem die Hilfsvorrichtungen maßgebend. Wesentlich ist, daß das einzelne Schwein nach dem Abheben vom Enthaarungstisch ohne Umhängen an den Zerlegeplatz, an den Abhängeplatz und zum Vorkühlplatz gelangt; ferner, daß der Förderweg zum und vom Schlachtplatz und die dazwischenliegenden Verkehrswege zur Arbeitsrichtung gleichlaufend sind. Der Vorgang vollzieht sich so, daß das Schwein nach Abheben vom Enthaarungstisch an den Hinterbeinen an einer Förderschiene hängend zum Schlachtplatz verbracht wird; dort werden zwei links und rechts der Förderschiene an Förderrohren hängende Pendelhaken in die Sehnen der Hinterbeine eingehängt und nach Entfernung der Aufhängung an der Förderschiene die Tiere an diesen Pendelhaken zur Aufhängung (in der benötigten Spreizstellung) gebracht. Die darauffolgende Schlachtarbeit ist oben geschildert; wie erwähnt, findet sie ihre Beendigung in der Zerteilung des Tieres in 2 Hälften, welche getrennt an den beiden Förderrohren hängen und auf diesen oder auf der mittleren Förderschiene vom Ausschlachtplatz entfernt werden. Diese Schlachtplatzreihen, welche durch die Förderrohre mit in der Mitte liegender Förderschiene gebildet werden, werden je in Doppelreihen angeordnet. Zwischen ihnen ist kein Durchgang. Zu beiden Seiten sind die Verkehrs- und Untersuchungsgänge, gegen die zu an den seitlichen Teilen der Pendelhaken Leber, Lunge usw. aufgehängt werden. Für die Ablegung der Eingeweide sind angrenzend an den Verkehrs- und Untersuchungsgang der nächsten Schlachtreihe und gemeinsam mit diesem abgeteilte Untersuchungstischchen aufgestellt. Nach Freigabe werden die Eingeweide vom Untersuchungstisch durch den Fleischer in den Kuttelraum getragen (s. Abb. 481).

Die Ausmaße dieses Arbeitsweges sind gegeben und müssen stets eingehalten werden, gleichgültig ob er sich in der Längsrichtung eines Raumes oder in dessen Querrichtung bewegt. Letztere Anordnung hat den Vorteil, daß sie den Anbau weiterer Arbeitswege ohne Betriebsstörung ermöglicht. Die Zubringung der Schlachttiere in der Mitte eines länglichen Raumes mit Arbeitsrichtungen nach beiden Längsseiten wäre unmöglich, da die Töteplätze in der Mitte doppelte Arbeit leisten müßten; auch müßte die Abbringung von Fleisch und Dünger an zwei entgegengesetzten Seiten des Raumes erfolgen. Dasselbe gilt für die Zubringung der Tiere an zwei entgegengesetzten Raumseiten und gemeinsamer Abbringung der Einzelteile der Schweine in der Mitte.

Die Schweinehälften kommen vom Ausschlachtplatz aus zum Abhängeplatz, der möglichst außerhalb des Raumes, wenn möglich in einem eigenen Raum gemeinsam mit dem Groß- und Kleinvieh sein soll. Bei der Abfuhr ist zu berücksichtigen, daß die Förderschiene des Großviehes höher ist als die Förderrohre oder die Förderschiene der Schweine. Es darf somit keine Überschneidung eintreten. Schweine werden auch warm nach Hause gefahren, ohne erst abgehängt zu werden. Leergewordene Pendelhaken werden auf eigenen Förderrohren wieder zu den Enthaarungstischen zurückgeleitet.

Bezüglich der Raumhöhe ist noch beizufügen, daß diese durch die Höhe der Förderschiene festgelegt ist.

Ferner sei auf die Darlegungen im Teil „Betrieb und Einrichtungen“ (s. S. 125) hingewiesen, worin eingehend erläutert ist, auf welche Weise es möglich ist, Schweineschlachträume mit veralteten maschinellen Vorrichtungen umzugestalten und durch Einbau neuerer Arten leistungsfähiger zu machen.

Mit Rücksicht auf die Schwadenbildung über den Brühbottichen sind Decken aus Holz oder aus ungeschütztem Eisen zu vermeiden. Auch die Wände sind gegen Eindringen von Feuchtigkeit ganz besonders zu schützen. Der Raum wird (die mit der Entnebelung verbundene Lufterwärmung ausgenommen) nur in ganz seltenen Fällen beheizt, was auch nicht nötig ist, da die Fleischer ja schwere Arbeit leisten. Trotzdem haben die Wände die Aufgabe, den Gegensatz zwischen der Außentemperatur und der Wärmeentwicklung über den Bottichen möglichst unwirksam zu machen. Auch die Wartebuchten sollen wegen des Tierschutzes nach Möglichkeit geschlossen sein. Im Schlachtraum ist helle Wandverkleidung in etwa 1,7—2 m Höhe nötig. Über den Bodenbelag gilt das im Großviehschlachtraum Gesagte. Die Rinnen befinden sich stets neben den Ausschlachtplätzen und neben den Gängen. An allen Arbeitsplätzen, insbesondere an den Untersuchungsplätzen ist sehr gute natürliche und künstliche Beleuchtung erforderlich. Wegen der Schwadenbildung muß die Installation wasserdicht sein. In den meisten Fällen genügt Fensterlüftung mit einer einfachen Absaugevorrichtung über den Brühbottichen. In größeren Anlagen werden Entnebelungsanlagen angebracht. Die Reinigung des Raumes erfolgt täglich mittels Schläuchen. Der hauptsächlichste Anfall von Abwasser ist unter den Brühbottichen und Schabetischen.

**Kleinviehschlachtraum.** Die Schlachtung von Kleinvieh erfolgt in kleinen und mittleren Anlagen fast stets im Großviehschlachtraum. Nur in großen Schlachthöfen werden eigene Kleinviehschlachträume geschaffen. Die Tiere werden auf sog. Schlachtschragen betäubt, die Beine hochgedreht und die Tiere mit hängendem Kopf in der Seitenlage entblutet. Sodann werden die Tiere an den Sehnen der Hinterbeine an den Hakenrahmen aufgehängt, ganz oder teilweise enthäutet, die Eingeweide herausgenommen und diese in die Kuttelei gebracht. Nach der tierärztlichen Untersuchung werden die Tiere meist auf den Schultern der Fleischer in den Vorkühlraum gebracht, sofern sie nicht zur Wurstbereitung warm nach Hause genommen werden. Förderschienen sind nicht vordringlich, werden aber bisweilen verwendet, wobei mehrere Tiere gleichzeitig an einer Förderkatze hängend in den Vorkühlraum gefahren werden.

Der Raumgestaltung erfolgt in großen Anlagen in der Weise, daß auf der einen Seite der parallelen Hakenrahmenreihen die Tiere herangebracht, auf der anderen die Eingeweide abgeführt werden. Erfolgt die Abfuhr der Tiere durch eine Förderschiene, so bestreicht diese die Hakenrahmenreihen an der Kopfseite. Je 2 Hakenrahmenreihen stoßen aneinander, je zwei weitere umschließen die Arbeitsplätze mit den Schlachtschragen, sofern letztere nicht an der Kopfseite der Rahmenreihen an der Zubringungsseite angeordnet werden. In mittleren und kleineren Anlagen ist dieselbe Aufstellung möglich; der Raumersparnis wegen wird es jedoch meist vorgezogen, die Hakenrahmenreihen so anzuordnen, daß sie den Arbeitsplatz (mit Schlachtschrage und Waage) von 3 Seiten umschließen und auf der vierten offenen Seite die Tiere und Tierteile zu- und abgebracht werden. Der anschließende Hauptgang, der gemeinsam mit dem Großvieh benützt wird, nimmt den Verkehr auf. Wartebuchten sind an der Zubringungsseite in großen Anlagen sehr erwünscht; in kleinen sind sie unnötig. Die Raumhöhe entspricht der des Großviehschlachtraumes, auch bei räumlicher Abtrennung. Für Erweiterungsfähigkeit nach jener Seite, in welcher der Betrieb verläuft, ist Sorge zu tragen (s. Abb. 481 und 482).

Die Anforderungen an die Raumausstattung sind die gleichen wie bei den übrigen Schlachträumen. Zu bemerken ist lediglich, daß die Blutablaufrinnen unterhalb der Hakenrahmen sein müssen, damit die Fleischer nicht im Blut stehen. Gutes natürliches und künstliches Licht ist an jedem Arbeitsplatz notwendig, künstliche Entlüftung ist jedoch entbehrlich. Zapfständer zur Reinigung sind vorzusehen. Die Wände sind zu verkleiden.

**Pferdeschlachträume.** Es ist veraltet das Schlachten von Pferden in die abgelegenste Ecke des Schlachthofes zu verweisen. Das Pferdefleisch hat sich im Kriege als Volksnahrungsmittel bewährt und gilt für die ärmere Bevölkerung als vollwertiges Nahrungsmittel. Die Schlachtung der Pferde, welche zu Fuß oder bei Unglücksfällen mit dem Tiertransportwagen ankommen, geschieht größtenteils in eigenen Schlachträumen, in kleinen Anlagen mit wenig Pferdeschlachtungen ist es auch angängig, diese im Krankviehschlachtraum vorzunehmen, um so mehr als dieser meist nur wenig benützt wird.

Hinsichtlich der Einrichtung gleichen die Pferdeschlachträume vollkommen den Schlachträumen für Großvieh, nur mit dem Unterschied, daß hier Förderschienen entweder fehlen, oder aber solche nur einen Abhängeplatz bilden, um die Winden rasch entlasten zu können. Nur in großen Pferdeschlachträumen trifft man eigene Kutteleien, während man in kleineren die Eingeweide im Düngerhaus entleert und die Därme in wandständig angebrachten Waschbecken im Raume reinigt. Das Pferdefleisch kommt in eigene Kühlzellen des Kühlraumes. In größeren Anlagen ist ein Kleiderraum für die Pferdeschlächter mit Waschgelegenheit, sowie eine Einstellstallung für deren Pferde anzugliedern. Eine Raumhöhe von 4 m genügt beim Fehlen einer Abhängeschiene. Wird jedoch eine solche gewünscht, ist eine lichte Höhe von 4,5 m erforderlich.

Die bauliche Ausstattung ist die gleiche wie beim Großviehschlachtraum. Auf Widerstandsfähigkeit des Bodenbelages wegen Hufschlages ist besonders zu achten. Für nächtliche Notschlachtungen ist im Raume und vor diesem (Abladeplatz) für gute Beleuchtung Sorge zu tragen.

## 3. Räume zur Weiterbearbeitung von Tierteilen.

**Kuttelraum (Kaldaunenwäscherei, Kuttelei).** Die Schlachtarbeit der Fleischer, welche in den Schlachträumen beginnt, findet erst ihren Abschluß nach Reinigung der Kaldaunen und Därme. Von den Schlachträumen aus werden die Eingeweide der Tiere und Einzelteile (Därme, Magen, Köpfe, Vorfüße) auf zweirädrigen Handkarren in die Kuttelräume gefahren. Zunächst werden dort die Fetteile von den Magen und Därmen abgenommen und dann die noch mit Dünger gefüllten Eingeweide zur Entleerung in den Düngerraum gefahren. Die leeren Eingeweide kommen dann mit dem Handkarren zur weiteren Behandlung wieder in den Kuttelraum zurück. Die Därme werden dort in eigenen Becken umgestülpt und durch Schaben und Spülen in kaltem und heißem Wasser von Darmschleim gereinigt und gebrauchsfertig gemacht. Von seiten der Fleischerinnungen werden hierfür sehr oft eigene Darmreinigungsmaschinen aufgestellt. Die entleerten Magen werden in einen Brühbottich gehängt und gebrüht, dann auf Schabetischen (vgl. Abb. 484) von den Magenzotten befreit und damit verkaufsfähig gemacht. In einem anderen Brühbottich, der nur diesem Zweck dient, werden die behaarten Köpfe und Fußenden behandelt. Es ist außerdem zweckmäßig, Vorrichtungen zur Entfernung von Klauen vorzusehen. In Darmwäschereien für Schweine entfallen Brühbottiche und Schabetische, doch sind hier große Tische vorzusehen. Die gereinigte Darmware wird nach Fertigstellung abgefahren. Kuttelraum und Düngerraum gehören naturgemäß zu jenen Räumen, in welchen die unreinlichsten Arbeiten verrichtet werden.

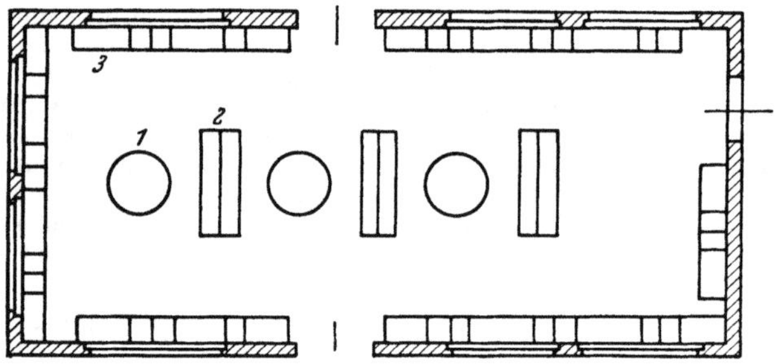

Abb. 484. Kuttelraum einer größeren Anlage.
*1* Brühbottich; *2* Schabetisch; *3* Kuttelbecken.

Bei kleinen und mittleren Anlagen erfolgt die Bearbeitung der Kaldaunen stets in einem Raume, während bei größeren Anlagen für die Schweinekuttelei ein abgetrennter Raum in der Nähe des Schweineschlachtraumes vorgesehen wird. Die Reinigung von Großviehkaldaunen darf wegen der starken Geruchsentwicklung unter keinen Umständen im Schlachtraum erfolgen, während man sehr oft findet, daß in Schweineschlachträumen wandständig Waschbecken und Entfettungstische zur Reinigung der Därme angebracht sind, was allerdings nicht zur Förderung der Reinlichkeit dient. Daraus ergibt sich bei kleinen Anlagen Ausbildung der gemeinsamen Kuttelei zu einem von den Schlachträumen abgetrennten Raum, welcher jedoch an diese angebaut werden kann, sofern er sauber gehalten und gut gelüftet wird.

Kaldaunenwäschereien können nach Belieben geformt werden, da die Arbeit an den Becken und den Bottichen unabhängig voneinander ist. Wenn die Becken meist wandständig oder in Doppelreihen senkrecht zur Umfassungswand angeordnet werden, so geschieht dies nur wegen der Zuleitung von Kalt- und Warmwasser. Die Bottiche liegen nur wegen der Entnebelung in der Raummitte. Zu beachten ist, daß die Durchfahrt für die Handkarren von den Schlachträumen zum Düngerraum, wenn sie durch den Kuttelraum erfolgt, frei bleibt, daß der Zugang zu den Arbeitsplätzen nicht behindert ist und auch von diesen aus die Türen bequem zu erreichen sind. Die Schabetische müssen stets in unmittelbarer Nähe der Brühbottiche sein, um die heißen Eingeweide ohne Mühe auf diese herüberziehen zu können. Die Raumhöhe soll derjenigen der Schlachträume entsprechen. Die Raumtemperatur ist trotz der den Bottichen entsteigenden Dämpfe niedrig; die Umfassungswände halten somit nur die Witterungseinflüsse ab.

Wegen der unsauberen Arbeit ist auf die Raumausstattung besondere Aufmerksamkeit zu legen. Wandverkleidungen in heller Farbe in Höhe von 2 m sind unerläßlich. Oberhalb dieser ist abwaschbarer Anstrich vorzusehen. Bei Decken- und Wandverputz ist der Feuchtigkeitsniederschlag aus den Dampfschwaden zu berücksichtigen. Holz und Eisen ist wegen des Auftretens von Salzsäure und Phosphorsäure in den Mägen und Därmen zu vermeiden. Der Bodenbelag muß gegen Schlag und heißes Wasser widerstandsfähig sein, fugenlos und mit Gefälle nach den Waschbecken zu. Alle Ecken sollen zur Erhöhung der Reinigungsmöglichkeit abgerundet werden. Alle Türen und Türleibungen sind mit Schutz gegen Stoß durch Handkarren zu versehen. Zwischen Schlacht- und Kuttelraum sind Schiebetüren (Breite 2 m) den Pendeltüren vorzuziehen. Für reichlichen Tageslichteinfall an den Arbeitsplätzen muß Sorge getragen werden. Sohlbänke an den Fenstern über den Arbeitstischen sind mit starker Neigung zu versehen, um zu vermeiden, daß Gegenstände darauf gelegt werden. An Leuchten sind neben der Beleuchtung der Zu- und Abfahrt eine Zentralleuchte über den Bottichen, sowie Lichtarme über den Becken erforderlich. Über den Bottichen werden Entnebelungsvorrichtungen mit Erfolg verwendet. Eine Beheizung des Raumes ist wegen des vielen Öffnens der Türen zur Ein- und Ausfahrt zwecklos. Kalt- und Warmwasserleitungen zu den Waschbecken sollen über Putz verlegt werden, solche zu den Bottichen in Rohrkanälen. Die Abwasserrinnen sind unterhalb der Becken.

**Zerlegeraum.** Der Raum dient zum Zerlegen und Ausbeinen von Fleischstücken (Halbieren, Zerlegen von Vierteln). Das Vorhandensein dieses Raumes bietet dem Fleischer den Vorteil, zum Verkauf nicht benötigtes Fleisch vor Verbringung in den Kühlraum im Schlachthof selbst zerlegen zu können. Gewöhnlich wird im Vorkühlraum zerlegt. Das zu zerlegende Fleisch kommt auf Förderschienen aus den Kühlräumen; das zum Verkauf nicht benötigte wird wieder nach dort zurückgebracht, das zerlegte Fleisch nach Hause gefahren. Der Raum enthält Hackstöcke und Tische. Die Größe richtet sich nach dem örtlichen Bedürfnis. Die Höhe muß nur dann 4,5 m betragen, wenn Förderschienen in den Raum einführen.

Die Wände sollen in den unteren Teilen abwaschbar sein, der Boden ein Ausgleiten durch Fetteile u. a. möglichst vermeiden. Gutes natürliches und künstliches Licht muß an allen Arbeitsplätzen vorhanden sein. Lüftung ist nicht erforderlich.

**Fleischhackraum.** Hinsichtlich der Schaffung eines solchen Raumes, der Wahl der Maschinen u. a. richte man sich stets nach den Wünschen der Fleischerinnung. Unverlangt errichtete Räume werden nicht benützt. Es wird dort Fleisch ausgebeint, mittels Maschine (Wolf und Fleischschneider) zerkleinert, mit Hand oder Maschine (Mengmaschine) gemischt, Speck in Würfel zerschnitten (Speckschneider) und die Würste gefüllt (Füllmaschinen). Zur Zerkleinerung der restigen Knochen steht eine Knochensäge mit Kraftantrieb zur Verfügung. In allen Fällen sind die Maschinen an eine Förderwelle angeschlossen, die Kraftquelle ist im Raum oder anderwärts. Evtl. gewünschte Koch- und Räuchervorrichtungen werden besser räumlich abgetrennt. Auch Kleiderhaken oder Schränke sollen in Vorräumen sein. In großen Betrieben ist auch ein Raum für den überwachenden Beamten nötig. Das zu verarbeitende Fleisch stammt aus dem Großvieh- und dem Schweineschlachtraum und wird durch Karren oder Förderschienen herangebracht. Die Zubringung muß überdacht sein. Das verarbeitete Fleisch wird nach Hause oder in den Kühlraum gebracht. Auch die Abbringung ist zu überdachen. Der Raum ist somit nahe den Schlachträumen und den Kühlräumen anzuordnen. Seine lichte Höhe soll 4 m sein.

Die Wände sind in ihren unteren Teilen etwa 2 m hoch hell zu verkleiden oder abwaschbar zu gestalten. Der Boden soll möglichst hell sein und ein Ausgleiten bei Vorhandensein von Fetteilchen verhindern. Hohlkehlen sind in allen Räumen dieser Art erwünscht. Eine reichliche natürliche und künstliche Beleuchtung der Arbeitsplätze ist Voraussetzung. Die Fenstersohlbänke sind schräg zu halten, um Auflegen von Geräten zu verhindern. Anordnung von reichlichem Luftwechsel ist ebenso wichtig als die Anbringung von Absaugevorrichtungen über etwaigen Kocheinrichtungen. Der Behebung der Fliegenplage ist besondere Aufmerksamkeit zu schenken.

**Sterilisatorraum.** Die gesetzlichen Bestimmungen unterscheiden zwischen tauglichem, bedingt tauglichem und minderwertigem Fleisch. Um dem bedingt tauglichen Fleisch seine gesundheitsschädigenden Eigenschaften zu nehmen, wie es das Gesetz für den Verkauf verlangt, muß es in eigenen Apparaten (Sterilisatoren) einer Dämpfung unterzogen werden. Das zerlegte

Fleisch wird in gelochten Körben in den Apparat eingeführt und dieser luftdicht verschraubt. Nach Beendigung des Sterilisierens ist das Fleisch keimfrei; gleichzeitig wird in einem Nebenapparat Fett und Fleischbrühe gewonnen. Das Sterilisieren des Fleisches wird nur im Schlachthof selbst vorgenommen (s. Abb. 489).

Die Raumausstattung ist sehr einfach; der Verputz muß unempfindlich gegen Dampf und Feuchtigkeitsniederschlag sein, der Boden sich von Fetteilen leicht reinigen lassen. Entlüftungsvorrichtungen zum Abzug des Kochdampfes sind wünschenswert.

## 4. Räume zur Aufbewahrung von Tierteilen und anderem.

**Abhängeraum.** Das frisch geschlachtete Tier besitzt noch Bluttemperatur. Würde es nach der Schlachtung aus den Schlachträumen sofort in den Vorkühlraum gebracht werden, so müßte dort die hierdurch erzeugte Wärme durch teuere künstliche Kälte beseitigt werden. Man zieht daher durch Außenluft erzeugte natürliche Abkühlung des Fleisches vor, trotzdem die Abkühlung durch künstliche Kälte insbesondere im Sommer den Vorteil geringerer Gewichtsverluste besitzt. Es sei noch bemerkt, daß sich lediglich die Außenfläche des Tieres abkühlt, die Durchkühlung dauert viele Stunden.

Für diese erste Abkühlung werden jedoch nur in größeren Anlagen eigene Räume geschaffen. In kleinen und vorwiegend auch in mittleren Anlagen vollzieht sich die Abkühlung des geschlachteten Groß- und Kleinviehs, sowie der Schweinehälften innerhalb der Schlachträume an einer Förderschiene (Leerschiene) hängend oder im Verbindungsgang oder vor dem jeweiligen Schlachtraum an einer vom Verkehr nicht beeinträchtigten Stelle. Die oft gebräuchliche Abhängung an verkehrsreichen Stellen ist besonders im Sommer hygienisch keineswegs einwandfrei. Am Problem der Abhängung wird von verschiedenen Seiten gearbeitet; neuerdings wird der Wert des Abhängeraumes sehr in Frage gezogen.

Die Raumgestaltung ist dieselbe wie die eines Vorkühlraumes. Das Fleisch (Fleischhälften und -viertel) verläßt den Schlachtplatz sofort nach Beendigung der Schlachtung, damit dieser zu neuen Schlachtungen frei wird; das Fleischstück gelangt also sofort zur Abhängung. Die Förderschienen, die gleichzeitig zur Abhängung dienen, sind wie dort nach Tiergattungen getrennt und in gleicher Weise verschieden hoch. Im Gegensatz zum Vorkühlraum ist der Raum nicht isoliert. Ein Teil des Raumes wird gern als Zerlegeraum benützt, was ohne weiteres möglich ist. Durch diesen doppelten Raumzweck kann oft auch in mittleren Anlagen ein Abhängeraum geschaffen werden (s. Abb. 486).

Bezüglich der baulichen Ausstattung siehe Vorkühlraum.

**Vorkühlraum.** Die Vorkühlung des Fleisches vor dessen Verbringung in den Kühlraum ist unumgänglich notwendig. Durch die Vorkühlung gibt das Fleisch seine Wärme ab; auf diese Weise vorgekühltes Fleisch verursacht im Kühlraum dann keinerlei schädliche Schwankungen der Temperatur und des Feuchtigkeitsgehaltes der Luft mehr. Im Vorkühlraum soll nach Möglichkeit der größte Teil der Wärme entzogen werden, der Kühlraum wird hierdurch entlastet und dient nur noch der Frischerhaltung.

Die Beschickung des Vorkühlraumes erfolgt (nach Abhängung des Fleisches) von den Schlachträumen aus, zu denen der Raum vor allem günstig liegen muß. Die Zubringung von Fleisch erfolgt auf Förderschienen und -rohren; die Förderschiene für Großvieh ist hierbei höher (4 m über Oberkante Boden) als jene für Schweine (etwa 3 m über Oberkante Boden), woraus sich ergibt, daß sich diese beiden nicht überkreuzen dürfen. Auch die Überkreuzung von hängenden Fleischstücken mit einem Wagenverkehr ist ungünstig und soll nach Möglichkeit vermieden werden. Die Zubringung des Fleisches muß regengeschützt sein, auch muß für die Wagen eine bequeme Anfahrt bestehen. Im Raum bleiben die Fleischstücke an den Förderschienen hängen; die Kälber werden abgenommen und an Hakenrahmen aufgehängt; die Schweinehälften bleiben bisweilen an den Förderrohren, bisweilen werden sie an Hakenrahmen aufgehängt. Der Vorkühlraum wird vom Luftkühler aus durch Luftschläuche, welche an der Decke verlaufen, gekühlt. Der Luftkühler verteilt die Kaltluft durch die Druckschläuche im Raum und saugt gleichzeitig die verbrauchte Luft an. Die Fleischstücke gelangen nach der Lagerung in den Kühlraum; nach der Beendigung der Lagerzeit wieder zurück zur Vorkühlraumtüre, von dort erfolgt die Abfuhr in die Geschäfts- oder Arbeitsräume der Fleischer. Nichtverkauftes Fleisch gelangt wieder in den Kühlraum zurück.

Da die Vorkühlräume zweckmäßig nahe den Schlachträumen sind, ist bei großen Anlagen zu erwägen, zwei Räume, getrennt für Großvieh und für Schweine, anzuordnen, um lange Förderwege zu vermeiden. Ein gemeinsamer Vorkühlraum für alle Tierarten wird verschieden gestaltet. Im einen Falle ist der eine Teil des Raumes für Großvieh bestimmt, der andere für

Kleinvieh und für Schweine. Im anderen Falle werden die Förder- bzw. Abhängeschienen so angebracht, daß die Schienen für alle Tierarten nebst den Hakenrahmen in gleichmäßiger Abwechslung in gleichlaufenden Reihen aufgestellt sind; auf der einen Kopfseite der gleichlaufenden Reihen erfolgt die Zubringung der Großviehstücke, auf der anderen jene der Schweinehälften und des Kleinviehs. In beiden Fällen muß die Raumgestaltung so erfolgen, daß der

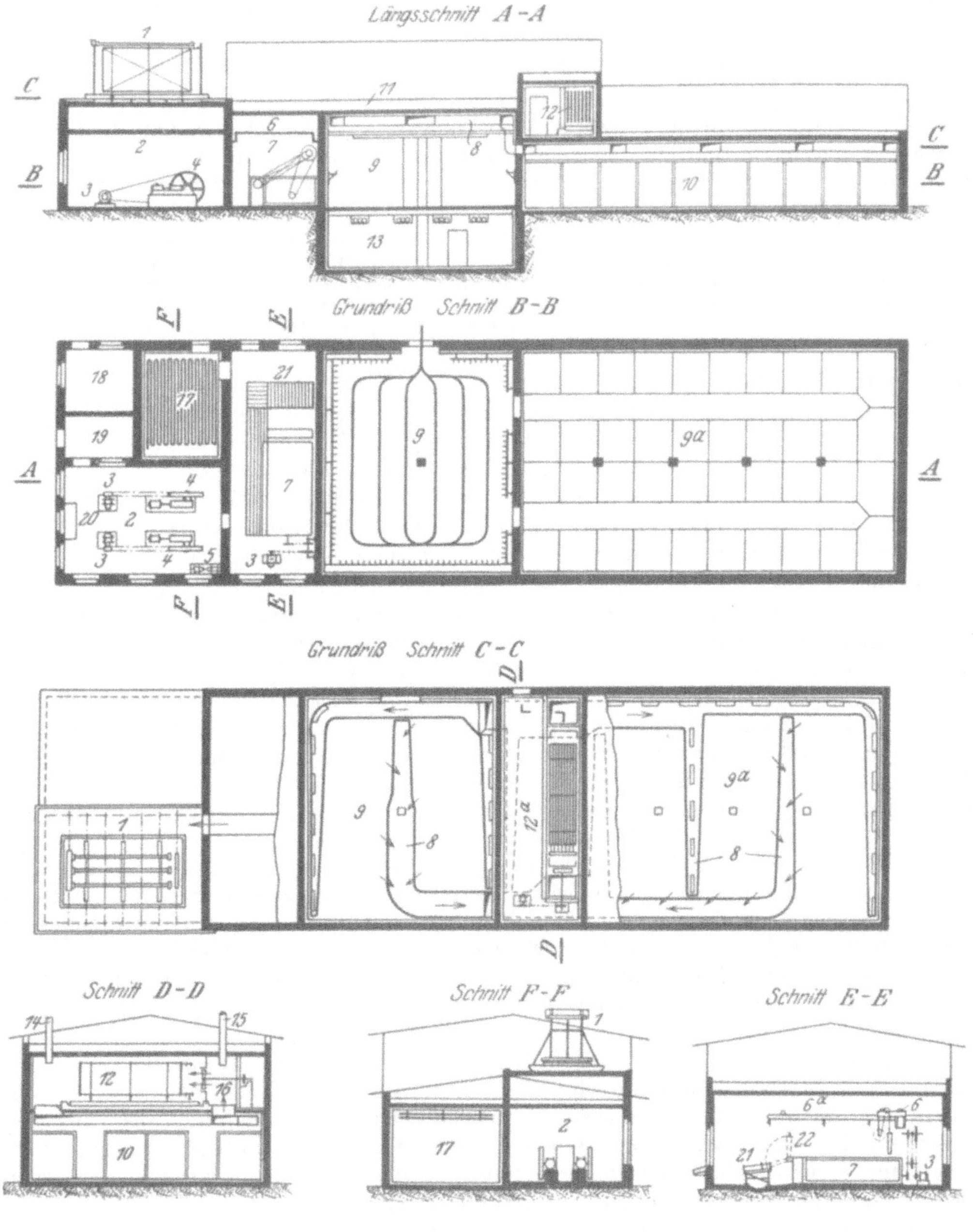


Abb. 485. Kühlräume einer kleineren Anlage.
*1* Berieselungsverflüssiger; *2* Antriebsraum; *3* Elektromotor; *4* Verdichter; *5* Berieselungspumpe; *6, 6a* Laufkran; *7* Eiserzeuger; *8* Luftschläuche; *9* Vorkühlraum; *9a, 10* Kühlraum; *11* Bimskiesschüttung; *12, 12a* Luftkühler; *13* Pökelraum; *14* Ausstoßrohr; *15* Frischluftrohr; *16* Ventilator; *17* Eislagerraum; *18* Werkraum; *19* Maschinistenraum; *20* Schalttafel; *21* Eisrutsche; *22* Auftauer.

Verkehr zwischen der Vorkühlraumtüre und der Kühlraumtüre durch die Schienenanordnung nicht behindert wird. Die an den Abhängeschienen hängenden Tierteile müssen einzeln abgenommen werden können, ohne daß andere Tierteile verschoben werden müssen; zu diesem Zweck befindet sich oberhalb der Förder- und Abhängeschienen eine (gleichlaufend zu dieser verschiebbare) Abnehmevorrichtung. Nicht zu vergessen ist die Anordnung einer Möglichkeit, die leergewordenen Fördervorrichtungen der Schiene nach den Schlachträumen zurückbringen zu können ohne die Zubringung der Fleischstücke zu stören. Windfänge sind theoretisch begründet, praktisch jedoch ungeeignet, da sie die Beförderung der Fleischstücke (auf dem Rücken der Fleischer) behindern. Die Höhe des Raumes ergibt sich wie folgt: Bodenisolierung 0,05 bis 0,10 m; Boden mit Gefälle der Rinnen 0,10 m; Höhe der Förderschiene 4 m; Höhe der Abnehmevorrichtung 0,30 m; Abstand bis Unterkante Luftschlauch 0,10 m; Luftschlauch 0,30—0,50 m; Deckenisolierung mit Verputz 0,05—0,10 m; zusammen 4,9—5,2 m. Oberhalb der Decke wird eine Bimssteinauffüllung angebracht. Die Luftschläuche des Luftkühlers werden jedoch auch innerhalb der Decke und oberhalb der Decke angebracht; in diesem Zusammenhang sei auf die Ausführungen S. 182 verwiesen.

Die Raumgestaltung der Abhänge- und Vorkühlräume dürfte sich in den nächsten Jahren erheblich verändern, vermutlich sogar grundsätzlich, da die nähere Untersuchung der Vorkühlung zu ganz anderen Ergebnissen führte, als man bisher angenommen hatte.

Alle Raumumschließungen sind isoliert. Die Wand wird etwa 1,7 m hoch mit hellfarbigen frostfreien Plättchen verkleidet. Der Bodenbelag muß in gleicher Weise hellfarbig sein, insbesondere aber rauh, um ein Ausgleiten auf Fett- und Fleischteilchen zu verhindern. Die Zufahrtstüre für Großviehstücke muß die Höhe der Förderschiene haben, jene für Schweine und Kleinvieh ist niedriger (siehe diesbezüglich S. 191). Der Raum soll taghell sein; auch künstliche Beleuchtung soll den Raum gut erhellen. Die Fensterflächen müssen in gleicher Weise wie die Raumumschließungen wärmedicht sein (siehe S. 191). Eine Belüftung des Raumes erfolgt im Übermaß durch die Türbewegung und durch den Luftkühler.

**Kühlraum.** Die Abhängung des aus dem Vorkühlraum eingebrachten Fleisches dient der Frischerhaltung, Ausreifung und Lagerung. Meist bleibt das Fleisch etwa eine Woche hängen, selten länger als zwei Wochen. Der Kühlraum dient dem Ausgleich zwischen Schlachtung und Verbrauch, ist also eine Art Speicher. Die Fleischviertel werden von den Fleischergesellen auf der Schulter hereingetragen. Im Gegensatz zum Vorkühlraum wird hier das Fleisch in geschlossenen Zellen aufbewahrt, welche an die Fleischer vermietet werden. Für Pferde- und Freibankfleisch werden oft getrennte Zellen mit eigenem Eingang gewünscht.

Die Größe, Form und Anordnung der Kühlzellen bestimmt die Gestaltung des Raumes, welche unter allen Umständen von innen nach außen erfolgen muß. Bisher sind die Kühlzellen noch nicht genormt und haben meist eine Grundfläche von 3—6 qm (vgl. S. 193). Es wird als zweckmäßig bezeichnet, alle Zellen gleich groß zu machen und im Bedarfsfalle dann mehrere Zellen an einen Fleischer zu vermieten, wodurch es ihm möglich ist, die Waren übersichtlich zu verteilen. Der zu kühlende Raum muß bestmöglich ausgenützt werden, da nur der Zellenraum für die Aufnahme von Fleisch in Betracht kommt. Die Gangflächen sind somit nur so breit zu bemessen, als zu einer einwandfreien Verkehrsabwicklung möglich ist. Aus demselben Grunde erhalten die Fleischzellen auch stets Schiebetüren, damit die Gänge in ihrer ganzen Breite für den Verkehr frei sind. Von den Eingängen aus gehen zweckmäßig die Hauptgänge durch den Raum, senkrecht dazu die Nebengänge. Letztere können etwas schmäler gehalten werden. Die Anordnung nur eines einzigen mittleren Längsganges mit senkrecht davon abweichenden Seitengängen ist nicht zu empfehlen. Ausweichstellen an den Wegkreuzungen sind bei genügender Gangbreite nicht nötig. Diese beträgt in kleineren Anlagen 1,5 m, in größeren 2 m und mehr. Innerhalb der Eingangstüren soll wegen des Tragens von Lasten der Raum nicht beengt sein. Gegenüberliegende Türen, welche Zugluft erzeugen würden, sind der Kälteverluste wegen ungünstig.

Die Kühlluft wird dem Raum von der Kälteerzeugungsanlage aus mittels Kühlschläuchen, welche oberhalb, innerhalb oder unterhalb der Decke verlaufen, zugeführt. Die Kühlschläuche verästeln sich, die Kaltluft tritt aus den Druckschläuchen durch Schlitze aus. Die erwärmte Luft wird durch Saugschläuche abgesaugt und der Kälteerzeugungsanlage neuerdings zugeführt. Aus der Menge der durchzuführenden Kühlluft und der Länge des Leitungsweges ergibt sich neben anderem der Querschnitt der Kühlschläuche.

Die Raumhöhe soll so niedrig als möglich bemessen werden, um die Wärmeverluste auf ein Mindestmaß zu beschränken. Deshalb verzichtet man auch fast ausschließlich auf die Beförderung der Fleischteile in den Kühlraum mittels Förderschienen und begnügt sich mit dem Tragen des Fleisches auf dem Rücken, da erstere Anordnung eine ganze oder teilweise Erhöhung des Raumes um etwa die Hälfte zur Folge hätte. Die lichte Höhe der Kühlräume ist davon abhängig, ob die Kühlschläuche unterhalb oder innerhalb der Decke geführt werden. Im ersteren Falle kann sie wie folgt bestimmt werden: Bodenisolierung 0,10—0,12 m, Beton mit Glattstrich einschließlich Gefälle der Ablaufrinnen 0,10 m, Zellenhöhe 2 m. Zwischenraum zwischen Zelle und Kühlschlauch für Gefälle 0,20—0,40 m, Kühlschlauch aus Holz 0,50—0,80 m,

Zwischenraum Kühlschlauch — Deckenputz 0,10 m, Deckenisolierung mit Verputz 0,12—0,15 m. Zusammen demnach 3,12—3,67 m, meist jedoch 3—3,5 m.

Meist baut man Kühlräume um ein Viertel größer als betrieblich erforderlich ist, da deren Vergrößerung ohne Störung des Betriebes Schwierigkeiten macht. Die Erweiterungsnotwendigkeit beeinflußt die Raumgestaltung in der Weise, daß der Raum bereits ursprünglich so gestaltet werden soll, daß nach einer Erweiterung keine allzulangen Gänge entstehen.

Kühlräume in mehreren Geschossen übereinander haben bei gleicher Gesamtgrundfläche etwas geringeren Kältebedarf, weil die wärmeübertragenden Flächen geringer sind. Auch die Baukosten sind geringer. Die Fleischer ziehen jedoch ebenerdige Kühlräume meist vor. Wenn das zur Verfügung stehende Gelände aufgebraucht ist oder Nachbargrundstücke nur sehr teuer zu erwerben sein würden, bestehen zwingende Gründe für diese Anordnung. Bei Kühlräumen

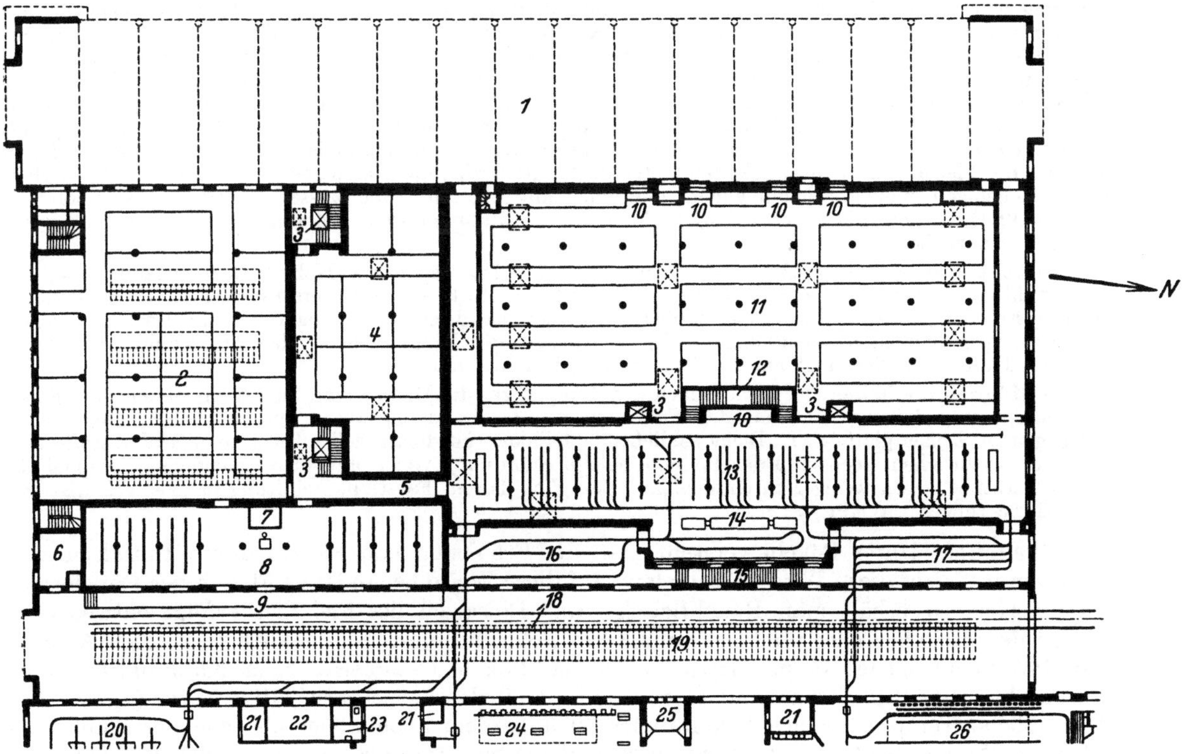


Abb. 486. Kühlhausblock einer großen Anlage (Bochum).
*1* Abholhalle; *2* Fleischverkaufsraum; *3* Aufzüge; *4* Gefrierraum; *5* Rampe; *6* Inspektorraum; *7* Zollbeamter; *8* Untersuchungsraum für eingeführtes Fleisch; *9* Entladerampe; *10* Hacktisch; *11* Kühlraum; *12* Zum Kühlraumkeller; *13* Vorkühlraum; *14* Zerlegetische; *15* Pökelraum; *16* Abhängeraum für Groß- und Kleinvieh; *17* Abhängeraum für Schweine; *18* Bahnanschluß; *19* Bahnhalle; *20* Großviehschlachtraum; *21* Hallenmeisterraum; *22* Tierärzteraum; *23* Aborte; *24* Kleinviehschlachtraum; *25* Wartebuchten; *26* Schweineschlachtraum.

in Geschossen ordnet man die Räume für Großviehteile ebenerdig an, die für Kleinvieh und Schweineteile oben oder unten. Auf alle Fälle sind folgende Bedingungen zu erfüllen:

Anordnung von Aufzügen für Fleisch. Möglichkeit das Fleisch auf mechanischem Wege in den Aufzug zu bringen. Hinreichender Fassungsraum des Aufzuges. Bedienung desselben durch einen Angestellten oder Betriebssicherheit bei Benützung durch Fleischer. Keine Personenbeförderung in den Fleischaufzügen, sondern wenn nötig, stets eigene Aufzüge für Personen. Anlage breiter Treppen mit geringem Steigungsverhältnis für den Fall des Versagens der Aufzüge. Hierzu bestehen mehrere Möglichkeiten: A u f z ü g e, in welche das Fleisch eingefahren wird ohne umgehängt zu werden. Bei Massenbeförderung ist diese Anordnung hinderlich, da durch Vor- und Rückwärtsschieben der Laufkatzen, das Öffnen und Schließen der Türen usf. unliebsame Wartepausen entstehen. Die senkrechte Förderung ist jedoch raumsparend (s. Abb. 213). S c h r ä g a u f z ü g e, bei denen das Fleisch gleichfalls ohne Umhängung von den Förderschienen entweder in einem geschlossenen schrägen Schacht oder in einem einläufigen Treppenraum aufwärts gefördert wird. Sie erfordern mehr Raum, vermeiden jedoch die Nachteile der senrechten Aufzüge. Der Aufzug ist nur während der Öffnungszeiten des Kühlraumes im Betrieb. Ein Vorteil des Schrägaufzuges besteht darin, daß neben diesem auf dem Treppenlauf Platz für den Fußgängerverkehr vorhanden ist, so daß der Besitzer das ihm gehörige Fleischstück bis zum Abhängeplatz begleiten kann, was bei senkrechten Aufzügen nicht möglich ist. Die Fleischstücke können im oberen Geschoß stets sofort weitergerollt werden (s. Abb. 212). Diese Überlegung gilt für alle übereinanderliegenden Räume mit Fleischbeförderung (Kühl-, Gefrier- und Fleischmarkträume).

Die Isolierung der Raumumschließungen muß mit besonderer Sorgfalt behandelt werden. (Näheres hierüber unter „Energiewirtschaft".) Die Decke muß gegen Feuchtigkeit völlig undurchlässig sein, sowohl bei Flachdach als bei Steildach, in gleicher Weise der Fußboden Erdfeuchtigkeit restlos abweisen, da sich diese der Raumluft mitteilen würde. Bei Einbau von Kühlräumen in vorhandene Räume müssen deren Wände vollkommen trocken sein und dürfen von einer früheren Benützung her in keiner Weise verseucht sein, da die Luft sonst nie trocken und rein erhalten werden kann, wie dies in Kühlräumen nötig ist. Frühere Waschküchen, Stallungen und ähnliche Räume kommen nicht in Frage. Die Wände müssen mehrmals gewaschen und gereinigt werden, daher ist eine Verkleidung mit hellen Plättchen in Zellenhöhe erforderlich. Farbanstriche bedürfen sehr oft der Erneuerung. Als Wandverputz werden von Reif, Düsseldorf, die Kalk-, Zement- und Gipsverputzarten als wenig geeignet bezeichnet. Kalkputz bietet eine zu rauhe Oberfläche, Zementputz hat trotz Härte und Wasserbeständigkeit ein unsauberes Aussehen und kann erst Jahre nach seiner Aufbringung mit Ölfarbe behandelt werden. Gipsputz eignet sich wegen seiner Weichheit und Empfindlichkeit in keiner Weise, auch als Deckenputz nicht, da seine Feuchtigkeitsempfindlichkeit und Wasseraufsaugefähigkeit störend wirken. Reif führt ferner an, daß ein Stoff zum Verputzen von Kühlräumen fein, rein, hart, wasserunempfindlich und leicht zu verarbeiten sein müsse, sich ohne Schwierigkeit mit dem Isolierstoff fest verbinden und dem Anstrich der Fläche keine Schwierigkeiten bieten dürfe. Als bisher am besten geeignet bezeichnet er Astrolaxgips, welcher geschmeidig, schnellbindend, bildsam, völlig wasserfest und wasserundurchlässig sein soll. Er soll mit Ölfarbanstrichen keine Verseifung bilden und auf Kalkputz durch 3—4 mm starken Auftrag Ölfarbenanstrich ermöglichen.

Die Kühlschläuche sind zweckdienlich aus mit Eisenvitriol imprägniertem Holz. In neueren Anlagen werden sie unsichtbar als betonierte Kanäle in die Decken selber verlegt; an der Unterseite tritt die Kühlluft durch (vergitterte) Schlitze aus. Dies sieht sauber aus, doch ist diese Anordnung teuer und für irgendwelche Erweiterungen ungünstig. Neuerdings verlegt man auch die Kühlschläuche über die Kühlraumdecke, in welchem Falle sie isoliert und mit Rabitzputz umgeben sein müssen.

Die Kühlzellen erhalten ein Gefälle nach den Gängen zu, die Rinnen sind an beiden Seiten der Gänge. Zwischen je zwei Zellen erhöht man den Fußboden, um das Reinigungswasser zurückzuhalten. Als Bodenbelag genügt Zementglattstrich. Dicht schließende Klinker (möglichst hell), Terrazzo u. ä. Baustoffe sind natürlich vorzuziehen, doch muß der Bodenbelag die Anordnung von Hohlkehlen ermöglichen. Asphalt ist seines Geruches wegen weniger zu empfehlen. (Bezüglich Türen, Fenstern, Belüftung usw. s. Teil „Betrieb und Einrichtungen", S. 191.)

**Pökelraum.** Unter Pökeln versteht man die Erhaltung von Fleisch durch Einsalzen oder Einlegen in Salzwasser. Wird 21 Tage lang auf diese Weise behandeltes Fleisch der Räucherung unterworfen, so erhält man Rauchfleisch. Das Einsalzen des Fleisches erfolgt entweder im Hause der Fleischer oder im Pökelraum eines Schlachthofes. Es ist auch in kleinen Anlagen zum Pökeln ein eigener Raum vorzusehen, da das Pökeln (beispielsweise im Kühlraum) eine unerwünschte Feuchtigkeitszunahme erzeugt und damit das Fleisch geschädigt würde (vgl. S. 194). Die übliche Temperatur des Pökelraumes ist außerdem auch höher als jene der Kühlräume (+ 6 bis 8°), der Kältebedarf ist entsprechend gering. Das Fleisch wird nicht im Pökelraum zerlegt, sondern bei den Fleischern oder im Zerlegeraum, es wird jedoch, falls dies nicht bereits in den häuslichen Arbeitsräumen der Fleischer erfolgt ist, im Pökelraum gesalzen. Nach Ablauf der Pökeldauer (21 Tage; bei Anwendung des Schnellpökelverfahrens 8 Tage) wird das Fleisch zum Verkauf oder zur Räucherung nach Hause genommen.

Der Pökelraum wird meist in Zellen unterteilt, doch muß bei Einteilung des Raumes genügend Platz zum Salzen vorgesehen werden. Die Zellen dienen ausschließlich zur Einlagerung der Pökeltröge. Daher genügt eine geringe Zellenbreite. Für kleine und große Fleischer sind verschieden große Zellen vorzusehen. Die Höhe der Zellen ist 2,2—2,5 m, daraus ergibt sich eine Mindestraumhöhe von 2,5 m, da über den Zellen die Luftkühlschläuche angebracht sind. Falls keine versperrbaren Zellen eingebaut werden, sind die Pökeltröge versperrbar zu machen.

Der Verkehr zum Pökelraum ist geringer als der zum Kühlraum. Der Raum kann daher ohne weiteres im Kellergeschoß oder im Obergeschoß untergebracht werden. In beiden Fällen sind hinreichend breite Treppen mit geringem Steigungsverhältnis erforderlich, falls nicht Aufzüge angeordnet werden (s. Abb. 485).

Die Raumumschließungen halten die höhere Außentemperatur zurück. Im Kellergeschoß ist eine Isolierung nicht so notwendig wie im Obergeschoß, wo eine 5—7 cm starke Isolierung unumgänglich ist. Der Boden ist mit Rinnen zu versehen, in welchen das Salzwasser der Pökelgefäße und das Tropfwasser der Kühlschläuche ablaufen kann. Im Pökelraum soll kein Eisen verwendet werden, da es durch den Salzgehalt der Luft stark rostet. Als Beleuchtung genügt künstliche Raumbeleuchtung. Der Raum hat oft eine unangenehme Luft, daher ist Frischluftzuführung vorzusehen. Hierdurch wird dem Schwitzen der Decken und Wände und dem Faulen des Holzes vorgebeugt. Über den Pökelgefäßen sind Zapfstellen für Wasser notwendig, welches auch zur Raumreinigung dient. Sinkkästen sind reichlich anzuordnen.

**Gefrierräume.** Sie dienen sowohl dem Einfrieren als dem längeren Lagern von Waren. Es kann sowohl frisches Fleisch zur Ausnützung von Konjunkturschwankungen eingefroren, als ausländisches Gefrierfleisch, Butter, Käse, Wild, Geflügel, Blumenkeime, Pelze, Teppiche u. a. auf lange Zeit eingelagert werden. Man findet solche Räume nur in größeren Anlagen. Die einzulagernden Waren kommen mit der Bahn oder aus der Stadt.

Die Waren werden nach verschiedentlichen Gesichtspunkten in abgetrennten Räumen gelagert; geruchsempfindliche Waren sind von solchen räumlich streng zu trennen, welche Gerüche verbreiten (Käse, Fische usf.). Getrennte Räume sind stets nötig, wenn die Lagerung verschiedene Temperaturen verlangt. Lagerräume für Eier müssen stets gesondert angeordnet werden (vgl. S. 199).

Günstig ist die Anordnung von Vorräumen als Windfang. Dabei muß besonders dafür gesorgt werden, daß die Feuchtigkeit der äußeren wärmeren Luft sich nicht auf die kalten Waren niederschlagen kann. Bei den Fleischgefrierräumen ist ein eigener Auftauraum stets sehr wichtig, um ein langsames Auftauen des Fleisches zu ermöglichen und dieses zerlege- und verkaufsfähig zu machen (s. Abb. 486).

Die Raumtemperaturen zur beliebig langen Frischhaltung von Fleisch, Wild, Geflügel sind etwa —6° bis —10°, die für Fische, Butter und Käse etwa —4°. Pelze und Teppiche verlangen zur mottensicheren Lagerung die gleiche Temperatur und trockene Luft. Die Kühlung des Raumes erfolgt von der Kälteerzeugungsanlage aus meist durch unterhalb der Decke angebrachte Kühlrohre. Um die Wärmeverluste zu verringern, werden die Räume möglichst niedrig gehalten. Eine Höhe von 2,5—3 m ist die Regel. Gefrierräume sind in allen Geschossen möglich, nur muß der Verkehr zu und von ihnen in diesem Falle durch Aufzüge geregelt sein (s. Kühlräume).

Die sechs Raumumschließungen müssen nach Berechnung der wirtschaftlichsten Isolierstärke einwandfrei isoliert werden. Wandtäfelung ist unnötig. Als Bodenbelag genügt in den meisten Fällen Betonglattstrich. Die Türen, meist zwei hintereinander, sind isolierte Spezialtüren. Tageslicht ist nicht unbedingt erforderlich, meist wird künstliches Licht verwendet. Bei Tageslichtbeleuchtung möge wie beim Kühlraum verfahren werden. Wasserleitungen dürfen in Räumen unter Null nicht angeordnet werden. Reinigungswasser muß daher von wärmeren Nebenräumen aus eingebracht werden.

**Düngerraum (Düngerhaus).** Der Raum dient zur Entleerung und Vorreinigung der aus den Schlachträumen kommenden, noch mit Dünger gefüllten Eingeweide (Magen, Därme) nach Abnahme der Fetteile im Kuttelraum zum Zwecke der gemeinsamen Abfuhr des Düngers aus der Anlage. Die Eingeweide, welche vom Kuttelraum in kippbaren Handkarren herbeigefahren werden, schneidet man hier auf Tischen oder auf dem Fußboden auf, entleert den Dünger und reinigt die entleerten Magen mit kaltem Wasser. Diese werden dann mit kleinen Handkarren zur weiteren Behandlung in die Kuttelräume zurückgebracht. Der Dünger wird von Zeit zu Zeit entweder mittels Düngerwagen oder (bei großen Anlagen) mittels Bahnwagen abgefahren, ohne mit der Anlage neuerdings in Berührung zu kommen.

Die Raumgestaltung ist abhängig von der Stellung der Düngerwagen, die neben oder unterhalb dem Raum erfolgen kann. Im Falle der Aufstellung der Düngerwagen seitlich vom Raume werden in diesem Entleerungstische in der ungefähren Höhe der Handkarren zum Aufschneiden und Entleeren der Magen eingebaut, der Mageninhalt mittels Scharren in den außenstehenden Wagen geschoben. Im Falle der Hinterstellungsmöglichkeit der Düngerwagen unterhalb des Raumes werden im Fußboden verschließbare trichterförmige Öffnungen eingebaut, in welche der Mageninhalt und der von den Kutteleien nach hier gebrachte Darminhalt entleert wird. Diese letztere Anordnung ist jedoch nur dann möglich, wenn die Grundwasserverhältnisse es gestatten unterhalb des Düngerraumes einen Hinterstellungsplatz für den Düngerwagen zu schaffen. Da die erstere Anordnung bedingt, den Fußboden des Düngerraumes ungefähr in Höhe der Oberkante des Abfuhrwagens zu verlegen (was bei ebenem Gelände die Anordnung einer stärker ansteigenden Zufahrtsrampe für die Düngerkarren nötig macht, welche man gerne vermeidet), ist bei ebenem Gelände die zweite Anordnung der Unterstellung des Düngerwagens unter den Raum stets vorzuziehen. Sie ermöglicht eine schwächer ansteigende Zufahrtsrampe für die Handkarren, allerdings auf Kosten der Rampe für die Düngerwagen, doch werden diese nicht mit menschlicher Kraft befördert wie die Handkarren. Geneigtes Gelände bietet der Anordnung des Düngerraumes naturgemäß die günstigsten Möglichkeiten, da es erlaubt,

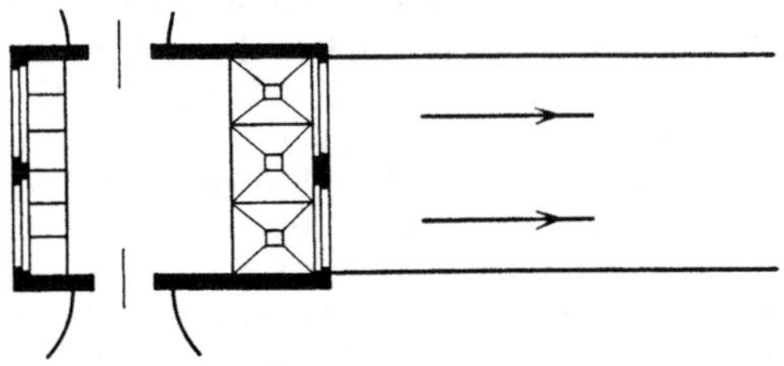

Abb. 487. Düngerhaus mit Trichtern und Waschbecken. Unterfahrt für die Düngerwagen.

die Zubringung der Handkarren von der Kuttelei aus flach oder mit leichter Abwärtsneigung, sowie die Zu- und Abfuhr der Düngerwagen unterhalb des Raumes auf nicht oder schwach geneigtem Wege anzuordnen. Außer den erwähnten Entleerungstischen oder -trichtern enthält der Raum nur noch ein Waschbecken zum Vorreinigen der Magen, ferner einen Platz zur Aufstellung der Handkarren bis zur erfolgten Reinigung der Magen. Die Raumhöhe ist durch nichts beeinflußt.

Der Düngerplatz muß unter allen Umständen von oben und von den Seiten umschlossen sein, sowohl als Schutz gegen Regen und Frost, als gegen die Geruchsverbreitung durch den Wind. Dies gilt für den Hinterstellungsplatz der Düngerwagen in gleicher Weise wie für den Schutz der Rutsche und des Trichters. Die Raumausstattung muß mit besonderer Sorgfalt erfolgen. Zur Reinhaltung des Raumes ist eine Wandbekleidung notwendig, welche leicht zu reinigen sein muß und Schmutzstellen leicht erkennen läßt. Holz und Eisen ist wegen der Salz- und Phosphorsäure im Mageninhalt im Raum zu vermeiden oder hinreichend zu schützen. Ein fugenloser, undurchlässiger Boden, welcher leicht zu reinigen ist, ist sowohl im Düngerraume selbst als im Wagenhinterstellungsraum und auf den Rampen erforderlich. Beton wird durch die scharfen Magensäfte im Laufe der Zeit angegriffen. Sofern Türen angeordnet werden, sind Schiebetüren zu bevorzugen; sowohl diese wie die Türleibungen werden durch die Handkarren stark beansprucht und sind entsprechend zu schützen. Der Düngergeruch erfordert Lüftungseinrichtungen, insbesondere im Hinterstellungsraum der Düngerwagen. Die Reinigung erfolgt mittels Wasserschläuchen.

**Hauträume.** Das Sammeln, Lagern und Salzen der rohen, den Fleischern gehörigen Häute bis zum gemeinschaftlichen Verkauf bei einer Auktion ist deren Angelegenheit. Die Erstellung diesbezüglicher Räumlichkeiten durch die Schlachthofverwaltung bedarf daher einer Benützungsgewähr durch die Fleischerinnung oder durch Häuteverwertungsgenossenschaften. Kleine Räume, in denen die anfallenden Häute hinterlegt und täglich abgefahren werden, sind damit nicht gemeint, sondern nur eigene, vom Betrieb unabhängige Hinterlegungs- und Bearbeitungsräume. Die Häute, welche hierfür in Frage kommen, werden nach der Zubringung aus den Schlachträumen vom Lande her zunächst von Unreinigkeiten und fleischigen Anhängseln gereinigt und alsdann auf der haarlosen Seite zur Konservierung gesalzen (Raum zum Reinigen und Salzen). Der Raum zum Salzen muß ziemlich geräumig sein, um gleichzeitig eine Reihe von Häuten zur Salzung ausbreiten zu können. Nach der Behandlung werden die Häute gerollt und geschnürt, um dann im eigentlichen Hautlagerraum bis zum Versand gelagert zu werden. Bisweilen geschieht das Aufbewahren auch in der Weise, daß die gesalzenen Häute flach aufeinander zu hohen Stapeln aufgebaut werden, was allerdings eine größere Grundfläche beansprucht. Neben dem Salzungsraum muß stets ein Salzlagerraum vorhanden sein, von diesem aus unmittelbar zugänglich und von außen mittels Rutsche oder Aufzug vom Wagen oder Bahnwagen zu beschicken. Bei Vorhandensein mehrerer Firmen sind die Salzungsräume unterteilt, desgleichen die Lagerräume. In größeren Anlagen sind Büroräume für die Innung oder die Genossenschaft erforderlich, welche möglichst von außen her zugänglich sein sollen. Waagen sollen zur Vermeidung der schädlichen Einwirkung des Salzes auf die Eisenteile nicht im Salzungsraum aufgestellt sein, ein eigener Wägeraum ist vorzuziehen. Die Fußbodenhöhe der Lagerräume soll der eines Bahnwagens entsprechen, um das Verladen zu erleichtern. Bei Vorhandensein eines Aufzuges ist auch eine Ausnützung des Obergeschosses zur Lagerung und zur Aufbewahrung des Salzes möglich. Kellerräume sind zur Aufbewahrung des Salzes jedoch nicht zu empfehlen. Ist es nicht möglich, den Räumen Bahnanschluß zu geben, so können die Schwierigkeiten durch Lastkraftwagen leicht behoben werden. Daß durch die Zu- und Abfuhr von Salz und Häuten die Hauptbetriebswege der Anlage nicht berührt werden dürfen, ist selbstverständlich. Für alle Räume genügt die übliche Zimmerhöhe durchaus.

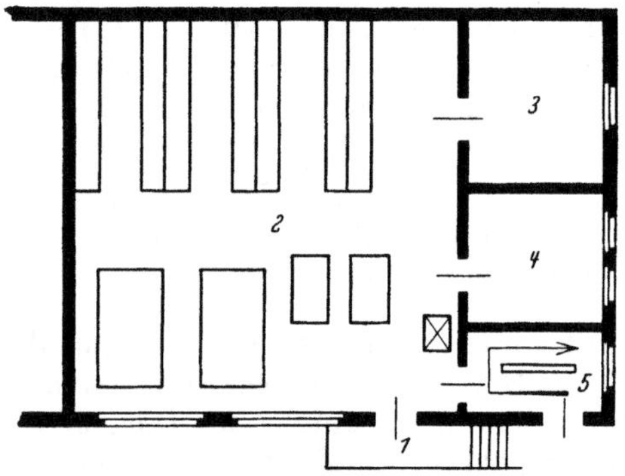


Abb. 488. Hauträume.
*1* Aufgang; *2* Hautlagerraum; *3* Salzlagerraum; *4* Büroraum; *5* Treppe.

Die bauliche Ausstattung bedarf wegen der zerstörenden Einwirkung des Salzes besonderer Überlegungen. In erster Linie sind Wandflächen und Fußboden für Salz unangreifbar zu machen, dann werden aber auch eiserne Türen und Fenster von Salz angefressen, weshalb Holztüren vorzuziehen sind. Es sind Fälle bekannt, in welchen Salzwasser durch rissig gewordene Betonböden an im Erdboden liegenden Eisenrohren Zerstörungen angerichtet hat. Die oberirdische Verlegung von Wasserleitungen ist demnach vorzuziehen. Da die Hautlagerräume meist abseits liegen, ist die Verwendung diebessicherer Türen und Fenster anzuraten. Guter Tageslichteinfall genügt, im Salzungsraum auch mittlerer Lichteinfall. Beleuchtungskörper sind wasserdicht und rostsicher zu machen. Deckenleuchten sind hinreichend. Es treten hier zwar keine unangenehmen Gerüche auf, trotzdem sind Lüftungskamine wünschenswert. Wichtig sind Vorkehrungen zur Abhaltung der Fliegen.

## 5. Räume zum Handel mit Tierteilen.

**Freibank.** Das Gesetz unterscheidet, wie bereits erwähnt, zwischen einwandfreiem, minderwertigem, bedingt tauglichem und untauglichem Fleisch. Währenddem letzteres in die Verwertungs- (Vernichtungs-)räume wandert, darf das minderwertige und das bedingt taugliche Fleisch (letzteres nach Vorbehandlung im Sterilisatorraum) in als solchen gekennzeichneten Räumen verkauft werden, um den ärmeren Volksschichten billiges und doch gesundes Fleisch geben zu können. Freibanken sind eine von alters her bekannte städtische Einrichtung. Die Freibankräume sind fast durchweg den Schlachthöfen angegliedert, da sie von dort überwacht werden können. Durch sie wird dem Besitzer kranker Tiere nach Möglichkeit ein Teil des Wertes erhalten.

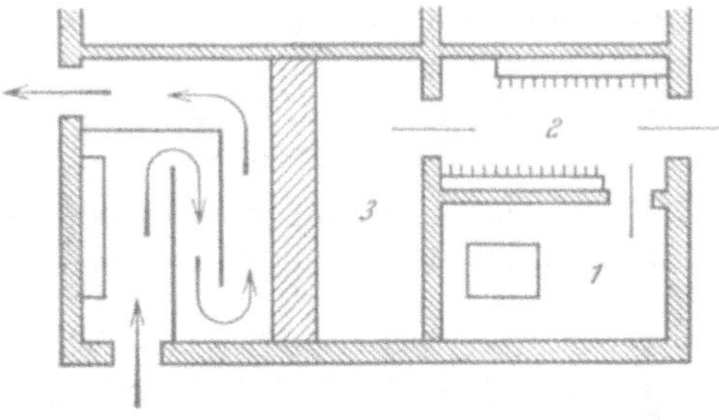

Abb. 489.
*1* Sterilisationsraum; *2* Abhänge- und Zerlegraum; *3* Freibank.

Der Verkauf findet in kleinen Stücken stets nur an Private statt. Der Verkaufsraum gleicht einem gut ausgestatteten Fleischerladen, der Raum für die Käufer ist von dem der Verkäufer durch den Ladentisch abge trennt. Größere Freibanken haben anschließend eigene Zerlegräume, auch werden hier oft die Sterilisatorräume angebaut, um einen längeren Transport der Waren zu vermeiden. Der Verkaufsraum enthält einen Verkaufstisch, Hakenrahmen zum Aufhängen des Fleisches, einen Zerlegetisch für gekochtes Fleisch und einen Hackstock für das Fleisch, sowie eine Waschgelegenheit für die Verkäufer. In größeren Freibanken ist am Ausgang ein eigener Kassenraum vorgesehen. Zur reibungslosen Abwicklung des Verkehrs sind eine Zugangstüre (nach innen zu öffnen) und eine Ausgangstüre (nach außen zu öffnen) anzubringen. Zur Regelung des Andranges trennt man Zu- und Abgang und bringt Gestänge an; der Warteplatz ist auch in kleinen Anlagen zu überdachen. In großen Freibanken findet man einen eigenen Warteraum für die Käufer, der unter Umständen auch heizbar gemacht wird; der Verkaufsraum selbst wird niemals beheizt. Die Raumhöhe soll nicht unter 3,5 m betragen. Die Freibank soll an dem der Stadt zugekehrten Teil des Geländes liegen und von der Hauptzufahrtsstraße aus unmittelbar erreicht werden können. Freibanken dürfen nie mit Verwaltungsräumen, Gasträumen usw. zusammengebaut werden.

Der Raum soll hell und freundlich sein und den Fleischerläden der Stadt als Vorbild dienen. Helle Wandverkleidung in etwa 1,7 m Höhe ist an allen Umfassungswänden wünschenswert. Der Boden soll mit hellfarbigen Platten versehen sein. Da der Verkauf oft in den Morgenstunden stattfindet, ist gute Deckenbeleuchtung anzuordnen; auch der Zugang ist zu beleuchten. Bestes Tageslicht ist notwendig. Im Sommer ist Luftbewegung angenehm, im übrigen genügt Fensterlüftung mit verstellbaren Fensterflügeln, jedoch müssen geeignete Anordnungen angebracht werden, um die Fliegen abzuhalten.

**Fleischmarkthalle (Fleischverkaufshalle, Fleischverkaufsraum).** Die Erzeugung von Schlachttieren im gesamten Lande vermag mit dem Bedarf der großen Städte nicht Schritt zu halten. Diese und andere Gründe haben zum Fleischgroßhandel geführt, dessen Entwicklung eine große Gefahr für die Rentabilität der örtlichen Schlachthöfe und für das ortsansässige Fleischergewerbe bedeutet, die aber trotzdem nicht aufzuhalten ist. Wegen der tierärztlichen Überwachung der Ein- und Ausfuhr und der Fleischuntersuchung darf sich der Fleischgroßhandel grundsätzlich nur in Schlachthöfen abspielen, was vielfach zur Errichtung von Neubauten führt. Bisweilen wurden oft weniger benützte Kleinviehschlachträume hierfür umgebaut, die Entwicklung des Großhandels mit Fleisch tritt aber so mächtig in

Abb. 490. Fleischgroßmarkthalle (Chemnitz).

Erscheinung, daß meist bedeutende Neubauten hierfür erforderlich sind. Verkäufer des Fleisches sind Großhandelsgesellschaften, Käufer hingegen sind Fleischer aus der betreffenden Stadt und deren näherer und weiterer Umgebung, welche dadurch von fremden Händen bearbeitetes billigeres Fleisch aus demselben Orte oder von auswärts erwerben können. Zum Verkauf gelangen Rinderviertel, Schweinehälften, Kälber und Innereien (Lunge, Leber usw.). Verkauf von lebenden Tieren findet nicht statt. Der Fleischgroßverkauf erfolgt nur an Fleischer, nicht an Private und findet meist in den Vormittagsstunden, die genau festgesetzt sind, statt. Soweit die Tiere nicht im Schlachthof selbst geschlachtet wurden, werden von auswärts (Seegrenzschlachthöfe) einkommende Viertel und Schweine mit Bahn oder Kraftwagen an den Verkaufsräumen abgeladen. Unverkauft Bleibendes wird nach den Kühlräumen gebracht, um dort für den nächsten Verkaufstag aufbewahrt zu werden.

Der Fleischverkaufsraum besteht aus einzelnen, teils offenen, teils verschließbaren Verkaufsständen, in welchen die Ware auf 3 Seiten an Hakenrahmen zum Verkauf bereitgestellt wird. Die Verkaufsabteilungen müssen von den Gängen aus unmittelbar begehbar sein und den Käufern die nötige Bewegungsfreiheit ermöglichen; auch für Waagen und Schreibpulte muß Platz vorhanden sein. Ferner müssen auch eigene Abteilungen für vermietbare Einzelhaken vorgesehen werden. Die Raumgestaltung ist jedoch in erster Linie davon abhängig, ob jeder Unternehmer alle Fleischarten auf seinem begrenzten Standplatze zum Verkauf beisammen haben will oder ob die Fleischarten der größeren Übersichtlichkeit wegen im Raum in getrennten Abteilungen feilgeboten werden. Wesentlich ist ferner reibungslose Füllung und Entleerung des Verkaufsraumes. Die Hauptverkehrsgänge sind daher in der Richtung zwischen Fleischzu- und -abfuhr zu legen. Bei kleineren Anlagen geschieht die Beförderung der Fleischstücke durch Tragen auf der Schulter, bei Rindern in Vierteln oder bei Schweinen in Hälften. Erforderlich ist eine Mindestraumhöhe von 4 m. In allen größeren Anlagen erfolgt die Beförderung der Rinderviertel und Schweinehälften durch Förderschienen. Solche können auch von der Entladestelle an den Bahnwagen bis zu den Verkaufsplätzen geführt werden, ferner aber auch von dort zu den Fahrzeugen, welche die gekauften Viertel zu den Fleischern bringen. Der Verkehr bei Abfuhr der gekauften Waren ist oft sehr beträchtlich; auch in mittleren Verkaufsräumen muß gute An- und Abfahrtsmöglichkeit ohne Überquerung von Betriebswegen möglich sein. Unverkauft gebliebene Waren werden von den Großhändlern nach Beendigung der Verkaufszeit in die meist unmittelbar mit den Verkaufsräumen verbundenen eigenen Kühl- und Gefrierräume verbracht, wo sie bis zum nächsten Verkaufstag verbleiben. Bei Stockwerksanordnung von Fleischmarkträumen gelten dieselben Grundsätze, wie unter „Kühlräume“ ausgeführt.

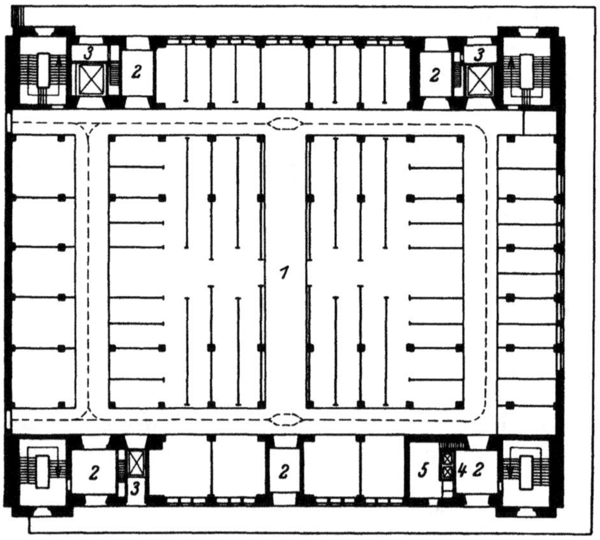


**Abb. 491. Fleischgroßmarkthalle (Chemnitz). Grundriß des Erdgeschosses.**
*1* Verkaufsraum; *2* Vorräume; *3* Lastaufzug; *4* Paternosteraufzug; *5* Dienstzimmer. Unten Zufahrtseite, oben Abfahrtseite.

In großen Anlagen werden eigene Büroräume für die Fleischgroßhändler, für deren Personal, für Banken und Makler, für die den Markt überwachenden Beamten des Schlachthofes und für Wäger bereitgestellt, sehr oft auch eigene Räume für Postamtsnebenstellen, Fernsprecher, auch Wasch- und Aborträume. Alle Räume benötigen gutes Tageslicht.

Die Raumumschließungen haben die Aufgabe wärmere Außentemperaturen abzuhalten und würden daher am besten isoliert, doch wird davon der hohen festen Kosten wegen oft Abstand genommen, da das Fleisch meist nur kurze Zeit in dem Raume bleibt. Trotzdem soll die Möglichkeit vorgesehen werden, jederzeit später eine Raumisolierung anbringen zu können, um den Raum im Bedarfsfalle auf einige Stunden mäßig kühlen zu können. Der Raum muß einen sauberen Eindruck erwecken. Die Wände sollen bis zu den Hakenrahmen mit hellen Plättchen belegt sein, welche jederzeit äußerste Reinlichkeit ermöglichen. Bodenbeläge, welche nicht zu dunkel sind, durch Fetteilchen und durch längere Benützung nicht glatt und schlüpfrig werden und ein Ausgleiten wirksam verhindern, sind vorzuziehen, da hier von einzelnen oft große Lasten getragen werden müssen. Wird Kühlungsmöglichkeit des Raumes vorgesehen, so sind isolierte Türen erforderlich, andernfalls werden Metalltüren verwendet, welche gegen Stöße durch Karren Gummibeläge erhalten. Alle

Verkaufsplätze müssen taghell beleuchtet sein, besonders auch die Waagen. Da der Raum oft in frühesten Morgenstunden benützt wird, ist für beste künstliche Beleuchtung in allen Teilen des Raumes, vor allem in den Verkaufsständen Sorge zu tragen, desgleichen auch bei der Zu- und Abfahrt. In der heißen Jahreszeit besteht für das Fleisch in der Fliegenplage eine ständige Gefährdung. Fliegengitter bieten keinen sonderlichen Schutz. Künstliche Luftbewegung, sowie Senkung der Raumtemperatur werden als günstige Abwehrmittel benannt. Desgleichen muß das Eindringen von Straßenstaub wirksam verhindert werden. Nach Beendigung der Verkaufszeit ist der Raum in allen Teilen zu reinigen. Zapfständer mit Schlauchverschraubungen sind deshalb reichlich anzuordnen.

## 6. Räume für Fleischer, Händler usw.

**Meisterraum.** Er dient den Fleischermeistern zum vorübergehenden Aufenthalt, bisweilen auch als Sitzungszimmer für die Innung. Da die Meister meist nicht selbst Schlachtarbeit verrichten, wird das Meisterzimmer wenig benützt. Eine Trennung vom Gesellenraum soll stets erfolgen; nur in kleinen Anlagen ist gemeinsame Benützung denkbar. Wird der Raum auch als Sitzungsraum benützt, so muß er mit Tisch und Stühlen ausgestattet sein. Es können in diesem Raum auch geschlossene Kleiderschränke und eine Waschgelegenheit angebracht werden. Weiter ist zweckmäßig, den Raum zwischen Schlachthofeingang und den Schlachträumen zu verlegen.

Der Raum soll heizbar gemacht werden, der Boden muß fußwarm sein. Günstige Belichtung ist nötig.

**Gesellenraum.** Er dient dem Zwecke, den Gesellen vor Arbeitsbeginn die Möglichkeit zu bieten, die Straßenkleider ablegen und sie durch Arbeitskleider ersetzen zu können. Die Hygiene erfordert, daß dies geschieht. Eine günstige Lage zwischen dem Schlachthofeingang und den Arbeitsräumen begünstigt die Benützung. Er soll mit Kleiderschränken, Tischen, Stühlen und einer Waschgelegenheit ausgestattet sein, in größeren Anlagen trifft man anschließend oft ein Brausebad, dessen Anfügung erwünscht ist (s. Abb. 481).

Der Raum soll heizbar und mit fußwarmem Boden versehen sein, da er während der Arbeitspausen den Gesellen auch als Aufenthalts- und Frühstücksraum dient.

**Gast- und Geschäftsräume.** In kleinen und mittleren Anlagen sind Geschäftsräume für die Fleischer nicht nötig, Gasthäuser sind meist in der Nähe der Anlagen. Nur in großen Schlachthöfen, hauptsächlich aber in jenen mit Viehhöfen sind schlachthofeigene Gaststätten rentabel. Sie werden dann so angeordnet, daß sie sowohl von der Hauptstraße aus, als von den Schlachträumen und vom Viehhof her leicht zu erreichen sind. Bezüglich der gesetzlich vorgeschriebenen strengen Trennung zwischen Schlachthof und Viehhof spielt die Lagerung der Gastwirtschaft keine Rolle. Ein Zusammenbau dieser Räume mit Verwaltungsräumen kann nicht gutgeheißen werden. Wohnräume für den Wirt und evtl. für Schlachthofangestellte können jedoch ohne weiteres im Wirtschaftsgebäude ihren Platz finden. Oftmals sind auch nur Kantinen oder Stehbierhallen, zusammengebaut mit dem Pförtnerhaus oder an irgendeinem anderen passenden Platze, zu sehen. In den Gaststätten, in welchen einfachere und besser ausgestattete Räume vorhanden sind, trifft man in großen Anlagen bisweilen auch Übernachtungsräume in verschiedener Ausstattung für Händler und Treiber, ferner Wasch- und Baderäume. Bäder für Treiber werden meist im Kellergeschoß untergebracht; Brausebäder genügen hierfür. In Verbindung mit den Gasträumen ist ein Garten stets erwünscht.

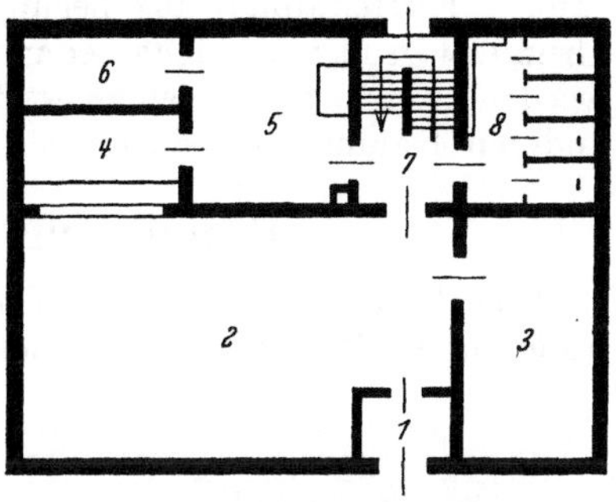


Abb. 492. Grundriß einer Schlachthofwirtschaft. *1* Windfang; *2* Gastraum; *3* Nebenraum; *4* Schenke; *5* Küche; *6* Speiseraum; *7* Treppenhaus zu den Wohnungen; *8* Abortraum.

Die Geschäftsräume für Fleischer und Händler (Börsenräume) liegen am günstigsten neben den Gasträumen. Der Raumbedarf hierfür ist je nach Größe der Anlage verschieden. Sind eigene Börsenräume nötig, so sollen auch Räume für Großhändler und Makler, sowie Geschäftsräume für Händler und Schreibräume nicht fehlen. In großen Anlagen werden auch eigene Räume für Viehmarktsbanken und Versicherungsgesellschaften, Postnebenstellen, eigene Räume für die Marktpolizei und für Sanitätshilfsdienst angegliedert.

**Hinterstellungsräume.** Neben einer Möglichkeit zur Hinterstellung von Kraftwagen müssen in jedem Schlachthof Räume zur längeren oder kürzeren Unterbringung von Fleischerpferden, Wagen, Fahr- und Krafträdern vorhanden sein. Wo diese anzuordnen sind, ist aus dem Teil „Straßen" (s. S. 481) ersichtlich. Hinterstellungsmöglichkeit ist stets da nötig, wo die größte Zahl der Wagen stehen bleibt, bis eine Arbeit beendet ist. Dies ist in Schlachthöfen in der Nähe der Schlacht- und Kuttelräume der Fall. Hinterstellungsräume für Wagen jeder Art sind also zwischen diesen Räumen und der Ausfahrt am nötigsten. Auch zwischen den Markträumen und der Viehhofausfahrt sind solche Räume zweckmäßig.

Fleischerpferdestallungen sollen auch in kleineren Anlagen zur Verfügung stehen, damit die Pferde gegen Witterung geschützt sind. Anbindevorrichtungen ohne Fütterungsgelegenheit, sowie durch Lattierbäume abgetrennte Stände sind hierfür hinreichend.

Wagenunterstände brauchen nur aus einem Schutzdach zu bestehen. Sie sind so anzuordnen, daß je 2 Wagen mit der Rückseite aneinanderstehen, um das Herausziehen der Wagen nach 2 Seiten möglich zu machen. Vielfach werden die Einstellstallungen wenig benützt. Die Fleischer spannen oft nicht aus und lassen die Fuhrwerke vor den betreffenden Betriebsräumen warten, bis die Arbeit beendet ist. Es sollten dann jedoch Anbindevorrichtungen für die Pferde vorgesehen werden.

Für Kraftfahrzeuge genügt ein Parkplatz. Zur Hinterstellung von schlachthofeigenen Kraftwagen sind geschlossene Boxen vorzusehen. Die Lage der Parkplätze ergibt sich wie jene der Wagenunterstände daraus, daß die Kraftwagen zur Anbeförderung lebenden Viehes und zur Abbeförderung von Fleisch und Nebenerzeugnissen dienen. Es ist darauf zu achten, daß die Verkehrswege innerhalb der Anlage möglichst kurz werden und daß Benzingeruch auf keinen Fall Räume mit starker Lüftungsnotwendigkeit belästigt. Großen Anlagen werden oft auch Wagenwasch- und Reparaturanlagen angegliedert, desgleichen Tankanlagen, die meistens der Pförtner bedient.

Fahr- und Krafträder werden am besten in der Nähe des Pförtners hinterstellt. Sonnensichere Schutzdächer sind in beiden Fällen erwünscht (s. Abb. 493).

Die Ausstattung von Pferdestallungen ist wie üblich. Wagen- und Kraftwagenunterstände sind mit Straßendecke zu versehen. Neuzeitliche Aufhängevorrichtungen für die Aufbewahrung von Fahrrädern sind bekannt.

**Baderaum.** Um lange Warmwasserleitungen zu vermeiden, wird dieser Raum zweckmäßig in die Nähe von Wärmequellen (Dampf, heißes Wasser) verlegt; auch eine nahe Lage zum Gesellenraum ist zweckmäßig. Brausebäder werden meist Wannenbädern vorgezogen. Werden Baderäume zur Ausnützung des vorhandenen Warmwassers öffentlich benutzt, so muß unmittelbarer Zugang ohne Betreten der übrigen Anlage möglich sein.

**Aborträume.** Sie werden vorwiegend von den hauptsächlichen Arbeitsräumen (Schlachträume, Kuttelräume) aus begangen. Es bedarf keiner Erwähnung, daß ihre Anordnung im Grundriß großer Vorsicht bedarf; sie müssen insbesondere von den Kühlräumen ferngehalten werden, und ist es empfehlenswert, sie mehr den Kuttel- und Düngerräumen anzugliedern. Von anderen Räumen aus dürfen sie nicht zugänglich sein.

## 7. Räume für die Verwaltung. Dienstwohnungen.

**Dienstraum des Pförtners.** Ein Pförtner ist in großen und mittelgroßen Anlagen zur Überwachung der Zu- und Abfahrt nötig. Ist ein Viehhof vorhanden, so bedient er, falls es räumlich

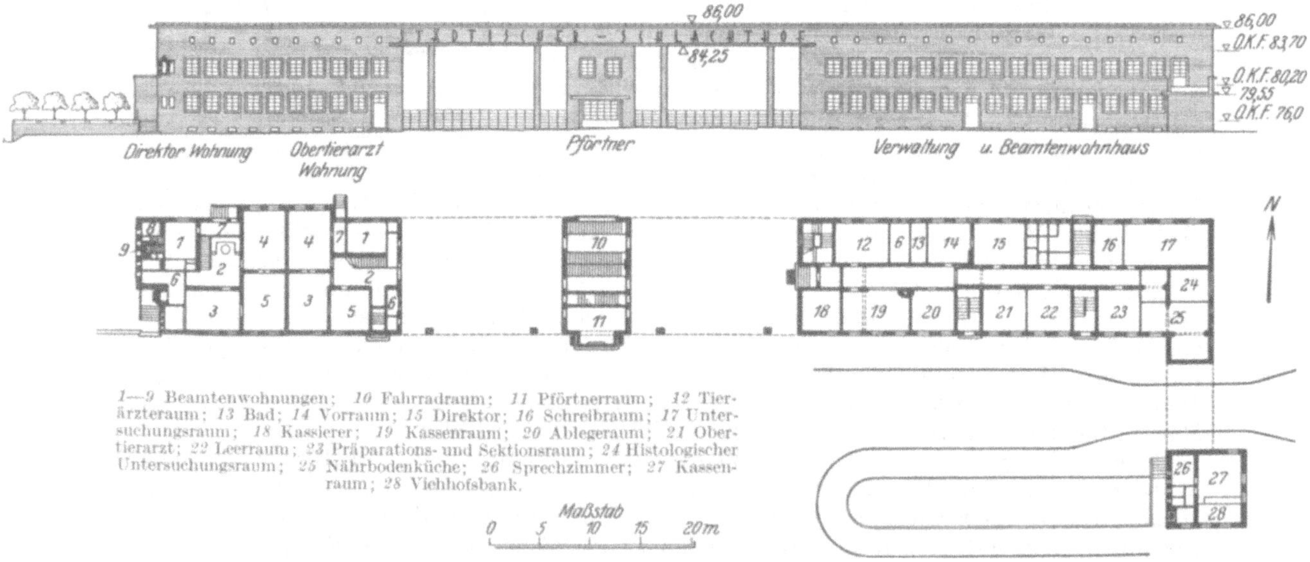


Abb. 493. Verwaltungsgebäude einer größeren Anlage (Bochum). Ansicht und Grundriß.

möglich ist, auch die Viehhofzufahrt. Man legt das Pförtnerhaus zwischen Ein- und Ausfahrtstor, oft auch seitlich von diesen. In der Nähe des Pförtnerhauses kann man die Waage, welche der

Pförtner bedienen kann, anbringen, unter Umständen auch Fernsprechzellen sowie den Fahrradhinterstellungsraum. Der Pförtner hat auch die Anlage zu öffnen und zu schließen.

Die bauliche Ausstattung darf keineswegs primitiv sein, vor allem muß der Raum wegen seiner freistehenden Lage in jeder Weise wärmedicht und heizbar sein.

**Verwaltungsräume.** In kleinsten Anlagen findet man die Räume für die Verwaltung (Raum für Tierarzt und Kasse) oft an die Betriebsräume anschließend unter einem Dache. Sowohl in kleinen wie in mittleren Anlagen, in welchen ein eigenes Gebäude mit Dienstwohnungen vorhanden ist, sind die genannten Räume hier angegliedert. Der Raum für den leitenden Tierarzt ist dann so anzuordnen, daß von ihm aus der Betrieb zu übersehen und leicht zu erreichen ist. Der Raum für die Entrichtung der Gebühren (Kassenraum) muß so gelegen sein, daß von ihm aus die Zu- und Abfahrt zu überblicken ist. Zweckmäßig ist ein geschlossener Vorplatz, von dem aus das Tierarztzimmer und das Kassenzimmer zu erreichen ist. Den Verkehr zum Kassenraum ermöglicht ein Schalterfenster, bei größeren Anlagen ist der Raum nach den Grundsätzen der Reichspost für ihre Schalterräume innen abgeteilt; dort können auch die Fernsprechkabinen aufgestellt werden. Neben dem Raum des Leiters und der Kasse soll eine Registratur vorhanden sein. In großen Anlagen sind hier weitere Räume für die hier beschäftigten Tierärzte vorzusehen, desgleichen auch eigene Sitzungsräume für den Verwaltungsausschuß, als welche in kleineren Anlagen der Dienstraum des Leiters benützt werden kann. Dort findet auch der Unterricht für Fleischbeschauer statt, für den jedoch eigene Räume sehr wünschenswert sind.

In großen Anlagen, welchen ein Viehhof angegliedert ist, werden die Verwaltungsräume zweckmäßig für Schlacht- und Viehhof gemeinsam benützt; das Verwaltungsgebäude ist dann zwischen beiden Anlagen anzuordnen. Der Raumbedarf vergrößert sich, wenn eigene Wasch- und Baderäume für die Tierärzte gewünscht werden (s. Abb. 493).

**Trichinenschauraum.** Die Untersuchung der Schweine auf Trichinen ist ein spezieller Teil der Untersuchungen, die im Schlachthof vorgenommen werden. Sie wird entweder vom Tierarzt oder von eigenen Trichinenschauern ausgeführt. Die zur Untersuchung bestimmten Fleischproben werden vom Schweineschlachtraum nach dem Untersuchungsraum gebracht oder durch Aufzüge oder Rohrpost angeliefert und das Ergebnis der Untersuchung auf dem gleichen Wege dorthin mitgeteilt, damit die untersuchten Schweine gestempelt werden können. Da dieser Arbeitsweg in umfangreichen Anlagen zu groß sein würde, wenn der Raum den Verwaltungsräumen angegliedert würde, ist es selbstverständlich, daß man ihn in Nähe der Schlachträume, neben oder oberhalb derselben, anbringt. In kleinen Anlagen ist dies nicht nötig; hier kann er ebensogut neben dem Raum für den Tierarzt liegen.

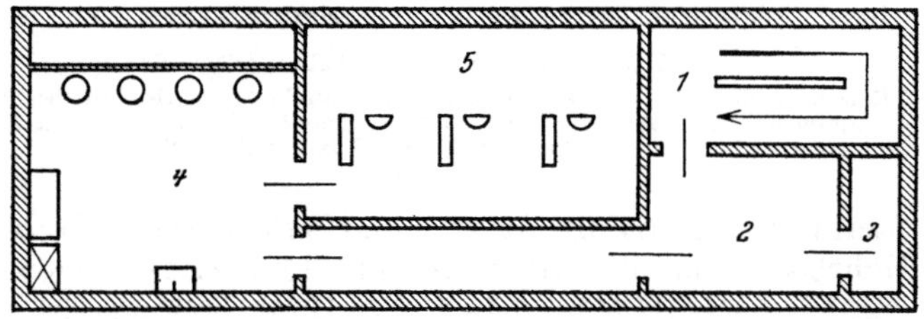

Abb. 494. Trichinenschauräume.
*1* Treppe; *2* Kleiderablage; *3* Abort; *4* Präparierraum; *5* Trichinoskopierraum.

Die Beschau erfolgt in kleinen oder älteren Anlagen mittels Mikroskopen. Die Arbeitstische zur Bereitung der Proben müssen taghell beleuchtet sein. Sie werden fensterständig angebracht. Seiten mit grellem Sonnenlicht sind zu vermeiden. Waschbecken mit kaltem und heißem Wasser und ein größeres zur Reinigung der Objektträger sind vorzusehen. Eine Kleiderablage soll, wenn möglich, räumlich abgetrennt sein; Aborträume für männliche und weibliche Beschauer sind anzugliedern. In großen Anlagen ist auch ein eigener Raum für den Überwachungsbeamten notwendig, während dieser in kleineren Anlagen im Raum selbst seinen Platz findet.

In mittleren und großen Anlagen wird die Untersuchung mittels Projektionsapparaten vorgenommen. Durch einen solchen ist es möglich, daß mehrere Beschauer die Fleischprobe gleichzeitig prüfen. Die Proben werden vom Sitz des Beschauers aus bewegt. Diese Apparate stehen gegen eine Projektionswand gerichtet. Der Probenherstellungsraum und der Projektionsraum sind durch einen dunklen Vorhang oder durch eine Wand getrennt. An einer wenig benützten Stelle des letzteren muß genügend Platz für Schalttafeln, Widerstände usw. vorhanden sein. Die Stromzuleitung zu den Projektionsapparaten erfolgt von der Decke aus. Es ergibt sich sonach eine Raumteilung in einen belichteten Raum zur Fertigung der Präparate und einen unbelichteten zur Untersuchung der Fleischproben mittels Projektionsapparaten. Bei Verwendung von Projektionsapparaten sind die Nebenräume dieselben wie oben angeführt (Abb. 494).

Im Projektionsraum sind dunkle Wände zweckmäßig, die Projektionsfläche muß weiß und vollkommen glatt sein. Der Raum muß verdunkelt werden können. Im Präparierraum, sowie im Mikroskopierraum müssen die Wände hell sein und leicht zu reinigen, insbesondere an den Arbeitsplätzen ist heller abwaschbarer Wandbelag nötig. In allen Räumen, die heizbar sein müssen, ist fugenloser, fußwarmer Bodenbelag erforderlich. Plättchenbelag ist daher zu vermeiden. Im Projektionsraum ist wegen der Raumlufterwärmung durch die Lichtquelle Lufterneuerung sehr wichtig, auch in den anderen Räumen ist im Sommer Luftbewegung erwünscht.

**Untersuchungsraum (Laboratorium).** Die Untersuchung von Fleisch und anderen animalischen Nahrungsmitteln ist Aufgabe der Tierärzte. Der Raum, welcher zur Vornahme dieser Untersuchungen dient, ist somit die wissenschaftliche Zentrale der animalischen Nahrungsmitteluntersuchung einer Stadt. In kleinen Anlagen werden diese Arbeiten oft im Dienstraum des Tierarztes vorgenommen, was als durchaus ungeeignet bezeichnet wird; mittlere und große Anlagen haben stets eigene Räume, welche sich bisweilen zu großen Untersuchungsanstalten erweitern. Die zu untersuchenden Nahrungsmittel kommen teils aus den Betriebsräumen, teils aus der Stadt und der Umgebung. Zur Überwachung der Arbeit ist es zweckmäßig, daß der Untersuchungsraum in der Nähe des Dienstraumes für den Schlachthofleiter liegt, er kann aber auch neben den Krankviehräumen liegen und soll von allen Räumen aus leicht erreichbar sein.

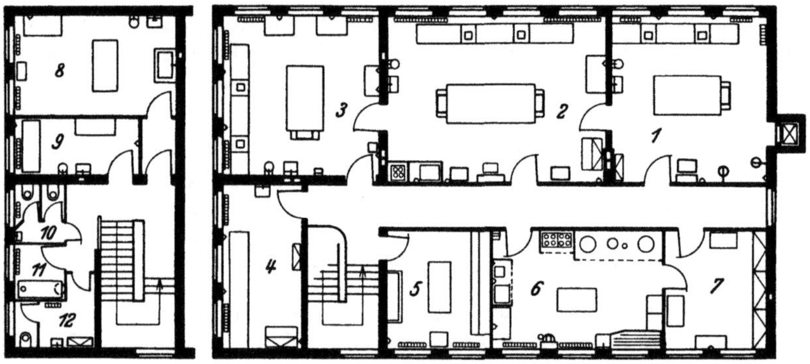


Zwischengeschoß. Obergeschoß.

Abb. 495. Bakteriologisches Laboratorium (Breslau).

*1* Milchlaboratorium; *2* Bakteriologisches Laboratorium; *3* Histologisches Laboratorium; *4* Impfraum; *5* Bücherei; *6* Küche; *7* Abstellraum; *8* Sektionsraum; *9* Raum für Sammlungskulturen; *10—12* Bad und Aborte.

Zur Untersuchung dient eine große Zahl von Apparaten und Einrichtungsgegenständen, deren Zahl je nach Größe der Anlage schwankt. Die wesentlichen sind: Brutapparat, Sterilisator, Zentrifuge, Arbeits- und Zerlegetische, Mikroskop und Mikrotom, Chemikalienschrank, Nährbodenschrank (unter Umständen für diese eine eigene Nährbodenküche), Schränke für Arbeitsmäntel, Akten, Bücher usw.; eine Dunkelkammer ist stets angegliedert. Die Untersuchungen vollziehen sich an fensterständigen Untersuchungstischen. Waschgelegenheit mit heißem und kaltem Wasser ist unentbehrlich. Auch Vergrößerungsapparate und mikrophotographische Apparate sind nötig. Größere Anlagen besitzen eigene kleine Stallungen für Versuchstiere, Spül- und Desinfektionsräume.

Die Einrichtung des Untersuchungsraumes ist weiß oder hellfarbig, auch die übrigen Räume müssen einen sauberen Eindruck machen. Weiße Wandplatten, welche leichte Reinigung ermöglichen, sind daher zu empfehlen. Der Bodenbelag muß fußwarm und leicht abwaschbar sein. Die Untersuchungsplätze müssen eine gute natürliche und künstliche Beleuchtung erhalten. Nordlicht ist anzustreben. Der Raum muß heizbar sein; Fensterlüftung genügt.

**Untersuchungsraum für eingeführtes Fleisch.** In kleinen Anlagen erfolgt die Untersuchung des eingeführten Fleisches meist in den Schlachträumen oder in der Freibank, so daß eigene Räume entbehrlich sind. Die Untersuchung erfolgt getrennt vom einheimischen Fleisch zu besonderen Beschaustunden.

In größeren Anlagen, besonders in solchen, denen Fleischmarkträume angegliedert sind, benötigt man neben diesen eigene Räume in günstiger Lage zum Gefrierraum. Solch eingeführtes Fleisch wird vom Bahnwagen oder Kraftwagen in den Untersuchungsraum getragen und dort an Hakenrahmen aufgehängt (Tierviertel, Kälber, Schweine, Schafe und Eingeweideteile). Letztere werden auf eigenen Tischen untersucht. Die Hakenrahmendoppelreihen sind in Richtung zwischen Fleischzubringung und -abfuhr anzubringen. Auf der Kopfseite der Rahmen sind auf beiden Seiten Gänge anzuordnen, welche durch Quergänge seitlich der Hakenrahmen zu verbinden sind. Neben Waagen und Gefäßen für beschlagnahmtes Fleisch ist auch ein Dienstraum für den Tierarzt notwendig. Das freigegebene Fleisch kommt entweder in die Verkaufs- oder Kühlräume der Fleischer oder in die Fleischmarkthalle und wird bis zum Verkauf im Kühlraum aufbewahrt. Die Abfuhr des Fleisches muß ebenso wie die Zufuhr regensicher überdacht sein. Bei Abladung aus Bahnwagen ist darauf zu achten, daß jedem Bahnwagen eine Türe gegenüberliegt. Als Raumhöhe ist 3,5 m ausreichend (s. Abb. 486).

Die bauliche Ausstattung ist mit jener der Freibank gleich.

**Raum für beschlagnahmte Tiere und Tierteile.** Längere Lagerung kranker Tierteile in den behördlich verschlossenen Kästen der Schlachträume ist sehr störend, besonders in heißer Jahreszeit. Die Schaffung eines eigenen Raumes ist daher auch in kleinen Anlagen begrüßenswert. Dort erfolgt die Lagerung kranker Tiere und Tierteile bis zu deren Vergrabung oder Verarbeitung durch entsprechende Apparate. Eine abgesonderte Lage des Raumes (der unter amtlichem Verschluß stehen muß), unter Umständen nahe dem Krankviehschlachtraum, ist wünschenswert.

Der Raum muß wegen des dort bisweilen sehr üblen Geruches hermetisch abschließbar sein. Boden und Wände müssen vollkommen dicht sein und eine gründliche Reinigung und Entseuchung zulassen. Zapfständer sind vorzusehen. Wandverkleidungen sind empfehlenswert.

**Aufsichtsraum für die Schlachträume.** Zum vorübergehenden Aufenthalt für Fleischbeschauer, Wäger und Stempler sind solche Räume in Anlagen jeder Größe nötig. Neben einem Schreibpult und einer Waschgelegenheit sind Schränke für Betäubungsapparate notwendig. Vielfach werden von hier aus auch die Waagen vor diesen Räumen bedient. Besorgen in kleinsten Anlagen die Hallenaufseher zugleich auch die Gebühreneinnahme, so müssen diese Räume etwas größer sein als das notwendige Mindestmaß von etwa $2 \times 2$ m; außerdem muß ein Überblick über den Zutrieb zum Schlachtraum möglich sein. Von hier aus muß man den dazu gehörigen Schlachtraum übersehen können (s. Abb. 481).

Der Raum soll unbedingt heizbar sein, ferner fußwarm.

**Unterrichtsräume.** Zur Ausbildung von Laien zu Fleischbeschauern werden oft in den Diensträumen des Tierarztes Kurse abgehalten, was als verwerflich bezeichnet werden muß. Auch in kleinen Anlagen soll für diesen Zweck ein eigener Raum geschaffen werden, welcher neben einem Lehrpult, der nötigen Zahl von Stühlen und Bänken, fensterständigen Tischen für praktische Übungen und Schultafeln noch Rahmen zum Aufhängen von Bildern enthalten muß Ist ein Projektionsapparat vorhanden, so muß der Raum zu verdunkeln sein. Dauerpräparate werden in Glasschränken oder an den Wänden hängend angebracht, bei größeren Anlagen steht jedoch hierfür stets ein eigener, anschließender Raum zur Verfügung. Besuchern sollen solche Sammlungen den hohen Wert der Fleischhygiene dartun.

**Dienstwohnungen.** Die Anordnung von Wohnungen in Schlachthöfen muß mit ganz besonderer Sorgfalt gehandhabt werden. Im allgemeinen gilt hierfür derselbe Grundsatz wie für andere Gebäudearten (Schule, Amt usw.), strenge Trennung von Wohnungen und Betrieb. In Schlachthöfen ist dies vor allem nötig, da der Betrieb für die Kinder nicht nur eine körperliche Gefährdung bedeutet, sondern auch die Beobachtung des Schlachtvorganges die Kinder ungünstig beeinflußt. Die Zugänge zu den Wohnungen von der Straße aus und zu den Gärten sollen Betriebswege vermeiden und nicht überkreuzen, weder die Zu- und Abfahrt der Wagen, noch den Zutrieb der Tiere und die Abfahrt des Fleisches oder Düngers usw. Die Dienstgärten sollen gegen den Betrieb zu durch Zäune geschützt sein.

Aus Sparsamkeitsgründen sehr verlockend ist die Anordnung von Wohnungen über niedrigen Betriebsräumen zur Ausnützung von Dachung und Grundmauern. Hierüber gilt neben dem oben Gesagten noch folgendes:

Der Lärm des Betriebes (Lärm in Schlachträumen, Schreien der Tiere, Verkehr u. a.) darf die Wohnenden nicht zu stark belästigen. Ungünstige Einflüsse (Düngergeruch, Stallgeruch, Kälte, Hitze, Dampf u. a.) dürfen nicht vorhanden sein. Wohnungen dürfen sich nach den Vorschriften nicht über Räumen mit Hochdruckkesseln befinden. Wohnungen über Kühlräumen sind bei genügender Deckenisolierung vollwertig. Eine Anordnung von Wohnungen über Schlachträumen ist unangebracht und zu vermeiden. Ableitungsrohre (Abort- und Abwasserleitungen), desgleichen Zuleitungsrohre für Wasser, Gas, Licht und Heizung dürfen die unterhalb befindlichen Räume nicht stören. Die Wohnung muß so angeordnet werden, daß vielbewohnte Räume (Kinderzimmer, Musikraum) nicht über Verwaltungsräumen liegen. Der Wohnung muß ein Keller für Brennstoffe und Lebensmittel, sowie ein Waschraum zur Verfügung stehen, desgleichen ein Trockenboden und ein Speicherraum. Betriebsräume dürfen nicht durch eine Wohnung zugänglich sein; auch wenn sie nur selten begangen werden, ist dies lästig. Bei Aufbau von Wohnungen über großen Räumen sollen die Putztüren der Schornsteine nicht erst durch Betreten der Wohnungen erreichbar sein. Durch Wohnungen dürfen keine größeren Entlüftungsrohre aus den unterhalb befindlichen Räumen führen, welche den Wert eines Raumes beeinträchtigen würden. Eine Wohnung über Betriebsräumen mit unter Umständen erforderlichen

Stützen und Unterzügen, mit Isolierung des Fußbodens, der Dachung und anderem darf im Vergleich zu den Vorteilen und Kosten eines eigenen Hauses, unter Umständen gemeinschaftlich mit anderen Beamten, nicht unverhältnismäßig teuer werden. Auch auf die Übertragungsmöglichkeit menschlicher Krankheiten ist Rücksicht zu nehmen.

Allgemein ist noch zu erwähnen, daß in einem Schlachthof Beamte verschiedenen Grades tätig sind und es ratsam ist, möglichst nur Wohnungen oberer und mittlerer, sowie mittlerer und unterer Beamten unter einem Dach zu vereinen, sofern nicht die Wohnung des Schlachthofleiters überhaupt abgetrennt wird, was in allen Fällen wünschenswert ist. Bei großen Anlagen sind die Wohnungen der Tierärzte in einem Gebäude unterzubringen, desgleichen jene der mittleren und unteren Beamten. Bei mittleren Anlagen bringt man die Wohnung des obersten Beamten und die der mittleren in einem Gebäude unter, jene der unteren Beamten legt man über niedrige Betriebsräume. Eigene Gebäude mit Dienstwohnungen allein trifft man meist nur in großen Anlagen.

In mittleren Anlagen findet man oft, daß den Wohnungen im Erdgeschoß Verwaltungsräume angegliedert sind. Wohnungen oberer Beamter sollen nie über Betriebsräumen erbaut werden, aber auch für mittlere und untere Beamte sind eigene Dienstwohnungen den Wohnungen über Betriebsräumen, wenn irgend möglich, vorzuziehen.

Die Wohnung des Schlachthofleiters soll möglichst vom Betrieb abgelegen, jedoch in günstiger Lage zu den Verwaltungsräumen sein. In kleinen Anlagen wird sie meist mit diesen in einem Gebäude untergebracht. Diese Wohnung muß in jeder Weise bevorzugt sein und alle an eine solche zu stellenden Anforderungen erfüllen. Von den vorhandenen Gartenflächen ist für den Schlachthofleiter die beste zu wählen.

Die Wohnungen für weitere Tierärzte sollen ähnlichen Anforderungen genügen. Zumeist wohnen diese Tierärzte jedoch in der Stadt.

Die Wohnung für den Kassierer soll dem Kassenraum zu dessen Überwachung angegliedert oder nahe sein.

Die Wohnung des Hallenaufsehers muß nicht in Verbindung mit den Verwaltungsräumen sein. Eine Unterbringung über den Gasträumen oder über niederen Betriebsräumen ist ohne weiteres angängig.

Die Wohnung des Maschinisten wird ähnlich behandelt. Es ist günstig, sie nahe dem Antriebsraum, der durch ihn zu überwachen ist, zu legen.

Die Wohnung des Pförtners (in kleineren Anlagen des Hausverwalters) muß stets so gelegen sein, daß von den untertags bewohnten Räumen die Ein- und Ausfahrt übersehen werden kann und zu ihr kein zu weiter Weg zurückzulegen ist. In größeren Anlagen soll der Pförtner nicht zwischen Ein- und Ausfahrt wohnen, da das Wohnen durch den Verkehr dort unerträglich und für dessen Kinder auch gefährlich ist. Günstiger ist eine Lage seitlich der Ein- und Ausfahrt mit anschließendem Garten.

## 8. Räume für Kraft-, Kälte-, Wärme-, Licht- und Wassergewinnung.

**Vorbemerkung:** Einführung in die Kälteerzeugung. Bevor auf jene Räume, welche der Kälteerzeugung unmittelbar oder mittelbar dienen, näher eingegangen wird, möge die derzeitige Art der künstlichen Kälteerzeugung nebst deren Hilfsvorrichtungen kurz erwähnt werden, damit das Nachfolgende für jedermann verständlich ist.

Die künstliche Kälteerzeugung beruht darauf, daß eine Flüssigkeit mit tiefliegendem Siedepunkt (beispielsweise Ammoniak, Kohlensäure, schweflige Säure) durch Wärmeaufnahme und Wärmeentzug aus einem anderen, sie berührenden Stoff (Flüssigkeit, Luft) diesen abkühlt, sich selbst allerdings dabei erwärmt bzw. verdampft. Zumeist wird als solche kälteerzeugende Flüssigkeit (Kältemittel) wasserfreies, flüssiges Ammoniak verwendet, das bei niedrigem Druck und niedriger Temperatur verdampft und hierzu, wie eben geschildert, Wärme aus der umgebenden Flüssigkeit (Sole) aufnimmt, diese also, wie gewollt, hierbei abkühlt (Verdampfung im Verdampfer). Erwähnt mag hierzu werden, daß die Wärmemenge, welche entzogen wird, um so größer bzw. die erzielte Temperatur um so tiefer ist, je geringer der Druck ist, unter welchem das verdampfte Ammoniak sich befindet. Selbstredend wird der hierdurch entstandene Ammoniakdampf wieder zur neuen Kälteerzeugung verwendet. Dazu muß er jedoch einem Verflüssigungsprozeß unterworfen werden. Fürs erste wird er abgesaugt, und durch mechanische Verdichtung auf höheren Druck gebracht (Verdichtung im Verdichter), fürs zweite wird ihm die bei der vorangegangenen Verdampfung aufgenommene Wärme, sowie die durch die eben vorgenommene

Verdichtung neu zugeführte Wärme durch Abkühlung mit gewöhnlichem Leitungswasser (Kühlwasser) entzogen und durch diese doppelte Behandlung das gasförmige Ammoniak wieder in den flüssigen Zustand zurückgeführt (Kühlung mit Leitungswasser im Verflüssiger). Die vorher aufgenommene Wärme wird an das Kühlwasser abgetreten. Das wieder neu gebildete flüssige Ammoniak strömt aus dem Verflüssiger durch ein Regulierventil, in welchem die Entspannung zum niederen Druck, der neben niedriger Temperatur im Verdampfer nötig ist, erfolgt, nach dem Verdampfer (siehe oben) neu zurück, und es kann der Kreislauf: Verdampfung-Verdichtung-Verflüssigung-Verdampfung stets immer wieder von vorne beginnen.

Bei dieser Wärmeentwicklung aus der zu kühlenden Flüssigkeit (Kältemedium) durch das verdampfende Ammoniak (Kältemittel) gibt es zweierlei Arten:

Wenn die Wärmeentziehung durch das verdampfende Kältemittel selbst geschieht, so spricht man von unmittelbarer oder direkter Kühlung.

Geschieht sie unter Zwischenschaltung und Verwendung einer Salzlösung (Sole) als Kälteträger, so spricht man von mittelbarer oder indirekter Kühlung.

Im ersteren Fall ist also der Energiestrom (beispielsweise bei Fleischkühlung): Kältemittel-Luft-Kühlgut; im zweiten Fall: Kältemittel - Salzlösung - Luft-Kühlgut.

Erwähnt mag noch werden, daß die mittelbare (indirekte) Kühlung auf zweierlei Art vorgenommen wird, durch direkte Berührung der zu kühlenden Luft mit der Salzsole (Naßluftkühlung), sowie durch Berührung der zu kühlenden Luft mit der Salzsole an Rohrwandungen, innerhalb welcher Sole fließt (Trockenluftkühlung).

Aus diesem Kühlvorgang ergeben sich folgende wesentliche maschinellen Vorrichtungen, die kurz gestreift werden sollen:

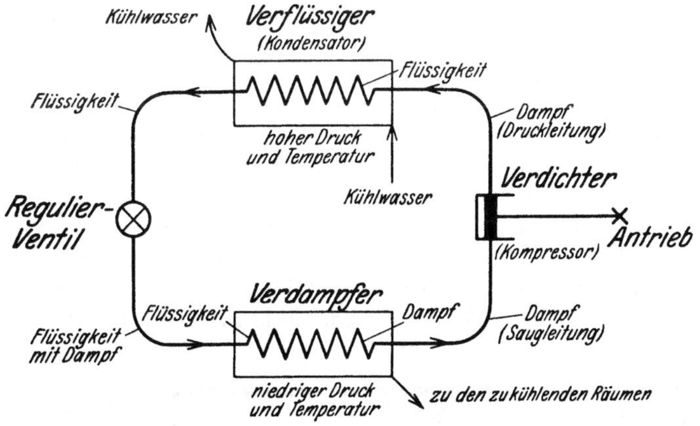


Abb. 496. Wesen der Kälteerzeugung.

Verdampfer (Luftkühler, Solekühler, Eisbereiter, Deckensysteme). Wie oben geschildert, verdampft in diesem das Kältemittel (Ammoniak) und entzieht hierdurch dem Kälteträger (Kältemittel, unter Umständen Sole) Wärme, wodurch dieser sich, wie gewollt, abkühlt.

Abscheider. Durch diesen wird bei reichlicher Füllung des Verdampfers ein trockener Verdichtergang und damit eine merkliche Mehrleistung erreicht (sog. Überhitzungsbetrieb im Gegensatz zum sog. Naßbetrieb beim Fehlen eines Abscheiders).

Verdichter (Kompressor). Er saugt die im Verdampfer entstandenen Dämpfe des Kältemittels an und verdichtet sie, wie oben geschildert. Der Verdichter hält zugleich den Kreislauf des Kühlvorganges aufrecht und wird durch irgendeine Kraftquelle (Dampf, Elektrizität u. a.) angetrieben.

Verflüssiger (Kondensator). Die vorher im Verdichter zu hohem Druck und hoher Temperatur gebrachten Ammoniakdämpfe werden in Röhren im Verflüssiger von außen mit Kühlwasser (stündlich eine erhebliche Menge) abgekühlt. Hierdurch verflüssigen sich die warmen Ammoniakgase. In Nachkühlern wird das Ammoniak dann noch weiter abgekühlt. Die Wärme des Ammoniakgases wird vom Kühlwasser aufgenommen, welches daher ständig erneuert werden muß.

**Antriebsräume** (mit Verdichter und unter Umständen Verflüssiger). **Kohlenraum. Heizerraum. Werkraum mit Lagerraum.** Die Maschinenanlage dient in Schlachthöfen in erster Linie dem Antrieb der Kühlanlage. Als Antriebsmittel kommen hierfür in Frage:

a) Dampf (Kolbenmaschine, Dampfturbine).
b) Elektrizität.
c) Rohöl (Dieselmaschine).
d) Wasserkraft (jedoch selten).

Welche von diesen Antriebsarten wirtschaftlicher ist, läßt sich nicht auf eine allgemeingültige Formel bringen, da die Entscheidung dieser Frage nur von Fall zu Fall auf Grund einer eingehenden Wirtschaftlichkeitsberechnung möglich ist. Im allgemeinen wird unter normalen

Verhältnissen bei Anlagen von 60—70000 kcal/h aufwärts der Dampfbetrieb wirtschaftlicher sein, in kleineren Anlagen wird er sich jedoch nur in Ausnahmefällen (Ruhrgebiet, Schlesien) als dem elektrischen Antrieb überlegen erweisen (vgl. Teil IV, „Energiewirtschaft"). Bei Dampfantrieb kommen Dampfanlagen zur Aufstellung, bei elektrischem Antrieb Elektromotoren, bei Rohöl als Brennstoff, Dieselmotoren, bei Wasserkraftantrieb Turbinen. Nahe den Antriebsmaschinen sind die Lagerstellen für den Brennstoff, ferner Behälter für Putzwolle, Öl usw. Bei Anlagen, welche Licht selbst erzeugen oder Elektrizität in Akkumulatoren speichern, wird das Schaltbrett von hier aus bedient. Naturgemäß werden nahe den Antriebsmaschinen sowohl der Verdichter (Kompressor) als der Verflüssiger (Kondensator) aufgestellt; auch soll die Regulierstation für die Kälteerzeugungsanlage von hier aus leicht zugänglich und bedienbar sein. Der Raum wird nur vom Maschinenpersonal betreten, braucht somit nicht an einer verkehrsreichen Straße der Anlage zu liegen. Bei Dampfantrieb ist die Zubringung von Kohlen nötig (in größeren Anlagen durch Elevatoren), bei elektrischem Antrieb tritt an deren Stelle die Kraftstromleitung, bei Dieselmotoren die Rohölzubringung. Wegen Montage und Reparaturen ist gute Zugänglichkeit des Raumes von außen nötig, da Maschinen oft erst nach Bauvollendung eingebracht werden müssen.

Nach Vorschrift ist für den Dampfkesselheizer eine Waschvorrichtung, ein Kleiderbehälter, Tisch und Bank erforderlich. Sofern dies nicht im Dampfkesselraum untergebracht ist, ist ein eigener Raum für den Maschinisten zu dessen Aufenthalt nötig. Bei kleinen Anlagen ist er sehr wünschenswert, bei mittleren und großen unerläßlich. Durch ein Fenster, zweckmäßig auch durch eine Glastüre, können die Antriebsmaschinen und der Verdichter (Kompressor) überwacht werden. In kleinen Anlagen dient dieser Raum zugleich als Werkraum für einfachere Reparaturen (s. Abb. 486). In größeren ist ein eigener

Werkraum mit Drehbank, Bohrmaschine, Fräsmaschine, Werkbank, Esse oder Feldschmiede, Amboß, Schleifstein u. a. zur Vornahme der Reparaturen des ganzen Betriebes erforderlich. Er muß in erster Linie vom Antriebsraum, nach Möglichkeit auch vom Dampfkesselraum aus zugänglich sein. Alle zu reparierenden Stücke der gesamten Anlage werden dorthin verbracht.

Ein Lagerraum zur Aufbewahrung von Reparaturteilen schließt sich diesem zweckmäßig an. Für alle Teile, welche der Abnützung unterliegen, müssen Ersatzstücke vorhanden sein, wodurch es möglich wird, sofortige Abhilfe bei eintretenden Schäden treffen zu können. Auch Öl, Rohöl, Benzin usw. lagert hier bisweilen (Beachtung der diesbezüglichen Vorschriften).

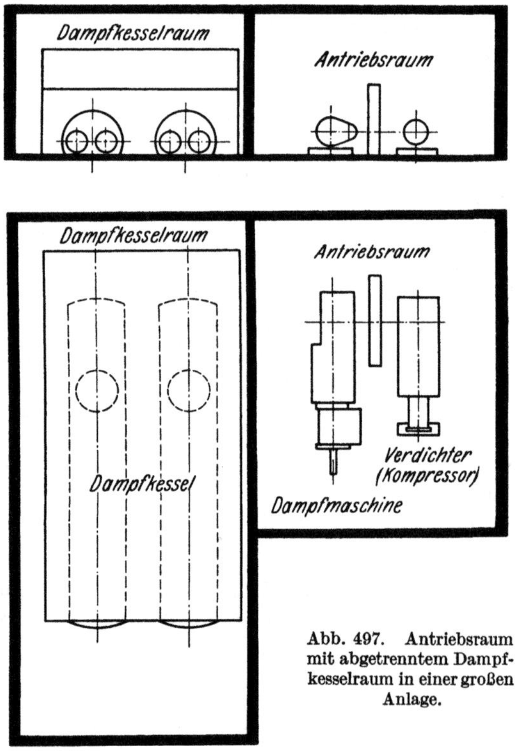


Abb. 497. Antriebsraum mit abgetrenntem Dampfkesselraum in einer großen Anlage.

Hinsichtlich der Raumgestaltung gilt nun folgendes: Die Antriebsmaschinen sind der Mittelpunkt des Maschinenraumes. Ihre Größe ist naturgemäß außerordentlich verschieden und muß vor Entwurfsbearbeitung (der in allen Fällen die Entscheidung über die Antriebsfrage vorausgehen muß) auf Grund der Listen von Herstellungsfirmen bestimmt werden. Wesentlich ist bei der Gestaltung, daß um die Maschinen reichlich Bedienungsraum auf allen Seiten vorhanden sein muß. Der Dampfkessel ist von der Dampfmaschine räumlich abgetrennt, in ihm muß der Heizerstand so geräumig sein, daß der Heizer seine Arbeit bequem verrichten kann. Er darf durch Lagern von Brennstoffen nicht verengt werden. Bei Neuanlagen ist der Dampfkessel zweckmäßig so anzuordnen, daß die Aschenabfuhr zu ebener Erde erfolgen kann. Bei der Lagerung der Brennstoffe unterscheidet man zwischen Stunden-, Tages- und Wochenreserve. Der Platzbedarf der Lagerplätze, Räume oder Silos kann nur von Fall zu Fall bestimmt werden. Eine Waschvorrichtung, ein Kleiderbehälter, Tisch und Bank sind gleichfalls durch Vorschrift bedingt, sofern dies nicht in einem eigenen Raum untergebracht ist. Beim Entwurf möge in erster Linie berücksichtigt werden, daß hier der Schornstein mit seiner großen Fundamentbelastung seinen Platz hat. Bei diesem ist zu beachten, daß die Verbindungskanäle (Füchse) so kurz wie möglich sein müssen, um Verluste auf ein Mindestmaß zu beschränken. Die Rauchgaskanäle zwischen Dampfkessel und Schornstein müssen im Grundwasser wasserdicht gebaut sein. Die Raumhöhe ist bei Dampfantrieb durch die Höhe der Kessel beeinflußt; bei Dieselmotoren (diese sind in der Mehrzahl stehend, etwa 2,1—2,5 m hoch) muß man den Kolben der Maschine noch gut ausbauen können; dies beeinflußt unter Umständen die Raumhöhe. Bei ganz großen Anlagen sind fahrbare Krane eingebaut, die beim Entwurf beachtet werden müssen (s. Abb. 485).

Der Verdichter (Kompressor) der Kälteerzeugungsanlage wird immer im Antriebsraum untergebracht. Er ist dann so aufzustellen, daß er zur Wartung, Schmierung usw. von allen Seiten begehbar ist (Arbeitsbreite 1—1,5 m). Man kann ihn sowohl gleichlaufend zur Außenwand wie senkrecht dazu aufstellen; sofern man nicht unmittelbare (direkte) Kupplung wählt, muß die Transmission zwischen Antrieb und Verdichter möglichst wandständig sein; eine andere Anbringung ist platzvergeudend und maschinell unvorteilhaft. Aus dieser Kraftübertragung zwischen Antrieb und Verdichter (Kompressor) durch die Transmission entsteht ein Raummindestmaß (nach Länge und Breite), welches durch Einbau einer Riemenspannrolle im Bedarfsfall merklich verringert werden kann (Abstand Achse—Achse = mindestens Summe der Halbmesser der treibenden und der getriebenen Scheibe). Beim Verdichter (Kompressor) muß weiterhin genügend Raum zum Herausziehen des Kolbens (je nach Kolbenhub und Baulänge des Verdichters 1,2—1,8 m) vorhanden sein. Gegenüberliegende Türen sind erwünscht, um bei Explosionen oder Unfällen mit dem Kältemittel den Raum rasch verlassen zu können. Die Raumhöhe ist lediglich von der Raumgröße abhängig und vom Verdichter (Kompressor) nicht beeinflußt. Meist wird sie der Raumhöhe der nebenanbefindlichen Räume (z. B. Eisbereitungsraum, dessen Höhe zwangsläufig gegeben ist) angeglichen. Nur bei größeren Anlagen werden Krane eingebaut, welche von Fall zu Fall eine Erhöhung der Raumausmaße nötig machen können. Die hauptsächlich verwandte Ausführungsart ist der liegende Verdichter (Kompressor). Neuerdings werden sie zwar für größere Leistungen stehend gebaut (Vorteil: geringerer Platzbedarf), aus verschiedenen Gründen haben sich diese jedoch in Deutschland (im Gegensatz zu Amerika) bisher nur wenig eingeführt (s. Abb. 485).

Nach Ausführungen an anderer Stelle (s. Verflüssigerraum oder Kondensatorraum) steht im selben Raum, in welchem der Verdichter (Kompressor) angeordnet wird, auch der Verflüssiger (in der Bauart als Doppelrohr- bzw. Elementenkondensator), sofern nicht bei ungünstigen Kühlwasserverhältnissen Anordnung in einem eigenen Raum (in der Bauart als Berieselungskondensator) zweckmäßiger ist. Er wird im ersteren Fall meist an der Wand untergebracht und erfordert wenig Platz. An der freien Seite soll er begehbar sein (0,6—0,8 m). Verflüssiger dieser Art sind selten höher als 2,5 m, sind also für die Raumhöhe nicht ausschlaggebend.

Bezüglich der Raumgestaltung des Werkraums, Lagerraums, Heizerraums siehe die einleitende Schilderung.

Die Vergrößerungsnotwendigkeit des Antriebsraumes muß sehr wohl im Auge behalten werden. Die Erweiterung wird meist dadurch veranlaßt, daß durch Vergrößerung der Stadt (Vergrößerung der Schlachtziffer, Eingemeindungen, Niederlassung von Fleischern, Mehrbedarf an Kühlzellen und Eis u. a.) die Leistung der Kälteerzeugungsanlage gesteigert werden muß. Die Wahrscheinlichkeit der Erweiterungsnotwendigkeit ist hier größer als im Eisbereitungsraum, da nicht allein eine Vergrößerung des Eisabsatzes, sondern jede Vergrößerung des Kühlbetriebes die Kälteleistung vermehrt. Es ist daher in allen Fällen zu empfehlen, eine Erweiterungsmöglichkeit (innerhalb des Raumes oder durch Vergrößerungsmöglichkeit des Raumes) vorzusehen; andernfalls kann guter Rat teuer werden.

Bei Vergrößerungen des Betriebes wird ein zweiter Verdichter eingebaut. Die vorhandene zu kleine Maschine bleibt als Ersatzmaschine stehen und es wird ein größerer Verdichter gleichlaufend zum alten aufgestellt. Es ist vorteilhaft, von vornherein neben der alten Maschine einen freien Platz für eine zweite Maschine einschließlich Antriebsmaschine oder aber eine Erweiterungsmöglichkeit nach dieser Seite vorzusehen.

Der Antriebsraum soll stets gut ausgestattet werden; er ist meist ein Stolz der Anlage. Wandverkleidungen werden hier durchweg angebracht. Über dem Dampfkesselraum, zu dessen Abtrennung eine dünne Wand genügt, muß sich eine leichte Holzdecke befinden. Bewohnte Räume dürfen gesetzlich über Hochdruckkesseln nicht angeordnet werden. Im Dampfkesselraum sind Klinker am zweckmäßigsten; im übrigen Raum werden helle Plättchen zur Hebung der Reinlichkeit angebracht, darüber werden meist Läufer gelegt. Die Türen müssen im Dampfkesselraum gemäß Vorschrift nach außen aufschlagen und so eingerichtet sein, daß sie mit leichtem Druck von innen zu öffnen sind. Wenn nur eine Tür vorhanden ist, so muß sie in unmittelbarer

Nähe des Heizerstandes liegen; außerdem ist ein zweiter, jederzeit freier Rückzugsweg vorzusehen. Jeder Nachbarraum muß einen innen leicht zu öffnenden Notausgang haben, durch welchen sich der Heizer bei Gefahr retten kann. Wegen Montage und Reparaturen sind breite Türen stets empfehlenswert. Nach Vorschrift muß der Dampfkesselraum bei Tag und bei Nacht gut beleuchtet sein. Insbesondere müssen die Wasserstände und Manometer jederzeit mit Sicherheit beobachtet werden können. Bei den übrigen Antriebsarten und für den Verdichter (Kompressor) sind große Fenster, die rasch zu öffnen sind, und reichlich Leuchten für Reparaturen sehr günstig. Auch im Werkraum ist reichlich Tageslicht und künstliches Licht erforderlich. Im Lagerraum hingegen genügt künstliches Licht. Der Dampfkesselraum muß nach Vorschrift mit ausgiebigen Lüftungseinrichtungen versehen sein, welche vom Boden aus leicht und sicher geöffnet, festgestellt und geschlossen werden können. Für den Verdichter (Kompressor) sind größere Lüftungsflächen in den Fenstern nötig, damit bei Ausströmen eines Kältemittels dieses rasch entweicht. Am besten sind gegenüberliegende Fenster und/oder Türen.

**Verflüssiger- (Kondensator-)raum.** Wie aus der Vorbemerkung „Einführung in die Kälteerzeugung" zu ersehen war, dient der Verflüssiger dem Entzug der im Verdampfer aufgenommenen Wärme und dem Entzug des Wärmeäquivalents der Verdichtungsarbeit. Es gibt 2 Arten von Verflüssigern:

a) Doppelrohr- bzw. Mehrrohrverflüssiger,

b) Berieselungsverflüssiger,

von denen der erstere wegen seines geringen Raumbedarfes stets neben dem Verdichter (Kompressor) angeordnet und nur für den letzteren ein eigener Raum geschaffen wird.

Beim Entwurf ist in erster Linie das enorme Gewicht eines Berieselungsverflüssigers im Betriebszustand zu berücksichtigen; es bewegt sich nach Ermittlungen entsprechend den Kälteleistungen zwischen 5,5 und 68 Tonnen. Die Höhe des Verflüssigers ist etwa 3,3 m. Es muß die Möglichkeit bestehen, zu Reparaturen an das sog. Kühlschiff von allen Seiten herantreten zu können. Zur Wasserersparnis wird ein Teil des Kühlwassers umgepumpt. Sofern die dazugehörige Umwälzpumpe nicht im Antriebsraum untergebracht worden ist, ist hier im Verflüssigerraum möglichst nahe dem Verflüssiger der erforderliche Platz vorzusehen (s. Abb. 485).

Der (Berieselungs-) Verflüssiger braucht nicht von Raumumschließungen umgeben zu sein. Da die Verdunstung bei ihm die übergeordnete Rolle spielt, steht er am besten auf einer luftigen Dachfläche (im Dachraum oder auf einem Flachdach) oder im Freien; es ist jedoch günstig, ihn durch einen winddurchlässigen Umbau vor unmittelbarer Sonnenbestrahlung zu schützen, da diese Algenbildung und Wassererwärmung zur Folge hat. Die Bodenkonstruktion muß das oben erwähnte große Gewicht des Verflüssigers aufnehmen; außerdem muß der Boden wasserundurchlässig sein.

**Luftkühlerraum.** Der Raum dient der Aufstellung eines Apparates zur Erzeugung von kalter Luft für die zu kühlenden Räume durch Verdampfen eines Kältemittels oder Umwälzen eines Kälteträgers (Sole). Diese Vorrichtung war früher durch Deckenberohrung der gekühlten Räume ersetzt, hierdurch entstand jedoch zu hohe Feuchtigkeit in diesen Räumen. Nur ein Luftkühler außerhalb der gekühlten Räume gestattet deren Feuchtigkeitsregelung (näheres über die verschiedenen Arten siehe Vorbemerkung „Einführung in die Kälteerzeugung", S. 472). Die erzeugte kalte Luft wird durch einen Lüfter (Ventilator) von stündlich großer Fördermenge, welcher von einem Motor angetrieben wird, in die zu kühlenden Räume in rechteckigen Schläuchen gedrückt und durch denselben Lüfter aus diesen Schläuchen in anderen wieder als verbrauchte Luft angesaugt und dem Luftkühler neuerdings zugeführt. Der Raum wird selten begangen. Die Begehung erfolgt nur zum Nachsehen, ob alles abgetaut ist bzw. ob irgendwo etwas undicht ist. Trotzdem soll der Zugang nicht durch eine Wohnung führen.

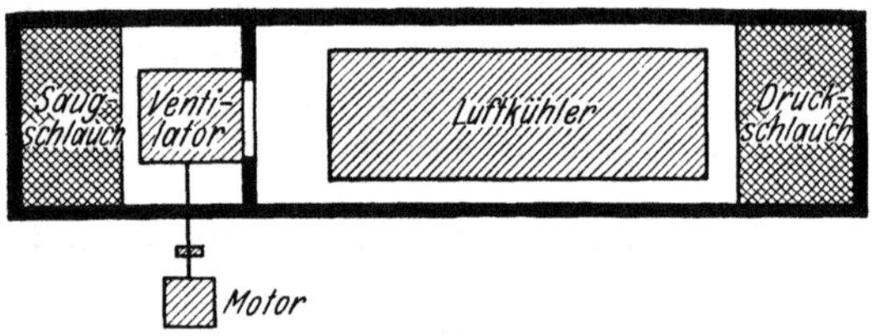


Abb. 498. Grundriß eines Luftkühlers.

Bei der Raumgestaltung ist zu beachten, daß der Luftkühler ein rechteckiger (mit Holz verschalter) Behälter von großer Länge und geringer Höhe und Breite ist. Für die Behebung von Undichtigkeiten u. a. muß mindestens die eine Längsseite des Kühlers begehbar sein, die andere kann an einer Wand sein, jedoch ist es besser, wenn auch sie begehbar ist. Eine Firma macht die freie Seitenwand des Luftkühlers daher stets abnehmbar. Bei der baulichen Anordnung im Entwurf muß in erster Linie das große Gewicht eines Luftkühlers berücksichtigt werden. Genaue Zahlen hierüber können nicht gegeben werden, da die Luftkühler noch nicht genormt sind. Die Länge ist nicht größer als die Länge eines Bahnwagens, also etwa 5,5—6 m. Zuzüglich des erforderlichen freien Raumes für den Lüfter mit etwa 1 m und des Raumes für die Luftschläuche auf beiden Schmalseiten ergibt sich eine Länge des Luftkühlerraumes von 8,5—9,5—10 m. Die Höhe des Kühlers ist im allgemeinen nicht viel größer als die Breite. Meist werden Höhen von 1,6 bis höchstens 2,5—3 m verwendet (s. Abb. 485).

Luftkühler werden fast ausschließlich in Dachräumen angeordnet. Dies ist vom Standpunkt der Wärmewirtschaft nicht günstig, da bei hohen Außenlufttemperaturen im Sommer die Dachräume sehr heiß sind. Die Anordnung einer größeren Isolierstärke ist hierfür der beste Ausgleich. Eine Firma macht bei Anordnung des Luftkühlers im Dachraum darüber eine Zwischendecke von Bimsstein, um die erhebliche Strahlung der Dachfläche abzuhalten. Daraus ergibt sich, wie die Raumumschließungen allgemein zu behandeln sind. Der Boden unterhalb des Kühlers muß in ganz besonderer Weise dicht sein.

**Warmwasserbereitungsraum.** In kleinen und großen Anlagen ist für die Brühbottiche des Schweineschlachtraumes, für die Becken und Bottiche der Kuttelei und an anderen Stellen warmes Wasser (von etwa 60°) erforderlich, das teilweise unmittelbar erzeugt (Kohlenfeuerung; seltener Gas, Elektrizität, Öl usw.), teilweise durch Verwertung von Abwärmequellen (Kühlwasser von Dieselmaschinen, Ablaufkühlwasser von Verflüssigern, Dampf mit Dampfmaschinen usw.) gewonnen wird. Da es sich bei obigen Verbrauchsstellen nicht um ständige, sondern um stoßweise Entnahme handelt, kommen bei Schlachthöfen keine Durchlauferhitzer zur Verwendung, sondern nur Bauarten, welche eine gewisse Speicherung (bis zu 3 Tagen und mehr) ermöglichen. Die vielfach verwendeten Großwasserraumvorwärmer (s. S. 350) sind demgemäß gebaut; im wesentlichen sind es ungefähr große Badeöfen, zu denen von unten das Kaltwasser zugeführt, oben das Warmwasser abgeleitet wird. Der (stehende oder liegende) Kessel wird von unten beheizt. Das Kaltwasser stammt aus der städtischen Leitung oder aus einem Wasserhochbehälter, der sich möglichst in der Nähe des Warmwasserbereitungsraumes befinden soll. Um gleiche Druckverhältnisse in den Leitungen zu bekommen, wird in allen Anlagen gerne ein Kaltwasserzwischenbehälter angebracht, von dem aus das Kaltwasser sowohl zu den Kaltwasserleitungen als zur Speisung des Kessels für die Warmwasserbereitung seinen Weg nimmt.

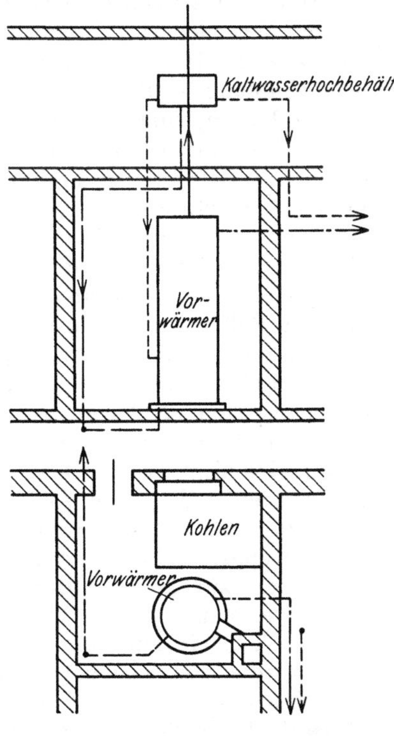


------ Warmwasser, —·—·— Heißwasser, — — — — Überlauf.

Abb. 499. Warmwasserbereitungsanlage.

Die Größe und Gestaltung des Raumes richtet sich nach der Zahl der zur Aufstellung gelangenden Warmwasserbereiter. Deren Durchmesser ist 1,3—2,5 m, die Höhe 3,5—7 m. Zwischen der Feuertüre des Kessels und der gegenüberliegenden Wand ist ein freier Raum von etwa 2,3—2,5 m erforderlich, damit der Heizer zum Schüren genügenden Platz behält. Dieser leere Raum kann jedoch auch zur Lagerung des Tagesbrennstoffbedarfes benützt werden, für den in allen Fällen Raum vorhanden sein muß. Größere Kohlenmengen im Warmwasserbereitungsraum zu stapeln empfiehlt sich nicht; besser ist die Anfügung eines Kohlenraumes mit etwa 10—15 qm Bodenfläche zur Unterbringung eines Bahnwagens mit Kohlen. Es ist weiter empfehlenswert, über Oberkante Kessel noch einen Zwischenraum von 0,5—0,8 m anzuordnen; dieser wird benötigt, um die oberen Züge zu reinigen. Als Schornsteinhöhe werden 12—15 m angegeben. Beim Entwurf kleinerer Anlagen ist dieser in besonderer Weise zu beachten; es ist jedoch möglich, diesen auch in geringer Entfernung vom Warmwasserbereiter ohne Nachteile irgendwelcher Art aufzustellen. Der Rauchabzugskanal kann auch im Boden waagrecht (ohne Steigung) geführt werden; er muß jedoch dann völlig trocken sein. Runder Schornsteinquerschnitt ist im allgemeinen vorzuziehen, es genügt aber quadratischer Querschnitt, zumal bei kleinen Kesselanlagen. Bei der geringen Höhe des Schornsteins ist es nicht erforderlich, daß dieser außerhalb des Gebäudes aufgestellt wird. Der Lagerung dieses Raumes im Grundriß ist die größte Aufmerksamkeit zu schenken; ähnlich wie die Kälteerzeugungsanlage günstig zu den kälteverbrauchenden Räumen zu liegen hat, ist es hier nötig ihn günstig zu den warmwasserverbrauchenden Räumen zu legen.

Die Durchbildung des Raumes unterscheidet sich in keiner Weise von der allgemein üblichen Ausstattung von Heizräumen.

**Wasserbehälterräume.** Der Kaltwasserbehälter (und somit der Turm) muß in möglichster Nähe der hauptsächlichsten Wasserverbrauchsstelle angeordnet werden, also nahe dem Verflüssiger (Kondensator) bzw. dem Warmwasserbereiter für die Schlachträume bzw. dem Kessel. Wasserbehälter sind dann notwendig, wenn Wasserbeschaffung durch schlachthofeigene Pumpanlagen wegen Wassermangel der städtischen Leitungen oder durch andersgelagerte Verhältnisse erforderlich wird.

Die Pumpanlage (mit Strom oder Dampf betrieben) wird meist in einem Nebenraum des Antriebsraumes (vom Maschinisten überwacht) untergebracht und das Wasser in den hochgelegenen Wasserbehälter gedrückt, dessen Fassungsvermögen für die Gestaltung des Turmes wesentlich ist und sich nach der Größe der Anlage und dem Höchstwasserverbrauch richtet. Das Wasser entleert sich nach den Wasserverbrauchsstellen der Anlage; der Behälter muß sonach günstig zu diesen liegen. Die Höhe des Wasserbehälters über der Erde, also die nötige Turmhöhe, richtet sich nach der Leitungslänge des angeschlossenen Rohrnetzes und ist jeweilig vom einschlägigen Fachmann festzulegen. Die Wasserbehälter sollen zur Behebung von Undichtigkeiten allseitig zu umgehen sein. Unter ihnen sollen sich Schalen mit Ablaufvorrichtungen befinden.

## 9. Räume zur Herstellung neuer Erzeugnisse.

**Eisbereitungsraum und Eislagerraum.** Die Erzeugung von Eis gehört eigentlich nicht zu den unmittelbaren Aufgaben eines Schlachthofes, sie wird jedoch durchweg zur Steigerung der Einnahmen angegliedert. Das in Stangenform gewonnene Eis wird an Fleischer, Gastwirte und an Private verkauft, teils von diesen abgeholt, seltener ins Haus gebracht. Die Fleischer fahren nach Abholung des Fleisches vom Kühlraum zumeist am Eisbereitungsraum vorüber und nehmen Eis zur Füllung ihrer Eisschränke mit nach Hause.

Zur Herstellung von Blockeis füllt man Blechgefäße (Zellen) mit reinem Wasser und hängt diese in ein Gefäß mit gekühlter Sole ein, wodurch das Wasser in den Zellen gefriert. Nachdem nun das erzeugte Eis an den Wänden der Blechzellen festhaftet, werden diese in ein besonderes Gefäß mit erwärmtem Wasser (Auftaugefäß) getaucht, wodurch das Eis locker wird und der Block durch Kippen aus der Zelle entleert werden kann. Bei größeren Eisbereitern (Eisgeneratoren) geschieht das Herausheben mittels eines elektrisch betriebenen Kranes. Die mit Eis gefüllten Zellen werden mittels Kran am unteren Ende des Eisbereiters ausgehoben und nach dem Eintauchen in das Auftaugefäß wiederum durch den Kran mit Hilfe einer selbsttätigen Kippvorrichtung auf eine Eisrutsche entleert, von welcher aus das Eis zu den außerhalb des Raumes wartenden Wagen gleitet. Nach dieser Entleerung wird die leere Zellenreihe am oberen Ende mittels einer Füllvorrichtung gefüllt und wieder in den Eisbereiter eingesenkt.

Für das nicht verkaufte Eis empfiehlt es sich, in kleinen Anlagen Eisschränke aufzustellen, in mittleren und großen Anlagen eigene gekühlte Eislagerräume zum Ausgleich zwischen Erzeugung und dem oft sehr ungleichmäßigen Absatz anzuordnen. In jenen Fällen, in denen die Eisbereitungsmaschinen nicht mehr genügend leistungsfähig sind, sind sie zur Aufstapelung von Vorrat sehr zweckmäßig. Der Raum ist an die Kühlung angeschlossen und muß auf —1 bis 2° gekühlt werden.

Der Eisbereitungsraum muß unbedingt von innen nach außen gestaltet werden. In erster Reihe wird er von der Lage, Größe und Form des Eisbereiters beeinflußt. Es ist nicht zu empfehlen, diesen unmittelbar an einer Wand aufzustellen, da bei Auftreten von Schäden der ganze Apparat abgebrochen werden müßte. An einer Längsseite des Eisbereiters ist ein Podium zur Bedienung des Krans nötig. An der oberen Schmalseite muß genügend Platz für ein Rührwerk sein, an der unteren Seite für den Auftauer, die Kippvorrichtung und die Eisrutsche (s. Abb. 485).

In größeren Anlagen werden vielfach statt eines großen Apparates zwei kleinere aufgestellt, um einen von ihnen leichter reparieren oder nach Bedarf die Leistung erhöhen zu können.

Da der Eisverkauf sehr schwankend ist, ist bei der Raumgestaltung noch eingehend zu überlegen, ob man das Eis über die Rutsche auf die Wagen leiten soll und die restigen Eisblöcke stückweise in den Lagerraum tragen oder ob man es zum Lagerraum fördern und ins Freie tragen soll. Beides zusammen ist maschinell noch nicht möglich. Wenn der Verkauf stetig ist, so wird man der Aufstapelung weniger Augenmerk zuwenden. Bei großen Anlagen kann es jedoch vorkommen, daß die Stapelung wichtiger ist als der stückweise Eisverkauf. Im allgemeinen wird aber das Eis zu den Wagen gefördert und zum Lagerraum eine Rutsche angeordnet, welche zu einer Luke in etwa 1,0 m Höhe zwischen dem Bereitungs- und dem Lagerraum führt, von welcher aus das Eis leicht hinabgereicht werden kann. Die Mindesthöhe eines Eisbereitungsraumes ergibt sich aus der Oberkante Kranbahnschiene mit etwa 4,5 m über Fußboden. Es besteht jedoch die Möglichkeit, erheblich unter dieses Maß herunterzugehen, indem man den Eiserzeuger teilweise in den Boden versenkt. Dabei verzichtet man darauf, daß der Eisausstoß in Wagenhöhe erfolgt, es sei denn, daß die Straße zufällig tiefer liegt.

Erfahrungsgemäß werden meist sowohl die Eisbereiter, als auch die Räume zu klein angelegt. Man baut dann entweder einen größeren Eisbereiter ein und verlängert den Raum nach außen oder unter Verwendung eines Nebenraumes oder aber man verlängert den alten Eisbereiter nebst Kranlaufbahn, was nur innerhalb gewisser Grenzen möglich ist. Es ist somit durchweg am besten, in der Richtung des Arbeitsweges die Erweiterungsmöglichkeit gleich vorzusehen.

Bezüglich der Raumausstattung ist zu erwähnen, daß der Boden vollkommen wasserdicht sein muß und mit Wasserableitungsrinnen zu versehen ist, besonders bei der Eisrutsche. Das betonierte Fundament des Eisbereiters muß erhöht sein, damit nicht Wasser in die Isolierung eindringen kann. Aus demselben Grunde wird der untere Teil der Wände wasserabweisend gemacht. Die Türe zum Eislagerraum ist zu isolieren. Mittelhelles Tageslicht genügt für den Eisbereitungsraum; im Eislagerraum ist Tageslicht entbehrlich. Leuchten sind hauptsächlich im letzteren sowie oberhalb des Eisbildners, ferner außen bei der Eisrutsche und am Wagenanfahrtsplatz erforderlich. Beim Füllapparat ist ein Anschluß an die Wasserleitung nötig, zum Auftaugefäß wird warmes Wasser bzw. Dampf zugeleitet.

**Vernichtungs- oder Verwertungsraum.** Das genußuntaugliche Fleisch wird entweder aus dem Schlachthof entfernt und in einer Abdeckerei vergraben oder es wird an Ort und Stelle in eigenen Öfen verbrannt, ein Verfahren, welches unwirtschaftlich ist, da es Kosten verursacht und kein Erzeugnis einbringt, oder es wird durch eigene Apparate zu einem verkäuflichen Erzeugnis verarbeitet. Bei geringem Anfall kommt nur Vergrabung oder Verbrennung in Frage. Die zur Vernichtung oder zur Verwertung bestimmten Tierteile stammen aus dem Betrieb und kommen entweder aus den unter amtlichem Verschluß befindlichen Gefäßen der Schlachträume oder aus eigenen Räumen für beschlagnahmte Tierteile. Verwertungsvorrichtungen werden zweckmäßig aus der Dampfquelle des Schlachthofes gespeist. Ist eine solche nicht vorhanden, so ist die Aufstellung einer eigenen Dampf- oder Wärmeerzeugungsvorrichtung notwendig. Zur Verwertung ist maschinelle Kraft erforderlich (Anschluß an eine Kraftquelle oder Aufstellung eines Motors).

Verbrennung. Würden Fleischabfälle unter einem Kesselfeuer verbrannt werden, so würde eine starke Geruchsbelästigung zu beobachten sein, die vermieden werden muß. Eigene, nur zu diesem Zweck dienende Verbrennungsöfen arbeiten jedoch geruchlos, da die Abgase durch Nebenfeuerung verbrannt werden.

Verwertung. Bei den verschiedenen Arten der Verwertung ist ungefähr folgendes einheitlich: Die Fleischabfälle, auch Blut usw. kommen: a) in einen Extraktions- und Trockenapparat, in welchem nachher das trockene Fleischmehl zurückbleibt; in einem Aufnehmer wird b) die Fleischbrühe gewonnen, c) das Fett durch einen Fettabscheider; Leimbrühe u. a. bleibt d) in einem Leimbehälter zurück. Fleischteile und Blut können zusammen im gleichen Arbeitsvorgang verwertet werden.

Werden die Fleischabfälle verbrannt, so können sie sofort in den Verbrennungsofen eingefüllt werden, der nahe dem Schornstein der Dampfmaschine liegen muß.

Sollen die Abfälle jedoch verwertet werden, so ist stets ein eigener Zerlegeraum (unreine Seite) und ein Verarbeitungsraum (reine Seite) zu schaffen, die voneinander getrennt sind, um eine nachträgliche Verunreinigung des Trockengutes durch Krankheitskeime zu verhindern. In größeren Anlagen ist außerdem ein Lagerraum für das fertige Erzeugnis vorzusehen. Die Lagerung des Zerlegeraumes und des Verarbeitungsraumes kann nebeneinander, aber auch übereinander erfolgen. Im ersteren Falle bildet die Füllöffnung des Apparates die Verbindung, im letzteren werden die Fleischteile durch Fülltrichter in den Apparat eingebracht.

In umfangreicheren Anlagen kann für den Zerlegeraum Kühlung in Frage gezogen werden.

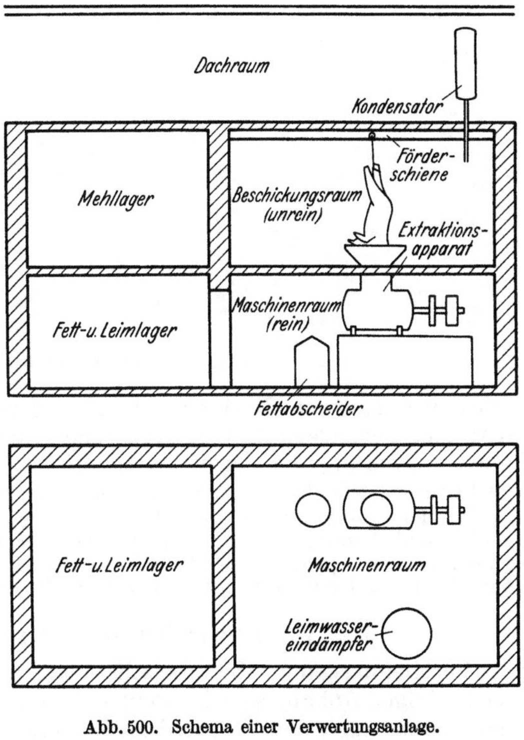


Abb. 500. Schema einer Verwertungsanlage.

Die Raumumschließungen müssen im Zerlege- und Verwertungsraum wegen der auftretenden Gerüche hermetisch abschließbar sein. Fußboden, Wände und Decken müssen desinfizierbar sein. Der Fußboden ist fugenlos herzustellen. Der Lagerraum für Fleischmehl muß Luftdurchzugsmöglichkeit haben, um ein Schimmeln zu verhindern. In den Aufbewahrungsräumen für Abfälle und den Arbeitsräumen soll keine Lüftung vorgesehen werden, um Belästigungen der Nachbarschaft zu vermeiden. Gerüche können mittels eigener Wasserberieselungsvorrichtungen niedergeschlagen werden. Fliegenbelästigung muß verhindert werden. Wasserzapfstellen und geruchsdichte Kanalanschlüsse sind vorzusehen.

**Schmelzräume für Fett und Talg.** Diese Räume werden entweder aus Mitteln der Stadt oder aus Mitteln der Innungen gebaut und sind nur größeren Anlagen angegliedert. Sie dienen zur Fettverarbeitung. Es wird in diesen Anlagen aus den fetthaltigen Teilen der Tiere Speisefett gewonnen und die Rückstände dieser Fabrikation (Grieben) weiterverarbeitet. Der Gewinnung von Feintalg und Speisefett dienen verschiedene Methoden, bei welchen das Fett im wesentlichen bei einer geeigneten Temperatur ausgeschmolzen wird. Der Arbeitsvorgang läßt sich folgendermaßen unterteilen: Das aus den Großvieh- und Schweineschlachträumen stammende Rohfett wird (im Empfangs- und Sortierraum) sortiert und gewogen. In einem weiteren Raum (Läuter- und Trockenraum) wird es gereinigt und getrocknet, sodann mit Maschinen zerkleinert (Zerkleinerungsraum), um endlich (im Schmelzraum) nach verschiedenen Methoden geschmolzen zu werden. Das flüssige Fett gelangt in eigene Klärapparate (Klärraum), in welchen es geläutert wird, um mit oder ohne Beimischungen in bereitstehenden Fässern zum Versand zu gelangen (Lager- und Packraum). Die Rückstände (Grieben) werden in einem gesonderten Raum (Griebenlagerraum) gelagert. Bei vollkommenen Anlagen wird noch ein Kristallisationsprozeß, sowie eine Scheidung in verschiedene Produkte durch Pressung eingeschaltet. Für den Fall der zur Bearbeitung nötige Dampf nicht vom Schlachthof bezogen werden kann, ist die Aufstellung eines eigenen Dampfkessels in einem Heizraum erforderlich, der von den übrigen Arbeitsräumen zweckmäßig abzutrennen ist. Ein Büroraum für die Beaufsichtigung und Leitung des Schmelzbetriebes ist in allen Fällen in der Nähe des Empfangsraumes und des Verladeraumes anzuordnen. Zweckmäßig, wenn auch nicht unbedingt nötig ist die Lagerung dieser Räume in der Nähe von Bahngeleisen.

Abb. 501. Verbindungsgang (Bern).

Von der Geschoßanordnung kann hier im weitesten Umfange Gebrauch gemacht werden. Da die Rohstoffe mit Aufzügen leicht nach oben geschafft werden können und das flüssige Fett von selbst nach abwärts läuft, werden die Schmelzapparate in den oberen Geschossen aufgestellt. In einem Arbeitsgang wird der Rohstoff vom Sortieren, Läutern und Zerkleinern zum Schmelzen nach oben gebracht, im anderen Arbeitsgang läuft das flüssige Erzeugnis von dort zur Klärung und zum Versand von selbst nach abwärts. Im einzelnen richtet sich die Raumgestaltung nach den zur Anwendung kommenden Apparaten (vgl. S. 167).

Bei der Bauausstattung ist insbesondere das Vorhandensein von Fetten aller Art bei der Auswahl von Boden- und Wandbelägen zu berücksichtigen, ferner aber auch bezüglich der Anordnung der Belüftung Aufschluß bei den apparatebauenden Firmen einzuholen. Auf Vorrichtungen zur Beseitigung etwa durch die Verarbeitung auftretender Gerüche und auf die Reinigungsmöglichkeit der Betriebsräume ist Bedacht zu nehmen.

## 10. Verkehrsflächen außerhalb der Räume. Bauplatz.

**Verbindungsgang.** Die Fleischstücke, welche aus den Schlachträumen stammen, werden nach einiger Abhängezeit im Schlachtraum oder vor diesem Raum oder in einem eigenen Abhängeraum nach dem Vorkühlraum gebracht. In größeren und mittleren Anlagen sind daher die Schlachthallen nebeneinander senkrecht zum gemeinsamen Kühlhausblock gelagert. Das Fleisch muß dabei auf Förderschienen oft recht ansehnliche Wege zurücklegen, bis es in den Vorkühlraum gelangt. Zu diesem Zwecke wird zwischen den Schlachthallen und dem Kühlhausblock ein abgeschlossener, überdeckter und gut belichteter Gang eingeschaltet. Die erste derartige Ausführung finden wir beim Schlachthof in Bern; neuerdings ist diese Ausführung in Bochum zu finden (s. Abb. 501). Zu Zeiten, in welchen keine Beförderung von Fleisch erfolgt, dient er dort zur Zubringung von auswärtigem Fleisch, wobei die Bahnwagen in den Verbindungsgang einfahren (s. Abb. 486).

Ob es zulässig ist, diesen Verbindungsgang zur Einfahrt von Fleischerwagen- und -kraftwagen zu benützen, wie es in zahlreichen Schlachthöfen unter Ausbau des Verbindungsganges zu einer Verbindungshalle erfolgt ist, darüber gehen in jüngster Zeit die Meinungen stark auseinander. Vom rein baulichen Standpunkt aus ist es bei keiner Gebäudeart angängig, zwei Hauptarbeitswege sich überkreuzen zu lassen (hier Fleischbeförderung mit Wagenverkehr, bei einer Werkanlage beispielsweise Wagenverkehr mit Rohstofförderung u. a.). Von diesem Gesichtspunkt aus wurde in neuesten Anlagen (Bern, Bochum, Rostock u. a.) damit begonnen, den Wagenverkehr an die andere Seite des Kühlraumblockes zu verlegen, wo keine Fleischhälften mehr über die Wagen und Kraftwagen hinweggeführt werden (s. Abb. 502 und 503, außerdem 486). Das letzte Wort in dieser Frage gebührt jedoch dem Betriebsfachmann.

Abb. 502. Abholhalle (Bochum), Außenansicht.

**Straßen.** Die Bedeutung der Straßen für den Betrieb des Viehhofes und des Schlachthofes ist, soweit sie den Arbeitsverlauf betrifft, bei den Einzelräumen bereits dadurch behandelt worden, daß für die Gestaltung jeweilig angegeben worden ist, aus welchen Räumen oder woher das Tier oder dessen Zerteilungserzeugnisse angeliefert werden und wohin es vom Raum weg gelangt. Es soll nun die für die Grundrißgestaltung überaus wichtige Frage des Verkehrs noch eingehend besprochen werden.

Abb. 503. Abholhalle (Bochum), Innenansicht.

Das Vieh wird entweder durch den Fleischer oder Händler in den Schlachthof verbracht. Für Großvieh ist vorwiegend Fußzutrieb, für Schweine und Kleinvieh Zubringung durch Wagen oder Kraftwagen zu beobachten. Sofern die Tiere nicht schon am Vortage in die Schlachtviehstallungen verbracht wurden und von dort aus morgens in die Wartebuchten oder Schlachträume kommen, werden sie am Schlachttage unmittelbar dorthin verbracht. Nachts mit der Bahn ankommende Tiere bleiben meist im Bahnwagen und gelangen morgens in die Stallungen des Viehhofes oder Schlachthofes. Im Viehhof gekauftes Vieh wird unmittelbar in die Schlachträume geführt, sofern nicht bei deren Überlastung ein kurzer Aufenthalt in den Stallungen nötig ist. Das Vieh wird erst als Zerteilungserzeugnis für den Verkehr wieder wichtig. Ein Teil der Tiere wird zur Wurstbereitung warm nach Hause gebracht, weswegen die Fleischerwagen in der Nähe der Schlachträume die Beendigung der

Schlachtung abwarten. Die gereinigten Kaldaunen werden meist erst später an der Kaldaunenwäscherei abgeholt. Daraus ergibt sich der günstigste Wagenaufstellungsplatz von selbst. Die nicht warm abgefahrenen Tierteile kommen auf Förderschienen in den Vorkühlraum, belasten somit den Verkehr nicht.

Der Fleischer bringt Fleisch aus dem Kühlraum meist morgens in sein Geschäft, fährt unverkauft Gebliebenes mittags nach Beendigung der Verkaufszeit wieder in den Kühlraum zurück und läßt nur kleinere Stücke für den Nachmittag (im Eisschrank aufbewahrt) zu Hause, wozu er Eis aus dem Schlachthof mitnimmt. Jeder Fleischer kommt somit täglich mindestens zweimal in den Schlachthof, sofern er nicht eine eigene Kühlanlage besitzt.

Der Hauptverkehr zum Schlachthof wird sich demnach ungefähr in folgender Reihenfolge abwickeln: Zufahrt — Stallungen — Schlachträume — Kuttelei — Ausfahrt oder aber: Zufahrt — Vorkühlraum — Eisbereitungsraum — Abfahrt. Der Verkehr zu den kleineren Räumen soll hierbei unberücksichtigt bleiben. In allen Fällen warten die Wagen neben oder nahe den befahrenen Räumen. Die Nutzanwendung aus dieser Überlegung wird im Kapitel IV, „Musterbeispiele" behandelt.

Die Straßendecke muß so gewählt werden, daß sich weder Schmutz noch Düngerteile in Fugen oder Ritzen festsetzen können, noch Staubbildung möglich ist, noch Lärmbildung begünstigt wird. Die Decke muß billig in der Herstellung und Unterhaltung sein, weder zu glatt, noch zu rauh, muß leicht zu reinigen sein, haltbar, darf keine Radspuren zurücklassen oder durch Sonnenbestrahlung nicht weich werden, muß undurchdringlich sein und darf keinen Geruch verbreiten.

In kleinen Anlagen ist ein Traufpflaster (wenn die Herstellung von Bürgersteigen zu kostspielig sein würde) zur Abhaltung der Feuchtigkeit von den Außenwänden unerläßlich. Bürgersteige sind seitlich von allen vielbegangenen Straßen wichtig, doch sollen diese stets gepflastert sein, um zu verhindern, daß Schmutz, der später zu Staub wird, in die Betriebs- und Kühlräume getragen wird. Alle vielbegangenen Wege von Raum zu Raum müssen auch in diesen kleinsten Anlagen gepflastert sein.

**Bahngeleise.** Die Geleisführung eines Vieh- und Schlachthofes ist außerordentlich wichtig, bringt das Geleise doch vorwiegend das Vieh zu den Markt- und Schlachträumen, dann aber auch Kohlen, Salz, Futter und Streu. In vielen Anlagen wird der Dünger auf diesem Wege abgefahren, ferner Fett, Häute und dergleichen. Die Anlage soll doppelgeleisig sein, die Leerwagen gehen auf dem zweiten Geleise zurück. Zum Ausladen soll stets nur die eine Seite benützt werden. Viehzutrieb über den Geleisekopf ist nur in Notfällen angängig. Vom Geleise weg sind Tunnels oder Unterführungen nötig, wenn Auslandsvieh oder seuchenverdächtiges Vieh (letzteres auf dem Wege zum Krankviehschlachthof) öffentliche Straßen überschreiten müssen.

Bei Reichsbahnlokomotiven ist nur eine gerade oder eine schwach gekrümmte Geleisführung möglich. Die Befahrung einer entlegeneren Grundstücksseite erfolgt in diesem Fall mittels Drehscheibe. Nur kleine (schlachthofeigene) Lokomotiven erlauben stärker gekrümmtes Geleise. Damit können 2 Grundstücksseiten befahren werden, um beispielsweise Markträume von 2 Seiten zu beliefern. Für den Entwurf sind die in der Geleiseanordnung liegenden Möglichkeiten sehr wesentlich (vgl. auch „Bauplatz"; Schlußausführungen).

**Umfriedung.** Vieh- und Schlachthöfe müssen grundsätzlich (auch bei kleinsten Verhältnissen) umwehrt werden, da dort Werte enthalten sind. Das Fehlen einer Umfriedung würde unbefugtem Eindringen Vorschub leisten. Neben den Haupttoren, welche nach Ein- und Ausfahrt getrennt sein müssen, enthält die Umfriedung noch die Zutriebstore zwischen Viehhof und Schlachthof und Tore für die getrennte Abfuhr von Dünger aus beiden Anlagen. Zu Wohnhäusern müssen neben den Haupttoren kleinere Türen für den Personenverkehr führen. Schwer übersteigbare Umwehrungen sind niedrigen vorzuziehen.

**Bauplatz.** Es ist die Frage zu prüfen, wie weit der Bauplatz vom Stadtkern entfernt sein soll. Es ist hierbei in erster Linie zu berücksichtigen, daß zwischen der Schlachthofanlage und den Arbeitsräumen der Fleischer starke Bindungen bestehen. Ein Schlachthof soll so nahe der Stadt sein, daß ihn die Fleischer ohne allzugroßen Zeitaufwand von ihren Geschäftsräumen aus erreichen können. Bei zu großer Entfernung würden auch die kleineren Fleischer Fuhrwerke oder Kraftwagen benötigen, was für diese eine schwere Belastung sein würde, sodaß die größeren Fleischer den Vorteil hätten. Eine Entfernung von 2 km von der Stadtmitte dürfte in kleineren und mittleren Städten auch bei Annahme von Kraftwagen schon ein reichliches Maß sein, da dieser Weg täglich 2—4mal zurückzulegen ist. Anderseits aber soll ein Schlachthof mit und ohne Viehhof nicht zu nahe am Stadtkern liegen, da die Viehzubringung zu Fuß, mit Wagen oder Kraftwagen, der Verkehr der Fleischer hin und zurück, die Düngerabfuhr usw. immerhin sehr stören. Außerdem muß die Anlage unbedingt erweiterungsfähig bleiben, was bei einem Bauplatz nahe der Stadt oft schwer zu erreichen sein wird. In großen Städten wird an eine Dezentralisation der Schlachtungen zu denken sein und es sich als zweckmäßiger erweisen, an Stelle einer einzigen Schlachthofanlage an entgegengesetzten Seiten der Stadt 2 oder

3 Anlagen zu errichten, um den Verkehr der Fleischerwagen durch ausgedehnte Stadtteile, bisweilen sogar durch den Durchmesser einer ganzen Stadt zu vermeiden. Mit den Schlachthöfen würden dann auch die Fleischgroßmarkthallen über das Stadtgebiet verteilt; eine überaus zweckmäßige Anordnung. Anders liegen die Dinge bei den Viehhöfen. Die Dezentralisierung des Viehmarktes würde den Handel erschweren, da die Großhändler und Käufer einen Überblick über das gesamte zum Verkauf gestellte Vieh benötigen. Es muß dann jedoch die Möglichkeit bestehen, daß das Vieh von einem solchen Zentralmarkt durch Bahnanschluß in einen Schlachthof der Stadt gebracht werden kann. In diesem Zusammenhang ist noch zu erwähnen, daß große Städte, welche nahe beisammen liegen (Industriegebiet) mehrfach bereits gemeinsame Schlachthofanlagen geschaffen haben, gleichzeitig um veraltete Anlagen außer Betrieb setzen zu können. Bei den hohen Baukosten großer Neuanlagen, die viele Millionen beanspruchen, wird dies sehr häufig erwogen, abgesehen davon, daß dadurch sich auch Betriebskosten einsparen lassen. Allgemein ist zu bemerken, daß solche gemeinschaftliche Schlachthofanlagen nur bei Entfernungen von 6—7 km von Stadtmitte zu Stadtmitte zweckmäßig sind. In einem solchen Falle muß auf besondere Vorkehrungen zur Beförderung der Fleischer zum Schlachthof, auf Straßenbahnverbindungen, geordneten Kraft- und Lastkraftwagenverkehr usw. Bedacht genommen werden.

Wichtig ist auch die Prüfung der Frage, nach welcher Himmelsrichtung der Bauplatz gelegen sein soll. Die meisten bestehenden deutschen Schlachthöfe sind ostwärts der Stadt wegen der vorherrschenden Westwinde gelegen. Im allgemeinen besteht heute kein wesentlicher Grund mehr hierfür, da die Geruchsbelästigung der Umgebung durch einen neuzeitlichen Vieh- und Schlachthof fast unmerklich geworden ist. Man könnte höchstenfalls an eine ganz geringe Belästigung durch Stallgerüche denken, die sich aber bei guter Wartung der Tiere fast vollkommen vermeiden lassen. Die Abfallstoffe belästigen bei sachgemäßer Ausstattung der Räume in keiner Weise.

In diesem Zusammenhang ist zu bemerken, daß ein Viehhof mit Schlachthof grundsätzlich nicht zu den industriellen Anlagen zählt, sondern städtebaulich etwa fabrikmäßig erweiterten Gewerbebetrieben zugesellt werden muß. Es ist besonders darauf zu sehen, daß ein Schlachthof niemals in die Nachbarschaft von Werken, insbesondere nicht von chemischen Werken oder in deren Windrichtung zu liegen kommt. Bei der fast in allen Räumen des Schlachthofes notwendigen Lüftung würden sich Geruchs- und Rauchbelästigungen zeigen, die dem Zweck der Anlage zuwiderlaufen. Ganz allein maßgebend ist also die Forderung nach reiner Luft, sowie die Fernhaltung des leichten Stallgeruches der Schweine von Wohngegenden.

Eine andere Frage ist die, ob der Schlachthof in Siedlungen liegen soll. Die Schädigungen von Wohngegenden durch Vieh- und Schlachthof werden meist stark übertrieben dargestellt. Von der Möglichkeit einer geringfügigen Geruchsbelästigung ist oben bereits Erwähnung gemacht und war eine solche früher in den technisch nicht so vollkommenen Anlagen nicht unerheblich. Abhilfe ist jedoch durch Verbesserung der Ausstattung in allen solchen Fällen möglich. Die oft gegen die Nähe eines Schlachthofes angeführte Unruhe der Tiere zur Nachtzeit ist ganz unbedeutend. Selten sind die Stallungen überfüllt, außer es ist eine Unterbringung von Tieren in privaten Stallungen allgemein verboten. Tiere, die von langen Bahntransporten kommen, sind meist müde und hungrig, auch nicht an die neuen Räume und an fremde Tiere gewöhnt, doch wird die Unruhe nicht von langer Dauer sein. Tagsüber während der Schlachtungen verursacht höchstens die Zubringung der Schweine zu den Schlachtplätzen ein Geschrei; während der heute fast allgemein eingeführten schmerzlosen Tötung kommt hingegen im Gegensatz zu früher Lärm vollkommen in Fortfall. Es sollen diese Gesichtspunkte so eingehend erwähnt werden, da die 2- oder 3seitige Umschließung des Schlachthofes gegen die Anlagerung von industriellen Anlagen oft erwünscht ist. Im allgemeinen aber sollen Siedlungen von Schlachtstätten ferngehalten werden, auch wenn deren Inwohner dies nicht wünschen in der Meinung, daß durch die Nähe eines Schlachthofes eine Wertsteigerung ihrer Grundstücke oder eine Hebung ihrer Ladengeschäfte herbeigeführt wird, was beides irrig ist. Die Fleischer fahren nach Beendigung der Schlachtarbeit möglichst rasch wieder nach Hause, die umliegenden Geschäfte haben (vielleicht Wirtschaften ausgenommen) erfahrungsgemäß keinen sonderlichen Nutzen.

Es besteht heute vielfach das Bestreben, die städtischen Werke in tunlichste Nähe zueinander zu bringen. Wie ist diese Frage in unserem Fall zu behandeln? Die Nähe eines Gaswerkes soll möglichst vermieden werden, da durch dieses Geruchsbelästigung nicht ausgeschlossen ist. Auch die Nähe eines Elektrizitätswerkes ist nur dann nötig, wenn günstiger Dampfbezug (durch den eine eigene Kesselanlage erspart wird) eine nahe Lage angezeigt erscheinen läßt, währenddem der Strombezug allein keine nahe Lage bedingt. Wichtiger ist die Lage zu einem leistungsfähigen Wasserwerk, da der Wasserverbrauch eines Schlachthofes sehr erheblich ist. Die reichliche Versorgung eines Schlachthofes mit gutem Wasser ist äußerst wichtig. Für Reinigung der

Tierteile ist reines Wasser erforderlich, wenn auch für Reinigung der Betriebsräume teilweise Abwasser aus der Kühlanlage Verwendung finden kann. Für Reinigungszwecke ist mindestens doppelt so viel Wasser nötig, als für den Betrieb selbst. Bei Überlastung der städtischen Leitungen durch die neue Anlage werden eigene Wasserbeschaffungs- und Pumpenanlagen aufgestellt. Auch die Abwasserfrage verdient volle Beachtung, um so mehr, als die Abwassermengen nicht unerheblich sind, besonders aus den Schweineschlachträumen und den Kutteleien; aber auch aus der Reinigung aller Räume und den Kühlmaschinen. Die Abwässer eines Schlachthofes gehören zu den unangenehmsten industriellen Abwässern, da sie Blut, Darmschleim, Fett, Haare, Gewebefetzen und Düngerreste enthalten, was ein stark fäulnisfähiges Abwasser, das einer sorgfältigen Reinigung bedarf, erzeugt. Es ist auch zu beachten, daß das Schlachtabwasser zu einer anderen Zeit abfließt als das Reinigungswasser, das allerdings später zur Durchschwemmung der Abflußkanäle dient. Abwässer aus Viehhöfen unterscheiden sich nicht von Straßenablaufwasser und können ohne weiteres in Kanäle eingeleitet werden. Es ist selbstverständlich, daß die Einleitung von Schlachthofabwässern in Flüsse trotz vorangegangener Vorklärung nicht oberhalb von Badeanstalten erfolgen soll.

Welchen Gebäudearten einer Stadt ist ein Schlachthof verwandt? Im Schlachthof sind verfügbare Dampf-, Heißwasser- und Kältequellen vorhanden, welche Veranlassung geben bisweilen Kindermilchanstalten, Volksküchen und dergleichen anzugliedern, deren Ausgangsstoffe einer Prüfung und Überwachung im Schlachthof unterliegen. Auch befinden sich Anlagen, welche sich mit der Weiterverarbeitung von Zerlegungserzeugnissen der Tiere befassen, wie Fett- und Talgschmelzen, Borstentrocknungsanlagen, Knochenmühlen, Häutelager, Fleischzerkleinerungsanlagen (Fleischhackereien) u. a. stets innerhalb der Umfriedung des Schlachthofes, während die den Fleischern gehörigen Wurstbereitungsanlagen noch nicht zentralisiert sind und nicht mit dem Schlachthofbetrieb zusammenhängen. Mit städtischen Hallenbädern, allgemeinen Großmarkthallen u. a. hat der Schlachthof nichts zu tun, letztere sind städtebaulich Teile der großen Gruppe der Ernährungsbauten, welche keinesfalls zu den rein industriellen Anlagen zählen und bei der Stadtplanung eine Sonderbehandlung erfahren müssen. Hierzu gehören: Viehhof, Schlachthof, Fleischmarkthalle, Lebensmittelmarkthalle, Importhalle, Eiswerke und Kühlhäuser, Milchhöfe und -verwertungsanlagen, Brotfabriken, Lebensmittelwerke, Wurstfabriken u. a., von denen jede Bauart trotz aller Gemeinsamkeit wieder andere Anforderungen stellt. Viehhof und Schlachthof nehmen unter diesen insofern eine Sonderstellung ein, als sie wegen der Gefahr einer Seuchenübertragung durch Tiere nach außen und unter sich abgeschlossen sein müssen.

Im Zusammenhang damit soll auch die Frage des Bahnanschlusses, welche in erster Linie für die Verwendbarkeit eines Bauplatzes im einzelnen bestimmend ist, behandelt werden. Wie eben angedeutet wurde, muß die Zubringung des Viehes zur Anlage derart erfolgen, daß jede Möglichkeit einer Seuchenverbreitung ausgeschlossen ist; die Geleiseanlage muß daher eine getrennte Auslademöglichkeit für den Viehhof und für den Schlachthof zulassen. Bei Seegrenzschlachthöfen tritt an Stelle der Zubringung durch die Bahn eine solche mit Schiff. Es muß von Fall zu Fall untersucht werden, ob (je nach der Größe der Anlage) Vieh vorwiegend mit der Bahn oder mit Kraftwagen oder zu Fuß zugebracht wird. Dieser Gesichtspunkt, sowie die Viehzubringung ohne Störung der Stadt und von Wohngegenden ist bei der Platzwahl jeweils besonders zu berücksichtigen. Wenn es auch nicht als vordringlich erscheint, so soll auch in kleineren Anlagen die Möglichkeit eines später durchzuführenden Bahnanschlusses vorgesehen werden. In allen Fällen jedoch soll das Anschlußgeleise den Bauplatz an der Längsseite bestreichen, nicht aber an der Schmalseite, noch weniger durch den Platz führen. Der Arbeitsweg Viehhof — Stallung — Schlachtraum — Kühlraum vollzieht sich entsprechend den verschiedenen Tiergattungen 2—3mal nebeneinander, was eine Breitenentwicklung des Bauplatzes bedingt, insbesondere in Rücksicht auf eine spätere Erweiterung der Anlage. Grundstücke sind ohne weiteres brauchbar, wenn sie eine genügend lange Bahnrampe ermöglichen und gleichlaufend dazu die eben erwähnte Breitenentwicklung gestatten, doch sollen sie möglichst rechtwinklig sein. Für Erweiterungen gleichlaufend der Arbeitsrichtung muß in jeder Anlage genügend Platz vorhanden sein. Viehhöfe brauchen im Gegensatz zu Schlachthöfen nicht unbedingt rechtwinklige Grundrisse, da deren Räume beliebig gestaltet, zueinander gestellt und so dem Gelände angepaßt werden können. Bei Vorhandensein von geneigtem Gelände geht man derart vor, daß man das Schlachtvieh zu Fuß, mit Wagen oder Bahn an den höchsten Punkt des Geländes verbringt und die Arbeitsrichtung hangabwärts sich vollziehen läßt, währenddem die Verkehrsrichtungen dann parallel zum Hang verlaufen. Die Durcharbeitung eines solchen Entwurfes erfordert genaue Kenntnis der vielen und vielartigen Arbeitsrichtungen einer solchen Anlage.

# IV. Innere und äußere Zusammenhänge
(erläutert an Musterbeispielen).

Im vorhergehenden Kapitel wurde aus dem Arbeitsverlauf (der jeweils kurz geschildert wurde) und aus den maschinellen Vorrichtungen die günstigste Gestaltung der Räume nebst den Anforderungen an ihre bauliche Ausstattung entwickelt. Weiter ist bei jedem einzelnen Raum angegeben worden, woher das Erzeugnis, die Arbeitenden usw. kommen und wohin beide gelangen, um Anhaltspunkte für die Grundrißgestaltung zu geben.

Neben diesen, durch den Arbeitsverlauf und den Verkehr gegebenen inneren Zusammenhängen zwischen den Räumen bestehen noch eine große Anzahl weiterer Bindungen, welche bei einem Entwurf zu berücksichtigen sind, deren Aufzählung neuerdings ein großes Kapitel füllen würde. Dazu gehören Angaben darüber, bei welchen Räumen es möglich ist, sie ins Obergeschoß oder Kellergeschoß zu verlegen und welche Arbeits- und Verkehrswege außerhalb der Räume nach aufwärts führen können und welche nach abwärts führen dürfen. Neben diesen Beziehungen von Einzelraum zu Einzelraum bestehen noch andere zwingende und nichtzwingende Beziehungen zwischen Räumen und Raumgruppen verschiedenster Art, und zwar durch Kälte- und Wärmeleitungen, betriebliche und hygienische Überlegungen u. a. m. Weiter gibt es zwingende und nicht zwingende Beziehungen zwischen Raumgruppen oder Einzelräumen und der Außenwelt, und zwar die Lage der Räume zur Einfahrt und zum Bahngeleise, die Lage zur Sonne, zum Wind, zu Wasser-, Gas-, Elektrizitätsquellen, zu Flüssen, Verkehrsstraßen, Grünflächen, zum Stadtkern, zur Siedlungsart, zum Städtebild und vieles andere, was teilweise im Kapitel III, 10 „Bauplatz“ gestreift worden ist.

In dem für die Abhandlung zugestandenen Rahmen ist es leider lediglich möglich, einen Teil dieser Zusammenhänge an Hand von Beispielen aufzuzeigen. Alles was im Kapitel III ausgeführt worden ist, wird hierbei vorausgesetzt.

## 1. Neubauten.

Beispiel einer großen Anlage aus der Nachkriegszeit (Bochum).

Wenn bei der Erläuterung von Beispielen mit einer großen Anlage begonnen werden soll, so geschieht dies deshalb, weil bei einer solchen die Raumgruppierung am klarsten zum Ausdruck kommt.

Zwei wichtige Gesichtspunkte zeichneten für die Behandlung des Baugeländes hier den Weg vor, die Hauptzufahrtsstraße und der Bahnanschluß. Entsprechend der Forderung der Reichsbahn

Abb. 504. Flugbild Schlachthof Bochum.

lag dieser an der jetzigen Stelle unverschiebbar fest. Die südliche Straße war die gegebene Hauptzufahrt für die Neuanlage. Daher lag der Gedanke außer Tragweite, die Hauptzufahrt in eine Nebenstraße (Sackgasse) zu verlegen. Außerdem erforderten die vorhandenen Höhenunterschiede reifliche Überlegungen, damit sie nützlich für die Baukörpergruppierung, die Bauarbeiten, Unterkellerungen, Gründungsarbeiten usw. ausgenutzt wurden, um die Kosten hierfür möglichst niedrig zu halten.

Die Gruppierung der Baukörper ist durch zwei Momente in erster Linie beeinflußt:

a) Durch den Arbeitsverlauf (kürzeste Arbeits- und Treibwege).

b) Durch den Verkehrsverlauf (Verkehr und Gehwege).

Der Betriebsverlauf ist wie folgt: An das Bahngeleise (das, wie oben ausgeführt, festgelegt war) gliedern sich die Entladebuchten zur Heranbringung des Lebendviehs an, in welchen die Tiere untersucht werden. Für das im Viehhof gekaufte Vieh, das mit der Bahn nach anderen Orten befördert wird, müssen nach veterinärpolizeilichen Vorschriften besondere Verladebuchten vorhanden sein, die sich im vorliegenden Fall den Ausladebuchten anschließen. In gleicher Weise muß ein besonderer Untersuchungsplatz für die im Viehhof zu Fuß, mit Wagen oder Kraftwagen ankommenden Tiere in der Nähe des Viehhofes eingerichtet sein. Von den

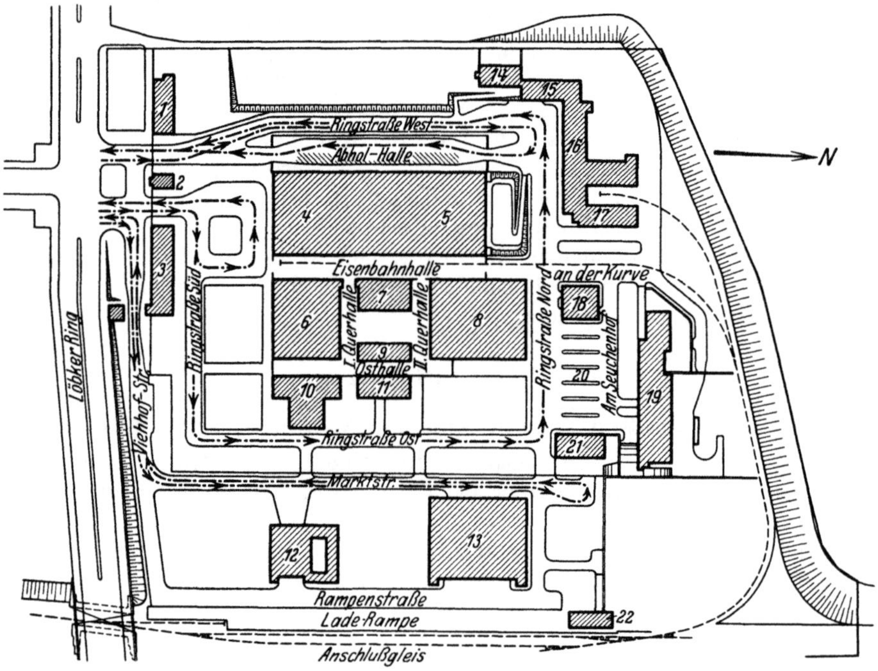


Abb. 505. Grundriß Schlachthof Bochum.

*1* Wohngebäude; *2* Pförtnerraum; *3* Verwaltungsgebäude; *4* Fleischverkaufshalle; *5* Kühlräume; *6* Großviehschlachtraum; *7* Kleinviehschlachtraum; *8* Schweineschlachtraum; *9* Kantine; *10* Großvieh- und Kleinviehkuttelei; *11* Düngerraum; *12* Großviehmarktstallung; *13* Schweine- und Kleinviehmarktstallung; *14* Wohnhaus; *15* Eisbereitungsräume; *16* Antriebsräume; *17* Häuteräume; *18* Pferdestallungen; *19* Krankvieh- und Pferdeschlachträume; *20* Wagenschuppen; *21* Überständerstallung; *22* Düngerraum.

Buchten wird das Vieh nach den Verkaufs- (Markt-)hallen verbracht. Die Verladebuchten, Verkaufshallen und einige Nebenanlagen bilden einen in sich geschlossenen und vom Schlachthof abgetrennten Betrieb für sich, den Viehhof.

Von diesem aus kommt das gekaufte, zum Schlachten bestimmte Vieh zum Schlachthof, entweder in die Schlachtviehstallungen oder in die betreffenden Schlachträume. Um eine Überkreuzung von Viehzutrieb und Verkehr im Schlachthof zu vermeiden, geschieht die Überführung des Viehs vom Viehhof zum Schlachthof durch Untertunnelung der Straße. Nach der Schlachtung der Tiere in den Schlachträumen geschieht in den Nebenräumen die Aufarbeitung der Tierteile. Die für die Frischerhaltung des Fleisches notwendigen Kühlräume liegen den Schlachträumen gegenüber. Die Kraftzentrale und eine Reihe anderer Anlagen schließen sich diesem Hauptkomplex an.

Über den Verkehrsverlauf gilt folgendes: Eine zweckmäßige Führung der Verkehrswege und ihre ausreichende Anordnung und eine selbsttätige Verkehrsregelung ist für einen einwandfreien Betrieb Vorbedingung. In einer solchen Anlage, die eine kleine Stadt für sich ausmacht, ist sie besonders wichtig. Die Verkehrsregelung darf kein lästiger Zwang sein, sondern muß sich von selbst ergeben. Hier ist eine solche Verkehrsregelung in musterhafter Weise bis aufs letzte durchgeführt. Zunächst ist ein geräumiger Vorplatz vor den Haupteinfahrten zur übersichtlichen Entwicklung der Zu- und Abfahrt geschaffen worden. Die Gebäude sind entsprechend zurückgesetzt, damit die Hauptfahrstraße rechtzeitig und ganz überblickt werden kann. Alle Zu- und Abfahrten sind getrennt. Hauptteile der Anlage (Fleischmarkt, Viehhof, Kühlräume und dergleichen) haben besondere Zu- und Abfahrten. Fuhrwerke können grundsätzlich nur nach einer Richtung verkehren. Auf diese Weise wird bedeutend Raum gewonnen, es erfolgt keinerlei Kreuzung des Verkehrs, keinerlei Stockung usw., auch werden Unzuträglichkeiten zwischen den Wagenlenkern verhindert. Dies ist nur möglich, wenn alle durch Wagen zu erreichenden Gebäude trotz Wahrung der Forderungen des Betriebsverlaufes in gleicher Weise nach dem Verkehrsverlauf gruppiert sind. Diese Frage verursacht auch die größte Gedankenarbeit eines Entwurfes. In den meisten Anlagen fahren die Wagen hin und her, die Straßen werden gekreuzt, die Wagen müssen in den Straßen wenden und in der gleichen Straße wieder zurückkehren. In Verbindung damit steht die Frage des Hinterstellungsraumes. Dort spannen die Fleischerfuhrwerke für die Dauer des Aufenthaltes im Schlachthofe aus oder die Wagen bleiben stehen. Die Fleischer bringen mit den Wagen Vieh mit, fahren also zuerst zu den Stallungen oder Schlachträumen. Die Schlachtviehstallungen nahe den Schlachträumen sind an einer Einbahnstraße so gelagert, daß die Wagen entladen und sodann nach dem an der Abfahrtstraße gelegenen Hinterstellungshof gefahren werden. Dort wird haltgemacht und ausgestallt. Diese Frage der Hinterstellungsräume ist hier im Gegensatz zu der Mehrzahl der vorhandenen Anlagen vorzüglich gelöst worden. Auch ist darauf Bedacht genommen, daß kein Wagen zu wenden braucht; er fährt auf der entgegengesetzt liegenden Abfahrtstraße wieder aus dem Schlachthof heraus, immer in Einbahnstraßen.

Von der bisherigen Art der Gebäudegruppierung ist bei dieser Anlage etwas abgewichen worden. Es war bisher üblich, die sog. Verbindungshalle zwischen Schlachträume und Kühlhaus zu legen. Dieses System hat den Mangel, daß eine recht unzweckmäßige Abfahrt nach der entgegengesetzten Seite bzw. zur Hauptausfahrt hin vorhanden ist. Die Verbindungshallen sind für den Verkehr und die heutige Verkehrsauffassung recht ungünstig geworden. Sie sind auch zu schmal. Der Verkehr ist dadurch, daß die Fleischerschaft in den festgelegten Zeiten der Kühlhausöffnung in die Verbindungshalle ein- und ausfahren muß, die Quelle von Unzuträglichkeiten. Die Fuhrwerke, gleichviel wann sie dort Aufenthalt nehmen, hindern die Überführung der ausgeschlachteten Tiere von der Schlachthalle nach den Kühlräumen. Ferner erfolgen bei geringster Unachtsamkeit Zusammenstöße zwischen den Fuhrwerken und den aufgehängten Tierhälften. Vom Standpunkt des Verkehrsfachmannes aus ist die Verbindungshalle ein unmögliches Gebilde. Das Fleisch kommt dort in Verbindung mit Menschen, Fliegen, Staub und dergleichen; dabei gestaltet sich der Verkehr zwischen den Schlachträumen und Kühlräumen schwierig und weitläufig. Da die Verbindungshalle in erster Linie dazu da ist, die Fleischabholung und Wiederzubringung nicht verkaufter Stücke gegen Witterungseinflüsse zu schützen, braucht der Platz zwischen Schlachträumen und Kühlhaus nicht vorwiegend hierzu zu dienen. Frese, Berlin, der Schöpfer der Anlage, verlegte daher (zu gleicher Zeit mit anderen, die unabhängig von ihm auf dieselbe Verbesserung kamen) die Verbindungshalle an die Fleischausfuhrtüren des Kühlhauses (Gefrierraum, Fleischverkaufshalle). Die Zu- und Abfahrt zu diesen Räumen, die ohne Zusammenhang mit dem Betrieb in den Schlachträumen ist, ist aus dem Schlachthofbetrieb wegverlegt; dieser ist dadurch entlastet. Für jene ausgeschlachteten Stücke, welche aus den Schlachträumen sogleich zur Abfuhr kommen, sind seitlich der Kühlräume zwei Durchgänge vorgesehen, so daß die Abfuhr der Tierteile sich durchweg auf der entgegengesetzten Seite der Schlachträume vollzieht. Zur bequemen Verbindung von Schlachträumen und Kühlräumen dient ein Verkehrsraum. In diesem Fall ist er frei von allen Behinderungen, da er nur für den Fußverkehr der Fleischer in Betracht kommt und alle Fuhrwerke von ihm ferngehalten sind. Er dient nur noch der Zuführung und Entladung der Bahnwagen mit Gefrier- und Auslandsfleisch, wofür er bestens geeignet ist. Die Entladung der Bahnwagen erfolgt am Südende des Raumes, abseits der Übergänge zwischen Schlachträumen und Kühlräumen. Der Verkehrsraum ist zur Fernhaltung von Witterungseinflüssen überdacht. Auch andere Verkehrswege sind aus guten Gründen überdacht worden; die Kosten solcher Überdachungen stehen zu dem Nutzen in günstigem Verhältnis.

Zum Schluß ist noch zu bemerken, daß für alle Gebäude und Räume eine Vergrößerungsmöglichkeit besteht, wenigstens soweit sie nötig ist und nicht durch innere Leistungssteigerung und Vergrößerung ohnedies auf Jahrzehnte vorgesorgt ist. Die Stadt besitzt heute 200000 Einwohner; die Anlage ist für 500—600000 Menschen ausreichend zu gestalten. Insbesondere möge beachtet werden, daß jeder Raum im einzelnen betriebstechnisch einwandfrei ausgebaut und dem vorhandenen ohne Betriebsstörung angefügt werden kann, was sonst nicht immer anzutreffen ist. Die Anlage ist der erste große Neubau nach dem Kriege und hat nicht nur deshalb, sondern in gleicher Weise wegen seiner zahlreichen Verbesserungen in der Baugestaltung große Beachtung in der Fachwelt gefunden.

Beispiel einer großen Anlage aus der Vorkriegszeit (Dresden). Vgl. Abb. 506 u. 507.

Abb. 506. Flugbild Vieh- und Schlachthof Dresden.

Beispiel einer großen Anlage im Ausland (Zagreb). Vgl. Abb. 508 u. 509.

Beispiel eines Seegrenzschlachthofes (Rostock).

Nach den Grundsätzen für die Einrichtung und den Betrieb von Seegrenzschlachthöfen für ausländisches Schlachtvieh vom 1. Juli 1927 muß dort zur Schlachtung gelangendes Vieh vom Schiff aus unmittelbar in die Schlachtstätte gelangen; eingeführtes Vieh darf nicht ins Inland, die Anlage als ganzes ist gegen das Inland zu abgetrennt und die dort Arbeitenden müssen sich einer Entkeimung unterwerfen. Die Grundrißgestaltung einer solchen Anlage bietet deshalb besonderes Interesse (s. Abb. 510).

Auch hier sind die einzelnen Anlagen und Gebäude genau nach der Reihenfolge des Betriebsvorganges gelagert, und zwar zunächst Schiffsentladung, dann Abtrieb zur Anlage, damit verbunden Untersuchung und Zollkontrolle, Einbringung der Tiere in Sammelbuchten, Abtrieb nach den Ställen, Einführung in die Schlachthalle zum Schlachten, Überführung des gewonnenen Fleisches auf Förderschienen in den Abkühlraum; jenseits desselben liegt das Bahngeleise, auf dem das Fleisch ins Inland abgefahren wird. Im einzelnen ist die Gestaltung der Bauanlage wie folgt:

Das auf dem Seewege zur Einfuhr gelangende Schlachtvieh wird mit dem Schiff unmittelbar an den Entladeplatz herangebracht. Die Fahrrinne wurde zu diesem Zweck entsprechend vertieft und verbreitert und längs der Nordostseite des Grundstückes eine Kaimauer zum Anlegen der Schiffe errichtet. Die Viehschiffe entladen das Vieh auf eine oberhalb der Kaimauer errichtete Plattform, wodurch eine schnelle Entladung möglich ist. Von der Plattform aus führt ein geschlossener Verbindungsweg nach den Stallungen der Schlachthofanlage; der Platz für einen zweiten solchen Verbindungsweg ist vorgesehen. Beim Durchtreiben durch diesen geschlossenen Verbindungssteg kommen die Tiere zunächst am Untersuchungsplatz vorüber, wo die tierärztliche Untersuchung stattfindet. Dieser Untersuchung schließt sich die zollamtliche Kontrolle unmittelbar an. Sowohl für die tierärztliche wie für die zollamtliche Kontrolle sind heizbare Unterkunftsräume geschaffen worden, welche gleichzeitig als Aufenthalts- und als Arbeitsräume für die Beamten ausgebildet sind. Zum Wiegen der Tiere bei der Zollkontrolle sind Waagen für Großvieh und für Schweine eingebaut, welche von einem geschlossenen Raum aus bedient werden können. Vor der Zollkontrolle und Wägung gabelt sich der Abtriebsweg nach den Stallungen, und zwar werden gegen die Nordseite zu die Großtiere und gegen die Südseite zu die Schweine abgeführt. Diese Gabelungen, in welche die eben er-

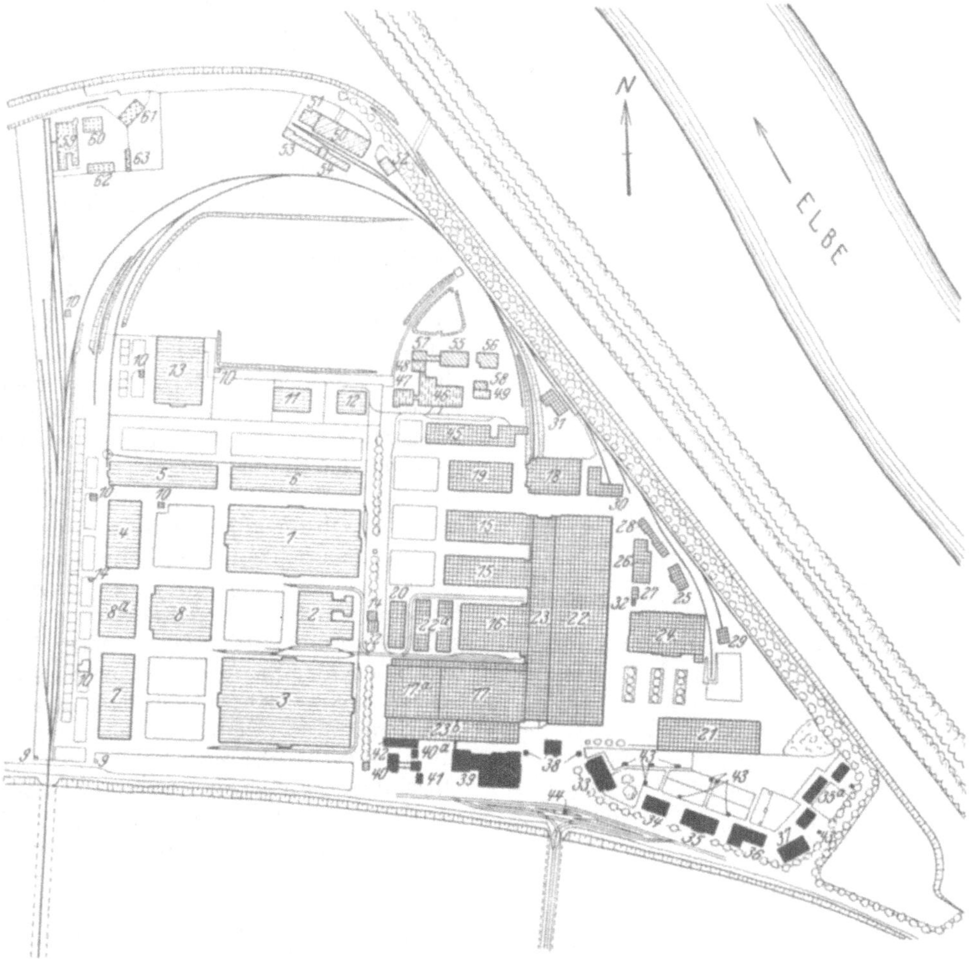


Abb. 507. Grundriß Vieh- und Schlachthof Dresden.

Viehhof.
1 Großviehmarkthalle
2 Kleinviehmarkthalle und Verwaltungsgebäude
3 Schweine- und Kälbermarkthalle
4—6 Großviehstallungen
7, 8, 8 a Schweinestallungen
9 Pförtnerhaus
10 Waage
11 Überständerstallung für Großvieh
12 desgl. für Kleinvieh
13 Auslandsviehstallung
14 Aborte

Schlachthof.
15 Großviehschlachthallen
16 Kleinviehschlachthallen
17, 17a Schweineschlachthallen
18 Kuttelei und Düngerhaus
19 Großviehstallung
20 Schweinestallung
21 Pferde- und Hundestallung
22 Kühlraum
23 Verbindungshalle
23a, b Kraftwagenhallen, offen
24 Kessel- und Antriebsraum
25 Altes Werkstättengebäude
26 Neues Werkstättengebäude
27 Eindampfhaus
28 Geräteschuppen
29 Lokomotivschuppen
30 Häute- und Talgannahme
31 Abwasserreinigungsanlage
32 Aborte

Verwaltung u. Wirtschaft.
33 Verwaltungsgebäude
34 Schauamt
35—37 Läden und Beamtenwohnungen
38 Pförtnerhaus
39 Gastwirtschaft
40 Nebengebäude der Gastwirtschaft
40a Kraftwagenhalle
41 Musikhäuschen
42 Pferdestallung der Gastwirtschaft
43 Gartenhäuschen
44 Wartehalle und Aborte

Amtsschlachthof.
45 Stallung und Wagenschuppen
46 Schlachthaus
47 Verwaltungsgebäude
48 Kühlhaus und Verbindungsgang
49 Kuttelei und Düngerhaus

Häute- u. Talgverwertung.
50 Hauptgebäude
51 Kessel- und Antriebsraum
52 Darmschleimerei
53 Nebengebäude
54 Schuppen

Pferdeschlachthof.
55 Schlachthaus
56 Stallung
57 Kühlhaus und Verbindungsgang
58 Kuttelei

Beseitigungsanstalt.
59 Betriebsgebäude
60 Stallung
61 Wirtschaftsgebäude
62 Wagenschuppen
63 Geflügelanstalt

wähnten Waagen eingebaut sind, führen in je eine große Sammelbucht für Großvieh und für Schweine, von wo aus die Tiere dann den jeweiligen Stallungen zugeführt werden. Die Schweineställe sind mit diesen Sammelbuchten durch einen Treibgang unmittelbar verbunden (Abb. 511).

Abb. 508. Schaubild Schlachthof Zagreb.

Für das zur Schlachtung bestimmte Großvieh liegen ungefähr in der Mitte des Grundstückes 3 Einzelstallungen. Diese 3 Gebäulichkeiten sind gleichlaufend zu den Sammelbuchten für Großvieh, so daß für dieses stets der kürzeste Weg genommen werden kann. In den Stallungen müssen die ankommenden Tiere genügend Zeit haben, um sich von der Seefahrt auszuruhen. Aus diesem Grunde und auch deshalb, weil die Schiffe nicht in gleichmäßiger Reihenfolge eintreffen, sind die Stallungen reichlich bemessen worden. Die Aufteilung in mehrere Einzelgebäude kommt der Verminderung der Gefahr der Seuchenübertragung zugute. Die gesamten Stallungen vermögen etwa 600 Stück Großvieh zu fassen. Zum Tränken und zum Füttern derjenigen Tiere, welche länger dort verbleiben, sind die Räume mit Krippen versehen. Die Futtermittel lagern im Obergeschoß des mittleren Stallgebäudes. Der Zutrieb der Schlachttiere von den Stallungen nach der Schlachthalle erfolgt durch Vertiefungsstraßen, die zu den seitlichen Öffnungen der Großviehschlachthalle führen. Das Schlachtvieh kann durch die vorgesehene Anordnung an jeder Längsseite des Raumes den Schlachtplätzen unmittelbar zugeführt werden, so daß ein Durchtreiben durch den Schlachtraum fortfällt. Die ausgeschlachteten Tiere werden auf Förderschienen in den um Straßenbreite entfernt liegenden Abkühlraum gebracht. An jenen Stellen, an denen die Überführungsschienen über die Straße gehen, wird eine Überdachung angebracht.

Für die Schweine liegt die gesamte Stall- und Schlachtanlage westlich der eben erwähnten Gebäude für Großvieh. Die Stallungen sind gleichfalls durch einen Treibgang mit dem Schiff verbunden. Die Schweinestallung ist der Schlachthalle angegliedert vorgesehen, durch eine Zwischenstraße von 5 m Breite ist sie davon getrennt und durch Verbindungsgänge mit den Tötebuchten verbunden. Die Stallungen ermöglichen die Aufnahme von 5—600 Schweinen. Für die Darmreinigung ist ein besonderer Raum abgetrennt, wodurch die Überführung der Innereien der Schweine zur Reinigung auf kürzestem Wege möglich ist. Ist die Ausschlachtung in der im Kapitel III „Einzelräume“ geschilderten Art und Weise erledigt, so werden auch die Schweinehälften an Förderschienen in den Abkühlraum verbracht. Die Räume zur Vornahme der Trichinenschau sind im Obergeschoß über den Schweinestallungen.

Der Entleerung und Reinigung der Rinderwampen und -eingeweide dient die Großviehkuttelei, von der aus der Dünger nach den Düngergruben durch eine entsprechend weite, völlig dicht geschlossene, in der Erde mit entsprechendem Gefälle verlegte Rohrleitung aus einem Einfallschacht der Kuttelei geleitet wird.

Der den Schlachträumen südwestlich vorgelagerte Abkühlraum liegt so, daß eine gerade, unmittelbare Förderschienenverbindung zu ihm möglich ist. Das zum Versand kommende Frischfleisch wird nicht auf tiefere Temperaturen gekühlt, sondern nur oberflächlich getrocknet und ihm die Blutwärme entzogen. Die Abkühlung auf Außentemperatur geschieht ohne Kälte durch selbsttätig wirkende Lüftungseinrichtungen. Bei feuchter und bei warmer Witterung muß hingegen eine Abkühlung mit maschineller Beihilfe vorgenommen werden. Da vom Abkühlraum ein Teil als Kühlraum für Frischfleisch, das aus irgendeinem Grunde länger als gewöhnlich in der Anlage verbleiben muß, abgetrennt ist und dieser ohnedies maschinell gekühlt werden muß, so ist die Kühlanlage gleich derartig eingerichtet, daß mit einem besonderen Luftkühler kalte Luft erzeugt und dem Abkühlraum während der erforderlichen Zeit zugeführt wird. Für Innereien und für Freibankfleisch sind eigene Kühlräume abgetrennt. Im Anschluß an diese vorbenannten Kühlräume enthält die Anlage im Erdgeschoß ein Eislager für den Stadtbedarf. Der Eisbereitungsraum ist im Obergeschoß über den kleineren Kühlräumen, dem Luftkühler und dem unteren Eislager angeordnet worden. Eisbereitungsanlage und Eislager sind deshalb in das Obergeschoß verlegt worden, damit von ihnen aus auf bequeme Weise die mit Eis zu versorgenden Bahnwagen beladen werden können. Die Maschinenanlage besitzt keinen großen Umfang, da das benachbarte Elektrizitätswerk Dampf, Heißwasser und Strom für den gesamten Betrieb liefert. Es ist lediglich ein Raum für den Verdichter (Kompressor), ein Werkraum und ein Aufenthaltsraum für den Maschinisten vorhanden.

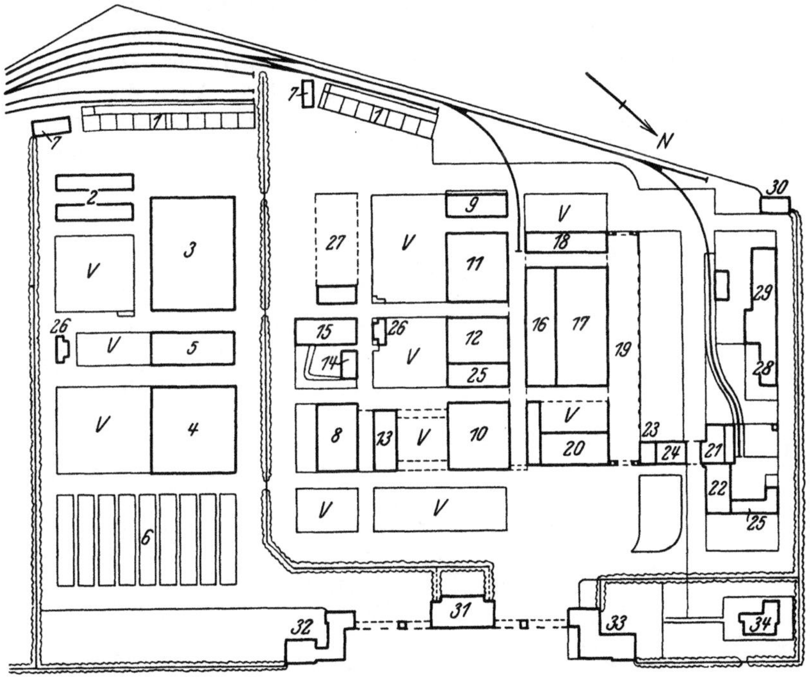


Abb. 509. Grundriß Schlachthof Zagreb.

*1* Entladebuchten; *2* Stände; *3* Schweine- und Kleinviehmarktraum; *4* Großviehmarktraum; *5* Großviehmarktstallung: *6* offene Verkaufsstände; *7* Stalldünger; *8* Großviehstallung; *9* Schweinestallung; *10* Großviehschlachtraum; *11* Schweineschlachtraum; *12* Kleinviehschlachtraum; *13* Großviehkuttelei; *14* Kleinviehkuttelei; *15* Düngerraum; *16* Vorkühlraum; *17* Kühlraum; *18* Exportkühlraum; *19* Abholhalle; *20* Fleischmarktraum; *21* Kesselraum; *22* Antriebsraum; *23*, *24* Eisbereitung; *25* Werkraum und Lagerraum; *26* Aborträume; *27* Hinterstellungsplätze; *28* Pferdeschlachträume; *29* Krankviehräume; *30* Freibank; *31* Verwaltungsräume; *32* Beamtenwchnungen; *33* Gasträume; *34* Direktorswohnhaus; *V* Vergrößerung.

Das südwestlich am ganzen Grundstück entlanglaufende Bahngeleise, das mit Rücksicht auf die unmittelbare Beladung der Bahnwagen aus dem Abkühlraum an dieser Stelle gelagert sein muß, besitzt Anschluß zum Bahnhof.

Auf dem westlich der Großviehkuttelei verbleibenden freien Gelände ist ein Gebäude gedacht, in welchem die täglich aus den Schlachträumen anfallenden Häute gesammelt und von hier aus zur Abfuhr gebracht werden. In dem zweiten gleichgroßen Gebäude ist die zentrale Abortanlage untergebracht.

Besonders beachtenswert ist die strenge doppelte Absperrung der Gebäude des Schlachthofes gegen das Festland zu und die Art der Kontrolle, durch die jeglicher Verkehr sofort unterbunden werden kann. Sämtliche im Seegrenzschlachthofe tätigen Arbeitskräfte haben zunächst durch den Pförtnerraum zu gehen und gelangen von hier aus unmittelbar zu den Umkleide- und Entkeimungsräumen im sog. Wohlfahrtsgebäude. Da der Zugang zur Anlage durch ein zweites Tor versperrt ist, müssen alle Leute durch diese Desinfektionsräume hindurch. Nach Schichtschluß muß das Arbeitspersonal in gleicher Weise zwangsläufig durch den Umkleide- und Entkeimungsraum seinen Weg nehmen; das zweite Tor versperrt ihm wiederum den Durchgang. Die Räume sind so gestaltet, daß beim Zugang zunächst die Umkleideräume betreten werden, in denen die Belegschaft die Straßenkleidung auszieht und aufbewahrt. Von diesen Räumen führt der Weg durch den Bade- und Entkeimungsraum. Nach dessen Verlassen treten die Mannschaften in einen Raum, in welchem die Berufskleidung aufgehängt, entkeimt und über Nacht getrocknet worden ist. Von diesen letzteren Umkleideräumen geht es dann in einem abgeschlossenen Gang nach dem Schlachthof. Derartige Umkleide- und Entkeimungsräume sind für drei verschiedene Gruppen vorgesehen: a) für die Fleischergesellen, b) für die im Schlachthof beschäftigten städtischen Arbeiter, c) für die in der Anlage tätigen Aufseher. Für das Arbeitspersonal sind besondere Speiseräume angeordnet, und zwar in der Weise, daß sie innerhalb des Schlachthofes liegen und von diesem aus erreichbar sind. Auch diese Speiseräume sind in drei Teile getrennt für Fleischer, Meister und städtische Beamte. Da es nun häufig vorkommen wird, daß auch städtische Arbeiter verpflegt werden müssen, so sind besondere Kantinenräume

Abb. 510. Flugbild Schlachthof Rostock.

angegliedert, und zwar in der Weise, daß ein Teil derselben sich in dem abgeschlossenen Raume der Schlachthofanlage und der andere Teil der Kantine sich jenseits der Grenze des Schlachthofabschlusses befindet. Dieser vor dem zweiten Schlachthoftor liegende Kantinenteil ist für Besucher, welche die Schlachthofanlage nicht betreten, bestimmt und dementsprechend zugängig gemacht. In gleicher Weise sind die Speiseausgaben, die Nebenzimmer für die Meister usw. behandelt. Die Entkeimung der Kleider, die Überwachung der Wohlfahrtsräume usw. wird von einem Aufseher besorgt. Da die gesamten im Schlachthof tätigen Mannschaften Berufskleidungen erhalten, die nicht aus dem Schlachthof gebracht werden dürfen, so ist dem Wohlfahrtsgebäude nach Westen eine Wäschereianlage und ein Kleidungs- bzw. Wäscheraum angegliedert.

Die Verwaltungsräume, die Kommissionärzimmer und die Räume für die Bahnverwaltung liegen gleichfalls zwischen der ersten und der zweiten Absperrung. In jenem Teil des Verwaltungsgebäudes, der nach der Zufahrtsstraße gelegen ist, liegen im Erdgeschoß die Verwaltungsräume. Nach dem Hof zu sind die Kommissionärzimmer und die Büroräume der Reichsbahnbeamten untergebracht. Im Obergeschoß befindet sich die Wohnung für den Leiter der Anlage, die ihren Zugang unmittelbar von der Straße aus erhält; auch der Gartenanteil ist durch eine Mauer vom Schlachthof getrennt. Da die Anlage von der Stadt abgelegen ist und es nötig ist, daß Aufsichts- und andere Beamte stets an Ort und Stelle sind, wurde für mehrere Beamte ein Wohnhaus errichtet, das südlich des Haupteingangs an der Straße liegt.

Zur Hinterstellung von Fuhrwerken, Kraftwagen usw. ist ein Fuhrhof mit Kraftwagenunterstand hinter dem Kommissionärgebäude errichtet und ebenfalls vor der Anlage gruppiert, gegen diese durch Torabschluß getrennt.

Zu bemerken ist noch, daß alle Betriebsgebäude ohne Betriebsstörung ums Doppelte vergrößert werden können, wie dies bei einer derartigen Anlage unbedingt erforderlich ist. Die schlachthofbauliche Entwurfsarbeit stammt von Architekt BDA. Walter Frese, Berlin; die — innerhalb 5 Monaten entstandene — Anlage ist eine Gemeinschaftsarbeit zwischen diesem und dem Rostocker Stadtbauamt, welches die örtliche Bauleitung besorgte.

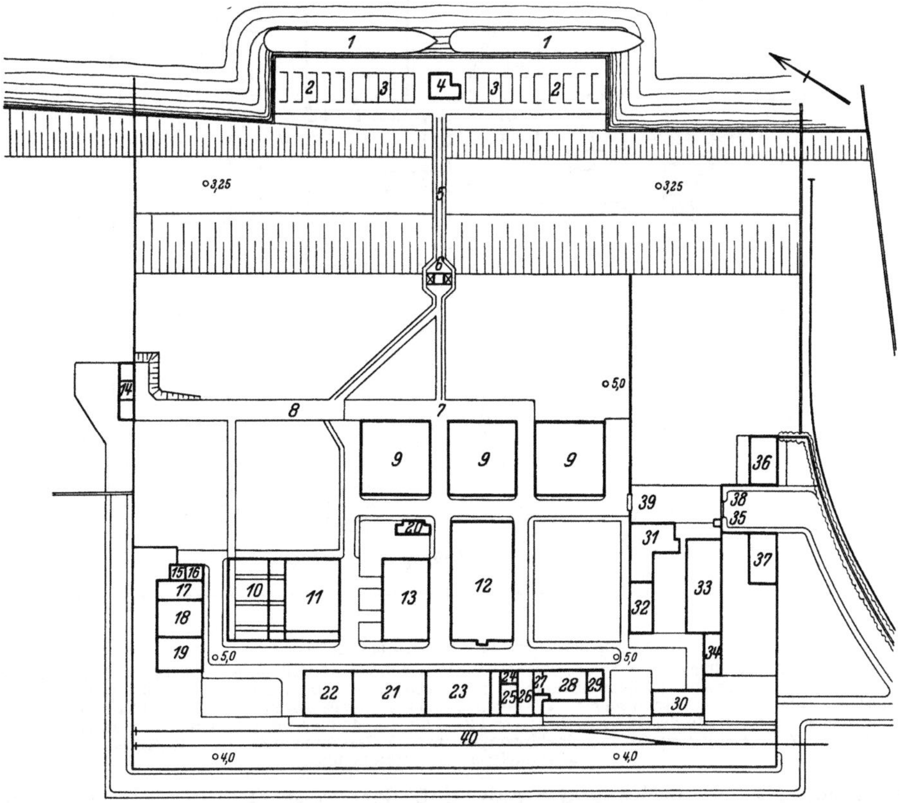


Abb. 511. Grundriß Schlachthof Rostock.

*1* Schiff; *2* Großviehholme; *3* Schweinebuchten; *4* Untersuchungsraum; *5* Treibgang; *6* Zoll; *7* Großviehsammelbuchten; *8* Schweinesammelbuchten; *9* Großviehstallungen; *10* Schweinestallung; *11* Schweineschlachtraum; *12* Großviehschlachtraum; *13* Schweine- und Großviehkuttelei; *14* Düngergruben; *15* Konfiskatenraum; *16* Sektionsraum; *17* Darmlager; *18* Berliner Verwertung; *19* Rostocker Verwertung; *20* Aborte; *21* Hängeraum; *22* Verkaufsraum; *23* Kühlraum; *24* Entkeimungsraum; *25* Luftkühlerraum; *26* Lunge und Leber; *27* Freibankzelle; *28* Antriebsraum; *29* Werkräume; *30* Scheune; *31* Kantinen; *32* Kommissionäre; *33* Umkleideräume; *34* Wäscherei; *35* Pförtnerraum; *36* Verwaltungsgebäude; *37* Beamtenwohnhaus; *38* Äußeres Einfahrtstor; *39* Inneres Einfahrtstor; *40* Bahnanschluß.

### Beispiel einer mittelgroßen Anlage (Hamborn).

Mit Rücksicht auf die überaus schnelle Vergrößerung der Stadt (100000 Einwohner) war es hier nötig, erhebliche Erweiterungsmöglichkeiten bei der Planung der Anlage vorzusehen.

Die Schweinestallungen wurden unmittelbar an das Bahngeleise verlegt, um kurze Wege zu erzielen; die Großviehstallungen sind davon getrennt und so angebracht, daß beim Viehtreiben keine Kreuzungen entstehen. Von den Stallungen aus sind die Schlachträume günstig zu erreichen, die Kutteleien und das Düngerhaus liegen zwischen diesen. Von den Schlachträumen sind sie durch überdachte Straßen getrennt. Die Kühlanlagen mit den Antriebsräumen liegen auf der anderen Seite einer Verbindungshalle (s. Abb. 512).

### Beispiel eines Kleinschlachthofes.

Der Entwurf einer Anlage in Städten mit 5—10000 Einwohnern erfordert der besonders gelagerten Verhältnisse an diesen Orten und der geringen zumeist vorhandenen Mittel wegen ganz außerordentlich viel Gedankenarbeit. Die Festlegung des betrieblichen und baulichen

Programms, sowie die Reduzierung aller Wünsche auf das unbedingt Notwendige durch den Betriebssachverständigen ist bereits äußerst schwierig; der Bearbeiter der Bauaufgabe steht sodann vor nicht geringeren Schwierigkeiten. Als günstigsten Weg, kleinen Städten den Bau eines Schlachthofes zu ermöglichen, betrachtet der Bearbeiter die Erstellung des Baues in meh-

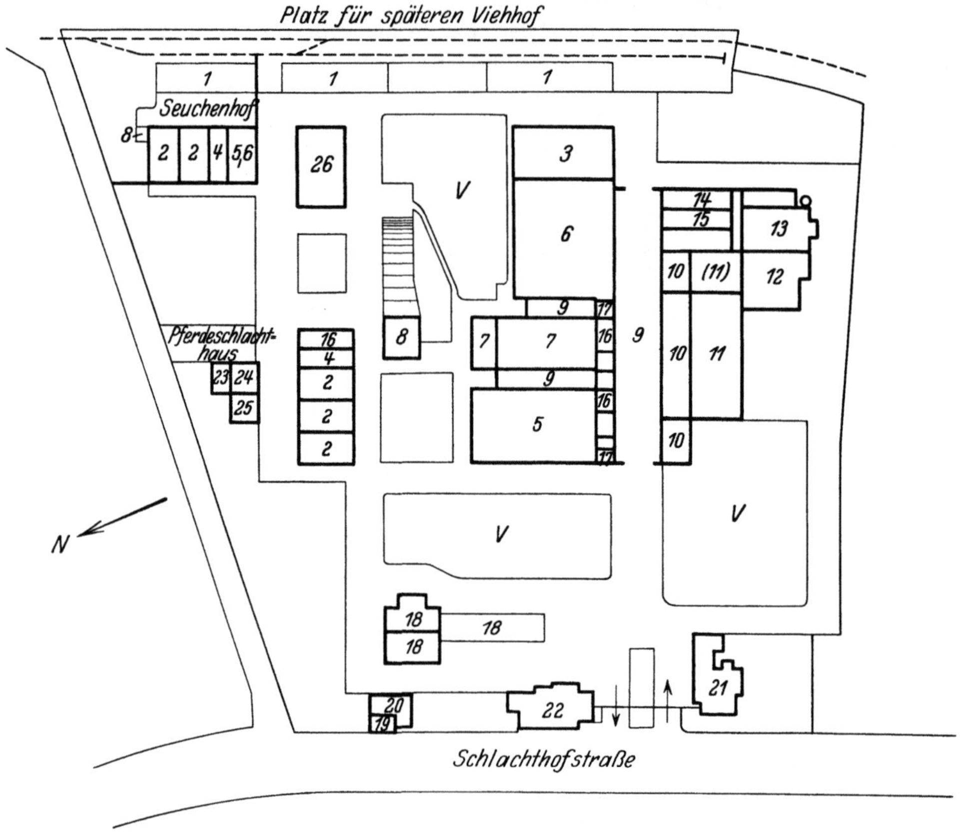


Abb. 512. Grundriß Schlachthof Hamborn.

*1* Entladebuchten; *2* Großviehstallungen; *3* Schweinewartebuchten; *4* Kleinviehstallungen; *5* Groß- und Kleinviehschlachträume; *6* Schweineschlachtraum; *7* Großvieh- und Schweinekuttelei mit Darmschleimerei; *8* Düngerraum; *9* überdachte Verbindungswege; *10* Vorkühlraum; *11* Kühlraum; *12* Antriebsraum; *13* Kesselraum; *14* Eisbereitungsraum; *15* Luftkühlerraum; *16*, *17* Wasch-, Umkleide- und Aufenthaltsräume für Meister und Gesellen; *18* Fleischerpferdestallung, Wagenschuppen, Hundestallung; *19* Freibank; *20* Beamtenwohnhaus; *21* Verwaltungsräume und Direktorswohnhaus; *22* Gasträume; *23*, *24* Pferdeschlachträume; *25* Stalldünger; *26* Häutelager; *V* Vergrößerung.

reren Baustufen. Es ist durchweg der Fall, daß der größte Teil der Fleischer eigene Kühlräume besitzt, so daß es genügt, fürs erste die veralteten Schlachträume in der Stadt durch neue, saubere Räume zu ersetzen. Die erforderlichen Räume sind vor allem: Schlachträume, Wartebucht, Kuttelei, Düngerraum, Warmwasserbereitungsraum, Trichinenschauraum, Kassenraum, Wohnung der Schlachthofaufsicht, Abort (s. Programm S. 444). Nach weiteren Jahren können dann die unwirtschaftlichen und auch sonst nachteiligen Einzelkühlräume durch eine Sammelkühlung ersetzt werden. Gleichzeitig ist die Anlage durch Anbau von Stallungen, Hinterstellungsräume, einen Krankviehschlachtraum und durch eine Wohnung für den Leiter der Anlage, welcher möglichst dort wohnen soll, u. a. abzurunden. Die erste Baustufe muß dabei einen abgeschlossenen, befriedigenden Eindruck ergeben, ebenso der etappenweise Anbau aller übrigen Räume und Baukörper (Abb. 513).

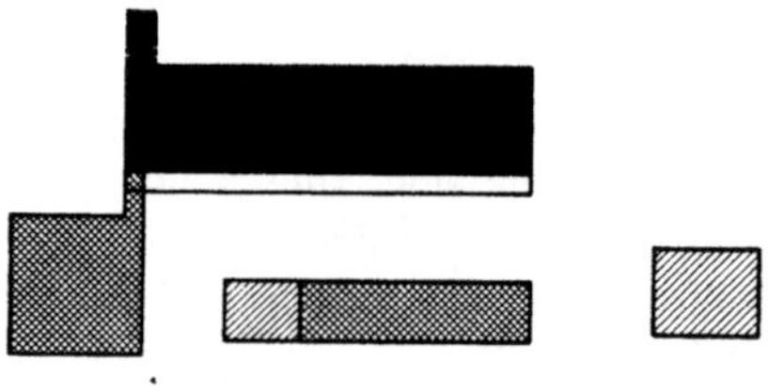

Abb. 513. Bauausführung in drei Stufen.
1. Baustufe. 2. Baustufe. 3. Baustufe.

Bei der vorliegenden Arbeit, die der Beratung eines Stadtbauamtes durch den Bearbeiter entstammt, traf dieser örtlich eine große Zahl ungünstiger Verhältnisse vor, die hier nicht näher berührt werden sollen, da sie von Ort zu Ort wechseln und jeweils eine andere Gruppierung der Bauten zueinander notwendig machen. Der Bauplatz war günstig zum Bahnanschluß gelegen, außerdem im Besitz der Stadtgemeinde; es mußte daran festgehalten und versucht werden, aus ihm das beste zu machen. Die Aufteilung des Geländes war durch die Lage der Zufahrtsstraße und des Bahnanschlusses wiederum gegeben (Abb. 514). Die Schlachttiere müssen sowohl von der Stadt als von der Bahn her auf dem kürzesten Wege in die Stallungen, Wartebuchten oder Schlachträume ihrer Tiergattung gebracht werden können, ohne daß der Betrieb hierdurch belästigt wird; daraus ergab sich ihre Lagerung. Dabei war es nötig, die Schweinestallungen näher zur Einfahrt und zum Bahngeleise zu verlegen als die Großviehstallungen, da die Beförderung der Schweine mühevoll ist; das Großvieh dagegen größere Entfernungen leicht zurücklegt. Die Schweinestallungen mußten aus den nämlichen Gründen nahe den Wartebuchten für Schweine liegen; ein Anbau an diese ist nicht günstig; die beste Lösung ist die räumliche Abtrennung der Stallung, unter Umständen die Verbindung der beiden Räume durch einen 2—3 m langen beweglichen Treibgang. Die Überkreuzung dieses Arbeitsweges durch einen Verkehrsweg ist in keiner Weise nachteilig, da beide bei der Kleinheit des Betriebes schwerlich jemals zusammentreffen. Bei Großvieh war es nicht nötig, daß die Stallungen nahe dem Schlachtraum liegen; am notwendigsten ist dies bei den Kälbern. Die Fleischer können die Tiere in die Stallungen oder (vor deren Anfügung in der zweiten Baustufe) unmittelbar in die Schlachträume verbringen. Die Schweine kommen in die Wartebuchten, das Großvieh wird an Ringen vor dem Schlachtraum angehängt, das Kleinvieh kommt sofort in den Schlachtraum (*1*).

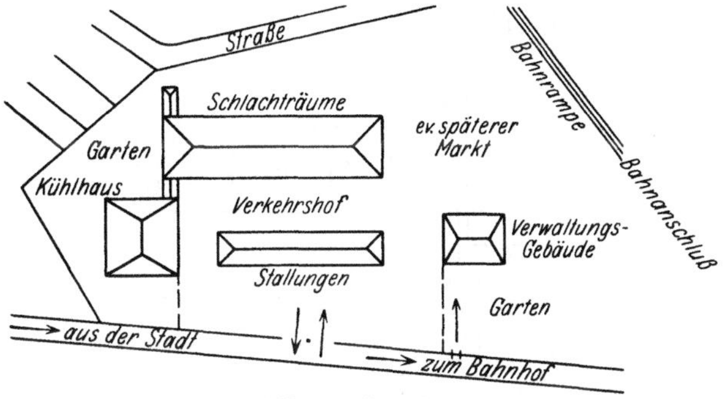

Abb. 514. Lageplan.

Nach der Schlachtung der Tiere soll das Fleisch auf dem kürzesten Wege zur Abhängung gelangen. Vor Anfügung des Kühlhauses (in der zweiten Baustufe) wird es in dem betreffenden Betriebsraum auf einer Leerschiene abgehängt, sofern es nicht sofort nach Hause gefahren wird. Nach Anfügung des Kühlhauses wird es auf Förderschienen sofort aus dem Raum gebracht und in einem offenen, überdachten Gang bis zur Verbringung in den Vorkühlraum abgehängt. Der Großviehschlachtraum liegt näher am Vorkühlraum als der Schweineschlachtraum, da die Beförderung der schweren Großviehstücke immerhin mühevoll ist. Der längere Weg, den hierbei die Schweinehälften zurückzulegen haben, ist bei der Kleinheit der Anlage so geringfügig, daß die seitliche Lagerung des Kühlhauses einer Lagerung gegenüber den beiden Schlachträumen mit gleichlangen Förderwegen für beide Fleischgattungen ohne weiteres vertreten werden kann, um so mehr als erstere Anordnung den Vorteil bringt, daß die Fleischstücke den Verkehrsweg nicht überkreuzen müssen. Nach der Lagerung im Vorkühlraum und Kühlraum wird das Fleisch nach Hause gebracht; das Kühlhaus muß aus diesem Grunde am Verkehrsweg liegen. Dessen Lagerung etwa auf der rückwärtigen Seite der Schlachträume wäre unmöglich (*2*).

Dort geschieht die Abfuhr der Eingeweide von den Schlachträumen fort und jene des Düngers aus der Anlage, so daß der Verkehrshof völlig frei von Düngerkarren ist und auch eine Überkreuzung von diesen mit hängenden Fleischstücken nicht stattfindet. Es wäre nicht unbedingt notwendig, daß der Kuttelraum zwischen den beiden Schlachträumen liegt, von denen er beliefert wird; er müßte bei anderer Gruppierung jedoch dem Großviehschlachtraum am nächsten kommen und am Verkehrsweg liegen. Das Düngerhaus liegt dem Großviehschlachtraum, aus dem der stärkste Anfall kommt, am nächsten (*3*).

Neben diesen Arbeitswegen, welche die Lage der Stallungen zu den Schlachträumen und jene der letzteren zu den Fleischlager- und Düngeraufbewahrungsräumen vorzeichnen, sind auch die Warmwasser- und die Kälteleitungen von Einfluß auf die Raumgruppierung. Der Warmwasserbereitungsraum, der das heiße Wasser für den Schweineschlachtraum und für die Kuttelei liefert, ist hier so nahe zu diesen Räumen gelegen, daß die Leitungen kurz werden. Die Kohlenanfuhr zum nebenanbefindlichen Kohlenraum geschieht auf der Rückseite der Anlage ohne Störung des Betriebes. Die Kälteerzeugungsanlage ist ohndies in einem einzigen Baukörper vereinigt. Die Gruppierung der Räume erfolgt nicht nur den betrieblichen Forderungen entsprechend, sondern in besonderer Weise nach kältetechnischen Gesichtspunkten zur Erzielung kurzer Leitungswege. Die Antriebsanlage muß möglichst nahe dem Verdichter und Verflüssiger sein, diese und der Luftkühler möglichst zentrisch über den mit Kälte beschickten Räumen. In diesem Falle war es noch notwendig, neben dem Vorkühlraum auch die Eisbereitungsanlage an den Verkehrshof zu legen, damit die Fleischer in der Lage sind, nach Abholung des

Fleisches vom Vorkühlraum das zur häuslichen Lagerung nötige Eis in einem Zuge ohne Umweg aufladen zu können (*4*).

Der vorliegende Beratungsentwurf bietet noch eine besonders anschauliche Lösung des Verkehrsverlaufes, der bei den heute vorhandenen wenigen Fleischern noch nicht so sehr ins Gewicht fällt, bei Vergrößerung der Anlage jedoch von Bedeutung wird. Vor allem liegen zwischen der Einfahrt und der Ausfahrt rechter Hand alle befahrenen Türen in der Reihenfolge des Verkehrsverlaufes. An der Einfahrt liegt der Kassenraum zur Lösung der Schlachtkarten (heute an der rechten Ecke des Betriebsgebäudes, später im Verwaltungsgebäude), sodann folgen die Wartebuchten für die Schweine, der Schweineschlachtraum, die Kuttelei und der Großviehschlachtraum zur Zubringung der Schlachttiere. Für die vor dem Betriebsgebäude wartenden Fleischerwagen, welche zu diesem rechts anfahren, ist ein Schutzdach angebracht. Ist es nötig, bis zur Beendigung der Schlachtzeit längere Zeit zu warten, so bleiben die Fleischerwagen bisweilen nicht vor den Schlachträumen stehen, sondern die Fleischer bringen den Wagen zu einem Hinterstellungsraum und spannen die Pferde ab. Sowohl der Hinterstellungsraum als die Fleischerpferdestallung sind hier so gelagert, daß der Fleischer nach Beendigung der Zubringung der Tiere zu den Schlachträumen sich unmittelbar vor diesen Räumen befindet; außerdem nach Beendigung der Schlachtarbeit ohne Umwege den neu bespannten Wagen oder den Kraftwagen auf dem kürzesten Weg wieder vor den Schlachträumen zur Abholung von Fleischstücken oder vor der Kuttelei zur Abholung der Kutteln usw. hat, um bald darauf entweder unmittelbar oder nach Aufladung von Fleisch und Eis am Kühlhaus, welches im Verkehrsverlauf liegt, nach Hause fahren zu können. Zu jenen Tagesstunden, an denen die Fleischer un-

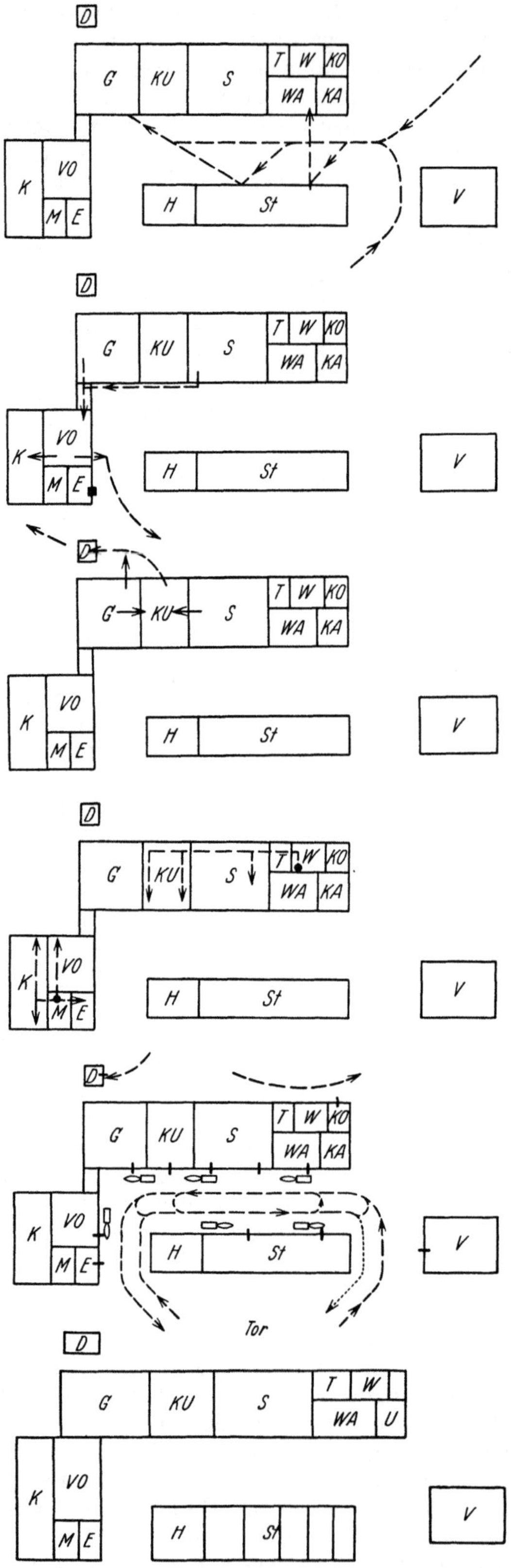


*1.* Vieheinbringung.

*2.* Wege der Fleischstücke.

*3.* Wege des Düngers.

*4.* Kälteleitungen und Warmwasserleitungen.

*5.* Verkehrswege und vorwiegend befahrene Türen.

*6.* Erweiterung für die fünffache Einwohnerzahl.

**Abb. 515. Wesen einer kleinen Anlage.**

*G* = Großviehschlachtraum; *S* = Schweineschlachtraum; *KU* = Kuttelei; *St* = Stallungen; *K* = Kühlraum; *VO* = Vorkühlraum; *M* = Maschinenraum; *E* = Eisbereitungsraum; *W* = Warmwasserbereitungsraum; *KO* = Kohlenraum; *T* = Trichinenschauraum; *KA* = Kassenraum; *WA* = Wartebucht; *H* = Hinterstellungsplätze; *V* = Verwaltungsgebäude mit Wohnung des Leiters; *U* = Kleiderraum; *D* = Düngerhaus mit Aborten (vgl. Programm S. 444).

mittelbar zum Kühlraum fahren, um Fleisch nach Hause zu holen, besteht die Möglichkeit, den Vorkühlraum von der Einfahrt aus auf dem kürzesten Wege zu erreichen. Der Verkehrshof wird nach rechts befahren; obwohl eine Einbahnstraße genügen würde, ist es möglich, nach Wunsch überall zu wenden, ohne die vor den Räumen wartenden Wagen zu behelligen. Um zu wiederholen, alle wichtigen Türen sind am Verkehrshof rechter Hand gelegen: Kassenraum, Wartebucht, Schweineschlachtraum, Kuttelei, Großviehschlachtraum, Vorkühlraum, Eisbereitungsraum. Linker Hand sind die Stallungen, der Krankviehschlachtraum und der Hinterstellungsraum. An der Rückseite des Hauptgebäudes werden befahren: Düngerraum und Kohlenraum (*5*).

Von Bedeutung sind noch die verwaltungstechnischen Gesichtspunkte. Bei Erstellung der ersten Baustufe liegt der Kassenraum bei der Zufahrt. Als Geruchsverschluß gegen die nebenanbefindliche Wartebucht ist ein Vorplatz mit Schalterfenster eingebaut; das ganze ist nur eine vorläufige Lösung. Der Trichinenschauraum befindet sich neben dem Schweineschlachtraum, oberhalb diesen niedrigeren Räumen ist eine Wohnung für den Hallenmeister, der von dieser aus die Einfahrt übersieht und sie leicht zu erreichen vermag; zugleich ist eine Aufsicht außerhalb der Betriebsstunden vorhanden. Nach Ausbau der Anlage dient der Raum als Kleiderablage für die Meister und Gesellen und als Baderaum, als ersterer am Zugang der Anlage günstig gelegen, als letzterer nahe der Warmwasserbereitungsanlage. Bei Ausbau des Schlachthofes wird bei der Zufahrt ein Verwaltungsgebäude errichtet, das im Erdgeschoß gegen die Einfahrt zu den Kassenraum, auf der Betriebsseite mit dem Blick über den Verkehrshof den Raum für den leitenden Tierarzt enthält. Im Obergeschoß ist dessen Wohnung, die wie die andere Wohnung ohne Betreten des Betriebes zugänglich ist.

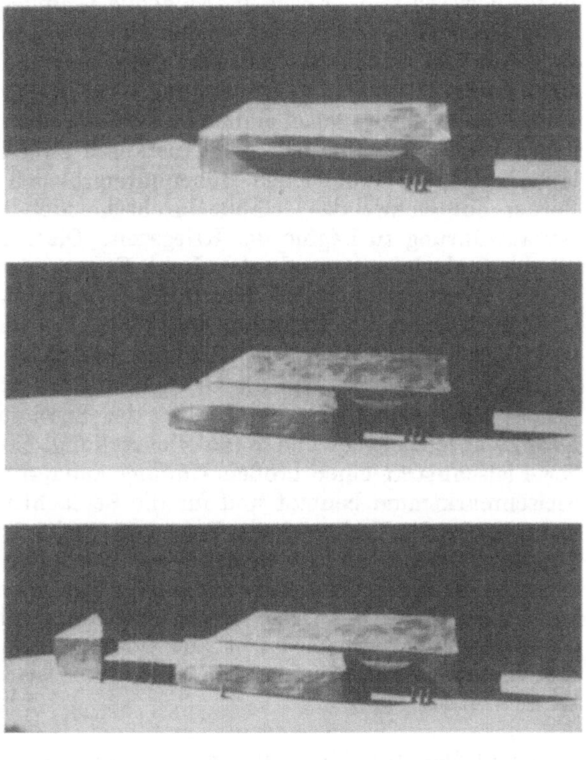

Abb. 516. Modell eines Kleinschlachthofes in drei Baustufen.

Bei Gruppierung der Räume der ersten Baustufe wurde nicht allein darauf gesehen, einen geschlossenen Baukörper zu erzielen, sondern innerhalb dieses vor allem darauf, daß einesteils die höheren, anderenteils die niederen Räume nebeneinander zu liegen kamen, um leere, unzugängliche Obergeschoßräume zu vermeiden und diese zu einer Wohnung für den Hallenmeister auszunutzen. Für alle Räume der Anlage besteht eine Erweiterungsmöglichkeit, obwohl diese wohl erst nach Jahrzehnten eintreten dürfte, sofern bis dorthin — was mit Sicherheit zu erwarten ist — nicht völlig andere Auffassungen über die technische und bauliche Gestaltung eines Schlachthofes herrschen. Bei dem geringen Wachstum kleinerer Städte ist es meines Erachtens überflüssig (wenn es auch in kleinen Städten durchweg verlangt wird), an eine äußere Erweiterungsmöglichkeit zu denken, die mit mehr als mit einem Wachstum von 5000 auf 25 000 Einwohner rechnet und dies ist fast ausschließlich bei allen Räumen durch innere Leistungssteigerung ohne Vergrößerung der Anlage möglich. Trotzdem wurde erstere hier berücksichtigt. Der Schweineschlachtraum schiebt sich nach der Kuttelei vor, welche wenig Einrichtungsgegenstände enthält; die Verkleinerung der letzteren veranlaßt den Großviehschlachtraum zu einer ausgiebigen Erweiterung, zu der genügend Raum vorhanden ist. Die Erweiterung dieser Räume könnte auch nach der Seite der Wartebucht einerseits, nach der Seite des Großviehschlachtraumes andererseits erfolgen. Für die Kühlräume bestehen Wachstumsmöglichkeiten nach allen Seiten. Die einzelnen Stallungen müssen durch Verlängerung der Stallgänge der Tiefe nach verlängert werden. Der Arbeits- und Verkehrsverlauf des Schlachthofes wird durch die Erweiterung in keiner Weise verändert. Zudem besteht noch die Möglichkeit der Angliederung eines Viehmarktes auf dem freien Gelände zwischen dem Bahngeleise und dem Schlachthof.

Die Beschickung des Platzes kann von der Stadt wie von der Bahn her in gleicher Weise günstig geschehen. Die Anlage erfährt damit eine völlige Abrundung und eine für alle Zeiten zweckmäßige Gestaltung unter Wahrung der kulturellen Formgebung für alle Baustufen (*6*).

Der Kostenaufwand für die erste Baustufe ist bei Anwendung bester Baustoffe einschließlich der Zufahrtstraßen, Nebenanlagen und Einrichtungsgegenstände 130000 RM.; der endgültige Ausbau der Anlage wird weitere 100000 RM. betragen, ein Kostenaufwand, der es auch kleinsten Städten ermöglicht, zum Wohle der Bevölkerung einen Schlachthof zu bauen, der sich selbst erhält, ohne etwa die Fleischpreise in untragbarer Weise zu belasten.

## 2. Umbauten.

### Beispiel für den Umbau einer großen Anlage (Elberfeld) (Abb. 517 u. 518).

Dieser Umbau wird wohl bisher die schwierigste Aufgabe auf dem Gebiete des Schlachthofbaues gewesen sein. Es lagen zwingende Gründe vor, den Platz des alten Schlacht- und Viehhofes unter allen Umständen wieder zu verwenden, sowohl seiner günstigen Lage als des vorzüglichen Bahnanschlusses mit sehr guten Zubringungsmöglichkeiten wegen. Auch waren durch einen früheren Vertrag Vergünstigungen für die Bahnzustellung u. a. vorhanden. Die Schwierigkeiten des Umbaues lagen einmal im Neubau über dem alten Schlacht- und Viehhof, der allmählichen Inbetriebnahme und dem Austausch alter Bauten in neue, sowie in dem schwierigen Gelände mit ganz erheblichen Höhenunterschieden und der Schwierigkeit des Bahnanschlusses. Ferner mußten zwei das Gelände durchschneidende Straßen belassen werden, zu alledem war die Bauausführung zu Beginn der Kriegszeit. Diese Umstände verursachten äußerste Hemmnisse, die der schlachthofbauende Architekt Frese, Berlin, in allen Teilen überwand.

Das Wesentliche seines Entwurfes war der vorzügliche Gedanke, das Vieh, das fast ausschließlich durch die Bahn zugeführt wird, an den höchsten Punkt der Anlage zu verbringen und dort unter teilweiser Benutzung und Vergrößerung vorhandener Räume den Viehhof anzulegen. Hierdurch war die Gruppierung der übrigen Schlachthofgebäude gegeben. Die alte Anlage dient nun nach dem Umbau der Beschau von Auslandsfleisch, als Pferdeschlachthof, Krankviehschlachthof und Krankviehstallung, ein Teil ist an eine Wurstfabrik vermietet. Da der Fleischmarkt einen großen Umfang annahm, wurde der Kleinviehschlachtraum völlig als Fleischmarktraum benutzt und für die Schlachtung des Kleinviehs ein Neubau errichtet. Die dadurch erzielte Verkaufshalle dient dem Verkauf von inländischem und ausländischem Fleisch. Vor dem Umbau spielte sich der Verkauf des Schweinefleisches im Vorkühlraum ab. Da auch dieser für den Fleischverkauf allmählich ganz benötigt wurde, wurde ein neuer Schweinevorkühlraum geschaffen. Der Großviehvorkühlraum ist gleichfalls vergrößert worden. Auch ein mehrgeschossiges Gefrierhaus ist erbaut worden, nachdem die Bevölkerung des Ruhrgebietes auf den Verbrauch von Gefrierfleisch angewiesen ist. Die geschaffene Anlage gilt auch heute noch als neuzeitlich.

### Beispiel für den Umbau einer großen Anlage (Gladbach-Rheydt) (Abb. 519 u. 520).

Dieser Umbau bietet ein Schulbeispiel dafür, wie es möglich ist, eine denkbar ungünstig verbaute Anlage in eine neuzeitliche Anlage umzugestalten.

Der Lageplan mit dem alten Bestand zeigt, wie die Schlachträume, Nebenräume, Kühlräume, Pferdeschlachträume, Ausspannungen usw. eng aneinandergeschachtelt und nur durch eine Sackstraße zugänglich waren. Die alte Anlage wurde 1886 erbaut. Man sieht dem Bauwerk an, daß die im Laufe der Jahre erforderlich gewesenen Vergrößerungen einfach dort gebaut wurden, wo noch ein Plätzchen frei war. Ganz unzureichend waren im besonderen: die Geleise- und Rampenanlagen und die offenen Düngerstätten, welche eine Rattenplage verursachten. Der Verkaufsraum für Schweine lag mitten im Schlachthofgelände und besaß außerdem alle nur denkbaren Zutriebserschwernisse zum Schlachtraum. Eine Großviehverkaufshalle fehlte. Die Schweineschlachthalle war gänzlich unzureichend und in ihrer Bauart sogar gefahrvoll. In gleicher Weise waren die Kühlräume unzureichend, eine Fleischverkaufshalle fehlte u. a. m.

Die Planung des 1929 erfolgten Umbaues wurde durch hinreichend vorhandene Vergrößerungsflächen außerordentlich begünstigt. Zwar waren diese durch fremde, in das Gelände einschneidende Grundstücke beengt, wodurch die bestmögliche Gruppierung behindert war, doch war es möglich, den am meisten störenden Einschnitt durch Kauf und Tausch zu beseitigen. Es verblieben im Gelände nur noch einige wenige Grundstücke, welche wegen der hohen Gestehungskosten nicht angekauft werden konnten. Wie ersichtlich, ist der Erweiterungsbau um diese

Grundstücke herumgeführt worden; anscheinend ohne jeden Nachteil. Auch eine das Grund stück trennende Straße mußte dem Erweiterungsbau zum Opfer fallen.

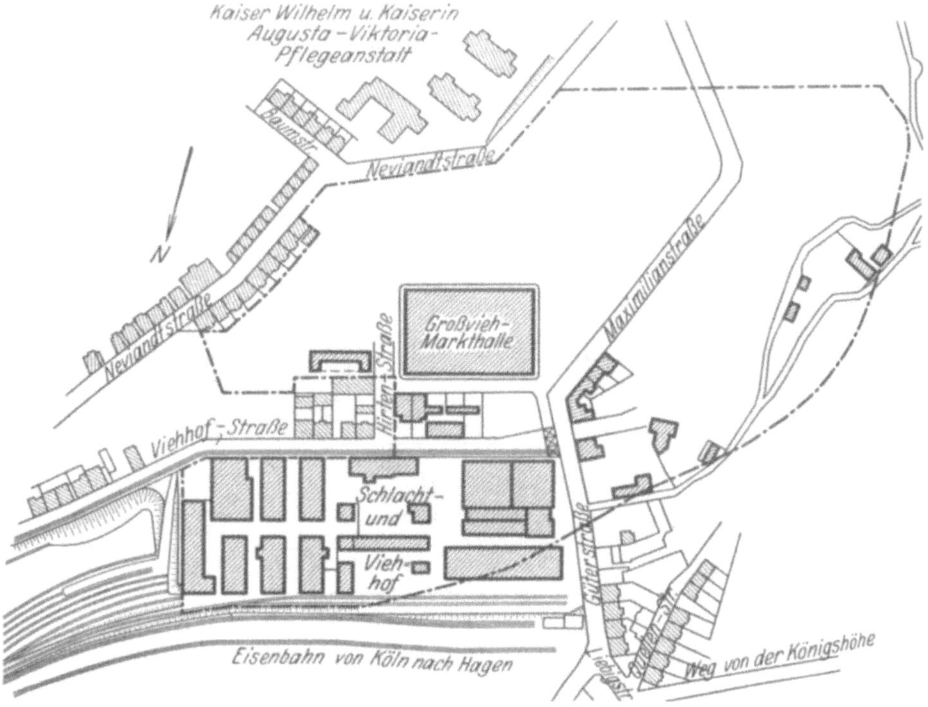


Abb. 517. Grundriß der alten Anlage.

1 Direktions- und Verwaltungsräume;
2 Gasträume und Börse;
3 Ausspannhof;
4 Häutelager;
5 Antriebsräume;
6 Kühlräume;
7 Verbindungshalle;
8 Großviehschlachtraum;
9 Kleinviehschlachtraum;
10 Schweineschlachtraum;
11 Großviehkuttelei;
12 Überständerstallung für Großvieh;
13 Futterstallung für Großvieh;
14 Großviehmarktraum;
15 Kleinvieh- und Schweinemarktraum.

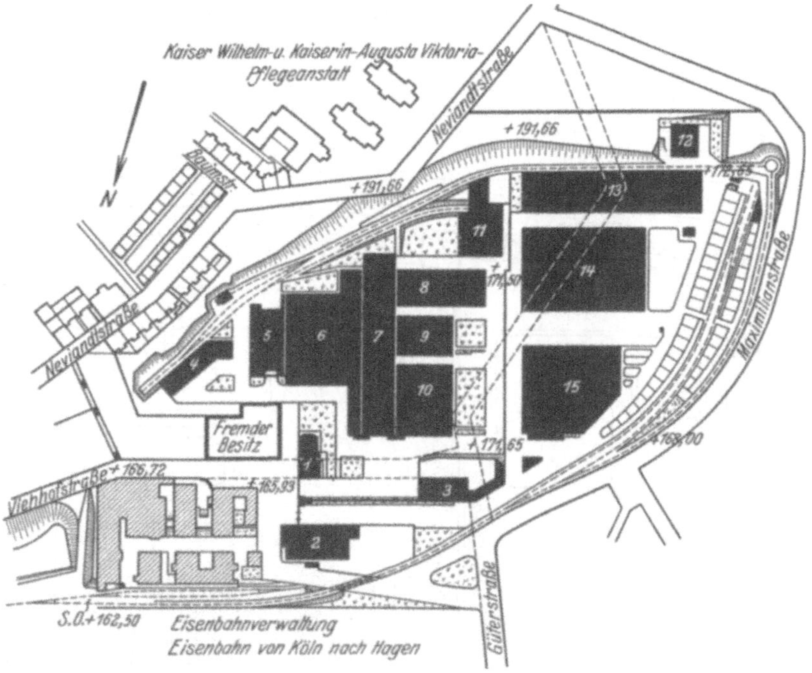


Abb. 518. Grundriß der neuen Anlage.

Der Viehhof wurde auf dem südwestlichen Gelände völlig neu geschaffen. Der Bahnanschluß führt an der Nordwestseite in das Viehhofgelände herein; an ihn lehnen sich Entladebuchten für das ankommende und Verladebuchten für das wieder auszuführende Vieh. Für

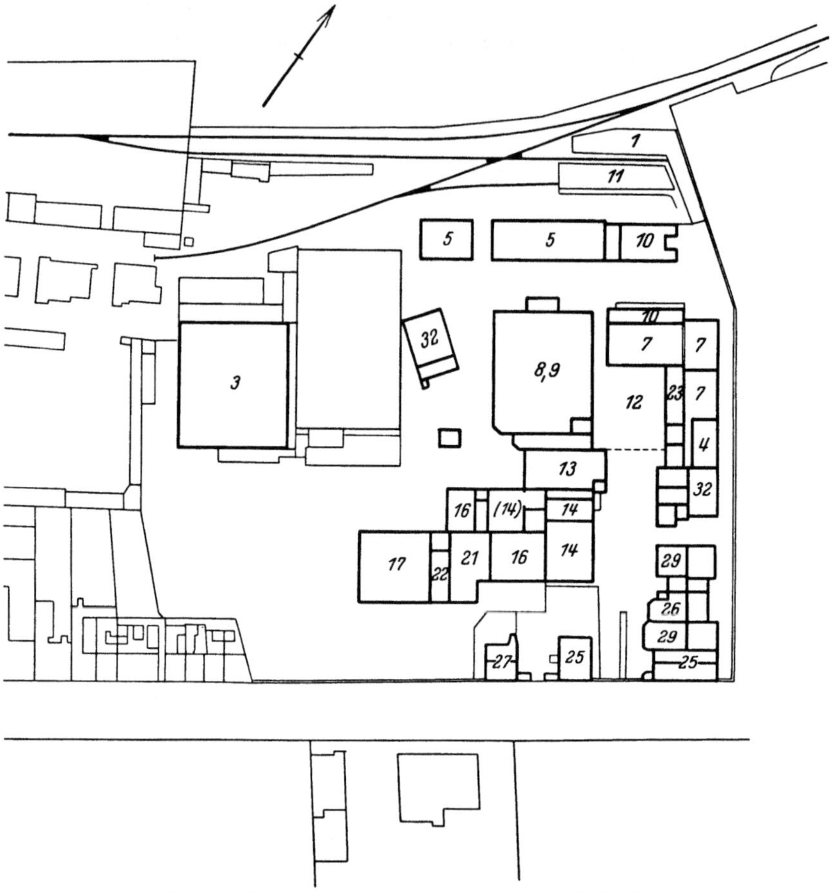


Abb. 519. Lageplan der alten Anlage (München-Gladbach).

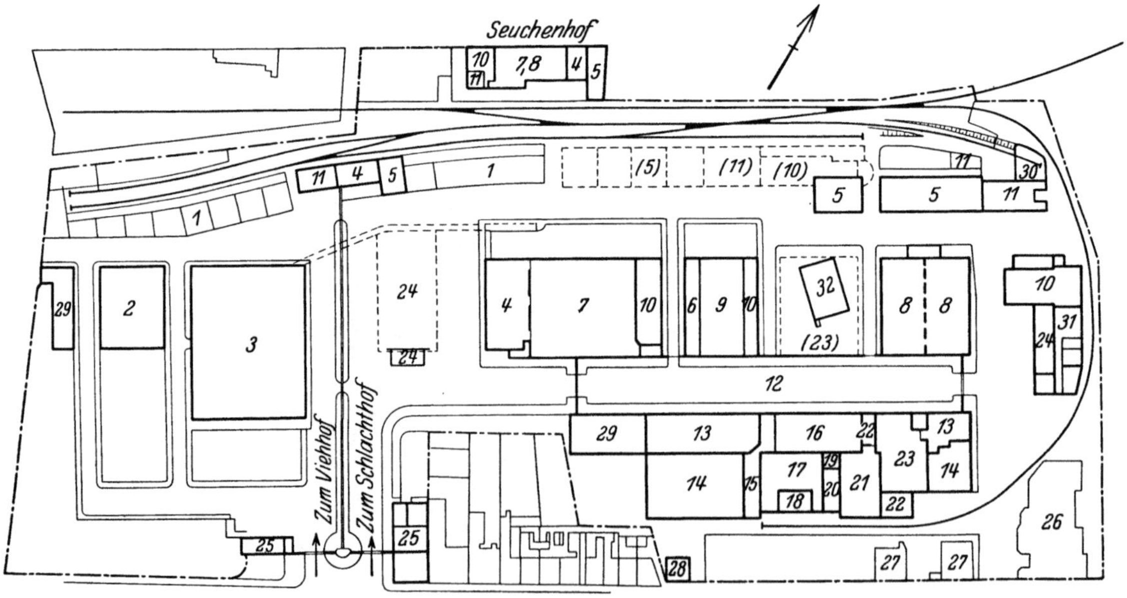


Abb. 520. Lageplan der neuen Anlage (München-Gladbach).

*1* Entladebuchten; *2* Großviehmarktstallung; *3* Schweine- und Kleinviehmarktstallung; *4* Schweine- und Kleinviehstallung; *5* Großviehstallung; *6* Kleinviehstallung; *7* Schweineschlachtraum; *8* Großviehschlachtraum; *9* Kleinviehschlachtraum; *10* Kutteleien; *11* Düngerraum und -gruben; *12* Verbindungshalle; *13* Vorkühlraum; *14* Kühlraum; *15* Luftkühler; *16* Antriebsraum; *17* Kesselraum; *18* Kohlenraum; *19* Schornstein; *20* Werkraum; *21* Eisbereitungsraum; *22* Eislager; *23* Fleischverkaufsraum; *24* Wagenschuppen, Pferdestallung, Fahrräder, Parkplatz; *25* Verwaltungsgebäude; *26* Wirtschaftsgebäude; *27* Wohnungen; *28* Umformerstation; *29* Aufenthalts- und Kleiderräume; *30* Lokomotivschuppen; *31* Pferdeschlachtraum; *32* Häutelager.

Schweine und Kleinvieh ist eine besondere Markthalle (für 2000 Stück ausreichend) gebaut worden. Die Großviehmarkthalle faßt etwa 120 Stück Großvieh. Die Tiere werden nach dem Schlachthof durch einen Tunnel getrieben, damit sich Viehübertrieb und Wagenverkehr nicht überkreuzen und behindern. Ein eigenes Gebäude enthält Büroräume für die Tierärzte, Kleiderablagen für die Händler, Kommissionärzimmer, Räume für Treiber, Viehhofarbeiter u. a. Die Düngerstätte lehnt sich an die Entladebuchten an und ist so angeordnet, daß die Düngerabfuhr sowohl mittels Fuhrwerk als auch durch Bahnwagen vorgenommen werden kann. Zum Viehhof gehört auch die Überständerstallung, die so gruppiert wurde, daß sie sowohl vom Viehhof als vom Schlachthof aus zugängig ist.

Für die Krankviehanlage wurde der nordwestlich der Geleiseanlage gelegene Geländestreifen benutzt, der mit besonderem Geleiseanschluß versehen ist, auf dem Bahnwagen mit seuchenverdächtigen Tieren überführt werden können. Der Krankviehschlachthof umfaßt Stallungen, Schlachträume für die verschiedenen Tierarten, Kutteleien, Düngerstätte u. a., alles in einem Gebäude vereinigt.

Der Hauptzugang zum Viehhof wie zum erweiterten Schlachthof liegt an der südöstlichen Straße. Eine Mauer trennt den Viehhof vom Schlachthof. Dieser wurde so gruppiert, daß die alten Gebäude bestehen blieben und nur teilweise anderen Zwecken nutzbar gemacht wurden. Die vorhandenen Gebäulichkeiten zwangen dazu, auf der einen Seite einer Verkehrshalle nach der Bahn zu die Schlachträume, auf der anderen Seite die Kühlräume, Maschinenräume usw. anzuordnen. Neu ist die Kleinviehschlachthalle, sowie die Schweineschlachthalle mit den Nebenräumen; dann die Vergrößerung des Maschinenhauses, der Vorkühlraum und der Kühlraum, dann die Unterkunfts-, Wasch- und Umkleideräume für die Meister und Gesellen. Die alten Kühlräume wurden als Pökel- und Gefrierräume verwendet, aus dem alten Maschinenhaus wurde eine Fleischmarktkalle gemacht. Die ehemalige Schweineschlachthalle ist als Groß- und Kleinviehkuttelei benutzt worden und die Nebenräume sind nun ein Pferdeschlachtraum. Ein Fleischerpferdestall wurde nach der Zufahrtsstraße hin angelegt. Die bisher so nachteiligen offenen Düngergruben sind fortgefallen. Ein überdachtes Düngerhaus, in welchem der anfallende Dünger sofort in unterhalb stehende Wagen oder Bahnwagen entleert wird, wurde dafür angelegt. Ein großer Vorteil lag bei der Planung darin, daß auch der Schlachthof auf seiner gesamten Länge mit Geleisanschlüssen versehen werden konnte. Die Straßenanlagen sind wiederum so gegliedert, daß eine Verkehrsregelung derart erfolgt, daß sämtliche Zu- und Abfahrtsstraßen als Einbahnstraßen zu benutzen sind, Fuhrwerkskreuzungen u. dgl. also nicht vorkommen.

Wenn bei einem solch umfangreichen Umbau vielleicht die Frage aufgeworfen werden könnte, ob sich in solchen Fällen noch ein Umbau lohnt, so sei erwähnt, daß diese Frage insbesondere bei den heutigen Geldverhältnissen in den meisten Fällen bejaht werden muß. Der Umbau, der allen Anforderungen gerecht wird, wird nach Angabe des planenden Architekten Walter Frese, Berlin, immerhin noch eine Ersparnis von etwa 2 Millionen RM. gegenüber einem Neubau ausmachen. Bei Aufwendung eines solchen Mehrbetrages wäre dort die Rentabilität einer Neuanlage (bei 200000 Einwohnern) von vornherein unmöglich.

### Beispiel für den Umbau eines mittelgroßen Schlachthofes.

Es war die Aufgabe gestellt, diesen veralteten Schlachthof mit möglichst geringen Mitteln zeitgemäß umzugestalten. Der Großviehschlachtraum war baulich zwar noch gut, jedoch die maschinelle Einrichtung völlig veraltet. Die Großviehstallungen waren in gutem Zustand, auch genügend erweiterungsfähig. Am schlechtesten war die Einrichtung für die Schweineschlachtungen. Ein Vorkühlraum war nicht vorhanden, die Kühlräume viel zu klein, das Pökeln fand im Kühlraum statt, die Schweinestallungen zu klein u. a. Leider befand sich an jener Stelle, an welcher die Schweineschlachthalle am günstigsten gelegen wäre, eine Molkerei, welche nicht entfernt werden konnte, es war daher nötig, einen anderen Platz für die Schweinehalle zu suchen. Weiter war in der Anlage keine Kuttelei vorhanden; auch das Düngerhaus bedurfte dringlichst der Verbesserung, vorhanden war eine unreinliche Holzhütte, welche lediglich zur Düngerentleerung geeignet war. Auch die Kühlmaschine war veraltet und altersschwach, der Kessel unzulänglich, schlecht isoliert, der Betrieb viel zu teuer. Der Eisbereiter erfüllte seinen Zweck nicht mehr und bedurfte der Umgestaltung. Der Schlachthof hatte Geleisanschluß, doch war der Bauplatz nach Osten und nach Westen nicht vergrößerungsfähig. Nur gegen Norden und Süden waren ausreichende Vergrößerungsflächen zur Verfügung. Es soll im folgenden gezeigt werden, in welcher Weise die veraltete Anlage zu einer gutarbeitenden neuen umgebaut worden ist.

Man war nach Möglichkeit bestrebt, die bestehenden Räume zu erhalten und bestmöglichst auszunützen. Ein Blick auf die ursprüngliche Anlage zeigt, daß die Hauptfrage die Regelung des Verkehrs innerhalb der Anlage war. Durch die Einfahrt wurde gleichzeitig die Molkerei befahren; der Verkehr spielte sich fast ausschließlich vor dem Kühlraum ab. Der Hof verengte sich zwischen dem Kühlraum und der früheren Eisbereitung auf 8 m; daraus ergab sich von selbst, den Verkehr mehr nach der Seite der Einfahrt zu verlegen bzw. die neuen Räume nach Möglichkeit überhaupt dorthin zu bauen.

Fürs erste ergab die Notwendigkeit der Vergrößerung der Kühlräume einen Abbruch von Kassenraum und Freibank. Diese beiden Räume wurden nun links an die neue Einfahrt gelegt. Als Kühlraum wurde die bisherige Schweineschlachthalle verwendet, und zwar die gesamte Länge einschließlich Brühraum und Wartebucht. Der Umstand, daß der Raum niedrig war, konnte hier gut ausgenutzt werden. Der Raum wurde allseitig isoliert; über ihm fand der Luftkühler seine Aufstellung. Die Treppe zu diesem Bodenraum führt durch die angegliederte Werkstatt. Der Raum für den Eisbereiter ist dem Kühlraum angefügt; das Eis kann hier sehr günstig abgeholt werden. Der Maschinenraum schließt an. Eine weitere Vergrößerung des Kühlraumes um den Eisbereitungsraum ist im Auge behalten. Der bisherige Kühlraum wurde aufgelassen und als Vorkühlraum umgebaut. Hierzu wurde die Zwischendecke entfernt; auch

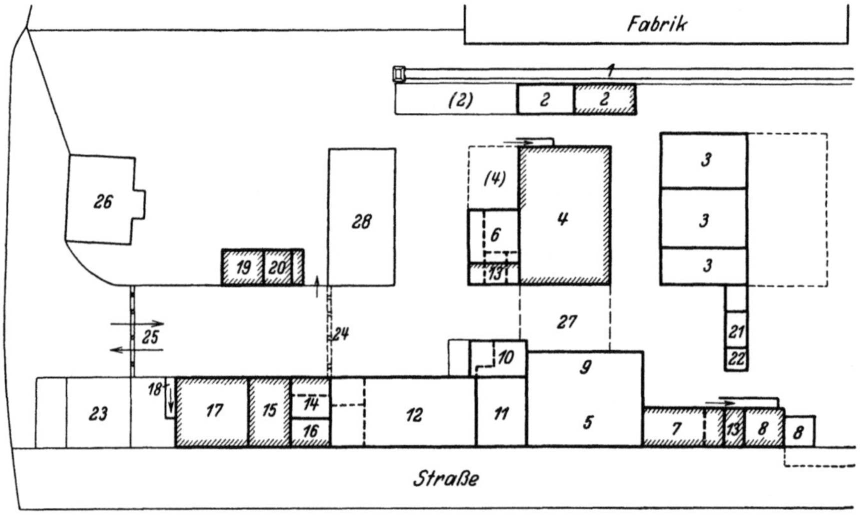


Abb. 521. Lageplan nach der Erweiterung.

*1* Bahngeleise; *2* Schweinestallungen; *3* Großviehstallungen; *4* Schweineschlachtraum; *5* Großviehschlachtraum; *6* Schweinekuttelei; *7* Großviehkuttelei; *8* Düngerhaus; *9* Schweineabhängeraum; *10* Schweinevorkühlraum; *11* Großviehvorkühlraum; *12* Kühlraum; *13* Heizraum; *14* Eisbereitungsraum; *15* Antriebsraum; *16* Werkstätte und Treppe zum Luftkühler; *17* Fleischverkaufsraum; *18* Treppe zum Pökelraum; *19* Freibank; *20* Kassenraum; *21* Krankviehschlachtraum; *22* Krankviehstallungen; *23* späteres Verwaltungsgebäude; *24* alte Einfahrt; *25* neue Einfahrt; *26* Verwaltungsgebäude; *27* überdeckter Hof; *28* Molkerei.

der Fußboden mit jenem der Schlachthalle gleich hoch verlegt. Der damit gewonnene Vorkühlraum ist zwar nicht sonderlich groß; er entspricht jedoch den Bedürfnissen. Der Raum wurde auf allen Seiten isoliert. Über ihm fand der Verflüssiger (Kondensator) seinen Platz.

Es schien ratsam, die beiden Hauptschlachträume einander gegenüber zu legen und die dazugehörigen Kutteleien diesen Räumen anzufügen. Der Großviehschlachtraum wurde belassen und lediglich innen völlig umgestaltet; der Schweineschlachtraum so gelagert, daß er einerseits nahe den Stallungen und dem Zufuhrgeleise zu liegen kam, andererseits nahe am Kühlraum lag. Auch durfte die spätere Erweiterung dem Verkehr nicht hinderlich sein. Mit der Schweineschlachthalle wurden gleichzeitig die Schweinestallungen vergrößert; auf einem Treibgang gelangen die Tiere von den Stallungen (die zugleich als Wartebuchten benützt werden) auf den Töteplatz.

Die Schweinekuttelei fand ihren Platz unmittelbar neben dem Schweineschlachtraum; neben ihr ist ein Warmwasserbereitungsraum mit Kohlenplatz angefügt. Für die Großviehkuttelei war der geeignetste Platz neben dem Großviehschlachtraum. Sie liegt zwischen diesem und dem Düngerhaus. Neben ihm ist ein zweiter Warmwasserbereitungsraum, der die Kuttelei beliefert. Das alte Düngerhaus wurde durch ein massives neues ersetzt; Entleerungstische u. a. eingebaut.

Auch eine Fleischmarkthalle wurde dort gewünscht. Diese liegt sehr nahe am Einfahrtstor, damit die verkauften Waren rasch aus der Anlage fortgebracht werden können. Die Halle enthält nur Hakenrahmen; später wird sie mit dem Vorkühlraum durch eine Förderschiene verbunden.

Damit das Pökeln im Kühlraum nach Fertigstellung des neuen Raumes untersagt werden konnte, mußte ein eigener Pökelraum geschaffen werden, der nahe der Einfahrt durch Unterkellerung der Fleischmarkthalle gewonnen wurde. Durch seitliche Lagerung der Zugangstreppe ist eine Verengerung der Zufahrtsstraße vermieden worden.

Der Krankviehschlachtraum besitzt einen eigenen Zugang von der Südseite her. Der eine Raum dient zur Einstallung von Vieh, der andere für die Notschlachtungen. Als Stallung wurde der ehemalige Werkraum verwendet.

Der Verkehr zwischen den Schlachträumen ist überdacht, in gleicher Weise die Abbringung vom Vorkühlraum.

Der Umbau wurde in Etappen vorgenommen, nachdem die Mittel für die sofortige Neugestaltung nicht vorhanden waren. Als erstes wurde die Schweineschlachthalle erstellt, damit Raum für die neue Kühlanlage geschaffen wurde. Zu gleicher Zeit erfolgte die Aufstellung des Warmwasserbereiters, der das Brühwasser liefert. Die alte Kühlmaschine blieb noch für den Betrieb der Kühlräume. Auf die Eisbereitung mußte man bis zur Fertigstellung der neuen Eisbereitungsanlage leider verzichten. Nach Inbetriebnahme der Schweineschlachthalle wurde zunächst der neue Antriebsraum mit Zubehör fertiggestellt, gleichzeitig der Kühlraum umgebaut, die Eisbereitungsanlage angefügt. Nach Inbetriebsnahme der neuen Kühlräume wurde auch der Vorkühlraum umgebaut, zu gleicher Zeit die Schweinekuttelei angebaut. Hand in Hand mit dem Umbau des Vorkühlraumes ging der innere Ausbau der Großviehschlachthalle, und zwar beginnend von den nahe dem Vorkühlraum gelegenen Schlachtwinden. Die letzte Arbeit in dieser Halle war der Einbau der Förderschienen für die Schweine zur Abhängung. Zuletzt kamen die Großviehkuttelei und das Düngerhaus an die Reihe. Die Erbauung von Dienstwohnungen wurde als nicht vordringlich zurückgestellt.

## Beispiel für den Umbau einer veralteten Anlage zu einer neuzeitlichen.

Die vorliegende, etwa 50 Jahre alte Anlage liegt, von zwei Seiten von Wasser umgeben, auf den beiden anderen Seiten von einer Straße und einem Werk eingeengt, an einem lehrreichen Platz. Es liegt die Aufgabe vor, diese veraltete, zu enge Anlage mit den geringsten Mitteln in eine zeitgemäße Anlage umzugestalten.

Vor allem ist die Kühlanlage veraltet und eine größere Leistung nötig, der Kühlraum zu eng, weder Pökel- noch Eisbereitungsraum sind vorhanden. Durch Vergrößerung des Kühlraumes fällt der Großviehschlachtraum, der ohnedies restlos veraltet ist. Die eine größere Hälfte dient nun als Kühlraum, die übrige kleinere als Pökelraum. Bevor der alte Großviehschlachtraum abgebrochen wird, muß ein neuer erstellt werden, damit der Betrieb nicht gestört wird; gleichzeitig ist ein neuer Großviehstall zu bauen. Bei Ausführung der Kühlraumvergrößerung muß gleichzeitig die Enge des Vorkühlraumes behoben werden. Der Neubau des gleichfalls völlig veralteten Schweineschlachtraumes vor Abbruch des alten zieht eine Verlegung der Kuttelei und des Düngerhauses nach sich. Auch der Schweinestall bekommt eine andere Lage.

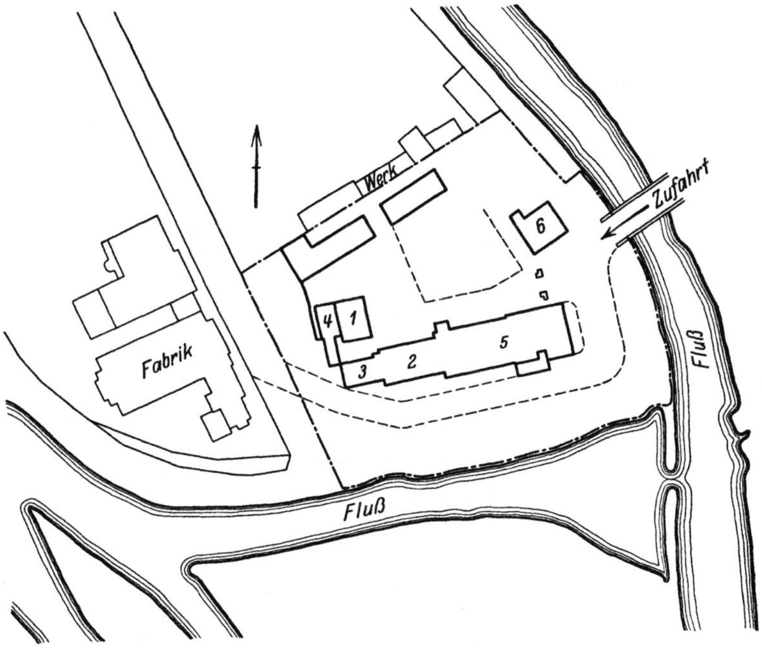


Abb. 522. Lageplan der alten Anlage.
*1* Schweineschlachtraum; *2* Großviehschlachtraum; *3* Kuttelei; *4* Düngerraum; *5* Kühlräume und Nebenräume; *6* Verwaltungsgebäude.

Hand in Hand mit dieser Umstellung der Betriebsräume geht die völlige Veränderung der Zufahrt. Bisher erfolgte diese über eine Holzbrücke, durch schmale Gassen, scharfe Ecken usw., so daß Unfälle nicht vermieden werden konnten. Die Anlage wird nun von der gegenüberliegenden Seite befahren werden, und zwar durch eine breite Straße, wie sie dem verstärkten Verkehr entspricht. Die alte Zufahrt wird geschlossen bzw. nur mehr für den Krankviehschlachtraum benützt, der an diese Stelle der Anlage verlegt wird. Die Verwertungsanlage liegt dann auch gleichzeitig nahe dem Maschinenhaus; auch sind keine bewohnten Gebäude in der Nähe. Fuhrwerke, welche ausspannen wollen, können leicht zum Pferde- und Ausspannstall gelangen.

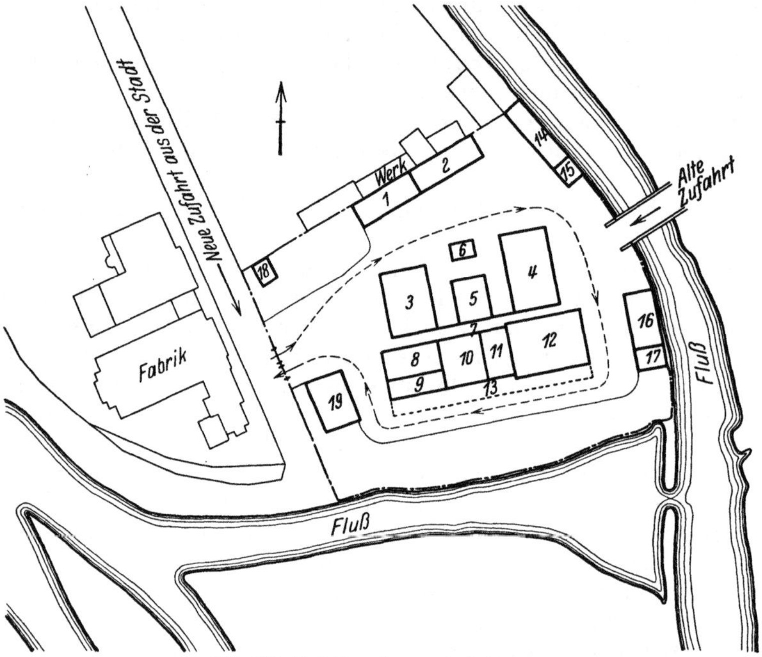


Abb. 523. Lageplan der neuen Anlage.
*1* Großviehstallung; *2* Schweine- und Kleinviehstallung; *3* Großvieh- und Kleinviehschlachtraum; *4* Schweineschlachtraum; *5* Kuttelei; *6* Düngerhaus; *7* Verbindungsgang; *8* Kühlraumvergrößerung; *9* Pökelraum; *10* Kühlraum; *11* Vorkühlraum; *12* Antriebsraum, Eisbereitung, Kohlenlager; *13* gedeckte Abholung; *14* Wagenhinterstellung; *15* Fleischerpferdestallung; *16* Krankvieh- und Pferdeschlachtraum; *17* Verwertungsanlage; *18* Freibank; *19* Verwaltungsgebäude.

Das Verwaltungsgebäude ist alt und eng und kommt nun bei Umgruppierung der Anlage neben die neue Einfahrt zu liegen. Die Verwaltungsräume können von der Ein- und Ausfahrt aus rasch begangen werden; ferner ist von den Wohnungen nicht mehr weit zur Stadt. Nach der Fertigstellung wird es der Anlage kaum mehr anzusehen sein, daß sie kein Neubau ist.

## Beispiel für den Umbau einer kleineren Anlage.

In einer Stadt wurde die Frage aufgeworfen, ob aus der alten Anlage durch Umbau noch eine zweckentsprechende neuzeitliche Anlage zu schaffen sei oder ob ein Neubau anzu-

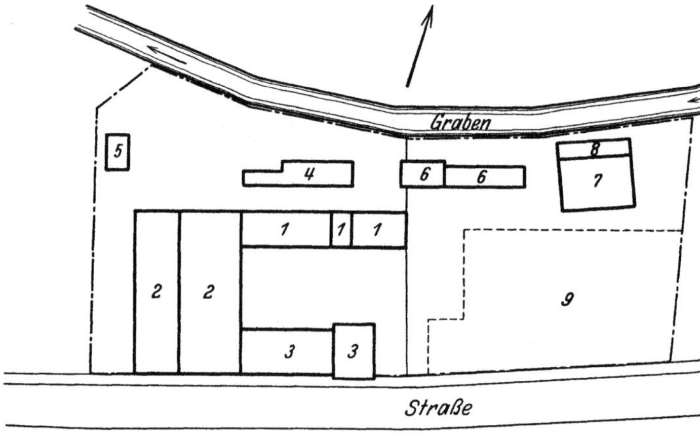


Abb. 524. Lageplan der alten Anlage.
*1* Stallungen; *2* Schlachträume; *3* Wohnhaus; *4* Aborte usw.; *5* Kraftwagen; *6* Schuppen; *7* Polizeischlachtraum; *8* Hundestallung; *9* Garten.

raten wäre. Die erstere Frage konnte bejaht werden, mit ihr die weitere Frage, ob es möglich sei, die Anlage stückweise umzubauen.

Vor allem fehlte eine Kühlanlage, einige Räume mußten umgestaltet werden. Auch hier war man naturgemäß bestrebt, aus allen vorhandenen Teilen das beste zu machen.

Es verblieben: die Großviehschlachthalle, die Kleinviehschlachthalle, die Kuttelei und die Schweineschlachthalle, das Verwaltungsgebäude und die Krankviehschlachträume, ferner vorläufig die gegen einen Graben zu liegenden Stallungen und Schuppen. Als erstes wurden beseitigt: der Waagenraum, der Schweine-, Kleinvieh- und Großviehstall, sowie der Pferdeschlachtraum, da nur auf deren Platz die Kühlanlage günstig zu liegen kam. Es wurden verlegt: der Pferdeschlachtraum in den fast nie benützten Raum für Krankviehschlachtungen, wie das

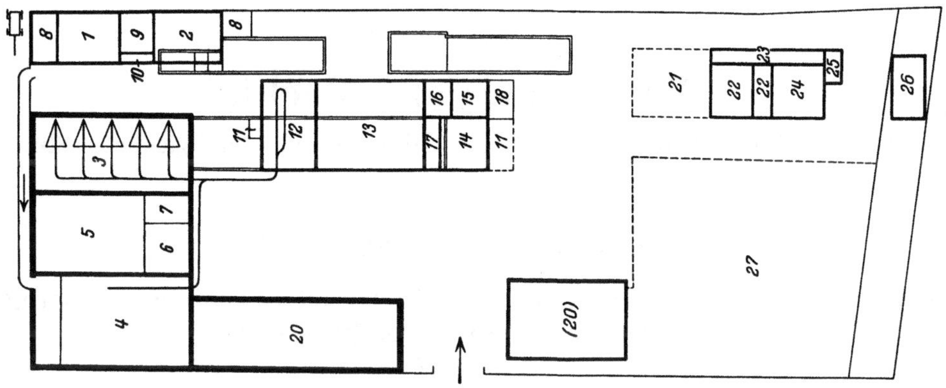

Abb. 525. Lageplan der neuen Anlage.

*1* Schweinestallung; *2* Großviehstallung; *3* Großviehschlachtraum; *4* Schweineschlachtraum; *5* Kuttelei; *6* Meisterraum; *7* Kleiderraum; *8* Düngerraum und -grube; *9* Trichinenschauraum; *10* Abort; *11* Viehwaage; *12* Vorkühlraum; *13* Kühlraum; *14* Antriebsraum; *15* Kesselraum; *16* Werkraum und Lager; *17* Treppe zur Wohnung; *18* Kohlenraum; *19* Eisbereiter; *20* Wohnhaus; *21* Häutelager; *22* Polizeischlachtraum; *23* Hundestallung; *24* Krankviehschlachtraum; *25* Krankviehdünger; *26* Kraftwagen; *27* Garten.

vielfach üblich ist. Bis zur Vollendung des Umbaues konnte die Krankviehstallung vorübergehend als Notstallung für Großvieh und für Schweine Verwendung finden. Ferner mußte der Kraftwagenschuppen des Leiters der Anlage nach dem rechten Teil des Schlachthofes unter Schaffung einer besonderen Zufahrt verlegt werden. Es ist vorgesehen, in späterer Zeit auch noch die Wohnung des Schlachthofleiters in einen Neubau zu verlegen, der rechts von der Einfahrt seinen Platz finden soll. Das bisherige Wohnhaus (Fachwerk) wird dann der Fleischerinnung für ihre Zwecke übergeben. Die derzeitige Zufahrt zur Anlage blieb bestehen. Die westliche Straße wurde anderen Zwecken zugeführt. Die Zufahrt zu den Schweinestallungen erfolgte unter Benützung der Durchfahrt zwischen Schlachthallen und Kühlraum (6 m); die Abfahrt erfolgt nur durch die westlich von der Halle gelegene Straße.

Sechster Teil.

# Verwaltung und Recht.

Von Dr. med. vet. O. Kammel, Direktor des Schlacht- und Viehhofes Stettin.

## I. Schlachthofgesetze.

### a) Gesetz betreffend die Errichtung öffentlicher ausschließlich zu benutzender Schlachthäuser vom 18. März 1868.

(G.-S. S. 277.)

**In der durch die Gesetze vom 9. März 1881 (G.-S. S. 273) und vom 29. Mai 1902 (G.-S. S. 162) abgeänderten und ergänzten Fassung.**

**§ 1.** In denjenigen Gemeinden (1.)[1], für welche eine Gemeindeanstalt (2.) zum Schlachten von Vieh (öffentliches Schlachthaus) errichtet ist, kann durch Gemeindebeschluß angeordnet werden, daß innerhalb des ganzen Gemeindebezirks oder eines Teiles desselben das Schlachten sämtlicher oder einzelner Gattungen von Vieh (4.), sowie gewisse mit dem Schlachten in unmittelbarem Zusammenhange stehende, bestimmt zu bezeichnende Verrichtungen (5.), ausschließlich in dem öffentlichen Schlachthaus oder in den öffentlichen Schlachthäusern (6.) vorgenommen werden dürfen.

In dem Gemeindebeschlusse kann bestimmt werden, daß das Verbot der ferneren Benutzung anderer als der in einem öffentlichen Schlachthause befindlichen Schlachtstätten:

1. auf die im Besitze und in der Verwaltung von Innungen oder sonstigen Korporationen befindlichen gemeinschaftlichen Schlachthäuser (7.),
2. auf das nicht gewerbsmäßig betriebene Schlachten keine Anwendung finde.

**§ 2.** Durch Gemeindebeschluß kann nach Errichtung eines öffentlichen Schlachthauses angeordnet werden:

1. daß alles in dasselbe gelangende Schlachtvieh zur Feststellung seines Gesundheitszustandes sowohl vor als nach dem Schlachten einer Untersuchung durch Sachverständige zu unterwerfen ist (8a);
2. daß alles nicht im öffentlichen Schlachthause ausgeschlachtete frische (8b) Fleisch in dem Gemeindebezirke nicht eher (9.) feilgeboten werden darf, bis es einer Untersuchung durch Sachverständige gegen eine zur Gemeindekasse (10.) fließende Gebühr unterzogen ist (11.);
3. daß in Gastwirtschaften und Speisewirtschaften frisches Fleisch, welches von auswärts bezogen ist, nicht eher zum Genusse zubereitet werden darf, bis es einer gleichen Untersuchung unterzogen ist (12);
4. daß sowohl auf den öffentlichen Märkten als in den Privatverkaufsstätten das nicht im öffentlichen Schlachthause ausgeschlachtete frische Fleisch von dem daselbst ausgeschlachteten Fleisch gesondert feilzubieten ist (13.);
5. daß in öffentlichen, im Eigentum und in der Verwaltung der Gemeinde stehenden Fleischverkaufshallen frisches Fleisch von Schlachtvieh nur dann feilgeboten werden darf, wenn es im öffentlichen Schlachthause ausgeschlachtet ist (13a);
6. daß diejenigen Personen (14.), welche in dem Gemeindebezirk das Schlächtergewerbe oder den Handel mit frischem Fleisch als stehendes Gewerbe betreiben, innerhalb des Gemeindebezirkes das Fleisch von Schlachtvieh, welches sie nicht in dem öffentlichen Schlachthause, sondern an einer anderen, innerhalb eines durch den Gemeindebeschluß festzusetzenden Umkreises gelegenen Schlachtstätte (15.) geschlachtet haben, oder haben schlachten lassen, nicht feilbieten dürfen (16.).

Die Regulative für die Untersuchung (Nr. 1, 2 und 3) und der Tarif für die zu erhebende Gebühr (Nr. 2 und 3) werden gleichfalls durch den Gemeindebeschluß festgesetzt und zur öffentlichen Kenntnis gebracht. In dem Regulative für die Untersuchung des nicht im öffentlichen Schlachthause ausgeschlachteten Fleisches (Nr. 2) kann angeordnet werden, daß das der Untersuchung zu unterziehende Fleisch dem Fleischbeschauer in größeren Stücken (Hälften, Vierteln) und, was Kleinvieh anbelangt, in unzerteiltem Zustande vorzulegen ist; die in dem Tarife (Nr. 2 und 3) festzusetzenden Gebühren dürfen die Kosten der Untersuchung nicht übersteigen (17.).

Die Anordnungen zu Nr. 2—6 können nur in Verbindung mit der Anordnung zu Nr. 1 und dem Schlachtzwang (§ 1) beschlossen werden; sie bleiben für diejenigen Teile des Gemeindebezirks und diejenigen Gattungen von Vieh, welche gemäß § 1 von dem Schlachtzwange ausgenommen sind, außer Anwendung.

Im übrigen steht es den Gemeinden frei, die unter Nr. 2—6 aufgeführten Anordnungen sämtlich oder teilweise, und die einzelnen Anordnungen in ihrem vollen, durch das Gesetz begrenzten Umfange oder in beschränktem Umfange zu beschließen (18.).

---

[1] Die eingesetzten Ziffern beziehen sich auf die später folgenden Erläuterungen zum Gesetze.

**§ 3.** Die in den §§ 1 und 2 bezeichneten Gemeindebeschlüsse bedürfen zu ihrer Gültigkeit der Genehmigung (19.) des Bezirksausschusses (Bezirksregierung) (20.).

Das Verbot der Benutzung anderer als der im öffentlichen Schlachthause befindlichen Schlachtstätten (§ 1) tritt 6 Monate nach der Veröffentlichung des genehmigten Gemeindebeschlusses in Kraft (21.), sofern nicht in diesem Beschlusse selbst eine längere Frist bestimmt ist.

Neue Privatschlachtanstalten dürfen von dem Tage dieser Veröffentlichung ab nicht mehr errichtet werden (22.).

**§ 4.** Die Gemeinde ist verpflichtet, das öffentliche, ausschließlich zu benutzende Schlachthaus den örtlichen Bedürfnissen entsprechend einzurichten und zu erhalten (23.).

Will die Gemeinde die Anstalt eingehen lassen, so ist der Termin der Aufhebung von der Genehmigung des Bezirksausschusses (24.) abhängig.

**§ 5.** Die Gemeinde ist befugt (25.), für die Benutzung der Anstalt sowie für die Untersuchung des Schlachtviehs bzw. des Fleisches Gebühren zu erheben. Der Gebührentarif wird durch Gemeindebeschluß auf mindestens einjährige Dauer festgesetzt und zur öffentlichen Kenntnis gebracht (26).

Die Höhe der Tarifsätze ist so zu bemessen, daß

1. die für die Untersuchung (§ 2) zu entrichtenden Gebühren die Kosten dieser Untersuchung,
2. die Gebühren für die Schlachthausbenutzung den zur Unterhaltung der Anlagen, für die Betriebskosten sowie zur Verzinsung und allmählichen Amortisation des Anlagekapitals und der etwa gezahlten Entschädigungssumme (§ 7) erforderlichen Betrag nicht übersteigen.

Ein höherer (27.) Zinsfuß als 5 Prozent jährlich und eine höhere Amortisationsquote als ein Prozent nebst den jährlich ersparten Zinsen darf hierbei nicht berechnet werden (28.).

**§ 6.** Die Benutzung der Anstalt darf bei Erfüllung der allgemeinen vorgeschriebenen Bedingungen niemandem versagt werden (29.).

**§ 7.** Den Eigentümern und Nutzungsberechtigten der in dem Gemeindebezirke vorhandenen Privat-Schlachtanstalten ist für den erweislichen, wirklichen Schaden (30.), welchen sie dadurch erleiden, daß die zum Schlachtbetriebe dienenden Gebäude und Einrichtungen (31.) infolge der nach § 1 getroffenen Anordnung ihrer Bestimmung entzogen werden, von der Gemeinde Ersatz zu leisten (32.). Bei Berechnung des Schadens ist namentlich zu berücksichtigen, daß der Ertrag, welcher von den Grundstücken und Einrichtungen bei anderweiter Benutzung erzielt werden kann, von dem bisherigen Ertrage in Abzug zu bringen ist.

Eine Entschädigung für Nachteile, welche aus Erschwerungen oder Störungen des Geschäftsbetriebes hergeleitet werden möchten, findet nicht statt.

**§ 8.** Soweit Pacht- und Mietverträge die Benutzung von Privat-Schlachtanstalten zum Gegenstande haben, erreichen solche Verträge ihr Ende spätestens mit dem Ablauf der nach § 3 den Schlachthausbesitzern gewährten Frist (33).

Ein Entschädigungsanspruch wegen dieser Auflösung allein steht dem Verpächter und Pächter gegeneinander nicht zu.

**§ 9.** Die Eigentümer und Nutzungsberechtigten (Pächter, Mieter) von Privat-Schlachtanstalten sind bei Vermeidung des Verlustes ihrer Entschädigungsansprüche gegen die Gemeinde verpflichtet, dieselben innerhalb der ihnen nach § 3 gewährten Frist bei der Bezirksregierung anzumelden.

Diese Behörde ernennt einen Kommissarius, welcher unter Zuziehung von 2 Beisitzern den Anspruch zu prüfen und den Betrag der Entschädigung zu ermitteln hat.

Der eine der Beisitzer ist von dem Entschädigungsberechtigten, der andere von der Gemeinde zu wählen. Erfolgt die Wahl nicht binnen einer vom Kommissarius zu bestimmenden mindestens zehntägigen Frist, so ernennt dieser die Beisitzer (34.).

**§ 10.** Nach Beendigung der Instruktion reicht der Kommissarius die Verhandlungen mit seinem Gutachten der Bezirksregierung ein, welche über den Entschädigungsanspruch durch ein mit Gründen abgefaßtes Resolut entscheidet und eine Ausfertigung desselben jedem der Beteiligten durch den Kommissarius aushändigen läßt.

**§ 11.** Gegen das Resolut steht jedem der Beteiligten innerhalb einer Frist von 4 Wochen, vom Tage der Behändigung des Resoluts an gerechnet, die Beschreitung des Rechtsweges zu.

Nach fruchtlosem Ablauf dieser Frist hat das Resolut die Wirkung eines rechtskräftigen Erkenntnisses (34.).

**§ 12.** Die Bestimmungen des gegenwärtigen Gesetzes finden auch auf den Fall Anwendung, in welchem die Gemeinde das öffentliche, ausschließlich zu benutzende Schlachthaus nicht selbst errichtet, sondern die Errichtung desselben einem anderen Unternehmer überläßt (35.). In diesem Falle verbleiben der Gemeinde die ihr in diesem Gesetze auferlegten Verpflichtungen. Das gegenseitige Verhältnis zwischen der Gemeinde und dem Unternehmer ist durch einen Vertrag zu regeln, welcher der Bestätigung des Bezirksausschusses unterliegt.

**§ 13.** Die in diesem Gesetze den Bezirksregierungen beigelegten Befugnisse stehen in der Provinz Hannover, solange Bezirksregierungen daselbst nicht eingesetzt sind, den Landdrosteien zu.

**§ 14.** Wer der nach § 1 getroffenen Anordnung zuwider außerhalb des öffentlichen Schlachthauses entweder Vieh schlachtet, oder eine der sonstigen im Gemeindebeschlusse näher bezeichneten Verrichtungen vornimmt, ferner wer den Anordnungen zuwiderhandelt, welche durch die in § 2 erwähnten Gemeindebeschlüsse getroffen worden sind, wird für jeden Übertretungsfall mit Geldstrafe bis zu 150 RM. oder mit Haft bestraft (36.).

## Erläuterungen, Auszüge aus den Motiven, Kommissionsberichten und Verhandlungen in den beiden Kammern, sowie gerichtliche Entscheidungen und Anmerkungen zum preußischen Schlachthofgesetz.

### Zu § 1.

Anm. 1. In der dem Entwurfe beigegebenen Begründung wurde ausgeführt:

„Nach der jetzigen Fassung des § 1 Abs. 1 des Gesetzes vom 18. März 1868 ist die Einführung des Schlachthauszwanges nur in solchen Gemeinden zulässig, ‚in welchen' ein öffentliches Schlachthaus errichtet ist. Die Worte ‚in welchen' haben in der Rechtsprechung eine verschiedene Auslegung erfahren. Während das Oberverwaltungsgericht und früher auch das Kammergericht es nicht als erforderlich bezeichnet haben, daß das Schlachthaus im Bezirke der Gemeinde belegen sei, hat das Kammergericht in mehreren Entscheidungen aus neuerer Zeit es als unbedingte Voraussetzung für die Einführung des Schlachthauszwanges hingestellt, daß das Schlachthaus innerhalb der Grenzen des Gemeindebezirkes belegen sei. Die jetzt vorgeschlagene Änderung des § 1 des Schlachthausgesetzes kann aber namentlich im Interesse der Erhaltung der für mehrere Orte gemeinsam errichteten öffentlichen Schlachthäuser nicht weiter hinausgeschoben werden."

Anm. 2. Der Gesetzentwurf geht davon aus, daß die öffentlichen Schlachthäuser von Gemeindewegen anzulegen, einzurichten und zu beaufsichtigen sind. Es könnte nun zunächst in Frage kommen, ob es nicht richtiger sei, die Errichtung und Einrichtung öffentlicher Schlachthäuser der Selbständigkeit der Gewerbegenossen, den Schlachthauspflichtigen zu überlassen, und die Gemeinden zur Leistung eines allmählich wieder zu amortisierenden Vorschusses in betreff der ganzen Kosten oder eines Teiles derselben zu verpflichten. In anderen deutschen Staaten ist man in der Tat in dieser Weise vorgegangen, z. B. in Württemberg. Die Kommission hat aber dafür gehalten, daß das Prinzip des Gesetzentwurfes den Vorzug verdiene. Einmal handelt es sich im wesentlichen um öffentliche sanitätspolizeiliche Interessen, deren Wahrung man zwecksmäßiger den Kommunalbehörden als Privaten überläßt. Ferner wird bei Anwendung des Prinzips, nach welchem die öffentlichen Schlachthäuser als Gemeindeangelegenheit behandelt werden sollen, mit größerer Sicherheit darauf gerechnet werden können, daß da, wo in der Tat ein solches Bedürfnis vorhanden ist, auch Schlachthäuser entstehen; und endlich wird durch die Behandlung dieser Angelegenheit als einer Gemeindesache die Gewähr gegeben für den dauernden Bestand und für eine in jeder Beziehung dem Bedürfnis entsprechende Einrichtung.

Aber auch in einem solchen Falle, wo dem Privatunternehmer, z. B. einer Innung, die Errichtung eines öffentlichen Schlachthauses überlassen wird, sollen der Gemeinde nach § 12 die ihr durch das Gesetz auferlegten Verpflichtungen verbleiben, und das ist jedenfalls zur Wahrung der öffentlichen Interessen erforderlich.

Durch Ministerialverfügung ist für Württemberg folgendes bestimmt worden: Als öffentliche Schlachthäuser gelten die Gemeindeanstalten zum Schlachten von Vieh, sowie diejenigen sonstigen Schlachthäuser, die auf Grund einer mit der Gemeinde getroffenen Vereinbarung allen Einwohnern oder wenigstens allen Metzgern der Gemeinde zum Gebrauch eingeräumt sind. In Gemeinden, in denen ein Bedürfnis für die Errichtung eines öffentlichen Schlachthauses sich zeigt, hat die Errichtung und der Betrieb des Schlachthauses womöglich durch die Gemeinden zu erfolgen. Muß die Errichtung eines öffentlichen Schlachthauses zunächst einem anderen Unternehmer überlassen werden, so ist ebenso, wie bei den bereits bestehenden, nicht der Gemeinde gehörigen öffentlichen Schlachthäusern die gelegentliche Übernahme auf die Gemeinde anzustreben. Zu diesem Behufe empfiehlt es sich, bei der Neueinrichtung eines derartigen Schlachthauses seine spätere Erwerbung für die Gemeinde vertragsmäßig zu sichern. Ist das öffentliche Schlachthaus dem allgemeinen Gebrauch eingeräumt, so sind die sog. Hausschlachtungen, soweit nicht erhebliche Gründe entgegenstehen, gleichfalls in dasselbe zu verweisen. Sodann werden im Interesse der Gesundheit spezielle Vorschriften für die Beschaffenheit der Schlachträume getroffen, um Tierquälereien zu verhindern, ausführlich der Transport von Schlachttieren, die Ausführung der Schlachtung geregelt. Für das Schlachten nach jüdischem Ritus (Schächten) gelten besondere Bestimmungen.

Schlachtzwang ist nicht durch Gemeindebeschlüsse, sondern durch Landesgesetz einzuführen. Vgl. Z. Fleisch- u. Milchhyg. **1904**, 351.

In den Gemeinden, in welchen öffentliche Schlachthöfe bestehen, kann aber durch Gemeindebeschluß angeordnet werden, daß alle Schlachtungen im Schlachthofe erfolgen müssen. (Dtsch. Schlachthofztg IV, 148[1]).

Anm. 3. Nach Reichsgesetzentscheid 48, 275ff. hat eine Eingemeindung nicht die sofortige Unterwerfung der betreffenden Gemeinde unter den Schlachthofzwang zur Folge. Ist aber durch Eingemeindungsgesetz bestimmt, daß die Gemeindebeschlüsse der Muttergemeinde auch auf die Tochtergemeinde Anwendung finden, so bedarf es zur Einführung des Schlachthofzwanges in der Tochtergemeinde keines neuen Gemeindebeschlusses. Jedoch kann die Auffassung, daß der Schlachthofzwang erst 6 Monate nach Verkündung des Eingemeindungsgesetzes in Kraft tritt, nicht ohne weiters als unzutreffend bezeichnet werden (KG., Ergänzung zum Jahrbuch III, 338).

Anm. 4. Es können innerhalb des dem Schlachtzwange unterworfenen Bezirks nicht nur einzelne Viehgattungen vom Schlachtzwange befreit werden, sondern auch Vieh von den diesem Zwange unterworfenen Gattungen, z. B. können vom Schlachtzwange ausgeschlossen werden die Schweine von Privaten im Gegensatz zu den Schweinen der Fleischer. Auf der anderen Seite ist der Schlachthauszwang auf das im Gemeindebezirk zur Schlachtung kommende Vieh beschränkt. Für auswärts zu schlachtendes Vieh, mag es auch aus dem Gemeindebezirk stammen und das Fleisch zur Wiedereinfuhr in den Gemeindebezirk bestimmt sein, kann weder durch Gemeindebeschluß noch durch Polizeiverordnung der Schlachthauszwang eingeführt werden (KG. 25, C. 41, Schroeter-Hellich, S. 751).

Anm. 5. Aus den Motiven zum Gesetz von 1868: „Die Bestimmung, nach welcher auch die mit dem Schlachten im Zusammenhang stehenden Verrichtungen dem Zwang unterworfen werden können, findet ihre Begründung in den Belästigungen und Nachteilen, welche namentlich mit dem Reinigen und Kochen der Eingeweide in den Privatschlachtstätten verbunden sind. Wieweit die Zwangsverpflichtung in dieser Richtung ausgedehnt werden soll, insbesondere ob etwa das Talgschmelzen derselben unterworfen sein müßte,

[1] Wer darf im öffentlichen Schlachthof schlachten?

Ein auswärtiger Metzger will in einer Stadt mit Schlachtzwang schlachten, was ihm nicht gestattet wurde. Eine Klage des Metzgers wies der Bayrische Verwaltungs-Gerichtshof mit der Begründung ab, daß der Metzger kein Recht auf Schlachtung in diesem Schlachthofe habe, weil er dort keine gewerbliche Niederlassung habe. Die Gemeinde sei also nicht verpflichtet, einen auswärtigen Metzger in ihrem Schlachthofe schlachten zu lassen. (Dtsch. Schlachthofztg **1929**, 246.)

Dieser Rechtsstandpunkt ergibt sich schon aus dem allgemeinen Kommunalrecht. Einwohner der Stadtgemeinde, mithin Mitglieder dieser Körperschaft, sind alle Personen, die im Stadtbezirk ihren Wohnsitz haben. Als solche haben sie Mitgliedschaftsrechte und -pflichten. Mitgliedschaftsrechte sind die Mitbenutzung öffentlicher Gemeindeanstalten, also auch der öffentlichen Schlachthöfe. Hat der Schlächter im Stadtbezirk nicht seinen Wohnsitz, so ist er nicht Mitglied der Körperschaft, der Stadtgemeinde. Mithin kann er auch keine Mitgliedschaftsrechte haben, zu denen die Mitbenutzung des öffentlichen Schlachthofes gehört.

wird von örtlichen Bedingungen abhängig und daher dem Beschlusse der Gemeinden zu überlassen sein. Auf Grund des Alinea 2 Nr. 1 aufgenommenen Vorbehalts wird im Falle des Bedürfnisses auch den Synagogengemeinden die Errichtung und Benutzung eines eigenen Schlachthauses gestattet werden können."

Nach einer Entscheidung des Kammergerichts kann das Reinigen und Brühen von Kalbsköpfen in die im Schlachthofe vorzunehmenden Verrichtungen aufgenommen werden. Nach Entscheidung desselben Gerichtshofes vom 9. Januar 1899 kann durch Ortsstatut angeordnet werden, daß das Salzen und Trocknen von Häuten auf dem Schlachthofe vorzunehmen ist; denn dieses gehört zu den mit dem Schlachten in unmittelbarem Zusammenhange stehenden Verrichtungen, siehe auch Johow, Entscheidungen der KG. 19, 333. Kühlhäuser siehe § 3, Anm. 23.

Anm. 6. Die Worte „oder in den öffentlichen Schlachthäusern" sind deshalb eingeschaltet worden, um dem möglichen Mißverständnisse vorzubeugen, es dürfe an jedem Ort nur ein Schlachthaus errichtet werden, und demgemäß ist in Abs. 2 statt: „in dem", „in einem" gesetzt worden (Kommiss.-Ber. d. Herrenh. 1868). Die Öffentlichkeit des Schlachthofes bedingt dessen allgemeine Zugänglichkeit. Sie bedingt nicht auch, daß der Schlachthof im Eigentum der politischen Gemeinde stehen oder daß diese den Betrieb in eigene Hand nehmen muß, sie bedingt auch nicht die gebührenfreie Benutzung (RG. 47, 76).

Anm. 7. Aus dem Kommiss.-Ber. des Abgeordnetenhauses 1868: „Diese Ausnahmen werden nur dann zugelassen werden dürfen, wenn solches aus besonderen Gründen völlig unbedenklich ist. Weitere Ausnahmen sind aber prinzipmäßig ausgeschlossen; es sollen, wenn ein öffentlicher Schlachthof besteht, Privat-Schlachthäuser nicht ferner benutzt werden."

Nach § 2 des Reichsfleischschau-Gesetzes unterliegen Privat- (Haus-) Schlachtungen nicht dem Beschauzwange (vgl. Anm. 31), die auch in einzelnen Gemeinden vom Schlachthofzwange freigelassen sind.

Zu § 2.

Anm. 8a. Der Untersuchungszwang für das in das Schlachthaus gelangende Schlachtvieh bedarf nicht einer Regelung durch Gemeindebeschluß, da er durch § 4 des Fleischbeschaugesetzes vorgeschrieben ist. Vorschriften über die Schlachtvieh- und Fleischbeschau in öffentlichen Schlachthöfen siehe in §§ 13, 17, 42, 47 B. B. A., §§ 6, 20 Pr. A. G., §§ 10, 11, 22, 26, 29, 36, 40, 55, 57, 68 A. B. J., Bestellung der Beschauer § 3 A. B. J., Freibank §§ 8, 11 Pr. A. G., Stempelung auch Anlage A zur preußischen Stempelordnung.

Anm. 8b. Aus dem Kommiss.-Ber. I des Abgeordnetenhauses 1880: „Wenn die ursprüngliche Regierungsvorlage das Fleisch, hinsichtlich dessen der § 2 Bestimmungen treffe, nicht überall als frisches Fleisch bezeichne, das Herrenhaus aber überall vor dem Worte „Fleisch" das Wort „frisches" eingeschoben habe, so sei diese Änderung nur als redaktionelle anzunehmen. Das Gesetz sei ein Schlachthausgesetz und stelle sich nur zur Aufgabe, den Verkehr mit Fleisch insoweit zu regeln, als dies im engsten Anschluß an die Schlachthauseinrichtung geschehen könne. Alle Bestimmungen des Gesetzes bezogen sich daher nur auf Fleisch, wie es aus dem Schlachthause hervorgehe, nicht auf das weiter verarbeitete, das gedörrte, eingepökelte, geräucherte oder durch sonstige Präservative gegen rasches Verderben geschützte Fleisch.

Aus den Verhandlungen im Herrenhause 1880: „Die Vorlage will allein die Anlage von Schlachthäusern dadurch fördern und sichern, daß sie den Kommunen gestattet, dem auf Umgehung der Zwecke der Schlachthäuser abzielenden Belieben der Fleischer einen Riegel vorzuschieben. Deshalb will das Gesetz die Zufuhr frischen Fleisches von außerhalb nicht inhibieren, es will auch nicht den Eingang frischen Fleisches an ein Attest knüpfen aus dem Ursprungsorte, woraus sich ergibt, daß das Vieh, von dem das Fleisch herrührt, auch schon im lebenden Zustande einer Untersuchung unterworfen ist. Das Gesetz geht davon aus, daß das gleichbedeutend wäre mit dem Verbote des Eingangs frischen Fleisches, weil auf dem Lande ja gar nicht die Einrichtungen existieren, die eine solche Untersuchung möglich machen. Das Gesetz beschränkt sich darauf, den Kommunen nachzulassen, daß sie für solches von außen herkommende Fleisch im toten Zustande eine Untersuchung verhängen können. Es will ferner den Kommunen zwar nachlassen, für eine solche Untersuchung Gebühren zu erheben, schließt aber die Einführung von Ausgleichsgebühren aus. Die Gebühren sollen beschränkt sein auf den Ersatz der Selbstkosten. Es will im übrigen dem Publikum die Gelegenheit geben, zwischen dem Fleisch I. und II. Qualität, will sagen, dem Fleische von Tieren, die auch schon im lebenden Zustande im Schlachthause untersucht wurden, und dem anderen Fleische, wo nur eine Untersuchung des geschlachteten Fleisches selbst nachträglich eingetreten ist, unterscheiden zu können. Es will zu dem Ende namentlich auf die Einrichtung von Fleischhallen, in denen nur absolut sicheres Fleisch angeboten werden darf, hinwirken. Endlich will es allerdings die Fleischer und Fleischhändler verhindern, daß sie nicht in dem Orte ihres Gewerbebetriebes gleichzeitig neben dem Fleisch, das aus dem Schlachthaus stammt, auch anderes Fleisch feilbieten, das sie in Privat-Schlachtanstalten außerhalb des Ortes geschlachtet haben oder haben schlachten lassen." Hinsichtlich der Auslegung der Begriffe „Fleisch" und frisches Fleisch geben § 4 Fleischbeschaugesetz und §§ 2ff. B. B. D. einen Anhalt.

Anm. 9. Motive von 1880: Es könnte in Frage kommen, ob nicht den Gemeinden wenigstens die Ermächtigung zu erteilen sei, nur dasjenige auswärtige Fleisch zum Verkehr im Gemeindebezirk zuzulassen, von welchem durch ein Attest dargetan wird, daß es von einem vor und nach dem Schlachten einer sachverständigen Untersuchung unterzogenen Tiere herrührt. Diese Maßregel würde in sanitätlicher Hinsicht geringere Sicherheit bieten als das unbedingte Einfuhrverbot, in ihrer ökonomischen Wirkung aber dem letzteren nahezu gleichkommen, da das Erfordernis einer tierärztlichen Untersuchung des Viehs vor und nach dem Schlachten in den ländlichen Distrikten oft nicht erfüllt wird. Auch von dieser Maßregel wird daher abgesehen werden müssen.

Dagegen unterliegt es keinem Bedenken, die Gemeinden zu ermächtigen, das zum Verkaufe bestimmte auswärtige Fleisch einer sachverständigen Untersuchung gegen eine zur Gemeindekasse fließende Gebühr zu unterwerfen. Eine solche Untersuchung des ausgeschlachteten Fleisches steht zwar der Untersuchung des Viehs vor und nach dem Schlachten an Zuverlässigkeit nach, bietet aber doch, zumal wenn die Anordnung getroffen wird, daß dem Sachverständigen das Fleisch in größeren Stücken (Hälften, Vierteln) vorzulegen ist, eine nicht zu unterschätzende Garantie. Nach gegenwärtiger Lage der Gesetzgebung kann diese Untersuchung nur durch Polizeiverordnung eingeführt werden; wird sie durch Beamte der Staats- oder Gemeindeverwaltung vorgenommen, so dürfen Gebühren nicht erhoben werden. Es erscheint völlig sachgemäß, die Gemeinden, welche nach §§ 2 und 5 des Gesetzes bereits befugt sind, die Untersuchung des in das öffentliche Schlachthaus gelangenden Viehs gegen eine zur Gemeindekasse fließende Gebühr einzuführen, zu ermächtigen, auch die Untersuchung des von außen eingeführten Fleisches in gleicher Weise in die eigene Hand zu nehmen und im Anschluß an jene Untersuchung zu organisieren[1]. Der § 5 des Gesetzes enthält die Bestimmung, daß die Gebühren für die Untersuchung des in das Schlachthaus gelangenden Viehs die Kosten dieser Untersuchung nicht übersteigen dürfen. Derselbe Grundsatz wird auch auf die Untersuchung des von außen in den Gemeindebezirk gebrachten Fleisches anzuwenden sein. Es würde sich nicht rechtfertigen lassen, die Erhebung einer sog. Ausgleichungsgebühr, d. i. eine Gebühr, welche der von den einheimischen Schlächtern für die Untersuchung und zugleich für die Benutzung des Schlachthauses zu zahlenden Gebühr gleichsteht, zu gestatten und dadurch das von außen eingeführte Fleisch, welches vorwiegend geringerer Qualität ist und dem Konsum der weniger bemittelten Volksklassen dient, künstlich zu verteuern. Der Untersuchung soll ferner nur dasjenige von außen eingebrachte Fleisch unterworfen werden, welches im Gemeindebezirk feilgeboten wird[2]. Es würde zu weit führen, diejenigen Einwohner,

---

[1] Nachuntersuchung. Preuß. Min.-Erl. vom 17. August 1907 hebt hervor, daß regelmäßige Nachuntersuchung tierärztlich untersuchten Fleisches weder durch Gemeindebeschluß noch durch Polizeiverordnung vorgeschrieben werden kann. Eine Untersuchung frischen Fleisches nach § 20—21 des Reichsfleischbeschaugesetz kann nur auf dem Weg der Lebensmittelüberwachung erfolgen, wobei ein Vorlegungszwang nicht vorgeschrieben werden kann. Für nichttierärztlich voruntersuchtes Fleisch besteht das Recht auf Nachuntersuchung.

§ 2, 2. Preußisches Schlachthofgesetz gibt die Möglichkeit anzuordnen, daß alles nicht im öffentlichen Schlachthof geschlachtetes Fleisch nicht eher feilgeboten werden darf, bis es einer Untersuchung durch Sachverständige gegen eine zur Gemeindekasse fließende Gebühr unterzogen worden ist. Die Begriffe Feilbieten und Feilhalten weichen nach Rechtsprechung und Schrifttum sehr voneinander ab. Im ersteren Falle muß eine positive Handlung vorliegen, der letztere setzt keine positive Handlung und Tätigkeit zum Angebot der Ware voraus (Urteil des Kammergerichtes vom 2. November 1899). Die Einfuhr von frischem Fleisch zur Wurstbereitung ist kein Feilbieten, da es erst in Form von Wurst feilgeboten wird. Gefrierfleisch ist als frisches Fleisch anzusehen (vgl. Kammel, Dtsch. Schlachthofztg **1929**, Nr 2).

Für die Klärung der Frage, ob durch Polizeiverordnung angeordnet werden kann, daß frisches Fleisch, das bereits einer amtlichen Untersuchung unterlegen hat, einer abermaligen Untersuchung zu dem Zwecke zu unterziehen ist, festzustellen, ob es inzwischen verdorben ist oder sonst eine gesundheitsschädliche Veränderung erlitten hat, ist das Urteil des Reichsgerichts vom 20. Oktober 1914 von Bedeutung. Der 7. Zivilsenat entschied: Das angefochtene Berufungsurteil beruht auf der Annahme der Ungültigkeit der Polizeiverordnung. Diese seine Annahme hat der Berufungsrichter damit begründet, daß der § 20, Abs. 1 des Reichsgesetzes vom 3. Juni 1900 eine allgemeine Anordnung einer nochmaligen Untersuchung auch dann nicht zulasse, wenn sie nur zwecks der in dieser Vorschrift erwähnten Feststellung vorgeschrieben sei. Diese Auffassung des Berufungsrichters beruht auf einer irrtümlichen Auslegung des Gesetzes: Das Reichsgericht erklärt in dem § 20, Abs. 1, auf den nach der zutreffenden Auffassung des Berufungsrichters die streitige Polizeiverordnung sich stützt, ausdrücklich eine abermalige Untersuchung dann für zulässig, wenn sie zu dem Zweck erfolgen soll, festzustellen, ob das Fleisch inzwischen verdorben ist oder sonst eine gesundheitsschädliche Veränderung seiner Beschaffenheit erlitten hat. Irgendeine Einschränkung dieser Zulässigkeit, insbesondere dahin, daß die Nachuntersuchung nur dann von der örtlichen Behörde angeordnet werden dürfe, wenn besondere Verdachtsmomente vorliegen sollten, also nur im Einzelfalle, ist zunächst aus dem Wortlaut des Gesetzes nicht zu entnehmen, sie ergibt sich aber auch nicht aus dem Zweck des Gesetzes. Daraus aber, daß der Abs. 1 des § 20 keinen ausdrücklichen Vorbehalt zugunsten der Landesgesetzgebung enthält, wie ein solcher im zweiten Absatz dieses Paragraphen und im § 24 ausgesprochen ist, ist für die gegenteilige Ansicht nichts herzuleiten. Da das Reichsgesetz zwecks der im Abs. 1, § 20 erwähnten Feststellung grundsätzlich und ohne jede Einschränkung eine nochmalige Untersuchung zuläßt, so folgt beim Mangel einer gegenteiligen Bestimmung ohne weiteres hieraus die Befugnis der Landesbehörden, eine solche Nachprüfung auch allgemein mit der in der vorliegenden Polizeiverordnung gegebenen Beschränkung auf das aus anderen Schaubezirken eingeführte frische Fleisch anzuordnen. Sonach war aber der Revision der beklagten Gemeinde stattzugeben, die Berufung des verurteilten Klägers zurückzuweisen. Demgegenüber ist das Kammergericht bei seiner gegenteiligen Ansicht verblieben (siehe Johow, Entscheid des KG. 53, 422). Materiell weist es darauf hin, daß durch Polizeiverordnungen, die eine Nachuntersuchung forderten, die durch § 20 RG. mißbilligte verschiedenartige Behandlung einheimischen und von auswärts eingeführten Fleisches begünstigt werde. Die Deduktion erscheint sehr einseitig und gesucht. Es ist richtig, daß der § 20 RG. die Abhängigmachung der Anwendbarkeit von Beschränkungen des Vertriebes von frischem Fleisch in Schlachthofgemeinden von der Herkunft des Fleisches mißbilligt. Die Herkunft des Fleisches, ob einheimisch oder von auswärts eingeführt, wird aber nicht dadurch gekennzeichnet, daß es tierärztlich oder nicht tierärztlich untersucht ist. Es würde dann der Gesetzgeber des Pr. AG. materiell ebenfalls gegen die Vorschriften des § 20, 2 RG. verstoßen, indem er selbst in § 5 dieses Gesetzes eine unterschiedliche Behandlung des tierärztlich und nicht tierärztlich untersuchten Fleisches bei Einfuhr in Schlachthofgemeinden zuläßt, sie also von der Herkunft des Fleisches abhängig macht. Nach Schroeter-Hellich, 1930, das Fleischbeschaugesetz, S. 2—6, wird das Bedürfnis zu einem Erlaß von Polizeiverordnungen über die Nachuntersuchung jedenfalls nicht anerkannt. Diesem Verwaltungsstandpunkt hat Kammel in Dtsch. Schlachthofztg, Folge 9, Jg. 31, S. 145—147 unter Begründung widersprochen und darauf hingewiesen, daß, wo derartige Ordnungen bestehen, deren Erhaltung mit allen Mitteln durchzusetzen ist, indem bei Klagen vor dem ordentlichen Richter durch Spruchrevisionen sofort an das Reichsgericht zu gehen wäre, das den Standpunkt der Schlachthofverwaltungen teilt.

[2] Feilbieten. Das Aufbewahren frischen Fleisches, welches bei Einführung in eine preußische Schlachthofgemeinde nicht untersucht ist, ist nicht strafbar (Kammergericht I. Senat 1913. Vgl. Tierärztl. Rdsch. **1914**, 32). Das Kammergericht hat in einem Urteil ferner den Standpunkt eingenommen, daß das bloße Abliefern bestellter Ware kein Feilbieten ist, da, wenn jemand Fleisch nach Art und Menge fest vorher bestellt habe, keine Handlungen mehr erforderlich seien, um den

welche das Fleisch für ihren häuslichen Bedarf von außen beziehen, zu nötigen, dieses Fleisch untersuchen zu lassen. Dagegen kann den Gemeinden unbedenklich gestattet werden, nicht bloß dasjenige frische Fleisch, welches in rohem Zustande, sondern auch dasjenige, welches in zubereitetem Zustande feilgeboten wird, also das Fleisch, das in Gast- und Speisewirtschaften zur Verwendung gelangt, der Untersuchung zu unterwerfen.

Trotzdem also in den Motiven des Gesetzes die Forderung eines tierärztlichen Attestes über eine bereits erfolgte Untersuchung des lebenden Tieres als zur Zeit undurchführbar bezeichnet wurde, ist doch bei Beratung des Gesetzentwurfes zur Sprache gekommen, daß infolge des Gesetzes eine obligatorische Untersuchung des Fleisches auf dem Lande sich als notwendig herausstellen könnte (was jetzt ja tatsächlich schon der Fall ist), und seitens der Vertreter der Staatsregierung ist diesem Bedenken durch die Ausführung begegnet worden, es werde Sache der Aufsichtsbehörde sein, die aufzustellenden Regulative zu prüfen und denselben die Genehmigung zu versagen, wenn dem Verkehre mit importiertem Fleische unnötige, auf Beschränkung der Konkurrenz dieses Fleisches abzielende Hindernisse bereitet werden sollten.

Der Minister für Landwirtschaft verfügt: Nur für Gemeinden mit öffentlichem Schlachthof ist in § 2, Abs. 2 eine Ausnahme zugelassen. Die Bestimmung, einmal untersuchtes Fleisch wieder zu untersuchen, ist beschränkt worden auf solches Fleisch, welches nicht tierärztlich untersucht worden ist und dann nur um eine genußschädigende Wirkung festzustellen. Daß damit auch eine Überwachung zu dem Zweck verbunden werden kann, um Zuwiderhandlungen gegen die Fleischbeschauvorschriften, sowie Versehen und Pflichtverletzungen der Fleischbeschauer aufzudecken, ist als selbstverständlich bezeichnet.

In Süddeutschland kann durch ortspolizeiliche Vorschriften angeordnet werden, daß eingeführtes Fleisch untersucht werden kann, ob es überhaupt untersucht worden ist. Auch kann die Vorlage an einer bestimmten Stelle gefordert werden und ist in diesen Staaten sogar eine Gebühr hierfür zugelassen.

Es kann ferner bestimmt werden, daß bei Einfuhr von Fleisch sämtliche zur Beurteilung wichtige Eingeweide, selbst die Tragsäcke und Därme bei der Untersuchung vorgelegt werden müssen, außerdem ein Beschauschein, der durch die Ortspolizeibehörde mittelst Dienstsiegel bestätigt ist.

Während in Süddeutschland und Sachsen die Nachuntersuchung fast allgemein in Kraft trat, ist das in Preußen nur hinsichtlich des nicht tierärztlich untersuchten Fleisches der Fall (§ 5 des Pr. A. G.).

Hänge-, Markt- und Zuschlagsgebühren dürfen nach übereinstimmenden Urteilen des preußischen Oberverwaltungsgerichtshofes außer Schlachtgebühren nicht erhoben werden, außer wenn ein Schlächter besondere Räume des Schlachthofes zu einer abweichenden Zeit wie andere Schlächter benutzt oder Fleisch von auswärts einführt.

Anm. 10. Vergleiche hierzu die Entscheidung des Oberverwaltungsgerichts vom 18. Juni 1898 (II, 912) im folgenden Kapitel, siehe auch Aufstellung des Schlachthofhaushaltplanes.

Anm. 11. Seit dem 1. Oktober 1904 finden Beschlüsse zu Ziffer 2 auf tierärztlich untersuchtes Fleisch keine Anwendung. Eine Nachuntersuchung dieses Fleisches darf also durch Gemeindebeschluß nicht vorgeschrieben werden, auch nicht zu dem Zwecke, um gemäß § 20 des Fleischbeschaugesetzes und § 5 Pr. A. G. festzustellen, ob das Fleisch inzwischen verdorben ist oder sonst eine gesundheitsschädliche Beschaffenheit erlitten hat (Johow, Entscheid des Kammergerichtes 41, C 433). Betreffs der Frage, ob durch Polizeiverordnung eine derartige Untersuchung angeordnet werden kann, siehe Anm. 9.

Wegen Führung des Nachweises der tierärztlichen Untersuchung bei eingeführtem Fleisch siehe Min.Bl. des Minist. für Landwirtschaft 1907, S. 223. Die doppelte Untersuchung auf Trichinen ist unzulässig gemäß § 5, Abs. 2 Pr. A. G. Betreffs des Nachweises der erstmaligen Trichinenschau siehe Erlaß vom 8. November 1906. Nach Johow, Entscheid des Kammergerichts 41, C 433, ist aber ein Regulativ zulässig, das zur Vermeidung einer erneuten Untersuchung den Nachweis der bereits erfolgten Untersuchung des Fleisches in bestimmter Form vorschreibt. Es wird danach eine Bestimmung als zu Recht bestehend anerkannt, wonach Schweinefleisch nur dann als auf Trichinen untersucht gilt, wenn es einen deutlichen Trichinenschaustempel trägt, oder von einem Zeugnis eines Trichinenschauers des Schlachtortes begleitet ist, das die Namensunterschrift des Schauers, das gleiche Trichinenschaustempelzeichen und die gleiche sonstige Kennzeichnung wie das Fleisch selbst trägt. Diese Ansicht ist nach Schroeter-Hellich 1930 anfechtbar. Voraussetzung für die Nachuntersuchung ist, daß Fleisch noch nicht amtlich untersucht ist. Die Zulässigkeit entfällt, sofern, gleichviel auf welche Art, nachgewiesen wird, daß eine amtliche Untersuchung erfolgt ist. Der Untersuchungszwang auf Grund des Schlachthofgesetzes kann nur durch Gemeindebeschluß angeordnet werden, nicht durch Polizeiverordnung (Johow, Entscheid des Kammergerichts 35, C 44). Nach ebendort 39, C 47 darf auch nur vorgeschrieben werden, daß solches Fleisch nicht eher feilgeboten werden darf, bis es untersucht ist.

Anm. 12. Aus dem Kommiss.-Ber. des Abgeordnetenhauses von 1880. Zu Nr. 3 des § 2 wurde der Antrag auf Streichung gestellt und damit begründet, daß diese Bestimmung den Gast- und Speisewirtschaften eine schwere Belästigung auflege, welche das Fleisch verteuern müsse; auch werde sich die Kontrolle kaum durchführen lassen.

Demgegenüber wurde bemerkt, daß die Gasthofbesitzer ja nur Bücher anzulegen brauchen, worin sie nachweisen, daß das Fleisch, welches sie kaufen, aus solchen Stellen herrühre, wo untersucht werde. Gerade in Gasthöfen sei die Kontrolle notwendig, weil der Besitzer das Fleisch nicht selbst verzehre, sondern dem Publikum vorsetze, das sonst schutzlos sei. Glaubten die Kommunen diese Kontrolle nicht ausüben zu können,

---

Abnehmer zum Abschluß des Kaufes willig zu machen, wie dies im Begriff des Feilbietens (im Gegensatz zum Feilhalten) liege.

Da der Fleischer unwiderlegt behauptet hat, daß er nur vorher bestelltes Fleisch geliefert habe, so hat das Kammergericht die Verurteilung aufgehoben und ohne weiteres auf Freisprechung erkannt.

Von Interesse ist noch die in diesem Urteil erfolgte Feststellung, wonach, wenn den Kunden verschiedene Teile zur Auswahl vorgelegt oder erst gelegentlich der Abnahme über den Preis mit ihnen verhandelt worden wäre, es sich um ein Feilbieten gehandelt hätte und in letzterem Falle das Fleisch der Nachuntersuchungspflicht unterlegen wäre (Urteil des ersten Strafsenats des Kammergerichts 1. S. 395/28, Jur. Wschr. **1930**, 849).

Vorrätighalten in den Vorratsräumen der Gastwirtschaft ist kein Feilbieten im Sinne des § 2, Abs. 1, Nr 2 (Kammergerichtsentscheid vom 14. Juni 1929, D. Jur.-Zeitg **1930**, 174).

dann würden sie ja von dieser Bestimmung keinen Gebrauch machen, man solle ihnen aber das Recht, sie zu treffen, lassen.

Hierzu führten die Regierungsvertreter aus: „Die Bestimmung, daß das von Gast- und Speisewirten von außerhalb bezogene Fleisch der Untersuchungspflicht unterworfen werden könne, sei prinzipiell richtig und praktisch nicht ohne Bedeutung. Dem Konsumenten könne man es überlassen, ob er das von auswärts bezogene Fleisch untersuchen lassen wolle oder nicht, weil der evtl. Schaden nur ihn selbst treffe, bei dem Gast- und Speisewirt aber liege die Sache gerade umgekehrt. Es komme hinzu, daß das Publikum noch viel weniger in der Lage sei, das ihm in den Wirtschaften zubereitet dargebotene Fleisch auf seine sanitäre Beschaffenheit zu prüfen oder prüfen zu lassen, als das auf den Märkten und in den Fleischläden feilgebotene rohe Fleisch, das man doch unbedenklich der Untersuchungspflicht unterwerfe. Auch die gegen die Ausführbarkeit der Bestimmung erhobenen Zweifel könnten jedenfalls nicht für alle Gemeinden als zutreffend anerkannt werden. In einigen der Städte, welche den Schlachtzwang eingeführt hätten, sei durch Polizeiverordnung das auswärtige Fleisch noch in weiterem Umfange der Untersuchung unterworfen worden, als in dem Gesetzentwurf vorgeschlagen werde, ohne daß sich bei der Ausführung Schwierigkeiten ergeben hätten. Beispielsweise sei in Bochum eine Verordnung durchgeführt worden, nach welcher alles von außen in den Stadtbezirk eingebrachte Fleisch, auch das von Konsumenten bezogene, zur Untersuchung vorgelegt werden müsse. Auch spreche der Umstand, daß in Württemberg seit 20 Jahren die Untersuchungspflicht für das in der Gemeinde feilgebotene und das in Wirtschaften zur Verwendung gelangende Fleisch eingeführt, mithin ein Zustand geschaffen sei, wie er sich bei Anwendung der Nr. 2 und 3 in den Gemeinden gestalten werde, dafür, daß der Ausführung nicht unüberwindliche Hindernisse entgegenstehen.“

Anm. 13. Aus den Motiven von 1880: Die Regierungskommissarien rechtfertigen die Bestimmung in folgender Weise:

„Die Sonderung des Schlachthausfleisches von dem der auswärtigen Fleischer sei namentlich in Städten, welche von der Befugnis, das auswärtige Fleisch untersuchen zu lassen, keinen Gebrauch machten, von der größten Bedeutung, einerseits für das konsumierende Publikum, andererseits für die einheimischen Schlächter, wie dies in den Motiven des Gesetzentwurfs näher dargelegt sei. Diese Sonderung werde sich im Marktverkehr leicht durchführen lassen, indem ein Teil der Märkte, oder bei kleineren Verhältnissen ein Teil des Marktes dem Schlachthausfleisch, ein anderer Teil dem auswärtigen Fleisch überwiesen werde. Wenn die Durchführung der Sonderung in den Privatverkaufsstätten größere Schwierigkeiten darbiete, so müsse doch daran erinnert werden, daß das gesonderte Feilbieten nicht notwendig durch lokale Sonderung beider Fleischgattungen bedingt werde, vielmehr durch jede Einrichtung, welche für den Kauflustigen erkennbar mache, ob er Schlachthausfleisch vor sich habe oder nicht, erzielt werden könne. Wer im Stadtbezirk Fleisch feilhalte, müsse die stattgehabte Untersuchung durch die aufgedrückten Stempel nachweisen, und es sei ferner bestimmt, daß Metzger und Fleischverkäufer, welche in ihrem Laden von auswärts eingeführtes Fleisch feilhalten, dies durch Anschlag einer Tafel mit deutlich lesbarer Schrift vor dem Schaufenster des Ladens kundzugeben kaben.“

Der Antrag, die auf die Privatverkaufsstätten bezüglichen Worte zu streichen, wurde abgelehnt.

Anm. 13a. Hierzu wird in Schroeter-Hellich 1930, S. 759 Anm. 20, angeführt: „Es wird aber darauf zu achten sein, daß die auf Grund der Nr. 5 zu fassenden Gemeindebeschlüsse nicht dazu führen, den Absatz eingeführten tierärztlich untersuchten Fleisches auf Märkten ganz zu unterbinden.“ Hier kann man nun sehr geteilter Meinung sein. Für die Städte liegt keinerlei Veranlassung vor, einen Unterschied zwischen tierärztlich und nichttierärztlich untersuchtem Fleisch zu machen, im Gegenteil, das eine bringt Nachuntersuchungsgebühren ein, das andere nicht. Bei den heutigen finanziellen Nöten haben die Städte es schwer genug, ihre Anlagen auf der Höhe der Zeit zu halten, sie sind nicht mehr in der Lage, einen Gebührenausfall nach dem anderen in den Kauf zu nehmen (siehe Kammel, Dtsch. Schlachthofztg Folge 9, Jg. 31). Es liegt auch rechtlich keine Veranlassung vor, der Auffassung obigen Kommentars zu folgen.

Anm. 14. Motive von 1880. Von erheblicher Bedeutung ist die in Vorschlag gebrachte Maßregel, den im Stadtbezirk wohnenden Personen das Schlachten außerhalb des städtischen Weichbildes zu untersagen. Darin, daß die einheimischen Schächter zur Zeit nicht gehindert werden können, hart an der Grenze des Weichbildes neue Privatschlachtstätten zu errichten, liegt die größte Gefahr für den Bestand des öffentlichen Schlachthauses. Die in den letzten Jahren erfolgte rapide Zunahme der Schlachtstätten in der nächsten Umgebung von Berlin liefert hierfür ein schlagendes Beispiel. Den städtischen Gewerbetreibenden wird zugemutet werden können, ihr Gewerbe nicht in einer die Existenz der städtischen Wohlfahrtseinrichtungen bedrohenden Weise auszuüben, und unter diesem Gesichtspunkte erscheint das in Rede stehende Verbot mit der Maßgabe gerechtfertigt, daß das Schlachten in auswärtigen Schlachtstätten nicht überhaupt, sondern nur insofern es zu Zwecken des städtischen Gewerbebetriebes erfolgt, zu verbieten ist. Auch wird das Verbot nicht für die im Stadtbezirk wohnenden Personen, sondern für diejenigen, welche im Stadtbezirke das Schlächtergewerbe oder den Fleischhandel als stehendes Gewerbe[1] betreiben, ohne Rücksicht darauf, ob sie zugleich im Stadtbezirk ihren Wohnsitz haben oder nicht, auszusprechen sein. Hierauf beruht die Fassung des Entwurfs, welche zugleich jeden Zweifel darüber ausschließt, daß nicht beabsichtigt wird, den einheimischen Schlächtern und Fleischhändlern den Ankauf auswärtigen Fleisches zu verwehren, daß sie vielmehr nur genötigt werden sollen, sobald sie selbst schlachten oder schlachten lassen, hierzu das städtische Schlachthaus zu benutzen.

---

[1] Stehendes Gewerbe ist ein solches, das nicht im Umherziehen betrieben wird. Setzt gewerbliche Niederlassung voraus, und eine solche gilt als nicht vorhanden, wenn der Gewerbetreibende ein zu dauerndem Gebrauch eingerichtetes, beständig oder doch in regelmäßiger Wiederkehr von ihm benütztes Lokal nicht besitzt.

Der Verkehr mit von auswärts aus den Nachbarorten eingeführtem Fleisch, ob tierärztlich oder nicht tierärztlich untersucht, auf den Wochenmärkten ist ein sehr reger und führt durch Gebührenausfall zur Schädigung der Schlachthofgemeinden. Hier gibt für Preußen eine neue höchstrichterliche Entscheidung (OVG. 24. 9. 29 VIII GSt. 415/28) die Möglichkeit zur Abhilfe, die dahin geht, daß, wenn bei Ausübung des Gewerbes immer dieselben Stände — gleichviel ob feststehende oder abbrechbare — benutzt werden, dieses als stehendes, und zwar an dem betreffenden Marktort anzusehen ist (siehe Kammel, Dtsch. Schlachthofztg Folge 9, Jg 1931, S. 146).

Aus dem Kommiss.-Ber. I des Abgeordnetenhauses von 1880. Von den Regierungsvertretern wurde zunächst erläuternd bemerkt, bei Beurteilung dieser Bestimmung sei besonders zu beachten, daß den Schlächtern und den Fleischverkäufern nicht etwa das Feilhalten des Fleisches von Vieh, „welches an einer anderen Schlachtstätte, als im öffentlichen Schlachthause geschlachtet worden ist“, sondern nur das Feilhalten des Fleisches von Vieh, „welches sie selbst an einer anderen Schlachtstätte als im öffentlichen Schlachthause geschlachtet haben oder haben schlachten lassen“, verboten werden könne. Wäre ersteres gesagt, so würde den einheimischen Schlächtern und Fleischverkäufern untersagt werden können, auswärtiges Fleisch anzukaufen und im Stadtbezirk feilzubieten. Das auswärtige Fleisch würde dann im Stadtbezirke nur von Auswärtigen auf den Wochenmärkten oder im Umherziehen feilgeboten werden können. Eine solche Schranke für den Geschäftsbetrieb der einheimischen Gewerbetreibenden aufzurichten, liege aber dem Entwurfe fern. Er wolle nur die Städte ermächtigen, ihren Schlächtern und Fleischverkäufern die Verpflichtung aufzuerlegen, zu dem Schlachten von Vieh, deren Fleisch sie demnächst im Stadtbezirk feilbieten wollten, keine andere Schlachtstätte als das öffentliche Schlachthaus der Stadt zu benutzen. Es habe sich das dringende Bedürfnis herausgestellt, den Städten, welche öffentliche Schlachthäuser errichteten, einen Schutz dagegen zu gewähren, daß die Schlächter ihr Vieh außerhalb schlachteten und das Fleisch demnächst in den Gemeindebezirk einführten. Wenn der einheimische Schlächter das Fleisch seines Viehes außerhalb des Gemeindebezirks verwerten wolle, so solle ihm nicht verwehrt werden, zum Schlachten eine auswärtige Schlachtstätte zu benutzen; schlachte er aber zu Zwecken des Verkaufs im Stadtbezirke, so könne ihm wohl angesonnen werden, hierzu die städtische Schlachtanstalt zu benutzen und nicht durch Benutzung fremder Schlachtstätten die Existenz dieser Anstalt zu gefährden.

Die Regierungsvertreter bemerkten, daß die Umgehung des Schlachtzwanges durch die städtischen Gewerbetreibenden verhindert und daneben der Import anderen Fleisches aufrechterhalten werden könne, wenn die Nr. 6 nur für einen gewissen Umkreis der Stadt in Kraft gesetzt würde, was sich überhaupt für alle Städte bei Anwendung der Nr. 6 empfehle[1, 2, 3].

Anm. 15. Aus dem Kommiss.-Ber. des Herrenhauses von 1881. Zu Nr. 6 ist ein Zusatz im Abgeordnetenhause gemacht worden. Diese Nr. 6 ist der Kernpunkt des ganzen Gesetzes, ohne welche dasselbe gar keinen Wert oder praktische Bedeutung haben würde. Man hat nämlich sehr häufig die Erfahrung gemacht, daß in Städten, wo öffentliche Schlachthäuser eingerichtet waren, die Schlächter außerhalb der Enceinte der Stadt Privatschlachtstätten errichtet und das dort geschlachtete Fleisch unbehindert in die Städte eingeführt und daselbst verkauft haben. Nr. 6 will dieser Umgehung des Gesetzes entgegentreten.

Die Schlächter sollen also gehalten sein, wenn sie in einer Stadt wohnen, die ein Schlachthaus besitzt, das Fleisch in demselben zu schlachten. Diese Verfügung ist um so billiger, weil die meisten Städte die beträchtlichen Kosten zur Errichtung von Schlachthäusern sonst vergeblich gemacht haben würden. Es empfiehlt sich aber aus mehreren Gründen, den Umkreis näher festzusetzen, innerhalb dessen es den Schlächtern verboten sein soll, Schlachtstätten zu errichten. Damit in dieser Beziehung kein Mißbrauch getrieben werden kann, ist auch hier bestimmt, daß alle derartigen Beschlüsse dem Bezirksausschuß zur Genehmigung unterbreitet werden müssen.

Die Frage, wie weit der Umkreis ausgedehnt werden solle, wurde in den Verhandlungen im Abgeordnetenhause 1881 von dem Regierungsvertreter dahin beantwortet, „daß dieses Sache konkreter Erwägungen sei. Wenn die Gemeinden vernünftig ihre Erwägungen anstellen, so werden sie sich fragen: wie weit ist der Distrikt zu greifen, damit nicht die Schlachthäuser, die in die Stadt gehören, unnatürlicherweise außerhalb der Stadt gelegt werden. Das würde der natürliche Gesichtspunkt sein[4].“

Anm. 16. Aus den Verhandlungen im Abgeordnetenhause (30. November 1880). „Wenn eine Gemeinde es für wünschenswert hält, daß von auswärts ein Fleischimport stattfindet, so wird sie die Nr. 6 der Vorlage keineswegs ganz in der Weise annehmen, wie hier gestattet ist; sie wird nicht so weit gehen, sie wird die Beschränkung, daß ihre einheimischen Fleischer im städtischen Gebiete nur das Fleisch vertreiben dürfen, welches sie im eigenen Schlachthause gewonnen haben, nicht so weit ausdehnen, daß sich das (nämlich die Beschränkung, das Fleisch von außerhalb der Stadt auf eigene Rechnung geschlachtetem Vieh im Gemeindebezirke feilbieten zu dürfen) auch auf jeden anderen Ort außerhalb der Stadt bezieht; sie wird nur einzuführen sein auf gewisse Zonen außerhalb der Stadt. Denn nur das ist dem Schlachthausbetriebe gefährlich, wenn unmittelbar an der Grenze, in den nächsten Gemeinden, sich eine Konkurrenzanstalt etabliert; dagegen ist die Konkurrenz weit weniger bedenklich, wenn es sich darum handelt, ob man das Einbringen von Fleisch vielleicht von Berlin oder einem anderen weit entlegenen Ort in dieser Weise beschränken soll.“ Es wurde ferner auf folgendes aufmerksam gemacht: „Nicht das Kaufen solchen Fleisches, das vielleicht in Berlin

[1] Beschränkung des Fleischhandels in Gemeinden mit Schlachthofzwang. Ortsstatut in K. bestimmt, daß Fleischer frisches Fleisch, das sie nicht im Schlachthof, sondern in einer anderen Schlachtstätte innerhalb 60 km haben schlachten lassen, nicht feilbieten dürfen. Ein Fleischer, der zuwider handelt, wird angezeigt. Preußisches Kammergericht bestätigt Verurteilung: Ortsstatut sei rechtsgültig, sei gestützt durch § 2 des Schlachthofgesetzes, widerspricht nicht der Gewerbefreiheit. § 1—23 der Gewerbeordnung behalte der Landesregierung vor, die fernere Benutzung bestehender oder die neuer Anlagen zu verbieten, zu denen nach § 16 auch Schlächtereien gehören (vgl. Dtsch. Schlachthofztg **1913**, 99ff.).

[2] Sperrzone: Urteil des Kammergerichts (vgl. Dtsch. Schlachthofztg **1914**, 44), nach welchem eine Stadtgemeinde berechtigt ist, den Verkauf von Fleisch, welcher in einem Umkreis von 50 km außerhalb des Schlachthofes gewonnen sei, innerhalb des Stadtbezirkes zu untersagen (vgl. Dtsch. Schlachthofztg **1928**, 44).

[3] Sperrzone: Ist preußisches Schlachtgesetz und die betreffenden Gemeindebeschlüsse auch auf Fertigwaren anzuwenden?

Ein wegen Einfuhr von Wurstwaren verurteilter Metzger wurde vom 1. Strafsenat des Kammergerichtes freigesprochen, weil sich die Einfuhrerschwerungen nur auf frisches Fleisch beziehen (Aktenzeichen I, S. 319, 29), siehe auch Johow, Entscheid des Kammergerichtes **40**, 451.

[4] Urteile, Entscheidungen. Fleischhandel. Ortstatutarische Beschränkung des Fleischhandels für Gemeinden mit Schlachthofzwang ist zulässig. Urteil des Kammergerichts **42**, 431ff. (vgl. Dtsch. Schlachthofztg **1912**, 745).

Sperrzone besteht nach Urteil des Kammergerichtes (vgl. Dtsch. Schlachthofztg **1913**, H. 7) zu Recht.

gewonnen oder aus Amerika importiert ist, soll durch das Gesetz verhindert werden, es soll nur die Konkurrenz beseitigt werden, die jedem einzelnen Fleischer dadurch sehr erleichtert wird, wenn er Opposition gegen das obligatorische Schlachthaus ausführen will, daß er selbst in der nächsten Nachbargemeinde, in dem nächsten Dorfe, eine Schlachtstätte hält, wo er schlachtet, und dann das daselbst gewonnene Fleisch in Verbindung mit anderen Produkten aus dem öffentlichen Schlachthause feil hält."

Aus dem Vortrag des Reg.-Kommiss. im Abgeordnetenhaus 1881: „Nicht das ist dem Schlächter verboten, der innerhalb einer Stadt sein Geschäft betreibt, wo der Schlachthauszwang eingeführt ist, daß er überhaupt von auswärts Fleisch bezieht, sondern nur, daß er auswärts noch eine Schlachtstelle hält oder eine Schlachtstelle mietet und das Fleisch bezieht, was in dieser ihm gehörigen oder von ihm gemieteten Schlächterei geschlachtet worden ist. Ein Schlächter in Berlin z. B. kann ganz frei und ungehindert auch von Osten her, trotz des Schlachtzwanges, dort geschlachtetes Fleisch beziehen, es darf nur nicht, wie ich wiederhole, dort auf seine eigene Rechnung geschlachtet sein." „Die Städte werden darauf hingewiesen, das Verbot, soweit es durch Nr. 6 ermöglicht ist, nicht ganz unbedingt zu erlassen, sondern einen Rayon zu bezeichnen, über welchen hinaus die Vorschrift von Nr. 6 nicht gilt. Dann ist es aber zulässig, daß von außerhalb dieses Rayons ein einheimischer Fleischer auch das aus dem ihm gehörigen Schlachthaus kommende Fleisch einführen kann; nur innerhalb dieses Rayons, also des der Stadt nächstgelegenen Distrikts, soll die Möglichkeit ausgeschlossen sein, damit nicht die wohltätige Einrichtung, die mit der Einführung des Schlachtzwanges beabsichtigt ist, illusorisch wird."

Anm. 17. Vgl. § 11 des Gesetzes vom 14. Juli 1893 (Kapitel II, S. 32 und 33).

Anm. 18. Motive von 1880. „Ausdrücklich mag bemerkt werden, daß die Gemeinden befugt sein werden, die sämtlichen in § 2 aufgeführten Maßregeln oder einzelne derselben zu beschließen und daß sich die betreffenden Gemeindebeschlüsse zugleich auf die für erforderlich erachteten Kontrollvorschriften erstrecken können. Alle in § 2 erwähnten Gemeindebeschlüsse unterliegen nach § 3 des Gesetzes der Genehmigung der Staatsbehörde."

Aus dem Kommiss.-Ber. des Herrenhauses 1881: „Bei der Verschiedenheit der Bedürfnisse der einzelnen Städte ist es selbstredend, daß dieselben nicht in allen Fällen sämtliche Nummern 1—6 beschließen, sondern nach freier Wahl, wie es die Bedürfnisse erfordern, eine Auswahl daraus treffen werden. Weiter besagt dieser Zusatz nichts.

Zu § 3.

Anm. 19. Motive von 1868 (zu den §§ 3 und 4). Die mit dem öffentlichen Schlachthofe verbundene Zwangsverpflichtung greift so tief in die bestehenden Verhältnisse des Schlächtergewerbes ein und hat erfahrungsgemäß binnen kurzer Zeit eine so wesentliche Umgestaltung dieses Gewerbes zur Folge, daß es notwendig erschien, sowohl die bezeichneten Gemeindebeschlüsse der Staatsgenehmigung zu unterwerfen, als auch das Eingehen einer solchen Anstalt der Willkür der Gemeinde zu entziehen.

Anm. 20. „Des Bezirksausschusses", denn der § 131 des Gesetzes über die Zuständigkeit der Verwaltungs- und Verwaltungsgerichtsbehörden vom 1. August 1883 (G.-S. S. 237) lautet: „Der Bezirksausschuß beschließt:

1. über die Genehmigung der auf Grund der §§ 1—4 des Gesetzes vom 18. März 1868 betreffs der Errichtung öffentlicher, ausschließlich zu benutzender Schlachthäuser (G.-S. S. 277), gefaßten Gemeindebeschlüsse, sowie über die Bestätigung von Verträgen zwischen einer Gemeinde und einem Unternehmer in betreff der Errichtung eines öffentlichen Schlachthofes (§ 12 a. a. O.).

2. über Entschädigungsansprüche der Eigentümer und Nutzungsberechtigten von Privatschlachtanstalten wegen des ihnen durch die Errichtung öffentlicher, ausschließlich zu benutzender Schlachthöfe zugefügten Schadens (§§ 9—11 a. a. O.).

In den Fällen zu 1 findet die Beschwerde an den Minister für Handel und Gewerbe, in den Fällen zu 2 nur der ordentliche Rechtsweg gemäß § 11 a. a. O. statt."

Anm. 21. Natürlich aber nicht vor Inbetriebsetzung des öffentlichen Schlachthofes. Dagegen ist hiervon die Frist zur Anmeldung der Entschädigungsansprüche (§ 9) unabhängig; vgl. hierüber die Entscheidung des Reichsgerichts (Ziv.-Sen.) vom 30. Mai 1884.

Nach dem Wortlaut des Gesetzes darf zwar die Publikation des Gemeindebeschlusses erst nach Errichtung des öffentlichen Schlachthofes erfolgen, jedoch haben die betreffenden Bezirksausschüsse mit einer Ausnahme (Wesel) stets die Genehmigung zur Veröffentlichung schon während des Baues erteilt.

Es achten aber nicht alle städtischen Behörden auf die Bestimmung dieser Paragraphen. Daher ist es wiederholt vorgekommen, daß der Schlachthof für die Inbetriebnahme fix und fertig war, dieselbe aber unterbleiben mußte, weil die Publikation des Ortsstatuts betreffs Einführung des Schlachtzwanges zu spät, d. h. erst einige Monate vor Eröffnung der Anlage erfolgt war (Glückstadt, Königshütte). Das OVG. (57, 287) nimmt entgegen der Auffassung des Kammergerichts (Johow, Entsch. des KG. 38, C 58) mit Recht an, daß der Lauf der in § 3 Abs. 2 vorgeschriebenen Frist nicht erst vom Zeitpunkt der Eröffnung des Schlachthofes, sondern vielmehr vom Tage der Veröffentlichung des genehmigten Gemeindebeschlusses beginnt. Die gegenteilige Auffassung würde zur Folge haben, daß gegebenenfalls das Schlachthaus der Gemeinde 6 Monate unbenutzt bliebe.

Es ist auch die Frage aufgeworfen worden, ob in den nachträglich, d. h. nach Einführung des Schlachtzwanges, eingemeindeten Orten sofort mit der Eingemeindung auch der Schlachtzwang eingeführt werden könne oder ob dieses erst nach 6 Monaten geschehen dürfe. Nach einer Entscheidung des Reichsgerichts (VI. Ziv.-Sen.) vom 24. Januar 1901 (B. 48 S. 275) wird eine Landgemeinde bei der Vereinigung mit einer Stadtgemeinde nicht schon durch die Eingemeindung ohne weiteres dem Schlachthofzwange unterworfen. (Es handelt sich um die Eingemeindung von Pöpelwitz bei Breslau) siehe auch Anm. 3.

In Chemnitz — das sächsische Gesetz gewährt in dieser Hinsicht mehr Freiheiten als das preußische — wurde in drei eingemeindeten Vororten mit dem Tage der Eingemeindung der Schlachtzwang für den Chemnitzer Schlachthof ausgesprochen.

Anm. 22. Aus dem Kommiss.-Ber. des Herrenhauses 1880. „Was den jetzigen Zusatz zu § 3 des Gesetzes von 1868 anbetrifft, so will er nur dagegen einen Riegel vorschieben, daß nicht, wenn in einer Stadt ein solcher Beschluß in der Luft liegt, noch Privatschlachtanstalten errichtet werden, um evtl. Entschädigungsansprüche erheben zu können. Es handelt sich hier aber nicht um jura quaesita, sondern um Neueinrichtungen in fraudem legis. Das ist der Sinn des Zusatzes."

Anm. 23. Ob ein öffentliches Schlachthaus unzulänglich ist oder nicht, hat nicht der Richter, sondern die Landesverwaltungsbehörde zu entscheiden (Kammergerichtsentscheid in Dtsch. Schlachthofztg **1929,** 129). Was man unter „den örtlichen Bedürfnissen entsprechend einzurichten und zu erhalten" verstehen soll, ist mitunter schwierig zu entscheiden.

Für Sachsen enthält die „Instruktion der Königlichen Kommission für das Veterinärwesen vom 10. Juli 1891" (s. S. 98) und für Österreich das 1893 abgegebene „Gutachten des K. K. Obersten Sanitätsrates betreffend Regelung der Vieh- und Fleischbeschau" Anweisungen, nach welchen öffentliche Schlachthöfe zu erbauen sind, in Preußen aber finden wir nur bezügliche Verfügungen einzelner Regierungspräsidenten. Allgemeine, für ganz Preußen gültige Bestimmungen — Normen — sind nicht vorhanden, es müßte denn sein, daß man die in dem Gutachten der Kgl. Preuß. Technischen Deputation für das Veterinärwesen vom 19. Februar 1894 enthaltenen Ausführungen, welche sich aber mehr auf die Anlage von Viehhöfen beziehen, dafür ansehen wolle.

Gehört z. B. auch ein Raum für Vornahme von Pferdeschlachtungen zu den notwendigen Gebäuden? Dieses ist ein Punkt, der sich tatsächlich nach den örtlichen Bedürfnissen richtet. Sind am Platze Leute vorhanden, welche die Roßschlächterei betreiben wollen, und ist der Schlachtzwang auch für diese Tiergattung ausgesprochen, so wird man diesen Personen entweder gestatten müssen, in ihrem eigenen Hause zu schlachten — und damit würde, was nicht zu wünschen ist, der Schlachtzwang prinzipiell durchlöchert werden — oder man muß auf dem bereits vorhandenen öffentlichen Schlachthofe geeignete Vorkehrungen treffen.

In solchen Fällen wäre also die Einrichtung einer eigenen Pferdeschlächterei unerläßlich, weil eben das örtliche Bedürfnis vorhanden ist.

Gehört aber auch ein Kühlhaus zu denjenigen Einrichtungen, welche unbedingt für einen öffentlichen Schlachthof nötig sind? Über diese Frage herrschte eine große Meinungsverschiedenheit. Tatsache ist, daß ein Kühlhaus unbedingt den Bedürfnissen der Fleischer entspricht, mag der Ort so klein sein, wie er will; denn durch ein solches allein wird dem Fleischer die Möglichkeit gewährt, seine Vorräte möglichst lange und unter geeigneten Bedingungen ohne Rücksicht auf die Witterungsverhältnisse aufbewahren zu können. Ob aber ein Kühlhaus an solchen kleinen Plätzen auch annähernd rentabel sein wird, ist eine zweite Frage. Sie ist für jeden Schlachthof einer Stadt von mehr als 6—7000 Einwohnern jedoch schon zu bejahen.

Der Kölner Bezirksausschuß hat unter dem 12. Oktober 1897 folgendes Urteil gefällt: „Nach den jetzigen, in gesundheitspolizeilicher Hinsicht an ein Schlachthaus zu stellenden Anforderungen würde ein Schlachthof ohne Kühlvorrichtung für eine Stadt wie Köln unzulässig sein. Wo heutzutage Schlachthäuser ohne Kühlhäuser vorhanden sind, handelt es sich um ältere Anlagen oder kleinere Städte. Die Kühlvorrichtung ist daher als notwendiger, untrennbarer Bestandteil des Schlachthofes anzusehen, daher können die Kosten der Kühlanlage der zu erhebenden Schlachtgebühr im Sinne des § 11 des Kommunalabgabengesetzes mit zugrunde gelegt werden. Die Klage ist daher als unbegründet abzuweisen." Auch in Elberfeld ist gelegentlich einer Klage eines dortigen Fleischermeisters sowohl von dem zuständigen Bezirksausschuß als auch von dem Oberpräsidenten der Rheinprovinz das Kühlhaus als ein integrierender Teil des Schlachthofes bezeichnet worden.

Demgegenüber wird ausgeführt:

1. der § 1 des Gesetzes von 1868/1881 gebe den klaren Beweis, daß ein Kühlhaus kein integrierender Teil des Schlachthofes sei; denn die Benutzung der Kühlanlage kann nicht als eine mit dem Schlachten in unmittelbarem Zusammenhange stehende Verrichtung angesehen werden. Die Bestimmung, nach welcher auch die mit dem Schlachten im Zusammenhange stehenden Verrichtungen dem Zwange unterworfen werden können, findet ihre Begründung in den Belästigungen und Nachteilen, welche durch die Verrichtung hervorgerufen werden. Von solchen Belästigungen und Nachteilen kann aber bei einer Kühlanlage nicht die Rede sein.

2. § 11 des Gesetzes vom 14. Juli 1893 beweise nichts zugunsten der gegenteiligen Ansicht. — Wäre ein Kühlhaus nach dem Gesetze von 1868/1881 ein integrierender Teil eines Schlachthofes, dann müßten die Fleischer auch gesetzlich gezwungen werden können, das auf dem städtischen Schlachthofe erbaute Kühlhaus zu benutzen, geradeso wie sie zur Benutzung des Gemeindeschlachthofes gezwungen werden können. Dieses ist aber nicht der Fall.

In einem Urteil (vom 17. Dezember 1901) hat nun allerdings derselbe Bezirksausschuß eine andere Entscheidung gefällt, in deren Begründung es u. a. heißt:

„Nach § 11 des Komm.-Abg.-Ges. dürfen für die Schlachthausbenutzung Gebühren nur bis zu einer solchen Höhe erhoben werden, daß durch ihr jährliches Aufkommen die Kosten der Unterhaltung der Anlage und des Betriebs, sowie ein Betrag von 8% des Anlagekapitals und der etwa gezahlten Entschädigungssumme gedeckt werden. Zur Berechnung jenes Betrages von 8% hat die beklagte Stadtgemeinde (Köln) zugestandenermaßen nicht nur das Anlagekapital des eigentlichen Schlachthofs, sondern auch dasjenige der gesamten Kühlanlage zugrunde gelegt. Aus dem Gutachten der Sachverständigen ergibt sich aber, daß diese Anlage nur insoweit ein notwendiger Bestandteil eines Schlachthofes ist, als die Vorkühlräume mangels der sonst vorhandenen Abhängeräume den örtlichen Bedürfnissen in Köln zu Zwecken der eigentlichen Schlachtung entsprechen. Hieraus ergibt sich, daß die Berechnung der Gebühr auf einer ungesetzlichen Grundlage beruht, weil sie das Anlagekapital von Anlagen mit hineinbezieht, die mit dem Schlachthofe nicht notwendig verbunden sein müssen, also kein wesentlicher Bestandteil desselben sind. Zu der Erhebung einer ungesetzlichen Gebühr ist jedoch der Beklagte nicht befugt und der Antrag des Klägers auf Rückzahlung auch nur eines Teiles derselben gerechtfertigt."

Verfasser kann sich dieser Auffassung auf Grund der neuesten Rechtsprechung (s. Kapitel Kühlhausordnung und Aachener Urteil) in keinem Falle anschließen und hält unbedingt ein Kühlhaus für eine von einem modernen Schlachthofe absolut untrennbare Anlage; denn die öffentlichen Schlachthäuser mit ihren Nebenanlagen dienen nicht nur dazu, den Fleischern Gelegenheit zu geben, ihr Vieh in hygienisch und sanitär einwandfreier Weise schlachten, sondern auch in solchem Zustande erhalten zu können.

Auch Osthoff, der auf dem Gebiete der Schlachthofhygiene bahnbrechend gewirkt und hervorragendes geleistet hat, sagt in seinem Hauptwerke (Handbuch der Architektur, Teil IV, Bd. 3, Nr. 2, S. 74): „Die Kühlanlagen zur Erhaltung des Fleisches machen heute einen so wesentlichen Bestandteil der Schlachthöfe aus, daß schon die kleinen Städte von 7000 Einwohnern an beginnen, sich solche Kühlanlage zu beschaffen."

Daß gerade auf eine derartige rationelle Aufbewahrung des Fleisches heute großes Gewicht gelegt wird, nachdem eine Konservierung der Nahrungsmittel durch chemische Zusätze gesetzlich verboten ist, erhellt am besten aus dem Gutachten von Landolt und Rubner (vgl. 18. März 1898), nach welchem die rationelle Verwendung von Kälte für die Konservierung als ausreichend zu betrachten und allen anderen Mitteln vorzuziehen sei (vgl. hierüber Kapitel VI).

Im Sinne dieser Ausführungen hat am 23. Dezember 1902 das OVG. (betr. die Kühlanlage in Köln) folgendes für die Gemeinden mit Kühlhäusern günstiges Urteil gefällt. Da dasselbe von großer Tragweite ist, sei es hier im Wortlaut wiedergegeben:

„Nach dem Gesetz betreffend die Errichtung öffentlicher ausschließlich zu benutzender Schlachthäuser vom 18. März 1868 genügt ein Gemeindebeschluß für die Festsetzung des Gebührentarifs, und zwar sowohl für die Benutzung des Schlachthauses, als für die Untersuchung der Tiere im Schlachthause. Unrichtig aber ist die Ansicht, daß nur das Schlachten und namentlich die in dem oben mitgeteilten § 2 des Ortsstatuts bezeichneten Verrichtungen in das Schlachthaus gehörten, und daß nur sie von einer Gebühr getroffen werden dürften. Das Gesetz vom 18. März 1868 bestimmt im § 1: „In denjenigen Gemeinden, in welchen eine Gemeindeanstalt zum Schlachten von Vieh (öffentliches Schlachthaus) errichtet ist, kann durch Gemeindebeschluß angeordnet werden, daß innerhalb des ganzen Gemeindebezirks oder eines Teiles desselben das Schlachten sämtlicher oder einzelner Gattungen von Vieh, sowie gewisse, mit dem Schlachten in unmittelbarem Zusammenhange stehende, bestimmt zu bezeichnende Verrichtungen ausschließlich in dem öffentlichen Schlachthause bzw. den öffentlichen Schlachthäusern vorgenommen werden dürfen. In dem Gemeindebeschlusse kann bestimmt werden, daß das Verbot der ferneren Benutzung anderer als der in einem öffentlichen Schlachthause befindlichen Schlachtstätten: 1. auf die im Besitze und in der Verwaltung von Innungen oder sonstigen Korporationen befindlichen gemeinschaftlichen Schlachthäuser; 2. auf das nicht gewerbsmäßig betriebene Schlachten keine Anwendung finde.“ Hier wird der Begriff des öffentlichen Schlachthauses im Eingange erklärt als eine „Gemeindeanstalt zum Schlachten von Vieh“. Es wird ferner davon ausgegangen, daß die Schlachtstätten ein Teil des Schlachthauses sind, in welchem sie sich befinden. Auch im § 3 werden „andere als die im öffentlichen Schlachthause befindlichen Schlachtstätten“ erwähnt. Daraus ergibt sich, daß ein Schlachthaus etwas anderes und mehr ist als die bloße Schlachtstätte. Wenn von ausschließlich zu benutzenden Schlachthäusern die Rede ist, so heißt das nicht — wie der Kläger meint —, daß das Haus ausschließlich zum Schlachten zu benutzen ist, sondern, daß keine Privatschlachtanstalt der Regel nach außerhalb der öffentlichen Anstalt bestehen solle. Daß auch andere Verrichtungen als das bloße Schlachten in das Schlachthaus gehören, beweist § 2, 1. Denn nach diesem kann durch Gemeindebeschluß angeordnet werden, daß alles in das Schlachthaus gelangende Schlachtvieh zur Feststellung seines Gesundheitszustandes sowohl vor als nach dem Schlachten einer Untersuchung durch Sachverständige zu unterwerfen ist. Dies läßt sich, da die Tierärzte nicht neben den Schlächtern und in demselben Raum ihre Untersuchungen vorzunehmen brauchen, nur ausführen, wenn der Schlachthausraum nicht ganz und gar auf das Schlachten eingeschränkt und nur dafür hergerichtet wird. Es ist auch nicht angängig, das Schlachthaus anzulegen, ohne daß auf Personal zur Bewachung und Beaufsichtigung Rücksicht genommen wird. Die Beaufsichtigung ist als besonderer Gesetzeszweck betont. Wenn auch die Schlachtstätte im engsten Sinne den Raum bedeutet, in welchem die Tiere getötet werden, so müssen doch auch Einrichtungen geschaffen werden, welche den Transport zur Schlachtbank und von derselben weg betreffen. Es werden bei größerem Andrange Warteräume und Stallungen sowie Vorrichtungen zum Hin- und Herschaffen erforderlich. Die Schlachtstätten können auch nicht so knapp bemessen werden, wie sie gerade im Moment ihrer Errichtung ausreichen. Vielmehr müssen sie die wachsende Bevölkerung oder den aus anderen Gründen wachsenden Konsum ins Auge fassen. Auch ist der Gesamtraum auf alle Gattungen von Schlächtern und Schlachtarten zu berechnen, auf den Großviehhändler wie auf den Kopfschlächter. Der Schlachtakt umfaßt nach dem Töten auch noch das Ausweiden und Beseitigen der Eingeweide. Es ist keine Grenze gezogen, wo die Produktion der Schlachtware endet und wo die Vorbereitung der Ware für den Handel beginnt. Das Gesetz begnügt sich deshalb nicht mit dem Begriff der Schlachtstätte, sondern spricht von der ganzen Anstalt zum Schlachten. Insbesondere aber hat es auch dem örtlichen Bedürfnis Rechnung tragen wollen. § 4 ordnet an: „Die Gemeinde ist verpflichtet, das öffentliche, ausschließlich zu benutzende Schlachthaus den örtlichen Bedürfnissen entsprechend einzurichten und zu erhalten.“ Es wird also nicht ein unwandelbarer und abstrakter Begriff der Schlachtanstalt zugrunde gelegt, sondern von vornherein mit den verschiedenartigen klein- oder großstädtischen oder Landgemeindeverhältnissen einer solchen Anstalt gerechnet. Über solche aber haben die Gemeindebehörden zu befinden. Von einer Verirrung der bezeichneten Art ist hier aber nicht entfernt die Rede; namentlich nicht bezüglich der Eisfabrik und der Eiskühlung, die nur zur wirtschaftlichen Ausnutzung vorhandener Schlachthausanlagen dienen und deren Betriebskosten mindern. Soweit hier ferner sachverständige Gutachten über technische Fragen erforderlich sind, kann nicht ein ideales Schlachthaus der Zukunft die Norm abgeben, sondern der derzeitige Stand der Technik unter Berücksichtigung möglicher Weiterentwicklung. Es wird nun darüber gestritten, ob für den Schlachthausbetrieb außer der Schlachtstätte noch ein Kühlhaus erforderlich ist. Die Stadt Köln hat dies für erforderlich gehalten. Viele Städte haben kein Kühlhaus errichtet, andere benutzen es vollständig, wieder andere teilweise. Die in diesem Prozeß vernommenen Gutachter sind der Meinung, daß ein Vorkühlraum in Köln nicht zu entbehren sei. Es wird ferner einerseits behauptet, daß die Schlachtstätte, wenn sie groß genug angelegt worden wäre und deshalb für das Aushängen alles gleichzeitig geschlachteten Großviehs ausreichte, des Vorkühlraumes entbehren könne, während andererseits auf technische Mißstände solchen Aushängens im Dampf des Schlachtraumes wegen der Luftverderbnis hingewiesen wird. Wenn nun an die städtischen Behörden, während alle diese Fragen im Fluß begriffen sind, die Notwendigkeit herantritt, ein öffentliches Schlachthaus zu schaffen, so muß ihnen ein gewisser Spielraum für ihren Entschluß gewährt werden. Selbst wenn sie beim Widerstreit der Fachmänner nicht das objektiv beste Projekt finden sollten, so müssen doch die Metzger es dulden, daß etwa bei der Errichtung der öffentlichen Anlage ein oder der andere Fehler begangen worden sei und schließlich auch in der Gebühr sich geltend machen sollte. Wenn der Kläger nur diejenigen Verrichtungen im Schlachthause vorgenommen haben will, welche nach § 2 des Statuts unter allen Umständen nur in dem Schlachthause stattfinden dürfen, so übersieht er, daß dort lediglich verboten ist, solche Manipulationen außerhalb des Schlachthauses vorzunehmen, aber durchaus nicht angeordnet wird, daß keine weiteren Verrichtungen auf dem Schlachthofe vorgenommen werden sollen. Weiter bestimmt der § 5 des Gesetzes vom 18. März 1868 in Verbindung mit § 11 des Kommunalabgabengesetzes, daß die Gebühren für die Schlachthausbenutzung den zur Unterhaltung der Anlagen, für die Betriebskosten sowie zur Verzinsung und allmählichen Amortisation des Anlagekapitals und der etwa gezahlten Entschädigungssumme erforderlichen Betrag nicht übersteigen dürfen. Der Kläger behauptet, daß diese gesetzliche Grundlage der Gebühr überschritten sei, da die Anlage zu luxuriös eingerichtet. Diese Frage unterliegt jedoch nicht der Kognition des Verwaltungsrichters. Die Ausf.-Anw. z. Kom.-Abg.-Ges. v. 10. Mai 1894 versteht unter dem hier in Rede stehenden Anlagekapital die vollen zur Anlage verwendeten Mittel. In anderen Fällen, z. B. bei den Gebühren in § 4 Abs. 2 und bei den Beiträgen des § 9 Abs. 2, spricht das Kom.-Abg.-Ges. selbst von den Ausgaben für die Verzinsung und Tilgung des aufgewendeten Kapitals. Anders kann auch das Anlagekapital nicht verstanden werden: nicht ob es geschickt oder ungeschickt, sparsam oder verschwenderisch ausgegeben ist, entscheidet über den Begriff des Anlagekapitals, sondern ob es für die Anlage ausgegeben ist. Das Anlagekapital des Gewerbesteuergesetzes vom 24. Juni 1891 § 23 umfaßt nach der Ausführungsanweisung vom 4. November 1895 Art. 17 sämtliche dem betreffenden Gewerbe dauernd gewidmeten, in Geld schätzbaren Gegenstände und Rechte. Ebenso wird nach § 15 des Gesetzes vom 2. Juli 1875 bei Berechnung der Kosten einer Straßenanlage dem Zensiten nicht gestattet, die Art und Weise, wie die Straßenanlage ausgeführt ist, anzufechten. Schon hieran scheitert der Anspruch auf Aussonderung eines Teils der Anlagekosten aus dem für die Anlage verwendeten Gesamtkapital. Es widerstrebt überhaupt der Einrichtung des städtischen Etatswesens, wenn der Abgabenpflichtige das Recht beansprucht, die einzelnen Posten von Ausgaben zu kritisieren. Wie in der Entscheidung des OVG. vom 11. November 1896 ausgeführt ist, würde eine derartige Untersuchung auf das Verlangen einer Rechtfertigung der Ordnung des Etatswesens hinauslaufen, auf die der einzelne kein Recht hat, da die städtischen Kollegien zur Regelung der städtischen Angelegenheiten — vorbehaltlich der durch das Gesetz der Aufsichtsbehörde zugewiesenen Rechte — allein kompetent sind. Nach vorstehenden Ausführungen ist die Kühlanlage überhaupt nicht auszuschalten, so daß die Rechtsanschauung des Vorderrichters, der die Kühlanlage zum Teil in Rechnung ziehen zu sollen glaubt, zum Teil aber außer Betracht lassen will, unrichtig ist. Das von dieser unrichtigen Rechtsanschauung beherrschte Vorderurteil unterliegt daher wegen Verletzung des Schlachthausgesetzes der Aufhebung. Bei freier Beurteilung ist entscheidend, daß die Gemeinde nicht auf Veranstaltungen beschränkt ist, welche für das bloße Schlachten der Tiere bestimmt sind, daß vielmehr die öffentliche Gemeindeanstalt auch sonstige für angemessen erachtete Vorrichtungen umfassen und das Anlagekapital für solche voll in Anrechnung gebracht werden darf. Die Gemeinde ist demgemäß auch nicht behindert, von denjenigen, welche diese besonderen Veranstaltungen benutzen wollen, besondere Vergütungen zu fordern, wie hier von denen geschieht, welche den Vorkühlraum oder die Zellen benutzen, während der Kläger, der davon keinen Gebrauch machen will, auch die betreffenden Vergütungen nicht entrichtet. Das Schlachthaus und das Kommunalabgabengesetz verhindern nur, daß die Gebühren für die verschiedenartigen Benutzungen der gesamten Schlachthofanlage höher steigen dürfen als erforderlich ist, um die Kosten der Unterhaltung und des Betriebes, sowie ferner den Betrag von 8% des Anlagekapitals und etwaiger Entschädigungssummen zu decken. Diese Grenze ist hier innegehalten. Es bleiben die Ausgaben sogar um ein Bedeutendes hinter dem gesetzlichen Maximum zurück. Danach erweisen sich die Angriffe gegen die Höhe der Schlachtgebühr als hinfällig."

Beanspruchen die Fleischer in ihrer Gesamtheit bzw. Mehrheit die Errichtung eines Kühlhauses, so wird die Gemeindebehörde, „den örtlichen Bedürfnissen entsprechend", diesen Wünschen gemäß § 4 nachkommen müssen.

**Die Schlachthofgebühr darf nicht als Einnahmequelle für die allgemeine städtische Verwaltung dienen.**
Ungültige Schlachthofgebührenordnung.

Auf Anweisung des Regierungspräsidenten hatte der Oberbürgermeister in Aachen einen Beschluß der Stadtverordnetenversammlung in Aachen vom 7. Januar 1927 beanstandet, durch welchen eine neue Schlachthofgebührenordnung beschlossen worden war. Der betreffende Beschluß wurde insoweit beanstandet, als er sich nicht im Rahmen des § 11 des Kommunalabgabengesetzes in der Fassung der Novelle vom 26. August 1921 bewegte. Die Beanstandungsverfügung griff die Stadtverordnetenversammlung in Aachen mit der Klage beim Bezirksausschuß an, welcher aber die Klage abwies und betonte, hinsichtlich der Ausgleichsgebühr für von auswärts eingeführten Fleisches komme keine Beanstandung in Frage, da dieser Teil der Gebührenordnung noch keine Rechtswirkung erzeugen könne. Was die Auslegung des § 11 (2) des Kommunalabgabengesetzes in der Novelle von 1921 anlange, so sei davon auszugehen, daß man den Gemeinden die Möglichkeit habe geben wollen, die Gebührensätze den wirtschaftlichen Verhältnissen anzupassen. Es könne aber keine Rede davon sein, daß der Gesetzgeber den Gemeinden das Recht einräumen wollte, an der achtprozentigen Tilgungsquote nach Belieben festzuhalten. Die Beanstandung sei vorliegend insofern gerechtfertigt, als die Einsetzung eines Tilgungssatzes von 8% den gesetzlichen Vorschriften zuwiderlaufe. Im vorliegenden Falle sei die Schlachthofkasse so reichlich dotiert, daß ein Tilgungsdienst von 11000 RM. leicht getragen werden könne. Die neue Fleischverkaufhalle stelle weder eine Erneuerung noch eine Erweiterung vorhandener Schlachthofanlagen dar, sie sei auch noch nicht voll zur Ausführung gebracht worden. Dieses Urteil wurde vom Oberverwaltungsgericht bestätigt, welches u. a. ausführte, ausgeschlossen von der Beanstandung sei derjenige Teil des Beschlusses der Stadtverordneten, welcher noch der Genehmigung unterliege. Der vorliegende Beschluß könne nicht als einheitlicher angesehen werden. Wegen der fehlenden Genehmigung für die sog. Ausgleichsgebühr könne keine Nachprüfung stattfinden. Hingegen sei auf die Frage einzugehen, ob die Schlachthofgebührenordnung für Aachen gültig sei; dies müsse verneint werden, da die Gebührenordnung eine große Reihe formeller Mängel aufweise; sie enthalte einen gleitenden Tarif, welcher nicht gestattet sei; auch sei nicht ohne weiteres zu erkennen, ob der Vorschrift, daß der Tarif zu publizieren sei, Genüge geschehen sei. Hinsichtlich der Auslegung des § 11 (2) des Kommunalabgabengesetzes in der Fassung der Novelle von 1921 sei anzunehmen, daß in erweitertem Maße die Möglichkeit geschaffen werden sollte, die Schlachthofgebühren den wechselnden wirtschaftlichen Verhältnissen anzupassen. Es könne daraus nicht die Folgerung gezogen werden, daß unbegrenzt hohe Gebühren zulässig seien, es solle ein wirtschaftlich angemessener Betrag erhoben werden, welcher der Verzinsung und Tilgung eines Anlagekapitals dienen solle. Es dürfe nicht dahin kommen, daß die Gebühr zu einer besonderen Einnahmequelle für die allgemeine städtische Verwaltung ausgestaltet und mit Hilfe der Schlachthofgebühr eine Thesaurierungspolitik getrieben werde; eine solche Bemessung der Gebühr würde im Gesetz keine Grundlage finden. (OVG. 12. 3. 29, II. B. 11. 28, LMBl. S. 266.)

**Die Gültigkeit der Kölner Schlachtgebührenordnung.**

Oberlandesgericht 24. Mai 1910.

Die Kläger beanspruchten für verschiedene Jahre die Freistellung von den Schlachthofgebühren und bestritten die Gültigkeit der Gebührenordnung, weil die Gebühren danach in unzulässiger Höhe erhoben würden. Kühlanlage und Eisfabrik, die mit dem Schlachthof verbunden seien, dürften nicht, wie es tatsächlich geschehen sei, bei Bemessung der Gebühren berücksichtigt werden. Nachdem das Oberverwaltungsgericht zum zweiten Male die Sache an den Bezirksausschuß zurückgewiesen hatte, führte es in dem damaligen Urteil aus: Nach den Gesetzen dürfen die Gemeinden durch Schlachthausgebühren aufbringen die Betriebs- und Unterhaltungskosten, sowie 8% des Anlagekapitals von Schlachthöfen. Unter solchen sind zu verstehen solche Anlagen, die dem Schlachten von Vieh und solchen Verrichtungen dienen, die damit in unmittelbarem Zusammenhange stehen. Die Beantwortung der Frage, welche Verrichtungen mit dem Schlachten unmittelbar in Zusammenhang ständen, richtet sich nach den Verhältnissen und werde verschieden sein, je nach den örtlichen und zeitlichen Verhältnissen. Was das Kühlen des Fleisches angehe, so wird man es grundsätzlich auffassen als eine Verrichtung, bei der dieser Zusammenhang mit dem Schlachten bestehe. Die Kühlanlage muß sich dann aber immer einordnen in den Rahmen des Schlachthofes, wenn sie in bedeutendem Maße noch anderen Zwecken dienen würde als denen des Schlachthofes, so kann der Zusammenhang zwischen Schlachthof und Kühlanlage leicht gelöst werden. Dasselbe gilt von der Eisfabrik. Der Bezirksausschuß muß daher feststellen, ob Schlachthof, Kühlanlage und Eisfabrik in Köln einen einheitlichen Betrieb bilden. Der Bezirksausschuß hörte dann im neuen Rechtsgange zwei Sachverständige über den Zusammenhang. Diese äußerten sich dahin, daß es sich in Köln bei der Schlachthofanlage einschließlich des Kühlhauses um eine Einheit handle, und daß die mit der Schlachthofanlage verbundene Eisfabrik auch als Zubehör des Schlachthofes im Sinne der Entscheidung des Oberverwaltungsgerichtes anzusehen ist. Der Bezirkausschuß wies darauf die Kläger ab und erklärte die Gebührenordnung für rechtsgültig. Die Kläger wandten sich nochmals an das Oberverwaltungsgericht. Der zweite Senat erkannte nun am 24. Mai endgültig zuungunsten der Fleischermeister, indem er ihr Rechtsmittel verwarf. Es wurde ausgeführt: die vom Bezirksausschuß an der Hand der Gutachten der Sachverständigen getroffene Feststellung, daß es sich bei der Schlachthofanlage in Verbindung mit der Kühlanlage und Eisfabrik um einen einheitlichen Betrieb handle, sei ohne Rechtsirrtum ergangen. Die Kläger faßten die frühere Entscheidung des Senats falsch auf. Der Senat habe in dem Urteil nicht gesagt, daß nur Einrichtungen, die das Ortsstatut obligatorisch mache, als zum Schlachthofbetriebe zugehörig anzusehen seien. Es genüge vielmehr nach der Entscheidung, daß tatsächlich die Einrichtungen bei Anlage des Schlachthofes so gedacht seien, daß gewisse Nebenverrichtungen als Zubehör des Schlachtens anzusehen seien. Der Senat habe nur sagen wollen, daß nur, wenn mit diesen Einrichtungen über den Rahmen des Schlachthofes hinausgegriffen würde, sie nicht dem Schlachtbetriebe zuzurechnen seien, nämlich dann, wenn die Absicht dahin gehe, besondere Geschäfte damit zu machen. Der Bezirksausschuß stelle fest, daß nach den Verhältnissen des Kölner Schlachthofes die Einrichtung, besonders des Kühlhauses, zu den mit dem Schlachten in Verbindung stehenden Verrichtungen gehöre. Dagegen könne die Revision nicht ankommen. Die Eisfabrik stehe nun allerdings im losen Zusammenhange damit, aber die Sachverständigen hätten gesagt, sie sei eine Nebeneinrichtung bei dem Kühlhause. Daraus ergebe sich, daß sie auch zu den Nebeneinrichtungen des Schlachthofes gehöre. Das Ortsstatut über die Erhebung der Schlachthofgebühren sei somit rechtsgültig, und die Heranziehung zu diesen Gebühren sei demnach gerechtfertigt. (Dtsch. Schlachthofztg **10**, 323.)

Die neuesten Entscheidungen der obersten Gerichte, daß die Kühlhäuser integrierende Bestandteile der Schlachthöfe sind, lauten (OVG. vom 19. März 1927,VII GSt. 47, 26): „Alle Anlagen des eigentlichen Schlachthauses, welche für die Verrichtungen in unmittelbarem Zusammenhange mit dem Schlachten bestimmt und verwendet werden, bilden mit dem Schlachthaus eine Einheit, wenn sie nicht außerhalb des Rahmens des Schlachthauses gehalten sind. Zu derartigen Nebenanlagen eines Schlachthauses gehört auch ein zum Kühlen des Fleisches bestimmtes Kühlhaus, wenn es nicht aus dem Rahmen des Schlachthauses hinausfällt.“ Und OVG. vom 12. März 1929 (II B. 11. 28): „Durch die Schlachthausgebühren dürfen auch nur die Kosten der Schlachthäuser gedeckt werden, d. h. von Anlagen, welche dem Schlachten von Vieh und gewissen mit dem Schlachten in unmittelbarem Zusammenhange stehenden Verrichtungen dienen, z. B. Kühlhäuser, Eisfabrik, Gas- und Elektrizitätswerken, welche dem Schlachthause dienen.“ Demnach steht unzweifelhaft fest, daß Kühlhäuser und Eisfabriken integrierende Bestandteile der Schlachthöfe sind, sofern sie dem Schlachthofe dienen.

Die Kühlzellen dürfen den zur Benutzung des Schlachthofes berechtigten Metzgern nicht vorenthalten werden. Die Schlachthausgemeinde kann für Benutzung der Kühlzellen nur die vom Schlachthofgesetze eingeführten Gebühren erheben. Der Weg einer privatrechtlichen Regelung ist hiernach nicht gegeben. Entscheidung des OVG. vom 11. Juni 1907.

Unter dem 14. Juli 1898 hat das Kammergericht entschieden, daß es eine irrige Ansicht sei, wenn jemand annehme, daß die in einem Gemeindebeschluß betreffend Einführung des Schlachtzwanges auf Grund des § 2 des Gesetzes von 1868/81 erlassene Bestimmung nur rechtsgültig wäre, wenn auch die Bestimmungen des § 44 erfüllt würden.

Nicht der einzelne Gewerbetreibende oder der Strafrichter, sondern lediglich die höhere Verwaltungsbehörde, früher die Regierung, jetzt der Bezirksausschuß hat darüber zu befinden, ob die Gemeinde den Verpflichtungen des § 4 nachgekommen ist. Die Verwaltungsbehörde hat insbesondere, sofern die Gemeinde ihrer Verpflichtung zu einer den örtlichen Bedürfnissen entsprechenden Einrichtung der Anstalt nicht nachkommt, die Genehmigung der gemäß §§ 1 und 2 gefaßten Gemeindebeschlüsse zu versagen. Dies ergibt auch die Stellung des § 4 hinter § 3. Keinesfalls aber steht einem solchen Gewerbetreibenden das Recht zu, im Widerspruch mit dem betreffenden Gemeindebeschlusse weiter in seiner Privatanstalt zu schlachten. Ein solches Recht wird auch nicht durch den § 23 Abs. 2 der Reichsgewerbeordnung begründet, da auch nach dieser Vorschrift die Landesgesetzgebung und die Landesverwaltungsbehörden darüber zu befinden haben, ob ein Schlachthaus „in genügendem Umfange“ vorhanden ist.

Der § 1 des Gesetzes vom 18. März 1868 bestimmt, daß der Schlachthauszwang in denjenigen Gemeinden, in welchen eine Gemeindeanstalt zum Schlachten von Vieh besteht, durch Gemeindebeschluß angeordnet werden kann, ohne daß die Zulassung dieser Anordnung davon abhängig gemacht wird, daß das Schlachthaus den örtlichen Bedürfnissen entsprechend eingerichtet ist. Ebensowenig wird von dem Vorhandensein dieser Voraussetzung die Bestrafung einer Übertretung des in § 1 zugelassenen Gemeindebeschlusses in § 14 abhängig gemacht. Für Nachteile, welche aus den durch Schlachthauszwang begründeten Erschwerungen und Störungen des Geschäftsbetriebes entstehen, soll nach § 7 Abs. 2 des Gesetzes nicht einmal eine Entschädigung verlangt werden dürfen; noch weniger sind aber derartige Nachteile geeignet, den Schlachthauszwang für den betreffenden Schlächter überhaupt aufzuheben. Dies würde auch dem oben dargelegten Zweck des Gesetzes durchaus zuwiderlaufen.

Aus der Entscheidung des OVG. (I. 1838) vom 7. November 1899 (Preuß. Verw.Bl. XXI, Nr. 26, S. 292): „Die Stadt als solche ist nicht verpflichtet, für die Beschaffung geeigneter menschlicher Nahrungsmittel oder die Umwandlung ungeeigneter in geeignete Sorge zu tragen (vgl. Entscheidung des OVG. B. VII, S. 354ff.), und die Polizeibehörde ist nicht dazu berufen, Einrichtungen dieser Art im Interesse der bürgerlichen Wohlfahrt zwangsweise herbeizuführen. Wenn also beispielsweise die in dem städtischen Schlachthofe befindlichen Kühlräume nicht für geeignet befunden werden, den darin aufbewahrten Fleischstücken die Gesundheit gefährdende Eigenschaft zu benehmen, so würde die Stadt nicht etwa polizeilich angehalten werden können, jene entsprechend umzugestalten oder herzustellen, sondern der Polizeibehörde würde nur übrig bleiben, ihrerseits in geeigneter Weise dafür Sorge zu tragen, daß das fragliche Fleisch nicht in den Verkehr gelangt. — Mehr als die Kenntnisnahme von den betreffenden Einrichtungen und Verfahren, also etwa eine Beaufsichtigung usw. kann von der Polizeibehörde nicht beansprucht werden.

Zu § 4.

Anm. 24. Die Beschwerde geht an den Minister für Handel und Gewerbe. Zust.-Ges. § 131 Nr. 1 und Abs. 2.

Aus dem Kommiss.-Ber. des Abgeordnetenhauses 1868. Ein Antrag, man möge den Beschluß der Gemeinde über dieAufhebung einer öffentlichen Schlachtanstalt an die Zustimmung der Mehrzahl der schlachthauspflichtigen Gewerbetreibenden knüpfen, wurde abgelehnt, da man der Ansicht war, daß die Interessen der betreffenden Gewerbetreibenden durch die Bestimmungen des § 4 in genügender Weise gewahrt seien. Auch hielt man es nicht für richtig, in einer rein kommunalen Angelegenheit das Zustandekommen eines Gemeindebeschlusses von der Zustimmung der Schlächter abhängig zu machen.

In derselben Sitzung wurde ferner ausgeführt: „Es wird diese Bestimmung (des § 4) kaum praktisch werden, weil schwerlich in einer Gemeinde, in welcher öffentliche Schlachthöfe einmal errichtet sind, die Gemeinde das Eingehen derselben beschließen wird. (Tatsächlich vorgekommen in Berchtesgaden, Bad Freienwalde. Sind aber ausnahmsweise in der Tat triftige Gründe für die Aufhebung eines bestehenden öffentlichen Schlachthauses vorhanden, so wird sich auch die Bezirksregierung diesen Gründen nicht verschließen.“

Zu § 5.

Anm. 25. Aus den Motiven von 1868. „Die Feststellung des Gebührentarifs kann, insoweit die im Alinea 2 vorgeschriebene Maximalgrenze eingehalten wird, dem freien Ermessen der Gemeinde überlassen werden. Wiewohl die letztere selbst ein dringendes Interesse hat, jeder Verteuerung eines notwendigen Lebensbedürfnisses entgegenzutreten, so war doch die Bestimmung einer Maximalgrenze erforderlich, um einer indirekten Verteuerung des Fleisches vorzubeugen.“

Anm. 26. Vgl. § 14 Abs. 1, § 21 Satz 2 PrAG., § 60 A. B I. Für die nach § 5 zu fassenden Gemeindebeschlüsse ist eine Genehmigung nicht vorgeschrieben. Nur der Tarif für die Nachuntersuchung des in § 2 Ziff. 2, 3 bezeichneten Fleisches ist nach § 3 genehmigungspflichtig. Zuwiderhandlungen gegen die Gebührenordnungen der Schlachthöfe sind nicht nach § 14 des Schlachtgesetzes strafbar, sie können aber auf Grund des § 82 des Kommunalabgabengesetzes mit Strafe bedroht werden (Entsch. d. KG., Erg. zum Jahrbuch 7, 296). Die verschiedene Bemessung der Untersuchungsgebühren je nachdem, ob die Schlachttiere den mit dem Schlachthof verbundenen Viehhof passiert haben oder nicht, ist gemäß OVG. vom 11. Mai 1909 (LMBl. S. 341) unzulässig. Die Schlachthofbenutzungsgebühren haben nicht den Charakter einer vertraglichen Gegenleistung, es liegt kein privatrechliches Vertragsverhältnis vor, sondern sie sind als öffentliche Abgaben anzusehen (RG. in PrVBl. **31**, 650; **33**, 506).

Anm. 27. Der Absatz 3 ist durch § 11, Abs. 2 und 3 des Kommunalabgabengesetzes vom 14. Juli 1893 in der Fassung des Gesetzes vom 26. August 1921 geändert worden (s. Kapitel Aufstellung des Schlachthofhaushaltplanes und sog. Aachener Urteil).

Ferner ist der letzte Satz des Abs. 2 des § 11 KAG. hinfällig geworden, da Verbrauchssteuern auf Fleisch nach der Vorschrift des § 13 Abs. 1 des Zolltarifgesetzes vom 25. Dezember 1902 (RGBl. S. 303) nicht mehr erhoben werden dürfen.

Anm. 28.

Tilgungsplan

über eine zum Bau eines Schlachthofes zu verwendende Anleihe von .... RM., welche jährlich mit ... % zu verzinsen und mit ... % unter Hinzurechnung der gegen die erstmalige Zinszahlung ersparten Zinsen zu amortisieren ist.

| Tilgungs- | | Betrag des Schuldkapitals am Anfange des Jahres | Es sind | | | | | | | | | Betrag des Schuldkapitals am Schlusse des Jahres |
|---|---|---|---|---|---|---|---|---|---|---|---|---|
| | | | an Zinsen zu entrichten | | zur Amortisation zu verwenden | | | | | | | |
| | | | | | die ersparten Zinsen mit | | ... Prozent des Schuldkapitals | zusammen | | mithin jährlich aufzubringen | | |
| Jahr | Rate | RM. | RM. | Rpf. | RM. | Rpf. | RM. | RM. | Rpf. | RM. | Rpf. | RM. |

### Zu § 6.

Anm. 29. „§ 6 Schl.-Ges. erklärt zwar, daß die Benutzung der Anlage bei Erfüllung der allgemeinen Bedingungen niemand versagt werden kann. Daraus folgt aber keineswegs, daß dem Magistrate, welchem die Verwaltung und Aufrechterhaltung der Ordnung darin obliegt, die Ausübung des Hausrechtes abgeschnitten sei. Die fragliche Bestimmung soll den Gewerbetreibenden, den das Gesetz auf der einen Seite in der häuslichen Ausübung des Gewerbebetriebes beschränkt, auf der anderen Seite vor willkürlicher Beschränkung in der Benutzung der öffentlichen Anlage schützen. Sie setzen aber als selbstverständlich voraus, daß die Gewerbetreibenden nicht nur die in der Schlachthof-Ordnung gegebenen allgemeinen Bedingungen erfüllen, sondern sich auch im übrigen in einer den Gesetzen und der notwendigen Ordnung entsprechenden Weise bei Benutzung der Anlage verhalten. Es wäre widersinnig, wenn man aus § 6 die Folgerung ziehen wollte, daß der vom Magistrat mit der Leitung und Aufsicht betraute Direktor nicht befugt wäre, betrunkene oder Skandal machende Personen hinauszuweisen, selbst dann, wenn sie sich in Ausübung ihres Gewerbes befinden. Der Magistrat ist aber auch für befugt zu halten, solchen Personen den Zutritt zum Schlachthof und den Aufenthalt darin zu verbieten, die durch ihr Verhalten gezeigt haben, daß von ihnen eine Störung der Ordnung, und insbesondere eine Verletzung solcher Anordnungen zu befürchten ist, die getroffen sind, um die Erreichung des Zweckes der ganzen Einrichtung sicherzustellen." Urt. des Oberlandesgerichts Celle.

Hinsichtlich der Auslegung des Begriffes „allgemein vorgeschriebene Bedingungen" vgl. OVG. 38, 58. Danach müssen die Bedingungen allgemein für jeden, der den Schlachthof benutzen will, gelten. Für die Benutzung von Freibanken kann in Schlachthofgemeinden durch eine auf Grund des Schlachthofgesetzes erlassene Schlachthofordnung bestimmt werden, daß bei Nichterfüllung der für die Freibank vorgeschriebenen Bedingungen die Benutzung der Freibank versagt werden kann (OVG. i. PrVBl. **44**, 164).

### Zu § 7.

Anm. 30. § 51 der Reichsgewerbe-Ordnung: Wegen überwiegender Nachteile und Gefahren für das Gemeinwohl kann die fernere Benutzung einer jeden gewerblichen Anlage durch die höhere Verwaltungsbehörde zu jeder Zeit untersagt werden. Doch muß dem Besitzer alsdann für den erweislichen Schaden Ersatz geleistet werden. Gegen die untersagende Verfügung ist der Rekurs zulässig; wegen der Entschädigung steht der Rechtsweg offen.

Aus den Motiven von 1868: „Bei der Regelung der Ersatzansprüche der Besitzer von Privatschlachthäusern ist man davon ausgegangen, daß die Nachteile, welche sich für den Geschäftsbetrieb der Schlachthausbesitzer aus der entfernteren Lage des öffentlichen Schlachthauses ergeben, durch die mit dem Betriebe in dem letzteren verknüpften Vorteile — größere Zweckmäßigkeit der Einrichtungen, ausgedehntere Arbeitsteilung und bessere Verwertung mancher Schlachtabfälle — mindestens aufgewogen werden. Ein Ersatzanspruch aus diesem Grunde ist daher durch Alinea 2 § 7 ausgeschlossen."

„Auch der Umstand, daß die für den Schlachtbetrieb bestimmten Gebäude und Einrichtungen der Privatschlachtstätten ihrem ursprünglichen Nutzungszweck entzogen werden, wird in der Regel den Eigentümern nicht zum Schaden, sondern eher zum Vorteil gereichen, da mit der Beseitigung eines anerkannt lästigen und nachteiligen Gewerbebetriebes der Nutzungswert und damit der Kapitalwert des ganzen Grundstücks im allgemeinen eine Steigerung zu erfahren pflegt." „Ein solcher Vorteil erwächst jedoch weder jedem Eigentümer eines Privatschlachthauses, noch solchen Nutzungsberechtigten, welche die zum Schlachtbetriebe dienenden Anlagen auf eigene Kosten hergerichtet haben, und es ist daher nur billig, daß die Gemeinde denjenigen Eigentümern und Nutzungsberechtigten von Schlachtstätten, welche durch ihre Anordnung eine Entwertung ihrer Anlagen und damit erweislich einen Schaden erleiden, hierfür Ersatz leiste."

Anm. 31. Aus dem Kommiss.-Ber. des Herrenhauses 1898. „Es wurde einstimmig beschlossen, hinter dem Worte ‚Schaden' die Worte ‚welchen sie an ihren zum Schlachtbetriebe dienenden Gebäuden und Einrichtungen dadurch erleiden, daß diese Anlagen' zu streichen und statt dessen zu setzen: ‚welchen sie dadurch erleiden, daß die zum Schlachtbetriebe dienenden Gebäude und Einrichtungen."

Anm. 32. Vgl. Kapitel Entschädigungsfrage.

### Zu § 8.

Anm. 33. Aus den Motiven 1880. „Die in § 8 vorgesehene Aufhebung der Pacht- und Mietsverträge nach Ablauf einer mindestens 6monatigen Frist, unter Ausschluß von Entschädigungsansprüchen aus den Verträgen, erscheint geeignet, die Errichtung öffentlicher Schlachthäuser zu erleichtern. Eine Benachteiligung der Privatinteressen durch diese Bestimmung ist nicht zu besorgen, da auch, abgesehen von der erwähnten Frist, zwischen dem Beginn der Errichtung eines öffentlichen Schlachthauses und dem nach Maßgabe des § 1 des Gesetzentwurfs wegen ausschließlicher Benutzung desselben zu fassenden Beschlusse fast immer ein mehrjähriger Zeitraum liegen wird, welcher die rechzteitige Auflösung der bestehenden Vertragsverhältnisse ohne Schaden für die Kontrahenten gestattet."

### Zu § 11.

Anm. 34. Zur Beschlußfassung über die Entschädigungsansprüche (§§ 9—11) ist nach § 131 des Zust.Ges. von 1883 der Bezirksausschuß zuständig. Die einfache Anmeldung des Entschädigungsanspruches unter Hinweis auf das Schlachthofgesetz schließt den angedrohten Verlust des Schadensanspruches aus; eine nähere Begründung ist nicht erforderlich (RG. 15, 261). Beschwerde findet nicht statt. Zust.-Ges. § 131, 2. Abs. 2. Es steht nur der ordentliche Rechtsweg offen.

### Zu § 12.

Anm. 35. Aus den Verhandlungen des Abgeordnetenhauses 1881:

a) Ein Mitglied des Hauses: „In dem § 12 heißt es, daß eine Stadtgemeinde das Recht hat, durch einen Vertrag mit einem Unternehmer die Errichtung eines Schlachthauses diesem zu überlassen. Es fragt sich nun, ob auch die anderen Verpflichtungen der Stadtgemeinde, die Einrichtung, die Unterhaltung und die Entschädigung an den Unternehmer übertragen werden kann. Auf dieses Frage wünsche ich deshalb eine Antwort, weil im § 12 nur ausgesprochen ist, daß dieser Vertrag die Errichtung, aber nicht die Einrichtung, die Unterhaltung und die Entschädigung zum Inhalte hat."

b) Der Reg.-Kommissar: „Bei dem § 12 hat die Absicht obgewaltet, zu bestimmen, daß die öffentlichen Schlachthäuser nicht notwendigerweise im Eigentum und in der Verwaltung der Gemeinde stehen müssen, daß vielmehr auch dem im Eigentum und der Verwaltung eines Dritten stehenden Schlachthause, z. B. dem Schlachthause einer Innung, der Charakter eines öffentlichen Schlachthauses beigelegt werden kann. In diesem Falle soll das Verhältnis zwischen der Gemeinde und dem Dritten durch Vertrag festgestellt werden, der Gemeinde aber die ihr im Gesetz auferlegten Verpflichtungen verbleiben. Es wird in solchen Fällen durch den Vertrag bestimmt werden können, daß die Entschädigung von dem Dritten zu tragen ist, die Gemeinde wird aber auf Grund des Gesetzes für die Entschädigung haftbar bleiben."

Die Beschwerde geht an den Minister für Handel und Gewerbe. Zust.-Ges. § 131, Nr. 1 und Abs. 2. Für die Bestätigung der Verträge ist der Bezirksausschuß zuständig.

Zu § 14.

Anm. 36. Siehe auch Anm. 26. Im übrigen regelt sich jetzt Strafmaß gemäß VO. über Vermögensstrafen vom 6. Februar 1924 (RGBl. S. 44). Danach Höchststrafe 150 RM.

## b) Sächsisches Gesetz die öffentlichen Schlachthäuser betreffend vom 11. Juli 1876.

(Gesetzes- und Verordnungs-Blatt für das Kgr. Sachsen 1876. S. 305.)

**§ 1.** Für Orte, in denen öffentliche Schlachthäuser in genügendem Umfange vorhanden sind oder errichtet werden, kann durch Ortsstatut sowohl

a) die Anlage neuer Privatschlächtereien als auch

b) die fernere Benutzung bestehender Privatschlächtereien untersagt werden.

Jede derartige statutarische Bestimmung bedarf zu ihrer Gültigkeit der Genehmigung des Ministeriums des Innern.

**§ 2.** Insoweit den Eigentümern von Privatschlächtereien in den im § 1 unter b) gedachten Fällen ein Anspruch auf Entschädigung zusteht, ist letzterer von der Gemeinde zu gewähren.

**§ 3.** Das Ministerium des Innern ist ermächtigt, die nach § 1 getroffenen statutarischen Bestimmungen, soweit es sich um eine Stadtgemeinde mit der revidierten Städteordnung handelt, nach Vernehmung des Gutachtens des Kreisausschusses, in allen anderen Fällen nach Gehör des Gutachtens des Bezirksausschusses, ganz oder teilweise außer Wirksamkeit zu setzen, wenn in einem Orte die im Eingange von § 1 bemerkte Voraussetzung nicht mehr vorhanden ist und die Gemeinde nicht binnen einer ihr zu setzenden Frist für Abhilfe der bestehenden Mängel sorgt.

## c) Die Schlachthausgesetze in den übrigen deutschen Bundesstaaten.

Auch in den übrigen deutschen Bundesstaaten sind auf die Errichtung von öffentlichen Schlachthöfen bezügliche Gesetze und Bestimmungen erlassen, welche im wesentlichen dem preußischen Schlachthausgesetze nachgebildet sind, so

in Anhalt durch Gesetz vom 20. April 1878,
in Braunschweig durch Gesetz vom 12. April 1876,
in Bremen durch Gesetz vom 21. Februar 1889,
in Hamburg durch Gesetz vom 19. März 1894,
in Lippe-Detmold durch Gesetz vom 30. September 1886,
in Lübeck durch Gesetz vom 10. September 1884,
in Oldenburg durch Gesetz vom 22. Januar 1879,
in Braunschweig durch Gesetz vom 12. April 1876,
in Reuß (ä. L.) durch Gesetz vom 31. Dezember 1886,
in Reuß (j. L.) durch Gesetz vom 30. Mai 1882,
in Sachsen-Koburg-Gotha durch Gesetz vom 6. Mai 1875,
in Sachsen-Meiningen durch Gesetz vom 6. März und 22. Dezember 1875,
in Sachsen-Altenburg durch Gesetz vom 18. Mai 1902,
in Schaumburg-Lippe durch Gesetz vom 18. Dezember 1893,
in Schwarzburg-Rudolstadt durch Gesetz vom 16. Dezember 1887,
in Schwarzburg-Sondershausen durch Gesetz vom 21. Dezember 1891,
in Waldeck-Pyrmont ist durch Gesetz vom 2. Januar 1896 die Einführung des preußischen Gesetzes angeordnet.

Bayern hat bis jetzt ein Schlachthofgesetz nicht, doch steht vielleicht zu erwarten, daß in Bälde ein solches geschaffen werden wird.

In Sachsen strebt man die Schaffung eines anderen Schlachthofgesetzes an. Es wird als Mangel der Gesetzgebung empfunden, daß dort die Errichtung von Schlachthöfen als Gemeindeanstalten nicht hervorgehoben ist. Der Erlaß einer Bauordnung für Städte verschiedener Größe sei dringend erwünscht, und zwar sollten die Pläne an einer Zentralstelle vor Ausführung geprüft werden (Ostertag, Z. Fleisch- u. Milchhyg., Jahrg. 11, H. 6).

Die Literatur hat sich schon des öfteren mit der Frage befaßt, ob das Schlachthofgesetz abänderungsbedürftig sei, es wird auf die diesbezüglichen Artikel in Z. Fleisch- u. Milchhyg. **1914**, 8 und die Dtsch. Schlachthofztg **1913**, H. 50 hingewiesen.

# II. Gemeindebeschlüsse.

Von den nachstehend zusammengestellten und durch zahlreiche Anmerkungen erläuterten Verordnungen, welche sich auf die Verwaltung und den gesamten Betrieb eines Schlachthofes in allen seinen Teilen und Nebenanlagen beziehen, verlangt das preußische Gesetz von 1868/81/1902 betreffend die Errichtung öffentlicher ausschließlich zu benutzender Schlachthäuser, daß vom Bezirksausschuß zu bestätigen sind: „Das Ortsstatut (Gemeindebeschluß) betreffend die Einführung des Schlachtzwanges“, die „Regulative für die Untersuchung“ und der „Gebührentarif für die Untersuchung des von außerhalb eingebrachten frischen Fleisches“ (Gesetz von 1868/81 § 2 Abs. 8 und § 3 Abs. 1, und Zuständigkeitsgesetz § 131 Ziffer 1).

Der Gebührentarif für die Benutzung des Schlachthofes wird durch Gemeindebeschluß auf Grund des § 5 des Schlachthausgesetzes festgesetzt und bedarf einer Genehmigung des Bezirksausschusses nicht, wohl aber der für die Untersuchung des von außerhalb eingebrachten tierärztlich nicht untersuchten frischen Fleisches. Alle übrigen Bestimmungen für die Benutzung des Schlachthofes fallen unter den im § 6 ausgedrückten Begriff der „allgemein vorgeschriebenen Bedingungen“ und können auf Grund der §§ 27, 28, 33 des Polizeiverwaltungsgesetzes vom 1. Juni 1931, der §§ 143, 144 und 145 des Gesetzes über die allgemeine Landesverwaltung vom 30. Juli 1883 und, soweit sie die Fleischbeschau betreffen, auf Grund des Reichsfleischbeschaugesetzes vom 3. Juni 1900, der Ausführungsbestimmungen hierzu und des preußischen Ausführungsgesetzes vom 16. Juni 1902 festgesetzt werden.

Darüber, daß „Ortsstatut (Gemeindebeschluß) betreffend die Einführung des Schlacht- und Untersuchungszwanges“ und „Regulativ für die Untersuchung“ nach Inhalt des preußischen Schlachthausgesetzes nicht identisch sind, scheint nicht überall die im Interesse der Kommunen wünschenswerte Klarheit zu herrschen, wie aus den zahlreich vorliegenden „Vorschriften betreffend die Benutzung des öffentlichen Schlachthofes“ ersichtlich. Wir finden nämlich häufig, daß der „Gemeindebeschluß betreffend die Einführung des Schlachtzwanges“ auch schon Ausführungsbestimmungen über die Art der Untersuchung der Tiere enthält, während das Gesetz von 1868/81 in den Punkten 1—6 des § 2 genau vorschreibt, was in dem „Gemeindebeschluß betreffend die Einführung des Schlachtzwanges“ festgesetzt werden soll. In anderen Fällen sind derartige Bestimmungen in die Schlachthof-, Verkehrs- usw. Ordnung aufgenommen, wohin sie erst recht nicht gehören.

Nachstehende Gemeindebeschlüsse und Verordnungen sind aus einer großen Anzahl lang bewährter Bestimmungen zusammengestellt und auf Grund eigener Erfahrungen und in der Fachliteratur erfolgter Veröffentlichungen ergänzt. Es dürften somit alle für die Verwaltung und den Betrieb wichtigen Punkte berücksichtigt sein:

1. Gemeindebeschluß betreffs die Einführung des Schlachtzwanges und die Nachuntersuchung des von auswärts eingeführten frischen Fleisches, das einer amtlichen Untersuchung durch approbierte Tierärzte noch nicht unterlegen hat.
2. Gemeindebeschluß betreffs die Untersuchung des im öffentlichen Schlachthofe geschlachteten Viehes.
3. Gemeindebeschluß betreffs die Untersuchung des eingeführten frischen Fleisches, das einer amtlichen Untersuchung durch approbierte Tierärzte noch nicht unterlegen hat.
4. Dienstvorschriften für das Trichinenschauamt.
5. Polizeiverordnung betreffs die Benutzung des öffentlichen Schlachthofes, Betriebs- und Kühlhausordnung.
6. Freibankordnung.

## 1. Gemeindebeschluß betreffend die Einführung des Schlachtzwanges und die Nachuntersuchung des von auswärts eingeführten frischen Fleisches, das einer amtlichen Untersuchung durch approbierte Tierärzte nicht unterlegen hat.

Auf Grund des § 11 der Städteordnung vom 30. Mai 1853, der Gesetze betreffend die Errichtung öffentlicher Schlachthäuser vom 18. März 1868 (Ges.-S. S. 277) 9. März 1881 (Ges.-S. S. 273) und 29. Mai 1902 (Ges.-S. S. 162) des Reichsgesetzes, betreffs die Schlachtvieh- und Fleischbeschau vom 3. Juli 1900 und des preußischen Gesetzes betreffs die Ausführung des Schlachtvieh- und Fleischbeschaugesetzes vom 28. Juni 1902 wird unter Zustimmung der Stadtverordnetenversammlung für den Gemeindebezirk der Stadt ... folgendes angeordnet:

**§ 1.** Das gewerbsmäßig[1] und das nichtgewerbsmäßig[2] betriebene Schlachten von Rindern, Kälbern, Schweinen, Schafen, Ziegen, Pferden, Eseln, Maultieren, Mauleseln und Hunden, sowie alle damit im Zu-

[1] Über den Begriff der gewerbsmäßigen Schlachtung hat sich das Preußische Kammergericht dahin ausgesprochen, gewerbsmäßig seien Schlachtungen, die in der Absicht geschehen, eine dauernde Einnahmequelle zu schaffen (Aktenzeichen: 1. S. 350. 29).

[2] Hinsichtlich der Beschaupflicht bei Hausschlachtungen, die bereits in den meisten preußischen Regierungsbezirken, ferner in Sachsen, Thüringen, Hamburg, Braunschweig und Anhalt in verschieden bemessenem

sammenhange stehenden Verrichtungen, insbesondere das Abhäuten, Abbrühen, Enthaaren und Ausweiden der geschlachteten Tiere, das Reinigen und Schleimen der Därme und Eingeweide und das Talgschmelzen[1] dürfen nur in den von der Stadtgemeinde ......... errichteten öffentlichen Schlachthofanlagen vorgenommen werden. Die Verwertung bzw. Beseitigung der sämtlichen Abfälle, wie Blut, Borsten, Klauen, Dünger usw. ist Sache der Schlachthofverwaltung.

**§ 2.** Schlachtvieh, an welchem außerhalb des Schlachthofes eine Notschlachtung vorgenommen werden mußte, ist alsbald mit allen Eingeweiden und dem Blut zum weiteren Ausschlachten zum Schlachthof zu schaffen. Das Ausweiden solcher Tiere an der Schlachtstelle ist, soweit erforderlich, nur nach Genehmigung und Ermessen der Schlachthofverwaltung ausnahmsweise zu gestatten.

Der Fall der Notschlachtung liegt dann vor, wenn zu befürchten steht, daß das Tier bis zur Überführung zum Schlachthof verenden oder das Fleisch durch Verschlimmerung des krankhaften Zustandes an Wert verlieren würde, oder wenn das Tier infolge eines Unglücksfalles sofort getötet werden muß.

Notgeschlachtete Tiere, welche Erscheinungen einer nach § 9 des Viehseuchengesetzes anzeigepflichtigen Seuche zeigen, einer solchen oder der Ansteckung einer Seuche verdächtig sind, sind bis zur Entscheidung der zuständigen Polizeibehörde auf Anordnung der Schlachthofverwaltung an der Schlachtstelle sicher aufzubewahren.

Die nachstehend aufgeführten, mit dem Schlachten in unmittelbarem Zusammenhange stehenden Verrichtungen:

das Abhäuten, Ausweiden und Abbrühen des geschlachteten Viehes,
das Reinigen des ausgeschlachteten Fleisches, sowie der Gedärme und Eingeweide,
das Abbrühen und Reinigen der einzelnen Körperteile und das Talgschmelzen[2]

dürfen nur auf dem städtischen Schlachthofe vorgenommen werden. Die Kälber dürfen, nachdem sie vollständig ausgeschlachtet und gereinigt sind, in den Häuten aus dem Schlachthofe entfernt werden.

Das Blut des auf dem Schlachthofe geschlachteten Viehes darf nur, insoweit es nach dem Urteil des Schlachthofdirektors zur menschlichen Nahrung geeignet ist, aus dem Schlachthofe mitgenommen werden.

Desgleichen dürfen Borsten, Haare, Klauen und der aus den Eingeweiden entfernte Dung ohne Genehmigung der Schlachthofverwaltung aus dem Schlachthofe nicht mit fortgenommen werden[3].

**§ 3.** Alles in die Schlachthofanlagen gelangende Schlachtvieh unterliegt vor und nach der Schlachtung der im § 4 des Gesetzes betreffend die Ausführung des Schlachtvieh- und Fleischbeschaugesetzes vom 28. Juni 1902 (Ges.-S. S. 229) vorgeschriebenen amtlichen Untersuchung durch den vom Magistrat hierzu bestellten Sachverständigen.

**§ 4.** Alles nicht in den städtischen Schlachthofanlagen ausgeschlachtete frische[3] Fleisch von Tieren der in § 1 bezeichneten Art einschließlich der Eingeweide, darf im Gemeindebezirk der Stadt ....... nicht eher feilgeboten werden, als bis das Fleisch nebst den Eingeweiden einer Untersuchung[3] im Schlachthofe durch den vom Magistrat bestellten Sachverständigen gegen eine zur Gemeindekasse (oder Schlachthofkasse) fließenden Gebühr unterzogen worden ist.

In den Gast- und Speisewirtschaften darf von auswärts bezogenes frisches Fleisch, einschließlich der Ein-

---

Umfang besteht, sind nach den „Veröff. d. Reichsgesundheitsamts“ neuerdings Bestimmungen erlassen worden für die Provinz Sachsen (am 8. Oktober 1923) und den Regierungsbezirk Liegnitz (am 14. April 1924). In der Provinz Sachsen unterliegen hiernach der Schlachtvieh- und Fleischbeschau die Hausschlachtungen von Rindern im Alter bis zu 3 Monaten, von Schweinen, Schafen, Ziegen, Pferden und Hunden, wenn sie in gewerblichen Schlachtstätten ausgeführt werden. Im Regierungsbezirk Liegnitz ist wegen der dort gegenwärtig bestehenden Schweinepestgefahr die Schlachtvieh- und Fleischbeschau bei Hausschlachtungen von Schweinen angeordnet, ebenso im Regierungsbezirk Breslau, Frankfurt a. d. Oder.

Die Bestimmung, nach der die Schlachtungen für Privatzwecke (sog. „Hausschlachtungen“) vom Schlachtzwange befreit sind, ist leider noch nicht überall zur Durchführung gekommen. Abgesehen davon, daß dadurch die Schlachthofkasse erheblich benachteiligt wird, ist es auch vielfach vorgekommen, daß die Fleischer von Privatleuten ausgeschlachtetes und ununtersuchtes Fleisch gekauft und in den Handel gebracht haben. Ferner ist auch von unreellen Fleischern oftmals krankes Vieh an Privatleute zur Abschlachtung verkauft und dadurch die Bedeutung und der Wert eines öffentlichen Schlachthofes, namentlich in sanitätspolizeilicher Beziehung, völlig illusorisch gemacht worden. Viel trägt zur Förderung des Hausschlachtens das sog. „Verpfunden“ bei; wird dieses, wie im Freistaat Sachsen, in verschiedenen Orten geschehen ist, verboten bzw. unter den Gewerbebetrieb gerechnet, dann bietet das Hausschlachten nicht mehr den Reiz wie früher und verschwindet von selbst. Eine Bestimmung, nachweislich armen Leuten die unentgeltliche Benutzung des Schlachthofes bei Schlachtungen für ihren Hausbedarf zu gestatten, dürfte einwandfrei und nach § 7 des pr. K. A. G. zulässig sein.

[1] Das Talgschmelzen ist nicht überall in den Schlachtzwang mit einbegriffen; jedoch sind nach den Motiven zum Gesetz von 1868 die Gemeinden befugt, eine derartige Bestimmung zu treffen, desgleichen über das Brühen von Eingeweiden und Einsalzen und Trocknen von Fellen (OVG. 75, 90).

[2] Es läßt sich bestreiten, ob verlangt werden kann, daß Borsten und Klauen im Schlachthaus bleiben müssen, da diese einen verkäuflichen Teil tauglicher Tiere bilden. Allerdings aber können Vorschriften gemacht werden, daß die ersteren nur nach Desinfektion entfernt werden dürfen (s. Schlachthofordnung). Es kann aber durch die Gebührenordnung vorgeschrieben werden, daß die Trichinenschauproben und die Borsten der Schlachthofverwaltung als Teilentgelt für die Schlachthausbenutzung zu überlassen sind (Oberlandesgericht Stettin und RGE. vom 1. Mai 1914).

[3] Zum Genuß zubereitet wird Fleisch dann anzusehen sein, wenn eine über die fleischermäßige Her-Herrichtung hinausgehende Verrichtung vorliegt, z. B. Zerlegen in brat- oder kochfertige Stücke, Kochen, Braten, Einpökeln, Einwecken in Stücken, die die spätere unmittelbare Herrichtung ermöglichen (KG. vom 14. Juni 1929, Dtsch. Jur.-Ztg 35, 174).

geweide, von Tieren der im § 1 bezeichneten Art nicht eher zum Genusse zubereitet werden, als bis es einer gleichen Untersuchung im Schlachthofe unterzogen ist[1].

Die Bestimmungen dieses Paragraphen finden keine Anwendung auf das Fleisch, welches nach Maßgabe der §§ 8—16 des Reichsgesetzes vom 3. Juni 1900 (RGBl. S. 547) einer amtlichen Untersuchung durch approbierte Tierärzte bereits unterlegen hat (§ 1 des Preuß. Gesetzes betr. Ausführung des Schlachtvieh- und Fleischbeschaugesetzes vom 23. September 1904, Preuß. Gesetzsammlung 1904, S. 257).

**§ 5.** Diejenigen Personen, welche im Gemeindebezirk der Stadt ....... das Fleischergewerbe oder den Handel mit frischem Fleisch als stehendes Gewerbe[2] betreiben, dürfen innerhalb des Gemeindebezirkes das Fleisch von Schlachtvieh der in § 1 bezeichneten Art, welches sie nicht im öffentlichen Schlachthofe der Stadt ....., sondern in einer anderen innerhalb eines Umkreises von ... Kilometern von der Grenze des Stadtbezirkes ....... belegenen Schlachtstätte[3] geschlachtet haben oder haben schlachten lassen[4], nicht feilbieten.

---

[1] Eine Verwertung des von auswärts eingeführten Fleisches im eigenen Haushalt ist mit der aus § 2 Nr. 3 Schl.-G. ersichtlichen Einschränkung gestattet, ebenso in dem Haushalt der Kasernen, Krankenhäuser, Erziehungsanstalten, Speiseanstalten (hier wird zu prüfen sein, ob diese nicht zu den Speisewirtschaften gehören, es wird also zwischen gemeinnützigen und gewerblichen zu unterscheiden sein), Gefangenenanstalten, Armenhäuser und ähnlicher Anstalten (s. Rekursentscheid des Min. f. Handel u. Gewerbe vom 19. März 1908 II b 3143, III 9090). Eine Ausdehnung der Vorschrift für das zur Wurstfabrikation eingeführte Fleisch ist unzulässig (Johow, Entsch. d. KG. 40, 451).

[2] Sehr bemerkenswert ist ein Urteil des Kammergerichts (1. Strafsenat) vom 18. März 1927 (1. S. 94. 27), dem folgender Tatbestand zugrunde liegt. Nach den Feststellungen hat der Angeklagte in Barmen zwei Filialen seines in Elberfeld betriebenen Großschlächtereibetriebes; er besitzt in Barmen zu dauerndem Gebrauch eingerichtete, beständig von ihm benutzte Räumlichkeiten für den Verkauf des in Elberfeld geschlachteten Fleisches; er betreibt also in Barmen den Handel mit frischem Fleisch als stehendes Gewerbe (v. Landmann, GO. Anm. 5, Abs. 2 zu § 55, Anm. 4 zu § 42). Da in Barmen der Gemeindebeschluß betreffend den Schlachthofzwang dieselbe Fassung wie der hier angegebene § 5 hatte, durfte der Großschlächter in Barmen nicht das in Elberfeld geschlachtete Fleisch feilbieten und war zu bestrafen. Nach Schroeter-Hellich, 1930, S. 757, ist als Begründung einer gewerblichen Niederlassung die Einnahme eines Standes auf einem Wochenmarkt nicht anzusehen. Aus dem regelmäßigen Feilbieten von Fleisch in einer einen Wochenmarkt darstellenden Markthalle kann daher der Betrieb eines stehenden Gewerbes nicht gefolgert werden. (Johow, Entscheid. des KG. 33 C 7; OVG. 57, 432. Dagegen nimmt die Entscheidung VIII GSt. 415/28 vom 24. September 1929 einen anderen Standpunkt ein, der von weittragender Bedeutung werden kann.

„Die einem Händler für den Wochenmarktverkauf zugewiesene ständige Stelle auf einem Markt ist eine Betriebsstätte im Sinne des § 1 Abs. 4 SGtVO., auch wenn die Verkaufsbude nach jeweiliger Beendigung des Wochenmarktes entfernt wird. (Aufbewahrungsraum der Verkaufsbude als Betriebsstätte.)

Wie das OVG. wiederholt ausgesprochen hat, ist der Begriff Betriebsstätte im Sinne der Gewerbesteuerordnung der gleiche wie im bisherigen Gewerbesteuerrechte (vgl. E. 80, S. 110ff. und PrVBl. Bd 47, S. 326ff.). Eine Betriebsstätte befindet sich dort, wo ein fester örtlicher Mittelpunkt vorhanden ist, in dem sich dauernd und bleibend nach dem Willen des Unternehmers und der Natur des Gewerbes Tätigkeiten vollziehen, die den Inhalt des Gewerbebetriebes oder einen Teil desselben bilden. Als Betriebsstätte können auch öffentliche Plätze oder Wege in Betracht kommen. Voraussetzung ist aber, daß deren Benutzung sich nicht lediglich als gemeinüblicher Gebrauch (Gemeinbrauch) darstellt. Nun steht zwar jedem (Einheimischen und Fremden) der Verkauf von Wochenmarktgegenständen auf Wochenmärkten mit gleichen Befugnissen frei (§ 64 RGO.). Dieser Gemeingebrauch wird aber ausgeschaltet insoweit, als Händlern von den für den Wochenmarktverkehr zuständigen Behörden ständige Verkaufsstellen auf dem Markte zum Absatz ihrer Waren zugewiesen werden. Denn dadurch erhält der Händler über den ihm zugewiesenen Raum die ausschließliche Verfügung zum Verkauf seiner Waren an den Wochenmarkttagen während der Marktzeit, also zur Vornahme einer gewerblichen Tätigkeit, die sich ständig in periodischen Zeitabschnitten wiederholt. Eine solche Verkaufsstätte ist der für den Begriff der Betriebsstätte erforderliche feste örtliche Mittelpunkt, mit den Worten der GStVO. die „feste örtliche Anlage“, auf der gewerbliche Tätigkeiten ausgeübt werden. Ob für die Zuweisung der festen Verkaufsstelle ein Entgelt (§ 68 RGO.) entrichtet wird oder nicht, ist für die Betriebsstätteneigenschaft unerheblich. Auch dem Unterstellraum für die Marktverkaufsbude kommt die Eigenschaft einer Betriebsstätte zu. Denn zu den Betriebshandlungen gehören nicht nur die unmittelbar auf den Gewerbebetrieb gerichteten Tätigkeiten, sondern auch die Hilfstätigkeiten, die nur mittelbar den Zweck des Unternehmens zu fördern bestimmt sind. Danach fällt auch die Unterstellung der Verkaufsbude unter den Kreis der Betriebshandlungen und ist daher der dazu ständig verwandte Raum Betriebsstätte, weil dauernd eine Verfügung über den Raum besteht.“

Unter stehendem Gewerbe handelt es sich nach einem Urteil des Kammergerichtes darum, festzustellen, ob der Angeklagte mit Recht oder Unrecht an einem Orte, wo er das Fleisch feilgeboten hat, zur Steuer veranlagt ist. Im ersteren Falle würde ein Vergehen gegen den besagten Gemeindebeschluß zu substanzieren sein und die Bestrafung mit Recht erfolgen. Für die Schlachthofgemeinden ist die Entscheidung von besonderem Interesse, da vielfach die Gewerbetreibenden die Schlachthausbenutzung zu umgehen suchen. Im Interesse der Fleischversorgung liegt es aber durchaus, daß möglichst nur im öffentlichen Schlachthaus geschlachtetes Fleisch in den freien Verkehr gelangt; aus diesem Grunde sollte mit allem Nachdruck auf den Bestimmungen des Ortsstatuts bestanden werden.

[3] Unter Schlachtstätten sind auch solche in öffentlichen Schlachthöfen zu verstehen. Jb. d. Entsch. d. KG. Erg. **6**, 381ff.

[4] Ein Schlachtenlassen im Sinne des Schlachthofgesetzes und der auf Grund dieses Gesetzes erlassenen Gemeindebeschlüsse liegt nur dann vor, wenn der auswärtige Fleischer hierbei lediglich das Werkzeug desjenigen ist, der in der Schlachthofgemeinde das Fleischergewerbe und den Handel mit frischem Fleisch als stehendes Gewerbe betreibt. Auf das zivilrechtliche Verhältnis zwischen beiden Parteien kommt es hierbei nicht an (Johow, Entsch. des KG. 41 C 427.)

**§ 6.** Sowohl auf öffentlichen Märkten als in den Privatverkaufsstätten und, falls öffentliche Fleischverkaufsstellen errichtet werden sollten, in diesen, ist das nicht in dem öffentlichen Schlachthofe ausgeschlachtete frische Fleisch von Tieren der in § 1 bezeichneten Art auch dann, wenn es einer amtlichen Untersuchung durch approbierte Tierärzte unterlegen hat, von dem im Schlachthofe ausgeschlachteten frischen Fleische gesondert feilzubieten und auf einer an der Verkaufsstelle deutlich sichtbar anzubringenden Tafel mit mindestens 5 cm hoher deutlicher, nicht verwischbarer Schrift als „Auswärts geschlachtetes Fleisch" zu bezeichnen[1].

**§ 8.** Zuwiderhandlungen gegen vorstehende Anordnungen werden nach § 14 des Gesetzes vom 9. März 1881 für jeden Übertretungsfall mit Geldstrafe bis 150 RM. oder mit Haft bestraft.

**§ 9.** Dieses Ortsstatut tritt mit dem Tage in Kraft, an welchem der st. Schlachthof dem öffentlichen Verkehr übergeben wird.

Das Verbot der Benutzung anderer als der im öffentlichen Schlachthof befindlichen Schlachtstätten tritt 6 Monate nach Veröffentlichung dieses Ortsstatutes, jedoch nicht vor der Inbetriebsetzung des städtischen Schlachthofes in Kraft[2].

## 2. Gemeindebeschluß über die Untersuchung des im öffentlichen Schlachthofe zu .... geschlachteten Viehes.

Auf Grund der Gesetze betreffend die Errichtung öffentlicher ausschließlich zu benutzender Schlachthäuser vom 18. März 1868 (Ges.-S. S. 277), 9. März 1881 (Ges.-S. S. 273) und 29. Mai 1902 (Ges.-S. S. 162) des Reichsgesetzes betreffs die Schlachtvieh- und Fleischbeschau vom 3. Juni 1900 (RGbl. 547) und des preußischen Gesetzes betreffend die Ausführung des Schlachtvieh- und Fleischbeschaugesetzes vom 28. Juni 1902 (Ges.-S. S. 229, 292) wird unter Zustimmung der Stadtverordnetenversammlung mit Genehmigung des Bezirksausschusses für den Schlachthofzwangbezirk der Stadtgemeinde ... verordnet.

**§ 1.** Die Untersuchung des Viehes, welches im städtischen Schlachthofe geschlachtet werden soll, erfolgt vor und nach der Schlachtung durch den Schlachthofdirektor oder durch den zu diesem Zweck bestellten Sachverständigen (Tierarzt) nach Maßgabe der reichs- und landesrechtlichen Vorschriften.

Die Untersuchung auf Trichinen erfolgt durch das städtische Trichinenschauamt nach Maßgabe der für dieses erlassenen Vorschriften.

**§ 2.** Vieh, welches bei der Untersuchung als einer Krankheit verdächtig befunden wird, kann zur weiteren Untersuchung in dazu bestimmten Räumen untergebracht werden.

Vieh, welches sich als krank erweist und dessen Fleisch zum Genusse für Menschen ungeeignet erscheint, wird von der Schlachtung in den eigentlichen Schlachthallen ausgeschlossen[3]; es ist im Krankviehschlachthaus zu töten. (Von dem Befunde und dem Ausschluß ist der Polizeiverwaltung Anzeige zu machen, sofern nicht den Schlachthoftierärzten obrigkeitliche Funktionen bei Ausübung der Fleischbeschau durch die Regierungspräsidenten übertragen worden sind)[4].

**§ 3.** Sobald die Schlachtung vollzogen ist, hat derjenige, welcher geschlachtet hat, davon selbst oder durch seine Beauftragten, für deren Handlungen und Unterlassungen er verantwortlich ist, in dem Dienstzimmer des Schlachthofdirektors (oder an der Schlachthofkasse oder dem Hallenmeister) Meldung zu machen.

---

[1] Nach einer Erkenntnis des Kammergerichts (Str.-S.) vom 6. Juni 1895 ist eine Polizeiverordnung, welche vorschreibt, daß auswärts geschlachtetes Fleisch als solches äußerlich kenntlich gemacht und gesondert von dem im städtischen Schlachthofe geschlachteten Fleische feilgeboten werden muß, gültig; denn sie findet in den gesetzlichen Bestimmungen (Ges. von 1868/81 ihre Rechtfertigung. Es könne keinem Bedenken unterliegen, daß in dem Aufhängen des Fleisches im Laden zum Zweck des Verkaufes bereits ein Feilbieten zu finden sei. Daß aber das Nebeneinanderhängen als ein gesondertes Feilhalten im Sinne der Polizeiverordnung nicht anzusehen sei, könne dem Wortlaut derselben gegenüber nicht zweifelhaft sein. (S. auch Johow, Entscheidung des KG. 25 C 6.) Schroeter-Hellich (1930, S. 757) halten die Zulässigkeit einer besonderen Kennzeichnung für zweifelhaft.

[2] Das Ortsstatut, und dies ist der Gemeindebeschluß betreffend Einführung des Schlachthofzwanges, bedarf gemäß § 131 des Zuständigkeitsgesetzes vom 1. August 1883 in Verbindung mit §§ 2 und 3 des Gesetzes vom 18. März 1868 und 9. März 1881 der Genehmigung des Bezirksausschusses und ist öffentlich zur Kenntnis zu bringen.

[3] In verschiedenen Städten wird die volle Schlachtgebühr an den Besitzer zurückgezahlt, sobald das Fleisch eines ganzen Tieres dem Konsum entzogen wird. Bei Verweisen des Fleisches auf die Freibank erfolgt die Rückzahlung der halben oder der ganzen Gebühr. In Ingolstadt erhalten arme Leute bei Vernichtung eines Stückes Vieh auf Antrag die Gebühren zurück. In Kolberg kann der Besitzer eines beanstandeten Tieres ein solches der gleichen Gattung kostenlos schlachten. In Breslau werden die Gebühren bei Beanstandung von Pferden, in Riesa bei gänzlicher Beanstandung drei Viertel derselben wiedererstattet. In Straubing wird bei Schlachtung von krankem Vieh Metzgern und Händler die Gebühr nicht mehr zurückvergütet, es wird sogar verlangt, daß diese die Abfuhrkosten zur Wasenmeisterei zu bezahlen haben. Auf Grund dieser Bestimmung wurde die Einfuhr von zweifelhafter Schlachtware fast ganz unterdrückt.

Nach einer Entscheidung des Kammergerichts (vom 28. Dezember 1893, StrS.) steht die Anordnung eines Regulativs, daß ein krankes oder krankheitsverdächtiges Tier in den Schlachtraum für krankes Vieh geschafft werden solle, nicht mit dem § 2, Nr 1 des Gesetzes von 1868/81 im Widerspruch und kann durch das Regulativ gemäß § 2, Abs. 2 dieses Gesetzes ohne Zweifel rechtsverbindlich getroffen werden. Ein unzulässige Beschränkung des Eigentums kann darin gleichfalls nicht erblickt werden, da Beschränkungen der zeitweiligen Ausübung des Eigentumsrechtes im öffentlichen Interesse und auf Grund besonderer gesetzlicher Vorschriften durch Verordnungen der zuständigen Behörden sehr wohl zulässig und rechtsverbindlich sind.

[4] In den Regierungsbezirken Köln und Breslau der Fall.

**§ 4.** Sind bei der Fleischuntersuchung besondere Hilfeleistungen erforderlich, so hat der Besitzer des Tieres oder dessen Stellvertreter auf Ansuchen des untersuchenden Tierarztes geeignete Hilfskräfte zu stellen. Im anderen Falle kann die Untersuchung abgelehnt werden.

Fleischer und Fleischergehilfen, welche bei oder auch nach der Schlachtung ein Tier oder Teile desselben krank oder krankheitsverdächtig finden, sind verpflichtet, hiervon dem untersuchenden Tierarzt sofort und unaufgefordert Mitteilung zu machen.

Das Tier darf dergestalt enthäutet werden, daß die Haut noch an einer Stelle mit dem Tierkörper zusammenhängt. Im anderen Falle sind die Häute derart zu kennzeichnen, daß die Zugehörigkeit zu dem betreffenden Tier außer Zweifel steht. Ferner darf das Tier in der Längsrichtung zerteilt sein. Über 2 Jahre alte Rinder sind in jedem Falle enthäutet und in der Längsrichtung zerteilt zur Untersuchung zu stellen; bei den unter 2 Jahre alten Rindern, bei Kälbern, Schafen und Ziegen kann die Enthäutung und Längsteilung nach Maßgabe des Befundes von dem untersuchenden Tierarzt gefordert werden. Bauch-, Becken- und Brusteingeweide, bei Schweinen, Schafen und Ziegen auch die Zunge, dürfen im natürlichen Zusammenhange mit den Halsorganen und den Organen der Brusthöhle herausgenommen werden. Kopf und Unterfüße dürfen bei Rindern, Schafen, Ziegen und Pferden aus ihren Verbindungen mit dem Tierkörper gelöst werden. Bei Kälbern müssen die Köpfe und Unterfüße in natürlicher Verbindung mit dem Tierkörper bis zur Beendigung der Untersuchung verbleiben[1].

Die herausgenommenen Eingeweide und bei Rindern und Pferden die Köpfe sind in der Nähe der Tierkörper derart zu verwahren, daß ihre Zugehörigkeit zu den einzelnen Körpern außer Zweifel steht. Die einzelnen Organe usw. sind deshalb mit Nummern zu versehen, die bei den Hallenmeistern anzufordern sind. Die zu reinigenden Eingeweide (Magen, Därme) müssen nach erfolgter Reinigung in der Kuttelei sofort wieder zu den übrigen Teilen zurückgeschafft werden.

Schweine, ausgenommen Spanferkel, sind vor der Untersuchung durch Spalten der Wirbelsäule und des Kopfes in Hälften zu zerlegen, die Liesen (Flohmen, Lünte, Schmer, Wammenfett) sind dergestalt zu lösen, daß ihre Zugehörigkeit zu dem betreffenden Tierkörper außer Zweifel steht. Diesem Verfahren wird das Versehen mit Nummern gleichgeachtet. Bei Rindern sind die Nieren aus ihren Fettkapseln nach Anordnung der Schlachthofverwaltung zu lösen.

Vor beendeter Untersuchung ist eine andere Zerlegung des geschlachteten Tieres nicht gestattet; auch dürfen Teile desselben weder entfernt, noch einer weiteren Behandlung unterzogen werden.

**§ 5.** Die Kennzeichnung des untersuchten Fleisches erfolgt nach den Bestimmungen des § 43 der Ausf.-Best. A zum Reichsfleischbeschaugesetz vom 10. August 1922 mittels Farbstempels[2].

**§ 6.** Kann über die Verwendbarkeit des Fleisches nicht sofort Bestimmung getroffen werden, so wird es „vorläufig beschlagnahmt" und bis zur endgültigen Entscheidung von seiten der Schlachthofverwaltung in Verwahrung genommen[3].

Wenn das Fleisch von einem Tiere herrührt, welches an einer übertragbaren Krankheit gelitten hat, so wird mit demselben nach den bestehenden gesetzlichen Bestimmungen verfahren.

**§ 7.** Der Transport beanstandeten Fleisches sowie der Organe nach dem zur Aufbewahrung bestimmten Raume erfolgt durch den Besitzer oder seine Leute.

---

[1] Die Aufhebung dieser Bestimmung kann nur nach Genehmigung durch die Landesregierung gemäß § 17 Abs. 2 der BBA. erfolgen. Ohne die besondere Anordnung sind in allen Schlachthöfen bei Kälbern die Köpfe und Unterfüße im Zusammenhang mit dem Tierkörper bis zur Beendigung der Untersuchung zu belassen. Zuwiderhandlungen gegen das Verbot der Lösung der Köpfe und Unterfüße sind nach dem Reichsfleischbeschaugesetz nicht unter Strafe gestellt. Da der vorliegende Gemeindebeschluß auch keine Strafbestimmungen enthält, muß durch die Polizeiverordnung über die Benutzung des öffentlichen Schlachthofes die Innehaltung der Bestimmung des Gemeindebeschlusses ausdrücklich auferlegt werden, so daß jede Zuwiderhandlung unter die Strafbestimmungen dieser Polizeiverordnung fällt. Im anderen Falle muß von der zuständigen Verwaltungsbehörde auf Grund des § 132 des Landesverwaltungsgesetzes vom 30. Juli 1883 durch Polizeiverfügung dem einzelnen aufgegeben und unter Strafe gestellt werden.

[2] Bei Beschädigung von Fleischbeschaustempeln tritt die Bestimmung des § 13b des Strafgesetzbuches in Kraft: „Wer unbefugt ein amtliches Siegel, welches von einer Behörde oder einem Beamten angelegt ist, um Sachen zu verschließen, zu bezeichnen oder in Beschlag zu nehmen, vorsätzlich auswischt, ablöst oder beschädigt, ........ wird mit Gefängnis bis zu sechs Monaten bestraft." Nach einer Entscheidung des Kammergerichts vom 21. Dezember 1899 ist die Entfernung oder Beschädigung eines Fleischbeschaustempels strafbar, denn derselbe habe den Zweck, das Publikum beim Einkauf zu schützen und der Behörde die Kontrolle zu erleichtern.

Beseitigung von Stempeln.

Das Reichsgericht hat entschieden, unter 17. Dezember 1906, daß dadurch, daß das Reichsfleischbeschaugesetz Strafen für die Beseitigung von beschlagnahmtem Fleisch nicht ausgesprochen habe, eine Straffreiheit nicht bestehe, sondern, daß in allen Fällen, in welchen das Fleischbeschaugesetz eine besondere Strafbestimmung nicht enthält, die Bestimmungen des Reichsstrafgesetzbuches in Anwendung zu kommen haben und sei eine widerrechtliche Beseitigung von Stempeln nach § 136 des RStrGB. strafbar.

[3] Das Reichsgericht (Entscheidung vom 30. Mai 1884 Str.-S.) stellte fest, daß die städtischen Tierärzte in Berlin nach Maßgabe des dortigen Regulativs zur Ausführung von Beschlagnahmungen im Sinne des § 137 des StrGB. zuständig seien.

Nach einer Entscheidung des Kammergerichts (Str.-S., Januar 1901) bedarf es für die Rechtswirksamkeit einer Beschlagnahme nicht weiterer Förmlichkeiten; es genügt die mündliche Erklärung der Beschlagnahmenden.

Wenn ein Fleischer den amtierenden Tierarzt an der Beschlagnahme durch Drohung zu hindern sucht, so macht er sich eines Vergehens gegen § 114 des StrGB. schuldig (Entscheidung des Kammergerichts, November 1902, Fall Köln a. Rh.).

Das Reichsgericht hat in einer Entscheidung (Juli 1901) in der Fortschaffung beanstandeten Fleisches aus dem Beanstandungsraume des Schlachthofes zu Meerane i. Sa. eine Pfandverschleppung erblickt und den betreffenden Fleischer mit vier Monaten Gefängnis bestraft.

Es ist verboten, beanstandete Tiere oder Teile von solchen aus dem Schlacht- oder Aufbewahrungsraum zu entfernen.

**§ 8.** Wird ein ganzes Tier beanstandet, so ist der Besitzer desselben berechtigt, eine den Grund der Beanstandung enthaltende Bescheinigung[1] zu verlangen.

Gegen die Entscheidungen des untersuchenden Tierarztes kann innerhalb 24 Stunden von dem Besitzer Beschwerde eingelegt werden.

In den Fällen des Versagens der Schlachterlaubnis und der Anordnung von Vorsichtsmaßregeln bei der Schlachtung findet die Beschwerde, sofern die erste Entscheidung durch den Schlachthofdirektor erfolgt ist, an die Ortspolizeibehörde, andernfalls an den Schlachthofdirektor statt. Die auf diese Beschwerde ergehende Entscheidung ist endgültig.

Über Beschwerden gegen polizeiliche Verfügungen der Schlachthoftierärzte, die auf Grund des Reichsfleischbeschaugesetzes, des Preußischen Ausführungsgesetzes und der zu beiden Gesetzen erlassenen Ausführungsbestimmungen ergehen, entscheidet die Ortspolizeibehörde. Die Beschwerden sind derjenigen Stelle innerhalb 24 Stunden anzumelden, von der die angefochtene Entscheidung getroffen ist. Sie ist unverzüglich an die zur Entscheidung zuständige Ortspolizeibehörde weiterzugeben. Diese hat vor der Entscheidung das Gutachten eines weiteren tierärztlichen Sachverständigen einzuholen, und zwar bei Beschwerden gegen erste Entscheidungen des Schlachthofdirektors das des zuständigen Regierungs- und Veterinärrates, gegen Entscheidungen anderer auf dem Schlachthof die Fleischuntersuchung ausführender Tierärzte das des Schlachthofdirektors.

Die Beschwerden haben aufschiebbare Wirkung.

Die durch eine unbegründete Beschwerde entstehenden Kosten hat der Beschwerdeführer zu tragen. Zur Deckung dieser Kosten kann ein angemessener Vorschuß eingezogen werden. Im übrigen gelten gemäß § 73 der preußischen Ausführungsbestimmungen zum Preußischen Ausführungsgesetz die Kosten des Beschwerdeverfahrens als Kosten der örtlichen Polizeiverwaltung.

Gibt nur die Beanstandung einzelner Teile von Schlachttieren Veranlassung zur Beschwerde, so greift das vorgesehene Beschwerdeverfahren nur Platz, sofern der Besitzer von seinem Einspruchsrechte sofort nach dem Ausspruch der Beanstandung Gebrauch gemacht hat.

Eine Bescheinigung über beanstandete Organe und Teile wird nicht erteilt. Es ist Sache des Besitzers sich hiervon Kenntnis zu verschaffen[2].

**§ 9.** Die Verwertung des der Freibank überwiesenen Fleisches usw. erfolgt, sofern der Besitzer nicht innerhalb 12 Stunden, die Vernichtung des gänzlich vom Verbrauch ausgeschlossenen Fleisches usw. erfolgt, sobald der Besitzer nicht innerhalb 24 Stunden gegen die Beurteilung Einspruch erhoben hat.

Strafbestimmungen.

**§ 10.** Zuwiderhandlungen gegen vorstehende Anordnungen werden nach § 14 des Gesetzes vom 9. März 1881 für jeden Übertretungsfall mit Geldstrafe bis 150 RM. oder mit Haft bestraft.

**§ 11.** Dieser Gemeindebeschluß tritt mit Eröffnung des Schlachthofes in Kraft.

---

[1]

**Der Direktor**
**des städt. Schlachthofes** ......................, den ..................19.....

**Bescheinigung.**

Herr Fleischermeister ..........................................................
schlachtete heute ein ......................................................, d....... er angeblich von
Herrn ................................................................ gekauft hat. Das Fleisch war
gemäß § .................... der B. B. A. (..............................) als ..............................
zu beurteilen und wurde der Freibank — T.-K.-Verwt.-Anst. überwiesen.
Das Tier war tragend, Tragesack mit Inhalt wog ............ kg.

[2] Nach einer Entscheidung des Landgerichts zn Schneidemühl (Strafk.) vom 18. Juli 1898 ist ein Schlachthofvorsteher zur Ausstellung ausführlicher Atteste gegen Entgelt auch dann berechtigt, wenn ihm die Ausübung von Privatpraxis untersagt ist.

In bezug auf die Stempelpflichtigkeit derartiger Atteste sei bemerkt, daß dieselben stempelfrei sind, sobald der Gegenstand, den sie betreffen, 150 RM. nicht übersteigt (§ 4 des Gesetzes vom 31. Juli 1895). Amtliche Atteste sind bei höherem Objektswerte stempelpflichtig, private auch dann frei, sofern dieser Umstand, daß die Ausstellung privatim erfolgt ist, ausdrücklich in dem Attest vermerkt ist.

Das Ausstellen eines tierärztlichen Attestes, in welchem das untersuchte Fleisch als durchaus unverdächtig und als verkäuflich bezeichnet wird, ist nicht als ein „Inverkehrbringen" jenes Fleisches anzusehen (Entscheidung des Reichsgerichts vom 29. Januar 1900).

Nach der Entscheidung des Reichsgerichts (Dezember 1898) sind Atteste für Fleischuntersuchungen Privaturkunden und dienen zum Beweise von Rechten von Erheblichkeit.

In Bayern sind solche Atteste stempelfrei.

Der Weg der Klage im Verwaltungsstreitverfahren ist gegen die Entscheidung der Fleischbeschausachverständigen und der Polizeibehörde ausgeschlossen.

Zur Deckung der durch die Beschwerde entstehenden Kosten kann gemäß § 73 Pr. A. B. I. ein angemessener Vorschuß erhoben werden. Bei Bemessung dieses können auch diejenigen Kosten in Betracht gezogen werden, die durch die Bezahlung der Sachverständigen für deren Tätigkeit erwachsen. Die entstehenden Kosten gehen bei begründeter Beschwerde zu Lasten der Ortspolizeibehörde, anderenfalls zu Lasten des Tierbesitzers. In Niederbayern muß ein Betrag von 15 RM. hinterlegt werden, bevor der Obergutachter zugezogen wird.

## 3. Gemeindebeschluß betreffend die Untersuchung des in die Stadt .... eingebrachten frischen Fleisches, das einer amtlichen Untersuchung durch approbierte Tierärzte noch nicht unterlegen hat.

Auf Grund der Gesetze betreffend die Errichtung öffentlicher ausschließlich zu benutzender Schlachthäuser vom 18. März 1868 (Ges.-S. S. 277), 9. März 1881 (Ges.-S. S. 273) und 29. Mai 1902 (Ges.-S. S. 162) wird unter Zustimmung der Stadtverordnetenversammlung für den Gemeindebezirk der Stadt ... folgendes angeordnet.

**§ 1.** Die im § 4 des Gemeindebeschlusses, betreffs die die Einführung des Schlachtzwanges vom ...... vorgeschriebene Untersuchung des nicht im öffentlichen Schlachthofe ausgeschlachteten und in den Stadtbezirk eingebrachten[1] frischen Fleisches[2], welches einer amtlichen Untersuchung durch approbierte Tierärzte

[1] Nach dem Urteil des Kammergerichts vom 12. Juni 1890 (Entsch. d. Kammerger. Strafs. B. X. S. 168) ist eine Ortspolizeiverordnung, welche für den Gemeindebezirk auch die Ablieferung des bei auswärtigen Gewerbetreibenden bestellten frischen Fleisches nur nach vorgängiger Untersuchung desselben im Gemeindeschlachthause und nach Erlegung der dort üblichen tarifmäßigen Gebühr gestattet, ungültig.

Dieses Urteil ist durch eine andere Entscheidung desselben Gerichtshofes unter dem 28. Oktober 1895 bestätigt: Eine Verpflichtung zur Untersuchung ausgeschlachtet in die Stadt eingebrachten frischen Fleisches liege nur dann vor, wenn es „feilgeboten", nicht aber, wenn es auf vorherige Bestellung abgeliefert wird, also bereits vor dem Einbringen verkauft ist. Vgl. auch die Entscheidung desselben Gerichtshofes (Str.-S.) vom 30. Januar 1899.

Nach Johow, Entscheidung des KG. 36, C 84 liegt ein Feilbieten bei Ablieferung auf Grund fester Bestellung nicht vor. Nach ebendort 39, C 77 ist unter Feilbieten ein Bereitstellen und Zugänglichmachen unter positiven zum Kauf anregenden Handlungen zu verstehen. Dem Verkaufe geht danach ein Feilbieten auch bei nicht bestelltem Fleisch nicht immer voraus. In Jahrbuch der Entscheidung des Kammergerichts, Ergänzung 8, 440 ist aber angenommen, daß ein Feilbieten dann vorliegt, wenn den „Bestellern" die zurechtgemachten Teile eingeführter Schlachttiere zur Auswahl vorgelegt werden oder, wenn erst bei der Abnahme mit den Bestellern über den Preis verhandelt wird. Vorrätighalten in den Vorratsräumen der Gastwirtschaft ist kein Feilbieten im Sinne des § 2 Abs. 1, Nr 2 des Schlachthofgesetzes (Kammergerichtsentscheid vom 14. Juni 1929 in Dtsch. Jur. Ztg **1930**, 174).

[2] Frisches Fleisch ist hier nur der wenig geeignete Ausdruck im Gegensatz zu zubereitetem Fleisch. In Beziehung zu Lebensmitteln hat das Wort „frisch" mannigfache Bedeutung. Frisches Fleisch kann bedeuten; frisch geschlachtet, frisch = unverdorben, frisch = roh, nicht zubereitet. Auf Grund des § 2 des Schlachthofgesetzes kann lediglich für frisches, von außerhalb eingeführtes Fleisch der Untersuchungszwang vorgeschrieben werden, nicht auch für zubereitetes.

Was unter Fleisch, ferner unter frischem und zubereitetem Fleische verstanden werden muß, ist in §§ 1—3 B. B. D. ausgedrückt. Nach den Begriffsbestimmungen der B. B. D. sind als Fleisch anzusehen; Muskelfleisch (mit oder ohne Knochen, Fettgewebe, Bindegewebe und Lymphdrüsen), Zunge, Herz, Lunge, Leber, Milz, Nieren, Gehirn, Brustdrüse (Bröschen, Bries, Brieschen, Kalbsmilch, Thymus, Schlund, Magen, Dünn- und Dickdarm, Gekröse, Blase, Milchdrüse (Euter), vom Schweine die ganze Haut (Schwarte), vom Rindvieh die Haut am Kopfe, einschließlich Nasenspiegel, Gaumen, Ohren, sowie die Haut an den Unterfüßen, ferner Knochen mit daran haftenden Weichteilen, frisches Blut, Fette, unverarbeitet oder zubereitet, insbesondere Talg, Unschlitt, Speck, Liesen, Flohmen, Lünte, Schmer, Wammenfett, sowie Gekröse- und Netzfett usw. Würste und ähnliche Gemenge von zerkleinertem Fleische.

„Als frisches Fleisch ist anzusehen, Fleisch, welches, abgesehen von einem etwaigen Kühlverfahren, einer auf die Haltbarkeit einwirkenden Behandlung nicht unterworfen worden ist, ferner Fleisch, welches zwar einer solchen Behandlung unterzogen ist, aber die Eigenschaften frischen Fleisches im wesentlichen behalten hat oder durch entsprechende Behandlung wieder gewinnen kann. Die Eigenschaft als frisches Fleisch geht insbesondere nicht verloren durch Gefrieren oder Austrocknen, ausgenommen bei getrockneten Därmen, durch oberflächliche Behandlung mit Salz, Zucker oder anderen chemischen Stoffen, durch bloßes Räuchern, durch Einlegen in Essig, durch Einhüllung in Fett, Gelatine oder andere, den Luftabschluß bezweckende Stoffe, durch Einspritzung von Konservierungsmitteln in die Blutgefäße oder in die Fleischsubstanz."

„Frisches Fleisch" im Sinne des § 2 des Schlachthofgesetzes ist nicht bloß frisch ausgeschlachtetes, sondern auch in frischem Zustande befindliches Fleisch (z. B. auch frische Bratwurst) im Gegensatz zu gedörrtem, eingepökeltem, geräuchertem oder durch sonstige Präservationen gegen rasches Verderben geschütztem Fleisch (Entscheidung des Kammergerichts [Str.-Sen.] vom 6. Februar 1888, Johow B. VIII, S. 186). Nach einer Entscheidung desselben Gerichtshofes vom 20. April 1893 ist unter „frischem Fleisch" auch oberflächlich gesalzenes zu verstehen; denn durch diese Behandlung werde nur die äußere Oberfläche beeinflußt, dagegen das Innere vollständig unberührt und vollständig frisch gelassen. Die Folgen der Salzung könnten durch Einlegen in Wasser leicht wieder beseitigt werden.

Nach einer späteren Entscheidung derselben Behörde (1894) ist frischer Speck und frisches Fett (im Gegensatz zu geräuchertem oder gedörrtem Speck oder ausgelassenem Fett) unzweifelhaft als „frisches Fleisch" anzusehen und unterliegt bei Einführung von außerhalb dem Untersuchungszwange. Nach einer Entscheidung des Kammergerichts vom 15. Juli 1898 fällt auch „frisches Liesenfett" („Schweineschmeer", „Fliesen", „Flohm") unter den Begriff des „frischen Fleisches" und ist vor Einführung in den Untersuchungsbezirk untersuchungspflichtig.

Nach der Entscheidung des Landgerichts zu Oldenburg vom 27. April 1898 ist „Wurst, welche aus frischem, gehacktem Schweinefleisch, welches mit Salz und Pfeffer durchsetzt und in Därme gestopft ist, nicht als Dauerwurst, sondern als frisches Fleisch anzusehen"; denn es sei 2 Tage nach der Fertigstellung verkauft und habe durch die angeführte Behandlung seine charakteristischen Eigenschaften als frisches Fleisch keinesfalls verloren, die zugeführten Stoffe wirken, namentlich nicht in der angegebenen Zeit, nicht konservierend.

nach Maßgabe der §§ 8—16 des Reichsgesetzes[1] noch nicht unterlegen hat, einschließlich der Eingeweide, erfolgt im städtischen Schlachthofe (oder in den hierfür bestimmten Untersuchungsstellen[2].

Das zu untersuchende Fleisch einschließlich der Eingeweide muß sofort[3] nach der Einführung in den Schlachthof (oder die hierfür bestimmte Untersuchungsstelle) gebracht und dort zur Untersuchung vorgelegt werden.

**§ 2.** Das zu untersuchende Fleisch ist in größeren Stücken, und zwar das von Bullen, Ochsen, Kühen über drei Monate alten Jungrindern, Pferden, Eseln, Maultieren und Mauleseln mindestens in Vierteln, das von Schweinen in Hälften und das von anderem Schlachtvieh in ungeteiltem Zustande vorzulegen[4].

---

Nach dem Urteil des Kammergerichts vom 2. November 1899 ist Fleisch, welches 5—6 Tage gesalzen sei, als „frisches" zu betrachten; denn das Einsalzen sei nur erfolgt, um das Fleisch in gutem Zustande zu erhalten.

Sog. Mett ist als frisches Fleisch anzusehen (Urteil des RG. I. vom 10. Oktober 1904).

Gefrierfleisch ist zweifellos frisches Fleisch im Sinne des § 4 RG. und des Schlachthofgesetzes. Die versuchte Unterscheidung zwischen Gefrierfleisch und gefrorenem Fleisch ist nicht stichhaltig. Nach einem Guchtachten des Reichsgesundheitsamtes ist unter „Gefrierfleisch" und auch unter „gefrorenes Fleisch" solches Fleisch zu verstehen, das infolge eines Gefrierverfahrens bis in die innersten Schichten vollständig durchgefroren ist, so daß diese Teile eine bretttharte Beschaffenheit haben. Fleisch, dessen obere Schichten nur angefroren sind, dessen tiefere Teile jedoch noch von der natürlichen Beschaffenheit und Festigkeit des frischen Fleisches sind, ist kein Gefrierfleisch. Fleisch,, dessen tiefere Schichten noch die brettartige Beschaffenheit infolge Gefrierens aufweisen, dessen oberflächliche Schichten aber weniger harte Beschaffenheit zeigen, ist Gefrierfleisch, das im Auftauen begriffen ist. In Zweifelsfällen gibt eine einfache Schnitt- oder Stichprobe mit einem Messer oder einer Spicknadel Aufschluß. Lassen sich an dicken Muskelteilen (Hals, Schulter, Keule) tiefe Schnitte anlegen oder diese Teile tief ein- oder durchstechen, so ist das Fleisch kein Gefrierfleisch. Dagegen ist Gefrierfleisch verschieden von Kühlfleisch. Letzteres ist frisches Fleisch, das bei etwa —1° am Bestimmungsort verschickt in weichem Zustande zum unmittelbaren und sofortigen Gebrauch eintrifft.

[1] Es ist strittig, ob Auslandsfleisch einer Nachuntersuchungspflicht unterliegt oder nicht (siehe Kammel, Dtsch. Schlachthofztg 1929, F. 2). Die Untersuchung der Auslandfleischbeschaustellen ist wohl eine amtliche Untersuchung im Sinne des § 5 Ausf.-G. durch approbierte Tierärzte. Ob diese Untersuchung aber eine amtliche Untersuchung nach Maßgabe der §§ 8 bis 16 des RG. darstellt, läßt sich bezweifeln. Der § 8 des RG. verlangt ausdrücklich, daß vor der Untersuchung Teile eines geschlachteten Tieres nicht beseitigt werden dürfen. Nun sind aber durch das Reich hinsichtlich der Einfuhr von Gefrierfleisch wesentliche Einfuhrerleichterungen zugelassen worden, so besonders bezüglich des § 12 RG. (Einfuhrerleichterungen sind wieder aufgehoben.) Es brauchen bei der Einfuhr von Gefrierfleisch die Organe nicht mehr im Zusammenhang mit dem betreffenden Tierkörper eingeführt werden. Dem § 8 des RG. kann also nicht mehr Genüge getan werden, indem ja gewisse für die Untersuchung nach Maßgabe der §§ 8—16 des RG. wichtige Teile entfernt worden sind, worüber die BBD. a nicht hinweg helfen können.

[2] Im Sinne eines Gemeindebeschlusses, wonach die Untersuchung des Fleisches ausschließlich in der Untersuchungsstation selbst und jedenfalls vor Unterbringung des Fleisches in einer Verkaufsstelle stattzufinden habe, ist unter „Unterbringen" nicht nur das Unterbringen des Fleisches im Innern der Verkaufsstelle, sondern auch das Unterbringen an den zum Verkaufsstande gehörigen, mit diesem unmittelbar zusammenhängenden Stellen zu verstehen, sofern das Fleisch behufs Feilbietens dort untergebracht ist. Einer Feststellung, daß dieses Fleisch auch schon tatsächlich feilgehalten worden sei, bedarf es dagegen nicht." (Urt. d. KG. v. 8. Mai 1893. Arch. f. Strafr. S. 79.)

Zur Untersuchung von eingeführtem Fleisch dürfen Kontrollstationen errichtet werden. Nach der Judikatur des Kammergerichtes ist die Möglichkeit gegeben, nicht nur alles eingeführte Fleisch vor Inverkehrsetzung einer vollkommenen Nachuntersuchung zu unterziehen, sofern es sich nicht um tierärztlich untersuchtes Fleisch handelt, sondern daß auch eine Stempelkontrolle und Untersuchung auf Zersetzung vorgeschrieben werden kann, auch soweit das Fleisch tierärztlich untersucht ist für letzteren Fall. (Z. Fleisch- u. Milchhyg. 1906, 168.)

[3] Der Gemeindebeschluß kann Vorschriften enthalten, die bestimmt und geeignet sind, die Durchführung und Kontrolle der vorzunehmenden Untersuchung zu sichern. Zu diesem Zweck kann bestimmt werden, daß das eingebrachte, feilzubietende und nicht bereits von einem approbierten Tierarzt untersuchte Fleisch „sofort" oder auf dem kürzesten Wege nach dem Schlachthof gebracht wird. Als sofortiges Hinbringen im Sinne einer solchen Vorschrift ist ein Hinschaffen ohne schuldhafte Verzögerung anzusehen (Johow, Entscheid. des KG. 9 C 373).

[4] Nach dem Urteil des Kammergerichts vom 24. Mai 1894 ist die Vorschrift eines Ortsstatuts, welche dahin lautet: „Das nach dem Schlachthause zur Untersuchung gelangende Fleisch von Rindvieh und Pferden ist mindestens in Vierteln, das von Schweinen mindestens in Hälften, das von anderem Schlachtvieh in ungeteiltem Zustande vorzulegen; doch müssen die Haupteingeweide (Herz, Leber, Lunge) mit dem Fleische noch natürlich verbunden sein, bei Pferden ist auch der Kopf mit vorzulegen, Filets und Zungen dürfen auch einzeln vorgelegt werden" in allen ihren Einzelheiten rechtsverbindlich; denn sie beruht auf § 2 Abs. 2 des Gesetzes vom 9. März 1881, nach welchem im Regulative angeordnet werden kann, daß das Fleisch dem Fleischbeschauer in größeren Stücken (Hälften, Vierteln) und, was Kleinvieh anbelangt, in unzerteiltem Zustande vorzulegen ist.

Ist es den Personen, welche nicht im Schlachthause ausgeschlachtetes frisches Fleisch feilbieten wollen, nicht möglich, die Viertel oder größeren Teile des Rindviehs im natürlichen Zusammenhange mit den Haupteingeweiden vorzulegen, oder handelt es sich um solche Teile des Viehs, mit welchen die Haupteingeweide überhaupt nicht natürlich verbunden sind, so bleibt jenen Personen nichts anderes übrig, als vom Feilbieten solchen Fleisches abzustehen. Diese Beschränkung in der Ausübung des Gewerbes enthält auch keinen Eingriff in das Recht auf den durch § 42 der Gewerbeordnung gesicherten Betrieb des Gewerbes an fremden Orten.

Nach einer Entscheidung des Kammergerichts (1899) ist eine Polizeiverordnung (Neu-Ruppin), welche verbietet, daß alles auf dem Wochenmarkte feilzubietende Fleisch nicht früher in kleinere Stücke zerteilt

Mit besonderer Genehmigung des Schlachthofdirektors als Beauftragtem des Magistrats kann jedoch auch die Einfuhr von frischen Schinken, Hammel- oder Kalbskeulen, Hammel- oder Kalbsrücken, sowie Rinderfilet und Rinderzungen gestattet werden.

Bei Eingeweiden, insbesondere Lebern, Lungen, Herzen, Milzen und frischen Därmen muß das Fleisch der dazugehörigen Schlachttiere in der vorgeschriebenen Weise mit vorgelegt werden.

Die Einfuhr von gehacktem Fleisch ist verboten.

**§ 3.** Die Untersuchung des Fleisches erfolgt an jedem Wochentage zu den Zeiten, an welchem der Schlachthof für den Schlachtbetrieb geöffnet ist.

**§ 4.** Die Untersuchung einschließlich Trichinenschau des eingeführten frischen Fleisches in der Untersuchungsstelle auf dem Schlachthofe findet nach Maßgabe der reichs- und landesgesetzlichen Vorschriften und des Gemeindebeschlusses über die Untersuchung des im städtischen Schlachthofe geschlachteten Viehes vom .... statt.

Die zu einem Tiere gehörenden Fleischstücke müssen deutlich als zusammengehörig gekennzeichnet sein.

**§ 5.** Die Kennzeichnung dieses nachuntersuchten Fleisches erfolgt nach den Bestimmungen des Pr. Min.-Erl. vom 8. April 1907[1] (durch Stempel mit der Inschrift „Nachuntersucht Städt. Schlachthof ...").

**§ 6.** Fleisch, welches bei der Untersuchung im Schlachthofe als bedingt tauglich oder minderwertig befunden worden ist, darf nur auf der in den Schlachthofanlagen errichteten Freibank nach den Bestimmungen der Freibankordnung feilgeboten werden.

Das als untauglich zum Genusse für Menschen befundene Fleisch wird auf Kosten der Eigentümer oder desjenigen, der es vorgelegt hat, nach Maßgabe der darüber bestehenden Vorschriften unschädlich beseitigt.

Gegen die Entscheidung des untersuchenden Sachverständigen steht dem Besitzer das Recht der Beschwerde zu. Das Beschwerdeverfahren regelt sich nach den Bestimmungen des § 8 des Gemeindebeschlusses betreffend die Untersuchung des in dem städtischen Schlachthofe geschlachteten Viehes.

**§ 7.** Für die Untersuchung des eingeführten Fleisches, welches einer amtlichen Untersuchung durch approbierte Tierärzte nach Maßgabe der §§ 8—16 des Reichsgesetzes noch nicht unterlegen hat, werden die in der erlassenen Gebührenordnung festgesetzten Gebühren erhoben[2].

Die Gebühren sind an der Kasse des Schlachthofes (oder der Untersuchungsstelle) im voraus zu entrichten.

---

werden darf, bis sich der kontrollierende Beamte beim Beginne des Marktes davon überzeugt hat, ob das Fleisch auch im städtischen Schlachthofe untersucht ist und den vorgeschriebenen Stempel trägt, rechtsgültig. Sie finde ihre gesetzliche Grundlage in dem § 6 c und f des Gesetzes über die Polizeiverwaltung vom 11. März 1850. Sie stehe auch nicht mit der Gewerbeordnung in Widerspruch, da sie nur die Art der Ausübung des Gewerbebetriebes regele.

Die Bestimmung, das sog. Geschlinge (Lunge, Leber, Herz) im Zusammenhange mit dem Fleische zu lassen, ist zwar in einer Reihe von Städten ohne Schwierigkeiten auch bei dem Einbringen von Großvieh durchgeführt, doch dürfte dieselbe den Schlächtern, im Sommer wenigstens, schwere Nachteile bringen; dagegen ist diese Forderung bei Kleinvieh unzweifelhaft leicht zu erfüllen. Nach unserer Ansicht genügt die Anordnung, Nieren und Milz stets im Zusammenhange mit dem Fleisch zu lassen und unbedingt das Geschlinge bei der Untersuchung mit vorzulegen.

In bezug auf diese Bestimmung ist von dem Kammergericht (Str.-Sen.) unter dem 26. Januar 1893 (Entsch. B. XIII), folgende Entscheidung ergangen: „Das Feilbieten im Sinne des Gesetzes vom 9. März 1881 und somit auch der „Verkauf" im Sinne des Schlachthausregulativs (der Stadt X) umfaßt nicht bloß das öffentliche Feilhalten, sondern auch jedes „Bereitstellen und Zugängigmachen zum Ankauf durch Zurichtung in diejenige Form, die es zum Absatze geeignet macht". Die die Errichtung öffentlicher Schlachthäuser betreffenden Gesetze (sowie der hier angegriffene Gemeindebeschluß vom 25. April 1890 nebst dem Regulativ vom 30. Dezember 1891) sind im Interesse der Gesundheit des Publikums, nämlich um dieses gegen den Genuß ungesunden Fleisches zu schützen, erlassen. Wenn daher der § 3 des Regulativs bestimmt, daß von dem zur Untersuchung im Schlachthause vorgelegten Fleische des Tieres das dazugehörige Brusteingeweide (Lunge und Herz) sowie Leber, Milz und Nieren bei der Untersuchung noch nicht abgetrennt sein dürfe, so ist diese Vorschrift als eine im Interesse der Gesundheit der Käufer erlassene unbedingt zu befolgen, wo nicht, wie in Abs. 3 des § 3 a. a. O., aus besonderen, hier nicht zu untersuchenden Gründen eine Ausnahme zugelassen ist; denn nur dann kann der erstrebte Zweck erreicht werden. Es bleibt daher den Personen, welche von auswärts frisches Fleisch feilbieten wollen, nichts anderes übrig, als diejenigen Eingeweide und sonstigen Teile mitzubeziehen, welche sie als zu den entsprechenden Körperteilen des Viehes gehörig bei der Untersuchung des Fleisches ebenfalls vorzulegen haben. Unmögliches wird damit nicht verlangt, und selbst wenn in einzelnen Fällen ein bestimmter Teil eines Tieres mit den betreffenden dazugehörigen Organen nicht zu erlangen sein sollte, würde dies von der Beobachtung der Vorschrift § 3 a. a. O. nicht entbinden können. In solchen Fällen würde vielmehr von dem Bezuge des verlangten Fleisches Abstand zu nehmen sein. Aber auch eine mit den Grundsätzen der Gewerbeordnung im Widerspruche stehende Bestimmung enthält der § 3 des Regulativs nicht. Insbesondere steht der § 1 der ersteren, welcher die Gewerbefreiheit gewährleistet, dem § 3 nicht entgegen; denn dort wird nur bestimmt, daß, von den Ausnahmen und Beschränkungen abgesehen, welche in der Gewerbeordnung selbst vorgeschrieben oder zugelassen sind, die Zulassung zum Gewerbebetriebe eine unbeschränkte sein soll, indem der Betrieb eines Gewerbes jedermann gestattet wird. Der durch besondere Gesetze oder rechtsgültig erlassene Verordnungen geregelten Art der Ausübung eines Gewerbes und den dadurch dieser Ausübung gezogenen Schranken steht dagegen der § 1 der Gewerbeordnung keineswegs entgegen.

[1] Nach diesem Min.-Erl. dürfen für eine solche tierärztliche Nachuntersuchung weder die für die ordentliche Untersuchung geltenden Stempel, noch die Bezeichnung Schlachthof, TA oder TU verwendet werden; es muß im Stempel die Tatsache der Nachuntersuchung zum Ausdruck kommen.

Die Freizügigkeit genießt das Fleisch jedoch nur dann, wenn seine erste Untersuchung durch einen Tierarzt ausgeführt worden ist, nicht aber, wenn es erstmalig nicht tierärztlich, dann nach Einfuhr in eine Schlachthofgemeinde tierärztlich nachuntersucht und danach weiter ausgeführt ist.

[2] Es kann angeordnet werden, daß diese anfallenden Gebühren der Gemeindekasse, also der Kasse der allgemeinen Verwaltung zufließen. Diese Anordnung entspricht den Bestimmungen des § 2, 2 des Schlachthofgesetzes, indem dort ausdrücklich von der „zur Gemeindekasse" fließenden Gebühr gesprochen wird.

**§ 8.** Frisches Schweinefleisch (einschließlich der Wildschweine) oder das Fleisch von Hunden, welches in den Gemeindebezirk eingeführt ist, gilt nur dann als auf Trichinen untersucht, wenn es den vorgeschriebenen und deutlich lesbaren Trichinenschaustempel trägt[1].

**§ 9.** Wer den vorstehenden Bestimmungen zuwider handelt, wird nach § 14 des Gesetzes vom 9. März 1881 für jeden Übertretungsfall mit Geldstrafe bis zu 150 RM. oder mit Haft bestraft.

**§ 10.** Dieser Gemeindebeschluß tritt mit dem Tage der erstmaligen Veröffentlichung im .... blatt in Kraft. Der Gemeindebeschluß vom ..... wird von demselben Zeitpunkt ab aufgehoben.

.........., den .... Der Magistrat.

Vorstehender Gemeindebeschluß wird gemäß § 131 Ziff. 1 des Zuständigkeitsgesetzes vom 1. August 1883 in Verbindung mit §§ 2 und 3 des Gesetzes vom 18. März 1868 und 9. März 1881 hiermit genehmigt.

.........., den .... Der Bezirksausschuß.

Vorstehende Gemeindebeschlüsse bringen wir hiermit zur öffentlichen Kenntnis.

.........., den .... Der Magistrat.

# III. Verwaltungsordnung.

## 1. Die verwaltungsrechtliche Stellung der Schlachthöfe[2].

Art und Umfang einer jeden Verwaltung werden bedingt durch die verwaltungsrechtliche Stellung, die der betreffenden Anstalt, dem Betrieb durch gesetzliche Vorschriften und verwaltungsmäßige Ausführungsbestimmungen eingeräumt ist. Die heutige Zeit ist eine Notzeit, in der das Wort Wirtschaft die bedeutendste Rolle spielt und spielen muß. Die Wirtschaft braucht zum Aufbau die Wissenschaft. In die Wirtschaft greift die Verwaltung oft einschneidend ein, deshalb ihr Bestreben, auch auf die Verwaltung Einfluß zu gewinnen, Verwaltungsmaßnahmen dem für sie erforderlichen Rahmen anzupassen, damit sie nicht völlig erliegt. Die Wechselbeziehungen zwischen Verwaltung und Wirtschaft sind eng. Die Gemeindetierärzte sind Wissenschafter, die mit der Wirtschaft in engster Verbindung stehen. Deswegen müssen sie auch die Klaviatur des Verwaltungsrechtes beherrschen und an den notwendigen Stellen die erforderlichen Register ziehen können, zumal sie auch die Sachberater ihrer Anstellungsbehörden, der Städte, sind. Konform mit der Not der Wirtschaft läuft die der Städte, da sie einerseits infolge der staatlichen Finanzgebarung allein auf die immer mehr sinkende Steuerkraft der Wirtschaft angewiesen sind, andererseits der Staat eine Aufgabe nach der anderen auf die Schultern der Gemeinden abwälzt. Es ist daher verständlich, daß die Städte in ihrer Not sich neue Einnahmequellen zu erschließen und dabei auf ihre Gemeindeanstalten zurückzugreifen suchen, obwohl dieser Rückgriff zur erneuten Belastung der Wirtschaft führen muß. Auch die Schlacht- und Viehhöfe sind Gemeindeanstalten, auch sie werden von diesem Bestreben der Städte nicht unberührt bleiben. Schon macht sich in den Kreisen der interessierten Gewerbetreibenden eine gewisse Beunruhigung bemerkbar, der in der Tat nicht die Berechtigung versagt werden kann, da die Behandlung der Gebührenerhebung in den einzelnen deutschen Ländern sehr unterschiedlich ist. Es ist somit die Frage zu prüfen, ob die Schlacht- und Viehhöfe nach der Gesetzgebung der einzelnen Länder zu den gemeinnützigen Gemeinde*anstalten* gehören oder ob sie in die Kategorie der werbenden wirtschaftlichen Gemeindeunternehmungen eingereiht werden können.

In *Sachsen* dürfte es für die Stadtverwaltungen nicht ganz ausgeschlossen sein, ihre Schlacht- und Viehhöfe zu werbenden Betrieben zu machen, obwohl die Beschlußbehörden eine Überspannung der Schlachthofgebühren verhindern *können*.

In *Bayern* gehören nach dem Wortlaut des Art. 44 der Gemeindeordnung die Schlacht- und Viehhöfe zweifelsfrei zu den Gemeindeanstalten schlechtweg. Nach einer Auskunft des Bayrischen Staatsministeriums an den Reichsverband der Großschlächter ist die Bemessung der Gebühren für die Benutzung der gemeindlichen Anstalten eine Angelegenheit der gemeindlichen Selbstverwaltung, über die die Gemeinden nach *eigenem Ermessen* zu befinden haben. Es wird dabei auf die bekannte Entscheidung des bayrischen Oberverwaltungsgerichtes verwiesen, die in der Fachpresse vom bayrischen gemeindetierärztlichen Standpunkt eingehend behandelt worden ist. Nur für den Fall, daß die Benutzung einer Gemeindeanstalt zur Zwangs-

---

Es sind dies die einzigen Gebühren, auf die die Stadtverwaltung Anspruch hat und die sie zu Zwecken der allgemeinen Verwaltung verwenden kann. Es erscheint angebracht, diese Gebühren der Stadtverwaltung zu überlassen. Wenn in einem besonderen Falle die Nachuntersuchung *tierärztlich* untersuchten Fleisches auf Verdorbensein vorgenommen wird (§ 20 Abs. 2 FG., § 5 Pr. A. G.), so dürfen hierfür Gebühren nicht erhoben werden § 14 A. 1 Pr. A. G.)

[1] Siehe Anm. 11 Schlachthofgesetz.

[2] Nach einem Vortrag, gehalten von *Kammel*, Stettin, auf der Hauptversammlung des Reichsverbandes der Deutschen Gemeindetierärzte am 24. August 1929 in Danzig.

pflicht gemacht wird, ist nach einer noch neueren Entscheidung des Bay.VGH. vom 1. Februar 1929 der Grundsatz eines gleichmäßigen Maßstabes für die zu erhebenden Abgaben einzuhalten, da in anderem Falle über den Rahmen der gemeindlichen Selbstverwaltung hinausgegriffen würde.

Die Frage der Gebührenerhebung hat zwar in Preußen durch den § 11 des Kommunalabgabengesetzes vom 14. Juli 1893 eine bis jetzt befriedigende Festlegung erfahren. In die Preußische Gesetzgebung ist aber durch den § 8 Abs. 2 des Preußischen Gesetzes betreffend die Anstellung und Versorgung der Kommunalbeamten vom 30. Juli 1899 ein neuer verwaltungsrechtlicher Begriff in den Kreis der Betrachtungen geworfen worden, nämlich der der Betriebsverwaltungen, der unter Umständen eines Tages zu ganz anderen Zwecken als den beabsichtigten beamtenrechtlichen zur Debatte gestellt werden kann. Da der Begriff der städtischen Betriebsverwaltung sowohl durch den Gesetzgeber selbst — und zwar leider mit Absicht — als auch durch Theorie und Praxis keine feste Umgrenzung gefunden hatte, glaubte das Preußische Staatsministerium durch seine ministerielle Anweisung zur Ausführung des Kommunalbeamtengesetzes dem abhelfen und den Begriff „Betriebsverwaltung" umreißen zu müssen, um Meinungsverschiedenheiten zwischen den städtischen Verwaltungen und den in Streitfällen mit der Entscheidung befaßten Gerichten zu vermeiden. Bei den Verwaltungen, die im Sinne des Kommunalbeamtengesetzes als „Betriebsverwaltungen" zu bezeichnen sind, werden auch die Schlacht- und Viehhöfe angeführt. Diese durch ministerielle Anweisung erfolgte Eingruppierung unter die Betriebsverwaltungen hat in dem vorhin skizzierten Bestreben der Stadtverwaltungen, sich neue Einnahmequellen zu verschaffen, bei einzelnen Kommunalverwaltungsrechtlern den Gedanken aufkommen lassen, bezüglich der rechtlichen Stellung der Schlacht- und Viehhöfe sich die Rechtsauffassung einer ministeriellen Anweisung, und zwar ausgerechnet zu einem Kommunalbeamtengesetz zu eigen zu machen, um vielleicht früher oder später die bis jetzt unübersteigbaren Mauern des § 11 des Kommunalabgabengesetzes niederreißen zu können. Die angezogene ministerielle Anweisung stellt verwaltungsrechtlich eine Verwaltungsverordnung dar und gehört zur Untergruppe der Dienstanweisungen, Instruktionen, da sie Vorschriften über Auffassung und Durchführung eines Gesetzes und die gesamte Verwaltungsführung, die ein höheres Staatsorgan den untergeordneten Behörden erteilt, enthält (Fülster, Grundriß des Verwaltungsrechtes, 1929). Verordnungen sind keine ursprünglichen Rechtsquellen wie die Gesetze, sondern Rechtsquellen zweiter Ordnung, denen gegenüber das Gesetz den Vorrang hat. Nun gibt es aber Gesetze, die sich mit den Gemeindeanstalten beschäftigen; ministerielle Anweisungen sind aber keine Gesetze, bei denen der Rechtsgrundsatz „Lex posterior derogat legi priori" — ein Rechtsatz wird aufgehoben durch Entstehung einer neuen inhaltlich widersprechenden Rechtsnorm — zur Anwendung kommen kann, auch wenn sie später erlassen worden sind als die Gesetze. Ministerielle Anweisungen sind abänderlich, sie können durch einen Verwaltungsakt redigiert werden und müssen es, wenn sie der Nachprüfung durch die Gerichte nicht standhalten; sie können sich auch nicht ohne weiteres über den ständigen Gerichtsbrauch hinwegsetzen, es sei denn, daß bezüglich der Ausführung eine besondere gesetzliche Delegation besteht. Sie dürfen aber nicht über diese gesetzliche Ermächtigung hinausgehen, also Auslegungen anderer bestehender Gesetze durch einen einfachen Verwaltungsakt außer Kraft setzen.

Somit ist die Frage, ob die Schlacht- und Viehhöfe unter den Begriff „Betriebsverwaltungen" fallen, für ihre rechtliche und materielle Stellung von fundamentaler Bedeutung.

Für die Definition eines rechtlichen Begriffes wäre es notwendig, von den ursprünglichen Rechtsquellen, den Gesetzen, sofern sie eine solche geben, auszugehen. Es sei aber in diesem Falle ausnahmsweise gestattet, zunächst die Definition des Begriffes nach der Quelle der ministeriellen Anweisung zum Kommunalbeamtengesetz zu bringen und dann zu prüfen, ob die Auffassung dieser Anweisung mit den ursprünglichen Rechtsquellen, den Gesetzen, in Einklang steht. Nach dieser ministeriellen Anweisung wird für die nähere Feststellung des Begriffes „Betriebsverwaltung" davon auszugehen sein, „daß in erster Linie die gewerblichen Unternehmungen der Stadtgemeinden zu den Betriebsverwaltungen zu rechnen sind, wobei es auf die Frage, ob den Unternehmungen ein Monopol oder ein Benutzungszwang eingeräumt ist, nicht ankommen soll. Auch wird die Tatsache, daß bei einem Unternehmen die Gewinnerzielung hinter dem Gesichtspunkte öffentlicher Interessen zurücktritt, nicht schon an sich die Annahme einer Betriebsverwaltung ausschließen. Gleichgültig ist ferner, ob einzelne im Betriebe angestellte Beamte obrigkeitliche Funktionen auszuüben haben (wie unter Umständen Schlachthofvorsteher in städtischen Viehhöfen). Mit diesen Maßgaben wird eine städtische Betriebsverwaltung im Sinne des § 8,2 im allgemeinen dort angenommen werden können, wo ein abgesondertes wirtschaftliches Unternehmen oder eine abgesonderte wirtschaftliche Verwaltung der Stadt mit eigenem Personal besteht. Das Erfordernis des eigenen, von den übrigen städtischen Beamtengruppen verschiedenen Personals ergibt sich aus der Erwägung, daß andernfalls eine gesonderte Rechtsstellung dieses Personals ausgeschlossen sein würde. Da die verlangte Absonderung der Betriebsverwaltungen von den übrigen Verwaltungszweigen nur bei einem erheblicherem Umfange der ersteren zuzutreffen pflegt, wird es im Einzelfalle für die Entscheidung über die Voraussetzungen der Betriebsverwaltung auf Art und Umfang derselben ankommen ... Mit dem aus dem Vorstehenden sich ergebenden Vorbehalten würden — nicht sind — als Betriebsverwaltungen insbesondere zu bezeichnen sein: Bahnunternehmungen, Fuhrparks, Hafenanlagen, Gas-, Wasser-, Elektrizitätswerke, Markthallen, Schlacht- und Viehhöfe, Kurverwaltungen, Badeanstalten, Museen, Theater-, Konzertunternehmungen, zoologische Gärten u. a. m.“

Es ist somit zu prüfen, ob und inwiefern nach der Gesetzgebung und Rechtsprechung die in der Anweisung verlangten Maßgaben für die Schlacht- und Viehhöfe in der Tat zutreffen, ob nach diesen ursprünglichen Rechtsquellen und nach dem Gerichtsbrauch die Schlacht- und Viehhöfe zu den städtischen Betriebsverwaltungen zu rechnen sind.

Zweifelsfrei gehören die Schlacht- und Viehhöfe zu den Gemeindeanstalten. Mit diesen beschäftigt sich aber die Städteordnung für die sechs östlichen Provinzen vom 30. Mai 1853 und das Kommunalabgabengesetz vom 14. Juli 1893 nebst Ausführungsanweisung vom 10. Mai 1894. Nach Oertel (Städteordnung der sechs östlichen Provinzen) ist der Begriff Gemeindeanstalt in der preußischen Verwaltungsgesetzgebung kein feststehender. Man unterscheidet öffentliche Gemeindeanstalten, gemeindliche Privatanstalten und polizeiliche Gemeindeanstalten. Die öffentlichen Gemeindeanstalten im Sinne des § 4 Abs. 1 St.O. entsprechen den in § 4 Abs. 1 des Kommunalabgabengesetzes aufgeführten, von den Gemeinden im öffentlichen Interesse unterhaltenen Veranstaltungen (Anlagen, Anstalten, Einrichtungen), gleichviel ob sie gewerblichen Zwecken dienen oder nicht. Die öffentlichen Gemeindeanstalten stehen den gemeindlichen Privatanstalten gegenüber. Nach Oertel, der sich auf die Auffassung des OVG. (veröffentlicht im PVB. 8 S. 409 und 23 S. 690) stützt, sind zweifellos gemeindliche Privatanstalten alle diejenigen Anstalten, welche ohne rechtliche Verpflichtung der Stadtgemeinde lediglich zu Erwerbszwecken gegründet bzw. ausschließlich solchen Zwecken dienen und deren Betrieb die Gemeinden jederzeit unbeschadet ihrer kommunalen Aufgaben wieder einstellen können, wie Gasanstalten, Fabriken, Straßenbahnen, Elektrizitätswerke, Brauereien usw. Die Schlacht- und Viehhöfe sind nicht ohne, sondern auf Grund rechtlicher Verpflichtung, der Schlachthofgesetzgebung, errichtet worden, sie können auch nicht jederzeit unbeschadet der kommunalen Aufgaben der Stadtgemeinden aufgegeben werden. Wenn es auch eine Reihe von Gemeindeanstalten gibt, welche sowohl aus Gründen der öffentlichen Wohlfahrt und im öffentlichen Interesse errichtet werden, als auch als gewerbliche Unternehmungen Erwerbszwecken dienen können (Wasserwerk), so kann nach Oertel bei solchen Anstalten von einer gewerblichen Unternehmung nicht mehr die Rede sein, sobald für die Gemeindeangehörigen ein Zwang zur Benutzung des Unternehmens gegen Zahlung einer Vergütung besteht. Auch die Ausführungsanweisung zum Kommunalabgabengesetz gibt dieser Auffassung zweifelsfrei Ausdruck, indem in Artikel III, Abs. 2 ausgeführt wird: „Zu den gewerblichen Unternehmungen im Sinne des Gesetzes gehören im allgemeinen alle privatwirtschaftlichen Unternehmungen (die, wie vorhin erwähnt, Oertel nach der St.O. als gemeindliche Privatanstalten bezeichnete), deren Betrieb als solcher auf die Erzielung von Gewinn gerichtet ist und den Mitgliedern der Gemeinde eine Nötigung zur Benutzung nicht auferlegt. Ganz allgemein pflegt dies beispielsweise auf Gasanstalten Anwendung zu finden, auf Wasserwerke nur dann, wenn der Anschluß an dieselben durch freie Entschließung der Mitglieder der Gemeinde bedingt ist.“ Nach einer Entscheidung des OVG. vom 20. November 1891 Bd XXII, S. 67 ist ebenfalls der Schlachthofbetrieb nicht als gewerblicher Betrieb der Stadtgemeinde anzusehen, da nach § 5 des Schlachthofgesetzes die Erzielung eines Überschusses von dem Schlachthofbetrieb überhaupt unzulässig ist. Nach Oertel und Jebens gehören die Schlacht- und Viehhöfe ferner zu den polizeilichen Gemeindeanstalten, d. h. solchen, welche zwar vorzugsweise kommunalen Zwecken dienen, aber im polizeilichen Interesse notwendig sind. Auch wenn man der Definition des Begriffes „gewerbliche Unternehmungen“, wie sie die ministerielle Anweisung zum Kommunalbeamtengesetz zu geben beliebt, nachgeht und die Imponderabilia, die nach der sonst gültigen Rechtsprechung dagegen sprechen, daß ein Unternehmen ein gewerbliches ist — nämlich Monopol und Benutzungszwang —, nicht in Betracht zieht, so muß man auf Grund eines vor nicht zu langer Zeit ergangenen Urteils des Oberverwaltungsgerichtes vom 19. März 1927 VII G.St. 47, 26 doch zu der Auffassung kommen, daß die Schlacht- und Viehhöfe nicht zu den gewerblichen

Unternehmungen einer Stadtgemeinde gehören können, daß sie die ministerielle Anweisung zu Unrecht unter den Beispielen der Betriebsverwaltungen aufführt. Diese Entscheidung lautet: „Die öffentlichen Schlachthäuser mit Schlachtzwang dienen öffentlich-rechtlichen Zwecken, die auf dem Gebiet der allgemeinen Wohlfahrt, insbesondere der Erhaltung und Förderung der Gesundheit durch einwandfreies Fleisch liegen. Alle Anlagen des eigentlichen Schlachthauses, welche für die Verrichtungen in unmittelbarem Zusammenhange mit dem Schlachten bestimmt und verwendet werden, bilden mit dem Schlachthaus eine Einheit, wenn sie nicht außerhalb des Rahmens des Schlachthauses gehalten sind. Zu derartigen Nebenanlagen eines Schlachthauses gehört auch ein zum Kühlen des Fleisches bestimmtes Kühlhaus, wenn es nicht aus dem Rahmen des Schlachthauses hinausfällt. Die Gewerbesteuerpflicht des ganzen Schlachthofes hängt davon ab, ob die erwähnten öffentlich-rechtlichen Zwecke die Annahme rechtfertigen, daß der Schlachthofbetrieb Ausfluß der öffentlichen Gewalt ist. Denn die Ausübung der öffentlichen Gewalt braucht nicht vom Staat unmittelbar auszugehen. Auch die Gemeindekörperschaften kommen im gleichen Maße in Betracht, wenn sie kraft Gesetzes oder einer zulässigen behördlichen Anordnung derartige Tätigkeitsakte vorzunehmen haben oder vornehmen können. Ohne Bedeutung ist, daß die Tätigkeit auf einer öffentlich-rechtlichen Grundlage fußt, die eine Zwangsregelung unter Ausschluß des privaten Wirtschaftsverkehrs erfordert (Benutzungszwang. D.Verf.). Der Betrieb des Schlachthofes mit Schlachtzwang beruht auf der den Gemeinden durch das Schlachthausgesetz beigelegten Ermächtigung. Der mit diesem Gesetz verfolgte öffentlich-rechtliche Zweck gibt dem Schlachthofbetrieb den Charakter einer Betätigung öffentlich-rechtlicher Gewalt."

In dieser Entscheidung sind 2 Sätze von Wichtigkeit:

1. die öffentlichen Schlachthäuser mit Schlachtzwang dienen öffentlichen rechtlichen Zwekken, die auf dem Gebiet der allgemeinen Wohlfahrt, insbesondere der Erhaltung und Förderung der Gesundheit durch einwandfreies Fleisch liegen.

2. der öffentlich-rechtliche Zweck gibt dem Schlachthofbetrieb den Charakter einer Betätigung öffentlich-rechtlicher Gewalt.

Diese Entscheidung bestimmt den Charakter der Schlacht- und Viehhöfe. Sie gehören eben nicht zu den gewerblichen Unternehmungen, deswegen unterliegen sie auch nicht der Gewerbesteuerpflicht, während die gewerblichen Unternehmungen der Stadtverwaltungen der Gewerbesteuer und jetzt auch der Umsatzsteuer unterliegen mit Ausnahme der Kanalisations- und Wasserwerke — bei diesen nur dann, wenn sich der Betrieb nicht auf den Bezirk der unternehmenden Gemeinde beschränkt, — der Markthallen, die polizeiliche Gemeindeanstalten sind, der Volksbäder, die ein hygienisches Bedürfnis der Gemeindemitglieder zu befriedigen haben. Die Schlachthöfe sind überhaupt keine Betriebe, da nach Kautz und Appelius, Kommentar zum Preußischen Kommunalbeamtenrecht, S. 183, ein Betrieb der Inbegriff fortdauernder wirtschaftlicher Tätigkeiten ist, wobei unter wirtschaftlichen Tätigkeiten die auf Erwerb, d. h. Erzeugung von Gütern gerichteten Tätigkeiten zu verstehen sind. Der Zweck der Schlacht- und Viehhöfe ist durch den vorhin genannten 1. Satz der Entscheidung des OVG. gekennzeichnet, wonach die Tätigkeiten der Schlacht- und Viehhöfe auf dem Gebiet der allgemeinen Wohlfahrt, insbesondere der Förderung und Erhaltung der Gesundheit liegen. Auch das bekannte, sog. Aachener Urteil des OVG. vom 27. Mai 1929 stellt ausdrücklich fest, daß die Schlacht- und Viehhöfe in erster Linie gesundheitlichen Zwecken dienen. Ebenso ist in der Begründung zum Entwurf des Preußischen Schlachthofgesetzes besonders zum Ausdruck gebracht worden, daß es sich bei den Schlachthöfen im wesentlichen um Befriedigung öffentlich-sanitätspolizeilicher Interessen handelt. Es wird ferner behauptet, die Schlacht- und Viehhöfe seien wohl keine gewerblichen Unternehmungen, sondern wirtschaftliche, da ja auch die öffentlichen Schlachthöfe durch Private, gemeint sind die Innungen, betrieben werden können. Es ist demgegenüber eine Entscheidung der Regierung in Breslau vom 16. März 1892 anzuführen, nach welcher selbst Innungen gehörige Schlachthöfe nicht als gewerbliche Anlagen, sondern als öffentliche kommunale Einrichtungen zu betrachten sind. Diese Entscheidung findet ihre Begründung durch § 12 des Schlachthofgesetzes, wonach auch in diesem Falle den Gemeinden die durch das Schlachthofgesetz auferlegten Verpflichtungen verbleiben. Diesem Gedankengang geht auch die Entscheidung V.A. 32, 29 des Reichsfinanzhofes nach. In einem Umsatzsteuerstreit war die Frage aufgeworfen worden, ob öffentliche Schlachthäuser im Sinne der preußischen Schlachthausgesetze als gemeinnützige Unternehmen anzusehen seien und gemäß § 3 des Umsatzsteuergesetzes Steuervergünstigung genießen. Der Reichsfinanzhof hat diese Frage in bejahendem Sinne entschieden und in den Urteilsgründen folgendes ausgeführt: Gemeinnützige Unternehmen kommen dann in Betracht, wenn die betreffenden Unternehmungen bestimmt seien, die Allgemeinheit zu fördern. Öffentliche Schlachthäuser im Sinne der preußischen Schlachthofgesetze seien unbedenklich als gemeinnützige Unternehmen zu betrachten. Mit der Errichtung öffentlicher Schlachthäuser werde vor allem der Zweck verfolgt, die allgemeine Volkswirtschaft und die Volksgesundheit zu fördern. Als öffentlich sei ein Schlachthaus schon dann anzusehen, wenn es alle Personen benutzen dürfen, welche in der betreffenden Gemeinde das Schlächtergewerbe betreiben. Es sei nicht erforderlich, daß das Schlachthaus im Eigentum der politischen Gemeinde stehe. Aus dem Schlachthofgesetze ergebe sich auch, daß für die Benutzung des öffentlichen Schlachthauses Gebühren erhoben werden dürfen. Die Tarife seien derart zu gestalten, daß die vereinnahmten Gebühren für die Benutzung des Schlachthauses nicht über den Betrag hinausgehen, welcher erforderlich ist, um die Anlage zu erhalten, den Betrieb aufrechtzuerhalten, das Anlagekapital und die etwaige Entschädigungssumme zu verzinsen und nach und nach zu amortisieren. Unter diesen Umständen werde ein öffentliches Schlachthaus, möge es einer Innung oder Privatpersonen gehören, nicht wirtschaftlich wie ein Privatunternehmen ausgenutzt (V.A. 32, 29).

Es dürfte somit wohl die rechtliche und materielle Stellung der Schlacht- und Viehhöfe im Sinne der St.O., des Kommunalabgabengesetzes und der Schlachthofgesetzgebung festgelegt sein. Im Sinne dieser Gesetze sind sie keine Betriebsverwaltungen, keine gewerblichen Unternehmungen, sie können auch keine werbenden Anstalten sein und werden, sondern sie sind gemeinnützige Anstalten. Zum Beweis dieser These könnte man wieder das OVG. benützen. Es erscheint angebracht, hier einem Verfahren zu folgen, das man in den Kommissionssitzungen bei den Beratungen zum Kommunalbeamtengesetz zur Anwendung brachte. Zwecks Abgrenzung der Verwaltungszweige hat man nach Oertel auf den Netto-Voranschlag für die Staatseinnahmen- und Ausgaben zurückgegriffen. In diesem Voranschlag werden im Gegensatz zu der Steuerverwaltung und den anderen Zweigen der eigentlichen Verwaltung als „Betriebsverwaltungen" folgende aufgeführt: Domänen, Forsten, Lotterie, Seehandlung, Münze, Berg-, Hütten-Salinenverwaltung und Eisenbahnen. Man hat dann hiernach unter Mitberücksichtigung der Betriebsverwaltungen des Reiches, namentlich der Reichspost, ohne weiteres nach der Negative hin die Charakterisierung eines Verwaltungszweiges als Betriebsverwaltung vorgenommen und die vorhin erwähnten Merkmale, die nach der Kommunalgesetzgebung und dem Gebrauch der Gerichte gegen eine solche sprechen, in der ministeriellen Anweisung kurzer Hand ausgeschlossen.

Man hat also bei Festlegung der rechtlichen Stellung der Beamten dieser Veranstaltungen mittels des Kommunalbeamtengesetzes und verwaltungsmäßig besonders durch die nun genügend bekannte ministerielle Anweisung die klaren Bestimmungen der St.O. des KAG. und der Schlachthofgesetzgebung außer Geltung gesetzt und ist willkürlich lediglich dem Finanztechniker gefolgt, der nach Zweckmäßigkeitsgründen der Finanzwissenschaft seine Auffassung bei Aufstellung des staatlichen Normaletats zur Anwendung brachte. Machen wir es ebenso und folgen den Ansichten der kommunalen Finanzwissenschaftler und den von ihnen propagierten zweckmäßigen Etatsaufstellungsvorschlägen, z. B. Ob.-Regierungsrat Prof. Tetzlaff, der in seinen Reformen des kommunalen Etats- und Rechnungswesens, denen im übrigen sehr viele Städte gefolgt sind, folgende Gliederung der Haushaltsübersichten nach Verwaltungszweigen vornimmt. Die erste Gruppe umfaßt die Verwaltungszweige, die vorwiegend öffentlich-rechtlichen oder gemeinnützigen Zwecken dienen und ohne Rücksicht auf Ertragserzielung unterhalten werden. Diese faßt er unter dem Namen Kämmereiverwaltung zusammen. Bei dieser sind unter Anstalten und Einrichtungen vorwiegend gemeinnütziger Art auch die Schlacht- und Viehhöfe aufgeführt. Die zweite Hauptgruppe umfaßt die als „Betriebsverwaltungen" bezeichneten Verwaltungszweige, die nach gesetzlicher Vorschrift oder nach allgemeinen finanzwirtschaftlichen Grundsätzen so zu führen sind, daß durch die Einnahmen mindestens die Ausgaben gedeckt werden, wobei es gleichgültig ist, ob dieser Erfolg tatsächlich erreicht wird. Bei diesen sind angeführt Wasser-, Gas-, Elektrizitätswerke, Straßenbahnen, land- und forstwirtschaftliche Betriebe usw.

Nach Ansicht Tetzlaffs gehören also die Schlacht- und Viehhöfe zu den gemeinnützigen Anstalten, er folgt also der oben angeführten Entscheidung des OVG. vom 18. März 1927.

Es dürfte somit in genügender Weise eine Definition des verwaltungsrechtlichen Begriffes „Betriebsverwaltung" gegeben sein, indem bei den Ausführungen ebenfalls von der Negative ausgegangen worden ist.

Die Verwirrung in den Auffassungen des Begriffes hat das Kommunalbeamtengesetz mit seiner ministeriellen Anweisung hineingebracht. Über die rechtliche und materielle Stellung einer

Anstalt kann aber nicht ein Gesetz über die Anstellung und Versorgung der Beamten dieser Anstalten entscheiden, es können für diese Anstalten selbst nur die sie selbst betreffenden und sich mit ihnen beschäftigenden Gesetze und der aus ihnen resultierende Gerichtsbrauch maßgebend sein. Das sind: St.O., KAG. und Schlachthofgesetz. **Auf Grund dieser Gesetze sind in Preußen die Schlacht- und Viehhöfe keine gewerblichen Unternehmungen, können nie werbende Anstalten werden, sie sind auch keine Betriebsverwaltungen, sondern sanitätspolizeiliche, gemeinnützige Anstalten mit dem Charakter der Betätigung öffentlich-rechtlicher Gewalt**[1].

Welche Auswirkungen hat es nun, falls die kraft Gesetz errichteten Schlacht- und Viehhöfe unter den verwaltungsrechtlichen Begriff der Betriebsverwaltungen lediglich aus beamtenrechtlichen Gründen — andere Gründe dürften nach dem Ausgeführten rechtlich wohl nicht stichhaltig sein — eingereiht werden? Diese Auswirkungen berühren zunächst die Schlacht- und Viehhöfe, folglich die Stadtverwaltungen selbst, sie treffen dann am meisten die Gemeindetierärzte (s. Kapitel Anstellung).

Schlacht- und Viehhöfe als Betriebsverwaltungen müssen nach den Maßgaben der ministeriellen Anweisung abgesonderte wirtschaftliche Unternehmungen oder abgesonderte wirtschaftliche Verwaltungen mit eigenem Personal und eigener etatmäßiger Behandlung darstellen. Abgesonderte wirtschaftliche Unternehmungen müssen nach rein wirtschaftlichen Grundsätzen verwaltet werden. Die laufenden Einnahmen sind gesondert zinsbringend anzulegen, die Anweisung der Ausgaben muß durch die Schlachthofverwaltungen selbst erfolgen. In vielen Stadtverwaltungen ist es dagegen Brauch, die Einnahmen der Schlachthofverwaltungen unverzüglich an die Kämmereikassen abzuführen, durch die auch die Deckung der Ausgaben nach Anweisung der Magistrate und der Schlachthofdirektionen erfolgt. Infolgedessen bleiben die Einnahmen der Schlachthöfe, die wohl meistens die Ausgaben übersteigen, während des ganzen Etatsjahres bis zum Abschluß der Bilanz oft auch zinslos bei den Kämmereikassen buchmäßig gutgeschrieben, sie bilden somit bei der Kapitalnot der Städte für diese eine wertvolle Stütze zur Beschaffung der für die allgemeine Verwaltung notwendigen flüssigen Mittel. Bei einer Betriebsverwaltung dürfte ein derartiges Verfahren wohl nicht zulässig sein. In vielen Städten, besonders in kleineren und mittleren, herrscht ferner der Verwaltungsbrauch, einzelne Aufgaben der Schlachthofverwaltungen durch Beamte der allgemeinen Verwaltung aus Ersparnisgründen mitversehen, die entstandenen persönlichen und sächlichen Kosten sich von den Schlacht- und Viehhofverwaltungen dann erstatten zu lassen. Das erscheint nicht statthaft, da bei Betriebsverwaltungen eine wirtschaftliche Verwaltung mit eigenem Personal vorgeschrieben ist. Die ministerielle Anweisung hebt wörtlich und ausdrücklich hervor: „das Erfordernis des eigenen, von den übrigen städtischen Beamtengruppen verschiedenen Personals ergibt sich aus der Erwägung, daß andernfalls eine gesonderte Rechtsstellung dieses Personals ausgeschlossen sein würde!“ Auf der anderen Seite dürfte es nicht zulässig sein, den Beamten der Betriebsverwaltungen Aufgaben der allgemeinen Verwaltung, der Polizeiverwaltung — z. B. die Lebensmittel- und Milchkontrolle — zu übertragen. Sind den Betriebsbeamten der Schlachthöfe andere Aufgaben der allgemeinen Verwaltung übertragen, so sind die Vorbehalte, die nach der ministeriellen Anweisung für das Vorliegen des Begriffes Betriebsverwaltung maßgebend sind, nicht erfüllt, die betreffenden Verwaltungen keine Betriebsverwaltungen. Es werden ferner als Betriebsverwaltungen nur solche mit erheblicherem Umfang in Betracht kommen, die mit nur erheblichem mittlerem und kleinem nicht! Das geht aus der ministeriellen Anweisung ebenfalls hervor, da sie sich folgendermaßen ausläßt: Da die verlangte Absonderung der Betriebsverwaltungen von den übrigen Verwaltungszweigen nur bei einem erheblicherem Umfang der ersteren zuzutreffen pflegt, wird es im Einzelfalle für die Entscheidung über die Voraussetzungen der Betriebsverwaltung auf Art und Umfang derselben ankommen.“ Und wie sieht es in der Praxis aus? Den kleinsten Schlachthof hat man einfach ortsstatutarisch zu einer Betriebsverwaltung gestempelt, die Aufsichtsbehörden haben entgegen den Erfordernissen der ministeriellen Anweisung die Ortsstatute bestätigt, ihnen damit die auch den Richter

[1] An dieser Rechtstatsache dürfte die Auffassung von Kolbe (Die Beziehungen der Fleischhygiene zur Ernährungswirtschaft und die Aufgaben der Kommunaltierärzte 1931, S. 61) nichts ändern, zumal er für seine kategorische Behauptung, daß der Ansicht von Kammel, daß die Schlachthöfe keine Betriebe seien, nicht zuzustimmen wäre, den Beweis schuldig bleibt, indem er scheinbar nach den Verhältnissen seines außerpreußischen Heimatlandes urteilt und die preußische Rechtslage (allgemeines und speziell preußisches Verwaltungsrecht nebst der ständigen preußischen Rechtsübung), von der Kammel hinsichtlich der Stellung der preußischen Schlachthöfe allein ausgehen kann, unberücksichtigt läßt. An den Rechtstatsachen kann auch die von Kuppelmayr (Schlachthofbetriebslehre 1931, S. 3) angeführte RG.-Entscheidung vom 4. Oktober 1929 III. 5. 29 nichts ändern, da es sich in dieser um gemeindliche Anstalten anderer Art, nicht um sanitätspolizeiliche Anstalten auf Grund gesetzlicher Delegation wie bei den Schlachthöfen handelt.

bindende Rechtskraft verliehen! Es wurde vorhin festgestellt, daß Betriebsverwaltungen in erster Linie gewerbliche Unternehmungen sein müssen. Sie müßten als solche der Gewerbe- und Umsatzsteuerpflicht unterliegen. Es rettet sie vor diesen Steuern nur der Benutzungszwang, bei Schlacht- und Viehhöfen zur Zeit noch deren Charakter als gemeinnützige Anstalt, ihre Charakterisierung als eine Betätigung öffentlich-rechtlicher Gewalt (s. vorhin angeführte Entscheidung des Reichsfinanzhofes). Die parlamentarischen Kämpfe für die Einbeziehung der freien Berufe in die Gewerbesteuer sind genugsam bekannt. Die Erörterungen zeigten den eigentlichen Zweck dieses Kampfes, nämlich, auf diesem Umwege die Einbeziehung der gewerblichen Unternehmungen der öffentlichen Hand unter die Steuergesetzgebung zu erreichen. Und diese Einbeziehung wird in absehbarer Zeit kommen, nur bei den gemeinnützigen Unternehmen wird man wohl aus sozialen Gründen allein Ausnahmen gestatten. Liegt es da nicht im Interesse der Stadtverwaltungen selbst, ihre Schlacht- und Viehhöfe nicht des Charakters als öffentliche sanitätspolizeiliche, gemeinnützige Anstalten zu entkleiden? Die durch etwaige Gewerbe- und Umsatzsteuern vermehrten Ausgaben der Schlacht- und Viehhöfe müssen eine erneute Belastung des Gewerbes und letzten Endes eine Verteuerung des Fleisches für die Konsumenten herbeiführen. Gehört es nicht im Interesse der minderbemittelten, arbeitenden Bevölkerung zu den sozialen Aufgaben einer modernen Stadtverwaltung, diese vor einer Verteuerung des notwendigsten Nahrungsmittels, des Fleisches, zu schützen? Wäre es nicht weitsichtiger, den Schlacht- und Viehhöfen den durch St.O., KAG., Schlachthofgesetzgebung begründeten Charakter zu belassen und beamtenrechtlich die erforderlichen Konsequenzen zu ziehen, als aus kleinlichen beamtenrechtlichen Erwägungen, die außerdem in ihren Auswirkungen keine Ersparnisse einbringen, dem Kommunalbeamtengesetz zu folgen, zumal hinsichtlich der Schlacht- und Viehhöfe ein Zang zur Einbeziehung unter die Betriebsverwaltungen nicht besteht? Um Steuern zu ersparen, wird die Gesetzgebung ausgenutzt, die dem Schlachthofbetrieb den Charakter einer gemeinnützigen Anstalt, der Betätigung öffentlich-rechtlicher Gewalt verleiht; beamtenrechtlich stempelt man ihn ohne Zwang zu einer Betriebsverwaltung, um vielleicht Ersparnisse zu machen, die den Stadtverwaltungen auf Grund des § 11 KAG. nicht einmal zugute kommen können, die faktisch gar nicht gemacht werden! Zweierlei Maß für ein und dieselbe Sache dürfte in einem Rechtsstaat unmöglich sein. Privatrechtlich würde man ein derartiges Verfahren beinahe als einen Verstoß gegen die guten Sitten bezeichnen können.“

Der Entwurf zur neuen Städteordnung in Preußen scheint den vorstehenden Gedankengängen nachgegangen zu sein, indem er die Schlachthofverwaltungen bei den Hoheitsverwaltungen anführt. Im Interesse der Schlachthofverwaltungen ist mit allen Mitteln danach zu streben, daß die Einreihung der Schlachthöfe bei den Hoheitsverwaltungen auch bei der endgültigen Regelung bestehen bleibt und bei den Beratungen nicht der Streichung anheim fällt.

## 2. Staatliche Aufsicht.

Staatlicherseits werden die Anlagen und Einrichtungen eines öffentlichen Schlachthofes, wie jede gewerbliche Anlage von den Gewerberäten und Gewerbeinspektoren kontrolliert. Außerdem sind aber auch die Kreistierärzte auf Grund des § 17 des Gesetzes betreffs die Abwehr und Unterdrückung von Viehseuchen vom 23. Juni 1880 und 1. Mai 1894 verpflichtet, regelmäßige Revisionen, deren Zahl und Umfang von den betreffenden Bezirksregierungen festgesetzt wird, vorzunehmen.

Der § 17 dieses Gesetzes bestimmt:

„Alle Vieh- und Pferdemärkte sowie auch öffentliche Schlachthäuser sollen durch beamtete Tierärzte beaufsichtigt werden“[1].

Hierzu führt ein Zirkularerlaß des Ministers für Landwirtschaft, Domänen und Forsten vom 21. Juli 1895 an sämtliche Regierungspräsidenten folgendes aus:

„Im § 17 des Reichsgesetzes vom 23. Juni 1880 und 1. Mai 1894 ist bestimmt, daß auch die öffentlichen Schlachthäuser von beamteten Tierärzten überwacht werden sollen. Ich darf annehmen, daß Ew. usw. die hiernach erforderlichen Anordnungen bereits getroffen haben und bemerke nur aus Anlaß einer ergangenen Anfrage, daß die Kosten dieser Überwachung gemäß den Bestimmungen im § 7 des Pr. A.G. vom 18. Juni 1894 bzw. § 24 des Pr. A.G. vom 12. März 1881[2] den Unternehmern zur Last fallen und in Ermangelung gütlicher Einigung von Ihnen festzusetzen sind.

---

[1] Nach der Entscheidung des OVG. (I. Sen) vom 8. März 1898 gehören die Kosten, welche die veterinärpolizeiliche Aufsicht über öffentliche Schlachthäuser erfordert, nicht zu den Kosten der Polizeiverwaltung, über die das Gesetz vom 20. April 1892 Bestimmungen trifft. Dieselben fallen der Schlachthofkasse zur Last und sind an manchen Orten nicht unbedeutend.

[2] Vgl. § 6, Abs. 1, Ausf.-B. RVG. 26. Juni 1909.

Auch die Verordnung des Kgl. Sächsischen Ministeriums d. I. zur Ausführung des Reichs-Viehseuchen-Gesetzes vom 30. Juli 1895 bestimmt (§ 14), daß die öffentlichen Schlachthäuser, abgesehen von den in Dresden, Leipzig, Chemnitz, Zwickau und Plauen bestehenden, von den Bezirkstierärzten durch gelegentliche und unvermutete Besuche zu beaufsichtigen sind.

Ferner bestimmt § 11 des Preuß. Gesetzes betreffs die Ausführung des Reichsviehseuchengesetzes, daß „bezüglich der Schlachtviehhöfe und öffentlichen Schlachthäuser und des daselbst aufgestellten Schlachtviehs[1], die polizeilichen Amtsvorrichtungen von derjenigen Stelle wahrgenommen werden, welcher die unmittelbare veterinärpolizeiliche Beaufsichtigung der betreffenden Räumlichkeiten obliegt".

Bei dieser veterinärpolizeilichen Kontrolle der Schlachthäuser wären zu berücksichtigen: Reinigung und Desinfektion der Schlachträume und Geräte, Kläranlagen, Höfe, Düngerstätten, Borsten usw., die Art und Weise der Untersuchung der eingebrachten Tiere auf Seuchen, die Schlachtung, ferner Behandlung und Verbleib des Fleisches seuchenkranker Tiere, die Maßnahmen zur Verhinderung von Seuchenverschleppungen, Beachtung der Anzeigepflicht und unschädliche Beseitigung seuchenkranker Tiere.

Außer den regelmäßigen Revisionen sind die Kreistierärzte zum Betreten der Schlachthöfe berechtigt, sobald sie von Seuchenausbrüchen Kenntnis erhalten. Die Kosten fallen den Gemeinden zur Last. Über die Revisionen sind eigene Akten anzulegen, in deren Führung der Regierungs- und Veterinärrat jederzeit Einsicht nehmen kann.

Inwieweit derartige Revisionen der öffentlichen, unter tierärztlicher Kontrolle stehenden Schlachthöfe im allgemeinen angebracht und von Nutzen sind, mag hier unerörtert bleiben, darin aber ist unzweifelhaft Fischöder Recht zu geben, daß „bei der im großen und ganzen ablehnenden Stellung, welche viele Stadtverwaltungen gegen Neuerungen auf diesem Gebiete" (Betrieb und bauliche Einrichtung der Schlachthöfe, Fleischbeschau) „zeigen, so manche Vorteile nur durch einen Druck von seiten der Aufsichtsbehörde erreicht werden können".

Tatsächlich kann auf diesem Wege mancherlei Mißständen, besonders in kleinen Schlachthöfen abgeholfen werden. Es ist deshalb nur zu begrüßen, wenn den Regierungs- und Veterinärräten verwaltungsmäßig aufgegeben wird, in Rücksicht auf die bei den einzelnen Schlachthäusern verschiedenen Verhältnisse, für jedes einzelne Schlachthaus bestimmte Vorschläge über die vorzunehmende Zahl der Revisionen[2] in dem Sinne zu machen, daß gut eingerichtete und gut verwaltete Institute weniger oft zu revidieren seien, als mangelhafte.

Bezüglich der Revisionen ist die Entscheidung des Oberverwaltungsgerichts (Fall Königsberg i. Pr.) vom 7. November 1899 von besonderem Interesse.

„Nach den Bestimmungen eines Ortsstatuts betreffs Einführung des Schlachtzwanges, des Regulativs für die Untersuchung der Schlachttiere und des Fleisches und der Schlachthofordnung werden Ermittelungen und Feststellungen, welche sonst der Gesundheitspolizei obliegen, von der städtischen Verwaltung übernommen; man kann aber nicht sagen, daß nunmehr die Gesundheitspolizei (wenn auch nur in gewissen Grenzen) von der Stadtgemeinde selbständig übernommen worden sei und verwaltet werde (Entsch. d. OVG. B. XVIII, S. 145). Vielmehr erfolgt die tierärztliche Untersuchung im städtischen Schlachthof wesentlich im Interesse der Schlachthofverwaltung und jedenfalls wird dadurch die Entscheidung der Gesundheitspolizei darüber, ob das Fleisch eines Schlachttieres (insbesondere eines finnig befundenen Rindes oder Kalbes) ohne weiteres oder nur nach vorheriger, geeigneter Behandlung in den Verkehr gelangen dürfe oder nicht, nicht vorgegriffen. Aus dem letzteren Umstande ergebe sich aber, daß die Polizeibehörde ein erhebliches Interesse an der sachverständigen Ermittelung hat, welche Einrichtungen und welche Verfahren in bezug auf die Behandlung des Fleisches usw. finnig befundener Schlachttiere auf dem städtischen Schlachthofe bestehen und daß ihr ferner an der Beseitigung des Widerstandes, welchen die städtischen Behörden solcher Ermittelung entgegenstellen, gelegen sein muß. — Wenn die Stadtgemeinde in Anspruch nimmt, daß innerhalb des Gemeindebezirkes Schlachtungen ausschließlich im städtischen Schlachthofe stattfinden, und daß der städtische Tierarzt darüber zu befinden hat, ob das ausgeschlachtete Fleisch den Eigentümern (Einbringern) zur freien Verfügung verabfolgt werden soll, so wird sie sich auch der polizeilichen Prüfung fügen müssen, ob das auf dem Schlachthofe angewendete Verfahren den polizeilichen Interessen entspricht, ob insbesondere dabei die im gesundheitspolizeilichen Interesse wissenschaftlich ermittelten Grundsätze über die Feststellung finnigen Fleisches und

[1] Besondere Vorschriften für Schlachtviehhöfe und öffentliche Schlachthäuser vgl. RVG. 26. Januar 1909, §§ 17, 62, 63, 64, 65, ferner § 41, 43, 46, 51, 52 der Bundesratsausführungsvorschriften vom 7. Dezember 1911. Einrichtung und Betrieb von Viehausstellungen, Viehmärkten, Viehhöfen, Schlachthöfe und gewerblichen Schlachtstätten RVG. § 17, Nr 12, Pr.A. G. §§ 47—52, 23. Oktober 1914, 14. Dezember 1916, 10. August 1922 und 18. September 1922.

[2] In Preußen ist nach den Ausführungsbestimmungen betreffs Schlachtvieh- und Fleischbeschaugesetz einschließlich der Trichinenschau im Inlande vom 20. März 1903 die Beaufsichtigung in folgender Weise geregelt:

§ 75. Die in § 48 BBA. vorgeschriebene fachmännische Kontrolle der gesamten Tätigkeit der Beschauer liegt, soweit es sich um nichttierärztliche Beschauer handelt, regelmäßig den Kreis- (Bezirks-, Oberamts-) Tierärzten innerhalb ihrer Amtsbezirke ob. Sie haben auf Grund der ihnen nach § 9 zugehenden Nachrichten eine Liste über die in ihrem Bezirke tätigen Beschauer zu führen, in dieser alle Änderungen nachzutragen und bei jedem Beschauer das Datum der von ihnen vorgenommenen Revisionen sowie die wichtigeren dabei gemachten Beobachtungen zu vermerken. Die Landesbehörden können die Kontrolle hinsichtlich der Laienüber die Verwendbarkeit desselben zur menschlichen Nahrung Beachtung gefunden haben und noch finden. — Mehr als die Kenntnisnahme von den betreffenden Einrichtungen und Verfahren, also etwa eine Beaufsichtigung usw. kann von der Polizeibehörde nicht beansprucht werden.

In einzelnen Regierungsbezirken finden die Revisionen nicht durch die Kreistierärzte, sondern durch den Veterinär-Dezernenten der Regierung[1], in anderen regelmäßig vierteljährlich durch erstere und außerdem einmal im Jahre durch letzteren statt, wodurch natürlich den Kommunen größere Kosten erwachsen. Was letztere betrifft, so sagt Fischöder ganz richtig, „daß es im Interesse des Ansehens der Sanitätstierärzte vorteilhafter wäre, wenn die Kontrolle der unter tierärztlicher Leitung stehenden Schlachthäuser nicht den Kreis-, sondern den Regierungs- und Veterinärräten übertragen worden wäre; es ist nur zu bedauern, daß diese Einrichtung wahrscheinlich aus Kostenersparnis nicht getroffen ist“.

Jedenfalls haben die mit derartigen Revisionen beauftragten Beamten die Verpflichtung, sich über zweckmäßige und praktische Einrichtungen und alle Neuerungen in Schlachthöfen eingehend zu informieren, bevor sie bei den ihrer Kontrolle unterworfenen Instituten Ausstellungen machen. Leider geschieht dies nicht immer!

Statt der einmal im Jahre vorzunehmenden Revision durch den Regierungs- und Veterinärrat dürfte vielleicht eine solche durch besonders instruierte Ministerialbeamte (Kommissare für Schlachthofwesen) zu empfehlen sein. Dieselben hätten sich natürlich mit allen Einzelheiten derartiger Anlagen eingehend vertraut zu machen, müßten über praktische Erfahrungen im Betrieb und Bau verfügen und sollten zugleich den Städten, welche Neu- oder Umbauten vornehmen wollen, stets an die Hand zu gehen bereit sein[2].

Die Kosten für diese Revisionen wären von den Gemeinden, welche einen Schlacht- bzw. Viehhof besitzen, auf Grund des § 24 des Pr. Ausf.-G. vom 12. März 1881 und des Minist.-Erl. vom 21. Juli 1894 in der Weise zu erheben, daß jährlich ein bestimmter Satz, z. B. 1,0—1,5‰ der Einnahmen als „Staatsabgabe“ in den Etat eingesetzt und der Betrag unter Einreichung des Etats direkt an das Ministerium mit Beginn jeden Jahres abgeführt würde. Aus diesen Einnahmen wäre dann das Gehalt der Kommissare zu bilden.

Für die Schlachthofleiter hätten derartige Revisionen durch einen erfahrenen[3] Beamten den großen Vorteil, daß sie einmal von demselben auf mancherlei empfehlenswerte Neuerungen aufmerksam gemacht werden könnten, und daß die Ausführung derselben oder anderer schon längst notwendig gewordener Änderungen seitens der Gemeinde eher zu erwarten sein würde, wenn „von oben herab“ ein Druck ausgeübt würde. Ein solcher kann zwar auch durch die Kreistierärzte und besonders durch die Regierungs- und Veterinärräte vermittelt werden; da die Revisionen derselben sich jedoch immer nur auf einen kleinen, eng begrenzten Kreis beziehen, so können sie natürlich für Neuerungen usw. keine Vorschläge machen, da ihnen meist spezielle Kenntnisse der Schlachthofbetriebskunde mangeln.

Außer der veterinärpolizeilichen Beaufsichtigung sind die Schlacht- und Viehhöfe wie jeder Zweig einer kommunalen Verwaltung der allgemeinen Staatsaufsicht unterworfen, die unter anderem verwaltungsmäßig bei der Festsetzung eines Teiles der Gebührentarife, bei der Anstellung und Besoldung der Beamten zum Ausdruck kommt. In der Verwaltungspraxis beschränkt sich diese Staatsaufsicht leider nur auf diese Fälle. Im Interesse der Schlacht- und Viehhöfe und der von ihnen zu lösenden gemeinnützigen und sozialen Aufgaben (s. Kapitel „Die verwaltungsrechtliche Stellung der Schlacht- und Viehhöfe) wäre eine vermehrte Staatsaufsicht für sie erstrebenswert; sie erscheint sogar als ein Gebot der Stunde. Diese vermehrte

---

beschauer auch nichtbeamteten Tierärzten, insbesondere den für die Ergänzungsbeschau bestellten Beschauern übertragen.

Die technische Aufsicht über die tierärztlichen Beschauer liegt regelmäßig dem Departementstierarzt (Regierungs- und Veterinärrat) ob. Sie kann von der Landesbehörde auch den Kreis-(Bezirks-)Tierärzten übertragen werden, soweit diese nicht selbst als Beschauer bestellt sind. Die Beaufsichtigung der Fleischuntersuchung ist demnach nicht Aufgabe der Kreistierärzte, sondern der Regierungs- und Veterinärräte.

[1] In Bayern dreijährlich durch die Regierungs- und Veterinärräte und das ist das einzig Empfehlenswerte und als vorbildlich zu bezeichnen, weil unnötige Kosten vermieden werden! Allerdings sind in Bayern die Schlachthofdirektoren selbst stets beamtete Tierärzte.

In Preußen beschränkt sich die vorgeschriebene Kontrolle der Schlachthöfe durch die Veterinärräte auf die oben skizzierten veterinärpolizeilichen Belange, bei der durch die Regierungs- und Veterinärräte ausgeführten kommt außer diesem noch die Beaufsichtigung der Fleischuntersuchung hinzu.

[2] In Preußen besteht ein eigenes Dezernat im Ministerium für Landwirtschaft, das durch einen auf diesem Gebiete besonders erfahrenen Tierarzt besetzt ist, was sich sehr gut bewährt hat.

[3] Deshalb ist eine durchgreifende Aus- und Fortbildung in der veterinären Wirtschaftskunde (Lehrstühle an den Hochschulen, siehe Kammel, Reformvorschläge für die tierärztliche Aus- und Fortbildung, T. R. 1931, Nr. 9 u. 10) ein dringendes Gebot der Stunde.

Staatsaufsicht ist verwaltungsrechtlich durchaus möglich und gegeben. Man hat von ihr leider unter Hinweis auf das sog. Selbstverwaltungsrecht der Städte nicht in dem erforderlichen Maße Gebrauch gemacht. Dieser etwas ängstliche Hinweis erscheint gerade bei den Schlacht- und Viehhöfen um so weniger verständlich, als man gerade in der heutigen Zeit dieses Selbstverwaltungsrecht der Städte staatlicherseits mehr wie je einzuschränken beliebt. Die Schlacht- und Viehhöfe sind zweifelsfrei gemeinnützige, sanitätspolizeiliche Anstalten, die hinsichtlich ihres Hauptdaseinszweckes, der Fleischuntersuchung, auftragsmäßig staatliche Aufgaben zu erfüllen haben. Sie nehmen verwaltungsrechtlich keine andere Stellung ein als die städtischen höheren Schulen, die ebenfalls städtische gemeinnützige Einrichtungen zur auftragsmäßigen Erfüllung staatlicher Aufgaben sind. Diese städtischen höheren Schulen sind reine kommunale Einrichtungen, die nicht einmal auf Grund gesetzlicher Ermächtigung (wie bei den Schlachthöfen auf Grund des Schlachthofgesetzes) errichtet sind. Die einzige gesetzliche Bindung für diese höheren Schulen ist erst neuerdings in Preußen auf Grund des sog. Studienratsangleichungsgesetzes erfolgt, das aber nur die Anstellung und Besoldung der Beamten dieser Anstalten regelt. Im übrigen sind für sie verwaltungsmäßige Bindungen maßgebend. Bei der Genehmigung und Anerkennung dieser Anstalten wird den Städten nur die verwaltungsmäßige Verpflichtung auferlegt, in Unterricht, Verwaltung und Sozialmaßnahmen den für die staatlichen Schulen geltenden Richtlinien zu folgen. Die Schlacht- und Viehhöfe sind im Gegensatz zu ihnen auf Grund besonderer gesetzlicher Delegation errichtet und erfüllen auftragsmäßig staatliche Aufgaben, die durch das Reichsfleischbeschaugesetz sogar gesetzlich vorgeschrieben sind. Trotz der nur verwaltungsmäßigen Verpflichtung der höheren Schulen wird bei diesen das staatliche Aufsichtsrecht in höherem Maße ausgeübt als bei den Schlacht- und Viehhöfen, die rein gesetzliche, eigentlich dem Staat obliegende Verpflichtungen zu erfüllen haben. Bei den städtischen höheren Schulen wird durch die Zentralinstanzen auf die Städte trotz des Selbstverwaltungsrechtes ein behördlicher Druck ausgeübt, für die Fortbildung der von ihnen angestellten Lehrkräfte zu sorgen; es werden für den Besuch dieser Fortbildungskurse sogar erhebliche Staatszuschüsse geleistet. Bei den auf gesetzlicher Grundlage beruhenden Schlacht- und Viehhöfen wird der Besuch von Fortbildungskursen den Städten amtlich und durch lahme Bekanntmachungen von Standesorganisationen nur empfehlend anheimgestellt! Bei der Finanznot und der bekannten Einstellung der Stadtverwaltungen ist der Erfolg nicht zweifelhaft, die so notwendigen Fortbildungskurse müssen wegen Mangel an Teilnehmern abgesagt werden. Nur zwangsläufige Ausgaben werden von den Stadtverwaltungen zugestanden. Und solange der Besuch der Fortbildungskurse nicht behördlich zwangsmäßig angeordnet ist, solange unterbleibt er. Die Fleischuntersuchung ist in der neueren Zeit auf eine andere Basis gestellt worden und erfordert eine besondere Ausbildung. Die Fortbildung der an den Schlachthöfen angestellten Tierärzte ist eine zwingende Notwendigkeit. Für sie zu sorgen, dürfte zu den Aufgaben der Aufsichtsbehörden gehören. Trotz des Selbstverwaltungsrechtes dürfte der Besuch dieser Fortbildungskurse im Aufsichtswege bei den Städten durchzudrücken sein, zumal wenn er wie bei den städtischen höheren Schulen durch Staatszuschüsse erleichtert wird. Wie bei den höheren Schulen ist auch bei den Schlachthöfen auf neuzeitliche Einrichtungen hygienischer und sozialer Art im Aufsichtswege trotz Selbstverwaltungsrecht und Finanznot der Städte zu dringen. Die im vorigen Absatz vorgeschlagenen Staatskommissare für Schlachthofwesen würden diese Wege ebnen. Auch entsprechende Verwaltungsanweisungen an die Regierungen und die bei ihnen sich befindlichen tierärztlichen Dezernenten würden vorerst die erforderliche Abhilfe schaffen.

**Die Schlachthofdeputation.** Die Verwaltung des Schlachthofes im weiteren Sinne liegt in den Händen des Magistrats, in dessen Auftrage — es soll hier hauptsächlich von kommunalen Schlacht höfen die Rede sein — eine aus Mitgliedern des Magistrats oder beider städtischer Körperschaften oder aus letzteren und aus stimmfähigen Bürgern sich zusammensetzende Deputation (§ 59 der Städteordnung), Schlachthofdeputation (-Kommission oder -Kuratorium) die Aufsicht über die Verwaltung der Anlage führt. In diese Deputation wird man sehr zweckmäßig solche Mitglieder wählen, welche bereits in der Schlachthofbaukommission (Spezialkommission) tätig gewesen sind, aber nach Möglichkeit Interessenten, selbst wenn sie sich als technische Berater in der Schlachthofbaukommission noch so sehr bewährt haben, fernzuhalten suchen, um nur solche Mitglieder in der Deputation zu haben, bei welchen persönliche Interessen an dem Institut von vornherein absolut ausgeschlossen sind. Daß der Vorsteher der Anlage als stimmberechtigtes Mitglied der Deputation angehört, ist als selbstverständlich anzustreben. Leider ist das jedoch noch nicht überall der Fall. Häufig gehören die Schlachthofleiter den Deputationen nur als beratende Mitglieder, ja oft gar nicht an, wiewohl die Regierung die

Anregung gegeben hat, den Vorständen als technischen Beratern auch Stimme in den Deputationen zu gewähren.

Eine solche Einreihung können sie heute auf Grund ihrer Vor- und Ausbildung verlangen, insbesondere aber auch aus dem Grunde, weil sie meist in den Deputationen die einzigen Sachverständigen sind.

## a) Polizeiverordnung betreffend die Benutzung des städtischen Schlachthofes[1].

Das mit dem 1. Oktober 1931 in Kraft getretene preußische Polizeiverwaltungsgesetz hat für den Erlaß von Polizeiverordnungen ganz neue Rechtsgrundlagen geschaffen, so daß in Preußen alle bestehenden Schlachthofbetriebspolizeiverordnungen ungültig sind. Das neue Polizeiverwaltungsgesetz umgrenzt scharf die formellen und materiellen Erfordernisse für den Erlaß von Polizeiverordnungen[2], indem in ihm alle bisherigen durch die ständige Rechtsprechung aufgestellten Grundsätze verankert sind. Nach § 14 des Gesetzes haben die Polizeibehörden im Rahmen der geltenden Gesetze die nach pflichtmäßigem Ermessen notwendigen Maßnahmen zu treffen, um von der Allgemeinheit oder dem einzelnen Gefahren abzuwenden, durch die die öffentliche Sicherheit oder Ordnung bedroht wird. Für den Erlaß der Polizeiverordnung ist somit nicht ein freies Ermessen bestimmend, also, wie in den Ausschußsitzungen bei den Beratungen über dieses Gesetz betont wurde, nicht ein in das willkürliche Belieben der Behörde gestelltes, sondern ein durch die Amtspflichten begründetes. Der Begriff öffentliche Sicherheit oder Ordnung ist umrissen durch die dem Gesetz gegebene Begründung. Danach gilt als Aufrechterhaltung der öffentlichen Sicherheit im Sinne des § 14 der Schutz vor Schäden,

[1] Kann einer Schlachthofordnung durch Polizeiverordnung strafrechtlicher Schutz verliehen werden? Dieser verwaltungsrechtlichen Frage liegt folgender Tatbestand zugrunde: Eine Stadtverwaltung erhielt von dem zuständigen Landrat die Verfügung, daß (nach Brauchitsch, Bd. V, 21. Aufl., S. 504) ohne besondere gesetzliche Ermächtigung die Polizeibehörde nicht berechtigt sei, Polizeiverordnungen zugunsten öffentlicher Anstalten zu erlassen; diese fehle bei der Polizeiverordnung über den öffentlichen Schlachthof. Zu der strittigen Frage ist vom verwaltungsrechtlichen Standpunkt wie folgt Stellung zu nehmen: Der Erlaß von Polizeiverordnung zur Regelung des Verkehrs auf den Schlacht- und Viehhöfen (Benutzungsordnungen usw.) ist auf Grund der §§ 14, 27 und 28 des Polizeiverwaltungsgesetzes v. 1. 6. 31 durchaus zulässig. Die angeführte Verfügung des Landrates, der auf den Kommentar von Brauchitsch Bezug nimmt, geht von einer offensichtlichen Verkennung der verwaltungsrechtlichen Stellung der Schlacht- und Viehhöfe aus. Der angeführte Band von Brauchitsch behandelt die Gewerbeordnung, der die öffentlichen Schlachthöfe nur teilweise unterworfen sind. Es gibt nämlich 2 Arten von öffentlichen Gemeindeanstalten, die der Landrat scheinbar nicht zu unterscheiden versteht. Ich verweise auf „van Calker, Grundzüge des Deutschen Verwaltungsrechts". Ich möchte diese 2 Arten gleich an Beispielen erläutern: wenn eine Gemeinde mit einer öffentlichen Anstalt (Ratskeller, Regieweinhandlung) in erster Linie den Zweck verfolgt, der Gemeindekasse eine Einnahmequelle zu verschaffen (Finanzvermögen), so wird diese Gemeindeanstalt als reines Privatunternehmen betrieben. Dann unterliegt dieses Unternehmen den gleichen privatrechtlichen und öffentlich-rechtlichen Bestimmungen wie jeder andere Gewerbebetrieb, also auch dem BGB., der Gewerbeordnung usw. Für diese Anstalten kann daher auch nicht eine Polizeiverordnung zur Regelung des Verkehrs erlassen werden. Und diese Art der Anstalten hat der Landrat in Verkennung der verwaltungsrechtlichen Stellung der Schlacht- und Viehhöfe mit diesen verwechselt und das in Brauchitsch im Teil „Gewerbeordnung" über die eben skizzierte Art der öffentlichen Anstalten Gesagte einfach auf die Schlacht- und Viehhöfe übertragen.

Wird dagegen die Anstalt im Interesse des Gemeinwohls auf Grund gesetzlicher Ermächtigung (z. B. durch Schlachthofgesetz) geschaffen, um einem bestimmten Verwaltungszweck zu dienen (Feuerwehr, Schulen, Schlachthöfe usw.), so unterliegen Errichtung und Betrieb nicht den allgemeinen Normen, nicht BGB., nicht Gewerbeordnung wie bei den privatwirtschaftlichen Unternehmen. Ein solches öffentlich-rechtliches Unternehmen besitzt z. B. eine eigene Anstaltspolizei; Streitigkeiten zwischen Anstalt und Benutzern sind Verwaltungsrechtssachen, nicht Zivilrechtssachen. Die Benutzung hat die Entrichtung einer Gebühr zur Voraussetzung (kein privatrechtliches Entgelt, also auch keine Kühlraummiete!). Diese bemißt sich nicht nach Vertrag, sondern nach einseitiger öffentlich-rechtlicher Festsetzung, Gemeindesatzung, Ortsstatut. Häufig zeigt sich die Sonderstellung des öffentlich-rechtlichen Unternehmens in einer besonderen Bindung: Annahmepflicht der Anstalt, Benutzungszwang für das Publikum. Der Benutzungszwang kann ein rein tatsächlicher sein, derart, daß die Anstalt ein ausschließliches Betriebsrecht hat (Monopol, Regal wie bei den Schlacht- und Viehhöfen) oder ein rechtlicher, derart, daß der einzelne zur Anstaltsbenutzung rechtlich verpflichtet ist (Schulpflicht, Anschlußzwang für eine Wasserleitungsanlage). Die öffentlich-rechtliche Anstaltsnutzung ist geregelt durch eine besondere Anstaltsgewalt (Anstaltspolizei, Anstaltsdisziplin). Die Anstaltsgewalt gründet sich auf das „besondere Gewaltsverhältnis" der öffentlichen Anstalt, dem sich der Benutzer unterwirft. Die Zulassung zur Anstaltsnutzung erscheint somit als „Verwaltungsakt auf Unterwerfung" (vgl. van Calker, Staatsrecht, S. 81). Die Anstaltsgewalt hat sich jedoch innerhalb der Schranken des allgemeinen Rechts zu halten. Sie kann die Vorschriften des bürgerlichen Rechts (z. B. über Schadenersatz) nicht gänzlich für ihren Bereich ausschließen. Aus diesen Ausführungen ergibt sich, daß die Polizeiverwaltung durchaus befugt ist, für die Regelung des Verkehrs auf Grund der eingangs angeführten Paragraphen der einschlägigen Gesetze die entsprechende Polizeiverordnung zu erlassen. Sie muß sich dabei aber nach den allgemeinen polizeilichen Vorschriften richten.

[2] Hinsichtlich der formellen und materiellen Erfordernisse für den Erlaß von Polizeiverordnungen siehe Kammel: Dtsch. Schlachthofztg Jg. 1931, Folge 8.

die entweder den Bestand des Staates oder seiner Einrichtungen (also auch der auf Grund gesetzlicher Delegation errichteten Schlachthöfe, D. Verf.) oder das Leben, die Gesundheit, Freiheit, Ehre oder das Vermögen der einzelnen bedrohen, sei es, daß die Gefährdung ausgeht a) von Ereignissen oder Zuständen in der belebten oder unbelebten Natur, b) von Handlungen oder Unterlassungen von Menschen, insbesondere vor dem Bruch einer Norm der öffentlichen oder privaten Rechtsordnung (also auch der Norm der bisherigen Schlachthofordnungen, D. Verf.). Die öffentliche Ordnung bedeutet den Inbegriff der Normen, deren Befolgung nach den jeweils herrschenden sozialen und ethischen Anschauungen als unentbehrliche Voraussetzung für ein gedeihliches Miteinanderleben der innerhalb eines Polizeibezirkes wohnenden Menschen angesehen wird. Zur öffentlichen Ordnung gehört insbesondere auch die Sorge für die Leichtigkeit des Verkehrs (siehe das Polizeiverwaltungsgesetz vom 1. Juni 1931 von Klausener, Kerstiens und Kempner, Verlag für Recht und Verwaltung C. A. Weller, Berlin SW 68). Es ist somit der im § 10 II 17 ALR. noch enthaltene Begriff der öffentlichen „Ruhe" in Fortfall gekommen.

Der § 31 enthält sodann die Bestimmung, daß Hinweise auf Anordnungen (z. B. Bekanntmachungen) außerhalb von Polizeiverordnungen in Polizeiverordnungen unzulässig sind, soweit diese Anordnungen Gebote oder Verbote von unbeschränkter Dauer enthalten[1]. Die bisher meistens gewählte Form der Mantelpolizeiverordnungen ist somit rechtsungültig. Der § 32 schreibt sodann die für den Erlaß von Polizeiverordnungen notwendige Form vor. Die §§ 25 bis 28 bestimmen die Behörden, die für den Erlaß von Polizeiverordnungen zuständig sind. Der § 29 regelt den Erlaß von Polizeiverordnungen in Gemeinden, für die staatliche Polizeibehörden bestellt sind. Die Kreis- und Ortspolizeiverordnungen bedürfen in jedem Falle der Zustimmung des Gemeindevorstandes der Gemeinde, für deren Verwaltungsbezirk sie Geltung haben sollen, und zwar in Gemeinden mit Magistratsverfassung der der Magistrate, in Gemeinden mit Bürgermeisterverfassung der der Bürgermeister und Beigeordneten als Kollegium. Die Übertretung der Polizeiverordnung zieht die im § 55 und 56 vorgesehenen Zwangsgeldfestsetzungen oder Zwangsmittel nach sich. Und zwar ist für Kreispolizeiverordnungen die Festsetzung eines höheren Zwangsgeldes vorgesehen als bei Ortspolizeiverordnungen (bis zu 100 bzw. 50 RM.).

Eine Polizeiverordnung, die die Benutzung eines Schlachthofes und den Verkehr in demselben regelt, kann somit nach dem neuen Polizeiverwaltungsgesetz nur kurz sein. Um darüber hinaus Rechtsnormen für die Benutzung der Schlachthöfe zu schaffen, ist es unumgänglich, neben den Polizeiverordnungen Betriebs-, Benutzungs- und Hausordnungen zu schaffen. Diese finden ihre rechtliche Begründung in dem Hausrecht und in der Anstaltsgewalt, die die öffentlichrechtliche Anstaltsnutzung regelt. Die Zulassung ist nach van Calker, Grundzüge des deutschen Verwaltungsrechtes, ein „Verwaltungsakt auf Unterwerfung" (siehe auch denselben, Staatsrecht, S. 81). Die Anstaltsgewalt hat sich jedoch innerhalb der Schranken des allgemeinen Rechts zu halten. Sie kann die Vorschriften des bürgerlichen Rechts (z. B. über Schadensersatz) für ihren Bereich nicht völlig ausschließen.

Berücksichtigt man alle die bisher angeführten Tatsachen, so muß zugegeben werden, daß das neue Polizeiverwaltungsgesetz für die Schlacht- und Viehhöfe keinen Fortschritt bedeutet. Es dürfte auch klar sein, daß es außerordentlich schwierig ist, einen mustergültigen Entwurf der für die Benutzung der Schlachthöfe notwendigen Rechtsnormen zu schaffen. Es kann somit nur ein Versuch sein, sich nur um Vorschläge handeln, zumal eine ständige Rechtsprechung der hohen und höchsten Gerichte zur Zeit noch fehlt. Es kann auch keine für alle deutschen Länder anzuwendende Norm gegeben werden, da die Gesetzgebung in ihnen verschieden ist. In einzelnen von ihnen werden die Bestimmungen der bisherigen Schlachthofbenutzungsordnung in Polizeiverordnungen aufgenommen werden können, in andern nicht. Aus diesem Grunde erscheint es zweckmäßig, neben dem Entwurf einer Polizeiverordnung betr. die Benutzung der preußischen Schlachthöfe den Entwurf einer Betriebs- und Benutzungsordnung zu bringen, auch wenn in beiden einzelne Bestimmungen wiederholt werden müssen, da es ein leichtes sein dürfte, bei Wahl der einen oder anderen Form wiederkehrende Bestimmungen fortzulassen[2].

---

[1] Polizeiverordnungen, die Zuwiderhandlungen gegen Anordnungen der Schlachthofverwaltung oder eines Aufsichtsbeamten des Schlachthofes allgemein mit Strafe bedrohen, sind rechtsungültig (Entsch. des KG. Erg. z. Jb. 3, 337.

[2] Da das Polizeiverwaltungsgesetz vom 1. Juni 1931 am 1. Oktober 1931, also während der Drucklegung, in Kraft trat, ist die Kommentierung bei dem Entwurf der Betriebsordnung verblieben.

## Polizeiverordnung.

zur Regelung der Benutzung des Städtischen Schlachthofes in ............ und des Verkehrs auf demselben.

Auf Grund der §§ 28, 33, 55 Abs. 1, 3 und des § 56 des Polizeiverwaltungsgesetzes vom 1. Juni 1931 wird mit Zustimmung des Magistrats (in Städten mit Bürgermeisterverfassung mit Zustimmung des Oberbürgermeisters und der Beigeordneten) folgende Ortspolizeiverordnung erlassen:

**§ 1. Zutritt.** Ohne Erlaubnis der Schlachthofdirektion ist der Zutritt zum Schlachthof, der Aufenthalt in ihm und die Benutzung seiner Einrichtungen nur innerhalb der Betriebs- und Verkehrszeiten denjenigen Personen gestattet, welche nachweislich auf den Schlacht- und Kühlbetrieb bezügliche Verrichtungen zu erledigen haben. Das Betreten der dafür in Frage kommenden Räume und Teile des Schlachthofes ist nur während der für die Verrichtung erforderlichen Zeit gestattet. Andere Personen bedürfen zum Zutritt der Genehmigung der Schlachthofdirektion. Angetrunkenen Personen und Kindern unter 14 Jahren ist der Zutritt untersagt. Auch in Begleitung Erwachsener ist die Anwesenheit der letzteren beim Schlachten nicht gestattet. Zum Essentragen eingelassene Personen haben die Anlagen sofort nach Ablauf der Betriebspause zu verlassen. Hausierern ist der Zutritt verboten. Alle auf dem Schlachthof tätigen Personen dürfen diesen nur in reiner Kleidung betreten und verlassen. Als Eingang und Ausgang dürfen Personen nur den Haupteingang am Pförtnerhause benutzen. Der Zutritt in die Maschinenräume, die Eisfabrik, die Sanitätsanstalt und die Tierkörperverwertungsanstalt ist lediglich den dienstlich erscheinenden Staats- und städtischen Beamten nach vorheriger Anmeldung bei der Schlachthofdirektion, anderen Personen nur mit besonderer Erlaubnis der Schlachthofdirektion in Begleitung eines Schlachthofbeamten gestattet.

**§ 2. Hunde.** Hunde dürfen in den Schlachthof nur dann eingeführt werden, wenn sie als Zugtiere eingespannt oder zum Schlachten bestimmt sind, sofern sie nicht bösartig, nicht mit Krankheiten behaftet sind und zu Störungen keinen Anlaß geben. Sie müssen mit Maulkorb versehen sein und an dem dazu bestimmten Orte festgelegt werden. Das Anbinden an die Mauern und Gitter des Schlachthofes ist verboten.

**§ 3. Verkehr auf Straßen und Gängen.** Die Fußsteige und die Durchfahrten sowie die Gänge in Räumen sind für den Verkehr freizuhalten. Das Ansammeln von Personen, sowie das Aufstellen von Wagen und sonstigen Gegenständen auf denselben ist verboten. Die Einfahrt in den Schlachthof ist ohne Erlaubnis der Schlachthofdirektion nur Fahrzeugen gestattet, welche den auf den Schlachtbetrieb einschließlich der Nebenbetriebe bezüglichen Geschäften dienen. Die An- und Ausfahrt darf nur durch die von der Schlachthofdirektion bezeichneten Tore geschehen. Diese dürfen nur im Schritt durchfahren werden. Auf dem Schlachthof darf nur im Schritt und in der durch Verkehrszeichen bezeichneten Richtung gefahren werden. Fahrzeuge jeder Art sind an den dazu bestimmten Orten mit vorschriftsmäßiger Sicherung aufzustellen und an- und abzufahren. Die Mitte der Fahrstraßen und die Eingänge zu den Hallen sind stets freizuhalten. Das Reinigen und Waschen der Fahrzeuge jeglicher Art innerhalb der Schlachthofanlagen ist verboten (oder ist nur an den dazu bestimmten Stellen gestattet). Das Hineinfahren in die Hallen ist untersagt. Die Kraftwagen und Lastautos dürfen nur mit höchstens 10 km Stundengeschwindigkeit fahren. Auf den Straßen, Bürgersteigen und in den Schlachträumen des Schlachthofes dürfen Vieh, Fleisch und Schlachtabfälle und sonstige Gegenstände nicht feilgeboten oder gehandelt werden.

**§ 4. Viehbeförderung.** Die Beförderung des Schlachtviehs hat mit möglichster Schonung und der erforderlichen Vorsicht zu erfolgen. Heftiges Zerren an den Leitseilen, das Schlagen mit Knütteln, das Stoßen mit Füßen, das Schleifen und Schwanzquetschen ist untersagt. Die Einführung des Schlachtviehs darf nur durch den dazu bestimmten Eingang und auf den dazu bestimmten Straßen, das Abladen an den dazu bestimmten Stellen erfolgen. Bei der Beförderung von Großvieh und zur Vermeidung von Unglücksfällen ist Vorsorge zu treffen, daß dieses nicht durchgehen kann. Bullen müssen von zwei Männern mit Sprungseilen, Blende oder Nasenring zur Schlachtstelle geführt werden. Das Kleinvieh darf nicht gebunden oder geknebelt angefahren werden und ist beim Ausladen zu heben, nicht zu werfen.

**§ 5.** Das Einbringen der Schlachttiere hat innerhalb der Verkehrszeiten des Schlachthofes zu erfolgen. Vieh, welches nicht zum Schlachten bestimmt ist, darf nicht in die Schlachthofanlagen eingeführt werden. Krankes, krankheitsverdächtiges oder notgeschlachtetes Vieh ist sofort in die Sanitätsanstalt, verendetes unverzüglich in die Tierkörperverwertungsanstalt zu verbringen.

**§ 6. Einstallung.** Tiere, welche nicht zum sofortigen Abschlachten eingeführt werden, müssen in den im Schlachthof befindlichen Stallungen oder Wartebuchten an den dazu bestimmten Stellen untergebracht werden. In den Ställen müssen die Tiere, soweit nicht abgeschlossene Räume (Buchten) verfügbar sind, durch die Besitzer oder deren Beauftragte sicher befestigt werden. Die Stall- und Buchtentüren sind von dem Einbringer sofort zu schließen. Aus dem Schlachthof dürfen ohne polizeiliche Genehmigung Tiere lebend nicht wieder ausgeführt werden.

**§ 7. Benutzung der Schlachthallen.** Das Töten und Ausschlachten der Tiere und die damit verbundenen Verrichtungen haben ausschließlich in den für die betreffende Viehgattung bestimmten Räumen des Schlachthofes unter Berücksichtigung der Reihenfolge und an den dafür angewiesenen Stellen zu geschehen. Die Schlachtstellen dürfen nicht länger benutzt werden als zum Ausschlachten der Tiere und zur ordnungsmäßigen Reinigung der Schlachtstellen und Geräte erforderlich ist. Nach vollzogener Tötung sind die Tiere sofort und ohne Unterbrechung in gewerbsüblicher Weise vollständig auszuschlachten und nach erfolgter tierärztlicher Untersuchung und Abstempelung von der Schlachtstelle zu entfernen.

**§ 8.** Ausgeschlachtete Tiere und Tierstücke sind noch am Tage der Schlachtung vor Schluß der Schlachtzeiten aus den Schlachthallen zu entfernen. Es ist verboten, auf dem Wege zu den Stallungen oder Schlachthallen und in diesen Tiere frei laufen zu lassen oder sie so an die Schlachtstellen zu führen, daß sie mit Fleisch in Berührung kommen oder die Anlage und in ihr befindliche Geräte beschädigen.

**§ 9. Schlachtweise.** Schwächlichen und des Schlachtens unkundigen Personen, insbesondere ungeübten Lehrlingen ist die selbständige Ausführung des Schlachtens verboten. Vor dem Töten sind die Tiere an den dazu bestimmten Vorrichtungen sicher zu befestigen. Hiermit darf nicht früher begonnen werden, als bis die mit dem Töten bzw. Betäuben beauftragten Personen zugegen sind. Das Aufhängen der Kälber vor dem Abstechen ist untersagt. Das Töten der Tiere muß mit Vorsicht, schnell, sicher und unter Vermeidung jeder Tierquälerei und, soweit keine gesetzlichen Ausnahmen zugelassen sind, nur nach vorangegangener Betäubung mittels der von der Schlachthofverwaltung zur Verfügung gestellten Apparate erfolgen. Mit dem Abhäuten, Brühen und dem weiteren Bearbeiten der Schlachttiere darf erst begonnen werden, wenn am getöteten Tiere keine Bewegung oder Zuckung mehr wahrzunehmen ist.

**§ 10.** Während des Schlachtens der Tiere darf das hierbei benutzte Messer nicht in den Mund genommen und in ihm gehalten werden. Die zum Abwischen des Fleisches bestimmten Tücher dürfen nicht zum Reinigen der Kleider und Schuhe benutzt werden.

**§ 11.** Das beim Schlachten abfließende Blut sämtlicher Tiere ist von den Schlachtenden in den dazu bestimmten und dazu bereitgestellten Gefäßen möglichst vollständig zufzufangen. Diese Gefäße dürfen zu keinem anderen Zwecke verwendet werden. Das zu Nahrungszwecken bestimmte Blut ist in den dazu bereitstehenden Rührgefäßen zu rühren. Diese Rührgefäße müssen ohne Farbanstrich und stets in vollständig sauberem Zustande sein. Das Blut offensichtlich kranker Tiere ist gesondert aufzufangen. Die Auffang- und Sammelgefäße sind nach jedesmaligem Gebrauch gründlich zu reinigen und erforderlichenfalls zu desinfizieren. Alles nicht zur menschlichen Nahrung bestimmte oder verwendbare Blut ist in hierzu bestimmten Gefäßen aufzufangen und zu sammeln. Das Rühren des Blutes mit den Händen ist verboten, ebenso das Rühren mit unsauberen Holzstöcken oder sonstigen Gegenständen. Das Blut der durch Halsschnitt getöteten Tiere darf nicht gerührt werden. Das aufgefangene, gerührte und tauglich befundene Blut darf erst nach der Abstempelung der ausgeschlachteten Tiere von der Schlachtstelle entfernt werden. Danach stehengebliebenes Blut ist von der Schlachthofverwaltung zu beseitigen. Zur Beförderung des Blutes aus den Schlachthofanlagen sind saubere, metallene, rostfreie, verschließbare Gefäße zu verwenden.

**§ 12.** Alle Abfälle, deren Mitnahme nicht verboten ist, sind nach Beendigung der Schlachtung aus den Schlachthallen zu entfernen, andernfalls die Schlachthofverwaltung sie zu beseitigen hat. Die anfallenden Klauen, Haare und Borsten müssen spätestens nach Beendigung der Schlachtzeit an den dazu bestimmten Platz gebracht und dort so untergebracht werden, daß sie gegen Befall von Fliegen gesichert sind und keinen üblen Geruch verbreiten. Auf dem Wege dorthin verlorene Haare und Flüssigkeiten sind von den Besitzern oder deren Beauftragten sofort gründlich zu entfernen. Rinder- und Kalbunterbeine, die für den menschlichen Genuß bestimmt sind, dürfen nach der Enthäutung oder Enthaarung nicht auf den Boden gelegt werden. Bevor sie mit anderen Fleisch- oder Eingeweideteilen zusammengebracht oder aus den Schlachthallen oder Kutteleien entfernt werden, sind die Klauenschuhe von ihnen zu entfernen.

**§ 13. Verrichtungen nach dem Schlachten.** Alle ausgeschlachteten Tiere sind deutlich mit dem Namen der Besitzer zu kennzeichnen, wobei das Anbringen der Anfangsbuchstaben des Namens als deutliche Kennzeichnung nicht anzusehen ist. Die Entleerung und grobe Reinigung des Magens des Großviehs und der Schafe hat stets im Düngerhause zu erfolgen. Der Mageninhalt darf nur in die Ausschüttöffnungen entleert werden, unter welchen Düngerwagen stehen. Die Därme der Rinder, die Magen und Därme der anderen Schlachttiere sind in die in den Schlachthallen usw. befindlichen und zu diesem Zwecke bestimmten Gefäße und Wagen zu entleeren. Der Inhalt der Magen und Därme darf aus dem Schlachthofe nicht entfernt werden. Tierische Abfälle und Eingeweide dürfen nicht in den Dünger geworfen werden. Sie sind, soweit der Schlachtende sie nicht verwendet oder verwenden darf, in die Beseitigungskübel oder -wagen zu verbringen. Das Werfen der Eingeweide auf den Fußboden ist untersagt. Das Brühen der Eingeweide und Unterfüße, das Entschleimen der Därme darf in jedem Falle erst nach vollendeter tierärztlicher Untersuchung und Abstempelung erfolgen. Nach vollendeter Untersuchung und Abstempelung der Tierkörper, sowie nach vollendeter Bearbeitung sind Häute, Eingeweide, Fett und Füße sofort aus den Schlachthallen zu entfernen.

**§ 14. Beförderung von Fleisch.** Personen, welche im Schlachthof ausgeschlachtete Tiere oder Fleisch auf den Schultern tragen, haben dabei Körper und Kleidung durch Anlegen von sauberen, waschbaren Hauben oder Tüchern gegen die Berührung mit dem Fleisch zu schützen.

Die Fahrzeuge zur Beförderung von Fleisch müssen mit glatten, undurchlässigen und leicht waschbaren Böden und Wänden ausgestattet sein. Es dürfen gleichzeitig keine lebenden Tiere, gesundheitsschädliche oder andere Gegenstände mitgeführt werden, deren Berührung das Fleisch nachteilig beeinflussen könnte. Sind die Wagen nicht mit festen Verschlußdecken oder mit einem die ganze Wagenfläche überspannenden wasserdichten und abwaschbaren Plane versehen, so muß das Fleisch mit sauberen Tüchern verhüllt werden. In diesem Falle dürfen die Wagen nur so weit beladen sein, daß Fleischteile nicht herausragen. Bei gleichzeitiger Beförderung von Fleisch im Fell mit anderem Fleisch ist letzteres vor der Verunreinigung durch das Fell zu schützen. Die zur Beförderung des ausgeschlachteten Fleisches dienenden Wagen müssen, wie auch die Mulden und anderen Behälter, dauernd in reinem Zustande gehalten werden. Personen dürfen bei der Beförderung von Fleisch nur auf dem Führersitz Platz nehmen. Das Aufbewahren oder Sammeln von Fleisch und Eingeweideteilen darf nur in sauberen Gefäßen geschehen.

**§ 15. Benutzung des Pferdeschlachthofes.** Die Bestimmungen dieser Ordnung finden auch für das Pferdeschlachthaus in allen Teilen sinngemäße Anwendung. Pferde, Esel, Maulesel, Maultiere und Hunde dürfen nur in dem vom Schlachthof abgesonderten Pferdeschlachthaus geschlachtet werden. Das Pferdeschlachthaus darf nur durch die Pferdeschlächter und deren Personal betreten werden. Den Pferdeschlächtern ist das Betreten der übrigen Schlachthallen verboten. In die Stallungen des Pferdeschlachthauses dürfen nur Schlachttiere eingestellt werden.

**§ 16. Benutzung des Kühlhauses.** Frisch geschlachtete Tiere und ihre Teile dürfen nicht eher in das Kühlhaus gebracht werden, als bis sie vollständig abgetrocknet und durch Hängen im Vorkühlraum annähernd auf Lufttemperatur gebracht worden sind. Das Fleisch der frischgeschlachteten Rinder darf aus dem Vorkühlraum erst am Tage nach der Schlachtung, das der übrigen Tiere am gleichen Tage, frühestens jedoch nach vierstündigem Hängen in den Kühlzellenraum eingebracht werden. Fleisch, welches übel riecht oder bereits verdorben ist, Eingeweideteile, Blut, Felle, Haare, altes Fett, alter Talg, Kuheuter, Köpfe, Unterfüße der Rinder und Kälber, die blutigen Teile der Hälse, Klauen der ausgeschlachteten Tiere, Abfälle jeder Art, sowie Kleider, Tücher, Schürzen, Stricke, Handwerkszeug und Geräte — mit Ausnahme von Fleischhacken, Messern und Sägen — dürfen weder in den Fleischkühlraum eingeführt noch darin aufbewahrt werden. Derartige Gegenstände, insbesondere übelriechende, verdorbene und nach Maßgabe dieser Bestimmung nicht zugelassene Fleischwaren sind ohne weiteres zwangsweise und auf Kosten der Eigentümer zu entfernen. Das Einbringen nicht enthäuteter Kälber und Lämmer ist verboten.

**§ 17.** Das Salzen und Pökeln des Fleisches innerhalb des Kühlhauses ist nur in den Pökelräumen gestattet. Das Salzen und Pökeln darf nur in den in den Pökelzellen aufgestellten Pökelgefäßen erfolgen. Diese müssen aus Steingut hergestellt oder aus hartem Holz fest und dicht gearbeitet sein und müssen auf mindestens 15 cm hohen Füßen oder Klötzen stehen und mit einem gut schließenden Deckel versehen sein. Die Gefäße dürfen nicht derart gefüllt sein, daß die Lake überläuft. Das Ausgießen von Lake in den Kühlräumen ist verboten. Das Reinigen der Gefäße darf nur außerhalb der Kühlräume geschehen, Salz nur in Steingutgefäßen, Blut nicht in Holzgefäßen aufbewahrt werden. Fleisch darf nur in den Gefrierraum gebracht werden, nachdem es im Vorkühlraum und im Kühlraum vollständig durchgekühlt worden ist.

**§ 18.** Die Türen des Vorkühlhauses und der Kühlhäuser sind nach jedesmaliger Benutzung zu schließen. Das Anfassen und die Beschädigung der aufgehängten Thermo- und Hygrometer, der elektrischen Leitungen und Lampen, sowie das Aufdrehen von Wasserhähnen und Laufenlassen von Wasser und dergleichen ist verboten.

**§ 19.** Alle Waren müssen aufgehängt oder in reinen Behältern aufbewahrt werden. Fleischteile auf den Zellenboden zu legen, ist streng untersagt. Das Aufhängen aller Fleischstücke muß stets so geschehen, daß die Stücke sich nicht berühren. Das Übereinanderschichten von Fleisch ist verboten. Das Aufhängen von Gegenständen an den Gittern, den Decken und Wänden und den durchziehenden Leitungsrohren ist untersagt, ebenso das Belegen des Fußbodens und das Aufschichten von Speck über den Hakenrahmen.

**§ 20.** Die für den Verkehr bestimmten Gänge dürfen mit keinerlei Gegenständen besetzt und zu keinerlei Arbeiten benutzt werden. Das Fahren mit Handwagen und Karren in den Kühlräumen ist verboten.

**§ 21.** In den Kühlräumen ist stets die peinlichste Sauberkeit zu beachten. Vor dem Eintritt ist die Fußbekleidung von Blut, Schmutz und Schnee zu befreien. Der Fußboden der Zellen ist stets sauber und trocken zu halten. Fleisch, Fetteile, Blut, Knochensplitter oder sonstige Gegenstände dürfen auf dem Boden nicht herumliegen.

**§ 22.** Zur Reinigung der Kühlzellen sind lediglich nasse Tücher zu verwenden, Wasser darf nicht verschüttet werden. Die gründliche Reinigung des Fußbodens hat wöchentlich mindestens einmal zu erfolgen.

**§ 23. Allgemeine Ordnungsvorschriften.** Jeder, der den Schlachthof benutzt, hat in allen Räumen und bei seinen Arbeiten die größte Reinlichkeit zu beachten. Sofort nach jeder Schlachtung und auch während dieser sind die Schlachtstellen (Boden, Tische, Wände) und die Geräte ordnungsmäßig zu reinigen und an ihren gewöhnlichen Aufbewahrungsort zurückzubringen. Personen, welche mit ansteckenden Krankheiten jeder Art oder mit Ausschlägen behaftet sind, wird der Verkehr auf dem Schlachthof während der Dauer der Erkrankung und der von ihnen ausgehenden Ansteckungsgefahr verboten.

Auf dem Schlachthof ist ferner verboten:

1. jede Behinderung eines Dritten in der Benutzung der Schlachthofanlagen,
2. die Störung der Ruhe und Ordnung durch Lärmen, Schreien, Pfeifen, Singen und unnötiges Hupen,
3. jede Verunreinigung, sofern sie nicht durch das regelrechte Schlachten selbst bedingt ist, insbesondere das Bemalen und Beschmutzen der Wände usw., das Fortwerfen von Papierstücken innerhalb der Schlachthofanlagen,
4. das Anzünden und Auslöschen von Licht, das Öffnen und Schließen der Fenster und Lüftungsvorrichtungen, die Handhabung der Abstellvorrichtungen der Dampf- und Wasserleitungen, soweit es sich nicht um die für die allgemeine Benutzung bestimmten Hähne und Auslässe handelt,
5. das Ablegen und Aufhängen von Kleidern oder sonstiger nicht zum Schlachten benutzter Gegenstände in den Schlachträumen sowie die Aufbewahrung von Blut oder sonstigen tierischen Teilen in Büros und Garderobenräumen, das Rauchen in den Schlachträumen, Stallungen, Kühlräumen, Fleischaufbewahrungsräumen und Futterböden, das Spucken in die Schlachthallen usw.
6. das Mitbringen geistiger Getränke in die Räume des Schlachthofes und das Verzehren dieser in ihnen, ebenso das Verzehren von Eßwaren während der Arbeit in den anderen als dafür vorgesehenen Räumen,
7. das Betreten der Bahnanschlüsse und Gleisanlagen.

Beim Verlassen der Arbortanlagen haben die mit dem Schlachten und den darauf bezüglichen Verrichtungen beschäftigten Personen sich unverzüglich in den dort angebrachten Waschanlagen die Hände zu waschen.

Das Umkleiden hat in den dafür bestimmten Räumen und Garderoben zu erfolgen.

**§ 24. Schlußbestimmungen.** Bei Nichtbefolgung der Bestimmungen der vorstehenden Polizeiverordnung wird ein Zwangsgeld bis zu 50 RM. festgesetzt oder die Befolgung durch unmittelbaren Zwang durchgesetzt. Im Falle der Nichtbeitreibbarkeit des Zwangsgeldes tritt Zwangshaft bis zu einer Woche ein.

Diese Verordnung tritt am ............... in Kraft.

................, den ........... Der Polizeipräsident.

## Betriebsordnung für den städtischen Schlachthof in ..... (Schlachthof-, Haus- und Verkehrsordnung).

**§ 1. Zweck des Schlachthofes.** Der städtische Schlachthof ist zum Töten und Ausschlachten des Schlachtviehes (§ 1 des Gemeindebeschlusses betreffend die Einführung des Schlachtzwanges vom .....) und zur Vornahme der damit in unmittelbarem Zusammenhang stehenden Verrichtungen (§ 2 des Gemeindebeschlusses betreffend die Einführung des Schlachtzwanges vom .....) bestimmt.

Tiere, welche in den Schlachthof eingebracht worden sind, dürfen lebend nur mit Genehmigung des Schlachthofdirektors und der Orts- (Veterinär-) Polizeibehörde unter Einhaltung der veterinärpolizeilichen Vorschriften wieder ausgeführt werden.

**§ 2. Aufsicht.** Die verantwortliche Aufsicht führt der Schlachthofdirektor, der sich hierbei der Hilfe der Schlachthofbeamten und -angestellten bedient.

**§ 3. Betriebszeiten.** Der Schlachthof ist für den Schlachtbetrieb und die mit demselben zusammenhängenden Geschäfte an den Werktagen während der vom Magistrat unter Zustimmung der Polizeiverwaltung festgesetzten Stunden geöffnet. Die Betriebszeiten, sowie jede Abänderung derselben werden durch Bekanntmachungen im .... blatt, durch Anschlag im Verwaltungsgebäude des Schlachthofes und an den Eingängen zu den Schlachthallen zur öffentlichen Kenntnis gebracht. Aus betriebstechnischen und sonstigen dringenden Gründen ist die Schlachthofdirektion befugt, selbständig eine andere Festsetzung der Betriebszeiten für einen kürzeren, befristeten Zeitraum vorzunehmen. In diesen Fällen genügt die Veröffentlichung durch Anschlag.

Schlachtungen dürfen nur an Werktagen vorgenommen werden. Unter der Voraussetzung, daß die erforderlichen Arbeitskräfte vorhanden sind, darf die Tötung von Großvieh und Schweinen nicht später als 1 Stunde und die von Kleinvieh nicht später als $^1/_2$ Stunde vor Schluß der Schlachtzeit stattfinden, jedoch müssen in jedem Falle mit Schluß der festgesetzten Schlachtzeit die Hallen zwecks Reinigung geräumt sein. Darüber, ob die vorhandenen Arbeitskräfte ausreichend sind, entscheiden die zuständigen Schlachthofbeamten und -angestellten, in Streitfällen endgültig der Schlachthofdirektor[1].

Zu anderen als den festgesetzten Zeiten können unaufschiebbare Notschlachtungen (und zwar nur im Sanitätsschlachthofe) vollzogen werden. In dringenden Fällen können außerhalb dieser Zeiten mit Erlaubnis des Schlachthofdirektors oder seines Stellvertreters auch andere Schlachtungen vollzogen werden, an Sonn- und Feiertagen ist hierzu noch die Genehmigung der Polizeiverwaltung beizubringen. Der Schlachtende hat in diesen Fällen die im Tarif festgesetzte Schlacht- und Benutzungsgebühr zu zahlen und unter Umständen auf die Untersuchung bis zum anderen Tage zu warten.

Die Mieter von zu Gewerbezwecken dienenden Räumen sowie ihr Personal müssen an allen Sonnabenden die Reinigungsarbeiten bis 16 Uhr beendet und ihre Räume verlassen haben.

Die Untersuchungsstelle für das von auswärts eingeführte, tierärztlich nicht untersuchte frische Fleisch ist an allen Wochentagen des Sommerhalbjahres von . . . . . , des Winterhalbjahres von . . . . . bis . . . . . geöffnet.

Die Kassen des Schlachthofes werden 1 Stunde vor Beendigung der Schlachtzeit für das Publikum geschlossen.

Nach Schluß des Schlachthofes darf sich niemand ohne schriftliche, für jeden einzelnen Fall einzuholende Erlaubnis des Schlachthofdirektors im Schlachthofe aufhalten.

**§ 4. Zutritt.** Ohne besondere Erlaubnis der Schlachthofdirektion ist der Zutritt außer den dienstlich erscheinenden Staats- und städtischen Beamten nur Personen gestattet, welche nachweislich daselbst auf das Schlachten oder auf die Nebenbetriebe bezügliche Geschäfte zu erledigen haben, und zwar nur hinsichtlich der Räume oder der Teile des Schlachthofes, in welchen die Geschäfte zu erledigen sind[2].

---

[1] Nach dem Reichsfleischbeschaugesetz ist die Festsetzung besonderer Beschaustunden zulässig; es sollte von dieser Erlaubnis weitgehendster Gebrauch gemacht werden. Sind Kühlanlagen vorhanden, so ist es möglich, die Betriebsstunden überhaupt möglichst zu komprimieren. Und ist auch seitens der Metzger der gute Wille hierzu vorhanden, so wird das stets möglich sein!

In einer Reihe von bayrischen Schlachthöfen z. B. beschränkt sich die Betriebszeit auf die Vormittagsstunden, es kosten Schlachtungen nach 1 Uhr doppelte Gebühren, Notschlachtungen ausgenommen. Es sind Fälle bekannt, daß bedeutende Betriebskürzungen an sog. kleinen Schlachttagen seitens der Fleischer gerne zugestanden wurden, insbesondere dann, wenn geltend gemacht wurde, daß ohne Kürzungen von absolut unnötigen Betriebsstunden man an eine Erhöhung der Schlachtgebühren schreiten müsse! Bei Neueröffnungen muß stets auf kürzeste Betriebszeit hingewirkt werden, insbesondere dann, wenn der Tierarzt so bezahlt ist, daß er auf Praxisausübung angewiesen ist. Hierfür muß er seine Nachmittage zur Verfügung haben. Ist wirklich ein Bedürfnis nach Verlängerung an einzelnen Tagen gegeben, so wird es besser sein, dann eine Konzession zu machen, als später zu lange Betriebsstunden kürzen zu wollen, was stets auf größten Widerstand stößt.

Auch soll und muß stets darauf hingewirkt werden, daß die Sonn- und Feiertage grundsätzlich arbeitsfrei sind. Keinesfalls aber darf geduldet werden, daß an christlichen Feiertagen Schächtungen vorgenommen werden, was leider so und so oft zu beobachten ist. Und muß es sein (?), dann verlange man dreifache Gebühr. Mit ganz dem gleichen Rechte könnte dann auch verlangt werden, daß Sonnabend geschächtet wird!!

Die Bestimmungen über Sonntagsruhe einzuhalten ist Pflicht, schon um einer Bestrafung wegen Übertretung vorzubeugen. Das Personal hat ein Recht auf Sonntagsruhe, gleichviel in welchem Teil der Anlage es arbeitet. Das Personal des Kühlhauses wird hier allein eine Ausnahme machen müssen, doch kann ein Turnus eingeführt werden, um abwechselungsweise das Personal zu beschäftigen und Sonntagsdienste wieder einzubringen. Hingegen ist es Norm, an Sonn- und Feiertagen die Kühlräume geschlossen zu halten. Es sind Fälle bekannt, daß Gesuche der Metzgerschaft an die Regierung, an diesen Tagen das Kühlhaus, wenn auch nur ganz kurze Zeit offen zu halten, wiederholt abgewiesen wurden.

Als Tag für gründliche Reinigung sollen stets bestimmte Tage festgesetzt werden, insbesondere auch zur Spülung von Kanälen, zur Reinigung von Kühlanlagen.

Durch Kürzung der Betriebsstunden werden natürlich auch die Ausgaben für Betriebsmaterial beträchtlich verringert, es können infolgedessen auch die Gebühren niedriger gehalten werden, was bei Eröffnung von Neuanlagen den Schlächtern rechnerisch erläutert werden muß!

Im übrigen wird bei Festsetzung der Betriebszeiten davon auszugehen sein, daß der Schlachthof für die Allgemeinheit errichtet worden ist, daß nicht umgekehrt die Allgemeinheit für den Schlachthof da ist. Auf ortsübliche Handels- und Gewerbegebräuche ist Rücksicht zu nehmen. Dahingehende Wünsche der Gewerbetreibenden sind auf ihre Berechtigung wohlwollend zu prüfen. Der Grundsatz der Rationalisierung der Betriebe darf nicht einseitig ausgelegt werden. Auch die Gewerbetreibenden müssen bei ihren eigenen Betrieben den Grundsatz der Rationalisierung berücksichtigen, bei der heutigen steuerlichen Belastung der Gewerbetreibenden mehr wie je. Jede moderne Schlachthofverwaltung wird heute in der Lage sein, diesem dahingehenden berechtigten Wunsch der Gewerbetreibenden Rechnung zu tragen, indem sie die Betriebszeiten mit geringen Schlachtziffern zur intensiven Inbetriebnahme der Nebenanlagen ausnützt und auf diese Weise die Rationalisierung des Betriebes erreicht.

[2] Um den in erschreckender Weise zunehmenden Diebstählen auf dem Vieh- und Schlachthofe zu Leipzig möglichst vorzubeugen, ist daselbst vor einiger Zeit nachstehende Bestimmung in die „Vieh- und Schlachthofordnung“ (§ 92) aufgenommen:

„Jeder auf dem Viehhofe Handelnde (Viehhändler, Kommissionär, Verkäufer) sowie jeder im Schlachthofe Schlachtende (selbständige Gewerbetreibende, Lohn- und Hausschlächter, Kuttler usw.) und die innerhalb des Vieh- und Schlachthofes anderweite Geschäfte Betreibenden (Häute-, Darmhändler usw.) haben sich und ihre Leute (Arbeits- und Hilfspersonal) bei der Direktion anzumelden, wobei jedem für sich und die Leute gegen Quittungen auf das Kalenderjahr lautende und zum Eintritt in den Vieh-

Die auswärts wohnhaften Schlächter und sonstigen für ihren Gewerbebetrieb oder zum Hausgebrauche schlachtenden Personen werden zur Benutzung des Schlachthofes unter gleichen Bedingungen zugelassen.

Talg-, Fell- und Darmhändler, ferner sonstige Unternehmer, die keinen eigenen Geschäftsraum im Schlachthofe besitzen, haben für ihre Zulassung zum Schlachthofe zu Anfang eines jeden Geschäftsjahres persönlich an der Schlachthofkasse Jahreszutrittkarten zu lösen. Die Karten werden ungültig bei Stellen- und Besitzwechsel oder Aufgabe des Geschäfts.

Andere Personen bedürfen zum Zutritt der Genehmigung des Schlachthofdirektors. Angetrunkenen Personen und Kindern unter 14 Jahren ist der Zutritt untersagt. Auch bei Begleitung durch Erwachsene darf die Anwesenheit der letzteren beim Schlachten nicht geduldet werden. Zum Essentragen eingelassene Personen müssen die Anlage alsbald wieder verlassen. Diese Zulassungen geschehen auf ausschließliche Gefahr der betreffenden Personen, Angehörigen oder Auftraggeber.

Hausierern ist der Zutritt verboten.

Alle auf dem Schlachthof tätigen Personen dürfen diesen nur in sauberer Kleidung betreten und verlassen.

Der Zutritt in die Maschinenräume, die Eisfabrik, die Laboratorien, die Sanitätsanstalt und die Tierkörperverwertungsanstalt ist lediglich den dienstlich erscheinenden Staats- und städtischen Beamten nach vorheriger Anmeldung bei dem Schlachthofdirektor, anderen Personen nur mit besonderer Erlaubnis des Schlachthofdirektors in Begleitung eines Schlachthofbeamten gestattet.

**§ 5. Zulassung** von besonderen Gewerbebetrieben. Für den Betrieb von Unternehmungen jeder Art im Schlachthofe ist die Genehmigung der Schlachthofdirektion einzuholen. Die Genehmigung wird auf Widerruf erteilt. Mit der Aufnahme des genehmigten Betriebes sind die Unternehmer und ihr Personal den Bestimmungen dieser Ordnung auch ohne ausdrückliche vertragliche Verpflichtung unterworfen.

Kopfschlächter und Lohnschlächter, welche auf eigene Rechnung schlachten, können, wenn sie ihre Befähigung zu diesem Gewerbe und ihre Unbescholtenheit nachweisen, von dem Direktor auf jederzeitigen Widerruf zugelassen werden. Der Direktor kann ihre Zulassung von der Innehaltung eines von ihnen einzureichenden Tarifs abhängig machen. Sie sind dann verpflichtet, ihre Lohnforderungen im Rahmen dieses von der Schlachthofdirektion genehmigten Lohntarifs zu halten. Die Nichtinnehaltung des Tarifs und etwaige Übertretungen der Bestimmungen dieser Ordnung können die Aufhebung der Zulassungsgenehmigung fristlos nach sich ziehen.

Arbeitshilfe jeglicher Art darf auf dem Schlachthofe nur durch Personen geleistet werden, welche dazu von der Schlachthofverwaltung die Genehmigung erhalten haben.

**§ 6. Verkehrskontrolle.** Fleischer und Unternehmer von Nebenbetrieben jeglicher Art auf dem Schlachthofe sind verpflichtet, diejenigen Personen, welche sie auf dem Schlachthofe beschäftigen wollen, schriftlich der Schlachthofdirektion anzumelden. Die Anmeldung ist bei jedem Wechsel des Personals zu erneuern.

Genannte Gewerbetreibende und ihr Personal erhalten von der Schlachthofverwaltung Zulaßkarten (oder Blechmarken), welche auf Verlangen den Schlachthofangestellten vorzuzeigen sind.

Personen, welche nicht angemeldet sind oder welche die Zulaßkarten nicht vorzeigen können, kann von den Schlachthofangestellten der Aufenthalt im Schlachthof sowie die Entnahme von Gegenständen aus dessen Räumen verwehrt werden.

Die Einlaßkarten gelten lediglich für die betreffenden Personen, für die sie ausgegeben worden sind. Sie sind nicht übertragbar. Mißbräuchliche Benutzung hat neben Ausweisung Strafanzeige zur Folge.

**§ 7. Hunde**[1]. Hunde, welche nicht zum Schlachten bestimmt sind, dürfen in die Schlachthofanlagen nicht eingeführt werden. Ausnahmen sind nur bei den Hunden zulässig, die zur Begleitung von Schafherden dienen, sofern sie nicht bösartig, nicht mit Krankheiten behaftet sind und zu Störungen keinen Anlaß geben. Sie müssen mit Maulkorb versehen und sofort nach dem Treiben an kurzer Leine geführt, angebunden oder sicher verwahrt werden. Das Anbinden an die Tore und Gitter des Schlachthofes ist verboten, ebenso das Mitbringen von Hunden in die Gasträume und das Verwaltungsgebäude.

**§ 8. Verkehrsvorschriften.** Die Einfahrt in den Schlachthof ist ohne besondere Erlaubnis des Schlachthofdirektors nur Fahrzeugen gestattet, welche den auf den Schlachtbetrieb einschließlich der Nebenbetriebe bezüglichen Geschäften dienen. Die Ein- und Ausfahrt darf nur durch die von der Schlachthofdirektion bestimmten Tore geschehen, diese dürfen nur im Schritt durchfahren werden. Auf dem Schlachthof darf nur im Schritt (oder im kurzen Traber gefahren werden. Fahrzeuge jeder Art sind an den dazu bestimmten Orten mit vorschriftsmäßiger Sicherung aufzustellen und an- und abzufahren. Die Mitte der Fahrstraßen und die Eingänge zu den Hallen sind stets freizuhalten[2].

---

und Schlachthof berechtigende Legitimationsmarken ausgehändigt werden. Werden Personen ohne Legitimation auf dem Vieh- und Schlachthofe betroffen, so können dieselben ausgewiesen werden. Die für die Geschäftsherren ausgegebenen Marken sind nicht übertragbar. Die für das Hilfspersonal ausgegebenen Marken dürfen an Personen anderer Geschäftsherren nicht abgegeben werden. Verlorengegangene Marken sind bei der Direktion zu melden und hierfür eine Gebühr von 25 Rpf. zu entrichten. Die Erneuerung der Marken hat im Monat Januar zu erfolgen, wobei die alten Marken abzugeben sind.

[1] Das Mitbringen von Hunden ist aus verschiedenen Gründen unzulässig: sie beißen das Fleisch an, tiefer hängendes verunreinigen sie (urinieren), beschnuppern es; die Fleischer werfen ihnen unbrauchbare Teile, z. B. Leberstücke mit Echinokokken vor, wodurch dann natürlich eine Weiterverbreitung des betreffenden Bandwurms stattfindet.

Aus den gleichen hygienischen Gründen ist die Verwendung von Hunden zum Ziehen von Wagen und Karren, welche mit frischem Fleische beladen sind, zu untersagen.

[2] Für diejenigen Schlachthöfe, in denen sich Verbindungshallen befinden, ist die Aufnahme folgender Bestimmungen zu empfehlen:

„Die Einfahrt in die Verbindungshalle und die Ausfahrt aus derselben darf nur durch die dazu bestimmten Tore erfolgen und ist nur solchen Fahrzeugen gestattet, welche zur Ein- und Ausfuhr von Fleisch dienen. In der Verbindungshalle dürfen die Fahrzeuge erst dann Aufstellung nehmen, wenn das Fleisch zum Aufladen bereit ist, und nur solange stehen bleiben, als nötig ist, um das fortzuschaffende Fleisch auf- und abzuladen."

Auf den meisten Schlachthöfen hat man besondere „Einstellräume für Fahr- und Krafträder" und Garagen.

Wagenpferde der Fleischer können während des Schlachtens, soweit es der Raum gestattet, unentgeltlich und auf eigene Gefahr des Besitzers in die Pferdestallungen eingestellt werden, andernfalls müssen sie an den an bestimmten Stellen angebrachten Ringen angebunden oder unter ständiger Aufsicht aufgestellt werden. Das Füttern der Pferde auf den Plätzen und den Fahrwegen ist verboten[1].

Das Reinigen und Waschen der Fahrzeuge jeglicher Art innerhalb der Schlachthofanlagen ist verboten (oder ist nur an den dazu bestimmten Stellen gegen die tarifmäßige Gebühr gestattet). Das Hineinfahren in die Hallen ist verboten.

Kraftwagen und Lastautos dürfen mit höchstens 10 km Stundengeschwindigkeit fahren.

Körbe, Mulden, Säcke, Eimer und sonstige Gefäße sind auf Verlangen den aufsichtsführenden Beamten und Angestellten vorzuzeigen. Fahrzeuge können ebenfalls einer Untersuchung unterzogen werden.

**§ 9. Viehbeförderung.** Die Beförderung des Schlachtviehes hat mit möglichster Schonung und der erforderlichen Vorsicht zu erfolgen. Heftiges Zerren an den Leitseilen, das Schlagen mit Knütteln, das Stoßen mit Fäusten und Füßen, das Schleifen und Schwanzquetschen ist untersagt.

Die Einführung des Schlachtviehes darf nur durch den dazu bestimmten Eingang, das Abladen an den dazu bestimmten Stellen erfolgen.

Bei der Beförderung von Großvieh sind zur Vermeidung von Unglücksfällen Vorkehrungen zu treffen, daß dasselbe nicht durchgehen kann. Bullen müssen von 2 Männern mit Sprungseil, Blende oder Nasenring zur Schlachtstelle geführt werden.

Das Kleinvieh darf nicht gebunden oder geknebelt angefahren werden und ist beim Ausladen zu heben, nicht zu werfen.

Durch den Transport erhitztes Schlachtvieh darf erst nach erfolgter Abkühlung geschlachtet werden.

Milchkühe müssen innerhalb 24 Stunden nach Einstellung gemolken werden. Die gewonnene Milch darf nur in gekochtem Zustand verwendet werden[2].

**§ 10.** Das Einbringen der Schlachttiere hat innerhalb der Zeit[3] zu erfolgen, in der der Schlachthof für den Verkehr geöffnet ist. Diese Verkehrszeiten hat die Schlachthofdirektion zu bestimmen und durch Anschlag bekannt zu geben. Für das außerhalb der Verkehrszeiten eingebrachte Schlachtvieh ist die dafür festgesetzte gesonderte Gebühr zu entrichten. Alles zum Schlachten bestimmte Vieh ist sofort bei der Einführung dem Aufsichtsbeamten anzumelden und alsbald in die von demselben zu bezeichnenden Räume abzuführen. Der diensttuende Tierarzt hat den Gesundheitszustand des Viehes durch Untersuchung zu prüfen und zu bestimmen, wie lange es vor dem Schlachten zu ruhen hat.

Vieh, welches nicht zum Schlachten bestimmt ist, darf weder in die Schlachtställe noch in die Schlachthallen eingeführt werden. Krankes, krankheitsverdächtiges oder notgeschlachtetes Schlachtvieh ist sofort in die Sanitätsanstalt, verendetes unverzüglich in die Tierkörperverwertungsanstalt zu verbringen. Von dem Verenden eines Schlachttieres im Schlachthofe ist dem diensttuenden Aufsichtsbeamten sofort Anzeige zu erstatten.

**§ 11. Einstallung.** Tiere, welche nicht zum sofortigen Abschlachten eingeführt werden, müssen in den im Schlachthof befindlichen Stallungen oder Wartebuchten an den von den Aufsichtsbeamten bezeichneten

---

[1] Die Schlachthofstallungen sollen nur für Pferde der Schlächter dienen, nicht aber für solche von Händlern und Landwirten. Sie dienen auch nur zur Einstellung, nicht aber zur Fütterung der Pferde.

Gebühren für das Einstellen von Pferden zu verlangen, wird nicht empfohlen, da sonst Anlaß dazu gegeben wird, daß Schlächter die Pferde frei in den Höfen stehen lassen, wodurch Unglücksfälle und Beschädigungen nicht zu vermeiden sind.

[2] Ostertag (Z. Fleisch- u. Milchhyg. 5, 11) macht mit Recht auf die Gefahr, welche der Genuß der Milch dieser Schlachtkühe mit sich bringt, aufmerksam, da ein großer Teil derselben mit Tuberkulose behaftet ist. Jedenfalls ist diese Milch als ein verdächtiges Nahrungsmittel zu behandeln. Ostertag empfiehlt deshalb besonders Angestellten (und nicht wie allgemein üblich, den Viehtreibern und Schlachthofbediensteten) das Melken zu übertragen, schlecht genährte und euterkranke Tiere auszuschließen und die ermolkene Milch der übrigen aufzukochen.

Für den Dresdener Schlacht- und Viehhof ist von Edelmann angeordnet, daß die auch daselbst eingestellten Kühe ausschließlich von zwei hierzu besonders bestimmten Leuten gemolken werden dürfen und daß die Milch nur nach vorheriger Erhitzung bis auf 85° C in den Verkehr gegeben werde. Diese Anordnung ist in doppelter Hinsicht von Wert, weil sie erstens die Seuchenverschleppung verhindert, welche bei dem Melken durch verschiedene Leute nicht zu gering anzuschlagen ist, und zweitens erfüllt sie hinsichtlich der Behandlung solcher Milch das von Ostertag schon längst gestellte Postulat.

Über die Berechtigung, die Milch dann gewinnbringend zu verwerten, wenn Futter und Stallgebühren bezahlt werden, läßt sich streiten, da sie zweifellos Eigentum des Viehbesitzers ist, der das Tier im Schlachthofe nur gegen Entschädigung in Verwahrung gibt!

Nach den heutigen Ansichten wird solche Milch zum Genuß nicht mehr zugelassen werden können, auch nicht mehr nach Kochen, da eine Kontrolle des Erhitzungsgrades nicht besteht. Die Verwendung der Milch muß durch die Schlachthofverwaltung geschehen. Da ein großer Teil wohl Tierkörperverwertungsanstalten hat, kann die Milch gleichzeitig mit dem Blute verarbeitet werden. Oder man kann bei großen anfallenden Mengen die Milch in ausreichender Weise kochen lassen und als Viehfutter verkaufen. Das muß aber durch die Verwaltung geschehen, um eine Kontrolle des Erhitzungsgrades zu haben.

[3] Es ist wärmstens zu empfehlen, für die Einstellung von Tieren, welche nach Schluß des Schlachthofes erst angetrieben werden, ziemlich hohe Gebühren zu verlangen, um Ordnung zu schaffen. Entweder lasse man nach Schluß grundsätzlich keine Einstellung mehr zu oder man verlange Gebühren von nicht unter 1 RM. je Stück. Man wird sich überzeugen, daß auch ein früheres Einbringen dann möglich ist und die Treiber weniger lang in Wirtshäusern sitzen werden, sondern sich beeilen, die Schlußstunde noch zu erreichen. Das Personal, das den ganzen Tag angestrengt beschäftigt ist, oft von den frühesten Morgenstunden an, hat ein Recht, abends einige Stunden zur Erholung zu haben. Vielfach ist auch Schikane die Ursache, die Schlußstunden nicht einzuhalten.

Stellen untergebracht werden. In den Ställen[1] müssen die Tiere, soweit nicht abgeschlossene Räume (Buchten) verfügbar sind, durch die Besitzer oder deren Leute sicher befestigt werden. Für die ordnungsmäßige Befestigung ist der Besitzer haftbar. Die Stall- und Buchtentüren sind sofort zu schließen. Die beabsichtigte Einstallung ist bei dem zuständigen Aufsichtsbeamten unter Abgabe der Eintriebsscheine anzumelden.

Für die Sicherheit des eingestellten Viehes wird eine über die gesetzliche Haftpflicht[2] hinausgehende Gewähr nicht übernommen. Die Übernahme einer Obhutspflicht seitens der Verwaltung wird durch die Einstellung nicht begründet.

Tiere länger als ... Tage in den Stallungen stehen zu lassen, ist nur auf schriftlichen Antrag mit Genehmigung der Schlachthofdirektion zulässig[3].

**§ 12. Wartung, Fütterung und Streu.** Die Wartung, Fütterung und das Streuen der Tiere geschieht ausschließlich durch die Verwaltung von den hierzu bestellten Personen (oder Wartung und Fütterung ist Sache der Eigentümer. Tiere, die länger als 24 Stunden eingestellt bleiben, müssen getränkt und gefüttert werden. Geschieht dies nicht, so erfolgt die Wartung und Fütterung für Rechnung des Einstellers nach Anweisung der Aufsichtsbeamten.)

Ist das Futter bis zur nächsten Fütterungszeit nicht verbraucht, so darf es nicht aus dem Schlachthofe mitgenommen werden. Futterreste aus Raufen, Krippen oder Trögen dürfen nicht an andere Tiere verfüttert werden. Ohne Mitteilung an den Aufsichtsbeamten darf kein Tier aus den Stallungen entfernt werden.

Todes-, Krankheits- und Seuchenfälle unter den eingestellten Tieren sind der Direktion sofort zu melden.

Sofern die Tiere von dem Besitzer nicht selbst gezeichnet sind, muß der Name des Eigentümers (Fleischers) an der im Stalle angebrachten Tafel unter Angabe der Nummer des Standortes (Bucht) der Tiere bezeichnet werden (oder: Zur Vermeidung von Verwechselungen haben die Eigentümer ihre dem Schlachthof zugeführten Tiere vor oder unmittelbar nach dem Einbringen mit ausreichenden Erkennungszeichen [Anschnitt oder Farbezeichen] zu versehen.)

**§ 13. Benutzung der Schlachthallen.** Das Töten und Ausschlachten der Tiere und die damit verbundenen Verrichtungen dürfen nur in den für die betreffende Viehgattung bestimmten Räumen des Schlachthofes unter Berücksichtigung der Reihenfolge und an den von den Hallenmeistern angewiesenen Stellen vorgenomen werden.

Die Schlachtstelle darf nicht länger benutzt werden, als zum Ausschlachten des Tieres und zur ordnungsmäßigen Reinigung der Schlachtstelle und der Geräte erforderlich ist. Nach vollzogener Tötung sind die Tiere sofort und ohne Unterbrechung in gewerbsüblicher Weise vollständig auszuschlachten und nach erfolgter tierärztlicher Untersuchung und Abstempelung von der Schlachtstelle zu entfernen.

**§ 14.** Ausgeschlachtete Tiere und Tierstücke sind noch am Tage der Schlachtung vor Schluß der Schlacht-

---

[1] Händler sorgen meist durch Anbringung von Schnittzeichen, daß die Tiere genügend gekennzeichnet werden, Schweine werden mit Blaustift gezeichnet. Kennzeichnung durch Ohrmarken ist seltener und verfolgt meist andere Zwecke, wie den des Nachweises einer Versicherung, Eintragung in das Herdbuch usw.

Es ist wünschenswert, daß alle Kennzeichnungen der Direktion bekanntgegeben und von dieser in ein eigenes Buch eingetragen werden.

[2] In vielen Schlachthofsbetriebs- und Kühlhausordnungen befindet sich die generelle Bestimmung, daß die Verwaltung j e d e Haftung für etwaige Schäden ablehnt. Eine derartige generelle Bestimmung erscheint unter Hinweis auf die §§ 688—690, 276 und 823 BGB. rechtlich unzulässig. Nach § 688 wird der Verwahrer durch den Verwahrungsvertrag verpflichtet eine ihm vom Hinterleger übergebene bewegliche Sache aufzubewahren. Die Gewährung eines Raumes, z. B. eines Schlacht- oder Kühlraumes, worin der Hinterleger die Sache ohne Übernahme der Obhut dieser Sache durch den Verwahrer niederlegt, begründet k e i n e n Verwahrungsvertrag (F i s c h e r und H e n l e, Kommentar zum BGB.).

Nach § 276 ist aber, sofern nicht ein anderes bestimmt ist, Vorsatz und Fahrlässigkeit zu vertreten. Fahrlässig handelt, wer die im Verkehr übliche Sorgfalt außer acht läßt. Die Haftung wegen Vorsatzes kann nicht im voraus, d. h. vor Eintritt des rechtswidrigen Erfolges erlassen werden. Ein derartiges vertragliches Abkommen ist, weil gegen die guten Sitten verstoßend, nichtig (§ 138 BGB.). Ausnahme: § 278, Satz 2.

Nach § 278 hat der Schuldner ein Verschulden seines gesetzlichen Vertreters (z. B. Schlachthofdirektors) und der Personen, deren er sich zur Erfüllung seiner Verbindlichkeiten bedient (z. B. die übrigen Schlachthofangestellten usw.), im gleichen Umfange zu vertreten wie eigenes Verschulden. Die Vorschrift des § 276, Abs. 2, wonach die Haftung wegen Vorsatz nicht erlassen werden kann, tritt hier aber n i c h t in Anwendung. Es haftet hier also der für die vorsätzliche Handlung Verantwortliche gemäß § 823 BGB. Bei Überlassung eines Schlacht- oder eines Kühlraumes zu Benutzungszwecken kommt somit nicht der oben angeführte Verwahrungsvertrag in Betracht, sondern es ist gemäß § 276 Vorsatz und Fahrlässigkeit zu vertreten. Mit Ausnahme des Vorsatzes kann somit der Ausschluß der Haftpflicht vereinbart werden. Etwas anders ist die Rechtslage, wenn durch Z w a n g die Einstellung von Vieh in den Schlacht- und Viehhof, die Aufbewahrung von Fleisch im Kühlraum, z. B. durch polizeiliche Anordnung bei der 21tägigen Aufbewahrung finnigen Fleisches, erfolgt. Hier ist Vorsatz und Fahrlässigkeit gemäß § 276 zu vertreten, da ein anderes vertragliches Abkommen gegen die guten Sitten (§ 138) verstoßen und somit nichtig sein würde.

Bei der 21tägigen Aufbewahrung finnigen Fleisches im Kühlraum kann dieses auch ohne Vorsatz und ohne Fahrlässigkeit ganz oder teilweise verderben. Ein Schaden würde nur dann zu vertreten sein, wenn n a c h w e i s l i c h ein Vorsatz oder, wenn die im Verkehr erforderliche Sorgfalt, z. B. bei Bedienung der Kühlanlage, außer acht gelassen werden würde, also Fahrlässigkeit vorliegt.

Aus diesem Grunde wird, da sich trotz größter Vorsicht Unglücksfälle nicht vollkommen vermeiden lassen, jede Stadt gut tun, eine Haftpflichtversicherung in dem oben angegebenen Rahmen für die eingestellten Tiere abzuschließen.

[3] In P r e u ß e n muß alles Schlachtvieh, das den Viehhof passiert hat, aus veterinärpolizeilichen Gründen innerhalb 4 Tagen abgeschlachtet werden, auch wenn es in die Provinz ausgeführt wird. Dieselben veterinärpolizeilichen Gründe sind auch bei den Schlachthöfen gegeben, da in diesen immer Ansteckungsgefahr besteht. Ausnahmen sind nur bei Nutzviehmärkten zulässig und auf solchen Märkten, auf denen eine Schutzimpfung der Tiere vorgeschrieben ist und vorgenommen wird.

zeit aus den Schlachthallen zu entfernen; jedoch ist die Schlachthofdirektion befugt, die Entfernung zu einem früheren Zeitpunkt zu verlangen.

Es ist verboten, Tiere so an die Schlachtstätten zu führen, daß sie mit Fleisch in Berührung kommen oder die Geräte beschädigen. Für jeden entstandenen Schaden hat der Eigentümer des Tieres selbstschuldnerisch zu haften.

Die zum Schlachthof gehörigen Gerätschaften sind mit möglichster Schonung zu behandeln; für Beschädigung ist Ersatz zu leisten. Auch dürfen sie nicht aus dem Schlachthofe und aus dem Raume, für den sie bestimmt sind, entfernt werden.

**§ 15. Schlachtweise.** Das Töten der Tiere muß mit Vorsicht, schnell, sicher und unter Vermeidung jeder Tierquälerei erfolgen.

Es werden nur solche erwachsene Personen zugelassen, welche gewährleisten, daß sie das Töten in der vorgeschriebenen, das Schlachten in gewerbsüblicher Weise ausführen können. Schwächliche oder des Schlachtens unkundige Personen, insbesondere ungeübte Lehrlinge, sind zur selbständigen Ausführung des Schlachtens nicht zuzulassen.

**§ 16.** Während des Schlachtens der Tiere darf das hierbei benutzte Messer nicht in den Mund genommen und in ihm gehalten werden.

Die zum Abwischen des Fleisches bestimmten Tücher dürfen nicht zum Reinigen der Kleidung und der Schuhe benutzt werden.

**§ 17.** Vor dem Töten sind die Tiere an den dazu bestimmten Vorrichtungen sicher zu befestigen; hiermit darf nicht früher begonnen werden, als bis die mit dem Töten bzw. Betäuben beauftragte Person zugegen ist. Das Aufhängen der Kälber vor dem Abstechen ist untersagt[1].

Das Töten aller Tiere, mit Ausnahme der nach jüdischem Ritus (§ 18) zu schlachtenden, darf nur nach vorausgegangener völliger Betäubung erfolgen. Die Betäubungsmethoden bestimmt die Schlachthofdirektion. Bei der Betäubung von Großvieh hat eine erwachsene, kräftige, männliche Hilfsperson den Kopf in der richtigen Lage festzuhalten. Die Betäubung hat sofort nach der Fesselung zu erfolgen. Alle für die Schlachtung notwendigen Geräte haben vollzählig zur Stelle zu sein. Die Schlachthofdirektion ist befugt weitergehende allgemein gültige Anordnungen zu treffen.

**§ 18. Schlachten nach jüdischem Ritus.** Für das Schächten gelten außer den in den §§ 15—17 getroffenen folgende besondere Bestimmungen[2]:

1. Das Schächten darf nur durch geprüfte Schächter ausgeübt werden, welche sich der Schlachthofdirektion durch ein Prüfungszeugnis und eine Anstellungsbescheinigung des Vorstandes der israelitischen Kultusgemeinde ausgewiesen haben. Die Zulassung des Schächters erfolgt nach Prüfung der Ausweispapiere durch den Schlachthofdirektor[3].

---

[1] Ortspolizeiliche Vorschriften, daß alle Tiere ohne Ausnahme betäubt werden müssen vor der Blutentziehung, sind rechtsgültig nach Entscheidung des Kammergerichts im Falle Angermünde. Es kann sonach das betäubungslose Schächten verboten werden, so in Bayern.

Allgemeine Vorschriften über das Schlachten sind erlassen in:

1. Preußen, Min.-Erl. vom 16. Dezember 1889 und 25. März 1890. Auf Grund dieser Erlasse sind in den einzelnen Regierungsbezirken besondere Polizeiverordnungen ergangen.

2. Bayern, Min.-Erl. vom 19. Februar 1890.

Eine Kammergerichtsentscheidung vom 31. Mai 1894 besagt, daß eine Polizeiverordnung hinsichtlich der Anordnung der Ausführung der Betäubung durch bestimmte Instrumente zur Vermeidung von Tierquälereien rechtsgültig ist.

Auch der Anordnung des Schlachthoftierarztes, für ein bestimmtes Tier eine besondere Art der Betäubung vorzuschreiben, ist Folge zu geben.

[2] Pr. Min.-Erl. vom 14. Januar 1889. In Bayern sind in dem Min.-Erl. vom 12. Juli 1899 (augenblicklich ist in Bayern das Schächten gesetzlich verboten), in Baden in der Min.-Verordnung vom 29. März 1888 und in Sachsen-Meiningen in dem Erlaß vom 29. Mai 1891 Vorschriften über das beim Schächten zu beobachtende Verfahren enthalten.

Die Verwendung von Blut geschächteter Tiere zum menschlichen Genusse ist verboten. Nach Schroeter-Hellich, S. 73, Anm. 11, ist das Aufblasen der Lungen, wie es bei der jüdisch-rituellen Fleischbehandlung öfters notwendig wird, nicht als eine die sachgemäße Untersuchung ausschließende Behandlung eines Körperteiles anzusehen. Aufgeblasene Lungen sind gemäß §§ 35, 19 BBA. zum Genuß für Menschen untauglich.

[3] Nach einer Entsch. des Oberverwaltungsgerichts (vom 1. Januar 1901, I. Sen.) haben die Gemeindebehörden bei Ordnung ihrer Schlachthausverhältnisse ziemlich freie Hand. Zunächst können sie, und zwar nicht nur im Gebiete der rheinischen Städteordnung, die Regelung durch einfache Beschlüsse vornehmen, ohne der Genehmigung zu bedürfen, solange sie nicht Gegenstände berühren, für welche solche besonders vorgeschrieben ist (also namentlich die in den §§ 1 und 2 des Gesetzes vom $\frac{\text{18. März 1868}}{\text{9. März 1881}}$ erwähnten). Doch ist hier gleich der Meinung entgegenzutreten, als ob, weil eine formelle Genehmigung nicht vorgeschrieben, die Regierung sich nicht doch kraft ihres allgemeinen Aufsichtsrechtes oder aus polizeilichen Gründen in die Angelegenheit einmischen könnte. Was namentlich das allgemeine Aufsichtsrecht angeht, so ist es von der Vorschrift einer Genehmigung von Beschlüssen völlig unabhängig. Was sodann den Inhalt der Beschlüsse angeht, so ist er — soweit nicht, wie soeben bemerkt, die Aufsichtsbehörde oder die Polizei einschreitet — in das Belieben der Gemeinden gestellt; er darf nur nicht gegen die Gesetze, namentlich auch nicht gegen den Grundsatz der Gleichmäßigkeit verstoßen, der übrigens, soweit Gemeindeangehörige in Betracht kommen, nicht bloß für Schlachthäuser, sondern für alle Gemeindeanstalten gilt. Insbesondere steht es den Gemeinden frei, eine bestimmte Tötungsart vorzuschreiben oder — wie namentlich das Schächten — gänzlich zu verbieten oder auch nur unter gewissen Bedingungen und in beschränktem Umfange zuzulassen; nur dürfen grundsätzlich keine Unterschiede zugunsten oder zum Nachteile von einzelnen Personen, von Gruppen oder von Klassen gemacht werden. Glauben also die städtischen Behörden, das Schächten nicht völlig zu inhibieren, aber auch nicht unbeschränkt freigeben zu sollen, und wollen sie dem Bedürfnis der jüdischen Einwohner nicht etwa auf

2. Das Niederlegen von Großvieh darf nur durch Winden oder durch von der Schlachthofdirektion genehmigte ähnliche Vorrichtungen bewirkt werden und hat mit möglichster Schnelligkeit zu erfolgen. Diese Vorrichtungen und die dabei gebrauchten Seile und Fesseln müssen haltbar sein und stets geschmeidig gehalten werden.

3. Das Niederlegen hat durch 3 Personen zu geschehen, von denen die eine mit Hilfe eines durch den Bodenring gezogenen Strickes den Kopf des Tieres niederzieht, die zweite durch Festhalten des Schwanzes das allmähliche Umlegen des Tieres unterstützt, die dritte die Winde bedient.

4. Das Tier muß in Gegenwart des Schächters niedergelegt werden. Sofort nach Beendigung der Vorbereitungen hat der Schächter den Schächtschnitt vorzunehmen.

5. Nicht nur während des Niederlegens und des Schächtaktes, sondern auch für die ganze Dauer der nach dem Halsschnitt eintretenden Muskelkrämpfe bis zur völligen Leblosigkeit des Tieres ist der Kopf des Tieres festzulegen. Die Art der etwaigen Festlegungsvorrichtungen hat die Schlachthofdirektion zu bestimmen.

6. Beim Kleinvieh hat der Schächter bereits beim Auflegen auf den Schragen zugegen zu sein; der Schächtschnitt ist sofort nach der Befestigung eines jeden Tieres vorzunehmen.

7. Gelingt das Schächten nicht alsbald, so ist das Tier sofort in der vorgeschriebenen Weise zu betäuben. Dies hat auch gegebenenfalls unmittelbar nach dem Schächtschnitt zu geschehen.

8. Für die Ausführung der vorstehenden Bestimmungen ist der Schächter verantwortlich. Schächtern, die sich als unfähig erweisen, kann durch die Schlachthofdirektion die Zulassung entzogen werden.

**§ 19. Weitere Verrichtungen nach der Tötung, Ausschlachten der Tiere.** Das Abhäuten, Abbrühen usw. der Schlachttiere darf erst nach vollendeter Ausblutung und nach dem sicheren Eintritt des Todes vorgenommen werden.

Das Ausschlachten der Tiere hat nach den gesetzlichen Bestimmungen (Ausführungsbestimmungen A zum Reichsfleischbeschaugesetz vom 10. August 1922), den dazu erlassenen örtlichen Vorschriften (Gemeindebeschluß betreffend die Untersuchung des im städtischen Schlachthofe geschlachteten Viehes v. ......) ohne Unterbrechung zu erfolgen.

**§ 20.** Hat der Schlachtende beim Öffnen der Körperhöhlen ein Tier oder Teile desselben krank oder krankheitsverdächtig befunden, so hat er hiervon sofort dem Tierarzt oder dem Hallenmeister Anzeige zu erstatten, ohne die krank oder verdächtig erscheinenden Teile zu entfernen, anzuschneiden oder sonstwie zu beschädigen. Erst nach erfolgter Untersuchung durch den Tierarzt und nach dessen Anordnung darf die Ausschlachtung fortgesetzt werden.

**§ 21.** Die Entleerung und grobe Reinigung der Magen des Großviehs und der Schafe hat stets im Düngerhause zu erfolgen. Der Mageninhalt darf nur in die Ausschüttöffnung entleert werden, unter welcher Düngerwagen stehen. Auch ist im Düngerhause die erste Wäsche der entleerten Magen vorzunehmen.

Die Därme der Rinder, die Magen und Därme der anderen Schlachttiere sind in die in den Schlachthallen usw. befindlichen und zu diesem Zwecke bestimmten Gefäße und Wagen zu entleeren. Der Inhalt der Magen und Därme darf aus dem Schlachthofe nicht entfernt werden. Tierische Abfälle und Eingeweide dürfen nicht in den Dünger geworfen werden, sie sind, soweit der Schlachtende sie nicht verwendet, in die Beseitigungskübel oder -wagen zu verbringen.

---

dem allerdings wohl nicht unbedenklichen Wege Rechnung tragen, daß sie der Synagogengemeinde als Korporation die Einrichtung einer eigenen gemeinschaftlichen Schlachtstätte überlassen und sie von dem Schlachtzwange ausnehmen (§ 1 Abs. 2 Nr. 1 des Schlachthausgesetzes), so können sie die Angelegenheit etwa in folgender Weise ordnen:

Regelmäßig darf die Tötung nur durch Schuß erfolgen. Auf Antrag ist die Tötung mittelst Schächtschnittes zu gestatten; die Schächtung darf aber nur von den dazu seitens der Schlachthofverwaltung zugelassenen Personen erfolgen. Jeder gemeindeangehörige Metzger darf mittels der Schächtung wöchentlich nicht mehr als ... Stück Großvieh oder Jungvieh und ... Stück Kleinvieh schächten. Wer öfter als einmal in jedem Kalendervierteljahr Schächtungen vornehmen lassen will, hat solches mindestens 14 Tage vor Beginn des Vierteljahres, unter Mitteilung der innezuhaltenden Schlachtperioden dem Gemeindevorstande anzuzeigen, ebenso hat jeder, welcher in einem Vierteljahr nur einmal Schächten will, von seiner Absicht mindestens 14 Tage vor dem in Aussicht genommenen Schlachttermine dem Gemeindevorstande Anzeige zu erstatten. Wenn danach auf eine Woche mehr als ... Schächtungen von Großvieh und ... Schächtungen von Kleinvieh fallen würden, so sind jedenfalls die, welche in dem laufenden Quartal nur einmal schächten wollen, zuzulassen. Im übrigen tritt eine Beschränkung auf jene Anzahl ein. Dieses geschieht, wenn sonst keine Einigung erfolgt, in der Weise, daß die zurückzuweisende Anzahl Vieh auf die öfter schlachtenden Personen durch das Los oder, wenn eine öftere Wiederkehr von Überanmeldungen zu erwarten ist, in einem regelmäßigen Wechsel nach der Reihenfolge des Alphabets verteilt wird. — Wer die Absicht, öfter als einmal im Vierteljahre zu schächten, nicht rechtzeitig anzeigt, verliert das Recht dazu. Wer regelmäßig schächten will, kann dieses ein für allemal bis zum Widerrufe anzeigen.

Gegen derartige Bestimmungen wäre nach den vom Oberverwaltungsgerichte kundgegebenen Anschauungen kaum etwas einzuwenden, da sie ganz allgemein gehalten sind. Wegen der Forderung der Allgemeinheit der Bedingungen wird man nun übrigens nicht etwa auch jede Verschiedenheit in den Ordnungsvorschriften für ausgeschlossen halten müssen. So wäre z. B. sicher nichts dagegen einzuwenden, wenn einzelne Tage oder Tageszeiten für das gewerbliche Schlachten oder für das Schächten bestimmt, einzelne Stallungen den Schlächtern vorbehalten und für sie besondere Vorschriften wegen des Fleischtransportes erlassen würden.

Von größter Bedeutung ist, daß alle Städte Bestimmungen erlassen sollten, daß nur das zum Genusse für Juden bestimmte Tier geschächtet werden darf.

Die Vertretungen der Deutschen Schlachthoftierärzte haben sich ohne Ausnahme dahin erklärt, daß das Schächten im Vergleich zu den heute üblichen und im Gebrauch befindlichen Betäubungsmitteln grausam und nicht mehr zeitgemäß sei, und wird diese Tötungsart unter den Schutz des Reichsgesetzes gestellt, so muß andererseits dahin gewirkt werden, daß sie so einwandfrei durchgeführt wird, daß Verletzungen von Tieren nach menschlichem Ermessen unmöglich gemacht oder doch wesentlich eingeschränkt werden. Die beste Einschränkung dieser Unfälle besteht aber darin, nur die Tiere, deren Fleisch koscher gegessen werden soll, schächten zu lassen.

**§ 22.** Bei Behandlung der Eingeweide ist größte Sauberkeit zu beachten. Sie sind bei dem Herausnehmen aus dem Tierkörper an den dafür bestimmten Stellen niederzulegen. Das Werfen auf den Fußboden ist untersagt. Das Abnehmen des Gekrösfettes von Därmen der Rinder und Schweine, das Wenden und Reinigen der Eingeweide der Schweine, das Reinigen und Brühen der Eingeweide und Füße bei allen anderen Tieren hat nur an den dafür vorgesehenen Stellen und Plätzen zu erfolgen. Das Brühen der Eingeweide und Unterfüße, das Entschleimen der Därme darf in jedem Falle erst nach vollendeter tierärztlicher Untersuchung und Abstempelung erfolgen.

Nur völlig und einwandfrei gereinigte Eingeweide dürfen aus dem Schlachthofe entfernt werden.

Nach beendeter Untersuchung und Abstempelung der Tiere sowie nach vollendeter Verarbeitung sind Häute, Eingeweide, Fett, Füße und andere Abfälle sofort aus den Schlachthallen usw. zu entfernen.

Das Fahren mit Handwagen und Karren in das Brühhaus oder in die sonstigen Brüh- und Kuttelräume ist verboten.

**§ 23. Blut, Abgänge.** Das Blut sämtlicher Tiere ist von dem Schlachtenden in den dazu bestimmten und bereitgestellten Gefäßen möglichst vollständig aufzufangen. Diese Gefäße dürfen zu keinem anderen Zwecke verwendet werden.

Das zu Nahrungszwecken bestimmte Blut ist in den dazu bereitstehenden Rührgefäßen zu rühren. Diese Rührgefäße müssen ohne Farbenanstrich und stets in vollständig sauberem Zustande sein.

Die Beanstandung des Blutes eines Tieres zieht die Beschlagnahme der ganzen in einem Gefäß gesammelten Menge nach sich. Das Blut offensichtlich kranker Tiere ist gesondert aufzufangen. Auffang- und Sammelgefäße sind nach jedesmaligem Gebrauch gründlich zu reinigen und erforderlichenfalls zu desinfizieren. Alles nicht zur menschlichen Nahrung bestimmte oder verwendbare Blut ist zur Verhütung der Verstopfung der Kanalisation der Schlachträume in hierzu bestimmten Gefäßen aufzufangen und zu sammeln.

Das Rühren mit den Händen ist verboten, ebenso das Rühren mit unsauberen Holzstöcken und sonstigen Gegenständen.

Das Blut der durch Halsschnitt getöteten (und auch der geschächteten) Tiere darf nicht gerührt werden.

Vor der Feststellung des Ergebnisses der tierärztlichen Untersuchung der geschlachteten Tiere darf ihr Blut von der Schlachtstelle nicht entfernt werden. Das zur Mitnahme aufgefangene und tauglich befundene Blut ist von dem Schlachtenden alsbald aus dem Schlachthofe zu entfernen. Im anderen Falle ist die Schlachthofverwaltung befugt, beliebig darüber zu verfügen.

Zur Beförderung des Blutes vom Schlachthofe in die Stadt sind dicht verschließbare, saubere Gefäße zu verwenden.

Die anfallenden Klauen, Haare und Borsten verfallen, sofern der Anfall nach Menge und Art für die einzelnen Tierbesitzer nicht mit Sicherheit festgestellt und deshalb ein genauer Besitzanspruch nicht erhoben werden kann, der Verwaltung. Dasselbe ist bei allen Teilen und Abgängen der Fall, die von dem Schlachtenden freiwillig zurückgelassen oder ordnungswidrig nach Beendigung der Schlachtung aus den Schlachthallen usw. nicht alsbald entfernt worden sind[1].

Das Sammeln von Abfällen (zu Hundefutter usw.) ist verboten.

**§ 24. Untersuchung der geschlachteten Tiere.** Die Untersuchung der geschlachteten Tiere erfolgt nach den Bestimmungen des Gemeindebeschlusses betreffend die Untersuchung des im städtischen Schlachthofe geschlachteten Viehes v.....

Alle ausgeschlachteten Tiere sind an einer in die Augen fallenden Stelle durch Stempel oder Aufschrift mit dem Namen des Besitzers deutlich zu versehen.

Die Häute dürfen von den geschlachteten Tieren erst dann getrennt werden, wenn die Untersuchung stattgefunden und zu Beanstandungen nicht geführt hat. Sind die Häute bis zur beendeten Untersuchung an irgendeiner Stelle nicht in Verbindung geblieben, so hat die Schlachthofdirektion die Art der Sicherstellung der Zugehörigkeit der Häute zu den betreffenden Tierkörpern zu bestimmen.

Das Fleisch, welches in den Häuten verbleibt (sog. Häute-, Kopffleisch), muß unmittelbar nach der Abnahme der Häute in den Schlachthallen ausgelöst werden, wenn es zum menschlichen Genusse Verwendung

[1] Die rechtliche Grundlage einer Bestimmung, daß Klauen, Haare und Borsten der Verwaltung ohne weiteres verfallen, läßt sich bezweifeln; denn Haare wie Hornschuhe sind Teile eines Tieres, über welche der Besitzer nach erfolgter Untersuchung und Abstempelung frei verfügen kann, weil kein zwingender Grund vorliegt, dieselben, vielleicht aus veterinärpolizeilichen Gründen, zurückzubehalten. Stellt sich das betreffende Tier bei der Untersuchung als krank heraus, so verfallen natürlich auch die Abgänge der Schlachthofverwaltung zur Vernichtung bzw. technischen Ausnutzung, aber nicht zu anderer Verwertung. Nach einer Entscheidung des Landgerichts zu N. ist eine solche Bestimmung ungültig. Die von den Schlächtern zurückgelassenen Teile sind nach Ansicht dieses Gerichtshofes „herrenloses Gut", res nullius. Demnach erscheint die gewählte Fassung des Paragraphen zulässig und gegeben. Besitzansprüche können nur dann erhoben werden, wenn die Art und Menge des Besitzes feststeht. Bei der Eigenartigkeit der Schlachtweise wird sich im Rahmen des Schlachthofbetriebes nie genau die Art und Menge der gewonnenen Haare und Borsten feststellen lassen, zumal die Tierbesitzer durcheinander schlachten. Auch wenn die angeblichen Besitzansprüche an Wirtschaftsorganisationen abgetreten werden, ist die genaue Angabe der anfallenden Mengen nach Art und für die einzelnen Tiere und somit die scharfe Umgrenzung der Besitzmenge nicht möglich, da Mitglieder und Nichtmitglieder (nichtgewerbsmäßige Schlachtungen, Hausschlachtungen usw.) der Wirtschaftsorganisation durcheinander schlachten und der Betrieb und die übliche Schlachtart eine genaue Sicherstellung nach Art und Menge für die einzelnen Schlachttierpartien nicht zulassen, so daß eine Bereicherung des einen auf Kosten des anderen eintreten muß. Alle die Sachen aber, bei denen die Besitzverhältnisse nicht geklärt sind, dürften zweifelsfrei ebenfalls als herrenloses Gut anzusehen sein. Bei der Geringfügigkeit des Objektes für den einzelnen dürfte es Pflicht der Verwaltung sein, durch Verwaltungsmaßnahmen der vorgeschlagenen Art Streitigkeiten unter den Interessenten unmöglich zu machen. Ferner ist es als zulässig zu erachten, wenn in der Gebührenordnung vorgeschrieben wird, daß die Trichinenschauproben und die Borsten der Schlachthofverwaltung als Teilentgelt für die Schlachthofbenutzung zu überlassen sind (RGE. v. 1. Mai 1917 s. Schroeter-Hellich S. 764).

finden soll. Im anderen Falle ist es zum Genusse für Menschen untauglich und unschädlich zu beseitigen. Dies tritt in jedem Falle bei dem erst in der Häutesalzerei ausgelösten Fleische ein.

Es ist verboten, ungeborene Tiere, Tragsäcke und andere Geschlechtsteile, untaugliche Fleischteile und Schlachtabgänge (sog. Hundefutter) im Schlachthofe an Tiere zu verfüttern oder mitzunehmen. Wissenschaftlich interessante Funde in den Tierkörpern verbleiben der Sammlung des Schlachthofes und werden vergütet, sofern es sich nicht um beschlagnahmte Teile handelt.

Das Beschwerdeverfahren über in der Fleischuntersuchung gefällte Entscheidungen regelt sich nach den Bestimmungen des Gemeindebeschlusses betreffend die Untersuchung des im städtischen Schlachthofe geschlachteten Viehes vom . . . .

Über sonstige Beschwerden entscheidet, soweit es sich um Handlungen von Schlachthofbeamten, -angestellten und -arbeitern handelt, der Schlachthofdirektor.

**§ 25. Beförderung von Fleisch.** Personen, welche im Schlachthofe ausgeschlachtete Tiere oder Fleisch auf den Schultern tragen, haben dabei Körper und Kleidung durch Anlegung von sauberen, waschbaren Hauben oder Tüchern gegen die Berührung mit dem Fleisch zu schützen.

Die Fahrzeuge zur Beförderung von Fleisch müssen mit glatten, undurchlässigen und leicht waschbaren Böden und Wänden ausgestattet sein. Es dürfen gleichzeitig keine lebenden Tiere, gesundheitsschädliche oder andere Gegenstände mitgeführt werden, deren Berührung das Fleisch nachteilig beeinflussen könnte. Sind die Wagen nicht mit festen Verschlußdecken oder mit einem die ganze Wagenfläche überspannenden wasserdichten und abwaschbaren Plane versehen, so muß das Fleisch mit sauberen Tüchern verhüllt werden. In diesem Falle dürfen die Wagen nur so weit beladen sein, daß Fleischteile nicht herausragen. Bei gleichzeitiger Beförderung von Fleisch im Fell mit anderem Fleisch ist letzteres vor der Verunreinigung durch das Fell zu schützen. Die zur Beförderung des ausgeschlachteten Fleisches dienenden Wagen müssen, wie auch die Mulden und anderen Behälter, dauernd in reinem Zustande gehalten werden. Personen dürfen bei der Beförderung von Fleisch nur auf dem Führersitz Platz nehmen. Das Aufbewahren oder Sammeln von Fleisch und Eingeweideteilen darf nur in sauberen Gefäßen geschehen.

**§ 26. Wiegen.** Die in den Schlachthallen aufgestellten Waagen dürfen nur zum Wiegen von Fleisch benutzt werden. Die Feststellung des Gewichtes erfolgt in allen Fällen durch die hierfür verpflichteten Angestellten. Für jede Wägung ist ein Wiegeschein zu geben und zu nehmen.

Die Wiegung von lebendem Vieh erfolgt unter derselben Maßgabe, nur auf den zu diesem Zwecke aufgestellten Viehwaagen.

Für die Ermittlung des Schlachtgewichtes ist die Schlachthofdirektion befugt, unter Berücksichtigung des ortsüblichen Handelsbrauches und etwaiger gesetzlicher Bestimmungen die entsprechenden Anordnungen zu treffen.

**§ 27. Haftbarkeit und Schadenersatz.** Das in den Schlachthof eingebrachte Vieh und das dort verbleibende Fleisch wird auf Kosten der Verwaltung gegen Feuersgefahr versichert. Eine sonstige Haftung und Verantwortlichkeit betreffend Vieh, Fleisch, Pferde, Wagen und den Schlächtern gehörigen Kleidungsstücken und Geräten oder eine Obhutsverpflichtung für in die zur Benutzung überlassenen Räumen eingebrachte bewegliche Sachen jeder Art übernimmt die Verwaltung nicht. Im Falle von Brandschäden wird an die Geschädigten die von den Versicherungsgesellschaften geleistete Entschädigung bezahlt.

Die Eigentümer und Besitzer des Viehes haften für alle Beschädigungen, welche durch dasselbe an Baulichkeiten nebst Zubehör sowie an Gerätschaften des Schlachthofes verursacht werden. Ebenso haften sie für das ordnungsmäßige Verhalten der von ihnen beschäftigten Personen und sind für allen Schaden verantwortlich, welchen diese der Stadtgemeinde verursachen.

Auf dem Schlachthofe gefundene Sachen (einschließlich lebender und geschlachteter Tiere und Fleischteile) sind unverzüglich an . . . . abzuliefern. Ihre weitere Behandlung erfolgt nach den Bestimmungen des BGB.

**§ 28. Allgemeine Ordnungsvorschriften.** Jeder, der den Schlachthof benutzt, hat in allen Räumen und bei seinen Arbeiten die größte Reinlichkeit zu beachten. Sofort nach jeder Schlachtung, auf Verlangen des Aufsichtspersonals auch während derselben, sind die Schlachtstellen (Boden, Tische, Wände) und die Geräte ordnungsmäßig zu reinigen und an ihren gewöhnlichen Aufbewahrungsort zurückzubringen. Nach erfolgter Untersuchung sind Häute, Eingeweide, Talg, Unterfüße usw. ebenfalls unverzüglich in die dazu bestimmten Räume des Schlachthofes zu bringen oder aus diesen zu entfernen.

Personen, welche mit ansteckenden Krankheiten jeder Art oder mit Ausschlägen behaftet sind, wird der Verkehr auf dem Schlachthofe während der Dauer der Erkrankung und der von ihnen ausgehenden Ansteckungsgefahr verboten.

Untersagt ist jede Behinderung eines Dritten in der Benutzung der Schlachthofanlagen, die Störung der Ruhe und Ordnung durch Lärmen, Streiten oder Raufen oder in sonstiger Weise. Es ist ferner verboten, irgend jemanden durch Worte oder tätlich zu belästigen. Betrunkene und Diebe werden aus der Schlachthofanlage ausgewiesen.

Jede Verunreinigung, sofern sie nicht durch das regelrechte Schlachten selbst bedingt ist, insbesondere das Bemalen und Beschmutzen der Wände usw., das Fortwerfen von Papierstücken und dergleichen innerhalb der Schlachthofanlagen ist verboten.

Das Anzünden und Auslöschen von Licht, das Öffnen und Schließen der Fenster und Lüftungsvorrichtungen, die Handhabung der Abstellvorrichtungen zu den Dampf- und Wasserleitungen, soweit es sich nicht um die zur allgemeinen Benutzung bestimmten Hähne und Auslässe handelt, darf nur durch Angestellte des Schlachthofes erfolgen und ist anderen Personen untersagt.

An den in den Schlachthofanlagen angebrachten Aufzugs- und Fortbewegungsvorrichtungen dürfen sich nur solche Personen betätigen, die damit umzugehen verstehen. Ungeübte haben den Hallenmeister zu Rate zu ziehen.

Kleider oder sonstige nicht zum Schlachten benutzte Gegenstände dürfen in den Schlachträumen nicht abgelegt oder aufgehängt werden. Das Umkleiden hat in den dazu bestimmten Räumen (Garderoben) zu erfolgen.

Beim Verlassen der Abortanlagen haben die mit dem Schlachten und den darauf bezüglichen Verrichtungen beschäftigten Personen sich unverzüglich in den dort angebrachten Waschvorrichtungen die Hände zu waschen.

Es ist ferner verboten, in die Schlachthallen zu spucken, in den Schlachthallen einschließlich der Kutteleien und in den Ställen zu rauchen und brennende oder angebrannte Zigarren, Zigaretten und Tabakspfeifen[1] im Munde oder in der Hand zu halten. Das Mitbringen in die Räume des Schlachthofes und das Verzehren geistiger Getränke ist untersagt, ebenso das Verzehren von Eßwaren während der Arbeit und in anderen als in den dazu vorgesehenen Räumen.

Allen Angestellten des Schlachthofes ist die Annahme von Trinkgeldern oder Geschenken verboten.

**§ 29. Betrieb im Pferdeschlachthaus, in der Sanitäts- und Tierkörperverwertungsanstalt.** Die Bestimmungen dieser Ordnung finden auch für das Pferdeschlachthaus und die Sanitätsanstalt in allen Teilen sinngemäße Anwendung.

Pferde, Esel, Maultiere, Maulesel und Hunde dürfen nur in dem vom Schlachthofe abgesonderten Pferdeschlachthause geschlachtet werden.

Das Pferdeschlachthaus darf nur durch die Pferdeschlächter und ihr Personal betreten werden. Für das Betreten der anderen Räume bedürfen die Pferdeschlächter, ebenso die anderen Schlächter für das Betreten des Pferdeschlachthauses schriftlicher Erlaubnis der Direktion.

In die Stallung der Pferdeschlächterei dürfen nur Schlachttiere eingestellt werden.

Die Untersuchung der Pferde und der anderen Einhufer vor der Schlachtung geschieht im Pferdeschlachthause. Für die Fleischuntersuchung sind die Köpfe der geschlachteten Pferde und anderen Einhufer in der Längsrichtung neben der Mittellinie zu spalten, so daß die unverletzte Nasenscheidewand sichtbar wird. Kehlkopf und Luftröhre sind aufzuschneiden.

Der Zutritt zur Sanitätsanstalt ist den zum Eintritt nichtberechtigten Personen nur mit besonderer Erlaubnis des Direktors gestattet.

Kranke, krankheitsverdächtige und notgeschlachtete Tiere dürfen nur in den Räumen dieser Anstalt untergebracht und ab- bzw. ausgeschlachtet werden.

Die Schlachtung der in die Sanitätsanstalt verbrachten seuchenkranken oder seuchenverdächtigen Tiere darf nur durch den von der Schlachthofverwaltung damit beauftragten Sanitätsschlächter geschehen, dem nach Bedarf die nötigen Hilfskräfte beigegeben werden.

Der Eintritt in die Tierkörperverwertungsanstalt ist nur mit schriftlicher Erlaubnis des Direktors gestattet.

**§ 30. Schlußbestimmungen.** Für die Befolgung dieser Ordnung ist sowohl der Geschäftsherr wie auch derjenige verantwortlich, welcher in seiner Vertretung oder in seinem Auftrage handelt. Ebenso ist der Arbeitgeber für das ordnungsmäßige Verhalten der für ihn arbeitenden und handelnden Personen verantwortlich. Er übernimmt für diese selbstschuldnerische Haftung.

**§ 31.** Gebührenzahlung und Kassenwesen[2].

---

[1] **Rauchen.** Urteil des KG. vom 16. März 1905.

Ein Schlächter raucht dem Verbote zuwider und wird ausgewiesen. Das Gericht entscheidet: Die Rechtsgültigkeit der Bestimmung ist zweifellos. Eine diesbezügliche Anordnung ergeht im Interesse der Benutzung und Ordnung im Schlachthofe. Da nach § 11 der Statuten den Anordnungen des Schlachthofdirektors unbedingte Folge zu geben ist, war der Schlachthofdirektor befugt, auch wenn nur das Rauchen in Schlachthallen und Ställen verboten ist, auch das Rauchen auf dem Hofe zu untersagen, wenn er dies für erforderlich hielt. Durch Nichtbefolgung dieser Anordnung hat sich der Angeklagte strafbar gemacht. Desgleichen, weil er der Aufforderung zum Verlassen des Schlachthofes nicht nachgekommen ist, des Hausfriedensbruches § 123. Da diesbezüglicher Strafantrag nicht rechtzeitig gestellt wurde, kann er nur wegen Übertretung der Schlachthofstatuten bestraft werden.

Hinsichtlich der in vielen Schlachthofordnungen enthaltenen Bestimmung: Zigarren, sie mögen brennen oder nicht, entschied der 1. Strafsenat des Kammergerichtes Köln, daß der Wortlaut dieser Bestimmungen nicht geeignet sei, eine Strafrechtsform abzugeben, da beim Tragen einer unangebrannten Zigarre von einer Gefahr nicht gesprochen werden könne. Die Vorschrift gehe also zu weit und sei ungültig.

[2] Polizeiverordnungen, die die Gebührenerhebung regeln und Zuwiderhandlungen gegen Anordnungen der Schlachthofverwaltung oder eines Aufsichtsbeamten des Schlachthofes allgemein mit Strafe bedrohen, sind ungültig. Das betreffende Kammergerichtsurteil lautet:

Wegen Zuwiderhandlung gegen die Ordnung für den Schlacht- und Viehhof in Hannover vom 30. März 1906 und die §§ 1, 2 der Polizeiverordnung, betreffend die Regelung des Verkehrs auf dem Schlacht- und Viehhof daselbst, vom 5. April 1906 war der Schlächtermeister L. G. aus Hannover zur Verantwortung gezogen und vom Amtsgericht in Hannover zu einer Strafe verurteilt worden, weil er am 19. Mai 1929 die tarifmäßige Gebühr für das Aufhängen des Teiles eines geschlachteten Rindes, welche voraus an der Kasse gegen Quittung zu zahlen gewesen sei, nicht im voraus gezahlt und ungeachtet der Aufforderung des Hallenmeisters K. nicht gezahlt habe. Diese Entscheidung focht Schlachtermeister G. durch Revision beim Kammergericht an, welches die Vorentscheidung aufhob und G. freisprach, indem u. a. ausgeführt wurde, es sei festgestellt, daß G. die fraglichen Gebühren entgegen der Vorschrift des § 19 der Schlacht- und Viehhofordnung vom 30. März 1906 nicht im voraus gegen Quittung gezahlt habe, obschon die erwähnte Polizeiverordnung vom 5. April vorschreibe, jeder, der den städtischen Vieh- und Schlachthof betrete, habe die Schlacht- und Viehhofordnung vom 30. März 1906 zu befolgen und den Anordnungen der Tierärzte und Schlachthofbeamten unverzüglich nachzukommen, widrigenfalls Strafe verwirkt werde. Die zuletzt erwähnten Vorschriften können nicht als rechtsgültig angesehen werden. Es handle sich nicht um eine Vorschrift zur Regelung des Verkehrs auf öffentlicher Straße, solche Vorschrift würde als rechtskräftig anzusehen sein. Vorliegend werde vielmehr Strafe für die Übertretung eines Gebots oder Verbots, welches erst in einem bestimmten Falle von einem Tierarzt oder Schlachthausbeamten ausgesprochen werde, angedroht. Eine rechtswirksame Polizeiverordnung müsse vor allem die Vorschrift oder Norm enthalten, die bestimmte Handlungen befehle oder verbiete. An diesem Erfordernis fehle es aber im vorliegenden Fall. Es gehöre auch nicht zu den Aufgaben der Polizeibehörden, finanzielle Interessen der Gemeinden zu schützen. Durch das Gesetz vom 11. März 1850 bzw. die Verordnung für die neuen Landesteile vom 20. September 1867 sei den Polizeibehörden nicht das Recht beigelegt, Finanz- und Steuerangelegenheiten zu regeln, da diese Angelegenheiten nicht zu den in diesem Gesetze bzw. Verordnung aufgeführten Gegenständen gehören. Auch aus anderen

**§ 32.** Die Schlachthofdirektion ist befugt, in dringenden Fällen weitere Anordnungen zur Aufrechterhaltung und Regelung des Verkehrs und der Ordnung und Sicherheit im Schlachthofe zu treffen.

Dem Aufsichtspersonal ist der Zutritt zu allen Räumlichkeiten im Schlachthofe, auch zu den vermieteten, jederzeit zu gewähren. Bei letzteren ist, wenn dadurch nicht ein nachteiliger Aufschub verursacht wird, der Mieter hinzuziehen.

Beschwerden über die Beamten, Angestellten und Arbeiter sind alsbald bei dem Direktor, Beschwerden über den Direktor bei dem Magistratsdirigenten anzubringen.

**§ 33.** Dieser Schlachthofordnung sind alle, welche auf dem Schlachthofe schlachten oder sonst dort verkehren, unterworfen.

Wer den Bestimmungen dieser Ordnung zuwiderhandelt, hat neben der Polizeistrafe Ausweisung aus der Schlachthofanlage zu gewärtigen. Darüber hinaus ist der Magistrat befugt, solchen Personen den Zutritt auf unbegrenzte Zeit zu verbieten, die durch ihr Verhalten gezeigt haben, daß durch sie eine Störung der Ordnung, eine Gefährdung der öffentlichen Sicherheit und eine Verletzung der vorstehenden, zur Sicherstellung der Erreichung des Zweckes der ganzen Einrichtung getroffenen Anordnungen zu befürchten ist[1]. Die Ausgeschlossenen dürfen die Schlachthofanlagen auch nicht betreten, um Aufträge irgendwelcher Art darin auszuführen. Die Ausweisung auf Zeit erfolgt nach pflichtgemäßem Ermessen durch den Schlachthofdirektor, die dauernde Ausweisung auf Antrag des Schlachthofdirektors durch den Magistrat[2].

Die Abänderung und Ergänzung der Bestimmungen dieser Schlachthofordnung bleibt jederzeit vorbehalten.

**§ 34.** Die vorstehende Schlachthofordnung tritt unter gleichzeitiger Aufhebung der Schlachthofordnung vom ...... mit dem Tage ihrer erstmaligen Veröffentlichung im .... blatt in Kraft.

........., den .... Der Magistrat.

## b) Kühlhausordnung.

**Anhang zur Polizeiverordnung betreffend Benutzung des städtischen Schlachthofes zu ....**

Benutzung des Kühlhauses (Kühlhausordnung)[1].

**§ 1.** Das Kühlhaus dient lediglich zur Aufbewahrung des im hiesigen Schlachthofe ausgeschlachteten frischen Fleisches und der dazu gehörigen Organe (Lunge, Herz, Milz, Zunge) sowie des völlig erkalteten, rohen oder ausgeschmolzenen Fettes und Talges, völlig erkalteter, unverdorbener Fleischwaren aller Art und des genußtauglichen Blutes. Das Einbringen von geräucherten Fleisch- und Wurstwaren ist nicht gestattet, jedoch ist die Schlachthofdirektion befugt, auf Antrag in begründeten Fällen auch das Einbringen dieser Fleisch- und Wurstwaren auf jederzeitigen Widerruf zuzulassen.

Das eingebrachte frische Fleisch usw. ist nach Maßgabe dieser Ordnung in den entsprechenden Abteilungen des Kühlhauses (Vorkühlraum, Fleischkühlraum, Pökelraum, Gefrierraum) aufzubewahren.

Von auswärts eingeführtes, tierärztlich nicht untersuchtes frisches Fleisch darf nur mit Erlaubnis der Direktion und nur dann in die entsprechenden Abteilungen des Kühlhauses eingebracht werden, wenn es gemäß dem Gemeindebeschlusse betreffs die Untersuchung des in die Stadt ..... eingebrachten, nicht tier-

---

gesetzlichen Vorschriften ergebe sich die Befugnis der Polizeibehörden nicht, städtische Steuerangelgenheiten usw. zu regeln. (Aktenzeichen: 1. S. 488. 29.)

Auch der Magistrat kann nicht Zuwiderhandlungen gegen solche allgemeine Anordnungen oder gegen Vorschriften, die er selbst über die Benutzung z. B. der Kühlzellen erlassen hat, unter Strafe stellen (Jb., Entscheid. des KG. Erg. **3**, 337). Über die Zulässigkeit von Schlachthofordnungen vgl. OVG. 38, 58ff. und OVG. in PrVBl. 44, 164. Jedoch kann die Polizeibehörde die nötigen Maßnahmen treffen, um gewisse Handlungen wirksam zu verhindern oder zu erzwingen. Sie kann zu diesem Zwecke nötigenfalls dem Gewerbetreibenden die Unterlassung oder die Ausführung gewisser Handlungen aufgeben. Zur Erzwingung dieser Auflage stehen ihr die Zwangsbefugnisse des § 132 des Landesverwaltungsgesetzes vom 30. Juli 1883, also auch gegebenenfalls Ausführung durch einen Dritten zu Gebote.

Zuwiderhandlungen gegen die Schlachthofgebührenordnung sind weder auf Grund einer Polizeiverordnung noch nach § 14 des Schlachthofgesetzes strafbar, sie können aber auf Grund des § 82 des Kommunalabgabengesetzes mit Strafe bedroht werden (Jb., Entscheid. des KG., Erg. **7**, 296). Dies ist bei Abfassung der Gebührentarife zu berücksichtigen.

[1] Die Berechtigung der Stadtgemeinden zur Ausweisung von Personen aus den Schlachthofanlagen ist von gewerblichen Kreisen bestritten und in der Fachpresse behandelt worden (s. Ausführungen von Kammel, Stettin, über „Das Hausrecht" in Dtsch. Schlachthofztg Folge 23, Jg. 28, 4, 11, Jg. 29). Die Berechtigung zur Ausweisung stützt sich auf § 6 des Schlachthofgesetzes, der erklärt, daß die Benutzung des Schlachthofes bei Erfüllung der allgemeinen Bedingungen niemandem versagt werden kann. Die Voraussetzung für das Benutzungsrecht ist also die Erfüllung der allgemeinen Bedingungen. Bei Nichterfüllung dieser kann somit durchaus die Benutzung des Schlachthofes versagt werden. Dem schließt sich auch das Oberlandesgericht Celle in einem Urteil (s. S. 774 Anm. zu § 6) an, indem dort ausgeführt wird: „Der Magistrat ist aber auch befugt, solchen Personen den Zutritt und Aufenthalt zu verbieten, welche bewiesen haben, daß durch sie eine Störung der Ordnung und insbesondere eine Verletzung solcher Anordnungen zu befürchten ist, die getroffen sind, um die Erreichung des Zweckes der ganzen Einrichtung sicherzustellen."

Zu den Pflichten der Polizeiverwaltungen gehört es aber nach § 14 des Pol.-Verw.-Ges. v. 1. 6. 31, jede Störung der Ordnung und Gefährdung der öffentlichen Sicherheit in öffentlichen Anlagen und Anstalten unmöglich zu machen. Infolgedessen ist die Ausweisung auf begrenzte oder unbegrenzte Zeit durchaus rechtlich möglich.

Nach einer Entscheidung des Kammergerichts (Str.-S.) vom 15. Februar 1900 ist der Direktor eines öffentlichen Schlachthofes zur Stellung eines Strafantrages wegen Hausfriedensbruchs berechtigt; denn dem Leiter einer solchen Anlage stehe ebenso wie dem Verwalter eines Hauses das Recht zu, gegen dort begangene Vergehen Strafantrag zu stellen.

[2] Kühlzellen dürfen den zur Benutzung des Schlachthofes berechtigten Metzgern nicht vorenthalten werden. Hierfür können nur die vom Schlachthofgesetz festgesetzten Gebühren erhoben werden, der Weg privatrechtlicher Regelung ist hiernach nicht gegeben. (Vgl. Dtsch. Schlachthofztg **1929**, 29).

ärztlich untersuchten frischen Fleisches vom ..... nachuntersucht ist. Das von auswärts eingeführte tierärztlich untersuchte frische Fleisch unterliegt bei dem Einbringen in das Kühlhaus in jedem Falle einer Untersuchung dahingehend, ob es inzwischen verdorben ist oder sonst eine gesundheitsschädliche Beschaffenheit erlitten hat. Für das Einbringen dieses Fleisches in das Kühlhaus ist ebenfalls die Genehmigung der Direktion erforderlich.

Ferner kann in dem Kühlhause (Kühl- oder Gefrierraum) die 21tägige Durchkühlung finniger Rinder auswärtiger Polizeiverwaltungen gegen die tarifmäßige Gebühr vorgenommen werden. Die Durchkühlung und der Transport dieser Rinder geschieht unter polizeilicher Kontrolle. Nach Ablauf der vorgeschriebenen Durchkühlungsfrist muß das Fleisch wieder nach dem Ursprungsorte zur Verwertung zurückgebracht und darf innerhalb des Gemeindebezirks der Stadt ..... nicht verkauft werden. Die Verwaltung übernimmt keine Garantie für die tadellose Frischerhaltung dieser Rinder.

**§ 2. Vorkühlraum.** Der Vorkühlraum darf nur für solche Tiere benutzt werden, die im hiesigen Schlachthofe geschlachtet werden.

Die Überführung der Tierkörper mittels der Beförderungsvorrichtungen in den Vorkühlraum kann während der ganzen Betriebszeit erfolgen, jedoch müssen die in dem Vorkühlraum untergebrachten Tierkörper und Teile von solchen daraus bis ..... Uhr des auf den Schlachttag folgenden Tages wieder entfernt werden. Für die längere Benutzung des Vorkühlraumes und für seine Benutzung durch Nichtinhaber von Kühlzellen ist die Genehmigung der Schlachthofdirektion einzuholen.

**§ 3. Allgemeine Benutzungsbedingungen für Fleischkühl-, Pökel- und Gefrierräume.** Die Zellen der Fleischkühl-, Pökel- und Gefrierräume werden auf Antrag von der Schlachthofdirektion überwiesen. Die Zellen des Fleischkühlraumes werden nur gemeinsam mit mindestens 1 Zelle des Pökelraumes überlassen[1]. Ausnahmen von dieser Bestimmung können nur auf begründeten Antrag in Einzelfällen von der Schlachthofdirektion zugelassen werden.

(In allen Räumen erfolgt die Überlassung der Zellen zunächst auf die Zeit bis zum 31. März des auf den Beginn des Benutzungsverhältnisses folgenden Jahres. Wird nicht bis zum vorhergehenden 1. Januar eine Abmeldung schriftlich der Schlachthofdirektion zugestellt oder von dieser die Rückgabe verlangt, so gelten die Zellen als auf ein weiteres Jahr überlassen.

Im Falle des Todes des Inhabers, der Aufgabe des Geschäftes, der Konkurseröffnung können die Zellen mit dem Ablauf des Kalendervierteljahres zurückgegeben werden, in dem die Abmeldung erfolgt. Aus denselben Gründen und zu denselben Zeiten können die Zellen auch von der Schlachthofdirektion zurückverlangt werden.

**§ 4.** Die einzelnen Zellen werden unter Berücksichtigung des § 3 Abs. 1 regelmäßig nur an einen Inhaber vergeben; dieser ist auf die Benutzung der ihm überwiesenen Zellen beschränkt.

Die Benutzungsberechtigung gilt nur für den Inhaber und ist auf Dritte nicht übertragbar; ebenso ist die Überlassung der Mitbenutzung an Dritte unzulässig. In Ausnahmefällen kann von der Schlachthofdirektion die Überlassung von Zellen an höchstens 2 Schlächter zur gemeinsamen Benutzung gestattet werden, wenn es an Kühlzellen mangelt oder andere besondere Gründe vorliegen. Jeder der Inhaber ist sodann solidarisch für die Zahlung der Benutzungsgebühr und für die Beobachtung der Vorschriften verantwortlich. In den Fällen des § 3 Abs. 3 erlischt mit dem gleichen dort angegebenen Zeitpunkt auch das Benutzungsrecht der Mitinhaber.

**§ 5.** Kein Inhaber von Zellen darf Fleisch usw., welches dritten Personen gehört oder seinen Kunden in seine Zellen einbringen oder einbringen lassen oder darin aufbewahren.

Bei vorübergehendem größerem Bedarf kann Zelleninhabern eine weitere Zelle auf die Dauer von höchstens ... Tagen gegen die Zahlung der hierfür festgesetzten Gebühr auf Antrag zugeteilt werden. Ein Rechtsanspruch wird durch diese Bestimmung nicht begründet. Die Zuteilung unterliegt dem Ermessen der Schlachthofdirektion.

Mit denselben Einschränkungen können auswärtigen Schlächtern von der Schlachthofdirektion Zellen zur Benutzung gegen Zahlung der hierfür festgesetzten Gebühr überlassen werden.)

**§ 6.** Zu jeder Zelle wird dem Inhaber ein Schlüssel übergeben. Die Schlachthofdirektion ist im Besitze von Duplikatschlüsseln. Ist sie zur Vornahme von Nachforschungen oder aus sonstigen Gründen genötigt, von diesen Gebrauch zu machen, so dürfen die Zellen nur von zwei durch die Direktion bestimmten, zuverlässigen Schlachthofangestellten gemeinschaftlich betreten werden.

Schlösser und Schlüssel werden durch die Verwaltung auf Kosten der Inhaber unterhalten. Diese sind nicht befugt, Instandsetzungen oder Änderungen der Schlösser vorzunehmen und vornehmen zu lassen.

Bei Beendigung des Benutzungsverhältnisses sind die übergebenen Schlüssel unversehrt zurückzuliefern oder Schadenersatz zu leisten.

Für Beschädigung jeder Art in den Zellen haftet der Inhaber.

**(§ 7. Benutzungsgebühren[2].** Die tarifmäßig festgesetzten Benutzungsgebühren sind vierteljährlich im voraus pünktlich in den ersten 3 Tagen des Kalendervierteljahres an die Schlachthofkasse zu zahlen. Die

[1] Im Interesse der Gewerbetreibenden erscheint es zweckmäßig, Zellen des Fleischkühlraumes nur gemeinsam mit Pökelzellen zu vergeben. Die Wurstfabrikation erfordert hygienisch einwandfreie Pökelräume, die konstant auf der erforderlichen Temperatur erhalten werden müssen. In den Pökelräumen sind auch die Teile aufzubewahren, die erhöhte Feuchtigkeit absondern, wie Blut und unter Umständen auch Organe. Auf diese Weise ist es leichter möglich, in den Fleischkühlräumen die relative Feuchtigkeit in dem erforderlichen Maße konstant zu erhalten und die Konservierungsdauer des Fleisches zu erhöhen, Vorteile, die der Gewerbetreibende hinsichtlich der erhöhten Qualität des Fleisches beim Verkauf im Laden und seiner Kalkulation nur begrüßen wird. Die Maßnahme ist auch eine hygienische. In vielen Fällen werden aus falschen Ersparnisgründen die Kosten für die Pökelzellen gespart und das Pökeln in eigenen Räumen vorgenommen, die hygienisch durchaus nicht einwandfrei sind. Wo tatsächlich hygienisch einwandfreie Pökelräume in den Gewerbebetrieben oder andere tatsächliche Gründe vorhanden sind, wären Ausnahmen zuzulassen.

[2] Die in den ( ) angeführten Bestimmungen gehören zweckmäßiger in die Gebührentarife, da in Pol.-Ver. keine Bestimmungen über Regelung von Gebührenfragen aufgenommen werden dürfen. Bei gewöhnlichen Schlachthofordnungen auf Grund des Hausrechtes können die ( )-Bestimmungen Verwendung finden.

Gebührenrate vom Beginn der Überweisung bis zum Beginn des nächsten Kalendervierteljahres ist alsbald bei der Übernahme zu entrichten.

Bei Säumigkeit in der Gebührenzahlung wird vor Einleitung des Beitreibungsverfahrens von der Schlachthofkasse auf Kosten des Inhabers Mahnung erlassen[1].)

**§ 8. Öffnungszeiten und Zutritt.** Die Kühlräume sind zum Aus- und Einführen von Fleischwaren geöffnet[2]:

1. an Wochentagen:

a) in den Monaten November, Dezember, Januar, Februar von ..... bis .....

b) in den Monaten Oktober und März von ..... bis .....

c) in den Monaten April, Mai, Juni und September von ..... bis .....

d) in den Monaten Juli und August von ..... bis .....

2. an Sonn- und Feiertagen mit Ausnahme des Neujahrstages, Oster- und Pfingstsonntages sowie des ersten Weihnachtsfeiertages von ..... bis .....

Abänderungen der festgesetzten Stunden können jederzeit durch die Direktion erfolgen.

**§ 9.** Das Betreten der Kühlräume ist ohne besondere Erlaubnis nur den Inhabern der Zellen und ihren Beauftragten gestattet. Außer den festgesetzten Zeiten ist das Betreten der Kühlräume auch diesen untersagt. Die Schlachthofdirektion kann zum Zwecke des Abholens von Fleisch Ausnahmen, gegen Zahlung der hierfür festgesetzten tarifmäßigen Gebühr[3], zulassen.

**§ 10. Fleischkühlräume.** Das Fleisch und die Organe (Lunge, Herz, Leber, Milz und Zunge) der im Schlachthofe frisch ausgeschlachteten Tiere dürfen nicht eher in die Kühlräume gebracht werden, als bis sie vollständig abgetrocknet und durch Hängen im Vorkühlraum (§ 2) abgekühlt sind. Bei Streitfällen betreffs den Eintritt dieser Vorbedingung entscheidet die Schlachthofdirektion.

**§ 11.** Fleisch, welches übel riecht oder bereits verdorben ist, Eingeweideteile (ausgenommen Organe des § 10), Blut, Felle, Haare, altes Fett, alter Talg, Kuheuter, Köpfe, Unterfüße der Rinder und Kälber, die blutigen Teile der Hälse, Klauen der ausgeschlachteten Tiere, ferner in besonderen Fällen zugelassene Teile der Hälse, Abfälle jeder Art, sowie Kleider, Tücher, Schürzen, Stricke, Handwerkszeug und Geräte — mit Ausnahme von Fleischhaken, Messern und Sägen — dürfen weder in den Fleischkühlraum eingeführt noch darin aufbewahrt werden. Derartige Gegenstände, insbesondere übelriechende, verdorbene und nach Maßgabe dieser Bestimmung nicht zugelassene Fleischwaren, sind ohne weiteres zwangsweise und auf Kosten der Eigentümer zu entfernen. Das Betreten der Zellen steht zu diesem Zwecke den Schlachthofangestellten jederzeit frei.

---

Bezüglich der Frage der Zulässigkeit von Kühlraummieten oder Kühlraumbenutzungsgebühren vgl. Abhandlung von Kammel, Stettin, Dtsch. Schlachthofztg Jg. **29**, F. 10. Nach verschiedenen Entscheidungen (Bez.-A. Köln 12. Oktober 1897, AVG. 23. Dezember 1902, OLG. Köln 24. Mai 1910, OVG. 19. März 1927, VII GSt. 47, 26) bilden alle Anlagen des eigentlichen Schlachthauses, welche für die Verrichtungen in unmittelbarem Zusammenhange mit dem Schlachten bestimmt und verwendet werden, mit dem Schlachthof eine Einheit. Zu derartigen Nebenanlagen eines Schlachthauses gehört auch ein zum Kühlen des Fleisches bestimmtes Kühlhaus, wenn es nicht aus dem Rahmen des Schlachthauses hinausfällt. Mit Ausnahme des letzten Falles sind also die Kühlräume integrierende Bestandteile des Schlachthofes. Dem geht auch die Entscheidung des OVG. vom 11. Juni 1907 nach, in der ausgeführt wird: „Die Kühlzellen dürfen den zur Benutzung des Schlachthofes berechtigten Metzgern nicht vorenthalten werden. Die Schlachthausgemeinde kann für die Benutzung der Kühlzellen nur die vom Schlachthofgesetz eingeführten Gebühren erheben. Der Weg einer privatrechtlichen Regelung ist hiernach nicht gegeben.“ Eine Vermietung von Kühlräumen ist nur dann gegeben, wenn das Kühlhaus aus dem Rahmen des Schlachthofes herausfällt. Das ist nur bei den Teilen des Kühlhauses der Fall, die Wild, Delikateß-, Geflügel-, Käse-, Eierhändlern zu gewerblichen Zwecken überlassen werden, da diese Teile nicht für die Verrichtungen in unmittelbarem Zusammenhange mit dem Schlachten bestimmt und verwendet werden. Für die Vermietung dieser Teile ist die Erhebung einer Miete zulässig.

Keine Stadtverwaltung wird aus sozialen und rechtlichen Gründen das zum Kühlen von Fleisch bestimmte Kühlhaus als nicht integrierenden Teil des Schlachthofes bezeichnen können. Tut sie dies, so ist sie nach der oben angeführten Entscheidung des OVG. vom 19. März 1927 VII GSt. 47. 26 hinsichtlich des Kühlhauses gewerbe- und umsatzsteuerpflichtig, da nach einer Entscheidung des Reichsfinanzhofes V. A. 904/28 die mietweise Überlassung von Kühlräumen der Umsatzsteuer unterliegt. Es müßte also eine Abwälzung dieser Steuern und eine erneute Belastung der Gewerbetreibenden eintreten, die zu einer unerwünschten Verteuerung des notwendigsten Lebensmittels, des Fleisches, führen muß. Derartige zu vermeidende und unnötige Steuerbelastungen liegen auch nicht im Interesse der Schlachthöfe. Es erscheint daher da, wo nach den Kühlhausordnungen noch Kühlhausmieten erhoben und Kühlzellen vermietet werden, angebracht, eine Änderung der Kühlhausordnungen im vorgeschlagenen Sinne vorzunehmen. Auch Eisfabriken sind entgegen anderen vertretenen Meinungen und Auffassungen insoweit integrierende Bestandteile der Schlachthöfe, als das Eis für Zwecke des Schlachthofes verwendet und nur an Benutzer des Schlachthofes abgegeben wird. In den darüber hinausgehenden Fällen sind die Eisfabriken gewerbe- und umsatzsteuerpflichtig.

[1] Siehe Fußnote 2 auf S. 556.

[2] Bei der Fleischkonservierung ist mit Recht der Standpunkt vertreten worden, daß der Kühlhausbetrieb nicht allein in den heißen Sommermonaten aufrechterhalten wird. Gerade die Übergangsmonate zu den Jahreszeiten stellen besondere Anforderungen an die Haltbarkeit des Fleisches. Auch die Wintermonate machen ein Benutzungsrecht des Kühlhauses notwendig, da ohne dieses auf natürlichem Wege jedes Fleisch zum Gefrierfleisch wird. Es erscheint daher angebracht, das Kühlhaus die ganze kalte Jahreszeit in Betrieb zu erhalten und es mit Vorrichtungen zu versehen, die eine konstante Temperatur auch während dieser gewährleisten und ein Gefrieren des Fleisches verhindern. Aus diesen Gründen wären die Öffnungszeiten nach Übergangsmonaten und Jahreszeit zu regeln und festzusetzen.

Vielfach kennt man nur eine Sommers- und eine Wintersöffnungszeit. In manchen Gemeinden sind die Kühlräume Sonntags geschlossen.

[3] Diese Öffnungsgebühr soll nicht gering sein und so verhüten, daß wegen Kleinigkeiten ein Zutritt verlangt wird.

Über die Verwendung des hiernach entfernten Fleisches entscheidet die Schlachthofdirektion oder der von ihr beauftragte Tierarzt.

Das Einbringen nicht enthäuteter Kälber und Lämmer ist verboten.

Ausnahmen können auf Antrag durch die Schlachthofdirektion in besonderen Fällen zugelassen werden.

**§ 12. Pökelraum.** Das Salzen und Pökeln des Fleisches ist nur in den Pökelräumen gestattet. In den Pökelräumen hat gleichfalls das Aufbewahren gesalzener und gepökelter Fleischwaren, der Eingeweideteile und des Blutes zu erfolgen. Das Salzen und Pökeln darf nur in den in den Pökelzellen aufgestellten Pökelgefäßen erfolgen. Werden außer diesen noch andere Pökelgefäße benötigt, so sind diese vor dem Einbringen bei den Schlachthofbeamten anzumelden und vorzuzeigen. Sie müssen aus Steingut hergestellt oder aus hartem Holz fest und dicht gearbeitet sein, dürfen keine zu großen Ausmaße haben, müssen auf mindestens 15 cm hohen Füßen oder Klötzen stehen und mit einem gut schließenden Deckel versehen sein. Die Pökelgefäße dürfen nicht derart gefüllt sein, daß die Lake überläuft. Das Ausgießen von Lake in den Kühlräumen ist verboten. Das Reinigen der Gefäße usw. darf nur außerhalb der Kühlräume geschehen, Salz nur in Steingutgefäßen, Blut nicht in Holzgefäßen aufbewahrt werden.

**§ 13. Gefrierraum.** Fleisch darf nur in den Gefrierraum gebracht werden, nachdem es nach Anordnung der Schlachthofdirektion im Vorkühlraum und Kühlraum vollständig durchgekühlt worden ist.

**§ 14. Ordnungsbestimmungen.** Die Türen des Vorkühlhauses und des Kühlhauses sind nach jedesmaliger Benützung zu schließen.

Das Anfassen oder Beschädigungen der aufgehängten Thermo- und Hygrometer, der elektrischen Leitungen und Lampen, sowie das Aufdrehen von Wasserhähnen und Laufenlassen von Wasser und dergleichen ist verboten.

**§ 15.** Alle Waren müssen aufgehängt oder in reinen Behältern aufbewahrt werden. Fleischteile auf den Zellenboden zu legen, ist streng untersagt. Das Aufhängen aller Fleischstücke muß im Interesse einer vollständigen Abkühlung zur Erhöhung der Haltbarkeit und der dadurch bedingten Erhaltung der Genußtauglichkeit stets so geschehen, daß die Stücke sich nicht berühren. Das Übereinanderschichten von Fleisch ist verboten.

Das Aufhängen von Gegenständen an den Gittern der Wände oder Decken der Zellen und an den durchziehenden Leitungsrohren ist untersagt, ebenso das Belegen des Fußbodens und das Aufschichten von Speck über den Hakenrahmen.

**§ 16.** Die für den Verkehr bestimmten Gänge dürfen mit keinerlei Gegenständen besetzt und zu keinerlei Arbeiten benutzt werden. Das Fahren mit Handwagen und Karren in den Kühlräumen ist verboten.

Waagen zum Verwiegen von Fleisch und anderen Gegenständen in die Kühlräume zu bringen, ist untersagt.

**§ 17.** Die Inhaber von Zellen dürfen keinerlei bauliche oder andere Änderungen an den zur Benutzung überlassenen Zellen ohne Zustimmung der Direktion vornehmen.

Das Vorhandensein von Ungeziefer (Ratten, Mäusen usw.) ist dem Schlachthofangestellten sofort mitzuteilen.

**§ 18.** In den Kühlräumen ist stets die peinlichste Sauberkeit zu beobachten. Vor dem Eintritt ist die Fußbekleidung von Blut, Schmutz und Schnee zu befreien. Für die Erhaltung der Sauberkeit in den überwiesenen Zellen sind die Inhaber verantwortlich. Der Fußboden der Zellen ist stets sauber und trocken zu halten. Fleisch-, Fetteile, Blut, Knochensplitter oder sonstige Gegenstände dürfen auf dem Boden nicht herumliegen.

Es ist verboten, in den Kühlräumen zu lärmen, zu rauchen und auf den Fußboden zu spucken.

**§ 19.** Bei Aufgabe von Zellen sind diese gereinigt und in ordnungsmäßigem Zustand an die Verwaltung zu übergeben. Im anderen Falle erfolgen Reinigung und Wiederherstellung auf Kosten der Inhaber durch die Verwaltung.

**§ 20.** Zur Reinigung sind lediglich nasse Tücher zu verwenden. Wasser darf nicht verschüttet werden.

Die gleichzeitige Reinigung der Zellen an einem geeigneten Wochentage wird durch die Schlachthofdirektion angeordnet.

Zu der alljährlich — und auch auf besondere Anordnung — (auf Kosten der Verwaltung) stattfindenden Generalreinigung sind die betreffenden Kühlzellen auf die Dauer von ..... nach erfolgter Bekanntmachung (ohne Anspruch, auf Gebührenerlaß) Entschädigung usw. zu räumen.

**§ 21.** Die Zellen sind verschlossen zu halten. Die Inhaber und deren Beauftragte sind verpflichtet, die Zellen auf Verlangen der Beamten zu öffnen. Für die in den Zellen aufbewahrten Vorräte und Gegenstände wird von der Verwaltung irgendwelche Verantwortung und Haftung nicht übernommen.

**§ 22.** Die Kühlräume werden in der Regel während des ganzen Jahres in Betrieb gehalten. Die Verwaltung übernimmt keine Gewähr für die Höhe der Temperatur und der relativen Feuchtigkeit in den Kühlräumen, ebenso keinerlei Haftung oder Verantwortung für die aus einem Versagen der Einrichtung infolge höherer Gewalt, Betriebsstörungen oder Maschinendefekts etwa sich ergebenden Schäden.

Etwaige Ansprüche dieser Art sind sofort bei der Direktion zur Prüfung anzumelden. Im anderen Falle erlischt jeder Anspruch. Eine Obhutsverpflichtung für das in die zur Benutzung überlassenen Kühl- und Gefrierräume eingebrachte Fleisch oder für andere bewegliche Sachen jeder Art übernimmt die Verwaltung in keinem Falle.

**§ 23.** Die Bestimmungen der Schlachthofordnung finden sinngemäß auf die Benutzer des Kühlhauses Anwendung.

**§ 24.** Die Zelleninhaber sind auch für die Befolgung der vorstehenden Bestimmungen durch ihre Beauftragten verantwortlich.

Falls Inhaber den Vorschriften der Kühlhausordnung mehrfach entgegen handeln (oder trotz wiederholter Mahnungen [§ 7] mit der fälligen Benutzungsgebühr im Rückstande bleiben), so ist die Schlachthofdirektion berechtigt, die Zellenbenutzung sofort aufzuheben (ohne daß die Zahlung der Benutzungsgebühr für das laufende Vierteljahr entfällt).

**§ 25.** Der Schlachthofdirektor ist befugt bei Zuwiderhandlungen gegen die Kühlhausvorschriften Ordnungsstrafen auszusprechen, die binnen 24 Stunden bei der Schlachthofkasse gegen Quittung einzubezahlen sind. Beschwerden gegen solche Strafen entscheidet der Stadtmagistrat[1].

**§ 26.** Vorstehende Bestimmungen treten unter Aufhebung der Kühlhausordnung vom ..... mit dem Tage ihrer erstmaligen Veröffentlichung im ..... blatt in Kraft.

........., den .....

Der Magistrat.

## c) Freibankordnung.

### Muster einer Freibankordnung[2].

Auf Grund der §§ 8—11 des Gesetzes betreffend Ausführung des Schlachtvieh- und Fleischbeschaugesetzes, vom 28. Juni 1902 (G. S. 229) wird unter Zustimmung der ......... für den Bezirk der Gemeinde ......... folgendes beschlossen:

---

[1] In einer Reihe von Schlachthöfen beantragen die Innungsvorstände selbst solche Ordnungsstrafen, welche sehr erzieherisch wirken und verhüten, daß durch Einzelne Werte, welche der Allgemeinheit der Fleischer gehören, geschädigt werden.

[2] Das vorliegende Muster einer Freibankordnung ist den Bedürfnissen von mittleren und großen Betrieben angepaßt. Für kleinere Gemeinden kann dasselbe Vereinfachungen zeigen, die an gegebener Stelle angeregt werden. Auch sonst können nach den örtlichen Verhältnissen Abweichungen gerechtfertigt erscheinen, sofern die Mustervorschriften nicht in den Bemerkungen als zwingend bezeichnet sind.

Die Einrichtung einer Freibank erfolgt entweder auf Grund des Gesetzes oder durch Gemeindebeschluß oder durch Anordnung der Landesbehörde. Der Betrieb ist nach § 10 Ausf.-G. durch einen Beschluß derjenigen Gemeinde zu regeln, in der die Freibank eingerichtet ist. Das Muster geht von dem Regelfalle aus, daß die Freibankeinrichtung für eine Einzelgemeinde durch deren Beschluß erfolgt. In diesem Falle wird zweckmäßig der Beschluß über die Einrichtung mit demjenigen über die Regelung des Betriebes zu verbinden sein. Das Zustandekommen des Gemeindebeschlusses richtet sich nach der Gemeindeverfassung, die regelmäßig die Zustimmung der Gemeindevertretung erfordert.

Wird nach § 8, A. 3 Ausf.-G. zwischen Nachbargemeinden vereinbart, daß eine Freibank gemeinschaftlich einzurichten sei, so müssen gleichlautende Beschlüsse sämtlicher beteiligter Gemeinden über die Einrichtung vorliegen. Der Beschluß über die Regelung des Betriebes braucht nur von der Gemeinde, in deren Gebiet die Freibank liegt und die auch als Unternehmerin gilt, gefaßt zu werden. Zustimmung wird jedoch einzuholen sein seitens der Nachbargemeinden.

Beruht die Einrichtung der Freibank auf einer landespolizeilichen Anordnung, so ist hierauf hinzuweisen. **Daß die nach § 11 Ausf.-G. erforderliche Genehmigung erteilt ist, wird am Schluß erkennbar zu machen sein.**

In Süddeutschland macht man oft einen Unterschied zwischen „Sanitätsbank“ und „Freibank“. Erstere entspricht unserer „Freibank“, während man unter „Freibank“ ein Verkaufslokal für das von Viehbesitzern selbst ausgeschlachtete gesunde Fleisch versteht.

Der Verkauf des Fleisches von Pferden und Hunden im Falle einer Beanstandung wird sich nicht lohnen. Wäre das der Fall, so müßte ein besonderer Verkaufsraum für solches Fleisch oder zum wenigsten besondere Verkaufsstunden notwendig sein.

Die neuen Vorschriften in § 43 Abs. 4 der BBA., die den Gebrauch besonderer Stempel auch für minderwertiges, bedingt taugliches und untaugliches Einhuferfleisch anordnen, führen nunmehr zwangsläufig dazu, für Verwertung auch dieses Fleisches auf der Freibank Sorge zu tragen.

Es können Bestimmungen über die Verweisung von Trichinenschauproben erlassen werden, obwohl diese an sich als minderwertig hierher gehören. Bestimmungen über die Verwendung des Erlöses sind zu vermeiden, weil die Regelung dieser dem materiellen Rechte angehörigen Frage nicht durch die Freibankordnung erfolgen darf.

Herrenloses Fleisch ist nach § 965 BGB. öffentlich zu versteigern, auch wenn es im Schlachthofe gefunden wird und § 978 Platz greift. Ist solches minderwertig, so hat sinngemäß diese Versteigerung auf der Freibank stattzufinden (vgl. § 6 und 9).

Auch über die Verwendung des Erlöses von solchem Fleische darf die Freibankordnung keine Bestimmung enthalten.

Die Brauchbarmachung bedingt tauglichen Fleisches geschieht am besten in der Freibank selbst. Es ist nicht zulässig, die Benutzung der Vorrichtungen in der Freibankordnung vorzuschreiben, da damit in die Polizeibefugnisse § 10 Abs. 1 des Reichsfleischbeschaugesetzes eingegriffen würde. (Wegen der Kosten vgl. § 11b.)

Aus § 9 Ausf.-G. folgt, daß innerhalb des Freibankbezirkes alles beanstandete Fleisch, also auch das von auswärts eingebrachte, auf der Freibank verkauft und feilgehalten werden darf. Wollte man eingeführtes Fleisch nicht zulassen, so käme das einem Einfuhrverbot gleich, zumal sich keine Bestimmung findet, aus der sich die Berechtigung der Freibankgemeinde herleiten ließe, solches Fleisch ohne weiteres vom Verkaufe fernzuhalten. Nach § 24 sind landesrechtliche Vorschriften zulässig, wonach der Verkauf den weitgehendsten Beschränkungen unterworfen werden kann, aber nur mit der Maßgabe, daß die Anwendbarkeit der Vorschriften nicht von der Herkunft des Fleisches abhängig gemacht werden kann. Eine grundsätzlich ungünstigere Behandlung des auswärts beanstandeten Fleisches, dem in der Gemeinde geschlachteten gegenüber, ist also nicht zulässig. Es ist daher in dem Freibankordnungsentwurf auch der Grundsatz aufgenommen, daß auch das auswärts beanstandete Fleisch zuzulassen ist. Um jedoch zu verhindern, daß durch übermäßige Zufuhren solchen Fleisches der ordnungsgemäße Betrieb Schaden leidet, ist die Bestimmung eingefügt, daß durch den Gemeindevorstand die Zulassung dieses Fleisches verboten werden kann. Beschwerde hiergegen muß möglich sein, um zu verhindern, daß von dieser Versagungsbefugnis ein unvorschriftsmäßiger Gebrauch gemacht wird. Auch für die ärmere Bevölkerung soll stets billiges Fleisch vorhanden sein.

In einigen Freibankordnungen findet sich die Bestimmung, daß das Fleisch notgeschlachteter Tiere, welche Privatleuten gehören, sofern es für nicht bankwürdig befunden ist, nach der Stempelung „minderwertig“ zum

(Die eingeklammerten Stellen können nach Bedarf fortgelassen werden!)

**§ 1.** Im Stadtbezirk ..... wird eine Freibank mit der Wirkung eingerichtet, daß innerhalb dieses Bezirks (des Freibankbezirkes) Fleisch der im § 2 Abs. 1 und 2 gedachten Art nur auf der Freibank feilgehalten oder verkauft werden darf.

**§ 2.** Der Freibank wird alles zum Feilhalten oder zum Verkauf bestimmte Fleisch überwiesen, das innerhalb des Freibankbezirkes den vorgeschriebenen amtlichen Untersuchungen unterlegen hat und hierbei als bedingt tauglich (§§ 10, 11 des Reichsgesetzes, betreffend die Schlachtvieh- und Fleischbeschau vom 3. Juni 1900) oder zwar als tauglich zum Genusse für Menschen, aber in seinem Nahrungs- und Genußwert erheblich herabgesetzt — minderwertig — (§ 24 a. a. O., § 40 der vom Bundesrat erlassenen Ausführungsbestimmungen A vom 30. Mai 1902, des § 7 Ausf.-G. vom 28. Juni 1902, § 33 der Ausführungsbestimmungen vom 20. März 1903 und vom 17. August 1907) erklärt worden ist.

Dasselbe gilt für Fleisch, das außerhalb des Freibankbezirks untersucht worden ist und in diesen Bezirk zum Zwecke des Feilhaltens oder Verkaufs eingeführt wird. Die Zulassung solchen Fleisches kann jedoch von dem Gemeindevorstande, wenn es im Interesse der Aufrechterhaltung des ordnungsmäßigen Betriebes der Freibank geboten ist, versagt werden. Gegen die Versagung findet Beschwerde bei der Gemeindeaufsichtsbehörde statt.

Nichtbeanstandetes Fleisch ist vom Verkauf auf der Freibank ausgeschlossen.

**§ 3.** Die Freibank befindet sich ......... Ihre Verlegung bedarf der Zustimmung der Aufsichtsbehörde. Zweigstellen dürfen nur mit Genehmigung der Aufsichtsbehörde errichtet, verlegt oder wieder eingezogen werden. Die Freibank und etwaige Zweigstellen werden über dem Eingang deutlich sichtbar als solche bezeichnet. Der Ort[1], in dem sie sich befinden, ihre Eröffnung, Verlegung und Einziehung sind ortsüblich bekanntzumachen.

**§ 4.** Die Freibank wird von der Gemeinde ......... eingerichtet und betrieben[2]. Die Gemeinde übernimmt die Verwertung des auf der Freibank zum Verkaufe gelangenden Fleisches und zahlt den Erlös nach Abzug der Gebühren und etwaiger sonstiger Unkosten an den Eigentümer des Fleisches aus.

**§ 5.** Im Verkaufsraum ist durch Anschlag deutlich kennbar zu machen, ob das der Freibank überwiesene Fleisch roh, oder verneinendenfalls, in welchem zubereiteten Zustand es zum Verkauf gelangt, aus welchem Grunde die Beanstandung erfolgt ist und zu welchem Preise es ausgeboten wird.

In der gleichen Weise ist bekanntzugeben, daß das auf der Freibank gekaufte rohe Fleisch ohne längere Aufbewahrung zu verbrauchen und der Genuß im rohen Zustande zu vermeiden ist[3].

**§ 6.** Die Freibank steht unter der Verwaltung des[4] ............, dem auch nach Anhörung des Eigentümers die Festsetzung des Preises obliegt. Gegen seine Entscheidung steht dem Eigentümer die Beschwerde an die Polizeiverwaltung zu[5].

**§ 7.** Die Freibank ist nach Bedarf geöffnet. Die Verkaufszeiten sind durch ............ bekannt zu geben[6]. Nach jedesmaligem Verkaufe sind die Räume und Geräte gründlich zu reinigen.

**§ 8.** Unverkauft gebliebenes Fleisch ist, bevor es wiederum zum Verkauf gestellt wird, von neuem auf

---

eigenen Hausgebrauch freigegeben wird. Diese zwar sehr milde Bestimmung ist aber nicht zu empfehlen, da das Verfahren zu Unzuträglichkeiten und namentlich Betrügereien führt. Sie ist auch rechtlich zu beanstanden.

[1] Wird der Ort, wie im Entwurfe, genannt, so unterliegt seine Wahl mit der Ordnung der Nachprüfung durch die Genehmigungsbehörde. Es empfiehlt sich, den Ort nicht zu nennen, sondern die nachträgliche Auswahl der Gemeindebehörde zu überlassen, welche nachträglich die Genehmigung der Aufsichtsbehörde einzuholen haben wird. Der Verkehr der Haupt- mit den Zweigstellen wird durch besondere Vorschriften zu regeln sein.

[2] Im allgemeinen hat es sich nicht bewährt, den Verkauf des minderwertigen Fleisches dem betreffenden Besitzer, dem Fleischer zu überlassen, welcher das der Freibank überwiesene Tier geschlachtet hat. Einmal hat dieser selten Interesse an der Verwertung des Fleisches, und zweitens befürchtet jeder Fleischer, durch öffentlichen Verkauf solcher minderwertigen Ware sein Geschäft zu schädigen. Daher dürfte es zweckmäßig sein, daß von der Behörde ein besonderer Verkäufer für die Freibank bestellt wird.

Tatsächlich finden wir auf einer größeren Reihe von Schlachthöfen einen besonderen (von der Polizei oder dem Magistrate angestellten und verpflichteten) amtlichen Freibankverkäufer, dem der Verkauf anderen Fleisches in und außer der Freibank untersagt ist. Der Freibankverkäufer kann auch gleichzeitig Polizeischlächter (Amtsschlächter, Schlachtmeister oder Kopfschlächter) sein. Er hat den Transport des beanstandeten Fleisches nach dem betreffenden Raume zu bewirken, dasselbe von kranken Teilen zu säubern, zu zerlegen und evtl. zu kochen (bzw. auszuschmelzen). Alsdann besorgt er den Verkauf und die Reinigung der benutzten Räume und Geräte. In kleinen Orten wird der Verkauf auch durch den Hallenmeister besorgt. Die Gegenleistung ist in den einzelnen Städten sehr verschieden.

[3] Diese Bestimmung entspricht den Bestimmungen des Pr. Min.-Erl. vom 21. April 1926 zur Vermeidung von Fleischvergiftungen.

[4] In kleineren Gemeinden wird es möglich sein, die Freibank dem Eigentümer des beanstandeten Fleisches selbst zur Verfügung zu stellen. In größeren Betrieben muß zur Aufrechthaltung der Ordnung die Gemeinde als Verkaufsvermittlerin auftreten.

[5] Die Gemeinde wird den Schlachthofdirektor mit der Verwaltung beauftragen, in kleinen Gemeinden den emp. Fleischbeschauer, sofern nicht ein Tierarzt in Orten ohne Schlachthof ansässig ist.

Nur in kleinen Gemeinden kann die Preisfestsetzung dem Besitzer überlassen bleiben, in mittleren und größeren wird der Preis durch eine Kommission, der der Besitzer angehört, bestimmt. In großen Betrieben muß das der Leitung überlassen bleiben, wenn möglich nach Anhörung des Besitzers, der das Recht der Beschwerde hat. Im übrigen darf etwa nicht der Verkaufspreis gebunden, sondern nur der Preis bestimmt werden, zu dem das Fleisch ausgeboten wird. Die Preisfestsetzung hat dann nicht die Bedeutung einer behördlichen Einschränkung der Freiheit des Besitzers, sondern die Eigenschaft geschäftlicher Maßnahmen des Verkäufers, mit denen sich der Besitzer durch Übergabe zum Verkauf einverstanden erklärt.

[6] Diese richten sich nach Größe der Gemeinden sowie nach örtlichem Bedürfnis. Ausschreibung durch Tageszeitungen reicht als Bekanntmachung hin. Sie soll durch die Verwaltung erfolgen, um zu verhindern, daß unrichtige Mitteilungen, wie „prima Ochsenfleisch“ erfolgen. Die Kosten trägt der Besitzer.

seine Genußtauglichkeit und Beschaffenheit zu prüfen[1]. Gegebenenfalls ist der Ausbietungspreis anderweitig festzusetzen. Untauglich befundenes Fleisch ist unschädlich zu beseitigen.

**§ 9.** Das auf der Freibank feilgehaltene Fleisch darf in Stücken von höchstens ..... kg[2] und an demselben Tage für denselben Haushalt nur in Gewichtsmengen von ..... kg höchstenfalls abgegeben werden. Der Erwerber darf das Fleisch nur im eigenen Haushalt verwenden. Gast-, Schank- und Speisewirte dürfen Freibankfleisch selbst oder durch Beauftragte nur mit besonderer Genehmigung der Ortspolizeibehörde und unter den im § 11 des Reichsfleischbeschaugesetzes angegebenen Bedingungen erwerben. An Fleischhändler darf Freibankfleisch überhaupt nicht abgegeben werden.

**§ 10.** Die Übertragung des Betriebes der Freibank an einen Unternehmer[3] ist nur mit Genehmigung der Aufsichtsbehörde zulässig.

**§ 11.** Von dem durch den Verkauf erzielten Erlös werden die im Gebührentarife festgesetzten Gebühren und die Unkosten in Abzug gebracht[4].

**§ 12.** Alle zur Ausführung dieser Freibankordnung erforderlichen weiteren Bestimmungen erläßt der Schlachthofdirektor.

**§ 13.** Zuwiderhandlungen gegen die Bestimmungen dieser Freibankordnung werden nach § 27 Abs. 4 des Reichsfleischbeschaugesetzes mit Geldstrafe bis zu 150 RM. oder mit Haft bestraft.

**§ 14.** Diese Freibankordnung tritt mit dem Tage ihrer Veröffentlichung in Kraft. Gleichzeitig verliert die Freibankordnung vom ....... ihre Gültigkeit.

.........., den .......

Der Magistrat.

## d) Dienstordnung für den städtischen Schlachthof.

(Dienstinstruktion für die Schlachthofdeputation und die Beamten des Schlachthofes.)

**§ 1.** Die Aufsicht über den städtischen Schlachthof und die Verwaltung desselben untersteht dem Magistrat (§ 56[3] der Städteordnung).

In bezug auf den Etat des Schlachthofes gelten die Bestimmungen des Tit. VII der Städteordnung.

**§ 2.** Besonders wichtige Angelegenheiten der Schlachthofverwaltung werden von einer besonderen Deputation, der „Schlachthofdeputation", vorberaten, bevor sie dem Magistrat (bzw. auch den Stadtverordneten) zur endgültigen Beschlußfassung unterbreitet werden.

**§ 3.** (Enthält Bestimmungen über die Zusammensetzung[5] der Deputation.)

---

[1] Diese Bestimmung ist in fast allen Verkaufsordnungen enthalten. Der in vielen Verordnungen aufgeführte Passus, daß unverkauft gebliebenes Fleisch, z. B. nach 48 Stunden zu vernichten ist, entbehrt einer rechtlichen Begründung und ist nur im Falle eines Verdorbenseins gerechtfertigt, wogegen die Kühlräume schützen.

[2] Wenn auch die örtlichen Verhältnisse eine verschiedene Bemessung der Höchstmengen rechtfertigen mögen, wird doch in der Regel nicht über den Satz von 3 kg, hinauszugehen sein. Eine Mindestmenge festzusetzen, sollte unterlassen werden.

Auch wenn ein Fleischhändler vorgibt, das Fleisch im eigenen Haushalte verwenden zu wollen, ist ihm die Abgabe zu verweigern, da eine Kontrolle nicht möglich ist.

[3] Der Unternehmer tritt im Falle der Übertragung in alle Rechte und Pflichten der Gemeinde ein. Die Aufsichtsbehörde wird sorgen, daß den Besitzern hierdurch höhere Kosten nicht erwachsen, die keinesfalls die durch den gemeindlichen Betrieb erwachsenden übersteigen sollen. Unternehmergewinne sind zu verhindern. Der Unternehmer ist einer strengen Aufsicht zu unterstellen.

[4] Die Reinigung muß durch die Verwaltung besorgt werden. Für die Bezahlung der Reinigung hat der Besitzer aufzukommen. Die Gebühren richten sich nach Höhe der Anlagekosten, Instandhaltung, Beleuchtung, Beheizung, Reinigung, Bezahlung der Angestellten und Arbeiter, Veröffentlichungen usw. Die Gebühren dürfen nach § 10 Ausf.-G. keine Einnahmequelle für die Gemeinden werden. Die Freibänke bilden nicht Bestandteile der Schlachthöfe im Sinne des § 11 des Komm.-Abg.-Ges., es darf eine höhere Verzinsung als die den Gemeinden selbst obliegende oder die landesübliche nicht in Ansatz gebracht werden.

Für kleine Orte, in welchen zwar ein Untersuchungszwang für Großvieh, nicht aber für Kleinvieh und Schweine besteht, wird es notwendig sein, daß die Ortspolizeibehörden nicht nur strenge Vorschriften über die Einrichtung von solchen Privatschlachtstätten erlassen, sondern insbesondere hinsichtlich der Aufbewahrung der von der Fleischbeschau beschlagnahmten Teile Bestimmungen erlassen und die Aufstellung von Sammelgefäßen (Konfiskateimer) verlangen.

[5] Die Deputation („Verwaltungsausschuß", „Kommission", „Verwaltungsamt", „Ausschuß des Schlachthofes", „Schlachthofausschuß", „Verwaltungsrat", „Kuratorium für den Schlachthof") kann, wie schon eingangs dieses Kapitels erwähnt, nach § 59 der Städteordnung (vom 30. Mai 1853) „entweder bloß aus Mitgliedern des Magistrats oder aus Mitgliedern beider Gemeindebehörden oder aus letzteren und aus stimmfähigen Bürgern gewählt werden. Zur Bildung gemischter Deputationen aus beiden Stadtbehörden ist der übereinstimmende Beschluß beider erforderlich. Die Zahl richtet sich nach der Größe der Anlage.

Zu diesen Deputationen und Kommissionen, welche übrigens in allen Beziehungen dem Magistrate untergeordnet sind, werden die Stadtverordneten und stimmfähigen Bürger von der Stadtverordnetenversammlung gewählt, die Magistratsmitglieder dagegen von dem Bürgermeister ernannt, welcher auch unter letzteren den Vorsitzenden zu bezeichnen hat.

Nach § 26 der Min.-Instruktion für die Magistrate, betreffend den Geschäftsgang bei der städtischen Verwaltung vom 25. Mai 1835 „können die Kommissionen und Deputationen zur Beratung einzelner, ihre Verwaltung betreffenden Gegenstände andere Kommunalbeamte, sachverständige und sachkundige Personen hinzuziehen. Dergleichen Personen haben aber kein Stimmrecht."

Das bayerische Gemeindebeamtengesetz vom 29. April 1869 besagt: Nach Erfordernis können für das Bauwesen technische Bauräte für Schulangelegenheiten, Forstwirtschaft, Gesundheitspflege und Medizinalpolizei Sachverständige als Mitglieder des Magistrats mit voller Stimmberechtigung in Gegenständen ihres Wirkungskreises aufgestellt werden. Art. 71. In vielen Städten Bayerns sind städtische Bauräte, Forsträte, Schulräte mit Referats- und Stimmrecht in Sachen ihres Ressorts ausgestattet.

**§ 4.** Den Vorsitz in der Deputation führt das von dem Bürgermeister hiermit betraute Magistratsmitglied[1]. Der Vorsitzende wird durch das zweite Magistratsmitglied vertreten.

Der Bürgermeister kann jeder Deputationssitzung mit Stimmberechtigung beiwohnen und den Vorsitz übernehmen.

**§ 5.** Die Deputation ist bei Anwesenheit von — ? — Mitgliedern beschlußfähig. Sie entscheidet nach Stimmenmehrheit; bei Simmengleichheit ist die Stimme des Vorsitzenden ausschlaggebend.

**§ 6.** Die Deputation tritt zusammen, wenn der Vorsitzende es für erforderlich hält oder — ? — Mitglieder es beantragen.

Verweigert oder verzögert der Vorsitzende die Einberufung einer beantragten Sitzung, so ist der Bürgermeister berechtigt, die Sitzung anzuberaumen und abzuhalten. Jede Sitzung ist dem Bürgermeister anzuzeigen.

**§ 7.** Die Beschlüsse[1] der Schlachthofdeputation werden in ein Protokollbuch eingetragen und von allen Mitgliedern unterschrieben. Die Führung des Protokolls kann der Vorsitzende einem Mitgliede oder dem Direktor bzw. Kassierer (Buchhalter) übertragen.

**§ 8.** Die Vorbereitung der Beschlüsse sowie die Anordnung und Überwachung der Ausführung derselben ist Sache des Vorsitzenden bzw. seines Stellvertreters nach Anhörung des Schlachthofdirektors.

**§ 9.** Für die Geschäftsführung der Deputation sind der § 59 der Städteordnung vom 30. Mai 1853 und die §§ 18, 20 und 26—30 der Instruktion für die Magistrate vom 25. Mai 1835 maßgebend.

**§ 10.** Beamte und Angestellte der Schlachthofanlage[2] sind:

| | |
|---|---|
| der Direktor, die Tierärzte usw., | der (die) Heizer, |
| „ Kassierer (gleichzeitig evtl. Buchhalter), | „ (die) Pförtner, Hausmeister, Stallknechte, |
| „ (die) Hallenmeister, Stempler, | „ Nachtwächter. |
| „ Maschinenmeister (Maschinist), | |

außerdem die erforderliche Anzahl von Trichinenschauern (Schauerinnen), Probenehmern und Tagesarbeitern[3].

Letztere werden nach Maßgabe der hierfür vorhandenen Mittel von dem Direktor angenommen und entlassen.

Sämtliche Beamte und Angestellte, mit Ausnahme der Arbeiter, unterstehen in Disziplinarbeziehung dem Bürgermeister. Sie sind verpflichtet, die von dem Vorsitzenden der Schlachthofdeputation getroffenen Anordnungen, soweit sie Beschlüsse des Magistrats betreffen und rein verwaltungstechnischer Natur sind, zu befolgen und ihm über die Erledigung ihrer Dienstgeschäfte etwa gewünschte Auskunft jederzeit zu erteilen.

Dem Publikum gegenüber haben sie sich eines freundlichen, gerechten und würdevollen Verhaltens zu befleißigen und dürfen mit den die Schlachthofanlage Benutzenden sich in keinerlei Geschäftsverkehr einlassen, auch keine Nebenbeschäftigung ausüben[4].

**§ 11. Der Direktor.** Die Verwaltung des Schlachthofes (im engeren Sinne) wird durch den Direktor ausgeführt. Derselbe muß approbierter Tierarzt sein.

Er ist der erste Beamte der Anstalt und allen übrigen Beamten, Angestellten und Arbeitern vorgesetzt[5].

Die spezielle Anordnung des Dienstes der Beamten, Angestellten und Arbeiter ist seine Sache. Unregelmäßigkeiten kann er rügen. Schwerere Fälle hat er dem Bürgermeister zur Anzeige zu bringen. Beschwerden des Publikums über die Beamten, Angestellten und Arbeiter hat der Direktor zu erledigen.

Für Beschwerden der Beamten, Angestellten und Arbeiter und des Publikums über den Direktor oder seine Entscheidungen ist der Bürgermeister zuständig.

Der Direktor kann die Beamten nach den Festsetzungen des Ortsstatuts über den Urlaub der städtischen Beamten beurlauben. Urlaubsgesuche des Direktors sind beim Bürgermeister anzubringen, welcher dem Vor-

---

Auf Grund dieses Paragraphen ist fast überall der Schlachthofdirektor Mitglied der Deputation, allerdings leider nur mit beratender, nicht immer auch mit beschließender Stimme. Es liegt aber kein Grund vor, ihm nicht nur „Sitz", sondern **auch „Stimme" daselbst zu geben, da er nach § 59 der St.O. zu den „stimmfähigen Bürgern" gehört.** Von seiten der Regierung ist in verschiedenen Bezirken mit mehr oder weniger Erfolg das Stimmrecht für den Direktor in Anregung gebracht.

[1] Nach § 18 der Min.-Instruktion ist jedes Magistratsmitglied „in dem ihm angewiesenen Geschäftskreise möglichst frei und selbständig zu wirken befugt". Die Beschlüsse der Deputationen haben keine rechtlich bindende Kraft. Die Deputationen können dem Magistrat nur gewisse Maßnahmen zur Ausführung empfehlen.

[2] Ganz vorzüglich ausgearbeitet ist die Instruktion für die einzelnen Beamten und Angestellten am Schlacht- und Viehhof Frankfurt a. M. Dieselbe kann als Muster für alle großen Anlagen gelten. (Vgl. Jb. Schlacht- u. Viehhöfe 1929. Verlag der Dtsch. Schlachthofztg).

[3] Mitunter wird zu den „Angestellten" des Schlachthofes auch der Polizei- oder Sanitätsschlächter bzw. Freibankverkäufer gerechnet. In Süddeutschland ist, oft selbst in kleineren Städten ein besonderer „Hacker" angestellt, welcher den Betrieb der Fleischhackanstalt unter sich hat.

[4] Es muß in den Anstellungsbedingungen ausdrücklich festgelegt werden, was unter „Nebenbeschäftigung" zu verstehen ist, d. h. ob nur die Ausübung tierärztlicher (kurativer) Praxis oder überhaupt die Übernahme irgendeiner anderen Nebenbeschäftigung, z. B. Vertrauensstellung bei einer Schlachtviehversicherung und ähnliches verboten sein soll.

[5] Es sollte einheitlich durchgeführt werden, daß der Direktor in allem und jedem dem Bürgermeister der Stadt direkt unterstellt sein sollte, daß auch evtl. Dezernenten und Referenten in gleichem Range wie der Direktor und nicht diesem vorgesetzt sein sollten. Eine Koordination, nicht eine Subordination ist notwendig und anstrebenswert. Es ist das in Bayern vielfach durchgeführt. Eine Abhängigkeit von der Deputation (hier Kommission) besteht nicht, da sich diese lediglich mit Vorberatung der Anträge des Direktors in reinen Verwaltungsangelegenheiten zu befassen und dem Magistrat zur Annahme oder Ablehnung zu empfehlen hat. Die in vielen Städten bestehenden „Verwaltungsräte", die meist nur als Mitglieder der städtischen Körperschaften diese Stellung einnehmen, von dem internen Betrieb aber weniger Kenntnisse haben, sind nicht als disziplinare Vorgesetzte des Direktors zu betrachten, so sehr sie das oft sein wollen!

sitzenden der Deputation sofort Mitteilung hiervon zugehen läßt. Über Urlaubsgesuche der Angestellten und Arbeiter entscheidet der Direktor.

**§ 12.** Der Direktor hat die Geschäfte des Schlachthofes im ganzen wie im einzelnen zu leiten und ist dafür verantwortlich, daß die Geschäftsführung in allen Teilen den gesetzlichen, polizeilichen, ortsstatutarischen Anordnungen entspricht. Zuwiderhandlungen hat er sofort der Polizeiverwaltung bzw. dem Bürgermeister zur Anzeige zu bringen.

**§ 13.** Der Direktor hat dafür zu sorgen, daß das Inventar stets in brauchbarem Zustande vorhanden ist. Anschaffungen zum Inventar, desgleichen Reparaturen bis zum Betrage von .... RM. hat er, soweit sie nicht von Beamten oder Arbeitern der Anstalt selbst bewirkt werden können, selbständig anzuordnen[1].

**§ 14.** Der Direktor hat die Kassen- und Buchführung zu überwachen und zu regeln. Er hat am Schlusse jedes Monats vom Kassierer eine kurze übersichtliche Darstellung (evtl. Tabellenform) der Einnahmen und Ausgaben und am Schlusse jedes Quartals einen Betriebsbericht zu Händen des Magistrates fertigen zu lassen, auch am Ende des Verwaltungsjahres den dem Magistrat vorzulegenden Jahresbericht auszuarbeiten.

**§ 16.** Der Direktor hat, soweit er nicht durch Tierärzte unterstützt ist, das in den Schlachthof gebrachte Vieh einer äußeren Besichtigung zu unterziehen und das ausgeschlachtete Fleisch desselben sowie das von auswärts geschlachtet eingebrachte und zur Besichtigung vorgelegte nach den gesetzlichen und polizeilichen Vorschriften sowie nach den Erfahrungen seiner Wissenschaft sorgfältig zu untersuchen. Dem sanitären Zweck der Anstalt entsprechend hat er hierbei rücksichtslos nach den einschlägigen Bestimmungen zu verfahren.

Die Arbeiten der Trichinenschauer (-schauerinnen) hat er einer sorgsamen Überwachung zu unterziehen, sofern nicht ein anderer Tierarzt mit der Leitung des Schauamtes betraut ist.

**§ 17.** Über die Verwendung des vom freien Verkehr ausgeschlossenen Fleisches entscheidet der Direktor.

**§ 18. Der Kassierer** hat die gesamten Kassen- und Buchhaltergeschäfte des Schlachthofes zu führen, insbesondere hat er:

a) alle tarifmäßigen Gebühren zu vereinnahmen und in das Einnahmebuch einzutragen, auch die vorgeschriebenen Quittungen dem Zahlenden auszustellen und zu unterzeichnen.

b) Auf die vom Direktor unterschriebenen Anweisungen sind von ihm Zahlungen aus der Schlachthofkasse zu leisten, sofern etatsmäßige Mittel zur Verfügung stehen, nachdem die Richtigkeit der betreffenden Rechnung bescheinigt ist.

Reicht der Bestand der Schlachthofkasse zu den erforderlichen Zahlungen nicht aus, so sind auf Anweisung des Magistrats bzw. des Direktors Vorschüsse aus der Stadthauptkasse zu erheben. Über die Zahlungen an die Stadthauptkasse und über die von dieser erhobenen Vorschüsse hat der Kassierer ein besonderes Abrechnungsbuch zu führen.

Alle Zahlungen sind in das Ausgabebuch einzutragen[2].

c) Täglich nach beendeter Schlachtzeit sind die Bücher aufzurechnen und die Tageseinnahme festzustellen. Der Direktor oder sein Vertreter hat sich durch Stichproben von der Richtigkeit der Abschlüsse zu überzeugen und einen hierauf bezüglichen Vermerk in die Bücher einzutragen.

d) Das Inventarverzeichnis ist von ihm zu führen und eine von dem Direktor mit der Bescheinigung der Richtigkeit zu versehende Ausfertigung, welche die Zu- und Abgänge erkennen läßt, in die Jahresrechnung aufzunehmen.

e) Die vorhandenen Geldbestände sind in dem Kassenschranke sicher aufzubewahren und wöchentlich, oder sobald sie die Summe von .... RM. übersteigen, an die Stadthauptkasse (Sparkasse, Bank) abzuführen.

f) Allmonatlich ist ein Rechnungsabschluß zu fertigen und dieser nebst den Belegen dem Direktor zur Prüfung vorzulegen.

g) Alljährlich ist die Jahresrechnung aufzustellen und mit dem Prüfungsvermerk des Direktors dem Stadtmagistrat einzureichen.

**§ 19.** Der Vorsitzende der Schlachthofdeputation sowohl wie der Direktor können zu jeder Zeit die Vorlegung der Kassen- und Quittungsbücher sowie die Vorzählung des Kassenbestandes verlangen.

Für die richtige Vereinnahmung der Tarifsätze und für die richtige Buchung ist der Kassierer allein verantwortlich und haftbar.

**§ 20.** Der Kassierer hat sämtliche ihm vom Direktor aufgetragenen Buchhalter- und sonstige schriftlichen Arbeiten zu besorgen.

**§ 21. Der Hallenmeister**[3] hat alle Vorgänge in den Schlachthallen und in den Ställen zu beaufsichtigen, insbesondere hat er:

---

[1] In vielen Städten verfügt der Direktor über die im Etat festgesetzten Mittel ohne weiteres und hat nur bei Etatsüberschreitungen in den einzelnen Positionen die Genehmigung des Magistrates einzuholen. Dieses System bewährt sich und entlastet die Referenten bedeutend, und so viel Vertrauen muß ein Magistrat dem Direktor einer Anlage entgegenbringen auf Grund seiner dienstlichen Stellung, daß er rationell mit den genehmigten Mitteln wirtschaftet!

[2] Viele Schlachthofkassen leisten außer Gehältern und Löhnen nicht selbständig Zahlungen. Dieses geschieht dann natürlich durch die Stadthauptkasse. Es ist aber kein Grund vorhanden, der Schlachthofkasse hierin nicht volle Selbständigkeit einzuräumen, wie es auch tatsächlich auf vielen Schlachthöfen geschieht.

In vielen Städten bestehen sog. Zentralkassen, in welche alle Gelder fließen und die alle Auszahlungen betätigen, was den Kassenbetrieb des Schlachthofes wesentlich vereinfacht.

[3] Dienstanweisung für die Hallenmeister des städtischen Viehhofes zu Frankfurt a. M.

**§ 1.** Die Hallenmeister des städtischen Viehhofes sind dem Direktor, dessen Stellvertreter, dem Inspektor und dem Viehhofverwalter sowie sonstigen von dem Direktor bezeichneten Personen unterstellt und haben die dienstlichen Anordnungen dieser Vorgesetzten sowie in bezug auf die bei Seuchenausbrüchen zu treffenden Maßnahmen auch diejenigen des Leiters der Veterinärpolizei bzw. dessen Stellvertreters zu befolgen.

Die Wiegemeister und das Arbeiterpersonal sind dem Hallenmeister dienstlich unterstellt.

**§ 2.** Die Diensteinteilung der Viehhof-Hallenmeister erfolgt durch den von der Direktion jeweilig aufgestellten Dienstplan. Die Hallenmeister können auf Anordnung des Direktors auch zu Dienstleistungen im

a) Das Schlachten der Tiere nur zuzulassen, nachdem ihm der Schlachtschein für die betreffende Schlachtung vorgezeigt und von ihm entwertet ist. Er hat jede einzelne Schlachtung in das von ihm zu führende Schlachtbuch einzutragen; dieses ist allabendlich aufzurechnen und dem Direktor zur Unterschrift vorzulegen.

b) Er hat die Reihenfolge der Schlachtungen nach den ihm gewordenen Anmeldungen festzustellen und darauf zu achten, daß das Schlachten der Tiere ohne jegliche Quälerei und nur mit den von der Verwaltung gelieferten Betäubungsinstrumenten vorgenommen wird, auch die Plätze und Gerätschaften nach Gebrauch sofort wieder gereinigt und letztere an ihren Platz gebracht werden.

c) Er hat die Beschaffenheit der Schlachttiere vor und nach dem Schlachten sorgfältig zu beobachten und von seinen Wahrnehmungen dem Direktor sofort Anzeige zu erstatten.

d) Er hat das Einstellen und Verbleiben des Viehs in den Ställen zu überwachen und dafür zu sorgen, daß die Namen der Eigentümer auf den daselbst befindlichen Tafeln vermerkt werden. Er hat ferner darauf zu achten, daß die eingestellten Tiere von dem Wartepersonal in der vorgeschriebenen Weise gefüttert und mit Streu versehen werden.

e) Die Futter- und Streuvorräte hat er unter Verschluß zu halten. Bestände nur gegen Vorlegung von Zahlungsquittungen zu verabfolgen und über Zu- und Abgänge der Bestände genau Buch zu führen[1].

f) Für die Erhaltung und richtige Verwendung des Inventars muß er Sorge tragen und alle Zuwiderhandlungen und Unregelmäßigkeiten sofort dem Direktor anzeigen.

---

Schlachthof herangezogen werden. In diesem Falle finden auf sie die Bestimmungen der Dienstanweisung für die Hallenmeister des städtischen Schlachthofes vom 1. März 1926 Anwendung. Bei Dienstantritt und Dienstschluß haben sie sich in das im Dienstzimmer des Verwalters aufliegende Anwesenheitsbuch unter genauer Zeitangabe einzutragen.

**§ 3.** Die Viehhof-Hallenmeister müssen eine genaue Kenntnis der für den Viehhof maßgebenden Bestimmungen und sonstigen Vorschriften besitzen und sind für deren Durchführung mitverantwortlich. In erster Linie haben sie ihr Augenmerk auf die Einhaltung der Betriebsordnung für den Viehhof nebst Polizeiverordnung für die städtischen Viehmärkte, der Fütterungsvorschriften und der wesentlichsten Bestimmungen der Preisfeststellungsordnung zu richten.

**§ 4.** Den Viehhof-Hallenmeistern obliegen im besonderen folgende Dienstverrichtungen:

1. Überwachung aller Vorgänge in den Markthallen, in den Stallungen, auf den Futterböden und im Hofe;
2. Kontrolle über die im Viehhof verkehrenden Personen; Überwachung der mit der Wartung des Viehs beauftragten Dienstleute auf Einhaltung der für diese geltenden Bestimmungen;
3. Regelung des Verkehrs und Aufrechterhaltung der Ordnung in den Markthallen, in den Stallungen und auf den Straßen des Viehhofes. Kontrolle über die Aufstellung der Fuhrwerke, Handwagen und Fahrräder;
4. Kontrolle über die Lösung und rechtzeitige Abgabe der Gebührenscheine an die vorgeschriebenen Stellen;
5. Kontrolle über die rechtzeitige Entladung des mit der Bahn und mit Fuhrwerk ankommenden Viehes;
6. Veranlassung der sofortigen veterinärpolizeilichen Untersuchung des angetriebenen Viehes vor dem Verlassen der Ausladebuchten bzw. vor der Einstellung in die Stallungen und Marktstände;
7. Kontrolle über die rechtzeitige Einstellung, vorschriftsmäßige Fütterung und Wartung des Marktviehes, Anweisung der Stallabteilungen bzw. der Marktstandplätze;
8. Ausgabe des Futters und der Streu für das eingestellte Vieh;
9. Rechtzeitige Eintragung der zugetriebenen Tiere in die dazu bestimmten Bücher unter Angabe des Besitzers, des Datums, der Stückzahl der Tiere und der Zahl der erfolgten Fütterungen zwecks Erhebung der fälligen Gebühren;
10. Überwachung der Durchführung der in der Viehhofordnung enthaltenen Bestimmungen über die Abhaltung der Viehmärkte;
11. Kontrolle über die vorschriftsmäßige Kennzeichnung des Viehes;
12. Besonders genaue Kontrolle über den Abtrieb und die Verladung des Viehes. Zur Verhütung des Abhandenkommens von Viehstücken ist bei Verlust von Marktgebührenscheinen sofort nach Meldung die Sperrung des Durchtriebes nach dem Schlachthofe bzw. des Abtriebes oder der Verladung zu veranlassen.
13. Aufstellung der Marktrapporte und sonstigen Berichte;
14. Kontrolle über die Verwiegungen des Viehes;
15. Verhütung der Verwechselung von Markttieren;
16. Überwachung der Durchführung der Bestimmungen über den Transport der Tiere; Verhütung von Tierquälereien;
17. Überwachung der Durchführung der veterinärpolizeilichen Anordnungen;
18. Kontrolle über die vorschriftsmäßige Handhabung der Einrichtungen und Geräte des Viehhofes;
19. Verhütung des Mißbrauches der Licht- und Wasserentnahme;
20. Pünktliche und gründliche Durchführung der Reinigung der Markthallen, der Stallungen und des Hofes sowie der Einrichtungen und Geräte; Kontrolle über die Sauberhaltung der Viehtransportwagen sowie der Kleidung der im Viehhofe verkehrenden Gewerbetreibenden und der mit der Wartung des Viehes beschäftigten Personen;
21. Kontrolle über die Ablieferung von Fundgegenständen an die vorgeschriebene Stelle;
22. Einschreiten bei Zuwiderhandlungen gegen alle vorgenannten Bestimmungen und Anordnungen, sowie Vorlage diesbezüglicher Meldungen und Anzeigen an den Verwalter.

**§ 5.** Die Viehhof-Hallenmeister haben den im Viehhof verkehrenden Gewerbetreibenden und sonstigen Personen höflich, aber bestimmt, gegenüberzutreten.

Außerdienstliche Verrichtungen für die im Viehhof verkehrenden Personen, die Annahme von Geschenken und sonstigen Zuwendungen sowie die Empfangnahme von dienstlichen Geldern ist den Viehhof-Hallenmeistern untersagt.

**§ 6.** Die Viehhof-Hallenmeister haben gemäß den städtischen Vorschriften Dienstkleider und Dienstabzeichen zu tragen.

**§ 7.** Die jederzeitige Änderung und Ergänzung dieser Dienstanweisung bleibt vorbehalten.

[1] Kann auch anderen Bediensteten, insbesondere eigenen Stallwärtern, übertragen werden.

g) Das als gesund befundene Fleisch mit den verschiedenen Stempeln an den gesetzlich vorgeschriebenen Stellen zu versehen.

h) Den Anordnungen des Direktors hat er in allen Punkten unbedingt Folge zu leisten.

**§ 22. Der Maschinenmeister** (Maschinist) hat die Aufsicht und Bedienung sämtlicher maschinellen Einrichtungen im Schlachthofe. Er hat insbesondere

a) das Kesselhaus stets sauber und in Ordnung zu halten, den Zutritt zu demselben nur denjenigen Personen zu gestatten, welche hierzu ausdrücklich vom Direktor die Erlaubnis erhalten haben, allen anderen aber unbedingt zu verwehren;

b) für die Erhaltung und richtige Verwendung des ihm speziell zugewiesenen Inventars zu haften;

c) sämtliche Apparate rein und gangbar zu erhalten;

d) sämtliche Reparaturen, soweit seine Kenntnisse und Fertigkeiten hierzu ausreichen und die erforderlichen Werkzeuge und Vorrichtungen vorhanden sind, auszuführen;

e) die Befolgung der für Kesselwärter und Maschinisten vorgeschriebenen Bestimmungen wird ihm ganz besonders zur Pflicht gemacht.

**§ 23. Der Pförtner** (Hausmann, Hausmeister, Portier) hat das Öffnen und Schließen des Schlachthofes zu besorgen und allen Personen, welche weder Schlächter sind noch mit dem Schlachten in unmittelbarem Zusammenhang stehende Geschäfte zu besorgen haben, den Eintritt zu verweigern, sofern sie nicht im Besitz besonderer Erlaubniskarten sind.

Alles in den Schlachthof gebrachte Vieh hat er dem Direktor oder dessen Vertreter zur Besichtigung anzumelden; er darf nicht dulden, daß ohne Erlaubnis vor dieser Besichtigung Tiere in die Ställe eingestellt werden. Erst nach erfolgter Besichtigung ist dem Eigentümer der Eingangsschein zu verabfolgen, gegen dessen Abgabe die Schlachtscheine von der Kasse zu verlangen sind. Über die Eingänge ist hinsichtlich Namen der Besitzer, Tiergattung usw. Buch zu führen.

Die Wägungen lebender Tiere und geeignetenfalls auch der geschlachteten hat er gewissenhaft auszuführen[1], nachdem von den Betreffenden an der Kasse ein Wiegeschein gelöst ist. Alle Wägungen sind in das Wiegebuch einzutragen. Allabendlich ist die Zahl derselben mit dem Kassierer zu vergleichen.

Die Reinigung der Dienstzimmer und der Flure der Wohn- und Dienstgebäude, das Heizen der Öfen in den Diensträumen obliegt ihm.

Er hat allen Anordnungen des Direktors, auch wenn sie andere als die vorangeführten Arbeiten betreffen, unbedingt Folge zu leisten.

**§ 24.** Der **Nachtwächter** sorgt für die Sicherheit auf der Schlachthofanlage während der Nacht. Seine Dienststunden werden je nach den verschiedenen Jahreszeiten vom Direktor festgesetzt.

Seine Wachsamkeit bezieht sich auf alle Teile der Anlage; er hat auf die eingestellten Tiere zu achten und bei besonderer Unruhe derselben den Hallenmeister zu wecken. Er hat nach 10 Uhr abends den Verschluß aller Türen zu prüfen und evtl. diesen selbst zu besorgen. Er hat sich davon zu überzeugen, daß die Hauptleitungen für Gas und Wasser geschlossen und letztere im Winter entleert sind, daß weder in den Stallungen, Hallen, noch in den Korridoren der Wohnhäuser Licht vorhanden ist, oder daß sich in ihnen unbefugte Personen aufhalten.

Während der Nachmittage steht er zur Verfügung des Direktors, um Botengänge und dergleichen zu besorgen oder auch den Pförtner bei dem Wiegegeschäft zu unterstützen[2].

**§ 25. Sanitätsschlächter.** Der Magistrat bestellt einen besonderen Sanitätsschlächter, welcher gleichzeitig amtlicher Freibankverkäufer ist.

Der Sanitätsschlächter hat keine Beamteneigenschaft. Er ist lediglich ein auf dem Schlachthofe ständig beschäftigter Gewerbetreibender, als solcher aber Untergebener des Schlachthofdirektors und seines Vertreters. Er hat die Anordnungen desselben in allen Fällen unbedingt zu befolgen. Es steht ihm, sowie dem Magistrat, eine 14tägige Kündigungsfrist zu. Bei Verletzung der maßgebenden Bestimmungen kann er s o f o r t entlassen werden.

Der Sanitätsschlächter kann sich bis zu ... Gesellen, deren Zulassung jedoch von der Genehmigung des Direktors abhängig ist, halten. Er ist für die Handlungen und Unterlassungen derselben verantwortlich. Die zum Schlachten usw. nötigen Geräte (Messer, Beile, Sägen) hat der Sanitätsschlächter sich selbst zu halten.

Dem Sanitätsschlächter liegt die Schlachtung sämtlicher krank oder krankheitsverdächtig in den Schlachthof eingeführten Tiere ob, sofern der Besitzer des Tieres diese nicht selbst oder durch seine Leute besorgt. Er hat die Schlachtung gewerbsmäßig und schnell vorzunehmen und alle hierzu erforderlichen Nebenarbeiten (einschließlich Transport nach dem Beanstandungsraum) zu besorgen[3].

Es ist dem Sanitätsschlächter gestattet, auch Privatschlachtungen, welche nicht Notschlachtungen sind, nach dem diesbezüglichen bei Notschlachtungen geltenden Tarif auszuführen; doch sind unter allen Umständen zuerst Notschlachtungen zu erledigen, erst nach diesen dürfen Privatschlachtungen vorgenommen werden.

Der Sanitätsschlächter, welcher sich innerhalb der Betriebsstunden auf dem Schlachthofe aufzuhalten hat, sofern er sich nicht mit Genehmigung des Direktors durch seine Gesellen vertreten läßt, erhält zu seiner persönlichen Benutzung einen besonderen Raum angewiesen, für dessen Reinhaltung und Beheizung er Sorge zu tragen hat. Es ist verboten, in diesem Raume Fleisch, Blut und ähnliche Gegenstände aufzubewahren.

Für die Ausführung von Schlachtungen durch die Sanitätsschlächter sind Tarife für alle Tiergattungen seitens der Direktion unter Zugrundelegung der jeweils geltenden Arbeitertarife aufzustellen und an entsprechender Stelle bekanntzugeben.

**§ 27.** Der Dienst der **Trichinenschauer** (Trichinenschauerinnen) wird durch Dienstvorschriften[4] für das Trichinenschauamt der Stadt .... geregelt.

Die Anzahl der Dienststunden bestimmt täglich der Direktor nach Zahl der zu untersuchenden Schweine.

**§ 28.** Die **Arbeiter** sind an die Arbeitsordnung gebunden und dem Direktor zu unbedingtem Gehorsam verpflichtet. Ihre Annahme und Entlassung erfolgt durch den Schlachthofdirektor.

---

[1] Ist kein besonderer Pförtner vorhanden, so überträgt man das Wiegegeschäft am zweckmäßigsten dem Kassierer, welcher gegebenenfalls vom Hallenmeister vertreten wird.

[2] Mit der Nachtkontrolle werden auch vielfach die sog. Wach- und Schließgesellschaften beauftragt.

[3] In vielen mittleren Schlachthöfen sind die Sanitätsschlächter oft zugleich Lohnschlächter. Eine derartige Regelung ist aber aus sanitätspolizeilichen und hygienischen Gründen nicht zweckmäßig.

[4] Vgl. Jb. Schlachthöfe, Dtsch. Schlachthofztg-Verlag, Trichinenschau-Statut für Frankfurt a. M.

## Lohnschlächter.

In größeren Schlachthöfen wird seitens der Fleischer die Schlachtarbeit den Lohnschlächtern übertragen, so daß der Besitzer lediglich die Aufgabe hat, das geschlachtete Tier und die dazu gehörigen Teile nach erfolgter Ausschlachtung und Reinigung zu übernehmen. Zweifellos wird der Schlächter dadurch Arbeitskräfte sparen können. Der Lohnschlächter ist in den seltensten Fällen Angestellter des Schlachthofes, sondern arbeitet auf eigene Rechnung, nachdem ihm die Erlaubnis übertragen worden ist, im Schlachthofe für andere zu schlachten. Es ist stets notwendig, daß hierfür eine Erlaubnis eingeholt werden muß, um zweifelhafte Elemente dem Betriebe fernzuhalten. Je nach Größe der Anlage sind ein oder mehrere Lohnschlächtermeister zuzulassen, die für die notwendige Zahl der Gehilfen selbst zu sorgen haben und für deren Bezahlung aufkommen, auch für Beiträge zu den Versicherungen, Berufsgenossenschaft usw.

Der Lohnschlächter hat sich hinsichtlich des Ausschlachtens genau an die Vorschriften der Statuten zu halten und ist für die Handlungen seines Personals verantwortlich. In manchen Betrieben wird durch die Lohnschlächter nur die Schlachtarbeit verrichtet, in anderen wieder auch die Reinigung der Eingeweide, Därme usw., während in vielen Betrieben sog. Kuttler zu finden sind, welche lediglich die Eingeweide reinigen, vielleicht auch kaufen, Köpfe, Füße, Kalbsgekröse, Lungen usw. erwerben und damit einen selbständigen Handel treiben.

Durch die einzuholende Genehmigung der Zulassung wird verhindert, daß mehr Lohnschlächter als der Betrieb erfordert, vorhanden sind, daß dadurch einerseits die Löhne gedrückt werden, anderseits aber auch, daß sich die Lohnschlächter durch Aneignung von Fleisch aus den geschlachteten Tieren für das am Lohne Fehlende schadlos halten. Es wird durch Aufstellung eines Lohntarifes, der von beiden Seiten anerkannt wird, derartigen Mißständen vorzubeugen sein, es muß aber auch kontrolliert werden, ob der Tarif auch in Wirklichkeit eingehalten wird. Man hat ferner versucht, in einzelnen Städten Schlachtmeister anzustellen und diesen das Lohnschlächterwesen unterzuordnen, so daß die Metzger nur mit diesem zu tun haben, ein besonderer Unterschied zwischen einem Lohnschlächtermeister und diesem dürfte jedoch nicht zu finden sein, vielleicht mit Ausnahme davon, daß die Schlachtmeister sehr oft direkte Angestellte des Schlachthofbetriebes sind (bzw. der Innungen).

Das Lohnschlächtergewerbe ist, die Genehmigung zur Zulassung vorausgesetzt, ein freies, und es ist daher nicht angängig, demselben Beschränkungen aufzuerlegen, wie z. B. ihm jeden Nebenerwerb zu verbieten, wie Fett-, Fellhandel usw. Vielfach läßt sich daher beobachten, daß die Lohnschlächtermeister Hauteinkäufer für Hautverwertungsgenossenschaften sind, daß sie Darmhandel treiben und sich zur Herstellung guter Darmware selbst Darmreinigungsmaschinen beschaffen, daß sie auch auf eigene Rechnung Hauthandel treiben. Wird ein Fleischer von dem Vorhandensein der Lohnschlächter richtigen Gebrauch machen, so kann er sich eine Reihe von Ausgaben, die ihm ohne solche erwachsen würden, sparen, da er vielfach lediglich Personal zum Verbringen des Fleisches an die Kunden benötigt, daß aber alle anderen Dienste durch die Lohnschlächter verrichtet werden, ja selbst das Verbringen des Fleisches in die Kühlräume, das sachgemäße Zerlegen zum Verkauf usw.

Besonders in süddeutschen Schlachthöfen ist das System der Lohnschlächter meist sehr gut durchgeführt und befriedigt die Interessenten vollkommen[1].

### Vorschriften für Lohnschlächter.

**§ 1.** Lohnschlächter bedürfen der Zulassung durch die Schlachthofdirektion.
Sie sind dem Direktor des Schlachthofes unterstellt, haben den gegebenen Anordnungen der Beamten jederzeit Folge zu leisten. Es kann ihnen im Falle von Unbotmäßigkeiten und wegen Unregelmäßigkeiten in ihrem Dienste jederzeit die erteilte Erlaubnis entzogen werden[2].

**§ 2.** Der (die) Lohnschlächtermeister hat für die nötige Zahl von Gehilfen zu sorgen, deren Einstellung von der Genehmigung der Schlachthofdirektion abhängig gemacht wird.

**§ 3.** Der Lohnschlächter hat sich während der Betriebsstunden im Schlachthofe aufzuhalten, die ihm von den Fleischermeistern und Privatpersonen erteilten Arbeitsaufträge anzunehmen und tunlichst bald in der Reihenfolge der Aufträge gewissenhaft und handwerksmäßig auszuführen, ferner auf Verlangen die damit verbundenen Nebenarbeiten zu verrichten. Hierbei hat er die größte Reinlichkeit zu beachten und ist für sein Personal verantwortlich. Die für seinen Bedarf notwendigen Arbeitsgeräte hat er selbst zu stellen.

Ist ein Lohnschlächter wegen Überbürdung mit Arbeit nicht imstande, weitere Aufträge an demselben Tage auszuführen, so hat er dies dem Auftraggeber zu erklären und sofort dem Hallenmeister Mitteilung zu machen, der das weitere veranlaßt.

**§ 4.** Im Auftrage der Schlachthofdirektion hat er (falls nicht ein eigener Sanitätsschlächter angestellt ist)

[1] Musterhafte Lohnschlächterverhältnisse findet man in Straubing.

[2] Vgl. Vorschriften über das Schlachtmeisterinstitut am Schlachthof in Köln zur Regelung des Lohnschlächterwesens. Z. Fleisch- u. Milchhyg. **1913**, 31.

die Schlachtung von kranken oder krankheitsverdächtigen Tieren im Sanitätsschlachtraume vorzunehmen, desgleichen evtl. Notschlachtungen[1].

Er ist verpflichtet, für Reinigung der Schlachtplätze Sorge zu tragen.

**§ 5.** Im Auftrage der Direktion hat er die Zubereitung und den Verkauf des minderwertigen Fleisches auf der Freibank zu besorgen, nach Anordnung bei bedingt tauglichem Fleische das Dämpfen, Kochen oder Pökeln durchzuführen. Der Verkauf hat zu der von der Direktion festgesetzten Zeit zu erfolgen. Das Gutgewicht bestimmt der Schlachthofdirektor von Fall zu Fall.

**§ 6.** Die Lohnschlächter sind verpflichtet, ihre Lohnforderungen im Rahmen des von der Direktion genehmigten Lohntarifs zu halten. Sie dürfen keine Geschenke annehmen, sich nicht durch Naturalien[2], sondern nur durch bares Geld entlohnen lassen. Auch ist ihnen das Sammeln von Abfällen, sowie jeder Handel mit Blut, Fleisch, Eingeweiden oder sonstigen Abfällen verboten.

Der Lohnschlächter unterwirft sich den einschlägigen Bestimmungen, der Schlachthofordnung.

Im Falle der Zuwiderhandlung kann ihm das Betreten des Schlachthofes verboten werden.

Stadtmagistrat X.

### Betriebs- und Arbeitsordnung für Angestellte und Arbeiter.

Da nach § 134a der Reichsgewerbeordnung für jede Fabrik, in welcher in der Regel mindestens 20 Arbeiter beschäftigt werden, innerhalb 4 Wochen nach Eröffnung des Betriebes eine Arbeitsordnung zu erlassen ist, die ausgehängt sein muß, soll in folgendem der Entwurf einer solchen gegeben werden: Die Arbeitsordnung muß den Zeitpunkt, mit welchem sie in Wirksamkeit treten soll, angeben, und von demjenigen, welcher sie erläßt, unter Angabe des Datums unterzeichnet sein. Abänderungen ihres Inhalts können nur durch den Erlaß von Nachträgen oder in der Weise erfolgen, daß an Stelle der bestehenden eine neue Arbeitsordnung erlassen wird. Die Arbeitsordnungen und Nachträge zu denselben treten frühestens 2 Wochen nach ihrem Erlaß in Geltung (s. Kapitel Arbeitsrecht C 2).

**§ 1.** Die nachstehende, auf Grund des § 134a der Gewerbeordnung unter Mitwirkung des Betriebsrates (§ 104 BRG.) erlassene Arbeitsordnung ist rechtsverbindlich für Arbeitgeber und Arbeitnehmer.

**§ 2.** Jeder Arbeiter, welcher auf dem städtischen Schlacht- (und Vieh-) Hofe beschäftigt wird, hat seine Legitimationspapiere, Quittungskarte der Invaliditäts- und Altersversicherung, Krankenkassenbuch sowie auf Verlangen ein Gesundheitszeugnis im Geschäftszimmer des Schlachthofes zu hinterlegen, ein Exemplar der Arbeitsordnung in Empfang zu nehmen und den Empfang derselben zu bescheinigen.

Beim Dienstaustritt ist die erhaltene Arbeitsordnung zurückzugeben oder mit 10 Rpf. zu ersetzen.

**§ 3.** Sämtliche auf dem Schlachthofe beschäftigten Arbeiter sind ihren Vorgesetzten unmittelbar untergeordnet und haben den Anordnungen derselben unbedingt Folge zu leisten.

Unmittelbare Vorgesetzte sind, abgesehen von dem Magistratsdirigenten und dem Vorsitzenden der Schlachthofdeputation bzw. deren Stellvertreter, der Direktor sowie hinsichtlich der ihnen zugewiesenen Arbeiten auch die Hallenmeister bzw. Maschinisten (Maschinenmeister) usw.

Bei allen Arbeiten sind die von der Fleischerei-Berufsgenossenschaft erlassenen Unfallverhütungsvorschriften sowie sonstige Betriebsvorschriften genau zu befolgen. Über jede im Betriebe eingetretene Störung sowie über jede in demselben wahrnehmbare Unregelmäßigkeit ist sofort dem nächsten Vorgesetzten sowie dem Direktor Meldung zu erstatten. Bis zum Eintreffen desselben sind diejenigen Maßregeln zu ergreifen, welche einen Schaden oder Unfall zu verhüten geeignet sind.

**§ 4.** Die Arbeitszeit regelt sich nach den §§ 1, 2, 3, 4, 5, 6, 10, 12 und 13 der Arbeitszeitverordnung vom 21. Dezember 1923 (R. I. 1249) und den zu ihr erlassenen Abänderungen. Die Angestellten und Arbeiter sind verpflichtet, nach Anhörung des Betriebsrates diejenigen Arbeiten, welche nach den gesetzlichen Bestimmungen an Sonn- und Festtagen und in Notfällen (§ 10 der Arbeitszeitverordnung) vorgenommen werden dürfen, auf Verlangen der Vorgesetzten auszuführen. Im übrigen regelt sich die Sonntagsruhe gemäß § 105a—i der Reichsgewerbeordnung[3].

**§ 5.** Der Antritt der Arbeit hat pünktlich zu geschehen.

Jeder ohne genügende Entschuldigung verspätet eintreffende Arbeiter erhält eine Verwarnung, im Wiederholungsfalle fällt derselbe in Strafe evtl. trifft ihn Entlassung, welche letztere der Direktor nach Anhörung des Betriebsrates ausspricht. Ist an seiner Stelle bereits ein Ersatzmann eingestellt, so hat er keinen Anspruch auf Beschäftigung an dem betreffenden Tage.

Die im Schichtwechsel stehenden Arbeiter dürfen die Arbeitsstelle ohne besondere Erlaubnis nicht früher verlassen, als die betreffenden Ersatzarbeiter eingetreten sind.

Während der Arbeitszeit darf ein Arbeiter nur mit Erlaubnis seiner Vorgesetzten die Arbeitsstelle verlassen. Urlaub ist persönlich und stets tags vorher von dem Direktor einzuholen.

Arbeitsversäumnis ohne vorher eingeholten Urlaub ist nicht gestattet.

Nur plötzliche Erkrankungen oder sonstige ungewöhnliche Vorkommnisse, welche in glaubhafter Weise belegt werden können, sind als gültige Entschuldigung des Versäumnisses anzusehen.

**§ 6.** Der Aufenthalt in den Arbeitsräumen ist nur während der Arbeitszeit gestattet. Die Mahlzeiten dürfen nur in den hierzu bestimmten Räumen eingenommen werden.

Das Mitbringen, Holen oder Holenlassen von Branntwein oder sonstigen geistigen Getränken außer der Erholungspause wird mit Geldstrafe belegt.

**§ 7.** Der Lohn wird von .... zu ... berechnet und am .... ausgezahlt.

Jeder Arbeiter hat den Lohnbetrag am Zahltisch nachzuzählen und etwaige Einwendungen gegen die

---

[1] Eine derartige Regelung ist tunlichst zu vermeiden.

[2] Die Bezahlung mit Naturalien ist unzweckmäßig, weil sonst Diebstähle nie nachgewiesen werden können.

[3] In den Schlachthöfen mit Kühlbetrieben muß dafür gesorgt werden, daß der Sonntagsdienst abwechslungsweise durchgeführt wird. In ganz kleinen Betrieben wird man sich auch dadurch helfen können, daß man nach Beendigung der Öffnungsstunde auf eine Temperatur von unter Null kühlt und es so möglich macht, daß für den Maschinisten einige freie Stunden an Sonntag Nachmittagen geschaffen werden, namentlich in Betrieben mit elektrischer Kraft wird das leicht zu ermöglichen sein, da Dampf zum Kühlmaschinenbetrieb nicht erzeugt zu werden braucht.

richtige Berechnung sofort bei der Auszahlung zu machen. Später angebrachte Einwendungen sind nur in dem Falle zulässig, wenn der genannte Betrag mit der Arbeitsleistung nicht übereinstimmt.

**§ 8.** Die gegenseitige Kündigungsfrist beträgt 14 Tage. Es kann jedoch nach Anhörung des Betriebsrates eine sofortige Entlassung erfolgen, wenn die allgemein für den Schlachthof vorgeschriebenen Bestimmungen, z. B. Verbot des Tabakrauchens, Betreten der Bodenräume mit Licht und dergleichen nicht befolgt werden. Auch Trunkenheit kann mit sofortiger Entlassung bestraft werden.

**§ 9.** Beim Abgange können die Arbeiter ein Zeugnis über die Art und Dauer ihrer Beschäftigung fordern. Dieses Zeugnis ist auf ihr Verlangen auch auf ihre Führung und Leistung auszudehnen.

**§ 10.** Jeder Arbeiter ist verpflichtet, die ihm übertragene Arbeit sachgemäß und mit Fleiß auszuführen, mit den ihm übergebenen Geräten und Materialien schonend bzw. haushälterisch umzugehen und von letzteren übrigbleibende Reste abzuliefern. Das Mitnehmen von Werkzeugen oder Materialien, Abfällen usw. ist verboten.

**§ 11.** Zuwiderhandlungen gegen diese Arbeitsordnung werden mit Geldstrafe bis zu . . . Mark geahndet. Die Geldstrafen werden vom Direktor nach Anhörung des Betriebsrates verhängt, die Höhe derselben dem Arbeiter bekanntgegeben und bei der nächsten Lohnzahlung in Abzug gebracht.

Über die verhängten Strafen wird das gesetzlich vorgeschriebene Strafenbuch geführt.

Eine Berufung gegen die Geldstrafen findet an den Magistrat statt.

**§ 12.** Alle Geldstrafen fließen der Strafkasse zu und werden am Schlusse eines jeden Jahres an bedürftige Arbeiter des Schlachthofes verteilt.

**§ 13.** Die Abänderung oder Ergänzung dieser Arbeitsordnung sowie der Erlaß von Sondervorschriften für einzelne Betriebszweige bleibt vorbehalten.

Solche Abänderungen, Ergänzungen oder Sondervorschriften werden nach Maßgabe des Gesetzes bekanntgemacht und treten 2 Wochen nach Erlaß in Kraft. Mit dem Inkrafttreten bilden dieselben einen Teil der Arbeitsordnung und sind, wie diese, für die Arbeiter verbindlich.

**§ 14.** Die vorstehende Arbeitsordnung tritt am . . . . in Kraft.

. . . . . . . . . , den . . . . Der Magistrat.

Für alle etwas größeren Schlachthöfe, auf denen mehrere Beamte mit ihrer Familie Wohnung haben, empfiehlt sich, namentlich um Reibereien zwischen den Familienangehörigen der Unterbeamten zu vermeiden, der Erlaß einer besonderen „Hausordnung". Dieselbe kann ungefähr folgende Punkte enthalten:

### Hausordnung.

**§ 1.** Der Schlachthofdirektor vertritt die Stadtgemeinde als Eigentümerin der Schlachthofanlage gegenüber den Inhabern von Dienstwohnungen. Alle Angestellten des Schlachthofes, denen Dienstwohnungen zugewiesen werden, haben dem Direktor gegenüber die dem Mieter obliegenden Verpflichtungen zu erfüllen.

**§ 2.** Den Inhabern der Wohnungen wird größte Ordnung und Sauberkeit in diesen zur strengsten Pflicht gemacht. Sie haben den bezüglichen Anordnungen des Direktors unbedingt Folge zu leisten. Insbesondere haben sich die gemeinsame Räume (Flur, Treppenhaus, Trockenboden, Waschküche, Rollkammer) benutzenden Familien über die Reinigung derselben derart zu einigen, daß letztere stets in bestimmter Reihenfolge und namentlich nach vorausgegangener Benutzung stattfindet.

**§ 3.** Aftermiete oder Beherbergung fremder Personen sowie regelmäßige Zusammenkünfte und Trinkgelage in den Wohnungen sind verboten.

**§ 4.** Dem Magistrate bleibt vorbehalten, für die Vernachlässigung und Beschädigung von Dienstwohnungen Entschädigungen zu beanspruchen.

**§ 5.** Dem Personal ist das Halten von Hunden und kleineren Haustieren untersagt.

**§ 6.** Kinder der Angestellten dürfen während der Betriebszeit die Straßen und Höfe der Anlage nicht betreten, auch nicht auf denselben spielen. Jede lärmende Unterhaltung derselben, auch nach Betriebsschluß, ist untersagt.

**§ 7.** Musizieren in den Dienstwohnungen bei geöffneten Fenstern ist verboten, desgleichen nach 9 Uhr abends.

Anm. Es wird Aufgabe jeder Stadt, welche Betriebsvorschriften und Dienstvorschriften schaffen will, sein, aus diesen und den letzteren die für sie zutreffenden und wünschenswerten Punkte zu entnehmen, da es unmöglich ist, ein Normalstatut aufzustellen, um so mehr, als da und dort andere Verhältnisse vorhanden sind.

## e) Weitere einschlägige Verordnungen und Verträge.

Entwurf.

### Marktverordnung für den Großhandel mit frischem Fleisch in . . . . [1].

Auf Grund der §§ 70 und 149 Abs. 1 Ziffer 6 der Reichsgewerbeordnung in der Fassung der Bekanntmachung vom 26. Juli 1900 (RGBl. S. 871), der §§ 84 und 85 der Preußischen allgemeinen Gewerbeordnung vom 17. Januar 1845 (Ges.-S. S. 41), der §§ 143 und 144 des Gesetzes über die allgemeine Landesverwaltung vom 30. Juli 1883 (Ges.-S. S. 195) und der Verordnung über Vermögensstrafen und Bußen vom 6. Februar 1924 (RGBl. I S. 44) wird mit Zustimmung des Magistrats für den Ortspolizeibezirk . . . . folgendes verordnet:

---

[1] Das Kammergericht hat in einer Entscheidung I S. 664. 30 für die Rechtsgültigkeit derartiger Marktordnungen die Festsetzung der Markttage dieser Spezialmärkte durch den Minister für Handel und Gewerbe für notwendig erklärt.

Die Erhebung einer Gebühr dafür, daß die Benutzer des Schlachthofes das von ihnen geschlachtete Vieh im Schlachthofe weiterverkaufen dürfen (Marktgebühr), ist unzulässig (OVG. vom 21. September 1906, Pr. VBl. Bd 28, S. 892. Eine Marktgebühr kann nur dann gefordert werden, wenn das Schlachthaus auch zum Marktplatz für einen öffentlichen Markt erklärt worden ist (Schroeter-Hellich 1930, S. 762).

**§ 1. Marktgebiet.** Im Gebiet der Stadt.... findet der Großhandel mit frischem Fleisch, ausgenommen Pferdefleisch, ausschließlich im städtischen Schlacht- und Viehhofe, ..... statt, soweit nicht nach § 14 Ausnahmen zugelassen sind.

Das Marktgebiet umfaßt die zu Marktzwecken bestimmten Teile, Räume und Nebenräume des städtischen Schlacht- und Viehhofes, soweit sie zu diesem Zwecke von der Stadt ..... zur Verfügung gestellt werden.

**§ 2. Gegenstände des Marktverkehrs.** Gegenstände des Marktverkehrs sind frisches Fleisch von ordnungsmäßig geschlachteten Tieren in ganzen Tierkörpern oder größeren Teilen sowie die Zubehörteile wie Kopf, Zunge und die gesamten Eingeweide einschließlich Blut. Das Einbringen von losen Knochen ist verboten.

**§ 3.** Die Hauptmärkte für den Großhandel mit Fleisch finden jeden Dienstag und Freitag zu den jeweilig vom Schlachthofamt festgesetzten Stunden statt. Nach Bedürfnis können von dem Schlachthofamt weitere Markttage festgesetzt werden. Die Marktzeiten sind durch Anschlag bekanntzugeben.

Marktbeginn und Marktschluß werden durch ein Glockenzeichen bekanntgegeben.

Außerhalb der festgesetzten Marktzeiten darf nicht gehandelt werden. Die Käufer haben nur während dieser Zutritt zu den Verkaufshallen. 1 Stunde nach Marktschluß müssen die Verkäufer die Hallen verlassen haben, 2 Stunden nach Marktschluß muß der Wagenhalteplatz von allen Fuhrwerken geräumt sein.

**§ 4. Personen- und Fahrzeugverkehr.** Der Zutritt zum Schlacht- und Viehhof steht zum Zwecke des Fleischgroßhandels während der Marktzeiten nach näherer Maßgabe dieser Verordnung den Interessenten frei.

Darüber hinaus finden die Bestimmungen der Polizeiverordnung über die Benutzung des Schlacht- und Viehhofes und die Betriebsordnungen sinngemäß Anwendung.

Auf dem Marktgebiet darf nur im Schritt gefahren werden; Kraftwagen dürfen nur mit einer Geschwindigkeit bis zu 10 km in der Stunde fahren.

Sämtliche Fahrzeuge und Transportmittel haben die Ein- und Ausfahrten in der vom Schlachthofamt vorgeschriebenen Richtung zu benutzen.

Die zur Beförderung des Marktgutes bestimmten Fahrzeuge haben auf dem Wagenplatz nach den Anordnungen der Beamten, Angestellten usw. des Schlachthofamtes aufzufahren. Zwischen den Reihen ist eine Durchfahrt, zwischen den Fahrzeugen ein Durchgang zu lassen.

Die Ladung dieser Fahrzeuge darf den Verkehr auf der Gehbahn nicht behindern. Personenfahrzeuge dürfen nur an den vorgeschriebenen Plätzen aufgestellt werden.

Bei ohne Aufsicht bleibenden Pferdefuhrwerken muß das Gespann kurz angebunden und die Bremse angezogen sein. Bei Pferdefuhrwerken ohne Bremse muß das Gespann kurz angebunden und wenigstens ein Rad mittels einer zweckmäßigen und haltbaren Vorrichtung gehemmt sein.

Fuhrunternehmer für die Abfuhr von Fleisch benötigen einer Genehmigung der Verwaltung. Sie erhalten eine Nummer, die sie nach Vorschrift der Verwaltung offen an ihren Fuhrwerken anzubringen haben.

**§ 5. Beförderung des Marktgutes und Einbringungszeiten.** Das Marktgut darf nur mittels Träger oder vom Schlachthofamt zugelassenen Karren, in die Verkaufshallen und aus diesen gebracht werden.

Die zugelassenen Transportmittel müssen in den Verkaufshallen sofort ent- oder beladen und aus diesen entfernt werden. Unbenutzte Transportmittel sind auf den vom Schlachthofamt bestimmten Plätzen so aufzustellen, daß sie den Verkehr nicht behindern.

Sämtliche Privattransportmittel müssen den Namen und die Adresse des Eigentümers tragen.

Die Fleischträger müssen während ihrer Tätigkeit den vom Schlachthofamt gelieferten Personalausweis mit Lichtbild stets bei sich führen. Die Beschaffung des Personalausweises mit Lichtbild ist Aufgabe der Fleischträger.

Alle Fleischträger haben in reinlichen Mänteln und weißen Kappen mit Nackenschutz zu erscheinen. Das Rauchverbot (§ 9 h) gilt für sie auch während der Arbeit außerhalb der Verkaufshallen.

Bei Verstößen der Fleischträger gegen diese Verordnung, bei Vergehen gegen das Eigentum und bei ungebührlichem, die allgemeine Ordnung störenden Betragen kann die Verwaltung des Fleischgroßmarkts die Zulassung zum Fleischträger zeitweilig oder dauernd entziehen.

Die jeweiligen Einbringungszeiten werden vom Schlachthofamt festgesetzt und durch Anschlag bekanntgegeben. Diese Zeiten sind inne zu halten.

**§ 6. Vergebung der Stände.** Die Stände in den Verkaufshallen werden vom Schlachthofamt als Jahresstände vergeben. Die Gebühr für die Überlassung der Stände wird vom Schlachthofamt festgesetzt.

Zeigt der Inhaber eines Jahresstandes nicht spätestens $^1/_2$ Jahr vor Ablauf der Sachnutzungszeit an, daß er den Stand mit Ende dieses aufgibt, oder wird er bis zu diesem Termine nicht von dem Schlachthofamt zur Aufgabe aufgefordert, so ist er für das folgende Jahr zur Benutzung des Standes berechtigt und zur Zahlung der Gebühr verpflichtet.

Etwa vorhandene Tagesstände oder Fleischhaken werden an jedem Markttage durch das Schlachthofamt nach Entrichtung der Gebühr an den einziehenden Beamten angewiesen. Wird auf diesen 1 Stunde nach Marktbeginn der Verkauf nicht eröffnet, kann das Schlachthofamt den betreffenden Tagesstand oder die Haken anderweitig vergeben. Eine Rückzahlung der Gebühr erfolgt nicht, auch besteht kein Anspruch auf Entschädigung.

Ein Anspruch auf Zuweisung eines bestimmten Standes besteht nicht.

Ohne schriftliche Einwilligung der Verwaltung des Fleischgroßmarkts darf der Inhaber eines Standes dessen Benutzung weder ganz noch teilweise einem Dritten überlassen. Hierzu rechnet auch die Übergabe oder Veräußerung des Geschäftsbetriebs mit oder ohne Firmenweiterführung, die Umbildung in eine Gesellschaft und der Tausch von Ständen. Es ist unzulässig, für die Abtretung oder Überlassung der Benutzung eines Standes einmalige oder wiederkehrende Leistungen zu fordern, anzubieten oder anzunehmen. Hierunter fällt nicht die Erstattung der von dem bisherigen Inhaber für die betreffende Zeit im voraus gezahlten Gebühr. Bei Zuwiderhandlungen gegen diese Bestimmungen kann der Stand sofort entzogen werden.

Für die in den Hallen sowie in den Verkaufsständen aufbewahrten Vorräte und Gegenstände wird vom Schlachthofamt eine Haftung nicht übernommen.

**§ 7. Sonstige Pflichten der Standinhaber.** 1. Jeder Standinhaber hat während des Geschäftsbetriebs seinen Verkaufstand mit seinem Namen und Adresse zu versehen. Andere Schilder dürfen an den Ständen nur mit schriftlicher Genehmigung des Schlachthofamtes angebracht werden.

2. Veränderungen an den Ständen bedürfen der schriftlichen Einwilligung des Schlachthofamtes.

3. Jeder Standinhaber muß sich die von der Verwaltung des Fleischgroßmarkts für notwendig oder zweckmäßig erachteten Veränderungen oder Ausbesserungen an dem Stande und an den Verkaufshallen jederzeit ohne Anspruch auf Entschädigung gefallen lassen.

4. Die Gänge vor den Verkaufsständen sind freizuhalten. Das Abwiegen des Fleisches hat auf den amtlichen Waagen gegen die dafür festgesetzte Gebühr stattzufinden.

5. Die Standinhaber haben die Stände und Transportmittel stets sauber zu halten und zu reinigen. Die Reinigung der Stände muß bis 1 Stunde nach Marktschluß beendet sein. Abfälle aller Art sind in die für diese vorgesehenen Kästen zu werfen. Übelriechende oder verdorbene Waren sind sofort aus den Verkaufshallen zu entfernen.

6. Den im Interesse der Vertilgung von Ungeziefer getroffenen Maßnahmen der Verwaltung des Fleischgroßmarkts ist unverzüglich nachzukommen.

**§ 8. Ausschluß vom Marktbesuch.** Personen, die die Ordnung oder den Handel stören, können durch die aufsichtsführenden Beamten aus dem Marktgebiet gewiesen, und abgesehen von der Bestrafung, vom weiteren Betreten des Marktgebiets für den betreffenden Tag ausgeschlossen werden.

Fleischträger, denen die Zulassung auf Grund des § 5 entzogen ist, dürfen während der Dauer der Entziehung das Marktgebiet nicht betreten.

**§ 9. Verschiedene Verbote.** Verboten ist:

a) Jeglicher Handel mit nicht zu den Gegenständen des Marktverkehrs gehörigen Waren.
b) Das Aufbewahren von Kleidungsstücken, Packmaterialien, Häuten und Fellen.
c) Das Ausgießen von Flüssigkeiten (Blut) außerhalb der dafür bestimmten Stellen.
d) Das Wegwerfen von Abfällen, Papier und dergleichen.
e) Lärmen, Singen, Pfeifen sowie jedes den Handel und die Ordnung störende Benehmen.
f) Jeder zwecklose, mit dem Handel nicht in Verbindung stehende Aufenthalt.
g) Das Mitnehmen von Hunden in die Verkaufshallen.
h) Das Rauchen in den Hallen beim Hantieren mit Fleisch.
i) Das Betreten des Marktgebietes für Kinder unter 14 Jahren außer in Begleitung Erwachsener.

**§ 10.** Mit Speisen und Getränken darf im Marktgebiet nur durch den vom Schlachthofamt bestimmten Restaurateur bzw. seinen Beauftragten gehandelt werden.

**§ 11. Preisnotierung.** Die Notierung der Marktpreise zum Zwecke der Veröffentlichung und Statistik erfolgt durch eine Kommission, bestehend aus dem Direktor des Schlacht- und Viehhofes oder seinem Stellvertreter und je einem Vertreter der Großhändler und Ladenschlächter.

**§ 12. Aufsicht.** Den auf Grund dieser Bestimmungen getroffenen Anordnungen der mit der Aufsicht beauftragten Beamten und Angestellten der Polizei und der Verwaltung des Vieh- und Schlachthofes ist unbedingt Folge zu leisten.

**§ 13. Ausnahmen von dem Marktzwang.** Die Vorschrift des § 1 Abs. 1 findet keine Anwendung:

a) Auf den Großhandel mit Gefrierfleisch in Kühl- und Gefrierhäusern.
b) Die in . . . . diesen als stehendes Gewerbe betreibenden Großhändler.
c) Auf den Großhandel mit daselbst geschlachtetem Fleisch.

**§ 14. Strafbestimmungen.** Zuwiderhandlungen gegen vorstehende Verordnung werden, soweit sie nicht nach anderen Gesetzen und Verordnungen eine höhere Strafe nach sich ziehen, mit Geldstrafe bis zu 30 RM. oder im Falle des Unvermögens mit Haft bis zu 8 Tagen geahndet.

**§ 15. Inkrafttreten[1] der Verordnung.** Diese Verordnung tritt mit dem Tage ihrer Veröffentlichung am . . . . in Kraft.

. . . . . . . . . ., den . . . . Die Polizeiverwaltung.

## Abschluß von Schlachthofgemeinschaften (Zweckverbände).

### Vertrag.

Der Magistrat zu . . . . ., in Vertretung der Stadtgemeinde . . . . ., und der Magistrat zu . . . . ., in Vertretung der Stadtgemeinde . . . . ., schließen folgenden Vertrag.

**§ 1.** Die Stadtgemeinde . . . . . als Eigentümerin des im Stadtbezirk . . . . . erbauten öffentlichen Schlachthofes räumt der Stadtgemeinde . . . . . bzw. deren Einwohnerschaft die Mitbenutzung der sämtlichen Schlachthofanlagen unter der Bedingung ein, daß in der Stadtgemeinde . . . . . der Schlachthauszwang und der Verkehr mit Vieh und Fleisch durch Ortsstatut nach Maßgabe des für die Stadtgemeinde . . . . . geltenden Ortsstatutes geregelt wird.

**§ 2.** Die Einwohner der Stadtgemeinde . . . . . sind berechtigt, sämtliche Einrichtungen und Anlagen des städtischen Schlachthofes zu . . . . . gegen Entrichtung der tarifmäßigen Gebühren zu benützen.

**§ 3.** Die Stadtgemeinde . . . . . beschafft das zur Entschädigung der in . . . . . ansässigen Personen, die das Fleischergewerbe ausüben, für Schließung ihrer Schlachtstätten erforderliche Kapital, die städtische Schlachthofverwaltung übernimmt aber die Verzinsung desselben bis zu . . . % und die Tilgung bis zu . . . %.

Scheidet die Stadtgemeinde . . . . . vor völliger Tilgung der Schuld aus dem durch diesen Vertrag geschaffenen Schlachthofverband aus, so muß der dann noch verbleibende Restbetrag des Abfindungskapitals von der Stadtgemeinde . . . . . aus eigenen Mitteln verzinst und getilgt werden.

**§ 4.** Die Ermittelung der Abfindungen für Schließung der Schlachthäuser der Fleischer übernimmt die Stadtgemeinde . . . . ., sie erfolgt nach dem durch §§ 7ff. des Gesetzes vom 18. März 1868 und Artikel 2 des Gesetzes vom 9. März 1881 vorgeschriebenen Verfahren.

**§ 5.** Die Festsetzung des Haushaltsplanes und der Gebührentarife des städtischen Schlachthofes erfolgt durch die städtische Schlachthofdeputation. Die Tilgungsraten für das Anlagekapital und die Abschreibungen zum Ergänzungs- und Erneuerungsfonds sind vom Eintritt der Stadtgemeinde . . . . . in den Schlachthofverband ab in dem Verhältnis zu verstärken, in welchem die Schlachtungen von Angehörigen der Stadtgemeinde

[1] Die Bestimmungen für Spezialmärkte (und dies sind die Fleischgroßmärkte) werden nach § 86 der Preuß. Ausführungsanweisung zur Gewerbeordnung vom Min. f. Handel u. Gewerbe erlassen. Ortspolizeiliche Marktänderungen gemäß §§ 69, 70 der GO. ohne diese Genehmigung sind rechtsungültig. (K. G. E. I, S. 664, 30.)

..... zu den Schlachtungen von Angehörigen der Stadtgemeinde ..... stehen. Dieses Verhältnis wird nach dem Bruttoaufkommen an Gebühren von ..... und ..... bemessen.

**§ 6.** Der Stadtgemeinde ..... wird das Recht eingeräumt, zur städtischen Schlachthofdeputation (Zahl) ihrer Gemeindeangehörigen als Mitglieder zu entsenden, die in gleicher Weise wie die übrigen Deputationsmitglieder Sitz und Stimme in der Deputation haben. Von diesen durch die Stadtgemeinde ..... zu benennenden Mitgliedern darf nur höchstens einer Angehöriger des Fleischergewerbes sein.

**§ 7.** Die von der Stadtgemeinde ..... angestellten tierärztlichen Beamten und Trichinenschauer werden zu gleichem Dienst von der Stadtgemeinde ..... übernommen. Die Stadtgemeinde ..... als Eigentümerin des städtischen Schlachthofes ist verpflichtet, für die übernommenen Beamten dieselben Ruhegehaltskassenbeiträge abzuführen, wie sie für die übrigen Beamten des städtischen Schlachthofes festgesetzt sind. Scheidet die Stadtgemeinde ..... aus dem Schlachthofverbande aus, so übernimmt sie Ruhegehalt und Hinterbliebenenversorgung der übernommenen Beamten. Die angesammelten Ruhegehaltskassenbeiträge mit Zins und Zinseszins werden in diesem Falle der Stadtgemeinde nach Abzug der bereits getätigten Leistungen übereignet.

**§ 8.** Eigentumsrechte an die städtischen Schlachthofanlagen, dessen Inventar und Ergänzungs- und Erneuerungsfonds erwirbt die Stadtgemeinde ..... nicht. Im Falle der Auflösung des Schlachthofverbandes verbleiben die vorbezeichneten Objekte im Alleineigentum der Stadtgemeinde .....

**§ 9.** Die Regelung der Anstellungs- und Besoldungsverhältnisse der Beamten, Angestellten und Arbeiter verbleibt nach wie vor der Stadtgemeinde .....

**§ 10.** Der vorliegende Vertrag wird zunächst auf die Dauer von ... Jahren abgeschlossen. Erfolgt nicht mindestens 1 Jahr vor Ablauf dieser ... Jahre von einer der den Vertrag schließenden Stadtgemeinden die Aufkündigung, so gilt der Vertrag als auf weitere ... Jahre stillschweigend verlängert und so von ... zu ... Jahren weiter.

**§ 11.** Die Wirksamkeit des Vertrages tritt 6 Wochen nach Veröffentlichung des für die Stadtgemeinde ..... zu erlassenden Ortsstatutes (§ 1) ein.

**§ 12.** Die zum Vertrage erforderlichen Stempelkosten tragen beide Teile zur Hälfte.

.........., den ....

Der Magistrat zu ..... Der Magistrat zu .....

Vorstehender Vertrag wird auf Grund des § 11 des Gesetzes betreffend Ausführung des Schlachtvieh- und Fleischbeschaugesetzes vom 28. Juni 1902 (Ges.-S. S. 229) hiermit genehmigt.

.........., den ....

Der Bezirksausschuß.

## Muster von verschiedenen Mietverträgen.

### Muster eines Pachtvertrages für Wirtschaften.

Pachtvertrag.

Zwischen der Stadtgemeinde ....., vertreten durch .........., einerseits, und dem .......... andererseits wird der nachstehende

Pachtvertrag

geschlossen:

**§ 1.** Die Stadtgemeinde ..... verpachtet an den Gastwirt Herrn ..... die in dem angehefteten Verzeichnis näher bezeichneten zum Gastwirtschaftsbetriebe im Wirtschaftsgebäude auf dem städtischen Schlacht- und Viehhofe bestimmten Räume mit den im obigen Verzeichnis aufgeführten Gegenständen auf die Dauer von 6 Jahren, und zwar vom ..... bis .....

Dem Pächter wird gesondert von dem Wirtschaftsgebäude auf dem städtischen Schlachthofe ein Raum als Kantine zum Verkauf von Bier und von Selterwasser in Flaschen zur Verfügung gestellt und ferner, vorbehaltlich jederzeitigen Widerrufs, die Erlaubnis erteilt, einen Wagen mit Speisen und den auf dem Schlachthof zugelassenen Getränken auf dem Schlachthofe aufzustellen.

**§ 2.** Der Pachtzins beträgt ..... RM., geschrieben ..... Reichsmark jährlich. Der Wert einer Reichsmark wird festgesetzt auf $^1/_{2790}$ kg Feingold. Der Pachtzins ist in monatlichen Beträgen im voraus am 1. Werktage jedes Monats auf der Schlachthofkasse zu ..... zu entrichten.

Erfolgt die Zahlung nicht innerhalb 8 Tagen nach dem Fälligkeitstage, so ist die Verpächterin berechtigt, das Vertragsverhältnis dergestalt zu kündigen, daß die Aufhebung des Vertrages mit dem Schlusse desjenigen Monats erfolgt, für welchen der Pachtzins nicht am Fälligkeitstage gezahlt worden ist. Wird der Vertrag auf diese Weise aufgehoben, so erfolgt eine anderweitige Verpachtung für die Dauer des Vertrages und haftet alsdann der erste Pächter für die entstehenden Kosten und einen etwaigen Pachtausfall mit der gemäß § 10 hinterlegten Sicherheit und seinem Vermögen.

**§ 3.** Der Pächter hat die ihm verpachteten Räume und die ihm überwiesenen Einrichtungsgegenstände nach Anweisung der mit der Überwachung beauftragten städtischen Verwaltungsstellen ordnungsmäßig zu benutzen und die Kosten der Unterhaltung zu tragen. Die Unterverpachtung der verpachteten Räume oder einzelner Teile an Dritte ohne schriftliche Genehmigung der Verpächterin ist nicht zulässig. Sollte der Pächter gegen diese Bestimmung verstoßen, ist die Verpächterin berechtigt, den Vertrag gemäß der Vorschrift in § 2 zum Ende des zur Zeit der Übertretung laufenden Monats aufzuheben. Der Pächter haftet in diesem Falle ebenfalls gemäß den Bestimmungen des § 2. Etwa erforderlich werdende bauliche Änderungen der verpachteten Räume muß sich der Pächter ohne Anspruch auf Entschädigung gefallen lassen.

**§ 4.** Dem Pächter liegt insbesondere ob die Unterhaltung der gesamten Einrichtungsgegenstände, der Heizungsanlagen, der Kochmaschine, der Aufzüge, der Fenster nebst Beschlägen, Verschlußvorrichtungen und Jalousien, der Türen, der Schlösser, des Putzes an Wänden, Decken und Gewölben, des Anstrichs der Wände, Decken und Fußböden, die Unterhaltung der Bedürfnisanlagen, der Beleuchtungs- und der Wasserleitungsanlagen mit der Maßgabe, daß alle während der Vertragsdauer an diesen Gegenständen nach Ansicht der Hochbauverwaltung erforderlich werdenden Ausbesserungen auf Kosten des Pächters durch die Hochbauverwaltung ausgeführt werden.

Nach Ablauf des Vertrages hat Pächter die ihm überwiesenen Einrichtungsgegenstände und die verpachteten Räume in gutem Zustande zurückzugeben, wobei er sich hinsichtlich der Beurteilung des Zustandes der Räumlichkeiten und Einrichtungsgegenstände lediglich dem Urteil der Hochbauverwaltung zu unterwerfen hat. Der Pächter ist verpflichtet, die erforderlich werdenden Ausbesserungen der Verpächterin schriftlich anzuzeigen, die die Prüfung der Notwendigkeit und gegebenenfalls die Ausführung auf Kosten des Pächters veranlassen wird.

**§ 5.** Der Pächter hat den Beauftragten der Schlachthofdeputation, des Schlachthofamtes und der Hochbauverwaltung behufs Feststellung des baulichen Zustandes der verpachteten Gegenstände sowie zur Vornahme von Ausbesserungsarbeiten jederzeit den Zutritt zu sämtlichen Räumen zu gestatten.

**§ 6.** Neben dem Pachtzins trägt der Pächter die Kosten des Verbrauchs an elektrischem Strom und Gas. Die Bezahlung erfolgt auf Grund der durch die Strom- und Gasmesser ermittelten verbrauchten Mengen nach den jeweilig festgesetzten allgemeinen Gebührenordnungen. Die Bezahlung der anteiligen Kosten des Verbrauchs an Wasser im Gastwirtschaftsgebäude wird vorbehaltlich jederzeitiger Änderung in der Weise geregelt, daß der Pächter zur Erstattung der Hälfte der Gesamtkosten verpflichtet sein soll, d. h. der Pächter trägt die eine und die Stadtgemeinde ..... die andere Hälfte der Gesamtkosten.

**§ 7.** Pächter ist verpflichtet, für eine ordnungsmäßige Reinigung sowie ausreichende Heizung und Beleuchtung der Schankwirtschaftsräume einschließlich des Börsensaales Sorge zu tragen.

Der Börsensaal ist nicht ausschließlich für die Zwecke der Gastwirtschaft bestimmt, er soll vielmehr in erster Linie den auf dem Schlacht- und Viehhofe verkehrenden Personen als Aufenthaltsort bei Abschluß und Abwicklung der Geschäfte dienen. Die Benutzung des Saales steht daher allen Besuchern des Schlacht- und Viehhofes frei. Der Pächter ist nicht befugt, Besucher, welche nichts verzehren, wegzuweisen.

Der Pächter ist auf Verlangen verpflichtet, für die Beheizung von im Wirtschaftsgebäude vorhandenen Zimmern, die von der Verwaltung vermietet sind, zu sorgen, falls diese Zimmer an die Heizung angeschlossen werden. Hierfür wird ihm eine jährliche Entschädigung gewährt, deren Festsetzung der Vereinbarung vorbehalten bleibt. Im Falle der Nichteinigung setzt der Wärmesachverständige der Stadtverwaltung die jährliche Entschädigung fest, dessen Urteil sich Pächter unterwirft. Er ist ferner verpflichtet, auf Aufforderung der Schlachthofdirektion geeignete Räume zu Sitzungs- und Versammlungszwecken zur Verfügung zu stellen, sofern sie ohne Schädigung des Geschäftsverkehrs verfügbar sind. Der Wirtschaftsbetrieb muß in tadelloser Weise geführt werden. Die Preise für Getränke, Speisen usw. sind dem Schlachthofdirektor zur Genehmigung vorzulegen, die für die Kantine geltenden an entsprechender Stelle dort durch Anschlag bekanntzugeben.

**§ 8.** Die Übergabe und Zurückgabe der verpachteten Räume und der Einrichtungsgegenstände erfolgt auf Grund eines schriftlichen Verzeichnisses, welches der Pächter bei der Übergabe anzuerkennen hat.

Verpächterin behält sich ausdrücklich das Recht vor, an Stelle des dem Pächter nach § 1 des Vertrages zur Zeit als Kantine zur Verfügung gestellten Raumes einen anderen Raum auf dem Schlachthofe zu überweisen.

**§ 9.** Die Bedienung der Gäste durch angestellte weibliche Personen, das Halten von Hunden, Hühnern und Tauben wie überhaupt von jedem Getier ist dem Pächter untersagt. Der Pächter hat sich der Schlacht- und Viehhofordnung zu unterwerfen und alle Anordnungen der Schlachthofdeputation und des Schlachthofdirektors, die sich auf den Geschäftsbetrieb und auf die Hausordnung beziehen, pünktlich zu befolgen. Dasselbe gilt auch für das von ihm eingestellte Personal. Für die Befolgung dieser Ordnungen ist sowohl der Pächter wie auch derjenige verantwortlich, welcher in seiner Vertretung oder in seinem Auftrage handelt. Ebenso ist der Pächter für das ordnungsmäßige Verhalten der für ihn handelnden Personen verantwortlich. Er übernimmt für diese selbstschuldnerische Haftung. Bei Verstößen der von ihm angestellten Personen gegen die Schlacht- und Viehhofordnung und die auf Grund dieser ergehenden Anordnungen des Schlachthofdirektors hat der Pächter unverzüglich für Abstellung zu sorgen, gegebenenfalls auf Verlangen des Schlachthofdirektors die Entlassung der betreffenden Personen vorzunehmen. Die von dem Pächter angestellten Personen dürfen mit keiner ekelerregenden oder ansteckungsfähigen Krankheit behaftet sein. Die Beaufsichtigung des gesamten Wirtschaftsbetriebes wird dem Direktor des Schlacht- und Viehhofes als Beauftragten der Stadtgemeinde übertragen. Der Pächter muß gestatten, daß die von ihm im benutzte Waschküche auch von den übrigen Einwohnern dieses Hauses unentgeltlich, im gegenseitigen Einvernehmen über die Zeit der Benutzung, mitbenutzt wird. In Streitfällen entscheidet der Schlachthofdirektor endgültig.

**§ 10.** Der Pächter ist verpflichtet, als Sicherheit für die Erfüllung der ihm obliegenden Verpflichtungen einen Betrag von . . . RM. in barem Gelde bei der Kämmereikasse zu hinterlegen. Der Betrag wird bei der städtischen Sparkasse hinterlegt. Die Zinsen verbleiben dem Pächter. Verpächterin ist berechtigt, sich aus dieser Sicherheit wegen aller Ansprüche gegen den Pächter aus diesem Vertrage bezahlt zu machen.

Wird die Sicherheit ganz oder teilweise während der Vertragsdauer in Anspruch genommen, so hat der Pächter dieselbe innerhalb 14 Tagen nach schriftlich an ihn ergangener Aufforderung wieder auf die vertragsmäßige Höhe zu ergänzen.

**§ 11.** Wird der Betrieb der Gastwirtschaft nach Ansicht der Verpächterin nicht im Sinne dieser Bedingungen gehandhabt, oder wird auch nur eine der in den vorstehenden Paragraphen dem Pächter auferlegten Verpflichtungen von diesem nicht erfüllt, so ist die Verpächterin ebenfalls berechtigt, den Pachtvertrag gemäß § 2 des Vertrages aufzuheben. Der Pächter haftet in diesem Falle ebenfalls gemäß den Bestimmungen des § 2.

**§ 12.** Stirbt der Pächter während der Dauer des Vertrages, so steht sowohl der Stadtgemeinde . . . . als auch den Erben des Pächters das Recht zu, das Vertragsverhältnis innerhalb 8 Wochen nach dem Todesfall mit dreimonatiger Räumungsfrist zu kündigen.

**§ 13.** Die Stempelkosten zum Vertrage hat der Pächter der Verpächterin innerhalb 8 Tagen nach Aufforderung zu erstatten.

. . . . . . . . . , den . . . . .

### Mietvertrag einer Talgschmelze.

Zwischen der Stadtgemeinde . . . . . vertreten durch den Direktor des Schlachthofes . . . . . und der Firma . . . . . in . . . . . wird vorbehaltlich der Genehmigung der Stadtverordnetenversammlung nachstehender Vertrag vereinbart:

**§ 1.** Die Stadt . . . vermietet der Firma . . . . (Innung) die Talgschmelze auf dem Schlachthofe nebst Anbau, Unterkellerung, Aufzug, Pferdestall, Wagenschuppen und Garagen. Die sämtlichen maschinellen Einrichtungen sind Eigentum der Mieterin.

**§ 2.** Die Mietzeit beginnt am ....., ist auf 10 Jahre bemessen und endet am ..... Sollte nicht längstens am ..... von einer der Parteien das Vertragsverhältnis gekündigt sein, so läuft es weiter auf 1 Jahr bis zum .......

**§ 3.** Die Miete beträgt jährlich ... RM., und dieser Betrag setzt sich wie folgt zusammen:

Der Mietbetrag ist in vierteljährlichen Raten im voraus am ..... ohne Abzug an die Schlachthofkasse zu zahlen.

**§ 4.** Die von der Mieterin zu treffenden maschinellen Einrichtungen müssen den neuesten Leistungen der Technik entsprechen. Insbesondere dürfen die aufzustellenden Dampfmaschinen nicht mehr als ... kg Dampf für die Stunde und die PS-Stunde verbrauchen. Alle Einrichtungen für die Verarbeitung und Lagerung des Rohfettes sind so zu treffen, daß üble Gerüche und daraus entstehende Belästigungen für die Nachbarschaft vermieden werden und der Betrieb überhaupt allen sanitären und technischen Ansprüchen während der ganzen Dauer des Pachtvertrages genügt. Etwa von den zuständigen Behörden als notwendig bezeichnete Änderungen an ihren Gewerbebetrieben, Maschinen und Gebäuden hat die Mieterin auf ihre Kosten unverzüglich auszuführen. Sie hat so wenig, wie im Falle eines gänzlichen Verbotes des Betriebes der Talgschmelze durch die zuständigen Behörden einen Anspruch auf Schadloshaltung gegen den Vermieter.

**§ 5.** Die Pächterin übernimmt den Betrieb der Talgschmelze für eigene Rechnung und Gefahr auf die im § 2 festgesetzte Vertragsdauer. Die Annahme eines Unterpächters für den Betrieb der Talgschmelze oder die Übertragung des Pachtrechtes ist der Pächterin nur mit schriftlicher Genehmigung der Stadt ..... gestattet. Die Pächterin verzichtet hierbei auf die im § 549 BGB. ihr verliehene Kündigungsbefugnis. Die Pächterin darf die ihr übergebenen Gebäude der Talgschmelze lediglich zu dem vorstehend bezeichneten Zweck benutzen.

**§ 6.** Die Stadt ..... trägt die auf ihr Besitztum fallenden Staats- und Gemeindesteuern sowie die Feuerversicherungsbeiträge, wogegen für die verpachteten Räumlichkeiten alle übrigen Steuern und Lasten der Pächterin zufallen. Ferner hat dieselbe für die Kaminreinigung auf ihre Kosten zu sorgen, während sie von der Verpflichtung zur Straßenreinigung entbunden ist. Während der Dauer des Vertrages ist Pächterin verpflichtet, alle, auch die dem Pächter gesetzlich nicht obliegenden Ausbesserungen vorzunehmen und die Baulichkeiten nach Anweisung der Direktion im guten baulichen Zustand und betriebsfähig zu erhalten und in demselben Zustande wieder abzugeben. Kommt die Pächterin dieser Verpflichtung auch nach geschehener Aufforderung binnen einer Frist von 8 Tagen nicht nach, so ist die Direktion berechtigt, die erforderlichen Unterhaltungsarbeiten auf Kosten der Pächterin ausführen zu lassen, ohne für etwa hierdurch verursachte Störungen im Betrieb der Talgschmelze aufzukommen.

Nur die Reparaturen der Dächer, soweit sie bei ordnungsmäßigem Gebrauch des Gebäudes notwendig werden, wird die Direktion auf ihre Kosten ausführen lassen. In bezug auf Beschädigungen der Baulichkeiten und Anlagen haftet die Pächterin auch für die Handlungen und Unterlassungen ihrer Arbeiter und Angestellten. Bauliche Veränderungen der Schmelze dürfen nur mit schriftlicher Genehmigung der Direktion vorgenommen werden, dagegen ist dieselbe ihrerseits berechtigt, bauliche Veränderungen vornehmen zu dürfen, ohne daß dem Pächter ein Einspruch oder Entschädigung zusteht.

**§ 7.** Pächterin der Schmelze erhält Wasser, Kraft und Licht durch die Direktion und bezahlt die nach Ausweis der bezüglichen Messer verbrauchten Mengen nach den für die Stadt ..... jetzt oder in Zukunft festgesetzten Preissätzen. Den für den Schmelzbetrieb erforderlichen Dampf liefert ebenfalls die Direktion. Die Vergütung hierfür wird auf ..... für 100 kg Rohfett festgesetzt. Bei Darmabfallfett wird nur die Hälfte des ermittelten Rohgewichtes in Rechnung gestellt. Für den Fall, daß etwa infolge von Schäden die Zuleitung des Dampfes in die Schmelze für kürzere Zeit unmöglich sein sollte, steht der Mieterin ein Anspruch auf Entschädigung nicht zu. Die Lieferung des Dampfes zum Nachtbetriebe kann nur soweit gewährleistet werden, als die Direktion für ihre eigenen Zwecke Nachtbetrieb im Kesselhause stattfinden läßt. Ob und unter welchen Bedingungen, abgesehen hiervon in Ausnahmefällen gegen besondere Vergütung Dampf zur Nachtzeit geliefert werden soll, bleibt späterer Vereinbarung vorbehalten.

**§ 8.** Mieterin verpflichtet sich, für die Dauer des Vertrages ihren ganzen Betrieb in den oben erwähnten von der Stadt errichteten Gebäuden mit Zubehör zu führen. Im Falle einer Zuwiderhandlung zahlt die Firma ..... eine Konventionalstrafe von ..... RM. für je 100 kg Rohfett, welche anderwärts im eigenen Betriebe oder für Rechnung der Firma ..... durch andere zur Verarbeitung gelangen.

**§ 9.** Alles Fett, welches zur Schmelze geliefert wird, ist amtlich zu verwiegen; wenn die Firma ..... von diesem Fette ungeschmolzenes wieder ausführen will, hat dieselbe dieses erneut wiegen zu lassen. Der dann verbleibende Rest wird dem geschmolzenen anderen Fett gleich und deshalb unwiderruflich in Rechnung gestellt. Das in Abzug gebrachte Fett darf bei Vermeidung der Konventionalstrafe nicht anderweitig für Rechnung der Firma ..... geschmolzen werden. Ausgenommen ist der Fall einer Betriebsstörung von mehr als 24 Stunden. In diesem Falle ist die Firma ..... berechtigt, für die Dauer der Betriebsstörung das Fett anderweitig zu verwerten.

**§ 10.** Als Mindestmenge des zur Vergütung zu veranlagenden Rohfettes sollen durchschnittlich jährlich ... Zentner in Ansatz gebracht werden, derart, daß, wenn diese Menge in einem oder mehreren Jahren nicht erreicht werden sollte, der etwaige Überschuß der anderen Jahre gegen das Fehlende zur Berechnung gelangt. Es wird also im ganzen für die zehnjährige Dauer des Vertrages eine Mindestgesamtmenge von ... Zentner gewährleistet, im übrigen aber monatlich abgerechnet und jährlich mindestens eine Gesamtmenge von ... Ztr. ... kg in Rechnung gestellt.

**§ 11.** Im Falle eines gänzlichen Verbotes der Schmelze soll für die Dauer des Verbotes der Vertrag ruhen, insoweit nicht irgendwelches eigenes Verschulden der Mieterin zu Störungen Veranlassung gegeben oder mitgewirkt hat.

**§ 12.** Die bei dem Betriebe der Schmelze beschäftigten oder in derselben verkehrenden Personen haben sich den für den Verkehr auf dem Schlachthofe erlassenen Bestimmungen zu fügen. Mieterin verpflichtet sich dem Direktor sowie dem von seiten der Stadt mit der Aufsicht über die Baulichkeiten und technischen Einrichtungen betrauten Personen alle Räume jederzeit unweigerlich zugänglich zu machen. Mieterin hat für den Betrieb der Schmelze eine Betriebsordnung zu führen, welche in jeder Weise geeignet ist, den ordnungsmäßigen Verkehr zu sichern. Diese ist dem Direktor zur Anerkennung vorzulegen.

**§ 13.** Im Falle fortgesetzter Nichterfüllung oder Verletzung der vertragsmäßigen Verpflichtungen, insbesondere wenn es an der vorgeschriebenen Reinlichkeit fehlt oder sonstwie belästigende Gerüche entstehen, kann Pächter für jeden Fall der Übertretung mit einer Strafe bis ... RM. bestraft werden. Außerdem soll auch die Stadt berechtigt sein, innerhalb der Dauer des Vertrages denselben jederzeit mit dreimonatlicher Kündigungsfrist zu kündigen, wenn sie es nicht vorzieht, von dem ihr gesetzlich zustehenden Rechte, die Auflösung des Vertrages und Schadenersatz zu fordern, Gebrauch zu machen. Dasselbe Verfahren soll Platz greifen, wenn Pächterin mit der Zahlung eines fälligen Pachtbetrages länger als 2 Monate im Rückstande bleibt.

**§ 14.** Bei Auflösung des Vertrages ist Pächterin auf Verlangen der Stadt ...., sofern das Verlangen mindestens 3 Monate vor Ablauf des Verhältnisses von der Stadt ..... gestellt wird, verpflichtet, der letzteren sämtliche maschinellen Einrichtungen gegen Bezahlung nach ihrem jeweiligen von Sachverständigen zu ermittelnden Werte eigentümlich zu überlassen. Die Stadt .... ernennt einen Sachverständigen, welcher im Verein mit einem von der Pächterin namhaft zu machenden Sachverständigen den von der ..... zu zahlenden Kaufpreis bestimmt. Können sich diese nicht einigen, so entscheidet endgültig ein von dem Vorsitzenden des Vereins Deutscher Ingenieure zu bezeichnender Obmann. Macht die Stadt ..... von diesem Rechte keinen Gebrauch, so müssen die Pächter binnen 6 Wochen nach Aufforderung die maschinellen Einrichtungen sowie sämtliche ihnen gehörige Ausstattungs- und Betriebsgegenstände aus dem Gebäude entfernen.

**§ 15.** Falls die Innung bis zum ..... bei der Stadt Antrag stellt, ihr selbst die Schmelze zu vermieten, so steht der Stadt das Recht zu, sie zu mindestens gleichen Bedingungen zu verpachten und der jetzigen Pächterin den Vertrag bis ..... mit Wirkung ..... zu kündigen. Bedingung ist hierbei, daß die Innung während der ganzen Vertragsdauer die Schmelze für eigene Rechnung betreibt, anderenfalls kann die Firma verlangen, das alte Vertragsverhältnis wiederhergestellt zu sehen.

**§ 16.** Gerichtsstand und -ort ist in jedem Falle das Landgericht zu .....

**§ 17.** Die Kosten des Vertrages trägt die Mieterin.

Dieser ist doppelt ausgefertigt, von beiden Teilen genehmigt, unterschrieben und jedem der Kontrahenten ein Exemplar übergeben worden.

........., den ....

## IV. Personal-, Anstellungs- und Besoldungsverhältnisse.

**Der Schlachthofleiter.** Stellung und Aufgaben. Einen eigentlichen Stellen- oder Dienstrang gibt es im Beamtenrecht nach der Reichsverfassung nicht mehr. Als Rang hat zu gelten das auf der gesamten Stellung des Beamten beruhende Verhältnis der Über-, Neben- und Unterordnung der einzelnen Beamtenkategorien (nicht die Zugehörigkeit zu einer Besoldungsgruppe), so daß eine Verschiedenheit der Ämter und ihrer Bedeutung festzustellen wäre. Das Besoldungsgesetz hat hieran nichts geändert, da es die allgemeinen staats- und verwaltungsrechtlichen Grundsätze unberührt läßt. Die Bezeichnung höhere, mittlere und untere Beamte ist nicht mehr im Gebrauch. Dagegen lassen sich die Bezeichnungen „von Beamten des höheren, mittleren und unteren Dienstes" nicht entbehren.

Es unterliegt keinem Zweifel, daß der Leiter eines öffentlichen städtischen Schlachthofes zu den Beamten des höheren Dienstes gehört; denn:

1. Es obliegt ihm die selbständige Leitung und Verwaltung eines besonderen städtischen Instituts.

2. Er ist akademisch vorgebildet, da er erst nach Absolvierung des Abiturientenexamens und einem Studium von 9 Semestern[1] auf einer Hochschule das Staatsexamen ablegen kann, dem meist die Promotion und die amtstierärztliche Prüfung folgt.

3. Es wird heute sich wohl keine Stadt mehr finden, welche hinsichtlich der Stellung des Leiters des Schlachthofes seiner heutigen Aus- und Vorbildung nicht vollkommen Rechnung trägt. Das Gegenteil zu tun, wäre eine indirekte Selbstdeklassierung und Mindereinschätzung der städtischen Verwaltungsjuristen, deren Ausbildungs- und Studiengang sich bis zum Fachstudium mit dem des akademisch gebildeten Tierarztes deckt. Gerade durch die heute geforderte Vorbildung erwächst den Schlachthofleitern ein Recht auf volle Gleichbewertung mit allen sonstigen städtischen Akademikern!

Das preußische Gesetz betreffend die Anstellung und Versorgung der Kommunalbeamten vom 30. Juli 1899 enthält keine Bestimmungen über die Rangverhältnisse städtischer Beamten,

[1] Es soll auf das Jb. Schlachthöfe **1929/30** von Dr. Frühwald (Stolp), Brückeverlag Kirchhain, hingewiesen werden, in dem diesbezüglich Tabellen enthalten sind.

Man findet heute, besonders in Bayern, eine Reihe von Städten, in welchen der Leiter des Schlachthofes als technischer Stadtrat, ähnlich den Leitern der Bauämter und der städtischen Betriebe, gewählt worden ist und mit Sitz und Stimme den Stadtratssitzungen beiwohnt. Wie Bayern in veterinärpolizeilicher Hinsicht in städtischen Verwaltungen vorbildlich ist, so bildet auch eine solche Wahl das Ideal, das auch in anderen deutschen Staaten anzustreben ist. Diese Regelung ist aber nach den preußischen Städteordnungen mit gewissen Folgerungen verbunden, die manche Gemeindetierärzte mit Recht als Nachteil betrachten können, da Mitglieder des Magistrats (Magistratsbeamte) nicht lebenslänglich, sondern nur auf 12 Jahre, zwar mit Pensionsberechtigung, aber als Wahlbeamte angestellt werden.

dasselbe kennt nur Beamte, welche Mitglieder eines kollegialischen Gemeindevorstandes (Magistrates, Beigeordnete) sind und solche, die dieses nicht sind.

Der Jurist nimmt im Staats- und Gemeindeleben allgemein eine bevorzugte Stellung ein. Der Ingenieur und der Schlachthofdirektor tritt trotz seines Könnens, seiner Leistung und seiner Verantwortung dem Juristen gegenüber vielfach weit in den Hintergrund. Wir müssen bestrebt sein, für Dinge, die den schlachthoftierärztlichen Wirkungskreis betreffen, das Recht der mündlichen Berichterstattung, womöglich auch das Stimmrecht in den Sitzungen des Magistrates für städtische Tierärzte in leitender Stellung bei Angelegenheiten unserer Belange zu erlangen[1].

Würdigt man unsere ganze Tätigkeit vom Standpunkte der Gesundheitspflege und der Volkswirtschaft, so kann uns ein objektiv Urteilender die Anerkennung, aber auch die Berechtigung hierzu nicht versagen. Außerdem sprechen für unsere Forderung, zum mindesten gleichbewertet mit den übrigen technischen Kräften zu werden, auch noch eine Menge anderer Gründe. Die Gründe hierfür sind teils rein technischer, teils praktisch wirtschaftlicher und teils persönlicher Natur. Zunächst dürfte es ohne weiteres einleuchtend sein, daß für die Fragen der Fleischhygiene, Tierseuchenbekämpfung und Fleischwirtschaft, soweit fachwissenschaftliche Erläuterungen notwendig sind, als Berichterstatter nur der Tierarzt in Betracht kommen kann. Aber auch auf dem Gebiete der Lebensmittel- und Milchkontrolle kommt ihm heute eine hervorragende Bedeutung zu. Die jetzige Handhabung aber, wo für die Berichterstattung im Magistrate und sehr häufig sogar auch in den vorberatenden Ausschußsitzungen nur der Jurist in Frage kommt und der fachwissenschaftlich durchgebildete Techniker nicht einmal Zutritt hat, ist eine durchaus für die heutige Zeit fehlerhafte Einrichtung. Denn vom Juristen kann man nicht verlangen, daß er den Stoff auch in fachwissenschaftlicher und wirtschaftlicher Hinsicht beherrscht, so daß alle ihm schriftlich erstatteten Gutachten ihm nichts nützen, wenn unerwartete Einwände in dieser Hinsicht gemacht werden. Entsprechen die technischen Gutachten überdies seiner Überzeugung und Anschauung nicht, so wird abgesehen von den übrigen Umständen, schon die ganze Vortragsweise dazu beitragen, die Angelegenheit zu Fall zu bringen.

Der städtische Tierarzt hat aber nicht nur ein Interesse in rein wissenschaftlichen und veterinärfachmännischen Angelegenheiten als Sachverständiger im Magistrate zu wirken, sondern als Leiter von Anstalten, die einen großen Wert repräsentieren und deren Wohl ihm anvertraut ist, kann auch eine Menge wirtschaftlicher und spezieller verwaltungsrechtlicher Angelegenheiten die Notwendigkeit und Zweckmäßigkeit seiner vollberechtigten Anwesenheit im Magistrate verlangen. Abgesehen davon, daß die Tätigkeit als Leiter einer Anstalt doch ohne Zweifel es mit sich bringt, daß derselbe mit allen Fragen, welche den Verkehr, die baulichen Einrichtungen und den ganzen Betrieb betreffen, aufs beste vertraut wird, sind die Fragen auch gewöhnlich solcher Natur, daß sie in der einen oder anderen Hinsicht auch immer noch mit rein fachmännischen Gesichtspunkten, die in das Spezialgebiet des Tierarztes fallen, verknüpft sind. Auch vom praktischen Standpunkte aus muß anerkannt werden, daß der wissenschaftlich gebildete Betriebsleiter dort als stimmberechtigtes und vortragsberechtigtes Mitglied des Magistrates vertreten sein muß, wo der von ihm geleitete Betrieb, die von ihm überwachte Anstalt den Gegenstand ausführlicher und eingehender Beratungen bilden. Dies trägt nicht nur zur Geschäftsvereinfachung bei, sondern bietet vor allem auch eine Gewähr für die einwandfreie und sachgemäße Behandlung der zur Beratung stehenden Fragen.

Es ist eine außerordentlich wichtige Frage für die Leiter der städtischen Schlachthöfe, dahin zu streben, daß ihnen ebenso wie Schul-, Bau- und Forsträten Sitz und Stimme, und was die Hauptsache ist: Vortragsrecht im Magistrate in allen ihren Wirkungskreis betreffenden Fragen verliehen wird.

Jedenfalls liegt die Verwaltung eines Schlachthofes im engeren Sinne dem Vorstande ob,

[1] **Stimmrecht in der Deputation.** In 91 Fällen hat der Schlachthofleiter in der Schlachthofdeputation Sitz und Stimme, in 187 Fällen nur Sitz, während 34 Städte bis heute bereits den Schlachthofdirektoren das Referatsrecht in den Kommissionen und den Sitzungen des Stadtrates zuerkannt haben. Diesen Fortschritt zu verallgemeinern, wird sehr im Interesse der Städte selbst liegen, da in den seltensten Fällen der Dezernent, sei er nun Laie oder Jurist, so vollkommen mit der Materie vertraut ist, daß er über jede hier gestellte Frage sofort Auskunft geben kann. In den weitaus überwiegenden Fällen jedoch wird doch stets der Schlachthofleiter von Dezernenten über dies oder jenes gefragt werden und erst mit dessen klarem Aufschluß Rede und Antwort stehen können. Daß es eine große Zeit-, also oft auch Geldersparnis bedeutet, den Schlachthofleiter selbst zum Dezernenten und Berichterstatter für den Schlachthof zu bestimmen, bedarf wohl keines Beweises. Er sollte in jedem Falle der Vorsitzende und Leiter der Schlachthofdeputation (Kommission) sein und ihm ohne weiteres die volle Verantwortung überbürdet werden, weil er das nötige Sachwissen hierzu besitzt.

er ist der eigentliche leitende Beamte. Seine Hauptbeschäftigung — mit Ausnahme von großen Instituten —, die Untersuchung der Tiere auf ihren Gesundheitszustand, bedingt es, daß die Approbation als Tierarzt das Haupterfordernis für seine Anstellung bildet, denn der § 2 des Gesetzes vom 18. März 1868 und 9. März 1881 bestimmt, daß alles in den Schlachthof gelangte Schlachtvieh zur Feststellung seines Gesundheitszustandes sowohl vor als nach der Schlachtung einer Untersuchung durch Sachverständige zu unterwerfen ist.

Mit der weiteren modernen Entwicklung des gesamten Schlachthofwesens ist eine Verschiebung der Verhältnisse eingetreten. Diese ist dadurch in die Wege geleitet worden, daß neben den rein hygienisch-sanitären Hauptfunktionen des Direktors eine Reihe anderer Funktionen, kaufmännisch-wirtschaftliche, verwaltungsrechtliche, technische usw. Belange dauernd in der Betriebsführung unterlaufen. Es mag manchmal hierbei an den Tierärzten der Fehler gelegen haben, daß sie nur Fleischhygieniker und sonst nichts sein wollten, doch sind das Ausnahmefälle. Jeder pflichtgetreue Beamte wird es ermöglichen, sich durch Privatfleiß den Anforderungen, die der Betrieb an ihn stellt, anzupassen, und wir besitzen auch wirklich in unseren Reihen hervorragende Vertreter auf diesen Gebieten. Weiterhin legen verschiedentlich deutsche Tierärztliche Hochschulen bemerkenswerte Bestrebungen durch Abhaltung von Fortbildungskursen an den Tag, in welchen evtl. Lücken in der Ausbildung, insbesondere auf diesen Gebieten, die für uns Grenzgebiete sind, behoben werden können. Leider besteht noch keine Möglichkeit diese Nebengebiete, welche sich um das Hauptgebiet, die Schlachthofhygiene, gruppieren, bereits in den Vorlesungsplan zur Ausbildung der jungen Tierärzte, welche sich besonders für die Fachrichtung des Schlachthofwesens interessieren, aufzunehmen, es ist aber anzunehmen, daß auch bei den Tierärztlichen Hochschulen, ähnlich wie bei den Technischen Hochschulen, sich das starre System in den kommenden Jahren etwas lockert.

Es sind dies Entwicklungsschwierigkeiten, welche im besonderen durch die atemraubende Geschwindigkeit der Ausbildung der Technik und die Verschiebung des Interessengleichgewichtes zugunsten der Wirtschaftlichkeit in den Nachkriegsjahren sich herausgebildet haben. Nichtsdestoweniger bleibt aber der Schlachthof seinem Charakter nach in aller erster Linie eine hygienisch-sanitäre Anlage und demzufolge der Tierarzt der gegebene Leiter. Daß er sich als solcher, ebenso wie der Leiter eines Privatunternehmens, vielleicht einer Fabrik, über die prinzipiellen Grundlagen aller ihm unterstehenden Maschinen im klaren sein muß, damit er sein Personal nachkontrollieren kann, ob es in jeder Weise seine Pflicht erfüllt, sparsam und sauber arbeitet usw., damit er bei Störungen nicht rettungslos den Verhältnissen ausgeliefert ist, kann nicht geleugnet werden; dazu liefert auch dieses Buch einen Beitrag. In manchen Städten wird die Maschinenanlage der Schlachthöfe durch eigene technische Beamte überwacht[1] — meist durch städtische Bau-, Gas-, Elektrizitäts- und Wasserfachmänner. Diese Lösung ist als wenig zweckmäßig anzusprechen, weil die Hauptmaschinen bis auf die Antriebsmaschinen völlig von dem Charakter der in einem Kommunalbetrieb nötigen Maschinen abweichen und ein anderweitig spezialisierter Ingenieur von diesen Maschinen selbst meist so gut wie nichts versteht. Die glücklichste Lösung ist und bleibt die eigene Einarbeit des tierärztlichen Leiters in die Fragen, welche aus diesen Gebieten für ihn für die Anforderungen des Betriebes wichtig sind. Für bestimmte Gebiete, z. B. Kältemaschinen, die gesamte Energiewirtschaft des Betriebes, kann es als zweckmäßig erscheinen, sich durch Revisionsvereine oder durch Sachverständige beraten zu lassen.

Auf Grund seiner Ausbildung und seiner bestimmten dauernden Fühlung mit der Technik und den anderen Wissengebieten muß der tierärztliche Schlachthofleiter so weit sein, daß er klar erkennt, wo Verbesserungsmöglichkeiten an seinem Betrieb bestehen. Über Einzelheiten braucht er natürlich nicht informiert zu sein, für wärme- und energiewirtschaftliche Fragen, weiterhin für organisatorische Überlegungen bei Umbauten wird sich die Beiziehung unparteiischer Sachverständiger immer lohnen. Es steht auch zu hoffen, daß gemäß eigenen Vorschlägen in der kommenden Zeit eine Spitzenorganisation[2], welche mit den bestehenden einschlägigen Organisationen der einzelnen Wissensgebiete zusammenarbeitet und in den Fragen des gesamten Schlachthofwesens, neben der Forschung insbesondere auch die Schlachthofleiter berät, geschaffen wird. Dadurch ist der Anwartschaft jedes Berufsstandes außer dem Tierarzte auf die Schlachthofleitung endgültig auch nur die geringste Berechtigung genommen und — zugunsten des Volksganzen — ohne Zweifel nicht mit Unrecht.

Zu den sonstigen Charaktereigenschaften des Leiters muß ferner gehören: Energie, rasche Beurteilungsgabe, korrekteste Pflichterfüllung, Unparteilichkeit, Gerechtigkeitsgefühl und Takt. Gerade der Takt ist es, welcher einem Beamten in dieser Stellung nicht fehlen darf; denn er hat es ständig mit einer besonderen Klasse von Gewerbetreibenden zu tun, auf deren Charaktereigentümlichkeiten Rücksicht genommen werden muß.

Vielfach ist nun aber oft unter den Fleischern die Ansicht vertreten, die Schlachthöfe seien in erster Linie gemeinsame Arbeitsstätten für ihr Handwerk und die an denselben angestellten Beamten also ihretwegen da, eine veraltete Ansicht aus der Zeit, in welcher die Innungsschlachthöfe in der Mehrzahl waren! Sie bedenken eben nicht, daß die Schlachthöfe vor allen

[1] In 43 Anlagen werden die Maschinenanlagen der Schlachthöfe durch eigene technische Beamte überwacht, denen ausschließlich diese Tätigkeit obliegt. (Vgl. Energiewirtschaft: Kapitel Wirtschaftliche Betriebsführung.)

In weitaus den meisten Fällen wird diese Überwachung maschineller Anlagen durch städtische Bau-, Gas-, Elektrizität- und Wasserfachleute betätigt.

Für die Kühlanlagen selbst sind 287 Schlachthöfe an sog. Revisionsvereine angeschlossen, welche periodisch, zum mindesten in einer Winter- und einer Sommerrevision diese Anlagen aufs eingehendste auf Leistung und Betriebskostenverbrauch untersuchen und notwendige Änderungen und Verbesserungen anregen.

[2] Vgl. Vortrag Dr. Heiss im Deutschen Kälteverein Dresden **1929**. Dtsch. Schlachthofztg **1929**. F. 12, 13, 22, 23. **1930** F. 1, 3. — Dr. Heiss: Gesdh.ing. **1929**. Hygiene und Technik im Schlachthof der Gegenwart und Zukunft. Zweck der Forschung im Schlachthofwesen. Dtsch. Schlachthofztg **1930**, F. 17.

Dingen zum Schutze der menschlichen Gesundheit und zur Förderung der städtischen Hygiene errichtet sind und glauben infolge ihrer irrigen Ansicht den Schlachthofbeamten, insbesondere den tierärztlichen Sachverständigen nicht mit dem Respekt begegnen zu brauchen, welchen diese vermöge ihrer Stellung erwarten und verlangen können und müssen.

Oft hat aber auch ein derartiges Auftreten der Schlächter darin seinen Grund, daß dem betreffenden Sachverständigen nicht allein das richtige innere Verständnis für seinen Beruf mangelt, sondern daß ihm auch bei Ausübung seines Amtes Versehen unterlaufen, welche nicht nur seine Stellung und sein Ansehen erschüttern, sondern beides in Wiederholungsfällen sogar vollständig untergraben, oft aber auch nur deshalb, weil er streng korrekt handelt!

Es muß also bei der Auswahl des leitenden Beamten für größere Schlachthöfe darauf Gewicht gelegt werden, daß sich derselbe schon in der Leitung eines kleineren Schlachthofes praktisch bewährt hat, während es für kleine Institute genügt, wenn der Anzustellende in der Fleischuntersuchung, besonders an einem größeren Schlachthofe, tätig gewesen ist. Da man bei diesem von vornherein mehr Kenntnisse und Erfahrungen für dieses Spezialfach voraussetzen muß, als bei einem gewöhnlich nur die „Heilkunde" ausübenden Tierarzt, so kann auf diese Weise den meist unausbleiblichen Differenzen zwischen Sachverständigen und Gewerbetreibenden möglichst vorgebeugt werden; denn vielfach nicht mit Unrecht wird von seiten der Schlächter den Behörden der Vorwurf gemacht, nicht genügend in der Fleischuntersuchung praktisch vorgebildete Sachverständige angestellt zu haben.

Unzweifelhaft ist auch bis vor nicht allzulanger Zeit die Ausbildung der Schlachthoftierärzte eine ziemlich unzureichende gewesen; seitdem jedoch an den Tierärztlichen Hochschulen eigene Lehrstühle für diese Materie errichtet sind, ist schon während des Studiums die Ausbildung in der Fleischuntersuchung eine gründliche. „Es hat aber mit Rücksicht auf die wichtige und verantwortungsvolle Stellung der Tierärzte als technischer Organe auf diesem Gebiete staatlicher Hygiene der Staat die Verpflichtung, neben der Sorge für eine höchstmögliche Ausbildung derselben einen speziellen Unterricht in Hygiene und Pathologie der menschlichen Fleischnahrungsmittel zu bieten" (Bollinger). Aus diesem Grunde ist jetzt auch die Fleischuntersuchung zum Gegenstand der Prüfung im Examen zur Anstellung als beamteter Tierarzt in in allen Ländern gemacht worden; ja man verlangt sogar vor diesem Examen die Absolvierung eines dreimonatlichen Kursus an einem größeren, unter tierärztlicher Leitung stehenden Schlachthofe.

Von verschiedenen Seiten ist angeregt worden und auch (teilweise) zum Gegenstande einer Petition an das Staatsministerium gemacht, die Anstellung von Schlachthoftierärzten bzw. Schlachthofleitern von dem Bestehen eines besonderen Examens abhängig zu machen, dem ein Kursus von mindestens einem Jahre an einem modern eingerichteten und unter tierärztlicher Leitung stehenden Schlachthofe vorausgehen soll. Aber auch schon im Staatsexamen müsse bereits bei der Prüfung auf den Beruf des künftigen Schlachthoftierarztes durch Mehrforderungen in diesem Spezialfach Rücksicht genommen werden.

Der Wert eines solchen Spezialexamens[1] liegt auf der Hand und hat unzweifelhaft eine nicht zu verkennende Berechtigung. Ob eine solche aber auch ohne weiteres der Forderung des Zeugnisses als beamteter Tierarzt, wie sie seitens einiger Kommunen bei Besetzung von Schlachthofdirektorposten gestellt wird, zuzubilligen ist, bleibt zu erörtern; denn die veterinärpolizeilichen Funktionen eines Kreistierarztes werden auf dem Schlacht- wie auf dem Viehhofe immer nur von dem staatlichen und nicht von dem städtischen Beamten wahrgenommen werden, gleichviel, ob letzterer die Qualifikation zur Anstellung als beamteter Tierarzt besitzt oder nicht. Immerhin wird es, solange kein Spezialexamen für die Anstellung von Schlachthoftierärzten staatlicherseits bestimmt ist, nicht nur nicht schaden, sondern sogar sehr wünschenswert und notwendig sein, wenn die Schlachthofleiter und Schlachthoftierärzte allgemein bestrebt sind, sich die Qualifikation für die Anstellung als beamteter Tierarzt zu erwerben. Durch die erlangte Qualifikation steigt zweifellos das Ansehen des Schlachthoftierarztes in den Augen der Kollegen, und der Besitzer der Qualifikation zeigt dem Kreistierarzte, daß dieser ihm gegenüber nichts voraus hat.

Es können nach dem Reichsviehseuchengesetz § 2 im Falle der Behinderung amtlicher

[1] In Frankreich wird bei Berufung in den städtischen Dienst stets ein Spezialexamen verlangt aus Patholog. Anatomie, Veterinärpolizei, Lebensmittelkontrolle, Fleischbeschau, mikroskopische Untersuchung und Bakteriologie, chemischer Untersuchungen von Fälschungen und Schlachthofkunde. Dadurch wird jede Protektionswirtschaft einfach und sicher aus der Welt geschafft, zugleich aber auch der Nachweis erbracht, daß der Berufene das Fachwissen besitzt, das die ihn anstellende Stadt zu fordern berechtigt ist. Im übrigen s. Kammel, Reformvorschläge für die tierärztliche Aus- und Fortbildung **1931**, T. R. 1929, 10 u. 11.

Tierärzte oder aus sonstigen dringenden Gründen auch andere approbierte Tierärzte zugezogen werden[1].

„Als ein solcher dringender Grund kann die Rücksicht auf die Kostenersparnis nur ausnahmsweise und besonders nur dann gelten, wenn veterinärpolizeiliche Interessen dabei nicht gefährdet werden. Ein Tierarzt z. B., welcher von einer Gemeinde, oder einer Korporation oder von einer Privatperson angestellt ist, würde bei Ausübung staatlicher Funktionen leicht mit den Interessen seines Anstellers in Konflikt kommen und erscheint deshalb zur Mitwirkung als beamteter Tierarzt nicht geeignet."

Hierzu führen aber die Motive der Gesetzvorlage folgendes aus:

Aus diesem Grunde dürfen nur die vom Staate angestellten Tierärzte die Tiere auf etwa vorhandene Seuchen untersuchen, während die Untersuchung der mit anderen Krankheiten behafteten und der unreifen und abgemagerten Tiere den Gemeindetierärzten überlassen bleibt, diese also gar nicht in die Funktion eines Veterinärbeamten treten[2].

In Sachsen und Bayern ist dieser Punkt in der Weise einheitlich geregelt, daß der Direktor jedes größeren Vieh- und Schlachthofes gleichzeitig städtischer Bezirkstierarzt ist und als solcher auch die bezirkstierärztlichen Funktionen auf diesen Instituten auszuüben hat[3].

Auch der Einwand, ein Gegen- bzw. Obergutachten könne nur von einem Tierarzt abgegeben werden, welcher die Befähigung zum beamteten Tierarzt besitzt, ist hinfällig; denn es steht jeder Gemeinde frei, einem beliebigen Tierarzt die Gegenbegutachtung bei Beanstandungen auf dem Schlachthofe, sei es im Einzelfalle, sei es dauernd, zu übertragen.

Auf größeren Schlachthöfen liegt die Oberbegutbeachtung in den Händen eines besonderen Obertierarztes oder des tierärztlich gebildeten Direktors, von welchem das Zeugnis als beamteter Tierarzt zu verlangen zunächst kein Grund vorliegt. Dagegen haben verschiedene mittlere und kleinere Städte für den Schlachthofvorsteher das Beamtenzeugnis verlangt.

Gewiß wäre es sehr wünschenswert, wenn allmählich sich die Überzeugung durchringen würde, daß nur dadurch, daß sämtliche Schlachthofdirektoren und Obertierärzte sich im Besitz des Examens als beamteter Tierarzt befinden, auch in anderen deutschen Bundesstaaten ähnliche Bestimmungen Platz greifen können, wie solche z. B. in Bayern seit Dezennien zur Zufriedenheit durchgeführt sind. (Vgl. Dtsch. Schlachthofztg **1911**, Nr 22.)

Es sei hier noch die Frage erörtert, ob dem Regierungs- und Veterinärrat bzw. Kreistierarzt ohne weiteres der Zutritt zu dem Schlachthofe gestattet sei oder ob er einer besonderen Erlaubnis seitens des betreffenden Schlachthofdirektors hierzu bedürfe. Der Regierungspräsident zu Breslau hat unter dem 15. August 1892 diese Frage folgendermaßen entschieden:

„Auf Ihre Vorstellung zur Erwiderung, daß Ihnen der Zutritt zu einem öffentlichen Schlachthofe behufs Untersuchung von Schlachttieren und Abgabe eines Gutachtens bei Meinungsverschiedenheit des Schlachthoftierarztes und der betreffenden Fleischermeister auch in denjenigen Fällen zu gestatten ist, wo Sie als sachverständiger Obmann vom Besitzer des Schlachttieres oder von der Fleischerinnung zur Abgabe eines sachverständigen Gutachtens aufgefordert worden sind. Die betreffende Schlachthofverwaltung werden Ew. pp. von dem Zwecke Ihres Besuches jedesmal zu benachrichtigen haben. Die Kosten für die auf Privatrequisition ausgeführten veterinärpolizeilichen Untersuchungen haben die Interessenten zu tragen."

In bezug auf diese Verfügung stimmen wir mit Peters (Mitt. f. Vet.-Beamte 1892, Nr 3) überein, „daß Pflicht und Sitte es dem Schlachthofleiter gebieten, den in amtlicher Eigenschaft erscheinenden Beamten in Erledigung der Amtsgeschäfte zu unterstützen und jede erforderliche Auskunft zu erteilen, gleichgültig, ob dem Beamten der Auftrag nur für einen Fall oder allgemein erteilt ist. Daß hierbei auch die übliche Form der Anmeldung bei dem Schlachthofvorstand, die Mitteilung des Berufszweckes usw. nicht verletzt werden darf, liegt auf der Hand. Dagegen ist es wohl zu verstehen, daß dem betreffenden Beamten, wenn er privatim

[1] Vgl. die Erlasse des Ministeriums für Landwirtschaft betreffend Vertretung beamteter Tierärzte vom 14. Januar 1905 und vom 30. Januar 1904.

[2] In Preußen ist die Übertragung der veterinärpolizeilichen Geschäfte durch Erlaß des Ministeriums für Landwirtschaft, D. u. F. vom 8. März 1920, I A, III g, 12565 geregelt. Nach diesem sollen die Schlachthoftierärzte mit der Wahrnehmung der Geschäfte als beamtete Tierärzte im Sinne des § 2 RVG. beauftragt werden, soweit es sich um die Feststellung von Milzbrand, Rauschbrand, Wild- und Rinderseuche, Tollwut, Maul- und Klauenseuche, Räude der Einufer und der Schafe und Rotlauf der Schweine einschließlich des Nesselfiebers in den öffentlichen Schlachthöfen handelt und soweit im Anschluß an die Feststellung veterinärpolizeiliche Maßnahmen in den öffentlichen Schlachthäusern selbst zu treffen sind. Bei Maul- und Klauenseuche gilt diese Bevollmächtigung nur dann, wenn die Feststellung im Anschluß an eine auf dem Schlachtviehhof oder im Schlachthof selbst schon vorher durch den beamteten Tierarzt erfolgte Feststellung der Seuche geschieht. Von jeder Seuchenfeststellung haben die Schlachthoftierärzte sofort unter Angabe des Herkunftsortes der kranken Tiere der Ortspolizeibehörde und dem beamteten Tierarzt Anzeige zu erstatten. Letzterer hat die etwa weiter erforderlichen Ermittelungen und die Maßnahmen außerhalb des Schlachthofes zu veranlassen. Ebenso liegt in Fällen, wo die Gewährung einer Entschädigung in Frage kommt, die Ermittlung des Krankheitszustandes durch Zerlegung der Tiere dem Kreistierarzt ob.

[3] In Bayern ist es eine Conditio sine qua non, daß der Schlachthofleiter das amtstierärztliche Staatsexamen bestanden haben muß, denn nur beamtete Tierärzte können die Leitung eines Schlachthofes übernehmen und sind ohne Ausnahme zugleich Bezirkstierärzte für den Stadtbezirk.

Dort steht über dem Bezirkstierarzt der Regierungs- und Oberveterinärrat in Gutachtersachen und Beschwerdeangelegenheiten.

behufs Abgabe eines Gutachtens erscheint, der Zutritt seitens des Schlachthofvorstandes verweigert ist; denn es ist Heranziehung eines Obergutachtens mit Umgehung des Schlachthofleiters und selbst der Behörde seitens der Viehbesitzer, welche oft aus persönlichen und nicht immer edelsten Motiven hervorgeht, nicht zu dulden." Ebensowenig darf jeder Viehbesitzer sich einen Obmann wählen oder gar trotz des im Regulativ benannten Obergutachters einen anderen heranziehen.

In den letzten Jahren wurde des öfteren auf Versammlungen des Reichsverbandes und einzelner Landesgruppen auf die Notwendigkeit, dem Schlachthofleiter für den Bezirk des Schlachthofes veterinärpolizeiliche Funktionen zu übertragen und auf die oft unleidlichen Zustände, welche aus der Nichtübertragung erwachsen, hingewiesen und die Forderung nach einheitlicher Durchführung dieser Frage im Reiche gestellt. So z. B. ist es für einen erfahrenen und bejahrten Schlachthofleiter doch direkt entwürdigend, wenn im Behinderungsfalle des beamteten Tierarztes irgendein junger Assistent desselben, der vielleicht vor ganz kurzer Zeit sein Examen als Tierarzt bestanden hat, in dessen Auftrag veterinärpolizeiliche Funktionen ausübt. Verlangt der Staat mit Recht die Ablegung des amtstierärztlichen Examens, so darf er anderseits nicht dulden, daß ein Vertreter, welcher dasselbe nicht abgelegt hat, diese Tätigkeit ausübt, auch nicht im Behinderungsfall des Amtstierarztes. Wird aber dieser Zustand geduldet, so wäre es wohl korrekter, in diesem — also doch möglichen — Falle den erfahrenen Schlachthofleiter mit der zeitweiligen Vertretung des Amtstierarztes zu betrauen.

Der Kern für die Lösung der Frage liegt wohl zunächst in dem Umstande, daß mit Ausnahme von Bayern und Sachsen, wo jeder Tierarzt, der sich dem Schlachthofdienste widmet, das amtstierärztliche Examen abgelegt hat, also die staatlichen Vorbedingungen für die Übertragung der amtlichen Funktionen besitzt, in anderen Staaten zwar einzelne diese Prüfung ablegen, aber bei weitem nicht alle. So gelten sie dann den Kreistierärzten gegenüber als „minderwertig", ohne es in Wirklichkeit zu sein. Nur wenn die gemeinschaftliche Ursache einmal dadurch in Fortfall gekommen sein wird, daß jeder Schlachthoftierarzt das amtliche Examen abgelegt hat, ist ein Vorstoß energischer Art nach dieser Richtung von Erfolg gekrönt. Solange aber nur von einer „möglichen Duldung solcher Aushilfen" gesprochen werden kann, ist eine Rechtssicherheit für eine solche Forderung nicht gegeben. Nur die examinelle volle Gleichbewertung mit den Kreistierärzten kann hier Besserung bringen. Sich diese Qualifikation zu erwerben, muß aber zunächst noch jedem einzelnen überlassen bleiben, solange nicht seitens der schlachthoftierärztlichen Organisationen energisch und mit allen Mitteln darauf hingewirkt wird, daß jeder einzelne diese „Lücke in der Ausbildung" ausfüllt[1].

Über Veterinärpolizei auf Schlacht- und Viehhöfen erwähnen die Ber. d. beamt. Tierärzte Preußens **19**, 83 (1925/26) folgendes:

Die Übertragung der veterinärpolizeilichen Geschäfte an die Schlachthoftierärzte durch Erlaß vom 8. März 1920 hat zu Unzuträglichkeiten anscheinend keinen Anlaß gegeben. Eine über den Rahmen des Erlasses hinausgehende Beteiligung an der Veterinärpolizei in den Schlachthöfen glaubte Geheimer Veterinärrat Mathiesen nicht befürworten zu können, ebenso nicht die Beauftragung eines städtischen Tierarztes mit der selbständigen Wahrnehmung der Geschäfte nach § 16 Abs. 1 RVSG. auf Viehhöfen. Dieser Berichterstatter führt weiter aus, daß jedem, der sich auch nur oberflächlich mit diesen Dingen beschäftigt, bekannt sei, daß die Bekanntmachung der Viehseuchen an Schlachtviehhöfen viel Spezialerfahrung sowie eine vollkommen unabhängige Festigkeit von dem verantwortlichen Leiter der Veterinärpolizei verlangt. Die Notwendigkeit der Sofortentscheidung, die Anordnung und ständige Kontrolle der jeweils erforderlichen Schutzmaßregeln, ferner der umfangreiche und schwierige Melde- und Ermittlungsdienst findet an Umfang und Bedeutung kein Gegenstück in der sonstigen Veterinärpolizei. Die veterinärpolizeiliche Leitung, nur weil zufällig der Viehhof räumlich und wirtschaftlich mit einem Schlachthof verbunden ist, städtischen Tierärzten zu übertragen und in den übrigen Fällen sie den Kreistierärzten zu überlassen, würde die für den Erfolg unbedingt notwendige „Einheitlichkeit des Verfahrens gefährden". Auch sei nicht ersichtlich, wie bei der Ausübung der Veterinärpolizei an Schlachtviehhöfen durch städtische Tierärzte gegenüber staatlichen Veterinärbeamten irgendwie ins Gewicht fallende Ersparnisse für die Stadt erzielt werden sollten (?), da das Maß der Arbeit genau durch die gesonderten Bestimmungen festgesetzt ist, mithin in beiden Fällen dasselbe bleibt und in jedem Falle der Unternehmer, also die Stadt, für die Kosten der Kontrolle aufzukommen hat. (Berichterstatter vergißt hier zu beachten, daß städtische Tierärzte eine feste Bezahlung haben, in welche evtl. auch die Markt- und Lebensmittelüberwachung fallen würde. Ihm ist auch die staatsrechtliche Stellung der Kommunalbeamten nicht geläufig. Er vergißt ganz, daß ein Kommunalbeamter mittelbarer Staatsbeamter ist und als solcher dieselben Rechte und Pflichten wie der unmittelbare Staatsbeamte hat. Ihm ist auch nicht bekannt, daß der Bürgermeister als Kommunalbeamter gleichzeitig staatlicher Polizeiverwalter sein kann, der sogar die von dem hohen staatlichen Veterinärbeamten vorgeschlagenen viehseuchenpolizeilichen Anordnungen ausführt, daß ebenso der Landrat, mit dem wohl der Veterinärrat am meisten zu tun hat, als Vorsitzender des Kreisausschusses nebenbei auch Kommunalbeamter ist und daß manchmal diese Tätigkeit die des Landrats überwiegt. In diesen Fällen wird Berichterstatter wohl keinen Konflikt der Pflichten unterstellen, um seine These zu beweisen. Die Unterstellung aber, daß dem städtischen Beamten die notwendige vollkommene unabhängige Festigkeit mangelt, scheint er aus den Zeiten des Polizeistaates sich zu eigen gemacht zu haben. Der Direktor eines Schlacht- und Viehhofes ist Kommunalbeamter, als solcher mittelbarer Staatsbeamter **mit** Praxisverbot. Der Veterinärrat ist unmittelbarer Staatsbeamter, aber **ohne** Praxisverbot. Er ist vielleicht auf die Praxis direkt angewiesen. Auf wessen Seite die vollkommene unabhängige Festigkeit liegen dürfte, dürfte jedem logisch denkenden Menschen klar sein.)

Amtstierärztliches Examen: Nach der Zusammenstellung im Jahrbuch für Schlacht- und Viehhöfe 1929/30 sind 104 Schlachthofleiter im Reiche amtstierärztlich geprüft, denen 224 ohne dieses Examen gegenüberstehen. Ein Vergleich mit früheren diesbezüglichen Zahlen ergibt erfreulicherweise ein Anwachsen der Zahl der amtlich geprüften Tierärzte in Schlachthöfen und es ist vielleicht anzunehmen, daß — in Bayern wird, wie bereits erwähnt, stets von Schlachthofleitern der Nachweis der amtstierärztlichen Befähigung gefordert! — auch in den anderen Ländern diese für die Übernahme amtstierärztlicher Funktionen vom Gesetz verlangte Grund-

[1] Vgl. Referat von Dr. Karl. Hauptversammlung des RV. in Karlsruhe. Dtsch. Schlachthofztg **1928**, 313.

lage in Bälde von jedem Schlachthofleiter erreicht wird, was das Bestreben der Übertragung der amtlichen Funktionen nach dem RVSG nur fördern wird.

Ist der Schlachthofdirektor als beamteter Tierarzt mit gleichen Rechten und Pflichten in seinem Wirkungskreise bzw. dem Stadtbezirke angestellt, wie der staatliche Amtstierarzt, so ergibt sich die logische Forderung, daß er, weil gleichwertig mit jenem, hinter diesem in keiner Weise zurückzustehen braucht, dann aber auch die, daß ein höherer amtlicher Tierarzt mit der Revision der Anlage und evtl. Abgabe von Obergutachten betraut werden muß. Es steht zu erwarten, daß er hinsichtlich seiner Erfahrungen auf dem Gebiete der Fleischuntersuchung und Schlachthofkunde unter gar keinen Umständen hinter dem Bezirks- und Veterinärrat zurückstehen wird. Viel Animosität und Unfrieden würde damit aus der Welt geschafft werden, wenn den Schlachthofleitern, die die nötigen Vorbedingungen erfüllt haben, die amtlichen Funktionen übertragen würden. Geschieht dies, so würde auf solche, die diese Befähigung nicht besitzen, nur anregend gewirkt werden.

An einigen größeren Instituten hat man die Geschäfte des Betriebsverwalters gänzlich von den tierärztlichen Obliegenheiten getrennt und diese Tätigkeit anderen Berufsklassen übertragen, wie in Offenbach, Darmstadt, Berlin, Hamburg.

Die Erfahrung hat doch sicherlich bewiesen, daß es viel einfacher und jedenfalls viel billiger wäre, einen durchaus fachkundigen Tierarzt an die Spitze des Schlachthofes zu stellen; und heute finden wir nur in den erwähnten Städten noch Nichttierärzte als Verwaltungsdirektoren, während größere Anlagen als diese ausschließlich von Tierärzten geleitet werden und zur vollen Zufriedenheit. Heute aber wird wohl kein anderer Berufszweig als gleichbefähigt zu diesem Amte bezeichnet werden können; man kann im Hinblick auf diese verschwindenden Ausnahmen neidlos den genannten Städten ihr Reservatrecht gönnen, um so mehr als sie allein die Kosten hierfür zu bezahlen haben.

Amtsbezeichnung. Bisher unterschied man Amtsbezeichnungen und Titel. Die Titel wurden, ohne daß damit ein bestimmtes Amt verbunden war, unter besonderen Umständen an die Beamten verliehen. Dieser Zustand ist durch Artikel 109 Abs. 4 der Reichsverfassung beendet worden. Jetzt dürfen Titel nur noch verliehen werden, wenn sie ein Amt oder einen Beruf bezeichnen[1].

In Auswirkung dieser Bestimmung der Verfassung hat das preußische Staatsministerium am 18. Mai 1920 bestimmt, daß Titel nicht mehr verliehen werden, es sei denn als eigentliche Amtsbezeichnung[2].

Die Selbstverwaltungskörper haben die Befugnis, ihren Beamten eine Benennung beizulegen, welche die Geschäfte des Beamten und seine amtliche Stellung äußerlich erkennbar macht, vorausgesetzt, daß diese Benennung sich genügend von staatlichen Amtsbezeichnungen unterscheidet (OVG. 17627). Eine Amtsbezeichnung, die notwendig zu Mißverständnissen bezüglich des dienstlichen Verhältnisses der beteiligten Kommunalbeamten zu den staatlichen Beamten Anlaß geben muß, ist nach OVGE. vom 5. Dezember 1927 zu beanstanden[3].

Bei der Behandlung der Stellung der Schlachthofleiter wurde festgestellt, daß der Schlachthofleiter zu den Beamten des höheren Dienstes gehören muß. Trotz der akademischen Vorbildung wurde in früheren Zeiten vielfach von den leitenden Kreisen der Stadtverwaltung der Standpunkt vertreten, daß für den „Titel“ Direktor die Stellung eines Schlachthofleiters nicht ausreichend sei, da diese Bezeichnung an das Vorhandensein eines größeren Beamten-, Angestellten- und Arbeiterpersonals nach üblicher Auffassung gebunden, dieses aber an mittleren und kleineren Schlachthöfen nicht vorhanden sei. In Unkenntnis der Betriebsart der Schlachthöfe ist dabei mit mehr oder weniger Absicht außer acht gelassen worden, daß der Leiter eines Schlachthofes nicht allein die eigenen Angestellten, sondern die zahlreichen Gewerbetreibenden mit ihrem großen Personal in erheblichem Maße und vorwiegend zu „dirigieren“ hat. Es ist ferner

[1] Infolge des abweichenden Standpunktes des Landes Bayern ist bei der Reichsregierung wiederholt eine Entscheidung in dieser Frage angeregt und durch den Staatsgerichtshof gegen den bayrischen Standpunkt entschieden worden.

Im übrigen sind akademische Grade durch den angeführten Artikel der Reichsverfassung nicht betroffen.

[2] Der Professortitel darf an Privatdozenten nicht mehr verliehen werden. Bewährte Privatdozenten sollen daher die Dienstbezeichnung „außerordentlicher Professor“ erhalten. Wegen der früheren Beamtentitel hat der Preußische Innenminister am 12. Juni 1921 (MBliV. 266) folgendes verfügt: Beamte führen im dienstlichen Verkehr nur eine Amtsbezeichnung, die sich nicht ändert, solange der Beamte in derselben Dienststelle und derselben Besoldungsgruppe bleibt. Früher verliehene Beamtentitel können neben der Amtsbezeichnung auch im amtlichen Verkehr weiter verwendet werden. Die Beifügung im früheren Heere erworbener Dienstgrad- oder Charakterbezeichnungen ist im amtlichen Verkehr unzulässig.

[3] Ein Rechtsanspruch auf Verleihung einer Amtsbezeichnung besteht nicht, da nur vermögensrechtliche Ansprüche aus dem Dienstverhältnisse verfolgbar sind. RG. 53, 423.

nicht beachtet worden, daß die Bezeichnung „Verwalter" usw. für Beamte des mittleren Dienstes an Schlacht- und Viehhöfen üblich ist, zu denen auf Grund seiner Vorbildung der tierärztliche Leiter eines Schlachthofes nicht gehören kann. Die Amtsbezeichnung „Direktor" kann um so weniger nach „üblicher Auffassung" an das Vorhandensein eines größeren Personals gebunden sein, da in kleineren und mittleren Städten die Leiter der örtlichen privaten und kommunalen Banken trotz des nicht erheblichen Personals „üblicherweise" die Bezeichnung „Direktor" zu führen pflegen und in der heutigen Zeit gerade die Stadtverwaltungen es sind, die sogar ihren Beamten des gehobenen mittleren Dienstes die Amtsbezeichnung Verwaltungs-, Sparkassendirektor usw. beizulegen pflegen, von den Leitern der städtischen Betriebe und Werke ganz zu schweigen. Im übrigen dürfte die Amtsbezeichnung der städtischen Tierärzte durch die Besoldungsgesetze gegeben sein, da sie nach den Begründungen zu diesen Gesetzen in die Eingangsstufe für akademische Beamte (2c Reich, 2b Preußen[1]) gehören, der fast nur Beamte angehören, die eine mit dem Wort „Rat" verbundene Amtsbezeichnung führen.

Im übrigen hat das OVG. am 15. März 1927 entschieden, daß „eine mit dem Wort ‚Rat‘ verbundene Amtsbezeichnung nach der gegenwärtigen Rechtslage nicht als Benennung angesehen werden kann, die außer der Kenntlichmachung des Amtes eine den Inhaber besonders auszeichnende Würde bezeichnet, daß für nicht voll akademisch ausgebildete Techniker die Amtsbezeichnung ‚Magistratsbaurat‘ zulässig ist". Um so viel mehr muß daher für den immer akademisch vorgebildeten städtischen Tierarzt eine mit dem Wort „Rat" verbundene Amtsbezeichnung gegeben sein. In dem etwas „titel"freudigeren süddeutschen Ländern ist diesem Gedankengang fast durchweg nachgegangen worden. In Preußen dürfen die Amtsbezeichnungen „städtischer Veterinärrat und städtischer Oberveterinärrat" nur unter bestimmten Voraussetzungen erteilt werden. Diese Bestimmungen lauten wie folgt: Min.-Erl. vom 23. Februar 1929 (MBliV. S. 160).

Das preußische Staatsministerium hat durch Beschluß vom 11. Dezember 1928 genehmigt, daß den Stadtgemeinden allgemein die Genehmigung zur Einführung der Amtsbezeichnung „Städtischer Veterinärrat" und „Städtischer Oberveterinärrat" unter folgenden Bedingungen erteilt wird:

1. Städtischer Veterinärrat.

a) Der städtische Beamte, dem diese Amtsbezeichnung beigelegt werden soll, muß die tierärztliche Fachprüfung einer deutschen Tierärztlichen Hochschule abgelegt haben und unkündbar als Beamter der Stadt angestellt sein.

b) Er muß mindestens der Besoldungsgruppe 2b der staatlichen Besoldungsordnung entsprechend eingestuft sein.

2. Städtischer Oberveterinärrat.

a) Der städtische Beamte, dem diese Bezeichnung beigelegt werden soll, muß die tierärztliche Fachprüfung einer deutschen Tierärztlichen Hochschule abgelegt haben und unkündbar als Beamter der Stadt angestellt sein.

b) Er muß mindestens in eine der staatlichen Besoldungsordnung, Besoldungsgruppe 2a oder Besoldungsgruppe 2b mit einer Stellenzulage von 1200 RM. entsprechenden Gruppe eingestuft sein.

c) Er muß sich in leitender Stellung befinden oder einem größeren bakteriologischen Laboratorium vorstehen oder die fachtechnische Aufsicht über eine Anzahl von Tierärzten ausüben.

Ob diese Voraussetzungen erfüllt sind, hat in jedem Falle die Kommunalaufsichtsbehörde zu prüfen, der zu diesem Zweck der betreffende Beschluß der Stadtgemeinde vor der Ausführung zur Genehmigung vorzulegen ist.

Die Bezeichnung städtischer Veterinärrat ist gewählt worden, weil nach kommunalen Verwaltungsbrauch unter mit dem Wort „Stadt und Rat" verbundenen Amtsbezeichnungen Beamte mit Dezernatsrechten zu verstehen sind.[2]

Zu den Voraussetzungen der Beilegung der Amtsbezeichnung „Städtischer Veterinärrat usw." gehört die der unkündbaren Anstellung. Da aber die meisten Gemeindetierärzte Kündigungsbeamte sind (s. Kapitel-Anstellung), dürfte der ganze Min.-Erl. in seinen Auswirkungen so gut wie illusorisch sein. Im übrigen läßt sich sehr darüber streiten, ob die Bezeichnung „Städtischer

[1] Eine niedrigere Eingruppierung als in Gruppe 2c bzw. 2b der betreffenden Gesetze stellt eine erhebliche Verletzung dar, gegen die im Aufsichtswege einzuschreiten Pflicht der Aufsichtsbehörden ist. In diesem Sinne haben die meisten Verwaltungsbehörden entschieden. Wo die Entscheidung in anderem Sinne erfolgt ist, muß dagegen mit Hilfe der Standes- und Beamtenorganisationen schon im Standesinteresse Beschwerde eingelegt werden.

[2] So darf nach Min.-Erl. vom 19. Februar 1929 in Stadtgemeinden mit Magistratsverfassung nur städtischen Beamten in Dezernentenstellen die Amtsbezeichnung Magistratsrat beigelegt werden.

Veterinärrat" bei leitenden Stellen überhaupt der Bezeichnung „Direktor" vorzuziehen ist. Die Bezeichnung „Direktor" gibt immer kund, daß der betreffende Beamte eine leitende Stelle inne hat, während bei den Amtsbezeichnungen „Städtischer Oberveterinärrat und Veterinärrat" auf Grund obigen Erlasses der Allgemeinheit sofort die Besoldungsgruppe offenbar gemacht wird, in die der Beamte eingestuft ist.

Der Reichsverband als Organisation der gesamten Schlachthoftierärzte des Reiches war von jeher bemüht, die Städte davon zu überzeugen, daß nur Tierärzte, welche eine längere Dienstzeit in einem Schlachthof nachweisen können, befähigt sind, vollwertige Schlachthofleiter zu sein. Zuzeiten der Gründung der Republik wurde das stolze Wort geprägt: Freie Bahn dem Tüchtigen. Um besonders tüchtig zu sein, ist es aber meist notwendig, daß man der jeweils leitenden politischen Partei einer Stadt nahe steht, die aber leider sehr oft weit weniger auf die persönliche Eignung zu einem Posten als auf die Parteimitgliedschaft sieht. Man kann heute die Beobachtung machen, daß entweder dem Tüchtigen die freie Bahn nicht offen steht oder, wenn wenigstens die Bewerbung frei gestellt ist, damit noch lange nicht gesagt wird, daß der Tüchtigste unter den Bewerbern auch wirklich den betreffenden Posten erhält! Mehr als je in früheren Zeiten kann man beobachten, daß solche Ausschreibungen nur formell betätigt werden, um den Bewerbern Sand in die Augen zu streuen, daß aber in Wirklichkeit längst vor der Ausschreibung der „kommende Mann" durch die Majoritätsparteien „im Geheimen" gewählt worden ist. Man kann das mit Protektionswirtschaft bezeichnen. Diese hat nie so üppige Blüten getrieben als in heutigen Tagen. Alle nur möglichen Beziehungen werden von Bewerbern ausgenützt, männliche und weibliche, um sich die Gunst, gewählt zu werden, zu erwerben, sich einen Posten als Leiter zu ergattern. Man kann kaum behaupten, daß ein solches Vorgehen ehrlich genannt werden kann. Nur das eine steht fest: Wenn ein solcher auf den Schild Erhobener auch nur eine Spur von Ehrgefühl besitzt, so wird es ihm in Gegenwart von anständigen Kollegen die Schamröte ins Gesicht treiben müssen! Leider haben die Städte das Selbstverwaltungsrecht, und die Aufsichtsbehörden haben keinerlei Einfluß, die Wahl eines Ungeeigneten zu beanstanden. In jüngster Zeit kann man auch die Beobachtung machen, daß man aus unrichtig angebrachter Sparsamkeit den Posten des Schlachthofleiters und dessen Besoldung einzusparen bestrebt ist. Man sucht sich dadurch zu helfen, die Leitung des Schlachthofes nebenamtlich irgendeinem Tierarzt der Stadt, oft zu wirklich beschämenden Gehaltsverhältnissen, zu übertragen, leider oft auch Tierärzten, die wenig oder gar keine Ahnung haben, welche Anforderungen die Leitung eines solchen an den hierzu Berufenen stellt.

Um fördernd zu wirken hat im Jahre 1927 der R. D. G. Veranlassung genommen, an den Deutschen Städtetag eine Eingabe zu richten, die vielleicht zweckmäßig auch dem Reichsstädtebund hätte vorgelegt werden sollen, der viel mehr Städte als Mitglieder zählt. Diese lautet:

An

den Deutschen Städtetag

Berlin

Der Reichsverband der deutschen Gemeindetierärzte hat gelegentlich seiner Hauptversammlung in Düsseldorf am 17. und 18. September 1926, die von über 200 deutschen Gemeindetierärzten besucht war, folgenden Antrag einstimmig angenommen und erlaubt sich, ihn dem Deutschen Städtetag ergebenst zu unterbreiten:

Für die Übertragung des Postens des Direktors eines Schlachthofes oder Schlacht- und Viehhofes ist von dem Bewerber der Nachweis einer mindestens zweijährigen fachtierärztlichen Tätigkeit an einem deutschen Schlachthof oder Schlacht- und Viehhof zu verlangen.

Zur Begründung gestattet sich der Reichsverband nur folgendes anzuführen:

Die wichtige und verantwortungsreiche Stellung des Leiters eines Schlachthofes oder Schlacht- und Viehhofes erfordert genaues Vertrautsein mit allen Fragen des Schlacht- und Viehhofbetriebes, insbesondere mit der Schlachtvieh- und Fleischbeschau, mit der Technik der Trichinenschau, der Fleischaufbewahrung, Fleischfrischerhaltung, der Technik des Kühlhauswesens, dem Freibankwesen, der Brauchbarmachung bedingt tauglichen Fleisches, mit der unschädlichen, aber wirtschaftlichen Beseitigung beschlagnahmter Fleischteile oder ganzer Tierkörper, mit der Futterbeschaffung, Fütterung, Unterbringung und Pflege der Schlachttiere vor der Schlachtung, der besten Einrichtung der Schlacht- und Viehhofbauten mit Rücksicht auf die Veterinärpolizei und Ausübung der Schlachtvieh- und Fleischbeschau, der rationellsten Arbeitsmethoden, der Verwertung anfallender Nebenprodukte usw.

Alle diese Kenntnisse sind nur durch praktische Arbeit auf einem Schlachthof oder Schlacht- und Viehhof zu erlangen. Deshalb soll der Direktor eines Schlachthofes oder Schlacht- und Viehhofes sich darüber ausweisen, daß er an einem solchen Institut, das natürlich nur ein deutsches sein kann, fachtierärztlich tätig gewesen ist und sich mit allen Einzelheiten der Betriebsführung und Verwaltung, desgleichen mit allen einschlägigen Wirtschaftsfragen vertraut gemacht hat.

Zur Aneignung dieser unbedingt notwendigen Kenntnisse ist nach der Erfahrung der im Reichsverband der deutschen Gemeindetierärzte vertretenen Sachverständigen eine mindestens zweijährige fachtierärztliche Tätigkeit erforderlich.

Der Reichsverband der deutschen Gemeindetierärzte.

**Tierärzte des Schlachthofes.** In seiner dienstlichen Tätigkeit wird der Direktor in jeder Weise durch die Tierärzte des Schlachthofes unterstützt, deren Zahl der Größe der Anlage entspricht. Je nach dem Umfange des Wirkungskreises wird die Fleischuntersuchung durch einen oder mehrere Tierärzte vorzunehmen sein, die in großen Betrieben nach Ablauf einer bestimmten Arbeitsdauer abgelöst und durch frische Kräfte ersetzt werden.

Der frisch approbierte Tierarzt, der sich speziell dem Schlachthofdienste widmen will, wird Zeit und Gelegenheit finden, als freiwilliger Hilfsarbeiter oder als Anwärter für den Staatsdienst, in einem Schlachthofe tätig zu sein, schon um hier ein weiteres Feld zu finden, sich in praktisch-pathologischer Anatomie in einer kurzen Zeit weit intensiver zu unterrichten, als in Monaten an der Hochschule. In der praktischen Durchführung der Fleischuntersuchung wird unter der Leitung hierin besonders erfahrener Kollegen ihn mancher praktische Griff gelehrt werden, der ihm bisher fremd war.

Grundsätzlich ist dem Tierarzt das Recht auf Fleischuntersuchung durch das Reichsfleischbeschaugesetz gewährleistet. In nur sehr wenigen Schlachthöfen findet man neben tierärztlicher Untersuchung noch Beschau durch Laien. In süddeutschen Staaten trifft man noch sehr oft, namentlich in Bayern, die tierärztlich überwachte Fleischuntersuchung durch Empiriker. Die Erfahrungen, die man mit diesem System gemacht hat, sind durchweg als gute zu bezeichnen, wenn der Zuständigkeit dieser Beschauer eine strikte Grenze gezogen wird, mit anderen Worten sie nur vollkommen normale Tiere beurteilen und abfertigen dürfen, wofür sie nach den BBA. ja auch nur zuständig sind. Etwaige Übergriffe sind stets rücksichtslos zu ahnden. Es unterliegt keinem Zweifel, daß die Tierärzte dadurch von den groben Handarbeiten entlastet werden und mehr zu Überwachungsbeamten aufrücken, es wird aber eben auch nur unter dieser Bedingung der tierärztlichen Überwachung der Laienbeschau je das Wort geredet werden können.

In Preußen bestimmt der § 6 des Pr. Ausf.-G. zum RG. vom 28. Juni 1902, daß in den Gemeinden mit Schlachthauszwang die Schlachtvieh- und Fleischbeschau im öffentlichen Schlachthause nur durch approbierte Tierärzte ausgeübt werden darf. Jedoch können zur Ausübung der Trichinenschau und zur Unterstützung bei der Finnenschau[1] auch andere Personen, die nach den hierüber ergangenen Vorschriften genügende Kenntnisse nachgewiesen haben, zu Beschauern bestellt werden. Auch darf in Gemeinden mit weniger als 10000 Einwohnern Personen, die nicht die Approbation als Tierarzt besitzen, aber die Befähigung als Fleischbeschauer nach Maßgabe der Ausführungsbestimmungen erlangt haben, mit Genehmigung der Landespolizeibehörde ausnahmsweise die Schlachtvieh- und Fleischbeschau in den öffentlichen Schlachthäusern übertragen werden, soweit sie nicht nach dem Reichsgesetz und den Ausführungsbestimmungen den approbierten Tierärzten vorbehalten ist. Die in Preußen vorgeschriebene Regelung ist zweifelsohne die vollkommenere und richtigere, da man dadurch den hygienischen Belangen der Fleischuntersuchung auch in sozialer Hinsicht gerecht wird. Die bayrische Handhabung kann nur ein Notbehelf sein und ist abänderungsbedürftig, da nur eine durchgehende und durchgreifende tierärztliche Fleischuntersuchung die Gewähr dafür geben kann, daß dem Konsumenten einwandfreies Fleisch zugänglich gemacht wird. Auch die Entlastung der Tierärzte durch die Übernahme der sog. groben Handgriffe erscheint bedenklich und gesetzlich nicht zulässig, da derjenige, der die Fleischuntersuchung ausübt, diese bis zu den letzten Handgriffen selbst auszuführen hat. Das vorgeschriebene Durchtasten, Anschneiden usw. der Organe läßt erst ein sicheres Urteil zu, wenn es eigenhändig ausgeführt ist; diese Handhabung entspricht auch den Vorschriften. Eine Beschäftigung von Laienfleischbeschauern dergestalt, daß diese das Anschneiden, Durchtasten usw. der Organe, Lymphknoten usw. ausführen und der zuständige Tierarzt die Beurteilung übernimmt, ist unzulässig, noch unzulässiger aber ist es, derartig untersuchtes Fleisch durch die TU.-Stempelung als tierärztlich untersucht zu bezeichnen.

Der Tierarzt wird im Schlachthof zunächst eine Probedienstzeit durchzumachen haben, um seine Eignung zu beweisen. Gleich wie die Referendare und Staatsdienstanwärter während ihrer Ausbildungszeit einen minimalen Geldbezug zugebilligt bekommen, müßte folgerichtig auch der Schlachthofdienstanwärter nur das gleiche Gehalt beanspruchen dürfen. Es ist selbstverständlich, daß der Leiter des Schlachthofes es sich angelegen lassen sein wird, den Auszubildenden zunächst an den Stellen zu beschäftigen, die ihm wissenswert und mehr oder weniger fremd sind. Er wird ihn der besonderen Betreuung durch einen erfahrenen Kollegen überweisen, um ihn allmählich in den Dienst einzuführen. Gar manche Sparten des Dienstes im Schlachthofe werden ihm neu und unbekannt sein; er wird sich mit Eifer auf die Ausfüllung diesbezüglicher Lücken in seinem

[1] Aber nur bei Schweinen.

Wissen zu werfen haben. Mit Fleiß und Eifer jedoch wird er gar bald in der Lage sein, den ihm zugewiesenen Posten vollkommen auszufüllen, und sich so allmählich das Vertrauen seines Vorgesetzten erwerben, wenn dieser davon überzeugt ist, daß er zur Zufriedenheit und mit stets wachsender Sachkenntnis den ihm gewordenen Auftrag erledigt hat.

Nicht die blanke Tatsache, daß die Approbation erteilt wurde, befähigt den jungen Kollegen ohne weiteres zum Schlachthoftierarzt oder gar zum Leiter eines Schlachthofes. Es wäre wirklich Vermessenheit, das annehmen zu wollen. Wie jeder Spezialberuf vom Grunde aus gelernt und geübt sein soll, so auch der Schlachthofdienst. Täglich wird er neues bringen. Auf der anderen Seite ist es aber notwendig, zielbewußt darauf hinzuwirken, daß sich mit dem wachsenden Andrang zu unserem Spezialberuf die tierärztlichen Stellen an den Schlacht- und Viehhöfen mehr und mehr zu Lebensstellungen auswachsen. Es ist daher für den jungen Nachwuchs wünschenswert, daß die Leiter der Schlachthöfe sich nicht damit zufrieden geben, für sich selbst das Möglichste zu erreichen, sondern auch dem Schlachthoftierarzt zu Anstellungs- und Bezahlungsverhältnissen verhelfen, die er zu fordern heute ein gutes Recht hat, und dadurch das Ansehen unseres Standes heben.

Die Schlachthofbetriebe von heute weisen eine Reihe von Unterabteilungen auf, die ihnen früher fremd waren, wie: Säuglingsmilchanstalten, bakteriologische Laboratorien zur Untersuchung von Fleisch, Milch und Lebensmitteln, Sammlungen. Hier besonders wird sich der angestellte Tierarzt nach Beendigung seiner offiziellen Dienstzeit zu beschäftigen haben, da dem Leiter anderweitige dienstliche Verpflichtungen obliegen. An großen Anlagen ist der Obertierarzt derjenige, welcher mit der Stellvertretung des Direktors betraut ist. Der Direktor ist sein Vorgesetzter, die übrigen Tierärzte sind ihm unterstellt. In manchen Anlagen wird dem Obertierarzt die Leitung einer bestimmten Abteilung, wie z. B. des Laboratoriums oder des Trichinenschauamtes übertragen, außerdem oft die Abhaltung von Fleischbeschauer- und Trichinenschauerkursen, sofern nicht der Direktor Zeit hat, diese abzuhalten.

Die übrigen angestellten Tierärzte werden in erster Linie die Fleischuntersuchung auszuüben haben, dann aber auch mit der Vornahme spezieller wissenschaftlicher Untersuchungen zu betrauen sein. Darüber hinaus wird es Pflicht eines neuzeitlichen Direktors sein, die ihm unterstellten Tierärzte im Interesse ihrer Weiterbildung mit den akuten Fragen des Betriebes, der Verwaltung und der Wirtschaft vertraut zu machen. Das kann dadurch geschehen, daß er abwechselnd einem jeden Tierarzt eine bestimmte Abteilung gleichsam als Dezernat überweist und sich über alle Vorkommnisse in diesen Abteilungen Bericht erstatten, Neuerungen sich vorschlagen läßt und hierbei die Möglichkeit der Durchführung der Vorschläge bespricht. Es wird ferner Pflicht sein, den unterstellten Tierärzten in demselben Rahmen alle Zweige der inneren Verwaltung zugänglich zu machen und in Dienstversammlungen akute Wirtschaftsfragen zum Referat und zur Debatte zu stellen. Der Typ des Hallentierarztes, der lediglich „Lymphoglandulator" war, muß verschwinden. Ein jeder der angestellten Tierärzte muß zur Selbständigkeit erzogen und dadurch, daß er mit allen Zweigen der Verwaltung vertraut ist, zur Einnahme leitender Stellen befähigt werden. Auch verwaltungsmäßig werden durch ein derartiges Verfahren erhebliche Vorteile erreicht, indem bei Ausfall von Personal in Erkrankungsfällen, bei Urlaub und Vakanzen stets geeignete und befähigte Kräfte zur Vertretung vorhanden sind. Die meisten Schlachthöfe sind Fundgruben wissenschaftlicher Art. Sie für die Allgemeinheit sicherzustellen und wissenschaftlich zu nutzen und zu werten, dürfte zu den vornehmsten Aufgaben der Schlachthöfe gehören. Auch hierzu wären die angestellten Tierärzte weitgehendst und allgemein heranzuziehen, indem in ständig wiederkehrenden Referierabenden wissenschaftlich interessante Untersuchungsfunde zur allgemeinen Kenntnis gebracht und besprochen werden. In dieser Beziehung können die von der Direktion der Berliner städtischen Fleischbeschau getroffenen Einrichtungen nur als vorbildlich bezeichnet und zur Nachahmung empfohlen werden.

Hinsichtlich der Amtsbezeichnungen der städtischen Tierärzte s. Kapitel „Amtsbezeichnungen".

**Anstellung.** Die rechtlichen Grundlagen für die Anstellung der Gemeindebeamten, zu denen die Gemeindetierärzte mit wenigen, später zu erörternden Ausnahmen gehören, sind in den einzelnen deutschen Ländern verschieden. Sie sind durch die Städte- oder Gemeindeordnungen gegeben. In den außerpreußischen Ländern erfolgt die Anstellung der Gemeindetierärzte wie bei den anderen Gemeindebeamten fast ohne Ausnahme auf Lebenszeit und mit Pensionsberechtigung. In Preußen ist neben den Städteordnungen das Kommunalbeamtengesetz vom 30. Juli 1899 (Ges.-S. S. 141) maßgebend und bedingt für die Gemeindetierärzte besondere Rechtsverhältnisse, die von der Auffassung über die verwaltungsrechtliche Stellung der Schlachthöfe (siehe diesen Abschnitt) abhängig sind.

Nach der Städteordnung wäre unter Berücksichtigung von Entscheidungen der höchsten Gerichte und einzelner Verwaltungsbehörden die Rechtslage wie folgt:

§ 56, Abs. 6, Tit. V der preußischen Städteordnung sagt über die Gemeindebeamten: „Die Anstellung erfolgt, soweit es sich nicht um vorübergehende Dienstleistungen handelt, auf Lebenszeit; doch können diejenigen Unterbeamten, welche nur zu mechanischen Dienstleistungen bestimmt sind, auf Kündigung angenommen werden." § 65, Tit. V der Städteordnung bestimmt die Pensionsberechtigung der auf Lebenszeit angestellten Gemeindebeamten. Hiernach müßten die Schlachthoftierärzte in Preußen lebenslänglich und mit Pensionsberechtigung angestellt werden, wie unter anderem die Regierung zu Arnsberg unter dem 2. August 1884 in folgendem entschieden hat:

„Der Schlachthausverwalter ist Gemeindebeamter, da es sich bei dieser Stellung weder um mechanische noch um vorübergehende Dienstleistung handelt."

Auch nach einer Entscheidung des preußischen OVG. vom 20. November 1881 (Bd. XXII, S. 67ff.) müßten die Schlachthoftierärzte auf Lebenszeit und mit Pensionsberechtigung angestellt werden, da mit ihrem Amt einerseits obrigkeitliche Befugnisse (Freigabe und Konfiskation von Fleisch) verbunden sind, andererseits der Betrieb, dem sie ihre Tätigkeit widmen, nicht zu den „gewerblichen", d. h. zu denjenigen gehört, die auf Erzielung einer Reineinnahme für die Stadt gerichtet sind.

„Was zunächst die letztere Bedingung anbetrifft, so ist nach § 5 des Gesetzes vom 18. März 1868 und 9. März 1881 das Erzielen eines Überschusses aus dem Schlachthofbetriebe überhaupt unzulässig, und es ist daher der letztere nicht als „gewerblicher" Betrieb der Stadtgemeinde anzusehen.

Mit dem Amte des Schlachthofvorstehers sind aber auch sehr bedeutende und wichtige obrigkeitliche Befugnisse verbunden, z. B. das Freigeben des Fleisches zum Verkauf, das Verweisen auf die Freibank usw. Hiernach ist unzweifelhaft, daß die Anstellung des Schlachthofvorstehers auf Lebenszeit erfolgen muß, und daß die Zufügung einer Kündigungsfrist bei der Anstellung keine rechtliche Bedeutung hat, vielmehr als nicht geschehen anzusehen ist."

„Im öffentlichen Interesse ist es nicht als statthaft zu erachten, daß die Stadtgemeinden die Pensionsberechtigung der auf Lebenszeit angestellten besoldeten Gemeindebeamten durch die Bedingungen des Anstellungsvertrages auszuschließen suchen (OVG. vom 26. September 1885)."

Auf die obrigkeitlichen Befugnisse des Schlachthofleiters wird ebenfalls in der Entscheidung des Oberpräsidenten von Brandenburg vom 30. Juli 1896 gerade Gewicht gelegt. In derselben heißt es:

„Ich verkenne zwar nicht, daß manche Umstände dafür sprechen, die an den öffentlichen städtischen Schlachthöfen als Betriebsleiter wirkenden Tierärzte lebenslänglich und mit Pensionsberechtigung, statt, wie es vielfach geschieht, durch Privatvertrag und auf Kündigung anzustellen, halte aber in Übereinstimmung mit mehrfach ergangenen Entscheidungen des Oberverwaltungsgerichts und des Reichsgerichts (Entsch. d. OVG. vom 26. März 1892; vom 20. November 1891. Bd. XXII. S. 68) die Stadtgemeinden für berechtigt, sich die Dienste solcher Personen, welche ohne Ausübung obrigkeitlicher Befugnisse in den industriellen sowie in den sonstigen wirtschaftlichen Betrieben tätig sein sollen, durch Privatvertrag für die Dauer oder unter Festsetzung der Kündigungsbefugnis zu sichern und von ihrer Anstellung als Gemeindebeamte abzusehen.

Wenn allerdings ein als Schlachthausleiter angestellter Tierarzt auch zur Wahrnehmung obrigkeitlicher Befugnisse durch die betreffende Stadt berufen wird, erscheint die Voraussetzung für seine Anstellung als Gemeindebeamter gemäß §§ 56 und 65 der Städteordnung vom 30. Mai 1853 gegeben."

Durch das Gesetz, betreffend die Anstellung und Versorgung von Kommunalbeamten, vom 30. Juli 1899 (Kommunalbeamtengesetz, KBG.) können sich die Rechtsverhältnisse für die Anstellung der Gemeindetierärzte zu deren Schaden grundlegend ändern, da sie lediglich durch die Auffassung bestimmt werden, die man den Schlachthöfen gegenüber hinsichtlich ihrer verwaltungsrechtlichen Stellung und zwar, entgegen den klaren Bestimmungen der Städteordnung, des Kommunalabgabengesetzes und des Schlachthofgesetzes und der zu diesen Gesetzen bestehenden Rechtsprechung zu haben beliebt.

Die für die Gemeindetierärzte wichtigsten Bestimmungen des KBG. lauten wie folgt:

**§ 1.** Als Kommunalbeamter gilt, wer als Beamter für den Dienst einer Gemeinde oder eines Kommunalverbandes gegen Besoldung angestellt ist[1]. Die Anstellung erfolgt durch Aushändigung einer Anstellungs-

---

[1] Mittelbare Staatsbeamte heißen diejenigen, die bei einer dem Staate untergeordneten, bei Erfüllung staatlicher Aufgaben mit verwandten Körperschaft (Provinz, Kreis, Gemeinde, Sozietät usw.) in einem Beamtenverhältnis angestellt sind (OVG. XVI, 154).

Die Kommunalbeamten sind als mittelbare Staatsbeamte Diener des Staates, wie die unmittelbaren Staatsbeamten. Die Stellung der unmittelbaren und der mittelbaren Staatsbeamten ist gegenüber dem Staate im allgemeinen und von den aus der Eigenart des einzelnen Amtes sich ergebenenden Pflichten abgesehen, als die gleiche anzusehen (OVG. Bd. XIX. S. 429).

Nach der heutigen Entwicklung der städtischen Gemeinwesen bildet der Betrieb der städtischen Licht- und Wasserwerke und anderer Unternehmungen ähnlicher Art einen wesentlichen Teil der Gesamtverwaltung. Alle diese Unternehmungen dienen keineswegs ausschließlich oder auch nur in erster Linie Erwerbszwecken, urkunde[1]. Die Rechtsverhältnisse der auf Probe, zu vorübergehenden Dienstleistungen oder zur Vorbereitung angestellten Kommunalbeamten unterliegen den Bestimmungen nur insoweit, als dies ausdrücklich vorgesehen ist.

**§ 2.** Auf Personen, die ein Kommunalamt nur als Nebenamt oder als Nebentätigkeit ausüben oder ein Kommunalamt führen, das nach seiner Art oder seinem Umfange nach nur als eine Nebentätigkeit anzusehen ist, findet das Gesetz keine Anwendung[2].

**§ 8.** Die Anstellung der städtischen Beamten erfolgt unbeschadet der Vorschriften in §§ 9, 10 auf Lebenszeit. Für die Beamten der städtischen Betriebsverwaltung findet Abs. 1 nur insoweit Anwendung als die Stadtgemeinden dies beschließen. Welche Verwaltungszweige zu den städtischen Betriebsverwaltungen zu rechnen sind, kann durch Ortsstatut festgesetzt werden.

**§ 9.** Abweichungen von dem Grundsatz der Anstellung auf Lebenszeit können durch Ortsstatut oder in einzelnen Fällen mit Genehmigung der Aufsichtsbehörde festgesetzt werden. Soweit hiernach eine Anstellung auf Kündigung zulässig ist, darf die Kündigung nur auf Grund eines Beschlusses des kollegialen Gemeindevorstandes (Magistrat) oder, wo ein solcher nicht besteht, eines und dem Bürgermeister und den Beigeordneten gebildeten Kollegiums erfolgen[3].

**§ 10.** Der Anstellung kann eine Beschäftigung auf Probe vorangehen. Diese darf in der Regel 2 Jahre nicht übersteigen. Eine Ausdehnung der probeweisen Beschäftigung ist nur mit Genehmigung der Aufsichtsbehörde zulässig. Im übrigen hat bei Beamten, die probeweise oder zu vorübergehenden Dienstleistungen oder zum Zweck der Vorbereitung beschäftigt werden, die Regelung der Annahmebedingungen vor dem Antritt der Beschäftigung zu erfolgen.

Diese Bestimmungen des KBG. haben in der Praxis sich folgendermaßen ausgewirkt und eine eigenartige Rechtslage geschaffen: Nach § 8 Abs. 1 des KBG. erfolgt die Anstellung der städtischen Beamten auf Lebenszeit, im Gegensatz zu ihnen stehen die Beamten der städtischen Betriebsverwaltungen, auf die der § 8 Abs. 1 keine Anwendung findet. Es stehen sich also gegenüber städtische Beamte und Beamte der städtischen Betriebsverwaltung. Die Anstellung auf Lebenszeit bildet bei den Beamten der städtischen Betriebsverwaltungen eine Ausnahme, sie erfolgt nur dann, wenn die Stadtgemeinden dies beschließen. Welche Verwaltungszweige zu den städtischen Betriebsverwaltungen zu rechnen sind, kann durch Ortsstatut festgesetzt werden. Ein Zwang zu dieser Feststellung besteht also nicht. Sind die Schlacht- und Viehhöfe nicht in diesem Ortsstatut aufgeführt, so sind sie auch keine Betriebsverwaltungen. Ist aber die Festsetzung durch Ortsstatut und die Bestätigung durch die Aufsichtsbehörde rechtsmäßig erfolgt, so haben diese Ortsstatute eine auch den Richter bindende Kraft. Sie unterliegen also nicht der Nachprüfung durch die Gerichte, ob die Festsetzung eines Verwaltungszweiges als Betriebsverwaltung mit anderen gesetzlichen Bestimmungen nicht in Einklang steht oder über die gesetzliche Ermächtigung hinausgeht. Nach der ministeriellen Anweisung sind die Stadtgemeinden nicht verpflichtet, die zu technischen, wissenschaftlichen, künstlerischen oder mechanischen Dienstleistungen benötigten Kräfte im Wege des öffentlich-rechtlichen Dienst-

---

was überdies ihrer Natur als einer im öffentlichen Interesse errichteten Gemeindeveranstaltung schon mit Rücksicht auf die städtischen Steuerverhältnisse nicht entgegenstehen würde, sondern der öffentlichen Sicherheit und Ordnung, insbesondere der Verkehrssicherheit und Gesundheitspflege. Richtet also eine Stadtgemeinde eine dauernde Stelle ein, die unabhängig von ihrem jeweiligen Inhaber die zur Aufrechterhaltung, Leitung oder Beaufsichtigung eines derartigen Betriebes erforderliche Tätigkeit wahrzunehmen berufen ist, so kommt dieser Stelle die Natur eines städtischen Amtes zu (RGE. vom 1. Oktober 1926).

[1] Anstellungsurkunden von Gemeindebeamten bedürfen nicht der Form, welche für Verpflichtungsurkunden der Gemeinden vorgeschrieben sind. Es wird für ausreichend erachtet, daß ein Schriftstück, daß den Anstellungswillen unzweideutig zu erkennen gibt, als Anstellungsurkunde angesehen wird (RGE. vom 11. März 1921). Durch pr. Sparverordnung vom 12. 9. 31 diese ständ. Rechtsprechung außer Kraft gesetzt!

[2] Stellt also eine Stadtgemeinde einen Tierarzt nebenamtlich an, so tut sie dar, daß das städtische Amt, durch das die betreffende Anstalt verwaltet wird, nach Art und Umfang nicht erheblich ist. Dann ist es aber auch nicht die betreffende Verwaltung. Sie setzt sich also in Gegensatz mit den ministeriellen Anweisungen zum KBG., die vorschreiben, daß eine Verwaltung nur als Betriebsverwaltung bezeichnet werden kann, wenn diese einen erheblicheren Umfang hat. Sie kann somit die betreffende Verwaltung nicht unter die Betriebsverwaltungen einreihen. Hat sie dies getan, so gibt die Stadtverwaltung kund, daß die Verwaltung einen erheblicheren Umfang hat, sie kann somit den betreffenden Beamten nebenamtlich nicht anstellen, zumal ja beim Vorliegen einer Betriebsverwaltung das Vorhandensein eigenen Personals ein Erfordernis ist (siehe Kapitel „Die verwaltungsrechtliche Stellung der Schlachthöfe). Es ist hiermit die Handhabe zur Bekämpfung des immer mehr zutage tretenden Bestrebens der Gemeinden gegeben, hauptamtliche Gemeindetierarztstellen aufzuheben und nebenamtlich mitversehen zu lassen.

[3] Als besondere Abweichungen wurden als zulässig anerkannt, die Bestimmung eines bestimmten Dienst- und Lebensalters als Voraussetzung der lebenslänglichen Anstellung und ferner die Anstellung von technischen Beamten nach Analogie der Magistratsmitglieder auf eine bestimmte Reihe von Jahren mit Pensionsberechtigung für den Fall der Nicht-Wiederernennung (Komm.-Ber. S. 10, Sten.-Verh. H. H. S. 141). Diese letzte Art der Anstellung ist auch bei Schlachthoftierärzten im Rheinland üblich und zulässig, da das Rheinland eine andere Städteordnung hat. Dort ist die sog. Bürgermeisterverfassung geltend, während in den sechs östlichen Provinzen die sog. Magistratsverfassung gilt.

Soll ein Gemeindebeamter, der bisher auf Kündigung angestellt war, lebenslänglich angestellt werden, so bedarf es hieraus eines entsprechenden Beschlusses der zuständigen Gemeindeorgane und der Mitteilung dieses Beschlusses an den Beamten (RGE. 8. 1. 26).

kontraktes anzustellen. So werden für die Dienstleistungen in städtischen Theatern, Museen, Badeetablissements, Schlachthöfen usw. im allgemeinen Nichtbeamte angenommen werden können, während im einzelnen einem Schlachthofvorsteher, welchem die Befugnis zum Erlaß polizeilicher Verfügungen übertragen werden soll, Beamteneigenschaft eingeräumt werden muß. Die Anstellungsverhältnisse liegen für die Gemeindetierärzte mithin folgendermaßen: Gemeindetierärzte, denen die Ausübung obrigkeitlicher Funktionen[1] übertragen ist, müssen als Beamte angestellt, die anderen können im Wege des Privatdienstvertrages verpflichtet werden. Die herrschende Meinung ist nun die, daß Beamte, denen die Ausübung obrigkeitlicher Funktionen übertragen ist, nur auf Lebenszeit angestellt werden können. Eine andere Ansicht negiert diese Auffassung mit folgender Begründung: An dem Verwaltungsgrundsatz, daß Ausübung obrigkeitlicher Funktionen automatisch Beamteneigenschaft bedingt, wird auch entsprechend der ministeriellen Anweisung festgehalten. Bei den Beamten der allgemeinen Verwaltung ist damit auch, wie die Praxis der Verwaltungsgerichte dies beweist, die Anstellung auf Lebenszeit verbunden, da der § 8 Abs. 1 des KBG. bei den städtischen Beamten nur diese Anstellungsart zuläßt. Der Beamte der städtischen Betriebsverwaltung ist zwar Beamter auf Kündigung, er ist als solcher aber nach der Rechtssprechung Beamter mit allen solchen zukommenden Rechten und Pflichten, und zwar unmittelbarer und mittelbarer, wie die kommunalen Kündigungsbeamten. Bei Anstellung als Beamter der städtischen Betriebsverwaltungen, also als Kündigungsbeamter, ist somit auch der Verwaltungsgrundsatz gewahrt, daß Ausübung obrigkeitlicher Funktionen Beamteneigenschaft bedingt. Das ist eine Ansicht, die hinsichtlich ihrer formellen Logik einer gewissen Berechtigung nicht entbehrt. Gesetze, Verordnungen, Verwaltungsgrundsätze sollen aber nicht allein formell ausgelegt, bei ihnen soll auch der inneren Begründung, die ihnen bei ihrer Entstehung gegeben wurde, nachgegangen werden. Die innere Begründung für die Aufstellung des Verwaltungsgrundsatzes, daß obrigkeitliche Funktionen ausschließlich durch Beamte ausgeübt werden müssen, war die, daß die diese Funktionen ausübende Person unabhängig von Konstellationen jeder Art sein muß, um unbeeinflußt seinen Obliegenheiten nachgehen zu können. Das ist aber nur ein auf Lebenszeit angestellter Beamter. Bei Auslegung des KBG. hält auch in Art. 1 Abs. 5 die ministerielle Anweisung an dem Grundsatz fest, daß obrigkeitliche Funktionen ausschließlich von Beamten ausgeübt werden müssen, also von städtischen Beamten. Sie spricht ausdrücklich im einzelnen den Schlachthofvorstehern, die obrigkeitliche Funktionen ausüben sollen, die Beamteneigenschaft im obigen Sinne zu, während sie im allgemeinen die Dienstobliegenheiten anführt, für die auch Nichtbeamte im Sinne des § 8 Abs. 1 des KBG. verpflichtet werden können. Nach den Kommentaren zum KBG., ich führe hier besonders Kautz und Appelius an, ist der Begriff des Kommunalbeamten im Sinne des § 1 des KBG. ein anderer wie der allgemeine Begriff. Wir stellten ja schon vorhin fest, daß der § 8 des KBG. städtische Beamte und Beamte der städtischen Betriebsverwaltungen in Gegensatz setzt. Bei dem Verwaltungsgrundsatz, daß obrigkeitliche Funktionen ausschließlich durch Beamte ausgeübt werden müssen, muß nach seiner inneren Begründung der allgemeine Beamtenbegriff zugrunde gelegt werden, also der des städtischen Beamten mit Anstellung auf Lebenszeit[2].

---

[1] Solche Funktionen können nach § 67 der Ausführungsbestimmungen vom 20. März 1903 übertragen werden. Diese Übertragung hat auf Anordnung des Regierungspräsidenten in Breslau generell stattgefunden; es beziehen sich diese Befugnisse auf die polizeiliche Mitwirkung nach Beanstandung einzelner Organe und Fleischteile oder kleiner Tiere (vgl. auch Urteil vom 7. Juli 1905 Preuß. Verw.-Blatt 1927, 23). S. auch O. V. G. E. vom 20. Dez. 1881.

[2] Die Entscheidungsgründe der neuesten zum Abdruck in der amtlichen Sammlung vorgesehenen RGE. III 10/29 vom 11. Oktober 1929 sind mit folgenden Ausführungen von grundsätzlicher Bedeutung und klären die Rechtslage zugunsten der Gemeindetierärzte. „Es unterliegt keinem Zweifel, daß der Kläger, wenn nicht schon durch seine Beauftragung mit der Leitung der Kohlenstelle und mit Geschäften der Preisprüfungsstelle, so doch spätestens durch die Übertragung der Leitung des Wohnungsamtes eine Tätigkeit anvertraut erhalten hat, die ihrer Natur nach nur kraft einer amtlichen Stellung ausgeübt werden kann. Es erhellt dies ohne weiteres daraus, daß einen hauptsächlichen Teil des Aufgabenkreises der Wohnungsämter unbestreitbar die hoheitsrechtlichen Maßnahmen (die Ausübung der Fleischuntersuchung und der polizeilichen Befugnisse der Gemeindetierärzte sind zweifelsohne auch solche. D. Verf.) bilden, welche sich nach den §§ 2, 4, 5, 8 des Wohnungsmangelsgesetzes und der auf Grund von § 6 erlassenen landesrechtlichen Vorschriften notwendig machen. Nach dieser Richtung ist denn auch ein Widerspruch von der Beklagten (Stadtgemeinde) nicht erhoben worden. Sie bekämpft lediglich den vom Kläger eingenommenen und vom Landgericht geteilten Standpunkt, daß auch unter der Herrschaft des Pr. KBG., das in § 1 Satz 2 bestimmt: „Die Anstellung — als Kommunalbeamter — erfolgt durch Aushändigung einer Anstellungsurkunde", die Beamteneigenschaft auch durch die Übertragung einer mit obrigkeitlichen Akten verbundenen Tätigkeit begründet werden könne. Diese Annahme steht jedoch im Einklang mit der ständigen Rechtssprechung des erkennenden Senates, welche durch die Angriffe der Revision nicht erschüttert wird. Die Befugnis zur Ausübung von Hoheitsrechten kann der Natur der Sache nach nur im Rahmen eines öffentlich-rechtlichen Beamtenverhältnisses eingeräumt werden und nicht der Gegenstand eines privatrechtlichen Dienst-

Es sei festgestellt, daß die Anstellungsverhältnisse der Gemeindetierärzte nicht überall einheitlich geregelt sind. Eine einheitliche Regelung ist im Interesse der den Gemeindetierärzten übertragenen lebenswichtigen Aufgaben sozialer und hygienischer Art mit allen Mitteln durchzusetzen. Der Rechtsweg der Klage auf Feststellung der Beamteneigenschaft ist nach der Rechtsprechung nicht zulässig, wohl aber der auf Feststellung der lebenslänglichen Anstellung,

---

vertrages sein. Sie setzt daher die Anstellung als Beamter notwendig voraus. Wer sie übertragen erhält, wird aus dem inneren Wesen der Sache heraus Beamter (RGZ. **84**, 368; **89**, 297; **90**, 260; **113**, 221. JW. **1916**, 1020; 8, **1920**, 556, 9). Von diesen grundsätzlichen Erwägungen ist das Reichsgericht insbesondere auch bei der Prüfung der Beamteneigenschaft von Angestellten preußischer Kommunalverbände ausgegangen und es hat sich hieran auch durch die obenbezeichnete Vorschrift nicht behindert gesehen (RGZ. **99**, 267; Seuff. A. **82**, 242). Der Gesetzgeber würde, wenn er mit der Bestimmung die Kundgebung des Anstellungswillens durch die Übertragung von Dienstverrichtungen öffentlich-rechtlicher Art hätte ausschließen wollen, etwas geradezu rechtlich Unmögliches und Undurchführbares angeordnet haben. Eine solche Vorschrift würde sich über die Schranken, welche dem Gesetzgeber durch den mit innerer Notwendigkeit gegebenen Zusammenhang zwischen der Betätigung von Hoheitsakten und der amtlichen Stellung gezogen sind, hinwegsetzen und deshalb keine Beachtung verdienen. Möglich bleibt es allerdings, die Rechtsstellung von Beamten solchen Personen zu versagen, denen nur nebenher obrigkeitliche Befugnisse zugeteilt sind, deren Haupttätigkeit aber mit einer Ausübung der öffentlichen Gewalt nicht verbunden ist, wie dies in der Rechtsprechung des Reichsgerichtes z. B. gegenüber den Lokomotivhilfsheizern der vormaligen preußischen Eisenbahnverwaltung angenommen wurde (RGZ. **106**, 17 f g) (Gemeindetierärzte üben obrigkeitliche Befugnisse nicht nebenher aus, sondern die Beurteilung, Freigabe und Konfiskation von Fleisch ist ihre Haupttätigkeit. Etwas anders liegt der Fall jedoch bei den Aushilfstierärzten, bei denen man dieser Ansicht nachgeben kann. D. Verf.). Allein der Stellung des Klägers wurde durch die Ernennung zum Leiter des Wohnungsamtes wegen der damit ganz wesentlich verknüpften obrigkeitlichen Dienstgeschäfte der Charakter einer Beamtenstellung aufgeprägt (das ist auch bei den Gemeindetierärzten der Fall. D. Verf.). Da die Kommunalbeamten nach § 8 KBG. grundsätzlich auf Lebenszeit anzustellen sind und das Vorliegen einer der Ausnahmen des § 9 Abs. 1 nicht behauptet ist (die Gemeindetierärzte als Beamte der städtischen Betriebsverwaltungen mit obrigkeitlichen Befugnissen fallen ebenfalls nicht unter den § 9, sondern unter den § 8 Abs. 2. D. Verf.), so ist die Bestimmung über die Kündbarkeit des Klägers hinfällig und die von der Beklagten ausgesprochene Kündigung als unwirksam zu betrachten.“

Eine zweite Reichsgerichtsentscheidung hat sich im Gegensatz dazu die andere Auffassung zu eigen gemacht, indem in ihr ausgeführt wird:

„Es ist also für die Revisionsinstanz davon auszugehen, daß der Kläger zunächst Kündigungsbeamter war. Aber auch auf die vor dem Inkrafttreten des KBG. vom 30. Juli 1899 angestellten Gemeindebeamten findet dieses Anwendung, und zwar auch dann, wenn ihnen keine Anstellungsurkunde ausgehändigt war oder nachträglich ausgehändigt wurde (vgl. Urteil des erkennenden Senats vom 1. März 1911 — III. 381/10). Der Berufungsrichter meint jedoch, die Rechtsstellung des Klägers habe sich auch unter der Herrschaft des Gesetzes vom 30. Juli 1899 nicht geändert, da nach § 8 Abs. 2 daselbst hinsichtlich der Beamten städtischer Betriebsverwaltungen der Grundsatz lebenslänglicher Anstellung (§ 8 Abs. 1 a. a. O.) durchbrochen sei und seine Anwendung eines ausdrücklichen Gemeindebeschlusses bedürfe. Diese Annahme wird von der Revision als rechtsirrig bekämpft, weil der Kläger, falls ihm, wie er behaupte, die Ausübung polizeilicher, also hoheitsrechtlicher Funktionen obgelegen habe, niemals als Beamter im Sinne des § 8 Abs. 2 a. a. O. gelten könne, vielmehr stets, auch wenn er die Hoheitsrechte innerhalb einer Betriebsverwaltung wahrgenommen habe, der Regel des § 8 Abs. 1 a. a. O. unterliege. Diese Rechtsauffassung ist verfehlt. Sie findet im Gesetz keine Stütze. Die Vorschrift des § 8 Abs. 2 KBG. soll dem Interesse der Stadtgemeinden dienen und sie den raschen Entwicklungsmöglichkeiten der Gegenwart und plötzlich auftretenden Bedürfnissen entsprechend in den Stand setzen, selbständige wirtschaftliche Unternehmungen und von dem sonstigen städtischen Beamtenkörper abgesonderte Betriebsverwaltungen mit eigenem kündbaren Personal so schnell als möglich ins Leben zu rufen, ohne auf den schwerfälligen Weg der ortsstatutarischen Kündigungsregelung angewiesen oder beschränkt zu sein (Kom.-Ber. Drucks. des Herrenhauses Nr 63 Session 1899, 12). Mit diesem Zwecke wäre es kaum vereinbar, wenn das Gesetz die Betriebsverwaltungsbeamten mit öffentlich-rechtlichen Befugnissen einer anderen rechtlichen Behandlung unterwürfe als die ohne solche. § 8 Abs. 2 a. a. O. kennt keine Beamtenunterschiede, sondern bestimmt klar und unzweideutig, daß sämtliche Beamte städtischer Betriebsverwaltungen ausnahmslos der Regel nach Kündigungsbeamte sind und nur auf Grund eines besonderen Gemeindebeschlusses der lebenslänglichen Anstellung teilhaftig werden können. Ein solcher ist aber zugunsten des Klägers unstreitig niemals ergangen.

Abgesehen davon ist aber auch kein zwingender innerer Grund für die von der Revision vertretene Rechtsauffassung ersichtlich, da auch in der eigentlichen allgemeinen Stadtverwaltung Kündigungsbeamte häufig mit der Wahrnehmung öffentlich-rechtlicher Funktionen betraut sind (vgl. § 9 KBG.). In Übereinstimmung damit ist auch bei der Beratung des KBG. vom Regierungsvertreter anerkannt worden, daß für die Einrichtung einer Betriebsverwaltung im Sinne des § 8 Abs. 2 a. a. O. sehr wohl öffentliche Interessen allgemeiner Art, wie Gesundheitspflege, Verkehrsordnung usw., entscheidend sein können und daß es daher für sie auch ohne Bedeutung sei, daß einzelne im Betriebe angestellte Beamte obrigkeitliche Befugnisse auszuüben haben (vgl. Kom.-Ber. a. a. O. S. 14).“

Urteil des Reichsgerichts vom 4. Oktober 1929 — III. 5/29.

Berücksichtigt man diese Entscheidung des Reichsgerichts, so bleibt nichts anderes übrig, als mit allen Mitteln darnach zu streben, daß die Schlachthöfe in der Min.-Anweisung zum KBG. als Beispiel für eine Betriebsverwaltung fortgelassen werden. Die Gründe sind in dem Kapitel „Die verwaltungsrechtliche Stellung der Schlacht- und Viehhöfe“ angegeben. Nach der zuletzt angeführten RGE. können obrigkeitliche Funktionen auch durch Kündigungsbeamte ausgeübt werden.

da diese nach einem Urteil des Kammergerichts vom 16. November 1928 — 11 U. 9469/28 die Geltendmachung eines vermögensrechtlichen Anspruches darstellt[1].

Für die Beamten der städtischen Betriebsverwaltungen ergeben sich folgende Rechtsverhältnisse.

Der auf Widerruf oder Kündigung angestellte Beamte ist wahrer Staatsbeamter mit allen solchen zukommenden Rechten und Pflichten (Gruchot 33, 1038), und zwar unmittelbarer oder

---

[1] Kammel, Stettin, hat in Nr. 6/28 der Z. Fleisch- u. Milchhyg. einen Entwurf veröffentlicht, der zu Eingaben an die entsprechenden Behörden als Grundlage empfohlen werden kann. Der Entwurf bezieht sich zwar auf örtliche Verhältnisse, er kann aber in anderen Gegenden unter Umständen die Anregung zu entsprechendem Vorgehen geben.

Entwurf.

An
den Herrn Regierungspräsidenten
in N.

Bei Neubesetzung und bei der Anstellung von Schlachthoftierärzten durch die Schlachthofgemeinden wurde in letzter Zeit wiederholt die Beobachtung gemacht, daß diese nicht überall nach den gesetzlichen Bestimmungen, nach dem preußischen Gesetz, betreffend die Anstellung und Versorgung von Kommunalbeamten, vom 30. Juli 1899 und der erlassenen ministeriellen Anweisung zur Ausführung dieses Gesetzes, geschieht. Die Schlachthofgemeinden suchen sich der Anstellung von Schlachthoftierärzten mit Beamteneigenschaft durch die Anstellung praktischer Tierärzte im Nebenamt und im Wege des Privatdienstvertrages zu entziehen. Nach dem Kommentar, Pr. Kommunalbeamtenrecht von Dr. jur. Krautz und F. Appelius, 1900, S. 5, beruht das Amt aller Staatsdiener nicht auf einem privatrechtlichen Vertrage, sondern dieses ist ein öffentlich-rechtliches Dienstverhältnis zum Zwecke der Ausübung staatlicher Funktionen. Die Kommunalbeamten sind als mittelbare Staatsbeamte Diener des Staates wie die unmittelbaren Staatsbeamten. Da die Ausübung der Schlachtvieh- und Fleischbeschau eine Ausübung von staatlichen Funktionen auf Grund des Reichsfleischbeschaugesetzes von 1900 (Beurteilung, Freigabe und Konfiskation von Fleisch) ist, dürften in Schlachthofgemeinden diese nur durch Kommunalbeamte ausgeübt werden. In der ministeriellen Anweisung zur Ausführung des Gesetzes, betreffend die Anstellung und Versorgung von Kommunalbeamten, vom 30. Juli 1899 wird ausdrücklich an dem Grundsatz festgehalten, daß obrigkeitliche Funktionen ausschließlich von Beamten ausgeübt werden müssen. Sie machen zwar eine Ausnahme von diesem Grundsatz bei Betriebsverwaltungen, zu denen sie auch die Schlachthöfe rechnen, obwohl diese in verwaltungsrechtlicher Beziehung (keine Verwendung von Überschüssen zugunsten der Stadt!) zu den gemeinnützigen Anstalten gehören. In Artikel III (§ 8—10) weisen sie aber darauf hin, daß diese Ausnahme nicht bei Beamten von Schlachthöfen Platz greift, die obrigkeitliche Funktionen ausüben. Bei diesen muß also ebenfalls an dem Grundsatz festgehalten werden, daß obrigkeitliche Funktionen nur von Beamten ausgeübt werden dürfen. Die Schlachthoftierärzte üben aber sowohl auf Grund des Reichsfleischbeschaugesetzes (Freigabe und Konfiskation von Fleisch, Erkenntnis des Pr. OVG. vom 20. November 1881) als auch auf Grund der Verfügung des Herrn Regierungspräsidenten von Breslau vom 13. Juli 1906 (Übertragung von obrigkeitlichen Funktionen an sämtliche Schlachthoftierärzte) obrigkeitliche Funktionen aus. Somit kann für die Schlachthoftierärzte im Regierungsbezirk Breslau zweifelsfrei nur die Anstellung als Beamter in Frage kommen. Viele Stadtgemeinden haben zwar die Anstellung als Beamter, aber als Betriebsbeamter mit dreimonatiger Kündigung vorgenommen. Nach § 56 Abs. 6 Tit. V der preußischen Städteordnung kommt aber nur eine Anstellung auf Lebenszeit und mit Pensionsberechtigung in Frage, da es sich bei den Schlachthofvorstehern und Schlachthoftierärzten weder um eine mechanische noch um eine vorübergehende Dienstleistung handelt (Reg. Arnsberg vom 2. August 1888). Auch nach einer Entscheidung des Pr. OVG. vom 20. November 1881 müssen Schlachthoftierärzte auf Lebenszeit und mit Pensionsberechtigung angestellt werden, „da mit ihrem Amt einerseits obrigkeitliche Befugnisse (Freigabe und Konfiskation von Fleisch) verbunden sind, andererseits der Betrieb, dem sie ihre Tätigkeit widmen, nicht zu den „gewerblichen", d. h. zu denjenigen gehört, die auf Erzielung von Reineinnahmen für die Stadt gerichtet sind". Ferner hat das Pr. OVG. am 26. September 1885 entschieden, daß es im öffentlichen Interesse nicht als statthaft zu erachten ist, daß die Stadtgemeinden die Pensionsberechtigung der auf Lebenszeit anzustellenden Gemeindebeamten durch die Bedingungen des Anstellungsvertrages auszuschließen suchen. Es sind mehrere Fälle im Regierungsbezirk Breslau bekannt geworden, wo dies ebenfalls der Fall ist. Die Stadt Striegau hat den Schlachthoftierarzt auf Privatdienstvertrag angestellt und nach der amtlichen Statistik die Leitung des Schlachthofes einem Magistratsassistenten übertragen. In einer Stadt von 14000 Einwohnern ist aber der Schlachthoftierarzt, wenn die Schlachtvieh- und Fleischbeschau gewissenhaft den hygienischen Bedürfnissen entsprechend ausgeführt werden soll, voll beschäftigt. Es verlautet, daß die Stadt Frankenstein nach Versetzung des bisherigen Schlachthofdirektors in den Ruhestand beabsichtigt, die Stelle des Schlachthofdirektors nebenamtlich mittels Privatverdienstvertrags zu besetzen.

Nach den gemachten Ausführungen kann unseres Erachtens im Regierungsbezirk Breslau die Anstellung eines Schlachthoftierarztes nur mit Beamteneigenschaft erfolgen, da die Schlachthoftierärzte obrigkeitliche Befugnisse ausüben. Unberührt davon bleibt die Möglichkeit, bei Nichtvollbeschäftigung und Ausübung von Privatpraxis das Gehalt prozentual zu kürzen.

Im Interesse der Volksgesundheit, der Erhaltung des Berufsbeamtentums und des tierärztlichen Standes bitten wir daher den Herrn Regierungspräsidenten als Aufsichtsbehörde der kommunalen Selbstverwaltungskörper:

1. Bei Neubesetzung von Schlachthoftierarztstellen gemäß § 3 des Gesetzes, betreffend die Anstellung von Kommunalbeamten, wegen unzulässiger Bedingungen die Bestätigung zu versagen, falls nicht nach den angeführten Bestimmungen verfahren wird.

2. Bei allen Stadtverwaltungen generell zu prüfen, ob bei der Anstellung der bereits im Amt befindlichen Schlachthoftierärzte nach den gesetzlichen Bestimmungen und den Erkenntnissen des Pr. OVG. verfahren worden ist, und evtl. eine Änderung der betreffenden Ortsstatute herbeizuführen.

mittelbarer. Seine Stellung zu der annehmenden Behörde ist keine privatrechtliche. Dies gilt auch dann, wenn er, wie zu vorübergehenden Dienstleistungen Angestellte, von vornherein nur für kürzere Zeit angestellt ist (OVG. vom 22. Februar 1898 bei von Rheinbaben 23).

Die Kündigungsbeamten können ohne ein förmliches Disziplinarverfahren von der Behörde, welche ihre Anstellung verfügt hat, entlassen werden (§ 83 Abs. 1 Pr. DisG.). Die Entlassung dieser Beamten erfolgt hiernach regelmäßig nur im Wege der Kündigung; diese wird erst wirksam, wenn sie dem Beamten zugegangen ist. Darüber hinaus können die Ortsstatute besondere Bestimmungen über Kündigung usw. enthalten, auf die genau geachtet werden muß. Als Rechtsmittel gegen die Gesetzmäßigkeit der Kündigung kommt die Beschwerde im Aufsichtswege in Betracht. Die Aufsichtsbehörde (Regierungspräsident, in Berlin: Oberpräsident, Beschwerdeinstanz: der Oberpräsident, in Berlin: der Minister des Innern, § 7 ZustG.) wird aber nicht zur Nachprüfung der Gründe einer an sich zulässigen Kündigung, sondern nur dann zum Einschreiten berechtigt sein, wenn der Beamte behauptet, daß die Kündigung überhaupt rechtlich unzulässig gewesen oder daß der Kündigungsbeschluß nicht ordnungsgemäß ergangen ist. Werden dabei vermögensrechtliche Ansprüche streitig, so ist der im § 17 KBG. geordnete Instanzenzug einzuschlagen (Kautz und Appelius, Pr. Kommunalbeamtenrecht). Allein auch in diesem Verfahren ist eine Nachprüfung der Kündigungsgründe nicht zulässig, jene vielmehr auf die Prüfung der rechtlichen Zulässigkeit der Kündigung beschränkt (RG. Bd. III. S. 91). Zu erwägen dürfte sein, ob das Gericht nicht wenigstens dann Abhilfe schaffen kann, wenn die Behörde das Kündigungsrecht dazu mißbraucht hat, um einen dienstunfähig gewordenen Beamten, dessen Entlassung nicht durch andere Gründe veranlaßt worden, das Pensionsrecht abzuschneiden (RG. Bd. III. S. 31). Ein Pensionsanspruch steht dem auf Kündigung angestellten Beamten evtl. dann und nur dann zu, wenn ihm wegen körperlicher Dienstunfähigkeit gekündigt ist (RGE. 82, 260, 264). Die Kündigung beseitigt auch nicht notwendig den Anspruch des Kündigungsbeamten auf Ruhegehalt, sofern ein solcher begründet war (RGE. vom 20. Januar 1925).

In vielen Städten enthalten die Ortsstatute über die Anstellung und Besoldung der Gemeindebediensteten die Bestimmung, daß die Anstellung und Besoldung nach staatlichen Grundsätzen erfolgt. In diesen Fällen sind den staatlichen Grundsätzen und Bestimmungen besondere Beachtung zu schenken. Die Reichsressorts haben sich im Juli 1920 dahin geeinigt, daß die Kündigungsklausel bei allen auf Kündigung angestellten Beamten nach Ablauf einer gewissen Zeit gestrichen werden soll, so daß damit die Anstellung zu einer lebenslänglichen wird. Voraussetzung der Streichung der Kündigungsklausel soll sein, daß der Beamte: 1. planmäßig angestellt ist, 2. das 32. Lebensjahr vollendet hat, und 3. eine gewisse Zeit sich im Beamtenverhältnis bewährt hat. Die Bewährungsfrist beträgt: 1. Für Zivilanwärter und für Inhaber des Anstellungsscheines 5 Jahre, 2. für Inhaber des Zivilversorgungsscheines bei geringerer als zehnjähriger Militärdienstzeit 3 Jahre, 3. für Inhaber des Zivilversorgungsscheines mit zehnjähriger und längerer Militärdienstzeit 2 Jahre. Da hiernach sämtliche Beamte auf Lebenszeit angestellt werden, besteht folgender Rechtszustand: Jeder Beamte, der die unter den ersten Ziffern 1—3 genannten Voraussetzungen erfüllt hat und bei dem die unter den folgenden Ziffern 1—3 erwähnten Bewährungsfristen abgelaufen sind, ist unkündbar, also lebenslänglich angestellt.

In Preußen ist eine gleiche Regelung erfolgt durch PrFM. vom 17. November 1922. (Ministerialblatt für die preußische innere Verwaltung 1157.) Die Anstellung erfolgt grundsätzlich mit dreimonatlicher Kündigungsfrist; die Kündigungsklausel ist als gelöscht zu bezeichnen, wenn der Beamte planmäßig angestellt oder das 32. Lebensjahr vollendet und sich eine gewisse Zeit im Beamtenverhältnis bewährt hat.

Bei Innungsschlachthöfen hat die Anstellung der Schlachthoftierärzte ebenfalls durch den Magistrat zu erfolgen. In diesem Sinne spricht sich auch die bereits angeführte Entscheidung der Regierung zu Breslau vom 16. März 1892 aus, nach welcher selbst Innungen gehörige Schlachthöfe nicht als gewerbliche Anlagen, sondern als öffentliche kommunale Einrichtungen zu betrachten sind, bei denen die Anstellung des Schlachthoftierarztes vollständig unabhängig ist von den Schlachthofbesitzern und durch den Magistrat zu erfolgen hat. Letzterer scheine hierzu nach § 12 des Gesetzes vom 18. März 1868 und 9. März 1881 ohne weiteres befugt.

Es besteht auch die Möglichkeit, die Fleischuntersuchung an den Innungsschlachthöfen mit Hilfe von Fleischbeschauämtern zu regeln. In diesem Falle sind die Fleischbeschauämter Einrichtungen der örtlichen Polizeiverwaltungen. Da die örtlichen Polizeiverwaltungen in vielen Fällen verstaatlicht sind, so ist die Folge, daß dann die an diesen Fleischbeschauämtern angestellten Tierärzte zu staatlichen Beamten (Polizeitierärzten) werden. Ähnlich wie bei den Innungsschlachthöfen liegen die Verhältnisse, wenn die Schlachthöfe mit Hilfe einer GmbH. betrieben werden (z. B. Wesermünde). Diese Betriebsform wird neuerdings bei städtischen Betrieben sehr propagiert. Es kann dahingestellt bleiben, ob diese Betriebsform für die Schlachthöfe überhaupt gegeben ist, da sie gemeinnützige Anstalten sind, der Betrieb in Gestalt einer GmbH. zu offenkundig dartut, daß es sich um einen auf Erwerb eingestellten Betrieb handelt. Betreffs der Anstellungsverhältnisse der Schlachthoftierärzte an diesen Schlachthöfen gilt das bei den Innungsschlachthöfen gesagte. Eigenartig werden sich aber die Rechtsverhältnisse für die an diesen Schlachthöfen angestellten Direktoren gestalten, die zugleich dem Vorstand dieser GmbH. angehören und ihr Geschäftsführer sind. Hier wird rechtlich entscheidend sein, ob die Tätigkeit als Tierarzt mit obrigkeitlichen Funktionen oder die als Geschäftsführer überwiegt, so daß eine Kollisionsgefahr der Rechte und Pflichten eintreten kann.

Von nicht geringer Bedeutung können für einzelne Gemeindetierärzte die zahlreichen Eingemeindungen und kommunalen Neugliederungen sein, bei denen oft das Fortbestehen ihrer Schlachthofanlagen in Frage gestellt wird. Bei den Zusammenlegungen größeren Ausmaßes erfolgt meist besondere gesetzliche Regelung. Aber auch auf Grund des KBG. und der Besoldungsgesetze ist zu beachten, daß jeder Beamte, auch der lebenslänglich angestellte, unter Beibehaltung von Amtsbezeichnung, Bezügen und sonstigen wohlerworbenen Rechten jederzeit in ein anderes Amt von gleichem Rang versetzt werden kann. Damit ist auch gleichzeitig die Möglichkeit der Abänderung seiner bisherigen Dienstanweisung gegeben. Ob für eine solche Versetzung jedesmal die Voraussetzung gegeben ist, muß im Einzelfall beurteilt werden. Ist ein gleichwertiges Amt nicht vorhanden, muß die Kommune einem lebenslänglich angestellten Gemeindetierarzte die Dienstbezüge ohne Kürzung weiterzahlen bis zur Erlangung eines solchen Amtes bzw. bis zur gesetzlichen Altersgrenze. Hinsichtlich der Gleichwertigkeit des neu zu übernehmenden Amtes können Meinungsverschiedenheiten entstehen, wobei zu beachten ist, daß unerhebliche Unterschiede unberücksichtigt bleiben. Die Übernahme eines der Ansicht nach nicht gleichwertigen Amtes kann abgelehnt werden, dieses geschieht aber auf eigene Gefahr hin. Bei ungünstigem Ausgang des Rechtsstreites läuft der Ablehnende Gefahr, sein Amt obendrein ganz zu verlieren. Daher ist eine gewisse Vorsicht geboten.

**Nebenämter und Nebenbeschäftigungen der Gemeindetierärzte.** Ein Nebenamt stellt jede auf förmlicher Anstellung beruhende Tätigkeit im Reichs-, Staats- und Kommunaldienst oder im Dienste einer öffentlich-rechtlichen Körperschaft dar, die eine Stellung neben dem Hauptamt ist und mit dieser nicht schon nach der Gliederung und Verfassung der in Frage kommenden Behörde selbst verbunden ist und verbunden werden kann (ME. vom 30. Januar 1881; 12. Dezember 1886; 18. Juli 1899; RG. 80, 310).

Eine Nebenbeschäftigung ist jede Tätigkeit, auch die unentgeltliche, einmalige oder vorübergehende, die ein Beamter gegenüber einer Behörde, Gesellschaft oder Privatperson in rechtsverbindlicher Form übernimmt; ferner der Betrieb eines Gewerbes durch den Beamten, seine Ehefrau, die in seiner väterlichen Gewalt stehenden oder anderen Mitglieder seines Haushaltes.

Die Reichsbeamten sowie die Beamten der Länder und Gemeinden (Gemeindeverbände) sind verpflichtet, jedes Nebenamt oder jede Nebenbeschäftigung im öffentlichen Dienst anzunehmen, sofern die ausübende Tätigkeit ihrer Vor- oder Berufsbildung[1] entspricht (RPAV. vom 27. Oktober 1923, RGBl. I 999 in Fassung vom 28. Januar 1924, RGBl. 39, und § 12 Pr. PAAbwG. vom 25. März 1926, Ges.-S. 105). Für die Anwendung dieser Bestimmungen sind zwischen den zuständigen Stellen des Reichstages und der Länder einheitliche Richtlinien vereinbart worden. Da die Anstellung der meisten Gemeindetierärzte nach staatlichen Grundsätzen und die Besoldung nach den staatlichen Besoldungsgesetzen erfolgt, so finden auch die Bestimmungen des § 15 RBesG., des § 13 Abs. 2 Pr. GesB. und Nr. 79 Pr. BesO. Anwendung. Vergütungen kommen für nebenamtliche Tätigkeit nur in besonders begründeten Ausnahmefällen in Frage und dürfen nur dann gewährt werden, wenn die Beamten im Hauptamt voll beschäftigt, also nicht entlastet werden, und die nebenamtliche Tätigkeit außerhalb der gewöhnlichen Dienststunden ausgeübt wird. Über die Höhe der zu gewährenden Sätze lassen sich einheitliche Richtlinien nicht aufstellen. Die Entschädigungen dürfen aber über ein Drittel, höchstens über die Hälfte der Friedenssätze nicht hinausgehen (RAM. vom 25. April 1924; für Preußen und Kommunalbeamte PrMdI. vom 13. März 1924, MBl. für die innere preußische Verwaltung 298). Kein Staatsbeamter darf ohne vorgängige Genehmigung ein Nebenamt oder eine

[1] Also auch die Behandlung der Tiere der städtischen Fuhrparke, die Ausübung der Lebensmittelkontrolle usw.

Nebenbeschäftigung, mit welcher eine fortlaufende Entschädigung verbunden ist, übernehmen oder ein Gewerbe betreiben. Die erteilte Genehmigung ist jederzeit widerruflich. Einnahmen aus einer mit dem Hauptamt verbundenen Nebentätigkeit sind an die Staatskassen abzuführen. Nur für den aus dieser Tätigkeit sich ergebenden Mehraufwand darf eine Aufwandsentschädigung belassen werden. Diese Regelung hat z. B. bei den amtlichen Nebeneinnahmen der Veterinärräte Anwendung gefunden. Einnahmen aus anderen Nebenbeschäftigungen und Nebenämtern (aus privaten Unternehmungen, aus staatlichen subventionierten Unternehmungen und aus öffentlichen Mitteln, wie z. B. Vorlesungshonorare an Hochschulen) unterliegen nicht der Abführung an die Staatskasse (RWM. vom 17. Dezember 1925). Auch die Vornahme einer größeren Zahl von Erwerbsgeschäften ohne Genehmigung verstößt nicht gegen die Amtspflicht, wenn sie nicht den Betrieb eines Gewerbes darstellt, es sich vielmehr nur um gelegentliche Geschäfte handelt, auch eine fortlaufende Vergütung nicht bezogen wird. Beamten, die nach Natur ihres Amtes (z. B. Veterinärräte) auf Erwerb angewiesen sind, kann Genehmigung auf Widerruf erteilt werden. Die Beamten dürfen entgeltliche Nebenbeschäftigung, die in einer bestimmten einzelnen Leistung, insbesondere in der Anfertigung von Gutachten usw. bestehen, nicht übernehmen (Pr. MdI. vom 10. März 1923, MBliV. 284). Unter Gewerbe fällt nicht die Erwerbstätigkeit auf dem Gebiete der Wissenschaft und freien Künste. Schriftstellerische Tätigkeit ist kein Gewerbe, auch wenn mit ihr fortlaufend Gewinn erzielt werden soll und der Beamte seine Schrift im Selbstverlag erscheinen läßt (Schulze-Simon, Rechtssprechung des Reichsdisziplinarhofes 1926, S. 265, 276). Als genehmigungspflichtige Nebenbeschäftigung gilt die Übernahme von Versicherungsagenturen, Herausgabe von Zeitschriften, dagegen erfordert eine noch so umfangreiche zeitraubende literarische Tätigkeit nach feststehender Verwaltungsübung keine Genehmigung. Dies gilt besonders auch dann, wenn der Beamte sich zur Übernahme literarischer Arbeiten auf Grund eines festen Verlagsvertrages gegen Entgelt verpflichtet hat (Brand, Beamtenrecht 1928, 440—452).

Für die preußischen Kommunalbeamten sind außerdem noch die §§ 29 und 33 des KBG. maßgebend. Während die Kab.O. vom 13. Juli 1839 (Ges.-S. S. 235) für unmittelbare Staatsbeamte vorschreibt, daß kein Nebenamt und keine Nebenbeschäftigung, mit der eine fortlaufende Remuneration verbunden ist, ohne vorgängige ausdrückliche Genehmigung der vorgesetzten Zentralbehörde übernommen werden dürfe, bestehen für mittelbare Staatsbeamte derartige allgemeine Vorschriften nicht (E. vom 29. Oktober 1902, MBliV. 180). Mittelbare Staatsbeamte unterliegen diesen Vorschriften nur dann, wenn sie, wie die mit den örtlichen Geschäften der Staatsverwaltung, insbesondere der Polizeiverwaltung betrauten Gemeindevorstände (v. Rönne Bd. I, 243), gleichzeitig in unmittelbarem Staatsdienste stehen. Besondere Vorschriften für Kommunalbeamte über die Einholung einer Genehmigung können gesetzlich oder statutarisch festgesetzt werden. Gesetzlich ist eine besondere Genehmigung nur nach der Hannoverschen Städteordnung durch § 57 vorgeschrieben. Ferner kann der Kommunalverband allgemein durch Ortsstatut oder im Einzelfalle bei der Wahl oder Anstellung die vorherige Einholung der Genehmigung zur Übernahme von Nebenämtern oder Nebengeschäften zur Bedingung machen. Dieses Recht darf aber nicht so weit ausgedehnt werden, daß die Wahl eines Beamten von der Verpflichtung zur Nichtübernahme irgendwelcher Nebenämter abhängig gemacht wird. Macht der Kommunalverband von dem Recht der ortsstatutarischen Regelung oder der Vereinbarung im Einzelfalle Gebrauch, so ist die zuständige Stelle für Erteilung der Genehmigung für städtische Magistratsbeamte der Regierungspräsident, für die anderen städtischen Beamten der Magistrat. Die Stadtverordnetenversammlung hat bei städtischen Beamten im allgemeinen nicht mitzusprechen. Die Kommunalbeamten unterliegen in bezug auf die ordnungsmäßige Erfüllung ihrer Amtsobliegenheiten nur derselben Aufsicht und denselben Beschränkungen wie die unmittelbaren Staatsbeamten. Sie bedürfen daher zur Übernahme von Nebenämtern nur der Genehmigung der Dienstbehörde. Diese Dienstbehörde ist aber nicht die Stadtverordnetenversammlung, sondern für die Kommunalbeamten der Magistrat, für Magistratsmitglieder die Regierung. Die Stadtverordnetenversammlung hat somit nicht das Recht, die freie Zeit der Beamten zu prüfen und Nebenämter zu beanstanden, es sei denn, daß sie bei der Wahl sich ein Genehmigungsrecht ausdrücklich vorbehalten hat. Ein solcher Vorbehalt ist, da er sich nicht mit Vorschriften des öffentlichen Rechtes in Widerspruch setzt, zulässig. Soweit Vorschriften über die Einholung der vorherigen Genehmigung für Kommunalbeamte nicht bestehen, hat die Aufsichtsbehörde dennoch das Recht des Eingreifens gegenüber der Fortführung von Nebenämtern und Nebenbeschäftigungen (Kautz und Appelius, Preußisches Kommunalbeamtenrecht).

Diese rechtlichen Verhältnisse sind sinngemäß auf die Gemeindetierärzte zu übertragen. In den meisten Fällen wird durch besondere Vereinbarung den Gemeindetierärzten bei der Anstellung die Ausübung von Privatpraxis verboten sein, d. h. die Ausübung eines Gewerbes. Sind keine anderen Vereinbarungen getroffen und besteht keine andere allgemeine ortsstatutarische Regelung, so bleibt das über die Nebenämter und Nebenbeschäftigungen der Kommunalbeamten allgemein angeführte geltend.

Es ist somit auch die Tätigkeit für Viehversicherungen möglich, sofern nicht im Dienst- oder Aufsichtswege gegen diese Betätigung eingeschritten wird. Es wird empfehlenswert sein, in dem angeführten Falle stets die Genehmigung der Dienstbehörde einzuholen mit der Begründung, daß diese Betätigung im Interesse der Gewerbetreibenden, somit in dem der Allgemeinheit liegt. Es ist die Frage aufgeworfen worden, ob die Ausstellung von Bescheinigungen durch die Gemeindetierärzte gegen Entgelt unter den Begriff „Ausübung von Privatpraxis" fällt. Nach einer Entscheidung des Landgerichtes zu Schneidemühl vom 18. Juli 1898 ist ein Schlachthofvorsteher zur Ausstellung ausführlicher Bescheinungen gegen Entgelt auch dann berechtigt, wenn ihm die Ausübung von Privatpraxis verboten ist. In bezug auf die Auslegung des Begriffes „Privatpraxis"[1] kann dieser Ansicht zugestimmt werden. Wenn auch die Ausstellung solcher Bescheinigungen nach den Dienstanweisungen zu den Amtspflichten der Schlachthoftierärzte in vielen Fällen nicht gehört, so kann man dem Standpunkt einer Verwaltung, daß diese Bescheinigungen auf Grund amtlicher Unterlagen während der Dienststunden erteilt werden, also amtliche Buchauszüge sind, nicht die Berechtigung versagen. Die Verwaltung ist durchaus berechtigt, zu bestimmen, daß die Ausstellung dieser Bescheinungen mit amtlichen Charakter von den Beamten pflichtgemäß zu erteilen sind, und entsprechende Verwaltungsgebühren festzusetzen, die an die Schlachthofkasse abzuführen sind. Auch gutachtliche Betätigung für Viehversicherungen wird in demselben Sinne auszulegen sein, da die Stadtverwaltung die Ansicht vertreten kann, daß diese Tätigkeit im Interesse der Allgemeinheit und auf Grund der amtlichen Stellung während der Dienststunden erfolgt. Es erscheint daher zweckmäßig, auch in diesen Fällen die Genehmigung der Dienstbehörde einzuholen oder bei der Anstellung entsprechende Vereinbarungen zu treffen.

**Dienstzeit** (Arbeitszeit). Die diesbezüglichen Erhebungen haben ergeben, daß als Normaldienstzeit der Achtstundentag gelten kann, der in 189 Fällen eingehalten wird. 9stündiger Dienst wird in 20, 10 und mehrstündige Dienstzeit in 30 Fällen verlangt. Man kann jedoch die Beobachtung machen, daß die Tendenz besteht, um Betriebskosten zu sparen, die Betriebszeiten zu verringern. In 66 Schlachthöfen erachtet man bereits die 7stündige Dienstzeit als vollkommen ausreichend. Wo ein Wille ist, ist auch ein Weg!

Im übrigen ist die Arbeitszeit in den meisten Städten nach staatlichen Grundsätzen geregelt. Für die preußischen Beamten beträgt die in der Regel an der Dienststelle zu leistende Arbeitszeit 48 Stunden (im Reich 54 bzw. 51 Stunden). Es ist dabei anzustreben, daß die Dienstzeit der an einem Orte befindlichen Reichs-, Staats- und Kommunalbehörden gleichmäßig geregelt wird. Wenn der regelmäßige Dienst eines Beamten während eines Tages eine Stunde oder mehr, in der Kalenderwoche 6 Stunden oder mehr aus Dienstbereitschaft oder Bereitschaftsdienst besteht, so verlängert sich eine regelmäßige Dienstzeit um die Zeit der Dienstbereitschaft oder des Bereitschaftsdienstes, jedoch höchstens bis zu 11 Stunden täglich oder bis zu 66 Stunden in der Kalender-

[1] Praxisverbot. In weitaus den meisten Fällen wird seitens der Städte von den Schlachthofleitern und -tierärzten verlangt, daß sie auf die Ausübung der Praxis verzichten. Grundbedingung für diese Forderung ist die standesgemäße Besoldung. Die gewissenhafte Ausübung des Dienstes ohne jede private Rücksichtnahme und ohne jeden Gewissenszwang, der eine sachliche Beurteilung erschweren könnte, fordert die stete Anwesenheit während der Betriebsstunden. Würde Praxisausübung gestattet sein, so würde damit in manchen dringenden Fällen eine Abwesenheit vom Schlachthof verlangt werden, die anderseits zu Unzuträglichkeiten führen würde, z. B. durch Verzögerung in der Abfertigung. Würde aber einem Verlangen, in dringenden Fällen Praxis auszuüben, nicht Folge geleistet, so würde sich der Kunde, welcher den betreffenden Schlachthoftierarzt gerufen hat, sofort um Ersatz umsehen, was bei der heutzutagigen Überfüllung unseres Berufes sicher leicht möglich sein wird, so daß sich allmählich die Privatpraxis dann von selbst verlaufen wird, aber auch die hieraus zu erzielenden Einkünfte. Ebensowenig wie für einen Amtstierarzt, so sollte für einen Schlachthoftierarzt jede Praxisausübung aus rein dienstlichen Gründen untersagt sein. Es muß als unmoralisch bezeichnet werden, wenn es Städte gibt, die den Schlachthofleiter mit einer Akadamikergehaltsgruppe — leider in einer Reihe von Fällen auch unter einer solchen! — besolden und von ihm für die Erlaubnis Praxis ausüben zu dürfen, aus seinem Gehalt einen bestimmten Prozentsatz zurückbehalten.

Aus den Fragebogen ist ersichtlich, daß volle Praxisausübung in 66 Fällen gestattet und in 288 Fällen untersagt ist, während in 133 Fällen die Ausübung einer solchen nur zu dienstfreien Stunden im Stadtbezirk erlaubt ist.

Freie Nebenbezüge: In fast allen Städten wurden den Schlachthofleitern und -tierärzte die ihnen früher „vertraglich gesicherten" freien Bezüge wie Wohnung, Licht, Heizung usw. k. H. genommen, sie selbst in die zutreffenden Gehaltsklassen eingereiht und ihnen selbst die Bezahlung dieser notwendigen Auslagen überlassen. Nach den Erhebungen sind heute solche lediglich noch in 29 Städten zu finden.

woche. Die Feststellung der Dienstbereitschaft erfolgt durch die Dienststelle unter Mitwirkung der zuständigen Beamtenvertretung. Nach einer Entscheidung des OVG. vom 10. Januar 1924 darf sich ein Beamter nicht weigern, nach Ablauf seiner Dienststunden, irgendeine dienstliche Tätigkeit vorzunehmen.

**Überstunden.** Auch bezüglich der Überstunden sind die staatlichen Grundsätze maßgebend. Nach einer Entscheidung des Reichsfinanzministers vom 1. Juni 1922 kommt eine Bezahlung der von den Beamten geleisteten Überstunden nicht in Frage, da der Beamte verpflichtet ist, seine volle Arbeitskraft gegen Gewährung der bestimmungsmäßigen Bezüge in den Dienst der Verwaltung zu stellen.

Vergütungen für über das festgesetzte und übliche Arbeitsmaß hinausgehende Dienstleistungen werden dem Beamten aus dem Hauptamte nicht gewährt (Pr. Bes.-G. § 12, alt). Ein Ausgleich kann durch Dienstbefreiung zu anderen Zeiten gewährt werden. Gehen also die Dienstleistungen über das übliche Arbeitsmaß hinaus, so dürfte die Gewährung einer Entschädigung nicht ganz ausgeschlossen sein. Da aber die staatlichen Behörden angewiesen sind, den Staatsbeamten unter keinen Umständen Überstunden zu vergüten, so wird bei dauernd verlangten vermehrten, über das übliche Arbeitsmaß hinausgehenden Dienstleistungen mit den städtischen Verwaltungsbehörden vorher eine entsprechende Vereinbarung zu treffen sein. Mit dem Begriff der Arbeitszeit ist die in der letzten Zeit besonders häufig angeschnittene Frage der Festsetzung von Höchstuntersuchungszahlen zu verknüpfen. Diese Frage wird nur unter Berücksichtigung der beamtenrechtlichen Vorschriften über die Arbeitszeit und den örtlichen Verhältnissen zu lösen sein. Zu beachten sind die Ausführungen in Schroeter-Hellich 1930, S. 77, in denen folgendes gesagt wird:

Durch angestellte Ermittlungen im städtischen Zentralschlachthof Berlin und in verschiedenen privaten Schlachthäusern Berlins ist versucht worden, ungefähre Anhaltspunkte für die Dauer einer ordnungsmäßig ausgeführten Fleischbeschau (außer der Schlachtviehbeschau) bei den einzelnen Schlachttierarten zu gewinnen. Es ist zweckmäßig, von der Untersuchung desjenigen Schlachttieres auszugehen, das die wenigste Zeit erfordert: das ist das Schaf. Das Schaf ist danach zweckmäßig als eine Untersuchungseinheit (1 E.) zu benennen. Die anderen Schlachttiere sind entsprechend den mehrfachen der hierbei aufzubringenden Untersuchungszeiten als mehrfache Untersuchungseinheiten zu bezeichnen, wie es nachstehend erfolgt.

Im allgemeinen dauert die Untersuchung: Zentralschlachthof (öffentliche Schlachthäuser): beim Schaf (1 E.) 0,4 Min., beim Kalb (2 E.) 0,8 Min., beim Schwein (4 E.) 1,6 Min. (mindestens 1,4 Min.), beim Rinde (10 E.) 4 Min. Bedingung ist dabei, daß dem untersuchenden Tierarzt genügend ausgebildete Hilfskräfte zur Verfügung stehen, daß ferner die Stempelung nicht durch den Tierarzt ausgeführt wird, daß die endgültige Beurteilung beanstandeter Tierkörper durch besondere tierärztliche Obergutachter und die Schlachtung und Beurteilung kranker Tiere usw. in besonderen Sanitätsschlachthäusern erfolgt.

Die ermittelten Untersuchungszeiten erfahren noch eine weitere Erhöhung, wenn andere besondere Umstände hinzutreten, die auf die Ausführung der Fleischuntersuchung ungünstig einwirken.

Bei dieser Sachlage erscheint es untunlich, Höchstzahlen für die von einem Tierarzt an einem Tage vorzunehmenden fleischbeschaulichen Untersuchungen aufzustellen. Die Dauer der Fleischuntersuchung wird durch verschiedene Umstände beeinflußt, so daß nach dieser Richtung nicht einmal die Aufstellung sog. Richtzahlen am Platze ist. Dagegen können aus obigen ermittelten Zahlen in einem Einzelfalle, in dem es sich um die Entscheidung der Frage handelt, wie eine Fleischuntersuchung auf ihre Zeitdauer zu bewerten ist, wertvolle Anhaltspunkte gewonnen werden.

**Der Hallenmeister** (Hallenaufseher). Er ist für uns nur der Gattungsbegriff eines Beamten, der in der Ein- oder Mehrzahl je nach der Größe einer Anlage vorzufinden ist.

In ganz kleinen Anlagen, in welchen ein eigener leitender Tierarzt nicht angestellt werden kann, findet man oft den Hallenmeister als Schlachthofaufseher vor, der unter der Überwachung eines nebenamtlich mit der Leitung beauftragten Tierarztes steht. Gewöhnlich hat der Hallenmeister je nach der Größe der Schlachthöfe verschiedenerlei Beschäftigung: entweder ist er Aufsichtsbeamter und hat als solcher die Kontrolle über die Schlachtarbeiten, beginnend vom Eintrieb der Tiere bis zur Abfuhr derselben. Er hat für die Betriebsreinlichkeit zu sorgen, für die Bedienung der Dampf- und Wasserleitungen, für die Abnahme und Entwertung der Schlachtkarten. Ferner hat er den Schlachtenden, wenn der Betriebsandrang das erfordert, die Schlachtplätze anzuweisen und für Einhaltung der Betriebsvorschriften zu sorgen, die vom Tierarzt als untersucht bezeichneten Tiere abzustempeln, beanstandetes Fleisch unter Verschluß zu legen, Wägungen von Tieren in lebendem oder geschlachtetem Zustande vorzunehmen, die Betäubungsapparate, soweit es sich um Schuß- oder elektrische Betäubung handelt, zu bedienen. Oder aber er ist als Laienbeschauer ausgebildet und übt als solcher und unter Überwachung des Tierarztes die Untersuchung von gesunden Tieren[1] aus, während er jeden abnormen Befund dem Tierarzt zur Kenntnis zu bringen hat, soweit nicht § 30 BBA. zum selbständigen Vorgehen ermächtigt. Damit wird wohl gleichzeitig festgelegt, daß er nie Vertreter des Tierarztes sein kann, sondern nur für diesen eine Hilfskraft.

Ganz unbegründet ist es, bei der Anstellung der Hallenmeister die Berufsausbildung als Voraussetzung oder einen Fleischer als Sachverständigen in Fleischbeschaufragen zu bezeichnen. Dies wäre vollkommen abwegig, denn der Fleischer ist nur Sachverständiger in der Schlachtung und Verarbeitung des Schlachttieres, nicht aber auf dem Gebiete der Fleischuntersuchung oder des Schlachthofbetriebswesens. Es mag ja einzelne geben, welche etwas mehr als der Durchschnitt sich praktische Erfahrungen gesammelt haben und aus diesen Gründen sich als Sachverständige dünken. Solche von dieser unrichtigen Ansicht abzubringen, wird oft sehr schwer sein. Kommen diese Gewerbetreibenden in die innere Gemeindevertretung, so ist es nicht ausgeschlossen, daß bedenkliche Reibungsflächen zwischen ihnen und dem sachverständigen Leiter sich ergeben.

Was die Verwendung des Hallenmeisters als Laienbeschauer anlangt, so wird diese Frage im Süden ganz anders beantwortet als im Norden des Reiches. So z. B. wird in Bayern kaum ein Schlachthof vorhanden sein, in dem die gesamte Fleischuntersuchung ausschließlich nur durch Tierärzte vorgenommen wird, so daß niemand anderes bei der Beschau mit tätig ist. Die Erfahrungen, welche man mit diesen „Hilfsbeschauern" in Bayern gemacht hat, sind durchweg als gut zu bezeichnen, man möchte sie nicht vermissen. Auch die LGr. Bayern des RV. der GemT. hat sich gegen die Beseitigung der Hallenmeister als Laienbeschauer ausgesprochen. Sonderbarerweise hört man sehr oft von Kollegen in Norddeutschland, daß sie bayerische Kollegen in Schlachthöfen beneiden, da diese für die groben Arbeiten, wie Drüsenanschneiden usw. gut ausgebildete Hilfskräfte haben, während sie die Arbeit ganz allein verrichten müssen.

Aus Betriebsgründen kann auch die Notwendigkeit erwachsen, den Hallenmeister als Trichinenschauer zu verwenden.

v. Ostertag glaubt eine Ausbildung von Militäranwärtern befürworten zu können. Sticker fürchtet, daß auf diese Weise ein Heer von Pfuschern systematisch herangebildet wird, eine Ansicht, welche wohl kaum zu teilen ist, da stets eine tierärztliche Überwachung gegeben sein muß und nach der Ansicht von Schneidemühl einem Hallenmeister nicht einmal vertretungsweise die Verwaltung eines öffentlichen Schlachthofes überlassen werden darf, sondern stets nur einem Tierarzt. Doch gibt dieser auch zu, daß in manchen Fällen die Unterstützung des Tierarztes durch den Laien notwendig ist. Beispiele aus der Praxis lehren, daß es nicht gut ist, den Fleischbeschauern irgendwelche Selbständigkeit zu gewähren, sie müssen sich stets bewußt sein, daß der Tierarzt über ihnen steht und ihr Handeln scharf zu kontrollieren berechtigt und verpflichtet ist.

Jedenfalls spielt bei der Wahl eines solchen Beamten die Personalfrage eine große Rolle. Es wird nicht zum mindesten das Gewicht auf die geistige Befähigung gelegt werden müssen. Eine gewisse fachliche Vorbildung zu verlangen, dürfte überflüssig sein; denn jeder Schlachthofvorsteher wird sich ohne Zweifel sehr bald seinen Hallenmeister so weit ausbilden, daß er sich seiner Hilfe in gewissen Fällen bedienen kann. Je weniger „verwandtschaftliche" und andere Beziehungen ein Hallenmeister und Fleischbeschauer in der betreffenden Stadt hat, desto einwandfreier und unbeeinflußter wird er seinen Dienst ausüben. Die in Schlachthöfen verwendeten Laienbeschauer sollen sich nicht aus Leuten rekrutieren, die im Gemeindedienst sonst zu nichts mehr brauchbar erscheinen, sondern nach Möglichkeit aus tüchtigen Militäranwärtern, denen am Ende ihrer Dienstzeit die Möglichkeit geboten werden sollte, sich als Fleischbe- und Trichinenschauer ausbilden zu lassen.

Es läßt sich aber keineswegs leugnen, daß die Ausbildung von Laien als Fleischbeschauer die Gefahr in sich birgt, Empiriker heranzuziehen, welche sich geeignetenfalls selbst um die Stelle des Verwalters eines kleinen Schlachthofes bewerben, wie es tatsächlich mehrfach geschah. Finden wir doch schon in der tierärztlichen Praxis ein Analogon in den sog. Veterinärgehilfen der Kriegszeit, welche bekanntlich bereits so weit vorgebildet wurden, daß sie den Veterinäroffizier in der Untersuchung und Behandlung gewisser Krankheiten unterstützen konnten. Trotzdem bei diesen ebenfalls die Befürchtung nahe lag, daß sie später als Kurpfuscher auftreten, wie es tatsächlich nach dem Kriege in vielen Fällen beobachtet wurde, bildete die Behörde damals Leute in dieser Weise aus. Wir glauben, für die Person eines Hallenmeisters in erster Linie Militäranwärter vorschlagen zu müssen, welche an stramme Disziplin gewöhnt, sich die nötige Autorität zu geben und solche zu bewahren wissen, vor allen Dingen aber frei von Sonderinteressen sind. Auch ist es sehr wünschenswert, daß der betreffende tunlichst nicht

[1] In Preußen nicht zulässig.

aus derselben Stadt ist, in der er seines Amtes walten soll. Eine größere Zahl von Städten ist diesem Prinzipe gefolgt und hat damit sehr gute Erfahrungen gemacht.

Es muß auch dringend davor gewarnt werden, in kleinen Anlagen den Hallenmeister als Lohnschlächter zu verwenden, da er dann viel zu sehr von den Fleischern abhängig ist. Es soll auch die Möglichkeit geschaffen werden, daß er bei großer Arbeitslast eine Beihilfe bei den Reinigungsarbeiten erhält, wenngleich dieses dringende Geschäft, mit Spritzschlauch durchgeführt, keinen sonderlichen Aufwand an Zeit und Kraft erfordert.

Es könnte auf Fälle hingewiesen werden, in denen in kleinen Anlagen mit Kühlbetrieb und Heißwasserbereitung mit direkter Unterfeuerung ein Mann den ganzen technischen Betrieb führt und nur von seiner Frau bei den Reinigungsarbeiten unterstützt wird. Solche Leute verdienen besonders gute Bezahlung, weil sie andere Arbeitskräfte einsparen.

An großen Schlachthöfen ist selbstredend in jeder einzelnen Schlachthalle ein eigener Hallenaufseher vorhanden, der für die tadellose Betriebsführung dem Schlachthofleiter verantwortlich ist.

Hinsichtlich des Gehaltes ist darauf zu achten, daß dieses auskömmlich sein muß, um der Gefahr einer Bestechung unbedingt vorzubeugen, die naheliegen könnte, wenn diese Beamten finanziell schlecht gestellt sind. Es sind doch auch aus der Betriebsgeschichte Fälle bekannt, daß schlecht bezahlte Hallenmeister beschlagnahmte Teile an Metzger weiterverkauft haben (Weilheim). In solchen Fällen kann sich dann eine Stadt den Vorwurf nicht ersparen, daß sie selbst nicht ganz an solchen Unregelmäßigkeiten schuldlos ist.

Ein guter Arbeiter ist guten Lohnes wert, und solchen einzusparen, ist eine unrichtige Sparsamkeit, die üble Folgen zeitigen wird.

Es ist auch nicht empfehlenswert, einem Hallenmeister zur Verbesserung seiner Bezüge die Schankkonzession im Schlachthof zu verleihen.

**Sonstige Beamte und Angestellte.** Während in kleinen Anlagen eigene Kassenbeamte meist fehlen und die Geldeinhebung auf andere Weise vor sich geht, wie z. B. Einbezahlung auf Grund fortlaufender Scheine an der Stadthauptkasse oder Einhebung durch den Hallenmeister bei täglicher Ablieferung an der Zentralstelle — leider wird auch noch sehr oft den leitenden Tierärzten in kleinen Anlagen das Rechnungswesen übertragen — oder durch Trichinenschauer, was alles eben nur Notbehelfe sind, so werden schon in mittleren Anlagen kaufmännisch durchgebildete Kassenbeamte anzustellen sein, denen in großen Anlagen eine Reihe von Hilfskräften zur Verfügung stehen muß, außerdem aber auch die Behelfsmaschinen für Buchführung und Rechnungsstellung, die man heute in jedem besseren Geschäftsbetrieb als unerläßlich bezeichnet[1].

Es liegt wohl im Interesse der Sache selbst, wenn bei Anstellung das Vorleben eines Kassenbeamten peinlichst genau ermittelt wird, sofern sich ein solcher nicht bereits im städtischen Dienste vollkommen bewährt hat. Die Stellung von Kaution muß in Erwägung gezogen werden, und die Dispositionsfreiheit hinsichtlich Geld wird durch genaue Verfügungen einzuschränken sein.

Die Arbeitsbeschaffungsnotwendigkeit für Kriegsbeschädigte legt uns oft nahe, im Schlachthofbetriebe solche auf nebensächlichen, aber doch nicht entbehrlichen Pöstchen zu verwenden, um deren Bezüge etwas aufzubessern. Es wird damit möglich sein, manchen hauptamtlich zu besetzenden Posten einzusparen und diesen mit einer guten Kraft nebenamtlich zu besetzen.

In kleineren Anlagen dürften dadurch Personalkosten für Reinigungsarbeiter zu sparen sein, daß man Putzfrauen nach Schluß des Betriebes mit Vornahme der Reinigungsarbeiten beauftragt. In jeder Stadt werden sich Frauen von Arbeitern und dergleichen finden, welche gerne diese Arbeit übernehmen, so daß dadurch der Stadt die Ausgabe für eigenes Personal gespart wird. Frauen reinigen in der Regel gewissenhafter als Männer, so daß die Anlage ohne große Kosten (es wird als Entschädigung der ortsübliche Taglohnsatz bezahlt oder aber ein Pauschale) in bestem Zustande erhalten wird. Reinlichkeit ist ein Hauptpunkt im Betriebe, und nichts macht einen ungünstigeren Eindruck als unnötige Sparsamkeit in dieser Beziehung. In den Innungsschlachthöfen kann man sich sehr oft davon überzeugen, daß ein Übermaß von Sparsamkeit dem Ganzen schadet, gerade durch Mangel an Reinlichkeit.

**Die Trichinenschauer.** Wenn auch die überwiegende Zahl von Schlachthöfen männliche Schauer angestellt hat, so ist doch auch hier der Konkurrenzkampf der Frau nicht zu verkennen. Die Statistik weist eine Zunahme der weiblichen Schauer auf. Schwarz, Waldeyer und Virchow geben der Frau den Vorzug, und das Berliner Schauamt war seinerzeit das erste, welches weibliche Arbeitskräfte einstellte. Man kann beobachten, daß seitens der Vorsteher

---

[1] Musterhafte Buchführung hat der Schlachtviehhof Frankfurt a. M.

ler Trichinenschauämter die größere Handfertigkeit der Frau lobend hervorgehoben wird, aber auch der dieser angeborene Sinn für Reinlichkeit.

Für Betriebe, in welchen männliche Schauer vorhanden sind, wird zunächst gar keine Notwendigkeit vorhanden sein, diesen zu kündigen, und sie durch Frauen zu ersetzen, aber die soziale Notlage könnte vielleicht dazu veranlassen, Kriegerwitwen und Hinterbliebenen zu einem kleinen Nebenverdienst zu verhelfen. Auch Kriegsbeschädigte können als Schauer ausgebildet werden, sofern sie sonst die vorgeschriebene körperliche Eignung besitzen. Nur ganz allgemein muß betont werden, daß weibliches Schaupersonal weniger Ausgaben erfordert insbesondere dann, wenn es die Schau nur als Nebenverdienst ausübt. Es soll aber auch auf eine Statistik des Berliner Schauamtes hingewiesen werden, wonach der Prozentsatz der jährlichen Erkrankungen bei weiblichem Personal durchschnittlich um 50% höher ist als bei männlichem.

Für die Anstellung soll ohne Rücksicht auf das Geschlecht Grundbedingung sein: volle Sehschärfe und Nachweis derselben durch augenärztliche Prüfung, Anstellungsalter nicht über 45 Jahre, Freiheit von übermäßigem Alkoholgenuß und von übertragbaren oder ekelerregenden Krankheiten (Tuberkulose, Lues usw.), ferner von irgendwelchen nervösen Störungen.

Berufe, welche sich nicht zur Verwendung als Trichinenschauer eignen, sind: Fleischer, sofern sie ihren Beruf noch ausüben, Haus-. Lohn- oder Kopfschlächter, Viehhändler, Leichenbeschauer, Krankenwärter und Hebammen sowie Leichenfrauen.

Die Anstellungsverhältnisse des Trichinenschaupersonales sind nicht einheitlich geregelt. In großen Städten hat das Schaupersonal meist Beamteneigenschaft unter Einreihung in eine bestimmte Gehaltsgruppe, doch wird sich die Entlohnung stets nach der Arbeit zu richten haben.

Da Vorschriften bestehen, welche die Höchstzahl der zu untersuchenden Schweine festsetzen, schwanken die Ziffern je nachdem, ob die Untersuchung mit Mikroskop oder Trichinoskop durchgeführt wird (36—45 Schweine bzw. 60 mit Trichinoskop); zu berücksichtigen sein wird, ob ein Schauer zugleich Proben nimmt, die Präparate anfertigt, die Untersuchung vornimmt, stempelt und die Kompressorien reinigt, oder ob diese Arbeiten auf verschiedene Personen verteilt sind. Ist das der Fall, so besteht eine Art Fließarbeit. Es ist begreiflich, daß unter solchen Umständen die Zahl der untersuchten Schweine wohl auch eine höhere sein kann, ohne daß die Untersuchungssicherheit darunter leidet. In Wirklichkeit wird kaum die „vorgeschriebene“ Zahl eingehalten werden, sondern eben glatt weitergearbeitet, bis das Tagespensum erledigt ist, wobei noch zu beachten ist, daß in großen Schauämtern stets die Schauer nur eine bestimmte Zeit sich im Untersuchungsraum befinden und dann abgelöst werden, um den Augen die nötige Erholung zu gönnen. Oft wechselt das Personal in der Weise, daß eine bestimmte Zeit die eine Hälfte Proben nimmt und sie fertigstellen muß, die andere beschaut, um sich nach 2—3 Stunden gegenseitig abzulösen.

Es gibt aber auch eine Reihe von Schlachthöfen, in welchen die Schauer nicht festes Gehalt beziehen, sondern nach Stück entlohnt werden. Das Bayerische Ministerium des Innern ist der Ansicht, daß die Trichinenschauer Hilfskräfte der örtlichen Polizeiverwaltung sind und es Sache der Gemeinden ist, deren Gehalts- und Versorgungsverhältnisse zu regeln, daß sie aber keine Gewerbetreibenden sind, also Gewerbesteuer nicht zu bezahlen haben.

Wenn die Schauer nicht gegen festes Gehalt angestellt sind, so müssen sie zur Invaliden- und Krankenversicherung angemeldet werden. Sie unterliegen gleichfalls der Unfallversicherungspflicht.

Der Urlaub wird sich bei Festangestellten nach dem der betreffenden Gehaltsklasse zustehenden von selbst regeln, bei nebenamtlichem Personal der freien Vereinbarung unterliegen, um so mehr als es bei Abwesenheit auch eine Bezahlung nicht erhält.

In manchen Schlachthöfen sind sog. Fundprämien eingesetzt. Es sind Stimmen für und gegen solche Prämien laut geworden: die einen halten sie für einen Anreiz, möglichst genau zu untersuchen, andere erachten es nicht als ausgeschlossen, daß sie Anlaß zu unlauterer Handlungsweise geben könnten durch Unterschiebung von Trichinen, die evtl. von auswärts bezogen worden sind, richtig dürfte aber der Standpunkt sein, daß das Auffinden von Trichinen Pflicht für das Schaupersonal ist, daß es zu diesem Behufe angestellt und es im Staatsleben nicht üblich ist, für gewissenhafte Dienstausübung Sonderbelohnungen zu beanspruchen. Den Schlachthofleitern bleibt es aber doch unbenommen, bei besonders schwierigen Funden dem betreffenden Schauer eine besondere Anerkennung bzw. Geldbelohnung zu gewähren. Norm aber soll das nicht sein[1].

[1] Ein Pr. OVG.-Urteil hat ausgesprochen, daß Entlassung wegen Übersehens einer Trichine berechtigt ist da die Trichinenschau wegen der gesundheitlichen Gefahren, welche bei nachlässiger Führung des Amtes entstehen können, nur vollkommen zuverlässige und vertrauenswürdige Beamte verlange.

**Probennehmer.** Diese müssen nicht als Trichinenschauer ausgebildet sein, soweit sie nicht ebenfalls die Untersuchung auf Finnen durchzuführen haben. Ihre Arbeit ist eine rein mechanische, sie nehmen die Proben, beschreiben die Schweine mit gleicher Nummer wie die Probenblechkästchen und bringen die Proben zur Untersuchung. Nach Beendigung der Schau haben sie die frei befundenen Tiere abzustempeln.

In großen Schauämtern sind eigene Buchführer angestellt, die sich im kleineren Betrieb durch Probennehmer ersetzen lassen.

Das sächsische Ministerium des Innern ist der Entscheidung der Kreishauptmannschaft Leipzig, daß die Schlachthoftrichinenschauer als Sachverständige zu gelten haben und die Bestimmungen der §§ 36 und 52 Abs. 2 der Gewerbeordnung infolgedessen auf die Annahme und Entlassung derselben keine Anwendung finden, nicht entgegengetreten.

Als Leiter der Trichinenschauämter fungieren in kleinen und mittleren Anlagen die Direktoren der Schlachthöfe, während größere Anlagen neben den Obertrichinenschauern eigene Schauamtsvorsteher haben, die entweder selbst Tierärzte sind, oder diesen unmittelbar unterstellt sind.

**Das Maschinenpersonal.** In mittleren und größeren Anlagen ist für die Führung und Überwachung der sämtlichen Maschinen ein Maschinist (Maschinenmeister) aufgestellt, der auch die Verantwortung für diesen Teil der Anlage zu tragen hat. Ihm obliegt auch die Vornahme der im Betrieb sich ergebenden Reparaturen, sowohl an Maschinen als an Einrichtungsgegenständen. In großen Anlagen sind stets mehrere Maschinisten angestellt, von welchen jeder einzelne selbständig Dienst muß machen können. Grundbedingung für die Anstellung eines Maschinisten ist vollkommene Ausbildung in der Führung und Bedienung der ihm unterstellten Maschinen, Vertrautsein mit den einschlägigen Bestimmungen über die Führung und Wartung von Kesseln, Dampfmaschinen, Motoren und Kühlmaschinen.

Mit der Bedienung der vorhandenen Kessel sind eigene Heizer beauftragt, die nicht nur mechanische Arbeiter sein dürfen, welche Kohle schaufeln, das Feuer schüren, abschlacken und das Manometer ablesen können, sondern die Heizer müssen theoretisch so weit geschult sein, daß sie die wichtigsten Zusammenhänge zwischen Kessel und Dampfmaschinen kennen. In kleineren Anlagen mit nur einem Maschinisten muß der Heizer so weit ausgebildet sein, daß er im Notfalle für kürzere Zeit selbständig die sämtlichen Maschinen in Betrieb setzen und führen kann. Er muß alle Zeichen der Gefahr kennen, bei drohenden Kesselexplosionen das Feuer aus den Feuerzügen herausziehen, das Hauptdampfventil abschließen, den Dampf langsam durch die Sicherheitsventile ablassen, so daß der Druck sinkt und die beschädigten Teile antrennen können. Ein guter Heizer kann durch sachgemäße Bedienung der Kessel dem Betrieb durch Verhinderung von Kohlenvergeudung große Beträge einsparen.

Auch die Bedienung der Eismaschine und die Abgabe von Eis obliegt in den meisten Fällen dem Maschinenpersonal.

Über die Tätigkeit und die Arbeitsdauer der Maschinen hat der Maschinenmeister eigene Listen zu führen, aus welchen insbesondere auch die in den Kühlräumen vorhandenen Temperaturen genau eingetragen sind, sofern nicht eigene automatische Registrierapparate die nötigen Belege liefern. Evtl. Reklamationen der Kühlhausmieter über Nichteinhaltung der Temperaturen können damit entkräftet werden.

**Arbeiter.** Große Schlachthöfe verlangen solche in verschieden großer Zahl.

Zur Reinigung der Betriebsräume und der gesamten Anlage, zur Fütterung und Wartung des eingestellten Viehes, zur Reinigung der Kanäle, zur Bedienung von evtl. Kläranlagen usw. sind Arbeiter notwendig, die jedoch unter Umständen keine ständigen zu sein brauchen, sondern je nach Bedarf eingestellt werden können.

Sie sind an die Arbeitsordnung gebunden und dem Direktor der Anlage dienstlich unterstellt. Die Bezahlung von außerordentlich eingestellten Arbeitern erfolgt nach den jeweils geltenden Tarifen.

### Die rechtliche Stellung der in der Fleischuntersuchung tätigen Personen.

Dr. Kammel, Stettin, nimmt dazu in der TR. wie folgt Stellung:

„In verschiedenen Veröffentlichungen gerade der letzten Zeit wurde auf die Schutzlosigkeit gegenüber Verbal- und Realinjurien bei der Ausübung der Fleischuntersuchung hingewiesen. Es erscheint deshalb angebracht, die rechtlichen Grundlagen für die Anstellung der in der Fleischuntersuchung tätigen Personen in Erinnerung zu bringen und im Interesse des ganzen falschen Auffassungen hinsichtlich des Rechtsschutzes bei Beleidigungen jeder Art in Ausübung des Berufes als „Lebensmittelveterinär" zu begegnen. Da die Geburt des Wortes ‚Lebensmittelveterinär' durch eine prominente Stelle nicht unter einer glücklichen Stunde gestanden zu haben scheint, werde ich schon der Kürze halber im folgenden das Wort ‚Fleischbeschauer' weiter zur Anwendung bringen, auch auf die Gefahr hin, mich des ominösen ‚Subalternismus' schuldig zu machen und nicht modern zu erscheinen.

Bei der rechtlichen Stellung der Fleischbeschauer ist zwischen dem Beamtenverhältnis im staatsrechtlichen Sinne und dem Beamtenbegriff nach dem StGB. zu unterscheiden. Die staatsrechtliche Stellung der Fleischbeschauer ist nicht in allen Ländern klargestellt. In Preußen hat der Fleischbeschauer nicht die Stellung und Eigenschaft eines öffentlich-rechtlichen Beamten. In der Min.-Verf. betreffs die Beamteneigenschaft des Beschaupersonals vom 30. Dezember 1903 ist ausdrücklich darauf hingewiesen, daß bei Abfassung der Ausführungsbestimmungen nicht die Absicht bestanden hat, die Fleischbeschauer als Beamte hinsichtlich festen Gehaltes, Pensionsberechtigung, anzustellen, daß, um Zweifel auszuschließen, der Bestellte auf den Nichterwerb der Beamteneigenschaft im vorgedachten Sinne stets aufmerksam zu machen ist. Nach § 5 der preußischen Vollzugsvorschriften vom 20. März 1903 sind die Beschauer von den Behörden eidlich zu verpflichten. Nach Schröter genügt jedoch auch eine Verpflichtung durch Handschlag an Eidesstatt. Die Bestellung erfolgt auch unter Vorbehalt jederzeitigen Widerrufs. In Bayern und Baden gelten die Fleischbeschauer als polizeiliche Aufsichts- und Vollzugsorgane (RGE. vom 26. Januar 1888, 2. Mai 1889). In Sachsen ist der Fleischbeschauer Aufsichtsorgan der Ortspolizei, in Württemberg Hilfsbeamter der Polizei.

Unter Beamte im Sinne des StGB. sind nach § 359 zu verstehen alle im Dienste des Reiches oder im unmittelbaren oder mittelbaren Dienste eines Bundesstaates auf Lebenszeit oder nur vorläufig angestellte Personen, ohne Unterschied, ob sie einen Diensteid geleistet haben oder nicht, in gleichen Notare, nicht aber Advokaten und Anwälte. Unter den Beamtenbegriff des § 359 StGB. fallen nach einer RGE. vom 12. April 1921 alle Personen, die auf Grund eines Anstellungsverhältnisses zur Wahrnehmung öffentlich-rechtlicher, dem Staatszweck unmittelbar dienender Geschäfte berufen sind; das gilt namentlich für den Kreis der Obliegenheiten, die sich auf vorläufige Festnahme, Durchsuchungen und Beschlagnahmen beziehen, die eine Ausübung von Staatshoheitsrechten darstellen.

Die Beamteneigenschaft der Fleischbeschauer im Sinne des StGB. hat das Reichsgericht in seinem Urteil vom 16. Juni 1904 ausdrücklich anerkannt. Im strafrechtlichen Sinne ist somit der Fleischbeschauer Beamter im Sinne des StGB. sowohl hinsichtlich seiner Verantwortlichkeit als auch bezüglich des Schutzes gegenüber Angriffen bei Ausübung seiner Tätigkeit. Infolgedessen regelt sich das Verfahren bei Beleidigung, Bedrohung und Nötigung nach den Bestimmungen des StGB. Bestraft wird, wer einem Beamten in der rechtmäßigen Ausübung seines Amtes durch Gewalt oder durch Bedrohung mit Gewalt Widerstand leistet oder während der rechtmäßigen Ausübung seines Amtes tätlich angreift; ferner, wer es unternimmt, durch Gewalt oder Drohung eine Behörde oder einen Beamten zur Vornahme oder Unterlassung einer Amtshandlung zu nötigen (§ 113—115 StGB.).

Wenn die Beleidigung gegen eine Behörde, einen Beamten usw., während sie in der Ausübung ihres Berufes begriffen sind, oder in Beziehung auf ihren Beruf begangen ist, so haben außer den unmittelbar Beteiligten auch deren amtliche Vorgesetzte das Recht, den Strafantrag zu stellen (§ 196 StGB.). Beleidigungen, die Beamten im Dienste oder auch außerhalb des Dienstes zugefügt sind, dürfen regelmäßig nicht ungesühnt bleiben, da sonst die Achtung und das Ansehen, das die Beamten genießen. Schaden erleiden können. Auch die Fleischbeschauer haben die Pflicht, der ihnen vorgesetzten Dienstbehörde von den ihnen in Ausübung ihres Berufes zugefügten Ehrenverletzungen Anzeige zu machen. Diese hat das Recht, für den Beamten Strafantrag wegen Beleidigung zu stellen, wenn sie begangen sind, während der Beamte seinen Beruf ausübte. Lehnt die vorgesetzte Behörde die Stellung des Strafantrages ab, so bleibt es dem Beamten unbenommen, selbst den erforderlichen Strafantrag zu stellen oder Privatklage zu erheben.

Eine Drohung muß nicht notwendig dem Beamten rein persönliche Nachteile in Aussicht stellen (§ 14 StGB.), es kommen vielmehr auch solche Nachteile in Betracht, die das Wohl und die Sicherheit der Allgemeinheit treffen würden, namentlich insoweit, als die Wahrung der hierauf bezüglichen Interessen dem Beamten obliegt (RGE. vom 4. November 1921 Nr. 582/21). Droht also ein Gewerbetreibender damit, die Schlachtungen in einem anderen Beschaubezirk vornehmen zu wollen, weil der untersuchende Tierarzt nach seiner Meinung zu viele Beanstandungen vornimmt, so ist dies erstens eine Beleidigung, da er dem Tierarzt ungerechtfertigterweise vorwirft, daß er nicht seine Pflicht getan. Im Falle der Benachteiligung hätte ihm ja der Weg der Beschwerde offengestanden. Es ist aber auch zweitens eine Drohung im Sinne des StGB., da er durch das Inaussichtstellen rein persönlicher Nachteile einen Beamten zwingen will, die ihm inbezug auf das Wohl und die Sicherheit obliegenden Pflichten nicht zu erfüllen. Es ist somit der Tatbestand obiger RGE. gegeben.

Jede Nötigung eines Beamten zu einer Amtshandlung ist strafbar, gleichviel ob der Beamte dazu befugt ist oder nicht, ja selbst dann, wenn die Amtshandlung dem Beamten obliegt oder der Täter dies annimmt (RGE. vom 11. Januar 1921). Fordert z. B. der Fleischbeschauer gemäß § 17, Abs. 2 BBA. bei den unter zwei Jahre alten Rindern, bei Kälbern, Schafen und Ziegen nach Maßgabe des Befundes die Enthäutung und Längsteilung und weigert sich der Schlachtende, dieser Forderung stattzugeben, so kann der Beschauer wohl die Beschau ablehnen. Sieht er sich aber infolge irgendwelcher Umstände gezwungen, trotzdem die Beschau, also die Amtshandlung, vorzunehmen, so ist der Tatbestand der Nötigung gegeben und dementsprechend zu verfahren.

Bei Ausübung der Fleischuntersuchung spielt sehr oft die üble Nachrede eine besondere Rolle. In diesem Falle bietet der § 824 BGB. den erforderlichen Schutz. Dieser besagt: „Wer der Wahrheit zuwider eine Tatsache behauptet oder verbreitet, die geeignet ist, den Kredit eines anderen zu gefährden oder sonstige Nachteile für dessen Erwerb oder Fortkommen herbeizuführen, hat dem anderen den daraus entstehenden Schaden auch dann zu ersetzen, wenn er die Unwahrheit zwar nicht kennt, aber kennen muß." Das letztere muß bei einem Gewerbetreibenden, der die Meisterprüfung abgelegt hat, immer als vorliegend angenommen werden.

Ich glaube nicht fehlzugehen, wenn ich behaupte, daß die Gesetzgebung genügend Handhaben hat, einen Schutz gegen Verbal- und Realinjurien bei Ausübung der Fleischuntersuchung zu gewährleisten. Derartige Übergriffe müssen rücksichtslos zur Verfolgung gelangen, im Interesse des Ansehens des Standes muß dieser Mut aufgebracht, nicht also das System für unhaltbare und unwürdige Zustände allein verantwortlich gemacht werden."

## Verfassungsrechtliche Bestimmungen über das Beamtenverhältnis.

Die Reichsverfassung vom 11. August 1919 enthält beamtenrechtliche Bestimmungen, die für alle Beamten der öffentlichen Verwaltung, also auch für Gemeindebeamte, Geltung haben. Ein Teil dieser Vorschriften gibt nur Grundsätze für das Recht der Gemeindebeamten und bedarf der Ergänzung durch Landesgesetze und Beschlüsse der Gemeindevertretungen, ein Teil schafft unmittelbare Rechtswirkung.

Aus der Reichsverfassung: Die beamtenrechtlichen Bestimmungen der Reichsverfassung sind in deren 2. Abschnitt enthalten, der von Grundrechten und Grundpflichten der Deutschen handelt. Die Grundrechte sind als subjektive Rechte nicht Ausfluß der Staatsangehörigkeit, sondern der Persönlichkeit. Sie sind auf das Bestreben zurückzuführen, dem einzelnen eine Sicherheit gegenüber solchen staatlichen, namentlich administrativen Eingriffen in Person und Eigentum zu bieten, die mit der fortschreitenden Auffassung von Ausgleich zwischen Staat und Individuum nicht mehr vereinbar erscheinen. Sie sind Schutzbestimmungen zugunsten des einzelnen. Eine Beeinträchtigung dieser Rechte könnte nur durch den Reichstag geschehen. Ein für die Beamten sehr fühlbarer Einbruch in die Grundrechte war das jetzt aufgehobene Ermächtigungsgesetz vom 13. Oktober 1923. Die Reichsregierung wurde dadurch ermächtigt „die Maßnahmen zu treffen, welche sie auf finanziellem, wirtschaftlichem und sozialem Gebiet für erforderlich und dringlich erachtet. Dabei kann von den Grundrechten der RV. abgewichen werden[1]". An Stelle des Ermächtigungsgesetzes ist neuerdings das noch weit mehr in die Grundrechte der Beamten eingreifende System der Notverordnungen auf Grund des § 48 der RV. getreten, mit dem die derzeitige Reichsregierung die allgemeine wirtschaftliche Not infolge des Versailler Diktates auf Kosten der Beamtenschaft zu steuern sucht.

Es sollen in folgendem einzelne hier einschlägige Artikel der RV. in Kürze angeführt werden:

Art. 128: Alle Staatsbürger sind entsprechend ihrer Befähigung und Leistung zu den öffentlichen Ämtern zugelassen.

Die Grundlagen des Beamtenverhältnisses sind durch Reichsgesetze zu regeln.

Art. 129: Die Anstellung der Beamten erfolgt auf Lebenszeit soweit nicht durch Gesetz anders bestimmt wird. Ruhegehalt und Hinterbliebenversorgung werden gesetzlich geregelt.

Die wohlerworbenen Rechte der Beamten sind unverletzlich (??). Für die vermögensrechtlichen Ansprüche der Beamten steht der Rechtsweg offen[1].

Die Beamten können nur unter gesetzlich bestimmten Voraussetzungen vorläufig ihres Amtes enthoben, einstweilen oder endgültig in den Ruhestand versetzt werden oder in ein anderes Amt mit geringerem Gehalt.

Art. 130: Die Beamten sind Diener der Gesamtheit, nicht einer Partei (!!). Die Beamten erhalten nach näherer reichsgesetzlichen Bestimmung besondere Beamtenvertretungen[2].

---

[1] Auf Grund dieses Gesetzes wurde die Reichspersonalabbauverordnung vom 27. Oktober 1923 erlassen.

[2] Die Unterstellung der tierärztlichen Staats- und Gemeindebeamten unter das preußische Tierärztekammergesetz scheint demnach gegen Art. 129 (wohlerworbene Rechte der Beamten) und Art. 130 (reichsgesetzliche Regelung der Beamtenvertretungen) der Reichsverfassung zu verstoßen. Im preußischen Tierärztekammergesetz ist ausdrücklich angeführt, daß die Tierärztekammern Berufsvertretungen darstellen. Der Hauptberuf dieser Beamten mit tierärztlicher Vorbildung ist aber der als Beamter, da die Ausbildung, die der einzelne genossen hat, nicht für den Beruf, den er später ausübt, maßgebend sein kann. Es ist bis jetzt noch keiner staatlichen Instanz eingefallen, z. B. den Richter den Anwaltskammern zwangsmäßig zu unterstellen, obwohl beide Berufe die gleiche Ausbildung besitzen, auf die gründend der Beruf ausgeübt wird. Nicht die Ausbildung kann für die Bestimmung eines Berufes maßgebend sein, sondern die Stellung, die der einzelne später rechtlich einnimmt. Der Richter, der beamtete Tierarzt jeder Art ist vor allen Dingen Beamter. Nach Art. 130 der RV. kann aber nicht die Tierärztekammer die gesetzliche Vertretung eines Teiles der allgemeinen Beamtenschaft sein, zu der unzweifelhaft auch die tierärztlichen Beamten gehören, sondern die Vertretung der Beamtenschaft ist allgemein durch Reichsgesetz vorgesehen und in Vorbereitung. Somit verstößt die landesgesetzliche Regelung hinsichtlich der tierärztlichen Beamten gegen die RV. und stellt für sie ein Ausnahmegesetz dar, das der bevorstehenden allgemeinen Regelung auf Grund der RV. vorgreift, um deren Wirkungen zu vereiteln. Es wird als Vergleich immer das preußische Ärztekammergesetz, dem zwangsmäßig auch die beamteten Ärzte unterstellt sind, angeführt. Dieser Vergleich geht von einer falschen rechtlichen Voraussetzung aus und berücksichtigt außerdem nicht den Art. 129 der RV., der die wohlerworbenen Rechte der Beamten gewährleistet. Das Ärztekammergesetz ist vor dem Kriege, also vor Inkrafttreten der Reichsverfassung erlassen. Nach einem Gutachten des RIM. vom 7. Februar 1921 und einer Entscheidung des Reichsgerichtes vom 16. Juni 1922 schützt der Art. 129 Abs. 1 nur diejenigen Rechte der Beamten, welche zur Zeit des Inkrafttretens der Reichsverfassung noch bestanden oder nach diesem Zeitpunkte erworben wurden. Ein vor der Reichsverfassung in Kraft getretenes Landesgesetz, durch das wohlerworbene Rechte der Beamten beeinträchtigt werden, ist nicht auf Grund des Art. 129 Abs. 1 Satz 3 unwirksam, wenn es auch mit dem Geiste dieser Bestimmung in Widerspruch steht.

Da das Ärztekammergesetz mit seiner zwangsläufigen Unterstellung der beamteten Ärzte ein **vor** der Reichsverfassung in Kraft getretenes Landesgesetz ist, ist es nicht auf Grund des Art. 129 unwirksam, obwohl es mit dem Art. 130 der RV. in Widerspruch steht. Das alte vor der RV. in Kraft getretene Landesgesetz über die Tierärztekammern enthielt Beitritt und Beitragszahlung auch für Beamte nur fakultativ, eine zwangsmäßige Unterstellung und Beitragszahlung war nicht vorgesehen. Die durch das neue Tierärztekammergesetz zwangsmäßig vorgeschriebene Unterstellung und Beitragszahlung der tierärztlichen Beamten stellt somit eine Verletzung der durch das alte Tierärztekammergesetz wohlerworbenen Rechte der Beamten dar und dürfte so-

Art. 131. Verletzt ein Beamter in Ausübung der ihm anvertrauten öffentlichen Gewalt die ihm einem Dritten gegenüber obliegende Amtspflicht, so trifft die Verantwortlichkeit grundsätzlich die Körperschaft, in deren Dienst der Beamte steht. Der Rückgriff auf den Beamten bleibt vorbehalten.

## Das Wesen des Gemeindebeamtenverhältnisses.

Das Beamtenverhältnis wird durch einen öffentlich-rechtlichen Dienstvertrag begründet. Der Gemeindebeamte erhält über seine Anstellung eine Urkunde, die seine Eigenschaft als Gemeindebeamter ersehen läßt. (Je mehr die Rechte und Pflichten der Beamten durch Gesetz, Satzungen und Gemeindebeschlüsse geregelt werden, desto mehr wird strittigen Auffassungen der Boden entzogen.)

Auf alle Fälle ist das Beamtenverhältnis ein Treue- und Gehorsamkeitsverhältnis den Gemeinden gegenüber, aus dem aber auch für diese sich besonders geartete Pflichten gegenüber den Beamten ergeben. Die Beamten haben sich durch ihr Verhalten in und außer dem Amte der Achtung, die das Amt erfordert, würdig zu erweisen. Berufsmäßige Beamte — in Gegensatz zu den ehrenamtlichen — sind alle Personen, die ihre Arbeitskraft ganz oder teilweise auf längere oder kürzere Zeit gegen Entgelt der Gemeinde zur Verfügung stellen. Die Anstellungs- und Dienstverhältnisse der Gemeindebeamten können nach Maßgabe der Gesetze durch eine Satzung geregelt werden, die der Genehmigung der Aufsichtsbehörden bedürfen. Sie müssen den Beamten die festgelegten Rechte gewähren. Der Dienstvertrag, in welchem eine Probezeit bis zu 1 Jahr vereinbart werden kann, muß eine angemessene Besoldung, Anspruch auf Ruhegehalt und Hinterbliebenenversorgung enthalten. Der Gemeinderat (Stadtvertretung) kann durch besonderen Beschluß dem Gemeindebeamten mit dessen Einwilligung Unwiderruflichkeit gewähren. Die Beamten sind durch den städtischen Amtsvorstand auf die RV. zu vereidigen. Im allgemeinen hat der Beamte nur die Obliegenheiten seines Amtes zu erfüllen, doch ist er verpflichtet, auch Leistungen über die festgesetzten Dienststunden zu erfüllen, ohne daß ihm hierwegen ein Anspruch auf besondere Vergütung zusteht. Gegen eine Beanspruchung über Gebühr, insbesondere gegen eine gesundheitsschädigende Arbeitsbelastung steht dem Beamten die Dienstaufsichtsbeschwerde offen. Er hat das Amtsgeheimnis zu wahren über alle Angelegenheiten, deren Geheimhaltung im Interesse des Dienstes geboten ist.

**Besoldung.** Der Gemeindebeamte hat für die Dauer des Dienstverhältnisses Anspruch auf Besoldung, Ruhegehalt und Hinterbliebenenversorgung. Über die Rechtsnatur des Beamtengehaltes bestehen 2 Theorien: die sog. Leistungs- und die Alimentationentheorie. Das Reichsgericht hat sich in wiederholten Entscheidungen (Bd. 153, 10. Februar 1903 und 12. Juni 1923, JW. **1924**, H. 1) auf den Standpunkt der letzteren gestellt. Das dem Beamten gewährte Diensteinkommen ist keine privatrechtliche Bezahlung für geleistete Dienste, sondern eine öffentlich-rechtliche Gegenleistung dafür, daß der Beamte regelmäßig seine ganze Persönlichkeit in den Dienst der öffentlichen Verwaltung stellt. Hieraus ergeben sich einzelne Rechtssätze: die Unabhängigkeit der Gehaltsgewährung von der tatsächlichen Dienstleistung, Weiterleistung während des Urlaubes oder einer Erkrankung, Vorausbezahlung des Gehaltes, Gehaltsanspruch bis zum Ablauf des Sterbemonates, Pfändungsschutz u. a. Das Diensteinkommen setzt sich zusammen aus dem Grundgehalt mit Zuschlägen, dem Ortszuschlag (Wohnungszuschuß) und den Kinderzuschlägen.

Die Gehälter sind nach Besoldungsgruppen abgestuft und erhöhen sich in gewissen Zeitabständen (Dienstalterszulagen) bis zum jeweiligen Höchstgehalt. Auf die Gewährung von Dienstalterszulagen hat der Beamte einen Rechtsanspruch.

Jeder berufsmäßige Gemeindebeamte hat Anspruch auf Einreihung in eine Gruppe der staatlichen Besoldungsordnung. Innerhalb der Besoldungsgruppe richtet sich die Einstufung in eine Gehaltsstufe nach dem Besoldungsdienstalter. Dieses beginnt in der Regel mit der Anstellung in der betreffenden Gemeinde. Beim Übertritt in die nächsthöhere Besoldungsgruppe erhält der Beamte mindestens das Gehalt, das seinem Besoldungsdienstalter in der bisherigen Gruppe entspricht.

**Ortszuschlag** (Wohnungsgeldzuschüsse). Der Ortszuschlag ist je nach der Höhe des Grundgehaltes ohne Zuschlag in Ortsklassengruppen und in Ortsklassen (Sonderklasse) angestuft. Er wird nach dem Ortsatze des Wohnsitzes gewährt.

**Nebenleistungen.** Die Gemeindebeamten bezogen vielfach neben dem Bardiensteinkommen Nebenbezüge, wie Dienstwohnungen, freie Beheizung und Beleuchtung, Gartenanteile usw.

---

mit gegen Art. 129 der RV. verstoßen, zumal die Zwangsbeitragszahlungen und -einziehungen die subjektiven Rechte der Beamten berühren. Es dürfte somit das preußische Tierärztekammergesetz sowohl gegen Art. 129 als auch gegen Art. 130 der Reichsverfassung verstoßen.

Diese fallen nicht unter den Begriff der wohlerworbenen Rechte und können daher eingezogen oder ihr Weiterbezug von der Leistung einer Entschädigung abhängig gemacht werden (Urteil des Reichsgerichts vom 23. Oktober 1925 Jur. Rdsch. **1926**, 64). Nur wenn nachgewiesen ist, daß dem Beamten bei der Anstellung oder im Dienstvertrag unter allen Umständen derartige Bezüge zugesichert wurden, so verbleiben die ihm auch nach dem Inkrafttreten des Besoldungsgesetzes, im Streitfalle ist Gerichtsentscheidung anzustreben.

**Umzugskosten.** Wenn der Beamte gezwungen ist, im dienstlichen Interesse umzuziehen, hat er Anspruch auf Ersatz der Umzugskosten (vgl. auch Bay. Gem. Beamtenrecht, Komm. Jehle-Schmidt S. 56f).

Die Versetzung in den Ruhestand tritt ein bei dauernder Dienstuntauglichkeit infolge körperlicher oder geistiger Erkrankung. Ohne dienstunfähig zu sein, können Beamte nach Erreichung des 65. Lebensjahres in den Ruhestand versetzt werden. Eine Ausdehnung bis auf das 68. Lebensjahr für Einzelbeamte in besonderen Stellungen ist beabsichtigt. Der Anspruch auf Ruhegehalt hängt im allgemeinen von einer 10jährigen Wartezeit ab, die indessen unter bestimmten Umständen nicht erfüllt zu werden braucht (Krankheit und Dienstuntauglichkeit infolge Ausübung des Dienstes usw.).

Das Ruhegehalt berechnet sich nach der Höhe des Diensteinkommens und nach der Länge der ruhegehaltsfähigen Dienstzeit. Zum Diensteinkommen gehören Grundgehalt, Wohnungsgeldzuschuß, und zwar nach Ortsklasse B, und die ausdrücklich als ruhegehaltsberechtigt bezeichneten Bezüge und Nebenbezüge. Kinderbeihilfen und etwaige Sonderzuschläge werden neben dem Ruhegehalt in voller Höhe weiter gewährt. Für die ruhegehaltsfähige Dienstzeit kommt in Frage die im Staats- oder sonst öffentlichen Dienste verbrachte Dienstzeit, soweit sie besonders angerechnet wird, außerdem die aktive Militärzeit nebst allen Übungen im Beurlaubtenverhältnis. Für aktive Kriegsteilnehmer wird das Jahr der Teilnahme an einer kriegerischen Handlung — Schlacht, Gefecht, Stellungskampf oder mindestens 2 Monate im Kriegsgebiet — doppelt berechnet, im Hilfsdienst verbrachte Zeit $1^1/_2$fach. Als Kriegszeit gilt die Zeit vom 1. August 1914 bis 31. Dezember 1918.

Die Pension beträgt nach vollendetem 10. und vor vollendetem 11. Dienstjahr $^{35}/_{100}$ des pensionsberechtigten Einkommens und steigt von da ab mit jedem weiteren zurückgelegten Dienstjahr bis zum vollendeten 25. Dienstjahr um $^{2}/_{100}$ — nach 25 Jahren somit $^{65}/_{100}$ —, von da ab jedes Jahr um $^{1}/_{100}$ bis zum Höchstbetrage von $^{80}/_{100}$, erreichbar somit in 40 Dienstjahren (früher $^{45}/_{60}$ in der gleichen Zeit). Über $^{80}/_{100}$ hinaus findet eine Steigerung nicht statt. Bei den sog. Wahlbeamten ist die Erreichung der Höchstpension günstiger. Sie erhalten bei eintretender Dienstunfähigkeit oder ihrer Nichtwiederwahl nach 6 Jahren $^{25}/_{100}$, nach 12 Jahren $^{50}/_{100}$ des Gehaltes. Vom vollendeten 12. bis 25. Dienstjahr steigt die Pension um $^{2}/_{100}$, von da ab um je $^{1}/_{100}$ bis zum Höchstbetrage von ebenfalls $^{80}/_{100}$, somit in 29 Dienstjahren erreichbar.

Wegen Gewährung von Ruhegehalt bei Dienstentlassung im Wege des Disziplinarverfahrens bestehen besondere Bestimmungen.

Das Witwengeld beträgt $^{60}/_{100}$ des zur Zeit des Todes des Beamten zu zahlenden Ruhegehaltes (früher $^{40}/_{100}$). Es soll nicht hinter einem Drittel des niedrigsten ruhegehaltsfähigen Diensteinkommens aus der Besoldungsgruppe A 12 zurückbleiben und nicht die Hälfte des ruhegehaltsfähigen Diensteinkommens aus der Besoldungsgruppe B 7 übersteigen. Der Kinderzuschlag (-beihilfe) wird in der gleichen Höhe gezahlt wie bei den im Dienst befindlichen Beamten.

Das Waisengeld beträgt für eine Halbwaise — eheliche oder legitimierte Kinder — $^{1}/_{5}$ des Witwengeldes für jedes Kind, für eine Vollwaise $^{1}/_{3}$ des Witwengeldes für jedes Kind. Witwen- und Waisengeld zusammen dürfen nicht mehr ausmachen, als die Pension des Verstorbenen betragen haben würde, zutreffendenfalls tritt Kürzung ein.

Die Hinterbliebenen eines Beamten erhalten für das auf den Sterbemonat folgende Vierteljahr noch die volle Besoldung des Verstorbenen, Gnadengehalt. War der Verstorbene pensioniert, so gebührt ihnen die Pension noch für den auf den Sterbemonat folgenden Monat.

In dem Genuß der von dem Verstorbenen bewohnten Dienstwohnung ist die hinterbliebene Familie in Ermangelung anderer Festsetzung nach Ablauf des Sterbemonats noch drei weitere Monate zu belassen. Hinterläßt der Beamte keine Familie, so geht dieses Recht auf den über, auf den sein Nachlaß übergeht.

Zusammenfassung. Welche Fürsorge besteht nun für die einzelnen, unter verschiedenen Verhältnissen dienstlich tätigen Gemeindetierärzte? Bei lebenslänglicher Anstellung sowie nach Ablauf der 10jährigen Wartezeit bestehen keine Besonderheiten. Wie liegen aber die rechtlichen Verhältnisse bei vorhandener Beamteneigenschaft und bei der Hinterbliebenenfürsorge vor Ablauf dieser Wartezeit bzw. bei den Kündigungsbeamten? Nach § 1 des preußischen Pensionsgesetzes vom 27. März 1872, das auch für die Kommunen gültig ist, hat ein solcher Gemeindetierarzt auch vor Ablauf dieser Zeit Anspruch auf Pension und Hinterbliebenenfürsorge bei unverschuldeten Unfällen oder Erkrankungen infolge des Dienstes. Bei nicht mit dem Dienst in ursächlichen Zusammenhang stehenden Unfällen und Erkrankungen kann nach § 7 des Gesetzes eine Gnadenpension auf bestimmte Zeit oder lebenslänglich gewährt werden bei vorhandener Bedürftigkeit. Bis zur Erledigung des Falles besteht der Anspruch auf Weiterzahlung des Gehaltes. Da in letzterem Falle eine Fürsorge lediglich von dem Ermessen der Anstellungsbehörde abhängt, muß geraten werden, bei Übernahme der Stelle solche Wünsche anzumelden und ihre Festlegung in der Bestallungsurkunde anzustreben.

Nicht mit Beamteneigenschaft angestellte Tierärzte (Assistenztierärzte) unterliegen ohne Rücksicht auf die Höhe ihres Einkommens der Unfallversicherung. Von der Angestellten- und Krankenversicherung sind sie insofern frei, als ihr Verdienst die für diese Versicherungsarten festgesetzte Einkommensgrenze von 700 RM. bzw. 300 RM. monatlich übersteigt. Sie haben bei eintretender Erkrankung Anspruch auf Weiterzahlung ihres Gehaltes. Auch für den Fall einer Kündigung muß dieses weitergezahlt werden bis zum Ablauf der vereinbarten Kündigungsfrist, die mindestens 6 Wochen betragen muß (BGB.). Weitere Rechtsansprüche hinsichtlich Ruhegeld und Hinterbliebenenfürsorge stehen ihnen nicht zu, es sei denn, daß ihnen beim Dienstantritt weitere soziale Fürsorge ausdrücklich zugesagt worden ist.

Die tageweise beschäftigten Aushilfstierärzte unterliegen ebenfalls der Unfallversicherung. Ebenso hängt bei ihnen die Verpflichtung zur Angestellten- und Krankenversicherung davon ab, ob ihr Verdienst hinter den genannten Einkommensgrenzen zurückbleibt. Bis zum 1. November 1929 waren sie auch arbeitslosenversicherungspflichtig. Eine Kündigung ist jederzeit möglich, wenn keine besondere Frist vereinbart worden ist.

Die zur eigenen Ausbildung an Schlachthöfen tätigen Volontärtierärzte müssen zur Unfallversicherung angemeldet werden, deren Beiträge sie selbst ganz zu übernehmen haben. Mit den übrigen Versicherungsarten haben sie nichts zu tun.

Nebenamtlich angestellte Schlachthoftierärzte unterliegen der Angestelltenversicherungspflicht, ferner sind sie unfallversicherungspflichtig.

Ambulatorisch in der Fleischbeschau tätige Tierärzte sind selbständige Gewerbetreibende im Sinne des § 36 der Gewerbeordnung. Als solche unterlagen sie bisher keiner Versicherung. Auf Grund des Gesetzes vom 20. Dezember 1928 aber wird nunmehr die Unfallversicherung durch die Berufsgenossenschaft für Gesundheitsdienst und Wohlfahrtspflege praktisch auf alle Personen ausgedehnt, die im Bereich einer tierärztlichen Praxis irgendwelche Tätigkeit ausüben. Seit 1. November 1922 sind die in der ambulatorischen Fleischuntersuchung tätigen Tierärzte angestelltenversicherungspflichtig. Eine Nachzahlung der Beiträge hat der Versicherte nur für den letzten vorliegenden Monat zu leisten, für die übrige Zeit die Anstellungsbehörde.

Versicherungspflicht der Fleischbeschauer und Trichinenschauer.

Nach Art. II Ziffer 13 der von der Direktion der Reichsversicherungsanstalt für Angestellte herausgegebenen Anleitung betreffend den Kreis der nach dem Versicherungsgesetz für Angestellte vom 20. Dezember 1911 versicherten Personen vom 20. Juni 1912 sind Fleisch- und Trichinenschauer, die in Schlachthöfen angestellt sind, grundsätzlich versicherungspflichtig. Von der Versicherungspflicht befreit sind sie nur dann, wenn die Tätigkeit als Fleischbeschauer und Trichinenschauer nicht ihren Hauptberuf bildet, oder wenn ihnen Anwartschaft auf Ruhegehalt und Hinterbliebenenrente nach einem bestimmten Mindestsatz gewährleistet wird. Der Hauptberuf bestimmt sich bei mehreren Erwerbstätigkeiten nach dem Verhältnis der auf sie verwendeten Arbeitszeit und des dafür gewährten Entgeltes. Entscheidungen trifft: Rentenausschuß für Angestelltenversicherung, Berlin-Wilmersdorf, Hohenzollerndamm 20.

**Urlaub.** Die vollbeschäftigten Gemeindebeamten haben Anspruch[1] auf Urlaub, wenn nicht außergewöhnliche dienstliche Verhältnisse entgegenstehen. Der Beamte bedarf eines besonderen Urlaubes nicht bei Dienstverhinderung durch Krankheit. Krankheits- und Erholungsurlaube von Krankheiten sollen in den normalen Jahresurlaub nicht eingerechnet werden. Die Dauer des Urlaubes berechnet sich nach der Gehaltsklasse und dem Lebensalter, in welchen der Beamte sich befindet und ist in den verschiedenen Ländern verschieden.

**Höhe der Gehälter.** Es kann zwar durchweg beobachtet werden, daß die heutigen Gehälter in ihrer unteren Stufe fast überall sich der Mindeststufe der Akademiker anpassen. Gegenüber den ehemaligen Gehaltsfestsetzungen, bei welchen fast jede Stadt ganz nach Belieben die Gehaltshöhe bestimmte, kann man heute zum mindesten eine gewisse Einheitlichkeit in der Gehaltsbemessung feststellen, wenn auch ohne weiteres zugegeben werden soll, daß nicht da und dort noch verbessernd gewirkt werden muß. Wenn auch der größte Teil der Schlachthofleiter als Tierärzte Akademiker sind, so spielt bei der Einstufung stets die Größe der Stadt und der Anlage eine gewisse Rolle. Wir kennen heute noch kleine Anlagen, in welchen der tierärztliche Leiter nebenamtlich auch noch die Führung der Kassengeschäfte übertragen erhalten hat, da die Finanzverhältnisse die Anstellung eines eigenen Kassenbeamten nicht gestatten. Abgesehen von der persönlichen Verantwortlichkeit wird es stets sich als zweckmäßig erweisen, daß die betreffenden Städte — meist solche, welche auch für die Schlachthofleiter ein mehr als mäßiges Gehalt bezahlen — eine andere Art der Kassenführung finden, z. B. in der Weise, daß die Fleischer die anfallenden Gebühren auf Grund fortlaufend numerierter Belegscheine selbst bei einer städtischen Zahlstelle bereinigen.

Beistehende Tabelle soll vor Augen führen wie die Gehaltsbezahlungen für die verschiedenen Gruppen in den einzelnen Bundesstaaten geregelt sind.

Das Ideal, das der Schlachthofleiter anzustreben hat, ist die Vollbesoldung in einer seiner Vorbildung entsprechenden Gehaltsgruppe. Leider ist das in einer großen Reihe nicht durchgeführt, wenn auch stets in großen und mittleren Schlachthöfen. Manche Gemeinden suchen sich dadurch zu helfen, daß sie dem Schlachthofleiter freie Praxisausübung gewähren, ihm aber nur einen Teil der Gehaltsgruppe, in welche sie ihn eingereiht haben, in bar vergüten und es ihm selbst überlassen, sich durch Praxis das übrige zu verdienen. Durch diese Teilung von städtischer und privater Tätigkeit leidet meistens der Dienst; es wird oft seitens der Fleischer geklagt werden, und oft mit Recht, daß die Schlachtzeiten ihnen mit Rücksicht auf die dem Tierarzt freigestellte Privatpraxis unnötig gekürzt werden, oder daß sie oft lange Zeit auf Abfertigung in der

[1] Die Beamten haben aber keinen Rechtsanspruch auf Urlaub. Jeder Urlaub wird ausdrücklich oder stillschweigend unter dem Vorbehalt des Widerrufs erteilt. Pr. UM 5. April 1922, UZBl. 181. Beurlaubung zur Teilnahme an Tagungen der politischen Parteien ist unter Anrechnung auf den Erholungsurlaub stattzugeben, sofern das dienstliche Interesse nicht darunter leidet. RFM. 14. März 1923, RFBl. 121. Urlaub zu gewerkschaftlichen Tagungen ohne Anrechnung auf den Erholungsurlaub zu erteilen, ist unzulässig. RFM. 2. Juni 1923.

Fleischbeschau warten müssen. Noch ein anderes Moment verdient hier Beachtung: der praxisausübende Schlachthoftierarzt kommt in ein gewisses Abhängigkeitsverhältnis zu seinen Kunden, und das widerspricht seiner Stellung als unparteiischer Beamter, der frei sein muß von jeder „privaten Rücksichtnahme"! Die Städte, welche in dieser Hinsicht kleinlich und kurzsichtig arbeiten, vergessen meist, daß, wenn bestimmte Schlachtstunden festgesetzt sind, wenn der Schlachtenwollende eine Schlachtkarte gelöst hat, er gewissermaßen mit dem Schlachthof einen Vertrag abgeschlossen hat, daß er von dem Schlachthof und dessen Einrichtungen Gebrauch zu machen berechtigt ist, also auch hinsichtlich der Fleischuntersuchung. Angenommen nun, es würden diese Schlachtstunden durch den betreffenden Tierarzt genau eingehalten werden, so können doch dringende Praxisfälle, wie Geburtshilfe, Kolikfälle, Tragsackvorfälle usw., vorkommen, welche ein sofortiges Eingreifen von dessen Seite verlangen. Weil er aber auch auf den Ertrag der Praxis angewiesen ist, bleibt ihm in solchen Fällen nur die Möglichkeit, entweder dem Rufe unweigerlich sofort zu folgen oder zuzusehen, daß der betreffende Tierbesitzer einen anderen Tierarzt rufen wird, diesen aber auch fernerhin zuzieht, weil der Schlachthoftierarzt „ja doch nicht stets zu haben sei". Die zwingende Folge davon wird sein, daß über kurz oder lang sich die ursprünglich vielleicht sehr gute Praxis beträchtlich verringert, so daß er nicht mehr in der Lage ist, sich wegen treuer Pflichterfüllung der Stadt gegenüber aus dieser das Fehlende zum Leben zu verdienen. Und so wird er denn auch bei nächster sich bietender Gelegenheit gezwungen sein, der Stadt zu beweisen und zu begründen, daß er lieber auf den Posten

Besoldungsgruppen

| Reich | Preußen | Bayern | Württemberg | Sachsen | Thüringen | Hessen | Baden |
|---|---|---|---|---|---|---|---|
| *I*<br>8400—12 600 | *1a*<br>8400—12600 | *1a*<br>8400—12600 | *1*<br>8400—12600 | *5*<br>8400—12600 | *1*<br>8400—12600 | *1*<br>8400—12600 | *1*<br>8400—12600 |
| *2a*<br>5400—9700 | *2a*<br>5400—9600 | *2a*<br>5400—9000 | — | — | *2a*<br>5500—9700 | *2a*<br>5400—9700 | — |
| *2b*<br>7000—9700 | — | *2b*<br>5400—9000 | *2*<br>7000—9700 | *7a*<br>7000—9700 | — | — | *2a*<br>7000—9700 |
| *2c*<br>4800—8400 | *2b*<br>4400—8400<br>Stellenzulage<br>1200, 600 | *2e*<br>4800—8400 | *4a*<br>4800—8400 | *7b*<br>4800—8400<br>Stellenzulage<br>600 | *2b*<br>4800—7200 | *2c*<br>4600—8400 | *2c*<br>4800—8400<br>Stellenzulage<br>400 |
| *2d*<br>4800—7800 | *2c*<br>4800—7800 | *2g*<br>4800—7800 | *4b*<br>4800—7500 | *7c*<br>4800—7800 | *2d*<br>4800—7200 | *2d*<br>4600—7400 | *2d*<br>4800—7500 |
| *3*<br>4800—7000 | *3b*<br>4800—7000 | *3*<br>4800—7000 | *5*<br>4800—7000 | *10*<br>4800—7000 | *3a*<br>4800—7000 | *3b*<br>3600—7000 | *3b*<br>4800—7000 |
| *4a*<br>3000—5800 | *4a*<br>3000—5700 | — | *7a*<br>3200—5800 | *11b*<br>3300—5800 | *4a*<br>3000—6000 | *4a*<br>3200—5600 | — |
| — | — | — | — | — | *4b*<br>2800—5800 | — | — |
| — | — | — | — | — | — | — | — |

Die Kursivziffern bedeuten die Besoldungs-Gruppen.

[1] Durch Notverordnung des Reichspräsidenten von 1930 um 6 % gekürzt.

Durch die Notverordnung des Reichspräsidenten vom Juni 1931 treten außerdem noch folgende Änderungen ein:

Die Dienstbezüge der Reichsbeamten sowie die Versorgungsbezüge der Wartegeld- und Ruhegeldempfänger werden um 4—8% gesenkt. Das Kürzungsmaß ist gestaffelt. Es beträgt über die bereits erfolgte Kürzung von 6% hinaus in der Sonderklasse und in der Ortsklasse A 4%, soweit die Bezüge 3000 RM. nicht übersteigen, 5%, soweit sie 3000 RM., aber nicht 6000 RM., 6%, soweit sie 6000 RM., aber nicht 12000 RM., und 7%, soweit sie 12000 RM. übersteigen. In den Ortsklassen B, C und D erhöht sich die Kürzung um 1%. Die Senkung erfolgt ab 1. Juli 1931 und gilt unmittelbar auch für die Bezüge der Angestellten im öffentlichen eines Leiters verzichten wird, als mit seiner Familie in Nahrungssorgen zu sein. So kennen wir denn auch eine Reihe von Städten, welche diesen Fehler in der Anstellung — und als solcher muß ein solches Teilverhältnis bezeichnet werden — sehr bald zu verbessern gezwungen waren. Das Extrem bieten neuerdings Städte, die zu der Überzeugung sich „durchgerungen" haben, daß man einen Schlachthofleiter als angestellten Beamten überhaupt nicht brauche, daß diese Funktion auch ganz gut durch irgendeinen damit beauftragten Tierarzt, der gegen ein bestimmtes monatliches Entgelt, ohne in einem Beamtenverhältnis zu stehen oder Pensionsberechtigung zu haben, „so nebenbei" die Schlachthofleitung „mitversorgen" könne. Es wird sich dieser unmögliche Standpunkt natürlich auf die Dauer nicht halten lassen, weil die gleichen Umstände eintreten werden, wie sie bei den halbbezahlten Kollegen oben angeführt worden sind. Es würde damit aber auch die Selbstüberhebung der übrigen Angestellten des Schlachthofes, welche nun plötzlich keine leitende Hand über sich mehr fühlen, ins Ungemessene wachsen. Die Städte denken aber auch nicht an die ihnen erwachsende Haftpflicht, bzw. Schadenersatzpflicht: Angenommen, es würde ein Bulle geschlachtet, der warm zu Wurstzwecken verarbeitet werden müßte. Derselbe leidet an geringgradiger Tuberkulose. Der Tierarzt ist zu einem dringenden Praxisfall gerufen worden, der ihn längere Zeit dem Dienst fernhält. Nach seiner Rückkehr entscheidet er den Fall: tauglich! Der Tierbesitzer wird nun das bereits erkaltete Tier der Stadt zur Verfügung stellen, weil es für ihn nun nicht mehr brauchbar geworden ist. Er wird Ersatzansprüche an die Stadt stellen.

in Reich und Ländern[1]

| Oldenburg | Mecklenbg.-Schwerin | Anhalt | Braunschweig | Lippe | Hamburg | Bremen | Lübeck |
|---|---|---|---|---|---|---|---|
| *1*<br>8400—12 600 | *1 a*<br>8400—12 600 | *1*<br>8400—12 600 | *1 a*<br>7500—12 000 | *1*<br>8400—12 600 | *24*<br>17 000<br>*23*<br>10 000-15 000 | *20*<br>16 250<br>*19*<br>9700—13 950 | *21*<br>9500—13 400 |
| — | — | — | — | — | *21*<br>8000—12 800 | *18*<br>8500—12 500 | *20*<br>7500—13 400 |
| — | *2 a*<br>7000—9700 | — | *2 a*<br>5500—9200 | *2*<br>7000—9700 | *19*<br>6100—11 500 | *17*<br>7500—11 500 | *19*<br>6900—10 600 |
| *2 a*<br>4400—8400<br>Stellenzulage<br>1200, 1000, 600 | *2 b*<br>4800—8400<br>Stellenzulage<br>600 | *2 a*<br>4400—8400<br>Stellenzulage<br>1200, 600 | *2 b*<br>4400—8000<br>Stellenzulage<br>600 | *3 a*<br>4800—8400<br>Stellenzulage<br>600 | *18*<br>6100—11 000 | *15*<br>6000—10 500 | *18*<br>5600—10 100 |
| *2 b*<br>3600—7400 | *2 c*<br>4800—7800 | *2 b*<br>4800—7800 | *2 c*<br>4800—7200 | *3 b*<br>3600—7400 | *16*<br>6100—10 400<br>*17*<br>7000—10 400 | *14*<br>5800—9200 | *17*<br>5600—9300 |
| *3 a*<br>4800—7000 | *3 a*<br>3600—7200 | *3*<br>3600—7200 | *3 b*<br>4800—6800 | *4 a*<br>3600—7200 | *14*<br>6100—8800 | *13*<br>5800—8400 | *15*<br>5200—8100 |
| *4 a*<br>3600—5800 | *3 b*<br>3600—7000 | *4 a*<br>3600—5800 | *3 a*<br>3800—7200 | *4 b*<br>3600—6600 | *13*<br>4800—8800 | *11*<br>3550—7200 | *12*<br>4400—7000 |
| — | *3 d*<br>3600—5800 | — | *4 b*<br>3600—5800 | — | *12*<br>4200—7600 | — | — |
| — | — | — | *4 a*<br>3000—6000 | — | — | — | — |

Dienst. Ferner wird der Kinderzuschlag der Beamten und Angestellten für das erste Kind künftig auf 10 RM. statt auf 20 RM. festgesetzt, wogegen die bisher schon in einzelnen Ländern gewährten Sätze von 25 RM. für das dritte und vierte Kind und 30 RM. für das fünfte und weitere Kind an Stelle von 20 RM. treten. Für die Arbeiter im Reichsdienst soll nach Ablauf der gegenwärtigen Vereinbarungen eine entsprechende Kürzung eintreten. Länder, Gemeinden usw., Reichsbahn und Reichsbank nehmen entsprechende Kürzungen vor wie das Reich.

Die Krisenlohnsteuer beträgt bei einem Monatsarbeitslohn bis zu 300 RM. 1% des Bruttoarbeitslohnes und steigt bis 5% bei über 3000 RM. Abzüge dürfen nicht gemacht werden. Es zahlt also ein Lohnempfänger mit einem Bruttolohn von monatlich 250 RM. an Krisenlohnsteuer 2,50 RM, bei 300 RM. 3 RM, bei 400 RM. 6 RM., bei 500 RM. 10 RM., bei 600 RM. 15 RM., bei 700 RM. 21 RM., bei 800 RM. 28 RM., bei 1100 RM. 60 RM.

Ganz aus gleichen Gründen wird es auch kaum empfehlenswert sein, den Kreistierarzt mit der Ausübung der Fleischbeschau zu betrauen, schon weil dieser oft amtlich z. B. bei Seuchenausbrüchen und -tilgung nicht am Orte anwesend sein kann.

Es ist vielfach angeregt worden, daß seitens der Interessenvertretung dahin gewirkt werden soll, daß staatlich beamteten Tierärzten von ihrer vorgesetzten Dienststelle die Erlaubnis zur nebenamtlichen Leitung von Schlachthöfen grundsätzlich und stets untersagt werden soll, da Stadt und Staat verlangen können, daß ihnen die Arbeitskraft ungeteilt zur Verfügung steht. Niemand kann zwei Herren dienen, jedenfalls aber keinem dann mit voller Arbeitskraft. Und selbst wenn es sich bei ganz kleinen Anlagen nur um die Ergänzungsbeschau allein handeln würde, auch diese verlangt unter Umständen eine sofortige Erledigung. Es braucht auch nicht gesondert betont zu werden, daß nach dem Beamtengesetz vollbesoldeten Beamten Nebenverdienst untersagt ist.

In Preußen ist deshalb durch Min.-Erl. vom 27. März 1921 die Bestimmung getroffen worden, daß die nebenamtliche Verwaltung von Schlachthöfen durch Veterinärräte nur dann genehmigt werden soll, wenn nach Lage der Verhältnisse die Heranziehung eines anderen Tierarztes nicht durchführbar erscheint.

Trotzdem üben in Preußen mehr als 30 Kreistierärzte die nebenamtliche Leitung eines Schlachthofes aus, auch in Bayern findet man staatliche Bezirkstierärzte als Schlachthofleiter im Nebenamt, doch wird dort die einfache Fleischbeschau durch Laienbeschauer ausgeübt. Es ist begreiflich, wenn diese mangels entsprechender Überwachung sehr oft in Versuchung kommen, ihre Zuständigkeitsgrenzen zu überschreiten.

Eine Konkurrenz bilden auch heute die abgebauten Veterinäroffiziere, die zur Leitung kleinerer Anlagen sich anbieten.

Wenn schon die Anstellung eines eigenen Schlachthoftierarztes nicht möglich ist, so ist dieser Ausweg, wenngleich den Betreffenden sehr oft eigene Erfahrungen auf dem Gebiete des Schlachthofwesens mehr oder weniger fehlen, immerhin noch besser als die vorhin angeführte nebenamtliche Leitung, weil die Veterinäroffiziere wenigstens Ruhegehalt oder Wartegeld beziehen, also bei einer verhältnismäßig geringen Dienstleistungsentschädigung auch ohne Praxisausübung ihr Auskommen haben. Diese Ausnahmen, welche man leider oft zu beobachten Gelegenheit hat, dürfen aber nicht Regel werden, zumal die große Gefahr besteht, daß die Städte in ihrer Finanznot eine Reihe von Beamten einzusparen versuchen; doch darf unter diesen nie der Schlachthofleiter sein, und zwar deshalb nicht, weil er für Leben und Gesunderhaltung der Bewohner durch den Genuß einwandfreien Fleisches eine persönliche Verantwortung hat. Diese beiden Güter des Menschen sind aber viel zu wertvoll, um mit ihnen ein frevles Spiel aus reiner gemeindlicher Sparwut zu treiben. Hieraus könnte sich ein Fazit ergeben, bei welchen die Reue zu spät kommen würde.

Genau so wie sich in großen Städten nur der Tierarzt als der geborene Leiter für die Schlachthofanlage durch Jahrzehnte bewährt hat — von nichttierärztlichen Leitern, die auf irgendeinem der nicht mehr ungewöhnlichen Wege auf diesen Posten gekommen sind, soll nicht gesprochen werden, weil sie für uns Tierärzte als Leiter nicht in Frage kommen[1] —, so muß auch danach getrachtet werden, daß auch in mittleren und kleineren Anlagen, und zwar gerade weil die bakteriologische Fleischuntersuchung heute eine weit höhere Rolle spielt als vor Jahren, stets ein vollbesoldeter Tierarzt der Anlage vorsteht, der seine ganze Arbeitskraft nur dieser zu widmen hat, der nicht gezwungen sein soll, sich durch Praxis einen Nebenerwerb zu verschaffen, um sein Auskommen zu finden.

Die gesamte Beamtenschaft hat Organisationen geschaffen auf gewerkschaftlicher Grundlage. Meist sind die Schlachthof- und Gemeindetierärzte dem Verband der Deutschen Kommunalbeamten und -Angestellten (Komba) beigetreten, der einen Teil des Deutschen Beamtenbundes bildet. Die gewerkschaftliche Organisation bringt es mit sich, daß auch in den einzelnen Gemeinden die verschiedenen Gruppen der Beamtenschaft zu Ortsvereinigungen zusammentreten. Es ist Aufgabe der einzelnen Beamten einer Berufsgruppe, hierbei zu Worte zu kommen. Diese Ortsgruppen schließen sich dem Landesverband an. Hier ist auch den Tierärzten die Gelegenheit geboten, vor oder mit einem Teil unseres Volkes wirksam in Erscheinung zu treten und so auch für den Stand in der Geschlossenheit mehr zu erreichen, als dem einzelnen möglich sein wird. Der gewerkschaftliche Charakter kennt keinen Rangunterschied, das Wesen der Gewerkschaft bedingt aber auch, daß ein Mitglied desselben keiner anderen Organisation angehört. Es ist Pflicht für die Fachvereinigung der Schlachthoftierärzte, den RVDG., in enger Fühlung z. B. mit dem Reichsbund der höheren Beamten, sich diesem als Gruppe anzuschließen. Inwieweit seinen Belangen Rechnung getragen wird, wird von der Tatkraft des Vertreters abhängen. Um aber diesem Anschluß den nötigen Nachdruck zu verleihen, ist es auch unbedingte Pflicht für alle aktiven Gemeindetierärzte, sich zunächst vollzählig dieser ihrer Fachvereinigung anzuschließen. Je fester das Zusammengehörigkeitsgefühl bei den Schlachthof- und Gemeindetierärzten ist,

[1] Vgl. Dtsch. Schlachthofztg **1917** Nr 50; **1918**, 39. „Nichttierärzte als Leiter von Schlachthöfen.“

desto mehr werden sie durch ihre Gesamtvertretung in der Lage sein, sich und ihre Belange zur Geltung zu bringen[1].

**Richtlinien für Erteilung des Erholungsurlaubes für die Reichsbeamten (Reichskabinett 9. März 1925).**

1. Jedem Reichsbeamten wird in jedem Rechnungsjahr ohne daß es eines besonderen Antrages bedarf, ein Erholungsurlaub gewährt.

2. Die Urlaubszeit beträgt in:

| Urlaubsklasse | Besoldungs-Gruppe | Lebensjahre | | |
|---|---|---|---|---|
| | | bis 30 Jahre | 30 bis 40 Jahre | über 40 Jahre |
| A | A 11 u. 12 | 16 Tage | 21 Tage | 28 Tage |
| B | A 6—10 | 18 „ | 25 „ | 31 „ |
| C | A 4 u. 5 | 21 „ | 28 „ | 35 „ |
| D | A 2 u. 3 | 25 „ | 31 „ | 37 Tage (Preußen 35) |
| E | A 1 und darüber | 29 „ | 37 „ | 42 Tage |

Beamten unter dem 30. Lebensjahr wird der Urlaub im 1. Jahr um 5, im 2. um 3 und im 3. Jahr um 2 Tage gekürzt.

Diejenigen Beamten, welche ihren Urlaub zwischen 1. November und 30. April nehmen, erhalten einen Zusatzurlaub von höchstens 7 Tagen.

**Tage- und Übernachtungsgelder, Fahrkosten.** Die Beamten erhalten bei Dienstreisen Tage- und Übernachtungsgelder sowie Ersatz der verauslagten Fahrkosten. In den meisten Städten erfolgt die Zahlung dieser Gelder nach staatlichen Grundsätzen. Es seien daher die des Reiches und Preußens wiedergegeben. Es gehören

| zur Stufe | Die Beamten, denen Grundgehalt gewährt wird nach der Besoldungsordnung A | A (Anlage) |
|---|---|---|
| | aus der Besoldungsgruppe | |
| I | 8 bis 12<br>Preußen: 7 bis 12 | 5 bis 8 |
| II | 4a, soweit nicht in Stufe III, 4c bis 7<br>Preußen: 4b, soweit nicht in Stufe III, 4c bis 6 | 4 |
| III | 2, 3, aus 4a, soweit sie Oberinspektoren sind, und 4b<br>Preußen: 1c bis 4a, 4b, soweit mit einer ruhegehaltsf. Zulage von 700 oder 500 RM. jährl. ausgestattet | 1 bis 3 |
| IV | 1<br>Preußen: 1a bis 1b | |

Auf Grund obiger Einstufungen erfolgt die Zahlung der Dienstreisetage- und Übernachtungsgelder und der Fahrkosten nach folgender Übersicht:

| Tagegeldstufe | Tagegeld: besonders teure Orte RM. | Tagegeld: andere Orte RM. | Übernachtungsgeld: besonders teure Orte RM. | Übernachtungsgeld: andere Orte Reich RM. | Übernachtungsgeld: andere Orte Preußen RM. | Fahrkosten: Zur Benutzung berechtigt höchstens Klasse: Eisenbahn- Reich | Eisenbahn- Preußen | Schiffs- Reich | Schiffs- Preußen | für 1 km Landweg |
|---|---|---|---|---|---|---|---|---|---|---|
| I | 7,00 | 4,50 | 4,50 | 3,50 | 3,50 | III | III | II | II | 0,20 |
| II | 9,00 | 7,00 | 6,00 | 4,50 | 5,25 | III | II | II | I | |
| III | 12,00 | 10,00 | 9,00 | 5,00 | 7,50 | II | II | I | I | |
| IV | 16,00 | 12,00 | 10,00 | 6,00 | 9,00 | { II<br>I | I | I<br>I | I | |

[1] Vgl. Dtsch. Schlachthofztg **1919**, 38.

Die Übersicht enthält die vollen Tagegeldsätze, bei kürzeren Dienstreisen tritt entsprechende Kürzung ein.

**Umzugskosten und -beihilfen.** Bei Neubesetzungen von Gemeindetierarztstellen gewähren die Städte entweder Umzugskosten und -beihilfen nach staatlichen Sätzen, oder sie ersetzen die entstandenen Unkosten.

Im Reich sind die Umzugskosten nach folgenden Übersichten geregelt[1].

Stufeneinteilung.

| Stufe | Beamte, denen Grundgehalt gewährt wird nach der Besoldungsordnung A aus Besoldungsgruppen | A (Anlage) | B | Soldaten, C |
|---|---|---|---|---|
| I | 9 bis 12 | 6 bis 8 | — | 16 bis 22 |
| II | 6 bis 8b | 5 | — | 11 bis 15 |
| III | 4a bis 5c | 4 | — | 8 bis 10 |
| IV | 2a bis 3 | 1 bis 3 | — | 5 bis 7 |
| V | 1 | — | 6 bis 8 | 3 und 4 |
| VI | — | — | 4 bis 5 | 2 |
| VII | — | — | 1 bis 3 | 1 |

Umzugskostenvergütung.

Die Umzugskostenvergütung beträgt für verheiratete und ihnen gleichgestellte Beamte mit eigenem Hausstand

| der Stufe | bei Umzugsentfernungen bis zu 5 km (Grundbetrag) RM. | für die weiteren Entfernungen (Steigerungsbeträge): über 5 bis 50 km für je 5 km oder Teile davon RM. | über 50 bis 200 km für je weitere 10 km oder Teile davon RM. | über 200 bis 400 km für je weitere 10 km oder Teile davon RM. | über 400 bis 600 km für je weitere 10 km oder Teile davon RM. | über 600 bis 800 km für je weitere 10 km oder Teile davon RM. | über 800 km für je weitere 10 km oder Teile davon RM. |
|---|---|---|---|---|---|---|---|
| 1 | 2 | 3 | 4 | 5 | 6 | 7 | 8 |
| I | 240,— | 16,— | 8,— | 5,— | 4,— | 2,50 | 1,50 |
| II | 300,— | 20,— | 10,— | 6,50 | 5,— | 3,— | 2,— |
| III | 400,— | 25,— | 13,— | 8,— | 6,— | 4,— | 2,50 |
| IV | 600,— | 35,— | 18,— | 12,— | 9,— | 6,— | 3,50 |
| V | 1000,— | 50,— | 24,— | 16,— | 12,— | 8,— | 5,— |
| VI, VII | Für diese Beamten wird die Umzugskostenvergütung, falls der Betrag der Stufe V nicht ausreicht, von Fall zu Fall durch die oberste Reichsbehörde im Einvernehmen mit dem Reichsminister der Finanzen festgesetzt. | | | | | | |

Preußen. Stufeneinteilung und Umzugskostenvergütungsübersicht

| in Stufe | hierzu gehören die planmäßigen Beamten mit aufsteigenden Gehältern mit festen Grundgehaltssätzen (Abschnitt A) der Besoldungsordnung — Anlage 1 — zum Preußischen Besoldungsgesetz vom 17. 12. 27 — GS. S. 223 — in Gruppe | festen Gehältern (Abschnitt B) in Gruppe | Gehältern mit Mindestgrundgehaltssätzen (Abschnitt C) in Gruppe | bei Umzugsentfernungen bis zu 5 km einen feststehenden Grundbetrag von RM. | für die weiteren Entfernungen (Steigerungsbeträge): über 5 bis 50 km für je 5 km oder Teile davon RM. | über 50 bis 200 km für je weitere 10 km oder Teile davon RM. | über 200 bis 400 km für je weitere 10 km oder Teile davon RM. | über 400 bis 600 km für je weitere 10 km oder Teile davon RM. | über 600 bis 800 km für je weitere 10 km oder Teile davon RM. | über 800 km für je weitere 10 km oder Teile davon RM. |
|---|---|---|---|---|---|---|---|---|---|---|
| 1 | 2 | 3 | 4 | 5 | 6 | 7 | 8 | 9 | 10 | 11 |
| I | 9 bis 12 | — | — | 240,— | 16,— | 8,— | 5,— | 4,— | 2,50 | 1,50 |
| II | 6 bis 8 | — | — | 300,— | 20,— | 10,— | 6,50 | 5,— | 3,— | 2,— |
| III | 4 bis 5 | — | 4 bis 5 | 400,— | 25,— | 13,— | 8,— | 6,— | 4,— | 2,50 |
| IV | 1c bis 3 | 11 bis 12 | 3 | 600,— | 35,— | 18,— | 12,— | 9,— | 6,— | 3,50 |
| V | 1a bis 1b | 6 bis 10 | 1 bis 2 | 1000,— | 50,— | 24,— | 16,— | 12,— | 8,— | 5,— |
| VI | — | 1 bis 5 | — | Für diese Beamten wird die Umzugskostenvergütung, falls der Betrag der Stufe V nicht ausreicht, von Fall zu Fall durch den Fachminister im Einvernehmen mit dem Finanzminister festgesetzt. | | | | | | |
| | Die nichtplanmäßigen Beamten gehören zu der Besoldungsgruppe, für deren Planstellen sie als unmittelbare Anwärter einberufen sind. | | | | | | | | | |

[1] Nach Sudau, Deutsches Beamtentaschenbuch 1931.

### Übersicht über die sich bei den einzelnen Entfernungen ergebenden Umzugskostenvergütungen.

| Die Umzugskostenvergütung beträgt | | | | | |
|---|---|---|---|---|---|
| bei einer Umzugsentfernung von km | in Stufe I (Reichsmark) | II | III | IV | V |
| 1 | 2 | 3 | 4 | 5 | 6 |
| bis 5 | 240 | 300 | 400 | 600 | 1000 |
| über 5 bis 10 | 256 | 320 | 425 | 635 | 1050 |
| „ 10 „ 15 | 272 | 340 | 450 | 670 | 1100 |
| „ 15 „ 20 | 288 | 360 | 475 | 705 | 1120 |
| „ 20 „ 25 | 304 | 380 | 500 | 740 | 1200 |
| „ 25 „ 30 | 320 | 400 | 525 | 775 | 1250 |
| „ 30 „ 35 | 336 | 420 | 550 | 810 | 1300 |
| „ 35 „ 40 | 352 | 440 | 575 | 845 | 1350 |
| „ 40 „ 45 | 368 | 460 | 600 | 880 | 1400 |
| „ 45 „ 50 | 384 | 480 | 625 | 915 | 1450 |
| „ 50 „ 60 | 392 | 490 | 638 | 933 | 1474 |
| „ 60 „ 70 | 400 | 500 | 651 | 951 | 1498 |
| „ 70 „ 80 | 408 | 510 | 664 | 969 | 1522 |
| „ 80 „ 90 | 416 | 520 | 677 | 987 | 1546 |
| „ 90 „ 100 | 424 | 530 | 690 | 1005 | 1570 |
| „ 100 „ 110 | 432 | 540 | 703 | 1023 | 1594 |
| „ 110 „ 120 | 440 | 550 | 716 | 1041 | 1618 |
| „ 120 „ 130 | 448 | 560 | 729 | 1059 | 1642 |
| „ 130 „ 140 | 456 | 570 | 742 | 1077 | 1666 |
| „ 140 „ 150 | 464 | 580 | 755 | 1095 | 1690 |
| „ 150 „ 160 | 472 | 590 | 768 | 1113 | 1714 |
| „ 160 „ 170 | 480 | 600 | 781 | 1131 | 1738 |
| „ 170 „ 180 | 488 | 610 | 794 | 1149 | 1762 |
| „ 180 „ 190 | 496 | 620 | 807 | 1167 | 1786 |
| „ 190 „ 200 | 504 | 630 | 820 | 1185 | 1810 |
| „ 200 „ 210 | 509 | 636,50 | 828 | 1197 | 1826 |
| „ 210 „ 220 | 514 | 643 | 836 | 1209 | 1842 |
| „ 220 „ 230 | 519 | 649,50 | 844 | 1221 | 1858 |
| „ 230 „ 240 | 524 | 656 | 852 | 1233 | 1874 |
| „ 240 „ 250 | 529 | 662,50 | 860 | 1245 | 1890 |
| „ 250 „ 260 | 534 | 669 | 868 | 1257 | 1906 |
| „ 260 „ 270 | 539 | 675,50 | 876 | 1269 | 1922 |
| „ 270 „ 280 | 544 | 682 | 884 | 1281 | 1938 |
| „ 280 „ 290 | 549 | 688,50 | 892 | 1293 | 1954 |
| „ 290 „ 300 | 554 | 695 | 900 | 1305 | 1970 |
| „ 300 „ 310 | 559 | 701,50 | 908 | 1317 | 1986 |
| „ 310 „ 320 | 564 | 708 | 916 | 1329 | 2002 |
| „ 320 „ 330 | 569 | 714,50 | 924 | 1341 | 2018 |
| „ 330 „ 340 | 574 | 721 | 932 | 1353 | 2034 |
| „ 340 „ 350 | 579 | 727,50 | 940 | 1365 | 2050 |
| „ 350 „ 360 | 584 | 734 | 948 | 1377 | 2066 |
| „ 360 „ 370 | 589 | 740,50 | 956 | 1389 | 2082 |
| „ 370 „ 380 | 594 | 747 | 964 | 1401 | 2098 |
| „ 380 „ 390 | 599 | 753,50 | 972 | 1413 | 2114 |
| „ 390 „ 400 | 604 | 760 | 980 | 1425 | 2130 |

| Die Umzugskostenvergütung beträgt | | | | | |
|---|---|---|---|---|---|
| bei einer Umzugsentfernung von km | in Stufe I (Reichsmark) | II | III | IV | V |
| 1 | 2 | 3 | 4 | 5 | 6 |
| über 400 bis 410 | 608 | 765 | 986 | 1434 | 2142 |
| „ 410 „ 420 | 612 | 770 | 992 | 1443 | 2154 |
| „ 420 „ 430 | 616 | 775 | 998 | 1452 | 2166 |
| „ 430 „ 440 | 620 | 780 | 1004 | 1461 | 2178 |
| „ 440 „ 450 | 624 | 785 | 1010 | 1470 | 2190 |
| „ 450 „ 460 | 628 | 790 | 1016 | 1479 | 2202 |
| „ 460 „ 470 | 632 | 795 | 1022 | 1488 | 2214 |
| „ 470 „ 480 | 636 | 800 | 1028 | 1497 | 2226 |
| „ 480 „ 490 | 640 | 805 | 1034 | 1506 | 2238 |
| „ 490 „ 500 | 644 | 810 | 1040 | 1515 | 2250 |
| „ 500 „ 510 | 648 | 815 | 1046 | 1524 | 2262 |
| „ 510 „ 520 | 652 | 820 | 1052 | 1533 | 2274 |
| „ 520 „ 530 | 656 | 825 | 1058 | 1542 | 2286 |
| „ 530 „ 540 | 660 | 830 | 1064 | 1551 | 2298 |
| „ 540 „ 550 | 664 | 835 | 1070 | 1560 | 2310 |
| „ 550 „ 560 | 668 | 840 | 1076 | 1569 | 2322 |
| „ 560 „ 570 | 672 | 845 | 1082 | 1578 | 2334 |
| „ 570 „ 580 | 676 | 850 | 1088 | 1587 | 2346 |
| „ 580 „ 590 | 680 | 855 | 1094 | 1596 | 2358 |
| „ 590 „ 600 | 684 | 860 | 1100 | 1605 | 2370 |
| „ 600 „ 610 | 686,50 | 863 | 1104 | 1611 | 2378 |
| „ 610 „ 620 | 689 | 866 | 1108 | 1617 | 2386 |
| „ 620 „ 630 | 691,50 | 869 | 1112 | 1623 | 2394 |
| „ 630 „ 640 | 694 | 872 | 1116 | 1629 | 2402 |
| „ 640 „ 650 | 696,50 | 875 | 1120 | 1635 | 2410 |
| „ 650 „ 660 | 699 | 878 | 1124 | 1641 | 2418 |
| „ 660 „ 670 | 701,50 | 881 | 1128 | 1647 | 2426 |
| „ 670 „ 680 | 704 | 884 | 1132 | 1653 | 2434 |
| „ 680 „ 690 | 706,50 | 887 | 1136 | 1659 | 2442 |
| „ 690 „ 700 | 709 | 890 | 1140 | 1665 | 2450 |
| „ 700 „ 710 | 711,50 | 893 | 1144 | 1671 | 2458 |
| „ 710 „ 720 | 714 | 896 | 1148 | 1677 | 2466 |
| „ 720 „ 730 | 716,50 | 899 | 1152 | 1683 | 2474 |
| „ 730 „ 740 | 719 | 902 | 1156 | 1689 | 2482 |
| „ 740 „ 750 | 721,50 | 905 | 1160 | 1695 | 2490 |
| „ 750 „ 760 | 724 | 908 | 1164 | 1701 | 2498 |
| „ 760 „ 770 | 726,50 | 911 | 1168 | 1707 | 2506 |
| „ 770 „ 780 | 729 | 914 | 1172 | 1713 | 2514 |
| „ 780 „ 790 | 731,50 | 917 | 1176 | 1719 | 2522 |
| „ 790 „ 800 | 734 | 920 | 1180 | 1725 | 2530 |
| über 800 km für je weitere 10 km oder Teile davon | 1,50 | 2,– | 2,50 | 3,50 | 5,– |

Außerdem greifen bei Umzügen folgende Bestimmungen Platz:

### A. Reich.

Die Beamten erhalten für die Versetzungsreise Reisekostenvergütung nach der Reisekostenverordnung für Reichsbeamte. Für die Reise der Familienangehörigen und der Hausangestellten vom bisherigen nach dem neuen Wohnort wird der tatsächlich bezahlte Betrag für die Fahrkarte einschließlich Schnellzugzuschlag und Platzkartengebühr (bei Entfernungen von 150 km) erstattet, höchstens jedoch a) für Familienangehörige der Fahrpreis derjenigen Wagen- oder Schiffsklasse, die der Zahlung der Fahrkostenentschädigung des Beamten im Höchstfall zugrunde gelegt werden kann; b) für die Hausangestellten der Fahrpreis für die 3. Wagen- oder 2. Schiffsklasse. Soweit ein Umzug nachweislich einen Aufwand erfordert hat, der durch die verordnungsmäßige Umzugskostenvergütung nicht gedeckt werden kann, wird ein Zuschuß in angemessenen Grenzen bis zur Höhe der als unvermeidbar anerkannten Mehrausgaben gezahlt. Beamten, die eine Umzugskostenvergütung erhalten, ist daneben die Miete zu erstatten, die sie für die Wohnung am bisherigen Wohnort während der Zeit ihrer Räumung bis zu dem Zeitpunkte haben aufwenden müssen, in welchem die Lösung des Mietverhältnisses frühestens möglich wurde. Sinngemäß ist für die Erstattung der Miete für eine Wohnung am neuen Dienstort zu verfahren, wenn der Beamte infolge der Lage des Wohnungsmarktes gezwungen ist, die Miete für die neue Wohnung bereits für einen Zeitpunkt zu bezahlen, in dem er sie noch nicht benutzen kann. Außerdem können Beihilfen gezahlt werden für die Instandsetzung der Wohnung am neuen Dienstort, soweit sie aus gesundheitlichen Gründen erforderlich ist und der Vermieter zur Zahlung der Kosten nicht herangezogen werden kann, ferner Abstandsummen zur Erlangung von Wohnungen für versetzte Beamte, wenn dadurch Entschädigungen für getrennte Haushaltsführung oder für entgeltliche Unterstellung von Möbeln erspart werden können, Baukostenzuschüsse und Beihilfen zum Ausbau von Wohnungen unter denselben Voraussetzungen, Beihilfen zur Beschaffung von Öfen und Kochherden.

Umzugskostenbeihilfen werden ferner gezahlt an Wartegeld- und Ruhegehaltsempfänger sowie Hinterbliebene von Beamten für einen im Zusammenhang mit dem Ausscheiden aus dem Dienst stehenden Umzug.

### B. Preußen.

Ähnlich wie im Reich. Bei Hausangestellten werden nur die verauslagten Kosten für einen Bediensteten erstattet. Schnellzugszuschläge werden nur bei Entfernungen von mehr als 200 km vergütet. Wohnungsinstandsetzungs-, Ofenbeihilfen und Mietentschädigung werden ebenfalls gewährt. Kosten für Dekorations- und Installationsarbeiten, Ersatzanschaffungen (keine Neuanschaffungen) können bis 50% berücksichtigt werden.

### Trennungs- (Versetzungs-) Entschädigung für Reich und Wohnungsbeihilfen für Preußen.

Trennungsentschädigungen (Pr. Wohnungsbeihilfen) werden unter dem Gesichtspunkt gezahlt, daß die Versetzung den Beamten zu einer Trennung von der Familie oder dem Haushalt zwingt. Sie sind zur Abgeltung der durch die erzwungene Trennung entstehenden Mehrausgaben bestimmt.

Der Tageshöchstsatz der TE. (Pr. WB.) beträgt für die ersten 14 Tage des Aufenthaltes des Beamten am neuen Dienstort das volle Tage- und Übernachtungsgeld.

Übersicht der TE.- und WB.-Sätze.

| | Reich Gemäß § 1 des Gesetzes | | | | Reich gemäß § 2 des Gesetzes | |
|---|---|---|---|---|---|---|
| a) in besonders teuren Orten | Verheirateten Beamten | | Unverheirateten Beamten, die am bisherigen Wohnort einen eigenen Hausstand hatten | — | Verheirateten Beamten | Unverheirateten Beamten |
| | bei Fortführung des Haushalts am bisherigen Wohnort | bei entgeltlicher Unterstellung der Möbel | | | | |
| | Preußen | | | | | Preußen |
| b) in anderen Orten | Ziff. 6,[1] b 1 bei Fortführung des Haushalts in bisheriger Wohnung | Ziff. 6,[1] b 2 Wenn Hausstand in bisher. Wohnung nicht fortgesetzt wird | Ziff. 6,[1] b 1 Beamte ohne Familie aber mit eigenem Hausstand | Ziff. 6,[1] b 2 | — | Ziff. 6,[1] b 3 Beamte mit Familie |
| | RM. | RM. | RM. | RM. | RM. | RM. |
| 1 | 2 | 3 | 4 | 4a | 5 | 6 |
| a) Stufe I | 4,— | 2,50 | 2,— | 1,50 | 2,50 | 1,50 |
| „ II | 5,— | 3,— | 2,50 | 2,— | 3,— | 2,— |
| „ III | 7,— | 4,— | 3,50 | 2,50 | 4,— | 2,50 |
| „ IV | 8,— | 5,— | 4,— | 3,— | 5,— | 3,— |
| „ V | 10,— | 6,— | 5,— | 4,— | 6,— | 4,— |
| b) Stufe I | 3,— | 2,— | 1,50 | 1,— | 2,— | 1,— |
| „ II | 4,— | 2,50 | 2,— | 1,50 | 2,50 | 1,50 |
| „ III | 6,— | 3,50 | 2,50 | 2,— | 3,50 | 2,— |
| „ IV | 7,— | 4,— | 3,— | 2,50 | 4,— | 2,50 |
| „ V | 9,— | 5,— | 4,— | 3,— | 5,— | 3,— |

Beamte, die ihren Hausstand infolge äußerer Umstände (Wohnungsmangel, Hemmungen im Güterverkehr) an dem neuen Dienstort nicht einrichten können (Pr. bei Fortführung des Haushalts in bisheriger Wohnung oder, wenn der Hausstand in der bisherigen Wohnung nicht fortgeführt wird und nicht gegen Entgelt ganz oder teilweise weitervermietet worden ist) darf für die Dauer der Behinderung eine tägliche Entschädigung gezahlt werden, ebenso Beamten, die genötigt sind, an dem neuen Dienstort länger als 14 Tage im Gasthause (Pension, möblierte Wohnung ohne Küchenbenutzung) zu wohnen (R. wenn ihnen hierdurch nachweislich Unkosten erwachsen, die die ortsüblichen Wohnungsmietpreise übersteigen. Pr. wie oben).

Wegen der Zugehörigkeit zu den einzelnen Stufen siehe Abschnitt „Tage- und Übernachtungsgelder, Fahrkosten".

Auf Grund der Notverordnung des Reichspräsidenten sind obige Sätze um 10% gekürzt.

# V. Die übrigen gesetzlichen Bestimmungen.

## 1. Arbeits- und Sozialversicherungsrecht.

Die durch die moderne Gesetzgebung erweiterte Fürsorge für die Arbeiter legt dem Besitzer und dem Leiter eines Betriebes eine Reihe von Verpflichtungen auf, die zu kennen im eigensten Interesse desjenigen liegt, dem verantwortlich die Leitung des Betriebes übertragen wurde. Er würde sich bei Nichtkenntnis der einschlägigen Vorschriften sogar einer fahrlässigen Handlung schuldig machen, für die er gemäß §§ 276 und 823 BGB. persönlich haftbar gemacht werden kann. Die nachkriegszeitliche Arbeiterschutzgesetzgebung geht sogar noch weiter, indem sie z. B. Verstöße gegen die Arbeitszeitverordnung mit Gefängnisstrafen bedroht. In dem Maße, in dem sich die Arbeiterschutzgesetzgebung vermehrt hat, ist auch die Verantwortlichkeit eines Betriebsleiters gewachsen, zudem das Arbeitsrecht durch Betriebsrätegesetz, sog. Kündigungsgesetz vom 9. Juli 1926, Arbeitszeitverordnung in Verbindung mit der Gewerbeordnung zu einer überaus schwierigen Materie geworden ist, wie die noch äußerst labile Rechtssprechung der Arbeitsgerichte beweist. Ebenso dürfen die berufsgenossenschaftlichen Bestimmungen, die Unfallverhütungsvorschriften, die Bestimmungen über Haftpflicht-, Kranken-, Angestellten-, Invaliden- und Altersversicherung, Erwerbslosenversicherung keinem Betriebsleiter fremd sein. Aus diesem Grunde ist im nachstehenden Kapitel das unbedingt Wissenswerte über diese Gesetze und Verordnungen so kurz als möglich, ohne das die Übersichtlichkeit leiden dürfte, zusammengestellt. In speziellen Einzelfällen wird das Studium der Gesetze usw. selbst nicht zu umgehen sein.

### a) Arbeitsrecht.

#### 1. Allgemeines.

**I. Das Arbeitsrecht** regelt die Rechtsverhältnisse der unselbständigen Arbeitsnehmer, d. h. der Personen, die auf Grund privatrechtlichen Vertrages im Dienste eines anderen zur Arbeit gegen Entgelt verpflichtet oder tatsächlich beschäftigt sind. Nicht erforderlich ist, daß der Arbeitnehmer gegen Lohn beschäftigt ist — auch Volontäre (z. B. Tierärzte und Studenten) und Lehrlinge sind grundsätzlich Arbeitnehmer — oder daß die Tätigkeit die Zeit des Arbeitnehmers vollständig oder hauptsächlich in Anspruch nimmt.

**II. Nicht zu den Arbeitnehmern gehören:**

1. Die selbständigen Unternehmer.
2. Die öffentlichen Beamten.
3. Die Familienangehörigen des Arbeitgebers, soweit sie nicht auf Grund eines Arbeitsvertrages, sondern kraft gesetzlicher Verpflichtung Arbeit leisten (Ehefrau § 1356 BGB., Kinder § 1617 BGB.).

**III. Berufliche Gliederung der Arbeitnehmer.**

1. Gewerbliche Arbeitnehmer, d. h. die Arbeitnehmer, die in einem der Gewerbeordnung unterstehenden Betriebe für die Zwecke des Gewerbebetriebes beschäftigt werden.
2. Kaufmännische Arbeitnehmer, d. h. die Arbeitnehmer, die in einem Handelsgewerbe zur Leistung kaufmännischer Dienste gegen Entgelt angestellt sind.
3. Die Schiffsbesatzung.
4. Die im Bergbau beschäftigten Arbeitnehmer.
5. Die land und forstwirtschaftlichen Arbeitnehmer.
6. Hausangestellte.
7. Sonstige Arbeitnehmer.

**IV. Arbeitgeber** im Sinne des Arbeitsrechts ist jeder, der einen anderen als Arbeitnehmer beschäftigt, ohne daß es darauf ankommt, ob er auch Unternehmer ist.

## 2. Der Arbeitsvertrag.

**I. Die Arbeitsvermittlung** dient der Vorbereitung des Arbeitsvertrages. Träger der Arbeitsvermittlung und Arbeitslosenversicherung ist die „Reichsanstalt für Arbeitsvermittlung und Arbeitslosenversicherung" mit dem Sitz in Berlin. Sie gliedert sich in die Hauptstelle in Berlin, die Landesarbeitsämter und die Arbeitsämter. Es werden nach Bedarf Fachabteilungen und Abteilungen für Angestellte gebildet. Die Arbeitsvermittlung hat dahin zu wirken, daß freie Stellen durch möglichst geeignete Arbeitskräfte besetzt werden, wobei die sachlichen und persönlichen Umstände zu berücksichtigen sind. Die gewerbsmäßige Berufsberatung ist seit dem 1. Oktober 1927, die gewerbsmäßige Stellenvermittlung vom 1. Januar 1931 verboten.

Tarifverträge schreiben vielfach vor, daß der Arbeitgeber neue Arbeitskräfte nur unter Inanspruchnahme eines näher bezeichneten Arbeitsnachweises einstellen darf. Die Gültigkeit des trotzdem frei geschlossenen Arbeitsvertrages wird jedoch davon nicht berührt.

**II. Der Abschluß des Arbeitsvertrages.**

1. Der Grundsatz der Vertragsfreiheit ist vielfach durchbrochen. Die freie Vereinbarung ist nur soweit möglich, als nicht zwingende Gesetzesvorschriften, unabdingbare Bestimmungen eines Tarifvertrages (z. B. der der kommunalen Arbeitgeberverbände), Bestimmungen der obligatorischen Arbeitsordnung (in Betrieben mit in der Regel mehr als 20 Arbeitern) über Entlassungs- und Austrittsgründe sowie über Betriebsordnungsstrafen entgegenstehen. Die höchstzulässige Arbeitszeit ergibt sich aus der Arbeitszeitverordnung bzw. den Tarifverträgen[1].

Zulässig dagegen ist z. B. die Vereinbarung auf Nichtbezahlung von Krankheitszeiten, einer einmonatigen Kündigungsfrist zum Schluß des Kalendermonats (sonst beträgt die Kündigungsfrist 6 Wochen zum Quartalsschluß). Die Vereinbarung eines Stundenlohnes, die Einstellung zur Probe oder zur Aushilfe enthält nicht ohne weiteres auch die Vereinbarung des Kündigungs(frist)ausschlusses, wie vielfach geglaubt wird.

2. Der Abschluß des Arbeitsvertrages erfolgt im allgemeinen formlos, jedoch ist schriftliche Niederlegung des Vertragsinhalts zwecks Vermeidung von Beweisschwierigkeiten im Streitfalle stets zu empfehlen. Eine Übergabe irgendwelcher Papiere seitens des Arbeitnehmers ist für die Gültigkeit des Vertrages nicht erforderlich.

3. Ein Zwang zum Abschluß eines Arbeitsvertrages besteht nur zugunsten von Schwerbeschädigten nach dem Gesetz über die Beschäftigung Schwerbeschädigter vom 12. Januar 1923. Jeder Arbeitgeber mit mindestens 20 Arbeitskräften hat einen bestimmten Bruchteil von Arbeitsplätzen (in der Regel 2%) mit Schwerbeschädigten zu besetzen. Er kann evtl. durch Zwangszuweisung durch die Hauptfürsorgestelle dazu angehalten werden.

4. Soweit eine Arbeitsordnung obligatorisch vorgeschrieben ist, d. h. in Betrieben mit in der Regel mehr als 20 Arbeitern, muß sie jedem Arbeitnehmer bei seinem Eintritt in die Beschäftigung ausgehändigt werden. Nichtbeachtung dieser Vorschrift ist strafbar.

**III. Pflichten des Arbeitnehmers.**

a) Der Arbeitnehmer hat die versprochenen Dienste zu leisten. Die Art der Arbeit wird durch die Einzelvereinbarung oder den Tarifvertrag bestimmt. Liegt eine besondere Notlage vor, so erfordern Treu und Glauben, daß der Arbeitnehmer vorübergehend auch solche Dienste leistet, die er im allgemeinen nicht zu übernehmen braucht. Die Dienstpflicht ist an die Person gebunden und einseitig nicht übertragbar.

b) Streikarbeit. Werden dem Arbeitnehmer Arbeiten übertragen, die er auch sonst verrichten muß, so ist der Umstand, daß andere Arbeiter des betreffenden Betriebes streiken, kein triftiger Grund zur Verweigerung der Arbeit. Dagegen ist er in diesem Falle zur Übernahme vertragsfremder Arbeit, die ihm lediglich wegen des Streikes übertragen wurde, nicht verpflichtet.

c) Arbeitszeit. Die Zeit der Arbeit ist innerhalb der durch Gesetz und Tarifvertrag gezogenen Grenzen zu vereinbaren. Hin- und Rückweg sowie Pausen rechnen im allgemeinen nicht zur Arbeitszeit. Die Vertragsfreiheit ist eingeengt durch die Bestimmungen über die Sonntagsruhe, über die Arbeitszeit und Pausen jugendlicher und weiblicher Arbeiter, durch die Vor-

[1] Rechtsunwirksam ist z. B. die Vereinbarung eines niedrigeren Lohnes oder Gehaltes als des zuständigen Tariflohnes bzw. Tarifgehalts; die Vereinbarung einer ständigen Arbeitszeit von mehr als 8 Stunden, die im voraus getroffene Abrede des Wegfalls des Kündigungsschutzes mit Betriebsratmitgliedern, Schwerbeschädigten und älteren Angestellten, die unter das Kündigungsschutzgesetz fallen (nach Lösung des Dienstverhältnisses jedoch zulässig).

schriften der Arbeitszeitverordnung über den Achtstundentag. Zur Leistung von Überarbeit (Überstunden, Überschichten ist der Arbeitnehmer nur innerhalb der durch Gesetz, Tarifvertrag und Arbeitsvertrag gezogenen vertraglichen Grenzen verpflichtet und in der Regel nur, soweit ein dringender Grund dafür vorhanden ist. Für Überarbeit ist in der Regel eine besondere Vergütung zu zahlen. Vereinbaren die Parteien nichts, rechtfertigen auch nicht besondere Umstände eine andere Regelung (z. B. Einrechnung von Wartezeiten), so beträgt der Lohnzuschlag 25%. Liegen jedoch besondere Umstände vor, so kann sowohl eine höhere als auch eine geringere Vergütung vereinbart oder festgesetzt werden.

d) Vereinbartes Aussetzen der Arbeit (Werksbeurlaubung). Ein Recht zur einseitigen Anordnung von Feierschichten (z. B. am sog. 3. Weihnachts- oder 3. Osterfeiertag) oder zur Verkürzung der Arbeitszeit steht dem Arbeitgeber nicht zu, es bedarf vielmehr stets einer Vereinbarung mit dem Arbeitnehmer, die unter Umständen auch stillschweigend erfolgen kann, z. B. dadurch, daß der Arbeitnehmer die Anordnung des Arbeitgebers widerspruchlos, zumal längere Zeit hindurch, befolgt. Liegt eine Vereinbarung nicht vor, so behält der Arbeitnehmer nach § 615 BGB. trotz Nichtleistung einer Arbeit seinen Lohn- und Gehaltsanspruch. Es ist daher stets eine ausdrückliche Vereinbarung über die Art und insbesondere die Dauer des „Aussetzens“ zu empfehlen. Will der Arbeitgeber das Arbeitsverhältnis während des „Aussetzens“ lösen, so muß er die etwa bestehende Kündigungsfrist einhalten und den Arbeitnehmer nach verbreiteter Ansicht während des Laufes der Kündigungsfrist beschäftigen oder mindestens entlohnen.

e) Annahmeverzug des Arbeitgebers (§ 615 BGB.) liegt vor, wenn er die ihm angebotenen Dienste des Arbeitnehmers trotz bestehenden Arbeitsvertrages (z. B. bei unberechtigter fristloser Entlassung) nicht annimmt. Die Folge ist, das der Arbeitnehmer den Lohn verlangen kann, ohne zur Nachleistung der Arbeit verpflichtet zu sein. Es ist daher ratsam, von einer fristlosen Entlassung nur nach sorgfältiger Prüfung des Sachverhaltes, da der Arbeitgeber im Prozeß die Beweislast hat, Gebrauch zu machen, zumal wenn es sich um längere Kündigungsfristen oder um besonders geschützte Arbeitnehmer (Betriebsratmitglieder, Schwerbeschädigte) handelt. In Zweifelsfällen ist es vorzuziehen, zur Kündigung von Betriebsvertretern die Zustimmung des Arbeitsgerichts (§ 97 BRG.) oder bei Schwerbeschädigten die der Hauptfürsorgestelle in schriftlicher Form einzuholen.

Die Vorschrift des § 615 BGB. kann durch Parteivereinbarung geändert werden, die vertragliche Vereinbarung ist maßgebend (Reichsarbeitsgericht 1, 357).

f) Verletzung der Arbeitspflicht. Die Nichtleistung setzt den Arbeitnehmer, sofern ihn ein Verschulden trifft, in Verzug und macht ihn schadenersatzpflichtig (z. B. Streik ohne Innehaltung der Kündigungsfrist, fahrlässiges Zuspätkommen). Der Arbeitnehmer ist dafür beweispflichtig, daß ihn kein Verschulden trifft. Neben der Schadenersatzforderung kann der Arbeitgeber unter Umständen auch das Recht der fristlosen Entlassung geltend machen. Bei Schlechtleistung ist der Arbeitnehmer, dem ein Verschulden (Vorsatz oder Fahrlässigkeit) zur Last fällt, zum Schadenersatz verpflichtet. Eine Minderung des Lohnes wegen Mängel der Arbeit ist aber deswegen nicht ohne weiteres zulässig, sondern nur im Wege der Aufrechnung mit der Schadenersatzforderung gegen die Lohnforderung, soweit sie pfändbar ist (s. IV., 3, Abs. 2), möglich.

2. Die Gehorsamspflicht besteht in der Verpflichtung des Arbeitnehmers, den Anweisungen des Arbeitgebers in Beziehung auf die versprochenen Dienste Folge zu leisten.

3. Die Treupflicht umfaßt die Pflicht, neben der eigentlichen Arbeitsleistung auch allgemein das Beste des Arbeitgebers zu fördern und Schäden und Nachteile von ihm abzuwenden. Geregelt ist die Treupflicht allgemein durch § 242 BGB. Der Beitritt zu Berufsvereinen kann jedoch nicht verboten werden (Art. 159 Reichsverfassung). Besondere Regelung durch das Unlautere Wettbewerbgesetz von 1909, das in § 12 die Annahme von Schmiergeldern und im § 17 den Verrat von Geschäfts- und Betriebsgeheimnissen verbietet.

4. Pflichten nach Beendigung des Arbeitsvertrages. Während alle anderen Pflichten mit dem Ablauf des Dienstverhältnisses erlöschen, überlebt die Treupflicht den Arbeitsvertrag. Der Arbeitnehmer hat noch:

a) Die Pflicht zur Wahrung von Geschäfts- und Betriebsgeheimnissen. Andernfalls hat der bisherige Arbeitgeber einen Anspruch auf Unterlassung oder Schadenersatz (§§ 1 und 17 Unlauterer Wettbewerb-Gesetz oder § 826 BGB.).

b) Die Pflicht zur Enthaltung von Wettbewerb. Sie kann im Arbeitsvertrag durch die sog. Konkurrenzklausel vereinbart sein. Zugunsten der technischen Angestellten ist in § 133ff. der Gewerbeordnung weniger weitgehend bestimmt, daß die Konkurrenzklausel ihr

Fortkommen nicht unnötig erschweren darf. Zugunsten gewerblicher Arbeiter ist keine besondere Vorschrift erlassen.

c) Die Pflicht zur Rückgabe der Werkwohnung. Im Falle des § 20 MSchG. hat das Mietschöffengericht, wenn unter den Parteien über die Beendigung des Dienstverhältnisses Einigkeit nicht besteht, auch die Frage zu entscheiden, ob ein gesetzlich begründeter Anlaß zu seiner Auflösung gegeben war. Eine selbständige Feststellungsklage vor dem Arbeitsgericht ist nicht zulässig (RAG. 2, 22).

5. Strafabreden. Eine einseitige Strafbefugnis steht dem Arbeitgeber nicht zu.

a) Vertragsstrafe ist die für den Fall der Verletzung einer Verpflichtung oder der Vornahme oder Unterlassung einer Handlung verabredete Strafe. Ist eine verwirkte Strafe unverhältnismäßig hoch, so kann sie auf Antrag des Schuldners durch Urteil des Gerichts auf den angemessenen Betrag herabgesetzt werden.

b) Ordnungsstrafe ist die für den Fall von Ordnungswidrigkeit des Arbeitnehmers (z. B. Zuspätkommen, Nichtbenutzung der Kontrollvorrichtung, Rauchen) durch Vereinbarung im Tarifvertrag oder im einzelnen Arbeitsvertrag festgelegte Vertragsstrafe. In Betrieben, die in der Regel mindestens 20 Arbeiter beschäftigen und als gewerbliche Betriebe der Gewerbeordnung unterliegen, sind Strafbestimmungen nur zulässig, wenn sie in der Arbeitsordnung vorgesehen sind. Die Aufstellung der Straffälle und des Strafrahmens ist von einer Vereinbarung zwischen dem Arbeitgeber und dem Betriebsrat und mangels einer Einigung von der Festsetzung durch den Schlichtungsausschuß abhängig. Zur Verhängung einer in der Arbeitsordnung vorgesehenen Ordnungsstrafe im einzelnen Fall bedarf der Arbeitgeber nach herrschender Ansicht ebenfalls der Zustimmung des Arbeiter- und Angestelltenrates (RAG. 1, 144). Die Arbeitsordnung kann diese Schutzvorschrift nicht zum Nachteil der Arbeitnehmer abändern (RAG. 1, 145). Wird das Recht des Arbeitgebers vom Betriebsrat bestritten, so entscheidet das Arbeitsgericht auf Antrag des Arbeitgebers im Beschlußverfahren. Möglich ist auch die Lohnklage des bestraften Arbeitnehmers gegen den Arbeitgeber auf Rückzahlung im Urteilsverfahren (RAG. 1, 17).

**IV. Die Pflichten des Arbeitgebers.**

1. Die Pflicht des Arbeitgebers zur Gewährung der Vergütung ist die Hauptpflicht. Der Arbeitslohn oder die Vergütung kann bestehen in Geldlohn und Naturallohn (Wohnung, Beköstigung usw.).

a) Bei der Art der Entlohnung ist Zeitlohn und Akkord- oder Stücklohn zu unterscheiden.

Ein Verzicht auf Tariflohn für die Zukunft ist nach § 1 TVO. unwirksam, wohl aber zulässig hinsichtlich bereits erworbener Lohnansprüche. Er kann auch stillschweigend erklärt werden, d. h. aus einem Verhalten sich ergeben, das der Arbeitgeber nach Treu und Glauben als die Kundgebung eines Verzichtwillens auffassen kann und darf. Dies ist vorsichtig zu prüfen, da unter Umständen ein wirtschaftlicher Druck, unter dem der Arbeitnehmer steht, für sein Verhalten bestimmend sein wird, während für den Anspruchschuldner erkennbar ein Wille, auf rechtlich begründete Ansprüche zu verzichten, nicht vorliegt (RAG. 1, 123; 1, 187). Mit Treu und Glauben ist es nicht vereinbar, wenn der Arbeitnehmer Ansprüche aus dem Arbeitsverhältnis geltend macht, nachdem er dies 2 Jahre lang fortgesetzt hat, ohne die Ansprüche zu erheben (RAG. 2, 41; 2, 159; 2, 170).

b) Ruhegehalt (Pension) ist eine dauernde in Geld bestehende Leistung, die dem früheren Arbeitnehmer vom Arbeitgeber nach Abschluß seiner Arbeitstätigkeit gewährt wird, um ihm für die Zeit des Alters oder der Arbeitsunfähigkeit die Lebensführung zu ermöglichen. Die Gewährung des Ruhegeldes ist weder Schenkung noch Leibrente. Sie bedarf daher keiner Form und ist auch mündlich gültig. Immerhin ist eine schriftliche Vereinbarung zu empfehlen.

c) Urlaub ist nicht gesetzlich, aber meist tariflich geregelt (z. B. bei den kommunalen Arbeitgeberverbänden, zu deren Bereich die Schlacht- und Viehhöfe gehören). Wiederholte Urlaubsgewährung kann stillschweigende Vereinbarung enthalten. Bei Lösung des Dienstverhältnisses ohne Gewährung des verdienten Urlaubs ist in der Regel Abgeltung durch entsprechende Gehalts- oder Lohnzahlung erforderlich, auch bei fristloser Entlassung (strittig!).

2. Lohnansprüche bei Nichtleistung der Arbeit. Hat der Arbeitnehmer die Arbeit nicht oder nicht in der vollen vertragsmäßigen Zeit geleistet, so ist zu unterscheiden, ob er oder der Arbeitgeber oder keiner von beiden dies zu vertreten hat.

a) Hat der Arbeitnehmer aus einem Grunde, den weder er noch der Arbeitgeber zu vertreten hat, nicht gearbeitet, so hat er grundsätzlich keinen Lohn zu fordern (§ 323 BGB.)[1].

[1] Ausnahmen: Nach § 616 BGB. wird der zur Dienstleistung Verpflichtete des Anspruches auf die Vergütung nicht dadurch verlustig, daß er für eine verhältnismäßig nicht erhebliche Zeit nach einem in seiner Person liegenden Grund (Krankheiten, Gerichtsdienst als Beisitzer, notwendige Reisen, Familienereignisse,

b) Der Arbeitnehmer hat die Nichtleistung von Arbeit zu vertreten, wenn er die Arbeit durch Vorsatz oder Fahrlässigkeit unmöglich gemacht hat, z. B. bei selbstverschuldeter Krankheit, berechtigter Verhaftung, verschuldetem Zuspätkommen. Der Arbeitgeber braucht für diese Zeit keinen Lohn zu zahlen; deshalb keine Bezahlung von Streiktagen.

c) Der Arbeitgeber hat die Nichtleistung der Arbeit zu vertreten, wenn er die Arbeitsleistung durch Vorsatz oder Fahrlässigkeit unmöglich gemacht hat (Nichtsorgen für das Vorhandensein von Kohlen, Handwerkszeug usw.).

d) Hiervon zu unterscheiden ist der Annahmeverzug des Arbeitgebers, bei dem kein Verschulden erforderlich ist (s. III, 1, e[1]).

3. Die Lohnsicherung.

a) Die Gewerbetreibenden sind verpflichtet, die Löhne ihrer Arbeiter in Reichswährung zu berechnen und bar auszuzahlen. Jedoch ist es gestattet, den Arbeitern Wohnung- und Landnutzung gegen die ortsüblichen Miet- und Pachtpreise, Feuerung, Beleuchtung usw. für den Betrag der durchschnittlichen Selbstkosten unter Anrechnung bei Lohnzahlung zu verabfolgen. Verträge, welche diesen Bestimmungen des § 115 der GewO. zuwiderlaufen, sind nichtig.

b) Der Arbeits- oder Dienstlohn ist nach der Lohnpfändungs VO. bis zur Summe von 195 RM. monatlich bzw. 45 RM. wöchentlich bzw. 7,50 RM. täglich und soweit er diesen Betrag übersteigt, zu einem Drittel der Pfändung nicht unterworfen.

Hat der Schuldner seinem Ehegatten, früheren Ehegatten, Verwandten oder einem unehelichen Kinde Unterhalt zu gewähren, so erhöht sich der unpfändbare Teil des Mehrbetrages für jede Person, der Unterhalt zu gewähren ist, um ein Sechstel, höchstens jedoch auf zwei Sechstel des Mehrbetrages.

c) Soweit der Lohn unpfändbar ist, ist jede Verfügung durch Abtretung, Anweisung, Verpfändung oder ein anderes Rechtsgeschäft unwirksam. Die Aufrechnung gegenüber Lohnforderungen ist insoweit unzulässig, als die Lohnforderung der Pfändung nicht unterworfen ist (§ 394 BGB.[2]).

d) Soweit die Aufrechnung unzulässig ist, ist auch die Geltendmachung des Zurückbehaltungsrechtes ausgeschlossen. Ein Zurückbehaltungsrecht besteht nicht an den Papieren des Arbeitnehmers, wie Zeugnissen, Invalidenquittungskarte, Arbeitsbuch.

4. Sonstige Verpflichtungen des Arbeitgebers.

a) Er hat eine besondere Fürsorgepflicht (Schutz gegen Lebens- und Gesundheitsgefahren, Krankenfürsorge, Rücksicht auf Gesundheit, Sittlichkeit und Religion, s. § 618 BGB.).

b) Auf Grund des Art. 160 der Reichsverfassung muß allen Angestellten und Arbeitern Urlaub gewährt werden zur Wahrnehmung staatsbürgerlicher Rechte und soweit dadurch der Betrieb nicht erheblich gefährdet wird zur Ausübung öffentlicher Ehrenämter.

c) Pflicht zur Zeitgewährung bei Stellensuche gemäß § 629 BGB.

d) Die Pflicht zur Zeugnisausstellung nach § 630 BGB., § 113 GewO., § 73 HGB. Das Zeugnis hat grundsätzlich nur Angaben über die Art und Dauer der Beschäftigung zu enthalten, auf Verlangen auch Angaben über Leistungen und Führung des Arbeitnehmers. Es muß wahrheitsgemäß sein, darf aber keine Merkmale enthalten, die den Zweck haben, den Arbeitnehmer in einer aus dem Zeugnis nicht ersichtlichen Weise zu kennzeichnen. Nach § 170 Abs. 2 des Arbeitsvermittlungs- und Arbeitslosenversicherungsgesetzes hat ferner der Arbeitgeber dem Arbeitnehmer nach Beendigung des Arbeitsverhältnisses auf Verlangen noch eine Bescheinigung auszustellen, aus der Art, Beginn, Ende und Lösungsgrund des Arbeitsverhältnisses und eine anläßlich des Ausscheidens aus der Beschäftigung etwa gewährte Abfindung oder Entschädigung hervorgehen (sog. Abgangs- oder Arbeitsbescheinigung).

e) Während des Dienstverhältnisses hat der Arbeitgeber nach Treu und Glauben die Pflicht, in angemessener Weise für die Sicherheit der während der Arbeit abgelegten Kleider seiner

---

gerichtliche Termine usw.) ohne sein Verschulden an der Dienstleistung verhindert wird. Er muß sich aber den Betrag anrechnen lassen, welcher ihm für die Zeit der Verhinderung aus einer auf Grund gesetzlicher Verpflichtung bestehenden Kranken- oder Unfallversicherung zukommt. § 616 kann durch Parteivereinbarung abgeändert oder aufgehoben werden, z. B. „bezahlt wird nur die Zeit, während der wirklich gearbeitet worden ist". Die in § 133 a) GewO. erwähnten gewerblichen Angestellten behalten auf die Dauer von 6 Wochen ihre Ansprüche auf Gehalt usw., wenn sie durch unverschuldetes Unglück an der Verrichtung der Dienste verhindert worden sind. Sie müssen sich jedoch die Leistungen aus einer gesetzlichen Kranken- oder Unfallversicherung anrechnen lassen (§ 133 Abs. 2 GewO.). Dies ist jedoch nicht zwingendes Recht.

[1] Der Arbeitnehmer ist nicht verpflichtet, infolge einer Betriebsstörung ausgefallene Arbeitsstunden nachzuholen (RAG. 2, 266).

[2] Das Reichsgericht hat aber in einer Entscheidung ausgesprochen, daß der Arbeitnehmer, der den Arbeitgeber vorsätzlich in strafbarer Weise (Diebstahl, Unterschlagung) geschädigt hat, sich auf das Anrechnungsverbot nicht berufen kann, weil dies gegen den Grundsatz von Treu und Glauben verstoßen würde.

Arbeitnehmer Sorge zu tragen (verschlossener Kleiderraum, Kleiderschränke). Ob dies auch für Fahrräder gilt, ist fraglich. Die Rechtsprechung ist hier nicht einheitlich.

**V. Die Beendigung des Arbeitsvertrages.**

Sie tritt ein durch Ablauf der Vertragszeit, vertraglichen Vereinbarung, Tod des Arbeitnehmers, fristgemäße und fristlose Kündigung seitens des Arbeitgebers oder Arbeitnehmers.

Die Kündigung erfolgt durch einseitige Erklärung eines Vertragsteiles gegenüber dem anderen und bedarf keiner Angaben. Sie wird wirksam, sobald sie der Gegenseite zugeht. Eine Annahmeverweigerung hindert nicht, daß die Kündigung als zugegangen gilt. Die Kündigungsfristen und die Gründe, die zur fristlosen Lösung des Arbeitsverhältnisses berechtigen, sind bei den einzelnen Arbeitnehmerkategorien verschieden.

1. Gewerbliche Arbeitnehmer (s. oben Abschn. III, 1).

a) Arbeiter. Die Gewerbeordnung bestimmt:

§ 122. Das Arbeitsverhältnis kann, wenn nicht ein anderes verabredet ist, durch eine jedem Teile freistehende, 14 Tage vorher erklärte Aufkündigung gelöst werden. Werden andere Aufkündigungsfristen vereinbart, so müssen sie für beide Teile gleich sein. Vereinbarungen, welche dieser Bestimmung zuwiderlaufen, sind nichtig.

§ 123. Vor Ablauf der vertragsmäßigen Zeit und ohne Aufkündigung können Arbeitnehmer entlassen werden:

1. Wenn sie bei Abschluß des Arbeitsvertrages den Arbeitgeber durch Vorzeigung falscher oder verfälschter Arbeitsbücher oder Zeugnisse hintergangen oder ihn über das Bestehen eines anderen, sie gleichzeitig verpflichtenden Arbeitsverhältnisses in einen Irrtum versetzt haben.

2. Wenn sie eines Diebstahls, einer Entwendung, einer Unterschlagung, eines Betruges oder eines liederlichen Lebenswandels sich schuldig machen.

3. Wenn sie die Arbeit unbefugt verlassen haben oder sonst den nach dem Arbeitsvertrag ihnen obliegenden Verpflichtungen nachzukommen beharrlich verweigern[1].

4. Wenn sie der Verwarnung ungeachtet mit Feuer und Licht unvorsichtig umgehen[2].

5. Wenn sie sich Tätlichkeiten oder grobe Beleidigungen gegen den Arbeitgeber oder seine Vertreter oder die Familienangehörigen des Arbeitgebers oder seiner Vertreter zuschulden kommen lassen.

6. Wenn sie sich einer vorsätzlichen und rechtswidrigen Sachbeschädigung zum Nachteile des Arbeitgebers oder eines Mitarbeiters schuldig machen.

7. Wenn sie Familienangehörige des Arbeitgebers oder seiner Vertreter oder Mitarbeiter zu Handlungen verleiten oder zu verleiten versuchen oder mit Familienangehörigen des Arbeitgebers oder seiner Vertreter Handlungen begehen, welche wider die Gesetze oder die guten Sitten verstoßen.

8. Wenn sie zur Fortsetzung der Arbeit unfähig oder mit einer abschreckenden Krankheit behaftet sind.

In den unter Ziffer 1—7 gedachten Fällen ist die Entlassung nicht mehr zulässig, wenn die zugrundeliegenden Tatsachen dem Arbeitgeber länger als eine Woche bekannt sind.

Inwiefern in den unter Ziffer 8 gedachten Fällen dem Entlassenen ein Anspruch auf Entschädigung zusteht, ist nach Inhalt des Vertrages und nach den allgemeinen gesetzlichen Vorschriften zu beurteilen.

§ 124. Vor Ablauf der vertragsmäßigen Zeit und ohne Aufkündigung können Arbeitnehmer die Arbeit verlassen:

1. Wenn sie zur Fortsetzung der Arbeit unfähig werden.

2. Sinngemäß wie § 123 Abs. 5.

3. Sinngemäß wie § 123 Abs. 7.

4. Wenn der Arbeitgeber den Arbeitern den schuldigen Lohn nicht in der bedungenen Weise auszahlt, bei Stücklohn nicht für ihre ausreichende Beschäftigung sorgt, oder wenn er sich Übervorteilungen gegen sie schuldig macht.

5. Wenn bei Fortsetzung der Arbeit Leben oder die Gesundheit der Arbeiter einer erweislichen Gefahr ausgesetzt sein würde, welche bei Eingehung des Arbeitsvertrages nicht zu erkennen war.

---

[1] Der Begriff der Beharrlichkeit setzt nicht unbedingt eine Wiederholung des Verhaltens voraus; das Vorliegen einer Beharrlichkeit kann vielmehr auch bei einmaligem Verhalten der hierbei und bei den begleitenden Umständen zum Ausdruck kommenden Willensrichtung entnommen werden (RAG. 1, 30; RAG. 2, 250).

[2] Ein von dem Arbeitgeber einseitig erlassenes Rauchverbot ist für den Arbeitnehmer nur dann verbindlich, wenn besondere Umstände vorliegen (RAG. 1, 176).

In den unter 2 gedachten Fällen ist der Austritt aus der Arbeit nicht mehr zulässig, wenn die zugrundeliegenden Tatsachen dem Arbeiter länger als eine Woche bekannt sind.

§ 124. a) Außer den in §§ 123 und 124 bezeichneten Fällen kann jeder der beiden Teile aus wichtigen Gründen[1] vor Ablauf der vertragsmäßigen Zeit und ohne Innehaltung einer Kündigungsfrist die Aufhebung des Arbeitsverhältnisses verlangen, wenn dasselbe mindestens auf 4 Wochen oder wenn eine längere als 14tägige Kündigungsfrist vereinbart ist. § 124a) ist auch auf Schwerbeschädigte anwendbar. Ob auch auf Betriebsratsmitglieder, ist noch sehr strittig. Daher Vorsicht geboten! S. Kündigungsschutz der Betriebsratmitglieder S. 618.

b) Technische Angestellte. Es ist maßgebend der § 133 der Gewerbeordnung.

Das Dienstverhältnis der von Gewerbeunternehmern gegen feste Bezüge beschäftigten Personen, welche nicht lediglich vorübergehend mit der Leitung oder Beaufsichtigung des Betriebes oder einer Abteilung desselben beauftragt (Betriebsbeamte, Werkmeister und ähnliche Angestellte) oder mit höheren technischen Dienstleistungen betraut sind (Maschinentechniker, Bautechniker, Chemiker, Zeichner und dergleichen), kann, wenn nicht etwas anderes verabredet ist, von jedem Teile mit Ablauf jedes Kalendervierteljahres nach 6 Wochen vorher erklärter Aufkündigung aufgehoben werden.

Die Einzelheiten ergeben die Bestimmungen des § 133 a—d der Gewerbeordnung.

2. Kaufmännische Angestellte. Für sie sind die §§66—72 des Handelsgesetzbuches maßgebend.

3. Die Sondervorschriften für ältere Angestellte. Hier findet das sog. Kündigungsgesetz vom 9. Juli 1926 Anwendung. Ein Arbeitgeber darf einem Angestellten, den er und seine Rechtsvorgänger mindestens 5 Jahre beschäftigt haben, nur mindestens mit 3 Monaten Frist für den Schluß eines Kalendervierteljahres kündigen. Diese Fristen erhöhen sich bei einer Beschäftigungsdauer von 8 Jahren auf 4, bei einer Beschäftigungsdauer von 10 Jahren auf 5 und nach einer Beschäftigungsdauer von 12 Jahren auf 6 Monate. Eine vertraglich bedungene Kündigungsfrist des Angestellten gegenüber dem Arbeitgeber wird dadurch nicht berührt, ebenso nicht die Bestimmungen über fristlose Kündigung.

4. Hausangestellte und sonstige Arbeitnehmer. Für sie sind die Bestimmungen der §§ 621 bis 628 BGB. maßgebend.

### Kündigungsbeschränkungen.

1. Das Einspruchsrecht gegen die ordentliche Kündigung. In Betrieben mit Betriebsrat (Angestellten-, Arbeiterrat) können die Arbeitnehmer nach den §§ 84ff. des Betriebsrätegesetzes im Falle der Kündigung seitens des Arbeitgebers binnen 5 Tagen nach der Kündigung Einspruch erheben, indem sie den Angestelltenrat anrufen:

a) Wenn der begründete Verdacht vorliegt, daß die Kündigung wegen Zugehörigkeit zu einem bestimmten Geschlechte, wegen politischer, militärischer, konfessioneller oder gewerkschaftlicher Betätigung oder wegen Zugehörigkeit oder Nichtzugehörigkeit zu einem politischen, konfessionellen oder beruflichen Verein oder einem militärischen Verbande erfolgt ist.

b) Wenn die Kündigung ohne Angabe von Gründen erfolgt ist.

c) Wenn die Kündigung deshalb erfolgt ist, weil der Arbeitnehmer sich weigerte, dauernd andere Arbeit, als die bei der Einstellung vereinbarte, zu verrichten.

d) Wenn die Kündigung sich als eine unbillige, nicht durch das Verhalten des Arbeitnehmers oder durch die Verhältnisse des Betriebes bedingte Härte darstellt.

Erfolgt die Kündigung fristlos aus einem Grunde, der nach dem Gesetz zur Kündigung des Dienstverhältnisses ohne Einhaltung einer Kündigungsfrist berechtigt, so kann der Einspruch auch darauf gestützt werden, daß ein solcher Grund nicht vorliegt.

Das Recht des Einspruches besteht nicht:

$\alpha$) Bei Entlassungen, die auf einer gesetzlichen oder tarifvertraglichen oder durch Schiedsspruch eines Schlichtungsausschusses oder einer vereinbarten Einigungs- oder Schiedsstelle auferlegten Verpflichtung beruhen.

$\beta$) Bei Entlassungen, die durch gänzliche oder teilweise Stillegung des Betriebes erforderlich werden.

Erachtet der Arbeiter- oder Angestelltenrat die Anrufung für begründet, so hat er zu versuchen, durch Verhandlungen eine Verständigung mit dem Arbeitgeber herbeizuführen. Ge-

---

[1] Ein wichtiger Grund liegt vor, wenn Umstände eingetreten sind, die nach verständigem Ermessen dem einen oder anderen Teile die Fortsetzung des Verhältnisses nicht mehr zumuten lassen, da durch sie das Interesse eines Teiles in unbilliger Weise geschädigt würde. Solche Umstände können auch ohne Verschulden eintreten. Die Vorschriften über die fristlose Kündigung können nicht im voraus ausgeschlossen, wohl aber erweitert werden (RAG. 1, 107). Das Recht zur Kündigung aus einem wichtigen Grunde kann durch das Verhalten des Berechtigten stillschweigend verwirkt werden (RAG. 1, 222).

lingt diese Verständigung binnen einer Woche nicht, so kann der Arbeiter- oder Angestelltenrat binnen weiteren 5 Tagen das Arbeitsgericht anrufen.

In Betrieben mit Betriebsobmann und in Betrieben ohne Gruppenrat ist ein Einspruchsrecht nicht gegeben.

2. Der Kündigungsschutz der Betriebsratmitglieder.

Zur Kündigung des Dienstverhältnisses eines Mitgliedes einer Betriebsvertretung oder zu seiner Versetzung in einen anderen Betrieb bedarf der Arbeitgeber der Zustimmung der Betriebsvertretung.

Die Zustimmung ist nicht erforderlich:

a) Bei Entlassungen, die auf einer gesetzlichen oder tarifvertraglichen oder durch Beschluß des Arbeitsgerichts auferlegten Verpflichtung beruhen.

b) Bei Entlassungen, die durch Stillegung des Betriebes erforderlich sind.

c) Bei fristlosen Kündigungen aus einem Grunde, der nach dem Gesetz zur Kündigung des Dienstverhältnisses ohne Einhaltung einer Kündigungsfrist berechtigt[1].

3. Der Kündigungsschutz der Schwerbeschädigten (Gesetz vom 12. Januar 1923).

Einem Schwerbeschädigten, d. h. einem Arbeitnehmer, der Anspruch auf wenigstens 50% Rente wegen Dienstbeschädigung oder Unfalls hat oder Schwerbeschädigten durch die Hauptfürsorgestelle gleichgestellt worden ist, kann nur mit Zustimmung der Hauptfürsorgestelle gekündigt werden. Die Hauptfürsorgestelle hat ihre Zustimmung zu erteilen, wenn dem Schwerbeschädigten ein anderer angemessener Arbeitsplatz gesichert ist. Die Kündigungsfrist beträgt mindestens 4 Wochen. Die Zustimmung ist bei der Hauptfürsorgestelle schriftlich zu beantragen; die Kündigungsfrist läuft erst von dem Tage der Absendung des Antrages. Wird der Hauptfürsorgestelle der Antrag zugestellt, so gilt mit Ablauf des 14. Tages nach der Zustellung die Zustimmung als erteilt, falls sie nicht vorher verweigert wird. Die Zustellung wird durch eine Empfangsbescheinigung der Hauptfürsorgestelle ersetzt.

Die gesetzlichen Bestimmungen über fristlose Kündigung werden nicht berührt. Wenn es sich um eine Krankheit handelt, die eine Folge der Kriegsbeschädigung ist, muß die Zustimmung der Hauptfürsorgestelle eingeholt werden.

Ausnahmsweise ist die Kündigung ohne Zustimmung der Hauptfürsorgestelle zulässig, nämlich bei leitenden Angestellten im Sinne des § 12 BRB. und bei vorübergehender oder versuchsweiser Annahme eines Schwerbeschädigten, falls der Arbeitgeber seine zahlenmäßige Einstellungspflicht erfüllt hat.

Verweigert die Hauptfürsorgestelle die beantragte Zustimmung, so ist die Beschwerde an den Schwerbeschädigtenausschuß gegeben[2].

### 3. Der Kollektivvertrag.

1. Der Tarifvertrag.

Sind die Bedingungen für den Abschluß von Arbeitsverträgen zwischen Vereinigungen von Arbeitnehmern und einzelnen Arbeitgebern oder Vereinigungen von Arbeitgebern (z. B. die kommunalen Arbeitgeberverbände) durch schriftlichen Vertrag geregelt (Tarifvertrag), so sind Arbeitsverträge zwischen den beteiligten Personen insoweit unwirksam, als sie von der tariflichen Regelung abweichen (Unabdingbarkeit des Tarifvertrages)[3].

[1] Eine Aussperrung ist nur nach ordnungsmäßiger Kündigung zulässig. Zur letzteren gehört bei Betriebsratmitgliedern die Zustimmung der Betriebsvertretung (RAG. 2, 211). § 124 a) der Gewerbeordnung findet auf Betriebsratmitglieder keine Anwendung, wenn ihr Arbeitsverhältnis einer geringeren als 14tägigen Kündigungsfrist unterliegt (RAG. 2, 245). Wird eine fristlose Kündigung durch rechtskräftiges gerichtliches Urteil für ungerechtfertigt erklärt, so gilt die Kündigung als vom Arbeitgeber zurückgenommen. Ist die Zustimmung der Betriebsvertretung erforderlich und wird sie versagt, so ist der Arbeitgeber berechtigt, das Arbeitsgericht anzurufen, das durch seinen Spruch die fehlende Zustimmung der Betriebsvertretung ersetzen kann. Bis zur Entscheidung des Arbeitsgerichts ist der Arbeitgeber verpflichtet, den Arbeitnehmer weiter in seinem Betriebe zu beschäftigen. Die Entscheidung des Arbeitsgerichts hat rückwirkende Kraft, wenn sie nach der Kündigung ergeht (RAG. 1, 151). Dies gilt auch für Betriebsobleute. Die Zustimmung zur Kündigung ist bei ihnen aber durch die Mehrheit der wahlberechtigten Arbeitnehmer des Betriebes zu erteilen (§ 96 BRG.).

[2] Einem Schwerbeschädigten, der im Laufe des Dienstverhältnisses durch eine Krankheit, die eine Folge seiner Kriegsverletzung ist, dauernd daran gehindert wird, die vertraglich übernommene oder die ihm übertragene Arbeit zu leisten, und dem der Arbeitgeber keine leichtere Beschäftigung zuweisen kann oder will, ist der vertragliche Lohn solange fortzuzahlen, bis die Hauptfürsorgestelle ihre Zustimmung zu seiner Entlassung erteilt hat (RAG. 2, 9). Eine an eine unzulässige Bedingung geknüpfte Zustimmung der Hauptfürsorgestelle ist nichtig. Die Zustimmung kann aber von Voraussetzungen abhängig gemacht werden, die sich im Rahmen des Gesetzes halten. Ob sie eingetreten sind, hat lediglich das Gericht zu prüfen (RAG. 2, 186).

[3] Eine Feststellungsklage der einen Tarifvertragspartei betreffs des normativen Teiles des Tarifvertrages ist zulässig (RAG. 1, 132; 1, 208). Mündliche Nebenabreden zu einem Tarifvertrage haben keine normative Wirkung, weder unmittelbar, noch mittelbar (RAG. 1, 213).

2. Die Arbeitsordnung.

In Betrieben, in denen in der Regel mindestens 20 Arbeiter beschäftigt werden, ist innerhalb 4 Wochen nach der Arbeitseröffnung eine Arbeitsordnung zu erlassen. Sie kommt durch eine Vereinbarung zwischen Arbeitgeber und Betriebsrat zustande, erforderlichenfalls durch bindende Entscheidung des Schlichtungsausschusses. Sie ist der unteren Verwaltungsbehörde zur Kontrolle einzureichen und an geeigneter Stelle auszuhängen. Der Zeitpunkt des Aushangs ist grundlegend für den Zeitpunkt des Inkrafttretens der Arbeitsordnung. Sie ist jedem Arbeiter bei seinem Eintritt in die Beschäftigung auszuhändigen. Sie ist rechtsverbindlich für Arbeitgeber und Arbeiter, und zwar ohne Rücksicht auf die Kenntnis ihres Inhalts. Dagegen ist die Arbeitsordnung in Betrieben mit weniger als 20 Arbeitern nicht ohne weiteres, sondern nur kraft Parteivereinbarung verbindlich (vgl. RAG. 2, 229).

3. Sonstige Betriebsvereinbarungen (Vereinbarungen zwischen Arbeitgeber und Betriebsvertretung) betreffen die sog. Dienstvorschriften (§§ 66 Ziffer 5, 75, 78, Ziffer 3 BRG. mit § 80 BRG.), Richtlinien über die Einstellung von Arbeitnehmern und die Festlegung von Beginn und Ende der Arbeitszeit und Pausen.

4. Der Arbeiterschutz.

Nach der Arbeitszeitverordnung darf im allgemeinen die regelmäßige werktägliche Arbeitszeit, ausschließlich der Pausen, die Dauer von 8 Stunden nicht überschreiten. Jedoch kann der an einzelnen Werktagen für den Betrieb oder eine Betriebsabteilung eintretende Ausfall von Arbeitsstunden nach Anhörung der gesetzlichen Betriebsvertretung durch Mehrarbeit an den übrigen Werktagen der gleichen oder folgenden Woche ausgeglichen werden.

Unbeschadet der im § 10 der VO. vorgesehenen Ausnahmen dürfen die Arbeitnehmer eines Betriebes nach Anhörung der gesetzlichen Betriebsvertretung über die im § 1, Satz 2 und 3 vorgeschriebene Höchstarbeitszeit hinaus an dreißig der Wahl des Arbeitgebers überlassenen Tagen im Jahr mit Mehrarbeit bis zu 2 Stunden beschäftigt werden.

Die für den Gesamtbetrieb zulässige Dauer der Arbeitszeit kann ferner nach Anhörung der gesetzlichen Betriebsvertretung für weibliche und jugendliche Arbeitnehmer um höchstens eine Stunde, für männliche Arbeitnehmer über 16 Jahre um höchstens 2 Stunden täglich in folgenden Fällen überschritten werden:

1. Bei Arbeiten zur Bewachung der Betriebsanlagen, zur Reinigung und Instandhaltung, durch die der regelmäßige Fortgang des eigenen oder fremden Betriebes (z. B. des der auf dem Schlachthof schlachtenden Fleischer) bedingt ist.
2. Bei Arbeiten, von denen die Wiederaufnahme oder Aufrechterhaltung des vollen Betriebes arbeitstechnisch abhängt.
3. Bei Arbeiten zum Be- und Entladen von Schiffen im Hafen (z. B. Seegrenzschlachthöfen) und zum Be- und Entladen sowie zum Verschieben von Eisenbahnwagen, soweit die Mehrarbeit zur Vermeidung oder Beseitigung von Verkehrsstockungen oder zur Innehaltung der gesetzlichen Ladefristen notwendig ist.
4. Bei der Beaufsichtigung der vorstehend unter Nr. 1—3 aufgeführten Arbeiten.

Soweit die Arbeitszeit nicht tariflich geregelt ist, kann auf Antrag des Unternehmers für einzelne Betriebe eine abweichende Regelung der Arbeitszeit durch den zuständigen Gewerbeaufsichtsbeamten nach Anhörung der gesetzlichen Betriebsvertretung widerruflich zugelassen werden, sofern sie aus betriebstechnischen Gründen, insbesondere bei Betriebsunterbrechungen durch Naturereignisse oder andere unvermeidliche Störungen oder aus allgemeinen wirtschaftlichen Gründen geboten ist.

Die Arbeitszeit darf auch bei Anwendung der bezeichneten Ausnahmen im allgemeinen 10 Stunden täglich nicht überschreiten.

Die privatrechtliche Verpflichtung zur Mehrarbeit kann nicht aus der Arbeitszeitverordnung hergeleitet werden, die nur angibt, welche Mehrarbeit gesetzlich zulässig ist, sondern muß aus dem Einzelarbeitsvertrage oder dem Tarifvertrage hervorgehen.

Die Vorschriften der Arbeitszeitverordnung sind auf das genaueste zu beachten, da wiederholte Verstöße sogar mit Gefängnis bestraft werden.

5. Betriebsverfassung.

Sie ist durch das Betriebsrätegesetz geregelt. Bei mindestens 20 Arbeitnehmern ist ein Betriebsrat zu errichten, bei mindestens 5 Arbeitnehmern, sog. Kleinbetrieben, ist ein Betriebsobmann zu wählen. Betriebe mit weniger als 5 Arbeitnehmern, sog. Zwergbetriebe, erhalten keine Betriebsvertretung.

## b) Sozialversicherungsrecht.

Die rechtlichen Grundlagen für die Sozialversicherungen sind die Reichsversicherungsordnung, das Angestelltenversicherungs- und das Arbeitslosenversicherungsgesetz.

Die Reichsversicherungsordnung (RVO.) enthält:

1. die gemeinsamen Vorschriften für die Kranken-, Invaliden- mit Hinterbliebenen- und Unfallversicherung, ferner die besonderen Vorschriften für
2. die Krankenversicherung,
3. die Unfallversicherung,
4. die Invaliden- und Hinterbliebenenversicherung,
5. die Rechtsbeziehungen der Versicherungsträger zueinander und zu anderen Verpflichteten und
6. das Verfahren für die 3 Versicherungszweige.

### 1. Gemeinsame Vorschriften für die Kranken-, Unfall- und Invalidenversicherung.

Versicherungsträger für die Krankenversicherungen sind die allgemeinen Orts-, Land-, Innungs-, Betriebskrankenkassen und die Ersatzkassen, für die Unfallversicherung die Berufsgenossenschaften, für die Invaliden- und Hinterbliebenenversicherung die Landesversicherungsanstalten und Sonderanstalten.

Versicherungsbehörden sind die Versicherungsämter, die Oberversicherungsämter und Reichsversicherungsamt. An Stelle des letzteren treten in einzelnen Ländern die besonderen Landesversicherungsämter.

Die Versicherungsämter nehmen nach den Vorschriften der RVO. die Geschäfte der Reichsversicherung wahr und erteilen in Angelegenheiten der Reichsversicherung Auskunft. Sie fällen als niedrige Versicherungsbehörden im Spruch- und Beschlußverfahren sowie im Aufsichtswege Entscheidungen. Die Oberversicherungsämter besorgen die Geschäfte der Reichsversicherung als höhere Spruch-, Beschluß- und Aufsichtsbehörde. Das Reichsversicherungsamt und die Landesversicherungsämter nehmen die Geschäfte Reichsversicherung als oberste Spruch-, Beschluß- und Aufsichtsbehörde wahr. Die von ihnen gefällten Entscheidungen sind endgültig.

### 2. Besondere Vorschriften.

**I. Die Krankenversicherung.** Die Krankenversicherung bezweckt, den Versicherten und in gewissen Fällen ihren Angehörigen im Falle der Krankheit, des Todes und der Niederkunft Unterstützungen zu gewähren.

Versicherungspflichtig sind, soweit der Schlachthofbetrieb in Betracht kommt:

1. Arbeiter, Gehilfen, Gesellen, Lehrlinge, Hausgehilfen.
2. Betriebsbeamte, Werkmeister und andere Angestellte in ähnlich gehobener Stellung, wenn diese Beschäftigung ihren Hauptberuf bildet.
3. Angestellte in Berufen der Erziehung, des Unterrichts, der Fürsorge, der Kranken- und Wohlfahrtspflege.
4. bis 8 u. a.

Für die unter 2—3 bezeichneten Personen gelten die Voraussetzung der Versicherungspflicht nur dann, wenn ihr Einkommen nicht die für die Versicherungspflicht festgesetzte Grenze (zur Zeit 3600 RM. Jahresverdienst) überschreitet. Für die unter 1 bezeichneten Personen (Handarbeiter) ist eine Versicherungsgrenze nicht festgesetzt.

Als Entgelt rechnen nicht nur die Bar-, sondern auch die Sachbezüge (Kost und Wohnung).

Versicherungsfrei sind:

1. Ehegatten, bei Beschäftigung durch den anderen Ehegatten.
2. Beamte, Ärzte und Zahnärzte in Betrieben oder im Dienste des Reiches, eines Landes, eines Gemeindeverbandes, einer Gemeinde oder eines Versicherungsträgers, wenn ihnen gegen ihren Arbeitgeber ein Anspruch mindestens entweder auf Krankenhilfe in Höhe und Dauer der Regelleistungen der Krankenkassen oder für die gleiche Zeit Anspruch auf Gehalt, Ruhegeld, Wartegeld oder ähnliche Bezüge in $1^1/_2$fachem Betrage des Krankengeldes gewährleistet sind.
3. Personen, die zu ihrer wissenschaftlichen Ausbildung für den zukünftigen Beruf gegen Entgelt tätig sind (z. B. Volontärassistenten, Tierärzte in Vorbereitung zum Examen als beamteter Tierarzt usw.).
4. (Kommen für den Schlachthofbetrieb nicht in Betracht.)

An Leistungen gewährt die Krankenversicherung: a) Krankenhilfe (§§ 182—194), b) Wochenhilfe (§§ 195—200), c) Sterbegeld (§§ 201—204), d) Familienhilfe (§ 205). Die Vorschriften der

RVO. sind nur Rahmenvorschriften; die Höhe der Leistungen richtet sich nach der Satzung der Kasse. Bei häuslichen Dienstboten (Hausgehilfen), die während ihrer Krankheit nicht im Hause des Arbeitgebers untergebracht werden können, oder die eine ansteckende Krankheit haben, muß Krankenhauspflege auf Antrag des Arbeitgebers oder des Dienstboten gewährt werden.

Die Höhe der Beiträge wird von der Satzung der Kasse jeweils festgesetzt. Bei Arbeitsunfähigkeit sind für die Dauer der Krankenhilfe keine Beiträge zu entrichten, desgleichen für Schwangere und Wöchnerinnen während der Zeit, in der sie nicht gegen Entgelt arbeiten (§ 383 RVO.).

Der Arbeitgeber hat bei der zuständigen Krankenkasse zu melden:

1. Beginn und Ende der Beschäftigung jedes von ihm Beschäftigten unter Angabe des Lohnes.

2. Änderungen in den Lohnverhältnissen, die eine Änderung der Beiträge bedingen.

Alle Meldungen sind binnen 3 Tagen bei Strafvermeiden zu erstatten.

Verteilung der Beitragslast. Der Arbeitgeber zahlt $^1/_3$, der Arbeitnehmer $^2/_3$. Steht der Versicherte gleichzeitig in mehreren versicherungspflichtigen Arbeitsverhältnissen, so haften die Arbeitgeber als Gesamtschuldner. Auf Antrag eines Arbeitgebers verteilt das Versicherungsamt die Beiträge (§ 396 RVO.).

Die Beiträge sind bei nicht rechtzeitiger Abmeldung bis zum Abmeldungstage, längstens aber für die Dauer eines Jahres nach dem Ausscheiden weiterzuzahlen. Arbeitgeber, die mit der Zahlung im Rückstand sind, können mit einem Verzugszuschlag belastet werden.

**II. Die Unfallversicherung.** Die Unfallversicherung ist eine gesetzliche Unternehmerversicherung gegen die Unkosten, die sich für die Unternehmer durch Unfälle im Betrieb ergeben, und für die sie nach Recht und Billigkeit haftbar sind. Die Unfallversicherung ist an die Beschäftigung in bestimmten Betrieben geknüpft.

Träger der Unfallversicherung sind die Berufsgenossenschaften. Die Beiträge werden nach der Satzung der Berufsgenossenschaft, zu der der einzelne Betrieb gehört, alljährlich auf Grund der Jahreslohnsumme festgesetzt.

Verteilung der Beitragslast. Die Beiträge trägt der Unternehmer allein. Die Unternehmer und ihre Angestellten haften für Schadenersatz aus Betriebsunfällen nur dann, wenn strafrechtlich festgestellt ist, daß sie den Unfall vorsätzlich herbeigeführt haben.

Leistungen bei Körperverletzung:

a) Freie Krankenbehandlung.

b) Freie Berufsfürsorge.

c) Rente.

Leistungen bei Tötung:

a) Sterbegeld.

b) Rente an die Hinterbliebenen.

Für die Unfallversicherung der Schlachthofbetriebe ist die Fleischereiberufsgenossenschaft in Mainz zuständig.

### Bestimmungen der Fleischereiberufsgenossenschaft Mainz.

1. Versicherungspflicht.

Jeder öffentliche Schlachthofbetrieb mit seinen Nebenbetrieben (Viehhof, Eisfabrik, Freibank[1], Fleischbeschau usw.) unterliegt gesetzlich der Versicherungspflicht und muß von dem Betriebsunternehmer (Stadtgemeinde, Innung usw.) als Mitglied der Fleischereiberufsgenossenschaft in Mainz unaufgefordert mit dem Zeitpunkte der Inbetriebsetzung binnen einer Woche bei der unteren Verwaltungsbehörde angemeldet werden.

Zu den Versicherten gehören alle für den Betrieb tätigen Personen, sofern ihr Jahreseinkommen 8400 RM. nicht übersteigt oder ihnen im Falle einer Dienstbeschädigung nicht ein sofort wirksamer Schutz auf Ruhegehalt seitens einer Stadt oder eines Kommunalverbandes zusteht.

Nicht als pensionsberechtigt im Sinne der Reichsversicherungsordnung sind Beamte anzusehen, die aus einer für die betreffenden Bediensteten besonders eingerichteten, auf Beiträgen der Mitglieder und des Staates oder der Kommune usw. beruhenden Kasse Ruhegehalt zu beanspruchen haben. Auch beamtete Tierärzte, die als solche pensionsberechtigt angestellt sind, aber nebenher Fleischbeschau im Schlachthofe gegen Entgelt ausüben, sind für diesen Teil ihrer Tätigkeit versichert, soweit ihnen das Entgelt für die Fleischbeschauausübung bei der Staatspension nicht angerechnet wird[2].

---

[1] Auch die mit Schlachthöfen verbundenen Freibänke unterliegen der Unfallsversicherung. (Entsch. d. RVA. vom 25. Oktober 1909.)

[2] Unfallversicherungspflicht des Amtstierarztes. Beamtete staatliche Tierärzte (Kreis- und Bezirkstierärzte) und Beschauer sind zwei versicherungsrechtlich getrennte Tätigkeiten. Als Beschauer ist Kreis- oder Bezirkstierarzt nicht vom Staat, sondern von einer Gemeinde angestellt und bezahlt. Als Beschauer ist er allerdings in einer Betriebsverwaltung im Sinne des § 7 der Gewerbeunfallversicherungsgesellschaft, also einem

Die Betriebsunternehmer sind berechtigt, auch ihre nicht schon hiernach versicherten Betriebsbeamten gegen Betriebsunfälle mit ihrem Jahresverdienst zu versichern, sofern dieser 8000 RM. nicht übersteigt. Sie sind ferner berechtigt, andere Personen, welche in den Betrieben beschäftigt, aber nach dem Gesetze nicht versichert sind, gegen die Unfallsfolgen zu versichern, sofern der Jahresverdienst 5000 RM. nicht übersteigt. Diese Personen sind unter Angabe ihres Namens und Jahresverdienstes, sowie der Art ihrer Beschäftigung bei der Genossenschaft behufs Versicherung besonders anzumelden. Als Betriebsbeamte gelten auch Werkmeister (Hallenmeister) und Techniker[1].

Für die Schlachthofleiter sind die neueren Entscheidungen hinsichtlich Versicherungspflicht der sog. Kopf- und Lohnschlächter von Interesse. Für diese ist in der Regel eine Unselbständigkeit anzunehmen, wenn sie Hilfspersonen nicht beschäftigen, da dann die für die Eigenschaft als selbständiger Unternehmer erforderlichen Merkmale fehlen. Sie sind als Arbeiter der sie in Anspruch nehmenden Fleischer zu versichern. Als selbständiger Unternehmer ist nur ein solcher Lohnschlächter anzusehen, der Gesellen beschäftigt. Er ist Mitglied der Genossenschaft und hat sein Hilfspersonal gesetzlich gegen die Folgen von Unfällen versichern zu lassen.

### 2. Anzeigen von Unfällen.

Jeder im Betriebe vorgekommene Unfall, durch den eine versicherte Person getötet oder verletzt wird, und eine völlige oder teilweise Arbeitsunfähigkeit von mehr als 3 Tagen erleidet, ist der Ortspolizeibehörde, dem Vertrauensmann und dem Genossenschaftsvorstand in Mainz binnen 3 Tagen mittelst des vorgeschriebenen Formulares anzuzeigen. Es liegt sehr im Interesse der Inhaber von Schlachthöfen, daß die Betriebsleiter von allen ihnen zur Kenntnis kommenden Verletzungen von Fleischern, Gesellen, Lehrlingen usw. den betreffenden Arbeitgeber sofort mit Karte oder telephonisch verständigen. Hierdurch wird der Unternehmer sich seiner Pflicht zur Anzeige bewußt und kommt ihr nach, dem Verletzten wird rechtzeitige Hilfe zuteil, durch welche unnötige Belastung aller Mitglieder durch Rentenzahlung vorgebeugt wird.

### 3. Verhütung von Unfällen.

Die Unfallverhütungsvorschriften sind in genügender Anzahl auszuhängen; auf ihre Durchführung ist strenge Sorgfalt zu verwenden, sowohl in Rücksicht auf die große Verantwortlichkeit, die jeder auf sich ladet, der durch ein Versäumnis Unfälle verursacht oder ermöglicht, als auch mit Rücksicht darauf, daß die Umlagebeiträge zu einer unerträglichen Last werden, wenn nicht alle Genossenschaftsmitglieder bestrebt sind, mit allen Mitteln zur Verhütung von Unfällen beizutragen. Insbesondere ist zu beachten, daß die durch die Befolgung dieser Vorschriften erwachsenden noch so hohen Kosten nicht davon abhalten dürfen, sie zu befolgen.

### 4. Fürsorge für die Verletzten.

In jedem Betriebe muß eine Tafel aushängen, auf welcher die ersten Hilfeleistungen bei Unfällen allgemein verständlich beschrieben sind. (Solche Tafeln aus Blech sind erhältlich bei E. Wunderer, Mainz.) Das notwendige Verbandmaterial ist stets vorrätig zu halten und zweckmäßig aufzubewahren und ist der Aufbewahrungsort den Arbeitern bekannt zu geben. Die Betriebsleiter haben darauf zu halten, daß die Verletzten die Arbeit unterbrechen, solange eine offene Wunde nicht wenigstens durch einen Notverband geschützt ist.

---

reichsgesetzlich der Unfallversicherung unterliegenden Betriebe angestellt, hat aber gegen die Stadt keinen Pensionsanspruch. Die Annahme, daß er durch die staatliche Pension auch für jeden Unfall im Schlachthofbetrieb entschädigt würde, ist irrig. Wird er durch einen solchen Unfall nicht staatsdienstunfähig, so erhält er überhaupt keine Pension. Aber selbst, wenn er infolge des Unfalles dienstunfähig wird und Pension erhält, wird er durch die Pension zwar für die verlorene Dienstfähigkeit als Bezirkstierarzt, aber nicht für die verlorene Erwerbsunfähigkeit als Beschauer entschädigt. Denn seine Bezahlung als Beschauer wird bei der Berechnung der Pension nicht berücksichtigt. Anderseits wird ihm, wenn er neben seinem Gehalt oder seiner Pension eine Rente für den Unfall nach dem Unfallversicherungsgesetz erhält, nicht eine Doppelentschädigung zuteil.

Wie schon der erwähnte Senat des Reichsversicherungsamtes in der Berufungsentscheidung 2088 Amtl. Nachr. 1905, S. 267 ausgesprochen hat, werden Gehalt und Pension lediglich aus Anlaß der amtlichen Tätigkeit bezahlt, die Unfallrente aber für den Verlust oder die Beschränkung der Erwerbstätigkeit im nichtstaatsdienstlichen Wirkungskreise. Außerdem schließt die dienstliche Unfähigkeit nicht immer die Erwerbsunfähigkeit mit ein. Ein wegen Dienstunfähigkeit pensionierter Staatsbeamter kann sich recht wohl noch einen Nebenverdienst verschaffen. Ein außerhalb des Staatsdienstes erlittener Unfall kann ihm jedoch diese Möglichkeit nehmen. Auch für solche Fälle hat die Fürsorge der Unfallversicherungsgesellschaft Platz zu greifen, weil in diesen Fällen sonst ein in einem Kommunalbetrieb nebenamtlich beschäftigter Staatsbeamter schlechter gestellt sein würde als ein gewöhnlicher Arbeiter. Der Gesetzgeber ging bei Schaffung von § 7 nicht davon aus, daß Staats- und Kommunalbeamte, weil sie Gehalt und Pension beziehen, niemals einer besonderen Unfallfürsorge bedürften, sondern nur von der Erwägung, daß diejenigen staatlichen und kommunalen Betriebsbeamten, die schon auf Grund der dienstpragmatischen Bestimmungen über Unfälle im Dienst Entschädigung beziehen, für diese Unfälle nicht noch eine Rente nach dem Unfallversicherungsgesetz erhalten sollten (Akt. Z. I. 15051 Breithaupt Sammlung v. Entsch. d. RVA. 1914, S. 9899).

Unfall. Ein Tierarzt wird durch eine Pendeltüre des Kühlhauses an das Ellenbogengelenk geschlagen, was lange Behandlung und teilweise Gebrauchsunfähigkeit verursachte. Der Beschädigte war nicht pensionsberechtigt, die Fleischerei Ber.-Gen. trat für die Unkosten ein und zahlte Rente. Als Beamter mit Pensionsberechtigung hätten weder bei der Stadt noch bei der Ber.-Gen. Ansprüche geltend gemacht werden können (Krefeld).

[1] In der Entscheidung vom 21. Januar 1901 ist eine Versicherungspflicht der Volontäre angenommen worden, wenn diese in einem technischen Teil eines der Unfallversicherung unterliegendem Betriebe beschäftigt werden und die Beschäftigung im Betrieb erforderlich ist, ohne Rücksicht darauf, ob die Volontäre Arbeiten vornehmen, um eine vertragsgemäß obliegende Verpflichtung zu erfüllen oder um hierdurch ihre Ausbildung zu fördern. (Nach der Ansicht von Maske ist aber ein selbständiges Arbeiten der Volontäre ungesetzlich und da eine förderliche Arbeit nicht verrichtet wird, liegt eine Versicherungspflicht nicht vor!)

Trichinenschauer sind nach Entscheidung des Reichsversicherungsamtes vom 17. Dezember 1907 Angestellte, also versicherungspflichtig.

Sind Verletzte ärztlich behandelt worden, so dürfen sie erst dann zur Arbeit wieder zugelassen werden, wenn durch den Arzt die Wiederherstellung ihrer Arbeitsfähigkeit bescheinigt worden ist.

### 5. Aushang.

In jedem Betriebe ist durch Aushang bekannt zu machen, welcher Genossenschaft der Betrieb angehört und wie die Adresse des Genossenschaftsvorstandes lautet.

### 6. Lohnbuchführung.

Jeder Unternehmer hat ein fortlaufendes Lohnbuch zu führen, aus welchem die zur Feststellung der Lohnnachweisungen erforderlichen Angaben, insbesondere Namen und Geschlecht der versicherten Personen, deren Arbeitstage, sowie die von ihnen verdienten Bezüge und Löhne entnommen werden können.

Auch die Natural- und sonstigen Bezüge (Wohnungsgelder, Feuerung, Trinkgelder usw.) sind unter Angabe ihres Wertes in die Lohnbücher aufzunehmen. Setzt sich ein Gesamtbetrieb aus zwei oder mehreren Bestandteilen zusammen, die zu verschiedenen Klassen des Gefahrentarifes veranlagt sind, so müssen die Löhne usw. für jeden Betrieb getrennt werden.

### 7. Lohnnachweisungen.

Jährlich, spätestens bis 11. Februar, ist dem Genossenschaftsvorstande eine Nachweisung der im verflossenen Jahre im Betriebe beschäftigt gewesenen Personen mit Angabe der von diesen verdienten Löhnen und Gehältern, sowie des Wertes der Naturalbezüge bzw. sonstiger Nebenbezüge auf einem vom Genossenschaftsvorstande vorgeschriebenen und jedem Mitgliede im Laufe des Dezember zugehenden Formular einzureichen, auf Grund deren der Umlagenbeitrag für das vergangene Jahr berechnet wird.

Unterlassene oder verspätete Einsendung der Lohnnachweisungen hat insofern empfindliche Nachteile für die Mitglieder zur Folge, als neben Geldstrafen die Lohnsummen dann schätzungsweise festgestellt werden, wogegen eine Beschwerde nicht zulässig ist!

Wenn im Laufe des Jahres elementare Kraft (Dampf, Elektrizität usw.) eingerichtet worden ist, muß das der Nachweisung unter Angabe des Tages der Inbetriebsetzung beigefügt werden. Die Löhne sind dann von diesem Tage an zu trennen.

Es ist wünschenswert, daß die Schlachthofleiter, wie es von ihnen vorgeschlagen wurde, voll- oder halbjährich, die Fleischermeister, die Betriebe neu eröffnet haben, der Genossenschaft namhaft machen, wenn in diesen, abgesehen von der Ehefrau und selbständigen Kopf- und Lohnschlächtern, eigene Hilfspersonen irgendwelcher Art (Söhne, Töchter, Eltern, Putzfrauen, Ladenmädchen, Dienstmädchen zum Ladenreinigen usw.) beschäftigt sind.

### 8. Fragebogen zwecks Einschätzung der Betriebe zu den Klassen des Gefahrentarifes.

Sobald ein Betrieb in das Genossenschaftskataster aufgenommen wurde, und wenn eine Betriebsveränderung stattfindet, oder ein sonstiger Anlaß besteht, geht dem Unternehmer ein Fragebogen zu, der genauestens ausgefüllt und fristgemäß zurückgeschickt werden muß.

### 9. Vorkommende Betriebsänderungen.

Solche, die von Einfluß auf die Veranlagung zur Gefahrenklassen sind (z. B. neue Motoren, Transmissionen, Nebenbetriebe, wie Eisbereitungsanlagen usw.) müssen dem Genossenschaftsvorstand binnen 2 Wochen unter Angabe der Katasternummer, des Zeitpunktes der Veränderung und deren Art angezeigt werden.

### 10. Sonstiger Verkehr mit der Genossenschaft.

Alle Anfragen der Genossenschaft müssen möglichst schnell und gewissenhaft beantwortet werden, insbesondere in Unfallsachen behufs schnellster Feststellung der Entschädigungen. Verfehlungen gegen die gesetzlichen und statutarischen Vorschriften sind unter Geldstrafen gestellt.

Durch das Gesetz über Änderungen in der Unfallversicherung vom 20. Dezember 1928 (RGBl. S. 405) werden im § 537 Abs. 1 der RVO. hinter Nr. 4 folgende Nummern eingefügt:

„4a. Der Betrieb der Feuerwehren und der Betriebe zur Hilfeleistung bei Unglücksfällen.

4b. Krankenhäuser, Heil- und Pflegeanstalten, Entbindungsheime und sonstige Anstalten, die Personen zur Kur oder Pflege aufnehmen, ferner Einrichtungen und Tätigkeiten in der öffentlichen und freien Wohlfahrtspflege und im Gesundheitsdienste.

4c. Laboratorien für naturwissenschaftliche, medizinische oder technische Untersuchungen und Versuche.

4d. Der Betrieb der Schauspielunternehmungen usw."

Für die Versicherung der Betriebe zu 4 b, c und d ist durch Verordnung vom 17. Mai 1929 (RGBl. S. 104) eine Berufsgenossenschaft für Gesundheitsdienst und Wohlfahrtspflege errichtet worden. Da nach der Begründung zum preußischen Schlachthofgesetze die Schlachthöfe gemeinnützige, sanitätspolizeiliche Anstalten sind, konnte man mit Recht der Annahme nachgehen, daß die Schlachthöfe unter § 537 Abs. 1, 4b fallen und so zu dem Tätigkeitsgebiet der Berufsgenossenschaft für Gesundheitsdienst und Wohlfahrtspflege gehören. Das Reichsversicherungsamt, Abteilung Unfallversicherung, hat im Gegensatz dazu auf Grund des Art. 43 des angeführten Gesetzes über Änderungen in der Unfallversicherung grundsätzlich festgestellt:

„Der Schlachthofbetrieb unterliegt nicht nach § 537 Abs. 1, 4b, sondern nach § 537 Abs. 1, 4a a. a. O. der Unfallversicherung. Auch nach Inkrafttreten des 3. Gesetzes über Änderungen in der Unfallversicherung vom 20. Dezember 1928 (RGBl. S. 405) bleibt daher die Fleischereiberufsgenossenschaft für die Versicherung der Schlachthöfe zuständig." Der gleiche Beschluß ist für die Freibanken ergangen. In den Gründen wird ausgeführt, daß ein Schlachthofbetrieb nach den Bestimmungen des Gewerbeunfallversicherungsgesetzes vom 30. Juni 1900 zur Fleischereiberufsgenossenschaft gehört, zumal auch das Reichsversicherungsamt in ständiger Übung die Betriebe der von Gemeindeverwaltungen eingerichteten öffentlichen Schlachthäuser, auch ohne daß die Erzielung eines Unternehmergewinnes dabei beabsichtigt wird, für versicherungspflichtig angesehen hat. Dieser Rechtszustand kann auf Grund der im Dezember 1928 erfolgten Ergänzung (Errichtung einer Berufsgenossenschaft für Wohlfahrtspflege und Gesundheitsdienst) keine Änderung erfahren.

Das Reichsversicherungsamt ist also der veralteten Ansicht über die verwaltungsrechtliche Stellung der Schlacht- und Viehhöfe gefolgt, indem es sich ohne Nachprüfung kurzerhand die der Minist.-Anweisung zum KBG. zu eigen macht und die Schlacht- und Viehhöfe als reine Betriebsverwaltungen auffaßt. Kammel, Stettin, hat in seiner Abhandlung, „Der verwaltungsrechtliche Begriff ‚Betriebsverwaltung' und seine Auswirkung auf die Schlacht- und Viehhöfe" dargelegt, daß auf Grund der Begründung zum preußischen Schlachthofgesetz, des KAG. und der StO. diese nur gemeinnützige sanitätspolizeiliche Anstalten sein können.

Nach §§ 627, 627a, 628, 628a RVO. können auch Gemeinden und Gemeindeverbände Träger der Unfallversicherung sein, also Eigenunfallversicherungen einrichten. Diejenigen Gewerbezweige, die bisher unter allen Umständen der Versicherung bei den sachlich zuständigen Berufsgenossenschaften unterlagen, sind leider bei der Neuregelung nicht berührt worden und in der Zuständigkeit dieser Berufsgenossenschaften auch dann verblieben, wenn sie von Gemeinden betrieben werden. Dieser Zustand konnte natürlich die Gemeinden nicht befriedigen. Sie setzen daher ihre Bestrebungen auf restlose Erfassung aller Gemeindebetriebe durch die Eigenunfallversicherung fort. Zum Anlaß soll hierbei offenbar die Absicht der Regierung dienen, die Unfallversicherung durch eine neuerliche Änderung der Reichsversicherungsordnung grundsätzlich auf alle Arbeitnehmer auszudehnen.

Auch die Schlacht- und Viehhöfe hat ihre Zugehörigkeit zu der Fleischereiberufsgenossenschaft hinsichtlich der Auswirkungen nicht im vollen Umfange befriedigt, da ihren Belangen bei der eigenartigen Struktur der Berufsgenossenschaft nicht genügend nachgegangen wird. Schon gewerbepolizeilich ist zwischen Schlachthäusern und Fleischereien zu unterscheiden, indem die einen nach der Gewerbeordnung konzessionspflichtig sind, die anderen nicht. Die erwähnte eigenartige Struktur der Genossenschaft zieht eine gewisse Majorisierung der Schlacht- und Viehhöfe durch die übrigen Mitglieder nach sich, die vielleicht von der Genossenschaftsverwaltung in dem Umfange nicht beabsichtigt ist, die sich aber zwangsläufig aus der Mitgliederzusammensetzung ergibt. Darüber hinaus sind die Generalversammlungen ausnahmslos mit denen der Fleischerverbände zusammengelegt, so daß Majorisierungsbestrebungen nur zu sehr Tür und Haus geöffnet sind, so daß sich oft eine eigenartige parlamentarische Verhandlungsform ergeben muß, die auf die Vertreter der kommunalen Betriebe durchaus nicht ermutigend wirkt. Majorisierungsbestrebungen sind außerdem noch dadurch möglich, daß auf bis je 10000 RM. Lohnsumme eine Stimme entfällt. Die Mehrzahl der Mitglieder sind aber Inhaber von Fleischereikleinbetrieben, die bei einer Lohnsumme von 2000 RM. je 1 Stimme haben, so daß auf 10000 RM. Lohnsumme 5 Stimmen fallen. Im Gegensatz dazu haben die Schlacht- und Viehhöfe auch in mittleren und kleineren Städten wohl fast immer eine Lohnsumme von fast 10000 RM., so daß ihnen nur eine Stimme zusteht, so daß es nicht zuviel gesagt ist, wenn man von Majorisierung spricht. Diese zeigt auch die Eingruppierung der Schlacht- und Viehhöfe in den Gefahrentarif. Unabhängig von der Größe sind die Schlacht- und Viehhöfe in Gruppe 7 eingestuft, während sämtliche Fleischereien, Fleischwarenfabriken in Gruppe 6 zusammengefaßt sind. Die auch vorgesehene Einstufung von Schlacht- und Viehhöfen mit Handbetrieb dürfte bloß eine Geste sein, da es derartige Einrichtungen nur mit Handbetrieb wohl nicht geben dürfte. Daß bei Schlachthöfen in kleineren und mittleren Städten die Gefahren nicht größer sein dürften wie bei Fleischereien, bleibt unberücksichtigt, wenn auch die Gefahrenklassen aus der Gegenüberstellung der Entgeltsummen und Entschädigungssummen berechnet sein sollen. Bei der Unwichtigkeit der Schlacht- und Viehhöfe wird man sich wohl nicht der Mühe unterzogen haben, die Schlachthöfe der Großstädte von denen der kleineren und mittleren Städte zu trennen. Neuerdings ist auch die Fleischbeschau und Trichinenschau als Sondergruppe in den Gefahrentarif aufgenommen worden. Dies ist scheinbar im Hinblick auf die neu errichtete Berufsgenossenschaft für Wohlfahrtspflege und Gesundheitsdienst und die Eigenunfallversicherungen der Gemeinden geschehen, obwohl Fleischbeschau und Trichinenschau reine sozial-hygienische Einrichtungen sind. Die Berechtigung eines derartigen Verfahrens sei dahingestellt, besonders bei den Schlachthofverwaltungen, in denen etat- und verwaltungsmäßig die Fleischbeschau und Trichinenschau von der eigentlichen Verwaltung getrennt ist (wie z. B. in Berlin, bei der staatlichen Fleischbeschau, bei Innungsschlachthöfen usw.).

Auf jeden Fall dürfte klar sein, daß die Unfallversicherung der Schlacht- und Viehhöfe einer Regelung bedarf, die sich zweifelsfrei die kommunalen Spitzenverbände bei der allgemeinen Klärung der Materie werden angelegen sein lassen.

### c) Personen- und Sachenrecht.

Das Personen- und Sachenrecht wird durch die einschlägigen Bestimmungen des BGB. geregelt. Da dieses einschließlich der speziellen gesetzlichen Vorschriften über den Viehhandel in der Literatur ausgiebig behandelt worden ist, dürfte es sich erübrigen, auf diese näher einzugehen. Es erscheint aber wichtig, die rechtlichen und technischen Grundsätze bei mangelhafter Lieferung von Sachen, z. B. Maschinen, zu behandeln. Der Kauf einer Sache stellt vom rechtlichen Standpunkt einen gegenseitigen Vertrag dar, bei dem beide Teile sowohl Gläubiger als auch Schuldner werden. Der Käufer übernimmt zwei Verpflichtungen. Er hat die gelieferte Sache dem Verkäufer abzunehmen und den vereinbarten Kaufpreis zu zahlen. Beim Kauf von Maschinen z. B. handelt es sich meist um einen Kauf mit gewissen zugesicherten Eigenschaften der gekauften Sache. Der Verkäufer muß die vereinbarte Maschine mit der im Angebot genau benannten zugesicherten Leistung, Kraft- und Arbeitsbedarf zum vereinbarten Zeitpunkt zur Abnahme bringen.

Der Nachweis der Leistungserfüllung hat bei der Abnahmeprüfung zu geschehen. Die verlangten Garantien können sich erstrecken auf:

1. Eine gewisse Höchstleistung an Energielieferung bei Kraftanlagen, Dampfmaschinen, Turbinen, Motoren, Kessel. Für Arbeitsmaschinen kommen Förderleistungen (bei Pumpen, Kompressoren) oder Stückleistungen in Betracht. Kühlmaschinen müssen eine bestimmte

Kälteleistung aufbringen, Kraftwagen und Aufzüge müssen eine bestimmte Tragfähigkeit und Fördergeschwindigkeit haben.

2. Ferner ist ein angegebener Wirkungsgrad der Energieumsetzung einzuhalten, d. h. es muß z. B. je Kilogramm Kohle eine gewisse Menge Wasser verdampft oder zur Erzeugung einer PS/Std. darf nur eine bestimmte Menge Dampf oder Brennstoff verbraucht oder, um 1 kcal an Kälte zu leisten, darf nur eine festgesetzte Zahl von PS bzw. kW/Std. verbraucht werden; zur Heißwasserbereitung ist ein bestimmter Verbrauch von Heizmaterial (Dampf, Kohle oder Gas) vorgeschrieben.

3. Nach Art und Type der Maschinen werden Bedingungen zu erfüllen sein, die sich erstrekken können u. a. auf Schmierölbedarf, Kühlwasser- und Warmwasserbedarf, Überlastungsfähigkeit, Bedienungspersonal, Selbstregulierung, Erreichung von Höchsttemperaturen.

4. Ferner kommt noch Material- und Konstruktionsgarantie in Betracht, nach der sämtliche auf Grund von Material- oder Konstruktionsfehlern innerhalb einer gewissen Zeit defekt gewordene Teile ersetzt werden müssen.

5. Schließlich wird meist noch ein bestimmter Zeitpunkt vereinbart, zu dem die Maschine geliefert bzw. zur Inbetriebnahme bereit und fertig montiert sein soll.

Entsprechen die Eigenschaften der gekauften Maschine nicht den Anforderungen des Betriebes oder den Zusicherungen des Verkäufers, so greift § 459 BGB. Platz. Eine unerhebliche Wertminderung, z. B. das Fehlen einer Nebensächlichkeit, bleibt im allgemeinen außer Betracht. Welche Fehler als unerheblich anzusprechen sind, richtet sich nach den Verhältnissen des einzelnen Falles, nach der Bestimmung der Maschine und der Verkehrsanschauung. Für zugesicherte Eigenschaften (Garantie) haftet aber der Verkäufer ohne Rücksicht darauf, ob ihr Fehlen einen erheblichen oder unerheblichen Minderwert zur Folge hat. Ebenso ist unerheblich, welcher Kostenaufwand zur Beseitigung des Mangels erforderlich ist. Nach der Rechtsprechung des Reichsgerichtes genügt es, wenn die Mängelanzeige binnen 6 Monaten nach der Entdeckung des Fehlers (statt 6 Monate nach der Lieferung) erfolgt. Diese Verjährungsfrist, die unter der Bezeichnung „Garantiefrist vielfach vertraglich anders festgesetzt wird, entbindet natürlich nicht von der Pflicht unverzüglicher Mängelrüge; ihr Ablauf schließt nur die aus irgendeiner Ursache ohne schuldhaftes Verzögern verspätete Rüge aus. Zur Erhaltung der Käuferrechte ist es also notwendig:

a) Die Maschine „unverzüglich", d. h. ohne schuldhaftes Verzögern, wobei die Einholung eines etwa erforderlichen Sachverständigengutachtens bzw. Herbeiführung einer sachverständigen Prüfung kein schuldhaftes Zögern ist, zu untersuchen und

b) alsbald nach Entdeckung des Mangels die „Mängelrüge" abzusenden.

Die Voraussetzung einer Mängelrüge ist die erfolgte Ablieferung der Ware, bei vereinbarter Montage ist die Ablieferung erst nach ihrer Vollendung und nach Übergabe durch den Verkäufer und Übernahme durch den Käufer erfolgt. Steht die Ablieferung fest, so hat der Käufer, wenn er seine Rechte aus der mangelhaften Lieferung geltend machen will, nur zu beweisen, daß er die Mängelrüge rechtzeitig abgesandt hat oder daß eine solche nicht nötig war, weil besondere Vereinbarungen darüber getroffen worden waren, oder weil die Mängel vom Verkäufer arglistig verschwiegen worden waren, was dem Käufer regelmäßig alle seine Rechte auf Innehaltung der Rügefrist sichert. Die vertragsmäßige Beschaffenheit der Maschine hat alsdann, solange die Lieferung nicht als Erfüllung angenommen ist, der Verkäufer zu beweisen. Als praktische Regel ergibt es sich, daß es sich bei der Ablieferung einer dem Vertrage nicht entsprechenden Maschine empfiehlt, in der unverzüglich, unter Umständen telegraphisch abgesandten Mängelrüge dem Verkäufer mitzuteilen, daß man in der Lieferung der Maschine eine Erfüllung des Vertrages nicht erblicke. Dann trägt die Beweislast dafür, das die Maschine vertragsgemäß ist, der Verkäufer. Handelt es sich um verdeckte Mängel (Konstruktions- und Materialfehler), die bei der Untersuchung bzw. bei dem Abnahmeversuch nicht erkennbar waren, so liegt es dem Käufer ob, den Mangel und seine Nichterkennbarkeit bei der Untersuchung zu beweisen. Bei Vereinbarung einer befristeten Bewährungsgarantie gilt diese nur als Verjährungsfrist; die Frist der Bewährungsgarantie entbindet den Käufer nicht von der Pflicht unverzüglicher Mängelrüge nach Entdeckung des Schadens. Es ist auch nicht statthaft, daß bei einer erst nach der Abnahme in Erscheinung getretenen Störung vorläufig weitergearbeitet wird und erst nach einem mehr oder weniger langen Zeitraum der Hersteller davon in Kenntnis gesetzt wird. Ebensowenig empfiehlt es sich, daß der Käufer der Maschine innerhalb der Garantiezeit selbst irgendwelche Reparaturen an der Maschine vornimmt oder vornehmen läßt. Die Mängelanzeige braucht noch keine Erklärung darüber enthalten, welche Ansprüche der Käufer aus der mangelhaften Lieferung stellen will. Der Inhalt der Anzeige muß die gerügten Fehler deutlich erkennen lassen.

Es genügt vor allen Dingen nicht die Mitteilung an den Verkäufer, man stelle die Ware zur Verfügung. Dies ist aus rechtlichen Gründen nicht zweckmäßig. Im übrigen können die gesetzlichen Vorschriften über die Rügepflicht durch Vertrag natürlich weitgehend verändert oder ausgeschaltet werden. Bei der Lieferfrist ist zu bemerken, daß zu ihrer Einhaltung häufig Konventionalstrafen vereinbart werden. Außer diesen kann ferner seitens des Abnehmers auch dafür Schadensersatz beansprucht werden, wenn ihm durch verspätete Lieferung nachweislich geldliche Schäden entstanden sind. Ist unter Beachtung der Vorschriften ein Mangel der Maschine rechtzeitig gerügt worden, so hat der Käufer die Wahl unter verschiedenen Ansprüchen; er kann a) wandeln, b) mindern, c) Schadenersatz wegen Nichterfüllung fordern, wenn entweder eine zugesicherte Eigenschaft fehlt oder der Mangel arglistig verschwiegen oder vorsätzlich oder fahrlässig eine mangelhafte geliefert worden ist. In diesem Falle wird entweder der ganze Vertrag aufgehoben oder der Käufer behält die Maschine trotz ihrer Minderwertigkeit; in beiden Fällen kann er den ganzen ihm entstandenen Schaden einschließlich des entgangenen Gewinnes geltend machen.

Endlich kann statt aller dieser Ansprüche der Käufer d) Lieferung mangelfreier Ware bzw. Nachbesserung verlangen, wenn es sich um einen Gattungskauf, d. h. um einen Kauf von Maschinen, die nur der Gattung nach bestimmt sind und beliebig durch gleichartige und gleichwertige ersetzt werden können, handelt.

Die Gewährleistung, die Rügepflicht, die Rechte des Käufers bei mangelhafter Lieferung können stets in anderem Sinne festgelegt, verändert und aufgehoben werden. Nur die Haftung für Arglist kann der Verkäufer niemals abdingen; eine Vereinbarung, durch welche die Verpflichtung des Verkäufers zur Gewährleistung wegen Mangel der Sache erlassen oder beschränkt wird, ist nichtig, wenn Arglist vorgelegen hat. Vielfach wird seitens der Lieferfirmen unter Bezugnahme auf die Lieferbedingungen die Mängelhaftung überhaupt ausgeschlossen. Durch derartige schwerwiegende Vereinbarungen wird der Käufer unter Umständen vollkommen rechtlos. Mit der Anfechtung des Vertrages wegen arglistiger Täuschung wird der Käufer nur in den seltensten Fällen durchzudringen vermögen. Immerhin hat die Rechtsprechung durch Zugrundelegung des Rechtsbegriffes „Treu und Glauben" gewisse Grenzen für die Abdingung der Mängelhaftung durch Lieferbedingungen gezogen.

Einen Weg zur reibungslosen Behebung aller beim Ankauf einer Maschine möglicherweise entstehenden Schwierigkeiten rechtlichen und technischen Ursprunges hat man vielfach in der Vereinbarung eines Schiedsgerichtes gefunden, durch die der ordentliche Rechtsweg ausgeschlossen ist. Diese Schiedsgerichtsklausel kann zu einer Quelle neuer Streitigkeiten werden, wenn — abgesehen davon, daß die vertragliche Ausschließung des Rechtsweges stets dann ungültig sein wird, wenn sie gegen Treu und Glauben verstößt — der Umfang der von dem Schiedsgericht zu behandelnden Fragen ungenau abgegrenzt ist. Schiedsgerichtsklauseln sollten daher ausdrücklichst diejenigen technischen Fragen bezeichnen, für die sie eingesetzt werden sollen, damit nicht neue Unklarheiten in die rechtlichen Beziehungen zwischen Käufer und Verkäufer, die infolge der technischen Eigenart des Objekts bereits vielfach recht kompliziert sind, hineingetragen werden. Bei dem Kauf gebrauchter Maschinen können Mängel, wenn sie nach Besichtigung gekauft werden, nach einem Gutachten der Berliner Handelskammer Nr C 13, 118/27 Q 4 grundsätzlich nicht geltend gemacht werden, es gelten die Maschinen als in dem Zustande gekauft, in dem sie sich im Zeitpunkt der Besichtigung befanden. Werden dagegen Maschinen „als aufgearbeitet und vollkommen betriebsfähig" gekauft, so können sich mangels gegenteiliger Abmachungen Rügen und Reklamationen nur gegen das Nichtfunktionieren der Maschinen richten.

Im Interesse reibungsloser Abwicklung des Ankaufes und der Abnahme der Maschinen sollten beide Teile mit dem Inhalt des geltenden Rechtes, insbesondere aber auch mit den im Einzelfall zugrunde gelegten Lieferungsbedingungen, unbedingt vertraut sein. Eine Abänderung der Lieferungsbedingungen, deren Schema nicht immer für jeden Einzelfall brauchbar ist, kann manche Unzuträglichkeiten für Käufer und Verkäufer ersparen. Bei Anfragen und bei Angeboten ist eine besondere Klarheit und Deutlichkeit in der Ausdrucksweise anzustreben. Bei Anfragen muß deutlich zum Ausdruck gebracht werden, welchen Anforderungen die Maschine entsprechen soll. Dieselbe Klarheit muß auch bei den Angeboten herrschen; unklare und nicht sachgemäß belegte Redensarten müssen unter allen Umständen zurückgewiesen oder beanstandet werden. Vor Abschluß des Vertrages sind die darin enthaltenen Bestimmungen und besonders die oft klein gedruckten und an unauffälliger Stelle befindlichen Lieferungsbedingungen zu prüfen und auf alle möglichen Folgerungen hin zu untersuchen, über zweifelhafte Fragen ist volle

Klarheit herbeizuführen. Es ist ferner notwendig, sich stets streng an die im Vertrage niedergelegten Bestimmungen, Fristen und Pflichten zu halten.

## d) Unfallverhütung auf Schlachthöfen.

Wie bei allen größeren Unternehmungen oder Betrieben der Inhaber nicht in der Lage ist, die Erfüllung aller ihm obliegenden Verpflichtungen persönlich zu erfüllen, und daher verantwortliche Personen damit betraut werden, so sind auch die Direktionen der Schlachthöfe in Vertretung der Stadtgemeinden als Mitglieder der Berufsgenossenschaft dazu berufen, u. a. die Erfüllung der für die Betriebe erlassenen Unfallverhütungsvorschriften zu überwachen und für die Herstellung von Schutzvorrichtungen Sorge zu tragen. Diese Vorschriften sind im Vollzuge des Gewerbeunfallversicherungsgesetzes vom 30. Juni 1900 erlassen. Ihre Befolgung wird durch technische Aufsichtsbeamte überwacht.

Die Nichtbefolgung dieser Vorschriften kann mit Geldstrafen oder Höhereinschätzung der Betriebe bzw. mit Zuschlägen bis zum doppelten Betrag der Beiträge geahndet werden.

Es haften die Unternehmer bei durch Fahrlässigkeit (z. B. Nichtbefolgung der Unfallsvorschriften) herbeigeführten Unfällen der Genossenschaft für alle Aufwendungen, auch sind neben dem Schadenersatz gerichtliche Bestrafungen, Geld- und Freiheitsstrafen öfter Folge solcher Fahrlässigkeit gewesen.

Es liegt daher im Interesse der Stadtgemeinden, schon bei Neubauten den anzustellenden Schlachthofdirektor heranzuziehen, die Erbauer und Lieferanten zur Durchführung aller gesetzlichen Bestimmungen schriftlich zu verpflichten und die vorherige Prüfung der Pläne hinsichtlich der Unfallverhütung durch die Berufsgenossenschaft gegen Erstattung der dem Beamten erwachsenden baren Auslagen zu beantragen.

### I. Bauliche Einrichtung.

Auf getrennte Ein- und Ausfahrten, gute Beleuchtung aller Zufahrtswege ist besonders Gewicht zu legen. Auf die stets notwendig werdende Erweiterungsmöglichkeit muß von vornherein Rücksicht genommen werden. Trittsicheres, möglichst fugenlos zu verlegendes Pflaster in und außerhalb der Gebäude ist erforderlich. Bei allen Hallen und Kühlräumen sollen Eintrittsstufen vermieden werden, was durch allmählich ansteigendes Pflaster vor den Eingängen erzielt wird. Schiebetüren müssen gegen Herausfallen gesichert werden, wobei Schienen und Anschlagknaggen im Fußboden zu vermeiden sind.

Abflußrinnen in den Schlachthallen an den Mittelgängen müssen durch entsprechendes nach den Wänden zu verlaufendes Gefälle der Fußböden vermieden, Bodenringe versenkt verlegt werden. In den Schweineschlachthallen ist durch gründliche Entnebelung ein gefahrloses Arbeiten zu gewährleisten. Galerien, Treppenöffnungen sind mit festen Geländern zu versehen, für Aufgänge sind nur feste Treppen, nicht Leitern zu verwenden. Alle Treppen müssen mit Handleisten versehen sein, alle Leitern gegen Ausgleiten geschützt werden.

Ins Freie führende Lucken sind mit einer Brustwehr und langen Handgriffen an den Seiten, im Fußboden befindliche Lucken mit Geländer oder selbstschließenden Falltüren zu versehen, Glasdächer müssen mit Drahtgeflecht unterspannt oder aus Drahtglas hergestellt sein. Alle baulichen und maschinellen Einrichtungen sind in betriebssicherem Zustande zu erhalten, Kurbelwinden müssen Sicherheitswinden sein, bei welchen bei Loslassen der Kurbel die Last stillhängt. Schneckenwinden, solche mit Bandbremsen und Löffelwinden gelten nicht als Sicherheitswinden. Alle Fahrstühle und Hebezeuge sind mindestens einmal im Jahre auf ihre Tragfähigkeit zu untersuchen, daneben hat eine dauernde Überwachung des Tragorgans stattzufinden. Es empfiehlt sich, die Winden fortlaufend zu numerieren und die Revisionsresultate unter Angabe des Prüfungstages in ein Befundbuch von nachstehendem Schema einzutragen und von dem mit der Revision Betrauten unterschriftlich bestätigen zu lassen. Sie dienen im Falle von Unfällen in wertvoller Weise zur Entlastung der für die Betriebssicherheit verantwortlichen Schlachthofleiter.

Zu den persönlich zu erfüllenden Verpflichtungen der Schlachthofleiter gehört die Überwachung der nachstehenden Bestimmungen:

Die Unfallverhütungsvorschriften für Haupt- und Nebenbetriebe sind in genügender Zahl auszuhängen. Alle Geräte, Apparate, Fesselvorrichtungen und maschinellen Einrichtungen sind in betriebssicherem Zustande zu erhalten. Personen mit körperlichen Leiden, wie Fallsucht, Schwindel, Schwerhörigkeit, Trunksucht dürfen bei gefährlichen Arbeiten nicht verwendet werden. Das Umkleiden und Aufbewahren von Kleidern in der Nähe bewegter Triebwerke ist zu verbieten, Transport schwerer Gegenstände hat unter Zuziehung genügenden Personales und Verwendung entsprechender Hilfsgeräte zu erfolgen.

## II. Maschinelle Anlagen.

Die Durchführung der Unfallverhütungsvorschriften in maschinellen Betrieben ist dem ersten Maschinisten mit zu übertragen. Die hierbei in Betracht kommenden Pflichten sind hauptsächlich folgende:

Das Betreten der Maschinen- und Kesselräume ist durch Anschlag Unbefugten zu verbieten. Die Türen dieser Räume müssen nach außen aufgehen, für Zwischentüren werden Pendelscharniere empfohlen, die ein Öffnen nach beiden Seiten zulassen. Kraftmaschinen müssen, sofern sie nicht unmittelbar mit Arbeitsmaschinen verbunden sind, mit Geländer versehen, Schwungräder, Riemen und alle beweglichen Teile, die frei liegen müssen, auf 1,8 m umwehrt sein. Räder, vorstehende Keile und drehende Teile sind zu verdecken. Kurbelzapfen, Kreuzkopf, Exzenter, Hauptlager, Gleitbalken und Stopfbüchsen sind mit selbsttätiger Schmiervorrichtung zu versehen. Alle Kraftmaschinen müssen durch Riemenausrücker oder -kuppelungen sicher stillgestellt werden können. Dampfmaschinen von 10 PS aufwärts sind mit Schwungradandrehvorrichtung zu versehen, alle Kammräder sind unfallsicher einzukleiden. Sämtliche Maschinen sind mit einer vom Standorte des Arbeiters leicht und sicher zu betätigenden feststellbaren Ausrückvorrichtung zu versehen. Alle an Maschinen und Transmissionen befindlichen Wellen sind bis auf 1,8 m einzukleiden. Das Auflegen von Riemen mit der Hand während des Ganges ist verboten und ein zum Verschieben der Riemen feststellbarer Riemenausrücker anzubringen. Abgeworfene Riemen müssen auf Trägern derart ruhen, daß sie die Wellen nicht berühren. Riemen von mehr als 10 m/sec.-Geschwindigkeit und mehr als 18 cm Breite müssen über Arbeits- und Verkehrsstellen unterfangen werden.

Zum Betrieb von Dampfkesseln dienen folgende Vorschriften: Die Vorschriften für Kesselwärter sind auszuhängen, Wasserstandsgläser mit Schutzhülsen zu versehen. Der Zugang zu den Sicherheitsapparaten ist stets frei zu halten, die Kesselaufmauerung darf nicht zum Trocknen und Lagern von Gegenständen benützt werden und muß Geländer tragen, die nur eine Unterstange haben. Zum Betreten der Aufmauerung muß eine sichere Treppe vorhanden sein mit Geländer. Gute Beleuchtung ist notwendig, insbesondere für Wasserstandsanzeiger und Manometer. Sorgfältige Reinigung des Kesselinnern ist rechtzeitig zu veranlassen, wobei sämtliche Dampf-, Ablaß- und Speiseleitungen durch Blindflanschen sicher abzusperren sind.

Die für Fleischhackereien zur Verwendung kommenden Fleischschneidemaschinen müssen am Einlauf derart mit Schutz versehen sein, daß man nicht mit der Hand bis zu den gefährlichsten Stellen reichen kann. Das Herausnehmen der Lochscheiben und Messer während des Ganges ist zu verbieten. Das Nachstopfen darf nicht mit der Hand erfolgen.

Die Fleischhackmaschinen müssen mit einer Sicherung für den hochgestellten Messerapparat ausgerüstet sein. Das Unterstellen des Schubstangenkopfes mit einem Holzstück ist ungenügend. Zum Umschlagen des Fleisches sind geeignete Schaufeln stets bereit zu halten. Sog. Kutter, Rapid-, Schnellschneider usw. müssen mit einem inmitten der Schüssel befindlichen bis unter den Deckel reichenden Kegel versehen sein, so daß die rotierenden Messer hinter diesem Kegel gelagert sind. Die Deckel müssen derart ausgebildet sein, daß man unter keiner Bedingung bei geschlossenem Deckel bis zu den Messern gelangen kann. Bei offenem Deckel darf der Messerapparat nicht in Bewegung gesetzt werden. Die Knet- und Mengmaschinen sind mit einem Deckel zu versehen, der nur beim Stillstand geöffnet werden darf. Knochen- und Kreissägen sind mit Schutzhaube über dem Sägblatt und Schutzkasten unter dem Tisch zu versehen. Die Wiegmaschinen sind mit einer Sicherung auszurüsten, welche ein Anlassen der Maschine bei aufgehobenem Wiegeapparat unmöglich macht. Walzmaschinen sind mit ausreichendem Trichter zu versehen.

Die auf Viehhöfen vielfach zur Verwendung kommenden Futterschneidemaschinen müssen mit einer Schutzvorrichtung über den Messern und einer derartig großen Abdeckung der Einlagen versehen sein, daß die Hände nicht bis zu den Transportwalzen gelangen können.

Für den mit Schlachthöfen öfters verbundenen Fuhrwerks- und Fleischtransportbetrieb ist folgendes zu beachten: Die in bergigen Gegenden benutzten Wagen müssen gute Bremsvorrichtung haben und einen mit Rücklehne und Seitenlehne versehenen Sitz für den Kutscher haben. Bei Nacht sind die Wagen zu beleuchten. Zum Lenken dürfen nur kundige Personen benutzt werden. Bissige Zugtiere müssen Maulkörbe tragen und, sofern sie erfahrungsgemäß beißen und schlagen, als solche gekennzeichnet werden.

### Elektrische Anlagen.

Für die mit Schlachthöfen verbundenen elektrischen Anlagen ist zu beachten, daß sämtliche stromführenden Teile derart verkleidet sind, daß ein Berühren unmöglich ist. Schrankartige Überkästen bieten nicht den notwendigen Schutz und verhindern nur Beschädigungen. Für dauernde Ventilation der Akkumulatorenräume ist Sorge zu tragen. Diese kann geschaffen werden durch Anbringung von Öffnungen unter der Decke einerseits, durch solche in den unteren Füllungen der Eingangstüren anderseits, welche mit Drahtgeflecht bezogen werden[1].

### Kältemaschinen.

Nach Untersuchungen des Reichsversicherungsamtes ist die Unfallgefahr an Kältemaschinen außerordentlich gering, es fällt ungefähr auf jede 4000. Kältemaschine ein Unfall, der zu einer Entschädigung führt. Die Unfälle können entweder durch Ausströmen von Kältemittel, Kohlensäure, Ammoniak bzw. schwefliger Säure, also durch Vergiftung oder durch herumfliegende Metallteile bei Zerknallen entstehen. Zerknalle können dadurch hervorgerufen werden, daß die Drucksteigerung im Kompressor größer ist als die höchstens zulässige Materialbeanspruchung der unter Kondensatordruck stehenden Teile oder durch Zündung hervorgerufen werden. Die letztere Möglichkeit ist nach Untersuchen von Wartenberg außerordentlich gering, und nur bei Ammoniak in den außerordentlich hoch gelegenen Grenzen von 16,5—26,8 Volumprozent Ammoniak in Luft möglich. Brisante Verbrennungen sind ausgeschlossen. Jede Leuchtgasleitung ist gefährlicher wie eine Ammoniakanlage, die Unfallgefahr an Kältemaschinen ist keinesfalls größer wie an irgendwelchen anderen komprimierenden Maschinen wie Dampf- und Dieselmaschine.

Wenn man von kleineren Ausströmungen durch Undichtigkeiten, welche kaum Anlaß zu Unfällen zu geben vermögen, absieht, handelt es sich fast durchweg um Kompressorbrüche, welche entweder durch Flüssigkeitsschläge infolge falscher Regulierung, unzulässige Drucksteigerungen durch Anfahren mit geschlossener Absperrung in der Druckleitung, durch Ventil- oder Kolbenringbrüche, versäumte Kontrolle des schädlichen Raumes nach Einsetzen einer neuen Kolbenstange oder Nachpassen von Lagern durch Loslösen der Kolbenmutter während des Laufes oder Betrieb ohne Kühlwasser verursacht wurden. Unter der Annahme, daß die verwendeten Fabrikate von zuverlässigen Firmen stammen, sind es also einzig Schäden infolge fahrlässiger, unsachgemäßer Bedienung. Die einfachste Vorbeugung ist die Verwendung guten zuverlässigen Personals und eine regelmäßige Betriebskontrolle. Um Schäden bei Ausbleiben von Kühlwasser zu vermeiden, empfiehlt sich der Einbau von Sicherungsapparaten, falls nicht die Kühlwasserpumpe unmittelbar mit dem Kompressor gekuppelt ist. Um Anfahren bei geschlossenem Druckventil zu verhüten, soll das Handrad des Druckventils abgenommen sein, und nur bei Reparaturen am Kompressor, bei welchen ein Absaugen des Kompressorinhaltes nötig ist, aufgesetzt werden. Bei Ableuchten von Ammoniakzylindern soll kein offenes Licht verwendet werden. Das Abpressen fertiger Anlagen darf bei gleichzeitiger Schmierung wegen der Gefahr einer Explosion bei den hohen Kompressionsendtemperaturen nicht mit reiner Luft, sondern nur vorsichtig unter Beigabe eines Kältemediums erfolgen. Besonderes Augenmerk ist darauf zu richten, daß beim Nachfüllen des Kältemittels nicht die Flaschen verwechselt werden und Sauerstoff eingezogen wird, was unweigerlich zur Katastrophe führen muß[2].

**Gasschutz.** Die Gasschutzgeräte für Kälteanlagen können in 3 Typen eingeteilt werden:

1. Frischluftgeräte, bei denen dem Geräteträger die Atemluft aus einem nicht verseuchten Raum zugeführt wird.
2. Filtergeräte mit Augenschutz (Gasmasken), bei denen die Atemluft ein Filter durchstreicht, in welchem sie von den Giftgasen befreit wird.
3. Sauerstoffgeräte. bei denen der Träger des Gerätes den zur Atmung notwendigen Sauerstoff in einem Behälter mit sich führt, während die ausgeatmete Kohlensäure durch eine Kalipatrone entfernt wird.

Vergleicht man die 3 Typen hinsichtlich des Bereichs ihrer Anwendungsmöglichkeit, so erscheinen die Sauerstoffgeräte als die günstigste Form, denn man ist hierbei von der Zusammensetzung der Raumluft völlig unabhängig, während beim Frischlufthelm eine Schlauchverbindung mit einem nicht verseuchten Raum geschaffen werden muß, was bei größeren Betriebsunfällen vielleicht nicht immer leicht ist, außerdem wird hierzu außer dem Maskenträger ein die Luftzufuhr besorgender Mann benötigt. Bei Verwendung von Filtergeräten muß noch genügend

[1] Für Stallungen und feuchte Räume empfiehlt sich die Anwendung von Niederspannungstransformatoren.
[2] Refrigerating and Engeneering 1922. Dez. — Drews: Kältetechnik. — W. Knopp: Bestimmungen des Brit. Innenministeriums.

Sauerstoff zur Atmung (etwa 10%) vorhanden sein. In bezug auf die Notwendigkeit bei Kälteanlagen verschiebt sich das Bild dadurch, daß das Sauerstoffgerät durch die Menge des mitgeführten Sauerstoffs ($^1/_2$, 1 und $1^1/_2$ Stundengeräte) begrenzt ist. Die Filter vermögen nur eine gewisse Menge Giftstoffe aufzunehmen. Sowohl dem Preis wie auch dem Gewicht nach ist das Sauerstoffgerät am ungünstigsten, das Filtergerät am besten.

Nach Untersuchungen von Wollin[1] war die Gaskonzentration bei völligem Öffnen der Stopfbüchse eines Kompressors nach einer Stunde 0,9 Volumprozent. Es ist ja eine bekannte Erscheinung, daß der Laie die Konzentration der Giftgase stark überschätzt. Für Reparaturen ist deshalb das Filtergerät völlig ausreichend. Notwendig ist allerdings hierbei eine Verpassung der Masken und eine Prüfung des dichten Abschlusses (besonders bei Vollbart), die in einfacher Weise so erfolgt, daß der Geräteträger mit der flachen Hand den Mundring der Maske verschließt und sich davon überzeugt, daß er nicht einzuatmen vermag. Da die Maschinenräume von Schlachthöfen meist groß sind, ist auch das Filtergerät bei größeren Unfällen mit Ammoniak und schwefliger Säure ausreichend, vorausgesetzt, daß der Filter dauernd in betriebsfähigem Zustand ist. Die Lagerfähigkeit der Filter ist etwa 1 Jahr. Für Unfälle an Kohlesäureanlagen ist dagegen dem Frischluftgerät der Vorrang zu geben, da die Kohlensäure als spezifisch bedeutend schwerer wie Luft sich im Raume anstaut, wegen des hohen Druckes auch viel ausströmt. Der Sauerstoffapparat kommt nur für Rettungskolonnen oder für sehr große Anlagen mit eigens ausgebildetem Personal in Frage.

Von außerordentlicher Wichtigkeit für alle Gasschutzgeräte ist, daß sie nicht im Maschinenraum selbst, sondern an einer leicht zugänglichen Stelle vor dem Raum angebracht werden.

### Allgemeines über Haftpflicht und Haftpflichtversicherung.

Die Haftpflicht der Schlachthofinhaber bestimmt sich im allgemeinen nach dem BGB., insbesondere nach den Bestimmungen über den Dienstvertrag und über unerlaubte Handlungen. Erstere Vorschrift kommt für Körperbeschädigungen von Arbeitern des Betriebes, letztere sowohl für Körperschäden dritter Personen, als auch für alle Sachschäden in Betracht. Der Schlachthofinhaber hat als Unternehmer insbesondere die volle Verantwortung für die ganze Einrichtung zu tragen und alle zur Sicherheit notwendigen Vorkehrungen zu treffen, hat aber auch für alle Schäden aufzukommen, die ein von ihm Beauftragter in Ausführung seines Auftrages einem anderen widerrechtlich zufügt, wenn er die im Verkehr notwendige Sorgfalt bei Bestellung der Person nicht beobachtet oder es unterlassen hat, die nötigen Sicherheitsvorkehrungen zu treffen, oder die allgemeine Dienstaufsicht zu führen (§ 276 BGB.). Dies muß der Schlachthofinhaber dem Schlachthofleiter gegenüber genau beobachten, wenn ersterer sich nicht für die durch letzteren verursachten Schäden haftbar machen will. Das gleiche gilt für das andere Personal. Wer sich darauf beruft, die nötige Sorgfalt beachtet zu haben, muß den Beweis hierfür erbringen, andernfalls bleibt er haftpflichtig. Für Haftpflichtansprüche gegenüber dem Schlachthofleiter bei Vernachlässigung seiner Pflichten aus dem Dienstverhältnis oder bei Unterlassung von Vorkehrungen in bezug auf die Verkehrssicherheit hat zunächst grundsätzlich die Gemeinde aufzukommen. Der Rückgriff gegen den Beamten bleibt vorbehalten.

Werden nämlich Schäden dadurch verursacht, daß ein Beamter in Ausübung der ihm anvertrauten öffentlichen Gewalt vorsätzlich oder fahrlässig die ihm einem Dritten gegenüber obliegende Amtspflicht verletzt, so trifft die im § 839 BGB. bestimmte Verantwortlichkeit die kommunale Körperschaft, die den Beamten angestellt hat. Preußisches Gesetz über die Haftung des Staates und anderer Verbände für Amtspflichtverletzungen von Beamten bei Ausübung öffentlicher Gewalt vom 1. August 1909, ergänzt vom 14. Mai 1914 auch Art. 131 RV. Für nähere Information ist Delius, Beamtenhaftpflichtgesetze des Reiches und der Länder[2] zu empfehlen. Der Rückgriff gegen den Beamten bleibt natürlich, wie oben angegeben, vorbehalten. Als verantwortlicher Beamter kann nur derjenige in Betracht kommen, welchem die selbständige Erledigung der Amtsgeschäfte aufgetragen ist (RG. 5, 337). Im übrigen haftet der Beamte für jedes, auch geringe Versehen, sowie für die Verletzung jeder Amtspflicht, nicht bloß der ihm gegenüber einem Dritten obliegenden (§ 839 BGB.).

Das Verhältnis der öffentlich-rechtlichen Unfallversicherung zur privatrechtlichen Haftpflicht stellt sich so, daß letztere für den Betriebsunternehmer und dessen Beamte grundsätzlich fortfällt. Doch bleibt eine Ersatzpflicht insofern, als durch strafgerichtliches Urteil die vorsätzliche oder fahrlässige Herbeiführung des Unfalles nachgewiesen wird, gegenüber den entschädi-

[1] Z. Kälteind. **1925**, H. 9. Gasschutz: Vgl. VDI-Ztg. **74**, Nr 11, 338 (1930). Gasschutzapparate mit geschlossenem Kreislauf.

[2] Verlag Sudau, Berlin S 42, Ritterstr. 105.

gungspflichtigen Krankenkassen, Armenverbänden usw., bestehen. Bei einem mit Vorsatz herbeigeführten Unfall besteht aber auch eine Haftpflicht dem Verletzten und dessen evtl. Hinterbliebenen gegenüber für den Schaden, der nicht seitens der Berufsgenossenschaft auf Grund des Gewerbeunfallgesetzes zu übernehmen ist. Auch für diesen Anspruch ist unerläßliche Voraussetzung, daß durch strafgerichtliches Urteil festgestellt wird, daß der Unfall vorsätzlich herbeigeführt wurde[1].

Dagegen besteht für den Betriebsunternehmer oder Bevollmächtigten der Berufsgenossenschaft gegenüber schon dann eine Haftung, wenn sie den Nachweis führt, daß der Unfall durch Fahrlässigkeit mit Außerachtlassung derjenigen Aufmerksamkeit herbeigeführt wurde, zu welcher diese Personen vermöge ihres Amtes oder Berufes verpflichtet sind. Als Betriebsunternehmer haftet auch eine Innung oder eingetragene Genossenschaft, nicht aber nach einer Reichsgerichtsentscheidung eine Stadtgemeinde, so daß also für die Schlachthofbetriebe, welche einer Stadt gehören, lediglich die leitenden Direktoren als Bevollmächtigte der Stadtgemeinde bei der Haftpflicht in erster Linie in Frage kommen[1].

Zu den Pflichten eines Unternehmers gehören vor allem eine genaue Befolgung der zum Schutz der Arbeiter erlassenen gesetzlichen Bestimmungen. So muß nach der Gewerbeordnung bei allen Betriebseinrichtungen auf Leben und Gesundheit der Arbeiter Rücksicht genommen werden und insbesondere, wenn jugendliche Personen unter 18 Jahren beschäftigt werden (Beispiel: Gesellen und Lehrlinge in Fleischhackereien der Schlachthöfe!). Verfehlungen gegen die Unfallverhütungsvorschriften der Berufsgenossenschaft bedeuten eine Fahrlässigkeit und begründen eine Ersatzpflicht. Die Frage der Fahrlässigkeit ist nach strafrechtlichen Grundsätzen zu beurteilen. Eine Haftpflicht einer Berufsgenossenschaft gegenüber ist daher nur dann begründet, wenn ein Tatbestand vorliegt, der die strafrechtliche Verurteilung der in Anspruch genommenen Person rechtfertigen würde.

Nach dem BGB. besteht die Haftpflicht für den aus Vorsatz oder Fahrlässigkeit entstehenden Schaden.

Wenn ein Schlachthoftierarzt die ihm obliegenden Pflichten verletzt, so hat er Disziplinarstrafen, strafrechtliche oder zivilrechtliche Folgen zu gewärtigen. Er ist entweder Fleischbeschausachverständiger oder Betriebsleiter oder er hat gemeinsam die beiden Funktionen auszuüben. In letzterem Falle übernimmt er die Haft- und Aufsichtspflicht für Betriebsschäden, evtl. für die Kasse, die Verkehrs- und Gewerbepolizei neben der Haftung für seine hygienische Tätigkeit, welch letztere von größter Bedeutung ist.

Die Grundlage für die Haftpflicht der Fleischbeschautierärzte bildet der § 276 und 839 BGB.[2].

Nach § 276 ist Fahrlässigkeit gegen die Regeln der Wissenschaft zu vertreten, während § 839 folgenden Wortlaut hat:

„Verletzt ein Beamter vorsätzlich oder fahrlässig die ihm einem Dritten gegenüber obliegende Amtspflicht, so hat er dem Dritten den hieraus entstehenden Schaden zu ersetzen. Fällt dem Beamten Fahrlässigkeit zur Last, so kann er nur dann in Anspruch genommen werden, wenn der Verletzte nicht auf andere Weise Ersatz zu erlangen vermag."

Verletzungen der Amtspflicht können bestehen in Vergehen gegen die sog. Schutzgesetze, nämlich: Reichsfleischbeschaugesetz mit Ausführungsbestimmungen und sonstigen einschlägigen Verordnungen, das Lebensmittelgesetz, Reichsviehseuchengesetz insbesondere in §§ 9 und 10, das Rinderpestgesetz, das Strafgesetzbuch, das Schlachthausgesetz mit einschlägigen Dienstvorschriften und Polizeiverordnungen. Eine Unkenntnis dieser Gesetze kann nicht vorgeschützt werden, da hierin allein eine Fahrlässigkeit erblickt werden könnte. Nach § 839 setzt die Haftpflicht eine vorsätzliche oder fahrlässige Verletzung der Amtspflicht voraus. Vorsatz ist das Bewußtsein, daß das was man tut oder unterläßt einem anderen Schaden verursacht. Fahrlässig handelt, wer die im Verkehr erforderliche Sorgfalt außer acht läßt.

Eine fahrlässige Verletzung der Amtspflicht liegt z. B. vor, wenn der Schlachthoftierarzt sich nicht bewußt wäre, daß sein Amt ihm eine gewisse Amtsverschwiegenheit auferlegt. Würde er also z. B. öffentlich von der Beschlagnahme gesundheitsschädlicher Teile unter Namensnennung des Schlächters erzählen, so würde er diesen empfindlich schädigen und sich haftpflichtig machen. Eine fahrlässige Verletzung der Amtspflicht läge darin, daß er es unterläßt, einen Gehilfen, der Verletzungen an den Händen hat, von Arbeiten fernzuhalten, die eine Infektionsgefahr in sich bergen. Auch bei unvorsichtiger Öffnung abgekapselter Abszesse würde der Schlachthoftierarzt für den durch die Verunreinigung des Fleisches entstehenden Schaden

[1] Ist nach der neueren Rechtsprechung strittig.

[2] Ferner § 841 BGB., EinfG. z. BGB. Art. 77 und 78, wonach die landesgesetzlichen Vorschriften über die Haftung des Staates, der Gemeinden und anderer Kommunalverbände unberührt bleiben.

haftbar sein. Würde ein Fleischviertel wegen Unterlassen der Stempelung beschlagnahmt, wäre er zum Teil ersatzpflichtig, zum Teil der Schlächter, da sich dieser wegen Nichtkontrolle der Stempelung eines konkurrierenden Vergehens schuldig machen würde.

Für die vorsätzliche und fahrlässige Verletzung der Amtspflicht haftet der Beamte dem Beschädigten auf Grund des § 839 BGB. und hat nach § 249 den vollen Schaden zu ersetzen.

Art. 131 RV. besagt: „Verletzt ein Beamter in Ausübung der ihm anvertrauten öffentlichen Gewalt die ihm einen Dritten gegenüber obliegende Amtspflicht, so trifft die Verantwortlichkeit grundsätzlich den Staat oder die Körperschaft, in deren Dienst der Beamte steht. Der Rückgriff gegen den Beamten bleibt vorbehalten.“ Verletzt somit ein Beamter die ihm obliegende Amtspflicht, so trifft immer zuerst die im § 839 BGB. bestimmte Verantwortlichkeit an Stelle des Beamten den Staat oder die Körperschaft, in deren Dienst er steht.

Eine ganze oder teilweise Befreiung könnte nur eintreten, wenn dem Beschädigten ein eigenes Vergehen zur Last fällt oder derselbe vorsätzlich oder fahrlässig unterlassen hätte, den Schaden durch Gebrauch eines Rechtsmittels abzuwenden.

Durch das preußische Beamtenhaftpflichtgesetz vom 1. August 1909 (ergänzt vom 14. Mai 1914, Ges.-S. S. 117) ist nunmehr die unmittelbare Haftung aufgehoben. § 1 sagt: „Verletzt ein unmittelbarer Staatsbeamter in Ausübung der ihm anvertrauten öffentlichen Gewalt vorsätzlich oder fahrlässig die ihm einem Dritten gegenüber obliegende Amtspflicht, so trifft die im § 839 BGB. bestimmte Verantwortlichkeit an Stelle des Beamten den Staat. Die Verantwortlichkeit des Staates ist ausgeschlossen bei Beamten, die ausschließlich auf den Bezug von Gebühren angewiesen sind, sowie bei solchen Amtshandlungen anderer Beamter, für welche die Beamten eine besondere Vergütung durch Gebühren von dem Beteiligten zu beziehen haben.

Nach § 3 kann der Staat von dem Beamten Schadenersatz verlangen für den Schaden, den er durch die im § 1 bestimmte Verantwortlichkeit erleidet (s. Art. 131 RV.).

Von besonderer Wichtigkeit ist § 4 für die Schlachthoftierärzte, wonach die Vorschriften der §§ 1—3 Anwendung finden auf die für den Dienst eines Kommunalverbandes angestellten Beamten mit der Maßgabe, daß an Stelle des Staates der Kommunalverband tritt.

Um pflichtgemäß handelnde Beamte gegen unbegründete Angriffe zu schützen, kann der „Kompetenzkonflikt“ erhoben werden. Ist gegen ihn ein Verfahren eingeleitet worden, so steht seiner vorgesetzten Behörde das Recht zu, „den Konflikt zu erheben“, d. h. Vorentscheidung des Oberverwaltungsgerichtes zu verlangen, ob ihm eine Verletzung der Amtspflicht zur Last gelegt werden kann oder nicht. In letzterem Falle erkennt das Gericht einen zivilrechtlichen Anspruch für unzulässig.

Der Schlachthofdirektor hat für die nötige Betriebs- und Verkehrssicherheit zu sorgen und haftet für Unfälle, wie der Vorstand jedes anderen privaten Betriebes, aus § 823 BGB. Falls er als „verfassungsgemäß berufener Vertreter“ der Kommune anzusehen ist, kann sich der vom Schaden Betroffene nach §§ 31 und 89 an die Stadtvertretung halten, die ihrerseits sich wieder an den Betriebsleiter halten kann. Er hat Sorge zu tragen, daß die von der Fleischereiberufsgenossenschaft erlassenen Unfallverhütungsvorschriften genauestens beachtet werden, da für Unfälle nicht nur die Betriebsunternehmer, sondern auch die Betriebsleiter haften nach § 136 UVG.[1].

Gerade die vielseitige Entwickelung des Schlachthofbetriebes mit einer großen Zahl von Nebenbetrieben, Maschinenräumen, Fleischkoch- und Vernichtungsapparaten, Restaurationsräumen, Milchanstalten, Laboratorien vermehrt die Aufsichtspflicht um ein beträchtliches, da der Leiter die zur Aufrechterhaltung der Ordnung erlassenen Vorschriften zu überwachen hat.

Dazu kommt noch, daß eine Haftung auf Grund von Vertragsverletzungen möglich ist nach § 278 BGB. gegenüber denjenigen Personen, die aus dem Vertrage bestimmte Ansprüche auf ein Tun oder Unterlassen erlangt haben. Der Schlachthofdirektor schließt täglich Verträge ab und erfüllt er die hieraus erwachsenden Pflichten der Kommune nicht, so haftet für dieses Verschulden nur die Kommune allein, hat aber wieder die Regreßmöglichkeit an den Beamten.

Aus vorstehendem ist ersichtlich, daß die Möglichkeit vorhanden ist, daß letzten Endes der Schlachthofleiter und -tierarzt in mannigfacher Weise haftpflichtig gemacht werden können. Es wird sich daher unter allen Umständen empfehlen, gleichgültig ob diese als Beamte oder durch Privatdienstvertrag angestellt sind, stets dafür zu sorgen, daß im gegebenen Falle ihnen eine Haftpflichtversicherung in ausreichender Weise zur Seite steht. Derjenige handelt unklug, der den

[1] Es müssen an allen Maschinen Schutzvorrichtungen vorhanden sein, die Arbeitsräume gut beleuchtet, die Gruben abgedeckt, glatte Fußböden gestreut sein, alljährlich eine Probe der Hebezeuge auf ihre Tragfähigkeit und Sicherheit vorgenommen werden. (Vgl. Dtsch. Schlachthofztg **1909**, 708.) Diese berufsgenossenschaftlichen Unfallverhütungsvorschriften müssen im Betriebe an deutlich sichtbarer Stelle ausgehängt sein.

Abschluß einer solchen äußerst nützlichen Versicherung unterläßt. Inwieweit die den Betreffenden anstellende Stadt schließlich verpflichtet ist, die Kosten einer solchen Versicherung auf Rechnung des Betriebes zu übernehmen, soll hier nicht weiter untersucht werden. Eigentlich dürfte ein solches Vorgehen als rein selbstverständlich bezeichnet werden.

Die Stadt haftet als Besitzerin des Schlachthofes für allen Schaden, wenn das Betäuben der Tiere mittels Schußapparat, dessen Benutzung für den Betrieb vorgeschrieben ist, durch Angestellte des Schlachthofes ausgeführt wird (Dtsch. Schlachthofztg **8**, 122).

Einem Metzger wird aus dem Vorkühlhause ein Schwein gestohlen. Er verlangt Schadenersatz von der Stadt. Die Klage wird abgewiesen. Gründe: Es fehlt an einem Rechtsgrunde, aus dem die Beklagte für das Fortkommen des Fleisches aufzukommen hätte, insbesondere geht die Annahme fehl, daß Beklagte sich zur Verwahrung des in der Kühlhalle aufbewahrten Fleisches verpflichtet hätte. (Es fehlt die Übernahme der Obhutspflicht, s. Kühlhausordnung. D. Verf.) Den ausdrücklichen Abschluß eines Verwahrungsvertrages kann Kläger selbst nicht behaupten; er will lediglich die stillschweigende Verpflichtung der Beklagten zur Aufbewahrung und Überwachung aus der Behauptung herleiten, daß diese gewerbsmäßig Schlachtvieh aufbewahre. Der Schlachthof dient jedoch ausschließlich zur Besorgung und Überwachung der Schlachtungen, und der Metzger kann das Fleisch im Schlachthofe belassen oder nicht. Die Überlassung des Vorkühlraumes ist lediglich ein Entgegenkommen, das keine rechtlichen Verpflichtungen bringt. Übrigens bestehen Vorschriften für die Benutzung der Anlage, über die sich der Metzger vorher unterrichten mußte, und hat er das unterlassen, so unterwirft er sich diesen stillschweigend, so daß sein Anspruch auf den betreffenden Paragraphen der Kühlhausordnung als beseitigt gelten mußte, falls er nicht nach dem oben Ausgeführten überhaupt der rechtlichen Unterlage entbehrte. (Amtsgericht Kassel, 7. April 1906.) (Dtsch. Schlachthofztg **6**, 417.)

Köln. Metzger gleitet auf Rampe aus und behauptet, daß nicht aufgestreut war, erleidet Armbruch. Es wird ihm nachgewiesen, daß der Ochse, den er trieb, ihn zu Falle brachte und deshalb seine Klage abgewiesen. (Dtsch. Schlachthofztg **9**, 2.)

## III. Die Invaliden- und Hinterbliebenenversicherung.

Die Versicherung bezweckt, Arbeiter gegen Invalidität zu versichern und deren Hinterbliebenen Renten zu gewähren.

Versicherungspflichtig sind:

a) Arbeiter, Gesellen, Hausgehilfen.

b) Hausgewerbetreibende.

c) Schiffsbesatzung.

d) Gehilfen und Lehrlinge.

Alle übrigen Berufsgruppen unterliegen nicht mehr der Invalidenversicherungspflicht.

Versicherungsfrei sind:

1. Personen, die nur gegen freien Unterhalt tätig sind.
2. Beschäftigte im Reichs-, Staats-, Gemeinde- usw. Dienst, wenn ihnen Anwartschaft auf Ruhegehalt usw. gewährleistet sind.
3. Personen, die nur vorübergehend, und zwar zur gelegentlichen Aushilfe oder nur nebenher gegen ein geringfügiges Entgelt Dienste leisten.
4. Die Invaliden.

Freiwillig der Invalidenversicherung beitreten können bis zum vollendeten 40. Lebensjahr: a) Gewerbetreibende und andere Betriebsunternehmer, die regelmäßig keine oder höchstens zwei Versicherungspflichtige beschäftigen; b) Personen, die nur gegen freien Unterhalt oder in vorübergehenden Dienstleistungen beschäftigt sind.

Wer aus einem versicherungspflichtigen Beschäftigungsverhältnis ausscheidet, kann die Versicherung freiwillig fortsetzen oder später wieder erneuern.

Die Quittungskarte hat sich der Versicherte ausstellen zu lassen und sie zum Kleben und Entwerten der Marken vorzulegen.

Verteilung der Beitragslast: Die Versicherungspflichtigen müssen sich bei der Lohnzahlung die Hälfte der Beiträge abziehen lassen. Sind Abzüge bei einer Lohnzahlung unterblieben, so dürfen sie nur noch bei der nächsten nachgeholt werden, es sei denn, daß der Arbeitgeber ohne sein Verschulden wirksame Beiträge nachträglich entrichtet. Abschlagszahlungen gelten nicht als Lohnzahlungen.

Die hauptsächlichsten Leistungen bestehen in:

a) Invalidenrente.

b) Hinterbliebenen- (Witwen-, Witwer- und Waisen-) Rente.

c) Einem Heilverfahren zur Abwendung drohender Invalidität.

An Stelle dieser Renten können auch ganz oder teilweise Sachleistungen treten.

Die geldlichen Versicherungsleistungen bestehen im einzelnen aus:

a) einem festen Reichszuschuß und

b) einem Anteil der Versicherungsanstalt, der sich nach den gezahlten Beiträgen und den Beitragswochen richtet und in einen Grundbetrag und in einen Steigerungsbetrag zerfällt.

Die Beitragsleistung wird überwacht durch Kontrollämter der Landesversicherungsanstalt. Wenn ein Arbeitgeber der Beitragsleistungspflicht nicht nachkommt, so kann er mit einer Ordnungsstrafe in Geld belegt werden. Mit Gefängnis kann er bestraft werden, wenn er vorsätzlich Beitragsteile, die er dem Versicherten am Lohne abgezogen hat, nicht für die Versicherung verwendet. Wird der Versicherte wegen der vom Arbeitgeber unterlassenen Beitragsentrichtung mit seinem Rentenantrag abgewiesen, so steht ihm auf Grund des § 823 BGB. gegen den Arbeitgeber Schadenersatzanspruch zu: Der Anspruch ist bei dem ordentlichen Gericht geltend zu machen.

## IV. Die Angestelltenversicherung.

Die gesetzliche Grundlage ist das Angestelltenversicherungsgesetz in der Fassung vom 28. Mai 1924 mit Ergänzungen, insbesondere Gesetz vom 7. März 1929.

Träger der Angestelltenversicherung ist die Reichsversicherungsanstalt für Angestellte in Berlin. Neben dieser Anstalt bestehen noch Sondereinrichtungen, und zwar Ersatzkassen, Zuschußkassen und die Reichsknappschaft.

Die Versicherung bezweckt, die Privatangestellten gegen Berufsunfähigkeit zu versichern und den Hinterbliebenen Renten zu gewähren.

Versicherungspflichtig sind:

a) Angestellte in leitender Stellung.

b) Betriebsbeamte, Werkmeister und andere in einer ähnlich gehobenen oder höheren Stellung (vgl. hierzu die Bestimmungen von Berufsgruppen vom 8. März 1924).

c) Büroangestellte, soweit sie nicht ausschließlich mit Botengängen, Reinigung, Aufräumung und ähnlichen Arbeiten beschäftigt werden, einschließlich der Bürolehrlinge und Werkstattschreiber.

d) Handlungsgehilfen usw.

e) Bühnenmitglieder usw.

f) Angestellte und Lehrlinge in Berufen der Erziehung, des Unterrichts, der Fürsorge, der Kranken- und Wohlfahrtspflege; g. u. h. usw.

Voraussetzung für die Versicherungspflicht:

a) Beschäftigung in einem Dienstverhältnisse gegen Entgelt.

b) Jahresverdienst (Gehalt, Gewinnanteile, Provisionen u. a.) unter 8400 RM.

Die Wartezeit dauert 60 Beitragsmonate. Sind weniger als 30 Beitragsmonate auf Grund der Versicherungspflicht nachgewiesen, so beträgt die Wartezeit 90 Beitragsmonate.

Die Beitragsleistung erfolgt durch Markenklebung. Der Arbeitgeber kauft die Marken bei der Postanstalt, klebt sie in die Versicherungskarten ein und entwertet sie.

Verteilung der Beitragslast. Der Versicherungspflichtige muß sich bei der Gehaltszahlung die Hälfte des Beitrages, und wer sich über die gesetzliche Gehaltsklasse hinaus versichert, ohne die höhere Gehaltsklasse mit dem Arbeitgeber vereinbart zu haben, auch den Mehrbetrag abziehen lassen. Beitragsstreit entscheidet das Versicherungsamt und auf Beschwerde (Frist 1 Monat) das Oberversicherungsamt. Das Verfahren ist im allgemeinen gebühren- und kostenfrei.

Die AV. gewährleistet nach Erfüllung der gesetzlichen Voraussetzungen:

a) Dem Versicherten, der das Alter von 65 Jahren vollendet hat oder durch körperliche Gebrechen oder wegen Schwäche seiner körperlichen und geistigen Kräfte zur Ausführung seines Berufes dauernd unfähig ist, ein Ruhegeld; als berufsunfähig gilt auch, wer das 60. Lebensjahr vollendet hat und seit mindestens 1 Jahr ununterbrochen arbeitslos ist.

b) Den Hinterbliebenen des verstorbenen Versicherten (Witwe, erwerbsunfähiger Witwer, Waise) eine Hinterbliebenenrente.

c) Einem Versicherten, dem infolge einer Erkrankung Berufsunfähigkeit droht, zur Abwendung dieser Gefahr ein Heilverfahren.

d) Außerdem kann die Reichsversicherungsanstalt mit Genehmigung des Reichsarbeitsministers Mittel aufwenden, um allgemeine Maßnahmen zur Verhütung des Eintritts vorzeitiger Berufsunfähigkeit oder zur Hebung der gesundheitlichen Verhältnisse der versicherten Bevölkerung zu fördern oder durchzuführen.

Die Beitragsleistung wird überwacht von der Reichsversicherungsanstalt für Angestellte durch besondere Überwachungsbeamte. Arbeitgeber, welche die Beitragsleistung nicht oder nicht rechtzeitig oder in einer zu niederen Gehaltsklasse vornehmen, können von der Reichsversicherungsanstalt für Angestellte mit einer Geldstrafe belegt werden. Die Versicherungspflichtigen können von der Ortspolizeibehörde durch Geldstrafen zur Beschaffung der Versicherungskarten angehalten werden.

Die Aufsicht über die Reichsversicherungsanstalt für Angestellte führt der Reichsarbeitsminister.

## V. Die Arbeitslosenversicherung.

Die gesetzliche Grundlage ist das am 1. Oktober 1927 in Kraft getretene Gesetz über Arbeitsvermittlung und Arbeitslosenversicherung vom 16. Juli 1927. Das Arbeitsnachweisgesetz vom 22. Juli 1922 hat man unter der Bezeichnung „Arbeitsvermittlung" in dieses Gesetz aufgenommen. Auch dieses Gesetz erfuhr verschiedene Änderungen und erhielt am 12. Oktober 1929 eine neue Fassung (s. Kap. Arbeitsrecht).

Träger der Versicherung ist die Reichsanstalt für Arbeitsvermittlung und Arbeitslosenversicherung, die sich in eine Hauptstelle mit dem Sitz in Berlin, eine Anzahl Mittelstellen, die Landesarbeitsämter, und in Unterstellen, die Arbeitsämter, gliedert.

Das Gesetz bezweckt, in Ausführung der Reichsverfassung den arbeitsfähigen und arbeitswilligen Arbeitnehmern, die unfreiwillig arbeitslos geworden sind, die Möglichkeit zu wirtschaftlicher Arbeit zu geben und, soweit dies nicht möglich ist, für den notwendigen Unterhalt der Genannten zu sorgen.

Versicherungspflichtig sind:

a) Alle gewerblichen Arbeitnehmer bis zu einem Jahresarbeitsverdienst von 8400 RM.

b) Alle angestelltenversicherungspflichtigen Arbeitnehmer mit einem Jahresarbeitsverdienst bis 8400 RM.

Beiträge:

Zu a) $3^1/_2$%[1] des Bruttoarbeitsverdienstes.

Zu b) Der Höchstsatz der Gruppe a.

Verteilung der Beitragslast: Arbeitgeber und Arbeitnehmer tragen die Beiträge je zur Hälfte.

Versicherungsleistungen:

a) Arbeitslosen-,

b) Krisenunterstützung bei unfreiwilliger Arbeitslosigkeit unter Voraussetzungen der §§ 87ff.

Zur Erlangung der Unterstützung müssen die Voraussetzungen erfüllt sein, daß der Antragsteller arbeitsfähig, **arbeitswillig** und unfreiwillig arbeitslos ist, daß die Anwartschaft erfüllt und der Anspruch auf Unterstützung noch nicht erschöpft ist.

Nicht als arbeitswillig gilt, wer sich ohne berechtigten Grund trotz Belehrung über die Rechtsfolgen weigert, eine Arbeit anzunehmen oder anzutreten, auch wenn sie außerhalb seines Wohnortes zu verrichten ist. Pflicht-

[1] Durch Not- und sonstige Verordnungen dauernd geändert.

arbeit kann verlangt werden für Arbeitslose unter 21 Jahren, bei denen die Voraussetzung einer Berufsumschulung oder -fortbildung nicht gegeben sind, und für Arbeitslose, die Krisenunterstützung erhalten, soweit dazu Gelegenheit besteht.

Die Unterstützungsdauer währt 26 Wochen. Der durch Gelegenheitsarbeit erworbene Verdienst wird auf die Unterstützung nicht angerechnet, soweit er in einer Kalenderwoche 20% desjenigen Betrages nicht übersteigt, den der Arbeitslose bei voller Arbeitslosigkeit an Unterstützung einschließlich der Familienzuschläge für die Kalenderwoche beziehen würde. Der Mehrverdienst wird zu 50% angerechnet.

Die Arbeitslosen sind für den Fall der Krankheit bei der allgemeinen Ortskrankenkasse, in deren Bezirk ihr Wohn- oder Aufenthaltsort liegt, versichert. Die Mittel hierfür werden von der Reichsanstalt allein bestritten und vom Arbeitsamt an die zuständige Krankenkasse entrichtet. Während des Bezuges der Arbeitslosenunterstützung sind die Arbeitsämter verpflichtet, zur Erhaltung der Anwartschaften in der Invaliden- und Angestelltenversicherung die erforderlichen Beiträge zu entrichten. Auch Kurzarbeiterunterstützungen können gewährt werden.

Die Beitragsentrichtung wird vorgenommen für krankenversicherungspflichtig Beschäftigte als Zuschläge zu den Krankenkassenbeiträgen, für Beschäftigte, die nicht für den Fall der Krankheit versichert, aber angestelltenversicherungspflichtig sind, an die Krankenkasse, bei der sie für den Fall der Krankheit pflichtversichert wären, wenn ihr Jahresgehalt nicht die Grenze der Krankenversicherungspflicht überstiege. Die Krankenkassen führen die Beiträge unverzüglich an das zuständige Landesarbeitsamt oder auf Grund einer Anordnung an das Arbeitsamt, in dessen Bezirk die Krankenkasse ihren Sitz hat.

Die Aufsicht führt der Reichsarbeitsminister.

## 2. Innungen.

Aus der großen Zahl der hier geltenden Bestimmungen sind in Kürze folgende anzuführen:

Unter Innung im Sinne unserer modernen Gewerbegesetzgebung versteht man den Zusammenschluß von Handwerkern und Gewerbetreibenden zur Förderung ihrer gemeinsamen gewerblichen Interessen. Die Innungen unterstehen der Aufsicht der unteren Verwaltungsbehörde, der selbständigen Stadtverwaltung bzw. dem Landratsamt. Ihnen liegt gesetzlich und pflichtmäßig ob Pflege des Gemeingeistes, Stärkung und Aufrechterhaltung der Standesehre unter den Innungsmitgliedern, Förderung eines gedeihlichen Verhältnisses zwischen Meistern und Gesellen, Fürsorge für das Herbergswesen und den Arbeitsnachweis, Fürsorge für die technische, gewerbliche und sittliche Ausbildung der Lehrlinge im Einklang mit den gesetzlichen Bestimmungen und den Vorschriften der zuständigen Handwerkskammer, die Entscheidung von Streitigkeiten zwischen Innungsmitgliedern und ihren Lehrlingen, soweit sie aus dem Arbeitsverhältnis entstanden sind. Außer diesen pflichtmäßigen Aufgaben kann von einer Innung freiwillig übernommen werden: Veranstaltungen zur gewerblichen Ausbildung der Meister, Gesellen, Lehrlinge, insbesondere Schulen; ferner Unterstützungskassen der Mitglieder und ihrer Angehörigen, sowie der Gesellen, Lehrlinge, Arbeiter für die Fälle der Krankheit, des Todes, der Arbeitsunfähigkeit, endlich die Errichtung von Innungsschiedsgerichten für bestimmte Streitfälle zwischen Innungsmitgliedern und deren Angestellten. Alle Innungen sind Körperschaften des öffentlichen Rechts.

Die Zwangsinnung ist stets Fachinnung oder Innung verwandter Gewerbe und muß errichtet werden, wenn mehr als die Hälfte der Vertreter einen Antrag bei der unteren Verwaltungsbehörde stellt. Ihr müssen alle in dem Bezirk wohnenden Angehörigen des betreffenden Handwerks angehören. Sie hat die Pflicht, einen Gesellenprüfungsausschuß aufzustellen und Lehrlinge zu prüfen. Die freien Innungen dagegen können Fachinnungen, können aber auch sog. gemischte Innungen sein. Der Beitritt ist in das Ermessen des einzelnen gestellt. Gesetzlich haben die freien Innungen das Gesellenprüfungsrecht nicht, können es aber von der Handwerkskammer verliehen bekommen. Nicht allgemein bekannt dürfte sein, daß zu einer Innung außer dem Vorstand und der Innungsversammlung auch der Gesellenausschuß notwendig gehört. Dieser muß von der Innung bei allen den Gesellenstand berührenden Angelegenheiten gehört werden, andernfalls etwaige Beschlüsse ungültig sind. Bei der Prüfung der Lehrlinge hat der Gesellenausschuß mitzuwirken.

Die von den Innungen freiwillig zu errichtenden Innungsschiedsgerichte sind berufen, Streitigkeiten bestimmter Art zwischen den Innungsmitgliedern und deren Gesellen, Arbeitern und Betriebsbeamten an Stelle der sonst zuständigen Gewerbegerichte zu entscheiden. Das Innungsschiedsgericht schließt stets die Zuständigkeit des etwa vorhandenen Gewerbegerichtes aus. Sonst sind im allgemeinen die Streitgegenstände, die den Gewerbegerichten und Innungsschiedsgerichten unterliegen, genau die gleichen. Die Entscheidung des Innungsschiedsgerichts kann durch Klagen bei den ordentlichen Gerichten angefochten werden. Streitigkeiten zwischen Innungsmitgliedern und ihren Lehrlingen gehören vor einen besonderen „Ausschuß für das Lehrlingswesen“, den zu bestellen, Aufgabe der Innung ist. Die Zuständigkeit und Befugnisse dieses Organs entsprechen genau denen des Gewerbegerichts und des Innungsschiedsgerichts.

Die Novelle vom 30. Mai 1908 regelt in der Hauptsache die Berechtigung zum Anleiten (nicht Halten) von Lehrlingen, deren Prüfung von Gesellenprüfungsausschüssen, sowie das Meister- bzw. Meisterprüfungswesen. Nach ihr ist die Führung des Meistertitels von einer besonderen Prüfung abhängig, jedoch sind nach § 133 der Gewerbeordnung selbständige Handwerker älteren Jahrganges unter bestimmten Voraussetzungen ebenfalls dazu berechtigt. Die Errichtung der Meisterprüfungskommission wird von dem Regierungspräsidenten verfügt unter Hinzuziehung der Handwerkskammer. Die unbefugte Führung des Meistertitels ist strafbar.

Die schon genannten Handwerkskammern haben die Aufgabe, die Gesamtinteressen des Handwerks im allgemeinen und die Interessen der in ihrem Bezirke vorhandenen Handwerker gegenüber der Gesetzgebung und der Verwaltung zu vertreten, durch tatsächliche Mitteilungen und Erstattung von Gutachten über das Handwerk angehende Fragen dieses zu unterstützen und zu fördern, sie sollen über die Verhältnisse im Handwerk Erfahrungen sammeln und Behörden und Interessenten mit Ratschlägen zur Seite stehen. Daneben haben sie als Selbstverwaltungsorgane die Aufgabe, für Durchführung der gesetzlichen und von ihnen erlassenen Vorschriften zu sorgen, sowie den weiteren Ausbau der Gewerbegesetzgebung durch Einzelvorschriften zu vervollständigen. Die Handwerkskammern sind mittelbare Staatsbehörden mit dem Recht der Führung eines Dienstsiegels. Ihre Mitglieder werden von den Handwerkerinnungen des betreffenden Bezirks gewählt aus der Zahl ihrer Mitglieder. Die Innungen und Innungsausschüsse sind den Handwerkskammern insofern unterstellt, als sie deren innerhalb ihrer Zuständigkeit erlassenen Anweisungen nachzukommen verpflichtet sind. Wie bei den Innungen, so besteht auch bei jeder Handwerkskammer ein Gesellenausschuß, der bei allen die Verhältnisse der Gesellen und Lehrlinge berührenden Angelegenheiten mitzuwirken hat.

Zu den Aufgaben einer Innung gehört gemäß § 81a der Reichsgewerbeordnung die Pflege des Gemeingeistes. Weiterhin ist zu berücksichtigen, daß der § 100q der Reichsgewerbeordnung für Zwangsinnungen die Bestimmung enthält, daß die Zwangsinnung

„ihre Mitglieder in der Festsetzung der Preise ihrer Waren oder Leistungen oder in der Annahme von Kunden nicht beschränken darf".

Aus der Tatsache, daß eine entsprechende Bestimmung für freie Innungen nicht besteht, schließt die Praxis, daß zwar Zwangsinnungen ihre Mitglieder in der Festsetzung der Preise ihrer Waren nicht beschränken dürfen, daß jedoch solche Beschlüsse, die eine Beschränkung der Mitglieder in der Festsetzung der Preise der Waren enthalten, bei freien Innungen zulässig sind. Es kommt daher wiederholt vor, daß freie Innungen derartige Beschlüsse fassen, um einen Schleuderbetrieb einzelner Mitglieder auszuschließen bzw. einen unlauteren Wettbewerb unmöglich zu machen.

Eine freie Innung kann rechtsgültig den Beschluß fassen, wonach die Mitglieder in der Festsetzung von Preisen beschränkt werden. Es handelt sich nunmehr weiterhin um die Frage, ob den Mitgliedern die Veröffentlichung von Preisen untersagt werden kann. Der Preußische Handelsminister hat sich in einem Erlaß vom 6. Juni 1913, abgedruckt im Preußischen Ministerialblatt der Handels- und Gewerbeverwaltung 1913, S. 442, auf den Standpunkt gestellt, daß ein Beschluß betreffend Veröffentlichung von Preisen bei einer Zwangsinnung unzulässig ist, weil hierin eine nach § 100q der Reichsgewerbeordnung unzulässige Beschränkung der Mitglieder der Zwangsinnung liegen würde. Die Praxis steht auf dem Standpunkt, daß ein solcher Beschluß auch bei freien Innungen nicht zulässig ist (Kommentar zur Reichsgewerbeordnung von Landmann, 7. Aufl., München 1925 § 81a Anm. 3 Abs. 1 und die dort zitierte Rechtsprechung).

# Sachverzeichnis.

Buchdruckerei Otto Regel G. m. b. H., Leipzig.

(siehe Seite 116 des vorliegenden Werkes)

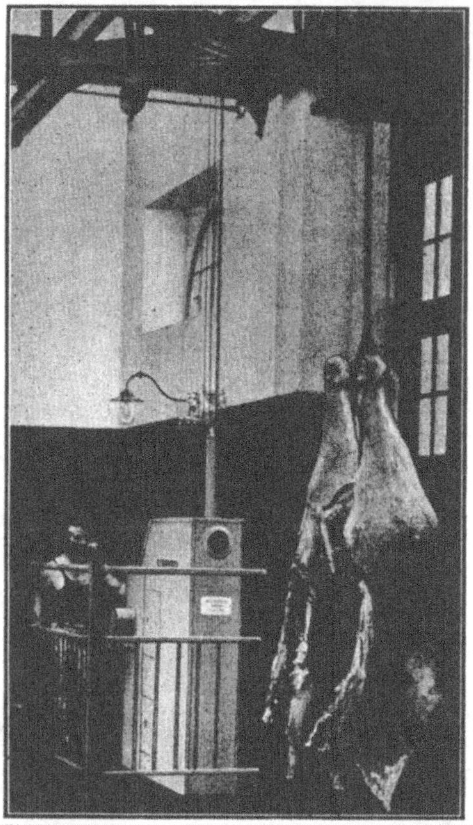

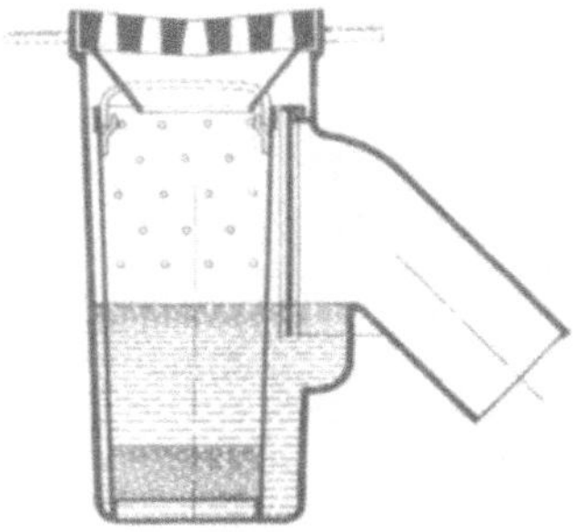

# Inserentenverzeichnis.

GPSR Compliance

*The European Union's (EU) General Product Safety Regulation (GPSR) is a set of rules that requires consumer products to be safe and our obligations to ensure this.*

*If you have any concerns about our products, you can contact us on ProductSafety@springernature.com*

In case Publisher is established outside the EU, the EU authorized representative is:

Springer Nature Customer Service Center GmbH
Europaplatz 3
69115 Heidelberg, Germany

**Batch number: 10845583**

Printed by Printforce, the Netherlands